国家出版基金项目
NATIONAL PUBLICATION FOUNDATION

海上絲綢之路文獻集成

總主編 陳支平 陳春聲

歷代史籍編 101

主編 范金民

海峽出版發行集團
THE STRAITS PUBLISHING & DISTRIBUTING GROUP
福建人民出版社

「十三五」國家重點圖書出版規劃重大出版工程規劃項目

國家新聞出版改革發展項目庫入庫項目

國家出版基金資助項目

本册目次

出使公牘十卷

〔清〕薛福成撰

《出使公牘》十卷，清薛福成撰。福成（一八三八—一八九四）字叔耘，號庸盦，江蘇無錫人。同治六年（一八六七）貢生，早年入曾國藩幕，後隨李鴻章辦洋務，歷任浙江寧紹台道、湖南按察使。光緒十一年（一八八五）奉命出使英、法、意、比四國。彙輯出使四年期間所作咨文、書函、照會、劄文、批答、洋文照會、電報七類，編成此書。所涉中英滇緬邊界、與英外部理論英兵强佔漢董等地、收回英人所築天馬關大路、長江教案等，多載中英兩國交涉文件。據天津圖書館藏清光緒二十四年刻本影印。

出使公牘

光緒戊戌孟夏開雕

公牘之體曰奏疏下告上之辭也曰咨文平等相告者也其雖平等而稍示不敢與抗者則曰咨呈曰劄文曰批答上行下之辭也其施之官稍下而非所屬者則曰照會曰書函上下平等皆可通行者也曰詳文曰稟牘皆以下官告其上官者也官在兩司上者可勿用大臣出使有洋文照會者蓋以此國使臣告彼國外部大臣之辭亦即兩國相告之辭也執筆者宜審機勢晰情僞研條約諳公法得其竅則人爲我詘失其竅則我詘於人是非於此明利害於此形強弱於此分實握使事最要之綱領使事既有端緒然後述其梗概而奏之而咨

之劄之意有未達則再爲書以引伸之胥是物也故凡治出使公牘者必以洋文照會爲嶢嶢而諸體之公牘皆由此生焉電報雖爲昔日所無邇來籌襄公務之機要大半渾括於此故亦當附公牘之列余奉使海外四閱寒暑既甄錄疏稟都爲一集復裒咨函劄批之稍關國計民生者暨洋文照會及電報擇存十卷時自覽觀以備考鏡焉自我中國通使東西洋諸大邦所以諳政俗聯邦交保權利者頗獲無形之益然使職難稱之故蓋由中國風氣初開昔日達官不曉外務動爲西人所欺西人狃於積習輒以不敢施之西洋諸國者施之中

國。為使臣者。遂不能不與之爭。爭之稍緩。彼必漠視而不理。其病中於畏事。爭之過亢。彼必借端以相尤。其迹疑於生事。邇來當事願生事者較少。而習畏事者較多。故失之剛者常少。而失之柔者常多。余生性戇拙。凡遇交涉大事。輒喜齗齗爭辯。爭之之具。必以洋文照會為嚆矢。有時用力過鋭。彼或怒而停議。然未嘗不徐自轉圜。未嘗不稍就我範圍。蓋我雖執彼所不願聞之言。而其理正。其事覈。其氣平。出以忠信之懷。將以誠懇之意。知彼之不能難我也。然後斷然用之以難彼。而勿疑。其端倪可見於文牘者。亦僅十之四五而已。久之。彼且積感而釋疑。轉嗛而為敬。欺者不敢復欺。爭者可漸息爭矣。顧欲與爭辯。則平日之聯絡布置。尤不可不慎。譬之關弓者。必利其幹。調其絲。引矢一發。彀力雖勁。不至弧折弦絕者。審固於先事也。洋文照會。皆余授意譯者所擬。然後再譯為華文。中西文法。截然不同。頗有詰屈聱牙之嫌。余恐汩其眞也。未敢驟加删潤。後之覽者。亦會其意焉可耳。光緒十九年冬十月。無錫薛福成自序於英倫使館。

凡例

一是書凡七類。分為十卷。咨文二卷。書函四卷。照會劄文批答一卷。洋文照會二卷。電報一卷。各類皆以歲月先後為次第。

一凡一事而並咨總理各國事務衙門。暨南北洋大臣者。祇於起結處有一二不同之字句。則於所敘稾中。雙行夾寫。以免另敘。此係各衙門辦理公牘通例。今仍照原稾刊刻。以存格式。

一中西文法。截然不同。洋文照會本用西洋文理。一經譯為華文。已難盡依其舊。數人譯之。往往意同而語不盡同。輒為斟酌字句。以暢譯者之意。然讀之仍覺艱澀詰屈。微有聱牙意象。此則洋文通病也。今不復加删潤。庶免汩其本眞。

一四國中惟英國交涉最繁。且多緊要事件。法國次之。義比二國。雖有往來照會。不過循例公牘而已。

一中國通行電報。不過在此十年之內。而籌襄公務之機要。多在其中。前纂浙東籌防錄。始刊電報。將來足備公牘之一體。茲復集電報一卷。附於各項公牘之後。

一咨文書函照會照公牘格式原擡之處。皆空一格。凡

應擡字樣無論單擡雙擡三擡皆作平擡以歸簡易
而示區別

一凡打電均用號碼故遇應擡之字皆不擡稱名處亦
不側寫茲悉仍其舊以存電報格式

出使公牘目錄

卷一

咨文

卷二

咨文

卷四

卷五

卷六

卷九
洋文照會

卷十

電報

出使公牘卷之一

無錫薛福成叔耘

咨文

咨總理衙門　與英外部申明滇緬界務舊議

爲咨呈事竊照接管卷内光緒十二年六月中英所定緬甸條約内第三條稱中緬邊界應由中英兩國派員會同勘定其邊界通商事宜應另立專章等語在案本大臣近聞英國派員辦理緬甸暹羅邊界之事復閱新聞紙知英商有由緬甸創造鐵路直達滇境之說因查舊案　前大臣曾任内互商緬甸各事除業經改議各

節毋庸申述外當時英文參贊官馬格理與外部侍郎克蕾迭次商論據克蕾稱英廷願將潞江以東之地自雲南邊界之外起南抵暹羅北界西濱潞江即薩爾温江東抵湄江左右其中北有南掌國南有撣人各種咸歸中國或留爲屬國或收爲屬地悉聽中國之便等語查此節雖未明載約内而此事商議具有節略存案可援爲實據卽約中第三條亦卽包括此意現聞英廷正辦暹緬界務若彼果開鐵路直通滇境似欲將前議所分之地括而有之因遣馬格理往外部詢問旋准外部來文聲稱俟暹緬交界事辦畢然後再辦滇緬交界事宜本大臣因辦照復申明舊議微逗其端以見中國之意並非置之不論本大臣亦未知該地情形何如中國收受有無利益但彼國方辦界務自不得不重爲引述以爲他時派員勘界會議之根所有緬甸界務與外部往來文牘譯漢咨呈　貴衙門謹請查照辦理須至咨呈者

計黏鈔二件

光緒十六年八月二十五日

咨總理衙門　與英外部商辦添設領事

爲咨呈事竊照光緒十六年七月初十日承准　貴衙門文開准　北洋大臣咨開據北洋海軍提督丁汝昌文稱南洋各島華人巨萬惟新嘉坡已設有領事交涉懋遷尚稱安謐其未設領事各島曰檳榔嶼曰麻六甲曰柔佛曰芙蓉曰石蘭莪曰白蠟該處商民無不受其欺凌剝削環訴哀求實不忍視新嘉坡領事既無兼管各埠明文亦無遙制各島權勢擬請新嘉坡改爲總領事其餘隨地設立副領事一員即以該處公正殷商攝之統轄於新嘉坡之總領事至應設副領事幾處每年

經費若干應由總領事查明撙節稟辦惟總領事每年巡歷各小埠應增公費以爲各項川資俾示體恤咨請核辦等因本衙門查外洋各屬境添設領事均須先與該國外部商定核給准照方能次第籌議應摘敘原文咨行試與英國外部商議如能辦到實於華民有益並將商辦情形咨復等因承准此本大臣查中英條約未有設立領事明文是以前任大臣於新嘉坡初設領事及續派領事時與英外部文牘往來辯論殊費周折誠如　貴衙門文開須先與該國商定方能籌議惟本大臣查英屬各島華民流寓者極多而香港一島附近粵東尤爲中外往來咽喉凡華洋各商貨物均先至香港然後轉運各省而交涉事務一曰逃犯一曰走私一曰海界繁難叢雜每出巨案粵省遇事輒派員至港而聲氣不通往往緩不及事所以該處添設領事實爲刻不容緩之圖查閱案卷在　前任大臣曾任內迭次照會英外部請於該處設一領事迄未就緒至澳大利亞一島現有限禁華工一事亦關緊要而英國政府於此二處頗有不欲輕許之意本大臣以爲設立一處始商議一處枝枝節節徒費脣舌未見大效因遣英文參贊官馬格理到外部先述大意援照公法作籠統之辭祇言

中國欲設領事於英屬各地不言設於何地該外部似尚無峻拒之意旋即將此意辦文照會如果外部允辦將來某處應設某處緩辦其操縱之權似仍在我本大臣又查泰西各國所設領事一官徧於地球所以保護人民疏通商務蓋枝葉盛則本根固聲息捷則國勢張關繫甚重即英國在中國領事既有二十餘員之多而南洋各島華民流寓者有數百萬其爲中外門戶固不待言中國從前未甚措意而近年中外往來交涉日繁風氣大開若謂徧設領事即已握長駕遠馭之規或稱就地可籌鉅費或冀收彼華民爲我所用此皆閱歷未

深之語其事亦斷辦不到然晉盱衡全局實有不能不擇要籌措者即就英屬各島而論如能添設領事數員每歲不過多費數萬金已隱收無形之益其效當有十倍於所費者且商民人等環訴迭求若置之不顧頗足以長華民觖望之心招外人輕侮之議丁提督所陳均係實在情形惟檳榔嶼等六處勢不能徧設領事即公正殷商亦難多得或酌量添設而改新嘉坡領事爲總領事以兼轄之或將各島統歸新嘉坡領事管轄令總領事以時巡歷諸島以通民情而保商務似尙皆切近可行除札飭新嘉坡領事左秉隆將各該島情形詳查

具覆外仍俟外部復文到日再行商辦相應將照會外部洋文譯漢咨呈 貴衙門謹請查照須至咨呈者

計鈔單一件

光緒十六年八月二十五日

咨總理衙門 送摘譯英法兩國新聞紙

爲咨呈事竊照奉使一職辦理交涉以外自以覘國勢審敵情爲要義而耳目所寄不能不借助於新聞紙查泰西各國新聞紙主持公議探究輿情爲遐邇所依據其主筆之人多有曾膺顯職者若英國泰晤士報聲望最重與各國政府消息常通其所論著往往可徵其效於旬月數年之後雖其中採訪不實好惡徇情事所恆有固不可盡據爲典要存刻舟求劍之心亦不宜概斥爲無稽蹈因噎廢食之弊本大臣到任以來每飭令繙譯員生摘譯新聞之稍有關係者隨時查閱以備參考

茲再刪輯各條自四月至六七月間英法兩國新聞紙各繕一帙相應咨呈 貴衙門謹請查照須至咨呈者

光緒十六年九月初四日

咨總理衙門　英外部審量添設領事

爲咨呈事竊照南洋各島擬添設領事一案承准　貴
衙門來文與英外部商辦經照會外部鈔稾咨呈
衙門在案玆准外部覆稱英廷現已審量此事容後再
覆等語本大臣復遣英文參贊馬格理往詢外部侍郎
山特生據稱來文已交尚書侯爵沙力斯伯里閱過仍
須侍郎克蕾復勘伊等之意以爲可以照行但必須商
之藩部及印度部方能定議惟印度部若再商之印度
總督非兩三月後不能得有回音窺其用意似亦知勢
難拒卻又不欲遽爾允許故稍用支展之法耳除俟續

得復文再行咨呈外相應將外部復文先行譯漢咨呈
貴衙門謹請查核須至咨呈者

計黏鈔一件

光緒十六年九月初七日

咨總理衙門並北洋出使大臣龔許送編緝中西權度
比較表

爲咨呈事竊照本大臣承准貴總理衙門咨開准　海軍
衙門咨嗣後遇有購買外洋船礮等項務將外洋尺碼
磅數核出中國觔重尺寸數目等因嗣又承准　貴北洋
大臣咨開據北洋沿海水陸營務處劉道詳稱奉札准
海軍衙門咨購買船礮務將外洋尺碼磅數核出中國
觔重尺寸數目擬請咨會出使英法德美各大臣會同
將此數國尺寸與中國營造尺比例各國啟羅噸磅觔
重與中國漕砝秤比例然後咨會海軍衙門通行各省

以歸劃一除批示并分咨外咨請查照核復等因承准
此本大臣查西國權度悉由官造頒之民間各有定則
毫釐不爽今欲將中西各項輕重長短數目兩相比較
必先以中國尺寸爲根而中國各省隨地隨事各殊其
用西人著書謂中國各尺與英幅地相校積至一百尺
極長者當十五因制叉千分之七百六十九極短者當
九因制叉百分之九十二懸絕如此則欲求有據又必
以工部營造尺漕砝秤爲根近人李善蘭遵數理精蘊
每度二百里每里一千六百餘尺之數用西法密率推
赤道周徑以三百六十度約之定爲每一英尺當中國

尺九寸八分五釐七毫七絲其說甚精然慮有其名並無其器言其理則可施諸用則不可也而鄒伯奇遺書則謂每一英尺當工部營造尺九寸七分照會典圖式則又每一英尺當工部營造尺九寸一分一釐二毫此皆按圖操器校量而得尚且歧異如此蓋會典圖因板之燥溼而殊形卽銅尺亦因時之寒熱而異度故也本大臣督用中國工部營造尺漕砝碼將英之權度仔細比校以爲可期精密然仍復參差不符因念條約所載尺寸係本之粵海關粵海關本之工部通商之始準此通行須之稅關雖所謂八五一之數比之李鄒各家差

有贏餘意必粵關沿用稍拓其制以便徵取然既已據此推算卽爲今日中外通用之尺不可得而改也卽令持籌布算至精極密然苟與此殊卽不堪施用故用以比校西尺必以海關尺爲準海關尺在外洋一時難得祇能以條約所算之尺爲準今輒據此尺布算其觔兩輕重亦准此法編爲三表先以中國之整數比英法意各國之散數爲第一表再以英國之整數比法意各國及中國之散數爲第二表再以法意各國之整數比中國英國之散數爲第三表今已編就備文咨請　貴衙門大臣察核抑本大臣以爲核準權衡度量亦一最要之事

將來須行各省應據以爲準繩擬請　貴衙門大臣咨商北洋大臣總理衙門會同札飭總稅務司經理蓋通行權度海關既有定式各國制度關吏亦所熟諳而明算術精繪圖者亦有其人匯歸一處比之英德美各使署各出己意體例不一者自當遠勝編排既就卽可由海關用精紙刊印頒發各處自可以免歧誤而歸劃一除分咨外相應咨呈　貴衙門大臣謹請查照辦理施行茲並購得英文各國度量權衡算法一本附呈　貴衙門總理衙門可否飭交同文館學生繙譯漢文再上海機器局所譯藝器記珠一種亦甚詳明似可檄取以資考證須至咨呈者

計鈔中西權度比校表三紙

光緒十六年九月二十一日

咨總理衙門並北洋大臣李　英外部答允添設各屬部領事

爲咨呈事竊照提督丁汝昌建議增設南洋各島領事一案承准　貴衙門 總理衙門 咨令與外部商議如能辦到實於華民有裨等因當經照會英國外部並鈔稾咨呈　貴衙門 總理衙門 在案茲准外部復稱英廷願給中國領事文憑與外洋各友邦領事一樣辦理但刻下或有不能照給者須由英廷察看定奪等語查中國於外洋設立領事條約未有明文以故各國每多阻撓即如英國在新嘉坡初設領事時亦頗費唇舌茲經本大臣請其按照

各國通例辦理而英廷乃慨然允許未始非藉表友睦之意是以本大臣復備文申謝雖外部照會仍稱審量地方情形刻下或有不能照給文憑之處但中國之意亦係擇要而行並非欲一律添設本大臣現擬於香港設一領事而新嘉坡改爲總領事兼轄檳榔嶼麻六甲並附近新嘉坡歸英保護各小國將來或於各該地選擇商董充副領事統計增添經費亦似無多除俟與外部聲明應設地方再行酌定員數籌定費用咨商　貴衙門 總理衙門 閲辦外相應將往來照會各一件譯漢咨呈　貴衙門 貴大臣 謹請察照辦理須至咨呈者

計鈔外部照會一件 照復外部一件

光緒十六年十一月初一日

咨總理衙門　酌議添設領事經費及籌辦事宜

爲咨呈事竊照新嘉坡領事改爲總領事官暨香港添設正領事官業經本大臣具摺奏明揀員充補鈔稾咨呈

貴衙門在案本大臣查新嘉坡總領事現轄各島暨流寓華民較從前加數倍之多地廣事繁深慮鞭長莫及訂丁軍門原文所敘曰檳榔嶼曰麻六甲曰芙蓉曰白蠟曰石蘭莪曰柔佛應添設領事者已有六處但規模過鉅殊恐所費不貲不能不籌變通之法現擬令總領事選擇各該處殷實公正之華紳畀以副領事名目小事由其經理大事仍待總領事核辦該紳既各有

本業但須月給薪水百金足資津貼如未得其人任闕毋濫儻總領事力可兼顧者亦即不必徧設約畧計算添設副領事之地暫以四處爲衡至總領事銜秩稍崇雖暫不照總領事之例支領薪俸亦應與正領事酌示區別擬定月支薪俸四百三十兩惟其所轄華民倍多事務較繁原設隨員一人難敷照料現擬派英館三等繙譯官那三隨往襄助該員向係月支薪俸一百六十金此項日後須在新嘉坡支領即應劃撥在新嘉坡經費之內而英館三等繙譯一員尚須另調又擬添供事一人每月薪俸三十六兩其原額隨員一人則仍其舊尚有出赴各島巡護華民之費亦須覈實開報現擬六處每歲各往巡二次綜計歲費不得過六百金不出則不開支以上辦法除新嘉坡領事向支歲費七千餘金照舊在歲撥英法兩館經費分給外尚須加費八千金左右不敷支放擬請

貴衙門於循照年例撥給經費時添撥此款實爲公便至香港領事雖未開辦約計歲費當與往年新嘉坡相上下以七千金左右爲率除正領事一員照章月支薪俸外其隨員一人及領事署租房一所應給租費似可均仍舊貫但其歲費七千兩擬請

貴衙門咨行　兩廣總督部堂　廣東巡撫部院　就近在粵海關劃

撥歸出使經費項下扣除免如新嘉坡之由使館收撥以銀易鎊又以鎊易銀洋輾轉耗折更添往返匯費再香港領事應兼歸　兩廣總督部堂　廣東巡撫部院　與出使大臣統轄蓋其所辦交涉之事大半關係地方之事所以與使臣勢難隔膜而與粵省尤爲切近義當兩有所屬稍殊各口領事情形也所有一切籌辦事宜是否如此擬乞

貴衙門迅速核示以便遵循相應咨呈

貴衙門謹請

察照施行須至咨呈者

光緒十七年三月二十五日

咨總理衙門 飭候補知府姚文棟順道查訪緬境情形

爲咨呈事竊照本大臣因緬甸分界事宜亟應豫籌以免臨時棘手於正月二十五日拜發密摺一件已備文鈔稟咨呈 貴衙門在案茲據在洋期滿稟請銷差回華直隸候補知府姚文棟面稱本年正月擬由巴黎起程順道遊歷印度緬甸等處當經出使德國大臣洪批准在案各等情查得該員精勤穩練留心時務研究輿地之學茲既身歷緬境本大臣檄令順路暗訪密查儻有切要情形隨時稟報本大臣暨 雲貴總督部堂王 以備他日參稽之用再緬甸之仰江亦名漾貢係扼要之地華民在彼者不下三四萬人並令留心查訪當經酌給路費銀二百兩以資津貼相應咨呈 貴衙門謹請查照備案須至咨呈者

光緒十七年正月二十五日

咨總理衙門 補錄告英外部擬派領事姓名

爲咨呈事竊照增設領事一案初經本大臣照會外部准外部覆稱中國欲設領事願照各友邦一律辦理但開有審量地方情形刻下或有不能照給文憑之處等語當經鈔稟咨呈 貴衙門在案據外部侍郎言及文意係指澳大利亞及香港二處而言復經本大臣再三與外部商辦始允於香港設立領事本大臣復具一牘聲明香港擬派左秉隆新嘉坡改總領事兼轄海門擬派黃遵憲嗣准外部去冬十一月初七日覆文有均經領悉之語本大臣將此憑據以爲事既定局乃次第籌辦具奏請

旨查英國於他國領事必須各國朝廷繕給文憑將此文憑交與外部由外部轉奏君主請須准勅較他國辦法稍覺鄭重其事既載於星軺指掌中惟他國通行辦法均於本國派委之後然後將姓名達知外部本大臣以香港此舉爲創辦之事誠慮事有變遷先將派委之名告知外部請其覆准原係力求穩妥辦法詎意近日英使華爾身忽生異議承 貴衙門電飭索取憑據檢閱前案始知此件覆文漏未鈔咨當時既得覆文之後以謂事臻妥洽不甚介懷又値啟程往法之際到法後

又以他事雜擾誤謂旣經鈔呈竟致遺漏實難辭疏忽之咎相應將照會外部文一件外部覆文一件補鈔咨呈　貴衙門謹請察核施行須至咨呈者

鈔呈　與英外部尚書侯爵沙照會一件　又英外部覆文一件

光緒十七年四月二十日

咨總理衙門　請英員保護智利厄瓜多流寓華民

爲咨呈事竊查本大臣前准　出使大臣崔　文稱秘魯所屬必沙瀚意基忌登拏亞里架等處向有華商貿易自光緒七八年間秘魯與智利搆兵將各地割歸智利管轄上年智利內亂不免滋擾中國與智利未訂約章無從保護有華商永安昌寶芳等稟請駐秘參贊轉求英國駐秘公使一面電達英廷一面函託英國駐智公使保護旋准英廷電如所請諭令駐智公使一體保護極爲得力又南美利加洲厄瓜多國亦有華人貿易該國別立新例苛禁華人亦承英國駐劄惠變磯之領事張百喜駁除苛例俾得安業將來各該處華工有所請託自益靈通咨請代謝英廷等因本大臣當即照會英外部致謝英國睦鄰護商之意茲接英外部大臣照覆內稱英廷聞得本國駐智利及厄瓜多之官員能幫助中國人民英廷深爲欣喜請煩查照等因相應鈔錄往來照會各一件除咨行　出使大臣崔　查照外爲此咨呈　貴衙門謹請查核施行須至咨呈者

計鈔往來照會各一件

光緒十七年四月二十一日

咨總理衙門並北洋大臣李　義國交還中華書院產業器具

爲咨呈事竊查接管卷內據義大利國中華書院學生郭棟臣等稟稱納坡里府有中華書院一所係教士馬國賢於康熙年間遊歷中國曾蒙
聖祖仁皇帝賞給器物歸國之後將產業建置書院百餘年來中國學生來義學習者代不乏人近年義國將書院改歸學部管理以致侵蝕院產牽連興訟求爲照會義國外部等情據此本大臣行抵羅馬傳令該生等詢問復據該生等遞稟欲請義國每年撥出三萬佛郎

以充經費本大臣詳詢原委乃知此院專爲天主教而設所有華人遠來學習者亦祇爲傳教計書院雖係馬國賢創造多由教士捐助不盡出其遺產至義國將書院改歸學部乃係將教士產業改由國家經理亦不止此一書院本屬礙難辦理惟此院原額有華生二十二名該生等既係中國人稟求保護似未便置之度外因於面商外部之後續具一牘并附原稟託其查辦茲據外部覆稱學部已飭書院賠款一萬二千佛郎并將一切器具交還教會另擇善地以資教育等語雖不能如該生等所求亦不至令該生等失所所有照會外部文并外部覆文暨院生來稟相應彙鈔咨呈　貴衙門大臣謹
請察核須至咨呈者

計鈔件

光緒十七年六月二十九日

咨總理衙門並南北洋大臣李劉與英外部議駁新
金山葛龍巴限制華民

爲咨呈明事竊照限制華工之例自美國創行英屬各地亦從而效尤英國新金山定例每船三百噸准載華人一名進口仍須納進口身稅銀十鎊方許登岸此例行之有年去歲阿泰一案上控於英國大審院卒不獲勝英屬加那大之葛龍巴亦定例每華人一名進口納稅銀五十圓此例行之六年現據葛龍巴華商英昌隆號等稟稱本年正月葛龍巴議院議加進口稅每人一百圓無論商人工人無論新客舊客一律徵收該處生意

淡泊自魚罐金礦以外無可託業實不堪此種重稅求爲設法等語查此項限制華工之例屢經各前大臣行文外部竟難駁除一則以中英條約並無援照最優相待之語頗難據以立論二則英國管轄之權頗有限制屬地議院所定之例英廷只能勸令酌改不能飭令廢除是以屢次駁論仍歸無益惟是該地設例專指華人明示限制實不合於萬國公法若遂置之不問仍恐苛例日出無所底止大有礙於華民生計亦恐損中國之威望茲本大臣特備一牘將新金山葛龍巴二事相提並論照會外部覆文有何切實辦法再行咨呈明外相應將往來照會譯漢鈔稟咨呈明貴衙門大臣請煩查核須至咨呈明者

計粘鈔

光緒十七年七月初九日

咨總理衙門　與英外部商禁香港出口軍火

爲咨呈事竊照八月二十一日接奉　貴衙門來電内開今年教案紛起云云秉公商辦并婉告有約各國等因當即遵照辦理並飭參贊官馬格理先往告英外部以近來鬧事私會每向香港購辦軍火若不由英禁止軍器出口斷難遏其來源恐釀釁端外部允電港督華使留神秉公酌辦已將大概情形電達在案茲接英外部大臣沙侯照會内稱香港政府現已禁止鎗礮藥包彈子火藥及水陸軍器出口自西十月初一日起至明年西三月底止鈔送告示底稿請轉達中國　國家各

等因本大臣當即照復謝其克敦睦誼並告以六箇月期滿後設不幸而再有未妥情形當再告英廷請將禁期展久等語本大臣查英廷此次辦法尚屬認眞彼意不欲礙本國利源所以未能永遠禁止然隨時展期則屬照例之事竊料半年之後各省匪徒尚難一律靜謐爲中國計禁止軍火愈久愈妙擬請　貴衙門於滿期一月以前察酌情形電示梗概以便本大臣照請英廷續禁似於防制會匪之事實有裨益茲譯錄英外部照會並香港政府告示各一件照覆一件咨呈　貴衙門謹請察核須至咨呈者

光緒十七年十二月二十六日

咨總理衙門並南北洋大臣李劉英員允許保護厄瓜多流寓華民

爲咨呈明事。竊照智利厄瓜多華民。經英國代爲保護。前准 出使大臣崔 來文。當經致謝英國外部。並鈔稟咨呈在案。茲准 總理衙門貴衙門 函開該處華民。得英官代爲保護。未嘗無益。希請英外部諭令駐智利及厄瓜多兩國使臣領事。如前保護。俾華工得以安業。益見友誼之篤等因。承准此。本大臣當備一牘。照會外部。茲准外部覆稱允爲照辦。除咨呈 總理衙門並咨會 出使大臣崔 轉飭駐秘參贊領事查照外。相應將外部來往公牘咨呈明 貴衙門貴大臣 請煩察照辦理。須至咨呈者

計鈔給外部文外部覆文共三件

光緒十七年八月十三日

咨總理衙門　送出使英法義比四國日記

爲咨呈事。竊查接管卷內光緒四年八月十六日。 貴衙門咨行具奏出使各國大臣應隨時咨送日記等件一片內稱凡有關繫交涉事件及各國風土人情。該使臣皆當詳細記載。隨時咨報。數年以後。各國事機。中國人員可以洞悉。不至漫無把握。況日記並無一定體裁辦理此等事件。自當盡心竭力。以期有益於國等因。光緒三年十一月初一日奉
旨依議欽此。欽遵在案。本大臣於光緒十六年正月十二日由上海起程。一路訪察外洋各埠情形。隨所見聞據實纂記。莅任以後。馳驅英法義比四國。又逐事攷求於各國形勢政事風俗。觀其大略。編錄成帙。惟日記雖體例不一。而出使情事無甚歧異。查 前出使英法大臣郭。及 前出使英法大臣曾。俱有日記。所紀程途。頗已詳備。若但仿照成式。則無發揮雷同之弊。恐不能免此一難也。出使之職。固在聯絡邦交。至如覘國勢審敵情。貴能見其遠者大者。而事之眞僞虛實。得失利病。本不易辨。或拘於一隅。而不能會其通。或震其一端。而不能究其極。若但掇拾瑣事。見其粗而遺其精。羨所長而忘所短。津津鋪敘。舍己芸人。無關宏旨。此二難也。中西

通好本係創舉非絜四千年之史事觀九萬里之全勢無以通其變而應其機偶有論說抑揚稍過恐失其平或致議者之反脣或啟遠人之藉口必斟酌夫理之當然勢之必然權衡輕重不可稍有偏倚此三難也有此三難最宜審慎本大臣奉使之餘據所親歷筆之於書或采新聞或稽舊牘或抒胸臆之議或備掌故之遺不敢謂折衷至當要不過於日記中自備一格始於庚寅正月迄於辛卯二月分為六卷用西洋糖印法飭員楷錄印訂六册由文報局附郵賫送相應咨呈 貴衙門謹請查照須至咨呈者

光緒十七年十二月二十日

咨總理衙門 與法外部議除越南等處華民身稅

為咨呈事竊查 劉前大臣移交法署卷內有越南等處徵收華民身稅一案自光緒十二年經 許前大臣照會法國外部以後懸隔五年之久至今尚未催辦本大臣查華民寄寓越南三圻及柬埔寨等處者約計三十萬眾其丁壯每歲所輸身稅約計二三十萬兩之多苟能一律裁革實於華民大有裨益即使不能儘數免徵第能使法國減去一分之稅則華民即受一分之利前曾函達 貴衙門在案嗣於光緒十七年夏初接奉

貴衙門來函屬即與法外部商論旋因教案迭出口舌滋煩停擱將及一年現稍安靜無事即已照會外部催其將前事核辦俟接到該部覆文再行咨呈外謹將此次致法國外部照會錄呈 貴衙門存案備查須至咨呈者

計鈔單

光緒十八年二月二十五日

咨總理衙門並北南洋大臣李劉與英外部議會立坎巨提新酋

為咨呈會事竊照英兵侵擊坎巨提回部該頭目戰敗出奔一事本大臣於正月十六日在巴黎承准貴衙門總理衙門咸電當即馳赴倫敦與英首相兼外部大臣侯爵沙力斯伯里會晤數次往復辯論英廷狃於琉球越南緬甸之舊樣以為業彼吞併中國即不能過問又揣中國向不務勤遠略謂我平時未嘗管理坎巨提事非若英之久筦坎政籌貼歲費所以深閉固拒不願我與聞坎事堅執異常本大臣就彼兩屬之說與之力爭兼用旁敲側擊之法隱示形格勢禁之謀磋磨匝月始稍就緒議於舊酋之兄弟子姪中選立一人由新疆巡撫或喀什噶爾道就近派員赴坎會立新酋然彼猶以坎巨提立酋中國向不派員苦相詰難本大臣答以向來坎酋繼立是否由喀什噶爾就近派員一時無從查考此次事屬非常必須由中國派員以表兩屬之證據將來尋常繼位不妨查照向章向若派員則仍派員向不派員亦不因此次而援為成例等語外部始願遵議辦理旋接貴衙門總理衙門二月養電英使華爾身轉述外部電意既將後不為例一語誤解又云不過請我派員到場較

會立字義為輕本大臣恐外部或有翻異因飭英文參贊馬格理赴外部詢問外部實尚未變議本大臣欲益堅前說特再備文照會外部解明後不為例一句之義並申明會同字樣及中國所有納貢之權又在外部與之言定能選立舊酋之子更妥如中國派員未到不得說出所立人名外部均已電告印度總督矣相應將照會洋文稟譯漢咨呈會貴衙門謹請察核貴大臣請煩查核須至咨呈會者

光緒十八年三月十八日咨

咨總理衙門　摘錄曾前大臣滇緬界務舊卷

爲咨呈事竊照滇緬分界一事前接英外部照會並劃界節略地圖等件當經繙譯華文就原圖加註又本大臣照會稾一件於二月十六日咨呈　貴衙門在案查光緒十一年英人初得緬甸之時經　前出使大臣曾派本署英文參贊官馬格理與外部侍郎克蕾登次面談由克蕾筆誌問答節略自光緒十一年十二月起至十二年二月止先後會商十次其節略經曾大臣隨時咨呈　貴衙門所有劃界緊要事宜均已議及查閱是年英外部三月十三日照會大致已屬允行旋值

曾大臣交卸回華英廷於劃界一事亦久置未議本大臣近聞英廷不日將派員來華辦理劃界事宜茲特擇全案中節畧照會之尤有關係者摘錄數件咨呈　貴衙門謹請察核須至咨呈者

計鈔單　節畧三件　照會二件　咨文一件

光緒十八年四月十五日

咨總理衙門　與英外部催問緬甸入貢年月

爲咨呈事竊查中英所定緬約第一條內緬甸每屆十年向有派員呈進方物成例英國允由緬甸最大之大臣每屆十年派員循例舉行所派之人應選緬甸國人等語當時中外注意專在申明成例惟未聲敘緬甸應於何年入貢所以但有此約而英之駐緬大員尚未舉行本大臣因聞英國印度部各員頗持異議有不願遵辦之意若不及時催問此約恐成虛設曾派英文參贊馬格理赴外部探詢情形外部轉述印度部各員意見果多支吾搪塞之語經該參贊執定約章與之理論旋

接外部來文內稱應由立約之日算起至光緒二十三年印度政府自當豫備派員等因本大臣查外部所定貢禮年限雖屬較遲然既訂有定期則屆時可查案催問自難翻異惟該文內有緬甸諸事更新之說恐其後來據此一語又多矯變不得不辦文再與辯明相應將與外部往返照會洋文稾各一件譯漢附鈔咨呈　貴衙門謹請察核須至咨呈者

光緒十八年五月二十六日

出使公牘卷之一終

出使公牘卷之二

無錫薛福成叔耘

咨文

咨總理衙門並北洋大臣李雲貴總督王與英外部理論英兵進佔漢董地方

爲咨呈會事竊查英兵到滇邊土司所屬之漢董燒燬房屋佔踞地方一案經本大臣辦文照會外部詰以不得借查察地理爲辭進佔邊界責令飭駐緬英員速卽退兵旋接英外部照復內稱英廷自當審量此事等因已於二月十六日譯鈔往來照會洋文稾咨呈會貴衙門爵部堂在案茲於五月初六日接據英外部文稱此事恐有錯誤其緬甸來信所敘英兵祇有百名曾到漢董而其地位之遠近月日之先後均有不符且稱英兵已早回八募本大臣查滇邊相距過遠其情形是否確實無從考覈惟英兵燒燬各村駐緬英員已自認不諱且既築路一條直通漢董則其心之未嘗一日忘我滇邊可知大抵英之外部亦思勉顧大局其邊吏則壹意以進取爲功並無底止此次英兵往來飄忽或實已早回八募或本大臣行文詰問之後始經外部飭查該英員乃一面潛自撤兵而故挪移其月日以掩飾其前非均未可

定但彼既自退回姑可將就了結自後英兵如有越界滋擾之處應由請雲貴督部堂貴督部堂豫飭沿邊文武詳查邊內邊外地名異同月日確據電知本大臣與英外部理論似有裨益相應將英外部來文譯鈔咨呈會貴衙門爵部堂謹請請煩查核須至咨呈者

光緒十八年五月十二日

咨總理衙門並北南洋大臣李劉 與英外部追論英人梅生勾通會匪讞案

為咨明呈事。竊照英人梅生勾通會匪。代購軍械一案。因判罰太輕。曾於本年正月四月。兩次照會英外部。俟該犯監禁期滿。提至香港再讞。先後譯稟咨呈送 貴衙門大臣在案。茲於西歷七月初二日。即中國六月初九日。接准外部來文。稱據上海英官律師來函。言上年此案辦結時。中國官員已極愜意。又上海英按察使來函言此案所控。祇係炸藥。故照炸藥定罪。不能加重。且謂該犯所做之事。僅係癡妄之想。並無實在險事等語。本大臣查該犯自供在鎮江通匪謀叛。又香港招雇英人十九名。滬關查獲洋槍三十五箱。種種證據。確鑿可憑。豈能以癡妄之想一語。輕為開脫。因迭次電商 南洋大臣貴大臣 於原控炸藥外。更以私通匪黨。偷運軍火。違例雇人三事。飭江海關道。囑西律師至英按察使處控告。旋接 南貴洋大臣閏六月文電。開梅案迭商英律師。担文謂證據不足。刑司前審供證。西例不為確據。且與稅司均言再控。必留滬質審。前斷解回。轉作罷論。彼既聯為一氣。恐再控必有反覆。已促其解回本國。經滬道屢商。已於十一日押解回國。並允不准再行來華。囑本大臣斟酌與

之辯論等因。本大臣查該犯業既釋放。辯論自屬無益。祇能相機就此收束。將該犯逐出華境完案。惟外部來文強辭奪理。壹意袒護上海英讞員。不容不備文照會。正言駁斥。仍用持矛刺盾之語。略寓立竿見影之法。以申公道而儆將來。茲將外部來文及本大臣照會各一件譯稟咨呈送 貴衙門大臣謹請請煩察核查核須至咨呈者。

計鈔單兩件

光緒十八年閏六月二十三日

咨總理衙門　派員前赴比國考核罪犯會

爲咨呈事竊照前准　貴衙門函開比國陸使照會稱奉本國來函封送查照當將洋文譯出係該國考核罪犯會章擬請中國派員入會復據陸使來署面述前因以中國遣人一往爲榮茲將原件鈔錄寄閱屆時希派員前往周旋其間見復等因准此本大臣查中西律法原自不同該國所請派員入會本屬無可考核但不能不虛與委蛇藉敦睦誼當即札飭駐法三等繙譯官知府銜候選同知吳宗濂前赴比京入會聽議仍將考核情形據實稟復茲於閏六月廿七日據該員稟報閏六

月十三日由法起程馳赴比國十四日謁見外部及刑部總辦查各國政府派員入會者凡十有六邦各處博學會來赴是會者凡百數十人其人皆問官律師醫士等自十五日起至二十一日止每日集議兩次所議不外三大端曰根究罪源曰矜恤瘋犯曰保全童穉當集議之時會中有問中國辦法者該員遂登議座略言中國律法大致責成地方牧令以教化爲先是以人民雖衆犯法者少十九日比王臨堂聽議該員又將前意反覆申論其時聽者約數百人歡聲雷動擊節歎美比王亦向該員點首鼓掌以致謝臨行又温詞慰勞其執政大員多有向該員道賀羨慕華律贊美華官溢於言表二十一日會終大讌延該員於上座極盡敬禮茲已於二十二日回法據將所聞各議逐條摘譯并將對答之言稟報前來相應將派員赴比入會考核情形咨呈
貴衙門謹請察核須至咨呈者

附黏鈔件

光緒十八年七月十八日

咨總理衙門　與英外部開議滇緬界務

爲咨呈事。竊照光緒十八年六月十六日，准　貴衙門電開：本署具奏滇緬界務，請專派使臣在英商辦，以重事權一摺，奉旨：依議。欽此。除函牘外，先電聞等因。本大臣當即備文照會英外部，請其派員訂期會商。適值外部新舊交替之際，未有復文到來。七月初七日，准　貴衙門咨開，恭錄諭旨，鈔錄原奏，到本大臣，謹即欽遵辦理，復具牘至外部催問。七月初十日，接英外部照會，稱已派寶星山特生及印度部參贊一員，與本署英文參贊馬格理會同商議，定於十二日在外部衙門會商。本大臣當即照復，至期飭馬格理前往會議。茲將往來照會各件譯稾咨呈　貴衙門，謹請察核。須至咨呈者。

附鈔單四件

光緒十八年七月二十四日

咨總理衙門並北洋大臣李、雲貴總督王　與英外部聲明請英撤兵還地

爲咨呈事。竊照滇緬分界一案，前准英外部訂期派員會商，已譯稾咨呈　貴衙門（總理衙門）在案。七月十八日，本大臣飭馬格理告外部，目前須先撤昔董英兵，爲商議界務之第一事。旋於西歷九月十二號，即中國七月二十二日，英外部侍郎山特生致本署英文參贊馬格理函，稱撤兵一事，必須細心審量，現中國亟欲辦理劃界要務，若俟審量昔董之事，則商議界務似須多停時日，且請中國言明何以要撤兵及索問地段之理云云。本大臣察其語意含混，自係有心延宕，因於二十七日照會外部，詳晰言明必應撤兵及所以索還厄勒瓦諦江東邊地段之故。茲將山特生來函及本大臣照會稾各一件譯鈔，咨呈　貴衙門（北洋大臣、雲貴總督），謹請察核。須至咨呈者。

光緒十八年七月三十日

咨總理衙門並（北洋大臣李　雲貴總督王）與英外部催請英

兵退出昔董地方

爲咨呈事竊查滇緬劃界會同商議一事前經本大臣照會英外部索分野人山地卽八募以北大金沙江以東之地洋人所謂上厄勒瓦諦江中間一段之地也並請英兵速退出昔董（卽薩洞納）以便商議分界之事等因旋接外部大臣勞偲伯里照復內稱已轉告印度部尙書欲與印度總督商議此事英廷自當用心考核等語玩其辭氣已不若從前之堅執本大臣乘其游移之際當卽辦文照會謝其允爲審量而仍嚴催英兵退出昔董

蓋英兵若不守昔董當卽退至大金沙江以西英外部曾自言之中國所以必催撤英兵者爲劃江分界計也所以必劃江分界者爲保固沿邊數十土司俾英之邊吏不得誘脅爲兩屬也本大臣發文之後隨遣馬[illegible]赴外部探問而外部議論果已漸改謂中國此舉未嘗無理已微示轉圜之意總之中西所見之理不必盡同本大臣亦知昔董大寨向未爲中國屬地然我索之而英廷不能堅拒者以其本非緬屬亦更非英屬也本大臣仍當相機進退因時變通總期事可速了裨益邊務而已除俟外部如何照復再行咨明外相應鈔錄與外部來往照會三件咨（呈／會）貴（衙門／督部堂）請煩查照須至咨呈者

計鈔照會三件

光緒十八年八月二十日

咨總理衙門並北洋大臣李　與英外部請刪除加那大苛待華民新例

爲咨呈事竊照英國屬地加那大政府苛待華民一案本大臣屢次與外部辨駁所有寓居加那大之華民不令其分別看待俾華民享受權利與別國之民相同乃近聞本年西七月初九日加那大域多利亞議政院新改一例係於一千八百八十六年所定華人入口之例第十三條修改以待寓居之華民更加嚴酷澳大利亞及加那大自主之屬地設立分別之例以治華民既不合中英條約之理亦與萬國公法相背本大臣因辨文

照會外部請英廷設法令其革除俾華人往來加那大者可以自便旋接外部尚書伯爵勞偲伯里照復内稱加那大政府改易一千八百八十六年華人入口之例第十三條一節已轉咨藩部大臣俟接回音再當照復請爲查照等語除俟英外部如何照復再行咨呈外相應鈔錄往來照會各一件咨呈　貴衙門大臣謹請查照須至咨呈者

光緒十八年九月二十六日

咨總理衙門並北洋大臣李　巴西國請照約遣使駐京

爲咨呈事竊照光緒十八年九月初五日准巴西國駐法公使畢薩照會稱本國伯里璽天德願照光緒七年八月十一日兩國所定條約遣派使臣駐京請代奏明

中國

大皇帝允准照辦以固邦交等因當經兩次電達　北洋大臣貴大臣　轉電　總理衙門貴衙門　在案旋承准　北洋大臣貴大臣　轉到　總理衙門貴衙門　電復即遵電示辨文照會巴西國駐法畢公使告以既願照約遣使駐京自應照中國現行禮

節與各友邦使臣一例接待並詢畢使如將所派銜名開示即可轉達　總理衙門奏明辦理等語除俟畢使開送遣使銜名前來再行咨呈外相應鈔錄來往照會並問答節略各一件咨呈　貴衙門大臣謹請查照須至咨呈者

光緒十八年十月初五日

計鈔單並問答節略一件

咨總理衙門並北洋大臣李雲貴總督王與英外部辯論野人山地

為咨呈（會）事。竊查滇緬劃界會商一事。前經本大臣照會英外部。獎其允為審量之意。而仍嚴催英兵退出昔董。曾於本年八月二十日。鈔錄與英外部來往照會。咨呈（會）貴衙門（爵部堂）在案。旋將切要情形。節次電達貴衙門（總理衙門）察核。本大臣於九月閒往晤外部尚書勞偲伯里。催問回文。稍有辯論。告以野人山地本非緬屬。英既踞緬。即為中英兩國甌脫之地。按萬國公法。本應均分。至昔董駐兵。更恐兩國邊境難安。早經備文催請速撤。惟未

接回文。勢不能不與分界事併辦。勞偲伯里謂昔董英兵勢難速撤。恐中國接防兵未到。無以彈壓野人。又將滇緬滋事等語。告以英廷但約定一退兵之期。即可將滇緬界務議定大概規模。勞偲伯里總以英廷不受勒措為辭。查外部不肯速撤昔董之兵。未必非俯徇邊吏之意。有所窺伺。然其立說每謂因議緬界。而忽有此舉。近於受我要挾。情尚未甘。不能不辦文照會。示以轉圜之意。蓋野人山地本非緬屬。亦非滇屬。原在滇緬分界之事之外。本大臣初議及此。實為分界事盤旋作勢。究竟分界與分地兩端。不妨各歸各辦。但仍聲明中朝索問厄勒瓦諦江上游東段之地。不能稍改其意耳。除俟接有回文。辦理情形如何。再行咨呈（會）外。相應鈔錄給英外部照會一件。咨呈（會）貴衙門（爵部堂）謹請察核（請煩查照）須至咨呈者。

計鈔單

光緒十八年十月十八日

咨總理衙門並北洋大臣李　鈔送直隸候補道

姚文棟稟陳滇邊及緬甸情形

爲咨呈事竊照本年九月初五日據奏留雲南二品銜直隸候補道姚文棟稟稱竊職道於光緒十七年正月間道出法京巴黎蒙憲臺札委查看印度緬甸各埠華商情形並密探雲南邊外與緬甸交界地勢啟程後業將查看沿途商務及應辦事宜歷次稟陳在案嗣奉鈞電諭令將途中見聞再行詳稟等因遵查職道自正月二十八日由馬賽海口搭趁法國公司輪舟經地中海紅海歷意大利奧地利及希臘土耳其等國又過埃及

國京城之南阿喇伯國京城之北至二月十七日始抵錫蘭以上皆歷來使節所經無庸贅述自錫蘭換輪舟入孟加拉海皆印度境二十日抵本地舍黎二十一日抵馬搭拉斯南印度之都城也二十五日抵嘎爾格達東印度之都城也凡印度境內商埠大者三處小者十餘處閩粵流寓商人約六七萬人此印度之情形也三十日自嘎爾格達搭趁英國公司輪舟三月初三日抵仰光海口是爲緬甸境初九日自仰光海口換輪舟入伊勒瓦諦江十五日抵阿瓦緬甸之都城也二十日自阿瓦換輪舟二十二日抵新街爲伊勒瓦諦江之上游

凡緬甸境內商埠海口三處沿江大者二十二處小者二十九處其腹地深山之中亦有商埠不下數十處閩商粵商多在海口約有萬人滇商散布於沿江及山中各埠無處無之幾與緬民相埒約在十萬人左右此緬甸之情形也印緬各地皆近赤道之下春時酷熱較內地暑月尤盛入境後肌膚發赤每日須以涼水澆洗謂之衝涼日當午時頭目眩暈幾若昏迷蓋古所謂身熱頭痛之國即其地也四月初五日由新街僱民船入大盈江初六日抵蠻弄登岸是爲野人山之西麓初七日乘竹兜度野人山山中皆赤髮野人所居地形極險爲

中外之界限謝清高所云峭壁不可梯緪弱水不任舟筏陳天祥所云上如登高下如入井者也初十日抵蠻允是爲野人山之東麓過此則一望平夷無險可扼矣十三日抵盞達十四日抵干崖十五日抵南甸皆土司屬於雲南者也十六日抵騰越始爲雲南邊境渡龍川江潞江瀾滄江皆極邊煙瘴之地至五月二十七日始抵雲南省城是役也自歐州海程入亞州共行三萬八千餘里行大江中三千二百六十餘里山程二千餘里歷時四月有奇職道竊查雲南邊境西路以永昌一府及騰越龍陵兩廳爲門戶其南路以順甯普洱兩府及

緬甯威遠思茅他郎各廳為門戶而皆以緬甸為藩籬自英人得緬甸藩籬撤而門戶寒矣所幸者猶有野人山之天險可以限隔中外若使野人山為英所得則英可長驅而入雲南有高屋建瓴之勢而雲南更無可扼之險矣職道入滇後稽之志乘舊卷訪之邊民口碑乃知野人山實係中國現屬各土司之分地卽明史所稱南牙山者本在雲南界內非甌脫比也蓋乾隆時滇緬老界西包孟拱孟養蠻暮南包孟艮木邦孟密六土司在內其後六土司潛為緬甸所誘中國不復過問於是以現屬騰越之南甸隴川孟卯干崖盞達等土司現屬

龍陵之遮放芒市等土司及現屬普洱之車里十三猛土司為新界新界西至大金沙江而止永昌騰越諸志班班可考野人山蓋在新界之內也職道竊按目論之儒每謂雲南天末遐荒不關形要而不知雲南實有倒挈天下之勢由雲南入四川則據長江之上游由雲南趨湖南而據荊襄則可搖動北方明儒顧炎武郡國利病書嘗極言之矣況今有印度緬甸以為後路之肩背則形勢更勝於昔英之覬覦雲南非一朝夕之故矣然則雲南之得失關乎天下而野人山之得失關乎雲南能保野人山則雲南安能保雲南則天下皆安一山之

所繫實不淺尠也查自騰越龍陵兩廳度野人山以通緬甸其間共有九道皆匯於新街新街者乾隆時蠻暮土司故地也若能如憲臺原議收回新街以扼門戶之總樞是為防邊上策新街既淪於英而不可返於是職道有保守野人山九道之議守吾界以遏其闌入猶不失為中策若并野人山而棄之則日後邊防無險可扼雖使孫吳復起亦無策矣此就雲南西路邊務界務言之也自西路而外又有南路北路皆關緊要南路車里土司之外為乾隆時土司孟艮木邦之地卽英所謂撣人在潞江下游之東者車里與孟艮相接處僅有小江

數道無險可扼惟孟艮在潞江之濱為邊外重鎮又係商賈四集之大埠由緬甸渡潞江而犯思茅其有三道孟艮總扼其江道之衝實為要地職道嘗論新街孟艮之於雲南如鳥之有雙翼新街跨山為險屏衛其西孟艮扼江為險屏衛其南皆形勢必爭之地若失此兩險則如無翼之鳥就擒必矣昔年英廷欲舉潞江下游以東悉歸於我卽指孟艮以內之地於雲南邊務裨益非淺奈之何其遲疑不受也北路在野人山之北有甌脫之地千八百餘里相傳為明時茶山里麻兩土司之故地今亦野人居之既不屬華亦不屬緬職道在邊外詳

查地勢由彼處入華有三道一道通西藏一道通四川之打箭鑪一道通雲南之永北廳若使日後淪入於英則三省邊防疲於奔命實爲一大隱憂山中產菓樹百千萬株多難勝計故俗呼其地爲樹漿廠外洋購買其樹中之漿以爲器皿凡可收放寬緊者皆是此漿所成一樹所出每年可得小洋四百餘員利源極大又有金礦兩處礦苗亦旺以雲南民貧地瘠而其邊外乃有此沃饒不及今取以爲資而後來棄以資敵甚非計也且樹漿一物爲外洋所必需其權自我操之則亦可藉以制馭英人如康熙時俄人仰給我茶葉大黃即借此

二物之微以施操縱之術也職道前過野人境時聞者或疑爲險途可畏而豈知壺漿載道婦孺爭迎野官負弩執鞭咸有求庇之意即遠處樹漿廠之頭目亦遣使奉書譯其詞意自稱本是漢民願仍隸漢等語彼皆恐洋人之見逼耳以上三節皆係雲南邊地之要務不可不於勘界之先熟籌而審處之西路之野人山本係現屬土司界內之地有新舊各志可據此可折之以情理者也南路潞江以東之孟艮爲乾隆時舊土司英廷嘗議歸於我久懸未定此當引伸初議者也至北路之樹漿廠距緬甚遠向未屬緬而所關於我三省邊防者甚大按公法云遇荒地不屬邦國管轄者無論何國皆得據爲己有此當以兵力豫占可以先入爲主也職道奉委密查邊地界址踏勘既周詢訪既詳不得不悉心籌畫質之邊地耆民及有識之士僉以爲然而雲南省垣距邊已遠京師距雲南更遠燭照所不能及雖使職道上書建白而不免有位卑言高之罪惟有據實稟請憲臺密奏

朝廷以爭先著而杜後患肇數千里之邊防爲億萬年之久計是否有當伏候鈞裁各等情本大臣查前駐德隨員現保直隸候補道姚文棟於光緒十七年正月期

滿銷差回華道出巴黎而稱擬順道遊歷印度緬甸暹羅越南等處舍海登陸繞出滇黔業經　出使德國大臣洪　批准在案比經本大臣以中緬界務關係緊要乘該道遊歷印度回華之便可順路諮訪印緬切要情形據實稟報本大臣暨　雲貴總督部堂王以備他日參稽之用當札該員遵照在案茲據稟稱各情於滇邊及緬甸形勢頗能留心攷核議論亦尚有見地雖間有做不到之處而其博諮周訪備歷艱辛似於時務見聞不無裨益自應據稟詳咨以備查攷相應咨呈　貴衙門大臣謹請查照備案須至咨呈者

光緒十八年十月二十八日

咨總理衙門　遵　旨謝英君主送呈自製書集

爲咨呈事。竊照光緒十八年十月二十五日承准　貴

衙門電開二十五日英使歐格訥

覲見呈遞國書禮成。另呈英君主所贈自製書集。奉

旨著薛福成遵

旨致謝。欽此。本大臣當於二十六日親赴外部。傳

旨致謝英國君主友睦之意。該外部大臣勞偲伯里稱

即日轉奏君主。本大臣旋辦文照會外部。重申前意去

後。茲接照復。內稱已將來文送呈君主閱看。君主聞中

國

大皇帝見愛此書。極爲欣喜。已囑駐京使臣竭力辦事。

必令兩國交情日益堅固等語。論令答復前來。相應鈔

錄往來照會各一件。咨呈　貴衙門謹請查核。須至咨

呈者。

計鈔單

光緒十八年十一月十八日

咨總理衙門並北洋大臣李 雲貴總督王 與英外部詰問侵擾滇邊

爲咨呈會事。竊查滇緬分界。並理論分劃野人山地一事。本大臣曾於十月十八日。鈔錄與英外部往來照會咨呈會 貴衙門 爵部堂 在案。旋將切要情形。節次電達 貴衙門 總理衙門 察核。查英外部於本大臣索問野人山地之文。遲遲不覆。意存延宕。經本大臣疊次催促。至十月二十五日。十一月初九日。連接外部來文。語意既多含混。足徵理屈詞窮。文後微露其意。若中國不索野人山地。彼可稍分緬屬撣人地以償我。而又不肯明言。誠恐一經答

允。彼又狡賴。所以不能不示以堅持。磋磨作勢。彼又謂車里 江洪 郎 孟連兩土司。曾經入貢緬甸。英國亦有索問之權。雖係强辭奪理。然查該兩土司昔年畏緬侵擾。實有貢緬之事。兹本大臣據理答覆。不必曲爲諱飾。而英之無權索問。已可概見。至永昌府及騰越鎮廳會銜告示。措辭失當。致彼族執爲中國不管野人山地之鐵據。昨准 雲貴督部堂 貴督部堂 王 電稱已將張鎮等記過在案。稍足示儆。再印度部尚書金白雷蠻橫無理。專聽武員慫慂。不遵外部之言。非但昔董不肯退兵。又在昔馬修築礮臺。近又派兵赴盞西土司邊外之開社地方。攻擊野人。如此不顧公法。難保不恃强趁勢。窺伺滇邊。似應請 雲貴督部堂 貴督部堂 密審機宜。整軍經武。庶足爲建威銷萌之計。本大臣一面設法催問。相機應付。期於速了此事。相應鈔錄與英外部往來照會六件。遣參贊官馬格理赴英外部傳語一件。永昌府等告示一件。咨呈會 貴衙門 爵部堂 謹請察核 請煩查照。須至咨呈者。

光緒十八年十二月初九日

咨總理衙門　派設檳榔嶼副領事

為咨呈事竊照新嘉坡英屬各埠酌設副領事一案本
大臣屢飭總領事黃道遵憲留心訪察堪以派充副領
事者總期人地相宜任闕毋濫據實稟報以憑核辦前
據該員稟稱選得紳士候選知府張振勳即檳榔嶼之
富商在海門等處經商三十年聲望素著若為檳榔嶼
及其屬地威利司雷省並丹定斯等處之副領事官堪
以勝任等情稟請查核前來本大臣覆核屬實曾經照
會外部請英廷允准並發諭照辦旋接外部大臣勞偲
伯里復稱檳榔嶼設中國副領事官已轉咨英廷辦理
此事之衙門矣等因自應俟查明再辦現據外部函稱
接到新嘉坡及海門等處總督來函稱張振勳派為檳
榔嶼之副領事無所不可是以已認其為中國副領事
等語相應鈔錄往來照會函件咨呈　貴衙門謹請查
核須至咨呈者

計鈔單

光緒十九年正月二十日

咨總理衙門並北洋大臣李 雲貴總督王　送科干地圖

為咨呈(會)事竊查滇緬分界並爭論野人山地一事本大
臣曾於光緒十八年十二月初九日抄錄與英外部往
來照會及永昌府等告示各件咨呈(會)　貴衙門(猷鑒)察核
在案英外部自經本大臣疊次催促仍為印度部及印
度總督所牽制未肯就範旋又送到照會一件措語尚
多矯強專以中國無管轄野人山地證據為辭而於本
大臣前詰數端仍無一句詳覆不知中國近年雖無管
轄野人山地證據英與緬甸更無管轄大金沙江以東
野人山地證據外部非不深知底蘊特姑為遊辭以支
展耳惟其後段有讓地互換之說本大臣遣參贊馬格
理告以此等照會暫緩不覆本大臣但務實事不必以
空文往返徒延時日因詢其所讓何地彼始送到科干
地圖及節略一件告以地太褊小彼又允添潞江西地
與科干地大小相等尚未送到圖說而大金沙江以東
之野人山地仍作中英兩國甌脫如此既可限制英人
杜其誘脅滇西土司之漸而中國辦理交涉稍覺得體
可免為各國所輕視詎料印度部既允復翻未肯遵辦
現正與外部逐日爭論俟確有就緒相機了結再行咨
呈(會)外相應鈔錄外部來文一件科干地圖並節略各一

件。咨呈（會）貴衙門（欽差）謹請察核（請煩查核）須至咨呈者。

光緒十九年二月初二日

咨總理衙門並北洋大臣李（雲貴總督王　兩廣總督李）法外部鈔送暫往越南華民免稅兩月新章

為咨呈（會）事。竊照越南等處徵收華民身稅一案。屢經本大臣照會法外部。請其設法裁革。以蘇民困。無如該外部總以酌辦為詞。久未見復。本大臣因於正月十六日備文照會重申前說。並飭駐法代理使事參贊官慶常。面為催詢。並與反復理論。茲於二月初一日接法外部照會。內稱聲明尚有未盡情形。應俟查核。先將該處鈔送新章一通。咨送查閱。按照西歷一千八百九十年五月十五日定例。凡有華商經中國官員。向法國領事等官請領護照者。准赴越南及北圻地方。出入往來。限兩箇月內。免徵內地一切賦稅等因。查法外部此次送到越南總督畢楷新定章程。凡有華商赴越南及北圻地方往來。兩箇月內。免徵一切賦稅。雖為日太促。究於暫往之華民。稍有裨益。自應行知滇粵各省查照。以便嗣後凡有華商請照。赴越南及北圻地方。出入往來兩箇月內。即可免交一切賦稅。除俟法外部將越南未盡情形。查明知照前來。再咨達外相應鈔錄兩次問答節略。並往來照會各一件。又越南新章一通。咨呈（會）貴衙門（欽差）謹請查核。須至咨呈者。

計鈔單五件

光緒十九年二月二十日

咨總理衙門並北洋大臣李　雲貴總督王　滇邊展界並請查

勘漢龍關地方

爲咨呈會事竊照滇緬分界並爭論野人山地一事本大臣曾於二月初二日鈔錄英外部來文並科干地圖節略各件咨呈會　貴衙門撫部堂察核在案外部既送科干地圖後又允添潞江以西地與科干地大小相等始論及大金沙江以東野人山地辦法本大臣初仍執劃江爲界之說該外部侍郎山特生乃云可作中英兩國甌脫本大臣已飭馬格理允之矣次日外部忽又翻異堅稱印度部不肯答允且謂潞江左右彼已讓地不少何以

此地仍作甌脫本大臣往晤該外部大臣勞偲伯里詰以山特生自出此言堂堂外部豈可失信彼以山特生並未請示爲辭迨再三辯駁始據稱願中國仍受彼讓地兩處滇西老界毘連野人山地者亦可酌量展出所展里數若干俟本大臣辦文去後再行答復等語本大臣因即辦文酌擬辦法所索各端大致皆已與彼議定者惟邊界外展拓之地扯算闊二十英里一節因滇邊直抵大金沙江約計不滿四十英里本大臣仍隱主各半均分之意以立說也行文去後彼又以電商印度總督爲辭遲遲不復再三催促始據稱印度部大臣金白

雷願讓我展出邊界五英里而昔董大寨尚不能在我界內查五英里實合中國十六里又半告以所展太窄且昔董不歸中國斷難了結頃據送到復文則又稍變五英里之說改爲以庚老開欽全地讓我約三百英方里昔馬亦在其內又將坪隴之南界線以西地一小塊劃歸中國約數十英方里如此則我所得地仍與展五英里之說通計不相上下查昔馬在野人山地非盞達邊內之昔馬去冬印度發兵佔踞駐營築臺於滇西形勢不無關礙彼既堅不肯讓昔董苟可收回昔馬亦稍足爲固圉之計惟當與議定退出期限耳至漢龍關自

明季已淪於緬騰越八關既去其一形勢不全本大臣曾向索還外部屢電緬員查覆因華名與土音歧異彼族亦不能勘得其地據云若在猛卯土司東南必可歸還中國若在猛卯西南彼恐隔斷與緬屬南坎土司往來之路勢難歸還查漢龍關土名宛定金養檢閱各圖或在猛卯東南或在西南往往歧出似應咨明雲貴 請貴督部堂豫電騰越廳派員會同猛卯土司勘實漢龍關所在地方以免勘界時爲緬員所朦混實有裨益除外部來文尚有數端須與理論再辦復文一面電達梗概請總理衙門 貴衙門 核示外相應鈔錄與外部往來文件暨洋漢文地圖咨呈 會 貴衙門 督撫部堂 謹請察核 請煩查核 須至咨呈者

計鈔往來文三件洋漢地圖各一件

光緒十九年四月初三日

咨總理衙門並北洋大臣李 南洋大臣劉 雲貴總督王 與英

外部續催緬甸進貢

爲咨呈（咨會）事竊查中英所定緬約第一條內緬甸每屆十年向有派員呈進方物成例英國允由緬甸最大之大臣每屆十年派員循例舉行所派之人應選緬甸國人等語本大臣前聞英國印度部各員頗持異議有不願遵辦之意恐此約遂成虛設曾經行文催論查此事又與滇緬分界一事互相牽制蓋英本大國其輿論恥有納貢中國之名頗譏外部前此定約爲非法德各國新報又從而揶揄之外部不無悔意然彼亦知此約所關於名者稍損所得於實者已多蓋必力行此約然後可將　前出使大臣曾　所議界務商務三端悉棄不顧迨本大臣屢與理論彼始咨文稱英廷現已豫備於光緒二十年第一次派員赴中國蓋其用意甚深實爲滇緬分界不能稍讓地也然彼又於商論界務時屢示微意謂我於貢事如稍允通融彼亦於界務可格外退讓本大臣以中國體面攸關堅持原約而於分界各端仍斷斷與爭乃稍出彼意外印度部之所以屢允屢翻者職是之故外部此文接到已久本大臣以界務未了難免變端未敢信爲定論今既逐漸就範貢事亦不至誤

期相應譯鈔外部來文一件咨呈（咨會）貴衙門（督部堂）謹請察核（請煩查核）須至咨呈者

計鈔單一件

光緒十九年四月初三日

咨總理衙門並北洋大臣李雲貴總督王　收回車里孟連兩土司全權

為咨呈會事竊照英廷前因滇緬分界一事曾行文爭論江洪車里孟連兩土司向為兩屬又稱新設威邊一廳係江洪孟連所分之地彼不能認中國此舉為合例等語經本大臣據理答復曾於光緒十八年十二月初九十六日鈔錄往來照會咨呈會　貴衙門歟鑒　察核在案查英廷用意在獨踞大金沙江以東野人山地欲杜我爭辯因特舉此事以相抵制本大臣曾與再三駁論彼已允我收回江洪孟連全權而威邊廳亦即在內外部三月二十三日來文旣照辦矣次日外部又稱歐格訥寄到證據謂我自稱新闢夷疆實不能認為中國之舊地彼族於中國邸鈔等件隨處留意足見其用心之深長然揣其命意則仍在促我了結不再多索大金沙江以東之野人山地也彼視野人山地如此鄭重則知我發端之初力索野人山地稍足扼其要領所以能使彼漸就範圍者未始不由於此耳除仍切實理論相機速了外相應鈔錄外部來文節畧並恭錄邸鈔咨呈會　貴衙門歟鑒　謹請察核請煩查核惟外部來文所稱原奏尚未查到須至咨呈者

計鈔單三件

光緒十九年四月初三日

咨總理衙門並北洋大臣李　與法外部再論越南流寓華民身稅

爲咨呈事竊照越南等處徵收華民身稅一案前經法外部先將該處鈔送新章一通咨送查閱聲明凡有華商經中國官員向法國領事等官請領護照者准赴越南及北圻地方出入往來限兩箇月內免徵內地一切賦稅等因比經本大臣咨明　貴衙門大臣查核在案查華商赴越南及北圻往來限兩箇月免徵內地賦稅爲期太促因飭代理使務駐法參贊慶常往法外部再與理論須將身稅一項全行裁革以蘇民困茲據該參贊稟稱與法外部大臣德維勒會晤所論身稅並李梅在京辦理交涉事件法商辦理鐵路工程之事以及瀾滄江上游老撾土司之地有屬越南者應與中國會商如何劃分請達　總理衙門以便開辦各節不無關係均已遵照本大臣所告各節一一與辯駁等情並將問答節畧錄呈前來相應鈔錄問答節畧一件咨呈　貴衙門大臣謹請察核又法議院會議鐵路一事應併譯鈔以備查考須至咨呈者

計鈔單

光緒十九年五月初一日

咨總理衙門並北洋大臣李　鈔送加那大新議華民入口例章

爲咨呈事竊查英國屬地加那大政府苛待華民一案本大臣前經照會外部請英廷設法令其革除俾華人往來加那大者可以自便旋接外部照覆內稱加那大政府改易一千八百八十六年華人入口之例第十三條一節已轉咨藩部大臣俟接回音再當照復請爲查照等語經本大臣於上年九月二十六日備文鈔錄往來照會咨呈　貴衙門大臣查核在案茲接英外部尚書伯爵勞偲伯里照會稱加那大新改華民入口之例藩部尚書已將此事轉咨加那大之總督今藩部接得加那大議政院詳單茲特附上貴大臣卽知其例必須修改之故並辯明並無不睦於

中朝之意等因相應鈔錄照會一件報單一件咨呈

貴衙門大臣謹請查照須至咨呈者

光緒十九年五月二十八日

咨總理衙門並北洋大臣李　與法外部詢問法暹起釁情形

爲咨呈事。竊查法國與暹羅啟衅一事。英報屢言中國將有派兵助暹之舉。以警動法國。法人亦有鑒於越南前事。不能不以中國爲慮。稍覺躊躇。本大臣思中國固不願攙預暹羅之事。致生枝節。然處之當在不離不即之間。若竟置不問。難免爲法國所輕視。且寓暹華民數十萬。未便漠視。而瀾滄江上下游兩岸。皆係中國雲南之地。誠恐法人肆然無忌。得步進步。亦不能不聲明在先。因函飭駐法參贊官慶常。赴法外部詢問法暹起釁

緣由。並與申說一切。茲據該參贊稟稱。巳與外部大臣德維勒會晤。詢明各事。據稱事可就範。不致大動干戈。法不願兼併暹羅。亦不廢其自主之權。即將晤談情形。及法暹起釁緣由。電囑公使李梅詳達　貴衙門大臣以免疑慮等情。據此並送問答節畧前來。相應鈔錄問答。咨呈　貴衙門大臣謹請察核。須至咨呈者。

計鈔單

光緒十九年六月十三日

咨北洋大臣　順直水災捐廉助賑

爲咨呈事。竊查今年永定河北運河水勢盛漲。衝決隄埝。順直數十州縣。皆成澤國。漂沒田廬。爲近年未有之巨災。畿輔生靈。屢遭昏墊。困苦饑寒。殊爲可念。本大臣查捐賑一事。久成弩末。遠隔海外。措手尤難。去年九月。本大臣曾經奏明。請
旨將光緒十四年力襄蘇皖賑務之英國新嘉坡總督施密司等。傳諭嘉獎。以資鼓勵而策後效。除迭次函飭新嘉坡黃總領事。陸續募捐。逕匯天津籌賑局外。本大臣又欲就英法兩館。設法勸捐。祗因參隨各員。所得俸

薪。疊形減折。殊多竭蹶。不得不酌予體恤。茲本大臣自捐庫平銀三千兩。購買匯豐銀票。相應附文咨請　貴大臣飭交籌賑局查收備用。稍盡微忱。仍請示覆施行。須至咨呈者。

光緒十九年十一月十四日

咨總理衙門　與法外部議保護暹羅並甌脫之地

爲咨呈事竊照本大臣於十月二十五日祗准　貴衙門電開嚮英使言彼現與法在巴黎商湄江東岸局外地願歸中國及保暹之策欲中國亦助力向法商議以定三國共保之約可免後患希飭參贊恩恭塞克與法外部言之得覆再商辦法等因本大臣查英法互商保暹之約大致可望就緒不至決裂所議局外甌脫之地須由英法兩國派員往勘情形再行定奪其歸中國統轄一節屢見法國新報咸以中國並未用力無端得此

利益衆情頗爲不悅幸外部尙無異言英外部亦以中國此次爲之助力屢持公論謂此地歸中國爲最妥且欲令其地形寬闊本大臣所注意者一則欲以南狐江卽大宣河爲東界可與法人界劃清楚卽將來車里勘界亦省無窮轇轕一則英法派員中國亦須派員同往以免車里南界受彼矇混已飭署理法館參贊恩恭塞克與法外部商議法人未肯遽允現託英外部代爲磋磨約須稍緩方有眉目至英法兩國互約不許因以甌脫地歸中國藉此另圖得中國利益彼既互相猜防中國亦隱受其益此舉爲有利無弊矣竊查英法現定甌脫之地可歸中國者東西約一百四五十里南北約三百餘里幅員不亞於帕米爾西南兩面皆據湄江形勝其襟帶之雄人物之蕃土脈之腴似過於帕米爾遠矣除緊要機宜陸續電達外茲將致英法外部照會暨恩恭塞克來函法外部所印黃書並譯稟及一切信函節畧共十一件相應咨呈　貴衙門謹請察核須至咨呈者

光緒十九年十一月十四日

咨總理衙門並北洋大臣李雲貴總督王與英外部理論英兵焚燒虎踞關野寨

爲咨呈會事竊照本大臣於光緒十九年十二月十五日承准總理衙門貴衙門電開滇督電稱月初有英兵二百餘深入虎踞關距章鳳街相近之邦且寨焚燒野寨十餘處野人二名其兵官率約士聲稱上年英兵過境野人攔路放槍奉札至彼罰錢交不滿數故焚燬十三家查現有英參贊巴衛理在彼會同勘界而兵官尚深入邊地橫行不顧大局請轉電向外部理論嚴禁以杜將來等語除告歐使外希向外部詰問禁阻即電復等因准

此本大臣當已赴外部理論電陳大概情形在案查虎踞關距滇邊近守新街較形寫遠英人始終不肯認虎踞關在我境內印度總督尤異常狡悍此發兵焚燬野寨正在勘明虎踞關界址之時未始非明示不願讓關之意蓋恐我力索此關則彼讓地較多情有所不甘也本大臣祭度情勢勘分邊界不可再緩未便因爭論一隅致妨全局因與外部通融商搉將虎踞關以東界綫劃定所訂條約亦已告竣自此其狠詐處當可相安前據外部送到節略亦稱俟劃界條約定妥英廷當囑英員於擬讓中國各地所居野人不去切實管理亦不干預野人之事等語是此後可無慮生事矣然本大臣尤以兩國辦理勘界之事愈速愈妙也相應譯錄英外部所送節略咨呈會貴衙門歡鄉堂查核須至咨呈者

光緒二十年正月初十日

咨總理衙門並雲貴總督王　鈔送英外部請展緩緬甸進貢年限

爲咨呈會事。竊查緬甸條約第一款。內開緬甸每届十年。向有派員呈進方物成例。英國允由緬甸最大之大臣。循例舉行。所派之人。應選緬甸國人等語。本大臣初聞英廷意在延宕。是以商議滇緬條約之先。卽將貢事迭次催詢。外部與印度部商議。初次覆稱貢期應在光緒二十七年。經本大臣按約辯論。不稍鬆勁。外部繼稱應在光緒二十三年。最後乃稱光緒二十年爲初次派員之期。然本大臣知其意甚勉强。實爲議約不肯稍讓起見。姑作是說。以塞中國之望。旣而分界通商條款。逐漸議定。似聞印度總督深咎外部所讓較多。頗悔貢期之太早。本大臣所以辦文催問。外部覆文果有聲請展緩之說。本大臣思外部於分界諸事。頗能勉力通融。若必責令緬員於本年入貢。爲期已甚匆促。萬一辦理不能應手。轉啟後來玩視之漸。爰卽辦文。允其暫緩一年。並堅持原約。告以明年必須如約舉行。詎該外部以文中無咨送 總理衙門 貴衙門 察度字樣。竟將原文送還。堅請轉咨。希冀多許展緩之期。本大臣一面告以 總理衙門 貴衙門 必不能許多緩。姑允轉達。以候酌復。仍請 總理衙門 貴衙門

堅持約章。駁以礙難久緩。咨行使館。卽可由使館照會外部。以杜彼族之覬覦。抑或由 貴衙門再許展緩一年。以示格外睦誼。則日後責彼照約辦理。彼更無辭。總之非有絕大權利。絕大體面。足與貢事相當者。斷難允其當緩。相應將往來照會四件。譯漢鈔咨 貴衙門 督部堂 察核。須至咨呈會者。

光緒二十年正月二十四日

咨總理衙門並雲貴總督王　收回英員新築天馬關大路

爲咨呈（會）事。竊照本大臣於上年八月二十九日、九月二十四日迭准雲貴督部堂王、貴督部堂電開：查得天馬關在猛密邦欠兩山間，坐東北，向西南。營盤基址、洞門均存。東北至猛卯屬之蠻允六十里，西北至大石頭一百里，係走猛洞大路。路內屬猛名，路外屬猛密。英人所修由新街達南坎之路，係在關內山梁上。又於十一月二十六日承准總理衙門、貴衙門轉雲貴督部堂王、貴督部堂電開：天馬關既允歸還，關內英修之路，如准其作爲借用，則華人亦

須出入，情形如此，均請酌廷等語。查本大臣初向英廷索還天馬關之時，不知英兵已築新路，即英廷亦未之知也。既開關內有英路一條，較形掣肘，固不能因此而遂不收回此關。英人堅稱八募南坎往來之大路，斷難隔斷，歷年所用工程經費，斷難棄擲。且此時尚未竣工，緬官亦未肯罷役。本大臣與外部仔細商議，知南碗河之南、天馬關之北，中國一小段地內，有最捷之大路，可姑允英人行走。則所經中國之境較短，不如所修英路之長。而英路一條，即可永歸中國，英人不復顧問，亦不借用。蓋既爲彼自修之路，雖名爲歸我，若仍許借用，究恐喧賓奪主，彼將阻抑華人，我亦無從遥制。今許行稍北之大路，則離邊更近，且非彼所自修，在我立約限制，尤爲名正言順。今於約內議定：除中國商民與土人仍舊任意行走外，亦聽英國官員商民行走。英國如欲修理或築以臻平穩，告知中國官後，便可動工，或須保護商賈，亦准籌備辦理。議定英國之兵經過此路者，如逾二百名，若未經中國官答允，即不准過此路；如在二十名以上，即須豫先行文知照中國等因。似於防弊之法略備梗概。除條約另派委員賫送總理衙門、貴衙門外，至英外部所詢能否於未換約勘界之前先將此路借用一

節，應請咨行雲貴督部堂、貴督部堂查覆，以便答覆外部。相應將往來照會二件譯漢鈔咨貴衙門、督部堂，謹請察核，請煩查核。須至咨呈者。

計鈔單

光緒二十年二月初二日

咨總理衙門　進呈新訂滇緬條約

爲咨呈事。竊照本大臣遵
旨與英國外部議定滇緬界務商務約款共二十條。擬
與英外部大臣勞偲伯里先將草約畫諾以杜狡變業
於本年正月二十日專摺奏明並鈔錄原摺咨呈在案。
本大臣隨於正月二十四日率同參贊馬格理等赴英
外部會同該尚書勞偲伯里將華英文約稾互相畫押
蓋印現復照繕正本條約華英文一冊賫送　貴衙門
謹請進呈
御覽恭候

批准以備互換並將本大臣與英外部互相畫押蓋印
之華英文一冊賫送　貴衙門驗收存案開辦施行所
有繕正之條約暨畫押蓋印之條約共計二冊裝成一
匣並畫押蓋印之滇緬分界圖一分二張茲派駐法三
等繙譯官同知銜候選知縣世增駐英隨員同知銜江
蘇候補知縣沈翊清賫赴　貴衙門呈交以昭慎重除
分別札飭妥慎經理外相應咨呈　貴衙門謹請查照
分別驗收　恭
進施行須至咨呈者。

計開

恭繕進呈滇緬條約華英合璧本一冊
畫押蓋印滇緬條約華英合璧本一冊
畫押蓋印滇緬分界圖一分兩張

光緒二十年二月十八日

附錄新訂滇緬條約

第一條　一今議定兩國邊界自北緯二十五度三
十五分起由格林尼址東經九十八度十四分即北
京西經十八度十六分之尖高山起隨山脊而行向
西南過高嶺坪及瓦嶺山尖由此過華昌村與高嶺
村之中間以華昌村歸緬甸高嶺村歸中國直至薩

伯坪　自薩伯坪起其綫向西而行稍向南過式脫
嶺坪到納門格坪由此仍向西南隨山脊而行至大
薩爾河自此河源至此河與南太白江相會處分尤
克村在東列棒村在西　自大薩爾河與太白江相
會處起界綫溯南太白江而行至此江與雷格拉江
相會循雷格拉江上至其源在尼克蘭相近自雷格
拉江發源處分尼克蘭古庚昇格拉在西昔馬及美
利在東其綫自來色江之西源起至此江與美利江
相會處復溯美利江上至其源在赫畚辣希岡相近
分克同村在西列塞村在東界綫即循穆雷江向東

南而行。至與旣陽江相會處。然後溯旣陽江上至其源在㬋路坪。然後由南奔江（卽紅蚌河）西支源起。順南奔江而行。至流入太平江（卽大盈江一名檳榔江）之處。以上係首段之邊界綫。

第二條　一第二段之邊界。由庫弄河（一譯作葛龍江）與太平江相會處起。循庫弄河經過其西邊一條之支江。至其根源。自此向南而行。與洗帕河（卽下南太白江）相會。適在漢董之西南。以麻湯歸英國。壘弄格東鐵壁關漢董歸中國。至此溯洗帕河之支江而上。此江有根源。最近孟定格江之根源。卽循山脊而行。向東南方。至

南碗河邊靠南之克沱。以克沱歸中國。配命歸英國。循南碗河向西南方而行。下至該河轉向東南處。約在北緯二十三度五十五分。其綫由此往南稍向西至南莫江。以南蓋歸英國。循南莫江而行。至南莫江分開處。約在北緯二十三度四十七分。溯南邊一條之支江而行。至蠻透南邊高嶺之脊。約在北緯二十三度四十五分。卽循此嶺脊而行。此嶺脊係向東行。稍向北。至瑞麗江（卽龍川江）與南莫江相會處。以蠻秀地方及天馬關欣隆拱卯各村歸中國。此數處在以上高嶺之北首。卽溯瑞麗江而上。至此江分流處。再溯

南邊一條之支江而上。以江中大洲歸中國。至此江與孟卯相對。東邊合流相近之處。如第三條所開。中國答允由八募至南坎各路中之最捷一條大路。經南碗河之南中國一小段地內。除中國商民與土人仍舊任意行走外。亦可聽英國辦事官員及商民游歷之人行走。並不阻止。英國如欲修理此路。或設法改築。可臻平穩。告知中國官後。便可動工辦理。又有須保護商賈。或防偷漏等事。英國亦可籌備辦理。又議定英國之兵。可以隨便經過此路。但如兵數過二百名者。若未經中國官答允。卽不准過此路。所有

帶軍器之兵。如在二十名以上。卽須預先行文知照中國。

第三條　一第三段之邊界。自瑞麗江與孟卯相對。東邊合流相近之處起。照天然界限。及本地情形。東南向麻栗壩而行。約到格林尼址東經九十八度零七分。北京西經十八度二十三分。北緯二十三度五十二分地方。有一大山嶺。自此循嶺脊而行。過來邦及來本隴。至薩爾温江（卽潞江）。約在北緯二十三度四十一分。此段由瑞麗江至薩爾温江之邊界。應照第六條所開。由勘界官劃定。所有歸與中國之地極少。

須與孟卯至麻栗壩作一直綫爲邊界所包括之地相等儻查得合式可爲邊界之處尚須加添少許之地歸中國則中國應將別處邊界之地給還少許與英國此事俟日後酌辦可也　自北緯二十三度四十一分起邊界綫循薩爾温江至工隆北首之邊界卽循此工隆邊界向東留出工隆全地及工隆渡歸英國科干歸中國由此循英國所屬之瑣麥與中國所屬之孟定分界處之江而行仍隨此兩地土人所熟識之界綫至界綫離此江登山處以薩爾温江及湄江（卽瀾滄江）之支江水分流處爲界綫約自格林尼址

東經九十九度北京西經十七度三十分北緯二十三度二十分約至格林尼址東經九十九度四十分北京西經十六度五十分北緯二十三度將耿馬猛董猛角歸中國在格林尼址東經九十九度四十分北京西經十六度五十分北緯二十三度處邊界綫卽上一高山嶺此山名公明山循山嶺向南而行約至格林尼址東經九十九度三十分北京西經十七度北緯二十二度三十分以鎮邊廳地歸中國然後其綫由山之西斜坡而下至南卡江卽順南卡江而行約過緯度十分之路以孟連歸中國孟侖歸英國

然後循孟連與康東之界綫此界綫亦皆土人所熟悉至北緯二十二度稍北處卽離開南卡江向東略南循山脊而行至南壘江約在北緯二十一度四十五分格林尼址東經一百度北京西經十六度三十分由此循康東及江洪之界綫此界綫大半係順南壘江而行惟除屬江洪一小帶之地係在南壘江之西北緯二十一度四十五分稍南界綫行至江場邊界後約在北緯二十一度二十七分格林尼址東經一百度十二分北京西經十六度十八分卽循江場與江洪之界綫而至湄江

第四條　一今議定北緯二十五度三十五分之北一段邊界俟將來查明該處情形稍詳兩國再定界綫

第五條　一現因中國不再索問永昌騰越邊界外之隙地英國大君主於北丹尼（卽木邦）地及科干照以上所劃邊界讓與中國之外又允將從前屬中國兼屬緬甸之孟連江洪所有緬甸上邦之權均歸中國　大皇帝永遠管理英國　大君后所有權利一切退讓惟訂明一事若未經　大皇帝與　大君后豫先議定中國必不將孟連與江洪之全地或

片土讓與別國。

第六條　一約內所開邊界各綫。及所附之地圖。繪明詳細應由兩國所派勘界官比較劃定以免地方官民爭論。如查得無論何處有未甚妥協者應行更正。兩國勘界官查出所定界綫。必須改易其互易之地不應僅視其地面之大小。須論其地土地之肥瘠。及緊要與否。倘勘界官不能商妥。應速將未妥情形各報明本國　國家核辦。　勘界官又須設法查勘中國舊邊界名爲漢龍關者。倘查得在英國境內。英國當審察可否歸還中國。如查係在孟卯東南。卽係在孟卯至麻栗壩直綫之

北邊則已歸中國矣。

第七條　一劃界之事。經兩國勘界官勘定後。兩國如有越界之兵寨等。於八箇月之內一概退出。彼國兵退此國立卽派兵接駐。兩國應將退兵駐兵日期豫相知照。自駐兵之日起。應各擔保界內所居之各種野人安靜無事。　除保護邊界各地安靜必應有之兵寨外。兩國答允各不在邊界十英里之內建修新舊礮臺營寨。英里量法。係從最近之邊界作一直綫量之。

第八條　一英國極欲振興中緬陸路商務。答允自條約批准之日起。以六年爲期。中國所出之貨及製造之物。由旱道運入緬甸。除鹽之外。概不收稅。英國製造之物及緬甸土產。運出緬甸。由旱道赴中國。除米之外。概不收稅。其餘悉照第十條第十一條辦理。

以上鹽米之稅。不得多於出入海口所收之稅。

第九條　一凡貨由緬甸入中國。或由中國赴緬甸。過邊界之處。准其由蠻允盞西兩路行走。俟將來貿易興旺。可以設立別處邊關時。再當酌量添設。中國欲令中緬商務興旺。答允自批准條約後。以六年爲期。凡貨經以上所開之路運入中國者。完稅照海關

稅則減十分之三。若貨由中國經此路運往緬甸者。完稅照海關稅則減十分之四。凡有陸路出入貨物。應給發三聯單。卽子口稅單　照通海口岸章程一律辦理。運貨經過中國地段。如在此約所准之路之外。及有偷漏等弊。倘中國官願行查辦。卽可將該貨充公。

第十條　一凡以下所開軍器。非經國家准購。不得由緬甸運入中國。亦不得由中國運往緬甸。此等貨物僅准售與奉國家明諭購辦之人。不得售與他人。如各種槍礮及實心彈。開花彈。大小彈子。各種軍械軍火硝磺火藥。炸藥。棉花火藥。及別種轟發之藥。

第十一條　一食鹽不准由緬甸運入中國。中國銅錢米豆五穀不准運往緬甸。鴉片及酒不准由兩國邊界販運出入。惟行路之人准其各帶若干以備自用。每人准帶之數應照關章定奪。　若犯此條及前一條，即將所有之貨充公。

第十二條　一英國欲令兩國邊界商務興旺，並使雲南及約內中國新得各地之礦務一律興旺，答允中國運貨及運礦產之船隻由中國來，或往中國去，任意在厄勒瓦諦江（即大金沙江）行走。英國待中國之船如稅鈔及一切事例，均與待英國船一律。

第十三條　一中國　大皇帝可派領事官一員駐劄緬甸蠻允。中國領事官在緬甸，英國領事官在中國，彼此各享權利，應與相待最優之國領事官所享權利相同。如將來中緬商務興旺，兩國尚須添設領事官，應由兩國互相商准派設。其領事官駐劄滇緬之地，須俟貿易爲定。　中英兩國領事官在所駐之地與其地方大員往來，均係平行。

第十四條　一英國商民等欲由緬甸赴中國，應向合宜之英員請中國派駐仰光之領事官或邊界上之中國官給發護照，方能前往。其護照式樣一邊英文，一邊華文，與通商口岸所給護照無異。華民欲由中國赴緬甸，如願領護照者，可向華官請英國駐劄蠻允之領事官給發護照。儻遇中國別地有一英國領事官，亦可就近請給護照。

第十五條　一英國之民有犯罪逃至中國地界者，或中國之民有犯罪逃至英國地界者，一經行文請交逃犯，兩國即應設法搜拿，查有可信其爲犯罪之據，交與索犯之官。　行文請交逃犯之意，係言無論兩國何官，祇要有官印便可行文請交。此種請交逃犯之文書，亦可行於罪犯逃往之地最近之邊界官。

第十六條　一今欲令兩國交涉與貿易日臻蕃盛，並欲中國派駐仰光之領事官與中國大憲往來通電，兩國答允，俟可設法通電之時，應將兩國電綫接連。此綫創辦之始，專寄滇緬官商等往來電報。

第十七條　一兩國人民無論英民在中國地界，凡有一切應享權利，現在所有或日後所添，均與相待最優之國一律，不得有異。

第十八條　一約內所開通商各節俱非尋常款例，此由兩國察看地方情形及中緬陸路通商應辦之事，互相允讓而立。所有互給權利，兩國之民除有同

樣情形外不得在別處接壤之地照樣索問卽使有同樣情形亦必有同樣之允讓方可

第十九條　一以上通商章程係暫行試辦俟兩國察看得詳細情形如何去礙獲益可於交換批准條約六年後或中國願行修改或英國願行修改均可商議儻兩國俱願略早修改亦可

第二十條　一此約由　大清國　大皇帝　大英國　大君主五印度　大后帝批准自畫押之日起准六箇月在倫敦互換或能畧早亦可此條約應於交換後立卽開辦現在　大清 大英 國各大臣先蓋用關

防以照信守

此約共四分華文二分英文二分

光緒二十年正月二十四日卽西歷一千八百九十四年三月初一日在倫敦立

大清國　大皇帝特派欽差駐紮英京大臣二品頂戴都察院左副都御史薛　大英國　大君主五印度　大后帝特派欽差管理外部事務大臣勳賜極尊禪帶寶星世襲伯爵勞　各將　欽奉全權文憑互相較閱均屬妥協議定條款如右

咨總理衙門並北洋大臣李 雲貴總督王　送譯印野人山新圖

爲咨呈 送事竊照本大臣與英廷商議滇緬分界事宜滇省西南兩面均與野人山地毗連犬牙相錯延袤不下千餘里英外部曾出示野人分部地圖一幅攷覈頗爲詳實卽大金沙江以東野人種類不同名號不一分疆畫界彼此截然此等野人雖非內地人民可比從前中國以不治治之亦常羈縻勿絕涵濡

聖化者數百年近被強鄰以兵威脅服未嘗無喁喁內嚮之心經本大臣儘力爭論旣酌量劃地分隸中國以

固邊圉而全體統本大臣尤愛其圖之指畫詳明因向外部暫借翻印二十分又將地名另譯華文亦印二十分以備分咨查考除咨送 總理衙門 雲貴總督部堂 外相應將華洋文野人山地各部野人界域圖各二分另野人山地洋圖二紙咨呈 送 貴衙門謹請 貴督部堂請煩 存案備查須至咨呈 送者

光緒二十年二月二十二日

出使公牘卷之二終

出使公牘卷之三

無錫薛福成叔耘

書函　致總理衙門總辦

論接見外國使臣書　庚寅

敬啟者六月二十七日肅布英字第五號書計達　荃覽福成到洋後倏已五月有餘察看交涉情形粗有所見茲謹具一摺二片敬求　貴衙門荼遞除鈔稾咨照外有摺中未敢陳明者請爲　執事言之查西洋通例於各國使臣來駐國都者平日接待禮文頗爲周至異乎尋常即如朝會禮節其待各國使臣與本國貴戚一

體而與待國中之臣不同以寓賓敬之意即以聯彼此之情福成來英四月除常例朝會外樽俎款接聽樂觀舞已非一次前日閱彼國泰晤士新報將此事著爲論說謂中國
皇上親政之後尚未接見外國使臣其意不無觖望且似咎中國使臣不將外人接待情形告知本國以致中外交際之禮厚薄懸殊云云在彼族不知中國堂陛尊嚴自有體制萬不能與外邦之禮相提並論然準情酌理歐洲各使駐京十數年尚未一邀
覲見似於情誼捍然福成竊揣彼族不久必有合詞請見之舉屆時似不能卻然此議與其發之於彼而我始俯允之不如發之自我尤爲得體若
諭旨定期召見慰勞數語俾各如所願而退此王會之隆儀實懷柔之勝算福成於正摺中微引其端附片復詳陳之而於明請
諭旨一節仍不敢輕言於
君父之前誠以事體重大未可瀆陳而區區之愚終不能自閟伏祈回明　堂憲裁奪爲禱專肅布達謹請
勛安七月初六日英字第六號

論英使華爾身議華民入英籍書 庚寅

敬再啟者。昨聞人談及新嘉坡近事。知英使華爾身曾在　貴衙門建議。令英屬地華民悉入英籍之說。此舉殊駭聽聞。即飭參贊馬格理至外部。詢其知否。外部亦深訝異。謂華使老成穩練。不應輕發此議。福成竊揣情形。或因商議保護新金山華民。華使姑發此說以資搪塞。亦知其未必能行。遂未報知外部。從前威妥瑪常有此等舉動。希冀陰其術中。僥倖成議。出於外部之所不料。彼乃自詡其功。竊謂華使此說直可置之不理。彼亦無從置喙。今日海外各國屬地。寄寓華民不下二三百萬。其墳墓眷口。均在中國。不願竟化為異類。亦正斯民不忘本之意。萬無拒之之理。儻一國強令入籍。則各國必相仿傚。英屬地之待華民。除新金山外。均尚不至十分苛刻。若法屬之西貢。日斯巴尼亞之小呂宋。其虐待華人情狀。殆不可言。如悉令就地入籍。則絕百萬華人喁喁內嚮之心。恐各國聞之。益滋輕侮。不獨以後保護二字。無可復言。且非吾民所願。辦理必多窒礙。迫我既辦不動。而彼據成約以相責。召釁更多。福成未知華使是否實有此說。　貴衙門曾否與之開議。但既有所見。不敢不罄其愚。若因保護新金山等處華民。與華使商

議。未能就範。似不妨徑飭　敝處與彼外部磋磨。此間洽悉華民消息。較遠且事務稍簡。可以專精經理。斷不敢稍有推諉。除電達大意外。茲再瀝陳梗概。希即回明
堂憲裁奪。是禱。手此再頌　勛安。七月二十日

論英派員駐喀什噶爾及商設香港領事書 庚寅
敬啟者本月初六日接奉　鈞署來電當即電復大意
查英人欲於喀什噶爾駐員一節前月下旬敝署英文
參贊馬格理因事至外部晤侍郎山特生曾言有三事
相商一中國回疆之西南英屬阿富汗之東北中間有
地五六百里為布魯特遊牧所到該部久去其地幾同
甌脫既不屬中亦未屬英而逼近俄境恐日久必思佔
據英人不願阿富汗之與俄為鄰現擬占先手會同中
國勘明分轄其地以杜他族窺伺一中國允俄在喀城
駐設領事其地實無貿易俄人在彼設官籌度一切難

保不於印度有損英人隔在嶺外聲息不通無從窺測
擬請中國允英在喀設一領事以便伺察俄人一葉爾
羌之南克什米爾境內有一廢礮臺名曰剎衣都拉現
聞中國官兵屯紮其中此雖無甚緊要但此後即當永
久駐守勿再棄去致被俄據以上三事是否與中國使
臣在此商議報知中國辦理抑由英國駐京公使在
總理衙門商量辦理囑馬格理詢復　福成當時竊揣彼
雖設為兩可之詞實則隱謀已定必電該使華爾身先
探　鈞署意嚮再行相機設法又念　鈞署公事既繁
其中委曲底蘊未必盡悉　敝處屢於新聞紙中見其梗

概倉猝間又無由詳達因囑馬格理覆以不妨在此籌
商再告　鈞署外部果不出　福成所料諉以現印度方
派員前往察勘情形須兩月後再商而喀城駐員一層
果囑華使在　鈞署開議矣　福成就馬格理所述三事
而論其第一第三兩端若盡如該外部之說似於中國
無損辦理得宜或可有益倘非專係彼之有求於我故
暫匿不以告或將來由伊自行區畫竟不再言亦未可
定其駐員一層則必須中國允准方可舉辦所以先行
抽出來探口氣再作計議　福成竊思駐員一節於彼國
誠為大益於中國似尚無損何以言之俄人覬覦阿富

汗蓄意已久若英派員在喀則俄人圖阿富汗之舉動
纖悉必知喀與印度呼吸相通不致落人後著此所謂
有益於彼也中俄接境幾二萬里萬一有衅防不勝防關
外信息阻隔不能靈捷尤為可慮若喀城駐一英員於
英人通信固便但使新疆大臣駕馭外人有法於我亦
未嘗不便且喀城北鄰俄而允俄駐員南鄰印度而允
英駐員彼此接壤事屬一體此所謂無損於我也惟俄
於喀城以貿易為詞英現無貿易故不免閃爍其詞或
將來漸有通商之說亦未可定然通商一事固無損於
中國也所慮者喀城派員係俄之專約若許英亦駐員

恐開他國照行俄約之漸欲將此一層斡旋妥協似亦不難蓋凡條約本無之事如一旦驟議開端必彼此所讓利益足以相當後來自不滋流弊喀城添駐英員此條約之所無拒之原無不可但拒之而俄不見德英適見怨則不如不拒而索以利益相當之事前奉 鈞署大咨議設南洋各島領事此事英廷允否尚未可必然如檳榔嶼麻六甲柔佛等處能令允設領事固於保護華民一事有裨惟香港一區逼近粵垣且華人生聚日繁閩粵盜犯均恃此爲逋逃藪諸多掣肘從前屢次商設領事彼國堅持不允福成現擬乘此機會與之熟商

稍緩卽當鈔稟咨呈查核彼以英人未到之喀城尚欲駐員我以華人麕集之香港而與議駐員名正言順若彼或有未便而因此輟喀城之議我可不任受怨若彼因喀城設員勢不能已則香港之事彼亦當就我範圍然福成尚未以此二事明與相提並論萬一彼遵公法先允我添設領事鄙意或留喀城派員之舉另索他項利益更妙蓋因舊時交涉喫虧甚多所須更正者不止一端則 鈞署此時似不可鬆口稍露能允之意儻告華使以此事現方函詢敝處或稱已交福成就近與英外部妥商似尚渾含無迹是否如此卽乞囘明 堂憲裁奪幷乞先將大意電示爲盼肅泐密布敬請 勛安

八月十二日

英字第八號

論中外辦事情形書 庚寅

敬再啟者福成自到洋後熟察交涉情形大約彼國外部尙能遇事主持公道不如駐華使臣一味自逞私意强人所難如從前威妥瑪巴夏里之徒動輒要挾實皆以此爲見長之地非盡出英廷本意論者咸謂外部筦數十國交涉之事統籌大局故其心寬平駐華公使所筦祇一國之事其心迫隘皆欲多占利益取悅於其本國商民况從前中國未知外洋情形所予外人利益每以勉强得之因而習以爲常華使爲人雖較威巴諸使忠厚不甚生事然受在華商民之慫恿恐所難免又如

所議英地華民入籍一事亦於理勢多所窒礙彼或如 鈞署綜理各國日交涉之事公務繁冗海外情形倉猝又難詳達所以輒思嘗試近來外部亦頗恃此爲獨得之秘鄙意交涉之事有必須在內地辦結者如重慶通商等事非由 鈞署主裁斷難如此妥洽以其與內地督撫大臣行文商辦亦較順手也其不必盡由內地辦結者如保護華民等事或經出使大臣與外部從容辯論或由 鈞署主持而與使臣函電頻商務求靈通一氣蓋因使署事簡可以專精攷究全神應付且海外大局與彼國命意所在信息較內地靈捷也惟中外相隔旣遠函牘往來每延時日又苦電價太昂細情難達福成現方籌輕減電價疏通消息之法俟有端倪再當詳細布達請 鈞署酌核示遵敬泐再頌

勛安 福成又肅 八月十二日

論添設香港領事及英派員駐喀什噶爾書 庚寅

敬啟者南洋添設領事一節昨備文照會英外部已譯稾咨呈　冰案旋准外部文稱此事英廷現須詳審稍緩即復　福成　惟恐其將香港一區聲明除開不設則仍無異買櫝還珠因囑馬格理以己意微探外部侍郎山特生口氣明指香港而言山特生謂只要中國能得一深明洋務之領事不致侵權越分亦無礙難之處察其詞意似尚易商惟每事必設法支展俟迭經催商而始辦則外部之常例也至喀城駐員一節遍來外部尚未提及竊思此事係華使在　鈞署所請與南洋所請領

事初不相涉惟目前彼之鬆口實因有求於我若知鈞署於喀城之事竟不通融彼或因絕望而變前議抑或遽爾允許又恐其已得所欲轉將我商設領事之議擱起刻下　鈞署似亦宜用支展之法告以未知喀城情形以函詢彼處遲更爲辭一往返之間即可展緩數月以觀動靜將來確知其無甚關礙再由　鈞署另索他項利益相當之事更爲妥洽總之香港設領事與喀城駐員二事本係分開各辦現似不必相提並論惟內外消息卻須靈通仍乞隨時　電示至　鈞署慮及喀城通商一事似尚非彼族命意所重如衆議以爲不便或將此層預與說明以杜後患亦無不可即乞回明堂憲裁奪除將外部照復譯稾咨呈外肅泐奉布敬請

勛安　九月初十日　英字第九號

論藏印通商事宜書 庚寅

敬再啟者查藏印條約第四款有藏哲通商應如何增益便利一事容後再議之語福成詢之馬格理據云廓爾喀等國與印度通商入印度境不收進口稅以英人意在招徠也印度貨入廓爾喀境須納進口稅以其地素貧不能不藉供國用也將來印藏商務若與議藏貨入印不納稅印貨入藏須收稅英官似可應允等語自不妨以此說知照升大臣存爲此時議約之料件因從前各約當時未審利弊日久每形掣肘此後爭得一分利益即有一分體面且可據爲別案張本也愚見如此

伏乞回明　堂憲裁奪爲荷肅此再請　勛安 九月初十日

論添設南洋領事書 庚寅

敬啟者南洋添設領事一節頃已准英外部照復應允尚無難詞其所稱聞有待查地方情形刻下或難照給文憑須由英廷察看定奪者係指新金山一處而言福成現擬先將調左秉隆前往香港開辦一層及改新嘉坡爲總領事兼轄檳榔嶼麻六甲各島之說備文照會外部以免緩則彼族另生枝節查前任郭大臣議設新嘉坡領事時開辦之初大費筆舌始獲應允後曾侯擬設香港領事辯論再三迄無成議此次南洋各島及香港之議彼遽慨然允諾固由

朝廷威福漸摩所致亦因喀城駐員一層彼所注意或以此示先施之義聞華使在　鈞署開議未知曾否略索他項利益示以可允之機抑或以行查一說藉稍宕緩以觀動靜想　堂憲必有主裁此事福成旣未與聞未敢遽參末議惟念南洋准添領事則法日荷各國屬地皆可以次仿行徐商添設於海外商民大有裨益香港准設領事則於廣東省垣政事裨補尤多是此舉在我所收權利已不爲少其喀城派員英意重在伺察俄情聞其所遣之員不必定以領事爲名若我駕馭有方萬一中俄有釁我亦可藉英以察俄情似尚有益無損

侍訂議時斟酌可耳。鄙見如此。伏乞同明　堂憲酌奪爲荷。除將英外部照復原文。譯漢咨呈外。肅泐奉布。敬請　勛安　十一月初一日　英字第十二號

論添設南洋領事經費書　庚寅

敬再啟者。香港及檳榔嶼各島事宜。福成再四籌思。將來開辦之日。香港歲費約略與新嘉坡相等。當以七千金左右爲譜。似須由廣東督撫院就近在粵海關劃撥。歸出使經費項下扣除。免如新嘉坡之由敝處收撥。以銀易鎊。又以鎊易洋銀。輾轉耗折。更添往返匯費。惟派員則須歸出使大臣。以便外部如有異議。可與理論。仍兼歸粵省與使臣統轄。蓋其所辦交涉之事大半關係地方之事。所以與使臣勢難隔膜。而與粵省尤爲切近。義當兩屬。稍殊各口領事情形也。至新嘉坡附近各島。查

丁軍門原文所敘。計檳榔嶼。麻六甲。芙蓉。白蠟。石蘭莪柔佛。共有六處。若必處處循照定章。添設領事。殊恐所費不貲。今籌變通之法。擬改新嘉坡領事爲兼轄檳榔嶼麻六甲總領事。俾其銜秩稍崇。便於控制。暫不必盡照總領事之例支領月薪。稍資撙節。惟其所管華民倍多。事務較繁。不能不添派繙譯隨員各一人。襄理一切。至其出赴各島巡護華民之費。亦須覈實開報。不出則不開支。又芙蓉等四處。應令該總領事選擇各處殷實公正之紳商。畀以副領事名目。月薪約以百金爲度。如未得其人。甯闕毋濫。統計所用歲費。當不逾八千餘金

之數較之歷年新嘉坡所用僅加一倍而六十萬華民均獲保護裨益實多此欽地當衝要局面更廣非熟悉洋情者不能勝任愉快查有使署參贊黃道遵憲精明幹練曾充舊金山總領事措置裕如堪膺斯任以上辦理各節擬請回明　堂憲詳悉指示一面容與外部商定明年再行開辦手泐再請　勛安十一月初一日

再論添設香港領事及英派員駐喀什噶爾書庚寅

敬啟者英廷允設南洋各島領事及調左秉隆往香港開辦業經外部照復陸續鈔稟咨呈　冰案福成前於英字第九號函中曾聲明香港設領事與喀城駐員二事分開各辦不必相提並論誠以向來中外交涉之件外部往往設法支展且因到洋日淺外人之情實亦未能深信不敢遽謂確有把握也乃此次外部始終無一言阻難且並未支展時日慨然應允力顧兩國交誼實出意計之外福成前函謂其必因喀城一事以示先施之義第念此事由華使在　鈞署所請應由　堂憲主裁非使臣所敢遙參末議則仍不欲以兩事相提並論之意乃近日外部侍郎山特生致本署參贊馬格理函措詞雖極婉轉而已微示責報之意竊思福成初接　鈞署大咨於南洋籌設領事一節頗苦無從著手及聞華使有喀城駐員之請乃得乘間而入先詰以公法中國在英屬地皆可添設領事繼又明指香港一區而言亦思彼若允我所請則我收回權利已多與彼所求既足相抵萬一不允所請則喀城駐員就此可作罷論刻下英廷既一一允許頗有意結歡中國若以施報恆情

而論似亦祇可俯允所求向之不欲以二事相提並論者今則勢不能不以此絜彼又念向來外人要求利益大都不盡循理勉强得之或僅有施而無報此次獨致先施之意亦未始非
朝廷近年德禮漸摩之效若彼以好來而我漠然不應恐彼謂中國之事仍須待迫脅而成轉覺乏味至於就事而論此舉在中國實亦無損新疆距內地太遠中外信息每患不能靈通英俄同處一洲而其互相猜忌之心時見於日報中國若許英在喀駐員固可藉英以察俄情駐英使臣常與外部往來必能聞其消息報知

鈞署若慮其藉此通商致各國競思援照則彼之派員可稍變名目彼函中所謂經手領事人即與另商再改亦無不可茲將山特生原信譯稾呈　覽敬乞回明
堂憲裁奪是禱手肅布達敬請　勛安　十一月二十一日英字第十三號

三論添設香港領事及英派員駐喀什噶爾書　庚寅

敬再啟者　福成八月十二日致　尊處函中曾云萬一彼遵公法允我添設領事則留喀城派員之舉尚稍可設法另索他項利益未知　鈞署曾否籌及擬索何項爲抵　福成查俄在喀通商當時曾侯因此路商務初興貿易未旺故於俄貨入境關稅一節暫允免征今屆修約之期聞俄尚未肯完稅此次英欲駐員或稍有商務可與議明循照通例凡貨入喀境須照值百抽五章程一律征收亦可使俄人無詞再圖宕緩日前馬格理見山特生時曾言及此今其來函似已答允此亦利益之

一端然鄙意尚有大於此者從前洋人在中國欲設領事並不請中國准照隨意遣派竟若在中國有自主之權者因而輒敢與地方有司遇事掣肘動輒要挾蠻橫無理查此事實不合公法從前李傅相與巴西議約欲復領事官領准照之例甚費躊躇然僅一弱國尚辦不動此次趁英國欲在喀城駐員可與議明必須待中國給予准照然後新疆地方官纔認爲英國領事自此次爲始各口領事亦必領給准照此亦萬國通行之法諒彼無詞堅拒英人允許即可相機推之各國一律照行此則裨益更大將來如遇外國領事官桀驁不馴我即

可追回准照不認向時肆行無忌之必從此當可稍戢
如索此項利益似較入境征稅一節尤有關係至於通
商一節在彼已爲第二層義竊料該處荒瘠之地貿易
亦驟難見旺但不借商務爲名則無端設一領事恐啟
俄人之疑故山特生致馬格里函中已有商務字樣竊
謂喀城遠在邊徼果能商務大興則照章抽稅於事亦
未爲無裨並非損礙之事似不必過慮也愚陋之見是
否如此并乞回明　堂憲裁奪爲禱手此再請　勛安
十一月二十一日

譯錄英外部侍郎山特生致參贊馬格理函

敬啟者數月之前此間曾囑駐京　公使寶星華爾身
勸中國允許英國派一經手領事人於新疆以爲兩
國獲益起見況俄國已有一領事在彼矣現英廷已
允中國派所擬領事官於英地望華爾身所勸一節
中朝亦能允許儻貴欽差能相助速允此事沙侯實
爲欣望然此舉亦於兩國商務及政務均有益處閣
下前來此間曾說英貨入華界中國或欲略收微稅
每百取五此節想亦不難特到辦理時須與印度政
府一商肅布敬請台安山特生謹啟

論大東大北電報兩公司訂立合同書　庚寅

敬啟者大東大北兩公司報効官電訂立合同一節十
一月十八日寄上一電因查該公司之例凡爲電報公
事發電者不給電費爰將辦法詳敘電中惟須俟該局
閒暇時始能發遞聞逾半月後甫經達到旋接　鈞署
來電謹悉壹是已經電覆梗概所擬合同第二款內除
中國電報局外不准別國公司在中國海邊安設水綫
等語該公司初意欲作不准別公司在中國海邊安設
水綫而無別國字樣則中國電局將來亦不能設自斷
無此辦法理論數月始改爲不准別國公司字樣然合
同全款皆從此生根北東公司所得利益祇此一事至
第一款明認其在吳淞等處設綫原係空文並非實惠
蓋彼之設綫已一二十年矣勢固難以不認而驟撤之
但我須以此說斡旋方無損於體制彼亦知此條並無
所獲而彼於第四第五第八等款皆予我以絕大權利
實專酬第二款之益耳若第二款不行則全款當廢功
敗垂成殊屬可惜竊意北東公司前函謂他國必生異
議實係兩公司爭論時情形昔年大北來華先設海綫
大東起而相爭謂英使威妥瑪前在　鈞署理論滇案
曾議請英商在中國設水陸電綫當時曾否答允固未

可知而威使之藉端要挾不循公法亦與近來各國情形不同福成近到外洋竊觀各國於電綫鐵路等事尤以自主之權爲兢兢斷不任他人干預無論交何國何人承辦惟其自爲酌度友邦不能過問查蒲安臣所定中美續約第八款亦聲明電綫鐵路均係內治之法美國並無干預之權光緒初年英商在吳淞私設鐵路經沈文肅公力與相持彼遂停輟者殆格於公法也中國二十年前於此等利害尚未深諳大北乘隙先來擅自設綫當時亦以彼族饒舌爲疑慮並未從嚴禁阻以致大東相繼效尤并託威使原議以爲券與大北兩不相

讓勢難堅拒今大東早經設綫則於威使前議一層業已安置妥帖目下各國交涉與前迥殊均能循理且不生要挾之端更無異議鄙意乘此閒暇亟定規模收回權利最爲要著從前合肥傅相亦與大北訂立合同六條惟於報效官電之外尚無別項利益且於合同字句未及仔細推敲因有不准別公司設綫之說彼時中國電局適自造綫大東又來攙越而大北乃趁此翻悔不肯踐約迄今未有歸宿福成所深慮者北東來華設綫而我未能禁阻又不責其報效若各國公司援照前來我將無辭以拒之凡值用兵之時電綫尤關緊要儻德

奧法倭諸國並遣公司來華設綫則中國爲各邦公共通電之地門戶洞開何所底止即如甲申年孤拔援法廷密電掩我不備遂有馬江之失其時爲法通電者非大北即大東因我未訂合同故彼並無所忌也今之辦法借北東兩公司之報効而予以保護兩公司爲名而杜他綫之來各國公司既知有此合同自不妄生覬覦前電所云英丹俄公使若來聞此事請以中國自主之權回覆決絕者蓋彼使不能與聞明非國家交涉之事則各國自不能援均霑之例爲辭因係我與該公司自訂合同猶之在英購製機器法不能以此相責望在德

采辦軍火奧不能以此相瀆擾也況北東既爲我用遇有他公司潛來設綫彼必偵探密報我可豫籌設法禁拒非若昔日辦理之棘手福成深知電務關繫緊要派員與兩公司理論舌敝脣焦已有八閱月之心力注於其間始獲漸就範圍即現擬九款亦經句斟字酌與彼往返駮論者五六次矣硜硜之見竊謂此舉俾各國不生覬覦承保中國自主之權爲第一義有事時受我監察不爲我敵國通電爲第二義疏通中外消息辦理交涉隱獲裨益爲第三義中外各署每歲可節省電費數萬金猶係第四義也前電各款彼此磋磨既久大致已

無甚出入第三款應改之語謹遵　鈞電當與北東商定惟中國電局與兩公司商訂各項章程一句仍擬作爲允兩公司與中國電局自行商訂各項章程以下再照　電示之語敘入則電局已獲無形之權利蓋合同之語謂電局應商之公司則權在公司若云允公司商之電局則權在電局查兩公司在中國僅有海綫數處較之電局陸綫通連各省究有主客之分衆寡之殊察其隱情似不能不聯絡電局且其交涉之事甚多勢固不能不與商也　福成已於臘月初二日移駐巴黎而大東總辦亦有事外出仲春始返倫敦　福成擬於回英時再與商訂合同俟議妥後一面咨報候核一面奏聞請旨緣前此大北合同六條北洋曾有奏案此次必須具奏以示鄭重乃足取信於洋人俾無翻悔而核定之權仍在　鈞署也重洋遠隔電價過昂每致信息不靈竊冀此局早定一日卽早收一日撙節之益卽使趕速就緒恐通行開辦已在明年夏秋間矣以上各情敬乞回明　堂憲裁奪肅泐奉布敬請　勛安　十二月二十六日法字第三號

再論電報兩公司訂立合同書　庚寅

敬再啟者前與北東兩公司先議合同節略據稱該兩公司係英俄國家扶持創設今與中國商訂合同必須請示國家並請將此節敘入合同之內　福成思我若明認其請示必受彼國家牽制且自主之權隱被英俄干預殊多不便所以不允將此層敘入告以此係中國之事與英俄國家無涉彼之請示與否非中國所能過問但我總不能明認耳兩公司遂亦無辭萬一英俄公使請　鈞署詢問此事請明告以此非兩國交涉之事應由中國自主不願他人與聞否則彼且認爲當問之事始而干預繼而把持流弊恐無窮矣合併縷陳再請　勛安　十二月二十五日

論與英爭坎巨提事及滇緬界務書 辛卯

敬啟者。福成初在巴黎使館。擬與英外部爭論滇緬邊界事務。及栫生罪案。早欲赴期啟行。適因感冒咳嗽。頗劇。履展行期。旋接到　鈞署來電。隨於十八日力疾過海。赴英。十九日與外部面談一切。廿三日晚。又接　鈞電。廿四日至外部。辯論先後電復在案。茲再將詳細情形。布陳。查英人認坎巨提爲印度屬部一節。去歲七月中。外部已有此說。臘月初二日接　鈞署十月初五日大咨。並鈔錄光緒十四年四月間疆撫咨呈。五月間英使華爾身照

會。有云欲免葛藤。莫若早知坎巨提亦係久歸克什米爾所屬。年呈貢獻。歲受賜金等語。福成第一次晤外部時。遵照　電意。祇詰其因何起釁。旋告以坎部久隸中國回疆管轄。斷不能聽英國遽爾廢滅。外部初以坎部納貢中國。甚微。支吾其詞。繼以我所執者。係兩國會商之正論。遂有廢父立子之說。而仍以電詢印督爲游移。第二次與之會晤。則本　鈞署電意。詰以坎部與帕米爾。中國視同一體。新疆巡撫皆有管轄之權。俄不宜佔帕。英亦不宜佔坎。且英若佔坎。俄必佔帕。中國更無詞以折之。外部見我提及帕事。意似稍動。而深訝中國不及時布置。且云英兵欲守興都哥士山門戶。意在保護邊界。亦於中國有益。窺其意似因彼前送帕米爾地圖。華使赴　鈞署探問消息。未見動靜。疑我竟置度外。遂欲趁此下手。爲先發制人之計。免被俄人侵佔。福成告以中國業經行文疆撫。在帕米爾立界牌。修墩臺。常時派兵巡歷。彼始欣然。意似大轉。惟仍以坎部與帕米爾情形不同。瑣瑣致辨。福成告以俄人方伺英之舉動。英若佔坎。俄人豈肯甘休。則兩國兵爭方始。未見其利。外部始云立即電詢印督。迅速妥商。再行回覆。除俟得確音。再發電外。茲將兩次問答節略。鈔錄呈　覽。滇邊土

司。屢有英兵騷擾一節。福成晤外部時。亦經提及。外部答以分界之後。纔能相安無事。又云野人山地一帶。常有不華不緬之匪徒。出而滋擾。勢不能不示以兵威。福成告以英在緬界。剿匪中國自不過問。但不應涉及滇界。以致土司屬地。時有驚惶。設因此啟釁。誰執其咎。且查照曾侯前議。英兵不應到騰越之西北。外部答以時異勢殊。難以執一而論。查從前曾侯與外部議明緬甸所轄野人山地。以赤道北二十四度爲界綫。再北則本非緬屬。當由兩國另議劃分辦法。我如堅持此層。則裨益匪細。但外部以歐格訥前定緬約六條。未將此層敘

人頗有不能全認之意似亦將來分界時所不能不堅持之事福成因坎事喫緊恐論事較多轉難得力因告以滇邊事另日尚須詳送文函又聞英廷現擬派歐格訥爲華使替人將來分界一事勢必以緬甸巡撫主政或以駐緬較久熟悉邊情之英員主政而以歐格訥綜其大綱鄙意曾侯前議　鈞署必有函牘可稽屆時檢出與之辯論似亦不無稍補以上各節伏乞回明　堂憲裁奪爲禱再坎巨提即新疆識略及西域水道記之乾竺特一統輿地圖之喀楚特中俄交界圖之棍雜實一地也不過譯音之互轉耳福成因教堂等事尚有須與法外部商議之處俟坎事稍有結束擬即暫回巴黎并以附聞肅泐布達謹請　勛安　正月二十七日法字第九號

論英兵入坎巨提意在謀帕米爾書辛卯

敬再啟者英兵入坎意在謀帕外部已明明說破足見彼國處心積慮著著爭先不肯落後若帕米爾一地俄人讓之英人取之無論俄人不服即中國亦何詞以自解於俄而英俄兩不相下其勢必至搆兵屆時新疆邊外必受波及之累且兩國必有一勝勝則更難免乘勢侵占爲今之計但求英俄各守本界則中國西邊亦稍免多事刻下專候印督回電未知能否就範即使此事幸而完結在我亦宜早設法自固藩籬聞外部函告華爾身有言興都哥士山北如中國自能整理原無須英人越境遠謀帕米爾正在山北而坎則通帕之道也查中國一統輿圖所載回疆之外分別回部名目凡哈薩克布魯特各種均爲中國轄部無疑自咸豐年間內地多事未遑遠略俄人因於中亞細亞境內盡收諸部英之印度向以阿富汗爲屏蔽其注意防俄者乃在阿富汗以北近年中俄分界既定英人乃覺阿富汗以東與俄相隔甚近俄稍得勢即可直窺印度客歲所送帕米爾地圖其是否意存嫁禍抑或覬我之枝格其間而俄之鏡心稍戢或明知我未必收受然後彼自取之乃爲有辭三者均未敢懸揣但就鄙見測之帕坎兩事似已

牽合爲一。若英知我意不在帕。彼以自籌保護爲言。中國旣難力阻。更非口舌所能爭。而坎部存亡。終在不可知之數。然此猶僅一小端。而後患之大者。則不可勝言矣。竊思　鈞署統籌全局。於俄英交涉之情形。旣多成案可稽。卽新疆邊界之事。勢亦可函電查問。似宜通盤合計。斟酌一大中至正之道。速定辦法。卽帕米爾一事。亦當妥籌所以應之。則彼疑竇旣釋。可免枝節叢生。或又謂帕米爾以外。如什克南等處。似未必非中國之地。若我但受帕。則帕以外轉皆棄之。而英坐享其利。未免得不償失。然莫如乘此機會。索性與英理論。兼索什克

南等處。彼若不允。則我更有詞矣。大抵此等不毛之地。收之則猶獲石田。去之則慮撤門戶。總之兩利相形取其重。兩害相形取其輕者而已矣。近者各部落之於中國。亦尚喁喁內嚮。有不願服屬外國之意。因勢利導。整頓聯絡。未始非策。管蠡之見。不敢不罄其愚。伏乞回明　堂憲。爲禱。手此再叩　勛安　正月二十七日

與英外部議坎巨提事問答節略

正月十九日申刻。偕參贊馬格理至外部。晤見尙書兼首相沙侯。侍郎山特生。印度部侍郎貝雷。寒暄畢。

薛云。本大臣昨接到總理衙門來電。知坎巨提頭目近因英兵侵界。接戰失利。現率男女五百餘人。逃至塔克敦巴什卡外。我總理衙門深爲詫異。請問英國與坎部究因何事起釁。並欲知英國實意如何。

沙云。英廷並無欲阻坎入貢中國之意。亦不欲礙中國在坎所有之權。英兵在坎境內修路一條。僅欲保護疆界。不令俄人侵佔。並可保護中國疆界。因疆界若無別人侵佔。英國亦不欲出興都哥士山界綫之外有所舉動。儻俄人於興都哥士界綫上佔一地方。則界綫東之華地。亦必被俄佔據。不啻撤我藩籬。中國旣不駐兵守坎。又不爲其應爲之事。如修路築臺

等類。安能望英人寂然不動。不自籌保護之計乎。況坎酋所報中國之語。類多不確。該酋輕慢英員。已違條約。然我尚能寬恕。且此次築路。曾明告以欲保坎地。並保印度門戶之意。彼何得卽行招兵。以攻我築路之人。

薛云。坎酋有錯。亦應會商中朝辦理。何必操切從事。

沙云。事機緊迫。實不能待。

薛云。路有若干長。築到何處。何時竣工。

貝云。印度政府之意。欲築至坎巨提城。須察看情形。

或竟築至興都哥士山口進門處以便扼守山口現此路或已築進去或已全成均未可定

沙云問坎部於中國十年一貢僅沙金一兩五錢確否

薛云中國體卹遠人向不苛責貢物是以當時定貢甚微但係每年一貢並非十年一貢貴大臣既云並無阻貢之意亦不欲礙中國所有之權請即告我坎酋究如何位置以便報知總理衙門

貝云前此印度總督來信頗不欲干預坎巨提內政惟坎酋弑父母殺兄弟罪惡多端斷難勝任擬立其

子爲頭目但近時尚未接信

薛云姑將此節報我總理衙門俟

中朝之意如何再說

沙云英廷諸事必與印督相商此係前信所云尚非一定局但據我看來印督或不至改易前意且英廷苟可合

中朝之意無不竭力

薛云尚有一事須問貴大臣敝處前接總理衙門電報現在滇邊土司時有英國弁兵侵擾此等英兵已越緬界前曾照會貴大臣請速發電駐緬英官及早禁止未知已電止否

沙云緬界與土司界總須勘劃之後纔有一定界限現在英兵所到地方歸何國管轄甚未清楚但近數日內英廷已告印度政府轉諭駐緬兵官辦事不可逆中國邊界官之意亦不可使中國邊界有不便之處

薛云中國亦極願早將邊界分清以免滋事但不知貴國何時派員分界

沙云大約須俟秋間先派歐格訥往代華爾身再議分界之事

薛云從前曾侯與貴大臣說明緬甸轄境在野人山左近者不得過赤道以北二十四度將來但照此辦理自易分清界限且係議定之事可免多費口舌

沙云從前歐格訥在北京立約時可惜未將此層載入曾侯前議我亦約略記之大抵此邊所讓之事必由彼邊所讓之事而來若所讓之事未經載入條約必由兌換所讓之事未經議與之故但我極願互商究竟可讓與否或讓至何處爲止如其可讓英廷向來辦事大方決不計較可以放心言畢握手而散

與英外部議坎巨提事問答節略

正月二十三日申刻偕馬格理至外部晤見侍書沙侯侍郎山特生印度部侍郎貝甯

薛云本大臣前日將貴大臣所言電告總理衙門昨日總理衙門來電言坎部服屬中國已百餘年該頭目即有不是亦應會商中國辦理即如近日俄兵游獵帕米爾本大臣電達中國言英廷意欲防俄佔帕我總理衙門即電許大臣告俄外部俄國立刻發電將該弁兵撤回坎部歸中國回疆管轄與帕米爾事同一體俄現不佔帕則英亦不應佔坎請早日將兵撤回

沙云此次起釁由於修路請問此路應該修否假如英國不去修路中國肯修此路否我知中國風氣凡緊要邊境平時並不防備竟似開門待賊直至有人經理偏又出而阻之我實告貴大臣坎巨提乃中英最要門戶可以直達帕米爾不能不及早經營也

薛云我接總理衙門來文已行文新疆撫臺須於帕米爾境內立界牌修墩臺常時派兵巡歷仍須查明實在情形妥商辦法

沙云我聞此語甚喜只要中國有備便好但說坎巨提與帕米爾一樣此卻有辨坎巨提服屬克什彌爾已久向聽印度總督號令其於中國不過年例進貢沙金一事爲數甚微似不能說與帕米爾一樣此層我要聲明在先

薛云此事我昨已說過中國不重在貢物而重在體統且坎之入貢在服屬印度之先設使百餘年之屬國一旦置之不顧豈不於中國體面大有關礙

沙云中國於屬國凡有政治大端一切利害並不代之經理此與歐洲各國之事不同歐洲所謂屬國均有管理政治之權

薛云總之英若佔坎巨提俄必再入帕米爾中國斷無辭以阻之若英專恃兵力則英俄戰爭方始亦未見兩國之利也

沙云我立即發電與印度總督總須商量妥法俟得回電再以奉告

薛云尚有告知貴大臣者我總理衙門之意萬一坎酋有廢立之事必應會商中國辦理方昭公允本大臣因法國有事不日即赴巴黎並速候印督回電以憑轉報言畢而散

論爭囘坎巨提兩屬體制書 庚寅

敬啟者二月初三初九日續奉　鈞署兩電當經先後電復在案福成自到英後已將坎巨提事與外部晤談三次第一二次情形前已函達末後一次因守候半月彼未將印督囘電送來不能不再往詰問外部始終不肯吐一實語總以印度政府目前既未商妥礙難憑空囘覆爲詞揣其用意叚由狃於從前琉球越緬榜樣彼謂此等極小部落一被吞併中國斷不能用大力與爭若祇爭以口舌彼更可置之不理所以一聞派員會辦之說卽甚不願慮我從此分其轄坎之權也乃託言未

接囘電欲爲併翻前議地步堅執如故且謂外國卽辦事遲緩較之中國猶爲快速因詰以華使所行照會亦僅認爲兩屬今英廢立坎酋不使中國與聞兩屬之體何在彼云坎酋更換中國向不遣使册立今忽欲派員恐係創舉答以英忽廢立坎酋亦係創舉辯論一時之久彼始微露其意若中國派員會立坎酋將來不沿爲常例或可與印督相商福成知再爭無益不得不見風收帆允暫囘法候信且申明向來坎酋繼立是否由喀道就近派員我不深知日後之事不妨查照向章辦理以昭公允又微諷以坎事尚小若英不還中國體面使他國視爲榜樣將來遇有中英俄三國交涉之事恐更棘手沙侯聞之頗似心動頃在法館接英館來信知外部已送囘音願遵前說已發銑電陳明又探聞坎酋實係愚人不值保護印督現擬於其兄弟子姪中擇立一人擇定後卽請中國派員會同往立竊思此事選酋之權隱屬於英在我則僅如告朔餼羊稍存體制然坎之政權在英實非一日中國因有越緬前事稍欲爭囘體制已若登天之難爭囘一分卽保全一分不過求勿損上國聲名勿使他國效尤耳派員一節如電喀什噶爾道就近遴委赴坎尤覺途捷而費省且免彼以不能久

待爲詞則事不致中變也　鈞署擬將帕米爾作爲中英俄三國不侵佔之地辦法甚善前遣馬格理赴外部微露此意雖未始非英人所願然亦有疑我受俄人之囑者有云三國既皆不管終究恐多事者而俄人之能否意見相符亦尚難逆料卽華使樂聞一層想亦須由外部詳審再行定奪在我祇能相機措注遇便調停但就節次而論總須俟坎事妥協之後始能理論帕事耳再目下與英外部辯論之件一滇緬邊事一梅生罪名俱在喫緊時候若件件不放鬆必致件件不得力權其輕重則坎事視二者關係較輕坎事既可暫作收束鄙

意滇邊之事緊要十倍於坎何以言之滇邊袤延三四千里環境錯列之土司不下數十每一土司地廣人眾皆數倍於坎英人初倖我不遽與分界乘間派兵迭入土司各境肆其誘脅俾爲兩屬及我致詰問則以遊歷爲名以勘界爲詞蓋西人狡謀先誘我所屬之小邦號爲兩屬及既兩屬然後劫以兵威奪其權利使我無從插手乃其慣技也今闇普洱之車里孟連諸土司已被英脅爲兩屬矣王夔帥函電頻仍邊警日至竊恐日後非但原議之作爲甌脫地者及撣人南掌之應歸中國者俱爲英有漸且蠶及土司漸且睨及內地大局將不

堪設想福成是以不憚煩難擇邊事之確有證據者逐件與之理論雖未能顯著全效或可冀爭回二三而其不早分界之隱謀微經福成點破所以近有欲商分界之說刻下最要關鍵似宜由　鈞署主持趕速派員分界以清轇轕之門戶謹嚴則背小自絕覬覦也以上各節伏乞回明　堂憲酌核爲禱肅泐布達敬請　台安二月十九日

論駐京各使　覲見書辛卯

敬再啟者前奉　堂憲吉字第十三號公函并鈔件敬悉

覲見一節此係各使無理取鬧福成以爲　承光殿之見已屬格外優待曲示懷柔若再有後言祇可暫置之不理福成正月間抱病在法未能自赴外部先飭參贊官慶常往告以　鈞署來函大意法外部尚無偏聽爲難之處但以年例在邇德國巴使駐華已久當推渠領袖法使無格外吹求亦難獨甘退讓云云迨福成由英回法二月十一日偕慶常往晤外部尚書李寶其語意

尚與前無異茲將面談節略一件鈔錄附寄又有瑞士國女子遊歷廣東一案粵省以無約之國不肯蓋印外部則謂無約之國可請友邦領事保護係各國通行之例斷斷爭論福成因思中國駐法駐德使臣往來俄與荷義等國偶或道經瑞士未嘗不用德法護照保護智利厄瓜多等處華民我亦煩英公使領事保護若我力擯此例自立於公法之外尤多窒礙喫虧之處此事似與認法保護別國教務不同若果無甚關係應否速許以省口舌方可於事之大者以全力與之堅持附鈔外部節略呈　覽擬請回明　堂憲酌核爲荷手泐再頌

台安。二月十九日

論商立坎巨提新酋書辛卯

再此次坎事與英理論，英雖隱司其柄，而面子則大半須讓中國，英亦有借重於我之處，已算格外遷就。惟初議立坎酋之子，而坎酋舉族出奔，不敢還國。現令坎酋舊臣暫攝，仍由印督設法招致。聞坎酋之子甚幼，恐難一定招到。現議在其兄弟子姪中招立一人，總不出舊酋一家之中。惟華員未到以前，英人不得先將選定人名說出，並請鈞署電告疆撫，或喀道嚴諭舊酋，以中國最重孝悌之道，該酋平日所爲悖於倫理，是以中國不能許其復位，現已會商英廷在其家中選立一人云云，不必宣明廢立爲英人之意，示若中國之意本如此者，則體統益尊矣。擬請回明堂憲察酌辦理。福成又肅。二月十九日

論滇緬界務書 辛卯

敬啟者前奉容牘鈞電以騰越西北沿邊土司報稱英兵游弋邊外已過野人山麥將入境人情洶洶屬告外部速電緬督轉飭英兵切勿越境等情旋即商之外部彼以我電不能指出英兵實到何地為辭謂印度部不肯發電福成竊思土司所屬極小地名華洋各圖多未探入且中外命義不同譯音更滋歧異本屬無從查攷曾發漾東兩電略陳梗概旋將滇省來函仔細查核並閱倫敦新報稍知英兵所到地名於是迭發照會與外部理論如隴川土司所屬之漢董有英兵四百踞駐則請其立即撤退野人山地之薩洞納被英兵攻破則責其不應輒至近邊滋擾已各將洋文牘稾譯漢咨達

冰案外部均以行查緬督為辭作轉圜之計固未敢悍然不認也伏查英人佔據全緬已七八年聞其密計在遲遲分界欲使我門戶洞開彼乃以派兵勘界及遊歷為名窺伺滇邊數十土司往來猋忽脅為兩屬然後徐與我分界各土司既有兩屬證據一俟有隙可乘彼即以兵佔取再閱數十年後土司之存者幾何土司盡而內地亦告警矣此其狡焉思啟之故智也福成頗窺見及此故於野人山地各事不憚悉力與爭春初因坎巨提事赴英之便復與沙侯商論兩次微示以滇緬若未分界則商務斷難開辦彼既欲盼通商之利又自覺機謀漸露知我未必竟墮其術中於是毅然有劃界之說送到節略一通附圖一幅彼時坎事相持正急未暇詳細攷覈日內始擬一節略覆之檢查舊卷當英兵進據緬甸之初

鈞署疊電有展拓邊界之議英人亦自以驟獲全緬已饜所欲曾慮敵乘其有願讓之意遂與外部議定節略大致讓我約有三端一普洱西南邊外之撣人南掌各地均歸中國一大金沙江上立一中國碼頭一大金沙江為兩國公用之江俾中國船可行走

出海又野人山地在二十四度以北者昔時本非緬地應俟滇緬劃界之後另由中英兩國會勘劃分此一端則我有此議而英人亦未駁復者竊繹

鈞署展界之意豈不知邊外磽瘠之地收之無益誠以界不稍展則彼之鐵路直抵沿邊各土司被其侵逼而無甌脫之地以闌之必寖受彼誘脅後患甚巨故拓之所以固吾圉也迨

鈞署與歐格訥議約五條似以兩國派員會勘一語括前數端在內或因罷去西藏遊歷一節稍有更換亦未可知然此數端於滇邊大局關係甚重觀於外部所送節略反欲我將滇邊讓進一層則我之不能不

堅持前說更可概見總之邊外隙地如揮人野人等種類不齊所有翡翠玉石紅藍寶石琥珀金剛鑽之屬礦產多出於此我視之爲棄壤彼視之爲寶山我得之固無甚裨益彼得之則獲利無窮然我得之以屏障諸土司俾其地不與强鄰犬牙相錯則無用之用爲用實大蓋此等地在百年前得之猶獲石田今則恃有石田環其外而膏腴之地方可任我安心耕穫此形勢之自然者也且此數端爭之亦未必全得然有明知彼甚欲之而我故靳之纔乃相機度勢徐讓一二以調換他項之利益如是則棄之亦不徒擲通盤計算或能爭得十之

六七當於滇邊大局有裨　福成　所以先答外部節略一一援照前案聲明　鈞署難允之意則將來更易措詞但條約中並未敘入彼必藉端辯論不得不徑以漏敘告之明知當時或別有調換之處或因有他事牽掣未必定係遺漏然使竟如此次外部劃界節略則是中國旣失緬甸於前復蹙滇界於後殊覺喫虧已甚今欲與之爭論必須援引前議方能得勢欲解條約未載前議之故必以漏敘爲詞方可著力且此間卷據較齊人證具在料外部亦難盡翻舊說馬格理亦云譬之購物此次外部節略係是第一次討價彼亦將視我還價以爲

進退　福成　恐彼希冀一生較難應付是以不待　鈞署之裁示輒先告以難允之意也惟外部派歐格訥來華似有深意聞須秋初起程其人精明彊辯過於華使且係原訂條約之人萬一堅執不肯稍讓或假託外部之意不允通融則屆時易致棘手儻由　福成　徑商外部則中間先少英使一層之隔閡或稍易於磋磨　福成　因在洋不服水土俟到冬底期滿之時亟盼趕早交卸啟行回華調理儻此函到時　鈞署欲乘歐使未到之先豫爲措注應請斟酌機宜或函示或電示並明告華使以商議界務一事已交　敝處　辦理則外部亦不能見拒　福

成　尚有半年工夫可與外部妥商外部如能就範固善即使堅持不讓冬間必已定局再瀆亦自無益竊料此事歐使若不從中阻撓外部自少扞格如能爭到得半之數或更有進於此者　福成　自當相度情勢遙承　指示爲見風收帆之計但能將大概規模先行商妥即歐使到京不過再商詳細節目彼自不能要挾　鈞署亦不致爲難抑或索性俟歐使到京由　鈞署一氣與之妥商亦請示知大略　福成　尚當檢鈔舊卷之緊要者咨送以備查核除野人山地事已另案議辦外茲將外部往來節略各一件外部所送地圖一幅附寄伏乞回明

堂憲定奪爲禱外部洋文地圖茲已譯塡漢文並將古今地名略爲攷證而英人前所議讓之地及今所欲進佔之地形勢似尙清晰肅泐布達敬請　台安三月初四日法字第十一號

論會立坎互提新酋書 辛卯

敬再啟者坎互提事已詳法字第十號函續奉　鈞署兩電華使所解後不爲例語全係臆說然若不加駁正彼必執爲把柄將來又多波折福成前與沙侯所論此次廢立坎酋事屬非常必須由中國派員會立新酋以作兩屬之證至於尋常繼位是否由喀道就近派員須查照向章辦理如向係派員則仍派員向不派員亦不因此次派員而援爲常例萬一再有廢立即係非常之舉非但必須派員且必須會商中國無疑矣華使忽謂坎再鬧事英自辦理中國不能過問似係有心朦混因

函飭馬格理赴外部申明前議並詰以華使誤解之語山特生云外部發電並無此說想係華使誤會然將來中國援別理以爭會立坎酋之事外部無阻止之意何必多慮惟尋常繼立照向來同樣辦理印督已電駐坎之英員探訪呈報等語立子一節並中國派員未到不得說出所立人名業經再四申論外部均允切實電商印督貢金賞綬一切均照舊章總之英人狃越緬前事謂一經吞併中國即不能過問此次坎事尤忌我之插手動以中國向不管坎事爲詞儻彼竟置不理殊難以口舌與爭福成不能不相機應付委曲求全以派員到

場會立新酉暫作收束保全兩屬面子僅稍勝越緬事一籌耳雖較之會辦字義爲稍輕然當時若再與爭恐其併翻前議據山特生稱外部勉囑印督轉圜甚費周折似非盡誑語帕米爾事尚未與議聞外部之意似欲我先與俄商定耳再頌　台安三月初四日

四論添設香港領事及英派員駐喀什噶爾書辛卯

敬密啟者前在巴黎接奉吉字二三四號　堂憲鈞函謹悉壹是三月廿五本月初一初六等日疊奉三次電示敝處發有三電布達大意想均登　籤記矣鈞署來電之意欲將喀員港員兩罷以作收束自因華使言香港領事請派税司又謂英廷不發准照致有此議然與外部現商情形實已不符電文簡略易致誤會茲特詳陳之溯查喀事發端係在去秋七月其時敝處添設南洋領事一層尚未咨照外部迨後外部照復允准始又明提香港一區已在十月以後與喀議絕不相涉

福成秋冬之間疊次布函俱謂兩事分開各辦即與外部言港事從未一語牽連喀事在內不過因彼意有所求隱相抵制並非顯爲互換之局此次若因喀事而罷港議不獨喀事能罷與否尚無把握而港員之設原據萬國公例而言且暹羅日本皆已有香港領事而中國獨無之英人亦自覺其不情所以不能不允今既得而又棄之轉覺難以措詞若明言因喀事難在應俄牽連而罷則恐更着痕迹邇來兩國相交有不妨揭其隱情以告人者有不宜露其隱情以示人者即如華使來言喀事固可明告以難在應俄藉索應得之利益兼以示

德於彼若以啓事而至願罷港員使英人謂我意在親俄則必以忌俄而啟嫌謂我意在畏俄則必以輕我而變計　鈞署慮及俄之見猜亦宜防及英之生隙大抵港議之成由於英廷明示睦誼客秋華使請喀城設員鈞署以香港之事折之實已握其肯綮俾英人有歉於中而激其先施之意者未始不因乎此然沙侯以宰相而兼外部位尊望重左黃之派港坡既有復文允准在先今我忽欲罷議於後在我固失其權利在彼亦失其體面以後遇有交涉之事恐難和平商辦勢當較前棘手諒　鈞署必不願有此反覆籌思祇能抱定原議

責其不應將港喀兩事牽混致華使在　鈞署曉瀆外部此次辦事亦尚大方不欲顯露抵制之形業已電飭華使勿阻港事此事因福成馳赴法義兩國留住數月不能兼顧遂生波折費盡氣力與之理論始仍以辦妥港員為收束然已舌敝脣焦矣至於試辦一年之說福成初亦疑其卜喀事成否旋聞香港總督不願中國在彼設員轉謂華民多所疑慮有函到其藩部茲外部已商之藩部函勸港督勿稍梗阻并云以試辦釋華民之疑且為港督前議轉圜又據侍郎克蕾面稱決不因喀事而圖抵制但使年內華民不與領事為難領事不侵

英官之權即係長局從前新嘉坡開辦之初亦云試辦久而相安無事即以為常蓋華民之喁喁慕義不至滋事實有可豫必者請紓　廑慮交犯一層須領事官設定後察看情形方可妥議章程此事自有公法不必預提且所關不僅香港一區不宜於此時添入多費筆舌准照一層英章與美國不同必須奉有
諭旨始給文憑外部電告華使亦如此說現惟靜待電傳奉
旨日期即可請發准照飭左黃前赴新任矣竊思華使以港喀兩事相提並論致多周折似非盡出外部初意

或因赫德近在咫尺就與商議作此狡獪亦未可知九龍稅司兼辦一層既與外部申說外部亦不謂然蓋華使既欲用稅司斷無不與赫德籌商而先自開口者況赫德意在攬權彼既聞有此事恐不免挾私指使另生枝節倘祈　鈞署隨時留意為禱刻下喀事既言明與港事不相牽涉則操縱之權自在　鈞署儘可從容商辦談笑應之福成竊觀近年中外交涉大局似有轉機歐洲諸大國頗思結好
中朝引以為重中英交固則俄益重中國中俄交固則英亦重中國英俄雖互為猜忌旦夕亦未必有釁其視

用兵極爲鄭重各報館播弄筆墨臆測之談未可盡信
竊謂中國此時正宜兩利俱存於投桃報李之中寓鑑
空衡平之意則柔遠綏邊中外蒙福矣愚見如此伏乞
回明　堂憲裁示爲禱除俟將修約各事另函續陳外
肅泐密佈敬請　勛安 四月十二日英字第十四號

論英員駐喀偵俄書 辛卯

敬再啟者正在封函接奉吉字第五號　堂憲鈞諭敬
悉種種港員既允喀事亦難終拒　憲意極爲持平西
陲逼近强鄰得英牽制亦可戢俄戎心尤爲不刊之論
無任欽佩蓋交涉權利撈到一分即得一分之益前者
港員機有可乘未便逆料其別有所求而拒之不受現
敝處已與外部論明不能將港員喀事兩相牽涉則
鈞署應付此事尤可操縱自如第念英廷既力顧邦交
則中國不能不答其好意將來應允之時稅則一端固
爲易辦准照一節亦似不難 福成 初回倫敦之時聞外

部以早允港員有自悔失其把握之說因念英廷既意
在偵俄乃告以派員游歷常住喀城亦可偵探而於事
更無痕迹不致啟俄猜嫌外部始以實情相告謂現有
游歷之員在彼由　鈞署給與護照前往 福成 因謂如
此則同一偵探何必更請設員多費周折外部亦遂無
辭但平心察度彼既先施於我恐未必遂能忘情 鄙意
俟其再來開議之時　鈞署當諭以虛設領事與派人
游歷常住有何利益分別因告以如允設員此後亦彷
西法凡設領事須中國給予文憑方可作准即以此次
喀城之事爲始並告以英國既允將推行各國度華使

亦不致爲難而納稅一層已有端倪在先祇須臨時一提不必多費議論是兩端利益或尚可兼而有之即使僅得一端而我據以明告於人則各國無從援照俄人亦不敢嫉疑矣福成因昔年舊約喫虧之處頗多如能相機乘便逐漸收回利權未始無裨似未便逆料其不允過於持重坐失事機此事當由　鈞署主持福成特竭其一得之愚用備芻蕘之採并乞回明　堂憲是否可行裁示爲禱

論辦理教案書　辛卯

敬密啟者五月二十八日接奉　鈞署來電謹悉壹是敝處於本月初二初五日發過兩電知已早經　鑒及福成接電之後當日即赴英外部詳達　鈞署之意外部副尚書克蕾初聞辦法似已滿意且云緝犯既嚴再議賠償即可了結越數日侍郎山特生又稱有一天主教之公爵及威妥瑪相繼到署謂中國不認眞辦理則法人不服必糾合英德兩國多生枝節且教門力量較大足以鼓動議院屆時外部亦無法阻止察其詞色似因接在華英官文函又稍蓄他意者當即相機與之剖辯又據駐法參贊官慶常來稟言往告法外部據外部之意祇在嚴防未來不在苛懲既往所言極爲近情越數日又稱有法兵官自中國發電到巴黎謂此次滋鬧係有會匪煽動中國官員束手無策勢須彼國自辦云云此係彼族恫喝長技若欲藉此啟釁者然我自審辦法不錯豈能盡如彼意彼固無如我何也福成現又函致該參贊以目下平靜情形告之矣竊查西人傳教雖條約所許而數十年來民教不和勢同水火終非久計似宜俟全案清結之後借此事爲由與之理論設法挽回即如中國與美立約明言待中國人與待最優之國

無異及至華傭在彼種種不妥即云有礙於其地方平安初議立法限制繼竟禁絕不許登岸若執條約而言大相逕庭而彼竟悍然行之中國不能責其違約者以民情之所不便條約可得而變通也且近日德法義奧等國於教民限制約束與二十年前大不相同彼在本國則禁約之在中國則縱庇之亦甚不合於公法福成愚見此次拆毀教堂之案幾近十起之多初疑有會匪暗中鼓煽繼思民情憤激亦概可想見必其平日有恃教欺壓情形蕪湖並無殺死教士必須擬抵之事業已正法二人辦理非不從重而彼國公使猶在　鈞署嘵

瀆是直一味蠻橫而已猶憶同治庚午年天津案結之後當時　鈞署曾議辦法八條照會各國公使旋聞各使相約駁回其議遂罷實則此等情形若令彼國外部詳知未必盡以各使為然刻下中國既有使臣駐洋與彼外部可以和平商辦非復如前隔膜竊謂此次案結之後或仍將庚午年所擬辦法八條或量為增損由
鈞署行文來洋囑使臣照會外部稍改前約妥籌辦法但抱定民教不和有礙地方太平立論不過多費筆舌儻稍能就我範圍所裨甚大即使竟難依允而我先自立腳萬一再有民教不和之事轉足間執彼族之口似亦相時補救之一道也查西國通例遇有此等案件大抵命意重在賠償不在多誅兇犯竊謂除人命緝兇擬抵外其餘各案若僅愚民逞忿既許賠償似當堅持定見不允株連庶可固結民心至此中如查出會匪實在蹤跡固當嚴辦乃自治之道如此其迹雖因教案牽涉其意實不與教案相關也再威妥瑪居鄉家食已久素不出門而精神甚健前日忽聞親赴外部頗以中國教案迭起有慫恿藉端挾制之言似有覬覦復出之意果爾則以後辦事又將棘手福成尚須設法措辭以解外部之惑以上各節伏乞回明　堂憲裁示為禱專肅布達敬請　勛安　六月十一日

英字第十七號

出使公牘卷之四

無錫薛福成叔耘

書函　致總理衙門總辦

論英兵焚殺野人山寨書 辛卯

敬啟者本月十一日肅布英字十七號函想達　籤記敝處於五月二十八日接奉　鈞署三月二十九日吉字第七號　堂憲公函并鈔示滇省督撫咨文一件謹悉壹是福成查騰越鎮所稟野人與英人互相焚殺一案其地是否係中國土司轄境並未申說明晰但稱隴川與緬甸分界係在洗帕河麻湯在洗帕河以內洋人所焚之三寨尚距麻湯五六十里究竟野人殺斃洋人之處及洋人焚寨之處是否在洗帕河之內抑在河外此係緊要關鍵亟宜澈底根究查出實在地址使館無滇界精確地圖而相隔過遠倉猝難以查攷因思此處野人若果係中國土司轄境則有殺斃洋人多命彼族或未肯甘休我一提及轉恐惹出枝節若我明知此事而視爲無甚要緊恐其指爲緬屬舊境視爲己有不但將來據爲分界張本或彼邊吏藉端嘗試滇邊從此多事皆在意中所以此時照會外部必須斟酌盡善至騰越鎮所稟洋人在該土司境內繪畫地圖及普洱鎮迤

南道所稟委員刀丕文遇見洋官踏勘緬屬地界各節大抵皆預爲將來中緬分界起見洋人到處用心凡事必占先手此其長技福成正月間所陳滇緬界務一摺謂我若不求展出彼或反將勘入即已慮及此層前據遊歷人員姚道文棟密報英兵屯駐新街爲剿撫野人山之計果爾則騰越一隅愈形侵逼鄙議所以欲及早開談稍留甌脫以界隔中外也英員不請中國給發護照輒至中國所屬土司地方於理亦屬不合洋人性情我若準情據理直指其失轉可使之折服福成已於本月初五日照會英外部告以近來英兵遊歷中緬交界地方有未合常規之處請英廷諭知鎮守緬甸大員如有遊歷人員欲往中國地界者必須先行知會給發護照以便保護儻兵丁等遊歷邊界者不得准其越界免滋事端并以英緬相距路遠囑其從速電知鎮緬之員而於野人洋人焚殺之事暫置不提俟查攷明確如有必須理論之處不妨補行照會如此庶較活動昨已接到外部照復允爲迅速查辦除另備公文譯鈔往返照會咨呈　鈞案外所有以上情形伏乞回明　堂憲爲禱肅此布達敬請　勛安　六月十八日英字第十八號

論長江教案書 辛卯

敬再啟者六月初九日接奉　鈞署來電教案除七起外又如舉毀堂三十餘間南昌拆華教士房一進現各省嚴防尚安靜惟武穴已誅正兇二人而英領事意在株連並欲罪及印官多方作難尚未提及卹償等因除函飭駐法參贊慶常往告外部俾免著急並勸李梅暫緩回華外因思英外部前聞威妥瑪之議頗勸藉端挾制儻該領事再峻華使華使或聳外部又將多生枝節不得不先事豫防爲釜底抽薪之計乃告外部侍郎山特生以教案已共誅四人獲犯數十人即武穴亦已誅

正兇二人此等案件雖在西國恐辦理亦不能如此之嚴且速而領事意在株連不欲了結實所不解且當教案初出之時中國不待各國催問辦理格外從嚴今地方業已平靜辦法亦無可復加領事雖欲苛求中國亦不過如是而止蓋凡事自有一定繩尺也威前大臣所論乃中國二三十年前情形與今日已格不相入矣山特生云中國向來事急之時則拏兇犯事緩則仍釋去所以公使領事不能不爭答以所拏之犯姑置勿論今教案已誅四人死者不可以復生矣且英國向遇教案尚稱公允因教案而喜多事者乃在法國此次教案除

武穴外以法教堂之受損爲多而多方作難者乃在英領事何也山特生云蕪湖英領事館亦被滋鬧答以此因法教堂而波及究係略受虛驚並無大損山特生云英之貿易在中國者最多公使領事意在保護商務故欲嚴懲教案以儆將來答以從前法國教案辦理常失其平中國民心積憤愈深所以日久不能相安一發不可復遏凡事未能持平者往往激變譬之救火非以遏其燄正以揚其燄也山特生云威大臣謂法國必借此案大得中國便宜是以英國不可落後答以我接中國電報後函飭駐法參贊往告外部尚書李寶李寶謂中

國辦理如此認眞甚爲感激並無他辭則威大臣之言似看錯矣山特生聞言色動乃舉筆記之且云將轉達沙侯或當電致華使俾止領事云云刻下是否議及卹償能否一律妥結至以爲念再頌　勛安六月十八日

論外國領事宜由中國給予准照書 辛卯

敬再啟者正擬封函接到 鈞署來電謹悉武穴已誅正兇二人英領事尚意在株連多方作難揣其情不過知償卹一層非中國所難視為勢所必得是以借端盤旋作勢或別欲肆其奢望或仍歸於多索償卹之費均未可知 福成思蕪湖武穴兩案已誅四人辦理不可謂不嚴而公使領事尚思無理取鬧者則由該領事之設不由中國給予准照難肆行無忌中國不得而撤去之也領事以無厭之求嗾公使公使以無厭之求瀆 鈞署實則彼國外部絕未聞知成則公使領事以此居功不成彼無所損此數十年來受外人欺侮之積弊言之可為太息者也 福成前議中如允喀城設員必商明英外部此後亦援西例須由我給予准照權其得失所益較多 鈞署二月十七日 堂憲公函亦謂港事就緒喀員勢難終拒而亦歸重於給發准照一層刻下港員之設未審 鈞署已否覆奏近日華使曾否又來提及喀事 敝處聞華使現將任滿威妥瑪希圖復出倘 鈞署以喀城駐員無甚大礙或及華使任內與之妥商援照西例收回中國給發領事准照之權得從早辦成最妙倘慮一時未必就範或遲將此事交 敝處與外部熟

商亦無不可 福成為領事蠻橫不得不思駕馭之術起見總之交涉事件應挽回者甚多然欲挽回一事不能憑空如願必須有所抵換夫抵換非盡不可行在權其利害之輕重耳喀城設員充其究竟不過通商然通商亦於我無大礙 公函謂得英牽制亦可戢俄戎心未始無益實洞見癥結之論亦持平切實之言 福成既有所見不敢不再三煩瀆亦並無迴護前說樂於多事之意港員一節略而不論可也伏乞回明 堂憲是否可行裁示為禱肅此再叩 勛綏 六月十八日

論帕米爾情形書 辛卯

敬啟者昨英外部侍郎山特生送來節略一件并地圖一幅言上年七月所談喀什噶爾邊外帕米爾之地英廷派兵官楊哈思班至彼處游歷詳細測繪形勢審定界綫現將梗概報知國家英廷之意原因該處係回部游牧舊地既未屬中亦未屬俄而與阿富汗逼近是以初擬會同中國勘明分轄其地以免俄人得占先手致與阿富汗有損頃據遊歷官楊哈思班云曾詢喀什噶爾道員當時喀道答以帕米爾係中國地界詢其以何為憑則云西邊界上有大石上書中國某年某官帶兵

驅逐叛回至此接仗獲勝此即中國地界之證楊哈思班云此尚不足為憑緣帶兵接仗之事不必定在界內也外部又云英廷本無利此土地之心既據喀城道員認為中國轄境亦屬甚好但須及早豎立界碑或時派兵四五人在彼巡哨見有遊歷者但詢問有無護照毋須攔阻俄人知其地屬中國方不萌占據之意茲將勘明該處地圖及註中西地名字樣移送中國一分以表英廷睦誼但事須秘密不便備具公文或致漏洩招俄人見怪是以函交本署參贊官馬格理由 福成 轉呈鈞署察收云云竊思英廷派員至喀遊歷探察地形蓄謀甚深徒以喀城道員認為轄境遂不復萌他想且將地圖慨贈足其志在聯絡中國謹防俄人顯而易明似無惡意惟 福成 檢查洪文卿侍郎新譯中俄交界圖帕米爾部落係在中國界綫之外亦非俄境所屬但既據英官稱喀道認係中國轄地而英廷亦非定欲中國派兵駐守但願我始終明認勿使他族生心而已相隔過遠此中詳細情形 福成 無從遙揣應否由 鈞署密致新疆巡撫轉行喀道迅速查復籌定辦法以便 敝處轉復外部伏乞 回明 堂憲裁奪為禱所有山特生致馬格理函一件秘密節略一件一并譯呈又將來圖照樣

摹譯一分隨函同寄因原圖係洋紙易致碎裂不便封遞也肅泐敬請 勛安 七月二十三日 英字第二十號

譯英外部侍郎山特生致參贊馬格理密函

敬啟者頃奉沙侯命飭送節略一紙內言中國與阿富汗在帕米爾交界之事祈即轉呈 欽差查閱作為秘密文件是為至要此請台安山特生謹啟

譯英外部秘密節略

中國使館英文參贊昨在外部談及兵官楊哈思班到帕米爾平原荒地探路並到喀什噶爾遊歷各節欲請將印度政府所以派楊兵官前往之故明白示

知以便轉稟中國　欽差當時已告知該參贊派楊兵官前往一則考查是處與英國邊界相連地方之地理形勢一則考查該處地方官暨居民等有認定實在界限能指明何處屬阿富汗何處屬中國與否因阿富汗國王與英國交際情形英廷視爲甚關緊要故也據楊兵官稟稱查悉舊有界限足備考證之用此界限自穆司搭格嶺及因都庫什嶺（志略作興都哥士山）兩山毘連不遠之處起有一大山嶺可以畫分南北南爲音達司濮地北爲葉爾羌與阿克蘇河自此山嶺起由克里克山口而西其分六段今列如左

第一段以水流入阿克蘇河之兩枝河爲分界一西流入噴赤河（一譯作阿布噴治）一東流入阿克蘇河分開小帕米爾爲兩段

第二段自大帕米爾北相離不遠之處起以水流入噴赤河及阿克蘇河爲分界至大山嶺隔開大帕米爾與阿爾楚爾帕米爾而止以上兩段界限英廷可以認爲定界

第三段向西而行以水流入大帕米爾湖及葉西庫爾湖爲分界（葉西庫爾爲棍屯河之發源處）此界經過布才拱巴什及哈爾果什兩山口至相近哥意德色（一譯科衣帖色）山口爲止此段界限亦甚明晰

第四段經過以上所說哥意德色山口相近處以水流分界後往北直行向棍屯河或阿爾楚（爾）河下游處經過葉西庫爾湖之下再折而往北斜行直上仍以水流入阿爾楚爾及穆爾格布河地方爲分界再從帕米爾高地遠望什克南低地此段界限雖無天然形勢不甚清楚然亦足備行事考證之用

第五段折向東行以水流入阿爾楚爾河及穆爾格布或阿克蘇河爲分界過橫[illegible]（一譯作三奈）山口至察提爾塔什之北一處爲止

第六段自以上某處起往下直入穆爾格布下游至梅丁（一譯作瑪地安）之下再由此處轉而往北復上行以水流入麥爾格比江之二枝河爲分界至俄人所稱爲俄國邊界相近阿克拜塔爾河源某處爲止

以上所開界限圖說並觀便知詳細（此圖已交馬參贊）此次所開界限未審中國政府以該處所轄邊界認爲相符與否英國之意認此爲無悞儻中國亦以爲然希即示知即當知照印度政府遵照辦理可也

一千八百九十一年八月十六日自英外部衙門發

再論長江教案書 辛卯

敬啟者八月十一日接奉六月十九日蘭字第四號
堂憲公函敬悉各教案起事緣由十五日又接到 鈞
署來電當即詳告英外部并飭駐法參贊官慶常告法
外部已於十七十八日將問答大意摘要電復在案茲
再詳晰陳之查此次未接來電之先外洋各新報譏謗
之詞不勝枚舉大略謂中國始終毫無振作視
上諭爲具文政令不行於四境照約保護一層各國不
能相信英國則以宜昌新案之故屢接公使領事等電
稱大局岌岌請速添派兵船來華并聞赫德致畢稅司

函亦有中國將大亂之語是以各國外部聞此信息咸
謂此事於歐洲全局有損必須添兵到華合力自衛據
駐法參贊官慶常稟報本月十四日法外部李寶約彷
面談聲色俱厲大旨以中國不能竭力保護各公使將
與 鈞署絕交云云并有節略一件譯出寄來自接到
寒電之後復電飭該參贊往告外部詳加開導外部意
似轉圜而仍以未提杜絕後患一層爲言該參贊答以
此係中國分內應盡之責不必另提外部意始釋然已
允會同各國籌議並電囑李梅和平商辦此法外部近
日情形也十六日 福成 見英外部山特生詳述電意因
請以各使在華所請辦法不外四端曰緝犯劾官賠償
及保護將來今中國於緝犯劾官賠償三者既一一辦
到至於保護將來中國無不盡心竭力且須從容詳議
不知各國何尚如此紛紜山特生問電開各節尚無挑
剔惟云可惜辦理太遲又云現在駐華各公使方聯名
稟請各國政府求添派兵船自行保護此事應俟各國
政府核奪 福成 謂此案以英法爲領袖法又視英爲轉
移中英近方輯睦自應篤念交誼妥籌善法山特生以
沙侯現尚避暑在外必須轉告方可照復旋於十九日
接到復函謂沙侯之意中國果能力任保護不再出事

端英國當與各國妥商辦法再行函告此英外部近日
情形也大抵英法兩國均注意防範將來杜絕後患爲
第一要著英重商務甚於法之重教此次人心惶擾英
商受累較多故英法始終一氣驟不可離刻下法允與
各國籌議英亦允與各國妥商善策似已漸有轉機但
求不再出新案可冀平安無事惟各國公使於 鈞署
則惡語相加於本國則危詞聳聽不但無消弭之意并
有挑釁之思其用心殊爲可惡此次九國聯幫勢盛謀
狡尤覺棘手祇可暫示包荒以柔其氣相機應付以戢
其謀且各國外部於公使亦多袒護即如英法外部往

往經 福成 詳告之後，意似豁然。及一接彼使唆聳之詞，則轉疑 福成 前言爲不實。蓋其信中國使臣之言，自不如其本國使臣之言。此外洋辦事極難之處，求其機括，惟有 鈞署平日接待各國使臣，妥爲駕馭，加以聯絡，儻能使集泮之鴞，懷我好音，或亦省事之一道也。茲將法外部問答節略二件、節略一件、敝處答復節略一件、英外部問答節略一件、復函三件，一併鈔呈，伏乞 回明堂憲爲禱。嗣後情形，當俟陸續奉告。肅泐，敬請 勛安。八月二十二日

英字第二十二號

論分派兵輪保護長江口岸書 辛卯

敬再啟者：前閱外洋新報，謂此次沿江上下滋事之時，正值北洋閱看海軍，所有南洋兵輪盡數北行，以至會匪乘間而動。甚有稱蕪湖四月出案，在前閱兵之期，在後不應拘泥前說，再調南洋之船，謂係中國不肯實心防範之明證。彼族强詞奪理，壹意吹求，大抵如此。及聞各國公使領事迭次電請添派兵船，謂由中國不能力任保護之故。昨晤山特生，亦云六七月間不再滋事，乃彼各國分派兵船鎮守，極力彈壓之效，方悟前報所言大局可危，實因今年鬧事之處過多，西人驚心風鶴，顧念身家，不免視此事太重。彼既視之太重，動輒疑我視之太輕，遂有因懼生忿之意。又聞六月間丁軍門帶鐵艦七艘駛往日本遊歷，雍容於槃敦之間，西人謂値此人心紛擾，而我海軍不爲保護，顯形漠視，益滋藉口。福成謂成事不説，且我之辦法，亦豈能盡如彼意？惟東遊之事既畢，兵艦正合用之時，北洋之艦，尤多於南洋，若分派南北洋兵輪巡駐江海要埠，顯示保護，隱寓防維，且杜彼自護之說，俟一半年無事，洋輪逐漸撤退，即可與議善後章程，是全案轉圜在此，結穴亦在此。惟聞北洋兵輪吃水較深，不能入江，或者沿海各埠北洋兵輪

任之沿江各埠南洋兵輪任之似亦變通盡利之一說而其樞紐則仍在　鈞署籠絡各使使之就範各使非盡虛言可動事之較有實際者其在分派兵輪保護之一說乎計此函到日或者大局已定萬一尚有紛擾彼所注意專重在杜後患一端福成既有所見不敢緘默伏乞回明　堂憲裁示為禱肅此再頌　勛綏八月二十二日

論仰光及加里吉打埠宜設領事書辛卯

敬啟者香港設領事一節英外部答允於前華使阻難於後以致九仞之功虧於一簣事機不順良可慨惜鈞署覆奏囑告外部以試辦一年之說中國未能滿意看其如何答復竊揣執定原議與之磋磨不難變為常局惟港喀兩事雖可不相抵換而彼族注意在此我能令其全允港事若欲保其不再提喀事似無把握則屆時仍費　鈞署籌畫似不妨暫置不提留為後圖福成所致慮者從前西洋各邦向不以公例待中國客冬外部答允中國於英屬地通設領事其來文之意甚為堅決非若香港新金山兩處尚有須審量之語無非明示睦誼意在結歡是以外洋新報多有忌中英之親睦者我能乘此機會多設幾處領事即可證明英廷允照以公例待中國之券且可據為照商他國推行張本亦可為抽換舊約喫虧之處張本所關係者非僅一時一地已也刻下香港如作罷論而新嘉坡係原設領事之埠雖未改為總領事究無顯然添設確證日久恐其發變漸翻成議查英屬仰江一埠亦號為南緬甸華商不下五六萬人東印度孟加臘之省城加里吉打埠志略作加爾格搭尤多殷實華商此兩埠華民之多均在新嘉

坡之前本年春間有德國隨員姚守文棟呈請游歷印緬地方福成札令順道探查中緬交界兼察仰江商務情形曾經咨呈 冰案旋據該道稟稱華民在緬不獨受英人凌虐兼受緬人欺侮沿途環訴叩求稟請設官保護又聞升竹珊星使去年由藏赴印有閩廣巨商環求籌設領事竹翁許以相機留意現據姚守亦稟稱該處殷商不少貿易頗旺自應一例添設且該處係歐人東來孔道又與西藏邊外相近萬一印藏有事該處有一中國官員可通聲息裨益非淺福成現擬籌設此兩處領事以為英廷答允中國在英屬地照公例通設領

事之券不致異時變易前說而英人視之亦非如香港較為鄭重更不與他事牽涉惟必須先與 鈞署函商妥協方敢具摺上陳至港事雖暫不提並非永罷如一二年內事勢稍變亦可再議伏乞回明 堂憲酌奪示復如謂該二處無須添設領事仍應將港事辦妥福成亦卽遵照也專泐布達敬請 勛安十月二十一日英字第二十一五號

再論滇緬界務書壬辰

敬啟者四月十九日接奉 鈞署來電敬悉壹是端士女子遊歷電奏准行此係通融省事辦法但當示以顧全睦誼起見自主之權實在中國耳帕米爾事初因英外部沙侯出遊未回是以稍緩開談帕部舊係中屬英既送圖於前俄亦撤兵於後在彼兩國皆有不能侵佔之證據今中國旣願推而勿有與兩國共之論理當無窒礙探聞英廷已飭駐俄英使先自與俄外部商論英俄各須派員赴帕察看情形再與中國會商是定議須在明年矣滇緬邊界一事據山特生云印度部各員見

福成所覆節略援案索取三端利益意不甚以為然至外部於劃界之事擬令華使在 鈞署商辦竊揣其意或恐福成固執不讓勢難全拒姑令華使先探實在消息稍作宕筆仍待歐使到京之後俾其一手始終經理則此事須在 鈞署收束者乃一定之理勢鄙意彼卽狡詐百端我當一成不變查閱舊卷當日英人所以許此三項利益者實因 鈞署之意重在索還八募曾侯據此立論故彼意旣不將八募讓還則此三項亦足稍為點綴用示睦誼刻下事移勢易彼族審知中國現無展界之心是以決計將前議置而不論但欲乘機進取

大抵外部初意未嘗不欲顧全大局而英之疆吏則一味以進取爲功外部仍察度彼我之情勢苟可俯順疆吏之意亦未始非其隱願今我若不執前案與之力爭則彼勢必以上次所送節略地圖作爲定本恐滇邊界外各土司自此將悉爲英屬矣竊謂此事無論在外洋在　鈞署開談總以抱定展界舊說與之堅持爲要即令此數端未必全得或得一二端或另得他項利益以相抵換亦未爲不可譬之逆水行船必力爭上游透過數步則從容放棹之時乃可適如吾意所欲往之處此案能辦到以稍展滇界爲歸宿庶可保全附近滇邊各土司否則彼得步進步恐未必能容我安守舊境也日內擬將舊卷中緊要之處擇其可據以執辨者摘鈔數件具牘咨呈　冰案以備查核伏乞回明　堂憲裁示爲禱肅泐布達敬請　勛安四月十三日英字第二十六號

再論帕米爾情形書　壬辰

敬啟者四月二十四日奉到　鈞署來電敬悉壹是業於五月初二日摘要電復在案帕米爾之事福成月前會晤沙侯以三國各不佔之說告之沙云既作公共之地辦法諸多窒礙緣帕部人才物產不能爲自立之國設或有似生番劫殺之事究歸何國承辦何國管理福成答以自應三國會同辦理沙云如此必多意見不合易啟猜嫌從前歐洲常有此種地方此種辦法終無有能善其後者福成直告之云帕地孤懸三面不易設防如守此地勞費既多而裨益甚少是以中國不願收取

貴國與此地隔一大山守之亦頗不易果爾則俄必取之俄取之恐於中英兩國均多不便似不如立約公同保護較可經久沙云英廷已飭駐俄公使與俄外部商議英俄須各自派員赴帕察看情形再告中國云云昨得竹筼同年來信謂俄外部之意以帕地係中俄接壤英祇因保護之阿富汗稍有毗連與中俄情事不同似欲擯英不使與聞福成竊謂俄人所以欲拒英者以去英則中國較易商量也中國所以願合英者以得英則中國隱張聲勢也刻下此事能否就範其樞要在俄而不在英尤在英俄之先自籌商而中國暫無從攙越中

國祇能靜候音信隨宜應付遲速聽之可也滇緬界務既交敝處開議如能先定大略規模則勘界大臣可稍免臨時周折駁辯數條頃始接外部覆文堅持不肯稍讓據外部稱緬督將到倘當約同集議馬格理係原議畫押人員屆時擬遣往爭論須儘數月之內與之磋磨希冀爭到得半之數亦可收場已甚喫力總之此事持論則以援案展界爲詞命意則以保固滇邊爲主要使數十土司稍有外障以關之不致被英邊吏脅爲兩屬此則於大局不無裨益耳以上各節伏乞回明　堂憲爲禱肅泐奉達敬請　勛安　五月初八日　英字第二十七號

論英國禁煙會始末書　壬辰

敬再啟者上年五月間有英國禁煙會紳士埽司星爾阿來山德兩人來敝處謁見面陳本年該會紳等在下議院議禁止印度種煙一事議員中意見相同者多至一百六十餘人爲向來所未有當卽聞之英廷英廷交上議院答覆之詞頗以印度餉項無出爲慮惟謂此時中國如欲加重抽稅以期禁止或從此禁止不准進口英國決無啟釁之意云云該紳等念鴉片流毒中國已久今英廷顧念大局既有此言應請中國乘此機會設法禁止當將上議院答覆會紳之文面呈敝處以爲憑

證并攜呈同治八年　鈞署照會英國阿使之文內有勸英國禁止販煙之語謂今日情形異於曩昔中國如持此議該會紳等竭力相助不難辦到囑將此意轉達鈞署請示　福成　明知事體重大辦理正復不易念其來意誠懇未便漠然不應因囑該會紳繕具公函許爲轉達此五月杪事也旋值內地教案蠭起該會中係教士居多眾心惶怯不暇及此未幾而議院放假會紳各自散歸至十一月初在巴黎接到該紳等來函二件當卽譯出核其所言大旨卽係五月間面談之語本擬卽時代陳惟念交涉事繁如梅生之案坎部之事滇邊之

議頭緒方多恐　鈞署不遑議及是以暫將此件擱起
昨該紳等又來使署探問回音福成自不得不爲轉達
鈞署第體察目前事勢議院諸人旣有悔禍之心英
政府亦無啟釁之意但以禁止一節聽中國辦理爲詞
雖其意仍在諉過中國未必眞有願我禁止之心然我
於此時果能迎機而導未始非轉弱爲强之候且洋人
所謂禁止之道仍不外乎加重抽稅一法查光緒十一
年曾侯與外部議定稅釐并徵之時奏稾及條約中俱
已預爲陸續議加張本是此事如果籌辦亦非全無根
據儻因此而進口之數少減固爲正本清源之上策卽

不減而稅釐有加於舊亦不失爲取益防損之善謀惟
事體關係較重非到機緣十分湊拍究未敢輕於發端
所有該會紳先後交來各件一併譯稾錄呈應如何答
覆之處卽請回明　堂憲裁示爲禱肅此再叩　勛安
五月初八日

譯禁煙會參贊阿來山德來函

敬陳者七月初一日蒙大人接見並埽司屋爾囑將
禁煙之事繕具公函呈閱自謁見後適値放假之期
相近是以躭延時日不能早將此稟繕成殊深悵悵
茲本會董事等已擬就一稟經總統董事參贊等簽
名並將四月初一日寶星弗爾克孫在議院代國家
所議各節一併載入送呈鈞鑒蓋本會欲鄭重出之
令一切良法美意足備
中朝之採擇非敢輕忽此事遂致遲延也現已將稟
刊印所發之名亦照原底彙列諒與大人之意吻合
本會欲刷印此稟者非卽欲流傳廣布故不刻入本
會報單亦不刊入新聞紙不過備會中各董事閱看
而已儻
中朝欲將此稟付梓亦無不可今附上稟稾三分並
報單如再要多容後續寄特肅布陳敬請鈞安阿來
山德謹啟

譯禁煙會總董事麥的斯參贊阿來山德公函
敬陳者本會總統前在下議院所擬各節蒙大人允
達　貴國政府不勝欣幸之至本會設立已閱十七
年會中皆公保各黨執政之人及各方耶穌教人查
一千八百四十年間爲鴉片事兩國搆兵旋經議和
修好而洋煙從此暢銷中國有損華人且與華律相
背本會每深悵惜自天津條約稅則定後鴉片不在
禁貨之列竊揣此非
中朝頓改初意謂鴉片無害於民良由迫於歷年戰

事無暇驟禁本會故欲力助
中朝冀兩國修改條約之時中國可以力禁鴉片進
口前煙台條約議改稅釐併徵卒於一千八百八十
五年立約此約係照
中朝所擬而定時前任大臣曾侯訂立此約極嘉許
本會相助之意語載曾侯信內此信曾刊於一千八
百八十六年十二月本會報單中但本會不能以立
此約後即已副期望之意若印度政府仍做此害人
貿易本會意總不安嘗聞道光年間我國公使勸中
國將鴉片作進口貨收稅當時奉中

上諭曾云欲朕收取害民貨稅萬不能行本會每思
此言極爲欽佩凡教中規矩視四海如同氣譬如兄
弟二人兄受利弟受害則大以爲不然歷年以來本
會每乘機會陳說於議院中所可喜者議院各紳近
以此爲非者較多於往年本會總統議院紳士寶星
比斯於四月初十日擬一應辦之意見附列於下
本議院意見以爲但加重鴉片稅則尚非合理辦
法須力勸印度政府不再給發種煙及賣煙之准
單除售作藥料之鴉片不計外又應禁止馬爾華
鴉片過英國印度之境

此意見一百六十人爲是一百二十九人爲非
本會甚願各紳意見多合嘗議論時前孟買總督外
部侍郎寶星茀爾克孫代國家聲明禁煙之語附列
於下
此事我可聲明儻中國欲加重鴉片煙稅雖加至
極多或竟全行禁止不准入口英國必不欲費一
鎊金錢以買藥彈以傷一兵強令鴉片入中國
本會欲將此要語請大人轉告
貴國政府至如何趁此機會禁止此等害人貿易本
會固不敢代爲設法但所欲表明者中國儻有禁止

印度鴉片之意本會極願扶持刻下英國知中國受
喫煙之毒較前更詳一千八百六十九年間　總理
衙門行文於寶星阿里國極言鴉片之害茲將此文
譯錄於後內載所擬各條彼時竟置之不理今若擬
有此辦法必不至於寢擱但中國內地不准種罌粟
一層亦須切實擔保在內本會極望大人並中國
國家承受
天祐速滅鴉片無窮之災難及中國民人呂盛肅臬
敬請鈞安伏惟垂鑒總統比斯董事麥的生參贊阿
來山德代禁煙會簽名一千八百九十一年十一月

十一日

譯禁煙會刊刻阿公使申報本國原文

一千八百六十九年英公使阿大臣與　恭親王及總署大臣往來會商多時　恭親王等欲將鴉片准入中國之款作爲廢紙茲將中國來文節錄如左

華商賣給貴國者乃佳茶好絲均係有益之物英商賣給中國者乃係鴉片無異毒藥似此作爲殊屬不公無怪人心不服最可慮者中國官民每謂英國有意毀壞中國並無眞實和睦之情英國既稱富而好禮之邦專爲流通中外貿易而來何不將此害人之

物除去想英國必不因此無益生理致招中國官民怨恨通國斥駡蓋停止種煙所失豁項有限特請貴大臣轉稟貴國飭下印度及他處將種煙之地改種穀米棉花我中國亦嚴禁栽種罌粟則此項生理既停自無喫煙之害矣本王等深有厚望焉

出使公牘卷之四終

出使公牘卷之五

無錫薛福成叔耘

書函　致總理衙門總辦

論與英國爭梅生罪案並八募設關書　壬辰

敬啟者五月初八日肅布一緘詳論各事計達　典籤六月初四日接奉　堂憲四月十三日公函敬悉壹是梅生一案外部初次復文及　敝處第二次照會外部文前已譯稟咨呈　此案近日外部尚無復文惟據馬格理述及外部之言初次則謂接上海英按察使來信稱上海華官於渠判斷此案均已愜意並無謂其辦理不

公之處且有送禮酬勞之說頗疑　敝處有心挑剔又謂律例之事由刑司專政即外部亦不能盡知等語及接　敝處第二次照會則云此文甚爲利害頗覺不易回答又聲稱已交大律師秉公速斷惟現距監禁九月之期將滿　福成　慮其屆時先行釋放然後以不能捕得爲詞昨已電達南洋請其在滬延西律師坦文於前控炸藥之外另以三事控之英按察使一通會匪二違例雇人三偷運禁物並將　敝處與外部前後照會洋文原稟函鈔寄去總之梅生之事若不切實理論彼必以含糊了結則後患滋多　鄙意必須辦到更判定罪庶足彰公道

而儆將來外部度我堅持到底或稍有轉圜之說馬格理又云此事喫緊一分則周漢之案暗中即可放鬆一分其餘可隱相抵制者亦頗不少雖小事而實要端也滇緬分界之事近遣馬格理赴外部與山特生歐格納及印度部侍郎貝蕾會議一次貝蕾謂中國向不講求商務此次必欲在八募近地設埠以大金沙江爲兩國公用之江究屬是何命意馬格理答以聞福成云雲南礦產甚富而運道極艱即如目前起解京銅勞費遲延至爲不便若由滇境內之大盈江取道大金沙江入海一水可達天津此中國所必爭且此事於英人在緬商

務亦未始無益若滇貨不出大金沙江則越南之東京現已通商如由滇境經紅江取道富良江入海較之目前運道由滇而蜀由江而海亦尙便捷則通商之利盡歸法人之手商人既走熟越南一路而欲改使入緬勢有所難似非中英兩國聯絡交誼之意也山特生等均大以爲然用筆誌之福成之意則以我不立商埠於緬境彼必立商埠於騰越騰越陸路直接印緬若使異族麕集窺我礦產之富將來事端必多故不如由我設埠緬境綰轂大盈江之口分彼八募之利設關徵稅必可暢旺以上兩端若無中變似稍易商其南掌撣人之境

劃歸中國一層頗難就緒又野人山地在大金沙江以西者約四分之三在大金沙江以東者約四分之一鄙意與議以江爲界則彼此畛域劃然中分或可屏蔽數十土司不致被彼蠶食無如印緬各員以翡翠玉石等礦皆在此處堅不肯舍福成尙當據理與爭雖甚喫力亦所不憚能多爭得數分甌脫之地究於各土司有益刻下適屆英議院更換議員之期英人向分公保兩黨就所選議員之衆寡而政府及各部大僚之更動亦視爲轉移恐外部或須換人尙難預定月內此事暫停會議須至閏月始能再談福成愚見趁此時候滇中派員

先查明附近滇邊之野人山地或各土司之地有與犬牙相錯者必須大勢瞭然庶稍杜彼族希冀朦混之心此本係兩國當查之事彼之查勘已不止一次我亦先宜派員往查明示彼以不忘此土之意或較易於就範亦免兩國會勘之時更滋口舌伏乞回明堂憲裁示爲禱又福成面晤歐格訥據云約需冬初起華計到滬已値封河時候擬先至朝鮮明春入都蓋歐兼任朝鮮使事也此人能稍遲到京免其另生枝節於事亦未始無裨謹以附聞肅泐布達敬請勛安　六月初八日　英字第二十八號

論阿富汗侵擾蘇滿卡倫書 壬辰

敬再啟者五月二十一二十五六月初三日疊奉　鈞署三電　敝處當復電在案查此事第一次詰問外部時外部謂因我未將欲守帕地之意先告英國致有此誤是彼意仍跟上年送圖一節而來如謂阿富汗此番舉動英人全未與聞固難深信竊料英之嗾阿當在去冬窺我欲棄帕地之時迨我守帕而阿爭之巳出英人意外至後來之逼遷布回似該處阿員妄作不但英廷不知或并非阿酋之意頃告知外部據稱巳立電印督轉告阿酋諭什克南頭目立時釋放惟阿什等處尚未通設電綫聞由印度寄信至彼約需兩旬方到 福成 現擬告外部必須阿酋認錯賠禮并償卹被遷之回民方可完結能否辦到雖無把握然必如此下手方為得體其若何收束則祇可相機爲之　鈞署來電謂告喀使以阿兵佔地彼不甚在意許竹使來函亦謂俄外部於此事佯爲不知其意殊難揣測然我若不於此時明告俄人非特代英阿兩國受俄之催逼即他日俄有責言我轉無以應之故不如明告之爲愈昨巳電商竹使矣三國分地自是將來歸宿但蘇滿地方既有

御製碑文似應竭力爭爲中界此體統所關不能過於退讓現交阿兵暫守他時與英理論或尚較易於俄　嘉峪關至烏魯木齊電綫既發款興辦仰見　堂憲綢繆全局應機立斷欽佩無已此後西事方殷信息靈捷裨補大局實非淺鮮但不知需費若干何時可成耳肅此再頌　勛綏 六月初八日

論阿酋擾卡及梅生罪案滇緬界務書　壬辰

敬啟者六月初八初九十六十九閏六月初一初五初十日疊奉

鈞署各電敝處先後電復在案查近日交涉各端中英會立坎巨提新酋一事大致業已妥協但冀新疆派往會立之員妥慎將事不亢不卑即可完竣本日謹具摺奏明另鈔稟咨呈

冰案帕米爾事自以三國分界爲歸宿而俄廷於勘界一事尚未開議現又派兵巡帕據英外部函告敝處云近接駐俄公使來信言俄廷現派游擊喬璐夫率師赴帕意在探視該處情形且冀阿富汗因俄師之來不與布回爲難並聲明此

行不犯阿富汗亦不犯中國但冀中國駐帕之兵或因此可撤去云云惟外部之意頗慮俄人言不由衷且欲慎觀其後近日英京各新報論說紛紛大意謂俄兵入帕英人於印度早已有備無患恐中國將來不免受虧此雖英俄素日互相猜忌之習然時會所趨局外之言不無可採茲將英外部來函及新報二則譯稟鈔呈阿富汗酋覆云此事伊處並無所聞如果確實渠自當將布回目釋放又閱新報阿境內牆部近有叛亂之事俄兵與阿兵鬭於蘇滿俄兵被擒殺者十餘人內訌方亟外患將乘前函所擬飭令賠禮郵償之處祇可相機酌辦所有外部來函一併譯呈梅生之事敝處屢催南洋於炸藥之外請律師再控以便更讞迄未辦到旋接英外部函稱准於監禁期滿之日逐出華境福成念其與

鈞署初意尚合且人既釋放勢須另起鑪竈因亦不復再爭昨已照會外部綜論始末以著兩國辦理懲犯各案我甚嚴而彼甚寬借一事以形他事仍寓立竿見影之法藉作釜底抽薪之計容即另具公牘咨呈以備查核滇緬界務因首相沙侯將告退外部尚書閧揆勞偲伯里月杪能否會議尚難豫定古勇薩洞納二地既承

電示久隸版圖自當據以力爭以杜彼族覬覦之意一切情形俟會議後得有梗概再行續布以上各節祈即回明

堂憲爲禱肅泐敬請

勛安　閏六月十九日　英字第二十九號

譯英外部寶星克蕾致參贊馬格理函

敬啟者本衙門頃聞印度衙門云阿富汗王答覆所問之事據阿富汗王云並無拿獲布回頭目之信儻此信果確渠自當將布目釋放應回明貴欽差爲荷此復順請台安克蕾謹啟

譯英外部侍郎山特生致參贊馬格理函

敬啟者沙侯請閣下轉達貴欽差云代理駐俄公使

自俄京來信稱俄外部云阿富汗旣奪布回之并以當貢獻中國兵仍駐紮阿爾楚爾帕米爾是以俄將遣游擊喬瑙夫率師至該處巡閱約八月中可歸俄外部聲明此行無意據地不過探視情形而已且冀阿富汗因俄師之來不再與布回爲難而中國兵或因此可撤又云喬瑙夫此行奉命不犯阿富汗亦不犯中國兵且不近與都哥士山云山特生謹啟

節譯馬格理之子馬繼業自喀什噶爾來信

此間諸事棘手俄領事勢不相容時賺華人從中爲難因華人固深畏之也帕米爾事如何了結實難懸

揣兩月前約有俄兵三百名至大喀喇庫爾南眉喀爾地方距華兵駐紮之郎庫爾約尙有一日半路程當時情形甚爲可駭自俄兵復回阿賴爾之後較爲平靜又深恐華兵與阿富汗兵或至起釁六禮拜前果有阿人約二十名忽至阿爾楚爾之蘇滿塔什謂此地屬阿富汗令華兵退出華兵初不允嗣後議定兩國之師均退出蘇滿塔什地方此係華兵所定之議聞華兵駐阿爾楚爾者盡已退至色勒庫爾之布倫庫爾矣

譯斯丹達報論帕米爾事西八月初三日

俄羅斯經營中亞細亞近更有事於帕米爾觀其用意較往年尤深記去年我英武員數人遊歷上奧克蘇斯河荒地突見俄幟數處臨風飄搖遂裹足不復深進彼時俄師駐紮該處雖不至無禮於諸員然示此地若屬彼管轄可以閉絕外人也者考此地半屬阿富汗而餘屬中國從未聞爲俄屬當時沙侯立即馳牘森彼德堡申問緣由而俄廷謂此非朝廷命意乃該處將領所爲以致開罪英員謙詞謝過無何印度之市謠傳四起謂可薩克馬軍名俄兵又至其勢洶洶視前更甚今日我英政府接有信息謂所傳皆確

回憶俄廷謝罪言無幾時而舉止不同如是也然歷觀往事來者可知俄之理外務也其在京城恆辭謙而理正婉言謝罪甘語允從而將領在外仍自得步進步有利必趨至政府何以對答外人有若弗知也者時而倔强不順君命時而無端又興師徒此固開疆拓地之狡謀實俄羅斯之故智若謂帕事獨不類此有識者必知其非矣俄在中亞細亞進取斷無已時俄政府必以此事明告中國而華員必知俄員之狡詐强猛爭論而折服之以保守其固有之地尤爲要圖至我英曾與阿富汗立約如有外患必保護之

則俄廷又必觀我英政府之意安知不限以界畫以阻其直進哉夫此地猶屋之脊赤露天空不足以蔽商旅曾不屑費此唇舌然以大局計則阿爾楚爾帕米爾乃由北犯印度之要區則俄將領之欲撫有其地或欲通道其間固在意中幸印度邊防鞏固可恃無恐然俄師近逼則防堵加警而軍需驟增禍變漸滋而外藩騷擾不如及其尚遠盡力以阻其來乃今日所最急者耳阿王安勃特臘彎之才幹警敏善交印度毋暱強俄彼固知之矣惟其天性素慢盛氣不平又確知若過屈於我英非所以示其民故近者獨

行其是未免侵侮境內各小部國中內訌境內京城及侯勒特周圍諸屬部本屬阿富汗者又起兵變勢甚倉皇故阿富汗之率師在外者奉召馳歸以剿叛部近聞諸兵調自北省者爲賊所敗兵爭一事在阿富汗本習爲常然此次爲患尤巨該王幾有不安於位之苦觀此知阿富汗境內有諸部之變境外有強俄之侵則該王必應與印度結好也明矣

譯遊歷印度人致斯丹達報館論帕米爾事書西歷八月初三日

俄兵據帕消息於中英兩國極有關係然於中國尤甚故詳言之印必丹喬瑙夫已至興都哥士山一事儻此說果眞則俄政府竟無異負諸失信是不可以一息姑容者矣帕米爾俄兵之數印必丹喬瑙夫所帶者必不踰五百人蓋此行彼自認專爲探路人多則令人生疑況糧餉輜重載運甚難非大措置不能進大軍帕米爾人煙稀少正亦無須動大軍耳俄兵或已至中國境內之塔墩爾瑪及阿克塔什則未可知因中國極西邊界固在蘇滿塔什也我英政府近於乞托拉爾雅辛那墩爾之舉先患預防印度兵力保守有餘故俄人此時進犯與我英關係較輕中國

則正與我英相反刻下俄之舉動於中國何等岌岌試展地圖一覽而知俄兵業至塔墩爾瑪及阿克塔什儻據有其地必將進窺回疆並先圍喀什噶爾成功而後已直逼南北西三面而後待時而動竭全力以塞其東面乃可取道以直達於西藏矣僕謂近者乞托拉爾雅辛那墩爾之佈置防穆斯塔格與都哥士之南則有餘然俄若遷移其帕米爾東之邊界而至阿克塔什之南則此後步驟必及其西或侵佔阿富汗一面然後我英之責任伊始因此面尚未設防耳但就俄現據塔墩爾瑪及阿克塔什觀之我英原可不

甚經意然如下甚然俄人目下此着後患可想而知而帕米爾西面並阿富汗一面亟須嚴防彼此後舉動必不出此數處豈可不思患而預防哉

譯英外部侍郎山特生致參贊馬格理函

敬啟者上海總領事來電云中國官員所聘訟師謂梅生並無加重罪名實據然彼亦並未設法覓保是以是月之杪即須逐出華境矣沙侯囑告閣下轉達貴欽差爲荷山特生謹啟

三論滇緬界務書 壬辰

敬啟者本月初七日祗誦 堂憲六月十九日公函並大咨及鈔件等領悉壹是自前月至今疊奉 鈞電均經先後電復在案滇緬界務因值英外部交替延擱多時至本月十二日方接新外部勞偲伯里照會定於十二日派山特生貝蕭與馬格理會同商議計又談過兩次查從前曾惠敏所索三端利益其中以大金沙江爲中英公用之江及中國於八募附近之地設立商埠此兩端大致曾經議論其南掌撣人之地劃歸中國一節現尚未談緣此次福成所與力爭者在分劃野人山地自二十四度半以北以大金沙江即厄勒瓦諦江爲界江以東盡歸中國此層辦法原在舊索三端之外當時曾侯雖偶有此說尚未暢所欲言外部亦未允許但思目前不如此劃界則滇緬之境總未能截然不紊將來仍不免有誘脅我騰越邊外土司作爲兩屬之事聞緬督現方建議由八募造鐵路直至米紀納之地再由米紀納渡大金沙江而東直達昔董是其用意已可概見福成因探得劃江爲界之說英廷前雖未允卻不甚以爲非頗合西例馬格理謂祗須 鈞署堅持相助似可如志如得此一端則其利益足抵前議三端而又過之且其

勢如順流而下即三端中亦必有兩端可得者如此則滇西諸土司安如磐石日　鈞署來電所稱騰越各關外土司地數十里及一二百里者如在太平江以北之地均已總括在內無待煩言現擬以全神爭此一著萬一倉猝不能辦到則相機轉圜歸到三端似更易於就範惟既爭此地則南掌撣人等地不能不略爲放鬆已囑馬格理向外部微露其意蓋以野人山地與撣人等境比較其利益大小相去懸殊又聞南掌撣人實已大半歸屬暹羅故不欲受其虛惠也昔董即薩洞納　敝處春閒曾照會外部催令將英兵速撤至今未接復文據

馬格理云英兵如退出昔董則大金沙江以東彼亦無險可據自然悉爲我有故以催令撤兵爲緊要關鍵前日會議之時山特生謂英兵如離昔董則彈壓野人保衞商旅應由中國任之答以中國自必力肩此任無須豫訂蓋從前西人嘗以此等措詞嘗試中國因得遂其侵佔之計今宜有以力折之也又聞英駐昔董兵僅二百名因得地勢輒思久據萬一彼果撤兵應請　鈞署電告滇督迅即派兵一營填紮其地以據形勢而資鎮定必可永久相安矣所有訂期會商情形合先布陳伏乞回明　堂憲爲禱肅泐敬請　台安七月二十五日英字第二十號

論漢口英領事帶兵船赴湖南書壬辰

敬再啟者漢口英領事聲稱帶兵船赴湖南一節　鈞署以其違約妄爲囑商外部撤去當飭馬格理往告據外部云此事關係頗重總須待華使來文聲說明白或撤或留方可酌辦云云竊意華使徇庇領事決不肯據實陳報必多遁飾之詞聞其前日電告外部謂　鈞署並未向彼提及初無欲撤領事之說外部因謂此意出自　敝處然疑竇一啟諸事掣肘恐妨全局昨奉　鈞電知已電鄂鈔寄該領事致蔡道函件屆時自可據以辯論仍請　鈞署明告華使以前電　敝處日期囑電外部

以釋前疑至兵船入湖一說空言無實彼易狡賴恐領事或難撤動然幸賴此一著以柔華使及領事之氣暗中不無裨益俟鈔函到後當再切實理論一番然後相機了結也並乞回明　堂憲爲禱再頌　台安七月二十五日

論辦理教案善後章程書 壬辰

敬啟者。敝處曾因清查教堂育嬰一事。電商　鈞署。茲再詳晰言之。查上年教案事結之後。本擬妥籌善後章程。峴帥亦屢有信來。意在及時補救。以保內治之權。冬間又接傅相來函。知有教士在津門遞呈。請由教王派總主教來華。專理教務等情。福成悉心體察。此事應由南北洋妥商建議。請　鈞署主持奏明飭使臣照會外邦。則步驟方不淩亂。今春曾擬善後章程十條。函商南北洋。福成駐巴黎時。飭參贊慶常與教王所派駐法公使。一再晤談。微示此意。該公使深以爲

然。允報明教王定奪。又聞土耳其近與教王通使立約之後。教士皆安分守法。一變舊習。因又囑慶常向土國駐法公使詢問章程。譯寄北洋。以備採擇。自三月杪回英之後。因理論坎巨提及梅生罪名。滇緬界務諸事。未暇籌議。及此近接北洋來電。知改派總主教一層。尚難就緒。而教王於　敝處。亦無的實回音。自以暫緩爲是。惟乘去年教案之後。總宜略有變更。因於前擬章程十條中抽出育嬰一項。專以清查此事。藉釋羣疑爲言。囑慶常往商法外部。詎外部以各省新出揭帖。及陜西教案爲詞。堅不就範。且據送閲領事所收各項揭帖。福成查帖內有庚寅年刊刻等字樣。因令慶常答以教案及周漢等案。疊次議結。此等數見不鮮之件。一概不能再提。外部謂此項揭帖。實係新出。至年月則可隨意捏造。又答以年月捏造者頗少。且安知非領事去年所收藏。至今始呈報乎。至各處教堂啟釁之由。咸以育嬰爲藉口。欲爲經久之計。不得不設法剖白。以靖浮言。再三爭論。外部始允以後准中國官紳到堂觀看。即日函囑李梅酌辦。茲將擬商育嬰堂條議一件。鈔稾呈　覽。伏乞　囘明　堂憲。並將　鈞署近日與李梅商論情形　示知。以便飭慶常相機因應。於事不無裨益。再據英外部稱。

漢口嘉領事報湖南揭帖愈出愈多。力請電達衙門嚴禁。昨已發電矣。歐格訥於旬內啟行。專肅泐布。敬請勛安。八月初三日　英字第三十一號

擬商育嬰堂條議

查西國教會在中國各處所設之育嬰堂。因中國士民素懷疑慮。恐致匪徒造言生事。是以擬定辦法。俾釋羣疑。而杜訛言。茲將各條開列於後。

第一條

一現在西國教會在中國各處所設之育嬰堂。共有若干處。坐落何地。應由各國駐京大臣開單知照

總理衙門存案將來添設之處亦由該大臣開單知照均由中國　國家飭令各省督撫轉飭地方官認眞保護

第二條

一各處教會所設之育嬰堂應准中國官紳及體面之人前往觀看俾官紳等皆知該堂爲正經善舉以便開導百姓而使該堂之功德昭然共見則人自敬佩毫無疑惑矣

第三條

一各處育嬰堂首領應按季將本堂嬰孩出入數目

開單報明地方官存案遇有死亡者亦報明地方官查驗飭派土工斂埋並准令紳民往看以破疑團而杜仇口則剜眼剖心之謠不辯自明矣

第四條

一凡育嬰堂收養嬰孩之時應查其來歷如有形跡可疑者卽報地方官儻係竊取之孩查有實據仍給還其家如該堂曾經報官存案之嬰孩失去亦可報明地方官設法查追

第五條

一教堂收育嬰孩本係爲善之道斷無中國愚民所疑之事然愚民所以起疑者則中國拐匪累之也中國有等拐匪慣騙小孩肆行殘酷如　大清律例所謂採生折割之事無所不有迨經地方官嚴捕往往投入教堂恃爲護符教士不知而誤收之俾得仗勢欺人遂致衆情忿怒轉以拐匪所爲之事指目教堂百喙莫解況拐匪亦甚狡獪往往騙得數孩以一孩送之教堂俾教堂與之同擔惡名亦太不値矣自宜嚴飭教士切不可濫收莠民如接地方官符檄卽速交出如此可保育嬰堂不至誤收被拐之孩亦可保教堂聲譽日起

第六條

一育嬰堂如能限定但收十歲以上或十二歲以上之孩童更可免招浮議

第七條

一各教堂育嬰堂首領與中國地方官紳應和衷共濟彼此以禮相待但不准干預地方公事儻遇有事之時可速報地方官妥爲保護

第八條

一以上各條應飭地方官及各育嬰堂遵照施行

論豁除海禁招徠華民書壬辰

敬啟者，近日接到新嘉坡總領事黃道來稟，大略謂坡埠富商多屬閩人，雖正朔服色，仍守華風，然大抵土著多而流寓少。其視中國官吏，有同陌路，偶有回華再來者，無不切齒痛恨，極言宗族鄉里之訛索，官長胥吏之欺侮，多自居化外，不願歸國。間有以商賈往者，不曰英人，則曰荷人，反倚勢挾威，干犯國紀。推原其故，蓋緣中國舊例，有不准出番華民回籍各條。當順治康熙之時，因海寇盛行，嚴設海禁，例意森嚴。今則鄰交已訂，海禁久弛，與往昔情形截然不同，而舊例並無廢棄明文，奸

胥劣紳，恃有此條，得以藉端訛索，致回籍華民，萬萬不能出頭。必須大張曉諭，將舊例革除，庶華民耳目一新，往來自便，力請福成奏開舊禁。本日業已具牘，據原稟咨呈　冰案，竊思此等舊例，在今日原同隔歲之舊歷，積年之廢劵，存之毫無所用，而一經剗除，可以禁遏訛索，招徠羈旅，收拾既散之人心，挽回積壞之大局，所裨實非淺鮮。惟事關各國交涉，與數十萬華民之向背，似不當由福成一人具奏，必須　鈞署以全力主持，方能與沿海疆吏呼應靈通，擬請回明　堂憲酌奪，具摺上聞，恭俟

命下之日，通飭沿海各省督，出使各國大臣，一體遵行。愚見如此，此信到後，無論　堂憲能否允辦，尚祈先行電示，以便轉告黃總領事，似於公務有裨。專肅布達，敬請　勛安。九月二十二日英字第三十四號

四論滇緬界務書 壬辰

敬啟者十月十五日接奉　堂憲吉字二十一二十二號兩函敬聆壹是嘉領事各項函件均經細閱即遣馬格理赴外部告以實在情形據山特生稱嘉領事年來多病難免性情躁急而漢口事務又繁已密商歐格納酌量調一簡缺俾資休息或漸須告退回國均未可定但不能不稍有遷迴以化形迹耳滇省新繪沿邊地圖攷證詳覈可備證據㽦郎稱英所注意似在騰越西北通藏之要路實係洞見癥結之論此即大金沙江東西之野人山地敝處所以力爭劃江爲界者職是之故近據外部稱此地嘗歸緬甸管轄現方催彼呈出確據以驗其虛實普洱以南瀾滄江以東之撣人地歸我頗難控制歸彼又慮內逼自係實情惟權其利害重輕則內逼尤所當慮作爲甌脫一節英廷向不喜此辦法且恐名爲甌脫仍漸被彼佔據進窺滇境自不如先索之歸我約章既定流弊較少仍令各該土酋列爲屏藩處之羈縻之列由我保護實與甌脫無殊似亦不難控制惟閱撣人各地大半已歸屬暹羅各歲英與暹羅定界又稍割以畀暹所存似已無幾又查車里孟連兩土司幅員頗廣久在滇省版圖之內外部忽稱向屬緬甸福成初甚駭異嗣將數十年來洋人遊歷車里孟連各書仔細繙閱每稱有緬官到此又稱入貢於緬始知乾隆中年以後如孟艮孟密木邦蠻暮諸大土司悉爲緬甸所吞噬車里孟連雖屬中國不免陰與緬通以圖自固英人遂得藉端饒舌然中國既失緬甸於前斷不可於車里孟連諸地稍有所讓幸福成於發端之始已索潞東至地獲占先著由此益知我不索地則車里孟連彼必益思侵占抵制愈難矣自索分野人山地以來外部設辭延宕已三閱月迭經催駁甫於十月二十七日十一月朔日會議兩次大抵野人山地爲英人全神所注能否竟允劃江爲界尚難預定然此事原爲前索三端盤旋作勢儻三端中能得其二端似可見風收帆察看情形總當以辦到爲歸宿伏乞回明　堂憲爲禱肅泐布達敬請　台安十一月初四日

英字第三十六號

論巴西招工事宜書壬辰

敬再啟者，巴西遣使駐京一事，前函巳陳梗概，頃復詳加探訪，知該國政府用意，實係專注招工。竊查從前美洲各國在華招工之弊，如古巴、秘魯等處，皆有洋人集貲在中國招雇華工，與立合同，給發船費，運送該處，轉鬻於種植田園。實需雇工之人，視爲奇貨。迨合同限滿，又被一再轉鬻，終身淪於異域，役使無異牛馬，所以有豬仔之稱。自日秘兩國訂立條約，稍革此弊。然當時因欲顧全先到之華工，不免受彼牽制，所立約章，尙難盡如人意。惟赴美國之華工，人人有自主之權，獲利較豐，

稱爲樂土。邇來該國又有驅逐之政，而華民之生計稍絀。今欲爲吾民廣濬利源，莫如准赴異域傭工，而保其自主之權，杜其驅逐之漸，則必待彼再三籲懇，與之議立專章，添設領事，方可操縱由我。儻彼稍未就範，不妨始終堅拒。蓋彼因注意招工而遣使，或因不許招工而撤使，似亦不妨聽之。然後招工可無流弊。竊謂此事樞紐，在許華工自往，而不宜允其來招。華民適彼國者，苟獲贍身家，豪樂利，往返自如，出入無禁，則聞風者且源源而往，本無所用其來招。務使人人有自主之權，去留久暫，悉從其便，則田主非但不能虐待，而挾制扣留轉鬻諸弊，亦不禁自絕矣。至訂約之始，尤宜以重領事之權，杜驅禁之萌爲歸宿，然後稽查有法，而規模可久。若夫洋人或挾重貲，或駛巨艦，動輒來招數千百人，運往該國，輾轉販鬻，必當嚴立章程，懸爲厲禁，自無疑義。因遣使一節，福成既爲轉達，故再將招工利弊切實言之，使中回明

堂憲察核爲禱。再頌

台安。十一月初四日

五論滇緬界務書 壬辰

敬啟者滇緬界務自仲冬朔日會議兩次後未能合龍又遣馬格理到外部數次設法磋磨惟野人山地印度英官全神所注不肯劃大金沙江爲界異常堅韌印度部尚書金白譫尤蠻橫無理受印度武員之慫慂謂中國向不爭邊地礦可遣兵徑自經理所以昔董既未撤兵旋又紮營昔馬攻擊野人復派兵至盞西邊外之開社公言不諱查野人由本中國有權之地彼不俟兩國理論妥協輒先派兵占踞非特顯違公法大有藐視中國之意觀其如此舉動則彼既得野人山地難保不再

聽武員之言誘脅沿邊諸土司窺伺滇西一帶要地殆有必至之勢其端倪已呈露矣且聽印度部各員議論其所以揣測　鈞署及滇帥之語至爲可慨所以連發兩電力請示以堅持不讓使彼自知所揣未確必稍奪氣外部亦深以印度部爲非惟不欲與顯立異同所以必欲俟我嚴詰方可從中轉圜昨告以中國亦須派兵赴夙昔有權之地保護華商其意稍有顧忌蓋在我不違公法而在彼必形掣肘也大抵兩國辦理交涉其詘伸損益之數仍各以力量爲主使臣口舌筆墨之功不過可得十之二三中國實在力量並不讓人無如數十年來辦理交涉尚未處處力爭先著以致積重難返爲彼所輕固不能不設法整頓而滇省逼近强鄰選將練兵必不可緩庶和局乃可長恃耳至野人山地滇圖既在邊外無論爭之難得即令得之福成亦知滇省派兵派官尚有爲難之處然使彼族得之太易又必益啟戎心故宜儘力理論使彼稍讓我以利益然後我之讓之亦爲有名庶可窒狡謀而資持久福成擬即親赴外部晤勞偲伯里切實爭論頃據山特生來函昔馬似有兩處英兵所踞蓋非盞達之昔馬山實盞西邊外之昔馬也伏乞回明　堂憲爲禱除備牘咨呈硬概外肅泐布

達敬請　台安　十二月初九日　英字第三十七號

出使公牘卷之五終

出使公牘卷之六

無錫薛福成叔耘

書函　致總理衙門總辦

六論滇緬界務書 癸巳

敬啟者客歲臘月初九日曁十六日肅布英字第三十七三十八號兩函計登　鑒室厥後疊發六電布陳梗概旋奉　鈞署五電敬聆壹是滇緬界務迭經福成親赴外部晤該尚書勞偲伯里向之再三催促始訂元旦再行會商山特生約印度部侍郎貝雷與使署參贊馬格理仍赴外部集議彼族全神所注專在大金沙江東

之野人山地繼乃漸露在潞江以東讓地之意詢以所讓何地據稱即送圖略而散旋據送到科干地圖節略福成遣馬格理告以地太褊小彼又訂正月十三日會議一次允再於潞江以西讓地一處其戶口與科干相等卻未據送圖說繼議野人山地彼謂大金沙江以東中國老界以西須盡歸英統轄馬格理與之力辯山特生云必不得已或作爲兩國甌脫之地再就中間劃一分界之處其東近中國者名爲東甌脫歸中國管理其西近大金沙江者名爲西甌脫歸英國管理馬格理因以福成可允之意告之詎料我甫應允貝雷即云此事尙須電商印督馬格理詰以此議發自外部並非使館之言外部必早與印督商定始能出之於口何再電詢之有貝雷不以爲然次日復邀馬格理往議詎云印度部尙書金白雷不肯答允且謂潞江既經讓地則大金沙江以東野人山地應歸英轄野人山地既作甌脫則潞江左右不能讓地馬格理詰以外部首崇信義豈可忽允忽翻山特生貝雷堅稱前說應作罷論現經福成設法磋磨屢次責問勞偲伯里並隱囑倫敦紳士在議院詰問英廷不應過徇印度之意致與中國齟齬妨礙大局外部頗爲著急意欲速了復於二十九日會議一

次仍未就緒總之野人山地與滇境毘連印督受武員之慫恿窺我滇西武備之廢弛未嘗不思得步進步若全佔野人山地即可相機誘脅諸土司俾爲兩屬彼所以盡力爭之者在此福成所以盡力阻之者亦在此如山特生前次所許適與我之本計相合蓋大金沙江以東有一甌脫足以阻隔印度使其地不能生根無從侵軼滇西固宜其靳之甚堅不肯遽舍福成於初三日復率馬格理往晤勞偲伯里請以外部自出此言豈可無端翻悔勞堅稱山特生並未請示自陳所見實係錯誤福成爭論良久勞始微露其意願允滇西老界稍加展

拓其潞江東西兩地仍請收受並請　福成辦文照會再
當酌復等語竊思彼族異常狡黠異常堅韌動輒借端
停議迨用盡氣力催趲益緊亦必閱月經旬始議一次
議又猝難合龍曷勝焦灼目下審度情形颶颮之議斷
難辦到祇可就彼展拓之說見風收帆雖未能設天然
藩籬但留此展拓形迹可使印度武員知中國讓地之
不易或稍杜其侵占之意耳伏乞回明　堂憲為禱肅
泐布達敬請　台安二月初五日　英字第三十九號

敬再啟者向來使署與外部商辦要務必須詳敘問答
節略以備查考此次理論滇緬分界事宜已逾半年英

之外部既浮滑而兼堅韌其印度部又強悍而兼狡黠
互相串謀復互相牽掣以致議論游移事倍功半或此
部允而彼部復悔或今日諾而明日復翻所言既不足
為憑迨往返駁正彼此各執一辭而前後實多重複除
關繫尤緊者迭經電陳外其餘已撮敘於迭次函牘之
中此事應期會議與傳述語言皆係馬格理一人馬既
承辦使館事務又合奔走外部實已萬分忙碌若再責
其屢敘問答節略轉恐躭誤要務且馬不知漢文更多
周折目下英法兩館人員差期屆滿其事理通達可以
執筆者已有數人陸續銷差人手不齊此問答節略所
以稍欽之故理合聲明再請　台安二月初五日

再論阿富汗侵擾蘇滿卡倫書癸巳

再容歲六月連奉　鈞署來電·疆撫電稱阿富汗佔蘇滿後·進踞波孜納·及家什潑伯孜遷布民八九十戶赴什克南布目不從·均捆去·應告英飭阿賠禮償卹布回等因·當時曾屢向外部理論·外部允俟行查明確·始能照辦·惟英廷祗能電告印度總督·而由印度至阿富汗·由阿富汗至蘇滿及什克南·多尚未通電線·郵音往返·動須數月·正在根查之際·忽俄兵遊獵帕米爾·與阿兵鬨仗·力爭蘇滿·俄英阿三國·正在口舌紛煩之際·中國自不必插入其間·是以暫緩詰問·迨冬間俄兵旣退·不

能不理前說·頃始據外部函稱阿王查覆並無此事·等語·刻下時異勢殊·蘇滿等處·尚未知誰屬·則查究布回之事·亦可姑緩·並乞回明　堂憲·再請　台安·二月初五日

七論滇緬界務及帕米爾事書癸巳

敬啟者·四月杪奉到　堂憲吉字二十三號公函·並與歐使問答節略·敬聆壹是·　堂憲堅持大金沙江爲界之說·甚覺得勁·外部設法轉圜·未始不因乎此·自接外部三月二十三日來文以後·大致已覺就範·除節次電達梗概外·因候滇省詳查地名回電·中間小有停頓·又自紅蚌河起·至天馬關一帶邊界·亦係最關緊要·初因力爭野人山地·不暇旁及·近始與議此段·據云印度日內有詳圖寄到·即可開談·敝處亦於五月初六日答彼來文·示以所分野人山地·不能愜意·蓋又爲紅蚌河以

下一段作勢也·若此處議定·便可妥議商務·訂立條款·具疏覆陳·計已在秋深矣·車里孟連兩土司地形遼濶·實可抵內地半省·姚道前有英人誘爲兩屬之信·新設威邊一廳·亦從孟連土司地分出·又係卡瓦諸種舊地·英人因其向曾入貢於緬·遂欲索爲兩屬·以與野人山地相抵制·然此兩土司一廳·久在滇界之內·豈容稍更舊制·今彼允我收回全權·亦係堅索野人山地之力也·至孟艮土司地亦頗大·今已分散爲十餘土司·皆在潞江以東·直與暹羅接界·英人以其屬緬已久·未肯讓我·僅分科干地歸中國·乃孟艮之迤北一隅耳·舊八募作

埠之說係本曾侯前議三端而來客歲外部屢稱丙戌
立約以後當另起鑪竈於所謂三端者堅不承認福成
恐徒勞無功不得不另闢畦徑改爲索野人山地之說
扼定主腦與之力爭今計所得權利較之三端又互有
異同矣惟商務尚未開議設埠係商務中事舊八募雖
難索爲我埠新街設一租界或可辦到以商務須求彼
此有益也帕米爾事俄外部雖允英使之請暫不派兵
入帕然聞英俄各派員入帕察看一節至今尚未成議
帕境西南一面俄人亦未與商其意或欲俟中國事有
眉目再與英人會商亦未可定俄人狃於從前黑龍江

一帶獲地之太易得步進步貪求無厭即如光緒十年
所定喀約因承辦此事者倉猝未及攷究不免受彼欺
朦遂有自烏仔別里往南之說今已無可奈何然俄人
自知理曲決不肯輕於發難如　鈞署與許竹使堅持
喀約力與磋磨似可不再有所讓也海禁自嘉慶以後
實已早弛細核美續約第五條語意則舊例不刪而自
刪確有證據今遵照　堂憲指示恭疏具陳然此不過
爲之嚆矢卽使議准之後所以使疆吏實力奉行不致
徒成具文者仍賴　鈞署精神之所注此百餘萬華民
所喁喁感戴者也以上各節伏乞回明　堂憲爲禱肅

泐布達敬請　台安五月十五日
英字第四十二號

論坎巨提照舊進貢書 癸巳

再承 堂憲示及英領兵官刁勒答復閻方之中丞照會語意太覺自專直以坎部爲印度所管中國官吏無須飭論實與兩屬之義不符等因前奉 鈞電因俄人有中國已將坎部讓與英國之謠擬派員駐坎爲兩屬憑據以杜俄口而爭小帕米爾曾向外部商議據克雷答云坎本兩屬英未損我權若欲權反加於舊則難小帕地屬中國各國皆知可嚴拒之已發電布陳在案今復趁彼兵官之出言背理告以中國不能不派員否則彼之兵官蠻橫自專不顧體制將兩屬者漸變爲專屬

中國豈能甘心退讓爭論良久外部始稱與印度部妥商再覆 鄙意彼如允論飭兵官一切均照原議辦理亦勿干與華官與坎部交涉之事自可姑允所請徐觀其後俟得的音當由恰克圖電布陳再去秋張都司鴻疇等赴坎會立頭目後據稟稱各項禮節尚稱妥洽惟於封立時曾向坎酋言及歲貢舊例英官輒攔阻云此事應由兩國大員議定後飭遵 敝處接到此信即向外部理論告以此事早經議定何以英官復有此說明係不阻之阻外部亦已囑印度部轉飭英官如坎部入貢中國該員不必與聞 敝處亦已函致喀什噶爾李道囑其自向坎部徵貢並以英官必不攔阻明告坎酋矣請即函明 堂憲知照閻方之中丞飭屬遵辦爲禱肅泐再請 台安 五月十五日

論與法國聲明瀾滄江外滇屬土司書 癸巳

敬啟者法國與暹羅啟釁一事已兩次電陳梗概在案數月以前法國羣議洶洶咸謂暹羅湄江以東之地係越南與柬埔寨（卽眞臘）兩國舊壤兩國既已歸法保護湄江東岸均應割歸法國湄江卽瀾滄江下游也初時暹羅未肯就範兵釁遂開警信日至駐英暹使遣其參贊前來探問中國能否設法相助（福成）囑馬格理告以該國久輟朝貢一旦有急勢難援手姑以此說卻暹使之請然就大計而論中國未嘗不隱懼暹羅之亡也英廷為暹羅之事連日聚謀頗形忙碌并密勸暹人速與法

和法人隱慮中英兩國之援暹遂未敢窮其兵力兩發戰書要以割地賠餉暹人一一依允現正互商和約惟湄江東岸既盡歸法國法地多與雲南接壤該外部所以有屢催分界之說竊查車里土司轄境甚廣有四大城在湄江以西八大城在湄江以東東境今皆與法毗連近見法人新刻地圖竟將車里東八城劃入法國界線之內似豫為將來爭地張本意殊叵測然車里東八城屏蔽南徼關繫臨安開化普洱各府形勝萬一稍為所侵彼必蹈瑕伺隙得步進步滇疆之患不可勝言（福成）因囑參贊慶常赴外部詰問外部答稱圖中本已聲明尚難作為實據且云湄江東西滇屬土司之地法國願不侵佔彼因暹事未了措詞尚屬和順所以電告擬倣英廷辦法乘其未生覬覦之時速商外部依言寫立憑據彼既無可狡賴勘界雖稍緩亦無妨礙矣至議界一節近數月內自不值於法暹多事之秋攙與其間轉嫌示弱似應電告滇帥遴派幹員將車里東八城界限及湄江以東各土司密速勘查俟詳覆到後開議方有依據商辦或在一年之後（福成）交卸在邇病體難支久客思歸擬將詳細情形告知龔仰蘧星使俾得相機因應抑或由　鈞署與李梅安議大約此事籌之豫而了

之速必可順手若辦理愈遲則愈恐枝節叢生耳以上各端應請回明　堂憲為禱附呈英上議院問答節略卽可知法暹近事梗概肅泐布達敬請　台安（六月二十八日）

英字第四十四號

譯泰晤士報載英上議院問答節略（西六月二十一日）

沙侯問於外部尚書勞偲伯里曰暹羅允法之實在條款未悉可以告知議院否答曰法人兩次戰書第一次暹人於禮拜六晨約十點半鐘承允第二次法廷謂卽第一次戰書補編此書條款我於今日下午方知消息亦經暹羅答應矣第一次戰書六條一認

柬埔寨及越南有至湄江左岸及各島之權．二限一月之內．所有湄江左岸暹羅兵寨全行退出．三侵凌湄南江法船水手及寓暹法民．須愜意賠禮．四懲辦罪人．並賠銀給受害者之家眷．五各種受虧法民應賠補法銀二百萬佛郎．六擔保照行第四第五條所開之事．暹羅須立即出銀三百萬佛郎．如不出銀．即將先利潑及班德本兩處歸法國收稅．第二次戰書四條．一法國佔踞湛地門江及岸待暹兵退出江左岸然後讓還．二離湄江二萬五千尺地內．不准暹羅兵入其地．三暹羅兵船不得入大湖．四法國有設立

領事於孟范及哥拉脫之權．

八　論滇緬界務及辭行　國書書　癸巳

敬再啟者．滇緬界務自接外部三月二十三日來文以後．大致已覺就範．惟由穆雷江以南至太平江以北中間邊界最關緊要．迭與外部妥議．外部囑待印督所寄詳圖．及所查兩國邊界憑據．既多停頓．加以勞偲伯里與山特生等．或養病．或避暑．累次下鄉．動輒稽延旬月．洋人辦事之遲緩．實過於中國遠甚．漢龍天馬兩關．經福成再四磋磨．雖已許歸中國．總須於勘界時格外留意．又查印度所繪鐵壁虎踞兩關．似較中國舊圖稍移而東．或疑係印員之詭計．冀我不能確指．彼即可售其

欺．或關有東西兩口．皆有十餘里數十里之長．彼但就東口填寫．致滋歧異．現與外部切實理論．彼亦不能强辯．擬儘三箇月中．將界務商務約章一概議結．似不再拖延矣．再前此劉芝田星使回華．在英則遞
國書辭行．在法則仍循舊例．未遞
國書．全彼體面．已將問答節略．鈔呇　冰案．竊思英法兩國．遇事多相競之意．此等虛禮．在我能一視同仁．尚無所損．而於邦交則有裨益．擬請回明　堂憲裁示．爲禱．再頌　台安．六月二十八日

論法使李梅覬佔車里土司書 癸巳

敬啟者前接六月二十五日　鈞電李梅請我議界所擬界綫在緯綫二十三度零覬將車里全境佔去已駁其謬希設法探訪車里貢暹之若干處若何名目能得詳圖尤妙等因查法人初與暹羅啟釁頗鑒於越南一役時時以中國干預為慮又慮英人隱勸中國合力助暹故法外部兩次與參贊慶常晤談聲明不欲傷中國權利 福成 初聞法藩部所印地圖擅將車里全境劃去又聞有擬綫至二十三度之意因囑慶常向外部詰問外部謂車里劃在中國界外係照英國舊圖所繪本不

作為證據至北至緯綫二十三度之說則誤為新報傳訛之詞昨已將六月十九日問答節略鈔咨　冰案竊思法外部欲使中國不助暹羅故其措詞頗尚馴順不謂李梅復以其餘緒到　衙門嘗試也李梅非必竟受外部之囑彼或素聞其國中隱謀而不知外部已自更改或知外部雖已更改欲姑試為朦混自以為功竊謂　衙門應付之詞口氣不可稍鬆恐彼乘間而入或異日執為憑據也車里屬部貢暹一節細訪實無其事英外部於車里各部查攷甚詳亦證其說之誣至法人謂車里劃在中國界外係本英圖亦曾向英外部詰問外部謂倫敦輿圖各店出圖甚多各式皆備原非國家所及過問轉瞬界約一定續出之圖必將車里劃在中國界內矣茲購得法印地圖四幅惟第一幅可查暹羅及車里各境特稍譯註地名并標明原界及法所自擬之界附呈察閱應請回明　堂憲為禱肅泐布達敬請台安 七月十二日 英字第四十五號

九論滇緬界務書　癸巳

敬再啟者。外部前送印度所繪滇緬界圖。其鐵壁虎踞天馬三關地位。皆較舊圖稍移而東。似係有心朦混。稍不審慎。便恐蹙地。今已將鐵壁關理論明確。其虎踞天馬兩關。數日內必有確電。便可就範。界務即稱全竣。滇緬三面接界。犬牙相錯。周圍四五千里。一處稍不認眞。即開罅漏。而印度各官。又狡黠異常。勤思佔地。一加駁詰。音信往返。動輒稽延時月。故此次分界實爲異常繁重。異常喫力。今界務幸已蕆事。商務祇立簡明條約。自有大概規模。無甚爭論。現擬苑期於秋杪一概議結。先以奉聞。再頌

台安。七月十二日

論英法兩國議將車里南界外甌脫之地讓歸中國書　癸巳

敬啟者。八月中旬。接奉　堂憲蘭字二十一號公函。以法暹有事。李梅送到洋圖一分。指所畫紅綫爲界。意欲舉車里土司全爲法有。貪狡已極。俟據滇圖度數。再與辯論等因。查保護車里一事。已疊發咨函電報。縷陳梗概在案。外部覆文。亦經參贊慶藹堂往催。始據送到。前已鈔稟咨送備查。昨聞送圖係李梅臆見。並非外部之意。所以接到　衙門照會。迄未轉達外部。恐爲外部所詰也。洋使在華。遇事輒思朦混。以自爲功。往往如此。李

梅在華日久。積習尤深。近將受代回國。大約新使明年可到。福成慮其別有覬覦情事。囑藹堂於晤談時詳曉之矣。至法割暹境。直抵湄江。車里必先受逼。即彼允不損我權利。而車里原界。終難保不稍被侵占。且勘界必多轇轕。此鄙懷所竊用耿耿者也。嗣據法外部告藹堂云。英法現議於車里南界外。設一甌脫之地。俟議妥後。可讓歸中國管轄。蓋在彼本無所費。不過藉此見好之意。福成知英廷必不肯讓法人獨自見好於我。因令馬格理赴外部。故露此說。旣而外部開送節略。果亦有歸中國之言。且云現正與法爭論。欲使格外寬廣。查車里

南界外之地譯音或作江[illegible]或作鼇欠似即孟艮土司舊壤乾隆以前本屬中國曩督惠敏與外部原議亦有出中國收爲屬地之說旋因滇緬久不分界英乃割與暹羅今暹羅既不能有英法又不能管惟中國受之可息三國爭端且有利無弊西南兩面均以湄江爲界形勢既極穩固勘界時可省無窮周折祇有車里東面與越南毘連自不至大受損礙蓋得此甌脫之地而後車里可安車里安而滇省南境皆安此地東西約百五十里南北約三百里計其幅員與形勢似不遜於帕米爾而土脈膏腴則遠過之若不煩口舌不起風波坐得此地則中國威望愈隆聲勢愈盛屬我之後不過用其土司俾仍舊貫薄其職貢善爲羈縻且有英法保護公約在更可無虞外患此等難得之機會不可錯失似無疑義惟此時英法議其四至尚未定局姑靜待之暫不露出收受之意敝處告以報明　鈞署斟酌便中合慶馬兩參贊示以我無所貪必不得已而爲彼調停亦自不妨收受蓋所以杜彼市德責報更防其限制我之權力萬一屆時有不便收受之處亦不妨拒而不納我之進退更自綽有餘裕矣以上辦法慶馬兩參贊皆諭此意經理無不合宜儻數月內未能就緒新任到此想意見

亦必相同也伏乞回明　堂憲酌奪爲禱茲附上英外部節略一件車里節略二件以備察閱肅泐布達敬請

台安　十月初二日（英字第四十八號）

英國外部開送節略

近來法國待暹情形　中朝諒必深知今法國將向來屬暹地方大股奪去勢甚岌岌儻仍聽其侵削恐即吞併暹羅未悉　中朝漠然置之否耶刻下英與法商擬於英法兩國屬地中間自江洪南邊界至湄江自東向西轉灣處中間立一局外之地各不占據讓歸中國管轄並欲令該處地形寬大法人則欲令其窄小現正商議最要之時儻中國欲爭聲勢必速往開議矣

車里屬部節略（從西人遊歷書內譯出）

車里一名江洪分爲十二板納土人呼十二爲細魄松是以名爲細魄松板納（板納作猛）又即十二部之意也每部有一頭目各頭目皆歸宣慰司管轄宣慰司前居湄江西岸之九龍山約距江五里（中國里）近居湄江東岸之曉明陽約距思茅六日程

英人麥克朱曾於一千八百三十六年遊歷其地又法人辣葛里帶人一隊於一千八百六十七年亦曾

往遊其遊歷隊之第二頭目名葛爾尼者曾刊辣葛里遊歷之書自西貢起程至東川地方辣葛里歿時一千八百六十八年三月十二日也葛爾尼繼辣葛里爲領隊頭目遊歷之隊帶總理衙門護照自江洪行至漢口遂乘輪至滬旋由水路回西貢於是年六月間到西貢距起程之日約二年之久葛爾尼云江洪之國分十二部其名如下

猛拉太（緊接中國爲中國之門戶）　猛紀（爲緬甸之門戶）　猛郎（爲景東之門戶）

猛丰（爲暹羅之門戶）

右四大部皆係要地

猛拉（近猛丰）　猛虎　猛洪　建東（近猛拉太）　猛興　猛邦　猛衣佛

右八小部皆次要地

葛爾尼又云名單有時不同從前包括猛尤在內如是則有十三部矣

英國領事波恩曾於一千八百八十五年遊歷江洪分十三部但未詳其名

英國駐紮曼谷（暹羅京城）領事阿爾哲曾於一千八百九十年年底遊歷江洪據云今已無細䰟松板納之名矣現在各部之名如下

猛分　猛拉　猛狐（此部又分爲狐紐狐太）　猛拉太　猛興

建東　右在湄江以東

猛紀　猛崇　猛郎　猛海及猛星　王及分　輿及安　板及建陸

右在湄江以西

辣葛里遊江洪時宣慰司所住之江洪鎮雖仍在湄江西岸而其地位已與麥克牢遊歷時不同蓋因國內有事舊鎮燬爲平地後於別處復建新鎮矣

車里疆界節略

江洪卽車里別名東北爲十二部之猛狐佔括南狐

江上游全地南狐江及南德江之水流分界處卽接連近布分之法國地此地之下卽南德江又名黑江此處已爲法國地矣

猛狐之南江洪邊界之地至江鎮止係在猛拉之地內佔括南拉江上游全地東邊南拉江及南狐江之水流分界處可爲實在之邊界界綫可以劃得極清此嶺上一山口相近處大辣干地方有柱數條數百年前所建也大辣干（譯言金柱嶺）今雖僅存其柱而此處自古以來兩邊之人皆認爲江洪與隆勃剌邦（卽南掌國）之界綫我曾遊歷其地覓得刻字石碑一小塊今尚

存我處此處想即是所說之老辣干又名阿倫辣吉但其上無旗亦不與安南相干涉自大辣干起猛拉之邊界轉而向西爲南狃江與南太江之水流分界處係天然之界綫但江洪之地展及於南太江低地處南太江及南拉江之水流分界頗低界限難分邊界綫過南太江之支江南德倫江之低地截大麥鹿高崗爲二由此登山脊此山脊即在江鎮之後界綫不淸無處可爲好界限因南太江之低地及江洪內各小地皆山嶺崎嶇人民稀少俱係遊行無定之土番亦無貴重之樹本僅一二處有鹽井而南拉江低

地處鹽井較此更勝至此處作邊界之故須考其本地吏乘方能詳悉一千八百年間猛南之土司進攻江鎮時並入江洪之邊境將該處居民移往南邊餘逃往北邊其地遂無居人徑至距今二十年之前北邊羅人即老撾人始復來居南奧江之低地想因此處有鹽井之故耳由是逐漸開闢至南太江之上游此處之地係暹羅人所棄去者數年之前暹人欲越江洪界外數英里路爲邊界密士得哥林及暹羅測繪之人屢次設法入江洪繪圖俱被孟拉之官阻住致未成功

自猛狃東角至江鎮邊界全綫一帶地名今查得如下

霍南羅即南羅江之根源南狃江之東支　班達　班顯南狃江岸旁一小廟　猛安

太南安江低地處　大庚南庚江及南倫江之水流分向處　大辣干南奧江及南法江之水流分向處

洽潑林　好南募　好南邁以上係南分江三支之源

葛倫德大石一塊約距南分江三英里　大登雲係一高山在南德倫江及邊界相近又與南掌及猛南相近

黃庚特在南德倫江上　南紐本前有花樹一株爲邊界之記號今已枯矣

浙倫門在大麥鹿　脫辣邦在南太江上

山布白克在猛星之南

老撾人皆謂往南邊之邊界係在南分江口及海松

納約距浙倫門之北七英里

十論滇緬界務書 癸巳

敬啟者滇緬界務商務約稟與英外部疊次商論大致已算合龍騰越八關其迤北四關尚在老界之內可無轇轕現既劃得野人山地一塊四關更有外障矣惟迤南四關除漢龍關自明季已淪於緬天馬關爲野人所占跨此二關英人已允勘明後歸還中國外尚有鐵壁虎踞二關中英均但知其名究未審其實址所在福成以爲必在滇界英人亦視爲中國所固有遂徑認爲我地並未深論近因與外部商劃界綫而不知該關坐址度數分杪則界綫不能劃定特詳查中外圖說並由敝

處逕電滇帥請其派員尋勘始知四關皆在滇之極邊漢龍天馬儼同異域固不待言即虎踞鐵壁亦早爲英人所占矣英兵越虎踞關而東者一二十里越鐵壁關而東者亦近十里皆已築兵房修道路幸彼早有成議似難狡賴現已由滇員馳抵新街會同英員履勘數關半月內可以竣事必有來電即可定約此又訂約稍遲之故也至通商各款外部必欲以天津所定越南條約爲藍本且謂如有異同則英不如法彼必爲議院所責備福成與之磋磨半年似尚稍有進步至八募設租界大金沙江行船彼雖不認曾惠敏前議已有八九分答允之意若訂約時不再翻悔則我所獲利益較多矣擬俟約章一定由電寄呈但電詞簡約難以解釋原委茲特將界務商務各條用意之處略爲表明冀電到時可互相參證或此函到時電音業已先到亦未可定

一分界各條悉照三月間原議惟所敘山水及地名繁瑣纖悉或係土音圖記無從攷核但期不致歧誤若悉照原文電達　鈞署則電費不貲是以渾括其意轉覺大勢瞭如

一英人原讓之野人山地兩處約三百七八十英方里現因查出野人種類不一分地而居不能不查照原議

兼依野人所居地勢酌量分劃中國所得約短數十英方里茲於分劃猛卯以東至潞江西岸之地照數補償中國

一英人所注意經營者欲由滇西野人山通入西藏惟自昔董以北俅夷怒夷之地英人亦未嘗深入其境外部初議約略分至二十八九度之間但既爲人迹所不至滇中亦無從查攷萬一受彼朦混分入藏地將來彼必執條約爲證據關繫非輕現已再四與爭訂明自二十五度三十分以北暫不劃分

一八募設關及租界一節福成援曾惠敏原議與之辯

論彼族始終不肯承認據稱地球各國無此國設關於彼國地界之事福成答以香港澳門中國皆已設關即其成例彼既恐中國留爲將來索地之據疑慮多端又謂華商之在八募者不甚肯遵英官約束若再設有華官必更多所倚恃福成告以兩國分界已定斷不再生枝節華商得華官照料勸諭漸守規矩必可相安無事彼終懷疑莫釋告以立約試辦數年如有流弊不妨停止現令馬格理先擬約槀俟定約時再行互商大致可以就緒蓋洋藥稅釐併征章程其初亦訂明試辦至今收其利益毫無阻礙若八募設關及租界可免彼在滇

境開埠利一八募水陸輻湊關稅必旺利二設關在縮轂要口不必多設分卡稽查利三八募華商有官聯絡可收無形之益利四有此四利不能不儘力磋磨儻將來能如九龍拱北兩關之徵收巨帑不妨添設關道更可收利柄而張國勢矣

一大金沙江爲滇邊外絕大尾閭較之潞江瀾滄江尤爲寬深兵商各輪暢行無阻西人皆視名山大川爲國家之寶苟有機會必以全力爭之雲南遠隔邊隅宜有通海便捷之道局勢方爲靈活即解運京銅亦可減省鉅費茲將行船一事力與磋磨若作爲公用之江則形勢與彼共之利益與彼均之彼始以慮他國援照爲辭業已層層辯駁定約時當可如志

一英人援照越南條約謂中國允法設領事者共有五處雖滇桂暫議緩設而法於蒙自龍州蠻耗等處已設領事三員未聞中國設一領事於越南外部初議在雲南省城設立領事繼又指定普洱順甯永昌三處領事均已與極力爭論設法翻騰現議定中英各設領事一處中國設領事在緬甸之仰光英國設領事在雲南之順甯福成初意本欲能設領事乃彼執越南條約爲辭竟不能不允設一員且方與爭八募設關尤宜稍示牢

籠而英人運貨入滇亦不可竟無一員照料致難鈐束惟英人以限於一員謂與法人相形見絀意終未慊定約時是否稍有爭論亦尚未定

以上數端關繫較鉅大致似可就範其餘各條或援照成案無甚出入或臨時商辦容再續陳所以豫爲申說者因重洋遠隔每達一函輒逾數月恐誤事機也伏乞回明堂憲察核爲禱肅泐布達敬請台安十月十六日英字第四十九號

呈送滇緬條約並論小帕米爾及車里甌脫之地書甲午

敬啟者。滇緬商界條約。英廷疑慮多端。內外互相牽制。遲遲不決。直至歲杪甫經定議。已於正月初七日電陳梗概。在案。旋准 鈞署復電。奉旨照辦。福成於正月二十四日率同參贊等赴外部會同該尚書勞偲伯里互簽草約。現乘各員銷差之便。擬派繙譯世增。隨員沈翊清。賫送條約赴 鈞署呈交。以昭慎重。福成遂於二月初四日馳抵巴黎。使署接擋交代事宜。靜候龔仰使蒞任。以便即日內渡。福成創議經

營。尚未遽了之事。在英則小帕米爾之地。可與商劃歸中國。即瓦罕帕米爾。英亦有願讓之意。在法則車里以南湄江以東甌脫之地。可與議明。收爲中國藩籬。俾滇南形勢屹然穩固。惟此二事。若索之過急。就之過殷。轉恐蹈躐等之弊。或啟彼挾制之謀。似宜靜以待之。稍候機緣湊拍。則披郤導窾。不難迎刃而解。應由仰使到英法後。督同馬慶二參贊相機因應。不難循序以收厥效。總之洋人辦事。審慎遲迴。頗有急脈緩受之意。自不能不磨以歲月也。應請回明 堂憲爲禱。肅泐布達。敬請台安。二月十五日

英字第五十號

論熱河法國教堂賠款書甲午

再。福成於抵巴黎之後。往晤外部尚書白立業。面遞說帖。尚以熱河教堂賠款爲言。福成嚴折而詳曉之。辯論數四。白立業無可置辭。但請代爲電致 鈞署察核。此事自法使李梅發其端。彼自謂熟諳中國情形。輒思肆其恫喝。故智觀其迭次照會。辭意倨傲。直以從前積習待我中國。英德等國已稍不如是矣。迨李梅辦理不能如志。轉爲外部所尤。是以有撤換之舉。新遣熱使素有能名。諒尚必再三嘵瀆。以相嘗試。然彼實違背公法。不妨以不願商量四字拒之。彼其奈我何哉。茲將外部說

帖譯漢附上。並乞回明 堂憲爲荷。再頌 台安。二月十五日

出使公牘卷之六終

出使公牘卷之七

無錫薛福成叔耘

照會　劄文　批答

照會江南製造局總辦彙送譯刻西學書籍

爲照會事照得本大臣奉
命出使亟應督率隨帶各員研求西學 貴局於天算輿地製造格致各書譯刻不少均屬有裨實用今擬將局中譯刻各書每種攜帶一部以資印證相應照會
貴總辦請將局中譯刻各書一分前來以便本大臣攜帶出洋爲此照會 貴總辦請煩查照施行須至照會者

光緒十五年十一月二十五日

札繙譯學生寫呈日記

札學生王豐鎬胡惟德郭家驥知悉照得該學生等隨本大臣出使泰西以策勵精神增長學問爲先務惟不宜之筆墨本大臣無由考其底蘊課其淺深今自登公司輪船之日始該學生應各置日記一本每日隨所見聞自一行以至數十行各聽其便凡緯度道里山川形勢風土物產礮臺苟閱歷有得皆可登記該生等每於次日將前日所記呈本大臣親閱一則藉覘該學生能否用心可以隨時討論一則備本大臣擇要選記免得再費一番查訪實屬兩有裨益合行札飭札到該學生即便遵照勿稍違誤切切特札

光緒十五年十一月二十五日

札駐法參贊官陳季同合算中西權度表

爲札飭事照得光緒十六年四月十四日承准　北洋大臣李　咨開據北洋沿海云云相應咨會請煩查照會同核明見復以憑轉咨等因到本大臣承准此前經接到　總理衙門來咨正在核辦閒查法義比三國均用法文該參贊久居法國精熟法文應飭該參贊查詢明白彙編成表先以中國之整數計外國之散數如中國一寸當英因制一四一之類再以外國之整數計中國之散數如英國一幅地當中國八寸五一零六三八之類彼此互相對勘由分至丈由分至斤編列成表彙

同稟覆以憑核辦再查外國尺寸斤兩名目繁多有量體積量面積量流質量乾物之法有權寶物權藥料權雜物之名又有至微極細虛有其名而實無其物者該參贊若能分別臚舉固善如或一時未能查海軍原咨係專爲購買船礮軍械等項起見即先將尋常用物之尺寸觔重及銀兩數目詳細聲明分別比校可也合行札飭札到該參贊即便遵照辦理毋違此札

光緒十六年五月二十二日

札新嘉坡領事官左秉隆籌設義塾章程

爲札飭事照得本大臣案查前卷有光緒八年十月該領事稟復在新嘉坡擬設義塾章程甚爲詳備前經前出使大臣曾　咨呈　總理衙門核復旋准復稱以經費支絀礙難撥款興辦或能就地勸捐試行自無不可應仍由出使大臣酌量地方情形辦理等因查該領事原擬章程以初設經費如房屋書籍等項約需五六萬金日後經費如束修獎賞等項亦須另籌五六萬金以備生息經　前大臣曾批示將創設局面收縮量入爲出徐圖增廣後來畢竟如何辦理之處查前卷未據

詳報是否因集費不易以致中輟現本大臣擬酌採該領事前議小試其端如原擬章程購地造房一節似可改爲租屋暫住原擬挑選生徒二百四十人延訂總教習一人教習八人現擬先挑選生徒二十四人或三十二人至多以四十人爲則延訂教習二人分爲兩班原擬董事四人僕役七名現改爲董事二人僕役二名所支束修薪水工銀即照該領事前定之數給發合之獎賞等項一切雜款及租屋之費約計每歲共需二千餘員查該領事原稟稱該埠商董於創興此事尚能就地籌款如示以鼓勵捐貲更當踴躍若照現擬之數歲需

二千餘員則捐集二萬金常年生息選定紳士數人管理此項經費仍由領事督察查覆已可源源接濟縱有不敷爲數亦屬無多可由本大臣酌量籌貼自應察度情形及時舉辦合行札飭札到該領事即便遵照妥籌詳細稟復及時興辦切切特札

光緒十六年八月初五日

札直隸候補知府姚文棟順道查訪滇邊及緬境情形

爲密札事照得現據該員面稱前以在洋期滿稟請銷差回華擬於光緒十七年正月由巴黎起程順道遊歷印度緬甸等處當經出使德國大臣洪　批准在案各等情本大臣查接管卷內光緒十一年英國印度派兵進據緬甸時　前大臣曾　所與互商緬甸各事除業經改議各節無庸申述外英文參贊官馬格理與外部侍郎克蕾迭次商論據克蕾稱英廷願將潞江以東之地自雲南邊界之外起南抵暹羅北界西濱潞江即薩

爾温江東抵湄江左右其中北有南掌國南有撣人各種咸歸中國或留爲屬國或改爲屬地悉聽中國之便曾侯咨　總理衙門又云現所爭論者係索八募之地八募似即新街在雲南邊界之西厄勒瓦諦江上遊之東龍川江下遊之北大盈江即檳榔江下遊之南中國若得之爲通商之埠則邊防較爲鞏固收稅亦扼要隘等語復查光緒十二年六月中英所訂緬甸條約內第三款稱中緬邊界應由中英兩國派員會同勘定其邊界通商事宜應另立專章等語目下中緬界務雖尚未議定聞英廷已迭次派員或議築鐵路或察看形勢

或探詢礦產·現又議辦暹羅界務·彼俟布置妥協·再與
中國會議·則彼考校已精·而我諸事茫然·斷無不受虧
損之理·本大臣前已咨呈　總理衙門·並照會英國外
部·申明舊議·一俟暹緬界務事畢·即當開議辦理等因·
查得該員精勤穩練·留心時務·研究輿地之學·茲旣身
歷緬境·便可順路諮訪·儻有切要情形·不妨隨時稟報
本大臣·暨　雲貴督部堂王·以備他日派員勘界之
用·但此係乘便密查·尚非定期專勘·切勿顯露端倪·俾
外人知我有查探之意·或致轉生窒礙·再緬甸之仰江·
亦名漾貢·聞有華民三四萬人·亦係扼要之地·本大臣

尚擬商設領事·該員如經此地·亦即留心查訪·據實稟
復·茲特酌給路費銀三百兩·稍資津貼·合行札飭·札到
該員·即便密速遵照·此札·
光緒十七年正月初五日

札仰光紳董林作秉·襄辦就地義舉公會·並文報
爲札行事·本大臣現據鹽運使銜直隸候補知府姚委
員文棟稟稱·行抵仰光·察看商情·該處當英緬交兵之
際·賴各紳董維持調護·華民得以安堵·且義舉善會·次
第舉行·設立公會·宣講
聖諭·俾童蒙得讀華書·遠方咸被
帝澤·於化民成俗之中·寓忠
君愛國之意·實爲他埠之所未有·等情·據此·本大臣查
華民流寓各國·不下數百萬人·國家一時未能徧設領
事·全賴各紳董等苦心保護·和衷辦事·全國體即所以

禦外侮·今仰光紳商能體此意·本大臣披閱之餘·曷勝
忻慰·本大臣擬於仰光增設領事·雖未與英國商定·將
來諒可照行·俟領事到任之後·該紳等務須竭力襄辦·
佐理一切·本大臣當援案擇尤保獎·以酬勞績·爲此札
行該紳董等·札到仰即遵照·切切·此札·
光緒十七年四月十三日

札新嘉坡總領事官黃遵憲給發英君主準勅

爲札發事照得本年九月二十一日承准　總理衙門文開發給駐札英國新嘉坡兼轄海門等處總領事黃遵憲文憑一分遞寄本大臣查照辦理等因當經照會英國外部并將總領事文憑送驗請給英君主準勅去後茲據外部聲稱將總領官之憑照一紙附遞並將君主文憑給與黃遵憲領事官之權一併寄上各等因合行札發札到該員祇領仍將收到日期申復以便查核存案可也務希該總領事於任內應辦事宜悉心經理以副厚望切切此札

計發準勅一件
附憑照一件

光緒十七年十一月初三日

札新嘉坡總領事官黃遵憲繙譯官那三代理領事酌給俸薪

爲札飭事照得該黃總領事現丁父憂援案照舊留差仍給假百日回籍治喪該那繙譯官代理總領事事務查出使章程惟出洋期滿三年請假六箇月回華者仍准坐支薪俸其奔喪給假人員無坐支薪俸明文該黃總領事雖經本大臣咨請　總理衙門准其接算舊金山前資照章請奬若就到倫敦之日起算僅滿兩年且領事非隨員可比既有應辦之事則必須有代理之人以一缺而支銷兩分薪俸章程既無明文勢必難於開報惟該黃總領事回籍治喪費用既繁且坡署要務亦須照料籌商本大臣現擬體卹變通辦法所有該黃總領事及該那繙譯官薪俸均照舊支領該那繙譯既代理總領事酬應較煩應由該黃總領事每月津貼庫平銀一百二十兩以濟辦公而免偏枯則本大臣開報既可仍舊貫毫無出入而該黃總領事與該那繙譯通融酌劑以全寅誼庶公義私情兩得其平萬一該黃總領事到期滿之時未能剋期回任則俟出百日之外所有總領事薪俸應暫歸該那繙譯支領俾昭公允除檄行那繙譯官外合行札飭札到該道員即行遵照切切特札

光緒十八年三月十八日

札新嘉坡總領事官黄遵憲設法嚴查華商船隻販私結會

爲札飭事照得本年五月初六日承准 總理衙門咨復内閣准咨稱據新嘉坡總領事黄遵憲稟稱新嘉坡等處流寓華人日增繁盛其往來貿易與内地互相關涉者有船舶財產逃亡拐誘誣告數端自應設法革除擬請此後遇有事端較大者由總領事稟請出使大臣轉咨 閩粵督撫核辦其小事由總領事徑咨各地方道府州縣辦理以期中外官商息息相通互相關照保護除批准分咨 閩粵督粵撫外呈請查核等因查該總領

事所擬各條爲保護華民起見自應飭令照辦至該處緊要事件若必稟由使署轉咨 閩粵督撫輾轉稽延動須逾月設有要事恐誤機宜自應一面稟明使署一面徑稟 閩粵督撫消息更覺靈通辦理可無隔閡再文内所稱華商自造之船甚多其中輪船帆船及有無西人股分該總領事均應詳查具報此項船隻冒險販私及水陸平安會飛龍角等名目切須預籌弭患大約船上買辦若不串通斷難作弊坡港安分商民舉能言之曾於上年正月吉字四號函内詳指流弊請飭查禁在案現在既設立總領事官事權較重應再由貴大臣轉飭該總領事官隨時密查各船買辦如有前項情弊即將姓名知照閩粵地方官設法嚴禁以遏亂萌而安商旅並將辦理情形聲復本衙門等因本大臣查該總領事於華商船隻如有冒險販私及水陸平安會飛龍角等名目亟須嚴禁尤宜密查各船買辦務期隨時整頓以安商民而杜奸宄遇有緊要事件一面稟明本大臣一面徑稟 閩粵督撫免誤機宜爲要合行札飭札到該總領事即行遵照此札

光緒十八年五月十四日

札委檳榔嶼紳商候選知府張振勳充當副領事官

爲札委事。照得英屬新嘉坡改設領事官，兼轄海門等處，其附近要埠，酌設副領事官，前經奏明在案。本大臣屢飭黄總領事留心訪察，總期人地相宜。前據黄總領事稟稱，選得紳士候選知府張振勳在海門等處經商三十年，聲望素著，若爲檳榔嶼及其屬地威利司雷省並丹定斯等處之副領事官，堪以勝任等情。當經本大臣照會外部，請英廷允准，並發諭照辦在案。茲接英外部大臣函稱，接到新嘉坡及海門等處總督來函，稱已認張振勳爲中國副領事官等語，合行札委。札到該副領事，遵照，仰卽盡心職守，保護中國民商，遇事隨時稟商總領事官，並稟報本大臣查核，務於任內應辦一切事宜妥爲經理，以副厚望。切切。此札。

光緒十九年正月二十日

批新嘉坡領事官左秉隆稟查各島華民情形由

據稟各島華民數目及辦法次第，均係實在情形。惟本大臣查香港一島，爲中外咽喉，且逼近粤省，交涉事務極爲衍煩，亟應選派賢員，咨商外部，核給准照，前往開辦。至新嘉坡等處，或改爲兼充檳榔嶼、麻六甲領事，或改爲總領事，兼轄新嘉坡附近之英屬各地及歸英保護各國之華民，仍須覓有妥員，再行籌辦。其就地擇派殷商，酌充副領事等官，相助爲理，事屬可行，但宜隨時隨地察看情形，存當闕毋濫之意，總期於保護華民有益，而經費略有加增，不致過鉅，乃爲切要。仰候妥商英國外部，並咨呈總理衙門，酌度辦理。此繳。

光緒十六年十月十六日

批直隸候補知府姚文棟呈報設立仰光文報由

據稟已悉緬甸既歸英轄中英界務交涉益繁暫於仰光設立文報易於通中外之信似於滇南邊務有裨所需信資應准其開報由英館撥給該經理委員既不支領薪水或可援照出使文報之例辦理三年之後咨請　雲貴總督部堂酌保一二人仰候咨商　雲貴總督部堂察核辦理除札委仰光紳董林作秉并咨明　雲貴總督部堂外此繳

光緒十七年四月十三日

批姚文棟稟請仰光商董著有勞績援案請獎由

據稟已悉仰光商董歷年調護華民得以安堵且義舉善會次第舉行設立公塾宣講

聖諭具徵拳拳故國之心披閱之餘實深忻慰至請將紳董援案保獎一層查近年吏部有嚴核保舉之章極爲認眞前　出使美日秘國大臣陳　擇保金山古巴紳董數名　出使日本國大臣徐　亦援案擇保橫濱紳董數名均在開辦領事數年之後捐中郎以襄助領事辦理一切爲詞本大臣現擬於仰光設立領事應俟領事到任以後再行擇尤保獎以勸勞勤稟存繳

光緒十七年四月十三日

批姚文棟稟寓居印度華商擬請　奏頒廟額由

據稟已悉　關帝 天后均列祀典朝野上下莫不崇敬惟中國內地廟宇莊嚴馨香崇奉隨處而有其得邀
御書匾額者不過數處近年日本橫濱華商捐助山西賑款一萬二千餘員美國舊金山華商捐助順直賑款三萬零六七千員該商民等不請獎敘籲
頒匾額經直隸總督順天府尹先後奏頒該處　關帝
廟
御書匾額蓋因該商民等急公好義勇於爲善故有此特舉以答神庥即以勸民義也此係破格創辦之事礙

難援以爲例且該處廟宇駐藏大臣有堂基狹小門戶壅塞之語本大臣尤不便遽行瀆請想該商民等素知大體必能諒悉也此繳

光緒十七年四月十三日

批印度華商黃琨熊昭盛等稟請設立加里吉打領事由

據稟已悉查萬國公例無論何國商民寓居此國地方即應遵守其政令受治於法律即如加里吉打俄法德美各國雖設有領事而地爲英屬必應遵照英例不得以本國之風俗有異政教不同自滋疑惑也該商民等遠出貿易務宜勉爲良善恪守章程保全中國聲名毋貽外人恥笑是爲至要至請設領事一節我華人流寓海外者不下數百萬人而刻下止設七八處該處不過二三千人設立領事經費浩繁一時尚難照辦也此繳

光緒十七年四月十三日

批越南華商林蕙軒等稟控梁雲峰盜賣農山煤礦由

據稟及鈔件均悉梁雲峰承辦農山煤礦以辦理不善經衆商議令退職經將所領越南戶部執照廣南巡撫部照當衆交出香港總理人收存並繕立退權字據事屬可信其退權字據中既聲明以後不能干涉盤據該公司事務而梁雲峰仍擅將該礦賣與華人江亞木等其爲盜賣亦毫無疑義惟該商等於梁雲峰退職之後竟不稟告越南戶部及廣南巡撫更換名字繕立新憑迨至數年之後查悉梁雲峰盜賣始行稟控而梁雲峰

等先既稟法國全權公使由越南機密院準令法商姑尊等買受新商有辭可執舊商無憑爲據此實該商等自誤之由亦即今日爭訟不勝之故也該商等以鉅萬之資歸諸烏有不平則鳴情殊可憫本大臣接稟之後登即函告駐法慶參贊囑令訪問律師梳威利原冀設法申理昨據慶參贊函稟接律師覆函此案經代控都察院詎於上月初九日批駁未准無可挽回等語查法國體制上控之案如批駁不准案即不能再翻本大臣亦頗爲悵惜惟據稟稱此礦現因失火延燒數月火尚未熄即使爭回諒亦不能收拾餘燼再圖利益且尚須納稅仍有餘累該商等遭此不幸祇可諉之氣數所望改圖他業冀獲大利庶慰該商等積年辛苦之心本大臣亦有厚望焉此繳

光緒十七年六月二十二日

批廣東惠潮嘉道曾紀渠稟陳辦理南洋各島情形由

來牘閲悉廣東惠潮嘉三屬民人在南洋各島謀生者日衆外國屬地政令寬苛不一中國已設領事之處尚可隨時妥籌保護其未經設員地方誠苦呼籲難通貴道所陳應行事宜三端條理精詳規畫久遠具見良吏苦心深堪企佩查英屬地在南洋者現新嘉坡已改爲總領事其附近屬地亦奏准添設副領事布置漸密於粵省內地呼應較靈所有事宜三端係該總領事等分內應辦之件自應責成悉心經理毋庸再行派員此

外如緬甸之仰光東印度之甲谷他近雖議設領事而尚未就緒新金山一埠前經英外部聲明有礙難設官之處似須通融酌量辦理凡此皆英屬地也小呂宋係日國屬地加拉巴係和蘭國屬地其餘各國屬島在南洋者尚多非本大臣奉使之國勢難越俎過問又查前廣東督部堂張派員出洋查探係以遊歷爲名並非久駐其地與來牘現擬辦法情形不同即如其中緝拏逃犯一端萬不能不照會本地洋員商同辦理若各國未允設官之先遽擬辦此必生枝節且亦萬辦不到此層在三端之中最有關係似應由　貴道稟請　廣東督部堂撫部院咨商　總理衙門可否變通酌辦之處必有確實把柄方可派員前往又出使大臣於外國屬地除札委領事官及領事署中人員係照章辦理向無於例外札委人員駐洋辦事成案所請派員商辦援案咨行各節於事例均有未協礙難照辦本大臣極欽　貴道盡心民瘼不遺在遠但謀事經始不厭反覆求詳率抒所見以副商榷之雅此復

光緒十八年正月二十八日

批新嘉坡總領事官黃遵憲稟稱出巡各島由

據稟出巡南洋各島情形極爲詳晰足見實事求是之意至爲欣慰檳榔嶼設副領事既據稱查有候選知府張振勳智計過人羣相推重足膺斯任應俟與英外部商定後即行札派以專責成大小白蠟等地各國既未設領事則中國獨設副領事有無窒礙亦俟與外部詳細妥商再行知照可也此繳

光緒十八年五月二十八日

出使公牘卷之七終

出使公牘卷之八

無錫薛福成叔耘

洋文照會

與英外部商設英屬各埠領事

爲照會事照得華民寓居英屬各地者極多中英往來交情日加友睦日增緊要而中國領事官仍僅新嘉坡一處本大臣擬請　貴爵部堂漸除此等立異之見稍合兩國親睦之道及

中朝惠顧出洋華民之意本大臣奉　總理衙門來文矚與　貴爵部堂相商中國設領事官於英地之事從前議設中國領事官於新嘉坡時一千八百七十八年四月十六日　貴爵部堂致　郭大臣照會內曾云中國與各國往來係照特定和約之章非遵各國通好之道況中國尚未盡准洋人入內地洋人商務亦未各處開辦故不能援引各國之式准派領事官分駐英地等因此事於一千八百七十八年中國與別國往來或有此等情形但於近日觀之實無此等情形中國並未不遵萬國公法而近來十五年之內更覺按照萬國公法辦事雖尚未將內地各處盡准西人通商然即中國所辦之事論之亦足有准設領事官駐紮英地之理各友

邦均許派領事官分駐英地中國深望英廷照此例一律辦理中國有二十餘處地方准令外國人民居住經商其收稅之輕與有約各國比之中國實可稱無稅之地耳計有二十二處英國曾派領事官駐紮其地本大臣請　貴爵部堂詳察之蓋非恐英廷有不允之意不過於　貴爵部堂前一爲講解而已一千八百七十八年四月十六日　貴爵部堂繕寫照會時煙台條約尚未核准此條約內已言中國有派領事官至英地之權又一千八百六十九年十月二十四日條約中曾明言英國願認中國有派領事官至英國各處之權此約雖

未曾照行本大臣必提及此者因欲聲明英廷已早有允中國派領事官之意而其約之未經批准者係由別事之故耳今本大臣又向　貴爵部堂言明如此事商妥中國並非欲一時徧派領事官分駐英國各處地方因有酌量添設之處並爲以後陸續派領事官時請給文憑之事而已相應照會　貴爵部堂請煩查照須至照會者

光緒十六年八月十五日

與英法外部請給姚文棟遊歷印度緬甸越南等處護照

爲照會事照得本大臣接准　出使俄德奥和國大臣洪　咨稱據駐德隨員候補道姚文棟期滿稟請銷差擬順便遊歷印度緬甸暹羅越南等處舍海登陸繞出滇黔查該員所擬遊歷之印度緬甸越南等處非有洋文護照深恐艱阻難行各等因爲此特請　貴爵部堂給發護照一張轉交該員領收以利遊行可也須至照會者

光緒十七年正月初八日

與英外部阻止駐緬英員率兵私越滇邊土司

爲照會事照得本大臣奉　總理衙門來函之意照會
貴爵部堂中緬交界地方近來英兵遊歷其地有未
合常規之舉　總理衙門接得雲貴總督及雲南巡撫
會銜西歷五月初一日公文一角內開騰越普洱文武
官員稟稱英員帶兵多名至麻湯壘弄猛海等處中國
所屬土司地方在猛海地方又與土官宣慰司會晤麻
湯壘弄係騰越廳所轄土司地界來此英兵約有百名
馬二十匹大眾約有三百人又在普洱鎮地界之洋兵
約有六十名帶領官二員其一員似即監督北撣人各

地把總德理友也中國委員刁丕文遇見洋兵之地係
猛海其日期係西歷三月初六日當經刁丕文勸令折
回並探問其來此情由據稱係奉鎮守緬甸大臣飭令
踏勘邊界到猛海來見宣慰司查外國官員與中國屬
下之土司徑相往來似不合於公法邊界上突見兵丁
即使不越邊界亦恐驚擾人民滋生事端
中朝欲令中英兩國邊界人民往來和睦是以屬本大
臣請英廷諭知鎮守緬甸大員謹慎辦事如有遊歷人
員欲往中國地界必須先行知會給發護照以便保護
儻兵丁欲遊歷中國邊界不得准其越界並不得准與
中國所屬土司交往爲望此種要事若行文告知鎮守
緬甸大臣必多日方到儻能將以上之意電達駐緬大
臣深爲欣感相應照會　貴爵部堂請煩查照須至照
會者

光緒十七年六月初五日

與義外部請交還中華書院產業

爲照會事本大臣前據　貴國納玻里城中華書院學長等九人呈稱納玻里府向有中華書院一百七十年前義教士馬國賢所建馬國賢曾在中國效力有年蒙
聖祖仁皇帝恩賚優加回國後自出資財創立書院俾中國子弟學習文字語言格致諸術按照學規共計學生三十四名內設中國學生二十二名作爲常額乃近年以來　貴國學部侵挪學產以致興訟經　貴國刑司斷明中華書院產業乃民家私產不得侵挪等語而學部創定新例擬將中華書院裁撤以其產業改設東

文學堂致華生二百年來所享利益一旦剗削無遺此諸生呈訴之原委也以上各情本大臣前駐羅馬時曾於二月二十三日向貴大臣面陳梗概茲將原呈譯送查閱本大臣查中華書院設立已久爲中義兩國交誼綿遠之據況諸生所習語言文字格致諸學使兩國往來貿易通達情意聯絡邦交彼此有益之事想　貴大臣居心公正辦事和平必能悉心查核持平辦理以仰副
中朝柔遠睦鄰之意本大臣有厚望焉須至照會者

光緒十七年二月初七日

與英外部駁除新金山加那大限制華民新例

爲照會事照得自光緒二年在倫敦設立中國使館以來本大臣之前任各大臣曾辯駁英國屬地數處看待寓居華民及往來該處華民之無理除前任劉大臣辦理葛龍巴一案得以辦妥廢其舊例其餘各大臣之竭力辦理者皆不獲成效因澳大利亞仍設分別之例以禁華人入境加那大總政府之議院復設前葛龍巴議院所定違法之例不過稍改式樣而已加那大新設之例名爲一千八百八十六年禁止華人入境之例其首段云係英君主所定加那大上下議院所允備載所有

中國屢次駁詰之條如英屬地澳大利亞所立禁止華人入境之例一式中國
國家所不悅於此例者非在限制之嚴丁稅之重而在專爲禁止華人入境之例且明言非禁止他國人入境乃專爲禁止華人而設未免輕視
中朝不以友邦相待本年二月二十四日及二十五日葛龍巴議院擬設加嚴之例禁止華民赴加那大辯論之際擬將此例用以禁止日本人入境與華民同後仍將原議擱起不言日本此舉非由議院之喜日人實恐設日人於例內致犯日本國家之怒耳本大臣實不解

此理議院討及日本國家何以與中國
國家不同看待各屬地華民何以與待各屬地別國之
民不同各屬地與中國均有極大商務英屬地所索利
益自昔至今皆如願以償載入條約今苛待華民如此
則以後英國屬地之民亦不能得此利益祇能照萬國
公法而行總之無論如何概不得以相待如仇之例施
於友邦之民而此苛待華民惡例爲澳大利亞及加那
大所立中國
國家聞之深滋不悅屢由前任各大臣照會　貴爵部
堂按照萬國公法與兩國條約細心合議本大臣茲亦

不必贅說是以僅將以上數事爲　貴爵部堂言之並
達　總理衙門之意望英廷速將此事革除
中朝以此事非僅輕視中國實是阻止兩國人民日漸
親睦之情此等用意斷不可施應由兩國設法更改也
相應照會　貴爵部堂請煩查照須至照會者
光緒十七年六月二十五日

與英外部請保護智利厄瓜多流寓華民

爲照會事照得寓居智利及厄瓜多之華民前承　貴
國盛情經　貴國駐紮各該國等處公使暨領事保護
等因今本大臣接准　總理衙門來文囑本大臣照會
貴爵部堂
中朝欲請英國國家仍隨時保護寓居該國各處華民
至將來中國能有別種料理而止如蒙照准
中朝深爲欣感本大臣是以請　貴爵部堂垂察望英
廷准如所請爲此照會　貴爵部堂請煩查照須至照
會者
光緒十七年七月二十三日

與英外部請重定英犯梅生罪名

爲照會事照得去年九月間本大臣照會　貴爵部堂

總理衙門來電稱有英民梅生一名在鎭江海關當差因代會匪販運洋鎗已被拏獲又於其衣箱內搜出炸藥禁物後經審問僅審其炸藥一項之罪上海按察使判斷定罪監禁九箇月結案今本大臣奉　總理衙門來信告知　貴爵部堂

中朝初聞此重大案件斷得如是輕罪極爲失望疑其判斷之不公及細閱此宗案卷與按察使判斷之詞而失望之心更有甚焉蓋以爲按察使未知此案之緊要

亦不知其分內責任之鄭重查條約言英民在中國觸英員懲辦英員宜如何令寓華英民各守規矩自不待言迨閱梅生口供證據明爲哥老會中會友與中國爲難而身任鎭江關要職隱與不知姓名數人結成私黨並力勸關上同事及委員俱入其黨又赴英屬香港雇募歐人十九名並裝各種洋鎗三十五箱包紮極好假寫別物以便到滬欺騙關官自帶炸藥先赴上海一面囑所雇之人附搭別船隨後來滬籌畫可稱精詳僅鎭江一處查出之貨已裝有洋鎗三十五箱之多梅生犯此重罪且有多條一查此案即應照例懲辦何以僅判梅生炸藥一項之罪即炸藥一項例內又何以僅定第四條之輕罪而不定第五條之重罪梅生又犯一千八百六十五年英國所定管理在中國日本英民之例第八十一條幫助亂黨抗拒

中朝之罪又犯在外國雇人之罪以上所犯指不勝屈僅定炸藥一款最輕之罪此何以故按察使云帶炸藥一罪有極輕有極重此案宜斟酌於輕重之間監禁之期故減輕爲九箇月此實非秉公辦理之道因察該犯行爲絕無可以從輕之理也況此時適值民教不和無論何國人民查有幫助亂黨騷擾中外之罪狀必須格

外重辦方足以警效尤而梅生行爲更覺恕無可恕

中朝欲梅生供出同謀之人可以略從寬恕而梅生旣不肯供黨羽姓名亦不肯供買鎗雇人之銀由何而來若謂梅生不肯供出之故因恐洩漏之後陷人於罪則渠在公堂上已自供明初入會之意係欲查探哥老會之細底然後將其機密實情告知中國官員今前後口供不符明係叛黨始終通同一氣巧爲遁飾之語判斷此案旣不得其平然補懲猶爲未晚是以欲望英廷俟梅生監禁期滿之時解至香港再審判其所犯別項之罪較爲妥當亦合一千八百六十五年英廷所定第六

十七條之例·

中朝極懇英廷切不可令梅生於未辦之前先行逃脫·是爲至要因各海關上雇用之人及各處通商口岸外國領事衙門各洋行中細崽人役多有會黨託迹其中本大臣現欲嚴辦梅生之理不必詳說但請　貴爵部堂一爲斟情酌理即可知

中朝於此事必大爲失望　貴國之人要中國保護而洋人敢私入哥老會以與中國相抗

中朝安能不慮及將來之禍且與各國睦誼有傷乎相應照會　貴爵部堂請煩查照施行須至照會者·

大清光緒十八年正月十三日

炸藥例第三條（懲辦欲做轟發之事或製造炸藥或臧備炸藥有欲害人命或毀物產之意）

英民無論何人在英地內或在英地外違例舉動

一蓄意用炸藥或幫人用炸藥以做轟發之事欲害人命或毀壞物產

二製造炸藥或備帶炸藥或管理炸藥有欲害人命欲毀壞物產之意或嗾令別人用炸藥以傷人命或毀壞物產無論炸藥曾否轟發此人即已犯罪俟審實後即當辦其充軍不出二十年或監禁或連作苦工或不作苦工均不出二十年其炸藥隨即充公

一千八百六十五年三月初九日英國軍機處所定管理在中國日本英民之例第八十一條（懲辦雇人打仗及謀叛之罪）

一在中國當　英君主與中國　皇上友好之時有英民欲開戰或同做戰事以抗　中朝又或幫助或鼓勵欲戰之人又或幫助或鼓勵謀叛之人以抗中朝

二在日本國當　英君主與日本王友好之時有英民欲開戰或同做戰事亡抗日朝又或幫助或鼓勵欲戰之人又或幫助或鼓勵謀叛之人以抗日朝

犯以上之罪俟審實後即當懲辦監禁其期不出二年連做苦工或不做苦工連罰銀五千員或不連罰款或罰銀五千員即不監禁聽憑當時公堂定奪

以上辦法懲辦之後又有加辦之法可將此犯驅逐出境不必再審公堂可以發諭逐出中國或日本至於逐出往何處聽憑公堂審定

第六十七條（提解犯人至香港審辦）

無論有何英民犯罪凡在中國日本之地已設有英公堂者如審判各案應移至公堂審判較妥即可改至英地訊斷定罪如是則犯人可解至香港審辦

如提解犯人至香港可將原審公堂所有一切此案卷宗俱送香港並可令所有在事時英民到香港公堂作爲見證

與英外部轉飭駐緬英員撤兵退出漢董地方

爲照會事照得近年以來本大臣迭奉
上諭飭　貴衙門或面談或行文告知　貴爵部堂緬督擅自派兵多股赴中緬邊界野人之地查察地理以致人心惴懼大有不便本大臣去年十月二十八日照會內所開之事及此次照會所說情形知英兵所到之處不特已入一千八百八十六年七月二十四日北京所定條約俟兩國派員查探之公共地方且已至絕無緬甸管理證據之地非惟緬甸無管理之證據實爲中國向來管轄之地有真實憑據可證英兵雖在邊界各地去留無定然此時派往殊不合理且恐與邊界土人滋事
中朝不欲別有舉動惟有急催英廷早日派員以辦理兩國界事爲要況
中朝於此事等候已久從前英兵所到之處云僅查察地理起見刻下英兵竟已佔踞一地故派員定界之事不宜再緩查雲貴總督及各員文函去年五月十四日有英兵四百名由八募起程十九日到漢董該地向屬隴川土司被英兵焚燬房屋佔踞其地其地在山上可下望隴川猛卯兩土司之城兩土司俱歸中國管轄

總理衙門以爲此舉深不合理致緬甸本地之官似欲趁劃界未定之前擅踞地方各節是以望英廷立即發諭囑其退出漢董　貴爵部堂或未知漢董在於何處查漢董係在隴川猛卯中間距兩處各遠九英里閲飛智所繪地圖猛卯正在中國邊界之内又查加爾各搭印度政府輿圖局一千八百七十一年所印之圖講解安得生遊歷滇省西境報單隴川在中國地界一邊距華界有數英里云相應照會　貴爵部堂請煩查照須至照會者

光緒十八年正月二十八日

附錄英外部尚書侯爵沙復文

爲照會事照得本爵部堂接准　貴大臣前月二十五日來文内開　貴國國家欲兩國趕緊派員以定中緬疆界又告知八募英兵佔踞隴川土司所屬漢董地方等因均經領悉今本爵部堂欲告知　貴大臣英廷自當審量此事爲此照會　貴大臣請煩查照須至照會者

西歷一千八百九十二年三月初一日

與英外部請禁香港軍火出口展期

爲照會事照得前承香港政府於十月初一日發諭禁止軍火出香港口以六箇月爲期至四月初一日止今聞兩江總督劉報知

中朝揚子江一帶各省經其竭力整頓之後雖地方安靜大有起色惟私會尚未全行斂跡前因私會之故致請禁止軍火今此事仍須嚴禁本大臣奉　總理衙門來電請英廷諭囑香港政府俟禁期滿日仍行發諭展期再禁本大臣望　貴爵部堂詳察准如所請爲感相應照會　貴爵部堂請煩查照須至照會者

光緒十八年二月十二日

與英外部請阻止英兵過野人山境

爲照會事照得西正月十四日本大臣告知　貴衙門以　總理衙門來電據滇督稱土司呈報英兵入野人山境以致騰越西北邊界野人騷擾異常前因電語簡略本大臣未能告知英兵所到何地且　貴衙門亦未有英兵到該處之實信今覩目下情形及騰越邊境之避難人知　總理衙門之電即係指都司尤利所帶之兵攻擊薩洞納（即昔董）之葛子人一事此兵於正月初到薩洞納遂與葛子人及居於滇省北境野人相戰數次都司尤利之兵在中國邊界其所備軍器鎗礮等非僅

爲遊歷查地應帶之物此事緬官必能知之此等情形實出中國官員意料之外後英兵將薩洞納佔踞更覺詫異查薩洞納地方及又有一處古勇地方都司尤利所到係上厄勒瓦諦江一段皆緬甸界外之地向來未經緬轄此地所居皆野人無國政亦無擔當責任之政府將來中英兩國定界應照一千八百八十五年曾侯告知外部辦法分歸兩國管轄刻下

中朝以兩國界事未定此等地方不得驚擾即兩國如欲遊歷查地或有不能不懲辦野人及干預野人事件之處兩國亦應各在自己邊界一邊舉動或在自己邊界相近處之野人地舉動斷不得至鄰國邊界相近處滋擾也相應照會　貴爵部堂請煩查照須至照會者

光緒十八年二月十五日

與法外部議裁越南等處華民身稅

爲照會事本大臣前准本國　總理衙門來函以中國請裁越南等處身稅一事業經前任出使大臣許　於光緒十二年間知照　貴國前任總理外部事務大臣佛來希尼查辦在案先是　貴部佛前大臣遣員而稱此事應俟將來查看情形再爲酌辦等語又於光緒十二年七月初五日照會　許前大臣內開本部前將遣員轉達之意今再聲明祇要中國襄助便能有成等因彼時本國　總理衙門因越南等處尚未平定經費支絀是以未肯催辦以示體量現在該處地方漸臻安靜諸事大有起色歷見公牘信而有徵竊謂　貴國當年未能照辦之事至此必可施行況中國於越南等處邊界通商不憚煩難妥爲籌辦原冀往來交涉等事日增月盛相與有成諒　貴國國家當有同心自不待言今身稅一事既與中越等處工商藝業實有妨礙想　貴國必肯毅然革除以表善政且此稅雖名亞細亞客民身稅其實大半出於華民華民困累較重人所共知是以本大臣將裁革之請復爲申明務請　貴大臣體察情形允許照辦以爲敦篤睦誼之據而此事發端已閱五載後至今日尤徵中國委曲求全辦事和平之意故望　貴國通飭越南三圻等處即所謂華印屬部之地將所徵之華民身稅一律革除以蘇民困俾中國工商雜藝人等貿遷有無通力合作推廣利源其沾實惠爲越南等處富庶之資於　貴國大有利益而　貴國行此德政中國自必欽佩可使兩國交涉通商邊界等事益加和睦裨益良多此正互相維持彼此交孚之道想　貴大臣定能洞見無遺不待本大臣之贅述也相應照會　貴大臣請煩查照施行須至照會者

光緒十八年二月二十四日

與英外部預擬滇緬劃界事宜

爲照會事照得　貴爵部堂前月二十四日所寄中緬劃界事之節略・茲値候　總理衙門回諭之時本大臣先寄答覆節略一通請　貴爵部堂察奪答允爲荷相應照會　貴爵部堂請煩查照須至照會者

光緒十八年二月二十九日

附答覆英外部滇緬劃界節略

昨接　貴大臣本年二月二十日所寄節略・附圖一幅・繪明英廷所擬劃淸中緬疆界大略・已轉寄
中朝矣・但恐圖內所繪界綫・
中朝未必能允者其端有三・一上厄勒瓦諦江之地段（即大金沙江在潞江以西滇邊之外通貫緬境入於南海）・中國所應有分者須全讓與英國・近中國邊界之人向認中國爲上邦者亦由此而歸英・此不允者一・一將中國各處疆界推進一層須有一大變動・由滇邊之西向厄勒瓦諦江至八募之東及東北方如舌形之地本係方形平日所見中西各地圖皆如是・今新圖將此地忽改爲三角形・與昔迥殊・此不允者二・一欲令雲南商務興旺・由厄勒瓦諦江運貨出海最爲緊要・而今將盡違以北商貨悉改由穆雷江（一名麻里江在檳榔江下游之北入於大金沙江）運

出・反將厄勒瓦諦江之水路割去・此不允者三・從前英廷極願幫助
中朝令邊境上往來商務興旺・巳允厄勒瓦諦江爲滇貨出口之路・而
中朝之意・欲令此事易行・必須於八募相近之處・立一中國碼頭・則雲南出海礦產既可省費而緬甸貿易・亦必大有增益・所以曾侯曾議及此・擬於太平江（即檳榔江下游・一名大盈江・亦入於大金沙江）及穆雷江之間厄勒瓦諦江之上・設一中國碼頭・庶幾滇緬商務各有起色・英廷亦以爲然・因於一千八百八十六年允派員往八募及厄勒瓦諦江上段窄處・覓一合式之地・設立中國碼頭・今英廷若仍照曾侯前議・則敦信睦鄰之道益加厚矣・大約
中朝望英廷允許者・其要亦有三端・一將薩爾溫江以東之地・（即潞江潞東之地係指普洱順甯西南邊外之各土司而言非謂滇境內之騰越以東地也・）並英國克緬甸時所得撣人之地・均讓與中國・二厄勒瓦諦江上・立一中國碼頭・三厄勒瓦諦江爲中英兩國公用之江・令中國船隻出海與英船同・以上三事・亦係一千八百八十六年英廷巳允
中朝者・前因英國巳得緬甸全境・此等事件關繫較

小且於兩國均有裨益是以英廷慨然允許厥後倫敦商辦條約之事改往北京商辦英廷所索各要事一千八百八十六年所定條約一切均載齊備而中朝所索各利益無一條載入約內英廷必知此係中朝疏忽遺忘非因前允之事未曾給與　貴國是以不載向來英廷辦事悉秉大公此事諒仍照舊給與

中朝至於節略末段云云尤不得不一爲聲明孟連江洪（即車里）兩地英廷擬讓與中朝者此地實皆屬中國因中國在彼聲勢大於緬

甸聲勢謂之理應歸還中國則可謂之讓與中國則不可也現正候

中朝答覆節略之時謹代

中朝先一爲陳說

光緒十八年三月初一日

譯英外部秘密節略

所附之圖繪明英廷所擬中英兩國邊界大略

北緯二十五度三十分之北邊界信息尚未全備自此處至南邊一帶英廷可與中國會同派員劃界以此圖所繪界綫爲底稾英廷之意所有上厄勒瓦諦江之地均歸英國管轄則兩國俱有益處商務亦交相有益蓋有天然之山可爲界限則英廷可保護雲南來之商路英廷極願令其商務易行使界上來往商務興旺又於厄勒瓦諦江預備中國商務出路并願與中國於邊界上商立電綫可將印度電綫與北京電綫相接現印綫已築至八募照此辦法歐洲與中國之電綫又可另多一條矣英廷並願將江洪孟連地歸中國查孟連江洪有時進貢中國有時進貢緬甸今可認此爲中國屬地但中國須擔當治理該處政事以後亦不得送與別國

西歷一千八百九十二年二月二十四日

與英外部解明會立坎巨提酋之事

爲照會事照得三月十二日竇堪山特生來函所說英
廷答允中國派員會立坎巨提王一事　總理衙門所
會之意似乎與貴衙門所告及本大臣所知之意不同
本大臣是以必解明前說來函云此次會立坎王辦法
以後不得援以爲例云云　總理衙門所聞之華爾身
者似限定僅可會立此次坎王以後再立坎王
中朝即不得與聞本大臣以爲此非函內字句之意亦
非外部所欲達之意本大臣所知者係英廷不令
中朝援刻下立王之例爲後爭辯會同立王之據儻有

別項可問之理儘可查照向章辦理現因
中朝不欲失在坎納貢舊章是以解明函內所說之意
最爲緊要不得稍涉游移閃爍　總理衙門前聞英廷
俟坎新王選定即請
中朝派員會立等因甚爲欣慰今再講明必更釋然矣
相應照會　貴爵部堂請煩查照須至照會者
光緒十八年三月十一日

與法外部催請裁去寓越華民身稅

爲照會事照得華印屬部等處請裁華民身稅一案前
經本大臣按照　總理衙門之意於本年二月二十四
日知照　貴大臣辦理在案查此案前後懸擱已閱六
載
中朝頗以此事爲重故不憚反覆申辯況此等苛徵之
稅於中越等處工商事業實有妨礙徵之則彼此受累
革之則彼此有益此中利害關鍵前文已詳言之諒
貴大臣早已明白無須贅述且　總理衙門所以囑再
催詢者皆因兩國眞心和好推誠相信似此案件斷無

不能速結之理本大臣前駐巴黎曾與　貴大臣晤談
此事承　貴大臣告以查明酌辦等語乃至今尚無回
音未知究竟如何如已查明即請示知如尚未查明務
請作速飭查允如所請并望從早見覆以便本大臣咨
復　總理衙門也相應照會須至照會者
光緒十八年六月十五日

與英外部再論英犯梅生罪名

為照會事。照得本大臣接准　貴爵部堂二月二十三日來文。英民梅生一案。上海英公堂訊斷定罪。　總理衙門以為懲辦未當。不足昭公道。承　貴爵部堂允為細心察奪。本大臣特陳謝悃。已蒙　貴爵部堂往詢審斷此案之正按察使亭甯及官律師威金生。並欲本大臣解釋　總理衙門所云之意。茲本大臣告知　貴爵部堂。　總理衙門謂應辦梅生之罪。不止一款。當訊問梅生時。梅生自認為違例私會之會友。由香港購辦長鎗手鎗及藥彈等。偷漏運入中國。以供會黨之用。又雇十九人為助。自帶炸藥。後經搜出。並有實據。此皆梅生顯犯各罪。斷不能掩飾者。而官律師卻僅控其帶炸藥一罪。謂梅生帶此炸藥。疑其謀為不軌。所用梅生當即招認。設即按此論罪。照一千八百八十三年所定炸藥之例。亦應監禁十四年。並作苦工。今定梅生之罪。何以僅監禁九箇月。不作苦工。又未言定將來逐出境外。試觀近貴國華爾沙爾一案。所定懲辦炸藥之法。其罪輕於梅生。而懲辦反重。則所以懲辦梅生之輕。不辦自明矣。　貴爵部堂接本大臣照會。雖辯駁數端。而於梅生辦法之輕。亦無所措詞。查本大臣二月十四日照會。

貴爵部堂所辯論者。一梅生不能援一千八百八十三年炸藥之例第三條控告。因此第三條之例。係專辦在英國犯款之人。二梅生亦不能援一千八百七十年外國雇人之例控告。三如照一千八百六十五年三月英廷所定辦理在中國日本英民之例第八十一條控告。亦未見有加重梅生之罪。緣此條辦法。監禁不出二年。今本大臣聲明各節。查此次梅生一案。罪重罰輕。　總理衙門所最不解者。當此案審實之後。僅按炸藥例一條懲辦。且辦法并未全照英例。此案若出英國。懲辦必無此種輕法。此中關鍵。不得與可告梅生別項之罪與不可告別項之罪兩說相混也。　總理衙門謂現辦梅生已認之罪。與律例已不能合。儻將梅生所犯別罪。再行提審。則知辦法之輕。與其應得之罪。更大相逕庭矣。至於　貴爵部堂所駁三層。本大臣逐一詳究。欲知來文所論之理是否。先須知何者為律例。今照兩國條約而論。一查軍機處所定之例。即知管理在華英民當用英例治之。軍機處所定之例第五條內言管理爭案及罪案之權。應照平常之理。及公平之道。並國家議定之例。及當時通行之例。在英國及為英國辦理。並給與審事公堂審判各權柄。本大臣查閱此條。即足以答　貴爵部堂之辯·梅生亦可援一千八百八十三年炸藥例第三條控告矣·或者第三條例不能用於英屬地·本大臣亦不參意見·但英民在中國·應用在英國通行之例以管轄之·則梅生之案·即不得因例內有在英國字樣·遂云不能援引也·若謂同一律例·第四條可以援·而第三條則不能援·斷無此理·猶之英民在中國走近官房·有可疑之情形·可以辦其監禁十四年·並作苦工·同是此人·因僅帶有炸藥·見其將炸藥放於官房·而正在逃避時被獲·反不可以辦罪·有此理乎· 貴爵部堂又謂梅生不能援犯一千八百七十年外國雇人之例控告·

本大臣二月十一日照會·尚未確知此例可援與否·今觀此例第三十條內云外國國家字樣·非僅作外國國家之解·並可作一省之解·亦可作省內無論何人·或多人·或一人·欲與國家相抗之解·洵如此言·則哥老會亦可作外國國家之解矣·則梅生亦定可援外國雇人例第四第五第六等條控告矣·因梅生在英屬香港雇募歐人十九名·購買軍器以供匪用·俱有實據·理應從重分別治罪也·若 貴爵部堂第三端所駁一節·謂控梅生犯一千八百六十五年軍機處第八十一條之例·亦屬無益·照此審辦·罪名既不加重·辦法亦不加多·本大

臣詳加考核·意見與 貴爵部堂不同·本大臣查得英國辦理犯人·常見有一人被控多款·儻審實其犯罪多於一款者·即照多款分別治罪·如前嫡智邦一案·審得發假誓兩次·後定其罪·每次坐監七年·七年之禁·非同時兩罪並算·乃分作前後計算·是以此犯坐監十四年·非僅七年而已也·儻將梅生應得各罪分別科斷·所犯決非一條·必如嫡智邦一案·逐款治罪而後可·即使別項罪款·尚未能審實·而入哥老會之各證據·定可查出·則梅生之罪·亦不應如此之輕·僅監禁九箇月·不連作苦工也·今日午刻有一華人由圖慈華次監牢期滿放

出·此人坐監三月·連做苦工·詢其罪為偷漏稅項之故·偷漏僅梅生罪中最輕一款·辦法尚如是之重·今乃因僅控梅生一款之罪·又因其自己招認·案遂未曾深究·即訊判亦有名無實·枉法寬縱·太不公平·梅生與哥老會來往證據·官律師應出力搜尋·在中國須與在英國一樣·此官律師職分應辦之事·不得以無從搜查推諉·緣英廷既允遵照條約·管理在中國之英民·不作壞事·英廷尤須力任應辦事件·凡英民在中國結黨鬧事之案·

中朝雖無交出應有證據責任·而無不願幫英員搜查

自上海審判梅生之後。總理衙門查出梅生罪款甚多。儻再提審。即當交與香港審事公堂察辦。刻下本大臣將以上各情節。告知 貴爵部堂。聽憑辦理。近來歐洲各國。頗患炸藥。國家人民皆受其損。實可懼也。梅生係首引炸藥。謀禍中國之罪魁。本大臣知 貴爵部堂必將此人重辦。以示警戒。俾後人不敢效尤。且查英國懲辦炸藥之案。自一千八百八十一年至一千八百八十五年。犯炸藥案者二十九人。內十七人辦以終身監禁。連做苦工。其餘十二人監禁五年。連做苦工。自一千八百八十五年之後。審辦炸藥之罪。祇有日漸加重。未見日漸減輕。日前華爾沙爾炸藥一案。罪犯三人。其所辦者。與辦梅生同一條例。其罪若與梅生比之。直可云無罪耳。而按察使所定之罪。一犯監禁連做苦工五年。二犯監禁連做苦工十年。梅生所犯之罪。實爲有教化國家所當結實懲辦。不可稍從寬恕者。乃梅生所受之罰。僅如平常竊賊。是以本大臣欲其再行提審。分別定罪。不許再至中國。緣華人入哥老會者。多辦死罪。梅生逗遛中國。衆人見之。必起不服之心也。相應照會 貴爵部堂。請煩查照。須至照會者。

光緒十八年四月十八日

與英外部理論緬甸入貢事宜

爲照會事。照得本大臣接准 貴爵部堂三月初九日來文。承示按照一千八百八十六年七月二十四日中英所立緬甸條約第一款內。緬甸每十年派員赴中國入貢一次。因款內未曾載明第一次派員日期。印度政府誤從定約之日算起。料理派員赴華。本大臣欲告知 貴爵部堂。條約內雖未載明第一次派員日期。而載有照向章辦理。每十年派員云云。即此可知緬甸十年一貢之例。非定約時從新另立。乃照向來緬王分所應辦者。接續辦理。第一次派員之期。非照緬甸歸英國管轄日算起。須由緬甸未曾服屬英國時。統前計後。每屆十年則入貢一次。照章辦理。茲從諦保王派員之期。迄於今日。逐年計算。英國應派員赴北京。逾期已久矣。相應照會 貴爵部堂。請煩查照。須至照會者。

光緒十八年五月初五日

與英法義比外部鈔借用洋債奏案

為照會事照得本大臣接奉　總理衙門來文奏明嗣後中國各省督撫借用洋商銀兩必須預先奏明有案方准借給若無奏准案據而私借給者
朝廷概不承認已於光緒十七年十月二十四日奉
硃批依議欽此此係慎重借款以免洋商受累起見除由　總理衙門照會各國駐京公使並分咨出使各國大臣通行各國外部查照外相應鈔錄原咨照會知照
貴大臣查閱即請曉諭　貴國官商人等一體遵照施行須至照會者

光緒十八年四月初八日

與英外部議定會立坎巨提酋體制

為照會事照得本大臣接准　貴爵部堂本月十一日來文承示封立坎巨提新王之事因欲令中國官可以從容到坎已照本大臣之所請改定前八月十五日為九月十五日本大臣曷勝欣感又承示封王之禮克什米爾王須敕書一道由英員送交新王中國官為尊貴觀禮之員當備以合式之位本大臣知中國官赴坎
貴國國家自能發諭告知駐坎英員優禮接待然必須詳細解明不致英員稍有誤會本大臣亦可豫告中國所派之員不至臨時有所爭論所有應行一切禮節須在英預為商妥英國官及中國官應在同一尊貴之位克什米爾王所派之員居於稍低之位如是則克什米爾之員不至與中國官並行查棍雜城與倫敦及北京相距窵遠儻在坎英員與華官或有意見不同處欲從新請示必多日方到是以諸事須料理周備免得偶有差池以玷中英兩國封立坎王之盛典此次會封坎王乃兩國極為親睦之據也相應照會　貴爵部堂請煩查照須至照會者

光緒十八年六月二十六日

與比外部派員赴考核罪犯會

爲照會事本大臣接奉　總理衙門來函知本年西歷八月初七日　貴國都城開設考究罪犯形體之會因　貴國駐京公使之請擬由本大臣派員赴會觀看本大臣查使署既無驗犯官醫又無形名律師姑委三等繙譯官吳宗濂屆期前往看會以盡禮儀其入會之費法銀二十佛郎已交該員祇領面交會中可也相應照會須至照會者

光緒十八年閏六月初七日

出使公牘卷之八終

出使公牘卷之九

無錫薛福成叔耘

洋文照會

與英外部三論英犯梅生罪名

爲照會事照得本大臣接准　貴爵部堂西七月初二日來文詳辨英民梅生一案並鈔示上海英公堂官律師來函備述辦理此案顛末及按察使來函所言大意以辨　總理衙門怪其定罪太輕等因均已閱悉查梅生自供在鎭江通匪謀叛又在香港招雇英八十九名滬關查獲洋槍三十五箱種種罪狀無可遁飾本大臣

現雖不欲再爲多辯然究不能不將官律師及按察使所言各節一申論之官律師告知　貴爵部堂南京制台一面怪梅生定罪太輕一面專派一員嘉其在公堂陳說之是後云伊亦不必辯論請本大臣自已解釋伊所辦之事早經制台極意稱贊何以至今反被批評云云本大臣欲告知　貴爵部堂本大臣非爲各省官員辦事乃代本國
國家辦事即就制台而論亦未見本大臣初次照會意見與制台意見有不同處制台贊官律師陳說之是本大臣亦未嘗以官律師之陳說爲非本大臣所怪官律

師者。非怪官律師之陳說。乃怪官律師於此案應行查辦各節。未曾妥爲查察。並怪其僅控梅生一罪。致按察使雖欲審辦別罪而不能。至於律例一節。本大臣前次照會已經詳論。茲亦不必贅說。惟云梅生不能援外國雇人之例訊問。亦不能援一千八百六十五年英廷所定管理中國日本英民例之第八十一條訊問。此語殊屬不解。同一例也。第五條內明明詳載訊問英民自有英國尋常之例。及議定之例。何以英民在華結黨鬧事。偷漏犯禁軍火入境。而謂無例可援。俾得脫逃羅網。此實讞定梅生案情。未能曲當者也。若謂華員不知哥老

會作何事。欲向梅生探聽確信。此必官律師誤會華員之意。蓋中國嚴禁此會。案已不計次數。儻不知其有害。必不懲辦如此之嚴。按察使謂彼職司。係照英律審斷。不計如何辦法。本大臣亦以爲然。蓋按察使應辦之事。即照所控之罪。按例懲辦而已。官律師控告梅生犯炸藥例第四條罪。按察使照例應斷監禁二年。並作苦工。或斷充軍十四年。今按察使僅斷梅生監禁九箇月。不作苦工。按諸律例。相去太遠。中國之所怪者在此。非欲按察使照華例懲辦也。至謂梅生僅若與同席之人造戲一劇。並無實在險事。不過癡妄之想。本大臣殊不以

此說爲然。梅生確爲結黨謀叛之人。即就克老司開之口供證據核之。可決其非癡妄之想。蓋梅生早蓄異謀。實有望其必成之意。直至公堂審問時。忽佯作癡呆耳。故其語甚虛幻。前後不符。且本大臣不解梅生寫於日記簿之事。何以與造戲消遣一樣。此時同席之克老司開已不在海關矣。初雖不信梅生欲爲不軌。後既見其眞實。何又爲之幫手。梅生將一切私事。均託克老司開經理。此外又有梅生力辦各種證據。如此舉動。何人能信爲兒戲耶。蓋梅生捨一生事業。不憚數千里遠赴香港。出銀購辦軍火。雇人作亂。而尚不得爲眞實證據。試

問　貴爵部堂。更有何種證據爲眞實乎。尤可異者。官律師盡知其情。於陳說時則詳論其罪。於控告時則不詳敘各罪在內。官律師云梅生已入亂黨。係極險事。彼實欲將此軍火交與亂黨耳。此皆官律師自陳之言。而控告時卻不將各罪敘入。以致按察使無從審辦。而按察使亦以事同兒戲一語。輕爲開脫。則英國之例。必待重新修改矣。總之梅生所犯各罪。理應懲辦。不得以無例可援爲辭。官律師及按察使理應照職辦事。不得袒庇英民。以致案情遁飾。去年教案一起。　貴國公使疊向　總理衙門催逼懲辦鬧事罪犯。必如願而後已。稍

不遂意則謂中國法令不行動以絕交用武爲辭其情形何等利害今英廷於官律師所信爲與亂之人竟不一問其別項之罪願英廷詳察之今中朝正辦理教案所有撤官懲犯賠卹諸事無不竭力爲之以順各國之情將辦理不力不能彈壓頑民之員革職撤退懲犯則正法者數名軍流徒杖者多名賠卹則通計各處其銀三十餘萬兩本大臣平心論之當日愚民之蠢動以有會匪爲之倡也會匪之鴟張以有代辦軍械之梅生助其膽也中國被擾實甚受虧實多皆隱受梅生之累謂此舉僅係癡想且云不能實有險事本大臣實深悵悵

明係招人謀叛而謂之癡想則愚民之攻擊教堂皆可云癡想矣顯有洋鎗炸藥而謂無險事則不服西教者之謗書揭帖更可無險事矣中國愚民甚多彼不知西洋律法之執一而但見中外辦理之失平萬一再有燒毀教堂及別項滋擾之事亦將曰我兒戲也瘋癲也自此中國懲辦之法更形棘手請問　貴爵部堂將何以處之卽西洋各國公使亦將不復辯論乎　貴爵部堂來文謂照英國常規按察使所做之事必令其全由自主國家不得干預然我中國督撫司道之辦事亦有一定辦法去年所辦教案各省督撫實係委曲勉强從事

其撤官懲犯各節若照中國原定律例之意本不應如是加重所以如是加重者亦爲顧全中外睦誼起見耳自今以後各省督撫是否視　貴國此次辦事爲榜樣此非本大臣所敢懸揣但望兩國交涉從此平安無事方不至再啟爭論及一切難辦之事耳相應照會　貴爵部堂請煩查照須至照會者

光緒十八年閏六月初七日

與英外部告知奉　旨商辦滇緬界務

爲照會事照得本大臣接准　貴爵部堂來文爲中英擬劃中國與上厄勒瓦諦江地及英屬緬甸地之界綫事本大臣將此文並　貴爵部堂前次言此事之來文報知　總理衙門今奉到本國
上諭著與　貴爵部堂商辦並商辦本大臣三月二十八日節略內所說別項之事俟　貴爵部堂何日有便即可起手商量本大臣擬各派一員照從前商議各事同式　貴大臣派一員以代外部本大臣亦派一使館中之員先行相商因本國

國家望此事早日商妥務俾兩國劃界之事趕於秋涼開辦也相應照會　貴爵部堂請煩查照須至照會者

光緒十八年六月十六日

與英外部催請商議劃清野人山地及滇緬界務

爲照會事照得本大臣七月初八日照會所說一節中英兩國派員會同劃清野人山地及中緬交界之事必須預商本大臣望　貴爵部堂於放假期內可以料理商議之事因中國急欲辦此劃界之事不可令其再遲茲查劃界之期轉瞬即至本國
國家望此大槪情形早爲商妥俾兩國委員可以派出早日相會也爲此照會　貴爵部堂請煩查照須至照會者

光緒十八年七月初二日

與英外部派參贊官馬格理與英員會議界務

爲照復事照得本大臣接准　貴爵部堂來文承示劃清中緬交界之事當預備開議均經領悉今本大臣已遣本使館參贊寶星馬格理與　貴爵部堂及印度部尚書所派二員於明日下午四點鐘在貴部衙門會商相應照會　貴爵部堂請煩查照須至照會者

光緒十八年七月十一日

與英外部請退昔董英兵並索問厄勒瓦諦江上段之地

爲照會事照得本使館參贊馬格理呈閱寶星山特生本月十二日來函內稱　貴爵部堂聞本大臣奉到
上諭請英廷退出昔董之兵爲商議中緬邊界之首事
貴爵部堂甚爲詫異並欲本大臣言明索問中國邊界與厄勒瓦諦江上游中間一帶地段之理今本大臣據理而論昔董即在此段地內請英兵退出昔董並請允以後不再佔踞爲商議劃界之先務此乃自然之理否則中國索問其地豈非徒屬虛文究本年二月間英兵初至昔董近地本大臣即奉
特諭告知英廷英兵過野人山在騰越西北地方該處人心惶惑後爲英兵所攻佔踞其地又遵本國
上諭請英廷速諭退兵並不准再行前進因察勘上厄勒瓦諦江東邊形勢必應歸入中國查本大臣與　貴部前任外部大臣沙往來文書及面談一切本大臣方謂　貴爵部堂必能即允退兵況緬王屬地以北上厄勒瓦諦江東之地在英國克緬何時　曾侯出使任內早經論及嗣後本大臣與　貴部照會中及五月間與沙侯會晤時亦曾論及故昔董退兵之事前次會見

貴爵部堂及函內無須再行贅述因早經言過也
中朝既欲索歸金沙江東邊之地自必力請英兵退出昔董其地應歸中國正無須說出證據然既承 貴爵部堂詢及本大臣亦甚願答覆今將索問前緬王屬地以北厄勒瓦諦江東所有之地起至厄勒瓦諦江之根源而止中國索問之理可證者約有五端一照大概規矩中國邊界一帶野人之地有別國進來不得不預備保護二其地所居之民認中國爲上邦凡遇有事之秋每請中國之示及請中國幫助三該處貿易及一切工作居民皆中國人或中國種類之人四該處民人之教

化皆中國之教化五貿易之事皆中國人且每年加增中國有此五證非特可索東邊之地并可索問厄勒瓦諦江西邊之地則分界更覺均勻但必照此而行或致界事難辦
中朝亦願省去跋涉不欲多索可令劃界之事不致耽延儻因退兵之請遂致商議界事延擱多日本大臣實深悵悵蓋因緬約在北京立後至今已六年矣界事候商已久又因此而致緩議殊大失所望也且厄勒瓦諦江東邊之地
中朝已屢次索問即請昔董退兵一事於議界之先早經說及今乃一言此事 貴爵部堂即以爲異尤本大臣之所不解本大臣之意儻英廷能允華兵到後英兵即退則其餘劃界之事仍可從早開議本大臣亦不必再述本月初八日本使館參贊在外部所說各節英兵如退出昔董至厄勒瓦諦江之西境
中朝擔承自中國邊界至厄勒瓦諦江一帶地方居住之民不至滋事務令道路通達及保護商人可也相應照會 貴爵部堂請煩查照須至照會者
光緒十八年七月二十七日

與英外部請增修管理在華英民條例

爲照會事照得　總理衙門於西歷八月間照會駐京各國欽差請增修管理在華英民條例諒經　貴欽差轉達今本大臣奉文告知　貴爵部堂　總理衙門前次照會係欲照行天津條約禁止軍火進口各款益加嚴密去年梅生之案及朝陽建昌亂民所用軍火皆外洋製造之物由私運而得藐法妄爲不得不重申禁令以便保護地方按照一千八百五十八年十一月初八日所立通商章程第三款內云凡有違禁貨物如火藥大小彈子礮位大小鳥鎗並一切軍器等類概屬違禁不准販運進口又通商章程第五款第五節內云硝磺白鉛均爲軍前要物應由華官自行採辦進口或出華商特奉准買明文方准進口如違查出充公此等大件較難偷漏尚易防範若第三款所說之貨即不易查察一因此等之物掩藏極易二因舊樣軍器其價在歐洲極廉運赴中國每得重價偷漏入口習以爲常即查出充公亦不能絕其來路一千八百六十五年　貴國所定之例未載懲辦此等違約事條款即查出英民出售軍火祇要華人非明作叛逆之事即無懲辦英民之法官律師不能控告梅生犯偷漏軍火之罪可爲此節之

明徵也中朝深望英廷即命律例官察度情形於管理在華英民例內修改數條或續增數條俾臻周備爲要本大臣請英廷詳察　總理衙門照會並請諭知寓居中國通商口岸英民相應照會　貴爵部堂請煩查照須至照會者

光緒十八年八月二十三日

與英外部添設檳榔嶼副領事

為照會事照得華民寓居檳榔嶼頗眾中國
國家欲於該島設一領事人員本大臣囑駐紮新嘉坡及海門等處之中國總領事黃遵憲選擇一合式之人為檳榔嶼及其屬地威利司雷省並丹定斯等處之副領事官今已薦舉紳士張振勳蒞此任查張振勳係候選知府即檳榔嶼之富商在新嘉坡及海門等處經商約三十年矣頗有聲望本大臣欲請英廷允准並發諭照辦曷勝翹懸相應照會 貴爵部堂請煩查照須至照會者

光緒十八年八月二十七日

與英外部刪除加那大苛待華民新例

為照會事照得本大臣去年七月三十日照會所開及本年八月二十日與 貴爵部堂面談之事因英國屬地看待寓居華民與別國之民不同近聞加那大域多利亞議政院又新改一例於本年七月初九日照行此例於寓居加那大華民大有關礙一千八百八十六年間所立華人入口之例本大臣總望英廷不可准行此例之第十三條為近所修改煩苛已甚頗覺不平曩經中朝批斥今不料所改之條不特未將前語刪除且較前更加嚴酷同一寓居之民而待別國之民與待中國

之民顯分區別殊屬太不公平查所定原例華人欲離加那大赴別處將來仍欲回加那大者給與執照一紙以便回加那大時出示執照可免付丁稅洋五十員不與第一次入境同今改易之條將執照廢去加入以下所開章程

一每華人欲離加那大將來仍欲回來者應在起程海口或內地呈送該處管理官知單一紙單內開明欲赴外國某處海口或內地去時及來時路程走法送此知單時須出費洋一員管理官即將其人姓名住址行業年貌並別項應載之端註入冊內

二如此註册之人欲回加那大須在六箇月期內自註册之日算起如內回加那大經管理官查看無誤便可向該官收回登岸時所付進口稅如該官看此人可疑原銀即不能收回亦不能控告

今觀此等章程是限定華民離加那大祇六箇月之久六箇月爲時甚促離加那大之華民難保無關涉貿易或患疾病或遇行船不測之事每易耽延逾限俟其回加那大覺已逾期看待即如初次到埠之人稅銀即不交還是令其付第二次之丁稅矣再如即在六箇月期內回加那大若必須在前起程之地方官處證其是否

本人儻華人由加那大西邊文古法赴別國回來時欲在加那大東邊哈力法克司寓居則必由加那大東邊不辭遼遠奔赴加那大西邊管理官處以證其原人矣

本大臣告知　貴爵部堂新例一事係加那大政府所改看待華民殊屬不公而

中朝見怪之大端尤在分別看待華民耳在加那大各國之民均給與一切權利獨於華民異樣看待此

中朝所以常欲批斥耳英國有議政院之各屬地設此分別看待華民之例旣不合中國條約之理亦與萬國公法相背且此等屬地與中國貿易最大得中英條約益處最多其看待華民乃至今如是本大臣望英廷速將此例革除況如香港等處寓居者華民爲最衆華民享受一切權利與別國民同其管理之例亦用同樣之例未見有不足管理華民者何以僅加那大與澳大利亞必另設苛例以管理華民乎相應照會　貴爵部堂請煩查照須至照會者

光緒十八年九月十一日

與巴西駐法公使允准照約遣使

爲照復事前准　貴大臣西歷十月二十五日文開

貴國大伯理壐天德願照光緒七年八月十一日兩國所定條約遣派使臣駐紮京師請代奏

大清國

大皇帝允准照辦以固邦交等因本大臣比將　貴國之意電達　總理衙門茲接　北洋大臣李轉到　總理衙門電稱　貴國旣願照約遣使自應按照中國現行禮節與各友邦使臣一例接待以敦睦誼　貴國派使何時能到中國如將所派銜名開示卽可轉達　總理衙門奏明

大皇帝允准照辦相應照覆　貴大臣轉報　貴國查照可也須至照會者

光緒十八年九月二十五日

與英外部續催會議滇緬界務

爲照會事照得西九月初九日兩國委員在外部會議劃界事務中國以昔董退兵爲商議界務第一件事因此轉使界務輟議英廷以爲有所阻礙至今仍未肯續商茲本大臣請　貴爵部堂以退兵之請作爲未有其事但本大臣欲聲明者謂此次照會所請並非於索問厄勒瓦諦江上游東段之地稍行改易

中朝仍欲索問前說一切全數不過去其阻礙仍可復續前議望從速定一日期以便續商界務本大臣昨與

貴爵部堂面談時許於下禮拜可以示覆今本大臣靜候來文務切施行相應照會　貴爵部堂請煩查照須至照會者

光緒十八年十月十四日

與英外部三催會議界務並聲明失望情形

爲照會事照得本大臣接准　貴爵部堂本月初七日來文所言之事類多含混本大臣殊爲失望前月三十日與　貴爵部堂面談之頃英廷所詢

中朝索問厄勒瓦諦江之東緬甸之北一帶地段之意均經本大臣答覆承允下禮拜可有回音迄今未蒙見告又遵照　貴爵部堂收回昔董退兵之請以便續開

中緬界議今仍未蒙定一續商日期本大臣之照會係九月十七日中國索問厄勒瓦諦江東上游之地一係觀該處實在情形一係照萬國公理若欲查訪該處細情現已數月英廷諒必查清若論萬國公理亦無待再辯江東地歸中國之說不難早定刻下此段有數地雖經英兵佔踞本大臣知英廷本不以此等地方即據爲英國之地無庸過慮即暫佔踞昔董亦不過欲懲辦葛千人（即科千）所爲不善而已以後治理此等地方之人悉由

中朝肩任其事務俾安靜可也相應照會　貴爵部堂請煩查照須至照會者

光緒十八年十月二十四日

與英外部遵　旨致謝英君主送呈自製書集

爲照會事照得　貴國駐京欽差昨日覲見我

大皇帝時特呈　貴國　大君主所贈盒一隻內裝書二本一係阿爾白王行述一係居巴麻宮之日記內有一本即　大君主自箸

大皇帝見之甚爲貴重因此見　大君主與

大皇帝極爲親睦之據今本大臣奉　總理衙門電傳

諭旨致謝應請　貴爵部堂轉達此意於

大君主前相應照會　貴爵部堂請煩查照須至照會者

光緒十八年十月二十六日

與英外部聲明開欽野人並厄勒瓦諦江上游應
歸中國
為照會事照得本大臣接准　貴爵部堂西去年十二
月十三日來文內言
中朝索問厄勒瓦諦江以東緬甸以北地段之事係答
覆本大臣西九月十七日之照會辯駁
中朝索問之理其實僅駁復本大臣前文五條內之一
條此一條又非五條內要事　貴爵部堂僅辯開欽即葛
干野人不屬中國一事此事本無關緊要儻　貴爵部
堂不詳問

中朝索問之理本大臣直不計及此等土人之事今據
來文謂英廷未能查得此等土人中國曾經治理之實
據此說不然緣各國屬地土人有向屬其國而無治理
實據者甚多非特邊界外有之即中國十八省內亦有
之如湖南貴州苗人猺人各種居於山中平時不甚歸
中國治理而實未嘗不歸中國統轄由此觀之即使中
國未經治理開欽人亦不得因未見治理實據遂謂中
國不能有治理之權英廷查得百年以來中國未經管
理厄勒瓦諦江之上游遂謂厄勒瓦諦江兩邊之地至
恩梅開江及邁立開江匯流之處必係緬王派員管理

本大臣殊不以此說為確英廷創此一說是否欲索問
厄勒瓦諦江與中國邊界中間之地若果如此乃此時
商議界務新創之說緣本大臣向未聞英廷提及也緬
甸北境與中國邊界中間之地係一千八百八十六年
間曾侯與外部商議時曾說明留出此地在緬甸之外
日後須另行商議自一千八百八十六年以後凡有說
及江東邊地之事無不以此為中國有聲勢之地即英
廷亦屢有此議昔董在華界一邊照地理形勢定應歸
屬中國西一千八百九十二年春間
中朝請英兵退出昔董英廷並無辯論儻此段之地亦

係緬甸所管彼時必早說及矣又　貴爵部堂前任尚
書沙侯在外部時使館與外部往來文書及談論之際
分地之理為兩國所共認未嘗有所駁辯西去年二月
二十四日沙侯節略內云英國治理厄勒瓦諦江東之
地係因兩國利益有關保護利益起見必須先請
中朝答允並非英國有治理之權也本大臣於西去年
末次與沙侯會晤時言及厄勒瓦諦江上段之地為野
人所居自緬甸歸英國以來情形改變此等野人之地
將來必須兩國分之此說已談及多次矣
中朝雖知英廷必不改此辦法惟　貴爵部堂來文既

言及緬甸歷來之事並云緬甸曾管理厄勒瓦諦江東之地直至恩梅開江及邁立開江匯流之處本大臣卽不得不將從前詳細情形再說一番

中朝仍以爲厄勒瓦諦江上段之地並非緬屬與一千八百八十六年七月二十四日條約所載分界之事不同今兩事自應乘便同議商賈往來中國與厄勒瓦諦江之路自宜保其安穩開欽野番亦宜妥爲管轄

中朝亦以此爲要事俟厄勒瓦諦江上游界限定妥後

中朝當審量辦理此事也相應照會 貴爵部堂請煩查照須至照會者

光緒十八年十一月二十四日

與英外部聲明管理江洪孟連及新設鎮邊廳權勢

爲照會事照得本大臣接准 貴爵部堂西十二月二十六日來文內開英廷近查知一千八百八十七年雲南中國官曾發兵至孟連北方山中老瓦之地後卽隸入滇省設立鎮邊廳同知以管轄其地又管轄鎮邊及湄江中間一帶之地此係婁八及別類土人所居前爲孟連江洪所屬等因今本大臣已經察核矣英廷怪中國官如此舉動大約因見江洪孟連兩頭目同時進貢中國及緬甸似有同樣索問之權謂華官管理其地稍

改變一千八百八十六年前歷來辦事之情形英廷所得信息本大臣未知是否確實儻係確音本大臣欲告知 貴爵部堂雲南制台管理此等地方並非改變向時情形卽使江洪孟連實有貢緬之事中國亦未曾阻止江洪孟連地方中國之聲勢較大英廷已早答認緬甸與江洪孟連之關涉較中國大不相同中國所以索問江洪孟連者非如緬甸之僅在進貢一節進貢不過有上邦之權而已若江洪孟連非僅認中國爲上邦實資中國爲治理回匪在雲南作亂以前江洪孟連向屬中國惟此管轄之權作亂時暫爲停阻該處小事中國

縣聽宣慰司辦理，而其如何計地輸糧，係由滇督派員定奪，且徵收錢糧數目。

大清會典所載甚明。滇境設立鎮邊同知，及管理鎮邊與湄江中間一帶之地，不應視爲中國在該地別有舉動，不過將一千八百五十一年開回匪作亂時暫行退出之管理稅務官員仍行派往，收回從前權勢而已。本大臣以上所說，自足去英廷誤會之見。

中朝之意以爲中英兩國交情所關，儻能於此劃界之事愈早議定則愈妙耳。相應照會　貴爵部堂，請煩查照。須至照會者。

光緒十八年十二月初二日

與法外部申論刪除寓越華民身稅有益無損

爲照會事。照得越南等處徵收華民身稅一事，迭經本大臣咨請　貴國設法裁革，並飭代理使務駐法參贊官慶常商催在案。查此稅於該處工商事業均有損害，業將其中情形詳於歷次文牘，諒　貴大臣查閱案卷必能洞悉，無煩贅述。上年七月接准　前部大臣李照會，稱此事正在籌畫，一俟酌定辦法，即行知照。等因。今遲至數月，未得要領。是以遵照　總理衙門函囑之意，再向　貴大臣重申前說。按身稅一項，於華民固有所損，於　貴國亦得不償失。緣該處工商事業皆須華

民爲之。華民稅輕，則工省價廉，百廢俱舉，其利仍歸於　貴國。若華民稅重，則工費價昂，諸務拮据，其害亦仍歸於　貴國。此中得失關鍵，一經道破，想　貴大臣自然解悟也。況華民勤苦耐勞，安分守法，尤非他國人所可及。以越南物產之饒，自然之利所在皆是，苟得華民通力合作，必能日臻富庶，裨益良多。惟　貴國必須薄其稅斂，蘇其困苦，方能有濟。儻徵稅太重，財匱力竭，是自塞利源矣。試觀南洋各屬部物阜民豐，商賈輻輳，皆賴華人經營之功，而其優待華民諸善政，實有足取法者。今　貴國欲開利源，致富庶，曷不擇善而從，准如所

請則異日生發之利取償之資當有十倍於身稅者捨目前多損少益之小利而圖將來富庶豐盈之大利是所望於　貴國之賢大臣也且今歲北圻各處盜賊滋熾邊境擾攘而法兵亦疲於奔命比因　貴國之請經
總理衙門飭令邊界官員設法防範以靖疆圉護援法兵以敦鄰好足徵
中朝休戚相關遇事提攜之美意即此一事而論想
貴國所得之益所省之費亦當數倍於身稅矣　貴國素講禮尙往來之道則革除身稅以恤華民正與此道相符且可表明　貴國推誠相待之心使兩國邦交日

固彼此皆獲裨益除飭代理使務參贊官慶常面陳一切外相應照會　貴大臣請煩查照見復施行須至照會者

光緒十九年正月十六日

與英外部條擬展界讓地辦法

爲照會事照得本大臣於本月二十日與　貴爵部堂面談中緬劃界事因　貴爵部堂不認兩國分管甌脫地辦法議論不協之際　貴爵部堂囑本大臣另擬一法以八募東北中國界外一條之地請中國稍加展拓今本大臣雖仍以分管甌脫辦法爲是然因　貴爵部堂之請仍允收受　貴國所願讓地兩處姑擬辦法四條一中國所索問厄勒瓦諦江東邊全地歸中國今改爲中國邊界應行展拓之地距邊界外扯算酌中之數闊二十英里自穆雷江起至北緯度二十五度四十分

止歸中國二自北緯度二十五度四十分之外之地俟查得該處地理情形稍詳細後然後兩國再定三所有照以上所定地界之外至厄勒瓦諦江之地均歸英國英國須將江洪孟連各處上邦之權皆歸中國並將薩爾温江之東九鄉之地俗呼爲科干者讓與中國又由薩爾温江之西中國屬地猛卯城相近處包括漢龍關在內起作一直綫至薩爾温江對面馬里百地方止一切之地皆歸中國四所有兵寨刻下或日後兩國之兵儻遇駐於以上所說之地非歸其本國者俟議定邊界後兩國再定退兵日期本大臣擬此四條送　貴爵部

堂察核．如或不允此辦法．則中國
國家索問厄勒瓦諦江上游全地之權．仍舊如前耳．相
應照會 貴爵部堂請煩查照須至照會者．
光緒十九年二月初五日

與英外部續擬展界讓地辦法

爲照會事．照得本大臣接准 貴爵部堂五月初八日來文內開本大臣三月二十二日照會所開中緬劃界事宜英廷均經察核惟所擬劃分上厄勒瓦諦江一節．未能應允另擬辦法等因本大臣卽將英廷所擬寄呈
中國
國家查核矣．前本大臣所擬．欲將中國界外自穆雷江起．至北緯二十五度四十分止．一條帶形之地．闊二十英里．包括昔董在內．均歸中國者．因華人散布厄勒瓦諦江各處．並勒開伯陽壟拓陽及南塞陽地方爲最多．以便易於管轄耳．乃今英廷所擬．則大不然．劃歸中國之地．一在穆雷江北．一在穆雷江南．此二處絜長補短．僅五英里闊．一條帶形之地．亦祗包括昔馬．而不包括昔董．則與本大臣所擬．迥不相符．儻英廷所擬之條．不至相去太遠．
中朝無不應允．今將厄勒瓦諦江東段．勻分兩半．歸英國者．皆係平地．歸中國者．僅爲山嶺肥磽懸殊．奚啻倍蓰．卽此一端．已可易英廷所許薩爾温江東西之地．及江洪孟連之權利矣．乃英廷又擬自薩伯坪北．以薩爾温江及恩梅開江中間之山．水流分界處．爲界綫．兩江

相距如此之近中間之山如此之大是仍以老邊界爲邊界也是以未能答允若照公平辦法以邁立開江及恩梅開江中間之地分一界綫較爲公允望　貴爵部堂一詳核之至於英廷所詢
中朝索問穆雷江北厄勒瓦諦江全股地段之理云英亦有實在憑據彙集印度不難出以相示本大臣曾於去年十一月十七日照會內將
中朝索問之理開列多條除一條經　貴爵部堂辯過其餘至今未覆即外部商議界務各英員皆以爲厄勒瓦諦江東山嶺之地向不歸緬甸管理平地上亦僅木紀納相近一小地爲緬甸所轄儻印度所得憑據果是顯屬新創此說本大臣不解緬甸索問此股地段之理在何處耳若云二十英里帶形之地劃歸中國以後山中土番來攻英地英廷便難防禦此論殊太牽强實非持平之見即如近日厄勒瓦諦江東邊情形亦屬英人自好窮兵黷武
中朝屢次勸過不可輕攻開欽野人因攻非其時照羅馬古例自開邊釁不得向人索償兵費也相應照會
貴爵部堂請煩查照須至照會者
光緒十九年五月初六日

與英外部轉催坎巨提進貢沙金

爲照會事照得　總理衙門接准　新疆巡撫電信稱坎巨提每年到進貢之期而貢物未來請示如何索問等因　總理衙門知貢使未到之故非坎酋不願進貢必因諸事更新恐駐格里格提英員不悅是以不貢本大臣欲請　貴爵部堂諭知坎酋英員並無此等意見前　沙侯與本大臣所議之事　貴爵部堂諒必記憶若坎巨提不歸併印度中國原不欲加權於該國而向來所有受貢及別項權利仍應照常坎部貢金一兩五錢爲數甚微若就權柄而論則所關甚巨　總理衙門頗以此事爲重因外間有中國將坎權利已經棄去之訛傳致令與別國交涉辦理殊多棘手中國欲去此訛傳故必出而辨論自印督發兵佔踞棍雜與那戛爾之後本大臣奉　總理衙門電信向英廷商論擬派中國官駐紮棍雜雖未經　貴爵部堂答允仍望英廷一再思維緣此事實在較妥中國若無員駐彼即不能與坎酋通信觀到期不貢一事是其明徵派員駐紮棍雜雖屬創舉但不可以此加權於舊耳相應照會　貴爵部堂請煩查照須至照會者
光緒十九年八月二十八日

與英外部願收受緬越甌脫之地並保護暹羅

爲照會事照得本大臣奉　總理衙門電信告知　貴爵部堂

中朝極願暹羅恆爲自主之國及完全之地今聞英廷俱有此意極爲欣喜英法擬如何保護

中朝深願幫助辦理至於湄江上段英法地之中間擬設一甌脫之地　貴爵部堂前言願將此地歸中國

大皇帝屬下茲本大臣告知　貴爵部堂儻能令該處地形寬闊無礙於中國利益議明送來

中朝亦甚願接受今查甌脫地之北邊與中國江洪毘

連江洪南邊之疆界向未分劃清晰無論何事如劃界等情

中朝自應與聞甌脫地之疆界揆之於理應以南禹江(即南狐江)爲東方之界限較妥蓋南禹江在江洪之猛禹(一名猛狐)府內者既全係中國之江即出猛禹境後其西岸亦仍屬中國儻以南禹江爲甌脫地東邊界綫將甌脫地歸中國則江洪邊界之難處可免矣相應照會　貴爵部堂請煩查照須至照會者

光緒十九年十一月初九日

與英外部再催緬甸進貢

爲照會事照得緬王每屆十年派員進貢

中朝其期將及遵照中國向例自應先行知照等因一千八百八十六年七月二十四日緬甸條約第一條所載派員進貢之事如訂定一千八百九十二年者其初次英國進貢之員應於本年年內抵京今未悉所派之員何時起程何時可望到京請　貴爵部堂示悉以便本大臣轉告本國

朝廷俾得預爲料理於邊界上接待該員並護送到京等事不勝欣感相應照會　貴爵部堂請煩查照須至

照會者

光緒二十年正月十一日

與英外部暫緩緬甸進貢一年

爲照會事照得本大臣接准　貴爵部堂本月二十一日來文內開現因緬甸進貢赴中國應過之地未定情形擬將派員一節今年應到北京者展緩一年俟兩國邊界劃定治理兩邊地方比今更臻完備然後再行舉辦等因本大臣以派員起程路上或有未妥今願自肩責任答允展緩一年但本大臣未奉

國家特諭不能再允展至俟邊界土人安靜之期漫無限制現在所議條約已奉

國家明諭畫押本大臣更不能聽　貴爵部堂所勸因

條約載有改變情形便可將十年派員之事停止舉行所有未能從命之處本大臣殊爲悵悵是以請　貴爵部堂預爲料理務使派員之事明年舉行以遵一千八百八十六年七月二十四日緬甸條約第一款辦理相應照會　貴爵部堂請煩查照須至照會者

光緒二十年正月十一日

與英外部問照約定期收回新築大路

爲照會事照得本大臣接准　貴爵部堂前月二十二日來文內開印度政府俟八募至南坎經過華地捷路其權利全歸印度後即可照本月初一日簽名條約第二款內自鑽秀至南坎之路永遠讓與中國並停止建築等因均經領悉今欲問何時可將條約照行以便修理赴南坎之捷路因本大臣將此情節於條約簽名後已告知　總理衙門也相應照會　貴爵部堂請煩查照須至照會者

光緒二十年正月二十八日

與英法義比外部告知　皇太后萬壽慶典

爲照會事。照得本大臣接准　總理衙門電開光緒二十年十月初十日。卽西歷一千八百九十四年十一月初七日。恭値

皇太后六旬萬壽。普天同慶。典禮攸崇。擬請　貴部堂轉奏　貴國大君主大伯理璽天德。本大臣不勝欣感之至。相應照會　貴部堂請煩查照。須至照會者。

光緒二十年正月二十八日

與英法外部告知呈遞辭行　國書

爲照會事。照得本大臣接准　總理衙門電開新任出使　貴國大臣龔將次抵洋。所有本大臣辭行

國書。前曾陳明奉託　貴部堂轉遞。茲特送上。敬請

貴部堂恭呈　貴國大君后大伯理璽天德。曷勝感紉。本大臣奉使以來。屢承　貴國國家優待兼荷　貴大臣遇事和衷。易於商辦。現屆任滿。敬陳謝悃。須至照會者。

光緒二十年二月二十日

出使公牘卷之九終

出使公牘卷之十

無錫薛福成叔耘

電報

光緒十六年六月十八日遞天津

中堂李密海部咨外部撤回羅哲士等昨勸外部暫緩如瑔厥理事能轉圜敷衍到滿限尤妙成嘯

八月初七日遞北京

總署密英欲駐員喀城意在與俄爭勝通商尚難定卽詳細函陳請且堅勿允以函詢敝處爲辭成虞

八月二十四日遞武昌

督院張四月電詢鐵廠用鐵柱瓦等價諦廠謂須繪圖確估今據稱貝色麻鋼及做鋼路廠鐵料價萬七千一百鎊熟鐵鏽及拉條廠料價萬六千九百八十九鎊候電再訂鐵礦燐質多難鍊鋼另覓佳礦尤妥成敬

十一月二十七日遞北京天津

總署中堂醇邸薨擬照會外部並下半旂十日似應電知各使館一律仍候示成沁

十一月二十八日遞北京天津

總理衙門中堂李密今年到洋鄂電較繁而電價甚昂因憶大北公司前議報效官電後忽翻悔又不肯完落地稅各國電綫國家皆有應享權利並不准商人擅設大北大東來華設綫本無核准明文惟事閱廿年驟難驅撤聞東北兩公司出英俄暗中扶持自爲有事時通電起見惟該商擅來設綫奪我自主之權若德法美倭各商援例效尤中國門戶洞開何所底止卽如甲申年孤拔接法廷密電掩我不備遂有馬江之失愚見藉保護先在華效力之兩公司爲名卽杜外洋他綫之來俾報效官電以全體統節巨費凡遇要務可多發電以通中外消息且有事時不爲我敵國通電關係尤鉅因飭馬格理與兩公司理論舌敝脣焦始無定議未敢瀆報茲彼已

就範願訂合同約陳大旨一大東大北兩公司素爲中國出力今明認其在上海福州廈門辦理電報事務其吳淞口川石山鼓浪嶼及吳淞口外之大戢山四處向有登岸之水綫頭允其仍享所有利益二自合同批准之日起以十五年爲期准兩公司獨享利益除中國電報局外不准別國公司在中國海邊安設水綫期滿後中國與兩公司或照行原訂合同或酌量修改半年前互相知照三允兩公司與中國電報局自行商訂各項章程祇須無礙國家應有之權利均可准其通行四兩公司如未稟經中國核准不得於向有海綫之外在中

國別處海邊安設海綫，並擔保查看所發電報，如有損礙中國之事，均即停阻。五、中國六部、海軍、總理衙門、各省將軍督撫、欽差大臣、海軍提督、統領、出使大臣、領事官、代辦使事之參贊所發官電及答覆此電之電報，兩公司均不取貲，惟經過別綫之費，兩公司實在付出者，中國允照數償還。六、兩公司應將中國電報所經別綫之價單，隨時送中國官員察閱，儻該綫有減價之處，亦即照減。七、兩公司允將現在電價相機酌減，俾商民廣用電報，振興中國商務，俟減定後，所有與上海、福州、廈門往來之電價，無論水綫、旱綫，一體遵照。八、無論中國

與何國動兵，或似欲開戰之時，中國國家可將該公司電報館看守，或派員住局監察，或徑自管理其寄電等事，或全行禁止其寄電等事，或佔據其電館暫用，以寄中國電報，均聽中國之便。九、訂立合同，應繕成華文、英文各兩分，仍以華文合同爲憑。如有應辦事件，在中國由南北洋大臣行知兩公司，在外洋由出使大臣行知兩公司，以便遵辦。以上九款，雖經別綫仍須出費，可減原價三分之二，歲省數萬金，多事時或省十餘萬金，且並無限制，更可廣捷聲息，惟須趁此機會速與訂定，免彼再聽人言翻異，可否代奏請

旨准訂合同，再由成具疏恭候批准，即可開辦。此係收回國家權利，與電報局無涉，且第三款已留電局餘地，請勿發議，以杜漏洩，亦慮兩公司漸生異意。至盛道去年所議合同，牽於數國，一國不允，即難照行，徒滋延誤，今英廷已批駁矣。此電爲電事而發，各公司例不取費。再英、丹、俄公使若問此事，請告以中國自主之權，不願他人干預，回覆決絕，仍祈速示。成儉。

十二月十九日遞北京

總理衙門密陽電謹悉。第二款不准別國公司在我海邊設水綫，北東兩公司函謂他國必生異議，此係北東

爭論時情形。當大北初來設綫時，大東起而相爭，謂威妥瑪前在鈞署理論滇案，曾言明在中國設水陸電綫，雖允否未可知，威使擅稱鈞署允之，所以北東兩不相讓。今大東既設，英已無辭，趁此訂立合同，各國現無要挾之端，必無異議，蓋自主之權，非他人所能干預，美續約亦明言之，況借此杜他綫之來，乃永保自主之權。前電不欲英、俄、丹使與聞者，明與彼國家無涉，即非各國所能問也。北東於第四、五、八等款，與我絕大權利，若第二款不行，則全款當廢，殊覺可惜，擬仍照原議商訂，第三款應改之語，當遵與北東商辦。前電各款，彼此推敲

既久大致已無甚出入擬俟議妥一面咨報一面具奏緣洋人性情知係奏案始無翻悔而核定之權仍在鈞署鄙意此事早定一日即早收回權利關繫大局非淺也成效

光緒十七年正月初二日遞北京

總理衙門英允設香港領事新嘉坡總領事轄各島此次易商因望喀城設員先示睦誼已咨明外部調左秉隆任香港黃遵憲任新嘉坡成現駐巴黎蕭

四月初二日遞北京

總理衙門密華使之說係外部見喀事難成自悔失其

把握疑我不顧交情託云港督謂華民不願顯示抵制尚恐翻南洋各島全局英廷偵俄之謀甚亟將以全力赴之再三理論始允左黃仍住港坡猶謂試辦一年再定實卜喀事也昨勸電止華使告以或暗許設員明認爲遊歷常住人員或俟俄約修定後再議尚無復音准照尚未發請電示左黃奉　旨日期以便請發文憑交犯俟設領事後另議章程曾俟前議實關大局不僅香港惜回華中止應否重理前說諸候電示成蕭

四月初九日遞北京

總理衙門密承示兩罷作收束細思喀事發端在先港議在後事屬兩起則港罷喀不罷權仍在彼港議成於英示睦誼事固有礙情爲相好卻情轉生隙者鈞署統籌全局不欲徇英招嫌亦不值代俄任怨使臣在洋賴鈞署扶持方能辦事港議倖成而鈞署飭罷則使臣前說爲誑外部從此難以辦事諒非鈞署所願外部前文所允若果作罷於彼亦無體面昨執原議詰其不應將港喀兩事牽混微露港事無足重輕之意理論數日已電飭華使勿阻港事此事華使忽生波折費盡氣力以辦妥港員爲收束儻彼仍提喀事可以談笑磋磨允否權在鈞署若奉

旨後無准照請惟使臣是問一年之說外部言明實係常局但使年內華民無事決可接續此係爲港督前議轉圜昔新嘉坡亦由暫而常幸釋疑慮成佳

六月初三日遞北京

總理衙門密有電謹悉已詳告英法外部均無異辭辦理認眞不過如此惟思滋事地廣恐有會匪鼓煽愚民可憫會匪可誅自治之道拿匪不得不嚴亦即杜彼族之口成肴

六月十四日遞北京

總理衙門庚電謹悉教案已誅四人辦法無以復加昨

告外部以華使苛求過急非以靖變正恐激變外部然
之稱將電止華使云成寒
七月初二日遞天津
中堂李請轉總署密法外部以閩蜀等處又燬教堂大
局可慮稱已約英德兩國調兵自護聽巴蘭德調度等
語意在合力觀變似應飭各省格外嚴防杜彼藉口速
結前案免彼勾串一氣成蕭
七月十七日遞天津
中堂李請轉總署坎巨提事詢外部據云克什米爾王
築一礮臺近坎非侵坎聞俄兵攜精槍礮游獵帕米爾

相機覓地請電飭喀什噶爾道留心邊界但派人問有
無護照彼自知我境成篠
八月十三日遞天津
中堂李海部因添船趕練不暇旁收華徒琅威理宿嫌
未釋教案迭出彼怪北洋不派船巡江爲澳靦馬現向
外部轉圜候回音成江
八月十七日遞天津
中堂李請轉總署寒電分告英法慶常稟稱法外部云
接滬領事電各口西人朝不保夕各使謂中國疲玩成
習煌煌

上諭視爲具文口舌難爭擬即絕交會商各國爲自全
計又送節略謂中國如無嚴厲痛切辦法難再顧睦誼
等語探各國有添兵船分據商埠之議俟再出案即下
手英外部於登岸耀武持之甚堅且謂各埠暫安賴洋
輪保護之力此權一失後患無窮可否再電飭各省悉
力保護有教堂處暫紮哨勇多派兵輪分巡要口查禁
匿名揭帖前奉
上諭再飭徧貼聲名不准刪節處分最遲延者一員力
任保護之權隱寓自強之計祈酌定電示以便答復外
部成篠

八月十八日遞天津
中堂李請轉總署告法外部懲犯劾官卹償三事已辦
到尚何求彼欲我力任保護告以保護本係中國責任
彼謂如此自妥允電李梅和平商辦梅即到稍加聯絡
可就範篠電所陳與其待彼催迫不如由我自辦兵輪
無事現正合用派巡要埠顯示保護隱寓防制亦杜彼
自護之說俟不再滋事洋輪漸退可與議善後章程成
嘯
十一月十三日遞北京
總理衙門英報緬甸英兵進驅華兵對放空槍不早劃

界，恐肇釁。請電催滇帥速查復措注爲妥。成元。

十二月二十三日遞北京

總理衙門：頃電告外部，據云須告知英兵實到何地方，能發電滇帥指出地名。惟邊界不分，卽電緬督，亦恐多爭執，宜速定計。成漾。

十二月二十四日遞倫敦

使館張馬：請臣意欲趁此索問野人山地，甚合鄙意，望速照辦。薛。

十二月二十五日遞倫敦

使館張：如能辦到野人山劃歸中國，總署必甚合意。俟有眉目，當電總署，請滇臣儘力辦之。薛。

光緒十八年正月初一日遞北京

總理衙門：細思滇邊小地名，查亦無益。野人山舊案，應歸中國作天然界。劃去之，則滇日蹙。卽力爭，滇不分界，難通商。華使嘗試，請堅拒。梅生罰太輕，卽查英律力爭。成東。

正月十一日遞北京

總理衙門：梅生斷罪太輕，難以警後，已照會外部，請告華使，以示一氣。覲見事，法外部云年例在邇，擬聽巴蘭德等會商。成軫。

正月十九日遞北京

總理衙門：咸電詰外部，據云英兵修路，通至礮臺，坎酋合那戛爾攔阻，英兵攻之，坎酋出奔，揚言借俄兵恢復。印督以坎酋弑父虐民，不能還，議立其子，尙未定。鈞署再向華使堅持，或辦到。成皓。

正月二十四日遞北京

總理衙門：養電遵詰外部，似疑我置帕米爾度外，乃先動手。告以在帕立界牌，修墩臺，派兵巡歷，彼欣然，稱立電印督妥商回覆。又云我受坎貢甚微，無管轄權，實非屬國，合先聲明，復與力辨，彼始無言。成敬。

二月初五日遞北京

總理衙門：派員會辦一說，彼謂戊子年華使照會早聲明坎事，當時並未駁回。中國向不管坎事，今忽欲管，未免多走一步。旋聞印督回電，願存坎而立其子。外部並不來告，及往詢，則云因有續議，難送回音，大有并賴前議意。俟晤沙侯，再力爭。成微。

二月十六日遞北京

總理衙門：英人狃越緬前樣，不願我預聞坎事，殊難以口舌爭。現始允我派員會立新酋，後不爲例，恐其翻改，不得不見風收帆，允以此次由彼請我派員，後來查照

向章辦理、惟派員宜速、免彼以不及久待爲詞、須電喀道派員尤捷、成銳、

二月十七日遞北京

總理衙門、巧電悉、即照會外部定案、告以華員未到以前不得說出所立人名、後不爲例、另有說、已函達、請暫緩辦、免翻全局、成皓、

二月二十四日遞北京

總理衙門、華使聽說請勿認、所論此次派員會立其尋常繼位、是否由喀派員、應查向章、派則仍派、否則難援此次爲例、若非常之舉、必須會商中國、貢金賞緞如舊

員未到、不說明一節、彼允電印督、初議立子、因坎酋挈家出奔、乃言明、選其兄弟子姪、難豫定人、現與言立子更好、餘函詳、成敬、

三月初十日遞北京

總理衙門、屢爭滇邊事、外部送劃界節略、內有數端已先指駁、並寄呈、儻華使來議、請答以俟僘處寄到再談、以免兩歧、成蒸、

三月十四日遞雲南

督院王、現與英爭論野人山地、責令退兵、外部避之、忽聞新報、永昌騰越官出示責罰野人、不應阻止英兵、英

必藉此盡踞各地、進佔滇邊、僘處難再開口、請電飭速收前示、查明出示之官、顯加處責、或稍補救、候電復、成願、

三月十五日遞北京

總理衙門、現爭野人山地、責令退兵、彼已辭屈、忽閱新報、永昌騰越官出示嚴責野人、不應阻止英兵、英必執爲進佔滇屬土司案據、僘處難再開口、請電飭速收前示、查明出示之官、顯加處責、或稍補救、成咸、

三月十七日遞北京

總理衙門、坎事早定、靜候選定新酋信息、怕事値外部

放假、俟兩旬後開議、成篠、

三月二十二日遞北京

總理衙門、英接印電、擬立坎酋弟摩韓美德挈星爲酋、據云喀道亦函薦之、請電飭員赴坎、成養、

四月二十一日遞北京

總理衙門、會立坎酋事、外部文詢派員官銜姓名、請電示、以便照復、成馬、

四月二十八日遞北京

總理衙門、英廷已飭駐俄英使、與俄外部商議帕事、須各派員赴帕察看、再告中國會議、此事在我干係已輕、

儘可俟從容商榷而著重尤在俄國滇界事如交徼處
先議大略規模儻華使照會到署請答以已交徼處詳
復外部且趕商數月希冀爭得數分稍固滇邊歐使到
京此問恐難著力成儉

五月初六日遞北京

總理衙門漾江電敬悉帕事英俄先自妥商再定滇界
事外部甫答文堅勸不讓緬督半月後來英外部須約
使署與印度部及緬督會議一次當露端倪成魚

五月十六日遞柏林

中國欽差許接總署電云帕地非界內是屬地詳載西

域圖志四月致竹使函繪圖錄說可備辨論希向竹使
索觀此局不定後慮正多德館歲稅事不速覆已使屢
催詢希電竹使商定迅開成轉電

五月二十日遞北京

總理衙門新疆巡撫派盛令會立坎酋微嫌官小如速
電派參遊等員尚趕得及或電准盛令暫照知府銜行
事亦可候電示再照會外部成號

五月二十二日遞柏林

中國欽差許總署電云請轉電竹使轉疆撫會立坎酋
英已知派張鴻疇不使改員盛令官小不足爲國重請
仍派張往隨帶二三十八不可再多英定閏六月會立
宜速往馬格理之子在喀通華英語張可帶往本署今
日與英使商定成轉電

五月二十三日遞北京

總理衙門阿富汗奪蘇滿卡外部謂我未先將欲守帕
地之意告英致有此誤俟電查明白送回信惟我既勢
成騎虎擬催令電飭阿酋速讓此卡再候三國會商西
事日多音信過遲似宜速展電綫由肅州至烏魯木齊
成漾

五月二十五日遞柏林

中國欽差許總署電云漾電悉俄使來言俄因我不肯
撤邊外卡將派兵進紮穆爾格阿布河據理力斥始允
電告本國以阿兵佔地告之彼不甚在意三國不佔之
說據云本國不以爲然但允勘界現若促阿退兵慮俄
進佔英又有詞此事只可以三國分地爲歸宿試與英
相機商之並轉竹使設法辨論一面電喀城告以俄兵
如進不必驚慌不可生事俄固謂非來尋衅新疆電綫
已撥款興辦成轉電

五月二十七日遞天津

中堂李請轉總署已告外部蘇卡交阿兵暫守勿讓俄

估各不佔之說難辦到三國分地事較易商惟須延時日且著重在俄成沁

六月初一日遞江甯洋文

督院劉因梅生監斯將滿出監之後不可令其逃逸是最要緊請飭上海道與担文相商速報英按察使梅生之罪一通會匪二違例雇人三偷運禁貨儻按察使不允審辦郎請軍機處發論此間正在與外部爭論此事洋文原電示英律師担文渠自能知如何辦理以上辦法尊意以為然否請電示薛

六月初二日遞北京

總理衙門滇界事設法磋磨漸有轉機惟外部有換人之說又須閱月方能會議約計秋間當有端緒擬請豫電滇督派員先查野人山地現可不必祕密彼知我往查明白則於各土司犬牙相錯之地方不敢圖朦混成冬

六月初三日遞柏林

中國欽差許阿部佔帕地請速告俄人俾出理論以資牽制成江

六月初五日遞天津

中堂李請轉總署冬電詰外部已電阿酋清理據云兩旬方到今擬商外部飭阿賠禮並償卹布回雖難盡如志必如此方得體且可早釋布回候電示並請電彊撫查布回受虧情形成歌

六月初七日遞北京

總理衙門外部來信印督定閏月廿三日會立坎酋由喀至坎須兩旬因陶撫有改派周折未知趕得及否成虞

六月十二日遞北京

總理衙門賠禮償卹已告外部彼云俟飭阿酋兵釋放回尸再議越南身稅事擬再辦文催法外部請尊署亦

催問李梅彼於鐵路等事無罅不尋無理取鬧今我按約應論之事豈可聽其推宕梅生罪名英聽律師之言堅不就範擬再辦文與爭一面電南洋設法勿令釋放以上二事雖難收速效亦可掣其他事之勢會立坎酋禮節外部云英使居中我使與克什米爾使在左右昨與力爭彼允我使英使為一班左右各使克使居後議定後擬由此間函告喀道倘趕得及成文

六月十五日遞江甯

督院劉梅生事外部來文謂尊處已愜意不允加罪釋放期近爭辨俱窮仍留中國為患可慮英例已定之罪

難再議前電三罪係在原控之外或一二罪亦可外部已露允辦意謂難照辦恐係洋人相護之習若明言出鄙意徒授洋人口實且難辦到請以尊意電飭滬道招狀師報英按察使上控英廷此間方可再爭否則請示難辦緣由以便電覆總署由此罷論成

六月十八日遞江甯

督院劉電悉招律師上控權在我祈速辦成勿告領事免掣肘成

六月二十四日遞江甯

督院劉英領事電外部云律師已告華官謂控梅生證

據不足可見彼聯一氣亦畏我再控如担文不遵可由道臺照會領事以偷運禁物違例雇人請其報英廷審訊勿再提火藥案外部雖允驅逐梅生然難以儆後現擬辦文再爭無論效否暗中有益成

六月二十八日遞北京

總理衙門俄廷密告英使派兵巡帕無據地意秋初即歸但冀恍華兵全退亦不尋釁梅生將釋外部謂原控炸藥罪止此我前受律師騙控輕罪今又在滬阻再控請電南洋飭滬道以偷運洋鎗等罪照會領事即可再爭成儉

閏六月初二日遞北京

總理衙門滇事照會外部據云沙侯去留未定難速答約計兩旬後外部事定當可開談會立坎酉已展緩一月成冬

閏六月初四日遞北京

總理衙門二月間咨呈滇邊事祈查文中薩洞納地及鄂刻一統圖古勇土司地請滇督電騰越官查二地向歸中國最近實據電復半月內盼回音儻到會議此事得實證則全局皆振否則恐失勢成支

閏六月初八日遞喀什噶爾

道台李會立坎酉已展緩至西九月二十五即中七月十五盛張二員已過喀否有一訂明禮節要函託英外部徑寄棍雜城薛倫敦

閏六月十二日遞北京

總理衙門英接阿富汗酉回信據云不知前事即飭阿員查釋布回梅生已逐出華境昨發照會與外部綜論前事完案成文

閏六月十五日遞柏林

中國欽差許俄兵分三隊入帕闖在蘇滿與阿兵爭鬭其靠東一隊似已軼入華境尊處所聞如何請示成咸

閏六月十五日遞北京

總理衙門・客臘接貢電・騰越西北土司報英兵遊邊・外報者有昔董土目否・亦可作屬我之證・請電滇督査示成・感・

閏六月二十七日遞北京

總理衙門・今日外部新舊交替・領事調兵船事・外部深爲詫異・允立電華使査覆・請先以違約擅動詰責華使俟外部接覆音・再與理論・成・沁・

七月初五日遞北京

總理衙門・華使覆外部電・多支飾・其分別在兵船多少・

兩船則近挾制・一船則資乘坐・所以須得領事函件爲證・則華使他語皆虛・竊意船若入湖・可以爭令必撤・今空詞易狡賴・恐難如志・然此等事須與切實理論・亦可儆後・外部謂撤領事事・俟華使覆文核辦・恐華使必有捏飾・據電稱領事僅擬帶兵船一號・而鄂電云二號・請電鄂檢該領事函件寄來作證尤妙・成・微・

七月十三日遞北京

總理衙門・現爭昔董事甚急・外部疑非出鈞署意・請亟催華使速催英兵退出昔董・以示內外合志・成・覃・

七月十八日遞北京

總理衙門・滇事會議兩次・告以昔董撤兵・中國自能保護商旅・請再乘機嚴催華使・可裨全局・又華使電外部云撤領事似非出署意・日前有此一著・華使隱爲奪氣・今雖不催速撤・請告華使前因領事謊稱英廷令調兵船・所以電使署商撤・否則外部見疑・恐妨他事・成・號・

七月二十八日遞北京

總理衙門・屢催昔董撤兵・外部忽造停商之說・冀聳聽聞・足見氣餒・擬請堅持・似卽就範・昔董退則滇西土司皆安・界務迎刃而解・請告華使以地卽非中屬・敝處所爭・別有道理・英不能不認・而況早經收撫・成・儉・

同日遞北京

總理衙門・昔董亦野人山地・英去昔董・必退至大金沙江以西・方可劃江爲界・以保固諸土司・乙酉舊議・英雖滅緬・而野人山地數千里本非緬屬・勘界時須兩國均分・夏間向沙侯申此議・沙云頗有道理・今爭劃江爲界英自無詞・因江以西野人山地尚贏兩倍也・成・儉・

八月初五日遞北京

總理衙門・請電滇督急査電示・昔緬甸在大金沙江東岸轄地・迤八募以北・尚有多少里・至何地爲止・華文地名及土人譯音・祇須詳示・再緬盛時於何年曾過昔董

否成徵

八月二十一日遞北京

總理衙門圖說盼切昔董駐英兵各土司終不安英廷謀議已轉若不索昔董更可速了但關係全局敢不慎重成馬

八月二十七日遞北京

總理衙門滇帥電俱悉聞穆雷江左右從前野人設卡以拒緬何須查此卡所在地名詳示華名及土音並距八募若干里可作實證請電騰越官向滇商查詢必得梗概雖回電稍遲目下英漸轉圜能備而不用尤妙成沁

九月初六日遞北京

總理衙門外部於滇事口氣早鬆卻以英廷審量爲辭未答實信或慮其密屬歐格訥到鈞署試探消息再作翻騰歐使攜去滇緬圖說甚多轉瞬到京黨求嘗試恐中外持論稍歧授以罅隙擬請鈞署但催昔董撤兵且告以諸事交敝處在英商辦無須置議彼計難施當有結束法外部屬李梅商辦數事滇殺教士如果確實自宜迅速查辦所云華匪越界近於無理取鬧似應嚴斥問答節略郎寄成魚

九月十五日遞北京

總理衙門英之印度部及邊吏一意佔地貪多無饜昔董駐兵勢必誘脅土司窺伺滇境外部尚知大體顧公法惟總疑催昔董撤兵及索劃野人山地非鈞署本意密屬歐使到署磋磨冀可俯順邊吏之意或圖另索利益此策不行方肯與敝處了結乞賜始終主持告歐以前兩端實國家之意但已責成敝處商辦無須多論滇事可速就範成咸

九月二十二日遞天津

中堂李滇界事將就範惟歐格納過津或進異說冀相牽掣請勿理成養

九月二十七日遞北京

總理衙門頃赴外部催滇事確知專待歐格訥電信始肯回答歐磋磨之法或借別項難事繞到滇事請答以事須各辦勿容牽混外部又論湖南揭帖告以必切實嚴防互全睦誼成沁

十一月初八日遞上海

道台聶請轉滇督王外部鈔送張鎮鄒守等二月十三會銜告示嚴拒野人爲昔董不退兵之證致諸事難爭可否暫撤張鎮或記過以明告示非國家意俾資辯論

成齊

十一月十九日遞天津

中堂李：儉電諒蒙鑒核，請轉總署。滇緬滇界悉照滇圖界綫議定，無甚出入。今所爭論惟撣人、野人山地暨昔董退兵事，已彼此稍讓。成皓。

十一月二十六日遞北京

總理衙門：滇事議到八分，外部微允野人山作甌脫。印督不遵，忽派兵赴息馬，攻野人，以逼滇邊。請鈞署向歐使詰責，何以昔董未退兵，又紮營息馬。外部隱願我嚴詰，可轉詰印督。此事了，則全局定。成宥。

十二月初四日遞北京

總理衙門：印度部蠻橫，又停商界務，據云俟征服野人再議。既以護商爲名，擾我息馬，現又派兵赴近盞西之開社。請告歐使，彼停商非理，不俟兩國說妥擅派兵更非理，若不速退，我亦須派兵赴我應分之地保護華商。外部已示意，我愈嚴詰，彼可爲力。滇局安危所繫，祈鼎力主持。再，彼稱中國向不重邊務，又狃春間騰越鎮廳告示，恐漸肆侵占。請電滇帥籌整邊防，多偵確信，電達鈞署。謹候電示。成支。

十二月初五日遞北京

總理衙門：爭野人山地，非期得地，期立妥約，保滇疆。外部願速了，印度部有窺滇意，以數十年前事揣測鈞署及滇帥，昌言無忌。鈞署、滇帥示以力爭不讓，彼自奪氣，外部可用力，必速了。了此則竹使議帕事亦有勁，少阻礙。成微。

十二月初十日遞北京

總理衙門：印督恃強嘗試，恐漸窺滇，事機緊要。已赴外部爭論，告以中國衆議亦須派兵赴野人山地保護華商，以符公法。外部允與印度部妥商。如歐使來探，請婉答，辭兩歧。成蒸。

十二月十三日遞北京

總理衙門：齊電甫到。野人地、息馬亦非緬界，請駁之，否則彼據爲默許之證。外部固與印度部一氣，仍視鈞意鬆緊爲進退。祈鼎力堅持，屢請英速退兵，議定界務，再治野人。彼答妥商，似俟歐使密電者。蒸電所言英廷頗顧慮，亦請徵諷歐使。成元。

十二月二十三日遞北京

總理衙門：齊電催外部，允訂期商議。惟英廷稱鈞署意和平，使館認眞過分。請再催歐使電印督撤兵，以示辦法一律。成漾。

光緒十九年正月初九日遞北京

總理衙門、有魚電悉、仍請堅持、騰越八關、除漢龍淪於緬外、黃楙材日記謂天馬亦淪緬、滇圖尚在綫內、又滇圖銅壁在紅蚌河內、洋圖在河西、英廷方爭紅蚌河爲界、謂華使曾向鈞署說過、然恐失去銅壁、請電滇帥再將二關實址電查速示、成佳、

正月二十九日遞北京

總理衙門、昨英廷允自金沙江東至中國老界、作爲兩國甌脫、又在潞江左右、稍讓我地、我既體面、亦可風示俄法、次日印度部忽將讓地事翻悔、外部願調停、依原說、現正候信、請告歐使、國家總盼金江以東盡爲華界、必有益、成宥、

正月二十九日遞北京

總理衙門、印督有覬滇意、必欲全得野人山、故翻甌脫之議、成郑其叵測、磋磨半年、彼尚枝梧、請告歐使、廷意必欲以金沙江爲界、則此間可辦、到甌脫、議院方責英廷不應徇印督意、與中國齟齬、擬請申派兵護商之說、辭雖嚴、必無礙合、龍在旬內、一失此機、恐又拖延、成豔、

三月十二日遞北京

總理衙門、密、外部允潞江左右各讓一地、滇西老界逕

野人山者、悉展出十六里、作我外障、惟昔董大寨未在內、姑向索之、據云電商印督、卽有回電、鄙意得昔董固妙、不得亦擬了結、以杜變端、惟彼有願商鈞署之言、恐其復悔前說、希圖翻去、萬一歐使來嘗試、想鈞署自有權衡、成文、

三月二十五日遞天津

中堂李、請轉總署、密、滇事磋磨已久、彼堅不認曾侯前議、又謂新設威遠廳、係卡瓦舊地、與車里孟連兩土司向均入貢於緬、索爲兩屬緬官、又以照約入貢爲恥、隱圖狡賴、外部被印度部牽制、動輒停商、殊覺計窮力竭、

惟印度覬覦滇疆、意甚叵測、此次分界若不稍展拓、無以折彼隱謀、兼啟他國窺伺、賴鼎力始終扶助、伸金沙江爲界之議、彼有所憚、漸就範圍、頃外部來文、據與印督商定、孟定、橄欖坡西南邊外、讓我一地、曰科干、抵潞江左岸、凡七百五十英方里、又自猛卯土司邊外、作直綫抵潞江麻栗壩之對岸止、悉劃歸中國、約八百英方里、又久淪於緬之漢龍關、勘界時可歸中國、至展出野人山十六里一層、因山河形勢、未能畫一、印督又稱昔董野人最悍、失此則彼不能彈壓、堅不肯舍、現議以野人山地之息馬及其迤北迤南歸中國、約三百八十英

方里彼此較易分守又允我收回車里孟連威邊全權自後與英無涉又允飭緬員明年呈進方物查展地皆係靠邊較易控轄其餘分界可悉照滇圖界綫似此收場雖稍變換曾侯前議尚足與三端相絜明知荒地無益必稍有所展一杜各國輕視二窒印度狡謀三護滇邊土司四免彼勘界時侵境止定議聞歐使謬稱威邊地實兩屬奇到證據外部又來文索取惟據密稱成議在先若速了結以使兩國派員歐說仍可罷論彼族異常黠勦刻思乘機翻悔歐使又暗中惎撓事機呼吸應否摘要先呈

御覽電示機宜迅與定局杜彼狡變一面由鈞署奏陳敝處亦具摺詳奏並與外部商訂條約通商章程擬草後當再電再奏約三四箇月可了事前論分界索彼已得之地故難今議通商歆以可獲之利故易八募開埠係商務中事隨後再議惟新任請簡適期到洋必在滇事全了後懇速定再由古勇經高隴瓦城至昔董大寨其間尚有何地及靠邊地名各地相距里數請電滇帥查示成宥

三月二十七日遞北京

總理衙門英廷允還漢龍關惟華名土音歧異地難指出實據云若在猛卯土司東南必還否則難定查漢龍關土名宛定金養近猛卯城隔瑞麗江請電滇帥電騰越廳派員同猛卯土司查勘確實電示先與外部證明免勘界時受彼朦混成沁

四月初七日遞天津

中堂李請轉總署條款大概不出前意惟須互爭字句或與商務並訂非三四閱月不辦約既定事即了矣新任簡放後非大半年不到孱軀難於事了後再待半年乞賜體卹簡新任與訂約本二事若合併爲一恐心緒忙迫轉致貽誤私志不以難事遺後任現與外部說明

不因放後任而變卦惟歐使來探宜渾示不滿意耳成虞

四月二十一日遞北京

總理衙門滇帥前電稱天馬關被野人占踞今外部稱此關早歸緬屬木邦土司管轄請電滇帥查詢若僅屬野人尚可爭回果入木邦勢必歸英如另有可爭之鐵據亦請電示成篠

六月十七日遞天津

中堂李寓暹華商稟求兵船保護英德等國皆添船護商華民在暹尤衆請派兵船赴暹海口隨同英德等船

進止最妥可慰輿情尊國體若須入口中暹向無條約
可告駐英暹使電知該國隨後再議成條

六月二十二日遞北京

總理衙門法脅暹羅割瀾滄江東岸地與滇接壤外部屢催分界應電滇督勘查非可猝議外部告敝處願不稍侵滇屬土司彼因暹事未了措詞和順宜仿英廷辦法由使臣請外部依言寫立憑據如此雖一兩年後議界無妨若暹事大定彼必漸生覬覦或致棘手立據一節擬請先告李梅再由敝處試辦萬一未能辦到應早由署與李梅妥議以弭後患成養

六月二十六日遞北京

總理衙門暹已割地議和查車里有四城在湄江西八城在湄江東法所覬者東八城也法印地圖將東八城繪入法界敝處詰之外部自認錯誤英以車里歸我明知狡計然會典一統圖及滇督來圖皆隸滇境斷難一旦棄之法人現詢英廷英願助我作證現商所以答法人者俟中英條約刋出更多一重公案奚暹尚自主土司貢暹與法無涉請將與李梅所論詳告仰邀垦使以便內外接洽成宥

同日遞北京

總理衙門車里屛蔽滇南關繫形勝李梅朦混駮之甚當似應明告李梅俟滇督詳覆再與妥議洋圖購寄成宥

六月二十七日遞北京

總理衙門細思李梅意甚狡外部立據不過聲明車里所屬十二城在法國權利之外雖難辦到請姑試之順則旬日必成日後免大爭論不成則知法謀不善可由署速與李梅議界今但請告李梅已電使臣與外部先商大概規模便可著手成沁

六月三十日遞上海

道台聶請轉滇督王界務將竣惟印督繪圖虎踞關在南碗河東冀蹙我地儘力與爭外部謂指明實址即可更正請電派騰越一員督同該關撫夷親履虎踞關查明四至近地里數並土音名目即攜電報新編赴八募速電敝處並報明住址如再不信可由外部電八募英員隨我員赴該關一觀成

七月初五日遞北京

總理衙門中國稱車里爲十三猛洋稱十二扳納即十二城也然屢次遷徙要地已多更改法刻地圖將車里及普洱邊地劃入法界前詰外部據認不足爲憑問答

節略已寄照會提否請酌成徵

七月初十日遞巴黎

中國使館慶接總署電近已照會法使云中越兩界孟賓爲止其西係雲南土司所屬十三猛地方若由孟賓沿暹羅而抵湄江須向南轉西繞過車里邊界並非一直向西來圖不符俟滇督查覆再商應先聲明法國欲由孟賓通至湄江自無不可惟車里土司所屬界內不許法國侵及亦不得稍損中國權利法暹界務中國亦不與聞庶免辯論而昭睦誼請電達外部候覆等語希將此意再照會外部即請照擬洋漢文稾待發辞

七月十一日遞上海

道台聶轉滇督仍請電騰員速赴八募以虎踞關址告英員已請英廷電八募官接應不如此則爭不明白成

七月十八日遞上海

道台聶轉滇督查虎踞關在邦杭山天馬關在邦欠山如兩關久圯請查明邦杭邦欠山實址亦好邦杭離漢董尤近請查相距里數成

七月二十五日遞北京

總理衙門磋磨數月界務已竣又索得英前駐兵擾邊之漢董商務已論明大意現擬約款並先疏報大概情形成有

七月二十七日遞上海

道台聶轉滇督已告外部候滇員赴八募虎踞東至南碗河西至孟威西南至盆干天馬東至南蓋各若干里查出尤妙成

九月初十日遞上海

道台聶轉滇督騰員尚未到八募悵甚英廷接八募電稱滇官飭南莫江外緬屬之毛秀土司勿完英官賦稅又因華官將到飭緬屬盆干土司辦差憤甚幾至決裂蓋虎踞天馬英早據之今既查出彼始悔前誤許還我

每欲借端詩隙請飭邊吏切勿生事以便索還兩關若毛秀盆干有屬我鐵據亦請電示成急欲定約赴法并交卸專候二關消息若不妥協祇可於約內聲明二關俟勘界時再定耳成

九月二十二日遞上海

道台聶轉夔帥委員久不到八募恐墮敵計請電催督十月十二蒞八募台端如發電由騰送八募川好更聯交誼成

九月二十四日遞八募

中國委員與英員格外聯絡望詳示虎踞天馬關情形

能探明漢龍關實址更妙．薛．

九月二十七日遞北京

總理衙門．法外部告敝處願保全暹羅自主之權．湄江東岸暹兵退淨．條約照行．法必退兵．然後再議保護．據又云現與英議車里南界外局外之地．俟議妥讓歸中國．管屬．英廷送節略．亦願歸中國．查此係難得機會．英法暹皆不能管．惟中國受之．可息爭端．有利無弊．車里格外穩固．西南兩面．以湄江爲界．勘界時更省事．中國聲望亦愈隆矣．不受則反多後患．聲望更損．英人又稱得我隱助．事有轉機．願與中法同約保護暹羅．此亦不

費之惠．成沁

十月初八日遞北京

總理衙門．商界約稾可定．因虎踞天馬兩關．滇中不知其址．難以懸寫．英電邊吏會滇員往勘．兩旬後得報可定．英擬保暹約稾．由歐使送署．如何商核．請示大意．辭行國書．祈查電核發．成齊．

十月二十八日遞北京

總理衙門．英外部稱湄江東岸甌脫最要緊者．東面須以南瓦江郎大宣河爲界．方與法人界畫分明．車里等處自然穩固．卽勘界亦甚省事．請與法使言之．成宥．

十月二十九日遞新嘉坡

中國領事黄．洋藥新章速遵辦．圖補救．巴西招工敝百人．迹近拐販．望嚴查截禁．薛．

同日遞北京

總理衙門．條約將定．先陳大意．除分界妥照前議外．一英人本謀由野人山通西藏．惟怒夷以北人迹難到．無從查勘．恐受彼朦混．誤分藏地．關係非輕．現與爭二十五度半以北．暫緩劃分．一八關內之虎踞鐵壁二關．今始知亦早被英人占踞．賴有成議在先．彼難遽翻．俟英員偕滇員勘確．卽有來電．當可劃還．一彼堅不認曾侯

前議．而大金沙江行船．補益全局．磋磨半年．已漸答允．一八募設中國租界及稅關．尤關重要．力與爭論．據云可商．一英人恥居法後．援天津法越條約．謂法添龍州．蒙自．蠻耗領事三處．亦欲設雲南普洱順甯三領事．爭論久之．現議我在仰光．彼在永昌．互設一領事．英人意尚未愜也．一法越條約陸路通商．進口稅比海口減十分之三．出口稅減十分之四．現因英人欲與法一律．方設法翻騰．與議正子稅並交．每貨值百兩．交稅七兩五錢．任入內地無稅．如此則稅數不減海口．若英必不允．祇可仍照越約．一現議華貨運緬．英關槪不收稅．似於

華商有益以上皆係大端如臨時小有變動亦擬通融了結其餘照舊約通行之式彼此無甚出入俟定全約卽電陳成豔

十一月初三日遞北京

總理衙門前向英索還久淪於緬之漢龍天馬兩關英旣允許其餘六關閲滇圖皆在滇邊英人亦無疑義今英員滇員會勘虎踞關址在極西已屬緬百餘年深入敵境四五十里英人屢加工程勢難索回又不值因一處而礙全局天馬關內亦有英兵修路一條現將定約應否留出一款聲明此段俟滇督與英員細勘劃分抑或兩邊相讓擬定界址一了百了以省後來轇轕請電詢滇帥示復成江

十一月二十五日遞森彼得堡

中國欽差許署電英允讓俄小帕米爾頃詰外部據稱俄使送節略內云俄不越小帕山嶺並無小帕歸俄之說且英祇能自顧界限界外卽非所問小帕旣在中國界綫當自向俄爭論非英所能代爭添兵畫守東南一節亦與節略相背等語鄙意俄入假託嘗試固在意中似當辯證明白勿受朦混爲要成有

十一月二十六日遞北京

總理衙門小帕事詰外部據云本非英地英自不能管非讓與俄中國可自爭勿受朦混添兵畫守亦無此說等語已電許成宥

十一月二十七日遞森彼得堡

中國欽差許節略云俄人蹤跡至小帕嶺北爲止想係渾淪言之因非英地英亦不復深求但絕無讓地一說成沁

十二月初十日遞柏林

中國欽差許已遣清臣與英外部商小帕之地外部似願意另函達成蒸

十二月十三日遞天津

中堂李請轉總署滇緬約已竣卽電呈英俄劃帕界小帕米爾已歸英綫昨商英廷可將小帕劃與中國據云俄不能阻如得小帕中國面子已好祇須與俄商定西界帕事較易了惟英俄約將定稍遲便難商速商則旬內可定應否與議請呈　御覽候　旨定奪成元

十二月十六日遞柏林

中國欽差許總署電云元電悉英願劃小帕與中國實爲兩益趁此機會如能將南界議定則西界專與俄商較易措手應卽與英商並將辦理情形告許遵　旨

電達云成銳

十二月十六日遞天津

中堂李請轉總署英劃小帕西界瓦罕南界大山大約無甚可議惟我如失阿克塔什塔克敦巴什則小帕爲俄所隔須力爭此二地則西南界皆定矣寒電請外部據云不在我境印督爲不讓虎踞關作勢今既了結當可相安成銳

光緒二十年正月初六日遞天津

中堂李請轉總署滇緬商約以蹉磨八募設關大金沙江行船二事稽延半年均已就範正將電呈印督忽復

翻異所索過奢有萬不能允之事印督跋扈外部無權事之難辦在此祇可删去八募設關以杜狡謀並限制其領事及商路滇境亦不開埠但設邊關茲將商界廿條撮要電呈惟地名煩碎祇約舉大勢一兩國界綫自北緯廿五度三十五分北京西經十八度十七分岡尼格山起隨山脊西南過薩伯坪峰瀰南太白江以昔馬歸中國又瀰穆雷江東南瀰既陽江順南奔江即紅蚌河入太平江二瀰庫弄河南經洗帕河以鐵壁關漢董歸中國循山脊至南碗河向西南轉東南瀰南莫河西支以蠻秀天馬關歸中國東瀰瑞麗江至孟卯又天馬

關北有大路除華民行走外可借與英人行走亦許修路護商惟英兵過路不得逾二百名廿名以上須行文知照三自孟卯向東南約劃一直綫至麻栗壩過潞江以科干地歸中國曲折向東南至瀾滄江四北緯廿五度三十五分之北俟將來查明情形再定界綫五英國允將車里孟連兼屬緬甸之權均歸中國惟訂明中國必不將車里孟連一小地讓與別國六勘界官限定換約後一年內相會三年內一律勘定七劃界後八箇月內兩國各將越界兵衆退出兩國駐界之兵各擔保界內野人安靜無事兩國皆不在邊界三十里內建修新

舊礮臺八英國於華貨入緬緬貨入滇除鹽米外六年內概不收稅九凡出入滇緬邊界之貨祇准由蠻允盞西兩路行走暫照陸路章程減稅之數俟貿易興旺或當酌量添設邊關十各種鎗礮軍械軍火非經國家准購應禁販運出入十一緬鹽不准入滇銅錢五穀不准運出中國兩國洋藥土藥不准由邊界販運買賣犯者貨即入官十二中國運貨運礦產各船任意在大金沙江往來行走與英國船一律十三中國在仰光設領事一員英國在蠻允設領事一員俟商務興旺兩國再商添設十四兩國商民赴緬赴滇可請蠻允仰光領事給

發護照十五兩國如有逃犯一經行文即應設法拏獲互交十六察看情形俟可以通電時將兩國電綫接連十七兩國人民凡有權利均與相待最優之國一律十八此約係中緬陸路應辦之事互相允讓而立如有索問此權利者亦必有同樣允讓方可十九商務章程試辦六年續議修改二十此約畫押後六箇月內在倫敦互換立即開辦以上界務則西南兩面均有展拓收回車里孟連兩土司全權鐵壁天馬等關昔馬漢董等要地商務惟大金沙江行船係我所得格外權利其餘多仿約章通例而我獲益稍多雖八募設關爲印督所阻

亦已將給彼權利稍稍撤去惟各條互相牽抵稍有更動恐掣全局印督嫌外部讓地較多至今耿耿又恨未能在滇多設領事力圖宕緩此約則界址未定門戶洞開彼可相機占進改訂條約可否進呈請旨俾速與外部畫押以杜變端既將滇事結束方可開談小帕前雖據滿口應允似無枝節然彼族善於翻悔總以速定爲宜鵠候電示成虞

正月二十六日遞天津

中堂李請轉總署條約已畫押小帕商之外部願讓與中國據云前告俄廷尚無回音彼雖不能阻總須得選方可互立約據竊思申俄界未定俄未必答英求之過急又恐啟英索報之意擬初四赴巴黎掛摺交代事務請俟龔使到後俾督同馬格理商辦必可妥協成宥

二月十二日遞天津

中堂李請轉總署法外部索熱河教堂賠款仍多曉辯已堅拒而詳曉之恐法使到京尚須饒舌成文

二月三十日遞北京

總理衙門英外部接印督電稱現方等候劃界滇邊華官不認向來界綫請我飭邊吏暫照常辦理俟行條約後再更動可免生事成卅

三月十四日遞北京

總理衙門英廷執辛丑年爲貢期屢爭始改訂今年旋自悔太早定滇約時不肯畫押要挾頗多姑允暫緩以免決裂彼懇代達鈞署答以無益彼云請而不允無悔是此事權本在我丙戌條約彼知難翻其覆文本不爲憑故作攙擾非其實意不足與辯惟滇約未換催之過急恐生他變最妙莫如由署允再展一年告以丙申年辦貢斷難再緩實尚早於原說五年此以鬆爲緊之法彼更無辭新任並不爲難成寒

六月初一日遞天津由上海發

中堂廿八抵滬大爲紅海炎熱閩洋颱風所苦困頓殊甚休養旬日擬依原奏暫回無錫滇緬界約互換期在七月約本已否寄英念甚請轉總署成朔

六月十七日遞天津由上海發

中堂日内卽擬回錫趕九月二十前到京不誤覆
命及
慶典成篠

出使公牘卷之十終

跋

往者無錫薛公奉使歐洲嘗手裒公牘文字命美翊爲之編校總凡十卷甲午之夏使旋東渡舟中無事乃爲寫定篇目當時惟書牘電報兩門因風浪大作未及選錄逮抵上海公積勞得疾薨於行臺事遂中輟越三年丁酉三月爲公六十生日重至無錫拜公遺像於堂公子慈明以公牘原槀見屬爲留數日別錄書牘電報俾竟其事付諸手民又明年七月工竣乃僭書其後曰昔孔子稱使於四方不辱君命而推本於行已有恥春秋戰國之際羣雄競霸聘問往來尤尙爲命蓋結好弭釁端賴使者之一言苟處事一不當則辱亦隨之若是乎專對

之重且要也方今中外互市時事日亟奉使絕國與古大異自光緒初元以來使者首稱湘鄉曾惠敏公而公實繼之公威重宏毅學問識量異於人人至其憂國如家深謀遠慮凡關繫交涉之事與彼國長官相見或應機立斷意在必行或往復辨難務衷至當退則考覽圖籍稽核舊約成案每論一事申之以公牘加之以書函載以忠誠而達以文辭故當軸諸公輒從其請卽外人亦敬而服之是編所載如滇緬交界南洋領事諸案其所籌議皆有裨大局觀其辭命問答委折美備殆子產叔向之亞若蘇張之流何足以云也美翊從公者久知

之頗深追論遺事未敢多讓自公薨後東事益棘
朝廷咨嗟太息深惜中道告逝未盡其用而憂時念亂
之君子羣居私論且謂使公而在當不至此蓋其勳業
聲名既歿而逾彰獨美翊志衰氣盡學不加進媿負知
己時用內疚秋風海上極目無際回憶當日印度舟中
侍公左右上下議論猶忽忽若前日事因黯然流涕而
書之

光緒戊戌秋七月門下士鄞縣張美翊謹跋於天津舟
次

出使奏疏二卷

〔清〕薛福成撰

《出使奏疏》二卷，清薛福成撰。福成於光緒十五年（一八八九）夏授出使英法意比四國大臣，二十年歸國。此奏疏二卷，爲其出使四國時所上奏疏，凡三十四道。其中議定滇緬界務商務條約相關諸疏、通籌南洋各島添設領事保護華民諸疏，以及妥籌保護浙江新築礮臺疏、强鄰環伺謹陳愚計諸疏，其文獻之足徵，固已爲治史者稔知；而識見之可觀，豈不令有志者歎惜。史載福成爲文長於論事，能曲盡事理，觀此可知洵非虚言。據天津圖書館藏光緒二十年刻本影印。

薛叔耘副憲出使奏疏 上下冊

出使奏疏

光緒甲午
孟冬開雕

序

奏議古文之一體也昔曾文正公選鈔奏議宗賈長沙陸宣公蘇文忠三家鳴原堂論文專論奏疏亦既涵其涯而抉其奧矣蓋古今奏議推西漢爲極軌而氣勢之盛事理之顯尤莫善於賈生陳政事疏劉子政封事忠愛懇款發於至性諸葛武侯出師表規模宏遠謨誥之遺皆與賈氏文相輔翼惜乎其不多覯也漢氏以降文章道衰風骨少隤唐代韓柳有作奏事之文爲之不多限於位與時也陸公以駢偶之體運單行之氣文正謂其理精則比隆濂洛氣盛亦方駕韓蘇洵非虛語蘇文忠奏議終身效法陸公蓋以敷奏君上之體宜乎條暢軒豁能如是亦足矣夫長沙究利害宣公研義理文忠審人情三家各有深詣文正宗之允矣竊又以謂文正奏疏參用近時奏牘之式運以古文峻潔之氣實爲六七百年來奏疏絕調每欲汰幕客代擬之作專存文正手筆彙鈔數卷私資揣摩卒卒未果然奏疏一體前則三家後則文正皆福成所服膺弗失者也曩在幕府嘗裁奏牘均係代作奉使四國以來忝列京卿有奏事之責非使職所及者不敢妄陳甲午之春期滿將歸彀行篋得疏稿數十首稍刪循例諸作釐爲二卷俟質當世

亦以自鏡云嗟夫經濟無窮事變日新方今西洋諸國情狀賈陸蘇三公與文正所不及睹者也福成既睹四賢未睹之事矣則凡所當言者皆四賢所未及言者也惟其爲四賢所未及言居今之世乃益不能已於言安得起四賢於今日抒厥壯猷一啟後人之不逮耶夫古人雖往事理則同論事者不得因其事爲古人所未論遂謂奮筆纂辭可不師古人也此福成所以益睪然高望於四賢也光緒二十年春二月無錫薛福成自序於英倫使館

凡例

一自己丑夏奉　命出使至甲午夏交卸回華前後五年凡具奏摺片之較有關繫者皆經選錄惟四六謝　恩摺暨循例諸摺片無關宏恉姑存底稿

一呈遞　國書雖係循例之作要爲使事之綱領不能不錄存以誌梗概

一己丑五月保護浙東新築礮臺摺片雖與使事無涉然係奉　命出使以後所上且海防亦洋務之要端因其無所附麗故應歸入此編

一題下所注年月日係指使館拜發之期到京呈遞總尚在五六旬以外

光緒二十年七月十七日奉

上諭都察院左副都御史薛福成由湖南臬司洊擢京卿派充出使大臣辦理交涉事件悉臻妥協茲届差旋忽聞溘逝軫惜殊深加恩著照副都御史例賜䘏任內一切處分悉予開復應得䘏典該衙門察例具奏伊子直隸候補知縣薛翼運著俟服闋後以知州補用以示篤念藎臣至意欽此

光緒二十二年十月二十日奉

上諭都察院奏編修馮恩崐等呈稱已故大員勳勞卓著請將事蹟宣付史館立傳一摺原任左副都御史薛福成前在浙江甯紹台道任內勤求實政功德在民嗣充出使大臣辦理中外交涉事件悉臻妥協著將生平事蹟宣付國史館立傳以彰勞勩該衙門知道欽此

目錄兩頁
應列本冊
請置於此

出使奏疏目錄

卷上

卷下

出使奏疏卷上　　無錫薛福成叔耘

妥籌保護浙江鎮海礮臺疏 光緒十五年五月十五日

奏爲浙東新築礮臺關繫緊要擬請
旨敕下浙江撫臣妥籌經久保護之法恭摺仰祈
聖鑒事竊臣前在浙江甯紹台道任內適值海氛不靖前撫臣劉秉璋調集淮楚諸軍扼險守禦復委前參將吳杰管理南北岸礮臺擊中敵船兩次浙防幸獲保全當時猶以舊臺礮力較小不能遠擊衆論惜之敵船既退劉秉璋采用臣之條議爲綢繆未雨之計檄飭浙省

支應局訂購德國克鹿卜二十四生的後膛鋼礮二尊二十一生的後膛鋼礮五尊派候補知府杜冠英總理築臺事宜候補參將吳杰幫同辦理仍檄臣督率稽查臣迭次馳赴鎮海口門與杜冠英等相度地勢擇於南岸小港口之笠山築大礮臺一座安置新礮三尊金雞山前面築臺一座置礮一尊北岸招寶山舊礮臺之下層添一礮洞置礮一尊又於甬江中流之兩石磯各築臺一座置礮二尊前敵後路節節設險經始於光緒十一年由撫臣檄派駐北岸之總兵黃鍚文等所部淮軍三營駐南岸之提臣歐陽利見所部達字等營分任工

岩駿始而調停繼而於本字第詳動之後不能專摺

役劃定地段各專責成數年之閒淮勇趨事勤奮剋期蕆功惟南岸各營稍形疲玩往往期限已逾工程尚無端緒臣以該營歸提臣統轄不便過爲催趲嘗令吳杰以所領礮兵三百餘名代竣其役吳杰熟諳西法操練精勤非特毫無虛額抑且力顧大局故每以數百人當數營之用至光緒十四年十月各臺次第告成撫臣衞榮光派員驗收並議以新式利器必得熟手善爲照料磨擦光亮方免鏽壞誤事因定給按年擦油之費專委吳杰管理惟提標各營自稱清苦頗思分得擦費希圖沾潤密聳提臣執南北岸分派之說爭委礮臺一差撫

臣始允照辦繼以所定礮臺經費本不甚寬裕惟吳杰廉樸耐勞尚能撙節敷用標營習氣最深彼既但思自潤恐致貽誤遂仍專委吳杰管帶提臣以所求不遂頗貽文牘於撫臣負氣忿爭衞榮光本擬將始終辦法奏明定案適因調任交卸新任撫臣崧駿接篆之初提臣親赴杭垣商懇撤去吳杰崧駿密知吳杰素有功績爲浙東不可多得之將弁又不欲顯拒提臣致失和衷之體因酌用臣條議檄派提標候補副將陳勝文會同吳杰管帶礮臺仍以演礮責成吳杰一人議者以爲提臣如願以償撫臣苦衷亦可以已矣無如標營將弁仍未滿

糾正亦不稱材難之任
此事若在光緒七年以前孝貞當國必派大臣大員查辦用下宦第而當罷斥歐陽利見必遭嚴譴而吳杰必即開復且加擢用也

意既憚吳杰之遇事認眞因復造不根之謗以聳動提
臣此臣在甯紹台道任內辦理礮臺目擊情形之始末
也今春臣由甯波交卸起程風聞提臣復致密函於閩
浙督臣卞寶第懇其劾去吳杰是時臣疑信參半甫入
都門伏讀邸鈔知吳杰果被參革職人言嘖嘖頗疑督
臣之輕聽大抵莅任伊始未及詢訪輿論所致竊惟賞
罰黜陟
朝廷自有權衡非臣下所敢參末議第念海防以礮臺
爲關鍵而珍護礮位操習礮兵專恃將弁之得人臣未
知吳杰參革之後現派管理者何員誠慮標營但圖自

潤罔知輕重提臣調劑本標壹意求勝則不獨
國家數十萬金之巨帑付之一擲卽臣與杜冠英吳杰
及各營將士數年之心力亦覺徒勞殊爲可惜臣在浙
數年與提臣向稱和衷與吳杰並無私交特以是非宜
有公論利害亦關大局若因身已去浙緘默不言臣心
實有所難安擬請
旨敕下浙江撫臣崧駿妥愼遴員管守鎮海礮臺並知
照提臣勿再惑標營將士之言排擠得力員弁似於浙
省海防有裨至四川督臣劉秉璋山西撫臣衛榮光前
在浙江巡撫任內皆於守護礮臺一事籌之已熟可否

敕下劉秉璋衛榮光詢以守臺經久之策及吳杰平日
功罪待其覆奏到日則臣言之虛實立見端倪閩浙督
臣卞寶第離浙稍遠甫經到任恐有不及詳察之處然
督臣素著公忠正得藉異同之論以資考證當亦諒臣
心之無他決不以臣言爲忤也所有浙東礮臺關繫緊
要緣由謹具摺披瀝直陳伏乞
皇上聖鑒訓示謹
奏

此策楊石泉秀任吳杰具有知人之明劉仲良勳署鄭鴻章備靜瀾保薦之吳杰舉錯並得其宜不料下頌臣暮年昏憒聽歐陽利見讒言遂將有功參之將加以參劾此足令人憤懣者也光緒十五年穆王世鐸

密陳標營積習難改將才宜保護片　光緒十五年五月十五日

再查定例提督專轄通省標營及各汎所有舊式礮臺近來武備日精講求西法如北洋之大沽北塘旅順威海衛等處南洋之吳淞口及長江一帶暨福州臺灣廣東各要隘均已建築新式礮臺莫不挑選勇營或另募礮兵遴派得力將弁管帶駐守未有專用標營者誠以標營積習太深無從整頓昔胡林翼曾國藩等已詳言之若輩圖得一差即視爲利藪偷減侵蝕必誤大局浙東招寶山之建礮臺始於升任撫臣楊昌濬遴派杜冠英吳杰經理其事歷任撫臣相繼委任所需經費皆由撫臣設法籌給故一切用人立法亦由撫臣主持與標營絕不相干當升任撫臣劉秉璋在浙時提臣歐陽利見聽鎮海參將鄭鴻章之言屢求撤去吳杰劉秉璋堅持不從未及數月敵艦犯口吳杰兩次開礮獲勝是時吳杰聲望實出歐陽利見之上至今浙東士民皆能道之鄭鴻章旋經劉秉璋劾罷有案迨劉秉璋升任以去標營每思乘間攬管臺務臣嘗以吳杰之當留爲新任撫臣詳晰言之撫臣衛榮光崧駿皆告臣以在江蘇時即聞吳杰之名去年衛榮光以將不保薦吳杰而標營嫉之滋甚此次標營乘新舊督撫臣交替之際設法播

當國柄府以強毓政許廉身世一味貪賄絕無愛惜人才之意群出此片毫無效驗深可慨也

弄而吳杰竟被參劾臣竊惟多事之秋人才難得方今創辦海軍整理防務苟稍有可用之才必當延攬而激勵之培養而護持之如吳杰者臨財廉任事勇操練勤威望素著一省之中實不多得乃竟終於顛躓從此志士寒心宵人增氣爲營將者知守法奉公不能自全將競以侵剋餉項爲獻媚取容之計恐於風氣大有妨礙臣是以不憚煩瑣敢再據實密陳伏乞

聖鑒謹

奏

恭報暫駐法國呈遞國書疏 光緒十六年閏二月十一日

奏爲恭報微臣暫駐法國呈遞
國書日期仰祈
聖鑒事竊臣於二月十九日行抵法國巴黎都城二十二日接印任事當即繕摺
奏報并陳明俟呈遞
國書禮成再行恭報在案維時適值法國各大臣與議院論事不合紛紛告退逮外部尚書李寶接任臣循例往與會晤旋准函訂伯理璽天德於閏二月初四日酉刻延見届期由其接引大臣穆拉以朝車及副車並率馬隊來迎臣恭齎
國書率同駐法二等參贊官陳季同隨員聯豫繙譯官吳宗濂學生世增詣其勒立色宮宮外陳兵奏樂臣入門鞠躬伯理璽天德亦免冠鞠躬臣宣讀頌詞敬遞
國書伯理璽天德躬親祇受宣述答辭慰勞殷勤其輸誠修好之意溢於言表足以仰紓
聖廑臣擬將法館事務稍爲料理即行渡海前赴英國倫敦都城俟到英後另摺具
奏除將頌辭答辭咨送總理各國事務衙門外所有微臣暫駐法國呈遞

國書情形理合恭摺具陳伏乞
皇上聖鑒謹
奏

恭報抵英呈遞國書疏光緒十六年三月十八日

奏爲恭報微臣抵英呈遞

國書日期仰祈

聖鑒事竊臣於閏二月初四日在法國呈遞

國書當即恭摺具陳並陳明俟抵英國後再行

奏報在案臣駐法國一月有餘、與該國各部大臣及各

國使臣往來聯絡、並將法館應辦事宜相機措注、維時

適値英國君主游歴歐洲、暫駐法國海口、迨聞英君主

將由德回英、臣即於三月初四日渡海坐火輪車馳抵

倫敦、准前使臣劉瑞芬將英署文案卷宗移交前來、英

君主亦於三月十二日回國、臣往晤英首相兼外部尙

書沙力斯伯里、旋接函訂英君主於三月十七日未刻

覲見、屆期由其外部侍郎萬爾克生來迓、同乘火車前

往溫則行宮、君主豫備對騎坐車相迓、臣恭齎

國書、率同二等參贊官道員黃遵憲英文參贊官馬格

理徑抵宮門入至朝堂宴飲、旋有侍衛官導詣內殿、臣

入門鞠躬、手捧

國書宣讀頌辭、馬格理以英文再爲宣讀、英君主手受

國書訖、曰宣答辭、由馬格理譯傳、語意懇摯、慰勞甚殷、

[illegible]慰

宸廑、除將頌辭答辭咨送總理衙門外、所有微臣抵英

呈遞國書情形、理合恭摺具陳、伏乞

皇上聖鑒謹

奏

恭報馳赴比國呈遞國書疏 光緒十六年五月初十日

奏爲恭報微臣馳赴比國呈遞
國書日期恭摺具陳仰祈
聖鑒事竊臣奉
命出使四國前於三月十七日在英國呈遞
國書當經繕摺陳
奏在案查比利時國與英倫隔海相望幅員雖小而戸口繁密介於强大之間頗能聯絡邦交立國規模向稱完固臣駐英兩月料理使事稍有頭緒即於四月二十二日由英國都甫海口渡海馳抵比國伯魯色爾都城

先與其外部尚書喜梅會晤訂見比君日期旋接外部函稱於二十六日延見屆期朝官以雙馬車來迓臣恭賫
國書率同二等參贊官陳季同繙譯學生王豐鎬前詣王宮首相貝爾那導入內殿比君出見臣行鞠躬禮宣讀頌辭呈遞
國書比君鞠躬祗受免冠肅立口述答辭有仰慕中國教化遇事可效勞之語越日復於宮中設宴首相及各部大臣咸集比君入座款接優隆有加常禮臣遂於二十九日馳抵巴黎稍釐法館事務五月初二日回抵倫敦使館除將頌辭答辭咨送總理各國事務衙門外所有微臣前赴比國呈遞
國書情形理合恭摺具陳伏乞
皇上聖鑒謹
奏

察看英法兩國交涉事宜疏光緒十六年七月初六日
奏爲微臣分駐英法數月察看交涉事宜謹陳梗概恭
摺仰祈
聖鑒事竊臣在法國英國比國呈遞
國書已將各國互敦和好之意陸續據實
奏報在案惟聞義國羅馬都城一交夏令瘴氣甚重該
國王及其外部大臣等皆避暑在外必俟八九月後回
都辦事臣是以暫緩馳赴羅馬稍以其暇詳閱接管案
卷聯絡議院官紳謹將見聞所及爲
聖主縷陳之竊惟數十年來西洋諸國惟英法與我中

國素多齟齬一二强邦迭起乘之事變愈棘從前英使
如威妥瑪巴夏禮等法使如巴德諾脫等尤窺知中國
情事狃於積習動輒要挾句結他國協以謀我與之以
利而不知感商之以情而不卽應繩之以約而不盡遵
其所由來非一日矣臣嘗觀光緒三四年間舊牘前使
臣郭嵩燾初到之時枝節不少口舌滋繁有明係中國
自主之權而妄思侵礙者有明係彼國訂行之款而不
卽照辦者蓋彼之商人惟利是視不顧大體而公使領
事向恃中國無駐洋使臣與彼外部辯論往往逞其一
面之辭要求迫脅惟所欲爲今則事勢旣異於前威巴

諸使或退或死狡謀斯戢積案稍淸臣嘗與英法官紳
往來酬酢察其言論多有聯絡中國之意不復如昔日
之壹意輕藐推原其故厥有數端一則越南一役法人
欲索賠償竟不可得至今法人議論咸咎斐禮之開釁
恨其得不償失各國始知中國之不受恫喝也一則十
餘年中冠蓋聯翩出駐各國漸能諳其風俗審其利弊
情意旣洽邦交益固也一則中國於海防海軍諸要政
逐漸整頓風聲所播收效無形且近年出洋學生試於
書院常列高等彼亦知華人之才力不後西人也凡此
數端皆係

聖明措注因時及內外大臣盡力經營之效臣愚以爲
乘此振興之際遇有交涉事件可以相機度勢默轉潛
移稍裨大局大抵外交之道與內治息息相通如商稅
受損則財用不足矣教民橫恣則吏治不飭矣海外之
華民保護不及則
國勢不張矣內地之土貨行銷不遠則民生不厚矣此
在任使事者設法維持隨宜籌措雖舊約驟難更改而
情勢或可變通臣擬於茲數者審度情形俟有機會大
則
奏請

諭旨遵辦小則函咨總理衙門裁酌總期捷聲息而通
隔閡收權利而銷外侮仰副
朝廷委任之意抑臣又聞外洋各國使臣互相駐紮皆
以得見君主爲榮君主亦必接見以示優異
皇上親政以來各使以未覲
天顏疑有薄待之意不無私議屢見英法新聞紙中將
來恐不免合力固請似亦當籌所以應之也所有察看
交涉事宜理合恭摺密陳伏乞
皇上聖鑒訓示謹
奏

豫籌各國使臣合請　覲見片光緒十六年七月初六日
再查外洋各國風氣交際與交涉截然判爲兩事交際
之禮節務爲周到交涉之事作不稍通融惟其厚於交
際故可嚴於交涉凡各國使臣初到一國駐紮之時其
君主無不接見慰勞數語以示優待使臣鞠躬而退並
不言及公事此西國之通例也臣到英後除呈遞
國書外其君主延請讌會一次聽樂觀舞會各二次禮
意頗爲周浹今聞各國駐京公使以未蒙
覲接不無私議萬一合辭來請我若深閉固拒相形之
下似覺
情誼恝然昔年英使威妥瑪借未許
覲見爲辭頗於煙台條款多所要挾夫靳虛禮而受實
損非計之得也臣愚以爲今日有同治十二年開成案
可循不妨援照辦理當時議者亦頗多疑慮一則恐其
有所瀆請一則謂中西之禮不同也然禮成而退海內
且傳爲盛事者何也西例公見不言公事即晤其外部
亦然洋使斷無不諳之理若論禮節可於
召見各使臣之先
敕下總理衙門告以如願行中禮或願行西禮各聽其
便如是則彼雖自行西例仍於體制無損又聞雍正年

雍乾盛世英主遠達世情不以番禮繩人如此

聞羅馬教王遣使到京
世宗憲皇帝允行西禮乾隆五十八年英國遣使馬戛爾尼來華亦奉
高宗純皇帝特旨准行西禮賜以筵宴未知禮部等衙門是否有案可稽似亦足備考證臣爲豫籌應付各使起見理合附片密陳伏乞
聖鑒謹
奏

出使奏疏　卷上　七

陸續訂運湖北鍊鐵織布機器情形片 光緒十六年七月初六日

再前使臣劉瑞芬代湖廣督臣張之洞在英國諦塞德廠定購鍊鐵鍊鋼機器汽爐全副又在柏辣德廠及喜克陸喜里甫廠定購紡紗織布機器汽爐全副原議鐵布兩廠俟造成後各分五批運赴廣東適張之洞調任湖廣勘地未定築廠需時而布機皆係細巧之件若無廠屋存儲恐致鏽壞臣電商張之洞暫緩運鄂惟織布鍋爐六座及鍊鐵機器兩批業已雇船送至漢口又有築廠物料及應添器具臣亦爲之詳愼訪訂陸續運送竊維鍊鐵織布兩大端裕强兵富國之謀握利用厚生之本若果辦理有效每歲中國之銀少漏入外洋者不下四五千萬兩惟鍊鐵必與開礦相濟爲用若數端並舉事體宏鉅恐非一省之物力才力所易集事想
朝廷必已默操至計允爲始終主持然如廠屋尙待卜築工匠亦須募練運器之水腳難省添製之零件猶多固非旦夕所能動工而外洋各國每興一利源其初不免耗折賴有堅忍之力以持之中國始基初立用帑較鉅勢難中止伏維
聖明洞燭時勢創建宏規不以彊臣易任爲作輟不以

出使奏疏　卷上　六

浮議稍興爲疑沮俾内外合力妥愼經營十餘年後當有成效可覩至如籌運全機雇募洋匠訪各廠之良法詢購物之時價與張之洞函電頻商務臻妥善此係微臣之責斷不敢稍形怠忽合將大概情形附片具陳伏乞
聖鑒謹
奏

通籌南洋各島添設領事保護華民疏 光緒十六年十月初十日

奏爲英國屬埠擬添設領事並通籌南洋各島派員先後次第恭摺仰祈
聖鑒事竊臣查光緒十二年兩廣督臣張之洞派遣委員副將王榮和知府余瓗訪查南洋各島華民商務奏稱該委員等周歷二十餘埠約計英荷日三國屬島應設總領事者三處正副領事者各數處經總理衙門議復在案臣於光緒十六年七月准總理衙門咨稱據海軍提督丁汝昌文稱此次巡洋如附近新嘉坡各島曰

檳榔嶼曰麻六甲曰柔佛曰芙蓉曰石蘭莪曰白蠟皆未設領事華商因受欺陵剝削無不環訴哀求擬請各設副領事一員卽以隨地公正殷商攝之統轄於新嘉坡領事應先與該外部商定核給憑照如能辦到實於華民有裨等因到臣當經辦文照會英國外部援照公法及各國常例聲明中國可派領事分駐英國屬境俟商有端倪再咨明總理衙門詳籌妥辦臣竊思領事一官關係緊要而南洋各島華民繁庶若不統論全局則一事之利弊無以明若不兼籌各國則一隅之情勢無由顯臣謹綜其始終本末爲

聖主敬陳之大抵外洋各國莫不以商務爲富强之本凡在他國通商之口必設領事以保護商人遇有苛例隨時駁阻所以旅居樂業商務日旺卽游歷之員工藝之人亦皆所至如歸而西洋各國領事之在中國權力尤大良由立約之初中國未諳洋情允令管轄本國寓華商民與地方官無異洋人每有人命債訟等案均由領事官自理往往掣我地方官之肘從前中國各口之枝節橫生亦實由於此然卽在他國不理政務之領事僅以保護商務爲名者各國亦視之甚重稍有交涉卽籌建設蓋枝葉繁則本根固耳目廣則聲息靈民氣樂

則國勢張自然之理也中國領事之駐外洋者在英則有新嘉坡領事在美則有舊金山總領事有紐約領事在日則有古巴總領事有馬丹薩領事在祕魯則有嘉里約領事在日本則有長崎橫濱神戶三處理事有箱館副理事蓋南北美洲與日本各口迭經總理衙門與出使大臣籌畫經營建置較密惟南洋各島星羅棊布形勢尤爲切近華民往來居住或通商或傭工或種植或開礦不下三百餘萬人卽委員王榮和等所到之處亦已報有百餘萬人臣竊據平日所見聞參以張之洞原奏計華民萃居之地荷日兩國所屬應專設領事者約四處曰蘇門答臘之日裏埠曰噶羅巴曰三寶隴等埠曰小呂宋英法兩國所屬應專設領事者約五處曰香港曰新金山曰緬甸之仰江曰越南之北圻與西貢他如檳榔嶼等處已可相機設法或以就近領事兼攝或選殷商爲紳董畀以副領事之名略給經費而以就近領事轄之斟酌盈虛隨宜措注要亦所費無多就南洋各島而論祇須設領事十數員大勢已覺周妥加以略有添派綜計歲費當不過十萬金竊查各關洋稅項下每歲提撥一成半作爲出使經費約銀一百數十萬兩而近年出使各館所需暨游歷人員所用統計當不

過六十萬兩總理衙門原議以其贏數豫備添派各國使臣之用臣愚以爲西洋頭等强國均已派有使臣卽二三等之國亦由各使就近兼攝似暫無須多派惟逐漸添此十數領事者則商政日興民財自阜息息有與內政相通之故且懸輿情於絕遠不啟華人觖望之端收權利於無形不開外人姍笑之漸所獲裨益較之所費奚啻十倍臣嘗閱各國貿易總冊以洋貨土貨出入相準每歲中國之銀流入外洋者約一二千萬兩又攷數年前美國舊金山銀行滙票總帳每歲華民滙入中國之銀約合八百萬兩內外雖該處工資較豐而人數

尚非最多則推之古巴祕魯可知推之南洋各島又可知夫中國貿易與各國相衡虧短甚鉅然尚有可周轉者以華民出洋所獲之利足資補苴也倘此源再塞則內地之銀必更形匱乏民窮已甚竊恐事變叢生即就新嘉坡一埠而論設立領事已十三年支銷經費未滿十萬金然各省賑捐海防捐所獲之款實已倍之而商傭十四五萬人其前後攜寄回華者當亦不下一二千萬蓋領事一官在彼外洋雖無管轄華民之權實有保護華民之責縱令妥訂條約章程必得領事隨所見聞與彼地方官商辦則洋官亦得藉以稽查而土人不敢

任意苛虐即駐洋使臣欲與外部辯論亦必以領事所報爲憑方能使洋官有所顧忌此領事一官所以不能不設之由而已設領事之處未嘗無顯著之效也今華民出洋之利已稍不如前矣誠能於南洋各島酌添領事尚可挽回補救而收固有之利源然所以議之稍久迄少就緒者蓋亦因立約之初中國未悉洋情並不知華民出洋之衆於是但給彼在中國設領事之柄而無我在外洋設領事之文又各國開荒島爲巨埠專賴招致華民而洋人實屬寥寥一經我設立領事彼不免喧賓奪主之嫌又疑其暴斂橫征之舉所以始必堅拒繼

則宕延外部以咨商藩部爲辭藩部以官民不便爲說雖管禿脣焦而終無如彼何此惟在局中者深知其難而局外之視事太易者又或稱就地可集鉅資無需另籌經費或狃於洋官駐華之例幾謂一設領事華民即爲所轄竟無異管理地方者此皆閱歷未深持論實多隔閡當局者知其斷難辦到不無矯枉過正之議幾謂徒多耗費無甚裨益斯殆有激而然臣竊以爲望之過奢轉滋流弊領事所收之身格費船照費原可略資津貼正不必斂鉅貲以招物議今已設領事之處驗民船稽民數原可稍分彼權正不必攬政柄以啟猜疑但如

臣以上所陳則不求近效而其效最大惟須認定主見中外一意合力堅持得寸得尺相機籌辦必可循序就範即如新嘉坡初設領事英之外部亦儘力阻撓當時頗費周折至今乃無異議竊查英法荷日四國屬境其苛待華民不願我設領事者以荷日二國爲最而法次之英又次之荷日國勢昔盛今衰其立國命脈乃在南洋諸島島中墾田開礦招商徵稅各事又恃華民爲根柢惟其政令不甚明肅呼應不甚靈通洋官往往徵取無藝僑寓之西人又侵侮華民或迫之入籍或拘之爲奴或禁其往來或朘其生計若有華官在旁理論究

可補救一二、雖商設領事之始、彼必枝梧推宕、然我苟據理執言、因勢利導、始終堅持、諒彼亦無辭以難我、及早圖之、則難者或漸化爲易、失今不圖、則易者亦漸覺其難、想總理衙門必仍知照出使美日秘臣崔國因、催商日國外部、先在小呂宋設立領事、俾便次第推廣、以符原議、至英國待我華民、較爲公允、臣覼各國在英屬地設一領事、視爲泛常之舉、向無攔阻、又知英國君臣用意頗欲與中國互敦睦誼、或不於此等事件、稍露歧視中國之形、近與該外部商議、請照各國之例、在英地隨宜派設領事、卽彼未肯遽允、臣擬堅持初議、至再至

三與之磋磨、先就香港仰江新金山等埠、酌設一二員、而檳榔嶼等六處、亦當審其地勢人數、從長籌畫、由此推之法荷各屬、亦或較易爲力、臣非不知洋人性情堅執。每商一事。必多波折。然苟不憚筆舌之繁。不參游移之見。不紊緩急之序。或稍有效可圖、蓋庇蔭周則民生厚、而不獨開商務。財用裕則近憂紓、而非以勤遠略。布置廣則衆志聯而邪可調敵情。呼籲少則國體尊而卽以銷外侮。臣爲海外數百萬生靈起見、不敢稍安緘默、所有英國屬埠擬設領事、並通籌南洋各島派員次第緣由、恭摺具陳、伏乞

皇上聖鑒訓示、謹

奏

與英外部商設香港領事情形片光緒十六年十月初十日

再查英屬香港一島華民流寓者十四五萬逼近廣東省城尤爲中外往來咽喉凡華洋各商貨物均先至香港然後轉運各省其交涉事件之繁難者一曰逃犯一曰走私一曰海界祇以該處並無華員無以通中外之情於廣東全省政務每形捍格是商設領事實於大局尤關緊要前任使臣郭嵩燾有此志而未及辦曾紀澤任內曾經照會英外部數次迄無成議揣其隱情蓋因全島多寓華民而洋人不過數千若准設華官與廣東大吏聲息相通在彼不免多懷顧慮所以靳而未許臣

昨辦文與外部援照公法商定通例而未明提香港該外部侍郎山特生果向英文參贊馬格理以香港一處爲疑且云恐華官不習外務或竟侵權越分致多窒礙

臣思新嘉坡領事左秉隆與英官頗能相得外部亦稱其辦理妥洽因遣馬格理告以香港若設領事當以左秉隆調往開辦察其辭意似尚易商惟遇事設法支展必再四催問而始辦則外部之常例也容俟復文到日如仍不遽允臣再當相機辯論理合附片具陳伏乞

聖鑒訓示謹

奏

滇緬分界通商事宜疏光緒十七年正月二十五日

奏爲滇緬分界通商亟應預爲籌備不使英國獨占先著以免臨時棘手恭摺密陳仰祈

聖鑒事竊查倫敦使署接管卷內光緒十一年冬間英國印度派兵出境進據緬甸維時出使大臣曾紀澤承准總理各國事務衙門密電疊次與英外部會商初議立君存祀俾守十年一貢之例既不可得始議定由英駐緬大員按期遣使賫獻儀物其界務商務兩事則擬先定分界再籌通商蓋因英人注意商務若分劃邊界偶有轇轕則辦理通商諸多掣肘虧損無窮固不能不

審其次第也英人自以驟闢緬甸全境所獲已多是以有稍讓中國展拓邊界之說當時英外部侍郎克蕾曾稱英廷願將潞江以東之地自雲南南界之外起南抵暹羅北界西濱潞江即洋圖所謂薩爾溫江東抵瀾滄江下游其中北有南掌國南有撣人各種或留爲屬國或收爲屬地悉聽中國之便曾紀澤轉咨總理衙門亦云南掌本係入貢中華之國倘英人果將潞江以東讓我似宜受之將撣人南掌均留爲屬國責其按期朝貢並將上邦之權明告天下方可防後患而固邊圉等語曾紀澤又嘗向英外部理論欲索八募之地八募蓋即

蠻暮之新街昔時蠻暮土司之地頗大後乃悉爲緬甸所併其商貨滙集之區謂之新街洋圖譯音則爲八募距騰越邊外百數十里在厄勒瓦諦江即大金沙江上游之東龍川江下游之北檳榔江下游之南向爲滇緬通商巨鎮英人以其爲全緬菁華所萃靳而未許迨爭論數次克蕾始云英廷已飭駐緬之英官勘驗一地以便允中國立埠且可在彼設關收稅據參贊官馬格理云八募雖不可得其東二三十里有舊八募城似肯讓與中國日後貿易亦可臻繁盛且允將大金沙江爲兩國公共之江如此則形勢與彼同之利益亦與彼分之

其隱裨大局似尤較得潞東之地爲勝曾紀澤以商辦已有端緒因與外部互書節略存卷暫停不議旋即交卸回華光緒十二年六月總理衙門與英使歐格訥議約五條第一條申明十年呈進方物之例第三條中緬邊界應由中英兩國派員會同勘定其邊界通商事宜亦應另立專章等因在案臣竊繹總理衙門與英使訂定之約章及曾紀澤與外部會商之節略雖措辭詳略不同而大意仍相脗合蓋外部所稱願讓之地因立約時尚未勘定故以兩國派員會勘一句括之此從前商辦緬甸事務之大略情形也溯自立約至今已越五年英人未嘗催問我

國家亦暫置不理然臣近聞英廷正與暹羅勘辦界務又屢次密派幹員馳往滇緬交界查看形勢探詢礦產並有創築鐵路通接滇邊之意議者咸知彼佚布置妥協必轉以延擱已久爲辭來相促迫勢不能不驟允開辦則彼從容而我倉猝彼諳練而我生疏彼措注已周而我進退失據臨時竭蹶成算未操斷無不受虧損之理就今日情勢而論商務須從界務生根但使分界能協機宜則他日通商亦可少滋流弊夫審度利病隨宜操縱固屬總理衙門與勘界大臣之事然使明知彼族

之有隱謀而緘默不言坐失事機則咎在使臣若欲先事豫籌查探邊情又非責之疆吏不可惟是分界固非詳查密訪不能得其要領而其輕重緩急之大勢則有可討議者大抵英人所稱願讓潞東之地南北將及千里東西亦五六百里果能將南掌與撣人收爲屬國或列爲甌脫之地誠係綏邊保小之良圖惟查南掌即老撾之轉音臣閱外洋最新圖說似老撾已歸屬暹羅若徒受英人之虛惠而終不能有其地恐轉爲外人所竊笑倘因此別生枝節又非計之得者蓋南掌撣人本各判爲數小國分附緬甸暹羅似宜查明南掌入暹羅之

外是否尚有自立之國以定受與不受其向附緬甸之
撣人地實大於南掌稍能自立且素服中國之化若收
爲我屬則普洱順甯等府邊徼皆可鞏固矣至曾紀澤
所索八募之地雖爲英人所不肯舍其曾經默許之舊
八募者亦可爲通至大金沙江張本若將來竟不與爭
或爭而不得臣竊有五慮焉夫天下事不進則退從前
展拓邊界之論非謂區區邊界足增中國之大也臣聞
乾隆年間緬甸恃強不靖吞滅滇邊諸土司騰越八關
之外形勢不全西南一隅本多不甚清晰之界若我不
求展出彼或反將勘入一處也我不於邊外稍留餘地
彼必築鐵路直接滇邊一遇有事動受要挾二處也長
江上源爲小金沙江最上之源由藏入滇距邊甚近洋
圖即謂之揚子江我若進分大金沙江之利尚可使彼
離邊稍遠萬一仍守故界則彼窺知江源伊邇或寖圖
行船徑入長江以爭通商之利三處也我稍展界則通
商在緬境夫英人經營商埠最爲長技而我在彼設關
收稅亦可與之俱旺我不展界則通商在滇境將來彼
且來擇租界設領事地方諸務究不能不受牽制四處
也我得大金沙江之利則迤西一路之銅可由輪船遵
海北上運費當省倍蓰否則彼獨據運貨之利既入滇

境窺知礦產之富或且漸生狡謀五慮也凡此五慮皆
在意計之中臣又竊慮英人於此數年內壹意延宕待
我相忘稍久乃催勘界或更遇事要求悉翻前議節略
於不顧且謀國之道莫患乎爲敵所逆料中國素有不
勤遠略之名外洋各國知之稔矣所以伺機而動迭起
相乘琉球滅而越南隨之越南削而緬甸又隨之今且
駸駸議及朝鮮矣竊思英廷前議節略彼料中國未必
竟受而故以此相嘗試固未可知我若出其不意據其
前說力與相持或能因此稍展界務各國知中國辦理
此等事件與前不同亦可伐敵謀而收後效況彼所予
即有不宜收者不妨明指之以爲另索之符彼之意即
有萬難允者不妨故求之以得抵制之益蓋邊情不可
不洞悉而舊議不可不重理擬請
敕下雲貴督臣王文韶遴派妥員分途偵察如南掌之
存亡撣人之強弱騰越關外之地勢民風一一查詢明
確據實覆陳以備勘界時有所依據並請
皇上敕下徽臣催問英國外部以勘界定期與分界辦
法一面即可相機辨論仍與總理衙門函電相聞務衷
至當臣非不知英人性情堅執當其驟得全緬喜出望
外故許中國稍分其利今則事隔數年未嘗不思毀棄

前說然臣閱卷中節略係英文參贊官馬格理與英外部侍郎克蕾會議時爲最多今幸二人均未更換彼或難遽翻異臣不過多費筆舌多縻日力以與之磋磨雖無速效斷不致別有損礙抑或冀得寸得尺稍補涓埃

臣因邊疆得失動關緊要且此事爲中外全局所繫不敢不罄其愚忱謹摹繪滇緬交界及南掌撣人疆域全圖恭呈

御覽所有滇緬分界事宜亟應豫籌緣由理合恭摺密陳伏乞

皇上聖鑒訓示謹

奏

擬催駐緬英員照約呈進方物片光緒十七年正月二十五日

再臣查中英所定緬約第一條內緬甸每屆十年向有派員呈進方物成例英國允由緬甸最大之大臣每屆十年派員循例舉行所派之人應選緬甸國人等語當時中外注意專在申明成例惟未計及緬甸應於何年入貢所以但有此約而英之駐緬大員尚未舉行但恐久不催問此約即成虛設臣因略查成案知緬甸向係十年一貢自道光二十三年入貢後因道路梗塞未經入貢光緒元年始復入貢一次是截至光緒十一年正應緬甸入貢之期我若不按時理論彼亦斷不過問數年以來因勘界事未定所以暫緩然此本各爲一事未便受其牽掣臣擬再略加查訪即行文外部請其知照駐緬大員補進光緒十一年應呈方物俟光緒二十一年再按定例辦理萬一彼謂必俟駐緬十年始呈方物則經此一番考覈彼於光緒二十一年之期斷難宕緩矣蓋在我

朝廷原不重此區區之貢然名之所在關繫較鉅理合附片具陳伏乞

聖鑒訓示謹

奏

瀕海要區添設領事疏 光緒十七年正月二十五日

奏爲瀕海要區添設領事揀員調充恭摺仰祈
聖鑒事竊臣承准總理衙門文開准北洋大臣李鴻章咨稱海軍提督丁汝昌巡歷南洋目擊華民人數巨萬生意殷盛既設領事之處尙稱安謐其餘頗受欺陵無不環訴哀求請設領事咨令酌度情形試與英國外部商議如能辦到實於華民有裨等因臣竊謂酌設領事所費無多而收效甚速曾於去年十月統籌全局縷陳
聖鑒在案查南洋流寓華民頗有貲田宅長子孫者而拳拳不忘中土疊次防務賑務捐款甚鉅既據同聲呼

籲不可無以慰商民望澤之誠示
國家保護之意惟設立領事條約本無明文各國知此事於我有益往往靳而不許即英國前議亦謂中國只能照約而行不能援引公法臣初與外部商議先破其成見謂中英方睦豈容與泰西分別異同再四磋磨外部始允照各友邦一律辦理仍謂審量情形刻下或有難盡照辦之處臣亦以經費有常必須擇要興辦礙難處處徧設查香港一島爲中外咽喉交涉淵藪前使臣屢商未就臣擬於香港設一領事官其新嘉坡原設領事改爲總領事兼轄檳榔嶼麻六甲及附近英屬諸小國小島若慮幅長莫及或就近選派殷商充副領事以資聯絡由總領事察度稟臣核辦臣既函商總理衙門復明告外部外部尙以中國官吏未諳西例爲慮臣告以新嘉坡領事左秉隆在任十年彼此往來素稱和睦臣署參贊官黃遵憲前充美國舊金山總領事四年穩練明愼中外悅服擬以此二員充補外部乃無異辭合無仰懇
天恩俯念員缺緊要准將駐英二等參贊官二品銜先用道黃遵憲調充駐劄新嘉坡總領事官新嘉坡領事官花翎鹽運使銜先用知府左秉隆調充駐劄香港領

事官於交涉事務流寓商民必有裨益除另將酌擬經費增派隨員詳細辦法咨呈總理衙門外所有添設領事揀員調充緣由理合恭摺具陳伏乞
皇上聖鑒訓示謹
奏

新嘉坡總領事酌定名稱片 光緒十七年正月二十五日

再美日祕三國共設領事五處日本一國共設理事三處副理事一處均由出使大臣刊給關防此次增設領事自應指明轄地酌定名稱臣查南洋各島英國屬地甚多除遠處不計外凡附近新嘉坡者曰麻六甲曰檳榔嶼曰丹定斯羣島曰威利司雷省曰科科司羣島此皆英國屬土其各小邦歸英保護者曰白蠟曰石蘭莪曰芙蓉又有柔佛一邦名為自主實則為英附庸各該處華人共三十餘萬占居民十分之六前於光緒十一年間英國政府聯合各地定其名曰海門屬部而設一

總督於新嘉坡以統轄之臣請以新嘉坡總督所轄之地即為總領事所轄之地擬刊關防其文曰

大清駐劄英國新嘉坡兼轄海門等處總領事關防香港新設領事擬刊關防其文曰

大清駐劄香港正領事官關防如蒙

俞允可否由總理衙門頒給抑或由臣刊發恭候

命下之日分別刊刻發交該員等祇領關防以昭信守理合附片陳明伏乞

聖鑒謹

奏

恭報馳赴義國呈遞國書疏 光緒十七年三月初三日

奏為微臣馳赴義國呈遞

國書恭摺仰祈

聖鑒事竊臣奉

命出使英法義比四國其英法比三國

國書業已陸續呈遞先後恭摺陳明在案臣於二月初一日由法國巴黎起程初三日馳抵義國羅馬都城先與其外部尚書兼首相呂提尼會晤緣義王適逢懿戚之喪半月內不能見客旋訂於二十一日未刻接見屆期禮官帶雙馬朝車來迎臣恭齎

國書率同參贊官馬格理繙譯官吳宗濂前詣王宮掌儀大臣導入內殿義王出見慰勞殷勤並稱數百年來義國積學之士多為中國所用交誼實在各國之先今又益加親睦但冀兩國內政外務蒸蒸日上實所欣盼

臣遵舊例不用頌辭行鞠躬禮致遞

國書義王免冠祇受矚臣轉

奏代陳謝悃語意懇摯禮成而退並於次日照章進見

王后二十四日辭行起程因出使俄德奧和臣洪鈞許景澄尚有須會商之事臣即繞道德國停駐一日二十九日回抵巴黎使館摒擋稍竣即擬馳赴倫敦措注

諸務所有馳赴義國呈遞
國書情形理合恭摺具陳伏乞
皇上聖鑒謹
奏

分刪教案治本治標之計疏 光緒十七年八月初六日

奏爲英法兩國教案牽涉旣廣關繫較鉅謹就見聞所及分刪治本治標之計恭摺密陳仰祈
聖鑒事竊臣承准總理各國事務衙門電信知五六月間長江上下游教案疊出蕪湖丹陽無錫江陰南昌等處天主教堂多被焚燬武穴被殺教士及洋關扦手各一人皆係英籍迭經各省查拏匪犯或立予駢誅或訊明定罪而英法德三國使臣尚忿爭不已來相促迫臣屢以中國辦法詳告英法外部外部知我辦理認眞尙無異辭迨接其駐京使臣函電則又往往變計蓋各使

久居中國洞悉情勢初因訛言四起風警頻仍迫爲自衞之謀寖萌要挾之意句串一氣協以謀我遷延數月此案不知何時議結臣竊維匪黨之得肆焚掠者挾簣鼓愚民之術也愚民之莫釋疑忿者信迷拐幼孩之說也按舊說謂天主教徒迷拐幼孩挖眼剖心用以製藥此論不知始於何時前儒顧炎武所著郡國利病書亦已有烹食小兒之說彼時中外懸隔偶得傳聞並非事實然是說之流傳也久則人心之篤信者衆猶憶同治八年天津案起前大學士曾國藩初聞挖眼盌墖之說亦欲悉心查辦比入津境攔輿遞稟者紛訴此事詢以

有無實據、則辭多惝怳、迨嚴加訊究、而其事益虛、所以專疏特辨此說之誣、臣於當日列在幕僚、頗知梗概、出洋以後留心訪察、大抵天主教徒所崇奉者惟耶穌耶穌之說亦以仁慈爲宗旨、近者禁黑奴有會禁鴉片有會彼於虐人之事、害人之物、尚欲禁之、豈有殘酷至挖眼剖心而歐洲各國習不爲怪者、卽彼之精於化學醫學者、亦謂無心眼入藥之理、斯必灼知舊說之訛傳然後此案乃可下手、否則在事大小官員先懷疑慮葛藤不斬轇轕滋多將何以曉彼愚民將何以禁彼匪黨而諸教士自忖不能久居中華其力足以煽動各國釀成

出使奏疏　卷上　四十一

釁端西洋風氣重視教務一遇有事鮮不上下同心非若爭一事占一地者其民猶有從有不從昔年俄羅斯之侵土耳其法蘭西之割越南皆以護教爲名此中機括不可不愼之於微也臣非謂洋教之無損於中國也彼天主教雖稱爲善自歷代教王增竄私說并漸失耶穌本意濫於招納不擇良莠教士卽不自爲迷拐難保無迷拐者託跡其門恃爲護符且男女無別西洋習俗如此教士偭規錯矩亦猶中國僧道之不能盡守戒律而入教之民無惡不作平民受其欺壓積憤日深一發難遏地方日以多事猶幸周孔程朱之教彌綸寰宇深

入人心凡列衣冠之中鮮慕異端之學然彼此齟齬不能相安臣愚以爲不與妥議章程終非善策近來歐洲德義等國限制教民立法綦嚴大權始不旁落無復從前挾制紛擾之患中國許洋人傳教既在約章勢難驟改惟妥籌約束之法本係內治之要政非各國所得干預而彼不能不干預者積漸使然也當津案初結之時總理衙門嘗照會各國使臣修改傳教章程俱經該使駁回由今思之其中各條有暫難遽行者如限定各堂華民入教之數撤去女教士女塾卹孤局及非教民子弟不得入男塾之類是也有可以辦到者如禁教士詆

出使奏疏　卷上　四十二

毀儒教凡有教堂聽華官隨時查看堂中所收嬰孩悉報明地方官教民有訟教士不得徇庇之類是也與其未必能行而悉爲所阻不如擇其可行而先爲商辦中外合力徐與磋磨彼既就我範圍卽可循序漸進將來於彼所難允者相機伺便與之理論抑或俟武備日精邦交日固竟仿西洋限制之法要在統籌全局因勢利導雖效之遲速不可知但盡一分心力必有一分補救臣所擬治本之計籌經久之道者如此自各國立約以來英重通商法重傳教所操之術不同此次被燬教堂、多屬法國、而英國祇有武穴一案、德國則並無受損、惟

有兗州舊案未銷乃三國使臣既互相邀結法之外部復奮其全力密聯英德外部意在廣樹聲援乘此事機收意外之權利英德恐法之得權利而不甘居人後遂與爲合從之謀俄美義諸國又從而附之彼之相約以顧全西國大局爲辭而意則在各便其私圖以責我保護將來爲說而意則在覬變於臨事臣愚以爲方今要著宜令各省格外嚴防勿再滋事杜彼藉口而防變之法宜注力查禁匿名揭帖則風不起而瀾自平薪不添而火自熄至辦理此案當先有一成不變之規模如彼責緝兇多誅一匪徒在我不爲無益可允也而罪必求其當彼索賠款多認一償費在我尚無大損可允也而數必求其覈即彼欲以不肯保護之咎株連印官苟察其平日玩視民事政聲較劣亦可允也但須乘彼未甚催促予以撤調處分自足折服遠人之心而泯其吹求之見矣惟彼倘藉護教爲名迫我以不能行之事或欲別訂章程隱收權利且使彼教日益恣橫自當堅定以拒之鎮靜以應之昔曾國藩辦理津案雖一時謗議紛起閱世以後人咸諒其心之公忠並知其事之妥協者蓋既保全和局而原案外並無所讓也今諸國既受法人籠絡驟不可離英人於武穴一案亦欲留爲觀望之

貲未肯遽結彼勢盛則所望愈奢時久則所謀愈狡爲今之計似以設法速結爲妥欲求速結似以堅持其大者酌讓其小者爲妥即臣所論約束教士之法恐彼知之而先肆要求也似不如暫隱勿宣俟結案後再與議善後章程爲妥又聞英法德義俄美等國多駛兵艦往來中國海面江面皆以保護教務爲名外洋各報謠詠紛紜或稱所費不貲或稱相機行事臣竊謂南北洋兵艦亦宜悉數調派分布各處隱備非常既示以勢力之不孤且以保護彼教爲名俾知我之所費亦不少也如是則彼之氣平而我之理直我之氣亦愈壯矣臣所擬治標之計弭目前之釁者如此以上二說不過就臣見聞所及妄爲揣度未知近日情形是否相符各省教案是否已結耿耿寸衷略抒愚悃倘蒙

聖明俯察末議

敕下總理衙門暨南北洋大臣湖廣督臣用備萬一之采擇大局幸甚除前已具函電陸續詳達總理衙門外所有英法兩國教案分別治本治標緣由理合恭摺密陳伏乞

皇上聖鑒訓示謹

奏

密查各教堂索償數目片光緒十七年八月初六日

再法使李梅由巴黎起程八月中旬可抵中國現聞各使所商之事均俟李梅到後方能定議法人自稱所欲商者不外四端曰緝兇犯懲印官議賠款杜後患是也以前三端固屬意中之事以後一端亦爲理之所應有而勢之所難拒然應之不審則彼之後患可杜而我之後患無窮臣所謂法人欲收權利各國互相觀望者未必不在於此至懲官緝犯當查確實情形非臣所能懸揣而賠款爲稍後一著議到賠款則結案已有把握臣慮其將來所索之款不免浮開密飭駐法參贊官慶常

分詣教會根查確數旋據覆稱江蘇安徽教堂爲耶穌會教士之公產江西教堂爲辣薩里會教士之公產均屬教王管轄二會各有會首常駐羅馬皆天主教也此次鬧教蕪湖一處受害最重擬索償款十三萬兩有奇無錫擬索三萬兩有奇他處各數千至一萬兩不等江西教堂約索二三萬兩通計三省賠款約在二十萬兩左右至多以二十五萬兩爲度均按房產物價券契實數開單等語臣竊查西國政教判爲兩途設遇此等事件皆由國家自與教會商辦較爲直截中國則向由各國攬攬徒令藉端要挾此非中國之利亦非教會所願也今賠款既查知梗概倘法使索費無甚虛浮或稍有虛浮自當迅速與之議結萬一與實數大相懸殊彼或有意相難欲爲他事盤旋作勢似不妨由總理衙門告以當屬駐洋使臣徑與教會商辦彼知我有此一著必可漸就範圍至教會既在羅馬則每事應令義使與聞以分法國護教之權是否有當理合附片密陳伏乞

聖鑒謹

奏

附陳處置哥老會匪片 光緒十七年八月初六日

再此次焚燬教堂毆斃教士傳聞係哥老會匪散布揭帖激發衆怒事起則率黨縱火事畢則潛蹤四散此輩皆係遣撤勇丁所以氣勢較盛蔓延較廣竊查哥老會名目始起於四川而流衍於湖廣厥後湖南營勇立功最多旋募旋撤不下數十萬人而哥老會之風亦遂於湖南爲獨熾其初立會之意祇在互相救援互濟貧乏而已迨入會者衆不免恃勢滋事今者教堂之釁則又爲從前所未有匪黨逞一時之意

國家受無窮之累其情甚爲可惡其案較爲難辦惟有

廣購眼線平心訪察將在場倡率之正兇多獲數名毋稍枉縱亦足振法紀而全鄰好臣竊謂自今以後凡各省防營於湖南勇丁不宜輕募亦不宜輕撤大抵入會之習在營中者爲多即或散歸鄉里往往因挂籍會中不能遽出然自楚軍極盛迄今幾二三十年其風當漸歇矣乃因鄰省添營或仍在湖南募勇則舊者已逝而新者復起似暫宜停募楚勇俾哥老會之淵源不至循環相嬗亦可杜鄰省各營傳染之患至現有之營果係楚勇儻察其萬難得力或値經費支絀亦宜妥愼籌畫分年設法斷不可倉猝遣撤致彼衆爲饑寒所迫驟生事端其有身經百戰保擢提鎭撤歸田閒者不必問其入會不入會但查其曾著功績而處境貧困者似應由各省大吏酌量位置俾藉一差以濟衣食需費無幾而保全實多斯皆銷患無形之術也抑臣又聞曾國藩嘗籌處置哥老會匪專主內嚴外寬之說但問其有罪無罪不問其是會非會禁供攀以孤匪黨免株累以定人心告訐之脅從概不批准以絕仇怨誣陷之風訪獲之頭目必置重典以杜煽誘猖獗之漸俾善類不致自危惡黨不能惑衆洵可謂拔本塞源之論矣然此係地方有司之事要在爲大吏者督同司道府縣從容撫綏恩

威並濟月計不足歲計有餘殆非急切所能爲力也理合附片具陳伏乞

聖鑒謹

奏

擬請嚴禁私購外洋軍火以杜隱患疏光緒十八年四月初十日

奏爲擬請申明律例條約嚴禁私購外洋軍火以杜隱患恭摺仰祈

聖鑒事竊臣於光緒十七年八月承准總理各國事務衙門電稱英人梅生私運軍械接濟會匪於行李中搜出炸藥等因當經照會英外部以中國教案紛起由於會匪搆釁而會匪軍火係由英人向香港私購運往請速電飭香港英員禁止軍器出口旋據外部復稱已由港員出示禁止以六箇月爲期本年二月復准總理衙

門電告商請展限續禁當又照會外部現已展期六箇月先後咨呈總理衙門在案竊維販賣軍火在外國祇同貿易之常規在中國實爲地方之隱患上年滬關盤獲梅生私運軍火之時同時天津亦搜獲輪船私運洋槍等件徒以無主名之犯姑未深究罰賠完案迨十月開建昌朝陽教匪滋事聞其臨陣所用頗多外洋利器是知內地匪黨向洋商輾轉購買軍火蓄謀於平日始竊發於一時若不及早申明律例條約嚴加禁遏則將來伏莽之患在在可虞查律例於民間私鑄礮位私藏軍器私造鳥槍及窩囤興販硫礦各物原定罪名極重

其將硝礦等濟匪者以通賊論光緒元年奉天將軍崇實因捕獲私販外洋槍礮之犯並查起洋槍火藥等件奏請嚴定治罪專條經總理衙門刑部會議奏准通行在案英人梅生一犯徒以條約載明應歸外國官員審讞從西律科斷遂不能權自我操難以盡法懲治然律例之設原爲禁約華民但使海關稽查嚴密於奸民私購之事有案必破有犯必懲則律例者以治洋人則不足以治奸民則有餘此宜及早申明者也查各國通商條約英通商章程第三條明言違禁貨物如火藥彈子礮位大小鳥槍並一切軍器等類概屬違禁不准販運

進口第五條硝礦白鉛應由華官自行採辦進口或華商特奉准買明文方准進口違者所運貨物全罰入官又查同治五年上海酌定採辦軍火章程由道發給護照知照稅務司換給英文單查驗起貨即他省委員到滬採買者亦一體照章不得私向領事官洋商處購辦而香港英員知中國嚴禁私販軍火亦頗設法助我稽察毫無異議此則訂約伊始已有防微杜漸之意採辦以來非無因時制宜之用洋人雖欲自保利藪終難違棄約章我能整理彼亦認眞我稍通融彼益生玩今但恪遵舊約不必別示更張則嗣後非有中國官員採辦

印文爲憑無論何項軍火在香港等處者彼必一概不輕放入口仍嚴飭通商各口實力稽查有違禁者照章罰辦則條約者不能懲洋人於犯事之後而可怵洋人於未犯之先此尤宜再四申明者也臣今與外部理論梅生罪名稍有端倪外部亦知梅生之罪重罰輕惟英廷兩次禁止香港軍火出口已示若十分睦誼儻屆期滿能否再請展限尙難豫定而內地會匪根株未必能一時剷盡則暗中私購實屬防不勝防臣愚以爲與其待鄰邦之禁而事不可必不如申內地之禁而柄有可操既不受彼虛情尤可裨吾實政可否請

旨敕下總理衙門照會各國公使重申條約章程所有外洋軍火一項除由海軍衙門南北洋大臣各省督撫派員採辦有地方官印文爲憑外其民間私購軍火應飭洋商一概不得發售洋船亦不得裝運入口違者所運全貨入官並請

敕下各省將軍督撫於民間私販各案拏獲之後應即照光緒元年總理衙門刑部奏定新章辦理其各海關稽查章程本已嚴密如尙有修補變通之處應由總理衙門飭總稅務司及各關道妥籌切實辦法要之法重而難辦到不若法輕而務必行誠使查獲禁物除該貨入官並根究購運主名懲辦外其裝運之商船似應分別情節如知情則併船入官如不知情則視所私運之貨價加數倍示罰如是則不待查驗於到口之日而先拒絕於裝船之時蓋查禁愈嚴則私槍之價愈昂價愈昂而匪黨之力無能爲矣臣嘗以爲今之時勢與昔異昔以靖內變爲先務今以禦外侮爲要圖苟使外患能紓則內寇雖偶有不靖而有電線以通軍報有輪船鐵路以捷駛運有我所精選彼所缺乏之槍礮火藥以資利用似無不操全勝之理然使稍疏防範則奸商牟利遠人齎寇致我所有者而彼並有之其患亦不可勝言

也臣爲防遏奸萌潛消反側起見所有擬請申明律例條約嚴禁私購軍火緣由理合恭摺具陳是否有當伏乞

皇上聖鑒訓示謹

奏

與英外部商定派員會立坎巨提頭目疏光緒十八年閏六月十二日

奏爲坎巨提回部被英兵攻擊逐其頭目迭與英外部
商議由中國派員會同英員封立新酋以全兩屬體統
計可剋期妥結恭摺密陳仰祈
聖鑒事竊臣查中國回疆之外向有羈縻各回部遠慕
聲教列爲屏藩或雖未設官而正朔是頒或雖未入貢
而奉命維謹稽之西域圖志知八城邊外尙多屬地即
同治初年湖北所刻一統輿圖實以康熙乾隆
內府輿圖爲藍本臣嘗觀一統圖所詳疆域參以時憲

出使奏疏　卷上　五三

書所頒地名則昔年中國所屬之回部實已可得其梗
概惟自咸豐同治年閒中國內寇不靖未遑遠略俄國
旣以兵力吞併浩罕布魯特哈薩克布哈爾諸回部擴
地不下數千里而巴達克山魯善什克南瓦罕諸小部
則皆服屬於阿富汗邇來阿富汗爲英屬國英之大勢
駸駸由印度北嚮有與俄國爭雄之意而中國西邊之
外遂日以多事即如坎巨提一部近喀什噶爾南界在
葱嶺西南厥地縱橫數百里戶口約近萬人歲貢中國
沙金一兩五錢例賞大緞兩端近年屬回之入貢中國
者祇此一部蓋即新疆識略之乾竺特一統輿圖及時

憲書之喀楚特同音而異譯也但不知何時又服於克
什彌爾亦歲有貢獻而克什彌爾今亦爲英之屬國是
以英之印度總督歲貼坎巨提經費以助彼整理防務
爲名實隱收其內政之權去年夏秋閒坎巨提已有赴
喀什噶爾告急之舉則以英人築一礮臺俯臨坎境也
臣於本年正二月閒疊承總理各國事務衙門電信以
英兵侵坎巨提該頭目連戰不勝率其逃衆詣卡外求
援屬臣以起釁情節詰英外部臣詢知英兵修築一路
直貫坎境北抵興都哥士大山意在扼此隘口以杜俄
衆南侵而保印度門戶該頭目興師攔阻爲英兵所擊

出使奏疏　卷上　五四

敗其所居之棍雜城亦被英兵占踞臣與英相兼外部
尙書沙力斯伯里晤商兩次據稱並無滅坎之意亦無
阻坎入貢中國之意祇因坎酋罪惡甚多輕慢英官不
得不示懲儆等語臣與總理衙門往返電商妥籌辦法
因坎酋聲名素劣勢難必使復位該部旣係兩屬之國
與專屬中國者又稍不同祇可酌就外部之辭與之理
論外部語言閃爍其初次存坎之說旣甚游移而必欲
據坎之心則甚堅剸幸而窺彼隱情頗以俄踪方張亟
思聯絡中國不欲斂怨樹敵臣得就此設法磋磨而英
廷措注東方事務動須俟印度總督議覆核辦最後稱

選得舊酋之弟摩韓美德拏星可爲坎巨提頭目擬請
中國派員會同英員行封立之禮已由總理衙門電告
新疆巡撫選派妥員前往臣與外部商訂儀節華員英
員共爲一班克什彌爾係英屬國該員位次應稍居後
行禮之期初訂在閏六月二十三日現展至七月二十
五日祇須屆時彼此和衷妥辦即可蕆事此與英廷商
辦選立坎酋之原委也臣惟數十年來西洋諸國日肆
東封俄闢琿春英守香港其初皆係中國之地彼族知
我中國疆土廣遠向不計較尺寸尤不力爭藩屬乘間
抵隙競生無饜之謀於是日本滅琉球法人取越南英

人翦緬甸相率效尤竟無底止甚至有覬我朝鮮覬我
臺灣者亦事勢使然也英人之經營坎巨提殆非一日
此次乘釁而動彼謂蕞爾部落中國必度外置之迨臣
承總理衙門指示斷斷與爭稍出英人意料之外彼既
以立酋爲轉圜我即可藉保小爲退步雖選酋之柄隱
屬於英然既稍稍爭回體制俾各國知兩屬小部中國
尙不肯舍棄已稍變琉球越緬之前規似於大局不無
裨益且俄法諸大邦見中英交誼如是親睦亦當稍戢
其蠶陵之氣矣除詳細情形暨問答節略已節次寄呈
總理衙門外所有中英兩國會立坎巨提頭目計可剋

期妥結緣由理合恭摺密陳伏乞
皇上聖鑒訓示謹
奏

密陳帕米爾情形片光緒十八年閏六月十二日

再中國回疆邊外有回部錯居之地曰帕米爾山勢迴環高原綿亙其脈發自葱嶺實爲大地最峻之脊因其土多磽薄所以無著名部落從前隸我疆圍羈縻勿絕者十居八九自俄英兩國分爭環伺而迤北迤西稍稍歸屬於俄迤南小部則附於英屬之阿富汗惟東路中路久服中國迄今尚喁喁内嚮然既爲三大國出入之門戶得之則可居高臨下不得則恐失險受逼近年以來俄人頗盡力經營注意在此英人知俄之有深謀也乃急起而隱爲之防迭派武員赴帕米爾遊歷探訪情

形臣於去年七月接英外部送到祕密節略及地圖各一件以劃清阿富汗邊界爲辭其意欲使中國收轄帕境中間之地勘明界址以免俄人窺伺臣卽轉送總理衙門未及核辦適俄兵遊獵帕境逾月卽歸聞俄外部告駐俄使臣許景澄欲會同中國勘界分疆惟英於帕米爾本無分地不當使其與聞等語竊思英藉保護阿富汗之名遠涉帕境其意本不在分地而在防俄英若分地於勢不順而隱助中國以分地則其事易成英冀中國得地稍多支格其間可隔閡俄兵之南下又慮中國未能速辦今春乃有坎巨提之役蓋修築坎路實以綢繆帕事也臣前接總理衙門電信擬以帕米爾作爲三國公共之地各不侵占曾與英外部妥商許景澄亦以此商之俄外部兩國之意皆不甚以爲然似難勉強允從惟分地則俄雖改前說英亦不乖本謀臣前商之外部已飭駐俄英使與俄外部商辦據稱英俄須各派員赴帕查勘再行定議夫前日俄人所以欲擯英者以去英則中國較易商量也今日中國所以願合英者以得英則俄人稍有畏憚也臣聞伊犁定約以來俄人所自指爲邊界者已三變其說每變則益徙而南今俄又派兵遊帕據其自告英員欲以郞庫里湖爲界益與喀

什噶爾等城相近若不妥籌分界臣恐俄人益肆詭謀而英人亦漸生異志事端百出更費躊躇今者作爲公地一說既不能行惟有由總理衙門設法催俄分界勿使藉辭推宕以期與英使在俄商辦之事適相浹洽則一勞永逸當有把握英雖不肯顯助中國以結怨於俄然密通消息稍持公論實在意計之中似亦可乘之機也理合附片密陳伏乞

聖鑒訓示謹

奏

强鄰環伺諸陳呈計一路所見甚大

出使奏疏

薛叔耘副憲撰

下上冊

出使奏疏卷下

無錫薛福成叔耘

擬請嘉獎襄助賑務英員疏　光緒十八年九月十四日

奏爲英員勸捐鉅款襄助賑務懇請傳
旨嘉獎恭摺仰
聖鑒事竊臣於光緒十七年十一月間准山東撫臣福
潤咨稱柔佛國王捐助東賑鉅款業經奏請
賞給寶星等因本年四月間據新嘉坡總領事官黃遵
憲稟稱接山東東海關道文開柔佛國王捐賑一案經
總理衙門議奏給予頭等第一寶星奉
硃批依議欽此欽遵知照前來並將頭等第一寶星一
座執照一張移送到坡當經備文送交柔佛國王祗領
訖復據該總領事稟稱此項賑捐本係因蘇皖水災馳
電告急新嘉坡等處既已捐解鉅款該國王聞風興起
匯解略遲適值山東水災甚重乃改爲東省賑款當蘇
皖告災之時經江海關道暨出使大臣迭次函劄勸諭
紳商僅收得洋銀二千七百餘員及新嘉坡總督施密
司出而提倡選派華洋紳商分途勸募共捐洋銀十萬
零九千六十七員檢查舊案單開之數內有新嘉坡檳
榔嶼麻六甲議政局公捐洋銀二萬五千員此皆英國

屬土又有白蠟國王暨其議政局公捐洋銀一萬員碩蘭莪國王暨其議政局公捐洋銀八千員此爲英國保護之邦使非新嘉坡總督權力萬不能集此鉅款此外華洋人等均因該督爲登高之呼遂相率爲衆擎之舉源源湊解不遺餘力均由上海轉解災區全活甚衆事定之後經前兩江督臣曾國荃送給匾額一方施密司亦經收受但稱事關中外睦誼理當上達
天聽乃僅由疆吏自給匾額意頗觖望今柔佛國王因
捐賑
贈給頭等寶星華洋互傳誇爲盛事該國王特派兵船

迎送亦視爲非常榮幸伏思論災區則蘇皖重而山東輕論捐款則新嘉坡多而柔佛少且柔佛係半主之邦歸英保護卽由新嘉坡總督管轄雖名位仍曰國王而權力分際遠遜總督寶星一項洋人之所最重同辦一事而一有一無相形見絀擬求代爲奏請
賞給施密司寶星以表鄰國救災之情以明
中朝獎善之意以勸異時濟美之人等因稟請前來又據本署英文參贊官馬格理函稱同時英國倫敦府尹威德海參贊瑣羅比因聞蘇皖告災之信在倫敦及香港等埠先後捐募英金三萬二千六百五十四磅約合當時庫平銀十三萬兩以外陸續寄交英律師担文轉送江海關道衙門彙解災區亦經前督臣曾國荃送給威德海匾額一方而威德海意頗不懌謂此係中英兩國交涉之事彼與疆吏並無私誼鉅款乃衆人所湊集彼獨得一匾額何以對衆若得中國
大皇帝諭旨嘉獎彼自有辭可告衆人等語臣復博加諮訪所聞大致無異又遣馬格理赴倫敦府尹衙門查問前捐總數亦屬相符臣竊維光緒十四年蘇皖水災前督臣曾國荃蒿目時艱籌賑募捐不遺餘力其己飢己溺之懷素爲薄海所共信雖數萬里外莫不慷慨輸

將公私競勸以拯災黎而襄盛舉設非曾國荃至誠惻怛大聲疾呼亦不能鼓動若是之廣獨惜其未悉外洋情形誤謂貽贈匾額足以酬謝厚意詎知鄰邦交際厥有常經遠人救災尤宜優獎彼不重疆臣之激勸而獨慕
天語之褒嘉應付稍不合宜未免授人口實厥後如十五年之江浙水災十六年之順直水災非不較重於蘇皖而海外捐賑之踴躍頗不如前未始不由乎此臣愚以爲阻後來之濟賑者其事猶小啟他國之輕視者其患較多蓋人有美意我或受之而不能知或知之而不

能獎最足令人寒心議論所及恐大局隱受其損今者事隔四年羣情所注原無奢望且中外海程修阻往返本多周折設法補救似未爲遲蓋荒政本由地方大吏主持非使臣所當越俎但關繫交涉要務目見耳聞既皆切實亦豈敢緘默不言致瘝厥官臣查施密司於寓居十餘萬華民留心保護毫無歧視照西國通行之例本應奏請
賞給寶星以旌其美惟格於英國定章恐難允其佩帶該總領事所稟請給寶星一層可作罷論但以遠方官紳慕義勸捐力顧大局其勞勣自不可沒合無仰懇
天恩俯准將英國新嘉坡總督施密司前倫敦府尹威德海傳
旨嘉獎之處出自
逾格鴻慈臣不敢壅於上聞理合恭摺具陳愚昧之見是否有當伏乞
皇上聖鑒訓示謹
奏

請豁除舊禁招徠華民疏光緒十九年五月十六日

奏爲時勢互殊例意已變擬請申明新章豁除舊禁以護商民而廣招徠恭摺仰祈
聖鑒事竊臣溯查
國朝順治康熙年間始嚴海禁當時因鄭成功父子竊據臺灣窺犯江浙閩粵招誘不民脅爲死黨寇勢滋蔓沿海騷動不能不創立禁例以大爲之防凡閩人在番託故不歸復偷渡私回者一經拏獲即行正法厥後臺灣既平務在與民休息不欲生事海外康熙五十六年禁止南洋貿易一案經九卿議定凡出洋久留者行文外國解回正法嘗
聖祖仁皇帝特恩令五十六年以前出洋之人俱準回原籍雍正六年奉
諭出洋之人陸續返棹而彼地存留不歸者皆甘心異域違禁偷往之人不準回籍欽此乾隆十四年復奉
高宗純皇帝特諭將私往噶羅巴充當甲必丹之陳怡老嚴加懲治貨物入官大抵昔日海盜未殲鄰交未訂彼出洋之民禁之則可以孤寇黨彌釁端不禁則慮其洩事機傷國體且承平之世地廣而人不稠人散則土益曠深維至計首懸厲禁非苛待此出洋之民也時勢

爲之也自道光二十二年以來陸續與東西洋諸國立約通商英國江甯和約第一條華英人民各住他國者必受保佑身家安全美國續約第五條中國與美國人民前往各國或願常住入籍或隨時來往總聽其自便而祕魯條約及古巴華工條款亦於出洋華民鄭重再三庇之惟恐不周籌之惟恐不至每於海外要地設領事官以保護之誠以今者火輪舟車無阻不通瀛環諸國固已近若戶庭邇於几席勢不能閉關獨治且我
聖朝煦濡涵育逾二百年中國漸有人滿之患遂不得不導傭工以擴生計開商路以阜財用順民志以聯聲

氣張國勢以尊體統蓋海禁早弛風氣大開一視同仁無閒遐邇前例已不廢而自廢不刪而自刪非偏厚此出洋之民也時勢爲之也臣於光緒十七年
奏派道員黃遵憲爲新嘉坡總領事官屬令到任後詳察流寓華民情形覈實稟報茲據稱南洋各島華民不下百餘萬人約計沿海貿易落地產業所有利權歐洲阿剌伯巫來由人各居十之一而華人乃占十之七華人中如廣瓊惠嘉各籍約居七之二粵之潮州閩之漳泉乃占七之五粵人多來往自如潮人則去留各半閩人最稱殷富惟土著多而流寓少皆置田園長子孫雖居外洋已百餘年正朔服色仍守華風婚喪賓祭亦沿舊俗近年各省籌賑籌防多捐鉅款競邀
封銜翎頂以誌榮幸觀其拳拳本國之心知
聖澤之浹洽者深矣惟籌及歸計則皆蹙頞相告以爲官長之查究胥吏之侵擾宗黨鄰里之訛索種種貽累不可勝言凡挾貲回國之人有指爲逋盜者有斥爲通番者有謂爲偷運軍火接濟海盜者有謂其販賣豬仔要結洋匪者有強取其箱篋肆行瓜分者有拆毀其屋宇不許建造者有僞造積年契劵藉索逋欠者海外羈氓孤行孑立一遭誣陷控訴無門因是不欲回國間有

以商賈至者不稱英人則稱荷人反倚勢挾威干犯法紀地方有司莫敢誰何今欲掃除積弊必當大張曉諭申明舊例既停新章早定俾民開耳目一新庶有裨益蓋黃遵憲體察既深見聞較熟故言之詳切如此臣竊惟保富之法肇於周官懷遠之謨陳於管子民性何常惟能安彼身家者是趨是附中國出洋之民數百萬粵人以傭工爲較多其俗雖賤視之尙能聽其自便衣食之外頗積餘財至今濱海郡縣稍稱殷阜未始不藉乎此閩人多富商巨賈其俗則待之甚苛拒之過峻往往擁貲百萬羈栖海外十無一還而華民非無依戀故土

之思也
國家亦本非行驅禁之政也特以約章初立之時未及
廣布明文家喻戶曉遂使
累朝深仁厚意澤不下究化不遠被奸胥劣紳且得窺
其罅以滋擾累爲淵毆魚爲叢毆爵甚非計也夫英荷
諸國招致華民闢荒島爲巨埠是彼能借資於我也華
民擅幹才操利柄不思聯爲指臂又從而擯絕之是我
不能借資於彼也及今而早爲之圖尚可收桑榆之效
及今而不爲之計必至憂杼柚之空查前督臣沈葆楨
奏請將不準偷渡臺灣舊例一概豁除曾奉

特旨俞允省具文稱實政莫善於此迄今海內交口稱
便出洋華民事同一律可否籲懇
天恩俯念民生凋敝
敕下總理各國事務衙門覈議保護出洋華民良法並
聲明舊例已改以杜吏民詐擾之端由沿海各省督撫
及出使大臣分途切實曉諭奉宣
德意俾衆周知並準各口領事官訪其平日聲名素稱
良善核給護照如是則不事紛更不滋煩擾可以收將
渙之人心可以振積玩之大局可以融中外之畛域可
以通官民之隔閡懷舊國者源源而至細民無輕去其

鄉之心適樂土者熙熙而來
朝廷獲藏富於民之益一旦有事緩急足倚枝榮本固
厥效非淺所有擬請申明新章豁除舊禁以護商民而
廣招徠緣由理合恭摺瀝陳伏乞
皇上聖鑒訓示謹
奏

附陳派撥兵船保護商民片光緒十九年五月十六日

再臣聞流寓外洋華民往往以勢孤氣餒爲他國人所輕侮西洋通例莫不派撥兵船保護商民俾旅居者增氣以自壯近者中國海軍各艦亦嘗巡歷新嘉坡諸埠華民喜色相慶以手加額謂爲從前未有之光寵惟海軍船數不多經費不裕勢難分撥兵輪久駐海外華民集貲積少成多未嘗不願供給船費稟請酌派軍艦稍張聲勢從前兩廣督臣張之洞曾議勸辦此事未及就緒設令果有成效則海軍省養船之費而有歷練之資兵船無坐食之名而著保護之績商賈傭工捐費不多

頗霑利益使臣領事權力雖弱亦倚聲援一舉而數善備焉臣屬總領事黃遵憲相機利導據稱閩商未肯出力事難必成臣是以有招護華民之請蓋華商有力者之在外埠商務之旺衰繫之軍實之强弱繫之即西人亦視之頗重也理合附片密陳伏乞

聖鑒謹

奏

滇緬分界大概情形疏光緒十九年七月二十七日

奏爲遵

旨與英國外部商辦滇緬界線滇境西南兩面均有展拓謹陳大概情形恭摺仰祈

聖鑒事竊臣承准總理各國事務衙門文開光緒十八年六月十六日密籌滇緬界務一摺請

旨專派臣商辦滇緬界線商務以重事權奉

硃批依議欽此仰見

聖主審於馭遠鄭重邊疆至意曷勝欽服臣查光緒十一年英兵進據緬甸之初前使臣曾紀澤先與英外部

會商立君存祀既不可得英人自以驟闢緬甸全境喜出望外是以有允曾紀澤三端之說界務一端則願稍讓中國展拓邊界蓋指普洱邊外之南掌撣人諸土司聽中國收爲屬地也商務一端則以大金沙江爲公用之江在八募近處勘明一地允中國立埠設關八募即中國之所謂新街也當時曾紀澤以未深悉滇地情形持論稍覺游移又因中外往返商查之際未能毅然斷而行之僅與外部互書節略存卷旋即交卸回華次年英署使歐格訥與總理衙門議立緬約五條又以三端尚非定局遂未列入約中臣自去年奉

命與英外部議界葢在歐使立約之後已六七年查閱
使署接管卷內有曾紀澤議存節略英文參贊馬格理
又係原議之人臣屢遣馬格理赴外部重申前說外部
堅不承認據稱西洋公法議在立約之後不可不遵議
在立約以前不能共守以其有約爲憑既不敘入約章
必有所以然也臣思英人自翻前議雖以公法爲解實
亦時勢使然當其併緬之始深慮緬民不服及緬屬諸
土司起與相抗萬一中國隱爲掣肘彼則勞費無窮因
不敢不稍分餘利以示聯絡彼之所以驟允三端者時
爲之也既而英人積年經理萃其兵力餉力勘定土寇

復於緬境外之野人山地稍用兵威脅服收其全土磐
石之形已成藩籬之衞亦固彼之所以忽靳三端者亦
時爲之也前議三端既不可恃則展拓邊界之舉毫無
把握且查滇邊諸土司雖或久隸中國然自乾隆以後
往往有私貢緬甸以圖免擾而固圉者英人執此爲辭
來索緬甸固有之權則或指爲兩屬或分我邊地始事
勢之所必至若中國既失藩屬於前又蹙邊境於後非
特爲鄰邦所竊笑亦恐啟遠人之覬覦臣再四思維深
懼措注不善致乖總理衙門推許之意有辜
皇上倚畀之恩適値前歲秋冬以後英兵游弋滇邊常

有數百人以查界爲名闌入界內去來猋忽野番土目
驚聳異常英兵常駐之地則有神護關外之昔董暨鐵
壁關外之漢董英人用印度武員之謀窺逼近界以至
沿邊騷動風警頻仍雲貴督臣王文韶慮生釁端迭經
電達總理衙門臣承總理衙門急電辦文照會外部斥
其違理責令退兵又屢赴外部苦口爭論英兵稍自撤
退滇邊至今靜謐臣又查野人山地緜亙數千里不在
緬甸轄境之內若照萬國公法應由中英兩國均分其
地曾紀澤嘗有此意而未申其說臣因復照會外部請
以大金沙江爲界江東之境均歸滇屬明知英人多費

兵餉占此形勝萬萬不肯輕棄然必借此一著方可力
爭上游振起全局外部果堅拒不應兩次停商而臣不
顧數次翻議而臣不顧外部所稍依允者印度部復出
而撓之印度部所稍鬆勁者印度總督復出而梗之印
督至進兵蠻達邊外之昔馬攻擊野人以示不願分地
之意臣相機理論剛柔互用外部謂此議非出自總理
衙門與雲貴總督盡係使臣之私意臣電請總理衙門
向英使歐格訥辯論以昭一律總理衙門洞悉機宜力
伸畫江爲界之議外部知我中外同心合謀堅持不讓
甫稍就我範圍然猶疊次翻騰屢易其說彼既重視野

八山地不願分割於是有就滇境東南讓我稍展邊界之說據稱已與印督商定於孟定橄欖壩西南邊外讓我一地曰科干在南丁河與潞江中間蓋郎孟艮土司舊壤計七百五十英方里又自猛卯土司邊外包括漢龍關在內作一直線東抵潞江麻栗壩之對岸止悉劃歸中國約計八百英方里又有車里孟連土司轄境甚廣向隸雲南版圖近有新設鎮邊一廳係從孟連屬境分出英人以兩土司昔嘗入貢於緬并此一廳爭爲兩屬今亦願以全權讓我訂定約章永不過問至滇西老界與野人山地毘連之處亦允我酌量展出其駐兵之

昔董大寨雖未肯讓歸中國願以穆雷江北現駐英兵之昔馬歸我南起坪隴峰北抵薩伯坪峰西逾南嶂而至新陌計三百英方里又自穆雷江以南既陽江以東有一地約計七八十英方里是彼於野人山地亦稍讓矣其餘均依滇省原圖界線劃分外部於三月二十三日行文照會前來臣適探知歐格訥與印督尚多方播煽欲阻成議事機呼吸變態萬端此議雖未滿臣初志不能不審勢而量力見風而收帆曾經將此情形電請
總理衙門進呈
御覽總理衙門與雲貴督臣之意亦謂於舊界有益無

損屬邵商擬條款臣先行文外部訂定大局惟騰越八關界址未清尚須理論外部請待印度所寄地圖又值外部諸員避暑在外稍有停頓前據督臣王文韶電稱漢龍關自前明已淪於緬天馬關亦久爲野人所占跨則八關僅存六關現經臣再三爭論此二關亦可歸中國又前年英兵所駐之漢董本在界線之外臣因其扼我形勢逼處堪虞向彼力索外部亦願退讓以表格外睦誼刻下界務已竣商務本不似界務之繁重且已先將大意議明無甚爭論現正商訂條款計可刻期蕆事矣臣竊維數十年來西洋諸國競知中國幅員遼闊又

有不爭遠土之名一遇界務鮮不爲眈眈之視若可聽其蠶食者於是琉球越南緬甸以藩屬而見吞香港璭春海參崴以邊隅而被攘甚至有覬及朝鮮議及臺灣者中國素守好大喜功之戒避開疆生事之嫌得之則曰猶獲石田失之則曰不勤遠略顧石田棄而腴壤危矣遠略弛而近憂迫矣我視爲荒土而讓之彼一經營則荒土化爲奧區以奪我利柄我見爲甌脫而忽之彼一布置則甌脫變爲重鎮以逼我嚴疆伺開蹈瑕永無底止歲朘月削後患何窮臣愚以爲必擇一二事以全力爭持然後可以折狡謀而挽積習此次滇緬界務憑

藉
皇上寵靈始變前規稍展舊界實維總理衙門之功總
理衙門統籌全局假臣事權始終扶助謀議相同每有
查詢朝電夕報俾臣得遠承指揮稍殫愚拙雖獲地無
多而裨益有五風示各國俾勿窺覦一也隱備印度杜
其窺伺二也保護土司免受誘脅三也扞衛滇邊防彼
勘進四也援用公法稍獲明效五也有此五益臣始知
曾紀澤所商展之界迄今時異勢殊亦稍有窒礙之處
蓋南掌諸部近已盡歸暹羅爭之已覺不易而撣人各
種惟康東土司最大其地與車里相彷彿英人欲據以

遮隔法暹兩國斷不肯舍抑且離我邊境較遠控制不
易固不若今日之所展皆在近邊也除俟條約擬議妥
協再電達總理衙門並專疏詳報外謹繪滇緬分界圖
一幅恭呈
聖覽以黃紅藍三線分別舊界新界與英所欲占而退
出之界所有商辦滇緬界線西南兩面均有展拓緣由
理合恭摺馳陳大概情形伏乞
皇上聖鑒訓示謹
奏

駐緬英員遵約呈進方物片光緒十九年七月二十七日

再查緬約第一條內英國允由緬甸最大之大臣每屆
十年派員呈進方物所派之人應選緬甸國人等語當
英兵據緬之初使臣曾紀澤迭准總理衙門密電以立
君存祀商之英國外部英廷不允存祀始改爲存貢之
議迨英署使歐格訥與總理衙門訂立緬約儘力磋磨
意存翻悔經總理衙門堅持不懈始將十年派員之例
列入約中誠以告朔餼羊雖不過稍存禮意而百年舊
典未可弁髦棄之也惟聞英廷謀議始得緬甸頗出意
外慮中國之隱掣其肘爰不憚以此虛禮款我八九年

來英人綏輯全緬布置既密益務恢張其駐緬大員尚
無照約舉行之意印度諸員異議亦由此而起德法諸
國之好議者亦且從而譏之謂英以堂堂大邦修貢中
國未免徇實利而不卹虛名英之外部頗存顧慮隱悔
前事臣於前年即派員赴印度部探問入貢之期該部
人員一味支吾頗多遁辭臣恐久不催問此約竟成虛
設因與外部再三理論外部始則設辭推宕繼稱待至
光緒二十三年照約舉行最後答文稱英廷已豫備光
緒二十年第一次派員赴中國蓋其用意甚深實爲滇
緬分界不能稍讓地也臣於分界各端既斷斷與爭不

稍鬆勁深恐彼於貢事難免變計所以外部答允雖久未敢信爲定論今界務已大致就緒彼於貢務亦無異言明年定可照約派員初次規模既定則以後源源納貢不至誤期矣理合附片具陳伏乞
聖鑒謹
奏

派營彈壓野人山地片 光緒十九年七月二十七日

再臣與英外部爭劃野人山地之時英人動以野人兇悍中國兵力不能管理爲辭且謂中國徒爭此地而不知管理必致野人愈橫擾累英人所以有萬難分劃之勢臣查野人頗知耕牧亦通市易其馴順之氣實過於臺灣之熟番前歲遊歷道員姚文棟道經此地野人結隊送迎環求歸屬中國者到處皆是此等野人雖不隸郡縣數百年來中國以不治治之聽其自生自育未嘗不涵濡
聖化於深山之中一旦聞西人逼處知將奪其利源其

喁喁內嚮之誠至爲迫切蓋英人進兵野人山地及滇省近邊不過在此三年之內去年臣接滇商公稟頗歸怨於騰越鎮廳之退讓騰越鎮廳平日未諳洋務又時時懼以啟釁獲戾倉猝爲敵所乘措注失當不免應之過柔亦事理所必有臣之與英分界適在英人占地之後所以爭之更覺其難然臣不敢不俯順輿情扼要力爭爭之不得亦俾遠氓知我
聖朝並非棄之化外實係時勢使然至彼族與我爭地動稱控制不易冀相恫喝彼乃得步進步乘機侵占臣是以明告英人如野人山地歸中國則撫綏彈壓中國

任之自係責無旁貸今中國所分昔馬之地係一種開欽野人所居又老界之內亦有野人隨地散處儻仍如承平之世不加管理萬一野人出境滋擾英人英必以我不能守約來相詰責尤恐枝節叢生相應請
旨敕下雲貴督臣於換約之後查照約章派撥得力緑勇一二百人進駐昔馬替換英兵以鞏邊防兼可約束野人俾就範圍抑臣又覩西洋形勢凡兩國接界之處莫不明斥候修礮臺造兵房雖累世和好而設備謹嚴遂能彼此相安無事雲南西南兩面昔與撣人野人各種相接所以臺壘久圮關隘不修亦可無虞侵逼今與

西洋最强之國爲鄰則如何整頓一新如何規畫盡善想督撫臣皆久練疆圻公忠在抱必有先事綢繆者矣至各省緑營舊制往往爲外人所輕視以其用舊器而之實用也則又非酌練新軍不足以隱銷外侮臣之愚見如是理合附片密陳伏乞
聖鑒謹
奏

收回車里孟連兩土司全權片光緒十九年七月二十七日

再滇屬東南羈縻之境以車里孟連兩土司爲最大近年新設鎮邊直隸廳撫理孟連北境計此一廳兩土司之地約可抵內省四五府當臣與英廷爭論野人山地之時英外部以車里孟連曾經入貢緬甸亦堅索兩土司及新設一廳作爲兩屬以相抵制臣查會典及一統輿圖車里孟連隸滇已久鎮邊新設直隸廳同知一官若忽改爲兩屬尤屬無此體制不得不儘力堅持厥後外部遽自轉圜願以全權仍歸中國果使撫馭得宜固守封域可以支格英法暹羅三國之窺伺而臨安普洱

思茅元江諸府廳州當皆恃以無虞不意英事甫定法謀又起邇來法人迫脅暹羅割其湄江東岸之地而車里轄境之大半亦在湄江以東法人迭次以分界爲請雖據聲稱並無侵占滇地之意彼知英人饒舌於先未必不思效尤於後然英究僅有索問之空言並未獲絲毫之實利臣今正與英廷互商條約聲明車里全屬中國與英毫無干涉約章一定不啻借英助我作證法人素性畏強侮弱彼聞中國與俄爭帕米爾與英爭野人山皆不遺餘力儻竟知難而退僅請分劃界限以杜爭端則和平互商自易辦理不滋口舌不起風波尤善之

善者也理合附片具陳伏乞
聖鑒謹
奏

强鄰環伺謹陳愚計疏日光緒十九年七月二十七
奏爲强鄰環伺世變方殷謹陳愚計略備
采擇恭摺仰祈
聖鑒事竊臣博攷輿圖遐稽史籍知我
國家幅員之廣軼漢邁唐而超越於宋明數倍惟元代極盛之時差足比隆然元之塞外諸部不時自爲分裂未若我
聖朝之一統無外控制得宜蓋形勢之雄治平之久人民之眾洵莫與京矣自泰西諸國航海東來始不過藉互市之名逐什一之利相狎既久寖有違言釁端之起僅在五十餘年以前謀臣議論不一忽和忽戰累次失利紛紜者逾二十年而元氣已大損矣厥後更定約章稍持和局外警之迭起環生者幾於無歲無之中外籌議不能不以防海爲兢兢地之險者扼之土之荒者闢之軍之闕者設之才之乏者練之械之精者購之藝之良者習之蓋既經盡臣碩輔內外合謀苦心經營者亦逾二十年中國聲威稍稍異於疇昔然瀕海之區迴環萬數千里布置既已難周猶且艱於物力缺於人材限於時勢格於議論措施不過十之二三而狡寇窺逼之大勢又不僅在海而在陸矣臣竊按英俄法三國歐羅

巴著名强國也其國都皆距中國三四萬里彼知西洋大小諸邦競能自立難逞雄圖未肆西封遂勤東略英人初藉公司之力蠶食五印度未幾而沃壤數萬里盡爲所併遂與我之西藏爲比鄰近且脅服阿富汗克什彌爾巴達克山什克南諸部爲英屬國其大勢駸駸北嚮既越葱嶺而與我之回疆相接南併緬甸而雲南之邊南邊西悉與毘連矣俄國自興安嶺以外東傳於海包我黑龍江全境暨外盟蒙古烏梁海諸部西軼新疆諸城地勢尤爲廣遠自咸豐年間來索舊地而黑龍江以南烏蘇里河以東劃界一誤蹙地數千里至今西人

動輒藉口謂爲中國不重邊地之明證侵奪之謀無時或息俄人又於同治年間乘我內寇不靖稍以兵力吞滅浩罕布魯特哈薩克布哈爾諸回部自是俄境亦接回疆其地匝我三陲迴環殆不下二萬餘里法人自爭得越南旋脅取眞臘一國歸其保護近又侵割暹羅湄江東岸之地疆圉愈廣氣勢自雄而兩廣雲南邊外益以多事由斯以觀中國東南兩面大海繞之其自東北以訖西南則三强國之境繞之防於海者動虞諸國窺伺防於邊者日與三國周旋至於南洋諸島星羅棊布昔人所謂海外雜國東南際天地以萬數時候風潮朝

貢者今已爲英與荷蘭西班牙三國之外府竟無一島能自存者此殆宇宙之奇變古今之創局也然猶有可冀者曰彼雖盛於一時終將衰於異日顧臣觀西洋大國圖治之原頗有條理英俄法皆創國數百年或近千年炎炎之勢不始今日今其制勝之術屢變益精舟車則變而火輪矣音信則變而電傳矣槍礮則變而後膛矣戰艦則變而鐵甲矣水雷則變而魚雷矣火藥則變而無煙矣窺敵則變而用氣球矣照夜則變而用電燈矣專家之學互殫智力往往能制馭水火呼吸風霆新藝迭出殆無窮期其恃强逞威之具既如此然猶有可

慮者曰彼既與我和好未必遽蓄狡謀顧國必自强而後和可恃夫制敵而不制於敵者莫如鐵路英之鐵路一已抵西藏近邊之大吉嶺一已達雲南近邊之新街俄之鐵路將由塔什干而趨浩罕近復經營西伯利亞鐵路東聯琿春海參崴法開鐵路以通商貨已由河內直接諒山而我無一足以應之俄人移我界牌脅我屬部之事時有所聞邇來帕米爾一役終不脫古地故智英人力爭野人山地印度各官志在分據險要侵逼滇疆臣因滇緬分界知其隱衷法人注意滇南諸土司已見端倪彼既撤我藩籬稍久必窺堂奧其貪得無厭之

情又如此蓋事變如此之棘時局如此之艱皆肇端於此數十年內夫自開闢以來神聖之所締造文物之所彌綸莫如中國一旦歐州強國四面環逼此巢燧羲軒之所不及料堯舜周孔之所不及防者也今欲以柔道應之則啟侮而意有難饜以剛道應之則召釁而力有難支以舊法應之則違時而勢有所窮以新法應之則異地而俗有所隔交涉之事日繁一日應付之機日難一日誠不知何所底止矣惟是通變方能持久因時所以制宜伊古盛時或多難以保邦或殷憂而啟聖臣愚以爲

皇上值亙古未有之奇局亦宜恢亙古未有之宏謨夫英國地多而勢散俄國土曠而人稀法國政煩而民佻彼有所長亦有所短我有所短亦有所長誠能去所短而集所長自可用所長而乘所短未得其術則難者益難苟握其要則難者亦易臣謹擇其約而易行者請爲聖主陳其大略一曰勵人才所謂才者何常時方無事則以黼黻隆平爲貴時方多事則以宏濟艱難爲先夫道德之蘊忠孝之懷詩書之味此其體也而論致用於今日則必求洞達時勢之英才研精器數之通才練習水陸之將才聯絡中外之譯才體用兼賅上也體少用多次也當風氣初開之際必有妙術以鼓舞之則人自濯磨矣迨豪彥競進之時必擇異能而倚任之則事無叢脞矣羣才之振奮默運於

九重之精神勸之有具斯培之有本培之有本斯用之不窮至於多設學堂隨地教人多選學生出洋肄業亦皆儲才之要端也一曰整武備歐洲諸邦以戰立國者一二千年凡事皆有專門名家故中國練軍不能不參仿西法海軍取法於英陸軍取法於德已稍著成效矣顧北洋而外推行未廣尚不足以建威銷萌且論今日海軍不在驟拓規模而在簡覈名實不在遽添船礮而

在增練材藝俟其成效足與西軍相頡頏再援昔日化一爲三之議擴充分布則海疆自可無虞至各省綠營疲窳特甚前督撫臣曾國藩胡林翼已早言之似宜先就臨邊之地與英俄法相近者稍稍變綠營爲練軍因其舊餉給以新式火器而以西法部勒之漸除廢弛拘攣之習免爲西人所笑侮又查有可屯墾之地不妨酌置練軍或仿漠河金礦之例許公司集股開礦練營自護隨時操練以備調用似亦兩得之道也一曰濬利源泰西諸國競籌藏富於民之法然後自治自強措之裕如即臣所謂養才練兵亦非餉項充盈不可蓋生財大

端在振興商務，商務以暢銷土貨爲要訣，欲運土貨以
創築鐵路爲始基，今者
國家既籌的款營造山海關鐵路，以期漸達於東三省，
此固護邊至計也。然地勢稍偏，土貨不旺，僅需歲貼養
路巨費，恐非持久之局。今欲使此路廣引商貨，化貧爲
富，似非通內地鐵路不爲功。內地鐵路，似宜查照湖廣
督臣張之洞原議，分年籌費，由漢口開路以抵盧溝橋，
而達山海關，則秦隴楚蜀晉豫之土貨日出日多，轉輸
益遠，商利自饒，必有自集公司依幹路以築枝路者，不
必官爲籌款，寖假六通四闢，富庶之機，蒸蒸日上，不僅

有事時徵兵運餉爲便矣。臣又嘗閱光緒初年各關貿
易總冊，洋貨入口與土貨出口厥價略足相抵，近年洋
貨驟贏，土貨驟絀，中國歲耗銀至三四千萬兩，則以洋
布洋紗暢銷故也。蓋其爲物出自機器，潔白勻細，工省
價廉，華民皆樂購用，而中國之織婦機女束手坐困者
奚啻千百萬人。今上海、武昌皆已購機設廠織布紡紗，
天津亦有紡紗之議，誠宜推之各省及各郡縣，官爲設
法提倡，廣招殷商設立公司，優免稅釐，俾資鼓勵，收回
利權莫切於此。其他養蠶繅絲之法，植茶焙葉之方，鍊
鐵開煤之學，一一講求整頓，豈非利用厚生之政，探本

握要之圖乎。一曰重使職。昔漢武帝詔舉茂才異等可
爲將相及使絕國者，西洋諸國或以宰相及外部大臣
出爲全權公使，或以資深望重之總督出爲全權公使，
其視使職與將相並重。大抵相臣襄內政，使臣襄外務，
外與內相表裏也；將臣尚武力，使臣尚文辯，辯與力相
補救也。有百年安邊之計定於三寸舌者，富弼之使契
丹是也；有一介行李之馳賢於十萬兵者，陸賈之使南
粵是也。方今英俄德法美數大國，各挾勝勢以相陵相
伺，其事體又與古迥異。彼與我立約通商，定界動輒有
大利大害倚伏乎其中。臣嘗謂國勢之振興，不盡恃戰

勝攻取，但能於交涉數大端措注合乎機宜，恢張自有
明效。夫總理衙門所恃爲耳目爲手足爲心膂者，莫如
使臣。中國古多卓犖之士，然今尚稍艱其選者，不講之
於豫也。西洋久著彊盛之績，然今尚不竭於用者，能練
之以漸也。伏願樹之準繩，明示激勸，則風聲一播，足以
奔走天下，俾人人以經濟爲先資，以遠謨爲急務。上之
所重，下亦重之；下之所重，效自隨之。亦在
聖意之專注而已。以上四端，類皆勞臣之所經畫，
聖主之所施行，臣不過稍請變而通之，擴而大之，用力
既專，收效自倍，庶冀紓外患而固邦本。大抵英人堅韌，

俄人佩德法人鑱橫而探其狡黠之謀則各造乎其極殊令我有應接不暇之勢然論我固有之權力苟善用之未嘗不爲彼所深憚誠使經理日密賢能日奮必善審三國之變而備之可也即徐待三國之衰而制之亦可也儻因循而不早爲計則敵已迫矣患已深矣儳焉不可終日矣詩曰心之憂矣疢如疾首微臣奉使四國稍睹外洋情勢輒敢貢其拳拳之愚不勝戰慄徬徨之至所有強鄰環伺世變方殷謹抒愚計緣由理合恭摺密陳伏乞

皇上聖鑒訓示謹

奏

考察近事謹陳管見疏光緒十九年九月初十日

奏爲微臣考察近事謹陳管見以重民命而慎危機恭摺仰祈

聖鑒事竊維數十年來中外競修武備莫不講求火器火器精火藥以致其用於是火藥隨火器而日精其類有餅藥炸藥棉藥之名未幾而爭用栗色藥又未幾而漸尚無煙藥性愈變而愈猛術愈研而愈酷中國風氣初開往往儲藏不慎未收其用先受其害謹就臣聞見所及者爲我

皇上敬陳之湖查咸豐九年二月長沙城中火藥局失慎二三里內居民無得免者溪河數處變爲平陸有一巨窖幸未引動否則其患更不可思議是年秋山東火藥局失慎周圍震陷十餘里撫臣奏稱死傷姓名可查者四千餘人曾奉

諭旨賑卹同治六年十月武昌城內有二局中隔一湖同時被焚蓋因火藥局曬藥不檢延及製藥局轟動藥庫焚去火藥及硝磺數十百萬斤居民死者數千平地百餘丈陷爲巨浸光緒十年十一月廣東佛山鎮火藥局焚去火藥數十萬斤燒失工匠一百九十餘名轟聲震動省城居民死傷甚眾十六年九月安徽太平府城

內火藥局訇然一震駐局之營兵工匠皆不知所往縣署學宮摧燬無遺知府吳潮被壓而殞罹害者數百家各處殘肢斷體令人目不忍覩今年五月廣東會城外三元里之火藥局不戒於火附近鄉村均被其患至今擇地營建尙未勘定凡此諸事久爲習見之端實非承平之禍然臣不過約舉梗概此外府縣城鎮之局廠林立變生意外者亦尙不可勝數羣黎何辜遭此荼毒臣嘗疑此雖繫天時亦由人事奉使以來留心考察始知西洋各國火藥局必避城市稠密之地多在空曠寥廓之區其議以爲如此危險之物難盡免危險之事所以

偶逢危險而不致多傷民命者非審於度地不爲功中國各省會城府城皆官吏軍民所駢集倉庫市廛所薈萃萬無可置火藥之理其始蓋因標營弁兵操練舊式火器稍領火藥擇地存儲當時火藥質麤而力輕數徵而勢薄尙不至爲大患厥後踵事增華研製日精需用日繁當事者習焉不察方謂循舊章藏舊地並非無端創建而不知藥力已十倍於前藥數已百倍於前戒備稍疏輒釀巨厄前歲松江紳民稟請文武各官將火藥局移建城外曠地卒以經費無出而能夫狃取攜之便者未遑顧及生靈眛久遠之圖者鮮不安於玩愒臣嘗

思其事而怵然慮之大抵斯民飢溺非無急救之具惟猝然震發其患有不及防勇士戰爭初無避險之心惟無故罹凶其事爲尤可憫或謂時逢劫運非人力所能挽回臣則以爲消弭劫運者惟在

宸衷之惻怛或謂事關大局非仁術所能參用臣則以爲保全大局者尙待

朝廷之轉移伏惟

皇上仁慈幬物普護蒼生可否明降

諭旨通飭各省督撫臣自今以後文武各員不得在城市添建火藥局擇地築庫務求僻遠或在洲沚之上或

在山嶺之閒儻有商民願捐鉅費籲移舊局者均聽酌辦以順輿情如一時未能驟移不妨相機變通將尤爲猛烈之物分儲遠地俟妥爲經理其如何懲儆違玩之處可否

敕下吏兵二部嚴定處分章程以昭畫一而垂永久如是則

聖主尙好生之德官吏存警惕之懷蒸民免无妄之灾軍貲鮮慢藏之咎一舉而數善備焉竊查各省設局無不濬濠築牆撥兵守護然地居繁庶則蹤跡雜而竊盜時鬭地處寂寥則心志壹而防衛不懈至於蓋藏宜密

晾曬宜愼庫窖宜分禁令宜嚴凡承辦此事者罔不以
是爲兢兢自可無虞失事矣臣　爲重民命愼危機起見
所有考察近事緣由理合恭摺馳陳伏乞
皇上聖鑒訓示謹
奏

請展接電線扞禦水患片光緒十九年九月初十日

再臣　聞本年六月永定河水勢盛漲南北汛各隄同時
漫溢通州北運河亦陡漲丈許衝決長隄以致順直數
十州縣皆成澤國漂蕩田廬淹没人口不可勝數湖北
荆州霪雨連緜江流暴漲江陵公安各屬隄垸先後決
口巨浸汪洋居民避水不及者均遭沈溺竊思江河下
游水勢之漲其上游來源必已先旺再値霖雨不止山
水暴發奔注下游齧隄潰防之患鮮不由此而生蓋霖
雨山水無可以驟挽之勢而上游來源有可以豫知之
理方今各省電線四通八達若由通衢幹線接一枝線

至江河之上源短者數十里長者數百里而止厥費不
多厥事易集派一妥員專司其事每日測量水勢電報
下游專轄兼轄各官夫水行之速不如風風行之速不
如電外洋各國每藉電音以報海上颶風俾當其衝者
速爲之備無不大獲裨益邇來永定河爲患日劇幾於
無歲不決荆州地勢瀕江萬城大隄亦爲要工若永定
河設線在桑乾河以上長江設線在夔巫重慶以上郎
令來源驟旺下游一接警電官隄民埝可以剋期加工
水之大至尙在數日之後乘閒繕完較易爲力雖時雨
之行山水之發或出意外而田廬民畜藉一電以保全

者當得十之三四低窪之區聞一電而互相告語傳遞
遷徙逃避者當得十之七八至於大河流長源遠設電
尤爲要訣昔人每於河之上游擇地標誌謂上游水漲
一尺下游卽漲一丈今若於陝甘境內接線以達河濱
則河流稍漲下游得電更早廳汛各員皆有十日之暇
可豫集料添埽妥籌設法化險爲夷獲效尤鉅推之淮
漢諸水凡可以爲民利害者皆當以此法治之可否
敕下直隸湖廣督臣暨河臣漕臣察覈情形相機酌辦
似於扞禦水患之道有益無損是否有當理合附片具
陳伏乞
聖鑒謹
奏

議定滇緬界務商務條約疏光緒十九年十二月二十日

奏爲遵
旨與英國外部議定滇緬界務商務條約恭摺仰祈
聖鑒事竊臣於光緒十九年七月謹陳滇緬分界大概
情形並聲明界務將竣續議商務惟騰越八關界址未
清尚須理論等情在案臣前與英廷訂明將久淪於緬
之漢龍天馬兩關歸還中國秋冬之間仔細考察始知
鐵壁虎踞二關亦早被英兵占據幸鐵壁關距邊密邇
臣屢向英外部爭論彼始允令英兵卻退數里讓還關
址以庫弄河爲界惟虎踞關界限方向初甚渺茫久無
定論乃電請雲貴督臣王文韶派員查閱邀同八募英
官履勘英官並無異辭印度總督則謂該關深入彼境
七八十里已與八募相近且隸緬已百餘年一旦棄之
有損顏面其意難於割地遂并靳於讓關臣又聞印度
總督以外部允讓野人山內昔馬等地意甚不平聽信
武員邪說屢思翻異又欲借端停商企約停商之後彼
知中國界址未定漫無限制仍可伺機進占再閱數年
非特昔馬等地可以不讓卽界線亦可如彼意重定觀
於前使臣曾紀澤商辦之時迄今事隔八年再與議約
難易損益相去倍蓰其明證也臣再四思維決機宜速

不宜遲防患宜遠不宜邇固不值以一隅而妨全局亦
未便爭小利而墮詭謀度勢揆情剛柔互用甫在虎踞
關以東劃定界線雖未能復百餘年前舊地較之滇邊
所守新界似已稍有展拓此界務已定之大略也臣查
商務辦法以曾紀澤原議二端爲綱領一曰大金沙江
行船一曰八募立埠設關彼族以停議既久堅不承認
竊思大金沙江爲滇邊外絕大尾閭兵商輪船暢行無
阻夫名山大川國家之寶苟有機會當以全力圖之滇
西遠隔邊隅宜有通海便捷之道局勢方爲靈活臣特
將行船一事設法磋磨外部始終支宕以慮他國援照

爲辭繼與商於約中另立一條聲明此係滇緬交涉之
事他國不得援例彼始勉強答允惟於八募設關慮之
尤切拒之尤堅經臣再三開導告以立約試辦乃亦勉
强答允詎全約甫經訂定印度總督仍堅持初議不允
設關意在乘機要挾責報過奢臣思設關能否大獲利
益尚未可知該督所索則萬不能允且既違其意尤恐
被其掣肘不能獲益臣於是顯責外部無自主之權竟
將八募設關一條刪去亦撤約中英人所得權利如緬
鹽不准運入滇境英關暫不徵收貨稅領事僅設一員
并限制其駐紮之地商貨僅由二路并化去其開埠之

名外部頗形自恧不甚爭論此商務已定之大略也竊
惟中國地大物博數十年開東西洋各國立約通商船
艦則行我江海租界則踞我口岸教士流珉紛至沓來
領事臬司擅勢自恣或奪我商民之利或撓我官吏之
權或違我教化之經或窺我寶藏之富事端百出防範
難周
朝廷所以不輕允開商埠者職此之由惟自英人襲取
緬甸以來雲南三面與彼毘連我所宜急彼所欲緩者
莫如分界彼所素急我所稍緩者莫如通商曾紀澤前
與議定俟分界後方能通商蓋寓相維相制之意遲年

英兵騷擾滇邊不得不催英廷分界憑仗
聖主威福並承總理衙門指示俾臣相機妥籌悉心商
辦西面則稍拓野人山內昔馬等地暨收回鐵壁天馬
等關南面則稍拓宛頂邊外之地潞江以東科干之地
暨收回車里孟連兩土司全權邊圍既安覬覦漸戢但
英人按照緬約第三款催議商務刻不容緩今者八募
設關一事雖未就範然因彼既允復翻我得收回別項
權利似於防弊去損之道不無關繫加以大金沙江行
船乘便利於境外播聲勢於寰中似稍足變舊規而張
國體茲合界務商務約款共二十條臣擬與英外部大

臣勞偲伯力剋日先將草約畫諾以杜狡變一面齎送
總理衙門俟奏明
批准後即可換約開辦所有議定滇緬界務商務緣由
理合恭摺具陳伏乞
皇上聖鑒訓示謹
奏

酌定虎踞關以東界線片光緒十九年十二月二十日

再臣前向英廷索還漢龍天馬二關繼查騰越八關除太平江以北四關確在老界之內今既劃得昔馬等地則四關更有外障惟太平江以南四關非特漢龍天馬久淪異域即鐵壁虎踞二關亦驟難審其實址所在臣閱滇省所繪界圖該二關皆在界線之內意謂必無錯誤遂告外部應照原界劃歸中國外部亦無疑義並未駁辯既而詳加考察微聞虎踞鐵壁早爲緬甸所占英人復屢加工程綢繆穩固英兵所守之界越虎踞關而東者已數十里越鐵壁關而東者亦六七里英人漸自

覺之於是爭論始起臣與儘力磋磨始允將鐵壁關讓還中國迨滇員尋覓虎踞天馬二關勘得虎踞關在盆干西十里距八募五十餘里距南碗河邊英人所指爲中國邊界者八十里天馬關則在西南居猛密邦欠兩山之間英兵從關內山坡修路一條以通緬屬之南坎二關雖已久圮關門營址尚存詎印度總督異常狡悍不肯讓地外部從而附和之據稱此關深入緬境屬緬已百餘年若中國索問此等舊地則緬甸應索於中國者甚多語意極爲堅韌臣知英人不願我境逼近八募英兵已多年扼守欲令退讓勢有所難又思百餘年前

正直緬甸強橫之時中國藩屬如孟拱孟養蠻暮木邦
孟艮諸大土司皆被吞併則虎踞關之入緬當在斯時
今又與西洋強國為鄰臣愚以為最要關鍵莫若劃定
界限彼此截然不相踰越若爭必不可得之地久懸莫
定門戶洞開安知今日彼所指為我邊者他日不復為
彼內地愈占愈進後患奚窮臣與訂明漢龍天馬仍歸
中國惟漢龍關尚須查勘如未深入緬境自可通融讓
還天馬關內所築之路彼稱係八募南坎往來要道礙
難隔斷今議將新路歸中國而於稍北一大路許其借
用以示通融仍於條約嚴立限制以防流弊虎踞關雖

不可得亦稍劃地以償中國一曰龍川江中之大洲得
此則自猛卯通漢龍關較形直捷一曰蠻秀土司全地
得此則天馬關外更依大山以為固似較近日滇邊所
守之界有展無蹙矣至英人允讓野人山內昔馬等地
印度總督輒謂中國雖得此地不過交盞達土司管理
土司力量豈能制服野人仍恐出而為患擾累英人不
如歸英控轄等語臣欲杜彼狡謀告以前經附片陳明
請我
皇上敕下雲貴督臣俟換約勘界後派撥得力精兵數
百名填紮昔馬任撫綏彈壓之事必不僅交土司管理

因又責以信義不允翻悔彼族始無異言此臣相機了
結之實情也理合附片密陳伏乞
聖鑒謹
奏

出使奏疏　卷下　罜

附陳大金沙江行船片 光緒十九年十二月二十日

再大金沙江即譯音所謂厄勒瓦諦江其上源發於印度西藏貫野人山全地及緬甸全境蜿蜒曲折五六千里入於南海爲中國西南邊外第一巨川臣查雲南西境之潞江瀾滄江非不源遠流長然溜急灘險每多不便行舟之處非若大金沙江之一律深通可駛輪艦轉輸便捷利澤無窮此次定約中國之船可隨便在大金沙江往來行走則形勝與英共之利益與英分之似亦綢繆邊務之要端從前滇西諸郡僻在荒徼距督撫所駐之地尚有一二月程以致聲氣易阻呼應不靈京銅

運路尤形險遠水陸轉遞耗費不貲今則滇緬商路既通輪艦由江入海旬日間可達津滬雲南西路礦務似可漸籌海運以節縻費而昭迅捷至於化瘠壤爲奥區聯遐陬於內地端倪已見明效可期是在經理之得人耳理合附片具陳伏乞

聖鑒謹

奏

密保洋員片 光緒十九年十二月二十日

再自昔多事之秋往往借材異國秦用由余晉用巫臣吳用伍員漢用金日磾無不推誠倚任得其死力宏此遠謨誠以鄰邦環伺交涉多端不收其儁無以得敵國之情不廣其助無以應事機之變也查有英文二等參贊官二品頂戴總領事銜英人馬格理在駐英使館當差近二十年前使臣曾紀澤與俄外部議結收回伊犁一案與英外部議定洋藥加釐一案馬格理皆在事出力臣到任後如新嘉坡改設總領事官蕪湖武穴等處教案和平了結議定會立坎巨提頭目以存兩屬體統

馬格理贊襄機要均有成績此次商辦滇緬分界通商訂立條約馬格理始終其事惟以裨益中國爲心迺者俄爭帕米爾全地馬格理探知英俄分界以小帕米爾劃與英國建議轉商英廷俾讓還中國如是則中國不至失勢而帕事較易就範臣查馬格理忠於所事勞勩不辭研求利病動合窾會儻遇交涉要務需人之際馬格理堪備任使用其所長必有明效可睹理合附片密陳伏乞

聖鑒謹

奏

豫籌仰光領事揀員充補疏光緒二十年三月十四日
奏爲新訂滇緬條約中國須派領事官駐紮仰光豫擬
揀員充補恭摺仰祈
聖鑒事竊臣遵
旨與英國外部議定滇緬界務商務條約二十款前經
縷陳梗概並派員齎送總理衙門在案查此約第十三
條中國派領事官一員駐紮仰光英國派領事官一員
駐紮蠻允彼此各享權利與相待最優之國相同等語
臣嘗謂酌設領事所費無多而收效甚速曾經疊次統
籌全局仰蒙

聖明鑒納英屬仰光一埠上通新街以接滇邊下聯新
嘉坡檳榔嶼等處形勢最關緊要商務亦互相貫輸此
處向有華民四五萬人而滇省商民之散處緬甸各口
者亦復不少邇年以來臣屢接滇商公稟謂中國無員
駐緬保護商民受損非淺籲請籌設領事以保權利上
年三月臣接雲貴督臣王文韶電稱仰光如設領事滇
人之福儻有機緣可由臣主稾會銜具
奏等語王文韶身膺疆寄默察輿情似於添設領事一
端望之甚殷向來歐洲各國狃於故常擯中國於公法
之外華民散布南洋各島者數百萬中國每欲設一領

事彼輒以全力阻撓致利源有外溢之虞政柄有旁撓
之處此次商議條約英人初冀於永昌順甯兩府各設
領事又議在雲南省城添設領事皆爲臣所堅拒僅許
在騰越所屬之蠻允設一領事而我亦設仰光領事以
相抵接照第十三條約語中國領事可與彼仰光巡撫
平行其權蓋不僅照料仰光華民所有阿瓦莽達拉新
街等處華民亦可兼歸保護臣曾向英外部申論及之
竊思此約蒙
皇上批准互換之後彼必迅派蠻允領事經營商務萬
一仰光領事遴選稍遲恐致著著落後將來我設領事

彼雖礙於約章不能阻撓然或隱爲留難或微示貶損
皆勢所難免要不若同時並設可以互相援照互相抵
制彼亦自無異意臣是以不敢不豫爲籌及也查有二
品銜分省儘先補用道左秉隆精通英語熟諳交涉應
付各事剛柔得中前在新嘉坡領事任内十年爲英人
所信服如派爲仰光領事必於創辦規模大有裨益臣
交卸在邇儻蒙
恩旨俞允則酌擬經費添派隨員商取準照皆新任使
臣龔照瑗應辦之事臣亦必將此事原委詳告龔照瑗
也所有擬派仰光領事緣由理合恭摺馳陳再此摺本

應與王文韶會銜因道途寫遠文牘知照往返動須數
月是以未及會銜合併陳明伏乞
皇上聖鑒訓示謹
奏

右出使奏疏二卷吾師無錫薛公奉使泰西時手
定槀也嘗用鉛印二十五部分遺知好美翊忝預
參校亦得一部今年夏五月從公東渡舟過印度
海論及公所爲奏議謂宜校刊以餉當世君子公
言疏槀無自刻者他日俟君輩爲之而已不意至
滬未及兩旬卽以積勞致疾薨於行臺旣爲料理
身後諸事奉喪而歸乃取鉛印原本重校發刻閱
兩月工竣因記公語於後痛知己之長逝傷時局
之適變覆觀是編蓋不止哭其私且爲天下慟云
光緒二十年冬十月門下士鄞縣張美翊謹誌

籌海圖編十三卷

〔明〕鄭若曾輯

《籌海圖編》十三卷，明鄭若曾輯。若曾（一五〇三—一五七〇）字伯魯，號開陽，南直隸崑山（今江蘇崑山）人。是書舊題明胡宗憲輯，實出自幕僚鄭若曾之手。全書附圖（地圖、艦船、武器圖等）一百七十二幅，三十餘萬言。凡沿海地理形勢，明代海防部署、海防方略、海戰器具，中日交往始末，倭寇劫掠沿海之時間、路徑、武備、戰術以及平倭功績等，均有記述。其「沿海山沙圖」爲迄今所見中國最早且詳之沿海地圖與海防圖。書中詳輯籌海之策，倡導海陸策應、攻守兼施等海防方略。據中國國家圖書館藏明嘉靖間刻本影印。

莞樂浪迄於徐聞東莞要無慮萬餘里所在
然自
聖祖拒絕信國經略之後伏不敢動者頗歷年
樂中雖嘗蠢動賴劉江望海窩之捷寧謐蓋百
歲要不獨帝禍文墨之士不能詳其本末即縉
樞莞者流亦與相忘久矣加比歲海防闊疎船
羨溢濱海三窟之豪造舟貸直淵藪卵翼橫行
中翩翩如鴈春來秋去各有主名當事者即
然而憂違懼及托於喑且瞶矣故人老而耄以荒
器陳而敝以圮法久而蠹且蠹蓋自其理也重

風俗崩頹紀綱瀾潰君子小人交騖於利以陰
陰小雅廢而裔夷乘矣前此十數祺
廟堂蓋憂患之嘗遣重臣巡視竟以罹禍自是
所忌因緣忿怒轉爲叛逆乘勝從衡狡焉思啓
自壬子至戊午黃巖至淮泗沙壖場渚至村莎
鎮而兩浙三吳長淮之禍變慘矣所賴
聖主憂民天心悔禍英豪僇力兗渠授首雖其遺
餘烈時或灼然而巨畿大勢流其遏矣顧當
出倉卒事承蠹壞徵兵調賦署吏建官一切
頗覺煩費多事焉爰有崑山鄭子伯魯故太

魏莊渠先生高第弟子也有志匡時而阨於
在闔城竊觀當世舉措有慨於中念欲記載
貽之方來即凡兵興以來公私牘牒旁搜遠
自鈔寫家本劇郡而居又密切理所夙以德學
禮有位故得究詳焉他日以其間繕造沿海圖
十有二幅附以考論郡守太原王君爲之板行
獻督府梅林胡公公見而驚曰帝布中乃有斯
耶此世所稀睹余比欲爲之而未皇暇及帝布
乃有斯人耶於是檄來武林使益成書伯魯感激
知遇追跡寇始詳稽典制參質風謠即賊所入

歲月道路克捷僨北與今昔主客兵馬饋餉之數
舟楫器械戰守屯戍之法備書具載凡爲卷者十
有三蓋後經世者有據依矣雖然前玆所載譬
局方醫案已事云爾若夫審運氣之流行察藏
之虛實辨脉衛之理亂增損劑量弗泥弗執則
乎神聖工巧之人矣昔仲尼荅顓孫氏知來之
而反復乎損益之際孟子與告畢戰井地之法
曰此其大畧也若夫潤澤之則在君與子矣
損益潤澤道豈虛行變通神明是維賢者至
治未亂保邦未危防乎其防則余蓋深望

君子焉
嘉靖辛酉秋八月既望
欽差巡撫江西等處地方兼理軍務都察院右
御史滁上胡松序

常州府

籌海圖編序

王者度冐天下能畢所辟物雖陬荒背黠之
斷意睽必欲致恩以念同與故凡綜操之政
經奠之勤思與協其勢宜而通其方情生不違
之以事業不明定之以典衮戚之不卒脩之以
三者備則庶務舉所以冐群物俾各得其所也
者之繩民由自繩而得繩道是以民懌就繩卒
於理懟赫以示讋矯誣以張幻則未猷之左爾樞
嘗陪議轅門於倥偬私評之曰殺心平而後倭可
滅衆大異其說而樞咨嗟久之謂忿勝襲功可以
速得志乎哉治天下者不能保患變之不生而
吾有待變之素不能信不軌之不興而求吾有馭
遏之方今日之事義而請纓裕而峙餼明而諳徑
術剽而易洋嶼僄而奮而慧而能材官而技擊
衝先破鋭而飛偵賷間而遠候縱雲火若是者
為能易致乎則未也於是而為之圖能平忿則
反咎能反咎則能虔治能虔治則思圖義者明
剽者裕者僄者奮者慧者人與器與技集其
則思圖考其山川之關隘溟島之針泊彼
實襲倡之年側主客之居調及堅柔大小參

仁和縣一考吏□□維

耗凡兩之權節夫然後得其典刑以申率由
衆思以詳觀會究其萌釀以正原縶象其堪
群策力劑其殺敵以繕驅征合其發禁以測
庶務舉而三者備用天下之度行君之令而致
民矣
聖天子簡命大司馬胡公開府東南展列克虔海寓
告靖毖茲有懷而崑山鄭子切四方之志富於
故而蓄之公禮訪以付諸梓乃以詔有役溥不涯
蓋急先務也夫東南之有邊猶乎西北一也
高皇帝定鼎金陵視東南三輔首
湯信國恢程武畫以捍蔽則建置備以警傳則烽
堠備以供需則輸將備以援諜則哨護備以懲勵
則體律備以稱比則械器備以按憑則繪牒備樞
昔躡雲中歷陝外竊閱整捌審容實之細諏其
蹈綏逐其成模悉有遺蘐而東南壬子肇事殊
罔一無措者何也承平玩而法隳於安也故茲編
也乃慎而述其故有繼之年則緒而輯其嗣若
所益或事改而通其變世越而適其宜書曰若
聞時惟建事神而明之惟其用之而已鄭子
生名若曾游魏莊渠門博學勵行巖居而運

甲寅秋樞被聘督府鄭子旅顧予已屬稿示
宸謨方報諸名家所著系尚倍蓰茲固節其要
賜進士出身前刑部陝西司主事吳興唐樞撰

刻籌海圖編序

國家諸夷徼東起遼薊涉雲中上谷西接隴蜀
蒼梧象郡百越之地並湮山塹谷以爲界秦
世列亭障繕戍守一切阨塞形勝虛實嚮背世
圖牒以詮次其事往者有牬來者可鏡也故士
夫起枹鼓稍稍陳得失形利害以從事而海則閩
廣浙直登萊之間綰波而州者南北萬餘里諸島
既不得附冠帶之國以自通或貢或絶或內犯率
數十年一見百餘年一見而中國所以斥堠而守
者亦微淺矣及入我

聖以來數十州郡宴然不覩兵革頃者二三年孽
倭儴內亂往往遠近不支
始遣信國經畧其間然
天子始下詔徵材官騎士及選宿將以合戰騷然
中外矣而大者覆師小者陷陣逡巡佷䂓所嚮無
尺寸之功何者將不審敵兵不服習故也
少保胡公來小大數十百戰稍得芟刈羣兇遂
東南予間視公所當蓋世之氣固若天授之ま
方其羽檄所告日數十至公舉杯談笑往往
當成敗百不一失蓋繇公結髮入仕勤習戎

遊宦吾浙也久一切彼已之阨塞形勝虛實
了然於公襟帶間故得以擘畫至是耳公一
崑山鄭君伯魯從諸生後好言兵事且憤諸
不得彼已之審而輙以身嘗敵也頗爲手次諸
所入寇與其將士所當勝負處即劃然曰兵興
十餘年於兹並不得片言隻字以系往事吾屬且
散去戰陣之跡當亦尋且零落而他日之舉燧而
馳者不猶今日已乎於是幣聘君過莫府裒次
事君遂首括諸道之綰海而州與其諸島之錯海
而峙者爲圖諸島之或貢或絶或內犯中國所
使與彼之部署文字器什戰鬬之習不可以不
見也於是次之爲事畧然諸道之山川夷險異形
其所勤習戰陣異宜也於是分列廣東福建浙
直隸登萊又各自爲圖而系之以兵防事宜分則
散散則不可按月日而次且諸夷所入寇與其或
離或合吾必沿其情而後可乘諜遣間也於是
之爲年表爲寇踪分合譜其所當斬馘數十百
以上古人所謂封之京觀以威敵也於是次
大捷考烈士之戰沒與其婦人女子之殉
所謂兵厲也於是次之爲遇難殉節考兵將

糇粮行伍之問非共士大夫講且肄之不可
法而有功於是終之以經畧予伏讀之閔然
君之誼亦愽且勤也已自王公大人以至處
衣之俠自
朝廷建畫以至將帥部署之吏苟其一言之係乎當
世無不句而比之字而櫛之君抑自知猶多繁複
龎襍而中所稱述論列亦共爲異同似未可席之
施行者顧君方鋭於聚矢石以捍國家其旁搜幽
討固宜如此衰既完君因自名之曰籌海圖編且
嘗手之咲謂予曰予之爲是編也即醫家所纂方

序　十
歙州黄鏁

方書是也神農之嘗百草與方外之牛溲馬浡
並籍之以待越人倉公者之出而自擇焉而又何
暇乎其他哉君少多節氣欲以功名自喜及不遇
適國家多外難卒吐胸中所奇掘如是然其體裁
多出自邵君芳邵卅陽人深沉倜儻有大畧君能
下之遂相與訂畫而成其書嗟乎若君者其史遷
所謂虞卿非窮愁不能以著書自見於世者乎
嘉靖壬戌春三月既望
賜進士中憲大夫河南按察司副使歸安茅坤

刻籌海圖編引
於戲天地剖判厥有華夷華內而夷外華馴而夷
冠裳而夷鱗介斯陰陽之大分也山海之險天固設
之防乎是故先王因其防而防之因之時義大矣哉
因之則我可以守彼不可以來不善因之則所謂險者
彼反乘之敝我矣吁可畏也夫夷之域於海有主名而
可知者無慮數種而倭奴尤黠勝國而上無論也我
太祖高皇帝驅虜奠極四夷咸賓獨於倭奴則絕弗與通
爲防益切
神謨淵識蓋至今日而始驗云壬子以來倭之變極矣久
乃得今
少保胡公祗承

序　八
仁和縣一考吏華

威殫慮紆策元兇授馘餘黨底平當變之始作也蒞事
者欲按往迹便地利偵虺技以啚萬全之功而紀載蔑
如無所從得僅有日本考畧而挂纖漏鉅無關成敗咸
以爲恨荊川唐公順之謂曾宜有所述毋復令後人之
恨今也稿未半荊川不逮　郡伯王公固命成之無何
少保公以主記來召發蒙啓聵且獲從幕下諸文武士
聞所未聞數越月而書竣事夫天下猶一身也善攝生
者凛凛未病之防不幸而疾則必酌方投餌不忍一日
安於其心有仁天下之心者何以異此曾非其人也
甞覯國手之治疾而得其說矣願竊有擬焉是故
身百骸九竅經絡相應非顯揭而指示之則懵無
節宣之度何自而施故首之以輿地諸圖人而果

處飲食克護克毖勿螫其常則榮衛調適膚革允
關不足患故次之以王官出使入貢事略其變了
釁其中六淫感其外則疢疾具作而醫工奏能故
以倭寇始末又次之以大捷諸紀知如此而病即知
如此弗病其症以某方起某方以某症易某藥備錄
存之俾後事者不必近扁跗而疲癃可瘥故復以經略
事宜終焉廼若謂諭諸夷以禁倭亂許互市以順夷情
是因而委竪兇家御女而求百一之助恃其所必不可
恃胥吾之精以速其死爾曾無取也是編也肇意於荆
川王成於　郡守而
少保公實主之其翼而輔之者則栢泉胡公松晴江杜
公拯中方范公惟一斐江唐公愛洋山凌公雲翼二

譚公綸印東王公春澤一菴唐公樞允齋嚴公中鹿門
茅公坤朔海戴公冲霄松坡黎公秀南塘戚公繼光水
南蔡君汝蘭九河俞君獻可考閱史志以備採擇則吾
兒應龍一鸞傾發究委商訂義例則丹陽邵君芳之力
居多邵君有經濟之負隱而未試
少保公所器重而賓禮者因面命而得其相切磋云
嘉靖辛酉冬十有二月朏日崑山鄭若曾謹識

籌海圖編目錄

崑山鄭若曾輯男一應

凡例

一是編爲籌海而作必冠以輿地全圖者示一統也

一不按圖籍不可以知阨塞不審形勢不可以施經畧邊海自粵抵遼延袤八千五百餘里皆倭奴諸島出沒之處地形或凸入海中或海凹入內地故備倭之制有當三面設險者有當一面設險者必因地定策非出懸斷世之圖此者類齊直畫一徒取觀美不知圖與地別策緣圖誤何益哉今畧倣元儒朱思本及近日念菴羅公洪先廣輿圖計里畫方之法凡沿海州縣衛所營堡關隘與夫凸出凹入之形纖微不爽庶遠近險易展卷在目而心畫出焉其邊防塡註地

名則一如其舊云

一總圖載府州衛所者舉大以該小也若山沙圖則又詳外而畧內各有所重亦互見也

一附倭國圖者先內而後外也附入寇圖者知所由入則知所由禦矣

一王官使倭附入倭針經者便使事也

一輿地有圖沿海山沙有圖入寇有圖復圖各藩者何詳之也八千五百餘里之地載之方尺之紙僅其大都爾非分圖何以備考觀者得其槩復盡其委不馳金城而方畧具矣

一倭奴入寇據巢內地多在各藩之岐分聚靡常或日而歷二府二省或經月而屯一州一縣若因

之同而類書之則地名龎雜支緒繁瑣反眩者
各藩自爲紀載庻分合有稽而端委見矣
一倭變存其大者如攻城破邑及殺傷將領之類
小刼掠倏往倏來者不及縷載
一敘事用編年體大書而分註之便紀載耳若曰竊義
春秋寓褒貶於一字之間則豈敢哉
一各處倭變顛末悉據所在公移及諸公奏稿摭實書
之他有傳聞恐涉疑誤者不錄
一各省事宜或採奏疏或攄誌籍或訪輿論不敢少參
億見大都論及海防者載之其有關係雖大而與此
書不相涉者弗敢及也
一文武將士屢立戰功已畧見倭變紀其有神謀秘計

運量於耳目之外而生致元兇傳首
闕下者諸捷之中有奮出死力斬首虜至數千餘級者尤
可以示後世而威遠夷固不嫌特書作大捷考
一風俗陵夷廉恥道喪勤事諸臣衝冒鋒刃喪元弗恤
與細民嫠婦或爲父殞或爲夫亡因亂完節綱常攸
賴使其泯沒無傳執筆者責也作遇難殉節考
一經畧必首寇原者何法家先案而後斷名醫因症而
酌方況事必有端變不猝至識其端而預防其漸尤
經畧之上策也
一當道海防長策已經
裁定施行顯有成績者備錄經畧中其偶因一事一
有建白或稿成而未上或已上而未行或私議

採與夫兵船兵器客兵有圖有說皆經畧之不
者故併收入
一當事諸署惟督撫重臣書公餘悉名之統於尊
一武林開府在焉又曾吴人也事咸躬歷禍實膺焉
載錄頗詳閩越齊遼閱報紀聞訛漏多有尚賴同志
者是正而增收焉可也

參過圖籍

皇明地理十六圖　南京都察院本
大明輿地指掌圖　大學士桂萼
歷代地理指掌圖　宋學士蘇軾　都御史唐順之
廣輿圖　狀元羅洪先
沿海七邊圖　侍郎錢邦彥

古今形勝圖　都御史喻時
天下圖誌　閩廖世昭
分野輿圖　星源游濟川
嶺海輿圖　御史姚虞
八閩五十一圖
福建五澳圖
兩浙海邊圖　兵部郎郭仁
浙東海邊圖　都御史周倫
浙東海邊圖　太守秦汴
浙海圖　總兵俞大猷
浙海圖　總兵盧鏜
浙海圖　都司黎秀

蘇松海邊圖　把總指揮陳䇿
三吳水利圖　長洲文嘉
淮楊圖　都御史唐順之
右圖
御製五倫書
大明會典
大明一統志
大明一統賦
皇明資治通鑑
謨烈輯遺
名臣言行錄
功臣錄

杜氏通典
武經總要
水東日記
會題平倭事例　公卿科道會議
三巡奏疏　總督尚書胡宗憲
督撫奏疏　總督尚書胡宗憲
世寶錄　總督尚書胡宗憲
續世寶錄　總督尚書胡宗憲
海防錄　撫按撫司會議
督撫江南奏議　都御史翁大立
甓餘雜集　都御史朱紈
南北奉使錄　都御史唐順之

軍門節制　都御史李遂
軍政條約　海道副使譚綸
平倭事畧　都御史李遂
平南紀畧　工部侍郎趙文華
平倭四疏　都御史章煥
海防議　福建都御史劉燾
海防議草　兵部副使王崇古
奏疏稿　御史徐栻
浙洋哨守册　總兵盧鏜
平倭疏　總兵俞大猷
戰守二議　松江府同知羅拱辰
海防事宜　副使茅坤

紀效新書　參將戚繼光
三台經畧　參將戚繼光
籌倭末議　通政司參議張寀
海議　主事唐樞
一菴雜記　主事唐樞
江南實錄　禮部郎沈應魁
平倭奏草　禮部郎沈應魁
備倭議　姑蘇皇甫汸
枕戈雜言　姑蘇皇甫汸
朝鮮紀事　侍講倪謙
握機經傳　太倉王應電
守業議　太倉王應電

海盜事宜　太倉毛希秉
策樞　嘉興王文祿
平倭管見　五官挈壺正胡國材
蠡測海警　兵部主事黄元恭
海寇議　太倉俞允升
海防漫抄　崑山沈友
備倭考　寧波李賢
日本考畧　定海薛俊
釐正高麗圖經　姑蘇吴岫
東夷諸史直紀
使琉球錄　給事中陳侃
海道經　副使張一厚

海運編　平度崔旦
南船記　主事沈棨
兩浙戰船則例　備倭都指揮李釜
星槎勝覽　太倉費信
瀛涯勝覽　使西洋官馬歡
渡海方程
海道針經

廣東開洋規格
福建市舶司志
廣東通誌　蒼梧軍門誌　瓊州府誌
瓊管圖說　廉州府誌　欽州誌

雷州府誌　高州府誌　廣州府誌
香山誌　惠州府誌　惠來誌
潮州府誌　八閩通誌　漳州府誌
泉州府誌　興化府誌　福寧州誌
温州府誌　赤城新舊誌　寧波府誌
昌國誌　紹興新舊誌　餘姚誌
杭州府誌　嘉興府誌　南畿通誌
松江府誌　華亭誌　上海誌
蘇州府新舊誌　嘉定誌　太倉誌
崇明誌　崑山誌　常熟誌
毘陵誌　錫山誌　江陰誌
靖江誌　鎮江府誌　淮揚新舊誌

海門誌　通州誌　如皐誌
淮安府誌　山東通誌　萊州府誌
遼陽誌

右誌籍

歷年飛報　歷年通報

右報自嘉靖三十二年起至三十九年

籌海圖編卷之一

崑山鄭若曾輯 男 應龍 一鸞 校

籌海圖編卷之一目録 一 杭州府吏陳言

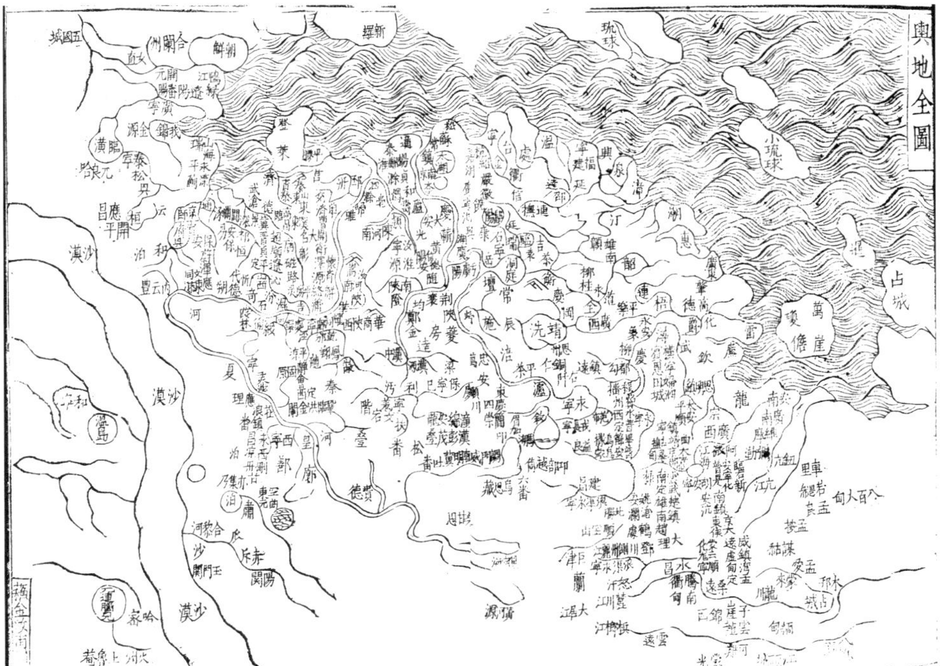

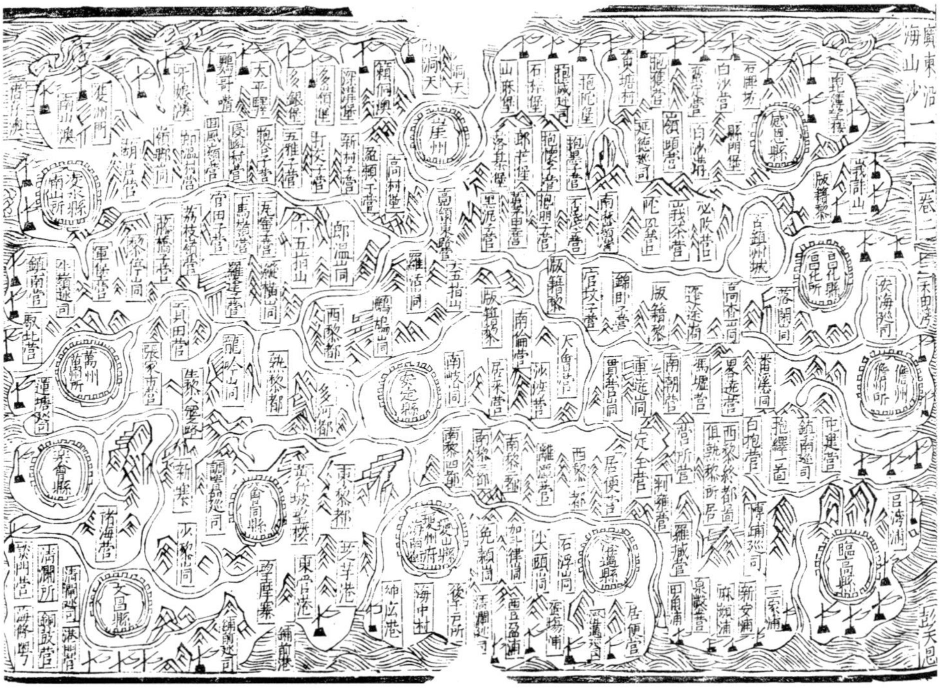
廣東沿海山沙
崖州
感恩縣
昌化縣
儋州
臨高縣
萬州
文昌縣
瓊山縣
定安縣
澄邁縣
會同縣
樂會縣

卷三
烏雷山
青嬰池
牙山
大鹿墩
華木營
白皮營
淡水灣
沿海巡檢司
烏家驛
林墟巡檢司
靈山縣
文筆山
天涯馬驛
欽州
欽州所
平銀渡
防城營
長墩巡檢司
西鄉巡檢司
十萬山
分茅嶺

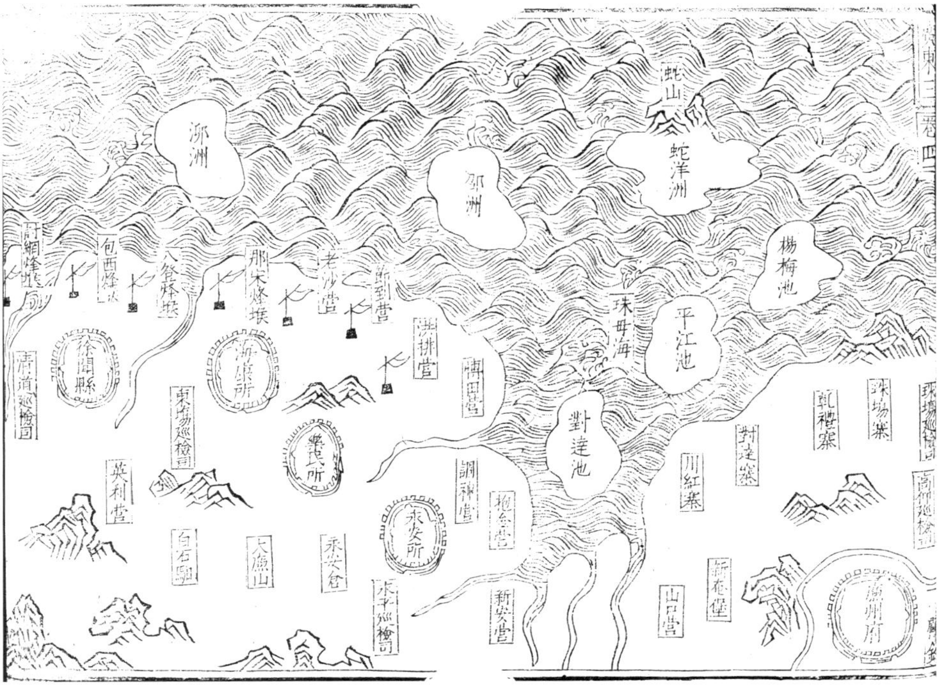
蛇山
蛇洋洲
楊梅池
平江池
珠母海
對達池
徐聞縣
樂民所
永安所
英利營
白石驛
大廉山
永安倉
新安營
山口營
珠場寨
廉州府

大黃程
小黃程
硇洲
放雞山
馬鞍山
五里渡
海安所
雷州府
海康縣
遂溪縣
石城縣
千戶所
湛川巡檢司
横山堡
陳家烽堠
通明烽堠
息安驛

廣五
卷六
海朗所
雙魚所
北津烽堠
大陳寨
獅子山
老香山
恩平縣
電白縣

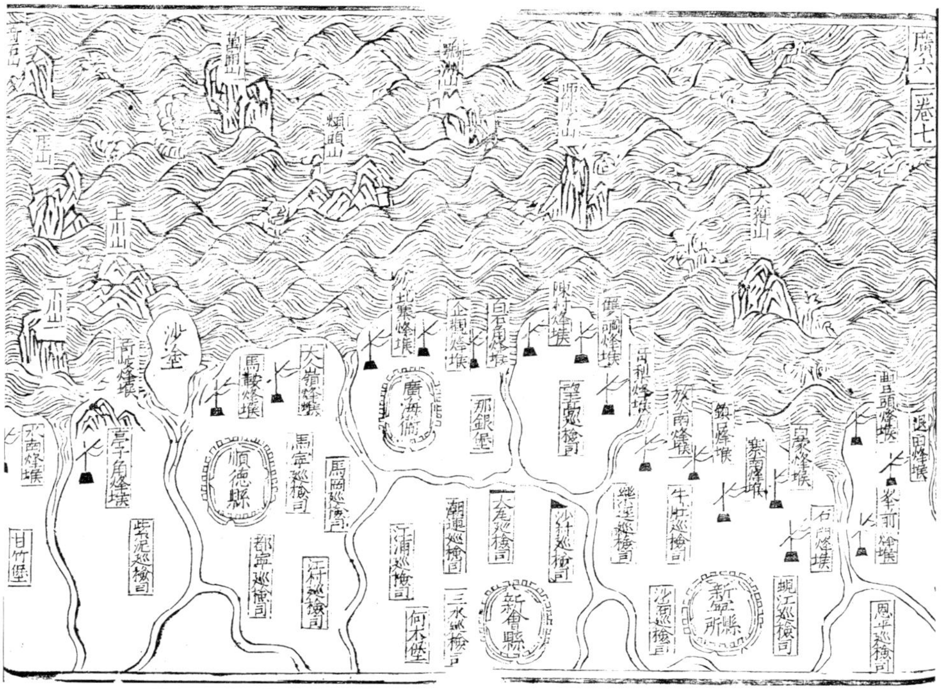
廣六
卷七
廣海衛
順德縣
新會縣
甘竹堡

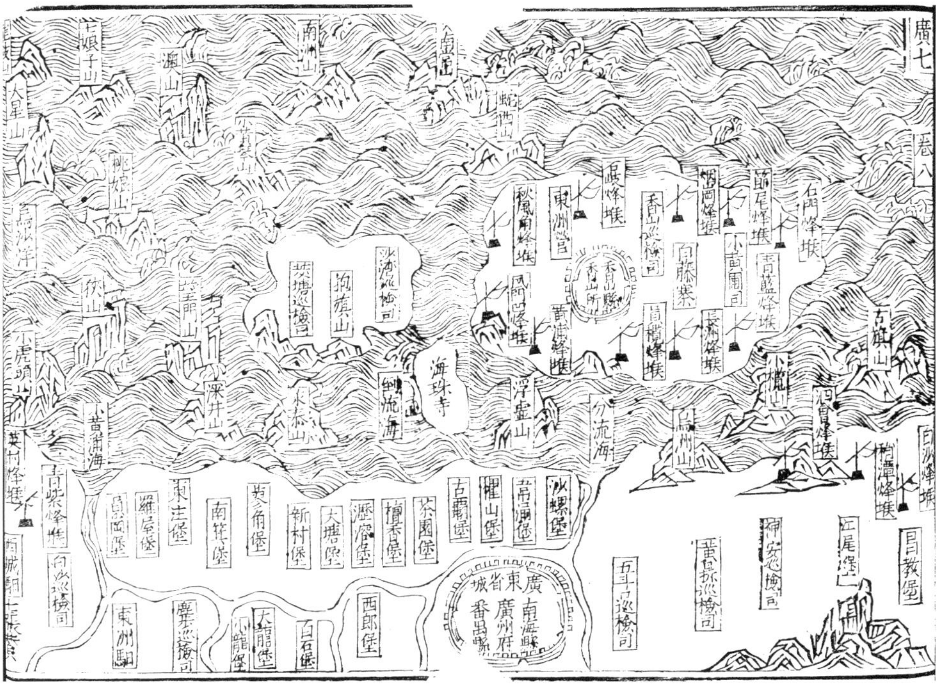
廣七
卷八
大星山
七娘子山
海珠寺
沙灣巡檢司
茭塘巡檢司
東洲營
香山縣
香山所
白藤寨
石門烽堠
青藍烽堠
小黃圃司
浮虛山
分流海
烏洲山
小黃浦海
深井山
南筌堡
新村堡
大塘堡
瀝滘堡
茶園堡
古霸堡
欖山堡
廣東省城
南海縣
廣州府
番禺縣
五斗口巡檢司
神安巡檢司
白教堡
西郎堡
百石堡
東洲驛

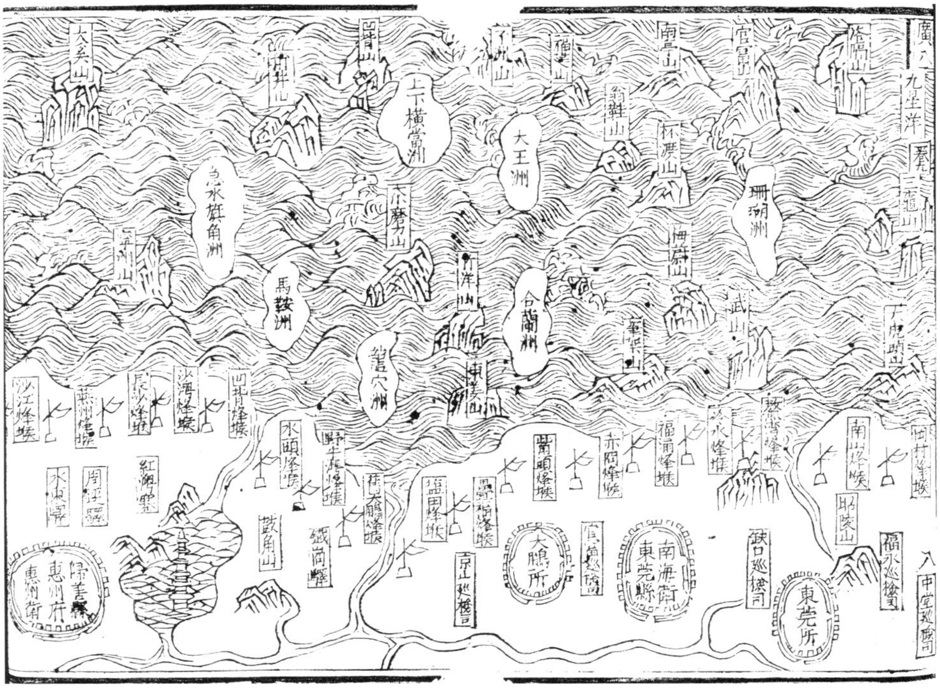
廣八
九星洋
大奚山
上下橫當洲
大王洲
珊瑚洲
馬鞍洲
合蘭洲
急水旗角洲
杯渡山
武山
南山烽堠
赤岡烽堠
福田烽堠
水頭烽堠
大鵬所
南海衛
東莞縣
東莞所
惠州府
歸善縣
惠州衛
缺口巡檢司
福永巡檢司
中堂巡檢司

廣九
捷勝所
半逕山
金錫嶺
麗江烽堠
新逕烽堠
平安烽堠
石山烽堠
長沙巡檢司
吉逕烽堠
海豐縣
千戶所
西障山
東保障山
清海山
大坡驛
河田烽堠
大麻烽堠
東坑烽堠
銀平烽堠
白沙湖烽堠
平海所
平政驛
寬仁巡檢司

廣十
大浮山
南澎山
小浮山
陶娘灣
靖海界
錢岡烽堠
石城烽堠
南山烽堠
文昌烽堠
鉛錫烽堠
後標烽堠
前標烽堠
吉頭烽堠
甲子門所
碣石衛
甲子門巡檢司
靖海所
武寧驛
吉安巡檢司
蔡嶺山
神泉巡檢司
門闢巡檢司
北山驛

廣十二　卷十二
陪州山
石頭村
小柑山
大柑山
馬鞍山
小京山
大京山
石牌門
大村澳
小江水寨
海門所
潮陽縣
大城所
饒平縣

福建界二　卷十二
銅山所
鎮海衛
陸鰲所
漳浦縣
玄鍾所
南詔所
詔安縣
玄鍾水寨
蓮花山
梅嶺
月港
走馬溪

卷十四
小柑山
大柑山
東碇山
嘉禾山
金門所
中左所
高浦所
官澚把截
石湖把截
東渡烽堠
厦門烽堠
高浦巡檢司
青山烽堠
白沙烽堠

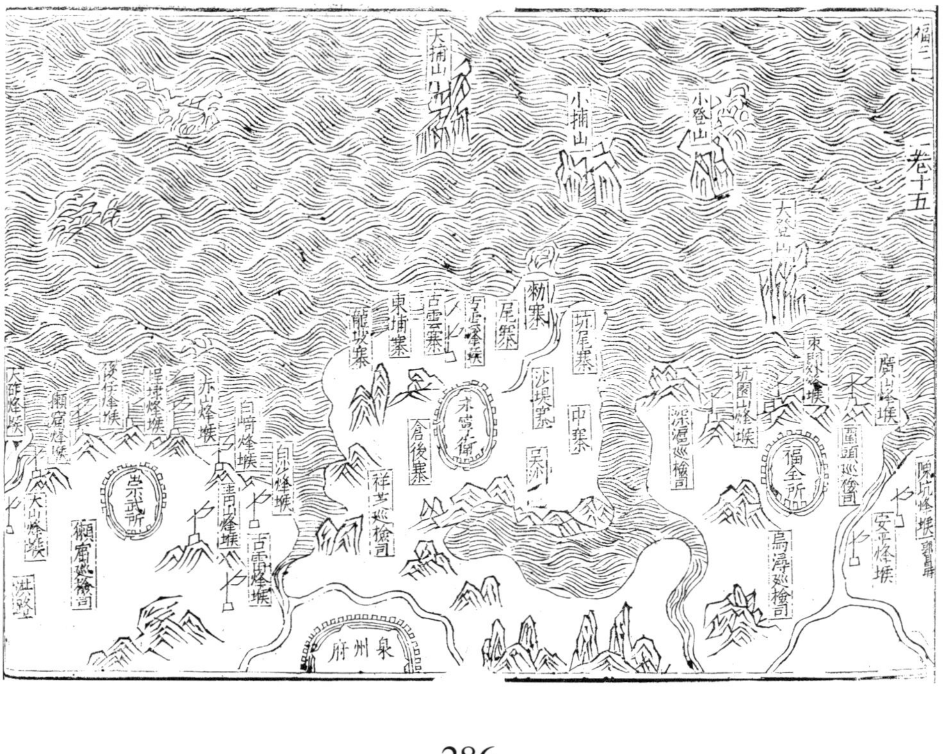
卷十五
大捕山
小捕山
小登山
大登山
永寧衛
崇武所
福全所
泉州府
龍坡寨
東浦寨
古雲寨
尾寨
坑尾寨
沙堤寨
中寨
倉後寨
赤山烽堠
白崎烽堠
青山烽堠
古雷烽堠
祥芝巡檢司
深滬巡檢司
坑園山烽堠
烏潯巡檢司
安平烽堠
獺窟巡檢司

小烏坵山
卷十六
沙塘澳
馬頭烽堠
大岞寨
海頭烽堠
小岞烽堠
小岞巡檢司
下頭烽堠
大山烽堠
高山烽堠
黃崎巡檢司
惠安縣
峯尾巡檢司
峯尾烽堠
柴林烽堠
白嶼
大烏坵山
湄洲山
南日山
南日水寨
文甲烽堠
莆禧所
大洪烽堠
西山烽堠
東山烽堠
塔山烽堠
後浦烽堠
濠山烽堠
十五

卷十七
彭湖山
龍嶼山
石帆山
堂嶼
崎沙門
鹽嶼
東草嶼
牛嶼
大崙烽堠
石獅烽堠
小澳烽堠
祭山烽堠
石城烽堠
湖邊烽堠
東林烽堠
黃崎烽堠
埕口烽堠
茶浦烽堠
江口烽堠
冲心巡檢司
青山巡檢司
石井烽堠
永寧衛
下徐烽堠
吳山烽堠

福六
長嶼
鐘門山
松下巡檢司
松下烽堠
六湖山
可門山
東沙山
海壇山
萬安所
鎮東衛
福清縣
松下寨
馬頭烽堠
迎仙巡檢司

福七
花瓶山
彭加山
五虎門
五虎巡檢司
定海所
定海烽堠
北茭巡檢司
小埕水寨
長崎烽堠
羅源縣
連江縣
梅花所
長樂縣
福建省城
福州府
閩安鎮巡檢司
蕉山烽堠
小練山

福八
黃毛山
酒嶼
赤嶼
南臺山
芙蓉山
松門嶼
文崎山
東洋山
布袋澳
筆架山
大嵛山
東引山
浮鷹山
西洋山
官井洋
羅源港
小嵛山
松山澳
烽火寨
大金所
高羅巡檢司
高羅把截
大南鋪
小南烽堠
東安把截
車安烽堠
赤崎烽堠
石湖烽堠
下滸烽堠
下滸把截衝要
延亭巡檢司
北頂烽堠
松山港
沙埕烽堠
松山把截
松山巡檢司
福寧州
福寧衛
文嶼
竹嶼
寧德縣
白石巡檢司
黃崎寨

福九
芹竹山
七星山
屏風山
茶山
南鎮烽堠
南鎮把截衝要
沙程烽堠
水澳烽堠
水澳巡司
高石烽堠
黃崎烽堠
大筧當把截
大筧當巡司
龍山烽堠
蘆門巡司
南金烽堠
古縣烽堠
大峰烽堠
金家烽堠
三山烽堠
清灣巡司
大青烽堠
小青烽堠
後崎烽堠
烽火門
桐山流江

浙江界二 卷二十二
井門山
小崑山
長沙門
橫拴門
鳳凰烽堠
炎亭寨
貓頭烽堠
西山烽堠
上岸烽堠
石砰寨
畢灣烽堠
馬跡烽堠
炎亭隘
舥艚烽堠
舥艚巡檢司
舥艚寨
將軍隘
金鄉衛
東山烽堠
石塘寨
城門隘
壯士城
上魁隘
下魁隘
流江山
高洋嘹望臺
尖山烽堠

浙江二 卷二十三
銅盆山
黃礵山
女兒礁
大小洋嶼
竹嶼門
鳳凰山
北郊山
南郊山
長嶼山
東洛山
南麂山
小霍山
大霍山
長沙烽堠
長沙寨
楊頭嘹望臺
海安港
海安所
丁田寨
田寨
店下烽堠
沙園所
東山寨
梅頭巡檢司
仙口寨
仙口巡檢司
烽火寨
五嶼
平陽縣所
江口巡檢司

雀兒坑
狼機山
布袋嶼
烏星山
黃山
大麥嶼
前山
石馬山
拔山
棺材嶼
大小門山
東山港
茅峴山
白岩塘港
七甲烽堠
九甲烽堠
沙村烽堠
黃華港
黃華水寨
黃華瞭望臺
南浦烽堠
蒲岐所
中界巡檢司
寧村所
沙村寨
沙港烽堠
沙港寨
石浦烽堠
龍灣寨
龍灣烽堠
洋田烽堠
盤石衛
館頭巡檢司
浦東寨
盤石後所
樂清縣
岐頭烽堠
嶼山寨
嶼山烽堠
千山烽堠
館頭埠
太平縣地方
北監巡檢司
高嶴烽堠
鏵鍬烽堠

大鹿山
小鹿山
分水山頭
小青山烽堠
大青山烽堠
楚門烽堠
楚門寨
楚門所
斗門關
石橋烽堠
九眼塘
六眼塘
鹽盤
白壁
東門烽堠
西門烽堠
蒲岐巡檢司
烏沙門
截嶼
干嶺
大溪山
武溪舖
界坑
梅溪橋
謝家橋
梅嶺
大烏浦
三山
三山巡檢司
清港烽堠
清港舖
清港渡
塔山烽堠

浙五
卷廿六
干港
西奇山
南山
長門監
炉珠舖
小邢田
楓林舖
小鹿巡檢司
張家井舖
泥湖監
西塅監
田泉
青泉
漁井監
楊坑監
太平縣

浙六
卷廿七
大陳山
鹿頭山
鳩頭山
松門監
松門衛
松門關
松門烽堠
烏沙烽堠
柳子大橋
盤馬烽堠
大蒼山
蒼山監
石井舖
山前
沙角巡檢司
後峯

大於江
小於江
牛頭門
五嶼
黃珠山
茶盤山
桃渚門
頭門
清門山
桃渚所
健跳所
海門所
海門港
台州府
東山隘
長沙隘
老鼠隘
大塘隘
北沙隘
小魚西隘
武曲隘
大魚西隘
練蛇隘
石馬村隘
梅枝隘
官塘隘
西洞隘
桃渚舊城
長沙烽堠
中山烽堠
石桂烽堠
天荊山烽堠
洞井烽堠
折頭烽堠

大陳山
羊嶼山
西磯山
早嶼山
外水烽堠
金清閘朱文公造
西嶼閘朱文公造
永豐閘朱文公造
新河所
海門衛
長浦隘
長浦巡檢司
岳頭隘
金沙灘
海門水寨
蔡洋
金絲橋
光橋
長嶼

浙江
卷三十
韭山湖
五爪山
西担山
東担山
拜鏈礁
青苔灣
牛欄基
朱門
箬竿山
壇頭山
雲門
石浦
前山烽堠
石浦港
大金山烽堠
石浦巡檢司
黃頭隘
前後所
後山烽堠
昌國衛
下墺隘
古洞隘
長亭巡檢司
岳頭隘
青山隘
前横隘
鐵場巡檢司
亭頭隘
寧海縣
海游隘
松墺隘
鉞溪巡檢司
大佛頭
仁義烽堠
南保寨
高墺烽堠
曾墺隘

浙江
卷三十一
東厨山
西厨山
前山烽堠
錢倉所
大目山
小目山
新婦隘
公嶼烽堠
公嶼隘
爵谿所
青門
當姑門
遊仙寨
赤坎烽堠
外嶺烽堠
屏風烽堠
海塘隘
黃沙寨
象山縣
蒲門隘
青雷烽堠
黃溪渡

大嵩所
湖頭渡

浙十二
卷三
橫水洋
大貓山
小貓山
馬墓
大沙
小沙
白泉
穿山巡檢司
何祥刻

浙十三
定海衛
定海縣
中子山
靖海營
定海關
定海港
清水鋪
虎蹲
七里嶼
蛟門山
小港隘
長山塘

五嶼
西霍山
東霍山
龍頭烽堠
龍尾烽堠
龍山所
大鵬山
龍頭鋪
龍頭場
道塘烽堠
新築墻
新築墻
高山烽堠
曲塘鋪
磚橋鋪
官園鋪
慈谿縣
寧波府

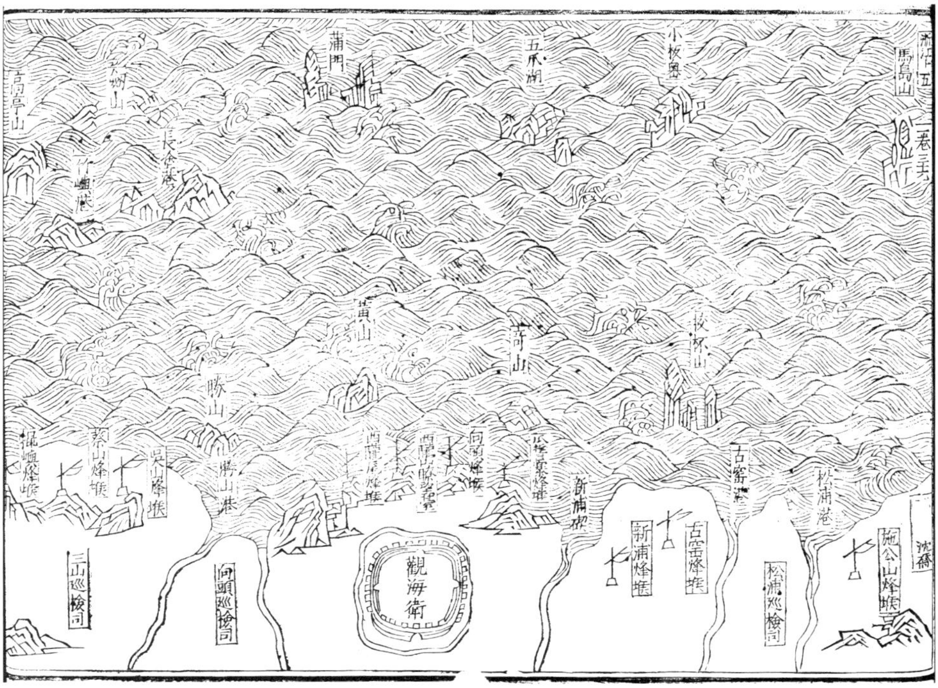
蒲門
五爪湖
黃山
松浦港
勝山港
吳山烽堠
新浦烽堠
古窰烽堠
施公山烽堠
三山巡檢司
向頭巡檢司
觀海衛
松浦巡檢司

臨山港
向山烽堠
烏盆烽堠
方路烽堠
眉山烽堠
向山巡檢司
臨山衛
眉山巡檢司
餘姚縣
三山所

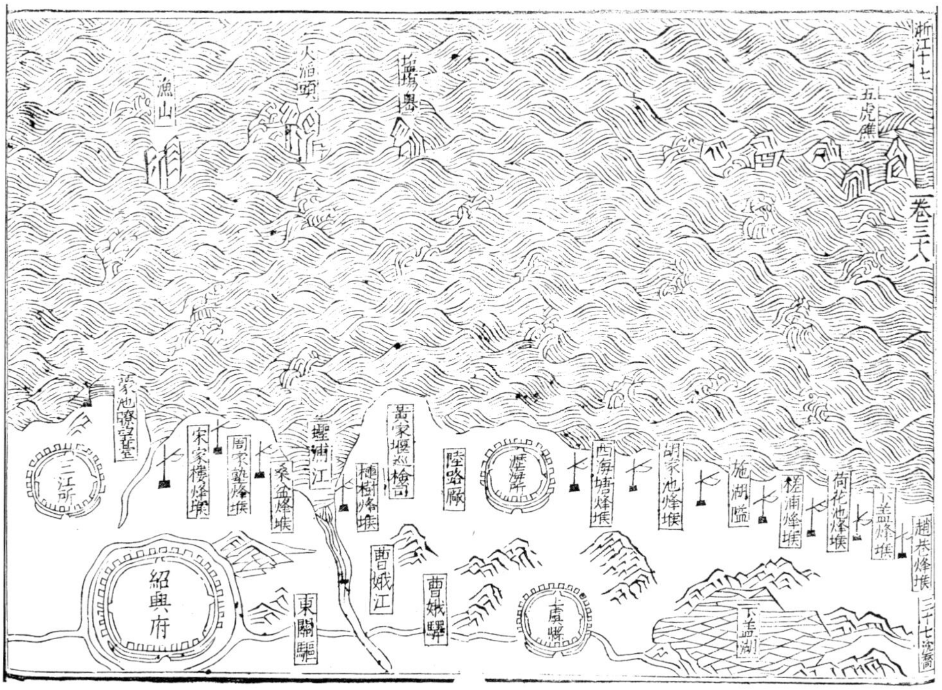
浙江十七
卷三八
五虎礁
漁山
大湖頭
三江所
宋家樓烽堠
周家墊烽堠
瀝海所
西海塘烽堠
胡家池烽堠
施湖隘
荷花池烽堠
下盖烽堠
趙巷烽堠
紹興府
東關驛
曹娥江
曹娥驛
上虞縣
下盖湖
陸路廠

浙十八
卷三九
和尚山
鈸山烽堠
下館烽堠
廟前烽堠
松林堠
儲家園
西湖
浙江省城
杭州府
錢塘縣
仁和縣
前右二衛
錢塘江
三江巡司
白洋巡司
三江港
三江所
蕭山縣
西興驛
海寧所

小衢山
大衢山
西山烽堠
南門總寨
刑山
澉浦所
黃灣寨

灘山
海口烽堠
秦山烽堠
三間寨
海鹽縣
海寧衛
海口巡司
澉浦巡司

馬蹟山
徐公山
三星山
上川山
下川山
淡水門
天妃宮
西海口
觀山烽堠
唐家湾墩
西山嘴寨
金家湾寨
白沙湾巡司
横浦場
蘆瀝墩
獨樹林寨
江山營
新廟墩
高公烽堠
長沙湾墩
梁庄大寨
後所

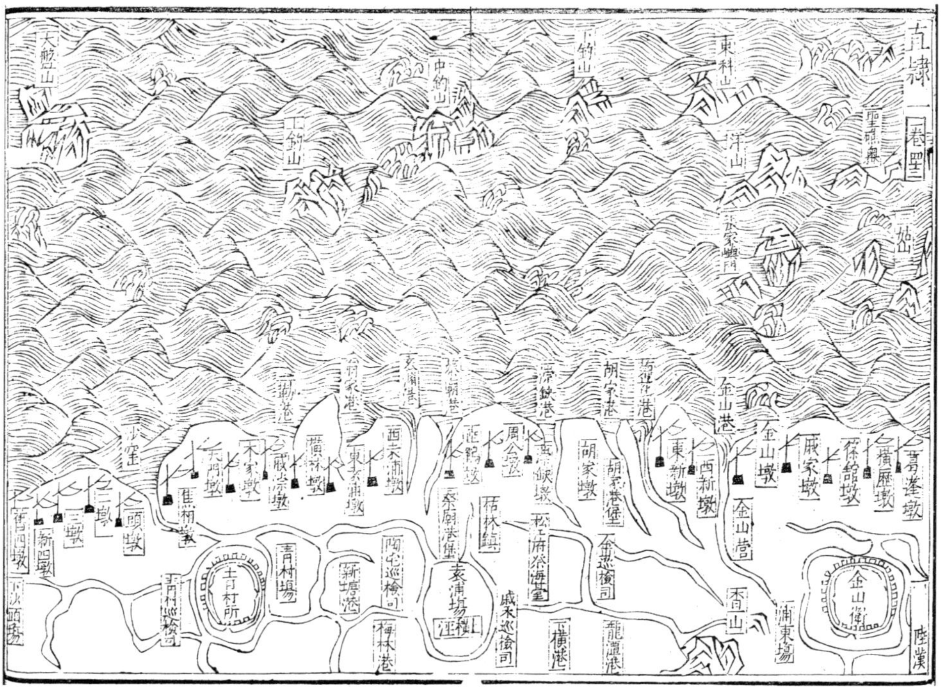
中釣山
下釣山
金山港
金山墩
金山營
金山衛
胡家墩
柘林鎮
青村所
青村場
新塘港
梅林港
龍潭港
香山
浦東場

直二
茶山
陳錢山
南匯所
上海縣
二團
三團
四團
五團
六團
頭墩
二墩
四墩
小湯港
下沙場

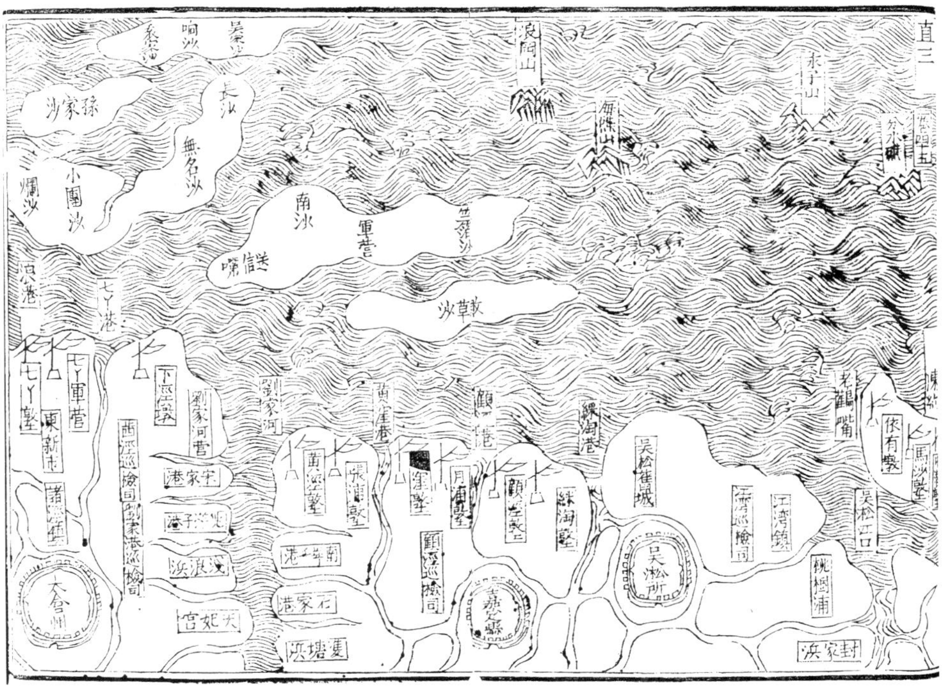
直三
浪岡山
長沙
無名沙
小團沙
南沙
軍營
七丫港
七丫墩
東新市
劉家河
太倉州
黃窯港
依有墩
老鸛嘴
吳淞所
江灣鎮
桃樹浦
嘉定縣

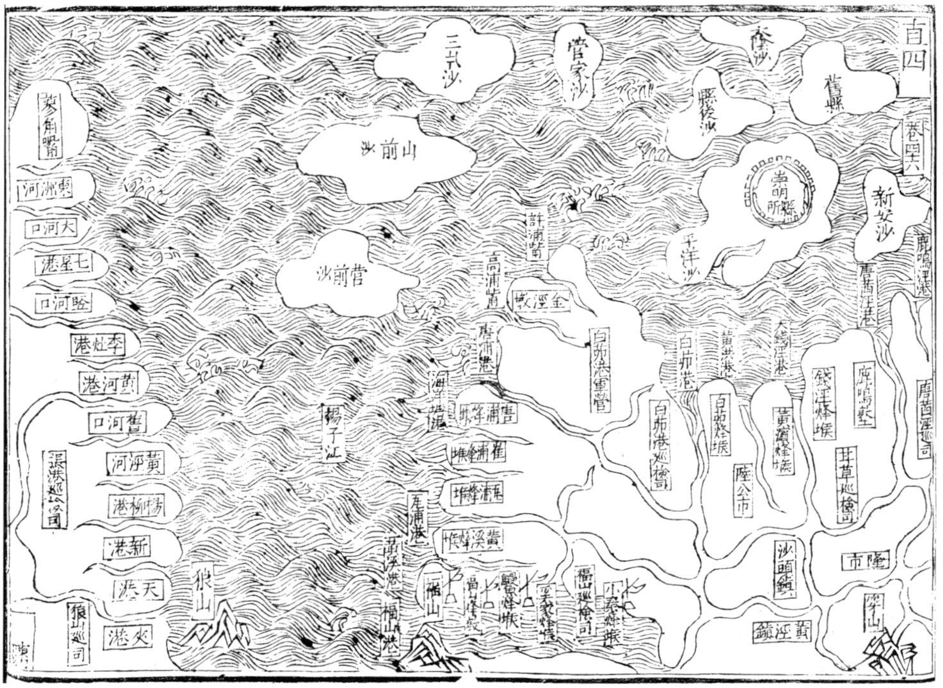
管家沙
新安沙
山前沙
營前沙
楊子江
狼山
福山

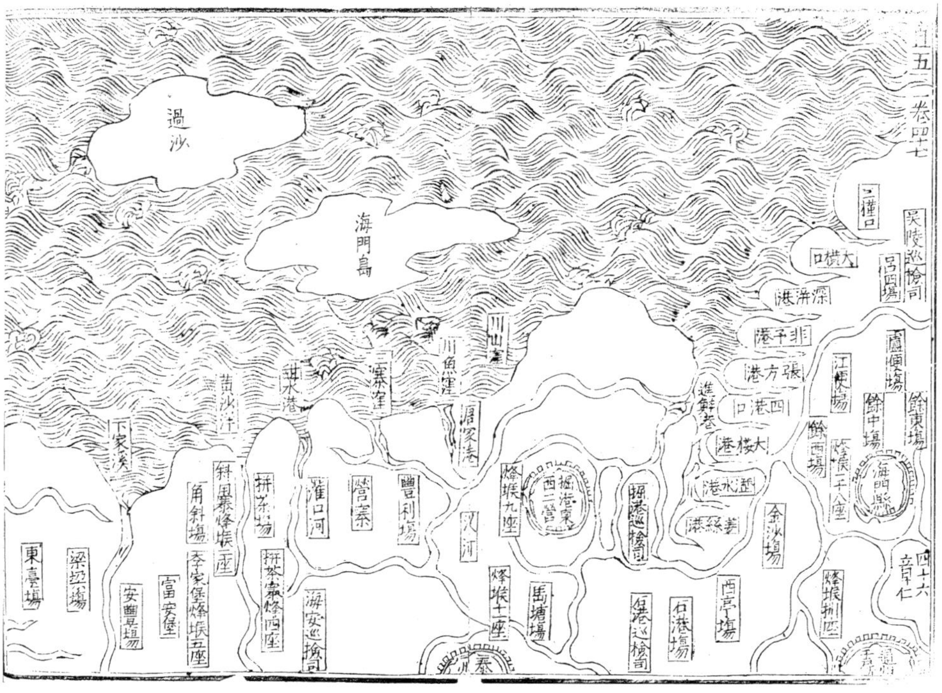
過沙
海門島
東臺場
富安場
海安巡檢司
馬塘場

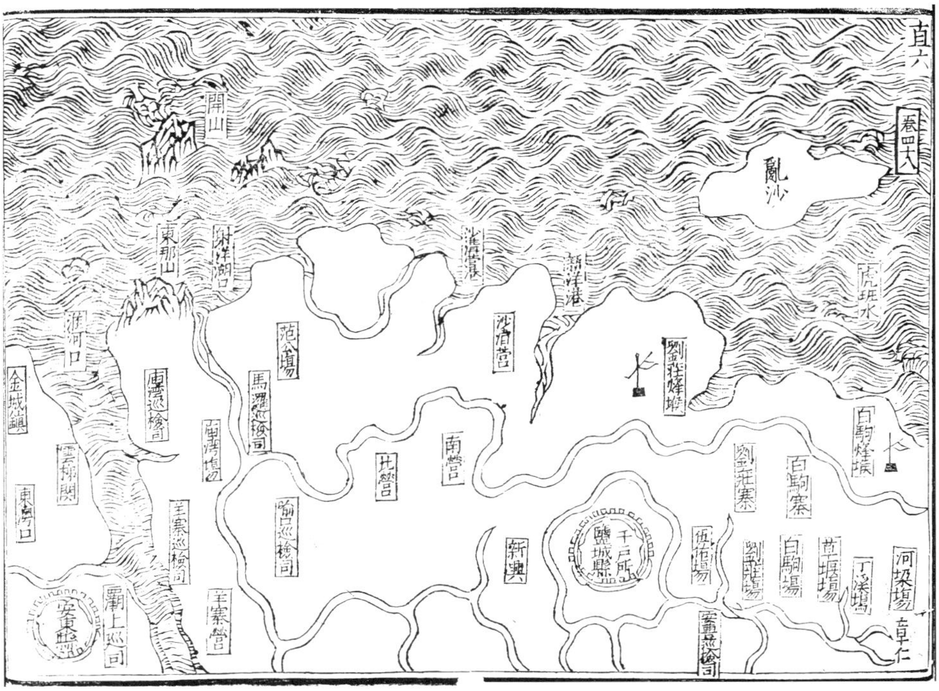
直六
卷四十八
開山
亂沙
東那山
射陽湖口
淮河口
金城鎮
范公場
馬邏巡檢司
沙浦營
新洋港
劉莊烽墩
虎斑水
白駒烽墩
廟灣場
雲梯關
北營
南營
劉莊寨
白駒寨
新興
千戶所
鹽城縣
伍祐場
劉莊場
白駒場
草堰場
丁溪場
河垜場
章仁
安東衛
壩上巡司
羊寨巡檢司
羊寨營
安豐巡檢司

直七
卷四十九
海州島
高公島
鴨島
塘溝營
東海所
東海巡檢司
西陬山
徐瀆浦
金河
秦山
小屋山
大飛浦
秋漢浦
蓬村浦
夏村浦
界浦
劉村浦
七星河
孔望山
海州
惠澤巡檢司
大伊山
長樂巡檢司
臨洪巡檢司
臨洪場
五龍王河
板浦場
官河
章仁

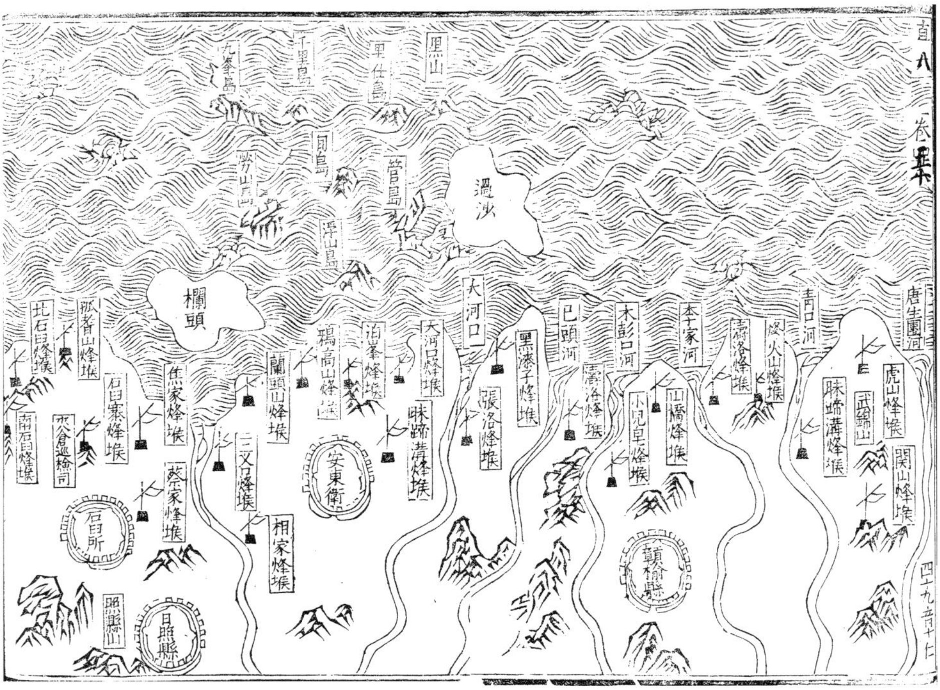
九峯島
千里島
里仕島
里山
勞山島
同島
管島
過沙
浮山島
欄頭
大河口
巳頭河
木彭口河
本十家河
青口河
唐生園
北石臼烽堠
南石臼烽堠
石臼寨烽堠
夾倉巡檢司
焦家烽堠
蔡家烽堠
石臼所
日照縣
蘭頭山烽堠
二叉口烽堠
相家烽堠
鴉高山烽堠
大河口烽堠
安東衛
黑漆子烽堠
張洛烽堠
濤洛烽堠
小兒皇烽堠
山橋烽堠
贛榆縣
夾山烽堠
虎山烽堠
武錦山
關山烽堠

山東界
清泥烽堠
釣魚烽堠
董家烽堠
湖水烽堠
金綿墩
石河烽堠
古城烽堠
董家烽堠
信陽鎮巡檢司
西大嶺烽堠
南黄烽堠
南龍灣巡檢司
胡家烽堠
石牌烽堠
司後烽堠
彭家港烽堠
小珠山
蜈蚣山
烏兒河烽堠

黃埠烽堠
沙嶺烽堠
夏河烽堠
夏河寨
花山烽堠
鹿角河烽堠
東石山烽堠
焦家村烽堠
青石山烽堠
大荒口烽堠
刘家溝烽堠
白塔寺烽堠
沙溝烽堠
張家庄烽堠
長城嶺烽堠
黃山烽堠
風大山烽堠
安鎮烽堠
唐島烽堠
靈山衛

山東三
卷五十三
大劳山
龍王烽堠
小劳山烽堠
辛庄烽堠
沙嶺烽堠
石嶺烽堠
陳村堡
石湖堡
大埠烽堠
杜家港烽堠
孤埠烽堠
洋河烽堠
沙埠烽堠
塔埠烽堠
膠州所
八里庄堡
鹿村堡
西庄烽堠
古積烽堠
古鎮巡檢司
北青烽堠
丁家村烽堠
小港烽堠
沙嶺烽堠
封家嶺烽堠
趙家營烽堠
走馬嶺烽堠
大盤烽堠
海王庄烽堠
徐家埠烽堠
顕溝烽堠
新安黃

原缺

山東六
五十六
松島
小青島
明光烽堠
姚山頭烽堠
路家馬頭烽堠
五壘島所
大嵩衛
狼狼烽堠
大灣口烽堠
林寺屯
城子港烽堠
小龍灣烽堠
羊山烽堠
白澗山
孔家庄堡
湯山堡
黃利河堡
孤山堡
港堡
小山堡
海陽所
桃村堡
長角堡
五十五

山東七
塔島
青埠烽堠
斤山

山東八
佛島
崗山寨堡
高樓山烽堠
拖地崗烽堠
大頂山堡
龍虎山烽堠
龍山烽堠
固山烽堠
羊家島烽
古老石烽堠
黃連嘴烽堠
小勞山烽堠
尋山所
寧津所
何祥刻

山東九
溫泉鎮巡司
楊家嶺烽堠
勝佛口烽堠
曲家埠烽堠
青山烽堠
成山

山東十一
海驢島
雷家崖烽堠
芝麻嶺烽堠
百尺崖所
曹家島烽堠
松甲烽堠
大姑山烽堠
太一頂烽堠
高磁烽堠
不夜城
神山烽堠
張家堡
石硼堡
冶口堡
歇馬神墩
堆前堡
神前堡
成山衛
馬山烽堠

山東十二
火島
劉島山
金山所
鳳凰烽堠
廟山烽堠
大都烽堠
茶山烽堠
曹家庄烽堠
斜山烽堠
麻子烽堠
逍遥烽堠
廟後寨烽堠
陳家庄烽堠
威海衛
白鹿山
老姑烽堠
望天嶺烽堠
蒲臺頂烽堠

山東十二
金山烽堠
宋家烽堠
駱駝烽堠
曲水烽堠
管山烽堠
大崑崙
小崑崙
湯西堡
杏林烽堠
修福堡
辛安堡
寧海衛
鐵山烽堠
馬山烽堠
乳山寨巡檢司

山東十三
卷六十三
高家庄
清泉烽堠
清泉烽堠
現頂烽堠
黄務堡
西牟堡
福山堡
清泉寨
奇山所
竿山
嵩山
龍山
福山縣
福山所
側山
孫夼巡檢司
神山

山東十四
八角島
劉家旺
西庄烽堠
林家庄烽堠
田横島
田横烽堠
教場烽堠
城陰烽堠
白石烽堠
城後烽堠
解宋寨
西山
楊家店巡檢司
九目山

山東十五
千里烽堠
西高烽堠
東良烽堠
東良海口巡檢司
界河烽堠
黄縣
黄河寨
馬停鎮巡檢司

山東十六
東島
萊州洋山
海廟烽堠
福島
海倉巡檢司
東關烽堠
土山烽堠
萊州府衛
馬埠寨
三山島
天柱山
馬鞍山
小皇烽堠
太原烽堠
黃河烽堠
單山烽堠
武家庄烽堠

山東十七
青島
散木島
大清河
小清河
高苑縣
博興縣
廣陵巡檢司
樂安鎮巡檢司
固堤店巡檢司
昌邑縣
青山
河口烽堠

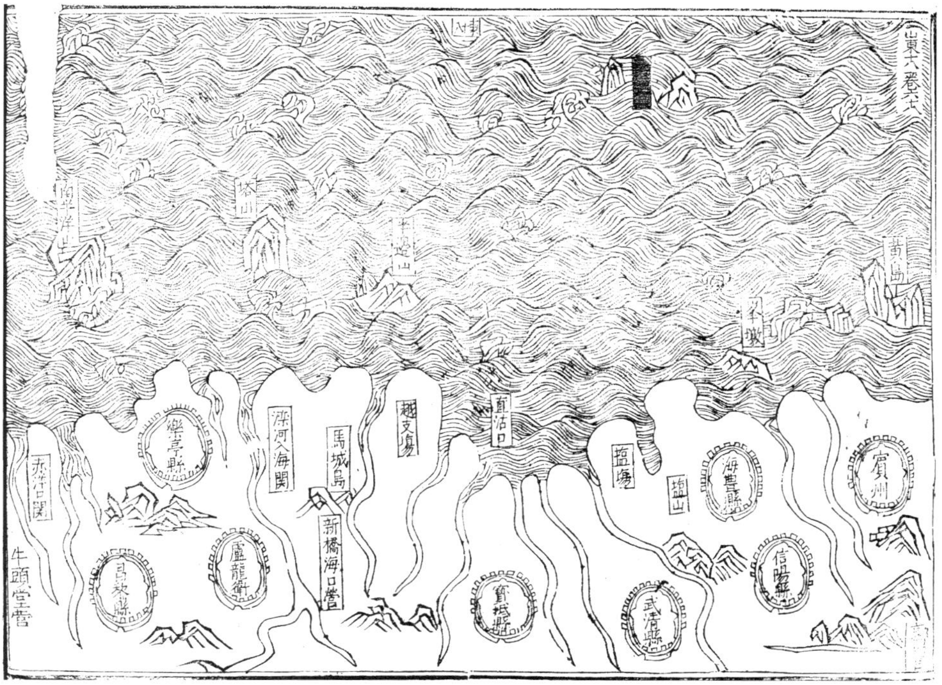
樂亭縣
灤河入海關
馬城島
新橋海口營
直沽口
塩場
海豐縣
賓州
寶坻縣
盧龍衛
昌黎縣
武清縣
牛頭堂營
黃島

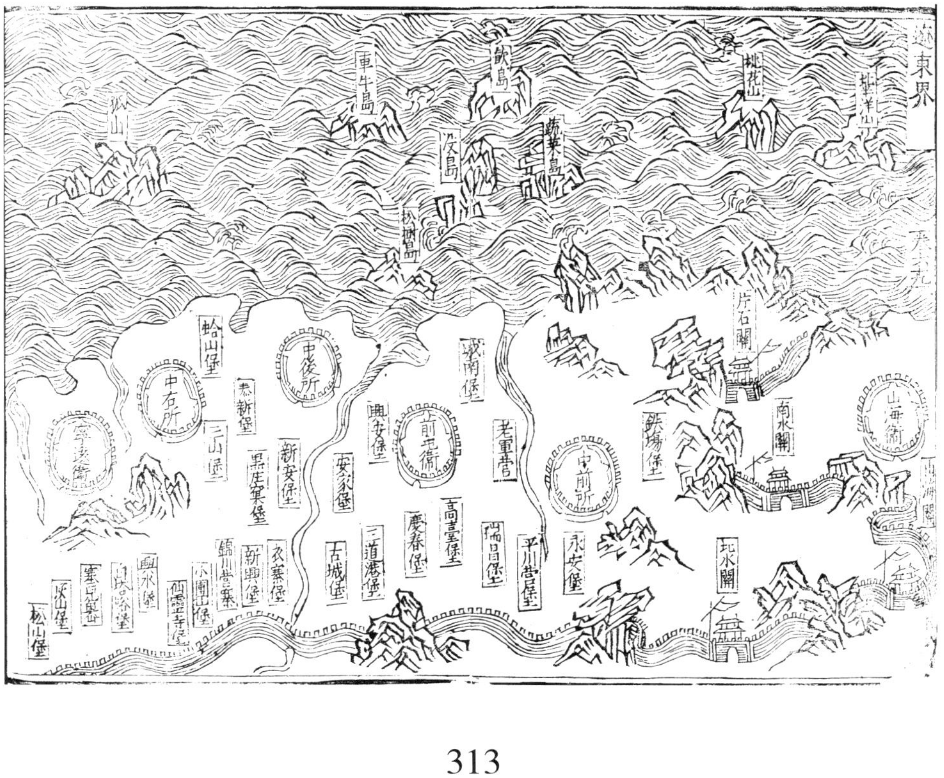
遼東界
車牛島
桃花山
孤山
片石關
南水關
山海衛
鐵場堡
北水關
中前所
永安堡
平川營堡
瑞昌堡
高臺堡
慶春堡
三道港堡
古城堡
老軍營
前屯衛
興安堡
安家堡
中後所
中右所
寧遠衛
三山堡
新安堡
黑庄窠堡
新興堡
小團山堡
興水堡
白塔峪堡
沙山堡
松山堡

遼二
卷七十
麻姑島
鳳凰山
得物島
小陵河
大陵河
女兒河
遼河渡
保安堡
廣寧衛
東海堡
右屯衛
中屯衛
中左所
秀嶺堡
鎮海堡
三岔關
黑林堡

遼東三
卷七十
東雲島
黃骨島
桃島
屏風山
石家島
長生島
東青口
南青口
西青口
北青口
羊關
復州衛
秀山堡
蓋州衛
大寨
向陽寨
柳稍寨
熊岳驛
石河島
乾島
河口島
黑山
麥子寨
韭菜寨
新羅寨
龍門山
長老寨
湯池寨
耀州寨
平頂山

遼東四
陳家島
向陽島
羅兒島
惠劉島
馬喚島
鉄山洋
海春島
杏園島
紅崖島
過島
山洞島
沙角島
棒槌島
北双島
北夾河島
苗洋島
羊頂島
五十寨島
長河嘴島
石門島
平島
和尚島
海頭島
左所
太平島
老鶴島
小平島
金州衛
布袋島
駱駝島
木場島
青泥島
新寨島
沙河島
花洋島
鴨島
盧家島
蓮花島
楊家島
劉家寨
豹下島

遼東五
卷七十二
逃軍洞
千山
花馬寺
黄骨島寨
湯站堡
鳳凰城
臨江
新[redacted]堡
開河山
熊岳驛
紅嘴堡
大沙河島
小沙河島
磨盤島
青山島
東昌堡
八里河
甜水堡
小河山
鳳凰山
義州
義州山
毛鱗山
建州山

籌海圖編卷之二

崑山鄭若曾輯　男一應龍 一鸞校

杭州府吏陳言寫　九子陳鈞

籌海圖編卷之二

崑山鄭若曾輯　男一應龍 一鸞校

王官使倭事畧

魏正始元年遣使如倭

太守龔遵遣使建中校尉梯儁等奉詔印綬詣倭國拜假卑彌呼爵命并齎詔賜金帛錦罽刀鏡等物

六年賜倭臣綬

詔賜難升米黃幢付帶方郡假綬

八年遣使詔諭倭王

太守王頎到官卑彌呼與狗奴國王卑彌弓呼交兵遣其臣載斯烏越等詣郡說相攻擊狀郡遣塞曹掾史張政等因齎詔書黃幢拜假難升米為檄告諭之卑彌呼已死宗女臺與嗣政等以檄告之

隋煬帝大業三年遣使倭國

帝遣文林郎裴清渡百濟行至竹島南望躭羅國經都斯麻國迥在大海中又東至一支國又至竹斯國又東至秦王國其人同於華夏以為夷洲疑不能明也又經十餘國達于海岸自竹斯國以東皆附庸于倭倭王遣小德何輩臺從數百人設儀仗鳴鼓角來迎後十日又遣大禮歌多毗從二百餘騎郊勞既至彼都其王與清相見大悅曰我聞海西有大隋禮義之國欲遣朝貢我僻在海隅不聞禮義是以稽留境內不即相見故清來道飾館以待天使冀聞大國維新之化清答曰皇帝德並二儀澤流四海以王慕化故遣行人來此宣諭既而清就館其後清遣人謂王曰朝命既達請即戒塗於是設宴享以遣復令使者隨清來貢方物先時其王冠服仍其國俗至是如賜與衣冠乃以綵錦為冠飾裳皆施襈綴以金玉云

唐太宗貞觀五年遣使持節撫倭

倭使入闕帝矜其遠詔有司無拘歲貢遣斯州刺史高仁表持節撫之浮海數月方至仁表無綏撫之才與其王爭禮不宣朝命而還

元世祖至元三年遣使往諭日本不達而還

以高麗人趙彝等言日本國可通乃命兵部侍郎黑的給虎符充國信使禮部侍郎殷弘給金符充國信副使持國書使日本書曰大蒙古國皇帝奉書日本國王朕惟自古小國之君境土相接尚務講信修睦況

仁和縣吏葉進賢寫　何進刻

我祖宗受天明命奄有區夏遐方異域畏威懷德者不可悉數朕即位之初以高麗無辜之民久瘁鋒鏑即命罷兵還其疆域反其旄倪高麗君臣感戴來朝義雖君臣歡若父子計王之君臣亦已知之高麗朕之東藩也日本密邇高麗開國以來亦時通中國於朕躬而無一乘之使以通和好尚恐王國知之未審故特遣使持書布告朕志冀自今以往通問結好以相親睦且聖人以四海為家不相通好豈一家之理哉以至用兵夫孰所好王其圖之黑的等道由高麗高麗國王王植以帝命遣樞密院副使宋君斐借禮部侍郎金贊等導詔使黑的等往日本不至而還

至元四年遣使如日本

六月帝謂王植以辭爲解令去使徒還復遣黑的等至高麗諭植委以日本事以必得其要領爲期植以爲海道險阻不可辱天使○九月遣起居舍人潘阜等持書往日本留六月亦不得其要領而歸

五年遣使日本

九月命黑的復持書往至對馬島日本人拒而不納執其塔二郎彌二郎而還

至元六年遣使如日本

六月命高麗金有成送還所執二人俾中書省牒其國亦不報有成留其太宰府守護所者久之○七月命秘書監趙良弼往使書曰蓋聞王者無外高麗與朕既爲一家王國實爲鄰境故常馳信使修好爲疆埸之吏抑而弗通所獲二人令有司慰撫俾齎以還遂復寂無所聞繼欲通問屬高麗權臣林衍搆亂坐是弗果豈王亦因此輟不遣使或已遣而中路梗塞皆不可知不然日本素號知禮之國王之君臣寧肯漫爲弗思之事乎近已滅林衍復舊王位安集其民特命少中大夫秘書監趙良弼充國信使持書以往如即發使與之偕來親仁善鄰國之美事如或猶豫以至用兵夫誰所樂爲也王其審圖之良弼將往乞定與其王相見之儀廷議與其國上下之分未定無禮數可言帝從之○十二月詔與高麗王植送良弼通日本期于必達仍以忽林失王國昌洪茶丘將兵送抵海上候國信使還姑令金州等處屯駐

至元十年遣使如日本

六月趙良弼復使日本至太宰府而還

至元十一年命將征日本

三月命經略使忻都高麗軍民總管洪茶丘以千料舟拔都魯輕疾舟汲水千舟各三百共九百艘載士卒一萬五千期以七月征日本冬十月入其國敗之而官軍不整又矢盡惟擄掠四境而還

至元十二年遣使日本

二月遣禮部侍郎杜世忠兵部侍郎何文著計議官撒都魯丁往使亦不報

至元十七年日本殺使臣杜世忠

二月日本殺國使杜世忠等征東元帥忻都洪茶丘請自率兵往討廷議姑少緩之○五月召范文虎議征日本八月詔募征日本士卒

至元十八年再征日本

正月命日本行省右丞相阿剌罕右丞范文虎及忻都洪茶丘等率十萬人征日本二月諸將陛辭帝勅曰始因彼使來故朝廷亦遣使往彼遂留我使不還故使卿輩爲此行朕聞漢人言取人家國欲得百姓土地若盡殺百姓徒得地何用又有一事朕實憂之恐卿輩不和耳假若彼國人至與卿等有所議當同心協謀如出一口答之○五月日本行省參議裴國伊等言本省右丞相阿剌罕范右丞李左丞先與忻都洪茶丘入朝時同院官議定領舟師至高麗金州與忻都茶丘軍會然後征日本又爲風水不便再議定

會於伊岐島令其水工畫地圖因見近太宰府西有平戶島者周圍皆水可屯軍船此島非其所防若徑往據此島使人乘船往伊岐呼忻都茶丘來會進討爲利帝曰此間不悉彼中事宜阿剌罕輩必知令其自處之六月阿剌罕以病不能行命阿塔海代總軍事八月諸將未見敵喪全師以還乃言至日本欲攻太宰府暴風破舟猶欲議戰萬戶厲德彪招討王國佐水手總管陸文正等不聽節制輒逃去本省載餘軍至合浦散遣還鄉里未幾敗卒于閶脫歸言官軍六月入海七月至平戶島移五龍山八月一日風破舟五日文虎等諸將各自擇堅好船乘之棄士卒十餘萬於山下衆議推張百戶爲主帥號之曰張總管聽其約束方伐木作舟欲還七日日本人來戰盡死餘二三萬爲虜去九月至公角島盡殺蒙古高麗漢人謂新附軍爲唐人不殺而奴之閶輩是也蓋行省官議事不相下故皆棄軍歸久之莫青與吳萬五者亦逃還十萬之衆得還者三人耳

至元二十年遣使征日本不果

命阿塔海爲日本省丞相與徹里帖木兒右丞劉二拔都兒左丞募兵造船欲復征日本淮西宣慰使昂吉兒上言民勞乞侵兵

大德三年遣僧往說日本

遣僧寧一山者加妙慈弘濟大師附商舶往使日本而日本人竟不至

國朝

太祖高皇帝洪武二年遣使招夷

遣使臣趙秩往日本招來倭夷泛海至析木崖入其境關者拒勿納秩以書達其王良懷乃延秩諭以中國威德而詔旨有責讓其不臣之語王曰吾國雖夷俯在扶桑未嘗不慕中國之化而通貢奉惟蒙古以戎狄莅華而以小國視我使趙姓者誅我以好語初不知其覘國也既而發水犀數十艘一時雷霆風波漂覆幾無遺類自是不與通者數十年今新
天子帝華使亦趙姓得非蒙古使之雲仍乎亦將誅我好語而襲我也命左右將刃之秩不爲動徐曰今
聖天子聖神文武明燭八表生華帝華非蒙古比我非蒙古使後爾若悖逆不我信即先殺我則爾之禍不旋踵矣我
朝之兵天兵也無不一當百我
朝戰艦雖蒙古戈船百不當一況天命所在人孰能違豈以我
朝之孔懷爾者與蒙古之襲爾國者比耶于是王氣沮下

延秩禮遇有加

秋使行人楊載齎璽書諭日本國王

倭寇惠潮濱海
上命載往使齎書諭其國王書曰上帝好生惡不仁者向者我中國自趙宋失馭北夷入而據之播胡俗以腥膻中土華風不競凡百有心孰不興憤自辛卯以來中原擾擾彼倭來寇山東不過乘胡元之衰耳朕本中國之舊家耻前王之辱興師振旅掃蕩胡番宵衣旰食垂二十年自去歲以來殄絕北夷以主中國惟四夷未報間者山東來奏倭兵數寇海邊生離人妻子損傷物命故修書特報正統之事兼諭倭兵越海之由詔書到日如臣則奉表來廷不臣則修兵自固永安境土以應天休如必爲寇朕當命舟師揚帆諸島捕絕其徒直抵其國縛其王豈不代天伐不仁者哉惟王圖之

洪武五年遣僧往諭日本

先是天寧寺僧祖闡以高行召至會
朝廷將遣使　詔與瓦罐寺僧無逸俱往祖闡毅然請行
上壯之賜以緇器禪衣之屬令大官餼享于武樓下且諭其國敬浮屠喻以善道設化時天界寺僧宗泐嘗賦詩餞之其詩上獻凡十八韻首言王化無遐邇一視同仁次言宣訪以善道庶契西來祖意次言經涉海波雖甚艱險君臣大義勿忘次言平等法行之無有彼此之異末言使旋方盡終始之義
太祖俯賜和之常聞古帝王同仁無遐邇蠻貊盡來賓我今使臣委仲猷通洪玄倭夷嘗往至于善導凶人不負而來意爾曾遊遠方毋得多生事入爲佛弟子出爲我朝使珎重浦泉經勿失君臣義此行非瀚海一去萬里地既辭釋迦門日日宿海涘艨艟掛飛飄天風駕萬里平心勿憂驚自然天之使休問海茫茫直是尋根際請彼佛放光倭民大欣喜行止必端方毋失經之理入國有齋時齋畢還施禮是法皆平等語言休彼此盡善化頑心了畢繞方已歸來爲拂塵見終必見始祖闡受命而行自翁州啓櫂五日至其國境又踰月始入王都館于洛陽西山精舍一遵
聖教敷演正法無非約之以善聽者聳愕以爲中華之禪伯亟白于王請主天龍寺乃夢窓國師道場寔名剎也祖闡以無
上命力辭之且申布威德罔間內外所以遣使者來之意王悅命僧奉方物稱臣來貢既歸
上喜怡愉賜白金一百兩文綺二縑

成祖文皇帝永樂九年遣使日本

遣三寶太監王進奉使日本收買奇貨至寧波選壯軍頗通號大漢將軍同往彼夷初御以禮後起別議輒下褰江龍于港口得支港潛出彼夷婦密引而還

永樂十五年遣使如日本

倭寇沙園所邊將執其酋首送
京師詔待以不死遣刑部員外郎李淵等使日本璽書責以敬
天事大之義次年淵還其國王亦遣刺史奉表稱謝

宣宗章皇帝宣德八年遣使吊喪

倭王源道義卒
上命太監雷春少卿潘錫等出使垂吊以盡懷柔之意

今上皇帝嘉靖三十四年七月遣使移諭日本

先是海商王直挾倭以要互市不得遂糾島夷入寇而身爲之嚮度浙直蘇福沿海悉被殘破倏往倏來訖無寧歲御史胡宗憲按浙廉知其情與督察侍郎趙文華奏乞遣使宣諭日本國王令其禁戢島夷以弭邊患實欲行間諜以勾致王直而絕禍源也疏入
上命廷臣議之咸稱曰便乃令布政司爲檄致之宜布
朝廷德意募能使者寧波生員蔣洲陳可願請行於是假以市舶提舉服色充正副使以往檄曰王國自我

太祖高皇帝御極以來世秉恭順貢獻
天朝恃王恩亦不薄上下安和恪承天道各保生民今爾
天朝倭劫掠居民念惟王國法令嚴明部民盜一雞一犬
者必殺無赦豈有縱民侵劫之理必是與蔽國王私
出爲非故特差正使蔣洲副使陳可願移檄報知王
若能守
祖宗之大法思
聖朝之厚恩憤部民之橫行分投遣人嚴加約束不許私
出沒海洋侵擾中國使邊境寧靜釁隙不生共享和
平之福如此本司即爲王奏聞
天子必有大旌勞之典史冊書美光傳百世豈不快哉否
則奸商島民肆構不已黨類益繁盤據海島窺伺竊
發恐非王國之利如昔年安南國王陳氏之禍可鑒
矣今日移文報知亦非爲中國也王其深體而速行
之洲等捧檄以行十一月望日至其國五島地方偶
遇直養子毛海峯在焉洲等以移諭事告之遂引見
直洲等諭以
朝廷遣使之意及軍門招徠之心直爲感德然不欲國王
之知之也謂洲等曰夷意惟在求互市而已既
朝廷有曠蕩之恩吾當爲若等謀之然夷文國君弱不
能號令於其國其能禁戢諸部耶須歷島諭之亂可
弭也遣毛海峯輩送可願回而留洲在島者數月海
峯以報効爲名實伺內地虛實與當道待直之意何

籌海圖編卷之三　二十　刘廾

如以爲進止時宗憲已總督軍務洞燭其奸乃故示
以寬厚之意准令立功報効而爲之奏
請賞賚優渥海峯還報直始挺身而來請市船可通而禁
題可致也然猶慮中變仍挾倭數千而來遷延海上
者又兩閱月洲與可願反覆說之又攜貳其黨與始
入見軍門於寧波而生致之斬之市曹傳首
京師自此海上少戢矣後御史趙孔昭以洲專命往使不
達其王謂爲直黨惡奏繫詔獄論死巡視軍情即中
唐順之謂不赦洲將來者必以使絶
域爲諱而阻宣力報効之心復奏釋之

太倉使往日本針路見渡海方程及海道針經

太倉港口開船用单乙針一更船平更者每一晝夜分爲十更以焚香枝數爲度以木片投海中人從船面行驗風迅緩定更多寡可知船至某山洋界

吳淞江用单乙針及乙卯針一更平

寶山到南匯嘴用乙辰針出港口打水六七丈

沙泥地是正路三更見茶山茶山水深十八托一云行一百六十里正與此合

自此用坤申及丁未針行三更船直至大小七
山灘山在東北邊

灘山下水深七八托用单丁針及丁午針三更
船至霍山

霍山用单午針至西後門

西後門用巽巳針三更船至茅山

茅山用辰巳針取廟州門船從門下行過取升
羅嶼廟州門水深急流

升羅嶼用丁未針經崎頭山出雙嶼港升羅嶼崎頭俱可泊船崎頭水深丸托

雙嶼港用丙午針三更船至孝順洋及亂礁洋雙嶼港口水流急孝順洋水深十三托泥地

籌海圖編卷之三　二十一　真

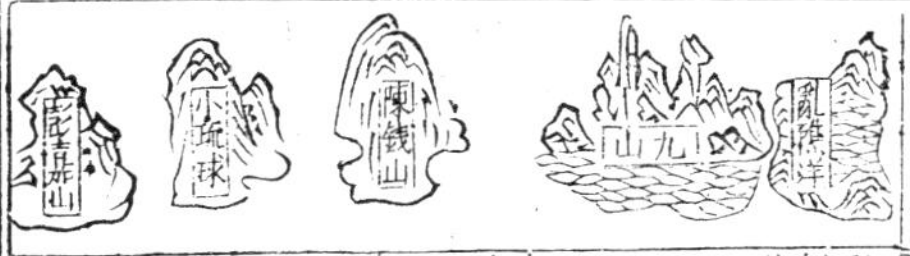

亂礁洋水深八九托取九山以行九山西邊有礁打水行船宜仔細一云亂礁洋水深六托泥地

九山用单卯針二十七更過洋至日本港口打水七八托泥地南邊泊船

又有從烏沙門開洋七日即到日本

若陳錢山至日本用艮針

福建使往日本針路

梅花東外山開船用单辰針乙辰針或用辰巽
針十更船取小琉球

小琉球套北過船見鷄籠嶼及梅花瓶彭嘉山

彭嘉山北邊過船遇正南風用乙卯針或用单
卯針或用单乙針西南風用单卯針東南風用

乙卯針十更船取釣魚嶼

釣魚嶼北邊過十更船南風用单卯針東南風用单卯針或用乙卯針四更船至黄麻嶼

黄麻嶼北邊過船便是赤嶼五更船南風用甲卯針東南風用单卯針西南風用单甲針或用单乙針十更船至赤坎嶼

赤坎嶼北邊過船南風用单卯及甲寅針西南風用艮寅針東南風用甲卯針十五更船至古米山

古米山北邊過船有礁宜知避南風用单卯針及甲寅針五更船至馬岳山

馬岳山南風用甲卯或甲寅針五更船至大琉球

大琉球那霸港泊船土官把守港口船至此用单卯及甲寅針行二更進那霸內港以入琉球國中

那霸港外開船用单子針四更船取離倚嶼外過船南風用单癸針三更船取熱壁山以行

熱壁山南風用单癸針四更船取硫黄山

硫黄山南風用丑癸針五更船取田嘉山又南風用丑癸三更半船取夢加剌山南風用单癸針及丑癸針三更船取大羅山

大羅山用单癸針二更半船取萬者通七島山西邊過船

萬者通七島山用单寅針五更船取野顧七山島內各𠮷兵之妙是麻山嶼野顧山用巽寅針二更半船迫尒山用艮寅針四更船取亞甫山一云野顧山對面行六十里有小礁四五箇最宜艮避在北邊過船用艮寅方行一百五十里至日午山用艮寅方行二百四十里至亞甫山

亞甫山平港口其水望東流甚急離此山用艮寅針十更船取亞慈理美妙若不見此山用单艮針二更船又艮寅針五更船取沿灣奴一云沿渡奴烏佳眉山沿渡奴烏佳眉山用单癸針三更船若船開時用单子針一更船至而是麻山

而是麻山南邊有沉礁名套礁一云名佐沉長礁東北邊過船用单丑針一更船是正路却用单子針四更船取大門山中

大門山傍西邊門過船用单丑針三更船取兵六褌山港

兵褌港循本港直入日本國都

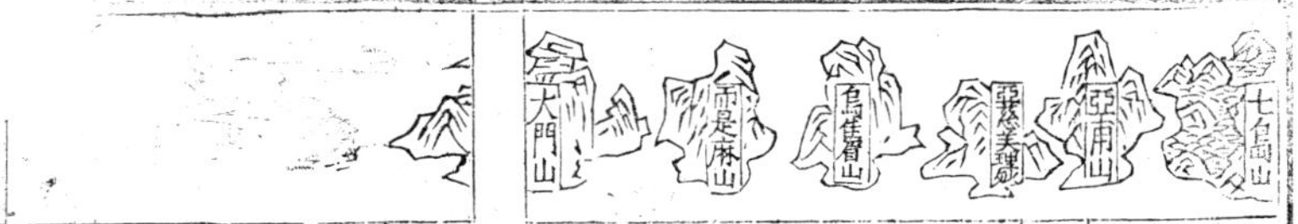

八　籌海圖編卷之二　黃虎

九　籌海圖編卷之二　一考吏葉維賢寫　郡生曾鈺刊

倭奴朝貢事畧

漢武帝建武中入貢

帝滅朝鮮使驛始通使者自稱大夫

光武中光六年入貢

奉珍朝賀賜以印綬

安帝永初元年入貢

來獻生口百六十人願相見

魏景初二年朝獻

公孫淵誅後卑彌呼遣其大夫難升米牛利等帶方郡求詣天子朝獻太守劉夏遣使吏將送詣京師明帝詔賜卑彌呼爲親魏王假金印紫綬以難升米爲率善中郎將牛利爲率善校尉假銀印青綬

正始四年入貢

卑彌呼遣大夫伊聲耆掖邪狗等八人獻方物詔拜掖邪狗等率善中郎將各假印綬

八年入貢

卑彌呼死宗女臺與立率善中郎將掖邪狗來獻生口白珠雜錦物

晉泰始初年入貢

臺與遣使朝獻臺與死其國復立男王

安帝時通表

倭王讃通表江左

文帝元嘉二年入貢

讃遣司馬曹達奉表獻方物讃死子珍立遣使入貢自稱使持節都督倭百濟斯羅任那秦韓慕韓六國諸軍事安東大將軍倭國王表求除正詔除安東將軍倭國王珍又求除正倭隋等十三人平西征虜冠軍輔國將軍等號詔並聽之

二十年入貢

倭王濟遣使奉獻復以爲安東將軍倭國王

二十八年加封王復入貢

加使持節都督倭斯羅任那加羅秦韓慕韓六國諸軍事安東將軍如故并除所上二十三人職濟死子興遣使貢

順帝昇明二年入貢

倭國王武遣使上表言自昔祖禰躬擐甲冑跋涉山川不遑寧處東征毛人五十五國西服衆夷六十六國陵平海北九十五國王道融泰廓土遐畿累葉朝宗不愆于歲道經百濟裝飾船舫而句驪無道圖欲見吞臣亡考濟亡兄興並欲大舉罔罪不幸奄喪父兄使垂成之功不獲一簣今欲練兵申父兄之志竊自假開府儀同三司其餘咸各假授以勸忠節詔除武使持節都督倭斯羅任那加羅秦韓慕韓六國諸軍事安東大將軍倭王

文帝開皇二年入貢

倭王多利思比孤遣使詣闕上令所使訪其風俗使者言倭王以天爲兄以日爲弟天明時出聽政跏趺坐日出便停理務云委我弟文帝曰此大無義理訓令改之

煬帝大業二年遣使入貢

多利思比孤復遣使朝貢使者云聞海西菩薩天子重興佛法故遣朝拜兼有沙門數十人來學乾道國書曰日出處天子致書日沒處天子無恙云云煬帝覽之不悅謂鴻臚卿曰蠻夷書有無禮者勿復以聞

大業三年入貢

報使也

唐太祖貞觀五年入貢

倭使入關帝矜其遠詔有司無拘歲許貢仍遣高文表往撫之使者不宣朝命而回〇詳見出使事畧

永徽初年貢寶物

遣使獻琥珀大如斗瑪瑙若五升器時斯羅爲高麗百濟所暴高宗賜璽書令出兵援斯羅

永徽二年夷使偕蝦蛦入貢

倭使偕蝦蛦人偕朝蝦蛦亦居海島中其鬚長四尺許珥箭于首令人戴瓠立數十步射無不中

咸亨元年入貢

遣使賀平高麗後稍習夏音惡倭名更號日本使者
自言國近日所出以爲名○或云日本乃小國爲倭
所併故冒其號使者不以情故疑焉又妄誇其國都
方數千里南西盡海東北限大山其外即毛人云

長安元年入貢

時遣眞人粟田貢方物○彼國眞人猶唐尚書冠進
德冠頂有華蘤四披紫袍帛帶粟田好學屬文進止
有方且求書籍武后宴
之麟德殿授同膳卿

開元初年入貢

仍遣粟田復朝請從諸儒授經詔四門助教趙玄默
即鴻臚寺爲師獻大幅布爲贄悉賞物貿書以歸其
副朝臣仲滿慕華不肯去易姓名曰朝
衡歷佐補闕儀王友文多所該載久乃還

開元四年入貢

彼國寶龜二年遣僧
正玄昉入朝貢物

開元二十四年入貢

遣二僧靈仙行賀入
唐禮五臺山學佛法

元和元年入貢

夷遣騰元葛野與空海大師及延
歷寺僧澄入唐詣天台山傳教

會昌元年入貢

遣僧貢物入唐
禮五臺佛法

光啓元年入貢

遣僧宗睿貢
物入唐傳教

大曆十二年入貢

遣使表
貢方物

天寶十二年朝貢

時朝衡復入朝貢物上元中擢左散騎常侍安南都
護求內外經教及傳戒新羅梗海道更由明越州朝
貢

建中元年入貢

夷遣使眞人輿能獻方物眞人蓋因官而氏者
輿能善書其紙似璽而澤之莫曉何物所造

貞元末年遣使入朝

其王桓武遣使入朝其學子橘免勢屠空海願留肄
業歷二十年使者高階眞人來請免勢等俱還詔可

貞元四年入貢

遣文明
使貢物

後梁龍德中入貢

遣僧寬建
入貢方物

宋雍熙元年入貢

夷遣僧使大周然與其徒五六人浮海而至獻銅器
十餘事并本國職員及年代紀各一卷大周然衣綠
自云姓藤源父爲眞連○眞連官名其國五品職也
○大周然善隸書不通華言問其風俗但書以對云
國中有五經書及佛法白居易集十七卷並得自中
國交易用銅錢文曰乾文大寶錄以貢賦國王自古
傳襲王今六十四世文武僚吏皆世官其皇系詳見
年代紀上聞之嘆息謂宰相曰此島夷耳乃祚遐久

其臣亦繼襲不絕此蓋古道也中國自唐季之亂郡
縣分裂梁周五代享歷尤促大臣世胄鮮能嗣續朕
雖得繼往聖常夙夜寅畏講求治本不敢暇逸建無
窮之業垂可久之範亦以爲子孫之計使大臣之後
世襲祿位此朕之心焉又云其國多中國典籍大周
然來復得孝經一卷即鄭氏註越王孝經新義第十
五一卷即唐太宗子越王貞新義者記室參軍任希
古等譔也皆金縷紅羅標水晶爲軸復求詣五臺許
之令所過給食又求印
本大藏經詔亦許之

端拱元年夷僧奉表來謝并貢方物

大周然遣弟子喜奉表來謝曰日本國東大寺大朝
法濟大師賜紫沙門大周然啓傷麟入夢不忘漢主
之恩枯骨合歡猶亢魏氏之敵雖云羊僧之拙寧忘
鴻儒之恩周然誠惶誠恐頓首頓首死罪大周然附
商船之離岸期魏闕于生涯望落日而西行十萬里
之波濤難盡顧信風而東別數千里之山岳易過妄
以下根之卑適詣中華之盛於是宣旨頻降恣許荒
外之跋跡宿心克協歷觀宇內之環奇況乎金闕曉
後望堯雲于九禁之中巖局晴前拜聖登于五臺之
上就三藏而禀學巡數寺而優游遂使蓮華迴文神
筆出于北闕之北貝葉印字佛詔傳于東海之東重
蒙宣恩忽趍來跡季夏解台州之纜孟秋達本國之

郊爰待明春初到舊邑緇素忻待侯伯慕迎伏惟陛下惠溢四溟恩高五嶽世超黄軒之古人直金輪之新大周然空辭鳳凰之窟更還螻蟻之封在彼在斯只想皇德之盛越山越海敢忘帝念之深縱分百年之身何報一日之惠染筆拭淚伸紙摧魂不勝慕恩之至謹差上足弟子傳燈大法師位嘉因并大朝剃頭受戒僧祚乾等拜表以聞稱其本國永延二年歲次戊子二月八日又別啓貢佛經納青木函琥珀青紅白水晶紅黑木槵子念珠各一連並納螺鈿花形平函毛籠一納螺杯二口葛籠一納法螺二口染皮二十枚金銀蒔繪筥一合納髮鬘二頭又一合納三議定四位上藤佐理手書二卷及進奉物數一卷表狀一卷又金銀蒔繪硯一筥一合納金硯一鹿毛筆松煙墨金銅水瓶鐵刀又金銀蒔繪扇筥一合納檜扇二十枚蝙蝠扇二枚螺鈿梳函一對其一納赤木梳二百七十其一納龍骨十橛螺鈿書案一螺鈿書几一金銀蒔繪平筥一合納白細布五疋鹿皮籠一納貂裘一領螺鈿鞍轡一副銅鐵鐙紅絲鞦泥障倭畫屛風一雙石流黄七百觔

咸平五年來貢

建州海商周世昌遭風飄至日本凡七年得還與其國人滕木吉至上皆召見之世昌以其國人唱和詩來上詞甚鄙俚詢其風俗云婦人皆被髮一衣用二三縑又陳所記州名年號上合滕木吉以所持木弓矢挽射矢不能遠詰其故國人不習戰鬪賜木吉時裝錢遣還

景德元年入貢

遣僧寂照等八人來朝寂照不曉華言而識文字繕寫甚妙凡問答並以筆札詔號圓通大師賜紫方袍

天聖四年入貢却之

十二月明州言日本國太宰遣人貢方物而不持本國表詔却之其後亦未通朝貢南賈時有傳其物貨至中國者

熙寧五年夷僧獻方物

僧誠尋至台州止天台國清寺願留州以聞詔使赴闕誠尋獻銀香爐木槵子白琉璃五香水晶紫檀琥珀所飾念珠及青色織物綾神宗以其遠人而有戒業處之開寶寺盡賜同來僧紫方袍是後連貢方物而來者皆僧也

元豐元年入貢

使遂事僧仲回來賜號慕化懷德大師明州又言得其國太宰府牒因使人孫忠還遣仲回等貢絹二百疋水銀五千兩以孫忠及海商而貢禮與諸國異請自移牒報而答其物直付仲回東歸從之

乾道九年入貢

始附明州綱首以方物入貢倭舡火兒滕太明歐鄭作死詔械太明付其綱首歸治以其國之法

淳熙二年入貢

元至元八年遣使入朝

九月高麗王植遣其通事別將徐稱導送趙良弼使日本日本始遣彌四郎入朝帝宴勞遣之

至元九年遣使來朝却之

二月樞密院臣言奉使日本趙良弼遣書狀官張鐸來言去歲九月與日本國彌四郎等至太宰府西守護所守者云曩爲高麗所紿屢言上國來伐豈期帝好生惡殺先遣行人下示璽書然王京去此尚遠願先遣人從使回報良弼遣鐸回其使二十六人至京師求見帝疑其國主使之來云守護所者詐也詔翰林承旨和禮霍孫以問姚樞許衡等皆對曰誠如聖筭彼恐我加兵故發此輩伺吾強弱耳宜示之寬仁且不宜聽其入見從之是月高麗王植致書日本五月又以書往令必通好大朝皆不報

至元十四年遣使易錢

日本遣商人持方物來易錢許之

大明洪武二年入貢

太祖高皇帝混一寰宇溥海之外莫不臣僕惟日本未至乃遣使臣趙秩往諭之。詳見使倭事畧。其王良懷乃遣僧祖來進表箋貢馬及方物并僧九人來朝詔賜祖來等文綺及僧衣比辭遣僧祖闡克勤等八人護送還國仍賜良懷大統曆及文綺紗羅

洪武十二年入貢

夷舡一隻稱貢緣無表文却之來人分發雲南川陝三邊安插

洪武十三年入貢

遣僧貢馬及茶布刀扇之類亦無表文以其私貢不納來人仍發三邊安插

洪武十四年入貢

七月國王良懷遣僧如瑶貢馬十匹及方物通有前
來人舡花名乃命行取赴京宴賞歸國○會典記十
二年貢者作七年十四年貢者作發三邊安插與南
京禮部案不同必記者之誤耳○通志作却其貢

洪武十五年入貢

使歸廷用入貢方物厚賞回還明州備倭指揮林賢
在京隨駕時交通樞密使胡惟庸潛遣宣使陳得中
密與設計令將歸廷用誣爲倭寇分
用賞賜中書省舉奏其罪流賢日本

洪武十六年詔絶日本之貢

賢流三年逆臣胡惟庸暗遣人充宣使私往日本取
回就借精兵四百與僧如瑶來獻巨燭中藏火藥
兵具意在圖亂
上大怒磔賢于市乃降詔責其君臣絶其貢祖訓云以日
本隔海僻在一隅得其地不足以供給得其民不
足以使令故不興兵致伐著爲訓章絶其往來

永樂二年入貢

上命太監鄭和統督樓舡水軍十萬招諭海外諸番日本
首先納款擒獻犯邊倭賊二十餘人即命治以彼國
之法盡蒸殺之今銅甑猶存爐竈遺趾在蘆頭堰降
敕褒獎給勘合百道定以十年一貢舡止二隻人止

二百違例則以寇論制限進貢方物　馬　鎧　硫
黄　貼金扇　牛皮　鎗盔　蘇木　塗金裝綵屏
風　劍　灑金廚子　灑金手箱　灑金木銚角盥
刀　灑金文臺　描金粉匣　描金筆匣　水晶數
珠　抹金提
銅銚　瑪瑙

宣德元年入貢

入貢人舡踰數刀劍過多特諭來使令後貢舡不
過三隻使人毋過三百刀劍毋過三千不許違禁

宣德七年入貢

來使不知禮法
甚擾于民禁之

宣德十年入貢

并奉表謝恩以八
年遣使吊喪也

正統七年入貢

時貢舡九隻使人千餘分發境清天寧各寺安歇
朝廷雖責其越例以遠人慕化亦寛容之八年六月使回
述失使頭普福二人在樂清沙嵩𡺸嶺坊長孔希名
獲解把總遣回普福在途悲感有詩云來遊上國看
中原細賞青松咽冷泉慈母在堂年八十孤兒爲客
路三千心懐北闕浮雲外身在西山返照邊處處朱
門花柳巷不知
何日是歸年

天順二年入貢

至
京師燕賞豐渥細載而歸

成化二年僞貢

時都指揮張翥洞燭
其僞貢之奸而去

成化十一年入貢

諸使詣京沿途騷擾
朝廷爲禁約之

成化二十年入貢

六月使臣周瑋入貢
勅諭彼王知會自後宜恪遵宣德中事例也

弘治八年入貢

五月差使壽蓂入貢方物赴京沿途生事至濟寧强
買貨物彼此殺傷罪及解官府照磨童釗指揮魏政

提舉王昭俱降調通事林春充軍次年使歸
司府失於檢點致鄞人朱縞墳欠貨物而去

正德四年入貢

五月正使宋素卿副使源永春貢方物請祀孔子儀
註朝議孔子中國聖人不當爲夷狄褻瀆不許素卿
者即鄞人朱縞其家鬻于夷商湯四五郎越境亡去
至是充使入貢重賂逆瑾𣪍覆其事蓋縞在倭國僞
稱宗室面奏傾險取寵轄庶奪嫡
爭功要利而夷夏之釁遂釀于茲

正德八年入貢

五月夷舡三隻使僧桂
梧貢方物越歲而去

嘉靖二年入貢

四月夷舡三隻譯傳西海道大內誼興國遣使宗設
謙道入貢越數日夷舡一隻使人百餘復稱南海道
細川高國遣使瑞佐宋素卿入貢導至寧波江下時
市舶太監賴恩私素卿重賄坐之宗設之上且貢舡
後至先與盤發遂致兩夷讐殺毒流厘市宗設之黨
追逐素卿直抵紹興城下不及而還至寧波
備指揮袁進奪舟越關而逃時備倭都指揮劉錦追
賊戰没于海定海衛掌印指揮李震與知縣鄭餘慶

同心濟變一日數警而城以無患賊有漂入朝鮮者
國王李懌擒獲中林望古多羅械羅京發浙江按察
司與素卿監禁候
旨法司勘處者凡數十次而夷因竟死于獄倭奴自此畏
罪適誅不敢欵關者十餘歲

嘉靖十七年入貢

五月夷舡三隻使僧古鼎副使僧周良持方物表貢且求還前遺物法司以事已經亂皆應入官且無從
索之良等乃不敢言
朝廷復申十年一貢之例責令迯還正德以前勘合更給
新者遵照入貢

嘉靖二十三年入貢

是年六月夷舡一隻使僧什壽光等一百五十八人稱貢驗無表箋且以非期却之

嘉靖二十六年入貢

四月使臣周良入舡踰例且非貢期
朝議欲却之以其遠來効順且貢期止隔一年乃發外海
㟁山停泊至明年而後納之

倭國事畧

日本即古倭奴國也去中土甚遠隔大海依山島爲國
邑隋書記在百濟新羅東南其地形類琵琶地勢東高
西下東西數千里南北數百里九州居西爲首肥前肥後豐前豐後筑前筑後日向大隅薩摩陸奥居東爲尾至山城旱程七十五日舊云陸奥爲頭薩摩大隅爲尾者非山城居中乃彼國之都也其國君以王爲姓以
尊爲號後改稱皇初居日向筑紫宮後徙山城國文武
僚吏皆世其官有德仁義禮智信大小十二等及軍尼
伊尼翼諸名山城以東地方廣邈雖倭奴遠服賈者不
能閱歷而知況華人乎故其島之數可考按舊圖山城以東中爲近江伊賀尾張三河美濃飛彈信濃上野陸奥北邊海爲但馬丹後若佐加賀越前越中越後出羽甲斐常陸南邊海爲播摩攝津太和河內遠江駿河伊豆相摩武藏下野東北懸海則爲佐渡在南懸海則爲志摩七島上總下總安房而其間廣俠至到有不能考者今姑據魯之所
聞者而述之山城之南爲和泉其南海奥泊舟者爲阿貢介撒凡爲歪打阿波爲于撒凡爲天王者爲沙界衣又其南爲沙界其地方甚小沙界之東南爲
紀伊東爲三河出海之口爲濱大海其島爲康大爲科什麼爲奴智紀伊之西爲伊勢北爲三河其奥爲腰大爲阿乃奴子山城之西爲卅渡左爲攝津其奥爲飄舡谷爲阿家世奴乎辣爲素埋爲男女懷東南懸海爲安防州左之西爲攝摩其奥爲那敗爲舍箇世爲杭茄爲我這古爲磨羅右爲但馬右之西爲因幡卅渡西爲美
作左爲備前其奥爲兀什麼舡爲茄賣茄里爲多大左之西爲備中出鐵其奥爲山子加爲言奴乎嘛爲那什摩其南爲連島懸海三十里右爲因幡右之西爲伯
耆沿海俱白沙無奥可泊其鎮爲阿家殺記爲倭子介爲他奴賀知其北爲竹島懸海三十里美作
之西爲備後之北境其奥爲一子該一知爲于奴鼻爲和奴客知爲拿敢爲椒東大出
雲之南境其奥爲畨你爲山子介爲欽子溪爲戶流爲非賴喇爲失喇哈喇爲也生悉爲寄和奴失

記其北爲隱岐縣海三百五十里備後之西爲安藝其界爲翁家搭日昆敗爲法子加一
知爲窟撒子爲谷也爲他加歪喇其南爲宮島縣海三十里出雲之西爲石見出銀與銅
其界爲南高番馬爲番馬搭爲哥爲撮奴市爲有奴子北至海三十里安藝石見之西爲
山口國即古之周防州也橫直二百四十里其南邊海之界爲翁哥里爲窟大逝里
爲東大爲陀奴迷爲哈迷奴失記爲奴羅市米其北邊海之界爲斯殺爲賣抵哈扣爲夜市爲高奴烏嚏北至
三島海面三百五十里山口之西爲長門橫直皆二日程界爲花肅爲薰州爲番記爲倭
委北至三島縣海三百五十里關渡在焉其西早關爲阿介馬失記抽分司設於此渡此而
西爲豐前橫五百里直四百里其界爲可苦喇馬嚏介稜次爲大義地爲野慢茄爲阿世夜爲暮治
爲一賣其南爲豐後橫直皆六百里其界爲龍乃爲倭几奴法賣爲鎖孤舟爲由奴烏喇爲撒
一基爲烏四基又其南爲日向橫直皆三百六十里其界爲多故奴甫治豐前之西
北爲筑前橫六百五十里直四百里其界爲右勢爲加菩里爲加打也馬爲多賣里爲一萬字爲奴
打爲世加爲經字里爲多羅爲窑那多爲法哈噠即博多之別名也其北離伊岐島海面五百里西南

爲筑後橫直皆二百五十里筑後之南爲大隅其南濱海之界爲什麽烏思迷介之
人訛傳爲懸海懸海乃大漁州也大隅與日向薩摩等連壤名爲九州大隅之西爲薩摩
橫直皆三百六十里其界爲膊孛喇爲起麻子記爲羊理南爲康國什麽爲罷里爲拖馬里爲強頭馬里爲鸚
哥里爲年市米爲仙臺爲審孛署豐後東南懸海爲土佐爲伊豫爲阿
波阿波相近懸海爲炎路土佐豐後之間爲佐加關土佐
至佐加關海面一百八十里佐加關至豐後海面七十里薩摩之北爲肥後橫直皆五百里
其界爲牙子世六爲阿麻國撒爲昏爲一國撒介烏喇爲開懷世利爲噠加什爲什噠加又其北
爲肥前橫直皆五百里其界爲鐵來爲言奴氣子爲法司奴一計爲客舍其內沿河泊舟交易之處爲
倭磨喇爲知十歪爲法一溪爲夜閒迷爲坐迷子爲迷坐骨知爲一掃拂爲愛奴乎喇爲世子爲迷古里爲失
撒爲喃哥呀爲雄婆哥爲松本一名馬子喇爲法麻撒几肥前西懸海爲平戶東西海面
十里西北至博多海面四百五十里平戶之西爲五島五山相錯懸海而生其中有界可泊
乃日本西境之盡處也過此西行越五六日四望無山直抵陳錢壁下此島與薩摩相去一千五百里與肥前

相去四百三十里與平戶相去一千五十里五島至山口必由平戶經過其界爲乃路爲倭齊家爲衣屋奴窑
爲通記爲達奴烏喇爲烏苦爲噺哈噠北爲多藝爲伊岐橫直皆七十里至對馬島海面
五百里爲對馬島橫三百里其南界爲哥爲卄大哈東南爲拂乃哥世西北爲堆沙几爲山谷爲
撒思乃爲加六磨爲你打北爲倭奴烏喇其西北至高麗也必由對馬島開
洋各島之人俱至堆沙几撒思乃山谷三界開洋至高麗之則失多順風一日約五百里南至琉
球也必由薩摩州開洋順風七日其貢使之來必由博
多開洋歷五島而入中國因造舟水手俱在博多故也
貢船回則徑收長門因抽分司官在焉故也若其入寇
則隨風所之東北風猛則由薩摩或由五島至大小琉
球而視風之變遷北多則犯廣東東多則犯福建彭湖島分
䑸或之泉州等處或之梅花所長樂縣等處若正東風猛則必由五島歷天
堂官渡水而視風之變遷東北多則至烏沙門分䑸或

過韭山海閘門而犯溫州或由舟山之南而犯定海經大
猫洋入金塘蛟門犯象山奉化由東西厨入湖頭渡犯昌國入石浦關犯台州
入桃渚海門松門諸港正東風多則至李西奧壁下陳錢分䑸或
由洋山之南而犯臨觀過漁山兩頭洞三姑山入蟶浦則犯紹興之臨山三山過霍山
洋五嶼烈表平石則犯寧波之龍山觀海犯錢塘過大小衢徐公入鱉子門赭山則薄省城或由
洋山之北而犯青南過馬蹟潭而西犯太倉過馬蹟潭而西北或過南
沙而入大江過茶山入滕角嘴涉谷檳狼福山而犯瓜儀常鎮若在大洋而風
歘東南也則犯淮楊犯登萊過步州洋亂沙入鹽城口則犯淮安入廟灣港則犯
揚州再越而北則犯登萊若在五島開洋而南風方猛則趨遼陽趨
天津大抵倭船之來恒在清明之後前乎此風候不常
屆期方有東北風多日而不變也過五月風自南來倭
不利於行矣重陽後風亦有東北者過十月風自西北

來亦非倭所利矣故防春者以三四五月爲大汛九十
月爲小汛其停撓之處焚刧之權若倭得而主之而其
帆檣所向一視乎風實有天意存乎其間倭不得而主
之也向之入寇者薩摩肥後長門三州之人居多其次
則大隅筑前筑後博多日向攝摩津州紀伊種島而豐
前豐後和泉之人亦間有之乃因商于薩摩而附行者
也日本之民有貧有富如攝摩伊勢若佐博多其人以商爲業其地方街巷風景宛如
中華富者各數千家有積貲至百萬者又如和泉一州富者八萬戶皆居積貨殖有淑有慝如薩
摩之鷃哥里方數千里其邑長安慶能納民于執物無一人爲盜又如宮島人不嗜殺人有不平事但請神廟
罰錢又如紀伊之頭陀僧三千八百房專習武藝殺人而不犯中國富而淑者或登貢船
而來或登商船而來凡在寇船皆貧與爲惡者也山城
君號令不行徒寄空名於上非若我中國禮樂征伐自

籌海圖編卷之二　二三　黃欽

天子出大一統之治也山口豐後出雲開三軍門如中國總督府
之義各以大權相吞噬今惟豐後尚存亦不過兼幷肥前
等六島而已肥前肥後筑前筑後豐前豐後山口出雲以貪滅亡山口原幷
國十二曰石見長門安藝備前備後備中出雲伯岐丹後因幡但馬後出雲奪歸其地山口長子死焉其君亦
爲陶殿所殺豐後君以其弟攝山口事吞安藝安藝殺之嘉靖三十六年山口無君豐後獨稱雄焉山城君金
印勘合又爲山口所有向來入貢俱山口自主山城惜出名而已陶殿之亂宮殿勘合俱焚金印亦損一角不
知所歸貢自此絕矣欲望彼國之約束諸夷斷斷乎不能也

畿內部

州五

山城

太河

河內

和泉

攝津

右共統五十三郡

畿外郡

道七

東海道十四州　伊賀　伊勢　志摩　尾張　三河　遠江　駿河　伊豆
甲斐　相摩　武藏　安房　上總　常陸

右共統一百一十六郡

西海道九州　筑前　筑後　豐前　豐後　肥前　肥後　日向　大隅
薩摩

右共統九十三郡

南海道六州　紀伊　淡路　阿波　伊豫　土佐

籌海圖編卷之二　二三　欽

右共統四十八郡

北陸道七州　若佐　越前　越中　越後　加賀　能登　佐渡

右共統三十郡

東山道八州　近江　美濃　飛彈　信濃　上野　下野　陸奧　出羽

右共統一百一十二郡

山陽道八州　播摩　美作　備前　備中　備後　安藝　周防　長門

右共統六十九郡

山陰道八州　丹渡　丹後　但馬　因幡　伯耆　出雲　石見　隱岐

右共統五十二郡

海曲部

島三

伊岐

對馬
多藝
右各統二郡
驛
九四百一十四
戶
可七萬餘
課
約八十八萬三千三百二十九
寄語島名
山城 芊馬失羅　筑前 職骨前　太和 野馬多
筑後 瓏骨骨　河內 茄懷知　豐前 孛前

和泉 因字米　豐後 蓬哥　攝津 子弩因你
肥前 非前　伊賀 衣加　肥後 非谷
伊勢 衣舍　日向 兄加　志摩
大隅 阿思米　尾張 倭阿里　薩摩 撒子馬
三河 迷茄懷　遠江　紀伊 乞奴苦藝
淡路 山奴計　駿河　阿波 挨懷齊
伊豆 因慈　讃者　甲裴 甁恰苦藝
伊豫 伊右　相摩　土佐 拖撒
武藏 木撒暑　山口 郎周防羊 馬窟諸　安房 阿乞
美作 迷馬撒家　備前 避然　上總 茄迷倭撒
下總 什麼倭撒　備中 避晝　常陸
備後 避臥　若佐 壞加糲　安藝 阿計

越前 日智前　攝摩 法里馬　越中 日晝
長門 奴茄多　越後 日清谷　冊渡 冊白
加賀 坑茄　冊後 冊哥　能登 奴朶
但馬 嗒什麼　佐渡 沙渡　因幡 奚奴白
近江 多島米　伯者 花計　美濃 米奴
出雲 因字木　飛彈 非大智　石見
信濃 申阿農　隱岐 和計　上野 康子計
伊岐 尤計　女島　下野 什麼子計
陸奧 話妆　多藝　出羽 迷外
宮島 迷挨什麼　五島 我島　男島 賀什麼
小島 科什麼　對馬島 則什麼　連島 辛賴甚麼
種島 他尼什麼　博多 花哈嗒　竹島 他計什麼

平戶　佐加關　三島 密什麼
寄語雜類
天文類
天 天帝　日 虛露　月 禿計
星 付泥　風 有朱加前　雲
雨 挨迷　霧 吉利　雪 計伏六攸計
霜 名末碎滿　落雨 挨迷付魯
時令類
早 來運梭梭發耀　夜 捱落　午 非路
晚 捱撒田午　明 挨介水　暗 骨辣水
冷 三孛水　煖 挨撥水　今日 許以呼鷄聲 介喬
明日 挨迷亞失日　後日 亞撒里　昨日 傑奴

前日阿多堆　日暮非故路路　今日來个阿耶俚
明日來挨戊打俚　後日來挨殺核阿耶俚

地理類

地大様禿智　山羊賣耶賣　水明東
海烏瀰　沙何吉大水　石依水在木古
火非　鄉羊埋俚　江打各計

方向類

東熏加　南迷南來　西義西
北尤兀俚　前日皆門利婆　後吾失利

珍寶類

金空揩泥　銀失蘇揩泥　珠他賣
錢前移　黄銅中若佐　紅銅鶯更揩尼

水銀明東揩尼　好銅錢姚禮善泥

人物類

皇帝里大利天王家　官大米烏野鷄　百姓別姑常
公翁知　大官鷄大大烏野　婆綺蒲翁妃
父阿爺　母發發　兄挨尼
嫂阿尼尤尼　弟阿多多　妹亜尼多一淺多
姊亜尼　嬸完多　子莫宿哥
姪何義　女莫宿眼　孫阿奚胡來
丈人子多　丈母子多謬　叔何治王官老前
丈夫壽山　婦人倭家倒　老禿古要个
男子何奈公姑　後生倭家達　孩歪鼻
親眷新雷　姐夫不哥迷　朋友道門大聖滿門大帝

女婿米哥　僕三三宇郎　小廝歪皆水
和尚才老烏索　老實人埋骨多　艱難人胡奈故人門厭人
強盜六宿鼻隋　瞎子眉骨頼　獨眼人窑皎閉鴻
你撫哥了梭里　誰人搭梭　我何埋俚阿奴利
徒弟加食難　財主斗烏賣　生得好眉眉月失眉眉桃水
外甥剪哥　長子難解水　媳婦嫌妙報
長吊　年少華蓋　主人床杲朶
生得醜魯歪失　聰明力哥　貴他介水
賤那塑羊葉　富烏多哥　貧腮東旦
乞丐寛需計　好淫梭羅　年紀一故都
麻子莫入骨水　村孫　拐科水非計
賊陸宿人

人事類

要坡水水　不要依也　立達于
等待埋祖　眠卒羊達路烏将　拿來末低吉反俚未得哥巳
拿去末底於古　相擾括計括盆　亂說思量骨多莫話介反俚
看覓見迷路　不送賣何埋解邵　嬉挨核蒲
坐移路阿将梭　病羊埋依子　揖
罵寛彼計乃俚話鶯褪皮　酐因彼計　詈烏論羊埋水烏蠻爺計
瞞密路　去漫陀羅獺俚旦多　在何故伊虜何耶路
不在論速持㨗　來何耶俚古人　便來羊伴地何爺俚慢陀的如
回來慢慢的耶俚　便去密路　快來發下何耶俚法古
送與我面皮　愛惜握落扛滿　怕倭𨂐路路
出去一二計　前行殺鷄倭　行挨龍門

喜步 一啜水喚羅打 說話俚未緇恕打 息慢難利骨多罵山奴
飲邢慕 獨樂哥賣 羞愧番助山水水
喫何賣利 安排蘇路 不來未旦盧賈矢
走法古 快去法古計 打人生亞達達个
借朡路各夾 買賣烏禮加 不喫了禁哥
唱嘔天 莫怪哥面乃禮 多喫酒何賢鼻昇旦
教何水尤路 喫酒麻黑殺鷄 那里去陀姑移姑
添所有路路 行路的盜磨滅 曉得大个个俚打夫
賣烏路無六 叫人多奴 老實說話多買多盜
痛一軸水 起身倭達的援 多多喫了前行哥
遊酉孫步 還了諧也數 不曉得失打措賴路不
殺其奴瞎咀郎 請人家那摧多 慢慢的買得買得
害夭 不賣烏魯賣加 恁麼賣難烏禮在

肚饑動大路水 哭乃古 多少一故賴介
打胡子 有情亞姊吉乃 無情世姊吉乃乃
醉邀帶 換皆賀 無工夫一孫擗水
恠發賴旦多堅固 死身大 腫刺大
喚加右 笑歪羅 活吉打
買加[illegible] 輸埋計打利 傷寒鷄骨
寫字加計

身體類

耳留召 口骨土 鼻發柰
眉賣 手鉄 足挨身
心个个路 頭客成頼 鬚薫計

髮措朡夾迷 肚發賴 指尤皮
氐辛腿 齒法

器用類

小刀曆過乃空客打乃 中刀歪計柴需 大刀淵中提打柰
刀柄朧介俚 甲大買路 弓油米
盒子剛白哥 紙措袂加迷 硯孫助俚尊力子
砂石措路依水 筆粉地 墨跡煤
薄紙沃蠻子 扇黃旗 鎖哥利素
厚紙沃速水 舡浮泥 針快利法利
鑰匙坑其 鑊難皮 磨刀石依水
泥銅扇法古黃旗 籌花鷄 泥金扇空措泥黃旗
等子發介俚 小箱法哥 硯箱孫助利法哥
酒盞矖加藤計 鋸拿剛繫利 碟矖賴沙頼

銀硃失祿挨措木 鏡坑皆彌 枕麻骨頼埋骨頼
麝香射哥 漆烏論水 薦不奴
木香木哥 傘隅落隅矖 盤何水鷄
沉香沉哥 筋法水 碗倭吉貼灣
酒瓶哭笋昆皮 梯課水飛計 香宣哥

衣服類

衣服乞麻俚 靴骨都 鞋水托里失其里
箬帽搖婆俚 錦歪帶 氈衫迷奴
手巾達昂个 綿布木綿 夏布奴奴綿
被伏思麻

飲食類

茶 觔素　酒 蠪箕　白酒 明東蠪箕
燒酒 膈辣蠪箕　老酒 福祿醩　飯 密黍
飲酒 晒加乃　鹽 失河收河　喫飯 密黍阿羅
醬 彌沙　米 科胥科胥　油 挨蒲賴
大麥 烏蒙崎　小麥 柯蒙崎　穀 暮米倭米
羹 水路　荳 磨米　肉 恕恕
筍乾 大吉糯古　醬瓜 可羅米糯

花木類

杉 松計　檜 去那鷄　松 埋止
梅子 回婁水　芥 㤅辣水　菜 柰
瓜 烏埋　麻 莫入骨水　茄子 乃沈皮

鳥獸類

牛 胡水　狗 意奴　猪 豕豕
鷄 抓泥多禮㧛地泥環　鴨 鮮加　馬 烏馬
魚 遊河　蟹 措泥　蝨 尖辣水
羊 羊其　鼠 泥助米

數目類

一 丢多子丢徵吔多　一箇 个利　二 扶達子丢吔多
三 密子倈吔多　四 學子捏捏倣　五 意子子難難多
六 後子　七 乃乃子　八 效子
九 个个乃子　十 多　十一 多多丢達子
五十 大　百 法古　千 借一貫
萬 慢亦

通用類

有 挨噉迷路　無 乃　好 高高的姚鎮盧
極好 明哥多　不好 由無乃　大 計 加小思姑柰何
小 發薛　少 素古乃水　多 快都河河水
遠 多倈　近 的个　廋 牙十大
短 迷加　細 相快大　拐 骨薛路
厚 挨卒水　薄 溫卒水　歪貨 不高歪賴水
破 羊鈸里里　不是 松田乃係　要緊 馬多合子
緩 慢大慢大　無用 談計　多有 何何水
來 慢大　香 于牌水　臭 骨薛水

倭船

日本造船與中國異必用大木取方相思合縫不使鐵釘惟聯鐵片不使麻筋桐油惟以草塞罅漏而已名短水草費功甚多費材甚大非大力量未易造也凡寇中國者皆其島貧人向來所傳倭國造船千百隻皆虛誑耳其大者容三百人中者一二百人小者四五十人或七八十人其形卑隘遇巨艦難於仰攻苦於犂沉故廣福船皆其所畏而廣船旁陡如垣尤其所畏者也其底平不能破浪其布帆懸於桅之正中不似中國之偏桅機常活不似中國之定惟使順風若遇無風逆風皆倒桅盪櫓不能轉戧故倭船過洋非月餘不可今若易然者乃福建沿海奸民買船於外海貼造重底渡之而來其船底尖能破浪不畏横風鬬風行使便易數日即至也

凡倭船之來每人帶水四百斤約八百碗每日用水六碗極其愛惜常防匱之也水味不同海水鹹不可食食

卽令八泄故彼國開洋必與五島取水將近中國過下八山陳錢之類必停船換水所以欲換者冬寒稍可耐久若五六月蓄之桶中二三日卽壞雖甚清洌不能過數日也海洋浩渺風濤叵測程不可計遇山而汲亦其勢耳盥纇沐浴海水山水皆可用或云浴海水令人膚裂近訪之不然但黑肌膚而已倭奴有一秘法煮泉一二沸置之釭令宿而不壞然亦不過半月久則不能也其至普陀必登者非換水亦非眞欲焚香乃覘兵防虛實耳

倭好 昔賈誼上三表五餌之策知倭國之所好則餌在是而晤所以制之之術矣故志之

絲 所以爲織絹紵之用也蓋彼國自有成式花樣朝會宴享必自織而後用之中國絹紵但充裏衣而已若番舶不通則無絲可織每百斤直銀五六十兩取去者其價十倍

絲綿 髡首裸裎不能耐寒冬月非此不煖常因匱乏每百斤價銀至二百兩

布 用爲常服無綿花故也

綿紬 染彼國花樣作正衣服之用

錦繡 優人劇戲用衣服不用

紅線 編之以綴盔甲以束腰腹以爲刀帶書帶畫帶之用常因匱乏每百斤價銀七十兩

水銀 鍍銅器之用其價十倍中國常因匱乏每百斤賣銀三百兩

針 女工之用若不通番舶而止通貢道每一針價銀七分

鐵鍊 懸茶壺之用倭俗客至飲酒之後啜茶啜已卽以茶壺懸之不許着物極以茶爲重故也

鐵鍋 彼國雖自有而不大大者至爲難得每一鍋價銀一兩

磁器 擇花樣而用之香爐以小竹節爲尚碗碟以菊花稜爲尚碗亦以葵花稜爲尚制若非觚雖官窰不喜也

古文錢 倭不自鑄但用中國古錢而已每一千文價銀四兩若福建私新錢每千價銀一兩二錢惟不用永樂開元二種

古名畫 最喜小者蓋其書房精潔懸此以爲清雅然非落款圖書不用

古名字 書房粘壁之用廳堂不用也

古書 五經則重書禮而忽易詩春秋四書則重論語學庸而惡孟子重佛經無道經若古醫書每見必買重醫故也

藥材 諸味俱有惟無川芎常價一百斤價銀六十七兩此其至難至貴者也其次則甘草每百斤二十金以爲常

氈毯

馬背氈 王家用青官府用紅

粉 女人搽面之用

小食蘿 用竹絲所造而漆飾者然惟古之取若新造則雖精巧不喜也小盒子也亦然

漆器 文几古盒硯箱三者其最尚也盒子惟用菊花稜圓者不用

醋

曾按日本所貢倭扇描金盒子類皆異物也其所悅於中國者皆用物也是彼有資於我而我無資於彼忠順則禮之悖逆則拒之不易之道也若徇其求而從期許貢無端互市斷斷乎不可

寇術 倭奴之勝我兵專以術也卽以其術還治其人不必用古兵法蔑不勝矣故志之

倭夷慣爲蝴蝶陣臨陣以揮扇爲號一人揮扇衆皆舞刀而起向空揮霍我兵蒼皇仰首則從下砍來

又爲長蛇陣前耀百脚旗以次魚貫而行最强爲鋒最强爲殿中皆勇怯相參

賊每日鷄鳴起蟠地會食食畢夷酋據高坐衆皆聽令挾冊展視今日刼某處某爲長某爲隊隊不過三十人

每隊相去一二里吹海螺爲號相聞卽合救援亦有二三人一隊者舞刀横行人望之股慄遠避延頸授首薄暮卽返各獻其所刼財物毋敢匿夷酋較其多寡而巤縮之每擄婦女夜必酒色酣睡刼掠將終縱之以焚煙焰燭天人方畏其酷裂而賊則抽去矣愚詒我民勿使邀擊自爲全脫專用此術

賊至民間遇酒饌先令我民嘗之然後飲食恐設毒也

行衢陌間不入委巷恐設伏也又不敢沿城而行恐城上拋磚石也

其行必單列而長緩步而整故占數十里莫能近馳數十日不爲勞

布陣必四分五裂故能圍

對營必先遣一二人跳躍而蹲伏故能空竭吾之矢石火砲

衝陣必伺人先動動而後突入故乘勝長驅戰酣必四面伏起突遶陣後故令我軍驚潰

每用怪術若結羊驅婦之類當先以駭觀故吾目眩而彼械乘慣雙刀上誑而下反掠故難格

鈀鎗不露竿突忽而擲故不測

弓長矢巨近人則發之故射命中

斂跡者其進取也張揚者其遯遁也故常横破舟以示遁而突出金山之圍造竹梯以示攻而旋有勝山之去

將野逸則逼城

欲陸走則取艀

或爲穽以詐坑

或結稻稈以絆奔

或種竹簽以刺逸

常以玉帛金銀婦女爲餌故能誘引吾軍之進陷而樂罷吾軍之邀追

俘虜必開塘而結舌莫辨其非倭故歸路絶

恩施附巢之居民故虛實洞知

賞豐降擄之工匠故器械易具

細作用吾人故盤詰難

向導用吾人故進退熟

預籍富室姓名而次第取之故多獲

宿食必破壁而處乘高而瞭故襲取無機

間常一被重圍矣餌以僞鹹而逸之或披袈頂笠沮溺於田畝或雲巾綌履蕩遊於都市故使我軍士或愚而按賊或疑而殺良

江海之戰本非其所長亦能聯虛舟張弱簾以空發吾之先鋒捐婦女遺金帛以弭退吾之後逐

凡舟之裙墻左右悉累布帛被褥而濕之以拒焚擊交關間或附蓬而飛越卽雷震而風靡矣

寇擄我民引路取水早暮出入按籍呼名每處爲簿一扇登寫姓名分班點閘直倭甚少不過數十人爲前鋒寇還島皆云做客回矣凡被我兵擒殺者隱而不宣其鄰不知猶然稱賀

倭刀　刀有高下枝有工拙倭之富者不惜重價而制之廣延高師而學之其貧者所操不過下等刀耳善運刀

者在前衝鋒可畏頗有限也中國人不知望之輒震而避焉擒獲夷刀亦莫辨高下混給兵士故志之

大小長短不同立名亦異每人有一長刀謂之佩刀其刀上又插一小刀以便雜用又一刺刀長尺者謂之解手刀長尺餘者謂之急拔亦刺刀之類此三者乃隨身必用者也

其大而長柄者乃擺導所用可以殺人謂之先導其以皮條綴刀鞘佩之於肩或執之於手乃隨後所用謂之大制

又有小裁紙設機刀出長門號兼常者最嘉

又有作贄禮賀禮不拘大小名雖爲刀其實無用

上等

上庫刀山城國盛時盡取日本各島名匠封鎖庫中不限歲月竭其工巧謂之上庫刀其間號寧久者更加世代相傳以此爲上

次等

備前刀以有血漕爲巧刀上或鑿龍或鑿劍或鑿入幡大薩藤春日大明神天照皇大神宮皆其形著在外爲美觀者

如匠人製造之精不論刀大小必於柄上一面鐫名一面刻記字號以爲古今賢否之辨鎗劍亦然

原缺

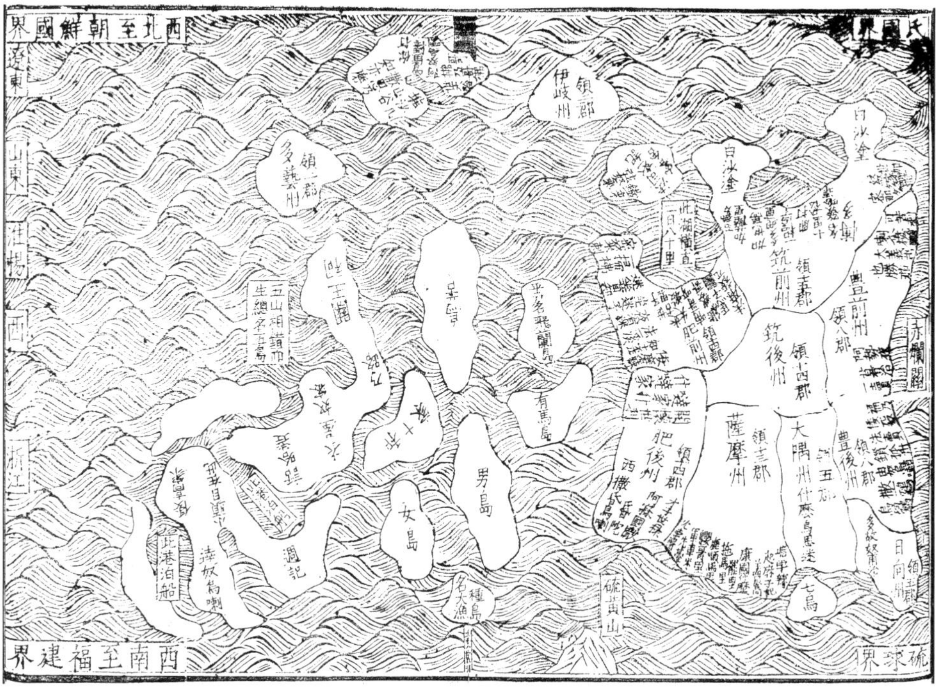
西北至朝鮮國界
遼東
山東
淮揚
西
浙江
伊岐州 領二郡
多藝州 領二郡
筑前州 領十五郡
筑後州 領十四郡
豐前州 領八郡
豐後州 領八郡
肥後州 領四郡
薩摩州 領十三郡
大隅州 領五郡
日向州 領五郡
赤間關
男島
女島
種島
七島
硫黄山
此港泊船
西南至福建界
琉球界

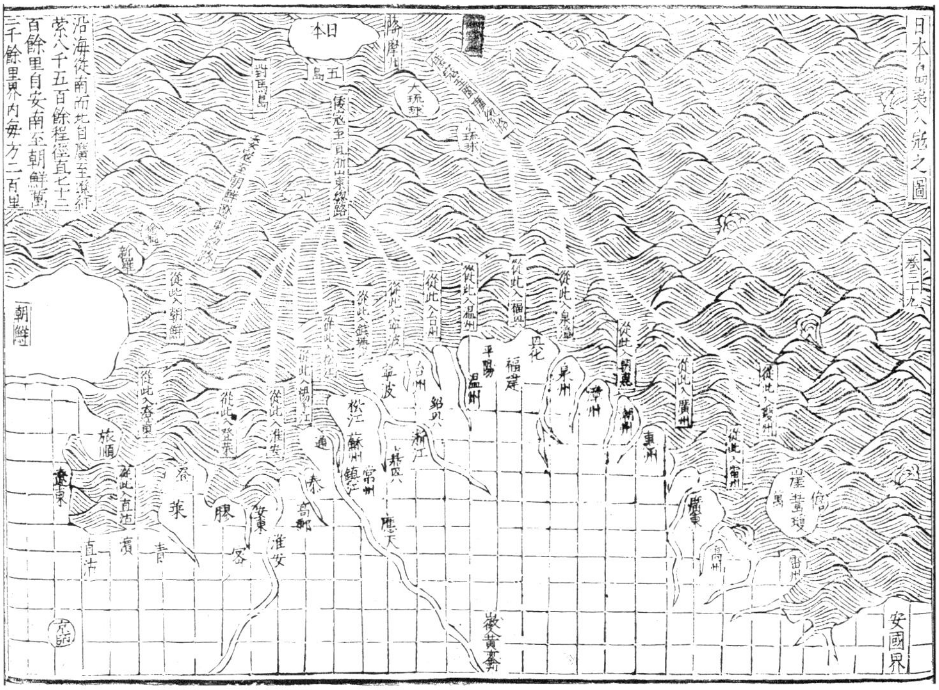
日本島夷入寇之圖
沿海從南而北自廣至遼衍袤八千五百餘程從直七十二百餘里自安南至朝鮮萬三千餘里界內每方二百里
日本
薩摩州
五島
對馬島
大琉球
小琉球
朝鮮
從此入朝鮮
從此入登萊
從此入淮安
從此入寧波
從此入台州
從此入温州
從此入福興
從此入泉州
旅順
遼東
直沽
登
萊
膠
青
淮安
松江
蘇州
鎮江
常州
應天
寧波
台州
温州
福建
泉州
漳州
潮州
惠州
廣東
高州
雷州
安國界

籌海圖編卷之三

崑山鄭若曾輯　男應龍一鸞校

新安黃[illegible]刊

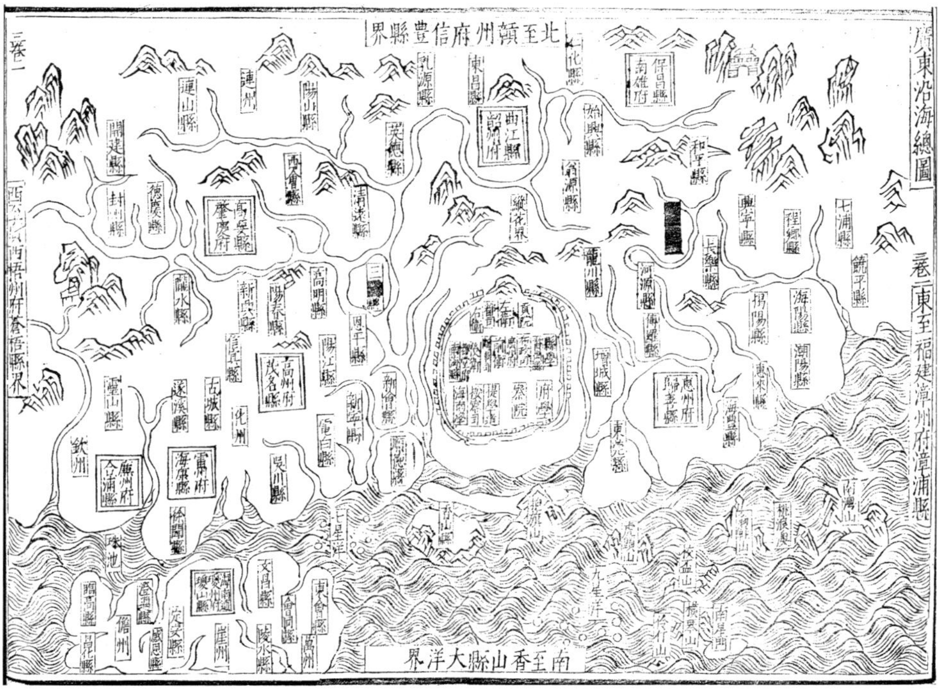

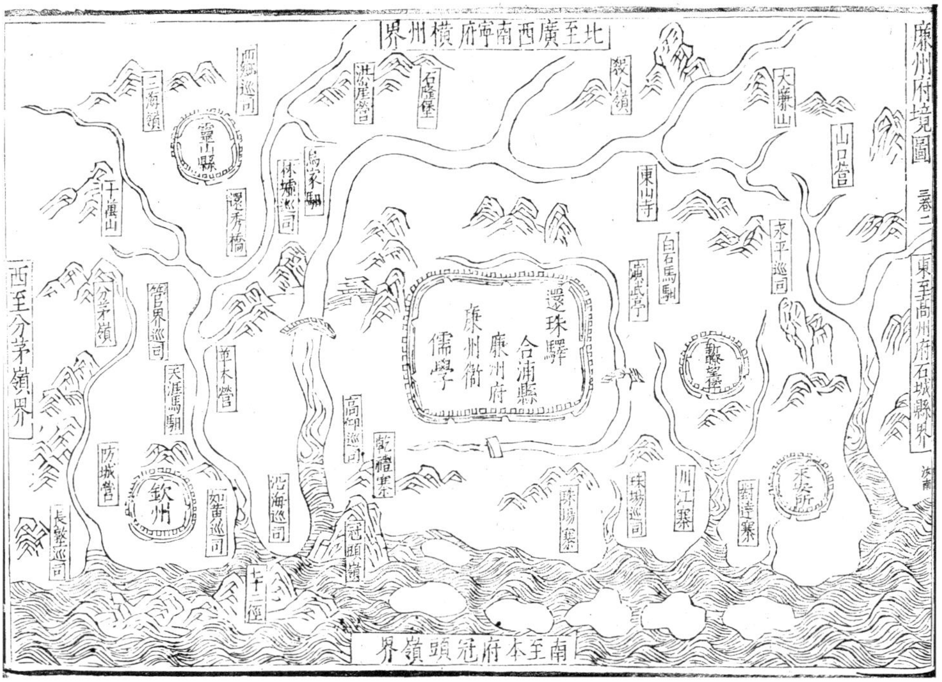

廉州府境圖
北至廣西南寧府橫州界
東至高州府石城縣界
南至本府冠頭嶺界
西至分茅嶺界
還珠驛
合浦縣
廉州府
廉州衛
儒學
靈山縣
欽州
永安所
東山寺
白石馬驛
山口營
大廉山
分茅嶺
防城營
乾體寨
沿海巡司
冠頭嶺
川江寨

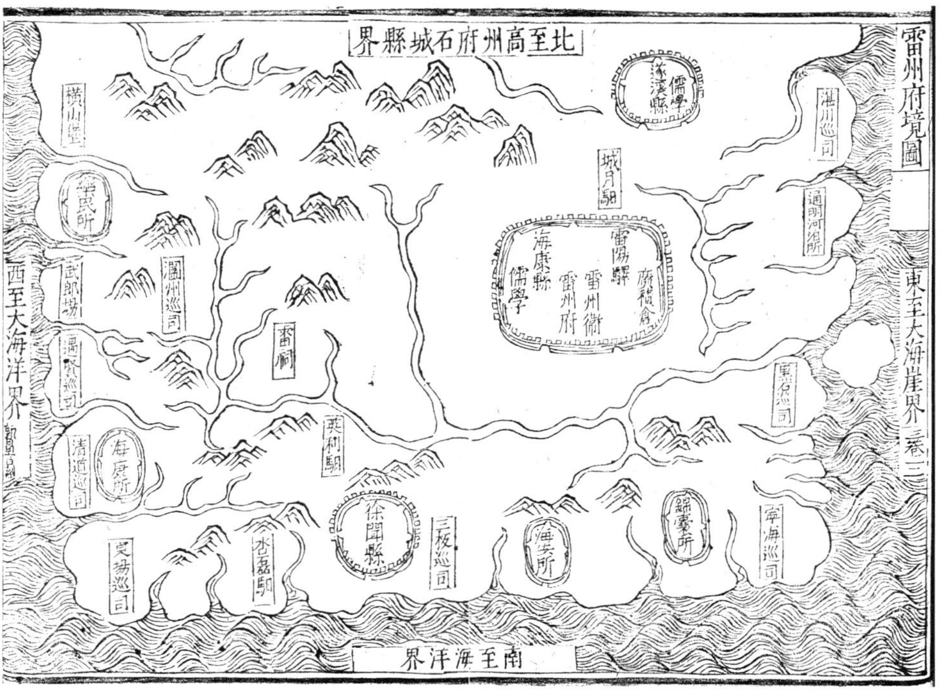

雷州府境圖
北至高州府石城縣界
東至大海崖界
南至海洋界
西至大海洋界
雷陽驛
海康縣
雷州衛
雷州府
廣積倉
儒學
遂溪縣
徐聞縣
海安所
錦囊所
海康所
樂民所
湛川巡司
通明河泊所
城月驛
英利驛
三板巡司
清道巡司
寧海巡司

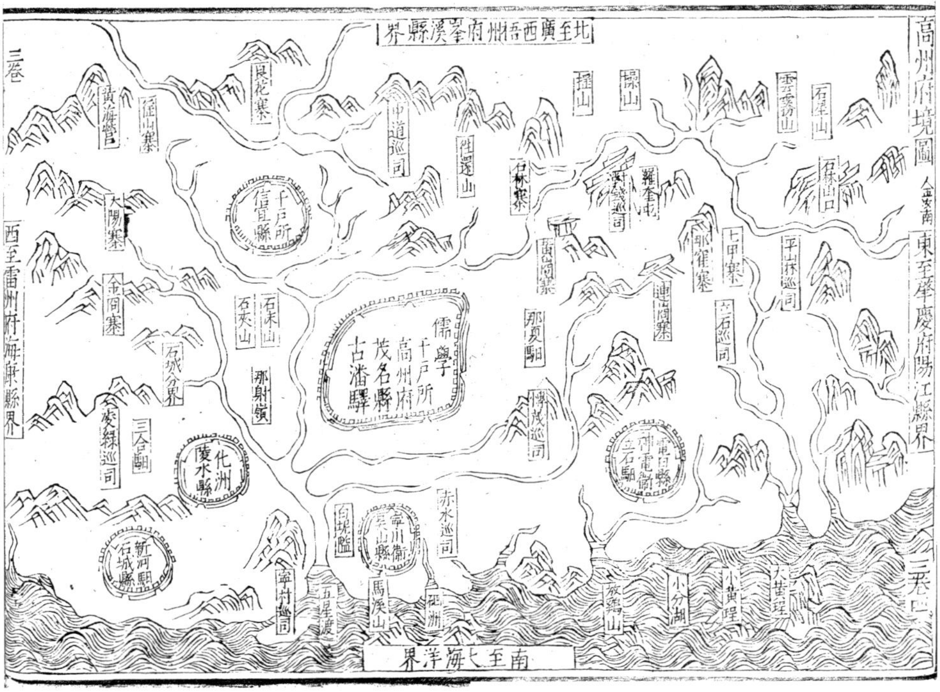
高州府境圖
北至廣西梧州府岑溪縣界
東至肇慶府陽江縣界
南至大海洋界
西至雷州府海康縣界
儒學
千戶所
高州府
茂名縣
古潘驛
信宜縣
千戶所
化州
石城縣
新河驛
中道巡司
石城分界
那射鎮
連山寨
小分湖
三卷
卷三

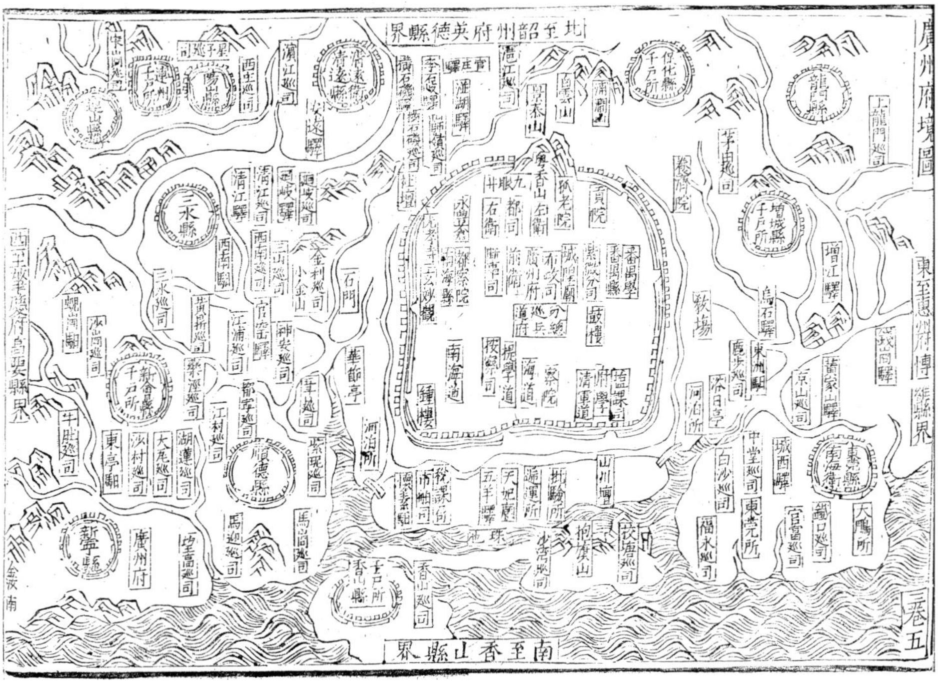
廣州府境圖
北至韶州府英德縣界
東至惠州府博羅縣界
南至香山縣界
西至肇慶府高要縣界
三水縣
順德縣
新會縣
千戶所
番禺縣
增城縣
千戶所
從化縣
千戶所
龍門縣
清遠縣
香山縣
千戶所
廣州府
鍾樓
南海道
布政司
貢院
教場
河泊所
增江驛
東莞所
大鵬所
官富巡司
石門
三卷
卷五

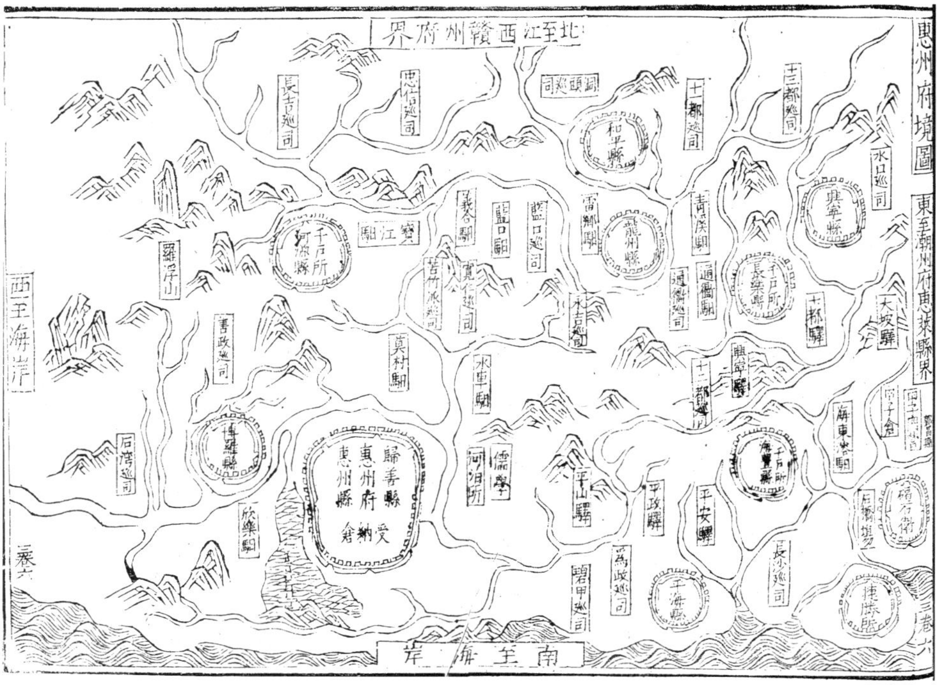
惠州府境圖
北至江西贛州府界
東至潮州府惠來縣界
西至海岸
南至海岸
歸善縣
惠州府
惠州縣
河源縣
和平縣
龍川縣
長寧縣
興寧縣
海豐縣
博羅縣
長吉巡司
忠信巡司
十二都巡司
十三都巡司
水口巡司
寶江驛
藍口巡司
藍口驛
羅浮山
善政巡司
大坡驛
十都驛
平山驛
平政驛
平安驛
碧甲巡司
長沙巡司
碣石衛
欣樂驛
后潭巡司
真村驛
水東驛
儒學
三卷六

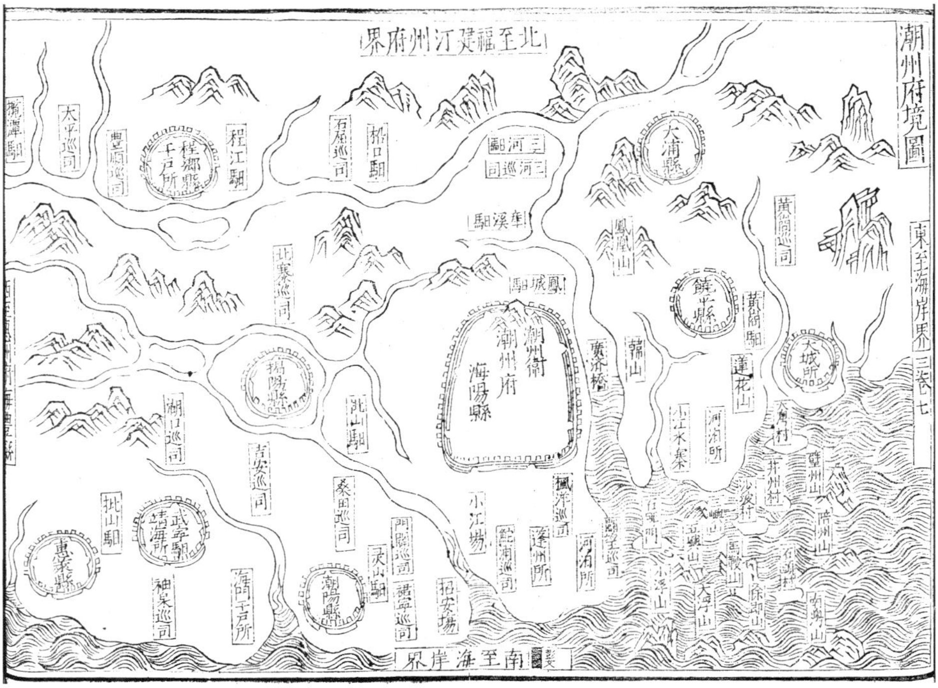
潮州府境圖
北至福建汀州府界
東至海岸界
南至海岸界
潮州衛
潮州府
海陽縣
大埔縣
饒平縣
程鄉縣
揭陽縣
潮陽縣
惠來縣
大城所
三河驛
三河巡司
產溪驛
鳳城驛
黃岡巡司
黃岡驛
鳳凰山
韓山
蓮花山
東津橋
河渡所
蓬州所
海門千戶所
程江驛
石窟巡司
太平巡司
神泉巡司
招安場
小江場
桑田巡司
靖海所
三卷七

籌海圖編卷之三

崑山鄭若曾輯　男一鸞 應龍 校

廣東兵防官考

提督兩廣軍務兼巡撫都御史 駐劄梧州

鎮守兩廣總兵官 舊嘗設總督兩廣都御史事平即歸非常設故不載 駐劄梧州

巡按廣東監察御史

巡視海道副使 額設專為備倭并防捕海盜

整飭清遠兵備副使

整飭瓊州兵備副使

整飭清遠僉事

整飭高肇兵備僉事

整飭惠潮兵備僉事

整飭雷廉兵備僉事

市舶提舉司提舉 駐劄廣州

分守瓊崖叅將

分守高肇韶廣叅將

分守惠潮叅將

總督廣東備倭以都指揮體統行事

守備惠潮以都指揮體統行事

沿海衛所

廣州衛 旗軍九百五十二名

鎮州所 旗軍二百十七名

靈山所 旗軍二百五十四名

永安所 旗軍三百九十名

雷州衛 旗軍一千三百八十名

樂民所 旗軍三百四十五名

海康所 旗軍三百二十三名

海安所 旗軍一百八十一名

錦囊所 旗軍二百二十五名

石城後所 旗軍二百三十四名

神電衛 旗軍一千五十八名

寧州所 旗軍四百五十七名

雙魚所 旗軍一百七十七名

陽春所 旗軍二百十名

廣海衛 旗軍一千一百六十五名

海郎所 旗軍

新會所 旗軍六百六十四名

香山所 旗軍四百二十八名

陽江所 旗軍

肇慶衛 旗軍

新興所 旗軍二百五十二名

南海衛 旗軍一千一百十四名

東莞所 旗軍三百二十八名

大鵬所 旗軍二百二十三名

碣石衛 旗軍一千二百八十四名

平海所 旗軍四百四十七名

海豐所 旗軍四百二名

捷勝所旗軍五百八十二名
甲子門所旗軍二百八十七名
潮州衛旗軍一千三百二十八名
靖海所旗軍二百八十二名
海門所旗軍二百二十五名
蓬州所旗軍三百八十八名
大城所旗軍三百八十三名
海南衛
清瀾所旗軍五百八十七名
萬州所旗軍四百六十九名
南山所旗軍二百十五名

沿海巡檢司弓兵數附

廉州府
管界弓兵二十名　長墩弓兵二十名
西鄉弓兵二十名　如昔弓兵二十名
沿海弓兵二十名　林墟弓兵二十名
高仰弓兵二十名　珠場弓兵二十名
永平弓兵二十名
雷州府
東場弓兵三十名　清道弓兵三十五名
潿州弓兵三十名　海寧弓兵三十名
湛州弓兵三十名　黑石弓兵三十名
高州府
凌綠弓兵三十名　寧村弓兵三十名

赤水弓兵二十五名
肇慶府
立將弓兵五十名　海陵弓兵六十名
恩平弓兵五十名
廣州府
城崗弓兵五十名　牛肚弓兵五十名
沙岡弓兵五十名　藥逕弓兵五十名
望高弓兵五十名　沙村弓兵五十名
大瓦弓兵五十名　潮道弓兵五十名
三水弓兵五十名　江浦弓兵五十名
江村弓兵五十名　都寧弓兵五十名
馬岡弓兵五十名　馬寧弓兵五十名

紫泥弓兵五十名　神安弓兵五十名
黃鼎弓兵五十名　香山弓兵五十名
茭塘弓兵五十名　五斗口弓兵五十名
汶灣弓兵五十名　鹿步弓兵五十名
白沙弓兵五十名　小黃浦弓兵五十名
福水弓兵五十名　鉄口弓兵五十名
官富弓兵五十名　京山弓兵五十名
惠州府
內外管弓兵五十名　碧甲弓兵五十名
長沙弓兵五十名　甲子門弓兵五十名
潮州府
神泉弓兵五十名　吉安弓兵五十名

門關弓兵五十名　桑田弓兵五十名
招寧弓兵五十名　鮀浦弓兵五十名
楓洋弓兵五十名　闢望弓兵五十名
黃崗弓兵五十名

瓊州府

清瀾弓兵三十名　鋪前弓兵六十名
澄邁弓兵三十名　青藍弓兵六十名
調囂弓兵六十名　藤橋弓兵六十名
牛嶺弓兵六十名　抱歲弓兵六十名
巡德弓兵六十名　鎮南弓兵六十名
安海弓兵六十名　田牌弓兵六十名

沿海烽堠

雷州府

那宋　八燈　包西　討網
對樓　踏磊　清安　調黎
寧海　陳家　南門　通明
調陳　草綠　淡水　南浦
北品　北月　石歲　麻障
北鵝

高州府

調高　尖峒　輔掰北　輔掰南
山南　連頭　白山　門浮

廣州府

南海　那浮　譚村　黃村
赤水　蛤浦　北津　丹章
南洋　那貢　安民　處儒
道田　豐頭　峯前　石門
白蒙　寨南　鎮口　放火南
岢黎　雙䃃　陳村　白石角
企觀　北寨　大人嶺　馬鞍
黃岐　水南　亭子角　白沙
稍潭　四會　石門　青藍
節尾　煙峒　長洲　貝賁

白岐　黃浦　青紫　英村
岡村　南山　鰲灣　冷水
福漏　赤岡　嘴角　壘福
藍田　秋風角　風門凹

惠州府

舊大鵬　水頭　沙湧　沙江
野牛湧　凹背　長沙　虎白
芳茅　白沙湖　東坑　大麻
河田　古逕　石山　新設
平安　新逕　麗江　麗山
吉頭　桑州　前標　後標
競山　鉛錫　安充
平　州

潮州府

文昌　鉤藤　南山　石城
前岡　沙尾　下嶺　大埸
石牌　浮山　錢塘　環山
新村　馮山　鴉髻　并洲
白峰　黃崗　沙

沿海衛所戰船

舊制每歲春末夏初風汛之期通行府衛所縣捕巡備倭等官軍出海防禦倭寇番舶動支布政司軍餉銀雇募南頭等處驍勇兵夫與駕船後生每船分撥五十名每艚船四艘一官統之三路兵船編立船甲長副字號使船水手教以接潮迎風之法長短弓兵弩時常演習使之出入往來如神如無字號者長副鳴鑼追逐俱待秋盡無事而掣

中路東莞縣南頭屯門等澳大戰船八烏艚船十二
廣海衛望峒澳戰船四
東路潮州府柘林澳戰船二哨船二　烏船十五
碣石靖海甲子門等澳戰船十哨船六
西路高州府石城吳川灣澳各哨船二
廉州府海面戰船二
瓊雷二府海港東莞烏艚各六新會橫江船四
雷州海港大戰船六

廣東倭變紀

洪武二年倭寇惠潮諸州時天下初定海內乂安倭夷竊發濱海一帶皆被騷擾乃命行人楊載使日本以璽書諭其國王○書詳見使倭事畧中

四年倭寇海晏下川指揮楊景討平之時海寇鍾福全李夫人等自稱總兵掠倭船二百艘寇海晏下川等地廣州左衛指揮僉事楊景追捕至陽江平之

永樂七年冬十月倭陷廉州教授王翰死之詳見遇難徇節考

九年三月倭陷昌化所千戶王偉死之時副總兵李珪等擁兵不救城遂陷王偉力戰而死軍士死者甚衆城中人口糧食軍器皆被劫掠

十九年正月辛巳李珪敗倭於潮州靖海海濱珪先以昌化之陷藏罪殺賊大敗賊于靖海生擒十五人斬首五級悉送京師

嘉靖三十三年海寇何亞八等引倭入寇提督侍郎鮑公象賢總兵定西侯蔣公傳討平之先是亞八與鄭宗興等潛從佛大坭國引番舶于沿海劫殺逃往福建收叛亡數千人與陳老沈老王明王直徐銓方武等流劫浙福復回廣東鮑公遣副使汪栢指揮王沛黑孟陽督兵捕之及於廣海三州環生擒亞八等賊一百一十九名斬首二十六級餘黨脫逃徐銓方武等又自福建流突潮州爲黑孟陽所破徐銓授首分巡兵備等官兵於潮州柘林等海洋擒斬一千二百有奇亞八宗典武與陳時傑等俱斬于市海島遂平

三十七年正月壬午倭犯揭陽入蓬州所官兵擊敗之先是壬子歲倭寇初犯漳泉僅二百人其間眞倭甚寡皆閩浙通番之徒髡頭以從至是船十三艘賊八百人自漳泉犯揭陽縣適蓬州千戶所城崩賊遂擁入殺百戶李日芳等提督都御史王公鈁遣副使林懋舉僉事經彥寀參將鍾坤秀知府李春芳等官兵擊敗之斬首一百七十名顆是戰也鄉夫之功居多馬

十月甲子倭賊自漳州如饒平攻黃岡民鎮據其城官兵敗之經彥寀等大敗賊衆俘斬一百四十六名

三十八年二月寇圍揭陽官兵大破之時軍門駐潮州肇慶同知呂天恩與僉事經彥寀率鄉兵合擊之斬獲甚多寇復趨揭陽圍城彥寀帥師救之鄉夫斬金甲賊酋一人賊大敗走俘馘無算會彥寀報罷僉事殷從儉代之乘勝逐北賊望風而靡黃岡鎮賊亦遁去

十一月庚午賊攻海門所官兵敗之走犯潮陽復破之先是賊在福建之平和與饒平黃岡鎮隔界而壘至是賊首許老等三百餘賊引倭十餘艘自南門登陸攻海門所官兵擊之賊死甚多壬申南丹土目莫善等追賊與指揮孫敏擊敗之賊遁還平和丙子許老等犯潮陽縣丞范南卿等兵擊走之賊尚分水關犯黃岡鎮城通判翁夢鯉指揮李榮[illegible]林叢攬率兵捕之己卯賊至南洋灣指揮洪良佐統目兵莫眞莫善分爲二哨千戶黃昇等統募兵打手爲一哨南洋三灣諸鄉兵又協助之大破其衆賊奔聚闢望港口甲午賊出揭陽蓬州都水沙村焚掠皆爲我兵所敗十二月己亥賊寇隴外浦都辛丑賊自平和營於赤寮村揭陽掠湖寨丁未新賊自福建至闢望賊突入黃崗戊申闢望賊出掠彩塘甲寅新賊與闢望賊合踪出掠甲子掠湖賊突往蘆清官兵連戰皆破之俘斬凡一百八十有奇

三十九年正月官兵會擊闢望之賊大破之時賊爲官兵追急移屯潮陽貴山都屯指揮武尚文及鄉兵連戰皆捷賊敗營古埕乙酉賊遁往南洋灣典膳秦金與官兵合擊大敗之斬首三百七十賊潰渡河官兵邀之復大捷戊子賊棨江而東誓復南洋灣之仇尚文等官兵又大敗之甲午古埕營賊出掠官兵又敗之二月戊戌賊復回平和浹旬巳酉賊至大潛橋目兵又勝之戊午賊復來掠守備兵擊之賊大潰俘馘八百有奇四月僉事齊選與海道參將會師追之擒斬三百六十餘賊悉遁

廣東事宜

東路

廣東列郡者十分為三路東路為惠潮二郡與福建連壤漳舶通番之所必經議者謂潮為嶺東之巨鎮柘林南澳俱係要區枕吭撫背之防不可一日緩而靖海海門蓬洲大城諸所又皆跬步海濤所賴以近保三陽遠衛東嶺者也惠州海豐東南濱海其捷勝平海甲子門皆瞬息生變惠潮守備劄於衛治誠有以嚴其防矣然未知柘林為尤要也柘林乃南粵海道門戶據三路之上游番舶自福趨廣悉由此入舊例風汛之期各澳皆設戰艦秋盡而掣回泊水寨此在他澳猶可柘林去水寨一日之遠警報未易達倘賊視我無備批抗搗虛不亦危乎無柘林是無水寨也無水寨是無惠潮也為今之計東路官軍每秋掣班必以柘林為堡慎固要津附近大城所戍卒互為聲援不得規避空所縱賊馳騁若遇颶霧塵霾尤宜加之意焉其外碣石靖海甲子門海澳雖視柘林稍次而舟師防禦各有信地之責者又可少懈乎

中路

嶺南濱海諸郡左為惠潮右為高雷廉而廣州中處故於此置省其責亦重矣環郡大洋風濤千里皆盜賊淵藪帆檣上下烏合突來樓船屯哨可容緩乎嘗考之三四月東南風汛日本諸島入寇多自閩趨廣柘林為東路第一關鎖使先會兵守此則可以遏其衝而不得泊矣其勢必越於中路之屯門雞棲佛堂門冷水角老萬山虎頭門等澳而南頭為尤甚或泊以寄潮或據為巢穴乃其所必由者附海有東莞大鵬戍守之兵使添置往來預為巡哨遇警輒敵則必不敢以泊此矣其勢必歷峽門望門大小橫琴山零丁洋仙女澳九竈山九星洋等處而西而浪白澳為尤甚乃番舶等候接濟之所也附海有香山所戍守之兵使添置往來預為巡哨遇警輒敵則亦不敢以泊此矣其勢必歷厓門寨門海萬斛山綱洲等處而西而望峒澳為尤甚乃番舶停留避風之門戶也附海有廣海衛新寧海朗所戍守之兵使添置往來預為巡哨遇警輒敵則又不敢以泊此矣夫其來不得停泊去不得接濟則雖濱海居民且安枕而卧矣況會城乎按今設禦之法浪白望峒二所各置戰艦慎固封守而南頭宜特設海道駐劄居中調度似有以扼嶺南之咽喉矣應援聯哨其中路今日之急務乎

西路

議者曰廣東三路雖並稱險阨今日倭奴衝突莫甚於東路亦莫便於東路而中路次之西路高雷廉又次之西路防守之責可緩也是對日本倭島則然耳三郡逼近占城暹羅滿剌諸番島嶼森列游心注盼防守少懈則變生肘腋滋蔓難圖矣可弗講乎故高州東連肇廣南憑溟渤神電所轄一帶海澳若連頭港汾州山兩家灘廣州灣為本府之南翰兵符重寄不

當托之匪人以貽保障之羞也雷州突出海中三面
受敵其遂溪湛川涠州樂民等四十餘隘固爲合衛
三道門戶而海安海康黑石清道并徐聞錦囊諸隘
所以合防海灣以操縱反側俾不敢梗化焉者尤可
齷齪玩愒已哉若廉州則尤爲全廣重輕海北扼塞
兩有攸寄故兵符特劄於靈山達堡增屯於衛北海
寇峒獠外夷之憂視三嶺獨勞焉西南雄郡如瓊爲
廉之外戶五指腹心盡爲黎據郡邑封疆無不濱海
備倭之制若白沙石瓊舖頭文昌海安海康對峙畨
島飄風突來防禦甚艱近雖駐參將於崖州責有攸
寄而守禦營戍舊額歲久寖弛凡此皆西路今日所
當汲汲經畫焉者深念預防俾慕南稽顙重譯來庭
非長民若兵者之責乎

一廣東兵餉舊制于潮州府民壯數内抽追工食選募
打手駕船後生分守三路後因山賊竊發念城池爲
重寄留民壯守護而前項兵食每年於鹽利内處補
後議以兵貴精而不貴多食宜預而不宜匱於東路
兵夫止選三百名防守遇有警報則增雇三百以足
六百原數其中西路一千五百名内量減七百名止
募八百名通計見該一千一百名約計東路三百名
西路二百名中路六百名各路將三之一哨巡三之
二營守（每兵夫五十名備船一隻兵夫一名每月工食六錢口粮三斗船一隻脚價一兩五錢或一兩二錢）兵船每四隻則以一官統之日逐守巡或閱月
半月更番相代又於朔望量加魚鹽之犒永爲定額
所費俱於軍餉内取辦遇有警報又許徑自動支流
募應選不必直俟文移動經旬月以致噬臍無及凡
所應辦逐一登記每月造報迨掣兵之時截日住支
於以釐革浸漁冗濫之弊此嶺南海防之大畧也
一廣東濵海諸邑當禁船隻若增城東莞則茶窖十字
滘番禺則三漕波羅海南海則仰船岡茅滘順德則
黄涌頭香山新會則白水分水紅等處皆盗賊淵藪
也每駕峻頭小艇藏集兇徒肆行刼掠勾引倭奴殘
戮甚慘爲今之計莫若通行各縣令沿海居民各於
其鄉編立船甲長副不拘人數惟視船之多寡依十
家牌法循序應當如船二十隻總統於船甲長内以
十隻分統於甲副仍於船尾外大書某縣船某甲下

某人十字翻刻墨填爲記其甲長副各置簿一扇備
載鄉中船數并某樣船隻某項生理一一直書每歲
具呈於縣以憑查考如遇刼掠則被害者能識其船
速投首於甲長副鳴鑼追究俾遠近皆知無字號者
即係爲非許人人俱得拏送舊時沿海居民明知賊
盗懼其反攻而不救今後坐視者罪以通同則船有
統紀而行刼之徒忌畏况操舟之時可以按簿呼召
給價差用而不致賣放之弊乎議者謂欲令每縣取
無碍官銀千餘兩造船百艘分給軍民生理令河泊
等官歲課入息五年當抵造船之銀如朽爛更以歲
課銀更造此法固善終不若無事處事如前法之爲
善也

一南澚當閩廣交界之處周圍皆山中有田百頃乃國初起遣佑氏遺藁之地也四面蔽風大潭居中可以聚舟其大視金塘二倍五六年來因浙直攻捕之嚴倭泊無所容俱于此互市福建捕急則奔廣東廣東捕急則奔福建定期於四月終至五月終去不論貨之盡與不盡也其交易乃搭棚於地鋪板而陳所置之貨甚爲清雅刀鎗之類悉在舟中若能簽令人於海濱沉滅其舟則在岸上之倭生擒也何有

籌海圖編卷之四

崑山鄭若曾輯　男　應龍　一鸞　校

杭州府[illegible]陳吉宮　新安吳[illegible]

福建沿海總圖
福州府
泉州府
漳州府
東府驛
彭湖山

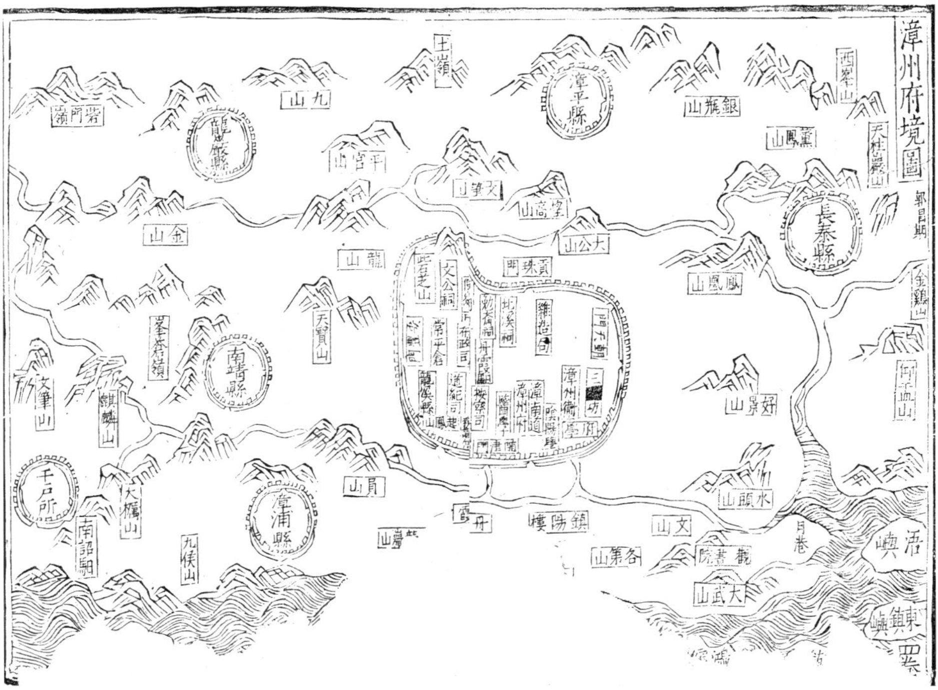
漳州府境圖
漳平縣
長泰縣
南靖縣
漳浦縣
西峯山
天柱巖山
銀瓶山
九山
文筆山
金山
龍山
天寶山
大公山
鳳凰山
金鷄山
水頭山
大武山
南詔驛
九侯山
大帽山
鎮陽樓
丹霞
文山

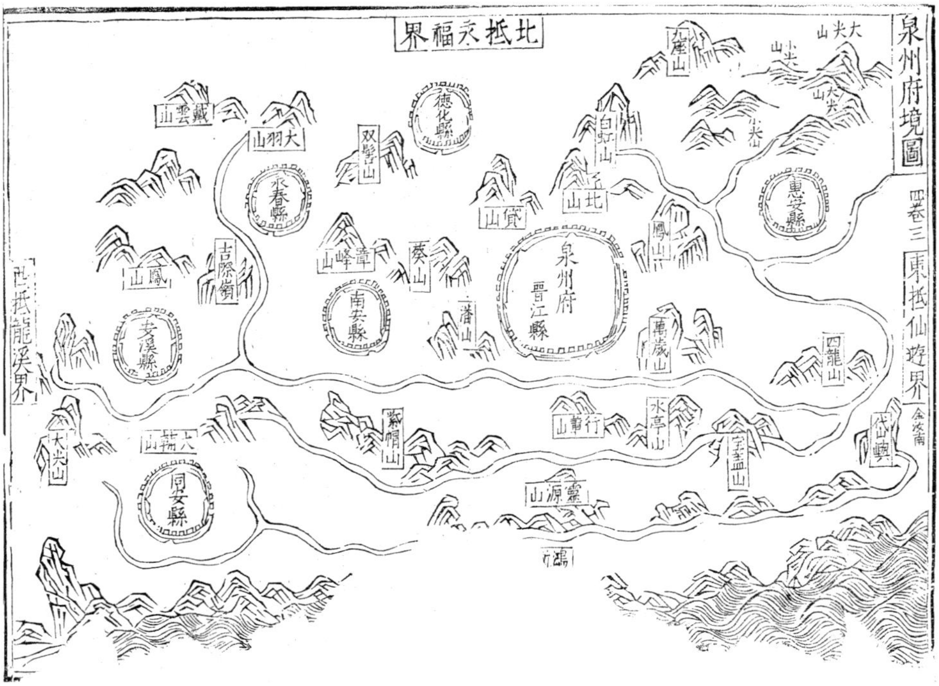
泉州府境圖
北抵永福界
東抵仙遊界
西抵龍溪界
泉州府
晉江縣
德化縣
永春縣
南安縣
安溪縣
同安縣
惠安縣
九座山
戴雲山
大羽山
雙髻山
白虹山
北山
寶山
葵山
吉際嶺
鳳山
四龍山
萬歲山
水亭山
大尖山
靈源山

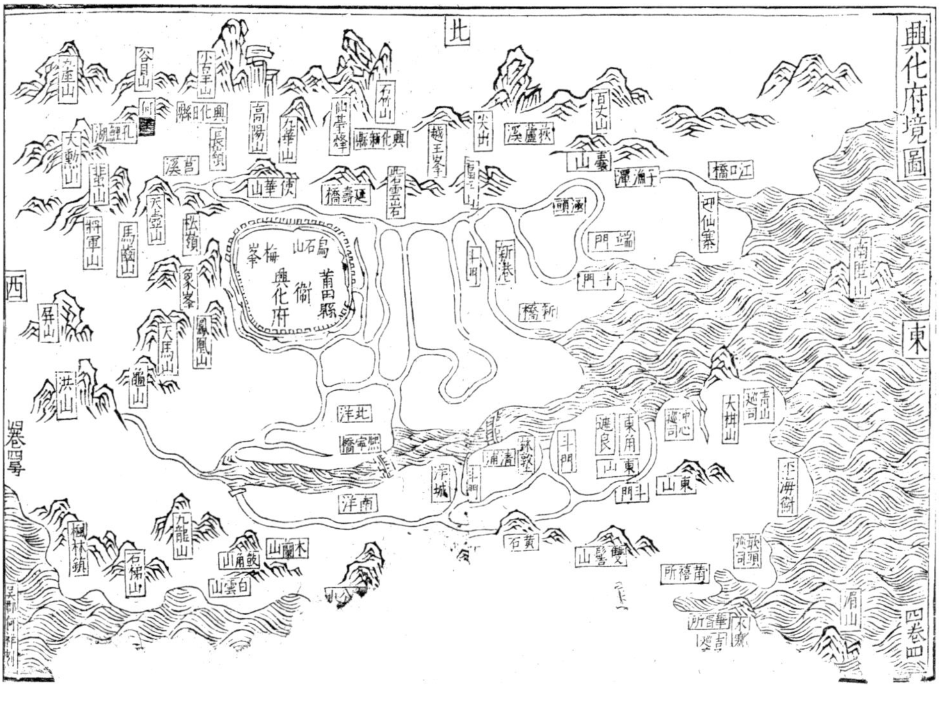
興化府境圖
北
西
東
興化府
莆田縣
興化衛
烏石山
梅峯
九座山
九華山
高陽山
石竹山
迎仙寨
江口橋
平海衛
南日山
湄山
洪山
寧海橋
北洋
南洋

福州府境圖
北至建寧府政和縣界
東至連江縣界
古田縣
閩清縣
永福縣
福州府
閩縣
侯官縣

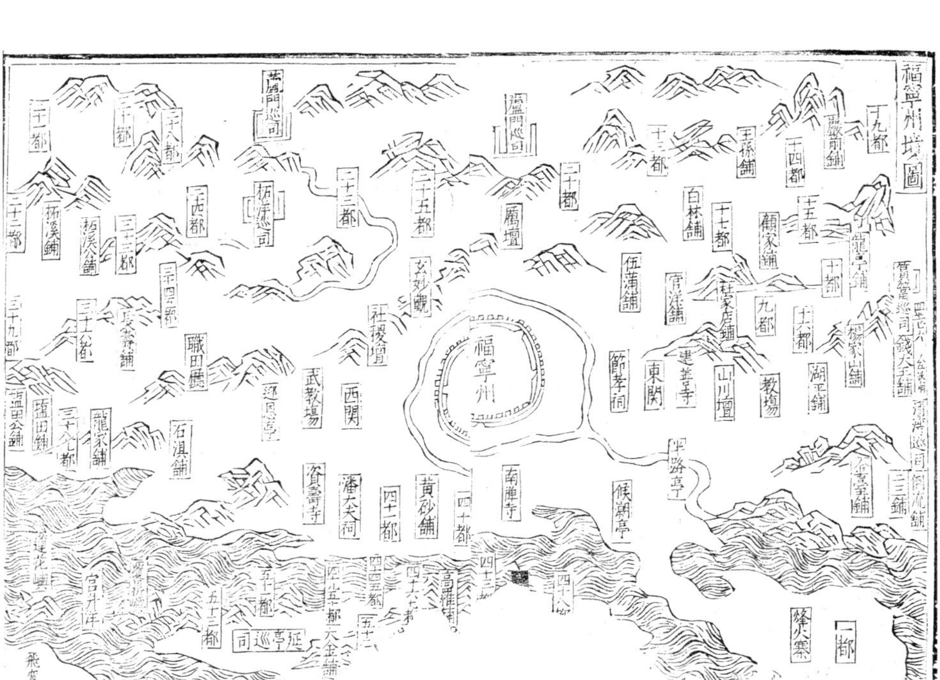
福寧州境圖
福寧州
二十三都
二十五都
社稷壇
西門
東門
教場
山川壇
烽火寨
一都

籌海圖編卷之四

崑山鄭若曾輯　男一應龍一鸞校

福建兵防官考

總督軍門 駐浙江

提督軍務兼巡撫都御史 福建原無巡撫因倭亂而設駐劄福州

巡按福建監察御史 近奉勅兼紀功

巡視海道副使

福州兵備副使

興泉兵備副使

汀漳兵備副使

北路參將 自福寧州起直至寧德縣撫學地方止皆其信地

中路參將 自撫學起直至泉州府祥芝地方止皆其信地

南路參將 自祥芝起直至廣東交界止皆其信地

遊擊將軍

汀漳守備

行都指揮司

銅山水寨把總

浯嶼水寨把總

南日水寨把總

小埕水寨把總

烽火門水寨把總

沿海衛所

鎮海衛 旗軍一千五百人 屯軍

六鼇所 旗軍一千八人 屯軍四十二人

福州左衛 旗軍 屯軍一千六百九十七人

中左所 旗軍 屯軍

永寧衛 內所五共旗軍五千人 屯軍七百八十四人

金門所 旗軍一千人 屯軍一百三十人

福全所 旗軍一千人 屯軍二百二十四人

崇武所 旗軍一千人 屯軍二百二十四人

平海衛

莆禧所 旗軍 屯軍

鎮東衛 旗軍 屯軍一千四百三十二人

萬安所 旗軍 屯軍

梅花所 旗軍 屯軍

福寧衛 旗軍 屯軍七百一十七人

定海所 旗軍 屯軍

大金所 旗軍 屯軍

沿海巡檢司

漳州府

洪淡　後葛

金石　古雷

盤陀　九龍

青山　漳浦

小景　井尾

島尾　海門

椰營　濠門

泉州府

苧溪　高浦
塔頭　烈嶼
官澳　峰上
田浦　陳坑
圍頭　烏潯
深滬　祥芝
獺窟　黃崎
小岞

興化府

小嶼　吉了
嵌頭　青山
冲心　迎仙

福州府

壁頭　牛頭
澤朗　松下
小社　石梁
閩安鎮　官毋嶼
北茭

福寧州

延廷　松山
青灣　大筼簹
水澳　蘆門

沿海關寨臺烽堠

漳州府

水寨二

銅山西門澳每歲分鎮海衛玄鍾陸鰲二所官軍一千八百六十員名更番備倭領於把總以都指揮行事

玄鍾每歲分鎮海衛并銅山陸鰲二所官軍一千一百員名更番備倭領於衛總受銅山把總節制

瞭望臺二

陸鰲　玄鍾

烽堠十二

南山　黃崎　東湾　洋林　漸山　盐倉
流會　白塘　安集　小澳　洪丘　峯山

泉州府

水寨二

浯嶼原在海外今移入夏門澳每歲分泉州二衛官軍二千八百九十八員名備倭領於把總指揮以控泉州郡之南境

烽堠四十四

高浦　井上　劉山　東渡　徑山　龍淵
夏門　街內　流礁　白石頭　溪東　石井　下吳　蕭下
石頭　陳坑　溢圖　安平　潘徑　葉了　石憮　洋下
坑山　青山　古雲　白崎　白沙　古樓　埕埭　赤山
柯山　大岞　獺窟　下頭　後任　尖山　大山　高山
峯尾　海頭　後黃　東門外

興化府

水寨一

南日山原在泉州府海外景泰中奏移於莆田之吉了澳官府文移仍以南日山水寨稱管寨事有把總分管寨事有備總每歲分興化平海泉州三衛官軍一千五百十八人更番備倭

烽堠四十五

崎頭　吉了　大洪　渡邊　峇林　塔山

福州府

文甲 西山 菴前 礵山
吳山 砂山 林邊 上歌
大嶼 東山柄 石獅 下徐
小灣 穀成山 石城 湖邊
登港 埋頭山 岐頭 後埔
東林 後浦山 蠔山 茶浦
鯽魚 東蔡山 支頭 峯嶺
近仙 岩沁山 基山 尖頭山
山西山
三江口

水寨一

小埕 每歲分附近衛所軍士更番備倭方岳臣會推指揮之有才畧者總督之

瞭望臺一 茶林

烽堠四十四 洪坑 壁頭 前炒
蟹嶼 車盤 搭山
前溪 仙岩 白鶴 馬𡉏
後营 楓嶼 龍下 大埕
大壤 陳塲 峯前 山崎
石門 潮井 松下 嶼頭

蕉山 山前 下嶼 騎山
斗湖 陸石 潭西 程角
桃源 黄崎 累頭 官塢
官海 東岸澳 長崎 大埕
北茭

福寧州

水寨一

烽火門 今移入豐山地方

烽堠三十八 下箬 下滸 石湖
關崎 車安 羅浮
閭峽 搭尾 界石 南山
劉金 小南 青山 積石
長沙 沙松 後崎 離智
東壁 臺澳 賴離 烽火
三山 北山頂 梅花 大崙
古縣 大青畫 金家 南金
黄崎 小青畫 白岩 水澳
白露 南嶺 沙埕

福建倭變紀

嘉靖二十七年正月海寇許二引倭入寇七月官兵討平之

先是賊首許二糾番船聚浙江之雙嶼港大爲福興諸府沿海患

上命都御史朱公紈勤之三月朱公以都司盧鏜帥福清兵船泊溫州之海門把總俞亨統燕山兵船協助之以備福寧之北境海道副使柯喬統福清兵船泊漳州專備海戰以遏南逸入廣之路副使翁學淵駐福寧州僉事余爌駐泉州備倭黎秀駐金門所把總孫敖駐流江各分信地水陸截捕仍嚴保甲之令搜羅接濟奸人○四月鏜分兵與賊戰於九山大洋百戶張煒衛其前指揮張漢等繼之大敗賊衆俘斬稽天新四郎等五十五名顆溺死者無筭○六月賊頭巒及衝大担外嶼者再柯喬禦之嚴賊乃遁首許二流劫北茭羅浮同知張魯把總王麟共客張文昊千戶王顯王繼禦之○七月許二兩䑸以拒官兵麟等率兵鏖戰自寅至午擒斬八十有奇賊錯愕投水死者千數餘乘潮遁去

三十四年十一月賊攻鎮東衛城官兵禦之千戶

高懷德張繼鑾等死之

賊自莆田白湖江登犯過涵頭至海口十三日城洪與懷德各率軍出戰張繼鑾遇賊於路皆死陣平海衛千戶楊一茂白仁丘球追賊及於東岳山大敗倭衆一茂等亦戰死

三十五年三月備倭劉炌千戶王月與賊戰於石鶴死之賊亦敗遁

福清海口之賊遁至西鄉官兵追之斬其衣紅賊首一人賊敗走炌與月率兵欲伏石壁嶺邀擊之未及設伏遇賊突至山路屈曲遂至敗跤賊流遁福寧州之竹嶼孫山官兵追之或火攻或伏弩賊輒敗走參將尹鳳預置藥酒於胡坪賊中毒者數十人四月及於桐山又破之賊遂入浙江

三十六年三月賊犯省城

賊於舊臘自連江洪登陸就據爲巢至是復自流江至小埕水寨遂犯省城沿城焚掠擄去戰艦二十有奇又焚燬四十餘艘

十月賊攻連江縣官兵擊退之賊乃宵遁

先是北茭灣原屯倭寇進無所掠乃遁出洋遇新至賊船遂會䑸進攻連江官兵以矢石殪其精悍者四人明日分門四進又擊敗之乃夜遁如拱嶼澳出洋

三十七年四月賊入安海城官兵追擊大敗之

賊入城居民拒之不得掠僉事盛唐參將黎鵬舉等分兵逐之賊遁至唐店官兵連戰皆捷至水涵賊遁出海水兵又擊敗之沉其二舟

陷福清縣

賊犯閩安鎮爲參將尹鳳所敗進攻福清據門外山頭用砲乘高擊壞雉堞城遂陷居二日而出

攻興化府

賊自福清進攻府城戰異日不退廣兵及鳥銃手其乘馬衣紅賊首一人從賊四十餘各兵出城賊遂敗走

攻惠安縣

賊自興化爲官兵敵退遂至惠安攻城有自水涵入者官兵覺而殺之於是連攻五晝夜皆被官兵

敗賊死者百餘人乃遁官兵截之於洛陽橋又大勝之斬首五十有奇

五月賊攻泉州府

賊復自惠安進犯府城巡按御史樊公獻科自督兵敵退之

入南安縣

縣故無城知縣徐光裕統民兵禦之遂被突入時居民已遷避賊無所掠官兵追擊之乃遁往晉江海邊擄船出海而去

攻崇武所

賊別䑸之新到者攻所城凡五日而後解

突犯惠安知縣林咸與戰死之

賊自崇武分突惠安永寧等地方咸率兵與戰陣亡官兵繼至擊敗賊衆賊乃退遁

攻鎮東衛城提督都御史王公詢遣兵追擊大敗之

賊三千餘人自松下突入游口澳登陸攻衛城者二日益以新至賊千餘合勢來攻城幾不守指揮劉中南

北海洋皆賊惟此賊獨劇且逼近會城陸走合䑸勢力益滋蔓王公乃多方集兵設伏扼險剪其零黨伺情合攻仍密令水兵布於海外賊勢窮促乃遁出洋水兵乘勝逐之沉二十餘艘斬首四百餘級

賊首洪澤珍引倭入寇

澤珍故通番逆賊積年啓釁引倭內侵至是復引倭泊舊浯嶼盤據爲巢

三十八年三月賊攻福寧州不克遂陷福安縣

賊攻州城者凡五晝夜分守參議顧珀督兵固守賊計無所施乃退往福安適淋雨城崩知縣李尚德恐難堅守督兵出城迎擊賊屯城北山上窺見守禦兵少遂分䑸擁入

四月參將黎鵬舉大敗倭賊於屏風嶼海洋

鵬舉與指揮盧拒臣攻賊於屏風嶼鎮下門及三沙海洋沉其四舟擒斬一百五十有奇燒溺者無筭賊乘汛突至未得登劫我兵邀擊外洋擒斬頗多賊皆望風遁去

五月賊首嚴山老等遁出海洋參將王麟等追毀之

章仁

山老連年引倭入寇分䑸四掠麟等兵船按伏海賊由浮芝石湖南灣出海者麟追敗之于大坪白峯頭澳出海者都指揮唐修澄追敗之于野洋自閩安洪塘出者參將尹鳳備倭張僑追敗梅花外洋山老就擒賊舟沉者七十八艘死者數千人而洪澤珍之徒亦自燬其巢遁去

十二月官兵會擊上逕之賊大敗之

先是賊徒四千餘人自海壇山登犯副使張情參將曾清督兵勦逐屢摧其鋒賊乃移屯上逕蔓延日久提督都御史王公詢巡按御史樊公獻科僉事萬民英參將王麟把總朱先等期朔旦搗巢至期官兵夾擊之賊遂大敗死者八百餘人燬其巢死者復千餘人

三十九年三月賊攻平和縣

賊首蕭雪峯張璉等引倭千餘自大埔及三饒嶺來攻縣城官兵出城夾擊之賊遂退屯承抗

攻大金所

五月月港之賊敗遁出海官兵追擊大敗之

先是賊巢月港官兵於泉州海倉白石鎮海野馬井尾等處擊之皆勝至是遁出海洋參將王麟追及於

古浪東硲鎮海山把總鄧一桂追及於剌嶼尾五戰
皆勝之沉其舟數十斬獲數百賊首徐老許西池王
老及日本頭目尚乾皆就擒
所部三千餘徒悉溺水無遺

七月賊自廣東來寇官兵擊敗之賊復入廣
廣東謝賊等突入走馬溪勢極猖獗把總徐濂沉其
數艘賊大敗遁去官兵乘勝追至廣東南澳外洋而
回

八月賊入安溪縣

四十年正月安溪倭賊流犯長泰同安等縣官兵追擊
大敗之
賊自安溪爲官兵所敗遁至長泰典史葉露百戶金
環敗之乃徃同安復爲鄉兵所襲奔竄石囪海濱

五月賊攻寧化縣
賊來攻城知縣
陳添祥擊敗之

攻詔安縣
先是賊首陳思達等潛入城內主奸民林勳家爲
應外合之計知縣龔有成防詰頗嚴賊計不得逞
自內殺出思達就擒而勳等爲
內應者凡數十家至是皆敗

閏五月賊復攻寧化縣
時賊久在縣近郊時來攻城官兵擊敗之遂僞爲
計知縣陳添祥謹防其㞐至賊果分布四門一時突
擊又爲雲車一乘覆以牛革屢以大砲佛朗機礧賊
而賊之在雲車者來愈力乃出打手二百人下擊之
賊乃
敗走

按倭寇之患自福建始乃內地奸民勾引之也其
時爲嘉靖二十五年禍尚隱而未彰徵而未大都
御史朱公紈用海道副使柯喬議欲以海滄月港
等澳耆民充捕盜撲之備倭都指揮黎秀獨謂不
然上議於巡按御史金公豪曰日本倭夷先年內
犯

朝廷屢下備倭之
詔及委重臣以督海防是以海洋乂安今承平日久軍民
趨利忘害而各處輕生之徒攘臂向前私通貿易
向嘗緝絕今復啓釁若不預行究治恐禍患日深
卒難禁制也旣而復上議曰近署安邊舘事諗知
違禁通番大船之詳其船皆造於外島而泊於內
澳或開駕以通番或轉售於賊黨而嵩嶼漸尾長
嶼海滄石馬許林白石等澳乃海賊之淵藪也本
職欲行禁治恐澳甲勢要抗拒不服反速其禍乞
行府縣巡捕官親詣各澳密行擒治船隻應
者燒燬應留用者留用庶頑民知警而通番
少息矣議上秀遂大爲漳泉耆民捕盜怨謗致
免官後十餘年倭患大熾沿海數千里生靈靡
荼毒人始服黎遠覽而惜其冤抑向使早用
胡以有是豈非民命之當阨也耶今之士論
紀録戰功而曲突徙薪謾不之及愚不能無感故
志之

福建事宜

浯嶼水寨

福建五寨俱江夏侯所設浯嶼水寨原設於海邊舊浯嶼山外有以控大小岨嶼之險內可以絕海門月港之奸誠要區也不知何年建議遷入夏門地方舊浯嶼棄而不守遂使番舶南來據爲巢穴是自失一險也今欲復舊制則孤懸海中旣鮮村落又無生理一時倭寇攻刦內地哨援不及兵船之設何益哉故與其議復舊規孰若愼㝏夏門之守於以控泉郡之南境自岱墜以南接於漳州哨援聯絡豈非計者哉

南日水寨

原設於海中南日山下北可以遏南茭湖井之衝南可以阻湄洲岱墜之阨亦要區也景泰以來乃奏移莆田縣吉了地方仍以南日爲名舊南日棄而不守遂使番舶北向泊以寄潮是又失一險也今之事體與浯嶼相倣有兵寄者其思爲哨守應援之規以樸寇蹤於未熾哉

烽火門水寨

原設於福寧州三沙海中永樂間倭寇犯境議撥福寧衛大金所官軍防守秦嶼羅浮官井洋皆轄焉正統九年侍郎焦宏以其地風濤洶湧不便棲舶徙今松山寨地方其後官井洋雖添設水寨而沙埕羅江古鎮羅浮九澳等險孤懸無援勢不能復舊矣須官井羅浮沙埕南北中三哨羅江古鎮兩哨聯絡策應庶可恃爲福州之藩户也

銅山水寨

漳州府所轄地方漳浦一縣最近海嶼設水寨者二銅山西門澚爲把總水寨而玄鍾則受其節制者也故今止以五寨爲名初水寨在井尾澚景泰間移今西門地歲撥鎮海漳州永寧衛及玄鍾銅山所軍分番巡哨而北自金石以接浯嶼南自梅嶺以達廣東險阨所係匪淺淺也須以銅山玄鍾巡哨之兵分守南澚雲盖寺走馬溪金石等處俾倭船之自浙趨閩及慣徒之勾引接濟者嚴遏其衝則有以控八閩上游之勢矣

小埕水寨

小埕北連界於烽火南接壤於南日蓮江爲福郡之門户而小埕爲蓮江之藩蔽也海壇連盤雄踞聳峙若南屏然爲賊船之所必泊其所轄閩安鎮北茭焦山諸巡司爲南北中三哨無事往來探視有警協力出戰則此寨之設爲不虛矣

三四月東南風汛番船多自粵趨閩而入於海南粵雲盖寺走馬溪乃番船始發之處慣徒交接之所也附海有銅山玄鍾等哨守之兵若先分兵守此則有以遏其衝而不得泊矣其勢必抛於外浯嶼外浯嶼乃五澚地方番人之巢窟也附海有浯嶼安邊等哨守之兵若先會兵守此仍撥小哨守把緊要港門則必

不敢以泊此矣其勢必趨於料羅烏沙料羅烏沙乃番船等候接濟之所也附近有官澳金門等哨守之兵若先會兵守此則又不敢以泊此矣其勢必趨於圍頭峻上圍頭峻上乃番船停留避風之門戶也附海有深扈福金哨守之兵若先會兵守此則又不敢以泊此矣其勢必趨於福興若越於福興計其所經之地南日則有岱山墜湄洲等處在小埕則有海壇連盤等處在烽火門則有官井流江九澳等處此賊船之所必泊者也若先會兵守此則又不敢泊矣來不得停泊去不得接濟船中水米有限人力易疲將有不攻而自遁者況乘其疲而夾力攻之豈有不勝者哉

倭寇擁衆而來動以千萬計非能自至也由福建內地奸人接濟之也濟以米水然後敢久延濟以貨物然後敢貿易濟以嚮導然後敢深入海洋之有接濟猶北陲之有奸細也奸細除而後北虜可驅接濟嚴而後倭夷可靖所以稽察之者其在沿海寨司之官乎稽察之說有二其一曰稽其船式蓋

國朝明禁寸板不許下海法固嚴矣然濵海之民以海爲生採捕魚蝦有不得禁者則易以混焉要之雙桅尖底始可通番各官司於採捕之船定以平底单桅别以計號違者燬之照例問擬則船有定式而接濟無所施矣其二曰稽其裝載蓋有船雖小亦分載出海合之以通番者各官司嚴加盤詰如果是採捕之船則計其合帶米水之外有無違禁器物乎其回也魚蝦之外有無販載番貨乎有之即照例問擬則載有定限而接濟無所容矣此須海道官嚴行設法如某寨責成某官某地責成某哨某處定以某號某澳束以某甲如此而謂通番之不可禁吾未之信也

一倭人至福建乃福人買舟至海外貼造重底往而載之舟師皆犯重罪之人也若至沙板雙鱷等處訪之則某家船將至未至及至某澳自有人說而知之一處貨到各處無不知者

一漳潮乃濵海之地廣福人以四方客貨預藏於民家倭至售之倭人但有銀置買不似西洋人載貨而來換貨而去也故中國欲知倭寇消息但令人往南澳

餙爲商人與之交易即廉得其來與不來與來數之多寡而一年之內事情無不知矣

一區處福建之法若用福船捕之萬萬不可須用福船而不用福人架使若用蒼山人架使候倭於福建外海而截殺之倭船必非齊來乃一艘二艘以漸而至也至即擒之則後至者將聞風而回矣

一八閩多山少田又無水港民本艱食自非肩挑步擔踰山度嶺則雖斗石之儲亦不可得福興漳泉四郡皆濵於海海船運米可以仰給在南則資於廣而惠潮之米爲多在北則資於浙而温州之米爲多玄鍾所專造運船販米至福行糶利常三倍每至輙幾十艘或百艘或二三百艘福民使之廣浙之人亦大利

焉兵輿山嶺戒嚴擔負旣難而募調之費又衆大戶所
積莫肯輕糶海運又厲禁焉民食兵餉如之何而不
匱也故經畧福建之策莫先於處糗糧糗糧若缺則
五澳之兵雖設譬之衣冠之人外貌可觀而五內腐
裂四肢痿痺未有不喪亡者蓋不待倭攻之而後地
方爲難保也今日足食之計有二其一須申明
祖宗之意止禁雙桅船隻私通番貨以啓邊釁所謂寸板
不許下海者乃下大洋入倭境也非絶民採捕於內
海販糴于鄰省也嚴其保甲令民沿海運糴則廣浙
有無相通而福民不患于無食矣其二官府提編銀
兩輸解督府春夏給爲兵粮時價方貴有銀無米兵
甚苦之不如令有司以銀秋糴賤米則米數多春而

隨兵所至就以爲餉官與兵不兩利乎兵餉旣備民
食亦充軍門以別省善戰之師三五千人調至於福
大振威克豈惟倭夷不能爲福建患將使福民之勾
引接濟與倭爲黨者永永其不敢矣
工部侍郎趙文華云禦賊之道曰守曰攻曰撫治直以
守治浙以攻皆因地度勢而爲之也詳見直浙事宜若治福
之法貴于撫而已矣福地素通番船其賊多諳水道
操舟善鬬皆漳泉福寧人漳之詔安有梅嶺龍溪海
滄月港泉之晉江有安海福寧有桐山各海澳僻遠
賊之窩嚮船主喇哈火頭舵公皆出焉若調福蒼船
捕倭內多賊黨又其界潮州南奧番船貨萃猝難盡
誅惟官府處置得宜嚴爲譏察所謂用海船實貨編

號以次挨放助裝充餉惟無號者禁捕之賊必消其
勾逆轉爲我用矣
都御史唐順之云賊之根本實在閩中海上經畧此第
一義况一海相通喘息閩賊亦浙直賊也
都司戴冲霄云福建邊海貧民倚海爲生捕魚販鹽乃
其業也然其利甚微愚弱之人方恃乎此其間智巧
强梁自上番舶以取外國之利利重十倍故也今既
不許通番復并魚鹽之生理而欲絶之此輩肯坐而
待斃乎故愈禁愈亂不設法而利導之使海濱貧民
得所亂源何能塞也
又云福建五澳水寨乃江夏侯所設俱在海外今遷三
寨于海邊曰浯嶼烽火門南日是巳其舊寨一一可

考孤懸海中既鮮村落又無生理一時倭寇攻刼內
地不知哨援不及兵舡之設無益也故後人建議移
入內地移之誠是也信國公不設險于下八山等處
而設于舟山之沈家門可見江夏侯之識見不逮信
國遠矣欲復
祖宗之制須知斟酌乃善
閩縣知縣仇俊卿云閩之一省北接浙江之界爲烽火
門水寨原設官軍把守爲因勢孤援寡軍門朱公添
設流江寨爲犄角之勢此誠隨時立法之權但官軍
之數不及各寨之半難以助本鄉防護議者欲將流
江併入烽火門不若增添流江官軍形勝並據聲援
相及此最近是仍令福寧州相近巡司官兵同心哨

捕不許役占買閑等弊又浯嶼水寨舊址向在海洋之衝可以據險寇不敢近今乃移近數十里在于中左所地方與高浦所止隔一潮致月港松嶼無復門闢之限任其交通其舊浯嶼基乃爲寇之巢穴漳州海滄之人悍譎尤甚素號難馴嘉靖年間始置安邊舘輪委通判一員治之半年一更上下皆無固心無益于地方海防之助况在前之議猶有紛紜者似爲可革又走馬溪番舡直船近年官軍柯海道等截殺寇盜皆在彼處議者欲令詔安漳浦近縣巡捕官十員更番住守且與銅山寨玄鍾澳軍民官兵協力相機以便勦捕至于泉之安海向雖通番猶有避忌邇年番船連綜徑至近地裝卸貨物皆有所倚也議者

欲令府佐貳一員時巡常住或可潛消

又云沿海地方人趨重利接濟之人在處皆有但漳泉爲甚餘多小民勾誘番徒窩匿異貨其事易露而法亦可加漳泉多倚著姓宦族主之方其番舡之泊近郊也張掛旗號人亦不可誰何其異貨之行于他境也甚至有藉其關文明貼封條役官夫以送出境至京者及其海舡回番而劫掠于遠近地方則又佯爲之辭曰此非此䑸也乃彼一䑸也訛言以惑人聽比及上司比責水寨巡司人等間有一二官軍捕獲寇盜人舡解送到官彼爲巨盜大駔屯住外洋者又役智用倖致使著姓宦族之人又出官明認之曰是某月日某使家人某往某處糴稻也或買杉也或治裝買疋帛也家人有銀若干在身捕者利之令雖送官報贓尚有不盡法合追給或者有司懼禍而誤行追懲但據贓證與所言之相對不料所言與原情實不同其官軍之斃于獄而破其家者不知其幾也彼巧于譎而計行此屈于威而難辨柰之何哉以致出海官軍不敢捕獲不若得貨縱賊無後患也槩以下海之律彼獨無可罪乎調停之法亦必有道或欲訪廣東市舶司及各邊開市之利使番徒報貨抽稅歲可得銀數萬兩以充軍國之用亦且通商惠民上下咸利但恐海邊之人貪利無厭强暴弱智吞愚不免群聚爲姦勢所必至似招之爲寇也何以禁其後哉况城孤社鼠之相倚有難以盡詰者則稅之所入將不在公家而咸歸巨室矣又暹羅朝鮮日本爪哇等國通事照

會典各有定數其不通夷語及誤事者法禁甚明今漳泉之人冒濫名色假爲通事實多通謀而誤事之孽有不可追者亦當察而更革之可也

都司戴沖霄云閩中事體與浙直不同惟在撫之得宜而已盖寸板不許下海之禁若行於浙直則海濱之民有魚鹽之利可以聊生而海洋即爲之肅清若福建漳泉等處多山少田平日仰給全賴廣東惠潮之米海禁嚴急惠潮商船不通米價即貴矣民何以存活乎愚聞漳泉人運貨至省城海行者每百斤脚價銀不過三分陸行者價增二十倍覓利甚難其地所

産魚鹽比浙又賤蓋肩挑度嶺無從發賣故也故漳泉强梁狡猾之徒貧貲通番愈遏愈熾不可勝防不可勝殺爲倭嚮導者官府繫其家屬不敢生還歲歲入寇是外寇之來皆由内寇糾引之也福建之亂何時已乎福亂不已浙直之患何時而靖乎唐荆川云倭患始於福建福建者亂之根也諒哉言乎如愚見莫若因其勢而利導之督撫海道衙門令漳泉巨室有船隻者官爲編號富者與之保結許其出洋南則哨至廣東北則哨至浙江裝載貨物納税自賣督之以將官限之以信地交牌報驗其同也南則許販惠潮之米北則許販福寧温台之米但不許至外國及載番貨今也海禁太嚴見舡在海有兵器火器者不

問是否番貨即捕治之米穀魚鹽之類一切厲禁據其迹雖似犯法論其情海船往来非帶兵器火器無以防海寇之刼奪不有可原者乎明乎此則民情得伸而亂源可塞矣雖然亦未也將欲撫之必先威之練兵足食使在我之威足以制賊則民有所憚而聽吾撫治撫治而不從者然後兵以勦之是故能攻而後能撫知撫而不知攻者吾未見其能撫也

曾按福建經略之術有百年之長策有一時之權宜何謂長策脩復海防舊規處置沿海貧民得所使不爲賊内應是也何謂權宜今日福建之患有二曰山寇曰海寇海寇乃本地之民糾之而来苦無兵以殄滅之耳然欲練兵須先料理養兵之費費無從出必加賦於民夫福民不受官府約束其来漸矣常賦之額且不可徵况額外加增乎吾知兵未練而變先激矣若非早爲之所萬一福建失守則廣東將隔絶而不通而浙江與福連壤其禍亦烈矣與其至此時而動各省之兵馬錢粮孰若早聞於

朝請銀十萬兩募兵一萬人到彼操練不假福建之兵不費福建之財先將沿海通番之人與賊盡行勦滅兵威大振則破竹之勢山寇不攻自平矣由是而選練鄉兵由是而加賦充餉由是而脩復海防舊規以爲百年經久之計豈有不可行者乎

籌海圖編卷之五

崑山鄭若曾輯　男應龍 一鸞 校

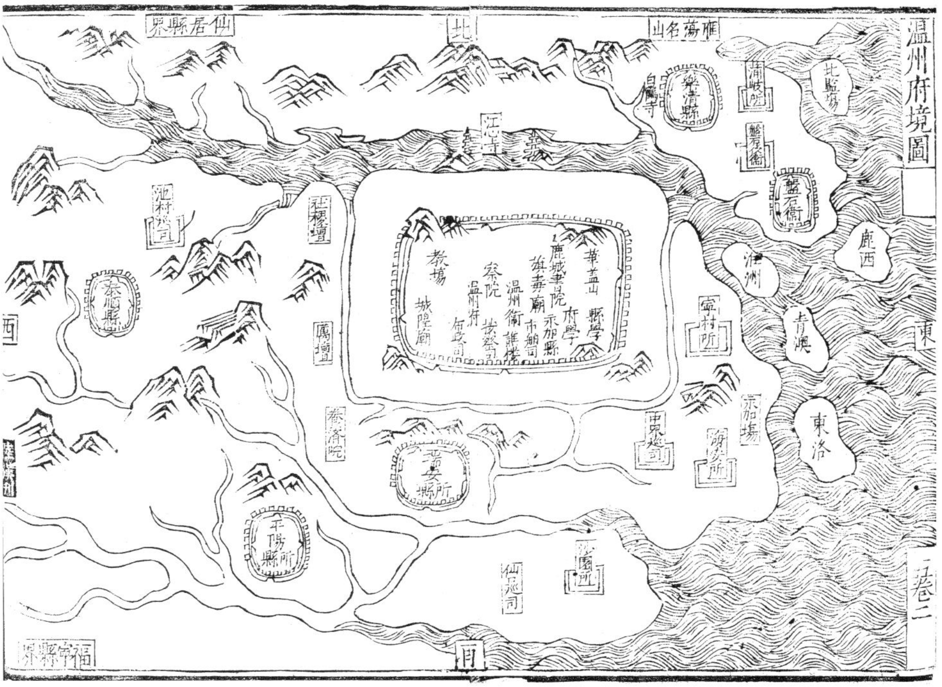
溫州府境圖
北
南
東
西
仙居縣界
雁蕩名山
樂清縣
蒲岐所
盤石衛
北監場
鹿西
青澳
東洛
寧村所
永嘉場
海安所
瑞安縣
平陽縣
福寧縣界
華蓋山
府學
縣學
永嘉縣
溫州衛
溫州府
教場
城隍廟

府境圖
天台縣
臨海縣
台州府
赤城驛
東湖
白塔
前所
新河所
松門衛
小𨗴
大塘

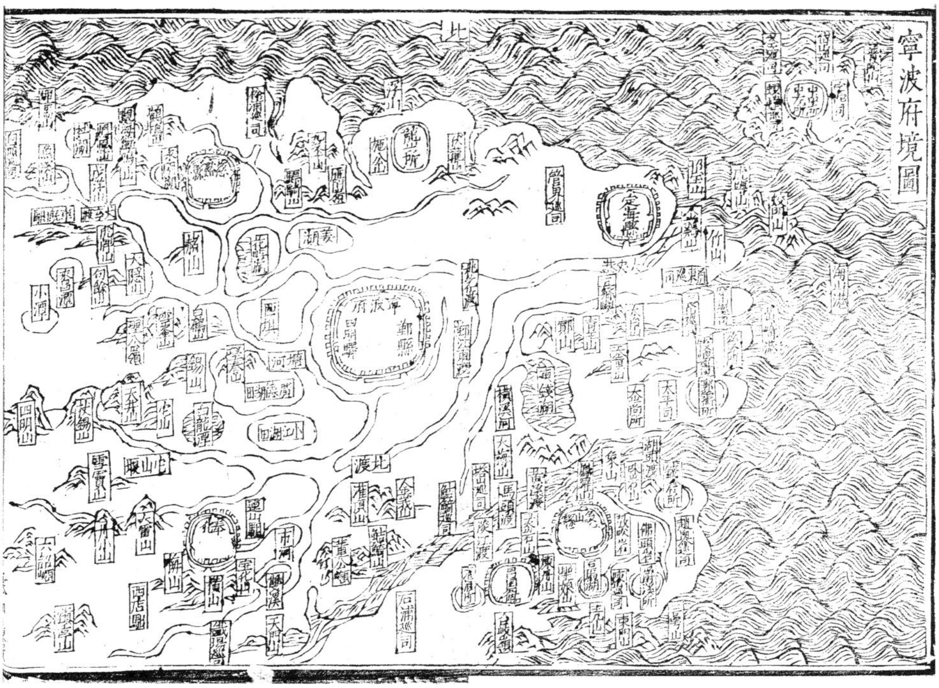
寧波府境圖
北
寧波府
鄞縣
定海縣
象山

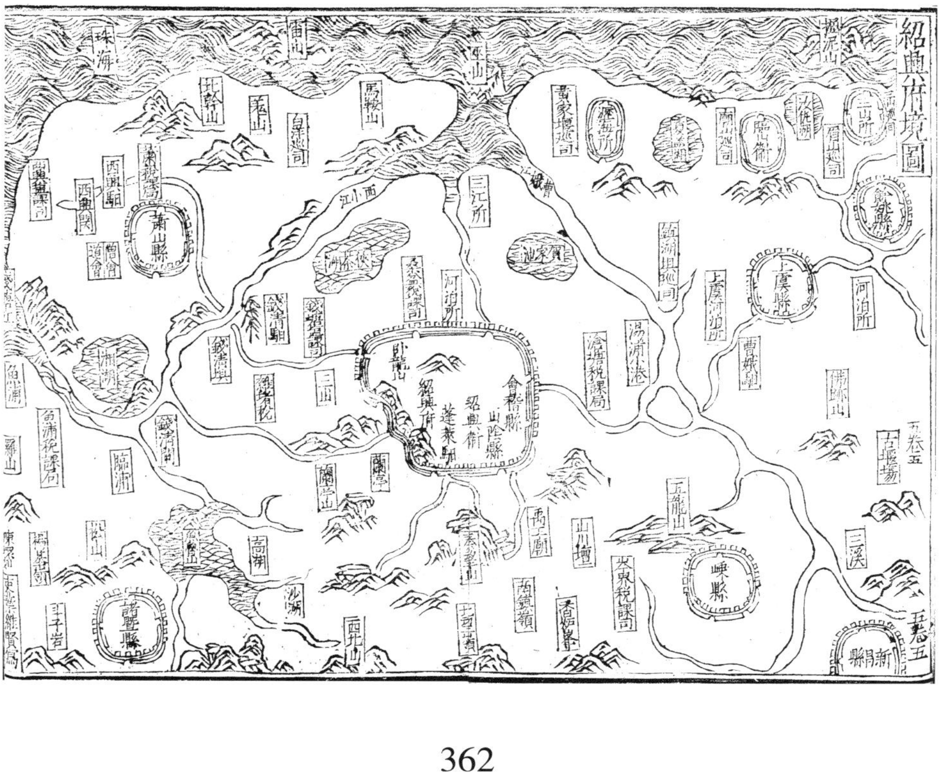
紹興府境圖
蕭山縣
上虞縣
嵊縣
紹興府
山陰縣
會稽縣
紹興衛
蓬萊驛
臥龍山
五龍山
三溪
河泊所
臨浦
白洋巡司
馬鞍山
錢清驛

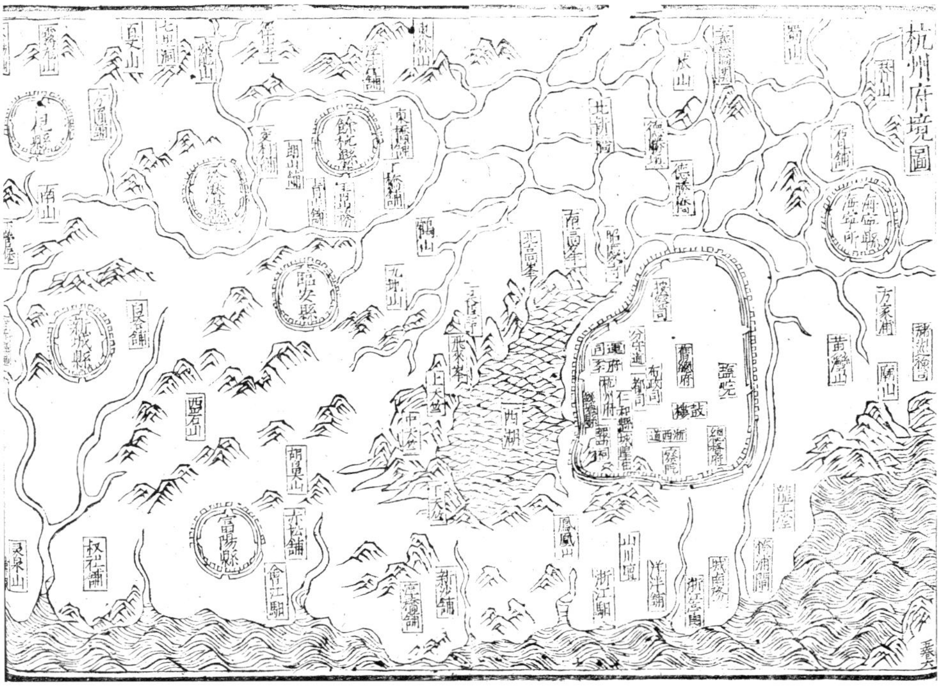
杭州府境圖

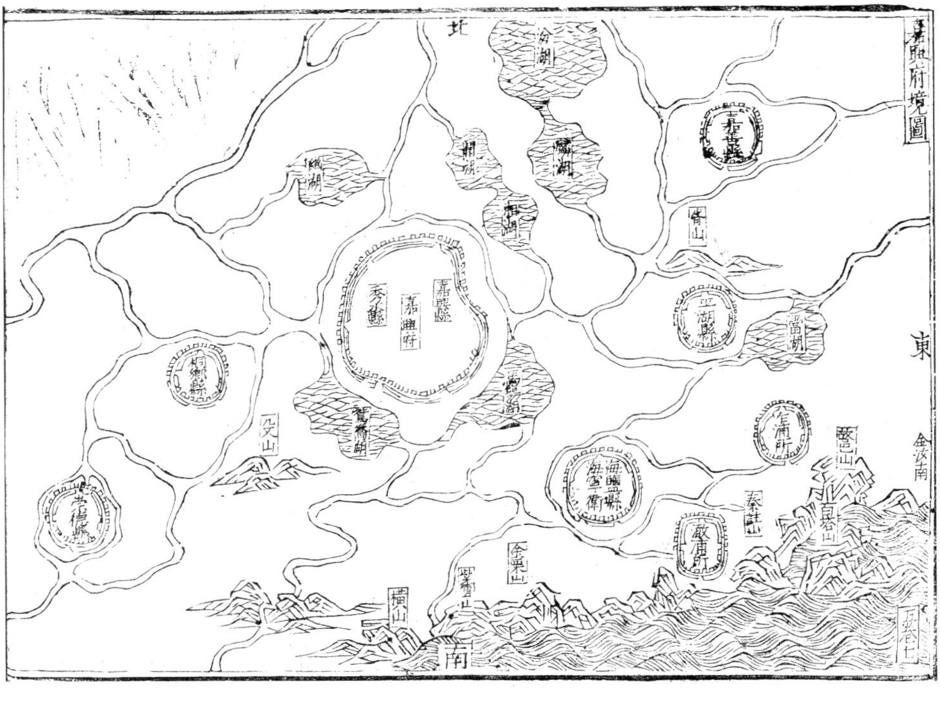
嘉興府境圖
北
東
南

籌海圖編卷之五

崑山鄭若曾輯　男應龍　一鸞　校

浙江兵防官考

總督浙直福軍務兼巡撫浙江都御史（專駐本省浙江舊無巡撫嘉靖丁未因海寇作亂始設提督軍務兼巡視浙江福興泉漳地方僉都御史以朱紈為之紈去王忬代忬去李天寵代天寵去胡宗憲代時乙卯七月也先是宗憲以巡按御史督兵王江涇大獲克捷

詔許論功之日不次擢用故有是命其總督之名則因

廷臣建議福浙直事權不一設自張經始周玧楊宜相繼後命宗憲庚申以勦賊首徐海王直等功累陞

太子太保兵部尚書仍節鎮云）

巡按浙江監察御史（兼紀功）

督察直浙軍務侍郎（嘉靖三十四年因倭亂特勑遣文華任事寧即歸非常設也）

視軍情官（嘉靖三十七年因倭寇不靖兵部奏設勑命職方司署郎中事主事唐順之任歷陞太僕少卿右通政仍在地方行事未幾陞鳳陽巡撫去）

總督備倭（舊以公侯伯領之洪武三十年改領於都指揮令革）

巡視海道副使（舊制以侍郎都御史領之洪武三十年後始領於按察副使統理浙海住劄寧波近因地方多事各郡俱設兵備以分巡兼之其沿海兵粮則海道督理如故不分也）

整飭杭嘉湖兵備副使

整飭溫處兵備副使

整飭寧紹兵備副使

添設台金嚴兵備僉事

鎮守浙直地方總兵官

分守杭嘉湖參將

分守溫處參將

分守寧紹參將

分守台金嚴參將

遊擊將軍

定海備倭把總以都指揮體統行事

昌國備倭把總以都指揮體統行事

金鄉備倭把總以都指揮體統行事

臨觀備倭把總以都指揮體統行事

海寧備倭把總以都指揮體統行事

松門備倭把總以都指揮體統行事

統領遊兵把總

沿海衛所（洪武十七年信國公湯和經畧沿海備倭凡衛所城池巡司關隘寨堡屯堠皆其所定）

金鄉衛（屯軍六百八十四名）

蒲門所

壯士所

沙園所

溫州衛（屯軍二千七百一十七名）

海安所

瑞安所

平陽所

盤石衛

寧村所

蒲岐所

盤石後所

松門衛（旗軍屯軍一百九十七名）

楚門所

隘頑所

海門衛屯軍六百八十三名
新河所
海門前所
健跳所
桃渚所
昌國衛
爵谿所
錢倉所
石蒲前後二所
定海衛
大嵩所
霩衢所

穿山後所
舟山中中中左二所
觀海衛
龍山所
臨山衛
三山所
瀝海所
紹興衛
三江所
直隷都司
海寧所
海寧衛屯軍一千二百四十名

澉浦所
乍浦所
沿海巡檢司
温州府
龜峰弓兵一百名　舥艚弓兵一百名
江口弓兵一百名　仙口弓兵一百名
梅頭弓兵一百名　中界弓兵一百名
舘頭弓兵一百名　蒲岐弓兵八十名
三山弓兵八十名　小鹿弓兵八十名
沙角弓兵八十名
台州府
盤馬弓兵八十名　長浦弓兵一百名

蛟湖弓兵一百名　蔓嶴弓兵一百名
寳嶴弓兵一百名　越溪弓兵一百名
鐵場弓兵一百名　石浦弓兵三十名
長亭弓兵一百名　陳山弓兵三十五名
趙嶴弓兵一百名　塔山弓兵一百名
鮚崎弓兵一百名
寧波府
太平弓兵一百名　霞嶼弓兵一百名
穿山弓兵一百名　長山弓兵一百名
甬東弓兵一百名　管界弓兵一百名
螺峰弓兵七百名　岑江弓兵一百名
岱山弓兵一百名　寳陀弓兵一百名

松浦弓兵一百名

紹興府

向頭弓兵一百名　三山弓兵一百名

眉山弓兵一百名　廟山弓兵一百名

黄家堰弓兵一百名　三江弓兵一百名

白洋弓兵一百名

杭州府

赭山弓兵七十名　石墩弓兵七十名

嘉興府

澉浦弓兵七十名　海口鎮弓兵七十名

乍浦弓兵七十名　白沙灣弓兵七十名

沿海關臺寨烽堠

金鄉衛

寨十一　廟背　大嶴　嶼門　淡亭　䑳䲭　大獲　小獲　小魚埜　石塘　大魚埜　石砰

烽堠十五　上洋　東山　奠山　半塘　馬跡　尖山　鳳凰　白崎　貓頭　畢灣　蒙灣　東嵛　蘭頭　嶺門　把䲭門

蒲門壯士二所

臺二　高陽　水竹

烽堠六　雷嶴　四裘　尖山　南堡　時家　懸中

沙園所

寨四　陡門　仙口　眉石北　眉石南

臺一　眉頭

烽堠四　冷水　仙口　宋埠　烽火

温州衛

海安所

寨二　上塢　東山

平陽所

寨三　風火　汶路口　江萊

臺二　山頂　蔡家山

烽堠三　福泉　峯瑞　半嶺

盤石衛

臺二　黄華　白沙灣

烽堠十　岐頭　章嶴　平山　沙角　嶼山　三嶼　池嶴　雙峯　洋田　田園

寧村所

寨三　沙溝　長沙　沙寧

烽堠六　黄石浦　七甲　沙溝　長沙　沙村　九甲

蒲岐所

臺二　高嵩　下堡

烽堠八　東山　鏵鍬　南浦　婁嶴　海塘　下山頭　前塘　雙陡門

松門衛

臺一　小高

烽堠十　甘嶴　車路　蒼峯　沙脚　烏沙　磊石　荒嶴　盤馬　蛤浦　松門寨

隘頑所

臺一　白巖
烽堠九　長山　雀海坑　長沙　後灣　曾蓬　岐門　江跕　驟頭　霊門
楚門所
寨堡一　楚門
烽堠十五　石橋　苔山　馬鞍山　漁井　泥湖　清港　小青山　洋坑　楚門　東門　大青山　梅嶴　丫髻　西門　塔山
海門衛
臺三　眉山　東中　中鎮
烽堠五　磊石　外水　輕盈　中山　長沙
新河所
烽堠五　洋嶴　盤馬　泥嶴　新塲　淨應

桃渚所
臺一　桃渚
烽堠十二　禦子山　下舊城　石柱　洄井　嶼頭　望火樓　停嶼　蒼𡉏　肥亭頭　中舊城　長跳　大荆山
健跳所
臺一　高灣
烽堠五　茅頭　小漁西　拆頭　大漁西　後山
昌國衛
烽堠九　松嶴　烏石　仁義　前山　何家磧　赤坎　後山　黃沙　山頭
爵谿所

烽堠二　公嶼　沙嶺
錢倉所
烽堠五
石浦前後所
烽堠六
定海衛
寨二　江北　長山
關一　南關
烽堠十一　張師鋪　長山岡　高山　鵝鶵　大尖岡　季嶼　竺山　猴淘山　大漁灣　小山　打鼓山
大嵩所
烽堠八　大千　尖崎　崑亭　港口　黃巖　橫山

慈嶴　蛤嶴
舟山所
寨三　千礅　西碶　沈家門
臺一　青雷頭
烽堠二十二　西山　奇嶴　石禪　郎宋碶　外湖　石衕　碇礒　小裝　謝浦　袁宋碶　石墻　鹿頸　赤石　吊嶼　角山　螺峯　包家　蒲沙　按侍　程家　沈家門
穿山後所
臺一　神堂
烽堠九　嶼山　黃崎　西山　鍋蓋　撩蝦𡉏　嶼頭　白峯　所後所　嵩子山
霩衢所

臺一　三塔山

烽堠五　盛器　觀山　高山　蝦康　梅山

觀海衛

關三　丈亭　柱湖　長溪

烽堠六　向頭　新浦　爪誓　古窐　西隴山　西隴尾

龍山所

臺一　龍山

烽堠五　龍頭　青溪　頭尾　施公山　石塘

臨山衛

臺一　羅家山

烽堠九　茴巷　荷花池　烏盆　方路　廟山　道塘

周家路　下蓋山　四門

瀝海所

臺一　西海塘

烽堠三　槎浦　達樹　胡家池

三山所

烽堠七

許山　歷山　撮嶼　眉山　蔡山　徐家路　吳山

紹興衛

三江所

臺一　蒙池山

烽堠六　杭塢山　宋家樓　馬鞍山　周家墩　烏峯山　桑盆

直隸都司

海寧所

寨一　黃灣

臺六　下館　格路　松林　潘家浦　丁家村　褚家圖

烽堠五　尖山　豬山　廟前　石墪山　巖門山

海寧衛

寨二　北舖　藍田

臺六　南臺　北臺　麥家涇　九里亭　朱公亭　三間塞

烽堠一　藍田

澉浦所

寨四　西山嘴　混水閘　南海口　葫蘆灣

臺二　東園

烽堠五　青山　嶴山　西山　廟山　秦駐山

乍浦所

寨七　獨樹林　蒲山外　梁莊大　金家灣　梁莊舊　唐家灣　長沙灣

臺七　獨樹林　聖姑宮　鹽山　葱山　西山嘴　東山嘴　蒲西山

烽堠三　陳山　觀山　高公山

浙江倭變紀

洪武二年倭犯温州
中界山永嘉玉環諸處皆被剽掠

六年掠海濱

七年靖海侯吳禎敗倭於琉球洋
倭擾海邊禎遣舟師追逐之及於琉球洋中斬獲甚衆悉送京師

十六年寇金鄉小濩亭官兵敵却之

二十六年寇小尖亭

二十七年寇小尖亭

三十四年九月寇蒲岐所

永樂二年四月寇穿山百戶馬興與戰死之
日本國王源道義知之出師獲其渠魁來獻黨類悉就擒

朝廷嘉其勤誠降勅褒諭○餘詳見出使事畧卷中

二十年寇浙東朱亮祖徐忠擊敗之
亮祖破之於温州忠破之於桃渚斬獲獻俘由是賊始知戢歛云

二十二年寇象山縣縣丞宋真教諭蔡海死之
真持竿擊賊海罵賊不屈皆被害

正統四年陷大嵩所昌國衛
賊舟四十餘夜入大嵩港襲破所城轉寇昌國衛城亦陷備倭等官以失機被刑者三十六人惟爵溪所以獲賊首畢善慶得免

八年六月寇海寧乍浦諸處十月寇壯士所

景泰六年寇健跳所

成化二年寇陷大嵩所
賊僞稱入貢官軍不爲嚴備遂襲破大嵩官兵夜圍其舟擒燈走暗不移舟已棄舟遁去燈皆懸於蒿卓沙上蓋設詐以款追兵也臺閫大臣以失機獲罪

嘉靖十九年賊首李光頭許棟引倭聚雙嶼港爲巢
光頭者福人李七許棟歙人許二也皆以罪繫福建獄逸入海勾引倭奴結巢於霩衢之雙嶼港其黨有王直徐惟學葉宗滿謝和方廷助等出沒諸番分跡剽掠而海上始多事矣

二十七年四月都御史朱公紈遣都指揮盧鏜副使魏一恭等搗雙嶼港賊巢平之賊首李光頭就擒
時海壖多警軍無紀律浙福二省互相抵捂賊得肆志議者請設巡視都御史以節制之
上命朱公紈行公至即行二省守巡諸官各分信地或戰或守皆有專責而以福建都指揮盧鏜諸海上事即以委之鏜乃與海道副使魏一恭備倭指揮劉恩至張四維張漢等部署兵船集港口挑之賊初堅壁不動迨夜風雨昏黑海霧迷目賊乃逸巢而出官兵奮勇攻大勝之俘斬溺死者數百人賊酋許六姚大總與大窩主顧良玉祝良貴劉奇十四等皆就擒鏜入港燬賊所建天妃宮及營房戰艦賊巢自此蕩平餘黨遁往福建之浯嶼鏜等復大敗之賊日賊船有泊南麂山女兒礁洞門青嶴者知巢窟已破無所歸去之下八山潜泊

五月官兵築雙嶼港
朱公初欲於雙嶼立營戍守爲一勞永逸之計而平時以海爲生之徒邪議蠭起搖惑人心沮喪士氣福兵亦稱不便朱公嘆曰濟大事以人心爲本論地利以人和爲先不得已從衆議聚木石築塞港口由是賊舟不得復入而二十年盜賊淵藪之區至是始空矣時二十五日也

六月賊首許棟就擒
二十日金鄉衛指揮吳川追攻於近山海洋賊船爲我所迫又遇暗礁舟覆所遺纔二人棟與其弟社武也官兵擒之積年巨寇一旦生俘之蓋天意假手云王直徐惟學毛烈收其餘黨復肆猖獗廣東賊首陳思盼自爲一艐與直弗協直用計掩殺之由是海上之寇非受直節制者不得自存而直之名始振聾海舶矣直以殺思盼爲功叩關獻捷求通互市官司弗許

三十一年王直移巢烈港
直既破陳思盼求市不得乃引倭夷突入定海關官兵却之遂移泊金塘之烈港亡命之徒附之由

是邉海郡邑無處無賊矣

四月攻遊仙寨百戸秦彪戰死

詳見遇難徇節考

五月攻瑞安縣百戸李潮高良戰死

初十日賊自江口登犯嶺門岐頭等處入坡南滙至驛高山下潮等與戰死之遂乘勝攻縣城把總夏光知縣劉鐵率官兵擊却之賊乃退泊東山港

陷黃巖縣

二十八日福清賊首鄧文俊等率倭夷二千直入縣中焚燬縣治居七日而出時縣無城而賊乘潮猝至故陷

六月賊攻霩衢所指揮樊懋力戰死之

二十日賊以破黃岩得利復攻所城二十日夜半乘雷雨先以草人用竹揭試遂入城懋急督兵力戰死之時守禦宗指揮魏英督兵夜戰至天明賊從北門而出

十一月參將湯克寛追擊賊於馬下洋大敗之擒賊首鄧文俊等

十二日克寛統兵追黃華之賊與戰於下馬海洋越三日復戰遂擒文俊以歸

三十二年閏三月官兵追擣列港賊巢王直敗走

列港地形曲折賊負固盤據卒難進勦都御史王公忬躬至溫州閱圖審形謂兵船雖多難以直驅乃令參將俞大猷湯克寛分爲二哨部署既定大猷由列表門進以當其前克寛由西後門進以防其逸謂賊一出則一哨可以追勦不動亦可以全制也至是大猷募熟諳山脉經路之人侯得等潛入賊營則以十一日舉火爲號而自移營木嶴拒賊巢止隔一山分遣把總張四維屯龍山黎秀屯霩衢遥爲聲援夜四鼓侯得等縱火賊營烟燄蔽天官兵乘之賊驚奔爭舟死者無筭乃大敗走直率精鋭潰圍而去泊馬蹟潭軍門以大猷折兵獨進雖破賊巢而違我節制使賊得逸深責之

四月賊攻海鹽縣

初四日賊自太倉上海而來攻縣城三日始解去城外民居悉爲煨燼矣

尋至海寧衛把總馬呈圖等與戰死之

初六日賊至海寧衛馬呈圖督官兵禦之弗勝遂與指揮采煉百戸王相姜楫呂鳳姚岑皆殁于行陣旣而把總王應麟率兵追逐之與戰于海口巡司大勝之賊以伏兵衝我師我師遂潰千戸王繼隆百戸楊臣康綬亦死焉

參將湯克寛破賊於鱉子門

初九日犯平湖官兵追之連戰皆敗蔡指揮等死焉王公命克寛往勦之及於鱉子門大破之俘斬二百六十有奇

賊薄省城指揮吳懋宣禦之於赭山死之

懋宣率僧兵禦之力戰而死

賊攻松門衛把總劉恩至追擊於舟山岑港大敗之

賊初至勢甚猖獗攻衛城弗克而去蓋依王直爲窩者也

陷昌國衛百戸陳表死之

詳見遇難徇節考

賊犯定海官兵擊敗之

賊皆鷄鳴山人沿海爲患十二日都司劉恩至破之於蘆花港口

官兵進勦馬蹟潭王直敗之

十四日湯克寛等兵船進搗賊巢大敗之因砲聲驚起蟄龍官兵覆溺者甚衆直遂走直隸地方俞大猷又追敗之所存僅百餘人

陷臨山所參將俞大猷等追擊大敗之

廿四日大猷與都指揮劉恩至俘斬三百有奇

犯長沙灣參將湯克寛敗之

五月賊攻海寧衛

破乍浦所百戸陳綬指揮陳善道死之

賊自金山而來城破綬死之善道從湯克寛率兵來援與賊戰於長沙灣與冠帶總旗張儒皆死之

攻新河所

時兩浙之賊充斥郊野所過殘破村落爲墟而乍浦以東達於直隸之柘林二百里之地皆爲賊巢矣湯克寬兵勝於葉榭港副使李文進副總兵俞大猷兵勝於蓮花洋俘斬雖多而賊猶不知戒云

七月賊攻台州寧海縣

初四日攻城凡七日而解

三十二年八月都指揮劉恩至等迎擊直隸逋賊於普陀山洋敗之

先是賊首蕭顯屯直隸之崇明南沙修船爲逋歸計都御史王公忬謂其勢必流入浙境預令都指揮劉恩至指揮張四維百戶鄧城等分爲二哨一自觀海臨山趨乍浦遏賊來路一自長途沈家門設伏邀擊賊果南遁官兵與遇於普陀落伽山臨江海洋連與戰皆勝之零賊登普陀依險爲巢掘塹自衞參將俞大猷督官兵進攻之二十二日夜自石牛港進張疑整衆而不與交戰潛遣奇兵由西北巡檢寨直入百戶鄧城武舉火斌黎俊民陷陣先登賊遂敗走茶山絕頂翼日鄧城由東北淺步沙進火斌由鷄哥岸進黎俊民由中路進劉恩至等統大兵居其後四面齊進俘馘無遺

九月都指揮盧鏜敗賊於乍浦

十二月賊攻瀝海所千戶張懸奎百戶王守正張未死之

三十三年三月都指揮劉恩至等敗賊於三岳山

賊至三岳山恩至與指揮張四維督舟師進攻勝之尋與指揮潘亨大會兵再戰又勝之賊乃由赭山遁去歷曹娥三江瀝海餘姚直走定海之王家團

賊首蕭顯流突海塩官兵追擊大敗之於二十里亭追至慈谿平之

顯叛結倭夷連艅入寇首犯直隸之上海盤據南沙劫邑攻城號稱勁寇自松江敗衂流突率精悍數百遁海而南王公命官兵設伏於要路賊至二十里亭復大敗走顯復統百餘梟銳南奔官兵乘之逐於三江剿于龍山團于定海困于慈谿分道夾攻賊遂就滅

賊據普陀山分踪流刼內地參將盧鏜邀擊於石墩洋大破之

先是賊入寇歸棲普陀爲息肩之地官兵守之既決命將搗其巢先一日遣諜覘之傍無一舟至是四合鼓譟而前值他島賊自彼來精悍異常遂合攻官兵官兵腹背受敵輒敗衂亡者什六因罷歸賊以先所得貨滿新舟令其半先歸而留其梟悍者入掠由是海塩龍王塘乍浦長沙灣嘉興嘉善皆被其害而石墩洋之捷僅斬馘二百餘級云

四月參將盧鏜擊賊於平湖敗之

賊自金山張堰而來至平湖廣陳新倉鏜迎擊之賊遂敗走

五月賊攻嘉興府

參將盧鏜追擊石墩之賊大敗之

賊久盤據海寧縣之石墩爲巢至是出洋鏜追敗之俘斬二百有奇

六月賊犯金鄉指揮王希禹陳區擊敗之

九月浙西之賊分掠浙東蕭山臨山瀝海上虞

攻嘉興府官兵追之與戰於孟家堰等處指揮李元律等死之

孟家堰之戰元律與千戶薛綱朱應蘭死焉既而賊走嘉善參將張欽等敗之賊奔百家山百戶趙軒梁瑜戰死賊寇沈家河都指揮周應禎亦死之

十月百戶張耀禦賊於湖頭死之

賊自寬嶼登劫突溫州之湖頭耀統兵禦之敗績乃力戰而死

賊尋至東陽南午嶺巡檢朱純死之

賊自湖頭之敗走樂清越盤石嶺趨台州黃巖縣仙居逐至南午嶺純統鄉兵邀擊之力戰而死

指揮戴祀等與賊戰於芙蓉海口死之

祀與江九山千戶崔海鎮撫劉彧百戶易次皆戰歿

賊攻觀海衛

攻乍浦所

賊自金山而來攻所城不克乃
分掠平湖嘉興等處復回柘林
十一月賊入嘉善縣遂至湖州
賊復自柘林而來入縣治又越
嘉興府而西流劫湖州諸縣
十二月賊復入嘉善縣百戶賴榮華死之
賊歸自湖州復入縣治榮華統福兵禦之乘勝遂北
賊預伏島統手以待兵潰榮華死焉異日賊焚縣治
自是而後賊入縣治凡
十有七次無城故也
三十四年賊首徐海攻乍浦所
自柘林
而來
攻平湖縣
破崇德縣
時築城未完賊以小
舟潛從南水關入
賊至湖州橫塘官兵與戰敗績福建副理問陶一貫溫

台守備周奎等死之
時同死者清州指揮孫勇羽林百戶陸陵玄鍾百戶
周應辰山東把總梁鄂武生郭周張景安朱平姚清
孫魯故青齊驍將也是役亦手
刃數賊以衆寡不敵故敗歿
二月攻嘉興府
賊掠湖州而
回復攻府城
四月賊攻乍浦所不克遂至嘉興府巡按御史胡公宗
憲敗之於王江涇
詳見大
捷考
浙東賊犯紹興百戶葉紳韓綱死之
賊自錢倉白沙灣入柯北仇村經今峨突七里店寧
波衛百戶葉紳與戰而死賊由甬東走寧海崇丘鄉
復折而趨鄞江橋歷小溪樟村寧海衛百戶韓綱兵
戰亦死之至會稽副使許東望率知事何常明典史
吳成器圍之困於絕地殲盡焉知府劉錫繼之走由
白米堰沿海塘過蕭山入富陽遁直隸徽州寧國[illegible]

餘見直隸倭變
紀及大捷考
五月賊犯餘姚省祭杜文明死之
文明團練鄉兵累立戰功至是統土兵禦之斬賊首
一人從賊三十二人文明亦戰死焉其父杜槐亦死
於楓樹嶺之戰父
子忠勇人所難及
既而賊犯鳴鶴參將盧鏜敗之
賊犯平湖指揮李希賢敗之
賊酋莊艮自柘林分掠平湖希賢邀擊之大破之
俘斬一百二十無何賊益衆攻城月餘始解
攻乍浦所
賊攻爵溪所及餘姚縣
賊新至即攻所城
不克進攻餘姚
賊攻三山所把總指揮劉朝恩擊敗之
時朝恩已承院檄他委離所一舍聞報即馳還率單
民固守值霖雨城圮者數十丈賊讙呼謂唾手可陷

賊中洶洶或勸朝恩突走朝恩叱之曰我祖宗世受
國恩今日正我報效之秋豈可以事權去已而規避耶且
我去則一身之利得矣其如生靈何遂以身蔽圮所
督戰甚力復以木城障之時城上矢石如雨而未有
中賊者朝恩悟曰此幻術也投以生犬首發矢即中
其酋帥貫喉而斃賊驚潰走朝恩復追躡之斬獲數
級是役也內外居民
全活者三四萬人
六月賊犯省城燒北關市總督尚書張公經統兵禦之
大戰於塘棲敗績
初賊敗於王江涇精銳者多死柘林諸賊亦驚愕破
膽胡公計乘勝進搗賊巢欲令永保二兵由金山海
塘而進瓦氏兵合遊擊鄒繼芳由閔行黃浦而進狼
兵攻其東苗兵攻其西海洋戰艦截其遁歸之路必
使賊無噍類以絕後患張公不能用竟分永保兵以
援蘇州等處二兵困于奔疲且衆寡不敵故有是敗
賊尋走吳江之平望浙直官兵會擊大敗之
詳見直隸
倭變紀
賊從嘉善縣遁去嚴州府推官劉泉復大敗之

賊既不能取道蘇州乃折而東南從嘉善乍浦以趨
舊穴泉率鄉兵禦之于三店塘復大破之斬首四百
六十餘級焚溺中毒死者復千餘人蓋
不藉客兵之援而專督鄉兵之功也
浙東賊犯餘姚鄉兵擊敗之
賊自觀海遁歸官兵追敗之于霍山洋
賊自觀海[illegible]都指揮王霈與把總閔溶
張四維等邀擊于霍山海洋悉沉其舟
參將盧鏜敗賊于馬鞍山淅林復追敗於勝山龜鼈洋
八月副使孫宏軾等破賊于大陳山擒賊首林碧川
賊首林碧川自柘林遁出海爲颶風沮回泊台州之
螺門宏軾與兵備許東望參將盧鏜知府宋治都司
王霈等督舟師追之賊登山官兵圍之月餘碧川
與高贈烏魯美他郎等一百五十人俱俘斬無遺
參將盧鏜擊賊於金塘敗之
九月賊巢舟山之謝浦
十一月官兵追賊于龕山平之

詳見大
捷考
賊登犯海塩知縣鄭茂指揮徐行健即日討平之
賊自秦駐山登泊茂等率兵撲滅之是戰也賊雖止
於八十有奇然以是日登陸而官兵以是日盡殄之
則前此未
之有也
十二月賊犯平陽三港守備劉隆等死之賊尋平
賊自南麂山流入金鄉至平陽之三港官兵邀擊大
破之賊佯爲我兵裝束遠出陣後而以精悍者衝其
前腹背夾擊我兵遂潰隆與千戶鄭綱百戶張澄死
馬賊尋至嵊縣提督軍門胡公令副使譚綸剿之授
以成筭仍令典史吳成器爲鄉導引官兵出新昌遶
出賊後期客美田九霄兵至夾擊之百戶王世臣等
又各分守要害以防賊遁至是官兵分作五哨四面
埋伏止以一哨誘敵賊出戰伏兵四起賊遂大潰走
清風嶺烈女廟官兵乘勝攻之
斬馘無遺○餘詳見大捷考
樂清賊犯寧海主簿畢清死之
清善騎射屢立戰功至是
禦賊於楓樹嶺力戰而死

尋至平陽學指揮祁嵩等死之
嵩與百戶劉愍
俱力戰而死
指揮閔溶亦戰死于舟山
三十五年正月官兵擊賊于後梅大破之
詳見大
捷考
二月賊圍寧海衛
賊據近城蓋廠
爲巢日夜攻擊
三月官兵進擊舟山謝浦之賊勝之
參將盧鏜知縣宋繼祖生員李[illegible]民武生
吳[illegible]捕等會兵進攻大破之賊後屯邵[illegible]
柘林賊攻乍浦所
賊首徐海陳東等自柘林沿海而來欲取乍浦爲巢
進攻杭州次及蘇常以至南京兵備副使劉燾疾馳
應援與賊相持官兵大勝斬首五十有五賊勢少挫
翌日賊自金山而下者復萬餘遂圍燾于城中日夜

攻擊燾督官兵禦之賊不得間九日乃解去由海塘
而西燾尾追之斬首一百三十賊過海塩轉塘灣指
揮徐行健禦之因衆寡不敵而死賊因野無所掠分
作二支一遝至長安一由破石章婆堰與長安賊會
知杭州有備
不敢攻而去
四月攻嘉興府指揮程祿死之
賊回至王店復分爲二半由海塩塘半出長水塘期
會攻府城時嘉興兵俱往杭州賊覘知之故乘空而
至也適程祿所統陸兵五百至與金舟等水兵夾攻
之斬獲頗多賊後至至衆其陸行者徑趨城下我兵
爲其所綴賊遂過城下而西急赴皂林以趨烏鎮祿
追之賊預伏民房以待祿過害將官軍死者千餘人
浙東新賊攻觀海衛龍山所進陷慈谿縣
時賊自呂港登岸破臨山二江登者各千餘越數日始分
攻觀海龍山[illegible]之賊乃往慈谿時
慈谿無城知縣柳東伯率民兵禦之而賊分踪遶出
兵後衝縣市都長沈宏率族屬土兵勦之斬首百餘
賊即遁去賊首爲
周乙豐洲酋也
參將盧鏜敗賊於慈谿之丈亭

時賊將掠餘姚鏜遏之於丈亭大敗其衆賊乃不得至餘姚餘姚士民感之爲勒石頌功云

佐擊將軍宗禮與賊徐海戰於崇德三里橋

海統賊萬餘流劫烏鎮胡公遣千總錢棠等率鹽兵六百餘人僞爲亡命投入賊中以爲內應而檄知縣蔡晃劉之賊內外驚擾不得寧居欲仍往杭州至崇德三里橋禮與鎮撫侯槐何衛忠勇官霍貫道率兵六九百禦之三戰三逐北賊死者以百數賊分沓死鬬禮等以孤軍力戰多寡不敵遂皆死之

賊攻平湖縣

指揮翟文擊之賊退走指揮劉岱預伏乍浦港復追賊至乇山皆勝之

五月浙東賊復入慈谿焚縣治攻龍山所

賊分二支一入縣治一攻所城爲龍山兵所擊死者數十人乃解去

賊首周乙就擒

乙統賊四千餘劫慈谿不已而延及餘杭爲浙東之大患至是就擒

福建流賊破僊居縣入擄之

時方築城未完且值霖雨新城崩壞賊進攻者三知縣姚本崇悉力禦之賊夜分三支攻城西南而以一支潛由東北登陴遂入縣治先是賊自莆田岐頭流劫比至青田百戶方存仁死焉賊遂倡徽攻破縣城巡檢劉岱率兵來援亦死之

浙西賊圍桐鄉縣

宗禮兵既敗賊益縱肆提督阮公鶚入壁桐鄉賊就圍之副使劉燾遣指揮朱文王彥忠來援擒斬賊二百六十餘人衆寡不敵我兵遂却

總兵俞大猷盧鏜敗賊于漁山馬跡洋

松浦口之賊自古窒遁出漁山海洋鏜與指揮張四維等追及之沉其數舟擒斬二百大猷復追及于馬跡洋俘斬百餘

桐鄉圍解

徐海陳東攻圍桐鄉勢甚危迫總督胡公新受命引鄉兵千餘駐塘棲防守杭州無他兵可遣援者乃與中書羅龍文謀曰方今徵兵未集而阮提督久困孤城萬一有失偵

國威多矣今欲用間用餌以紓時艱而無可使者奈何龍文曰我世受

國恩願以死報請往說之公曰君京官也而無

朝命往且不測況與賊素無一面之識誰則信之適陳可願自松浦回以王直義子毛烈通事童華夏正朱尚禮鄧岳等款定海關稱報效胡公喜曰吾事濟矣乃留毛烈於舟山而亟召童華等來見因厚撫之華等感悅胡公察其可使乃推誠與之計華遣朱尚禮持書往說海海故畏公威名欲解去而惡無名得書大喜欲與華面議龍文因請監督以行胡公從之遂偕詣海所宣布

朝廷威德因勸樹功以圖顯榮海固唯唯而陰與華曰吾固願爲報効而貴倭人金且數萬柰何華曰此易事耳胡公豁達大度爾能與之立功富貴可望也豈直數萬金而已耶海大悅遂以降券付龍文等還報即日解桐鄉圍而去既而下硤石過塘棲華亟覘問進兵之故海曰以倭人金無所償耳華曰若然是挾兵以要重賞也茲豈效順之義胡公一怒吾亦不能爲若謀矣爾第出海須軍門有厚賞持以償倭未爲晚也海懼從之即退屯李港華恐其反覆難保因索其弟洪來質云

副使劉燾遣指揮王彥忠等敗賊於斜塘

賊有復自松江來者屯斜塘風涇王帶等處勢甚滋蔓燾令彥忠等逐之賊大敗復由橫浦東去

六月官兵進擊僊居之賊平之

賊據僊居胡公檄阮公往救之又檄副使許東望知府譚綸總兵盧鏜等從東路進賊聞大兵至乃走斷橋彭溪官兵圍於林同知家指揮伍惟貞犯其前鋒俘斬三百死水火者不計餘賊六十人遁往天台復爲鄉兵所殺而福建流賊遂無孑遺矣

應襲管懋光中書羅龍文誘擒賊首華明陳東等

徐海既解桐鄉圍而去與陳東葉明分屯呂港新場旋復合於乍浦城南黨與甚盛督察趙公數趣進兵總督胡公曰今衆寡不敵進兵豈爲勝算且海所以退去者貪吾餌也若進兵而勝固是美事不勝當柰何今日之事法當先撫而後勦以金數萬匃致其心遣諜離其黨與剪其羽翼而後徐爲之圖萬全之計也於是遣龍文與華等行間適麻葉僞爲胡公虎符潛出硤石擄祝氏婦胡公怒復遣華等往語海曰爾一心欲投降而陳東麻葉反覆不常恐爲爾累非我所以曲全爾命之意海猶豫未決龍文曰彼二人者已密啓趙公約縛爾生致之矣海大怒乃誘麻葉至管懋光舟所縛送軍門復約龍文以舟載貨賄與貿

易童華以金二百與倭人之桀黠者誘東倭來至舟
所即執之以歸海自此勢孤以至於亡
八月官兵敗賊於夏蓋山三江海洋
既而又戰于金塘馬墓之間復
大敗之俘斬二百三十餘人
兵部郎中郭仁副使劉燾擒賊於秦駐山
哨諜報秦駐山支嶺之上有群倭棲之其舟爲綱艦
所破不能長往仁與燾時駐乍浦即欲遣兵攀之將
士皆云窮寇據險難以仰攻乃計令兵士𢹂降倭一
人往說之許其送付徐海其黨五十餘人悉棄兵而
來因次
第縛之
官兵敗賊於乍浦
詳見大
捷考
賊首徐海乞降
陳東黨既爲官兵所破海內不自安陰修戰備爲死
鬭之計胡公知之復令羅龍文童華等往慰之且諷
使入見海偷豫未決龍文宿其營安寢如家海以足
蹴之覺曰此虎狼之穴何酣睡若此耶龍文曰我爲

爾而口且不顧況此身耶今爾乃心持兩端何也海
曰聞趙必欲殺我恐公不能救龍文曰趙公初意如
此今也則否海曰焉知非誘我而執之耶華曰胡趙
二公欲爲爾題請封爵使爾專提一旅之師捍海上
寇若不入見彼何所據以正請也海曰蹈不測之險
柰何龍文曰我京官也且胡公姻戚爾第入見我則
質爾營中萬無一失矣海始首肯華既馳報軍門軍
門許之爲之期曰諜使復數四給既定海猶慮中變
先期而至入見胡趙阮三公及巡按趙公孔昭于平
湖城中受犒而出謂龍文等曰監諸軍門之貌吾禍
終不免嘆
息者久之
既而復叛據沈家庄總督侍郎胡公宗憲督察侍郎趙
公文華提督都御史阮公鶚率官兵討平之
將官兵四集軍威甚盛海偵知之陰收陳東葉明餘
黨謀拒自全胡公復遣華往解之海迎謂曰吾以爾
言結怨諸倭今軍門既受吾降而復徵兵漸逼非爲
我而誰耶叱左右縛華將殺之華大笑不止海曰爾
笑何言華曰吾笑爾不識人以忠爲姦使吾枉死爾
不知海曰何謂也華曰陳葉二黨尚多且心跡不一
今陽爲附爾實爲豫讓之計軍門恐爾入其彀中故
遣我細詗官兵壁近郊者防其變也爾何不悟即海

曰然則如之何華曰今沈庄有東西二所爾易不分
其黨各自爲巢而密約官兵毀之爾後患絕矣海深
然之卒用其策由是二黨互相猜疑胡公知之遂部
署大兵進勦其巢是時賊壁甚堅據敵樓以拒四面
皆掛白布規我我不得覘賊也諸將以佛郎機攻之
畏矢石不敢近七日弗克胡公怒命都指揮戴沖霄
攻之沖霄率兵士逼賊壘立於矢石之下毀其西南
正西敵樓各一座賊失據沖霄及把總楊永昌等督
永保等兵大進搗巢於半日之間實沖霄毀敵樓之
功也海既敗死其黨散走一支據定海丘家洋阮公
與總兵俞大猷盧鏜合兵圍之賊潰走踰桃花嶺渡
寧奚歷鄞奉化寧海與官兵戰於台州兩頭門把總
指揮范　死焉賊突走溫州至福寧得舟而遁一支
自直隸出海爲大猷兵所滅一支自浙江出海爲鏜
兵所滅其得脫走者突登慈谿縣伏龍山
阮公率官兵殲之由是賊無生還者矣
盧鏜擒賊首辛五郎等於清港洋
詳見大
捷考
副使許東望擊賊於馬墓福山洋敗之
賊酋二羅表乃從
賊七十餘皆就擒

九月百戶卲官追賊於臨海兩頭門死之
副使王詢總兵俞大猷擊舟山賊平之
十二月官兵進搗謝浦賊巢平之
俘斬一百
五十餘
先是賊據岑家山官兵自秋及冬屢攻弗克胡公命
把總張四維以麻陽兵六百歲除夜襲破之俘斬無遺
是年兩浙之賊數踰二萬皆次第就擒
而謝浦之寇即舟山之餘孽云
三十六年四月賊犯定海關應襲百戶俞憲童死之
亦敗遁
賊舟漂至沈家門副使王詢總兵俞大猷令把總張
四維誘降五十三人至定海關適別艕賊殺憲章恐
其中變悉斬之而移兵
擊新至者賊敗宵遁
十一月賊首王直款定海關要互市總督胡公誘擒之
王直擁倭夷降志在互市總督胡公遣副總兵盧鏜
駐中中所而密令生員李良民授以成算必欲生致

之鐘殫心竭力撫循備至直猶豫未決胡公復遣把總劉朝恩陳光祖指揮夏正通判吳成器生員陳可願往說之鐘以城外倭夾森列慮變不肯啓鑰朝恩曰若是益賊疑也不若以禮諭之以誠招之保無他虞鐘從之朝恩等馳至賊所直見皆單騎伏迎道左朝恩等反覆開諭直笑曰公等皆督府親信輕身臨辱直小人也敢不惟命遂見鐘於城中誘致定海而執之夏正以此不得還詳見遇難徇節考

三十七年二月賊酋毛烈據舟山之岑港

王直既就擒毛烈等欲爲之報仇不肯還島而據岑港分踪出掠官兵屢攻之弗克

都指揮戴沖霄等擒王直謝和餘黨頭目陳秀山等

秀山王信郭喬恕等直部下酋頂松吳九等十五名和部下酋也

賊攻樂清縣城

賊舟入石馬港者甚衆即進縣城副使袁祖庚參將張鈇逐之至和尚嶴與太平流寇合兵五千餘人僉盤指揮劉茂朱廷鑰千戶周賓百戶李爵劉深與戰而死鄉宦僉事王德良醫王沛督鄉兵禦賊亦死之

四月賊攻台州府

賊艦二十餘人臨海烏朱門劫松門寨寇台州象山桃渚又有繼至之賊與合爲一攻府城僉事李三畏知府譚綸率兵剿之至臨頭所海濱大敗之

溫州賊過太平縣典史葉宗興戰死之

攻寧海縣

攻溫州官兵討平之

時台州賊復合樂清賊攻溫州府總督胡公遣參將戚繼光追之及於盤石館大敗之賊遁出港參將張鈇預奉胡公方畧艤舟師江以待斬首百餘焚其舟數十賊死者無筭先是賊分二分劫象山寧海僊居知府譚綸悉擒斬之戚繼光又追及於海洋賊遂全滅

八月官兵進剿舟山賊巢平之

詳見大捷紀

三十八年三月賊巢象山何家礁副使譚綸討平之

賊自何家礁登犯者二百餘據險爲巢樹木營以自固總督胡公檄副使譚綸剿之綸與總兵俞大猷討

曰候者報賊甚多而今登犯者止於三百其嘗我乎乃令大猷率舟師備之於海而自率陸兵往禦之至定海郎欲進兵將士請曰兵士遠來乞休三日而戰綸曰賊數不及三百久掠不去者盖謂我無兵耳今聞大兵四集不走且嚴爲備宜出其不意急擊之乃進兵至馬岡賊繼至者五百自金井頭而來至近綸即移兵先擊之前鋒既接綸分兵從中衝之賊遂大敗追至落頭斬級以百計賊避入山中竟宵遁焉翼日綸率軍進搗何家礁賊巢賊殊死戰綸遣奇兵從間道出賊後擊破之賊潰入舟中因縱火焚之俘斬畧盡

賊攻桃渚所

攻楚門所

賊千餘自泥湖礁而來

賊犯樂清參將張鈇敗績千戶胡鳳等死之

賊自梅嶴劫次日至窐嶴鈇迎敗之乘勝進攻賊伏麥田中官兵入其伏遂潰千戶胡鳳朱璠百戶姚憲皆死焉

賊犯定海把總陳斯與戰敗績武生蔡啓元死之

賊自丘家洋入犯爲參將戚繼光所敗至奉化之將家鋪副使譚綸遣其可擊之其可遵綸節制乘勝遂北爲賊所乘遂潰敗啓元死焉

賊攻松門衛

賊攻夏公嶴入犯即日攻城即擲浦賈子嶴皆去衛不遠數里

四月賊攻樂清縣

賊自石馬港入者二十張鈇射死其酋二人賊驚潰奔舟

桃渚圍解

時賊攻所城甚急幾至陷沒總督軍門檄譚綸往應之綸至入所城與戚繼光合攻之俘斬頗衆賊遁莒埠依山爲固官兵又進攻之復大捷賊遂併入棚浦賊巢

參將張鈇敗於白沙嶺

賊自松海登陸及太平遁至之寇合綜至白沙嶺鈇預設伏以待賊至入伏正兵方合伏兵繼起大敗之

賊遁出海去

五月栅浦賊夜襲松門衛城副使譚綸等擊破之

綸既破桃渚之賊即回軍向松門擊栅浦賊既入衛城以守城卒久而疲且風雨晝瞑恐賊乘官兵初至來攻城乃令諸偏裨悉軍通備以備巷戰而令戚繼光軍分配城守諸偏裨皆竊笑之夜漏下四鼓果有賊數百襲西門先登者且三十輩殺城卒火城詔守者紛紛晴賊走章延廪陳其可督兵大戰斬數賊賊乃退城頭賊全綸與繼光尾賊後計賊必出金清閘鑿二舟塞之賊果至起塞時綸戰新河所城堰旗示發詐爲新河老人遺書于賊約償千緡令勿攻城賊信之乃不起塞明日繼光軍出擊牛橋誘賊賊果悉衆往綸盡銳兵出南門復遣人搜賊伏悉走之賊依舟以拒官兵攻之沉其二舟賊大敗奔陸復大敗乃棄輜重越過南岸官兵追之及於南灣嶺賊復據濱海高山分五部以拒官兵蔡汝蘭等進搗其巢先令奇兵間道奪其巔以俯其背張左右翼以貫其中遊兵復四面環攻之賊遂大敗斬首二百生擒數十百人賊潰圍奔樂清黄華據舟出海而去

副使劉存德參將張鈇進搗海游賊巢平之

九是存德鈇預令把總任錦等設伏石研庄港口而自督兵進剿之賊知太兵將至即遁出洋伏兵擊敗之追至猫頭洋又敗之追至青門洋又敗之沉其舟數十俘斬數百餘賊敗屯海游官兵擊斬盡絶

九月福寧賊流至桐山指揮盧鏜等敗之

賊掠福建而去爲颶風所擊復至桐山鏜與梅魁等搗其巢預遣人伏賊巢中約夜舉火爲内應而令指揮李光佐典史黎喬伏水北策應之夜二鼓賊巢火起各兵乘亂夾攻賊大敗奔前岐官兵復追及之斬首一百三十

十一月賊遁往福建盧鏜等復大敗之

鏜等知賊將遁設伏秦嶼港口伺之賊至大敗官兵追至官坑適倪居知縣復益以坑兵來會前後夾擊獲大捷俘斬二百有奇

十二月王直伏誅

四十年四月官兵擊賊於馬鼻沙埕大敗之

賊新至官兵遇之於海洋中追逐至馬鼻沙埕敗之賊舍舟登陸適把總章延廪守舟山引兵設伏又約水兵合擊之賊遂大敗

賊犯新河所官兵擊敗之

賊自週洋港登刼僉事唐堯臣遣指揮劉意等擊敗之復用火攻賊死者百餘遁太平漁嶺復追敗之

賊犯台州參將戚繼光敗之

賊自桃渚登陸流至台州爲繼光所敗追至新橋賊又敗走死者百餘而繼至者復二千餘人至黄沙爲繼光所敗乃登山以拒官兵復追敗之圍於白水洋民居火攻之賊遂盡絶是役也賊多兵寡而我兵九戰皆捷俘斬千餘焚死者稱之

五月賊犯大嵩官兵擊敗之

賊爲我兵所逐出至横嶺扼於水兵不得去乃奔入結鯖副使王春澤檄總兵盧鏜由南路奉化以入象山而自引兵由大嵩望湖頭秦村進期與合擊適賊至秦村官兵擊之賊大敗潰斬首四百五十

浙江事宜

金盤總金鄉盤石二衛立把總一員其分守溫處參將即此總所轄之地也

海港守備

黃華水寨東接大海大小門黿嶴南杬港口乃溫州之咽喉也舊制戰船四十餘艘南會飛雲比會白岩塘交相巡哨歲久撤備嘉靖三十七等年倭從此港入溫州抵處州之青田補造福蒼等船三十餘隻比舊反減似宜添設

江口水寨東臨大海至五嶼等嶴北至平陽縣外接琵琶長腰陌城陽嶼等大洋為平陽門戶舊制戰船三十餘艘歲久撤備嘉靖三十一年倭犯平陽前蒼涇口麻圓等地從本港入今造兵船戍守比舊制量加南至舥艚炎亭北至瑞安飛雲鳳凰往來會探似為得之

飛雲水寨溫州適中之地也舊名中軍水寨南臨海港外接鳳凰山內逼縣治實衛護府縣之門戶也舊制戰船四十餘艘歲久撤備今議江口黃華二處兵船於此往來分哨此在無警之時則可若風汛之候倭船分䑸衝突二港自衛不暇何暇顧此哉

鎮下門水寨東距大海倭若登犯徑抵瑞安所城則平陽赤哨諸處無策捍禦極為衝要舊制戰船二十艘南會福建烽火門流江北會江口港巡哨歲久撤備今議將江口兵船於此往來存留旗軍防守限於財匱不堪復設舟師也更宜添置方為慎固

白岩塘水寨東濱於海實蒲岐所之外戶也舊設戰船二十隻北會松門楚門南會黃華港巡哨歲久撤備今議所入黃華港兵船存留旗軍四十名防守亦因限於財匱不堪設舟師也添置慎固方可

海岸設備

舥艚寨東北皆濱於海倭賊屢次于此登犯至前倉腹裏見撥旗軍防守

炎亭寨在海濱賊若登犯突入腹裏從本衛城外可至平陽縣孫湖地方見撥旗軍防守

大小漁埜二寨聯坐海濱極為衝要賊易登犯若突入腹裏從本衛城外可至平陽縣南監場等處地方見撥旗軍防守

小濩寨與鳳凰岑巡司相聯南臨海至竿山一潮北杬山巡司逼臨海濱賊易登犯額設子兵旗軍

防守已上四寨俱金鄉衛平陽縣所轄皆係江口港兵船往來巡哨

程溪寨南至海西抵鎮下門水寨頗為蒲門要區嘉靖三十四年賊嘗登犯見撥旗軍防守

菖蒲洋寨在海濱先年賊曾登犯見撥旗軍防守已上三寨俱蒲門所所轄亦係江口港兵船往來巡哨

眉石北寨東至大海南會陌城寨西平陽所北會陡門極為衝要先年賊嘗經登犯若突腹裏從陌城可至前倉等地方又可通平陽坡南見撥旗軍防守江口港兵船於此往來哨守

眉石南寨東濱大洋鳳凰山嶴一潮可至西抵僊口極為險要賊若突入腹裏從僊口可至平陽縣沙園所原設飛雲港戰船今併入江口港往來巡哨見撥旗軍防守

僊口宋埠二寨東臨大海近年本處居民建立堡城捍禦撥軍防守已上俱屬沙園所其外港口兵船往來巡哨

黃華山寨西離水寨二里先年賊嘗登犯極為衝要見撥旗軍瞭守外有本港兵船巡哨

沙角寨東臨大海界於黃華章嶴之間嘉靖三十八年經賊船登犯若突入腹裏從芝嶴可至三條嶺抵樂清見撥旗軍防守已上俱盤石衛所轄

章嶴寨在海濱賊船易登頗稱險要防禦宜慎固則東衛塔頭而西衛沿盤南衛百華北衛長林倭船雖至不敢犯也見撥旗軍防守

白沙寨東南濱海嘉靖三十七年賊犯樂清縣治自此地入乃水陸要害之道也見撥旗軍防守已上俱樂清所轄

嶼山寨坐臨海口賊可登泊若於此突入西可犯天仙南可犯雙峯北可犯後所勢難捍禦見撥旗軍防守

平山寨西接後所南接嶼山北接白沙為樂清唇齒嘉靖三十七年賊嘗登犯若突入腹裏南從石馬可至本縣白石等處見撥旗軍防守已上俱後所所轄

後塘寨東南大海地勢險要嘉靖三十一等年賊屢登犯其南為李嶴西為清江渡北為雙陡冦若突入則諸地悉受焚劫矣見撥旗軍防守

高嵩寨為蒲岐門鎖鑰東臨大海極為險要嘉靖壬子等年賊嘗登犯若突入腹裏從湯嶴嶠可

至長山地方見撥旗軍防守

下堡寨 爲蒲岐之南藩南臨大海頗爲險要見撥旗軍防守已上俱蒲岐所所轄

龍灣寨 東接寧村西捍府治坐臨深水頗爲險要嘉靖戊午等年賊自黃華港登犯突入腹裏從新建蒲州地方直抵府城見撥旗軍防守

沙溝寨 坐臨濱海賊可登犯見撥旗軍防守

沙村寨 北至寧村所東至海見撥旗軍防守

長沙寨 東臨海塗地勢頗險見撥旗軍防守已上俱寧村所所轄

丁田前後崗三寨 俱海安所所屬雖撥旗軍協守然丁田地勢稍緩惟前後崗俱臨深水極爲險要嘉靖癸丑等年賊嘗登犯若突入腹裏可至溫州府城及瑞安縣見有黃華港兵船往來巡哨

東山上馬二寨 東西分峙有犄角之勢坐臨海濱極爲險要賊若自東山而入由九里可至府治自上馬而入由丁田可至海安見撥旗軍協守

陌城陸路二寨 東南濱海極爲險要賊若自陌城突入從礬山可通梁陽故自陸路突入從江口港可至錢倉等處見撥旗軍協守外港有兵船往來巡哨

汶路口寨 東臨海洋陽嶼門南以策應江口水寨北策應屑石南北二寨地勢險要先年賊曾登犯平陽沙園二所撥軍協守

分水嶺 係浙閩交界賊自福省突來必由此嶺至平水過牛皮嶺一可至蕭家渡本縣城外而抵瑞安地方一可繇莒岡至泰順青田地方且可通桐嶺至溫州府城等處遇有聲息必調兵遏截方可吭其坑而固全浙之南境也已上俱平陽所所轄

海外設備

大巖頭山 賊船自南麂鳳凰霓嶴蒲岐楚門玉環而來俱經此山今撥黃華港兵船每遇風汛於此巡哨

海島玉環山 與蒲岐所相對此山懸居海中聯絡深長山背即台州府所屬太平松門楚門交界海洋賊自北來必經乎此處今撥黃華港兵船於此巡哨

霓嶴 賊船南北向往多泊於此可至盤石衛最爲險要今撥黃華港兵船於此巡哨

南龍山 賊船自北洋來必經此山黃華港兵船於此巡哨

南麂鳳凰山 此島闊大坐臨深海山外大洋別無山島賊自國初以來俱經此棲泊寔巢穴也風順一二潮可至飛雲港先年設兵船一枝哨守廢壞未復今撥江口黃華港兵船巡哨

松海總 松門海門二衛立把總一員其分守台金嚴參將即此總所轄之地也

海港設備

中州港 南往海中茅堰山與蒲岐港接境北往海中坯山與靈門港接境此處見有兵船巡哨更設八槳小船以搜王環諸山之穴則善矣

靈門港 東接海中鷄腳山與松門港接境南接楚門洋充下接硐礁山原無兵船之設嘉靖壬子寺歲倭犯江緒犯後灣始議立戰艦已未賊犯靈門跳頭從腹內流突沿嶺江稱舟通海將前船撃守東門又以單弱不足防禦併入松門港大艅哨守苛之誡便也竊謂松門寨港大艅兵船去此密邇可以徑領其地彼港舟師每每潛遁哨報不時爲今之計當與責於松門港之水兵而專嚴以哨船之號令

松門港 其東爲烏米門外積谷山及下洋大陳臬等處外即大海直抵日本北往化嶼龍王堂鯉港橫門大潭深門等處與新河水三汊港接境南往鷄臂吊崩硐礁鹿頭片嶼驪洋邳山等處與靈門接境監頭頭居其南如監頭有賊此港之船直擣其巢監頭緩急此港之責守也海內碎山極多若賊自溫州而來此爲匪嘴捷徑竟抵城下若自外國而來止過大陳邳山大鹿登岸皆爲賊巢甚難防守今雖稍增戰艦僅堪小敵之禦而港內迂迴屈曲難以捍賊必出大陳山而迎戰於海中乃爲得之

新河港 港口淺狹大船未易出入不必舟師防守止陸備舊設橋關動稱門戶之固司事者未肯身履遂相傳爲重以爲險阻實惟小松木二三十株於半港中耳既無險可恃無據可守左右南岸平坦如掌豈能爲港之重輕哉

海門港 一名椒江澇港水流入二十里之中一分台州城下一分黃巖城下此我朝開國以來之重鎮台黃府縣之咽喉也視寧波定海關不同其定海關水港既狹港外舟山長塗馬絲

金湯遠近皆堪泊船分哨海中復有舟山二所且設重鎮於定海戰艦數百足以海外之功屢有成績而港口之守求無内患今海門港一潮之遠止有三山一座形小直削並無港次四望汪洋我之兵船欲泊於港内則不可禦敵欲出於外洋則更無山嶼可抱風浪洶湧自國初迄今倭之犯台悉由於此國初全浙設備倭都司一員而獨駐一守海門其所係之重可知邇來諸港皆設備獨此一港與海門衛未嘗經理雖有兵船率爲故事舊有二百餘艘尚不能沮其黃巖之入今所造船隻分其半於松門衛港不知此港之兵必當倍於松門寨克有濟何也松門港之船可以盡出外洋截賊此港口必須多留船隻防守若不嚴禦港口使賊一入則其舟西去台州隨潮僅九十里我之陸路隔渡阻山無由追躡必由黃巖遠抄勢不相及故全賴水兵阻截港外有台境之寄者其責圖之

桃渚港 議者謂桃渚離海門甚近可以策應戰艦不必設不知海門所出裏路至桃渚止四十里形似弓弦若由海中轉達塹塘而下必出大洋其程兩日不似桃渚至長沙巡司一帶亂山叢砌群峯散走或出或入縈紆紛峙澥邊淺澉之中直探出大海極爲綿遠而桃渚所北往健跳一帶如鹽塘除下仙巖處處海灣突進其健跳之舟北禦呂國海郵一帶力已足矣桃渚港之外接大海總港亦當設船一鯮如健跳之數但額舟有限松海二圖已爲不足若量抽數舟棄之萬山之外孤海之中勢分力弱亦竟何益哉

健跳港 原設長沙一渡逼近東所城側渡闊四百餘丈出海直往茅頭大洋上接海中查鑑山與練陀等處下接海中青嶼黃毛礁與牛頭桃渚地方接境此處宜設兵船一鯮必得福蒼海滄二十餘艘方可守禦松海二關已稱疎薄無力分應若又量抽數隻分守此港則港大船寡無益於事此城孤懸以船爲命今雖有守似爲單弱不足恃也

按台州海門不出此處港分守合備似不可緩若春汛之期當以松海二港合爲一大鯮在大陳洋畢伏截以爲南鯮桃渚似當添船與健跳相等亦令會合外洋以爲北鯮其在南鯮也則海門港必當留大小兵船十餘艘守港而松門可盡發其在北鯮也則健跳港必當留大小兵船數艘守港而桃渚可盡發

陸路設備

楚門所 賊犯楚門必屯雞䏧山下其心戀船不過二三日即遂而走如往隘頑則歷所城藤嶺

遊料我兵阻之不得已方棄船陸行也其往二山大剌以由溫州不如徑由水中對過蒲岐港爲便南隔一小港爲玉環山週圍百里舊有民居國初遺入内地台溫二境乃賊去來泊船之淵藪也對岸則溫州府蒲岐所近被勢豪據以耕種夫耕田則起屋起屋則招賊釁端難不宜開然當事者誰肯任怨哉又由西北至太平城江下地方謂之東門港沿山濱海而行山林容茂水港出入又十五里乃南灣地方高山環海舊戰場也舊賊據萬仞山腰進兵之路皆鳥道魚貫我兵分爲四枝松林如織相戰犯兵家之大忌仍成全捷以收奇功信乎地利不如人和也

隘頑所 北爲太平縣藩籬南可以阻楚門之寇城外所東北山下長沙面水民居一村番舶至此可以屯泊若桑舶登突次由藤嶺内外皆可至溫州地方夫賊屯聚於藤嶺則太平之路既阻於藤嶺松門之路又阻於慢遊設賊屯據面水背山可以高枕久往可以從容圍城楚門所在其南非駐兵之地決不能北援大松二路又絕將何以爲計也所賴只有松門港兵船抵城下賊若有船在水定可逐之賊若在陸水兵無所用力但哨船遠瞭松門港兵船急出過隘頑之南大海中截之庶可保全萬一陳虞而致賊舟登犯城四面皆山高揷天表既不能守而城身歉矮又不足固其若灵門關

有賊雖蜀險難我兵統入城内從容南出擊援而進亦可應援過大嶺皆夾山而行進退路徑皆艱兩扇闊於穴中勇者勝耳可不深長思乎若賊流走我兵當星夜先馳江下預處戰地設伏以待若尾而追之則無及矣

松門衛 若止駐兵城内而賊由西來則我兵勢繫諸處難顧若城内未嘗駐兵而賊據松門寨爲巢以一枝勁兵守北門山麓下則我兵無路可援故城内城外皆當防守有警則將人由泥塗用馬報約城内之兵刻期以一枝由新河一枝由隘頑海邊進戰城内兵鼓噪應之此爲一策其由隘頑而來多水窟難行必由北裏山會合新河一帶而往遇雨則潦不可涉旱則可進大兵沿塗皆硬沙實土有潮不可行無潮可列堂堂之陣今有大鯮兵船誅多無虞

新河所 論形勢之急在海門港論適中之地在新河所該所去松門隘頑海門黃岩皆五十里去太平縣三十里三面俱有大路可以進兵應援但北至海門皆田塍雨久潦溢水皆沒人其藤嶺橫山頭敵所必由我可設備以阻賊衝者也蓋此帶沿海陸地四散賊出溫嶺少有阻則即由路僑遶出黃岩以往溫州黃岩之賊決不復由海門新河蓋知椒江有舟師新河有陸兵故也

海門衛 衛城當置於高嶺乃爲據險每歲賊攻垂破而卒不陷者乃保障之力非形勝之據也此爲浙東三台門戶水陸重鎮三面阻水賊舟可泊實爲險要惟恃兵船以爲命禦番舶於未登此守海門之上策也失此則爲中策矣如賊在椒浦則水兵截於大港陸兵進剿一由海門近攻一由泉井一由路橋一由三山遠截合力亦捍禦之一術也又失此則無策矣

前所 與海門衛對壘中隔大港即椒江也其形勢利害與海門相同剿前所之賊多過江或由府治或下城門嶺徃仙居出溫州賊若在長沙連盤一帶屯住連盤港深而長背山面水健跳桃渚二港一會于此處可爲巢穴分投出掠飽載而歸我兵一由橐路至臨口轉南出其巢後自山上攻下仍以一枝截住山頭要我不爲賊抄兵勇者勝耳

桃渚所 其城可守但濠淺而城卑今議濬濠即以土增城庶爲海門衛及府治之藩翰也所城大東北有昌埠港與本所港相類皆委蛇細曲賊之大船必不能入若泛小舟而栽之兵船不能進追則其去海門甚近也外海諸山皆可以截賊須預設伏候賊出而擊之乃可以成功也其他若實聖寺可伏截以阻賊菖埠之衛白蓮嶺可伏截以阻賊後嶺之衛背埠嶺盡頭可伏截以阻賊背埠之衛若賊至東所棄城而不之顧則必往府治自仙居走溫州我兵即當馳赴府城以截之也

健跳所 若非兵船預伏探哨寇舶至何以禦之故健跳戰艦之設不可一時而不嚴也其去桃渚一百里或攀峻嶺則鳥道魚貫或涉羊腸則潮濱梗阻或行山地則溪石坎坷馬不能馳人不能列非二日不能至設賊泊舟城下江中桃渚一路決不可以進援東去昌國衛隔大洋彼處有賊所當時時防禦去寧海去台州俱一百四十里路徑皆如桃渚緩急之際松海大兵必不能猝達若遲過台州府從寧海而入必由黃巖台州相巖桑州寧海寶界計一日餘方到東所援兵至此賊必已遁海而別犯矣豈能望以成功耶若報至即調海門閩兵船抵所城東海山內設伏以邀擊之萬無一誤也

昌國總

沿海設備

昌國衛 坐衛大海極爲險要石浦關切近壇頭韮山乃倭夷出沒進貢等船咽喉必由之路懸海南北礪等山可設舟師往來巡哨以爲東路聲援其西象山縣石浦巡司則恃之以爲右翼者也懸海金齒八排朱門等處可設舟師往來巡哨以爲南路聲援其北牛欄基旦門青門茅海竿門則恃之以爲門戶者也見撥福蒼兵船於此關哨守

金井頭 相對旦門直衝大海嘉靖己未夷船由此港登岸本港原設兵船近因船少力弱掣併石浦關見撥本衛北哨兵船往來巡哨

前後二所 南臨關口近三門要衝之路本所附城設有東西南北中哨伏兵厰五處每處撥軍瞭望遇警走報

錢倉所 東臨大海至大嵩港水程一潮南爲全文烽堠外接竿門浦門地方西北至湖頭渡海爲大嵩所界乃昌國之藩籬與大嵩相爲犄角者也

爵谿所 城懸海口直衝韮山東逼大海西並錢倉南以遊仙寨爲外戶北以象山縣爲喉舌見撥旗軍防守

海中設備

韮山 形勢巍峩島澳深遠對衝日本此山之外俱遼遠大洋故夷船東來必望此山爲準此昌國總

第一險要今撥北哨兵船於此巡哨

三岳山 係外海懸島乃昌國衛前後二所喉襟如賊船從韮山來每經此過嘉靖三十四年倭船于此盤據最爲險要今撥中軍哨船往來巡哨

旦門 係懸海大洋外有東旦山與韮山相對如賊船由韮山來必望本門突入以往南路內近何家礪仁義南盤一帶老岸今撥北哨兵船往來巡哨

三門 乃石蒲巡司土灣畨頭一帶沿海居民喉舌如賊從閩廣遁歸由台溫來必經於此最爲險要今撥南哨兵船往來巡哨

金齒門 島嶴甚多便於棲泊賊船往來必經此假息誠南路要衝之處與石浦關相隔二潮今撥遊兵及南哨兵船往來巡哨

大佛頭山 內有斗底蝦嶴鳥頭青俠城壼底等澳係賊船往來棲泊之處極爲險要與石浦關相隔一潮今撥南哨兵船巡哨

朱門山 相對大佛頭係外海險要之處如賊由南來必至此收泊與石浦關相隔二潮今撥南哨

兵船往來巡哨

八排門 相連南田内多膏腴田地下便接泊若倭船停拨甚難剿滅與石浦關相隔二潮今撥南哨兵船巡哨

林門 乃金齒朱門等山帳舌島嶴亦多先年夷船從壇頭海洋突入結巢于此係起遣之地極為險要石浦關至此相隔一潮今撥南哨兵船巡哨

牛欄基 係石浦關後門外洋必由之路有山環抱可避東北颶風如分哨南北兵船往來必於此為適中哨守之處與石浦關相隔半潮今該中軍遊兵船南北往來會哨

壇頭山 有南北磯亮萊藍等嶴可以避風泊船賊由日本而來每望此山收泊與石浦關相隔一潮今該中軍哨兵船於此巡哨

鷄籠嶼 在壇頭山外此外一望大洋別無島嶼如賊從韮山來必由此過與石浦關相隔一潮今該中軍哨兵船巡哨

茅灣 切近錢倉所與韮山相對先年番船嘗棲泊于此原設兵船一枝因船少兵弱掣聚石浦關今

八　籌海圖編卷之五　四十五　五百七十三　史沈應元寫　臨清

派北哨兵船巡哨與石浦關相隔二潮

竿門 貼附錢倉所夷船每棲泊原設兵船一枝因船少不敷掣收石浦關併艅今派北哨兵船巡哨與石浦關相隔二潮

青門 貼附爵谿所有山廻抱可以避風泊船内接公嶴居民地方外衝四礁與韮山相對極為衝要原設兵船一枝因船少力弱掣聚石浦關今撥北哨兵船巡哨與石浦關相隔二潮

定海總

沿海設備

定海衛 南臨港口定海關有靖海營團兵操守招寶高聳海口極為要害山嶺築威遠城屯劄軍兵使有犄角之勢其隔江南岸自甬東巡司竺山等堠接連後所碶頭烽火相望遇警馳報

小浹港 内通東江出穿山寧波極為險要昔為海賊孫恩所據邇倭賊亦曾登此近打樁數層汛期撥船防守似亦未為慎固宜更審之

後千戶所 東南為霩衢所南為大嵩所北為碶頭烽堠坐臨黃崎港先年賊船由崎頭海洋突

入本港最為險要海堠撥軍瞭望

黃崎港 東至舟山中中中左二所水程計一潮北至金塘山水程半潮最為險要見有兵船往來巡哨舟師單弱似未足以遏賊之衝也

大謝山 離後所城二里南臨黃崎港北由大猫海洋至金塘瓦山最居險要乃先年起遣地方也内設黃崎西山等七堠撥軍瞭報又該中軍哨兵船往來巡邏

霩衢所 濱海對雙嶼港先年賊嘗登犯極為孤險春汛時月添撥官兵協守又該大嵩港兵船往來巡哨

梅山港 東至崎頭大洋南至雙嶼港俱約半潮雙嶼港先年為賊巢今填塞矣西至大嵩港計一潮北五里至三塔烽堠最為險要今撥大嵩港兵船及本所軍船哨守

大嵩所 東連霩衢南接錢倉以大嵩港舟師為命

大嵩港 對峙韮山直衝外海先年賊由此犯所城突慈嶴地方極為險要今撥戰船巡哨

海外設備

八　籌海圖編卷之五　四十六　五百七十四　陳欽

舟山螺峯巡司 雖有官署之設而巡檢弓兵俱散處民居螺頭與嶴與螺峯烽堠離城十五里賊易登犯須迁居民入城則可

鹿頭烽堠 近海民少勢孤常被賊登犯須迁入而後可

岑江巡司 乃衝要海口也賊累登劫見今居民雖築墻自衛亦被賊壞近又自葺理終難備禦須為慎固之計可遏賊衝

天同嶴 居民百餘家氣勢頗壯但力不支内有紫皮嶴居民千數若協力出守彼此可以無事内又有鹿夫善射曾勝倭寇宜令悉力防禦

碇齒隘 與外港相對居民勢孤累被登劫其原守軍餘又已取回必遷居民入内地則可

奇嶴烽堠 即大沙地方賊常於此登船原有隘已廢二嶴居民大戶約有千數合力出守方可情地

郎家碶 西碶寨相連又小沙居民殷庶有隘軍共守但地勢散闊難以設備賊嘗登劫以碶頭海塘築堡協守則可

袁家嶴即沙嶴地方原有馬嶴千戶所軍民并逃民約計二千若遷入城以合其勢庶可杜接濟也

山江烽堠與沙嶴相連有哨軍防守賊嘗登犯軍已取回須遷居民入袁家嶴等處則可

岱山巡司與干嶴堠寨相連居民自築垣防守賊嘗登犯該司居隆教寺內亦爲虛應須併力捍禦則可

弔嶼因近海口每被登劫須與小展居民協守則可

沈家門寨原係水操之地有軍防守近皆取回沓船去來皆泊於此內有趙嶴南嶴蘆花嶴大嶴去寨三五里向者居民築墻大嶺阻截總路近賊徑由水路或間道而入累被刦掠更須慎禦庶克有濟

臨觀總臨山觀海二衛設一把總分守寧紹叅將即此總所轄之地也

海岸設備

三江所不濱於海地勢稍緩然海上有警則去省城八十里烽火之通然此依寄

瀝海所東衛臨山西捍黃家堰有𧑒浦等堠撥軍瞭望

臨山衛坐當衝要東接三山西抵瀝海設烽堠者十撥軍瞭望

三山所界於臨觀之間西以聲援臨山東以策應觀海者也撥軍瞭望

觀海衛西有三山爲右翼東有龍山爲左翼居中調度聯絡應援烽堠七處每堠撥軍瞭望

龍山所北對金山蘇州大洋東有烈港況伏龍山獨臨海際去所僅十里乃賊船往來必由之路臨觀一總之咽喉也封守宜固省城安枕而外寇

金家嶴丘家洋連界東對烈港海洋北望洋山三姑大洋嘉靖丁巳倭舡盤據本嶴及丘家洋月餘爲我兵所捷若突腹裏由厲門嶺鳳浦湖一帶至慈谿縣直抵寧波內地極爲險要今撥烈港兵船哨守

海港設備

三江港港口深闊外通大洋甚爲險要賊船若泊宋家漊突入腹裏從陡門一帶海塘可至紹興地方越港而北爲浙西諸山乃省城第一關頭也

𧑒浦港北對浙西石墩南至紹興府城通連大海極爲險要嘉靖三十二年賊船泊西匯嘴登犯若突腹裏由沿江塘路至百官梁湖直抵上虞縣兵船哨守不可一日少緩

臨山港切近衛城直衝大海倭船屢犯見設舟師屯守西哨浙西澉浦東哨觀海龍山如遇臨觀海洋有警馳報烈港兵船合綜截剿

泗門港爲餘姚縣東北之咽喉越港而北爲浙西澉浦最爲險要嘉靖丙辰倭船由東北烈表突犯本境今撥本衛兵船巡哨

勝山港港深而廣倭船可乘潮以入嘉靖丙辰由此登犯三山所官兵敵退之近議築塞港口又建墩臺於山上

古窰港爲慈谿之咽喉北對乍浦東接伏龍西連平石極險之處嘉靖三十五年賊船盤據突犯慈谿地方今撥兵船巡哨

金墩浦爲定海慈谿相界之地北連大海西連伏龍山此處坐臨海塗賊船自東北而來必由此繫泊嘉靖已未賊曾登犯見撥軍船往來巡哨

烈港所係甚大蓋賊船之入臨觀也非由澉乍則由烈港誠臨觀之門戶其爲險要先年議設三江𧑒浦臨山勝山古窰五港以衛臨觀後因各港沙硬水淺難泊而止今議澉臨觀把總兵船敢調烈港出哨臨觀一帶地方

海寧總海寧衛立把總一員其分守嘉湖叅將即此總所轄之地也

海岸設備

海寧演武場枕海曾經倭泊寔爲險要舊設陸路廠倭據爲巢廠毀今撥旗軍哨守

澉浦鎮巡司外與秦駐山大步門相連山灣顧澳賊船曾泊此可通內地宋停村紫雲等處接近嶼城此衛南之衛也今派龍王塘兵船巡守

海口巡司此處海灘沙汗船隻難泊迤北乍浦相逆內有白馬廟八團圩民叢集邇年倭寇突入犯將向南北必先住此觀望虛實其地內通嘉興平湖嘉善等處乃衛北之衛要也今撥龍王塘兵船巡哨

南海口操備廠離海半里與東海口陸路廠俱爲衛要

金家灣 此處潮深山僻，遇年賊船登泊，若犯腹裏，直抵平湖、沿海，則侵乍浦，直抵海鹽，實爲險要

今撥西海口兵船巡哨

梁庄寨 倭寇屢登，爲巢，實爲險要

蕭山寨 東南逼大海，面對蕭山與錢塘江口，相連先年倭嘗突犯，實爲險要

石墩山寨 東南倚海，山下有一小港，外通大洋。遇年倭寇登據爲巢，船泊港內，極爲險要。原設寨軍防守，後掣回所城，止於石墩烽堠撥軍瞭望

鳳凰山寨 南臨大海，坐對鷹衛門，倭嘗犯此，實爲險要

黃灣寨 東與澉浦接界，南對大洋，北通腹裏，破石地方，昔年倭寇屯據爲巢，實爲險要

海港設備

東關外龍王塘 外即大洋，直對浙東臨觀等處，迤南半洋中有白塔山，賊船可泊。賊若登岍，向南則侵澉浦，往西則侵腹裏，天寧寺水陸通衢，直抵嘉興，實本衛之咽喉、沿海之首衝也。近議立爲關隘，令委官兵出哨西海口、九王門、澉浦等處

黃道廟港 南濱海與臨觀相峙，倭寇登犯，極爲衝要

西海口 南通大洋，北近平湖，係浙西之咽喉，平湖之門戶也。本港海塗高硬，潮水長涸不一，船難繫泊，恐倭船乘潮突進，則我之兵船高閣，係匪輕。當踏勘開濬，建立水閘，將各兵船浮泊活水，遇警出勦，此第一預防之計也。令撥兵船出哨灘許、金山、青村一帶海洋，與吳淞江兵船相會

一國初定海之外秀岱蘭劍金塘五山爭利內相仇殺外連倭夷歲爲邊患信國公經畧海上起遣其民盡入內地不容得業乃清野之策也趙工侍近奏令民開種以給幕租若與此利金塘一山即可墾田數萬畝歲入米幾萬石玉環諸山計之每歲可得米幾十萬石大爲海防之助但其患二故當道屢議屢止其一是倭人藉以爲粮結巢于此兵費反多其一是大家爭佃秋粮難徵且無益于小民以愚計之須丈量爲屯田召民耕種輸賦軍門耕者搭棚廠而居不挈妻孥不得賣買逐歲更始如大家放租之法則官民兩利而爭奪之患免矣官差石工伐山造堡海洋有警小民避入賊知堡中無子女財帛自無結巢之念矣蠡測之見未知然乎否也

一台州沿海近漲灘塗長數十里闊十里若倣范蠡圍田之法令民耕種外設海塘一條以捍鹹潮俾不得傷稻每歲起科以給幕租可得若干萬石

一浙江寺田甚多勢豪吞占動以千萬畝計若每千畝抽其二百畝以給幕租每歲可得米幾萬石

主事唐樞云杭州居腹裏之地而以錢塘港海門爲分戶南岍爲寧紹北爲松嘉極西盡底爲杭未臨大海

若戰艦嚴守閘警即出把截賊難直擣

副使茅坤云浙江所募客兵當量緩急以爲聲援策應則可爾恐不得爲常而沿海郡縣所自部署勤習以爲歲戍之兵必於土著之兵擇其膂力猛悍之士若杭嘉湖販鹽處州礦徒并一切亡命者爲之大約杭州三千嘉興三千而湖溫台寧紹亦各一二千量多寡以差其費當括十一郡縣民壯弓兵之屬而通計之腹裏郡縣則減去其半或三分之二特量留什之二三以給城庫刑獄之役而已其餘僉籍其費以歸於官令各兵備道親爲按歷州縣或擇諸州縣長吏破常格而募之且各州縣民壯弓兵之所食故額人七兩二錢然其民間所私相轉展募一倍再倍者有

之追呼道塗之費尤不可算約者請量爲每名額徵一十五兩籍二人之所食而募一人其數可三十金

把總指揮蔡汝蘭云東南自倭變以來議者不少然於台州獨無說焉何也夫台州遼處海濱誠四塞之國南有桃渚金竹北有桑洲桐巖西有關山衛墅疊嶂層岡重關鳥道眞一大可禦之險而且南去盤石楚門僅百五十里東南去松門僅百里東去海門僅八十里設或倭奴棄舟登陸皆可卒至城下自海門而上者則一潮直達實一時難禦之變也三面阻山一面瀕海孤懸於數百里之外救援接濟所難卒至者惟此耳曩者戚叅將駐兵桃渚而倭奴屯聚桑洲遣輸糧銀經月不至孤危之勢誠可畏也今宜於台州

專立督餉方面積聚糧餉訓練兵士以爲重鎮而且西控溫處金衛北衛寧紹權非遙制而威可近飭也如是則糧餉無臨時輸運之難而士卒有先時設備之佚以至出海兵船衛所官軍悉知警備而防禦益固矣夫督餉既立則糧餉聚糧餉聚則兵士克兵士克則訓練精如是則先聲足以破其膽而防禦足以杜其釁衝突足以挫其鋒行之三年而海不揚波矣此督餉所當議也近雖添設兵備叅將然於糧餉無裨雖增兵亦何益哉

總兵俞大猷云自潭岓山以北以西之海水淺砂硬大船誤閣則破壞且無避風安澳兵船至彼如遇夜必須當洋下碇碇不能堅每被急流飄去或夜半發風則尤危然多賴天幸非安計然則宜如何曰錢塘江烏嘴頭浦內船兵一枝不可無餘則練陸兵精卒一枝以待而嚴龕赭哨探遠諜焉庶救倉猝或曰賊舟何能至此曰賊用單桅小舟徑抵山邊閣乾登劫故必用陸兵追捕方不走脫若以兵船必高大方能勝賊如與賊舟等則勝負未可必也今言禦賊於海也易要非通論海本遼闊舟行全藉天風與潮人力能幾風順而重則不問潮候逆順皆可行若風輕而潮逆甚難夏秋之間西北風起不日必有極大西北風也操舟者見此風候須急收安澳兵船在海海舟遇晚俱要酌量收船安澳以防夜半發風至追賊亦要預計今晚收船何澳若一意前追遇夜風起悔無及矣

又云沿海之中上等安澳可避四面颶風者凡二十三處曰馬蹟曰兩頭洞曰長塗曰高丁港曰沈家門曰舟山前港曰涔江曰烈港曰定海港曰黃岐港曰梅港曰湖頭渡曰石浦港曰猪頭澳曰海門港曰松門港曰蒼山澳曰玉環山梁澳等澳曰楚門港曰黃華水寨曰江口水寨曰大澳曰女兒澳中等安澳可避兩面颶風者凡一十八處曰馬木港曰長白港曰蒲門曰觀門曰竹齊港曰石牛港曰烏沙門曰桃花門曰海閘門曰九山曰爵溪澳曰牛欄磯曰旦門曰大陳山曰大床頭曰鳳凰山曰南麂山曰霓澳其餘下等安澳只可避一面颶風如三孤山衢山之類不可

勝數必不得已寄泊一宵若停久恐風反別迅不能支矣又潭岸山灘山許山之類皆團土無嶴一面之風亦所難避可不慎乎

都御史唐順之云往時浙直軍需多倚各省協濟自倒罷協濟之後而窘急甚矣胡總督近有乞留運米借鹽銀之奏蓋以軍需無處甚不得已全仰此一着救急

又云江南控扼在崇明浙東控扼在舟山天生此兩塊土大海中以障蔽浙直門户諸哨船皆自此分而南北總會於洋山若會哨嚴緊遇船即打賊何從入信國廢昌國故縣而内徙之恐是千慮之一失未可謂昔人盡是而今人非也

都指揮戴冲霄云議者皆謂玉環等山可興屯田之利以給幕租愚謂此等山古時有民居耕作信國公皆遷之於内地不許其得業豈誠棄地利而不知惜哉亦念荒山起稅爲利不多卽以萬畝計之不過千石若寇據此以爲巢穴則攻逐之費不知幾倍是賫盜糧爲小而失大也故舟山止留二所瞭守而亦不許民屯種其爲慮至深遠今日備倭之策不必遠求查復信國公之制而已矣

籌海圖編卷之六

崑山鄭若曾輯　男一鸞 應龍 校

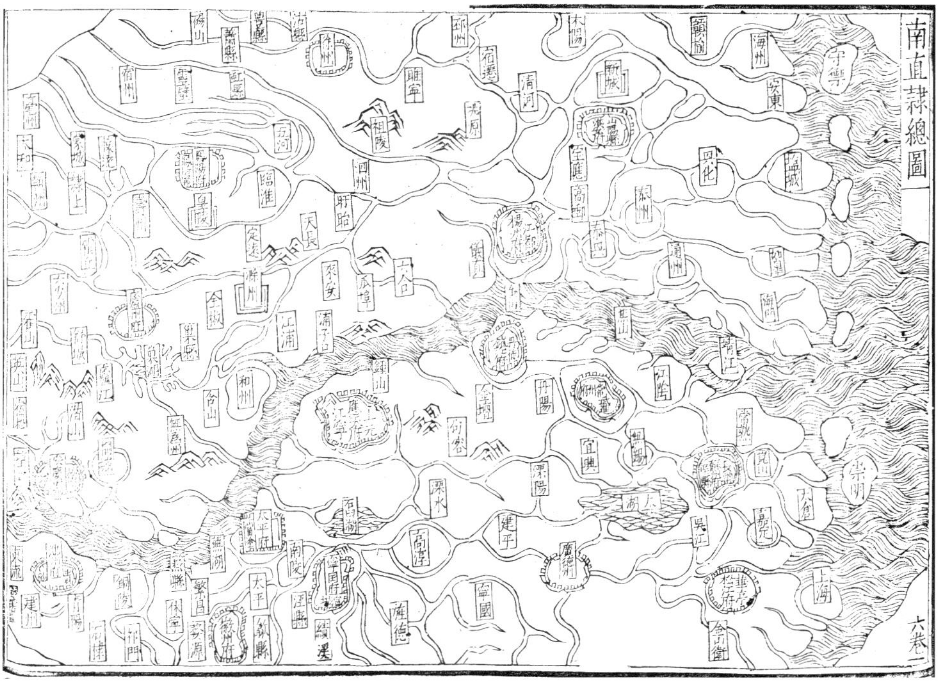
南直隸總圖
海州
安東
清河
桃源
宿遷
盱眙
天長
六合
來安
全椒
江浦
和州
含山
丹陽
宜興
溧陽
溧水
高淳
建平
廣德州
寧國
旌德
太平
吳江
崇明
上海
太倉
江陰
靖江
高郵
興化
鹽城
五河
臨淮
定遠
六卷一

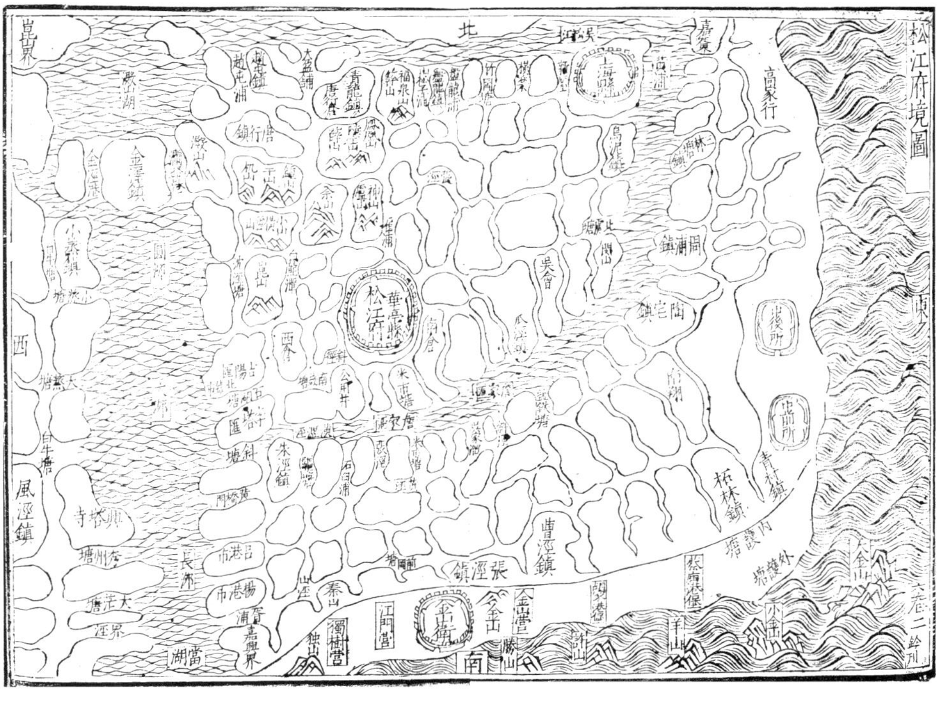
松江府境圖
北
東
西
南
華亭縣
松江府
上海縣
高家行
周浦鎮
柘林鎮
張涇鎮
曹涇鎮
風涇鎮
泖湖
吳會
獨樹營
金山衛
小金山

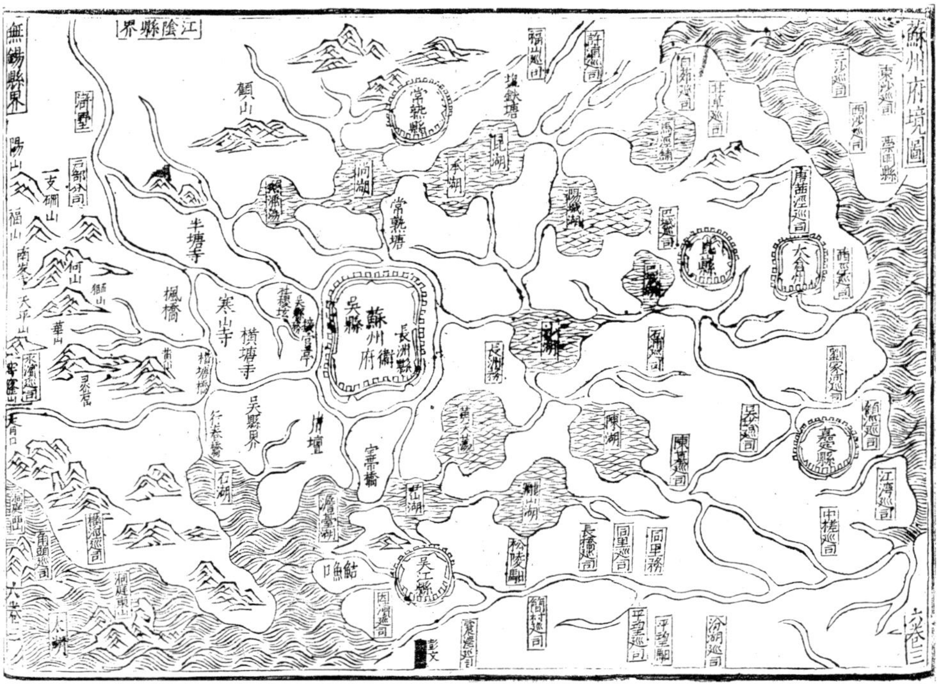
蘇州府境圖
江陰縣界
無錫縣界
常熟縣
蘇州府
吳縣
長洲縣
吳江縣
嘉定縣
太倉州
寒山寺
楓橋
横塘寺
吳縣界

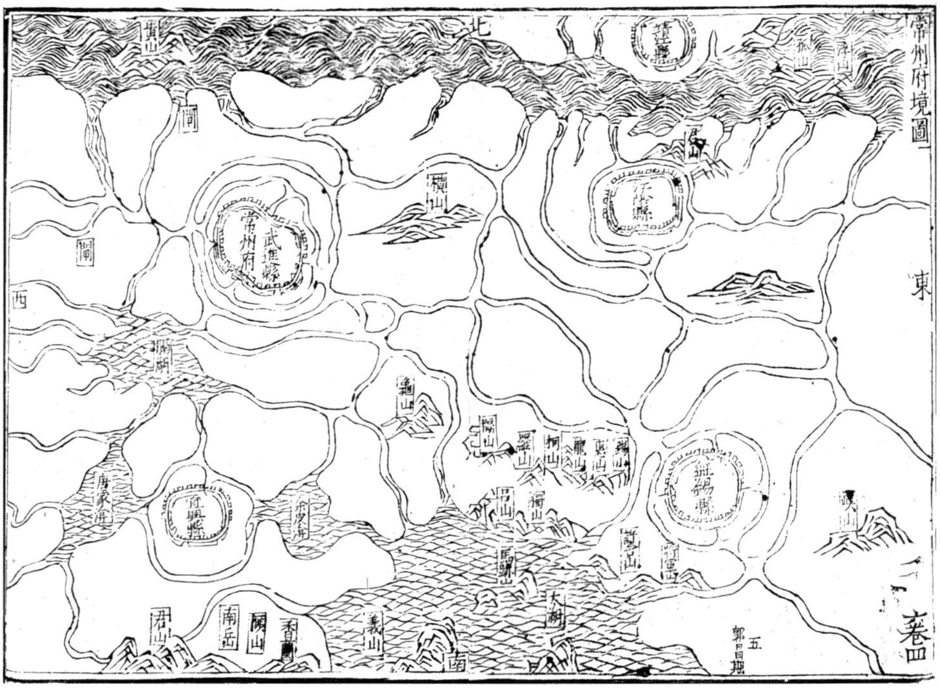
常州府境圖
北
東
西
南
常州府
武進縣
江陰縣
無錫縣
宜興縣
橫山
君山
南岳

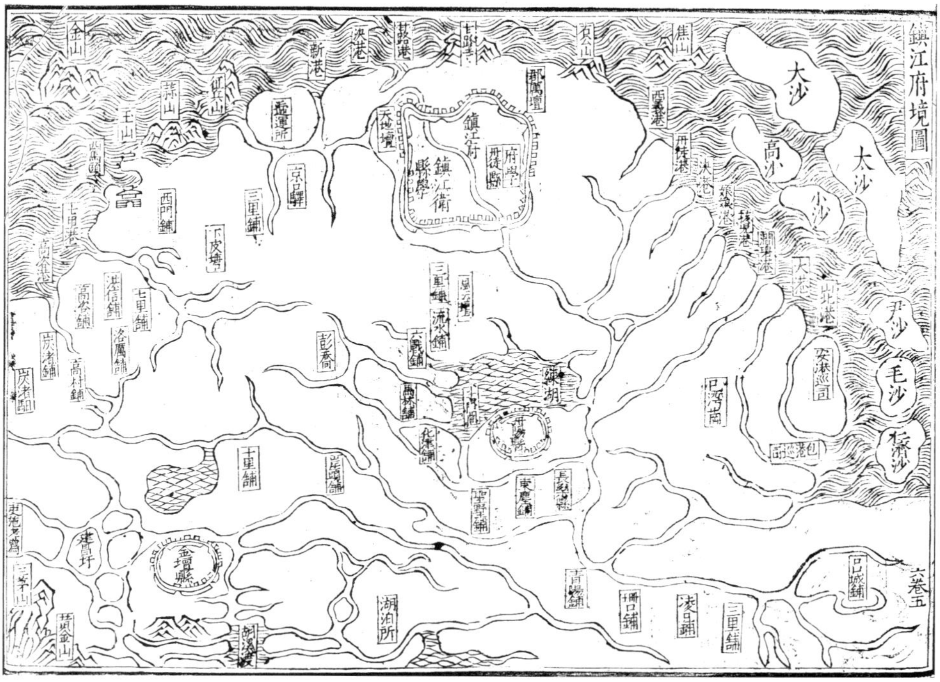
鎮江府境圖
大沙
太沙
高沙
少沙
毛沙
金山
焦山
新港
鎮江府
府學
鎮江衛
縣學
京口驛
三里鋪
西門鋪
七里鋪
高資鋪
高村鋪
炭渚鋪
彭橋
流水鋪
十里鋪
金壇縣
湖泊所
安港巡司
呂城鋪
陵口鋪
三里鋪
六卷五

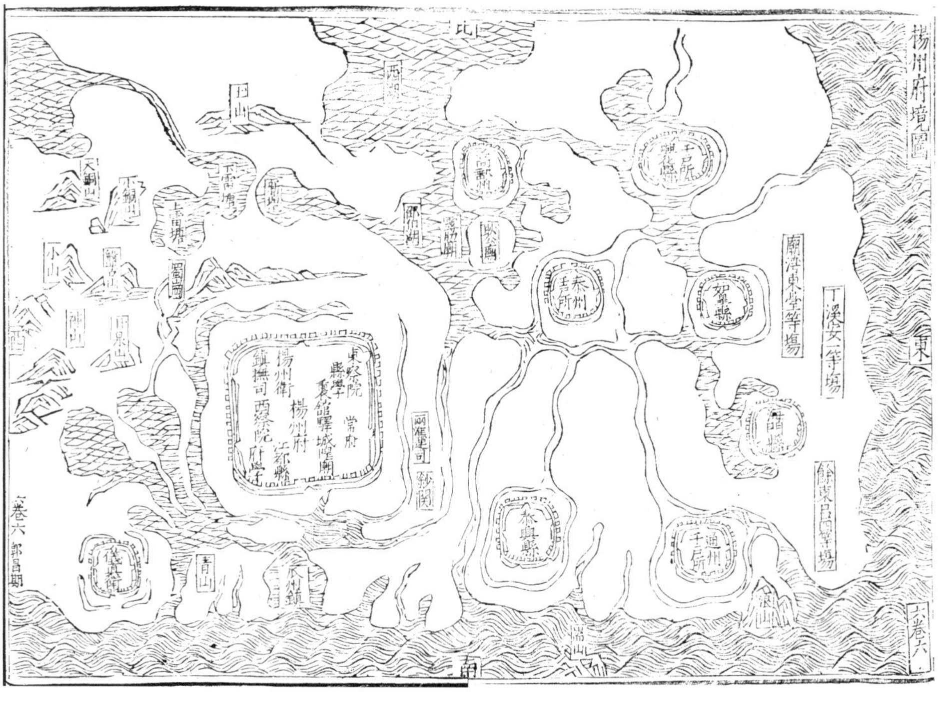
揚州府境圖
北
東
南
揚州衛
揚州府
鎮撫司
泰州
如皋縣
泰興縣
通州
青山
狼山
丁溪等場
六卷六

籌海圖編卷之六

崑山鄭若曾輯　男一應龍 一鸞校

直隸兵防官考分江南北爲二

蘇松

總督直浙福軍務兼巡撫浙江都御史駐浙江

提督應天軍務巡撫都御史

操江都御史

督察侍郎詳見浙江

視軍情官詳見浙江

巡按蘇松監察御史嘉靖乙卯四月兵部題准勅兼監軍紀功

巡江監察御史

整飭蘇松兵備副使

整飭常鎮兵備副使

添設海防僉事駐劄上海

鎮守浙直地方總兵官駐浙江

協守浙直地方副總兵駐金山

蘇松參將

常鎮參將

遊擊將軍新設駐劄金山

南洋遊兵都司

劉家河把總以都指揮體統行事

吳松江把總

南滙把總

青村把總

籌海圖編卷之六　八

杭州府吏陳言寫　何祥刻　二百廿二

柘林把總
川沙把總
福山港把總
鎮江把總
京口圌山把總
沿海衛所
金山衛
左右前三所俱在衛城
後所今調守柘林鎮堡
中所今調守松江府城
中前所今調守青村城
中後所今調守南滙城

太倉衛
左右中前後五所
吴松所
鎮海衛
左右中前後五所
崇明守禦千戸所
鎮江衛
沿海廵檢司
松江府
金山　咸木涇
三林庄　南蹌

蘇州府

江灣　顧涇
劉家港　茜涇
唐茜涇　甘草
白茆港　唐浦
福山
沿海營堡臺堠
松江府
營五　獨樹　小盤　金山　大盤　江門
堡四　柘林　川沙　胡家港　蔡廟港
塘舖二十四
前所二十一瞭守軍四人　左所二瞭守軍四人
右所二瞭守軍四人　中所十七瞭守軍三十四人
烽堠四十三每瞭守軍五人

後所三　新廟　葛逢　江門
前所四　横瀝　戚家　蔣管　金山
左所三　漴缺　陸鶴　周公
右所三　西新　胡家　東新
中前所十二　戚漴　大門　宋家　焦樹　新衣浦　舊衣浦
頭墪　五墪　二墪　舊四墪　三墪　新四墪　二墪
中後所十八　南滙頭墪　四墪　二墪　五墪　三墪　六墪
七墪　十一墪　八墪　十二墪　九墪　十三墪　十墪　十四墪
十五墪　十六墪

蘇州府
營堡三　福山　雙浜村　九折村
敵臺三　黄窰港　白茆港　七了港

烽堠四十八　依有　西潜　生宇圩
周家　馬沙　呂家圩
東巷　寶山　月浦　涞捌港
顧涇　穄祁　五岳　七了港
張浦　黃窑　新塘　唐茜涇
浪港　鹿鳴　雙鳴　大錢涇
金涇　許浦　高浦　白茆港
崔浦　黃浜　福山　千步涇
尾浦　盧浦　奚浦　三丈浦
西洋　海洋　耿涇　黃四浦
新庄　唐浦　大陳浦　徐陸涇
小東浦　泗馬涇　烏沙港　野[illegible]漕

淮楊除總督督察視軍情官操江巡江與蘇松同不重列外
總督漕運兼提督軍務巡撫都御史
提督淮楊軍務巡撫都御史
巡按淮楊監察御史嘉靖乙卯四月兵部題准勅兼監軍紀功
整飭淮楊兵備副使
總督漕運總兵官
提督狼山等處地方副總兵
楊州叅將
鹽城叅將
統領兵勇遊擊將軍駐儀真
北洋遊兵都司
儀真守備
掘港守備
大河口把總
周家橋把總
狼山水兵把總
東海把總
管領曹濮民兵把總
管領沂州民兵把總
沿海衛所
楊州衛旗軍八千九百六十名屯軍四千四百四十名
通州千戶所旗軍二百三名屯軍八百八十二名
塩城千戶所屯軍八百八十二名
泰州千戶所旗軍二百三名屯軍八百八十二名

高郵衛旗軍六千七百二十名　屯軍四千四百四十名
興化千戶所
儀眞衛軍四千四百八十名
大河衛軍一千五百二十一名
左右中前後中左中右中前八所
淮安衛軍八百五十名
左右前後中左中右六所
東海中千戶所軍五百五十名
海州中前千戶所軍四百七十五名
沿海巡檢司
楊州府
狼山六十名　吳陵五十名

張港五十名　石港四十名
掘港四十名　西場二十名
海安三十名　西溪三十名
安豐一百名　黃橋三百名
印庄三十名　口岸三十名
歸仁五十名　瓜州一百名
淮安府
喻口鎮　馬邏
廟灣　羊寨
壩上　長樂
惠深　東海
臨洪　荻水鎮

沿海營堡臺堠
楊州府
營十五　鎮遠　登庸　徐稍　壯捷　輕忠　平定　大河　壯武　濟武　忠節　料角嘴　掘港東營　掘港西營　興義
寨九　白駒　拼茶　劉莊　角斜　掘港場　李家堡　太河口軍二百人　徐稍寨軍五十人　料角嘴軍五十人
烽堠九十三
通州八
海門縣二十八
泰州十一
拼茶寨四
角斜寨二

白駒寨一
掘港寨九
劉家寨一
李家堡五

直隸倭變紀

蘇松常鎮

洪武二年二月倭寇崇明諸處指揮翁德朱文擊敗之

賊犯崇明德督舟師禦之於海門之上擒斬獲甚衆既而復寇吳淞江沿海一帶文亦破之俘斬獻捷

永樂二年四月對馬岐倭寇蘇松

賊掠浙江穿山而來轉掠沿海上命太監鄭和諭其國王源道義源道義出師獲渠魁以獻

十四年倭寇崇明

朝廷發鎮江鎮海二衛百戶十員率軍士千餘禦之寇平遂隸崇明守禦所其舊戍官軍發屬水寨自是賊無至竟者

嘉靖三十二年閏三月賊首王直犯嘉定

賊自烈港之敗以百餘人自白馬廟而來收集餘黨流突蘇松掠嘉定之寶山鎮撫陳憲疑爲鹽盜率輕兵追之後知爲直不敢禦

破南匯所

自望日而後十日賊破城者再

同知任環守備解明道敗賊於吳淞江口

賊至劉家河揚帆而西明道與六合知縣董邦政率兵迎擊之追及於吳淞江口值綵綢港復有新賊至者與之合踪勢益猖獗官兵莫敢進都御史蔡公克廉遣同知任環往助之賊遂敗走俘斬百餘

四月賊圍太倉州

時賊勢甚急直逼太倉城下蔡公躬秉城督戰賊乃去而城外居民焚掠幾盡

五月賊破吳淞所入據之越十日守備解明道復之

賊既破城遂據爲巢明道襲敗之斬首百餘賊首三大王六大王死焉遂復所城賊遁出海復爲州判金汝舟千戶楊循禮所敗擒斬八十有奇

賊首蕭顯入上海縣鎮撫胡賢死之

顯自浙西流突直境過金山至天妃宮浙江領坑兵指揮黎鵬舉與賢禦之鵬舉被創賢死焉賊遂衝縣市焚治所自是而後浦東沿海二百餘里間新舊之賊往來絡繹無虛日矣

十一月參將湯克寬敗賊於高家嘴

俘斬百餘

三十三年正月蕭顯攻嘉定縣

顯自上年入寇上海而去爲官兵追迫登據崇明之南沙官兵圍守且半載值歲暮守者懈顯得遁至黃窪入攻縣城又分掠南翔等鎮參將湯克寬擊敗之

攻上海縣

顯自嘉定循海而南攻圍上海甚急時城初築未固勢且陷官民洶洶兵備僉事任環統民兵三百僧兵八十往援時賊船泊黃浦者以百計而自吳淞江南行者不計焉環追襲之於五里橋賊敗南奔環追敗之於曹家墳賊始懼適浙江都御史王公忬遣都指揮盧鏜來擊賊乃解圍而南

二月都指揮盧鏜敗賊於史家浜僉事任環敗賊於歸家港

時顯據史家浜爲巢鏜進擣大敗之賊死者無算乃遁往浙江海寧縣鏜復追敗之其剿踪之在歸家港者環亦敗之

三月賊攻南匯所

攻松江府副千戶童元巡檢李叢祿禦戰死之

賊自曹涇而來元與叢祿禦之於蕭塘力戰而死賊遂渡浦攻府城環與克寬擊敗之賊乃退走大門墩

四月賊首王直等巢柘林

賊與徐碧溪吳德宣等營柘林爲巢窟連絡二百里如老鸛嘴七八團之間皆其部落之所屯聚也間分一支自清浦白鶴港而北出太倉分一支自劉家河入趨崑山

州判金汝舟指揮姜統敗賊於劉家河

賊自正月復據南沙至是突入劉家河統與汝舟率舟師擊敗之斬首百餘

攻太倉州

松江之賊出青魚涇遇賊艣目
劉家河入者六十餘合攻州城

攻崑山縣

賊自劉家河入越太倉至崑山知縣祝乾壽涖任甫一月聞報即督官民死守賊攻圍甚急蘇州路絕乾壽夜募死士持蠟書浮水而行八晝夜始達郡城兆撫屠公大山巡按孫公愼遣都指揮梁鳳應援鳳竟不進生員龔良相涕泣請兵於孫公始仰鳳逗遛之罪遣良相監督以行鳳大怒欲殺良相良相不爲動促之益力鳳不得已至三里橋望賊即潰而回遺火器二船於賊佯報賊已遁去孫公信之賊得火器攻城益急百有登陴者有穴城門下者乾壽與鄉官朱隆禧等分門捍禦而令生員張先紹潘蔚武舉郭龍韜等嚴督士民竭力禦之城賴以全時賊欲據崑爲巢故蘇州各縣皆被攻圍而攻崑尤急以崑山爲蘇郡州縣適中之地得此爲巢則沿海諸邑聲援俱絕進可以蚕食蘇常退可以拒援兵也

總兵俞大猷敗賊於吳淞所

賊船入吳淞江者十六艘大猷敗之沉其舟十一斬首二百五十有四

賊攻蘇州府

賊首阿八王自崑山分踪進掠府城參政翁大立提兵禦之賊乃退遁

攻常熟縣

賊酋劉鑑自嘝李進攻越四日又合福山賊進攻縣城

攻松江府

五月賊解蘇松圍而去州同張魁千戶田應山追敗之

賊糾諸縣精悍者凡七千人攻崑山縣城期於必破知縣祝乾壽殪其渠魁二大王賊大懼圍歸而各縣之圍皆解道出劉家河者數百艘魁等追擊大敗之斬首四百四十有奇

六月賊犯蘇州府

賊自松江來者分作三支一由嘉定太倉大道而進一由關橋滸浦閶道而進一由唐行千墩而進會於崑山期犯府城兵備任環禦之於眞義滸利百戶劉受臣死焉賊遂進至府城焚掠諸市鎮而去取道於行春橋由胥口出太湖過吳江知縣楊芷舉人周大章率舟師追擊於王江涇爛溪鶯湖等處皆勝之賊由菜花涇過嘉善而去

七月賊攻南匯所

八月賊攻嘉定縣

賊首王直分遣其酋吳德宣徐碧溪自錢絧港率衆千餘入攻縣城

參將許國　李逢時敗賊於師家浜

直知官兵將搗其巢乃進營於師家浜列七星陣以待官兵擊之大敗而去旣而又進攻之賊固守其舟時二參將所統者皆北兵不知地利已所遇崩死者甚衆無何賊由原港出海亦兵追戰於老鸛嘴之四馬洪大敗之

賊攻青村南匯所金山衛

蔡廟港賊倂入柘林賊巢合攻青村所繼至之賊登周公墩者千餘攻南匯所旋亦入巢與新至之倭合攻金山皆爲官軍敲退

十二月賊陷青村所

先是賊攻所城者數次官兵守備極嚴賊皆負傷而走積忿詣柘林借兵二千來攻弗克賊亦計窮欲去

新安黃鈇刊

會守門百戶之伯有爲賊所虜者賊令叩南門呼姪求入姪聞伯音以繩下挽昏黑之際賊乘隙以登百戶首先被殺賊遂入城焚殺比他地尤慘

三十四年正月賊攻南匯所

川沙之賊

僉事董邦政搗川沙窪賊巢破之

時賊死傷者五百餘監生喬鏜復追敗之

賊攻金山衛

總兵俞大猷副使任環孫宏軾等敗賊於勝墩

賊自嘉興流至吳江之平望分道而來一支由太湖關溪南厙一支由張村黎里出牛場涇期會於蘇州兵備任環知州熊桴知縣楊芷禦之於梅堰鶯湖皆勝之賊乃遁去以嘉善道阻復合兵由大道進至勝墩環與知府林懋舉等率狼兵自北擊之浙江副使孫宏軾總兵俞大猷率宣慰彭翼南兵自南擊之狼兵首殪其渠魁一人賊氣沮捐資於狼兵求脫弗聽東西皆阻水官兵南北夾擊之賊遂大敗斬首三百

是戰也提督都御史周公琓巡按御史周公如斗令所在清野凡賊所向民間粟具悉毀之而令環等扼之於前浙江巡按胡公宗憲復督宏軾等自後追之賊進不得食退不得息故有是敗

賊入崇明縣知縣唐一岑死之賊旋就滅

賊夜襲破縣城一岑與之巷戰身被數外猶力戰賊敗出城一岑傷重而死佑二日賊復至據縣城諸耆民相與謀曰唐父母被害而吾輩乃容賊盤據吾縣耶於是相與僇力爲死鬭賊二百人皆就滅

二月賊攻青村所翁時器等擊敗之

三月賊圍上海縣

賊五千餘屯新場下沙千餘屯閘港數千屯川沙俱進逼縣城時總督都御史張公經調集廣兵湖兵數萬駐松江賊乃退入舊巢完壘治兵爲拒守計而諸營連絡聲勢益盛張公欲伺其出海擊其惰歸故搗巢之策卒不果行

賊攻金山衛總兵俞大猷敗之

柘林新至賊乘銳來攻守者發矢石禦之賊中傷者甚衆乃解去既而又來攻大猷敗之俘斬二百餘

四月賊攻常熟縣

福山之賊

兵備副使任環擊敗常熟三丈浦之賊

先是賊屯三丈浦者勢甚猖獗且易官軍不爲備環陰部署主客官兵以保靖應襲彭守忠爲中哨太倉者民爲右哨知縣王鈇爲左哨躬環甲冑激勵三軍我兵皆踴躍思奮進攻之賊遂大敗俘斬二百八十有奇而我兵不損一人自用兵以來早戰全捷未有如此者也

常熟知縣王鈇與致仕叅政錢泮禦賊於上塘港口皆死之

三丈浦之賊爲任環所敗勢已破沮値陸涇壩敗遁之寇與之合蹤復肆猖獗欲攻縣城鈇泮率兵禦之賊佯爲村民避賊若依官兵爲援者官兵方共惜之倏爾起鬭兵士驚潰鈇泮猶督戰不已遂皆遇害

柘林賊首徐海分踪出掠

賊知官兵將搗其巢乃分兵四出以牽制我師東掠崇明常熟以達江北西出嘉湖以搖動全浙而川沙之賊先屯老鸛嘴者以聲援不繼俱併入柘林

賊攻無錫縣

五月任環復敗三丈浦之賊

賊既殺王知縣勢甚滋蔓而太湖之賊復與之合益驕肆無忌環率官兵進攻大敗之殺其白帽主帥一人賊乃大懼稱環爲拚命官人數還從避之

官兵擊賊於陸涇壩大破之

詳見大捷紀

遊擊將軍周蕃與賊戰于朱涇敗績死之

賊復巢柘林

賊自王江涇之敗皆遁出海新賊萬人復來據之未幾風雨大作出海之賊覆溺幾盡餘黨復巢焉

賊掠浙江取道蘇州出海至平望浙直官兵會擊大敗之

詳見大捷考

六月賊攻蘇州府

賊自柘林取路崑山而來遂掠太湖洞庭兩山

常熟三丈浦賊出海太倉知州熊桴敗之於登舟沙

俘斬一百三十有奇餘賊南遁至吳淞江口復爲把總劉堂所敗其酋急速如郎就擒斬首二百六十

七月松江府知府方廉計殺柘林賊千人

時巢賊甚熾廉遣諜投毒井中賊死者千餘人斬首數百

浙江提督都御史胡公宗憲遣叅將盧鏜都指揮王沛敗賊於劉家河金山洋

先是賊自王江涇陸涇壩平望數敗之後勢甚窮促叅將盧鏜都指揮王沛時往撓之賊死傷及疾疫者過半乃潛伏巢穴不敢出掠日爲遁歸之計既而爲官兵邀擊遂沉舟破釜示無去志然實覘官兵不備之於海而得走也胡公諜知之預遣沛等率舟師伏海口伺之賊果遁去沛等追敗之於金山洋悉沉其

舟賊溺死無遺

柘林賊攻屯陶宅

賊出海復爲總兵俞大猷叅將盧鏜把總婁宇所敗乃復登陸結巢陶宅其一艘飄泊海門則賊酋林碧川爲之首與其下一百二十餘賊復登大陳山爲把總任錦俘斬無遺

八月剽賊五十三人流犯蘇州提督都御史曹公邦輔討平之

詳見大捷考

七丫港吳淞江賊遁出海洋把總楊尚英追敗之

沉其舟六十俘斬三百有奇

九月浙直官兵會擊陶宅之寇指揮邵昇姚泓生員于岱皆死之

昇等乘勝進攻賊死守其巢乘高刺下三人皆死焉

總督都御史楊公宜遣遊擊將軍曹克新副使任環擣川沙賊巢擊走之

克新統川兵攻賊大敗之燬其巢賊遁至吳淞所環督舟師襲之斬獲大半餘黨走清水窪

閏十一月僉事焦希程率川兵擣周浦賊巢大敗之

先是楊公潛令武生胡豆朱先等設伏賊巢約縱火爲號希程監督川兵與曹克新乘雪夜襲之豆等縱火焚寺賊驚亂四面伏起斬首二百三十有奇而賊巢燬焉

官兵敗賊于吳淞江口

周浦賊遁出吳淞江副使王崇古總兵俞大猷追擊大敗之俘斬一百七十

三十五年正月叅將尚允紹擊賊於四橋死之

賊首陳東將屯新塲爲巢

二月賊首徐海復巢柘林

新塲賊首陳東自燬其巢來與之合

三月賊據蔡塘堡叅政任環叅將喬基等大破之

時賊新至茶欲總督胡公令環會基共擊之賊逃入蔡塘堡環乃以把總陳習攻東門車梁攻西門張惟孝攻西北鬮鳴鸜攻西南賊死守官兵攻之戰方酣王賀等兵諧從東北入賊遂大敗悉斬之

官兵擊新至賊於七篭洪等處悉敗之

時新至賊一支自崇缺登犯佐擊宗禮敗之一支自七篭洪登犯僉事董邦政敗之一支自南滙所登犯叅政任環敗之叅將婁宇又敗之俘斬甚衆而所存者無幾焉先是賊據松江累年未有能挫之者及胡公爲總督於是官兵修力而新至之賊皆迎刃以敗云

陶宅之寇爲官兵擊敗遁出海洋叅將婁宇等復追敗之

總督胡公會浙直兵進擣陶宅之寇大敗之賊死者甚衆遁出崇缺外洋婁宇與把總王應麟復敗之於九團洋俘斬踰百

叅政任環會董邦政擊界嘴新至賊平之

賊新至自界嘴登犯胡公檄環邦政會擊之大戰一日斬賊十之七八明日復戰遂無孑遺

賊犯西菴董邦政平之

賊新至自金山登陸流至西菴胡公檄邦政攻之賊大敗走匿法昌寺邦政復火攻之盡殲焉

賊犯青村把總王應麟討平之

新至賊自青村焚舟登陸應麟敗之賊匿民房官兵復火攻之賊突走爲官兵所截不得去乃復匿民房遂悉斬之

董邦政追擊新賊于沈庄平之

賊百餘皆就戮

賊入吳淞江總兵俞大猷大破之

賊艄十六自貢山入江大猷先奉胡公檄與把總楊尚英劉堂等設伏海口待之賊至伏發沉其舟十三斬首二百五十

賊攻江陰縣知縣錢　錞戰死之

時賊攻圍甚急填濠直逼城下勢且陷錢錞議欲出兵拒之兵備副使王崇古不從錢錞獨率民兵出城捍賊力戰而死然自是賊亦稍稍引去矣

賊攻無錫縣

賊入楊子江鎮江衛千戶沈宗王王世臣戰死

五月賊攻上海縣尋進攻松江府官兵追擊於泖湖敗之

時賊新至者以萬計復屯柘林乍浦總兵俞大猷同知來文貴知縣楊旦等敗其前鋒既而賊攻上海縣又爲官兵所敗而去遂攻府城把總劉堂追擊於泖湖敗之參政任環同知熊桴復追擊於澱山湖東又敗之前後俘斬三百餘賊

六月新安衛百戶帥印與賊戰於青村德勝港死之

時印統廣兵追賊

總兵俞大猷邀擊遁賊於茶山洋大破之

七丫港賊與吳淞江賊爲官兵所敗相繼遁出海洋大猷預受胡公檄設伏劉家河海洋待之且攻且逐追及於茶山東北沉其舟六十俘斬三百餘殘寇宵遁復爲颶風所覆無生還者

黃鏡 六百令八

總兵徐珏擊孟河之賊大破之賊遁出楊子江把總張成已復追敗之

時賊在孟河勢頗猖獗珏與戰大敗之賊死者三百餘人先是督察尚書趙公文華渡江而南預戒兵將無得貪功取級以陷賊計故是戰殺傷獨多既而賊遁出江成已率舟師復破之斬首百計

八月常州賊遁出海總兵盧鏜等追擊大敗之

賊掠江陰無錫爲官兵所敗遁出海洋胡公命鏜等追敗之沉其舟數十俘斬三百五十有奇

三十八年四月賊據崇明三沙七月遁往楊州

賊舟爲颶風所擊登三爿沙總兵盧鏜與把總楊尚英迎擊之沉其三舟俘斬百餘既而欲突入內地爲官兵所截遁過三沙鏜等復攻敗之總督胡公恐其滋蔓檄副使熊桴副總兵劉顯與鏜協攻之適政唐公順之適至乃帥官兵渡海而東與賊相持者凡餘官兵屢進撓之賊屢敗舟盡燬賊窮促死拒值緩督

陳公錠告病而去兵餉不繼遂輟圍而西與胡公議復遣兵往擊且檄沿海嚴爲之備賊造小舟數十乘風雨從北面遁往江北官兵追之弗及

淮陽

嘉靖三十四年四月賊犯海門知縣趙鄉敗之

時賊首徐海屯松江之柘林知官兵將擣其巢故分掠江北鄉敗之斬首一百五十

五月叅將喬基等擊賊于呂四場敗之

基與都指揮張恒通州同知印宋統兵夾擊賊大潰敗俘斬一百六十

三十五年四月百戸戚繼爵與賊戰于狼山死之

都指揮張恒千戸羅大爵百戸曾沂禦賊於楊州死之

時賊一從瓜州入一從新港入一從通州入

賊攻瓜州

賊攻楊州府同知朱裒等死之

賊攻小東門甚急官兵用佛郎機殪賊數人賊乃退去裒與千戸曹□勇應襲男恩率兵出城禦賊死焉高郵衛經歷晏銳爲賊擄去

五月無爲州同知齊恩與賊戰于圖山之北江中死之

恩率兵與賊大戰乘勝逐北悞入伏中力戰而死父子兄弟叔姪同時遇害者七人○詳見遇難徇節考

副使馬慎追賊於狼山敗之

賊遁出江慎追敗之既而福山把總鄧城又追敗之沉其舟十一是年犯江北之賊凡五而廟灣之賊尤劇副總兵盧鏜叅將劉顯王金人彭志顯屢進攻之賊遂敗遁

三十六年四月賊攻海門縣應襲百戸俞憲章死之

五月賊犯楊州官總兵盧鏜等大敗之

賊入海子内爲大小兵所敗至湾頭鏜等復敗之□百七十餘

賊入寶應縣

先是楊州東關及瓜州俱有堡賊至楊州不得掠乃從高郵至寶應寶應素無城焚掠殆盡

賊犯天長都指揮沃田把總岳君寵與戰死之

六月副使于德昌叅將王元伯劉顯擊泗州賊破之

時賊掠泗州爲官兵所敗德昌等會擊之顯身先士卒殺衣紅賊首一人賊隊大亂元伯督兵乘之賊大潰敗追及於舟所□賊復自下應之賊死者無算既而賊遁出海總兵劉顯敗之於安東千戸汪時中又敗之於廟灣匣子港賊竟遁去

三十八年四月賊犯如皋官兵擊之

時賊新至官兵首挫其鋒斬首一百六十

賊犯盧家場千戸汪時中擊却之

賊從大河口呂四場登岸者以千計掠盧家場時中與把總張大義合兵圍之大義意欲困之且待諸兵齊至然後進擊時中奮然曰我等既受委任坐視賊之肆虐民之荼毒而不肯前何也大義固沮之遂與有隙時中單騎提雙刀突入賊營斬賊數人賊大驚與相顧錯愕莫敢誰何似有嘆羨其勇而欲收用之意時中繞賊營後賊追之鄉兵往救賊大敗走爲之喪氣

官兵進擣廟灣賊巢大破之

詳見大捷考

叅將胡宗義與賊戰於海安兵潰千戸趙世勳鎮撫韓瀏死之賊尋爲副使劉景韶所滅

時海安故有毛葫蘆營毛兵素貪宗義新任無紀毛兵爲賊所餌而敗官兵皆潰世勳與瀏死於陣提督李公遂檄副使劉景韶率邊兵逐之賊大敗奔張家庄官兵圍之因縱火攻焉賊奔新洲官兵復追敗之俘斬盡絕約三百五十有奇其别支之在曹家庄者亦爲景韶所敗奔蒲家庄景韶復斬絕之

七月副使劉景韶叅將丘陞擊賊於舊場敗之

三沙遁至之賊也既而賊遁丁家庄官兵圍困是夜漏下三鼓賊乘雨潰圍而走官兵復追敗之斬首三百餘賊遁七竈河

八月副總兵劉顯曹克新等敗賊於白駒場

賊既爲劉景韶所敗遁白駒場官兵圍之四面逸出復爲官兵敵退回守其巢顯身先陷陣賊死者百餘乘夜遁大海沙洲顯復陷陣攻敗之賊潰走走則陷沙塗中官兵又敗之俘斬千餘○餘見大捷考

賊遁出廖角嘴副使熊梓敗之

賊焉劉顯等所窘將遁出海總督胡公檄蘇松兵備副使熊桴率舟師設伏海上至是賊逸官兵敗之總兵盧鏜又追敗之

直隸事宜

直隸東濱巨海北亘長淮中貫大江江南則爲蘇松常鎮諸郡江北則爲淮揚諸郡其勢不能以相援也故各有巡撫之設在蘇松四府有防海防江二者之責在淮楊二府有防海防江防淮三者之責以其均之爲直隸也合爲一卷

江南諸郡

松江自金山衛至南滙所官軍各分信地各有定額拏金山衛以西守禦衛栅江門二營舊制各設官軍四十名又貼守兵共一百名金山衛以東守禦金山營胡家港堡蔡廟港堡舊制各設官軍四十名又貼守軍共三百五十二名已上正守軍人係金山衛查撥貼守軍係太倉鎮海二衛嘉興千戶所調發每歲二月上班十月掣班青村以東各洪港舊制係青村官軍把守南匯以北各洪港舊制係南匯官軍把守今查脩復海塘須照舊分沠但太倉鎮海嘉興同有倭患貼守官軍似難調發相應於金山青村適中如柘林地方南滙吳淞江適中如七八團地方添設陸路把總二員各領精兵一千如募到狼兵邳兵之類若兵數不敷就於沿海招募義勇照依客兵支給口糧各官兵即於柘林七八團暫借民居剏營隨路有警相機策應不許潛住衛所城中各設守禦官軍悉聽鈐轄此松江海塘設備之大畧也若沿海港口金山以東有翁家港蔡廟港柘林漴缺等處南滙以北有四五六七八九團洪口川沙窪清水窪等處皆宜設船防守按舊制金山衛所造船各有定額左右前後所每百戶所造出海哨船四隻共計八十隻青南二所每百所造出海哨船四隻共計八十隻俱就各衛所沠撥巡軍在海巡邏正統間因海患寧謐或以船爲虛費題准以江船易

馬而哨船之制遂廢矣今議設船隻一馬之貲不足
以備一船之用官軍窮苦又難賠貱合令每馬二疋
造船一隻冊於衛所查有地租公費銀兩與松江府
庫軍前銀內相兼輳數每船量貼銀十兩金山衛總
委一官督造其各船應用器械火器合於原議太倉
置造軍器內給發聽用就點各衛所知水軍人操習
水戰布列港口各分信地如倭賊突至而縱容其停
泊者服以上刑則自無規避之患矣此松江海港設
備之大畧也夫沿海設備固爲上策萬一外守不固
則黃浦一帶又爲蘇松險要守浦乃所以守門戶猶
有愈於守城也今吳淞江口即爲黃浦口子既經設
備而吳松江所亦設兵一枝以防深入矣而至於上

海之高倉渡沈庄塘周浦閘港閔行華亭之葉謝曹
涇張堰等處賊一登岸搶船渡浦甚易除松江府先
後打造雙塔船鷹船各發上海華亭各召募水兵分
布沿浦各港巡邏把截又華上二縣各募鄉兵護守
城池有警調至浦邊協守但前項兵夫官無專職則
事難責成而沿浦二百里之遠本府巡捕官一人勢
難管攝合令清軍同知一員帶管華亭鄉兵水兵自
豐涇以至閔行皆其信地再設巡捕同知一員住劄
上海專管該縣鄉兵水兵自閔行以至嘉定界首皆
其信地無事率兵操演有事統兵防守蓋同知名位
稍尊威令可行又甲科之在選外補與舉行之才望
隆遜者皆得爲之庶濟實用若止設通判則爲官非

樂就而下亦玩視恐不能振作而有爲也此松江內
地設備之大畧也然倭船之來乘風渡海勢難聯絡
每至海外大山必停泊候齊然後深入照得羊山爲
本府所屬爲定海吳松江二總兵兵船會哨之處以
地里適均故也本府所造之船數本不多僅可以支
把港之用此但可以言守而不可以言戰須得福船
蒼山各數十隻沙沓民船二三百隻每至風汛時月
分泊港口各住信地更番出至羊山往來遊擊晝夜
不絕外則爲定海吳淞江會哨兵船之羽翼內則爲
海港把守兵船之捍衛遇有海賊齊力奮擊將見賊
船鯮散而少我兵船鯮合而衆盛衰之氣勢既分則
勝負之分數自判得海防之上策矣抑猶未也查得

沿海民竈原有採捕魚蝦小船並不過海通沓且人
船慣習不畏風濤合行示諭沿海有船之家赴府報
名給與照身牌面無事聽其在海生理遇警隨同兵
船追勦此則官兵無造船募兵之費而民竈有得魚
捕盜之益此松江海洋設備之大畧也

　巳上都御史方公廉前任松江府呈

蘇州沿海一帶險隘甚多舉其大者則常熟有福山港
白茆塘太倉有劉家河七丫港嘉定有吳淞江黃窰
港皆賊之通衢而東吳之門戶此則所謂一府之險
要長洲則泖湖浩蕩吳江則鶯湖相屬吳縣則太湖
交通皆賊之徑道而腹裏之關隘此則所謂一縣之
險要以言其次則福山以西有三丈浦斜橋以東有

許浦金涇劉家河以北有新塘浪港黃泗灤與松江以南有寶山以東有老鸛嘴均之所謂險要而少次焉者況海濱數百里一望平坦非有山嵐險阻爲之扼塞皆可以泊船登岸要害無邊兵力有限而防禦之計當先其大者以海邊惟福山爲最以腹裏惟勝墩爲最故劉家河吳松江福山港舟師防守不可單弱白峁口七丫港黃窰港俱當預設戰艦庶與各港相爲犄角又如賊自東南而來必由寶山吳松江宜發船一艘泊於吳家沙以堵截之賊自東北而來必由三沙劉家河宜發船一艘泊於營前沙以堵截之把總遊兵船隻往來策應而三丈浦新塘老鸛嘴等處亦得以聯絡而并制則蘇之外防或可無憂矣至於

風汛時月吳松水兵統發勝墩平望以防嘉興突犯之寇吳縣水兵統發太湖以防蠡里突犯之寇長洲團結水兵統發周莊以防澱湖突犯之寇本府相度緩急發遣水陸之兵以爲應援則蘇之內防或可無憂矣然福山港劉家河吳淞江各該把總之官統領兵船在洋堵截似爲有備但賊船之來聯艅接艦乘風駕潮萬一不能盡行邀擊或有一二泊淺閣岸則水兵束手旁觀任其焚劫無可奈何而把總官亦且以爲非所事事矣合於常熟縣分撥兵勇一千名屯駐福山港五百名屯駐白茆塘太倉州分撥勇兵一千名屯駐劉家河太鎮二衛原練杆子軍兵五百名屯駐七丫港嘉定縣分撥勇兵一千名屯駐吳淞江五百名屯駐黃窰俱聽各該把總選官分領相機調度賊在外洋則水兵擊之賊若登岸則陸兵堵之彼此夾攻遠邇互應各該州縣量爲聲援如此則賊亦疑畏而不敢犯矣至於腹裏如崑山縣分撥兵夫三百名屯駐清洋江三百名屯駐千墩吳江縣分撥兵夫五百名屯駐勝墩各張聲勢以助軍威各該領兵官聽其調遣不許退避萬一賊勢重大未易爲功則各枝之兵又宜聽府州縣掌印官調回守城庶事體專一可以責成兵勢聯絡不致孤懸矣

巳上副使溫景葵前任蘇州府議

主事唐樞云松江有海防道僉事住劄上海蘇州有兵備道副使住劄太倉則常熟江陰地方自福山白茅

港浦諸港進泊頭山可直趨無錫武進此處頗爲空缺應援不及故更設一兵備轄至鎮江一帶住劄江陰賊入海口即爲遊擊若深入大江即從腹裏抵京口截禦

都御史唐順之云自來禦倭之策無人不言禦之於海則易禦之於陸則難是以海上會哨會剿事例甚嚴所以圖難於易也滸山去乍浦金山吳淞江三處各是一潮道里適均係會哨所在

又云海賊入江由江兩岸登陸之路廖角嘴營前沙南北相對海面約闊一百四五十里爲第二重門戶周家橋與圌山相對周家橋北岸至順江洲與江南分界江面約闊六七里順江洲至新洲夾江面約闊七

八里新洲來至圌山南岸江面約濶十四五里爲三重門戸三處領水兵官須整備船艦晝夜緊守三門勤勤會哨以防春汛門戸既固堂奥自安若三門稍有疎虞至不得已而守金焦兩岸所謂下策與無策矣

又云江北江南事例互相應援况南北共海賊若搶船上岸不寇江南則寇江北是江北之援江南亦自援也若不會兵殲之於海中何以獨力禦之於岸上

巡撫都御史翁大立題云今日海防之要惟有三策出海會哨毋使入港者得上策循塘距守毋使登岸者得中策出水列陣毋使近城者得下策不得已而至守城則無策矣臣周行海壖分布信地視吳淞所乃

水陸之要衝蘇松之喉嗌也提兵南向可以援金山之急揚帆北哨可以扼長江之險以副總兵統兵鎮之自吳淞而北爲劉家河爲七了港又東爲崇明縣七了而西爲白茆港爲福山又折而西北爲楊舍爲江陰爲靖江又西爲孟河爲圌山此皆舟師可居利於水戰臣皆設有兵船非統以把總即統以指揮而又以圌山遊兵把總駐劄營前沙會哨於江北吳淞遊兵把總駐劄竹箔沙會哨於洋山常鎮叅將統水陸兵據江海之交鎮守於楊舍所以備水戰者亦既密矣但吳淞而南雖有港汊每多砂磧賊可登岸兵難泊舟非選練步兵循塘距守以出中策不可也今自吳淞所而南爲川沙堡以把總練兵一枝守之川沙而南爲南滙所以把總練兵一枝守之南滙而西爲青村所以把總練兵一枝守之青村而西爲柘林堡以都司練兵一枝守之此皆不遠六十里聲援易及首尾相應宛然常山之蛇之勢也柘林而西爲金山衛西連乍浦東接柘林頻年皆賊所巢窟添設遊擊將軍一員統領馬步遊兵往來遊徼則北可以護松江而西可以援乍浦

江北諸郡

都御史唐順之云廟灣剿賊之路原有兩條一條從寶應拖船過埧水路白清溝喻口進攻則兵勢既便而餽餉亦易一路從淮安至馬邏陸路進攻則兵勢既迂而餽餉亦難

又云通州屯下重兵若有寇則又有客兵屯聚計算通州所出糧穀得兵吃否恐臨期不免騰貴則通州該何路糴買或是先將軍餉銀上江糴米從江路運至通州積下若米價騰貴則銀米兼支與軍家爲便柴薪亦須預處

又云江北向面與江南浙福不同並不得水戰止靠陸戰也

閩縣知縣仇俊卿云海寇之來每自南而北度南麂山則自廣入閩矣過流江寨則出閩入浙東矣越海門則又浙之西矣踰寶山至吳淞沙上等處則又自浙入江南直隸矣沙上以南不暇泛及兹以海道之要害切于江北者言之狼山當江海之吭而廖角掘港皆揚之東南界也朐山據淮海之首鬱州嬰游山皆淮之東北境也中包泰興之周家橋鹽城之射陽湖山陽之雲梯關廟灣等處此皆沿海衝要之區寇盜可以停船出沒之處乃據守所當先者也近奉欽依東西二海所雲梯關麻洋掘港俱設把總惟周家橋廟灣場二處亦須添設把總其狼山朐山爲首尾之勢責令叅將分布駐劄堵截海寇中間舊設新添官軍兵快悉聽叅將提調凡遇聲息百里之內同日應援不許互相推避致誤軍機各照律例重擬庶心力可一盜寇可禦又照臨清向爲北虜添築外城維揚近爲倭寇亦議築外城淮郡西湖嘴正人煙稠密處所一遇寇至搬移流離况二城所容有限欲將西湖嘴另築一城又慮財力地勢俱有未便聊將夾城中間聯築爲道一自新城東南角樓起抵舊城桃花營一自新城西南角樓起抵舊城北水關共計四百餘丈比之揚外城之工不及十之一二如此則兩城相通糧草兼濟攻守有備矣

吳郡監生金魚云倭寇之患起於吳浙而沿及淮揚蓋揚州富甲天下人所素聞三十五年之夏賊以二百餘人或曰止一百三十餘人突至揚州城下城中謹閉自守任其遊逸無如之何大掠而去自是益生歆豔而揚州爲賊所必窺之地矣以江北之大勢言之東起廖角嘴大河口以及呂四盧家等場沿于楊樹港海門

裏河通州與如皐泰州稍折而北則爲揚州矣過揚州而西稍北則天長滁州抵中都踰海門而北則爲徐步營又北則爲崛港又東北則爲新揮港轉而西北則金沙鹽城廟灣劉庄姚家蕩再西北則蛤蜊麻線等港而至大海口矣劉庄東北則安東安東之北則爲海州贛榆泰州西北則爲高郵寶應寶應之北爲淮安淮安轉西則泗州以達鳳陽此江北形勢之大畧也賊入海之道有二其一新港爲一道新港即

所謂三江口蓋由南江狼山越儀真瓜州而入登岸則卞家墳周家墳稍折而東則揚州矣此可入以登岸亦可從以出海者也此最爲便道其二則蛤蜊麻線等港沿北太海口爲一道太海口有水陸路兩通廟灣與劉庄姚家蕩俱爲大鎮賊若據此我兵屯於湯潮岸等處賊南尋新港路出不得則必北尋太海口而出勢所必然也若安東海州之東北有大北海不惟道里迂遠且砂磧甚多此不可運舟者也蝸港新插港之東亦有北海砂磧亦多不堪重載此但可從以入而不可出者也是賊出海之路止有二途若其登岸之處則不一東則瞭角嘴呂四場西則楊樹港徐沙营又西則狼山楊樹港北則新插港蝸港皆

其所從以登岸而入寇之路也夫賊所欲慕惟在揚州一執居民便問其道若登狼山必窺通州而揚州在西使于揄東揄西等處率民以禦其後則賊必敢直前以寇揚州若于瞭角嘴呂四場或新插港蝸港以進使于揄東揄西等處屯兵以遏之則揚州可無危故今揄東揄西等處最爲要地而當事者欲屯宿重兵以控扼賊鋒者有以也按江北之地濶港茭蕩固亦有之而平原浩壤則覗是松爲多大西北騎兵倭寇未易以嬰其鋒也既得平地則騎兵可施二十八年之捷以西北騎兵三千爲之先衝可見也他有湯潮岸者文范公所築以捍海溢者也故亦名范公堤東南起呂四蕩西北抵姚家場綿亘延二四百里

高岡平衍可用騎兵爲之長驅今東關瓜州儀真已建堡賊若於瞭角嘴呂四場及新插港蝸港以進或不能襲取揚州必轉之東北而窺淮安東安以擾劉庄廟灣我軍苟能彼此夾攻遏之使至湯潮岸以西北騎兵衝其鋒而以火器繼之各路兵躡後擊之賊可以戰成擒矣故我軍惟利賊之至此者有以也新插港東臨北海素有鹽徒數百艘聚泊崇明北後之寇欲劫鹽協徒而不果當事者欲置官于此以提督鹽徒使不爲賊用而爲我用亦一見也夫寇興以來燒劫屠戮之慘與浙淮揚所同若獲利之多則未有如淮揚者而賊所必不能舍者在是矣况其地運道[illegible]陵寢在焉所係尤重乎夫江北之地除安豐等三十六

場俱在海内不爲要害其要害之處乃通州也狼山也楊樹港裏河鎮也揄東揄西等場也瞭角嘴呂四場也蝸港新插港也廟灣劉庄金沙場姚家蕩也今皆已建城堡設戍守非若往日之無備矣其要害之尤者曰新河出入最便逼近揚州也曰北海所從以通新插港且有鹽徒聚艘於此者也曰廟灣以其爲巨鎮而可通大海口也故[illegible]事者荆川先生欲以把總三人一住新港一住北海（近新插港且有鹽艘聚泊也或曰廟灣以此之北海疑未是）一住廟灣一爲陸路遊擊住劉海安鎮若海安在如皋泰州之間東可以控扼狼山通州海門之入而西可以捍衛揚州也

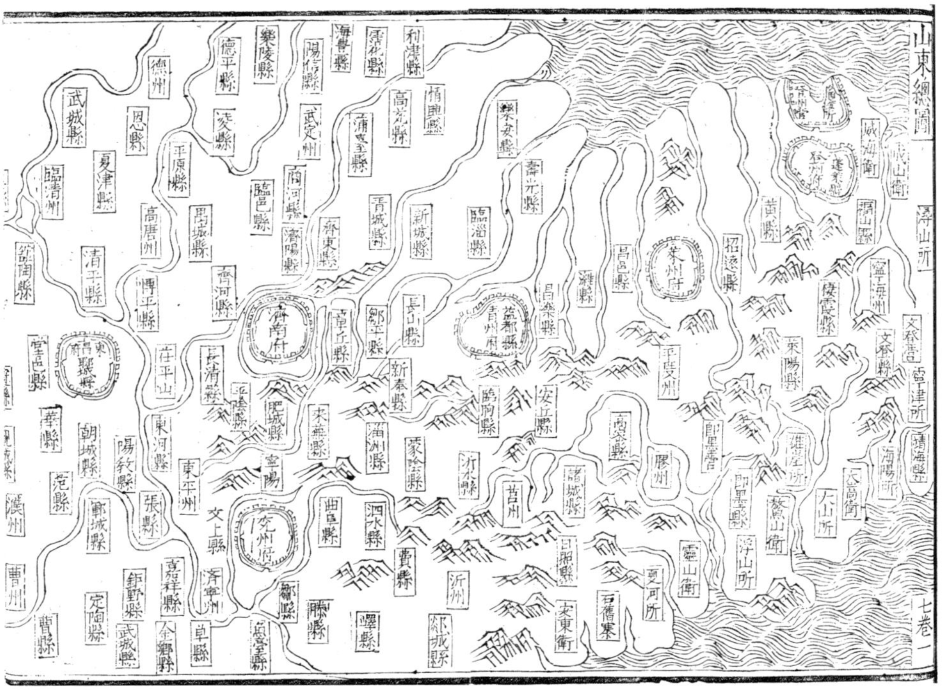
山東總圖
七卷一
濟南府
兗州府
青州府
萊州府
登州府
東昌府
德州
武城縣
恩縣
臨清州
夏津縣
高唐州
清平縣
平原縣
德平縣
陵縣
樂陵縣
海豐縣
霑化縣
利津縣
高苑縣
臨邑縣
新城縣
臨淄縣
樂安縣
壽光縣
昌邑縣
濰縣
昌樂縣
招遠縣
黃縣
威海衛
成山衛
寧海州
棲霞縣
文登縣
萊陽縣
即墨縣
膠州
諸城縣
莒州
沂州
費縣
曲阜縣
泗水縣
滕縣
嶧縣
郯城縣
安丘縣
蒙陰縣
新泰縣
萊蕪縣
長山縣
鄒平縣
章丘縣
長清縣
肥城縣
東平州
東阿縣
陽穀縣
朝城縣
范縣
濮州
曹州
鄆城縣
鉅野縣
嘉祥縣
濟寧州
汶上縣
定陶縣
武城縣
金鄉縣
單縣
靈山衛
夏河所
安東衛
石臼寨
日照縣
浮山所
大嵩衛
鰲山衛
靖海衛

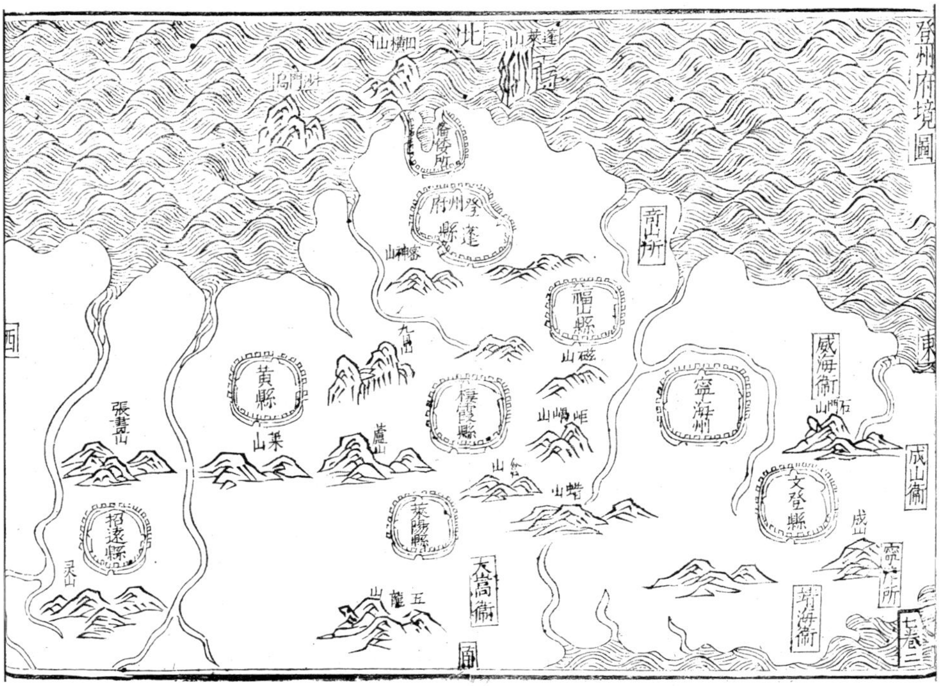
登州府境圖
七卷二
北
東
西
南
蓬萊山
橫山
烏門湖
備倭所
登州府
蓬萊縣
福山縣
黃縣
棲霞縣
寧海州
文登縣
威海衛
成山衛
萊陽縣
招遠縣
大嵩衛
靖海衛
奇山所
張貴山
萊山
蘆山
磁山
崑崙山
成山
五龍山
九目山

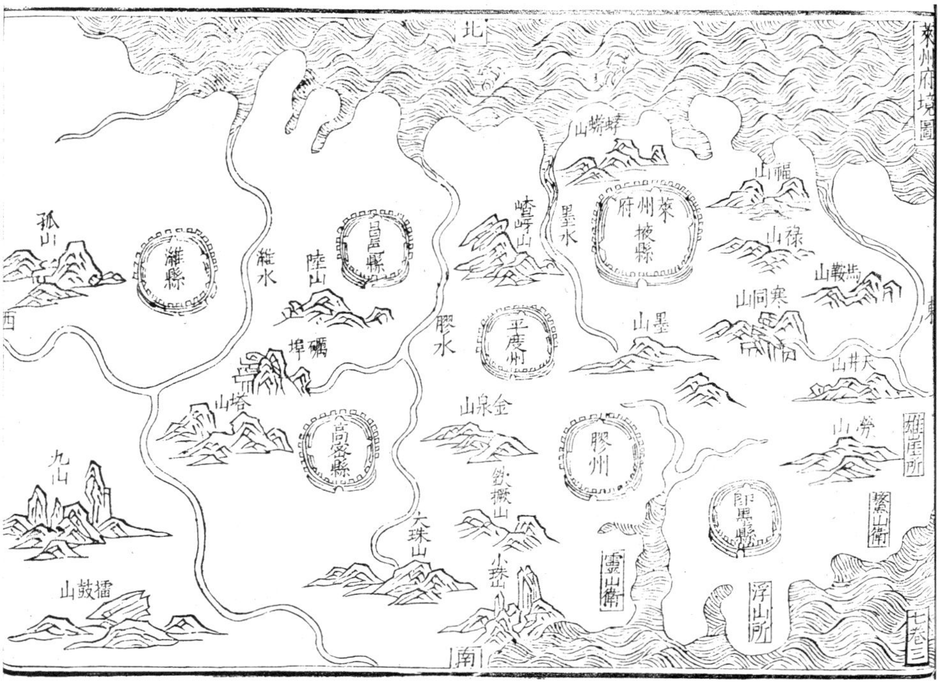

籌海圖編卷之七

崑山鄭若曾輯　男一應　一鸞　校

山東兵防官考

提督軍務巡撫都御史

巡察海道副使

管領民兵叅將

總督登萊沿海兵馬備倭都指揮

登州營把總

文登營把總

即墨營把總

沿海衛所軍數附

安東衛京操軍一千五百七十六人　城守軍餘三百五十八人
屯軍三百九十一人　捕倭軍二百六十九人

八　籌海圖編卷之七　四一　吏陳言寫　新安黃鈇刊

石舊所守城軍餘四十八人

靈山衛京操軍一千二百十三人　城守軍餘一百十六人
屯軍二百八十七人　捕倭軍一百九十一人

夏河所守城軍餘六十七人

鰲山衛京操軍一千六百三十一人　城守軍餘一百七人
屯軍二百九十人　捕倭軍三百八十五人

浮山所守城軍餘五十六人

雄崖所京操軍五百七十一人　城守軍餘九十七人
屯軍七十七人　捕倭軍一百一十人

大嵩衛京操軍一千四百九十一人　城守軍餘三百五十八人
屯軍四百二十八人　捕倭軍二百四十六人

大山所守城軍餘二十六人

靖海衛京操軍一千五百九十三人　城守軍餘一百五十人
屯軍二百一十一人　捕倭軍三百十三人

海陽所京操軍四百九十六人　城守軍餘一百二十六人
屯軍六十六人　捕倭軍一百二人

寧津所京操軍五百二十九人　城守軍餘一百六人
屯軍六十八人　捕倭軍六十八人

成山衛京操軍一千二百五十六人　城守軍餘二百六十一人
屯軍二百四十人　捕倭軍二百三十四人

尋山所守城軍餘九十四人
寧海衛京操軍一千六百六十五人　屯軍三百九十一人　城守軍餘一千一百一十人　捕倭軍三百五十四人
奇山所京操軍四百九十八人　屯軍六十人　城守軍餘一百一十三人　捕倭軍七十五人
威海衛京操軍二千三百六十八人　屯軍二百二十四人　城守軍餘七十五人　捕倭軍二百八十五人
百尺所守城軍餘三十五人
金山所守城軍餘一百十四人
福山所守城軍餘一百十四人
登州衛京操軍二千九人　屯軍一百一十四人　城守軍餘二百五十人　捕倭軍八百二十八人
萊州衛京操軍一千七百二十八人　屯軍四百四十七人　城守軍餘三百二人　捕倭軍四百十三人
王徐寨所守城軍餘四十八人
膠州所京操軍四百六人　屯軍七十七人　城守軍九十四人　捕倭軍四十四人
青州左衛京操軍三千六百二人　屯軍四百五十三人　城守軍七百二十人

沿海巡檢司弓兵數附
青州府
夾倉鎮在日照縣弓兵一十八人　信陽鎮同前弓兵一十八人
南龍灣同前弓兵二十一人　高家港在樂安縣弓兵二十四人
登州府
赤山寨在文登縣弓兵二十七人　辛汪寨同前弓[illegible]二[illegible]人
温泉鎮同前弓兵二十四人　東良海口在招遠縣弓兵二十四人
乳山在寧海州弓兵二十三人　高山在蓬萊縣弓兵二十四人
楊家店同前弓兵二十一人　馬停鎮在黃縣弓兵二十五人
孫夼鎮在福山縣弓兵二十一人　行村寨在萊陽縣弓兵二十二人
萊州府
魚兒鋪在昌邑縣弓兵一十五人　古鎮在膠州弓兵二十一人

逄猛同前弓兵二十一人　栲栳島在即墨縣弓兵二十一人
海倉在掖縣弓兵一十五人　柴葫同前弓兵一十二人
沿海墩堡守軍數附
安東衛守墩堡軍餘三十九人
墩九　蘭頭山　鴨高山　大河口　黑漆子　泊峯　張落　滔洛　小皂兒
昧蹄溝
堡八　三橋鋪　虎山　烽火山　關山　昧溝　木寨　孤嘴　董家
石舊寨所守墩堡軍餘四十人
墩十　温桑溝　南石舊　北石舊　清泥　董家口　釣魚　湘子泊　金線
石河　湖水
堡三　古城　滕家嶺　滔洛
夾倉鎮巡檢司守墩弓兵一十二人

墩四　蔡家　焦家　三叉口　相家
信陽鎮巡檢司守墩弓兵一十二人
墩四　西大嶺　南黃　東沙嶺　黃石欄
南龍灣海口巡檢司守墩弓兵九人
墩三　陳家臺　胡家　鄆鄧臺
高家港巡檢司守墩弓兵六人
墩二　石牌　司西
靈山衛守墩堡軍餘八十人
墩二十　帽子峯　將軍臺　沙溝　黃埠　李家島　唐島
安嶺　風火山　黃山　野山埠　長城嶺　臧家疃　捉馬山　張家庄
劉家溝　孫家巷　胡藍嘴　敲堯山　酉子埠　沙嘴
青石山　崇石山　東石山　戈差澗　焦家村　石敷差
堡十三

鹿角河　丁家庄　大河口　白塔夼　花山　沙嶺　本寨東門

夏河寨所守墪堡軍餘三十九人

墪七　徐家埠　沙嶺　紫良庄　黄埠　海王庄　大盤　車豐山

堡六　趙家營　北顕溝　走馬嶺　小灘　封家嶺　王家庄

古鎮巡檢司守墪弓兵九人

墪三　西庄　北青　古積

逢猛巡檢司守墪弓兵九人

墪三　互埠　島兒河、　彭家港

膠州所守墪堡軍餘八十一人

墪九　汪家庄　石河　杜家港　塔埠　沙埠　孤埠　洋河　沙嶺

大埠

堡七　辛庄　陳村　鹿村　枽村　石河　柘滿河　八里庄

鰲山衛守墪堡軍餘六十九人

墪十七　分水嶺　横擔　小芳山　栲栳島　石嶺　羊山

龍口　黄谷　石老人　俞家嶺　峯山　高山　走馬嶺　蕭旺庄

狼家嘴　捉馬嘴　劈石山

堡十八　桑園　大村　營前　監望　馬山　中村

那城　孫仝　桃林　塔兒　雙山　東城　錯破嶺　轉頭山

衙塔埠　万口鹽　瓮窰頭　石張口

浮山寨所守墪堡軍餘四十五人

墪九　麥島　樓山　程陽　姑山　女姑　紅石　程家庄　張家庄

斬山

栲栳島巡檢司守墪堡軍餘九人

墪三　丈二山　望梅　金錢山

雄崖所守墪堡軍餘三十八人

墪八　王家山　北塹　公平　朱皐　望山　稲牛山　米粟山　白馬島

堡三　段村　青山　王鷲

大嵩衛守墪堡軍餘四十一人

墪七　楊家嘴　擒虎山　劉家嶺　望石山　辛安寨　麥島　草島嘴

堡五　青山　小山　管村　黄山　界河

行村寨巡檢司守墪弓兵九人

墪三　高山　臺山　田村

大山所守墪堡軍餘十人

墪二　大山　虎巢山

堡二　雙山　黄陽

乳山寨巡檢司守墪堡弓兵七人

吏陳言寫　鉞

墪三　裏口　高家庄　長角嶺

靖海衛守墪堡軍餘七十二人

墪二十　大灣口　長會口　頭姚山　石崗山　青島嘴　浪浪

莪蔞寨　郭家口　標杵頂　赤石　唐浪頂　紅土崖　鐸木山　黑夫廠

石脚山　明光山　柘島　狗脚山　峯窩　路家馬頭

堡八　店山　憋山　望將山　孤西山　起雨頂　望將山　蒸餅山　贊基頂

赤山寨巡檢司守墪弓兵三人

墪一　田家嶺

寧津所守墪堡軍餘四十二人

墪八　孟家山　擾埠　青埠山　龍山　柴家山　萬口　芝蔴灘　羊家島

堡九　帽子山　王家舗　大頂山　上現口　高樓山　龍虎山　拖地岡　崮山寨

固山

海陽所守墩堡軍餘四十一人
墩七 帽子山 乳山 驢山 城子港 白沙 峯子山 小龍山
堡十 牢山 孤山 猪港 黃河利 湯山 扒山 桃村 孔家庄
老埠港 歡靈山
成山衛守墩堡軍餘四十一人
墩十 狼家頂 棗島 馬山 高磖山 北峯頭 仲山 崮觜 太平頂
俞鎮 大姑山
堡九 神前 堆前 祭天嶺 報信口 石磖 洛口 歇馬神 北留村
張家
尋山所守墩堡軍餘三十八人
墩八 長家觜 古老石 黃連觜 小芳山 楊家嶺 馬山 青魚島 葛摟山
堡七 曲家埠 青山 大水泊 勝僻口 老趙 紀子埠 蒸餅山

籌海圖編卷之七 三百四三 九 吏東言蔔 黃鉞刊

溫泉鎮巡檢司守墩弓兵六人
墩二 可山 半月山
威海衛守墩堡軍餘三十八人
墩八 陳家庄 焦子埠 逮逮 麻子 針山 磨兒山 古陌頂 廟後峯
堡四 曹家庄 豹虎 峯山 天都
百尺崖所守墩堡軍餘二十四人
墩六 曹家島 百尺崖 老姑頂 蒲臺頂 嵩里 望天嶺
堡三 轉山 芝蔴嶺 竇家崖
辛汪寨所守墩弓兵三人
墩一 辛汪
寧海衛守墩堡軍餘四十二人
墩六 後至山 戲山 小峯山 貉子巢 馬山 草埠

堡十二 宋家 曲水 管山 湯西 修福 石子現
辛安 杏林 燕薹 板橋 修福 栲栳觀
金山所守墩堡軍餘一十七人
墩五 廟山 鳳凰 金山 駱駝 小峯山
堡四 鄒山 清泉 石溝 朱家
清泉所守城軍餘一十五人 守墩軍餘八人
墩二 清泉 石溝
奇山所守墩堡軍餘一十八人
墩四 現頂 埠東 熨斗 木柞
堡二 黃務 西牟
孫夼鎮巡檢司守墩弓兵九人
墩三 崗嵛 塔山 旗掌

籌海圖編卷之七 十 黃惣刊

登州衛守墩軍餘一十八人
墩六 抹直口 教場 林家庄 田橫寨 西庄 蓬萊閣
福山所守墩軍餘二十五人
墩三 單山 三山 皂河
柴葫寨巡檢司守墩弓兵一十八人
墩六 小皂兒 武庄庄 上司 大原 諸黃 諸高
馬埠寨所守城軍餘四十人 守墩軍餘九人
墩三 海廟 扒埠 馬埠
海倉巡檢司守墩弓兵一十五人
墩五 海鄭 白堂 土山 後灶 東關
魚兒巡檢司守墩弓兵十五人
墩四 黑山 河口 辮城 烟火

塘頭寨所 守墩軍餘七十六人 守鏊軍餘三十人

鏊丸 韓家簀 荊埠 宅科 官臺
田水河 八面 公冊堂 黃疃河
上司

山東倭變紀

永樂六年倭賊襲破寧海衛
殺掠甚慘指揮趙
銘以失機被刑

寇成山衛
白峯頭寨羅山寨及大嵩草島嘴鰲
山羊山寨陰島張家庄以次被掠

入于家庄寨百戶王黼死之

入桃花閘寨百戶周盤死之

嘉靖三十四年　月賊登犯日照縣

三十五年四月賊登寧海衛官兵討平之

犯海陽所官兵討平之

山東事宜

登州營

登萊二郡凸出于海如人吐舌東南北三面受敵故設三營聯絡每營當一面之寄登州營所以控北海之險也登萊二衛併青州左衛俱隷焉其策應地方語所則有奇山福山中前王徐前諸所語寨則有黃河口劉家汪解宋蘆徐馬停皂河馬埠諸寨語巡司則有楊家店高山孫岕鎮馬亭鎮東良海口柴胡海倉魚兒鋪高家港諸司三營各立把總一員以總轄之其在海外則島嶼環抱自東北崆峒半洋西抵長山蓬萊田横沙門鼉磯三山芙蓉桑島錯落盤鋸以為登州北門之護過此而北則遼陽矣此天造地設

之險也然諸島雖近登州而居島中以取魚鹽之利者乃遼陽之編伍非山東之戍卒也叫呶跳梁可畏而不可恃詳見後總論中故北海之濱既有府治而設險者復建備倭城于新河海口以為屏翰且有本營之建焉沿海兵防特重其責非若他省但建水寨于島嶼良有以也夫島嶼既不設險則海口所係匪輕自營城以東若抹直石落灣子劉家汪平暢蘆洋諸處自營城以西若西王莊西山欒家孫家海洋山後八角城後芝罘莒島諸處皆可通番艘登突嚴外户以綏堂閫其本營與守之責乎

文登營

登萊乃泰山餘絡突入海中文登縣尤其東之盡處也成山以東若旱門灘九峯赤山白蓬頭諸島縱横沙磧聯絡潮勢至此衝擊騰沸議者謂倭船未敢猝達然考之

國初倭寇成山擄白峯寨羅山寨延大嵩草島嘴等處海側居民重罹其殃倭果畏海矣而有是哉故文登縣東北有文登營之設所以控東海之險也寧海威海成山靖海四衛皆隷焉其策應地方語所則有寧峯海陽金山百尺崖尋山諸所語寨則有清泉赤山等寨語巡司則有辛汪温泉鎮赤山寨諸司逶而北則應援乎登州迤而南則應援乎即墨三營鼎建相為掎角形勝調度雄且寄矣有干城之寄者其思

國初成山之變而儆戒無虞也哉

即墨營

山東與直隷連壤即墨縣南望淮安東海所城左右相錯如咽喉關鎖邇年登萊海警告寧然淮陽屢被登刼自淮達萊片帆可至犯淮者犯萊之漸也故即墨所係較二營似尤為要自大嵩鼇山靈山安東一帶南海之險皆本營控禦之責其策應地方語所則有雄崖膠州大山浮山夏河石洞諸所語巡司則有乳山行村栲栳島逢猛南龍灣古鎮信陽夾倉諸司其海日若唐家灣大任陳家灣鵝兒栲栳天井灣顏武周疃松林仝家灣青島徐家庄諸處俱為衝要隄防尤難

國初倭寇鼇山毒痛甚慘即本營所轄之地也殷鑒不遠

封守者其可以弗慎乎

一倭患之作嶺嶠以北達于淮陽靡不受害而山東獨不之及豈其無意於此哉亦以山東之民便于鞍馬而不便于舟楫無通番下海之人爲之嚮導接濟焉耳然邇年青齊之兵多爲所擄安知其中無識海道而勾引者乎曾觀山東諸郡民性強悍樂于戰鬬倭之短兵不足以當其長鎗勁弩倭之步戰不足以當其方軌列騎萬一至此是自喪其元也所虞者登萊突出海中腹背受敵難于隄備

國朝專設備倭都指揮一員巡海副使一員分駐二郡衛所森嚴墩堡周備承平日久不無廢弛申明振厲庶幾其無患乎

一曾聞宋以前日本入貢自新羅以趨山東今若入寇必由此路但登萊之海危礁暗沙不可勝測非諳練之至則舟且不保何以迎敵而追擊乎故安東以北若劳山赤山竹篙旱門劉公芝罘八角沙門三山諸島乃賊之所必泊而我之所當伺焉者也若白蓬頭槐子口橋鷄鳴嶼金嘴石倉廟淺灘亂磯乃賊之所必避而我之所當遠焉者也嚴出洋之令勤會哨之期交牌信驗習熟有素則他日

廟堂或脩海運亦大有賴焉獨禦倭云乎哉

一山東今日之患有二其一曰班兵懷跋扈之志久矣其一曰登萊島民原係遼陽所徙不受法制地方癰毒宜早治而亟平之不然潰決之虞不能免也

一山東關係大要尤在海運曾考元時海運故道南自福建梅花所起北自太倉劉家河起迄於直沽迢迢五千餘里永樂以來會通河成海運遂廢運者皆由漕河所以避開洋之險也然海險莫甚於成山以東白蓬頭等處危礁亂磯湍流伏沙不可勝紀非熟識水洪則不敢行宗伯席書云海運一失人不復生河運有失尚幸不死以生易死輕重昭然是海運之罷端爲山東之海險也以曾觀之漕河自王家閘以北至於德州千有餘里乃　國家咽喉命脉其通其塞所係匪輕況黃河漸徙而南或衝而北易爲漕患及今承平脩復海運以備不虞豈非　國家之大計哉

今上初年　廟堂嘗議及此或建議欲於膠州鑿山濬土以達海倉以避洋險山東撫巡病其煩難而止惜小害大可慨也夫會通河也膠萊新河也登萊海險也皆山東所轄之處也今之論山東海患者但知備倭而不知備運愚故及之（其法詳見大學衍義補海道經等書）

附錄

太倉生員毛希秉云洪武永樂間海運江南粟以給遼東北京從太倉劉家河過崇明三沙放洋至直沽交卸南北貨物往來近海居民甚得其利而無塩盜之害自海道絕而沙民爭魚監之利往往仇殺拒捕矣今黃河日徙于南漕運漸有難行之勢莫若講求海運召募沿海魚人竈丁塩徒番客尋認海洪以開運道如廣東船能至漳州漳州船能至寧波寧波船能至崇明崇明船能至通泰海州自此以比豈能識認之人故老相傳崇明至海州風順無需一日海州至登州六百里轉過登萊環抱千餘里從利津至直沽亦六百里而近故嘗考之元史至元三十年千戶殷明畧開海運新道自浙西至直沽不過旬日又濬山東膠萊新河直達天津以避迤東海道之險今未通者僅五里耳且漕船大者三四百石海船大者八九千石漕運一年每三石致一海運一月不兩石而

致一其便利較然也所憂者風濤之害耳然閩南洋通番海船專在琉球大食諸國往來而海島州縣常年渡海未見有覆溺之患宜兼漳船蜈蚣船制度而酌其中有風則帆無風則揖打造有法處置得宜何憂費人之說嘗觀沙船載蘆山船載竹者如拼筏然故鮮漂弱議倣劉木爲舟之制上留一竅出納米粮悉以油灰黏縫附于海舟兩旁萬一漂失米無沉濕人有拾救庶爲萬全之策若夫料淺古嶋之法定盤望星之規放洋泊舟之處詳載大學衍義補山東通誌海道經採試有效即令崇明各沙大戶及沿海巨室自備人船海運許載私貨回鹽以償其勞遞年有功者量授以官則不惟公私兩便而海盜亦可以不作矣或曰海運通則漕河塞京官家室未免舍舟而車孰若安流之爲利耶督運者或不得人而應募之大鮮則將仍舊定派里甲軍餘輪運而泣送悲迎之害興又胡以善其後乎愚曰不然自遷都北平以來東南財力竭矣今復海運則田耗可以量減運卒得以少休江西湖廣江東之粟仍從漕運惟浙東西蘇松常閩廣貢賦則從海運斯因並行而不害矣

又

云客難曰漕運費財海運費人古今以爲確論故罷海而漕今且百三十年矣予欲復之豈非知惜財而不惜人者邪予曰不然天下事利多害少者爲之害多而利少者弗爲也朱子非仁人與何爲疏諸海運閩廣之米于浙東我

太祖非仁君與何爲　詔令海運江南之粟于遼左亦以道近而省民也矧今會通河常弗利漕船不行可不爲之所乎果曰費人請以耳目之聞見者徵之近如蘇之崇明縣西至太倉二百餘里南至寧波北至海州各千餘里捕魚販鹽貨文應役公私往來者無日無之又如寧波東南有茶山牛頭山玉環山通民衣食器用不能不仰于内地彼此往來者無日無之近閩寧波勢家每至漳州販木顧白船往來海上並無覆弱之患遠如廣之瓊崖儋萬其至省城也風順則半月風阻則一月甚至浮海三月者有之他如南洋西洋諸國其隔閩廣也近則數千里遠則數萬里通番海船無歲無之使其下海必遭漂没人亦何苦舍生而求死哉况東洋有山可依有港可泊南北不過三千里往來不過二十日非若南洋西洋一望無際舟行而再不可止也海運何難之有哉客曰海運果不費人何爲永樂十三年會通河成罷海運萬民歌舞且爲開漕可者立生祠其故何哉予曰以不教民戰是謂棄之欲人出死力弗與同其利自古未有能濟者也元人海運召募兩浙富戶素習海濤者而以沙民朱清張瑄羅壁爲之使且禁綱疎闊能與同其利自至元二十九年至天曆二年六十餘年間海運不廢總其所失米數蓋曾不能以十一我

朝遷都北京後議行海運編定里甲矣遠年輪差夾帶私

鹽者没入之且寘以法焉况造船多不如式督運多不得人故鄉民數逢其害咸以爲弗便漕運通而軍七民三之劍定宜乎民之歌舞而頌德也若打造有法處置得宜何憂乎費人耶區區之議非欲驅民于死也亦曰因民之利而利之耳

朝廷誠下詔江南有能尋復元人海運故道者賞銀萬兩授以其官海道既通復下　詔曰有能自備人船海運者每運米萬石給與耗米月粮四千仍許私貨回鹽永不抽稅仍嚴私自下海之禁毋得侵其利人誰不願運乎但當自募番客竈丁鹽徒及傍海大戶慣習海濤者聽其所欲不可強定腹裡軍民不習水性之人以敗乃事斯可久行而無害矣客曰雖慣下海素習水性者汪洋浩浩舟覆何以得生予曰海洋雖大有洲有島專募下海善没之人而又多置脚船盡備浮筏雖遭風波亦可以幸免况又變通船制以爲萬全之策乎客曰丘文莊欲照例工部造船軍夫運粮而子乃欲召募漳人沙民及沿海大戶自備人船者何居曰從來公事不如私事之勤劳官物不如民物之堅厚嘗聞漳船費銀萬莫若召工估價而寬給海運六戶自造免私貨之稅以備脩理軍夫不習水性素怯海濤豈可強所不能而驅之以冒險邪行丘之議是陷赤子于湯火也從吾之說是蠻夷水寇皆將爲我用也豈但不爲中國良民害哉客曰丘議一如番船之制斯亦善矣而子欲兼蜈蚣船者何哉曰海行甚速而遲者守風故也如大食國在漳州東南每歲通番者必候冬初西北風盛而去夏初東南風盛而來所謂海舟無風不可動也惟佛郎機國蜈蚣船底尖面闊兩旁列楫數十其行如飛而無傾覆之患故兼二船之長則除颶風暴作狂風怒號外有無順逆皆可行矣况海中晝夜兩潮順流鼓楫一日何嘗不數百里哉客曰丘議每艘運米八百石許載私貨二百石而子乃云海運大者八九千丘議運軍私貨三十稅一客商附載者如常例而子乃許私貨回鹽永不抽稅何大小多寡之懸絶耶予曰取海運者載重而行疾也故漳船能容人三千貨倍之蓋不止于萬斛也漕運正米四百萬公私費米八百萬今海運止給耗米月粮一百六十萬歲省六百四十萬矣而又欲給其私貨毋乃遺大技細計近而忘遠乎蓋聞遼東天井之國百貨難出登萊苦鹽之地物產不多而登遼隔海甚近風順半日可達

太祖舊制歲運登萊花布以給遼軍遼陽之貨亦得載于山東彼此軍民交受其利既而捕巡官軍假公濟私報稱官船不許私載之律往往搜捕擄奪故海船不敢入港遠泊大洋潛以小舟私渡數被風濤損失官費脩造咸議其不便遂奏折銀陸運海道既絶遼東生儒大比赴山東非迂過北京以來不啻五千餘里勞費不貲士民俱困此可以爲鑒矣客曰通番海船毎歲一艘出年例得二三千兩番貨進港船戶分其

半人猶冒禁爲之利多故也今海運既給耗米月糧
而又容載私貨回監且不征其稅無乃貊道不可行
于中國乎予曰异哉言與計小利則大事不成故沛
公間楚趙王備邊宋祖任將與夫劉晏造船虞集墾
地皆有得于夫子之訓而成功其爲國家之利甚大
故區區之見不但弗征其稅而已海船能載萬石者
止運六千許以四分載私貨回船悉聽帶監附載而
嚴私自下海之禁蓋恐侵其利也將使官民富饒樂
于海運自出方畧以備不虞不至漂失萬一有之即
如漕船亦間有遇風而連數帮損壞者豈能保其萬
無一失之理哉所失之利甚少所得之利甚多後世
因占小便宜而失大便宜者衆矣可不戒哉客喜再
拜曰不啚海運之利若是也沙民冨而海之監盜息
矣解綱省而農之田耗減矣運卒休而衛之行伍實
矣南北貨通而物價不至于湧貴官民船便而漕河
不至于擠塞水戰習而足以制東南之夷民力寬而
足以備西北之狄若更省漕卒十萬以興北方之地
利積餘粟數年以減南方之綱運軍民富庶上下安
樂

籌海圖編卷之七　三百六十二　陳大欽刊

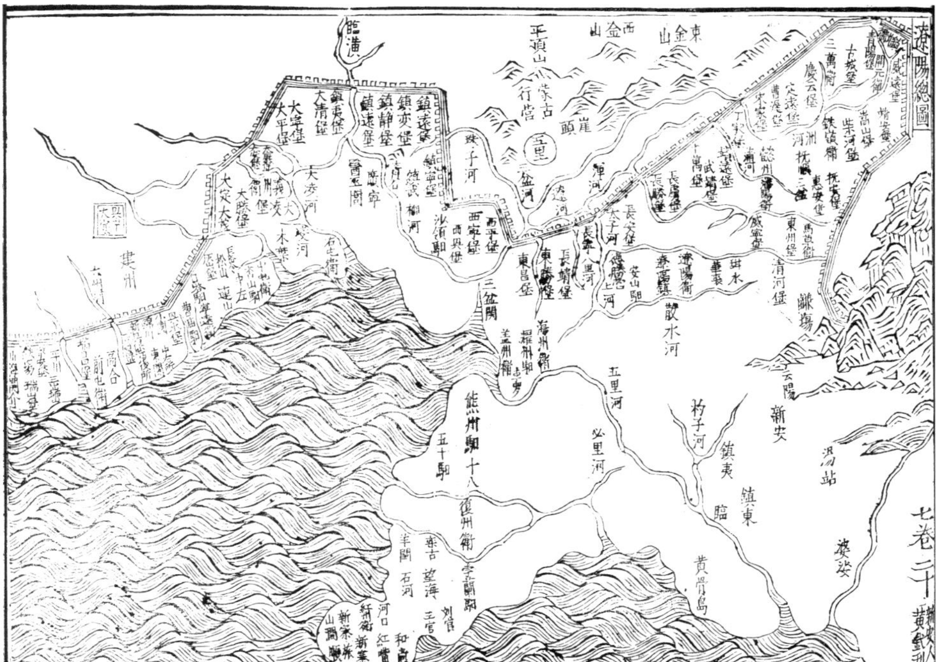

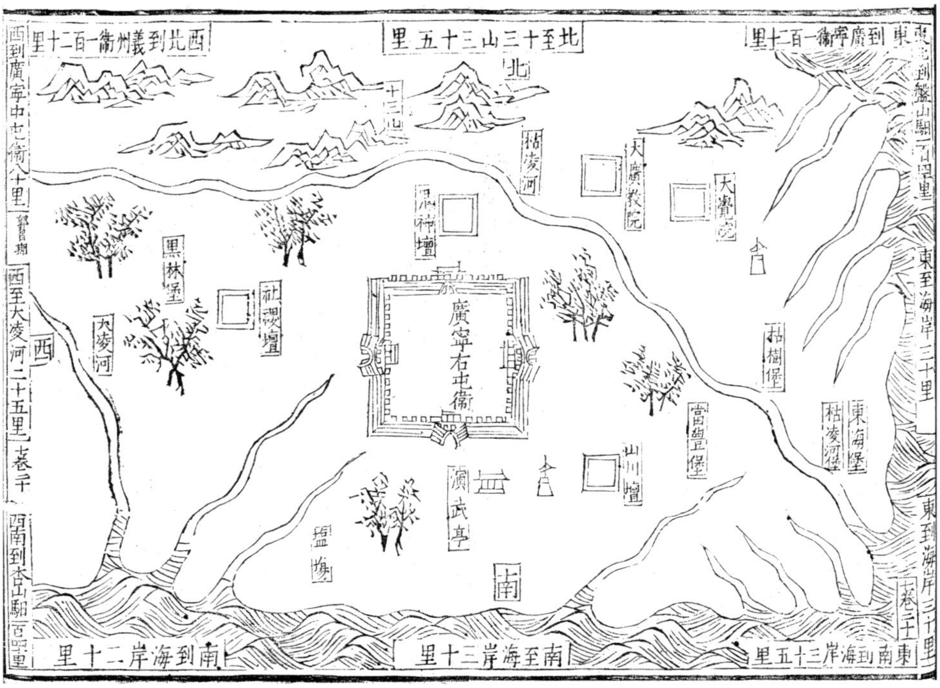
西北到義州衛一百二十里
北至十三山三十五里
東到廣寧衛一百二十里
北
西
南
廣寧右屯衛
黑林堡
社稷壇
大凌河
山川壇
演武亭
富昌堡
東海堡
南到海岸二十里
南至海岸三十五里
東南到海岸三十五里

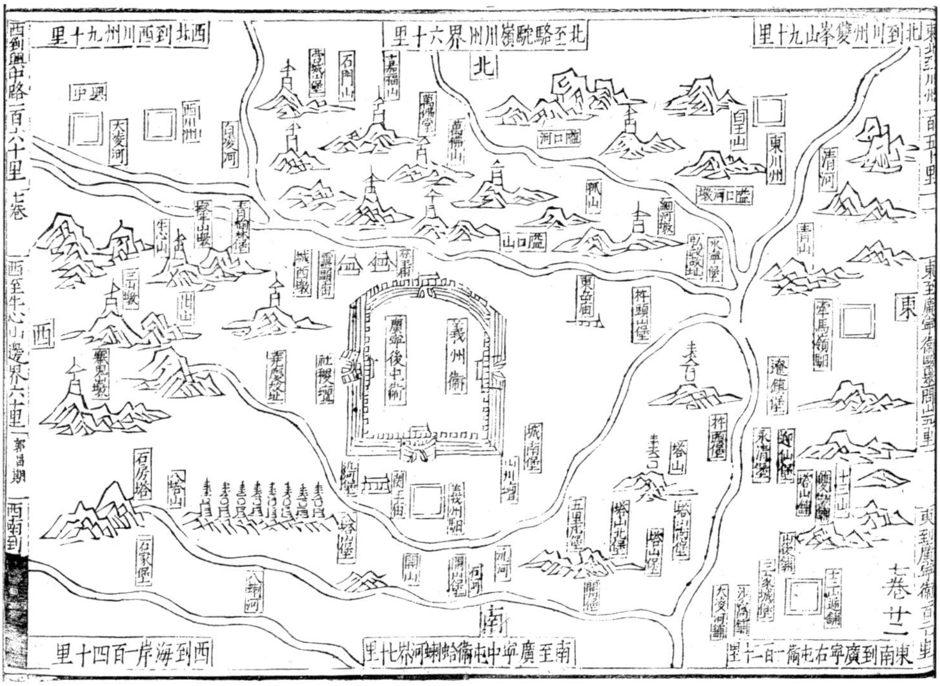
西北到川西州九十里
北
西
東
南
義州衛
廣寧後屯衛
東川州
西到海岸一百四十里

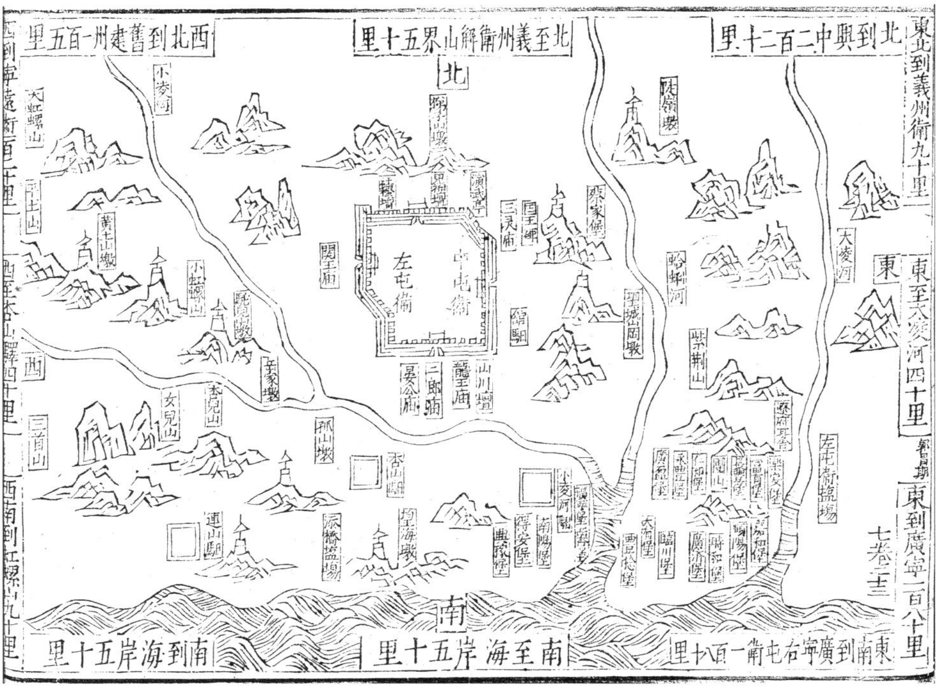
西北到舊建州一百五十里
北至義州衛解山界五十里
北到興中二百二十里
東北到義州衛九十里
東至大凌河四十里
東到廣寧一百八十里
東南到廣寧右屯衛一百八十里
南至海岸五十里
南到海岸五十里
北
東
西
南
左屯衛
中屯衛
關王廟
大凌河
山川壇
杏山驛
女兒山
連山驛
望海墩
七卷二十三

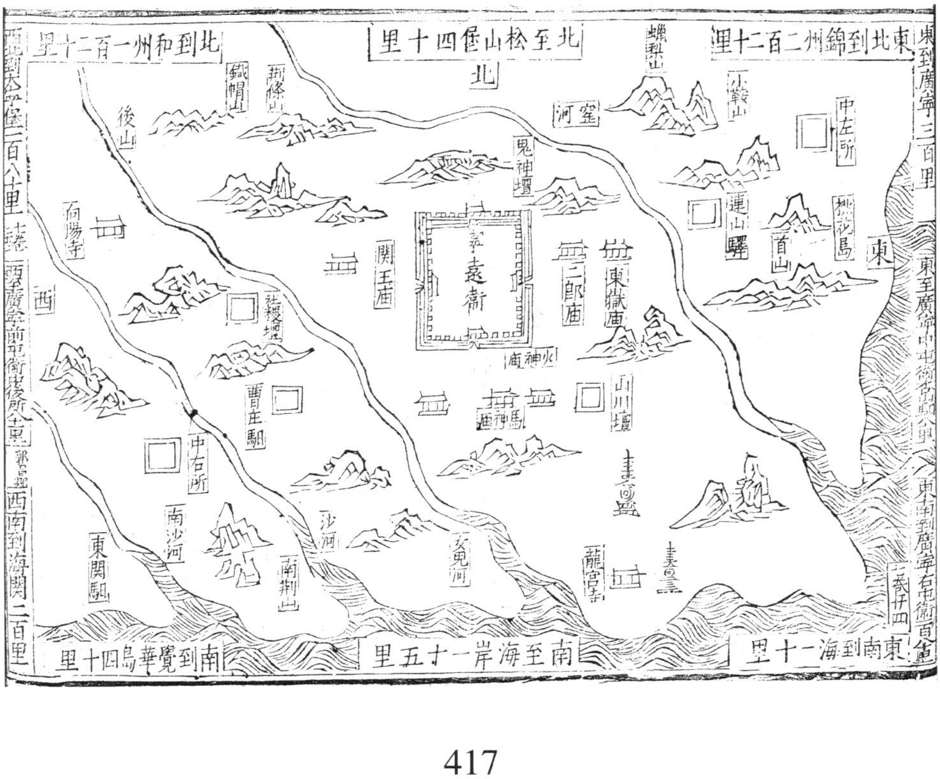
北到和州一百二十里
北至松山堡四十里
東北到錦州二百二十里
東到廣寧三百里
東南到海一十里
南至海岸一十五里
南到覺華島四十里
北
東
西
寧遠衛
關王廟
二郎廟
東嶽廟
火神廟
山川壇
馬神廟
社稷壇
曹莊驛
中右所
中左所
連山驛
首山
桃花島
鐵帽山
後山
鬼神壇
南沙河
沙河
女兒河
東關驛
南荊山
龍宮寺
七卷廿四

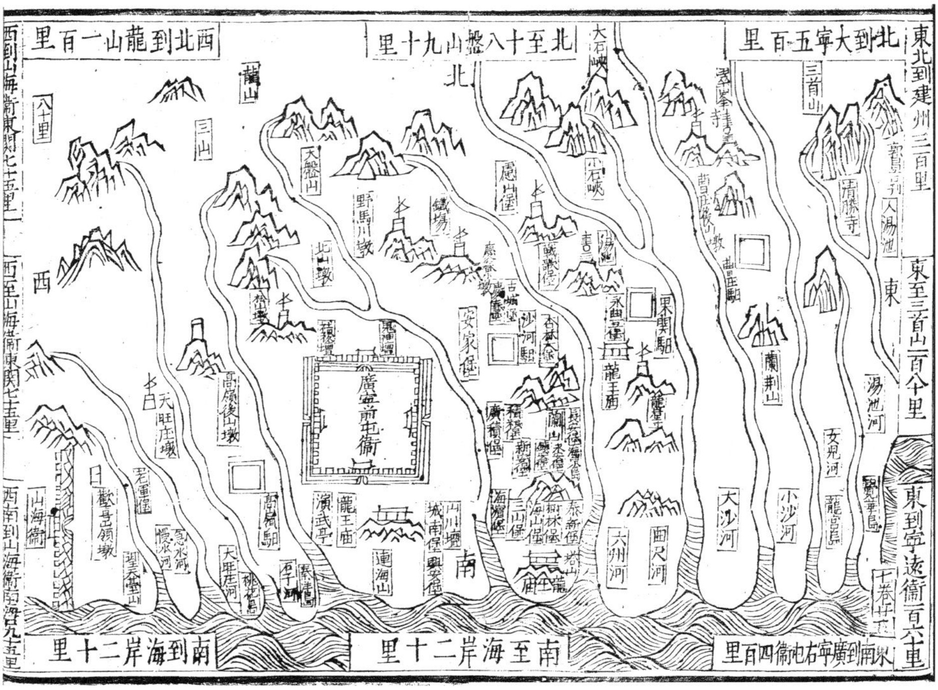
西北到龍山一百一里
北至十八盤山九十里
北到大寧五百里
東北到建州三百里
北
西
東
南
廣寧前屯衛
南到海岸二十里
南至海岸二十里
東南到廣寧右屯衛四百里

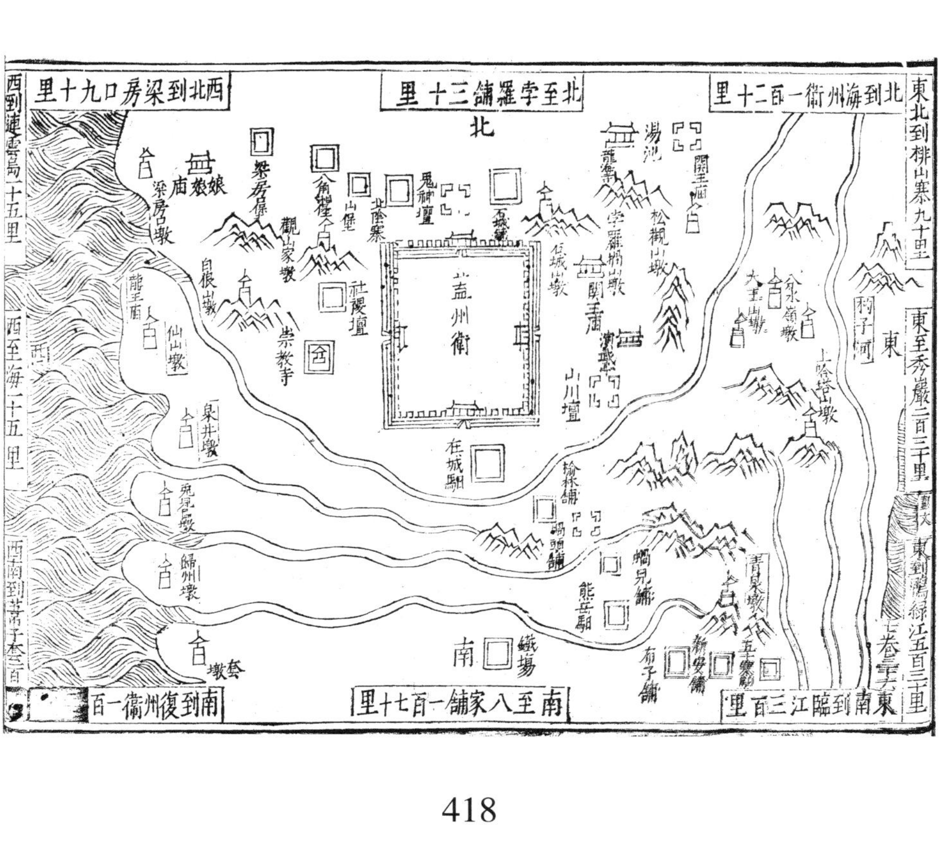
西北到梁房口九十里
北至孛羅鋪三十里
北到海州衛一百二十里
北
東
南
蓋州衛
西至海一十五里
南到復州衛一百
南至八家鋪一百七十里
東南到臨江三百里

西北到老鴉島四十里
北至八家鋪蓋州衛界一十二里
北到蓋州衛一百八十里
西到西海岸四十五里
東到東海岸二百四里
西南到北青海口
南至古城鋪金州衛界八十五里
東南到胡十八寨八十里
北
南
復州衛
駱駝山
花山
八家鋪
沙河
畢里河
龍王廟
山川壇
社稷壇
石家島
長生島
娘娘廟
松山墩
臨溪堡
演武亭
香山
古城鋪
石河驛
樂古鋪
石柱子山

西北到大陳家島二十里
北至孛蘭鋪復州衛界九十五里
北到復州衛一百八十里
西至西海灘三里
東至東海岸一百里
南到渡海登州府六百里
南至旅順口一百二十里
東南到海青島四十五里
北
南
金州衛
鬼神壇
社稷壇
山川壇
樓子鋪
石河堡
大黑山墩
小黑山墩
和尚島墩
鞍山墩
野雞島墩
木場驛
旅順北城
旅順南城
南關鋪
晏公廟
關王廟
沙河墩
花里島
石門墩
大平島
蓮花島
龍王廟

遼東兵防官考

遼東兵防之設始于永樂己亥廣寧伯劉江至爲精
密自望海堝之捷而倭不敢犯者蓋百六十年矣墩
堡關隘日就廢弛一旦有變寧不張皇矣乎安不忘
危誠今日之急務也愚故詳録之以俟當道者修復
焉亦愛禮存
羊之意云爾

提督軍務巡撫都御史
鎮守總兵官
分巡遼海東寧道僉事
分守遼海東寧道參議
廣寧參將
遊擊將軍
靉陽守備
備禦都指揮　金復一　廣寧前屯一　海蓋一
義州一　廣寧右屯一　廣寧城一

沿海衛所

廣寧前屯衛
中右所
中前所
中後所
廣寧中屯衛
中左所
廣寧左屯衛
廣寧右屯衛
中左所
金州衛
復州衛

蓋州衛
義州衛

沿海關城墩臺

廣寧前屯衛
關一　山海
墩九　覺華島　龍宮島　連海山　秦洋島
桃花島　望天島　歡喜嶺　大旺庄
慶春山
堡二十　廣積　樹林　海山
永豐　海濱　興安
古城　泰新　老軍　海泉
杏林　三山　錫安　新安
長安　城南　積糧
慶春　永安　安家

廣寧中左二屯衛
墩三　望海　孤山
岳家

堡十六　嘉和　樂安　富有
順陽　長豐　順寧
時和　仁和　得安　永豐
興穡　廣盈　豐稔　西杏
福寧
南陽

廣寧右屯衛
關一　三岔
堡五　東海　枯萎河　常豐
枯樹　文直

金州衛　守墩堡官軍一千七百二十六員名
城四　望海堝　旅順南城
伯毋山　旅順北城
墩三十六　石門　蕭家島　老鸛嘴
大黑山　海青島　孛蘭店
雙廟　鴈島　鐵山　小沙河島
石洞山　馬雄島　蓮花島　大沙河島
黄谷島　長沙嘴　青山島　鳩練島
盧家島　花里島　杏園島　七蘭山
野鷄島　沙河島　鵓兒島　磨盤山島
團山島　和尚島　紅崖島　鞍山

羅家島　兎兒島　黃家島　鹽場島　太平島　南關島

臺一　三王山

堡四　三涯　黃骨島　新寨　劉官寨　紅嘴

復州衛　守墩堡官軍六百四十七員名

城二　魏霸山城　得利瀛城

墩九　龍王山　松山　駱駝山　萬灘島　北青海　中島　塔山　長生島　石家島

堡四　富川　臨溪　楊官寨　奕古驛

蓋州衛　守墩堡官軍二千四百六十四員名

墩九　葦子島　白狼山　遼針山　歸州　觀家山　兎兒島　神仙山　象井　梁房口

堡五　梁房口　八角湖　中山　熊岳驛　五十寨驛

義州衛

城一　醫陽

墩四　塔兒山　三山　擦牙　城西

堡三　石家　八塔山　青榆林

遼陽事宜

遼地負山阻海屹然爲東北雄鎭北隣沙漠而遼海三萬瀋陽鐵嶺之統於開原者足遏其衝南枕滄溟而金復寧蓋旅順諸軍聯屬海濱者足嚴守望京師翰屏可謂固矣然觀今日備虜邊防頗爲有賴而備倭海防視爲虛文蓋自劉江金線島之捷而海氛久熄自山東海運之廢而墩寨益廢於是旅順諸堡亦無復用識者謂遼東沿邊五路得分守應援之規沿海衛所亦當如其制如旅順而西以金州轄之三岔河而南以蓋州轄之三岔河而東以三屯轄之總兵撫按之統其責者秋汛以防邊爲重防海爲次春汛以防海爲重防邊爲次則雖島夷窺伺豈能遽犯哉

曾按遼東倭患較諸省似可緩所虞者地千餘里衛所軍旅將十萬員名止藉山海關一線饋餉我
朝北都燕而遠漕江南粟又自
京師達於遼陽飛輓不繼邊卒輒吁嗟待哺萬一歲歉容
邇
畿輔虜騎乘間何以禦之此其患不在兵之不強而在食之不足食足則兵強兵強則守固矣邇者登萊運米達遼甚便惜其不多愚謂
國初軍屯商屯之制至爲精當而大壞極弊司國計者深念而亟圖之可也

籌海圖編卷之八

嘉靖以來倭奴入寇總編年表

崑山鄭若曾輯　男一鸞、應龍校

惠潮　漳泉　興福　溫台　寧紹　杭嘉　蘇松　常鎮　淮楊

二年

日本使者宗設宋素卿作亂焚[illegible]賊首李光頭許棟引倭巢雙嶼港

十一年

四月都御史朱紈遣都指揮盧鏜副使魏一恭等搗雙嶼賊巢李光頭就擒

五月築雙嶼港

六月許棟就擒

三十年

四月賊攻遊仙寨

五月賊攻[illegible]安縣

[illegible]巷

六月賊[illegible]所

十一月參將湯克寬敗賊於馬洋下擒賊首鄧文俊以歸

閏三月都御史王忬遣參將俞大猷等攻破烈港賊巢王直敗走

[illegible]破[illegible]所

同知任環守備解明道敗賊於吳淞江口

四月賊犯定[illegible]賊攻海[illegible]賊圍太[illegible]

攻松門海[illegible]鹽縣[illegible]倉州

衛[illegible]賊犯海寧衛

官兵擊敗之

七月賊攻寧海縣　賊[illegible]新河所

十二月賊攻澉　八月都指揮劉恩至擊直隸道賊於普陀山洋敗之　賊陷昌國衛　湯克寬攻破馬蹟潭賊巢王直敗走把總劉恩至追擊賊于洪岑舟破之

攻海寧衛破乍浦所　賊犯杭州府　湯克寬敗賊於鱉子門

十一月湯克寬敗賊於高家嘴　蕭顯據南沙　賊首蕭顯入上海縣　解明道復吳淞所　賊破吳淞所入據之

三十二年

海

官兵平蕭顯於慈谿縣

都御史王忬遣參將盧鏜追擊于廿里亭敗之　蕭顯自上海敗走海鹽　三月劉恩至敗賊於三岳山

攻松江府　攻南匯所　僉事任環敗賊於歸家巷　二月都指揮盧鏜敗賊於史家浜　正月蕭顯自南沙遁出攻嘉定縣攻上海

四

賊據普陀山蹤流劫內地

參將盧鏜敗賊于石墩洋

賊首王直巢柘林

四月參將盧鏜擊賊於平湖敗之

賊入劉家河

州判金汝舟指揮姜統大破之

攻太倉州攻昆山縣

總兵俞大猷敗賊於吳淞所

賊攻蘇州府攻常熟縣攻松江府

五

賊[illegible]入寺流劫海濱

提督侍郎鮑象賢總兵定西候蔣傳討平之

六月賊犯金鄉

指揮王希禹擊敗之

賊攻嘉興府

參將盧鏜追擊石墪之賊大破之

崑山知縣祝乾壽戮倭酋二大王各縣圍解

賊犯蘇州府

七月賊攻南匯所

八月賊攻嘉定縣

參將許國李逵時敗賊於師家浜

賊攻青村所南匯所金山衛

六

三十四年

賊攻嘉興府

[illegible]賊[illegible]

[illegible]山[illegible]海上

[illegible]

賊攻觀海衛

賊攻乍浦所

[illegible]賊[illegible]湖[illegible]

十一月賊入嘉[illegible]

[illegible]

賊陷青村所

賊攻南匯所

僉事董邦政攻川沙窪賊巢破之

賊攻金山衛

總兵俞大猷副使任環孫宏軾督浙直

官兵敗賊於勝墩

賊入崇明縣

二月賊攻嘉興府

賊攻青村所

指揮翁時擊敗之

三月賊圍上海縣

攻金山衛

總兵俞大猷敗之

賊攻乍浦所

[illegible]嘉興[illegible]

賊攻常熟縣

賊攻無錫縣

賊攻[illegible]

副使任環大敗之於三丈浦

巡按御史胡宗憲大破之於王江涇斬首三千

賊犯平湖縣

柘林賊分掠[illegible]

任環破賊於陸[illegible]

[illegible]

攻乍浦所
涇𤄷既而復破三丈浦之賊一

六月賊復犯餘姚[illegible]
賊犯省城[illegible]
賊自杭州道歸
賊自平湖道出吳江之平望[illegible]
鄉兵擊敗之
賊自觀海道歸[illegible]嘉興道嘉善之王店
浙直官兵會擊大破之
都指揮王霈追敗之於霍山洋
推官劉泉復大敗之
參將盧鏜敗賊於勝山

賊復集柘林
賊攻蘇州府
常熟三丈浦之賊遁去
知州熊桴敗賊於登舟沙
七月知府方廉用兵賊巢賊死者千餘
浙江提督宗憲遣都

[illegible]

八月副使孫宏軾參將盧鏜擊賊于大陳山平之賊首林碧川就擒

九月賊巢舟山之謝浦

賊犯海鹽

司王霈敗賊於金山洋[illegible]
[illegible]主[illegible]沈[illegible]十二大[illegible]
提督都御史曹邦輔討平之
七[illegible][illegible]
尚英敗[illegible]之
總督侍郎楊宜遣將軍曹克新副使任環攻川沙賊巢擊走之

十九年

十二月　副使譚綸等攻南鹿山賊於清風嶺平之

正月官兵擊賊於後梅大破之

賊寇海

參將盧鏜敗賊於梁衙

總督胡宗憲平賊于龜山

知縣鄭茂指揮徐行健討平之

閏七月賊犯周浦

四川僉事朱希程率土兵攻敗之

賊遁出海

總兵俞大猷副使王崇古復追敗之

賊自徐海復集柘林

十一

三月福清海口之賊遁至福寧

參將尹鳳敗之

兵進勦舟山賊敗之

柘林賊攻乍浦所

賊犯嘉定

董邦政平之

參政任環參將盧鏜討平之

陶宅之賊敗遁出海

參將婁宇擊敗之

賊自七寶洪崇鍊南匯所等處登掠

遊擊將軍宗禮僉事董邦政參將婁宇敗之

賊登界

參政任環敗之

賊犯西庵

董邦政平之

賊犯青村所

把總王應麟平之

賊入吳淞江　總兵俞大猷破之

四月[illegible]賊首[illegible]徐海攻[illegible]入樂清海[illegible]龍[illegible]湖州[illegible]平湖[illegible]縣[illegible]

賊[illegible]揚[illegible]

五月賊[illegible]仙居縣

賊復入賊圍桐[illegible]

賊攻上海縣[illegible]松江

總兵徐珏大破賊孟河之　副吏馬慎敗賊於狼山

總兵俞大猷盧鏜敗賊[illegible]亭

參將盧鏜進敗之於大[illegible]

總督胡宗憲遣[illegible]諜解圍　徐海因賊首周[illegible]謀入款　乙就擒宗憲陽許之遂　餘黨遁外海五誘之追　峙洋鏜吳淞江　復追敗之賊又

賊把總劉成已敗　把總張

總兵俞大猷盧鏜敗賊於漁山馬蹟洋

鏜敗賊於泖湖　賊於楊子江　參政任環敗賊於澱山湖

總兵俞大猷敗賊於茶山洋

散其黨於乍浦　陰縱我兵擊之

六月總督胡宗憲督參將盧鏜等討仙居之賊平之

八月官兵敗賊徐海自縱麻葉

賊[illegible]州[illegible]

十三

十六年

二月賊犯[illegible]府

四月賊犯定海關

於夏蓋山三江海洋復敗之於金塘馬墓福山　陳東以獻尋困賊黨於沈庄徐海就戮餘黨悉[illegible]

副使許[illegible]開東望敗賊於馬[illegible]　副使許[illegible]于

總督胡宗憲容遣總兵盧鏜擒賊首辛五郎於金塘山

九月副使王詢總兵俞大猷平舟山之賊

十二月把總張四維搗謝浦賊巢平之

海[illegible]　總兵盧鏜追擊大敗之

五月賊犯楊州

賊攻海門縣

山東[illegible]

十四

（上圖）

賊攻[illegible]入安賊攻台	
二月賊[illegible]攻[illegible]縣	縣
都指揮戴沖霄擒王直餘黨陳秀山等	十一月總督侍郎胡宗憲誘賊首王直入定海關擒之
	十五
	賊[illegible]六月副使于德昌大敗泗州之賊衆將盧鏜敗賊於揚子灣頭追至廟灣平之

（下圖）

僉事經	
十月賊自漳州[illegible]入[illegible]據之	
五月賊攻[illegible]府攻[illegible]入南安縣攻崇武所賊首洪澤珍據舊浯嶼分[illegible]入掠	攻惠安縣
衛攻鎮東[illegible]攻興化府	海城[illegible]僉事戚[illegible]追敗之賊陷福清縣
參將戚繼光平之	川府[illegible]縣攻溫州府
八月官兵平舟山賊巢	
	十六

十八年

彥宗攻破之

二月賊[illegible][illegible]陽縣

僉事經彥宗大[illegible]之

[illegible]賊攻耗[illegible][illegible][illegible][illegible][illegible][illegible]何家[illegible][illegible]縣

副使譚綸討平之

[illegible][illegible]攻松門衛

四月賊犯定海攻樂清縣

賊襲松門衛城

五月參將王麟都指揮唐循潑等敗賊敗賊於於祥芝白峯頭外洋賊海洋首嚴山參將尹老虎礁鳳敗賊賊舟沉於隴安

副使譚綸大破栅浦之賊副使劉存德敗

賊犯崇明總兵盧鏜先擊敗於海洋既而賊據三沙

賊犯如皐都御史李遂大破廟灣之賊副使劉景韶討海安之賊平之

者七十八艘賊死者數千人

外洋

賊於石所庄又進敗之於猫頭洋青門洋俘斬數百餘賊復屯海游存德悉俘斬之

攻桃渚之賊參將戚繼光一破之于章安于破之于葛皂攻道之屯栅浦之賊襲海門衛城登堞副使譚綸參將戚繼光戰敗之追提于新河再敗于南灣遂盡殲之共斬首千餘

九月賊自福建流入浙境

七月副使劉景韶參將丘昇敗賊於舊場

八月副總兵劉[illegible][illegible][illegible][illegible]於[illegible][illegible][illegible][illegible][illegible][illegible][illegible][illegible][illegible]備[illegible]敗之

[illegible]月賊首[illegible]老攻海[illegible]所

指揮孫敏與南冊士目莫善龔擊敗之

賊犯潮陽縣

[illegible]至

十九年

正月指揮武尚文敗賊於南洋灣

[illegible]賊

十二月都御史王詢大破上逕之賊

十一月賊復遁往福建指揮盧鏜追敗之

誅王直於杭州

十九

復掠潮州

官兵大破之俘斬八百有奇

三月賊攻平和縣攻大金所

四月僉事齊遇大敗潮州之賊俘斬三首六十

五月[illegible]港賊敗遁

參將王麟追敗之於刺嶼尾

賊首徐老許西池等三千餘人悉溺死海中

七月賊首謝老

二十

[illegible]馬溪[illegible]犯總徐濂敗之

八月賊入安溪縣

五月賊攻[illegible]化

正月賊自安溪流犯長泰同安縣

百戶金環典史葉露等敗之

四月賊犯馬[illegible]沙坂官兵大敗之僉事唐堯臣敗賊於新河所參將戚繼光敗賊於台州府

賊犯[illegible]州府

賊犯烈港總兵盧鏜擊敗之

賊犯大嵩所

[illegible]

賊犯新河所總兵盧鏜副使王春澤敗賊于頭[illegible]賊犯[illegible]褒村猪[illegible]賊遁亂礁洋韮山總兵盧鏜追敗之賊犯洋坑賊犯[illegible]嶺賊犯長沙賊犯白水洋

先後約七八年俱參將戚繼光一月之內前後十捷皆盡殲之斬首焚溺無遺全師而遠

一百三

寇踪分合始末圖譜

金子老——屯雙嶼港（嘉靖十八年勾引西番人交易）——合踪（十九年四月）——子老歸福建（二十一年後不復來）

李光頭——許棟合踪（二十二年）——分掠（二十二年起至二十七年）——福建、浙江

就擒（二十七年四月都御史朱紈遣都指揮盧鏜破雙嶼港擒之）

雙嶼港之寇金子老倡之李光頭以梟勇雄海上子老引爲羽翼迨子老去光頭獨留而許棟王直則相繼而興者也

許棟——巢雙嶼港（二十二年與李光頭合踪）——分掠（坐遣其徒）——福建、浙江（不常）——敗走（二十七年四月雙嶼破故也）

就擒（六月與弟社武俱爲指揮吳川所執）

此浙直倡禍之始王直之故主也初亦止勾引西番人交易二十三年始通日本而夷夏之釁開矣許棟滅王直始盛

王直——入雙嶼港（二十三年入許棟踪爲司出納）——往日本（爲許棟領哨馬船隨貢使至日本交易）——改屯烈表（二十七年許棟爲都御史朱紈所破直收許棟餘黨自作船主）——併陳思盼（三十一年）

分踪入寇（因求開市不得遂擄掠浙東沿海）——走泊馬蹟潭（三十二年閏三月爲參將俞大猷所破）——分掠（四月）——陷昌國、犯定海、攻海鹽、破乍浦、犯杭州、入南匯、犯嘉定、擄吳淞

敗走白馬廟（馬蹟潭復爲參將湯克寬所破）——往日本——竄松浦（自此以後惟坐遣其黨入寇而不自來）

就擒（三十七年八月欽定海關要互市總督胡公遣人諭入見而擒之）——伏誅（三十八年十二月奉旨斬于浙江省城市曹）

先是日本非入貢不來[illegible]而私市自二十三年始許棟時亦止載貨往日本未嘗引其人來也許棟敗沒直始用倭人爲羽翼破壞國而倭奴之貪心大熾入寇者遂絡繹矣東南之亂皆直致之也自胡公誘致直而海氛頓息繼有來者[illegible]之亦[illegible]矣

陳思盼—死（爲王直所殺）—（陳東反）

鄧文俊、林碧川、沈南山—屯日本楊哥—（三十一年四月）入寇—攻遊仙寨—（五月）攻瑞安

（五月）入黃巖—攻霩衢—（十一月）出洋—鄧文俊就擒于下馬洋（爲參將湯克寬所獲）

（三十二年四月）巢柘林—（十一月）歸日本—（三十三年正月）復巢柘林—（四月）分掠—乍浦、上海、金山、青村、嘉定、太倉、常熟、崑山、蘇州

（五月）復分掠—蘇州、杭州—（六月）敗于浙直兵—（會破之）平望—回柘林

（九月）分掠—蕭山、臨山、瀝海、上虞—出海—林碧川就擒（爲把總任錦追）—沈南山就戮（敗于大陳山）

林碧川、鄧文俊、沈南山皆海上巨寇也。三十一年浙直之禍，林碧川實爲之首。破黃巖，得利，遂啓群盜貪心。三十二年，蕭顯繼出，碧川與顯以次敗亡，而徐海、陳東又繼之，爲浙直大患。

蕭顯—（三十二年四月）寇太倉—陷上海—巢柘林—破南滙

（八月）擄南沙（崇明）—（此別一支之出洋者）遁出洋，沒于普陀（爲劉恩至所滅）

（三十三年正月）攻嘉定—攻上海

（三月爲參將盧鏜兵備任環所破）敗走海鹽—（五月）就滅于慈谿

直隸之禍，顯實首之。善戰多謀，王直亦憚而讓焉者也。

鄭宗興、何亞八、徐銓、方武—合踪—（三十三年）分掠—廣東、福建—敗于三州環（副使汪柏、指揮王沛、黑孟陽破之）

宗興就擒

亞八就擒

銓、武—遁往福建—流突潮州—敗滅（武就擒，銓死）—伏誅（武與宗興、亞八就戮）

此三十三年爲廣福之大患者也。其勢雖張，旋就殄滅，都御史鮑象賢定西侯蔣傳之功。

徐海率　和泉　薩摩　肥前　肥後　津州　對馬　諸倭入寇（三十四年正月）屯柘林
犯平湖　攻乍浦、破崇德
犯湖州　攻金山（二月）　嘉興
分掠（四月）
蘇州　掠太湖（五月）　敗于陸涇壩
常熟　屯三丈浦　攻無錫
崇明　江北　敗歿（太倉知州熊桴殲之于登舟沙）
湖州
嘉興　敗于王江涇（爲浙江巡按御史胡宗憲所破）
遁歸柘林　復分掠（五月）　乍浦　平湖　杭州　敗于平望（爲浙直兵會破之）
攻屯陶宅（七月）　出海而去
合于三丈浦　出海　殲于登舟沙（亦爲知州熊桴所破）
三十五年　復巢柘林（二月俱來）
陳東自沙川
葉明自乍浦嘴
合踪（三月俱屯）柘林　分掠
淮揚
常州　鎮江
松江
浙東　入屯乍浦
合攻乍浦（四月）

籌海圖編卷之八　三十二

陷慈谿（四月）　攻餘姚　攻龍山所（五月）　圍乙就擒（餘黨遁去）
圍桐鄉（五月）　分屯
新場（陳東　葉明）
李巷（徐海）
合屯乍浦　殲于沈庄（八月總督胡宗憲以計殲之）

乙卯丙辰之亂海爲之首陳東葉明爲之輔衆至數萬總督胡公計殄滅之自此海氛漸息其餘黨去皆沒于海蓋胡公佯與之舟雖縱之走舟遇巨浪輒裂故也

八卷　廿八

陳東率　肥前　筑前　豐後　和泉　博多　紀伊　諸倭入寇屯（三十四年正月）　攻南滙　攻金山
入崇明　攻青村（三月）　圍上海（三月）　遁歸日本
三十五年　復屯川沙（正月與徐海合）　併入柘林（與徐海合）　攻乍浦　圍桐鄉
分屯新場（與徐海分）（與葉明合）　合屯乍浦（復與徐海爲援）　殲于乍浦城南

此薩摩州君之弟掌書記酋也其部下多薩摩人

葉明率（築前、和泉、肥前、薩摩、紀伊、博多、豐後）—諸倭入寇（三十五年正月）—屯老鸛嘴—併入柘林（四月）

合攻乍浦—分屯新塲—合屯乍浦—就擒（[illegible]總督胡公之命生擒以獻）

驍勇善戰爲諸酋冠明既就擒海黨與遂皆携貳以至于亡云

洪澤珍—巢舊浯嶼（三十七年五月）—攻福寧州（三十八年三月）—陷福安—敗遁山海（四月爲參將黎鵬舉所敗）

餘黨屯海壇

山犯漳州

此福建積年通番巨寇漳泉福興之禍連綿不已皆澤珍爲之也

嚴山老—入安東城（三十七年）—陷福清—攻興化—攻惠安

攻泉州—攻崇武

松下新至賊

海口新至賊—合攻鎮東衛—遁去（三十八年五月）

此亦月港積年通番巨寇也

許西池—屯月港嶺—犯揭陽（三十七年正月）—入蓬州所—敗還月港（爲副使林懋舉等所破）

犯饒平（十月復入廣東）—據黃岡鎮—遁去（三十八年二月）—圍揭陽（三月又入廣東）—攻海門所（十月）

敗還月港（爲指揮孫敏所破）—犯潮陽（復入廣東）—攻黃岡鎮—敗于南洋灣（爲典膳秦金所破）

移屯赤寮村—分屯鬬望—分掠揭陽縣—蓬州所

分屯掃湖

雲霄新至賊

移屯潮州貴山都（三十九年正月）——分屯古埕——復回月港——出海溺死

此月港通番巨寇連年犯廣東而不解者也

蕭雪峯
張璉
——合屯大埔——攻和平（三十九年三月）——攻大金所——出海

此賊三十九年始著多乃大埔閩賊入海[illegible]

謝老——巢南澚——入走馬溪（四十年三月）——入安溪（[illegible]月）——分掠（四十年正月）——同安　長泰　寧化　詔安
復回南澚

此賊四十年始入寇知姓而未知名

右賊凡十四踪皆昭灼人之耳目故詳列之其餘或入寇而姓名不傳或有名賊首而未嘗專主兵柄與夫事跡之未詳者不敢濫錄也

籌海圖編卷之九

崑山鄭若曾輯　男一應龍 一鸞校

大捷考

望海堝之捷 永樂己亥

永樂己亥中軍都督府左都督劉公江總兵鎮遼東甫至卽相地形勢請于金線島西北之望海堝築城堡立煙墩一日瞭者言東南海中王家島夜有火光訐寇將至公亟遣馬步軍赴堝上小堡伏之翼日倭賊二千餘人以數十艘艤泊馬雄島魚貫而上直逼堝下一賊貌甚醜惡指揮諸賊如入無人之境公得報但令犒師秣馬略不爲意徐以都指揮徐剛伏兵山下百戶姜隆率壯士潛燒賊船截其歸路約曰旗舉伏起砲鳴奮擊不用命者戮旣而賊至公披髮舉旗鳴砲伏兵盡起爲兩翼而進賊遂大敗奔匿櫻桃園空堡中我師追遶環而攻之且請入堡勦殺公不許故開西壁縱之仍分兩翼夾擊生擒數百斬首千餘間有潛脫而逃艤者復爲隆所縛無一人得免者諸將請曰公見敵意氣安閑惟飽士馬及臨陣披髮而戰追賊入堡不殺而縱走之何也公曰窮寇遠來必饑且勞以逸待勞以飽待饑法也賊始魚貫成蛇陣故作真武狀以鎮衆之雖愚士卒之耳目亦可借以壯其氣賊旣入堡有死無已我師臨之彼必死鬪我兵寧無傷乎故縱之令至野而後擒擊之卽圖帥必欲之意耳事聞徵至京師面慰勞之封廣寧伯食祿一千二百戶子孫世襲

王江涇之捷 嘉靖三十四年四月

國家地廣治極文恬武嬉海壖姦闌更時盜販民[illegible]轉爲寇賊民不覩兵爲日既久望風奔潰莫之誰何賊連得利內附外連聲應氣合從黨滋蔓動以數千萬計又善用兵能以少爲衆所徵四方材勇慣技武力之士率殲其手勢若烈火燄燄彼焉恩啓蓋自壬子春更癸丑甲寅恣行轉掠戕殺燔燒叢萃藪窟新故環迭而兩浙三吳之禍變慘矣乙卯春柘林巢賊積增至萬餘人出掠嘉善諸處夏四月勦賊徐海麻葉等探知嘉杭兵調松江搗巢率衆數千人水陸並進聲言先攻嘉興次及杭時故巡撫李公留守杭總督軍門在華亭無兵可恃軍民洶洶甚懼御史梅林胡公方巡浙東台温諸郡得報連日夜馳詣嘉興

會賊從嘉善來前驅迤邐薄城外衆益懼甚公曰在法攻謀爲上角力爲下矧又無兵乃密屬吏取酒百餘甖鑽其顛投以毒劑塞如故載兩船選兵卒機警而猛者假冠服持赤幘坐船上稱解官解酒餉軍載向賊所從道見賊即褫去冠服走賊信不疑馳報諸酋長諸酋長得酒大歡相率高會痛飲卒多死已又令村市酒家皆入毒甕中約價以直民所有米漬藥水淅而遺之賊往往爭取飲斃又死然賊黨尚衆我兵寡且恇怯適保靖宣慰彭藎臣所領土兵數千人至可使胡公策其恃勇犯忌使人傳語之曰賊善伏且知分合我兵常爲其誘宜分奇正左右翼擊防其衝圍藎臣不聽乘銳直前果遇伏墮賊計挫於城南石塘灣始大悔遂有潰志遠近震駭大失望胡公深憂之曰如是我技窮矣於是親詣軍營宣諭且勞苦之曰勝負兵家常事惡足介介凡爾所以僨者以不知地利中其伏我聞賊酋多死衆綵勢無紀且又不得食息暇可攻若等無畏頓兵多無衣與器械乃使人悉索諸質肆故衣須給之加賜錢帛牛酒飲食召諸金木工晝夜繕造器具懸重賞苗兵感激思奮察可用乃指畫石塘地形曲折曰汝宜以兵若干爲前鋒從塘路進若干爲奇兵伏道左水兵船若干環列道右防其逸皆後前鋒數里候賊將至某處前鋒迎敵佯敗走俟其過伏伏盡起三面夾擊虜不勝矣藎臣如公策賊果僨敗北走平望平望故別有苗兵營賊不知會總督張公從松江兼程來視師而永順宣慰彭翼南復從泖湖西出胡公又同督察趙公部署參將盧鏜等厲激

之且躬擐甲冑徑馳馬趨出四面合圍軍聲遂大振賊大沮還走王江涇既連疲於奔又餒且病矧無統紀遂大潰不支土兵與我軍乘之斬首倭二千餘級墮溺水死者不可勝校蓋自是嘉興杭人始安枕軍民主客始知賊猶人非真若鬼神雷電虎豹然不可嚮邇浸有鬭志賊亦自是稍稍頓忌逆氣狂謀漸以虧衄始可誘而圖矣嗟乎奇變決而波才破洛澗襲而淮淝捷嘉山合而傳陵奔蓋自昔禍亂之興必有忠義材武韜鈐之臣以指揮擘畫救寧戡定蓋天所以奠安維極綏輯神人鴻德好生常假手乎鉅公偉人實爲之識云其果戛戛哉武進左子好論次當世事而謂故所收公私牘牒所載王江涇戰功猾無紀屬余詮次余爲詮次而歸之庶後經世者有考焉 都御史胡松撰

平望之捷 嘉靖三十四年五月

嘉靖乙卯夏五月官兵敗賊於吳江之平望先是求保之兵既皆失利賊遂肆意猖獗一西北入太湖犯常州一西南犯杭嘉湖其犯杭州者至塘棲二宣慰復失利賊掠北關去欲由蘇州入海道吳江之平望瀕近鄉兵會擊之賊腹背受敵大敗走松江至三店我兵邀擊之斬首七百有奇中毒死者千餘人是戰也巡按御史胡公宗憲副使董士弘僉事王詢以浙兵至參政任環知府林懋舉以直隸兵至而三店則推官劉泉功居多皆不藉客兵之援由是而專任鄉兵之議興矣嗚呼客兵之用豈得已哉蓋彼之獷狡不馴非素有禮義之習我之恩威未洽難責以忠愛之心恤之過則驕撓之急則變勝敵不足以償其掠民之害厚賞不足以稱其邀求之私前方城宗氏論之詳矣雖然寇攘起猝民不知兵慮客兵之禍而徒驅民以戰如投羊於虎是畏溺而避舟者耳故調客兵者一時之權恃客兵而忘練鄉兵者非經遠之策調客兵而練鄉兵兵可用矣而後酌勢之緩急敵之多寡以處客兵遣之則我無之用之嬉留之又有以制其反噬之毒我師梅翁之底定東南也外立戰勳內鮮兵變今日遣客兵數千而賊無玩心明日來客兵數千而民無懼色者用此道也彼謂客兵必不可用而又無練募之法者吾不知其所終矣 太學生俞獻可撰

陸涇壩之捷 嘉靖三十四年五月

嘉靖乙卯夏五月松江柘林之寇千餘人流突李塔匯歷張庵小崑山趨泖湖而北保靖宣慰彭藎臣兵追之抵蘇州之陸涇壩壩離城十里而近兵備副使任環督兵擊之擒其梟帥俘斬五六百級水火死者不計屍盈阡陌委水為赤殘寇僅二百人復冒雨追之不克逸歸柘林嗚呼往歲倭賊覘我無備揚帆深入視吾蘇不啻几上肉耳是捷也論者皆謂我兵有死之心無生之氣而又益以藎臣善戰之兵其勝宜也愚謂不然戰之日續親見之矣撫巡秉城督兵傳餐寇矢如雨自婁門以東達於陸涇壩我衆連呼戰者三日今日我任父對敵所不捐生以報者有如此日由是士氣百倍總兵俞大猷并二宣慰兵三路並進奮勇夾擊遂收全功當是時使非任公身先督戰則吾不知民之僇力者何如使戰而弗勝則鼓寇之怒其慘吾又不知何如也抑陸涇壩之東境也前此浙江巡按御史胡公宗憲有王江涇之捷則蘇之南境後此提督都御史曹公邦輔有橫涇之捷則蘇之西境未幾任公復有三丈浦之捷則蘇之北境一歲而賊四衄於蘇蓋自是吾蘇無倭寇矣 崑山舉人李續撰

横涇之捷

嘉靖三十四年八月

嘉靖乙夘秋八月倭賊自象山登岸流突南京焚安定門殺一把總一指揮走無錫而南都御史曹公邦輔引兵馳護孝陵因追及於蘇州之滸墅賊驕蹇益甚公與副使王崇古僉事董邦政知府林懋舉知縣康世耀把總婁宇曰此賊勢將數千勍敵我地形兵力爲彼所窺他日大舉入寇何以支之誓殲此而後入城乃分授信地申主客應援之規以崇古邦政宇率指揮張大綱武生車梁躡賊所向遇敵先登爲正兵懋舉世耀各領兵屯吳林廟之左北護郡城南扼賊衝爲援兵嚴家兵左哨涉兵右哨分突衝截爲奇兵度賊走太湖募水兵于湖濱東山巡檢領船數十往來探哨爲遊兵又度賊不走太湖必分踪以牽制我師或棄金帛于道餌我嚴諭毋離伍毋拾遺士皆股栗殊死戰賊至吳林廟我兵擒斬二十七人餘走楊山遁至靈巖奪民船由新港出太湖欲走洞庭見我兵旗幟不敢渡復登岸至横涇前馬橋匿一民舍我兵圍而火攻之賊潰出遁伏田禾中不能得車梁擲其所殺人肉尚未寒又草露未動乃令衆大呼賊在此賊果驚出遂俘斬之無一人得脫者而大綱手刃數人力盡死之始賊之在無錫也欲寄徑常熟往附柘林之賊刼二人前數十武導之常熟在無錫之北二人紿之而南且道辟行人曰賊至矣報官兵賊已陷絶地速來可盡擒也賊比敗恨二人入骨競臠割之嗚呼是賊以五十三人馳突八郡轉戰三千餘里所過皆不焚掠唯與敵者殺之此其勢其志可知也已非曹公之定策群有司之戮力蘇松之禍未已也雖然張大綱之死敵二人之紿賊其功固非碌碌者惜二人之姓字不傳爾崑山縣學生龔良相撰

後悔之捷嘉靖三十四年十一月

嘉靖乙卯冬十一月倭賊自福建福寧州之連江洪流入浙境越平陽仙居至寧波奉化與錢倉賊合幾七百人深入紹興勢益滋蔓提督都御史胡公宗憲親督兵備副使許東望容美土目田九霄同知曲入繩等兵往戡之遇賊江橋僅隔一河公謂諸將曰賊見我不顧而南其氣未可乘若稍止觀望可圖也吾茲試之乃於馬上自持一幟作指揮狀賊果聚觀公笑曰此易與耳乃令兵渡河九霄邀其前入繩襲其後賊見兩兵迭至大怖而走至後梅匿民家公復大笑曰賊若乘我兵半渡迎擊勝負猶未可量今已投死地復何能爲乃悉衆圍之三匝縱火焚之死者强

半值天雨公與將士立田中夜二鼓大霧咫尺莫辨賊乘黑衝典史吳成器軍成器故善戰驅兵四面奮擊之擒斬復若干人然脫走者猶衆公計賊必由山西嶺而遁嶺之巔可伏也命設伏以待夜將半賊果至遂大敗之斬首及焚死者積五百二十有奇餘奔太平蒲岐港官兵復追之賊堅壁不出乃夜偪賊壘投以霹靂火器譁若刼營者賊驚起自相攻擊死者又若干人得脫者無幾竟出洋去丙辰春正月也時公新膺簡命未浹旬輒有奇捷如此烏程縣學教諭張節撰

清風嶺之捷嘉靖三十四年十一月

嘉靖乙卯冬十一月倭船二艘艤南麂之西麓提督都御史胡公　預設海艦封守甚固二船不能入揚帆而東其一西走我兵躡之沉其舟追入嶴內相持八晝夜賊窘甚從山後竊划船遁去颶風驅回登刼大嶴至三港守備劉隆千戶劉綱百戶張澄戰歿於陣賊勢復熾遂越金鄉趨台州以漸北向時公方奏樂清之捷會台州告急公笑曰寇來有三敗我皆得之不足平也初寇登平陽守將不循約束故得深入今台守譚綸干城之將且素受方畧賊玩蹂其疆一兵法小敵之堅大敵之擒寇方得志三港其氣驕我兵方捷於樂清其氣勁以勁乘驕如拉朽耳二容美兵精悍甲諸部萬里從征朝氣正銳但初未諳險阨今授

以布伏邀擊之法則爲全勝之技三遂命分道布截天台以南綸兵當之新昌以北容美兵當之綸兵逼壘而進以典史吳成器統部署爲前哨報効吏章廷麃爲後哨百戶王世仁陳濠督徒卒伏於小江道左知事張東督鄉兵伏於顏坑諸處而又迎賊所向預置藥蜜藥餅餌之由是賊或中伏或中毒擒獲三十餘顆傷死者不計始悔入台州境十二月抵新昌知應台關有備去至嵊縣三界上篩嶺會容美兵陳而待田九霄以正兵當其前田九章援兵繼進左翼則留守王倫伏兵當之右翼則經歷畢爵伏兵當之指揮吳江率部兵遶賊後背夾擊且多張旗幟爲疑兵以撼賊勢賊四面受敵且戰且走我兵追之入清風嶺烈女祠俘斬一百七十餘是艅也賊二百餘徒歷温台紹三

郡始克勦滅其敢於深入者猶恃紹興之倭欲與合縣迫
越台州始知舊倭已破於是旣畏譚兵不敢南復畏土兵
不敢北卒至於敗如公所料云　武進舉人吳欽撰

仙居之捷　嘉靖三十五年

嘉靖丙辰春三月
朝廷以都御史胡公宗憲建奇勳命以兵部侍郎總督浙
直福建軍務會福建桐山之賊流過浙境同知黃釧指揮
梅魁御禦之賊潰圍北走公密令副使劉燾預伏兵塔石蕉
蒲諸山巖險阨則潛置火器以待仍列舟師於山側之江
濱賊至伏起殺傷甚衆遁由天門埭至平陽青田越小峙
沿江而南遂入荊溪荊溪通仙居樂清之孔道也時臨海
天台業已受公計集鄉兵守黃潭箬孔中渡由是賊不得
犯寧紹由烏杭西入仙居乘城築未完衝突焚刼慘倍他
地乃咨提督都御史阮公鶚馳救之復行副使許東望知
府譚綸總兵盧鏜兵從東路而進賊聞大兵且至遂走斷
橋彭溪巢於民舍我兵合圍攻之俘斬三百餘級焚溺死
者無筭所存六十餘人取道天台之北復爲赤城民兵所
殺是時浙東西硤石梁湖之賊各萬餘人俱薄會城兇桀
難制江南北新舊屯據者數亦逾萬公以一身寄諸藩之
安危以一心當百萬之兵甲隨機狄勦筭無遺策直隸有
寶山之捷兩浙有西庵清水洼之捷而桐山流寇亦旋就
殄殲謂公今之子儀非耶　嘉興訓導謝顧撰

乍浦之捷嘉靖三十五年七月

嘉靖丙辰秋七月賊徐海陳東之解桐鄉圍而東也陽爲聽撫心實狐疑自呂港新場移屯乍浦城南營厰絡繹改脩舊船以圖出海且窺伺我兵强弱爲其進止總督侍郎胡公　策知其計因外示羈縻而密檄副使劉燾圖之會尚書趙公文華再命督察至公乃與定議以乍浦西南海塘可通杭州咨浙福提督都御史阮公鶚偕郎中郭仁副使徐洛總兵徐珏等壁海鹽以遏犯杭之路東北金山可通松江浦東咨直隷提督都御史張公景賢駐松江而參政任環僉事董邦政留守王倫同知熊桴容美土官田九霄等扼青村黄浦及出海之路公親督大兵與參政汪栢參議王詢等駐平湖與賊偪壘而陣總兵俞大猷盧鏜等則以舟師設伏洋山馬蹟邀其歸路分布既定候間而發適上海之賊由吳淞而西南出復萬餘人公恐海或中變與之連衡急喻海使東出擊賊可得舟還島海以爲然果逆斬賊數百賊遂夜走以故海不及取其舟而返其他酋長脱出海者公已別遣大猷伏飛艦海上邀擊之溺且盡公又計海書記麻葉不死無以堅其内附之心而陳東者與麻葉聲相倚桐鄉之役與海相睚眦者也於是又計令海縛麻葉縛陳東以獻海遂併有其衆而諸酋長則疑且怨海矣海自度進退無所而公故與趙公籌責海益急因遣諜私海令其誘衆俘斬之以謝可無罪海不得已從之遂與定約與前縛麻葉陳東等俱詳見鹿門茅氏所爲剿徐海本末紀　公乃令副使劉燾引遊擊尹秉衡兵夜伏乍浦城中而徐珏等兵分爲二哨進壁白馬廟左灝等兵由平湖間道而出主簿曹廷慧參將丁僅等壁乍浦城以爲内援至期珏等移營尾山海果挈妻走海上艘群倭爭逐之大亂城上舉火我兵四合兢進大敗之燒賊巢厰二十餘里時海執稱歸順投梁庄去諸道出海洋者大猷兵邀擊之前後俘斬七百有奇没海及焚死者無筭乍浦之賊無孑遺矣夫徐海以首惡煽禍而陳東麻葉等爲之犄角勾引外夷侵擾中土受其螫毒者五年矣丙辰春擁衆數萬分道入寇北犯瓜楊阻絶運道東掠寧紹牽制我師聲言欲下杭州犯留都比之曩時猖獗尤甚公相度機宜不輕與爭鋒捐千金賞敢死之士用間誘退呂港賊艘以伐其深犯之謀復誘令殺賊立功以剪其羽翼之勢擒麻葉擒陳東度其孤危可以取矣猶謂困獸死鬬乃故弃船海瀕開一面之缺而卒以遊兵邀之無一得脱者後先下着不爽纖微島夷之所以畏服而東南之所以奠安者不以此哉不以此哉餘姚舉人諸大圭撰

紀劉徐海本末

嘉靖丙辰徐海之擁諸倭奴而寇也一枝由海門入掠
維揚東控京口一枝由淞江入掠上海一枝由定海
關入掠慈谿等縣衆各數千人而海自擁部下萬餘
人直逼乍浦而岍岍則破諸舟悉焚之令人人各爲
死戰又導故窟柘林者陳東所部數千人與俱併兵
攻乍浦城盖四月十九日也當是時
朝廷方奪故總督而新總督胡公自提督代之甫八日問
幕府麾下募卒僅三千人俱孱弱不可用故總督所
徵四川湖廣山東河南諸兵俱罷去所爲緩急者特
容美土兵千人及參將宗禮所藉河朔之兵八百人
耳南北諸倭酋不下數萬諜者聲言他酋分掠於江

淮吳越諸州郡間以扼援兵而海等當窟乍浦下杭
州席卷蘇湖以脅金陵氣恣甚總督胡公方召諸司
畫計無何故提學阮公代胡公爲提督檄未至夜半
聞乍浦圍卷甲趨之胡公亦分遣兵戢浦海塩之間
爲聲援而自引兵壁塘栖相犄角居頃之海聞新總
督胡公即故御史所嘗提兵督戰於鶯湖王涇之間
而覆之者氣稍阻尋罷乍浦圍聞兩公方擁兵壁近
郊不復敢窺杭於是徑略峽石越皂林出烏鎮以北
烏鎮者即海故所犯蘇湖舊路也當是時胡公既獲
諜度蘇湖之間惟鶯湖爲四戰之地於是檄河朔兵
自嘉興入駐勝墩陣而待因以吳江水兵遮其前湖
州水兵尾其後而公自引麾下募卒及容美土兵衝

擊之提督阮公自崇德聞賊且出烏鎮也即道挾河
朔之兵騎而馳及之於皂林令善射者且躡且射賊
稍稍引去賊縱數百人嘗之輒又敗去賊怒甚鼓噪
而前提督阮公勢皇急於是走輕舸入保桐鄉而參
將宗禮與裨將霍貫道等乃自張左右翼厚集其陣
以待戰數合擊殺數十人會日暮賊且引去時賊氣
頗窘而宗禮霍貫道等亦已絕饗道不得擇善地便
水草以自休止明日餓而戰賊遣候者樹而望益孤
壘以塹無他援者也大喜復縱兵以半擊其前以半
繞其背而霍貫道河朔故驍將也大呼衆力戰矢砲
如雨下無不人人一當十復擊殺數十百人而貫道
亦手自刃十餘人賊益怖海且中砲欲馳去會火藥

盡霍貫道而宗禮仰天呼曰吾兩人再得藥數斗可
以了此賊矣未幾貫道與宗禮俱陷衆大敗賊遂乘
勝圍桐鄉時總督胡公已引兵躡崇德聞之潸然流
涕曰河朔之兵既敗東南之事無復可支矣賊已困
桐鄉假令復分兵困崇德以劫我我兩人譬之抱石
而自沉也
國家且柰何於是還省城檄諸路兵爲戰守計先是公始
爲提督時嘗與監督尚書趙公謀曰
國家困海上之寇數年於茲矣諸倭奴乘潮出没將士所
不得斥堠而戍者人言王直以威信雄海上無他罪
狀苟得誘而使之或可陰携其黨也按部題亦嘗有
用間爲策者於是遣辯士蔣洲陳可願及故嘗與王

直友善者數輩入海諭直直果感悅願如約遣其養
子毛海峰欵定海關謝過閒以諭海海已勾隆摩諸
島人入刼故不相及而海峰者云云彼固未之聞也
胡公策曰直與海雖順逆不同其勢固唇齒也直既
悔悟海獨不可以大義說之乎不然彼貪人也誘之
以利或可狃其心聞桐鄉城小而堅緩之數十日則
求保戍兵至固可破之矣於是疾走人諭海峰因厚
遺諜者陰過海所曰直已遣子欵定海關
朝廷固且赦之矣若獨無意乎新總督威名非曩時比且
仰體
朝廷德意推心置人腹若不乘此時觧甲自謝他日必爲
虜矣海頗然其計於是亦遣酋自謝約罷圍去因以

要公稍出中國貨物遺他倭酋而疏釋其罪公佯諾
輒以銀牌綺幣厚遺來謝酋而陰令營中盛兵容私
諜者故縱酋瞰之酋既德公遺又内怖公之兵威也
歸以報海明日復遣他酋來謝公視之如初凡數復
海於是始歸心於公願爲公死之矣然陳東獨心切
疑海私公遺猶鞅鞅未之從也海間遣酋次桐鄉城
下私城上兵曰某已聽總督胡公約觧去矣城東門
故柘林賊陳東黨也鷙悍不吾從若當謹備之是夕
海果縋德而西且乞他兵於公以夾擊東胡公猶心
許未之許而東獨盛爲樓櫓撞竿以撞城而桐鄉令
金燕者彊幹吏也城中一切兵仗火藥諸已繕備提
督阮公復躬冒矢石徇城上人下令散千金募敢死

之士督戰盃亟所殺傷賊亦數十人方撞竿自樓櫓
中躍而撞城城幾壞一男子爲緡索圜撞竿所擊故
窩處竿至即緡挽以上斬之又募冶者煮鐵汁灌城
下酋城下酋不敢逼東既無何聞海等觧去道遠勢
且孤亦相與稍稍引去圍始觧而提督阮公出矣時
五月二十三日也方阮公困桐鄉時固日夜望總督
胡公援兵之至而胡公亦重念東南之安危身之禍
福與阮公相旦暮情固急業已遣兵備劉公督同留
守王倫宣撫田九霄勒兵自嘉興入壁斗門分守汪
公督同知縣張晃勒兵自湖州入壁烏鎮叅將丁僅
勒兵自海塩入壁王店指揮樂坊督同千戶羅天與
勒兵自崇德入壁石門又令崇德令崔近思收河朔

之散卒入城爲聲援兵四面環賊遠者二三十里近
者十餘里而陣然各以狃皂林之敗逡巡惶怖不敢
逼而公業遣諜覊說賊亦日夜望永保戍兵之至以
決一戰也計無可柰何而胡公與阮公兩人者爲同
年故深相結者及援兵不合阮公自圍中頗急於是
兩相猜而他謗者與爲飛語撼兩公者盈道路矣當
是時
朝廷聞東南之寇即日出尚書趙公督山東河朔諸兵援
之又兩公所私相猜者語頗聞趙公趙公亦故與兩
公者爲肺腑交所嘗兩推轂中朝以填東南者念兩
公卒有郤則東南之事抵牾不可圖於是日夜引兵
而南至揚州則阮公業已出桐鄉圍東渡錢塘徇會

稍諸下邑擊他賊胡公亦聞尚書趙公之至且戰且
南淮揚毘陵之間無定處海爲巨孽間雖狃而內附
中國不可測而上海之賊萬餘人由吳淞江西引方
急適日遣諜者啗海以金帛而說之東出海上擊他
賊海亦果收諸倭酋出乍浦道平湖時諜報吳淞江
之賊已鼓行涉嘉善界欲西合海公念海萬一卒他
變兩相合柰何因策海始已焚舟爲深入今不得舟
必急於是遣諜諷海謂海既內附何不如故約勤兵
擊吳淞江賊且募奪其輜掠舟以歸海果然其計即
日引諸酋逆之朱涇道上斬首若干級餘賊遂夜走
以故海不及募奪其舟而還及他酋舵而出海也公
又別遣總兵俞大猷伏飛艦海上遮擊之溺且盡於

是海既德公不敢背又聞吳淞江賊之出爲海兵所
遮擊蓋內怖且輸款於公遂華故所藏飛魚冠及他
堅甲名劍數十種並以輸公而間遣其弟洪入質於
公公罔佯納之公又諜聞海麾下獨書記葉麻爲長
酋其爲人頗黠而悍近與海爭一女子有微郤非用
間急縛之則無以死彼之內附之心於是遣諜就海
帳中諷海縛葉麻以出葉麻出而諸酋中故隸葉麻
部曲者稍稍怨且懼矣怨且懼恐生他釁則又以他
罪縛　幾百餘人公又策陳東於諸部曲中與葉麻
聱相倚頃以桐鄉之役兩睚眦者也數遣諜持簪珥
璣翠遺海兩侍女令兩侍女日夜說海并縛東海間
諾而陳東者薩摩王弟故帳下書記酋海固未之能

也於是出葉麻囚中令其詐爲書於東反兵賊殺海
其書故不以遺東陰泄之於海激怒之使并縛東海
讀其書涕雙下　蓋德公之不忍爲東所賊殺之也曰
夜謀縛東以報公居無何尚書趙公移兵渡江來所
過州縣數舉兵向賊賊輒敗走俘斬若干級兵威大
布當是時公已知海之甘心於東不忍疾擊海疾擊
之兩人追而深相結則東南之事未易圖而尚書趙
公之至也私約公其部署兵擊海日急且召公故所
遣諜面詰之曰若爲我諭海海連兵以來罪不容死
非縛陳東及斬千餘級以獻恐無以謝
朝廷若能則吾當同督府諸公疏釋之不然若且虀粉矣
是時阮公亦至於是海益怖出所故掠中國貨物千

餘金賂王弟詐請東代署書記海因夜得東即縛以
故約復於胡公葉麻與陳東相繼縛而諸酋長洶洶
內亂矣是時諸酋長既疑且怨海無鬭心故其氣日
窘海亦自度縱令反故島當亦必爲諸酋長所賊殺
故爲內附日固而公與趙公簿責海益急海既急因
念欲掠舟出海恐爲海上兵所刼欲列壘拒官兵又
業已內附不忍背且陳東黨固日夜譟殺之也公策
曰彼既亂吾可乘之矣因遣諜私海曰我固欲寬若
趙尚書爺以若罪孽大何不聽我艤數十艘海上若
且誘之逐海上艘令俘斬千餘級以謝趙公而若因
得以自完乎海不得已且疑且諾因約兵備副使劉
公引兵伏乍浦城中而某日時其當引衆出海岸去

乍浦城半里而陣佯令衆酋逐海上艘其手槙麾之
城中官兵即舉燧爲號從城中出亟擊勿失諸官兵
卒如故約乘之諸倭酋逐海上艘如蟻不及還兵鬬
於是諸官兵得乘勝蹂而前不傷一卒所俘斬數十
百人沒海者無筭於是海自以數有功於
朝廷願與部下諸酋長入款且庭謁胡公與尚書趙公提
督阮公及巡按趙公並許之諜往復期以八月初二
日然海猶恐間設甲士𢭏之先期一日卒擁酋數百
人胄而陣平湖城外自帥酋長百餘人胄而入平湖
城中以求四公者計不許恐他變遂許海與諸酋長
北嚮面四公按次稽首呼天星爺死罪死罪海欲再
爲款胡公而未之識因頤諜諜目示之海復面胡公

稽首呼天星爺死罪死罪胡公亦下堂手摩海頂謂
之曰若苦東南久矣今既內附
朝廷且赦若愼勿再爲孽海復稽首呼天星爺死罪死罪
於是四公厚犒遺之而出是日城中人無不洒然色
變者海既出諸公者固已忿恚海之列款猶胄而入
屬疆脅無禮又不及如諜故所期月日而先日卒至
也其習桀驁若此於是闔謀不勒兵誅之他日必爲
患計部下尚千餘人猛鷙難即破永保兵猶迤邐遠
道未至也於是佯令海自擇便地居之海果自擇便
地得沈家庄即僦沈家庄與居之是爲八月八日當
是時衆復喧然譁諸公輩何不撲滅海不然且縱之
出海上今自解去頭豢虎以自禍也不知諸公者固

有待於是胡公與尚書趙公提督阮公私自部署
又日夜遣使趣永保兵來會兵未集恐海驚禍
腋間胡公因日遣諜詷海且啗海如纍時公因諜
請於趙公曰吾聞善兵者乘其所之海與陳東黨
巳深仇今合而兩附者迫故耳聞沈家庄故東西
處而中縮河爲壍何不說海以西沈家庄居陳東黨
而自擇東沈家庄以居部下酋乎諜以諭海海果如
其言頃之永保兵至會海輸二百金於公市酒米公
復與趙公謀以藥毒其中而歸之又令陳東詐爲書
夜遣其黨曰海已約官兵夾剿汝輩矣陳東黨果疑
而夜伏邏卒東沈家庄道上瞰之適海皇急因令酋
竊兩侍女出道上而急則因間道走幕府以自托邏

卒瞰知之歸以報於陳東黨陳東黨聞之大驚即勒
兵莫兩侍女過海所罵曰吾死若俱死耳遂私相稍
而鬬海中稍衆大亂明日官兵四面合墻立而進保
靖兵先當之稍却河朔兵乘之又却俄而胡公擐甲
厲聲叱永保兵左右列大呼而入瞰壘下擊會風烈
公麾衆束千餘炬人各持炬縱火焚之海窘甚遂沉
河死甫食頃人人驚而攫千餘酋蒐斬殆盡矣中所
故飲毒首虜黑色者凡二百餘人於是永保兵俘兩
侍女而前問海何在兩侍女者王姓一名翠翹一名
綠姝故歌伎也兩侍女泣而指海所自沉河處永保
兵遂蹈河斬海級以歸　副史茅坤撰

龕山之捷嘉靖三十五年十一月

龕山之賊自温州登岸蔓延於會稽經歷文某與戰于若
竹嶺副使孫宏軾併軍門所調奇兵與戰于析開嶺于翁
家村叅將盧鏜與戰于斤嶺于梁衕賊乃敗走龔家畈百
官渡過曹娥江順流而西狡黠善閙噬齧孔棘初總督都
御史胡公　方在浙西勦川沙之賊移檄諸將竟未有能
殄之者至是親提大兵至欲斬不用命者以殉於是僉事
李如桂王詢指揮楊永昌知事何常明典史吳成器等兵
併力追擊於瓜山戰三界戰毋婆嶺朱家溇賊遁蕭山之
丁村杭湖至陳家湾雖多所殺傷而凶燄愈熾公至擇地
形壁龕山之巔分諸將信地皆露宿以待時叅將盧鏜戰
還公促明日再戰鏜曰士疲矣休養數日乃可公佯許諾

而密召親兵謂曰若曹豢養久未立戰功今賊將滅而諸
將首鼠不進萬一賊得脫此經渡錢塘江柰何今日正若
曹立功之會能乘其不意而襲之賊可盡也衆皆踴躍請
効死已乃激令成器統之以進不數里遇賊死戰無不一
當十賊遂大敗循海而走登匿山坡堡内我兵四面奮擊
不得已登屋擲瓦礫下瓦盡繼之以槍槍盡投刀刀盡乃
下死守我兵攻堡破之悉斬首以獻時日且暝公喜謂諸
將曰此賊流突千里轉戰無慮數十無能攖其鋒者今一
鼓蕩平真
朝廷天威也命取賊心啖之選獰首級廿餘顆置案上
每顆爲飲一觥左右皆失色而公談笑自若也達旦諸營
方知破賊相率入賀公謂鏜曰再一二日何如鏜大欽服

乃完師而歸時乙丑冬仲旣望也山陰縣學生員徐渭撰

金塘之捷嘉靖三十五年

辛五郎者宿冦徐海之偏裨也與陳東葉宗滿麻葉葦同巢柘林攻乍浦圍桐鄉毒螫吳諸州郡其志欲吞全浙窺留都勢甚猛也總督胡公欲滅之忌海與其黨既而海受餌爲我用擒其所惡陳東麻葉葦而遣其所懽以歸倭島五郎在焉公密令總兵俞大猷等分布海洋要衝截殺諸冦而五郎則責之盧鏜鏜接密諭時方對諸客食忽命治艦之金塘山客相顧莫知所謂鏜自乘福船令子相督率哨舡爲前驅次日至金塘瞭見北洋有大舟揚帆而南令哨船四散潛泊少選大船艤金塘之麓賊皆登甜鏜知其爲五郎也令哨船叢射之繼以銃炮賊以手且摇且招摇者示勿攻擊招者示有所言也相乃颺言曰欲打話須去爾兵器賊拍掌示無而呼一董（董者一家之義乃倭語也）有華人從冦者曰吾乃胡總督爺招安放回者也相問曰有牌驗乎曰有鏜招衆賊至舟傍慰籍之謂五郎曰汝既爲軍門所遣豈可慢乎請至縣欵洽而津送之遂延五郎同舟餘派哨船分載每載不過三四人多則不能容也五郎辭鏜厚加體貌五郎不疑宴至深夜鏜坐福船上層將臺侍者引雙燈上桅俄而哨船蝟聚鏜問之曰如何相對曰是了五郎大驚請下哨船與衆夷同宿鏜曰諾令左右送之穴梯而下至蓬户外望維海而已五郎悟欲赴水死左右不許日卧塌在地平下五郎度不能免浩歎就卧相縛之翌日入定海關乃知賊徒俱已芟盡即前夜起雙燈時也是了者乃復命也群賊死時皆不知軍門之謀僉許哨兵敢行

倭殺五郎亦自以偶遇盧鏜被執不知其出軍門也嗚呼神哉後獻俘告

廟

天子賜璽書奬公天下無不稱快云崑山進士王宇撰

擒獲王直

王直者歙人也少落魄有任俠氣及壯多智畧善施與以故人宗信之一時惡少若葉宗滿徐惟學謝和方廷助等皆樂與之遊間嘗相與謀曰中國法度森嚴動輒觸禁孰與海外乎逍遥哉直因問其母汪嫗曰生兒時有異兆否汪嫗曰生汝之夕夢大星入懷傍有峩冠者詫曰此弧矢星也已而大雪草木皆冰直獨心喜曰天星入懷非凡胎草木冰者兵象也天將命我以武勝乎于是遂起邪謀嘉靖十九年時海禁尚弛直與葉宗滿等之廣東造巨艦將帶硝黄絲綿等違禁物抵日本暹羅西洋等國往來互市者五六年致富不貲夷人大信服之稱爲五峯船主則又招聚亡命若徐海陳東葉明

等爲之將領傾貲勾引倭奴門多郎次郎四助四郎等爲之部落又有從子王汝賢義子王滶爲之腹心會五島夷爲亂直有宿憾于夷欲藉手以報及以威懾諸夷乃請于海防將官而剿之無孑遺者而聲言宣力

本朝以要重賞將官餽米百石直以爲薄大詬投之海中從此怨中國頻入內地侵盜直又嘗以扁舟泊列表叅將俞大猷驅舟師數千圍之直以火箭突圍去怨中國益深且販官軍易與也乃更造巨艦聯舫方一百二十步容二千人木爲城爲樓櫓四門其上可馳馬往來據居薩摩洲之松浦津僭號曰京自稱曰徽王部署官屬咸有名號控制要害而三十六島之夷皆其指使時時遣夷漢兵十餘道流刼濱海郡縣延袤數千里咸遭荼毒而福清黄巖昌國臨山崇德桐鄉諸城皆爲攻墮焚燔廬舍擄掠女子財帛以鉅萬計吏民死鋒鏑塡溝壑者亦且數十萬計比年如是官軍莫敢嬰其鋒但爲計狡譎每殘破處必詭云某島夷所爲也故東南雖知王直之叛而不知受禍之慘皆由直者獨總督胡公前按浙時見賊進退縱横皆按兵法知必有坐遣者且賊酋來者皆直部落也而不聞直來其爲坐遣無疑先是聞使徽州收其母妻及子于金華府獄中至是出之豐衣食絜第宅奉之以爲餌而疏請以移諭日本禁戢部夷爲名其實注意伺察直也

上從之乃遣生員蔣洲陳可願充正副使以行公以密計授洲等曰王直越在海外難與角勝于舟楫之間要須

誘而出之使虎失負嵎之勢乃可成擒耳又曰王直南面稱孤身不履戰陣而時遣稱裨雜種侵軼我邊圉是直常操其逸而以勞疲中國也要須宣布

皇靈以携其黨使窮髮皆知向化則賊之勢自不能容然後道之滅賊立功以保親屬此上策也洲等領計敬諾而行居無何倭酋董二被擒訊道直事甚悉與公所料不爽毫髮中外始曉然知狀于是

上以公灼見禍本降

璽書褒勞而闔外之事一以委公公得

旨規羅益密御史金淛陶承學交章請立賞格有能主設奇謀生擒王直者封伯予萬金部議從之

詔曰可嘉靖三十四年十一月洲等至五島遇王滶道以

移諭事澂曰無爲見國王也此間有徽王者島夷所宗
令渠傳諭足矣見國王無益也明日直出客館見洲等
推髻左衽旌旗服色擬王者左右簇擁洲等心動坐論
鄉曲設酒食相對情款方洽洲等曰總督公遣洲等敬
勞足下風波無恙直避席曰直海介逋臣總督公不曳
尺纆牽而鞫之而遠勞訊使死罪死罪洲等曰總督公
言足下稱雄海曲志亦偉矣而公爲盜賊之行何也直
曰總督公之聽誤矣直爲
國家驅盜非爲盜者也洲等曰是何言與足下招聚亡命
糾合倭夷殺人剽貨坐分鹵獲而爲之辭曰我非爲盜
者是何異于昏夜探囊以臨人之池執之則曰我非盜
魚者爲君護魚者也雖三尺童子知其必不然矣直語

塞洲等曰總督公統領官軍十萬盜以鎮溪麻寮大剌
土兵數萬艨艟雲屯戈矛雨注水陸戒嚴號令齊一而
欲以區區小島與之抗衡是何異于蜋螳臂以當車轍
也又曰總督公推心置腹任人不疑拔足下壽毋令妻
子獄中館穀甚厚則公之心事可知矣何不乘機立功
以自贖保全妻孥此轉禍爲福之上策也直默然而罷
乃挾洲等巡數小島而還而從此風聞外夷隨其顧指
者頗少變而叛買倚直爲淵藪者多有離心直始不安
于彼矣初直聞毋妻爲戮心甚忿欲犯金華及聞洲等
言無恙又竊喜于是始有渡海之謀日夜集所親信者
計之謝和等曰今日之舉未可冒昧以往也當遣我至
親爲彼所素信者先往宣力以堅其心待彼不疑然後

全師繼進始可以逞直笑曰妙算也遂托宣諭別國爲
名留蔣洲在島令葉宗滿王汝賢王澂同陳可願回至
寧波詰之皆云宣諭未至時徐海陳東已擁薩摩洲夷
過洋入寇矣今王直歸順先遣葉宗滿等投赴效力成
功之後他無所望惟願
進貢開市而已公得報已揣知其計姑從所請疏
上許之公喜曰虜在掌中矣先是海中倭寇敗沒有零寇
百餘據舟山爲亂公遣葉宗滿等協助官軍剿之盡殲
焉公疏
上功次犒賞有差王澂笑曰此何足賞若吾父至當取金
印如斗大嘉靖三十五年三月徐海等果擁衆十餘萬
寇松江嘉興諸郡甚急聲言欲下杭城取金陵勢張甚

公乃謀之王澂等以觀其意澂等初欲小試殷懃故甘
心于舟山之寇至于徐海等正其所倚以圖大事者且
欲速直來共濟乃辭曰是非吾所能辦須吾父來乃可
耳遂留夏正童華邵岳輔王汝賢在軍門自以招直爲
名與葉宗滿開洋去是年徐海等以次就擒事見徐海
傳公恐形跡彰露委心留用王汝賢等撫摩若親子然
葉宗滿兄弟並加禮遇時時對將吏士民曰直非反賊
顧崛強不一見我見我當有處也直聞公意指謂公誠
朴可欺欲乘機以全親屬且未知徐海等敗沒以爲縱
不知所料亦可與之應援得志而去遂決策渡海先遣
蔣洲次遣王澂葉宗滿等率銃卒千餘執無印表文詐
稱豐洲王入

貢先泊岑港據形勝分布已定直乃與謝和等慷慨登舟
釃酒誓衆曰俞大猷吾嘗破之列表泊岸時須謹備之
公當直未至時已度其有隙豫調俞大猷于金山而以
總兵盧鏜代之盧鏜者舊與王潡等從事舟山同飲食
撫循倭夷備至直坦然不疑惟日聚羣倭礪兵办伐竹
木爲開市計且索母妻子弟求官封時公計已定仍姑
列狀
上請以安其心
上已知直爲釜魚智力俱非胡公敵乃顯
詔王直既稱投順却挾倭同來以市買爲詞胡宗憲可相
機設謀擒剿不許疎虞致墮賊計公奉
詔秘而不宣夜馳至寧波城圖方畧𠫤調𠫤將戚繼光張

四維等督諸健將埋伏數匝水陸要害星羅棊列魚鳥
莫度乃以夏正等爲死間諭直曰汝欲保全家屬開市
求官可以不降而得之乎帶甲陳兵而稱降又誰信汝
汝有大兵于此卽往見軍門敢留汝邪況死生有命當
死戰亦死降亦死等死耳死戰不若死降降且萬有一
生焉直拂然不悅而公與其所親信王潡葉宗滿先遣
來見者連床卧因徉露諸將請戰書十餘篇于几案王
潡等竊視驚怖夜半公作醉夢中語云吾欲活汝故禁
不進兵汝不來休怨我也含糊其辭吐蒲床王潡等漏
之于直直始疑之又使其子澄嚙指血寓直書云軍門
數年恩養我輩惟願汝一見使軍門有辭于
朝廷卽許眷屬相聚汝來軍門决不留汝藉令不來能保

必勝乎空害一家人耳又使邵岳童華等往來游說直
猶豫未决公以直執戀岑港已踰五旬察其心神怠屬
觀望乃開關揚帆示欲進兵直探知四面兵威甚盛終
無脫計且知徐海等敗沒孤立無援因嘆曰昔漢高祖
見項羽鴻門當王者不死縱胡公誘我其柰我何乃曰
部兵無統欲得王潡攝之公知海上諸賊惟直多智習
兵久雄異域得人心爲難制其餘皆鼠子輩毋足慮諸
將亦云以犬易虎不可失也遂遣潡往直乃絫然詣軍
門時嘉靖三十六年十一月也公執之付按察司獄乃
集三司諸大夫𠫤議曰王直始以射利之心違明禁而
下海繼忘中華之義入番國以爲奸勾引倭夷比年攻
刼海宇震動東南繹騷雖稱悔禍以來歸仍欲挾倭而

求市上有干乎
國禁下貽毒于生靈惡貫滔天神人共怒問擬斬罪猶有
餘辜公具疏
上請得
旨斬直于市梟示海濱妻子給功臣之家爲奴王汝賢葉
宗滿俱從末減邊遠充軍王潡出洋爲颶風所覆其餘
從賊魚散鳥驚奔聚山谷公親督官兵掃除黨與皆絕
嘉靖三十九年二月兵部始以封賞之議
上請
詔曰大憝既除海氛已靖部議報謝徐徐何也胡宗憲可
太子太保都察院左都御史兼兵部左侍郎廕一子錦
衣衛副千戶其餘有功者陞賞有差

舟山之捷（嘉靖三十七年二月）

嘉靖戊午春二月總督侍郎胡公某擒獲元兇王直其餘黨泊舟山之岑港倚險列柵勢甚猖獗公命把總任錦指揮甘述宗等進泊江口之南都指揮李涇指揮張天杰等泊港口之北總兵俞大猷等以福船并叭喇烏八槳串綱船往來策應指揮周官土官彭志顯領大剌土兵由中路小河嶺入指揮楊伯喬唐鑾土官張　領鎮溪麻寮兵由右路碇礵入參將戚繼光率部兵由左路小嶺入而指揮楊永昌盧鎬鮑尚瑾方昇通判吳成器等分道策應參政王詢劉燾副使陳元珂則監督之約期水陸並進直抵賊巢時都指揮戴沖霄先用火攻殺傷頗多公許全捷俱准首功禁取級以妨前進我兵躡屍而戰賊大敗奔舟忽港側砲聲大震復擁衆登陸抄後死戰我兵後哨稍却前鋒四擊橫衝賊乃斂營固守公以夷僧德陽稱貢而來賊脅爲聲援可計而離也乃潛縱之令成器遣諜持信票數百入巢散其脅從由是賊勢日孤爲守益堅公又檄諸將曰賊所以負固死鬭者蓋春汛已及計有新倭可爲應援若哨擊稍疎必流突與合矣此非小利害也其督舟師預爲哨探之計無何果有倭船泊普陀小道頭參將張四維推官查光述等督兵且戰且逐至烏沙門外洋賊遂潰敗俘斬四十餘級賊走登烏沙懸山即朱家尖山也公策此賊與岑港之寇相距不遠陸路必由碇礵水路必由嚮礁門乃檄諸將設伏以待已而賊果由二處奔沈家門與岑港合綜公不得已親莅定海分遣將領各與信地福船由岑

港南口廣船由北口宣撫田世爵都指揮何本源等兵由馬碁至張礵一由　寺嶺至三官堂一由小嶺至聚水塘進而以元珂四維往來監督又遣奇兵由天童逕搗賊船仍近巢半里許列一老營以燾居中調度參政胡堯臣防守所城督發粮餉尅期大舉時賊依山阻水列柵自衛火器頗多我兵陷陣先登者間多被害公復檄諸將從中遏壘而陣且示以哨伏應援之規更番迭戰以耗其火藥折其銳氣又令夷僧輩招之私語賊遂互相猜疑至持刀自擊我兵乘隙進攻賊衆大亂夜分縱火焚其舟死者無筭余各奔巢我兵躡之斬柵而入斬馘百餘級復奔柯梅嶺我兵追之火其巢廠賊勢窘甚遁出浦口四維與指揮朱尚禮等舟師追至俞山外洋見賊連艘而行遂以兵船潛伏山下而以小艇嘗之賊果逐利來追伏兵大起夾擊之犁沉四舟擒其渠魁汪印山陳禮等斬首九十餘級溺死者不計王直之黨至是盡矣是捷也五哨之布公有成筭而大猷等參錯不進沈家門合綜公料敵如神而諸將不先事追擊至壓定海之設非公淵度圓機小挫不折能因敗爲勝且柰何哉嗚呼於是見公之心獨苦矣（俞可獻撰）

淮揚之捷

江北之有倭患自嘉靖乙卯始淮揚故多大賈富戶賊至屬厭以去自是歲以爲常丁巳夏賊千餘深入天長泗州

祖宗陵寢幾至震驚　廷議特設提督都御史而以豊城李公遂至即立什伍之法定援應之規練鄉兵嚴保甲設將官築城垣造戰艦爲水陸戰守之計賊知有備舡泊掘港者不敢登岸而去江北頼以無事己未賊萬衆連艘分道並入中外震恐時四月一日也公閱兵通州計賊若從海門西亭趨如皐則通州在賊外乃兼程趨通泰州而以副使劉景韶遊擊丘陞駐兵如皐以扼要害檄各路兵進黄橋海安等處援應已而賊至益多我

兵迎戰挫其前鋒賊果出西亭知如皐有備遂由通州東趨白蒲鎭公計賊深入利在速戰戒海防等兵據丁堰東北堅持不出時東南風急我兵不便迎擊公覰天以奈風即回連三日乃擐甲誓師斬不用命者人皆踴躍以進又計賊過如皐必由黄橋泰興犯瓜儀則糧運阻梗留都揺動若驅之富安以北沿海東出無能爲矣乃身當泰州之衝而以黄橋西路責景韶等賊求戰不得進據丁堰丘陞從河北縱火焚之邊兵衝入賊營毛葫蘆兵復從南出首尾夾擊賊退屯二十里連日接戰斬其金盔賊首一人且晡我兵少郤賊進至如皐公計其必奔揚儀趣與海防遊擊兵從間道越過賊前徑趨泰州若以爲西路之防其實於泰州待敵也執賊黨

潜入城爲內應者賊未至三十里輒從富安沿海東出我兵追躡賊後公戒毋輕戰晝則遏令不得久駐夜則退屯以防衝突公親提大衆馳淮安馬邏之間約與諸將夾擊於廟灣賊覘知之分其衆一由西亭一由白蒲丁堰以牽制我師公令景韶陞專擊二賊而身赴淮安以當大敵丁堰流賊至曹家堡與我兵遇逐北至潘庄全夥覆沒公至淮安而總督侍郎胡公與視軍通政唐公順之亦提青沂兵至相與合勢公乃部分中軍馬兵爲前驅曹克新兵爲中哨青州邢鎭兵爲左哨沂州何本源兵爲右哨中軍倪祿梅三錫合曹沂等兵爲後繼列陣於姚家蕩以待初賊計我兵綴於丁堰之賊急走淮安欲掩其無備比至見兵勢甚盛相顧驚愕盡

銃衝我左哨公揮兵四面圍擊俘斬八百有奇焚溺死者不計賊不得已奔守廟灣于時西亭之賊夜走海安諸將不能禦公以廟灣賊垂盡恐揚儀有失乃親往揚州而視師唐公援兵亦至時賊已奔張莊因益兵赴援海安而與唐公俱還廟灣督諸將搗巢令軍中多具畚鍤先塡蕭港毀民舍之傍賊巢者我兵分番進攻斬級一百五十有奇賊乘風雨夜遁而西亭亦以全捷來告無何閩中之賊止近百然沿海轉掠來去無定蹤不可力取爲颶風飄至者公令守備楊縉擊滅之斬其酋長八大王孟得山崇明三沙之寇潰圍而來時海門狼山如皐泰州揚州俱潜有備賊由七星港焚舟登岸深入栟茶場楊縉陳忠等兵尾擊之自是連戰皆捷斬級三

百有奇賊乃竟走海塗而公已宿戒沿海無得泊舟以是賊不得去復敗之劉庄會唐公遣副總兵劉顯適至公益以親兵使與賊戰賊連敗走竹堰仍沿海北遁我兵追及之於七竈斬級九十有四又及之茅花墩斬級一百七十賊奔唐家洪僻遠無兵復登岸掠食而公故所練鄉兵追兵競逐之斬級一百四十有奇賊遂盡絶矣是役也自夏及秋僅四閱月前後斬戮焚獲不可勝紀其成功之偉何如耶予嘗宦遼陽聞永樂間都督劉公江鎮遼時有倭患望海堝之戰斬級千餘生擒四百封廣寧伯至今海上之烈人猶頌之公以文臣特起其所建立卓卓如此真足以宣揚
朝廷之威發舒華夏之氣匪直淮揚之利而已夫賊之始至也非公決戰通泰則爪儀維揚必受荼毒而運餉不免焚掠賊之東奔也非公出賊不意收功姚蕩則淮城多不可守而鳳泗不免震驚三沙之賊北渡也非公預有成算厲兵急戰則以彼勝勢乘我困疲又適我地災饑幸亂樂禍之人內應必衆事變未可測也記曰以勞定國則祀之能禦大災則祀之能捍大患則祀之公於三者實兼有焉予不文聊述其所見之畧

兵部侍郎蔣應奎撰文節畧

寧台溫之捷

自倭奴入寇東南惟浙爲最甚浙受禍惟寧台溫爲最甚而我總督軍門少保兵部尚書胡公爲御史時自王江涇捷後我兵始有生氣至今官凡五轉而大捷者十有三徐海王直擒而禍本去矣戊午冬舟山既捷而我兵告罷戰者二年我總督公安不忘危日暮東鄉望思斫扶桑而湮之海嘗曰余不恃倭之不來恃吾所以待倭者來耳益繕甲治艦峙糗選將練士惟謹水陸分地刻期防汛惟謹示戰守機宜約束惟謹策畫萬全兵氣振厲人人無不樂爲死者辛酉夏四月忽並海郡報賊艘從外洋來者日數至而合象山奉化寧海瑞安樂清諸縣中中大嵩霩衢桃渚新河楚門健跳監頭諸所所報舡不下數百艘賊不下一二萬人而所登犯地散至數十處人情洶洶檄書人馬交錯于道公顧從容燕笑自若徐罵曰桀黠奴投死耳撲滅之在旦夕也乃籌筆授方畧密封付使者馳去各海道兵備分守巡總兵參將諸官而遣遊擊將軍王應峻何本源即日督發大兵二營六千人并調參將呂圻部兵先往同所在官軍擊之公乃卜日社禡載纛臨止厥地至則親履戎行不逾二旬而捷凡九至所向靡不摧破震赫風霆電掃影滅而白水洋戰爲最奇云先是四月十九日倭船一艘望小展至馬墺沙埉公所督部兵及守備盧相等兵擊殺舟師賊遂奔岸時帶管海道副使王春澤調守舟山把總章延廉率陸兵至即伏爲應水兵從下急追伏者起

夾擊之賊大敗溺死者無算斬首二十五我兵死者三人越二日洌港中大草撇船一艘來公所督部把總周栗統林仕貴及盧相等船與賊三十餘戰用發熕佛郎機諸火具斃之溺死者無算斬首五十而兩頭洞賊一艘把總童華斃之斬首若干而犯象山者乃王海道奉軍門方畧會同總兵盧鏜調度分守叅議唐愛協計與前所督發二遊擊大兵呂圻部兵進勦之其犯大嵩者我兵逐出橫山各水哨又伏候外海故遂廵海口不出五月一日夜燒船奔鮚鰣乃王海道會同盧總兵何遊擊兵分南路由奉化入象山而海道兵由大嵩入裘村亦趍象山前賊適入我兵中路二日賊出岳林庄盧總兵何遊擊鼓行前趍相去二十里各遣銃兵趍合呂叅將王遊擊兵前後繼發三日賊至裘村分三陣迎敵海道把總胡良瑤李超等兵先至遂陷陣先登各銃兵殊死戰數合賊大潰斬首百五十七陣亡者三人八日梅山港賊三艘計二百人突入天童小白東吳呂圻追至東湖哨兵湯時茂等斬賊酋一人遂夜遁石橋湖頭橫溪奔入山徑走海道即遣中軍指揮艾升由小路徑出賊前呂圻追尾賊後至白杜兵合賊屯佘家各兵用火攻之燒死者不計潰出朱家唐者各兵夾擊之章廷麇兵生擒二人斬首五十六呂圻兵斬首二十一陣亡者各營共三人至暮收兵一賊負傷竄山中千總汪應斬之菩薩嶺下寧遂平先是海道諸兵前副使譚綸寔訓練之極精銳而譚以憂去后無何會王副使來寔能守

譚成法較若畫一而成功若此非耶前四月十九日又鳥嘴船十六艘由象山從奉化西鳳登岸夜突至寧海一都團前是時松門海門俱無警乃台金嚴兵備僉事唐堯臣叅將戚繼先將原發松海二關撫守陸兵三枝撤回繼光親督二枝趨寧海留一枝劄海門中地備警分發中軍游擊兵協守新河會行把總任錦兵船速出寧海外洋伏擊又行寧波海道總兵各發官兵水陸會勦二十二日賊知戚叅將至寧海遂乘虛以大船五艘竄入桃渚大域港裡浦登岸計五百人有奇是日又三艘入新河週洋港登岸次日又五艘亦從週洋港登岸與前賊合共計五六百人二十五日又七艘入健跳折頭登岸計二千人有奇戚叅將曰犯桃渚健跳者勢尚緩週洋逼近新河所城賊又前後繼至宜急擊之而會軍門批唐僉事中列賊狀有云賊雖分侵不可墮其計中輒便分兵應策當併力合勢先討其重大者然後以次剿除乃僉事與戚繼光奉令惟謹即部署諸兵疾趨新河擊之又令黃太二縣號召程梁等姓鄉兵助戰賊懼夜駕五船遁去餘屯城外鮑主簿家二十六日擁衆薄城下攻城唐僉事與戚繼光原授軍令相與協謀調度曲慮廣畫以樓楠劉意張元動胡守仁等分立陳列客授方畧使奇正相參各以縣尉武生等監督之而給餉抹運器械斷要害固封守審堅瑕授桴策應者各有屬既定乃申明用命不用命誅賞令甚肅驅死士衝鋒而先用鳥嘴與賊對擊千百揔哨隊長蔣瑞葵實等奮

勇先登力戰良久賊遂潰亂傷甚奔原巢死爲銃者六
十餘人　各哨共得首級三十　顆是夜二更賊冒雨回
太平走旦日劉意樓楠兵追至温嶺大麥坑太平知縣
徐鉞亦督鄉兵會勦共斬首二十二餘賊奔田舍中者
燒死之突出火者逼温州則犯桃渚桂浦賊是日亦沿
至台州府城外花街戚參將即自桐岩嶺馳抵城下時
各兵尚未炊以大義諭之各兵勇氣百倍無不爭先躍
起乃鼓行而前以丁邦彦爲前鋒陳大成爲右哨陳濠
胡大受爲中哨趙記孫廷賢爲左右翼各置監督奇正
衝伏各有指犄角聲援各有備乃齊陣而前至花街約
二里賊以一字陣迎敵丁邦彦部下列鋭分沓銃砲數
賊各兵乘勢擁殺賊乃分右哨敵我左哨丁邦彦反擊

其左賊又分左哨敵我右哨陳大成反擊其左於是旗
鼓盡變奇伏俱出賊乃敗北奔陳大成兵追至瓜陵江
下賊奔水死者二百有奇而前陣中斬首三十九丁邦
彦兵追至新橋五戰五勝共斬首六十一生擒倭酋一
人二十九日胡震于邳山下犁沉大倭船一艘死者計
百餘人生擒倭酋一人斬首八三十日前登拆頭大夥
賊二千有奇自燒船南突府城戚繼光部兵已分留守
新河隘頑可戰者千五百人賊衆我寡繼光憂之又恐
流犯内地勢當速滅乃與府僉事厚犒之懸千金爲衝
鋒者賞光又盡出笥中銀酒共散之又監軍知縣趙大
河登壇誓衆申諭大義語棘棘動耳目氣烈烈振山嶽
兵乃踊躍受令雖不一當百五月一日戚參將部至

大田設伏待賊賊至亦設伏待我會久雨不戰越二日
賊徑出大石往僊居戚繼光曰賊出中渡由裏路至白
水洋七十里我兵由官路至白水洋五十里兵法云先
處戰地而待敵者佚且以寡禦衆非謀不克而臨敵交
鋒我少彼多必兵心激發乃勝遂策馬鼓行四十里至
上風嶺屯止多令探者出賊前後視其向往知狀即率
兵上嶺伏五日前鋒兵出嶺早光乃下令令人各砍松
枝一樹執而坐賊望之爲林不介意行列二十里衣甲
旗幟甚盛我兵對山瞭之俟其行過半乃仆松吶喊齊
出賊驚以三四百人作一字陣衝來我兵分爲二頭兩
翼一尾陣以太學生蔡汝蘭左蒸監督而陳惟成陳法
陳蚤楊文通等俱趙大河監督以鴛鴦陣衝鋒擁殺風

受令不許取首級疾若風雨有前無退賊遂敗遁上一
小山然猶然鬭不已丁邦彦兵出裏路徑擣出下四面
仰攻之而戚參將乃樹白高招一竿于北山下令兵大
呼脅從者從招下走走者數百人賊復上大山我兵又
仰攻之賊又大敗奔上界嶺山巔山巔陡峻如柱上平
廣賊立營其上若蓬麻然只一徑可攀陟丁邦彦等首
先攀援魚貫上吳惟忠等繼之數賊疾前來從上斫下
我兵用長鎗鎗賊墮崖下遂得登頂之我兵盡登賊六
七百人齊來交鋒我兵戮力大戰賊敗走四散投落坑
塹林谷間死者不計走者奔白水洋朱家我兵乘勢急
下追圍火四面起賊皆突出不可得趙大河親弟趙幽
衝鋒兵焚燒銃擊之死者不計又四面拆墻石扙之賊

急登屋亦用石與銃投我墻盡各兵逼圍屋下亂投石
銃諸物如雨賊不支巢內高屋火炎炎起賊益急亦亂
投刀鎗諸物出中我我兵鎗筅林立隨格之不一中賊
燒死者不計而餘孽膽怖魂褫捧銀物擲首頓額哀號
乞生我兵用狼筅挑其銀物并所擲首疾殺不一顧諸
物居有頃賊盡死積屍高丈六日戚參將自戰所班師
入府城老稚士女歡呼以爲自罹倭毒來無如此捷大
快也乃壺漿迎道左而唐僉事幸府司董實玄黄以迎
焚死者不在算而共計斬首三百四十四顆生擒者若
干而我兵亡于陣者止三人陳四陳七十二即前入巢
放火者王華廿一即前山下衝鋒者是時兵寔千五百
人而一鼓殄二千賊于呼吸間全師奏凱可不謂奇耶

時戚參将方入城犒衆未罷楚門又報賊十餘艘繫泊
干江者登梅嶴乃急發胡震兵伏截外洋而遣樓楠兵
陸走至洋坑冒雨大戰楠親斬賊酋一人而朱文林等
共斬賊十二人生擒一人餘船盡開至長吊洋會前所
發胡震兵迎敵犁沉五艘燒殘五艘至夜賊拖殘舡出
海繼光部下兵舡又擊沉五艘追犁一艘昏黑不取級
而日所斬級二十人生擒賊酋二人次日胡震又於沙
鑊洋追賊十餘艘至卯月沙賊乃遁懸山我兵用三板
舡載鳥銃弩手伏嶴口候擊之至三更賊果乘雨霧走
我兵犁沉一艘斬首四餘遂奔回懸山我兵圍之至旦
日五更賊約百餘人復渡水走至林頭繼光乃督樓楠
兵由隘頑所迎其前劉意兵由聶王橋徑進紹興府通

判吳成器兵繼進而知縣徐鉞督鄉兵伏截籐嶺至小
籐嶺三路官兵夾擊之賊急徑奔吳成器陣成器督戰
益力賊鋒及成器馬腹成器一矢射中賊面死各官兵
四面力戰盡殲之共斬首五十一而餘盡溺死五月十
七日又前犯寧海團前逋賊十八艘至長沙登劫約二
千人有奇倡儌益甚砍採竹木欲巢長沙將南攻隘頑
北攻太平盡髠鉗所掠男子耕作是日繼光在新河聞
即與吳成器趙大河撫諭兵士示以對大敵之策盡出
所蓄貲懸給賞格如前下令不許取首級輜貨如前乃
兵氣益揚而繼光又曰賊巢逼近隘頑所城城又孤危
賊所泊長沙地又北扼太平之路于小籐嶺東扼松門
之路于漫遊嶺楚門隘頑二所又勢孤路絶止水路浮

海可援而又為賊船所出沒處柰何乃先令把總李成
立单騎馳往松門衛將所練親兵與羅繼祖分舡夜浮
海入隘頑城守之隘頑固乃用樓楠丁邦彥陳大成等
各立軍令誓狀云事異則分心同則堅遇有征調各營
輪日衝鋒以一營當前以一營尾後以一營分翼左右
同心并力不計斬獲多寡功同賞罪同罰等議隨用印
鈐示衆使各遵守如令繼光亦誓天明神以發十八日
至鐵場大雨十九日夜半至大籐嶺分三路進至小嶺
偃旗息鼓直趨船所賊始覺分兵迎敵我兵齊擁攻殺
遂大披靡四走各兵追殺無一遺者共斬首級數百生
擒倭酋五郎如郎健如郎前後數十輩是為長沙之捷
每臨陣戚參將率各將士諭以軍門好生之仁寧無功

級不許妄殺脅從一人以故前後被擄者俱得生還前
四月二十日溫之瑞安縣周嶴賊由梅頭奔突者五百
餘人叅將牛天賜通判楊岳把總梅魁等殲之傷而死
者不計生得一人斬首十三人餘潰走二十四日牛叅
將同兵備副使凌雲翼把總盧鏑武生黃允中指揮李
光佐千戶張榜等兵分三路進勦殺死三百餘人衣紅
衣渠魁二人軍中令不許爭首級故斬獲止五十有奇
而是日楊岳梅魁陳應等兵由瑞安後路策應生擒斬
首共十餘人賊潰出海三十日又賊二百有奇自台州
流突樂清縣界凌雲翼預調王欽兵牛天賜督之至窑
嶴嶺伏截賊遂走雙陡門天賜兵追擊之斬首四十五
人餘奔江水死而竄林薄中去者三十餘人至五月一

日追斬于閩浙界上生擒一人溫州平而是月四日盧
鏜水兵舡與海道把總黃應選等船分布青龍港遇奉
化遁賊七艘向錢倉行外洋去者犂沉三艘值大雷颶
昏黑溺死漂失者不計撈斬首二十顆是役也計前後
擒斬共千二十四名級而焚溺死者莫之殫計盖無一
人生還者而旬日間三郡寧謐畺徼清平脫遺黎于鋒
鏑而帖之席懽聲動天地歌舞太平以共戴
天子休德誰之賜歟誰之賜歟我總督公關誠布公能任
人善將將賞罰明肅碩畫奇計不動聲色而出自淵衷
賊狀夷情坐照千里又親臨督調先聲奪人所謂心戰
為上力戰為下者非耶以故將領人人得以自効而白
水之役以寡克衆而仰攻勍敵兵法所忌然卒取奇勝
此其故何歟寔公用戚叅將趙大河同心選練義烏赤
城等兵使之有勇知方見利不動故一可當百足赴水
火雖古名將不能出公右矣而忠誠一念食息不忘捐
身許國誓不以賊遺君父此又其大者臣無似以書生
佩刀筆待罪幕下竊所聞于諸將校者退而論撰如左
掛一漏萬豈足云紀盛事哉聊用稗官所職以備野史
氏采擇　鄞諸生沈明臣撰

籌海圖編卷之十

崑山鄭若曾輯　男一應龍一鸞校

遇難殉節考

永樂二年武臣一人
六年武臣二人
七年文臣一人
九年武臣一人
二十年文臣二人
嘉靖二年武臣一人
二十九年烈婦一人
三十一年武臣四人　武生一人
孝子一人
三十二年文臣二人
烈婦一人
武臣二十四人　軍人一人
孝子一人
三十三年文臣三人
武臣十五人　應襲三人　武生二人
三十四年文臣十一人
武臣二十五人　武生七人
孝子二人
烈婦一人
三十五年文臣七人
武臣十六人　應襲一人

杭州府吏陳言嵒　百十一　仰利刻

孝子五人
烈婦九人
三十七年文臣四人
武臣六人
烈女一人
三十八年文臣二人
武臣十人　武生二人
烈婦一人
三十九年義士一人
四十年武臣二人

五十九　大勅

遇難殉節考

此卷所載名教所關故不嫌特書然事之詳畧未有憑據或限於耳目之未接或涉於傳聞之疑似者姑闕之以俟同志者增入焉

永樂二年倭犯穿山百戶馬興與戰死之

六年倭入山東千家庄寨百戶王輔死之

犯桃花閘寨百戶周盤死之

七年冬十二月倭陷廉州教授王翰死之

翰河東人任本府教授嚴立規程教誨不倦倭寇陷城民皆逃避翰端衣冠坐明倫堂賊至欲執之翰詈不屈遂爲所害

九年三月倭陷昌化所千戶王偉死之

二十年倭寇象山縣縣丞宋真教諭蔡海死之

真持竿擊賊海罵賊不屈皆死之

嘉靖二年日本使者宋素卿等作亂遁入海洋備倭都指揮劉錦追之戰死

時有欲追之者問于新建伯王公守仁公曰歸師莫遏窮寇勿追但當把截要害縱其退拒其進賊進無所獲退無所資將自困絕於是取之兵不血刃矣由是兵皆不追錦獨往果爲所殺

二十九年寇犯昌國烈婦嚴氏死之

嚴氏葉小九妻也爲賊所執驅之而前氏知不免遂投河而死

三十一年四月寇入奉化義士汪較死之

較奉化人力挽強弩尤精矢藥殳刃精習有司上於軍門賜以義士關防賊入應家棚較率民兵射斃廿餘虜創艾遁去較亦被傷而死

賊攻遊仙寨百戶秦彪死之

彪爵谿所人賊登赤坎攻遊仙寨甚急彪曰遊仙與爵谿唇齒無遊仙是無爵谿也先人遺我汗馬勳今日死戰而死法何以見於地下乎乃與弟彪疾馳赴鬬力不能支遂與俱死焉

五月瑞安所百戶李潮高良與賊戰於坡南匯瞭高山死之

賊入黃巖縣孝子王鍇烈婦徐氏死之

鍇生員王顯之子顯被執欲殺之鍇泣求代父而遂死○徐氏名玄奴有異色值母褒病歸寧賊至玄奴抱母慟哭賊欲污之玄奴紿賊轉室持粧奩同往乘間赴井而死

六月賊陷霩衢所指揮樊懋力戰死之

三十二年閏三月官兵與賊戰於烈港軍人葉七死之

七定海衛軍賊王直負金塘烈港穴爲寇大將俞大猷提兵師直入其港討擊火砲大發勝負未決而我舟忽挂賊纜艣楫不能施賊衆方逞七逕取斧投水斫其纜未斷賊以鎗中其項七呼曰死吾分必斷其纜竟連揮數斧纜斷而死俞舟遂免后四日俞大破賊究其穴俞之舟入也有二卒后期當刑因請間燒賊礮以贖死俞許之二卒從外海緣山越險幾百里晝伏夜行潛抵賊砦時夜近四鼓而賊方礮藥少頃困劇而卧二卒卽其處爇火火藥橫發羣砦俱焰灼賊方酣睡駭而突走墮水死者踵繼俞乘焰進舟師崩之遂成奪巢之功

四月賊犯海鹽孟家堰千戶宋應灝死之

應灝字汝觀寧波衛百戶登庚戌武榜授正千戶掌印事執法不撓因而每得下考軍門王公忬獨奇之命取兵船於閩應期而至忬益委以兵客兵驕悍難馭應灝每約已裕撫而厲以軍法無不聽命癸丑隸參將盧鏜爲先鋒戰上海史家浜追賊至二十里亭復從戰平湖戰白沙灣戰金山皆有功其在史家浜兵比賊追幾及應灝急反弓二矢而中項洞額親兵飛鎗復殺四人因復固兵破賊應灝用是臨陣必以身先士卒竟以疲兵猝當海鹽孟家堰賊不支而死死時猶飛刀殺一賊乃絕事聞廕其子襲千戶仍建祠城北隅祀之

賊犯杭州指揮吳懋宣禦之於赭山死之

懋宣率僧兵禦之力戰而死

賊破乍浦所百戶陳綬死之

把總馬呈圖指揮采煉百戶王相姜楫呂鳳姚李與賊

戰於海寧教場死之
賊犯平湖百戶劉　黄　與戰死之
犯白馬廟指揮蔡　死之
犯南湖把總陳　指揮胡　死之
犯三江港口百戶陳　黄　死之
官兵追賊於海塩海口巡司千戶王繼隆百戶楊臣康綬死之
賊陷昌國衛百戶陳表死之
倭賊入城表曰吾力無如之何有死而已但所攝印多吾死置印何地遂送母出城納印於千戶金鰲出門追賊奮鬬而死
孝子劉晉死之
晉昌國人倭寇入城其祖老疾不能行家人各挈妻子走惟晉負其祖而逃賊將及祖曰我老甘死汝宜速去晉不忍俱被殺

五月賊破乍浦所百戶陳綬死之
參將湯克寬與賊戰於乍浦長沙灣指揮陳善道寇帶總旗張備死之
十月知事何常明與賊戰於杭塢山死之
常明乘勝追賊中伏而死
十二月賊登西匯嘴千戶張應奎百戶王守正張永死之
三十三年四月參將俞大猷與賊戰於普陀山武舉應襲火斌黎俊民魏本　康阜死之

越觀海衛人幼習備倭以舟楫嘗冀轉輔屢久告天願以身代及壯應武舉鄉試中式者二憤海寇荼毒生靈詣軍門乞隨軍報効累立奇功至是與武舉生黎俊民應襲魏本康阜督水兵追賊於普陀山陷陣先登同時遇害蓋忠孝得於天性者也後其兄指揮同知火需請於當道爲之立祠與俊民並肖像於其中俊民廣東人
賊入上海縣指揮武尚文死之
尚文鎮海衛人從參將湯克寬駐軍上海賊逼縣治尚文率家兵禦之出東門遇賊遊兵輒敗之乘勝進攻賊伏水傍侯尚文過以利刃斷馬足馬蹶尚文死焉
賊屯李家奧義士朱汀與戰死之
汀象山人多勇力素好劍槊賊登赤坎屯李家奧大肆虜掠汀與其黨王來希及子友章等數十人直搗其穴賊棄營走追至隱口若日已晡賊計窮髮遂返逆戰良久汀爲流矢所中猶手刃數賊力不支顧謂其子曰吾已無濟汝等宜速去子不忍舍與王來希奮力直前格戰俱死焉
賊攻松江府副千戶童元巡檢李叢祿死之

九月賊攻嘉興府官兵追之戰於孟家堰指揮李元律千戶薛綱宋應凋死之
賊犯百家山百戶趙軒梁踰死之
賊寇沈家河都指揮周應禎死之
十月百戶張曜與賊戰於湖頭死之
賊至東陽南午嶺巡檢朱純死之
賊犯芙蓉海口指揮戴祀江九山千戶崔海鎮撫劉或百戶易玫死之
十二月賊入嘉善縣百戶賴榮華死之
詳見浙江倭變紀
三十四年正月賊犯湖州官兵敗績副理問陶一貫守備周奎指揮孫勇百戶陸陵周應辰把總官梁鄂武生

郭周張景安朱平姚清死之

詳見浙江
倭變紀

賊陷崇明縣知縣唐一岑死之

詳見直隸
倭變紀

四月賊犯瑞安縣守備劉隆千戶尹　死之

隆字大昌定海衛指揮使以強幹屢協總諸衛備倭時海上寇起許二陳思盼最盛隆計攻之適思盼入庚頭隆提舟師薄之而我舟忽膠隆股中一流矢見血益奮怒揮諸舟兢進卒破賊俘四十餘人斬百餘級壬子延把總嘉興統舟師備乍浦當松江七團賊歸隆扼之焚沉賊舟俘斬幾三百級會破史家浜賊又扼之沉賊舟瀲浦外洋一日追賊向暮黃霧四塞隆以孤舟在賊圍中建旐從兵皆懼隆大喊作氣發一地雷衝沉十餘舟俘斬二百餘歷署都指揮僉事守備溫處至是寇數百將薄瑞安城隆整兵邀出欲折其鋒偏將尹千戶者請旋師避之隆不聽徑往遇之殺賊十餘人賊遁去回軍至田間有數賊伏莽中遽起擊隆不及應遂死尹千戶等俱死焉事聞贈都指揮僉事仍世襲焉

賊犯慈谿義士魏鏡死之

鏡生有絕力善格鬬聞寇至海濵輙自奮曰誰無一死者死而能衛桑梓庶幾為義鬼矣賊由餘姚至鳴鶴從知縣曹本率衆禦之兵潰鏡負令而走賊追之蹤杜湖嶺而南乃操刃衝敵殺數賊賊傷其顙猶力鬬不置而死

百戶劉夔祥與賊戰於崇丘死之

夔祥定海衛人領兵船出海遇賊登犯崇丘夔祥即部兵登陸與賊大戰獲賊首數級力乏寡援遂死賊及當道憫之為立祠祀焉

賊犯鳴鶴鎮孝子沈良十死之

良十時年七十餘尚有九十餘母賊至良十負母至五里外力竭不能行匿山谷舍中賊追至乃跪拜請死稱貧其母賊見母子俱皤髮羸老舍之而去良十憐母饑渴方圖飲食賊又至或奉刃欲砍其母良十以身覆母號哭遂被殺而母竟得全

常熟縣知縣王鈇致仕參政錢泮死之

詳見直隸
倭變紀

賊攻無錫縣孝子監生蔡元銳烈婦蔡氏死之

元銳無錫人軫之子寇至家人奔散元銳以父年老獨留扶父登屋以免元銳被執賊欲降之不屈遂遇害其女蔡氏適同邑陸子才歸寧遇變與其婢阿滿招女二萬義男婦徐氏同登一舟將以避難賊悅其色欲汚蔡氏盡出簪釧求免不聽乃詒賊曰過汝舟當從爾賊喜獨一人與攜手而往蔡氏嚙傷賊手投溺水中其婢皆隨溺焉無何其弟元鐸以兄陷賊中持銀往贖知兄已亡乃罵賊而死

五月千戶韓綱百戶葉紳與賊戰於七里店及樟村死之

綱紳皆寧波衛官紳少不羈習手搏善雙刀賊入橫石橋綱紳皆千戶劉英領兵策應至七里店紳奮雙刀奪橋獨進應者不繼遂為所殺後二日賊西流至樟村綱復領兵防遏猝與賊交兵潰挺身獨戰亦死之

遊擊將軍周藩與賊戰於朱涇死之

賊犯鳴鶴省祭官杜槐死之

槐慈谿人家濵鉅海倜儻遊俠輕財好施為書掾從延綏撫院巡歷邊徼險要有抵掌伊吾之志省祭歸值倭寇屢犯內地從佑客得島上狡愚狀曰患將滋蔓遂散家貲結驍勇傾身下之得士死力值縣僉其父文明為部長令團結保障槐傷父老以身任之癸丑寇薄觀海衛城槐曰衛破則無縣矣一呼而驍勇俱集直前斫賊賊走衛遂得全至是賊犯鳴鶴槐率衆迎擊賊走餘姚東山槐越境追之諜言賊飯空舍提刀赴之賊伏牆隅槐揮刃中石刃缺賊競出槐與五六健卒當之自午至酉鏖戰不已殺其衣緋渠帥竟以力竭昇歸而死後賊見黑旗即驚曰杜兵至矣父文明痛其子死而麾下壯士皆願從文明殺賊以復仇後賊燬鳴鶴文明冒死出縣令於重圍中是年冬寇自黃岩犯寧海海道檄文明偕主簿畢清邀擊之遇於奉化飆嶺之麓據高臨下布陣方定而土兵遽走杜兵力不能支文明遂與畢清俱死焉事聞

詔贈槐光祿寺丞文明府經歷即死所立祠祀之仍蔭子入監肄業云

八月指揮張大綱生員陳淮與賊戰於蘇州橫涇死之

大綱處州人驍勇異常率坑兵擊賊手刃數人力戰而死○淮崑山人知縣周之子善弩與友人潘蔚卿等相期滅賊時賊精悍異常兵士遇之輒潰惟淮與家兵二人力戰而死

九月官兵進擣陶宅賊巢指揮邵昇姚泓生員于岳死
之
昇等陷陣殺賊賊已大敗乘勝進攻賊死守
港岸昇等身先士卒賊乘高刺下故皆死之
十月主簿畢清與賊戰於楓嶺死之
清善射累立戰功至
是陣亡人皆惜之
監生謝志望與賊戰於餘姚斤嶺死之
志望統兵設伏誘賊大敗之乘勝逐北賊
死閏志望手射死三賊矢盡力竭遂被害
十一月賊攻鎮東衛千戶藏洪等死之
洪與高懷德張鑾皆本衛千戶出城禦敵而陣亡者
也揚一茂白仁丘琳皆平海衛千戶追賊於東岳山
而陣亡
者也
百戶劉慤與賊戰於麻園死之
生員胡夢雷與賊戰於東關死之
夢雷餘姚人與堂兄應龍操六等
率鄉兵報効手刃數賊力竭而死

儒士金應暘與賊戰於毋婆嶺死之
應暘山
陰人
閏十一月守備劉隆千戶劉綱百戶張澄與賊戰於瑞
安三港死之
詳見浙江
倭變紀
賊犯平陽壘指揮祁高死之
指揮閔鎔義士吳德四吳德六與賊戰於舟山死之
德四德六兄弟本慈谿濱海農夫少有膂力先是寇
上平石經其廬驅其豢豕德四持鋤自田歸遇寇於
門揮鋤中賊腦仆地德六取賊刃追殺一渠魁遂以
壯勇有聲隸杜䢪部每遇敵卽衝鋒奪旗以爲常至
是海道聞其名檄往攻舟山險寨德四直前砍賊渠
于寨門寨內驚擾揺而出怯卒皆返旆走而賊砍德
四蹶德六呼曰兄死矣獨前殺
其殺兄者後兵不繼亦死焉

三十五年正月參將尚允紹與賊戰於松江四橋死之
三月福建總督備倭劉炌千戶王月與賊戰於石壁嶺
死之
炌字大光世爲寧波衛指揮使年二十襲父爵用御
史林應箕薦升懃州軍門把總未幾又用薦陞福建
總督備倭至是福清縣倭賊登岸據海口鎮官兵晏
然炌領兵夜襲其巢遂奔潰由古田寧德望海而遁
炌郎提兵由捷徑宵行趨寧海縣石壁嶺要賊歸路
比至嶺監倉卒布列未備而賊已至部伍散亂止家
兵數人及千戶王月在側炌
顧謂持印者曰亟爲我歸印
朝廷吾世受國恩死矣炌郎挺身執鐵鈀格殺二人力盡
無援賊衆擁至斃於賊刃所揮鐵鈀尚堅執不仆臨其
勇烈如此御史吉澄上於
朝立廟祀之
賊犯海鹽轉塘灣指揮徐行健死之
四月賊犯青田縣百戶方存仁死之
溫州府同知黃釧禦賊於分水嶺死之

時賊自福建入浙境釧以孤軍禦之於境外分水嶺
賊過桐山釧率官兵勇敢當先連戰數合賊大敗走
既而賊分支徒出我兵之後釧遂力戰死之
蓋自有倭患以來文臣死事未有如此者也
賊犯寧波孝子聞宗時死之
宗時鄞人教授聞理子性至孝幼喪母奉繼母陳承
順篤至賊至舉家竄避宗時扶父出而遇賊脅取金
銀不得欲殺其父宗時以身翼蔽泣求自代遂被刃
而死尸諸田間父遂得什時家奴李三抱宗時幼子
不忍舍去亦被賊刃截左耳併
刲其面屢死屢甦人共傷之
賊犯崇德佐擊將軍宗禮鎮撫侯槐何衛忠義官霍貫
道死之
禮故燕驍將也侯槐何衛霍貫道皆其偏裨所統箭
手九百皆精悍絕倫所向無敵剿賊徐海部領萬人
自烏鎭而來勢將犯杭浙江官兵無足恃者禮獨與
麾下據三里橋而陣張左右翼以待戰數合擊殺數
十人會日暮賊且引去時賊氣頗窘而禮與貫道等
亦已絕粮潰不得擇善地便水草時飲食以自休止
明日餒而戰賊遣候者樹而望蓋孤壘以塹無他援
者也大喜與縱兵前後夾擊禮與貫道大呼力戰矢

石如雨無不人人一當十復擊殺數十百人貫道亦
手刃十餘賊盜怖海臣中砲欲脫去會火藥盡貫道
面禮二人皆仰天呼曰吾兩人不得藥數斗可以了
此賊矣既而賊分番夾鬭禮與貫道衙力竭矢盡俱
死焉

賊犯嘉興指揮程祿死之
詳見浙江
倭變紀

千戶沈宗玉王世臣與賊戰於金山江中死之
宗玉鎮江衛後所正千戶世臣左所
副千戶同領兵船追賊殁於江中

賊攻江陰知縣錢錞死之
詳見直隸
倭變紀

賊犯揚州都指揮張恒千戶羅大爵百戶魯沂死之
戰於入里鋪灣頭等處大
爵沂陣亡恒傷重而死

賊犯揚州小鐵口同知朱裒高郵衛經歷晏銳應襲賈
恩死之

賊陷慈谿生員戎良翰死之
良翰定海縣增廣生員性峻介義不苟合素以忠孝
自許賊陷慈谿良翰家靈緒慈壞甚邇乃倡義集兵
僅得百餘人與賊格殺斬首二級賊披靡而去已又
遇賊於丘洋良翰奮勇力戰賊方蟻聚竟不能支遂
爲流矢所中立死監司
爲之禮葬及表其門

孝子生員馮履祥向叙王應麒死之
馮履祥字君德慈溪人生七八歲即警悟好讀書嘉
靖壬子補邑庠弟子員至是賊猝犯縣履祥隨父出
奔賊逼斷父左手且裂其背履祥以身蔽之泣訴曰
此吾父也願無加害寧殺我賊竟殺之其妻袁氏適
於靈山時孕已彌月夜夢一紅面神告曰爾夫爲父
死不可使無後吾當與爾一子產時無患次日婦果
生一子又值倭寇將入賊馬皆止策之亦不前賊不
越境而回一方稍輯人謂靈山神驃騎大將軍神威
之庇與得兒夢符蓋履祥孝感所致云○向叙字崇
禮慈谿人獻今七世孫幼慧而有高志舉動擬步古

人年十六入府庠文藻驟發而操履端謹人益器之
至是賊入縣叙披母而逃遇倭東溪路叙仆地直前
破其母叙急起抱母頸連呼曰寧殺我賊
乃殺叙舍其母而去巡按御史上其事
詔旌其門○王應麒慈谿人年十七就學習文天性至孝
倭寇卒至應麒扶母姜氏婦余氏奔匿鄰圃賊窺見
二婦輒拔刀追之二婦亟赴池水余氏溺死應麒見
母遇害以身翼蔽賊亂刃之子母傷甚賊退應麒隨
卒姜氏
亦死

烈婦桂氏張氏章氏周氏馮氏柴氏孟氏孫氏烈女茅
氏死之
桂氏阿寶女姜阿龍妻慈谿人方少艾賊至桂與衆
婦走匿馮氏僻室室後有池賊搜室衆婦競赴池賊
以手挽之桂絕袂而死○張氏慈谿馮警妻唐孝子
無擇之後年二十歸於警纔六年遇倭寇之變邑治
焚燬張氏偕姑竄匿其夫相失爲寇所殺張哀號亟
收夫屍殮葬未數日寇復至張偕姑及妯娌買舟避
至曹山江爲寇所及張知不免曰不死且汙賊手然
馮之嗣不可絕也即以幼子付其姑偕伯之妾徐氏
即沈於江賊大驚異遂舍舟中諸婦以去三日屍浮
於江家人收之合葬於警○章氏沈祚妻周氏沈希

魯妻馮氏沈信魁妻柴氏沈惟端妻孟氏沈弘塏妻
孫氏沈祔妻沈氏慈谿里橋巨族家界於觀海鳴鶴
之間家衆二千人多驍黠善鬬自嘉靖以來海上多
事寇上嶼山蝦鳴鶴縱橫蹂躪沈氏不惟自衛且能
殲其衆寇忌奪其所掠賊甚讎之至是賊大至沈氏豪
誓於衆曰無出婦女無葬貨財誓以死守不能者先
戮之章氏誓於內曰男子死鬬婦人死義辱與死等
耳衆婦皆踊躍聽既而賊圍沈氏群婦聚於一樓賊散
入戶章氏遽出投於河周氏馮氏繼之共死一所柴
氏方爲夫礪刃賊已破戶入矣柴即以刃賊旋自
刃孟氏孫氏姊娣爲賊所得相持不放罵賊不屈奪
賊刃自刺皆殲焉思橋之難沈宗婦死難者三十餘
其六人尤烈者也○茅氏慈谿人年十四父母亡獨
與兄嫂居其兄瘵臥賊入縣嫂出奔呼之行女曰吾
室女也去將安之俱去執爲扶兄賊至遽縱火女力
扶其兄避於空室俱被燔灼而死二屍相攣結焉

五月巡檢劉岱宏與賊戰於仙居縣東嶺死之

無爲州同知齊恩與賊戰於圓山江中死之
恩陝西隆德縣人祖敏知四川蒲
江縣殺賊有功與二子俱死於賊
節爲立祠恩蔭入國子監授序班遷河曲知縣禦寇脩邊
有功撫按保留久任九年考績遷無爲州同知閱東

南久罹倭患竭忠圖報練兵木械一毫不取於民長江賴以保障賊犯上流奉檄郎率子孫叔姪兄弟凡十二人領兵赴敵一至圖山郎身先士卒鼓衆而前殺賊數多賊遂退懼奔潰乘勝逐北猴中賊伏誓戒子姪曰一死莫惜圖成功以靖
國難由是率家赴敵至於力竭勢窮又曰兒輩勉存宗祀吾與此賊誓不俱生由是次子齊萬等四人得脫恩與長男尚文孫童叔仲實弟寶榮姪友良大卿力戰不屈俱死于賊一門忠義自有倭患所未有也人以爲克繩祖武云

賊犯定海烈女傳氏死之

傳氏定海昌國傳梓女也年甫十七美姿色未嫁寇猝至女家故瀕海遂爲賊所得女即以石自破其面流血塗地賊怒磔之

六月百戶帥印與賊戰於青村得勝港死之

印新安衛百戶率廣兵追賊至得勝港兵潰印力戰而死

八月官兵進搗沈庄賊巢義勇劉進死之

時賊巢甚堅官兵難於進攻進首抱火器渡河焚賊巢廬舍火既熾賊亂官兵乘之遂大捷進傷重墜屋

以死蓋忠勇異常者也惜無父母妻子故其功莫酬焉

九月百戶郎官與賊戰於臨海縣兩頭門死之

官兵與賊戰於鴈門嶺生員倪泰員死之

泰員餘姚人少倜儻有膽氣憤倭荼毒生靈募家兵四百從湖廣守備楊縉擊賊於定海之龍山三戰三捷東勝追賊泰員率兵獨抵賊巢殺賊頗衆值天暮賊出死鬪兵疲勢孤泰員與家兵四十二名俱死於賊

官兵搗乍浦賊巢士官汪相向鑾死之

十二月官兵與賊戰於舟山冠帶把總莫翁送死之

翁送桑麻上兵頭目也

嘉靖三十六年四月賊攻海門衛應襲俞憲章死之

憲章百戶之子

五月都指揮沃田冠帶把總岳君寵與賊戰於天長死之

先是田統鎗手三千名守瓜儀賊犯天長操江都御史高公委領兵一千與都指揮焦鯢應援賊衝入其營鯢等潰走田與君寵及家丁封漢等力戰而死

三十七年正月賊陷蓬州所百戶李日芳等死之

三月百戶秦杭與賊戰於梁灣港死之

杭蒲岐所百戶先以軍門委領白岩塘兵船守青嶴門至是與賊遇於梁灣港力戰死之

四月致仕僉事王德與賊戰於龍灣死之

德永嘉人原任廣東僉事憤倭流刼募集義兵二千水兵二百剿之與賊遇於龍灣殺賊數十既而伏賊四起德被圍死戰遂遇害

賊犯太平縣典史葉宗死之

宗太平人原任典史因事去職

良醫王沛與賊戰于梅頭嶺死之

沛字崇大以例授良醫七品散官歲壬子倭寇海濱崇大首倡大義招集義兵七百餘人圖摽保禦屢建奇功後因從子廣東僉事德致政而歸加募勇壯至一千五百有奇何後與賊戰龍灣戰長沙皆有戰績至是與賊戰於梅頭嶺賊衆大至沛衆寡不敵遂死之

指揮劉茂朱廷鑰千戶周實百戶季爵劉源等與賊戰於白巖塘死之

茂盤石衛指揮使廷鑰溫州衛指揮僉事實蒲岐所正千戶爵蒲岐所百戶源盤石右所百戶

五月賊犯惠安縣知縣林咸與戰死之

詳見福建倭變紀

六月觀海衛百戶　與賊戰於柯梅死之

賊犯昌國烈女李氏死之

李氏昌國人寇至執李欲污之李罵賊不屈竟死之

十月賊掠磚頭北塔守備楊篚與戰死之

時官兵每有斬獲賊輙奪其屍去葢因貪功力戰而前故死之

嘉靖三十八年三月賊犯樂清三窒嶼千戶胡鳳朱璠胡珊百戶姚憲死之

鳳等從參將張鈇禦賊於窒嶼賊伏麥田中俟官兵將半忽起敵殺官兵大潰鳳等遂遇害

官兵與賊戰於奉化之江口橋武生蔡啓元死之

啓元廣德人從叔監生蔡汝蘭勤王擊倭累戰功授千夫長至是我兵當賊於江口橋行列已定鼓而向賊同行者俱錯愕不前啓元獨憤怒裂眦言不休徑匹馬橫而前與賊遇賊駭或走或伏啓元手格殺數人會天雨馬行淖濘中不得出力竭矢空顧左右皆散去僅弟昆元與二三家僮不去啓元怒益甚瞋目揮劍罵賊曰吾不啖汝肉非丈夫也獨死戰良久賊乘間涉河繞其背鎗之死臨時猶怒立馬上不陰人共壯之

四月官兵與賊戰於湾頭千戶蕭　百戶蘇　死之

千戶趙世勳鎮撫韓徹與賊戰於如皐死之

官兵搗廟湾賊巢千總沈儒死之

儒故驍將至是從南路入水手擊賊船爲賊礮所中而死

賊犯象山烈婦丘氏死

丘氏象山人王憲維妻賊刼西山至憲維室時夜分賊妍其色欲汚之丘氏不從執木棍擊之中賊首賊以刃刺其腹而死

八月參將丘陞與賊戰於七灶洪死之

陞北方驍將也歲丁巳倭犯淮陽陞提兵應援屢立戰功寇平督府因留之每戰輙身先士卒凱旋則殿後行賊見輙爲引避至是單騎搦戰故遇害

十一月指揮夏正爲王直黨所殺

正故通事屢立奇功奉例納級報効軍門王直之來也撫兵觀望禍且叵測正密領胡公方畧入直所爲死間直既就擒毛烈收其衆議爲復仇正又說攜其黨烈怒欲殺之正不爲屈遂爲烈黨支解而死事聞贈都指揮使廕一子爲正千戶云

三十九年三月冠帶義士沈講與賊戰於走馬溪死之

四十年五月百戶徐昭與賊戰于海山外洋死之

百戶焦涇追賊出海死之

涇臨碩所百戶

兵備副使凌雲翼云哨探者兵之耳目也哨探既真則先事有備今沿海守把官員遇賊初至皆不聞知及已近岸倉遑失措甚則我船亦有被擄以爲賊資者今後把總官務要督同各哨官員多置蜈蚣桉船精選熟知水性之人遠出外洋分投哨探如有聲息先來傳報其附近各港官兵一聞警急隨合艅約會截擊大洋庶可獲制勝之功如賊從某官某信地登岸把守官不先期傳報附近官兵聞報不即時策應以致深入腹裏貽害地方聽本道查實指名參究坐以失悞重罪其有與賊相拒衆寡不敵者原情另處庶人心儆惕海防可固矣

籌海圖編卷之十一

崑山鄭若曾輯　男 應龍 一鸞 校

經畧一

敘寇原

主事唐樞云天下事未大明人心不正以致有是諸同志欲爲得爲能齊宜冊討印功夫的當以簿書止祭器先從天下人心上倭寇滅盡然後天人合發以定萬化之機

此言人心乃治亂之原凡論禦寇者皆詳於治法而畧於治人惟此推究本源度越群見似迂而實切故首列之

禦海策要云爲民禦亂莫若絕斯民從亂之心今之海寇動計數萬皆托言倭奴而其實出於日本者不下數千其餘則皆中國之赤子無賴者入而附之耳大畧福之漳郡居其太半而寧紹往往亦間有之夫豈盡爲倭也倭有時可使之無遺種而其雜以土人也

則吾之攻殺者有限而民之附益者無窮幾何而有寧日哉故愚以爲今之當事者當一面督兵截殺以治其流一面重撫百姓以治其本錢粮非上供至緊者悉與奏免而一切軍門用度皆奏請無礙官物以充之無令盡責諸民而其不容或已者則嚴爲會計使吏胥粮里人等無有錙一科十之弊則斯民不惟身得安生而其心且有父母孔邇之懷固將可殺而不可使之爲亂矣今日郡縣之間皆當然養其樂生之志夫民不樂生其又將何所不至哉此今日不可不爲之計者也

兵部尚書胡世寧云自古盜賊起於民窮民窮由於賦役之繁重官吏之貪酷而官吏貪酷又其致盜之大本也蓋使官吏循良則部檄雖有征斂而亦爲之周旋善處民之被害亦輕官吏貪酷則
朝廷雖有寬恩善政而亦被其停廢尅削民之受禍不減故盜賊之興多由貪吏而亦最恨貪吏觀方臘之亂所殺官吏備極慘毒此其驗也故自古明君良臣平日既以選用良吏爲弭盜之本臨難亦以委用良吏收平盜之功唐太宗嘗言去奢省費輕徭薄賦選用廉吏使民衣食有餘則自不爲盜而龔遂之治渤海賈琮之平交趾皆是道也近時盜賊所在充斥實由昔日權奸弊政及守令乘機侵尅之所致今
朝廷累下恩詔悉更舊弊而盜賊猶未革心者惟以平日貪庸之吏揚揚猶在民上而其一二離職者則又歸

作富翁而坐享吾民之膏血或反陞要職而更爲貪吏之營窟故無以服盜賊之心而散其脅從之黨爲今計者宜簡命風力憲臣出詢民瘼而凡舊日貪官暴吏不拘見任去官悉皆重按其罪以快吾民之憤窮追其贓以代吾民之賦而又選用循良之吏委以便宜寬其文法做龔遂賈琮故事使得推誠布德散其徒黨而一二渠魁及奸民乘間生亂稔惡難宥者輕則就委守令設法擒捕重則選委將帥調兵剿除則盜賊平而患永絕矣計不出此而欲因循荏苒用舊人行舊政吾恐盜賊難保其不至於滋蔓也

主事唐樞云備倭之法防海之禁斤斤明于
國初然寇未嘗絕何也夷夏有無之互以通也承平日久

市舶之官勢勝流職於是為私通之計自天順末以來安之而海上亦無盜警凡商於海者武具而力齊雖有小寇無所容於其間嘉靖初市舶罷流臣嚴其私請商市漸阻浙江海道副使傅鑰申禁於六年張一厚申禁於十七年六年之有禁而胡都御史璉出十七年之禁流延而有浙江巡按楊九澤之䟽乃有朱都御史紈之出視撫設而盜愈不已何也寇與商同是人也市通則寇轉而為商市禁則商轉而為寇始之禁禁商後之禁禁寇寇勢盛於嘉靖二十年後是時居有定處隱泊宮前澳南紀澳雙嶼澳而已又人有定數名酋不上六七許棟李光頭就擒張月湖蔡未山死陳思盼為王直所殺王萬山陳太公曹老

又皆不聞矣又況入有定時登岸虜人致其巢責令以貲贖後乃盤據內地隨在成居而惡少繼發徐明山者三十二年前之桿詮約步遨於浙之西東而莫之識也當夫壬子前盜形已具沿海有司為禁益嚴內外商物不得潛為出入內地人素與交識者因負其貲而不償夫然後壬子之變作矣

此言海寇之患其始由於流官嚴禁海商其後成于內地奸民負商貲本

都御史章煥題內一欵云倭夷安從至哉有首亂有脅從有導引明乎此而後賊可理也故外賊易見內賊難知今以海外蠻夷而深入內境道路之紆曲民間之虛實官府之動靜纖息必知者誰為之也又其始至千人四布無一知者及鳴號而須臾畢集賊固善

匿匿之誰也此東南之大變也夫吾民重困欲為盜久矣然時有見執之患自賊間入而為之用進有望外之獲退無盜賊之形海濱無關隘阻詰柔艣輕舟往來甚捷此賊之由道也與賊道從與良民雜居賊未至皆良民也賊至則良民為奸民留賊去又皆良民也此禍之所以[illegible]也兵入其地以為君民詢賊情問道路悉為所誤當此時以為奸民戮之然有良民也以為良民舍[illegible]有奸民也故兵多惑亂而妄行故倭夷有由入[illegible]賊有由熾也兵行有由誤也良民有由擾也[illegible]有由驚也奸萌有由自也故奸黨不消則賊患不止故安撫之計莫要於安反側夫反側之初良民也潰征暴斂迫之耳故奸民不可以

形治也治倭寇以兵治反側以誠故內賊為急外賊次之政事為急甲兵次之誠得良吏而分治之行寬大布恩信問疾苦時拊循明示不校反側者回心矣此龔遂所以治渤海之盜也且今良民安居而樂業彼將反本而呼天捐親戚背鄉井冒危險豈其情哉是散賊黨而伐賊謀也倭夷安從入哉故良吏優於良將善政優於苦戰不然興師百萬能驅倭夷不能驅奸民奸民在城可以復入師不可久留是行奸民之計也且天下寧御倭夷可為亂哉故反側為要夫反側者反間之因也敵情所由得也善致之則為我用不善致之則為賊用此尤兵家之要微乎微乎不可以論言者也

[illegible]歲中云海商原不為盜然海盜從海商起何也許二王直輩通番渡海常防刼奪募島夷之驍悍而善戰者蓄於舟中泊於雙嶼列表濱海之民以小舟裝載貨物接濟交易夷人欺其单弱殺而奪之接濟者不敢自往聚數舟以為衛共歸也許二輩遣倭一二十人持刃送之倭[illegible]船即[illegible]人即殺至其本國道中國[illegible]勢遂起各島歆慕之心而入寇之禍不可遏矣

此言海商初無糾倭入寇之念因防他盜漸致乎此其後遂卽真大受倭患矣

都督萬表云向來海上漁船出近洋打魚樵柴無敢過海通番近因海禁漸弛勾引番船紛然往來海上各認所主承攬貨物裝載或五十艘或百餘艘或群各黨分泊各港又各用三板草撇脚船不可勝計在於沿海兼行刼掠亂斯生矣自後日本暹羅諸國無處不到又誘帶日本島倭奴借其強悍以為護翼徽州許二住雙嶼港此海上宿寇最稱強者後被朱都御史遣將官領福兵破其巢穴焚其舟艦擒殺殆半就[illegible]許二遁去王直亦徽州人原在許二部[illegible]之乃領其餘黨改住[illegible]夷等船伍遂致富[illegible]毛海峯徐碧溪徐元亮分領之[illegible]入[illegible]而與敢之徒紛錯於蘇杭近地人民自有餽遺餽酒米獻子女者自陷害嚴[illegible]而其志益驕其後四散刼掠不於餘姚

則於觀海不於樂清則於瑞安凡通番之家則不材犯人皆競趨之杭城歇客之家貪其厚利任其堆貨且為之打點護送如銅錢用以鑄銃鉛以為彈硝以為火藥鐵以製刀鎗皮以製甲及布帛絲綿油麻酒米等物

此言海寇起於中國邊海奸民違禁取利初通西番後及日本為寇心腹毛海峯徐碧溪徐元亮者乃其渠首而許二王直又魁中之尤也藏厥渠魁非策之至要而功之無上者歟

海道副使　云片板不許下海禁革雙桅大船乃屢朝明例以銷禍未萌意至深遠柰何沿海竈丁假以採辦私造大船違禁下海始則取魚繼則接濟甚則通番十數年來富商大賈侔利交通番船滿海間有朱秋崖任事之臣力行禁捕而大家竈戶浮議横生不曰小民無以聊生則曰國課必致虧損加之監鹾憲臣編護竈戶過抑邊官摘拾小愆節次論劾海道備倭勘斥相繼遂至避禍遷就海禁愈隳養成大禍亘有敢言者往年倭寇刼擄漁船逼為黨羽既得其船以張聲勢又驅其人以為嚮導蘇松之寇半皆脅從捕獲有贓尤多竈戶必須申明嚴禁仍乞特勑巡鹽御史鈐束竈戶止於額設海邊場蕩採辦煎鹽遵照節奉事例小船編號朝出暮入循途載滷不許造大船入洋採捕招惹倭夷仍立連坐之法以稽私出之弊如有縱容下海為盜者運司場官併得坐罪

此言漁戶竈丁但當用小船不當容其打造大船通番引寇

除內逆

兵部尚書楊博題云倭賊入寇多因我民爲之勾引萏逋逃不歸則禍本未拔東南無息肩之期合行督撫諸臣多方招徠務使不軌之徒以次歸正

又題云蠢尔倭奴敢肆流劫者皆緣我之內逆爲之鄉導也倭奴非內逆無以逞很貪之志內逆非倭奴無以遂鼠竊之謀必須禁捕內逆方可消除外寇合行督撫諸臣責令軍衛有司將沿海居民逐一清查造册在官稽其生理時加約束敢有仍前不悛從倭爲逆許令同里之人赴官告首即於犯人名下追銀三十兩充賞本犯從重處治拔本塞源此爲要務也

定廟謨

都御史唐順之題云自海賊入寇以來十餘年東南雖苦其毒而賊之被殺者亦積至幾萬今年寇江北寇浙東者且萬餘而寇福建者傳聞不下二三萬則是殺者不可勝紀而寇者不爲少止夫南倭與北虜異口外砂磧之地從古以來原有韃子腹裏膏腴之地二十年前原無倭子今口外尚有一兩年無寇而倭子却無一歲不來如此不已非止外患將爲內虞古云兵久則變生近者吳淞定海之間水卒呼糧挾官縛吏則兵變之漸矣蘇人素怯弱而游冶子弟懷毒蓄機日伺倭來輒欲合應幸早發之猶燒官寺劫獄囚鬨然一逞則民變之漸矣此其萌芽也豈可不深圖而熟慮之若謂倭寇之來一歲支却一歲一番殺却一番便了事則臣不敢知其所終也伏惟

聖明勑下禮兵二部備講

祖宗以來招懷撫諭之畧防海固圉之機及

勑督撫諸臣徧訪倭情集議長策二十年前何以絕無倭患十年之間何以倭患若此年年禦倭何時是了如何可以永斷倭寇之路以復東南之舊苟可以利

國不必爲身家顧慮苟可以便今不必以成說拘牽外內臣工方畧畢上然後

聖明與廟堂大臣從中主斷而力行之期於三年四年斷却此賊臣猶以爲速也不然一歲一來一來一勝臣猶以爲浪戰

擇將才

兵部尚書胡世寧云自古將材難得而起自行伍冒歷戰陣者尤爲難得今彼處邊軍衝鋒破敵者既拘例不得報功而斬獲首級者又或豪奪去不得報陞官級至於指揮千百戸間有謀勇可用者又或家貧不得管幹管軍事以顯其材以是將官起自行伍眞能殺賊者不可專得今宜嚴

勑彼處鎮巡官公心體訪指揮千百戸中間果有謀勇出衆家貧不得差遣者務要公心選任管隊把總掌印備禦等職至於勢豪奪功買功之弊尤宜痛革而行伍士卒果能衝鋒破敵或斬獲首級者務要實報功次使其得陞官職與選任指揮千百戸俱令積功漸

陞品級以備將官之選則在邊將領可得眞才而緩急有備矣

又云武職中固皆可將者矣然而天生智勇當不專在此輩之中故自古國家用兵常多之將材民間盜起多是豪傑臣愚以爲莫若即此輩而收之則既獲將材又弭盜賊策之上也如蒙乞

勑兵部計議通行天下軍衛有司精加訪察凡軍民中有膂力過人武藝精熟者悉選在官其良民不願者不必強逼選在官者則任以把總管隊民則授以總甲教師等項名目畧加優給使之隨軍操練遇賊擒拏積勞多者量授職事以旌賞犯罪重者即發邊方以立功至於兵部亦乞比照工部添設主事等官幾

貴精選

廷臣進士中才畧明敏者爲之平時則令草疏以習邊籌有事則令出差以諳邊務才弱弗稱者改選別部才能稱職者尊陞兵備及邊郡知府等官惟此二途之中收養既多其間必有眞才出用而能籌

國家弭大患立大功者矣

又云選將責在兵部者蓋惟守邊常職耳今軍政不立久矣若遇中原盜起而專命武將之出貪功好殺盜猝難定而民命已殘惟得文臣能帥者監而統之則相機度勢撫捕兼施然後脅從可散而首惡就擒賊可早滅地方不致大殘矣

兵部尚書張時徹云三軍之司命則在將帥令之世祿

紈袴固有宣力翼戴長於馭[illegible]者矣寧無朘削以自肥用賄以干進者乎畀之兵柄求無敗事不可得已昔者晉悼公使欒糾爲戎御以訓諸御知義使荀賓爲戎右以訓勇力之士可以時使山林草澤行伍之間未嘗無干城腹心之士也歐陽脩所謂求賢勞之士不必限以下位智畧之人不必試以弓馬山林之士不可薄以貧賤以非常之禮待人人亦以非常之效報國又謂取禁軍廂軍年少有力者不拘等級閱其技同每百人團爲一隊而教之校其技精而最勇者每百人之中必有一人得之以爲裨將合十裨將而教之又於其中擇有見識知通變者十人之中必有一人得之以爲大將此一人之智勇乃萬人之選也

推行是說捬髀之思庶幾可息乎此言將才當於練兵之中選擇

丙辰會試策云古之遣將者或誓于軍中或誓于軍門之外或將交刃而誓所以一志而定制也故將者君授之制而無所制于人者也昔孫武爲吳將兵未試而斬隊長穰苴爲齊將始出而斬監軍此二子者非好殺以明威也子公伐郅支延壽欲請之而不從條侯禦七國梁王數趣之而不動此二子者又非執已以忤物也然且行之則以肅人心而制重也故古者將之於軍如心使臂如臂使指赴湯火投溝壑而無不從者誠足以制其命也而今也如潰土如潰癰敗則不可收拾將與俱靡而已此最今之大患也愚以爲將必先有天下之識具命世之才自知其足以任

矣然後不辭而受之因察彼已審虛實慮時當否具列其狀請少寬日月一切得以自由如有不效願伏斧鑕既得請矣然後卧薪嘗膽誓不與此賊並立入忘其家出忘其身淬礪奮發天地可感金石可破矣蓋三軍之志鋭矣然後左援鼓右援旗申衆而誓之取其不率者罪之於庭以令三軍又取其甚者懸頭於門以令衆其令一新矣然後陳金於廡縣格於外有士從中吐奇撫劒躍而出焉則賞之不踰時有士從外提戈斬級躍而入焉則賞之又不踰時士皆超距作矣有將如此則其氣足以横海上而目無倭夷矣軍安得不壯功安得不成故有將則其他便宜皆末計矣

鄭若曾云選將命將之權皆出自
朝廷有命孰可辭無命孰敢請愚謂此只在岧相汲汲求人其餘用兵之法賞罰激勸之事苟得其人不患其不能也

御史徐敦題稱先該巡按御史周如斗疏請於沙兵者民之中照例論功陞賞不願陞授者許其子弟讀書者入學不讀者充吏承其舉人監生人等叙功加級選用此亦因時處置鼓舞人心之術而未經詳議舉行者何也議者不過以名器至重豈宜私濫然既與之冠帶矣許之援例入監補官矣則何惜乎此而不以勸效死之人心作東南之士氣哉且此輩類多粗悍而養之學校榮之禄秩又所以爲化誨懷來之方也合無推廣前例激勵後圖仍嚴行監軍御史敘論功次分別等第不致冒濫或許實授或許入學或許

敘用而將領之久効勞於海防者仍念人才爲今日之急勝負爲兵家之常通論功過勿以一失而遽棄之此言激勸沙者民之法愚謂欲用沙兵者民須督以文官如督官兵之法方可不然則將放肆如前土兵矣

參議唐愛云今之論任將者不曰使貪使詐隨才器使則曰精選賢才不宜輕用愚以爲二說皆是而皆未也何也使貪使詐云者非謂貪與詐爲當用但云駕馭之有法耳若將而貪汚則虛報兵額侵匿粮銀尅剝下人縱容剽掠無所不至矣曾有如此之將其部伍不完號令不行而能立功者乎若必求廉吏而用之拘拘於軌範之内一毫不取一毫不與何以激勸

功能結納人心也昔漢高以千金與陳平縱其出入李牧備邊凡菲租聽其饗士莫與稽考故皆能成功今之將官自俸祿外更無舒展何以感動軍士而致其死命乎如愚似宜體恤其情

奏爲定例總兵歲與若干聽其作犒賞之用不問其費之由由是而查其部伍禁其尅剝責之以成功則在上者心無不安而在彼亦得以足兵足餉選練攻守沛乎有餘力也或者曰使其妄用與入己如之何曰通計總參能幾何人試以浙江一省計之不過費銀六千兩而止耳使其能衛生民不受屠戮之慘則敗歷風濤衝冒矢石勞苦萬狀卽以此而優厚之亦豈爲過乎不然廉者難望其立功貪者難責其守已蠹國殃民多靡邊費比之明與六千之數損益不大相遠哉

此言體恤將官乃任將第一要訣也向來將官多不成功者正以貪者無德以服衆廉者無力以設施若能恤其私則貪者可以無貪而廉者可以成功矣此義人皆知之亦私議之但避嫌而莫敢上達愚故述而載之

副使吳子孝云太倉崇明三沙之人慣於舟戰下海遇寇往往殺之而取其貨今宜訪其豪傑用之以統諸卒彼既不能爲盜卽殺盜以取功耳

長洲生員陸炫云崇明各沙居民或鬻販私鹽或江洋捕賊所操便利技藝精能然各有土豪自能役使近或被其搶據亦皆憤其殘虐今宜授以巢捕文書許以奏請職銜合兵而掩其屯聚分司而襲其部落一

以遏彼乘機劫掠因之肇亂一以防彼結連賊黨爲之鄉向導

此言沙者民當收用與吳副使之見合或云甚狀此二議之難行也向者土豪私爲鬻主上畏官法下無以制賊之死命猶且[illegible]陰蓄異謀若授以巢捕文書甚[illegible]奏請將見外挾官法以要盜賊之[illegible]內挾盜賊以要官府之優待流劫之禍日甚一日而不可救矣

舉人王文祿云今當選衆之中或將萬兵者名之曰萬總卽借指揮之祿與之有功另行外有將千兵者名之曰千總卽借千戶之祿與之有功另行外有將百兵者名之曰百總卽借百戶之祿與之有功另行外其不能將兵之官止食軍之月糧是亦有祿矣其指揮千百戶有能領兵者聽若然則兵皆將也

此言選將定祿之法

御史張橓云爲將須有膽有畧有量有德殺人如刈草從善如轉環用財如揮沙保民如恤子故拘泥故常不敢分毫出格者不足與有爲也

閩縣知縣仇俊卿云地利既得必貴擇將法曰有良將無弱兵今將帥取諸世冑紈綺習深英雄氣少雖馳馬彎弓有未能者況望其諳韜畧乎武舉科亦未能盡得其人欲將外衛官員照京衛保舉會舉之例扳擢聽用其不稱任使者照文職加俸住俸事例或遞減其俸留爲軍門礪鈍之具文職之中有能知兵善陳者參酌要用不必拘以常格則豪傑之伏於必無人或致仕官僚或舉監生員或山林草莽韜光術數

小道有能占天文曉兵法閑武藝善游説一切可爲海防之裨者皆招致之察其聲實之如何隨其材品之高下使之各盡所長以神鼓舞則人莫不激發而賈勇效能矣此王陽明平居家提兵之日每能延攬以寓此意

按諸公論選將之法詳矣然猶似欠明也何也將有不同有大將有偏將偏將亦不同有先鋒有哨援有守營有奇伏必先正將之名色而後論夫選將之法庶言有歸着而法不混施焉耳何謂大將運籌帷幄之中決勝千里之外虛懷而取善不矜用材而器使各當古人所謂善將將者是也何謂偏將恤下而不苟遇敵而不懼奉令而不違沉幾而不露應變而不窮古人所謂善將兵者是也要之上通天文下達地利中諳人事必兼此三者而後可以言將否則不得乎太乙六壬禽遁之傳不知乎驚風鞭霆之術孰爲勝地而宜據宜爭孰爲要路而宜守宜伏敵情有緩急難易如何而攻陣勢有奇正分合如何而用孟浪而戰是以卒與敵也夫大將以出令爲職者也君識不足以範圍才不足以駕馭諸將其肯奉行乎偏將以受成筭而不自用爲職者也若提兵既遠不能隨時出奇而欲一一關白主帥其能以成功乎昔王晉溪在本兵宸濠之亂談笑自如人或訝之晉溪曰茲事吾已料理之矣王伯安有大將才吾置之於贛州

是也未幾而全捷疏至人咸稱服愚謂選大將者當以晉溪爲法仇咸寧之大父爲百户時虜騎數萬突至都御史李忠宣知其能使率兵禦之仇毅然曰兵不必多憑吾自選五十人足矣忠宣從之仇度虜所必駐之處掘地坑令二十人埋伏覆以蘆席飾以浮土三十人登山瞭望以銃爲號虜至此果扎營夜半銃發坑卒地雷亦起虜疑大軍襲之自相蹂殺過半而走質明五十人歸報中軍遣人馳割首級遂成奇勳可見勝敵不在多人命將亦不必循資格惟存乎知人善任耳矣愚謂選偏將者當以李忠宣爲法

御將

兵部尚書胡世寧云陸贄有言將貴專謀兵以奇勝軍機遙制則失變戎師稟命則不威而欺敦以付授之義固以親信之恩假以便宜之權待以殊常之賞其餘細故悉勿開言所賜詔書務從簡要蘇轍所言宋祖用將之善而欲脩其成法擇任將帥而厚之以財使多養間諜之士以爲耳目此御將之術也

又云自古御將莫如宋祖昔人謂其豢之以恩厚之以誠富之以財小其名而崇其勢略其細而求其大久其官而責其成功萬世御將者所當法也

實軍伍

兵部尚書張時徹云衛所轄於都司都司轄於五府其卒伍之設每百戶所旗軍一百一十有二千戶所一千一百二十衛列五所及衛鎮撫凡五千五百有奇

此言設兵舊制

又云清勾之法既壞里書脫漏戶籍勾補者百無一至即有至者本管過爲誅求收伍未幾旋即竄匿至於犯法充新軍所在種種而法網不嚴曾未有隸尺籍荷戈殳者兼之汰黜之令過嚴異姓充後及無妻者輒俱罷革雖贅壻義子一切不錄軍安得復舊額乎

此言兵不足之故有三

又云其犯罪充軍者嚴爲發觧明隸尺籍如近年兵部題准事例不得有所隱脫又不足則召募土著之人膂力精壯者程能試補仍復其身而給之食立以程限以二十歲爲始五十而罷復爲民有疾病願復民者聽不苦之以終身不陷之以宲遠則人皆鼓舞爭爲兵矣仍籍應募他郡者責令來歸其冊籍則歲注之給以懸牌嚴其虛冒私替之弊當其精壯善鬬之時得以盡力武事而不出二十年後復爲平民皆知自愛而重犯法不至叫呼無賴爲凶人如此則軍無缺額而亦無不任戰之民死于無罪者矣

此言足兵之法有三

又云國初沿海建設衛所聯絡險要今軍伍空缺有一衛不滿千餘一所不滿百餘者宜備查缺額之數

而補足之其運粮班操等項原因海上無事撥借别用者可悉還之原衛所使自爲守衛所之兵常足則備禦無患矣

此言足兵須先查復撥借别用之卒

都御史唐順之云逃軍許其自首隨處收補一節論明決直截僕亦同此意蓋與逃而無用不若就近而補之猶得一軍之用也既而思之深有未便者苦寒磽确之地人甚不樂居嚴法覊管嚴法清勾然猶往者多逃而逃者不獲若逃軍即許改編則雖素不逃之軍亦孰不逃焉是今日逃軍之補見役所以釀成異日見役者之作逃軍也利少而害多矣是以不敢遽有題請

此言處逃軍之法不當聽其隨處收補

海道副使譚綸云衛所官軍既不能以殺賊又不足以自守往往歸罪於行伍空虚徒存尺籍似矣然浙中如寧紹温台諸沿海衛所環城之内並無一民相雜廬舍鱗集豈非衛所之人乎顧家道殷實者往往納充吏承其次賂官出外爲商其次業藝其次投兵其次役占其次搬演雜劇其次識字通同該伍放回附近原籍歲收常例其次舍人皆不操守即此八項居十之半且皆精鋭至於補伍食粮則反為疲癃殘疾老弱不堪之輩軍伍不振戰守無資弊皆坐此至于逃亡故絶此特其一節耳爲今之計合無委賢能有司官員公同該把總官前去各該衛所督同掌印等官不必論其伍分先將城中街巷盡行查出許有若干每街每巷共有門面若干戶分格眼紙一張諭令自開房屋幾間男婦幾口某係精壮某係老弱至於釜竈床鋪若干亦要從實開載貼於大門之上乃各委官親自持簿帶領各伍官旗沿街履戶逐一挨查面詰該管官旗有無隱漏并執結明白然後比對戶口文冊度幾可得十之七八於是取其見在人數通行挑選精壮者存留食粮老弱不堪者通行革退即以戶丁精壮餘丁選補如果在營故絶無丁者除本省地方照舊行勾外其他省人民屢勾無解者不必駕言单勾即查照近例嚴選别戶精壮餘丁補伍至於充納吏承違例役占者自今伊始通行禁止其賣放逃出外行商業藝投兵搬戲及隱容在籍收取常例等項俱責令該管官旗及家屬人等免其前罪通行勤限招回一體選補務使食粮者皆精鋭之士無復以老弱充數不食粮者照依保甲之法編守城之人如百姓守城之例不得以無粮藉口該管守旗招徠補充至五分以上即量行奬賞其始終不改縱容賣放如故者掌印及諸伍官旗聽各道從實查參輕則問罪降級重則綁解軍門治以軍法如此庶軍政可肅戰守有人不至臨時紛紛請兵矣

此言兵不足之故有十能查處此十者則兵足矣

御史曹光等題稱各該衛所正軍戶内餘丁有精壮者盡數挑選補伍然補伍又須明言止終其身或行簽

補與正軍永遠者不同其補過各軍月粮務從長議
處以充其養贍之資如有附近人民驍勇願役充者
亦聽收伍月粮照例支給特
勑巡按御史嚴督守巡道等官親詣地方着實舉行每遇
復
命之期將各衛所正軍幷補過餘丁各若干有無充足堪
用處給過月粮若干有無缺乏從實具奏以憑查考
此言足兵之法有二與張尚書譚副使暗合
御史周如斗云沿海衛所軍伍缺乏之甚尤當亟爲之
充補乞照昔年改編附近事例如在嘉靖三十年十
二月以前凡南北衛所逃故清勾者及遺失清勾查
無名伍發回聽候者皆准改編附近沿海衛所至于

直隷江北江南等處其新充附近終身軍犯尚未發
遣者合無改發各該沿海衛所其有定發衛分永遠
充軍追贓未完及未發遣者蓋以其畏邊方之遠且
因例有監故免補之條率多延捱前贓以圖苟免軍
伍法固難逭情有可原者合無亦自嘉靖三十三年
十二月以前在監追贓者量行改發邊海衛分彼將
樂於地方之近而無靳于追贓之難不惟有以充實
軍伍抑亦可以追完宿逋由前則土兵之衆緩急獲
濟由後則軍伍之完永遠有頼矣
此言處逃軍與問軍不肯着衛者之法其心甚仁其見與荊川甚相反錄之以俟有識者採擇
或云今之論兵者有五曰足軍額曰選兵民壯曰練
鄉民曰募義勇曰調客兵此五者救時之切務也愚

謂皆非探本之論也何也衛所官軍與兵民壯乃官
兵也官兵足何事他求乎惟軍則缺伍兵民壯則
不堪用故思練鄉民鄉民不能遽練也故思召募召
募不得人也故思徵調不知向來兵政之敝其原不
在於此乃將官畏死不敢擅動官軍殺賊之故也我
朝大明律一款云云云夫兵凶戰危勝敗者兵家之常也
自古名將如太公孫武武侯其人上下數千年落落
可計外此雖善戰者不能爲必勝矣設有所損其數
豈可量哉蓋我
太祖撥亂反正躬親戰伐深知馭將之當嚴而行師之當
慎故以是垂訓使爲將者常以失機爲憂全勝爲念
則練兵不敢不預臨陣不敢不勇耳此其立法之至

意所以重人之大命也若其用法則又有權衡於其
間而未嘗執一如云云蓋人情易怠而難久常恐懼
之徧慮其怠若立法不嚴則喪師失律何所不至也
自定律後莫敢不遵凡遇用兵言官引之以糾劾法
司據之以問擬將官惴惴焉寧殺其身而不敢損軍
士非閃奸以規避則顧家兵募義勇以衛鋒若有敗
衂軍額不虧則失機之罪免矣古者寓兵於農有事
則戰無事則耕後世軍自軍民自民軍常設以衛民
民常耕以養兵此國用之所以常乏而民力之所以
難堪者端以養兵之費大也既不用軍以戰則軍爲
徒設不過聽差點名虛文而已矣練之又欲爲便勞不
練亦無爲害在班似爲徒養逃亡亦爲不覺衛官初

以兵缺為利而侵月粮法司後查其粮而作羨餘兵
日漸寡粮日漸縮若遇寇亂撫標兵備見軍無適於
用欲究之則弊久欲用之則徒使將官受失機之誅
耳不得已權用民壯義勇更番募調以支之寇平官
各以功擢去誰復理前任之事也故雖大亂如倭
朝廷新設總督提督重臣添設兵備副使海防僉事一時
亦不能正其弊不容不用夫義勇民壯弓兵見不堪
用不容不更召募召募無良不容不更徵調徵調不
可常則又議練鄉兵要之鄉兵僅可自守而不可為
鄰援不如復
祖宗舊設軍額欵復軍額須復舊設粮額此相須之事也
粮額如舊則足軍無難軍額如舊則沿海衛所隨在

有備不必募調而常如募調且省募調之費矣然
有軍不練與無軍同練而不戰與不練同如愚見是
在科道官以蒸民之生命為重以一身之利害為輕
協議會奏遠稽
太祖云
云之言近述
聖上屢批戴罪殺賊之例嚴
勅兵備海道官專督衛所官練軍限以一年半年務有實
用仍
勅總督提督今後賞罰務查將官功次若獲級多而損軍
少者准其贖罪指獲相半者從輕姑令戴罪俟後有
功准贖若損軍至幾人而獲級不多則姑容緩死或
去其官或行降調俾之戴罪殺賊視後功次大小而

地方則計其所獲倍其所費以致富者雖強壯而漏
籍貧者雖老弱而加名即有清正人員著不順人情
一切用法多致激變又因循撫黄是清查之法非惟
無益而有害矣余每云古今有治人無治法種種皆
驗
曾按向來不敢用軍出戰端為律法太嚴而兵難
遇度恐少有挫衂則犯失機之罪故但用民兵易
於掩覆此誠將官之積弊也然兵部題准已有新
例矣大略云但當録其血戰之功而不計其失伍
之罪軍伍缺者亦有例許其充補所在巡撫兵備
衙門正宜舉行以實軍伍以之操練以之征勦可
也論者未知新例故尚泥舊制非矣

選士卒

參將戚繼光云兵之貴選尚矣而時有不同選難拘一君草昧之初招徠之勢如春秋戰國用武日久則自是一樣選法方今天下承平編民忘戰卒然之變自是一樣選法大端創立之選勢在廣覽分揀等率均有所用天下一家邊腹之變將有章程兵有額數餉有限給其法惟在精第一不可用城市游滑之人但看面目光白形動伶便者是也奸巧之人神色不定見官府藐然無忌者是也第一可用鄉野老實之人所謂鄉野老實者黑大粗壯手面皮肉堅厚有土作之色此爲第一然司選人之柄者或專取於豊偉或專取於武藝或專取於力大或專取于伶俐此不可以爲準何則豊大而膽不充則緩急之際脂重不能疾趨反爲肉累此豊偉不可恃也藝精而膽不充則臨事怕死手足倉卒至有倒執矢戈先衆而走此藝精不可恃也伶俐而膽不充則未陣之先預思自全之路臨事之際既欲先奔復以利害恐人爲已避罪之地此伶俐不可恃也力大而膽不充則臨時足軟眼花呼之不聞推之不動是力大不可恃也吾言及此選士之術荒矣然廢四者而別圖之不可也諺曰藝高人膽大是言高藝止可添於有膽之人非謂懦弱膽小之人苟熟一技而即能膽大也素有膽氣豊偉伶俐而復習以武藝此爲錦上添花也然此輩不易得思其次則武藝尚可以教習必精神力貌兼收

又不若憑各親識鄉里哨隊長舉首此數者皆選兵之一策而必膽爲主膽在人腹中不可見何以選爲殊不知人之精神露于外選人以精神爲主而當其用相法忌凶死之形重福氣之相此盡選人之妙矣使伶俐油滑寧用鄉野愚鈍鄉野愚鈍之人畏官府畏法度不測我顛倒之術誠信易於感孚虛氣易於振作先以異常之威壓之使就我彀中而卽繼之以重恩收其心結之以至誠作其氣則爲我用命無疑此萬試萬効之方也若愛先于前而後繼之以威則怨叢而恩不感矣是故遵令奉法臨事用命所以成天下之功也但威嚴不能自行所以使威嚴之未行無阻壞者恩與信也彼天下之至親至情莫慈父之于孝子若也設使父必于殺子雖孝子且不能無私吉况烏合之衆行伍之兵耶是故必恩以佐威庶威恩爲有濟此予數年之獨秘雖後日名將之出必不易予言也

恤軍屬

兵部尚書楊博題云優恤軍士著在令甲即如近日山
西等處之變固是諸軍自干
天憲至於處置乖方當事者亦不得不任其責合無備行
督撫總兵等官令所屬大小將領將部下士卒察其
饑寒同其甘苦務使人樂爲用闡明信義整肅威嚴
務使人不敢欺則感恩畏義無不願死以報上矣

籌海圖編卷之十一　子二十六　黄鎡

教練

兵部尚書楊博題云議者欲以鄉兵代[illegible]
積漸紮營[illegible]不能行者何也以[illegible]
糾聚之妨農也是有保編又不以[illegible]
佐貳首領所至之地富者行賄求免貧者救詐求[illegible]
故冊籍未定而委官之囊橐已滿其充數者非貧難
下戶則愚懦無知而鄉長甲長則無賴猾胥也謂宜
明示號令不論道[illegible]遠不糾聚妨農委賢能正官親詣
關廂村落備查編戶隨其住居相近團聚大率以若
干家爲一甲就中選有力量者二名立爲甲正甲副
置牌一面上書甲正某人甲副某人各民某人某人
仍於五甲之內選其才能服衆者[illegible]爲鄉長使之統
領總置一牌上書鄉長某人管[illegible]幾人某人某
人甲副幾人某人某人各該[illegible]某人某人列
於各甲正甲副之後仍令每家書寫排門粉壁互相
識察各備鋒利器械幾件每鄉長管下置大旗一面
及合用銃砲等項聽從鄉長統領前至空闊處所
習武藝一遇有警即便升[illegible]砲各率所屬[illegible]
赴要害地方設法把守併[illegible]仍於[illegible]
口樹立壯固木柵堆[illegible]石[illegible]使[illegible]
或少隨宜團練不拘定數仍[illegible]兵部題奉
欽依事理保甲領由先行給與[illegible]
一體陞賞庶幾各自爲守人自爲戰不待調發之勞
而收保障之績矣

籌海圖編卷之十一

兵部尚書胡世寧云從以方總甲里老人等將各家五
十以下二十以上壯丁不分家主義男家人盡數報
出而於各家壯丁揀其上名書本家壯丁姓名年貌
其六十以下二十以上名中下亦書以備運磚送飯
等用仍坐壯丁各置堅利器械二件不分晝夜各
請教師武藝所製鎗杷務要長短大小一齊弓
弩各力強弱其間尤分長者學弓學鎗短者學
杷學仍仲學鎗學銃者各兼學使棍學弓學弩學
牌者學使刀前項人丁內除官吏監生生員弁
見操民壯征進軍丁一應在官役占之人外其每三
丁內摘出一丁不及三丁者將別戶朋湊亦要三丁
內義謀一丁僉爲鄉夫衛夫二項名色仍要每甲內

籌海圖編卷之十一　廿八

選立武勇一人爲小甲置小招旗一面每鄉每里內
各選立有行止才堪能服一鄉者二人爲正副總甲
置大旗一面各置號頭鑼鼓齊集每五日一次
在城者就營伍教場在鄉者本鄉教場各操練武
藝鄉市軍民之中若有力過人武藝精熟者
聽赴府報名另爲義勇本府更加優待臨用
之時與軍同給糧賞其亦立備賊寨堡亦要趣
時修築完備以防不測

此出圖集鄉兵之法

又云精選各戶壯丁年二十以下十八以上氣力強壯
身手矯捷之輩編紀年貌設教師演習武藝仍編
每十名一甲外立小甲一名另添維役備飲一名以

應古伙家子之制每甲共十二名每五甲六十名爲
一總外立正副總甲各一名以應古正副隊頭之制
分爲八總每二總共選立百長一名統卒共該民壯
五百名其餘二十六名作吹鼓手每總內前一甲十
名內五名學牌五名學鎗第二甲十名五名學杷五
名學弓第三甲十名俱學弓箭第四甲十名五名學
銃五名學弩第五甲十名五名學棍五名學長刀其
總小甲俱執旗鎗仍帶弓箭或腰刀副總甲執刀弁
帶弩箭在後押隊仍選身材長者學弓箭銃弩短者
學鎗牌杷棍

此言練兵鄉人之法

又云教閱之法在斟酌古今之制而施行之其一當簡

籌海圖編卷之十一　廿九

汰其疲老病弱升擇壯健驍勇如胡明仲之言二當
先教擊技多習弓矢及令厚甲重器演習慣便而後
習走陣之法如宋仁宗時議者所謂諸軍止教坐作
進退雖整肅可觀然臨敵難用之意

又云宋學士蘇軾有言天下不免於戰無事之時士大
夫當尚武勇習兵教庶人之在官者以行陣之節役
民之司盜者以擊刺之術歲終試之較以勝負以行
賞罰一旦有事免以不教之民而驅之戰乃今日爲
世道計者之所當知也

巡撫都御史唐順之云八九年間爲督撫者亦幾何人
中間以練兵爲說謂不在增兵而在練兵者僅見總
督楊博一疏而已然則兵之積弱已非一日之故而

兵之不練弊亦久矣所謂專倚邊兵不練土兵者誠
如
明旨不敢虛飾竊以爲目今權時之宜但可責鎮兵以爲
守量調客兵幾枝以爲戰待鎮兵練得一枝精銳然
後將客兵再減一枝至於舉軍盡練得精銳土著誠
掌人實係勇一旦遇虜必不退斷屹然足爲北門倚
重然後更議免調之期則堅實不失而經權兩得也

此言目前且將客兵救急待練土兵成然後免調其說詳見定軍制條當與此參看甚善但措制川疏中欠說練之之法如何似爲未備

丙辰會試策云兵而有制則淮陰驅市人而勝泜上卽
無制也則符堅以四十萬而敗於淝水兵多則難制
難制則易敗此其明驗也故莫如練土著之兵然始

練不可以倉卒而調兵不可以持久莫若稍減其調
而徐候其練調簡則易精練久則愈習精則土著之
兵益奮習則調兵可以益減此互相輔而終相省也
其法則分[illegible]令而總責之將非愚所能悉數也

此言客兵練土兵當相兼而行與前荊川茅鹿門之說相似

或者云今之[illegible]者不思練兵而數欲調兵昔山東兵嘗
調矣而無救於敗狼廣兵再調矣而無救於敗蕃土
兵又調矣無救於敗而害益滋其所至如乳虎而其
臨陣如鳥散居則爲民蠹出則長賊威故民苦調兵
莫被賊等以其遇之不精而馭之無統也夫兵法平
原曠野此用衆之地也如群鹿抗獐以多者勝若狹
谿要則如兩鼠鬭穴以勇者勝雖衆無所用也

兵部尚書楊博題云遠調客兵不如團練鄉兵此皆不
易之論況所謂狼土等兵見狼狂悖十倍倭奴總督
既不能節制其將領又不能約束卽如近日川貴總
督侍郎石某所奏可鑒已但議者動謂鄉兵怯懦緩
急難恃不知近日浙江楊州之變多係土人何其勇
於私鬭而怯於公戰哉是在處置得宜耳合行督撫
等官嚴督各該海防兵備守巡將各處鄉兵係隸行
伍者責成軍衛募自民間者責成有司如法團練務
求實用至於客兵仍遵　明旨不許輕調騷擾地方
主事唐樞云古之練兵少而習壯而安不見異物而遷
其技能上下相使休戚安危喜怒一体故能如身使
臂如臂使指令以烏合之衆馭之者如倚奇算可

效而行否

此言兵須平時教練

又云穰苴以他人新授之卒倏驅以爲戰不得已而設
助長之術殺其一愛姬立威以求速化此亦兵家一
間道令其事可效而行否

此言以不教民戰者之弊用兵者亦嘗行之但非常道

主事唐樞云練兵爲長久之計海賊實不敢敵近日都
是無能之將以統無制之兵賊又素教預習術以肆
膽橫行深入必須擇知兵者隨處教演又選差賢能
官分投查驗必賞罰以爲經久可用

此言兵不可以不練練兵須託人着實舉行

副使茅坤云浙人不習戰當如兩河以北懸射銀錢以

誘之使習令弓師而能教百人善弓則善弓者
得以一人兼二人之食而弓師且賞之以百金而署
之爲百人之將矣令弩師而教百人善弩則善弩者
亦得以一人兼二人之食而弩師且賞之以百金而
署之爲百人之將矣如此則不數月而全軍皆善射
矣其他短兵鎗棒亦準類此
此言練兵全在善誘
又云吳越江海之間幾二三千里必非
朝廷之兵所能遍爲戍守者漢患匈奴晁錯嘗請徙富民
實塞下蓋使之家自爲守人自爲戰若今日吳越之
間則不必他徙富民而中自有饒田宅千金萬金以
上者盧相接也以愚計之當倣兩廣之制其勢力可

以蓋一里而部署百人上下者則命之爲百長長有
牌分爲若干隊各籍其所部署百人者之名氏年貌
與分執兵仗於其上以待約束其勢力可以蓋一鄉
而部署千人上下者則命之爲千長長有牌分爲若
干哨各籍其百長及所分哨之名氏年貌與互相聲
援之畧於其上以待約束其在官府特罰其不如令
者而已不得數令迎謁一兩擾之方其平居無事則千
長得以擊牛酒歃血爲盟約劑於一鄉之中以稍申
其聲援之約及其賊既逼境則千長得以舉火砲爲
號令各百長之兵以赴援於賊所間入之路以迎其
至而擊其歸有不如約者即聽千長百長各得以按
軍法綁縛而告之官府按軍法而治之如各鄉之鉅

姓大族有能自募膂力技擊之士以爲諸鄉兵之先
者則各書其名於官責其摧鋒奮擊以爲里兵之倡
而賞犒之
此言練鄉兵須倚重各鄉有勢力者爲之
又云吳越之間其鉅家勢族往往有爲子弟不惜千金
而藹一官者倘疏之于
朝凡民間所籍鄉兵或鉅家勢族所各自募之兵有能奮
勇勦賊凡斬首級者倍官兵之賞毋級一百兩凡手
斬三級以上者署爵一級如兩廣試巡檢之類而賞
仍半之累功至五級以上得世百戶累功至七級以
上得世千戶凡所部之兵斬三級以上量爲優之冠
帶有子弟願補生員及都布按承差知印吏者聽五

級以上准署爵一級如前或准送子弟一人國子監
讀書或原係監生准選光錄監事署丞及五城兵馬
等官七級以上亦得世百戶或願改錦衣世總旗者
聽十一二級以上得世指揮使或願改錦衣千戶者
聽或係監生願補內閣文華武英等殿及兩房中書
舍人之職亦得劑量如例如此則吳越之間非惟各
思保其妻子室廬之有抑且競得夫爵賞寵祿之及
爭相家自爲守人自爲戰而其氣百倍矣較之官府
歲調客兵其所當利害緩急尤有間者
此言欲練鄉兵須以爵賞激勸勢力之家人方樂爲
舉人王文祿云衆聚而不申以號令嚴以約束亂無紀
律所謂兵不戢將自焚狠兵則擄婦女貪貨財而濫

其抄掠邳兵則酗酒逞兇彈絲唱曲而徹夜遥遊民壯義勇皆戀家無拘而不習戰技徒費養兵之財不熟練之過也必責成統領分布要害日加團練編以隊伍五十爲隊倣吳起一人學戰教成十人之法與以堅甲利兵之器齊以坐作進退之度重以信賞必罰之權一人有功一伍賞之一伍有功一隊賞之罰亦如是則互相救援而奮發也必以所練之兵挍取衝鋒一萬取一千一千取一百時加部犒戰勝不論首級而賞亦倍之蓋衝鋒不暇斬首斬首皆藉衝鋒之人殺而斬之也

此言練兵須明賞罰

南京戶科給事中尚鶴等題稱各兵之調非經久之計欲選擇客兵之精銳者分別武藝教練鄉兵以一訓十以十訓百以百訓千以千訓萬不半年而民兵即容兵矣

此言練土兵當用客兵之高藝者爲師

主事唐樞又云練兵如近日教場下操之類俱虛應故事務令精專齊一而後膂力之强弱技能之長短可以等而上之必求其至古人謂三官不謬五教不亂總是用志不分隨著應手此必平居歲月習成穩直以他人未教之兵爲已卒然之用不得已殺其愛姬助長以求速效然亦可濟臨時之用故練兵之法或暫或久可勉可安兩法俱在慎而行之存乎其人

此言練兵之法有二

參議唐愛云練兵之事當責之將官而不當任之兵憲何也兵憲不自分領分領者將官也若兵憲練之將官領之則將不識兵兵不識將何以制馭而取勝乎必用此將官管領卽用此將官教閱熟演於平日則如身之使臂臂之使指臨陣無不順意矣兵憲不過日省月試孰爲當賞孰爲當罰孰爲可進孰爲可斥執監督之權而已矣總督則但總夫握兵調將之權其職掌愈尊則體統愈大也此練陸兵之說也若在海舡則以風潮爲主有難於操演者其緊要惟在舵工轉運趨向皆出其手遴選賞罰非總副參遊之所當注意者乎

此言練陸兵之法須委重領戰將官練水兵却無法惟精擇舵工而已

又云使船必用造船之人則不恡工料而且知愛惜領兵必用練兵之將則用心訓練而亦相識認故平日憲職練兵而禦敵付之武將非計也必令將官自練而兵憲不侵其權不奪其功然後可責其成效耳

海道副使譚綸云今之戰卒望敵而走往往棄主將不顧蓋由將不知兵與兵不素練耳夫將猶心也士卒猶手足也手足無恙則欲持而持欲行而行無不如意使手足而痿痺也則心雖欲爲其能以相應乎故選將練兵缺一而不可

此篇與前同義

又云凡言練兵者非但練其藝與坐作進退之法耳其要莫先於練心其法莫善於節制節者如竹節之節

節節而制之即人心齊一進非猝成退無速奔而常立於不敗之地矣今姑言其槩如以三千人分六摠計之十人爲一隊設一隊長百人爲一哨設一哨長五百人爲一摠設一把摠合五把摠爲一營設一叅將士卒未練戰守無功在一營則責之叅將在一摠則責之把總在一哨則責之哨長在一隊則責之隊長如是則爲之主將與長莫敢有退縮不奮勇者矣如使爲之將與長奮勇直前以至有失失一叅將則斬五把總失一把總則斬十哨長失一哨長則斬十隊長失一隊長則斬九卒如是則轉弱爲强因練變化□□不如意古人紛紛紜紜闘亂而不可亂正是此法但分數要明頭目要衆使我所殺者嘗不過十人則心與法不相害而法可必行苟徒且是法而行之不果亦與無法等耳（此言練兵之法當使兵將相習）

松江府同知羅拱辰云陸戰之法大率以十人爲一隊每隊以一人爲隊長就將原執竿子鎗上縛一號旗以便陣用內牌手三人執牌在前謹蔽敵鋒用手牌者執鏢一二枝以備飛擊鏢既發矣隨用腰刀其用挨牌者手持長鎗以護衆一以旋刺而腰刀又隨身可用則用也次鎗手四人傍牌而行避身牌後亦各兼帶鏢鎗一枝次又或弓或弩或銃者共三人藏身於鎗手之後居中立者其面向前左右立者以背相向臨敵則先發弓弩銃賊近則牌手竿子手所執飛鏢齊發鏢發則牌手與弓弩鎗銃等兵乘勢並進長短相間彼此相護斯能有勝

叅將戚繼光云今之軍士設使平日所習所學的號令營藝都是照臨陣的一般及至臨陣就以平日所習者用之則於操一日必有一日之效一件熟便得一件之利奈今所學所習通是一箇虚套其臨陣的真法真令真營真藝原無一字相合及其臨陣又出一番新法令却與平日耳目聞見無一相同如此就操一千年便有何用且如各色器技營陣殺人的勾當豈是好看的今之閱者看武藝但要周旋左右滿片花草看營陣但視戲局套數誰曾考問操法也是此花法勝而對手工夫漸迷武藝之病也虚文張而真營却廢制陣之病也司閱者可不端明雙目以任耳服之人為較量之衡耶

又云操兵之道不獨執旗走陣于場肆雖閒居坐嬉戲亦操也善操兵者必使其氣性活潑或逸而冗之或劳而息之或相其意態察其動靜而撙節之故操手足號令易而操心性氣難使其氣性活潑又須收其心隶畏兢業又有操之似者最為操之害何則譁譁散野似活潑懈苦不振似兢業為将者知此可以語韜鈐之秘矣夫好生惡死恒人之情也欲使人樂死而惡生是拂人之情矣豈必有生道存乎其間故所謂恩賞者不獨金帛之謂雖一言一動亦可以為恩所謂威罰者不獨刑杖之謂雖一語一默亦可以

爲威操之於塲肆者坙跡也而兵難靜處閒閑亦調
之操乃眞操也此聖賢之精微儒者之能事
鎭撫蔡汝蘭云兵猶食也欲談兵請先論食夫歲大饑
宜告糴少服宜藝畝一年積則糴可弗告何也足於
巳無待於人也客兵猶告糴土著猶藝畝其說甚易
明曉也夫燕雲之兵以騎射驍雄奪虜氣臨淄之兵
古稱進如鋒火戰如雷霆尤善長鎗而勇於公戰故
募兵者必以爲首談下此則狼苗諸部以楯弩防突
寇而於衝堅長驅之雄或歉焉蓋以東南諸郡久安
忘兵血刃之慘聞見未及若或海警少揚民將移避
不遑有司莫之柰何而募兵之說行焉故不得不贍
其犒賞以招來之不得不寛其約束以羈縻之不得

不厚其賞賚以激勸之若或警息而遣之懼其春汛
之復至也如之何則可夫所重于客兵者爲其各有
長技也豈夫人之所難能哉是惟弗之習耳苟習焉
則東南之衆是亦雲淄狼苗矣愚敢曰募兵戰不若
募兵教今宜于客兵之中精選其技藝之尤者各數
人厚其粮餉用以訓練騎射長鎗甲楯弓弩分部習
學一教十十教百百教千千教萬日省月試務肖其
眞而已由是則藝精氣壯而東南之衆要皆雲淄狼
苗矣如是則五月之內萬金之費可壯東南之干城
絶倭奴之窺伺滋萬姓之脂膏而百世無疆之福由
此其造基何也以土產之食養土著之兵以土著之
兵衛土地之患兵不加多而民皆樂業矣此土著之

愈於客兵而募戰之不若募教幸較量而取舍之
太倉生員毛希秉云鹽徒海盜水寇也而我軍操練於
陸不習海勢素怯沙民以其所短攻其所長蔑不敗
矣
朝廷知其然特
勑兵備道專重水戰議者謂宜造多櫓機發巨艦巡捕巡
鹽官督令于海洋沙塲險要去處上下巡視專習水
戰之法此練軍之法也
又云軍之克敵者在器兵不完利與空手同射不中的
與無矢同海賊之器械惟任短兵我軍足以制之者
火器弓弩也然善射者寡乞放种世衡教射之法懸
銀錢于百步之外不中者宜罰其矢以與勝者三罰

而受責三勝者得銀錢又當令其三六九日衍習如
鎭江會手然每下操之日爲數　偶使各官分臨之
庶不費時日而官軍可善射其他應用器械鎗棍弩
銃皆以是法校之數月而軍成矣此精技之法也
御史徐栻云聞兵形象水水因地而制流兵因敵而制
勝古兵法也今賊常態每以三五星散誘致我軍發
伏取勝此慣用奇兵也手揮雙刀中者立斃此慣用
短兵也勝奇兵者必以正兵勝短兵者必以長兵明
部分正約束遠斥堠行如戟戟如守是爲正兵强弓
勁弩射疏及遠是爲長兵以史思明善野戰遊兵及
于石橋而李光弼治軍嚴整當橋而進賊不敢犯近
聞官軍過安亭鳥驚魚散無復隊伍將士相離遠者

數里賊若掩襲邀擊將可擒也茲豈所謂行如戰耶趙充國渡湟使壯士啣枚先渡立營已定引軍潛濟慎密如此[illegible]之輕佻不戢倭夷而終以萬全去年官軍[illegible]家河者輕率赴敵被賊伏兵自蘆葦小港中[illegible]衝斷首尾我兵大敗而將僅以身免茲豈所謂戰如守耶自此一敗賊益輕我爲害愈熾盖既不能用奇而又自棄其正是以百戰百敗所向喪氣甚非長筭也今欲習用正兵先須定十五之法自伍人爲伍以上遞相連屬以至于將皆如身臂相使首尾相應雖極倉皇不輕相捨而又營寨嚴整號令明肅動止不亂則賊雖變詐安能撓我縱未即勝敵而我先爲不可勝矣此正兵之法也多置毒藥弓弩

聚集善射勿與短兵相接而常離諸百步之外此長兵之用也前時我軍不能自立無暇乘賊之間今我軍堅無隙可乘而賊跳梁既久勢必衰沮若覘得其實鼓衆突入乘機掩擊立可擒滅此又正能生奇之妙用也故兵法曰奇正皆得則國之輔夫擊虜以殄滅爲期豈可犯危險而取必旦夕凡此皆所謂致人而不致於人或亦坐得必勝之道歟至於因勢利導隨時變化則存乎良將之善用而兵未可以遥度也

閩縣知縣仇俊卿云冗兵之費徒[illegible]膏脂自古兵法貴精不貴多所以冗兵當汰法曰[illegible]無選鋒曰北在將兵者當練習于平時擇用于[illegible]可也雖然羸稚爲餌兵亦可誘敵制勝猶[illegible]例也其各取不可用者召募之客兵借調之土兵人謂寇盗之害如風雨不留土兵之害歲月侵擾不若各鄉照戶查起壯勇練爲鄉兵各有身家地方之念逃亡有里戶可以拘追橫肆循法制可以制禦昔于肅愍團練疏有云兵無不精則

國威自振而寇盗自平此尤今時之急務

練鄉兵附

總督尚書胡　云近日虛談兵事者動以陽明先生保
甲之法爲言殊不知此法止爲安新附之民禦鼠竊
之盜耳自古及今未聞以此制禦夷狄也若謂可制
禦夷狄則古聖帝明王賢臣良將當先爲之矣豈待
今日二三言事者倡爲此說而後知哉我
太祖以神武定天下斟酌百王典禮於軍制尤留心焉若
保甲可以資防禦則不當設立若干衛所派處若干
兵糧以累百姓矣諺云省錢易飽吃了還饑自古未
有不暫費而能久安者況大豪傑之士決不隨人脚
後跟假使保甲之法果爲陽明先生禦寇之策今日
亦當更之不知此老當時擒宸濠平桶岡搗八寨只

用保甲之人乎抑曾借用狼土等兵也世儒不考顛
末妄言兵法眞所謂恣虛談而貽實禍也豈不悲哉
海道副使譚綸云鄉兵之議蓋起於先年調到客兵統
馭非人所在搶擾百姓厭苦言官建議
詔下有司訓練土著之兵以省徵調之害此誠
廟謨之至計東南地方之厚幸也厥數年以來督責雖嚴
明驗未覩其故何居豈皆有司奉行之未至與蓋緣
前後議者止論練鄉兵之槩而未及養兵之詳而境
內士民又稍病加賦往往互會失指以爲練鄉兵則
不費官帑不用民財不煩素養之勞坐收制勝之策
且援引某縣某鄉曾擒殺一二殘敗之寇以爲証據
遂使良法美意窒礙難行有司百執事奉行無術反

以虛文漸貽實患殊不知鄉兵之名則一而其義有
二有召募之鄉兵有團保之鄉兵召募之鄉兵謂選
其土著之驍健者爲之繫其名籍於官而又以將臣
領之優其餼食明其步伍時其教訓嚴其賞罰之條
無事則作其投石超距之氣有事則責以搏前擊後
之功是爲素練之鄉兵自其對官兵而言又謂之主
兵兵之有實用者也至於團保之鄉兵不過因其地
方之遠近人民之衆寡使之自相團結諭以共保室
家小警則虛張聲勢以幸其賊之不來大警則預行
收斂免致受禍之太慘如是而已矣近年言官亦嘗
有見於此每每欲移徵調之費以養本省之兵令給
事中何　亦止因三省交論客兵之害而遂疏以申

明之蓋未嘗議去本省召募之兵而別練鄉兵責之
褁糧効義爲節省財用計也比者浙江議以全省之
糧養本省之兵賦有常經兵有定制未嘗與所疏相
背且甫及三載屢奏奇効此即練鄉兵之明徵也顧
當時減省太過議額太徠故當辟倭大舉入寇之時
不免量調客兵以濟一時之急若即以調兵之援併
罷召募之法不求建議者之本意而牽制於含糊不
決之虛文以彼力穡之民盡爲荷戈之衆誠恐操練
無素則爲不教之民捄閔以時又有妨農之怨聽其
自食則人弗樂從給之官帑則所費滋大勢既難行
事多虛應失安攘之長策爲東南之隱憂誠不知其
可也且團保之法所以禁民爲盜以備地方出沒無

常之寇耳至於制禦夷狄古如秦漢唐宋今則九邊
兩廣皆藉素養之兵而獨於今日東南之事乃責之
散處難合之民得乎爲今之計不若以調客兵之粮
增廣主兵之額爲之愼其委寄核其名實寬其文法
而總論其成功將見不出全浙之間自多羆虎之士
誠亦計之得者而又責成有司撫字凋殘團集保伍
平居則齊其心志臨事則遥爲聲援庶幾兩利而俱
存之可以有備而無患矣

足兵餉

兵部尚書胡世寧云六部之中戶部尤重蓋自
祖宗開創以來百五十餘年天下疆土田賦止是而內外
用度比舊加數十倍雖歲常豐收猶且不足而况歲
荒無徵其何能贍故必得通變有才之人理國如家
者而後可濟也今得吏部善用人戶部善理財則民
生自安盜賊不憂其起邊境自足夷狄不患其侵兵
部得無大事矣不幸二部有欠而盜賊蜂起夷狄交
侵不得已而用兵猶賴吏部所用之人以領兵戶部
所蓄之財以贍軍

此言兵部全仰給于吏戶二部必戶部得人而後邊餉不憂其乏此探本之論也故首列之

又云今邊儲最苦不足而足之道有三一曰廣屯種夫
屯種孰不欲廣然每差官督勸不能增者急于起科
得利也夫歲收不常而租有定額則開墾者利未得
而害已隨故人不敢開種今若查比北直隷地方欽
奉
太宗皇帝聖旨事理聽令各屯原額抛荒及空閑地土不
拘土客官民軍舍儘力開墾永不起科則有利無害
而人樂于興種矣蓋所貴乎廣種多收民間米穀價
賤發銀可糴則邊儲易足矣至于南方謫彼充軍爲
民人犯宜責拘辦當房眞正家小到彼盡撥各武職
員下作爲伴當責之收管使爲墾田而照名代出本
處軍伴操守則彼勢難逃而人可漸多種可漸廣矣
今聞戶部始議覆奏又查出永樂二年令各衛所屯

田官員軍餘家人自願耕種不拘頃畝任其開墾子
粒自收不許比較及正統四年令大同宣府遼東陜
西沿邊空閑之處許官軍戶下人丁儘力耕種免納
子粒則臣前奏聽其開墾亦不起科明是舊例可行
有益邊儲而該部又欲兩請或聽開墾永不起科或
候三年成熟徵粮則臣前所謂歲收不常而租有定
額人不敢開種矣伏乞
聖明俯念夫邊方田荒歲久儲蓄日無特如臣奏施行地
方幸甚二曰興鹽利今天下生齒煩于
國初數十餘倍食鹽者衆矣故今私鹽盛行而官鹽未
嘗不售其所謂私鹽不禁能阻官鹽者蓋襲舊時之
說也故今宜于額外多開商中不限引數聽其買補

若勢要占窩專利則每歲開中止將引目發邊付巡
撫都御史并管粮郎中聽其就彼募商責限完粮而
後填給違限不完者則轉給他人其若都御史郎中
召報容私致緩粮餉者聽巡按糾究則自無此弊矣
至于竈煎私鹽宜于出場總路設立關市守把止許
賣與商人有引之人而本處軍民願買者亦須納官
得引始聽如此則公私鹽利皆歸
國用矣然又須低昂其權使輸粟于邊者量地遠近米
價貴賤倍减其數而又得先掣納銀本處者隨時予
勞鹽價貴賤倍增其數而又與遲掣則商人益勸于
輸邊竈丁益利于煎鬻軍民得易于食鹽而巡邏之
卒可減鹽徒意外之禍可弭其為上下之利蓋不一

而足也三曰預收糴每常邊粮不肯趂賤預買及臨
用兵發銀貴糴且逼人強賣公私勞費不貲今宜妙
選各邊管粮部官責其月報米價貴賤歲報田收厚
薄如年豐米賤之時那借官銀數十萬兩到彼多糴
米穀貯倉或計今年所糴可彀後二三年之用宜即
扣後二三年該給粮銀于他邊米賤處所糴之或查
應觧邊粮地方時價米貴則量令折銀觧邊備糴如
此通融計處務使遠近官民皆便而邊粮易于措積
蓋亦濟変通融之法也但其糴粮全在官司立法簡
便革弊嚴明不許减價措勒難收以致虧損屯農方
可常糴臣聞今歲遼東米價甚賤但發一歲之銀可
糴二歲之用而二年免發其次宜大米尚可糴亦宜

差官發銀到彼預糴米穀以備客兵添兵之用惟若
延綏寧夏每銀一兩止可糴米五七斗甘肅每銀一
兩止可糴米二三斗然聞其地缺乏尤甚軍士不可
枵腹而戰亦宜戶部差官賫銀到彼多方設法於有
米地方貴糴顧運轉搬至彼以救其危急可矣
又云昔我
成祖皇帝之供邊悉以鹽利其制鹽一引輸邊粟二斗五
升是故富商大賈悉於三邊自出財力自招遊民自
墾邊地自藝菽粟自築墩臺自立堡伍歲時屢豐菽
粟屢盈至天順成化年間遂變其法凡商人引鹽悉
輸銀於戶部商賈耕稼積粟無用遂撤業而歸墩臺
遂日頹壞堡伍遂日崩折游民遂日離散邊地遂日

荒蕪戎虜入寇一遭兵刧生齒日遂凋落地方日遂
困敝然則安邊足用之長策莫善於
太宗皇帝之鹽法矣
此言中鹽大利於邊儲乃爲北邊而發若在海防則于遼陽爲切
在京各衙門會議云各處名山香錢鈔官俸銀川廣鹽
銀廣東稅銀大造黃冊過割地畝銀俱可取用至於
稅契銀率多侵隱亦可查取徭編銀再可借解天下
各司府州縣贓罰紙價自嘉靖三十五年爲始一毫
不許別用暫解軍門聽用其出入務赴巡按衙門掛
號查考又各屯田暫納折銀數年且不爲例其該納
銀六錢七八錢者即使徵收五錢南京應支月糧大
約每石俱三錢豈不五分中尚得餘利之二以克軍

餉也及湖廣荊州府則雲南川貴百貨所由之路夔
州府亦當入蜀咽喉江西湖廣二省茶貨經此達於
西番欲要於荊州照依九江北新關事例添設鈔關
一所量稅舟船并榷其住賣之貨夔州責令撫按會
同委廉官從公榷解又各省府州縣預備倉穀酌量
時價量糶其半解赴軍門又江西福建等處均徭已
提編一年但皆十年一役尚可再提一次其餘他處
五年一役或三四年量爲遞減又將巡監御史黃國
用奏准工本鹽銀二十餘萬量留借發總督處斟酌
支用事寧照舊議解戶部以濟西北又御史徐敦題
稱東南之民方困而派常賦之外海防未已而繼之
以提編均徭提編未已而又加以民兵工食臣愚以

爲軍需必不可缺而民困尤所當蘇非仰藉官帑量
爲給發隣近諸省通融協濟恐終無以自贍其東南
近日之科派速爲議革止令雇募民兵則民不重困
於誅求之苦官不牽制於出納之難蒙賞者益思報
效而窮蹙者少延殘喘臣等會議得用兵以錢糧爲
本錢穀衣甲器械船隻不備賞犒不充威權不著士
不用命雖韓白不能成功但東南自嘉靖三十二年
興師以來勞費不備致厪宵旰之憂者凡以爲生民
也今本處燒刼僅存之民常賦之外海防銀兩未已
而復繼之以提編均徭提編未已而復繼之以民兵
工食百姓嗷嗷誠有如御史徐敦所陳而提編一節
通行數省編及小民不得安生者半天之下至於各

省預備倉穀亦當積貯以備不測飢荒榷商稅銀恐
亦無幾俱難輕議查得應天巡撫奏留嘉靖三十五
年起運銀四十四萬餘兩奉
旨錢粮着戶部議處來說候覆間今徐敦復請於兩浙歲
運之數量留二三十萬彼豈不念
國家京邊重務所需哉蓋濟東南目前之急正所以爲
國家悠久之計也合無從戶部酌量定數存留若干以
給軍門再於兩淮運司議處工本鹽銀二十萬內借
用一半至於各山香銀各關鈔銀缺官俸銀川廣鹽
銀通聽總督移文各該撫按查取不許留難此外又
有開納一節尤爲可行合無查照工部開納事例兵
部應給空頭劄付一千張咨送總督收置軍門許令

軍民照例上納有願報効者一體收用其餘將號稽
察事宜悉如都給事中丘預達等所議施行及擬各
官所陳專官管理一節已經本部題奉
欽依咨行總督選委布政司官一員專司出納無容別議
合用錢粮各有頭項大率民兵工食除今年在於已
徵提編銀內取給以後年分各府州縣比照原額工
食量加一倍通計實數各照丁田多寡量為輕重派
徵申呈撫按刊印書冊頒布曉諭不許數外多派重
困小民士夫之家隨例應優免之外一體均派收貯
官庫按季給發沙兵工食聽督撫官酌量於浙直二
省不經倭患府分坐派徵解聽按察司官以時給發
其一應見在地方主客兵行粮及賞犒脩造船隻置

造器械等項俱許於軍門吊取并奏留銀兩數內支
用通要造冊開註出納明白以憑巡按御史稽查
都御史唐順之云東南水陸兵粮往往有缺至三四月
不給者軍士萬里捐生日望數升之米而已而又不
時給之生心譁語亦何足怪此有故矣浙江軍餉銀
四十七萬兩江南五十餘萬兩江北一十六萬兩其
初皆筭兵而賦民原無羨餘若民間拖十數兩則缺
却一軍之食萬軍不能一軍空腹而萬兩不能誅兩
無欠加之民賦有災傷蠲免而軍餉無羨餘處補宜
其不能准給而生怨讟也古者軍興之費不盡仰於
民務取之山澤鼓鑄莞榷商賈之利故前史稱不加
賦而用足今民間搜括已盡無可處補而軍門亦無

所謂山澤莞榷之利稍可處者惟有塩法而已試舉
一端如前時浙江巡塩鄢懋卿小桀事例歲亦可得
銀數萬此皆不取之國與商而坐收羸利者也合無
勑下戶部轉行督撫等官會同淮浙巡塩御史委曲計議
多方區處但使江北江南浙江每處得七八萬兩民
賦若足則別儲之一有蠲免即以處補此亦國民兩
便之策也
聖明軫念東南兵荒萬狀艱苦
勑下工部查得大工銀兩漸殺乞漸將嘉靖三十九年浙
直兩處贓罰照數解與軍門聽其處補兵餉以後年
分自行解京如故此外山澤莞榷之利有可興者聽
軍門從宜區處再照供給軍餉係有司職掌有司往
往視為不干已事始則催徵不力繼則給發不時僨
悞軍機多由于此此後若有仍前怠玩者自布政總
司管粮道及知府以下聽督撫諸臣從重糸劾治罪

庶幾有司各知干已不敢誤事
此言處兵餉之法莫如塩利其次則山澤莞榷與贓罰銀而加賦為不可行
又云沿海衛所舊皆屯田今埋沒過半而圖冊故存宜
按圖照冊儘數查出辦納屯粮及金塘玉環諸山膏
腴幾萬頃皆古來民居之處今可墾為屯田設所戍
守一以據險一以固粮此一舉而臣所謂足軍食者
相關舊制當復者二也
此言清理屯粮開墾海中附近山田可足兵餉
御史曹光等題欲將巡塩御史黃國用奏

准工本塩銀二十餘萬量留借用一半發兩浙巡撫一半
發蘇松巡撫或俱發總督處斟酌支用以濟海防事
寧照舊解戶部以西北

此言塩銀可借以充兵餉與唐荆川之見同

丙辰會試策云嘗思今日坐困之術莫有過於兵多者
方其兵之初調縣縣傳送道里之費不可勝言也所
過擄掠其擾害之患不可勝言也至則家給而戶養
之供餉甚煩而擄掠不息其費又不可勝言也今議
者不思兵多之費而憂財之乏此所謂舛也因其乏
而議加賦益財此又舛之舛者也昔先零之役當其
兵集耿中丞羅四十萬斛而不足及充國罷騎兵般
師不費斗穀而羌平人皆知充國屯田之興利而不

知般師之省費也故調兵一而爲練兵之費百調兵
一而當土著之兵其費十調益簡則費益省以其所
費者而練兵何弗強也以其所省者而充費何弗贍
也此其不加益而足財之道也

此言加賦以調兵不如減兵以省費

海道副使譚綸云足食如行錢法抽寺田廣開墾查民
壯弓兵等銀役衛所額糧甚有所濟且行之可久
又云錢法行則公私皆利或謂費銀鑄錢而利甚不多
何便于官曰即使費銀一兩鑄錢亦止值一兩可也
今天下苦于困乏只因銀少錢法行銅皆銀矣矧銅
鑛所出併收民間銅而鑄之必本省而利溥矣
無利吾不信也

此言錢法行則財用足誠可爲兵餉之一助自來無人及此而今日所當急行者也

又云調[illegible]之法萬非得已募兵之法亦難久行惟是復
祖宗之舊酌時措之宜使軍伍不虛粮有定額民壯弓兵
名名得其實用不以許多錢粮置諸無用之地庶幾
足食足兵之長策也

知府嚴中云國初每郡扣除養軍若干官吏師生俸祿
若干然後定起運之額故軍伍缺下口粮謂之羨餘
積於布政司或謂此項已屬於戶部作邊儲之用愚
謂不然嘉靖某年戶部偶缺用奏取各省羨餘浙江
遂以軍餘銀若干缺官俸餘銀若干并別項空閑銀
兩共幾十幾萬解去不聞以此爲擬以增納運而常
年照數解京也設使一年做例歲以爲常而不存積
於布政司昔傳應嘉巡按浙江查民補衛所軍額其

月粮何所支乎自戶部取用以後衛所軍額歲減一
歲布政司果嘗歲歲奏解乎愚恐羨餘之銀有解部
別用者有未嘗解部而仍存本省者須細查之以爲
補軍額之用可也

舉人王文祿云東南之財中天下之財財之藪也寇亂
三年將告匱矣當以天下之財濟之可也革侵漁之
弊各名山之香錢可取也革借關之弊各驛傳之供
給可取也

國初軍制之數即食粮之數
國初軍多而粮無不足今軍少而粮不見餘須責督儲之
司查而取之可也各省缺官之俸折鈔之銀取之可

也冗食之官奢靡之費汰之可也倣周禮束矢鈞金之法凡豪右貪殘之訟罰而取之可也

此言足兵餉之法有六

蘇州生員沈拭云當今錢貨賤民皆私鑄致壞錢法物價不平利歸於下宜　奏聞
朝廷南直隸及浙福湖廣等處官自爲鑄所鑄錢文一以嘉靖通寶每錢七百准銀一兩非此不行則利歸於官錢法不亂而軍需有助矣

又云商人逐末其利數倍於農故先達有曰與其爵農人孰若爵商人令丁田銀增加者過於原額而商稅一如舊制其待農末亦失宜矣今宜會同奏請南直隸浙江湖廣等處關津稅商處各視常數通行加稅

洪至蘇松助海防之用事平還舊則數萬金每年可不勞而得其視丁田之加爲力易而成功多矣

此言重農而抑商實足兵食之一策愚謂寬得一分民受一分之賜今因增丁田銀之故而欲加重商稅非仁人之心也其事一行遂爲常例矣事平還舊之言不亦左乎鑄錢之說有益無損

兵部尚書胡世寧云秋成地方素無積蓄者宜出告示曉諭軍民不許將米穀浪費及因而糶出外境其若本處軍民得過之家收積米穀在家待價糶賣以圖利息者聽從其便在城人家有能收積稻穀一千石米五百石以上者即係聽教良民本府凡事量加優恤鄉民屯軍人等今後務要掘塘積水趂時勤耕以務多收米穀秋成之後如果穀賤傷農凡民間應納差銀糧價及贖罪等項俱許依時增價折納稻穀本府另措糴穀銀兩申禀上司代其納官

又云今雖秋成貧民缺用必將米穀賤糶出境以後再難收回公私積蓄皆空倘遇荒盜鄉市軍民束手待斃予欲將府庫原收義民價行及積米紙價等銀盡數糴在倉中遇荒賑糶遇兵給餉庶不有悞及照常時散銀糴米多被奸豪詭領或庫吏稍散乘機尅落似此領銀無實糴穀難完今照所屬州縣人民該徵均徭等銀將穀賤糶前銷上納未免耗折今欲就將糴穀銀兩扣收在官抵作民間該納官銀或秋糧折色米價銀兩陸續支解却令該納前銀人戶每兩照依時價納穀若干在倉庶免彼此出納侵分耗折之弊

此二條皆胡公世寧江右作郡時所行沿海守令宜式之以爲備倭之計

都御史章煥云師行粮從有餱粮有糗糒刀斗自隨樵蘇自給強者主戰弱者主爨此軍中之制也今或臨陣而未食或食至而不均或師行境外而食具城中設欲晨炊蓐食捲甲疾趨何以應之事機盡泄士忿不平此養兵之制未定者一也

此言行兵之食之弊

主事唐樞云凡軍行若隨路關支口粮候到唱名給散耆則擔閣行期夜及二三更纔得睡息若先給與盤纏靜路行時不便買辦不無受飢之病北方行軍每每有此必須先立從長良法庶克有濟

此言給行糧不得其法之害

兵部尚書王守仁云沿途該用廪給口糧等項合計筭總支應庶免阻滯及省偏州下邑之擾爲此牌行布政司官將官舍頭目人等合用廪給口糧等項查取見在確數計筭經過州縣若干每驛該銀若干就於軍餉銀内支給其各州縣止是應付人夫再不許別項科派於民

此言總支廪給口糧乃關行糧之法也錄此以爲式

兵部尚書王守仁云近因思田二府擾亂該前總鎮等官奏調三省漢土官軍兵快人等前來南寧府屯住防守軍民大小男不得耕女不得織而湖兵安歇之家擾擾尤甚今雖地方平靖湖兵已回然瘡痍未起

困苦未蘇况自三月以來天道亢旱種未入土民多缺食誠可憫念已經遍查停歇湖兵之家開報相應量行賑給爲此牌仰同知史立誠即將十名以上七十一家各給米二石塩魚二十觔五名以上三百五十六家各給米一石三斗鹹魚十三觔五名以下四百五十四家各給米一石鹹魚十觔就於該府軍餉米内内支給開報其餘大小軍民之家諭以本院心雖無窮而錢粮有限各宜安心生理勤儉立家毋縱驕奢毋習游惰比之豐亨豫大之日雖不足而方之兵戈擾攘之時則有餘矣

此言歇兵之家所宜優恤陽明王公已行之仁政也録之以爲式

御史徐栻云聞兵行粮從食者民之命尤兵之至要也古將如趙充國諸葛亮之用師皆先爲足食計然後言用兵耳若驅枵腹之衆以荷戈禦敵其不能格可必也近者海上南沙失事祗因犒餉觖望沙民邳兵未恊故鋒未交而識者已知其必挫矣且聞總兵等官跟隨親兵每名止日給米一二升尚未得一飽而求其冒波濤嬰鋒鏑樂爲用命不亦難乎然東南民力之竭已非一日而庫藏積貯又多已解給邊儲公私匱乏俱難措處然則軍前之需其可不預爲之備哉設更拘以常格動輒齟齬亦未見其能濟緩急也伏乞

勑下該部議行海防巡撫都御史各將府州縣在官錢粮

不拘寄庫正庫無礙等項官銀通行查出酌量聽觧以備行軍賞給或遇緊急之際動支未敷仍許巡撫權宜行事將起觧錢粮暫借軍前應用一面題

請事寧處補務要嚴督監守官毋得放支冒濫以滋冗費有司官毋得分毫科派以病疲民管領官毋得出入尅剥而無實惠訪有此等悉從撫按官拏問参究如此庶軍儲有備無患而將士可坐而策矣伏惟

聖裁

又云積貯者天下之大命也蓋民命以食爲天積貯之法在平時且不可廢况夫兵荒之後其可不汲汲焉講圖之哉臣嘗見

國計取給東南者甚厚故天下惟東南民力最竭而東南

之民又惟農最苦也未遭寇亂之先每以賦役繁重
視田産如贅疣思欲脫去而爲逃亡者大半矧今百
兩在前竄伏不暇田地拋荒居十九矣所種者又苦
久旱難望有秋將來穀必愈少而農民益困明年田
地必盡荒蕪不惟邊餉可憂雖欲支持本地恐未克
濟且冬既無處可糴夏又無處可糶民之弱者必餓
死強者必羣聚爲盜如之何而不預爲之所也臣熟
思之竊有一事其行甚易其効頗多即倣古常平倉
之意爲之欲俟秋收之後苟有所入或於他處成熟
地方即行府州縣動支官銀糴米比市價二十分內
稍增一分招民自運入城貯之空倉不足則寄貯之
空寺院待明年夏米乏時則比市價十分之內稍減

一分糶之不拘城內外皆得糴食專委廉官一員司
其出入只此一事其利有七米價不壅農人不傷其
利一也城中充實膽壯百倍其利二也粟多入城默
寓清野之意寇從焚掠所失亦少其利三也米價常
平饑民得食不驅爲盜其利四也耕種無資稍給與
之秋收可望新陳相接餘之源不絕其利五也十分
災傷則開倉賑散民命可全其利六也冬米必賤夏
米必貴增價猶賤減價猶貴羨入亦多其利七也此
事倘有可行乞
勅撫按轉行各該府州縣用心議行令惟蘇松杭嘉淮揚
被害等處尚可求三年之艾其未被倭地方若早爲
之均屬有益夫既有戰士捍禦於外使田者得於耕

又積穀預備使民有所恃賴將來田闢穀豐所以足
國裕民者在是矣以之安內攘外復何求而不獲哉
丹陽邵芳云善耕者無窮民善治者無窮國又曰善戰
者無窮如天地不竭如江河錢穀甲兵皆一意也故
善耕者必數歲易種水旱易藉天時有窮而人事無
窮善戰者奇正疊出強弱疊形客情有盡而主謀無
盡善治者亦然彼錢鈔皮幣金刀之類無不可行者
顧上之人何如耳若必于所窮之中而求所以濟其
窮如絕袖補領割襟補裾惟見其愈窮矣
都御史唐順之云東南事體絕與西北諸邊不同西北
諸邊雖是貧財殫弱而成法具在備糧畜兵歲有畫
一只是廢墜不舉耳若東南事體一則以海寇猝起

事屬于草創一則以連年被寇力盡于支吾取辦一
切未應經久其大者臂指相使之體統未明屠酤應
援之機宜莫辨至如浙直所募之兵則朝南而暮北
有今日在浙江應募明日在淮揚應募者如暫時顧
倩之人主人不得而有之又安得而用之軍需則移
東以補西一年之財只敷半年支用無名之費百出
於民而軍人告缺四月五月缺糧者往往而是大率
昔人所謂不給歲之計
祖宗時備倭規制沿海屯田水寨諸法漫然無跡可考矣
故西北諸邊莫急于振舊廢東南海備莫急于定新
規此其大較也

清屯種

兵部尚書胡世寧云自古屯田爲足食足兵之上策
國初各衛皆有屯田軍以十分爲率七分守城三分屯種
是即唐初府兵營田之制蓋萬世之良法也何慮兵
食之不足也今腹裏各衛二分之田多有軍先拋荒
年遠逃失而民墾納粮者矣若欲一一清奪還軍非
惟失利而且失民不爲有益獨念今天下軍戶消亡
殆半閒有存者毎年清勾戶丁隨解隨逃勞費百端
不得軍用無計可處議者謂宜上體
祖宗置衛立屯之意遠推古人寓兵於農之法通制各衛
軍士各令有田一分其數江北一頃江南半頃如江
北一衛額軍五千名必須制田五千頃江南半之先

儘原額屯田次清寺觀閑田及抄沒罪人之田其有
不足則設法開墾荒田再不足則措銀收買民田如
宋時役田之制務彀額數分與各軍聽其有力者自
種無力或不便者召佃收租然必量其所入如古上
農夫可食九人之數平時操守止令自食必有征差
方給行粮其衛所缺軍之處則分舍餘軍餘或募民
或罰有罪以補之蓋彼既有田必皆樂從而逃者少
矣此於邊衛京衛或不能盡行而腹裏衛分必皆可
行所省養軍之粮歲數百萬矣由是論之邊方之地
必先有人而後田可屯是不患無田而患無人也腹
裏之地必先有田而後軍可募是不患無軍而患無
田也其輕重所主各有在矣

巡撫都御史彭　操江都御史史　巡按御史孫　巡
江御史汪　會議處屯軍一名撥田二十畝輸粮六
石五斗餘聽本軍食用兵農合一
國家無養兵之費耕守相兼沿海有屯戍之實奈何軍
士逃亡甚多海防空虛殆甚屯田在邊而屯軍却居
城郭軍人領種而佃種又屬民人凡把港守寨之差
皆老羸貧窮之卒遂致倭寇侵擾屯田荒蕪兵備道
親詣各屯踏勘查理務使軍不離屯屯不離海則屯
種者皆係軍實把隘者盡屬屯丁於是耕且守之中
寓足食足兵之法
工部尚書馬坤等題欲通行南北直隷并各省清查屯
田許其暫納折銀數年且不爲例云　見足兵餉條

以充軍餉也
都御史唐順之云沿海衛所舊皆屯田今埋沒過半云
云　見足兵餉條　舊制之當復者三也　此言清理屯粮開墾海中附近山田可足兵餉也
海道副使譚綸云　國初屯田之制軍在海濱而田在
內地召民佃種本末盡善向來多爲大家所占亦有
軍貧而轉典者若清查復舊大爲兵餉之助
知府嚴中云　國朝屯田之制北方與南方不同南方
與中州亦不同北邊之屯田重在鹽法兼重馬政而
行之也中州之屯田專重馬政而行之也浙直之屯
田則以屯軍籽粒供造運船之用有餘者充補月粮
福建則又不然其衛所屯田在多不若浙直之少故專

設一屯田僉事斂之與浙江水利道帶管不同大抵
屯種之軍不守城不上操清查其弊於軍餉大爲有
助
太倉生員毛希秉云崇明田若干糧若干堋海若干實
徵若干升合不起運而官吏師生守禦官軍俸糧猶
未能給每數年大盜一與動費錢糧數萬沿海州縣
居民刼燒之害又不可以數計然則
國家何利哉太鎮二衛之設本爲崇明盜賊何故緩急未
得其用乞于南沙平洋沙增設守禦所脩古土着屯
田法庶有實效若仍舊春秋二班交代惟虛應故事
其勢安能久平蓋舊制崇明守禦所之外又有太倉
中所八百戶鎮海前後所二百户在于崇明潭子港

備倭後因堋海攺撥劉家河把港旣而太倉沙指揮
具呈空閒入數取補上班今申明舊制攺設南沙守
禦孰曰不宜或曰邊方衛所該守禦腹裡衛所該運
糧今太鎮二衛切近海洋每有鹽盜倭寇生發乃坐
運船三百艘運軍三千名有一緩急兵不足用合無
議將太鎮金山運船該派腹裡衛分即以無額運軍
定擬南沙等處守禦又曰屯田之設本備軍儲今屯
軍在太倉而屯田乃在常熟嘉定崑山等縣且屯田
零坐各區各圩其勢安能耕種未免轉佃居民而屯
軍坐食不差有名無實莫若通變宜民擇沙上常稔
不堋田與守禦軍屯種以舊屯軍田易銀與沙民別
置田產實爲兩便此策果行則凡旱潦水災把港官

此實百世之計也
此言屯田與衛所隔別之弊即太倉一處觀之其餘可以例推矣
閩縣知縣仇俊卿云征調戰攻之日官軍行糧口糧照
日給發不暇計費若夫敵退盜寇之後兵火少息之
特各處要衝添設把守員役使其聚之而食則倉廩
積畜莫非小民脂膏何可繼也合無倣渭上湟中故
事將沿海空閒地土督令開耕不起科徵且屯且守
一年之後人將自食其力不惟省養兵之費抑且行
寓兵之法時至則務農事去則習武貧而壯者得田
可耕未有不願爲兵而又可藏召募之虛糜者數千
萬緍矣昔戸科給事中林士元等
奏將拋荒屯田不拘軍民僧道之家聽其各擇所便開耕

不許屯官夥科擾夫僧道尚許承佃屯田今于長守
之戍顧不可聽其開耕空閒土田者耶

慎募調

都御史唐順之云自倭患以來東南軍制最爲不定蓋以濟變未遑經久梟猾之徒方應募於江北忽應募於浙東方以得募價而留忽以滿募限而去譬如借倩之人主人不得而羈之安得而練之至于遠方無賴託名土兵報効希圖擄掠群然麕至在此不由軍門之徵調在彼不由督撫之遣發坐費糧餉騷擾地方是以人人爭言調募不便而以練土兵爲說夫土兵之練誠是也然土兵之數不足安得不募募兵不足以當賊鋒之銳安得不調如前時王江涇數千倭子乘勝西上非永保之兵力挫其鋒則何所不至矣爲今之計合以練兵爲實事以募兵爲權宜以調兵爲奇道募兵則遠募不如近募調兵則多調不如少調募兵先儘本地方驍銳若浙江處兵江南沙兵之類其遠方驍銳應募者亦須土人保任優其募價什伍聯束而歲番上之不得自去自來如往時則募兵亦土兵也總督軍門歲調麻兵立爲定額直隸幾千浙江幾千專爲衝鋒之用聽川湖軍門精選發遣以憲司一員監督前來有不能衝鋒及騷擾地方者罪及監督則調兵可以制其毒而得其用也俟土兵訓練有成然後募調俱罷

此總論募兵調兵練土兵之法字字當深玩味遵而行之若人先觀乎此而後讀諸公議論或以募調爲上策或以募調爲下策自覺其頗僻而無定識矣

募客兵

兵部尚書張時徹云閩廣諸兵其長技故智利在水者可習而知而吾蒼山下八山之人熟閩廣之技者亦非少也以一教十以十教百以百教千事在反掌而有勇知方是在上之人使之者何如耳夫吳越之人以舟楫代輿馬以江海爲坦途伍員對闔閭以舟軍之教比陸軍之法大翼當陸軍之車小翼者當輕車突冒者當衝車樓船者當行樓車走舸者當輕走驃騎況今日之邊防特舟師爲長技以火攻爲要術乎

此言閩廣水兵不必募

又云軍旣銷弱勢不得不募客兵矧今募兵他省動越數千里徵發僅千百人未及至而已損官帑民需不訾矣況至者不必皆精以之赴鬬往往貪餌致敗恐官府之詰之也即又棄戈而鼠走所過道路率又逞其狼豕貪殘之性白日剽掠昏夜則汙瀆婦女一或捍拒則露刃而譁殺人無忌故諺曰寧遇倭賊毋遇客兵遇倭猶可避遇兵不得生由此而觀客兵有害無益明矣況使之久居內地間熟道路習知土風民俗之事必有不戢自焚之禍如元末苗帥楊完者流毒吳楚蓋可鑒也

此言募客兵有損無益

主事黄元恭云客兵有二有調而至者有募而至者調而至者統之有官籍貫有的用則劄之至有不用則劄之歸即無事矣募而至者烏合無統領之素萍聚無籍貫之眞況多游手好閑無籍惡少安知不恃其

武習及衛所伉儷羣山谷黨附海島皆不難矣
此言募兵不如調兵

都御史章煥云所募之兵須程其技力而籍其家室守法者厚恤其私犯令而逃者有孥戮之禁至于鰥曠游民給其田廬與之配偶則可以繫其歸念臣見狼軍每有受廛之心而山東惡少茸心從賊者利其擄掠之婦女也苟遂其願則兵可募可久矣

又云分道募兵不擇強弱不按名籍游手無賴草竊亡命悉入彀中及至而茫無統紀聚散無稽多寡不問虛糜廩餼恭養無功故募而來來而去去而無兵則又復募府庫罄竭道路驛騷終無實用此募兵之制未定者也

此二條言募兵無定必立法善馭乃妙

曾惟募兵之法但當於本處報選何也其家在是則所獲工食便於歸寄防春之暇便於歸耕其人善惡便於保結召之則聚散之則歸然須不限名數如收錢之法日積青蚨幾文驟至一貫孰有勇力執長技藝選其精能汰其懦怯夫然後募得其人也若四方泛募則是烏合之衆無賴之徒招之甚易散之甚難今日之兵夫他日之盜賊也蓋離家久遠財不得寄歸淫酗賭博恒心亡矣一旦革之非劫奪何以生乎荊川云遠募不如近募亦此意也

御史徐栻云客兵之為地方害夫人而知之但方今之事正如病疽者急則治標以毒攻毒之時也特視制之者何如耳蓋狼兵其貪如狼土兵似之而性尤狡譎客兵中狼兵土兵尤甚一勝之後其氣必愈驕橫無忌況左江田州之兵與右江南丹那地東蘭三州兵素不相睦散不相顧聚則仇殺雖有二遊擊白泫鄒繼芳分轄之然其所見憚者岑氏家法與該管土官頭目若莫崐羅堂黃仁等而已土兵忌狼兵先進以攘其功狼兵忌土兵後至而挫其銳氣態相戾功次相競烏可於既勝之後而不知所以處之乎如欲一勝而撤去則海寇出沒不常況其所素備而見怯者特此兵耳茲久留而無制則其悍恣之性所過殘

擾村市為空是去倭之害一間矣為今之計臣愚以為處之有道焉將各兵分派各沿海府州縣住劄有司官為之崇其犒賞恤其勞苦以深結各該土官頭目之歡心俾有所約束而不得肆又于本處應募民兵中擇其最驍勇者各照狼兵土兵法編為隊伍結為營陣象其衣甲演其技藝習其勁捷隨其動止飲食以一教十以十教百推而上之日漸月染若與俱化斯隱然示狼土兵之長技在我又足以分其勢制其悍氣而資兵實用積之月日兩兵相為表裡無分主客然後漸次查照發回以遠客兵之害省養兵之費其或制客兵之要乎

調客兵

都御史章煥題云今治倭者無他調兵而已臣愚以爲非久計也小發之不足多發則用度不計久駐則老師廢財暫駐則兵散而賊復入且衆兵雜處爭隙易生壯徒久曠奸盜自起故客兵協守惟都城塞下可以居之主客相當有所忌也江南民弱客兵所爲庇羸視之者也欲其不亂難矣淫婦女刼貨物殺良民如是則客兵之亂與倭夷等前世調兵江南皆有明戒

又云調至土兵賊頗畏忌然亦獷悍難馴夫以苗攻倭猶以毒攻毒不可輕用亦不可久用者也是在上醫國手劑量斟酌對病而攻病去即已今既無鼓舞之方復無調停之法事急則懸賞求之勢緩則厭棄置之求之則易驕棄之則生怨此調兵之制未定者也

此二條言客兵不當調

兵部主事黃元恭云唐德宗籍回紇以解圍而遂基旋入之擾石敬塘因契丹以取唐卒釀播遷之禍狼土蠻兵非我族類寧可引致心腹之地我山東徐邳騎不習安四川廣西崗不諳渠用其所短行其所疑則何賴焉且不重費以致之應募則有安家在途則有傳食即營則勞來安揷月給行賞計每主兵四五而贍一客兵然烏合無籍戀家寡情故逸使之易勞使之難悅使之從怒使之拂利使之來罪使之叛至其習見我之無內侍而專外藉則遂驕恣橫所過塞門以防其虜遣發議賞而後行重賞之格不自

朝廷出幸勝必獲賞而復進速勸之令不自主軍門出首級則僞立爲賊自從爲主而不得聚之論功之典不自憲臣出敗衂則棄營而逃以避誅再募則逃者重冒以趨利在營者原籍官司不得羈縻而閱實待之如此其厚也養之如此其驕也然湯克寬一試之而徐邳之卒敗李逢時許國再試之而山東之卒敗至于今永順保靖麻陽酉陽冉氏賴陽諸兵潰且散散而盡矣其效已明然猶枉心捐厚畜驕而無變計亦獨何哉或曰知非策也然主兵訓未就緒姑暫爲之噫予聞其言五年于茲矣此當事者無久任責成之重而爲目前苟且之圖試問月攘一鷄足與攻弦易轍也歟哉

此言客兵之害

丹陽邵芳云練本地之兵但可爲本處防守而已不能追勦大敵也欲追勦大敵須調客兵符也土兵習知地利顧戀桑梓故選而練之可爲常守若別省有事欲望鄰省之民團作一處協力以拯之能乎不能乎且如往年徐海陳東葉領寇數萬壓境而來蘇松杭嘉各自保不暇其能相顧而協剿乎故練土兵與調客兵不可偏廢

此言客兵必不當調之說爲非

御史邵惟中題請　勅下該部轉行督撫大臣從長計議如徵調客兵必責令大頭目統領蓋有大頭目則所調客兵亦精而法令必行仍以監軍等官控制之

類造各兵年貌籍貫文册照其實數給以粮餉觧赴
軍門照册查點犒賞報効立功果有功次速行奏
請陞賞如有退縮即以軍法處治其逃歸者行彼處
巡按提問

此言客兵即用原統將官領以聽調甚善但欲
分配截殺而不用原統官領戰不惟原統官無
責任而不用心精選其領戰者亦於軍士不相
識難制馭矣恐須始終歸其權於一人則可

南京工部尚書馬坤等題欲要總督大臣查見在各處
客兵如無親管之官領率者即便轉行各省總督撫
按坐名查取稍加優厚申送前來如無土官總領照
用兵務本管官舍前來督領督領之官中途逃回如
某人輩仍須備行總督及撫按衙門查照律中法例
一體查究及稱調兵必須精擇其可用與經戰者必

倣古人分兵之法如一省調兵一千則令出兵地方
大約可出幾千總其大數互相裒益如十中擇其一
則一歲十丁之族始出一兵也百中擇其一則一歲
百丁之族始出一兵也數千中擇其一則一歲數千
丁之族始出一兵也

此言調兵之法當計里坐派是誠一見也以愚
論之客兵之所以不堪用者止因調至之後不
用原統來官領戰責任既輕必不用心精選故
也若委知兵憲臣與其頭目統來就用之以督
戰功罪所係彼豈肯
帶很俱之兵自誤乎

都御史章煥云踐更以示其信處置以服其心以諸邊
節制之兵爲之準調到狼土之兵爲之輔夫邊兵矩
度素閑可以消狼苗之逸志狼苗有變而邊兵之強
足以制之夫藥有相佐亦有相制惟兵亦然則可調

可用也

裕州知州王守二云按邊兵素習慣苦寒日夜備虜不寧寢
食以爲兵戍皆然一旦調至南方見蘇杭富饒逸樂
武備廢弛不惟歆羨而不甘抑且玩侮而無忌我
祖宗立法止是原調用于北邊自正德間議者不深顧念
調撥劉七及江西之寇邊兵遂驕邊患遂啓難於收
拾今欲更調之以備倭後患有叵測者湖兵款兵之
當慮也亦然故調客兵不如不調或曰鄉兵僅可各
守一方調往他處不能也捍禦大敵不能也不調客
兵何以支倭寇之大舉乎曰春秋之齊國嘗受晉楚
之師晉師中豈無邊兵乎楚師中豈無土兵乎不聞
齊借何地之兵以禦之也若必欲以夷攻夷齊師中

夷何在乎大抵兵之强弱惟係得人與不得人齊桓
公用一管仲行內政寓軍令之法遂霸天下今若有
人能倣其義於保甲法中抽選且如每甲中一家出
丁九家不出丁者出銀津貼則不患于無兵與無餉
矣就其中更選一班精銳專一聽調謂之選兵如此
豈不攻守皆有備乎

副使王春澤云今之議者皆謂補足軍伍可以禦倭愚
謂今之軍伍多羸弱不堪上陣之人所募勇夫憑吾
選擇人人精壯可用若務足軍伍之費而費於募勇
敢爲益不反多乎但不可募遠方之人蓋地遠則水
土不服道途盤費有身家者不肯應募而應募者多
無籍棍猾之徒其志不在於戰而在於擄不在於受

約束而在於逖故軍士不如勇夫遠募不如近募九
有識者不易吾言也
會按今之論禦倭者有三曰調客兵曰練鄉兵曰
募土著之兵愚以爲募土著之兵可也調客兵與
練鄉兵之不可也何也客兵性氣驕悍不受吾之約
束既不肯受約束豈肯出死力而爲我殺敵乎故
客兵有害而無益所謂不可調者此也欲練鄉兵
須處錢粮養之今之錢粮甚難區處將欲使民自
備與則民因貧而投兵豈能自備乎將欲官給之
與則凡民之無依者恐盡起而應募何以支之將
欲驗田均派與則田多者恐其始倩勇夫以充役
後用家丁之無能者以抽代人且不常安能訓成

兵技乎况防春正值農忙廢田事而團結不可也
鄉民各保其鄉調用之於他處不樂也故鄉兵保
甲之法僅可以防夜警自古迄今未聞以之而禦
夷狄者所謂不可練者此也夫惟募兵一事孰利
權以圉民選擇之精訓練之勤賞罰之嚴悉由乎
我而大有實益然募遠方之民非智也加賦以養
兵非仁也須遵奏行新例令貧民補實衛所軍額
本省各州縣民壯弓兵之額而三分之留其一與有
司自用取其二而團聚於府沿海弓兵亦取而團
聚之通計三項每省若干名用其精强易去單弱
大約以三千爲率合軍伍民壯弓兵之三者豈不
足以供其數乎軍粮每歲九斗六升以一衛計之

則五萬石矣民壯弓兵每歲身銀七兩二錢以一
府計之則幾千百兩矣此
國朝定額見在所實費者以是實費而行吾實事分而訓
之各精一技合而訓之使知分合進退之法平居
則團練於府有警則分調各州縣豈不精壯常在
官使不必調兵而兵自足不必擾民而餉自充也
哉是之謂土著之兵所當募者此也雖然欲復
祖宗之軍額須復
祖宗之糧額凡衛所缺伍而開作羨餘者不奏查之不可
也欲團練民壯弓兵須令各州縣按季徵解民壯
弓兵之身銀若聽其自索諸民不可也蠡測之見
未知然否

處客兵

主事唐樞云諸客兵每日供費須集議的當銀米數目令可永為遵守其數目須相去不遠使無彼此相形其間若欲厚薄只於犒賞處低昂之

此言調停客兵之法

又云南北水土異宜近日久旱河水太渾濁須用挑杏仁澄之食麪須淮北麥今江南自有淮麥只要處置司買者的當蓋淮麥秋植次年夏收備四時之氣麥屬金又得備種之正江以南冬種春收所以異也

此言供養客兵當備淮麥

客兵附錄

天下精兵甚多不可勝紀茲所載者但據　廟堂近年議調與士論所評者耳或云無益如愚見客兵各有所長其或敗者不閑吳楚地利又多堂堂之陣罕用匍伏若原領頭目得人調皆精選嚴節制慎銜突用謀用間不徒恃乎驍猛庶可暫為海防之一助

狼兵

廣西狼兵於今海內為尤悍然不易得真狼也真狼兵必土官親行部署纔出其餘盡不過柳州所為水東岩之游民與廣州新會打手之屬而已如果則亦無以加於嘉湖敗鹽者流也

東蘭那地冄州之狼兵能以少擊衆十出而九勝何者三州土官之兵　大畧如昔秦人以首虜為上功其所部署之法將千人者得以軍令臨百人之將將百人者得以軍令臨十人之將凡一人赴敵則左右人呼而夾擊而一伍皆爭救之否則一人戰沒而左右不夾擊者臨陣即斬其一伍之衆必論罪以差甚者截耳矣凡一伍赴敵則左右伍呼而夾擊而一隊皆爭救之否則一伍戰沒而左右伍不夾擊者臨陣即斬其一隊之衆必論罪以差甚者截耳矣不如令者斬退縮者斬走者斬言恐衆者斬敵人衝而亂者斬敵既敗走佯以金帛遺地或爭取而不追躡者斬一切科條與世之軍政所載無以異而其既也所謂論功行賞之法戰沒受上賞當臨陣躍馬前鬬因而摧敵破陣雖不獲級而能奪敵之氣者受上賞斬級者論首虜以差斬級而能冠所同伍者輒以其人領

之故其兵可死而不可敗
岑氏家法七人爲伍每伍自相爲命四人專主擊刺
三人專主割首所獲首級七人共分之割首之人雖
有照護主擊刺者之責然不必其武藝之精絕也我
祖宗舊制狼兵調征經過之處不許入城狼兵性貪淫離
家遠出罕御酒肉又不獲縱貨色之慾含怨飲恨惟
刼於其主之威而已若有司不善遇之擄掠之患所
不免也

湖兵 鈎鐮鎗弩之技

湖廣土兵永順爲上彭翼南保靖次之彭蓋臣其兵天下
莫强焉近嘗調三千人後調六千此在官之數也實
私加一倍共一萬二千人其陣法每司立二十四旗

頭每旗一人居前其次三人橫列爲第二重又其次
五人橫列爲第三重又其次七人橫列爲第四重又
其次七人橫列爲第五重其餘皆置後歡呼助陣若
在前者敗績則第二重居中者進補兩翼亦然勝負
以五重爲限若五重而皆敗則餘無望矣每旗一十
六人二十四旗共三百八十四人皆精選之兵也其
調法初檄所屬照丁抽選宣慰籲天祭以白牛牛首
置几上銀副之下令曰多士中有敢死衝鋒者收此
銀啖此牛首勇者報名稟而收之更盟誓而食之即
各旗頭標下十六人是也其節制甚嚴止許擊刺不
許割首違者與退縮者皆斬故所戰必捷人莫敢攖
但沿途剽掠習謂其不可用不知剽掠之故一是因

調來者非止一枝有過得相推委二是因小頭目愚
弄宣慰謂人不可擅殺殺則言官論之
朝廷罪之彼然而聽之也若以保永分爲二班輪歲更調
每調定以一萬二千人每人月給工食銀一兩每歲
十四萬四千兩先以四萬兩與調官領給土兵途費
不必騷動有司及稽途程其來也以一憲副督之宣
慰專主禁令調官專主聚泊每晚不許舟師亂泊須
視調官搴旗然後魚貫而泊次早即行勿容登岸既
至軍門以二千人派之溫台二千人派之寧紹二千
人派之杭嘉二千人派之蘇松二千人派之淮揚各
以一頭目將官領之餘二千人宣慰自領以聽軍門
調發隨處策應有功者照常每級賞銀三十兩給與

本兵無使土官侵匿宣慰土官大加陞賞其歸也憲
副與調官仍照前法送之則兵將感激聞風知勵何
剽掠之有所患者土兵無鳥嘴銃須軍門以素演熟
者三千人分撥助用其技爲十全矣或謂夷性難馴
萬一生變何以制之是殆不然嘗聞二宣慰之言曰
吾祖宗相傳土地官爵遠自隋唐未嘗易姓以奕世
謹守忠義故也若恃兵勇謀爲不軌　朝廷下片紙
令鄰夷分取吾土朝令而夕亡矣得如今日之富貴
乎又嘗聞其門帖云心戀九重跬步敢忘燕闕北手
提三尺英風長鎮楚天南又一帖云節慾可以延生
何必遼天尋洞府守分便是享福却來平地作神仙
此其心之明達蓋可占矣夫豈不守分量而率意妄

爲者哉若二司更調各選賢能各圖報効各希爵賞
較之並調爲益不旣多乎
湖廣九溪等衛容美宣慰等司桑植安撫長官等司
麻寮等所上峝茅等峒各有驍勇土兵慣熟戰陣宜
選各衛謀勇素著指揮統領
總督胡云短兵相接倭賊甚精近能制之者惟湖廣
兵鈎鐮鎗弩之技必須動永保二宣慰司精兵使與
北兵彼此夾持部伍均配器械長短相濟

河南兵

嵩盧等縣調取毛葫蘆兵
懷慶弘農二衛調字號官軍多驍健可用
睢陳二衛宣武彰德二衛軍兵俱可調用

礦夫

嵩縣李和尚李泉白廷美盧氏縣王九張文廣永寧
縣馬雄張呂登萬豐縣王試宜陽縣葉張飛靈寶縣王
九宰等俱堪調取涉縣夏時生長其地習知礦場之
事可以統領

角腦兵

號角腦者坐名取之查照近例量給冠帶賞以銀牌
花紅假以把總名色令其自率平日所與之人以來
官不必選彼必忻然聽命而來者必強壯可用之士
其中或舊有罪犯者許令立功自贖計得角腦十人
即可得兵一千

打手

打手須用行文四處選取每百餘名選一驍勇知名
之士率領其給賞冠帶假以把總名目與礦夫同

北方兵

山東直隸徐邳山西善使雙頭棍標鎗打手
徐州箭手
保定箭手
涿州河間等兵
徐邳淮揚乃勁兵所產之處破賊有徵多可用與經
戰老兵委慣戰者參遊督率而來
總督胡云北兵所長優於騎射東南水鄉技難獨展

僧兵

今之武藝天下胥推少林其次爲伏牛要之伏牛諸
僧亦因欲禦鑛盜而學於少林者耳其次爲五臺五

臺之傳本之楊氏世所謂楊家鎗是也之三者其刹
數百其僧億萬內而盜賊外而夷狄
朝廷下征調之命蔑不取勝誠精兵之淵藪也

邊兵

延綏遼東兩鎮官兵除已選入衛者不動外其存留
本鎮者各練若干名鎮巡衙門選委謀勇素著慣戰
將官管領令其多帶火藥弓箭星馳赴援
延綏新遊兵二枝內可量撥
大同新選聽兵與調用遊兵可量撥
邊兵不耐暑熱此後涉夏潦濕方盛恐難于用若先
行選定仍令在鎮蓄養精銳以俟緩急方可

福兵濟兵

嘗習水戰聞其內多從海寇行奸利者多習海寇所鬪於諸兵中爲最特不知今所謂者若干耳

坑兵

浙江以處州爲絕勇處州守坑之軍其性徤鬪但未嘗勤習水戰也

集衆謀

副使吳子孝云鄉官舉人監生生員人各有識下至耆老總里人等不拘貴賤但有所見許其面陳許其具手本來說虛心以受之下禮以招之則奇計出矣若更許其薦舉多能之士畢集軍門智策不可勝用矣然須有一二名士高才定其可否迂濶狂妄者不用則群小無以售其奸矣諸葛公開誠心布公道廣忠益集衆思專攻吾之闕一字不可少也

舉人王文祿云如至一縣必諭知縣曰爾爲知縣必知一縣人才有謀者不拘縉紳士庶請之來吾當詢之詢之一縣則一縣之謀集矣詢之一府則一府之謀集矣府縣積而爲省省積而爲天下則天下之謀集

矣然集衆謀必先虛巳畧去勢分屈降咨詢邇言不遺寸長必録懽然如家人父子手足腹心之相與唯求靖寇爲急則庶乎其可也宋岳武穆謀勇之全者也將出兵也猶且盡召諸統制環坐而飲食之先謀敵之所以敗我者至於六七竭智共攻必無敗也乃行故每戰而無敗況其下者而可不集衆謀乎是故用兵者必以集衆謀爲先也

吳郡生員盛之化云昔周文襄巡撫江南凡父老士庶無不延訪或時在路亦止輿受言始則集衆人之細長終則成一人之大智陽明先生自入仕以至秉鉞動蹟生徒顧問惟幄後遇逆濠之變若龍光黃受諸人或爲間諜或潛伺察或通機密皆以平日腹心爲

之遂能成功至于封拜邇年東塘毛公征交南大開言路有賞無罰謀士集者八十二人遂能開削故道洞見敵情奮士鼓行蠻王納款此皆前事之足驗者

收圖籍

都御史唐順之云古之籌邊者虜之所從入與吾之所以制虜皆可以按圖而坐籌之是以守固而戰克人皆言虜人來去如風雨此亦未必盡然且虜人非萬騎不能大舉騎不可一日無水草沙磧少水而水草可飲食萬騎者尤爲難得虜人擁騎南下須是覓得水草便利處然後可入其無水草處虜人亦不能以饑渴馬致千里也是以邊城雖綿亘千萬里虜人雖是風雨來去而其師從入大約可以先定其小小隘口零騎可入處雖不可數而其大舉之路大約不過數條而已禦虜者常患備多而力分苟圖畫分明可以必虜之所入與所不入知虜所入與所不入則備可以不多而力可以不分列屯築堡駕梁按伏省却大半氣力矣

定武畧
兵部尚書胡世寧云自古詰戎練武專備蠻夷盜賊蓋
以二者皆能戕殺生靈傾覆廟社故爲此殺人以救
人非得已也今境外四夷已有
祖訓不許輕伐
先朝惟責邊將謹備其來而或近屯百里之外勢將入寇
則先伐其謀耳自來不曾遠征至于邊境叛軍即聽
處决擒殺著律已明別無他議若民間盜起則宜查
累朝設立巡撫兵備
勑詞立爲定制務使練兵足食一聞盜賊生發即便舉
兵撲滅於微一面奏聞及其既久則宜撫捕兼行以
散其脅從離其黨與而必殲其渠魁不許姑息若其

一時失計稍有挫衂則當體念勝負兵家之常責圖
後效以全功其若終無成功或先隱瞞坐視及有事
地方等官或先爭權妒阻其事或後忌成陰毀其功
者皆當重治誤事甚者即照先年事例處死

鼓軍氣
都御史唐順之題云戰陣之所以精明與中國之所以
勝四夷者氣也而非甲兵之謂也
國家承平日久文吏狎談而養尊武臣恬嬉而寶身閒
雅雍容之習成而慷慨果鋭之氣亦寖銷矣南倭北
虜倏然内侵殆若昔人所謂氣炎以取之者賴
皇上天縱
神武赫然一怒誅逐偷惰拔用英奇文臣督師皆躬自臨
戎有兎罝赳赳之氣自此倭虜不敢深入則氣之勝
也以臣占於行陣之間猶有未盡然者臣視師東南
備觀怯將情狀一聞賊戰如澆冷水顏色可憐縱不
便走股已先慄雖亦未必盡然而然者固多矣至于

倭賊渡洋談笑飲食若履平地而我將棲泊近岸日
遇海風則頭捍目眩夜聞潮聲則聾心惕且夫倭賊
有過藐我將之氣而我將無必吞倭賊之氣則是未
戰而索然也如此而望長驅海島掃清大憝臣猶以
爲難也此氣在宇宙間磨礱而時用之則鮮明置之
不用則黯無精光謂宜文臣督師時御戎服出入軍
中發揚蹈厲以作武將之氣武臣大將遇有賊戰戎
服出入陣中以作偏裨小校之氣偏裨小校遇有賊
戰戎服先登以作士卒之氣而督帥武將臨陣督戰
鬪取潰校逃卒遵奉
旗牌事例百萬軍中忽然斬却一二人以變士卒之
耳目使我之氣日益精明則賊之氣自然銷沮此其

言若迂闊而實勝敵之要機也李光弼涖軍而旌旗變色每戰必勝氣之謂也

按荆川鼓軍氣之說不如東坡倡勇敢之論蓋士氣猜明必須養之有素臨陣得善戰者作之若但使文武戎服先登以倡疲卒則疲卒望敵而僨徒送文臣與賊殺之而已無益也軍之取勝全在乎氣作之誠是但如此作之恐難

公賞罰

兵部尚書王守仁云夫法之不行自上犯之也今總兵官之頭目動以若干彼其誠以武勇而收錄之也則亦何不可之有然而此輩非勢家之子弟即豪右之眷緣皆以權力而强委之也彼且需求刻剥騷擾道路伏勢以奪功無勞而冐賞懈戰士之心興邊戎之怨爲總兵者且復資其權力以相後先其委之也敢以不受乎其受之也其肯以不庇乎苟戾於法又敢斬之以殉乎是將軍之威固已因此輩而索然矣其又何以臨師服衆哉必須提督等官發令之日即以先所喪師者斬于轅門以正軍法而所謂頭目之屬悉皆禁令發回毋使潰擾侵冐以撓將權則士卒奮勵軍威振肅克敵制勝皆原於此

此言行法須自將官始若姑息將官則士卒不服矣

又云賞罰之典雖備然罰典止行於參提之後而不行於臨陣對敵之時賞格止行於大軍征剿之日而不行於尋常用兵之際

又云近年以來如賊攻城掠鄉每每督兵追剿而不勝者以無賞罰爲之激勸耳今後但遇賊情領兵官不拘軍衛有司所領兵衆有退縮不用命者許領兵官軍前以軍法從事領兵官不用命者許總統兵官軍前以軍法從事所統兵衆有能對敵擒斬功次或赴敵陣亡從實開報覆勘是實轉達奏聞一體陞賞至若生擒賊徒鞫問明白即時押赴市曹斬首示衆庶

使人知警畏亦與見行事例决不待時無相悖戾如此則賞罰既明人心激厲盜賊生發得以即時撲滅糧餉可省事功可見矣

又云古者賞不踰時罰不後事過時而賞與無賞同後事而罰與不罰同況過時而不賞後事而不罰其亦何以齊一人心而作興士氣是雖使韓白爲將亦不能有所成

此三條俱言賞罰須行于臨陣之時方爲有益

又云伏覩

大明律內該載失誤軍事條領兵官已承調遣不依期進兵策應若承差告報軍期而違限因而失誤軍機者並斬從軍違期條若軍臨敵境託故違期三日不至

者斬主將不固守條官軍臨陣先退及圍困敵城而逃者斬此皆罰典也及查得原擬直隸山東江西等處征剿流賊陞賞事例一人并二人爲首就陣擒斬以次劇賊一名者五兩二名者十兩三名者陞實授一級不願者賞十兩陣亡者陞一級俱世襲不願者賞十兩擒斬從賊六名以上至九名者正陞實授二級餘功加賞不及六名除陞一級之外扣筭賞銀三人四人五人以上共擒斬以次劇賊一名者賞銀十兩均分從賊一名者賞五兩均分領軍把總等官自斬賊級不准陞賞部下獲功七十名以上者陞署一級五百名者陞實授一級不及數者量賞一人捕獲從賊一名者賞銀四兩二名者賞銀八兩三名者陞

一級以次劇賊一名者陞署一級俱不准世襲不願者賞五兩此皆賞格也今賞罰之典固在然操縱失宜進而效死無爵賞之勸退而奔逃無誅戮之及則進有必死而退有幸生也何苦而求必死乎凡兵之情畏我則不畏敵畏敵則不畏我今兵皆畏敵而不畏我欲求其用安可得乎

此言賞罰爲兵家之要務當照律例所載而行

都御史方廉云用兵之際衝鋒爲難斬級次之今海上賊船初來能迎其鋒擊沉一船另賞銀一百兩飽去之賊擊沉一船另賞銀五十兩如不能對敵搖駕小船撈取首級者不惟不賞即以退縮論陸地之賊初來疲困甚易擒勦延至二三日即復強悍但初勦之不令貽害地方又不當以難易言也其間能衝鋒破

陣使賊披靡者另賞銀二三百兩若夫鄉村零斬必要倭首相兼仍審地方隣証見賊犯其處從何斬獲敢有結狀方照格行賞査係虛冒即以妄殺平人論

都御史唐順之云賊若從某處海面深入登岸者該總首先坐之論其登岸多少以次罪及總兵又罪及兵備海道而止至於海中擊賊初至將領以奇功論已有事例惟軍士首級之賞尚未別白臣先且題擊來船與擊歸船不同擊歸船直倭首級一顆給銀十五兩自合如故擊來船直倭首級一顆合無量增銀十兩比陸戰首級尚少銀五兩已足使水卒感恩懷利盡死擊賊

此言行罰當自上始行賞當以海中擊來船爲重

又云擊賊海中以奇功論雖有平倭事例但分別得來

船去船久明且水中首級一顆以十五兩論賞不知打來船之難十倍於打去船也去船殺人刼財已厭其毒殺一賊是止于一賊而已若殺却來賊一人是全了幾箇好人性命其功不可同日語也若得該部題覆打來船真倭首級雖不能同於陸地首級三十兩亦可量增銀五七兩則人人爭奪打來船者益衆而賊之登岸者少矣（此專言賞功當以海中擊來船爲重）

又云自來海中獲功止擊歸賊不擊來賊歸則賊氣已惰賊資又滿人既樂擊擊之又易來則賊氣方銳賊船又空人不樂擊擊之又難擊賊之歸如虎啗人而人殺虎虎斃而人已殘擊賊之來如虎未啗人而人

殺虎人不傷而虎斃（此段發明擊來賊與去賊難易不同）

總督胡　云夫出入波濤冒不測之險人情所甚不堪然臣嘗思之地里有險夷而土著者無險人情有利害而利重者忘害若使各陞調官軍必於沿海衛所自少生長身履目擊雖或稍遷異地事無弗同也至其番危冒險轉戰窮追若只同常廪止以常格論功其視內地輕重難易之間殊有不得其平者今須多處行糧豐其犒賞若總兵官能使賊船不得登岸而於海洋擒斬首級得叙異格各軍人等比內地所獲功次倍論如止獲賊船亦以大小論級如此則人皆爭奪而無不堪之情矣

（此言論功當以禦海洋爲重）

太常寺卿魏校云臨陣不可生擒在野不可妄殺陷陣先登者爲上功繼而登者次之尚功首虜敗亡之道也

（此條論賞功當重斷鋒不當重首級）

兵部尚書胡世寧云聞各處兵戰多因割取首級及爭縛生擒搶取婦女財物以致費力悞事乃將欽奉
奏例幷斟酌事情預定臨陣賞罰條格惟臨陣先登破敵者第一人賞銀十兩第二人第三人各賞銀五兩其先登被賊擒從而後兵進救得勝者亦賞銀十兩其擒殺諸賊首級俱依
欽定賞格外若對敵每殺從賊一人賞銀二兩敗後擒

殺從賊每一人賞銀一兩皆以衆見爲定即時給賞不論首級若賊來盛獨立不退者每人賞銀五錢全隊不退者總甲賞銀一兩其勝賊回軍搶得賊馬一疋者止賞銀五錢軍器全件一付賞銀一錢若與同夥有功人爭取首級仍還本人報功者每級分與該賞銀三錢冒認爲已功者重打五十不賞對敵陣亡者先給埋瘞銀二兩子孫陞世襲官一級不願官者另賞銀三十兩若退陣逃回被賊趕殺者不賞亦不收瘞（此論與前同義而詳明過之）

又云夫以賞首級論功非
國初舊例也蓋兩陣相敵當先格鬭者手眼瞬息不得差池

何暇割首使其取首則毋不能戰而爲敵所乘爲後軍所爭奪死矣故首級非我大勝彼大敗奔遠不能割而割之者多或非真也貪軍奮死殺賊止望得賞衣食稍足耳豈望陞官也惟論首級陞官故殺賊者不能取首而得首者又爲勢要所奪又或因爭首級自相蹂踐而爲敵所敗此邊人之大根兵戰之大患也以罰言則原奏邊例交鋒傷虜四五人即問充軍殺虜十名口以上不報者止降一級輕重不倫隱瞞得利人何苦而實報哉又或兩軍對敵勝負相當殺傷相抵我軍被殺者可驗殺彼之人不能取首不得論功亦問前罪故今邊將惟以退縮保守爲事而墩堡任其攻剋鄉民任其殺擄上下相瞞惟事欺隱而

已甚者被殺之人捨死逃回邊堡以其先時失報恐被查究而遂殺之尤可痛也如蒙

聖明更定賞罰之格惟嚴隱匿之罪其兩軍交鋒而殺傷相抵不曾割取首級撫按明知回奏者不問其罪其有守備力所不及雖被殺擄二十人以下亦不問充軍其若力可敵而不敵雖失四五人亦問充軍至于兵力相當退縮敗陣及擁衆自衛縱賊深入而又不能擊其惰歸以取勝者但被殺擄數十人以上俱問失機其他軍校小小失事不曾有誤地方者輕則聽領兵官量情責打重則送巡撫官即時問奏不必一一奏勘以致累死邊軍挃戰勝論功止憑巡撫兵備查審衆證某人設策某人當先破陣某人殺死幾人皆聽巡撫官量情節時給賞銀兩但紀其功不必陞官其有三次設謀或當先破陣或一起連殺三五人之上勇力出衆者方保陞官其若巡撫總兵失事混同隱匿或冒功賞其所私者却從巡按訪實糾舉必問重罪如此庶幾賞罰當而人心思奮

此條言賞罰之法與前論互相發明

又云首級論功之弊有詐冒有攘奪甚至戮平民傷戰士其弊有不可勝言者夫自古戰敗之餘固有假遺財物於道以使敵人檢拾而緩其追躡者況當酣戰之際格鬬不暇乘勝之餘追奔不及而何暇於斬首哉故首級之得或多非奮勇當先真能殺敵之人矣而況奏報隨從之人身未嘗便鞍馬目未嘗見軍陣

者哉是蓋古今通患而莫之善處蓋惟

朝廷命將得人而其所任偏裨校領臨陣之人自皆奉公而執法其所身經而目覩者某陣得某人之効謀而得勝某陣得某人之奮力而成功其方戰也某人敵退某人其既勝也某人斬獲幾首又某人奮敵不過而被殺某人得功幾多而陣亡回營之後復參之於衆見而報之於紀功之人由是權其難易以第其功賞不專尚於首級也至於凱旋之日則某人書辦得用某人隨從有勞詳以上奏而量加甄錄固亦可也若冒報立功之人則面試其謀勇斬敵之狀而取證其臨敵同事之人其僞立見矣丘公濬所言選任紀功之官吏立賞功之式而欲死者一功當生者二功

皆良法也

此篇不但發明首級論功之弊至爲詳備而紀驗功次之法確乎其不可易用兵者不可不知

主事唐樞云首級論功兵家自有定例前鋒擊賊後隊割首而以技能優劣别其分數近來無制之兵一人得功而陣上數人奪之在彼以強猾爲占據在戰以自防不暇再進大有誤事乞以此法教習將官

此亦言首級論功之非

松江府同知羅拱辰云各兵懦怯者既不肯前而勇悍者衝鋒多因砍取首級以致敗事若一兵砍取首級則傍兵見必爭之況得首級者欲全賞功銀兩未免先奔一兵相爭則衆兵皆亂一兵既走則衆兵皆搖兵因此而驚潰賊乘此而進衝從來如此今須於將

臨陣時審其願衝鋒者各給與衝鋒小木牌使衆兵皆知其爲衝鋒彼雖欲不前誰則容之衝鋒者決不許砍取首級若有衝鋒兵先拿首級來獻者打一百棍仍不准給賞陣後助陣兵夫許令斬級如一陣斬獲首級若干顆該給賞功銀若干兩内以七分給衝鋒兵以二分給與助陣砍取首級之兵以一分驗其在陣被傷者給之庶賞有差等不致爭亂而人皆思奮矣

副使吴子孝云凡戰鬬之時不須首級爲功今因割首級往往誤事如一陣海寇盡殪滅之總筭給賞不以首級爲貴則破敵必矣

舉人王文禄云衝鋒者先衆兵而殺寇功之最也今混於一例而不分惟論首級行賞每戰亂奪首級以致敗徒費用兵之財不明賞之過也必以所練之兵拔取衝鋒萬取一千千取一百時加倍犒戰勝不論首級而賞亦倍之蓋衝鋒不暇斬首斬首皆藉衝鋒之人殺而斬之也

此三論與前同義

在京各衙門會議云凡水陸主客官軍民快臨陣擒斬有名真倭賊首一名顆者陞授三級不願陞授者賞銀一百五十兩獲真倭從一名顆并陣亡者陞授一級不願者賞銀二十兩

此言論功以首級多寡爲序與王陽明胡靜菴諸公之見相反恐未爲定論也

又云武將自守備把總以下文官自海防練兵同知以

下所領軍兵民勇五百名部下臨陣擒斬真倭每五名顆陞一級十名顆加一級一千名部下每五名顆陞署一級十名顆陞實授一級各以則例遞陞至三級而止如獲功之前或以後失事革職者准收贖若總兵副總兵之與巡撫參將之與兵備水陸士卒俱屬統領戰守機宜俱聽調度除在下有違節制者免究外其餘功罪參將以所屬分論兵備隨之總副合所屬通論巡撫隨之但今經理之初暫將臨山總兵分理海防金山副總兵分理陸地則功罪亦當查照分别重輕俱聽總督巡按酌量時勢究覈情實明白具題

此言賞罰之格當并職任

又云凡有官員舉監生員義民人等督領家丁赴軍門
隨賊截殺得獲功次及仗義輸粟濟軍者俱聽軍門
及撫按官臨時酌擬奏
請從厚陞賞以為懷忠慕義者之勸至于耆民統領沙兵
或屬把總或屬府縣官管轄 其所獲功次仍照部下
功論擬陞賞
此言獎報效賞格
兵部尚書張時徹云今奏擬五等賞功之例
曰論首級 凡水陸主客官軍民快臨陣擒斬有名真倭賊首一名顆者陞三級不願陞授者賞銀一百五十兩獲真倭從賊一名顆并陣亡者陞一級不願者賞銀五十兩獲漢人脇從賊二名顆者陞授署一級不願者賞銀二十兩
曰論奇功 如在海洋遇賊有能衝擊沉船隻或追逐登山使賊不得登岸如賊既登岸有能衝鋒破陣奮其聲勢或追出境或逼下船使地方不致受禍或所部兵少而擒斬多者均以奇功論聽總督軍門時具題巡按作速勘報超格陞賞
曰分信地 凡守備把總及海防民兵府州縣佐各有信地如賊至不能拒守致賊突入者固當律以守備不設之罪若能奮勇鏖戰或有首級功罪相當者亦許准讀若罪少功多者仍以功論如賊從別港路出境有能邀截擒斬打獲船隻所得貨物盡行給付仍照例陞賞至於故縱出入本港專圖邀取賊贓者聽督撫官參究重治
曰計職任 詳見會題中
曰處報効 詳見會題中
必如是而行之則有功不致於濫賞有罪不容於倖
免而將士勠力用命矣
此言賞罰之令當嚴
巡撫都御史唐順之云肅隊而趨挺矛而舞非以為戲

也將責之以臨陣禦敵之實用也責之臨陣禦敵之
實用而不以臨陣禦敵之賞罰施之則亦戲而已矣
史傳所記子玉治兵斬七人貫三人耳孫武以婦女
試陣法而戮其女隊長二人然後鼓之而無不如志
然則古之治兵者大畧可見也請於常廪之外多儲
金錢以賞其用命者以作其投石超距之氣其不用
命者縱不能盡如臨陣之刑而軍令所謂鞭笞貫耳
等類許將官督操亦時一行之以示威或聯為伍法
罰及同伍紀律既明人心自肅至其臨陣庶幾畏我
而不畏敵矣
此言操練時須發行賞罰人方知畏
太倉生員毛希秉云欲人出死力不與同其利自古未
有能濟者也乞依晁錯邊事胡人入驅能止所驅者
以其半與之凡捕巡所獲盜船賊船聽其照例估料
納銀不得如舊惟有勢要在官人微價給領利歸他
人如此而再犯贓壞法照依文官永不許管軍管事
庶彼顧利不敢輕犯
明憲而可責其盡職矣此使人自為戰之法也
兵備副使凌雲翼云臨陣退縮軍法甚重今領兵官員
畏罪掩飾每遇賊入犯即妄稱領兵追賊其實去賊
甚遠不惟不見其形雖賊之衆寡虛實亦不得而知
也及尾賊出境乃捏報追至某處與賊血戰況死者
不計燒死者不計斬獲首級一顆豈有與賊血戰而
斬獲僅一顆者乎此名為追賊實與退縮何異不知

救正遂效尤接踵習爲故智豈不敗迺事哉今後須
申明軍法務要從實追剿如果賊勢重大兵力寡弱
徑自明白聲說以爲別圖如或窮追連旬累月不聞
一戰直至賊出境虛飾浮詞欺罔觀聽者聽本道查
實叅呈重究與退縮同科庶可以破其緊閉之故態
矣

閩縣知縣仇俊卿云羊斟之微足以覆宋一笠之小可
以強吳三畧曰軍無賞士不往使勸懲通乎人心可
以使之赴水火者否則衆心解體矣何以能劫之使
鬬哉是故行賞以示惠决罰以立威皆兵家之所尚
也後世賞罰不明武備廢弛有腊章襁抱而報功者
有手獲功級而爲人攙奪者亦有喪師矯以爲捷而
冐賞者有屢建奇功獨立而反蒙譴者亦有乘其喜
怒愛憎之故而賞不以功罰不以罪者顛倒繆迷如
此何以厭服人心振揚武烈哉顧其鋒鏑縱橫之際
存亡呼吸之間人以萬死博一賞在上者寧不動心
矜察之乎若有見敵不前交鋒不勇者罰固無足議
也亦有勢孤援寡勞逸饑飽主賓地利之不同者此
皆有可原也斬將先登破陣殺賊者賞固在上功也
亦有運籌决勝者雖未曾身蒙矢石亦賞之所推首
也苟或俘降以邀功誘虜以違令甚至截殺行人老
稚以充首級者又皆在所不赦也故將之五德信賞
必罰爲之主焉若近歲王陽明申明賞罰疏雖已事
之後猶不忘前功斯可以求昭勸懲者也

按已上諸論皆賞罰之常格未盡其妙也何也今
之衛所官乃紈綺子弟而已矣武藝且多不諳況肯
捐軀建功業乎衛所軍餘世平日久不經訓練一旦
臨敵無技能可恃膽寒氣怯非敗即走以是常格賞
罰待之豈能煅煉淬勵而得良將勁兵乎夫賞罰者
榮辱之謂也大而官爵之命小而言語之褒皆謂之
榮重而斬刵之刑輕而斥詈之及皆謂之辱施恩而
可測者非榮也惟施不測之恩人方以爲恩而知所
勸耳施威而可測者非辱也惟施不測之辱人方以
爲威而知所懲耳故有今日爲行伍而明日拔之爲
將領者有侵晨在人上而薄暮降之爲役卒者褒貶
予奪大公無我顛倒豪傑莫知端倪則人孰肯甘處
其辱而不思所以自奮哉周禮爵以馭其貴祿以馭
其富正此意也在上者能測乎此則激惰爲勤轉弱
爲強不必用衛所之官而民間自有良將可選不必
調湖粵之兵而鄉閭自有勇夫可練矣

禁妄殺

兵備副使凌雲翼云賞功罰罪勸懲繫焉今各領兵官員既不能奮勇運謀爲地方保障往往將被擄迯回或窮鄉避難之民殺以報功故行路者若非成群不敢獨行是不能禦賊而反爲民賊矣又從而賞之誠可痛恨今後報首級止一顆二顆者聽本道查訪果有對敵實迹方轉送紀驗其或詐冒無據者即鞫究明白坐以抵命至於指稱奸細殺以爲功者猶爲易見盖謂之奸細必至一二人假裝吾民或探聽消息或潛爲内應既已覺露可縛而致之非臨陣血戰者比也何至斬首級哉以後奸細止許生擒不許殺害違者一體抵罪盖天理人心昭然難泯而欲欺昧以求臧賊未有能濟者也

御史徐栻云自古命將出征師還奏凱取魁首以爲大戮後世緣此遂尚首功故首級不明雖非功賞不實亦多戕害人命西北邊功正患坐此流弊也故我
祖宗深鑒茲弊惟北虜女直倭寇南蠻得論首級以其種類別而眞僞易辨耳近者斬獲倭寇得比照流賊事例已該兵部題奉
欽依無容别議但臣恐貪冒成風功次失實則未免貽誣殺冒功之害也是可不嚴爲之防乎臣願我
皇上勑下該部議行海防巡撫都御史以後凡遇海上報捷即便詳加勘驗果係皮肉緊縮有血蔭刀痕者方爲眞正首級頂心顖門無髮又非刀剃者方爲眞正倭頭得以首級論功奏
請陞賞其有中國勾引之人雖係有髮須在大夥賊内對陣擒斬者方許比照從賊生擒例議賞如有誣殺平民妄冒功次者悉從巡按御史參究坐罪則庶乎首級申明而愼軍功重民命胥得之矣伏惟
聖裁

處首級

都御史唐順之云鳥銃手不許割首級亦不暇割首級論賞與餘軍照數分給假如百人爲率或鳥銃手十名餘軍九十名鳥銃手居餘軍十分之一或餘軍內得一首級該銀三十兩則鳥銃手得銀亦十分之一共分銀三兩或鳥銃手五十名餘軍五十名鳥銃手居餘軍二分之一餘軍得一首級則鳥銃手亦得銀二分之一共分銀一十五兩人數搭得多寡分銀數多寡率照此例算

恤傷殘

巡撫都御史彭巡按御史孫等議云優恤軍屬律有正條隱蔽殺傷例有明禁今後各道并軍衛有司部下軍兵俱要從實開報陣亡官員給銀三十兩奏
請陞級他鄉客死者仍給關文陣亡民兵一名給銀五兩官軍一名給銀三兩被傷軍兵傷重者一兩傷輕者五錢被殺民人未埋者五錢已埋者三錢被傷未痊者一錢房燒盡絕十口以上者三兩十口以下者一兩五錢老小無依者五錢壯丁砍去蘆蓆者應納鹽課官爲處補俱從兵備道呈請查給若有隱蔽不報者從重究治督糧道仍將近者議免太倉嘉定上海崇明四州縣荒蕪田粮及民運白糙粮米議改折色數目出榜諭衆通知務俾民沾實惠

籌海圖編卷之十二

崑山鄭若曾輯　男應龍一鸞校

經畧二

禦海洋

總督尚書胡　云防海之制謂之海防則必宜防之于海猶江防者必防之于江此定論也

國初沿海每衛各造大青及風尖八槳等船一百餘隻出海指揮統率官軍更番出洋哨守海門諸島皆有烽墩可爲停泊其後弛出洋之令列船港次浙東于定海浙西于乍浦蘇州于吳淞江口及劉家河夫乍浦之地海灘淺闊無山嶴避風之處前月把總周易等所領戰船被賊燒燬僅遺十餘隻近又報爲颶風擊碎不若海中洋山殿前窩集反可泊船也吳淞江口及劉家河出海紆迴又非泊船防海處所議者欲分畨乍浦之船以守海上洋山蘇松之船以守馬蹟定海之船以守大衢則三山品峙哨守相聯可扼來寇而又其外陳錢諸島尤爲賊衝三路之要兵部原題副總兵俞大猷統領戰船住劄海上防賊截殺則如陳錢乃其所當屯泊而提督軍門及海道等官每於風汛時月相叅巡察有警則我大船火器衝截賊入使不得越過各島則彼毒無所施爨孽不作而內地安堵矣

此言哨船當泊於外洋山島大義與督察趙侍郎疏同

又云直隷與浙江名雖異地而實則一家若不設官總理則彼此自分門戶賊一入內地隨風南北可以互犯故必共守陳錢分守馬蹟等三道而後賊無遁情兵可夾擊必得總兵官正副二員分駐金山臨山要

會之地先守陳錢以春秋分任更番出入而叅將分畫三道馬蹟等三山各督信地則人易爲守而守無弗力矣

此言總叅當分任哨責

通政唐順之云禦倭上策自來無人不言禦之于海而竟罕有能禦之于海者何也文臣無下海者則將領畏避潮險不肯出洋將領不肯出洋而責之小校水卒則亦躲泊近港不肯遠哨是以賊惟不來來則登岸殘破地方則陸將重罪而水將旁觀矣臣竊觀崇明諸沙舟山諸山各相連絡是造物者特設此險以迂海賊入寇之路以蔽吳淞江定海内地港口也

國初設縣置衛最有深意而沈家門分哨之制至今可考

合無春汛緊急時月蘇松兵備暫駐崇明寧紹兵備或海道内推擇一人暫駐舟山而總兵副總兵常居海中嚴督各總分定海面南北會哨晝夜揚帆環轉不絶其遠哨必至洋山馬蹟

此言海中遠哨近哨

又云

國初防海規畫至爲精密百年以來海烽久息人情怠弛因而隳廢

國初海島便近去處皆設水寨以據險伺敵後來將士憚於過海水寨之名雖在而皆是海島移置海岸聞老將言雙嶼列港峿嶼諸島近時海賊據以爲巢者皆是

國初水寨故處向使我常據之賊安得而巢之今宜查出

國初海防所在一一脩復及查沿海衛所原設出哨海船額數係軍三民七成造者照數徵價貼助打造福船之用

此言水寨哨船舊制當復

兵部尚書楊博云平倭長策不欲鏖戰于海上直欲邀擊于海中比之制禦北狄守大邊而不守次邊者事體相同誠得先發制人之意

國初更番出洋之制極爲盡善至于列船港次循之棄門戸而守堂室浸失初意宜復

祖宗出洋之制

此言舊制原禦寇于海中

南京工部尚書馬坤等題乞聚船于馬蹟山以爲諸路水軍老營仍于揚山設水營以扼賊入乍浦川沙窪由吳淞江口入蘇松之路于大衢山設水營以遏賊入寧波台溫之路專設海上總兵特造出海大艦如古撃飛艦飛虎艦戈船樓船將軍之制仍大申出洋之令脩復大青風尖八槳等船以便行使

此見與趙工侍禦寇遠洋大同小異

在京各衙門會議云倭奴長技利于陸我兵長技利于水歷查連年用師凡得捷俱在海戰利害較然明矣海中陳錢大衢馬蹟揚山諸島爲賊南犯必由之路先該督察侍郎趙文華條陳會議海防長策首列此條今又談

南京工部尚書馬坤左通政何雲鴈題相同合咨新任總督令總兵官速集太倉崇明嘉定上海沙兵及福蒼東莞等船分爲二哨專守揚山馬蹟又將紹興温台捕魚及下八山採捕福蒼東莞等船分爲二哨專守普陀大衢其陳錢山爲浙直分路之始所宜更番共守

此言禦寇遠洋之策爲是

丙辰會試策云諸將海戰而勝者常十一其内地戰敗者常十八何勇于海而怯于内也其故有四士卒入海人無還心皆殊死戰無所逃難一也洪艟巨艦易以凌賊勢便二也毒藥火器且戰且焚三也賊載水而飲開口待鹵勢不能持久四也而其後不能禦賊

者亦有四巵不測之險以命博賊而常賞不酬勞其怠心一也海中無人易以爲解二也既不能賞易於姑息將不能驅三也海波不常或利或否四也議者皆言益脩戰具及其四失守馬蹟殿前諸山以控吳守大衢諸山以衛越守陳錢諸島以制賊往來之衝夾擊互救三道咢峙賊不足防矣

此言海戰利弊

南京兵部尚書張時徹云今之水戰止能要擊去賊而於來者未能遏其鋒夫來賊銳而去賊惰擊惰易而攻銳難人情所習知也然擊來賊者譬之撲火於方然之始火滅則棟宇可以無虞擊去賊者收燎於既燼之後此其利害則有間矣自海上用師擊來賊者僅一二見而要去賊者亦不過文其縱賊不追之罪耳今若以擊來賊之賞優於追去賊之賞以縱來賊之誅嚴於縱去賊之誅而當事者同心僇力急如救焚盡遏海外方來之寇則邊鄙又何不寧耶

此言海戰以擊來賊爲奇功

總兵俞大猷云倭賊自彼島入寇遇正東風徑由茶山入江以犯直隷則江内正兵之船可以禦之遇東北風必由下八山陳錢里西倒球千邪清水馬蹟蒲嶴丁興長途衢山揚山普陀馬墓等嶴經過然後北犯南直隷西南犯浙江請于浙江共設樓船二百隻蒼船一百隻分伏于前項海嶴往來巡探攻捕名之曰遊兵而遠遏之於大洋之外

此言當設哨船于浙直外洋

又云大洋以外欲就諸山隨處結營隨班分哨常得勝勢似足以賴然萬里風濤不可端倪白日陰霾幾如黑夜故有相遇而不可擊亦有未必相遇者

此言外洋禦賊之難

主事黄元恭云或者曰我兵長於水戰短於陸戰而倭奴則長于陸短于水故禦之莫要于海中陳錢馬蹟大衢殿前揚山當倭奴往來之衝誠設總兵官駐陳錢參將三員分駐馬蹟大衢殿前洋山常川督哨禦其來而邀其去賊殆盡殲而魚矣愚竊謂其策甚善而難行蓋海樓經月必有颶風巉崖劒峰難於椗泊癸丑春參將俞大猷圍王直于馬蹟蛟龍驚砲而起

幾至覆没師旋賊逸乙卯秋浙直會兵大衢殿前邀
賊歸路疾風暴雨大作飄没舟師以千萬計是亦乘
危幸功者也夫大海無際何獨稱四山爲賊由之衝
蓋航海者必晝行夜止依山宿泊自倭東南而來望
中惟此四山相去各一二日程始至陳錢必泊次泊
馬蹟次泊大衢次泊殿前洋山若驛傳駐蹕然固非
若子午谷東西莫適必由隘中行者賊誠知山有兵
東西南北何所不適雖失所依泊然與犯戒兵之必
死寧冒風濤之不測且聞長老云起椗揚帆舍山泊
而適大洋此避颶風之妙術而豈謂必死地哉知戎
地而不避有生途而不趨賊必不然矣然則禦其來
而邀其去不可爲歟曰依此四山但嚴會哨應援之

令潛師伺之萬無不中若設官顯駐是示趨避之標
耳故是策也宜潛不宜露宜邀其歸不宜伺其來蓋
歸路可計日候風信故也

此言陳錢諸山但可設伏以擊去賊

副使茅坤云方其海寇之舳艫相望必由通海之門戶
而入于蘇松之吳淞江劉家港之類是也古人云守
險者必先設險于險之外守之其所謂海戰之重兵
如各㕘將所提閩廣募兵之類當設戰艦備火攻而
謹斥堠以迎擊于淞海之上賊未泊岸則當夾水而
陣以遮擊之賊既及岸則當隨其賊艘所泊之處而
直搗之此則海上格鬬之兵也將之最猛兵之最精
者可以當之

此言當禦寇于海中將近港岸之處與陳錢馬蹟遠攻之說異

禦海策云備倭之術不過守禦二者而已未聞泛舟大
海遠征島夷雖以元世祖之威伯顏孛木兒之勇艨
衝千里旌旗蔽空一遇颶作萬人皆爲魚鱉此其明
驗也而況沙石起伏洲渚嶇阻風候向背潮汐高下
波濤洶湧至到淺深彼皆素所諳練以我之迷而蹈
彼之危能爲必勝哉

此與前說相反

海道副使譚綸云陳錢馬蹟洋山在內海之外止可出
哨不能設守蓋恐粮餉易匱聲援莫及不如荊川備
倭之說爲善且自來水寨設在沈家門遇有緩急戰
守兼得耳

此言設險遠洋不如守近洋爲穩便

都指揮戴冲霄云浙洋諸山沈家門居定海之東相去
二潮乃寧紹之外戶也陳錢馬蹟大衢洋山尤爲窵
遠乃沈家門之外藩也外藩設而門戶固門戶固而
後堂室安故有識者咸欲設險于陳錢四山以扼來
寇以愚觀之沈家門水寨乃信國公之所設其才識
高遠人所素讓豈見不及此故舍遠而就近哉必其
身親相視四山太遠孤懸海中難於聲援不若沈家
門與定海哨報易及策應易施熟思審計夫是之處
耳不然大海渺茫風潮難犯水兵官可籍以躲閃萬
一四山失備致寇直搗追咎無及反致悞矣不若守

之近海易于綜覈
太祖之所以聽從信國或者在于此耶
太祖神明先見毫髮不爽信國公若有踈謬肯遽聽信之
而已乎
此說與譚副使所論相似而排原舊制當守尤爲有見
知府嚴中云外洋禦寇豈不是上策但在將官有難於奉行者何也海中無風之時絶少一有風色天氣即昏面對不相見矣須十分晴明方能瞭遠歲在巳未颶風大作四百戰船一齊覆没利害如此將官出哨豈敢遠浮大洋必尋澳内收泊令一二小舟行探耳若迎風而上遇敵歸報賊使順風瞬息數百里報至賊亦至矣若順風而去遇敵歸報甚難甚難况遇賊

被殺將官不知此常事也故謂海戰爲可恃者必其未嘗親至海洋者也若見海洋自知此說之難行而以固海岸爲不易之定策矣
此說以固海岸爲上策與以固海岸爲第二義不同　唐荊川
又云海防不設險于海岸而設險于海中山沙猶論北方邊務者不可但守近邊須遠守于邊墻之外其見同也昔者俞子俊嘗因脩外邊費財甚多其後邊墻反易壞而難守何也離内地太遠照顧之力自有所不逮也且如北邊之制每城垛相去六尺一軍守之積而至于六百丈之遠不過守以千人而已虜來攻城動以數萬計六百丈之間只此千人如何相策應而禦乎此與水兵哨船出海太遠聲援不及備禦甚難

同一義也
國初信國公不肯設險于險之外豈其智不及此哉可以悟矣
此見與譚副使王知州相似
海道副使譚綸又云今之談海事者往往謂禦之於陸不若禦之於海其實大海茫茫却從何處禦起自有海患以來未有水兵能盡殲之於海者亦未有能逆之使復回者不登於此必登於彼即十得其一二彼亦視爲不幸而遇風者耳徼倖之心固自在也若陸戰一勝即可盡殲賊乃畏懼不復犯我此水戰陸戰功用相殊而將官則力主海戰爲是者以海戰易於躲閃陸戰則瞬息生死勢不兩立且萬目共覩不能

作弊當事者宜坐照之勿惰其將官術中自失長筭可也
此言與荊川之見不合然將官閃避情弊洞燭無遺矣
寧波生員陳可願云吾昔使日本經歷海中諸山注意觀之陳錢乃孤山突出極東大洋水深不可下椗又無澳可泊惟小漁舟盡槳至此即以舟拖閣灘塗採捕後仍拖下水而回欲以此爲期會之地恐不便也馬蹟大衢洋山則不然蓋馬蹟有小潭可以泊舟但有龍窟不可放砲遇敵難戰此山雖在陳錢之西離大衢尚遠賊舟西來一過陳錢即是馬蹟以此爲會

哨之地可也大衢與長塗相對其西有礁無嶴不可
以泊舟且亦有龍窟宜避之其東面有衢東嶴者可
容廣福船四十隻但水震蕩不寧舟泊于此久則易
壞不如以大舟藏于長塗之北而以哨舟泊于衢東
嶴遇警舉號招廣福船勦之豈非長久之計乎但大
衢在北長塗在南相離不過半潮之遠潮從東西行
兩山來衝其勢甚疾哨船戰船遇潮來與落時皆難
横渡候潮平然後可行策應亦有不便者
禦海洋之策有言其可行者有言其不可行者將
以何者為定乎曾嘗親至海上而知之向來定海
奉象一帶貧民以海為生蕩小舟至陳錢下八山
取殼肉紫菜者不啻萬計每歲倭船入寇五島開
洋東北風五六晝夜至陳錢下八分䑸以犯閩浙
直隷此輩恒先遇之有被殺者有被擄為鄉導者
因此諸山曠遠蕭條無居民守禦賊得以深入
總督胡公與趙工尚之議所由建也
國初以來從來無人發此自二公上疏之後罔不羡其精
思卓識然事理雖長而未經試練嗣後將官遵而
行之始覺其間有不便者何也離内地太遠聲援
不及接濟不便風潮有順逆䑸船有便否蛟龍之
驚觸礁之險設伏擊刺之難將官之命危于纍卵
無惑其争執為難行也然自禦海洋之法立而倭
至必預知為備亦甚易非若乙卯以前倭船岸人
猶未覺其為寇也苟因將官之不欲而遂已之是
因咽而廢食也烏可哉如愚見哨賊于遠洋而不
常厥居擊賊于近洋而勿使近岸是之謂善體二
公立法之意而悠久可行矣

固海岸

通政唐順之云賊至不能禦之於海則海岸之守爲緊關第二義賊新至饑疲巢穴未成擊之猶易延入内地縱盡殲之所損多矣然自來沿海戍守莫不以擁城觀望幸賊空過謂可免罪而不顧内地之殘破内地戍守亦幸賊所不到而不肯策應沿海今却不然宜分定沿海保護内地内地策應沿海地方沿海力戰損兵折將宜坐内地不能策應之罪内地殘破沿海幸完宜坐沿海縱賊之罪又如同是一様沿海地方賊由寧紹登岸寧紹却不殘破而殘破温台賊由温台登岸温台却不殘破而殘破寧紹自來則坐地方殘破者之罪今却不然宜并坐賊所從入其沿海

文武將吏有能連次鏖戰抵遏賊鋒阻賊下船不得登岸深入者雖無首級以奇功論一准平倭事例如此則人知謹於海岸之守不敢幸賊空過以覬免門戶常爲堂奧自安矣

此言沿海之兵與内
地之兵宜相策應

主事唐樞云國初湯信國經理海防北起乍浦南迄蒲門縈紆二千餘里設九衛及諸所諸廵司總有百城又營寨烽堠彼此聯絡援應接濟血脉貫通谷都司集侍郎嗣爲葺潤巳甚周密至今絶好能任事者只圖自守其城其附近地方有事及郷村殺掠坐視不理殊非立法本意

此言與唐荊
川所見總合

太常寺卿魏校云晉溪在三邊欲分軍守邊遂菴聞而訝之使人往問晉溪答曰三邊數千里欲一一守之雖盡天下之兵不能也只是擇要害處爲達虜素所入寇之路把截則可耳晉溪威令素行凡達入寇衆軍爭相救援無不擒獲邊境稍安

此言北邊設險之法愚謂海
防亦然則兵不費而寇可遏

鎮撫蔡汝蘭云環海兵船之設其法不爲不善其備不爲不周矣邇年倭寇往來兵船未收全功者必有説焉夫茫茫巨洋極目無際雖於要害之處聯艦設備而疾風怒濤不時亦必擇善地而停泊焉豈得揚帆趕從常出洋口而能盡阻賊船之不入盡遏賊船之不歸哉但能於大數内打得分數中幾分耳必欲其

盡收全功以爲經久不易之圖在於水陸夾攻盡之矣夫倭寇之發艅犯我也每徒止備一月行粮而飄泊二月者有之每船可載百徒而滿載二百者有之及其抵岸困憊莫甚使得焚舟登陸奪險鼓勢養鋭蓄精然後出戎兵以臨之近者十日遠者一月方得與賊相望反主爲客轉佚爲勞豈能得志於彼哉爲今之計宜於春汛小汛先期一月將各道兵士督發各海口要害之處如在嘉湖者出三關在紹興者出龕山出臨山出觀海出三江在寧波者出定海出昌國出象山在台州者出海門出新河出松門在温州者出楚門出盤石出金鄉等處安營操練與兵船相表裏以爲防守萬全之計設或賊船潛入海口則水

兵屋羅於其外陸兵雲布於其内其將至也擊其困憊既至也擊其先登既登也擊其無備以疲憊倉遑之賊而當我養盛豫備之兵一鼓成擒可不血刃而收其全功矣春汛之期不過三月將終四月將半小汛之期不過九月將終十月將半過此則非風汛所利而倭警不必防矣今宜於每年二月九月初將各道統兵官分與信地令其督領部兵出沿海兵船停泊之處安營操練防守賊至卽擊春汛至五月終小汛至十月終方令徹兵歸道嚴立限期通行浙直廣福提督總參衙門永爲遵守則防禦周而賊無返棹先聲播而賊無伺志矣

謹瞭探

兵備副使凌雲翼云哨探者兵之耳目也哨探旣眞則先事有備今沿海守把官員遇賊初至皆不聞知及已近岸倉遑失措甚則我船亦有被擄以爲賊資者今後把總官務要督同各哨官員多置蜈蚣梭船精選熟知水性之人遠出外洋分投哨探如有聲息先來傳報其附近各港官兵一聞警急隨合䑸約會截擊大洋庶可獲制勝之功如賊從某官某信地登岸把守官不先期傳報附近官兵聞報不卽時策應以致深入腹裏貽害地方聽本道查實指名參究坐以失悞重罪其有與賊相拒衆寡不敵者原情另處庶人心兢惕海防可固矣

曾按哨探與間諜不同間諜者使人於敵中設法離其腹心覘其虛實之謂也哨探者將欲進兵預分遣人裝作田夫漁樵之類於兵所經行險阨路口宵行夜伏覘緝於我兵將到之前夕某處有伏某處無伏逐路預報兵得以安心前進也此須極其機警熟知道路之人方可任使乃將之腹心所托兵之安危所係也非平日恩信相孚者不可

勤會哨

廣福浙三省大海相連地畫有限若分界以守則孤圍受敵勢弱而危戢捕之謀能不有賴於相須乎曾考入番罪犯多係廣福浙三省之人通夥流劫南風汛則勾引夷船由廣東而上達於漳泉蔓延於興福北風汛則勾引夷船由浙江而下達於福寧蔓延於興泉四方無賴又從而接濟之嚮導之若欲調兵剿捕攻東則竄西攻南則遁北急則潛移外境不能以窮追緩則旋復合綜有難於卒殄此夷船與草撇船之大勢也又有一種姦徒見本處禁嚴勾引外省在福建者則於廣東之高潮等處造船浙江之寧紹等處置貨糾黨入番在浙江廣東者則於福建之漳泉等

處造船置貨糾黨入番此三省之通弊也故福建捕之而廣浙不捕不可也廣浙捕之而福建不捕亦不可也必嚴令各官於連界處會哨如在福建者下則哨至大城千戶所與廣東之兵會上則哨至松門千戶所與浙江之兵會在浙江者下則哨至流江等處與烽火之兵會在廣東者上則哨至南澳等處與銅山之兵會遇有倭患互爲聲援協謀會捕賊勢豈有不孤窮而海患豈有不戢寧者哉

福建五寨烽火門水寨設於福寧州地方以所轄官井沙埕羅浮爲南北中三哨其後官井洋添設水寨則又以羅江古鎮分爲二哨是在烽火官井當會哨者有五

小埕水寨設於福州府連江縣地方以所轄閩安鎮北茭焦山等七巡司爲南北中三哨是在小埕寨當會哨者有三

南日水寨設於興化府莆田縣地方以所轄沖心莆禧崇武等所司爲三哨而文澳港哨則近添設於平海之後是在南日當會哨者有四

浯嶼水寨設於泉州府同安縣地方上自圍頭以至南日下自井尾以抵銅山大約當會哨者有二

銅山水寨設於漳州府漳浦縣地方北自金山以接浯嶼南自梅嶺以達廣東大約當會哨者有二

由南而哨北則銅山會之浯嶼浯嶼會之南日南日會之小埕小埕會之烽火而北來者無不備矣

由北而哨南則烽火會之小埕小埕會之南日南日會之浯嶼浯嶼會之銅山而南來者無不備矣哨道聯絡勢如常山會捕合併陣如魚麗防禦之法無踰於此

浙江六總浙海諸山其界有三黄牛山馬墓長塗冊子金塘大榭蘭秀劍山雙嶼雙塘六横韭山塘頭等山界之上也灘山許山羊山馬蹟兩頭洞漁山三姑霍山徐公黄澤大小衢大佛頭等山界之中也花腦求芝絡華彈丸東庫陳錢壁下等山界之下也此倭寇必由之道也海防莫急於舟師舊制邊海衛所各造戰船有七百料五百料四百料二百料尖艉之殊向因賊舟不大七百料停造久矣其餘五百料之類亦

以不便海戰改造福清等船復調發廣東橫江烏尾船顧稅蒼沙民船又有小哨草撇船軍駕八槳船裝火器出奇埋伏划網船四叅六總分哨守各洋港叅將原設二人分守浙東西後分爲四曰杭嘉湖曰寧紹曰台州曰溫處把總原係指揮四人今因地方多事衛所窵遠分而爲六曰定海曰昌國曰臨觀曰松海曰金盤曰海寧裁去備倭總督而各把總以都指揮體統行事轄諸衛每值春汛戰船出海初哨以三月二哨以四月三哨以五月小陽汛亦愼防之每年六七八月風漸險惡正月十一二月不常舟皆不可行三月至五月東北風多倭來便易十月小陽汛亦可渡海寇有停泊海島乘間而至者故春秋二汛皆當嚴爲預防也其南哨也至鎮下門南麂玉環烏沙門等山交於閩海而止其北哨也至洋山馬蹟灘滸衢山等處交於直海而止陳錢爲浙直分䑸之處則交相會哨遠探窮搜復於沈家門列兵船一枝

以一指揮領之馬墓港列兵船一枝以一指揮領之舟山駐劄把總兼督水陸賊若流突中界也則沈家門馬墓兵船北截過長塗三姑而與浙西兵船相爲犄角南截過普陀青龍洋韭山而與溫台兵船相爲犄角賊若流突上界也總兵官自烈港督發舟師北截之於七里嶼觀海洋而叅將自臨山洋督兵應援南截之於金塘崎頭洋而石浦梅山港兵船爲之應援是故今日之設險自內達外有三會哨於陳錢分哨於馬蹟羊山普陀大衢爲第一重出沈家門馬墓之師爲第二重總兵督發兵船爲第三重備至寄也所患者海氣溟濛咫尺難辯風濤欻忽安危叵測兼之潮汐有順逆哨報有難易奸將往往藉以規避吾何從而綜覈之哉自海上用師以來擊來賊者僅一二見而要去賊者不過文其故縱之愆識者謂宜以擊來賊之賞優於追去賊之賞縱來賊之罰嚴於縱去賊之罰風汛時月正副總兵不拘警報有無而親出海洋嚴督各總僇力用命以遏海寇於方來則何邊鄙不寧之有

福浙直海洋浙東地形與福建連壤浙西地形與蘇松連壤利害安危各有輔車相依之勢故

上命浙江巡撫總督浙直福分哨各官互爲聲援而不許自分彼已畫地有限責任相聯此

廟謨之所以爲善而海防之所以爲固也愚考海中山沙南起舟山北至崇明或斷或續暗沙連伏易於閣淺

賊舟大者不能東西亂渡如遇東北風也必由下八陳錢馬蹟等山以犯浙江而流突乎蘇松如遇正東風也必由茶山西行以犯淮揚而流突乎常鎮如遇正北風也必由琉球以犯福建而流突乎溫台三途窵遠聯望難及須總兵官撥遊兵把總領哨千百戶等船往來會哨以交信票爲驗其在浙江也南則沈家門兵船哨至福建之烽火門而與小埕兵船相會北至馬墓兵船哨至蘇州洋之羊山而與竹箔沙兵船相會其在蘇松也南則竹箔沙兵船哨至洋山而與浙江之馬墓兵船相會北則營前沙兵船哨至茶山而與江北之兵船相會諸哨絡繹連如長蛇群力合并齊如扛鼎南北夾擊彼此不容豈惟逐寇舶於一時殆將靖

寇患於無窮矣

閩縣知縣仇俊卿云

國初沿海相近地方轉相哨報勢合情聯承平既久人多好逸事機漸疏即以東南沿海直隸與各省相近之勢言之浙之海寧等處則北與直之金山崇明等界相接其蒲壯等所則南與閩之流江烽火等寨相接閩之銅山玄鍾等澳則又南與廣之柘林寨蓬萊驛相接向來各省自分彼此不相哨報緩急難備今欲與各省相近衛寨轉相會哨往來絡繹使萬里海洋無懸料叵測之患其會哨官軍舡隻須各給字號牌票以防慘細混雜為奸併註到銷日期以杜偷玩

又云兵法地有所必爭言其險要也嘗聞海寇往來其大舡常繫泊外洋山島之處小舡時出而為剽掠在浙常於南麂山住舡雙嶼港出貨若東洛舊山等處則皆其別道也在閩常于走馬溪舊浯嶼住舡月港出貨若安海崇武等處則皆其游莊也自浙迤北則極于料角而屬于直隸自閩漸南則灣于南澚而屬于廣潮中間所泊所經之處可以得其槩也

重鄰援

丙辰會試策云列池定制犬牙相入所以相衛也封疆相錯所以相保也緩則相安急則相救非爲自全而已也故春秋鄰國不能救則譏之桓公不能恤小則譏之此天下之大誼也漢右渠之伐兩將軍異同而朝鮮幾危唐祿山之變而賀蘭擁兵睢陽遂陷此天下之大機也今地壤相接而坐視勝敗令賊長驅深入而無顧忌之心此甚不可長也愚以爲宜特嚴其法約曰賊攻西則東出銳師擊其左賊東則亦如之賊攻南則北出銳師繞其後賊北則亦如之賊攻中則左右前後各出銳師四面而起非其守地而兵先至者有異賞坐視其鄰之敗者與同罰則賊腹背受敵我多樹兵也賊亦安能肆而不顧哉此最多方弭賊之道今日之要務也

舉人王文祿云今當著爲合救之令若攻一省諸郡救之若攻一郡諸邑救之若攻一邑鄰邑隣所救之正猶子弟之衛父兄手足之捍頭目保家保身而不可緩也夫所謂救之者非盡撤居守之兵以救之也蓋每郡每邑每所抽其精者而救之則合少而成多也惟抽其精者而勵之以敢死之志歆之以信賞之榮或負砲夜偷或繞擊不意則寇腹背受敵驚潰莫支鮮散而不暇攻矣蓋城既被圍兵不能出以應敵必得鄰境外兵始能救之不然坐待其斃也況東南郡邑有數脣亡齒寒所破瓦解將安救哉必在位者調

元氣僨大義震赫斯怒大爲之處凡有坐視而不救者與失陷同罪則庶乎衆志一而援助之廣可以望其平也

散賊黨

都御史唐順之云逋逃不特如王鏉李華山洪迪珍等有名賊首力能搆倭爲亂者而已以臣所親見三沙千餘倭子起自瓜洲一被擄人馮三嗾其揚州取寶遂至鬨然遠來馮三之在中國不啻一蟣虱及在島中却作此一番風浪雖旋就誅殛而流毒已多矣然則逋逃不歸東南誠未可以息肩也

此說恐難行蓋逋逃之人在彼得利招之不來况殺王直誰其信之昔秦璠王良之叛也當道嘗誘其降而殺之吾師荊川先生曰後日招降之令從此更不可行矣蓋招而處之則可招而殺之則不可寧可不招招後必不可以失信胡靜菴令軍門之條曰已降者不殺冊數者不饒新赴者必撲滅於微至哉言乎

太常寺卿魏校云海寇須開其自生之路自古豈有二三千人致死命不開其生路而欲盡殲之者諸人能不以克勝受賞爲心方可與上帝之心合其事方可成功

兵部尚書王守仁云出給告示凡脅從皆不問雖嘗受賊官爵能逃歸者皆免死斬賊徒歸降者給賞使內外居民及鄉道人等四路傳播以解散其黨

副使吳子孝云中國昔年下海之人不得歸其鄉土故反爲海寇之用彼豈無父母妻子之思哉請開其求生之路出給小方紙榜萬張以付彼來間諜之人往彼散給招撫曰昔日吾民脅從海寇原非本心今日執此投降悉免本罪願充行伍願歸鄉土者聽能自相擒殺者賞如前說今松江上海招而殺之失信可

惡當以守信爲主庶有功也
副使茅坤云於閩之漳福泉州浙之寧波等處當行有
司嚴爲保甲之法各籍其里之名氏而鈎考之而爲
之鈎考者亦非欲據籍而罪之也特令見在土著者
不得望風而煽誘入海既群聚入海者廣令招諭曲
爲緩其罪而出且爲之下令大畧賊從以下有自縛
來歸者並得免死有能手刄其黨來歸者仍按給賞
銀二十兩三級以上仍命爵一級有能誘衆面縛來
歸者亦如之有能手刄所稱佐亂劇賊如某某者賞
銀五百兩仍世襲千戸其嘗佐亂劇賊而能率所部
來歸少或數十人多或百人以上者賞亦如之所部
人獲免死仍優恤以差其能手刄首亂某某來歸者

賞銀一千兩仍世襲指揮使其爲首亂能自歸者亦
除罪免死而能率所部二三百人以上自縛來歸者
賞亦如之其所部人亦得免死仍優恤以差凡賊中
有能自縛告以賊情因導官兵擊死得勝者每二級准
手刄一級爵亦如之有能焚溺其舟并輜重兵仗因
來歸者而告官驗實亦賞如手刄佐亂之賊又下令
於閩之漳福泉州及吾浙寧波等處各賊犯之父母
妻子兄弟朋友隣佑有能自行首鳴者勿連坐其爲
若父母妻子兄弟朋友隣佑不能首鳴而他人告發
驗實則以其罪罪之仍量以所犯之輕重賞有能私
縛所犯來歸者並亦得免死賞如之有能以姓名聞
官因而詐入賊黨本圖誘所犯來歸所犯率不聽因

而諜知賊情告官而令官兵擊殺得勝或左計陷賊
或自賊中焚溺其舟而出者賞亦如之其故行黨而
不以告者並得論罪如律又下令傳示海島諸夷有
能手刄首亂之賊或擊滅其黨數十百人以上剋首
虜以聞者賞以萬金加之封爵願歲通貢入市者聽
主事唐樞云内地人入賊夥者須許親識的當人甘結
令其自新以散賊黨并可因而行間
都御史唐順之告示倭夷人等汝等背逆
天道侵犯
天朝
皇天震怒送汝死地今
朝廷命大將統兵十萬勦滅汝等陸續抽換先遣一萬上

沙殺汝等一番抽回再換一萬上沙換了十遍汝等
不殺盡了何處逃死近日小小一戰汝等頭領一箇
已被我殺了汝等殺了一箇便是一箇我兵朝添暮
換無有盡時我兵火銃千萬管火藥千百擔不盡殺
汝決不肯罷汝等已在必殺之地不消我兵上陣殺
汝但四面遠遠守住汝等糧食勾得幾時雖不殺死
亦當餓死盡了况汝等倭夷今年盡遭厄運江北浙
東今年被我大將統兵俱殺盡了一箇不曾逃得汝
等豈不聞知今大將憐憫汝等雖是惡氣亦是天地
間並生並育之物特爲汝等開一條生路汝等肯聽
吾言各自求活第一盡數送出中國被擄人口第二
將内中惡的倭子斬抑首級二百顆來獻其首級須

要箇箇真倭不許將被擄人充數吾自認得汝等伙
得吾言然後許汝進誓狀永不敢侵犯
天朝放汝回去以彰
聖朝遍覆至仁汝若不聽吾言必有後悔再三思之作速
來報
閩縣知縣仇俊卿云海寇之聚其初未必同情有冤抑
難理因憤而流于寇者有憑藉門戶因勢而利于寇
者有貨殖失計因困而營于寇者有功名淪落因傲
而放于寇者有傭賃作息因貧而食于寇者有知識
風水因能而誘于寇者有親屬被拘因愛而牽于寇
者有擒掠人口因壯而役于寇者諸如此類中間不
無可矜雖在寇盜之日未必皆無求生之心樂于犯

法以廿必死者豈人情之通好哉招徠撥亂轉移亦
易吾將為攻心之謀伐交之計必明揭榜于通衢或
書黄旗標插寇所內地之人有願歸籍許令不時投
首官給口粮押赴各該鄉井有親鄰識認者即時放
釋並不加罪中有豪傑能以智力取倭首來獻者另
行重賞若能說誘謀主出降者　題封見任官職如
此彼心危疑其黨易散又聞寇至地方必先擄其土
著之人以為鄉導吾即以鄉人之知巧者遺之擄去
反行間諜或假作接濟之人與之往來使不相疑或
賄賂之財使厚相結蕪餽飲食使日相狃如此未有
不可得彼之情以行吾計取者也

慎招撫
兵部尚書王守仁云招撫之議但可偶行於無辜脅從
之民而不可常行於長惡怙終之寇可一施於回心
向化之徒而不可屢施於隨招隨叛之黨何也寇亂
之始被害之民恃官府之威令猶或聚衆而與之角
鳴之於官而有司者以為既招撫之則皆置之不問
盜賊習知官府之不彼與也益從而脅之民不任其
苦知官府之不足恃亦遂靡然而從賊由是盜賊益
無所畏而出刼日頻知官府之必將已招也百姓益
無所恃而從賊日衆知官府之必不能為已地也夫
平民有冤苦無伸而盜賊乃無求不遂為民者困征
輸之劇而為盜者獲犒賞之勤則亦何苦而不彼從

乎是故近賊者為之戰守遠賊者為之嚮導處城郭
者為之交援在官府者為之間諜其始出於避禍其
卒也從而利之故曰盜賊之日滋由於招撫之太濫
者此也
兵部尚書胡世寧云自古盜賊之興即當撲滅於微若
其既久而多則不得不撫捕兼行者蓋以情則脅從
當罔治以勢則延蔓難根誅也故如漢武帝以南征
北伐之威不能盡殺盜賊及後輪臺下詔休兵恤民
盜賊不見其迹又如漢龔遂當宣帝彊盛之時下令
渤海諸持田器者為農民吏無得問固不聞其誘使
釋兵而盡殺之也自古招撫之失有當戒者如唐宋
金元之季官其渠帥授以土地假以兵權更或因其

備弛而遂行誘殺見其敗壞而復事姑息以是處信
兩失紀綱大壞坐致衰微
又云已招者不殺再叛者不招新起者必撲滅於微
又云脅民無故首亂必遏絕其萌決不可用招安之策
萬一不得已而用焉必播告之日除首惡某人不赦
外其同黨有能自首及縛其人來者皆宥其罪量加
以賞

擇守令

丙辰會試策云將之所轄者廣而守令之所守者專如
使守令能用其民則諸郡邑皆兵也否則將以賊所
至而用兵兵不得不寡如使守令能率其民以禦賊
則賊所至皆其敵也否則將禦其東而賊轉西將禦
其南而賊轉北賊無端而將所向之方有限將不得
不勞兵寡而將勞立敝之道也故李廣守北平而匈
奴避邊魏尚為雲中守而虜不敢犯龔遂為渤海而
盜賊散魯恭至樂安而渠帥降此其已然之效也其
法莫如部使者察東南諸郡守令之宜而易置之又
使天下部使者皆察其可為東南守令者上之銓司
又使諸臺諫徧察中外以請又使銓司按諸察舉擇

其宜而授之如賊小至則各以其地戰大至則固其
地以待援能守者與勝賊者同賞賞必速玩寇者與
將敗者同罰罰必重如此則守令與將同心而諸郡
邑與幕同體合而為一以禦賊尚何賊之不滅哉
此言守令若皆得人則處處自能守禦不全倚靠將官

裕州知州王宇云募調客兵措置錢穀以是禦倭非探
本之論也治道須有根柢擇守令是已蓋守令得人
則一方之民悉被其擇苟可以利民者無所不用其
極食如何而充兵如何而練民心愛戴逃亡自歸無
有乎勾引無有乎接濟無有乎嚮導倭豈能自至乎
即有外患民將樂於效死以戰則克以守則固矣若
守不賢則倭未至而民先困倭將至而民益擾離心

離德咸懷叛亂之思矣兵食雖充何益乎

此言守令若得人則小民之從賊者皆歸化而捍賊否則民且爲賊兵食有無何足恃哉觀於此言其人牧民之賢可知矣

副使吴子孝云治兵以得民心爲本今海隅之民富者遇劫掠而盡其資財貧者謀逃遁而死於溝壑田不得種種不得收困不可言矣在城郭者官役其力而無所給取其有而無所償遠近憤怨愁泣不絶上之人何由知之書曰怨豈在明不見是圖必須軫惻怛愷悌之念十分撫綏之而後可以得其親上死長之心撫綏之道柰何曰緩催科輕徭役禁酷暴戒科罰視之如子孫則民視上之人如父母而緩急濟用矣

此言寇至之時若有司不得其人則但知科派大戸與逼迫小民苦無所訴可見守令當擇

副使茅坤云近海郡縣有司尤當別議者何則國無鷄犬之警則廉靜長厚之吏當爲治最矣時有羽檄之馳則長駕遠馭之士亦所急使矣故語曰寬則寵名譽之人急則用介胄之士方漢匈奴大入雲中上黨雖有龔黄卓魯之賢無益於用矣故漢武帝方聞匈奴如雲中上黨諸郡並出材官騎士若李廣程不識之徒以爲守尉竊謂今日近海之州縣也亦然爲撫巡者當合郡縣長吏及其佐貳並量其材而器使之大畧近海者則擇其驍智精悍之材一切練軍實築城堡謹斥堠嚴部署皆籍之以備緩急而其餘腹裏郡縣則擇其寛和柔靜之士慎出納謹筦籥特務與民休息而已此郡縣有司之畧也

此言闢守令當分有寇無寇地方因材器使

太常寺卿魏校云欲重郡守之職惟是揀天下太守治行尚第者拔擢爲都御史則監司不敢摧辱之其職自重

兵部尚書胡世寧云知府知州知縣三等親民之官使非其人則上司雖有好官行得好事不能實到百姓所以自古國家慎重此職漢制郎官出宰百里郡守入爲三公唐制不歴刺史不得任侍郎列卿不歴縣令不得任臺諫給舍我
國初取中進士倶選縣官徵至賢才多選守令正統以來知府倶責大臣保舉知州知縣另委吏部揀選所以得人且又立爲定制知府知州見上司不行跪禮以重其職其又任卓異者不次超擢如何文淵由知府即陞侍郎胡儼由知縣竟陞檢討所以人多樂爲此官弘治初年又責其備荒積穀多寡以爲殿最所以民受實惠固得邦本如此自正德以來此官不重輕選驟陞下焉者惟圖取辦要錢以防遣退上焉者惟事奉承取名以求早陞皆不肯盡心民事以致民窮財盡一遇凶荒多致餓死今宜遵復
先朝舊規知府令在京堂上官于京官七品以上在外在閒五品以上官内保舉在外撫按及布按二司掌印官于叅議僉事同知知州内保舉其知州知縣倶聽吏部預行揀選仍責撫巡布按二司于府通判推官州同知印縣丞保舉甚任知州之人于判官縣丞主

簿儒學教職司府衞首領官內保舉堪任知縣之人俱必其有愛民之誠有守巳之操有處事之才三者俱備而後可任此職後有不稱舉主連坐誤舉者先能自首則免到任之後察其奉公守廉而不盡心民事才力不稱者改任品級相應職事貪酷罷輭者即時罷黜其稱職者留以久任知府九年上者即陞四品京堂并布按二司長官次者照常陞叅政副使等職知州九年上者即陞叅議知府郎中僉事次者照常陞員外府同知運同等官知縣上者三年行取到京考其文學德行出衆者選翰林忠直綱正識治體者選為科道才識明敏者分任部寺屬官其有深得民心願留久任者超擢府州正職次者九年六年照常遷轉如此選任方得民受實惠地方雖遇凶荒盜賊可保無虞矣其在外知府知州知縣并凡方面有司等官陞選俱合註於原籍相近地方廣西雲貴有司尤宜查照弘治以前事例只以本省人員內陞選庶免其不服水土且得到任易不致地方曠官悞事此二條言重守令之法

嚴城守

唐節度使杜佑守城法在相機以應敵扇棧必塗泥城門扇及門上木棧皆以泥塗之厚可三五寸備火樓櫓必芘籬上建候樓以板為之跳出為櫓芘籬戰格于女墻去跳出椽墻去三尺內着橫括椽端安轄以荊柳編長一丈闊五尺懸椽端用遮矢石橋有轉關一梁為橋梁端着橫括去其橋轉人馬不得渡皆傾水中堞有積石每一城堞積石百塊大小隨事或積長木如𣏾狀皆以備拋叉竿竿如鎗刃為兩岐用之又合為飛梯或兩旁曲刀以鉤搭連棒如打禾連枷狀用打女墻外上城敵人布幔複布為之以弱竿懸挂於女墻七八尺四折拋石之勢則矢石不復及墻水弩以黃連桑柘為弩弓長一丈二尺徑七寸兩稍三寸絞居張之大矢自副一發聲如雷吼敗陣之卒行爐融鐵汁鑪也舁行於城上以灑敵入遊火以鐵筐盛火加脂臘鐵鏁懸縋城下燒穴中孔城之人灰眯灰麩糠粃因風于城上擲之以眯敵人目因以鐵汁灑之松明積松明燒之夜以鐵鏁縋城下巡城照敵人防其乘城而上燕尾炬縛葦草為炬尾分為兩岐如燕尾狀仍以油臘灌之加火縱城墜下使騎木驢而燒之

鹿角鎗斬木及竹如角狀為鎗或交對突桎牙女柵狀高一丈或五尺大小不等以繩或藤篾縛而聯之列于城下以拒敵今九邊用之為檯營名鹿作柞木柵無城壘去處乃建立木為之方圓高下隨事深埋木根重復彌縫其闕內重短為閣道外柱木重長出四尺為女墻皆泥塗之內七尺又立閣道內柱上布板木為棧立闌籌柵上懸門擁墻豪塹拒馬以守鐵菱狀如鐵蒺藜要路中置之以刺人馬陷馬坑長五尺濶一尺深三寸坑中埋鹿角鎗竹籤其坑似亞字相連狀似鈎鏁以草及細塵覆其上軍城營壘要路皆設之拒馬鎗以木徑二尺長短隨事十字鑿孔縱橫安鎗長一丈銳其端可以塞城門巷要路人馬不得奔馳近日九邊製兩頭裹鐵中施橫棍長七尺五寸每七寸七分鑿一孔用鐵鎗五杆以小棍五杆交界之連以鐵索令游軍伏其前後烽臺於高山四顧險絕處置之無山亦於孤迥平地置下築羊馬城高下任便常以三五為准臺高五丈下濶二丈上濶一丈形圓上建圓屋覆之屋徑濶一丈六尺一面跳出三尺以板為上覆下棧屋上置突竈二所臺下亦置三所並以石灰飾其表裹復置柴籠三所流火繩三條在臺則近上下用屈膝弟上收下乘屋四壁開覘賊孔及安視火筒置旗一口鼓一面弩二張拋力壘木停水甕乾糧麻蘊火鑽火箭蒿艾狼糞牛糞每晨及

夜平安舉一火聞警報舉二火見烟塵舉三火見賊
燒柴籠及每晨及夜平安火不來即烽子爲賊所捉
一烽六人五人烽子遞如更刻觀馬鋪每鋪相去
視動靜一人烽率知文書符牒轉牒　馬鋪　三十里于
要路山谷間牧馬兩疋與遊奕計會　游奕　於軍中選
有事警急煙塵入境即奔馳報探　驍果諳山
川泉井者充常與烽鋪土河計會交牌日夕邏候於
亭障之外捉生問事其軍中虛實舉用勿令游奕人
知副使子將亞夂軍行人取善騎射者兼令人枕空
胡祿臥有人馬行三十里外東西南北皆響見於胡
祿中名曰地聽則先防備　城池接近蠻寇者不可不豫備也至於
攻蠻寇破營寨則有火攻水攻二法焉火攻者火兵
以驍騎夜銜枚縛馬口人負束薪麻蘊懷火直赴敵
一時舉火營中警亂急而乘之靜而勿攻凡火攻皆
因天時燥旱舍茅竹積蒭粮軍營
於結草宿莽之中因風而焚也　又有火獸　以艾熅火置瓢
中瓢開四孔繫瓢于野猪獐鹿項下繫其　火禽　以胡桃剖
尾端向敵營而縱之奔入草中瓢敗火發
分空中實艾火開兩孔復合繫野雞項下　火盜　遣人暗伏
針其尾而縱之奔入草中器敗火發也
與敵人同者夜竊號逐便懷火偷　火弩　以臂張弩射
入營焚其積聚火發必亂而出　及三百步者

以瓢盛火符矢端以數百張　火箭　以小瓢盛油冠矢
中夜齊射敵營芻草積聚　端射城樓櫓板木
上瓢敗油散因燒矢鏃內中射油散處　火杏　磨杏子
火立燃復以油瓢翼之則樓櫓盡焚　中空以
艾實之繫雀足上加火薄暮群放飛　毒藥煙毬　毬重
入城壘上棲宿其聚蘆舍須臾火發　五斤
用硫黃一十五兩草烏頭五兩焰硝一斤十四兩巴
荳五兩狼毒五兩桐油二斤半小油二兩半木炭末
五兩瀝清二兩半砒礵二兩黃蠟一兩竹茹一兩一
分麻茹一兩一分搗合為毬貫之以麻繩一條長一
丈二尺重斤半為弦子更以故紙一十二兩半麻皮
十兩瀝清二兩半黃蠟二兩半黃丹一兩二分炭末
半斤搗合塗傅于外若有氣薰人則口　煙火藥毬　即
鼻血出二物並以砲放之害攻城者　煙
火架上所用作四方架綴毬其中遇風勢便用火攻
以小艇先潛使人架于敵舟上點着疾回而乾敵隨
之則敵舟　水攻者以水因地而成勢為原高于城而
盡焚矣　斜小可以過而止可以決下
流故平水可以灌安邑汾水可以浸平陽先設水平
可以漂城蔭軍沉營殺將而照版度竿亦不可無也
水平　一槽長二尺四寸兩頭及中間鑿為三池池橫闊
一寸八分長一寸深一寸二分分開相去一尺
五分中間有通水渠闊二分深一寸三分池各置浮
木木闊狹微小於池厚二分上建立齒高八分闊一

寸七分厚一分槽下置轉關腳高下與眼等以水注
之三池浮木齊起眇目視之齒齊平則為天下准式
十步一里乃至數百里目力所及置板度竿　照版　形如
亦白繩計其尺寸則高下丈尺分寸可知
方扇長四尺下二尺黑上二尺白　度竿　長二丈刻作二
白闊三尺柄長一尺大可握　百寸千分每十
內小刻其分隨向遠近高下立竿以照版映之眇自
視三浮木齒及照版又以度竿上尺寸為高下遞而
往尺寸相承則山岡溝澗水
源高下深淺可以分寸而度
此古人守城之具以其詳悉故採之以為式

總督尚書胡　云凡賊圍城必須選募勇敢夜斫其營
或夜舉銃砲使賊驚疑其圍自解
此言解圍之法
一凡賊可結巢去處如松江柘林陶宅等地方必諭
令居民盡行搬移入城房屋拆卸務使賊難棲止
此言清野之法誠與城守相兼

一大兵進攻賊巢城內不無空虛恐墮誘敵奸計或
賊出我之背乘虛來襲吁亦危矣必須嚴加防守
仍撥人把截往來要路
此言備賊乘虛來襲之道嚴城守者不可不知
海道副使譚綸云自來城守攻破者少襲破者多此嚴
夜巡詰奸細為第一要緊事也
此總言城守要法其詰奸細之規詳具於後
一守城之器佛郎機發熕鳥嘴銃床子弩旋風砲最
利弓弩次之刀斧是最下策矣然亦不可不
備也
一凡城有敵臺者最好守若無敵臺架櫓起望臺亦
善或皆未備則用架被挑懸出垛外五尺以蔽矢

石庶臨敵無失耳

一凡敵在城外不獨當爲守具亦當爲修城之具如木石灰磚之料與匠皆不可不備也

一守城用燭不如用松明一松明可代十灯也

已上四項俱言守城之具當預爲備者

一凡遇勍敵則須在城外爲三四壘屯兵拒守與城中爲犄角勢至爲上策敵築甬道架雲梯以攻我或穴地道以襲我則又當隨事有應免至臨時倉皇無措也

此言遇大敵攻城則城守之法又不可拘於常格

一凡敵夜襲我多在五更悉衆攻我多在黎明出我不意也

一凡敵環而攻我至曠日持久計內乏薪芻則佯退數舍夜則還襲之或伏賊雜爲採薪者入城爲內應此皆不可不知也

一凡敵用雲梯攻我必先驅吾人負土塡濠我卽當爲之備矣

一敵每擄吾人縶其父母妻子使爲間諜內應此最難辨識當事者須嚴察之

已上四項俱料敵攻城必用之計守城者所必嚴爲之備者也

一凡詰奸須立木柵在濠之外百步陳兵守衛而詰之城門之下又嚴兵以待之遇警則閉令人閽警輒將城門晝閉或止開一門或日開二次而詰奸又在城門之內外避難之人一擁而入又難從而詰宜辨之

此言詰奸細之法

一凡敵在城外攻我不得須懸重賞選敢死士時出奇擾之或焚其資重攻具待其走而邀擊之乃爲得策也

此言守城者當知攻賊之法

參議唐愛云

一守城之法每垜口五個爲一伍置木牌牌上寫趙甲錢乙孫丙李丁周戊每夜一人守一更四人穩臥每更置一小旗上寫更分夜巡兵姓名在上如趙甲爲一更錢乙爲二更之類巡更者執持在手只瞭望五垜口城下有無奸細一有賊至叫醒同

伍四人執持灰瓶石塊器械攻打如此庶使五垜不過數步之內易于瞭望一人巡更四人休息精力不疲緩急有備餘垜照此式若每垜口原編二人牌上備開十人每更止用二人瞭望尤爲加慎酌行之

一守城各垜兵夫勤惰不一不可不稽察使人人點名更更喧嚷則守垜者不能睡臥精神困疲非計也城小以城門爲限如自東門至南門南門至西門西門至北門每門用巡邏兵十名每更分二名巡視垜口不許叫喝提打梆鈴止挑燈巡視若有輪更守垜兵夫熟睡不行瞭望者則暗掣更旗明早禀治仍與醒防守不得驚擾擅自責打責法并

究五垛之内燈火斷滅即記輪更之人并治城夫
自東門某窩鋪至某窩鋪巡邏週而復始每更二
人稽查均照前式
一設巡邏之役又恐踈虞誤事每門另選職官二員
各與以馬給以更牌更箭如東門巡至南門時值
二更東門巡警官將一更箭交付南門城樓上官
驗收南門官隨付二更牌與東門官爲號彼此各
收次早送總巡官處查考若各官將牌箭私換不
親巡警者查出以軍法重治其巡警官先察巡邏
十人爲先次查各垛口偶有睡熟失瞭者許即責
治執其更旗次早連巡邏人并送總巡官處究治
巡警官止許巡視亦不得呼喝點名摇打梆鈴以

驚擾守垛之人此周圍夜巡之大畧也若城有衛
所者衛官有司分門巡警不必另選職官馬各自
備尤便
一城上白日止張旗號非寇臨城不許鄉夫上城以
疲其力臨晚登埤俱要雨具器械遶城不許喧嚷
屏去鈴柝若無人者使寇不知城上虛實且城上
不譁城外有警庶可傳報以便策應各門另設遊
兵五十人各持利器鳥銃俟有警脅力禦敵仍先
示約凡遇夜間賊集衆攻門方許放火箭三枝再
緊發銃三箇十分緊急鳴鑼三通原派本門遊兵
一面禦敵總官另帶枝兵應援一門有警各門堅
壁固守不得輕動以防聲東擊西之患尤禁垛兵

警擾離次至于疾風暴雨半夜黎明人易懈弛困
倦賊每乘間登城此當嚴加申諭可也
一守城之具甚多急用惟灰瓶石塊爲便俟圍乂勢
急因時出奇又當措備城上燈籠每五垛口止用
燈一盞用新紙油者方明亮燈上用一油紙蓋以
防雨蓋上仍壓以一小瓦片以防風每燈製一挑
竿索懸城下離地七尺庶使賊抵城下我能照見
我瞭垛口賊不見我換燭即輪更之人不許誤事
若官府給燭五人輪管使兵夫自備恐曠日持乆
所費不給未免誤事油燭官處爲便不當斬小費
可也
一守城官兵至城邊向内射放箭銃城上不得喧嚷

俟賊近城令慣熟銃手善射者乘便打射務要巧
發奇中得斃賊人一二其餘自退更不知我兵伎
倆虛實毋得一槩亂發以窮矢藥若四面雲梯攻
圍當并力齊禦又難拘泥
一閑雜人等不許無故上城垛口窺視擾亂軍伍且
防城外矢石誤中旁人趨避不便驚惑衆心倘有
奸細亦難防閑相應嚴禁如賊向城射箭放銃守
城官軍各帶綿被或用牌盾取便掩掛垛口露隙
瞭望以防矢石
一警報緊急城中居民近城者不宜堆積稻草蘆葦
恐防城外火箭飛入在内柴堆亦易發火故宜禁
諭少則收藏多則遠置隙地爲便倘城中偶有失

火去處城上訛言賊入警亂爲害不細平日有司
分定坊隅編立保長小甲名色各分信地多備水
桶籐斗鐵鈎麻搭竹梯斧鋸每一坊隅火起即以
本坊火甲救之不得亂擾守城兵夫各顧垛口就
使本家失火不許離次若係本坊火甲救援不力
致有延蔓及不係本坊居民乘機搶火者查出一
體以軍法處治如此緩急有備防守無虞此在平
日素講而預備可也
一城門多備水缸水桶一以濟渴次備火攻樓櫓城
門當路間設火器品窖蒺藜以防衝突若賊囊土
束薪填塹登城者此無別法惟鳥銃並發人不敢
近此無庸慮然亦在臨時計策之

一城包山者峻處城垣宜增培高厚或內立一敵臺
瞰外以便瞭望運發矢石城峻處賊不敢近則城
中虛實不得窺測而平城易於防守矣若繞山築
城勢若仰盂賊憑高窺見城內更當盡驅老弱爲
兵多用鮮明器械旗幟虛張聲勢使賊不敢易此
不得已之策又在臨期應變何如耳難以懸論也
一城外民居近城者如賊勢重大將逼城下須用拆
燬不然賊將藉爲遮欄且登城尤便于雲梯是不
當姑息若水門柴米出入所須尤急但要視勢緩
急委官嚴加盤詰不致疎虞可矣一槩閉絕適以
自困此守城者所深戒也若城中無水宜多穿井
無米者亦宜預備或勸富户積粟許其乘時取利

官弗爲禁或官移帑金先期買米以備緩急至於
鳥銃火藥燈籠油燭之類邊海衛所縣分賊每登
犯者尤當早爲計處庶爲有備
一城外沿濠攔馬墻此不可不堅築用高六七尺內
多留穴空以便窺伺更容放鳥銃每城一面另募
敢死士百人各執鳥銃利器潛布在內賊夜攻城
必渡濠踰墻而入使內有備不必喧嚷俟半銃擊
之近墻手刃之城上城下俱不得傳呼吽喊使賊
不知伏兵故輕犯而多敗馬墻有備城上更無虞
矣
　此詳言守城事宜
松江府同知羅拱辰云頻年賊來野獲多得是以無攻

城之志今各鎮刧掠遷移已盡如其再來寧不垂涎
于城我切照各城雖有濠河之險必須附城濠邊挑
起淤土離城脚丈餘臨隄圍築五尺高墻使賊雖或
渡濠難抵城下此古人羊馬城之制也况不時出奇
兵數十人于城下得此遮蔽可以藏伏窺視如賊近
對濠我兵即于墻內潛發火器使彼不知我兵在城
下者多寡有無所謂有有無無虛虛實實者此也且
四鄉逃難男女得此可以暫容其身既有此墻只須
謹閉城門俟賊到城方去吊橋亦不爲晚况賊畏城
上銃砲决不敢近每敵臺左右各置小吊車四五架
以便兵上下及逃難者吊人之法婦女隨即吊上若
係男子須審其聲音貫址方許吊入其城無敵臺則

不能跳遠顧下何以言守必貼城增築每座相去五
六百步或七八百步或二三百步各隨城勢曲直以
爲遠近臺下須離濠水丈餘有近濠水者釘品字樁
木百餘根于水中高出水面尺許防其樓船臨衝我
也各城樓設遊兵二隊每隊約兵二十五名左右往
來巡警每垛派兵一名專守之其敵臺上垛口每垛
用兵三名選擇精勇者傾身外望以背向裏遠近彼
此互相顧視其守之之法最禁諠譁庶臨敵不亂又
必將各臺編以字號分以信地別以號旗金鼓响器
之類日則觀旗色夜則聞號聲各將字號大書垛墻
使各熟認各分信地俱以敵臺爲準如天字號敵臺
左邊向地字號敵臺管垛若干地字號敵臺右邊向

天字號敵臺管垛若干兩臺中分信地如天字號該
管四十垛以一十爲一號第一號十垛用紅旗用鼓
則大書日觀紅旗夜聽鼓聲八字于垛墻第二號十
垛用黄旗用鑼則大書日觀黄旗夜聽鑼聲八字于
垛墻第三號十垛用青旗用喇叭則大書日觀青旗
夜聽喇叭八字于垛墻第四號十垛用白旗用木梆
則大書日觀白旗夜聽梆聲八字于垛墻其餘敵臺
垛口皆然如賊日犯天字第一號信垛城下該管臺
上摇紅旗而該垛亦竪紅旗夜犯天字第一號信垛
城下該管臺上起鼓而該垛亦擂鼓信守兵夫一齊
戒嚴俟擊左右城樓各遊兵到彼應援而兩邊附近
敵臺相向護爲催擊其餘臺垛官兵非信地者不許

亂動各門雖無警亦加戒嚴不許擅離應援恐賊聲
東擊西乘虛而上庶防守嚴備而静治不亂矣又慮
賊攻日久我兵疲倦必更番休息又恐乘怠而入須
於垛外蓋出浮棚每扇約闊三四尺或長七八尺環
城架設其法或木或竹每根比棚闊三四尺以一半
横出垛外一半斂入垛内其外閣浮棚棚上壓以磚
石天晴加石灰數包于上其内用繩縛墜石虛懸若
賊加梯棚上則棚軟不能勝梯磚石將墜擊城下而
墻内守垛者且自警覺若賊豎梯棚下而上登其棚
觸石移動而亂石又墜矣若欲再加嚴固沿城垛上
竪架木何木其制竪立架木二根機關横挑木各一
根上閣一木制之[illegible]可下不上借宗可以竹簽其木
之輕重與挑木相稱賊來攀援則其木自然下擊人
既不能攀駕又不能放脱也敵至城下我兵輕動其
木墜下又可擊之此棚木易於成造費又不多令各
縣城低難守相應速製合于夜間守城燈燭費多且
皆高懸垛上是使賊得視我我不得便視賊利在彼
矣必造鐵火毬中燃柴木則柴木之價比油燭相去
倍蓰況火光散遠比燈相去十倍每垛口二十箇或
三十箇止該用火毬一枚挑出垛外墜于城半則火
光在下我視在上其光不悖我得以見賊而賊不能
見我其利在我矣又如製造紙糊圓砲今製者不過
震响而已無益也因此舊物而變爲新製待糊成紙
殼之時中含小鐵制蒺藜二三十枚地老鼠一二十枚

入藥于内然後緊糊其口每砲一枚開藥線眼四處賊近城下特燃之砲一响而砲中剌菱自然布散其中火鼠飛走賊被焚身必走而剌菱又傷其足城上且擊之矣若城中一時火發恐奸細為内應或居民失慎守城兵夫未免驚疑往救家宅必棄所守請先出示禁諭庶免疎虞各鄉村鎮蓄積米穀之類須於冬末春初盡遷入城則村野既清城郭又固賊不得食則饑攻城不下則勞饑且勞必思去矣我出兵以要擊之有不勝乎

此亦詳言守城事宜與唐荅議互有異同

主事唐樞云守城之法近日東南全不知此女墻不可太高厚堵空之欲如圭首斜銳所以便外瞭便俯擊

城上符箭不敲梆所以便聽聞守者必更番所以養精力陸降有號頭夜有火晝有旗所以一衆伍違犯有決罰所以定心志風雨露日有遮避所以安體力火器石塊灰油懸槌鐵蒺藜諸物畢備所以供急用須參酌定規遍諭各城守習

此言守城之法

兵部尚書胡世寧云城門可去土塞止于門扇中當留開鑿五孔以五弓弩守之賊不能近矣

又云戰卒不睡恐賊夜來其疲而竊入焉不若晝令輪班休息

又云箭將盡不宜亂放有號令放發

又云無先閉門以示賊怯而使鄉邑被殘

又云僧徒多善少陵棍法宜收進城内毋為賊用

此言守城當戒者五

舉人王文祿云海寇之來我兵俱守城中城外之民棄之而不復顧不敢出一兵以撓之寇反多疑誠恐我兵出城與敵佯以數寇為攻城之勢以綴邉我兵使不能出乃得深入内地横行而無阻是皆我兵不知攻守互應之法也自古用兵非執于一攻之中有守守之中有攻攻而無守則為無根守而無攻則為無幹且一城之中不下數萬家若定守之而不外攻圍困日久食盡兵罷寇雖不攻而我亦自潰矣安用其守乎凡寇攻城不過數次甚急捍禦已過寇亦必怠乘其怠而懸兵夜出負砲偷營寇亦撓亂自救之不

暇而何暇攻我若徒為定守寇知我兵虛實併力夾攻曠日不解而援兵不至則我坐守以待斃無益也昔者巳已北狩也先南侵攻圍京城精兵皆出城外石亨于謙督兵于城北孫堂江淵督兵于城西每每攻也先營殺傷相半也先退去若使文臣謙淵無謀武臣亨堂無勇皆守城中不亦危哉而大事去矣惟其知攻守之一道故攻不忘守而守不忘攻是以克濟時艱也

此言守城必須時出兵以攻敵

鎮撫盧　云守城之法斷不可每垛口一人守之止許三垛口用一人垛口之下用灰瓶五七箇大石子三五百滚木擂石皆設備凡守城切不可用貧民顧用

鄉士夫舉監生員吏承義官與各有產之家或弟男子姪或家人各帶器械編成隊伍急則上城緩則歛于教塲操練則各自爲戰各自爲守不惟可省有司錢糧而亦不致貧民怨咨矣

此言派城夫之法

吳郡生員沈拭云凡寇賊未至城下則城守之夫晝夜不輟者似爲贅設宜于晝日止令保長甲長在城候有寇警約鳴金鼓爲號聚集人夫料不誤事俾人夫得在家作業酉時方使之乗城其夜間守城亦有法夫人之常情未有能終夜不寢者若使終夜不寢疲憊困倦勇如關張亦不能操戈赴敵矣是徒自弊其民而無益於用也愚謂夜間城夫宜用五人爲伍之

法凡城垛口必取大石塊方五尺高稱之于五人中止令一人登而擊拆站立既高得以俯瞰城下其餘四人聽之休息俟一更徹捱次番換是名雖終夜之守實則一更之勞勞逸有節彼將勵精任役不敢偷安矣如有偷安者廵更官吏痛責記仍罰之達旦不得番代則彼雖昏愚必不肯任竟夕之勞而易一時之安也五垛之間其地甚近一有寇警休息四人呼之即應何誤事之有

此言城夫晝夜更番之法

吳郡生員蘇獻可云倭寇生發大戶有饋餉之煩小民有調遣之役實爲民窮財盡柰何城上管夫之官索要常例有銀者則老弱不計點缺不究無銀則百般刁蹬小民既勞其力而又費其財苦楚何似至于府縣吏胥皂甲賄賂尤甚或報大戶或拘鋪戶莫不賣放其九而拘認其一拘認者固當其費而賣放者亦損其財官府之所用者有限而吏隷之所取者無窮人民瘠而官吏肥可哀也已

此言守城須禁官吏剋剝之苦

又云地方有事之秋所賴者富家而已今富家往往變產遷徙他方若富者盡去貧者僅存其誰與守必將各啚里甲人等取具執結不容迸散是亦保城之大端也

此言守城須寬縻富家若逼走之則城空虛矣爲有司者所當深念也

御史邵惟中奏稱要轉行督撫二臣嚴令該府州縣衛

所出示曉諭沿海居民各將妻女財貨粮米及時搬運入城倘居存貯仍留壯丁在家防守并將當年粮長人等預令將應辦粮石收送城倉以聽運允如有積粟數多不搬入城者則官爲扣糴給償時價即貯附近屯兵衛堡以充軍餉支用此權宜之術民必樂從事寧之日仍復舊業則城中積粟萬餘財貨充盈賊外無所掠而我内有所資矣

此篇專言積聚不當留在城外以資盜賊

海道副使譚綸云島夷志在得財因粮于我無他轉運我能堅壁清野則失其入寇初意衆既可離勢亦難久乗其敝而擊之在我將易如拉朽在彼且終身創艾矣攘夷安夏計無出于此者顧其事言之甚易而

行之甚難何者邊氓習知利害故行之輒有成効今浙直之民被害處少倖免處多凡聞寇至則彼此觀望不爲遷徙即有徙者又近在山林之間計小費而忘大計此行之甚難一也世家宦族蟬聯鱗湊一令之出競相非是煽惑齊民共同燕雀有司督行之嚴輒飛語流布此行之甚難二也浙直之地沃野千里宮室器用習爲奢僭棄徙爲難寇至倉卒各以牛酒鏹幣開門延納以冀僥倖又預集舟楫以資其去彼此顧其廬舍焉念法度自爲一家一時之利曾無遠大之謀此行之甚難三也夫安土重遷惡勞好逸古今所同然勞之固所以逸之擾之實所以安之而況乎勞之擾之者暫時之事而所以逸而安之者甚久

且大也爲今之計惟在責成有司親詣各鄉多方譬曉使之預於二月初旬盡將婦女積聚徙入附近城郭仍會同衛所掌印官爲之安插得所其倉廩搬運不盡者即及時發賣有司嚴督粮長糴買上倉一切兵餉有可以徵本色者作速改議徵收凡城中穀粟止許于城中糶賣不許顆粒糶運出城其有不肯預期搬運臨時棄遺在鄉致資盜粮及以牛酒鏹幣開門延寇即係通賊之家查照律例從重問遣其有已遺棄而偶未遇賊亦通查入官以充兵餉有司務要用心毋事姑息間有成績者即註以上考部院特加獎勵其有偏拗悞事者即與失事武職官員一體從重參究如此庶法令必行而長策畢舉成効可睹矣

此計使寇深入皆由鄉民不遷積聚入城之故善反之則寇念息矣

都御史唐順之云春汛時月倭患雖熾然禦之於海禦之于江又禦之于海塘禦之于江岸豈至盡是無策國家平時養兵設官將何用之而稍聞警報只有塞城門塞水關風縫不通委城外于虎口遂爲奇策甚至不論有害無害輕意將城外房屋拆毀除塞城塞門任從有司自行本部不敢干預外其近城房屋苟非倭患逼近及與城垣委實干碍不許輕易拆毀使民無所棲若因不折屋以政失事本部自任其罪不以累有司

冊陽邵芳云善守者必以城視地以人視城以粟視人三相視而墨翟之衛宋可得而言矣何謂以城視地

蓋無不備則無不寡烏得城城而守之必守一處足以保障數十處扼一里足以牽制數百里斯能視地矣何謂以人視城蓋除四門中軍應敵出奇外每人轄地幾尺而又有幾人更代休息幾人搬運器械幾人輪管炊爨如百雉則用若干人與伍法無異斯能視城矣何謂以粟視人彼採薪煮亨不鬪自困雖古名將不免有此者失于不審也蓋必計其積聚料其丁口每粟幾斗可供幾月萬不得已則疲弱婦女無益有損者當爲別策斯能視人矣故余嘗曰以城爲可恃則古有不破之城乎以城爲不可恃則古有必破之城乎亦在乎守城之人何如耳

曾安城一也有關係一方之利害有關係數十里數

百里之利害者關係一方之利害者一守令慎之而
足矣此守令之事也關係數十里數百里之利害者
豈宜以一守令支之乎爲將帥者須提重兵以鎭之
合羣帥以援之其城無恙則敵人不敢越此而他攻
卽有所攻亦無關係而非敵之所必欲取以爲巢者
矣是所守者雖一城而所庇者吾不知其若干城也
此將帥之事也若爲將者不論城之輕重緩急而漫
焉以居之其身之所居則力爲之救而其所不居者
雖有關係亦聽賊攻取萬一失守則樞要爲賊所握
而其餘所守皆無用也曾是爲善守城乎譬之海防
焉自廣至遼迢迢數千里賊舟無處不可登泊港堡
無處不當設備若一一而照拂之則將帥之精神有

限分用于無關係之地則其有關係者反有遺而不
到者矣惟諒倭所從來之道哨之于遠洋勦之于近
洋倭在洋先後而來星散而行風濤警其心跼蹐苦
其形吾以衆而待其寡以逸而待其勞以飽而待其
饑以備　　而待其所未備至簡至易之道也若其
近岸也惟擇總要之處爲水寨陸寨以扼其衝以遏
其入其餘港堡堅營清野賊進不得攻退無所掠計
自窮矣曾聞論守城者多矣率局于區區一方之見
惟鄧子與曾合惜其引端而未竟也故詳之以爲爲
將者覔之助

蘇州府守採參伴指揮朱承勲鄉舉人黃曾昫監生金鈿備行生員金濬等會議上郡守採擇施行

備也錄

分信地

一六門城樓各派定府佐一員專督該門守城夫役
　府佐不足以所屬州縣佐內科目出身謫官之才
　能者充之

一城中心本府與長吳二縣掌印官住劄玄妙觀一
　以居重馭輕一以接應各門事宜一以近憲院謀
　議一以便士友叅謀就以陳把總統兵六百名屯
　處其中作中軍名色

　府主上城縣尹不宜同事但係一邑之主諸事
　藉以奉行故須同處

一府有府庫縣有縣庫獄囚皆須防守府中用首領
　官一員縣中用佐貳官一員看守

一各城門另設府首領或縣佐貳有才官一員典守
　城上一應器用隨時給發

一分屯守城池之兵於六門附近寺觀無寺觀者近
　門公廨屯劄

一請鄉官分守各城門各就其家近便與情之合者分配

分職掌

一設法大戶米穀進城
　右一項長吳二縣掌印官專督之

一設法守城物料進城
　稻草　石灰　磚石　鉛鐵　火藥　油燭
　右六項府佐一員專督之

一設法竹木遠去與進城

右一項府佐一員專督之
一查修城屋城門閘板製造城垛燈架燈籠燈架燈籠俱照崑山縣式
右一項府佐一員專督之
一製器械
發鑛　佛郎機　鳥嘴銃　鉛錫銃　火毬
火箭　噴筒　煙罐
箭匠　竹匠　木匠造火器架子用　銅匠
鐵匠合火藥人
右火器府佐一員專督之
長鎗　刀　鐵盔　鐵甲　皮披牌　紙甲
弩　弓箭太倉州取弓匠來造

嚴城守十　籌海圖編卷之十二　三十二　黃鉞刊　沈世周寫

鐵匠　皮匠　竹匠　木匠　裁縫　弓箭手
右兵器府佐一員專督之
先揀選舊時所蓄可者用之不可者作急製之
某人某人長於揀選者也某人某人長于置造
者也與府佐相協替庶不為各匠所欺
備儲蓄
一區處米穀入城
着長吳二縣正官先行密訪城外及各鄉鎮大戶
有田收米在家者與夫田少用銀糴米待價者查
審的實密稟察院差官二員着落兩縣粮塘嚴催
搬運入城任民堆積開糶其時價高下官府並不
參與明定某日粮塘開報已經搬運入城者幾家

本官親行勘驗特須不搬留資盜糧者治以養[illegible]
重罪粮塘回護親故之家混開已運入城者許貧
民出首一體加罪仍給賞首人十分之三其七分
沒官作養守城兵夫之用
一區處鉛鐵入城
鉛鐵資火器之用關係匪輕不可棄以資敵蘇城
客販冶坊俱在城外須先查鋪行及冶坊等姓名
賊有警報着本地方總甲押催依期搬運鉛鐵鐵
鍋鐵器入城任從放置專督官再行逐一查訪不
搬入城者本家治以與賊交通之罪總甲不行開
報一體問罪鉛鐵等入官公用
一區處火藥入城

嚴城守廿二　籌海圖編卷之十二　五十三　布政司吏沈世周寫　新安黃桌

蘇州硝黃之類進城有限務先查定各南貨鋪行
賊有警報着本地方總甲押催依期搬運入城任
從堆置如有公用照時價將銀見買專督官查訪
不搬運入城者治以私販火器與賊交通之罪總
甲不行開報一體問罪
一區處磚石入城
城夫不閑武藝須用磚石擊賊賊警急時城門已
設盤詰矣軍民人等每人各城門要帶磚一塊置
於月城內空地守城軍搬運上城每五十塊作一
磊以石灰封識聽用如不帶磚者盤詰人員不許
放入本職仍差湖船裝載西山石片交與把門人
員運置城上防用如不搬運上城作弊罪加把門

目後

一區處石灰入城

灰瓶毒藥脩砌等項俱資石灰仰各窯戶領價依期送運石灰入城封識沿城寺院以須急用

一區處稻草入城

城上燒賊必資稻草先期派價與各粮塘領買若千萬束不拘蘆柴稻柴茅柴堆置空閑倉廒以須急用

一區處城外竹木

竹木行俱附城郭若不遷徙皆賊攻城之具也須仰各商將竹木行依期輪運入城開賣其在水各排移去五六十里外隱僻港中暫置以待賊退復

業如不遷徙俱取入官公用

一區處油燭入城

賊臨城下缺乏油燭必無處置查各城門外一應油行及出販鋪家仰總甲於有警之日押民依期搬運菜油荳油舊油銅油白蠟等項入城聽從開鋪交易如有公用照時價將銀見買如不依期搬入專督官挨查連總甲枷號問罪其油入官

一守城器用明燈燈架三千六百三十副每副價銀五分通計一百八十一兩五錢着長吳二縣設法處造勿累保長等人

蠟燭每夜二萬七百九十枝連六門城樓用通計三萬枝以一月計之計九萬枝通計銀一百一十兩長吳二縣分備

鐵鍋四百隻冶坊備之事已給還

行竈四百隻每隻價銀二分該銀八兩每縣出銀四兩置辦

水缸八百隻每隻價銀三分該銀二十四兩以二徒罪贖銀辦之

酒瓶三萬每十箇價銀一分該銀三十兩

簑衣箬笠一萬一千副每副價銀三分該銀三百三十兩兩縣置辦勿累城夫

草薦二千七百五十條連預備三千條該銀十五兩大樣蘆席一萬一千領每領價銀一分該銀一百一十兩將贓罰銀給各區粮長辦之

竹木罰臨時不搬竹木行者用之

其餘物料先行預置寺觀公廨去處差官封識有事隨以本官給發

慎防禦

一某官見練兵千餘名已有武舉三員統領若賊臨城某官帶兵六百名屯處玄妙觀中護衛以爲中軍復以原統兵武舉一員統兵二百名屯處府前防守庫藏并司獄司獄囚再用武舉二員各統兵一百名屯處長吳二縣前防守二縣庫藏獄囚若賊未臨城之日上司有調遣之事先分若干應命賊入腹裏即收其兵入城原如前法處置名曰聽調之兵

一擇用官生六員俟其俱到即令會議各人平日所知精兵召募一千二百名團聚北寺中以團練府佐一員專督官生六員參詳其中合聚訓練務期可戰可守以須實用待賊臨城每門分遣原練兵官生一員各帶兵二百名屯處于府近城門寺觀中一處有變隨以本處兵應之別處不動若賊攻城危急應該用兵攻擊亦待中軍方畧已定有信牌發遣然後行動名曰實用之兵

一城中先計道里適均定作十二處派定地方某處某處止分遣省祭雜色等官十二員每一員率領火夫五十名屯處所分地方廢院中給與水桶水斗撓鈎等項以防一方火患假如某方火起止許

信地火夫救護撲滅城上人夫不許亂動城中居民亦不許喧嚷奔走擾亂地方仍給虎頭火牌一面上書專委救火與夫禁緝擾亂地方等字樣以專委任亦便夜間救火執照以開巷門其火夫着各該啚舉報極貧人戶每名日給米二升自贍共計火夫六百名每日該給米十二石通計一月不過用米三百六十石此法一行名雖救火實則處置飢民得所

一賊將臨城先集保長給與連坐信牌使之各保自行曉諭各甲自相糾察如有容留奸細者一甲連坐軍法重罪不得與平時止坐直日者輕罪例論其寺觀給與住持使各房互相糾察待賊一退即收信牌不准此例及今鬧時着官一員先刺小牌計在城甲數每甲一張印完以便臨時給發

一盤詰奸細之法差官帶領知事人役在城門外吊橋邊逐一仔細認辨各色人并檢驗物件用衛官一員有精力教官一員省祭雜色官一員兼領其事守門官員再行查驗不可但恃官廳爲盤詰之地

定夫役器械附

一姑蘇城垛九千七百九十新增敵臺大約不過一千每一城垛用一人守之通計城夫一萬一千人派夫照依先任溫公之法大戶五名中戶不過二名下戶用二人三人朋充一名實爲情法兼盡今長吳二縣除仕宦舉監生員外通將居民合二萬

二千人之數分作兩班城夫雖有兩班口粮止用一班上城之日第一班直一晝夜至次早第二班人夫更替及今鬧時先就居民近住城垛處寫定班名於各城垛上賊在百里外先用保長甲長到城看守俟賊近城五十里保長喚集散夫上城其法以百人爲率常以五十人分立一百垛口看守將身向外觀望五十人食息便廁則二垛常有一人看守至夜間亦用五十人立一百垛口看守五十人睡至半夜代換後半夜巡城官生至則五十人起而交代此勞逸適均之法也

一城上各敵樓每處派定舉人一人或監生一人各帶家丁生員二人不拘家丁有無專在上歇宿督

視本處垛口城夫晝夜防守若各該地方有賊攀
援上城坐名申呈憲候提問亦不許科擾保甲長
人等

一指揮六員每員派定一門白晝各行巡視以整齊
保甲長散夫人等站立觀望及防不測之變其官
生六人每人派定一門給與巡視虎頭牌面上寫
遇夜各行巡視信地站立人等至交界處方回循
環不息官生每人給馬一疋

一各城樓及對城外衝要之處各置佛郎機一座隨
用裝火器二人帶火藥一桶備急用其城樓下預
置合用火器鋒利器械弓矢及堅固防牌使賊臨
城隨取隨足官廳庫中置放石灰油燭火藥等項

備用若庫中封識不盡更用沿近居民空房一二
間封鎖亦可須差官一員常時看取給發

一保長每人青衣裝束各帶腰刀一把號旗一面其
散夫各備長柄鎗刀一把又帶鐵錐一箇或斧頭
一把任從其便如缺一件即加重責每三垛備明
燈一碗燈架先置城垛外可照城足其燈每一保
長給與二十三碗每日着一縣佐次第分派本日
一夜之燈與保長每保長派好燭一百八十九枝
任其分散丁夫以備一夜之用若保長有獎許丁
夫口告罰燭一夜其合用煎油煎糞鍋竈等項每
保長一名預給鐵鍋二隻行竈二隻水缸四隻酒
瓶二百箇檑木二根備用如有警急再行分派物

料至於暑雨合備細密堅厚篛笠簑衣每保長一
名給與百付分散丁夫穿用遇夜合備草薦等項
每保長一名給與草薦二十五條大小竹一百根
蘆席一百領以作蓋棚歇息城夫之用

一打牲船上弩矢百發百中此船吳淞江陽城湖陳
湖太湖水鄉多有之着各區圖報舉入城不許容
隱其人官府照養兵口粮給與工食計名分派城
上緊要去處有功仍加重賞

一城外濠內週圍空地多有居民占造房屋賊若攻
城必先渡濠頓住城足城足有屋賊可隱身城上
矢石難施且賊登屋可以發火器矢石攻城前任
巡按御史孫下令焚燬實萬不得已也不二三年

愚民貪昧又行蓋屋若姑息之是將在城數萬之
命而爲僥倖之圖也今後賊將入境務要拆卸如
不從者臨時照前院法無悔

此雖蘇州一府守城條件但區處得宜綜理周密錄之以爲他郡守城者式

曾按從來城守攻破者十一襲破者十九襲破之
說有二其一是伏奸細於城中放火守城者奔救
則敵乘間而登其二是暗約奸細上城照會蹤虜
處用雲梯登至垛口揮刀殺人守者驚散賊從此
上故守城之法須設兵一枝專司救火不許守垛
者下城守垛者各持一斧分班專視城足凡賊登
城多在下半夜乘人疲倦故也亦多在黎明守者
散班故也把守之嚴賊豈能襲我乎所若者盤詰

奸細甚難蓋奸細乃本地之民賊拘其家屬刧其
內應吾烏從而覺之今之詰者多在城門內使賊
假裝吾民從此擊殺門豈能遽闔乎又或閉城太
早止通一二門出入人愈衆則詰愈難不若大開
各門門外盤詰而兵衛設於門下方善

築城堡

丙辰會試策云守必以戰而守城必以野自法有陷城
之誅而未嚴殘野之罰賊至苟負孤城而棄其四境
煙焰相望號聲相聞所至蕭條有不忍見聞者又安
望其援乎故守牧備邊先收保而不失不能收保是
資賊也後將軍燉煌先在乘隊列陣校聯不絕賊不
敢犯使蹄而可犯是自敝也愚以爲畧倣墩堡之制
使民各聚爲市市列爲堡約其道里之中使勢可相
及每賊至則斂堡固守而郡縣急趨而助之而又特
嚴其法使四境殘甚者與失城同罪則人各爲戰地
各爲守賊入而無所得其勢自困矣
都御史章煥云北邊城堡相望凡以防衝突備虜掠也
南方之畜侈千北邊風帆之力疾于馬足苟無城堡
賊何畏而不來民何恃而不散且夫賊勢之熾凡以
鄉民入黨奸民惑亂助其聲也有城堡則居者守逃
者歸耕者斂且遠近按堵什伍相保奸民無所容無
奸民則無嚮導何以能深入居民不散田野不蕪賦
税不乏根本之要也及今秋冬宜令諸鄉大者爲城
小者爲堡而聚民其中城堡羅列賊必不敢越境而
內侵東南世世之利也或曰公私俱竭如冗費何夫
軍興不止費且不貲民散不復賦將何出城堡所以
省軍需足
國計者也何謂費也昔
皇祖嘗命湯和視海上擇要地築數十城以備倭使治倭

有他策也

聖慮當先之矣今安用紛紛爲也

又云賊遠來人持數日之粮未達岸多苦饑者賊之死命制于數步之内矣徒以海濵廪藏露積故賊至而掩據之因粮以爲食因財以爲用故奸人爲之黨而窮民爲之役所向無前乘人不備如使蓄積收斂而野無所掠此賊坐困之道也不數日乃成擒耳故議守者莫要於城堡城堡相望遠近相倚少則不能攻城多則所掠不足供所食賊不能持久破之必矣夫賊不能宿飽則不能深入不能深入則不能多獲不能多獲則來者無利而聞風者不来内地可不煩兵而守矣愚聞倭夷揮刃成風天性好鬬誠難與争鋒獨其久饑乃爲易制邇者我師三捷皆乘其饑剖腹視之類多青草禦寇之要可知也

副使茅坤云近聞嘉善平湖蕭山諸縣已皆繕城然而桐鄉崇徳尚未聞議及者此特邑而已至于市鎮如湖歸安之雙林菱湖璉市烏程之烏鎮南潯所環人煙小者數千家大者萬家即其所聚當亦不下中州郡縣之饒者並當按其市居之田宅積貯而量其力之大小爲之均其費之多寡各列丈尺而築之有司特為之約束期會鈎考布筭以責其成功而已而其材不必籍入於官入於官則多出没之弊其他敵樓城門并水寨之屬非民間可以例辦者官粮籍庫貯以助之至于鉅姓勢族而野處田間者或二三家或五七家或一二十家所願隨便築堡者亦聽近聞其

肅諸邊總督楊公嘗遍行之雖虜數萬控弦而下亦不敢窺數家之堡而仰攻何者彼不過利之而已一攻堡則其内伏火器下礧石非擊殺數十百人必不能下彼所得不足以償其所失故僕竊以爲吴越之間凡近海一二百里者並當令著姓居民遍爲列堡而守可也

兵部尚書胡世寧云擇人而守之重其權而久其任使得爲萬全久遠之策可也或舉地利不如人和之說及懲秦之滅亡而築城勞民爲病者是不然夫自古王公設險以守其國使倚将和卒練一時善戰之功而不爲設險守國長久之計智者不爲也況戎狄長于野戰短于攻城而我中國之人每與之反故吾乘城拒敵是用所長而乘其所短且以土石而蔽血肉也若無險可恃而專以戰爲守是勉所短而校其所長且以血肉而代土石也仁者将孰從乎況築城雖勞而爲之以漸則亦不至如秦之害人矣孟子之言爲專恃地利而不恤人者發也秦之政亂由其暴虐之極非專由築城也其築城之卒數十萬餘而南戍五嶺乃五十萬餘驪山防房之役又各七十萬餘是其勞民致怨豈專在築城哉後世懲秦之失而忘古設險之制是因噎而廢食也

此篇本為北邊而設其實海防亦然故錄之

廣團結

云城外團結法愚嘗廣詢博訪宜以二十家爲一團除租房单丁外每一團令養客兵一名每家各設器械一件出人丁一丁以爲團兵凡二團四十餘家各出銀一錢造一巷門門上蓋一更鋪鋪内置鼓一面鑼一面鐵銃三口香盤一方就四十家每夜輪人夫二名守之居常無事止鳴金鼓巡更一有寇警則本處即連放三銃四十團兵各執器械追截諸團皆應之其所養山東兵官嚴立法不許擅離本團𨇾授團戶每日有暇即教習本處團兵軍門復時時委官查省之責成之衆既以勢分而不得爲非團兵之布列者又以聯絡而相爲友助况一團有賊諸團應之四郊之外團有隨地皆城隨民皆兵而大城屯守之卒將有不必用者矣

詰奸細

鎮撫盧　云防奸之道莫若城内城外盡將娼婦逐出外境此輩惟知要錢不論強賊奸細到即窩匿有財者不論年月居住凡軍機重務與有司之舉動兵將之強弱謀猷之發與未發彼無不知也甚而至於散諸各娼婦之家議定某日某時一齊舉發以爲内應欲防奸細安可不逐娼婦乎

此言防奸細之法

吳郡生員陳恕云海夷譎詐奸計百出或裝做蓑笠農夫或裝做巾帽婦女或裝做雲遊僧道或裝做乞丐餓夫採聽消息則如思如蜮剽掠村落則蟻聚蜂屯萬一不謹潛入城郭被其内應噬臍無及爲今之計必須徧行所屬官司在城則逐戶挨查門禁則仔細盤詰出軍則尤宜採訪至於掌門之官亦要文武相兼啓閉以時夙夜有警男子則由左女子則由右不相混淆毋容攙越我兵一出必遣伶俐徤卒先行俾作採聽熟知賊之休息毋毋寅夜貪淫嗜酒熟睡休兵躲視我兵不虞我至斯時也果能伏兵四起此其除奸臧寇之機也爲將官者所宜念之

行保甲

兵部尚書王守仁云本院近行十家牌諭誠亦弭盜安民之良法而今之有司槩以虛文抵塞莫肯實心舉行雖已造冊繳報而尚不知其間所屬何意所處地方就道仍要用心督責整理誠使此法一行則不待調發而處處皆兵不待屯聚而家家皆兵不待蓄養而人人皆兵矣

工部尚書馬坤等題欲將土著之人各就一鄉編入保甲盡歸團練五人爲五十人爲甲五十人爲保上下聯絡委各府州縣佐貳官賢能者不時就其一鄉團兵閱其武藝又因而稽其人丁如有潛入賊中勾引或探聽者坐罪若有隱弊互相連坐

副使譚綸云連年倭患皆爲私通貿易而起浙人多詐竊買絲綿水銀生銅藥材一切通番之貨抵廣變賣復易廣貨歸浙本謂交通而巧立名曰走廣不此之禁則履霜之漸馴至堅冰欲行究詰則奸宄之雄彌縫百端徒滋擾耳爲今之計莫若稱此議練鄉兵之時立爲保甲之法委所轄各府佐貳官公同屬縣掌印官皆約與從親詣地方不問腹裏沿海與城郭鄉鎮去處官吏生徒舉監之家務逐戶挨查每十家編爲一牌牌內分十直格皆以巷道爲准如是東巷門起則于牌格內左甲尾下填註東巷門字樣從西順挨一趙甲二錢乙三孫丙四李丁五周戊六吳己七鄭庚八王辛九馮壬十陳癸各填註人丁生理明白即於右甲頭下填註褚子姓名是爲第一甲其第二甲牌格內左甲尾下填註陳癸姓名亦從順一褚子二衛丑至十家止三牌四牌亦依次聯絡挨填如一巷之內人家已編十牌外有零者即將大家中人丁煙多者報足編之如村鎮無巷道者亦依村鎮編之就於本名下坐定日期每一家輪直三日第一家輪初一十一二十一日第二家即初二十二二十二日以次填註按日於本家門首懸掛仍每一牌年輪一名爲甲長管領九家每十牌年輪一名爲保長領百家其中若有遠出不歸或私收絲綿火藥等物假名走廣潛往通番或逋逃海外久不還鄉者許牌內直日之人抱牌赴首官爲拿究敢有隱不覺舉一家有犯十家連坐毋容姑息其有原犯通番但逃回自首免罪編完之日府縣仍將牌每甲一樣再填一張類釘成冊存留在官巡捕官時加查考一體稽察若有假公濟私乘此害人從重懲治如此庶通番之黨自消而地方之不逞亦可以禁絕矣

太倉生員毛希秉云凡海賊一起陸地賊來機竊發假海賊之名以縱恣地方不能抗禦惟保甲可以除之如太倉初編保甲陸地賊無所容身逃縊擒首散亡畧盡嘗有海賊廿人夜刼城南十八都時其家潛報保長總甲及有舡者預待賊出追之且擊且行逐至海口天明賊之器械盡矣把港百戶陳璋鼓率人舡直追半洋擒回送道又十五都沿江地方白晝有海

賊上岸打刼適潮落舟閣被保長盡數擒獲此皆從
來未見之事而保甲之功大矣今法久人玩乃復罷
宜修飭以保地方但不可使之迎送受詞以生事耳

降宣諭

南京工部尚書馬坤等題朝鮮居東北日本居正東偏
北故日本諸夷凡由海上入中國交通生事舟必經
過朝鮮海面先年倭首宗設等犯我海道大肆叛逆
屠害中國軍民數多時朝鮮國王李懌聞賊歸由彼
海憤其作孽盡遮殺之隨即具奏倭奴打刼上國致
殺官兵不伏天誅過境仰仗
皇威勦殺殆盡并將擒獲賊倭中林望古多羅等及賊首
級三千顆與長箭船䌫等物連擒回人口王樣等差
刑曹祭判成洗昌等先後齎獻
闕下此固未暇深究其故但朝鮮能殺日本之人與日本
之人之畏朝鮮則驗矣請乞宣諭朝鮮國王查賊經

由海面既與日本密邇王須益申初議盡行截殺仍
行國王就近轉查日本曾國者近年倭寇是否由其
縱放若果知情速令悔改若係左右奸宄或係中國
逋逃假借妄為就令其盡將首惡擒斬獻報是亦一
策也

此言當令朝鮮轉諭日本

在京各衙門會議云查得先該巡視浙江都御史王忬
題臣聞東南之倭寇猶西北之匈奴詛詐勇猛強不
可禦乘風迅速來不可測故我
朝備倭北自山東南抵閩廣規畫經制不減西北且嚴通
番下海之禁明十年一貢之規使常修舉不失豈有
邊患但數十年來事皆廢弛番商海寇俱至浙洋寧

紹蘇杭姦宄射利之徒接濟交通勾引貿易自嘉靖
二年宋素卿入擾之後邊事日隳遺禍愈重閩廣徽
浙無賴亡命潛匿倭國者不下千數居民里巷街名
大唐有資本者則糾倭貿易無財力則聯夷肆刼巨
室爲之隱諱官府惟務調停日就月將年深歲積識
者固知有今日之變矣臣詢訪在海賊首約有百人
其雄狡著名徽州王五峰徐碧溪徐明山寧波毛海
峯徐元亮漳州沈南山李華山泉州洪朝堅皆廣布
奸細包藏禍心計算則未能就擒捕急則逃遁無跡
雖恃海洋遼濶亦由倭國爲之淵藪也節據被擄在
倭歸人供稱本國酋長請有入貢勘合得行則利歸
于上今各倭私自貿易利歸于下彼中酋長甚是不

樂嘗禁各倭西犯昨刼黄巖去者多被擒殺今春關
隘亦加嚴禁曾追回倭船二十餘隻并審擒獲賊首
李邠蹉亦稱渠魁沈南山等安住倭國分遣其黨同
倭入寇此輩不除海無寧日若差人曉諭國王定將
各逆并島夷勦逐此雖得賊擄之口未可輕信而國
王感恩慕義之心亦豈盡無查得永樂年間倭夷入
貢又有倭寇犯邊令來使追捕得倭賊若干許以彼
國法治之以次蒸死數十餘年海洋平靜海道副使
李文進屢以議呈欲臣具請特
旨北行朝鮮南行琉球轉諭彼國及令布政司咨行述其
許貢之由勉以藩屏之義令將中國逋逃盡撈起發
嚴密各島不得出關庶使賊勢巳孤兵力可逞但恐

夷性叵測
國體攸關未敢遽陳即今警變異常正多方圖濟之日乞
要查酌議擬務求事體穩便等因本部咨行禮部查
議訖又該刑部河南司主事郭仁題云今之倡亂者
巳經兵部明言有賊首王直盤據海島招納叛亡然
必竟勾引倭奴張大聲勢故敢猖獗一至此也臣承
乏刑曹凡遇朝鮮國觧至日本薩摩州失風流賊望
古三甫羅等轉行到部有被鎗火銃木牌刻有軍門
及松江府字號則倭奴之流刼江南也無疑常考洪
武二年遣臣趙秩諭日本來貢五年復遣僧祖闡無
逸往宣佛法諭其來貢
太祖爲賜詩送行實重厥事也乃十餘年得安堵焉永樂

初命太監鄭和等招撫諸番日本獨先納貢并擒獻
犯邊賊二十餘人就命來使治以其國之法于鄞地
令一人執炊一人上甑盡行蒸殺至十五年復入寇
遣將執其酋首送
京師
成祖待以不死遣刑部員外郎李潤等使日本降
璽書責以敬天事大之義次年潤還其國王源義持亦遣
刺史奉表稱謝
成祖特釋其罪宴賚有加嗣是終
成祖世不復入寇此仁義並用
祖宗駕馭倭奴之長策也即今海島群盗旁午使舟或未
能達昔

太祖嘗以三佛齊梗化阻絶使臣商賈命禮部移文暹羅
國王轉達爪哇俾以大義告于三佛齊令無查照故
事遣使朝鮮
諭令差官齎送
璽書前往日本宣揚
聖朝威德戒令歛戢屬夷該本部覆議移咨總督會同操
巡撫按等官轉相計議題奉
聖旨已經通行督撫等官議處未報近又該督察侍郎趙
文華咨送通事一名降倭二名前到兵部譯審得入
寇海賊俱係日本所屬野島小夷彼中國逋逃之徒
糾同打刼倭王未必盡知所據
南京工部尚書馬坤題

請前因侶亦有據及要宣諭朝鮮一節又與王忬郭仁所
奏大畧相同且日本原係朝貢之國載在典制遣官
傳諭于義無乖合無從禮部酌量查照
祖宗故事差官齎捧
璽書前至朝鮮
諭令傳諭日本國王以示君臣之義禍福之機令其禁戢
屬夷擒斬華逆以効臣節如果罪在夷屬國王無預
輸誠聽命海氛肅清許其遣使奏報另議褒奬是亦
不戰屈人之一策也
此言行令琉球朝鮮轉諭日本之疏爲是
海道副使　云照得倭夷諸島種類雖繁部落相聯
亦有酋長梟所尊者號曰天文其法最嚴其威懾衆

一人爲盜一家盡滅一島有犯隣島移平即奉令勘
合以時來貢者彼中故事每遇閏年則諸島富倭各
出巳貲輸於天文請得勘合方來入貢寔則貿遷有
無以侔厚利利權在上天文所欲者後因海禁廢弛
奸民通番裝寳之倭徑自貿易不請勘合利權下移
天文所不樂者加之徽賊王徐閩賊林陳輩假稱名
號竊錄勘合妄具禮儀私通酋長遂至招呼盆衆往
來無稽天文所不知者此皆彼中情狀博訪似實故
本職在昔具呈題
請許令省諭葢嘗反覆思之審矣若頒降
璽書特遣使命恐偶不敬反生事端若令琉球高麗就近
傳宣事在彼中難於取必不如止行浙江廵撫得以

從宜省諭當如永樂事例取高僧數人移文秉㭬直
至天文詳爲傳諭宜累
朝許貢之恩禁近來倭夷之擾發王徐之僞收逋叛之民
許修常貢利操權天文雖愚必知所擇盖日本所需絲
綿藥物器用之類悉皆仰給中國不能缺者若或海
禁皆嚴通番盡止彼日用不足勢必請貢惟命是從
而我所欲爲亦無不遂此又拔本塞源之術也
此言朝使宣諭及隣國轉諭總不如撫臣自移諭之爲善
通政唐順之云宣諭日本浙江軍門常請命遣使矣竟
不能盡得其要領使者坐罪而其事遂罷嘗考乎倭
畧所載洪武永樂間遣使日本者不一而足
高皇帝又嘗與劉基議以倭國重佛特遣僧往諭古之王

者下四夷之不貢不臣則有威讓之令文告之辭兵
交使在其間以深得敵情而處之切中其機也然自
葉宗滿之坐重罪而逋逃欲自歸者不免自疑自蔣
洲之得罪而人以使絕域爲諱或宜減宗滿之罪以
示信于逋逃之徒寬蔣洲之獄以留使絕域詗敵情
之一路
此言宜諭當行
兵部主事黃元恭云策者曰倭夷犯順乃群小之僭竊
其君不知也誠遣使諭之彼王必能禁其下海境安
矣百萬之師何如一介之任耶竊惑之昔晉率陰戎
伐頴周景王以弁髦之敝告晉辭直獲免而說者以
爲不如東周之伐秦夫君臣上下華夷之所以臨事

統屬分也臣有干于其君殺無赦下有犯于其上殺
無赦夷狄有滑乎華夏殺無赦憲也周天子顛分壞
憲屈體卑辭以祈一日之存孰與拚國舉義存綱常
於萬世之愈哉今堂堂
天朝玉帛萬國威迅九垓雖倭奴爲患譬則蟁蝱之螫耳
未若唐之困回紇宋之困金元何至甚衰周之不屑耶
或曰是舉也請命于
天子擇布衣之士假朝臣之服而以藩省之辭將之非害
大者夫曰請命則實意開於
天子而識者默思之必有元首居下之耻曰假服則名器
頒于
朝廷而匪人畀用之必有衣冠掃地之辱實意卑名器玷

而猶曰無害大可乎且夫中國
天子猶家之主也夷王猶家僕也夷之群小則家僕之臺
從也臺從肆然凌犯其主既不能奮草薙於其來又
不能正其根誅于其主而顧脩文告之辭豈不忸怩
當代含羞百世也我抑人有言苟可以息干戈而全
民命何憚于枉尺夫逋法網以爲盜于外境華夷皆
有其人吾中國豈不明揭憲典密布機宜廼不能禁
吾民之竊出顧責倭王盡禁其竊入者乎勢不行矣
且倭奴狡猾素無慕義之誠其臣服數十年不爲梗
特通貢之利足羈縻之耳今入寇之利百倍通貢允
其貪心何所不至猶恃中國之威儞服有素而群小
之回誘說未通若廼遣使諭之假其重以寢其兵示

弱明甚矣安知不啓通國之貪乎
此言宣諭害義之大必不當行
海道副使譚綸云移諭日本之言似不可行何也通番
接濟乃吾中國沿海之人也中國之官不能自禁而
欲夷王禁其所屬不爲所笑乎欲望夷王之禁其屬
必先自禁始
此言降宣諭爲不當行
太常寺卿魏　云琉球國未嘗親來朝貢決不可使
朝臣往封以致之死地但以
勅命封付福建布政司彼國來領可也
國初朝臣親往者以其國王親來朝故也今不來朝久矣
中國豈可使朝臣親往乎

此計乃爲使琉球國而發琉球世爲不叛之臣待之且尚如此況日本乎可例推矣近年督撫議遣使諭日本不用王官而用布政司移諭甚爲得之

用間謀

都御史唐順之云用間使其自相疑而自爲鬬最是攻夷上策然非深得敵情則不能用間非熟于地形則不可以成犄角之勢而夜襲敵營且我兵形既露虜人亦日夜爲備而匿實示虛匿近示遠匿精壯而示羸弱百計以疑我者宜亦深是故得敵情爲難

通貢道

通政唐順之奏云據總兵官盧鏜手本內一欵撫處夷
情以尊
國體開稱
祖宗以來給與日本金印勘合十年一貢船不得過三隻
人不得過百名既申遠夷慕義之情遠夷亦得交易
中國之貨以爲利而中國亦以羈縻遠夷使常馴服
不爲寇賊百餘年來自嘉靖二年宗設宋素卿等爭
貢讐殺貽害地方因而絕貢至嘉靖十八年正使碩
鼎等齎獻貢物幷進表文伏罪荷蒙
皇上擴天地之仁雖非貢期復准入貢嘉靖二十六年正
使周良等坐船四隻復貢議者計方九年之期有違
事例徑自阻回從此貢路不通倭夷素性貪詐利我
中國之貨既不與貢則無復望矣因此遂被姦徒勾
引同利爲寇不止則以偶蹉一年貢期阻回之故也
爲今之計乞題請
聖裁行令各衙門遵照今後夷人復來求貢果有真正表
印勘合別無詐偽姑不計其限例就與奏請起送赴
京譯審來寇之端
勅彼國王令其查治惡逆歛戢屬夷使不敢再犯則倭
夷知有貢路之可通而詭計自銷黨類自攜勾引之
徒亦可暫解矣鏜老將也三十餘年在海上熟諳夷
情其言當不甚妄乞
勅該部查議可行與否臣又聞先時陜西總制王瓊公

西夷事以謂能絕其入貢之路不能絕其入寇之路
今亦可借以爲喻也
此言夷人來貢不必拘定貢期但有表印勘合即當准其貢
兵部尚書張時徹云倭奴悔禍或揚帆稱貢而至將何
以處之昔楊文懿公嘗著却貢之議曰倭奴狙詐狼
貪云云見楊守陳條下且前此入寇之少蓋以通番下海勾
引嚮導者多也乃不嚴禁姦之令而欲開非時入貢
之門是止沸而益之薪也況倭王微弱號令已不行
於國中即使通貢果能禁諸島之寇掠乎且貢夷止
數百計而寇邊者動以千萬計豈寇邊之賊皆欲貢
而不得貢者乎請宜須明詔申命海道帥臣益嚴守
備貢則却而驅之出境寇則草薙而禽獮之則奸謀
狡計破阻不行矣今之議者復曰昔三代盛王九夷
八蠻五戎六狄莫不來王聖人之作春秋於荊楚猾
夏則書人以黜之至遣椒來聘復書爵以進之招攜
以禮懷遠以德蓋王政之所不廢也倭奴自
祖宗朝効其職貢已非一日邇者
朝廷准令遣使移檄往諭實屬招來之意以開其補過之
門但奉使者不能直達倭王以宣布
聖天子威德而徒以簡率行之如其欵邊納貢而峻却之
恐來塞其自新之路而益堅其稔惡之心東南未知
所息肩也夫爲是說者猶治疾之標而未察其本者
也王者內夏外夷修之有道軍志亦曰毋恃其不來
恃吾有以待之使在我者未修而疏於所恃也則通

之適所以招侮絶之亦足以啓釁此豈安攘之長策
哉邇者臺省部寺會疏奏行九事一曰選武將二曰
任文職三曰精選練四曰愼徵調五曰處軍餉六曰
守要害七曰明職掌八曰明賞罰九曰行撫諭酌以
時議之允協者而並行之於以內收順治之功而外
樹威嚴之績如其且寇且貢反覆不情則用威讓之
令文告之辭以却絶之是恪遵
太祖高皇帝之明訓義之所以爲盡也如其引慝伏罪重
譯効款必欲率賓王化以自納於覆載之中則必質
其信使堅其誓約
勅令禁戢各島不復犯我邊疆期以數年爲斷共命不
渝而後如
先朝著例容令入貢此
成祖文皇帝綏徠之方仁之所以爲至也是故明徵定保
君子監成憲而行之爾已是故修治垣隍愼固城守
一策也編立保甲內寓卒伍一策也譏察非常嚴禁
出洋一策也綏撫瘡痍以固根本一策也此皆所以
治內也修復墩堡嚴明烽堠一策也繕治器械查復
戰船一策也出哨會哨悉遵舊規一策也據險守要
聯絡響應一策也此皆所以治外也至於練主兵而
免調募之擾足財用而資軍興之需聚芻糧而給餉
以時嚴賞罰而功罪不掩設畫樹防出奇應變爲吾
之不可勝以待敵之可勝則在中外任事之臣加之
意可也

或云許貢一說決不可行蓋
成祖之許入貢先有威以制之也今威未行而遽許之非
惟無益恐彼借入貢之名來無常期人舟不遵定數
反生事端矣
此二條言貢不宜輕許
尚書楊守陳云倭奴僻在海島其俗狙詐而狼貪自唐
以至近代已嘗爲中國疥癬矣
國初洪武間嘗來而不恪
朝廷既正其罪復絶不與通著之爲訓至永樂初始復來
貢而後許之於是往來數數知我中國之虛實山川
之險易因肆奸譎時挐舟載其方物戎器出沒海道
而窺伺我得間則張其戎器而肆侵夷不得間則陳
其方物而稱朝貢侵夷則捲民財朝貢則沾國賜間
有得不得而利無不得其計之狡如是至宣德末來
不得間乃復稱貢而
朝廷不知其狡
詔至京師燕賞豐渥捆載而歸則已中其計矣正統中來
而得間乃入桃渚犯我大嵩劫倉庾燔室廬賊殺蒸
庶積骸流血如陵谷縛嬰兒于柱沃之沸湯視其啼
號以爲笑樂捕得孕婦則計其孕之男女剔視以賭
酒荒淫穢惡至有不可言者吾民之少壯與其粟帛
席捲而歸巢穴城野蕭條過者隕涕於是
朝廷下備倭之詔命重師守要地增城堡謹斥堠大修戰
艦合浙東諸衛之軍分番防備而兵威振於海表肆

七八年間邊氓安堵而倭奴潛伏罔敢揣焉茲者復
來寇何而我軍懷夙昔之憤幸其自來送死皆瞑目
礪刃欲食其肉而寢處其皮彼不得間乃復構貢而
我師遂從其請以達于
朝是將復中其計矣今
朝廷不納其貢而吾鄉先罹其害夫民稼穡爲之舍館浚
民脂膏爲之飲食勞民肋力爲之役使防衛晝號而
夕呼十徵而九斂雛雞犬不得寧焉而彼且縱肆無
道強市物貨善誑婦女貂璫不之制藩憲不之問郡
縣莫敢誰何民既譁然不寧矣若復
詔至京師則所過之民其有不譁然如吾鄉者乎矧山東
郡縣當河決歲凶之餘其民已不堪命尤不可使之
譁然也且其所貢刀扇之屬非時所急價不滿千而
所爲糜國用弊民生而過厚之者一則欲得向化之
心一則欲弭其侵邊之患也今其發計如前則非向
化者矣受其貢亦侵不受其貢亦侵無可疑者矣昔
西旅貢獒召公猶致戒於君越裳獻白雉周公猶避
讓不敢受漢通康居罽賓隋通高昌伊吾皆不免乎
君子之譏況今倭奴乃我讐敵而於搆釁之餘復敢
懷其狙詐狼貪之心而施其奸計以罔我其罪不勝
誅矣況可與之通乎然彼以貢獻爲名既入我境而
遂誅之則類於殺降不武不義若從而納其所貢則
中其奸計而益招其玩侮不可謂智取一而損十得
虛而費實不可謂計彼所恃以事無用俾其不兵甲
而騷不水旱而饑不可謂仁有一於斯皆非王者之
道竊以爲宜降
明詔數其不恭之罪示以不殺之仁歸其貢獻而驅之出
境申命海道帥臣益嚴守備俟其復來則草薙而禽
獮之俾無噍類若是則奸謀狡計破沮不行若日之
所照月之所臨物莫能遁故天下咸知
朝廷之明貢獻不納貨賄不貪雖有遠方珍怪之物無所
用之故天下咸知
朝廷之廉自浙江以達京畿且數千里之民舉不識輸運
之勞不知徵斂之苦父哺其子夫煦其妻而優游以
衣食故天下咸知
朝廷之仁裔夷知吾國有禮義而不敢侮奸宄知吾國有
謀猷而不敢發桴鼓不鳴金革不試故天下咸知
朝廷之威舉一事而衆善備焉斯與勞民費國而幸蠻夷
之服者萬不侔矣

開互市

主事唐樞云我
太祖高皇帝定鼎之二年遣使趙秩招諭日本次年國王
良懷奉表入貢五年復遣僧祖闡往諭之隨遣人奉
方物時祖闡之使也宗泐以詩別而
高皇帝親和之有同仁無遐邇之句十三年貢使無表文
俱發三邊安插十四年貢使表有前使姓名乃悉放
還自十五年賊臣胡惟庸黨備倭指揮林賢入倭搆
亂十六年寇金鄉十九年進巨燭暗藏火藥兵器佐
惟庸爲不軌于是
高皇帝立訓絕其往來夫招之者帝王無外之仁也無驗
而拘之及得其真而即歸之中國柔遠之禮也其奸

深禍結示以永拒聖人誅罪之義也然不即勤兵于
討以訓令代鈇鉞明于勢之所不及不欲以全律之
也况罪以罪乎其人豈終罪其國無可宥之日耶是
則良懷世而
聖怒宜息矣故當
文皇帝繼世定貢加賚遣使給符封其鎮山初禁似與全
釋盖後先殊而彼此異宜而其致一也嘗考大明律
凡將物私出外境貨賣及下海者罪止杖一百將人
口軍器出境及下海者絞因而走泄事情者斬及考
問刑條例擅造二桅以上大船將帶違禁貨物下海
往番國買賣潛通海賊同謀結聚及爲嚮導劫掠良
民者處以極刑若止將大船僱與下海之人分取番
貨及紵通下海之人接買番貨發邊衛充軍若小民
撐使单桅小船下海邊近處捕魚採木巡捕官兵不
許擾害欽測
皇猷防民以惡交而不強遏其販貿杜民以奸搆而不直
撓其生業故海上境外之貨實與夷爲市罪惟杖而
不過謂不勝其重也其誅斬焉則人口軍器恐資寇
兵益盜黨耳違式巨艦雖成濟具而原其所欲爲若
只從互市罪亦不列死款又然後知
先皇制律之意嚴奸宄以沮其漸復因利用以體其情苟
當事者不意論慎測一切矯枉而踰于直豈
先皇大道爲公之謂哉
此言海禁當寬

通政唐順之云
國初浙福廣三省設三市舶司在浙江者專爲日本入貢
帶有貨物許其交易在廣東者則西洋番船之輳許
其交易而抽分之若福建既不通貢又不通船而
國初設立市舶之意漫不可考矣船之爲利也譬之礦然
封閉礦洞驅斥礦徒是爲上策度不能閉則國收其
利權而自操之是爲中策不閉不收利孔洩漏以資
奸萌嘯聚其人斯無策矣今海賊據峿嶼南嶼諸島
公然番船之利而中土之民交通接濟殺之而不能
止則利權之在也宜備查
國初設立市舶之意毋洩利孔使奸人得乘其便
此言開市舶爲是

主事黃元恭云或者云中國繁華之盛四夷慕之吾民之出而鈎引彼夷之入而積慕皆此爲之媒故浙之定海有關號稱要害誠於此立市多設防兵以通諸番之貨易則夷人有自通之便吾民杜竊出之端凡所欲物以好取不以戎取夷酋何憚而不爲廣中歲通市舶百姓安堵足明徵矣難與諸番類觀廣浙事體大不侔也嘗閱海島諸夷惟倭狡猾爲甚出沒無時所在登刼故沿海諸郡盡設守備把總等官軍以禦之曰備倭蓋患之深矣廣東舊有諸番之舶而無倭故通市無恙若乃定海本倭入貢之道定海通市船倭奴原在不拒之中矣昔在

太祖朝猶慮倭奴通貢之擾而不與

成祖嘉其擒獻叛寇之忠始許之自劉江擒斬盡絕之後憲臣有司能東以法恪守陪臣之分帖帖者數十年至嘉靖癸未夏宗宋與倭搆孽中國莫能禁自是遂萌驕桀貢不及期獻不盡物爭屠牛剝狗之故相予環視者屢矣當是時守臣已難禁輯況通市於大亂未懲之後誰復能以綱紀馴擾之昨倭自寧波登刼者八十人南京横行兩省而後殲之計市舶之倭當不減八十其或外順內奸乘吾不備甚易易也就令無他安保吾民不有奸貪愚弄以起隙又安保彼中不有滛酗驕恣以生戎一有不虞將何以禦之此端一啓朝夕慄慄官除者必掛納壓處者必播遷昔人倡爲馬市之說以彌亂得乎失乎鑒不在遠矣

此言浙江開市舶之不可

兵部尚書張時徹云或謂定海沿邊舊通番舶宜准閩廣事例開市抽稅則邊儲可足而外患可弭殊不知彼狡者倭非南海諸番全身保貨之比防嚴禁密猶懼不測而況可啓之乎況其挾貲求利者即非膩肝歃血之徒而捐性命犯鋒鏑者必其素無賴籍者也豈以我之市不市爲彼之寇不寇哉殷監不遠元事足徵當商舶未至而絕之爲易貿易既通而一或不得其所將窮兇以逞則將何以禦之矣今之寇邊者動以千萬計果能一一而與之市乎內地之商聞風膽落果能驅之而使市乎既以市招之而卒不與市將何詞以罷遣之乎夷以百市兵以千備夷以千市兵以萬備猶恐不足以折其奸謀我之財力果足以辦此乎且市非計日限月之可期也彼之求市無已則我之備禦亦無已果能屯兵而不散已乎此皆利害之較然者也乃謂可以足邊儲而弭外患不已大繆乎

此言浙江互市必不可行大意與黃元恭同而剖析利害尤爲明備

或云互市之說即入貢之說也若我之威有以制之則彼以互市爲恩不然則互市之中變故多矣

曾按今之論禦寇者一則曰市舶當開一則曰市舶不當開愚以爲皆未也何也貢舶與市舶一事也分而言之則非矣市舶與商舶二事也合而言之則非矣商舶與寇船初本二事中變爲一今復

分爲二事混而言之亦非矣何言乎一也凡外夷
貢者我
朝皆設市舶司以領之在廣東者專爲占城暹羅諸番而
設在福建者專爲琉球而設在浙江者專爲日本
而設其來也許帶方物官設牙行與民貿易謂之
互市是有貢舶即有互市非入貢即不許其互市
明矣西番琉球從來未嘗寇邊其通貢有不待言
者日本狡詐叛服不常故獨限其期爲十年人爲
二百舟爲二隻後雖寬假其數而十年之期未始
改也今若单言市舶當開而不論其是期非期是
貢非貢則釐貢與互市爲二不必俟貢而常可以
來互市矣紊

祖宗之典章可乎哉何言乎二也貢舶者
王法之所許市舶之所司乃貿易之公也海商者
王法之所不許市舶之所不經乃貿易之私也日本原無
商舶商舶乃西洋原貢諸夷載貨舶廣東之私澳
官稅而貿易之（詳見後附錄廣東海道回文）既而欲避抽稅省
陸運福人導之改泊海倉月港浙人又導之改泊
雙嶼每歲夏季而來望冬而去可與貢舶（相混乎何詎乎）
二而一一而二也海商常恐遇寇海寇惟恐其不
遇商如陰陽晝夜判然相反爲商者曷嘗有爲寇
之念哉自甲申歲凶雙嶼貨壅而日本貢使適至
海商遂販貨以隨售倩倭以自防官司禁之弗得
西洋船原回私澳東洋船遍布海洋而向之商船

悉變而爲寇舶矣然倭人有貧有富有淑有慝富
者與福人潛通改聚南澳至今未已（日本夷商惟以銀置貨非
若西番之載貨交易也福人利其值希其抽稅買尖底船至外海貼造而往渡之）雖驅之
寇不欲也此固無待於市舶之開而其互市未嘗
不行者也貧者剽掠肆志每歲犯邊雖令其互市
彼固無貲也亦不欲也此非開市舶之所能止而
亦不當反錫之名目者也故不知者謂倭寇之患
起於市舶不開市舶不開由於入貢不許許其入
貢通其市舶中外得利寇志泯矣其知者哂之以
爲不然夫貢者夷王之所遣有定期有金葉勘合
表文爲驗使其來也以時其驗也無僞我
國家未嘗不許也貢未嘗不許則市舶未嘗不通何開

之有使其來無定時驗無左証乃假入貢之名爲
入寇之計雖欲許得乎貢既不可許市舶獨可開
乎或謂日本國王號令不行山口豐後互相雄噬
金葉勘合燬於兵久矣如責其期拘其驗則彼終
無繇貢而市舶終無繇開矣須弘包荒之量昭無
外之仁可也又不然夫貢而無驗招寇之囮也貢
而無期弛備之階也緩其期稽其驗隄防猶難矧
可頻貢而勿驗哉大抵善施恩者施之於威伸之
後則人知恩今寇犯順數年雖屢大捷而禍猶未
殄倭未知畏也此須肅清之後俟其請罪求貢或
如永樂初擒斬對馬臺岐故事夫然後許之則撫
下之仁事上之義兩得之矣

兵部尚書鄭曉云洪武初設市舶于太倉名黃渡市舶
司尋以近京師罷改設于福建浙江廣東七年九月
又罷未幾復設蓋東夷有馬市西夷有茶市江南海
夷有市舶所以通華夷之情遷有無之貨收征稅之
利減戍守之費又以禁海賈而抑奸商也市舶不復
利歸豪强而
國家坐受其害若慮各夷并至市舶司難于防閑查照西
蕃闡化闡教輔教三王貢使自四川入賛化王貢使自
陝西入事例而今日本等國至浙江市舶司琉球等
國至福建暹羅滿剌加等國至廣東亦可近見箬溪
先生言都憲陳金西斬集中有開市舶十利疏大抵
事體宜然今不設重臣賊必不退退必復來設重臣

退賊後因民情震懼可築城矣不復市舶夷人必欲
售貨奸民必欲年利爲盜必不已重臣無可召還之
期蓋非設重臣無以戡目前之棘禍非復市舶無以
塞目後之亂源開設市舶
會典中有之諸巡撫及信國各誌墓誌行狀傳中皆有之
矣
曾按倭國服餙器用多資于中國有不容一日缺
者安能待十年一貢之期而限以三舡所載之數
哉若禁其貿易則入寇刼奪一定之勢也蓋倭國
雖小亦有君臣朝貢燕享禮儀使無絲線等物則
無禮文而不成乎國矣彼既不容不資於我而利
重之處人自趨之豈能禁民之交通乎故官法愈

嚴小民寧殺其身而通番之念愈熾也但
朝廷無命孰敢私許互市以干
國典哉此只消一海道有機敏有力量者活動行之不失
於縱不失於激如某海嶼某老歷年商船之頭也
欲律以通番死罪罪未必及而亂先激矣必申明
朝廷之法寛處而羈縻之且重其責成曰商販貿易姑聽
其便但一方之責皆係於汝一方有倭變即汝一
人之咎也彼以利爲命者利既不失而又不峻繩
以法則感恩畏威必不僨事矣一面脩吾海防不
容夷船近岸販貨出海者關口盤詰勿容夾帶焰
硝之類載貨入港者官為抽稅以充軍需豈不華
夷兩利而海烽晏如也哉此之謂以不治治之也

見今廣東市舶司處西洋人用此法若許東洋島
夷亦至廣東互市恐無不可

籌海圖編卷之十三

崑山鄭若曾輯　男應龍一鸞校

兵船式

兵器

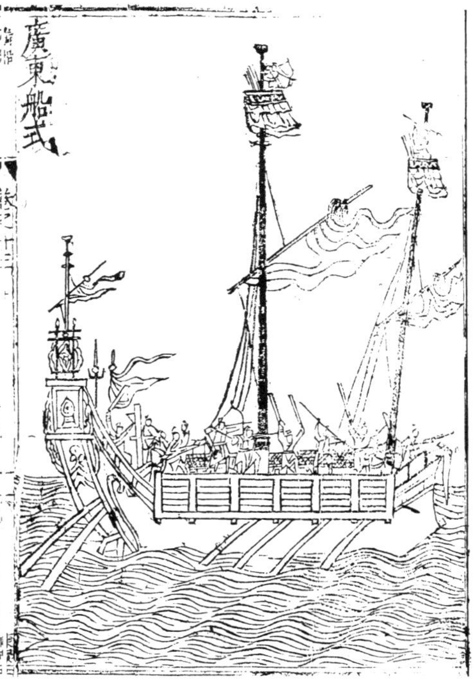
廣東船式

新會縣尖尾船式

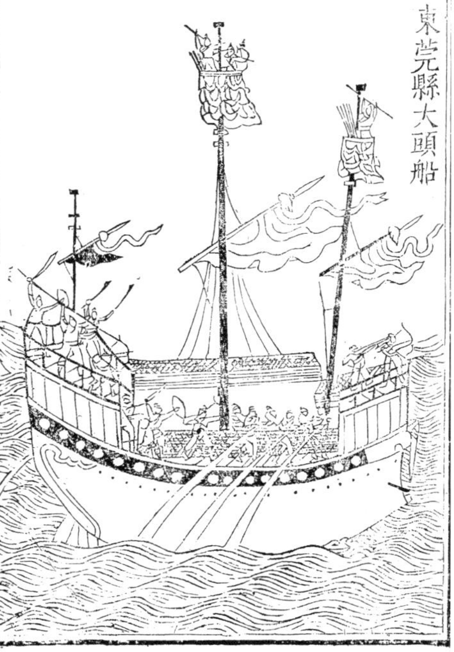

東莞縣大頭船

廣船視福船尤大其堅緻亦遠過之蓋廣船乃鐵栗木所
造福船不過松杉之類而已二船在海若相衝擊福船即
碎不能當鐵栗之堅也倭夷造船亦用杉杉之類不敢與
廣船相衝但廣船難調不如福船為便易何也廣船非
我軍門所轄不似福船之易制禦一也廣船若壞須用鐵
栗木修理難乎其繼二也造船大戶倩人駕使任其毀壞
而不惜三也造船[illegible]歲久者易移文修造理勢難行四
也將欲重價以顧[illegible]船在廣魚鹽之利自多區區價
微不樂于雇五也欲令其帶貨則廣貨之來無資于海蓋
福建收港深水[illegible]追逐風濤可畏不如一踰梅嶺
即浮長江四通八達雖帶貨亦非其所願六也向來通
倭多漳泉無[illegible]人廣人自以魚鹽及西南諸番之利

不必如福船之當晤以取利中國七也此廣船之利弊也
廣東大戰艦用火器于浪漕中起伏蕩漾未必能中賊即
使中矣亦無幾何但可假此以襯敵人之膽耳所恃者有
二發鑽佛郎機是[illegible]中則無船不粉一也以火毬之
類于船頭相[illegible]從高擲下火發而賊舟即焚二也大
福船亦然

大福船式

福船高大如樓可容百人其底尖其上闊其首昂而口張其尾高聳設柁樓三重于上其傍皆護板楊以茅竹堅立如垣其帆桅二道中爲四層最下一層不可居惟實土石以防輕飄之患第二層乃兵士寢息之所地板隱之須從上躡梯而下第三層左右各護六門中置水櫃乃楊帆炊爨之處也其前後各設木椗繫以棕纜下椗起椗皆于此層用力最上一層如露臺須從第三層穴梯而上兩傍板翼如欄人倚之以攻敵矢石火砲皆俯瞰而發敵舟小者相遇即犁沉之而敵又難于仰攻誠海戰之利器也但能行于順風順潮回翔不便亦不能逼岸而泊須假哨船接渡而後可

參將戚繼光云福船高大如城非人力可驅全仗風勢倭舟自來矮小如我之小蒼船故福船乘風下壓如車碾螳螂鬭船力而不鬭人力是以每每取勝設使賊船亦如我福船大則吾未見其必濟之策也但吃水一丈一二尺惟利大洋不然多膠於淺無風不可使是以賊舟一入裏海沿淺而行則福舟爲無用矣故又有海滄之設

草撇船式

草撇船卽福船之小者

海滄船式

參將戚繼光云海滄稍小福船耳喫水七八尺風小亦可動但其功力皆非福船比設賊舟大而相並我舟非人力十分膽勇死鬬不可勝之二項船皆只可犁沉賊舟而不能撈取首級故又有蒼船之設

開浪船式

參將戚繼光云開浪以其頭尖故名吃水三四尺四槳一櫓其形如飛內可容三五十人不拘風潮順逆者也

高把梢船式

艟䑠船式

參將戚繼光云近者改蒼山船制爲艟䑠比蒼船稍大比海滄更小而無立壁最爲得其中制逷倭舟或小或少皆可施功但水兵人技皆次於陸兵設使將水兵教練遴選亦如陸兵而後登之舟中則比陸兵戰加一舟險其功倍於陸兵必矣司寄者何憚而不爲哉

蒼山船式

蒼山船首尾皆闊帆櫓兼用風順則揚帆

其櫓設于船之兩傍腰半以後每傍五枝每枝二跳每跳二人方櫓之未用也以板閘于跳上常露跳頭于外其制以板隔爲二層下層鎮之以石上一層爲戰場中一層穴梯而下卧榻在焉其張帆下碇皆在戰場之處船之兩傍俱飾以粉蓋卑隘於廣福船而闊于沙船者也用之衝敵頗便而捷溫州人呼爲蒼山鐵

參將戚繼光云蒼船最小舊時太平縣地方捕魚者多用之海洋中遇賊戰勝遂以著名殊不知彼時各漁人爲命負極之勢亦由賊之入我地是也今應官役便知愛命然此船水面上高不過五尺就加以木打

船梁亦不過五尺賊舟與之相等既勢均不能冲犁若彼徑逼賊舟兩艘相聯以短兵鬪力我兵決非長策多見悮事但若賊舟甚小一入裏海我大福海滄不能入必用蒼船以追之此船喫水六七尺與賊舟等耳其撈取首級水潮中可以搖驅而快便三色之中又此爲利

八槳船

八槳船但可供哨探之用不能擊賊

鷹船式

崇明沙船可以接戰但上無壅蔽火器矢石何以禦之不如鷹船兩頭俱尖不辨首尾進退如飛其傍皆循竹板密釘如福船旁板之狀竹間設窓可出銃箭窓之内船之外隱人以盪槳先用此舟衝敵入賊隊中賊技不能却沙船隨後而進短兵相接戰無不勝矣鷹船沙船乃相湏之器也

漁船式

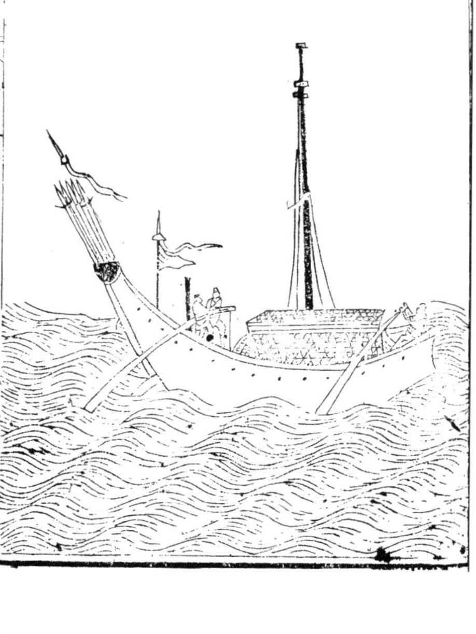

魚船於諸船中制至小材至簡工至約而其用為至重何也以之出海每載三人一人執布帆一人執槳一人執鳥嘴銃布帆輕捷無墊沒之虞易進易退隨波上下敵舟瞭望所不及是以近年賴之取勝擒賊者多其功焉

此船定海臨觀象山一帶沿海地方俱有之其形如梭用竹桅布帆僅可容二人衝風冒亂專入大洋抵下八山取殼菜紫菜打魚之利舟至山麓二三人以舟舁置灘塗避風潮若欲西歸仍舁舟下水不能禦敵但可爲哨探之用乃魚船之至小者也

參將戚繼光云網船形似織梭內容二人前後用二人以舉舟之風浪大可拖之塗上且不能覆喫水七八寸耳此可走報或用之裏港窄河動以百數每隻內用鳥銃二三人蜂集蟻附沿海沿塗而打之甚妙如賊追過就可棄走一舟不過一金之費耳

兩頭船

按大學衍義補有兩頭船之說蓋爲海運爲船巨遇風懼難旋轉兩頭製舵遇東風則西馳遇南風則北馳海道諸船無逾其利蓋武備不嫌於多慮患不妨於遠莫爲之前猶將求之而況設之前者有未擇乎以此衝敵則賊舟雖整可亂也

蜈蚣船式

船曰蜈蚣象形也其制始於東南夷專[illegible]佛朗機銃銃
之重者千斤至小者亦百五十斤其法之烈也雖木石銅
錫杞罔不碎觸罔不焦其達之迅也雖奔雷掣電勢莫之
疾神莫之追盖島夷之長技也其法流入中國中國因用
之以馭夷狄諸凡火攻之具砲箭鎗毬無以加諸其成造
也嘉靖之四年其裁革也嘉靖之十三年數年之間未及
一試而莫知其功用之大也舊雒川曰蜈蚣之氣能禦蛇
夷之制義毋迺爲是故與夫海宴河清萬世所願使長蛇
之勢不能盡偃則蜈蚣之制其能不與也乎名器尚存述
之以俟

海行甚速而遲者鬪風故也如大食國在漳州東南每歲
適番者必候冬初西北風盛而去夏初東南風盛而來所
謂海舟無風不可動也惟佛郎機蜈蚣船底尖面闊兩傍
列楫數十其行如飛而無傾覆之患故倣其制造之則除
颶風暴作狂風怒號外有無順逆皆可行矣況海中晝夜
兩潮順流鼓枻一日何嘗不數百里哉

沙船式

水戰非鄉兵所慣乃沙民所宜蓋沙民生長海濱習知水性出入風濤如履平地在直隷太倉崇明嘉定有之但沙船僅可於各港協守小洋出哨若欲出赴馬蹟陳錢等山必須用福蒼及廣東烏尾等船

沙船能調戧使鬬風然惟便於北洋而不便於南洋北洋淺南洋深也沙船底平不能破深水之大浪也北洋有滚塗浪福船蒼山船底尖最畏此浪沙船却不畏此北洋可拋鐵猫南洋水深惟可下木椗

此船常與鷹船說參看

太倉生員毛希秉云

太祖舊制深嚴雙桅船隻私自下海之禁承平既久法度浸弛雙桅習以為常甚至有五桅者長江大帆一日千里近蒙當道建言申明舊制曉諭改正而未嘗著實舉行故沙船入港頭桅多寄海口或倩人遊說官府航海非雙桅不可冀便其私蓋單桅雙桅無不可行但有大小遲速耳定制沙民止許戶船一雙巡船宜快便多桅櫓如粮船有一定之式以便江海識別沙船宜朴實單桅仍禁雙桅眼責令本州縣及守禦官限一月之內改正違者即係賊船許諸人擒獲首告即以充賞惟有副帆副桅以備損壞而桅眼止一者聽庶幾我常強而彼常弱我常速而彼常遲此造船之良法也

船椗圖

走風捉颺事急追賊車關人力起椗遲悞備此臨急
解繫繳尾泛之以便回取

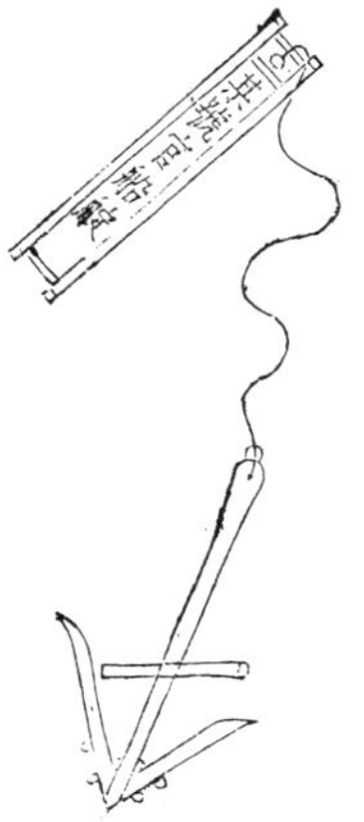

船椗 此用桐木燒黑外一寸甚妙

都御史唐順之云再三沉思制賊小船衝突之說灘淺處多釘暗樁薄皮船遇之必碎此一說也先發制人一着惟有望斗上做工夫然必須以利使人惜不得銀子每夜撥都司併把總廬守備等各水軍編定福船十隻每一隻望斗人一夜給與銀一兩使一夜常有人坐在斗上看看賊動靜雖月黑之夜若撞船撑船來必無一把兩把火光我船便可做手脚不患于大船趕賊不上也月明之夜則斗上纖悉必見正與彼四層望樓是對手至如小船叭喇唬八槳船宜多置銃手既不戰亦宜量與給賞多布之八槳叭喇唬中火器既多賊來便死打又有望斗內人先報賊動靜不患于小船制賊不下也一隻船望斗人每夜與銀一兩毫釐不可少就是一月浪費銀三百兩亦說不得支得一月賊必擒矣恐惜費誤了大事望斗人若報賊的當水軍因以成功則望斗人即當給與衝鋒重賞若有誤事定以軍法斬首蓋賞重則罰亦重也每夜與銀一兩分毫不可與頭目人尅落必使望斗人一一得實惠

訓導薛俊云宋戰東南長技也故
國制瀕海衛所俱置官哨船以備倭但[illegible]飾美觀少遇風色不便行使逾年走報聲息多賴民船[illegible]使少更無益虛花之制務求堅便實用每官哨船撥[illegible]小划船或三或四有事則令與大船夾戰無事則令與大船樵山漁海以贍器械修補之費

又云聽容沿海居民单桅船隻附近砍柴捕魚則邊抵
便於生理聲息便于夾戰實備邊萬一之助也
閩縣知縣仇俊卿云地有南北時有冬夏自春徂夏則
時多南風而利于北行自秋徂冬則時多北風而利
于南行此番泊往來出沒之候也彼瞰其時輙乘風
運雲以出洋我當其衝欲逆濤破浪以邀擊未必其
勢之便也孟亦隨時以應之時乎北風必先于北道
之防以遏其衝而以南舟曳于後而追之其居中間
各寨澳之舟又從旁邀出而擊之時乎北風也亦如
前法或遏于前或躡于後或擊于旁此亦迭肆之法
長蛇之勢寇未有不困瘁而就縛者海上可立京觀
矣

又云
國初置沿海衛所每所船五隻每船軍百名其法備載
會典自一所推之則合衛之海船海軍可知其數也自一
衛推之則合省之海船海軍可總其實也使法之常
存何慮海寇之擾向來修復一二止可用于哨報難
以衝敵禦寇及其事急調用不給借發福清鹽船併
報各澳民船柰彼不思
國家之急皆存繫吝之私原非官物率不如令雖給價值
終不直前況福清鹽船雖大不可以當海寇之夾扳
船叭喇船漳州之草撇樂清之大鐵等船又不可以
當海寇之烏尾尖艚至如東仔銅棻等船又不及也
昔人海戰之船大小制度不同今當兼用可也如樓

艟蒙衝此船之大者也如直進露撓此船之中者也
又如艀艋海鰍此船之小者也以船之大者為中軍
座船而當其衝以船之中者為左右翼而分其陣以
船之小者繞出于前後兩旁之間伏見于遠近散聚
之際使撓其計隨船器械各須犀利完足固不待贅
但海寇所恃全在于銃吾亦以銃為應中軍大船之
前仍用次等船載佛郎機大銃數架以鎮之兩翼中
船之前亦用再次船以載銅將軍大銃數十架以列
之其小船亦各載鳥銃鉛筒數百以備于四面各船
編定字號每數船列為一行每一陣列為數行晝則
麾旗為號夜則振鼓為節迭出更進則彼此衆寡勞
佚之勢不同未有不殲此渠醜者也今蒙委官鳩工

大造船隻戰船之造必有定議但船之外旁又須護
以牛革漁網氈絮之類其大者更用列木為柵可避
砲石又有車船之制令戰士前後踏輪舟自進退所
謂中流上下回轉如飛衆相顧駭愕者用此法也
又須預募能射與善浮之人一遇番船或以火箭焚
之或以水鑽溺之是或皆可用也至于奇正之變大
船中船為正則以小船為奇前隊為正則以後隊為
奇合之為正則以闢之為奇形難預料變不可窮是
在臨機神應之妙不可測者也
總兵俞大猷云或問兵船官造與私募孰便曰造易而
脩難也雖督造之官用之海上衝敵激浪不旋踵必
議脩矣脩船之弊尤奚啻萬端議脩之後閣岸日多浮

氷日少以之守港則可以之出洋追捕則全不足恃
矣在官府不能立無弊之法在民間不能克不可制
之情天下古今豈有視官物爲己物者哉此惟熟於
海務者自知之烏得而盡言或曰民間安有許多私
船可募乎曰厚之以税銀使逐利之民爭造新船以
應募何患其不多責府縣以及時給税責船户以及
時修整則經年累月皆有堅船可用然則用官造之
船以守港用私募之船以追捕則如何曰必若是然
後攻守各適其用也
總兵盧鏜云沿海戰船自
國初以來不知幾易其製矣而備料修造或出之軍或出
之民或造或雇又不知幾易其法矣然而卒無實用

八　籌海圖編卷之十三　二十六　二百五十二葉坤

可以行之永久者非製法之未善存乎其人耳方今
兵久費繁公私匱乏管船官捕支持不足駕船兵稍
口給不敷是以船日敝而兵日餒也予久在兵間深
知其故嘗立麻記疤痕之冊以稽代替立薪水通融
之法以華虛月二三年來稍稍就緒爲今之計必擇
人以管船節財以養兵此經久之良法也若曰置簡
便之法以濟緩急之用是猶治絲而棼之愈棼而愈亂
也又何益哉

兵船稍手
閩縣知縣仇俊卿云沿海居人多便于舟楫雖未習水
戰亦易于爲教今于山海之數或欲以沿海者居其
十七其内地衛所者居十三餘撥防邊以助守望使
漸教習人久皆可爲勝兵所謂水虎捷凌波軍者不
患無其人也如此亦可以節省雇募水稍之費、
又云水稍之募因軍士之不習于水而始議之也竊念
國家養兵之費歲有常輸冀籍其力以爲用海軍不能効
力而又官募兵夫積弊之來不暇追論也訪得其初
募水稍之時即將本寨軍之老羸不堪者發回該衛
所扣除月粮并行粮銀兩轉給水稍是兵得實用而
官無重費今皆不然既有廪軍之粮又加募夫之費

八　籌海圖編卷之十三　二十七　黃鑑刊

況水稍之夫又有老稚羸弱者雜于其中費于無用
之地重爲可恤中間情弊猶有可言蓋以通番下海
接濟窩藏皆沿海之人其人皆水稍之親故也自小
埕以南浯嶼銅山等處此輩皆是也我謀未成彼已
先洩間遇將令嚴明不得已從而出兵至于兩船相
及之際或以口哨爲號或以物色爲記揚帆轉柁故
意放閙不與交兵或放彼先行而我船曲折其行遥
躡于後或邀截于港内寇計已窮忽突開一門縱之
軼去或追赴將及寇乃丢棄一船以爲之餌即不直
前撲滅各去搶貨如此之類情弊百端難以殫述彼
以受雇于官役之暫時耳非籍于官終身之役者比
也一去則若不統屬是以無所顧籍捕盗之弊亦猶

是耳甚至有捕盜而爲盜者盜可覺也或謂周世宗
用降人爲水師卒賴其力今獨不可乎不知周用降
人但假之教習于平時不用之操駕于臨陣况今之
水稍亦皆鄉民而非取之于異域者也即令水稍敎
習汜海軍夫如兵志以一人教十人十人教百人之
法則碁月之間莫非水稍也兵將一心何慮他患
海道副使譚綸云凡水戰專係在舵工與管船捕盜舵
工使船必近賊捕盜又從而倡之則士卒不得不戰
戰則蔑不勝矣故捕盜舵工不可無破格之賞與
罰之法至於分合節制與陸戰同臨陣每占上風
火器得用是亦在舵工耳

粵兵盔甲式

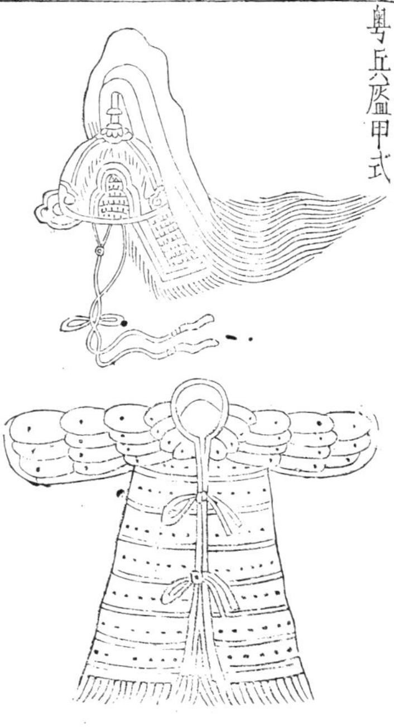

副使茅坤云粵中獨田州甲爲善自盔以下並以堅生
牛皮而油灌之甲特周前後胸背而已兩肩兩臂手
及兩股並別爲小牛角片置雲肩蔽手等名色蓋取
其伸縮如意而便於戰鬭者試令召田州之工氏或
廣中能倣製者而官自爲採料製之大畧一盔甲則
二三金可辦也

燕尾牌式

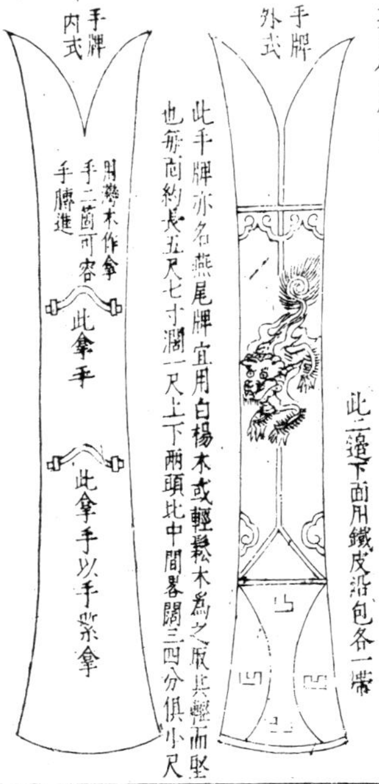

然江府同知羅拱辰云牌有二式有手牌即燕尾牌也有
挨牌用繩索用木檄欖者用手牌便於用力先以鏢鎗
飛擊先挫賊鋒然後用刀則前後左右隔賊技器施我
刀法此手牌之利也用挨牌則以牌上長繩上木檄欖
加入繩圈中掛於項上以左手中指縫中夾牌下短繩
上木檄欖仍以五指挽鎗前半節右手執鎗後半節或
伸或縮或出長出短或左或右旋刺非惟護自身且護
從牌之兵

又云各兵衝進必列牌於隊前以蔽矢石牌乃陣中第一
器所不可少者所謂公侯干城所謂干戈戢揚當時子
路初見孔子亦執干以爲問夫干者盾也即今之牌也
所以捍外而衛內者也有手牌有挨牌用各不同其制

一也

副使茅坤云海寇之兵恃強在舞刀每輕我兵不能射及
其所輕莫急於習弓弩而破其所驕莫急於傚狼兵燕
尾牌之制近日東南之牌皆沉重而不利進退獨粵中
燕尾牌以銅木柁木爲之其長如人之身其廣不滿尺
其背如鯽魚然故側身前逼雖當利刃而不能斷其體
輕故運如鳥畫而[illegible]矢石皆可蔽廣中狼柳之兵善
舞牌者其臨陣如鷙鳥而進不必盔甲而賊皆墻立不
能敗此廣中所最尚者欲訪置在浙中惟溫州桐木柁
木爲多可易辨也

挨牌

挨牌外式

此挨牌亦用白楊木為之每面約長五尺濶一尺五寸下頭比上畧小●五分俱小尺

挨牌內式

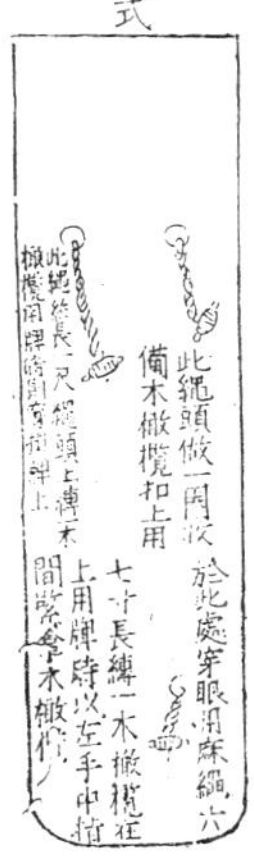

挨牌比銳而長步兵所用朱漆金字長可蔽身內施繩鐶

倚立於地

與府佐知縣親理錢糧各至軍前聽用其各兵在途行糧水路船隻陸路排行李夫各官合用衣裝行糧供要措處此兵可以禦北虜而吾廣產藤宜依其製以代挨牌若征海寇俟其登陸用之

藤牌　戚繼光云千古有圓長二色其來尚矣主衛而不主刺因初木加以革重而不利步以藤為牌近出福建銳子雖不能隔而矢石鎗刀皆可蔽所以代甲胄之用在南方田塍泥雨中頗稱極便其體須輕堅密務使遮蔽一身上下四旁無所不備用牌之間復有所謂標者所以奪人之目而為我之疑兵所賴以勝人者也牌無標鎗而不能殺背欲進步然後起標勿輕發以防其掣腰刀用於發標之後以殺敵非長利器之則不能接遠其習牌之人須膽勇氣力輕足便捷少年然後可授之以此置於行伍之先為衆人之藩蔽備以長短之器為彼之應援以之臨敵其衆可合而不可離可前而不可後進退左右無所不離此藤牌之功也

又云試牌跳牌舊法聽鑼聲為度覽牌如礙闪牌如電起伏得宜翻身不露身滚牌不露足惟牌能殺敵能蔽身用之乃拒勁敵以衛兵也

藤牌

總兵俞大猷云錯以步戰乃中國之長技今鈎刀虎义二手隨時教閲充用惟藤牌手出在福建漳州府龍溪縣土名海倉許林嵩嶼長嶼赤石玷尾月港澳頭沙坂等地方此各地方山川風氣生人剛勇善鬬重義輕生若責其本府縣官用心選募約得三千人每名月給工食銀一兩五錢行粮四斗五升俱自家起行之月爲始人每名另給衣裝器械養妻子共銀二十兩若至軍病死給棺木銀六兩陣亡給埋葬銀一十二兩今欲募之先將銀兩解發該府坐委本府佐二官一員知縣一員先募的當頭目六十人每月各加工食銀五錢責其每人各募前項地方壯兵五十人每十人編爲一甲每一甲各領一十人千百戶一十五員各分領二百人仍差前

銅發熕

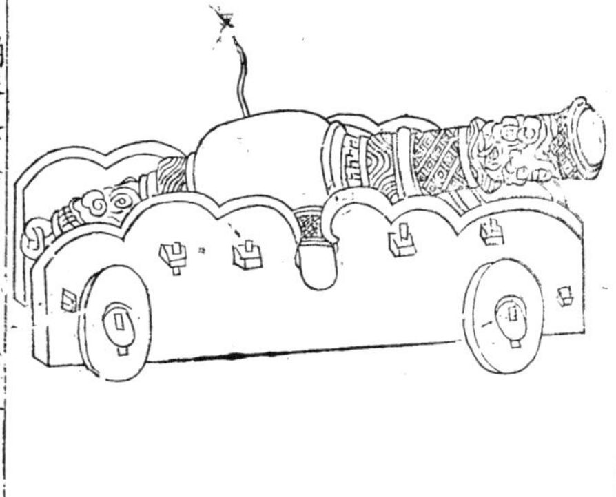

每座約重五百斤用鉛子一百箇每箇約重四斤此攻城之利器也大敵數萬相聚亦用此以攻之其石彈如小斗大石之所擊觸者無能留存墻遇之即透屋遇之即摧樹遇之即折人畜遇之即成血漕山遇之即深入幾尺不但石不可犯而已凡石所擊之物轉相搏擊物亦無不毀者甚至人之支體血肉被石濺去亦傷壞又不但石子利害而已火藥一爇之後其氣能毒殺乎人其風能煽殺乎人其聲能震殺乎人故欲放發熕須掘土坑令司火者藏身後燃藥線火氣與聲但向上衝可以免死仍須擇强悍多人爲之護守以防敵人搶發熕之患若非攻堅奪險不必用此也或問用之水戰可乎曰賊若方舟爲陣亦可用其小者但放時火力向前船震

動而倒縮無不裂而沉者須另以木筏載而用之可也
曰城上可用乎曰不可發鑛便於攻高不便於攻下故
也

佛狼機式

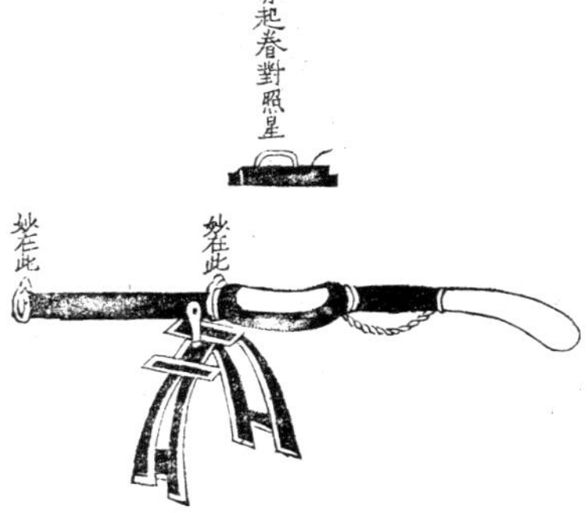

佛狼機式

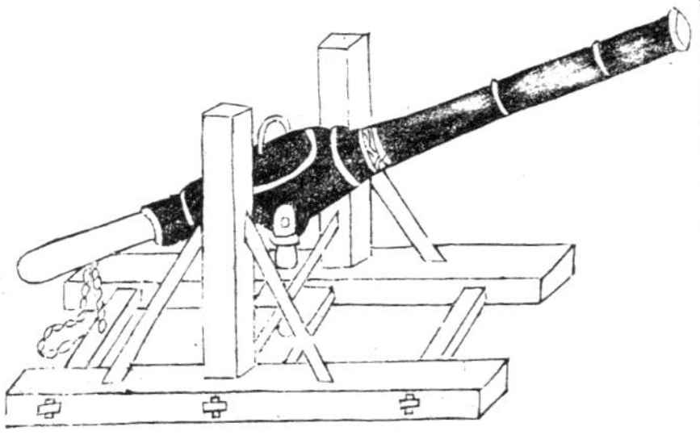

每座約重二百斤用提銃三箇每箇約重三十斤用鉛子
一箇每箇約重十兩
其機活動可以低可以昂可以左可以右乃城上所用者
守營門之器也其制出於西洋番國嘉靖　年始得
而傳之中國之人更運巧思而變化之擴而大之以為
發鑛發鑛者乃大佛機也約而精之以為鉛錫銃鉛錫
銃者乃小佛狼機也其制雖若不同實由此以生生之
耳其后彈之大如升力氣小於發鑛而大於鉛錫銃若
遇關隘人守堅不可過者以此攻之借勢而渡
叅將戚繼光云此乃天下通有利器製者多未盡精微其
妙處在母銃管得法子銃在腹中亦要兩口得法使火
氣不泄又每放得擊出子銃數丈傷人必用鐵門者佳

其妙處在前後二照星後柄稍從低庶不碍托面以目
照對其准在放銃之人用一目眇看後照星孔中對前
照星前照星孔中對所打之物若子馬俱大則難出出
則力大要坐後而人力不能架之若子小則出口鬆而
無力歪斜難准法既省下木馬煩難之功又出口最易
凡鑄銃之法子銃口大則子難出要破母銃母銃口大
而子銃口小則出子無力且歪務要子母二銃之口圓
徑分毫不差乃為精器

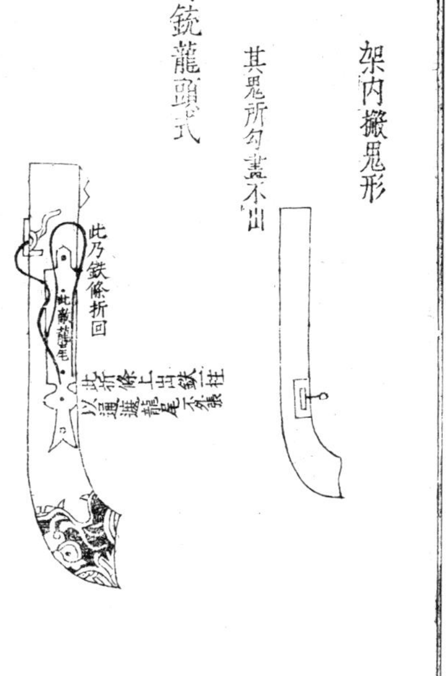

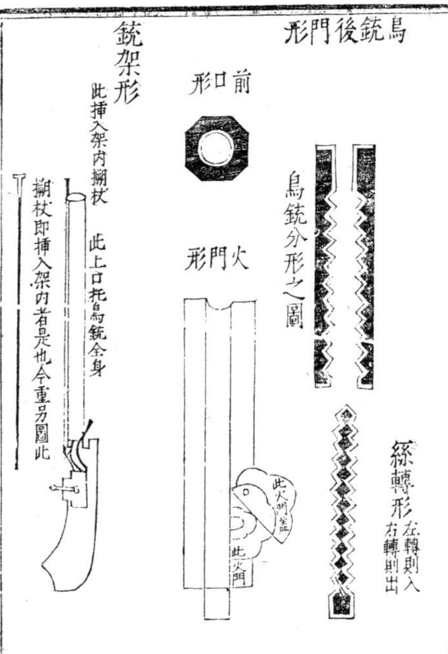

側立裏面鬼撑形

側立外形

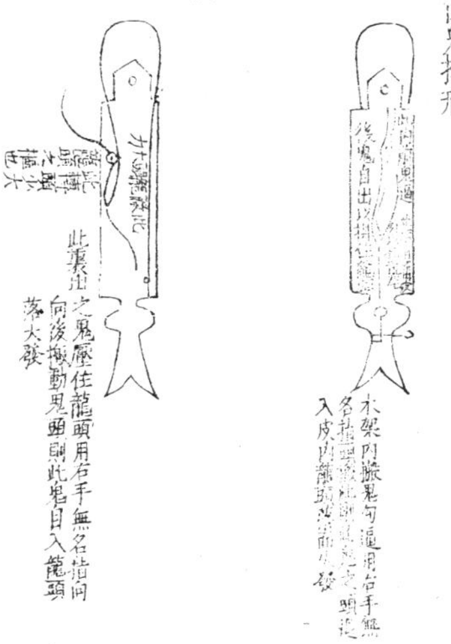

鳥嘴銃

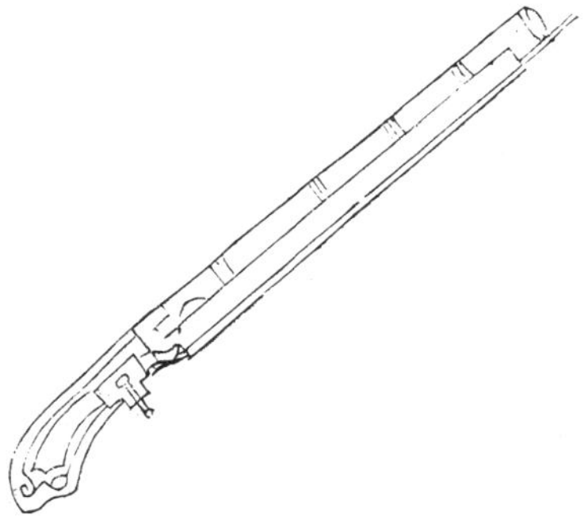

造鉛錫銃者須知煉鐵蓋鐵中原有查滓夾雜須煆煉不已融盡查滓底於精純方免脆折爆碎之患故十斤而煉用一斤者爲上十斤而煉五斤者次之其管欲貞而淨其臬欲端而直司銃者須擇手足便捷之人臨敵裝藥入彈覘臬爇火庶不遲悞若但見臬而不見管則失之仰但見管而不見臬則失之俯皆不能中也此器今人類並立而用之遠攻非也須近敵乃用長短兵相夾乘勢速往使賊避銃目睫閃眩之間而我兵已入其隊中矣鉛錫銃之妙全在此也若恃以攻敵不亦繆乎

都御史唐順之云虜所最畏於　中國者火器也天助聖明除兇滅虜而佛朗機子母砲快鎗鳥嘴銃皆出嘉靖間鳥嘴銃最後出而最猛利以銅鐵爲管木槖承之中貯鉛彈所擊人馬洞穿其點放之法一如弩牙發機兩手握管手不動而藥線已燃其管背施雌雄二臬以目對臬以臬對所欲擊之人三相直而後發擬人眉鼻無不著者捷於神鎗而准於快鎗火技至此而極是倭夷用以肆機巧於中國習之者也

參將戚繼光云鳥銃之准在於腹長而直火藥之不奪手在於前手拿在銃腹照放之直在於兩手俱托執銃身而無點火之誤鉛子之利在於合藥之方其神機銃用木馬繁而多誤勢難再發遏銃手執後尾其重在前一手點火眼不能照皆不及此銃之妙而速也

銃式

送子形

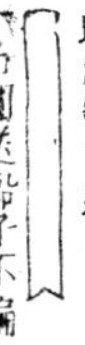

此用鐵作送子口圓送鉛子不偏

銃形

銃內裝藥式

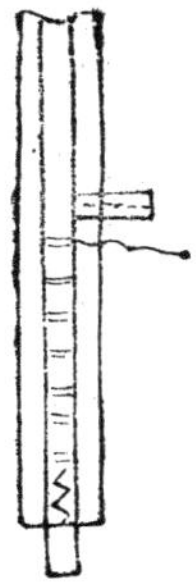

銃如鳥銃但藥盡處用一孔上安一鐵筒入鉛子數枚門定口一箇子又落入

子母炮

子砲信妙在此

總形

內爲刻木信以藥線纏之外用棉紙捲緊合口

子母瓶

柄

此用驚營或夜間遠遠放入賊壘少停於賊壘中銃發無制之兵烏合之衆奪氣之寇勢必驚惶我得乘之此氣最妙

一窩蜂

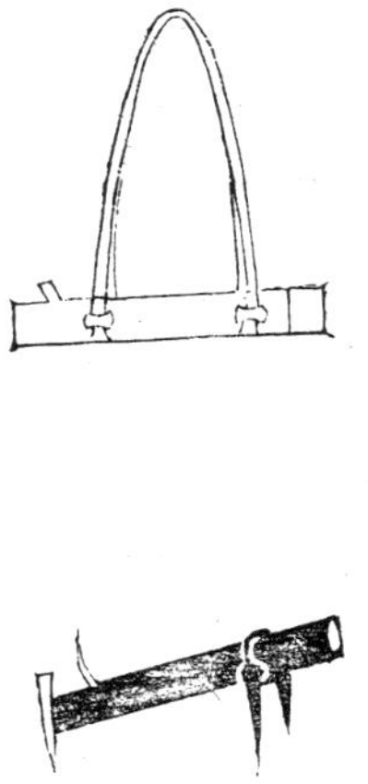

其狀如鳥銃之鐵幹而短其管口比鳥銃口稍寬容彈百枚𤍠藥則彈齊出遠去四五里

把總顧　云鳥銃所發止於一彈所中止於一人中則傷人不中則無所傷矣一窩蜂一發百彈漫空散去豈無中傷者乎其力量真可以爲佛郎機之亞但佛郎機器重難帶一窩蜂輕於鳥銃以皮條綴之一人可佩而行戰時以小鉄足駕地昂其首三四寸蜂尾另用一小木樁釘地止之誠行營之利器也若欲爲坐營之用則以木床載於營門床身左右各置二輪以便進退可以爲守營之寶

天墜砲式

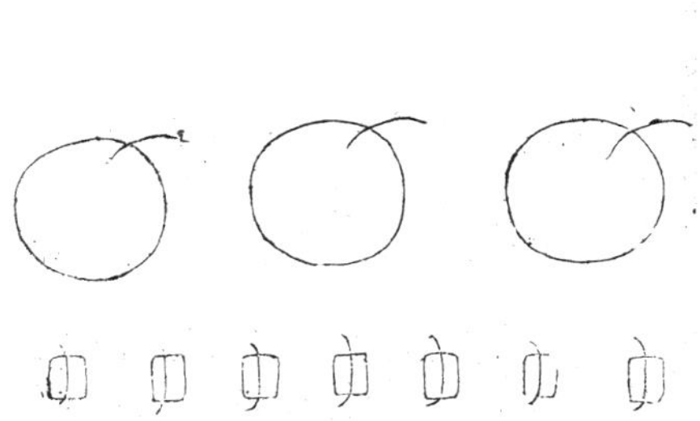

丹陽邵守德云其大如斗用法升至半天墜於賊巢震響如雷黑夜令賊自亂相殺內有火塊數十能燒賊之營寨必不能救

地雷式

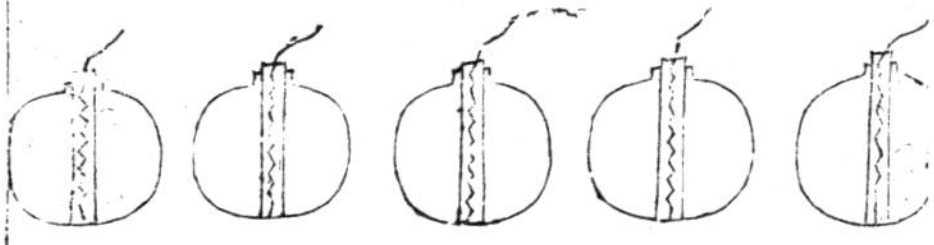

丹陽邵守德云以生鐵鑄成實藥斗許櫝木砧砧至底砧內空心裝藥線一條擇寇必由之地掘地作坑連連數十埋地雷于坑中內用小竹筒通藥線土掩如舊機關藏火賊不知而踏動則地雷從下震起火焰中天鐵塊如飛蝗着人即死乃孔明之秘器也

大蜂窠圖式

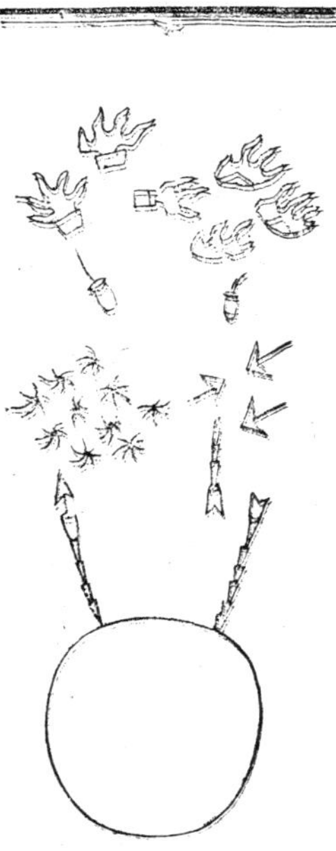

此器戰守攻取水陸不可無者奪心眩目驚膽傷人製宜精妙此兵船第一火器也

火妖圖式

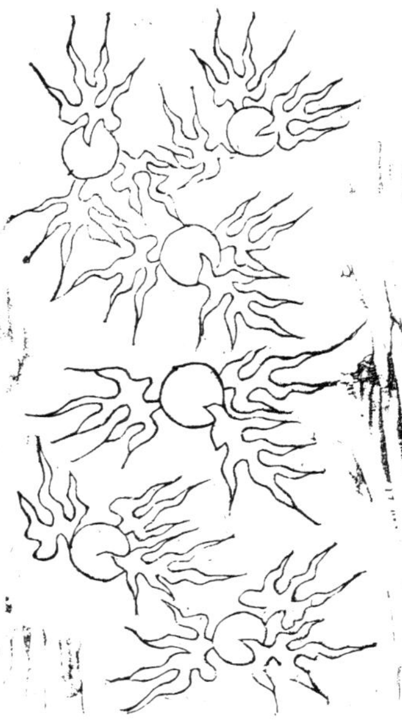

紙薄拳大內蕩松脂入毒火外煮松脂檣油黃蠟然火拋打煙焰蒺藜脚利水戰守城俯擊短戰

參將戚繼光云火器之法製度甚多其實大同小異皆不甚利于用只此數種盡其妙矣故不繁載至如弓射箭頭用火之類又不如火箭除水陸通用者先附陸兵技藝之後凡陸所不用只可用于水者故備于此以上藥線各處製者俱用一二尺長浮于外臨點擲之際一擲鬬風其藥線便滅或擲至別船如賊見線尚長而拔之或反擲我舟今用子母銃藥線法凡火器一件其藥線之處用細竹管一箇直插于腹內至底將藥線安于竹腹之內待外點火燃線巳入竹管之內不見方才擲下則線在竹內燃至竹底方透火器擲下之時藥線在竹內燃並無閃滅之事且擲于賊舟只見熒然一物並不知點燃何處就擲在水內則線燃于腹火氣衝于口水爲氣所迎亦不能入雖在水底尤能燃放而後巳此極妙極驗萬無一失者

火藥桶式

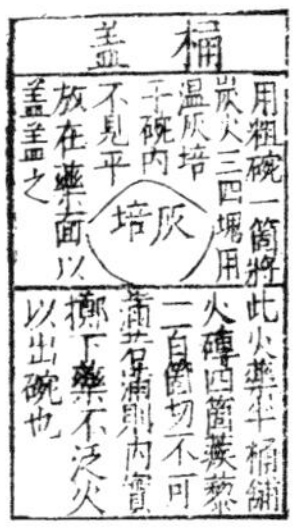

卷之十三　四十五

參將戚繼光云舊用火藥傾下賊舟此固長策然又別用火藥或炭火再傾擲使之發藥每每或連桶擲入水中或被賊乘藥桶及伊舟以水沃濕亦皆未中肯綮可以必發不如遠則只用飛天噴筒近則只用埋火藥桶至易至便萬用無差除此之外所謂火箭神機火磚噴筒之類皆遠不及此苟用此二種則他種又皆不必用也

火磚式

竹筒穿藥線式

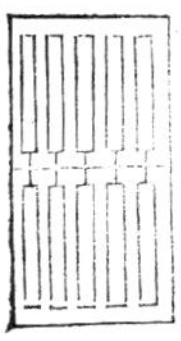

包式

籌海圖編卷之十三　六十

用地鼠紙筒砲各安藥線每箇排為一層上下二節各二層以薄篾橫束合洒火藥松脂硫黃毒烟用粗紙包裹成磚形外用綿紙包糊以油塗各另於頭上開口下竹筒以藥線自竹筒穿入

飛天噴筒

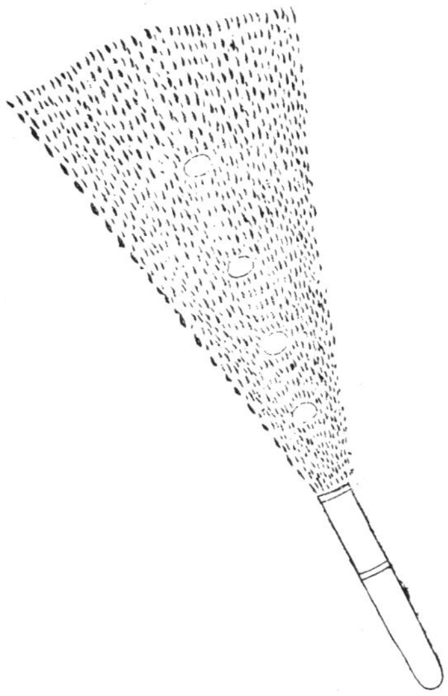

叅將戚繼光云截徑二寸竹裝藥製打成餅修合筒口餅兩邉取渠一道用藥線拴之下火藥一層下餅一箇用送入推緊可高十數丈遠三四十步徑粘帆上如膠立見帆燃莫救此極妙極妙萬分効策

闘縣知縣仇俊卿云火器所及能加于數百步之外今海寇所恃全在火器緣硫黄出于琉球諸夷製造又多巧思惟硝硝中原所産嚴其禁約不許人下海潜通以資其用則彼失所恃擒之亦易矣

曾按海中戰法攻船爲上若以吾大船犂敵小船觸之無不壊者其次則恃火器火器之中火箭銃礟之類亦多無用惟火毬火藥桶二者投入賊舟即時焚燬爲至妙也或問我以火攻敵使敵亦以火攻我如之何曰以火攻敵全靠柁工得人持柁得法我常奪據上風則敵之火攻將爲風所驅而反攻之矣大抵火攻之法須先自爲水備假如一舟五十人只用十人持火器其

四十人俱執水斗水桶遇敵火攻群手傾水滅之烏能焚我耶或又曰設使我用火攻而敵知水備何道以焚之曰敵若知備則雖不能焚敵亦必救火而亂矣我乘其亂而擊之豈有不勝者乎

又按鯢䱴相接乃倭奴所長非中國之民所易敵也其所歟者火器耳今鳥嘴銃反爲彼之長技而我兵鳥銃手雖多不能取勝何耶倭人忘命我兵望之輒烘而走或鉛子墮地或藥線無法手掉目眩仰天空響義者謂宜禁通番接濟火藥之人甚善甚善愚謂硫黄出産在彼何禁之有所當禁者焰硝耳此吾中國之物若官司設法不容入番則倭奴之火器爲無用而我以火器攻之彼之短兵豈能加於我哉

礮圖式

每繩長如稍之體不必拘定若干條但能舉其稍可矣每繩用二人扯之

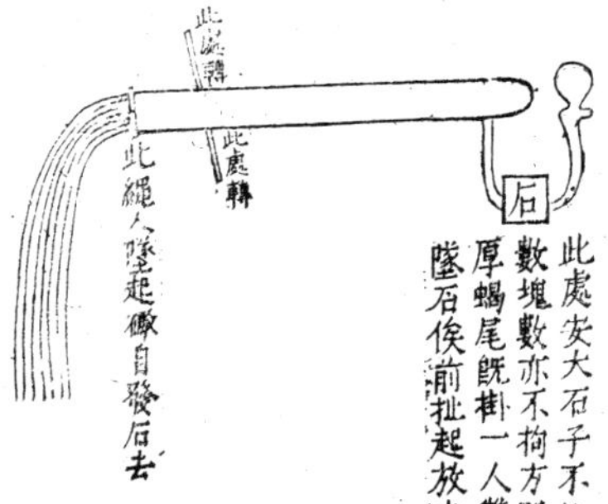

礮爲守城第一器既省火藥少費又有不乏之資

兩廣藥箭

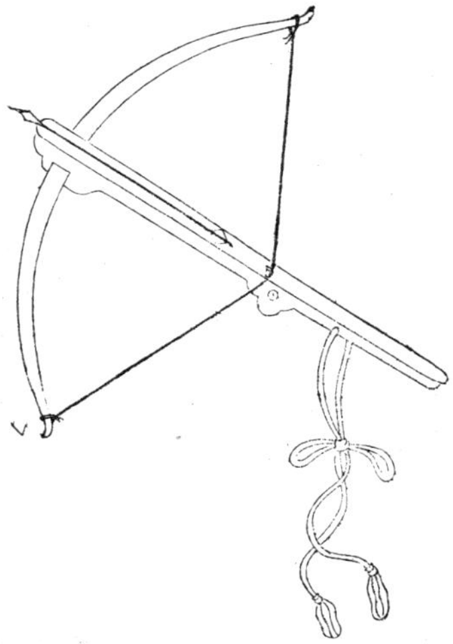

弓弩必採兩廣毒藥以灌其鏇鏃著血縷則立死但浙人不習射當如兩河以北懸射銀錢之利以誘之使習令弓師而能教百人善弓則善弓者得以一人兼二人之食而弓師且賞之以百金而署之爲百人之將矣令弩師而教百人善弩則善弩者亦得以一人兼二人之食而弩師且賞之以百金而署之爲百人之將矣如此則不數月而全軍皆善射矣其他短兵鎗棒亦率類此

或云毒箭射人遇衣絮沾染藥即脫落箭鏃着肉際毒已緩矣不能殺人也須於鏃上鑽孔以藥嵌入則雖透衣而藥不脫傷者應弦而絕

邊箭式

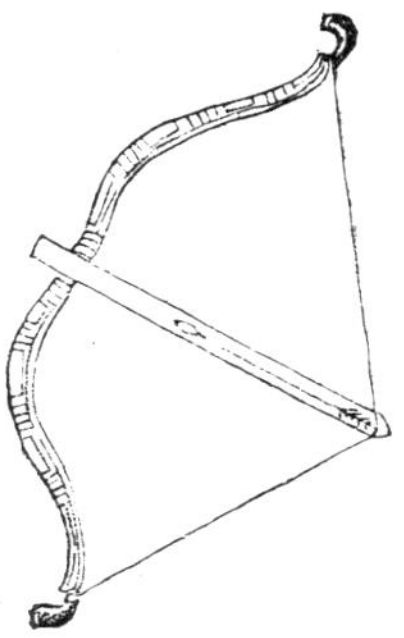

同知羅拱辰云今之人知射長箭而不知射邊箭弩手亦不知用弩之法況各止用竿子雖可取勝殊非長技爲照長箭去遲而敵人易見故彼得以閃避且得拾取復射其利在彼邊箭去疾而敵人難窺非惟彼不能避抑且不能回射況邊箭所到倍長箭百步有餘其利在我長邊二箭務令弓手兼習若賊尚遠緩則射邊箭如來近迫則射長箭各從其便也

弩箭式

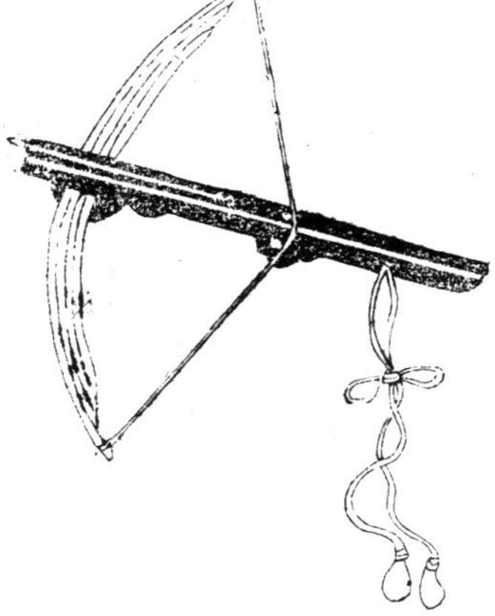

松江府同知羅拱辰云用弩必須力重而機巧其矢之長短輕重大小要與弩弦相比乃能命中而及遠若敵在百步之外我兵必先用弓弩及邊銃以制其鋒及至來近短兵相接尚在三十步內外則用鏢鎗以飛擊之

參將戚繼光云弩弓不可遠遠則無益費矢竭力

伏弩式

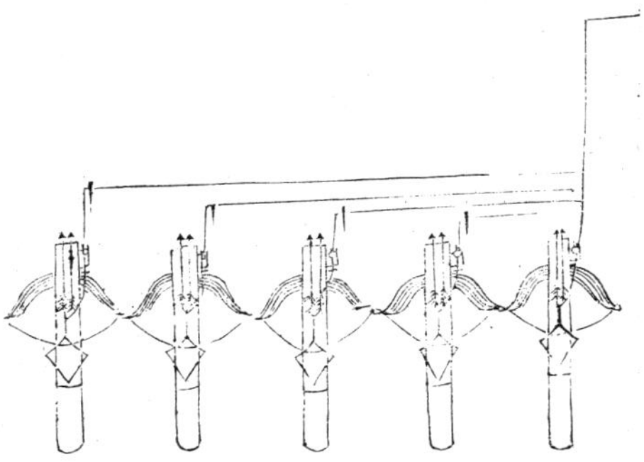

丹陽邵守德云其工價甚簡其功用甚大其用有三若伏於營寨要道可以禦賊之偷營劫寨若伏於山野僻路可使寇不能逃若伏於富家門戶可使賊不能入造法以檀木柘木為身茅竹為担弩後置一木人上弦或連發二矢或三矢量賊往來必由之路設之以木架架弩任意高下或竹徑或稻麥叢茂翳密處設百餘把止用一絲線作機關不須人守賊至不疑而動其機百弩齊發一人不能逃生也倭奴善遁荒村窮谷無處不至用此器甚妙甚妙

馬箭式

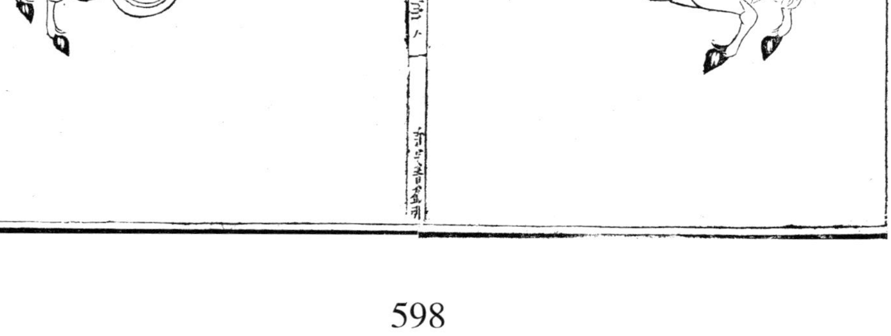

馬箭

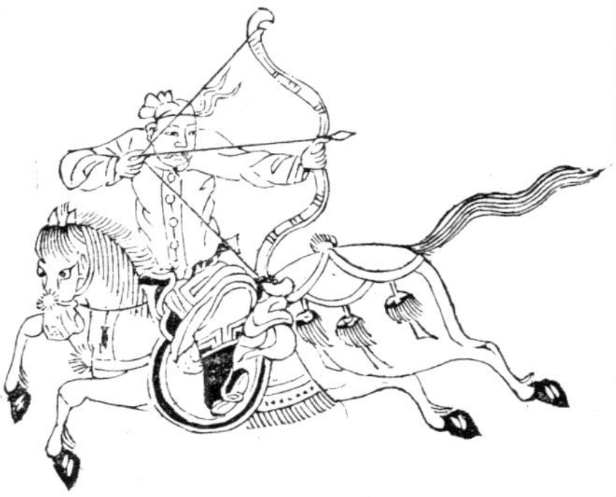

曾按馬箭之法有三曰分踪向前射也曰對蹬向傍射也曰末秋向後射也此武士之常技也愚謂分騌者以馬之頸騌爲界一邊挽弓一邊發矢乃弄花巧之法邊軍不然以身俯出馬外於此挽弓就於此發矢臨敵倉皇之際庶無繆悮對蹬者主左一邊而言今北方響馬常勒馬由道右而行讓客於左以便發箭亦此義也然是法但可施於途遇一二人耳設使衆敵叢射或敵在右將旋馬以應酬之耶學騎射者須習左右手皆便方可

火箭

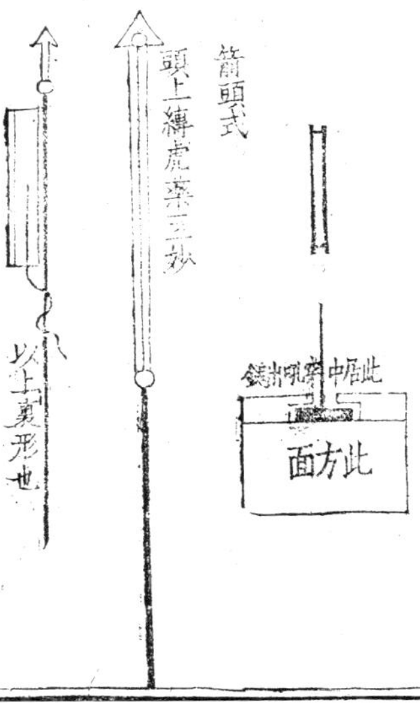

參將戚繼光云火箭亦水陸利器其功不在鳥銃下但造者無法放者無法人鮮知此器之利也大端造法有二或造成用鑽鑽線眼或用鐵桿打成自然線眼但鑽者不如打成者妙鑽易而打成費手匠人多不肯用打成之法其肯綮全係於線眼之歪正深淺桿要直翎要勁羽長而高褙筒用礫紙間以油紙夏不走硝可留二年此物最不耐久收也

又云火箭只着棚帆當中一點打去常高中則不可救低則易救

神機箭式

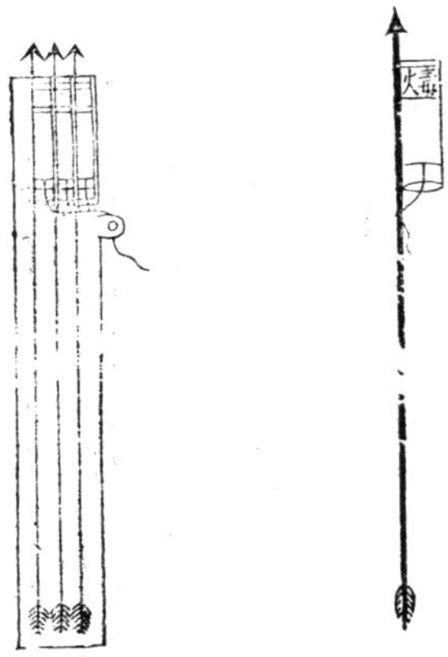

丹陽邵守德云此法以紙爲筒內入火藥築令滿實另置火塊油紙封之以防天雨後鑽一孔裝藥線用箭竹爲幹鐵矢簇如燕尾形末裝翎毛大竹筒入箭二矢或三矢望敵燃火能射百步利順風不利逆風水陸戰皆可用用之水戰能燔舟篷用之陸戰能燬巢穴中毒必死

標鎗圖式

標鎗或用稠木細竹皆可但前重而後輕前稍粗而後稍細爲得法

參將戚繼光云標鎗非兩船相逼不可用往下打更難准

長鎗式

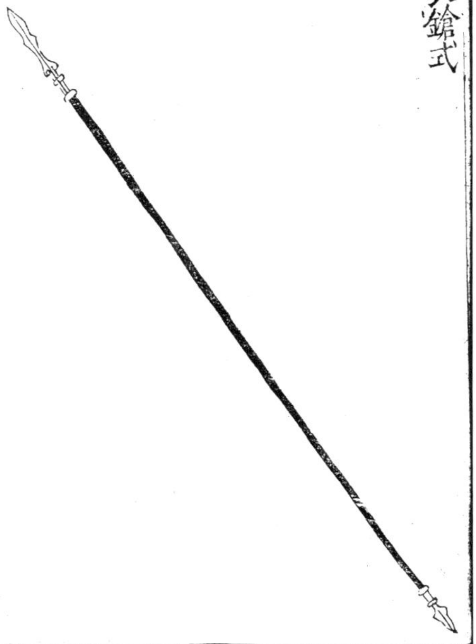

總兵俞大猷云長鎗後手要粗可盈把庶有力若細則掌把不壯鎗腰要從根漸漸細至頭而止如腰粗則硬强不可拏如腰細則軟而無力雖手法之妙不能拏打他鎗開去也鎗稍不可輒細要自後漸細方有力最忌太重重則頭沉不可舉動是自棄鎗也鎗頭重不可過兩其桿棢木第一合木輕而稍軟次之要劈開者佳鋸開者紋斜易折揩竹腰軟不可用

筤筅式

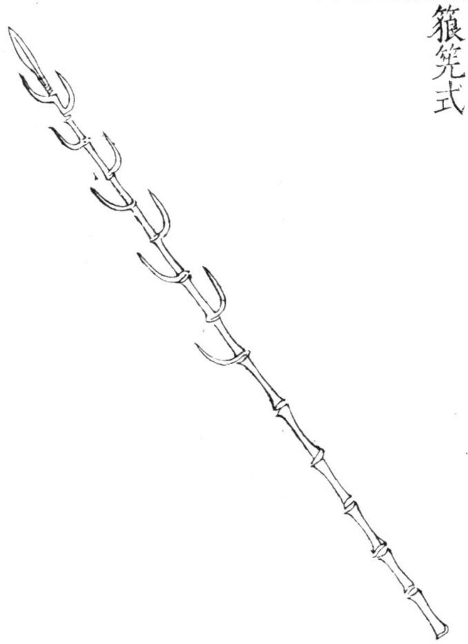

筤筅必徽戶能使製筅之法用毛竹長而多節者末銳包鐵如小鎗兩傍多留長刺其刺每雙用火熨之一直一鈎其直者如戟鈎者如矛然後以熟桐油灌之敷以毒藥鋒利難犯

參將戚繼光云筤筅之爲器也形體重滯轉移艱難非若他技之出入便捷似非利器也殊不知乃行伍之藩籬一軍之門戶如人之居室未有門戶扃鍵而盜賊能入者故凡用筤筅須要節密枝堅稍加利刃要擇力大之人能以勝此者勿爲物之所使夫然後以牌盾蔽其前以長鎗夾其左右舉動疾齊必須鈀大刀接翼然筅能御而不能殺非有諸色利器相資鮮克有濟兵中所以必於用此者緣士心臨敵動怯他器單薄人膽搖奪

雖平日十分精習便多張皇失錯忘其故態惟筅則枝稍繁盛遮蔽一身眼前可恃足以壯膽助氣庶人敢站定若精兵風雨之勢則此器爲重賚之物矣

棍式

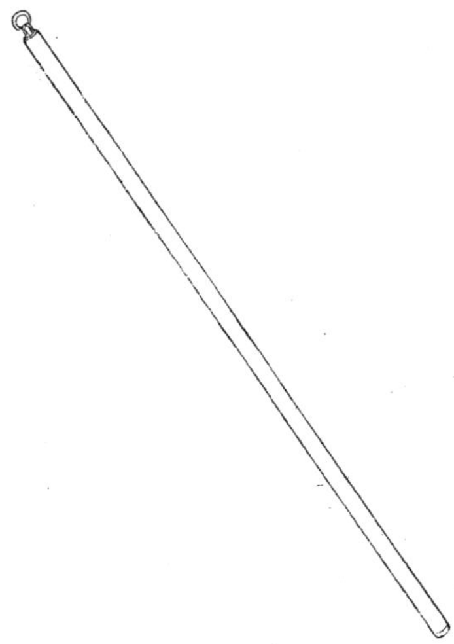

少林棍

俱是夜义棍有前中後三堂之外前堂棍单手夜义也中堂棍陰手夜义也類刀法後堂棍夾鎗帶棒監紫薇山爲第一牛山僧善天之通虗孫張家棍爲第二

河南棍

趙太祖騰蛇棒爲第一賀屠鈎杆與西山牛家硬单頭皆次之

安猴孫家棒卞城淮慶人多用之

曾按自古名將未見有用棍者用棍惟宋江諸人

天蓬鏟式

形如月牙内外皆鋒刃橫長二尺柄長八九尺或一丈兵馬步戰第一利器也

此器直推之可以削手往上提則鏟首向下推則鏟足或鉤敗卒之足或於上風揚塵妙不勝述

偃月刀

曾按使刀無如倭子之妙然其刀法有數藝高而能識破者禦之無難惟關王偃月刀刀勢既大其三十六刀法兵仗遇之無不屈者刀類中以此爲第一馬上刀要長須前過馬首後過馬尾方善

劍式

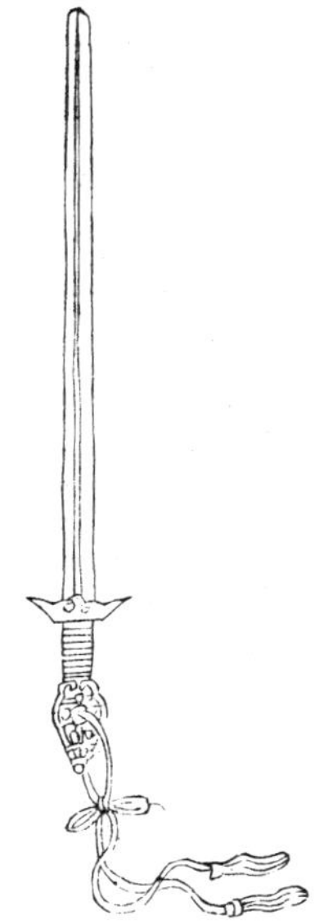

有五家
一曰馬明王
一曰先主
一曰卞莊
一曰王聚
一曰馬超

哨枝圖式

竹籤四寸長五分濶上書隊甲兵勇親臨官押油飾掛頸靜砲響各哨枝肅靜代圓枝而用更可查考

後面　某官　押寫哨枝號令

曾按古人之戰有三有天戰者有地戰者有人戰者盖兵器不外乎金木水火土五器之用五器之中各藏三戰之妙其製器之法製藥之方雖見於武經總要多不切於禦倭紀効新書所載似切矣而亦惜其不多愚見學士大夫談經濟者多有不傳之秘如無形渡之類隨時變化出奇制勝尤爲將者之所當知也但不可顯言以示敵故書之所已刊者愚擇而録之書之所未刊者愚不敢録惟提其端以俟將官之自訪而自悟云

籌海圖編跋

籌海圖編者籌東南之海以靖倭寇也夫東南邊幅莫大于海而海之諸夷莫狡于倭倭之爲中國患久矣洪惟我

太祖高皇帝混一區宇經畧四禺西北固云詳畧而東南亦未始畧也觀其設官制馭咸曰備倭可見矣迨今垂二百年海不揚波者如一日其所以籌之者善矣頃緣沿海居民齒繁業蹙無以自給迺觸禁下海以漁商舶之利始而閩廣終而倭番萍洋大海之中無非貿易之處貿易不足繼之以攘奪攘奪不足繼之以登圍登圍不足繼之以深入盤據而一時事事圍臣相顧而莫能爲籌

聖人有憂之迺

簡命少保胡公秉節專征以靖滔天之禍公受

命益篤毅然以澄清海甸爲己任安內攘外宣威布德指授之下在在成功五七年來妖氛盡滅而邊圉以寧嗚呼此東南治亂機微

國家安危之所係生民休戚之所關也況事緒繁雜道里遼邈殆非一時見聞之所能悉不有考述其何以傳此崑陽鄭君籌海圖編之所由作也圖以

備形勢編以紀事實形勢具而險夷見事實詳而得失明凡其致寇之由入寇之路禦寇之方畧平寇之功績死寇之忠節無不具載萬世之下按圖考編則東南今日之事如指諸掌嗚呼開陽之用心可謂遠矣宜乎

軍門之重而徵之梓而傳之學士大夫聞而慕之見而愛之也鏜結髮從戎尋致今日沿海事情頗諳一二適見圖編半皆平生之所閱歷者展玩再三不勝感嘆因不揣而贅言於末

嘉靖歲壬戌春正月之吉

海上絲綢之路文獻集成

總主编　陳支平　陳春聲

歷代史籍編

102

主编　范金民

国家出版基金项目
NATIONAL PUBLICATION FOUNDATION

海峡出版發行集團
THE STRAITS PUBLISHING & DISTRIBUTING GROUP
福建人民出版社

本册目次

籌海重編十二卷

〔明〕鄭若曾撰　〔明〕鄧鐘輯

《籌海重編》十二卷，明鄭若曾撰，明鄧鐘輯。若曾生平已見前書。鐘字道鳴，福建晉江人。若曾嘗於嘉靖間撰《籌海圖編》十三卷，敘述沿海地理形勢、明代海防部署、海防方略、海戰器具、中日交往始末，倭寇劫掠沿海之時間、路徑、武備、戰術以及平倭功績等。萬曆二十年（一五九二），倭大入朝鮮，海上傳警。總督蕭彦命鄧鐘取鄭氏《籌海圖編》，删其繁冗，重輯成書，冠以各處海圖，次記奉使朝貢之事，其下分記廣東、福建、浙江、南直隸、山東、北直隸、遼海等沿海諸地兵防制變之事，而以經略諸條終之，於前代舊事亦間有印證。據明萬曆間刻本影印。

新刻籌海重編序

今
天子聖神御極薄海内外罔不賓服而獨北之虜南之倭世爲我患我所爲刈戎而守僭箸而籌非倭則虜耳而倭與虜兩者其患同其情異虜利在騎倭利在步虜利在弓矢倭利在刀劍虜利在大衆長驅直擣如虎狼咆咻卒莫可攖倭利在零散横𧿶側出如蠭蛇螫人莫知所自虜利在秋冬秋冬則馬肥便於掠倭利在春夏春夏則風汛便於航虜去來有時即大掠率旬計而返倭出没不測一突入輒寖處爲常虜利在平原平原易驅倭利在川巖川巖易伏虜利在毛飲不藉屋居田作倭利在火食不離米塩酒肉而虜之患常在西北倭之患常在東南西北習虜故利於禦虜東南習倭故利於禦倭蓋虜與倭異情而我所以禦之亦異宜其大較若此兵虜姑無論倭自嘉隆以來海波不揚者垂三十年東南且忘倭何言西北歲辛卯閩人自海外來備言倭關白匪茹狀守臣以聞
天子下羣臣議防倭計無何倭果入朝鮮迫遼左如閩人言而臣彦適有督兩粤之役粤以東固海國也其曷敢無備蓋余筮仕武林嘗讀所爲籌海圖編者亟搜之篋中得之談海事甚具於是手而授之總戎童君元鎮曰其校之童君曰鄧鍾可任也於是則付之鍾芟其繁蕪參以續聞而童君復

相與訂而正之編既成手其稿請於
余余曰是編也不可以無傳傳之即
西北且習不傳之即東南且忘余懼
其忘之也夫是編也其可與九邊圖
論並存已九邊圖以防虜籌海圖以
防倭兩者其何能爲然余竊有感於
往事焉嘉靖中東南數中倭我奸民
王直徐海輩竊據海上日糾倭入寇

無已時至動天下之兵以勦之不支
而胡尚書宗憲寔任之宗憲曰二酋
不擒禍未弭也多方用間誘二酋而
弄之股掌之中卒之倭殲而二酋戮
患遂息尚書性豪邁不受束繩墨輕
千金如塵其軍興不能無濫費費且
不可詰而東南十年之患一旦底定
則尚書力也倘可比李之市徂陳之

反間金乎尚書既以論罷罷而搆尚
書者旋誣以蜚語
詔逮問賴
肅皇帝聖明寬其身又賴
今上聖明寬其家而尚書竟客死於邸其
家亦幾於辟立余仕武林則武林人
莫不爲尚書嗟者豈惟尚書鄞有蔣
陳兩生者應尚書募航海諭日本陰

誘直而卒以直來兩生者其人不可
知其千文罔不可知要以狎風濤出
十死一生以爲所欲爲斯亦難矣直
戮而兩生坐危法幾論死令其畧俱
具圖編中故夫國家之難也常難於
任人而人臣之難也常難於令終則
豈非當事者不暇顧其後而議事者
不復念其前兩相戾而無當哉今

天子拊髀才賢保乂疆埸而隶成莞樞三
五大老又皆破拘攣之見以鼓舞豪
杰斬収實用即以一能一技自求試
朝至而夕録之不少後嗟乎斯又千
載一時巳章縫介胄之士草茅閭左
之賤誠有其人乎振長策行獨意斬
關白之頭以懸之闕下何疑何阻其
惟今日哉其惟今日哉余不敏書以
俟之且以質之能為胡尚書而不為
胡尚書也者
萬曆壬辰歲八月之望宛陵蕭彦書

籌海圖編序

今比年海內憂世之士游談聚議必曰南倭北虜
然言倭事者畧矣畧矣何者我
國家之有天下寔逐狄君而宅之狄君逋遁而遺孽
支屬尚多有之是雖大將屢出
成祖三犁然地廣種繁滋殖甚易故永樂来馬哈木
阿魯台本雅失里之徒跳梁蹢躅至爵之三王而
後少戢以定矧又割大寧而棄之其後寖然寖熾
即紅羅白雲開平木葉東勝拂雲之險皆不能守
正統末幾至覆没弘治中繼以火篩浸淫削折并
朔方河南故地遂失矣自是國門戎索之憂肘腋
腹心之患日切孔邇憂及
廊廟即
廊廟不遑暇食文經武畧歲積月增乃諸邊鎮既有
撫臣又設總督而總督之設初亦止於延寧甘固
四鎮而止其後宣大遼薊則皆並設至於兵備憲
使參遊副將之屬不可勝紀法益日詳密矣故西
北邊事雖苦官冗費鉅然以張皇戒詰即韋褐文
墨之士類能言之而其輿地形勢與書疏論著世
多有而傳焉事往往在人耳目倭之負海即自玄

菀樂浪迄於徐聞東莞要無慮萬餘里所在可犯
然自
聖祖拒絶信國經畧之後伏不敢動者頗歷年所永
樂中雖嘗蠢動賴劉江望海堝之捷寧謐益百餘
歲要不獨韋褐文墨之士不能詳其本末即縉紳
樞筦者流亦與相忘久矣比歲海防闊踈船利羨
溢瀕海三窟之豪造舟貸直凋斁卵翼横行洋中
翩翩如雁春来秋去各有主名當事者即知其然
而憂連懼及托於喑且瞶矣故人老而耄以荒嚚
陳而敉以圯法久而蠱且蠹蓋其理也重以風俗

崩頽紀綱瀾潰君子小人交騖於利以陰名陰小
雅廢而裔夷乘矣前此十數禩
廟堂蓋憂患之嘗遣重臣巡視竟以罹禍自是益靡
所忌因緣怨懟轉為叛逆乘勝從衡狡焉思啟益
自壬子至戊午黄巖至淮泗沙壖場渚至村落邑
鎮而兩浙三吳長淮之禍變慘矣所賴
聖主憂民天心悔禍英豪僇力兒渠授首雖其遺燼
餘烈時或灼然而巨猾大勢遠其遏矣顧當時變
出倉卒事承蠱壞徵兵調賦署吏建官一切從便
頗覺煩費多事焉爰有崑山鄭子伯魯故太常卿

魏莊渠先生高弟子也有志匡時而阨於命親在
圍城竊觀當世舉措有慨於中念欲記載論著貽
之方来即凡兵興以来公私牘牒旁搜遠索手自
鈔寫家本劇郡而居又密切理所夙以德學見禮
有位故得究詳焉他日以其間繕造沿海圖本十
有二幅附以考論郡守太原王君為之板行因獻
督府梅林胡公公見而驚曰韋布中乃有斯人耶
此世所稀睹余比欲為之而未皇暇及韋布中乃
有斯人耶於是檄来武林使益成書俗繪感激知
遇追跡寇始詳稽典制參質風謠即賊廞入寇歲

月道路克捷僨北與今昔主客兵馬饋餉之數舟
楫器械戰守屯戍之法備書具載凡為卷者十有
三蓋後經世者有據依矣雖然前茲所載譬之扃
方醫案已事云爾若夫審運氣之流行察藏府之
虛實辨脉衛之理亂增損劑量弗泥弗執則係乎
神聖工巧之人矣昔仲尼答顓孫氏知来之問而
及復乎損益之際孟子輿告畢戰井地之法亦曰
此其大畧也若夫潤澤之則在君與子矣嗟夫損
益潤澤道豈虛行變通神明是維賢者至於制治
未亂保邦未危防乎其防則余蓋深望當世之君

予焉
嘉靖辛酉秋八月既望
欽差巡撫江西等處地方兼理軍務都察院右副都
御史滁上胡松序

刻籌海圖編引
於戲天地剖判厥有華夷華内而夷外華馴而夷獷華
冠裳而夷鱗介斯陰陽之大分也山海之險天固將爲
之防乎是故先王因其防而防之因之時義大矣哉善
因之則我可以守彼不可以來不善因之則所謂險者
彼反乘之敵我矣吁可畏也夫夷之域於海有主名而
可知者無慮數種而倭奴尤黠勝國而上無論也我
太祖高皇帝驅虜奠極四夷咸賓獨於倭奴則絶弗與通
爲防益切
神謨淵識蓋至今日而始驗云壬子以來倭之變極矣久
乃得今少保胡公祗承
天威殫慮紓策元兇授馘餘黨底平當變之始作也莅事

者欲按往迹便地利偵鼅技以凾萬全之功而紀載蔑
如無所從得僅有日本考略而掛纖漏鉅無關成敗咸
以爲恨荆川唐公順之謂曾宜有所述毋復令後人之
恨今也稿未半荆川不逮郡伯王公因命成之無何少
保公以主記來召發蒙啓聵且獲從幕下諸文武士聞
所未聞數越月而書竣事夫天下猶一身也善攝生者
凛凛未病之防不幸而疾則必酌方投餌不忍一日安
於其心有仁天下之心者何以異此曾非其人也然嘗
覩國手之治疾而得其説矣顧竊有擬焉是故人之身
百骸九竅經絡相應非顯揭而指示之則懵無所見節
宣之度何自而施故首之以輿地諸圖人而男女起處
飲食克護克毖勿盭其常則榮衛調適膚革充盈夭閼

不足患故次之以王官出使入貢𦖾䂾其變而五火𤄫
其中六滛感其外則疢疾具作而毉工奏能故次之以
倭寇始末又次之以大捷諸紀知如此而病即知弗如
此弗病其症以其方起其方以其症易其藥備錄而存
之俾後事者不必近扁鵲而疲癃可瘥故復以經略事
宜終焉廼君謂諭諸夷以禁倭亂許互市以順夷情是
困而委毉忍家御女而求百一之助恃其所必不可恃
胥吾之精以速其死爾曾無取也是編也肇意於荊川
王成於郡守而少保公實主之其翼而輔之者則栢泉
胡公松晴江杜公拯中方范公惟一婁江唐公愛洋山
凌公雲翼二華譚公綸印東王公春澤一菴唐公樞允
齋嚴公中鹿門茅公坤翔海戴公冲霄松坡黎公秀南
塘戚公繼光水南蔡君汝蘭九河俞君獻可考閱史志
以備採擇則吾兒應龍一鸞傾發宛委商訂義例則冊
陽邵君芳之力居多邵君有經濟之負隱而未試少保
公所器重而賓禮者因面命而得其相切磋云
嘉靖辛酉冬十有二月朏日崑山鄭若曾謹識

凡例

一籌海圖編先是少保胡梅林公徵鄭若曾氏於幕府
　而成之也邇海上傳謦
制府蕭公慨然懷安攘之略因取是編而筆削之刪其
繁冗者十之二三至沿革不同壁畫未備者屬鍾重
輯之題曰籌海重編夫政之所及者近書之所傳者
遠非存心於天下者不務也

一是編爲籌海而作必冠以輿地全圖者示一統之盛
　也舊本失今增入

一不按圖籍不可以知扼塞不審形勢不可以施經畧
邊海自粵抵遼延袤一萬五千餘里皆倭奴入犯之
處地形或凸入海中或凹入內地皆備載之舊本閩
　廣二圖多差訛今從新改正浙直以上見聞必真依
　舊圖稍隱括之

一載王官使倭及倭國入貢事略者見歷代之服叛不
常附針路經者便使事也

一各省先沿海總圖使郡縣衛所一覽盡在目中各府
山沙圖不復贅入

一各省俱載兵防官考以見備禦之客且信地昭然即
按籍可明功罪江北以上信地未悉當闕所疑

一各省倭變紀皆存其大者如攻城破邑及覆軍殺將
之類其小小刧掠倏往倏來者不及縷載舊有大捷
考遇難徇節考今俱纂入倭變紀中不重復嘉靖四
十年以後係增入

一各省事宜或採奏疏或據誌籍[illegible]論皆仍舊並而稍損益之大都論及海防者載之其有關係雖大而與此書不相涉者弗及也

一載倭國事畧倭國圖者所謂知彼知己百戰不殆也附入寇圖者知所由入則知所由禦矣舊編在各省之前今移各省之後庶華夷得體朝鮮圖說係新增

一寇踪分合始末見倭黨名酋中國之人居多禍之興有自來矣

一經畧必首寇原者何法家先案而後斷名醫因証而酌方况事必有端變不猝至識其端而預防其漸尤經畧之上策也

一當道海防長策或已經舉行或行之未盡或一事而甲可乙否均備採擇與夫兵船火器兵器有圖有說皆經畧之不可無者故併收入

一當事諸公仍舊書名示可傳也

一編中如尚書譚二華仍舊稱海道少保戚南塘仍舊稱叅將者就其建功持議之日書之不敢改也

一編中先廣東次福建次浙直者從萬里海圖自南而北也各省兵防官考粤先南澚閩先烽火浙先海寧者從各省總圖自北而南也

籌海重編卷之一

崑山鄭若曾原編
晉江鄧鍾重編

目錄

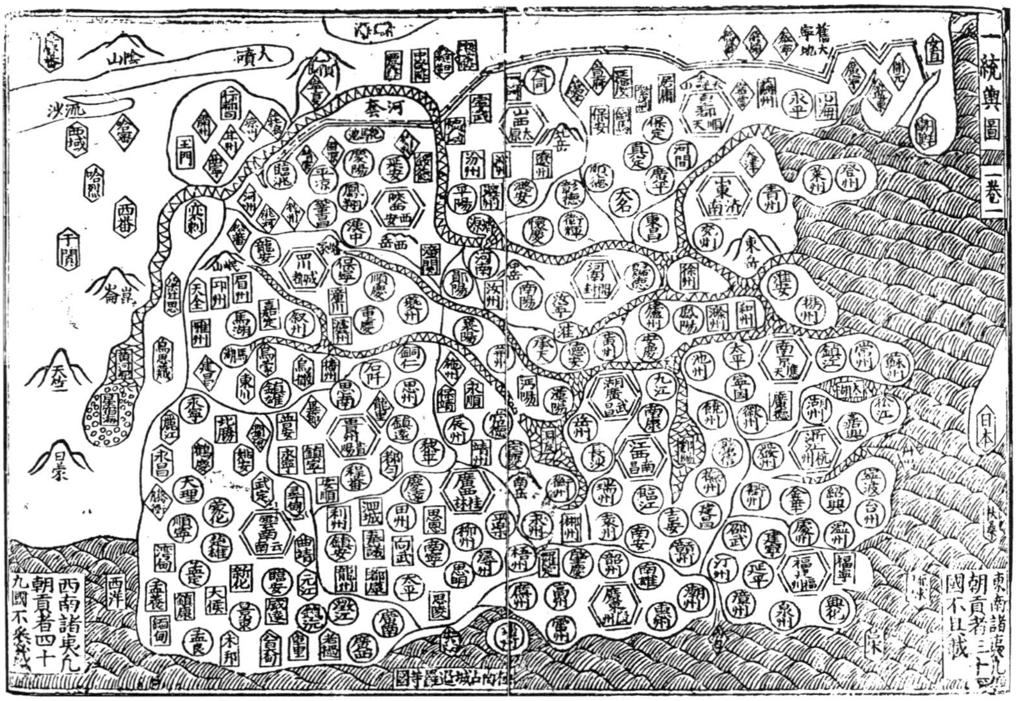
一統輿圖
卷一
西南諸夷凡朝貢者四十九國不悉載
日本
大名
東昌
南陽
汝寧
九江
南康
天竺
西番
于闐

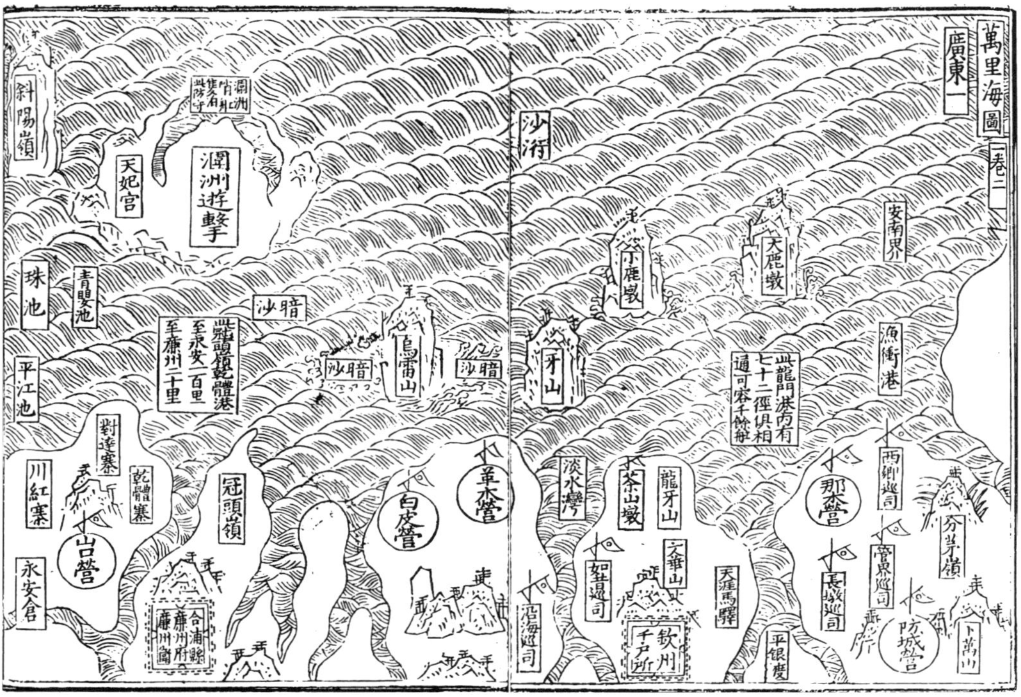
萬里海圖
廣東一
卷二
斜陽嶺
天妃宮
珠池
青嬰池
平江池
川紅寨
永安倉
冠頭嶺
白皮營
牙山
小鹿墩
大鹿墩
安南界
龍門港內有七十二徑俱相通可容千餘艘
淡水灣
茶山墩
龍牙山
分茅嶺
防城營
天涯馬驛
平銀渡
長墩巡司
西鄉巡司
沿海巡司

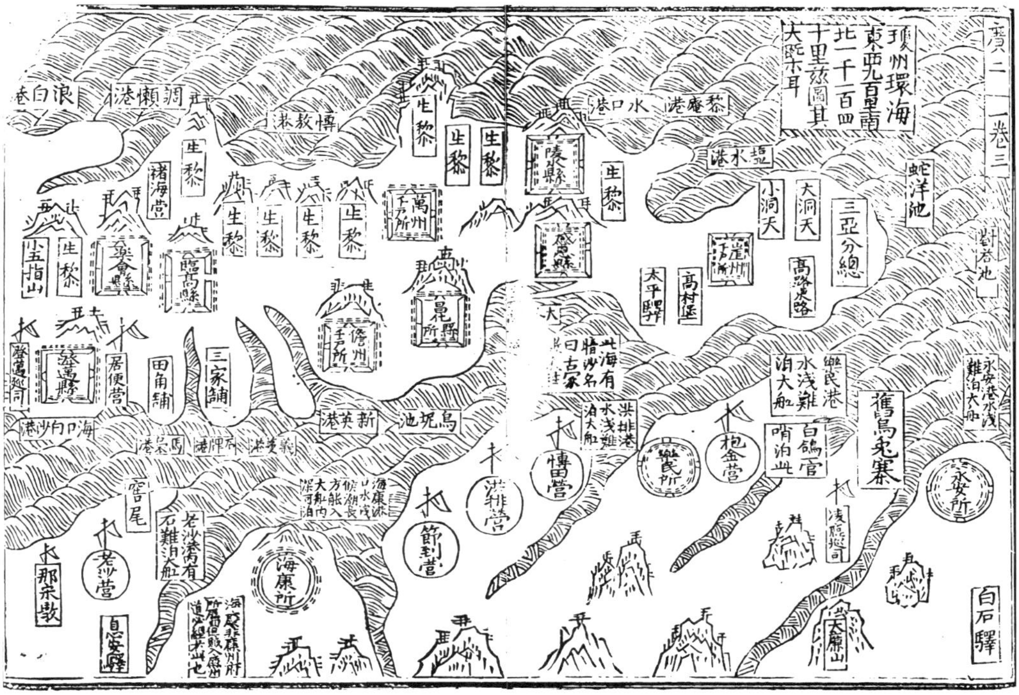
瓊州環海
東西九百里南
北一千一百四
十里茲圖其
大略耳
蛇洋池
三亞分總
大洞天
小洞天
高村堡
太平驛
生黎
白石驛
永安所
海康所
生黎

清瀾港
長岐港
新寨
東黎都
白沙寨
沙頭洋
南門墩
寧海墩
調黎墩
清安墩
海寧圍
歸豐驛

白鴿門寨
東頭山
湛川巡司
通明墩
通明埠
調陳墩
淡水墩
南浦墩
西營墩
廣州灣
北品墩
全岡寨
北月墩
吳川港
寧川巡司
石城墩
吳川縣
寧川所
麻陽墩
赤水巡司
北鶩墩
調高墩
尖岡墩
赤水港

廣五
放鷄山
海陵巡司
雙魚港
雙魚所
雙魚村
那淨村
黃村墩
白山墩
羅浮墩
五都巡司
蓮頭港
蓮頭墩
大陳墩
山尾墩
電白縣
神電衛
赤水墩
潭村墩
合浦墩
北津墩
北津寨

大金山
柳渡
三洲
大澳
北津寨
廣海寨分界
此澳中可泊東南風
至大金一潮水
至廣海一潮水
至牛角二潮水
銅鼓角
鯉魚塘
白石角墩
望峒澳
陳村墩
那銀村
望高巡司
廣海寨
石門墩
白蒙墩
豐田墩
峯前墩
慶儒墩
洪山
往海南船由此
守備司
廣海衛
牛肚巡司

橫琴山
三灶
浪白
廣海寨
南頭寨
分界
牛角灣
此澳大可泊南風
至三灶一潮水
至崖門一潮水
三角洲
崖門
崖山
西草灣
節尾墩
石門墩
香山所
長洲墩
小黃巡司
虎跳門
江村巡司
紫泥巡司
順德縣
湖蓮巡司
沙村巡司
北寨墩
企觀墩
三水巡司
新會縣
新會所
何木堡
江浦巡司
三江巡司
神安巡司
烏洲山
五斗口巡司

廣八
一卷九
香山澳
夷住此
龍穴山
九洲
此西洋船由此出入
小伶仃
虎頭門寨
福永巡司
牛灣
鄉村
固戍
三門
林洲尾
新造村
赤岡頭
深井
河南三村
石岐墩
鳳門凹墩
東洲營
黃埔墩
茭塘巡司
廣州府南海縣
波羅廟
鹿步巡司
東門驛
中塘巡司

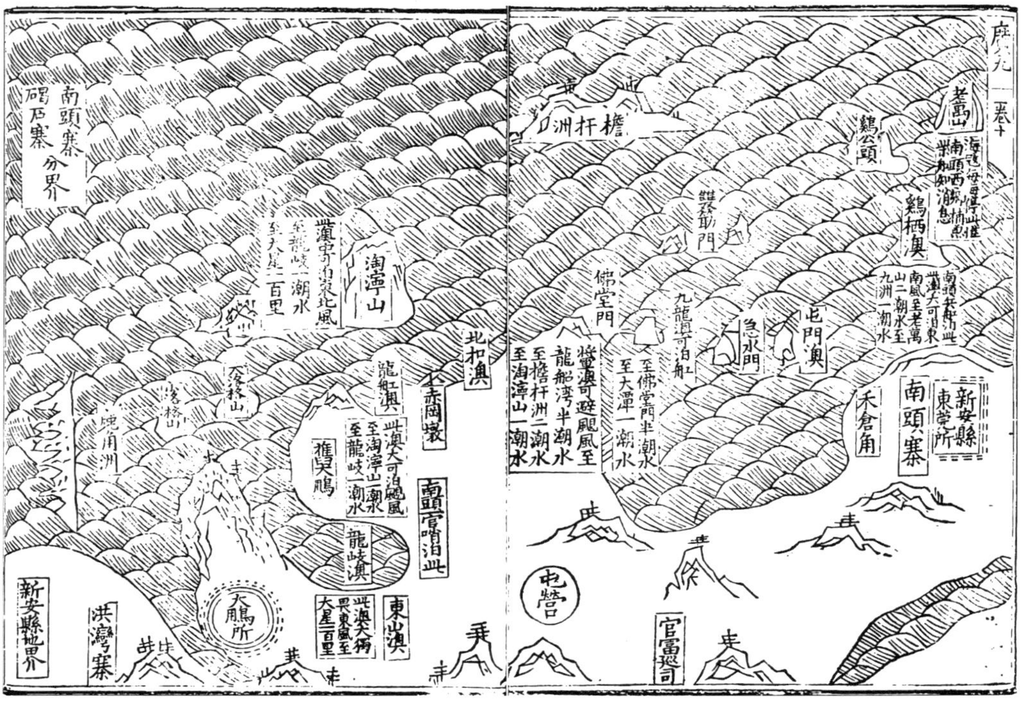
南頭寨
碣石寨分界
擔杆洲
雞公頭
老萬山
鷄栖澳
佛堂門
急水門
屯門澳
禾倉角
南頭寨
新安縣
東莞所
赤岡墩
大鵬所
東山澳
洪灣寨
新安縣地界
官富巡司
龍岐澳

廣十一　卷十一
碣石南頭會哨於此
大星山
大星港
娘媽宮
此澳大可泊東北風至盤貝半潮水至長沙一百里
盤貝港
此澳深可泊颶風東風難出
碧甲巡司
平海所
歸善縣地界
鹿洲
暫泊東風
長沙港
此澳深可泊東南風至大茅港一潮水至海豐縣一百里
長沙巡司
大茅港
此港小可泊東北風至捷勝所二十里至遮浪角一潮水至田尾澳二潮水
墩下港
墩下寨
墩下村
撫民林奇材巢
海豐縣

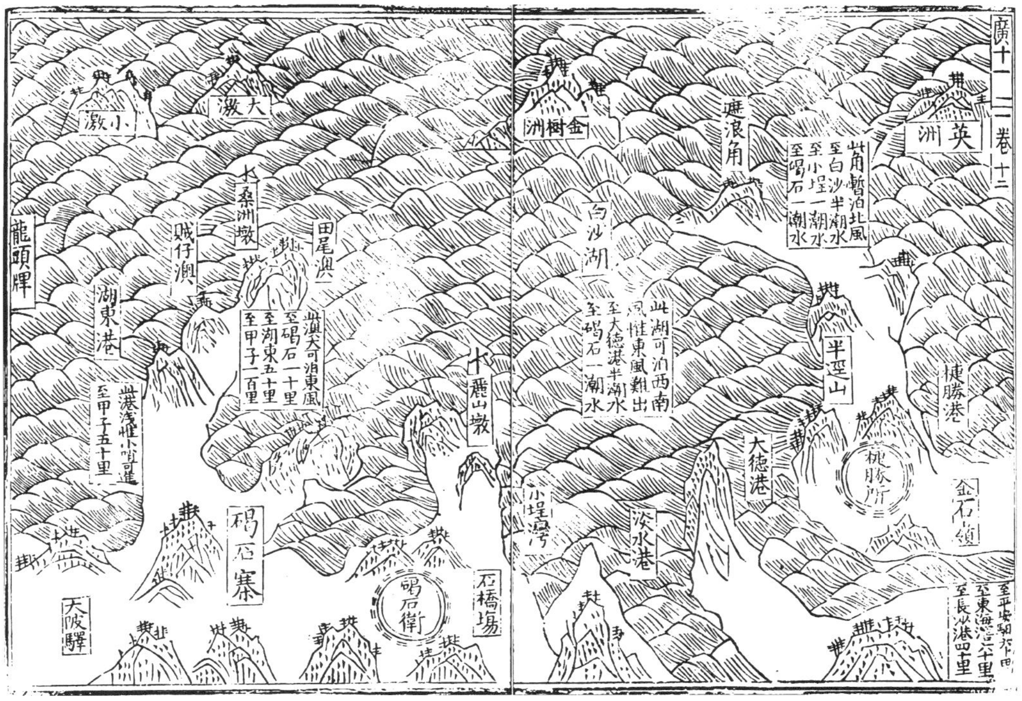
廣十二　卷十二
英洲
此角暫泊北風至白沙半潮水至小埕一潮水至碣石一潮水
遮浪角
金樹洲
白沙湖
此湖可泊西南風惟東風難出至大德港半潮水至碣石一潮水
半逕山
捷勝港
捷勝所
大德港
石橋場
碣石衛
碣石寨
麗山墩
此澳大可泊東風至碣石一十里至湖東五十里至甲子一百里
田尾澳
大桑洲墩
大澉
小澉
龍頭牌
湖東港
此港淺惟小哨可進至甲子五十里

廣十二　卷十三
甲子欄
錢澳
赤澳
神泉港
神泉巡司
甲子巡司
娘宮
南山墩
靖海所
練溪頭
蓁嶺山
下清港
甲子所

廣十三　卷十四
蓮澳
廣澳
青藍寨
馬窖
招收場
古埋村
白洲洋
東湖寨
月浦村
東港口
大家井
蓬州所
鋪前
門泊巡司
桃山驛

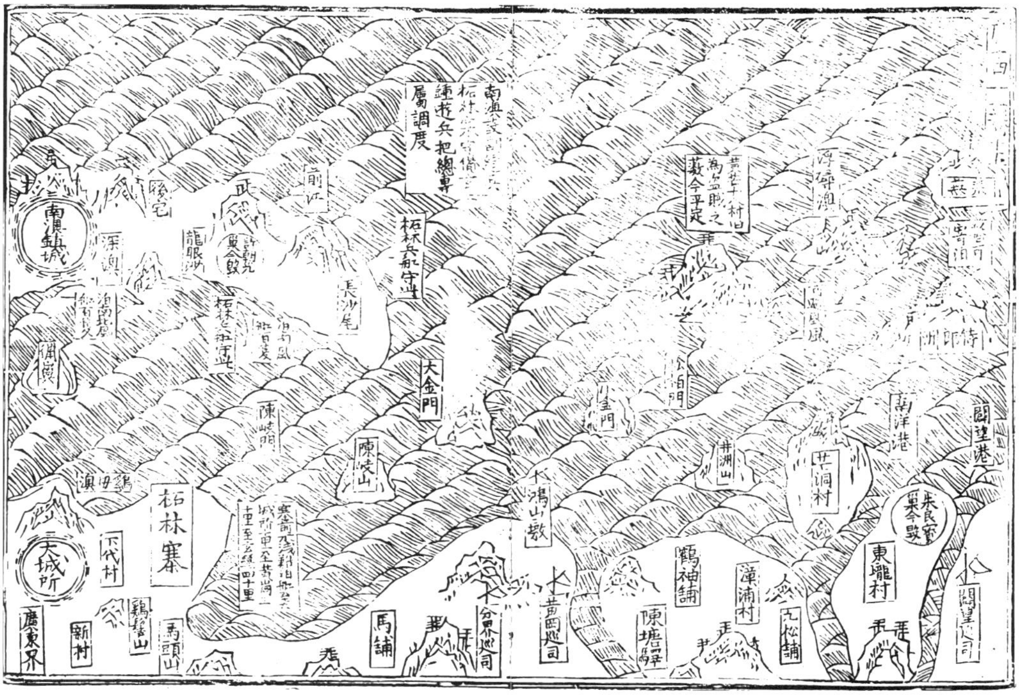
南澳鎮城
大城所
廣東界
新村
鷄籠山
馬頭山
柘林寨
陳岐山
陳岐門
大金門
長沙尾
馬舖
鶴神舖
陳塘驛
九松舖
東壠村
井洲山
南洋港

彭山
大甘
小甘
蛇洲
銅山所
銅山寨
十古樓墩
洪淡巡司
走馬溪
泊南風船五隻
漸山墩
黃崎墩
盤陀嶺
梅嶺
懸鐘所
遊兵寨
東門墩
白沙村
洋林村
詔安縣
南詔所
福建界

福建二
卷十七
東鎮
南鎮
鎮海衛
江口墩
白塘墩
大武山
馬口
赤湖
清頭墩
陸鰲所
虎頭山
龜鎮
沙洲
石雷墩
安集墩
峰山墩
月港墩
漳州府
龍溪縣

浯嶼寨
中左所
高崎
東渡墩
高浦
烈嶼
角嶼
小嶝
石井
小盈嶺
白石
蓮河
溪東
青嶼墩
擔嶼
鼓浪嶼
破灶澤
雞嶼
丙洲
龍江舖
江東驛
虎渡橋
深青驛
劉山墩
洪林墩
厦門墩

福四　卷十九
閭頭巡司
福寧所
東門外墩
坑山墩
烏沁巡司
深滬巡司
永寧衛
吉雷墩
崇武所
大岞墩
小岞巡司
黃崎巡司
峯尾巡司
楓亭驛
塗嶺
惠安縣
南輞
青山墩
獺窟巡司
赤山墩
烏嶼
泉州衛
晉江縣
洛陽橋
洛陽鋪
雙路鋪
龜湖
吳沙
東埔
流石
石頭墩
康店驛
東石

福五　卷二十
泊北風船二十隻
羊嶼
深澳
金沙澳
湄洲山
文甲墩
南日寨
吉了巡司
壺公山
山西墩
南日新寨
右哨守此
泊北風船百餘隻
小嶼墩
平海衛
石井
黃石
冲沁巡司
石城墩
登瀛墩
寧海橋
三江墩
新浦墩
迎仙巡司
江口
涵頭
興化衛
興化府
莆田縣
木蘭坡
西寨
東滬
小日
野馬山
白嶼
陳埭墩
石馬墩
峯頭澳
烏嶼
蒜嶺驛

福六　卷二十
牛頭門
牛山
東甲
南江
東庠
胡盧澳
小庠
長江
黃崎
觀音澳
龍王宮
娘宮
大練
小練
松下巡司
西松墩
鎮東衛
澤朗巡司
澤朗墩
白鶴墩
後崎墩
大亮墩
海口鎮
瑞峯
福清縣
宏路驛
上逕
漁溪
北南
南城
馬頭墩
萬安所
龍尾
東壁
澳口
大坵墩
桃嶼
東嵛
青嶼

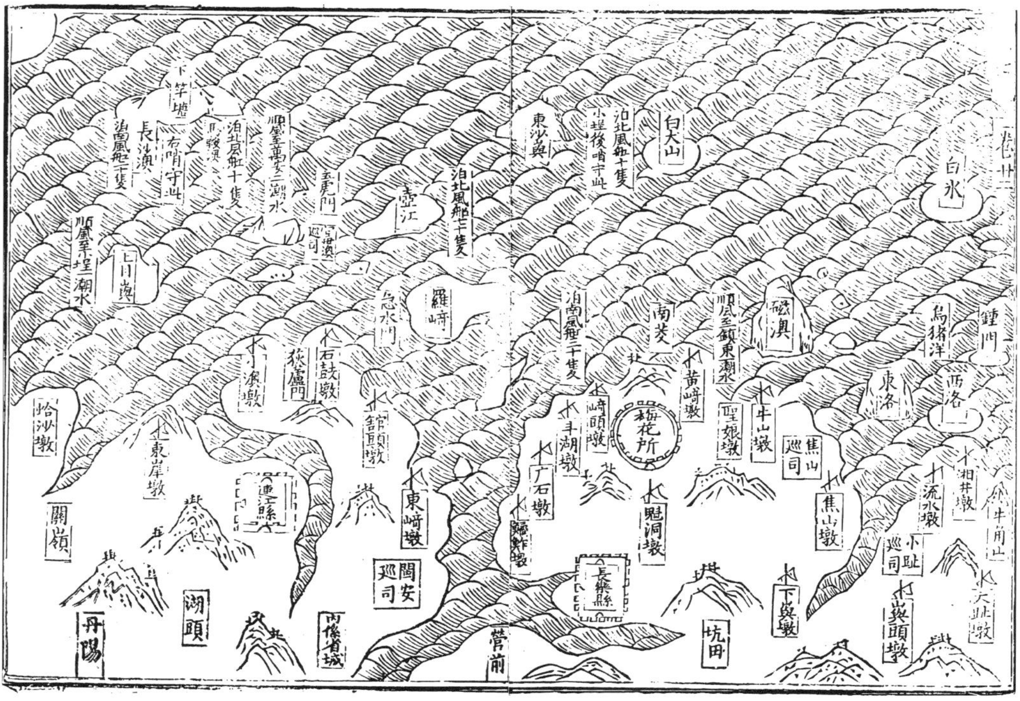
白大山
白水
東沙嶼
壺江
羅崎
急水門
南茭
磁澳
鍾門
烏猪洋
東洛
西洛
梅花所
黃崎墩
聖娘墩
牛山墩
魁洞墩
廣石墩
焦山墩
下嶼墩
長樂縣
坑田
營前
閩安巡司
東崎墩
東岸墩
石鼓墩
湖頭
丹陽

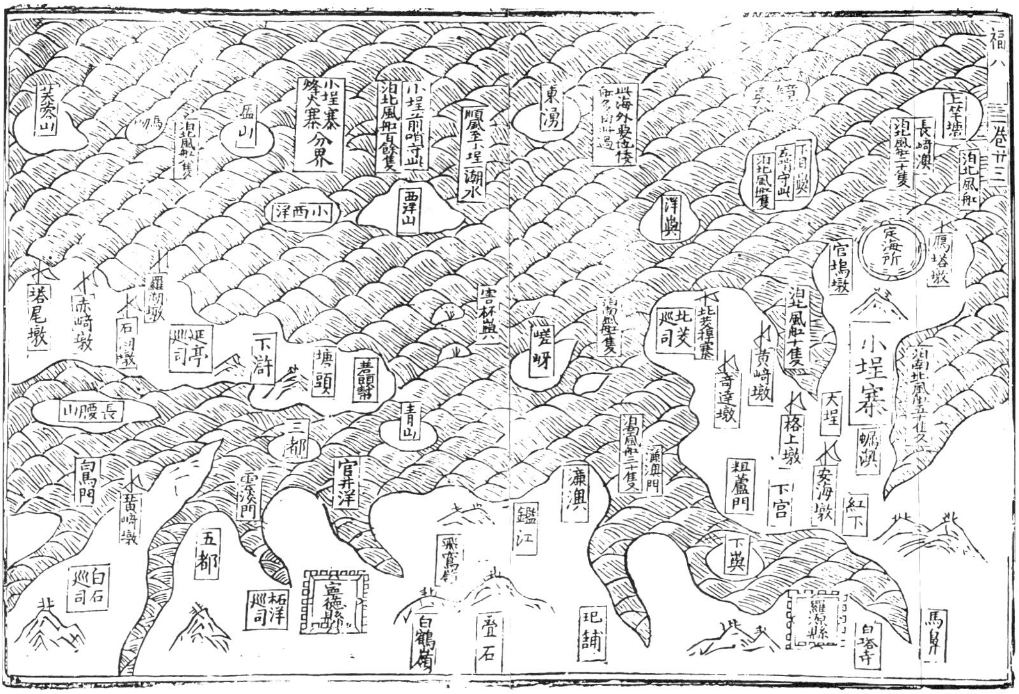
福八
卷廿三
上竿塘
長崎澳
定海所
官塢墩
小埕寨
東湧
洋嶼
西洋山
小西洋
小埕寨烽火寨分界
塔尾墩
赤崎墩
延亭巡司
下滸
長腰山
白石巡司
五都
寧德縣
白鶴嶺
鑑江
廉澳
羅源縣
馬鼻
下嶼
北茭巡司
青山
三都
官井洋
格上墩
安海墩

福九
卷廿四
東霜
北霜
南霜
西霜
銀山
長表
短表
斗米
長門墩
青山墩
鴨池
文星堡
漁洋
古縣
西洛
竹嶼
把灣
松山寨
火寨
大日
三沙堡
楊家溪
胡坪舖
赤岸
福寧州

福建浙江分界
卷廿五
七星山
屏風山
官澳
鎮下門
流江
沙埕
前崎
店下
鈞澳
桐山
蒲門巡司
白岩墩
水澳墩
黃崎墩
官當巡司
官當墩
小官當
茶堂
八都
金家墩
丁家墩
梅花墩
牙城

浙江
卷廿六
井門山
小崑山
大崑山
長沙門
橫栓門
金鄉盤石二衛設有金盤把總南至官澳與福建烽火兵船會哨北至楚門與松門關兵船會哨溫州沿海延袤四百餘里皆其信地領溫處參將節制
金鄉衛
上洋烽堠
大奧寨
東岡烽堠
大獲寨
東山烽堠
小獲寨
石塘寨
城門隘
高洋隘
壯士所
壯士舊城
下魁隘
上魁隘
南堡烽堠
流江山
四表烽堠
將軍隘
舥艚寨
舥艚巡司
炎亭隘
鳳凰烽堠

浙三
卷廿七
南郊山
小洋嶼
女兒礁
鳳凰山
北郊山
五嶼
江口渡港
平陽縣
沙園所
牧路寨
蒲門寨
江口巡司
仙口巡司
仙口烽堠
仙寨
瑞安縣
千戶所
梅頭巡司
海安所
東山寨
丁田寨
南寨
鮑田烽堠
楊頭口
前岡寨
長沙寨
長沙烽堠
小衢山
大衢山
飛雲港
海安港
眉石南寨

浙三
卷廿八
黃止山
黃礁
石馬山
大門山
茅現山
東山港
東山烽堠
南浦烽堠
後塘烽堠
前塘烽堠
平山烽堠
奠山烽堠
奠山寨
雙牙門
太平縣地方
北監巡司
盤石
館頭巡司
館頭驛
浦東寨
黃華寨
黃華港
沙村寨
沙村烽堠
七甲烽堠
九甲烽堠
中界巡司
寧村所
龍灣寨
溫州衛

小鹿山
大鹿山
小青嶼烽堠
東門烽堠
西門烽堠
叶門關
石橋烽堠
九眼塘
六眼塘
白壁
盐盤
蒲岐巡司
楚門所
楚門烽堠
楚門寨
塔山烽堠
清港渡
三山
三山巡司
清港烽堠
清港舖
謝家橋
大烏舖
梅嶺
梅溪橋
界坑
小珠舖
千山嶺
大溪山
盤山嶺

西哥山
南山
長山烽堠
箬嶴
長門隘
司澳
泥湖隘
泥湖烽堠
峽門烽堠
小邪田
楓林嶺
小鹿巡司
張家井舖
青嶴
田嶴
金田舖
太平縣

浙六
卷廿二
小茅嶼
石塘山
虎坑
石塘洪
松門衛
松門隘
松門寨
盤馬烽堠
盤馬巡司
柳子大橋
大蒼山
蒼山隘
車路烽堠
石井舖
沙角巡司
沙角烽堠
山前
半嶺
山後

浙七
卷廿三
積谷山
大淡山
註山
三段山
場奥烽堠
金清閘朱文公造
陸路廠
淨應烽堠
金絲橋
長浦隘
長浦巡司
岳頭隘
海門衛
海門水寨
黃巖縣
新河所
永豐閘朱文公造
鉄場舖
長嶼
烏沙烽堠
架砲廠

台州府
桃渚所
海門前所
健跳所
香山
茶盤山
五嶼
洋嶼
三門山
牛頭門
桃渚門
東山隘
蛟湖巡司
桃渚中城
桃渚舊城
石柱烽堠
蒼埠烽堠
北山隘
小魚西隘
大魚西隘
武曲隘
磊石隘
長沙烽堠
中山烽堠
眉山烽堠
長沙隘
老鼠隘
海門港
健跳港
健跳隘
西洞隘
小蔓隘
梅枝隘
石馬村隘
峽頭隘

寧海縣
前後所
昌國衛
韭山湖
五爪山
西狚山
東狚山
屏風山
牛欄基
當路嶼
壇頭山
朱門
東門舊城
雲門
金齒門
石浦港
石浦巡司
大佛頭山
黃沙烽堠
黃沙隘
南堡寨
仁義烽堠
古洞隘
長亭巡司
岳頭隘
青山隘
前橫隘
亭頭隘
鐵場巡司
海遊隘
昌國備倭把總官統昌國衛并在外前後錢倉四所及越哨寨起自南湖頭起南至石浦馬家山止其信地聽寧紹參將調度

當姑門
遊仙寨
青門
海塘隘
象山縣
玉泉場
爵谿所
陳山巡司
錢倉所
西厨山
東厨山
大目山
小目山
道人港
公嶼隘
趙奧巡司
黃溪渡
蒲門隘
新塘隘
司頭渡

欄路礁
點灯礁
大漠坑
白馬礁
陸奧山
石板港
赤坎山
蝦崎山
大漠洋
孝順洋
黃牟礁
青龍山
梅花港
蛤奧烽堠
慈奧烽堠
黃岩烽堠
尖崎烽堠
大高港
橫山烽堠
橫山隘
港口烽堠
湖頭渡
蔡家墩隘
大嵩場
天童寺
蛤奧隘
慈奧隘
大平奧巡司
三山隘

浙十二一卷卅七
官山
長白山
秀山
西後門
折子山
桃天門
馬墓港
响礁門
岑港
西山烽堠
大沙
小沙
梅柯
百泉
大干山
小干山
小衢山
小猫山
長山岡
長山巡司
定後所
海港
錢倉山隘

浙十三一卷卅八
浙江總兵居常則
駐省城汛期則駐
定海新設坐營官
統領標兵哨船亦
駐定海
威遠城
江北寨
虎蹲
東嶽廟
天妃宫
巾子山
金雞山
清海營
定海港
定海衛
定海縣
定海營
下港隘
甬東巡司
清水舖
七里嶼
青嶼隘

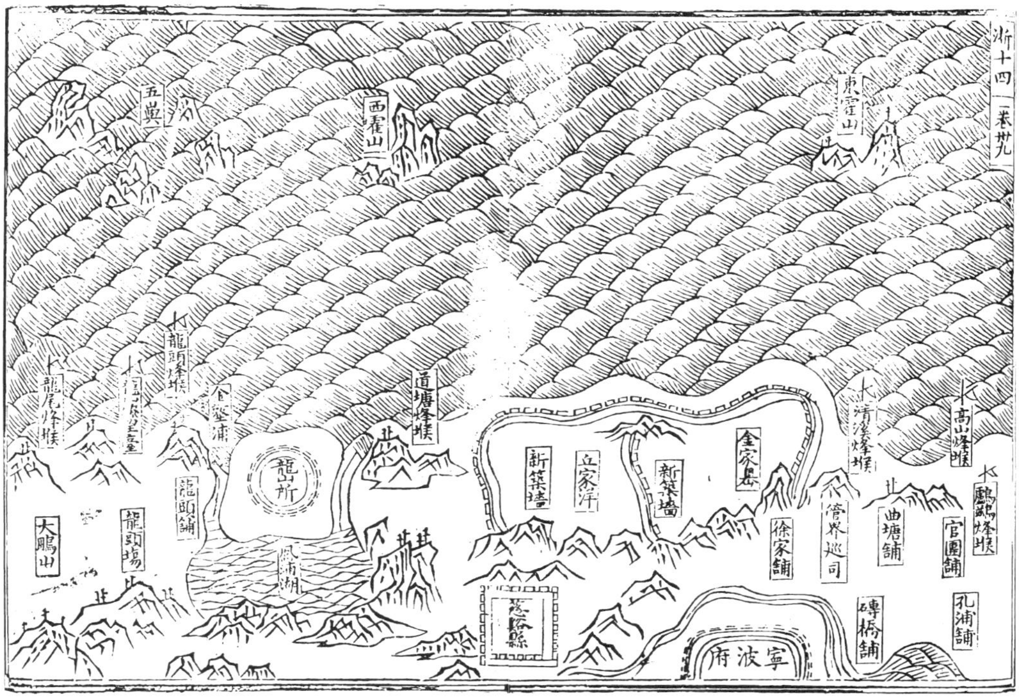
浙十四
五嶼
西霍山
東霍山
龍頭烽堠
龍尾烽堠
道塘烽堠
龍山所
新築塘
新築塘
金家嶴
高山烽堠
曲塘舖
官園舖
管界巡司
徐家舖
龍頭舖
龍頭場
大鵬山
慈谿縣
寧波府
孔浦舖
磚橋舖

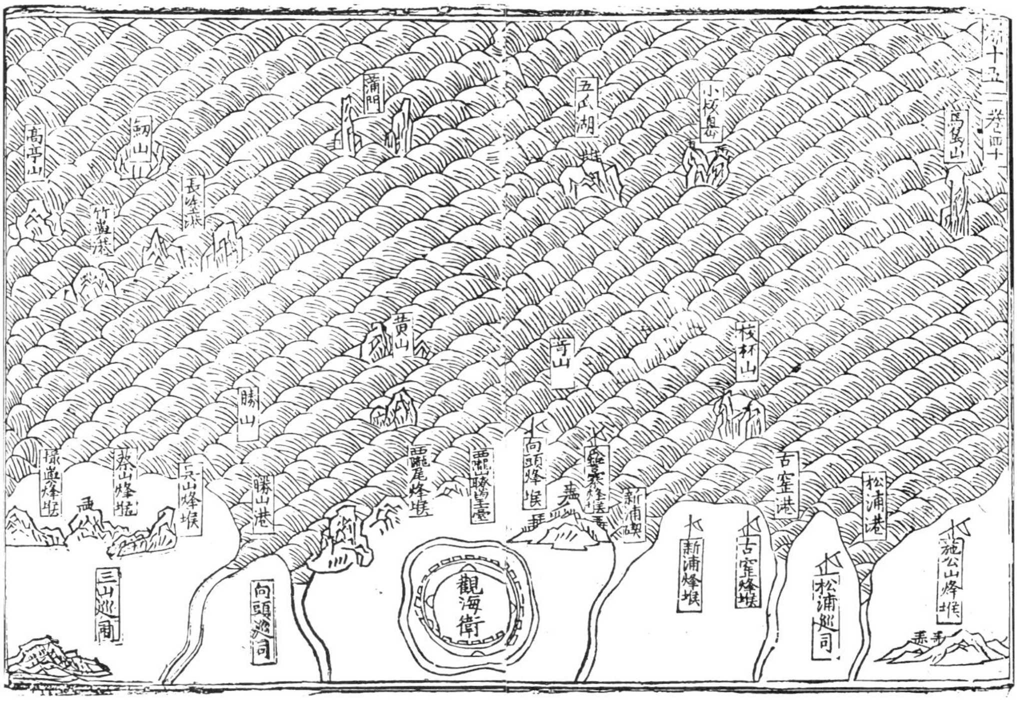
浙十五
高亭山
竹嶴港
蒲門
五爪湖
黃山
勝山
勝山港
三山巡司
向頭巡司
觀海衛
向頭烽堠
古窯港
松浦港
新浦烽堠
古窯烽堠
松浦巡司

浙十六
卷四一
觀海臨山二衛有臨觀把總統領軍紹地方西自三江東至龍山延袤三百餘里皆其信地屬寧紹參將調度
烏盆烽堠
烏盆隘
臨山衛
羅家山烽堠
泗門烽堠
化龍浦隘
方龍烽堠
道塘烽堠
周家路烽堠
徐家路烽堠
瀝山烽堠
眉山烽堠
海口隘
眉山巡司
餘姚縣
兩頭洞
三山所

浙十七
卷四二
漁山
三江港
三江所
宋家樓烽堠
周家墩烽堠
桑盆烽堠
槐樹烽堠
黃家堰巡司
瀝海所
西海塘烽堠
胡家池烽堠
施湖隘
桂浦烽堠
下蓋烽堠
三江巡司
三江閘
會稽縣
紹興府
紹興衛
山陰縣
百官巡司
曹娥江
東關驛
上虞縣
廟山巡司
下蓋湖

浙十八
西湖
錢塘江
蕭山縣
西興驛
赭山寨
赭山巡司
和尚山
杭州府

浙十九
南門總寨
葫蘆灣寨
荊山
黃灣寨
鳳凰山烽堠
廟山烽堠
西山烽堠
石墩山寨
石墩巡司
高洋山
郭老山

雞山
許山
海寧備倭把總浙西
沿海一帶自乍浦子門
起至金山衛止延袤
五百餘里皆其信地
屬杭嘉湖參將調度
海口烽堠
南瞭望臺
北瞭望臺
九里烽堠
海口巡司
新建帥府
海鹽縣
三間寨
黃盤山

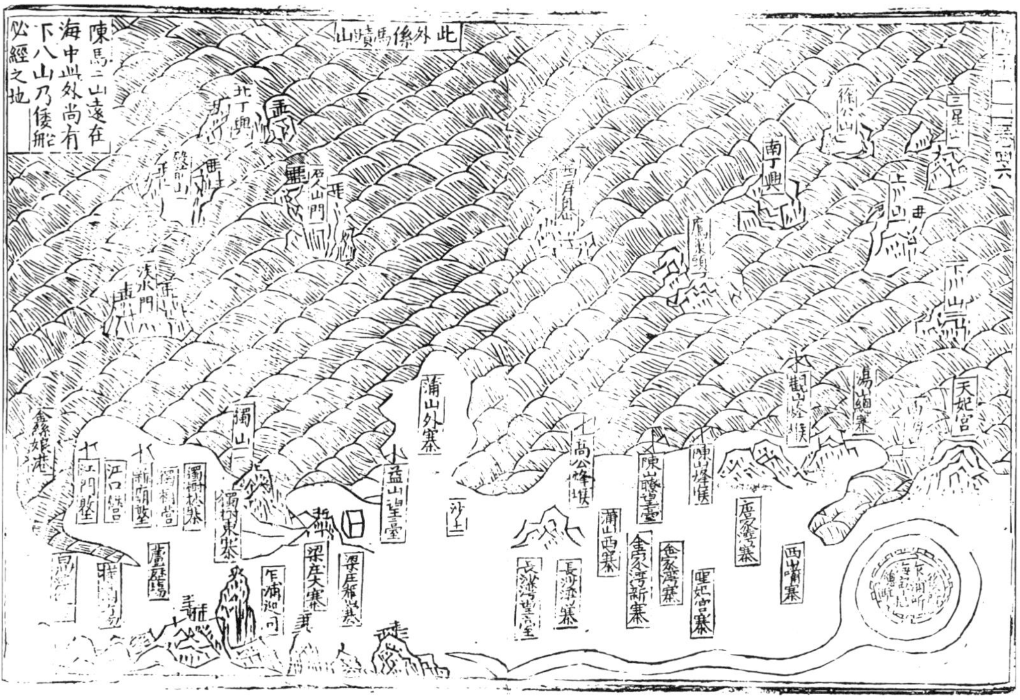
此外係馬蹟山
陳馬二山遠在
海中此外尚有
下八山乃倭船
必經之地
蒲山外寨
高公烽堠
陳山烽堠
陳山瞭望臺
蒲山西寨
天妃宮

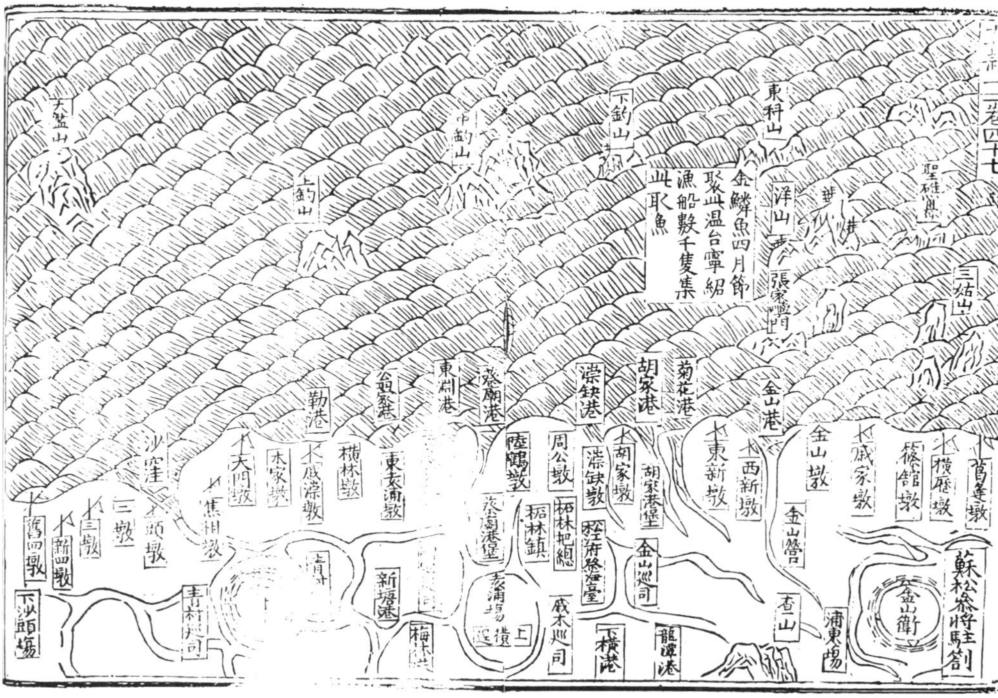
卷四十七
三姑山
洋山
下釣山
中釣山
釣山
大盤山
金鱗魚四月節聚此温台寧紹漁船數千隻集此取魚
金山港
菊花港
胡家港
漴缺港
蔡廟港
金山衛
蘇松參將駐劄
浦東場
查山
金山營
金山墩
戚家墩
西新墩
東新墩
胡家墩
胡家港堡
金山巡司
龍潭港
下横港
戚木巡司
柘林鎮
柘林把總
松江府參海臺
周公墩
漴缺墩
青村巡司
新塘港
横林墩
大門墩
焦相墩
沙窪
三墩
新四墩
舊四墩
下沙頭場

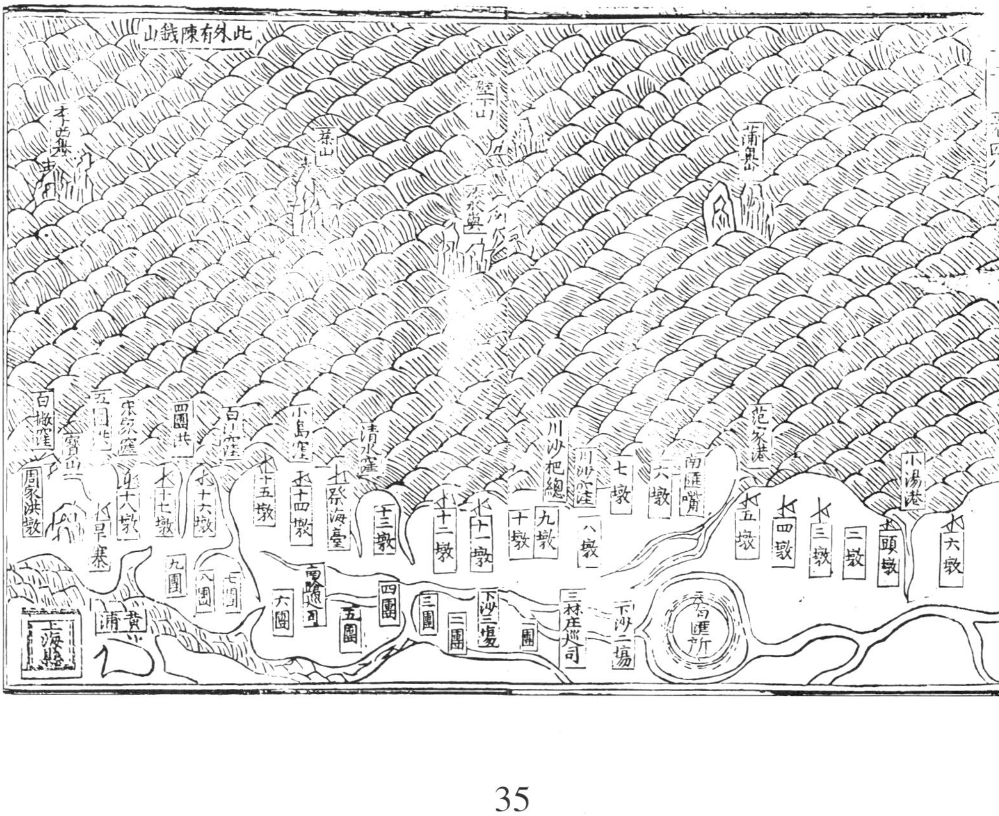
此外有陳錢山
茶山
川沙把總
川沙窪
清水窪
小島窪
范家港
南匯嘴
小湯港
頭墩
二墩
三墩
四墩
五墩
六墩
七墩
八墩
九墩
十墩
十一墩
十二墩
十三墩
十四墩
十五墩
十六墩
十七墩
十八墩
周家洪墩
寶山
南匯所
下沙二場
三林庄巡司
下沙三場
一團
二團
三團
四團
五團
六團
七團
八團
九團
上海縣

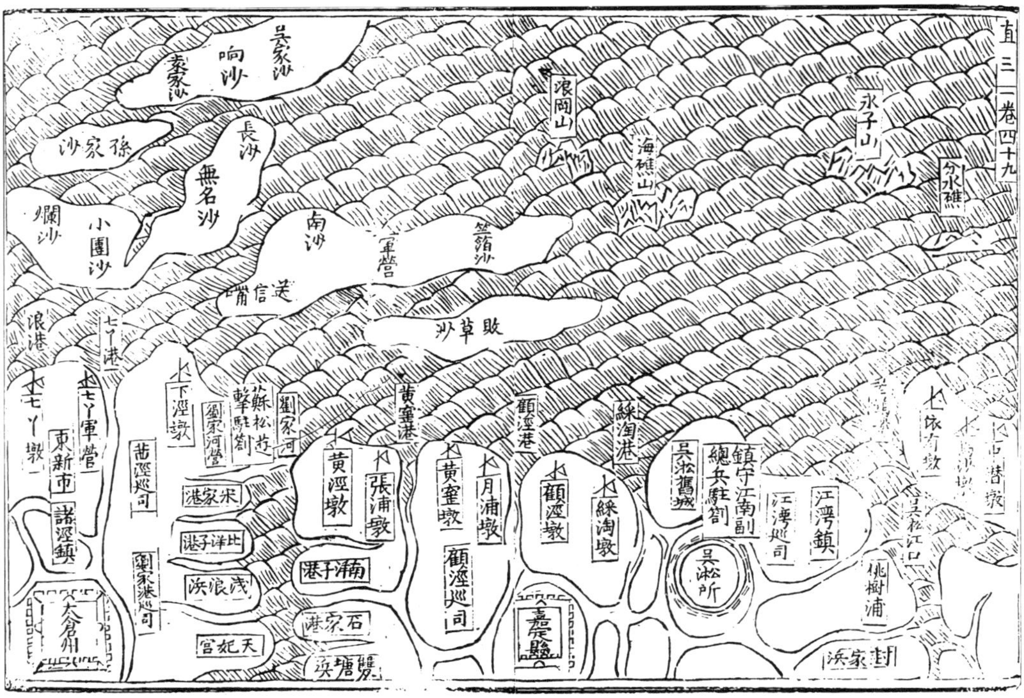
直三一卷四十九
吴家沙
响沙
孫家沙
長沙
無名沙
小團沙
南沙
軍營
販草沙
浪岡山
海礁山
分水礁
浪港
七丫港
七丫墩
七丫軍營
東新市
諸涇鎮
太倉州
下涇墩
劉家河
劉家河營
蘇松遊擊駐劄
黃窰港
黃涇墩
張浦墩
黃窰墩
月浦墩
顧涇港
顧涇墩
顧涇巡司
嘉定縣
鎮守江南副總兵駐劄
吳淞舊城
吳淞所
江灣鎮
江灣巡司
吳淞江口
桃樹浦
天妃宮
石家港

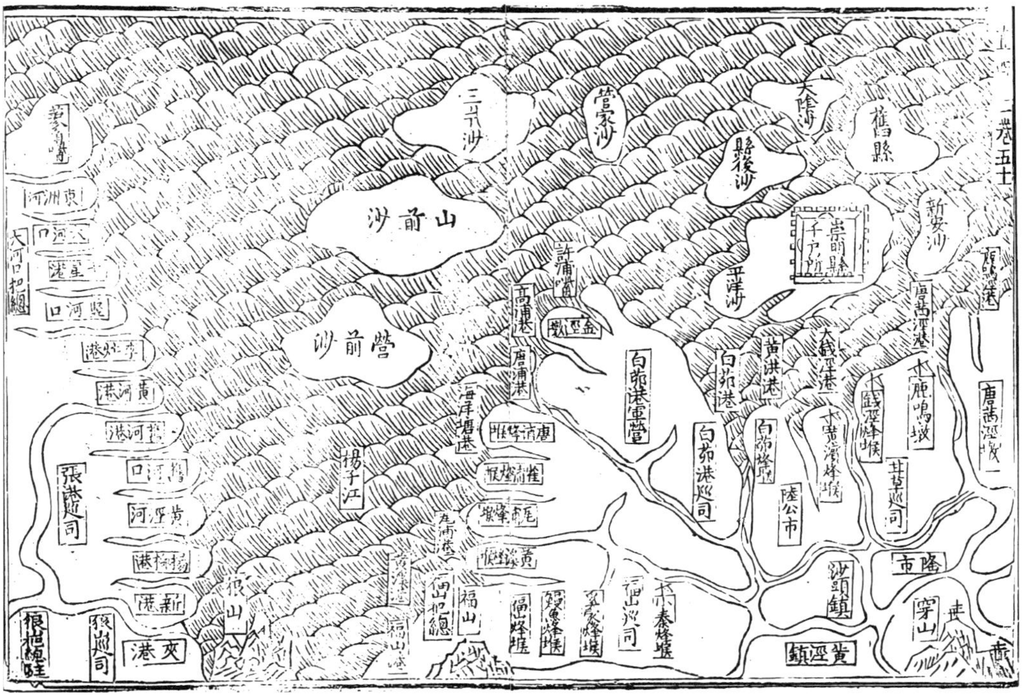
直三一卷五十
山前沙
營前沙
舊縣
新安沙
崇明縣
千户所
平洋沙
許浦
高浦港
唐浦港
揚子江
白茆港
白茆港軍營
白茆港巡司
黃洪港
陸公市
鹿鳴墩
福山
福山把總
張港巡司
沙頭鎮
黃涇鎮
穿山

卷五二
海門島
川魚窪
三寨窪
唐家港
豐利場
汊河
東西二營
石港巡司
石港場
西亭場
金沙場
馬塘場
泰州
通州
千戶所
海門縣
餘東場
餘中場
餘西場
呂四場
富安場
安豐場

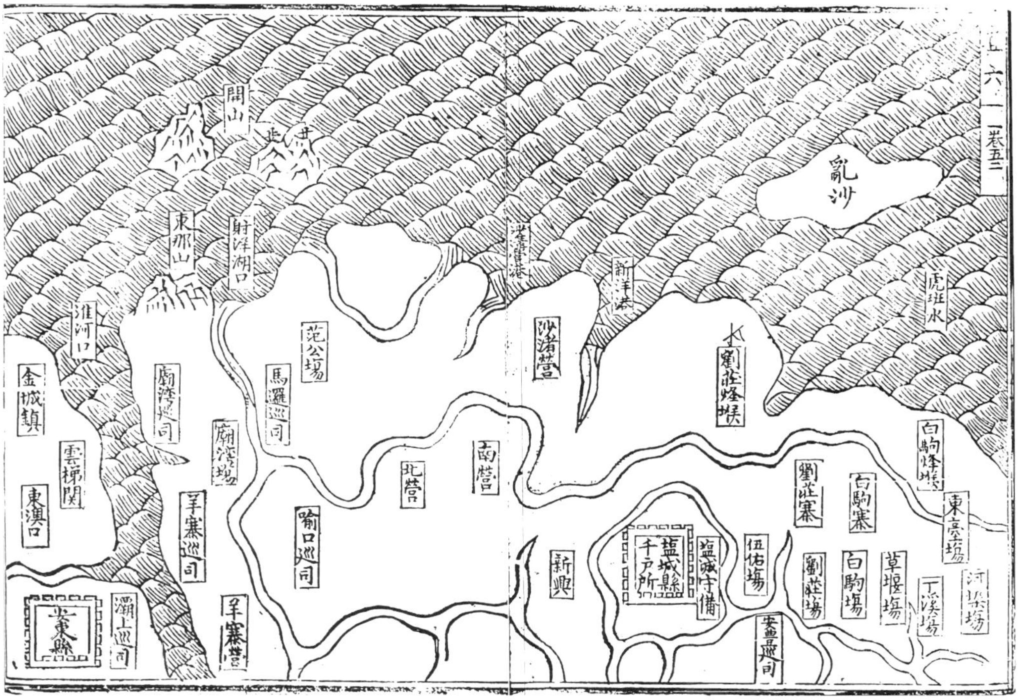
卷五三
開山
射陽湖口
淮河口
金城鎮
雲梯關
廟灣巡司
廟灣場
羊寨巡司
羊寨營
安東縣
范公場
馬邏巡司
北營
南營
喻口巡司
新興
新洋港
亂沙
劉莊烽堠
白駒烽堠
劉莊寨
白駒寨
劉莊場
白駒場
草堰場
東臺場
丁溪場
河垛場
伍佑場
鹽城縣
千戶所
鹽城守備
安豐巡司

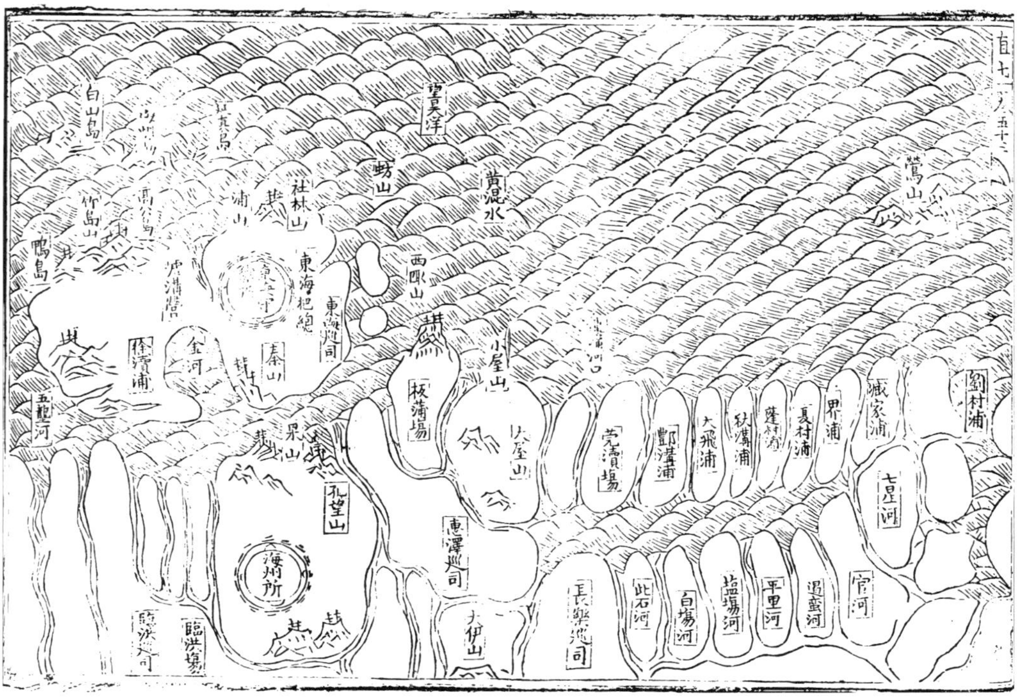
白山島
竹島山
鴨島
五龍河
社林山
東海把總
東海巡司
秦山
金河
界山
孔望山
海州所
臨洪巡司
臨洪場
西陬山
黃混水
板浦場
小屋山
大屋山
惠澤巡司
大伊山
長樂巡司
大飛浦
夏村浦
界浦
臧家浦
劉村浦
官河
平里河
白塲河

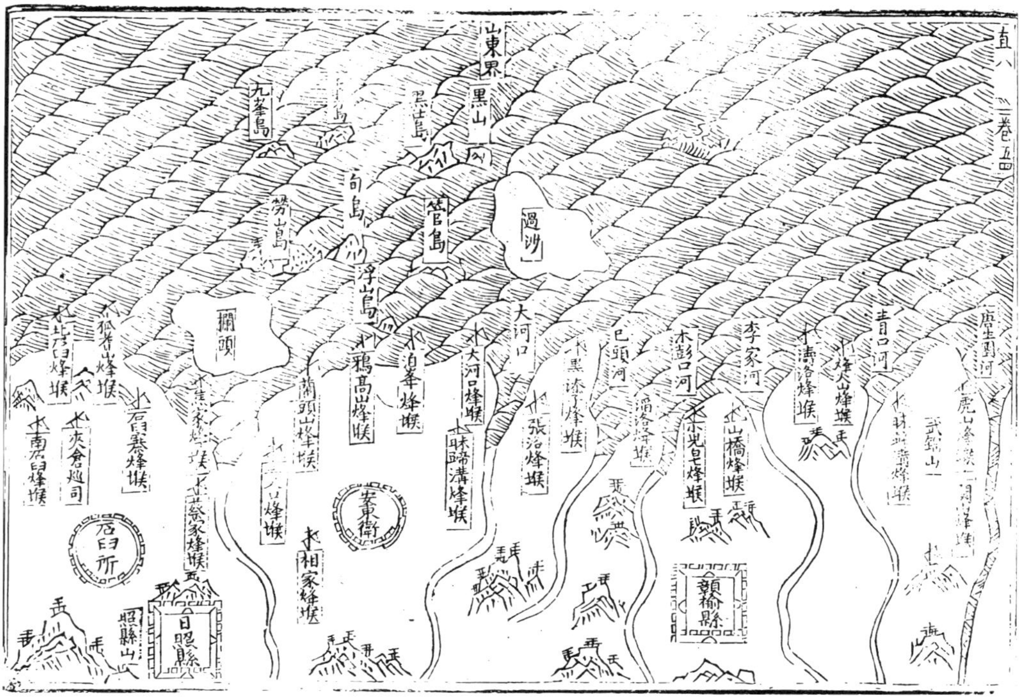
山東界
黑山
九峯島
管島
過沙
勞山島
浮山島
大河口
李家河
青口河
安東衛
相家烽堠
石臼所
日照縣
贛榆縣

山東一　卷五十五
清泥烽堠
溫泉烽堠
董家烽堠
湖水烽堠
金線墩
石河烽堠
古城烽堠
滕家烽堠
湘水烽堠
要嶺烽堠
信陽鎮巡司
南黃烽堠
東沙嶺烽堠
陳家臺烽堠
南龍灣巡司
家烽堠
石碑烽堠
高港巡司
司後烽堠
彭家港烽堠
逄猛巡司
小珠山
烏兒河烽堠

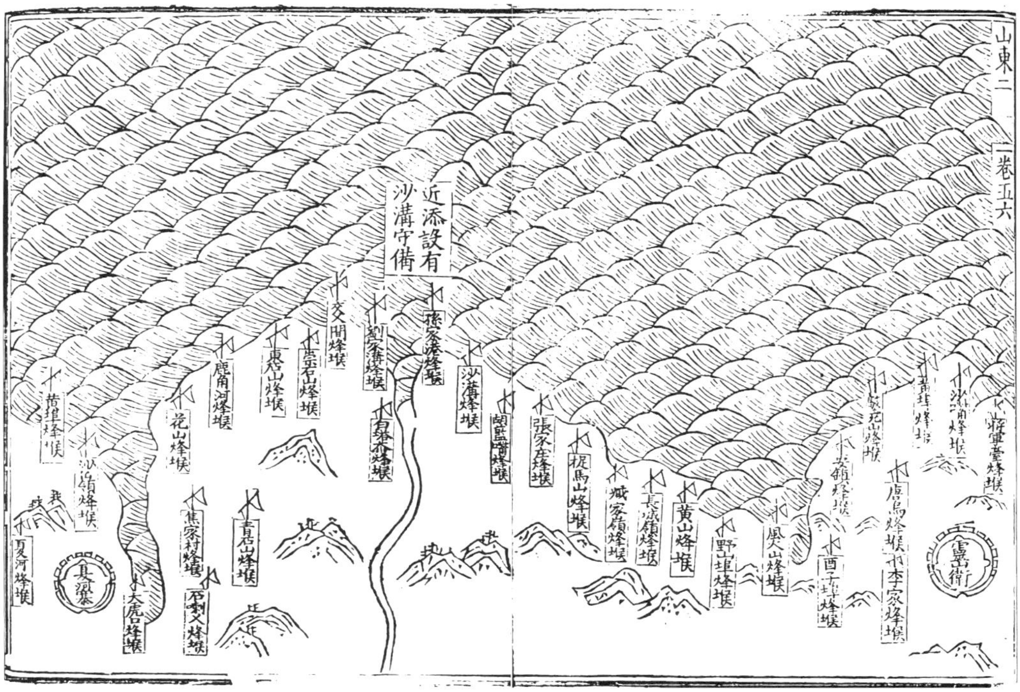
山東二　卷五十六
近添設有
沙溝守備
交間烽堠
劉家溝烽堠
孫家港烽堠
沙溝烽堠
鹿角河烽堠
東石山烽堠
崇石山烽堠
花山烽堠
胡盧嘴烽堠
張家庄烽堠
捉馬山烽堠
臧家嶺烽堠
長城嶺烽堠
黃山烽堠
野山埠烽堠
凤山烽堠
李家烽堠
靈山衛
焦家村烽堠
青石山烽堠
大虎口烽堠
石刺叉烽堠
夏河烽堠
夏河寨

山東三
卷五七
東家島
田横島
大勞山
石湖堡
陳村堡
栗村堡
鹿村堡
膠州所
八里庄堡
西庄烽堠
古積烽堠
古鎮巡司
石河烽堠
走馬嶺烽堠
大盤烽堠
海庄烽堠
徐家埠烽堠
横担烽堠

山東四
卷五十八
近添設有
即墨守備
即墨縣
鼇山衛
鏡顔山
羊山烽堠
高山烽堠
狼家烽堠
大村堡
馬山堡
轉頭堡
中利堡
城陽烽堠
樓山烽堠
新山烽堠
紅石烽堠

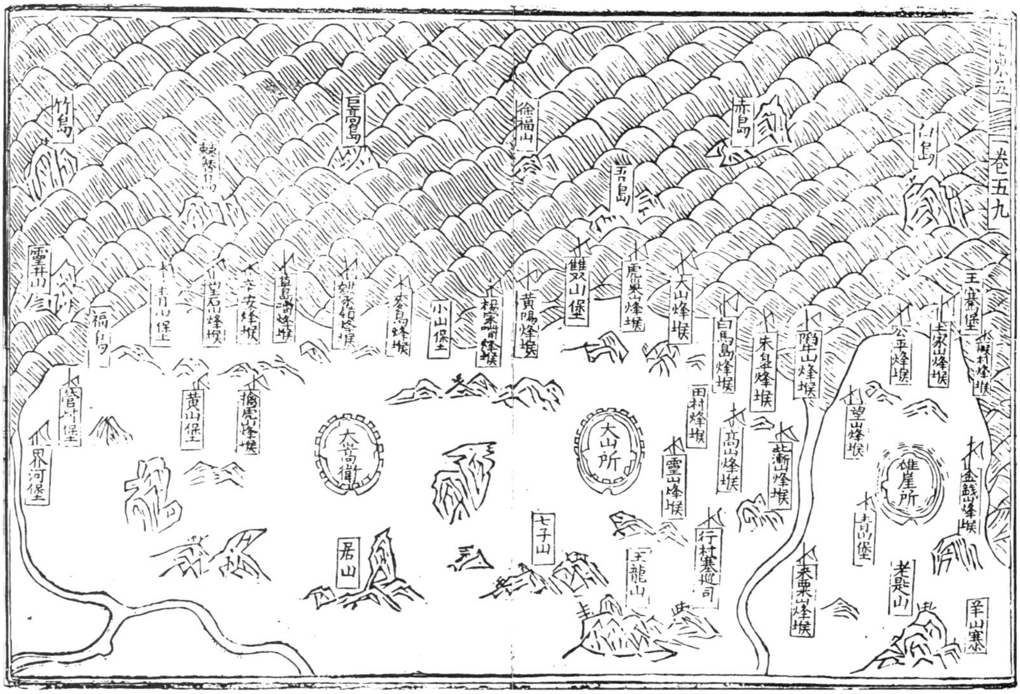
竹島
巨富島
赤島
靈山
福島
青山堡
望石烽堠
辛安烽堠
黄山堡
擒虎山烽堠
管村堡
界河堡
大嵩衛
居山
小山堡
楊家哨烽堠
黄陽烽堠
雙山堡
七子山
大山所
大山烽堠
靈山烽堠
田村烽堠
白馬島烽堠
高山烽堠
行村寨巡司
斬山烽堠
望山烽堠
雄崖所
金錢山烽堠
羊山寨

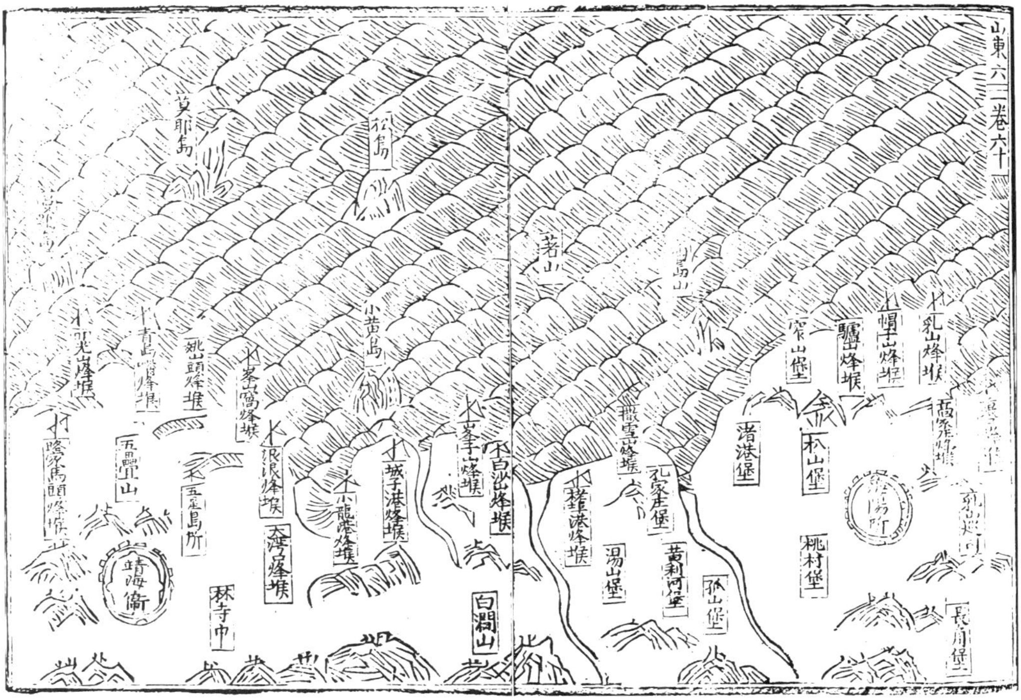
山東六　卷六十
莫耶島
松島
小黄島
姚山頭烽堠
五疊山
靖海衛
林寺中
大灣口烽堠
城子港烽堠
白沙港烽堠
白碣山
孔家庄堡
黄利河堡
湯山堡
孤山堡
松山堡
桃村堡
乳山烽堠
帽子山烽堠

塔島
帽子山堡
萬口烟烽堠
石岡烽堠
孤西山堡
望將山烽堠
標杆嶺烽堠
狗脚山烽堠
石脚山烽堠
赤嘴烽堠
赤山巡司
斤山
火洞山
鐵槎山

山東八
埠島
龍山烽堠
固山烽堠
龍虎烽堠
大頂山堡
嵐山寨堡

卷六三
長島烽堠
青山烽堠
成山
溫泉鎮巡司
馬山烽堠
可山烽堠

卷六四
海牛島
內有文登縣營今添設文登守備
張家堡
北留村堡
冶口堡
報信口堡
神前堡
馬山烽堠
松里烽堠
高咀烽堠
辛國寨巡司

山東十二　卷之六五
交島
劉島山
小峯烽堠
天都烽堠
峯山烽堠
豹虎烽堠
曹家莊烽堠
斜山烽堠
麻子烽堠
古陌頂烽堠
焦子埠烽堠
望天嶺烽堠
老姑烽堠
韓山烽堠
陳家莊烽堠
蒲臺頂烽堠
威海衛
白鹿山
金山所

山東十二　卷之六六
大空島
馬山烽堠
峯山烽堠
修福堡
杏林烽堠
管山烽堠
曲水烽堠
駱駝烽堠
宋家烽堠
金山烽堠
東口烽堠
乳山寨巡司
小峯烽堠
草埠烽堠
寧海衛
湯西堡
小崑崙
大崑崙
繫馬山

山東十三
桃花島
旗亭烽堠
神山
孫夼巡司
傾山
福山縣
福山所
龍山
嵩山巡司
嵩山烽堠
大山烽堠
末林烽堠
西牟堡
黄務堡
峴頂烽堠
清泉烽堠
石溝烽堠
午臺烽堠
高家庄
嵩山
奇山所
竿山
清泉寨

山東十四
双島
沙門島
劉家窪島
舊有備倭都司
備倭所
角島
西庄烽堠
劉家窪
八角烽堠
白石烽堠
城陰烽堠
田横島
田横烽堠
王徐烽堠
教場烽堠
扶直烽堠
白林嘴烽堠
盧洋寨
劉家汪寨
楊家店巡司
西山
登州府
衛
九目山

石馬島
大謝山
三島
桑島
單山
王徐峰堠
庄頭峰堠
東良峰堠
東良海口巡司
界河峰堠
楊家庄峰堠
白沙峰堠
呂口峰堠
西高峰堠
小河口峰堠
任家峰堠
黃河寨
蔚陽山
黃縣
馬停鎮巡司
馬停寨
牛山
河口峰堠
界首峰堠
鹽場峰堠
蹲犬山

山東十六
卷七十
東島
萊州洋山
後庄峰堠
白堂峰堠
諸高峰堠
上官峰堠
太原峰堠
武家庄峰堠
海廟峰堠
東寨峰堠
松埠峰堠
三山峰堠
單山峰堠
黃河峰堠
東關峰堠
海倉巡司
福島
柴葫巡司
萊州府
萊州衛
小皂峰堠
馬埠寨
三山島
馬鞍山
三山
天柱山

卷七上
青島
黿島
大清河
小清河
利津縣
蒲臺縣
霑化縣
高苑縣
博興縣
樂安鎮巡司
廣陵巡司
壽光縣
固堤店巡司
陳山
青山
昌邑縣
本司烽堠
河烽堠

卷七二
北直隸界
黃島
峰墩
鹽場
鹽場
九山鎮巡司
天津衛
海豐縣
陽信縣
霑化縣
濱州
鹽山
鹽山

直沽河口
柳雲驛
武清縣
運司
寶坻縣
遞運所
豐潤縣
內係靜海縣

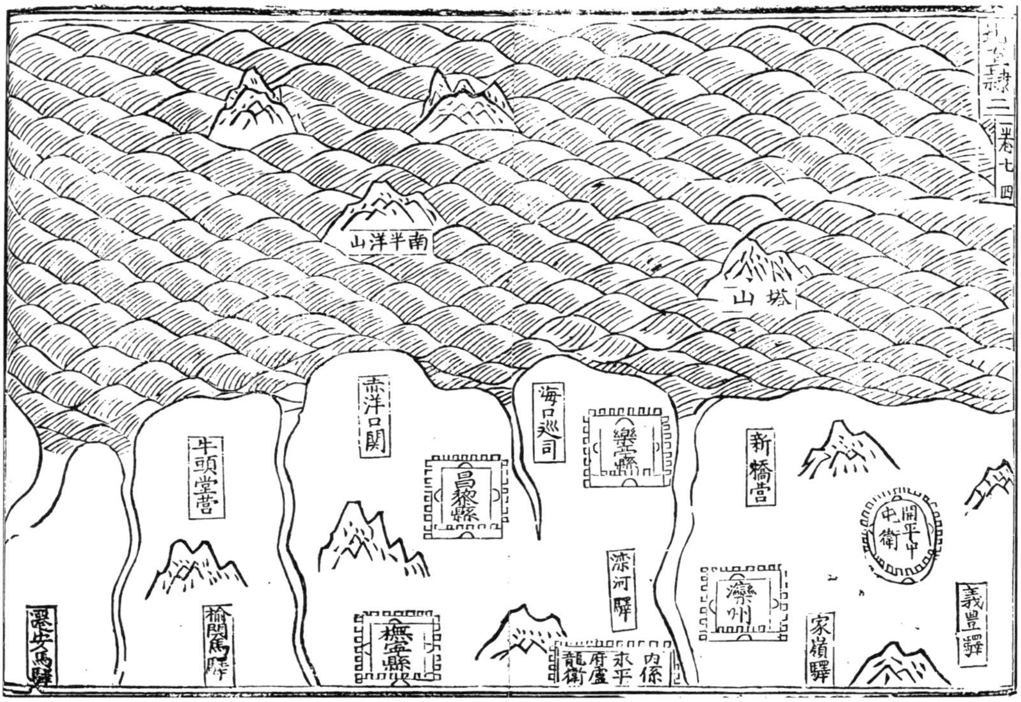
南半洋山
赤洋口關
海口巡司
樂亭縣
牛頭崖營
昌黎縣
新橋營
開平中屯衛
灤河驛
灤州
撫寧縣
內係永平府盧龍衛
義豐驛
家嶺驛

卷七十五
孤山
東井島
飲島
浸島
蔬菜島
桃花山
松樹島
塔山堡
中後所
中右所
寧遠衛
三山堡
新安堡
城南堡
老軍營
安家堡
高臺堡
慶春堡
瑞昌堡
古城堡
三道溝堡
新興堡
中前所
永安堡
片石關
鐵場堡
南水關
北水關
山海衛
山海關
興水堡
松山堡

卷七十六
麻田島
古寺島
得物島
麻孤島
青泥島
鳳凰山
梁房口
大陵河
小陵河
女兒河
保安堡
遼河渡
廣寧衛
遼府營
東海堡
海潮堡
豐安堡
江青堡
杏林河堡
杏樹堡
沙墩堡
塔山
塔山堡
女真堡
常豐堡
右屯衛
鹽場百戶
黑林堡
西杏堡
秀語堡
紫荊山
中屯衛
中左所
駱駝嶺
蔡家堡
陡林堡
長嶺堡
牟羅寨
鎮海堡
三岔閘
永豐堡
廣積堡
海州衛

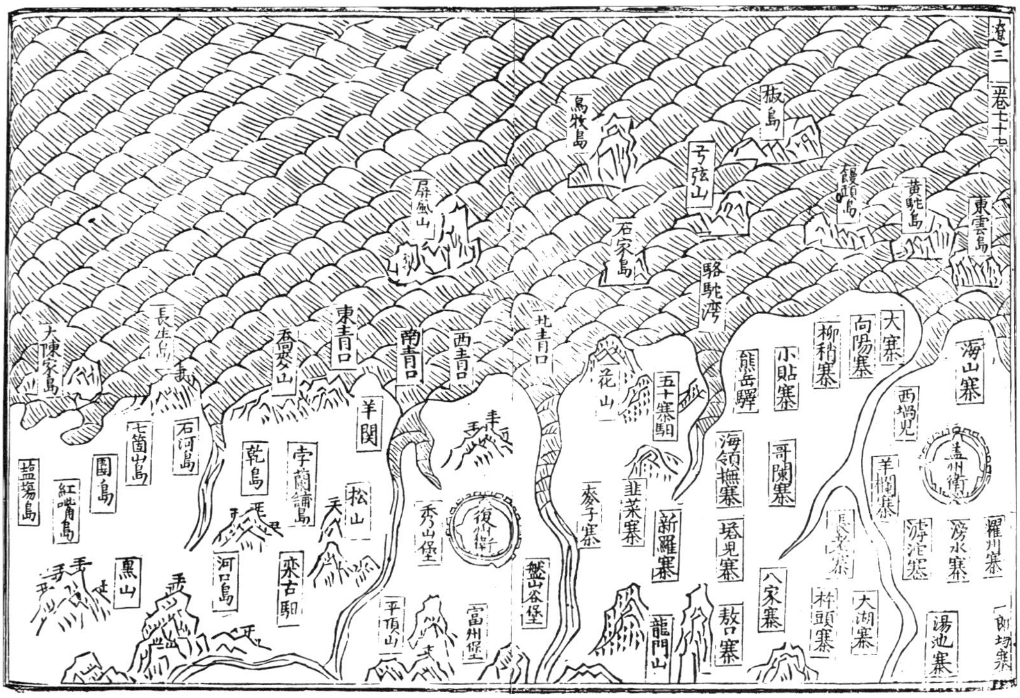
遼三
卷七十六
烏牧島
板島
弓弦山
饅頭島
黃駝島
東雲島
屏風山
石家島
駱駝灣
大陳家島
長生島
東青口
南青口
西青口
北青口
花山
五十寨驛
熊岳驛
小貼寨
向陽寨
大寨
海山寨
西堝兒
蓋州衛
耀州寨
石河島
圓島
紅嘴島
鹽場島
乾島
羊關
松山
秀山堡
復州衛
韭菜寨
新羅寨
塔兒寨
八家寨
黑山
河口島
平頂山
盤山谷堡
龍門山
大湖寨
湯池寨

遼四
鐵山洋
向陽島
左所
和尚島
平島
石門島
太平島
老鶴島
小平島
青泥島
骷髏島
新寨島
花洋島
王官寨
劉家寨
馬雄島
金線城
李蘭
蓮花島
鴈島
沙河島
旅順島
布袋島
北汊河島
南汊河島
野鷄島
金州衛
紅嘴島
杏園島

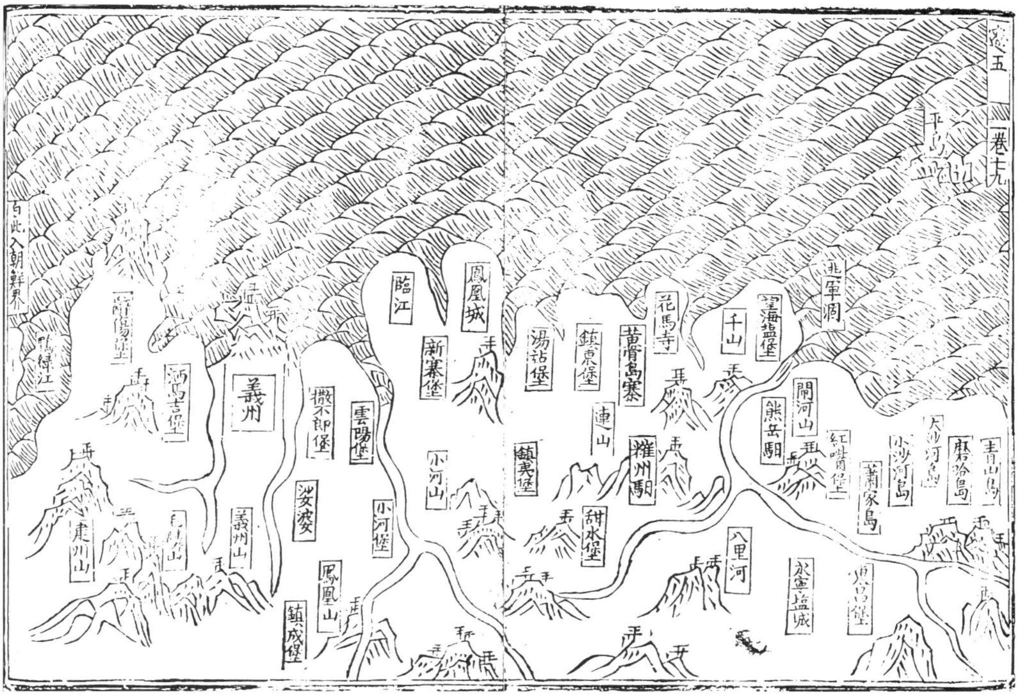

恭惟
聖祖電掃胡塵龍御寰宇薄海内外罔不賓服一統之盛從古所未有也鍾謹按海圖自欽州龍門港抵南澳爲廣東界延袤計五千里自南澳抵烽火鎮下門爲福建界延袤計二千里自鎮下門抵金山許山爲浙江界延袤計二千七百里自金山衛抵東海所爲南直隸界延袤計一千八百里自東海抵塩山場爲山東界延袤計二千里自塩場抵山海關爲北直隸界延袤計五百里自山海抵鴨綠江爲遼東界延袤計一千三百里盖北接朝鮮南連交趾共一萬五千餘里焉犄與盛哉若山川之要害官兵之屯戍星列棋布一展卷盡在目中矣覩河洛而思禹功者其亦有乘長風破萬里浪之志乎同校是圖者同安林彥鍾也

籌海重編卷之一終

篝海重編卷之二

崑山鄭若曾原編
晉江鄧　鍾重編

目錄

篝海重編卷之二

王官使倭事畧

魏正始元年遣使如倭

太守龔遵建中校尉梯儁等奉詔印綬使倭國拜假卑彌呼爵命并齎賜金帛錦罽刀鏡等物

六年賜倭臣綬

詔賜難升米黃幢付帶方郡假綬

八年遣使詔諭倭王

太守王頎到官卑彌呼與狗奴國王卑彌弓呼交兵遣其臣載斯烏越等詣郡說相攻擊狀郡遣塞曹掾史張政等因齎詔書黃幢拜假難升米爲檄告諭之卑彌呼已死宗女臺與嗣政等以檄告之

隋煬帝大業三年遣使倭國

帝遣文林郎裴清渡百濟行至竹島南望躭羅國經都司麻國迥在大海中又東至一支國又至竹斯國又東至秦王國其人同於華夏以爲夷洲疑不能明又經十餘國達于海岸自竹斯國以來皆附庸于倭王遣小德何輩臺從數百人設儀仗鳴鼓角來迎後十日又遣大禮歌多毗從二百餘騎郊勞既至彼都其王與清相見大悅曰我聞海西有大隋禮義之國欲遣朝貢我僻在海隅不聞禮義是以稽留境內不即相見故清來道飾館以待天使冀聞大國惟新之化清答曰皇帝德並二儀澤流四海以王慕化故遣行人來此宣諭既而清就館其後清遣人謂王曰朝命既達清即戒塗於是厚設燕享以遣復令使者隨清來貢方物先時其王冠服仍其國俗至是如賜與衣冠乃以綵錦爲冠飾裳皆施襈綴以金玉云

唐太宗貞觀五年遣使持節撫倭

倭使入闕帝矜其遠詔有司無拘歲貢遣斯州刺史高仁表持節撫之浮海數月方至仁表無綏撫之才與其王爭禮不宣朝命而還

元世祖至元三年遣使往諭日本不達而還

以高麗人趙彝等言日本國可通乃命兵部侍郎黑的給虎符充國信使禮部侍郎殷弘給金符充國信副使持國書使日本書曰大蒙古國皇帝奉書日本王朕惟自古小國之君境土相接尚務講信修睦况我祖宗受天明命奄有區夏遐方異域畏威懷德者不可悉數朕即位之初以高麗無辜之民久瘁鋒鏑

即命罷兵還其疆域反其旄倪高麗君臣感戴來朝
義雖君臣歡若父子計王之君臣亦已知之高麗朕
之東藩也日本密邇高麗開國以來亦時通中國於
朕躬而無一乘之使以通和好尚恐王國知之未審
故特遣使持書布告朕志冀自今以往通問結好以
相親睦且聖人以四海爲家不相通好豈一家之理
哉以至用兵夫孰所好王其圖之黒的等道由高麗
高麗國王王植以帝命遣樞密院副使宋君斐借禮
部侍郎金贊等道詔使黒
的等往日本不至而還

至元四年遣使如日本

六月帝謂王植以辭爲解令去使徒還復遣黒的等
至高麗諭植委以日本事以必得其要領爲期植以
爲海道險阻不可辱天使〇九月遣起居舍人潘
阜等持書往日本留六月亦不得其要領而歸

五年遣使日本

九月命黒的復持書往至對馬島日本
人拒而不納執其塔二郎彌二郎而還

至元六年遣使如日本

六月命高麗金有成送還所執二人俾中書省牒其
國亦不報有成留其太宰府守護所者久之〇七月
命秘書監趙良弼往使書曰蓋聞王者無外高麗與
朕既爲一家王國實爲隣境故常馳信使脩好爲疆
塲之吏抑而弗通所獲二人令有司撫慰俾齎以還
遂復寂無所聞繼欲通問屬高麗權臣林衍構亂坐
是弗果豈王亦因此輟不遣使或已遣而中路梗塞
皆不可知不然日本素號知禮之國王之君臣寧肯
漫爲弗思之事乎近已滅林衍復舊王位安集其民
特命少中大夫秘書監趙良弼充國信使持書以往
如即發使與之偕來親仁善隣國之美事如或猶豫
以至用兵夫誰所樂爲也王其審圖之良弼將往乞
定與其王相見之儀廷議與其國上下之分未定無
禮數可言帝從之〇十二月詔與高麗王植送良弼
通日本期于必達仍以忽林失王國昌洪茶丘將兵
送抵海上俟國信使還以姑令金州等處屯駐

至元十年遣使如日本

六月趙良弼復使日
本至太宰府而還

至元十一年命將征日本

三月命經畧使忻都高麗軍民總管洪茶丘以千料
舟拔都魯輕疾舟汲水千舟各三百共九百艘載士
卒一萬五千期以七月征日本冬十月入其國
敗之而官軍不整又矢盡惟擄掠四境而還

至元十二年遣使日本

二月遣禮部侍郎杜世忠兵部侍郎何
文著計議官撒都魯丁往使亦不報

至元十七年日本殺使臣杜世忠

二月日本殺國使杜世忠等征東元帥忻都洪茶丘
請自率兵往討廷議姑少緩之〇五月召范文虎議
征日本八月詔
募征日本士卒

至元十八年再征日本

正月命日本行省右丞相阿剌罕右丞范文虎及忻
都洪茶丘等率十萬人征日本二月諸將陛辭帝勑
曰始因彼使來故朝廷亦遣使往彼遂留我使不還
故使卿輩爲此行朕聞漢人言取人家國欲得百姓
土地若盡殺百姓徒得地何用又有一事朕實憂之
恐卿輩不和耳假若彼國人至與卿等有所議當同
心協謀如出一口答之五月日本行省參議裴國佐
等言本省右丞相阿剌罕范右丞李左丞先與忻都
洪茶丘入朝時同院官議定領舟師至高麗金州與
忻都茶丘軍會然後征日本又爲風水不便再議定
會於伊岐島令其水工畫地圖因見近太宰府西有
平戸島者周圍皆水可屯軍船此島非其所防若徑
往據此島使人乘船往伊岐呼忻都茶丘來會進討
爲利帝曰此間不悉彼中事宜阿剌罕輩必知令其
自處之六月阿剌罕以病不能行命阿塔海代總軍
事八月諸將未見敵喪全師以還乃言至日本欲攻
太宰府暴風破舟猶欲議戰萬戸厲德彪招討王國
佐水手總管陸文正等不聽節制輒逃去本省載餘
軍至合浦散遣還鄉未幾敗卒于閶脫歸官軍六月
入海七月至平戸島移五龍山八月一日風破舟五
日文虎等諸將各自擇堅好船乘之棄士卒十餘萬
於山下衆議推張百戸爲主帥號之曰張總管聽其
約束方伐木作舟欲還七日日本人來戰盡死餘二
三萬爲虜去九月至公角島盡殺蒙古高麗漢人謂
新附軍爲唐人不殺而奴之閶輩是也蓋行省官議
事不相下故皆棄軍歸久之莫青與吳萬五亦逃
還十萬之衆
得還者三人耳

至元二十年遣使征日本不果

命阿塔海爲日本省丞相與徹里帖木兒右丞劉二
拔都兒左丞募兵造船欲復征日本淮西宣慰使昂
吉兒上言民
勞乞寢兵

大德三年遣僧往說日本

遣僧寧一山者加妙慈弘濟大師附商舶往使日本而日本人竟不至

國朝

太祖高皇帝洪武二年遣使招夷

遣使臣趙秩往日本招來倭夷泛海至析木崖入其境關者拒勿納秩以書達其王良懷乃延秩諭以中國威德而詔旨有責讓其不臣之語王曰吾國雖夷僻在扶桑未嘗不慕中國之化而通貢奉惟蒙古以戎狄蒞華而以小國視我使趙姓者誅我以好語初不知其覘國也既而發水犀數十艘一時雷霆風波漂覆幾無遺類自是不與通者數十年今新天子帝華使亦趙姓得非蒙古使之雲仍乎亦將誅我好語而襲我也命左右將刃之秩不爲動徐曰今我聖天子聖神文武明燭八表生華帝華非蒙古比我非蒙古使後爾若悖逆不我信即先殺我則爾之禍不旋踵矣我朝之兵天兵也無不一當百我朝戰艦雖蒙古戈船百不當一況天命所在人孰能違豈以我朝之孔懷爾者與蒙古之襲爾國者比耶于是王氣沮下延秩禮遇有加

秋使行人楊載齎璽書諭日本國王

倭寇惠潮濱海上命載往使齎書諭其國王曰上帝好生惡不仁者向者我中國自趙宋失馭北夷入而據之播胡俗以腥羶中土華風不競凡百有心孰不興憤自辛卯以來中原擾攘彼倭來寇山東不過乘胡元之衰耳朕本中國之舊家恥前王之辱興師震旅掃蕩胡番宵衣旰食垂二十年自去歲以來殄絕北夷以主中國惟四夷未報間者山東來奏倭兵數寇海邊生離人妻子損傷物命故修書特報正統之事兼諭倭兵越海之由詔書到日如臣則奉表來廷不臣則修兵自固永安境土以應天休如必爲寇朕當命舟師楊帆諸島捕絕其徒直抵其國縛其王豈不代天伐不仁者哉惟王圖之

洪武五年遣僧往諭日本

先是天寧寺僧祖闡以高行召至會朝廷將遣使　詔與瓦錐寺僧無逸俱往祖闡毅然請行上壯之賜以緇器禪衣之屬令大官饌享于武樓下且諭其國敬浮屠喻以善道設化時天界寺僧宗勒嘗賦詩餞之其詩上獻凡十八韻首言王化無遐邇一視同仁次言宜諭以善道庚契西來祖意次言經涉海濤[illegible]艱險君臣大義勿忘次言平等法行之無有彼此之異末言使旋方盡終始之義太祖俯賜和之嘗聞古帝王同仁無遐邇蠻貊盡來賓戎令使臣委仲猷通洪玄倭夷嘗往至于善導亟人不負西來意爾僧遊遠方毋得多生事入爲佛子一出爲我朝使珎重浦泉經勿失君臣義此行非瀚海一去萬萬里地既辭釋迦門日日宿海涘艨艟掛飛飄天風篤萬里平心勿憂驚自然天之使休問海茫茫直是尋根際詰彼佛放光倭民大欣喜行止必端方毋失經之理入國有齋時齋畢還施禮是法皆平等語言休彼北盡善化頑心了畢總方已歸來爲拂塵見終必見始祖闡受命而行自翁州啓櫂五日至其國境又踰月始入王都館于洛陽西山精舍一遵聖教敷演正法無非約之以善聽者聳愕以爲中華之禪伯丞白于王請主天龍寺乃梦窓國師道場寔名剎也祖闡以無上命力辭之且申布威德罔間內外所以遣使者來之意王悅命僧奉方物稱臣來貢既歸上喜怡愉賜白金一百兩文綺二縑

成祖文皇帝永樂九年遣使日本

遣三寶太監王進奉使日本收買奇貨至寧波選壯軍額通號大漢將軍同往彼夷初御以禮後起別議

軏下滾江龍于港口得支港潛出彼夷婦密引而還

永樂十五年遣使如日本

倭寇沙園所邊將執其酋首送京師詔待以不死遣刑部員外郎李潤等使日本璽書責以敬天事大之義次年潤還其國王亦遣刺史奉表稱謝

宣宗章皇帝宣德八年遣使吊喪

倭王源道義卒上命太監雷春少卿潘錫等出使吊以盡懷柔之意

世宗肅皇帝嘉靖三十四年七月遣使移諭日本

先是海商王直挾倭以要互市不得遂糾島夷入寇而身爲之謀度浙直廣福沿海悉被殘破倏往倏來詭無寧歲御史胡宗憲按浙廉知其情與督察侍郎趙文華奏乞遣使宣諭日本國王令其禁戢島夷以弭邊患實欲行間諜以勾致王直而絕禍源也疏入上命廷臣議之咸稱曰便乃令布政司爲檄致之宣布朝廷德意募能使者寧波生員蔣洲陳可願請行於是假以市舶提舉服色充正副使以往檄曰王國自我太祖高皇帝御極以來世秉恭順貢獻天朝

天朝待王恩亦不薄上下安和恪承天道各保生民今爾倭刼掠居民念惟王國法令嚴明部民谿一繼一大者必殺無赦豈有縱民侵刼之理必是欺蔽國王私出爲非故特差正使蔣洲副使陳可願移檄報知王若能守祖宗之大法思聖朝之厚恩憤部民之橫行分投遣人嚴加約束不許私出沒海洋侵擾中國使邊警寧靜釁隙不生共享和平之福如此本司即爲王奏聞天子必有大旌勞之典史冊書美光傳百世豈不快哉否則奸商島民扇搆不已黨類益繁盤據海島窺伺竊發恐非王國之利如昔年安南國王陳氏之禍可鑒矣今日移文報知亦非爲中國也王其深體而速行之洲等倖撤以行十一月望日至其國五島地方偶遇直養子毛海峯在焉洲等以移諭事告之遂引見直洲等諭以朝廷遣使之意及軍門招徠之心直爲感德然不欲國王之知之也謂洲等曰夷意推在求互市而已既朝廷有曠蕩之恩吾當爲若等謀之然天文國君孱弱不能號令於其國其能禁戢諸部耶須歷島諭之亂可弭也遣毛海峯輩送可願回而留洲在島者數月海峯以報効爲名實伺內地虛實與當道待直之意何如以以爲進止時宗憲已總督軍務洞燭其奸乃故示以寬厚之意准令立功報効而爲之奏

請賞賚優渥海峯還報直始挺身而來謂市舶可通而榮顯可致也然猶慮中變仍挾倭數千而來遷延海上者又兩閱月洲與可願反覆說之又携貳其黨與始入見軍門於寧波而生致之斬之市曹傳首京師自此海上少戢矣後御史趙孔昭以洲專命往使不達其王謂爲直黨惡奏繫詔獄論死恐視軍情即中唐順之謂不赦洲將來者必以使絕域爲諱而阻宣力報効之心復奏釋之

倭奴朝貢事畧

漢武帝建武中入貢

帝滅朝鮮使驛始通使者自稱大夫

光武中光六年入貢

奉珍朝賀賜以印綬

安帝永初元年入貢

來獻生口百六十人願相見

魏景初二年朝獻

公孫淵誅後卑彌呼遣其大夫難升米牛利等帶方物求詣天子朝獻太守劉夏遣使吏將送詣京師明帝詔賜卑彌呼爲親魏王假金印紫綬以難升米爲率善中郎將牛利爲率善校尉假銀印青綬

正始四年入貢

卑彌呼遣大夫伊聲者掖邪狗等八人獻方物詔拜掖邪狗等率善中郎將各假印綬

八年入貢

卑彌呼死宗女臺與立率善中郎將掖耶狗來獻生口白珠雜錦物

晉泰始初年入貢

臺與遣使朝獻臺與死其國復立男王

安帝時通表

倭王讃通表江左

文帝元嘉二年入貢

讃遣司馬曹達奉表獻方物讃死子珍立遣使入貢自稱使持節都督倭百濟斯羅任那秦韓慕韓六國諸軍事安東大將軍倭國王表求除正詔除安東將軍倭國王珍又求除正倭消等十三人平西征虜冠軍輔國將軍等號詔並聽之

二十年入貢

倭王濟遣使奉獻復以爲安東將軍倭國王

二十八年加封王復入貢

加使持節都督倭斯羅任那加羅秦韓慕韓六國諸
軍事安東將軍如故弁除所上二十三人職濟死子
興遣
使貢

順帝昇明二年入貢

倭國王武遣使上表言自昔祖禰躬擐甲冑跋涉山
川不遑寧處東征毛人五十五國西服衆夷六十六
國陵平海北九十五國王道融泰廓土遐畿累葉朝
宗不愆于歲道經百濟裝飾船舫而高麗無道圖欲
見吞臣亡考濟亡兄興並欲大舉問罪不幸奄喪父
兄使垂成之功不獲一簣今欲練兵申父兄之志竊
自假開府儀同三司其餘咸各假綬以勸忠節詔除
武使持節都督倭斯羅任那加羅秦韓慕韓六國諸
軍事安東大
將軍倭王

文帝開皇二年入貢

倭王多利思比孤遣使詣闕上令所使訪其風俗使
者言倭王以天爲兄以日爲弟天明時出聽政跏趺
坐日出便停理務去委我弟文
帝曰此大無義理訓令改之

煬帝大業三年遣使入貢

多利思比孤復遣使朝貢使者云聞海西菩薩天子
重興佛法故遣朝拜兼有沙門數十人來學乾道國
書曰日出處天子致書日沒處天子無恙云云煬帝
覽之不悅謂鴻臚卿曰蠻夷書有無禮者勿復以聞

大業三年入貢

報使
也

唐太宗貞觀五年入貢

倭使入闕帝矜其遠詔有司無拘歲貢仍遣高文
表往撫之使者不宜朝命而回○詳見出使事畧

永徽初年貢寶物

遣使獻琥珀大如斗瑪瑙若五升贊時新羅爲
高麗百濟所暴高宗賜璽書令出兵援新羅

永徽二年夷使偕蝦蛦入貢

倭使偕蝦蛦人皆朝蝦蛦亦居海島中其鬚長四
尺許珥箭于首令人戴瓠立數十步射無不中

咸亨元年入貢

遣使賀平高麗後稍習夏音惡倭名更號日本使者
自言國近日所出以爲名○或云日本乃小國爲倭
所併故冒其號使者不以情故疑焉又妄誇其國都
方數千里南西盡海東北限大山其外即毛人云

長安元年入貢

時遣真人粟田貢方物○彼國真人猶唐尚書冠進
德冠頂有華蘤四披紫袍帛帶粟田好學屬文進止
有方且求書籍武后宴
之麟德殿授司膳卿

開元初年入貢

仍遣粟田復朝請從諸儒授經詔四門助教趙玄默
即鴻臚寺爲師獻大幅布爲贄悉賞物貿書以歸其
副朝臣仲滿慕華不肯去易姓名曰朝
衡歷左補闕儀王友文多所該載久乃還

開元四年入貢

彼國寶龜二年遣僧
正玄昉入朝貢物

開元二十四年入貢

遣二僧靈仙行賀入
唐禮五臺山學佛法

元和元年入貢

夷遣騰元葛野與空海大師及延
歷寺僧登入唐詣天台山傳教

會昌元年入貢

遣僧貢物入唐
禮五臺佛法

光啓元年入貢

遣僧宗睿貢
物入唐傳教

大曆十二年入貢

遣使表
貢方物

天寶十二年朝貢

時朝衡復入朝貢物上元中擢左散騎常侍安南都
護求內外經教及傳戒新羅梗海道更由明越州朝
貢

建中元年入貢

夷遣使真人與能獻方物真人盖因官而氏者與能善書其紙以蠒而澤之莫曉何物所造

貞元末年遣使入朝

其王桓武遣使入朝其學子橘免勢浮屠空海願留肄業歷二十年使者高階真人來請免勢等俱還詔可

貞元四年入貢

遣文明使貢物

後梁龍德中入貢

遣僧寬建入貢方物

宋雍熙元年入貢

夷遣僧使大周然與其徒五六人浮海而至獻銅器十餘事并本國職員及年代紀各一卷大周然衣綠自云姓藤源父爲真連○真連官名其國五品職也○大周然善隸書不通華言問其風俗但書以對云國中有五經書及佛法白居易集十七卷並得自中國交易用銅錢文曰乾文大寶銀以貢賦國王自古傳襲王今六十四世文武僚吏皆世官其皇系詳見年代紀上聞之嘆息謂宰相曰此島夷耳乃祚遐久

其臣亦繼襲不絕此盖古道也中國自唐季之亂郡縣分裂梁周五代享歷尤促大臣世冑鮮能嗣續朕雖得繼往聖常夙夜寅畏講求治本不敢暇逸建無窮之業垂可久之範亦以爲子孫之計使大臣之後世襲祿位此朕之心焉又云其國多中國典籍大周然來復得孝經一卷即鄭氏註越王孝經新義第十五一卷即唐太宗子越王真新義者記室參軍任希古等撰也皆金縷紅羅標水晶爲軸復求詣五臺許之令所過給食又求印本大藏經詔亦許之

端拱元年夷僧奉表來謝并貢方物

大周然遣弟子喜奉表來謝曰日本國東大寺大朝法濟大師賜紫沙門大周然啓傷鱗入夢不忘漢主之恩枯骨合歡猶亢魏氏之敵雖云羊僧之拙誰忘鴻儒之恩周然誠惶誠恐頓首頓首死罪大周然附商船之離岸期魏闕於生涯望落日而西行十萬里之波濤難盡顧信風而東別數千里之山岳易過望以下根之卑適詣中華之盛於是宣旨頻降恣許荒外之跋涉宿心克協歷觀宇內之瓌奇況乎金闕曉後望堯雲于九禁之中巖局晴前拜聖登于五臺之上就三藏而稟學巡數寺而優游遂使蓮華迴文神筆出于北闕之北貝葉印字佛詔傳于東海之東重蒙宣恩忽趁來跡季夏解台州之纜孟秋達本國之郊爰待明春初到舊邑緇素忻待侯伯慕迎伏惟陛下惠溢四溟恩高五嶽世起黃軒之古人直金輪之新大周然空辭鳳凰之窟更還螻蟻之封在彼在斯只想皇德之盛越山越海敢忘帝念之深縱分百年之身何報一日之惠染筆拭淚伸紙摛詞不勝慕恩之至謹差上足弟子傳燈大法師位嘉因並大朝剃頭受戒僧祚乾等拜表以聞其本國永延二年歲次戊子二月八日又別啓貢佛經納青木函琥珀青紅白水晶紅黑木槵子念珠各一連並納螺鈿花形平函毛籠一納螺杯二口葛籠一納法螺二口染皮二十枚金銀蒔繪筥一合納髮鬘二頭又一合納三議正四位上藤佐理手書二卷及進奉物數一卷表狀一卷又金銀蒔繪硯一筥一合納金硯一鹿毛筆松烟墨金銅水瓶鐵刀又金銀蒔繪扇筥一合納檜扇二十枚蝙蝠扇二枚螺鈿梳函一對其一納赤木梳二百七十其一納龍骨十橛螺鈿書案一螺鈿書几一金銀蒔繪平筥一合納白細布五疋鹿皮籠一納貂裘一領螺鈿鞍轡一副銅鐵鐙紅絲鞦泥障倭畫屏風一雙石琉黃七百觔

咸平五年來貢

連州海商周世昌遭風飄至日本凡七年得還與其國人滕木吉至上皆召見之世昌以其國人唱和詩

來上詞甚雕刻膚淺無所取詢其風俗云婦人皆被髮一衣用二三縑又陳所記州名年號上合藤木吉以所持木弓矢挽射矢不能遠詰其故國人不習戰鬭賜木吉時裝錢遣還

景德元年入貢

遣僧寂照等八人來朝寂照不曉華言而識文字繕寫甚妙凡問答並以筆札詔號員通大師賜紫方袍

天聖四年入貢却之

十二月明州言日本國太宰遣人貢方物而不持本國表詔却之其後亦未通朝貢商賈時有傳其物貨至中國者

熙寧五年夷僧獻方物

僧誠尋至台州止天台國清寺願留州以聞詔使赴闕誠尋獻銀香爐木槵子白琉璃五香水晶紫檀琥珀所飾念珠及青色織物綾神宗以其遠人而有戒業處之開寶寺盡賜同來僧紫方袍是後連貢方物而來者皆僧也

[illegible]年入貢

使通事僧仲回來賜號慕化懷德大師明州又言得
其國太宰府牒因使人孫忠還遣仲回等貢絹二百
疋水銀五千兩以孫忠及海商而貢禮與諸國
異請自移牒報而答其物直付仲回東歸從之

乾道九年入貢

始附明州綱首以方物入貢倭船火兒滕太明歐
鄭作死詔械太明付其綱首歸治以其國之法

淳熙三年入貢

元至元八年遣使入朝

九月高麗王植遣其通事別將徐稱導送趙良
弼使日本日本始遣彌四郎入朝帝宴勞遣之

至元九年遣使來朝卻之

二月樞密院臣言奉使日本趙良弼遣書狀官張鐸
來言去歲九月與日本國彌四郎等至太宰府西守
護所守者云曩爲高麗所紿屢言上國來伐豈期皇
帝好生惡殺先遣行人下示璽書然王京去此尚遠
願先遣人從使回報良弼遣鐸同其使二十六人至
京師求見帝疑其國主使之來云守護所者詐也詔
翰林承旨和禮霍孫以問姚樞許衡等皆對曰誠如
聖筭彼恐我加兵故發此輩伺吾强弱耳宜示之寬

仁且不宜聽其入見從之是月高麗王植致書
日本五月又以書往令必通好大朝皆不報

至元十四年遣使易錢

日本遣商人持方
物來易錢許之

大明洪武二年入貢

太祖高皇帝混一寰宇薄海之外莫不臣僕惟日本未至
乃遣使臣趙秩往諭之。詳見使倭事畧。其王良
懷乃遣僧祖來進表箋貢馬及方物并僧九人來朝
詔賜祖來等文綺及僧衣比辭遣僧祖闡克勤等八人
護送還國仍賜良懷
大統曆及文綺紗羅

洪武十二年入貢

夷船一隻稱貢緣無表文卻之
來人分發雲南川陝三邊安插

洪武十三年入貢

遣僧貢馬及茶布刀扇之類亦無表文
以其私貢不納來人仍發三邊安插

洪武十四年入貢

七月國王良懷遣僧如瑶貢馬十匹及方物通有言
來人船花名乃命行取赴京宴賞歸國。會典記十
二年貢者作七年十四年貢者作發三邊安插與南
京禮部案不同必記者之悞耳。通志作卻其貢

洪武十五年入貢

使歸廷用入貢方物厚賞回還明州備倭指揮林賢
在京隨駕時交通樞密使胡惟庸潛遣宣使陳得中
密與設計令將歸廷用誣爲倭寇分
用賞賜中書省舉奏其罪流賢日本

洪武十六年詔絕日本之貢

賢流三年逆臣胡惟庸暗遣人充宣使私往日本取
回就借精練兵四百與僧如瑶來獻巨燭中藏火藥
兵具意在圖亂
上大怒磔賢于市乃降詔責其君臣絕其貢祖訓云以日
本隔海僻在一隅得其地不足以供給得其民不
足以使令故不與兵致伐著爲訓章絕其往來

永樂二年入貢

上命太監鄭和統督樓船水軍十萬招諭海外諸番日本
首先納款擒獻犯邊倭賊二十餘人即命治以彼國
之法盡蒸殺之金銅甑猶存爐竈遺址在盧頭堰降
勑褒奬給勘合百道定以十年一貢船止二隻人止

二百違例則以寇論制限進貢方物　馬　鎧　硫
黃　貼金扇　牛皮　鎗盔　蘇木　塗金裝綵屏
風　劍　灑金廚子　灑金手箱　灑金木銚角盤
刀　灑金文臺　描金粉匣　描金筆匣　水晶數
珠　抹金提
銅銚　瑪瑙

宣德元年入貢

入貢人船踰數刀劍過多特諭來使今後貢船不
過三隻使人毋過三百刀劍毋過三千不許違禁

宣德七年入貢

來使不知禮法
甚擾于民禁之

宣德十年入貢

并奉表謝恩以八
年遣使吊喪也

正統七年入貢

時貢船九隻使人千餘分發境清天寧各寺安歇
朝廷雖責其越例以遠人慕化亦寬容之八年六月使回
迷失使頭晉福二人在樂清沙嵩滕嶺坊長孔希名
獲解把總遣回晉福在途悲感有詩云來遊上國見

中原細嚼青松咽冷泉慈母在堂年八十孤兒為客路三千心懷北闕浮雲外身在西山返照邊處處朱門花柳巷不知何日是歸年

天順二年入貢

至京師燕賞豊渥捆載而歸

成化二年偽貢

時都指揮張翥洞燭其偽貢之奸而去

成化十一年入貢

諸使詣京沿途騷擾朝廷為禁約之

成化二十年入貢

六月使臣周瑋入貢勑諭彼王知會自後宜恪遵宣德中事例也

弘治八年入貢

五月差使壽蓂入貢貢方物赴京沿途生事至濟寧強買貨物彼此殺傷罪及解官府照磨董釗指揮魏政

提舉王昭俱降調通事林春充軍次年使歸司府失於檢點致鄞人朱縞頓欠貨物而去

正德四年入貢

五月正使宋素卿副使源永春貢方物請祀孔子儀註朝議孔子中國聖人不當為夷狄褻瀆不許素卿者即鄞人朱縞其家鬻于夷商湯四五郎越境亡去至是充使入貢重賂逆瑾蔽覆其事盖縞在倭國偽稱宗室苗裔傾險取寵輔庶奪嫡爭功要利而夷夏之釁遂釀于茲

正德八年入貢

五月夷船三隻使僧桂梧貢方物越歲而去

嘉靖二年入貢

四月夷船三隻譯傳西海道大內誼興國遣使宗設謙道入貢越數日夷船一隻使人百餘復稱南海道細川高國遣使瑞佐宋素卿入貢道至寧波江下時市舶太監賴恩私素卿重賄坐之宗設之上且貢船後至先與盤發遂致兩夷讐殺毒流廛市宗設之黨追逐素卿直抵紹興城下不及而還至寧波脅寧波備指揮袁進奪舟越關而遁時備倭都指揮劉錦追戰沒于海定海衛掌印指揮李震與知縣鄭餘慶同心濟變一日數警而城以無患賊有漂入朝鮮國王李懌擒獲中林望古多羅械送京發浙江按察司與素卿監禁候旨法司勘處者凡數十次而夷因竟死于獄倭奴自此懼罪逋誅不敢款關者十餘歲

嘉靖十七年入貢

五月夷船三隻使僧古嶋副使僧周良持方物表貢且求還前遺物法司以事已經亂貨應入官且無從索之良等乃不敢言朝廷復申十年一貢之例責令送還正德以前勘合更給新者遵照入貢

嘉靖二十三年入貢

是年六月夷船一隻使僧什壽光等二百五十八人稱貢驗無表箋且以非期卻之

嘉靖二十六年入貢

四月使臣周良人船踰例且非貢期朝議欲卻之以其遠來効順且貢期止隔一年乃發外海嶴山停泊至明年而後納之

鐘按外夷自越裳氏重譯來獻之後君天下者於是有僥心焉不知戎狄交侵無損周室之盛呼韓稽顙何補漢祚之衰是故明主內脩外治彼倭貢者其來不足喜其去不足怒也

往日本針路（見渡海方程及海道針經）

太倉使往日本針路

太倉港口開船用單乙針一更船平（更者每一晝夜分爲十更以焚香枝數爲度以木片投海中人從船面行驗風迅緩定更多寡可知船至某山洋界）

吳淞江用單乙針及乙卯針一更平

寶山到南匯嘴用乙辰針出港口打水六七丈沙坭地是正路三更見茶山（茶山水深十八托一云行一百六十里正與此合）

自此用坤申及丁未針行三更船直至大小七山

灘山在東北邊

灘山下水深七八托用單丁及丁午針針三更船至霍山

霍山用單午針至西後門

西後門用巽巳針三更船至茅山

茅山用辰巳針取廟州門船從門下行過取升羅嶼（廟州門水深急流）

升羅嶼用丁未針經崎頭山出雙嶼港（升羅崎頭俱可泊船崎頭水深九托）

雙嶼港用丙午針三更船至孝順洋及亂礁洋（雙嶼港口水流急孝順洋水深十三托泥地）

亂礁洋水深八九托取九山以行（九山西邊有礁打水行船宜仔細一云亂礁洋水深六托泥地）

九山用單卯針二十七更過洋至日本港口（打水七八托泥地南邊泊船）

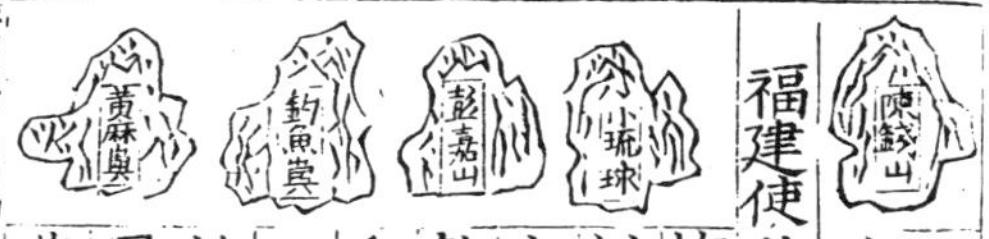

又有從烏沙門開洋七日即到日本

若陳錢山至日本用艮針

福建使往日本針路

梅花東外山開船用單辰針乙辰針或用辰巽針十更船取小琉球

小琉球套北過船見鷄籠嶼及梅花瓶彭嘉山

彭嘉山北邊過船遇正南風用乙卯針或用單卯針或用單乙針西南風用單卯針東南風用乙卯針十更船取釣魚嶼

釣魚嶼北邊過十更船南風用單卯針東南風用單卯針或用乙卯針四更船至黃麻嶼

黃麻嶼北邊過船便是赤嶼五更船南風用甲

卯針東南風用單卯針西南風用單甲針或用單乙針十更船至赤坎嶼

赤坎嶼北邊過船南風用單卯及甲寅針西南風用艮寅針東南風用甲卯針十五更船至古米山

古米山北邊過船有礁宜知畏避南風用單卯針及甲寅針五更船至馬齒山

馬齒山南風用甲卯或甲寅針五更船至大琉球

大琉球那霸港泊船（土官把守港口船至此用單卯及甲寅針行二更進那霸內港以入琉球國中）

那霸港外開船用單子針四更船取離倚嶼外

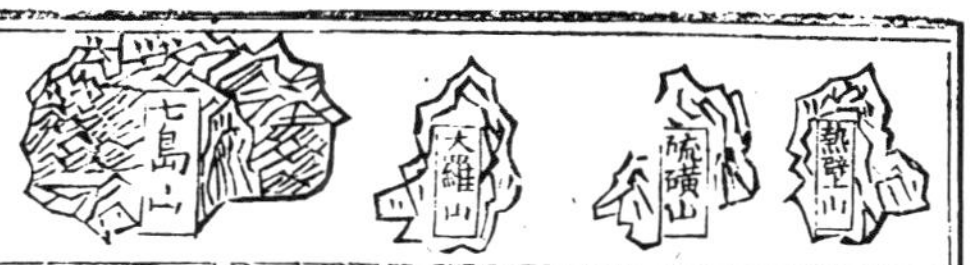

過船南風单癸針三更船取熱壁山以行
熱壁山南風用单癸針四更船取硫黃山
硫黃山南風用丑癸針五更船取田嘉山又南風用丑癸三更半船取夢加剌山南風用单癸針及丑癸針三更船取大羅山
大羅山用单癸針二更半船取萬者通七島山
西邉過船
萬者通七島山用单寅針五更船取野顧七山島内名叫兵之妙是麻山嶼野顧山用巽寅針二更半船但尓山用艮寅針四更船取亞甫山一云野顧山對面行六十里有小礁曰五箇最宜艮避在北邉過船用艮寅方行一百五十里至巳午山用艮寅方行二百四十里至亞甫山

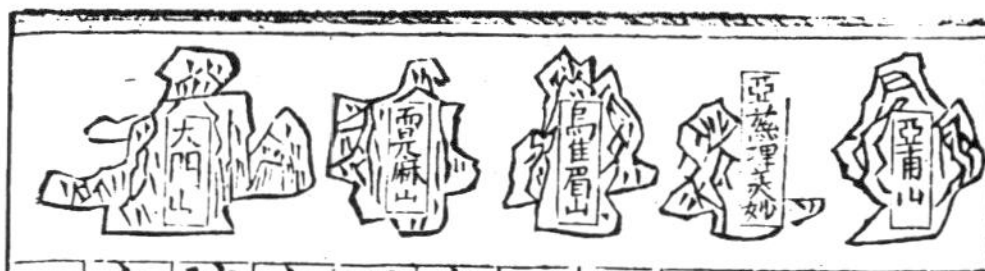

亞甫山平港口其水望東流甚急離此山用艮寅針十更船取亞慈理叐妙若不見此山用单艮針二更船又艮寅針五更船取船湾奴一云沿渡奴烏佳眉山沿渡奴烏佳眉山用单癸針三更船若船開時用单子針一更船至而是麻山
而是麻山南邉有沉礁名套礁一云名佐沉長礁東北邉過船用单丑針一更船是正路却用单子針四更船取大門山中
大門山傍西邉門過船用单丑針三更船取兵褌山港
兵褌港循本港直入日本國都

二卷終

籌海重編卷之三

崑山鄭若曾原編
晉江鄧鍾重編

目錄

廣東圖
東福建界
贛州界
韶州府
曲江縣
南雄府
保昌縣
仁化縣
樂昌縣
翁源縣
始興縣
英德縣
和平縣
平遠縣
長樂縣
龍川縣
長寧縣
河源縣
龍門縣
從化縣
增城縣
大埔縣
程鄉縣
廣州府
南海縣
番禺縣
博羅縣
揭陽縣
普寧縣
饒平縣
惠州府
潮州府
海陽縣
東莞縣
海豐縣
惠來縣
潮陽縣
澄海縣
大城所
柘林寨
南頭寨
新安縣
平海所
甲子所
靖海所
海門所
蓬州所
香山縣
大鵬所

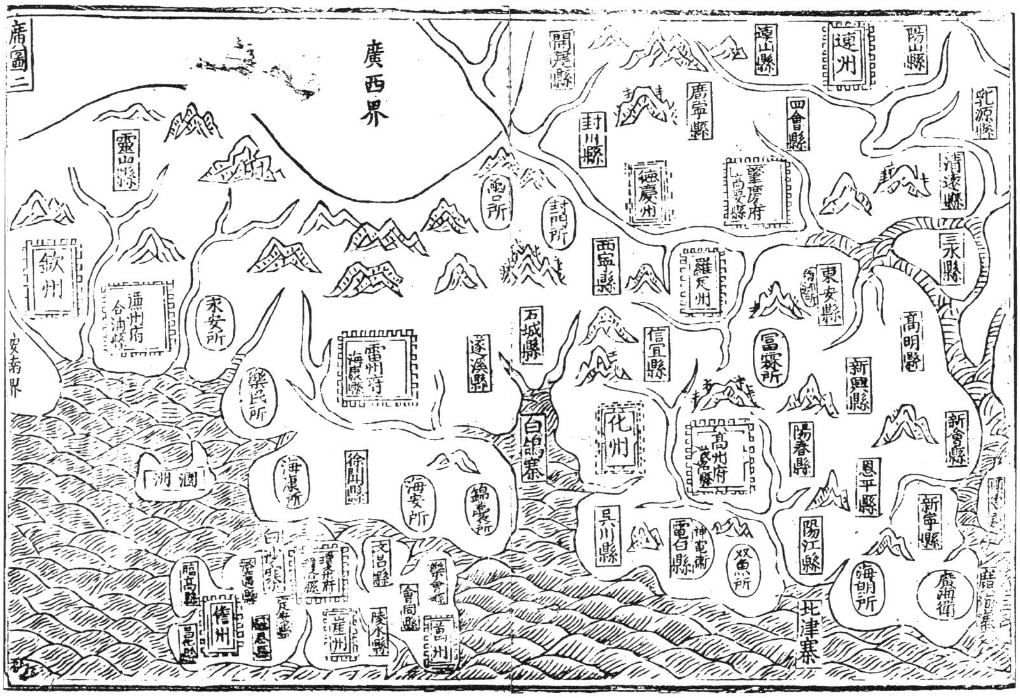

廣圖二
廣西界
靈山縣
開建縣
連山縣
連州
陽山縣
廣寧縣
四會縣
封川縣
德慶州
肇慶府
清遠縣
三水縣
欽州
廉州府
合浦縣
永安所
雷州府
海康縣
遂溪縣
石城縣
西寧縣
羅定州
東安縣
高明縣
信宜縣
新興縣
化州
高州府
茂名縣
陽春縣
恩平縣
新會縣
吳川縣
電白縣
陽江縣
新寧縣
廣海衛
北津寨
白鴿寨
徐聞縣
海安所
樂民所
安南界
儋州
崖州
萬州

廣東兵防官考

鎮守總兵官

駐劄省城各路將領俱屬節制有坐營官統領標下客土兵三營又中權左右二部兵船各十隻官兵各四百二十五員名泊虎頭門專聽調度策應

潮漳副總兵

駐劄南澳柘林守備專屬調度有廣營陸兵三百名又中哨兵船一十三隻官兵三百五十六員名專聽坐駕遇警追擊

潮州參將

駐劄潮州遇汛則出駐大城等所有陸兵五營專聽調度兵遇汛亦出沿海

惠州參將

駐劄惠州遇汛則出駐碣石備有陸兵四營碣石把總專聽調度

南頭參將

駐劄新安縣遇汛出海大小兵船五十三隻官兵一千四百九十四員名陸兵一營自巽寮港接碣石信

地起歷大鵬佛堂横琴三竈至三角洲止與廣海信地相接廣海守備虎頭門把總俱屬節制

雷廉參將

駐劄雷州陸兵二營白鴿門把總專聽調度

瓊崖參將

春冬駐瓊州夏秋駐崖州陸兵五營白沙把總三亞分總俱聽調度

潿洲遊擊

駐劄潿洲兵船大小四十九隻官兵一千六百有員名自海安所接白鴿信地起歷海東樂民乾體港至欽州龍門港止皆其信地

柘林守備

該寨原大小兵船四十五隻官兵一千一百七十五員名近添防倭戰船二十五隻新增官兵一千二百八十五員名自福建遊兵交界起歷南澳長沙尾馬耳河渡門海門等處至惠來神泉港止皆其信地

碣石相接

碣石把總

該寨兵船大小三十四隻官兵八百五十四員名自神泉港接柘林信地起歷甲子港田尾洋白沙湖長沙等處至大星山巽寮港止皆其信地與南頭相接

虎頭門把總

該寨大小兵船二十隻官兵四百四十四員名東南接黒石角南頭信地西至香山界北至布涌哨界

廣海守備

該寨原大小兵船一十八隻官兵七百四十七員名今增兵船十隻兵三百三十五名自三角洲接南頭信地起至芒洲娘澳止與北津信地相接

北津把總

該寨大小兵船三十四隻官兵九百七十六員名自芒洲娘澳接廣海信地起歷海陵放鷄蓮頭至吳川赤水港止與白鴿信地相接

白鴿門把總

該寨大小兵船二十八隻官兵八百四十六員名自赤水港接北津信地起歷限門沙頭洋至海安所止與潿洲信地相接

白沙把總

該寨遠設海外駐劄白沙大小兵船三十隻官兵八百七十八員名三亞寨分總大小兵船二十七隻官兵七百七十四員名如文昌清瀾會同樂會澄邁臨高儋州昌化陵水萬州感恩魚鱗洲等海洋皆其信地東接白鴿西接潿洲各海界

此外有東山西山參將肇慶練兵遊擊本省都司兩廣軍門坐營都司總兵坐營羅定恩平南韶守備各路陸兵不具載

沿海衛所

潮州衛　旗軍一千三百二十八名

大城所旗軍三百八十三名
遼州所旗軍三百八十八名
海門所旗軍二百二十五名
靖海所旗軍二百八十二名
碣石衛旗軍一千二百八十四名
甲子門所旗軍二百八十七名
捷勝所旗軍五百八十二名
海豐所旗軍四百零二名
平海所旗軍四百四十七名
南海衛旗軍一千三百七十一名
大鵬所旗軍二百二十三名
東莞所旗軍三百二十八名

廣海衛旗軍一千一百六十五名
香山所旗軍四百二十八名
新會所旗軍六百六十四名
海朗所旗軍二百八十四名
肇慶衛旗軍八百六十七名
新興所旗軍二百五十二名
陽江所旗軍三百八十一名
神電衛旗軍一千五十八名
陽春所旗軍二百一十名
雙魚所旗軍一百七十七名
寧川所旗軍四百五十七名
雷州衛旗軍見在一千一百九十五名

石城後所旗軍二百三十四名
錦囊所旗軍二百三十五名
海安所旗軍一百八十一名
海康所旗軍三百二十三名
樂民所旗軍三百四十五名
廉州衛旗軍九百五十二名
永安所旗軍三百九十
靈山所旗軍二百五十四名
欽州所旗軍二百一十七名
海南衛旗軍一千三百七十八名
儋州所旗軍四百八十四名
萬州所旗軍四百六十九名

崖州所旗軍四百一十八名
清瀾所旗軍四百八十七名
昌化所旗軍三百五十二名
南山所旗軍二百一十五名

沿海烽堠

潮州府
白沙　溈山　黃崗　新村　白峰　環山　井洲　錢塘　鵰磐　浮山
石牌　石城　大塲　南下　下嶺　南山　沙尾　鮀涂　錢岡　文昌

惠州府
安克　桑州　鉛錫　吉頭　鏡山　麗山　俊標　麗江　前柵　新逕
平安　大麻　新設　東坑　石山　白沙湖　古逕　芳茅　河甲　虎白
長沙　水頭　凹背　舊大鵬　野牛澳　銀平　沙江　熊州　沙澳

廣州府

風門凹　秋風角　盐田　疊福　嘴角

赤岡　福涌　冷水　旗湧　南山

岡村　英村　青芽　黃埔　石岐

員攬　長洲　煙江　節尾　青藍

石門　四會　稍潭巡　白沙　亭子角

水南　黃坡　馬鞍　大人嶺　北寨

企觀南　白石角　陳村　雙江　奇梨

放火　鎮口　寨南　白蒙　峯前

豐田

逕田

肇慶府

處儒　三丫　冊草　北平山　南洋

坦仔　那蘇　北津　尖山　白沙

那貢　潭村　合浦　麻里　赤水

壽長　白沙　那浮　石門　北額

南海

黃村

高州府

羅浮　白山　連頭　大陳　山尾

輔弼南　輔弼北　尖峒　調高

雷州府

北鵝　麻障　石歲　北月　北品

西堡　南浦　淡水　草綠　調陳

通明　南門　陳家　寧海　調黎

清安　踏磊　對樓　討網　包西

八燈　那宋

遇賢

瓊州府

白沙　七星　凌水　中場　大場

赤石　蓮塘　馭北　揚調　凌水

水口　牛頭　大營　南山　郎樓

沸老　古奔　魚鱗　白沙　山南

南港　北港　禾田湾　大村　南岸

洋沖　安海　栽蔓　大英

烏石

澄邁

廣東倭變紀

洪武二年倭寇惠潮諸州

時天下初定海內又安倭夷竊發濱海一帶皆被蹂掠乃命行人楊載使日本以璽書諭其國王○書詳見使倭事畧中

四年倭寇海晏下川指揮楊景討平之

時海寇鍾福全李夫人等自稱總兵挾倭船二百艘寇海晏下川等地廣州左衛指揮僉事楊景追捕至陽江平之

永樂七年冬十月倭陷廉州教授王翰死之

翰河南人任廉州府學教授嚴立規程教誨不倦倭賊陷城民皆逃匿翰整衣冠端坐明倫堂賊至欲執之罵詈不屈遂遇害

九年三月倭陷昌化所千戶王偉死之

時副總兵李珪等擁兵不救城遂陷王偉力戰而死軍士死者甚衆城中人口糧食軍器皆被劫掠

十九年正月辛巳李珪敗倭於潮州靖海海濱

珪先以昌化之陷戴罪殺賊大敗賊于靖海生擒十五人斬首五級悉送京師

嘉靖三十二年春正月海賊許棟寇潮陽縣招收秋九月許朝光殺之

棟饒平黃岡人自結髮爲盜搆通倭夷毒痡海上㷀及莫年潮人苦之棟無子養謝氏子爲已子曰朝光以所統賊衆數千半令掌之尋復流劫潮陽招收等里自往外洋留朝光屯海上及棟還自日本朝光迎棟于石碑澳殺之工中因盡有其衆自立爲澳長君子曰朝光之殺許棟與安慶緒之殺祿山其事殆相類蓋祿山忘堂陛之分以無君許棟戕桒梓之邦以無父其滔天之罪均也使其伏鑕乎法曹斷頭于仇人之手何足以明天報今迺以七尺之軀兄屠於其子謂非天道癉惡之微權乎

三十三年海寇何亞八等引倭入寇提督侍郎鮑象賢總兵定西侯蔣傳討平之

先是亞八與鄭宗興等潛從佛大泥國引番舶于沿海劫殺逸往福建收叛亡數千人與陳老沈老王明

王直徐銓方武等流劫浙福復回廣東鮑象賢遣副使汪栢指揮王沛黑孟陽督兵捕之及於廣海三洲環生擒亞八等賊一百一十九名斬首二十六級餘黨脫逃徐銓方武等又自福建流突潮州爲黑孟陽所破徐銓授首分巡兵備等官兵於潮州柘林等海洋擒斬一千二百有奇亞八宗與武與陳時傑等俱斬于市海島遂平

三十四年撫盜許朝光分據潮陽牛田洋後爲陳滄海所殺

朝光自殺棟後沿海焚劫日熾當事者乃始召爲招撫之說聽其自據海陽闔望村威制海上又分據潮揭牛田鮀浦等處凡商船往來皆給票抽分名曰買水朝光復深居大舶公行擊斷間或出入城郭列羽衛以要陪官之宴其橫如此後朝光又爲其酋陳滄海所殺聞者快之今南澳有許朝光舊寨云

三十七年正月壬午倭犯揭陽入蓬州所官兵擊敗之

先是壬子歲倭寇初犯漳泉僅二百人其間真倭甚寡皆閩浙通番之徒髡頭以從至是船十三艘賊八百人自漳泉犯揭陽縣適蓬州千戶所城崩賊遂擁入殺百戶李日芳等提督都御史王鈁遣副使林懋

舉僉事經彥寀參將鍾坤秀知府李春芳指揮劉天倫等官兵擊敗之斬首一百七十名顆劉天倫復追至東隴港與倭血戰死焉

十月甲子倭賊自饒平攻黃岡鎮據其城官兵敗之

經彥寀等大敗賊衆俘斬一百四十六名是戰也鄉夫之功居多

三十八年二月寇圍揭陽官兵大破之

時軍門涖潮州肇慶同知呂天恩與僉事經彥寀率鄉兵合擊之浙獲甚多寇復趨揭陽圍城彥寀帥師救之鄉夫斬金甲賊酋一人賊大敗走俘馘無筭會彥寀報罷僉事殷從儉代之乘勝逐北賊望風而靡黃岡鎮賊亦遁去

十一月庚午賊攻海門所官兵敗之走犯潮陽復破之

先是賊在福建之平和與饒平黃岡鎮隔界而壘至是賊首許老等三百餘賊引倭千餘自磊門登陸攻海門所官兵擊之賊死甚多壬申南舟土目莫善等追賊與指揮孫敏擊敗之賊遁還平和丙子許老等犯潮陽縣丞范楠鄉等兵擊走之賊由分水關犯黃岡鎮城通判翁夢鯉指揮李榮知縣熊昊林叢槐寧兵楠之巳卯賊至南洋灣指揮馮良佐統目兵黃真莫善分爲二哨千戶黃昇等統募兵打手爲一哨南洋三灣諸鄉兵又協助之大破其衆賊奔聚闘望港口甲午賊出揭陽蓬州都水沙村焚掠皆爲我兵所敗十二月巳亥賊寇隴外蒲都辛丑賊自平和營於赤寮村揭陽棉湖寨丁未新賊自福建雲霄突入黃岡戊申闘望賊出掠彩塘甲寅新賊與闘望合踪出掠甲子棉湖賊突往蘆清官兵連戰皆破之賊俘斬凡一百八十有奇

三十九年正月官兵會擊闘望賊大破之

時賊爲官兵追急移屯潮陽貴山都屯指揮武尚文及鄉兵連戰皆捷賊改營古埕乙酉賊遁往南洋灣典膳秦金與官兵合擊大敗之斬首三百七十賊潰渡河官兵邀之復大捷戊子賊祭江而求誓復南洋灣之佐尚文等官兵又大敗之甲午古埕營賊出掠官兵又敗之二月戊戌賊復回平和沙嶺巳酉賊至大湣橋目兵又勝之戊午賊復來掠守備陳學翦兵擊之賊大潰俘獲八百有奇四月僉事齊遇與海道參將會師追之擒斬三百六十殘賊悉遁

四十三年倭寇大犯潮州提督侍郎吳桂芳總兵俞大

猷討平之

自嘉靖壬子以來倭奴內犯浙直諸郡以次及閩廣潮海之間歲被其患然尚倏至倏去至嘉靖癸亥則屯任潮揭海濱衆號一萬甲子春新倭萬餘繼至與舊合夥屠戮焚掠之慘遠近震駭桂芳新　簡來至鎮甫二旬即躬董師東向前後動調很土勁兵四萬五千福兵一萬五千以伸威營總兵官俞大猷帥之副總兵湯克寬參將王詔崇文副之僉事徐甫宰監之相持兩月賊被圍困不得野掠乃復分夥思遁我兵乘勢擊之一戰於泝永神山溝俘斬一千一百二十七名顆再戰於海豐大德港俘斬一千三百一十三名顆賊奔潰下海又陸續擒斬六百六十二名顆餘賊掠船開洋者遇颶風三日覆溺殆盡

秋八月海賊吳平攻潮陽神山古埕等鄉陷之

時倭自潮陽解圍遁去爲兩廣督撫吳桂芳總兵官俞大猷所破會海風大作倭多溺水死者至是吳平乃挾殘倭流劫惠州海豐等處復轉入縣界攻陷神山古埕諸村殘破福建玄鍾等所勢益熾事聞　詔閩廣兩省會兵剿之吳平退保南澳會閩兵先至總兵戚繼光都司傅應嘉圍攻之搗其巢穴平得間道去以小舟奔交趾官軍竟無所得尋有見平於海島[illegible]溺死爲蛟蟻食者其後平遺孽曾一本等仍

夜痲黎海上爲患高雷等府被荼毒者數年

隆慶三年正月内叛逆把總周雲翔殺將投倭作亂總督侍郎張瀚行巡撫廣東都御史熊桴督兵討平之

先因倭奴突犯海豐平山之間巡撫親臨惠州調度分委參將王詔翁夔參將耿宗元各統兵一營赴期進戰至則倭奴擁衆拒戰宗元部將周雲翔先退致賊逐北宗元感其無功欲斬以徇雲翔懼誅是夜鼓衆二千餘人焚營稱叛襲殺宗元并執留監催通判潘槐直逼惠城撫院發兵與戰擒斬一百三十餘功周雲翔乃奔烏相塘投倭時通判潘槐在虜中乃用間倭黟執首惡廖鳳以獻又戮叛黨四百餘人皆逃散推留周雲翔曾德文數人而倭患尤未已軍門乃借調南贛參將蔡汝蘭等官兵三千五百員名前來協同總兵郭成標兵戰於平山藍路磜東洲坑俱一大捷通判潘槐亦得生還周雲翔與其黨曾德文黃遷皆生致磔于市是役通計擒斬倭王丘古所仵倭奴從倭共一千三百七十五名顆

六月海賊曾一本伏誅

曾一本者乃廣東潮州人因倭寇之亂招亡納叛聚黨數萬出入閩廣大肆猖獗攻城掠地殺虜參將繆印等直抵五羊焚我舟師經年不能平致厪 聖懷
廷議推兵部左侍郎劉燾總督福建兩廣軍務以兵部員外王俸隨軍贊畫議於南北兩京帑銀内解發十萬兩以資兵食四月二十一日入境督催廣東巡撫熊桴福建巡撫塗澤民總兵俞大猷郭成李錫參將王詔等閩廣尅期相機會剿五月十二日一戰於銅山勝之六月十二日再戰於玄鍾澳又勝之二十六日再戰於蓮澳大勝之生擒賊首曾一本黨毀數千悉除是役也蓋兩省夾攻之力然俞大猷建議造舟於閩身任其事竟以收功其筭多矣

四年正月倭寇廣海衛城陷指揮王禎鎮撫周秉唐百戶何蘭死之

三年冬十一月倭賊二百餘從西海登陸寇海宴門等村城中有問發奸軍朱衣盧榮黃大孫等因衛所遇之過當挾怨搆謀嗣賊立樂閣董伍百餘徒與倭合黟次年正月賊攻城時城中旗軍上梧州班餘丁单弱初六日寅時朱衣先滅火殺人賊由西南角入千戶甯紹傑棄城走掌印指揮王禎鎮撫周秉唐戰敗死之百戶何蘭力戰被重傷逾日而死倭佔城四十六日殺戮三千餘人官舍房屋焚燒殆盡賊退肇慶府同知郭文通率狼浙兵追之二兵不和賊没文通僅以身免倭滿載東歸擄男女五百餘人時委新會知縣林會春勘驗招集流亡請糧賑濟瘞枯骨於西卯死事者俱行恤録人甚德之事定甯紹傑擬典刑監故王禎周秉唐之後俱照例陞級而何蘭以當日不在陣亡不錄焉

五年冬倭賊大犯高雷地方提督侍郎殷正茂討平之

廣東倭患往年多於惠潮地方潮惠之民因遭殘破自衛稍嚴而官府於該路設備頗密故此倭一入徑向而之西自廣海以至陽電一帶村落盡遭荼毒神電錦囊相繼被陷化州石城幾亦不免遠近駭動正茂新奉命至蒼梧甫浹旬聞報即董師東奔時羽書旁午議者謂倭奴兇狡黟黨尤衆非如往年大調狼土官兵未易殲殄正茂曰勢已燃眉遠需何濟况兵貴先聲必須大將親行今官移緩就急重申賞罰破之無難遂檄總兵官張元勳量移從化征兵親董赴援檄僉事李材許孚遠參政江一麟副使陳奎吳一介參議周鳴塤各分道督集所在官兵以參將陳濠晏秋元等將之仍屬僉事李材隨軍監督張元勳等各斬數十百級賊勢披靡零星奔潛或遯入林菁或出海搶船爲偷生計官兵窮其所往凡俘斬一千零七十五名
名顆倭患平

萬曆二年冬倭犯雙魚所提督侍郎殷正茂討平之

自隆慶五年冬海倭犯神電錦囊勦滅之後歲於汛期加謹二三年間海氛寧息說者謂其或有創懲弗敢復窺矣至是先得廣海香山報警檄總兵該道發兵趣應之至則南遁矣雙魚爲臨海孤城援寡兵孱守者見倭驟薄城下惶亂自經人心失恃遂爲倭所據督府震怒將總兵等官通令戴罪徂征時總兵張元勳監軍副使趙可懷自新會發嶺西守巡參政劉志伊僉事石盤自肇慶發參將梁守愚先發陽江官兵四集重懸賞格將士咸思奮請鬬乃三道及文武將吏日夜籌筭謂欲擣賊巢先防奔逸庶不流毒支邑可計各賊海上無船勢必奔陸須設伏儒尚以待乃可收功已而賊果棄賊逸出焉西奔儒尚計官以兵遵方畧敵至伏延遮道夾擊戰於藍水蔥村所向無前大牧充徒共計擒斬首級八百一十二名顆奪回被俘男婦六十一名口器仗馬匹無算其漏刃殘徒竄匿林箐者復令官兵分道爬梳斬馘無遺類嗣是又有倭夷百餘來自外洋由白鴿灣登岸屯聚望夫坪石等山官軍日夜攻圍勢難遽下又該三道諜知敵將潰圍而出奪舟下海乃遂以舟爲餌各賊果伺隙奔出麻橋乘舟順流東下官兵用大砲邀擊之舟沉倭溺計生擒及斬級共二十六名顆餘黨遁入陽江康洲鵞步嶺者無不取次蕩平

三年海寇林鳳突入廣澳總督侍郎凌雲翼擊走之

林鳳與林道乾皆曾一本餘黨也各擁衆數千流劫海上猖獗多年為官兵所逐鳳因奔外洋攻呂宋秪瑁港築城據守且辦戰艦謀協番人復圖內逞福建巡撫劉堯誨遣人諭呂宋國主集番兵擊之巢船燒燬賊衆大挫至是又從外洋突入廣澳雲翼乃檄總兵張元勳監軍副使趙可懷追勦之與福建總兵胡守仁兵合追至碣石獲賊徒男婦八十餘人復追至淡水洋賊船飄避兵隨擊之焚沉艘二十餘隻鳳走避外夷其後林道乾亦突入南澳期月官兵擊之尋逃竄如林鳳云

五年倭寇突外洋滅之

日本薩子馬國賊合黨三百舟二十餘至溫州南𤰞外洋風擊舟壞散奔有倭舟賊帥四十餘人奪白艚突犯大鵬外洋帶管海道副使孫光祖奉督府方畧帥參將胡震督兵追勦至九洲洋賊懼棄舟登黃揚山叢林中拒敵各兵奮勇生擒二十三人斬級六顆奪其舟械及被虜者八名

八年廣海瓊廉倭番入寇總督侍郎劉堯誨討平之

是歲閏四月倭賊自浙閩直犯廣州南頭福永海面下令海道參政劉經緯督遊擊韓沛追擊于翁厓陶娘烏豬海洋滅之既番賊自大泥國糾結千衆來犯瓊崖聲勢張甚督撫下令參將顧宗文夏尚中領兵出海迎擊之毋令登陟首破賊于感恩追及于北黎魚鱗洲盡滅之時副使舒大猷參議王來賢僉事薛夢雷俱移署海濱監督各將凡斬獲倭番海賊奪回被擄共四百八十名顆口其餘焚蕩及覆沒者不計

廣東事宜

東路

廣東列郡者十分為三路東路為惠潮二郡與福建連壤漳泊通番之所必經議者謂潮為嶺東之巨鎮柘林南澳俱係要區扼吭撫背之防不可一日緩而靖海海門蓬州大城諸所又皆跬步海濤所賴以近保三陽遠衛東嶺者也惠州海豐東南濱海其捷勝平海碣石甲子門皆瞬息生變尤宜加之意焉倘柘林南澳失守是無潮也平海碣石失守是無惠也舟師防禦有信地之責者可少懈乎

鍾按南澳當閩廣交界在大海之中有山田數千畝乃

國初起發居民遺棄之地也嘉隆間倭泊于此互市廣捕急則奔閩閩捕急則奔廣而海寇許朝光吳平之徒相繼巢穴於此誠盜賊淵藪也萬曆三年總督軍門殷福建巡撫劉題設副總兵以彈壓之外以奪海寇之巢內以絕接濟之路左以伸閩之臂指右以固粵之門戶而屯田海利其小者也數年來漳潮無亡矢遺鏃之費策誠得矣其次則惠潮二府亦當敵要衝向被倭寇殘擾爲甚今惠潮各有參戎柘林碣石有備總亦上游之藩蔽也議者謂惠潮水道延袤千里若海門靖海甲子所之間宜添設水兵一營遊擊海上與南澳各寨相為犄角而東路遂可安枕然言之於無事之日則迂矣

中路

一嶺南濱海諸郡左爲惠潮右爲高雷廉而廣州中處故於此置省其責亦重矣環郡大洋風濤千里皆盜賊淵藪帆檣上下烏合突來樓船屯哨可容緩乎嘗考之三四月東南風汛日本諸島入寇多自閩趨廣柘林爲東路第一關鎖使先會兵守此則可以遏其衝而不得泊矣其勢必越於中路之屯門雞栖佛堂門冷水角老萬山虎頭門等澳而南頭爲甚或泊以寄潮或據爲巢穴乃其所必由者附海有東莞大鵬戍守之兵使添置往來預爲巡哨遇警輒敵則必不敢以泊此矣其勢必歷峽門望門大小橫琴山零丁洋仙女澳九竈山九星洋等處而西而浪白澳爲甚

乃番舶等候接濟之所也附海有香山所戍守之兵使添置往來預爲巡哨遇警輒敵則亦不敢以泊此矣其勢必歷崖門寨門海萬斛山硇州等處而西而望峒澳爲甚乃番舶停留避風之門戶也附海有廣海衛新寧海朗所戍守之兵使添置往來預爲巡哨遇警輒敵則又不敢以泊此矣夫其衆不得停泊去不得接濟則雖濱海居民且安枕而臥況會城乎

鍾按廣東省會襟江帶海其東出海則由虎頭門而虎頭門之東則爲南頭省會之門戶也其西出海則爲崖門崖門之西則爲廣海衛而香山澳在省會西南夷人住泊于此稱容適焉異日者倭寇常殘破廣海衛矣海寇曾酋輩由五虎門楊帆而來鼓枻而去莫敢誰何無備故也今既設南頭叅將廣海守備控制于外虎頭門把總防守于內又總鎮標下添設中權二部水軍以備策應由今視昔萬一有不測之變豈遂至束手哉然議者以濠鏡澳終爲腹心之疾或議毀其巢廬或議移之浪白三洲或議設官以治之或議以隣國爲壑而徙之南澳要非根本之論也夫東省之有番舶譬人身之有痰火苟元氣完固精神充足則火與痰亦爲血脉運動之資若元神虛耗營衛不周而區區以去病爲務未有不日消而月削也故文德武備圖治者不容缺一

西路

一議者曰廣東三路雖並稱險阨今日倭奴衝突莫甚於東路亦莫便於東路而中路次之西路高雷廉又次之西路防守之責可緩也是對日本倭島則然耳三郡逼近占城暹邏滿剌諸番島嶼森列游心注眄防守少懈則變生肘腋滋蔓難圖矣可弗講乎故高州東連肇廣南憑滇渤神電所轄一帶海澳若蓮頭港汾州山兩家灘廣州灣爲本府之南翰兵衍重寄不當托之匪人以貽保障之羞也雷州突出海中三面受敵其遂溪湛川潿洲樂民等四十餘隘固爲合衛三道門戶而海安海康黑石清道并徐聞錦囊諸隘所以合防海澳以操縱反側俾不敢梗化焉者可玩愒哉若廉州則尤爲全廣重輕海北扼塞兩有攸

寄故兵符特劄於靈山達堡增屯於衛北海寇峒猺外夷之憂視三嶺獨勞焉西南雄郡如瓊為廉之外戶五指腹心盡為黎據郡邑封疆無不濱海備倭之制若白沙石瓊館頭文昌海安海康對峙番島飄風突來防禦甚艱近雖駐參將於崖州責有攸寄而守禦營戍舊額歲久寖弛凡此皆西路今日所當汲汲經畫焉者深念預防俾幕南稽顙重譯來庭非長民若兵者之責乎

鍾按西路要害論之詳矣今之設備視昔又加密焉自嘉靖十九年征黎而有瓊崖參將之設然猶兼雷廉也至隆慶六年倭亂而始專設雷廉參將其白鴿白沙二總則設於嘉靖四十五年北津把總則設於萬曆八年至萬曆十七年珠賊為患而始有潿洲遊擊之設蓋西路東防倭夷西控諸番外禦交黎內擣珠寇營寨舟師棋置星列可謂備矣議者謂電白一帶向被倭寇殘陷如蹈無人之境倘猶垂涎於此取故道而來則陽電參將之復似當議也又謂天下形勢皆內中國而外四夷獨瓊崖州郡在外黎岐居中五指腹心求為左袵不無首足倒懸之嘆嗟乎此特設兵彈壓撫馭綏徠或覬覦而動因縣治之用夏變夷則可耳若治平無事欲禽獮而草薙之亦非仁人君子之用心也

一廣東濱海諸邑當禁船隻者增城東莞則茶窖十字滘番禺則三漕波羅海南海則仰船岡茅滘順德則黃涌頭香山新會則白水分水紅等處皆盜賊淵藪也每藏集亢徒肆行搶掠珠禁弛則駕大船以盜珠珠禁嚴則駕小艇以行劫交通捕快接濟番舶蠹害最甚為今之計莫若通行各縣令沿海居民各於其鄉編立船甲長副不拘人數惟視船之多寡依十家牌法循序應當如船二十隻總統於船甲長內以十隻分統於甲副仍於船尾外大書某縣船某甲下某人十字刻墨填為記其甲長副各置簿一扇備載鄉中船數并其樣船隻其項生理一一直書每歲具呈於縣以憑查考如遇劫賊則被害者能識其船速投首於甲長副鳴鑼追究俾遠近皆知無字號者即係為非許人人俱得拏送舊時沿海居民明知賊盜憚其反攻而不救今後坐視者罪以通同則船有統紀而行劫之徒忌畏況操舟之時可以按簿呼召給價差用而不致賣放之弊乎

一閩廣商民以販海為業寸板不許下海其禁難矣今開之於收汛之時則商賈之利通禁之於出汛之時則接濟之奸絕且出汛官兵凡遇海上異船便可揚帆追擊而賊船不得假商船以入內地此海防上策也然必閩廣通行使商民明知春汛四閱月以清明前為始冬汛二閱月以霜降前為始惟此二汛海禁不得故違餘時聽其來往則航海者知所趨避而防汛通商兩不相病矣噫常情難與慮始惟在夬斷行之耳

三卷終

籌海重編卷之四

崑山鄭若曾原編

晉江鄧鍾重編

目録

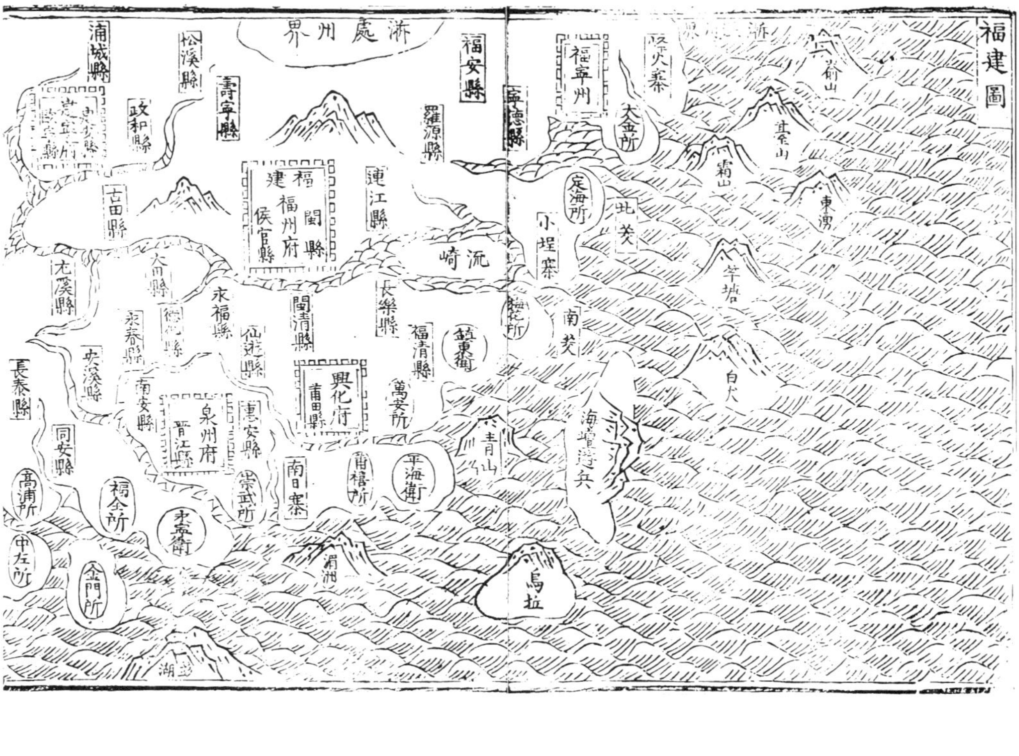

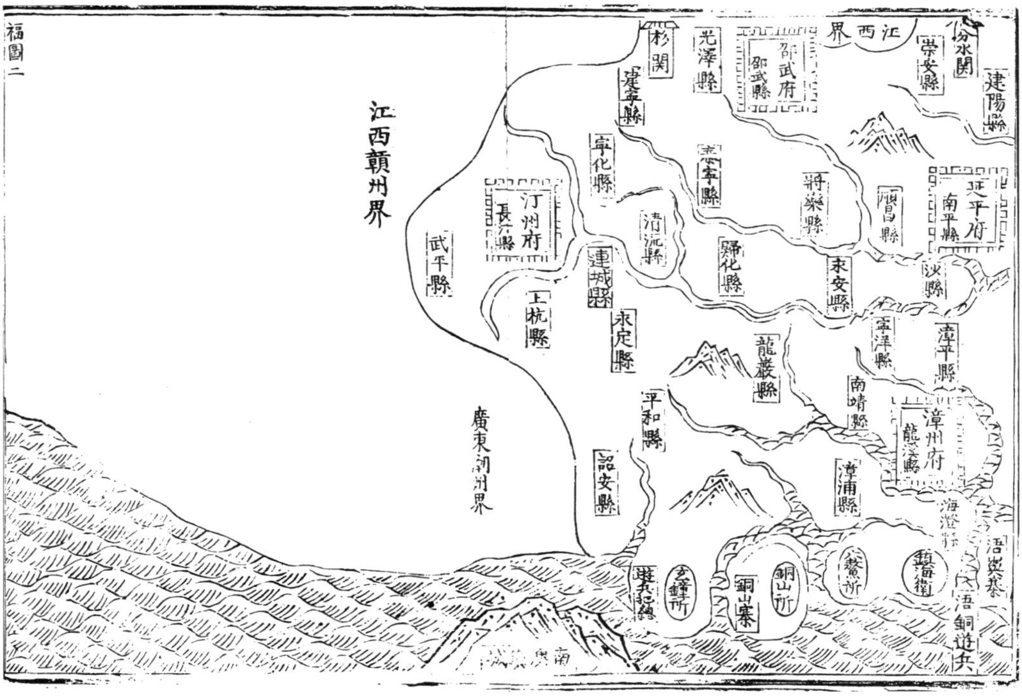

福建兵防官考

鎮守總兵官

駐劄省城遇汛則往鎮東衛居中調度各路寨遊俱屬節制

潮漳副總兵

駐劄南澳玄鍾遊兵把總專聽調度又福營陸兵三百名標下中軍把總管之

南路參將

駐劄漳州城遇汛則往銅山銅山寨把總專聽調度又漳州銅山客兵共二營陸鰲土兵一營俱屬管轄

軍門坐營

駐劄省城有客兵一營土兵一營專聽調度策應

總兵坐營

駐劄省城遇汛則往鎮東衛有客兵一營專聽調度

北路守備

今議改參將

駐劄福寧州遇汛則往大金所土兵二營駐本州新設客兵一營駐羅源俱聽調度

中路守備

駐劄興化府遇汛則往平海衛有興化客兵二營泉州客兵一營聽其節制

烽火把總

該寨兵船四十隻民兵六百餘名遇汛貼駕軍兵近千名今議增船一十隻兵一千名其北則界乎浙江蒲門其南則界乎連江濂澳福寧州沿海一帶皆其信地全閩之門戶也

小埕把總

該寨船隻兵數大畧與烽火同北與烽火會哨南與南日會哨西洋下目竿塘白犬皆其信地省會之門戶也

南日把總

該寨船隻兵數大畧與烽火同北與小埕會哨南與浯嶼會哨自海壇舊南日平海湄洲一帶皆其信地

浯嶼把總

該寨船隻兵數大畧與烽火同北與南日會哨南與銅山會哨自崇武永寧福全金門中左所沿海一帶皆其信地

銅山把總

該寨船隻兵數大畧與烽火同北與浯嶼會哨南與玄鍾遊兵會哨自鎮海陸鰲銅山沿海一帶皆其信地

玄鍾遊兵把總

該遊兵船四十隻民兵一千六百餘名遇汛畢船隻脩造則兵放班南澳雲盖寺青澳弁勝澳走馬溪皆其信地今兵船各議增

海壇遊兵名色把總

該遊兵船二十四隻兵九百餘名專泊海壇信地與南日兵船協守支福州府錢糧

浯銅遊兵名色把總

該遊兵船原十六隻今議增八隻專泊舊浯嶼金門所等處與浯嶼兵船協守支泉州府錢糧

此外有都司行司汀漳守備及延建汀邵陸兵不具載

沿海衛所

福寧衛

大金所

定海所

鎮東衛

梅花所

萬安所

平海衛

莆禧所

永寧衛

崇武所

福全所

金門所

高浦所

中左所

鎮海衛

六鰲所

銅山所

玄鍾所

沿海烽堠

福寧州

沙埕　黄崎　大峰　賴離
白鷺　龍山　三山　東壁
南嶺　金家　梅花　小青畫
白岩　南金　烽火崗　大青畫
水澳　古縣　臺澳　後崎

沙松　界石　下嵛　南山
比山頭　塔尾　石湖　留金
長門　閩峽　閔崎　小南
積石　羅浮　赤崎　北碩
青山　下簞　車安

福州府

北茭　長崎　程角　石鼓　下浪　嶼頭　峯前　大坵　蔡林　頭　洪坑　峯嶺
官澳　定海　桃源　鋪頭　時山　松下　陳場　桃嶼　東盤　蟹嶼
客嶼　官塢　東岸　東崎　下嶼　相井　大濂　馬頭　仙巖　前村
奇逕　衆頭石　小澳　广石　山前　石門　龍下　澤朗　前溪　壁頭
大埕　黄崎　渾西　斗湖　蕉山　山崎　後營　白鶴　塔山

興化府

迎仙　鄭魚　澄港　小澳
忝浦　黄崎　石城　石獅
三江口　岩沁　蔡山　嵌頭
埕口　東林　下徐　章厝山
後埔　湖邊　石井　大崙

上歐 呉山　繩澳 豪山　碭頭 礪山　穀城 東山　林邉山 西山
文甲 埋頭山　尖頭山 吉了　塔山 塔林　庵前山 渡邉山　後浦 大洪
東林 崎頭

泉州府

峯尾 蕭山　高山 小砟　尖山 海頭山　後黄 馬頭　下頭 大砟
大山 白崎　瀨窟 青山　後任 白沙　埕埭 古雷　赤山 法石
石門 古雲　流石 尾寨　祥芝 坑尾　龍坡 沙堤　東埔 中寨
呉沙 安平　深滄 陳坑　坑園山 石菌　東門外 潘徑　廣山 臨補
石頭 石井　蕭下 溪東　白沙 下呉　青山 白石　街內 葉了
峯上 牛嶺　料羅 西山　新頭 青崎　歐山 欄頭　大寶 澳頭
溪邉 西廬　下崎 潯尾　亨泥 流礁　洪林尾 五通　列山 東澳
徑山 東渡　井上 馬巒　塔頭 大員堂　龍烟 歐舍　厦門

漳州府

莊崎 小溪　許林頭 月港　烏嶼 小澳　大逕 白塘　卓崎 港口
燈火 蒲頭　峯山 湾角　洪丘 古楼　安集 蘇尖　沅會 川陵
泊浦 東湾　陳平 盐倉　黄崎 南山　洋林 洋尾　漸山

福建倭變記

嘉靖二十七年正月海寇許二引倭入寇七月官兵討平之

先是賊首許二糾番船聚浙江之雙嶼港大為福興諸府沿海患

上命都御史朱紈剿之三月朱以都司盧鏜帥福清兵船泊溫州之海門把總俞亨統燕山兵船協助之以備福寧之北境海道副使柯喬統福清兵船駐泊漳州專備海戰以遏過南逸入廣之路副使翁學淵駐福寧州僉事余爌駐泉州備倭黎秀駐金門所把總孫敖駐沅江各分信地水陸截捕仍嚴保甲之令捜羅接濟奸人○四月鏜分兵與賊戰於九山大洋百戶張焊衝其前指揮張漢等繼之賊敗賊衆俘斬稽天新四郎等五十五名顆溺死者無筭○六月賊攻沙頭澳及衝大担外嶼者再柯喬遣百戶鄧城禦之城奮勇追擊賊敗[illegible]賊首許二派劫北茭羅浮同知張魯把總王麟指揮梁閔[illegible]張文昱千戶王顯王鑾禦之○七月許二與倭合綜以拒官兵麟等率兵鏖戰自寅至午擒斬八十有奇賊錯愕投水死者千數餘乘潮遁去

三十四年十一月賊攻鎮東衛城官兵禦之千户戴洪

高懷德張鑾等死之

賊自莆田白湖江登犯過涵頭至海口十三日攻衛城洪與懷德各率出戰張鑾遇賊於路皆歿於行陣

平海衛千戶楊一茂白仁丘珎追賊及於東岳山大敗倭衆一茂等亦戰死

三十五年三月備倭劉炌千户王月與賊戰於石壁嶺死之賊亦敗遁

福清海口之賊遁至西鄉官兵追之斬其衣紅賊首一人賊敗走炌與月率兵欵伏石壁嶺邀擊之未及設伏遇賊突至山路屈曲遂至敗歿賊流遁福寧州之竹嶼孤山官兵追之或火攻或伏弩賊輒敗走衆將尹鳳預遣藥酒於胡坪賊中毒者數十人四月及於桐山又破之賊遂入浙江

三十六年三月賊犯省城

賊於舊臘自連江港登陸就據為巢至是復自沅江至小埕水寨遂犯省城沿城焚掠擄去戰艦二十有奇又焚燬四十餘艘守備黎鵬舉追擊之連戰至福寧大金沉其一舟而還

十月賊攻連江縣官兵擊退之賊乃宵遁

先是北茭湾原屯倭寇進無所掠乃遁出洋遇賊舩遂會舩進攻連江官兵以矢石殪其精悍者四人閩日分門四進又擊敗之乃夜遁如拱嶼澳出洋

三十七年四月賊入安海城官兵追擊大敗之

賊入城居民拒之不得掠僉事盛唐參將黎鵬舉等分兵邀之賊遁至康店官兵連戰皆捷至水涵賊遁出海水兵又擊敗之沉其二舟

陷福清縣

賊犯閩安爲參將尹鳳所敗進攻福清據門外山頭用砲乘高擊壞雉城遂陷居二日而出

攻興化府

賊自福清進攻府城越翼日不退廣兵及鳥銃手殞其乘馬衣紅賊首一人從賊四十餘各兵出城追之賊敗走

攻惠安縣

賊自興化爲官兵敵退遂至惠安攻城有自水涵潛入者官兵覺殺之於是連攻五晝夜皆被官兵敵敗

賊死者百餘人乃遁官兵截之於洛陽橋又大勝之斬首五十有奇

五月賊攻泉州府

賊復自惠安進犯府城巡按御史樊獻科自督兵敵退之

入南安縣

縣故無城知縣徐光裕統民兵禦之遂被突入時居民已遷避賊無所掠官兵追擊之乃遁晉江海邊據船出海而去

攻崇武所

賊分舩之新到者攻所城凡五日而後解

突犯惠安知縣林咸與戰死之

賊自崇武分突惠安永寧地方咸率兵與戰陣亡官兵繼至擊敗賊衆賊乃退遁

攻鎮東衛城提督都御史王詢遣兵追擊大敗之

賊三千餘人自松下突入海口澳登陸攻衛城者二日益以新至賊千餘合勢來攻城幾不守時閩中郡

北海洋皆賊惟此賊獨剽且逼近會城陸走合舩勢益滋蔓王公乃多方集兵設伏據險剪其零黨伺隋合攻乃密令水兵布於海外賊勢窮促乃遁出洋水兵乘勝逐之沉二十餘艘斬首四百餘級

賊首洪澤珍引倭入寇

澤珍故通番逆賊積年啓釁引倭內侵至是復引倭泊舊浯嶼盤據爲巢

三十八年三月賊攻福寧州不克遂陷福安縣

賊攻州城者凡五晝夜分守參議顧珊督兵固守賊計無所施乃退往福安適霖雨城崩知縣李尚德恐難堅守督兵出城迎擊賊屯城北山上窺見守禦兵少遂分踪擁入

四月參將黎鵬舉大敗倭賊於屏風嶼海洋

鵬舉與指揮盧琨攻賊於屏風嶼鎮下門及三沙海洋沉其四舟擒斬一百五十有奇燒溺者無筭時賊乘汛突至未得登劫我兵邀擊外洋擒斬頗多賊皆望風遁去

五月賊首嚴山老等遁出海洋參將王麟等追擊大敗之

山老連年引倭入寇分踪四掠麟等兵船按伏海上賊由祥芝石湖南滘出海者麟追敗之于大柞島近自峯頭澳出海者都指揮唐修澄追敗之于野馬外洋自閩安洪塘出者參將尹鳳備倭張僑追敗之於梅花外洋山老就擒賊舟沉者七十八艘死者數千人而洪澤珍之徒亦自燬其巢遁去

十二月官兵會擊上逕之賊大敗之

先是賊徒四千餘人自海壇山登犯副使張情參將曾清督兵剿逐屢摧其鋒賊乃移屯上逕蔓延日久提督都御史王公詢巡按御史樊公獻科令僉事萬民英參將王麟把總朱先等期朔旦搗巢至期官兵夾擊之賊遂大敗死者八百餘人燬其巢死者復千餘人○朱先今福建總兵

三十九年三月賊攻平和縣

賊首蕭雪峯張璉等引倭千餘自大埔及三饒嶺來攻縣城官兵出城夾擊之賊遂退屯承坑

攻大金所

五月月港之賊敗遁出海官兵追擊大敗之

先是賊巢月港官兵於泉州海倉白石鎮海野馬井尾等處擊之皆勝至是遁出海洋參將王麟追及於

古浪東炸鎮海山把總劉一桂追及於刺嶼尾五皆勝之沉其舟數十斬獲數百賊首徐老許西池王老及日本頭目皆就擒所部三千餘徒悉溺水無遺

七月賊自廣東來寇官兵擊敗之賊復入廣

廣東調賊等突入走馬溪勞極猖獗把總徐濂沉其數艘賊大敗遁去官兵乘勝追至廣東南澳外洋而回

八月賊入安溪縣

四十年正月安溪倭賊流犯長泰同安等縣官兵追擊大敗之

賊自安溪爲官兵所敗遁至長泰典史葉露百戶金環敗之乃往同安復爲鄉兵所襲奔竄石潯海濱

五月賊攻寧化縣

賊來攻城知縣陳添祥擊敗之

攻詔安縣

先是賊首陳思達等潛入城內主奸民林動家爲內應外合之計知縣龔有成防詰頗嚴賊計不得施乃

內殺出思達就擒而動等爲內應者凡數十家至是皆敗

閏五月賊復攻寧化縣

時賊又在縣近郊時來攻城官兵擊敗之遂僞爲遁計知縣陳添祥謹防其至賊果分布四門一時突擊又爲雲車一乘覆以牛革屢以大砲佛朗機礧賊而賊之在雲車若來愈力乃出打手二百人擊之賊乃敗走

四十一年賊陷鎮海永寧二衛崇武福全等所

閩遭倭亂以來民不聊生山海之寇蝟集蜂起凡漳泉濱海衛所悉遭殘破是時倭猶乍來乍去而從倭者則一鳴聚而勢不復返也賴在漳則參將楊震專事斬艾以威之在泉則參將黎鵬舉指揮歐陽深且剿且撫以散之半載削平然倭奴未遭大創也故復有興化之禍

冬十一月賊陷興化府次年春陷平海衛

興化之陷起於武備久弛民俗競奢有誨盜之風遂使島夷垂涎戊午年倭寇攻之不克至壬戌年十一月攻之守三旬士民晝夜乘障城外西北隅山高賊俯視盡知虛實郡中居民舊飲水於河從木蘭陂堰流而進也賊決木蘭坡城中大渴食王新林疲犒大行總兵劉顯來援衣甲俱綴天兵字屯駐江口以兵少不敢進二十八日遣帳下兵八人衣天兵之衣齎文于翁分守時器不意賊殺前兵取其衣衣之絕減而上翁不悟是夜八人者斬關延敵賊擁衆入人不之覺少頃聞喧呼鼓起視則戈鋋塞路死者相枕藉矣遂燒焚公署民居火經旬不滅子女玉帛擄掠殆盡流連歡宴歷六十餘日以城中腥穢不堪西嶋平海復破平海城如摧枯朽矣數百年文物之地一旦陸沉豈不傷哉蓋其先亦有天兵殺人之夢兆云

四十二年春三月戰于崎頭都指揮歐陽深等死之

歐陽深泉州人少游鄉校後納粟授指揮僉事子歐陽漢巳未進士深爲人慷慨好施予重然諾先是郡有惡少謝變夫者數往來倭國習夷語劒術號謝半番結二十四將爲倭羽翼焚掘泉州士大夫墳墓以求贖深攻之先墳亦在中是集家丁募壯士數百人往攻之半番募深信義遂聽招撫反攻其餘黨之不服者泉稽以安興化城陷巡撫將震得檄深領半番兵樹柵瀬溪而以西鄉兵隸之防其南侵也從感攻破崎頭平海乂之以風汛近欲從外洋歸游時過蘇塘半番兵追之不敵深策馬先士卒殊死戮中槃瑩馬半番褁其堯返將巡撫爲之立傳曰成仁取義歐陽深之謂矣是時有鞠躬盡瘁而死事者原任副

總兵鄧城有蹤馬厲劍而死事者泉州衛鎮撫白良玉例并得書事
聞
歐陽深准世襲指揮使白良玉准襲署指揮同知

四十二年夏四月都御史譚綸督總兵俞大猷戚繼光劉顯等討賊于平海崎頭滅之

先是閩中倭寇猖獗巡撫游震得　請以總兵俞大猷劉顯控制江閩數道兵馬劉顯先至兵少未可以戰比俞大猷至則賊巳先破興化據平海矣巡按李邦珍疏聞
天子震怒罷游震得回籍聽勘用譚綸爲巡撫而以戚繼光爲總兵俞大猷議曰今日遇巽常之變必興數萬之師先差參將二員各督兵船二枝把截港口使不得由海脫遁劉總兵督兵一萬由巳而下俞總兵督兵一萬由南而上戚總兵督兵一萬由西而東堂堂正正一鼓殲滅譚撫然其計戒俞劉勿戰候戚至於是俞總兵結營於秀山戚總兵結營於明山深溝高壘賊水陸無所之因斃甚猶冀新倭來得由海脫歸也四月十九日戚繼光領所兵一萬至是夜四鼓三大將分道並進砲散動地直擣賊營賊騎首就戮躋走將盡陷穽中無一倡若迅霆疾雷則戚總兵之力居多然而戚所將乃素練之兵俞劉所募乃烏合之

守遲速易地則同然也若譚將之功偉矣之衆而俞劉當方張之勢賊值困憊之餘戰

四十二年冬十二月倭攻仙遊縣總兵戚繼光討平之

是年十一月倭寇百餘艘乘汛登泊直逼仙邑薄城下環結巢異戚繼光帥師來援軍下沙園去倭壘二十里許度寇衆且銳乃是未可輕戰也先遣精兵百餘人入城以助守禦仍分兵諸路遏賊衝俾毋肆剽寇急連日攻城賊又遣勁卒携器從間道縋入城寇造呂公車內藏兵械危梯于車前運至四門晝夜悉力以攻勢益迫十二月二十六日初出車已臨壕去城僅只尺城中人恐慄不可支頃焉望見大師如雲從東南二路並集雷轟電發直擣寇壘寇呼曰所戚虎來矣倉皇奔竄師從之斬獲首級無筭收還擄男女三千餘人戚遂登城城中老稚咸舉手加額曰不圖今日復生也爭宰牛酒犒師翌日下泉南追劉諸逸寇所向皆捷甲子春二月班師閩中從此安枕矣戚摧陷廓清之力豈可忘哉

鄭若曾曰倭寇之患自福建始乃內地奸民勾引之也其時為嘉靖二十五年禍尚隱而未彰微而未大都御史朱紈用海道副使柯喬議欵以海滄月港等澳者民充捕盜楼之備倭都指揮黎秀獨謂不然上議

於巡按御史金豪曰日本倭夷先年內犯朝廷屢下備倭之詔及委重臣以督海防是以海洋乂安今承平日久軍民趨利忘害而各處輕生之徒攘臂向前私通貿易向嘗緝絕今復啓釁若不預行究治恐禍患日深卒難禁制也既而復上議曰近署安邊館事諗知違禁通番大船之譯其船皆造於外島而泊於外澳或開駕以通番或轉售於賊黨而嵩嶼漸尾長嶼海滄石馬許林白石等澳乃海賊之淵藪也本職欵行禁治恐澳中勢要抗拒不服反速其禍乞行府縣巡捕官親詣各澳密行檢治船隻應燒燬者燒燬應留用者留用庶頑民知警而通番之風必息矣議上秀遂大為漳泉看民捕盜怨謗致劾免官後十餘年倭患大熾沿海數千里生靈靡不荼毒人始服黎遠覽而惜其究抑向使早用其言胡以有是今論者但知紀錄戰功而曲突徙薪謾不之及不能無感故志之

福建事宜

題設寨遊

八閩之地西北阻山東南濵海倭奴爲患自古已然故在洪武拾玖年則以江夏侯周德興正統玖年則以侍郎焦宏景泰二年則以尚書薛希璉經畧海上自福寧南下以達漳泉置衛凡十一置所凡十四置巡司凡十有五控之於陸又置水寨防之於海初惟烽火南日浯嶼三寨景泰年增而爲五時則戰艦如雲旌旗相望且哨守皆衛所之軍有司無供億之費外威內固有自來矣法久人玩武備漸弛倭患突登舊制盡失加以內地奸民勾引接濟南澳走馬溪舊浯嶼南日等要害俱爲番舶所據於是廣募民艦旋

設舟師五寨之外又分守十有六澳力分勢寡所在莫支至嘉靖四十二年軍門譚綸　題設五寨欽依把總以舊設烽火南日浯嶼三䑸爲正兵增設小埕銅山二寨爲竒兵而又爲之分信地明斥堠嚴會哨賊寡則自爲戰賊衆則合力併攻以抗拒外洋海防爛然一新而南澳屬閩廣之交海寇往往竊寔萬曆三年軍門劉堯誨會同兩廣軍門　題設南澳副總兵玄鍾遊兵把總盜賊之淵藪既據而氛祲漸消矣其設浯銅海壇二遊總則自隆慶年也夫計全閩海道不過二千里之程耳五寨三遊聯絡犄角誠不爲踈然向者五寨兵船各四十隻兵二千二百餘名今節次裁減船数雖存大改爲小兵僅存其三分之二又太半貼駕軍兵人無固志官難約束不望其乘風破浪殲鯨鯢於海外不亦難哉倘欲禦大夥倭寇非復譚軍門兵制之舊不可也

寨遊要害

福建五寨三遊鱗次海外舟師錯落扼險據隘比之他省防禦似加密焉論要害則烽火之臺山小埕之東湧海壇東庠南日烏坵浯銅彭湖玄鍾彭山皆倭寇必經之地但其地有可哨而不可守者有可寄泊而不可久泊者其最險要而紆廻則莫如彭湖盖其山周遭數百里隘口不得方舟內澳可容千艘往時居民恃險爲不軌乃徙而虚其地今不可以民實之明矣然則分兵以守之可乎曰不可也分兵者於法

爲弱遠輸者於法爲貧且絕島孤懸混茫萬頃輸不及而援後時是委軍以予敵也然則南澳何爲而守也曰不同也南澳雖在大海之中與內地僅隔一水商舶海賈往來必經吾漳泉糧食仰給海運若南澳失守是隔閩粵之肩臂而塞漳泉之咽喉也彭湖去內地也遠風順尚有日半之程惟漁舟出没耳販海之舟不必經也故彭湖譬之石田棄之可也然使倭寇結䑸而來則彭湖其巢穴矣又將何如曰脩內地之防嚴接濟之禁而後相機以撲滅之耳

海禁

漳泉負海之民舊有商夷爲業自

先朝海禁遂致勾倭釀成禍府至萬曆初年巡撫龐尚鵬

許販洋禁準其納餉過洋既裕足食之計實寓弭盜之術
蓋市禁則商轉而爲寇市通則寇轉而爲商理固然
也惟私販日本一節百法難防不如因其勢而利導
之弛其禁而重其稅又嚴其勾引之罪譏其違禁之
物如此則賦歸于
國上何所利而爲之哉然日本欲求貢市斷不可許
何也過洋自我而往貢市自彼而來自彼而來則必
有不測之變自我而往則操縱在我而彼且資中國
之利二者固大不侔也若海禁愈嚴則獲利愈厚而
奸民愈趨之矣嗟乎利乃亂之囮也
一八閩多山少田又無水港民本艱食自非肩挑步擔
踰山度嶺則雖斗石之儲亦不可得福興泉漳四郡

皆濱於海海船運米可以仰給在南則資於廣而惠
潮之米爲多在北則資於浙而温州之米爲多玄鍾
向專造運船販米至福行糶利常三倍每至輒幾十
艘福民便之廣浙之人亦大利焉兵興山嶺戒嚴擔
負既難而募調之費又衆大户所積莫肯輕糶海運
又厲禁焉民食兵餉如之何而不匱也故經畧福建
之策莫先於處糗糧糗糧若缺則五澳之兵雖設譬
之衣冠之人外貌可觀而五内腐裂四肢瘻痺未有
不喪亡者今日足食之計有二其一須申明
祖宗之意止嚴雙桅船隻私通番貨以啓邊釁所謂寸板
不許下海者乃下大洋入倭境也非絶民採捕於内
海販糴于隣省也嚴其保甲令民沿海運糴則廣浙

有無相通而福民不患于無食矣其二官府招編鍬
兩輸解督府春夏給爲兵糧時價方貴有銀無米兵
甚苦之不如令有司以銀秋糴賤米則米數多春而
隨兵所至就以爲餉官與兵不兩利乎兵餉既備民
食亦充豈惟倭夷不能爲福建患將使福民之勾引
接濟與倭爲黨者亦不敢矣
一往年倭寇擁衆而來動以千萬計非能自至也由福
建内地奸人接濟之也濟以米水然後敢久延濟以
貨物然後敢貿易濟以嚮道然後敢深入海洋之有
接濟猶北陲之有奸細也奸細除而後北虜可驅接
濟嚴而後倭夷可靖所以稽察之者其在沿海寨司
之官乎稽察之說有二其一曰稽其船式蓋

國朝明禁寸板不許下海法固嚴矣然濱海之民以海爲
生採捕魚蝦有不得禁者要之雙桅重底始可通番
各官司於採捕之船定以平底單桅别以計號違者
毁之照例問擬則船有定式而接濟無所施矣其二
曰稽其裝載蓋有船雖小亦分載出海合之以通番
者各官司嚴加盤詰如果是採捕之船則計其合帶
米水之外有無違禁器物乎其回也魚蝦之外有無
販載番貨乎有之即照例問擬則載有定限而接濟
無所容矣此須海道官嚴行設法如某寨責成某官
某地責成某哨某處定以某號某澳束以某甲而又
嚴保甲連坐之法申汛期販海之禁如此而私通番
之不可除未之信也

鈐[illegible]鄭以忠曰杜接濟在乎嚴保甲重賞格而責之海防官夫接濟之船非可以朝具而夕發也聚貨累積動經旬月同井之人非不知也所不舉者是連坐之不嚴而賞格之未重也必於五六月南風盛發之候海防官多置耳目於沿海出船之地着實體探重懸賞格但獲通倭接濟之船盡船貨賞其所獲之人官府一無所問其接濟者俱照近例重處家申知而不舉連坐夫用法有經權用於無事之時則宜寬用於有事之日則宜嚴要在使人難犯也

遊擊王有麟曰論閩事者往往以復江夏侯舊寨爲說又有言其不當復者不知今之寨遊雖設在舊寨之內而其哨守常在舊寨之外其言當復與不必復者皆剿紙上之談而未親歷海上者也

閩人問於鐘曰倭情見矣今之倭視昔何若曰昔之倭倭之部落也其來無幾今稱關白者倭之酋長也其衆難計殆甚也今之民情視昔何若曰昔之民情病在怯敵今之民情病在狃敵夫倭情不同不過厚爲之備耳至於民情不同則其故難言已自嘉靖末奸民誘倭入犯時承平日久民不知兵視倭如鬼神虎豹不可嚮邇一倭持刃數十百人豕奔尾解無敢誰何及久而習見則知其技止此耳乃一二名將遂收功蕩平間有餘黨伏竄窮餓於山谷間樵夫豎子皆得誘而擒之今猶耳濡目染知倭之莫能爲毒也然天下貧者多而富者

少善人少而不善人多彼貧者[illegible]則曰倭來若等我耳又或爲勢家所挾讎則曰倭來若無噍類矣至游手無賴之徒則曰倭來吾且因之以爲利而其不可言者無論也嗟夫此豈可聞於敵哉故曰昔之患在怯今之患在狃患怯者在倭患狃者在吾民也然則如之何曰以閩中論之但當禦倭於海則變無從生若一入內地其禍蔓延矣以天下論之惟當禦倭於朝鮮使片帆不渡若一犯中國則未易救藥矣乃若撫馭人心則有主者

籌海重編卷之四終

籌海重編卷之五

崑山鄭若曾原編
晉江鄧鍾重編

目錄

浙圖二

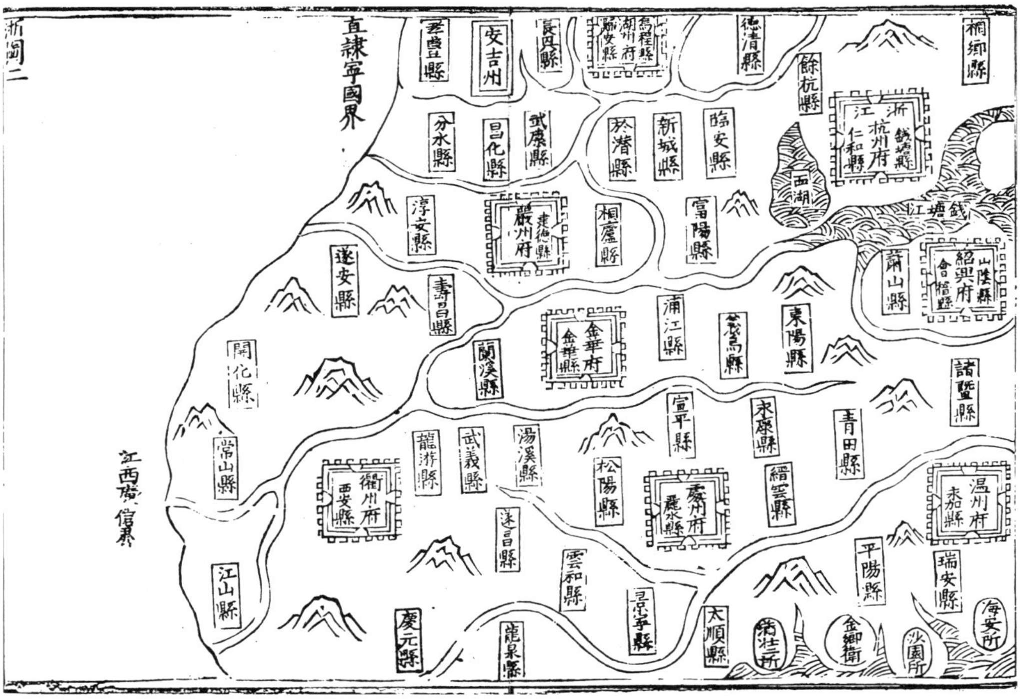

浙江兵防官考

鎮守總兵官

駐劄省城汛期出駐定海不時親歷海上各路將領俱屬節制新設坐營官一員統領標兵哨船

杭嘉湖參將

駐劄海寧衛海寧把總專屬調度浙西沿海一帶自鱉子門起至金山衛止延袤五百餘里皆其信地實省城之喉舌嘉湖之藩籬也

寧紹參將

駐劄舟山臨觀定海昌國俱屬調度寧紹地方西自三江東至龍山延袤三百餘里皆其信地

台金嚴參將

駐劄海門衛松海把總專屬調度台州沿海一帶南自溫州蒲岐北抵寧波昌國延袤五百餘里皆其信地

溫處參將

駐劄盤石衛金盤把總專屬調度溫州地方與閩接界延袤四百餘里黄華飛雲江口三港皆為要衝

海寧把總

海寧衛設一備倭總其分守杭嘉湖參將所轄即此總之地北出哨金山洋山與直隷兵船相會南出哨許山衛山與臨觀烈港定海北哨俱相會

臨觀把總

臨山觀海二衛設一備倭總其分守寧紹參將所轄即此總之地東與定海兵船會哨西與浙西兵船合哨

定海把總

管轄定海衛并在外後所霩衢大嵩中中中左五所北自管界巡司起南至湖頭止及外海舟山皆其信地

昌國把總

管轄昌國衛并在外前後錢爵四所及遊仙寨北自湖頭南至石浦馮家山止皆其信地

松海把總

松門海門二衛設一備倭總其分守台金嚴參將所轄即此總之地東與寧波昌國石浦港兵船交會南與金盤兵船交會

金盤把總（金鄉盤石二衛設把總一員其分守溫處參將所轄即此總之地北至楚門交界與台州松門哨兵船會哨南至福建交界與烽火門兵船會哨）

此外有軍門坐營左遊擊右遊擊三都司總兵坐營衢州總捕守備陸路官兵不具載

沿海衛所

海寧衛

乍浦所

澉浦所

直隸都司

海寧所

紹興衛

三江所

臨山衛

瀝海所

三山所

觀海衛

龍山所

定海衛

舟山中中中左二所

穿山後所

霩衢所

大嵩所

昌國衛

錢倉所

爵溪所

石浦前後二所

海門衛

桃渚所

健跳所

海門前所

新河所

松門衛

隘頑所

楚門所

盤石衛

蒲岐所

盤石後所

寧村所

溫州衛

海安所

瑞安所

平陽所

金鄉衛

沙園所

蒲門壯士所

沿海關臺寨烽堠

乍浦所

寨十一　獨樹林　長沙湾　梁庄大　蒲山西　梁庄舊　金家湾　蒲山外　唐家湾
西山嘴　陽山總　聖妃宮
臺三　盐山　東山嘴　長沙湾
烽堠　高公山　觀山　陳山　惹山

海寧衛

寨三　北鋪　三間　藍田大
臺四　麥生陘　北臺　朱公亭　南臺
烽堠　九里　藍田　海口　秦柱山

澉浦所

寨五　東盐團　南門總　西嘴　葫蘆湾　混水閘
臺一　東中臺
烽堠　清山　西山　墻山　廟山

海寧所

寨三　黄湾　諸山總　石墪山
烽堠　鳳凰山　丁家村　尖山　下鋪　石墪山　廟前　潘家浦　松林
橫路　諸山　岩山門

三江所

寨一　發風岱
臺一　蒙池山
烽堠　杭塢山　宋家楼　烏峯山　周家墪　馬鞍山　桑盆

瀝海所

烽堠　樝樹　胡家池　西海塘

臨山衛

烽堠　樝浦　烏盆　荷花池　廟山　下盖山　羅家山　趙港　泗門

方路　呙家路　道塘

三山所

烽堠　徐家路　樶嶴　瀝山　縈山　眉山　吳山　嵓山

觀海所

烽堠　西龍尾　新浦　向頭　古窑　爪誓

龍山所

臺一　龍山
烽堠　施公山　道塘　龍尾　清溪　龍頭

定海衛

關一　定海
寨一　江北
烽堠　髙山　竺山　鸕鷀　張師浦　汪家路　打鼓山　招寶山　大尖岡

大漁湾　嵉嶴　長山　小山

舟山所

寨三　西碶　沈家門　千覸
臺一　青雷頭
烽堠　外湖　西山　鹿頸　碇礁　螺峯　奇嶴　蒲沙　郎家碶
袁家碶　程家　三江　吊嶴　干覸　小展　石禪　郈嶴
赤石　包家　接待　石墻　沈家門　謝浦　石衕　舟山

穿山後所

烽堠　碶頭　嵩子　所後　嶴山　鋼盖　撩蝦　西山　白峯　黄崎

霩衢所

臺一　三塔山
烽堠　盛嶴　蝦麻　高山　梅山　觀山

大嵩所
烽堠　大干　尖崎　崑亭　港口　黄岩　横山　慈嶴　蔡家　恰[illegible]
錢倉所
烽堠　青雷　前山　東門嶺　塗次　蒲門嶺　杉木　中堡楼
爵谿所
烽堠　公嶼　屛風　半嶺　王泉　趙嶴　外嶺　沙頭
昌國衛
寨三　遊仙　南堡　黄沙
烽堠　赤坎　何家礪　黄沙　後山　嵩嶴　烏石　仁義　前山　崎頭　下澳
石浦前後所
關一　石浦關

烽堠　後山　土湾　前山　松嶴　大金山　竇粤
健跳所
臺一　高鸞
烽堠　馮家　大魚西　茅頭　小魚西　後沙　折頭　爬字頭　長跳
桃渚所
臺一　桃渚
烽堠　望火楼　石柱　大荊山　中舊城　獅子山　蒼峯　洞井　停嶼　嶼頭　下舊城
海門衛
臺二　東中　中鎮
烽堠　吞石　中山　輕盈　白山　長沙　外水
新河所

烽堠　楊嶼　蒼峯　泥嶴　新塲　淨瀝　烏沙
松門衛
臺一　小高
烽堠　南寨　牛嶴　盤馬　車路　松門　沙角　烏沙　雀梅　磊石　蛤浦　莞澳
隘頑所
烽堠　長沙　後湾　白岩　靈門　峽門　曽蓬　江綰　長山　驪頭
楚門所
寨一　楚門
烽堠　漁井　馬鞍山　洋坑　塔山　泥湖　了髻　梅嶴　楚門　清港　峇山　石橋　小青山　東門　大青山　西門
蒲岐所
臺一　下堡

烽堠　東山　下頭山　南浦　鏵鍬　後塘　高嵩　前塘　楼澳
盤石衛
臺二　白沙湾　黄華
烽堠　岐頭　章澳　平山　沙角　嶼山　三嶼　雙峯　日團　池澳　洋田
寗村所
寨五　沙溝　沙村　龍湾　長沙　前岡
臺一　楊頭
烽堠　龍湾　九甲　石浦　七甲　沙溝　長沙　沙村
海安所
寨四　丁田　上塢　田寨　東山

臺一　白塔山

烽堠　鮑田　錢家埠　店下

沙園所

寨五　斗門　仙口　眉石北　江口　眉石南

臺一　眉頭

烽堠　冷水　仙口　宋埠　烽火

平陽所

寨四　江義　嶴門　蔡家山　牧路　廟背

臺一

烽堠　福泉　岑嵪　平嶺

金鄉衛

寨九　舥艚　大魚埜　炎亭　小魚埜　石坪　大獲　大嶴　小獲　石宕

烽堠　半塘　舥艚　尖山　鳳凰　白崎　猫頭　馬跡　奠山　上洋　東山　畢灣　蒙灣　嶺門　蘭頭　東崗

蒲門壯士所

臺二　高陽　水竺

烽堠　雷嶴　縣中　尖山　四表　時家　南堡

浙江倭變紀

洪武二年倭犯温州中界山永嘉玉環諸處皆被剽掠

六年掠海濱

七年靖海侯吳禎敗倭於琉球洋倭擾海邊禎遣舟師追逐之及於琉球洋中斬獲甚衆悉送京師

十六年寇金鄉小獲寨官兵敵却之

二十六年寇小尖亭

二十七年寇小尖亭

三十四年九月寇蒲岐所

永樂二年四月寇穿山百戶馬興與戰死之日本國王源道義知之出師獲其渠魁來獻黨類悉就擒

朝廷嘉其勤誠降勅褒諭○餘詳見出使事畧卷中

二十年寇浙東朱亮祖徐忠擊敗之亮祖破之於温州忠破之於桃渚斬獲獻俘由是賊始知戢歛云

二十二年寇象山縣縣丞宋真教諭蔡海死之真持竿擊賊海罵賊不屈皆被害

正統四年陷大嵩所昌國衛賊舟四十餘夜入大嵩港襲破所城轉寇昌國衛城亦陷備倭等官以失機被刑者三十六人惟爵溪所以獲賊首畢善慶得免

八年六月寇海寧乍浦諸處十月寇壯士所

景泰六年寇健跳所

成化二年寇陷大嵩所賊僞稱入貢官軍不爲嚴備遂襲破大嵩官兵夜圍其舟檣燈達曙不移舟已乘潮遁去燈皆懸於嵩嵩

蒿草沙上蓋設詐以款追兵
也臺閣大臣以失機獲罪

嘉靖十九年賊首李光頭許棟引倭聚雙嶼港爲巢

光頭者福人李七許棟歙人許二也皆以罪繫福建
獄逸入海勾引倭奴結巢於霩衢之雙嶼港其黨有
王直徐惟學葉宗滿謝和方廷助等出
沒諸番分跡剽掠而海上始多事矣

二十七年四月都御史朱紈遣都指揮盧鏜副使魏一
恭等搗雙嶼港賊巢平之賊首李光頭就擒

時海壖多警軍無紀律浙福二省互相抵梧賊得肆
志議者請設巡視都御史以節制之
上命朱紈行公至郎行二省守巡諸官各分信地或戰或
守皆有專責而以福建都指揮盧鏜諳海上事卽以
委之鏜乃與海道副使魏一恭備倭指揮劉恩至張
四維張漢等部署兵船集港口挑之賊初堅壁不動
迨夜風雨昏黑海霧迷目賊乃逸巢而出官兵奮勇
夾攻大勝之俘斬溺死者數百人賊酋許六姚大總
與大窩主顧良玉祝良貴劉奇十四等皆就擒鏜入
港燬賊所建天妃宮及營房戰艦賊巢自此蕩平餘
黨遁往福建之浯嶼鏜等復大敗之翼日賊船有泊
南麂山女兒礁洞門青嶴者知巢窟已破無所歸去
之下入
山潛泊

五月官兵築雙嶼港

朱都御史初欲於雙嶼立營戍守爲一勞永逸之計
而平時以海爲生之徒邪議蠭起搖惑人心沮喪士
氣福兵亦稱不便朱公嘆曰濟大事以人心爲本論
地利以人和爲先不得已從衆議聚木石築塞港口
由是賊舟不得復入而二十年盜賊淵
藪之區至是始空矣時二十五日也

六月賊首許棟就擒

二十日金鄉衛指揮吳川追攻於近山海洋賊船爲
我所迫又遇暗礁舟覆所遺纔二人棟與其弟社武
官兵擒之積年巨寇一旦生俘之蓋天意假手云王
直徐惟學毛烈收其餘黨復肆猖獗廣東賊首陳思
盻自爲一䑸與直弗協直用計掩殺之由是海上之
寇非受直節制者不得自存而直之名始振譬海船
矣直以殺思盻爲功叩關
獻捷求通互市官司弗許

三十一年王直移巢烈港

直既破陳思盻求市不得乃引倭夷突入定海關官
兵邦之遂移泊金塘之烈港亡命之徒日益附之由

是邊海邑
無虞無賊矣

四月攻遊仙寨百戶秦彪戰死

彪爵溪所人賊登赤坎攻遊仙寨甚急彪曰遊仙與
爵谿唇齒無遊仙是無爵谿也先人遺我汗馬勳不
死戰而死怯何以見於地下乎乃與
弟漢疾馳赴鬪力不能支遂俱死焉

五月攻瑞安縣百戶李潮高良戰死

初十日賊自江口登圯嶺門岐頭等處入坡南涯至
睞高山下潮等與戰死之遂乘勝攻縣城把總夏光
知縣劉畿率官兵擊却
之賊乃退泊東山港

陷黃巖縣

二十八日福清賊首鄧文俊等率倭夷二千直入縣
中焚燬縣治居七日而出時縣無城而賊乘潮猝至
故
陷

六月賊攻霩衢所指揮樊懋力戰死之

二十日賊以破黃岩得利復攻所城二十日夜半乘
雷雨先以草人用竹揭試幾入城懋急督兵力戰死
之時守禦指揮魏英督兵夜
戰至天明賊從北門而出

十一月參將湯克寬追擊賊於下馬洋大敗之擒賊首
鄧文俊等

十二日克寬統兵追黃華賊與戰於
下馬海洋越三日復戰遂擒文俊

三十二年閏三月官兵追擣烈港賊巢王直敗走

烈港地形曲折賊負固盤據卒難進勦都御史王忬
躬至溫州閱圖籍形勢謂兵船雖多難以直驅乃令參
將俞大猷湯克寬分爲二哨部署旣定大猷由烈表
門進以當其前克寬由西後門進以防其逸謂賊一
出則一哨可以追勦不動亦可以全制至是大猷募
熟諳山脉徑路之人侯得等潛入賊營則以十一月
衆火爲號而自移營木岙拒賊巢止隔一山分遣把
總張四維屯龍山黎秀屯霩衢遥爲聲援夜四鼓侯
得等縱火賊營烟燄蔽天官兵乘之賊驚奔爭舟死
者無算乃大敗走直率精銳潰圍而走泊馬蹟潭卒
門以大猷并兵獨進雖破賊巢
而違我節制使賊得逸深責之

四月賊攻海鹽縣澉寧把總馬呈圖等與戰死之

初四日賊自太倉上海而來攻縣城二日始解去初六日賊至海寧衛馬呈圖督官兵禦之弗勝遂與指揮釆煉百戶王相姜揖呂鳳姚岑皆歿于行陣既而把總王應麟率兵追逐之與戰于海口巡司大勝之賊以伏兵衝我師我師遂潰千戶王繼隆百戶楊臣康縲亦死焉

叅将湯克寬破賊於鱉子門

初九日把平湖官兵追之連戰皆敗蔡指揮等死焉王公命克寬往勦之及於鱉子門大破之俘斬二百六十有奇

賊薄省城指揮吳懋宣率僧兵禦之於赭山敗績

懋宣以僧兵爲可恃欲藉以立功竟失陷而歿

賊攻松門衛把總劉恩至追擊於舟山岑港大敗之

賊初至勢甚猖獗攻衛城弗克而去盖依王直爲窩者也

陷昌國衛百戶陳表死之

倭賊入城表曰吾力無如之何有死而已但所掌印多吾死置印何地遂送毋出城納印於千戶金鰲出門追賊奮鬬而死

賊犯定海官兵擊敗之

賊皆雞鳴山人沿海爲患十二日都司劉恩至破之於蘆花港口

官兵進勦馬蹟潭王直敗之

十四日湯克寬等兵船進搗賊巢大敗之因砲聲驚起蟄龍官兵覆溺者甚衆直遂走直隸地方俞大猷又追敗之所存僅百餘人

陷臨山所叅将俞大猷等追擊大敗之

廿四日大猷與都指揮劉恩至俘斬二百有奇

五月賊破乍浦所百戶陳縲指揮陳善道死之

賊自金山而來城破縲死之善道從湯克寬率兵來援與賊戰於長沙灣與冠帶哨旗張儒皆死之

攻新河所

時兩浙之賊充斥郊野所過殘破村落爲墟而乍浦以東達於直隸之柘林二百里之地皆爲賊巢矣湯克寬兵勝於葉謝港副使李文進副總兵俞大猷兵勝於蓮花洋俘斬雖多而賊猶不知戒云

七月賊攻台州寧海縣

初四日攻城凡七日而解

八月把總鄧城等擊賊於普陀山洋敗之

先是賊首蕭顯乜直隸之崇明南沙修船爲遁歸計都御史王忬計其勢必流入浙境預令都指揮劉恩至把總鄧城指揮張四維等分爲二哨一自觀海臨山趨乍浦遏賊來路一自長途沈家門設伏邀擊賊果南遁官兵與遇於普陀落伽山臨江海洋連與戰皆勝之零賊敗登普陀依險爲巢揺塹自衛叅将俞大猷督官兵進攻之二十一日夜自石牛港進張鋭整衆而不與交戰潛遣守兵由西北巡撿舉直入把總鄧城陷陣先登武舉火斌黎俊民繼之賊遂敗走叅山絕頂翼日鄧城由東北淺步沙進火斌由鸚哥岩進黎俊民由中路進劉恩至等統大兵居其後四面齊進俘馘無遺

十二月賊攻瀝海所千戶張應奎百戶王守正張永死之

三十三年三月都指揮劉恩至等敗賊於三岳山

賊至三岳山恩至與指揮張四維督舟師進攻勝之尋與指揮滿守會兵再戰入勝之賊乃由赭山遁去歷曹娥三江瀝海餘姚直走定海之王家團

賊首蕭顯流突海鹽官兵追擊大敗之於二十里亭追至慈谿平之

顯叛結倭夷連䑸入冦首犯直隸之上海盤據南沙刼邑攻城號稱劇寇自松江敗刼遂率精悍數百遵海而南王公命官兵設伏於要路賊至二十里亭復大敗走顯復統百餘鳥銳南奔官兵乘之逐於三江斬于龍山圍于定海困于慈谿分道夾攻賊遂就滅

賊據普陀山分踪流刧內地叅将盧鏜邀擊於石墩洋破之

先是賊入冦歸棲普陀爲息肩之地官兵守之鞭旬將搗其巢先一日遣諜覘之傍無一舟至是四合鼓譟而前值他島賊自彼來精悍異常遂合攻官官兵腹背受敵輒敗刼亡者什六四罷歸賊以先

得貨滿舡者令其半先歸而留梟悍者入掠由是海監龍王塘乍浦長沙灣嘉興嘉善皆被其害而石墩洋之賊僅斬獲二百餘級云

五月叅將盧鏜追擊石墩之賊大敗之

賊久盤據海寧縣之石墩爲巢至是出洋追敗之俘斬二百有奇

九月浙西之賊分掠浙東蕭山臨山瀝海上虞

攻嘉興府官兵追之與戰於孟家堰等處指揮李元律等死之

孟家堰之戰元律與千戶薛綱宋應瀾死焉既而賊走嘉善叅將張欽等敗之賊奔石家山百戶趙軒梁瑜戰死賊寇沈家河都指揮周應禎亦死之

十月百戶張曜禦賊於湖頭死之

賊自霓嶴登劫突溫州之湖頭曜統兵禦之敗績乃力戰而死

賊尋至東陽南午嶺巡檢朱紀死之

賊自湖頭之敗走樂清越盤石嶺趨台州黃巖仙居遂至南午嶺紀統鄉兵邀擊之力戰而死

指揮戴𥙏等與賊戰於芙蓉海口死之

𥙏與江九山千戶崔海鎮撫劉成百戶易次皆戰歿

攻乍浦所

賊自金山而來攻所城不克乃分掠平湖嘉興等處復回柘林

十一月賊入嘉善縣遂至湖州

賊復自柘林而來入縣治又越嘉興府而西流劫湖州諸縣

十二月賊復入嘉善縣百戶賴榮華死之

賊歸自湖州復入縣治榮華統福兵禦之乘勝逐北賊預伏鳥銃手以待兵潰榮華死焉翼日賊焚縣治自是而後賊入縣治凡十有七次無城故也

三十四年破崇德縣

時築城未完賊以小舟潛從南水關入

賊至湖州橫塘官兵與戰敗績福建都司理問陳一貫溫台守備周奎等死之

時同死者青州指揮孫勇羽林百戶陸陵玄鍾百戶周應辰山東把總梁鄂武生郭周張景安朱平姚清孫會故青齊驍將也是役亦手刃數賊以衆寡不敵故敗歿

四月賊攻乍浦所不克遂至嘉興府巡按御史胡宗憲敗之於王江涇

夏四月劇賊徐海麻葉等探知嘉湖兵調松江揭巢率衆數千人水陸並進聲言先攻嘉次及抗軍民洶懼御史胡宗憲方巡浙東台溫諸郡得報連日夜馳詣嘉興會賊從嘉善來前驅逆遇薄城外衆益懼甚胡曰兵法攻謀爲上角力爲下刲又無兵乃密屬吏取酒百餘甕鑽其顛投以毒劑塞如故載兩船選兵卒撓警而猛者假冠服持赤牘坐船上稱解官解酒餉軍載向賊所從道見賊即棄去冠服走賊信不疑馳報諸酋長諸酋長得酒大歡相率高會痛飲率多死然賊黨尚衆我兵寡且恇怯適保靖宣慰彭藎臣所領土兵數千至乘銳直前遇伏墮賊計挫於城南石塘灣胡深憂之於是親詣軍營宣諭且勞告之曰

勝負兵家常事若等無畏願兵多無衣與器械乃加賜錢帛牛酒召諸工晝夜繕造器具懸重賞苗兵感激思奮乃指畫石塘地形曲折設伏夾擊賊果僨敗北走平望平望故別有苗兵營賊不知會張總督從捴江兼程來視師而永順宣慰彭翼南復從泖湖西出胡公又同督察趙公部署叅將盧鏜等厲激之且躬擐甲冑徑馳馬趨出四面合圍軍聲遂大振賊大沮還走王江涇遂大潰不支土兵與我軍乘之斬倭首千餘級墮溺水死者不可勝數

浙東賊犯紹興百戶葉紳韓綱死之

賊自錢倉白沙灣入奉化伇村經金峨突七里店寧波衛百戶葉紳與戰而死賊由甬東走寧海崇丘鄉復折而趨鄞江橋歷小溪樟村定海衛百戶韓綱與戰亦死之至會稽副使許東望率知事何常明典史吳成器圍之困於絕地幾盡斃知府劉錫縱之走由白米堰沿海塘過蕭山入富陽趨直隸徽州等處

五月賊犯餘姚省祭杜文明死之

文明團練鄉兵累立戰功至是統土兵禦之斬賊首一人從賊三十二人文明亦戰死焉其父杜槐亦死於楓樹嶺之戰父子忠勇人所難及

賊犯平湖指揮李希賢敗之

賊自柘林出掠至平湖希賢邀擊之大敗其衆俘斬一百二十有奇既而賊益衆攻城月餘始解盖賊首莊良之蹤也

賊攻三山所把總指揮劉朝恩擊敗之

時朝恩已承院檄他委離所一舍聞報即馳還率軍民固守值霖雨城圮者數十丈賊讙呼謂唾手可陷城中洶洶或勸朝恩突走朝恩叱之曰我祖宗世受
國恩今日正我報効之秋豈可以事權去已而規避耶且我去則一身之利得矣其如生靈何遂以身蔽圮所督戰甚力復以木城障之時城上矢石如雨而木有中賊者朝恩悟曰此幻術也投以生犬首發矢即中其酋帥貫喉而斃賊驚潰走朝恩復追躡之斬獲數級是役也內外居民全活者三四萬人

六月賊犯省城燒北關市總督尚書張經統兵禦之大戰於塘棲敗績

初賊敗於王江涇精銳者多死柘林諸賊亦驚愕破膽胡御史計乘勝進搗賊巢欲令永保一兵由金山

海塘而進盧氏兵合遊擊鄒繼芳由閔行黃浦而進狼兵攻其東苗兵攻其西海洋戰艦截其遁歸之路必使賊無噍類以絕後患張不能用竟分永保兵以援蘇州等處二兵困于奔疲且衆寡不敵故有是敗

賊尋走吳江之平望浙直官兵會擊大敗之

詳見直隸倭變紀

賊從嘉善縣遁去嚴州府推官劉泉復大敗之

賊既不能取道蘇州乃折而東南從嘉善乍浦以趨舊穴泉率鄉兵禦之于三店塘復大破之斬首四百六十餘級焚溺中毒死者復千餘人盖不藉客兵之援而專督鄉兵之功也

浙東賊犯餘姚鄉兵擊敗之

賊自觀海遁歸官兵追敗之于霍山洋

賊自觀海出洋都指揮王霈與把總閔溶張四維等邀擊于霍山海洋悉沉其舟

參將盧鏜敗賊于馬鞍山新林復追敗於勝山龜鼈洋

八月副使孫宏軾等破賊于大陳山擒賊首林碧川

賊首林碧川自柘林遁出海遇風沮回泊台州之螺門宏軾與兵備許東望參將盧鏜知府宋治都司王霈等督舟師追之賊敗登山官兵圍之月餘碧川與高瞻鳥曾美他郎等一百五十人俱俘斬無遺

九月賊至舟山把總鄧城大破之

新倭方至海外傳警是日風浪盛作諸將相視莫敢發鄧城奮曰寇不可玩當冒風濤一戰斬其不用命者遂將數舟以往抵舟山伺之俄而霧合咫尺莫辨乃令偃旗息鼓薄暮賊舟果至汨謝浦天昏黑不虞兵船在也城令善泅者渡木罡覘得虛實誡兵士枕戈達旦黎明縱舟奮擊賊逆戰倉皇不支俱駢首就擒斬獲三百餘名顆沉溺者無筭

十一月官兵追賊于龜山平之

龜山之賊自溫州登岸蔓延於會稽過曹娥江順流而西初總督都御史胡宗憲方在浙西勦川沙之賊移檄諸將竟未有能殄之者至是親提大兵至欲斬不用命者以徇因擇地形壁龜山之巔分諸將信地皆露宿以待時參將盧鏜戰還總督促明日再戰鏜曰上疲矣休養數日乃可總督佯許諾而密召親兵謂曰若曹豢養久未立戰功今賊行滅而諸將首鼠不進萬一賊得脫此徑渡錢塘江柰何今日正若曹

立功之會能乘其不意而襲之賊可盡也衆皆踴躍請効死已乃激令典史吳成器統之以進不數里遇賊死戰無不一當十賊遂大敗循海而走登匿山坡堡我兵四面奮擊不得已登屋擲瓦礫下瓦盡繼之以槍槍盡投刀刀盡乃下死守我兵攻堡破之悉斬首以獻

賊登犯海鹽知縣鄭茂指揮徐行健即日討平之

賊自秦駐山登泊茂等率兵撲滅之是戰也賊雖止於八十有奇然以是日登陸而官兵以是日盡殄之則前此未之有也

十二月賊犯平陽三港守備劉隆等死之賊尋平

賊自南麂山流入金鄉至平陽之三港官兵邀擊大破之賊佯爲戎兵裝束遠出陣後而以精悍者銜其前腹背夾擊我兵遂潰隆與千戶鄭綱百戶張登死焉賊尋至嵊縣提督軍門胡令副使譚綸勦之授以成筭仍令典史吳成器爲鄉導引官兵由新昌逶出賊後期容美田九霄兵至夾擊之百戶王世臣等又各分守要害以防賊遁至是官兵分作五哨四面埋伏止以一哨誘敵賊出戰伏兵四起賊遂大潰走清風嶺烈女廟官兵乘勝攻之斬馘無遺

樂清賊犯寧海主簿畢清死之

清善騎射屢立戰功至是禦賊於楓樹嶺力戰而死

尋至平陽壘指揮祁嵩等死之

嵩與百戶劉懲俱力戰而死

指揮閔溶亦戰死于舟山

三十五年正月官兵擊賊于後梅大破之

乙卯冬十一月倭賊自福建入浙越平陽仙居至寧波奉化與錢倉賊合幾七百人深入紹與勢益滋蔓提督都御史胡宗憲親督兵備副使許東望容美土目田九霄同知曲入繩等兵往戢之遇賊江橋乃令兵渡河九霄邀其前入繩襲其後賊見兩兵快至大怖而走至後梅匿民家宗憲笑曰賊若乘我兵半渡迎擊勝負猶未可量今已投死地復何能爲乃悉衆圍之三匝縱火焚之死者强半值大雨宗憲與將士立田中夜五鼓大霧咫尺莫辨賊乘黑衝典史吳成器軍成器故善戰驅兵四面奮擊之擒斬復若干人然脫走者猶衆計賊必由山西嶺而遁命設伏以待夜將半賊果至遂大敗之斬首及焚死者積五百二十有奇餘奔太平蒲岐港官兵復追之賊堅壁不出乃夜偪賊壘投以霹靂火器譟若刼營者賊驚起自相攻擊死者又若干人得脫者無幾竟出洋去

三月官兵進擊舟山謝浦之賊勝之

參將盧鏜知縣宋繼祖生員李良民武生婁楠等會兵進攻大破之賊移屯邵嶴

柘林賊攻乍浦所

賊首徐海陳東等自柘林沿海而來欲取乍浦爲巢進攻杭州次及蘇常以至南京兵備副使劉燾疾馳應援與賊相持官兵大勝斬首五十有五賊勢少挫翌日賊自金山而下者復萬餘遂圍燾于城中日夜攻擊燾督官兵禦之賊不得間九日乃解去由海塘而西燾尾追之斬首一百三十賊避海鹽轉塘灣指揮徐行健禦之因衆寡不敵而死賊從野無所掠分作二支一遡至長安一由硤石章婆堰與長安賊會知杭州有備不敢攻而去

四月攻嘉興府指揮程祿死之

賊回至王店復分爲二半由海鹽塘半出長水塘期會攻府城時嘉興兵俱往杭州賊覘知之故乘空而至也適程祿所統陸兵五百至與金用等水兵夾攻之斬獲頗多賊後至甚衆其陸行者徑趨城下我兵爲其所綴賊遂過城下而西急赴皂林以趨烏鎮祿追之賊預伏民房以待祿遇害時官軍死者千餘人

浙東新賊攻觀海衛龍山所進陷慈谿縣

時賊自鳴鶴場臨山三江登者各千餘越數日始進攻觀海龍山生員李良民統兵禦之賊乃往慈谿時慈谿無城知縣柳東伯率民兵禦之而賊分蹤遠出兵後衛縣市都長沈宏率族屬土兵勒之斬首百餘賊即遁去賊首爲周乙豐洲酋也○沈氏慈谿思橋巨族家界於觀海鳴鶴間家衆二千人多驍黠善鬬自嘉靖以來海上多事寇上鵁山蠍鳴鶴縱橫蹂躪沈氏不惟自衛且能殲其渠魁奪其所掠賊甚讐之至是賊大至沈氏豪誓於衆曰無出婦女無輦貨財誓以死守不能者先戮之章氏誓於內曰男子死鬬婦人死義一辱與死等耳衆婦皆竦聽既而賊圍群婦聚於一樓賊散入戶章氏遷出投於河周氏馮氏繼之共死一所柴氏方爲夫瘞以刃賊已斫戶入柴氏即以刃斫賊旋自刃孟氏孫氏姒姊爲賊所得相扶不放詈賊不屈奪賊刃自刺皆殲焉思橋之難沈宗婦死難者三十餘人其六人尤烈者也章沈祚妻

參將盧鏜敗賊於慈谿之丈亭

時賊將掠餘姚鏜遇之於丈亭大敗其衆賊乃不得至餘姚餘姚士民感之爲勒石頌功云

佐擊將軍宗禮與賊徐海戰於崇德三里橋死之

海統賊萬餘流刦烏鎮胡宗憲遣千總錢烨率盐兵百餘人僞爲亡命投入賊中以爲內應而撒知縣張冕勦之賊內外驚擾不得寧居欲仍往杭州至崇德三里橋禮與鎮撫侯禮何衡忠勇官霍貫道率兵九百禦之三戰三遂北賊死者以百數賊分畨死鬬禮等以孤軍力戰多寡不敵遂皆死之

賊攻平湖縣

指揮翟文擊之賊退走指揮劉岱預伏滿港復追賊至乍山皆勝之

五月浙東賊復入慈谿焚縣治攻龍山所

賊分二支一入縣治一攻所城爲龍山兵所擊死者數十人乃解去

賊首周乙就擒

乙統賊四千餘刦慈谿不已而延及餘姚爲浙東之大患至是就擒

福建流賊破僊居縣入據之

時方築城未完且值霖雨新城崩壞賊進攻者三知縣姚本宗悉力禦之賊夜分三支攻城西南而以一支潛由東北登陴遂入縣治先是賊自莆田岐頭流劫北至青田百戶方存仁死焉賊遂倡獗攻破縣城巡檢劉岱率兵求援亦死之

浙西賊圍桐鄉縣

宗禮兵既敗殘賊益縱肆提督阮鶚入壁桐鄉賊就圍之副使劉燾遣指揮朱文王彥忠來援擒斬賊二百六十餘人衆寡不敵我兵遂却

總兵俞大猷盧鏜敗賊于漁山馬跡洋

松浦口之賊自古窐遁出漁山海洋鏜與指揮張四維等追及之沉其數舟擒斬二百大猷復追及于馬跡洋俘首百餘

桐鄉圍解

副使劉燾遣指揮王彥忠等敗於斜塘

賊有復自松江來者屯斜塘風涇王帶等處勢甚滋蔓燾令彥忠等逐之賊大敗復由橫浦東去

六月官兵進擊倭居之賊平之

賊據倭居胡公洛阮公往救之又檄副使許東望知府譚綸總兵盧鏜等從東路進賊聞大兵至乃走嶴楊彭溪官兵圍於林同知家指揮伍惟員犯其前鋒俘斬三百死水火者不計餘賊六十人遁往天台復爲鄉兵所殺而福建流賊遂無孑遺矣

應襲管懋等誘擒賊首華明陳東等

事見徐海本末

八月兵部郎中郭仁副使劉燾擒賊於秦駐山

時諜報秦駐山支嶺之上有群倭棲之其舟爲礁所破不能長往仁與燾時駐乍浦即欲遣兵擊之將士皆云窮寇據險難以仰攻乃計令兵士挾降倭一人往說之詐其送付徐海其黨五十餘人悉棄兵而來因次第縛之

官兵敗賊於乍浦

詳見後敘中

賊首徐海乞降既而復叛據沈家庄總督侍郎胡宗憲督察侍郎趙文華提督都御史阮鶚率官兵討平之

事見後敘中

盧鏜擒賊首辛五郎等於清港洋

辛五郎者宿寇徐海之偏裨也與陳東葉宗滿葉麻輩同巢柘林攻乍浦圍桐鄉毒螫吳下諸郡其志欲吞全浙窺留都勢甚猛也總督胡公欲殲之忌海與其黨既而海受餌爲我用擒其所惡陳東麻葉輩而遣其所懽以歸島五郎在馬公密令總兵俞大猷等分布海洋要衝截殺諸寇而五郎則責之盧鏜鏜授密諭時方對諸客食忽命治艦之金塘山客相顧莫知所謂鏜自乘福船令將官率哨船若干以行次日至金塘瞭見北洋有大舟揚帆而南令哨船四散潛泊少選大船蟻金塘之麓賊皆登艷鏜知其爲五郎也令哨船叢射之繼以銃炮賊以手且揺且招揺者示勿攻擊招者示有所言也哨兵賜言曰欲打話須去爾兵器則柏掌示無而呼一董一董者一家之義乃倭話也有華人從寇者曰吾乃胡總督爺招安放回者也哨兵曰有牌驗乎曰有鏜招衆賊至舟傍慰藉之謂五郎曰汝既爲軍門所遣豈可慢乎請至縣款洽而津送之遂延五郎同舟餘派哨船分載每載不過三四人多則不能容也五郎辭鏜厚加禮貌五郎不疑宴至深夜鏜坐福船上層將臺侍者引雙櫓上梲俄而哨船蝟聚鏜問之曰如何齊應曰是了五郎大驚請下哨船與衆夷同宿鏜曰諾令左右送之穴梯而下至蓬戶外望維海不見五郎悟欲赴水死左右不許曰卧榻在地平下五郎度不能免浩歎就卧遂縛之翌日入定海關乃知賊徒俱已芟盡即前夜起雙燈時也是了者乃復命也群賊死時皆不知軍門之謀僉許哨兵敢行俱殺五郎亦自以偶遇盧鏜被執不知其出於軍門也

副使許東望擊賊於馬墓福山洋敗之

賊酋二曬表乃從賊七十餘皆就擒

九月百戶郎官追賊於臨海兩頭門死之

副使王詢總兵俞大猷率中軍侯廷佐擊舟山賊平之

俘斬一百五十餘

十二月官兵進搗謝浦賊巢平之

先是賊據吳家山官兵自秋及冬屢攻弗克胡公命把總張四維以麻陽兵當歲除夜襲破之俘斬無遺

是年兩浙之賊數踰二萬皆次第就擒而謝浦之寇即舟山之餘孽云

三十六年四月賊犯定海關應襲百戶俞憲章死之賊亦敗遁

賊舟漂王沇家門副使王詢總兵俞大猷令把總張四維誘降五十三人至定海關適別艅賊殺憲章恐其中變悉斬之而移兵擊新至者賊敗宵遁

十一月賊首王直款定海關要互市總督胡宗憲誘擒之

事見擒獲王直

三十七年二月賊酋毛烈據舟山之岑港

王直既就擒毛烈等欲為之報仇不肯還島而據岑港分踪出掠官兵屢攻之弗克

都指揮戴冲霄等擒王直謝和餘黨頭目陳秀山等

秀山王信郭喬恕等直部下酋項松吳九等十五名和部下酋也

賊攻樂清縣城

賊舟入石馬港者甚衆即進縣城副使袁祖庚參將張鈇逐之至二和尚嶴與太平流寇合兵五千餘人全盤指揮劉茂朱廷鎰千戶周寅百戶李爵劉深兵盛而死鄉官僉事王德良督王沛督鄉兵禦賊亦死之

四月賊攻台州府

賊首二十餘入臨海島朱門劫松門寨寇台州象山桃渚又有繼至之賊與合為一攻府城僉事李三畏知府譚綸率兵剿之至監碩所海濱大敗之

温州賊過太平縣典史葉宗與戰死之

攻温州官兵討平之

時台州賊復合樂清賊攻温州府總督胡公遣參將戚繼光追之及於盤石館大敗之賊遁出港參將張鈇預奉胡公方略艤舟師江口以待斬首百餘焚其舟數十賊死者無筭先是賊分二分劫象山寧海德居知府譚綸悉擒斬之戚繼光又追及於海洋賊遂全敗

八月官兵進剿舟山賊巢平之

詳見後敘中

三十八年三月賊巢象山何家礪副使譚綸討平之

賊自何家礪登犯者三百餘據險為巢樹木柵以自固總督胡公檄副使譚綸剿之綸與總兵俞大猷討曰堠者報賊甚多而今登犯者止於三百其嘗我乎乃令大猷率舟師備之於海而自率陸兵往禦之至定海即欲進兵將士請曰兵士遠來乞休三日而戰綸曰賊數不及三百久掠不去者蓋謂我無兵耳今聞大兵四集不走且嚴為備宜出其不意急擊之乃進兵至馬崗賊繼至者五百自金井頭而來至近綸即移兵先擊之前鋒既接綸分兵從中衝之賊遂大敗追至落頭斬級以百計賊避入山中竟宵遁焉翼日綸率軍進搗何家礪賊巢賊殊死戰綸遣奇兵從間道出賊後擊破之賊潰入舟中因縱火焚之俘斬畧盡

賊犯樂清參將張鈇敗績千戶胡鳳等死之

賊自梅嶴刼次日至蠻嶴鈇迎敗之乘勝進攻賊伏麥田中官兵入其伏遂潰千戶胡鳳朱璠百戶姚憲皆死焉

賊犯定海把總陳其可與戰敗績武生蔡啓元死之

賊自立家洋入犯為參將戚繼光所敗至奉化之蔣家嶼副使譚綸遣其可擊之其可違綸節制棄舟逐北為賊所乘遂潰敗啓元死焉

四月賊攻樂清縣

賊自石馬港入者二十人張鈇射死其酋二人賊驚潰奔舟

桃渚圍解

時賊攻所城甚急幾至陷破總督軍門檄譚綸往應之綸至入所城與戚繼光合攻之俘斬頗衆賊遁苫埠山依山為固官兵又進攻之復大捷賊遂倂入栅濠賊巢

參將張鈇敗賊白沙嶺

賊自松海登陸及太平遁至之寇合踪至白沙嶺鈇預設伏以待賊至入伏正兵方合伏兵繼起大敗之賊遁出海去

五月栅浦賊夜襲松門衛城副使譚綸等擊破之

綸既破桃渚之賊即回軍向松門擊栅浦賊既入衛城以守城卒久而復且風雨晝暝恐賊乘官兵初至來攻城乃令諸偏裨悉軍通衢以備巷戰而令戚繼光軍分配城守諸偏裨皆竊笑之夜滿下四鼓果有賊數百襲西門先登者且三十輩殺城卒火城舘守者紛紛遁城走章延廩陳其可督兵大戰斬數賊賊乃退共計賈遁綸與繼光尾賊後計賊必出金清閘鑿二舟塞之賊果至起塞時綸駐新河所城堰旗示弱詐爲新河老人遺書于賊約饋千緡令勿攻城賊信之乃不起塞明日繼光軍出壁牛橋誘賊賊果悉衆從綸盡銳兵出南門復遣人捜賊伏悉走之賊依舟以拒官兵攻之沉其二舟賊大敗奔陸復大敗乃棄輜重越過南岸官兵追之及於南灣嶺賊復據瀕海高山分五部以拒官兵蔡汝蘭等進搗其巢先令奇兵間道奪其嶺以樹其背張左右翼以貫其中遊兵復四面環攻之賊遂大敗斬首三百生擒數十百人賊潰圍奔樂清黃華掠舟出海而去

副使劉存德參將張鈇進擣海游賊巢平之

先是存德鈇偵令把總任錦等設伏石所庄港口而自督兵進剿之賊知大兵將至即遁出洋伏兵擊敗

之追至猫頭洋又敗之追至青門洋又敗之沉其舟數十俘斬數百餘賊會屯海爲游兵擊斬盡絕

九月福寧賊流至桐山指揮盧鏜等敗之

賊掠福建而去爲颶風所擊復至桐山鏜與梅魁等搗其巢預遣人伏賊巢中約被虜人爲內應而令指揮李光佐典史黎喬伏水北策應之夜二鼓賊巢火起各兵乘亂夾攻賊大敗奔前岐官兵復追及之斬首一百三十

十一月賊遁往福建盧鏜等復大敗之

鏜等知賊將遁設伏秦嶼港口伺之賊至大敗官兵追至同坑適仙居知縣區益以坑兵來會前後夾擊復大捷俘斬二百有奇

十二月王直伏誅

四十年四月官兵擊賊於馬嶴沙坟大敗之

賊新至官兵遇之於海洋中追逐至馬嶴沙坟敗之賊奔陸適冠帶把總章延廩守舟山引兵設伏坟上約水兵合擊之賊遂大敗

賊犯新河所官兵擊敗之

賊自週洋港登刼僉事唐尭臣遣指揮劉意等擊敗之復用火攻賊死者百餘遁太平漁嶴復追敗之

賊犯台州參將戚繼光敗之

賊自桃渚登陸流至台州爲繼光所敗追至新橋賊又敗走死者百餘而繼至者復二千餘人至黃沙爲繼光所敗乃登山以拒官兵復追敗之閩於白水洋民居火攻之賊遂盡絕是役也賊多兵寡而我兵九戰皆捷俘斬千餘焚死者稱之

五月賊犯大嵩官兵擊敗之

賊爲我兵所逐出至橫嶺扼於水兵不得去乃奔入鮚䲹副使王春澤檄總兵盧鏜由南路奉化以入象山而自引兵由大嵩望湖頭裘村進期與合擊適賊至裘村官兵擊之賊大敗潰斬首一百五十

紀剿徐海本末

嘉靖丙辰徐海之擁倭奴而寇也一枝由海門入略維揚東控京口一枝由淞江入略上海一枝由定海關入略慈谿等縣衆各數千人而海自擁部下萬餘人直逼乍浦而登岸則破諸舟悉焚之令人人各爲死戰

又導故寇柘林者陳東所部數千人與俱併兵攻乍浦城盖四月十九日也當是時

朝廷方奪故總督而新總督胡公自提督代之甫入日問幕府麾下募卒僅三千人俱孱弱不可用故總督所徵四川湖廣山東河南諸兵俱罷去所爲緩急者特容美土兵千人及參將宗禮所籍河朔之兵八百人耳而北諸倭酋不下數萬諜者聲言他酋分掠於江淮吳越諸州郡間以㧞援兵而海等當寇乍浦下杭州席卷蘇湖以脅金陵氣恣甚總督胡公方召諸司畫計無何蘇故提學阮公代胡公爲總督徵未至夜半聞乍浦圍卷甲趨之胡公亦分遣兵趣之海鹽之間爲聲援而自引兵壁塘栖相犄角居頃之海聞新總督胡公即故御史所嘗提兵督戰於鶯湖王涇之間而覆之者氣稍阻尋罷乍浦圍聞兩公方擁兵壁近郊不復敢窺杭於是徑略峽石越皂林出烏鎮以北烏鎮者即海故所犯蘇湖舊路也當是時胡公既獲諜度蘇湖之間惟鶯湖爲四戰之地於是檄河朔兵自嘉興入駐勝墅陣而待因以吳江水兵遮其前湖州水兵尾其後而公自引麾下募卒及容美土兵衛直友善者數輩入海諭直果感悅願如約遣其養下毛海峰款定海關謝過聞以諭海海已句薩摩諸島人入刼故不相及而海峰者云云欲固本之圖也胡公策曰直與海雖順逆不同其勢固務也直既悔悟海獨不可以大義說之乎不然彼貪人也誘之

以利或可扭其心聞桐鄉賊小而堅緩之數十日則
求保成兵至固可破之矣於是疾走人諭海峰因厚
遺諜者陰過海所曰直已遣子款定海關
朝廷固且赦之矣若獨無意乎新總督威名非曩時比且
仰體
朝廷德意推心置人腹若不乘此時解甲自謝他日必為
虜矣海頗然其計於是亦遣酋自謝約罷圍去因以為
要公稍出中國貨物遺他倭酋而哌釋其罪公佯諾
報以銀牌綺幣厚遺來謝酋而陰令營中盛兵容私
諜者故縱酋瞰之酋既德公遣又內怖公之兵威也
歸以報海明日復遣他酋來謝公視之如初凡數復
海於是始歸心於公願為公死之矣然陳東獨心切
疑海私公遺循歎歎未之從也海間遣酋次桐鄉城
下私城上兵曰葉巳聽總督胡公約解去矣城東門
故柘林賊陳東黨也驁悍不吾從若當謹備之是夕
海果道崇德而西且乞他兵於公以夾擊東胡公猶
心訝未之許而東獨盛為樓櫓撞竿以撞城而桐鄉
令金燕者彊幹吏也城中一切兵使火藥諸巳繕備
提督阮公復躬厲矢石徇城上人下令散千金募敢
死之士督戰益亟所殺傷賊亦數十人方撞竿自樓
櫓中擢而撞城城幾壞一男子為縋索圍撞竿所擊
故竅處竿至即縋挽以上斬之又募冶者煮鐵汁灌
城下酋城下酋不敢逼東既無何聞海等解去道遠
勢且孤亦相與稍稍引去圍始解而提督阮公出矣

時五月二十三日也方阮公困桐鄉時固日夜望總
督胡公援兵之至而胡公亦重念東西之安危身之
禍福與阮公相旦暮情固急業已遣兵備劉公督同
留守王倫宣撫田九霄勒兵自嘉興入壁斗門分守
汪公督同知縣張晃勒兵自湖州入壁烏鎮參將丁
僅勒兵自海鹽入壁王店指揮樂濵督同千戶羅天
與勒兵自崇德入壁石門又令崇德令崔近思收河
朔之散卒入城為聲援兵四面環賊遠者二三十里
近者十餘里而陣然各以扭皂林之敗逡延惶怖不
敢逼而公業遣諜羈說賊亦日夜望救保戍兵之至
以決一戰也計無可柰何而胡公與阮公兩人者為
同年故深相結若及援兵不合阮公自圍中頗急於
是兩相猜而他謗者與為飛語撼兩公者盈道路矣
當是時
朝廷聞東南之冦即日出尚書趙公督山東河朔諸兵援
之又兩公所私相猜者語頗聞趙公趙公亦故與兩
公者為胏腑交所嘗兩推轂中朝以鎮東南者念兩
公卒有郤則東南之事牴牾不可圖於是日夜引兵
而南至揚州則阮公業已出桐鄉圍東渡錢塘徇會
稽諸下邑擊他賊胡公亦聞尚書趙公之至且戰且
南淮揚昆陵之間無足慮海為巨孽間雖扭而內附
中固不可測而上海之賊萬餘人由吳淞江西引方
急廼日遣諜者啗海以金帛而說之東出海上擊他
賊海亦果收諸倭酋出乍浦道平湖時諜報吳淞江

之賊已鼓行涉嘉善界欲西合海公念海萬一卒他
變兩相合柰何因策海始已焚舟為深入今不得舟
必急於是遣諜詷海謂海既內附何不如故約勒兵
擊吳淞江賊且篡奪其輜掠舟以歸海果然其計即
曰引諸酋逆之朱涇道上斬首若干級餘賊遂夜走
以故海不及篡奪其舟而還及他酋脫而出海也公
又別遣總兵俞大猷伏飛艦海上遮擊之弱且盡於
是海既德公不敢背又聞吳淞江賊之出為海兵所
遮擊益內怖日輸款於公遂革故所戴飛魚冠及他
堅甲名劍數十種並以輸公而間遣其弟洪入質於
公公固佯納之公又諜聞海麾下獨書記葉麻為長
酋其為人頗黠而悍近與海爭一女子有微郤非用
間急縛之則無以死彼之內附之心於是遣諜說海
帳中諷海縛葉麻以出葉麻出而諸酋中林隸葉麻
部曲者稍稍怨且懼矣怨且懼恐生他釁則又以他
罪縛得幾百餘人公又策陳東於諸部曲中與葉麻
聲相倚頃以桐鄉之役兩睚眦者也數遺諜持簪珥
簪翠遺海兩侍女令兩侍女日夜說海并縛東海問
諸而陳東者薩摩王弟故帳下書記酋海固未之能
也於是出葉麻囚中令其詐為書於東反兵賊殺海
其書故不以遺東陰泄之於海激怒之使并縛東海
讀其書涕變下益德公之不忍為東所賊殺之也日
夜謀縛東以報公居無何尚書趙公移兵從江來所
過州縣數舉兵向賊賊輒敗走俘斬若干級兵威大

布當是時公已知海之其心於東不忍疾擊海疾擊
之兩人迫而深相結則東南之事未易圖而尚書趙
公之至也私約公共部署兵擊海日急且召公故所
遣諜面詰之曰若為我諭海海連兵以來罪不容死
非縛陳東及斬千餘級以獻恐無以謝
朝廷若能則吾當同督府諸公哌釋之不然若且虀粉矣
是時阮公亦至於是海益怖出所故掠中國貨物千
餘金賂王弟詐請東代署書記海因夜得東即縛以
故約復於胡公葉麻與陳東相繼縛而諸酋長洶洶
內亂矣是時諸酋長既疑且怨海無鬬心故其氣日
窘海亦自度縱令亙故島當亦必為諸酋長所賊殺
故為內附日固而公與趙公薄責海益急海既急因
念欲掠舟出海恐為海上兵所刼欲列壘拒官兵又
業已內附不忍背且陳東黨固日夜襲殺之也公策
曰彼既亂吾可乘之矣因遣諜私海曰我固欲宥若
趙尚書爺以若罪孽大何不聽我議數上艘海上若
且誘之遂海上艘令俘斬千餘級以謝趙公而若因
得以自完乎海不得已且疑且諾因約兵備劉使君
公引兵伏乍浦城中而某日時某當引衆出海岸去
乍浦城半里而陣佯令衆酋逐海上艘某手旗麾之
城中官兵即舉燧為號從城中出亟擊勿失諸官兵
卒如故約乘之諸倭酋逐海上艘如蟻不及還兵閣
於是諸官兵得乘勝躁而前不傷一卒所俘斬數十
百人沒海者無算於是海自以數有功於

朝廷頒與部下諸酋長入款且庭謁胡公與尚書趙公提督阮公及巡按趙公並許之諜往復期以八月初二日然海猶恐間設甲士劫之先期一日辛擁酋數百人胄而陣平湖城外自帥酋長百餘人胄而入平湖城中以求四公者詗不許恐他變遂許海與諸酋長北嚮面四公拜稽首呼天星爺死罪死罪海欲再爲欵胡公而未之識因顧諜諜曰示之海復面胡公稽首呼天星爺死罪死罪胡公亦下堂手摩海頂謂之曰若苦東南久矣今既內附
朝廷且赦若愼勿再爲孽海復稽首呼天星爺死罪死罪於是四公學犒遺之而出是日城中人無不洒然色變者海既出諸公者囚已忿恚海之列欵循胄而入劉疆脅無禮又不及如諜故所期月日而先日辛至也其習行桀黠若此於是闔謀不勤兵誅之他日必爲患計部下尚千餘人猛鷙難即破求保兵猶逅邏遠道未至也於是佯令海自擇便地居之海果自擇便地得沈家庄即沈家庄與居之是爲八月八日當是時衆復喧然詳諸公革何不撲滅海不然且縱之出海上令自解去顧忝虎以自禍也不知諸公者固有待於是胡公與尚書趙公提督阮公私自部署兵又日夜遣使趣求保兵宋會兵未集恐海驚禍且肘腋間胡公因日遣諜詗海且啗海如囊時公因諜以請於趙公曰吾聞善兵者乘其所之海與陳東黨業已深沈今合而兩附者迫故耳聞沈家庄故東西

兩處而中縮河爲塹何不說海以西沈家庄居陳東黨而自擇東沈家庄以居部下酋予諜以諭海海果如其言頃之永保兵至會海輸二百金於公市酒米公復與趙公謀以藥毒其中而歸之又令陳東許爲書夜遺其黨曰海已約官兵夾剿汝輩矣陳東黨果疑而夜伏邏卒東沈家庄道上瞰之適海皇急因令酋竊兩侍女出道上而急則因間道走幕府以自托邏卒瞰知之歸以報於陳東黨陳東黨聞之大驚即勒兵篡兩侍女過海所罵曰吾死若俱死耳遂私相稍而鬪海中稍衆大亂明日官兵四面合墻立而進保靖兵先當之稍却河朔兵乘之又却㦸而胡公擐甲厲聲叱永保兵左右列大呼而入瞰壘下擊會風烈公麾衆東千餘炬人各持炬縱火焚之海窘甚遂沉河死甫食頃人人驚而攫千餘酋蒐斬殆盡矣中所故飲毒首虜黑色者凡三百餘人於是永保兵俘兩侍女而前問海何在兩侍女者王姓一名翠翹一名綠姝故歌伎也兩侍女泣而指海所自沉河處永保兵遂蹈河斬海級以歸副使茅坤撰

擒獲王直

王直者歙人也少落魄有任俠氣及壯多智畧善施與以故人宗信之一時惡少若葉宗滿徐惟學謝和方廷助等皆樂與之遊間嘗相與謀曰中國法度森嚴動輒觸禁孰與海外乎逍遥哉直因問其母汪媪曰生兒時有異兆否汪媪曰生汝之夕夢大星入懷傍有峩冠者詫曰此弧矢星也已而大雪草木皆冰直竊心喜曰天星入懷非凡胎草木冰者兵象也天將命我以武勝乎于是遂起邪謀嘉靖十九年時海禁尚弛直與葉宗滿等之廣東造巨艦將帶硝磺絲綿等違禁物抵日本暹羅西洋等國往來互市者五六年致富不貲夷人大信服之稱爲五峯船主則又招聚亡命若徐海陳東葉明等爲之將領傾貲勾引倭奴門多郎次郎四助四郎等爲之部落又有從子王汝賢義子王滶爲之腹心會五島夷爲亂直有宿憾于夷欲藉手以報及以威懾諸夷乃請于海防將官而剿之無孑遺者而聲言宣力
本朝以要重賞將官餽米百石直以爲薄大詬投之海中從此怨中國頻入內地侵盜直又嘗以扁舟泊列表參將俞大猷驅舟師數千圍之直以風猛突圍去怨中國益深且軫官軍易與也乃更造巨艦聯舫方一百二十步容二千人木爲城爲樓櫓四門其上可馳馬往來據居薩摩洲之松浦津僭號曰京自稱曰徽王部署官屬咸有名號控制要害而三十六島之夷皆其指使時時遣夷漢兵十餘道流劫濵海郡縣延袤數千里咸遭荼毒而福清黃巖昌國臨山崇德桐鄉諸城皆爲攻墮焚燔廬舍擄掠女子財帛以鉅萬計吏民死鋒鏑填溝壑者亦且數十萬計比年如是官軍莫敢嬰其鋒但爲計狡譎每殘破處必詭云某

島夷所爲也故東南雖知王直之叛而不知受禍之慘皆由直者獨總督胡公前按浙時見賊進退縱橫皆按兵法知必有坐遣者且賊酋來者皆直部落也而不聞直來其爲坐遣無疑先是間使徽州收其母妻及子于金華府獄中至是出之豐衣食潔第宅奉之以爲餌而疏請以移諭日本禁戢部夷爲名其實注意伺察直也
上從之乃遣生員蔣洲陳可願充正副使以行公以密計授洲等曰王直越在海外難與角勝于舟楫之間要須誘而出之使虎失負嵎之勢乃可成擒耳又曰王直南面稱孤身不履戰陣而時遣偏裨雜種侵軼我邊圉是直常操其逸而以勞疲中國也要須宣布
皇靈以携其黨使窮髮皆知向化則賊之勢自不能容然後道之滅賊立功以保親屬此上策也洲等領計敬諾而行居無何倭酋董二被擒訊道直事甚悉與公所料不爽毫髮中外始曉然知狀于是
上以公灼見禍本降
璽書褒勞而閫外之事一以委公公得
旨規羅益密御史金澍陶承學交章請立賞格有能主設奇謀生擒王直者封伯予萬金部議從之
詔曰可嘉靖三十四年十一月洲等至五島遇王滶道以移諭事滶曰無爲見國王也此間有徽王者島夷所宗令渠傳諭足矣見國王無益也明日直出客館見洲等推髻左袒莊旗服色擬王者左右簇擁洲等心

[illegible]設酒食拒對倩款拒洽洲等曰總督公
[illegible]勞足下風波無恙直避席曰直海介逋臣
總督公不曳尺纆牽而縶之而遠勞訊使死罪死罪
洲等曰總督公言足下稱雄海由志亦偉矣而公爲
盜賊之行何也直曰總督公之聽誤矣直爲
國家驅盜非爲盜者也洲等曰是何言與足下招聚亡命
糾合倭夷殺人剽貨坐分由漢所爲之辭曰我非爲
盜者是何異于昏夜操器以臨人之池執之則曰我
非盜魚者爲君護魚者也雖三尺童子知其必不然
矣直語塞洲等曰總督公統領官軍十萬益以鎮溪
麻寮大剌土兵數萬艨艟雲屯戈矛兩注水陸戒嚴
號令齊一而欲以區區小島與之抗衡是何異于聘
螳臂以當車轍也又曰總督公推心置腹任人不疑
袴足下壽母令妻子獄中館穀甚厚則公之心事可
知矣何不乘機立功以自贖保全妻孥此轉禍爲福
之上策也直默然而罷乃挾洲等巡數小島而還而
從此風聞外夷聽其頤指者頗少變而被賈倚直爲
淵藪者多有離心直始不安于彼矣初直聞母妻爲
我心甚忿欲犯金華及聞洲等言無恙又竊喜于是
始有渡海之謀日夜集所親信者計之謝和等曰今
日之舉未可冒昧以往也當遣我至親爲彼所素信
者先往宣力以堅其心待彼不疑然彼全師繼進始
可以逞直笑曰妙算也遂託宣諭別國爲名留蔣洲
在島令葉宗滿王汝賢王滶同陳可願回至寧波詰

之皆云宣諭未至時徐海陳東已擁薩摩洲夷過洋
入寇矣今王直歸順先遣葉宗滿等投赴効力成功
之後他無所望惟願
進貢開市而已公得報已揣知其計姑從所請疏
上許之公喜曰虜在掌中矣先是海中倭寇敗沒有零
百餘據舟山爲亂公遣葉宗滿等協助官軍剿之盡
殲焉公疏
上功次犒賞有差王滶笑曰此何足賞君吾父至當取金
印如斗大嘉靖三十五年三月徐海等果擁衆十萬
餘寇松江嘉興諸郡甚急聲言欲下杭城取金陵勢
張甚公乃謀之王滶等以覘其意滶等初欲小試恩
勳故甘心于舟山之寇至于徐海等正其所倚以圖
大事者且欲速直來共濟乃辭曰是非吾所能須
吾父來乃可耳遂留夏正童華邵岳輔王汝賢在軍
門自以招直爲名與葉宗滿開洋云是年徐海等以
次就擒事見徐海傳公恐形跡彰露委心留用王汝
賢等撫摩若親子然葉宗滿兄弟並加禮遇時時對
將吏士民曰直非反賊顧倔強不一見我見我當有
處也直聞公意指謂公誠朴可欺欲乘機以全紀爲
且未知徐海等敗沒以爲縱不如所料亦可與之應
援得志而去遂決策渡海先遣蔣洲次遣王滶葉宗
滿等率銃卒千餘執無印表文詐稱豊洲王入
貢先泊岑港虜形勝分布已定直乃與謝和等慷慨登舟
釃酒誓衆曰俞大猷吾嘗戰之列表泊岸時須謹尚

之公當直未至時已度其有詐陰調俞大猷于金山
而以總兵盧鏜代之盧鏜者舊與王滶等從事舟山
同飲食撫循倭夷備至直坦然不疑惟日聚羣倭爲
兵刃伐竹木爲開市計且索母妻子弟來官封時公
計已定仍姑列狀
上請以安其心
上已知直爲釜魚智力俱乍胡公敵乃頒
詔王直既稱投順却挾倭同來以市賈爲詞胡宗憲可相
機設謀擒剿不許睽虞致墮賊計公奉
詔秘而不宣夜馳至寧波城圖方略密調參將戚繼光張
四維等督諸徤將埋伏數匝水陸要害星羅碁列魚
鳥莫度乃以夏正等爲死間諭直曰汝欲保全家屬
開市求官可以不降而得之乎帶甲陳兵而稱降又
誰信汝汝有大兵于此即往見軍門敵留汝邪况死
生有命當死戰亦死降亦死等死耳死戰不若死降
降且萬有一生焉直怫然不悅而公與其所親信王
滶葉宗滿先遣來見者連床臥因佯露諸將請戰書
十餘箚于几案王滶等竊視驚怖夜半公作醉夢中
語云吾欲活汝故禁不進兵汝不來休怨我也含糊
其辭吐滿床王滶等漏之于直直始疑之又使其子
澄齧指血寓直書云軍門數年恩養我輩惟願汝一
見使軍門有辭于
朝廷即許眷屬相聚汝來軍門決不留汝藉令不來能保
必勝乎空害一家人耳又使邵岳童華等往來游說

直猶豫未決公以直執戀岑港已諭五旬察其心神
終爲觀望乃開關揚帆示款進兵直探知四面兵威
甚盛終無脫計且知徐海等敗沒孤立無援因歎曰
昔漢高祖見項羽鴻門當王者不死縱胡公誘我其
李我何乃曰部兵無統欲得王滶攝之公知海上諸
賊惟直多智習兵久雄異域得人心爲難制其餘皆
鼠子輩毋足慮諸將亦云以犬易虎不爲可失也遂遣
滶往直乃桀然詣軍門時嘉靖三十六年十一月也
公執之付按察司獄乃集三司諸大夫參議曰王直
始以射利之心違明禁而下海繼忘中華之義入番
國以爲奸勾引倭夷比年攻劫海宇震動東南繹騷
雖稱悔過以來歸仍欲挾倭而求市上有干予
國禁下貽毒于生靈惡貫滔天神人共怒問擬斬罪猶有
餘辜公具疏
上請得
旨斬直于市梟示海濱妻子給功臣之家爲奴王女賢葉
宗滿俱從末減還充軍王滶出洋爲颶風所覆其
餘從賊魚散鳥驚奔聚山谷公親督官兵掃除黨與
皆絕
嘉靖三十九年二月兵部始以封賞之議
上請
詔曰大憝既除海氛已靖部議報謝徐何也胡宗憲可
太子太保都察院左都御史兼兵部左侍郎蔭一子
錦衣衛副千戶其餘有功者陞賞有差

浙江事宜

論要害

兩浙形勝太半負海島夷之來最爲切近日本舊時貢道在焉論列郡之海口則温州之飛雲横陽舘頭台州之松門海門寧波之定海太浹湖頭渡紹興之三江沙門杭州之赭山龕山嘉興之乍浦澉浦皆倭寇窺犯之地列郡之門户也守門户則堂奥自安矣論海洋之要害則金盤之鳳凰山南麂山松海之大陳大佛頭昌國之韭山定海之舟山遠而陳錢馬蹟下八山臨觀之烈港海寧之洋山許山皆倭寇必經之地沿海之藩籬也守藩籬則門户自固矣夫浙東地形突出海外固爲當敵要衝浙西雖涉東海而豪華財帛之所聚也尤爲賊所垂涎兩浙設禦其容以軒輊耶

論設備

浙洋沿海舊設四總後增爲四条六總矣四条者杭嘉湖一寧紹一台金嚴一温處一也六總者定海昌國臨觀松海金盤海寧也悉其防禦之制自内達外有三重焉會哨於陳錢分哨於馬蹟羊山普陀爲第一重沈家門馬墓之師爲第二重總兵督發兵船爲第三重備至密也乃若定海者是寧紹之門户舟山者又定海之外藩其地則故縣治也爲里者四爲㪍者八十有三五穀之饒魚塩之利可供數萬人不待取給於外非若普陀諸山比也

國初置昌國衛於其上屯兵戍守誠至計也信國公經略海上以其民孤懸徙之内地改隷象山其見左矣都御史唐順之議復之即今屯兵哨守豈非守江必守淮之微意哉

論會哨

倭寇之來每自彼國開洋必徑抵陳錢山歇潮候風集艘分犯若遇東南風高則望洋山以犯蘇松浙西東南風和則望韭山朱家尖以犯寧紹若遇東北風和則犯大佛頭主山鳳凰山以寇台温東北風急則越桐山流江以入閩是陳錢洋山乃浙直共守之門户桐山流江實閩浙相依之唇齒今以直隷兵船會哨於洋山福建兵船會哨於流江嘉興寧紹台温兵船各會哨於隣總各取印信到单繳驗本總兵船各分哨道更相會哨其外洋總要山島每處撥軍數名責令收集柴草按伏瞭望遇警亦如烽堠之法舉火放銃則遠近易知兵船無悮而倭寇可無虞矣

總兵俞大猷云自潭岸山以北以西之海水浅砂硬大船誤閣則破壞且無避風安衆兵船至彼如遇夜必須當洋下椗椗不能堅每被急流飄去或夜半發風則尤危然多頼天幸要非安計然則宜如何曰錢塘江烏嘴頭浦内船兵一枝不可無餘則練陸兵精卒一枝以待而嚴龕赭哨探遠諜焉庶救倉猝或曰賊舟何能至此曰賊用单桅小舟徑抵山邊閣乾登刼故必用陸兵追捕方不走脱若以兵船必高大方能

勝賊如與賊舟等則勝負未可必也今言禦賊於海
也易要非通論海本遼闊舟行全藉天風與潮人力
能幾風順而重則不問潮候逆順皆可行若風輕而
潮逆甚難夏秋之間西北風起不日必極大操舟者
見此風候須急收安嶴兵船在海每日遇晚俱要酌
量收泊安嶴以防夜半發風至追賊亦要預計今晚
收泊何嶴若一意前追遇夜風起悔無及矣

又云沿海之中上等安嶴可避四面颶風者凡二十三
處曰馬蹟曰兩頭洞曰長塗曰高丁港曰沈家門曰
舟山前港曰潯江曰烈港曰定海港曰黄岐港曰梅
港曰湖頭渡曰石浦港曰猪頭嶴曰海門港曰松門
港曰蒼山嶴曰玉環山梁嶴等嶴曰楚門港曰黄華

水寨曰江口水寨曰大嶴曰女兒嶴中等安嶴可避
兩面颶風者凡一十八處曰馬木港曰長白港曰蒲
門曰觀門曰竹齊港曰石牛港曰烏沙門曰桃花門
曰海閘門曰九山曰爵溪嶴曰牛欄磯曰旦門曰大
陳山曰大床頭曰鳳凰山曰南麂山曰霓嶴其餘下
等安嶴只可避一面颶風如三孤山衢山之類不可
勝數必不得已寄泊一宵若停久恐風反別迅不能
支矣又潭岸山灘山許山之類皆團土無嶴一面之
風亦所難避可不慎乎

都御史唐順之云江南控扼在崇明浙東控扼在舟山
天生此兩塊土大海中以障蔽浙直門戶諸哨船皆
自此分而南北總會於洋山若會哨嚴緊遇船即打

賊何從入信國廢昌國故縣而內徙之恐是千慮之
一失未可謂昔人盡是而今人非也

把總蔡汝蘭云台州遼處海濱誠四塞之國南有桃嶴
金竹北有桑洲桐巖西有關山衛野叠嶂層岡重關
鳥道直可禦之險而且南去盤石楚門僅百五十里
東南去松門僅百里東去海門僅八十里設或倭奴
棄舟登陸皆可卒至城下自海門而上者則一潮直
達實一時難禦之變也三面阻山一面瀕海孤懸於
數百里之外救援接濟所難卒至者惟此耳曩者戚
參將駐兵桃渚而倭奴屯聚桑洲遺輸糧銀經月不
至孤危之勢誠可畏也今宜於台州專立督餉方面
積聚糧餉訓練兵士以爲重鎮而且西控温處金衢

北衛寧紹權非遥制而威可近飭也

鄭若曾曰國初定海之外秀岱蘭劍金塘五山爭利內
相仇殺外連倭夷歲爲邊患信國公經畧海上起遣
其民盡入內地不容得業乃清野之策也趙侍郎近
奏令民開種以給幕租若與此利金塘一山即可墾
田數萬畝歲入米幾萬石玉環諸山計之每歲可得
米幾十萬石大爲海防之助但其患二故當道屢議
屢止其一是倭人藉以爲糧結巢于此兵費反多其
一是大家爭佃秋糧難徵且無益于小民以愚計之
須丈量爲屯田召民耕種輸賦軍門耕者搭棚廠而
居不挈妻孥不得買賣逐歲更始如大家放租之法
則官民兩利而爭奪之患免矣官差石工伐山造壘

海洋有警小民避入賊知堡中無子女財帛自無結巢之念矣

都指揮戴冲霄云議者皆謂玉環等山可興屯田之利以給幕租愚謂此等山古時有民居耕作信國公皆遷之内地不許其得業豈誠棄地利而不知惜哉亦念荒山起稅爲利不多即以萬頃計之不過千石若冦據此以爲巢穴則攻逐之費不知幾倍是賫盗糧爲小而失大也故舟山止留二所瞭守而亦不許民屯種其爲慮至深遠今日備倭之策不必遠求查復信國公之制而已矣

鍾按金塘玉環諸山有言其可屯者有言其不可屯者將安取衷哉大都海外絕島但當計其要害

不當計其小利如地有所必爭則雖無所利猶當守之况有屯田之利乎如地在所可棄則雖見有居民猶當徙之况無居民乎何也須海孤懸島夷易犯若無兵守之是委民以與敵也若有兵守之是利十而費百也試觀浙之舟山閩之海壇粤之南澳皆稱膏腴然其守之者良以固内地之藩籬耳若論屯田所入之利豈足以供兵費之十二三哉即此可例論矣

一台州沿海近漲灘塗長數十里闊十里若倣范蠡圍田之法令民耕種外設海塘一條以捍鹹潮俾不得傷稻每歲起科以給幕租可得若干萬石

一浙江平倭亂之後不二十年又有壬午兵民之變雖緣撫御乖方亦以其地習戰鬬所用皆土著之兵若閩中土客兼用軍兵並駕雖有一二脱巾終不敢爲大逆亦得犬牙相制之法也然其原在於將領不知大體無有勇知方之訓而越中兵柄多歸有司將帥無權平時威令旣不下逮有急安可望其節制此皆覆轍所宜更駕者也

籌海重編卷之五終

籌海重編卷之六

崑山鄭若曾原編
晉江鄧鐘重編

目錄

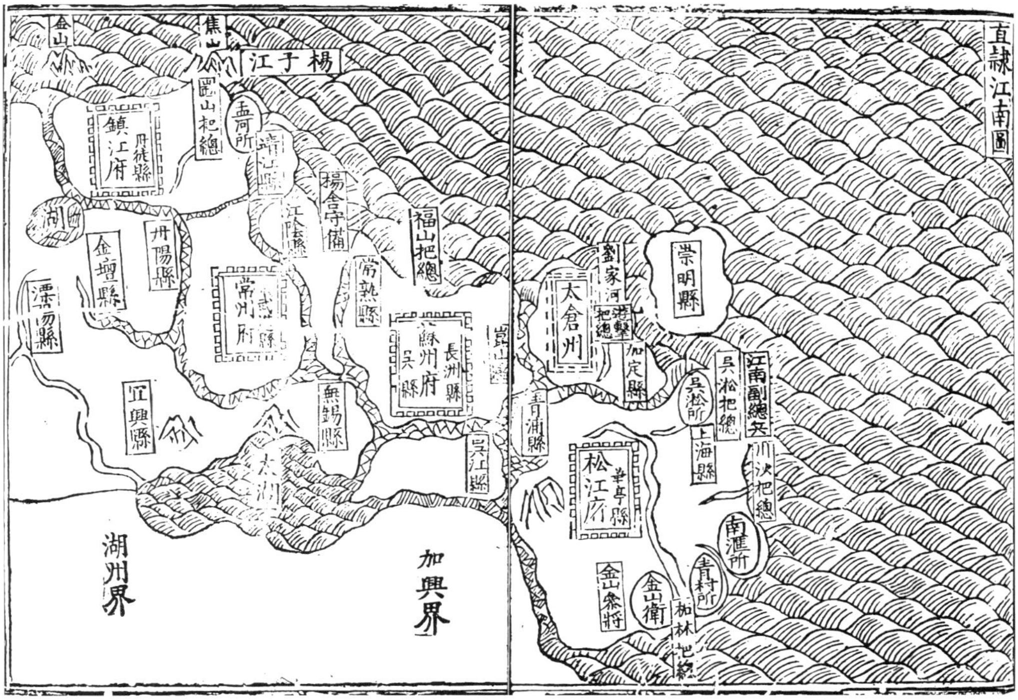

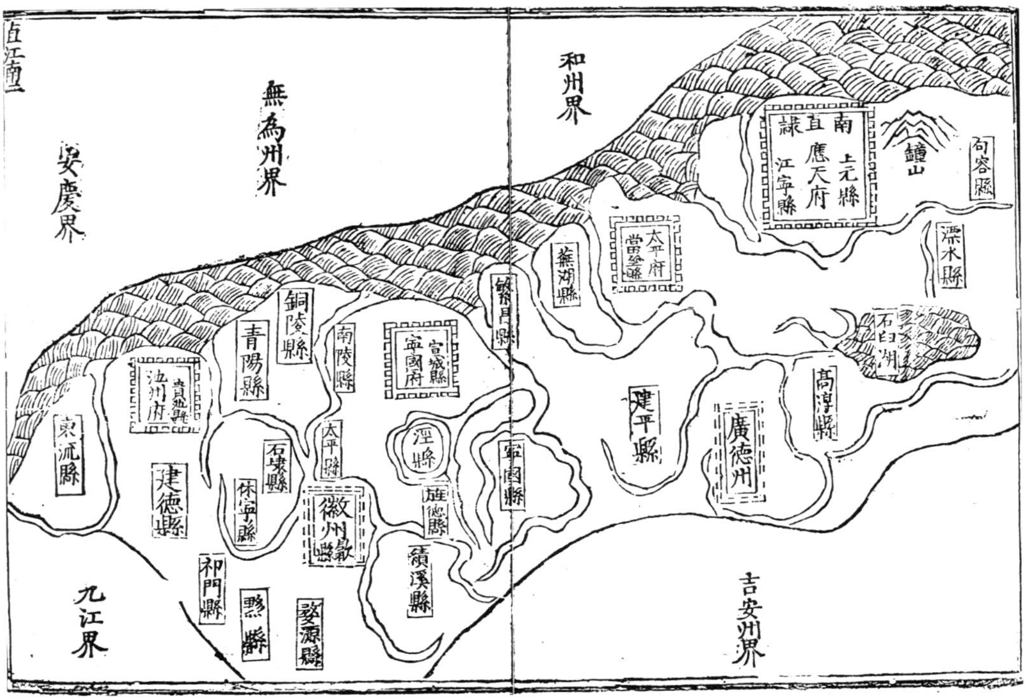
和州界
無為州界
安慶界
九江界
吉安州界
南直隸應天府
上元縣
江寧縣
鍾山
句容縣
溧水縣
太平府
當塗縣
蕪湖縣
繁昌縣
石臼湖
高淳縣
建平縣
廣德州
寧國府
宣城縣
寧國縣
南陵縣
涇縣
太平縣
旌德縣
績溪縣
徽州府
歙縣
銅陵縣
青陽縣
池州府
貴池縣
石埭縣
休寧縣
建德縣
東流縣
祁門縣
黟縣
婺源縣

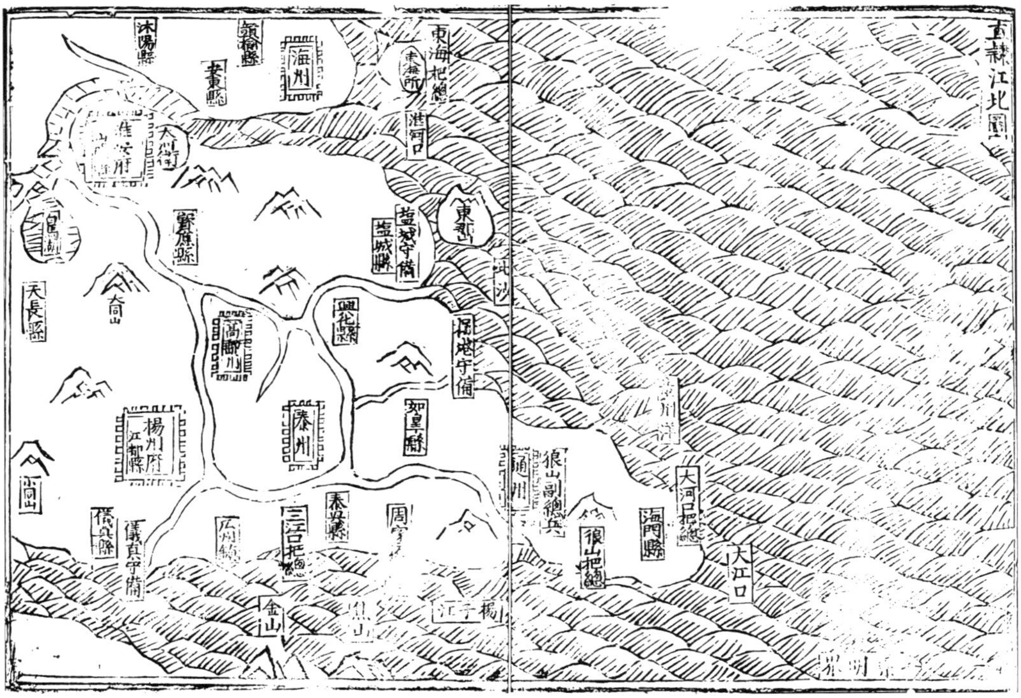
直隸江北圖
沭陽縣
贛榆縣
海州
東海把總
東海所
淮河口
淮安府
東海
鹽城守備
鹽城縣
寶應縣
天長縣
高郵州
揚州府
江都縣
泰州
如皋縣
通州
狼山副總兵
狼山把總
海門縣
大江口
泰興縣
三江口把總
儀真縣
儀真守備
金山

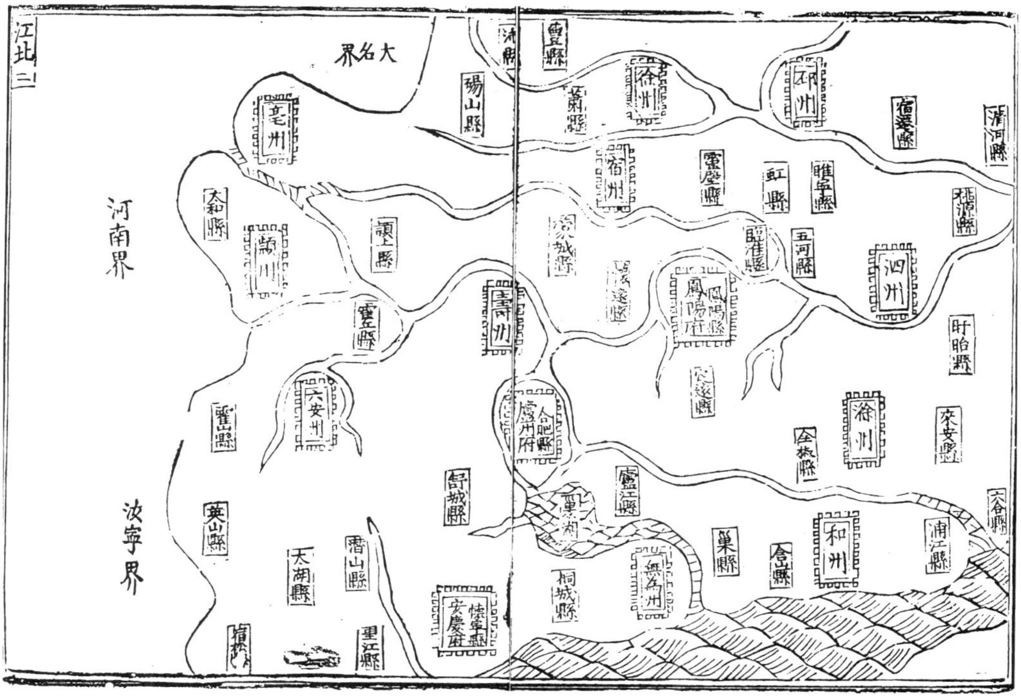

直隸江南兵防官考

鎮守江南副總兵駐劄吳淞所

蘇松參將駐劄金山

蘇松遊擊駐劄劉家河

劉家河把總

福山把總

吳淞中軍把總

吳淞遊兵把總

川沙把總

柘林把總以上俱兼防海

巡撫標下坐營

楊舍守備

京口圌山把總

江防把總駐新江口

江口遊兵把總駐京城外

荻港把總以上俱係防江

沿海衛所

鎮海衛

左右中前後五所

崇明所

太倉衛

左右中前後五所

吳淞所

金山衛

左右前三所　俱在衛城

後所　今調守柘林鎮堡

中所　今調守松江府縣

南匯所

青村所

沿海營堡墩臺烽堠

蘇州府

營堡六　福山　九析村　雙兵村　七丫　劉家河　白茆

烽堠　野水漕　福山　蝦魚　奚家　三丈浦　烏沙港　小秦　黃溪　尾浦　西洋　崔浦　海洋　唐浦　盧浦　高浦　新庄　金涇　許浦　白茆　黃洪　大錢涇　千步涇　黃濱　鹿鳴　雙鳴　唐西涇　浪港　七丫　下涇　黃涇　耿涇　張浦

黃窯　新塘　月浦　顧涇　練祁　緑淘　五岳　寶山　東潛　呂家圩　馬沙　中潛　依有　周家洪　生字圩　徐陸涇　大陳浦

松江府

營五　大盤　小盤　江門　金山　獨樹林

堡四　川沙　蔡廟港　柘林　胡家港

塘鋪二十四　前所二瞭守軍四人　左所二瞭守軍四人　右所二瞭守軍四人　中所十七軍三十四人

烽堠

南匯十八　十八墪　十七墪　十六墪　十五墪　十四墪　十三墪　十二墪　十一墪　十墪　九墪　八墪　七墪　六墪　五墪　四墪　三墪　二墪　頭墪

青村十二　五墪　舊四墪　新四墪　三墪　二墪　頭墪　焦樹　大門　宋家　戚漴　東袁浦　西袁涌

左所三　陸鶴　周公　漴缺

右所三　胡家　東新　西新

前所四　金山　戚家　篠館　橫歷

後所三　葛逢　江門　新廟

直隸江北兵防官考

狼山副總兵 駐劄通州

狼山把總

大河口把總

掘港守備

鹽城守備

東海把總 以上俱兼防海

徐宿歸德叅將

鳳陽中軍都司 駐淮安

儀真守備

泗州守備

安慶守備

周家橋把總

三江口把總

滁河把總

浦子口把總 以上係防江淮

沿海衛所

淮安衛 軍八百五十名

左右前後中左中右六所

東海中千户所 軍五百五十名

海州中前千户所 軍四百七十五名

大河衛 軍一千五百二十一名

左右中前後中左中右中前八所

儀真衛 四千四百八十名

高郵衛 旗軍六千七百二十六 屯軍四千四百四十名

興化千户所

揚州衛 旗軍八千九百六十名 屯軍四千四百四十名

海鹽千户所 屯軍八百八十二名

泰州千户所 旗軍二百三十名 屯軍八百八十二名

通州千户所 旗軍二百三十名 屯軍八百八十二名

沿海營堡臺堠

揚州府

營十五 徐稍 大河 蓼角嘴 壯捷 壯武 掘港東營 鎮遠 輕忠 濟武 掘港西營 登庸 平定 忠節 興義

寨九 羊寨 劉莊 白駒 角斜 李家堡 栟茶 徐稍寨軍五十人 蓼角嘴軍五十人 大河口軍二百人

烽堠九十三

劉莊寨烽堠一

白駒寨烽堠一

角斜寨烽堠二

李家堡烽堠五

栟茶寨烽堠四

泰州烽堠十一

掘港烽堠九

海門縣烽堠二十八

通州烽堠八

直隸倭變記

江南

洪武二年二月倭寇崇明諸處指揮翁德朱文擊敗之

賊犯崇明德督舟師禦之於海門之上𢹂斬獲甚衆既而復寇吳松江沿海一帶文亦破之俘斬獻捷

永樂二年四月對馬岐倭寇蘇松

賊掠浙江穿山而來轉掠沿海上命太監鄭和諭其國王源道議源道議出師獲渠魁以獻

十四年倭寇崇明

朝廷發鎮江鎮海二衛百戶十員率軍士千餘禦之寇平遂隸崇明守禦所其舊戍官軍發屬水寨自是賊無至境者

嘉靖三十二年閏三月賊首王直犯嘉定

賊自烈港之敗以百餘人自白馬廟而來收集餘黨流突蘇松掠嘉定之寶山鎮撫陳憲疑為鹽盜率輕兵追之後知為直不敢襲

破南匯所

自望日而後十日賊破城者月

同知任環守備解明道敗賊於吳淞江口

賊至劉家河楊帆而西明道與六合知縣董邦政率兵迎擊之追及於吳淞江口值綵淘港復有新賊至者與之合踪勢益猖獗官兵莫敢進都御史蔡克廉遣同知任環往助之賊遂敗走俘斬百餘

四月賊圍太倉州

時賊勢甚急直逼太倉城蔡克廉躬乘城督戰賊乃去而城外居民焚掠幾盡

五月賊破吳淞所入據之越十日守備解明道敗之

賊既破城遂據為巢明道襲敗之斬首百餘賊首三大王六大王死焉遂復所城賊遁出海復為州判金汝舟千戶楊循禮所敗擒斬八十有奇

賊首蕭顯入上海縣鎮撫胡賢死之

顯自浙西流突直抵過金山至天妃宮浙江須杭兵指揮黎鵬舉與賢禦之鵬舉被創賢死焉賊遂突縣市焚治所自是而後浦東沿海二百餘里問新舊之賊往來絡繹無虛日矣

三十三年正月蕭顯攻嘉定縣參將湯克寬擊敗之

顯自上年入寇上海而去為官兵追迫登據崇明之南沙官兵圍守且半載值歲暮守者懈顯得遁至黃窰入攻縣城又分掠南翔等鎮參將湯克寬擊敗之

攻上海縣

顯自嘉定循海而南攻圍上海甚急時城初築未固勢且陷官民洶洶兵備僉事任環統民兵三百僧兵八十往援時賊船泊黃浦者以百計而自吳淞江南行者不計焉環追襲之於五里橋賊敗南奔環追敗之於盲家濱賊始懼適浙江都御史王忬遣都指揮盧鏜來擊賊乃解圍而南

二月都指揮盧鏜敗賊於史家浜僉事任環敗賊於歸家港

時顯僞史家浜為巢鏜進擒大敗之賊死者無筭乃遁往浙江海寧縣鏜復追敗之其別踪之在歸家港者環亦敗之

三月攻松江副千戶童元巡檢李叢祿禦戰死之

賊自曹涇而來元與叢祿禦之於蕭唐力戰而死賊遂渡浦攻府城環與克寬擊敗之賊乃退走大門墊

四月賊首王直等巢柘林

賊與徐碧溪吳德宣等營柘林為巢窟連絡二百里如老鸛嘴廿八圍之間皆其部洛之所屯聚也間分一支自清浦白鶴港而北出太倉分一支自劉家河入趨崑山

州判金汝舟指揮姜統敗賊於劉家河

賊自正月復據南沙至是突入劉家河統與汝舟率舟師擊敗之斬首百餘

攻太倉州

松江之賊出青魚涇遇賊艤自劉家河入者六十餘艘攻州城

攻崑山縣

賊自劉家河入越太倉至崑山知縣祝乾壽蒞任甫一月聞報即督官民死守賊攻圍甚急蘇州路絕乾

尋夜募死士持蠟書浮水而行八晝夜始達郡城巡撫屠大山巡按孫愼遣都指揮梁鳳應援鳳竟不進主員龔良相泣請兵於孫公始知鳳逗遛之罪遣良相監督以行鳳怒欲殺良相良相不爲動從之益力鳳不得已至三里橋望賊即潰而西遺火器二船於賊佯爲賊已遁去孫公信之賊得火器攻城益急至有登陴者有穴城門下者乾壽與鄉官朱隆禧等分門捍禦而令生員張光紹潘蔚卿武舉郭龍韜等嚴督士民竭力禦之城賴以全時賊欲據崑為巢故蘇州各縣皆被攻圍而攻崑尤急以崑山為蘇郡州縣適中之地得此為巢則沿海諸邑截援俱絕進可以蚕食蘇常退可以拒援兵也

總兵俞大猷敗賊於吳淞所

賊船入吳淞江者十六艘大猷敗之沉其舟十一斬首二百五十有四

賊攻蘇州府

賊首阿八王自崑山分踪進掠府城參政翁大立提兵禦之賊乃退遁

五月賊解蘇松圍而去州同張魁千戶田應山追敗之

賊糾諸縣精悍者凡七千人攻崑山縣期於必破知縣祝乾壽殪其渠魁一大王賊大懼圖歸而各縣之圍皆解遁出劉家河者數百艘魁等追擊大敗之斬首四百四十有奇

六月賊犯蘇州府

賊自松江來者分作三支一由嘉定太倉大道而進一由闗橋清浦間道而進一出唐行千墩而進會於崑山期犯府城兵備任環禦之於真義弗利百戶劉愛臣死焉賊遂進至府城焚掠諸市鎮而去取道於行春橋由結魚口出太湖過吳江知縣楊芷舉人周大章率舟師追擊於王江涇爛溪鶯湖等處皆勝之賊由菜花涇過嘉善而去

八月賊攻嘉定縣

賊首王直分遣其酋吳德宣徐碧溪自綵淘港率衆千餘入攻縣城

參將許國李逢時敗賊於師家洪

直知官兵將擣其巢乃進營於師家浜列七星陣以待官兵擊之大敗而去既而又進攻之賊固守其舟時二參將所統者皆北兵不知地利屯所遇潮死者甚衆無何賊由原港出海水兵追戰於老鸛嘴之四馬洪六敗之

十二月賊陷青村所

先是賊攻所城者數穴官兵守備極嚴賊皆負傷而走積忿詬柘林借兵二千來攻弗克賊亦計窮欲去會守門百戶之伯有爲賊所虜者賊令至南門呼姪求入姪聞伯音以繩下挽昏黑之際賊乘隙以登百戶首先被殺賊遂入城焚殺比他地尤慘

三十四年正月賊攻南匯所僉事董邦政擣川沙窪賊巢破之

時賊死傷者五百餘監生喬鏜復追敗之

總兵俞大猷副使任環孫宏軾等敗賊於勝墩

賊自嘉興流至吳江之平望分道而來一支由太湖爛溪南麻一支由張村黎甲出牛場涇期會於蘇州兵備任環知州熊桴知縣楊芷禦之於海擾鶯湖皆勝之賊乃遁去以嘉善道阻復合兵由大道進至勝墩環與知府林懋舉等率狼兵自北擊之浙江副使孫宏軾總兵俞大猷率宣慰彭翼南兵自南擊之狼兵首殪其渠魁一人賊氣沮捐資於狼兵求脫弗聽東西皆阻水官兵南北夾擊之賊遂大敗斬首三百

是戰也提督都御史周琬巡按御史周如斗令所在清野凡賊所向民間爨具悉毀之而令環等拒之於前浙江巡按胡宗憲復督宏軾等自後追之賊進不得食退不得息故有是敗

賊入崇明縣知縣唐一岑死之賊旋就殲

賊夜襲破縣城一岑與之巷戰身被數刃猶力戰賊敗出城一岑傷重而死居二日賊復至據縣城諸耆民相與謀曰唐父母被害而吾輩乃容賊盤據吾縣耶於是相與僇力為死鬪賊二百人皆就殲

三月賊圍上海縣

賊五千餘屯新場下沙千餘屯閘港數千屯川沙俱進逼縣城時總督都御史張經調集廣兵湖兵數萬駐松江賊乃退入舊巢完壘治兵為拒守計而諸營連絡聲勢益盛張公欲俟其出海擊其惰歸故擣巢之策卒不果行

賊攻金山衛總兵俞大猷敗之

柘林新至賊乘銳來攻守者發矢石禦之賊中傷者甚衆乃解去既而又來攻大猷敗之俘斬二百餘

四月兵備副使任環擊敗常熟三丈浦之賊

先是賊屯三丈浦者勢甚猖獗且犯官軍不爲備環
陰部署主客官兵以保靖應襲彭守忠爲中哨太倉
耆民爲右哨知縣王鈇爲左哨躬環甲胄激勵三軍
我兵皆踴躍思奮進攻之賊遂大敗俘斬二百八十
有奇而我兵不損一人自用兵
以來早戰全捷未有如此者也

常熟知縣王鈇與致仕參政錢泮禦賊於上塘港口皆死之

三丈浦之賊爲任環所敗勢已破沮值陸涇壩敗遁
之寇與之合踪復肆猖獗欲攻縣城鈇泮率兵禦之
賊佯爲村民避賊若依官兵爲援者官兵方共惜之
倏爾起鬭兵士驚潰鈇泮偕督戰不已遂皆遇害

柘林賊首徐海分踪出掠

賊知官兵將搗其巢乃分兵四出以牽制我師東掠
崇明常熟以達江北西出嘉湖以搖動全浙而川沙
之賊先乇老鸛嘴者以
聲援不繼俱併入柘林

五月任環復敗三丈浦之賊

賊既殺王知縣勢甚滋蔓而太湖之賊復與之合益
驕肆無忌環率官兵進攻大敗之殺其白眉主帥賊

乃大懼癈環爲拚命
官人數遷徙避之

官兵擊賊於陸涇壩大破之

松江柘林之寇千餘人流突李塔匯歷張庄小崑山
趨泖湖而北保靖宣慰彭藎臣兵追之抵蘇州之陸
涇壩壩離城十里而近兵備副使任環督兵擊之擒
其梟帥俘斬五六百級水火死者不計屍盈阡陌委
水爲赤殘寇僅二百人值
暴雨追不克逸歸柘林

遊擊將軍周藩與賊戰于朱涇敗績死之

賊掠浙江取道蘇州出海至平望浙直官兵會擊大敗之

官兵敗賊於吳江之平望先是永保之兵既皆失利
賊遂肆意猖獗一西北入太湖犯常州一西南犯杭
嘉湖其犯杭州者至塘棲二宣慰復失利賊掠北關
去欲由蘇州入海道吳江之平望浙直鄉兵會擊之
賊腹背受敵大敗走松江至三店我兵邀擊之斬首
七百有奇是戰巡按御史胡宗憲副使董士弘僉事
王詢以浙兵至參政任環知府林懋舉以直隸兵至
而三店則浙官劉泉功居多皆不藉客兵之援由是

而專任鄉兵之議興矣嗚
呼客兵之用豈得已哉

常熟三丈浦賊出海太倉知州熊桴敗之於登舟

俘斬一百三十有奇餘賊南遁至吳淞江口復爲把
總劉堂所敗其酋急遽如卽就擒斬首二百六十

七月松江府知府方廉計殺柘林賊千人

時巢賊甚熾廉遣諜投毒井
中賊死者千餘人斬首數百

浙江都御史胡宗憲遣都指揮王沛敗賊於金山洋

先是賊自王江涇陸涇壩平望數敗之後勢甚窮促
叅將盧鏜都指揮王沛時往撓之賊死傷及疾疫者
過半乃潛伏巢穴不敢出掠日爲遁歸之計既而爲
官兵邀擊遂沉舟破釜示無去志然實覘官兵不備
之於海而得走也胡公諜知之預遣沛等率舟師伏
海口伺之賊果遁去沛等追敗之於金山洋悉沉其
舟賊溺
死無遺

柘林賊敗乇陶宅

賊出海復爲總兵俞大猷參將盧鏜把總婁宇所敗
乃復登陸結巢陶宅其一艘詣泊海門則賊首林碧

川與其下一百二十餘登大
陳山為把總任錦俘斬無遺

八月劇賊五十三人流犯蘇州提督都御史曹邦輔討平之

倭賊自象山登岸由浙江歷寧太突犯南京殺一把
總一指揮走無錫而南都御史曹邦輔引兵馳護孝
陵因追及於蘇州之滸墅賊驕蹇益甚胡與副使王
崇古僉事董邦政知府林懋舉知縣康世耀把總婁
宇曰此賊勍敵我地形兵力爲彼所窺他日大舉入
寇何以支之誓滅此而後入乃分授信地以崇古邦
政宇率指揮張大綱武生車梁躡賊所向遇敵先登
爲正兵懋舉世耀各領兵屯吳林廟之左北護郡城
南圻賊衝爲援兵嚴家兵左哨沙兵右哨分突衝截
爲奇兵虔賊走大湖募水兵于湖濱東山巡檢領船
發十徃來哨探爲遊兵士皆殊死戰賊至吳林廟我
兵檎斬二十七人餘走揚山施至靈巖奪民船由新
港出太湖欲走洞庭見我兵旗幟不敢渡復登岸至
橫涇前馬橋匿一民舍我兵圍而火攻之賊潰出遁
伏田禾中不能得車梁捫其所殺人肉尚未寒又草
露未動乃令衆大呼賊在此果然驚出遂俘斬之無
一人得脫者而大綱
手刃數人力盡死之

七丫港吳淞江賊遁出海洋把總楊尚英追敗之沉其舟六十艘斬三百有奇

九月浙直官兵會擊陶宅之寇指揮邵昇姚泓生員于岳皆死之昇等乘勝進攻賊死守其巢乘高刺下三人皆死焉

總督都御史楊宜遣遊擊將軍曹克新副使任環擣川沙賊巢擊走之克新統川兵攻賊大敗之燬其巢賊遁至吳淞所環督舟師襲之斬獲大半餘黨走清水窪

閏十一月僉事熊希程率川兵擣周浦賊巢大敗之先是楊總督潛令武生朱先胡亘等設伏賊巢約縱火為號希程監督川兵與曹克新乘雪夜襲之先等縱火焚寺賊驚亂四面伏起斬首二百三十有奇而賊巢燬焉○朱先今福建總兵

官兵敗賊于吳淞江口周浦賊遁出吳淞江副使王崇古總兵俞大猷追擊大敗之俘斬一百七十

三十五年正月參將尚允紹擊賊於四橋死之賊首陳東時屯新塲為巢

二月賊首徐海復巢柘林新塲賊首陳東自燬其巢來與之合

三月賊據蔡廟堡參政任環參將喬基等大破之時賊新至漴缺胡總督令環會基共擊之賊逃入蔡廟廢堡環乃以把總陳習攻東門車梁攻西門張性孝攻西北顧鳴鵬攻西南賊死守官兵攻之戰方酣王賓等兵潛從東北入賊遂大敗悉斬之

官兵擊新至賊於七竈洪等處敗之時新至賊一支自漴缺登犯佐擊宗禮敗之一支自七竈洪登犯僉事董邦政敗之一支自南匯所登犯參政任環敗之參將婁宇又敗之俘斬甚衆所存者無幾先是賊據松江累年未有能挫之者及胡公為總督於是官兵僇力而新至之賊皆迎刃以敗云

陶宅之寇爲官兵所敗遁出海洋參將婁宇等復追敗之總督胡公會浙直兵進擣陶宅之寇大敗之賊死者甚衆遁出漴缺外洋婁宇與把總王應麟復敗之於九團洋俘斬踰百

參政任環僉事董邦政擊界嘴新至賊平之賊新至自界嘴登犯胡公檄環邦政會擊之大戰一日斬賊十之七八明日復戰遂無孑遺

賊犯西菴董邦政平之賊新至自金山登陸流至西菴胡公檄邦政攻之賊大敗走匿法昌寺邦政復火攻之盡殲焉

賊犯青村把總王應麟討平之新至賊自青村焚舟登陸應麟敗之賊匿民房官兵復火攻之賊突走爲官兵所截不得去乃復匿民房遂悉斬之

賊入吳淞江總兵俞大猷都指揮鄧城等大破之賊艘十六自寶山入江大猷與都指揮鄧城把總楊尚英劉堂等設伏海口待之賊至伏發沉其舟十三斬首二百五十

賊攻江陰縣知縣錢錞禦戰死之時賊攻圍甚急填濠直逼城下勢且陷錢錞議欲出兵拒之兵備副使王崇古不從錢錞獨率民兵出城捍賊力戰而死然自是賊亦稍稍引去矣

賊入楊子江鎮江衛千戶沈宗玉王世臣戰死

五月賊攻上海縣尋進攻松江府官兵追擊於泖湖敗之時賊新至者以萬計復屯柘林乍浦總兵俞大猷同知袁文貴知縣楊見等敗其前鋒既而賊攻上海縣又爲官兵所敗而去遂攻府城把總劉堂追擊於泖湖敗之參政任環同知熊桴復追擊於澱山湖東又敗之前後俘斬三百餘賊

六月新安衛百戶帥印與賊戰於青村德勝港死之

時印總廣兵追賊

總兵俞大猷都指揮鄧城邀擊遁賊於茶山洋大破之

七丫港賊與吳淞江賊爲官兵所敗相繼遁出海洋大猷設伏劉家河海洋待之且攻且逐追及於茶山東北鄧城督舟衛鋒賊披靡沉其舟六十俘斬三百餘殘寇宵遁復爲颶風所覆無生還者

總兵徐珏擊孟河賊大破之賊遁出楊子江把總張成巳復追敗之

時賊在孟河勢頗倡獗與戰大敗之賊死者三百餘人先是督察尚書趙文華渡江而南預戒兵將無得貪功取級以陷賊計故是戰殺傷獨多既而賊遁出江成巳率舟師復破之斬首百計

八月常州賊遁出海總兵盧鏜等追擊大敗之

賊掠江陰無錫爲官兵所敗遁出海洋胡公命鏜等追敗之沉其舟數十俘斬三百五十有奇

三十八年四月賊據崇明三沙七月遁往楊州

賊舟爲颶風所擊登三沙總兵盧鏜與把總楊尚英迎擊之沉其三舟俘斬百餘既而歘突入內地爲官兵所截遁過三沙鏜等復攻敗之胡總督恐其滋蔓檄副使熊桴副總兵劉顯與鏜協攻之通政唐順之適至乃帥官兵渡海而東與賊相持者月餘官兵屢進梳之賊屢敗窮促乃造小舟數十乘風雨從北面遁往江北官兵追之弗及

江北

嘉靖三十四年四月賊犯海門知縣趙卿敗之

時賊首徐海屯松江之柘林知官兵將搗其巢故分掠江北卿敗之斬首一百五十

五月參將喬基等擊賊于呂四場敗之

基與都指揮張恒通州同知印宷統兵夾擊賊大潰俘斬一百六十

三十五年四月百户戚繼爵與賊戰于狼山死之

都指揮張恒千户羅大爵百户曾沂禦賊于楊州死之

賊攻楊州府同知朱裒等死之

時賊一從瓜州入一從新港入一從通州入

賊攻小東門甚急官兵用佛郎機殪賊數人賊乃退去裒與千户賈勇應襲男恩率兵出城禦賊死焉高郵衛經歷晏鋭爲賊擄去

五月無爲州同知齊恩與賊戰于圖山之北江中死之

恩陝西隆德縣人祖敏知四川蒲江縣殺賊有功與二子俱死於賊

詔爲立祠恩蔭入國子監授序班遷河曲知縣禦寇脩邊有功撫按保晋久任九年考績遷無爲同知閱東南久罹倭患竭中圖報練兵衣械一毫不取於民長江賴以保障賊犯上流奉檄即率子孫叔姪兄弟凢十二人領兵赴敵一至圖山即身先士卒鼓衆而前殺賊數多賊遂畏懼奔潰乘勝逐北悞中賊誓戒子姪曰一死莫惜圖成功以靖國難舉家赴敵至於力竭勢窮又曰見輩勉有宗祀吾與此賊誓不俱生由是次子齊嵩等四人得脫恩與長男尚文孫童叔仲實弟實榮姪友良人大卿力戰不亟俱死于賊一門忠義自有倭患所未有也人以爲克繩祖武云

副使馬慎追賊於狼山敗之都指揮鄧城又敗之

賊遁出江慎追敗之既而鄧城又追敗之沉其舟十五是年犯江北之賊凢五而廟灣之賊尤劇副總兵盧鏜參將劉顯土舍人彭志顯屢進攻之賊遂敗遁

三十六年四月賊攻海門縣應襲百户俞憲章死之

賊入寶應縣

先是揚州東關及瓜州俱有堡賊至揚州不得掠乃從高郵至寶應寶應素無城焚掠殆盡

賊犯天長都指揮沃田把總岳君寵與戰死之

六月副使于德昌參將王元伯劉顯擊泗州賊破之

時賊掠泗州為官兵所敗德昌等會擊之顯身先士卒殺衣紅賊首一人群倭大亂元伯督兵乘之賊大潰敗追及於舟所木兵復自下應之賊死者無算既而賊遁出海總兵劉顯敗之於安東千戶汪時中又敗之於廟灣匣子港賊竟遁去

三十八年四月賊犯如皐副總兵鄧城擊敗之

時狼山新設副總舟師兵器百凡未備倭數十艘猝至城冐死血戰攻沉賊舟十餘隻賊迫棄舟犯如皐城設伏布奇敗之明日復戰於白蒲倭選鋒跳蕩賈勇賊連發三矢射殺之賊遂挫銳官兵乘勝逐北擒斬四百餘級

賊犯廬家塲千戶汪時中擊却之

賊從大河口吕四塲登者以千計據廬家塲時中與把總張大義合兵圍之大義意欲困之且待諸兵齊至然後進擊時中奮然曰我等既受委任坐視賊之肆虐民之荼毒而不肯前何也大義固沮之遂與有隙時中單騎提雙刀突入賊營斬賊數人賊大驚異相顧錯愕莫敢誰何以有嘆羨其勇而欲收用之意時中綠賊營後賊追之部兵往救賊大敗走為之喪氣

參將胡宗義與賊戰於海安兵潰千戶趙世勳鎮撫韓儱死之賊尋為副使劉景韶所殲

時海安故有毛葫蘆營毛兵素貪宗義新任無紀毛兵為賊所餌而敗官兵皆潰世勳與儱死於陣提督李遂檄召副使劉景韶率追兵遂之賊大敗奔張家庄官兵圍之因縱火攻焉賊奔新州官兵後追敗之俘斬盡絕約三百五十有奇其別支之在曹家庄者亦為景韶所敗奔潘家庄景韶復斬絕之

七月副使劉景韶參將丘陞擊賊於舊塲敗之

三沙遁至之賊也既而賊遁仲家庄官兵圍困是夜漏下三鼓賊乘雨潰圍而走官兵復追敗之斬首三百餘賊遁七竈河

八月副總兵劉顯曹克新等敗賊於白駒塲

賊既為劉景韶所敗遁白駒塲官兵圍之四面逸出後為官兵敵退回守其巢顯身先陷陣賊死者百餘乘夜遁大海沙洲顯復陷陣攻敗之賊潰走走則陷沙塗中官兵又敗之俘斬千餘口餘見淮揚之捷

賊遁聊角嘴副使熊桴敗之

賊為劉顯等所窘將遁出海總督胡公預檄蘇松兵備副使熊桴率舟師設伏海上至是賊逸官兵敗之總兵盧鏜又追敗之

淮揚之捷 附

江北之有倭患自嘉靖乙卯始淮揚故多大賈富戶賊至屬厭以去自是歲以為常丁巳夏賊千餘深入天長泗州
祖宗陵寢幾至震驚　廷議特設提督都御史而以豊城李公遂至即立什伍之法定援應之規練鄉兵嚴保甲設將官築城垣造戰艦為水陸戰守之計賊知有備船泊桂港者不敢登岸而去江北賴以無事己未賊萬衆連艘分道並入中外震恐時四月一日也公閱兵通州計賊若從海門西亭超如皐則通州在賊外乃兼程趨通泰州而以副使劉景韶遊擊丘陞駐兵如皐以扼要害檄各路兵進黄橋海安等處援應已而賊至盂多我兵迎戰挫其前鋒賊果出西亭知如皐有備遂由通州東趨白蒲鎮公計賊深入利在速戰戒海防等兵據丁堰東北堅持不出時東南風急我兵不便迎擊公籲天以祭風即回連三日乃採甲誓師斬不用命者人皆踴躍以進又計賊過如皐必由黄橋泰興犯瓜儀則糧運阻梗留都搖動若驛之富安以北沿海東出無能為矣乃身當泰州之衝而以黄橋西路責景韶等賊求戰不得進摽丁堰立陞從河北縱火焚之邊兵衝入賊營毛葫蘆兵復從南出首尾夾擊賊退屯二十里連日接戰斬其金盔賊首一人日且晡我兵少却賊進至如皐公計其必奔楊儀趣與海防遊擊兵從間道越過賊前徑趨泰州若以為西路之防其實於泰州待敵也執賊黨潛入城為内應者賊未至三十里輙從富安沿海東出我兵追躡賊後公戒毋輕戰晝則逼令不得久駐夜則退屯以防衛突公親提大衆馳淮安馬邏之間約與諸將夾擊於廟灣賊覘知之分其衆一由西亭一由白淯丁堰以窜制我師公令景韶陞專擊二賊而身赴淮安以當大敵丁堰流賊至曹家堡與我兵遇逐北至潛庄全彩覆浸公至淮安而總督侍郎胡公與視軍通政唐公順之亦提青沂兵至相與合勢公乃部分中軍馬兵為前驅曹克新兵為中哨青州邢鎮兵為左部沂州何本源兵為右哨中軍俔祿梅三錫合曹沂徐邳等兵為後繼列陣於姚家蕩以待切賊計我兵綴於丁堰之賊急走淮安欲擒其無備北

至見兵勢甚盛相顧驚愕盡鎖衛我左哨公揮兵四面圍擊俘斬八百有奇焚溺死者不計賊不得已奔守廟灣于時西亭之賊夜走海安諸將不能禦公以廟灣賊垂盡恐揚儀有失乃親往揚州而視師唐公援兵亦至時賊已奔張庄因益兵赴援海安而與唐公俱選廟灣督諸將搗巢令軍中多具舂鍤先填溝巷毀民舍之傍賊巢者我兵分番迭攻斬級一百五十有奇賊乘風兩夜遁而西亭亦以全捷來告無何閏中之賊止迸百然沿海轉椋來去無定蹤不可力取為颶風飄至者公令守備楊縉擊賊之斬其酋長八大王孟得山崇明三沙之寇瀆闡而來將海門狼山如皐泰州揚州俱潛有備賊由七尾港焚舟登岸深入栟茶場揚縉陳忠等兵尾擊之自是連戰皆徒斬級三百有奇賊乃竟走海塗而公已宿戒沿海無得泊舟以是賊不得去復敗之劉左會唐公遣副總兵劉顯遣至公益以親兵使與賊戰賊連敗走竹堰乃沿海北道我兵追及之於七竈斬級九十有四又及之茅花墩斬級一百七十賊奔唐家溁辟遠無兵後登岸椋食而公故所練鄉兵追兵競逐之斬級一百四十有奇賊遂盡絕矣是役也自夏及秋僅四閱月前後斬戮焚獲不可勝紀其成功之偉何如耶予嘗宦遼陽聞求樂間都督劉公江鎮遼時有倭患望海堝之戰斬級千餘生擒四百封海寧伯至今海上之烈人猶頌之公以文臣特起其所建立卓卓如此

真足以宣揚
朝廷之威發舒華夏之氣匪直淮揚之利而已夫賊之始至也非公決戰通泰則瓜儀維揚必受荼毒而運餉不免焚掠賊之東奔也非公出賊不意收功姚蕩則淮城多不可守而鳳泗不免震驚三沙之賊北渡也非公預有成算厲兵急戰則以彼勝勢乘我困疲又適我地災饑辛亂樂禍之人內應必衆事變未可測也記曰以勞定國則祀之能禦大災則祀之能捍大患則祀之公於三者實兼有焉予不文聊述其所見之畧○祀兵部侍郎蔣應奎撰文

直隸事宜

直隸東濵巨海北亘長淮中貫大江江南則爲蘇松常鎮諸郡江北則爲淮揚諸郡其勢不能以相援也故各有巡撫之設在蘇松四府有防海防江二者之責在淮揚二府有防海防江防淮三者之責以其均之爲直隸也合爲一卷

江南諸郡

松江府自金山衛至南滙所官軍各分信地各有定額如金山衛以西守禦獨樹江門二營舊制各設官軍四十名又貼守兵共一百名金山衛以東守禦金山營胡家港堡蔡廟港堡舊制各設官軍四十名又貼守軍共三百五十二名已上正守軍人係金山衛查撥貼守軍係太倉鎮海二衛嘉興千戶所調發每歲二月上班十月掣班青村以東各洪港舊制係青村官軍把守南滙以北各洪港舊制係南滙官軍把守今查脩復海塘須照舊分派但太倉鎮海嘉興同有倭患貼守官軍似難調

發相應於金山青村適中如柘林地方南滙吳淞適中如七八團地方添設陸路把總二員各領精兵一千暫借民居劄營隨路有警相機策應此松江海塘設備之大畧也若沿海港口金山以東有翁家港蔡廟港柘林漴缺等處南滙以北有四五六七八九團洪口川沙窪清水窪等處宜設船防守按舊制金山衛所造船各有定額左右前後所每百戶所造出海哨船四隻共計八十隻青南二所每百所造出海哨船四隻共計八十隻俱就各衛所派撥巡軍在海巡邏正統間因海患寧謐或以船爲虛費題准以江船易馬而哨船之制遂廢矣今議設船隻一馬之資不足以備一船之用官軍窮苦又難賠販合令每馬二足造船一隻再於衛所查有地租公費銀兩與松江

府庫軍前銀內相兼賸數每船量貼銀十兩金山衛總委一官督造其各船應用器械火器合於原議太倉置造軍器內給發聽用就點各衛所知水軍人操習水戰布列港口各分信地如倭賊突至而敢容其停泊者服以上刑則自無規避之患矣此松江海港設備之大畧也夫沿海設備固爲上策萬一外守不固則黃浦一帶又爲蘇松險要守浦乃所以守門戶猶有愈於守城也今吳淞江口即爲黃浦口子既經設備而吳淞江所亦設兵一枝以防深入矣至於上海之高倉渡沈庄塘周浦閘港閔行華亭之葉謝曹涇張堰等處賊一登岸搶船渡浦甚易除松江府先後打造雙塔船鷹船各船發上海華亭召募水兵分

布沿浦各港巡邏把截又華上二縣各募鄉兵護守城池有警調至浦邊協守但前項兵夫官無專職則事難責成而沿浦二百里之遠本府巡捕官一人勢難管攝今令清軍同知一員帶管華亭鄉兵水兵自豐涇以至閔行皆其信地再設巡捕同知一員住劄上海專管該縣鄉兵水兵自閔行以至嘉定界首皆其信地無事率兵操演有事統兵防守此松江內地設備之大畧也然倭船之來乘風渡海勢難聯絡每至海外大山必停泊候齊然後深入照得洋山爲本府所屬爲定海吳淞江二總兵兵船會哨之處以地里適均故也本府所造之船數本不多僅可以支把港之用此但可以言守而不可以言戰須得福船蒼山各數十隻沙沓民船二三百隻每至風汛時月分泊港口各住信地更番出至洋山往來遊擊晝夜不絕外則爲定海吳淞江會哨兵船之羽翼內則爲海港把守兵船之捍衛遇有海賊齊力奮擊賊船䑸散而少我船䑸合而衆盛衰之氣勢既分則勝負之分數自判得海防之上策矣又查得沿海民竈原有採捕魚蝦小船並不過海通番且人船慣習不畏風濤合行示諭沿海有船之家赴府報名給與照身牌面無事聽其在海生理遇警隨同兵船追剿此則官兵無造船募兵之費而民竈有得魚捕盜之益此松江海洋設備之大畧也

已上都御史方廉前任松江府呈

蘇州沿海一帶險隘甚多舉其大者則常熟有福山港白茆塘太倉有劉家河七丫港嘉定有吳淞江黃窰港皆賊之通衢而東吳之門戶此則所謂一府之險要長洲則泖湖浩蕩吳江則鶯湖相屬吳縣則太湖交通皆賊之徑道而腹裏之關隘此則所謂一縣之險要其次則福山以西有三丈浦斜橋以東有許浦金涇劉家河以北有新塘浪港茜涇吳淞江以南有寶山以東有老鸛嘴均之所謂險要而少次焉者况海濱數百里一望平坦非有山嵐險阻爲之扼塞皆可以泊船登岸要害無邊兵力有限而防禦之計當先其大者以海邊惟福山爲最以腹裏惟勝墩爲最次劉家河吳淞江福山港舟師防守不可单弱白泖

口七丫港黃窰港俱當預設戰艦庶與各港相為犄
角又如賊自東南而來必由寶山吳淞江宜發船一
䑸泊於吳家沙以堵截之賊自東北而來必由三沙
劉家河宜發船一䑸泊於營前沙以堵截之把總遊
兵船隻往來策應而三丈浦新塘老鸛嘴等處亦得
以聯絡而弁制則蘇之外防或可無憂矣至於風汛
時月吳淞水兵統發勝墩平望以防嘉興突犯之寇
吳縣水兵統發太湖以防蠡里突犯之寇長洲團發
水兵統發周莊以防泖湖突犯之寇本府相度緩急
發遣水陸之兵以為應援則蘇之內防或可無憂矣
然福山港劉家河吳淞江各該把總之官統領兵船
在洋堵截似為有備但賊船之來聯䑸接艦乘風駕

潮萬一不能盡行邀擊或有一二泊淺登岸則水兵
束手旁觀任其焚劫無可柰何而把總官亦且以為
非所事事矣合於常熟縣分撥兵勇一千名屯駐福
山港五百名屯駐白茆塘太倉州分撥勇兵一千名
屯駐劉家河太鎮二衛原練杆子軍兵五百名屯駐
七丫港嘉定縣分撥勇兵一千名屯駐吳淞江五百
名屯駐黃窰俱聽各該把總選官分領相機調度賊
在外洋則水兵擊之賊若登岸則陸兵堵之彼此夾
攻遠邇互應各該州縣量為聲援如此則賊亦疑畏
而不敢犯矣至於腹裏如崑山縣分撥兵夫三百名
屯駐清洋江三百名屯駐千墩吳江縣分撥兵夫五
百名屯駐勝墩各張聲勢以助軍威各該領兵官聽

其調遣不許退避萬一賊勢重大未易為功則各該
之兵又宜聽府州縣掌印官調回守城庶事體專一
可以責成兵勢聯絡不致孤懸矣

已上副使温景葵前任蘇州府議

都御史唐順之云海賊入江由江兩岸登陸之路廖角
嘴營前沙南北相對海面約闊一百四五十里為第
二重門戶周家橋與圌山相對周家橋北岸至順江
洲與江南分界江面約闊六七里順江洲至新洲夾
江面約闊七八里新洲夾至圌山南岸江面約闊十
四五里為三重門戶三處領水兵官須整備船艦晝
夜緊守三門勤會哨以防春汛門戶既固堂奧自安
若三門稍有疎虞至不得已而守金焦兩岸所謂下

策與無策矣

巡撫都御史翁大立題云今日海防之要惟有三策出
海會哨毋使入港者得上策循塘距守毋使登岸者
得中策出兵列陣毋使近城者得下策不得已而至
守城則無策矣臣周行海壖分布信地視吳淞所乃
水陸之要衝蘇松之喉吭也提兵南向可以援金山
之急揚帆北哨可以扼長江之險以副總兵統兵鎮
之自吳淞而北為劉家河為七丫港又東為崇明縣
七丫而西為白茆港為福山又折而西北為楊舍為
江陰為靖江又西為孟河為圌山此皆舟師可居利
於水戰臣皆設有兵船非統以把總即統以指揮而
又以圌山遊兵把總駐劄營前沙會哨於江北吳撿

遊兵把總駐劄竹箔沙備哨於洋山常鎮叅將統水陸兵據江海之交鎮守於楊舍所以備水戰者亦既密矣但吳淞而南雖有港以海多砂磧賊可登岸兵難泊舟非選練步兵循塘距守以出中策不可也今自吳淞所而南爲川沙堡以把總練兵一枝守之川沙而南爲南滙所以把總練兵一枝守之南滙而西爲青村所以把總練兵一枝守之青村而西爲柘林堡以都司練兵一枝守之此皆不遠六十里聲援易及首尾相應宛然常山蛇勢也柘林而西爲金山衛西連乍浦東接柘林頻年皆賊巢窟添設遊擊將軍一員統領馬步遊兵往來遊徼則北可以護松江而西可以援乍浦

副總兵鄧城曰倭自彼島入寇必乘風汛之便如遇正東風必由下八陳錢馬蹟爭澳以犯浙江遇東南風必由茶山入大江犯直隸所以然者以海中山沙自馬蹟而北至於崇明或斷或續互相連絡船不能東西飛渡故

國初於海島便近去處俱設衛所堡寨以控禦之至爲精密承平日久寨衛徙置倭患浸與今督撫脩復舊制凡海中諸山沿海險隘建官屯守分船巡哨自舟山以北如大衢馬蹟洋山爲倭所必經之地而陳錢尤爲分艅要衝設正副二總兵分駐金山臨山互守陳錢叅將分屯馬蹟等山以防倭寇之從下八山來者又於狼山蓼角嘴設遊兵把總以防倭寇之從茶山來者又於呂國以北崇明以南沙島迂迴羊山中峙仍設遊叅二員一駐定海一駐竹箔嚴督各總南北會哨以防倭寇之四散逃入者伺察既嚴警報尤捷居常各督所轄有急互相策應賊又安能越過各島流毒內地哉當職者誠能守如赴戰哨如賊臨運籌使指潛機伏形或迎其來或邀其歸萬無不中矣

江北諸郡

都御史唐順之云廟灣剿賊之路原有兩條一條從寶應拖船過埧水路自清溝前口進攻則兵勢既便而饋餉亦易一路從淮安至馬邏陸路進攻則兵勢既迂而饋餉亦難

又云江北苟面與江南浙福不同皆非不得水戰止靠陸戰也

閩縣知縣仇俊卿云海寇之來每自南而北度南麂山則自廣入閩矣過流江寨則出閩入浙東矣越海門則又浙之西矣踰寶山至吳淞沙等處則又自浙入江南直隸矣沙上以南不暇泛及茲以海道之要害切于江北者言之狼山當江海之吭而廖角搖港皆揚之東南界也朐山據淮海之首贛州嬰游山皆淮之東北境也中包泰興之周家橋鹽城之射陽湖山陽之雲梯關廟灣等處此皆沿海衝要之區寇盜可以停船出没之處乃據守所當先者也

吳郡監生金魚云倭寇之患起於吳浙而沿及淮揚蓋揚州富甲天下人所素聞三十五年之夏賊以二百餘人突至揚州城下城中謹閉自守任其遊逸無如之何大掠而去自是益生歆豔而揚州爲賊所必窺之地矣以江北之大勢言之東起瞭角嘴大河口以及呂四鹽家等場沿于揚樹港海門裏河通州與如皋泰州稍折而北則爲揚州矣過揚州而西稍北則天長滁州抵中都踰海門而北則爲徐歩營又北則爲崛港又東北則爲新插港轉而西北則金沙鹽城廟灣劉庄姚家蕩再西北則蛤蜊麻線等港而至大海口矣劉庄東北則安東安東之北則爲海州贛榆泰州西北則爲高郵寶應寶應之北爲淮安淮安轉西則泗州以達鳳陽此江北形勢之大畧也賊入海之道有二其一新港爲一道新港即所謂三江口盖由南江狼山越儀真瓜州而入登岸則卞家墳周家墳稍折而東則揚州矣此可入以登岸亦可從以出海者也此最爲便道其二則蛤蜊麻線等港沿北大海口爲一道大海口有水陸路南通廟灣與劉庄姚家蕩俱爲大鎮賊若據此我兵屯於湯潮岸等處賊南尋新港路出不得則必北尋大海口而出勢所必然也若安東海州之東北有大北海不惟道里迂遠且砂磧甚多此不可運舟者也崛港新插港之東亦有北海砂磧亦多不堪重載此但可從以入而不可出者也是賊出海之路止有三途若其登岸之處則不一東則瞭角嘴呂四場西則揚樹港徐沙營又西則狼山揚樹港北則新插港掘港皆其所從以登岸而入寇之路也夫賊所歆慕惟在揚州一執居民便問其道若登狼山必窺通州而揚州在西使于榆東榆西等處率民以掣其後則賊必不敢直前以寇揚州若于瞭角嘴呂四場或新插港崛港以進使于榆東榆西等處屯兵以遏之則揚州可無虞故今榆東榆西等處最爲要地而當事者欲屯宿重兵以控扼

賊鋒者有以也按江北之地細港委蕩固亦有之而平原浩壤則視吳松爲多夫西北騎兵倭寇未易以嬰其鋒也既得平地則騎兵可施三十八年之捷以西北騎兵三千爲之先衝可見也他有湯潮岸者又范公所築以捍海溢者也故亦名范公堤東南起呂四場西北抵姚家場綿亘凡三四百里高岡平衍可用騎兵爲之長驅今東關瓜州俱已建堡賊若於蓼角嘴呂四場及新插港崛港以進或不能襲取揚州必轉之東北而窺淮安東安以據劉庄廟灣我軍苟能彼此夾攻逼之使至湯潮岸以西北騎兵衝其鋒而以火器繼之各路兵隨後擊之賊可一戰成擒矣故我軍惟利賊之至此者有以也新插港東臨北海素

有鹽徒數百艘聚泊崇明北徙之寇欲劫鹽恊徒而不果當事者欲置官于此以提督鹽徒使不爲賊用而爲我用亦一見也夫寇興以來燒劫屠戮之慘吳浙淮揚所同若獲利之多則未有如淮揚者而賊所必不能舍者在是矣況其地運道

陵寢在焉所係尤重乎夫江北之地除安豐等三十六場俱在海內不爲要害其要害之處乃通州也狼山也楊樹港裏河鎮也揄東揄西等場也蓼角嘴呂四場也崛港新插港也廟灣劉庄金沙場姚家蕩也今皆已建城堡設戍守非若往日之無備矣其要害之尤者曰新河出入最便逼近揚州也曰北海所從以通新插港且有鹽徒聚艘於此者也曰廟灣以其爲

巨鎮而可通大海口也故當事者欲以把總三人一住新港一住北海一住廟灣一爲陸路遊擊住劄海安鎮若海安在如皋泰州之間東可以控扼狼山通州海門之入而西可以捍衛揚州也

鍾按往者倭寇竊亂江北常被禍矣未有如江南之慘且旋奏大捷者何哉蓋倭寇無他長所恃不過一刀縱有倭弓鳥銃亦無幾何惟其深入則專必死則鬬且性狡譎善於設伏故常以寡擊衆江南地多淸洫騎不得長驅步不得用衆往往爲其所陷江北則地多平原人便弓馬誠以鐵騎强弩風馳電驅未有不如駭鯨之決細網者劉顯淮揚之捷是也若在東南非節制之兵兼火器長技未

易以較雌雄矣故大江以南陸兵雖不可少而禦之於海爲要大江以北舟師雖不可廢而禦之於陸亦易不惟地利所宜誠以南人使船如馬北人乘馬如船正當以長擊短而不以短擊長也

籌海重編卷之六終

籌海重編卷之七

崑山鄭若曾原編
晉江鄧鍾重編

目錄

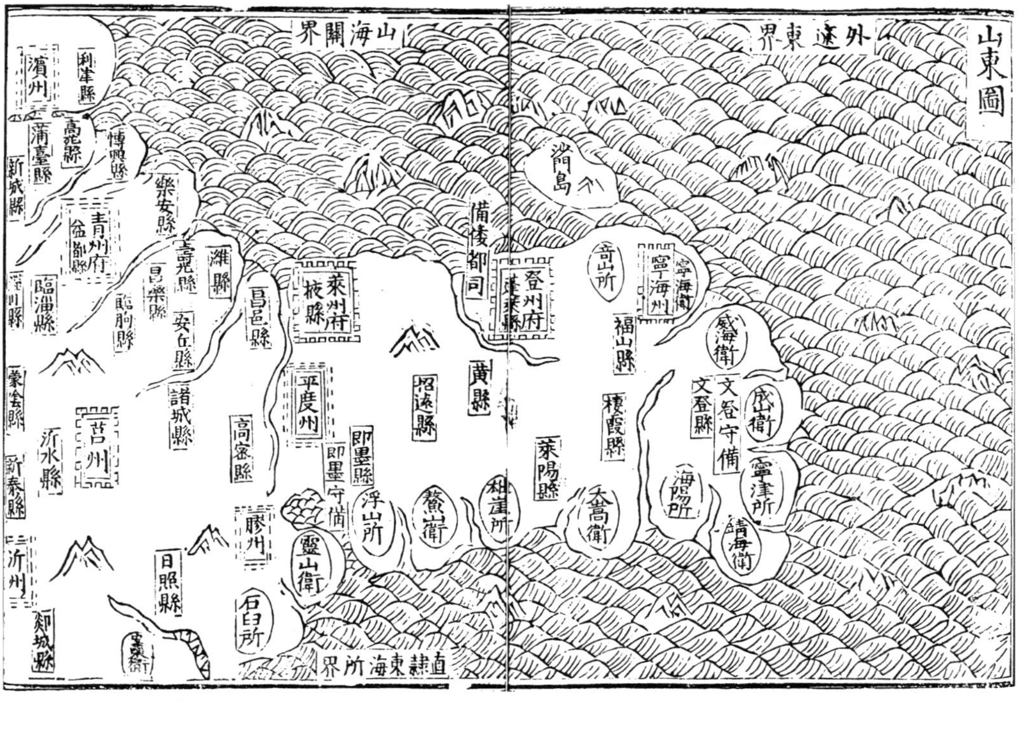

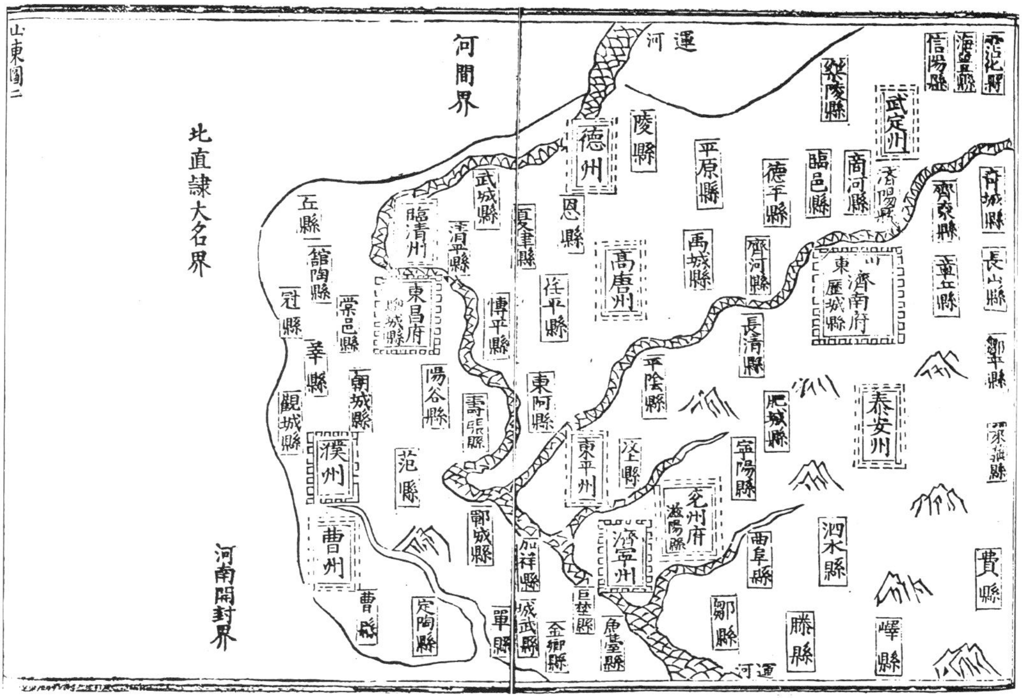

山東兵防官考

備倭都司今改遊擊

文登守備

即墨守備

沙溝守備

此外有都司掌印僉書各一員春秋領班僉書六員

沿海衛所

青州左衛　京操軍三千六百二人　屯軍四百五十三人　城守軍七百二十人

萊州衛　京操軍一千七百二十八人　屯軍四百四十七人　城守軍餘二百五十人　捕倭軍四百十三人

主徐寨所　守城軍餘四十八人

登州衛　京操軍二千九人　屯軍一百一十四人　城守軍餘二百五十人　捕倭軍八百二十八人

福山所　守城軍餘　百十四人

寧海衛　京操軍一千六百六十五人　屯軍三百九十一人　城守軍餘一千一百一十人　捕倭軍三百五十四人

奇山所　京操軍四百九十八人　屯軍六十人　城守軍餘一百十三人　捕倭軍七十五人

威海衛　京操軍一千三百六十八人　屯軍二百二十四人　城守軍餘七十五人　捕倭軍二百八十五人

金山所　城守軍餘一百十四人

百尺所　守城軍餘三十五人

成山衛　京操軍一千二百五十六人　屯軍二百四十人　城守軍餘二百六十一人　捕倭軍二百三十四人

尋山所　守城軍餘九十四人

靖海衛　京操軍一千五百九十三人　屯軍四百二十八人　城守軍餘一百五十人　捕倭軍三百十三人

寧津所　京操軍五百二十九人　屯軍六十八人　城守軍餘一百六人　捕倭軍六十八人

海陽所　京操軍四百九十六人　屯軍六十六人　城守軍餘一百二十六人　捕倭軍一百二人

大嵩衛　京操軍一千四百九十一人　屯軍四百二十八人　城守軍餘三百五十八人　捕倭軍二百四十六人

大山所　守城軍餘二十六人

鰲山衛京操軍一千六百三十八人屯軍二百九十人　城守軍餘一百七人捕倭軍三百八十五人
雄崖所京操軍五百七十一人屯軍七十七人　城守軍餘九十七人捕倭軍二百一十人
浮山所守城軍餘五十六人
靈山衛京操軍一千二百十三人屯軍二百八十七人　城守軍餘一百十六人捕倭軍一百九十一人
膠州所京操軍四百六人屯軍七十七人　城守軍九十四人捕倭軍四十四人
夏河所守城軍餘六十七人
安東衛京操軍一千五百七十六人屯軍三百九十一人　城守軍餘三百五十八人捕倭軍二百六十九人
石臼所守城軍餘四十八人
沿海墩堡
塘頭寨所守城軍餘七十六人守墩軍餘三十人
墩十　寗家瞳　田水河　荊埠　八面　宅科　公母堂　官臺　黄種河
上司　韓城

魚兒巡檢司守墩弓兵十五人
墩五　立魚兒　黑山　烟火　本司　河口
海倉巡檢司守墩弓兵十五人
墩五　土山　白堂　東關　海鄭　後竈
柴葫巡檢司守墩弓兵十八人
墩六　諸高　上官　太原　小皂　柴葫　諸黄
馬埠寨所守城軍餘四十八人
墩四　武家庄　馬埠　海廟　松埠
竈河寨守墩兵十二人
墩四　東寨　單山　三山　皂河
馬停寨
墩三　界百　鈴鐺旺　河口

王徐寨所
墩六　鹽場　王徐　高沙望　滋口　識會　庄頭
東良海口巡檢司
墩三　虎口　界河　東良
馬停鎮巡檢司
墩六　楊家庄　千里　白沙　西高　呂口　㙩家
黄河寨
墩五　王回庄　城兒嶺　小河口　任家　欒家口
劉家注寨
墩三　西峯山　灣子口　白林黄
解米寨
墩五　緻家庄　解米　木基　盧里　黄石店

楊家店巡檢司
墩四　華石閣　竹石　雞鳴　磁山
盧洋寨
墩四　城後　八角　郭家庄　城陰
登州衛守墩軍餘二十一人
墩七　蓬萊閣　王徐　田横　墩場　西庄　扶直　林家庄
孫夼巡檢司守墩弓兵九人
墩三　旗掌　崗崙　塔山
福山所守墩軍餘二十五人
墩五　竈後　高山　營後　芝陽　火岩
堡一　福山
奇山所守墩軍餘一十八人

墩四 斛斗 木柞 埠東 現頂
堡二 西年 黃務
清泉寨所守城軍餘一十五人
墩六 石溝 尚家庄 午臺 棗口 長角嶺 清泉
寧海衛守墩堡軍餘四十二人
墩十三 馬山 草埠 駱子窩 峯山 戲山 杏林 小峯 儀聖山
石子現 朱家 板橋 管山 曲水
堡五 蕪萎 栲栳觀 辛安 修福 湯西
金山所守墩堡軍餘十八人
墩五 駱駝 鳳凰 金山 廟山 小峯
堡一 郛山
威海衛守墩堡軍餘三十六人

墩十二 天節 磨兒 峯山 斜山 豹虎 麻子 曹家庄 遠遠
古陌頂 焦子埠 廟後峯 陳家庄
百尺崖所守墩軍餘二十七人
墩九 望天嶺 轉山 蒲臺頂 寶家崖 老姑 芝麻嶺
百尺崖 松里 曹家島
辛汪巡檢司守墩弓兵三人
墩一 辛汪
成山衛守墩堡軍餘五十七人
墩十一 大姑山 歇馬神 大一頂 馬山 高砈 俞嶺 仲山 固嘴
棗島 狼家頂 白峯頭
堡八 張家 堆前 北留村 報信 石砈 神前 洽口 祭天嶺
尋山所守墩軍餘五十一人

墩十七 青山 凸家埠 蒸餅山 舊頭山 大小泊 紀子埠 佛喇山 青魚島
考旭 小勞山 馬山 黃連嘴 楊家嶺 古老石
長家嘴 固山 羊家島
溫泉鎮巡檢司守墩弓兵六人
墩二 可山 半月山
寧津所守墩軍餘三十九人
墩十三 龍山 王家鋪 慢埠山 大頂山 龍虎山 拖地崗 上現口 高樓山
芝麻灘 青埠山 萬口 孟家山 柴家山
堡二 崗山寨 帽子山
靖海衛守墩堡軍餘六十三人
墩十八 石崗 唐浪頂 郭家口 慈山 鐸家山 遶將山 栖島 贊臺頂
標杵嶺 石脚山 葫蘆山 赤山嘴 荻葵寨 頭爐山 角脚山 峯山窩

堡三 浪浪 大湾口 蒸餅山 店山 孫西山
赤山寨巡檢司守墩弓兵三人
墩一 田家嶺
海陽所守墩堡軍餘五十一人
墩九 小龍港 白沙山 峨子港 栲栳港 峯子港 巘雪山
驢山 乳山 帽子山
堡八 湯山 渚港 孔家庄 扒山 黃利河 桃村 孤山 窄山
乳山寨巡檢司守墩弓兵九人
墩三 棗口 高家庄 長角嶺
大嵩衛守墩堡軍餘三十六人
墩七 望石山 劉家嶺 辛安 麥島 草島嘴 楊家嘴 鷹虎山

堡五 泺河 黄山 管村 小山 青山
大山所守墪堡軍餘二十四人
墪七 黄陽 朱皋 虎巢山 陷牛山 大山 北漸山 白馬
堡一 雙山
行村寨巡檢司守墪弓兵九人
墪三 高山 鹽山 田村
雄崖所守墪堡軍餘二十四人
墪五 米粟山 土家山 望山 椒村 公平
堡三 青山 羊山 王鷹
栲栳巡檢司守墪弓兵九人
墪三 丈二山 望梅 金錢山
浮山所守墪堡軍餘四十五人

墪十九 孤山 斬山 城陽 女姑 樓山 張家庄 紅石 程家庄
東城 公瓦窩 桃村 鋊破嶺 狗塔埠 雙山 塔山 麥島
孫疃 明旺 營前
堡五 中村 馬山 韓頭山 大村 那城
鰲山衛守墪堡軍餘七十五人
墪二十 桑園 峯山 皮嶺 走馬嶺 石爐山 羊山 黄望 狼家
高山 栲栳 蕭旺庄 石老人 捉馬嘴 龍江 衛南 壁石
横擔 石嶺 勞山 分水嶺
堡五 石張口 塔兒 萬口爐 東城 孫仝
膠州所守墪堡軍四十八人
墪十 辛庄 孫埠 沙嶺 石河 大埠 洋河 杜家港 沙埠
汪家庄 台埠

堡六 陳村 柘溝河 石湖 八里庄 棗村 鹿村
古鎮巡檢司守墪弓兵九人
墪三 西庄 北青 古積
夏河寨所守墪軍餘四十八人
墪十六 丁家村 封家嶺 王家庄 走馬嶺 小灘 趙家營 沙嶺 車疊山
大盤 紫良山 海王庄 黄埠 北顯溝 夏河 徐家埠 大虎口
靈山衛守墪堡軍餘九十人
墪堡三十 石喇乂 鹿角河 焦家村 東石山 青石山 崇石山 花山 交乂澗
劉家溝 湖南嘴 白塔 張家庄 孫家港 捉馬山 沙溝 臧家疃
長城嶺 酉子埠 黄山 李家 野山埠 唐島 風火山 安嶺
敲尭山 帽子山 黄埠 本寨東門 沙嘴 將軍臺
逢猛巡檢司守墪弓兵九人

墪三 鳥兒河 彭家港 互埠
高家港巡檢司守墪弓兵六人
墪二 司後 石碑
南龍灣巡檢守墪弓兵六人
墪二 胡家 陳家臺
信陽鎮巡檢司守墪弓兵十二人
墪四 南黄 東沙嶺 南石蘭 西大嶺
石臼所守墪堡軍餘四十二人
墪十四 湘水 石河 滔洛 金線 滕家嶺 湖水 古城 董家口
釣魚 南石臼 溫桑溝 北石臼 清泥 孫耆山
夾倉巡檢司守墪弓兵十二人
墪四 焦家 相家 蔡家 三义口

安東衛守墪堡軍餘四十五人

墪十五

蘭頭山　鵶高山　泊峯　大河口
啡啼溝　張洛　黑漆子　滔洛
小皂兒　烽火山　虎山
木寨　孤嘴　咮溝

各省兵防官考俱不載巡司而山東獨及者以巡司墩寨與衛所烽堠鱗次繡錯故具載之

山東倭變紀

永樂六年倭賊襲破寧海衛

殺掠甚慘指揮趙
銘以失機被刑

寇成山衛

白峯頭寨羅山寨及大嵩草島嘴蘆
山羊山寨陰島張家庄以次被掠

入于家庄寨百戶王輔死之

入桃花閘寨百戶周盤死之

嘉靖三十四年　月賊登犯日照縣

三十五年四月賊登犯寧海衛官兵討平之

犯海陽所官兵討平之

山東事宜

登州營

登萊二郡凸出于海如人吐舌東南北三面受敵故設三營聯絡每營當一面之寄登州營所以控北山之險也登萊二衛併青州左衛俱隷焉其策應地方語所則有奇山福山中前王徐前諸所語寨則有黃河口劉家汪解宋蘆徐馬停皂河馬埠諸寨語巡司則有楊家店高山孫夼鎮馬停鎮東良海口柴胡海倉魚兒鋪高家港諸司三營各立把總二員以總轄之其在海外則島嶼環抱自東北崆峒半洋西抵長山蓬萊田橫沙門鼉磯三山芙蓉桑島錯落盤踞以為登州北門之護過此而北則遼陽矣此天造地設之險也然諸島雖近登州而居島中以取魚鹽之利者乃遼陽之編伍非山東之戍卒也吽奴跳梁可畏而不可恃故北海之濱既有府治而設險者復建備倭城于新河海口以為屏翰且有本營之建焉沿海兵防特重其責非若他省但建水寨于島嶼良有以也夫島嶼既不設險則海口所係匪輕自營城以東若抹直石落灣子劉家汪平暢蘆洋諸處自營城以西若西王庄西山欒家孫家海洋山後八角城後芝罘苩島諸處皆可通番舶登突嚴外戶以綏堂閫其本營典守之責乎

文登營

登萊乃泰山餘絡突入海中文登縣尤其東之盡處也成山以東若旱門灘九峯赤山白蓬頭諸島縱橫沙磧聯絡潮勢至此衝擊騰沸議者謂倭船未敢猝達然考之

國初倭寇成山擄白峯寨羅山寨延大嵩草島嘴等處海側居民重罹其殃倭果畏海奚而有是哉故文登縣東北有文登營之設所以控東海之險也寧海威海成山靖海四衛皆隷焉其策應地方語所則有寧峰海陽金山百尺崖尋山諸所語寨則有清泉赤山等寨語巡司則有辛汪溫泉鎮赤山寨諸司逶而北則應援乎登州迤而南則應援乎即墨三營𠃔建相為犄角形勝調度雄且密矣有干城之寄者其思

國初成山之變而儆戒無虞也哉

即墨營

山東與直隷連壤即墨縣南望淮安東海所城左右相錯如咽喉關鎖邇年登萊海警告寧然淮陽屢被登劫自淮達萊片帆可至犯淮者犯萊之漸也故即墨所係較二營似尤為要自大嵩鰲山靈山安東一帶南海之險皆本營控禦之責其策應地方語所則有雄崖膠州大山浮山夏河石洞諸所語巡司則有乳山行村栲栳島逢猛南龍灣古鎮信陽夾倉諸司其海口若塘家灣大任陳家灣鵞兒栲栳天井灣顏武周疃松林全家灣青島徐家庄諸處俱為衝要隄防尤難

國初倭寇鰲山毒痛甚慘即本營所轄之地也殷鑒不遠

封守者其可以弗愼乎

一倭患之作嶺嶠以北達于淮陽靡不受害而山東獨不之及豈其無意於此哉亦以山東之民便于鞍馬而不便于舟楫無從嚮導下海之人爲之嚮導接濟焉耳然邇年青齊之兵多爲所調安知其中無識海道而勾引者乎覩山東諸郡民往強悍樂于戰鬭倭之短兵不足以當其長鎗勁弩倭之步戰不足以當其方軌列騎萬一至此是自喪其元也所虞者登萊突出海中腹背受敵難于隄備

國朝專設備倭都指揮一員巡海副使一員分駐二郡衛所森嚴墩堡周備承平日久不無廢弛申明振厲庶幾其無患乎

一宋以前日本入貢自新羅以趨山東今若入寇必由此路但登萊之海危礁暗沙不可勝測非諳練之至則舟且不保何以迎敵而追擊乎故安東以北若勞山赤山竹篙旱門劉公芝罘八角沙門三山諸島乃賊之所必泊而我之所當伺焉者也若白蓬頭槐子口橋鷄鳴嶼金嘴石倉廟浅灘亂磯乃賊之所必避而我之所當遠焉者也嚴出洋之令勤會哨之期交牌信驗習熟有素則他日

廟堂或脩海運亦大有賴焉禦倭云乎哉

一山東今日之患有二其一曰班兵懷跋扈之志久矣其一曰登萊島民原係遼陽所徙不受法制地方癰毒豈早治而亟平之不然潰决之虞不能免也

一山東關係大要尤在海運考元時海運故道南自福建梅花所起北自太倉劉家河起迄於直沽迢迢五千餘里永樂以來會通河成海運遂廢運者皆由漕河所以避開洋之險也然海險莫甚於成山以東白蓬頭等處危礁亂磯湍流伏沙不可勝紀非熟識水洪則不敢行宗伯席書云海運一失人不復生河運有失尚幸不死以生易死輕重昭然是海運之罷端爲山東之海險也然漕河自王家閘以北至於德州千有餘里乃

國家咽喉命脉其通其塞所係匪輕況黃河漸徙而南或衝而北易爲漕患及今承平脩復海運以備不虞豈非

國家之大計哉嘉靖初年

廟堂嘗議及此或建議欲於膠州鑿山濬土以達海倉以避洋險山東撫巡病其煩難而止惜小害大可慨也夫會通河也膠萊新河也登萊海險也皆山東所轄之處也今之論山東海患者但知備倭而不知備運故及之

鐘按日本地勢正對寧紹朝鮮地勢最邇登萊隋時東萊造舟以伐高麗壤相近也嘉隆間倭自本國乘汛入犯所毒痛者上自浙直下及閩廣耳山東未嘗犯寇被兵也今倭據朝鮮則今之山東即昔之閩浙也添守備之設留上班之軍誠急務矣然向者爲患在數千里之外尚爲疥癬之疾今則

爲患在數百里之内實爲腹心之憂問罪興師以
除剥床之禍在今日誠未易談也雖然尚賴自
國初以來爲不侵不叛之臣至于今不貳者惟中國爲之
緩急互若危不能拯廢不能興則東南海外一
朝貢者三十六國將何所瞻望哉春秋諸侯有相侵伐者
齊桓公不能救則桓公恥之此山東往事也故及
焉

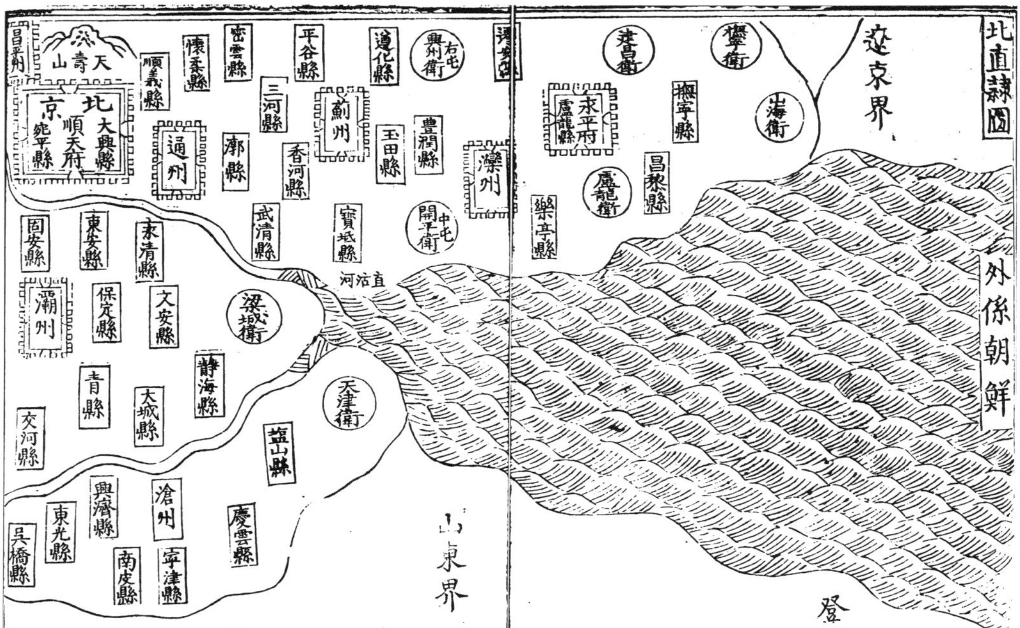

北京圖二

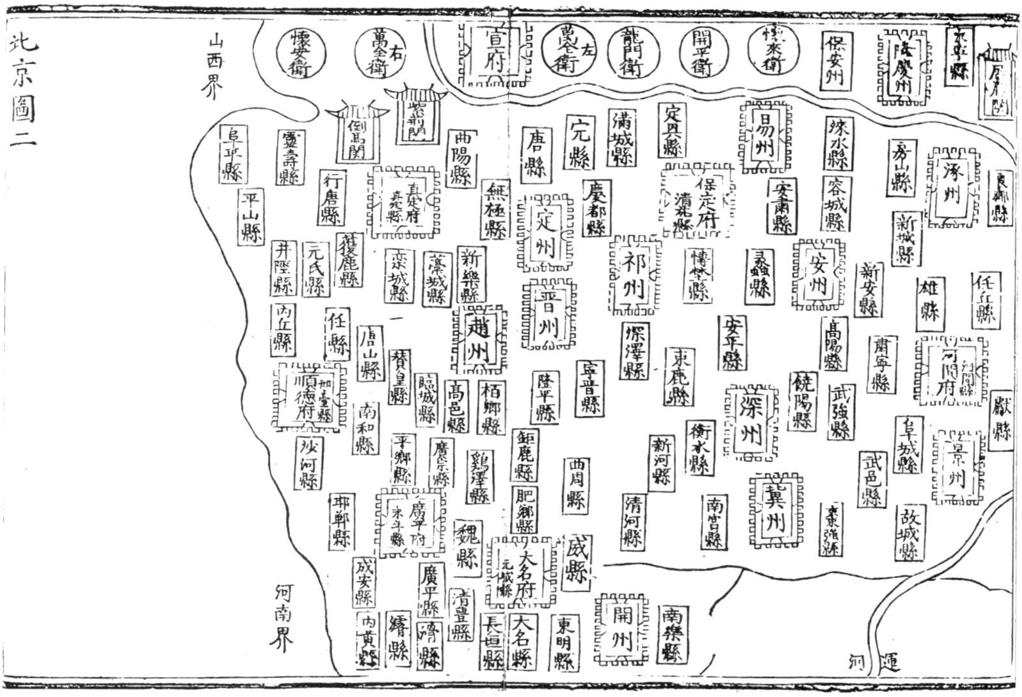

北直隸兵防官考

北直隸兵防官無慮百數原皆爲防邊而設未有防海者近因倭警添設提督總兵經略標下中軍叅遊天津永平等處添註海防備倭遊擊此後或有添設未敢列定當闕以俟

沿海府衛州縣

山海衛

永平府

昌黎縣

盧龍衛

樂亭縣

灤州

開平中屯衛

寶坻縣

武清縣

梁城衛

天津衛

北直隸事宜

鍾按

京畿山河帶礪東負大海向未嘗遭倭亂亦未嘗有備倭之設故兵防宜考[illegible]焉以大勢論之山東遼左突出海外[illegible]起數島而爲朝鮮曩者倭奴在其本國誠不能[illegible]而[illegible]毒也今既據朝鮮而有之則天津永平一帶[illegible]不當敵衝者設重鎮集舟師水陸兼備誠不可後矣議者欲暫是借漕船禦之於海是矣但糧船非樓櫓巨艦之比而運卒豈乘風破浪之夫非計也議者又欲借舟於閩浙是矣但登萊暗礁突出千里運道久廢豈篙師能卒辨哉此自冬月風汛不便言之若夏天南風盛發之時閩浙船師亦可取用也是喪已成之我軍而塡無窮之巨浪也無已則召募之工匠於天津永平隨處造舟無不可者今用木料須先從裏河取運合用兵夫預先於沿海召集合用器械預先發各處打造一面清野練兵備之於陸一面鳩工造舟禦之於海木料具工匠齊數十百艘可計日而就大則爲問罪之師小則爲備禦之計此今日所當亟爲之圖也然又有說焉直隸自寶坻天津永平一帶以逮山海延袤數百里水陸設備當不下二萬之衆一年之費當不下二十餘萬十年則費二百萬也倘倭奴尚據朝鮮則爲[illegible]無已時矣孰若爲一勞永逸之計興十萬之師水陸並[illegible]備捲伸

天朝之威存亡繼絕固我藩籬較之年年設備便宜百之或謂高麗失利遼左無功古今明戒子何言之易耶是大不然隋唐都於長安去高麗最遠因怒興師誠爲黷武我

朝定鼎北平與高麗共一水耳此門庭之寇當與周之獫狁漢之單于唐之突厥宋之金元例論豈隋唐高麗遼左比哉且關白封府庫撫士民財物無所取百姓無所戮此其志欲何爲耶語曰蝮蛇螫手壯士斷腕蛇已螫頭頭可斷乎此在

廟堂自有定畫無容杞憂爲也

鍾聞之俞都督曰用兵有鵰剿有大征事小敵脆則選銳輕齎襲敵不意似鵰之擊鳥卑飛斂翼而擊之也故曰鵰剿之兵如事鉅敵堅則徵兵積糧堂堂正正分道並進以數月爲期故曰大征之兵兵家必先定其規模而後行之若鵰剿矣用兵太多機自難密計糧無幾竟致乏匱是以大征之規模而行之鵰剿也若大征矣用兵太少既無攻圍之勢限以旬日不知困守之方賊遁無以堵賊衝無以迎是以鵰剿之規模而行之大征也兩不收功職此之由今日高麗之師其爲大征乎其爲鵰剿乎夫以隋唐之强尚不能得志於遼左乃倭酋關白一旦舉朝鮮若振槁然則今日問罪興師當爲大征而不爲鵰剿也明矣如其爲大征也則鍾試籌之有六焉夫倭自朝鮮而航渡天津也甚易

自遼東求平而迫
京師也甚難彼豈不知地形而故拘唐人以問道於遼
者盖聲東擊西之詭耳倘或大兵舍天津而屯遼
左則彼必揚帆西渡自燕薊淮揚登萊一帶無不
受敵者萬一內地奸民從而蟻附之其爲患又不
止一關白矣故料敵宜審也自古伐外夷未有不
用舟師以取勝漢伐朝鮮用樓船將軍因而郡縣
其地唐雖度遼而不用舟師以戰故訖無成功盖
陸兵所由入之道彼尚得設備以待我舟師一至
則隨地可登其勢無所逃遁故舟師宜集也倭奴
向之所長者一刀耳聞之關白無論兼有弓銃且
慣用捷刀捷刀者倭刀而加其柄也彼其所以稱

雄於數島者既恃以長擊短之術則我所以制禦
之者又當出其長技之外故兵械火器宜精也今
日水陸之兵計不下十餘萬矣法曰興師十萬日
費千金師行糧食皆當預爲之計且朝鮮被倭殘
蹂久矣其難因糧於敵可知也千里饋糧則士有
饑色故糧餉宜足也夫有漢高之才然後可將十
萬又安得君而人者而將之盖必將將者知兵將
之能否審形勢之要害何宜於水何宜於陸何者
由北而南何者由東而西集謀廣思各盡所長覘
畫既定然後剋期並進庶可收萬全之功故選將
宜廣也朝鮮自
高皇以來臣服李氏非一日矣今一旦越在草莽宗社倭

夷其中豈無忠臣義士如申包胥之復楚田單之
復齊者誠因而鼓舞之彼既習於地利便於土俗
必能倒戈還向助我俾刃故因間可用也夫惟六
者犂然後可以宣威服遠可以恤小定傾如其未
也則寧效委梁之策勿蹈救趙之危寧爲王翦之
持重勿爲李信之輕舉可也或曰關白以封豕長
蛇之心伐之亦入犯不伐亦入犯伐之則變速而
禍小不伐則變遲而禍大柰何曰欲盡關白之衆
而殲之使片帆不返此猶假於時月若欲禦之使
不入犯其策甚易然則計將安出曰其計與寧夏
水攻之意略同但決水之策昔人嘗行之故皆知
其便此策則自倭變以來未有行者韓淮陰曰在

兵法中顧諸君不察耳謹啓其端俾有事高麗者
當自得之

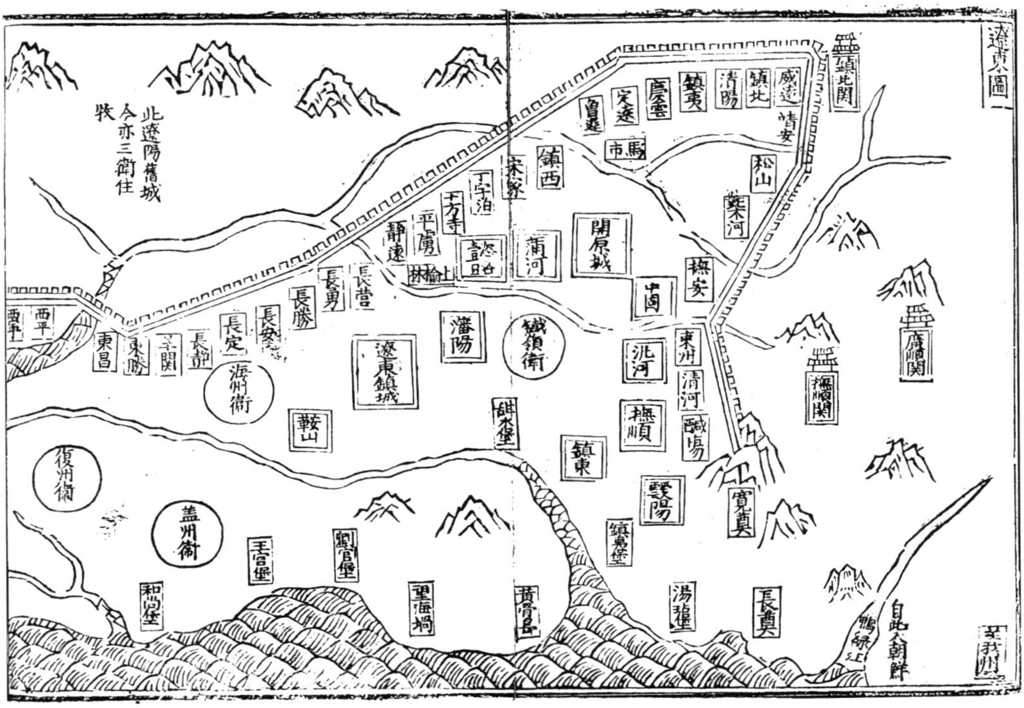
遼東圖一
鎮北關
撫順關
廣順關
開原城
松山
撫安
中固
瀋陽
鐵嶺衛
遼東鎮城
海州衛
鞍山
復州衛
蓋州衛
撫順
鎮東
靉陽
寬奠
長奠
湯站堡
望海堝
北遼陽舊城今亦三衛住牧
朝鮮
鴨綠江

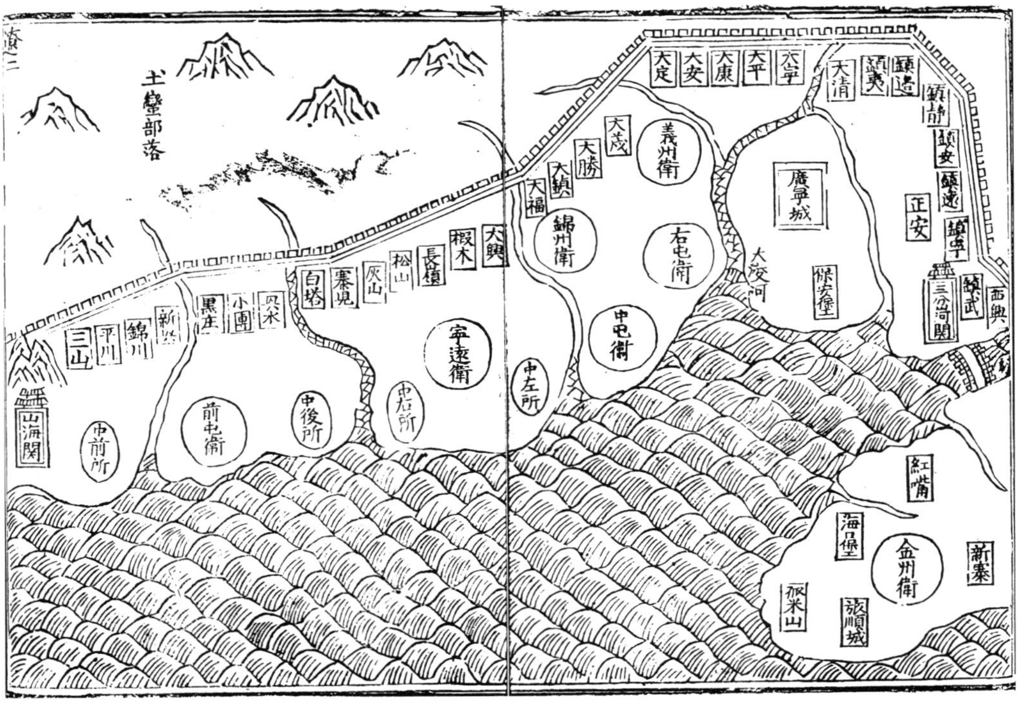
山海關
三山
前屯衛
中前所
中後所
中右所
寧遠衛
中左所
中屯衛
右屯衛
錦州衛
義州衛
廣寧城
大凌河
金州衛
旅順城
新寨
紅嘴
海口堡

遼東兵防官考

鎮守總兵官
遼陽副總兵
寬奠叅將
海蓋叅將
復州叅將
寧遠叅將
廣寧遊擊
中後所遊擊
中右所遊擊
金復守備
靉陽守備

中前所備禦
西平備禦
右屯備禦
海州備禦
蓋州備禦
長奠備禦

遼東兵防官共五十員茲舉濵海地方者載之餘係防邊不具入

沿海衛所

金州衛
復州衛
蓋州衛
海州衛
廣寧衛
廣寧右屯衛
廣寧左屯衛
廣寧中屯衛
中左所
廣寧前屯衛
中右所
中後所
中前所

沿海關城墩臺

義州城

城一　靉陽

墪四　塔兒山　三山　擦牙山　城西

堡三　石家　八塔山　青榆林

金州衛　守墩堡官軍一千七百二十六員名

城四　望海堝　旅順南城　佰毋山　旅順北城

墩三十八　蕭家島　小沙河　大沙河　雙湖山　鴈練島　黄谷島　青山島　磨盤山　黄家島　老鶴嘴　宇蘭店　小黑山　大黑山　太平島　團山島　盧家島　馬雄島　海青島　蓮花島　花里島　和尚島　南開島　石門　石洞山　長沙嘴　鴉島　沙河島　黄井山　羅山島　紅崖島　鐵山島　野鷄島　鶴兒島　鞍山島　鹽場島　杏園島　兎兒島　匕㟝山島　三王山

臺一　黄骨島

堡六　山澗　劉官寨　海口　新寨　紅嘴

復州衛守墩堡官軍六百四十七員名

城二　得利瀛城　魏覇山城

墩九　龍王山　萬灘島　來古山　中島　塔山　長生島　松山　北青海

堡四　石家島　駱駝山　冨山　臨溪　楊官寨　來古驛

盖州衛守墩堡官軍二千四百六十四員名

墩九　韋子島　歸山　兎兒島　泉井　神仙山　白狼山　梁房口　觀家山　遼針山

堡五　梁房口　中山　熊岳驛　五十寨驛　八角湖

廣寧右屯衛

關一　三岔河

堡六　東海　枯茨河　枯樹　常豐　黑林　女真

廣寧中左二屯衛

墩三　望海　孤山　岳家

堡十九　樂安　冨有　嘉和　長豐　順陽　團山　時和　仁和　廣濟　永豐　廣盈　臨川　大古　豐稔　福寧　西店　南陽　仔安　興隆

廣寧前屯衛

關一　山海

墩九　覺華島　龍宮島　連海山　秦洋島　挑花島　望天島　歡喜嶺　大旺庄　慶春山

堡二十一　安家　慶春　古城　杏林　永豐　長安　海泉　永安　鎮南　新安　積糧　廣積　泰新　樹林　海濱　三山　海舟　興安　城南　老軍　錫安

遼東倭變紀

望海堝之捷

永樂己亥年中軍都督府左都督劉江總兵鎮遼東甫至即相地形勢請于金線島西北之望海堝築城堡立煙墩一日瞭者言東南海中王家島夜有火光計寇將至公亟遣馬步軍赴堝上小堡備之翼日倭賊二千餘人以數十海艚泊馬雄島魚貫而上直逼堝下一賊貌甚醜惡指揮諸賊如入無人之境公得報但令犒師秣馬畧不為意徐以都指揮徐剛伏兵山下百戸姜隆率壯士潛燒賊船截其歸路約曰旗舉伏起砲鳴奮擊不用命者戮既而賊至公披髮舉旗鳴砲伏兵盡起為兩翼而進賊遂大敗奔匿櫻桃園空堡中我師追逼環而攻之且請入堡勦殺公不許故開西壁縱之仍分兩翼夾擊生擒數百斬首千餘間有潛脫而逃艚者復為隆所縛無一人得免者諸將請曰公見敵意安閑惟飽士馬及臨陣披髮而戰追賊入堡不殺而縱走之何也公曰窮寇遠來必饑且勞以逸待勞以飽待饑法也賊始魚貫成蛇陣故作真武狀以鎮服之雖愚士卒之耳目亦可借以壯其氣賊既入堡有死而已我師臨之彼必死鬬我兵寧無傷乎故縱之生路而後掩擊之即圍師必缺之意耳事聞徵至京師面慰勞之封廣寧伯食祿一千二百石子孫世襲

遼東事宜

遼地負山阻海屹然爲東北雄鎮北隣沙漠而遼海三萬瀋陽鐵嶺之統於開原者足遏其衝南枕滄溟而金復寧蓋旅順諸軍聯屬海濵者足嚴守望京師翰屏可謂固矣然觀今日備虜邊防頗爲有賴而備倭海防視爲虛文盖自劉江金線島之捷而海氛久熄自山東海運之廢而墩寨盡廢於是旅順諸堡亦無復用識者謂遼東沿邊五路得分守應援之規沿海衛所亦當如其制如旅順而西以金州轄之三岔河而南以盖州轄之三岔河而東以三屯轄之總兵撫按之統其責者秋汛以防邊爲重防海爲次春汛以防海爲重防邊爲次則雖島夷窺伺豈能遽犯哉

鄭若曾曰遼東倭患較諸省似可緩所虞者地千餘里衛所軍旅将十萬員名止藉山海關一線饋餉

朝北都燕而遠漕江南粟文自

京師達於遼陽飛輓不繼邊卒輒吁吷待哺萬一歲歉寇邇

畿輔虜騎乘間何以禦之此其患不在兵之不强而在食之不足食足則兵强兵强則守固矣邇者登萊運米達遼甚便惜其不多愚謂

國初軍屯商中之制至爲精當而大壞極弊司國計者深念而亟圖之可也

鏜按遼東三面頻夷一面阻海迤東南爲鴨緑江

朝鮮貢道在焉海上自劉江之捷倭夷絶亦蓋有高麗爲之藩蔽也今高麗陷矣覩輔車脣齒之義則爲遼左慮者豈直東虜已哉或謂倭患必[illegible]在遼盖以倭之志若在子女玉帛也則窮邊[illegible]千里蕭條非所垂涎明矣若其不自揣量包[illegible]何心也則揚帆而渡天津豨縱豕突無所不至何[illegible]涉遼越薊犯重關之險哉雖然無恃其不來恃[illegible]有以待之造舟秣馬水陸兼防因利乘便批亢[illegible]虛此今日要務也

籌海重編卷之七終

籌海重編卷之八

崑山鄭若曾原編
晉江鄧鍾重編

目錄

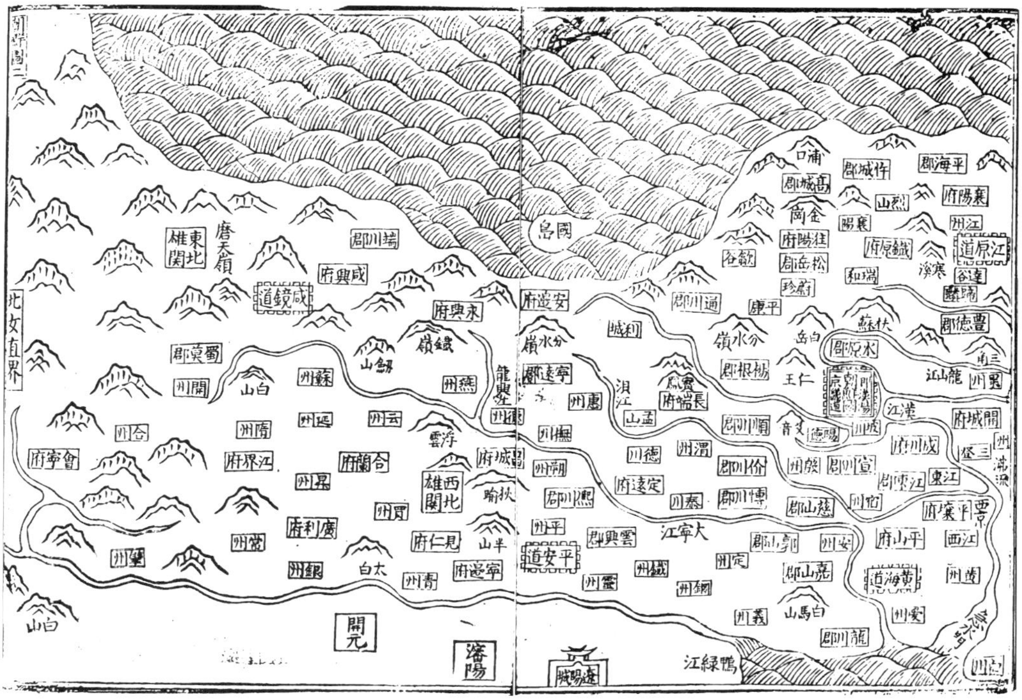

朝鮮事略

朝鮮周所封箕子國也秦屬遼東外徼漢皆郡縣晉始自爲聲教云其國東西南三面濵海北鄰女直西北至鴨绿江東西相距二千里南北四千里分八道統郡府州縣其俗柔謹知文字喜讀書崇釋尚鬼而悪殺戴折風巾服大袖衫男女相悅爲婚死三年始葬飲食用俎豆官吏閑威儀居皆茅茨衣多麻苧有朴儉遺風以田制俸以秔釀酒法無苛條刑不慘毒鎮國者九都神嵩北岳其名山也海鴨绿江其大川也金銀鐵水晶鹽紬苧布白硾紙狼尾筆果下馬長尾雞貂豽海豹𧉅蛸榛松人參其物産也洪武二年王遣使表賀即位賜金印誥命文綺大統曆冊爲高麗王十年以其貢使煩數諭

遼東守臣謝絶之遂定三年一貢著爲令由是如期遣貢不數不踈二十四年其相李仁人子成桂篡立請更國號曰朝鮮永樂元年復賜冕服九章圭玉佩玉宣德初賜五經四書性理大全諸書正統間賜遠遊冠翼善冠絳紗袍龍衮玉帶等服以高麗去神京不遠人知經史文物禮樂略似中國非他夷故列其寵優如此嘉靖入繼大統遣使朝貢三十六年王請改正大明會典所載成桂篡逆事詔從之萬曆初遣使告即位隨貢朝賀至今貢獻不絶道由遼東山海關入二十年爲倭酋關白所據王越在西海讀定中旄丘之詩重有感夫

八道

中曰京畿東曰江原本濊貊之地西曰黄海古朝鮮馬

韓舊地南曰全羅本卞韓之地東南曰慶尚乃辰韓之地西南曰忠清皆古馬韓之域東北曰咸鏡本高句麗之地西北曰平安本朝鮮故地分統郡府州縣

京畿道所統

郡三　楊根　豐德　水原

府三　漢城　開城　長端

州七　楊州　果州　廣州　谷州　潤州　坡州　驪州

縣三　交河　三登　土山

江原道所統

郡七　忏城　松岳　平海　莅善　通川　高城　寧越

府五　江陵　襄陽　淮陽　鉄原　三陟

州四　原州　江州　槐州　溟州

縣十　平康　酒泉　安昌　丹城　烈山　蹄麟　麒麟　蔚珍　瑞和　歙谷

黃海道所統

郡三　遂安　延安　平郁

府三　平山　瑞興　承天

州六　黃州　愛州　白州　仁州　海州　鳳州

縣八　安岳　江西　三和　牛峰　龍岡　文化　咸從　長淵

全羅道所統

郡三　靈岩　古阜　珍島

府二　全州　南原

州四　羅州　濟州　光州　昂州

縣二十三　萬頃　全渠　茂長　康津　鎮安　興德　扶安　黃成

樂安　大江　昌平　臨波　濟南　古阜　合寧　南陽

富順　海南　扶寧　神云　麻仁　移安　緒城

慶尚道所統

郡七　蔚山　永川　咸陽　梁山　熊川　清道　陜川

府六　金海　安東　善山　昌原　寧海　密陽

州五　慶州　蔚州　泗州　尚州　晉州

縣十二　東萊　聞慶　清河　巨齊　義城　昌寧　義興　三嘉　安陰　高靈　山陰　守城

忠清道所統

郡四　清風　溫陽　天安　林川

州九　忠州　清州　矜州　禮州　興州　公州　幸州　清州　洪州

縣七　永春　石城　扶餘　連山　保寧　燕岐　報恩

咸鏡道所統

郡三　端川　蜀莫　寧遠

府五　咸興　會寧　永興　鏡城　安邊

州八　延州　蘇州　德州　合州　開州　燕州　惠州　隨州

縣一　利城

平安道所統

郡十一　嘉山　熙川　价川　宣川　郭山　江東　雲興　慈山　龍川　博川　順川

府九　平壤　定遠　見仁　江界　成川　昌城　合蘭　寧邊　廣利

州十六　安州　朔州　靈州　昇州　青州　平州　定州　撫州　常州　鋼州　義州　渭州　宿州　鐵州　銀州　買州

縣六　孟山　江東　德川　中和　陽德　泰川

鏜按朝鮮地乃漢真番臨屯樂浪玄菟四郡也隋唐
時竭天下之力以爭之而不得姑無論已我
朝高麗王李㦤嘗馘倭酋古多羅等三千獻
闕下何其壯耶乃今爲關白所據如發冡然豈盛衰固有
時哉善乎遂啓疆之言曰城濮之後晉無楚備以敗
於邲邲之後楚無晉備以敗於鄢有國者不可狃承
平而忘戒備也如此玆謹錄其圖幷說如右俾有事
朝鮮者無膺聚米云爾

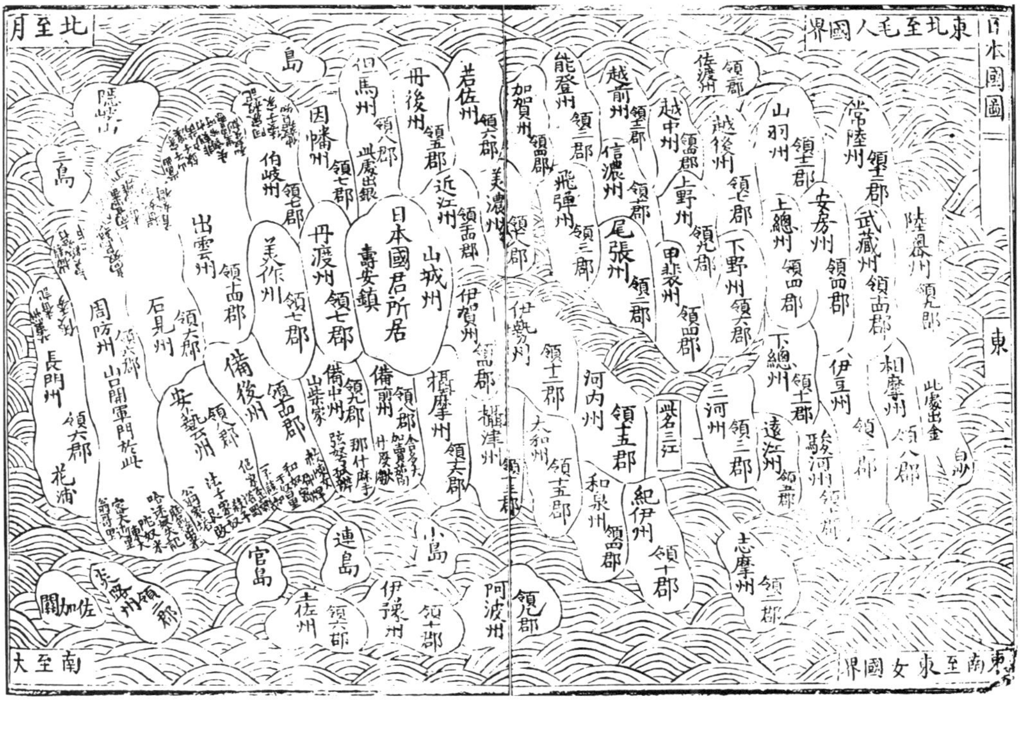

西北至朝鮮國界
西南至福建
國界
多藝州
伊岐州
男島
女島
白沙堂
筑前州
筑後州
薩摩州
豐前州
日向州
有馬島
西
硫黃山
達奴烏喇

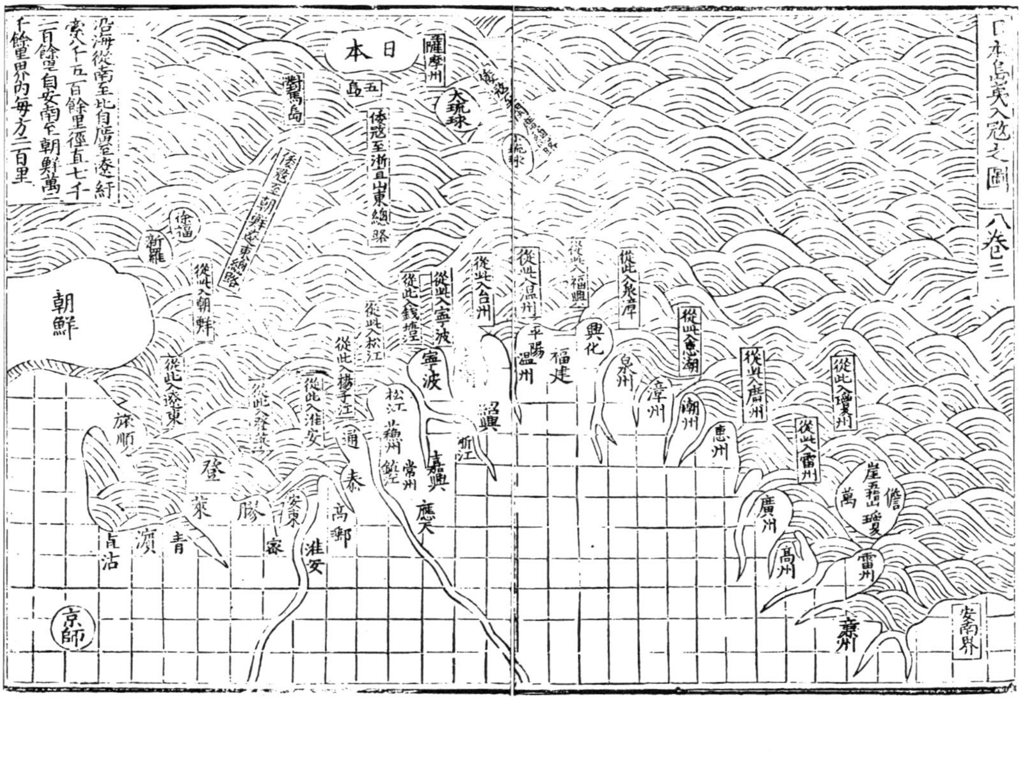
日本島夷入寇之圖
日本
薩摩州
大琉球
對馬島
倭寇至浙直山東總路
朝鮮
新羅
從此入朝鮮
從此入遼東
從此入淮安
從此入揚子江
從此入寧波
從此入台州
從此入溫州
從此入福興
從此入泉漳
從此入潮州
從此入廣州
從此入瓊州
從此入雷州
寧波
溫州
福建
興化
泉州
漳州
潮州
惠州
廣州
高州
雷州
廉州
紹興
松江
蘇州
常州
嘉興
應天
高郵
淮安
通
泰
登
萊
膠
青
濱
直沽
旅順
京師
安南界

倭國事畧

日本即古倭奴國也去中土甚遠隔大海依山島爲國
邑隋書記在百濟新羅東南其地形類琵琶地勢東高
西下東西數千里南北數百里九州居西爲首肥前肥後豐前
豐後筑前筑後日向大隅薩摩陸奧居東爲尾至山城旱程七十五日舊云陸奧爲頭薩摩大
隅爲尾者非山城居中乃彼國之都也其國君以王爲姓以
尊爲號後改稱皇初居日向筑紫宮後從山城國文武
僚吏皆世其官有德仁義禮智信大小十二等及軍尼
伊尼翼諸名山城以東地方廣邈雖倭奴遠服貢者不
能閱歷而知況華人乎故其島之數可考按舊圖山城以東中爲近
江伊賀尾張三河美濃飛彈信濃上野陸奧北邊海爲但馬丹後若佐加賀越前越中越後出羽甲斐常陸南
邊海爲攝摩攝津太和河內遠江駿河伊豆相摩武藏下野東北懸海則爲佐渡在南懸海則爲志摩七島上

總下總安房而其間廣狹至到有不能考者今據譯記所傳
聞者而述之山城之南爲和泉其南海奧泊舟者爲阿賣介撒几爲歪打阿波
爲于撒几爲天王者爲沙界衣又其南爲沙界其地方甚小沙界之東南爲
紀伊東爲三河出海之口爲濱大海其島爲康大爲科什麽爲奴智紀伊之西爲伊勢
比爲三河其島爲腰大爲阿乃奴子山城之西爲丹渡左爲攝津其島爲飄船谷
爲阿家世奴乎辣爲素埋爲男女懷東南懸海爲安防州左之西爲攝摩其島爲那敗爲舍筒
世爲抗茄爲我這古爲磨羅右爲但馬右之西爲因幡丹渡西爲美
作左爲備前其島爲几什麽船爲茄賣茄里爲多大左之西爲備中出鐵其島
爲山子加爲言奴乎頓爲那什摩其南爲連島懸海三十里右爲因幡右之西爲伯
耆沿海俱白沙無奧可泊其鎮爲阿家殺記爲倭子介爲他奴賀知其北爲竹島懸海三十里美作
之西爲備後之北境其島爲一子談一知爲于奴鼻爲和奴窑知爲拿敗爲敍東大出
雲之南境其島爲番你爲山子介爲欽于溪爲戶流爲非蝢吶爲失喇冷吶爲也生忌爲窑和[illegible]夭

記其北爲隱岐懸海三百五十里備後之西爲安藝其島爲前宋答一昆敗爲法子加一
知爲窑撒子爲谷也爲他加歪喇其南爲宮島懸海三十里出雲之西爲石見出銀貞銅
其島爲南高番馬爲齒馬搭爲哥爲撮奴市爲有奴子北至海三十里安藝石見之西爲
山口國即古之周防州也橫直二百四十里其南懸海之奧爲翁哥里爲窑大逝里
爲東大爲陀奴迷爲恰迷奴失記爲奴羅市米其北懸海之奧爲斯殺爲肖瓶恰扣爲夜市爲高奴烏頓北至
三島海面三百五十里山口之西爲長門橫直皆二日程奧爲花浦爲薰州爲番記爲倭
委北至三島懸海三百五十里關渡在焉其西旱關爲阿介馬失記抽分司設於此渡此而
西爲豐前橫五百里直四百里其奧爲可若喇馬頻介穢次爲大義地爲野慢茄爲阿世夜爲幕治
爲一賣其南爲豐後橫直皆六百里其奧爲福乃爲倭几奴法賣爲鎖孤舟爲內奴烏喇爲撒
一基爲烏四基又其南爲日向橫直皆三百六十里其奧爲多故奴甫治豐前之西
北爲筑前橫六百五十里直四百里其奧爲右勢爲加皆里爲加打也馬爲多賣里爲一萬字爲奴
打爲世加爲經字里爲多羅爲窑那多爲法哈達即慱多之別名也其北離伊岐島海面五百里西南

爲筑後橫直皆二百五十里筑後之南爲大隅其南濱海之奧爲什麽烏思迷今之
人訛傳爲懸海乃大漁州也大隅與日向薩摩等連壤名爲九州大隅之西爲薩摩
橫直皆三百六十里其奧爲暗孛喇爲起麻子記爲羊理南爲康國什麽爲羅里爲拖馬里爲強頭馬里爲鷄
哥里爲年市米爲仙臺爲窑番孛署豐後東南懸海爲土佐爲伊豫爲阿
波阿波相近懸海爲炎路土佐豐後之間爲佐加關土佐
至佐加關海面一百八十里佐加關至豐後海面七十里薩摩之北爲肥後橫直皆五百里
其奧爲牙子世六爲阿麻國撒爲昏爲一國撒介島喇爲開懷世利爲嗟加什爲什嗟加又其北
爲肥前橫直皆五百里其奧爲鐵來爲言奴氣了爲法司奴一計爲客舍其內沿可泊舟交易之處爲
倭磨喇爲知十歪爲法一溪爲夜問迷爲坐迷子爲迷坐骨知爲一歸拂爲愛奴乎刺爲世子爲迷古里爲夫
撒爲喃哥呀爲雄婆哥爲松本一名馬子喇爲法府撒几肥前西懸海爲平戶東西海面
十里西北至慱多海面四百五十里平戶之西爲五島五山相錯懸海而生其中有奧可泊
乃日本西境之盡處也過此西行越五六日四望無山直抵陳錢壁下此島與薩摩相去一千五百里與肥前

（倭去四百三十里與平戶相去二千五十里五島至山日必由平戶經過其邨爲乃路爲倭齊家爲衣堊奴窑爲通記爲達奴烏喇爲島若爲話哈嗟）北爲多藝爲伊岐（橫直皆七十里至對馬島海面五百里）爲對馬島（橫三百里其南邨爲哥爲其大哈東南爲佛乃哥世西北爲推沙兀爲山谷爲撒思乃爲知六你打北爲倭奴烏喇）磨爲其西北至高麗也必由對馬島開洋（各島之人俱至推沙兀撒思乃山谷三邨開洋至高麗之則失多順風一日約至五百里）南至琉球也必由薩摩州開洋順風七日其貢使之來必由博多開洋歷五島而入中國因造舟水手俱在博多故也貢船回則徑收長門因抽分司官在焉故也若其入寇則隨風所之東北風猛則由薩摩或由五島至大小琉球而視風之變遷北多則犯廣東東多則犯福建（彭湖島分綜或之泉州等處或之梅花所長樂縣等處）若正東風猛則必由五島歷天堂官渡水而視風之變遷東北多則至烏沙門分綜或

過韭山海閘門而犯溫州或由舟山之南而犯定海（經大貓洋入金塘蛟門）犯象山奉化（由東西廚入湖頭渡）犯昌國（入石浦關）犯台州（入桃渚海門松門諸港）正東風多則至李西邨壁下陳錢分綜或由洋山之南而犯臨觀（過漁山西頭洞三姑山入蠣浦則犯紹興之臨山三山過霍山洋五嶼烈表平石則犯寧波之龍山觀海）犯錢塘（過大小衢徐公入鼈子門赭山則薄省城）或由洋山之北而犯青南（過馬蹟潭而西）犯大倉（過馬蹟潭而西北）或過南沙而入大江（過茶山入瞭角嘴涉谷積很福山而犯瓜儀常鎮）若在大洋而風歘東南也則犯淮揚犯登萊（過步州洋亂沙入鹽城口則犯淮安入廟灣港則犯陽州再越而北則犯登萊）若在五島開洋而南風方猛則趨遼陽趨天津大抵倭船之來恒在清明之後前乎此風候不常屆期方有東北風多日而不變也過五月風自南來倭不利於行矣重陽後風亦有東北者過十月風自西北

來亦非倭所利矣故防春者以三四五月爲大汛九十月爲小汛其停橈之處焚刼之權若倭得而主之而其帆檣所向一視乎風實有天意存乎其間倭不得而主之也向之入寇者薩摩肥後長門三州之人居多其次則大隅筑前筑後博多日向攝摩津州紀伊種島而豐前豐後和泉之人亦間有之乃因商于薩摩而附行者也日本之民有貧有富（如攝摩伊勢若佐博多其人以商爲業其地方街巷風景宛如中華富者各數千家有積貲至百萬者又如和泉一州富者八萬戶皆居積貨殖）有淑有慝（如薩摩之鶻哥里方數千里其邑長安慶能納民于軌物無一人爲盜又如宮島人不肯殺人有不平事但詣神廟罰錢又如紀伊之頭陀僧三千八百房專習武藝殺人而不犯中國）富而淑者或登貢船而來或登商船而來凡在寇船皆貧與爲惡者也山城君號令不行徒寄空名於上非若我中國禮樂征伐自

天子出大一統之治也山口豐後出雲開三軍門（如中國總督府之義）各以大權相吞噬今惟豐後尚存亦不過兼弁肥前等六島而已（肥前肥後筑前筑後豐前豐後）山口出雲以貪滅亡（山口原弁國十二曰石見長門安藝備前備後備中出雲伯岐冊後因惱但馬後出雲奪歸其也山口長子死焉其君亦爲陶殿所殺豐後君以其弟攝山口事吞安藝安藝殺之嘉靖三十六年山口無君豐後獨稱椎焉山城君金印勘合久爲山口所有向來入貢俱山口自主山城惟出名而已陶殿之亂宮殿勘合俱焚金印亦損一角不知所歸貢自此絕矣）欲望彼國之約束諸夷斷斷乎不能也

畿內部

州五

山城

太河

河內

和泉
攝津
右共統五十三郡
畿外郡
道七
東海道 十四州 伊賀 伊勢 志摩 尾張 三河 遠江 駿河 伊豆 甲裴 相摩 武藏 安房 上總 常陸
右共統一百一十六郡
西海道 九州 筑前 筑後 豐前 豐後 肥前 肥後 日向 大隅 薩摩
右共統九十三郡
南海道 六州 紀伊 淡路 阿波 伊豫 土佐 讃耆

右共統四十八郡
北陸道 七州 若佐 越前 越中 越後 加賀 能登 佐渡
右共統三十郡
東山道 八州 近江 美濃 飛彈 信濃 上野 下野 陸奧 出羽
右共統一百一十二郡
山陽道 八州 播摩 美作 備前 備中 備後 安藝 周防 長門
右共統六十九郡
山陰道 八州 丹波 丹後 但馬 因幡 伯耆 出雲 石見 隱岐
右共統五十二郡
海曲部
島三
伊岐
對馬
多藝
右各統二郡
驛
九四百一十四
戶
可七萬餘
課
約八十八萬三千三百二十九
寄語島名
山城 羊馬失羅　筑前 職骨前　太和 野馬多
筑後 職骨骨　河內 茄懷知　豐前 字前

和泉 因字米　豐後 達哥　攝津 子弩因作
肥前 非前　伊賀 衣加　肥後 非谷
伊勢 衣舍　日向 兄加　志摩
大隅 阿思米　尾張 倭阿里　薩摩 撒子馬
三河 迷茄懷　遠江　紀伊 乞奴苦藝
淡路 山奴計　駿河　阿波 挨懷齊
伊豆 因慈　讃耆　甲裴 塑怡苦藝
伊豫 伊右　相摩　土佐 拖撒
武藏 木撒暑　山口 即周防羊馬窓諸　安房 阿它
美作 迷馬撒家　備前 避然　上總 茄迷倭撒
下總 什麽倭設　備中 避耆　常陸
備後 避卧　若佐 懷加椈　安藝 阿計

越前 日知前　攝摩 法里馬　越中 日晝
長門 奴茄多　越後 日清谷　册渡 册白
加賀 坑茄　册後 册哥　能登 奴朶
但馬 噠什麽　佐渡 沙渡　因幡 奚奴白
近江 多島米　伯耆 花計　美濃 米奴
出雲 因字木　飛彈 非大智　石見
信濃 申阿農　隱岐 和計　上野 康子計
伊岐 尤計　女島　下野 什麽子計
陸奥 話收　多藝　出羽 迷外
宮島 迷挨什麽　五島 我島　男島 賀什麽
小島 科什麽　對馬島 則什麽　連島 卒賴甚麽
種島 他尼什麽　博多 花哈達　竹島 他計什麽

平戶　佐加閑　三島 密什麽

寄語雜類

天文類

天 天帝　日 歷露　月 禿計
星 付泥　風 有朱加前　雲
雨 挨迷　霧 吉利　雪 計伏六攸計
霜 名末碎满　落雨 挨迷付會

時令類

早 來運挨挨發耀　夜 搖落　午 非路
晚 搖撒田午　明 挨介水　暗 骨辣水
冷 三孛水　煖 挨撥水　今日 介喬 詐以吽鷄聲
明日 挨迷亞失日　後日 亞撒里　昨日 傑奴

前日 阿多唯　日暮 非故路路　今日來 个阿尉
明日來 挨戊打俚　後日來 挨殺校阿耶俚

地理類

地 大揉禿智　山 羊賣爺賣　水 明東
海 烏彌　沙 何吉大水　石 依水在木古
火 非　鄉 羊理俚　江 打各計

方向類

東 熏加　南 迷南來　西 義西
北 乞几俚　前日 日皆門 利姿　後 吾失利

珍寶類

金 空措泥　銀 失禄措泥　珠 他賣
錢 前稅　黃銅 中若佐　紅銅 鶯更楷尼

水銀 明東楷尼　好銅錢 姚禮善泥

人物類

皇帝 大利天王家里　官 大米烏野鷄　百姓 別姑常
公 翁知　大官 大大烏野鷄　婆 猶蒲翁妃
父 阿爺　母 發發　兄 挨尼
嫂 阿尼尤尼　弟 阿多多　妹 亞尼多一波多
姊 亞尼　嬸 完多　子 莫宿哥
姪 何義　女 莫宿耶　孫 阿奚搁來
夫人 子多　丈母 子多謬　叔 何洽王官老前
丈夫 壽山　婦人 倭家倒　老 乔在要个
男子 何柰公姑　後生 倭家達　孩 歪鼻
親眷 新雷　姐夫 不哥迷　朋友 道門大聖蕩 門大帝

女壻 米哥　僕 三三字郎　小厮 歪皆水
和尚 才老烏索　老實人 埋骨多　艱難人 胡柰故人
强盗 六宿鼻隨　瞎子 肙骨頻　獨眼人 密皎閉鴉
你 撫哥了梭里　誰人 搭梭　我 何埋俚阿奴利
徒弟 加食難　財主妻 斗烏賣　生得好 肖肖月失 肙肙姚水
外甥 萌哥　長子 難觧水　媳婦 嫌妙報
長 吊　年少 華盖　主人 床呆朶
生得醜 魯歪失　聰明 力哥　貴 他介水
賤 那塑羊發　富 烏多哥　貧 腮東旦
乞丐 寬需計　好淫 梭羅　年紀 一故都
麻子 莫入骨水　村 孫　拐 科水非計
賊 陸宿人

人事類
要 坡水水　不要 依也　立 達子
等待 埋祖　眠 辛 羊達路烏將　拿來 未低吉反俚 未得哥已
拿去 未底於古　相擾 括計括盆　亂說 思量骨多莫 話介友俚
看 覔見迷路　不送 責 何埋解邵　嬉 挨核蒲
坐 移路阿將梭　病 羊埋依子　揖
罵 寬彼計乃俚 話鴦裉皮　鼾 干因彼計　詈 鳥論羊埋水烏 縊爺計
睡 客路　去 漫陀羅穪但 旦多　在 何向故伊房 何打路
不在 論速持踈　來 何耶俚吉人　便來 羊佯也何耶 俚慢陀的如
回來 慢慢的耶俚　便去 客路　快來 發下何耶俚 法古
送與我 西皮　愛惜 搖落扛滿　怕 倭踈路路
出去 一一計　前行 殺鷄倭　行 挨龍門

喜 步 一㕛水兆羅打　說話 未紉恝利 但　怠慢 難利骨多罵 山奴
飲 那慕　獨樂 話資　羞愧 齒助山水水
喫 何賣利　安排 蘇路　不來 未旦盧賈矢
走 法古　快去 法古計　打人 生亞達達介
借 腿路各夾　買賣 烏禮加　不喫了 禁哥
唱 嗇天　莫怪 哥面乃禮　多喫酒 何賢鼻旦
教 何水尤路　喫酒 麻黒殺鷄　那里去 陀姑移姑
添 所有路路　行路 的盆磨城　曉得 火 个个俚打夫
賣 烏路無六　叫人 多奴　老實說話 多 買多溢
痛 一桓水　起身 倭達的援　多多喫了 前行哥
遊 西孫步　還了 諧也數　不曉得 夫打 措賴路不
殺 其奴瞎但郎　請人 家那摧多　慢慢的 買得買得

害 夭　不賣 烏魯賣加　任麽 難烏禮在
肚餓 動大路水　哭 乃古　多少 一故頼介
打 胡子　有情 亞姊吉乃　無情 水 亞姊吉乃乃
醉 邀帶　換 背賀　無工夫 一孫擗水
恠 發頼旦多堅固　死 身大　腫 刺大
喚 加右　笑 歪罷　活 吉打
買 加利　輸 埋計打利　傷寒 鷄骨
寫字 加計

身體類
耳 眉眉　口 骨上　鼻 發柰
眉 賣　手 鈇　足 挨身
心 个个搭　頭 客成頓　鬢 薫計

髮揩腿夾迷　肚發賴　指左皮
爪卒腿　齒法

器用類

小刀曆過乃空客（打乃）　中刀歪計柴需　大刀淵中挩打柰
刀柄脫介俚　甲大買路　弓油米
盒子剛白哥　紙揩伏加迷　硯孫助俚尊力子
砂石揩路依水　筆粉地　墨蝦煤
薄紙沃蠻子　扇黄旗　鎖哥利素
厚紙沃速水　船浮泥　針快利法利
鑰匙坑其　鑊難皮　磨刀石依水
泥銅扇法古黃旗　箒花鷄　泥金扇空揩泥黃旗
等子發介俚　小箱法哥　硯箱孫助利法哥

酒盞矖加藤　鋸拿剛擊利　碟矖賴沙賴
銀硃失祿挨揩水　鏡坑皆彌　梳麻骨賴埋骨賴
麝香射哥　漆烏論水　蓆不奴
木香木哥　傘傌落傌矖　盤何水鷄
沉香沉哥　筋法水　碗倭吉貼湾
酒瓶哭笋昆皮　梯課水飛計　香宜哥

衣服類

衣服類乞麻俚　靴骨都　鞋水托里失共里
箬帽搓婆俚　約歪帶　氊衫迷奴
手巾達昂介　綿布木綿　夏布奴奴綿
被伏思麻

飲食類

茶解素　酒矖箕　白酒明東矖[illegible]
燒酒傌辣矖箕　老酒福祿晒　飯密黎
飲酒晒加乃　鹽失河收河　喫飯密黍阿羅
醬彌沙　米科眉科眉　油挨蕭賴
大麥烏蒙崎　小麥柯蒙崎　穀暮米倭米
羹水路　荳磨米　肉恕恕
䴵乾大吉糯古　醬瓜可羅米糯

花木類

杉松計　檜去那鷄　松埋止
梅面娄水　芥恕辣水　萊柰
瓜烏埋　麻莫入骨水　茄子乃洗皮

鳥獸類

牛胡水　狗意奴　猪豕豕
鷄孤泥擬地泥環（多禮）　鵝解加　馬烏馬
魚遊河　蟹揩泥　蝨失辣水
羊羊其　鼠眠叻米

數目類

一丢多子丢銜咀（多）　一箇个利　二扶達子丢咀多
三密子倏咀多　四學子榁（揺做）　五意子子難難多
六後子　七乃乃子　八效子
九个个乃子　十多　十一多多丢達子
五十大　百法古　千借一貫
萬慢亦

通用類

有挨路迷路　無乃　好高高的撚鎮處
極好明哥多　不好由無乃　大計加小思姑柰何
小發蹄　少素古乃水　多快都河河水
遠多侯　近的个　瘦牙十大
短迷加　細相快大　朽骨蹄路
厚挨卒水　薄溫卒水　歪貨不高歪賴水
破羊鈸里里　不是係松田乃　要緊馬多合子
緩慢大慢大　無用設計　多有何何水
未慢大　香于牌水　臭骨蹄水

倭船

日本造船與中國異必用大木取方相思合縫不使鐵釘惟聯鐵片不使麻筋桐油惟以草塞罅漏而已名短水草

費功甚多費材甚大非大力量未易造也凢寇中國者皆其島貧人向來所傳倭國造船千百隻皆虛誑耳其大者容三百人中者一二百人小者四五十人或七八十人其形卑隘遇巨艦難於仰攻苦於犂沉故廣福船皆其所畏而廣船旁陡如垣尤其所畏者也其底平不能破浪其布帆懸於桅之正中不似中國之偏桅機常活不似中國之定惟使順風若遇無風逆風皆到桅盪櫓不能轉戧故倭船過洋非月餘不可今若易然者乃福建沿海奸民買舟於外海貼造重底渡之而來其船底尖能破浪不畏横風鬬風行使便易數日即至也

凡倭船之來每人帶水四百斤約八百碗每日用水六碗極其愛惜常防匱之也水味不同海水鹹不可食食則令人泄故彼國開洋必與五島取水將近中國過下八山陳錢之類必停舶換水所以欲換者冬寒稍可耐久若五六月蓄之桶中二三日即壞雖甚清冽不能過數日也海洋浩渺風濤叵測程不可計遇山而汲亦其勢耳盥頮沐浴海水山水皆可用或云浴海水令人膚裂近訪之不然但黑肌膚而已倭奴有一秘法煮泉一二沸置之缸缶能令宿而不壞然亦不過半月久則不能也其至普陀必登者非換水亦非真欲焚香乃覘兵防虛實耳

倭好　昔賈誼上三表五餌之策知倭國之所好則餌在是而悟所以制之之術矣故志之

絲　所以爲織絹紵之用也蓋彼國自有成式花樣朝會宴享必自織而後用之中國絹紵但充裏衣而已若番舶不通則無絲可織每百斤直銀五六十兩取去者其價十倍

絲綿　髡首裸程不能耐寒冬月非此不煖常因匱之每百斤價銀至二百兩

布　用爲常服無綿花故也

綿紬　染彼國花樣作正衣服之用

錦繡　優人劇戲用衣服不用

紅線　編之以綴盔甲以束腰腹以爲刀帶書帶畫帶之用常因匱之每一斤價銀七十兩

水銀　鍍銅器之用其價十倍中國常因匱之每百斤賣銀三百兩

針　女工之用若不通番舶而止通貢道每一針價銀七分

鐵鍊　懸茶壺之用倭俗客至飲酒之後啜茶啜已即以茶壺懸之不許着物極以茶爲重故也

鐵鍋　彼國雖自有而不大大者至爲難得每一鍋價銀一兩

磁器　擇花樣而用之香爐以小竹節爲尚碗碟以菊花稜爲尚碗亦以葵花稜爲尚制若非觚雖官窑不喜也

古文錢　倭不自鑄但用中國古錢而已每一千文價銀四兩若福建私新錢每千價銀一兩二錢惟道

用永樂間元二種

古名畫最喜小者蓋其書房精潔懸此以爲清雅然非落款圖書不用

古名字書房粘壁之用廳堂不用也

古書五經則重書禮而忽易詩春秋四書則重論語學庸而惡孟子重佛經無道經若古醫書每見必買重醫故也

藥材諸味俱有惟無川芎常價一百斤價銀六十七兩此其至難至貴者也其次則甘草每百斤二十金以爲常

氊毯

馬背氊王家用青官府用紅

粉女人搽面之用

小食籮用竹絲所造而漆飾者然惟古之取若新造則雖精巧不喜也小盒子也亦然

漆器文几古盒硯箱三者其最尚也盒子惟用菊花稜圓者不用

醋

鄭若曾曰日本所貢倭扇描金盒子類皆異物也其所悦於中國者皆用物也彼有資於我而我無資於彼忠順則禮之悖逆則拒之不易之道也若狥其求而愆期許貢無端互市斷斷乎不可也

寇術倭奴之勝我兵專以術也即以其術還治其人不必用古兵法幾不勝矣志之

倭夷慣爲蝴蝶陣臨陣以揮扇爲號一人揮扇衆皆舞刀而起向空揮霍我兵倉皇仰首則從下砍來

又爲長蛇陣前耀百脚旗以次魚貫而行最强爲鋒最强爲殿中皆勇怯相糸

賊每日鷄鳴起蟠地會食食畢夷酋據高坐衆皆聽令挾冊展視今日刼某處某爲長某爲隊隊不過三十人每隊相去一二里吹海螺爲號相聞即合救援亦有二三人一隊者舞刀横行薄暮即返各獻其所刼財物毋敢匿夷酋較其多寡而巍緇之每擄婦女夜必酒色酣睡刼掠將終縱之以焚煙焰燭天人方畏其酷烈而賊則抽去矣愚詒我民勿使邀擊專用此術

賊至民間遇酒饌先令我民嘗之然後飲食恐設毒也

行衢陌間不入委巷恐設伏也不沿城而行恐城上抛磚石也

其行必單列而長緩步而整故占數十里莫能近馳數十日不爲勞

布陣必四分五裂故能圍

對營必先遣一二人跳躍而蹲伏故能空竭吾之矢石

火炮

衝陣必伺人先動動而後突入故乘勝長驅戰酣必四面伏起突遶陣後故令我軍驚潰

每用怪術若結羊驅婦之類當先以駭觀故吾目眩而彼械乘慣雙刀上誑而下反掠故難格

鈀鎗不露竿突忽而擲故不測

弓長矢巨近人則發之故射命中

斂跡者其進取也張揚者其逃遁也故常横破舟以示遁而突出金山之圍造竹梯以示攻而旋有勝山之去

將野逸則逼城

欲陸走則取艀

或爲穽以詐坑

或結稻稈以絆奔
或種竹簽以刺逸
常以玉帛金銀婦女爲餌故能誘引吾軍之進陷而樂
罷吾軍之邀追
俘虜必開塘而結舌莫辨其非倭故歸路絕
恩施附巢之居民故虛實洞知
賞豐降擄之工匠故器械易具
細作用吾人故盤詰難
向導用吾人故進退熟
宿食必破壁而處乘高而瞭故襲取無機
間常一被重圍矣餌以僞鹹而逸之或披蓑頂笠沮溺
於田畝或雲巾紵履蕩遊於都市故使我軍士或愚而

投賊或疑而殺良
江海之戰本非其所長亦能聯虛舟張弱篷以空發吾
之先鋒捐婦女遺金帛以弭退吾之後逐
凡舟之裙墻左右悉累布帛被褥而濕之以拒焚擊交
鬨間或附篷而飛越即雷震而風靡矣
寇擄我民引路取水早暮出入按籍呼名每處爲簿一
扇登寫姓名分班點閘真倭甚少不過數十人爲前鋒
寇還島皆云做客回矣凡被我兵擒殺者隱而不宣其
鄰不知猶然稱賀
倭刀 刀有高下技有工拙倭之富者不恡重價而制之廣延高師而學之其貧者所操不過下等刀耳善運刀者在前衝鋒可畏頗有限也中國人不知望之輒震而避焉擒獲夷刀亦莫辨高下混給兵士故志之
大小長短不同立名亦異每人有一長刀謂之佩刀

其刀上又插一小刀以便雜用又一刺刀長尺者謂
之解手刀長尺餘者謂之急拔亦刺刀之類此三者
乃隨身必用者也
其大而長柄者乃擺導所用可以殺人謂之先導其
以皮條綴刀鞘佩之於肩或執之於手乃隨後所用
謂之大制
又有小裁紙設機刀出帳號兼常者最嘉
又有作贄禮賀禮不拘大小名雖爲刀其實無用
上等
上庫刀 山城國盛時盡取日本各島名匠封鎖庫中不限歲月竭其工巧謂之上庫刀其間號寧久者更嘉世代相傳以此爲上
次等

備前刀 以有血漕爲巧刀上或鑿龍或鑿劍或鑿八幡大薩春日大明神天照皇大神宮皆其形著在外爲美觀者
如匠人製造之精不論刀大小必於柄上一面鐫名
一面刻記字號以爲古今賢否之辨鎗劍亦然
鐘伏讀
皇明祖訓有曰四方四夷皆限山隔海僻在一隅得其地
不足以供給得其人不足以使令其不自揣量來犯
我邊則彼爲不祥彼既不爲中國患而我興兵輕伐
亦不祥也大哉王言其天地覆載之心乎乃今蠢爾
鬭白奄據朝鮮聲言入犯嗚呼此其自爲不祥也

寇踪分合始末圖譜

金子老—屯雙嶼港—合踪—子老歸福建

嘉靖十八年勾引西番人交易　十九年與李光頭合　二十一年後不復來

李光頭—巢雙嶼港—分掠—福建／浙江—敗走就擒

二十二年合踪　坐遣其徒　二十七年四月盧鏜擒李光頭　六月許棟與弟社武爲吳川所擒

許棟

雙嶼港之寇金子老倡之李光頭以梟勇雄海上子老引爲羽翼迨子老去光頭獨留而許棟王直之故主也初亦止勾引西番人交易二十三年始通日本浙直禍自此始矣許棟滅王直始盛

王直—入雙嶼港—往日本—改屯列表—併陳思聆

二十三年入許棟踪　爲棟領哨馬船　二十七年棟破後直爲司出納　隨貢使交易　收餘黨自作船主　三十一年

分踪入寇—走泊馬蹟潭—分掠浙江直隸等處

求開市不得分掠浙東沿海　三十二年閏三月列表爲俞大猷所破　四月賊掠沿海城池上自吳淞下及昌國多被陷沒

敗走白馬廟—往日本屯松浦—就擒—伏誅

馬蹟復爲湯克寬所破　自此以後惟坐遣徒黨不自來　三十七年八月胡公誘執之三十八年奉詔斬于浙江市曹

先是日本非入貢不來互市私市自二十三年始許棟時亦止載貨往日本未嘗引其人來也許棟敗沒直始用倭人爲羽翼破昌國而倭之貪心大熾入寇者遂絡繹矣東南之亂皆直致之也自胡宗憲誘[?]直而海氛頓息縱有來者剿之亦易易矣

陳思聆—屯長塗—尋爲王直所滅

鄧文俊／林碧川／沈南山—屯日本楊哥—入寇—攻遊仙寨—攻瑞安

三十一年四月　五月

入黄巖—攻霩霸[?]—出洋—鄧文俊就擒于下馬洋

五月　十一月　爲湯克寬所獲

巢柘林—歸日本—復巢柘林—分掠直隸蘇松

三十二年四月　十月　三十三年正月　四月下自金山上及蘇州皆被劫掠

復分掠—杭州—敗于蘇州平望—回柘林

浙直會兵破之

分掠紹興等處—出海—林碧川就擒沈南山就戮

九月掠蕭山臨山瀝海上虞　爲任錦追敗于大陳山

林碧川鄧文俊沈南山皆海上巨寇也三十一年浙直之禍碧川實爲之首破黄巖獲利遂啓群盜貪心三十二年蕭顯繼出碧川與顯以次敗亡而徐海陳東文繼之爲浙直大患

蕭顯—寇太倉—陷上海—分屯川沙／巢柘林—破南滙

三十二年四月

掠南沙—攻嘉定上海—敗走海鹽—就戮于慈谿

八月　三十三年　三月爲盧鏜任環所破　五月

崇明—遁出洋沒于普陀山

正月　此別踪爲劉恩至所滅

直隸之禍顯實首之善戰多謀王直亦憚而讓焉者也

鄭宗興　何亞八 — 合踪（三十三年）— 分掠 — 廣東 / 福建 — 敗于三州環（汪柏遣王沛黑孟陽破之）

徐銓　方武

宗興亞八就擒（武與宗興亞八皆斃）

銓武遁福建 — 流突潮州 — 敗臧（武被擒銓死）— 伏誅

此三十三年爲廣福之大患者也其勢雖張旋就殄臧都御史鮑象賢定西侯蔣傅之功

徐海率諸倭入寇屯柘林（三十四年正月率和泉薩摩肥前肥後津州對馬諸島倭來寇）— 犯平湖 / 攻乍浦 / 破崇德 — 犯湖州 / 攻金山 / 嘉興

四月 分掠 — 蘇州 / 常熟 — 掠太湖 / 敗于陸涇壩 / 屯三丈浦 / 攻無錫 — 合于三丈浦出海臧（爲熊桴所破臧于登舟沙）

崇明 — 江北 — 敗歿（亦爲熊桴臧于登舟沙）

湖州 — 遁歸柘林 — 復分掠 — 乍浦 / 平湖 / 杭州

嘉興 — 敗于王江涇（爲胡宗憲所敗）

浙直會兵敗于平望（破之）— 七月 改屯陶宅 — 出海而去 — 三十五年二月再來 復巢柘林

陳東自沙川 / 葉明自老鶴嘴 — 三月俱 合踪（屯柘林）— 分掠 — 松常鎮淮陽 / 浙東 — 入定海關

陷慈谿（四月）— 攻餘姚 — 攻龍山所（五月）— 周乙就擒

四月 合攻乍浦 — 五月 圍桐鄉 — 分屯 — 新場（陳東葉明）/ 李巷（徐海）— 合屯乍浦

臧于沈家庄（八月胡宗憲趙文華等平之）

乙卯丙辰之亂海爲之首陳東葉明爲之輔衆至數萬總督胡宗憲計殄臧之自此海氛漸息矣餘黨悉皆淪于海盖胡公佯與之舟雖縱之走舟遇巨浪輒裂故也

陳東率諸倭入寇（三十四年正月肥前筑前豐後和泉博多紀伊來寇）— 攻南滙金山 — 入崇明 — 二月 攻青村

三月 圍上海 — 遁歸日本 — 三十五年正月再來 復屯川沙 — 與 併入柘林

攻乍浦 — 分屯新場（與徐海分）— 合屯乍浦（復與徐）— 臧于乍浦城南

圍桐鄉（與葉明合 海爲援）

此薩摩州王之弟掌書記酋也其部下多薩摩人

葉明率諸倭入寇屯老鶴嘴（三十五年正月筑前和泉肥前薩摩紀伊博多豐後來寇）— 四月 併入柘林 — 合攻乍浦

分屯新場 — 合屯乍浦 — 就擒（徐海生擒來獻 胡總督之命）

驍勇善戰爲諸酋冠明既就擒海黨與遂皆携貳以至于亡

洪澤珍 — 巢舊浯嶼（三十七年 五月）— 攻福寧州（三十八年 三月）— 陷福安 — 敗遁出海（四月爲黎鵬舉所破）

餘黨屯海壇山犯漳州

此福建積年通番巨寇漳泉福興之禍連綿不已者

澤珍爲之也

嚴山老—入安東城（三十七年）—陷福清—攻興化惠安泉州崇武

松下新至賊
海口新至賊—合攻鎮東衛—遁去（三十八年五月）

此亦月港積年通番巨寇也

許西池—乜月港嶺（三十七年）—犯揭陽（正月）—入蓬州所敗還月港（爲林懋舉等所破）

犯饒平（十月復入廣東）—據黃岡鎮（三十八年二月）—遁去（入廣東）—圍揭陽（三月又）—攻海門所（十月）

敗還月港（爲孫敏所破）—犯潮陽（復入廣東）—攻黃岡鎮—敗于南陽灣（爲秦金所破）

移乜赤寮村—分乜掃湖
分乜闢望—分掠揭陽蓬州所—與雲霄新至賊合

移乜潮州貴山都（三十九年正月）—分乜古埕—復回月港—被殺

此月港通番巨寇連年犯廣東而不鮮者也

蕭雪峰
張璉—合乜大埔（三十九年三月）—攻平和—攻大城所—出海

此賊三十九年始著名四十一年江西閩廣三省會

勦禁于市埔饒悉平

吳平—刼惠州府海豐等處（四十三年）—攻潮陽村落（沿海居民被害極慘）

陷玄鍾所（嘉靖四十二年）—巢南澳—敗走（閩廣會師勦之）（從閩道走死）

曾一本—流刼海上（隆慶二年）—犯高州雷州二府（三年二月）

直抵五羊驛焚燒兵船（殺參將繆印等）—出海—就擒伏誅（三年六月閩廣會勦生擒斬之）

曾一本吳平海上巨寇也出入閩廣大肆猖獗而林

道乾林鳳皆其餘黨云

林道乾—據華美寨（萬曆元年）—遁耳坡寨（聞一本被擒）—突入南澳

一餘黨主彭湖爲林鳳所併

敗走

林鳳—據神前赤澳（萬曆三年）—刼海豐—攻呂宋（奪琉璃港據之）

突入廣澳—敗走—復入烽火—遁去浡泥

右賊凡十七踪皆昭灼人之耳目也故詳列之其餘
或入寇而姓名不傳或有名賊酋而未嘗專主兵柄
與夫事跡之未詳者不敢濫錄也
鐘按倭寇之爲中國患非倭寇能自爲之也皆由中
國之人勾引之資其接濟導其虛實故掠地攻城所
向輒克至於民不聊生而山海之寇遂烽起而禦應
之盡外之倭寇非藉奸民則無以肆其侵陵之毒內

之奸民非藉倭寇則無以啓其禍亂之端啓禍姐作東南之變侵尋二十餘年而後定今據寇踪始末自金子老王直以至林鳳皆中國人也噫申公巫臣教吴侵楚中行說教单于拒漢如此等事何代無之春秋之法嚴治中國而恕治夷狄其旨深矣

籌海重編卷之八終

籌海重編卷之九

崑山鄭若曾原輯
晉江鄧鐘重編

目録

經畧一

敘寇原

禦海策要云爲民禦亂莫若絕斯民從亂之心今之海寇動計數萬皆托言倭奴其實出於日本者不下數千其餘則皆中國無賴者附之耳大畧閩南居其太半而寧紹亦間有之夫豈盡爲倭也倭有時可使之無遺種而其雜以土人也幾何有寧日哉故愚以爲今之當事者當一面督兵截殺以治其流一面重撫百姓以治其本

兵部尚書胡世寧云自古盜賊起於民窮民窮由於賦役之繁重官吏之貪酷而官吏貪酷又其致盜之大本也蓋使官吏循良則部撤雖有征歛而亦爲之周旋善處民之被害亦輕官吏貪酷則朝廷雖有寬恩善政而亦被其停廢尅削民之受禍不減故盜賊之興多由貪吏而亦最恨貪吏觀方臘之亂所殺官吏備極慘毒此其驗也故自古明君良臣平日選用良吏爲弭盜之本臨難委用良吏收平盜之功龔遂治渤海賈琮平交趾皆是道也爲今計者宜簡命風力憲臣出詢民瘼而又選用循良之吏委以便宜寬其文法倣龔遂賈琮故事使得推誠布德散其徒黨而一二渠魁及奸民乘間生亂稔惡難宥者輕則就委守令設法擒捕重則選委將帥調兵剿除則盜賊平而患永絕矣

主事唐樞云備倭之法防海之禁斤斤明于國初然寇未嘗絕何也夷夏有無之互以通也承平日久市舶之官勢勝流職於是爲私通之計自天順末以來安之而海上亦無盜警凡商於海者武具而力齊雖有小寇無所容于其間嘉靖初市舶罷流臣嚴其私請商市漸阻浙江海道副使傅鑰申禁於六年張一厚申禁於十七年六年之有禁而胡都御史璉出十七年之有禁朱都御史紈出視撫設而盜愈不已何也寇與商同是人也市通則寇轉而爲商市禁則商轉而爲寇始之禁禁商後之禁禁寇寇勢盛於嘉靖二十年後是時磨有定處隱泊宮前澳南紀澳雙嶼澳而已又人有定夥名酋不上六七許棟李光頭就擒張月湖蔡未山死陳思盼爲王直所殺王萬山陳太公曹老又皆不聞矣又况入有定時登岸擄人

人致其巢責令以貲贖後乃盤據內地隨在成居而惡少繼發徐明山者三十二年前之禅詮約步邀於浙之西東而莫之識也當夫壬子前盜形已具沿海有司爲禁益嚴內外商物不得潛爲出入內地人素與交識者因負其貲而不償夫然後壬子之變作矣

都御史章煥題內一款云倭夷安從至哉有首亂有脅從有導引明乎此而後賊可理也故外賊易見內賊難知今以海外蠻夷而深入內境道路之紆曲民間之虛實官府之動靜纖息必知者誰爲之也又其始至千人四布無一知者及鳴號而須臾畢集賊固善匿匿之誰也此東南之大變也夫吾民重困欲爲盜久矣然時有見執之患自賊間入而爲之用進有望

外之獲退無盜賊之形海濱無關隘阻請柔艦輕舟往來甚捷此賊之由通也與賊遞衡與良民雜居賊未至皆良民也賊至則良民去奸民留賊去又皆良民也此禍之所以難測也兵入其地以爲居民詢賊情問道路悉爲所誤當此時以爲奸民戮之然有良民也以爲良民舍之然有奸民也故兵多惑亂而妄行倭夷有由入也亂賊有由熾也兵行有由誤也良民有由擾也城郭有由驚也奸萌有由自也奸黨不消則賊患不止故安攘之計莫要於安反側夫反側之初良民也橫征暴斂迫之耳故奸民不可以形治也治倭寇以兵治反側以誠內賊爲急外賊次之政事爲急甲兵次之誠得良吏而分治之行寬大布恩信

問疾苦時拊循明示不校反側者回心矣此襲遂所以治渤海之盜也且今良民安居而樂業彼將反本而呼天捐親戚背鄉井冒危險豈其情哉是散賊黨而伐賊謀也故良吏優於良將善政優於善戰且天下寧獨倭夷可爲亂哉故安反側爲要夫反側者反間之因也敵情所由得也善致之則爲我用不善致之則爲賊用此尤兵家之要微乎微乎不可盡言者也

太守嚴中云海商原不爲盜然海盜從海商起何也許二王直輩通番渡海常防刦奪募島夷之驍悍而善戰者蓄於舟中泊於雙嶼列表濱海之民以小舟裝載貨物接濟交易夷人欺其單弱殺而奪之接濟者不敢自往聚數舟以爲衛其歸也許二輩遣倭一二十人持刃送之倭人還舟遇船即刦遇人即殺至其本國道中國刦奪之易遂起各島歆慕之心而入寇之禍不可遏矣

海道副使譚綸云片板不許下海禁革雙桅大船乃屢朝明例以銷禍未萌意至深遠柰何沿海竈丁假以採辦私造大船違禁下海始則取魚繼則接濟甚則通番十數年來富商大賈牟利交通番船滿海間有朱秋崖任事之臣力行禁捕而大家竈戶浮議橫生不曰小民無以聊生則曰國課必致虧損加之監鹺憲臣偏護竈丁過抑邊官摘拾小愆節次論劾海道備倭勘斥相繼遂致避禍遷就海禁愈隳養成大禍毋有

敢言者往年倭寇刦擄漁船逼爲黨與既得其船以張聲勢又驅其人以爲嚮導蘇松之寇半皆脅從捕獲有贓尤多竈戶必須申明嚴禁仍乞特
勅巡監御史鈐束竈戶止於額設海邊場蕩採辦煎鹽遵照節題事例小船編號朝出暮入不許造大船入洋採捕招惹倭夷仍立連坐之法以潛弭出海之弊如有縱容下海爲盜者運司場官併得罪

鍾按寇原有咎於海禁[illegible]於海禁過弛者必如何而後可夫[illegible]嚴[illegible]激則生變過寬則民玩玩則生亂要當酌而行之如過洋船則開納餉之例仍嚴私販之防如過省船收汛則許其爲商出汛則禁其下海如此則寬以導民之利

以絕民之奸仁義竝行百世無弊可也

除內逆

兵部尚書楊博題云蠢爾倭奴敢肆流刼者皆緣我之內逆爲之嚮導也倭奴非內逆無以逞狼貪之志內逆非倭奴無以遂鼠竊之謀必須禁捕內逆方可消除外寇合行督撫諸臣責令衛有司將沿海居民逐一清查造册在官稽其生理時加約束敢有仍前不悛從倭爲逆許令同里之人赴官首告即於犯人名下追銀三十兩充賞本犯從重處治拔本塞源此爲要務也

定廟謨

都御史唐順之題云自海賊入寇以來十餘年東南雖苦其毒而賊之被殺者亦幾萬今年寇江北寇浙東者且萬餘而寇福建者不下二三萬則是殺者不可勝紀而寇者不爲少止夫南倭與北虜異北虜有韃子腹裏原無倭子今口外尚有一兩年無寇而倭子卻無一歲不來如此不已非止外患將爲內虞古云兵久則變生近者吳淞定海之間水卒呼糧挾官縛吏則兵變之漸矣蘇人素怯弱而游冶子弟懷毒蓄機日伺倭來裏外合應幸早發之猶燒官寺刼獄因閧然一逞則民變之漸矣此其萌芽也誠不可不深圖而熟慮之若謂倭寇之來一歲支卻一歲一番

殺卻一番便自了事則臣不敢知其所終也伏惟
聖明勅下禮兵二部備講
祖宗以來招懷撫諭之畧防海固圉之機及
勅督撫諸臣徧訪倭情集議長策二十年前何以絕無倭患十年之間何以倭患若此年年禦倭何時是了如何可以永斷倭寇之路以復東南之舊苟可以利
國不必爲身家顧慮苟可以便今不必以成說拘牽外內臣工方畧畢上然後
聖明與廟堂大臣從中主斷而力行之期於三年四年斷卻此賊臣猶以爲速也不然一歲一來一來一勝臣猶以爲浪戰

論將才

兵部尚書胡世寧云自古將材難得而起自行伍慣歷戰陣者尤難得今指揮千百戶間有謀勇可用者或家貧不得營幹管事以顯其材以是將官起自行伍真能殺賊者不可再得今宜嚴

勅鎮巡官公心體訪指揮千百戶中間果有謀勇出衆家貧不得差遣者公心選任管隊把總掌印備禦等職至於勢豪奪功買功之弊尤宜痛革而行伍士卒果能衝鋒破敵或斬獲首級者務要實報功次使其得陞官職與選任指揮千百戶俱令積功漸陞品級以備將官之選

又云武職中固皆可將然天生智勇當不專在此輩故

自國家用兵常乏將材民間盜起多是豪傑臣愚以爲莫若即此輩而收之則既獲將材又弭盜賊策之上也乞

勅兵部通行天下軍衛有司精加訪察凡軍民中有膂力過人武藝精熟者悉選在官其不願者不强選在官者軍則任以把總管隊民則授以總甲教令等項名目畧加優給使之隨軍操練遇賊擒拏積勞多者量授職事旌賞犯重罪者即發邊方立功至於兵部亦乞比照工部添設主事等官幾員精選

廷臣進士中才畧明敏者爲之平時則令草疏以習運籌有事則令出差以諳邊務才弱弗稱者改選別部才能稱職者專陞兵備及邊郡知府等官惟此二途故

養既多其間必有真才

兵部尚書張時徹云三軍之司命則在將帥晉悼公使欒糾爲戎御以訓諸御知義使荀賓爲戎右以訓勇力之士可以時使山林草澤行伍之間未嘗無干城腹心之士也歐陽脩所謂求賢勞之士不必限以下位智畧之人不必試以弓馬山林之士不可薄以貧賤以非常之禮待人人亦以非常之效報國又謂取禁軍廂軍年少有力者不拘等級因其技同每百人團爲一隊而教之校其技精而最勇者百人之中必有一人得之以爲裨將合十裨將而教之又於其中擇有見識知通變者十人之中必有一人得之以爲大將此一人之智勇乃萬人之選也推行是說拊髀之思庶幾可息乎

御史徐敦題稱先該巡按御史周如斗疏請於沙兵耆民之中照例論功陞賞不願陞授者許其子弟讀書者入學不讀者充吏承其舉人監生人等叙功加級選用此亦因時處置鼓舞人心之術而未經詳議舉行者何也不過以名器至重豈宜私濫然既與之冠帶矣許之援例入監補官矣則何惜乎此而不以勸效死之人心作東南之士氣哉合無推廣前例激勵後圖仍嚴行監軍御史敘論功次分別等第不致冒濫或許實授或許入學或許敘用而將領之久效勞於海防者仍念人才爲今日之急勝負爲兵家之常通論功過勿以一失而遽棄之

叅議唐愛云今之將官自俸祿外更無舒展何以感動
軍士致其死命似宜體恤其情
奏爲定例總兵歲與者聽其作犒賞之用不問其費之
由由是而查其部伍禁其尅剥責以成功則在上者
心無不安而在彼亦得以足兵足餉選練攻守綽乎
有餘力也或者曰使其妄用與入己如之何曰通計
總叅能幾何人試以浙江一省計之不過費銀六千
兩而止耳使其能衛生民不受屠戮之慘則歇歷風
濤衝冒矢石勞苦萬狀即以此而優厚之亦豈爲過
不然廉者難望其立功貪者難責其守已蠹國殃民
多靡邊費比之明與六千之數損益不大相遠哉
御史張椿云爲將須有膽有畧有量有德殺人如刈草

從善如轉環用財如揮沙保民如恤子拘泥故常不
敢分毫出格者不足與有爲也
閩縣知縣仇俊卿云法曰有良將無弱兵宜將外衛官
員照京衛保舉會舉之例核擢聽用文職之中有能
知兵善陳者叅酌通用不必拘以常格則豪傑之伏
未必無人或致仕官僚或舉監生員或山林韋布諸
凡術數小道有能占天文曉兵法閑武藝善游說一
切可爲海防之裨者皆招致之察其聲實之如何隨
其材品之高下使之各盡所長以神鼓舞則人莫不
激發而賈勇効能矣此王陽明于居家樨兵之日每
能延攬以寓此意
鄭若曾曰將有不同有大將有偏將偏將亦不同有先

鋒有哨援有守營有奇伏必先正將之名色而後論
夫選之之法何謂大將運籌幃幄決勝千里虚懷而
取善不遺用材而器使各當古人所謂善將將者也
何謂偏將恤下而不苟遇敵而不懼奉令而不違沉
幾而不露應變而不窮古人所謂善將兵者也要之
上通天文下達地利中諳人事兼此三者而後可以
言將否則不得乎太乙六壬禽遁之傳不知乎鳶風
鞭霆之術孰爲勝地而宜據宜爭孰爲要路而宜守
宜伏敵情有緩急難易如何而攻陣勢有奇正分合
如何而用孟浪而戰是以卒與敵也夫大將以出令
爲職者也若識不足以範圍才不足以駕馭諸將其
肯奉行乎偏將以受成筭而不自用爲職者也若提

兵既遠不能隨時出奇而欲一一關白主帥其能以
成功乎昔王晉溪在本兵宸濠之亂談笑自如人或
詰之晉溪曰此事吾已料理之矣王伯安有大將才
吾置之於贛州是也未幾而全捷疏至人咸稱服選
大將者當以晉溪爲法仇咸寧之父爲百戶時虜
騎數萬突至都御史李忠宣知其能使率兵禦之仇
毅然曰兵不必多憑吾自選五十人足矣忠宣從之
仇度虜所必駐之處掘地坑令三十人埋伏覆以蘆
席飾以浮土二十人登山瞭望以銃爲號虜至此果
札營夜半銃發坑卒地雷亦起虜疑大軍襲之自相
蹂殺過半而走質明五十人歸報中軍遣人馳割首
級遂成奇勲可見勝敵不在多人命將亦不必循資

格惟存乎知人善任耳選偏將者當以李忠宣爲法
鍾按將材有大小其論當矣古之名將姑勿論論
耳目所睹記者如俞都督虛江用兵則尚謀畧跡
其南征交黎北練兵車東平倭亂西復古田靖山
海之寇無筭皆先爲必然之畫事後成敗如燭照
而龜卜且譚節制則先仁義論事功則本忠孝故
本兵譚二華稱之爲大將如戚都督南塘用兵則
尚節制選士有法束部有方耳目則别金皷旌旗
手足則定技藝擊刺營陣戰守莫不有一定之律
且賞罰信必威克厥愛是以在閩越則倭難蕩平
在薊鎮則北虜不敢犯邊者十五載故本兵譚二
華稱之謂名將又如劉都督草塘用兵則尚驍勇

蓋其膂力絶倫騎射命中用能躍馬揮戈披堅執
鋭出入倭夷之衝所向披靡且善恩士卒之耳目
人多樂爲之用是以著淮揚之捷成閩蜀之勲故
本兵譚二華稱之爲戰將是三將軍者劉則起於
布衣戚則出於世胄俞則奮於武科皆一時之選
非借才於異代也柰之何今無其人哉惟世之求
將者其上則知求戰將而不知求大將則大才者
遺矣其次則取貌言而忽實用則似才者進矣其
下則先債帥而後孤忠則真才者遠矣或曰三將
軍功建名立故人知之若未有所樹者將何如選
然則八驗九徵亦足憑乎曰蕭何一見韓信奇之
爲大將劉玄德一見孔明歡若魚水何待徵驗哉

惟堂上有真將堂下真將至爲古今名言
又按選將當讀柳子厚梓人傳彼執斧斤刀鋸環
立左右而劉削者群工也梓引執杖舍手藝專心
智由我則固不由我則圮者梓人也得群工易得
梓人難

御將附

兵部尚書胡世寧云陸贄有言師貴專謀兵以奇勝軍
機遥制則失變戎帥禀命則不威而欲敦以付授之
義固以禮信之恩假以便宜之權待以殊常之賞其
餘細故悉勿開言所賜詔書務從簡要蘇轍所言宋
祖用將之善而欲脩其成法擇任將帥而厚之以財
使多養間諜之士以爲耳目此御將之術也
又云自古御將莫如宋祖昔人謂其隆之以恩厚之以
誠富之以財小其名而崇其勢畧其細而求其大久
其官而責其成功萬世御將者所當法也

實軍伍

兵部尚書張時徹云衛所隸於都司都司轄於五府其卒伍之設每百戶所旗軍一百一十有二千戶所一千一百二十衛列五所及衛鎮撫凡五千五百有奇清勾之法既壞里書脫漏戶籍勾補者百無一至即有至者本管過為誅求收伍未幾旋即竄匿至於犯法充新軍所在種種而法網不嚴曾未有隸尺籍荷戈殳者兼之汰黜之令過嚴異姓充役及繼妻者輒俱罷革雖贅婿義子一切不錄軍安得復舊額乎

都御史唐順之云逃軍許其自首隨處收補一節論明決直截僕亦同此意蓋與逃而無用不若就近而補之猶得一軍之用也既而思之深有未便者蓋苦寒磽确之地人甚不樂居嚴法羈管嚴法清勾猶往往者多逃而逃者不獲若逃軍既許改編則雖素不逃之軍亦孰不逃焉是今日逃軍之補見役所以釀成異日見役者之作逃軍也利少而害多矣是以不敢遽有題請

海道副使譚綸云衛所官軍既不能以殺賊又不足以自守往往歸罪於行伍空虛徒存尺籍似矣然浙中如寧紹溫台諸沿海衛所環城之內並無一民相雜廬舍鱗集豈非衛所之人乎顧家道殷實者往往納充吏承其次賂官出外為商其次業藝其次投兵其次役占其次搬演雜劇其次識字通同該伍放回附近原籍歲收常例其次舍人皆不操守即此八項居

十之半且皆精銳至於補伍食糧則反為疲癃殘疾老弱不堪之輩軍伍不振戰守無資弊皆坐此至于逃亡故絕此特其一節耳為今之計合無委賢能有司官員公同該把總官前去各該衛所督同掌印等官不必論其伍分先將城中街巷盡行查出計有若干每街每巷共有門面若干戶分格眼紙一張諭令自開房屋幾間男婦幾口某係精壯某係老弱至於釜竈床鋪若干亦要從實開載貼於大門之上乃各委官親自持簿帶領各伍官旗沿街挨戶逐一挨查面詰該管官旗有無隱漏并執結明白然後比對戶口文冊庶幾可得十之七八於是取其見在人數通行挑選精壯者存留食糧老弱不堪者通行革退即以戶丁精壯餘丁選補如果在營故絕無丁者除本省地方照舊行勾外其他省人民屢勾無解者不必駕言躧勾即查照近例嚴選別戶精壯餘丁補伍至於充納吏承違例役占者自今伊始通行禁止其賣放逃出外行商藝業投兵搬戲及隱容在籍收取常例等項俱責令該管官旗及家屬人等免其前罪通行勒限招回一體選補務使食糧者皆精銳之士無復以老弱充數不食糧者照依保甲之法編守城之人如百姓守城之例不得以無糧藉口該管官旗招徠補充至五分以上即量行獎賞其始終不改縱容賣放如故者掌印及諸伍官旗聽各道從實查參輕則問罪降級重則綁解軍門治以軍法如此庶軍政

可肅戰守有人不至臨時紛紛請兵矣
或云今之論兵者有五曰足軍額曰選弓兵民壯曰練鄉民曰募義勇曰調客兵此五者救時之切務也愚謂皆非探本之論也何也衛所軍與弓兵民壯乃官兵也官兵足何事他求乎惟軍則缺伍弓兵民壯則不堪用故思練鄉民鄉民不能遽練也故思召募召募不得人也故思徵調不知向來兵政之敝其原不在於此乃將官畏死不敢擅動官軍殺賊之故也我
朝大明律一欵云云　夫兵凶戰危勝敗兵家之常也自古名將如太公孫武武侯其久上下數千年落落可計外此雖善戰者不能爲必勝矣設有所損其數豈可量哉蓋我

太祖撥亂反正躬親戰伐深知馭將之當嚴而行師之當慎故以是垂訓使爲將者常以失機爲憂全勝爲念則練兵不敢不預臨陣不敢不勇耳此其立法之至意所以重人之大命也若其用法則又有權衡於其間蓋人情易怠而難久常恐懼之猶慮其忽若立法不嚴則喪師失律何所不至也自定律後莫敢不遵凡遇用兵言官引之以糾劾法司據之以問擬將官惴惴焉寧殺其身而不敢損軍士非悶奸以規避則顧家兵募義勇以衛鋒若有敗衄軍額不虧則失機之罪免矣古者寓兵於農有事則戰無事則耕後世軍自軍民自民軍常設以衛民民常耕以養兵此國用之所以常乏而民之所以難堪者端以養兵之費大也既不用軍以戰則軍爲徒設不過聽差點名虛文而已練之似爲徒勞不練亦爲無害在班似爲徒養逃亡亦爲不覺衛官初以兵缺爲利而侵月糧法司後查其糧而作羨餘兵日漸寡糧日漸縮若遇寇亂撫按兵備見軍無適於用欲究之則弊久欲用之則徒使將官受失機之誅耳不得已權用民壯義勇更廣募調以支之寇平官各以功擢去誰復理前任之事也故雖大亂如倭
朝廷新設總督提督重臣添設兵備副使海防僉事一時亦不能正其弊不容不用義勇民壯弓兵見不堪用不容不更召募召募無良不容不更徵調徵調不可常則又議練鄉兵要之鄉兵僅可自守而不可爲鄰援不如復

祖宗舊設軍額欲復軍額須復舊設糧額此相須之事也糧額如舊則足軍無難軍額如舊則沿海衛所隨在有備不必募調而常如募調且實省募調之費矣然有軍不練與無軍同練而不戰與不練同似宜遠稽
太祖云云之言近述
聖上屢批戴罪殺賊之例嚴
勅兵備海道官專督衛所官練軍限以一年半年務有實用仍
勅總督提督今後賞罰務查將官功次若獲級多而損軍少者准其贖罪損獲相半者從輕記令戴罪俟後有功准贖若損軍至幾人而獲級不多則姑容緩死或

去其官或行降調俾之戴罪殺賊視後次大小而量處之若隊伍敗衂全無斬獲者照大明律失機處斬如是則將官莫敢不用軍以戰而凡戰軍莫敢不用素練者矣豈非善體太祖立法之意通其變與民宜之乎不然軍固命也民壯義勇與募調之兵亦莫非命也軍損三人則以犯律而論失機民壯義勇募調之兵而損三十人三百人亦以律所不載而不論可乎夫國家設軍衛民戰死乃其分也今受民之養而不與民捍患民反代之戰焉天下之冤孰甚於此此弊無人敢言則將官終不用軍以戰不用軍以戰則軍伍之缺不必查補而沿海設備非廣募調何人以布列之耶

天下之費吾不知其所窮而倭寇之患吾不知其所終也雖然猶未也兵必土著馬牧於官古之良法也欲補軍伍須改遠爲近則服水土便勾攝如是而逃者乞題照職官謫戍但逃殺之例者爲定法此非變祖宗之制也法久弊生不容不救而通之也

鄭若曾曰向來不敢用軍出戰端爲律法太嚴而兵難遥度恐少有挫衂則犯失機之罪故但用民兵易於掩覆此誠將官之積弊也然兵部題准已有新例矣大畧云但當録其血戰之功而不計其失伍之罪軍伍缺者亦有例許民充補所在巡撫兵備衙門正宜舉行以實軍伍以之操練以之征剿可也論者未知新例故尚泥舊制非矣

者推許國威曰國初之軍必清各省補京衛者何哉以遣征討之後死亡過半都城廣民居稀須徵各省之人以衛京師乃爲居重馭輕之策也及今二百餘年生齒日繁肩摩比屋則又烏用外省之人哉且外省清勾一軍其費百倍在京補伍一軍其苦百倍如遇清勾也吏胥里甲之奸拘提解究之擾父哭子往兄悲弟行縝奉入行戍及至京補伍也則水土不安動起鄉思雖有軍貼漸次用竭勢至鶉衣藿食礶屋以居顛連以役故不逃則貧不貧則逃與言及此令人悲嗟昔王陽明有言曰清勾之要在於因地利而順人情蓋南人之習於南北人之習於北是謂地利南人之不安於北北人之不安於南是謂人情今以

其清之已得者隨籍之本土以其清之未得者隨募本土者投充之庶乎兩得之矣

鍾按兵宜募軍宜勾何謂兵宜募天下之事成於專兵惟募則耳目專於行陣心志安於殺伐教之易從作之易奮譬之士農各專其業乃克有濟故徵兵滿萬不如召募數千是也何謂軍宜勾衛所單弱已甚幸有清勾之例軍士知其與衛所世世相屬所謂無所逃於天地間也故猶有桑梓之義祖宗立法良有深意今若變舊制不行清勾取附近之人頂補則軍與兵等耳無賴之徒掉臂而去尚安得而用之不數年衛所且空虛矣蓋兵所以戰軍所以守戰宜客守宜主經權之義也

選士卒

參將戚繼光云兵之貴選尚矣而時有不同選難拘一若草昧之初招來之勢如春秋戰國用武日久則自是一樣選法方今天下承平編民忘戰卒然之變自是一樣選法大端創立之選勢在廣攬分揀等率均有所用天下一家邊腹之變將有章程兵有額數餉有限給其法惟在精第一不可用城市游滑之人但看面目光白形動伶便者是也奸巧之人神色不定見官府藐然無忌者是也第一可用鄉野老實之人所謂鄉野老實者黑大粗壯手面皮肉堅厚有土作之色此爲第一然司選人之柄者或專取於豐偉或專取於武藝或專取於力大或專取于伶俐此不可

以爲準何則豐大而膽不充則緩急之際脂重不能疾趨反爲肉累此豐偉不可恃也藝精而膽不充則臨事怕死手足倉卒至有倒執矢戈先衆而走此藝精不可恃也伶俐而膽不充則未陣之先預思自全之路臨事之際既欲先奔復以利害恐人爲已避罪之地此伶俐不可恃也力大而膽不充則臨時足軟眼花呼之不聞推之不動是力大不可恃也興言及此選士之術荒矣然廢四者而別圖之不可也諺曰藝高人膽大是言高藝添於有膽之人非謂懦弱之人苟熟一技即能膽大也然此輩不易得武藝尚可教習必精神力貌兼收而膽爲主膽不可見何以選爲不知人之精神露于外選人以精神爲主而當兼用相法忌凶死之形重福氣之相此盡選人之妙矣用伶俐油滑寧用鄉野愚鈍鄉野愚鈍之人畏官畏法不測我顛倒之術誠易感乎氣易振作先以威壓之使就我彀中而即繼之以重恩收其心結之以至誠作其氣則爲我用命無疑此萬試萬効之方也若愛先于前而後繼之威則怨叢而恩不感矣是故遵令奉法臨事用命所以成功但威嚴不能徧使威嚴之永行無阻者恩與信也彼天下之至親至情莫慈父之于孝子設使父必于殺子雖孝子且不能無私言況烏合之衆行伍之兵耶是以必恩以佐威庶威恩爲有濟雖後日名將必不易予言也

鍾按選水兵之法與陸兵不同陸兵必先試以提

石水兵必先試以揺艣陸兵凡豐厚脩長者俱可收水兵偏是堅實之人能狎風濤而耐勞苦至察其精神取其福氣則水陸同之也夫振衣者提其領舉網者挈其綱大要出入波濤之中惟頭目最宜精選頭目既當則兵士聽其自舉無論族黨親識只求慣海之人主將不過程其能否視其强弱而進退之則既無脫逃之虞且有共濟之義雖烏合之衆隱然臂指相使號令節制易爲力也

恤軍屬

兵部尚書楊博題云優恤軍士者在令甲即如近日山西等處之變固是諸軍自干
天憲至於處置乖方當事者亦不得不任其責合無備行督府總兵等官令所屬大小将領将部下士卒察其饑寒同其甘苦務使人樂爲用闡明信義整肅威嚴務使人不敢欺則感恩畏義無不願死以報上矣

鍾按恤軍屬之說是矣而恤水兵則未有言及也試以水兵之疾苦與陸兵較之陸兵列營而居即有飄風暴雨無能爲患也水兵則托身寸板跬步必捏脚船隆冬風雨取水起椗龜手裂膚是勞逸之不同也水兵勿論當敵即出洋遠哨時而風恬浪靜則有鼓棹之艱不幸而颶風起於呼吸則不免爲魚腹中物矣陸兵自對敵之外無慮焉是生死之不同也陸兵自盔甲器械皆取足於官即有敝壞不假私賠水兵船器雖例有估修然或估價太廉又如篷椗緝索桅舵之類未及期而壞豈能即時取給兵安得不私賠乎是賠費之不同也夫勞逸生死賠費與陸兵不同如此然水兵之糧不加多又有收汛從而減之將何以振作士氣哉誠宜裒多益寡酌量而加恤之則舟師感奮樂於效死矣

精教練

兵部尚書張時徹云議者欲以鄉兵代官兵奏疏文檄積滿案牘而迄未有能行者何也以調遣之失業也糾聚之妨農也差官審編又不以賢能正官而率以佐貳首領所至之地富者行賄求脫强者挾詐求脫故冊籍未定而委官之囊橐已滿其充數者非貧難下戶則蠢愚無知而鄉長甲長則無賴猾氓也謂宜明示號令不調遣遠出不糾聚妨農委賢能正官親詣閭廂村落備查編戶隨其住居相近團聚大率以若干家爲一甲就中選有力量者二名立爲甲正甲副置牌一面上書甲正某人甲副某人居民某人某人仍於五甲之內選其才能服衆者立爲鄉長使之統領總置一牌上書鄉長某人管領甲正幾人某人某人甲副幾人某人某人各該居民若干某人某人列於各甲正甲副之後仍令每家書寫排門粉壁互相識察各備鋒利器械幾件每鄉長管下置大旗一首及合用銃砲等項聽從鄉長統領前至空闊處所演習武藝一遇有警即便升旗舉砲各率牌內之人設法把守併力截殺仍於通行街巷路口樹立壯固木柵堆積石塊以便拒守其居民或多或少隨宜團練不拘定數仍照兵部題奉
欽依事理保甲領袖先行給與冠帶以爲激勸有功之日一體陞賞庶幾家自爲守人自爲戰不待調發而收保障之績矣

兵部尚書胡世寧云精選各戶壯丁年二十以下十八以上氣力强壯身才矯捷之徒籍紀年貌選委教師演習武藝仍編每十名一甲外立小甲一名另添雜役備鉠一名以應古炊子之制每甲共十二名每五甲六十名爲一總外立正副總甲各一名以應古正副隊頭之制分爲八總每二總共選立百長一名統率共該民壯五百名其餘二十六名作吹鼓手每總內前一甲十名內五名學牌五名學鎗二甲十名五名學鈀五名學叉第三甲十名俱學弓箭第四甲十名五名學銃五名學弩第五甲十名五名學棍五名學長刀其總小甲俱執旗鎗仍帶弓箭或腰刀副總甲執刀斧帶弩箭在後押隊仍選身材長者學弓箭銃弩短者學鎗牌耙棍

巡撫都御史唐順之云八九年間爲督撫者亦幾何人中間以練兵爲說謂不在增兵而在練兵者僅見總督楊博一疏而已然則兵之精弱非一日之故而兵之不練弊亦久矣竊以爲目今權時之宜但可責鎮兵以爲守量調客兵幾枝以爲戰待鎮兵練得一枝精銳然後將客兵再減一枝至於舉軍盡練得精銳士爭抵掌人賈餘勇一旦遇虜必不退懾屹然足爲北門倚重然後更議免調之期則望實不失而經權兩得也

主事唐樞云練兵如近日教場下操之類俱虛應故事務令精專齊一而後膂力之强弱技能之長短可以等而上之必求其至古人謂三官不謬五教不紊[illegible]是用志不分隨著應手此必平居歲月習成穫宜以他人未教之兵爲已卒然之用不得已殺其監軍助長以求速効然亦可濟臨時之用故練兵之法或暫或久可勉可安兩法俱在存乎其人

參議唐愛云練兵之事當責之將官而不當任之兵憲何也兵憲不自分領分領者將官也若兵憲練之將官領之則將不識兵兵不識將何以制馭而取勝乎必用此將官管領即用此將官教閱熟演於平日如身之使臂臂之使指臨陣無不順意矣兵憲不過日省月試孰爲當賞孰爲當罰孰爲可進孰爲可斥執監督之權而已總督則但總夫握兵調將之權其職掌愈尊則體統愈大此練陸兵之說也若往海船則以風潮爲主有難於操演者其緊要惟在舵工轉運趨向皆出其手遴選賞罰非總副參遊之所當注意者乎

又云使船必用造船之人則不惜工料而且知愛惜領兵必用練兵之將則用心訓練而亦相識認故平日憲職練兵而禦敵付之武將非計也必令將官自練而兵憲不侵其權不奪其功然後可責其成效

海道副使譚綸云凡言練兵者非但練其藝與坐作進退之法其要莫先於練心其法莫善於節制節制者如竹節之節節節而制之即人心齊一進非倖成退無速奔而常立於不敗之地矣今姑言其槩如必三齊

人分六總計之十人為一隊設一隊長百人為一哨
設一哨長五百人為一總設一把總合五把總為一
營設一參將士卒未練戰守無功在一營則責之參
將在一總則責之把總在一哨則責之哨長在一隊
則責之隊長如是則莫敢有退縮不奮勇者矣失一
參將則斬五把總失一把總則斬十哨長失一哨長
則斬十隊長失一隊長則斬九卒如是則轉弱為強
因練變化無不如意古人紛紛紜紜鬬亂而不可亂
正是此法苟徒具是法而行之不果亦與無法等耳
參將戚繼光云今之軍士設使平日所習所學的號令
營藝都是照臨陣的一般及至臨陣就以平日所習
者用之則於操一日必有一日之效一件熟便得一

件之利奈今所學所習通是一箇虛套其臨陣的真
法真令真營真藝原無一字相合及其臨陣又出一
番新法令却與平日耳目聞見無一相同如此就操
一千年便有何用且如各色器技營陣殺人的勾當
豈是好看的今之閱者看武藝但要周旋左右滿片
花草看營陣但視戲局套數誰曾考問操法也是此
花法勝而對手工夫漸迷武藝之病也虛文張而真
營却廢制陣之病也司閱者可不端明雙目以任習
服之人為較量之衡耶
又云操兵之道不獨執旗走陣于塲肆雖閒居坐睡嬉
戲亦操也善操兵者必使其氣性活潑或逸而動之
或勞而息之或相其意態察其動靜而撙節之故操

手足號令易而操心性氣難使其氣性活潑又須收
其心秉畏兢業又有操之似者最為操之害何則譁
譁散野似活潑懈若不振似兢業為將者知此可以
語韜鈐之秘矣夫好生惡死人之情也欲使人樂死
而惡生是拂人之情矣蓋必有生道存乎其間故所
謂恩賞者不獨金帛之謂雖一言一動亦可以為恩
所謂威罰者不獨刑杖之謂雖一語一默亦可以為
威操之於塲肆者筌蹄也而兵雖靜處閒闇亦謂之
操乃真操也此聖賢之精微儒者之能事
鎮撫蔡汝蘭云兵猶食也欲談兵請先論食夫歲大饑
宜告糴少暇宜藝畝一年積則糴可弗告何也足於
已無待於人也客兵猶告糴土著猶藝畝其說甚易

明曉也夫燕雲之兵以騎射驍雄奪虜氣臨淄之兵
古稱進如鋒火戰如雷霆尤善長鎗而勇於公戰故
募兵者必以為首談下此則狼苗諸部以楯弩防突
衝而於衝堅長驅之雄或歉焉蓋以東南諸郡久安
忘兵血刃之慘聞見未及若或海警少揚民將移避
不遑有司莫之奈何而募兵之說行焉故不得不贍
其犒賞以招來之不得不寬其約束以羈縻之不得
不厚其賞賚以激勸之若或警息而遣之懼其春汛
之復至也如之何則可夫所重于客兵者為其各有
長技也豈夫人之所難能哉是惟弗之習耳苟習焉
則東南之衆是亦雲淄狼苗矣愚敢曰募兵戰不若
募兵教今宜于客兵之中精選其技藝之尤者各教

人厚其糧餉用以訓練騎射長鎗甲楯弓弩分部習學一教十十教百百教千千教萬日省月試務肖其真而已由是則藝精氣壯以土産之食養土著之兵以土著之兵禦土地之患兵不加多而民皆樂業此土著之愈於客兵而募戰之不若募教幸較量而取舍之

太倉生員毛希秉云軍之克敵者在器兵不完利與空手同射不中的與無矢同海賊之器械惟任短兵我軍足以制之者火器弓弩也然善射者寡乞放种世衡教射之法懸銀錢于百步之外不中者宜罰其矢以與勝者三罰而受責三勝者得銀錢又當令其三六九日演習如鎮江會手然毎下操之日爲數十偶

使各官分臨之庶不費時日而官可善射其他應軍用器械鎗棍弩銃皆以是法校之數月而軍成矣此精技之法也

御史徐栻云聞兵形象水水因地而制流兵因敵而制勝古兵法也今賊常態毎以三五星散誘致我軍發伏取勝此慣用奇兵也手揮雙刀中者立斃此慣用短兵也勝奇兵者必以正兵勝短兵者必以長兵明部分正約束遠斥堠行如戰戰如守是爲正兵强弓勁弩射疏及遠是爲長兵以史思明善野戰遊兵及于石橋而李光弼治軍嚴整當橋而進賊不敢犯近聞官軍過安亭鳥驚魚散無復隊伍將士相離遠者數里賊若掩襲邀擊將可擒也茲豈所謂行如戰耶

趙充國渡湟使壯士銜枚先渡立營已定引軍潛濟慎密如此是以羌零之輕狡不減倭夷而終以萬全去年官軍出劉家河者輕卒赴敵被賊伏兵自蘆葦小港中突出衝斷首尾我兵大敗而將僅以身免茲豈所謂戰如守耶自此一敗賊益輕我爲害愈熾盖既不能用奇而又自棄其正是以百戰百敗所向喪氣甚非長筭也今欲習用正兵先須定什伍之法自五人爲伍以上遞相連屬以至于將皆如身臂相使首尾相應雖極倉皇不輕相捨而又營寨嚴整號令明肅動止不亂則賊雖變詐安能撓我此正兵之法也多置毒藥弓弩聚集善射勿與短兵相接而常殪諸百步之外此長兵之用也前時我軍不能自立無

暇乘賊之間今我軍堅無隙可乘而賊跳梁既久勢必衰沮若覘得其實鼓衆突入乘機掩擊立可擒滅此又正能生奇之妙用也故兵法曰奇正皆得則國之輔夫擊虜以殄滅爲期豈可犯危險而取必旦夕凡此皆所謂致人而不致於人至於因勢利導隨時變化又存乎良將之善用而未可以遥度也

鍾按練兵有二練其技藝與陣法耳俞都督云練兵必先練膽練膽必先練技技精則膽壯膽壯則力雄故劍經一書所以練技也又云陣法象于積卒原于河洛成於易卦合乎禮樂故韜鈐續篇所以練陣也要之陣法即一營之技藝也技藝即一人之陣法也合而言之節制也彼世將不知技藝

曰一劍之任非將事也不知己之技藝不精則人之技藝何從品題法之虛實器之工拙何從別識縱日比較亦虛文耳又胷中原無陣法不過沿習舊套如釋子誦經罔識意義縱日操閱何裨實際藉令主將真知技藝凡火器兵器長技短技件件俱實法訓練則兵一可當十十可當百矣主將真知陣法進退分合步伐止齊俱是臨陣紀律件件實用則兵知將意將識士情謂不成節制之師未之有也雖然技藝可以形求也陣法可以意授也至於運吾陣法施吾技藝使三軍之士畏將而不畏敵愛將而不愛死則神乎神乎未易言矣故欲練兵莫先選將

練鄉兵附

總督尚書胡宗憲云近日虛談兵事者動以陽明先生保甲之法爲言殊不知此法止爲安新附之民禦鼠竊之盜耳自古及今未聞以此制禦夷狄也若謂可制禦夷狄則古聖帝明王賢臣良將當先爲之矣豈待今日二三言事者倡爲此說而後知哉此老當時擒宸濠平桶岡搗八寨只用保甲之人乎抑曾借用狼土等兵也世儒不考顛末妄言兵法真所謂恣虛談而貽實禍也

海道副使譚綸云鄉兵之議蓋起於先年調到客兵統馭非人所在搔擾百姓厭苦言官建議

詔下有司訓練土著之兵以省徵調之害此誠

廟謨之至計也然數年以來督責雖嚴明驗未覩其故何居豈皆有司奉行之未至與蓋緣前後議者止論練鄉兵之槩而未及養兵之詳而境內士民又稍病加賦往往互會失指以爲練鄉兵則不費官帑不用民財不煩素養之勞坐收制勝之策且援引某縣某鄉曾掩殺一二殘敗之寇以爲証據遂使良法美意窒碍難行有司百執事奉行無術又以虛文漸貽實患殊不知鄉兵之名則一而其義有二有召募之鄉兵有團保之鄉兵召募之鄉兵選其土著之驍健者爲之繫其名籍於官而又以將臣領之優其餼食明其步伍時其教訓嚴其賞罰之條無事則作其投石超距之氣有事則責以搏前擊後之功是爲素練之鄉

兵自其對客兵而言又謂之主兵兵之有實用者也至於團保之鄉兵不過因其地方之遠近人民之衆寡使之自相團結諭以共保室家小警則虛張聲勢以幸其賊之不來大警則預行收歛免致受禍之大慘如是而已矣今不求建議者之本意而牽制於含糊不决之虛文以彼力穡之民盡為荷戈之衆誠恐操練無素則為不教之民揀閱以時又有妨農之怨聽其自食則人弗樂從給之官帑則所費滋大勢旣難行事多虛應誠不知其可也為今之計不若以調客兵之粮增廣主兵之額為之慎其委寄核其名實寛其文法而總論其成功將不出全浙之間自多羆虎之士誠計之得者而又責成有司撫字凋殘團集

保伍平居則齊其心志臨事則遥為聲援庶兩利而俱存之可以有備而無患矣

足兵餉

兵部尚書胡世寧云今邊儲最苦不足而足之道有三一曰廣屯種夫屯種孰不欲廣然每差官督勸不能增者急于起科得利也歲收不常而租有定額則開墾者利未得而害已隨故人不敢開種今若查比比直隸地方欽奉

太宗皇帝聖旨事理聽令各屯原額拋荒及空閑地土不拘土客官民軍舍儘力開墾永不起科則有利無害而人樂于興種矣廣種多收米穀價賤發銀可糴邊儲自足至于南方謫彼充軍爲民人犯宜責拘解當房真正家小到彼盡撥各武職員下作爲伴當責之收管使爲墾田而照名代出本處軍伴操守則彼勢

難逃而人可漸多種可漸廣矣今聞戶部又查出永樂二年令各衛所屯田官員軍餘家人自願耕種不拘頃畝任其開墾子粒自收不許比較及正統四年令大同宣府遼東陝西沿邊空閑之處許官軍戶下人丁儘力耕種免納子粒則臣前奏聽其開墾亦不起科明是舊例可行有益邊儲而該部又欲兩請或聽開墾永不起科或候三年成熟徵糧則臣前所謂歲收不常而租有定額人不敢開墾矣二曰興鹽利今天下生齒煩千

國初數十餘倍矣故今私鹽盛行而官鹽未嘗不售其所謂私鹽不禁能阻官鹽者蓋襲舊時之說也今宜于額外多開商中不限引數聽其買補若勢要占窩

專利則每歲開中止將引目發邊付巡撫都御史并
管糧郎中聽其就彼募商責限完糧而後塡給違限
不完者則轉給他人其若都御史郎中召報容私致
緩糧餉者聽巡按參究則自無此弊至于竈煎私鹽
宜于出場總路設立關市守把止許責與商人有引
之人而本處軍民願買者亦須納官得引始聽如此
則公私鹽利皆歸
國用矣然又須低昂其權使輸粟于邊者量地遠近米
價貴賤倍減其數而又得先掣納銀本處者隨時旱
澇鹽價貴賤倍增其數而又與遲掣則商人益勸于
輸邊竈丁盜利于前端軍民得易于食鹽而巡邏之
卒可減鹽徒意外之禍可弭其為上下之利不一而

足也三曰預收糴每常邊糧不肯預買及臨用兵之
時發銀貴糴且逼人強賣公私勞費不貲今宜選各
邊管糧部官責其月報米價貴賤歲報田收厚薄如
年豐米賤之時那借官銀數十萬兩到彼多糴米穀
貯倉或計今年所糴可彀後二三年之用宜即扣後
二三年該給糧銀于他邊米賤處所糴之或査應解
邊糧地方時價米貴則量令折銀解邊備糴如此通
融計處務使遠近官民皆便而邊糧易于措積亦濟
變通融之法也但其糴糧全在官司立法簡便革弊
嚴明不許減價措勒難收以致靠損屯農方可常糴
矣
又云昔我

成祖皇帝之供邊悉以鹽利其制鹽一引輸邊粟二斗五
升是故富商大賈悉於三邊自出財力自招遊民自
墾邊地自藝菽粟自築墩臺自立堡伍歲時屢豐菽
粟屢盈至天順成化年間遂變其法凡商人引鹽悉
輸銀於戶部商賈耕稼積粟無用遂撤業而歸墩臺
遂日頹壞堡伍遂日崩折遊民遂日離散邊地遂日
荒蕪戎虜入寇一遭兵創生齒日遂凋落地方日遂
困敝然則安邊足用之長策莫善於
成祖皇帝之鹽法矣
在京各衙門會議云各處名山香錢缺官俸銀川廣鹽
銀廣東稅銀大造黃冊過割地畝銀俱可取用至於
稅契銀率多侵隱亦可査取徑編銀再可借解天下
各司府州縣贓銀紙價自嘉靖三十五年為始一毫

不許別用暫解軍門聽用其出入務赴巡按衙門掛
號査考御史徐敦題稱東南之民方困而派常賦之
外海防未已而繼之以提編均徭提編未已而加之
民兵工食臣愚以為軍需必不可缺而民困尤所當
蘇非仰籍官帑量為給發隣近諸省通融協濟恐終
無以自贍其東南近日之科派速為議革止令雇募
民兵則民不重困於誅求矣昔官不靳於出納之
難蒙賞者益思報効而窮蹙者少延殘喘臣等會議
得用兵以錢糧為本錢糧衣甲器械船隻不備賞犒
不充威權不著士不用命雖韓白不能成功但東南
自嘉靖三十二年興師以來勞費不貲致厪宵旰之

憂者凡以爲生民也今本處燒刼僅存之民常賦之
外海防銀兩未已而復繼之以提編均徭提編未已
而復繼之以民兵工食百姓嗷嗷誠有如御史徐敦
所陳而提編一節通行數省編及小民不得安生者
半天之下至於各省預備倉穀亦當積貯以備不測
饑荒榷商稅銀恐亦無幾俱難輕議查得應天巡撫
奏留嘉靖三十五年起運銀四十四萬餘兩奉
旨錢糧着戶部議處來說候覆間今徐敦復請於兩浙歲
運之數量留二三十萬彼豈不念
國家京邊重務所需哉蓋濟東南目前之急正所以爲
國家悠久之計也合無從戶部酌量定數存留若干以
給軍門再於兩淮運司議處工本鹽銀二十萬內借

用一半至於各山香銀各關鈔銀缺官俸銀川廣鹽
銀通聽總督移文各該撫按查取不許留難此外又
有開納一節尤爲可行合無查照工部開納事例兵
部應給空頭劄付一千張咨送總督收置軍門許令
軍民照例上有願報效者一體收用其餘掛號稽察
事宜悉如都給事中丘預達等所議施行及據各官
所陳專官管理一節已經本部題奉
欽依咨行總督選委布政司官一員專司出納無容別議
合用錢糧各有頭項大率民兵工食以後年分各府
州縣比照原額工食量加一倍通計實數各照丁田
多寡量爲輕重派徵申呈撫按刊印書冊頒布曉諭
不許數外多派重困小民士夫之家隨例應優免之

外一體均派收貯官庫按季給發沙兵工食聽督撫
官酌量於浙直二省不經倭患府分坐派徵解聽撫按
察司官以時給發其一應見在地方主客兵行糧及
賞犒修造船隻置造器械等項俱許於軍門吊取并
奏留銀兩數內支用通要造冊開註出納明白以憑
巡按御史稽查

丙辰會試策云嘗思今日坐困之術莫有過於兵多者
方其兵之初調縣縣傳送道理之費不可勝言也所
過擄掠其擾害之患不可勝言也至則家給而戶養
之供餉甚煩而擄掠不息其費又不可勝言也今議
者不思兵多之費而憂財之乏此所爲窘也因其乏
而議加賦盜財此又窘之窘者也昔先零之役當其

兵集耿中丞糴四十萬穀而不足及充國罷騎兵班
師不費斗穀而羌平人皆知充國屯田之興利而不
知班師之省費也故調兵一而爲練兵之費百調兵
一而當土著之兵其費十調益簡則費益省以其所
費者而練兵何弗強也以其所省者而充費何弗贍
也此其不加盜而足財之道也

兵部尚書胡世寧云秋成地方素無積蓄者宜出告示
曉諭軍民不許將米穀浪費及因而糶出外境其若
本處軍民得過之家收積米穀在家待價糶賣以圖
利息者聽從其便在城人家有能收積稻穀一千石
米五百石以上者即係聽教良民本府凡事量加優
恤鄉民屯軍人等今後務要撈塘積水趁時勤耕以

務多收米穀秋成之後如果穀賤傷農凡民間應納
差銀糧價及贖罪等項俱許依時增價折納稻穀本
府另措糴穀銀兩申禀上司代其納官
主事唐樞云凡軍行若隨路關支口糧候到唱名給散
晝則擔閣行期夜及二三更纔得睡息若先給與盤
纏前路行時不便買辦不無受饑之病北方行軍每
每有此必須先立從長良法庶克有濟
兵部尚書王守仁云沿途該用廩給口糧等項合計筭
總支應庶免阻滯及省偏州下邑之擾爲此牌行布
政司官將官舍頭目人等合用廩給口糧等項查取
見在確數計筭經過州縣若干每驛該銀若干就於
軍餉銀内支給其各州縣止是應付人夫再不許别

籌海重編　卷之九　三十七

項科派於民
御史徐栻云近者海上南沙失事祇因犒餉缺望沙民
卯兵未協故鋒未交而識者已知其必挫矣且聞總
兵等官跟隨親兵每名止日給米一二升尚未得一
飽而求其冒波濤嬰鋒鏑樂爲用命不亦難乎然東
南民力之竭已非一日而庫藏積貯又多解給邊儲
公私匱乏俱難措處然則軍前之需其可不預爲之
備哉伏乞
勑下該部議行海防巡撫都御史各將府州縣在官錢糧
不拘寄庫正庫無碍等項官銀通行查出酌量聽解
以備行軍賞給或遇緊急之際動支未敷仍許巡撫
權宜行事將起解錢糧暫借軍前應用一面題

請寧處補務要嚴督監守官毋得放支冒濫以滋冗費
有司官毋得分毫科派以病疲民管領官毋得出入
尅剥而無實惠訪有此等悉從撫按官拏問条究如
此庶軍儲有備無患而將士可坐而策矣
又云積貯者天下之大命也在平時且不可廢况夫兵
荒之後其可不汲汲焉講圖之哉臣熟思之竊有一
事其行甚易其効頗多即倣古常平倉之意爲之欲
俟秋收之後苟有所入或於他處成熟地方即行府
州縣動支官銀糴米比市價二十分内稍增一分招
民自運入城貯之空倉不足則寄貯之空寺院待明
年夏米乏之時則比市價十分之内稍減一分糶之不
拘城内外皆得糴食専委廉官一員司其出入只此

籌海重編　卷之九　三十八

一事其利有七米價不壅農人不傷一也城中充實
膽壯百倍二也粟多入城默寓清野之意寇縱焚掠
所失亦少三也米價常平饑民得食不驅爲盜四也
耕種無資稍給與之秋收可望新陳相接謀之食源不
絶五也十分災傷則開倉賑散民命可全六也冬米
必賤夏米必貴增價猶賤減價猶貴羨入亦多七也
乞
勑撫按轉行各該府州縣用心議行既有戰士捍禦於外
使田者得於耕又積穀預備使民有所恃賴安内攘
外何求不獲哉

屯種
兵部尚書胡世寧云
國初各衛皆有屯田軍以十分爲率七分守城三分屯種
是即唐初府兵營田之制萬世良法也今腹裏各衛
三分之田多有軍先抛荒年遠迷失而民墾納糧者
矣若欲一一清奪還軍非惟失利而且失民獨念今
天下軍戶消亡殆半間有存者每年清勾戶丁隨觧
隨逃勞費百端不得軍用無計可處議者謂宜上體
祖宗置衛立屯之意遠推古人寓兵於農之法通查各衛
軍士各令有田一分其數江北一頃江南半頃如江
北一衛額軍五千名必須制田五千頃江南半之先
儘原額屯田次清寺觀閑田及抄沒罪人之田其有

不足則設法開墾荒田再不足則措銀收買民田如
宋時役田之制務彀額數分與各軍聽其有力者自
種無力或不便者召佃收租然必量其所入如古上
農夫可食九人之數平時操守止令自食必有征差
方給行糧其衛所缺軍之處則分舍餘軍餘或募民
或罰有罪以補之盖彼既有田必皆樂從而逃者少
矣此於邊衛京衛或不能盡行而腹裏衛分必皆可
行所省養軍之糧歲數百萬矣邊方之地必先有人
而後田可屯不患無田而患無人腹裏之地必先有
田而後軍可募不患無軍而患無田其輕重各有在
知府嚴中云
國朝屯田之制北方與南方不同南方與中州亦不同

北方之屯田重在鹽法兼重馬政而行之也中州之
屯田專重馬政而行之也浙直之屯田則以屯軍籽
粒供造運船之用有餘者充補月糧福建則又不然
其屯田至多不若浙直之少故專設一屯田僉事領
之與浙江水利道帶管不同大抵屯種之軍不守城
不上操清查其弊於軍餉大爲有助
太倉生員毛希秉云崇明田若干糧若干坍海若干實
徵若干升合不起運而官吏師生守禦官軍俸糧循
未能給每數年大盗一興動費錢糧數萬沿海州縣
居民刼燒之害又不可數計則
國家何利哉太鎮二衛之設本爲崇明盗賊何故緩急
未得其用乞于南沙平洋沙增設守禦所脩古土着

屯田法庶有實効若仍舊春秋二班交代虚應故事
其勢安能久乎盖舊制崇明守禦所之外又有太倉
中所八百戶鎮海前後所三百戶在于崇明潭子港
備倭後因坍海改撥劉家河把港旣而大倉沙指揮
具呈空閒人數取補上運今申明舊制改設南沙守
禦軏曰不宜又曰屯田之設本備軍儲今屯軍在太
倉而屯田乃在常熟嘉定崑山等縣且屯田零坐各
區各圩其勢安能耕種未免轉佃居民而屯軍坐食
不差有名無實莫若通變宜民擇沙上常稔不坍田
與守禦軍屯種以舊屯軍田易銀與沙民別置田產
實爲兩便
閩縣知縣仇俊卿云征調戰攻之日官軍行糧口糧照

日給發不暇計費若夫敵退盜賊之後兵火少息之
時各處要衝添設把守員役使其聚之而食則倉廩
積蓄莫非小民脂膏何可繼也今宜倣渭上湟中故
事將沿海空閑地土督令開耕不起科徵且屯且守
一年之後人將自食其力不惟省養兵之費抑且行
寓兵之法
參將黎國耀曰閩中有可耕之人而無可耕之地粵中
有可耕之地而無可耕之人嘗觀漳郡力農者散處
七閩深山窮谷無處無之而挾農具以入浙之溫處
者亦時有焉倘能設法招徠此輩如海南一帶空地
分給屯種則十年生聚藉其人可以為兵入其粟可
以增賦亦富強之一助也

參將江應龍曰三代兵農合一萬載稱利今墾田之法
不獨可行於窮民亦當責效於營兵查得雷州附營
一帶廣衍饒沃皆可成田諭令各兵并力合作漸次
開墾計畝均分無事且耕且守有警荷戈以戰則金
城十二之便或可庶幾也職向在薊鎮查照潞水客
談開載西北水利曾於豐潤玉田等處督率軍兵開
田萬有餘畝收穫不減南方今若營兵墾田之議一
行則沿海窮民覩西成之效聞風興起亦未可知蓋
國無游民則地無遺利民生既厚則盜源自消不但
寓兵於農彷彿三代之制且容民畜眾遠垂萬世之
利矣

汰冗食
兵部尚書楊博云
國家養育邊軍極其優厚故居則有月糧出則有行糧寒
則有冬衣布花至於獲功則又有重大陞賞無非欲
得其精健以為敵愾之地耳乃今老弱參雜所養非
其所用逃亡捏冒有名而無其實近戶部題稱督撫
諸臣之奏求應援則曰軍馬寡弱逃亡過半請糧餉
則曰兵馬眾多供億不支觀此則坐食民力者豈皆
投石超距荷戈彀弦之夫未必無老弱疲癃之士與
夫缺伍寄名之人也自今合行督撫諸臣各選風力
守巡兵備官員親歷各該城堡將見在兵馬逐一查
驗精壯者照舊存留老弱者盡行沙汰戶內果有壯

丁准與收補其軍士逃亡即行開除如敢仍前作弊
以蠹邊儲聽各該巡撫御史查究參治
副總兵李應詔曰自海上傳警以來議者皆云增兵增
船增器其實兵不精壯與無兵同船不堅緻與無船
同器不犀利與無器同今誠不必加增惟隨宜沙汰
訓練隨在督責覈實使一卒當一卒之用一舟當一
舟之用一器當一器之用則費省而功倍矣

慎募調

兵部尚書楊博題云今之用兵大率有三曰練曰募
調調遣之舉本非得已蓋緣本地兵力寡少遇有
大聲息不能不調若使哨探明的慎於徵調不惟
糧一無虛費亦且戰守均爲有益但邇年邊臣多事
張皇偶有小警輒行請調恣目前侵冒之奸爲日後
掩飾之計相應通行申飭督撫等官各將兵馬嚴加
操練務使精強遇有警報相機堵截不許輒張虛聲
妄議調遣果有大舉之信徑自斟酌量行調援亦不
得因而藉口反悞軍機又須遵奉
明旨務以團練土名爲主如果日下不堪戰守早爲計議
某處某兵可調某處某兵可募應徑行者徑自酌行

應具、
奏者以次具　奏俟主兵練成即爲停罷
又題云今日之事不難於禦寇而難於馭兵不難於足
兵而難於足食故建議者每以罷客兵爲說但各省
投募之兵多有游民參雜其間官司未得其用地方
反罹其殃合洛河南山東湖廣廣西等處巡撫都御
史將本處游民嚴加禁約務令各安本等生理如無
招募明文私自出境投兵者即將家屬收禁里鄰坐
罪仍刊刻告示通行曉諭庶投兵之風少息地方之
患不滋
都御史唐順之云自倭患以來東南軍制最爲不定蓋
以濟變未遑經久梟猾之徒方應募於江北忽應募
於浙東方以得募價而留忽以滿募限而去譬如借
倩之人主人不得而羈之安得而練之至于遠方無
賴託名土兵報効希圖擄[illegible]至在此不由軍
門之徵調在彼不由督撫之遣發坐費糧餉騷擾地
方是以人人爭言調募不便而以練土兵爲說夫土
兵之練誠是也然土兵之數不足安得不募募兵不
足以當賊鋒之銳安得不調如前時王江涇數千倭
子乘勝而上非永保之兵力挫其鋒則何所不至爲
今之計合以練兵爲實事以募兵爲權宜以調兵爲
奇道募兵則遠募不如近募調兵則多調不如少調
募兵先儘本地方驍銳若浙江處兵江南沙兵之類
其遠方驍銳應募者亦須土人保任優其募價什伍

聯束而歲番上之不得自去自來如往時則募兵亦
土兵也總督軍門歲調麻兵立爲定額直隸幾千浙
江幾千專爲衝鋒之用聽川湖軍門精選發遣以憲
司一員監督前來有不能衝鋒及騷擾地方者罪及
監督則調兵可以制其毒而得其用也俟土兵訓練
有成然後募調俱罷
鐘按前人所論當倭亂初起時浙中未嘗有兵即
浙兵亦未嘗有名也乃今浙兵半天下人之勇怯
豈以山川限古今殊哉在上之人振刷而作其氣
耳苟有以作之則甲楯三千足以衡上國越猶
古也無以作之則秦之銳士齊之技擊燕趙之慷
慨又惡知其今不異於昔所云耶

募客兵

兵部尚書張時徹云閩廣諸兵其長技故智利在水者可習而知而吾蒼山下八山之人熟閩廣之技者亦非少也以一教十以十教百以百教千事在反掌而有勇知方是在上之人使之耳夫吳越之人以舟楫代輿馬以江海爲坦途伍員對闔閭以舟軍之教比陸軍之法大翼當陸軍之車小翼者當輕車突冒者當衝車樓船者當行樓車走舸者當輕走驃騎況今日之邊防恃舟師爲長技以火攻爲要術乎

主事黃元恭云客兵有二有調而至者有募而至者調而至者統領有官籍貫有的用則劄之至有不用則劄之歸即無事矣募而至者烏合無統領之素萍聚

無籍貫之真況多游手好閑無籍惡少安知不恃其武習反衛爲仇嘯聚山谷黨附海島皆不難矣

鄭若曾云募兵之法但當於本處報選何也其家在是則所獲工食便於歸寄防春之暇便於歸耕其人善惡便於保結召之則聚散之則歸然須不限名數如收錢之法日積青蚨幾文馴至一貫孰有勇力孰長技藝選其精能汰其懦怯夫然後募得其人也若四方流移則烏合之聚無賴之徒招之甚易散之甚難今日之兵夫他日之盜賊也蓋離家久遠財不得寄歸淫酗賭博恒心亡矣一旦華之非劫奪何以生乎

荊川云遠募不如近募亦此意也

御史徐栻曰客兵之爲地方害夫人而知之但方今之事正如病疽者急則治標以毒攻毒之時也特視調之何如耳狼兵其貪如狼土兵似之而性尤狡譎客兵中狼兵土兵尤甚一勝之後其氣必驕猛無忌況左江田州之兵與右江南丹那地東蘭三州兵素不相睦散不相顧聚則仇殺雖有二遊擊分轄之然其所見憚者尾氏家法與該管土官頭目而已土兵忌狼兵先進以攘其功狼兵忌土兵後至而挫其銳氣態相戾功次相競可不知所以處之乎

調客兵

都御史章煥題云今治倭者無他調兵而已臣愚以爲非久計也小發之不足多發則用度不計久駐則老師費財暫駐則兵散而賊復入且衆兵雜處爭隙易

生壯健久曠奸盜自起故客兵協守惟郡城塞下可以居之客主相當有所忌也江南民弱客兵所爲恆麤視之者淫婦女劫貨物殺良民客兵之亂與倭夷等前世調兵江南皆有明戒

又云調至土兵賊頗畏忌然亦獷悍難馴夫以苗攻倭猶以毒攻毒不可輕用亦不可久用者也是在上醫國手劑量斟酌對病而攻病去即已今既無鼓舞之方復無調停之法事急則懸賞求之勢緩則厭棄置之求之則易驕棄之則生怨此調兵之制未定者也

兵部主事黃元恭云唐德宗藉回紇以解圍而遂基旋入之擾石敬塘因契丹以取唐卒釀播遷之禍狼土[illegible]兵非我族類山東徐邳騎不習步四川廣西尚不

諳渠用其所短行其所疑則何賴焉且必重費以致
之應募則有安家在途則有傳食即營則勞來安插
月給行賞計每主兵四五而贍一客兵然烏合無籍
戀家寡情故逸使之易勞使之難悅使之從怒使之
拂利使之來罪使之叛至其習見我之無內恃而專
外藉則遂驕恣橫行所過塞門以防其虜遣發議賞
而後行重賞之格不自
朝廷出幸勝必獲賞而復進逮勸之令不自軍門出首級
則偽良爲賊冐從爲王而不得覈之論功之典不自
憲臣出敗衄則棄營而逃以避誅再募則逃者重冐
以趨利在營者原籍官司不得羈縻而閱實待之如
此其厚也養之如此其驕也然湯克寬一試之而徐

邳之卒敗李逢時許國再試之而山東之卒敗至于
今永順保靖麻陽酉陽尾氏賴陽諸兵潰且散散而
盡矣其効已明然猶甘心捐厚畜驕而無變計亦獨
何哉
丹陽邵芳云練本地之兵但可爲本處防守而已不能
追勦大敵也欲追勦大敵須調兵何也土兵習知地
利顧戀桑梓故選而練之可爲常計若別省有事欲
望隣省之民團作一處協力以拯之能乎不能乎且
如往年徐海陳東率領寇數萬壓境而來蘇松杭嘉
各自保不暇其能相顧而協勦乎故練土兵與調客
兵不可偏廢
御史邵惟中題請　勑下該部轉行督撫大臣從長計

議如徵調客兵必責令大頭目統領蓋有大頭目則
所調客兵亦精而法令必行仍以監軍等官控制之
類造各兵年貌籍貫文冊照其實數給以糧餉解赴
軍門照冊查點犒勞報効立功果有功次速行奏
請陞賞如有退縮即以軍法處治其逃歸者行彼處巡按
提問
都御史章煥云踐更以示其信處置以服其心以諸邊
節制之兵爲之準調到狼土之兵爲之輔夫邊兵矩
度素閑可以消狼苗之逸志狼苗有變而邊兵之強
足以制之夫藥有相佐亦有相制惟兵亦然
裕州知州王宇云按邊兵習慣苦寒日夜備虜不寧寢
食以爲兵戍皆然一旦調至南方見蘇杭富饒逸樂

武備廢弛不惟歆羨而不甘抑且玩侮而無忌我
祖宗立法止是原調用于北邊自正德間議者不深顧念
調擒劉七及江西之寇邊兵遂驕邊患遂啓難於收
拾今欲更調之以備倭後患有叵測者湖兵款兵之
當慮也亦然故調客兵不如不調或曰鄉兵僅可各
守一方調往他處不能也捍禦大敵不能也不調客
兵何以支倭之大舉曰春秋之齊國嘗受晉楚之師
晉師中豈無邊兵乎楚師中豈無土兵乎不聞齊借
何地之兵以禦之也若必欲以夷攻夷齊師中夷何
在乎兵之強弱惟係得人與不得人齊桓公用一管
仲行內政寓軍令之法遂霸天下今若有人能倣其
義於保甲法中抽選且如每甲中一家出丁九家不

出丁者出銀津貼則不患于無兵與無餉矣就其中更選一班精鋭專一聽調謂之遊兵如此豈不攻守皆有備乎

鄭若曾曰今之論禦倭者有三曰調客兵曰練鄉兵曰募土著之兵愚以爲募土著之兵可也調客兵與練鄉兵不可也何也客兵性氣驕悍不受吾之約束既不肯受約束豈肯出死力而爲我殺敵乎故客兵有害而無益所謂不可調者此也欲練鄉兵須處錢糧養之今之錢糧甚難區處將欲使民自備與則民因貧而投兵豈能自備乎將欲官給之與則凡民之無依者恐盡起而應募何以支之將欲驗田均派與則田多者恐其始倩勇夫以充役後用家丁之無能者以抽代人且不常安能訓成兵技乎況防春正值農忙廢田事而團結不可也鄉民各保其鄉調用之於他處不樂也故鄉保甲之法僅可以防夜警自古迄今未聞以之而禦夷狄者所謂不可練者此也夫惟募兵一事執利權以囿民擇選之精訓練之勤賞罰之嚴悉由乎我而大有實益然募遠方之民非智也加賦以養兵非仁也須遵奏行新例令貧民補實衛所額查各州縣民壯弓兵之額而三分之留其一與有司自用取其二而團聚於府沿海弓兵亦取而團聚之通計三項用其精强易其老弱大約以三千爲卒合軍伍民壯弓兵之三者豈不足以供其數乎軍糧每歲九十六斗以一衛計之則五萬石矣民壯弓

兵每歲身銀柒兩貳錢以一旅計之則銀千[illegible]

國朝定額見在所實費者以是實費而行吾實事分而訓之各精一技合而訓之使知分合進退之法平居則團練於府有警則分調各州縣豈不精壯常在官使不必調兵而兵自足不必擾民而餉自充也哉是之謂土著之兵所當募者此也然欲復

祖宗之軍額須復

祖宗之糧額凡衛所之缺伍而開作羨餘者不奏沓之不可也欲團練民壯弓兵須令各州縣按季徵解民壯弓兵之身銀若聽其自索諸民不可也

處客兵

主事唐樞云諸客兵每日供費須集議的當銀米數目令可求爲遵守其數目須相去不遠使無彼此相形其間若欲厚薄只於犒賞處低昂之

客兵附録

狼兵

廣西狼兵尤悍然不易得其真狼也真狼兵必土官親行部署總出其餘不過柳州所爲水東岩之游民與廣州新會打手之屬而已亦無以加於嘉湖販鹽者流也

東蘭那地南丹州之狼兵能以少擊衆十出而九勝何者三州土官之狼兵大畧如昔秦人以首虜爲上功其所部署之法將千人者得以軍令臨百人之將百人者得以軍令臨十人之將凡一人赴敵則左右

六呼而夾擊而一伍軍爭救之否則一人戰沒而左右不夾擊者臨陣即斬其一伍之衆必論罪以差長者截耳矣凡一伍赴敵則左右伍呼而夾擊而一隊皆爭救之否則一伍戰沒而左右伍不夾擊者臨陣即斬其一隊之衆必論罪以差長者截耳矣不如令者斬退縮者斬走者斬言恐衆者斬敵人衝而亂者斬敵既敗走佯以金帛遺地或爭取而不追躡者斬一切科條與世之軍政所載無以異而其既也所謂論功行賞之法戰沒受上賞當臨陣躍馬前鬬因而摧敵破陣雖不獲級而能奪敵之氣者受上賞斬級者論首虜以差斬級而能冠所同伍者輒以其人領之故其兵可死而不可敗

岑氏家法七人爲伍每伍自相爲命四人專主擊刺三人專主割首所獲首級七人共分之割首之人雖有照護主擊刺者之責然不必其武藝之精絶也我
祖宗舊制狼兵調征經過之處不許入城狼兵性貪淫離家遠出罕御酒肉又不獲縱貨色之慾含怨歛恨惟刼於其主之威而已若有司不善遇之擄掠之患所不免也

湖兵鈎鐮鎗弩之技

湖廣土兵永順爲上保靖次之其兵天下莫强焉近嘗調三千人後調六千實私加一倍共一萬二千人其陣法每司立二十四旗頭每旗一人居前其次三人横列爲第二重又其次五人横列爲第三重又其次七人横列爲第四重又其次七人横列爲第五重其餘皆置後擺呼助陣若在前者敗績則第二重居中者進補兩翼亦然勝負以五重爲限若五重而皆敗則餘無望矣每旗一十六人二十四旗共三百八十四人皆精選之人也其調法初檄所屬照丁抽選宣慰額天祭以白牛牛首置几上銀副之下令曰多士中有敢死衝鋒者收此銀啖此牛首勇者報名彙而收之更盟誓而食之即各旗頭標下十六人是也其節制甚嚴止許擊刺不許割首違者與退縮者皆斬故所戰必捷人莫敢攖俱沿途剽掠胥謂其不可用不知剽掠之故一是因調來者非止一枝有過得相推委二是因小頭目愚弄宣慰謂人不可擅殺殺

則言官論之
朝廷罪之彼然而德之也若以保永分爲二班輪調每調每人月給工食銀一兩每歲十四萬四千兩先以四萬兩與調官領給土兵途費不必騷動有司及稽途程其來也一以憲副督之宣慰主禁令調官專主聚泊每晚不許舟師亂泊須視調官搴旗然後魚貫而泊次早即行勿容登岸有功者照常每給賞銀三十兩給與本兵無使土官侵匿宣慰土官大加陞賞其歸也憲副調官仍照前法送之則兵將感激聞風知勵何剽掠之有所患者土兵無鳥嘴銃須軍門以素演熟者三千發助用其技藝十全矣

湖廣九溪等衛容美宣慰等司桑植安撫長官等司

麻寮等所上峝茅等峒各有驍勇土兵慣熟戰陣

河南兵

嵩盧等縣毛葫蘆兵

懷慶弘農二衛字號官軍多驍徤可用

睢陳二衛宣武彰德二衛軍兵可用

礦夫

嵩縣盧氏縣永寧縣靈寶縣俱堪調取

角腦兵

打手

打手須用行文四處選取每百餘名選一驍勇知名之士率領其給賞冠帶假以把總名目與礦夫同

北方兵

山東直隸徐邳山西善使雙頭棍標鎗打手

徐州箭手

保定箭手

涿州河間等兵

徐邳淮揚乃勁兵所產之處就委慣戰者糸遊督率

僧兵

今之武藝天下胥推少林其次爲伏牛要之伏牛諸僧亦因欲禦鑛盜而學於少林者耳其次爲五臺五臺之傳本之楊氏世所謂楊家鎗是也

邊兵

延綏遼東兩鎮官兵

大同遊兵

福兵漳兵

習水戰聞於諸兵中爲最

坑兵

浙江以處州爲絶勇處州守坑之軍其性徤鬬但未嘗水戰

義烏兵

浙江處州坑兵之外以義烏兵爲第一溫台兵次之寧紹兵又次之

竈丁

直隸鹽徒慣海可爲船兵

都督俞大猷曰東南各省地方原有可調之兵如山東有長竿手河南有毛葫蘆浙江有金處台福建有漳泉廣東有新會東莞江西有安遠龍南湖廣四川貴州雲南廣西各有土官兵每遇巨盜生發就近徵調三二萬衆隨檄而集且各省地方原有可用之器如長竿手慣用長竿諸器毛葫蘆慣用短鎗諸器金處台慣用狼筅竹鎗諸器漳泉慣用藤牌鏢鎗諸器新會東莞慣用長牌砍刀諸器安遠龍南慣用大旗長鎗諸器土官兵慣用鈎刀鏢牌藥弩木弓諸器一遇調募各挾慣用之器而來又如海上之戰廣東有烏船橫江船福建有尖艚白艚船浙江有八槳蒼山船近因地方多事雖各預造在官遇有大警官造者不足用復刷之民間亦各應期而至故每籍其器與船以成功此皆身經而目擊之也

九卷終

籌海重編卷之十

崑山鄭若曾原編
晉江鄧鐘重編

目錄

集衆謀

副使吳子孝云鄉宦舉人監生生員人各有職下至耆老總理人等不拘貴賤但有所見許其面陳許其具手本來說虛心以受之下禮以招之則奇計出矣差更許其薦舉多能之士畢集軍門智策不可勝用矣然須有一二名士高才定其可否迂濶狂妄者不用則群小無以售其奸諸葛公開誠心布公道廣忠益集衆思專攻吾之闕一字不可少也

舉人王文祿云如至一縣必諭知縣曰爾爲知縣必知一縣人才有謀者不拘縉紳士庶請之來吾當詢之詢之一縣則一縣之謀集矣詢之一府則一府之謀集矣府縣積而爲省省積而爲天下則天下之謀集矣然集衆謀必先虛巳畧去勢分屈降咨詢邇言不遺寸長必錄懽然如家人父子手足腹心之相與唯求靖寇爲急則庶乎其可也宋岳武穆謀勇之全者也將出兵也猶且盡召諸統制環坐而飲食之先謀敵之所以敗我者至於六七竭智共攻必無敗也乃行故每戰而無敗況其下者而可不集衆謀乎是故用兵者必以集衆謀爲先也

吳郡生員盛之化云周文襄巡撫江南父老士庶無不延訪或時在路亦止輿受言陽明先生自入仕以至秉鉞動隨生徒顧問帷幄後遇逆濠之變君龍光黄受諸人或爲間諜或潛伺察或通機密皆以平日腹心爲之遂能成功邇年東塘毛公征交南大開言路

有賞無罰諜士集者八十二人遂能開削故道洞見
敵情奮士鼓行蠻王納欵此皆前事之足驗者

收圖籍

都御史唐順之云古之籌邊者虜之所從入與吾之所以制虜皆可以按圖而坐籌之虜人非萬騎不能大舉騎不可一日無水草沙磧少水而水草可飲食萬騎者尤爲難得虜人擁騎南下須是覓得水草便利處然後可入其無水草處虜人亦不能以饑渴馬致千里也是以邊城雖綿亘千萬里虜人雖是風雨來去而其師從入大約可以先定其小小隘口零騎可入處雖不可數而其大舉之路大約不過數條而已禦虜者常患備多而力分苟圖畫分明可以必虜之所入與所不入知虜所入與所不入則備可以不多而力可以不分列屯築堡焉設按伏省却大半氣力

定武畧

兵部尚書胡世寧云自古詰戎練武專備蠻夷盜賊蓋以二者皆能戕殺生靈傾覆宗社故殺人以救人非得已也今境外四夷已有
祖訓不許輕伐
先朝惟責邊將謹備其來而或近出百里之外勢將入寇則先伐其謀耳自來不曾遠征至于邊境叛軍即聽處決擒殺者律已明別無他議若民間盜起則宜查
累朝設立巡撫兵備
勑詞立爲定制務使練兵足食一聞盜賊生發即便舉兵撲滅於微一面奏聞及其既久則宜撫捕兼行以散其脅從離其黨與而必殲其渠魁不許姑息若其一時

失計稍有挫衂則當體念勝負兵家之常責圖後效以全功其若終無成功或先隱瞞坐視及有事地方等官或先爭權曲阻其事或後忌成陰毀其功者皆當重治誤事甚者即照先年重例處

鼓軍氣

都御史唐順之題云戰陣之所以精明與中國之所以勝四夷者氣也非甲兵之謂也國家承平日久文吏游談而養尊武臣恬嬉而寶身閒雅雍容之習成而慷慨果銳之氣銷臣視師東南備觀怯將情狀一聞賊戰如澆冷水顔色可憐縱不便走股已先慄雖亦未必盡然而然者固多矣至于倭賊渡洋談笑飲食若履平地而我將棲泊近岸日遇海風則頭捍目眩夜聞潮則耳聾心惕且夫倭賊有過貌我將之氣而我將無必吞倭賊之氣則是未戰而索然也如此而望長驅海島掃清大憝臣猶以為難也此氣在宇宙間磨礱而時用之則鮮明置之不

用則黯無精光謂宜文臣督師時御戎服出入軍中發揚蹈厲以作武將之氣武臣大將遇有賊戰戎服出入陣中以作偏裨小校之氣偏裨小校遇有賊戰戎服先登以作士卒之氣而督師武將臨陣督戰間取潰校逃卒遵奉旗牌事例百萬軍中忽然斬却一二人以變士卒之耳目使我之氣日益精明則賊之氣自然銷沮此其言若迂濶而實勝敵之要機也李光弼澁軍而旌旗變色每戰必勝氣之謂也

按荊川鼓軍氣之說不如東坡倡勇敢之論盖士氣精明必須養之有素臨陣倡勇敢者作之若但使文臣戎服先登以倡疲卒則疲卒望敵而潰從送文臣與賊殺之而已無益也軍之取勝全在乎氣作之誠是但如此作之恐難

公賞罰

兵部尚書王守仁云夫法之不行自上犯之也今總兵官之頭目動以若干彼其誠以武勇而收錄之也則亦何不可之有然而此輩非勢家之子弟即豪右之夤緣皆以權力而強委之彼且需求刻剥騷擾道路伏勢以奪功無勞而冒賞懈戰士之心與邊戎之怨為總兵者且復資其權力以相後先其委之也敢以不受乎其受之也其肯以不庇乎苟戾於法又敢斬之以殉乎是將軍之威固已因此輩而索然矣其何以臨師服衆哉必須提督等官發令之日即以先所喪師者斬于轅門以正軍法而所謂頭目之屬悉皆禁令發回毋使潰擾侵冒以撓將權則士卒奮勵軍

威振肅克敵制勝皆原於此

又云近年以來如賊攻城掠鄉每每督兵追剿而不勝者以無賞罰為之激勸耳今後但遇賊情領兵官不拘軍衛有司所領兵衆有退縮不用命者許領兵官軍前以軍法從事領兵官不用命者許總統兵官軍前以軍法從事所統兵衆有能對敵擒斬功次或赴敵陣亡從實開報覆勘是實奏聞一體陞賞至若生擒賊徒鞫問明白即時押赴市曹斬首示衆庶使人知警畏亦與見行事例决不待時無相悖戾則賞罰既明人心激勵盜賊生發得以即時撲滅糧餉可省事功可見矣

都御史方廉云用兵之際衝鋒為難斬級次之今海上

賊船初來能迎其鋒犂沉一船另賞銀一百兩飽去
之賊犂沉一船另賞銀五十兩如不能對敵挫駕小
船撈取首級者不惟不賞即以退縮論陸地之賊初
來疲困其易擒剿延至二三日即復强悍但初剿之
不令貽害地方又不當以難易言也其間能衝鋒破
陣使賊披靡者另賞銀三百兩若夫鄉村零斬必要
倭首相兼仍審地方隣証見賊犯某處從何斬獲取
有結狀方照格行賞查係虚冒即以妄殺平人論

都御史唐順之云賊若從某處海面深入登岸者該總
首先坐之論其登岸多少以次罪及總兵又罪及兵
備海道而止至於海中擊賊初至將領以奇功論已
有事例惟軍士首級之賞尚未别白臣先具題擊來

船與擊歸船不同擊歸船真倭首級一顆給銀十五
兩自合如故擊來船真倭首級一顆合無量增銀十
兩比陸戰首級尚少銀伍兩豈足使水卒感恩懷利
盡使擊賊哉

又云自來海中獲功止擊歸賊不擊來賊歸則賊氣已
惰賊資又滿人既樂擊擊之又易來則賊氣方鋭賊
船又空人不樂擊擊之又難擊賊之歸如虎啗人而
人殺虎虎斃而人已殘擊賊之來如虎未啗人而人
殺虎人不傷而虎斃

總督胡宗憲云出入波濤冒不測之險人情所甚不堪
然嘗思之地里有險夷而土著於無險人情有利害
而利重者忘害君使各隘調官軍必於沿海衛所自

少生長身履目擊雖或利還異地事無弗同至其乘
危冒險轉戰窮追若只同常廪止以常格論功其視
內地輕重難易之間殊有不得其平者今須多處行
糧豐其犒賞若總兵官能使賊船不得登岸而於海
洋擒斬首級得叙異格各軍人等比內地所獲功次
倍論如止獲賊船亦以大小論級如此則人皆爭奮
而無不堪之情矣

兵部尚書胡世寧云聞各處兵戰多因割取首級及爭
縛生擒檢取婦女財物以致費力悞事乃將欽奉
奏例并斟酌事情預定臨陣賞罰條格惟臨陣先登破
敵者第一人賞銀十兩第二人第三人各賞銀五兩
其先登被賊攢捉而後兵進救得勝者亦賞銀十兩

其擒殺諸賊首級俱依
欽定賞格對敵陣亡者先給埋葬銀二兩子孫陞世襲
官一級不願官者另賞銀三十兩若退陣逃回被賊
趕殺者不賞亦不收葬

又云夫以賞言首級論功非
國初舊制也兩軍相敵當先格鬬者手眼瞬息不得差
池何暇割首使其取首則再不能戰而爲敵所乘爲
後軍所爭奪死矣故首級非我大勝彼大敗奔遠不
能割而割之者多或非真也貪軍奮死殺賊止望得
賞衣食稍足耳豈望陞官也惟論首級陞官故殺賊
者不能取首而得首者又爲勢要所奪又或因爭首
級自相蹂踐而爲敵所敗此邉人之大恨兵戰之大

患也以罰言則原奏邊例交鋒傷虜四五人即問充
軍殺虜十名口以上不報者止降一級輕重不倫隱
瞞得利人何苦而實報哉又或兩軍對敵勝負相當
殺傷相抵我軍被殺者可驗殺被之人不能取首不
得論功亦問前罪故今邊將惟以退縮保守爲事而
墩堡任其攻克鄉民任其殺擄上下相瞞惟事欺隱
而已甚者被殺之人捨死逃回邊堡以其先時失報
恐被查究而遂殺之尤可痛也如蒙
聖明更定賞罰之格惟嚴隱匿之罪其兩軍交鋒而殺傷
相抵不曾割取首級撫按明知回奏者不問其罪其
有守備力所不及雖被殺擄二十人以下亦不問充
軍其若力可敵而不敵雖失四五人亦問充軍至于

兵力相當退縮敗陣及擁衆自衛縱賊深入而又不
能擊其惰歸以取勝者但被殺擄數十人以上俱問
失機其他軍校小小失事不曾有誤地方者輕則聽
領兵官量情責打重則送巡撫官即時問決不必一
一奏勘以致累死邊軍至于戰勝論功止憑巡撫兵
備查審衆証某人設策某人當先破陣某人殺死幾
人皆聽巡撫官量情即時給賞銀兩但紀其功不必
陞官其有三次設謀或當先破陣或一起連殺三五
人以上勇力出衆者方保陞官其若巡撫總兵失事
扶同隱匿或冐功賞其所私者却從巡按訪實糾舉
必問重罪如此庶幾賞罰當而人心思奮
又云首級論功之弊有詐冐有攘奪甚至戮平民傷諴

士其弊有不可勝言者惟
朝廷命將得人則所任偏裨校領自皆奉公而執法其所
身經而目覩者某陣得某人之效謀而得勝某陣得
某人之奮力而成功其方戰也某人敵退某人其既
勝也某人斬獲幾首又某人奮敵不過而被殺某人
得功幾多而陣亡回營之後復叅之於衆見而報之
於紀功之人由是權其難易以第其功賞不專尚於
首級也至於凱旋之日則某人書辦得用某人隨從
有勞詳以上奏而量加甄錄固亦可也若冐報立功
之人則面試其謀勇斬敵之狀而取證其臨敵同事
之人其僞立見矣丘公濬所言選任紀功之官更立
賞功之式而欲死者一功當生者二功皆良法也

在京各衙門會議云凡有官員舉監生員義民人等督
領家丁赴軍門隨賊截殺得獲功次及仗義輸粟濟
軍者俱聽軍門及撫按官臨時酌擬奏
請從厚陞賞以爲懷忠慕義者之勸至于耆民統領沙兵
或屬把總或屬府縣官管轄其所獲功次仍照部下
功論擬陞賞
巡撫都御史唐順之云肅隊而趨挺矛而舞非以爲觀
也將責之以臨陣禦敵之實用也責之臨陣禦敵之
實用而不以臨陣禦敵之賞罰施之則亦戲而已矣
史傳所記子玉治兵斬七人貫三人耳孫武以婦女
試陣法而戮其女隊長二人然後鼓之而無不如意
然則古之治兵者大畧可見也請於常廪之外多儲

金錢以賞其用命者以作其投石超距之氣其不用
命者縱不能盡如臨陣之刑而軍令所謂鞭笞貫耳
等類許將官督撫亦時一行之以示威或聯爲伍法
罰及同伍紀律既明人心自肅至其臨陣庶幾畏我
而不畏敵矣
太倉生員毛希秉云欲人出死力不與同其利自古未
有能濟者也乞依鼂錯邊事胡人入驅能止所驅者
以其半與之凡巡捕所獲鹽船賊船聽其照例估料
納銀不得如舊惟聽勢要在官人徵價給領利歸他
人如此而再犯贓壞法照依文官永不許管軍管事
庶不敢顧利不敢輕犯
明憲而可責其盡職矣此使人自爲戰之法也

兵備副使凌雲翼云臨陣退縮軍法甚重今領兵官員
畏罪掩飾每遇賊入犯即妄稱領兵追賊其實去賊
甚遠不惟不見其形雖賊之衆寡虛實亦不得而知
也及尾賊出境乃妄報追至其處與賊血戰沉死者
不計燒死者不計斬獲首級一顆豈有與賊血戰而
斬獲僅一顆者乎此名爲追賊實與退縮何異不加
究治遂效尤接踵習爲故智豈不敗迺事哉今後須
申明軍法務使從實追剿如果賊勢重大兵力寡弱
徑自明白聲說以爲別圖如或窮追連旬累月不聞
一戰直至賊出境虛飾浮詞欺罔觀聽者聽本道查
實參呈重究與退縮同科庶可以破其躲閃之故態
閩縣知縣仇俊卿云羊斟之微足以覆宋一笠之小可

以强吳三畧曰軍無賞士不往故賞罰兵家之所尚
也後世賞罰不明武備廢弛有脂韋襁抱而報功者
有手獲功級而爲人掩奪者亦有喪師矯以爲捷而
冒賞者有屢建奇功獨立而反蒙辜者亦有秉喜怒
愛憎之故而賞不以功罰不以罪者顛倒繆迷如此
何以厭服人心振揚武烈顧其鋒鏑縱橫之際存亡
呼吸之間人以萬死博一賞在上者寧不動心矜察
之乎若有見敵不前交鋒不勇者罰固無足議也亦
有勢孤援寡勞逸饑飽主賓地利之不同者此皆有
可原也斬將先登破陣殺賊者賞固在上功也亦有
運籌決勝者雖未曾身蒙矢石亦賞之所推首也苟
或俘降以邀功誘虜以違令甚至截殺行人老稚以

充首級者又皆在所不赦也故將之五德信賞必罰
爲之主焉若近歲王陽明申明賞罰疏雖已事之後
猶不忘前功斯可以永昭勸懲者也
鄭若曾曰已上諸論皆賞罰之常格未盡其妙也夫賞
罰者榮辱之謂也大而官爵之命小而言語之褒皆
謂之榮重而斬刖之刑輕而斥詈之及皆謂之辱施
恩而可測者非榮也惟施不測之恩人方以爲恩而
知所勸耳施威而可測者非辱也惟施不測之辱人
方以爲威而知所懲耳故有今日爲行伍而明日拔
之爲將領者有侵晨在人上而薄暮降之爲役卒者
褒貶予奪大公無我顛倒豪傑莫知端倪則人孰肯
甘處其辱而不思所以自奮哉在上者能測乎此則

激惰爲勤轉弱爲强不必用衛所之官而民間自有
良將可選不必調湖粵之兵而鄉閭自有勇夫可練
矣

鍾梭平倭事例内稱遇聚至五百名以上大勢倭
賊我兵數僅相當有能衝鋒陷陣一鼓蕩平或以
寡擊衆力戰成功者列爲一等内擒斬有名真倭
賊首一名顆者陞實授三級不願陞者賞銀一百
五十兩如賊數不多易於取勝者列爲二等獲有
名真倭賊首一名顆者陞實授一級不願陞者賞
銀五十兩俱照舊外議自萬曆六年九月以後擒
斬倭功不拘外洋登岸賊至五百名之外船至十
隻以上爲一等所獲真倭從賊一名顆者陞署職

一級不願陞者賞銀五十兩獲漢人脅從賊三名
顆者陞署職一級不願陞者賞銀二十五兩賊至
三百名之外船至五隻以上爲二等所獲真倭從
賊三名顆者陞署職一級不願陞者賞銀二十五
兩如不及數二名顆者賞銀二十兩一名顆者賞
銀十五兩獲漢人脅從賊三名顆者賞銀二十兩
二名顆者賞銀十五兩一名顆者賞銀十兩賊不
過數十人船不過一二隻及敗後散遁零星擒斬
者獲有名真倭賊首一名顆者賞銀二十五兩不
願賞者陞署職一級獲真倭從賊一名顆者賞銀
十兩獲漢人脅從賊一名顆者賞銀五兩此外軍
中尚有衝鋒賞格只要衝殺賊徒敗走仍直前追

殺不拘斬級以賊大敗爲功俱即時照格陞
賞不容靳吝至若賊犯信地官兵逡巡不進致賊
深入或脱走者或飛工繚手故意不直射賊船者
或貪取賊人遺棄財物買海縱賊不追者或巡海
疎虞致賊登岸焚掠者或賊登陸官兵失于堵截
臨陣退縮者俱即時處以軍法近奉兵部題奉
欽依比照禦虜事例如有容令一船泊岸一倭登陸者即
坐以失機之罪有能堅守信地一倭不犯者即爲
首功雖與前人所論不同似可酌議而行也
又按斬首賜爵始於秦然在泮獻馘已見於詩則
上功首虜所從來遠矣我
朝軍功凡非臨陣親斬者不得世襲而領兵官自守把叅

遊以上皆不得上親斬功豈以爲將者責在旗鼓
而不以斬馘爲務哉抑以其功易於虚冒而不録
耶然爲將亦有摧鋒陷陣身先士卒者又焉可盡
誣其皆虚冒也惟領兵官無親斬功則有身爲大
將而其子孫僅襲一千百夫長至其厮役走卒因
人成事往往得襲萬户者豈非小功反録而大功
不賞哉如象
題議以後領兵官不拘總副叅遊守把如果親身督戰勝
一陣者得陞實職一級因其賊之多寡功之難易
以爲等差亦激勸戎行之一機也或曰如此不幾
於陞賞太濫乎曰不然夫一陣而斬倭虜一百則陞賞百級矣斬倭虜一千則陞賞千級矣彼自與千者不吝賞而獨吝於領兵官之一二級是輕千金而重豆羮簞食也可乎哉

禁妄殺
兵備副使凌雲翼云各領兵官員既不能奮勇運謀隨
地方保障往往將被擄逃回或窮鄉避難之民殺以
報功故行路者若非成群不敢獨行是不能禦賊而
反爲民賊矣又從而賞之誠可痛恨今後報首級止
一顆二顆者聽本道查訪果有對敵實迹方轉送紀
驗其或許冒無據者即鞫究明白坐以抵命至於指
稱奸細殺以爲功者猶爲易見盖謂之奸細必至一
二人假裝吾民或探聽消息或潛爲內應既已覺露
可縛而致之非臨陣血戰者比也何至斬首級哉以
後奸細止許生擒不許殺害違者一體抵罪

御史徐栻云自古命將出征師還奏凱取魁首以爲大
戮後世緣此遂尚首功故首級不明非惟功賞不實
亦多戕害人命西北邊功正患坐此流弊也我
祖宗深鑒茲弊惟北虜女直倭寇南蠻得論首級以其種
類別而真僞易辨耳近者斬獲倭寇得比照流賊事
例已該兵部題奉
欽依但恐貪冒成風功次失實未免貽誣殺冒功之害願
皇上勑下該部議行海防巡撫都御史以後凡遇海上報
捷即便詳加勘驗果係皮肉緊縮有血蔭刀痕及項
心顱門無髮又非刀剃者方爲真正首級論功奏
請陞賞其有中國勾引之人雖係有髮須在大夥賊內對
陣擒斬者方許比照從賊生擒例議賞如有誣殺平
民妄報功次者叅究坐罪

處首級
都御史唐順之云鳥銃手不許割首級亦不暇割首級
論賞與餘軍數照分給假如百人爲率或鳥銃手十
名餘軍九十名鳥銃手居餘軍十分之一或餘軍內
得一首級該銀叁拾兩則鳥銃手得銀亦十分之一
共分銀三兩人數多寡分銀數多寡率照此例筭
太常寺卿魏校云臨陣不可生擒在野不可妄殺陷陣
先登者爲上功繼而登者次之尚功首虜敗亡之道
也

松江府同知羅拱宸云各兵懦怯者既不肯前而勇悍
者衝鋒多因砍取首級以致敗事若一兵砍取首級
則傍兵見必爭之况得首級者欲全賞功銀兩未免
先奔一兵相爭則衆兵皆亂一兵既走則衆兵皆擾
兵因此而驚潰賊乘此而進衝今須於將臨陣時審
其願衝鋒者各給與衝鋒小木牌使衆兵皆知其爲
衝鋒彼雖欲不前誰則容之衝鋒者決不許砍取首
級若有衝鋒兵先拏首級來獻者打一百棍仍不准
給賞陣後助陣兵夫許令斬級如一陣斬獲首級若
干顆該給賞功銀若干兩內以七分給衝鋒兵以二
分給與助陣砍取首級之兵以一分驗其在陣被傷
者給之庶賞有差等不致爭亂而人皆思奮矣

海洋

總督胡宗憲云海防之制謂之海防則必宜防之于海
循江防者必防之于江此定論也
國初沿海每衛各造大靑及風尖八槳等船一百餘隻出
海指揮統率官軍更番出洋哨守海門諸島皆有烽
墩可爲停泊其後弛出洋之令列船港次浙東于定
海浙西于乍浦蘓州于吳淞江口及劉家河夫乍浦
之地海灘淺闊無山嶴避風之處前把總周易等所
領戰船被賊燒燬僅遺拾餘隻近又報爲颶風擊碎
不若海中洋山殿前窩集反可泊船也吳淞江口及
劉家河出海紆迴又非泊船防海處所議者欲分番
乍浦之船以守海上洋山蘇松之船以守馬蹟定海

之船以守大衢則三山品峙哨守相聯可扼來寇而
其外陳錢諸島尤爲賊衝兵部原題副總兵統領戰
船住劄海上防賊截殺則如陳錢乃其所當屯泊而
提督軍門及海道等官每於風汛時月相叅巡察有
警則我大船火器衝截賊入使不得越過各島則彼
毒無所施釁孽不作內地安堵矣
通政唐順之云禦倭上策自來無人不言禦之于海而
竟罕有能禦之于海者何也文臣無下海者則將領
畏避潮險不肯出洋而責之小校水卒則亦躲泊近
港不肯遠哨是以賊來則登岸殘破地方則陸將重
罪而水將旁觀矣臣竊觀崇明諸沙舟山諸山各相
連絡是造物者設險以迂海寇之路以蔽吳淞[illegible]

海內地也
國初置縣設衛最有深意而沈家門分哨之制至今可考
合無春汛緊急時月蘇松兵備暫駐崇明寧紹兵備
或海道內推擇一人暫駐舟山而總兵副總兵常居
海中嚴督各總分定海面南北會哨晝夜揚帆環轉
不絕其遠哨必至洋山馬蹟
兵部尚書楊博云平倭長策不欲鏖戰于海上直欲邀
擊于海中比之制禦北狄守大邊而不守次邊者事
體相同誠得先發制人之意
國初更番出洋之制極爲盡善至于列船港口猶之棄門
戶而守堂室寖失初意宜復
祖宗出洋之制

丙辰會試策云諸將海戰而勝者常十八其內地戰勝
者常十一何勇于海而怯于內也其故有四士卒入
海人無還心皆殊死戰無所逃難一也洪艟巨艦易
以凌賊勢便二也毒藥火器且戰且焚三也賊載水
而飲開口待鹵勢不能持久四也而其後不能禦賊
者亦有四犯不測之險以命博賊而常賞不讐生其
怠心一也海中無人易以爲解二也既不能賞易於
姑息將不能驅三也海波不常或利或否四也議者
皆言盍脩戰具反其四失守馬蹟殿前諸山以控吳
守大衢諸山以衛越守陳錢諸島以制賊往來之衝
夾擊互救三道爲犄賊不足防矣
南京兵部尚書張時徹云今之水戰止能要擊去賊而

於來者亦能遏其鋒夫來賊銳而去賊惰擊惰易而攻銳難人情所習知也然擊來賊者譬之撲火於方然之始火滅則棟宇可以無虞擊去賊者收燎於既燼之後此其利害則有間矣自海上用師擊來賊者僅一二見而要去賊者亦不過文其縱賊不追之罪耳今若以擊來賊之賞優於追去賊之賞以縱來賊之誅嚴於縱去賊之誅而當事者同心戮力急如救焚盡遏海外方來之寇則邊鄙又何不寧耶

總兵俞大猷云倭賊自彼島入寇遇正東風徑由茶山入江以犯直隸則江內正兵之船可以禦之遇東北風必由下八山陳錢里西倒球于邪清水馬蹟蒲嶴丁興長途衢山揚山普陀馬墓等嶴經過然後北犯南直隸西南犯浙江請于浙江共設樓船貳百隻蒼船壹百隻分伏于前項海嶴往來巡探攻捕名之曰遊兵而遠遏之於大洋之外

主事黃元恭云或者曰我兵長於水戰短於陸戰而倭奴則長於陸短于水故禦之莫要于海中陳錢馬蹟大衢殿前揚山當倭奴往來之衝誠設總兵官駐陳錢參將叅員分駐馬蹟大衢殿前揚山常川督哨禦其來而邀其去賊殲而魚矣愚竊謂其策甚善而難行蓋海棲經月必有颶風嶢崕劒峰難於椗泊癸丑春參將俞大猷圍王直于馬蹟蛟龍驚砲而舡幾至覆沒師旋賊遁乙卯秋浙直會兵大衢殿前邀賊歸路疾風暴雨大作飄沒舟師以千萬計是亦乘危幸功者也夫大海無際何獨稱四山爲賊由之衝蓋航海者必晝行夜止依山宿泊自倭東南而來望中惟此四山相去各一二程始至陳錢必泊次泊馬蹟次泊大衢次泊殿前洋山若驛傳駐蹕然固非若子午谷東西莫適必由隘中行者賊誠知山有兵東西南北何所不適雖失所依泊然與犯官兵之必死寧冒風濤之不測且聞長老云起椗揚帆舍山泊而適大洋此避颶風之妙術而豈謂必死地哉知戒地而不避有生途而不趨賊必不然矣然則禦其來而邀其去不可爲歟曰依此四山但嚴遣哨探潛師伺之萬無不中者設官顯駐是示趋避之標耳故是策也宜潛不宜露宜邀其歸不宜伺其來蓋歸路可計日候風信故也

禦海策云備倭之術不過守禦二者而已未聞泛舟大海遠征島夷雖以元世祖之威伯顏孛木兒之勇艨衝千里旌旗蔽空一遇颶作萬人魚鱉此其明驗也而況沙石起伏洲渚驅阻風候向背潮汐高下波濤洶湧至到淺深彼皆素所諳練以我之迷而蹈彼之危能爲必勝哉

海道副使譚綸云禦寇海洋使不得登岸策之上也今之士夫皆主此說其實大海茫茫剿賊甚難蓋賊之來也必乘風潮之順吾往迎之必逆風逆潮不其難乎賊之去也亦必乘風潮之順吾伺其順而追之愈追愈遠能必其相及乎即使及矣逆風逆潮不難歸

乎况賊見我舟能必其不遠避乎運舵之間咫尺千里我能必攻之乎故海將專以風潮藉口實躲閃焉吾何所據以查之耶陸戰則不然瞬息生死勢不兩立非彼即已將士不能作弊况海中殺賊縱能滅其幾舟在彼猶不幸而失風耳其所全者衆常懐僥倖之心陸地之戰彼將全軍覆沒能無懼乎故講海戰不如講陸戰之爲善

寧波生員陳可願云吾昔使日本經歷海中諸山涯意覼之陳錢乃孤山突出極東大洋水深不可下椗又無嶴可泊惟小漁舟盪槳至此即以舟拖閣灘塗採捕後仍拖下水而回欲以此爲期會之地恐不便也馬蹟大衢洋山則不然盖馬蹟有小潭可以泊舟但

有龍窟不可放砲遇敵難戰此山雖在陳錢之西離大衢尚遠賊舟西來一過陳錢即是馬蹟以此爲會哨之地可也大衢與長塗相對其西有礁無嶴不可以舟泊且亦有龍窟宜避之其東面有衢東嶴者可容廣福船四十隻但水震蕩不寧舟泊于此久則易壞不如以大舟藏于長塗之北而以哨舟泊于衢東嶴遇警擧號招廣福船剿之豈非長久之計乎但大衢在北長塗在南相離不過半潮之遠潮從東西行兩山束縛其勢甚疾哨船戰船遇潮來與落時皆難横渡俟潮平然後可行兼應亦有不便者

崑山鄭若曾曰禦海洋之策有言其可行者有言其不可行者將以何者爲定乎曾嘗親至海上而知之向來定海奉象一帶貧民以海爲生湯盪小舟至陳錢下八山取殼肉紫菜者不啻萬計每歲倭船入寇五島開洋東北風五六晝夜至陳錢下八分䑸以犯閩浙直隸此輩恒先遇之有被殺者有被虜爲嚮導者因此諸山曠遠蕭條無居民守禦賊得以深入此胡總督與趙尚書之議所由建也然事理雖長而未經試練嗣後將官行之覺有不便者何也離内地太遠聲援不及接濟不便風潮有順逆艤船有便否蛟龍之驚觸礁之險設伏擊刺之難將官之命危于磊卵無或其爭執爲難行也然自禦海洋之法立而倭至必預之爲備亦甚易非若乙卯以前倭船岸人猶未覺其爲寇也茍因將官之不欲而遂已之烏可哉如愚

見哨賊于遠洋而不常厥居擊賊于近洋而勿使近岸是善體二公之意而悠久可行矣

叅將吳顥忠曰用兵必察地利豈特陸兵哉即防海亦然浙直沿海小山聯絡其外有羊許諸山當日本之衝又其外有陳錢等山近以陳錢等山難便泊船止行哨探而多設舟師於羊許諸山是羊許諸山猶之外邊然縱賊遂入以致登岸則守羊許者即同失機是矣乃閩廣與浙海無山即有之勢不相及不能必其盡不入也是閩廣之防海與浙直異以其地利之不同耳議者不可不知

固海岸

通政唐順之云賊至不能禦之於海則海岸之守為緊關第二義賊新至饑疲巢穴未成擊之猶易延入內地縱盡殲之所損多矣然自來沿海戍守莫不擁城觀望而不顧內地之殘破內地戍守亦幸賊所不到而不肯策應沿海今宜分定沿海保護內地內地策應沿海地方沿海力戰損兵折將宜坐內地不能策應之罪內地殘破沿海幸完宜坐沿海縱賊之罪又如同是一樣沿海地方賊由寧紹登岸寧紹却不殘破而殘破溫台賊由溫台登岸溫台却不殘破而殘破寧紹自來則坐地方殘破者之罪今宜并坐賊所從入其沿海文武將吏有能連次鏖戰抵遏賊鋒阻

賊下船不得登岸深入者雖無首級以奇功論一准平倭事例如此則人知謹於海岸之守不敢幸賊空過以覬免門戶常扃堂奧自安矣

知府嚴中云外洋禦寇豈不是上策但在將官有難於奉行者何也海中無風之時絕少一有風色天氣即昏面對不相見矣須十分晴明方能瞭遠歲在巳未颶風大作四百戰船一齊覆沒利害如此將官出哨豈敢遠泛大洋必尋澳內收泊令一二小舟行探耳若迎風而上遇敵歸報賊使順風瞬息數百里報至賊亦至矣若順風而去遇敵歸報甚難甚難況遇賊被殺將官不知此常事也故謂海戰為可恃者必其未嘗親至海洋者也若見海洋自知此說之難行而

以固海岸為不易之定策矣

又云海防不設險于海岸而設險于海中山沙猶論北方邊務者不可但守近邊須遠守于邊墻之外其見同也昔者余子俊嘗因脩外邊費財甚多其後邊墻反易壞而難守何也離內地太遠照顧之力自有所不迨也且如北邊之制每城垛相去六尺一軍守之積而三千六百丈之遠不過守以千人而已虜來攻城動以數萬計六百丈之間只此千人如何相策應而禦乎此與水兵哨船出海太遠聲援不及備禦甚難同一義也

國初信國公不肯設險于險之外豈其智不及此哉可以悟矣

鎮撫蔡汝蘭云環海兵船之設其法不為不善其備不為不周矣邇年未收全功者有說焉夫茫茫巨洋極目無際雖於要害之處聯艦設備而疾風怒濤不時亦必擇善地而停泊焉豈得揚帆起椗常出洋外而能盡阻賊船之不入盡遏賊船之不歸哉但能於大數內訂得分數中幾分耳必欲盡收全功以為經久不易之圖在於水陸夾攻夫倭寇之發䑸犯我也每徒止備一月行糧而飄泊二月者有之每船可載百徒而滿載二百者有之及其抵岸困憊莫甚使得焚舟登陸奪險鼓勢養銳蓄精然後出我兵以臨近者十日遠者一月方得與賊相望反主為客轉佚為勞豈能得志為今之計宜於春汛小汛先期一月將兵

道兵士督發各海口要害之處安營操練與兵船相表裏以爲防守萬全之計脫或賊船潛入海口則水兵星羅於其外陸兵雲布於其內將至也擊其困憊既至也擊其先登既登也擊其無備以疲憊倉皇之賊而當我養盛豫備之兵一鼓成擒不血刃而收全功矣春汛之期不過三月將終四月將半小汛之期不過九月將終十月將半過此則非風汛所利而倭警不必防矣今宜於每年三月九月初將各道統兵官分與信地令其督領部兵出沿海兵船停泊之處安營操練防守賊至即擊春汛至五月終小汛至十月終方令撤兵歸道嚴立限期則防禦周而賊無返棹先聲播而賊無伺志矣

衆將吳顥忠曰水兵惟取其諳水性往往不以技藝教之殊不知舟師禦賊於海上勢或不能盡殲賊且逸入內地觸處登岸水兵不諳陸技水窮則止今宜將各水兵盡教以步伐止齊之節攻殺擊刺之宜若徒登岸即舍舟而從之陸兵迎擊於其前水兵追躡於其後彼首尾受敵進退維谷此則無調遣之煩無奔逐之勞而所以全取勝養水兵一萬兼得陸兵一萬之用矣

勤會哨

廣福浙三省大海相連地畫有限若分界以守則孤圍受敵勢弱而危查得亡命多係廣福浙三省之人通夥流劫南風汛則勾引夷船由廣東而上達於漳泉蔓延於興福北風汛則勾引夷船由浙江而下達於福寧蔓延於興泉四方無賴又從而接濟之嚮導之若欲調兵剿捕攻東則竄西攻南則遁北急則替移外境不能以窮追緩則旋復合䑸有難於卒殄此夷船與草撇船之大勢也又有一種奸徒見本處禁嚴勾引外省在福建者則於廣東之高潮等處造船浙江之寧紹等處置貨糾黨入番在浙江廣東者則於福建之漳泉等處造船置貨糾黨入番此三省之通

弊也故福建捕之而廣浙不捕不可也廣浙捕之而福建不捕亦不可也必嚴令各官於連界處會哨如在福建者下則哨至大城千戶所與廣東之兵會上則哨至蒲門千戶所與浙江之兵會在浙江者下則哨至流江等處與烽火之兵會在廣東者上則哨至南澳等處與玄鐘之兵會遇有倭患互爲聲援協謀會捕賊勢豈有不孤而海患豈有不戢寧者哉

閩縣知縣仇俊卿云

國初沿海相近地方轉相哨報勢合情聯承平既久人多好逸事機漸踈即以東南沿海直隸與各省相近之勢言之浙之海寧等處則北與直之金山崇明等界相接其蒲壯等所則南與閩之流江烽火等寨相接

閩之銅山玄鍾等澳則又南與廣之柘林寨遙聯相接向來各省自分彼此不相哨報緩急難備今欲與各省相近衛寨轉相會哨往來絡繹使萬里海洋無懸料叵測之患其會哨官軍船隻須各給字號牌票以防險細混雜爲奸併註到銷日期以杜偷玩

又云兵法地有所必争言其險要也嘗聞海寇往來其大船常躲匿外洋山島之處小船時出而爲剽掠在浙常於南麂山住船雙嶼港出貨若東洛赭山等處則皆其別道也在閩常於走馬溪舊浯嶼住船月港出貨若安海崇武等處則皆其游莊也自浙迤北則極于料角而屬于直隸自閩漸南則湾于南澳而屬于廣潮中間所泊所經之處可以得其槩也此往事今亡矣

東粵水軍約法云會哨爲水兵第一要務蓋每日有船海中行使遇有賊船便知追擊若在澳臨時起逄起椗緩不及事今議各寨各哨俱立會哨簿一扇左右中前後哨日各出船相會彼此填記上簿闌防鈐蓋至如柘林之會福建碣石之會柘林南頭之會碣石单日自南會北雙日自北會南推之各營寨絡繹相聯莫不如是如遇大風則免會本哨官自填簿上以便掣簿查考但不許虛填及差人齎簿由陸填印查出哨捕革役備總不稽督者定行参究

哨探

兵備副使凌雲翼云哨探者兵之耳目也哨探既真則先事有備今沿海守把官員遇賊初至皆不聞知及巳近岸倉皇失措甚則我船亦有被虜以爲賊資者今後把總官務要督同各哨官員多置蜈蚣楼船精選熟知水性之人遠出外洋分投哨探如有聲息先來停報其附近各港官兵一聞警急隨合䑸約會截擊大洋庶可獲制勝之功如賊從某官某信地登岸把守官不先期傳報附近官兵聞報不即時策應以致深入腹裏貽害地方聽本道查實指名參究坐以失悞重罪其有與賊相拒衆寡不敵者原情另處庶人心兢惕海防可固矣

鄭若曾曰哨探與間諜不同間諜者使人於敵中設法離其腹心覘其虛實之謂也哨探者將欲進兵預分遣人裝作田夫漁樵之類於兵所經行險拒路口宵行晝伏窺輯於我兵將到之前夕某處有伏某處無伏逐路預報兵得以安心前進也此須極其機警熟知道路之人方可任使乃將之腹心所托兵之安危所係也非平日恩信相孚者不可

重鄰援

兵部尚書楊愽題云南北總督總兵職專閫寄欽奉
勑諭一應事宜聽其處置並無中制之意至於止以血戰
應援爲功不以損軍擅離爲罪又節奉
俞旨永爲定額令行各官從實舉行以後鄰封如果有警
本鎮無警即便發兵策應共保萬全如敢自分彼此
秦越相視者聽巡按御史指名參奏

舉人王文祿云今當着爲令救之令若攻一省諸郡救之若攻一郡諸邑救之若攻一邑鄰邑鄰所救之正猶子弟之衛父兄手足之捍頭目保家保身而不可緩也夫所謂救之者非盡撤居守之兵以救之也每郡每邑每所抽其精者而救之則令少而成多也惟

抽其精者而勵之以敢死之志歆之以信賞之榮或負砲夜偷或繞擊不意則寇腹背受敵驚潰莫支解散而不暇攻矣蓋城既被圍兵不能出以應敵必得鄰境外兵始能救之不然坐待其斃耳

散賊黨

太常寺卿魏校云海寇須開其自生之路自古豈有二三千人致死命不開其生路而欲盡殲之者諸人能不以克勝受賞爲心方可與上帝之心合其事方可成功

兵部尚書王守仁云出給告示凡脅從皆不問雖常受賊官爵能逃歸者皆免死斬賊徒歸降者給賞使內外居民及鄉導人等四路傳播以解散其黨

主事唐樞云內地人入賊夥者須許親識的當人共結令其自新以散賊黨并可因而行間

閩縣知縣仇俊卿云海寇之聚其初必未同情有寃抑難理因憤而流于寇者有憑籍門户因勢而利于寇

者有貲殖失計因困而營于寇者有功名淪落因傲而放于寇者有傭賃作息因貧而食于寇者有知識風水因能而誘于寇者有親屬被拘因愛而牽于寇者有搶掠人口因壯而投于寇者諸如此類中間不無可矜雖在寇盜之日未必皆無求生之心招徠撥亂轉移亦易吾將爲攻心之謀伐交之計必明揭榜于通衢或書黄旗標插寇所內地之人有願歸籍許令不時投首官給口糧押赴各該鄉井有親鄰識認者即時放釋並不加罪中有豪傑能以智力取倭首來獻者另行重賞若能說誘謀主出降者
題封見任官職如此彼必危疑其黨易散又聞寇至地方必先虜其土著之人以爲鄉導吾即以鄉人之知

巧者遣之虜去反行間諜或假作接濟之人與之往來使不相疑或暗貽之財使厚相結兼餽飲食使日相狃如此未有不可得彼之情以行吾計取者也

慎招撫附

兵部尚書王守仁云招撫之議但可偶行於無辜脅從之民而不可常行於長惡怙終之寇可一施於回心向化之徒而不可屢施於隨招隨叛之黨何也寇亂之始被害之民恃官府之威令猶或聚衆而與之角鳴之於官而有司者以為既招撫之則皆置之不問盜賊習知官府之不彼與也益從而脅之民不任其苦知官府之不足恃亦遂靡然而從賊由是盜賊益

無所畏而出刼日頻知官府之必將已招也百姓益無所恃而從賊日衆知官府之必不能為已地也夫平民有冤苦無伸而盜賊乃無求不遂為民者因征輸之劇而為盜者獲犒賞之勤則亦何苦而不彼從乎是故近賊者為之戰守遠賊者為之鄉導處城郭者為之交援在官府者為之間諜其始出於避禍其卒也從而利之故曰盜賊之日滋由於招撫之太濫者此也

兵部尚書胡世寧云已招者不殺再叛者不招新起者必撲滅於微

用間諜

都御史唐順之云用間使其自相疑而自為鬬最是攻夷上策然非深得敵情則不能用間非熟于地形則不可以成犄角之勢而夜襲敵營且我兵形既露虜人亦日夜為備而匿實示虛匿近示遠匿精壯而示羸弱百計以疑我者宜亦深是故得敵情為難

鍾按間諜機事也一則當用得其人一則當不吝厚費如漢以千金使陳平行反間是也去歲陳申見告閩中議論紛然有策倭寇之必入犯者有策倭寇之必不入犯者總涉遥度終無真見鍾謂欲得其情甚易不過召二海商給二船引許其過日本貿易人無不樂往者彼中有大明街皆中國人

一至其地虛實可得夏往秋還僅數月耳時閩中亦欲舉行而卒不果信乎任事者之難其人也噫用間且無人況使人反間哉孫子云非聖智不能用間非微妙不能得間之實有餘味矣

陛宣諭
南京工部尚書馬坤等題朝鮮居東北日本居正東偏
北故日本諸夷凡由海上入中國交通生事舟必經
過朝鮮海面先年倭首宗設等犯我海道大肆叛逆
屠害中國軍民數多時朝鮮國王李懌聞賊歸由彼
海憤其作孽盡遮殺之隨即具奏倭奴打劫上國致
殺官兵不伏天誅過境仰仗
皇威剿殺幾盡并將擒獲賊倭中林望古多羅等及賊首
級三千顆與長箭船總等物連槍回人口王樣等差
刑曹參判成洗昌等先後齎獻
闕下此固未暇深究其故但朝鮮能殺日本之人則驗矣
請乞宣諭朝鮮國王查賊經由海面既與日本密邇

王須盘申初議盡行截殺仍行國王就近轉查日本
管國者近年倭寇是否由其縱放若果知情速令悔
改若係左右奸宄或係中國逋逃假借妄爲就令其
盡將首惡擒斬獻報是亦一策也
在京各衙門會議云查得先該巡視浙江都御史王忬
題臣聞東南之倭寇猶西北之匈奴詛詐勇猛强不
可禦乘風迅速來不可測故我
朝備倭比自山東南抵閩廣規畫經制不減西北且嚴通
番下海之禁明十年一貢之期使當脩舉不失豈有
邊患但數十年來事皆廢弛番商海寇俱至浙洋寧
紹蘇杭姦宄射利之徒接濟交通勾引貿易自嘉靖
二年宋素卿入梗之後邊事日隳遺禍愈重閩廣徽

浙無賴亡命潛匿倭國者不下千數居民里巷皆名
大唐有資本者則糾倭貿易無財力則聯夷肆劫巨
室爲之隱諱官府惟務調停識者固知有今日之變
矣臣詢訪在海賊首約有百人其雄狡著名徽州王
五峰徐碧溪徐明山寧波毛海峰徐元亮漳州沈南
山李華山泉州洪朝堅皆廣布奸細包藏禍心雖恃
海洋遼闊亦由倭國爲之淵藪也節據被虜人供稱
本國酋長請有入貢勘合得行以利歸于上今各倭
私自貿易利歸于下彼中酋長甚是不樂嘗禁各倭
西犯昨劫黄巖去者多被擒殺今春閩隘亦加嚴禁
曾追回倭船貳拾餘隻并審擒獲賊首李哪嗟亦稱
渠魁沈南山等安住倭國分遣其黨同倭入寇此輩

不除海無寧日若差人曉諭國王定將各逆并島夷
剿逐此雖未可輕信而國王感恩慕義之心亦豈盡
無查得永樂年間倭夷入貢又有倭寇犯邊令來使
追捕得倭賊若干許以彼國法治之以次蒸死數拾
餘年海洋平靜海道副使李文進屢以議呈欲臣具
請特
旨行朝鮮南行琉球轉諭彼國及令布政司咨行述其
許貢之由勉以藩屏之義令將中國逋逃盡擒起發
嚴密各島不得出關庶使賊勢自孤兵力可逞但恐
夷情叵測
國體攸關未敢遽陳即今警變異常正多方圖濟之日乞
要查酌議擬等因本部咨行禮部查議記又該刑部

河南司主事郭仁題云今之倡亂者已經兵部明言
有賊首王直盤據海島招納叛亡然畢竟勾引倭奴
張大聲勢故敢倡獗一至此也臣承乏刑曹凡遇朝
鮮國解至日本薩摩州失風流賊望古三甫羅等轉
行到部有被鎗火銃木牌刻有軍門及松江府字號
則倭奴之流刼江南也無疑常考洪武二年遣臣趙
秩諭日本來貢五年復遣僧祖闡無逸往宣佛法諭
其來貢
太祖爲賜詩送行實重厥事也乃十餘年得安堵焉永樂
初命太監鄭和等招撫諸番日本獨先納貢并擒獻
犯邊賊二十餘人就命來使治以其國之法于鄞地
盡行蒸殺至十五年復入寇邊將執其酋首送

京師
成祖待以不死遣刑部員外郎李澗等使日本降
璽書責以敬天事大之義次年澗還其國王源義時亦遣
刺史奉表稱謝
成祖特釋其罪宴賚有加嗣是終
成祖世不復入寇此仁義並用
祖宗駕馭倭奴之長策也即今海島群盜旁午使舟或未
能達昔
太祖嘗以三佛齊梗化阻絕使臣商賈命禮部移文暹羅
國王轉達爪哇俾以大義告于三佛齊今無查照故
事遣使朝鮮
諭令差官齎送

璽書前往日本宣揚
聖朝威德戒令欽戢屬夷該本部覆議移咨總督會同操
巡撫按等官轉相計議題奉
聖旨已經通行督撫等官議處未報近又該督察侍□趙
文華咨送通事一名降倭二名前到兵部譯審得入
寇海賊俱係日本所屬野馬小夷被中國逋逃之徒
糾同打刼倭王未必盡知所據
南京工部尚書馬坤題
請前臣似亦有據及要宣諭朝鮮一節又與王忬郭仁所
奏大畧相同且日本原係朝貢之國載在典制遣官
傳諭于義無乖合無從禮部酌量查照
祖宗故事差官齎捧

璽書前至朝鮮
諭令傳諭日本國王以示君臣之義禍福之機令其禁戢
屬夷擒斬華逆以効臣節如果罪在夷屬國王無預
輸誠聽命海氛蕭清許其遣使奏報另議褒奬是亦
不戰屈人之一策也
海道副使　云照得倭夷諸島種類雖繁部落相聯
亦有酋長衆所尊者號曰天文其法最嚴其威懾衆
一人爲盜一家盡滅一島有犯隣島移平即奉令勘
合以時來貢者彼中故事每遇閏年則諸島富倭各
出以貲輸於天文請得勘合方來入貢實則貿遷有
無以侔厚利利權在上天文所欲者後因海禁廢弛
奸民通番殷實之倭徑自貿易不請勘合利權下移

天文所不樂者加之徽賊王徐閩賊林陳輩假稱名
號竊録勘合妄具禮儀私通酋長遂至招呼盜衆往
來無稽天文所不知者此皆彼中情狀博訪似實故
本職在昔具呈題
請許令省諭蓋嘗反覆思之審矣若須降
璽書特遣使命恐偶不敬反生事端若令琉球高麗就近
傳宣事在彼中難於取必不如止行浙江巡撫得以
從宜省諭當如永樂事例取高僧數人移文秉將直
至天文詳爲傳諭宣累
朝許貢之恩禁近來倭夷之擾發王徐之僞收逃叛之民
許脩常貢操利權天文雖愚必知所擇盖日本所需
絲綿藥物器用之類悉皆仰給中國不能缺者若或

海禁皆嚴通番盡止彼日用不足勢必請貢惟命是
從而我所欲爲亦無不遂此又拔本塞源之術也
通政唐順之云宣諭日本浙江軍門常請命遣使矣竟
不能盡得其要領使者坐罪而其事遂罷嘗考平倭
略所載洪武永樂間遣使日本者不一而足
高皇帝又嘗與劉基議以倭國重佛特遣僧往諭古者兵
交使在其間以深得敵情而處之切中其機也然自
葉宗滿之坐重罪而逋逃欲自歸者不免自疑自蔣
洲之得罪而人以使絶域爲諱或宜減宗滿之罪以
示信于逋逃之徒寛蔣洲之獄以留使絶域詗敵情
之一路
兵部主事黄元恭云策者曰倭夷犯順乃群小之僭竊

其君不知也誠遣使諭之彼王必能禁其下海境安
矣百萬之師何如一介之任耶竊恚之昔晉率陰戎
伐頡周景王以弁髦之敝告晉辭直獲免而說者以
爲失君臣上下華夷之分今堂堂
天朝玉帛萬國威迅九垓雖倭奴爲患譬則蟊蝨之螫耳
未若唐之回紇宋之金元何至其哀周之不屑耶且
倭奴狡猾素無慕義之誠其臣復數十年不爲梗者
特通貢之利足羈縻之耳今入寇之利百倍通貢充
其貪心何所不至猶恃中國之威懾服有素而群小
之回誘說未通若遽遣使諭之假其重以寢其兵示
弱明甚矣安知不啓通國之貪乎
海道副使譚綸云移諭日本之言似不可行何也通番

接濟乃吾中國沿海之人也中國之官不能自禁而
欲夷王禁其所屬不爲所笑乎欲望夷王之禁其屬
必先自禁始
鐘按先王之馭荒服也不貢不庭則有征伐之兵
有威讓之令有文告之辭故
太祖
太宗遣使遣僧諭日本王者再矣古之帝王皆行之安可
謂失華夷之分貽後世之羞哉第恐山城君威令
不行未必能禁止其群小之不爲盜且倭夷譎詐
終不可以誨化懷服耳

道
通政唐順之奏云據總兵官盧鏜手本内一款撫處夷
情以尊
國體事開稱
祖宗以來給與日本金印勘合十年一貢船不得過三隻
人不得過百名既申遠夷慕義之情遠夷亦得交易
中國之貨以爲利而中國亦以羈縻遠夷使常馴服
不爲寇賊百餘年來自嘉靖二年宗設宋素卿等爭
貢讐殺貽害地方因而絶貢至嘉靖十八年正使碩
鼎等齎獻貢物并進表文伏罪荷蒙
皇上擴天地之仁雖非貢期復准入貢嘉靖二十六年正
使周良等坐船肆隻復貢議者計方九年之期有違

事例徑自阻回從此貢路不通倭夷素性貪詐利我
中國之貨既不與貢則無復望矣因此遂被姦徒勾
引同利爲寇不止則以偶蹉一年貢期阻回之故也
爲今之計乞題請
聖裁行令各衙門遵照今後夷人復來求貢果有真正表
印勘合別無詐僞姑不計其限例就與奏請起送赴
京譯審來寇之端
勑彼國王令其查治悪逆歛戢屬夷使不敢再犯則倭
夷知有貢路之可通而詭計自銷黨類自携勾引之
徒亦可暫縛矣鏜老將也二十餘年在海上熟諳夷
情其言當不甚妄乞
勑兵部查議可行與否臣又聞先時陝西總制王瓊論

西夷事以謂能絶其入貢之路不能絶其入寇之路
今亦可借以爲喻也
兵部尚書張時徹云前此入寇以通番下海勾引嚮導
者多也乃不嚴禁姦之令而欲開非時入貢之門是
止沸而益之薪也况倭王微弱號令已不行於國中
即便通貢果能禁諸島之寇掠乎且貢夷止數百計
而寇邊者動以千萬計豈寇邊之賊皆欲貢而不得
貢者乎請宣頒明詔申命海道帥臣益嚴守備貢則
却而驅之出境寇則剿雜而禽獮之則奸謀狡計破
阻不行矣邇者臺省部寺會疏奏行九事一曰選武
將二曰任文職三曰精選練四曰慎徵調五曰處軍
餉六曰守要害七曰明職掌八曰明賞罰九曰行撫

諭酌以時議之允協者而兼行之以内收順治之功
而外樹威嚴之績如其且寇且貢反覆不情則用威
讓之令文告之辭以却絶之是恪遵
太祖高皇帝之明訓義之所以盡也如其引慝伏罪重
譯効款必欲率賓王化以自納於覆載之中則必質
其信使堅其誓約
勑令禁戢各島不復犯我邊疆期以數年爲斷共命不
渝而後如
先朝着例容令入貢此
成祖文皇帝綏徠之方仁之所以爲至也是故明徵定保
君子監成憲而行之爾
尚書楊守陳云倭奴僻在海島其俗狙詐而狠貪自喜

以至近代已嘗爲中國疥癬矣
國初洪武間嘗來而不恪
朝廷旣正其罪復絕不與通著之爲訓至永樂初始復來
貢而後許之於是往來數數知我中國之虛實山川
之險易因肆奸譎時拏舟載其方物戎器出沒海道
而窺伺我得間則張其戎器而肆侵夷不得間則陳
其方物而稱朝貢侵夷則擄民財朝貢則沾國賜間
有得不得而利無不得其計之狡如是至宣德末來
不得間乃復稱貢而
朝廷不知其狡
詔至京師燕賞豐渥稛載而歸則已中其計矣正統中來
而得間乃入桃渚犯我大嵩劫倉庾燔室廬賊殺蓋

庶積骸流血如陵谷縛嬰兒于柱沃之沸湯視其啼
號以爲笑樂捕得孕婦則卜其孕之男女刳視以賭
酒荒淫穢惡至有不可言者吾民之少壯與其粟帛
席捲而歸巢穴城野蕭條過者隕涕於是
朝廷下備倭之詔命重臣守要地增城堡謹斥堠大修戰
艦合浙東諸衛之軍分番防備而兵威振於海表肆
七八年間邊氓安堵而奴倭潛伏罔敢犄焉茲者變
來窺伺而我軍懷夙昔之憤幸其自來送死皆瞋目
礪刃欲食其肉而寢處其皮彼不得間乃復稱貢而
我師遂從其請以達于
朝是將復中其計矣
朝廷未納其貢而吾鄞先罹其害吾及民稼穡爲之舍館餒

民脂膏爲之飲食勞民肋力爲之役使防衛甚嚴而
夕呼十徵而九歛雖雞犬不得寧焉而彼且縱肆無
道強市物貨善譋婦女貂璫不之制藩憲不之問郡
縣莫敢誰何民旣譁然不寧矣若復
詔至京師則所過之民其有不譁然如吾鄞者乎且其所
貢刀扇之屬非時所急價不滿千而所爲糜國用弊
民生而過厚之者一則欲得向化之心一則欲弭其
侵邊之患也今其狡計如前則非向化者矣受其貢
亦侵不受其貢亦侵無可弭者矣昔西旅貢獒召公
猶致戒於君越裳獻白雉周公猶避讓不敢受漢通
康居罽賓隋通高昌伊吾皆不免乎君子之議況今
倭奴乃我讐敵而於搆釁之餘復敢懷其狙詐狼貪

之心而旋其奸計以罔我其罪不勝誅矣況可與之
通乎然彼以貢獻爲名旣入我境而遂誅之則類於
殺降不武不義若從而納其所貢則中其奸計而益
招其玩侮不可謂智取一而損十得虛而費實不可
謂計弊所恃以事無用俾其不兵甲而騷不水旱而
窘不可謂仁有一於斯皆非王者之道竊以爲宜降
明詔數其不恭之罪示以不殺之仁歸其貢獻而驅之出
境申命海道帥臣益嚴守備伺其復來則草薙而禽
獮之俾無噍類若是則奸謀狡計破沮不行若日之
所照月之所臨物莫能遁故天下咸知
朝廷之明貢獻不納貨賄不貪雖有遠方珍怪之物無所
用之故天下咸知

朝廷之廣自浙江以達京畿數千里之民莫不[illegible]
之勞不知徵斂之苦父哺其子夫飽其妻而優游以
衣食故天下咸知
朝廷之仁裔夷知吾國有禮義而不敢侮奸宄知吾國有
謀猷而不敢發擇故不鳴金鼓不試故天下咸知
朝廷之威舉一事而衆善備焉斯與衆民富國而卒蠻夷
之服者萬不侔矣
鍾按帝王之於夷狄如天地之無不覆載來則欽
之去則聽其自外而已惟倭奴之與北虜狡譎鷙
悍若虎豹之不可以圈籠非若牛馬犬羊可以羈
馬福衡畜養之也故不得間則稱貢得間則劫掠
是彼以稱貢爲劫掠之媒也貢亦入寇不貢亦入
寇是我蒙虛名而受實禍也中國何所賴焉惟謹
備之而已
太祖燭其宄狡深痛絕之可謂明見萬里矣

開互市
主事唐樞云我
太祖高皇帝定鼎之二年遣使趙秩招諭日本次年國王
良懷奉表入貢五年復遣僧祖闡往諭之隨遣人奉
方物犒祖闡之使也宗泐以詩別
高皇帝親和之有同仁無遐邇之句十三年貢使無表文
俱發三邊安插十四年貢使表有前使姓名乃悉放
還自十五年賊臣胡惟庸黨備倭指揮林賢入倭搆
亂十六年寇金鄉十九年進巨燭暗藏火藥兵器佐
惟庸爲不軌于是
高皇帝立訓絕其往來夫招之者帝王無外之仁也無驗
而拘之及得其真而即歸之中國柔遠之禮也其奸
深禍結示以永拒聖人誅罪之義也然不即動兵于
討以訓令代鈇鉞明于勢之所不及不欲以全律之
也
文皇帝繼世定貢加賚遣使給符封其鎮山初禁似與全
釋盖後先殊局彼此異宜而其致一也嘗考大明律
凡將物私出外境貨賣及下海者罪止杖一百將人
口軍器出境及下海者絞因而走泄事情者斬及考
問刑條例擅造二桅以上大船將帶違禁貨物下海
往番國買賣潛通海賊同謀結聚及爲嚮導劫掠良
民者處以極刑若止將大船僱與下海之人分取番
貨及糾通下海之人接買番貨發邊衛充軍若小民
撐使單桅小船于海邊近處捕魚打柴巡捕官兵不

許擾害欽測
皇猷防民以惡交而不強遏其販貿杜民以奸構而不直
撓其生業故海上境外之貨實與夷爲市罪惟杖而
不過謂不勝其重也其誅斬焉則人口軍器恐資寇
兵益盜黨耳違式巨艦雖成濟具而原其所欲爲若
只從互市罪亦不列死款夫然後知
先皇制律之意嚴奸究以沮其漸復因利用以體其情苟
當事者不意論慎測一切矯枉而踰于直豈
先皇大道爲公之謂哉
通政唐順之云
國初浙福廣三省設三市舶司在浙江者專爲日本入貢
帶有貨物許其交易在廣東者則西洋番船之輳許

其交易而抽分之若福建既不通貢又不通舶而
國初設立市舶之意漫不可考矣舶之爲利也譬之礦然
封閉礦洞驅斥礦徒是爲上策度不能閉則國收其
利權而自操之是爲中策不收利孔洩漏以資
奸萌嘯聚其人斯無策矣今海賊據浯嶼南澳諸島
公然番舶之利而中土之民交通接濟殺之而不能
止則利權之在也宜備查
國初設立市舶之意毋洩利孔使奸人得乘其便
主事黃元恭云或者云中國繁華之盛四夷慕之吾民
之出而勾引彼夷之入而橫暴皆此爲之媒故浙之
定海有關號稱要害誠於此立市多設防兵以通諸
番之市貿易則夷人有自通之便吾民杜竊出之端凡

所欲物以好取不以戎取夷酋何憚而不爲廣中感
通市舶百姓安堵是明徵矣雖與諸番類觀廣浙事
體大不侔也嘗聞海島諸夷惟倭狡猾爲甚出沒無
時所在登刼故沿海諸郡盡設守備把總等官軍以
禦之曰備倭蓋患之深矣廣東舊有諸番之舶而無
倭故通市無恙若乃定海本倭入貢之道定海通市
舶倭奴原在不拒之中昔在
太祖朝猶慮倭奴通貢之擾而不與
成祖嘉其擒獻叛寇之忠始許之自劉江擒斬盡絕之後
憲臣有司能束以法恪守陪臣之分帖帖者數十年
至嘉靖癸未夏宗宋二倭搆孽中國莫能禁自是遂
萌驕桀貢不及期獻不盡物爭屠剽夠之故相矛

環視者屢矣當是時守臣巳難禁輯況通市於大亂
示懲之後誰復能以綱紀馴擾之昨倭自寧波登刼
者八十人南京橫行兩省而後殲之計市舶之倭當
不減八十其或外順内奸乘吾不備甚易易也就令
無他安保吾民不有奸貪愚弄以起隙又安保彼中
不有淫僃憝驕恣以生戎一有不虞將何以禦之此端
一啓朝夕慄慄官除者必掛納屢處者必播遷昔人
倡爲馬市之説以弭亂得乎失乎鑒不在遠矣
兵部尚書張時徹云或謂定海沿邊舊通番舶宜准閩
廣事例開市抽稅則邊儲可足而外患可弭殊不知
彼狡者倭非南海諸番全身保貨之比防嚴禁密猶
櫂不測而兇可啓乎兇其挾貲求利者即非腼肝怨

身之徒而捐性命犯鋒鏑者必其素無賴莠者也茲以我之市不市爲彼之寇不寇者哉殷監不遠元事足徵當商舶未至而絕之爲易貿易既通而一或不得其所將窮兇以逞則將何以禦之乎今之寇邊者動以千萬計果能一一而與之市乎内地之商閩風膽落果能驅之而使市乎既以市招之而卒不與市將何詞以罷遣之乎夷以百市兵以千備夷以千市兵以萬備猶恐不足以折其奸謀我之財力果足以辦此乎且市非計日限月之可期也彼之求市無已則我之備禦之無已果能屯兵而不散已乎此皆利害之較然者也乃謂可以足邊儲而弭外患不已大繆乎

鄭若曾云今之論寇禦者一則曰市舶當開一則曰市舶不當開愚以爲皆未也何也貢舶與市舶一事也分而言之則非矣市舶與商舶二事也合而言之則非矣商舶與寇舶初本二事中變爲一今復分爲二事混而言之亦非矣何言乎一也凡外夷貢者我

朝皆設市舶司以領之在廣東者專爲占城暹羅諸番而設在福建者專爲琉球而設在浙江者專爲日本而設其來也許帶方物官設牙行與民貿易謂之互市是有貢舶即有互市非入貢即不許其互市明矣西番琉球從來未嘗寇邊其通貢有不待言者日本狡詐叛服不常故獨限其期爲十年人爲二百舟爲二隻後雖寬假其數而十年之期未始改也今若單言市舶當開而不論其是期非期是貢非貢則釐貢與互市爲二不必俟貢而常可以來互市矣系

祖宗之典章可乎哉何言乎二也貢舶者

王法之所許市舶之所司乃貿易公也海商者

王法之所不許市舶之所不經乃貿易之私也日本原無商舶商舶乃西洋原貢諸夷載貨舶廣東之私澳官稅而貿易之既而欲避抽稅省陸運福人導之改泊海倉月港浙人又導之改泊雙嶼每歲夏季而來望冬而去可與貢舶相混乎何言乎二而一一而二也海商常恐遇寇海寇惟恐其不遇商如陰陽晝夜判然相反爲商者易嘗有爲寇之念哉自甲申歲凶雙嶼貨壅而日本貢使適至海商遂販貨以隨售倩倭以自防官司禁

之弗得西洋船原回私澳東洋船遍布海洋而向之商舶悉變而爲寇舶矣然倭人有貧有富有淑有慝富者與福人潛通改聚南澳日本夷商惟以銀置貨非若西番之載貨交易也福人利其值希其抽稅買矣底船至外海貼造而徃渡之此固無待於市舶之開而其互市未嘗不行者也貧者剽掠肆志每歲犯邊然令其互市彼固無貲也亦不欲也此非開市舶之所能止而亦不當反錫之名目者也故不知者謂倭寇之患起於市舶不開市舶不開由於入貢不許許其入貢通其市舶中外得利寇志泯矣其知者曰之以爲不然夫貢者夷王之所遣有定期有金葉勘合表文爲驗使其來也以時其驗也無僞我

朝未嘗不許也貢未嘗不許則市舶未嘗不通可

之有使其來無定時驗無左証乃假入貢之名爲入
寇之計雖欲許得乎貢既不可許市舶獨可開乎或
謂日本國王號令不行山口豊後互相雄噬金葉勘
合燬於兵久矣如責其期拘其驗則彼終無繇貢而
市舶終無繇開矣須弘包荒之量昭無外之仁可也
又不然夫貢而無驗招寇之囮也貢而無期弛備之
階也緩其期稽其驗隄防猶難矧可頻貢而勿驗哉
大抵善施恩者施之於威伸之後則人知恩今寇犯
順數年雖屢大捷而禍猶未殄倭未知畏也此須肅
清之後俟其請罪求貢或如永樂初擒斬對馬臺岐
故事夫然後許之則撫下之仁事上之義兩得之矣
兵部尚書鄭曉云洪武初設市舶于太倉名黄渡市舶

司尋以近京師罷改設于福建浙江廣東七年九月
又罷未幾復設蓋東夷有馬市西夷有茶市江南海
夷有市舶所以通華夷之情遷有無之貨收征稅之
利減戍守之費又以禁海賈而抑奸商也市舶不復
利歸豪強而
國家坐受其害若慮各夷并至市舶司難于防閑查照西
番闡化闡教輔教三王貢使自四川入賛化王貢使
自陝西入事例而今日本等國至浙江市舶司琉球
等國至福建暹羅滿剌加等國至廣東亦可近見箬
溪先生言都憲陳金西軒集中有開市舶十利㕍大
抵事體宜然
鄭若曾曰倭國服飾器用多資于中國有不容一日缺

者安能待十年一貢之期而限以三船所載之數哉
若禁其貿易則入寇劫奪一定之勢也蓋倭國雖小
亦有君臣朝貢燕享禮儀使無絲線等物則無禮文
而不成乎國矣彼既不容不資於我而利重之處人
自趨之豈能禁民之交通乎故官法愈嚴小民寧殺
其身而通番之念愈熾也但
朝廷無令孰敢私許互市以干
國典哉此只消一海道有機敏有力量者活動行之不失
於縱不失於激如某海與某老歷年商船之頭也欲
律以通番死罪罪未必及而亂先激矣必申明
朝廷之法寬處而羈縻之且重其責成曰商販貿易姑聽
其便但一方之責皆係於汝一方有倭變即汝一人

之咎也彼以利爲命者利既不失而又不峻繩以法
則感恩畏威必不僨事矣一面修吾海防不容夷船
近岸販貨出海者關口盤詰勿容夾帶焰硝之類載
貨入港者官爲抽稅以充軍需豈不華夷兩利而海
烽晏如也哉此之謂以不治治之也見今廣東市舶
司處西洋人用此法若許東洋島夷亦至廣東互市
恐無不可
鍾按市舶之開惟可行於廣東海禁之開惟可行
於福建何也廣東去西南諸番不遠其載到貨物
皆足資中國之用非若日本惟一刀一扇耳且南
方風氣柔弱非倭奴慓悍之比故香山之抽稅凡
以收諸夷之利也福建阻山負海商旅[illegible]涉

民多販海為生若禁之太嚴則奸民無措其勢窮而為盜自納餉過洋之例開斯豪猾之徒有利可趨何苦而犯法網哉故海澄縣之開禁凡以除中國之害也若行之於他省則如王直搆禍遂使倭亂侵尋可為殷鑒矣然海禁開於福建為無弊者在於中國可往諸夷而諸夷不得入中國也倘嚴共違禁之物重其勾引之罪則夷夏有無互以相通恣其所往亦何害哉

籌海重編卷之十終

籌海重編卷之十一

崑山鄭若曾原編
晉江鄧鍾重編

目錄

擇守令

丙辰會試策云將之所轄者廣而守令之所守者專如使守令能用其民則諸郡邑皆兵也否則將以賊所至而用兵兵不得不寡如使守令能率其民以禦賊則賊所至皆其敵也否則將禦其東而賊轉西將禦其南而賊轉北賊無端而將所向之方有限將不得不勞其寡而應務立敵之道也故李廣守北平而匈奴遠遁尚爲雲中守而虜不敢犯龔遂爲渤海而盜賊散聲恭至樂安而渠帥降此其已然之効也其法莫如部使者察東南諸郡守令之宜而易置之又使天下部使者皆察其可爲東南守令者上之銓司又使諸臺諫徧察中外以請又使銓可按諸察舉擇其宜而授之如賊小至則各以其地戰大至則固其地以待援能守者與勝賊者同賞賞必速玩寇者與將敗者同罰罰必重如此則守令與將同心而諸郡邑與幕同體合而爲一以禦賊何賊之不滅

[illegible]茅坤云近海郡縣有司尤當別議者何則國無難之警則廉靜長厚之吏當爲治最矣特有羽檄之馳則長駕遠馭之士亦所急使矣故語曰寬則寵名譽之人急則用介冑之士方漢匈奴大入雲中上黨雖有龔黃卓魯之賢無益於用矣故漢武帝方聞匈奴如雲中上黨諸郡並出材官騎士若李廣程不識之徒以爲守尉竊謂今日近海之州縣也亦然爲撫巡者當令郡縣長吏及其佐貳並量其材而各使之

大畧近海者則擇其驍智精悍之材一切練軍實築城堡謹斥堠嚴部署皆藉之以備緩急而其餘廉果郡縣則擇其寬和柔靜之士慎出納謹筦籥特務與民休息而已此郡縣有司之畧也

兵部尚書胡世寧云知府知州知縣三等親民之官使非其人則上司雖有好官行得好事不能實到百姓所以自古國家慎重此職漢制郎官出宰百里郡守入爲三公唐制不歷刺史不得任侍郎列卿不歷縣令不任臺諫給舍我

國初取中進士俱選縣官徵至賢才多選守令正統以來知府俱責大臣保舉知州知縣另委吏部揀選所以得人其久任卓異者不次超擢如何文淵由知府即陞侍郎胡儼由知縣竟陞檢討所以人多樂爲此官弘治初年又責其備荒積穀多寡以爲殿最所以民受實惠正德以來此官不重輕選驟陞下馬者惟圖取賄要錢以防速退上馬者惟事奉承取名以求早陞皆不肯盡民心事以致民窮財盡一遇凶荒多致餓死今宜查復

先朝舊規知府令在京堂上官于京官七品以上在外在開五品以上官内保舉在外撫按及布按二司掌印官于參議僉事同知知州内保舉其知州知縣俱聽吏部預行揀選仍責撫巡布按二司于府通判推官州同知知縣内保舉堪任知州之人于判官縣丞主簿儒學教職司府衛首領官内保舉堪任知縣之人

俱必其有愛民之誠有守己之操有處事之才三者
俱備而後可任此職後有不稱舉主連坐誤舉者先
能自首則免到任之後察其奉公守廉而不盡心民
事財力不稱者改任品級相應職事貪酷罷軟者即
時罷黜其稱職者留之久任知府九年上者即陞四
品京堂并布按二司長官次者照常陞叅政副使等
職知州九年上者即陞叅議知府郎中僉事次者照
常陞員外府同知運同等官知縣上者三年行取到
京考其文學德行出衆者選翰林忠直剛正議冶斷
者選爲科道才識明敏者分任部寺屬官其有深得
民心願留久任者超擢府州正職次者九年六年照
常遷轉如此選任方得民受實惠地方雖遇凶荒盜
賊可保無虞矣

拯民窮

兵部尚書楊博題云東南自有倭患以來兵荒相繼十
室九空良可痛心合行總督撫按官督同司道府州
縣官務將殘民多方撫字一切無名之征以次停罷
被災地方應該作何賑貸作何蠲免具實奏
請聽候戶部處分其大小職官黷貨害民者文書到日限
一月以裏各取太甚三四人指名參奏請
旨拏究大抵爲政在人政貪則民殘政清則民安此首務
也

鄭若曾云民窮當拯至哉言乎讀其詞令人傷感不能
寢食自非萬物一體之念素切於中安能建議若此
之懇惻哉詞尾歸重貪官尤爲萬世不易之論使長
民者能體是心而行民必無失所之患逋逃何引何
自而作蠢茲島夷何自而至哉曾之集經畧也凡若
干類此條所係尤爲緊要

恤傷殘

巡撫彭都御史巡按孫御史等議云優恤軍屬律有正條除臨陣殺傷例有明禁今後各道幷軍衛有司部下軍兵俱要從實開報陣亡官目給銀三十兩奏請陞級他鄉客兵者仍給關文陣亡民兵一名給銀五兩官軍一名給銀三兩被傷軍兵傷重者一兩傷輕者五錢被傷民人未埋者五錢已埋者三錢被傷未痊者一錢房燒盡絕十口以上者三兩十口以下者一兩五錢老小無依者五錢俱從兵備道呈請查給若有隱蔽不報者從重究治督糧道仍將近者議免太倉嘉定上海崇明四州縣荒蕪田糧及民運白糙糧米議改折色擬目出榜諭衆通知務裨民有實惠

詰奸細

吳郡生員陳恕云海寇譎詐奸計百出或裝造蓑笠農夫或裝做巾帽婦女或裝做雲遊僧道或裝做乞丐餓夫探聽消息則如鬼如蜮剽剠村落則蟻聚蜂屯萬一不謹潛入城郭被其內應噬臍無及爲今之計必須徧行所屬官司在城則逐戶挨查門禁則仔細盤詰出軍則尤宜探訪至於掌門之官亦要文武相兼啓閉以時夙夜有警男子由左女子由右不相混淆毋容攙越我兵一出必遣伶俐徒卒先行俾作探聽孰知賊之休息每每貪夜貪淫嗜酒熟睡休兵歇視我兵不虞我至斯時也果能伏兵四起此其除奸滅寇之機也

嚴守城

唐節度使杜佑守城法在相機以應敵扇棧必塗泥門城扇及門上木棧皆以泥塗之厚可三五寸備火樓櫓必花氊上[illegible]樓以板爲之蹤出爲櫓花氊戰格于女墻去離出椽墻去三尺內着撐括椽端安轄以荊柳編長一丈闊五尺懸椽端用遮矢石[illegible]有轉關橋一梁爲橋梁端着橫括去其橋人馬不得渡皆傾落于水中堞有積石城一城堞積石石如塊大小隨事或樹木如碾狀皆以備拋叉竿竿如鎗乃爲兩岐用之又合爲飛梯或用芻草[illegible]如有[illegible]建[illegible]狀用打[illegible]女墻外上城敵人布幔複布爲之以弱竿懸[illegible]七尺[illegible]折拋石不復及墻木弩以黃連桑柘爲弩弓長一丈二尺徑七寸兩弰三寸絞[illegible]張之大矢自副一發聲如雷吼敗陣之卒行爐融鐵汁鑪也舁行於城上以灑敵人遊火以鐵筐盛火加脂臘鈇鎖懸[illegible]或下燒穴中掘城之人灰眯灰麩糠粃因風于城上擲之以眯敵人目因以鐵汁灑之松明積松明燒之夜以鐵鎖縋城下遂城照敵人防其乘城而上燕尾炬縛葦草爲炬尾分爲兩岐如燕尾狀仍以油臘灌之加火縱城墜下便騎木驢而燒之

鹿角鎗斬木及竹如角狀爲鎗或[illegible]數突兀[illegible]牙加[illegible]狀高一丈或五尺大小不等以綿或麻篾縛而聯之列于城下以拒敵今九邊用之爲欄營名爲鹿作柞無城壘去處乃木柵建立木爲之方周高下隨事深埋木根重復綿縫其闕內重短爲之闕道外杜木重長出四尺爲女墻皆泥塗之內七尺又立閣道內柱上布枝木爲發立閣籌細上懸門擁墻壕塹拒馬以守鐵蒺狀如鐵蒺藜要路中置之以刺陷馬坑長五尺闊一尺深三尺坑中埋鹿角鎗人馬竹簽其坑似亞字相連狀似鉤鎌以草及細壓蔭其土軍城營壘要路皆設之拒馬鎗以木停二尺長短隨事十字鑿孔縱橫安鎗長一丈鋭其端可以塞城門巷要路人馬不得奔馳近日九邊製兩頭尖鐵中加橫棍長七尺五寸每七寸七分鑿一孔用鐵鎗孔竿以小棍五枚烽臺於高出交界之處以鐵綫合游軍伏其前後四頭險絶處置之無山亦築無迥平地置下築羊馬城高下任便常以三五爲準臺高五丈下濶二丈上濶一丈形圓上建圓屋覆之人屋容濶一丈六尺一面跳出三尺以板爲上覆下棧屋上置突竈三所臺下亦置三所並以石灰飾其表裏復以柴籠三所流火繩三條在臺側近上下用屈膝梯上收下乘屈膝壁門關鎖[illegible]孔安視火筒置旗一面鼓一面弩二張拋石壘木大停水甕乾糧麻蘊火鑽火箭蒿艾狼糞牛糞每晨及

夜平安舉一火聞警戒舉二火見烟塵舉三火見賊燒柴籠及每晨及夜平安火不來卽烽子爲賊所捉一烽五人六人爲烽子遞加更刻觀望視動靜一人烽率知文書符牒轉牒 **馬鋪** 每鋪相去三十里于要路山谷間牧馬兩匹與遊奕計會有事警急烟塵入境卽奔馳報探 **遊奕** 於軍中選驍果諳山川泉井者充常與烽鋪土河計會交牌日夕邏候於亭障之外捉生問事其軍中虞官舉用勿令遊奕人知副使子將並久軍行人取善騎射者兼令人枕空胡祿卧有人馬行三十里外東西南北皆響見於胡祿中名曰地聽則先防備

城池接近蠻寇者不可不豫備也至於攻蠻寇破營寨則有火攻水攻二法焉火攻者火兵以驍勇夜銜枚持馬口人負束薪麻蘊懷火直赴敵一里許舉火營中驚亂急而乘之靜而勿攻凡火攻皆因天時燥旱舍茅竹積蕪蓄糧草營於積草宿芥之中因風而焚也 又有**火獸** 以艾縕火置瓢中開四孔繫於野豬獐鹿項下爇其尾向敵營而縱之奔入草中器敗火發 **火禽** 以胡桃剖分空中實艾火開兩孔復合繫野雞項下針其尾而縱之奔入草中器敗火發也 **火盜** 遣人伏與敵人同者夜竊號逐便懷火偷入營焚其積聚火發必亂而出 **火弩** 以擘張弩射及三百步者以瓠盛火附矢端以數百張弩射敵營中茇舍積聚處 **火箭** 以小瓠盛油冠矢端射城樓櫓板木上瓠敗油散因燒矢鏃內中射油散處火立燃復以油瓠續之則樓櫓盡焚 **火杏** 磨杏子中空以艾實之繫雀足上加火薄暮群放飛入城壘棲宿其聚落廬舍須臾火發 **毒藥煙毬** 毬重五斤用硫磺一十五兩草烏頭五兩焰硝一斤十四兩巴豆五兩狼毒五兩桐油二兩半小油二兩半木炭末五兩瀝青二兩半砒霜二兩黃蠟一兩竹茹一兩一分麻茹一兩一分搗合爲毬貫之以麻繩一條長一丈二尺重一斤半爲弦子更以故紙十二兩半麻皮十兩瀝青二兩半黃蠟二兩半黃丹一兩二分半炭末半斤搗合塗傅于外若其氣熏人則口鼻血出二物並以砲放之害攻城人者 **煙火藥毬** 火架上所用作四方架編毬其中遇風勢便用火攻以小船先潛使人架于敵舟上點著藥順風勢而乾敵隨之則敵舟盡焚矣

水攻者以水因地而成勢爲原高于城而下斜小可以遏而止可以決而流故晉水可以灌安邑汾水可以浸平陽可以漂城灌軍沉營殺將而照版度竿亦不可無也 **水平** 一槽長二尺四寸兩頭及中間鑿爲三池池橫闊一寸八分長一寸深一寸三分池間相去一尺五寸中間有通水渠闊二分深一寸三分池各置浮木木闊狹微小於池厚二分上建立齒高八分闊一

寸七分厚一分槽下置轉關腳高下與眼等以水注之三池浮木齊起以目視之三齒齊平則爲天下准式十步一里乃至數百里目力所及置照板度竿亦以白繩計其尺寸則高下丈尺分寸可知 **照版** 形如方扇長四尺下二尺黑上二尺白闊三尺柄長一尺大可握 **度竿** 長二丈刻作二百寸二千分每寸內小刻其分隨向遠近高下立竿以照板映之眼目視三浮木齒及照板又以度竿上尺寸爲高下遞而往之尺寸相承則山岡溝澗水源高下深淺可以分寸而度

總督尚書胡宗憲云凡賊圍城必須選募勇敢夜斫其營或夜放砲銃使賊驚疑其圍自解

一凡賊可結巢去處如松江柘林陶宅等地方必諭令居民盡行搬移入城房屋拆卸務使賊難棲止

一大兵進攻賊巢城內不無空虛恐墮誘敵奸計或賊出我之背乘虛來襲危矣必須嚴加防守仍撥人把截往來要路

海道副使譚綸云自來城守攻破者少襲破者多嚴夜巡詰奸細爲第一要緊事也

一城守之器佛朗機發煩鳥嘴銃牀子弩旋風砲最利弓弩火之到用刀斧是最下策然亦不可不備

一凡城有敵臺者最好守若無敵臺架櫓起望臺亦善或皆未備則用絮被挑懸出垛外五尺以蔽矢石庶臨敵無失

一凡敵在城外不獨當爲守具亦當爲守城之具如木石灰磚之料與匠皆不可不備

一守城用燭不如用松明一松明可代十燈

一凡遇劫敵須在城外爲三四壘屯兵拒守與城中爲犄角敵築甬道架雲梯以攻我或穴地道以襲

我則又當斷事有應免致臨時倉皇無措

一凡敵夜襲我多在五更悉衆攻我多在黎明出我不意也

一凡敵環而攻我至曠日持久計內之薪芻則佯退數合夜則還襲之或伏賊雜爲採薪者入城爲內應此皆不可不知

一凡應敵用雲梯攻我必先驅吾人負土塡濠我即當爲之備矣

一敵每擄吾人執其父母妻子使爲間諜內應此最難辨識當事者須嚴察之

一凡詰奸須立木柵在濠之外百步陳兵守衛而詰之城門之下又嚴兵以待之遇警則閉令人聞警

輒將城門盡閉或止開一門或日開二次而詰奸又在城門之內外避難之人一擁而入又孰從而詰且辨之

一凡敵在城外攻我不得須懸賞選敢死士將而出奇擾之或焚其輜重攻且待其走而邀擊之乃爲得策

參議唐愛云

一守城之法每垜口五箇爲一伍置木牌牌上寫趙甲錢乙孫丙李丁周戊每夜一人守一更四人穩臥每更置一小旗上寫更分夜巡兵姓名在上如趙甲爲一更錢乙爲二更之類巡更者執持在手只瞭望五垜口城下有無蹤徑一有賊至叫醒同伍四人執持灰瓶石塊器械攻打如此庶使五垜不過數步之內易于瞭望一人巡更四人休息精力不疲緩急有備餘垜照此式若每垜口原編二人牌上備開十人每更止用二人瞭望尤爲加愼酌行之

一守城各垜兵夫勤惰不一不可不稽察使人人點名更更喧嚷則守垜者不能睡臥精神困疲非計也城小以城門爲限如自東門至南門南門至西門西門至北門每門用巡邏兵十名每更分二名巡視垜口不許叫喝搖打梆鈴止挑燈巡視若有輪更守垜兵夫睡熟不行瞭望者則時擊更旗明早稟治仍喚醒防守不得驚擾擅自責打實法并

究五垜之內燈火斷滅即記輪更之人并治城夫自東門某窩舖至某窩舖巡邏週而復始每更二人稽查均照前式

一設巡邏之役又恐疏虞誤事每門另選職官二員各與以馬給以更牌更箭如東門巡至南門時值二更東門巡警官將一更箭交付南門城樓上官驗收南門官隨付二更牌與東門官爲號彼此各收次早送總巡官處查考若各官將牌箭私換不親巡警者查出以軍法重治其巡警官先察巡邏十人爲先次查各垜口偶有睡熟失瞭者許即責治執其更旗次早連巡邏人并送總巡官處治其巡警官止許巡視亦不得呼喝高名搖打梆鈴敲

警棱守垜之人此周圍夜廵之大畧也若城有衛
所者衛官有司分門廵警不必另選職官馬各自
備尤便
一城上白日止張旗號非寇臨城不許鄉夫上城以
疲其力臨晚登埤俱要雨具器械遶城不許喧嚷
屏去鉦柝若無人者使寇不知城上虛實且城上
不藩城外有警庶可傳報以便策應各門另設遊
兵五十人各持利器鳥銃俟有警併力禦敵仍先
示約凡遇夜間賊集衆攻門方許放火箭三枝再
緊發銃三箇十分緊急鳴鑼三通原派本門遊兵
一面禦敵總管另帶枝兵應援一門有警各門堅
壁固守不得輕動以防聲東擊西之患尤禁梁兵

警棱離次至于疾風暴雨半夜黎明人易懈弛困
倦賊每乘間登城此當嚴加申諭可也
一守城之具甚多急用惟灰罐石塊爲便俟圍久勢
急因時出奇又當措備城上燎籠每五垜口止用
燈一盞用新油紙者方明亮歷上用一油紙蓋以
防雨蓋上仍壓以一小瓦片以防風每燈製一挑
竿索懸城下離城七尺庶使賊抵城下我能照見
我瞭垜口賊不見我換燭即輪更之人不許誤事
若官府給燭五人輪管使兵夫自備恐曠日持久
所費不給未免誤事油燭官處爲便不當靳小費
可也
一守城官兵至城邊向內射放箭銃城上不得喧嚷

俟賊近城令慣熟銃手善射者乘便打射務要巧
發奇中得斃賊人一二其餘自退更不知我兵伎
倆虛實毋得一槩亂發以窮矢藥若四面雲梯攻
圍當併力齊禦又難拘泥
一閑雜人等不許無故上城垜口窺覘擾亂軍伍且
防城外矢石誤中旁人趨避不便驚惑衆心倘有
奸細亦難防閑相應嚴禁如賊向城射箭放銃守
城官軍各帶綿被或用牌盾取便掩掛垜口露隙
瞭望以防矢石
一警報緊急城中居民近城者不宜堆積稻草蘆葦
恐防城外火箭飛入在內柴堆亦易發火故宜禁
諭少則收藏多則遠置隙地爲便倘城中偶有失

火去處城上訛言賊人驚亂爲害不細平日有司
分定坊隅編立保長小甲名色各分信地多備水
桶藤斗鐵鉤麻搭竹梯斧鋸每一坊隅火起即以
本坊火甲救之不得亂嚷守城兵夫各顧垜口就
使本家失火不許離次若係本坊火甲救援不力
致有延蔓及不係本坊居民乘機搶火者查出一
體以軍法處治如此緩急有備防守無虞此在平
日素講而預備可也
一城門多備水缸水桶一以濟渴次備火攻倭樹城
間當路間設火器品窖蒺藜以防衝突若賊囊土
束薪塡塹登城者此無別法惟鳥銃並發人不敢
近此無庸慮然亦在臨時計策之

一城包山者峻處城垣宜增倍高厚或內立一敵臺瞰外以便瞭望運發矢石城峻處賊不敢近則城中虛實不得窺測而平城易於防守矣若繞山築城勢若仰盂賊憑高窺見城內更當盡驅老弱爲兵多用鮮明器械旗幟虛張聲勢使賊不敢易此不得已之策又在臨期應變何如耳難以懸論也

一城外民居近城者如賊勢重大將逼城下須用拆毀不然賊將藉爲遮欄且登城尤便于雲梯是不當姑息若水門柴米出入所須尤急但要視勢緩急委官嚴加盤詰不致踈虞可矣一槩閉絕適以自困此守城者所深戒也若城中無水宜多穿井無米者亦宜預備或勸富戶積粟許其乘時取利

官弗爲禁或官移帑金先期買米以備緩急至於鳥銃火藥燈籠油燭之類邊海衛所縣分賊每登犯者尤當早爲計處庶爲有備

一城外沿濠欄馬墻此不可不堅築用高六七尺內多留穴空以便窺伺更容放鳥銃每城一面另募敢死士百人各執鳥銃利器潛伏於內賊夜攻城必渡濠踰墻而入使內有備不必喧嚷俟半銃擊之近墻手於之城上城下俱不得傳呼叫喊使賊不知伏兵故輕犯而多敗馬墻有備城上更無虞矣

松江府同知羅拱辰云切照各城雖有濠河之險必須附城濠邊挑起淤土離城脚丈餘臨隄圍築五尺高墻使賊難或渡濠難抵城下此古人羊馬城之制也況不時出奇兵數千人于城下得此遮蔽可以藏伏窺視如賊近對濠我兵即于墻內潛發火器使彼不知我兵多寡有無所謂有有無無虛虛實實也且四鄉逃難男女得此可以暫容其身既有此墻只須謹閉城門俟賊到城方去吊橋亦不爲晚每敵臺左右各置小吊車四五架以便兵上下及逃難者吊人之法男婦隨即吊上若係男子須審其聲音貫址方許吊入其城無敵臺則不能眺遠顧下何以言守必貼城增築每坐相去五六百步或七八百步或二三百步各隨城勢曲直以爲遠近臺下須離濠水丈餘有近濠水者釘品字椿木百餘根于水中高出水面尺

許防其樓船臨衝我也各城樓設遊兵二隊每隊約兵二十五名左右往來巡警每垜派兵一名專守之其敵臺上垜口每垜用兵三名選擇精勇者傾身外望以背向裏遠近彼此互相顧視其守之之法最禁諠譁庶臨敵不亂又必將各臺編以字號分以信地別以號旗金鼓與响器之類日則觀旗色夜則聞號聲各將字號大書垜墻使各熟認各分信地俱以敵臺爲準如天字號敵臺左邊向地字號敵臺管垜若于地字號敵臺右邊向天字號敵臺管垜若干兩臺中分信地如天字號該管四十垜以一十爲一號第一號十垜用紅旗用鼓則大書日觀紅旗夜聽鼓聲八字于垜墻第二號十垜用黃旗用鑼則大書日觀

黃旗夜聽鑼聲八字于垜墻第三號十垜用青旗用喇叭則大書日覩青旗夜聽喇叭八字于垜墻第四號十垜用白旗用木梆則大書日覩白旗夜聽梆聲八字于垜墻其餘敵臺垜口皆然如賊日犯天字第一號信垜城下該管臺上樹紅旗而該垜亦豎紅旗夜犯天字第一號信垜城下該管臺上起鼓而該垜亦擂鼓信守兵夫一齊戒嚴俟擊左右城樓各遊兵到彼應援而兩邊附近敵臺相向護爲催擊其餘臺垜官兵非信地者不許亂動各門雖無警亦加戒嚴不許擅離應援恐賊聲東擊西乘虛而上庶防守嚴備而靜治不亂矣又慮賊攻日久我兵疲倦必更番休息若欲再加嚴固沿城垜上竪架㮈何木其制竪

立架木二根機關横挑木各一根上閣一木謂之㮈何木木上錯綜釘以竹籤其木之輕重與挑木相稱賊來攀援則其木自然下擊人既不能攀躋又不能放脫也敵至城下我兵輕動其木墜下又可擊之此木易造費又不多令各縣城低難守相應速製至于夜間守城燈燭費多且皆高懸垜上賊得覩我利在彼矣必造鐵火毬中燃柴木每垜口二十箇或三十箇用火毬一枚挑出垜外墜落于城半則火光在下我覩在上我得以見賊而賊不能見我其利在我矣又如製造紙糊圓砲不過震响而已無益也因此變爲新製待糊成紙殼之時中合小鐵刺菱二三十枚地火鼠一二十枚入藥于內然後緊糊其口每砲一枚開藥線眼四處賊近城下時燃之砲一响而砲中刺菱自然布散其中火鼠飛走賊被焚身必走而刺菱又傷其足城上且擊之矣若城中一時火發恐奸細爲內應或居民失慎守城兵夫未免驚疑往救家宅必棄所守請先出示禁諭庶免疎虞

主事唐樞云守城之法近日東南全不知此女墻不可太高厚堵空之欲如圭首斜銳所以便外瞭便俯瞰城上傳箭不斷梆所以便聽間守者必更番所以養精力陟降有號頭夜有火晝有旗所以一衆伍違犯有決罰所以定心志風雨露日有遮避所以安體力火器石塊灰油懸檑鐵蒺藜諸物畢備所以供急用須衆酌定規遍諭各城守習

兵部尚書胡世寧云城門可去土塞止于門扇中當胷開鑿五孔以五弓弩守之賊不能近矣

又云戰卒不睡恐賊夜乘其疲而竊入焉不若晝令輪班休息

又云箭將盡不宜亂放有號纔放發

又云無先閉門以示賊怯而使屬邑被殘

舉人王文祿云海寇之來我兵俱守城中城外之民棄之而不復顧不敢出一兵以撓之寇又多疑誠恐我兵出城與敵併以數寇爲攻城之勢以綴遏我兵使不能出乃得深入內地横行而無阻是皆我兵不知攻守互應之法也自古用兵非執于一攻之中有守守之中有攻且一城之中不下數萬家若闔困日久

食盡兵罷寇雖不攻而我亦自潰矣安用其守乎凡寇攻城不過數次甚急扞禦已過寇亦必怠乘其怠而懸兵夜出負砲偷營寇亦撓亂自救之不暇而何暇攻我若獨爲定守寇知我兵虛實併力夾攻曠日不解而援兵不至則我坐守以待斃無益也昔者巳巳北狩也先南侵攻圍京城精兵皆出城外石亨于謙督兵于城北孫堂江淵督兵于城西每每攻也先營殺傷相半也先遁去若使文臣謙淵無謀武臣亨堂無勇皆守城中不亦危哉而大事去矣惟攻不怠守而守不怠攻是以克濟時艱也

海道副使譚綸云島夷志在得財因糧于我無他轉運我能堅壁清野則失其入寇初意衆既可離勢亦難

久乘其敝而擊之在我將易如拉朽在彼且終身創艾矣復夷安夏計無出于此者顧其事言之甚易而行之甚難何者邊氓習知利害故行之輒有成効今浙直之民被害處少倖免處多凡聞寇至則彼此觀望不爲遷徙即有徙者又近在山林之間計小費而忘大計此行之甚難一也世家宦族蟬聯鱗湊一令之出兢相非是煽惑齊民耳同燕雀有司督行之嚴輒飛語流布此行之甚難二也浙直之地沃野千里宮室器用習爲奢僭棄徙爲難寇至倉卒各以牛酒鏹幣開門延納以圖僥倖又預集冊籍以資其去彼此顧其廬舍焉念法度自爲一家一時之利曾無遠大之謀此行之甚難三也爲今之計惟在責成有司

親諭各鄉耆多方譬曉使之預於二月初旬盡將所有積聚徙入附近城郭仍會同衛所掌印官爲之安插得所其倉廪搬運不盡者即及時發賣有司嚴督糧長糴買上倉一切兵餉有可以徵本色者作速改議徵收凡城中穀粟止許于城中糶賣不許顆粒糶運出城其有不肯預期搬運臨時棄遺在鄉致資盜糧及以牛酒鏹幣開門延寇即係通賊之家查照律例從重問遣其有已遺棄而偶未遇賊亦通查入官以充兵餉有司務要用心毋事姑息間有成績者即註以上考部院特加獎賞其有偏拘悞事者即與失事武職官員一體從重參究如此庶法令必行而長策畢舉成効可臻矣

往年蘇郡戒嚴畫守城條約頗詳悉似可爲法備錄于後

分信地

一六門城樓各派定府佐一員專督該門守城大小府佐不足以所屬州縣佐內科目出身謫官之才能者充之

一城中心本府與長吳二縣掌印官住劄玄妙觀一以居重馭輕一以接應各門事宜一以近憲院諫議一以便士友參謀就以陳把總統兵六百名屯處其中作中軍名色

府主縣尹不宜同事俱係一邑之主諸事藉以奉行故須同處

一府有府庫縣有縣庫獄囚皆須防守府中用首領
官一員縣中用佐貳官一員看守
一各城門另設府首領或縣佐貳有才官一員典守
城上一應器用隨時給發
一分屯守城池之兵於六門附近寺觀無寺觀者近
門公廨屯劄
一請鄉官分守各城門各就其家近便與情之合者分配
分職掌
一設法大戶米穀進城
右一項長吳二縣掌印官專督之
一設法守城物料進城
稻草　石灰　磚石　鉛鐵　火藥　油燭

右六項府佐一員專督之
一設法竹木遠去與進城
右一項府佐一員專督之
一查條城屋城門閘板製造城垛礮架礮籠礮架礮籠俱照崑山縣式
右一項府佐一員專督之
一製器械
發鑛　佛郎機　鳥嘴銃　鉛錫銃　火毬
火箭　噴筒　煙礶
箭匠　竹匠　木匠造火器架子用　銅匠
鐵匠合火藥人
右火器府佐一員專督之

長鎗　刀　鐵盔　鐵甲　皮披牌
紙甲　弓箭　弩太倉州取弓匠來造
鐵匠　皮匠　竹匠　木匠　裁縫　弓箭手
右兵器府佐一員專督之
先揀選舊時所畜可者用之不可者作急製之
某人某人長於揀選者也某人某人長于置造
者也與府佐相協贊庶不爲各匠所欺
備儲蓄
一區處米穀入城
着長吳二縣正官先行密訪城外及各鄉鎮大戶
有田收米在家者與夫田少用銀糴米待價者查
審的實密稟察院差官二員着落兩縣糧塘嚴催

搬運入城任民堆積開糶其時價高下官府並不
參與期定某日糧塘開報已經搬運入城者幾家
本官親行勘驗恃頑不搬留資盜糧者治以養倭
重罪糧塘回護親故之家混開已運入城者許貧
民出首一體加罪仍給賞首人十分之三其七分
沒官作養守城兵夫之用
一區處鉛鐵入城
鉛鐵資火器之用關係匪輕不可棄以資敵蘇城
客販冶坊俱在城外須先查鋪行及冶坊等姓名
賊有警報着本地方總甲押催依期搬運鉛鐵鐵
鍋鐵器入城任從放置專督官再行逐一查訪不
搬入城者本家治以與賊交通之罪總甲不行開

報一體問罪鉛鐵等入官公用
一區處火藥入城
蘇州硝黃之類進城有限務先查定各南貨鋪行
賊有警報着本地方總甲押催依期搬運入城任
從進置如有公用照時價將銀見買導督官查訪
不搬運入城者治以私販火器與賊交通之罪總
甲不行開報一體問罪
一區處磚石入城
城夫不閑武藝須用磚石擊賊賊警急時城門已
設盤詰矣軍民人等每入各城門要帶磚一塊置
月城內空地守城軍搬運上城每五十塊作一磊
以石灰封識聽用如不帶磚者盤詰人員不許放

入本職仍差湖船裝載西山石片交與把門人員
運至城上助用如不移運上城作磊罪加把門員
役
一區處石灰入城
灰瓶毒藥脩砌等項俱資石灰仰各窰戶領價依
期送運石灰入城封識沿城寺觀以須急用
一區處稻草入城
城上燒賊必資稻草先期派價與各糧塘須買若
千萬束不拘蘆柴稻柴茅柴堆置空閑倉廒以須
急用
一區處城外竹木
竹木行俱附城郭若不遷徙皆賊攻城之具也須

仰各商將竹木行依期輸運入城開賣其在水各
排移去五六十里外隱僻港中暫置以待賊退復
業如不遵徙俱取入官公用
一區處油燭入城
賊臨城下缺乏油燭必無處置查各城門外一應
油行及出販鋪家仰總甲於有警之日押民依期
搬運菜油荳油樵油桐油白蠟等項入城聽從開
鋪交易如有公用照時價將銀見買如不依期搬
運導督官挨查連總甲枷號問罪其油入官
一守城器用明燈燈檠三千六百三十副每副價銀
五分通計一百八十一兩五錢着長吳二縣設法
處造勿累保長等人

蠟燭每夜二萬七百九十枝連六門城樓用通計
三萬枝以一月計之計九萬枝通計銀一百一十
兩長吳二縣分備
鐵鍋四百隻冶坊備之事已給還
行竈四百隻每隻價銀二分該銀八兩每縣出銀
四兩置辦
水缸八百隻每隻價銀三分該銀二十四兩以二
徒罪贖銀辦之
酒瓶三萬每十箇價銀一分該銀三十兩
簑衣箬笠一萬一千副每副價銀三分該銀三百
三十兩兩縣置辦勿累城夫
草薦二千七百五十條連預備三千條該銀十五

兩大樣蘆蓆一萬一千領每領價銀一分該銀一百一十兩將贓罰銀給各區糧長辦之

竹木罰臨時不搬竹木行者用之

其餘物料先行預置寺觀公廨去處差官封識有事隨以本官給發

慎防禦

一某官見練兵千餘名已有武舉三員統領若賊臨城某官帶兵六百名屯處玄妙觀中護衛以爲中軍復以原統兵武舉一員統兵二百名屯處府前防守庫藏并司獄司獄囚再用武舉二員各統兵一百名屯處長吳二縣前防守二縣庫藏獄囚若賊未臨城之日上司有調遣之事先分若干應命

賊入腹裏卽收其兵入城原如前法處置名曰聽調之兵

一擇用官生六員俟其俱到卽今會議各人平日所知精兵召募一千二百名團聚北寺中以團練府佐一員專督官生六員參謀其中合聚訓練務期可戰可守以須實用待賊臨城每門分遣原練兵官生一員各帶兵二百名屯處于附近城門寺觀中一處有變隨以本處兵應之別處不動若賊攻城危急應該用兵攻擊亦待中軍方略已定有信牌發遣然後行動名曰實用之兵

一城中先計道里適均定作十二處派定地方某處某處止分遣省祭雜色等官十二員每一員率領火夫五十名屯處所分地方庵院中給與水桶水斗撓鈎等項以防一方火患假如某方火起止許信地火夫救護撲滅城上人夫不許亂動城中居民亦不許喧嚷奔走擾亂地方仍給虎頭火牌一面上書專委救火與夫禁戢擾亂地方等字樣以專委任亦便夜間救火執照以開巷門其火夫着各該圖舉報極貧人戶每名日給米二升自贍（共計火夫六百名每日該給米十二石通計一月不過用米三百六十石此法一行名雖救火實則處置饑民得所）

一賊將臨城先集保長給與連坐信牌使之各保自行曉諭各甲自相糾察如有容留奸細者一甲連坐軍法重罪不得與平時止坐直日者輕罪例論

其寺觀給與住持使各房互相糾察待賊一退卽收信牌不准此例及今閑時着官一員先刻小牌計在城甲數每甲一張印完以便臨時給發

一盤詰奸細之法差官帶領知事人役在城門外吊橋邊逐一仔細認辨各色人并檢驗物件用衛官一員有精力教官一員省祭雜色官一員兼領其事守門官員再行查驗不可但恃官廳爲盤詰之地

定夫役器械附

一姑蘇城垛九千七百九十新增敵臺大約不過一千每一城垛用一人守之通計城夫一萬一千人派夫照依先任温公之法大戶五名中戶不過二

名下戶用二人三人朋充一名實爲倩法兼盡今
長吳二縣除士宦舉監生員外通將居民合二萬
二千人之數分作兩班城夫雖有兩班口糧止用
一班上班之日第一班直一晝夜至次早第二班
人夫更替及令閑時先就居民近住城垛處寫定
班名於各城垛上賊在百里外先用保長甲長到
城看守候賊近城五十里保長喚集散夫上城其
法以百人爲率常以五十人分立一百垛口看守
將身向外觀望五十人食息便厠則二垛常有一
人看守至夜間亦用五十人立一百垛口看守五
十人睡至半夜代換後半夜巡城官生至則五十
人起而交代此勞逸適均之法也

一城上各敵樓每處派定舉人一人或監生一人各
帶家丁生員二人不拘家丁有無專在上歇宿督
視本處垛口城夫晝夜防守若各地方有賊攀梯
上城坐名申呈憲院提問亦不許科擾保甲長人
等
一指揮六員每員派定一門白晝各行巡視以整齊
保甲長散夫人等站立觀望及防不測之變其官
生六人每人派定一門給與巡視虎頭牌面上寫
遇夜合行巡視信地站立人等至交界處方回循
環不息官生每人給馬一疋
一各城樓及對城外衝要之處各置佛郎機一座隨
用裝火器二人帶火藥一桶備急用其城樓下預

置合用火器鋒利器械弓矢及堅固防牌使賊臨
城隨取隨足官廳庫中置放石灰油燭火藥等項
備用若庫中封識不盡更用沿近居民空房一二
間封鎖亦可須差官一員常時看取給發
一保長每人青衣裝束各帶腰刀一把號旗一面其
散夫各備長柄鎗刀一把又帶鐵錐一箇或斧頭
一把任從其便如缺一件卽加重責每三垛備明
燈一碗燈架先置城垛外可照城足其燈每一保
長給與二十三碗每日着一縣佐次第分派本日
一夜之燈與保長每保長派好燭一百九十八枝
任其分散丁夫以備一夜之用若保長有弊許丁
夫口告罰燭一夜其合用煎油煎糞鍋竈等項每

保長一名預給鐵鍋二隻行竈二隻水缸四隻酒
瓶二百箇擂木二根備用如有警急再行分派物
料至於暑雨合備細密堅厚箬笠簑衣每保長一
名給與百付分散丁夫穿用遇夜合備草薦等項
每保長一名給與草薦二十五條大小竹一百根
蘆席一百領以作蓋棚歇息城夫之用
一打牲船上弩矢百發百中此船吳淞江陽城湖陳
湖太湖水鄉多有之着各區圖報舉入城不許容
隱其人官府照養兵口糧給與工食計名分派城
上緊要去處有功仍加重賞
一城外濠內週圍空地多有居民占造房屋賊若攻
城必先渡濠頓住城足城足有屋賊可隱身城上

矢石難施且賊登屋可以發火器矢石攻城前任
巡撫御史孫下令焚燬實萬不得已也不二三年
愚民貪昧又行蓋屋若姑息之是將在城數萬之
命而爲僥倖之啚也今後賊將入境務要拆御如
不從者臨時照前院法無悔
鄭若曾云從來城守攻破者十一襲破者十九襲破
之說有二其一是伏奸細於城中放火守城者奔
救敵乘間而登其二是暗約奸細上城照會疎虞
處用雲梯登至垛口揮刀殺人守者驚散賊從此
上故守城之法須設兵一枝專司救火不許守垛
者丁城守垛者各持一斧分班專視城足凡賊登
城多在下半夜乘人疲倦故也亦多在黎明守者

散班故也把守之嚴賊豈能襲我乎所苦者盤詰
奸細甚難蓋奸細乃本地之民賊拘其家屬劫其
內應吾烏從而覺之今之詰者多在城門內使賊
假裝吾民從此擊殺門豈能遽闔乎又或閉城太
早止通一二門出入人愈衆則詰愈難不若大開
各門門外盤詰而兵衛設於門下方善
鏜按倭寇之來禦之於海爲上禦之於陸次之至
於守城乃危道也故是編獨詳焉惟編城垛一節
最宜秉公寧多派於有力者之家切不可難爲貧
寒下户蓋愛惜身家者類皆有恒產者也彼貧民
救口不贍安保其有恒心哉若有力者不思自爲
戰守乃貽累貧民致其怨咨則城未攻而先潰矣此又守城第一義也

築城堡
都御史章煥云北邊城堡相望凡以防衝突備虜掠也
南方之畜侈于北邊風帆之力疾於馬足苟無城堡
賊何畏而不來民何恃而不散且夫賊勢之熾凡以
鄉民奔竄奸民謀亂助其聲也有城堡則居者守逃
者歸耕者斂且遠近按堵什伍相保奸民無所容無
奸民則無嚮導何以能深入居民不散田野不蕪賦
稅不乏根本之要也及今秋冬宜令諸鄉大者爲城
小者爲堡而聚民其中城堡羅列賊必不敢越境而
內侵東南世世之利也或曰公私俱竭如冗費何夫
軍興不止費且不貲民散不復賦將何出城堡所以
省軍需足

國計者也何謂費也昔
皇祖嘗命湯和視海上擇要地築數十城以備倭使治倭
有他策也
聖慮當先之矣今安用紛紛爲也
又云賊遠來人持數日之糧未達岸多若饑者賊之从
命制于數步之內矣徒以海濱廪藏露積賊至而掩
據之因糧以爲食因財以爲用故奸人爲之黨而窮
民爲之役所向無前乘人不備如使蓄積收斂而野
無所掠此賊坐困之道也不數日乃成擒耳故議守
者莫要於城堡城堡相望遠近相倚少則不能攻城
多則所掠不足供所食賊不能持久破之必矣夫賊
不能宿飽則不能深入不能深入則不能多獲不能

多獲則來者無利而聞風者不來內地可不煩兵而守矣愚謂倭夷樺乃成風天性好鬬誠難與爭鋒獨其久饑乃爲易制邇者我師三捷皆乘其饑剖腹視之類多靑草禦之要可知也

副使茅坤云近聞嘉善平湖蕭山諸縣已皆築城然而桐鄉崇德尚未聞議及者此特邑而已至于市鎮如湖歸安之雙林菱湖璉市烏程之烏鎮南潯所環人煙小者數千家大者萬家即其所聚當亦不下中州郡縣之饒者竝當按其市居之田宅積貯而量其力之大小爲之均其費之多寡各列丈尺而築之有司特爲之約束期會鉤考布算之以責其成功而已其

財不必籍入於官入官則多出沒之弊其他敵樓城門幷水寨之屬非民間可以例辦者官糧籍庫貯以助之至于鉅姓勢族而野處田間者或二三家或五七家或一二十家所願隨便築堡者亦聽近聞甘肅諸邊總督楊公嘗遍行之雖虜數萬控弦而下亦不敢窺數家之堡而仰攻何者彼不過利之而已一攻堡則其內伏火器下礧石非擊殺數十百人必不能下彼所得不足以償其所失故僕竊以爲吳越之間凡近海一二百里者竝當令著姓居民遍爲列堡而守可也

廣團結

青浦縣知縣鄧鏓云城外團結法當廣詢博訪宜以二十家爲一團除租房單丁外每一團令養客兵一名每家各設器械一件出人丁一丁以爲團兵凡二團四十餘家各出銀一錢造一巷門門上蓋一更鋪鋪內置鼓一面鑼一面鐵銃三口香盤一方就四十家每夜輪人夫二名守之居常無事止鳴金鼓巡更一有寇警則本處即連放三銃四十團兵各執器械追截諸團皆應之其所養客兵官嚴立法不許擅離本團營操團戶每日有暇即教習本處團兵軍門復時

時委官查省之責成之衆既以勢分而不得爲非團兵之布列者又以聯絡而相爲友助況一團有賊諸團應之四郊之外固有隨地皆城隨民皆兵而召募屯守之卒將有不必用者矣

行保甲
兵部尚書王守仁云本院近行十家牌諭誠亦弭盜安民之良法而今之有司槩以虛文抵塞莫肯實心舉行雖已造册繳報而尚不知其間所屬何意所處地方該道仍要用心督責整理誠使此法一行則不待調發而處處皆兵不待屯聚而家家皆兵不待蓄養而人人皆兵矣

工部尚書馬坤等題欲將土著之人各就一鄉編入保甲盡歸團練五人爲五十人爲甲五十人爲保上下聯絡委各府州縣佐貳官賢能者不時就其一鄉團兵閱其武藝又因而稽其人丁如有潛入賊中勾引或探聽者坐罪若有隱弊互相連坐

副使譚綸云連年倭患皆爲私通貿易而起浙人多詐竊買私綿水銀生銅藥材一切通番之貨抵廣變賣復易廣貨歸浙本謂交通而巧立名日走廣不此之禁則履霜之漸馴至堅冰欲行究詰則奸宄之雄彌縫百端徒滋擾耳爲今之計莫若趁此議練鄉兵之時立爲保甲之法委所轄各府佐貳官公同廳縣掌印官省約輿從親詣地方不問腹裏沿海與城郭鄉鎮夫處官吏生徒舉監之家務逐戶挨查每十家編爲一牌牌內分十直格皆以巷道爲准如是東巷門起則于牌格內左甲尾下塡註東巷門字樣從西順挨一趙甲二錢乙三孫丙四李丁五周戊六吳巳七鄭庚八王辛九馮壬十陳癸各塡註人丁生理明白即於右甲頭下塡註褚子姓名是爲第一甲其第二甲牌格內左甲尾下塡註陳癸姓名亦從順一褚子二衛丑至十家止三牌四牌亦依次聯絡挨塡如一巷之內人家已編十牌外有零者卽將大家中人丁壓多者報足編之如村鎮無巷道者亦依村鎮編之就於本名下坐定日期每一家輪直三日第一家輪初一十一二十一日第二家卽初二十二二十二日以次塡註按日於本家門首懸掛仍每一牌年輪一名爲甲長管領九家每十牌年輪一名爲保長領百家其中若有遠出不歸或私收絲綿火藥等項假名走廣潛住通番或逋逃海外久不還鄉者許牌內直日之人抱牌赴首官爲拏究敢有隱不覺舉一家有

犯十家連坐毋容姑息其有原犯通番但迯回自首免罪編完之日府縣仍將牌每甲一樣再塡一張類釘成册存留在官巡捕官時加查考一體稽察若有假公濟私乘此害人從重懲治如此毋通番之黨自消而地方之不逞亦不可以禁絶矣

籌海重編卷之十一終

籌海重編卷之十二

崑山鄭若曾原編
晉江鄧鍾重編

目錄

經略四

東莞縣大頭船

廣船今總名烏艚又有橫江船各數號其稱白艚者則福建船式也

廣船視福船尤大其堅緻亦遠過之蓋廣船乃鐵力木所造福船不過松杉之類而已二船在海若相衝擊福船即碎不能當鐵力之堅也倭夷造船亦用松杉之類不敢與廣船相衝但廣船難調不如福船為便易廣船若壞須用鐵力木脩理難乎其繼且其制下窄上寬狀若兩翼在裏海則穩在外洋則動搖此廣船之利弊也廣東大戰艦用火器于浪漕中起伏蕩漾未必能中賊即使中矣亦無幾何但可假此以虓敵人之膽耳所恃者有二發鑛佛郎機是惟不中中則無船不粉一也以火毬之類于船頭相過之時從高擲下火發而賊舟即焚二也大福船亦然

廣船用鐵力木造船之費加倍福船而其耐久亦過之蓋福船俱松杉木鰍虫易食常要燒洗過八九汛後難堪風濤矣廣船木堅鰍虫縱食之亦難壞也

大福船式

福船一號喫水大深起止遲重惟二號福船今常用之

福船高大如樓可容百人其底尖其上闊其首昂而口張其尾高聳設樓三重于上其傍皆護板裼以茅竹堅立如垣其帆桅二道中為四層最下一層不可居惟實土石以防輕飄之患第二層乃兵士寢息之所地板隱之須從上躡梯而下第三層左右各設水門中置水櫃乃揚帆炊爨之處也其前後各設木椗繫以棕纜下椗起椗皆于此層用力最上一層如露臺須從第三層穴梯而上兩傍板翼如欄人倚之以攻敵矢石火炮皆俯瞰而發敵舟小者相遇即犂沉之而敵又難于仰攻誠海戰之利器也但能行于順風順潮回翔不便亦不能逼岸而泊須假哨船接渡而後可

先任叅将戚繼光云福船高大如城非人力可驅全仗風勢倭舟自來矮小如我之小蒼船故福船乘風下壓如車碾螳螂鬬船力而不鬬人力是以每每取勝設使賊船亦如我福船大則吾未見其必濟之策也但喫水一丈一二尺惟利大洋不然多膠於淺無風不可使是以賊舟一入裏海沿淺而行則福舟為無用矣故又有海滄之設

按福建船有六號一號二號俱名福船三號哨船四號冬船五號鳥船六號快船福船勢力雄大便於衝犁哨船冬船便於攻戰追擊鳥船快船能狎風濤便於哨探或撈首級大小兼用俱不可廢船制至福建備矣惟近時過於節省兵船脩造估價太廉求其不板薄釘稀不可得也欲船之堅須知劉晏取與

今名哨船

草撇船即福船之小者

海滄船式 今名冬船

冬船與哨船同特兩旁不釘竹皷耳

戚繼光云海滄稍小福船耳喫水七八尺風小亦可動但其功力皆非福船比設賊舟大而相並我舟非人力十分膽勇死鬬不可勝之二項船皆只可犁沉賊舟而不能撈取首級故又有蒼船之設

開浪船式

叨鳥船特今不用

槳快船與鳥船亦同而差小耳

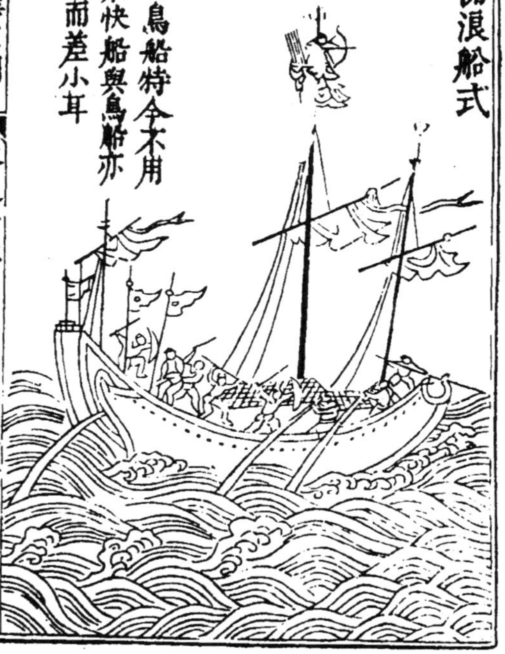

戚繼光云開浪以其頭尖故名喫水三四尺四槳一櫓其形如飛內可容三五十人不拘風潮順逆者也

守備莊渭揚曰廣船不如福船者廣船下狹上濶不耐巨浪又其上編竹爲蓋遇火器則易燃不如福船上有戰棚禦敵尤便也往年遊擊侯國弼改造福船業有成效今合酌用其制底用廣船式上用福船商庶足涉鯨波而銷氛祲也

叭喇唬船

以後船制象出自浙直

叭喇唬船浙中多用之福建之烽火門亦有其制底尖面濶首尾一樣底用龍骨直透前後濶約一丈長約四丈末有小官倉艙面兩傍各置長板一條其兵夫坐向後而棹槳每邊用槳十枝或八枝其疾如飛有風豎桅用布帆槳斜向後准作偏柁亦能破浪甚便追逐哨探倭奴號曰軟骯賊甚怕之也

艟𦪙船式

戚繼光云近者改蒼山船制爲艟𦪙比蒼船稍大比海滄更小而無立壁最爲得其中制遇倭舟或小或少皆可施功但水兵人技皆次於陸兵設使將水兵教練遴選亦如陸兵而後登之舟中則比陸兵戰加一舟險其功倍於陸兵必矣司寄者何憚而不爲哉

蒼山船式

蒼山船首尾皆闊帆櫓兼用風順則揚帆風息則盪櫓其櫓設于船之兩傍腰半以後每傍五枝每枝二跳每跳二人方櫓之未用也以板閘于跳上常露跳頭于外其制以板隔爲二層下實鎮之以石上一層爲戰場中一層穴梯而下臥榻在焉其張帆下椗皆在戰場之處船之兩傍俱飾以粉盔甲臨於廣福船而闊于沙船者也用之衝敵頗便而捷温州人呼爲蒼山鐵

戚繼光云蒼船最小舊時太平縣地方捕魚者多用之海洋中遇賊戰勝遂以著名殊不知彼時各漁人爲命負極之勢亦由賊之入我地是也今應官役便知愛命然此船水面上高不過五尺就加以木打棚架亦不過五尺賊船與之相等既勢均不能冲利若使徑逼賊舟兩艘相聯以短兵鬪力我兵决非長策多見悞事但若賊舟甚小一入裏海我大福海滄不能入必用蒼船以追之此船吃水六七尺與賊舟等耳其撈取首級水潮中可以搖馳而快便三色之中又此爲利

八槳船

八槳船但可供哨探之用不能擊賊今閩廣浙直皆有之

鷹船式

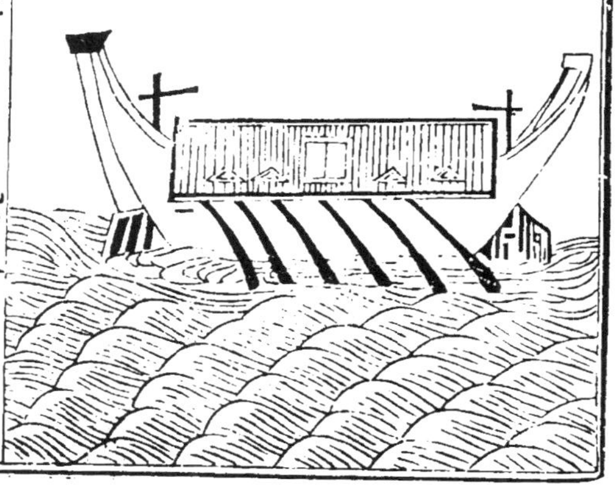

崇明沙船可以接戰但上無壅蔽火器矢石何以禦之不如鷹船兩頭俱尖不辨首尾進退如飛其傍皆猫竹板密釘如福船旁板之狀竹間設窓可出銃箭窓之內船之外隱人以盪槳先用此舟衝敵入賊隊中賊技不能抑沙船隨後而進短兵相接戰無不勝矣鷹船沙船乃相須之器也

漁船式

漁船於諸船中制至小材至簡工至約而其用爲至重何也以之出海每載三人一人執布帆一人執槳一人執鳥嘴銃布帆輕捷無墊沒之虞易進易退隨波上下敵舟瞭望所不及是以近年賴之取勝擒賊者多其力焉

網梭船式

此船定海臨觀象山一帶沿海地方俱有之其形如梭猫竹桅布帆僅可容二人銜風冒浪專入大洋柢下八山取殼菜紫菜打魚之利舟至山麓二三人以舟舁置灘塗避風潮若欲西歸仍舁舟下水不能禦敵但可爲哨探之用乃魚船之至小者也

戚繼光云網船形似織梭內二人前後用二人以篷草之風浪大可拖之塗上且不能覆喫水七八寸耳此可走報或用之裏港窄河動以百數每隻內用鳥銃二三人蜂集蟻附沿海沿途而打之甚妙如賊追逼就可棄走一舟不過一金之費耳

兩頭船式

按大學衍義補有兩頭船之說蓋爲海運爲船巨遇風䑼難旋轉兩頭製舵遇東風則西馳遇南風則北馳海道諸船無逾其利蓋武備不嫌於多慮患不妨於遠莫爲之前猶將求之而況設之前者有沭洪予以此衝敵則賊舟雖整可亂也

沙船式

水戰非鄉兵所慣乃沙民所宜蓋沙民生長海濱習知水性出入風濤如履平地在直隸太倉崇明嘉定有之但沙船僅可於各港協守小洋出哨若欲出赴馬蹟陳錢等山必須用福蒼及廣東烏尾等船

沙船能調戧使鬬風然惟便於北洋而不便於南洋北洋淺南洋深也沙船底平不能破深水之大浪也北洋有滚塗浪福船蒼山船底尖最畏此浪沙船却不畏此北洋可抛鐵錨南洋水深惟可下木椗此船當與鷹船說參看

太倉生員毛希秉云

太祖舊制深嚴雙桅船隻私自下海之禁承平旣久法度浸弛雙桅習以爲常甚至有五桅者長江六號一日千里近岸當道建言申明舊制曉諭改正而未嘗着實擧行故沙船入港頭梢多寄海口或倩人遊說官府航海非雙桅不可其便其私蓋單桅雙桅無不可行但有大小遲速耳定制沙民止許戸船一隻巡船宜快便多桅櫓如糧船有一定之式以便江海識別沙船宜朴實單桅仍禁雙桅聑責令本州縣及守禦官限一月之內改正違者卽係賊船許諸人擒獲首告卽以充賞惟有副帆副桅以備損壞而桅聑止一者聽庶幾我常強而彼常弱我常速而彼常遲此沙船之良法也

船椗圖

走風捉颶事急追賊車關人力起椗遲悞備此臨急解繫繳尾泛之以便回取

船椗

此用桐木燒黑外一寸甚妙

蜈蚣船式

船曰蜈蚣象形也其制始於東南夷專以駕佛郎機銃銃之重者千斤至小者亦百五十斤其法之烈也雖木石銅錫犯罔不碎觸罔不焦其違之迅也雖奔雷掣電勢莫之疾神莫之追盖島夷之長技也其法流入中國中國因用之以馭夷狄諸凡火攻之具砲箭鎗毬無以加諸其成造也嘉靖之四年其裁革也嘉靖之十三年數年之間未及一試而莫知其功用之大也葛稚川曰蜈蚣之氣能逼蛇夷之制義毋廼爲是故與夫海宴河清萬世所願使長蛇之勢不能盡偃則蜈蚣之制其能不與也乎名器尚存述之以俟

海行甚速而遲者鬬風故也如大食國在漳州東南每歲之番者必候冬初西北風盛而去夏初東南風盛而來所謂海舟無風不可動也惟佛郎機蜈蚣船底尖面闊兩旁列楫數十其行如飛而無傾覆之患故倣其制造之則除颶風暴作狂風怒號外有無順逆皆可行矣况海中晝夜兩潮順流鼓枻一日何嘗不數百里哉

都御史唐順之云制賊船衝突灘淺處多釘暗椿船過之必碎此一説也先發制人一着惟有望斗上做工夫然必須以利使人每夜編定船十隻每一隻望斗人給與銀一兩使一夜常有人坐在斗上看賊動靜雖黑夜若撑船未必無一二把火光我船便可做手脚不患大船赶賊不上也月夜則斗上纖悉必見至如小船叭喇唬八槳船宜多置銃守火器既多賊來便欻打又有望斗人先報不患小船制賊不下也望斗人每夜與銀一兩毫不可少就是一月浪費銀三百兩支得一月賊必擒矣若有誤事定以軍法斬首

蓋賞重則罰亦重也

按海上瞭望每更輪流船頭船尾各一人海水與

河水不同海水夜明雖黒夜試以石投之其噴光
如珠故海上有船行使非遇濛霧皆可望而見不
待上望斗也荊川此論恐是與賊對壘或把截港
口防其宵遁故有此說
閩縣知縣仇俊卿云地有南北時有冬夏自春徂夏則
時多南風而利于北行自秋徂冬則時多北風而利
于南行此番泊往來出沒之候也彼賊其時輒乘風
連雲以出洋我當其衝欲逆濤破浪以邀擊未必其
勢之便也蓋亦隨時以應之時乎北風必先于北道
之防以遏其衝而以南舟曳于後其中間各寨灣之
舟又從旁遶出而擊之時乎南風亦如前法或遏于
前或躡于後或擊于旁此亦迭肆之法長蛇之勢然

未有不困疲而就縛者海上可立京觀矣
又云
國初置沿海衛所每所船五隻每船軍百名其法備載
會典自一所一衛推之則合省之海船海軍可總其實也
使法之常存何慮海寇之擾向來脩復一二止可用
于哨報難以衝敵及其事急借發福清鹽船併報各
澳民船柰彼不忠
國家之急皆存繫各之私雖給價值終不直前況福清鹽
船雖大不可以當海寇之夾板船叭喇船漳州之草
撇樂清之大鐵等船又不可以當海寇之烏尾尖艚
如東仔銅𤇢等船又不及也昔人海戰之船大小制
度不同今當兼用如樓船艨衝此船之大者也如直

進露撓此船之中者也又如艄艋海鰍此船之小者
也以船之大者為中軍座船而當其衝以船之中者
為左右翼而分其陣以船之小者繞出于前後兩旁
之間隨船器械各須犀利完足但海寇所恃全在于
銃吾亦以銃為應中軍大船仍用佛朗機大銃數架
兩翼中船亦用銅將軍大銃數十架其小船亦載鳥
銃鉛筒數十架各船編定字號晝則麾旗夜則擊鼓
為節迭出更進則彼此衆寡勞佚之勢不同未有不
殲此渠魁者也今蒙委官鳩工大造船隻戰船之造
必有定議但船之外旁又須護以牛革漁網氈絮之
類其大者更用列木為柵可避砲石又有車船之製
令戰士前後踏輪舟自進退所謂中流上下迴轉如

飛虜衆相顧駭愕者用此法也又須預募能游鄉鑿
浮之人一遇番船或以火箭焚之或以水鑽溺之是
或皆可用也
總兵俞大猷云或問兵船官造與私募孰便曰造易而
脩難也雖督造之官用之海上衝敵激浪不旋踵必
議脩矣脩船之弊奚啻萬端議脩之後閣岸日多浮
水日少以之守港則可以之出洋追捕則全不足恃
矣在官府不能亡無弊之法在民間不能克不可制
之情天下古今豈有視官物為已物者哉此惟熟於
海務者自知之烏得而盡言或曰民間安有許多私
船可募乎曰厚之以稅使逐利之民爭造新船以應
募何患其不多責府縣以及時給稅責船戶以及[illegible]

修整則經年累月皆有堅船可用然則用官造之船以守港用私募之船以追捕則如何曰必若是然後攻守各適其用也

鍾按閩廣浙直船制各異而不知其所以異者由於海勢之不同也廣東船制兩旁設栗便於搖櫓福建船制其旁如垣其篷用捲便於使風浙直船制平底布帆便於盪槳此船制之異也所由然者福建海水最深各信地俱近外洋一望無際縱有海島如浮漚之着水耳故有風時多無風時少順則使風逆則戧風此福船所由製也廣東自出五虎門上及大鵬下及北津以西俱有海嶼或斷或續聯絡於外商船來往多從裏海且風氣和柔全

仗搖櫓此廣船所由製也浙直海水深處固多淺處時有近岸平沙或數十里潮長水深尋丈潮退僅可尺許故叭喇唬沙船專事盪槳此浙直之船所由製也若易地則風水不同其制亦當必異推此而山東以北危磯塉沙往往有之船制又不可執此例彼矣然欲攻大敵於外洋非福船不可蓋福船之制其蜂房垣牆即古之樓船巨艦其重底堅牢即今之過洋與使琉球船式也故諸省船制惟福建為工

又按海上之戰不過以大船勝小船大銃勝小銃多船勝寡船多銃勝寡銃此中國之長技也故論戰則陸戰難水戰易然論兵則陸兵易水兵難而海將尤難者風濤難御舍臭達之難其人也

籌海重編 卷之十二 百〇九

兵船稍手附

閩縣知縣仇俊卿云沿海居人多便于舟楫雖未習水戰亦易于為教今于出海之數或欲以沿海者居其十七其內地衛所者居十三餘撥防邊以助守望使漸教習人人皆可為勝兵所謂水虎捷凌波軍者不患無其人也如此亦可以節省雇募水稍之費

粵兵盔甲式

副使茅坤云粵中獨田州甲爲善自盔以下並以堅生牛皮而油灌之甲特周前後胸背而已兩肩兩臂手及兩股並别爲小牛角片置雲肩蔽手等名色蓋取其伸縮如意而便於戰鬬者試令召田州之工匠或廣中能倣製者而官自爲採料製之大畧一盔甲則二三金可辦也

守備傅良橋曰人馬格鬬非堅甲鐵裹誠不足以蔽矢石然甲以鐵裝則服過重人服重則不便於擊刺馬負重則不便於奔馳似宜置爲軟甲軟甲者以布爲之製如夾襖用絲綿沙紙釘成厚寸許納之於中則輕快便利不惟足以盡其搏擊之能且足以爲鋒鏑之蔽即昔人藤甲之便弗右此矣況費半而功倍乎

松江府同知羅拱辰云牌有二式有手牌即燕尾牌也有挨牌用繩綵用木橛攬者用手牌便於用力先以鏢鎗飛擊先挫賊鋒然後用刀則前後左右隔賊技器施我刀法此手牌之利也用挨牌則以牌上長繩上木橛攬加入繩圈中掛於項上以左手中指縱中夾牌下短繩上木橛攬仍以五指挽鎗前半節右手執鎗後半節或伸或縮或出長出短或左或右旋刺非惟護自身且護從牌之兵

又云各兵衝進必列牌於隊前以蔽矢石牌乃陣中第一器所不可少者所謂公侯干誠所謂干戈戚楊當將子路初見孔子亦執干以爲問夫干者楯也即今之牌也所以捍外而衛内者也有手牌有挨牌用各不同其利一也

副使茅坤云海寇恃强在舞刀每輕我兵不能射久其所輕莫惡於習弓弩而破其所强莫惡於倣狼兵燕尾牌之制近日東南之牌皆沉重而不利進退獨粵中燕尾牌以桐木杔木爲之其長如人之身其廣不滿及其背如鯽魚然故側身前逼雖當利刃而不能斷其體輕故運如鳥翼而一切矢石皆可蔽廣中狼椰之兵善舞牌者其臨陣如鷙鳥而進不必盔甲而賊皆牆立不能敗此廣中所最尚者欲訪置在浙惟温州桐木杔木爲多可易辦也

挨牌上銳而長步兵所用朱漆金字長可蔽身内施鎗木倚立於地

藤牌

總兵俞大猷云錯以步戰乃中國之長技今鈎刀虎义二手隨時教閱充用惟藤牌手出在福建漳州府海澄縣土名海倉許林嵩嶼長嶼赤石站尾月港海頭沙坂等地方此各地方山川風氣生人剛勇善鬪重義輕生若責其本府縣官用心選募約得三千人每名月給工食銀一兩伍錢行糧四斗五升俱自家起行之日爲始人每名另給衣裝器械養妻子共銀二十兩若在軍病故給棺木銀六兩陣亡給埋葬銀一十二兩今欲募之先將銀兩解發該府坐委本府佐貳官一員知縣一員先募的當頭目六十人每月各給工食銀伍錢責其每人各募前項地方壯兵五十人每十人編爲一甲每一甲各領一十人千百戶一十五員各分領二百人仍差前

頁府佐知縣兼理錢糧各至軍前聽用其各兵在途行糧水路船隻陸路挑行李夫各官合用衣裝行糧俱要議處此兵可以禦北虜而吾廣產藤宜依其製以代挨牌若征海寇俟其登陸用之

戚繼光云有圓長二色其來尚矣主衛而不主刺國初木加以革重而不利步以藤爲牌近出福建銃子雖不能隔而矢石鎗刀皆可蔽所以代甲胄之用在南方田塍泥雨中頗稱極便其體須輕堅密務使遮蔽一身上下四旁無所不備用牌之間復有所謂標者所以奪人之目而爲我之援兵所賴以勝人者也牌無標能禦而不能殺將欲進步然後起標勿輕發以敗其事腰刀用於發標之後以殺敵非長利輕泛則不能接遠其行牌之人須膽勇氣力輕足便捷少年然後可授之以此置於行伍之先爲衆人之藩蔽衛以長短之器爲彼之應援以之臨敵其衆可合而不可離可用而不可疲進退左右無所不利此藤牌之功也

又云試牌跳牌舊法聽鑼聲爲度暫覓牌如壁閃牌如電起伏得宜翻身不露身滚牌不露足惟牌能殺敵能蔽身用之乃拒勁敵以衛兵也

銅發熕

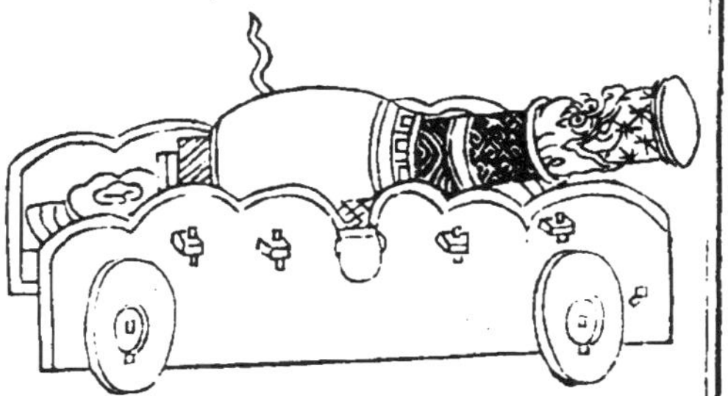

每座約重五百斤用鉛子一百箇每箇約重四斤此攻城之利器也大敵數萬相聚亦用此以攻之其石彈如小斗大石之所擊觸者無能留存墻遇之即透屋遇之即摧樹遇之即折人畜遇之即成血漕山遇之即深入幾尺不但石不可犯而已凡石所擊之物轉相搏擊物亦無不毀者甚至人之支體血肉被石濺去亦傷壞又不但石子利害而已火藥一熱之後其氣能毒殺乎人其風能煽殺乎人其聲能震殺乎人故欲放發熕須掘土坑令司火者藏身後燃藥線火氣與聲但向上衝可以免死仍須擇強悍多人爲之護守以防敵人搶奪發熕之患若非攻堅奪險不必用此也或問用之水戰可乎曰賊若方舟爲陣亦可用其小者但放時火力向前船震動而倒縮無不裂而沉者須用以木筏載而用之可也曰城上可用乎曰發熕便於攻高不便於攻下用之遠擊亦可也

遊擊彭信古云火器之大者莫如發熕但放之難今又設思之每銃設軟架一座架後設桅木一塊各絧以大纜置之船頭則借金頂之力發之船傷則加檣梁一根其桅木內又設軟座一件以黃麻水草結之彼銃一發去勢必倒回架有絧纜多不能坐絕即或斷絕坐至桅木上有軟座可抵剛猛有大纜可制餘威使一發中賊收利十倍遠而陷陣無踰此矣

刑部尚書顧應祥云佛郎機國名也非銃名也正德丁丑予任廣東僉事署海道事驀有大海船二隻直至廣城懷遠驛稱係佛郎機國進貢其船主名加必丹其人皆高鼻深目以白布纏頭如回回打扮即報總督陳西軒金臨廣城以其人不知禮令於光孝寺習儀三日而後引見查

大明會典並無此國入貢具本參奏

朝廷許之起送赴部時

武廟南巡留會同館者將一年

今上登極以其不恭將通事明正典刑其人押回廣東驅之出境去訖其人在廣久好讀佛書其銃以鐵爲之長五六尺巨腹長頸腹有長孔以小銃五箇輪流貯

藥安入腹中放之銃外又以木包鐵箍以防决裂海船舷下每邊置四五箇於船艙內暗放之他船相近經其一彈則船板打碎水進船漏以此橫行海上他國無敵時因征海寇通事獻銃一箇并火藥方此器曾於教場中試之止可百步海船中之利器也守城亦可持以征戰則無用矣後汪誠齋鋐爲兵部尚書

請于

上鑄造千餘發與三邊其一種有木架而可低可昂可左可右者中國原有此制不出於佛郎機

每坐約重二百斤用提銃三箇每箇約重三十斤用鉛子一箇每箇約重十兩其機活動可以低可以昂可以左可以右乃城上所用者守營門之器也其制出於西洋番國

嘉靖　年始得而傳之中國之人更運巧思而變化之擴而大之以爲發鑛發鑛者乃大佛狼機也約而精之以爲鉛錫銃鉛錫銃者乃小佛狼機也其制雖若不同實由此生之耳其石彈之大如升力氣小於發鑛而大於鉛錫銃若遇關隘人守堅不可過者以此攻之借勢而渡

戚繼光云此乃天下通有利器製者多未盡精微其妙處在母銃管得法子銃在腹中亦要兩口得法使火氣不泄又每放時擊出子銃數丈傷人必用鐵閂者住其妙處有前後二照星後柄稍從低庶不礙托面以目照對其准在放銃之人用一目眇看後照星孔中對前照星前照星孔中對所打之物若子馬俱大則難出出則力大要坐後而人力不能架之若子小則出口鬆而無力歪斜難准法既

省下木馬煩難之功又出口最易凡鑄銃之法子銃口大則子難出要破母銃母銃口大而子銃口小則出子無力且歪務要子母二銃之口圓徑分毫不差乃爲精器

鳥銃式

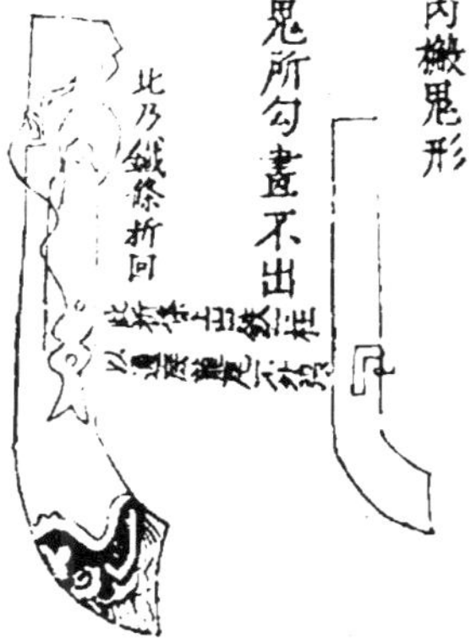

鳥銃後門形

前口形

鳥銃分形之圖

火門形

絲轉形

左轉則入
右轉則出

銃架形

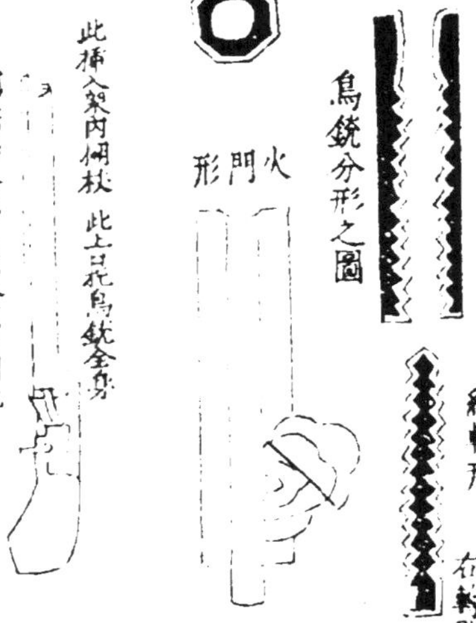

側立裏面鬼撐形

木架内機鬼勾追用右手抓其指頭機此則此鬼之頭退入皮内龍頭落而火發

側立外形

鳥嘴銃

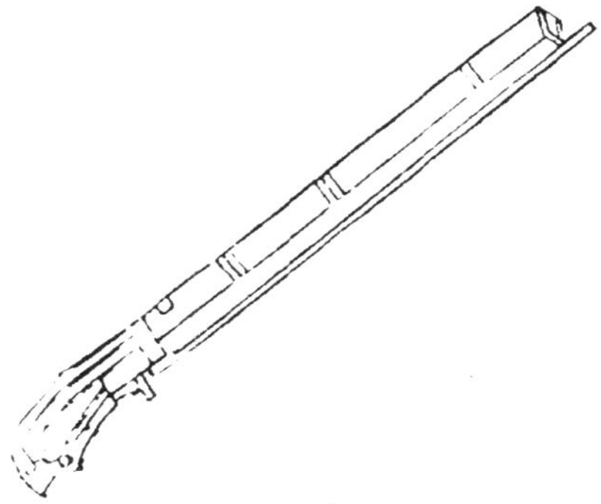

造鉛錫銃者須知煉鐵蓋鐵中原有查滓夾雜須煅煉不已融盡查滓底於精純方免脆折爆碎之患故十斤而煉用一斤者爲上十斤而煉三斤者次之其管欲員而淨其臬欲端而直司銃者須擇手足便捷之人臨敵裝藥入彈覘臬㷔火庶不遲悞若但見臬而不見管則失之仰但見管而不見臬則失之俯皆不能中也此器今人類並立而用之遠攻非也須近敵乃用長短兵相夾乘勢速進使賊避銃目睫悶眩之間而我兵已入其隊中矣鉛錫銃之妙全在此也

都御史唐順之云虜所最畏於　中國者火器也天助

聖明除兇滅虜而佛朗機子毋砲快鎗鳥嘴銃皆出嘉靖間鳥嘴銃最後出而最猛利以銅鐵爲管木橐承之

中貯鉛彈所擊人馬洞穿其點放之法一如弩牙發機兩手握管手不動而藥線已燃其管背施雌雄二臬以目對臬以臬對所欲擊之人三相直而後發擬人眥鼻無不著者捷於神鎗而准於快火杖至此而極是倭夷用以肆機巧中國習之者也

戚繼光云鳥銃之准在於腹長而直火藥之不奪手在於前手拏在銃腹點放之直在於兩手俱托執銃身而無點火之誤鉛子之利在於合藥之方其神機銃用木馬繫而多誤勢難而發遠銃手執後尾其重在前一手點火眼不能照皆不及此銃之妙而速也鳥銃傳自西番未得其妙歲戊申中盧鏜破雙嶼獲善銃者授其術案命馬憲制器李槐製藥始精絕云

子母炮

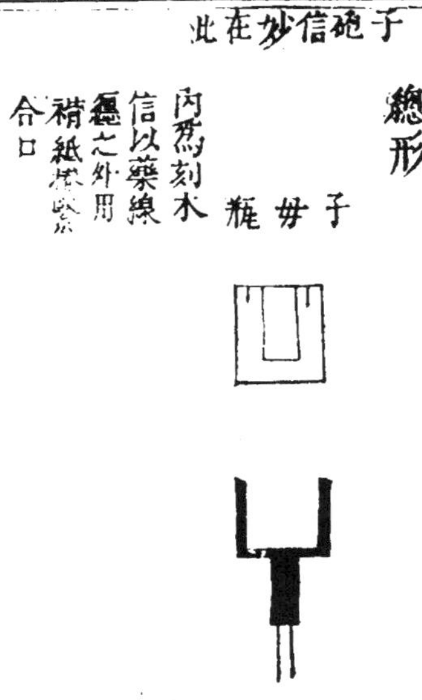

把總鄧銓曰此用驚營或夜間遠遠放入賊壘少停於賊壘中銃發無制之兵烏合之衆奪氣之寇勢必驚惶我得乘之此器最妙

一窩蜂

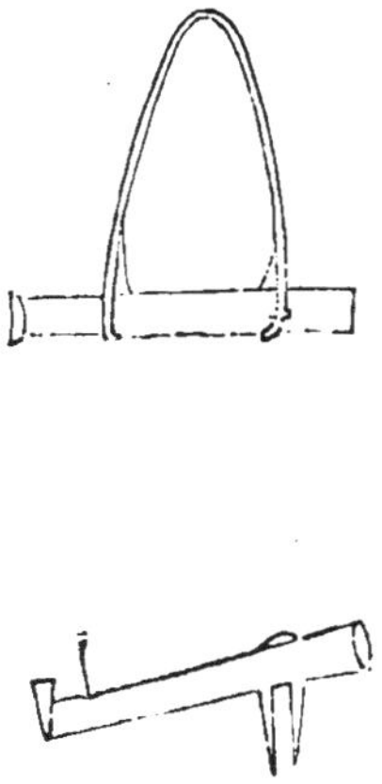

其狀如鳥銃之鐵幹而短其管口比鳥銃口稍寛容彈一百枚燃藥則彈齊出遠去四五百步

叅將侯國弼云鳥銃所發止於一彈所中止於一人中則傷人不中則無所傷矣一窩蜂一發百彈漫空散去豈無中傷者乎其力量眞可以爲佛朗機之亞但佛朗機器重難帶一窩蜂輕於鳥銃以皮條綴之一人可佩而行戰時以小鐵足駕地昂其首三四寸蜂尾另用一小木樁釘地止之誠行營之利器也若欲爲坐營之用則以木床載於營門床身左右各置二輪以便進退可以爲守營之寶

天墜砲式

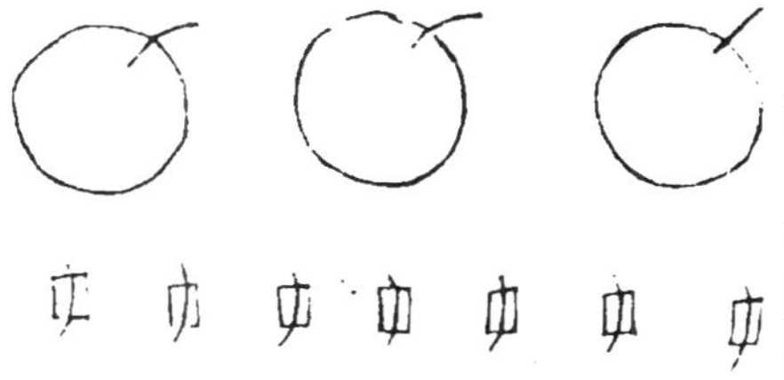

丹陽邵守德云其大如斗用法升至半天墮於賊巢震響如雷黑夜令賊自亂相殺內有火塊數十能燒賊之營寨必不能救

地雷式

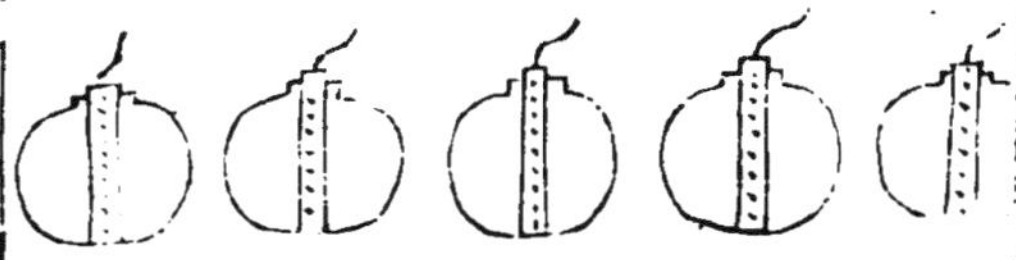

丹陽邵守德云以生鐵鑄成實藥斗許㮶木砧砧至底砧內空心裝藥線一條擇寇必由之地掘地作坑連連數十埋地雷于坑中內用小竹筒通藥線土掩如舊機關藏火賊不知而踏動則地雷從下震起火焰冲天鐵塊如飛蝗着人即死乃孔明之秘器也

火蜂窠圖式

都指揮鄧中溥曰此器戰守攻取水陸不可無者奪心目驚膽傷人製宜精工此兵船最利火器

火妖圖式

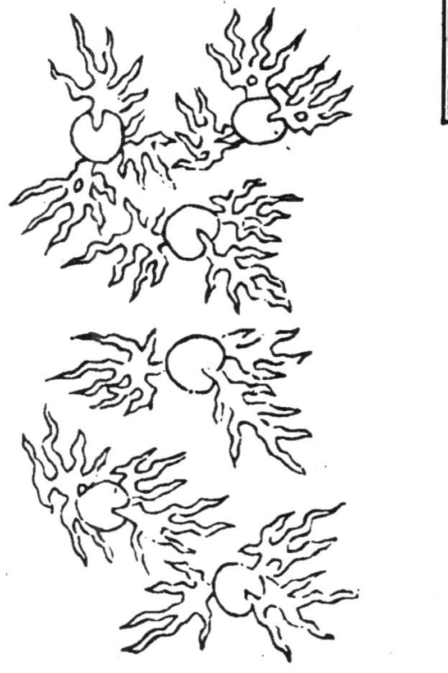

紙薄夯大内蕩松脂入毒藥外煮松脂檣油黃蠟燃火
拋打煙焰藜戳却利水戰守城俯擊亦可
戚繼光云火器之法製度甚多其實大同小異皆不甚利
于用只此數種盡其妙矣故不𦈢載至如弓射箭頭用
火之類又不如火箭除水陸通用者先附陸兵技藝之
後凡陸所不用只可用于水者故備于此以上藥線各
處製者俱用一二尺長浮于外每點擲之際一擲風
其藥線便滅或擲至別船如賊見線尚長而拔之或反
擲我舟今用子母銃藥線法凡火器一件其藥線之處
用細竹管一箇直插于腹内至底藥線安于竹腹之内
待外點火燃線巳入竹管之内不見方才擲下則線在
竹内燃至竹底方透火器擲下之時藥線在竹内燃並
無内滅之事且擲于賊舟只見凝然一物並不知點燃
何處就擲在水内則線燃于腹火氣衝于口水爲氣所
逆亦不能入雖在水底尤能燃放而後巳此極妙極驗
萬無一失者

火磚式

竹筒穿藥線式

包式

用地鼠紙筒砲各安藥線每箇排爲一層上下二節各二
層以薄篾横束合洒火藥松脂硫黃毒烟用粗紙包裹成
磚形外用綿紙包糊以油塗密另於頭上開口下竹筒以
藥線自竹筒

火藥桶式

火礶說附

戚繼光云舊用火藥傾下賊舟此固長策然又別用火藥或炭火再傾擲使之發藥每每或連桶擲入水中或被賊以水沃濕皆未中肯綮不如遠則只用飛天噴筒近則只用埋火藥桶至易至便除此之外所謂火箭神機火磚之類皆遠不及此苟用此二種則他種皆不必用也

鐘按近有火礶之製用瓦礶不拘大小入藥於內藏鐵蒺藜數十又加毒藥之類外用火繩數根懸於四旁敵船相近卽燃火拋過磁礶擊碎內藥噴發功用尤爲備捷火礶設而火桶爲虛器矣

火箭

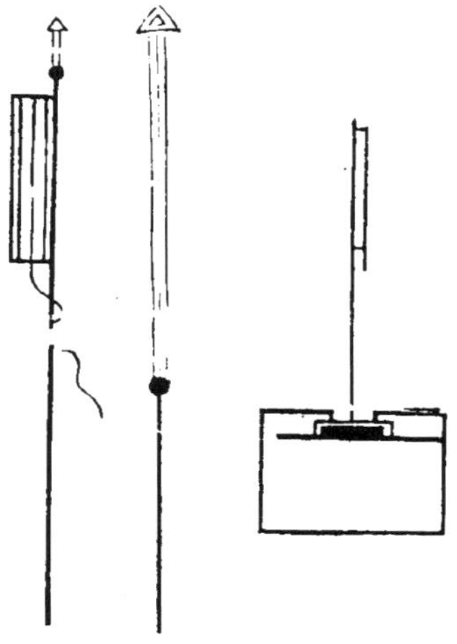

戚繼光云火箭亦水陸利器其功不在鳥銃下但造者無法放者無法人鮮知此器之利也大端造法有二或造成用鑽鑽線眼或用鐵桿打成自然線眼但鑽者不如打成者妙鑽易而打成費手匠人多不肯用打成之法其肯綮全係於線眼之歪正深淺桿要直鐵要勁羽長而高藥筒用礬紙間以油紙夏不走硝可留二年此物最不耐久收也

又云火箭只着棚帆當中一點打去當高中則不可救低則易救

神機箭式

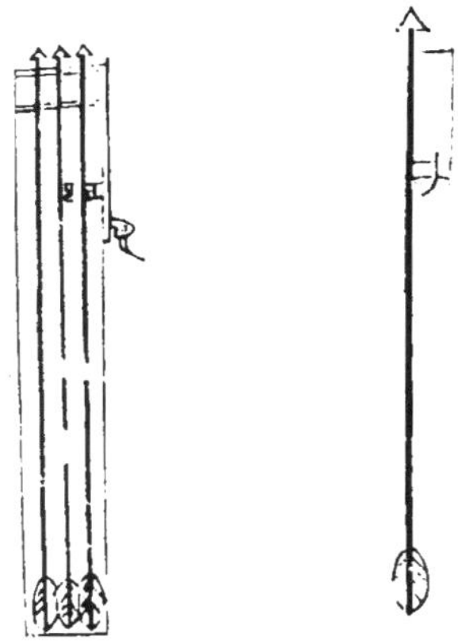

丹陽邵守德云造法帮紙爲筒內入火藥築令滿實另油紙封之以防天雨後鑽一孔裝藥線用箭竹爲幹鐵鏃如燕尾形末裝翎毛大竹筒入箭二矢或三矢望敵燃火能射百步利順風不利逆風水陸戰皆可用用之水戰能燔舟蓬用之陸戰能燬巢穴中者必死

飛天噴筒

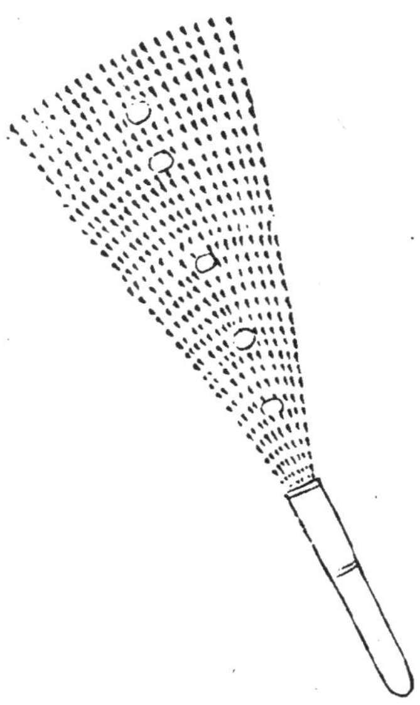

戚繼光云截徑二寸竹裝藥製打成餅修合筒口餅兩邊取渠一道用藥線拴之下火藥一層下餅一箇用送入推緊可高十數丈遠三四十步徑粘帆上如膠立見帆燃莫救此萬分効策

閩縣知縣仇俊卿云火器所及能加于數百步之外今海寇所恃全在火器緣硫磺出於琉球諸夷製造又多巧思惟焰硝中原所產嚴其禁約不許人下海潛通以資其用則彼失所恃擒之亦易矣

鄭若曾曰按海中戰法攻船爲上若以吾大船犁敵小船觸之無不壞者其次則恃火器火器之中火箭銃礟之類亦多無用惟火毬火藥桶二者投入賊舟即時焚燬爲至妙也或問我以火攻敵使敵亦以火攻我如之何曰以火攻敵全靠柁工得人柎柁得法我常據上風則敵之火攻將爲風所驅而反攻之矣大抵火攻之法須先自爲水備假如一舟五十人只用十人持火器其四十人俱執水斗水桶遇敵火攻舉手傾水滅之烏能焚

我耶或又曰設使我用火攻而敵知水備何道以焚之曰敵若知備則雖不能焚敵亦必救火而亂矣我乘其亂而擊之豈有不勝者乎

墨子爲木鳶飛之三日人羡其巧墨子曰不如爲車者之巧也觀此可以悟火器鎗礮得風雷集二種皆火器奇方非今時有者後思之對敵亦不假此何也如以近時水陸所常用者論之勢大力雄無如發熕更番迭進無如佛狼機精巧命中無如鳥嘴銃傷人數多無如百子銃至如賊舟相迫兩陣交鋒之際則飛天噴筒火礶火箭之類皆爲得用但當製之精而習之熟耳苟製之不精則發熕百子銃而炸佛狼機而子母不相合鳥銃而火門銃門不如發飛天噴筒火箭火礶之類或放之不去或去之不遠與無器等耳又如習之不熟則見敵而股慄有棄銃而走者有顛倒錯亂者有敵未至而先發有發之而不中者與無兵等耳夫劍一也或能斷龍舟或不能斷腐草豈可均謂之劍哉此製之貴精也射一也或能穿楊葉或不能中正鵠豈可均謂之射哉此練之貴熟也制器之精在乎有司練兵之熟在乎將領若不求切近工夫而馳騖於奇巧欲以勝敵則木鳶之謂矣

礟圖式

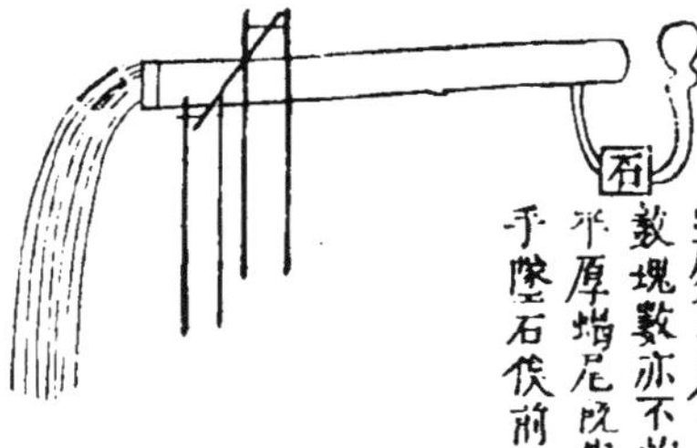

每繩長如梢之體不必拘定若干條但能舉其梢可矣每繩用二人扯之

此處安大石子不拘前數塊數亦不拘方圓平厚梢尾既掛一人雙手墜石候前扯之發

礟爲守城第一器既有火藥之費又有不乏之資

兩廣藥箭

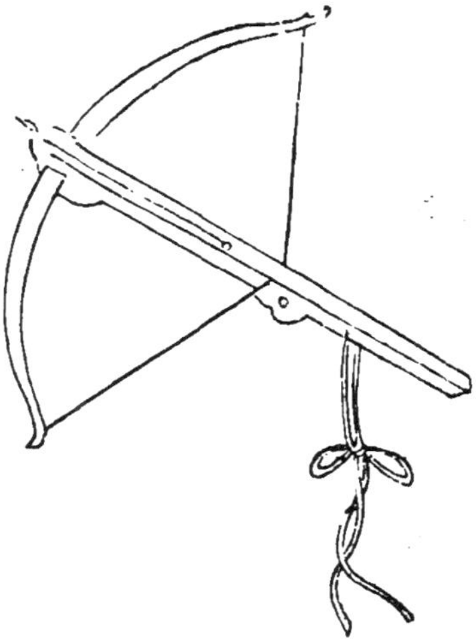

弓弩必挾兩廣毒藥以灌其鏃鏃著血縷則立死但浙人不習射當如兩河以北懸射銀錢之利以誘之使習令弓師而能教百人善弓則善弓者得以一人兼二人之食而弓師且賞之以百金而署之爲百人之將令弩師而教百人善弩則善弩者亦得以一人兼二人之食而弩師且賞之以百金而署之爲百人之將如此則不數月而全軍皆善射矣其他短兵鎗棒亦率類此

或云毒箭射人過衣絮沾染藥即脫落箭鏃着肉際毒已緩矣不能殺人也須於鏃上鑽孔以藥珠入則雖透衣而藥不脫傷者應弦而絕

邊箭式

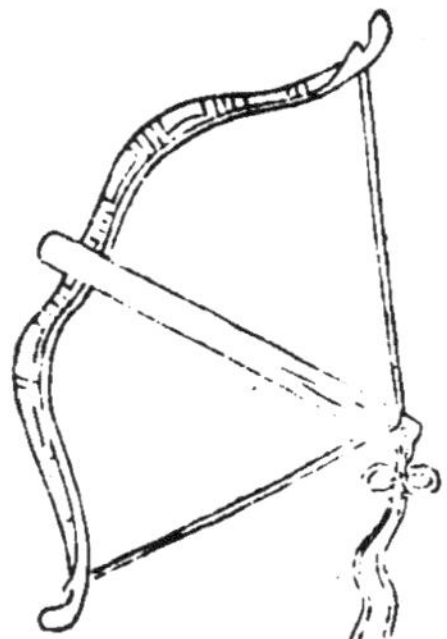

松江府同知羅拱辰云知射長箭而不知射邊箭弩手亦不知用弩之法况各止用竿子雖可取勝殊非長技蓋照長箭去遲而敵人易見故彼得以閃避且得拾取復射其利在彼邊箭去疾而敵人難窺非惟彼不能避抑且不能回射况邊射所到倍長箭百步有餘其利在我長邊二箭務令弓兵兼習若賊尚遠綏則射邊箭而來近迫則射長箭各從其便也

弩箭式

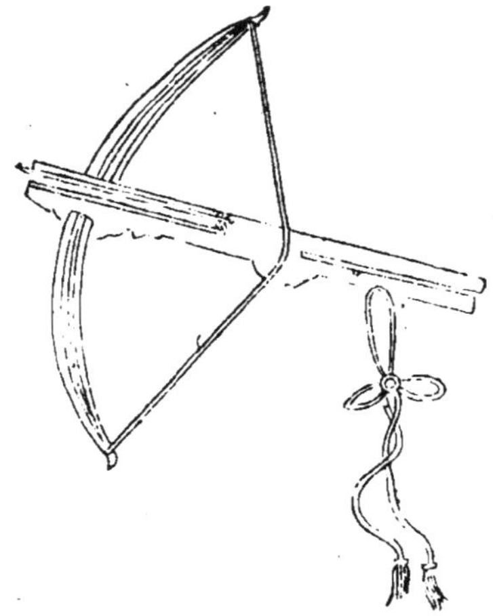

松江府同知羅拱辰云用弩必須力重而機巧其矢之長短輕重大小要與弩弦相比乃能命中而及遠若敵在百步之外我兵必須用弓弩及邊銃以制其鋒及至來近短兵相接尚在三十步内外則用鏢鎗以飛擊之

戚繼光云弩弓不可遠遠則無益貴矢竭力

伏弩式

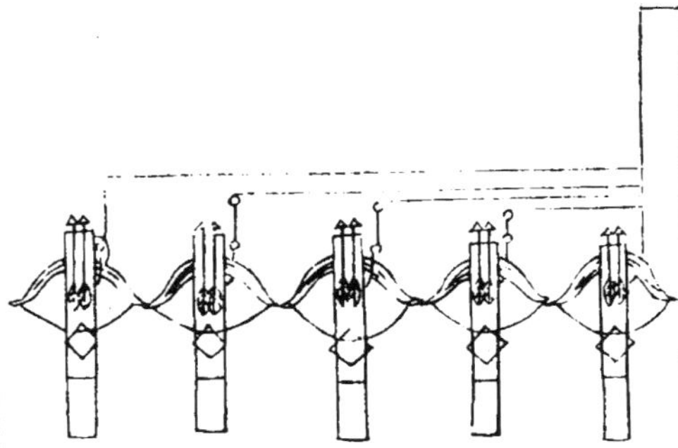

丹陽邵守德云其工價甚大其用有三若伏於營寨要道可以禦賊之偷營刼寨若伏於山野僻路可使寇不能逃若伏於富家門戶可使賊不能入造法以檀木柘木爲身茅竹爲担弩後置一木人上弦或連發二矢或三矢量賊往來必由之路設之以木架架弩任意高下或竹徑或稻麥叢茂蓊密處設百餘把止用一絲線作機關不須人守賊至不疑而動其機百弩齊發一人不能逃生也倭奴善通荒村窮谷無處不至用此器甚妙

馬箭

鄭若曾曰馬箭之法有三曰分鬃向前射也曰對蹬向傍射也曰抹鞦向後射也此武士之常技也愚謂分鬃者以馬之頭鬃爲界一邊挽弓一邊發矢乃弄花巧之法邊軍不然以身俯出馬外於此挽弓就於此發矢臨敵倉皇之際庻無繆悞對蹬者主左一邊而言今北方響馬常勒馬由道右而行讓客於左以便發箭亦此義也然是法但可施於途遇一二人耳設使衆敵叢射或敵在右將旋馬以應酬之耶學騎射者須習左右手皆便方可

鐘按是編言騎射矢而獨不及步射者豈以射法汗牛難悉載耶然射法雖多大要不過審固滿分四字耳持弓欲固闊弓欲滿視的欲審發矢欲分（分者兩手知[illegible]齊分也）者滿之象也而審盃稿臂力者固之徵也而分始齊射有臂力知鐵工夫靡不命中矣而先之以入肥壁立爲入門以治心養氣爲根本至於射敵又與射的不同射的貴從容射敵貴神速射的則弓矢稍輕而調循可以及遠中微射敵非强弓重矢安能殺人於百步之外哉故倭虜人畏之者矢皆重弓皆勁近而後發發必中人中者必斃此吾人當用其所長也

標鎗圖式

標鎗或用稠木細竹皆可但前重而後輕前稍粗而後稍細爲得法

戚繼光云標鎗非兩船相逼不用用往下打更難準

鎗式

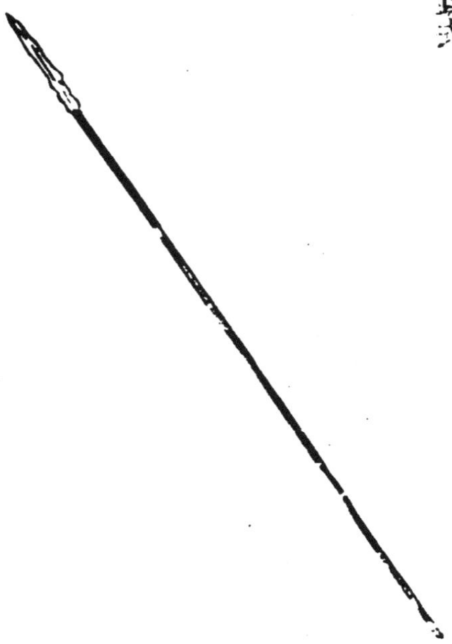

總兵俞大猷云長鎗後手要粗可盈把庶有力若細則掌
把不壯鎗腰要從根漸漸細至頭而止如腰粗則硬強
不可挐如腰細則軟而無力雖手法之妙不能拏打他
鎗開去也鎗稍不可輭細要自後漸細方有力或忌太
重重則頭沉不可舉動是自棄鎗也鎗頭重不可過兩
其桿桐木第一合木輕而稍軟久之要傍開者住鎗開
者紋斜易折櫝竹腰軟不可川

梨花鎗

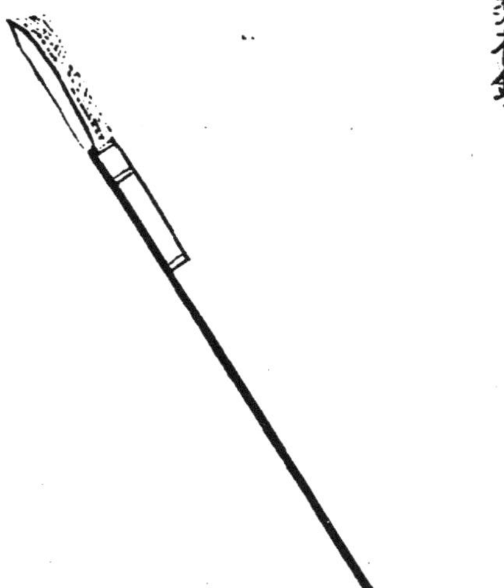

梨花鎗者以梨花一筒繫於長鎗之首臨敵時用之一發
可遠去數丈人着其藥即死火盡滅仍可以刺賊乃軍前
第一火具也宋李全嘗用之以雄山東所謂二十梨花鎗
天下無敵手是也

狼筅式

狼筅必獵戶能使製筅之法用毛竹長而多節者末銳包鐵如小鎗兩傍多留長刺其刺每雙用火熨之一直一鉤其直者如戟鉤者如矛然後以熟桐油灌之敷以毒藥鋒利難犯

戚繼光云狼筅之為器也形體重滯轉移艱難非若他技之出入便捷似非利器也殊不知乃行伍之藩籬一軍之門戶如人之居室未有門戶扃鍵而盜賊能入者故凡用狼筅須要節密枝堅杪加利刃要擇力大之人能以勝此者勿為物之所使夫然後以牌盾蔽其前以長鎗夾其左右舉動疾齊必須釵鈀大刀揵翼然後筅能禦而不能殺非有諸色利器相資鮮克有濟兵中所以必於用此者緣士心臨敵動怯他器單薄人膽搖奪雖平日十分精習使多張皇失錯忘其故態惟筅則枝稍茂盛遮蔽一身眼前可恃足以壯膽助氣庶人敢站定若精兵風雨之勢則此器為重贅之物矣

鏜嘗較藝兵中見狼筅手俱弄花步有守法無進法因召鎗筅教師問曰筅與鎗敵孰勝教師曰鎗好勝筅筅好勝鎗鏜曰非也鎗豈能勝筅哉由筅之不精耳因取鈀法用大當小當大壓小壓為守法又取劍經所云一聲響處直千金彼失隄防我便贏為進法授之筅教師與鎗教師較十較而十勝有老兵跪曰處州筅原如此後人失其傳耳鏜以此語客客曰然則通營何不俱用筅鏜曰筅何足恃也筅當以藤牌勝之蓋牌法勢險節短一挨入則筅為贅物矣此以捷勝鈍也客曰然則通營何不俱用牌鏜曰牌何足恃也牌以俞家棍勝之俞家棍着力用陰陽轉一殺則牌自顛仆矣此以實擊虛也客曰然則通營何不俱用棍鏜曰棍何足恃也棍以楊家鎗勝之蓋棍短而鎗長以長擊短必為所乘矣客曰然則通營何不俱用鎗鏜曰鎗則筅可勝之鎲可勝之矣故五兵之制長以衛短短以救長不可陷之於有與無不陷之矛均不可缺推此而制陣之方火器藉兵器以無恐兵器藉火器以取勝形格勢禁使之無所顧有所恃如淮陰背水陣法此又一二名將所陰用而不言於人而人當自悟也

天蓬鏟式

形如月牙內外皆鋒刃橫長二尺柄長八九尺或一丈兵馬步戰第一利器也

此器直推之可以劄手　往上推則鏟首向下推則鏟足或鉤敗卒之足或於上風揚塵妙不勝述

籌海重編　卷之十二　百四七

偃月刀

鄭若曾曰使刀無如倭子之妙然其刀法有數熟尚而能識破者禦之無難惟關王偃月刀刀勢既大其三十六刀法兵仗遇之無不屈者刀類中以此爲第一馬上刀要袞須前過馬首後過馬尾方善

劍式

有五家

一曰馬明王

一曰先主

一曰下莊

一曰王聚

一曰馬超

籌海重編　卷之十二　一百四八

啣枚圖式

竹籤四寸長五分濶上書隊中兵勇親臨官押油飾掛頸靜絕響各啣枚肅靜

代圓枚而用更可參考

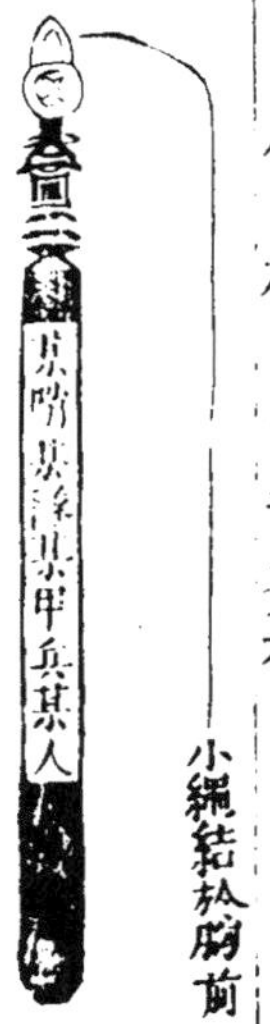

棍式

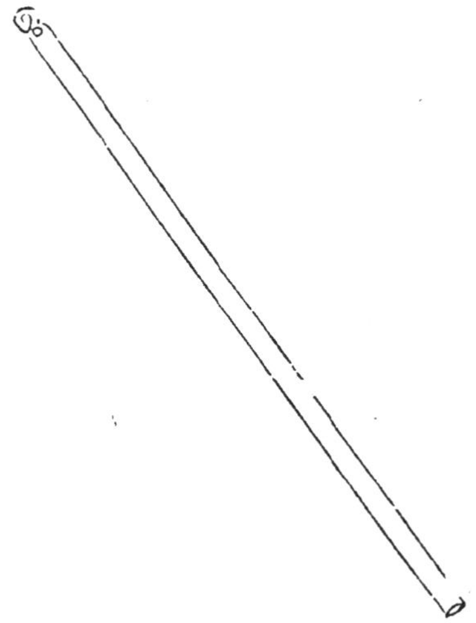

少林棍

俱是夜叉棍有前中後三堂之外前堂棍单手夜叉也中堂棍陰手夜叉也類刀法後堂棍夾鎗帶棒臨紫薇山爲第一（牛山僧善弄之）通臂孫張家棍爲第二

河南棍

趙太祖騰蛇棒爲第一賀屠鈎竿與西山牛家砲鎚頭皆次之

安猴孫家棒（汴城淮慶人多用之）

鐘棱棍法有三十餘家但多花步惟俞家棍俱實法故所向無敵習武藝者先習俞家棍則鈎刀鎗鈀俱從此出葢棍法譬之四書各藝譬之一經四書之理既明則六經之理亦明矣俞家棍法備載劍經其要緊者惟歌訣數條錄于後兵家熟此亦足以壯膽氣當一陣矣

一總訣歌

陰陽要轉　兩手要直　前脚要出　後脚要直
一打一揭　遍身着力　步步進前　天下無敵

一總訣歌

中直八剛十二柔　上剃下滚分左右
打殺高低左右接　手動足進參互就

一總訣歌

剛在他力前　柔在他力後
彼忙我靜待　知拍任君鬬

鄭若曾曰按古人之戰有三有天戰者有地戰者有人戰者葢兵器不外乎金木水火土五器之用五器之中各藏三戰之妙其製器之法製藥之方雖見於武經總要多不切於禦倭紀效新書所載似切矣而亦惜其不多愚見學士大夫談經濟者多有不傳之秘如無形渡之類隨時變化出奇制勝尤爲將者之所當知也但不可顯言以示敵故書之所已刊者愚擇而錄之書之所未刊者愚不敢錄惟提其端以俟將官之自訪而自悟云

籌海重編卷之十二終

籌海重編後序

堯年之郎職方也時
制府蕭公以諫議奉
璽書閱寧夏甘肅諸邊所條上封事
得與聞而讀之言言皆壯猷石
畫及公總督兩廣諸軍事堯又
量移廣東左使獲奉約束公進
而談當世之務適寧夏哱賊變

作公度其據堅城不北走虜終
爲釜中魚未幾果就擒蓋寧夏
在公目中而籌之預且定耳防
倭與防虜其事勢略相當而倭
每爲東南患浙閩廣三方寂近
受蠆雖乘風飄泊來去靡定而
島洋山川繆錯假令不按圖而
辨要害遲速之區原分合出沒
之路考今昔廢設之由一旦有
警茫然不知何處爲當守或此
嚴而彼疎或寇集而我散或頭
擊而尾不應或外防而內先潰
欲制勝可得乎此籌海圖編乃
故尚書胡公防倭時集衆思而
刻之浙與九邊圖論並存者承
平三十餘年而海上多澗略有

慮其不測而入犯即指徙薪爲
憂杞而迂之今倭且陷朝鮮逼
遼左徵兵四出東北亦苦倭而
海内騷然矣公下令修飭武備
首選將而蒐材增舟師置器械
練土著繕城垣凡可爲防倭計
者靡不殫思竭慮而並以職事
得承行之公又慮弗習倭者無

侈爲空談而不適於用如不田
萬畝象八千羣奚足以裨緩急
乃取籌海圖編已試之策而授
總鎮董君以幕下前都司鄧鍾
芟繁剔穢參以續聞而相爲訂
正付之剞劂命之爲重編俾一
開卷便知某處宜加堅壁某處
易於入寇某處可斷歸路其間

處置最急者絕導引接濟之徒
勿使奸民再肆狼毒他若緊要
澳寨港隘關所須一切簡閱精
銳以備固守以克戰擊譬之醫
家脉絡明寒暑辨然後調劑鍼
砭之術可隨施而取效矣公籌
邊如燭照其籌海而加意是編
計至預也使將吏能體公之心
以周先事之防又何憂乎倭患
之突來哉夫胡公慷慨任事者
也以平倭而有大造於浙不宜
苛責而沒其功公語之篇端見
運用之妙有超於是編之外者
意深遠矣尭固非習倭然歷浙
而閩而廣咸詢知地方曾被倭
不敢置其防而不講故奉公命

而末附其名於重編
萬曆壬辰秋望廣東等處承宣
布政使司左布政使費尭年書

籌海重編後序

孫子曰校之以計而索其情顧嵗棲者烏足語此竊嘗考鏡往事則倭情與計可得而求也夫夷性狡詐而嗜利其覦我珍巧綺繡之積如蟻慕羶業非以貢爲市無繇通萬一故洪武初趙秩始使朝貢隨入其後或詔禁絕或予限例或覊

留徙邊裔死獄中或數剿以兵然彼之市心終不爲衰止則情在利也吾因是以校其計大略有三林賢磔市繼以望海堝之捷國威甚盛故積百餘載雖有揚舲奮距以抗吾執事者之顏行然終不敢大逞此其計主於伺朱縞入倭禁綱始潤繼若李七許棟皆吾中行說之倫而王直徐海最驍日夜從臾倭以厚集其衆飈忽而四攻之欲使我疲於奔命則力詘而嵗市必通可以得厚利此其計主於脅關白後起顧前之伺者脅者皆爲鯨鯢且東南雖饒不足當王地而朝鮮邇遼海爲畿輔左臂廼蹈瑕而走李昖欲使我方震于鄰復假大

義類云志不在小者以惑衆聽陰結諸行間數恫愒我以不測之辭謂彼欲求封修貢市皆宜少徇其請否則頓兵遼左將爲吭背憂此其計主於要夫要也而遽聽計乎哉孫子曰校之以計而索其情廼爲之勢以佐其外勢者因利而制權也今坐策情勢有

廟筭在巖棲烏能測此要以權能制勝則異時胡尚書最矣或曰兵家之勝不可先傳也若編所云云得無隱慮乎哉不佞請以醫喻夫治病大略疇能舍古方書然有王方者有王王方者此誠獨運于心疇能窺而傳之姑不遠述即闗白至不逞也其事覩前王亘徐海華能

一較乎哉故察病而治病者異察變而制變者異語曰觀智用智探奇縱奇此醫之所貴於神聖工巧也董將軍慷慨有智略雅喜孫武子兵法不佞向得習於粵西前制府蕭公數與策海上事謂雖將家子乎於王王方者稍得其肯綮因授是編屬令繙校以傳昔公乘陽

慶得善方數私以授倉公囑曰毋以教人大臣義切時艱欲令諸應病者得吾方書云爾雖傳庸何傷若以其爲隱慮也者而私之則今中國之神聖工巧豈乏之於司馬門哉獨何效公乘陽慶之爲區區也編中訂訛增益附以論著則連帥鄧君居多前制府自叙之其義甚

偉不佞何能有加焉

萬曆甲午重陽前二日東官袁昌祚撰

籌海重編跋

淮
聖皇撫運廣布惠威占雲望日
錫土姓以懷之負山阻海列營衛以控
之雨露霜霆毫髮詎爽顧我
中國亦亾介順逆于么麽外夷也
大司徒蕭公總制兩藩靡僯爲壑無
籌不密無海不籌重而編焉固明

威寔敷惠巳鎮幸奉約束旦夕服
膺甚有得臨事方畧于言表脕或
狂逞試嘗將嚴霜迅霆下呼吸見
虀粉矣豈區區尋常左券云
萬曆壬辰之中秋鎮守廣東等處
地方總兵官前奉
勑征蠻將軍左軍都督府都督僉事始
安童元鎮謹跋

題籌海重編後

鍾不佞少習博士業輒棄去學劍叨一命執戟
海上志大才疎不能究悉胎葟以趨時一再用
再罷乃杜門著武備輯畧一書上述天門下及
地利中論人事總之兵家者言屬草未定值島
夷傳警
粤總鎮童大將軍謬以鍾習海上事言於
制府大中丞蕭公檄致幕下至則上所著書以謁
蒙不棄千慮之一因命之曰籌海舊有圖編今
昔稍異于其校之鍾奉命唯唯無何編就凢十
二卷大都因前人巳事間有增損皆出

制府指授
總鎮從中酌之鍾何能贊一辭云夫以書爲御
者不盡馬之情乃斤斤于舊章是討何哉傳曰
聖人則天賢人法古故彩鷁樓船艨衝巨艦雖
非刳木之舊然不因刳木則無以爲舟也龍旂
大路武剛鹿角雖非服牛之舊然不因服牛則
無以爲車也兵家三門四種七軍六花雖非軒
轅古法之舊然不因古法則無以爲今也是以
畫之者圖籌之者編神而明之者人此則重編

鄭開陽雜著十一卷

〔明〕鄭若曾撰

《鄭開陽雜著》十一卷，明鄭若曾撰。此書爲其五世裔孫於康熙間所編，含《萬里海防圖論》二卷，《江防圖考》、《日本圖纂》、《朝鮮圖説》、《安南圖説》、《琉球圖説》、《海防一覽圖》、《海運全圖》、《黄河圖議》、《蘇松浮糧議》各一卷。若曾曾入浙江巡撫御史胡宗憲幕，襄贊平倭軍事，故書中所記海防、江防形勢，皆其耳聞目睹，翔實可信。所繪各圖，尤爲細致。據中國國家圖書館藏民國間陶風樓影清抄本影印。

鄭開陽雜著

壬申夏六月陶風樓印行

四庫全書總目

鄭開陽雜著十一卷 浙江巡撫採進本

明鄭若曾撰若曾字伯魯號開陽崑山人嘉靖初貢生是書舊分籌海圖編江南經略四隩圖論等編本各自為書國朝康熙中其五世孫起泓及子定遠又刪汰重編合為一帙定為萬里海防圖論二卷江防圖考一卷日本圖纂一卷朝鮮圖說一卷安南圖說一卷琉球圖說一卷海防一覽圖一卷海運全圖一卷黃河圖議一卷蘇松浮糧議一卷其海防一覽圖即萬里海防圖之初稿以詳略互見故兩存之若曾尚有江南經略一書獨缺不載未喻其故或裝緝者偶佚歟若曾少師魏校又師湛若水王守仁與歸有光唐順之亦互相切磋數人中惟守仁順之講經濟之學然守仁用之而效順之用之不甚效若曾雖不大用而佐胡宗憲幕平倭寇有功蓋順之求之於空言若曾得之於閱歷也此十書者江防海防形勢皆所目擊日本諸考皆咨訪考究得其實據非剽掇史傳以成書與書生紙上之談固有殊焉

鄭開陽雜著

卷一

萬里海防圖論一

明　鄭若曾　撰

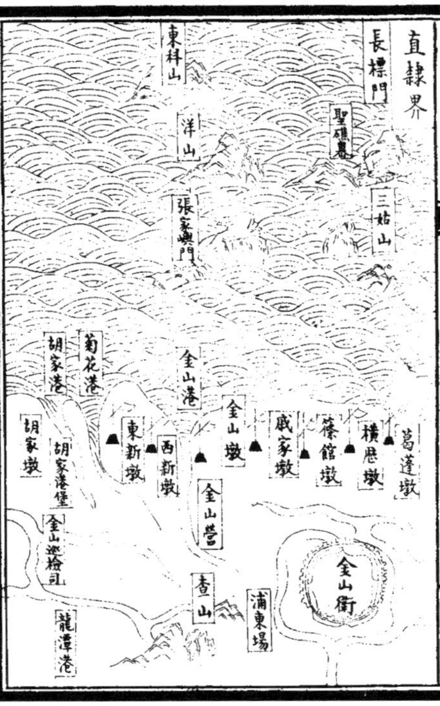

鄭開陽雜著
卷一
三
李西岙
陳錢山
茶山
白攤窪
寶山
五團洪
宋家窪
四團洪
白沙窪
小島窪
清水窪
湯家港
十八墩
十七墩
十六墩
十五墩
十四墩
祭海臺
十三墩
旱寨
九團
八團
七團
六團
南蹌巡檢司
四團
五團
三團
黃浦
上海縣
壁下山
蒲岙
爛泥洪
川沙窪
南滙觜
范家港
六墩
七墩
八墩
九墩
十墩
十一墩
十二墩
五墩
四墩
三墩
下沙三場
三林庄巡檢司
下沙二場
南滙所
二團
一團

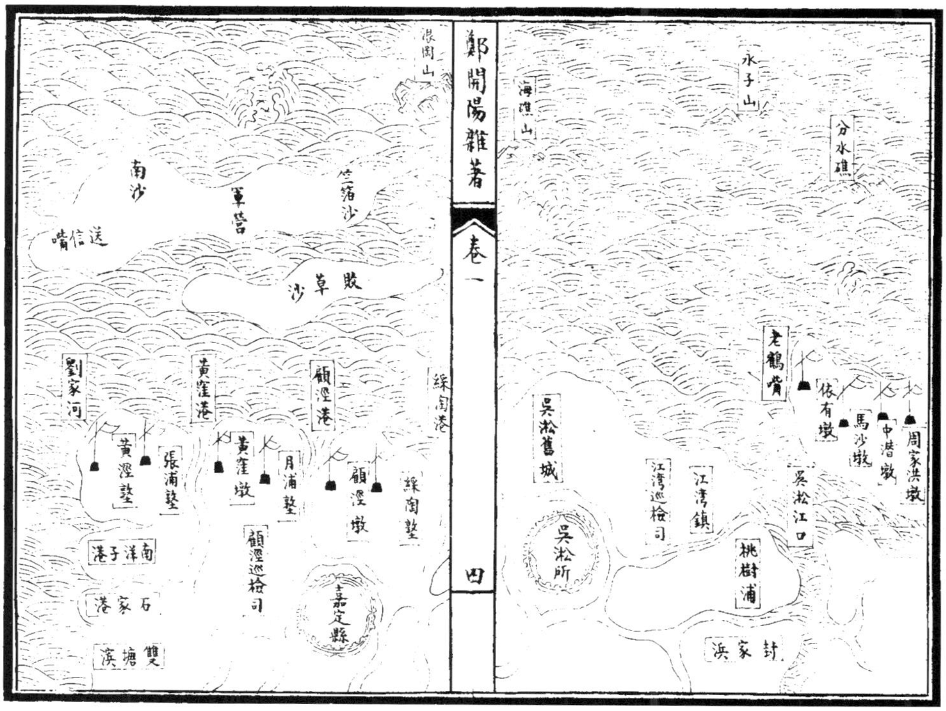
鄭開陽雜著
卷一
四
南沙
竺箔沙
軍營
送信嘴
敗草沙
劉家河
黃窪港
顧涇港
黃涇墪
張浦墪
黃窪墩
月浦墪
顧涇墩
南洋子港
石家港
雙塘濱
顧涇巡檢司
嘉定縣
海礁山
永子山
分水礁
老鸛觜
依有墩
馬沙墩
周家洪墩
吳淞舊城
江灣巡檢司
江灣鎮
吳淞江口
吳淞所
桃樹浦
封家浜

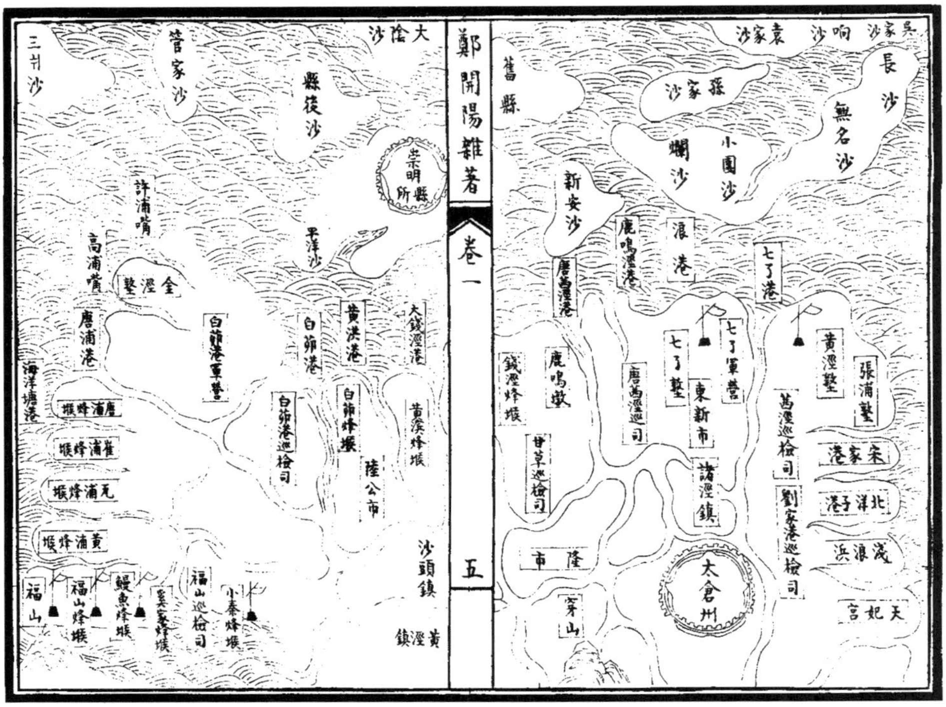
鄭開陽雜著
卷一
五
大陰沙
管家沙
三爿沙
縣後沙
崇明縣所
許浦嘴
高浦嘴
平洋沙
全澄墅
唐浦港
白茆港軍營
白茆港
黃泗港
大錢澄港
海洋塘港
唐浦烽堠
崔浦烽堠
瓦浦烽堠
黃浦烽堠
白茆港巡檢司
白茆烽堠
陸公市
黃泗烽堠
沙頭鎮
黃澄鎮
福山
福山烽堠
鰻魚烽堠
吳家烽堠
福山巡檢司
小泰烽堠
舊縣
吳家沙
响沙
袁家沙
長沙
孫家沙
無名沙
小圍沙
新安沙
鹿鳴涇港
浪港
七了港
唐茜涇港
七了軍營
七了墅
東新市
唐茜涇巡司
鹿鳴墩
錢涇烽堠
甘草巡檢司
諸涇鎮
黃澄墅
張浦墅
茜涇巡檢司
劉家港巡檢司
朱家港
北洋子港
浜浪浅
隆市
大倉州
茅山
天妃宮

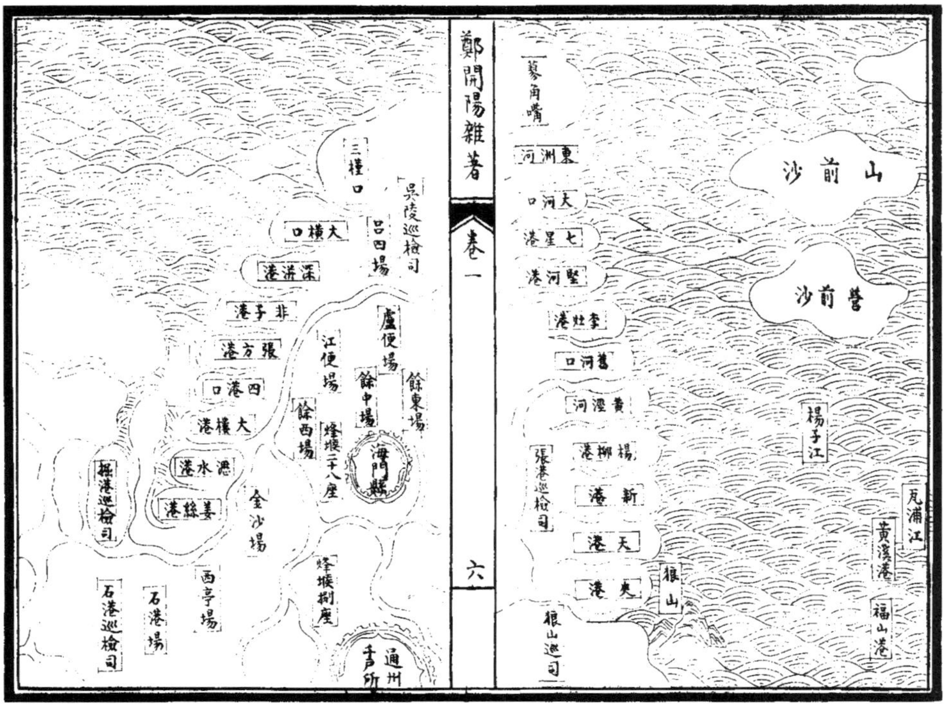
鄭開陽雜著
卷一
六
三槎口
吳陵巡檢司
大橫口
呂四場
深洪港
非子港
張方港
四港口
大橫港
洇水港
姜綠港
盧便場
江便場
餘中場
餘東場
餘西場
烽堠二十八座
海門縣
掘港巡檢司
金沙場
西亭場
石港場
石港巡檢司
烽堠捌座
通州千戶所
蓼角嘴
東洲河
大河口
七星港
墅河港
李灶港
舊河口
黃涇河
揚柳港
新港
天港
大港
張港巡檢司
狼山
狼山巡司
山前沙
營前沙
楊子江
瓦浦江
黃泥港
福山港

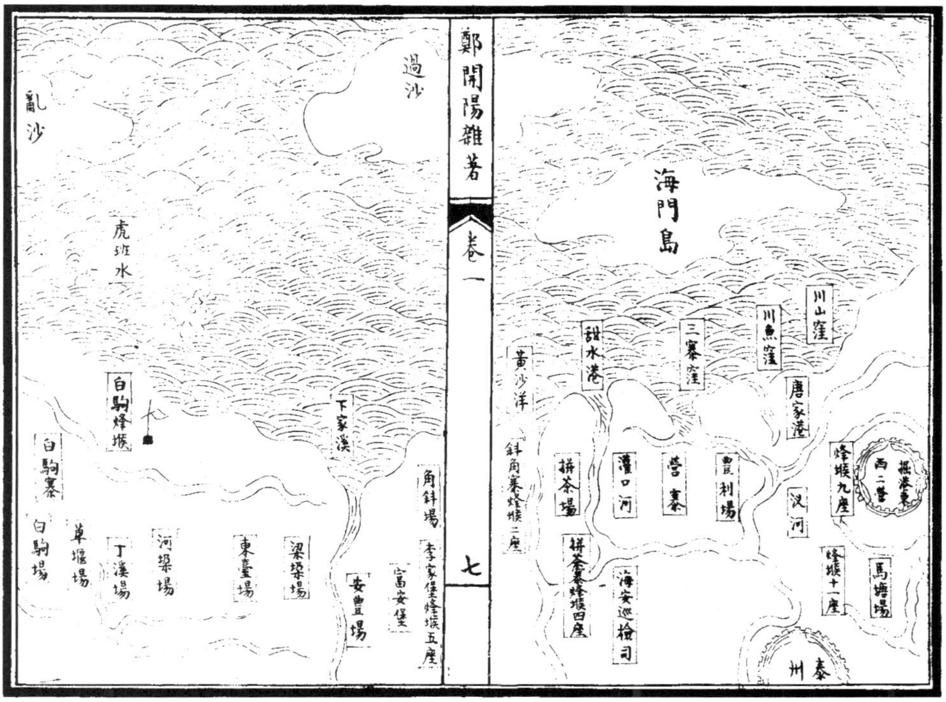
鄭開陽雜著
卷一
七
海門島
川山窪
川魚窪
三寨窪
甜水港
黃沙洋
唐家港
烽堠九座
掘港東西二營
豐利場
營寨
灌口河
拼茶場
斜角寨烽堠二座
汊河
烽堠十一座
馬塘場
拼茶寨烽堠四座
海安巡檢司
泰州
過沙
亂沙
虎班水
白駒烽堠
下家溪
白駒寨
角斜場
白駒場
草堰場
丁溪場
河垛場
東臺場
梁垛場
李家堡烽堠五座
富安堡
安豐場

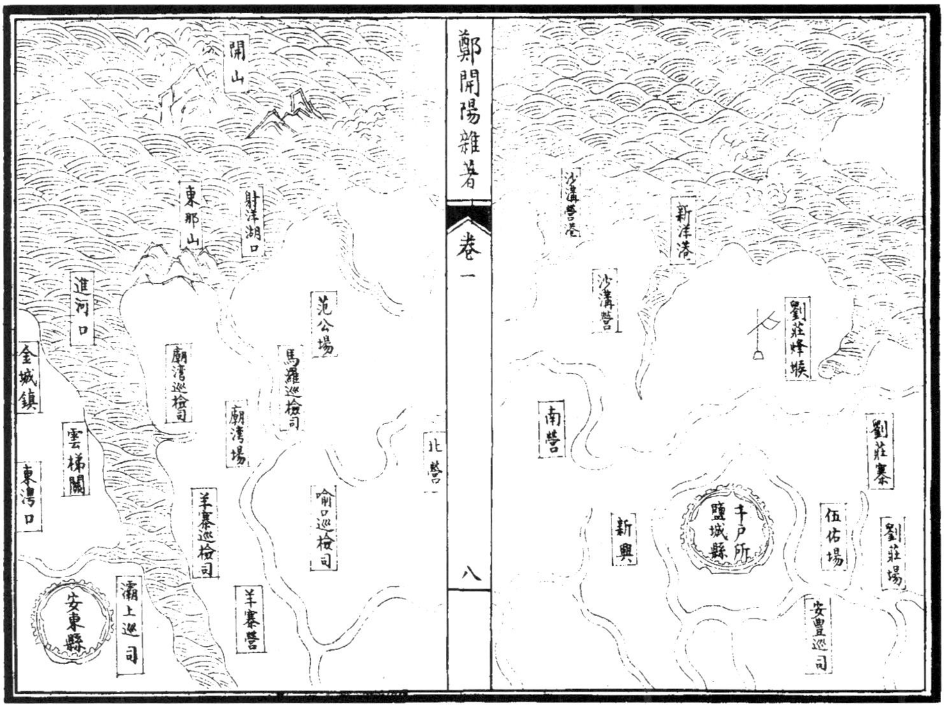
鄭開陽雜著
卷一
八
沙溝營巷
新洋港
沙溝營
劉莊烽堠
南營
劉莊寨
千戶所
鹽城縣
新興
伍佑場
劉莊場
安豐巡司
開山
東那山
射洋湖口
進河口
范公場
金城鎮
廟灣巡檢司
馬羅巡檢司
廟灣場
北營
雲梯關
東漗口
羊寨巡檢司
喻口巡檢司
安東縣
灞上巡司
羊寨營

鄭開陽雜著
卷一
又八
延真島
社林山
浦山
黄泥水
東海巡司
秦山
金河
板浦場
海州所
惠澤巡檢司
大伊山
長樂巡檢司
劉村浦
臧家浦
界浦
夏村浦
秋溝浦
大飛浦
鄭溝浦
七星河
官河
平里河
白場河

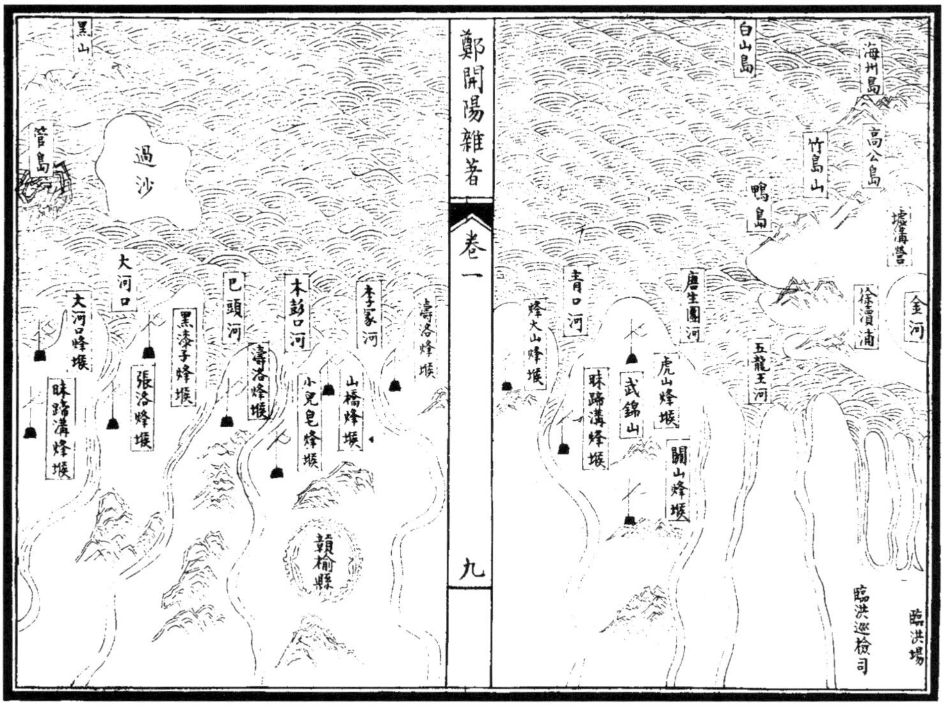
鄭開陽雜著
卷一
九
黑山
過沙
大河口
大河口烽堠
張洛烽堠
巴頭河
木彭口河
李家河
壽洛烽堠
山橋烽堠
小兒皂烽堠
贛榆縣
白山島
海州島
高公島
竹島山
鴨島
青口河
五龍王河
金河
虎山烽堠
武錦山
關山烽堠
臨洪巡檢司
臨洪場

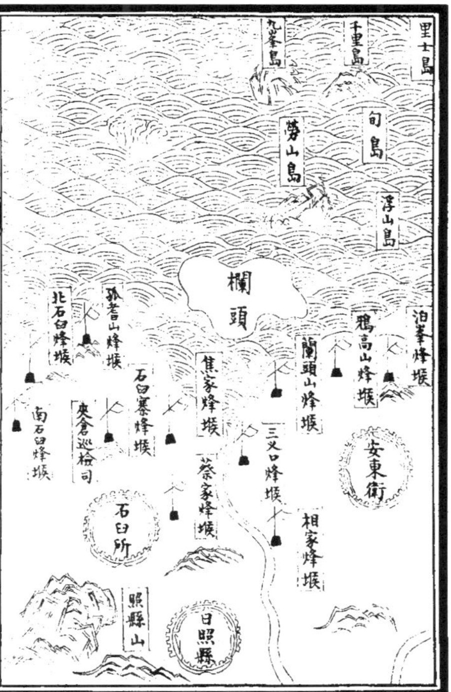

蘇松海防論

蘇州海防與松江不同松江有海塘而無海港其設備也以陸兵為主蘇州有海港而無海塘其設備也以水兵為主何謂有海塘而無海港蓋松江之海起於獨山而迄於小湯窪迢迢二百四十八里皆有護塘為之限隔高厚如城別無港汊可以通海護塘之內外相夾皆水也在內者謂之運鹽河又謂之橫港在外者謂之塹濠又謂之護塘溝昔人所以築此塘者為捍鹽潮恐其害苗也國初用為金湯以備倭患設衛所墪堡於塹濠之外倭至則捍禦於海岸灘塗不容登泊萬一不支則踰塹而守倭進不得攻退無所掠護塘之功用豈小小哉邇年塹濠多湮護塘海岸合為一片寇至即聚於護塘而運鹽河之內水田狹隘難於屯禦大可慨矣為今之計必須浚治塹塘丕復衛所墩堡之法選陸兵委知兵參將精練於平時遇汛則分布信地協守互援無容一賊登岸則松江海防庶幾其無悞乎何謂有海港而無海塘蓋蘇州之海起於嘉定之寶山洋而迄於常熟

之白茆港其間水口之大者曰吳淞江曰劉家河曰七鴉浦曰白茆港其次則綵淘黃窰新塘蒿澀之類皆潮汐之所往來沙船之所出入原未嘗築塘以限隔之也故倭船乘風乘潮可以衝突而我兵船亦可駕風揚帆以哨以禦向來吳淞江口副總兵親提重兵結水寨以控扼之而劉河七鴉白茆亦各有把總兵船分守具備不可謂不密矣但各兵船畏颶風常泊於港內賊至或

不知或知而禦之不及又各支自分彼此不肯協力應援俟賊入港然後官兵擊之吁不亦晚乎為今之計必須督撫立為限時限程之法信賞必罰如有僨事罪坐水兵官問以故縱則蘇州海防庶幾其無悞乎或者曰松江無海港固不重乎水兵矣海岸之外可不設舟以巡哨乎蘇州無海塘固不重乎陸兵矣海岸隨處可登可不設兵以防守乎曰是不然松江海灘皆淖泥也潮至時舟雖可以逼岸而易於閣淺潮退時舟不能近岸

須涉淖泥中行二三里或七八里哨舟何處可泊乎向來原設遊兵船巡視於洋中墪堡軍瞭望於岸上所患者上之人不肯嚴夫失報之誅則人莫肯盡其心耳蘇州海濱處處皆有墪堡若勤於瞭哨遇警則各港水兵響應而逐之各巡司弓兵與地方團營兵併力以禦之賊豈能遽犯哉所患者上之人不肯嚴夫坐視之罪則人莫肯盡其力耳

蘇松水陸守禦論

蘇松為畿輔望郡濱於大海自吳淞江口以南黃浦以東海壖數百里一望平坦皆賊逕道往因不能禦之於海致倭深入二府一州九縣之地無不創殘其禍慘矣今建議松江之有海塘而無港口者則自上海之川沙南匯華亭之青村柘林凡賊所據以為巢窟者各設陸兵把總以屯守之而金山界於柘林乍浦之間尤為直衝要衝特設總兵以為陸兵之統領又於其中添建游兵把總一員專駐金山往來巡哨所以北衛松江而西

援乍浦也至於蘇州之沿海而多港口者則自嘉定之吳淞所太倉之劉家河常熟之福山港凡賊舟可入者各設水兵把總以堵截之而崇明孤懸海中尤為賊所必經之處特設參將以為水兵之領袖又於其中添置游兵把總二員分駐竹箔營前二沙往來會哨所以巡視海洋而警報港口也內外夾持水陸兼備上之可以禦賊於外洋下之可以巡塘而拒守亦既精且密矣但調募客兵不如調土著之兵可調習而有常官造戰船

不如僱民間造私船反堅久而省費是在當事者酌行之

江北設險方畧論

淮揚二郡介於江淮之間東瀕大海賊舟出没三面隄防為難國初備禦之制淮安設衛二内屬所五外屬所五揚州設衛三内屬所十四外屬所三復建兵府雖職司轉漕實示控扼之勢盖南北之咽喉非他郡比也愚考其地形起自東南蓼角嘴以抵姚家蕩綿延三四百

里除安豐等三十六塲俱在腹内不為要害要害之處乃通州也狼山也楊樹港裏河鎮也餘東餘西等塲也蓼角嘴呂四塲也掘港新閘港也廟灣劉莊金沙塲也其尤要者有三曰新塲出入至近逼近揚州也曰北海所從以通新閘港且有鹽艘聚泊也曰廟灣其為巨鎮而通大海口也當事者須設把總三人一駐新港一駐北海一駐廟灣更用陸路遊擊一員駐劄海安則東可以控狼山通州海門之入而西可以捍衛揚州矣

江淮要害論

天下之水在北莫大於河在南莫大於江常鎮淮揚當江河入海之際雖極大艟艦皆可乘潮而入近歳倭寇徉言分刼其心之狡實欲自長江以趨留都自淮河以窺中原而終不敢深入者由四府之防禦堅也必水陸常會哨互援蒼福諸船順流以遏賊鋒或出賊後賊若登岸則以團練之兵禦之此常勝之形也四郡無患則中原留都可以高枕而卧矣

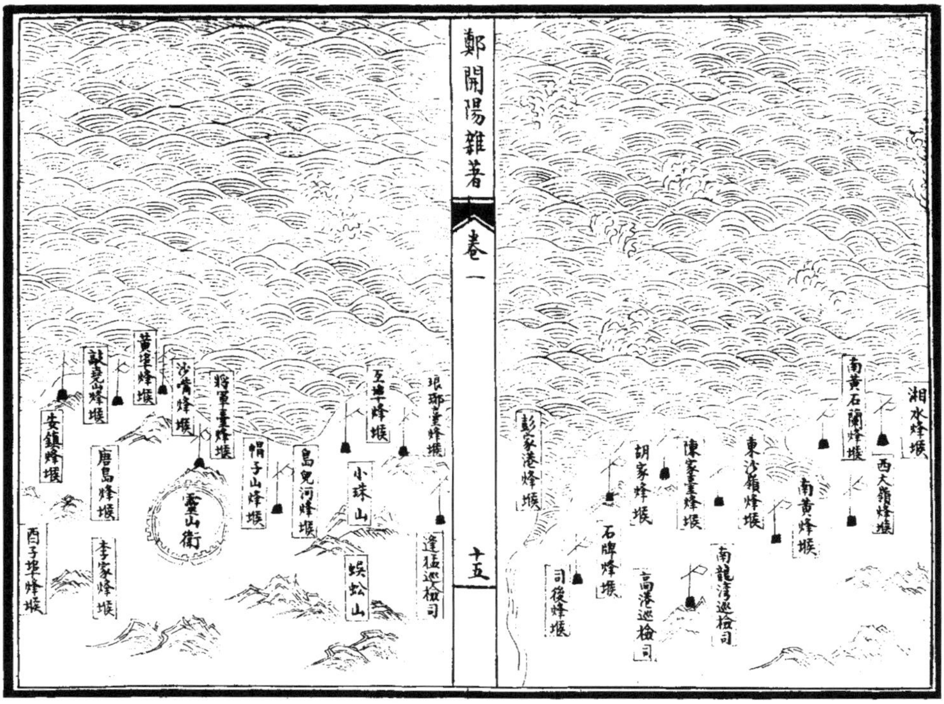
湘水烽堠
西大嶺烽堠
南黃石蘭烽堠
南黃烽堠
東沙嶺烽堠
南龍灣巡檢司
陳家臺烽堠
高港巡檢司
胡家烽堠
石牌烽堠
司後烽堠
彭家港烽堠
鄭開陽雜著
卷一
十五
琅琊臺烽堠
逢猛巡檢司
小珠山
蜈蚣山
烏兒河烽堠
帽子山烽堠
將軍臺烽堠
靈山衛
沙嘴烽堠
黃埠烽堠
唐島烽堠
李家烽堠
安鎮烽堠
西子埠烽堠

風火山烽堠
野山埠烽堠
黃山烽堠
長城嶺烽堠
藏家嶺烽堠
提馬山烽堠
張家庄烽堠
胡藍嘴烽堠
沙溝烽堠
鄭開陽雜著
卷一
十六
劉家溝烽堠
文義閘烽堠
白塔夼烽堠
崇石山烽堠
東石山烽堠
鹿角河烽堠
花山烽堠
沙嶺烽堠
焦家村烽堠
青石山烽堠
石喇義烽堠
大虎口烽堠
夏河寨

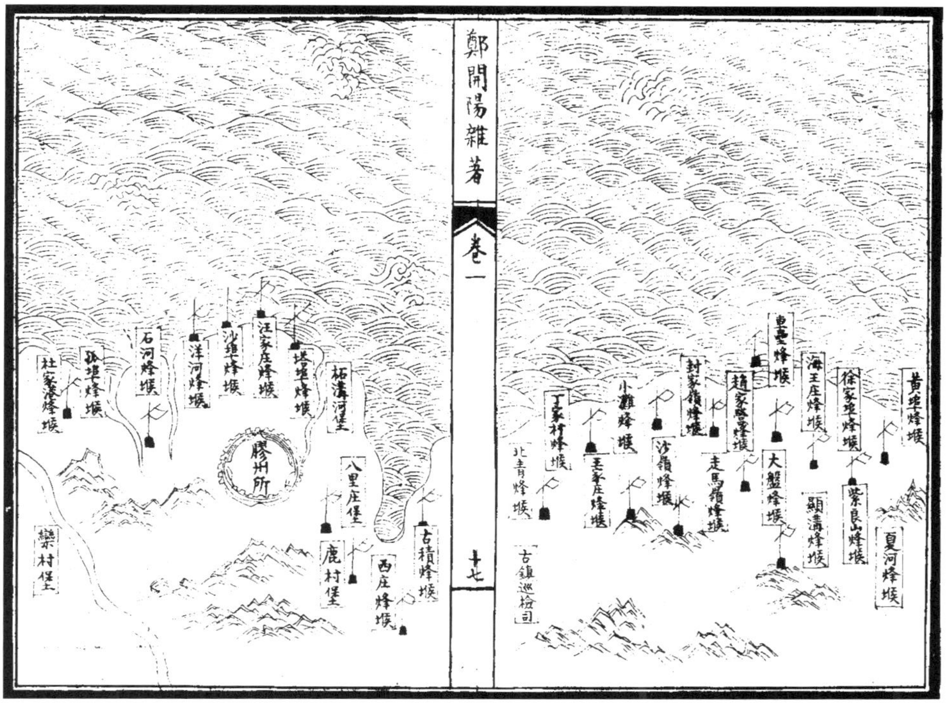
鄭開陽雜著
卷一
十七
黃埠烽堠
徐家埠烽堠
海王庄烽堠
封家嶺烽堠
丁家村烽堠
北青烽堠
大盤烽堠
紫良山烽堠
夏河烽堠
走馬嶺烽堠
沙嶺烽堠
古鎮巡檢司
杜家烽堠
孤埠烽堠
石河烽堠
洋河烽堠
沙埠烽堠
汪家庄烽堠
塔埠烽堠
膠州所
八里庄堡
樂村堡
鹿村堡
西庄烽堠

鄭開陽雜著
卷一
十八
南嶺山
沙嶺烽堠
辛庄烽堠
分水嶺烽堠
大勞山
石老人烽堠
衛南烽堠
龍江烽堠
小勞山烽堠
石嶺烽堠
陳村堡
大埠烽堠
鰲山衛
橫擔烽堠
石湖堡
蕭旺烽堠
高山烽堠
羊山烽堠
走馬嶺烽堠
峯山烽堠
石張口堡
石爐山烽堠
黃望烽堠
狼家烽堠
捉馬嘴烽堠
鏡顏山
即墨縣

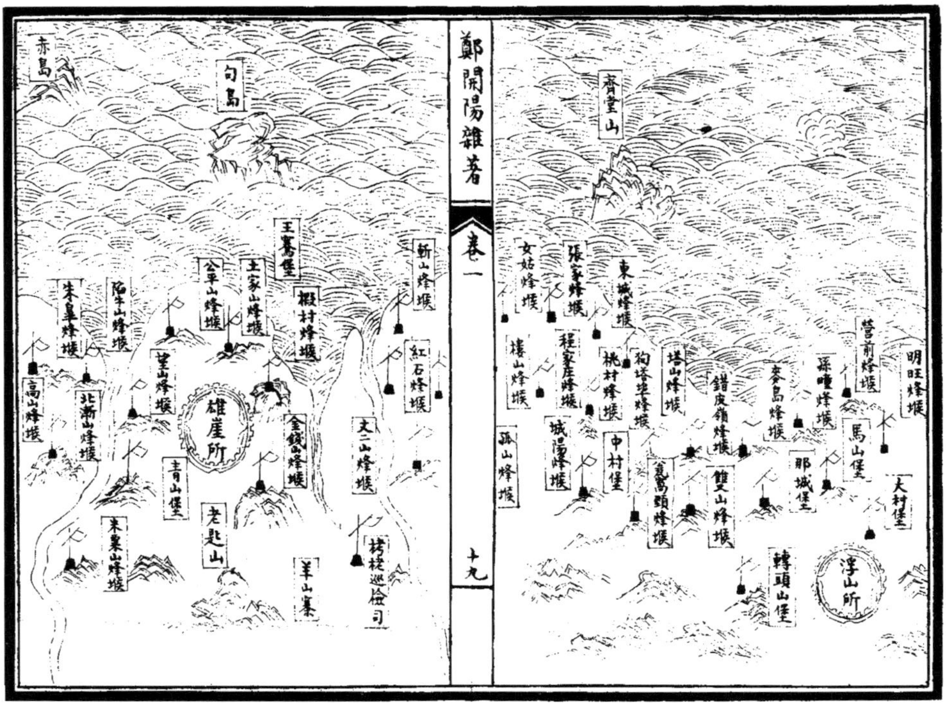
鄭開陽雜著
卷一
十九
齊堂山
浮山所
明旺烽堠
馬山堡
大村堡
那城堡
轉頭山堡
雙山烽堠
中村堡
城陽烽堠
孫山烽堠
樓山烽堠
女姑烽堠
張家烽堠
東城烽堠
塔山烽堠
桃村烽堠
程家庄烽堠
赤島
句島
雄崖所
青山堡
老匙山
羊山寨
高山烽堠
紅石烽堠
新山烽堠
望山烽堠

鄭開陽雜著
卷一
二十
徐福山
吾島
雙山堡
黃陽烽堠
楊家嘴墪
小山堡
大山烽堠
田村烽堠
靈山烽堠
行村寨巡檢司
大山所
大嵩衛
七子山
居山
王龍山
竹島
福島
青山堡
望石烽堠
辛安烽堠
黃山堡
擒虎山烽堠
界河堡
乳山巡檢司
長角堡
高家庄烽堠
裡口烽堠

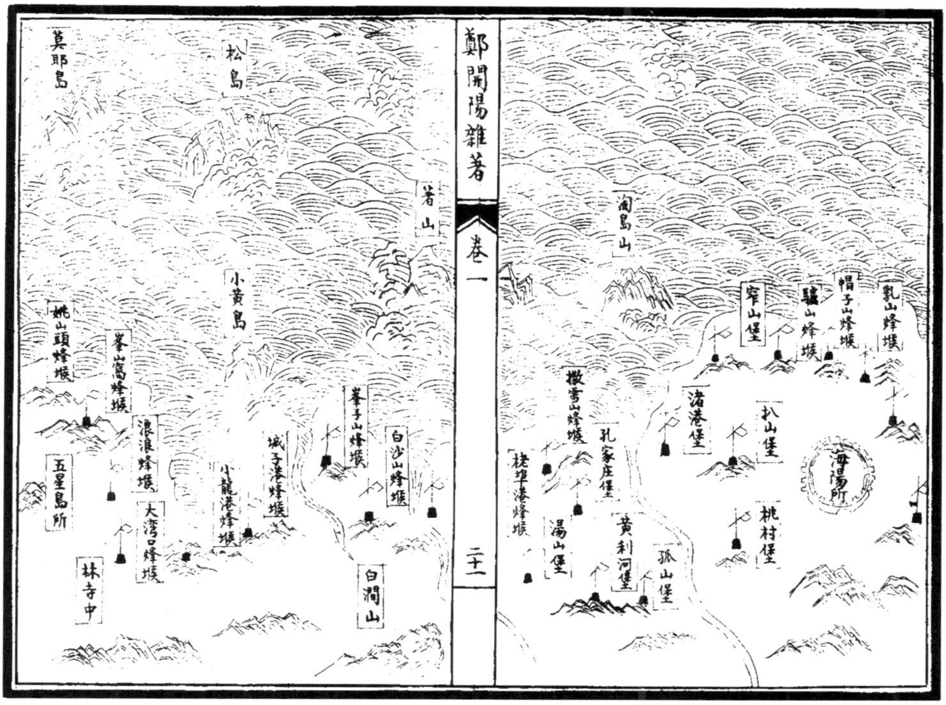
鄭開陽雜著
卷一
二十一
乳山烽堠
帽子山烽堠
驢山烽堠
窄山堡
淘島山
海陽所
扒山堡
渚港堡
撒雪山烽堠
孔家庄堡
桃村堡
孫山堡
黄利河堡
湯山堡
棲埠港烽堠
著山
白沙山烽堠
峯子山烽堠
白澗山
城子港烽堠
小龍港烽堠
小黄島
松島
莫耶島
峯山窩烽堠
姚山頭烽堠
浪浪烽堠
大湾口烽堠
五星島所
林寺中

鄭開陽雜著
卷一
二十二
青島嘴烽堠
五疊山
明光山烽堠
漫雞島
靖海衛
路家馬頭烽堠
長會口烽堠
鉄槎山
赤山嘴烽堠
石脚山烽堠
狗脚山烽堠
姜家寨烽堠
店山堡
葫蘆山烽堠
赤山巡檢司
標杵嶺烽堠
墻臺頂烽堠
田家嶺烽堠
望槊山烽堠
憨山烽堠
孤西山堡
蒸餅山堡
唐浪頂烽堠
鐸木山烽堠
郭家口烽堠
柘島烽堠
火洞山

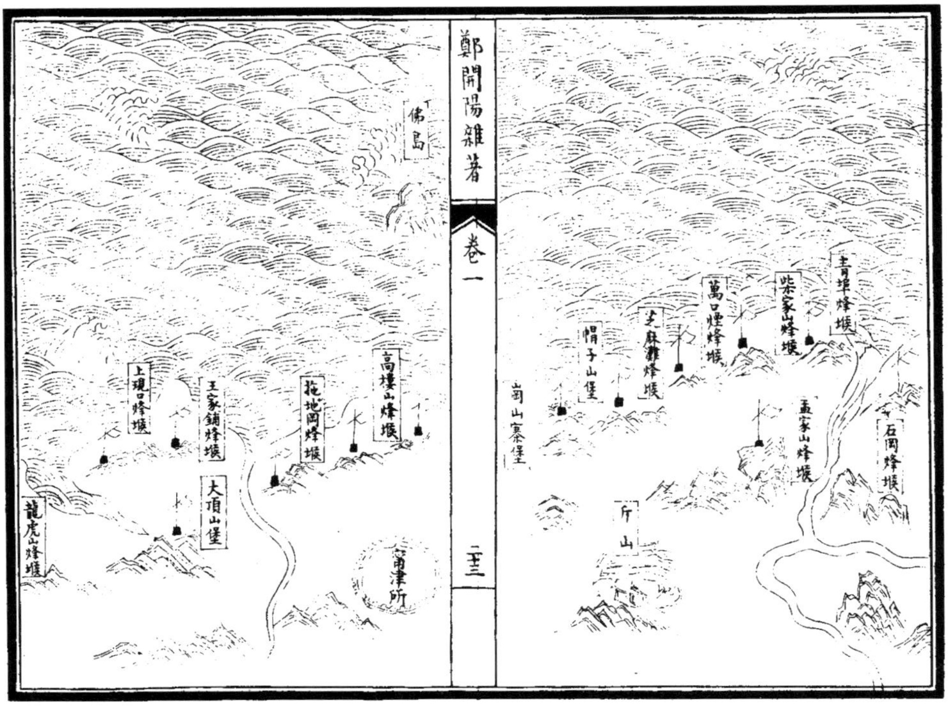
鄭開陽雜著
卷一
二十三
石岡烽堠
青埠烽堠
孟家山烽堠
柴家山烽堠
萬口煙烽堠
芝麻灘烽堠
斤山
帽子山堡
崮山寨堡
佛島
高樓山烽堠
拖地岡烽堠
甯津所
王家鋪烽堠
大頂山堡
上現口烽堠
龍虎山烽堠

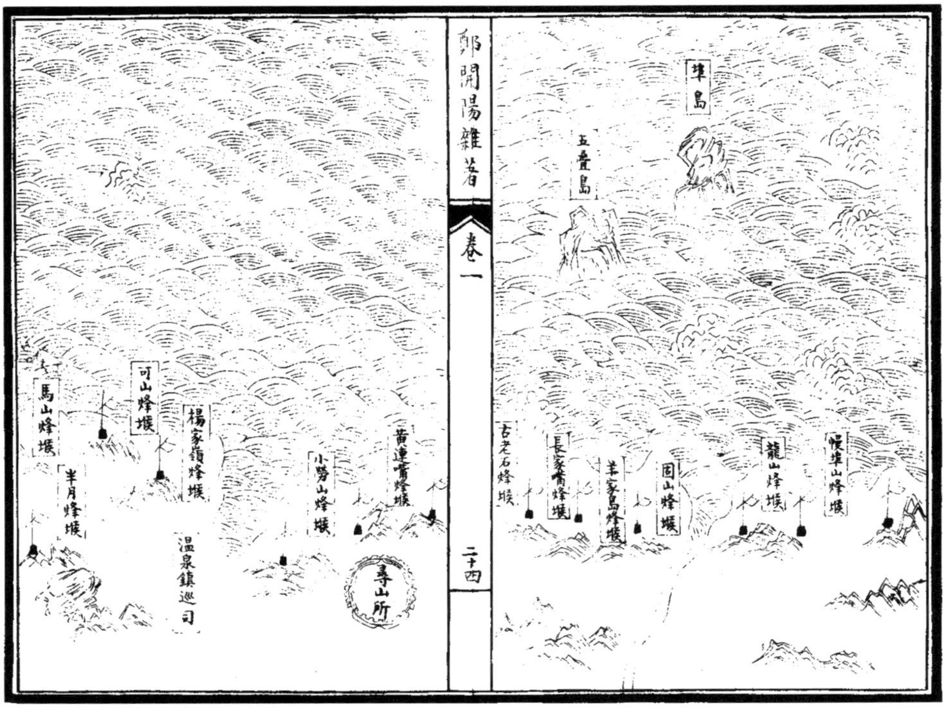
鄭開陽雜著
卷一
二十四
幌埠山烽堠
龍山烽堠
固山烽堠
羊家島烽堠
長家嘴烽堠
古老石烽堠
埠島
五疊島
黃連嘴烽堠
壽山所
小勞山烽堠
温泉鎮巡司
楊家嶺烽堠
可山烽堠
半月烽堠
馬山烽堠

鄭開陽雜著
卷一
二十五
老翅烽堠
紀子埠烽堠
葛頭山烽堠
青魚島烽堠
勝佛口烽堠
曲家埠烽堠
大水泊烽堠
蒸餅山烽堠
青山烽堠
成山
狼家頂烽堠
北峰頸烽堠
襄島烽堠
固嘴烽堠
俞鎮烽堠

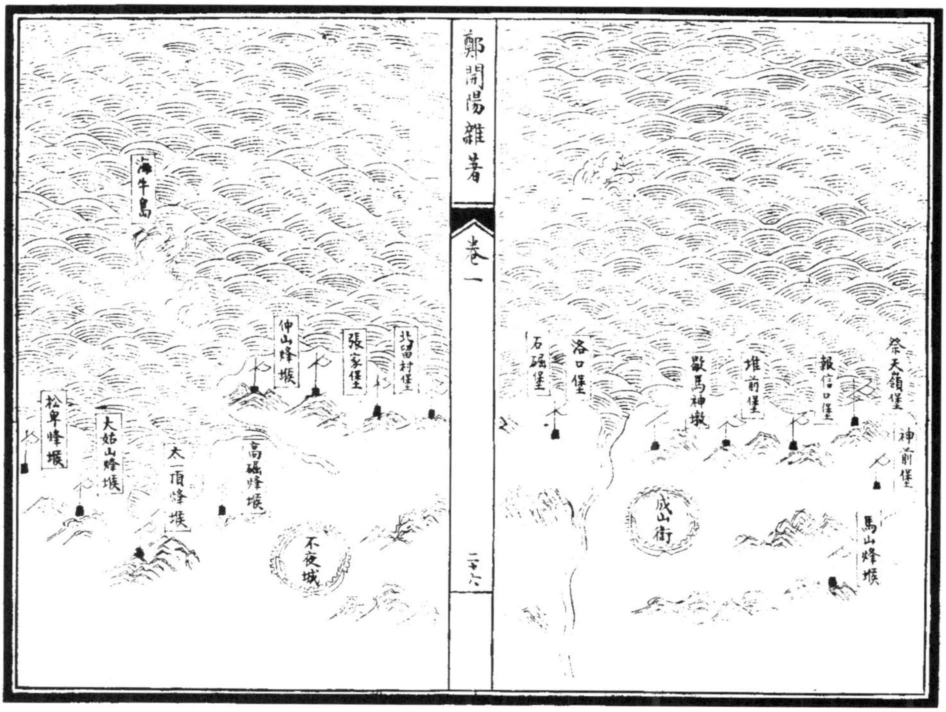
鄭開陽雜著
卷一
二十六
祭天嶺堡
神前堡
馬山烽堠
報信口堡
堆前堡
歇馬神墩
成山衛
洛口堡
石碣堡
北留村堡
張家堡
仲山烽堠
海牛島
高碣烽堠
不夜城
太一頂烽堠
大姑山烽堠
松阜烽堠

鄭開陽雜著
卷一
二十七
劉島山
古陌頂烽堠
鉢山烽堠
麻子烽堠
曹家庄烽堠
磨兒烽堠
陳家庄烽堠
威海衛
白鹿山
望天嶺烽堠
老姑烽堠
轉山烽堠
寶家崖烽堠
芝麻烽堠
百尺崖烽堠
百尺崖所
曹家島烽堠
辛汪烽堠
浦臺頂烽堠
辛汪寨巡檢司

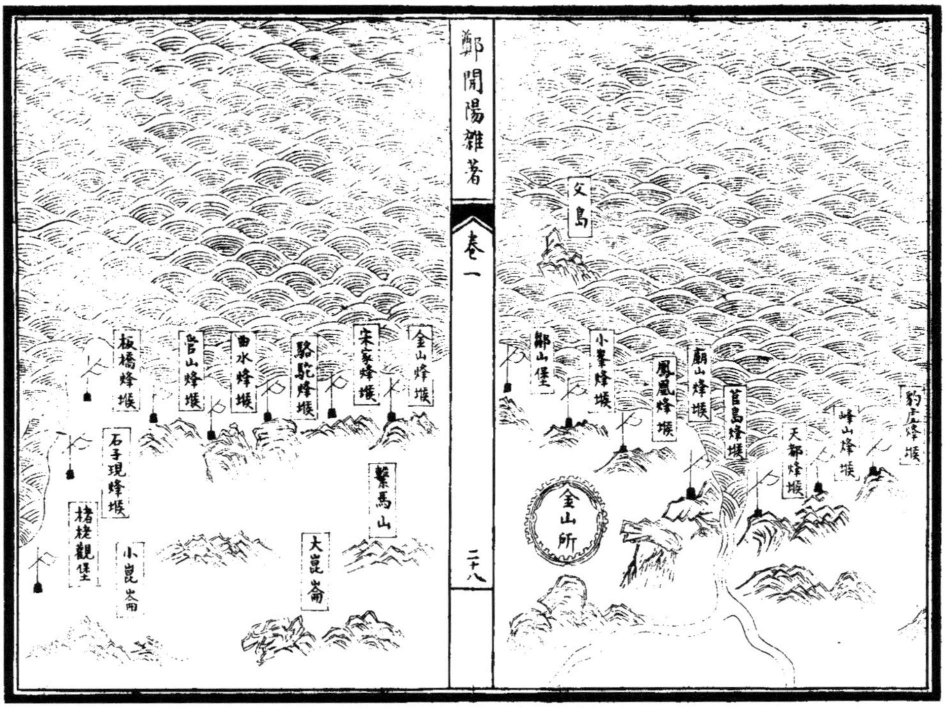
鄭開陽雜著
卷一
二十八
板橋烽堠
皆山烽堠
曲水烽堠
駱駝烽堠
宋家烽堠
金山烽堠
石子現烽堠
繫馬山
大崑崙
小崑崙
文島
鄒山堡
小寨烽堠
鳳凰烽堠
廟山烽堠
官島烽堠
天都烽堠
峰山烽堠
豹虎烽堠
金山所

鄭開陽雜著
卷一
二十九
杏林烽堠
修福堡
峯山烽堠
辛安堡
戲山烽堠
貉子島烽堠
候聖山烽堠
候聖山
蕪姜堡
草埠烽堠
小峯烽堠
甯海衛
湯西堡
馬山烽堠
長角嶺烽堠
高家庄
清泉烽堠
午臺烽堠
石溝烽堠
小空島
裒口烽堠
乳山寨巡檢司
清泉寨
竿山

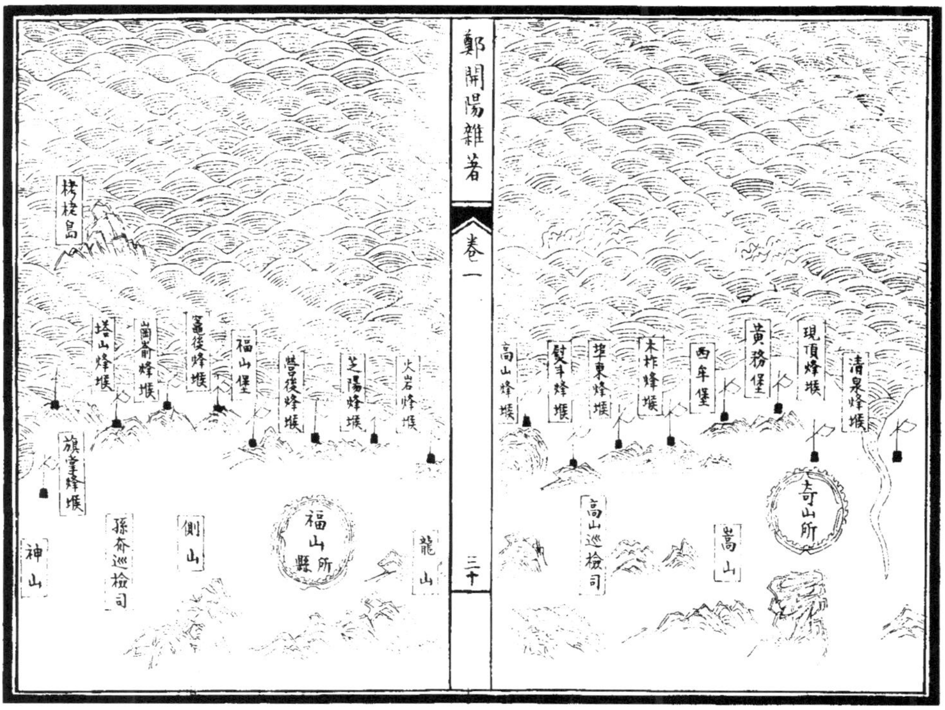
鄭開陽雜著
卷一
三十
清泉烽堠
現頂烽堠
黃務堡
西牟堡
朱柞烽堠
埠東烽堠
雙手烽堠
高山烽堠
奇山所
高山巡檢司
嵩山
火岩烽堠
芝陽烽堠
磐石後烽堠
福山堡
囂後烽堠
崗前烽堠
塔山烽堠
栲栳島
旗臺烽堠
福山縣
所
孫夼巡檢司
側山
神山
龍山

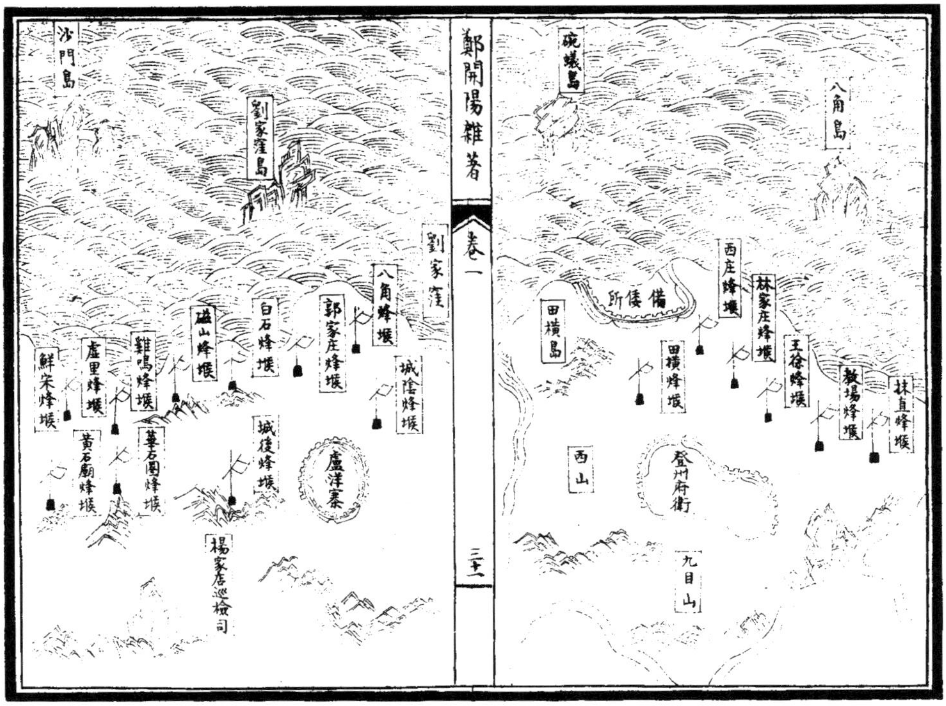
鄭開陽雜著
卷一
二十一
沙門島
劉家漥島
劉家漥
八角烽堠
郭家庄烽堠
白石烽堠
磁山烽堠
雞鳴烽堠
盧里烽堠
鮮宋烽堠
城陰烽堠
城後烽堠
盧洋寨
黃石廟烽堠
華石圈烽堠
楊家店巡檢司
砣磯島
八角島
西庄烽堠
林家庄烽堠
備倭所
田橫島
田橫烽堠
王徐烽堠
教場烽堠
林直烽堠
西山
登州府衛
九目山

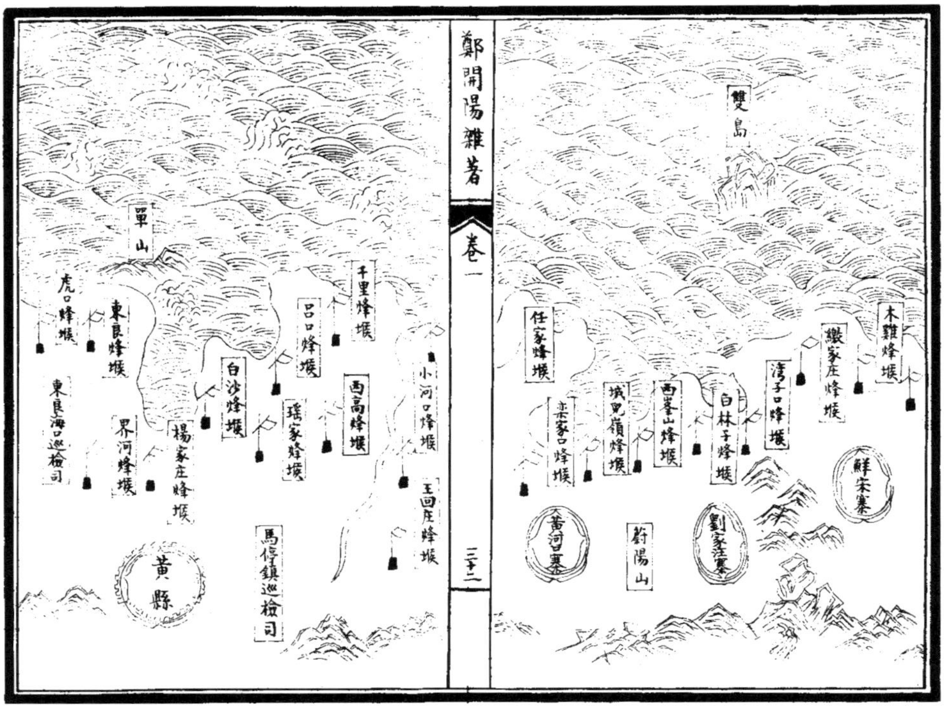
鄭開陽雜著
卷一
二十二
罩山
虎口烽堠
東良烽堠
千里烽堠
呂口烽堠
白沙烽堠
西高烽堠
小河口烽堠
東良海口巡檢司
界河烽堠
楊家庄烽堠
瑤家烽堠
王回庄烽堠
馬停鎮巡檢司
黃縣
雙島
任家烽堠
木雞烽堠
欒家庄烽堠
淳于口烽堠
白林子烽堠
西峯山烽堠
城兒嶺烽堠
欒家口烽堠
鮮宋寨
黃河寨
劉家汪寨
豹陽山

鄭開陽雜著
卷之一
三十三
大謝山
石馬島
三島
桑島
磁口烽堠
王徐烽堠
識會烽堠
高沙皇烽堠
塩場烽堠
鈴鐺旺烽堠
湖口烽堠
庄頭烽堠
王徐寨所
馬停寨
牛山
磚大山
東島
姆雞山
界首烽堠
黃河烽堠
單山烽堠
三山烽堠
東寨烽堠
扒埠烽堠
馬埠烽堠
灶河寨

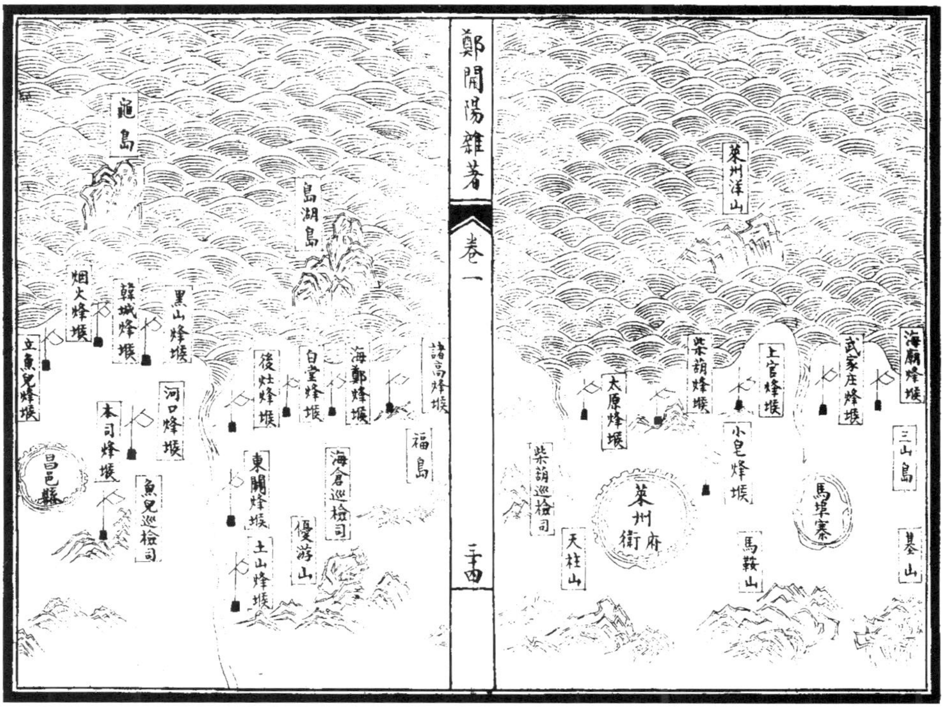
鄭開陽雜著
卷之一
三十四
萊州洋山
海廟烽堠
武家庄烽堠
上官烽堠
柴葫烽堠
太原烽堠
小皂烽堠
三山島
馬埠寨
柴葫巡檢司
萊州府衛
天柱山
馬鞍山
基山
黿島
島湖島
烟火烽堠
韓城烽堠
黑山烽堠
立魚兒烽堠
諸高烽堠
海鄭烽堠
白堂烽堠
後灶烽堠
河口烽堠
本司烽堠
昌邑縣
福島
海倉巡檢司
東關烽堠
魚兒巡檢司
優游山
土山烽堠

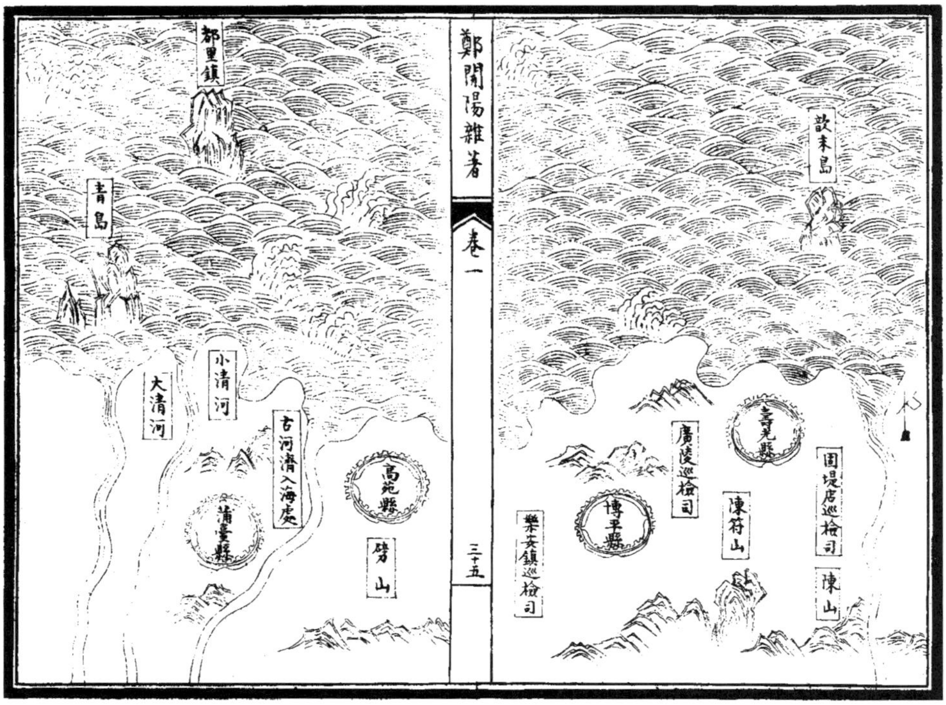
鄭開陽雜著
卷一
三十五
都里鎮
青島
大清河
小清河
古河濟入海處
高苑縣
蒲臺縣
壽光縣
廣陵巡檢司
樂安鎮巡檢司
陳符山
固堤店巡檢司
陳山

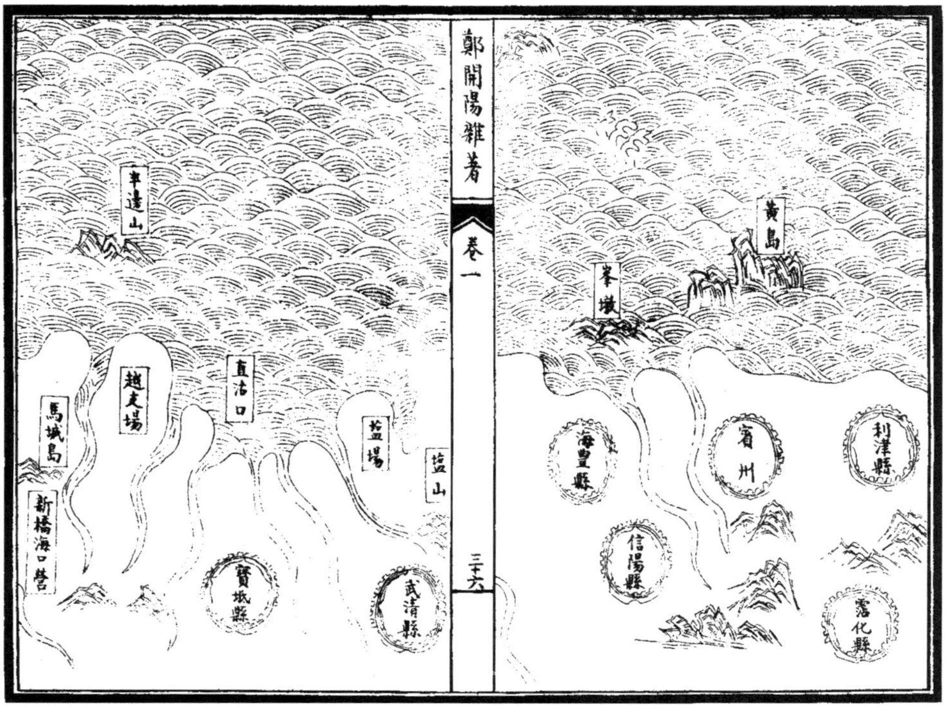
鄭開陽雜著
卷一
三十六
越支場
直沽口
馬城島
新橋海口營
塩場
塩山
寶坻縣
武清縣
黃島
海豐縣
滄州
利津縣
信陽縣
霑化縣

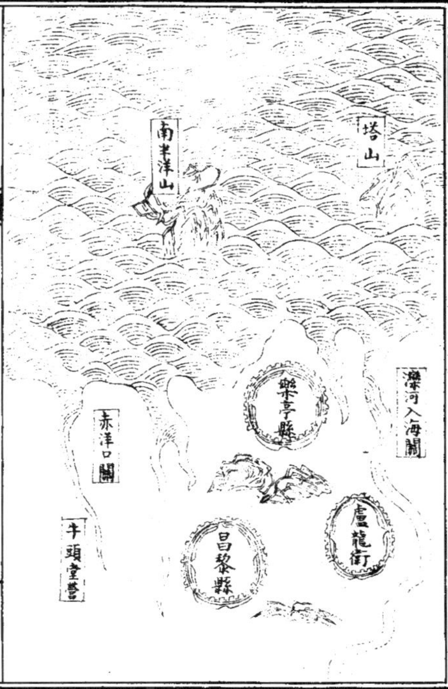

山東預備論

倭患之作嶺嶠以北達於淮陽靡不受害而山東獨不之及者豈其無意於此哉亦以山東之民便於鞍馬而不便於舟楫無通番下海之人為之向導接濟焉耳然邇年青齊之兵多為所擄安知其中無識海道而勾引者乎愚觀山東諸郡民性强悍樂於戰鬬倭之短兵不足以當其長鎗勁弩倭之步戰不足以當其方軌列騎萬一至此是自喪其元也所虞者登萊突出海中三面受敵難於隄備國朝專設備倭都指揮一員巡海副使一員分駐二郡衛所森嚴墪堡周備承平日久不無廢弛申明振厲庶幾其無患乎雖然倭船至岸而後禦之亦末矣孰若立水寨置巡船制寇於海洋山沙策之上也嘗聞宋以前日本入貢自新羅以趨山東今若入寇必由此路但登萊之海危礁暗沙不可勝測非諳練之至則舟且不保何以迎敵而追擊乎故安東以北若勞山赤山竹篙旱門劉公芝界八角沙門三山諸島乃賊

之所必泊而我之所當伺焉者也若白蓬頭槐子口橋雞鳴嶼夫人嶼金嘴石倉廟島淺灘亂磯乃賊之所必避而我之所當遠焉者也必嚴出洋之令勤會哨之期交牌信驗習熟有素則將來廟堂或修海運以備不虞之變亦大有賴焉獨禦寇乎云哉

登州營守禦論

登萊二郡突出於海如人吐舌東南北三面受敵故設三營聯絡每營當一面之寄登州營所以控北海之險

也登萊二衛併青州左衛俱隸馬策應地方語所則有奇山福山中前王徐前諸所語寨則有黃河口劉家汪解宋蘆徐馬停皂河馬埠諸寨語巡司則有楊家店高山孫夼鎮馬亭鎮東良海口柴胡海倉魚兒鋪高家港諸司三營各立把總二員總轄之在海外則島嶼環抱自東北崆峒半洋西抵長山蓬萊田橫沙門鼉磯三山芙蓉桑島錯落盤踞以為登州北門之護過此而北則遼陽矣此天造地設之險也然諸島雖近登州而居島

中以取魚鹽之利者乃遼陽之編伍非山東之戍卒也吽呶跳梁可畏而不可恃故北海之濱既有府治復建備倭城於新河海口以為屏翰且有本營之建焉沿海兵防特重其責非若他省但建水寨於島嶼良有以也夫島嶼既不設險則海口所係匪輕自營城東若抹直石落灣子劉家汪平暢蘆洋諸處自營城西若西王莊西山欒家孫家海洋山後八角城後芝罘莒島諸處皆可通番舶登突嚴外户以綏堂閫其本營典守之責乎

文登營守禦論

登萊乃泰山餘絡突入海中文登縣尤其東之盡處也成山以東若旱門灘九峰赤山白蓬頭諸島縱橫沙磧聯絡潮勢至此衝擊騰沸議者謂倭船未敢猝達然考之國初倭寇成山擄白峰寨羅山寨延大嵩草島嘴等處海側居民重罹其殃倭果畏海奚而有是哉故文登縣東北有文登營之設所以控東海之險也寧海威海成山靖海四衛皆隸馬策應地方語所則有寧峰海陽

金山百尺崖尋山諸所語寨則有清泉赤山等寨語巡司則有辛汪溫泉鎮赤山寨諸司遠而北則應援乎登州邇而南則應援乎即墨三營鼎建相為犄角形勝調度雄且密矣有干城之寄者其思國初成山之變而儆戒無虞也哉

即墨營守禦論

山東與直隸連壤即墨縣南望淮安東海所城左右相錯如咽喉關鎖邇年登萊海警告寧然淮揚屢被登刼

自淮達萊片帆可至犯淮者犯萊之漸也故即墨所係
較二營似尤為要自大嵩鰲山靈山安東一帶南海之
險皆本營控禦之責策應地方語所則有雄崖膠州大
山浮山夏河石洞諸所語巡司則有乳山行村栲栳島
逢猛南龍灣古鎮信陽夾倉諸司其海口若唐家灣大
任陳家灣鶩兒栲栳天井灣顏武周疃松林全家灣青
島徐家莊諸處俱為衝要隄防尤難國初倭寇鰲山毒
痛甚慘即本營所轄之地也殷鑒不遠其可以不慎乎

鄭開陽雜著卷一

鄭開陽雜著

卷二

萬里海防圖論二

明　鄭若曾　撰

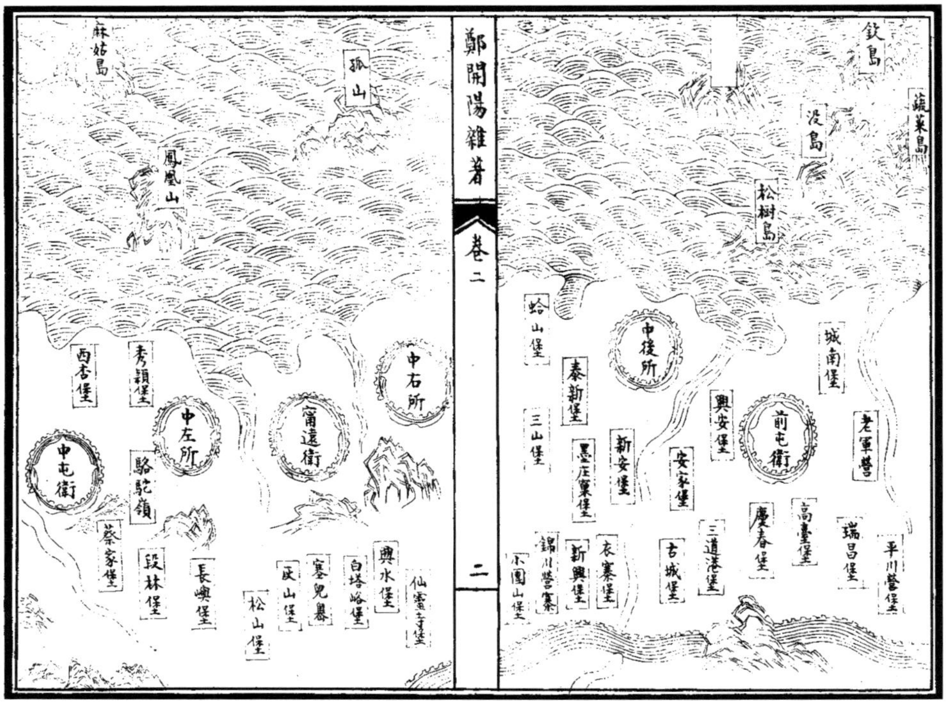
鄭開陽雜著
卷二
二
麻姑島
孤山
鳳凰山
中右所
寧遠衛
中左所
中屯衛
駱駝嶺
蔡家堡
段林堡
松山堡
白塔峪堡
興水堡
欽島
蓬萊島
沒島
松樹島
蛤山堡
中後所
城南堡
興安堡
前屯衛
老軍營
三山堡
新安堡
安家堡
高臺堡
瑞昌堡
慶春堡
三道溝堡
古城堡
新興堡
平川營堡

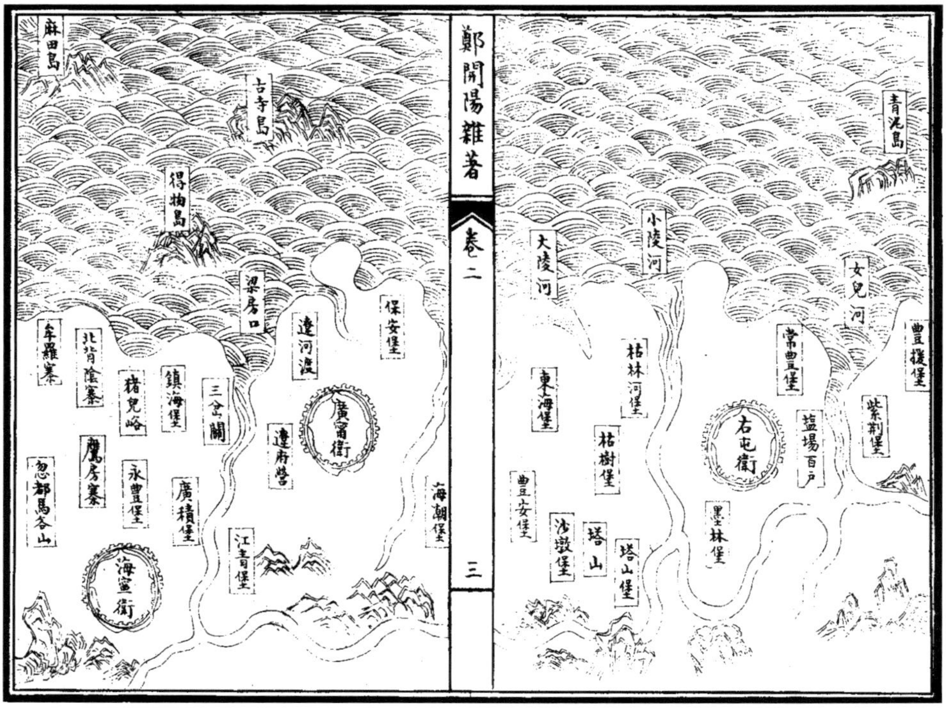
鄭開陽雜著
卷二
三
麻田島
古寺島
得物島
梁房口
遼河渡
保安堡
牟羅寨
鎮海堡
三岔關
廣寧衛
永豐堡
廣積堡
海潮堡
青泥島
大陵河
小陵河
女兒河
常豐堡
紫荊堡
鹽場百戶
右屯衛
豐安堡
沙墩堡
塔山
塔山堡

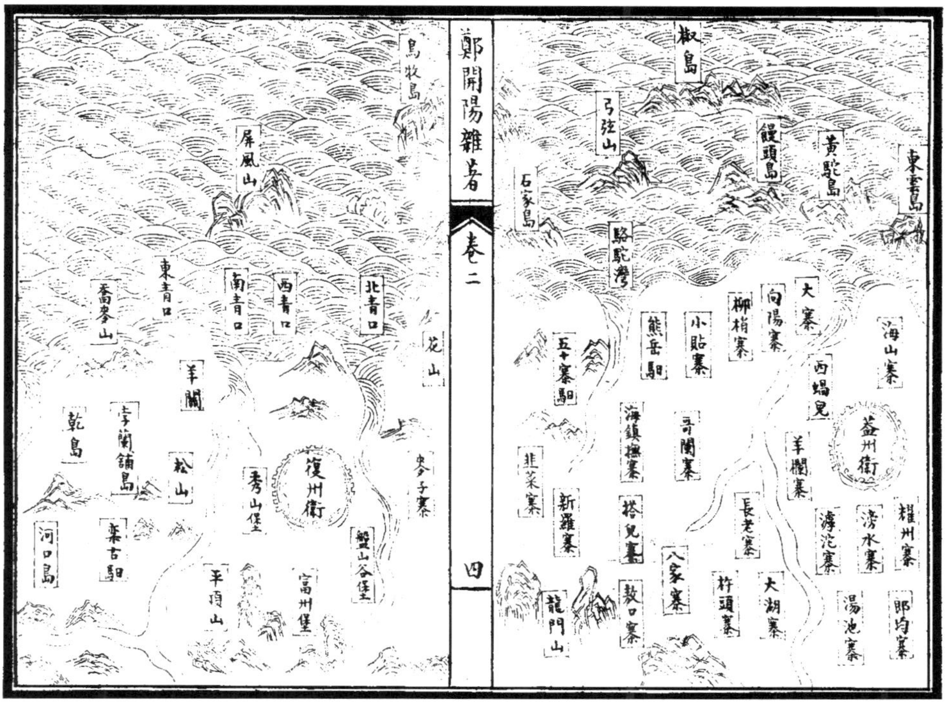
鄭開陽雜著
卷二
四
椒島
弓弦山
饅頭島
黄駝島
東雲島
石家島
駱駝灣
大寨
向陽寨
柳樹寨
小貼寨
熊岳驛
五十寨驛
海山寨
西塢兒
羊欄寨
海鎮撫寨
韭菜寨
新羅寨
長老寨
八家寨
大湖寨
杵頭寨
龍門山
湯池寨
鳥牧島
屏風山
北青口
西青口
南青口
東青口
羊闌
乾島
松山
復州衛
秀山堡
花山
麥子寨
平頂山
河口島

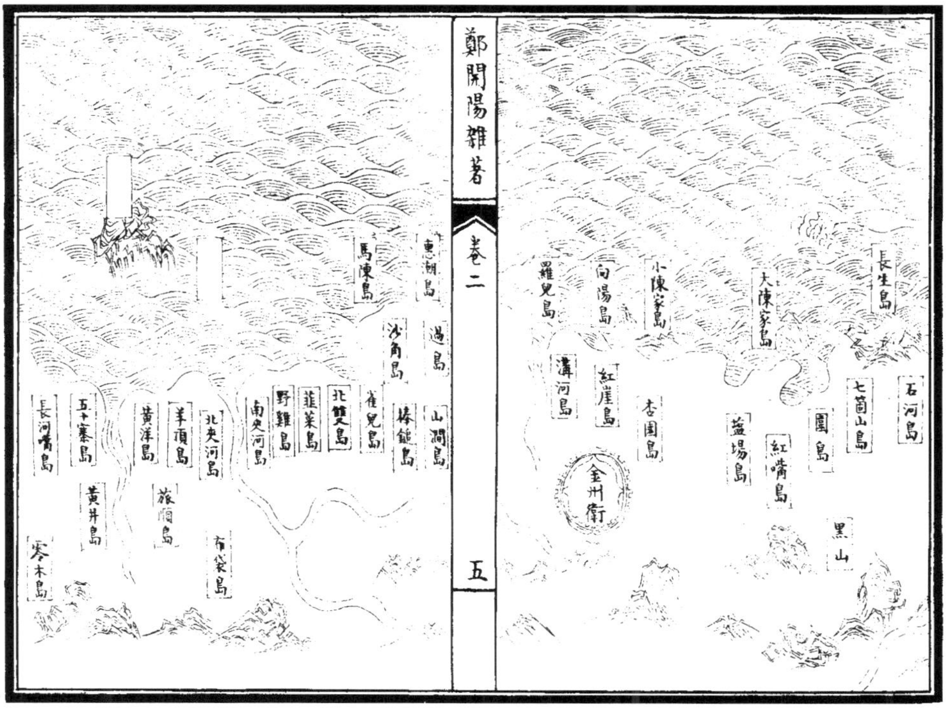
鄭開陽雜著
卷二
五
長生島
石河島
七箇山島
園島
紅嘴島
鹽場島
黑山
大陳家島
小陳家島
向陽島
羅兒島
紅崖島
杏園島
金州衛
馬陳島
過島
沙角島
山洞島
棒鎚島
雀兒島
北雙島
韭菜島
野雞島
南夾河島
北夾河島
羊頭島
五十寨島

遼東軍餉論

遼東古營并地也其背為沙漠其面為滄溟其餘氣為朝鮮遼陽東踰鴨緑江而控朝鮮國朝設瀋陽遼陽三萬鐵嶺四衛統於開原以遏北徼之衝金復海蓋旅順諸軍聯屬海濱以防島冦之入烽堠星聯營寨碁布東北藩籬可謂固矣洪武間倭冦嘗以玩南方之心而玩遼東遼東之人以禦北徼之法而禦倭冦斬滅無遺海氛蕩熄劉江金線島之捷是已二百年來邊備如故倭豈能遽犯哉

所虞者其地千有餘里衛所軍旅凡九萬九千八百七十五員名止藉山海關一路餽餉我朝北都燕而遠漕江南粟又自京師達於遼陽飛輓不繼邊卒輒吽呶待餔甚至凶荒士卒相食萬一難守密邇畿輔敵騎乘間何以禦之此其患不在兵之不强而在食之不足食足則兵强兵强則守固矣邇者登萊運米達遼甚便惜其不多愚謂國初軍屯商中之制至為精當而大壞極弊司國計者當深念而亟圖之不當專責之幕帥而已也

遼東守禦論

遼地負山阻海屹然為東北雄鎮北鄰沙漠而遼海三萬瀋陽鐵嶺之統於開原者足遏其衝南枕滄溟而金復寧蓋旅順諸軍聯屬海濱者足嚴守望京師翰屏可謂固矣然觀今日邊防頗為有賴而備倭海防視為虛文蓋自劉江金線島之捷而海氛久熄自山東海運之廢而墪寨盡廢於是旅順諸堡亦無復用識者謂遼東沿邊五路得分守應援之規沿海衛所亦當如其制如旅順而西以金州轄之三岔河而南以蓋州轄之三岔河而東以三屯轄之總兵撫按之統其責者秋汛以防邊為重防海為次春汛以防海為重防邊為次則雖島寇窺伺豈能遠犯哉

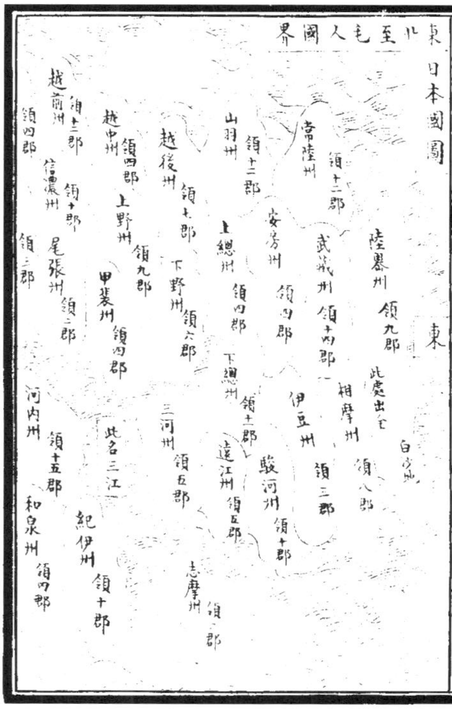

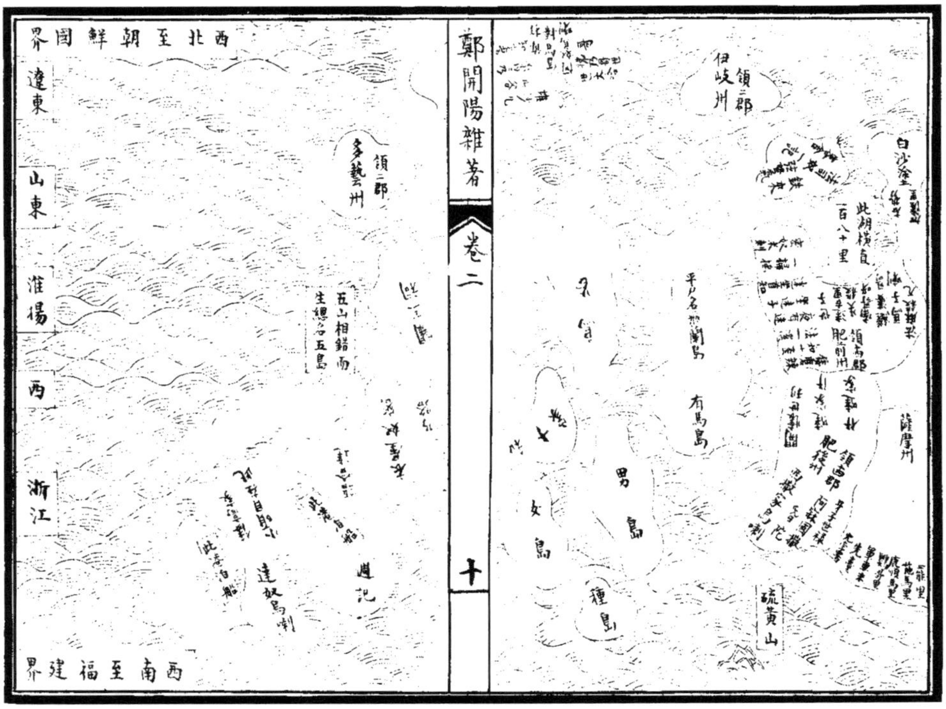
鄭開陽雜著
卷二
十
西北至朝鮮國界
遼東
山東
淮揚
西
浙江
西南至福建界
多藝州
領二郡
五山相錯西
生總名五島
伊岐州
領二郡
有馬島
男島
女島
種島
硫黃山
薩摩州

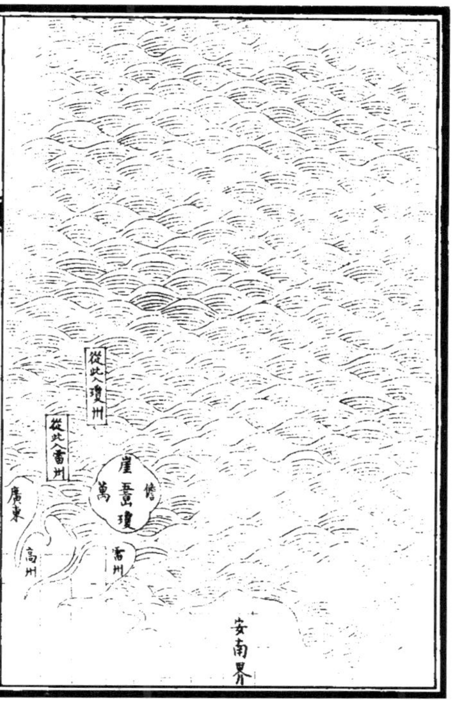

鄭開陽雜著　卷二　又十

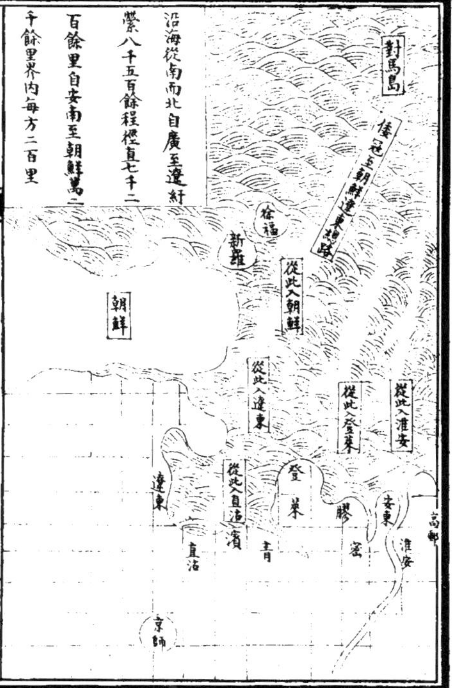

鄭開陽雜著　卷二　十一

日本入寇論

始倭之通中國也實自遼東由六朝及今乃從南道浮海率自温州甯波以入風東北迅自彼來此約可四五日程而西南風迅自此之彼約亦四五日程盖其去遼甚遠而去閩浙甚邇若盡其國界則東西也長行可四五月南北也短行三月而皆極於海其西北至高麗也必由對馬島開洋順風僅一日二日南至琉球也必由薩摩州開洋順風七日其貢使之來必由博多開洋歷

五島而入中國以造舟水手俱在博多故也貢船回則徑收長門抽分司官在焉故也若其入寇則隨風所之東北風猛則由薩摩或五島至大小琉球而仍視風之變遷北多則犯廣東東多則犯福建彭湖島分䑸或之泉州等處或之梅花所長樂縣等處若正東風猛則必由五島歷天堂官渡水而視風之變遷東北多則至烏沙門分䑸或過韭山海閘門而犯温州或由舟山之南而犯定海經大猫洋入金塘蛟門犯象山奉化由東西厨入湖頭渡犯昌國入石浦關犯台州入桃渚海門松門諸港

正東風多則至李西㠗壁下陳錢分䑸或由洋山之南而犯臨觀過漁山兩頭洞三姑山入蟶浦則犯紹興之臨山三山過霍山洋五嶼烈表平石則犯甯波之龍山觀海犯錢塘過大小衢徐公入鼈子門赭山則薄省城或由洋山之北而犯青南過馬蹟潭而西犯太倉過馬蹟潭而西北或過南沙而入大江過茶山入瞭角嘴涉谷犢狼福山而犯瓜儀常鎮若在大洋而風歘東南也則犯淮揚犯登萊過步州洋亂沙入鹽城口則犯淮安入廟灣港則犯揚州再越而北則犯登萊若在五島開洋而南風方猛則趨遼陽趨天津大抵倭船之來恒在清明之後前乎此風候不準難以準定清

明後方多東北風且積久不變過五月風自南來倭不利於行矣重陽後風亦有東北者過十月風自西北來亦非倭所利故防海者以三四五月為大汛九十月為小汛其停橈之處焚刼之權雖曰在倭而其帆檣所向一視乎風實有天意有備者率勝前此入寇者多薩摩肥後長門三州之人其次則大隅筑前筑後博多日向攝摩津州紀伊種島而豐前豐後和泉之人亦間有之葢因商於薩摩而

附行者日本之民則有貧有富有淑有慝其富而淑者或附貢船而來或因商船而至其在寇船率皆貧而惡者且山城君日本國王別號之號令久不行於諸島而山口豐後出雲又各專一境如中國總督府之義互相吞噬今惟豐後强頗并肥前等六島而有之山口出雲俱以貪滅亡倭葢無常尊定主矣日本圖纂悉詳載之兹因海防之說而畧舉其槪云

論禦倭之法

倭之陣法與常寇不同常寇戰時我師以衝鋒破壘為上倭隊不過幾人躍舞試其刀法而已見我師走即衆伏羣起而追砍之如蜂湧然我師若勝彼即奔去俟我師爭割首級而四面合圍之或於戰時分兵統出我師左右先制乎脅後擊乎尾或誘我師追至其營但見財寶不見賊衆及乘我師取寶而襲殺之此皆倭寇之積習也為今日計似不可拘常格但以屢年倭寇之所以

勝我師之所以敗者而亟反之先鋒陷陣者全隊俱賞禁取首級退縮者斬趨利者斬應救援而不救援者斬其臨陣也前者向前後者向後左者向左右者向右無若頻年之俱向前立而緩急衝擊轉顧不及則倭寇之故智皆有以應之鮮不勝矣

論沙船之利

倭寇之來必由東海大洋禦寇之策無如截之於海上勿容登岸蓋其來也萬里風濤廢寢忘飡力則疲矣膂援未備羣隊未合勢則弱矣我師以逸而待勞以衆而待寡以備而待其所未備千人一心故不戰則已每戰必勝若禦之以陸則人各一心每遇戰即奔而勢散亦如螃蟹之出筐難於收拾矣古今兵書千言萬語俱於陸戰為詳而水戰甚略至如吾蘇地形港浦田塍不可以方軌而陣不可以連舟而繫原未嘗稱用戰之地者自春秋以來除夫差勾踐之事外未見有論吳地戰法

者也故欲以古兵法而行之於吳噫誤也甚矣欲遏寇於上游舍沙船沙兵奚以者哉夫沙船素熟海戰使闘風如順風視巨浪如無浪不假兵戰不用把棍惟以標叉火器施之以追則汎以攻則克不俟訓練而見成可用但須以沙耆民統之啖之以官賞優之以體貌寄之以腹心得其心斯復其力矣若用他官以馭之泛泛以待之內地之兵以雜之則彼將解體而坐視矣

論福蒼船之弊

海中勦賊吾蘇屬邑太倉崇明二處沙船百戰百勝不在蒼山廣福兵船之下但賊駕樓船而來沙船低小仰攻為難故須預造福蒼大船遇賊舟之大者可以相抗賊舟之小者可以犁沉自來福蒼船用之無功者以其非温福水手不能駕使寶山以南海道亦惟彼處人習知之而沙船未嘗經行嘗易閣淺故不容不僱彼處之人也倭寇之叛非倭自為叛也廣福浙人導之也賊中

多有水手親識前日蒼山船為前鋒遇賊交語而走沙船等船從而俱走可以鑒矣夫造福船者望其勦賊也而反與賊為首尾則其船其人之當撤也明矣然此船必不可無其水手亦不可無如之何而可日有法焉每船用其原處水手一半用吾本地沙民一半夾雜而處朝夕審視而學焉其行大洋道路何如其遇風色操縱何如其臨敵之際與賊交通之情狀何如不數月而沙兵能使其船則其原地水手可以罷革之矣

論海船縱賊內寇之由

沿海備倭兵船未嘗不設每賊至岸輙為所登何也沙兵非不能遏以賊未嘗擄掠擒之無利且縱賊深入者無罪獨力衝鋒者無援人心不服故且俟其內寇滿載而去方邀擊之荊川唐公洞燭其弊親歷海口以兵船各派汛地仍責其兩鄰互相策應四月間倭至而不能登陸一支飄往江北一支飄上三沙蘇松嘉湖千里寧謐實荊川之功也所宜長用其策以養兵之費而偏重

於沙兵更奏聞於朝立為定格每年防春失守汛地者殺無赦若賊至而不容登岸內地無擾則雖無斬獲之級亦為防春有功凡沙者民之為頭目者概陞一級並海州郡所在皆然倭寇無利將自消其猾夏之志矣此禦倭之上策也

論沙兵民兵之辨

沙船行海必常傾側謂之趁風船在浪槽萬起萬伏謂之破浪沙民生長海中朝夕出入鯨鱷為生奮上風調

逆搶其所長也內地之民目中未嘗見海一登沙船遇風浪目眩而嘔足僵而仆雖孫吳賁育至此不能自支況接戰乎故沙民長於海戰而短於陸戰民兵平日雖閑武藝者但能陸戰而不能海戰有兵寄者各用其所長可耳

論練兵之法

向來下操不過教場中虛應故事兒戲而已耳曾未嘗有實用也嗣後操練宜勿用見在巡捕官管操官為之

而惟延精通武藝之人各於空閑官地分別鎗手學鎗刀手學刀棍手學棍所謂學者學其隔法破法而已利害存亡之際不能隔不能破止云我能識夫運刀出鎗之法何適於用哉其在今日刀手之類又似可緩倭寇之刀法天下無敵所恃以勝之者火器第一弓弩次之火器之中又以鉛錫銃為要愚聞浙人有長於火攻者宜擇二三十人令其轉教銃手日月演習裝藥懷火期於便捷期於必中射師則擇北人高者為之勿限日期

朝夕至教場中多懸銀錢使之競射射中者即以此錢賞之貪夫覩利無不用心於射矣武藝閑後宜更延曾經戰陣曾立戰功真有將材者而教之坐作之法分合之法衝擊應援疑伏之法排立寬展之法隨地形而轉舒之法收兵抽縮之法習之於平時用之於臨敵豈不足以致勝乎

論黃魚船之利

聞嘗乘海舠凌驚濤歷覽島洋形勝竊謂蘇松海防斷

以禦寇洋山為上策而淡水門捕黃魚一節乃天設此以為蘇松屏捍也蓋淡水門者產黃魚之淵藪每歲孟夏漁船出洋甯台溫大小以萬計蘇州沙船以數百計小滿前後放船凡三度謂之三水黃魚海中常防劫奪每船必自募慣出海之人格鬭則勇敢也器械則犀利也風濤則便習也其時適當春汛之時其處則倭犯蘇松必經之處賊至羊山見遍海皆船而其來舟乃星散而行以漸而至勢孤氣奪遠而他之矣敢復近岸乎此

其利有三不募兵而兵强不費糧而糧足不俟查督而自無縣閃之弊如殺賊而有功照例陞賞所獲賊貲悉以畀之縱賊近岸則一體坐罪永不許其出洋將漁人皆以禦賊為已責官民胥利豈非備倭之良法乎

論海塘之設

海塘之制本為捍禦鹹潮害稼而設自春秋時范蠡築圩田之後東南田利漸興財賦漸盛至唐開元間於此築捍海塘其長起於嘉定之老鸛嘴以南迄於海甯之

澉浦以西高如地垣內外皆有塘溝相夾自設此塘之後而松嘉杭無入海水口禹貢曰三江既入今三江之中東江獨湮漫無可考職此之由也是塘也本為田利而設我朝信國公經畧海防借以設險備倭愚於蘇松海防論中詳言之矣因塘舊蹟有湮有存故表而出之國初原設塘濠及時修築庶於防禦有裨云

論烽堠之要

自古守邊不過遠斥堠謹烽火至於海中風帆瞬息千里烽堠尤為緊要凡濱海墩臺俱應盡數修復或年遠為水所衝沒或民居樹木遮蔽或仍舊貫可恃或就中加添或改移可瞭之所以十里內為率難瞭者三四里亦可墪法舉狼煙南方狼糞既少煙火失制拱把之草火燃不久數里之遥豈能接應且遇陰霾晝晦何以瞭望宜多積柴草火勢大而且久庶鄰墪相望可見國初沿海衛所每衛分左右二路各設管墪官一員以千百戶充之每所如衛例以旗舍充之各省以指揮一員總

其事稱曰提調墪哱近視為閑散之局廢棄職守或臺堠不修或器械不整索受軍士常例聽其偷安畧無懲究寇犯地方則烽火之號不傳賊艘在內則聲息之警不報玩愒廢弛莫此為甚夫內地防禦安危邊海居民趨避調發軍旅機宜全在烽堠傳報所繫匪尠小也須責成總兵叅遊等官詳明守墪號令風汛時月及聞警報督令巡守軍兵晝夜分番瞭望俾無踈虞庶計之得哉

論海運之利

海運之法自秦已有之而唐人亦轉東吳粟帛以給幽燕杜工部出塞詩云漁陽豪俠地擊鼓吹笙竽雲帆轉遼海粳稻來東吳越羅與楚練照耀輿臺軀又昔遊詩云幽燕盛用武供給亦勞哉吳門轉粟帛汎海凌蓬萊是海漕東南粟舉行既久然僅以給邊方之用而已用之以足國則始於元焉初伯顏平宋命朱清張瑄以宋圖籍自崇明由海道入京師至元十九年始建海運之

策命羅壁等造平底海船運糧從海道抵直沽是時猶有中灤之運不專於海道也二十八年立都漕萬戶府以督歲運不大中以江淮江浙財賦府每歲所辦糧充運自此以至末年專仰海運矣海運之道其初也自平江劉家港入海至海門縣界開洋月餘始抵成山計其水程自上海至楊邨馬頭凡一萬三千三百五十里最後因千戶殷明畧言又開新道劉家港至崇明州三沙放洋向東行入黑水大洋取成山轉西至劉家島又至

登州沙門島於萊州大洋入界河當舟行風汎有時自浙西至京師不過旬日而已說者謂其雖有風濤漂溺之虞然視河漕之費所得蓋多故終元之世海運不廢我朝洪武三十年海運糧七十萬石給遼東軍餉永樂初海運糧七十萬石至京師十年會通河成始罷海運考元食貨志論海運有云民無輓輸之勞國有儲蓄之之以為一代良法作史者皆國初史臣其人皆生長勝國時習見海運之利所言非無徵者今河漕通利歲運

充積固無資於海運也善謀國者恒於未事之先而為意外之慮國家都燕蓋極北之地而財賦之入皆自東南而來會通一河譬則人身之咽喉也一日食不下咽立有死亡之禍況自古皆是轉般而以鹽為傭值今則專役軍夫常運而加以兌支之耗歲歲常運儲積之糧雖多而征戍之卒日少食固足矣如兵之不足何宜於無事之時尋元人海運故道別通海運一路與河漕並行江西湖廣江東之粟照舊河運而以浙東西一帶由

海通運使人習知海道一旦漕渠少有滯塞此不來而彼來亦思患預防之計也大抵海舟與河舟不同河舟畏淺故宜輕海舟畏漂故宜重假如每艘載八百石則為造一千石舟許其以二百石載私貨三年之後軍戶自載者三十稅一客商附載者照依稅課常例就於直沽立一宣課司收貯以為歲造船料之費其糧既以海運腳費比漕河為省其兑支之加耗宜量為減殺大約海舟一載數千石則可當河舟所載之十河舟用卒十

人海舟加五倍則漕卒亦比舊省矣此非獨可以足國用自此京城百貨駢集而公私俱足矣宋朱考亭奏劄言廣東海路至浙東為近宜於福建廣東沿海去處招邀米客元史載順帝末年議遣戶部尚書貢師泰往福建以閩鹽易糧給京師其後陳友定亦自閩中海運進奉不絕此道若通閩廣之納運亦可以來不但兩浙也況今京師所用多資南方貨物而貨物之來苦於運河窄淺腳價倍於物值此策既行則南貨日流於北空船

南回者必須物貨而北貨亦日流於南矣今日富國足用之計莫大於此且量將江淮荊湖之卒漕半入海運除減軍卒以還隊伍則兵食兩足而國家亦有水戰之備可以制伏朝鮮安南邊海之彝此誠萬世之利也

論財賦之重

東南財賦之淵藪也自唐以來國計咸仰於是其在今日尤為切要重地韓滉謂賦出天下而江南居十九以今觀之浙直又居江南（凡大江以南諸省悉稱江南）十九而蘇松常

嘉湖五郡又居浙直十九也今天下夏稅秋糧以石計者總二千六百七十九萬餘而浙江布政司二百五十一萬餘蘇州府二百九萬一千餘松江府一百三萬一千餘常州府七十六萬一千餘此一藩三府之地其民租比天下為重其糧額比天下為多今國家都燕歲漕江南米四百餘萬石以給京師而此五郡者幾居江西湖廣南直隸之半自宣德正統以來每擇任賢良大臣巡撫其地殷勤撫字蓋以此地為國計所資故也竊以

蘇州一府計之其墾田九萬二千九百五十九頃而居天下七百一萬三千九百七十六頃田數之中而出一百九萬一千餘石税糧於天下二千六百七十餘萬石税額之内其徵科之重民力之竭可知矣按平賦書云重斂則人貧人貧則流者不歸土地雖大有荒而不耕者雖耕之而地力有所遺人日益困財日益匱雖欲誅暴逆而威四裔其可得耶輕斂則人樂其生人樂其生則居者不流而流者日來土地無荒桑柘日繁盡力耕

之地有餘利人日益富兵日益强今東南諸郡受重賦之累加以水旱不時徵斂無方小民十室九空皮盡而毛無所附良可痛心惟賴聖天子一視同仁念此五郡財賦所出國計所賴特沛恩膏減免賦額凡百科率悉從寛省又必擇任巡撫大臣假以便宜之權俾其多方撫䘏而不拘以文法必使民力弗殫民食常饒庶一方得安而四方咸有攸賴内地寧謐而外患亦可不作矣

鄭開陽雜著卷二

鄭開陽雜著

卷三

江防圖考

明　鄭若曾　撰

江防圖

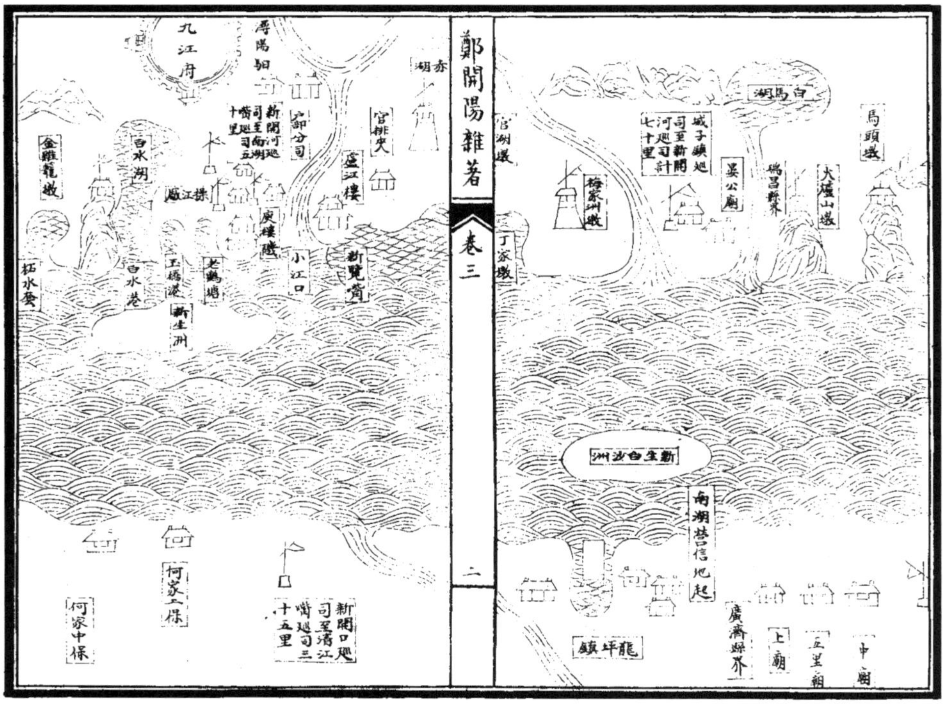
鄭開陽雜著
卷三
二
九江府
潯陽驛
新開河廵司至南湖嘴廵司五十里
戶部分司
官排夾
盛江樓
庾樓墩
小江口
金雞籠墩
白水湖
白水港
老鸛嘴
新生洲
何家上堡
何家中堡
新開口廵司至湖江嘴廵司三十五里
官湖墩
丁家墩
梅家洲墩
城子鎮廵司至新開河廵司計七十里
晏公廟
白馬湖
馬頭墩
瑞昌縣界
新生白沙洲
南湖營信地起
龍坪鎮
廣濟縣界
上廟
五里廟
中廟

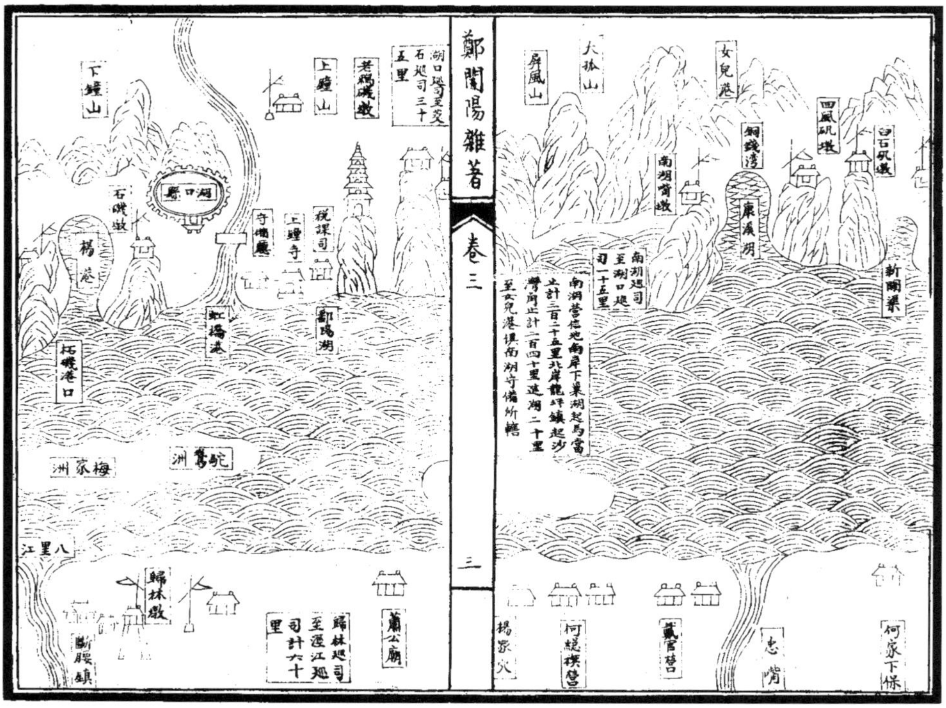
鄭開陽雜著
卷三
三
老鸛嘴墩
上鐘山
下鐘山
湖口縣
石鐘墩
守備廳
稅課司
鄱陽湖
梅家洲
八里江
歸林墩
歸林廵司至湖江廵司計六十里
蕭公廟
屏風山
大孤山
女兒港
白石磯墩
銅錢灣
南湖嘴墩
南湖廵司至湖口廵司一十五里
南湖營信地南岸下巢湖起馬當止計二百二十五里北岸龍坪鎮起沙灣角止計二百四十里進湖二十里至女兒港俱南湖守備所轄
何家下堡

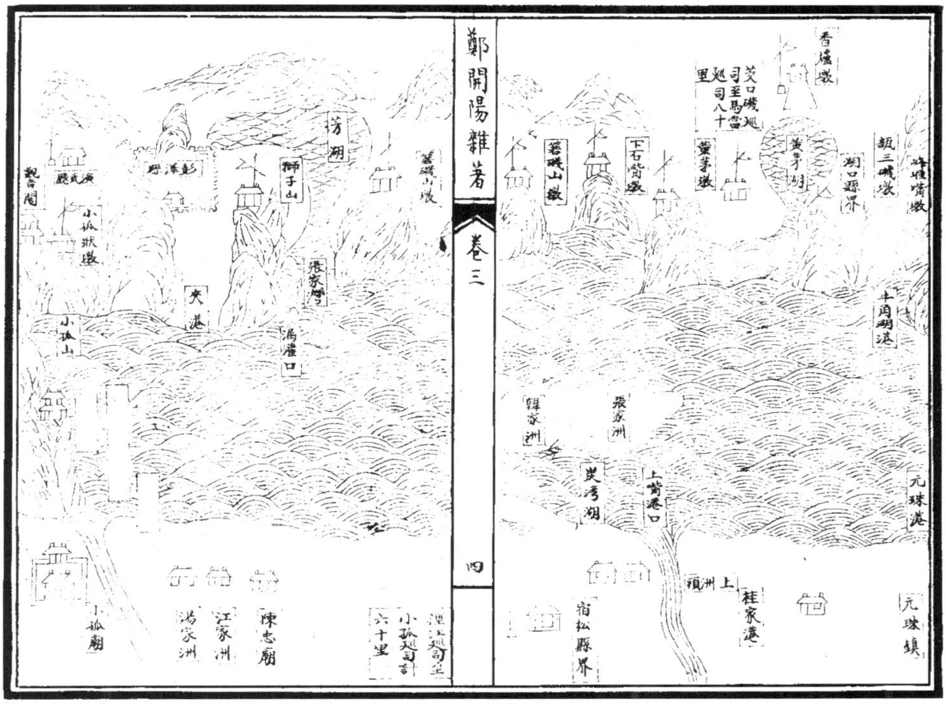
鄭開陽雜著
卷三
四
香爐墩
黃茅墩
黃茅湖
下石嘴墩
湖口縣界
張家洲
上嘴港口
元珠港
桂家港
宿松縣界
元珠鎮
獅子山
小孤山
張家灣
小孤廟
江家洲
湯家洲
陳忠廟
觀音閣

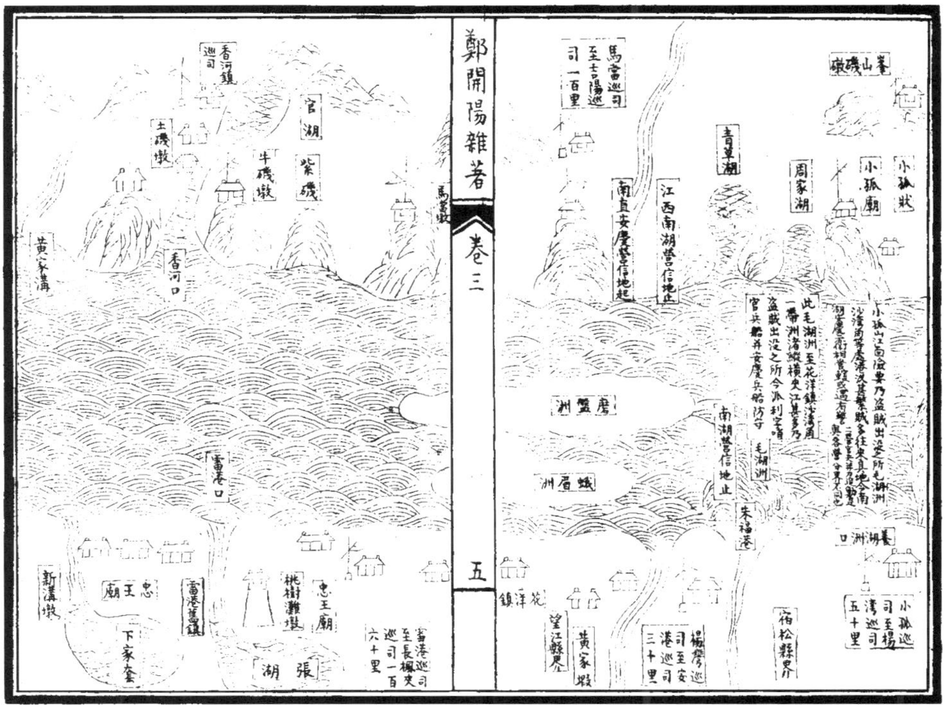
鄭開陽雜著
卷三
五
馬當巡司至吉陽巡司一百里
香河鎮巡司
官湖
土磯墩
牛磯墩
紫磯
黃家溝
香河口
青草湖
周家湖
小孤廟
小孤狀
南直安慶營信地起
江西南湖營信地止
此毛湖洲至花洋鎮沿江一帶洲渚縱橫夾江甚多乃盜賊出沒之所今派利字哨官兵船并安慶兵船防守
毛湖洲
磨盤洲
蛾眉洲
南湖營信地止
朱福港
雷港口
新溝墩
忠王廟
雷港舊鎮
張湖
宿松縣界
望江縣界
黃家墩

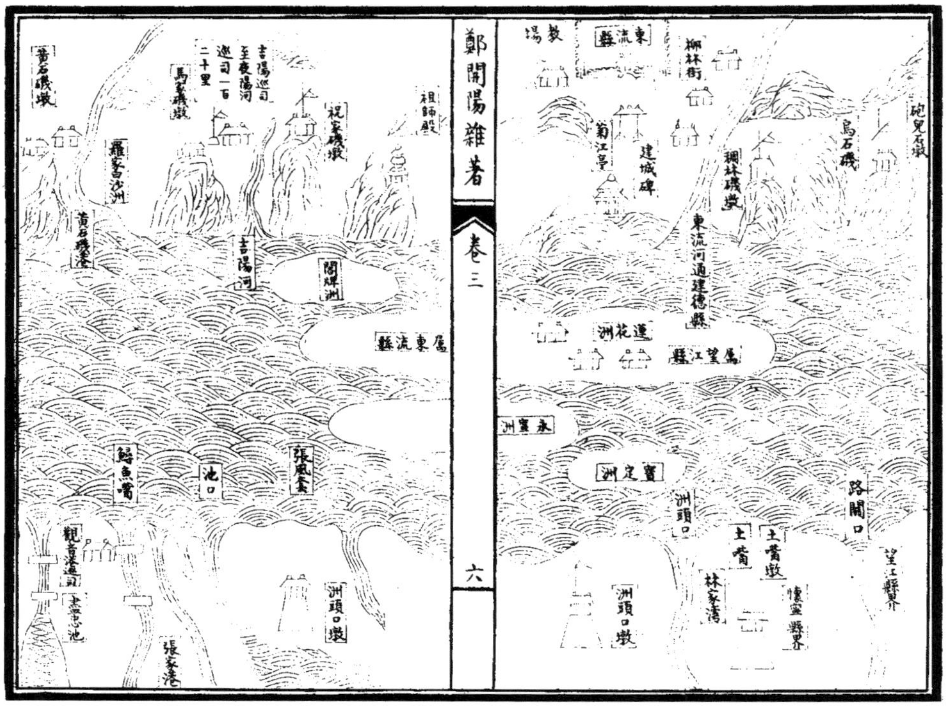
鄭開陽雜著
卷三
六
黄石磯墩
吉陽巡司至夜陽河巡司一百二十里
馬家磯墩
祝家磯墩
祖師殿
羅家白沙洲
黄石磯港
吉陽河
閘牌洲
屬東流縣
張風套
池口
觀音港巡司
張家港
洲頭口墩
東流縣
柳林街
菊江亭
建城碑
銅林磯墩
烏石磯
砲兒石墩
東流河通建德縣
蓮花洲
屬望江縣
永寧洲
寶定洲
洲頭口
路閘口
土黄
土黄墩
林家灣
懷寧縣界
望江縣界
洲頭口墩

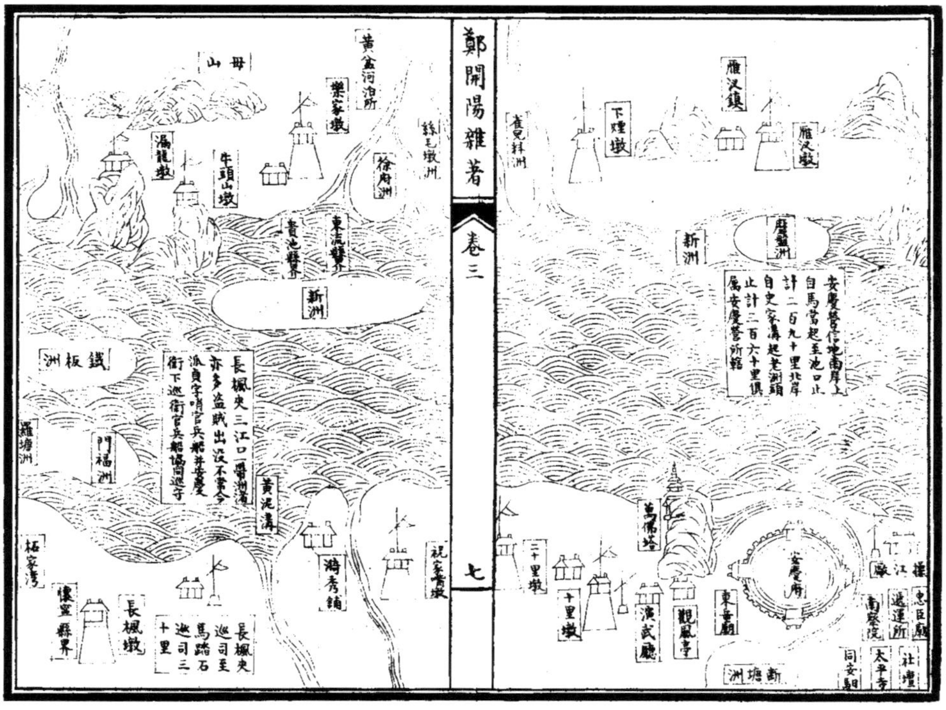
鄭開陽雜著
卷三
七
母山
黄盆河泊所
樂家墩
渦龍墩
牛頭山墩
絲毛墩洲
徐府洲
貴池縣界
東流縣界
新洲
鐵板洲
長楓夾三江口一帶洲渚亦多盜賊出沒不常今派負字哨官兵船并安慶衛下巡衛官兵船協同巡守
羅塘洲
門福洲
黄泥溝
柘家灣
懷寧縣界
長楓墩
長楓夾巡司至馬踏石巡司三十里
潲秀鋪
祝家嘴墩
雀兒林洲
下煙墩
雁汊鎮
雁汊墩
新洲
安慶營信地南岸上自馬當起至池口止計二百九十里北岸自史家溝起至洲頭止計三百六十里俱屬安慶營所轄
萬佛塔
二十里墩
十里墩
演武廳
觀風亭
東岳廟
安慶府
南察院
遞運所
忠臣廟
太平寺
社壇
同安驛
斷塘洲

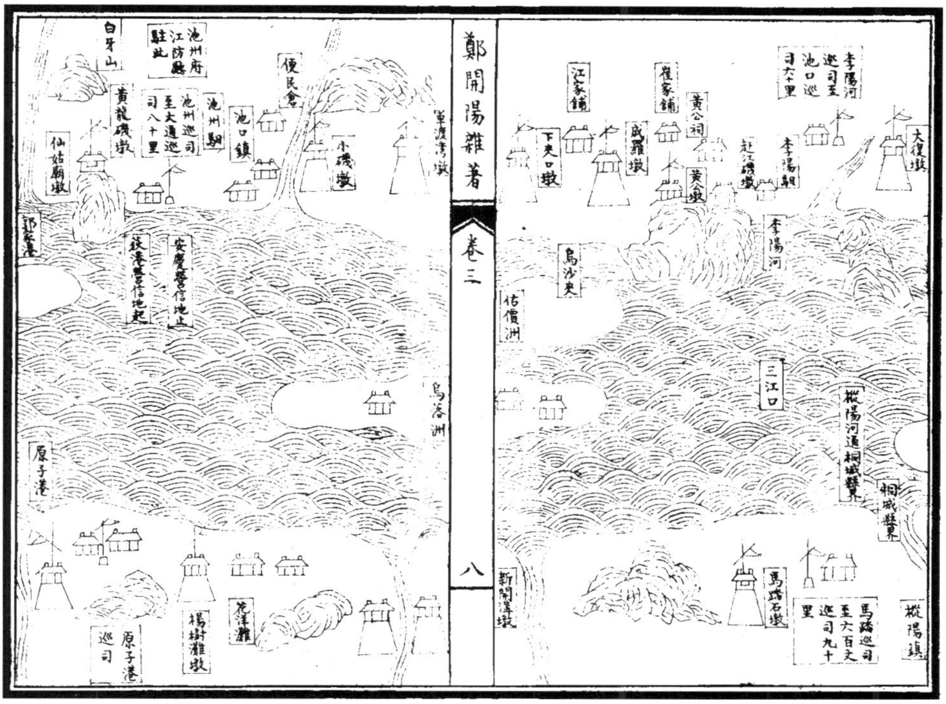
鄭開陽雜著
卷三
八
李陽河巡司至池口巡司六十里
李陽朝
黃公祠
崔家鋪
江家鋪
成羅墩
下夾口墩
李陽河
烏沙夾
三江口
樅陽河通桐城縣界
桐城縣界
新開溝墩
馬踏石墩
馬踏巡司至六百丈巡司九十里
樅陽鎮
池州府江防廳駐此
白牙山
黃龍磯墩
池州巡司至大通巡司八十里
池州驛
池口鎮
便民倉
小磯墩
仙姑廟墩
安慶營信地止
荻港營信地起
烏落洲
原子港
原子港巡司
楊樹灘墩

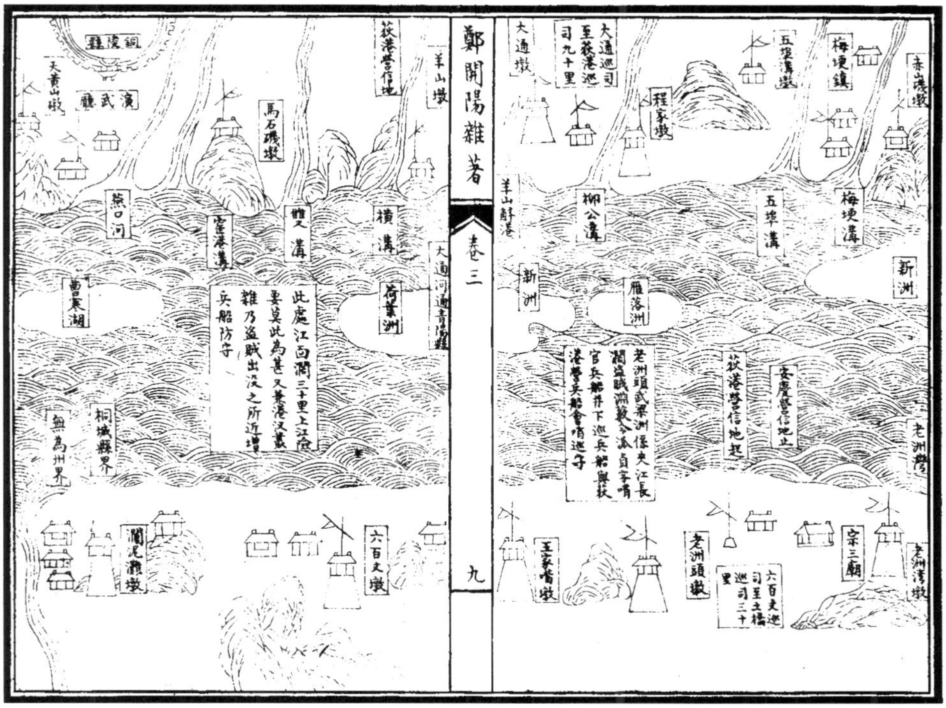
鄭開陽雜著
卷三
九
大通墩
大通巡司至荻港巡司九十里
梅埂鎮
程家墩
羊山觜港
柳公溝
五埠溝
梅埂溝
新洲
雁落洲
新洲
老洲頭武案洲係夾江長闊盜賊潛藏今派貞字哨官兵船并下巡兵船與荻港營兵船會哨巡守
荻港營信地起
安慶營信地止
王家嘴墩
老洲頭墩
六百丈巡司至土橋巡司三十里
宗三廟
老洲灣墩
銅陵縣
演武廳
馬石磯墩
羊山墩
荻港營信地
荻港溝
雙溝
橫溝
大通河通青陽縣
荷葉洲
此處江面闊三十里上江險要莫此為甚又兼港汊叢雜乃盜賊出沒之所近增兵船防守
無為州界
桐城縣界
閘泥灘墩
六百丈墩

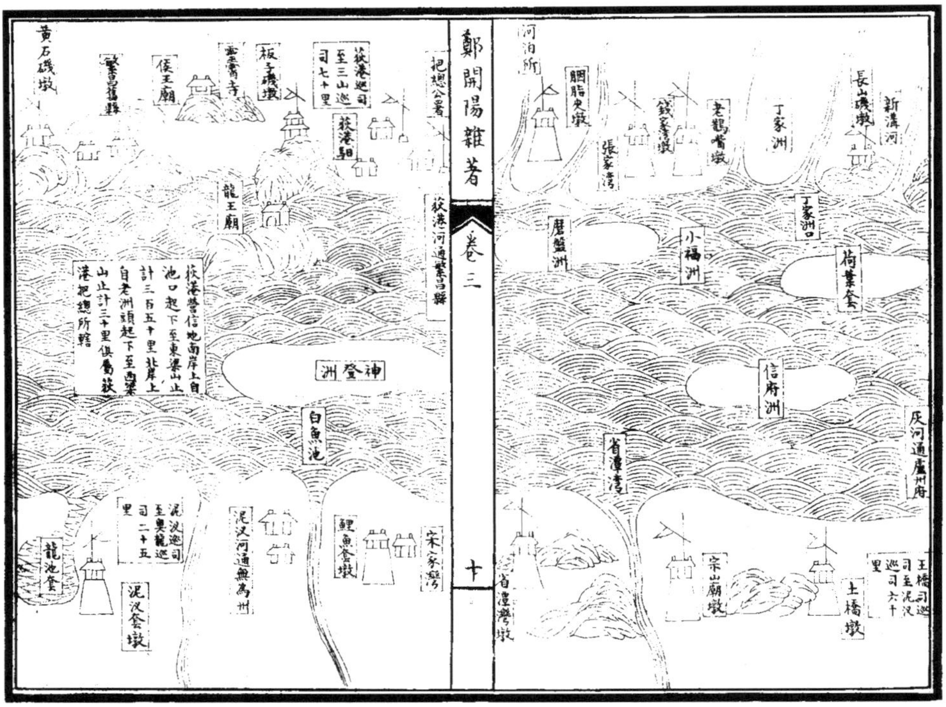
鄭開陽雜著
卷三
十
河泊所
胭脂史墩
張家灣
錢家灣墩
老鸛嘴墩
丁家洲
長山磯墩
新溝河
丁家洲口
小福洲
荷葉套
信府洲
庆河通廬州府
省潭灣
省潭灣墩
宗山廟墩
土橋墩
王橋司巡司至泥汊巡司六十里
把總公署
荻港河通繁昌縣
荻港巡司至三山巡司七十里
荻港驛
板子磯墩
龍王廟
黄石磯墩
荻港營信地南岸上自池口起下至東梁山止計三百五十里北岸上自老洲頭起下至西梁山止計三十里俱屬荻港把總所轄
神登洲
白魚池
宋家灣
鯉魚套墩
泥汊河通無為州
泥汊巡司至奥龍巡司二十五里
泥汊套墩
龍池套

鄭開陽雜著
卷三
十一
宗三廟
宗三廟墩
雞頭山港
龍王磯墩
三山巡司至河口鎮巡司三十里
茅蓬灣
黑沙洲
水府廟
教化渡
錦衣衛洲
楊史沙鎮
老鸛嘴
白馬洲
白馬墩
奥龍河
燕家灣
薛家灣墩
傅家灣
燕家灣墩
奥龍巡司至裕溪巡司九十里
石板洲墩
楊家套
蟂蟹磯墩
河口巡司至大信巡司三十里
蟹子磯墩
分司界牌
小蘆洲
雙溝
小雙溝
太平州江防同知駐此
蕪湖河通寧國府
魯港河通南陵縣
林家灣
此恐江嘴乃盗賊行劫之所近增兵船防守
梟磯山
新溝河
恐港嘴
恐港嘴墩
上新墩
下新墩

鄭開陽雜著
卷三
十二
四合山
宗三廟
四合山墩
三官廟
碰磯墩
蕪湖縣
赭山
工部分司
馬頭
鶴兒山墩
稀泥港
新洲
孫夫人廟
裕溪河
裕溪墩
裕溪巡司至牛屯巡司二十里
田家墩
老埂頭墩
東梁山墩
觀音菴
大信巡司至采石巡司四十里
黃泥溝墩
鯽魚嘴
新溝
荻港營信地止
游兵營信地起
此陳家洲乃賊出沒處因四塌山磯頭水溜無風商船不能上行往往坐守於此行劫劫後即往此洲潜藏近增兵船防守
陳家洲
屯河通巢縣
西梁山與東梁山相對至此
和州江防州同知駐此
針口嘴五十里
張家溝
姥下河
牛屯墩
西梁山墩
張家溝墩

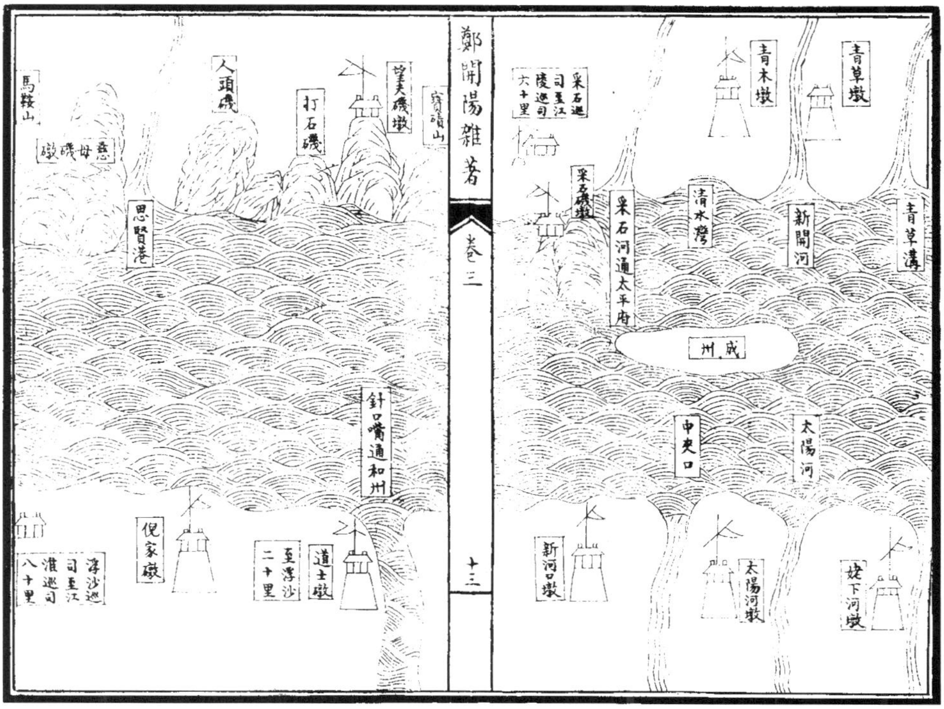
鄭開陽雜著
卷三
十三
馬鞍山
慈母磯墩
人頭磯
打石磯
望夫磯墩
寶積山
思賢港
針口嘴通和州
倪家墩
浮沙巡司至江淮巡司八十里
道士墩
至浮沙二十里
采石巡司至江陵巡司六十里
采石磯墩
采石河通太平府
清水灣
新開河
青木墩
青草墩
青草溝
成洲
中夾口
太陽河
新河口墩
太陽河墩
姥下河墩

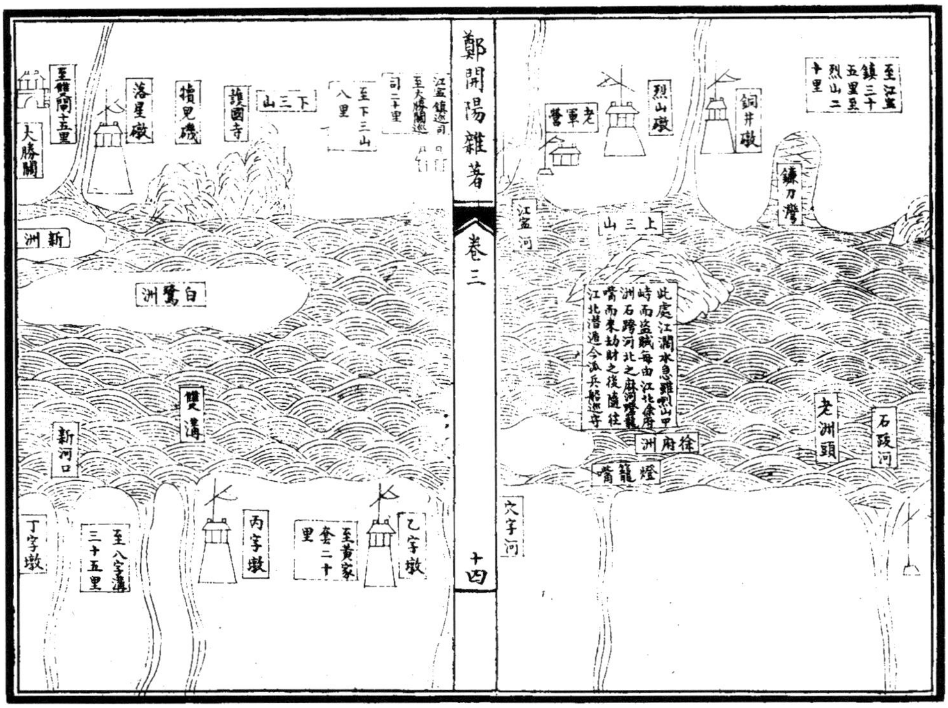
至江寧鎮三十五里至烈山二十里
銅井墩
烈山墩
老軍營
鐮刀灣
上三山
江寧河
此處江濶水急雖烈山甲峙而盜賊每由江北徐府洲石跨河北之麻洞嘴燈籠嘴而來劫財之後隨往江北潛遁今添兵船巡守
石跋河
老洲頭
徐府洲
燈籠嘴
穴字河
鄭開陽雜著
卷三
十四
江寧鎮巡司至大勝關巡司二十里
至下三山八里
下三山
護國寺
犢兒磯
落星墩
至鍾閘十五里
大勝關
新洲
白鷺洲
雙溝
新河口
乙字墩
至黃家套二十里
丙字墩
至八字溝三十五里
丁字墩

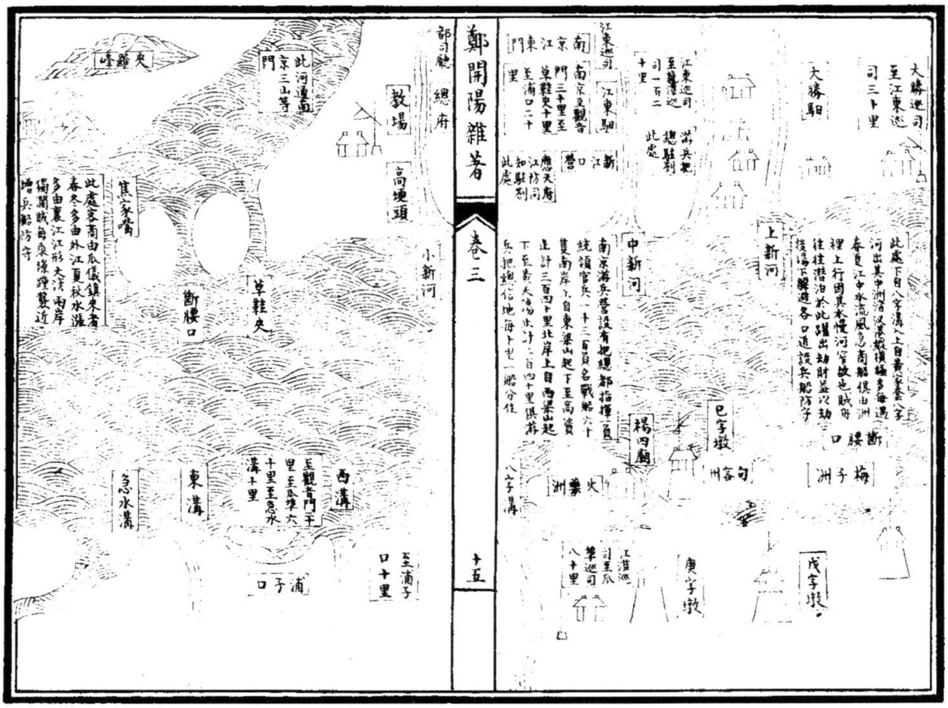
大勝巡司至江東巡司三十里
大勝驛
江東巡司至龍潭巡司一百二十里
遊兵把總駐劄此處
江東巡司
江東驛
南京至觀音門三十里至草鞋夾十里至浦口二十里
南京江東門
新江口營
應天府江防同知駐劄此處
上新河
此處下自八字溝上自黃家套八字河出其中洲渚汊港縱橫極多每遇春夏江中水流風急商船俱由洲裡上行因其水慢河窄故也賊每往往潛泊於此躍出劫財益以劫後揚帆遁各口遍設兵船防守
中新河
南京游兵營設有把總都指揮一員統領官兵一千二百員名戰船六十隻南岸下自東梁山起下至高資止計三百四十里北岸上自西梁山起下至黃天蕩止計二百四十里俱游兵把總信地每十里一船分住
斷腰口
梅子洲
巳字墩
句容洲
楊四廟
火藥洲
八字溝
戊字墩
庚字墩
江淮巡司至瓜埠巡司八十里
鄭開陽雜著
卷三
十五
部司廳
總府
教場
此河通南京三山等門
夾蘿峰
高埂頭
小新河
焦家嘴
此處客商由瓜儀鎮來者春冬多由外江夏秋水漲多由裏江江形大濶兩岸偏闊賊每乘機躍襲近增兵船防守
草鞋夾
斷腰口
西溝
至觀音門二十里至瓜埠六十里至急水溝十里
東溝
急水溝
至浦子口十里
浦子口

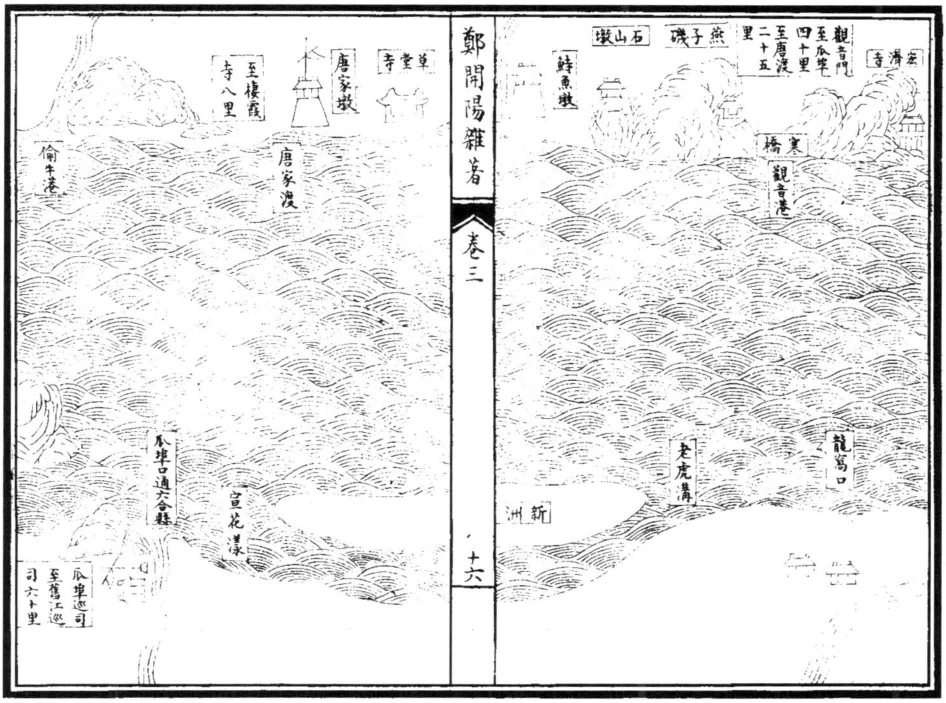
鄭開陽雜著
卷三
十六
宏濟寺
觀音門至瓜埠四十里至唐家渡二十五里
燕子磯
石山墩
鰣魚墩
寒橋
觀音港
龍窩口
老虎溝
新洲
草堂寺
唐家墩
至棲霞寺八里
唐家渡
瓜埠口通六合縣
瓜埠巡司至舊江巡司六十里

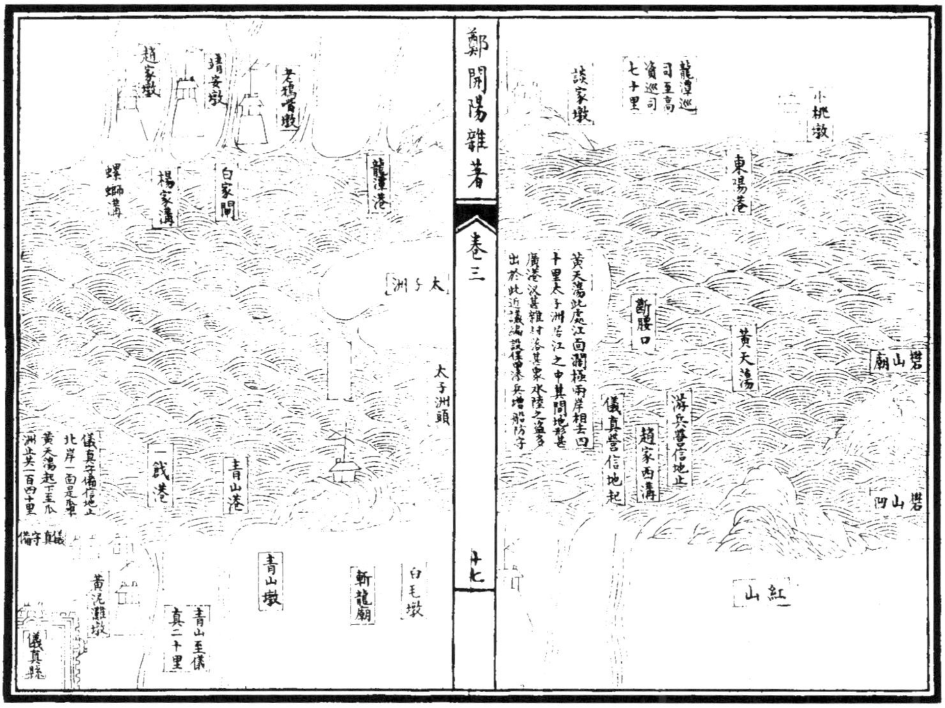
鄭開陽雜著
卷三
十七
龍潭巡司至高資巡司七十里
談家墩
小桃墩
東陽港
黃天蕩此處江面濶極兩岸相去四十里太子洲居江之中其間地形甚廣港汊甚雜材谷其衆水陸之盜多出於此近議添設儀真兵增船防守
斷腰口
黃天蕩
游兵營信地止
儀真營信地起
趙家西溝
紅山
趙家墩
靖安墩
老鸛嘴墩
螺螄溝
楊家溝
白家閘
龍潭港
太子洲
太子洲頭
一戧港
青山港
儀真守備信地止北岸一面起黃天蕩起下至瓜洲止共一百四十里
黃泥灘墩
青山墩
新龍廟
白毛墩
青山至儀真二十里
儀真縣

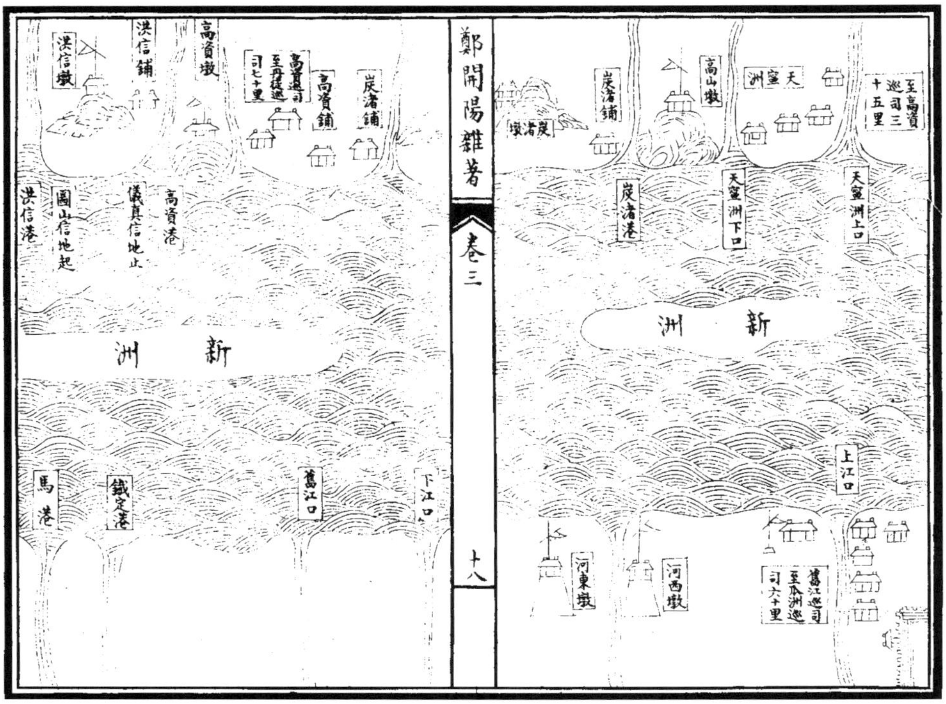
鄭開陽雜著
卷三
十八
天窑洲
高山墩
炭渚鋪
炭渚墩
天窑洲上口
天窑洲下口
炭渚港
新洲
上江口
河東墩
河西墩
舊江巡司至瓜洲巡司六十里
高資鋪
高資墩
洪信鋪
洪信墩
洪信港
圌山信地起
儀真信地止
高資港
新洲
馬港
鐵定港
舊江口
下江口

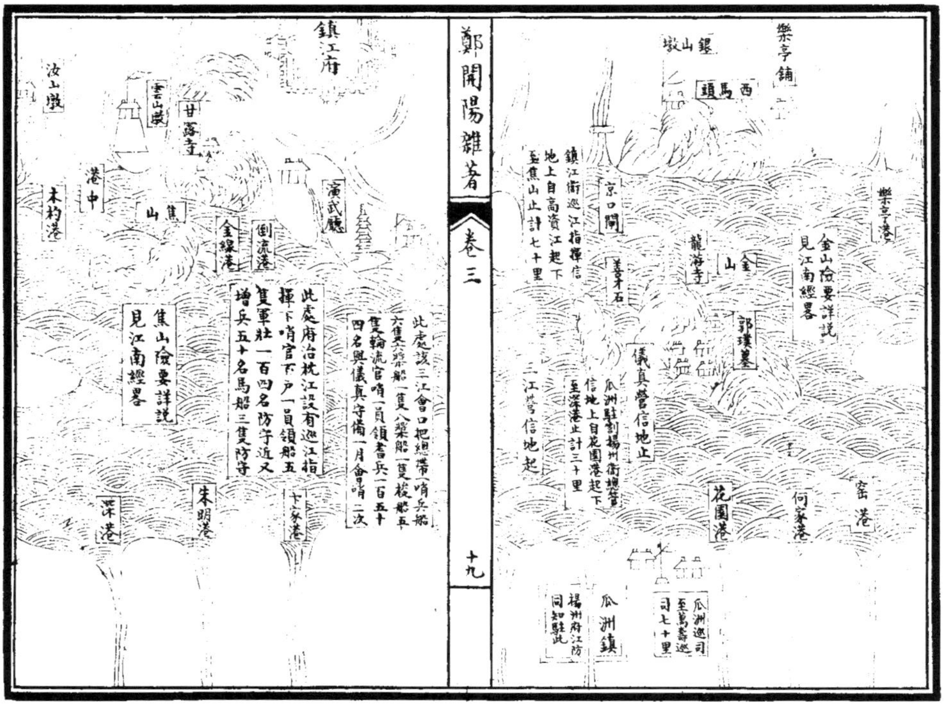
鄭開陽雜著
卷三
十九
銀山墩
西馬頭
樂亭鋪
樂亭港
金山險要詳見江南經畧
金山
龍游寺
京口閘
善才石
鎮江衛巡江指揮信地上自高資江起下至焦山止計七十里
郭璞墓
儀真營信地止
瓜洲駐劄揚州衛總管信地上自花園港起下至深港止計三十里
三江營信地起
花園港
何家港
窑港
瓜洲巡司至高資巡司七十里
瓜洲鎮
揚州府江防同知駐此
鎮江府
汝山墩
甘露寺
演武廳
港中
木杓港
焦山
金線港
倒流港
此處府治枕江設有巡江指揮下哨官下戶一員領船五隻軍壯一百四名防守近又增兵五十名馬船三隻防守
此處該三江會口把總帶哨兵船六隻六槳船一隻八槳船一隻梭船五隻輪流官哨一員領書兵一百五十四名與儀真守備一月會哨二次
焦山險要詳見江南經畧
深港
朱明港

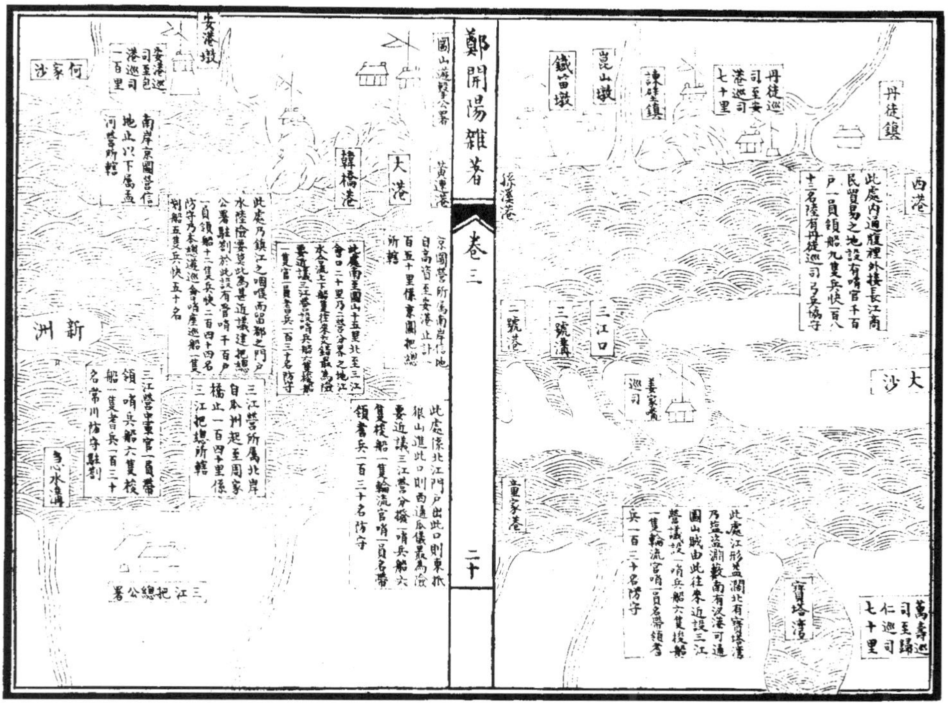
鄭開陽雜著
卷三
二十
丹徒鎮
西港
丹徒巡司至安港巡司七十里
諫壁鎮
崑山墩
鐵甕墩
此處內通腹裡外接長江商民貿易之地設有哨官千百戶一員領船九隻兵快一百八十三名陸有丹徒巡司弓兵協守
孫溪港
二號港
三號港
三江口
大沙
姜家嘴巡司
童家港
此處江形盜潤北有寶塔灣乃盜藪南有汊港可通圌山賊由此往來近設三江營議設一哨兵船六隻㭬船一隻輪流官哨一員名帶領耆兵一百三十名防守
寶塔灣
萬壽巡司至歸仁巡司七十里
圌山遊擊公署
黃連港
大港
韓橋港
安港墩
安港巡司至包港巡司一百里
何家沙
南岸京圌營信地止以下屬孟河營所轄
京圌營所屬南岸信地自高資至安港止計一百五十里係京圌把總所轄
此處南至圌山十五里北至三江會口二十里乃二營分界之地江水合流上下船隻往來交錯最為險要近議三江營設哨兵船六隻㭬船一隻官一員耆兵一百三十名防守
此處乃鎮江之咽喉兩留都之門戶水陸險要莫此為甚近議建把總公署駐劄於此設有晉哨千百戶一員領船十二隻兵快二百四十四名防守乃本總遊巡會哨座巡船一隻㭬船五隻兵快五十名
新洲
此處係北江門戶出此口則東抵狼山進此口則西通瓜儀最為險要近議三江營分撥一哨兵船六隻㭬船一隻輪流官哨一員名帶領耆兵一百三十名防守
三江營所屬北岸自本洲起至周家橋止一百四十里係三江把總所轄
三江營中軍官一員帶領一哨兵船六隻㭬船一隻耆兵一百三十名常川防守駐劄
急水溝
三江把總公署

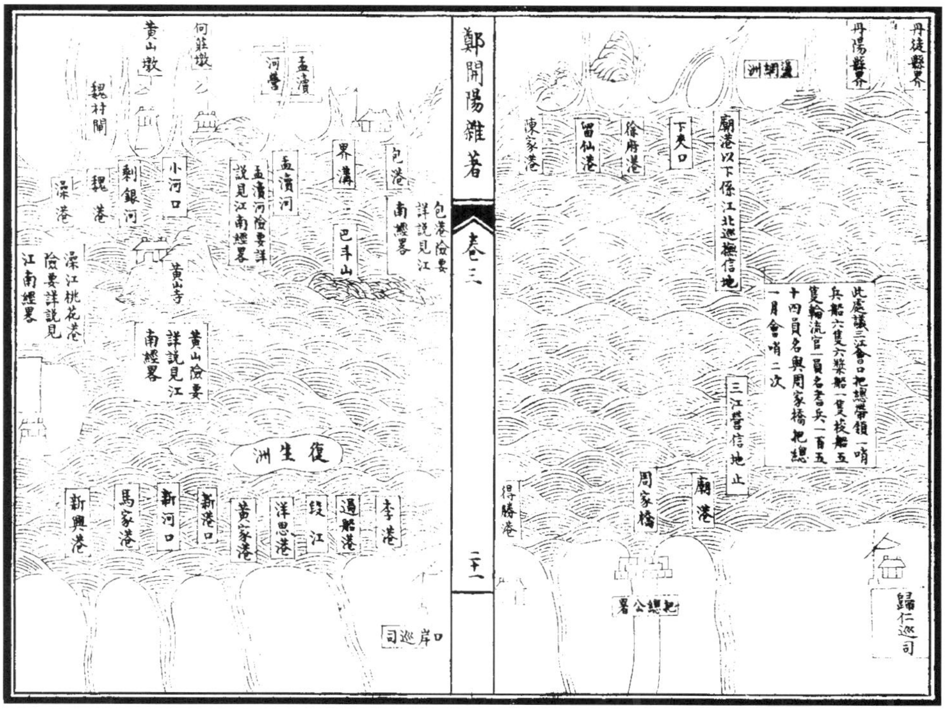
鄭開陽雜著
卷三
二十一
丹徒縣界
丹陽縣界
邊湖洲
廟港以下係江北巡撫信地
下夾口
徐府港
留仙港
陳家港
此處議三江會口把總帶領一哨兵船六隻六槳船一隻㭬船五隻輪流官一員名耆兵一百五十四員名與周家橋把總一月會哨二次
三江營信地止
廟港
周家橋
得勝港
把總公署
歸仁巡司
黃山墩
何莊墩
河營
孟瀆
魏村閘
包港
界溝
孟瀆河
小河口
剩銀河
魏港
澡港
孟瀆河險要詳說見江南經畧
包港險要詳說見江南經畧
巴斗山
黃山寺
澡江桃花港險要詳說見江南經畧
黃山險要詳說見江南經畧
復生洲
李港
過船港
段江
洋思港
黃家港
新港口
新河口
馬家港
新興港
口岸巡司

鄭開陽雜著
卷三
二十二
溧港巡司
武進縣界
江陰縣界
利港巡司
夏港巡司
江陰縣
君山
桃花港
小沙
泉沙
蘆埠港
申港
夏港
黃田港
鰣魚港
石牌港
黃田港險要詳說見江南經略
巫山
爛港
西沙
馬馱巡司
靖江縣
東漢
唐沙
浦沙
馬嶺港
灰港
界河
任家港
通州界
如皋縣界
印莊巡司
西河港
石莊港
新開河
姜溪港
江陰縣界
常熟縣界
三丈浦巡司
福山巡司
福山堡
許浦巡司
西周市
君山
黃泗浦
三丈浦
奚浦
陳浦
西洋浦
鰻魚浦
福山港
崔浦
耿涇
野兒漕
許浦
駟馬港
高浦港
新莊港
范港
青草沙
許浦有巡司官兵防守但兵寡不足以備陸戰更宜設處
三丈浦險要詳說見江南經略
褚家沙險要詳說見江南經略
褚家沙
狼山
君山
劍山
黃泥山
大橫港
爛泥港
大洋涇
桃港
清水港
狼山巡司
海門縣
通州

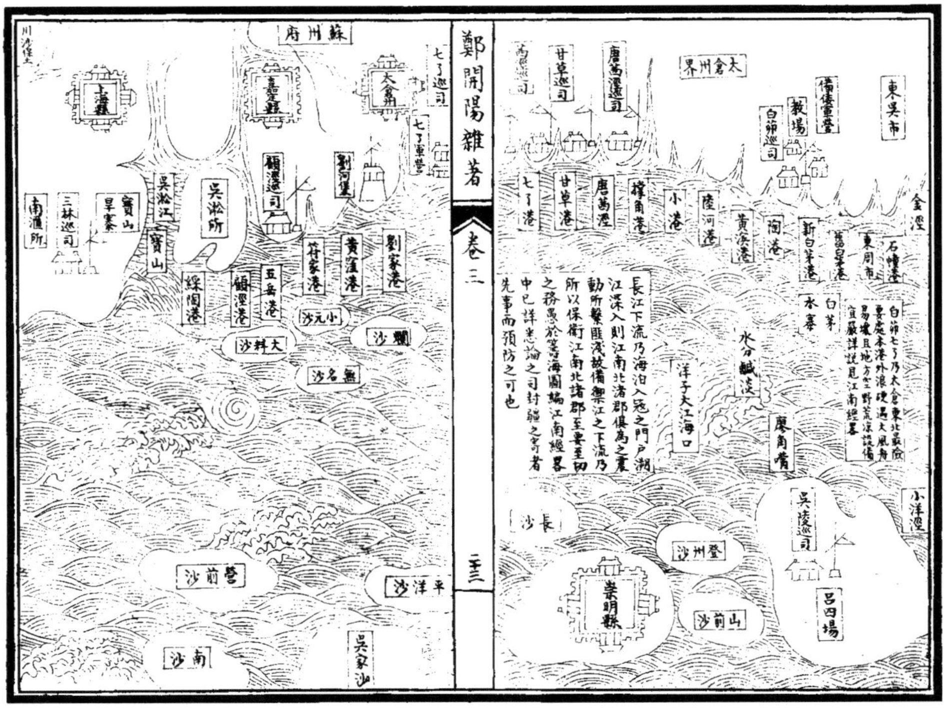
鄭開陽雜著
卷三
二十三
太倉州界
甘草巡司
備倭重營
教場
白茆巡司
東吳市
金涇
七了港
甘草港
小港
陸河港
黃浜港
陶港
新白茆港
舊白茆港
東周市
白茅
水寨
白茆七了乃太倉東北最險要處本港外浪使遇大風舟易壞且地方空野荒涼設備宜嚴詳說見江南經略
長江下流乃海泊入寇之門戶湖江深入則江南北諸郡俱為之震動所繫匪淺故備禦江之下流乃所以保衛江南北諸郡至要至切之務愚於籌海圖編江南經略中已詳悉論之司封疆之寄者先事而預防之可也
洋子大江海口
水分鹹淡
廖角嘴
小洋涇
吳陵巡司
長沙
登州沙
崇明縣
山前沙
呂四場
蘇州府
上海縣
嘉定縣
太倉衛
七了巡司
七了重營
南匯所
三林巡司
寶山旱寨
吳淞江
寶山
吳淞所
顧涇巡司
劉河堡
顧涇港
五嶽港
許家港
黃窰港
劉家港
小元沙
大料沙
爛沙
無名沙
營前沙
平洋沙
南沙
吳家沙

江南沿江守禦

南湖營守備信地

南岸上自江西九江府下巢湖起下至馬當止計三百二十五里北岸上自湖廣龍坪鎮起下至沙角灣止計二百四十里上哨至德化縣城子鎮止下與安慶守備官兵會哨

南直沿江守禦

安慶守備信地（南岸池州　北岸安慶）

南岸上自馬當起下至池口止計二百九十里北岸上自史家溝起下至老洲頭止計三百六十里上與南湖嘴守備官兵會哨下與荻港把總官兵會哨

荻港把總信地（南岸池州太平　北岸安慶廬州）

南岸上自池口起下至東梁山止計三百五十里北岸上自老洲頭起下至西梁山止計三百里上與安慶守備官兵會哨下與遊兵營把總官兵會哨

遊兵把總信地（南岸太平應天鎮江　北岸和州應天）

南岸上自東梁山起下至高資止計三百四十里北岸上自西梁山起下至黃天蕩止計二百四十里上與荻港營把總官兵會哨下與儀真守備圌山把總各官兵會哨

儀真守備信地（南岸總載後北岸應天揚州）

北岸上自瓜埠黃天蕩起下至瓜洲止計一百四十里上與遊兵營把總官兵會哨下與三江口把總官兵會哨

瓜洲駐劄衛總指揮信地南岸總載後 北岸揚州
北岸上自花園港起下至深港止計三十里上與儀真
營官兵會哨下與三江口營官兵會哨
三江口把總信地南岸總載後 北岸揚州
北岸上自瓜洲起下至廟港止計一百四十里上與儀
真守備官兵會哨下與周家橋把總官兵會哨
圌山把總信地南岸鎮江 常州蘇州
南岸上自高資港起下至包港止計二百五十里上與

遊兵營把總官兵會哨下與孟河把截指揮官兵會
哨
以上八營信地沿江共計一千五百餘里
南直各府分屬守禦
應天府屬信地
上元縣南鐵喉襟之地上抵京城高橋門二十里下至
句容縣土橋鋪三十里議弓兵三班輪替居則列屯
出則巡哨每哨上至高橋門而止下至土橋與句容

縣義民官兵會哨
江寧縣信地上至圭山四十里下至黃溝口二十里議
弓兵三班一班居守一班水哨一班陸哨水哨上至
圭山四十里與和尚港暗伏官軍會哨下至黃溝口
二十里與大勝關弓兵會哨陸哨上至當塗縣界葛
岡鋪三十里止下至金家墳十里止
句容縣巡捕縣丞下龍潭巡檢司巡檢協守義民官一
名弓兵四十名民壯二十名哨船二隻信地上自羅

家套接黃天蕩至瓜埠巡檢司二十里下自老鸛嘴
至青山三江口二十里
斜溝把守義民官一名民壯二十名巡船會哨旋僱
民船信地上至儀真舊江口三十五里下至高資鎮
巡檢司四十里
龍潭鎮巡檢協同義民官把守照得南京城去句容
九十里句容抵龍潭抵斜溝俱七十里長江一帶洲
渚限隔惟斜溝龍潭二處船隻繇此出入故黃天蕩

為賊淵藪而龍潭斜溝則津要地也故二處兵防視
諸處尤當加意今按龍潭巡檢司弓兵民壯共六十
名又有義民官與巡檢協守又有巡船出哨但恐義
民巡檢推調悞事近議上半月係巡檢居守義民官
率民兵哨江下半月係義民官居守巡檢率弓兵哨
江更迭出入屯兵互為犄角又按斜溝地方有民壯
四十名亦令義民官輪作二班一班屯列一班巡哨
亦可足用但巡哨船臨時旋僱緩不及事應令該縣

將巡船二隻給與巡哨該縣巡捕縣丞仍令時嘗往
來調度其間

溧陽縣巡捕縣丞下上興埠巡檢司巡檢一員弓兵二
十四名居守陸路原無巡船其信地西至溧水縣分
界山十五里東抵該縣六十里照得溧陽地方濱於
大江且去金壇宜興俱不百里金壇去鎮江不遠宜
興去蘇松不遠江賊海寇俱宜預防先年增編民壯
添設義民益為此也但恐虛名應役時常察點庶得

實用

溧水縣巡捕縣丞下民壯四十名居守陸路原無巡船
其信地至柘塘鋪四十里至溧陽縣上興埠巡檢司
六十里至孔鎮鋪六十里至上店鋪三十里

高淳縣巡捕縣丞下廣通鎮巡檢司巡檢一員弓兵三
十名信地自縣陸路至孔鎮鋪六十里至廣通鎮六
十里自廣通鎮河道上至水陽五十里寧國府界至
建平縣定埠鎮六十里該縣地方不近江洋止有廣

通鎮東壩河道縣溧陽宜興常州無錫通接蘇松經
行往來客商船隻本鎮原設巡檢弓兵三十名駐彼
盤詰其縣境陸路本縣分委義民官輪撥民壯巡緝

江浦縣巡捕官典史下本縣信地江面係府屬江淮巡
檢司巡檢管理縣治及陸路村落係該縣巡捕官管
理原無江防巡船但其地逼近大江盜賊出沒不可
無慮今議該縣地方江面一帶係江淮巡檢司信地
合縣陸路村落係巡捕官信地其縣治地方巡檢巡

捕官協同防守

六合縣巡捕官典史下瓜埠巡檢司巡檢一員弓兵四十五名協守老人一名民壯三十五名巡船一隻信地江面上至唐家渡二十里下至西溝二十里縣居江北東南通江陸路至瓜埠巡檢司二十五里巡檢弓兵老人民壯各駕巡船上至唐家渡二十里與南京觀音港新江口官兵接哨下至西溝二十里與句容縣龍潭巡檢司弓兵接哨其巡捕典史督率民壯

三十五名在本縣守庫獄及縣境四門陸路巡緝該司所轄江面原設有弓兵民壯八十名但恐巡檢老人弓兵民壯互相推倭今議將弓兵民壯八十名輪撥三十名一班為列屯之兵又五十名分為二班每班駕巡船一隻上半月巡檢居守老人督率兵船出江接哨下半月老人居守巡檢督率兵船出江接哨更迭出入互為犄角俱聽該典史調度

江東巡檢司巡檢下弓兵三十名上至响水溝十五里下至草鞋夾十里北岸一帶以江心為界屬江淮巡檢司管轄南岸一帶屬本司該管巡檢督率弓兵巡船上至响水溝十五里與大勝關弓兵并上新河官軍交哨下至草鞋夾十里與下江官軍會哨其中江左右河口原設有新河口營巡哨官軍船隻駐劄防守

江淮巡檢司巡檢下弓兵四十名哨船二隻信地上至和州所屬浮沙口巡檢司下至六合縣所屬瓜埠巡

檢司該司去浮沙口及瓜埠俱百里其間穴字河王家套八字溝甚是險要近議將弓兵分作二班每班二十名哨船二隻犄角勦捕

秣陵鎮巡檢司巡檢下弓兵三十二名上至河定橋四十里下至烏鵲橋三十里俱係陸路不近江洋地係要道議將弓兵輪作二班一班存司盤詰一班出境巡哨

太平府屬軍衛信地

本府巡捕經歷總統巡哨官下民壯二十名哨船二隻
上自四合山大信巡檢司下至牛渚磯采石巡檢司
計四十里與縣哨官接哨
當塗縣巡捕縣丞下民壯二十八名巡船一隻哨船二
隻上自四合山稀泥港下至和尚港鐮刀灣計八十
五里與該港委官接哨
大信巡檢司巡檢下弓兵三十四名哨船四隻上自稀
泥港下至青草溝計四十里與府哨委官并采石巡

檢司官兵接哨
采石巡檢司巡檢下弓兵三十四名哨船四隻上自青
草溝下至人頭磯二十五里與哨官接應會哨
和尚港委官民壯三十六名哨船二隻上自人頭磯下
至鐮刀灣二十里上與采石巡檢司下與對江浮沙
巡檢司各官兵會哨
蕪湖縣巡捕縣丞下民壯五十名巡船四隻哨船二隻
上自河口鎮巡檢司下至四合山稀泥港計四十里

與當塗縣大信巡檢司官兵會哨
河口鎮巡檢司巡檢下弓兵三十四名巡船一隻哨船
二隻上自繁昌縣螃蟹磯下至本鎮與該縣巡捕官
兵會哨帶管楊夾沙上自本沙下至河口鎮巡檢司
與三山巡檢司官兵會哨
繁昌縣巡捕典史下民壯二十六名巡船一隻哨船二
隻駐劄宗三廟係荻港三山二巡司接界最為要害
該巡捕官督領民壯船隻應援上下

荻港巡檢司巡檢下弓兵三十五名巡船一隻哨船二
隻上自胭脂夾與銅陵縣官兵接應下至宗三廟與
三山巡檢司官兵接應計四十里江面廣潤添設民
兵哨船防守
三山巡檢司巡檢下弓兵三十四名巡船一隻哨船二
隻上自宗三廟與荻港巡檢司官兵接應下至蕪湖
縣河口巡檢司與該司官兵接應計四十里
建陽衛指揮總管巡江分上下二哨每哨千戶一員巡

軍七十五名巡船一隻哨船二隻上哨自繁昌縣荻港巡檢司起至蕪湖縣河口鎮巡檢司止計一百里上與銅陵縣主簿下與下哨千戸接哨下哨自河口鎮巡檢司起至當塗縣和尚港止計一百里上與上哨千戸并蕪湖縣巡捕官兵下與和尚港官兵接哨

以上把截官兵各與遊兵部下官兵船相兼巡緝

和州信地

巡捕州同知總巡八槳船一隻上自新溝口起下至穴

字河止計一百二十里上哨官一員民壯二十四名哨船二隻上至新溝口起下至新河口止六十里又設民壯十名哨船一隻守把姥下河口下哨官一員民壯二十四名哨船二隻上至新河口起下至穴字河五十里又設民壯十名哨船一隻守把芝蔴河口

裕溪河巡檢司巡檢下弓兵三十二名巡哨船二隻上至新溝口起下至張家溝止凡十里與興龍牛屯二巡司官兵接哨

牛屯河巡檢司巡檢下弓兵四十六名巡哨船二隻上至張家溝起下至新河口止五十里與裕溪浮沙大信三巡司官兵接哨

浮沙口巡檢司巡檢下弓兵四十六名巡哨船二隻上至新河口起下至穴字河止五十里與牛屯江淮二巡司及和尚港官兵接哨

以上各官兵仍與遊兵部下官兵船相兼巡緝

池州府屬信地

本府上哨巡哨船一隻民壯二十名又貴池縣哨船一隻民壯十五名自池口起巡至懷寧縣一百二十里每季撥府首領或李陽河巡檢督之下哨巡哨船一隻民壯二十名又貴池縣哨船一隻民壯十五名自池口起巡至銅陵縣一百二十里每季撥貴池縣巡捕官或池口巡檢督之

東流縣巡捕典史下民壯二十名哨船二隻上至香口巡檢司四十里與望江縣官兵會哨下至雁汊九十

里與懷寧縣官兵會哨
銅陵縣巡捕主簿下民壯二十名哨船二隻上至橫港二十里與大通巡檢司兵船接哨下至新溝十五里與老鸛嘴把隘官兵接哨
香口鎮巡檢司巡檢下弓兵十九名哨船二隻上至响水磯二十里與馬當巡檢司兵船接哨下至稠林磯三十里與吉陽巡檢司兵船接哨
吉陽鎮巡檢司巡檢下弓兵十九名哨船二隻上至稠

林磯三十里與香口巡檢司兵
十里與李陽河巡檢司兵船接哨
李陽河巡檢司巡檢下弓兵二十名哨船二隻上至雁汊六十里與吉陽巡檢司兵船接哨下至烏沙夾二十里與池口巡檢司兵船接哨
池口鎮巡檢司巡檢下弓兵二十名哨船二隻上至烏沙夾四十里與李陽河巡檢司兵船接哨下至五埠溝六十里與大通巡檢司兵船接哨

大通巡檢司巡檢下弓兵二十名哨船二隻上至五埠溝二十里與池口巡檢司兵船接哨下至橫港二十里與銅陵縣兵船接哨
險隘老鸛嘴義民官一名下民壯二十名哨船二隻上至新溝十里與銅陵縣主簿兵船接哨下至爛泥灘與錢家灣官兵接哨
錢家灣義民官一名下民壯二十名哨船二隻上至爛泥灘五里與老鸛嘴官兵接哨下至王家溝十里與

張灣潭官兵接哨
張灣潭義民官一名下民壯二十名哨船二隻上至王家溝五里與錢家灣官兵接哨下至胭脂夾十里與荻港巡檢司兵船接哨
以上官兵船隻與安慶守備荻港把總各部下官兵相兼巡緝

廬州府屬信地

無為州該管江面上自桐城縣六百大巡檢司起下至

和州裕溪河巡檢司止共計二百三十里

自六百丈起至省潭灣止計八十里內有楊山磯石厌河三江口最為險要俱土橋鎮巡檢司巡檢輪巡地面該巡檢領兵船二隻分為二班往來巡哨上與六百丈巡檢司下與泥汊巡檢司各兵船會哨

自省潭灣起至薛家灣止計七十里係泥汊河鎮巡檢司巡檢輪巡地面該巡檢領兵船二隻分為二班往來巡哨上與土橋鎮巡檢司下與與龍河巡檢司各

兵船會哨

自薛家灣起至裕溪河巡檢司止計七十五里係興龍河鎮巡檢司巡檢輪巡地面該巡檢領兵船二隻分為二班往來巡哨上與泥汊鎮巡檢司下與裕溪河巡檢司各兵船會哨

黃落河巡檢司巡檢領民壯四十八名哨船四隻分為二班在該管江面總巡上至六百丈下至裕溪河

以上巡檢司官兵各與荻港及安慶守備部下兵

船相兼巡緝

楊州府屬信地

上自儀真縣東溝起至青山白茅墩止江面四十五里義民官一員領民壯四十名屯守上與瓜埠巡檢司下與青山巡江官南與龍潭巡檢司各兵船往來會哨

自青山起至羅漢洲止江面八十里中間青山為黃天蕩最要該儀真守備分布防守舊江口為儀真縣喉

舌重地該儀真衛巡江指揮領所屬百户鎮撫及巡軍二百名巡船四十隻分為四班半月一換輪巡上與東溝把截官下與舊江口巡檢司各兵船會哨

自下江口起至窑港止江面四十里該舊江口巡檢司巡檢領弓兵五十二名巡船三隻上與下江口官兵下與窑港義民官會哨

自窑江起至何家港止該儀真縣義民官領遊兵三十名屯守上與舊江口巡檢司下與何家港各官兵會

哨

自羅漢洲起至舊江口止江面八里該花園港把截百戶領軍舍四十名弓兵三十名鳥銃手十名巡船一隻哨船二隻上與儀真衛巡江指揮及該縣巡檢司弓兵下與瓜洲鎮巡江千戶各兵船接哨

自舊江口起至蔣八港止江面十里該千戶一員領軍舍四十名巡船一隻上與花園港把截百戶下與瓜洲鎮巡江千戶各兵船接哨

自蔣八港起至深港止江面十里該巡江百戶領軍舍四十名巡船一隻該港近逼鎮城通接孟河海口等處為東南險要之最上與瓜洲鎮千戶下與萬壽巡檢司各兵船接哨瓜洲鎮巡檢司巡檢領弓兵五十二名巡船二隻以為應援餘有兵勇壯夫脚兵存留防守瓜洲城池其操江民壯一百二十名巡船六隻募民船六隻分三班駐劄本鎮大南門外江口聽瓜洲江防官不時調遣上下哨緝

自深港起至穿心港止江面六十里該萬壽巡檢司巡檢領弓兵五十名巡船一隻上與巡江百戶下與歸仁巡檢司及三江會口各營兵接哨

三江會口上至瓜洲鎮下至廟港止共計江面一百五十里乃瓜儀險要之最該把總分布防守

自穿心港起至急水港止江面三十里該歸仁巡檢司巡檢領弓兵五十名巡船一隻上與萬壽巡檢司下與口岸巡檢司各兵船會哨

自急水港起至李家港止江面三十里該口岸巡檢司巡檢領弓兵三十名巡船一隻上與歸仁巡檢司下與印莊巡檢司各兵船會哨

以上各兵船照各該管信地相兼哨緝

鎮江府屬軍衛信地

鎮江衛江操指揮部下千戶一員百戶二員巡船四隻督軍防守金山東哨至丹徒港二十里西哨至高資巡檢司五十里北哨至瓜洲鎮一十里互相會哨百

戶統領江操軍在金山西馬頭陸路把截
本府委千戶一員統領隊兵二十五名自東馬頭下至丹徒鎮十五里與該巡檢會哨上至西馬頭十里與該千戶會哨又委千戶一員統領隊兵二十五名自把總部下兵船相兼巡緝

安慶府屬軍衛信地

照得本府沿江上下二水哨原額哨船四隻民壯八十八名分為二班往來巡哨上至小孤山巡檢司止計

二百三十里下至池州府池口鎮巡檢司止計一百二十里本府巡捕同知總統巡緝

懷寧縣巡捕縣丞帶領民壯二十名哨船二隻上至雷港巡檢司地名洲頭口與該巡檢官兵接哨

觀音港巡檢司巡檢帶領弓兵四十四名哨船二隻上至雷港巡檢司洲頭口與該巡檢官兵接哨下至長楓夾巡檢司地名竺家嘴與該巡檢官兵接哨

長楓夾巡檢司巡檢帶領弓兵四十四名上至觀音港巡檢司地名黃泥溝止與該巡檢官兵接哨下至馬踏石巡檢司地名柘家灣止與該巡檢官兵接哨

桐城縣巡捕縣丞每月輪撥精壯二十名隨哨官駕船一隻督領馬踏石巡檢駕哨船二隻帶弓兵四十三名自柘家灣起上至長楓夾巡檢司接界下至馬船溝止

源子港巡檢司接界江面六十里該巡檢統領弓兵與長楓夾觀音港二巡司官兵合為一哨隨本府哨官

上至懷寧縣下至貴池縣印號

源子港巡檢司巡檢帶領弓兵四十六名哨船二隻自馬船溝起下至老洲灣江面六十里與六百丈巡檢司及池口大通二巡司官兵合哨隨桐城縣哨官并對江貴池縣巡捕官兵上至貴池縣下至銅陵縣印號

六百丈巡檢司巡檢帶領弓兵四十三名哨船二隻上自老洲灣起下至石灰河止對江銅陵縣江面五十

里與源子港巡檢及池口大通二巡司各弓兵合哨與對江貴池縣巡捕官上巡至貴池縣下至銅陵縣印號

老洲頭守把民壯二十名望江縣巡捕典史帶領民壯二十名哨船二隻上至楊灣巡檢司地名朱福溝毛湖洲相接九江府彭澤縣巡捕官兵會哨下至雷港巡檢司地名新口鎮相接懷寧縣并對江東流縣官兵接哨

楊灣口巡檢司巡檢帶領弓兵三十三名哨船二隻上至朱福溝毛湖洲相接小孤山巡檢司兵會哨下至黃家堰相接雷港口巡檢司兵會哨

雷港口巡檢司巡檢帶領弓兵二十五名哨船二隻上至黃家堰相接楊灣口巡檢司兵會哨下至新口鎮相接觀音港巡檢司兵會哨

宿松縣巡捕每月輪撥民壯三十名隨陰陽官駕哨船於小孤江洋住守上巡至湖口縣下至望江縣一百二十里往來接哨

小孤山巡檢司巡檢帶領弓兵五十名分為二班駕哨船一隻自本司江面起上巡至澄江鎮巡檢司地名楊家洲二十里下至毛湖洲一十五里接哨

澄江口鎮巡檢司巡檢帶領弓兵二十二名哨船一隻自本司江面起上巡至九江府土嘴港口四十里接哨下至小孤山巡檢司六十里接哨

安慶衛上江總巡指揮帶軍舍五十名沙船一隻八槳

船一隻自懷寧縣觀音港巡檢司起上至小孤山巡檢司止計二百三十里千戶領軍舍三十名哨船二隻百戶領軍舍三十名八槳船二隻俱自觀音港巡檢司起上至小孤山巡檢司共計二百三十里

下江總巡指揮領軍舍五十名沙船一隻八槳船一隻自觀音港巡檢司起下至大通巡檢司止計二百里千戶領軍舍三十名八槳船一隻百戶領軍舍三十名八槳船一隻俱自觀音港巡檢司起下至大通巡

檢司止共計二百里

蘇松常鎮兵備道分布防汛信地

一圌山兀處江邊與周家橋相對乃鎮江咽喉南鐵之門戶把總部下兵船分為三枝前哨百戶一員統領福鐵槳船七隻捕兵九十二名為正兵泊守安港口仍哨至黃山門與孟瀆河兵船互為接應中哨千戶一員統領福鐵槳船七隻捕兵九十二名為應兵泊守圌山洪口仍哨至安港與江北周家橋兵船互為

接應後哨千戶一員統領沙船八隻耆民兵九十九名上至瓜洲儀真下至江陰楊舍等處往來遊哨與江北三江會口及遊兵把總各兵船互為接應該把總專在圌山駐劄不得擅離信地

一鎮江府東西二馬頭皆濱大江逼近城郭乃要地也指揮領江操船分作二枝一枝泊守焦山護東津一枝泊守金山護西津仍各分番出哨北至瓜洲儀真以備江寇南至圌山安港以防海賊聽把總調度

一鎮江府原有土兵四百名丹徒縣民壯一百九十九名丹陽縣民壯八十名金壇縣民壯一百名快手四十九名軍餘八十二名丹徒等巡司弓兵四十名機兵五十六名共計一千六名指揮督千百戶統領操練春汛之月分為四枝一枝千戶一員領駐戴港一枝千戶一員領駐埤城一枝千戶一員領駐東津馬頭一枝百戶一員領駐西津馬頭無事往來巡哨遇警聽候叅將總兵調度勦殺

淮揚海防兵備道分布防汛信地

三江會口係江都縣地方西至瓜洲鎮一百二十里東至周家橋四十里與江南圌山相對中有順江洲江面頗窄水流湍急最為險要此處能守瓜儀可保南鐵無慮近設把總官統領水兵六百名哨官二員哨長一名戰船二十隻常川防守其遊兵把總官統領兵船駐劄一號港地方上接圌山十里下接三江會口十里泊守中流以便兩地協助防守江北有警

互相飛報并力截勦仍與江南及周家橋瓜洲儀真各兵船互為策應

一沙河港係江都縣地方在揚州府城東南十八里西至瓜洲鎮二十里東至三江會口一百里與江心焦山寺相對令瓜洲與三江會口兵船巡邏有警合同勦禦

一瓜洲鎮係江都縣地方南濱大江東至沙河港二十里西至花園港七里北至揚州府城四十五里與江心金山寺相對建有甎城居民稠密商賈輻輳江南糧運由此過壩設有總巡指揮部下揚州衛巡江官一員軍舍一百名巡船一隻操江民壯六十名巡船二隻守城驍勇二百五十名脚解行兵四百四名機兵五十五名巡檢司弓兵五十三名巡船一隻捕兵十六名叭喇唬船四隻捕兵一百十四名草撇船十隻無事防守地方出江會哨有警截勦仍西與天寧洲河口花園港東與三江會口南與鎮江各官兵應援聽揚州府江防同知提調

一花園港係江都縣地方東至瓜洲鎮七里西至何家港十五里商船多於此住泊設有揚州衛把截官部下軍舍二十名巡船一隻近議撥瓜洲操江軍舍四十名平時防捕有警東令瓜洲西令儀真兵船策應

一何家港係儀真縣地方東至花園港十五里西至舊江口一十里若賊蹤鎮江衛來必趨本港則西入儀真東奔瓜洲北侵揚子橋等處向來原無設兵今當添設官兵船隻守禦仍令瓜洲儀真兵船應援

一舊江口係儀真縣地方東至何家港十里西至下江口亦十里與江心新洲相對設有舊江口巡檢司官兵六十一名守把止可巡邏探哨難於拒敵但下江口兵船甚近臨時聽該守備調兵應援可也

一下江口係儀真縣地方在該縣之南東至舊江口一十里西至青山嘴三十里與江心天寧洲相對其洲接連何家港為江洋要害設有守備下水兵二百名

領兵官三員大小戰巡船一十七隻儀真衛巡江軍二百名領兵官五員巡船一十三隻上至青山瓜埠下至瓜洲鎮江南與河口各兵船會合巡邏互相策應其儀真縣募兵三十名巡船三隻分守下江口施東窑港至何家港一帶近議儀真衛縣分撥官兵防守東溝以為策應

一儀真縣城東至瓜洲鎮四十里西至應天府六合縣六十里東北至揚州府七十里南濱大江五壩貨財

輳集漕運糧船縣此過閘實為該府第一要害已有守備駐劄守禦該衛現有官軍四百五十一名巡捕防守有警聽軍門調兵結應

一上江口係儀真縣地方在該縣之南東至下江口約一里去下江口不遠有警令彼處兵船截勦

一青山嘴係儀真縣地方東至該縣下江口三十里西至東溝二十里原有儀真衛縣官兵及江防遊兵把總各兵船屯駐往來守禦與儀真守備官兵互相策

應

一東溝係六合儀真二縣交界之處正當黃天蕩大江之中險要尤甚近議將該縣民壯八十名分為二班并募兵三十名巡哨船三隻與儀真衛軍舍協力防守

常鎮叅將分布防汛信地

一島寇過洋如遇南風多則犯浙直遇北風多則犯閩廣中流風水不便則收馬蹟山羊山俟便開船過南

風必繇高家嘴而入犯七團八團九團以至竹箔沙寶山吳淞以入內地彼處設有總兵官坐鎮把總及中軍都司兵船犄角防守且劉家河與吳淞海面不遠兵船瞬息可至該總兵部下現有兵船分為五哨一哨泊守新竈沙一哨泊守黃窪港一哨出洋遠探二哨坐泊港內更番調遣哨守嚴密可保無虞若繇茶山外洋而來必經三㘭沙高家沙以入內地不犯三沙必犯江北或繇山前沙營前沙出登舟沙過西

則至白茆過北則犯狼山或褚家沙或西犯福山以至楊舍登舟沙實係福山白茆常鎮門戶其三𠦝沙高家沙該崇明把總兵船二哨泊守哨探三沙洪地泊二哨以備堵截一哨輪發外洋遠哨三𠦝沙亦係江北要路狼山襟喉議將彼處把總兵船一枝駐泊與崇明把總兵船應援福山兵船一枝泊守營前沙與江北舊守山前沙兵船相為犄角白茆兵船泊守登舟沙以為營前沙應援以固入犯要路楊舍逼近

狼福二山乃繇海入江門戶該叅將將兵船一枝泊守褚家沙哨至營前沙三沙洪東可固三𠦝山前營前等沙入犯南可固吳淞劉河入犯之路亦且便於應援一枝泊守三丈浦一枝泊守谷瀆港以備緩急與褚家沙兵船輪番哨守但自褚家沙至楊舍以及江陰孟河一帶江面窄狹陰沙頗多巡哨船隻難行若不遠出外洋哨探邀擊一遇入江縱使堵截勢難萬全未免有登岸旋入內地之虞今江陰靖江孟河圌山等處兵船雖經派守信地俱應差撥遠哨不惟遇警得以應援阻遏且臨事便於傳報設備

一楊舍迤西江陰縣北枕長江而黃田港切近縣治尤為要害近議設有練兵指揮一員操官三員統領陸兵一千餘名屯劄縣城內武生一名領兵船一枝泊守本港可以控扼與靖江兵船相為犄角本處接連夏港着令義民官兵船策應

一靖江縣孤懸江心尤為要害設有螠蜞港孤山套爛

港三處兵船可以控扼與江陰兵船相為犄角孟瀆河接界該地兵船互相應援

一賊繇大江南突孟瀆河尤為險要設有指揮兵船三十隻土兵六百名控扼與圌山兵船互相應援

一圌山洪係干要地設有把總兵船控扼與周家橋三江會口各兵船相為犄角鎮江京口并瓜洲儀真各兵船互相策應

揚州叅將分布防汛信地

一青山嘴在儀真縣西三十里原設有儀真衛縣官兵巡船防守後添設重兵備禦與儀真下江口舊江口各兵船互為應援

一儀真城南濱大江商賈雜集漕運所關原設守備駐劄統領儀真衛縣城操軍舍并民壯鄉兵防守若瓜洲揚州有警該守備俱要應援如彼處有警揚州瓜洲各官兵亦策應

一下江口在儀真縣南江面險要設有巡兵船隻防守

聽該守備調度上與青山嘴瓜埠口下與花園港瓜洲鎮江各兵船會哨應援

一舊江口在儀真縣東原設巡檢兵船把守止可哨探但去下江口不遠有警下江口兵策應

一何家港在儀真縣東二十里若島寇自鎮江突來必繇此處登岸西入縣城東奔瓜洲北侵揚子橋等處有警西令下江口東令瓜洲各兵策應

一都天廟即新城在儀真縣稍東偏北十五里一路入

縣一路至何家港一路東至揚子橋誠為通衢原設漕兵五百名委官防守

一花園港在瓜洲鎮西七里商民船隻多泊原設揚州衛把截軍二十名并瓜洲鎮軍內撥四十名委百戶管領防守有警令儀真瓜洲各兵船策應

一瓜洲鎮南濱大江民商輻輳運糧要道今添註揚州府同知駐劄

一沙河港在府城東南與焦山斜對原未設兵防守相

應行令瓜洲三江口兵船應援

一新港即三江會口與圌山相對為留都門戶把總統領水兵沙船把守與周家橋等各官兵互應

以上諸條詳說見前淮揚兵備道下互考之可也

遊兵把總分布防汛信地

照得水路南岸圌山北岸三江會口乃江防第一重門戶江面頗狹甚為要害今皆設有兵船南北夾守控扼深為得策如圌山有警則把總官兵屯守此處而

三江會口把總為應兵三江會口有警則把總官兵屯守本處而圌山把總為應兵遊兵把總督兵船駐劄一字港上接圌山十里下接三江會口十里泊守中流以便兩助

鎮江瓜洲是第二重門户中軍官督領健勇義勇弓兵沙槳船隻繫泊南岸各屯宿重兵與瓜洲城江防官兵船應接防守

儀真相對天寧洲為第三重門户應令中軍官督領義

勇健勇弓兵沙槳船隻繫泊天寧洲稍西各屯宿重兵與儀真守備兵船相應防守如南岸有警則令瓜洲與三江會口兵船協助北岸有警則令鎮江江操指揮與圌山把總各兵船協助若寇警重大則令遊兵把總不分南北上下往來應援海寇侵犯及江盜結夥即與圌山三江會口把總儀真守備會同堵遏

儀真守備分布防汛信地

瓜洲鎮與鎮江相對中流金山高險乃儀真江界門户可以設兵瞭望江中亦有新洲夾江南即高資巡檢司直抵河口北自花園港泝達何家港舊江口巡司最為要害此處當宿具控扼合令哨官百户領沙船二隻沙兵四十名哨探堵遏以作前鋒差撥桜船遠出外洋接續哨報其瓜洲鎮江西路兵船互為犄角之勢花園港舊江口高資巡檢司各兵船備奇伏策應

至於儀真江口內逼城郭閘壩漕渠外沿青山南對河

口中即新洲首亦係險要堪設正兵應敵合令哨總指揮統巡船一隻沙船四隻桜船二隻耆民兵一百四名居中駐劄防守

如青山東溝守把瓜埠巡司三隘南與龍潭黃天蕩江面斜峙則有重洲疊江多港雖云腹裏尤係險洋逼近觀音門為南畿肘腋合令哨官百户領沙船二隻耆民兵四十名上下遊巡以為後援南北各巡檢司守把兵船夾攻策應遊兵把總兵船協巡防守該守

備不分晝夜上下江面巡檄遇有警急隨賊向往截殺

鎮江府巡捕通判分布防汛信地

本府所轄沿江一帶地方上至高資鎮下至孟河堡本府東西二馬頭南通吳越北枕大江誠為要地現有鎮江衛江操指揮一員千戶一員百戶二員統領巡船五隻軍餘一百三十三名分作二枝泊守金焦二山詳說見前蘇松常鎮兵備道下仍各分番出哨上

至瓜洲儀真下至圌山安港等處有警飛報沿江官兵截殺

又照得圌山洪口江洋空濶波浪洶湧盜賊出沒之鄉尤當戒嚴今南有圌山把總兵船北有三江會口把總兵船互相對峙防守圌山把總部下福鐵沙巡等船共二十二隻兵夫三百名原分三哨令千百戶統領泊守哨探詳說并見前蘇松常鎮兵備道下或賊從江南而入則圌山把總為正兵三江會口把總為

奇兵或賊從江北而入則三江會口把總為正兵圌山把總為奇兵互為犄角之勢

又其中遊兵把總兵船駐劄一字港兩地協應水路分布已定陸路亦當備禦照得圌山要路內通埤城外通戴港東至孟河南達丹陽西接府城及東西馬頭俱係要害本府設有練兵指揮統領陸兵分為四枝令各該千百戶分守戴港埤城東津西津詳說并見前蘇松常鎮兵備道下無事合營入場操練仍往來

巡哨有驚賊從孟瀆河至埤城則埤城千戶為正兵而戴港為應兵賊繇戴港登岸則戴港千戶為正兵而埤城千戶分兵應援東津千戶即率兵截殺當為伏兵緣府城坐鎮江干雖有江操指揮統兵船二枝金焦防護恐寇盜倉猝登岸合令鎮江衛練兵指揮及百戶等官統領陸兵選精壯機兵五十名各發城外協同把截西津馬頭江操百戶統領軍餘一百一十六名往來府城沿江一帶巡哨防禦四門兩關則

撥鎮江衛城操巡捕巡鹽軍舍餘丁盡數叅出分布
把截
永生洲地方添設把總防汛信地因瓜儀常等處襟江帶海要地空濶聲勢不能相援添設把總一員駐劄永生洲地方
該把總部下召募官兵一千六員名僱覓沙船四十隻
分為四哨二哨上巡盪綢洲孟瀆河一帶與周家橋
三江會口圌山瓜洲儀真各營會哨二哨下巡新河
口夏港靖江印莊劉家沙等處與大河狼山各營會

哨遇賊奮力協擒遇倭併力截殺聽南北撫按操巡
兵備各官并江南狼山二副總兵節制

鄭開陽雜著卷三

鄭開陽雜著

卷四

明　鄭若曾　撰

日本圖纂

序

日本地方甚大限隔山海其國無典籍流於中國山城
以東漫無可考今所據者日本考畧也而已其圖直與
否與則莫我敢知昔年子捧檄至浙詢諸有識皆詳考

畧為未真無何詣招寳金塘諸山登眺諮訪凡浙洋山
沙國初設險要囙不昭晰惟日本諸島訊之長年火掌
不知也訊之擒獲倭黨不知也訊之貢臣不知也訊之
通事不知也訊之被擄去人不知也歸質所疑總督大
司馬胡公謂予曰於識是也何有鄞弟子員蔣洲陳可
願志士也宣諭日本能道其山川遠近風俗強弱之詳
其言不誣且召彝來廷數輩陳所睹記奉化人宋文復
持示南畿倭商秘圖參互考訂默有所得乃命工重繪

而緻以所聞衆說彙成一編名曰日本圖纂與考畧並傳俟後之天使往而正之或曰焉知其不謬而取之似未得為闕疑乎曰不然倭之來也有發軔之源有分䑸之歧有入寇必經之道譬之弈然海圖者其枰也兵者其子也攻守餌伏者其着也若非先界文路則當局者迷何以辨敵之所下手而待之以先着乎兵法曰知彼知己地形彝情禦倭之先務也予故汲汲焉廣示四方知兵之士盡善與否益不暇計云嘉靖辛酉夏五月既望崑山鄭若曾伯魯氏識

鄭開陽雜著　卷四　二

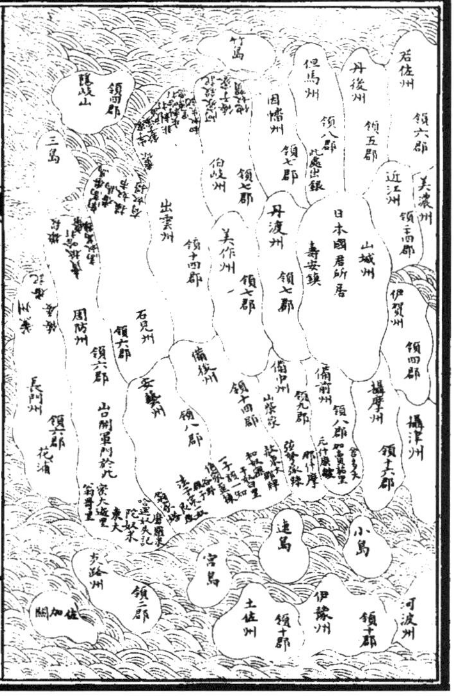

鄭開陽雜著　卷四　三

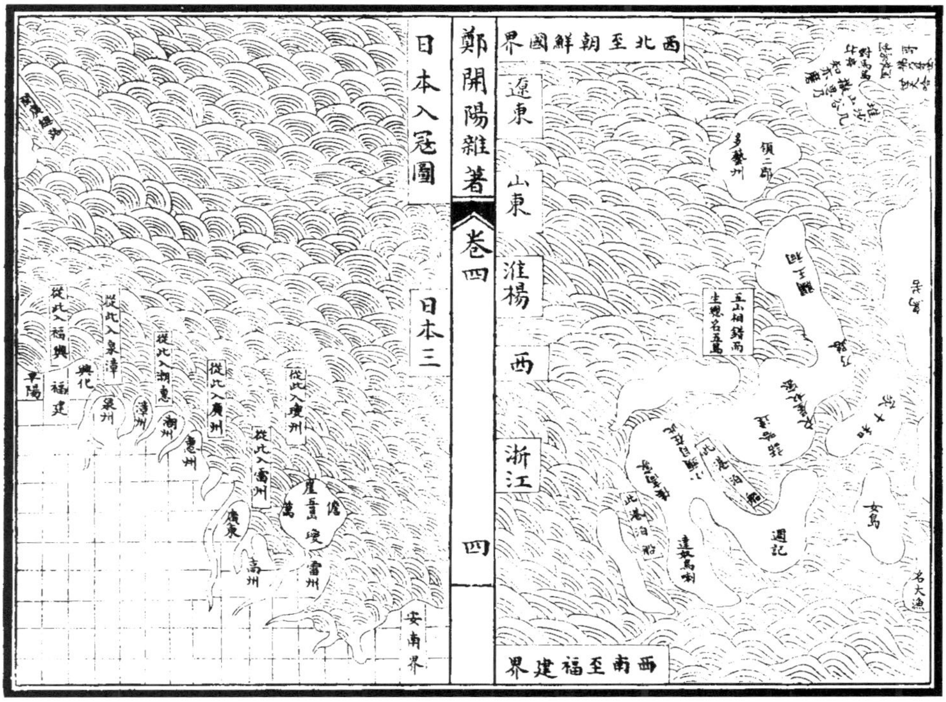

日本國論

日本即古倭國也去中土甚遠隔大海依山島為國邑隋書記在百濟新羅東南水陸三千里地勢東高西下其國君以王為姓以尊為號後改稱皇初居日向筑紫宮後從山城國文武僚吏皆世其官有德仁義禮智信大小十二等及軍尼伊尼翼諸名漢武帝滅朝鮮使譯始通自後歷代貢獻不常宋末職貢不入元世祖屢遣使諭之無功討以舟師弗克致溺十萬衆於五龍山終

元之世强梗弗順我太祖龍飛薄海內外罔不臣僕即位三年命使臣趙秩往諭乃遣番僧入貢然狙詐狼貪屢寇不靖復與胡惟庸通謀不軌太祖惡之著為訓絕不與通命信國公湯和經畧海防嚴下海通番之禁寇猶不已文皇帝朝遣太監鄭和招諭海外諸國日本首先納欵乃給勘合百道許其通貢寇仍不已十九年寇遼東總兵劉江盡殲之於望海堝海烽始熄百八十年來貢多寇少近數年弘肆剽掠濱海郡縣蕩為邱墟皆

內地奸民勾引接濟之所致也今日急務備倭為第一義

按晉書梁書北史皆云倭人自言泰伯之後宋史云其二十四世神武天皇猶當周僖王時也

日本紀畧

日本在溟渤之東其地形類琵琶東西數千里南北數百里九州居西為首肥前肥後豐前豐後筑前筑後日向大隅薩摩陸奧居東為尾至山城旱程七十五日舊云陸奧為頭薩摩大隅為尾者非山城居中乃彼國之都也山城以東地方廣邈雖倭之遠服貢者不能閱

歷而知況華人乎故其島之數可考按舊圖山城以東中為近江伊賀尾張三河美濃飛彈信濃上野陸澳北邊海為但馬丹後若佐加賀越前越中越後出羽甲裴常陸南邊海為攝摩攝津太和河內遠江駿河伊豆相摩武藏下野東北懸海則為佐渡東南懸海則為志摩七島上總下總安房而其間廣狹至到有不能考者今姑據若曾之所聞者而述之山城之南為和泉其南海畧泊舟者為阿賣介撒几為歪打阿波為于撒几為天王者為沙界衣又其南為沙界其地方甚小沙界之東南為紀伊東為三河出海之口南濱大海其島為康大為科什麼為倣智紀伊之西為伊勢北為三河其畧為腰大為阿乃倣子山城之西為丹渡左為攝津其畧為甌舡谷為阿

家世倣乎粦為索埋為男女懷東南懸海為安防州左之西為攝摩其畧為那敗為舍箇世為杭茄為我這古為摩羅右為但馬右之西為因幡丹渡西為美作左為備前其畧為兀什麼舵為茄賣茄里為舍多大左之西為備中出鐵其畧為山子加為言倣乎懶為耶什麼其南為連島懸海三十里右亦因幡右之西為伯耆沿海俱白沙無畧可泊其鎮為阿家殺記為倭子介為他奴賀知其非為竹島懸海三十里美作之西為備後之北境其畧為一不該一知為于倣白里為和倣瓷知為拿敗為敵東大出雲之南境其畧為番你為山子介為欽子溪為戶流為非懶吖為失懶哈吖為也生忌為瓷和倣失記其非為隱岐懸海三百五十里備後之西為安藝其畧為翁家搭為昆敗為法子加一

知為窟撒子為谷野為他家至嚩其南為宮島懸海三十里出雲之西為石見出銀與銅
其嶴為南高番馬為搭為哥為番馬撒做市為有做子北至海三十里安藝石見之西為
山口國即古之周防州也橫直三百四十里其南邊海之嶴為翁哥里為谿大遊里
為東大為陀做米為哈迷做失記為做羅市米其北邊海之嶴為撒殺為賣抵哈打為夜市為高做烏嚩北至
三島海面三百五十里山口之西為長門橫直皆三日程嶴為花浦為薰州為番記為倭
委北至三島懸海三百五十里關渡在馬其西旱關為阿介馬失記抽分司設於此渡此而
西為豐前橫五百里直四百里其嶴為可苦嚩為嚩介穖次為大義地為野慢茄為阿世夜為暮治
為賣一其南為豐後橫直皆六百里其嶴為福乃為倭几做法賣為鎖𣲖舟為由做烏喇為撒

一基為烏四基人其南為日向橫直皆三百六十里其嶴為多故做甫治豐前之西
北為筑前橫六百五五里直四百里其嶴為右勢為加薩里為加打也馬為多賣里為一萬字為做
打為世加為經家里為多羅為密耶多為法哈嗟即博多之別名也其北離伊岐島海面五百里西南
為筑後橫直皆二百五十里筑後之南為大隅其南濱海之嶴為什麼烏思迷今之
人訛傳為懸海懸海乃大漁州也大隅與日向薩摩等連壤名為九州大隅之西為薩摩
橫直皆三百六十里其嶴為暗孛喇為起麻子記為羊理高為康國什麼為羆里為拖馬里為鹿順馬里為鵽
哥里為單車米為仙臺為審孛署豐後東南懸海為土佐為伊豫為阿
波阿波相近懸海為炎路土佐豐後之間為佐加關土佐

至佐加關海面一百八十里佐加關至豐後海面七十里薩摩之北為肥後橫直皆五百里
其嶴為牙子世六為阿麻國撒為皆陀為國撒介烏喇為開懷世利為嗟加什為什嗟加又其北為
肥前橫直皆五百里其嶴為鐵來為言做氣子為法司司做一計為客舍其內沿河泊舟交易之處為倭
磨喇為知十歪為法一溪為夜鬧迷為坐迷子為迷坐骨知為一掃拂為谿做米喇為世子為迷古里為失撒
為喃哥呀為雄婆哥為松本一名為子喇為法麻撒几肥前西懸海為平戶東西海面
十里西北至博多海面四百五十里平戶之西為五島五山相錯懸海而生其中有嶴可泊
乃日本西境之盡處也過此西行越五六日四望無山直抵陳錢壁下此島與薩摩相去一千五百里與肥前
相去四百三十里與平戶相去二千五十里五島至山口必由平戶經過其嶴為乃路為倭齊家為衣屋做豖

為通記為達做烏喇為烏若為話哈嗟北為多藝為伊岐橫直皆七十里至對馬島海面
五百里為對馬島橫三百里其南嶴為哥為世大哈東南為拂乃哥世西北為堆沙几為山谷為
撒思乃為知亦磨為你打北為倭做烏喇其西北至高麗也必由對馬島開
洋各島之人俱至堆沙几撒思乃山谷三嶴開洋至高麗之則失多順風一日約五百里南至琉
球也必由薩摩州開洋順風七日其貢使之來必由博
多開洋歷五島而入中國因造舟水手俱在博多故也
貢船回則徑收長門因抽分司官在馬故也若其入寇
則隨風所之東北風猛則由薩摩或由五島至大小琉

球而視風之變遷北多則犯廣東東多則犯福建彭胡島分鯮或之泉州等處或之梅花所長樂縣等處若正東風猛則必由五島歷天堂官渡水而視風之變遷東北多則至烏沙門分鯮或過韭山海閘門而犯溫州或由舟山之南而犯定海經大貓洋入金塘崚門犯象山奉化內東西廚入湖頭渡犯昌國入石浦關犯台州入桃渚海門松門諸港正東風多則至李西嶴壁下陳錢分鯮或由洋山之南而犯臨觀過漁山兩頭洞三姑山入蟶浦則犯紹興之臨山三山過霍山洋五嶼烈表平石則犯甯波之龍山觀海犯錢塘過大小衢徐公入鱉子門赭山則薄省城或由洋山之北而犯青南過馬蹟潭而西犯太倉過馬蹟潭而西北或過南沙而入大江過茶山入滕角嘴涉谷樍狼福山而犯瓜儀常鎮若在大洋而風欵東南也則犯淮揚犯登萊過步州亂沙入鹽城口則犯淮安入廟灣港則犯揚州再越而北則犯登萊若在五島開洋而南風方猛則趨遼陽趨天津大抵倭船之來恒在清明之後前乎此風候不常屆期方有東北風多日而不變也過五月風自南來倭不利於行矣重陽後風亦有東北者過十月風自西北來亦非倭所利矣故防春者以三四五月為大汎九十

月為小汎其停橈之處焚刼之權若倭得而主之而其帆檣所向一視乎風實有天意存乎其間倭不得而主之也向之入寇者薩摩肥後長門三州之人居多其次則大隅筑前筑後博多日向攝摩津州紀伊種島而豐前豐後和泉之人亦間有之乃因商於薩摩而附行者也日本之民有貧有富如攝摩伊勢若佐博多其人以商為業其地方街巷風景宛如中華富者各數千家有積貲至百萬者又如和泉一州富者八萬戶皆居積貨殖有淑有慝如薩摩之鄰哥里方數千里其邑長安慶能納民於執物無一人為盜人如宮島人不嗜殺人有不平事但請神廟罰錢又如紀伊之頭陀僧三千八百房專習武藝殺人而不犯中國富而淑者或登貢船或登商船而來凡在寇船皆貧與為惡者也山城君號令不行徒寄空名於上非若中國禮樂征伐自天子出大一統之治也山口豐後出雲開三軍門如中國總督府之義各以大權相吞噬今惟豐後尚存亦不過兼并肥前等六島而已肥前肥後筑前筑後豐前豐後山口出雲以貧滅亡山口原并國十二曰石見長門安藝備前備後備中出雲伯岐丹後因幡但馬後出雲奪歸其地山口長子死焉其君亦為陶殿所殺豐後君以其弟攝山口事吞安藝安藝殺之嘉靖三十六年山口無君豐後獨稱雄馬山城君金印勘

合久為山口所有向來入貢俱山口自主山城惟出名而已陶殿之亂宮殿勘合俱焚金印亦損一角不知所歸貢自此絕矣欲望彼國之約束諸倭斷斷乎不能也愚聞之軍志曰無恃其不來而恃吾有以待之斯言也禦倭之道備矣修祖宗舊制禁戢沿海接引之人擇守令阜民生儲糗糧練精銳寇來則殺之入貢則撫之通商則絕之如是而亂有不息者未之信也

畿內部

州五

山城

太河

河內

和泉

攝津

右共統五十三郡

畿外部

道七

東海道十四州

伊賀　伊勢　志摩

尾張　三河　遠江

駿河　伊豆　甲裴

相摩　武藏　安房

上總　常陸

右共統一百一十六郡

西海道九州

筑前　筑後　豊前

豊後　肥前　肥後

日向　大隅　薩摩

右共統九十三郡

南海道六州

紀伊　淡路　阿波

伊豫　土佐　讚耆

右共統四十八郡

北陸道七州

若佐　越前　越中

越後　加賀　能登

佐渡

右共統三十郡

東山道八州

近江　美濃　飛彈

信濃　上野　下野

陸奥　出羽

右共統一百一十二郡

山陽道八州

攝摩　美作　備前

備中　備後　安藝

周防　長門

右共統六十九郡

山陰道八州

丹渡　丹後　但馬

因幡　伯耆　出雲

石見　隱岐

右共統五十三郡

海西部

島三

伊岐

對馬

多藝

右各統二郡

驛

凡四百一十四

戶

可七萬餘

課

約八十八萬三千三百二十九

鄉

凡三千七百七十二

風

四時寒暑類中國土宜禾稻麻紵蠶桑而少麥所產金銀琥珀水晶(有青紅白三色)瑪瑙白珠青玉硫黄水銀蘇木胡椒細絹花布螺鈿硯扇漆器刀劍鎧甲多犀象牛馬而無虎豹樂有中國高麗二部男子魋頭斷髮黥面文身服飾衣裙襦其袖微小婦人被髮屈紒亦衣裙襦裳皆有襈人多跣足間用屨不得用金銀為飾婚不娶同姓婦人不淫妬人多壽考性嗜酒死者殮之以棺槨初喪戒酒肉親賓就尸歌舞妻子兄弟以白布制服貴人三年殯庶人卜日而瘞既葬舉家入水澡浴自潔以除不祥俗信巫覡知卜筮重儒書(多中國典籍)尚佛法好碁博握槊樗蒲之戲每至正月一日必射戲飲酒其餘節畧與中國同

倭人居處悉以所產新羅松為之色白而香側塵地板皆是後塗以香入其室芬郁異常食則共置一器衆而

圍食以竹作折折取之韈則無跟或用木或以細蒲為之衣皆細布得中國綾絹則珍焉

寄語島名

山城(羊馬失羅)　筑前(職骨前)

太和(野多馬)　筑後(職骨骨)

河内(茄懷知)　豊前(孛前)

和泉(因字米)　豊後(蓬哥)

攝津(子弩因你)　肥前(非前)

伊賀(衣加)　肥後(非谷)

伊勢(衣谷)　日向(兄加)

志摩　大隅(阿思米)

尾張(倭阿里)　薩摩(撒子馬)

三河(迷茄懷)　紀伊(乞倣苦藝)

遠江　炎路(山倣計)

駿河　阿波(挨懷齊)

伊豆(因慈)　讚耆

甲裴(晚怡苦藝)　伊豫(伊右)

相摩　土佐拖撒
武藏木撒暑　山口耶風防羊馬寠諸
安房阿窋　美作迷馬撒家
上總茄迷倭撒　備前避然
下總什麼倭撒　備中避畫
常陸　備後避卧
若佐壞加柵　安藝阿計
越前日智前　攝摩法里馬

越中日畫　長門似茄多
越後日清谷　丹渡丹白
加賀坑茄　丹後丹哥
能登似朵　但馬撻什麼
佐度沙渡　因幡奚似白
近江多島米　伯耆花計
美濃米似　出雲因字木
飛彈非大智　石見

信濃申阿濃　隱岐和計
上野康子計　伊岐尤計
下野什麼子計　對馬島則什麼
陸奥話收　多藝
出羽迷外　五島我島
宮島迷挨什麼　男島賀什麼
小島科什麼　女島
連島卒刺什麼　種島他尼什麼

博多花哈哈　平戶
竹島他計什麼　佐加關
三島迯什麼

寄語雜類

天文類

天天帝　日盧露
月禿計　星付泥
風有朱加前　雲因木

雨 挨迷　霧 吉利
雪 計伏六依計　霜 名末辟滿
落雨 挨迷付魯

時令類

早 來運挨挨發耀　夜 挨落
午 非路　晚 挨撒田午
明 挨介水　暗 骨辣水
令 三字水　煖 挨撒水

今日 詐以呼雞聲介喬　明日 挨迷亞失日
後日 亞撒里　昨日 傑倣
前日 阿多堆　日暮 非故路路
今日來 介阿耶俚　明日來 挨戊打俚
後日來 挨發核阿耶俚

地理類

地 大綠先智　山 羊賣耶賣
水 明東　海 烏彌

沙 何吉大水　石 依水在木古
火 非　鄉 羊埋俚
江 打各計

方向類

東 熏加　南 迷南來
西 義西　北 兀木
前 日皆門利婆　後 吾夫利

珍寶類

金 空措泥　銀 失祿楷尼
珠 他賣　錢 前移
黃銅 中若佐　紅銅 鶯更楷尼
水銀 明東楷尼　好銅錢 挑禮善尼

人物類

皇帝 大利天王家里　官 大米烏野雞
百姓 別姑常　公 翁知
大官 大大烏野雞　婆 猫婆翁妃

父阿爺　母發發
兄挨尼　嫂阿尼尤尼
弟阿多多　妹亞尼多一沒多
姊亞尼　嬸完多
子莫宿哥　姪何義
女莫宿眼　孫阿奚何來
丈人子多　丈母子多謬
叔何治王老老前　丈夫壽山

婦人倭家到　老禿古要个
男子何奈公姑　後生倭家達
孩歪鼻　親眷新雷
姐夫不哥迷　朋友道門大聖滿門大帝
女壻米哥　僕二三宇郎
小廝歪皆水　和尚才老烏索
老實人埋骨多　艱難人胡奈故人門厥人
強盜六宿鼻隨　瞎子眉骨賴

獨眼人密皎闕鴻　你撫哥了校里
誰人搭校　我何埋俚阿飯利
徒弟加食難　財主妻斗島賣
生得好眉眉月失眉眉姚水　外甥萌哥
長子難解水　媳婦嫌奴報
長弟　年少華蓋
主人床杲朶　生得醜魯歪失
聰明力哥　貴他介水

賤那槊羊藥　富烏多哥
貧腮東旦　乞丐寬需計
好淫梭羅　年紀一故都
麻子莫入骨水　村孫
拐科水非計　賊六宿人

人事類

要拔水水　不要依也
立達子　等待埋祖

眠羊達路烏將卒　拿來末低吉反俚末得哥己
拿去末底於古　相擾括盆括計
亂說思薑骨多莫話介反俚　看覓見迷路
不送何埋解部賣　嬉挨核蒲
坐移路阿將校　病羊埋依子
傷寒雞骨　罵寬彼計乃俚話鷺腿皮
軒因彼計　詈烏論羊埋水烏蜜爺計
睡密路　去漫陀羅獺俚旦多

在何故伊魯何耶路　不在論速持踈
來何耶俚吉人　便來羊佯地何爺俚慢陀的如
回來慢慢的耶俚　便去密路
快來法下何耶俚法古　送與我面皮
愛惜搖落扛滿　怕倭踈路路
出去一一計　前行殺難倭
行挨龍門　喜一吸水眺羅打步
說話未納恕打俚　怠慢難利骨多罵山做

欲那基　不來末旦盧賈矢
獨樂哥賣　羞愧番助山水水
喫何賣利　安排蘇路
走法古　快去法古計
打人生亞達達个　借腿路各夾
買賣烏禮加　不吃了禁哥
唱嘔天　莫怪哥面乃禮
多喫酒何賢鼻旦　教何水尤路

喫酒麻星殺雞　那里去陀姑移姑
添所有路路　行路的蓋磨滅
曉得个个俚打夫大　賣烏路無六
叫人多做　老實說話買多溢多
痛一軭水　起身倭達的接
多多喫了前行哥　遊西孫步
還了諸也數　不曉得措賴路不失打
殺其做賠吧郎　請人家那擁多

慢慢的買得買得　害夭

不賣烏魯賣加　恁麼賣難烏禮在

肚饑熱大路水　哭乃古

多少一故賴介　打胡子

有情亞娣吉乃　無情亞娣吉乃乃水

醉邀帶　換皆貨

無工夫一孫擲水　怪發賴旦多堅固

死身大　腫剌大

喚加右　笑歪罷

活吉打　買加利

輪埋計打利　一家一董

寫字加計

身體類

耳眉眉　口骨土

鼻發奈　眉賣

手鐵　足換身

心个个路　頭客成頼

鬚董計　髮措腿夾迷

肚發頼　指尤皮

爪卒腿　齒法

器用類

小刀曆過乃空客打柰　中刀歪計柴需

大刀淵中撻打奈　刀柄既介俚

甲大買路　弓油米

盒子剛白哥　紙揩袂加迷

硯孫助俚薄力子　砂石揩路依水

筆粉地　墨跦煤

薄紙沃蠻子　扇黃旗

鎖哥利素　厚紙沃速水

船浮泥　針快利法利

鑰匙坑其　鑷難皮

磨刀石依水　泥銅扇法古黃旗

篩花雞　泥金扇空揩泥黄旗
箒子綏介俚　小箱法哥
硯箱孫助利綏哥　酒盞朧加滕計
鋸拿剛繁利　碟朧頼沙頼
銀硃失祿挨揩水　鏡坑皆彌
枕麻骨頼埋骨頼　蓆不似
漆烏論水　麝香射哥
木香木哥　沉香沉哥

盌何水雞　傘隔落隔朧
筯法水　碗倭吉貼彎
酒瓶哭笋昆皮　梯課水飛計

衣服類

衣服乞麻俚　靴骨都
鞋水托里失其里　箬帽摇婆俚
錦歪帶　氊衫迷似
手巾達昂个　綿布木綿

夏布似似綿　被伏思麻

飲食類

茶解素　酒朧箕
白酒明東朧箕　燒酒隔辣朧箕
老酒福祿朧箕　飯密黍
飲酒𤭛加乃　喫飯密黍阿羅
鹽失何收何　醬彌沙
油挨蒲頼　米科眉科眉

大麥烏蒙崎　小麥柯蒙崎
穀暮米俚米　荳磨米
羹水路　肉恕恕
笋乾大吉糯古　醬瓜可羅米糯

花木類

杉松計　檜去那雞
松埋止　梅子西婆水
芥恕辣水　菜素

爪 烏埋　　麻 莫入骨水
茄子 乃沈皮

鳥獸類

牛 胡水　　狗 意做
猪 豕豕　　雞 抓泥擬地泥瑑多禮
鵞 解加　　馬 烏馬
魚 遊河　　蟹 播泥
颳 失辣水　　羊 羊其
鼠 眠助米

數目類

一 丢多子丢徹吧多　　一箇 个利
二 扶達子丢吧多　　三 密子倏吧多
四 學子搖搖做　　五 意子子難難多
六 後子　　七 乃乃子
八 效子　　九 个个乃子
十 多　　十一 多多丢達子

五十 大　　百 法古
千 借一貫　　萬 慢亦

通用類

有 挨路迷路　　無 乃
好 高高的姚鎖盧　　極 好明哥多
不好 由無乃　　大 加小思姑奈何計
小 發蹄　　少 素古乃水
多 快部河河水　　遠 多挨

近 的个　　瘦 牙十大
短 迷加　　細 相快大
拐 骨蹄路　　厚 挟卒水
薄 温卒水　　歪 貨不高歪顆水
破 羊鈸里里　　不是 松田乃係
要緊 馬多合子　　緩 慢大慢大
無用 設計　　多 有何何水
未 慢大　　臭 骨蹄水

香_水

倭好

昔賈誼上三表五餌之策知倭國之所好則餌在是而悟所以制之之術矣故志之

絲

所以爲織絹紵之用也葢彼中國自有成式花樣胡會宴享必自織而後用之中國絹紵但充裹衣而已若番舶不通則無絲可織每百斤值銀五六百兩取去者其價十倍

絲綿

髡首裸裎不能耐寒冬月非此不煖常因匱乏每百斤價銀至二百兩

布

染彼國花樣作正衣服之用

錦繡

優人劇戲用之衣服不用

紅線

編之以綴盔甲以束腰腹以為刀帶書帶畫帶之用常因匱乏每百斤價銀七百兩

水銀

渡銅器之用其價十倍中國常因匱乏每百斤價銀三百兩

針

女工之用若不通番舶而止通貢道每一針價銀七分

鐵鍊

為懸茶壺之用倭俗客至飲酒之後啜茶啜已即以茶壺懸之不許着物極以茶為重故也

鐵鍋

彼國雖自有而不大大者至為難得每一鍋價銀一兩

磁器

擇花樣而用之香爐以小竹節爲尚碗碟以菊花稜爲上碗亦以蔡花稜爲上制若非觚雖官窑不喜也

古文錢

倭不自鑄錢但用中國古錢而已每一千文價銀四兩若福建私新錢每千價銀一兩二錢惟不用永樂開元二種

古名畫

最喜小者蓋其書房精潔懸此以爲清雅然非落欵圖書不用

古名字

書房粘壁之用廳堂不用也

古書

五經則重書禮而忽易詩春秋四書則重論語學庸而惡孟子重佛經無道經若古醫書每見必買重醫故也

藥材

諸味俱有惟無川芎常價一百斤價銀六十七兩此其至難至貴者也其次則甘草每百斤價銀二十兩以爲常

氊毯

以青者爲貴

馬背氊

王家用青官府用紅

粉

女人搽面用之

小食籮

用竹絲所造而漆飾者然惟古之取若新造者則雖精巧不喜也小盒子亦然

漆器

文几古盒硯箱三者其最尚也盒子惟用菊花稜圓者不用

醋

若曾披日本所貢倭扇描盒子類皆異物也其所悅於中國者皆用物也是彼有資於中國而中國無資於彼忠順則禮之悖逆則拒之不易之道也若徇其求而懲期許貢無端互市斷斷乎不可

癸辛雜識載其地絶無香尤以為貴

倭船

日本造船與中國異必用大木取方相思合縫不使鐵釘惟聯鐵片不使麻筋桐油惟以草塞罅漏而已名短水草費功甚多費財甚大非大力量未易造也凡寇中國者皆其島貧人向來所傳倭國造船千百隻皆虛誑耳其大者容三百人中者一二百人小者四五十人或七八十人其形卑隘遇巨艦難於仰攻苦於犂沉故廣船福船皆其所畏而廣船旁陡如垣尤其所畏者也其船底平不能破浪其布帆懸於桅之正中不似中國之偏桅機常活不似中國之定惟使順風若遇無風逆風皆倒桅盪櫓不能轉戧故倭船過洋非月餘不可今若依然者乃福建沿海奸民買舟於海外貼造重底渡之而來其船底尖能破浪不畏橫風鬪風行使便易數日即至也

凡倭船之來每人帶水三四百斤約七八百碗每日用水五六碗極其愛惜常防匱乏也水味不同海水鹹不可食食則令人泄故彼國開洋必於五島取水將近中

國過下八山陳錢山之類必停舶換水所以欲換者冬寒稍可耐久若五六月蓄之桶中二三日即壞雖甚清冽不能過數日也海洋浩渺風濤叵測程不可計遇山而汲亦其勢耳盥頮沐浴海水山水皆可用或云浴海水令人膚裂近訪之不然但黑皺膚而已倭人有一秘法煮泉水一二沸置之缸缶能令宿而不壞然亦不過半月久則不能也其遇山而登非獨汲水或覘登船之遠近或覘我兵之虛實其至普陀必登者非換水亦非真欲焚香乃覘兵防虛實耳

然後下海或拿漁户或拿樵夫逼問消息使為嚮導在船亦候潮大水滿之時方敢深入而每月初一二三四五六十五六七八九二十等日以時定之又在子午此日此時皆潮汛長大之水也灌諸港浦無不深滿塗樵無不平没水脈無不通流凡水陸官兵當此時宜汲汲然提備又於每日晨昏升旗放銃於海表之高山先聲振奪望聞畏之使其知我有備不敢登泊也

倭刀

刀有高下技有工拙倭之富者不恡重價而制之廣延高師而學之其貧者所操不過下等刀耳善運刀者在前衝鋒可畏頗有限也中國人不知望之輙震而避焉擒獲倭刀亦莫辨高下混給兵士故志之

大小長短不同立名亦異每人有一長刀謂之佩刀其長刀之上又插一小刀以便雜用又一刺刀長尺許者謂之解手刀長尺餘者謂之急拔亦刺刀之類此三者乃隨身必用者也

其大而長柄者乃擺導所用可以殺人謂之先導其以皮條綴刀鞘佩之於肩或執之於手乃隨後所用謂之大制

又有小裁紙設機刀出長門州號兼常者最佳

又有作贄禮賀禮不拘大小名雖為刀其實無用

上等

上庫刀

山城國盛時盡取日本各島名匠封鎖庫中不限幾月

諟其工巧謂之上庫刀其間號窓久者更佳世代相傳以此為上

次等

備前刀

以有血漕為巧刀上或鑿龍或鑿劍或鑿八幡六薩隆春日天明神天照皇大神宫皆其形著在外為美觀者如匠人製造之精不論刀大小必於柄上一面携名一面刻記字號以為古今賢否之辨鎗劍亦然

寇術

倭寇之勝我兵專以術也即以其術還治其人不必用古兵法蔑不勝矣故志之

倭寇慣為蝴蝶陣臨陣以揮扇為號一人揮扇衆皆舞刀而起向空揮霍我兵倉皇仰首則從下砍來又為長蛇陣前耀百脚旗以次魚貫而行最強為鋒最強為殿中皆勇怯相參

賊每日雞鳴起蟠龍會食食畢倭酋據高坐衆皆聽令

挾册展視令日刼某處某為長某為隊隊不過三十人每隊相去一二里吹海螺為號相聞即合救援亦有二三人一隊者舞刀横行人望之股慄遠避延頸授首薄暮即返各獻其所刼財物毋敢匿倭酋較其多寡而贏縮之每擄婦女夜必酒色酣睡掠刼將終縱之以焚煙熖燭天人方畏其酷烈而賊則抽去矣愚詒我民勿使邀擊自為全脫專用此術

賊至民間遇酒饌先令我民嘗之然後飲食恐設毒也行衢陌間不入委巷恐設伏也又不敢沿城而行恐城上抛磚石也

其行必單列而長緩步而整故占數十里莫能近馳數十日不為勞

布陣必四分五裂故能圍

對營必先遣一二人跳躍而蹲伏故能空竭我之矢石火砲

衝陣必伺人先動動而後突入故乘勝長驅戰酣必四

面伏起突遶陣後故令我軍驚潰

每用怪術若結羊驅婦之類當先以駭觀故令吾目眩而彼械乘之慣用隻刀上誑而下反掠故難格

鈀鎗不路竿突忽而擲故不測

弓長矢巨近人則發之故射命中

飲跡者其進取也張揚者其逃遁也故常横破舟以示遁而突出金山之圍造竹梯以示攻而旋有勝山之去將野逸則逼城

欲陸走則取舺
或為穽以詐坑
或結稻以絆奔
或種竹簽以刺逸
常以玉帛金銀婦女為餌故能誘引吾之軍進陷而樂
罷吾軍之邀追
俘擄必開塘而結舌莫辨其非倭故歸路絶
恩施附巢之居民故虛實洞知

賞豊降擄之匠工故器械易具
細作用吾人故盤結難
向導用吾人故進退熟
預籍富室姓名而次第取之多獲
宿食必破壁而處乘高而瞭故襲取無機
間嘗一被重圍矣餌以偽職而逸之或披簑頂笠沮溺
於田畝或雲巾紕履蕩游於都市故使我軍士或愚而
投賊或疑而殺良

江海之戰本非其所長亦能聯虛舟張弱篆以空殲吾
之先鋒捐婦女遺金帛以餌退吾之後逐
凡舟之裙墻左右悉裹以布帛被褥而濕之以拒焚擊
交鬭間或附蓬而飛越即雷震而風靡矣
寇擄我民引路取水早暮出入披籍呼名每處為薄一
扁登寫姓名分班點閘真倭甚少不過數十人為前鋒
寇還島皆云做客回矣凡被我兵擒殺者隱而不宣其
鄰不知猶然稱賀

使倭針經圖說

太倉使往日本針路

見渡海方程及海道針

太倉港口開船用單乙針一更船平
更者每一晝夜分為十更以焚香枝
數為度以木片投海中人從船面行
驗風迅緩定更多寡可知船至某山
洋界

吳淞江用單乙針及乙卯針一更半
寶山到南匯嘴用乙辰針出港口打水
六七丈沙泥地是正路三更見茶山
茶山水深十八托一云行一百六十
里正與此合
自此用坤申針及丁未針行三更船直
至大小七山灘山在東北邊
灘山下水深七八托用單丁針及丁午

針三更船至霍山
霍山用單午針至西後門
西後門用巽巳針三更船至茅山
茅山用辰巳針取廟州門船從門下行
過取升羅嶼
廟州門水深急流
升羅嶼用丁未針經崎頭山出雙嶼港升
羅崎頭俱可泊船崎頭水深九托

雙嶼港用丙午針三更船至孝順洋及
亂礁洋
雙嶼港口水流急孝順洋水深十三托
泥地
亂礁洋水深八九托取九山以行
九山西邊有礁打水行船宜仔細一
云亂礁洋水深六托泥地
九山用單卯針二十七更過洋至日本

港口
打水七八托泥地南邊泊船
又有從烏沙門開洋七日即到日本
若陳錢山至日本用艮針
福建使往日本針路
梅花東外山開船用單辰針乙辰針或
用辰巽針十更船取小琉球
小琉球套北過船見雞籠嶼及花瓶嶼

彭嘉山

彭嘉山北邊過船遇正南風用乙夘針或用單夘針或用單乙針西南風用單夘針東南風用乙夘針十更船取釣魚嶼

釣魚嶼北邊過十更船南風用單夘針東南風用單夘針或用乙夘針四更船至黃麻嶼

黃麻嶼北邊過船便赤嶼五更是船南風用甲夘針東南風用單夘針西南風用單甲針或用單乙針十更船至赤坎嶼

赤坎嶼北邊過船南風用單夘針及甲寅針西南風艮寅針東南風用甲夘針十五更至古米山

古米山北邊過船有礁宜知避南風用

單夘針及甲寅針五更船至馬齒山

馬齒山南風用甲夘針或甲寅針五更船至大琉球

大琉球那霸港泊船

土官把守港口船至此用單夘針及甲寅針行二更進那霸內港以入琉球國中

那霸港外開船用單子針四更船取離

倚嶼外過船用單夘針南風三更船取熱壁山以行

熱壁山南風用單癸針四更船取硫黃山

硫黃山南風用丑癸針五更船取田嘉山又南風用丑癸針三更半船取夢加剌山南風用單癸針及丑癸針三更船取大羅山

大羅山用單癸針二更半船取萬者通
七島山西邊過船
萬者通七島山用單寅針五更船取野
顧七山島內各哨兵之妙是麻山嶼
野顧山用巽寅針二更半船取但午山
用艮寅針四更船取亞甫山
一云野顧山對面行六十里有小礁
四五箇最宜避在北邊過船用艮寅

方一百五十里至旦午山用艮寅方
行二百四十里至亞甫山
亞甫山平港口其水望東流甚急離此
山用艮寅針十更船取亞慈理美妙若
不見此山用單艮針二更船又艮寅針
五更船取沿灣似一云沿渡似烏佳眉山
沿灣似烏佳眉山用單癸針三更船若
船開時用單子針一更船至而是麻山

而是麻山南邊有沉礁名奩礁一云名佐沉長
礁東北邊過船用單丑針一更船是正
路却用單子針四更船取大門山中
大門山傍西邊門過船用單丑針三更
船取兵褌山港
兵褌港循本港直入日本國都
若曾按已上針路乃歷代以來及本
朝國初中使國臣入番之故道也頻

年倭寇之入往往取間道突至便利
特甚予以稍從入寇圖中指畫然不
欲條書之者恐傳者或貽奸導以倖
釁也有志於經世者必須以意會之
而得予之所以不詳書焉斯善矣

國朝貢式

貢道

寧波府定海關收舶

設市舶提舉司官二員專主日本入貢禮儀互市

貢期

十年一次

永樂二年給勘合百道定十年一貢

貢例

船止二隻人止二百違例則以寇論宣德間改例船三隻人三百

永樂二年欽定每貢二艘正副使等無過二百人若貢非期人船踰數夾帶刀鎗並以寇論宣德元年

遣貢人船刀劍不奉朝制諭使臣自後貢無過三舟人無過三百刀劍無過三十嘉靖六年奏准凡貢非期及人過百船過三多挾兵器皆阻回二十九年定日本貢船每船水夫七十名三船水夫二百一十名正副使各一員居坐六員土官五員從僧七員從商無得過六十人

制限進貢方物

馬　盔　鎧

鎗　劍　腰刀

瑪瑙　蘇木　塗金裝彩屏風

描金粉匣　描金筆匣　灑金木銚角盥

灑金文臺　灑金手箱　灑金廚子

貼金扇　抹金提銅銚　水晶數珠

硫黃　牛皮

市舶

洪武初設市舶於太倉名黃渡市舶司尋以近京師改

設於福建浙江廣東在廣東者專為占城暹羅諸番在福建者專為琉球在浙江者專為日本而設日本入貢而來也許帶方物官設牙行與民貿易謂之互市洪武七年九月罷未幾復設太祖後絕日本而市舶不卒廢蓋東裔有馬市西裔有茶市東南海裔有市舶所以通華裔之情遷有無之收征税之利減戍守之費禁海賈抑姦商使利權在上也自市舶内臣出稍稍苦之然所當罷者市舶内臣非市舶也嘉靖二年科臣建言倭患

起於市舶遂悉罷之市舶罷而利權在下姦豪外交内訌海上無寧日矣

頒賜日本儀制

永樂二年賜國王冠服紵絲紗羅金銀古器書畫

宣德十年回賜國王紵絲二十表裏紗羅各八疋錦二段銀二百兩王妃銀一百兩

成化二十年回賜國王紵絲二十表裏紗羅各二十疋錦四段銀二百兩王妃紵絲十表裏紗羅各八疋錦

二段銀一百兩

凡差來正副使每員金襴袈裟一領渡金銀鈎環全羅真緞一件羅偏衫一件紵絲一疋紗羅各一疋絹六疋銅錢一萬文靴襪各一雙居坐以下土官從僧通事從人各給賜有差　正貢外使臣自進并官收買附來貨物俱給價不堪者令自貿易

日本入貢賜宴儀制

洪武中欽定日本國入貢使臣御賜筵宴二次禮部預開筵宴日期奏請大臣一員侍宴光禄寺備辦於會同館管待教坊司用樂鴻臚寺令通事及鳴贊供事儀制司領宴花人一枝若使臣數多分二日宴回還之日差官伴送至寧波府管待一次許鎮守總兵或三司或府衛正官二三員陪席

宣德間欽定日本入貢使臣至通州湯飯令行在光禄寺辦送至濟寧州浙江布政司并寧波府茶飯管待

歷代封號

魏景初二年册封親魏倭王錫金印紫綬

宋永初二年册封安東將軍倭國王

元嘉二年册封如前

元嘉二十年册封如前

元嘉二十八年加封使持節都督倭新羅任那加羅秦韓慕韓六國諸軍事安東將軍倭國王

太明六年册封安東將軍倭國王

昇明二年册封使持節都督倭新羅任那加羅秦韓

慕韓六國諸軍事安東大將軍倭國王

齊建元元年册封使持節都督倭新羅任那加羅秦韓慕韓六國諸軍事鎮東大將軍倭國王

梁天監元年册封征東將軍倭國王

隋大業三年册封倭國王賜冠服先是其王冠服仍其國俗至是如賜與衣冠乃以綵錦為冠飾裳皆施襈綴以金玉云

唐貞觀五年册封倭國王賜璽書

國朝永樂二年册封日本國王賜龜紐金印誥命冠服詔封其國之鎮山曰壽安鎮國之山御製碑文賜之

宋徽宗御製跋見宣和畫譜

日本國古倭奴國也自以近日所出故改之有畫不知姓名傳寫其國風物山水小景設色甚重多用金碧考其真未必有此第欲綵繪粲然以取觀美也然因以見殊方異域人物風俗又蠻陬夷獠非禮義之地而能留意繪事亦可尚也抑又見華夏之文明有以漸被豈復較其工拙耶舊有日本國官告傳至於中州比之海外他國已自不同宜其有此太平興國中日本僧與其徒五六人附商船而至不通華語問其風土則書以對書以隸為法其言大率以中州為楷式其後再遣弟子奉表稱賀進金塵硯鹿毛筆倭畫屏風今御府所藏三海山風景圖一風俗圖二

至今倭僧多能作墨畫觀音佛像

附日本貢使詩摘錄十二首

恭答太祖皇帝問日本風俗洪武十五年

哈嗒哩嘛

國比中原國人同上古人衣冠唐制度禮樂漢君臣銀甕篘新酒金刀鱠綿鱗年年二三月桃李一般春

和宋學士贈詩　　釋全俊

一回錯買離鄉船抹過鯨波萬里間震旦扶桑無異土參方飽看浙西山

長安春日　　天祥

何事長安客春來思意迷樂遊原上草無日不萋萋

題虎丘寺　　天祥

東西兩寺今為一有客登臨見斷碑剩水殘山王霸業苦風駿雨鬼仙詩樓臺半落長洲苑簫鼓時來短簿祠盤郢魚腸何處是轆轤千尺響空池

題龍關木閣　　天祥

此樓登眺好終日俯平湖葉盡頻頻樹花殘岸岸蘆漁翁晴獨釣沙鳥晚相呼何處微鐘動雲藏烏寺孤

榆城聽角　　天祥

十年遊子在天涯一夜秋風又憶家恨殺葉榆城上角曉來吹入小梅花

暮春懷病　　天祥

落花滿地兩絲絲九十春光又別離行樂送春猶有恨那堪多病過花時

碧雞秋色滇陽八景之一　　鑑機先

鑑機先有滇陽八景詩云豈料長為南竄客朝朝相對獨為翁　國初日本僧入貢者多譴謫居填南胡粹中挽機先詩云日出扶桑極東處雲歸滇海寂西頭知機先設於滇也

碧雞西望水天虛漠漠秋光畫不知翠壁煙華搖浪處丹崖樹色着霜初前朝有閣今游鹿落日何人獨釣魚郄訝維舟溫浦上芙蓉九疊看匡廬

梁王閣在碧雞山下　　鑑機先

碧雞飛去已千秋聞說梁王曾此游洞口仙桃迎鳳輦

巖前宮柳繫龍舟青山有恨人何在白日無情水自流豈識當時歌舞地寒煙漠漠鎖荒丘

聞笛　　鑑機先

夜深吹笛是誰家獨倚高樓月欲斜塞上春情無賴甚那堪又聽落梅花

雪夜偶成二首　　鑑機先

畫閣聲殘曙色遲雪花如掌朔風吹吟中二十年三昧未了梅花一首詩

定起閑吟獨倚闌朔風吹面雪漫漫修心不到梅花地
耐得山中一夜寒

西湖　普福

一株楊柳一株花原是唐朝賣酒家惟有吾邦風土異
春深無處不桑麻

途中有感　普福

來游上國看中原細嚼青松咽冷泉慈母在堂年八十孤
兒為客路三千心懷北闕浮雲外身在西山返照邊處

處朱門花柳巷不知何日是歸年

挽逯光古　大用

氣宇自豪邁孤趣傲世時冥鴻沖漢志野鶴出塵姿筆
勢雲煙起詩名草木知論交三十載死別抱長悲

謁祝京兆不值　僧左省

沈潤卿吏隱録云日本使者朝貢過吳内有一僧往
謁祝京兆希哲不值予與弟瀚遇之索紙書字問之
僧亦書以對云予乃俄補一官之闕祇有其名貧凍
沙門也名左省號鈍牛又曰我國中無此官惟禪僧
學本國文字故充使臣耳問謁祝君何為又書云仲
春之初雨雪連日蓬底僵卧今日新晴和祝君書屋
幸遇君一笑依稀十年之舊杜少陵所謂能吏逢聯
壁華筵值一金者也率賦小詩以呈其詞云後知
二月天和乍雪晴見君似見祝先生醉中不覺虛筵滴
吟作燈前細雨聲

江樓留別

青嶂俯樓樓俯渡遠人送客此經過西風揚子江邊柳
落葉不知離思多

遊育王寺

偶來覽勝鄮峯境山路行行雪作堆風攪空林饑虎嘯
雲埋老樹斷猿哀搥頭東塔又西塔移步前臺更後臺
正是如來真境界臘天香散一枝梅

咏春雪

昨夜東風勝北風釀我春雪滿長空梨花樹上白加白

桃杏枝頭紅不紅鶯閒幾時能出谷燕愁何日得泥融
寒氷鎖郄鞦韆架路阻行人去不通

詠萍

錦鱗密砌不容針只為根兒做不深曾與白雲爭水面
豈容明月下波心幾番浪打因難滅數陣風吹不復沉
多少魚龍藏在底漁翁無處下鈎尋

詠柳

時舟泊杭州城外湧金門

湧金門外柳如金三日不來綠成陰折取一枝城裏去
教人知道春深

日本僧大周然表 宋端拱元年

日本國東大寺大朝法濟大師賜沙門大周然啟傷鱗
入夢不忘漢主之恩枯骨合歡猶亢魏氏之敵雖云羊
僧之拙盜忘鴻濡之恩大周然誠惶誠恐頓首頓首死
罪大周然附商船之離岸期魏闕於生涯望落日而西
行十萬里之波濤難盡顧信風而東别數千里之山岳
易過妄以下根之卑適詣中華之盛於宣旨頻降恣許
荒外之跂涉宿心克協歷觀宇內之瓌奇況乎金闕曉
後望堯雲於九禁之中巖扃晴前拜聖登於五臺之上
就三藏而稟學巡數寺而優游遂使蓮華迴文神筆出
於北闕之北貝葉印佛字詔傳於東海之東重蒙宣恩
忽趁來蹟季夏解台州之纜孟秋達本國之郊爰待明
春初到舊邑緇素忻待侯伯慕迎伏惟陛下惠溢四溟
恩高五嶽世超黄軒之古人值金輪之新大周然空亂

鳳凰之窟更還螻蟻之封在彼在斯只想皇德之盛越
山越海敢忘帝念之深縱分百年之身何報一日之會
染筆拭淚伸紙搖魂不勝慕恩之至謹差上足弟子傳
燈大法師位嘉因併大朝剃頭受戒僧乾等拜表以聞

日本國永延二年歲次戊子二月八日拜啟

文獻通考載倭人自後漢始通中國史稱從帶方至
倭循海水行朝鮮國乍南乍東渡三海歷七國凡一
萬二千里然後至其國都又言去樂浪郡境及帶方

郡並一萬二千里在會稽東與儋耳相近其地去遼東甚遠而去閩浙甚邇其初通中國也實自遼東而來故迂廻如此至六朝及宋則多從南道浮海入貢及通互市之類而不至北方大周然叙其來則曰望落日而西行十萬里之波濤難盡顧信風而東别數千重之山岳易過何遠也叙其歸則曰季夏觧台州之纜孟秋達本國之郊又何近也繼曰爰逮明春初到舊邑緇素忻待佚伯慕迎則國境雖去浙東甚近

而其國都又必半年而後達歟

又載大周然書曰國中有五經書及佛經白居易集七十卷並得自中國大周然來復得鄭康成註孝經一卷崇文總目載鄭成註孝經一卷五代兵興中原久逸其書咸平中日本僧大周然以此書來獻議藏秘府其說未知孰是越王孝經新義第十五卷一國之東境接海島夷人所居身面皆有毛東奥州産黄金西别島出白銀

鄭開陽雜著卷四

鄭開陽雜著

卷五

朝鮮圖說

明　鄭若曾　撰

朝鮮國圖　每方百里

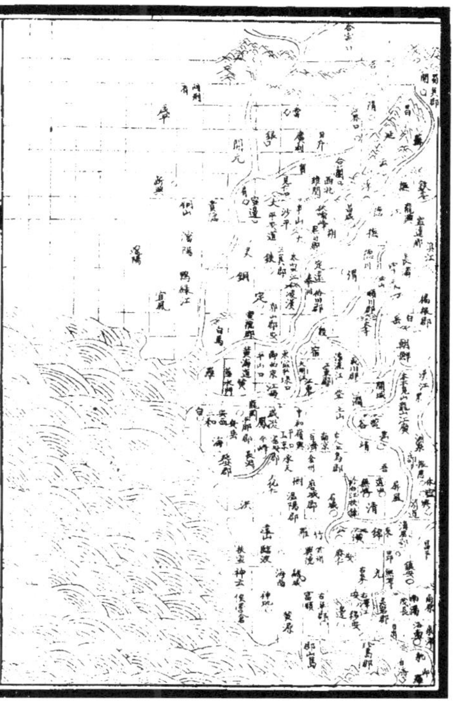

朝鮮考

朝鮮國近日本以其在東朝鮮鮮明故名相傳堯戊辰歲有檀君者居太伯山朝鮮人奉以為主此朝鮮立國所自始周為箕子所封戰國時附屬於燕秦滅燕屬遼東外徼漢初為遼東守復脩遼東故塞至浿水為界及盧綰反燕人衛滿聚黨千餘人東走出塞擊破朝鮮據有其地（史稱箕子封朝鮮傳四十一代至王準凡九百二十八年而失國於衛滿）武帝定國鮮為準番臨屯樂浪玄菟四郡昭帝并為樂浪玄菟二郡漢末為公孫度所據傳至孫淵魏滅之晉永嘉末陷入高麗高麗本扶餘別種其王高璉居平壤城亦渭長安城即漢樂浪郡地唐征高麗拔平壤置安東都護府其國東徙在鴨綠水東南千餘里五代唐時王建代高氏闢地益廣并古新羅百濟而為一遷都松岳以平壤為西京其後子孫世通朝貢宋遼金四百餘年未始易姓元至元中西京內屬置東寧路總管府畫慈悲嶺為界明洪武二年其主王顓表賀即位賜金印誥命大統

曆文綺封為高麗國王已而顓被弑遣使告哀賜謚恭愍封其世子禑為王二十五年國相李成桂代王氏請更國號奉詔改曰朝鮮歲時貢獻不絕其國內分八道饒庶有華風中曰京畿東曰江源本穢貊地西曰黃海古朝鮮馬韓舊地南曰全羅本穢貊地北曰慶尚乃古辰韓地西南曰忠清皆古馬韓域東北曰咸鏡本高句麗地西北曰平安本朝鮮故地分統郡府州縣其忠清慶尚全羅三道地廣物眾州縣雄巨最為富庶俗尚書

詩人才之出比諸道倍多平安咸鏡二道境接靺鞨俗尚弓馬兵卒精强東西南瀕海北鄰女直西北抵鴨綠江東西相距二千里南北四千里從正北長白山發脈南跨全羅界向西南止日本對馬諸島偏在東南與釜山相對去僅一日程倭船止抵釜山鎮不能越全羅至西海蓋全羅地界直吐正南迤西與中朝對峙而東保遼薊與日本隔絕不通海道者以有朝鮮也

朝鮮屬國曰躭羅為日本衝要元至元中命將平之

即其地立躭羅招討司屯鎮邊軍千七百人繼改為軍民總管府又改為軍民安撫司貢賦歲進毛施布百匹後高麗王以為言遂復屬國明洪武二十年遣使貢馬詔償其值

世紀

王氏自五代時奄有高麗歷宋遼金元五百餘載末始易姓至明洪武二年王顓表賀即位賜金印誥文封為高麗國王使者入謝上從容問王居國何為城郭修乎甲兵利乎宮室壯乎頓首言東海之波臣朝夕禮覺王甚恭他未遑也璽書諭之曰佛法非所以治國梁武後世之前車也王其無惑以王君臨一方而出令之無所其何震之有王國北接魯而南臨倭魯創於此恐將逸於彼倭狡而貪出沒海上旦窺王虛實朕私憂之設險蒐乘以固吾圉惟王念哉今以經史諸書賜王其悉朕意五年顓表言躭羅國恃其險遠不奉朝貢蒙古人留居其國宜徙之藺秀山逋逃所聚亦恐為寇患請討之

賜璽書言躭羅爾附庸也蒙古人何棄焉適寇以朕命命之傳檄可致勿用兵便已而諭中書省臣曰古諸侯事天子比年小聘三年大聘五年一朝九州外遠番世見而已高麗去中國近知經史禮學非他邦比宜令三年一聘不則比年貢物産布十足足矣曩高麗貢獻數使者溺海幾不返甚失臣意其明以諭王八年顓被弑元子禑嗣貢不如期却之仍敕遼東守臣絕勿十七年表請故王謚及嗣封不許十八年乃許之明年貢馬以

謝請易冠服不許我使者自其國市馬歸言禑辭馬直
命給之二十一年國相李仁人廢禑立王昌歲中兩請
入朝皆不許李成桂復廢昌立瑶瑶嘗遣子奭來朝奭
未歸而成桂廢瑶自立實洪武二十五年也其國評議
司奏言禑昌不當立瑶暴虐失人心國虛無主合成桂
莫適興惟朝廷命之上曰朕中國綱常所在列聖相承
守而不失高麗限山隔海僻處東徼非我中國所治且
事多隱曲不可據信令禮部移文從其自為聲教成桂

更名旦徙居漢城請更國號詔仍朝鮮已而乃請印誥
表言語悖謾上盡却方物遣拯表者鄭集羈留之三十
一年府部請發兵征討不許成桂老子芳遠嗣永樂元
年賜冕服經籍從芳遠請也六年世子禔來朝八年獻
馬萬匹助北征十三年表更立子祹為世子是年芳遠
老請以祹嗣宣德元年遣使賜祹五經四書及性理大
全綱目通鑑因謂禮臣是書有國家所當知朕嘉惠遠
人故賜之五年祹進海青鷹制諭珍禽異獸非朕所貴

其勿進方物效誠而已毋金玉器祹再進再諭之已請
遣子弟入國學不許仍賜諸書俾學於國中景泰元年
祹卒子珦嗣三年卒子弘暐嗣稺而孱遜其叔瑈成化
三年進海青白鵲却之時方北征瑈遣兵助王師捕斬
使使來獻俘璽書褒嘉之明年瑈卒子晄嗣六年晄卒
子娎嗣復出兵助征討有功遣中使賚金綺并及其將
士正德元年娎卒子懌嗣病風立踰年卒弟恒嗣時倭
人入寇舟漂至朝鮮及姦民往來海上私與倭市岠輒

捕以獻上亦厚賜予答其意岠疏乞改會典中所載成
桂篡逆事從之李氏自成桂以宋事朝廷恭歲時朝貢
外慶慰報謝無常期行李踵於道國主嗣立則使者往
封有大事則頒詔於其國他尊不敢望也

都邑

京畿道

郡三

楊根　豐德

水原
府三
漢城　開城
長湍
州七
揚州　廣州
潤州　驪州
果州　谷州

波州
縣三
交河　三登
上山
江原道
郡七
忻城　平海
通州　甯越

松岳
高城
府五
江陵　淮陽
三陟　襄陽
鐵原
州四
原州　江州

槐州　溟州
縣十
平康　安昌
烈山　麒麟
酒泉　丹城
麟蹄　蔚珍
瑞和　歙谷
黃海道

郡三
遂安　延平
平那
府三
平山　瑞興
承天
州六
黄州　白州

海州
仁州
縣八
安岳　三和
龍岡　咸從
江西　牛峰
文化　長淵
全羅道

郡三
靈巖　古阜
珍島
府二
全州　南原
州四
羅州　濟州
光州　昂州

縣二十三
萬頃　茂長
鎮安　扶安
全渠　康津
興德　黄咸
樂安　昌平
濟南　會甯
大江　臨波

古阜　南陽
富順　扶寧
麻仁　緒成
海南　神雲
移安
慶尚道
郡七
蔚山　咸陽

熊川　陝川
永川　梁山
清道
府六
金海　善山
寧海　密陽
安東　昌原
州五

慶州　泗州
尚州　晉州
蔚州
縣十二
東萊　清河
義城　義興
聞慶　巨川
昌寧　三嘉

安陰　山陰
高靈　守城
忠清道
郡四
清風　温陽
天安　林川
州九
忠州　衿州

興州　清州
靖州　禮州
公州　幸州
洪州
縣七
永春　扶餘
保寧　報恩
石城　連山

鄭開陽雜著　卷五　十四

燕岐
咸鏡道
郡三
端川　蜀莫
寧遠
府五
咸興　永興
鏡成　安邊

會寧
州八
延州　德州
開州　惠州
蘇州　合州
燕州　隋州
縣一
利城

鄭開陽雜著　卷五　十五

平安道
郡十一
嘉山　价州
郭山　雲興
熙州　宣州
江東　慈山
龍州　順州
博州

府九

平壤　見仁

成川　寧邊

定遠　江界

昌城　合蘭

廣利

州十六

安州　靈州

青州　定州

朔州　昇州

平州　撫州

常州　義州

宿州　銀州

銅州　渭州

鐵州　買州

縣六

孟山　德州

陽德　江東

中和　泰川

山川

白岳

在京畿北

九都山

在國城東北漢時高句麗王伊夷模都此至晉

為慕容皝所破前史有曰丸都所謂日月兩丸者此也

神嵩山

在開城一名

魯陽山

在平壤東北

黃山

在忠清

天磨山

在開城北諸峯崷崪挿天望之凝翠有大興洞介天磨聖居兩山間樹木蓊鬱泉石光潔夏則陰綠蓋地木蓮花開清香滿洞秋則赤楓黃葉倒映水底真佳境也

五冠山

在長湍西三十里山頂有峯如冠故名國人事母至孝居山下雖京畿一舍為養祿仕朝出暮

返告面定省不少懈歎母老作木雞歌名五冠山曲傳於樂譜山下有靈通寺洞府深邃山勢周遭流水縈迴樹木蓊鬱其西樓勝概為嵩都第一

湧巖山

在五冠山東北絕壁峭立三面如削巖數之間有寺名洛山惟南面獨開恍如天造寺東一峰高挿霄漢上戴磐石曰正瓶臺南一峰曰香爐峰成化乙酉寺後石岡自移東門外屹然與兩峰鼎峙

俗離山

在忠清九峰突起亦名九峰山頂有文藏臺疊石天成廣可生三千人臺上有坎如鑊其中有水混混旱不減雨不增分為三派流注半空一派東流為洛東江一派南流為錦江一派西流而北為達川入金遷山下

七點山

在義水之間山有七峰如點故名

金井山

在慶尚山巔有石高三丈上有圓井水常盈遇旱不竭色如黃金相傳有金色魚游泳其間故名

冰山

在慶尚山下有石穴立夏後冰始鑑盛暑則冰

堅霾雨則氷釋春秋不寒不熱冬則温氣如春

伽倻山

在慶尚一名牛頭山中有海印寺為崔致遠所

隱處

高德山

在全州東南北麓有萬景臺石峰奇秀狀如層

雲上可坐數十人四面林木森鬱石壁如畫

漢拏山

在濟州南曰漢拏者以雲漢可拏引也巔有大

池人喧則雲霧咫尺莫辨五月雲猶在八月乃

襲裘

馬耳山

舊名西多山在全羅鎮安縣南以形似馬耳故

名山有雙峯聳立東曰父西曰母相對如削成

高可千仞其巔樹木森鬱四面峻絶人不能升

惟母峰北崖可陟諺傳東峰上有小池西峰頂

平澗有泉可避冦天旱禱雨輒應

浦口山

在高城郡東有巖陡起層疊如階上可坐百餘人

寒溪山

在江原麟蹄縣東山上有城有川自城中流出

即成瀑布而縣下流數百丈望之如白虹垂天

形勝甲於嶺西

金剛山

在淮陽府東山名五一曰金剛二曰皆骨三曰

湼槃四曰楓嶽五曰怾怛曰頭南條也自會寧

府之鶺羅漢峴至甲山東為頭里山永與西北

為劍山府之西南為分水嶺西北為鉄嶺通川

西南為楸池嶺至長楊之東高城之西為此山

自分水嶺至此凡八百三十餘里山凡一萬二

千峰巖數骨立東臨滄海杉檜參天望如畫圖

有日出二峰可見日月之出

國島

在安邊府東去岸十里許

海

國東西南皆瀕海

驪江

在京畿

大同江

在平安

鴨綠江

國城西北

漢江

國城南

楊花渡

漢江濱

熊津

國城南故百濟海口唐時置熊津都督府於此

朴淵

在開城北狀若石甕有盤石湧出中心曰島巖水赴絶壁怒瀑下垂可十餘丈淵上有神祠遇旱禱雨輒應

洛東江

在國東海口

錦江

在忠清

古蹟

井田

在平壤府外城内箕子區畫井田遺跡宛然

藏軍洞

在忠清道石城縣北相傳唐將蘇定方伐百濟時藏兵於此故名

青鶴洞

在智異山中有青鶴棲息其内相傳崔致遠所

所游處頽垣壞塹猶存

風俗

國王所居宮室制度頗類中朝民居皆茅茨大止兩椽覆以瓦者纔十二男女二百十餘萬口兵民僧各居其一地寒多山土宜松柏有秔黍麻麥而無秫以秔為酒少絲蠶匹縑直銀数兩多衣麻苧王出乘車駕牛歷山險乃騎紫衣行前捧護國仁王經以導令曰教曰宣臣民呼王曰聖上私謂曰嚴公妃曰宮主百官名稱階級

與中國不甚相殊過御史臺則下馬違者有劾士人以族望相高柳崔金李四姓為貴種無官者以世俗子為內侍六衛歲十二月朔王坐紫門小殿注官外官則付國相有國子監四門學學者六千人貢士三等王城曰土貢郡邑曰鄉貢他國人曰賓貢間歲試於各屬再試於學所取不過三十四十人然後王親試以詩賦論三題謂之簾前重試亦有制科宏詞之目然特文具而已士尚聲律少通經百官以米為俸皆給田使收其賦死乃已之國無私田民計口授業十六以上則充軍六軍三衛常留官府三歲一選戍西北半歲而更有警則執兵任事則服勞事已復歸南畝王亦有分地以供私用王母妃主世子皆受湯沐田國中以貿販利入為事日中為市用米布貿易兵器疎簡無強弩大刀崇尚釋教雖王子弟亦常一人為僧信鬼拘陰陽病不服藥惟咒咀厭勝歲以建子月祭天國東有穴號隧神常以十月望日祭之謂之八關齋禮儀甚盛王與妃嬪登樓大張

樂宴飲賈人曳羅為幕至百匹相聯以示富三歲大祭祀遍其封內祖廟在國門之外大祭則王具車服冕上親祀王城有佛寺七十區而鮮道觀自宋大觀中詔遣進士往乃立福源院置羽流十餘輩先是俗不知醫自王徽請醫後始有通其術者人首無枕骨皆扁側男子戴折風巾服大袖衫如唐人裝束婦人鬌髻垂右肩餘髮披下約以絳羅貫之簪旋裙重疊以多為勝婚嫁取男女相悅即為之男家送猪酒而已無有財聘之禮或

有受財者人共恥之以為責婢死者殯於室內經三年擇吉日而葬居父母及大喪服皆三年兄弟三月初喪哭泣葬則歌舞以送之埋訖取死者生時服玩車馬置墓前會葬者競取而去婦人僧尼皆男子拜禁有左右二部左曰唐樂中國之音也右曰鄉樂其故習也有五絃琴笛箏篥橫吹簫鼓等樂器飲食用俎豆官吏閑威儀堂上設席升必脫履見尊者則膝行請必跪應必唯其拜無不答子拜父猶半答其禮性柔仁惡殺不屠宰

每食羊豕則包以蒿而燔之法無苛條刑不慘酷惟惡逆及罵父母者斬餘皆杖肋外郡刑殺悉送王城歲以八月慮囚死罪貸流諸島累赦視輕重原之民俗每正月一日五月五日祭祖禰又正月七日家為王母象戴之二月望僧俗燃燈如中國上元節上巳日以青艾染餅為盤羞之冠端午節有鞦韆之戲性喜讀書庶賤之家各於衢路搆屋謂之局堂令子孫晝夜誦書習射其餘習尚與中國畧同

土產

金　銀

鐵　水晶鹽

綿紬　細苧布

螺鈿　白硾紙

狼毛筆　果下馬（高不踰三尺健而能行又名雙脊馬）

長尾雞　鉛

豽　海豹皮

八梢魚　昆布

滿花席（草性柔折屈不損）　黃漆（樹以六月取汁漆物如金）

秔　黍

麻　榛

松　牡丹

人參　茯苓

天朝至朝鮮東界地里

山海關起

山海關至中前所三十里
中前所至前屯衛四十里
前屯衛至高嶺站五十里
高嶺站至中後所六十里
中後所至小沙河六十里
小沙河至寧遠六十里
寧遠至荅山六十里
荅山至杏山六十里

杏山至大凌河六十里
大凌河至小凌河六十里
小凌河至十三站六十里
十三站至閭陽驛六十里
閭陽駟至廣寧駟四十里
廣寧駟至盤山駟五十里
盤山驛至高平三十里
高平至沙嶺五十里

沙嶺至牛莊六十里
牛莊至海州四十里
海州至安山六十里
安山至遼陽六十里
遼陽至水田站九十里
水田站至連山關三十里
連山關至通袁堡六十里
通袁堡至雪里站六十里

雪里站至鳳凰城四十里
鳳凰城至湯站六十里
湯站至九連城二十里
九連城至義州四十里此後俱朝鮮地方
義州至所川三十五里
所川至良策四十三里
良策至車輦三十里
車輦至林畔四十五里

林畔至雲興四十五里
雲興至新安三十五里
新安至加平六十五里
加平至安興五十里
安興至肅甯六十三里
肅甯至安定六十里
安定至平壤五十六里
平壤至生陽五十五里

生陽至黄州六十里
黄州至鳳山五十五里
鳳山至劍水三十里
劍水至龍泉四十五里
龍泉至安城三十里
安城至寶山四十里
寶山至金巖二十里
金巖至興義三十里

興義至金郊三十里
金郊至猳猊三十里
猳猊至開城三十里
開城至東坡嶺五十五里
東坡嶺至馬山三十里
馬山至碧蹄四十五里
碧蹄至迎曙三十里
迎曙至王京二十里

王京至良才二十五里
良材至藥生三十里
藥生至龍仁縣三十三里
龍仁縣至陽智三十五里
陽智至佐贊驛二十五里
佐贊驛至祝山四十里
祝山至無極驛四十里
無極驛至用安驛四十里

用安驛至忠州丹月馹四十里
忠州丹月驛至延豐保安驛四十里
延豐保安馹至聞慶縣四十里
聞慶縣至幽谷四十里
幽谷至延昌縣四十里
延昌縣至尚州二十九里
尚州至善山都護府四十里
善山都護府至仁同縣三十五里

仁同縣至昌地八莒縣三十里
昌州地八莒縣至大邱府三十里
大邱府至清道郡三十里
清道郡至榆州四十三里
榆州至密陽府三十里
密陽至黃山馹三十里
黃山驛至梁山五十里
梁山至蘇山十里

蘇山至東萊府三十里
東萊府至釜山浦二十里
釜山渡洛東江越海抵對馬島即日本國地方
王京起由西路至南原府程途
王京至良才二十五里
良才至藥生三十里
藥生至龍仁縣三十三里
龍仁縣至鎮威五十里

鎮威至稷山五十里
稷山至天安三十里
天安車嶺四十里
車嶺至廣亭三十里
廣亭至公州四十里
公州至尼山五十里
尼山至恩津三十里
恩津至礪山三十里

礪山至參禮四十里
參禮至全州三十五里
全州至英元五十里
英元至仁實三十里
仁實至獒樹三十里
獒樹至南原府三十五里

王京起由東路至南原府程途

王京至良才二十五里

良材至藥生三十里
藥生至龍仁縣三十三里
龍仁縣至陽智三十五里
陽智至佐贊駒二十五里
佐贊駒至祝山四十里
祝山至無極驛四十里
無極驛至用安驛四十里
用安驛至忠州丹月驛四十里

忠州丹月驛至延豐保安驛四十里
延豐保安驛至聞慶縣四十里
聞慶縣至幽谷四十里
幽谷至咸昌縣四十里
咸昌縣至尚州二十九里
尚州至金山七十里
金山至知禮四十里
知禮至新昌七十里

新倉至居昌三十里
居倉至山陰九十里
山陰至咸陽三十里
咸陽至雲峰三十里
雲峰至南原府三十里

本朝貢式

貢道

自鴨鶻關由遼陽經廣寧過前屯衛入山海關達京師

成化中請改道職方郎劉大夏持不可議遂寢

貢期

每歲聖節正旦嘉靖十年外裔朝正旦者俱改冬至皇太子千秋節皆遣使奉表朝賀貢方物其餘慶慰謝恩無常期國王嗣位請封亦遣使行禮其歲時朝貢視諸國最為恭順

貢例

嘉靖間題准甜水站之東舊有連山關一座指揮把守凡朝鮮陪臣入貢赴關報名指揮馳報遼東都司方許

入關彼中護送兵馬從此回國待陪臣事竣回還彼中兵馬仍於此迎接

制限進貢方物

金銀器皿　螺鈿梳函

白綿紬　各色苧布

龍文簾席　各色細花席

豹皮　獺皮

狼尾筆　白硾紙

人參　種馬每三年五十四近有加貢不在種馬之數

鄭忠肅公奏議附錄公諱姓裔開封人從宋南渡家崑山歷仕少師封益王謚忠肅賜葬餘杭縣石門山特祠揚州學宮內著有四朝奏議聞見錄退庵集行世

臣伏見高麗人入使明越二郡困於供億騷然不寧既至闕則館遇燕賚錫予之費以鉅萬計而饋其主者不預焉我朝遣使答報舟楫費不訾三節官吏糜爵損廩皆仰縣官者甚夥前禮部尚書蘇軾言于先朝謂高麗入貢無絲毫利而有五害以此也且國家行都在臨安

與東都事勢大異昔高麗使人之來率由登萊登萊距梁汴山河之限甚遠也今日三韓直趨四明今寧波府四明距行都限一浙江爾雖自四明至高麗海道渺瀰中隔洲島然南北行各遇順風則歷險如夸楊應忱建炎戊申之役其回也九月癸未發三韓戊子至明州之昌國縣僅六日耳海道之當防若是乞止入貢報答之使省糜費以裕軍儲嚴番舶往來之禁固封疆以杜釁端宗社幸甚

鄭開陽雜著卷五

鄭開陽雜著

卷六

安南圖說

明　鄭若曾　撰

安南國圖

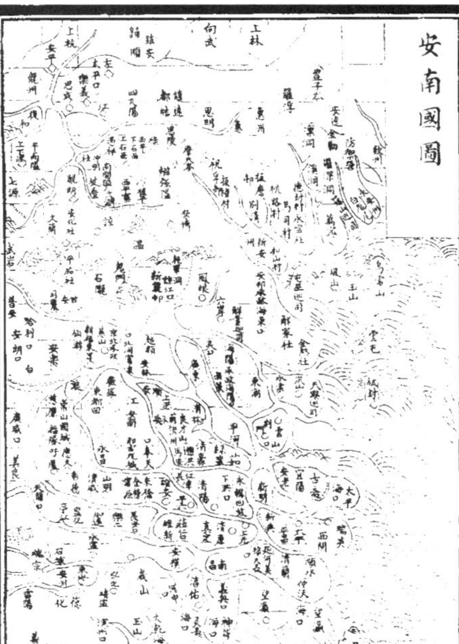

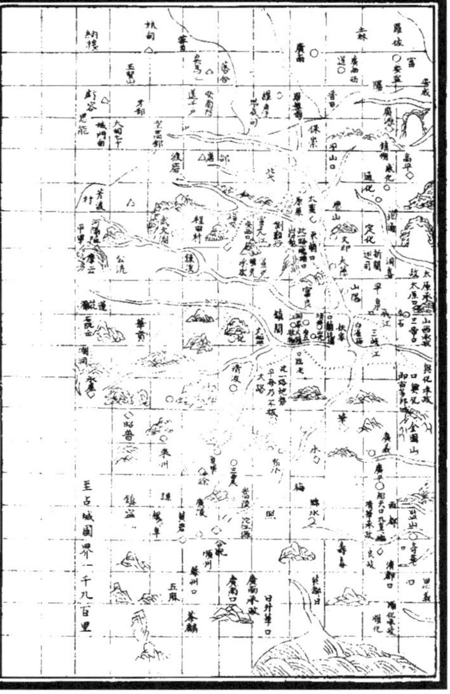

安南考

安南古交趾地在中國之西南王制曰南方曰蠻雕題交趾有不火食者矣記云北發渠搜南撫交趾太史公書北至於幽陵南至於交趾西至於龍沙東至於蟠木日月所照莫不砥屬言極南也唐虞時為南交秦為象郡漢初南越趙陀據之武帝平南越置交趾九真日南等郡設交趾刺史治羸婁光武時任延錫光為守教民耕種制冠履漸立學校女子徵側徵貳反為援討平之立桐柱為界吳改九德武平新昌宋改宋平徙治龍編梁改安南鎮南都護安南之名自此始唐分嶺南為東西二道置節度立五筦安南都護府隸焉五代之亂土豪曲承美據之已而為南漢劉隱所并未幾管內大亂衆推豪酋丁部領為州帥宋既平嶺表封其子璉為交趾郡王傳三世為黎桓所奪繼又為李公蘊篡立湻熙間封公蘊孫日燇為安南國王安南之為國自此始再傳無子其壻陳日煚繼位再傳為日烜僭稱越皇帝累

世名皆取日下易一字從火上陽之義亦效日燇而然也元平雲南遣人召之入覲不行發兵討之棄城遁入海元兵以糧運不繼還日烜歸國勢復振子日燇嗣曰吾祖舊名也自是為藩臣貢獻不絕元末天下大亂安南不至明初頒詔薄海內外其主日煃表貢請封太祖嘉之封為安南國王歷傳至日焜為國相黎季犛所篡自稱舜裔胡公滿之後國號大虞紀元天聖上表冒姓名為胡一元子蒼易名奆詐稱陳氏絶嗣奆為甥求權

署國事永樂二年封蒼為安南國王孫天下走至京言狀降詔詰責犛詐上表請天平歸國朝廷遣使送之還犛伏兵殺之文皇震怒命將征伐生擒犛父子詔求陳氏後復立為王國人言犛賊篡逆陳氏子孫誅戮已盡莫可繼承又謂安南本古中國地幸掃除殘賊再睹衣冠願復立郡縣設官治理洗滌故習乃建交趾布政使司領府十有七州五屬州四十一縣一百五十七衛十有一所三市舶司一改雞陵關為鎮彝關宣德二年黎利復叛遣兵討之利懼表言前王三世孫暠尚在老撾乞立為陳氏後朝廷許之因罷郡縣冊封暠為安南國王已而利篡陳自立嘉靖六年其參督莫登庸秉黎之亂弒黎譓自立僭號國曰大越改元明德子方瀛嗣改元大正且侵内地十八年發兵討之登庸表降請罪願歸所侵欽州四峒故地世奉職貢於是朝廷赦登庸罪降安南為安南都統使司署登庸為都統使從二品子孫世襲別給印章其所僭擬制度削除改正海陽山南

等一十三路各設宣撫司正佐職官襲替黜陟俱聽登庸總理通隸廣西布政司歲頒正朔令三歲一貢制下登庸已死子方瀛亦先故乃以詔命授其孫福海遂罷兵然其專擅仍自若也

世紀

陳日煚者本福州長樂人謝升卿也宋末殺人變姓名之安南會應試居首遂為國壻襲有爵上歷傳至日烇當洪武初納欵輸貢封安南國王賜印誥文綺制畧曰咨爾安南國王陳日烇惟乃祖乃父昔奠兹南土傳之子孫世世克恭臣職以永世祿朕荷天地之靈肅清宇内頃以書往報冀咸享安樂而爾首奉來賀睠兹勤勤意深可嘉尚是用冊為安南國王爾尚益茂令猷永為藩輔二年十二月抵國界而日烇以夏五月先卒弟日煃嗣迎請印請我使張以甯以受命封前王辭不可日煃使使請於朝獲如故封先是占城舊麋役安南歲有貢頗若督迫而勢漸以益强遂與安南抗日煃數遣兵

擊敗之至是占城遣使告急乞援兵詔兩解之皆聽命
三年日烓卒子日熞嗣使使告哀上素服御西華門召
使入見親製祭文命王廉往祭既至其嗣君陪匡出迎
於郊議授受禮數四不決廉厲聲訶之乃奉御製文於
龍亭迎入其殿別設日烓位於殿前廉南面布宣日熞
君臣拜伏以聽成禮而還尋詔封日熞襲王爵明年冬
為其兄叔明所簒遣人朝貢郤不受七年復遣使陳謝
自稱年老授政弟端許之叔明既已授端政家自專制

頻歲入貢上厭其數令限以三年毋侈方物進犀象以
勞吾民十年賜端上尊文猗既至端已死叔明更署弟
煒代國事十一年遣使謝恩且來告端喪詔賜煒文綺
遣使弔祭時安南占城雖以詔故陽罷兵而安南強吏
為寇剽占城不已降敕詰責二十一年國相黎季犛殺
煒立叔明子日焜主國事二十二年詔安南弒君不道
絕朝貢廣西守臣毋得納使者至二十九年日焜始以
叔明喪來告上謂禮臣曰叔明弒日煃而有其國今犛

又弒煒更弔慰之是與亂賊厚也勿許時日焜又出兵
取思明府地詔諭還之久不決廷臣請發兵進討上曰
蠻裔相爭古有之彼恃頑不服當取禍耳毋動久之犛
復弒日焜立其子窫尚在襁褓中更弒之大誅殺陳氏
更姓名為胡一元子蒼為胡𡗶永樂元年遣使賀即位
貢方物其辭曰昔我前王日煃首倡羣服輸嚮先帝先
帝是以嘉惠下國貢賜之使絡繹南北無絕不幸日煃
死喪支庶零洗無可嗣者臣胡𡗶不佞以陳氏甥為衆

推迫理國事且四年矣徼幸聖化四疆謐甯家足人給
然未嘗一位號無以供事上及主祀率下也天朝幸哀
憐之下禮官儀安絕遠多詐難信宜遣使廉察之詔可
使行人持節諭其陪臣耆老曰得胡𡗶奏欲就封者陳
氏無後及為陳甥其果與否爾國人誠推戴之抑別有
篡弒之故惟悉心以告無詐使還以耆老臣衆表上與
𡗶奏合遂封𡗶為王明年奉表謝恩詔還思明侵地不
悛必討無赦會安南故臣裴伯耆來告急自比申包胥

乞師興滅繼絕而老撾宣慰亦護故王孫天平詣闕愬犛父子弒逆狀上引見賜第居與伯耆偕處安南賀正旦使至上出天平示之使者識故王孫也錯愕下拜至流涕而伯耆以大義責之不能對三年遣使切責令實首罪安南兵寇吾甯遠州掠吏士數百已遣使上表謝罪請天平還歸以國於是封天平安南國王蒼順化郡公使使將兵護天平歸比入境犛遣使迎具牛酒犒師債騎往壺漿道相屬也不為虞行至芹站伏發殺天

平我使亦死之事聞遣大將出廣西雲南兩道夾擊之生擒犛及子蒼澄等至闕繫獄弗誅詔求陳氏後無存者因郡縣其地無何餘孽簡定作亂僞稱日南王既復僭號大越改元興慶發兵擊敗之獻俘至京磔於市踰年而陳季擴復叛季擴簡定從子也稱陳氏後以惑衆勢重於簡定出師討之轉戰連歲乃請降詔為交趾布政使未幾又叛我師攻破之械送入朝伏誅釋黎季犛於獄充戍廣西而犛子蒼澄各以善兵器用累官至工

部尚書為別賜姓名十六年鎮守中官馬騏貪而煩苛失衆心黎利秉之反自稱平定王屢征不克宣德詐稱前王遺嗣陳暠尚在老撾乞封暠王永奉職貢上方厭兵欲棄交趾輔臣復力贊之使使持璽書赦利推陳氏後立為王罷郡縣利奏陳暠病死無後族人竝絕國中推利守國候命上心知其妄業置之命利權署國事九年利卒子麟嗣遣使告哀以代身金人進冊權署國事正統中上表請封冊為安南國王賜駝紐金印卒子濬

嗣遣兵攻占城執其王摩訶賁該以歸詔歸其王不聽天順三年濬為庶兄琮所弒自立使使以遊溺死告乞嗣封冊命且下而國人立濬弟灝琮自經遂改授之灝輒侵我土司地攻殺老撾宣慰父子為八百大甸所敗累詔戒諭灝驁橫自如斂滿剌加進貢使臣襲占城

其國鎮守中官錢能更始與通關結諸羣姦宄驛騷幾危雲南撫臣王恕發其姦亂始弭弘治十年灝死子暉嗣遣使入貢乞改所賜常服從王制不許十七年暉

辛子敬嗣未踰年辛遺命立弟誼正德四年阮种弒之立灝從子晭請襲封詔許之晭既立僞尊父玿為德宗晭多行不義盜起國亂為其下所弒諒山都將陳暠自稱陳氏後與其子昇以諒山之甲襲破交州自立為陳真所攻退走諒山其臣立晭兄子譓僞尊父灝為哲宗遺陳真攻陳暠於諒山暠尋死莫登庸者荆門人也世業漁由武舉為陳暠參督後復自拔歸譓以功封武川伯鎮海陽路譓左右得人柄軍政封國公既得志漸除

譓左右易所親信防守之而自居海陽譓潛起兵攻之反為所敗出奔清化登庸乃僞立譓弟懬已相之時嘉靖元年也登庸易號令練兵積粟國人不復曉黎氏矣尋娶懬母已又鴆懬并其母殺之而自立僭國號曰大越改元明德時譓尚據清華又安順化廣南四道其舊臣不服登庸者分據險阻為之聲援譓兩遣使來請兵俱為登庸襲擊不得達登庸立子方瀛居守僞都自稱太上皇率兵攻譓奪清化據之譓敗走入安又追至入

安譓敗走葵州又追至葵州譓走入哀牢哀牢既老撾也以嘉靖九年九月憤悒卒子寧甫七歲故臣黎峒等共立之居木州漆馬江與老撾隔境有騎卒三千及本州兵五千登庸屢攻之侕老撾時為援不能克十六年寧間道使使來乞師上以登庸弒逆又久不庭當誅議討之以咸寧侯仇鸞為師尚書毛伯温督師伯温至廣區畫諸便宜為進兵計廣守臣多難之且謂莫之篡黎猶黎之篡陳先後事同不足誅登庸亦遣人自歸廷議

未決伯温駐師境上檄諭交人懸重賞購庸父子懼請束身待罪歸所侵地永守臣節乃於鎮南關築壇具儀登庸率其屬繫頸徒跣北面匍匐奉表降伯温承制授之詔赦登庸歸廢勿王以為安南都統使世其職仍覈黎寧果黎後則畀以所據地否則已制下登庸與子方瀛已相繼死遂授其孫福海島十年福海復為黎寧所逐黎民仍據國莫氏竄居南海島上大掁交人素詑其酋長有二名以僞名事朝廷自黎氏以來雖奉貢稱藩

然自帝其國中如趙佗故事死則加僞謚交人云麐登庸所自出竄亦非謏子傳聞蓋不得而詰矣

疆域

其地東至海西至老撾南接占城北連思明南北相距二千八百里有奇東西相距一千六百六十餘里

山川

安子山

漢安期生得道處

佛跡山

徹圍山

武甯山

先游山

普賴山

萬劫山

傑特山

地觀山

天養山

神頭山

龍岱山

文場山

安復山

卞山

立石山

香象山

崇山

都隆山

測山

分山

自安子山至此凡二十一山洪武中禮官奏安南高麗既內附其國山川宜祭而安南山二十有一云云詔可乃遣使往祭命所司竝載祠典

句漏山

古勾漏縣在其下

崑山

上有清虛洞漱玉橋白雲庵諸勝

隴山

四面翠壁中有邾墟

艾山

上有仙艾每春仲開花雨後落水面羣魚吞之

化為龍者十九

海

國東南皆瀕海

宣光江

沱江

富良江

其上流即為洮水北為宣光江南為沱江所謂

三江者也

川盧江

天黄江

大歷江

蘇歷江

三帶江

自富良江而後凡六江洪武中從禮官議竝遣

使往祭載祀典

龍門江

中分三道湍激聲聞百里舟過此必舁上岸方

可復行傍有穴多出鸚鵡魚色青綠嘴曲而紅

相傳往往化龍去

安石淵

石龍門

茲廉

浪泊

一名西湖即馬援仰視飛鳶跕跕墮水處

越裳究

九德究

自安石淵而後凡六水洪武中並遣官往祭載

祀典

郡邑（宣德二年以前制）

交趾等處承宣布政使司按察司都指揮使司治交州

府

領府十七州五

交州府

屬州五

慈廉福安威蠻利仁三帶

縣十三

東關慈廉石室英留清潭清威應平平陸利

仁安郎安樂扶寧立石

北江府

屬州三

嘉林武寧北江

縣七

嘉林超類細江善才東岸慈山善誓

諒江府

屬州二

諒江上洪

縣十

清遠那岸平河鳳山陸那安寧保祿古隴唐

安多錦

諒山府

屬州七

上文下文上源方渠廣源上思下思

縣五

丘溫鎮彝淵縣丹巴脫縣

新安府

屬州四

東湖靖安南策下洪

縣十三
至靈峽山古、費安老水棠支封新安和同利
萬寧雲屯西岐清沔
建昌府
屬州一
快州
縣六
建昌布縣真利東結芙蓉永涸

鎮蠻府
屬縣四
廷河太平古蘭多翼
奉化府
屬縣四
美祿西真膠水順為
建平府
屬州一

長安
縣六
蠻安大懿安本望瀛安寧黎平
三江府
屬州三
北江宣江沱江
縣五
麻溪夏華清波西蘭右農

宣化府
屬縣九
曠縣當道文安平原底江收物大蠻揚縣乙
縣
太原府
屬縣十一
富良司農武禮洞喜水通宣化弄石大慈安
定感化天祿

清化府
屬州四
九真愛州清化葵州
縣十一
安定永寧古藤梁江東山古雷農貢宋江俄
樂磊江安樂
乂安府
屬州四

驩州南靖茶籠王麻
縣十三
衙儀友禄丕禄士油偈江真福古社土黄東
岸石塘奇羅盤石河華
新平府
屬州二
政平南靈
縣三

衙儀福康左平
順化府
屬州一
順化
縣十一
利調石蘭巴閭安仁茶偈利蓬乍令思蓉蒲
苔蒲浪士榮
升華府

屬州二
升華思義
縣十一
黎江都和安蒲萬安具熙禮梯持羊白烏義
純鵞盃溪錦
廣威州
屬縣二
麻籠美良

宣化州

屬縣三

赤土車來瑰

嘉興州

屬縣三

籠縣蒙縣四忙

歸化縣

屬縣四

安立文盤文振水尾

演州

屬縣三

瓊林茶清芙苗

僞制

安南僞制即交州為僞東都僭設五府五部六等御史

臺通政司五十六衛四城兵馬等衙署

附郭府一曰奉天縣二曰廣德永昌

其西都今為清華承政古齋本莫登庸故鄉無城郭

以鐵栗木作排柵三層為外衛登庸所自居也外分

道十有三設承政司憲察司總兵司嘉靖二十年莫

登庸歸附後令海陽等十三路各設宣撫司一員通

隸廣西布政司

十三承政司

安邦承政司

即交州地領府一曰海東

海陽承政司

即新安地領府一曰海陽

山南承政司

即諒江建昌奉化鎮蠻建平地領府十一曰上洪

下洪天長廣東應天荊門新興長安莊仁平昌義

興

京北承政司

即北江諒江地領府四曰北河慈山諒江順安

山西承政司
即交州三江嘉興歸化地領府六曰歸化三帶端
雄安西臨洮沱江
諒山承政司
即諒山地領府一曰諒山
太原承政司
即太原地領府三曰太原富平通化
明光承政司

即宣化地領府一曰宣光
興化承政司
即廣威州地領府三曰興化廣威天關
清華承政司
即清化地領府四曰紹天鎮蔡甯州河中
乂安承政司
即乂安演州地領府八曰乂安肇平思乂奇華德
先演州北平清都

順化承政司
即順化升華地領府三曰順化英都昇華
廣南承政司
即乂安地領府三曰廣南茶鱗五麻
古蹟
越王城
漢安陽王築安陽舊都越地古名
望海城

馬援築
大羅城
唐張伯儀所築
銅柱
馬援立
銅鼓
風俗
蠻獠雜居獷悍喜鬬不知禮義椎髻蓢髮好浴善水平

居不冠以檳榔待客惟交愛人倜儻好謀驩演人涪秀
有華風文學則驩演為盛其餘詳見紀畧

土產

生金

銀

銅

丹砂

珠

玳瑁

珊瑚

在海直而軟見日則曲且堅漢趙佗獻赤珊瑚有
高數尺者曰火樹

沈香

香木砍斷歲久朽爛而心節獨存置水則沉

蘇合油

樹生膏可為藥

翡翠

白雉

越裳氏獻雉即此

白鹿

犀

象

兕

羚羊

猩猩

人面豕身似猿嘗數輩為羣捕者置酒路側以草
履張之猩猩見即罵曰爾欲設機張我亟舍去復
自謂試共嘗酒醉則著屐人遂擒之

狒狒

狀如人面長臂黑身披髮迅走食人見人則笑

蒙貴

狀如猱而小紫黑色捕鼠甚於貓

蚺蛇

其膽性寒能療眼疾及諸瘡

菴羅果

俗名香蓋乃果中極品

波羅蜜

大如冬瓜皮有軟刺五六月熟其味香甜核可煮

食能飽人

檳榔

胡椒

蘇木

烏木

鹽

漆

天朝至安南道路

按入交道三一由廣西一由廣東一由雲南一由廣則

用水道伏波以來皆行之廣西道宋行之雲南道元

及我朝始開

廣西道

廣西道亦分為三其一道從憑祥州入者由州南關隘

一日至交之文淵州坡壘驛復經朗州北一日至諒

山衛又一日至溫州之北隘徑半日至鬼門關又一

日經溫州之南新麗村經二十江一日至保祿縣半

日渡昌江又一日至安越南市江下流北岸

其一道由思明府入過摩天嶺一日至鬼陵州過辦强

隘一日至祿平州州西有路一日半至諒山府若從

東南行過車里江北江永樂中黎季犛堰之以拒王

師後偵知其堰處乃決之以濟師一日半至安博州

又一日半過耗軍峒山路險惡又一日至鳳眼縣又

分二道

一道一日至保祿縣亦渡昌江

一道入諒江府亦一日至安越縣之南市橋江北岸

各與前道會

其一道自龍舟入者一日至平而隘又一日至七源州
二日至文蘭州平茹社又分為二道
一道從文蘭州一日經右隴縣北山徑出鬼門關平
地四十里渡昌江上源經右隴之南沿江南岸而下
一日至世安縣平地至安勇縣又一日亦至安越縣
之中市橋江北岸
一道從平茹社西一日半經武崖州山徑二日至司
農縣平地又一日半亦進至安越縣之北市橋江上

流北岸
市橋江在安越縣境中昌江之南諸路總會之處隨
處皆可以濟一日至慈山府又至東岸嘉林等縣渡
富良江以入

雲南道

雲南亦有二道其一道由蒙自縣經蓮花灘入交州之
石隴關下程瀾峒循洮江源右岸四日至水尾州又
八日至文盤州又五日至鎮安縣又五日至夏華縣
又三日至清波縣又三日至臨洮府洮水即富良江
上流其北為宣光江南為沱江所謂三江者也臨洮
二日至山圍縣又二日至興化府即古多邦城自興
化一日至白鶴神廟三岐江又四日至白鶴縣渡富
良江
其一道自河陽隘循洮江左岸十日至平源州又五日
至福安縣又一日至宣江府又二日至端雄府又五
日亦至白鶴府二岐江然皆山徑欹側難行其循洮

江右岸入者地勢平夸乃大道也
抵交之海東府

廣東道

若廣東道海自廉州烏雷山發舟北風順利一二日可
若沿海岸以行則自烏雷山一日至永安州白龍尾
白龍尾二日至玉山門又一日至萬甯州萬甯州一
日至廟山廟山一日至屯卒巡司又二日至海東府
海東府二日至經熟社有石堤陳氏所築以禦元兵

者又一日至白藤海口過大寮巡司南至安陽海口又南至塗山海口又南至多漁海口各有支港以入

交州

其自白藤海口而入則經水棠東潮二縣至海陽府復經至靈縣過黃徑平灘等江

其自安陽海口而入則經安陽縣至荊門府亦至黃徑等江由南策上洪之北境以入

其自塗山海口而入則取古齋又取宜陽縣經安老

之縣北至河平縣經南策上洪之南境以入

其自多漁海口而入則由安老新明二縣至四岐遡洪江至快州經鹹子關以入

多漁之南為太平海口其路由太平新興二府亦經快州鹹子關口由富良江以入此海道之大畧也

交州之東有海陽荊門南策上洪下洪順安快州等府去海頗遠各有支港穿達迤邐數百里大艦不能入故交人多用平底淺舟以便入港云

本朝貢式

貢道

由廣西憑祥州遞送入京

貢期

祖訓安南國三年一貢

國初連歲入貢上厭其數令三年一貢毋侈方物進犀象以勞吾名

常制進貢外別有進中宮東宮方物其餘慶慰謝恩無

常期朝廷有大事則遣使頒詔於其國國王請亦遣使行禮

貢例

每貢百人多不過百五十人

制限進貢方物

金銀器皿　犀角

象牙　白絹

薰衣香　降真香

沈香　速香

木香　黑線香

紙扇

鄭詔州紀畧附錄公諱埭崑山人歷仕朝散大夫知泰邵韶三郡宋景定中奉敕經畧桂嶺封崑山開國男食邑三百户著有奏議退耕集五經行訓帝王統系行世

安南古交州也歷代為郡縣至我朝不入版圖丁氏黎氏李氏代據之其地東南薄接占城東海路通欽廉兩處諸蠻西北通邕州在邕州東南隅去左江太平寨最

近自寨正南行至恍榔花步渡富良白藤兩江可四日至又自寨東南行過丹時羅小江自諒州可入六日至自右江温順寨則最遠由欽州渡江可一日至自端拱兩州江洞數為蠻所欽軼潛舉以外向蘇茂廣源甲洞等處入交境者六十二邨故至今長雄諸蠻凡與廣西帥及邊郡通訊問用二黑漆板夾繫文書刻字於上板謂之本夾文書稱安南都護府其酋不列銜而列其將佐數人皆僭官稱印文舊用南越國印邇乃用中書門

門下之印邊吏憚生事例置不問其人少通文閩商附海船至者必厚遇之因命之官資以決事凡文移詭亂多自游客出相傳李氏之先曰公蘊者亦本閩人又其地土人極少半是省民南州客旅誘人作婢僕檐夫至州洞則縛而賣之州洞轉賣入交人取黃金三兩有藝能者倍之知文書者又倍之面縛驅行仰繫其首俾不省來路即至地各認主買為奴終身額上皆刺字婦人則刺胸乳拘繫嚴酷惟恐逃亡又有秀才僧道技術及

配及隸命亡逃奔之者甚衆所廉無紙筆往往求之省地不能鼓鑄泉貨純用中國小錢皆商旅洩而出者國城中無居民有竹舍數十百區以為軍營酋府門曰明德所居樓四層上為酋居次御宙居之中人也又次閽利就居之老鈐下之屬也最下軍士居之又有水晶宮天元等殿諸僭擬名號屋皆朱漆柱繪龍鶴仙女門別有一樓猶榜曰安南都護府唐舊額也人無貴賤皆椎髻跣足酋平居亦然惟珥金簪衣黃衫紫裙餘皆服盤

領四裾皂衫下繫皂裙珥銀鐵簪曳皮履以皮為底施小柱以拇指夾之而行執鶴羽扇扇編鶴羽以辟蛇戴螺笠竹絲縷織狀如田螺最為工緻婦人多智與男子迥殊好衣綠寬袖直領束以皂裾酋出入以人輓車貴僚坐幅布上掛大竹兩夫舁之名抵鴉正月四日酋椎牛以饗其臣七月五日為大節人相慶遺官僚以生口獻其酋翌日酋開宴酬之歲時不祭先病不服藥夜不然燈以檳榔代茶上巳日男女集會為行列給五綵為球歌而抛之謂之飛駞女受駞男婚以

定酋宮門有大鐘民訴事即叩鐘刑法殺人者付讐家使甘心盜竊刖手足指逃亡斷手足謀反者殺無赦客死境外鞭尸大罵以為背國官有內職外職內職治民曰輔國太尉猶宰相也左右郎司空司徒左右郎相左右諫議大夫內侍員外郎御史皆為內職外職治兵曰樞密使金吾太尉少尉都領兵領兵使又有叛及通判安南都護府皆為外職亦有公侯伯太保少保金紫光祿大夫通議大夫承議承信忠翊郎等稱仕者或科舉

或任子或入貲科舉最貴工技奴婢子孫不得應舉入貲始為吏再入貲補承信郎累遷可至知州在官者無俸給但付一方之民俾得役屬耕漁以取利勝兵卸龍武勝龍翼蟬殿光武王階捧日保勝等皆有左右每軍二百人橫刺字於額曰天子兵又有雄畧勇勝等九軍充給使兵士曰一踐更暇則耕種工藝自給正月七日人給錢三百紬絹布各一疋月給禾十束以元日犒軍人給大禾飯一柈魚鮓數枚其地多占米故以大禾為

貴兵器有弓弩木牌梭鎗竹鎗產多生金銅朱砂珠貝犀象翠羽硨磲諸香及鹽漆吉貝之屬菓有柑橘香櫞檳榔扶留藤新舊縣隔一江皆出香新州故占臘地交人侵得之其地多暑無寒氣至冬猶夾衣揮扇我使者往酋必擁馬出城展郊迎之禮斂容側身問皇帝起居畢按轡偕行時以檳榔相饋馬上食之既拜受詔張筵飲宴酋自歌侑酒又出臨汍為娛賓之游酋跣足持竿入水標魚每中一魚左右皆呼譟歡躍以為樂比者使

人入貢輒更服飾沓膏沐髮如漆幞頭靴笏烏紗巾朱履素襪金帶犀帶乘涼轎釘較髮漆甚飭蓋得至中土大變螺笠徒跣柢鴉故習李氏自公蘊而後歷傳至今昊昷凡八世其累世名字曰日曰乾曰陽曰天曰龍皆有僭上之意朝廷以其僻在海隅不復與較也

鄭開陽雜著卷六

鄭開陽雜著

卷七

琉球圖說

明　鄭若曾　撰

琉球國圖

琉球圖考

琉球國在福建泉州東福州東北大海中與日本為鄰自福建梅花所開洋順颷利船七日可至其地漢魏以來不通中國隋大業中令羽騎尉朱寬訪求異俗始至其國語言不通掠一人以返後遣武賁郎將陳稜率兵再往擄其男女數百人還唐宋時未嘗朝貢韓昌黎文海外雜國若躭浮羅流球即斯國也元遣使招諭之不至明洪武初行人楊載使日本歸道琉球遂招之其王首先歸附率子弟來朝太祖嘉其忠順賜符印章服及閩人之善操舟者三十六姓令往來朝貢又許其遣子及陪臣之子來學於國學其國中分為三曰中山王曰山南王曰山北王中山王察度山南王承宗山北王怕死芝皆遣使朝貢永樂以來其國王嗣立皆請於朝受冊封自後惟中山王朝貢不絕其山南山北二王俱為所并中山王世稱尚氏居山之巔我使者去必孟夏來以季秋乘風便也厥貢方物率市諸他國本國蓋無所

有云

又有小流球近泉州霽日登鼓山可望而見入明未嘗朝貢

世紀

國主初姓歡斯氏其先有名渴刺兜者不知其有國世數也明洪武初國分中山山南山北稱三王遣使朝貢十五年賜中山王察度山南王承宗鍍金銀印誥幣使還言三王爭雄相攻賜詔諭之十六年山北王怕死芝

上表朝貢賜印誥文綺復賜中山山南山北三王各紵絲紗羅冠服王妃王姪王相寨官紵絲羅絹公服有差二十五年中山遣子姪及其陪臣子弟入國學上嘉禮之永樂二年察度卒封其世子武寧嗣王是年山南王承宗亦卒無子令其從弟汪應祖攝國事應祖使使來請命如山北王故事諭尚書蹇義遣使賜應祖冠服嗣山南王九年中山王尚思紹使使貢馬及方物以其長史程復來見表言長史王茂輔導有年乞陞國相兼長

史事又言復本中國饒州人輔臣祖察度四十餘年不懈於職今年八十有一乞令致仕還其鄉上從之陞復琉球國相兼左長史致仕還饒茂國相兼右長史景泰元年中山王尚思達遣人朝貢凡諸王嗣封皆請於朝已而山南山北並為中山所并中山世通貢獻自察度後凡五傳至尚圓嗣王卒子尚真嗣嘉靖十一年尚真卒子尚清請嗣遣科臣陳侃行人高澄弔祭封清嗣王賜王及妃冠服錦綺使臣至其國尚清拜曰天朝詔敕藏金匱者八葉於茲矣請留為鎮國之寶比還遣其王親寧吉長史蔡瀚奉表入謝并言一統志中載琉球有落漈王居壁下聚髑髏非實事杜氏通典集事淵海嬴蟲錄星槎勝覽所述亦皆傳聞之妄乞下史館從之蓋海外荒服欽承王化漸革故習君臣父子間彬彬有禮文物之盛迥殊他邦矣

山川

黿鼊嶼

東離流球水程一日

高華嶼

東離流球水程三日隋遣武賁將陳稜率兵過此掠男女數百人而還

彭湖島

近福泉興漳四郡界天氣晴明望之隱然煙霧中也

古米山

在國西有礁甚險舟觸之輒敗

風俗

國人類皆深目長鼻去髭鬍手椎髻纏髮男羽冠毛衣婦白布縈首望月盈虧為晦朔以草木榮枯為冬夏無禮節好剽掠既遣人學於國學故習稍變奉正朔設官職被服冠裳陳奏表章著作篇什有華風焉今其國中王下有王親不與政次法司官次察度官司刑名次那覇港官司錢穀次耳目官司訪問皆士官為武職以上

世及所轄地為姓名其大夫長史通事官司朝貢有定員為文職皆三十六姓人及學於國學者為之王并日視朝旦中晏凡三朝羣臣搓手膜拜尊且親者入殿坐飲酒卑疏者移時長跪階下歲元旦聖節長至君臣冠服拜龍亭祝慶婚娶以酒有珠貝為聘或男女相悅便相匹耦子為親喪數月不肉食人死以中元前後日浴尸溪水去腐肉取骨纏以布帛裹葦席瘞土中王及諸臣家匣骨山穴竅木為小牖歲時祭掃啟視之地無貨殖不通商賈朝貢乘大航海上魚鹽泛小艇或竹筏信鬼畏神神以婦人為尸號女巫女巫之魁稱女君白日呼嘯聚輒數百人攜枝戴草騎步縱橫時入王宮押戲一唱百和音聲悽慘倏忽往來莫可踪跡矯誣禍福王及世子陪臣皆頓首拜跪王居山巔國門名歡會府門名漏刻殿門名奉神樸素無金碧之飾賦洪畧如井田王臣民各分土為祿食上下無征斂有事一取諸民事畢即已用刑甚嚴盜竊即剕劓家富貴者瓦屋不過二

三楹餘皆茅土風雨飄搖以螺殼爨炊無釜甑耕無鐵先以火燒而引水灌持一插以石為刃長尺餘濶數寸而墾之厥田良沃宜稻梁禾黍麻豆赤豆胡黑豆未有楓栝松楩楠杉梓竹畜有熊豹豺狼尤多猪雞無牛羊驢馬蔬果同於江表氣候與嶺南相類婦人嚼米為酒男子煮海為鹽市用日本錢十當一如宋季鵝眼綖貫人無貴賤皆驍健善走耐勞苦飢寒不知醫藥而無疾疫兵革堅利有刀稍弓箭劍鈹之屬編紵為甲或用熊

豹皮射可至二百步進止有金鼓鄭國視為勍敵

福建使往大琉球鍼路

梅花東外山開船用單辰針乙辰針或用辰巽針十更

船取小琉球

小琉球套北過船見雞籠嶼及花瓶嶼至彭嘉山

彭嘉山北邊過船遇正南風用乙卯鍼或用單卯鍼或用單乙針西南風用單卯鍼東南風用乙卯針十更船取釣魚嶼

釣魚嶼北邊過十更船南風用單卯鍼東南風用單卯針或用乙卯針四更船至黃麻嶼

黃麻嶼北邊過船便是赤嶼五更船南風用甲卯鍼東南風用單卯鍼西南風用單甲鍼或單乙針十更船至赤坎嶼

赤坎嶼北邊過船南風用單卯針及甲寅針西南風用艮寅針東南風用甲卯針十五更至古米山

古米山北邊過船有礁宜知避南風用單卯針及甲寅針五更船至馬齒山

馬齒山南風用甲卯針或甲寅針五更船至大琉球那霸港泊船

土官把守港口船至此用單卯針及甲寅針行二更進那霸內港以入琉球國中

回鍼

出港用單申鍼放洋辛酉針一更半見古米山并麻山用辛酉鍼四更辛戌鍼十二更乾戌鍼四更單辛戌鍼

五更辛酉針十六更見南紀山坤未針三更取台山水深二十托西邊過取有橫礁出水用下未針三更取黑麻桑山單辛針三更取官塘山入千戶所五虎門

土產

熊　豹

豺　狼

海巴　豕

磨刀石　琉璜

銅　錫

扇　𧃲樓樹似榈而葉密其皮可織為布

其餘所貢方物悉市諸他國

國朝貢式

祖訓大琉球國朝貢不時王子及陪臣之子皆入太學

讀書禮待甚厚

貢道

由福建閩縣以達京師

即福建南臺外置審使館使至館轂遞入京又設市

舶提舉司官二員專主琉球入貢禮儀互市

貢期

二年一次

貢例

每貢百人多不過百五十人

制限進貢方物

馬　刀

金銀酒海　金銀粉匣

瑪瑙　象牙

螺殼　海巴

擢子扇　泥金扇

生紅銅錫　生熟夏布

牛皮　降香

木香　速香

丁香　檀香

黃熟香　蘇木

烏木　胡椒

硫黃　磨刀石

鄭端靖公紀事附錄公諱藻開封人顯肅皇后兄子也從宋南遷扈仕太傅使相封榮國公謚端靖著有紹興奏議乾道紀事行都雜錄詩文集行世

海外島夷有琉球國者居東南海中大島上國多山洞

彼中人呼其酋為可老羊妻為多拔茶所居曰波羅檀

洞塹柵三重環以流水樹棘為藩酋所居室一十六間

雕刻禽獸制甚宏麗多植闘鏤樹似橘而葉密條纖如髮之下垂酋下有四五帥統諸洞洞有小酋主之洞各有邨邨有鳥了帥並以善戰者為之自相樹立主一邨之事犯罪皆斷於鳥了帥不服則請於酋令羣下共議之人皆驍勇善走好相攻擊難死耐創諸洞各為部隊不相救助兩軍相當勇者三五人直前跳噪交言相詈因相擊射不勝則一軍皆走遣人致謝即共和解兵有刀矟弓箭劍鈹以少鐵故刀薄小率以骨角鑲嵌之無

文字正朔望月虧盈以紀時節草木榮枯以為年歲無君臣上下之禮揖讓拜跪之文父子同床而寢男女皆紵繩纏髮從項後盤繞至額男拔去鬚毫用鳥羽為冠裝以珠貝飾以赤毛女以墨黥手為蟲蛇之文用羅文白布為帽織闘鏤皮并雜毛為文綴毛垂螺為飾雜色相闘下垂小貝其聲如珮綴璫施釧懸珠於項織藤為笠飾以毛羽男女相悅偶成匹偶婦人產乳必食子衣食無匙筯遇得異味先進尊者凡有宴會必呼名而後

飲進酋酒者亦酋名然後舉爵共觴歌呼蹋蹄一人唱衆人和音頗哀怨扶女子上膊搖手而舞酋出入乘木獸令左右輿之導從不踰十數人小酋乘機鏤為獸形俗事山海之神祭以殽酒戰闘殺人即以所殺者祭神人死氣將絕舉至庭前親賓哭泣相弔浴其尸以帛纏縏裹以葦席相土而殯土下無賦斂有事則均親以木櫓中暴海水為鹽木汁為酢米麵為酒田沃可耕風土氣候頗似嶺表泉州東有島曰彭湖烟火相望水行五

日可至隋煬帝嘗遣舟師自義安（即今潮州府）浮海至高華嶼又東行二日至鼅鼊嶼又一日至琉球襲破國都焚其宮室擄其男女而歸自唐以來不通貢獻亦不為寇患琉球旁有毗舍耶國語言不通袒裸盱睢殆非人類淳熙初其酋嘗率數百輩猝至泉州水澳圍頭等邨多所剽殺喜鐵器及匙筯人閉戶則免但取其門鐶而去擲以匙筯則俯拾之可緩數步官軍擒捕見鐵騎競剜其甲蓬駢首就戮臨敵用鏢鎗繫繩數丈為操縱蓋愛其

鐵帷恐失之不篤舟楫但以竹筏從事可摺疊如屏風
急則舁之浮海而逃

鄭開陽雜著卷七

鄭開陽雜著

卷八

海防二覽圖

明　鄭若曾　撰

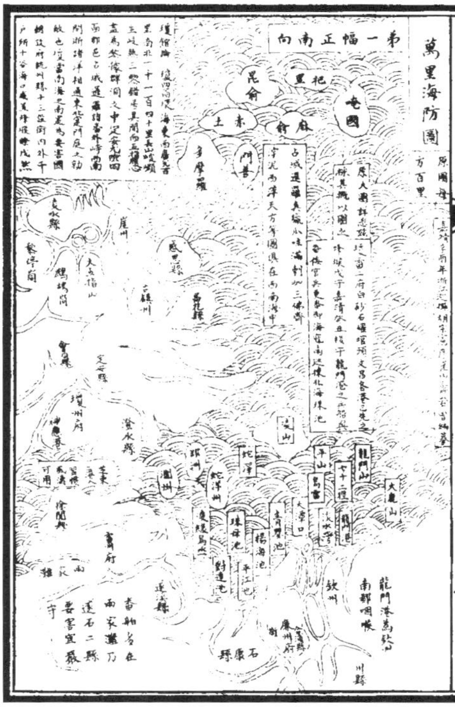

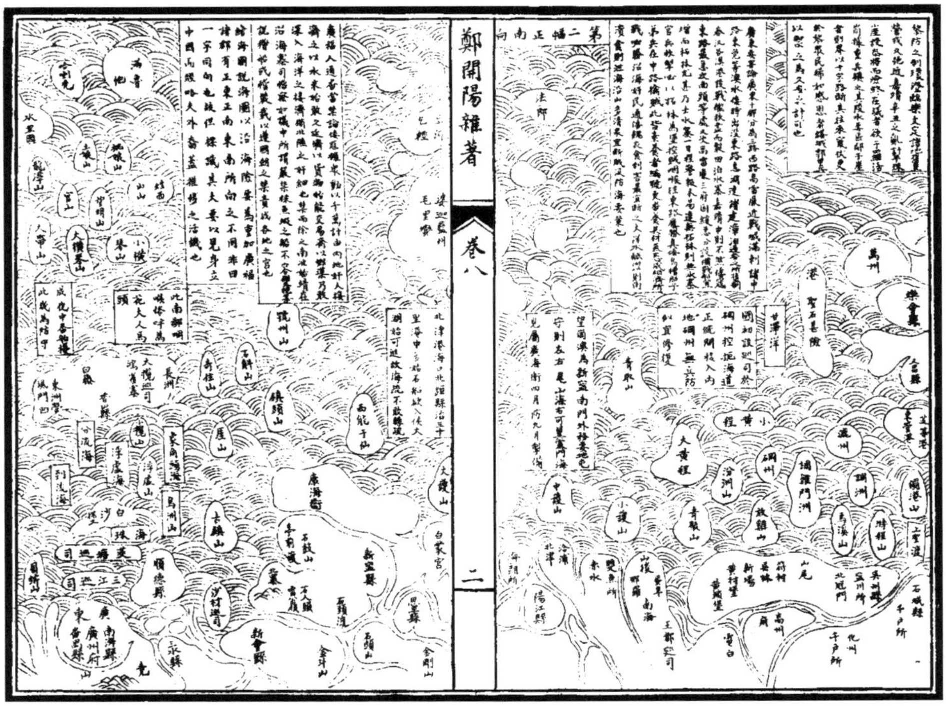
鄭開陽雜著
卷八
二
第二幅正南向

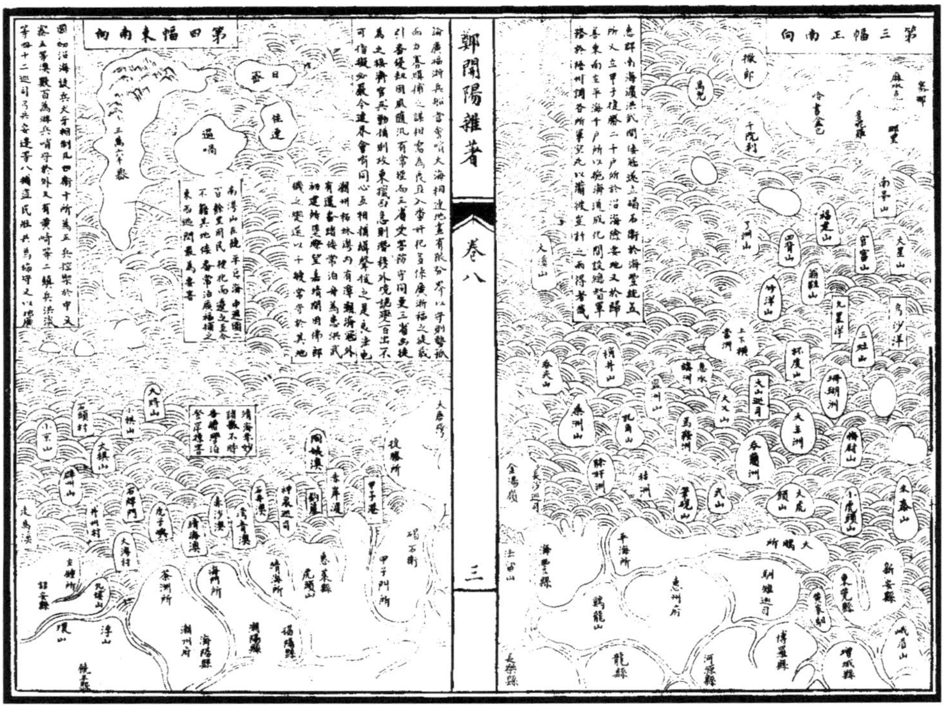
第四幅東南向
鄭開陽雜著
卷八
三
第三幅正南向

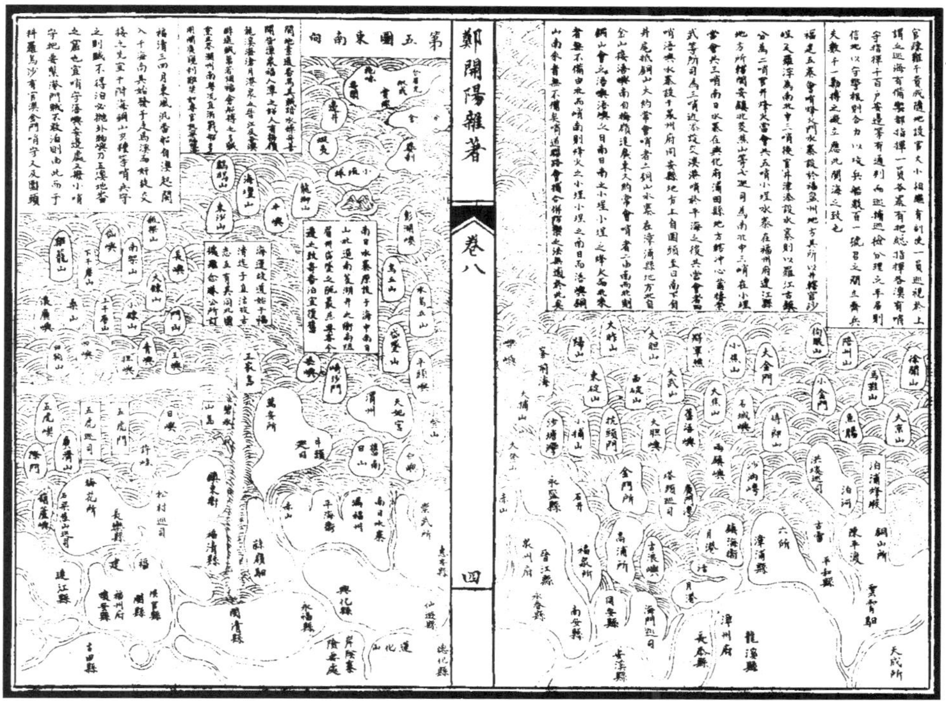
第五圖東南向
鄭開陽雜著
卷八
四

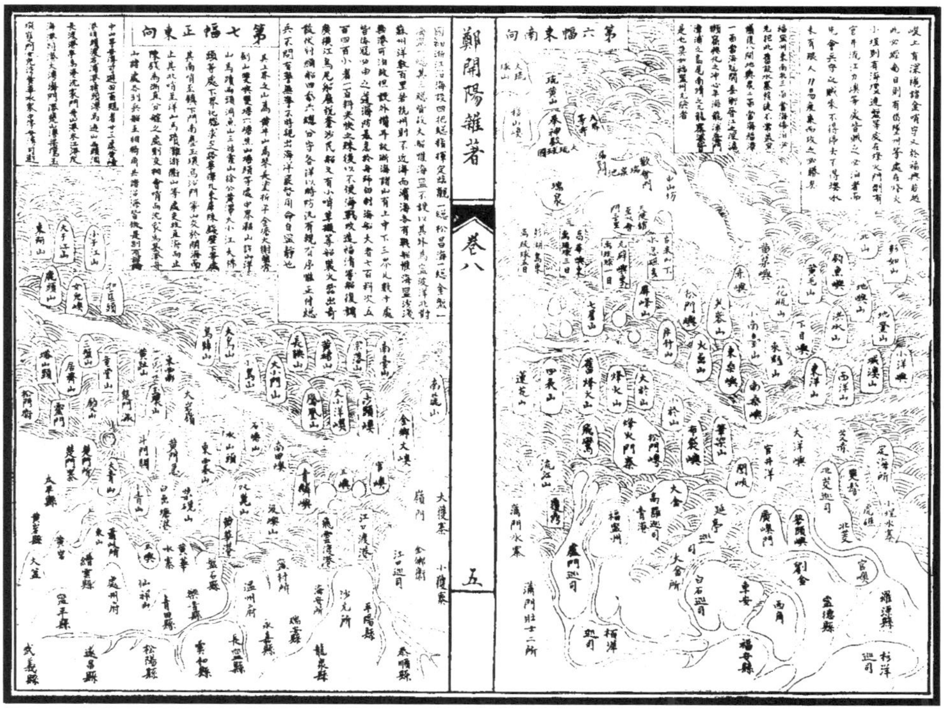
第七幅正東向
鄭開陽雜著
卷八
五
第六幅東南向

鄭開陽雜著　卷八　六

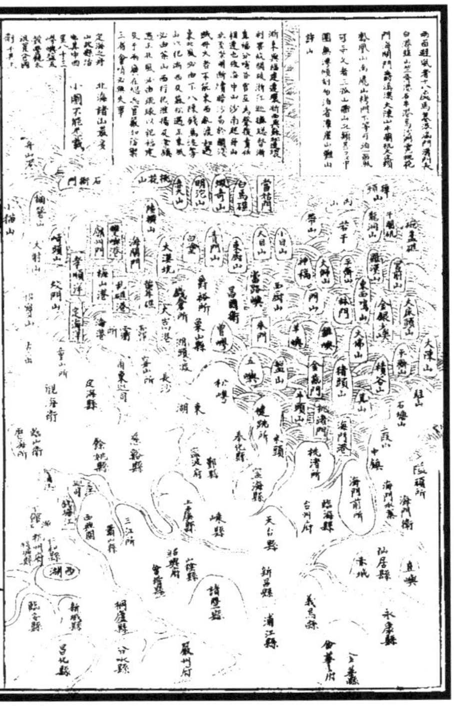

鄭開陽雜著　卷八　七

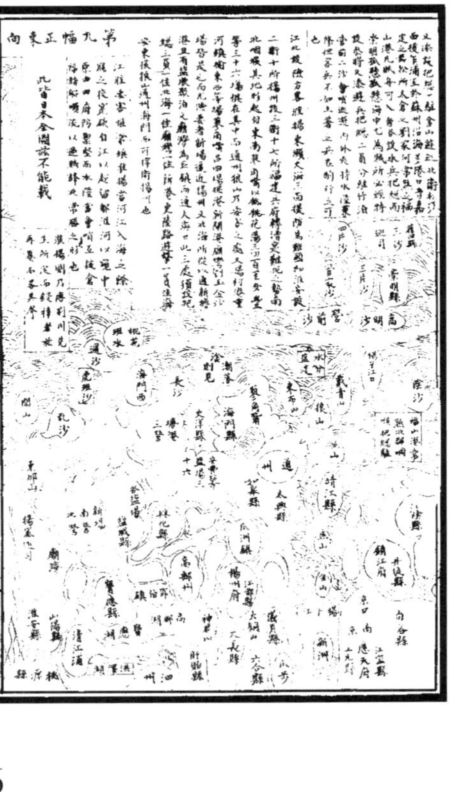

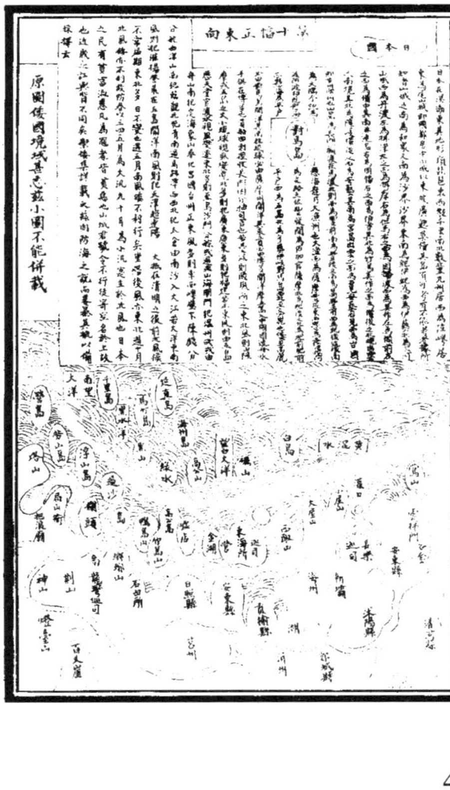

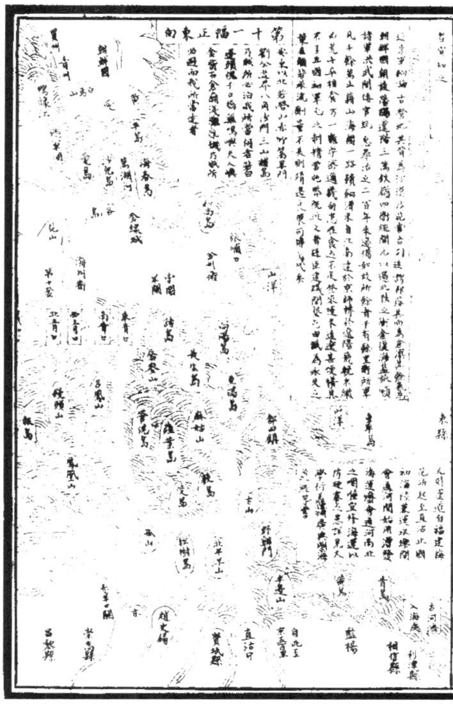

圖式辨

作海圖成或曰子之用心則勤矣但以海居上地居下亦有說歟若曾曰有圖畫家原有二種有海上而地下者有地上而海下者其是非莫辨若曾以義斷之中國在內近也四裔在外遠也古今圖法皆以遠景為上近景為下外境為上內境為下內夏外夷萬古不易之大分也必當以吾身立於中國而經畧夫外裔則可若置海於下則先自立於海中自列於外裔矣倒視中國可

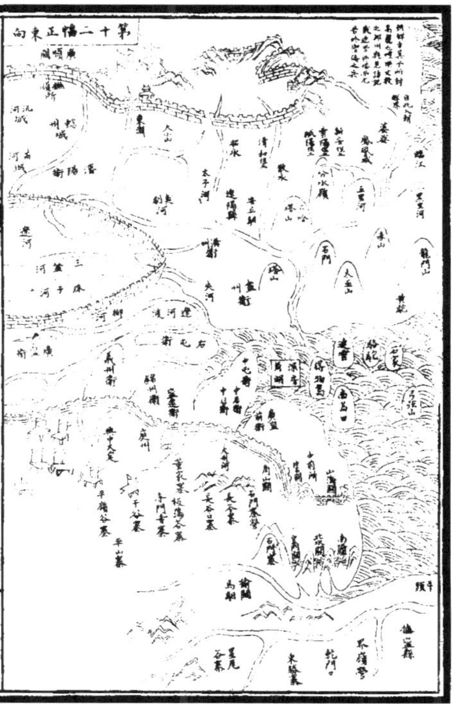

乎或又曰以圖作屏立而觀之若嫌乎登夸於華若曾曰圖之作豈專為屏用哉録之書册置之几案但見遠近不見上下矣昔大司馬默齋許公論圖畫九邊於屏亦以北狄居上天下不以為非也夫何嫌哉又曰天地定向以北為上以南為下北狄原在中國之北不可改也海居南面可比而同之乎若曾曰海何嘗專在南哉南面之海惟廣廉瓊高諸郡耳惠潮之境海有東南面者有東面者是在廣東一省海且無定向矣福建浙江

直隸山東海皆在東曷嘗有南海乎故海一也或面南而視或面東而視若必欲尊北而卑南則亦將尊西而卑東乎或者唯唯若曾恐天下有同是疑者述以告之

嘉靖辛酉夏五崑山鄭若曾伯曾氏識

鄭開陽雜著卷八

鄭開陽雜著

卷九

海運圖說

明　鄭若曾　撰

海運圖說

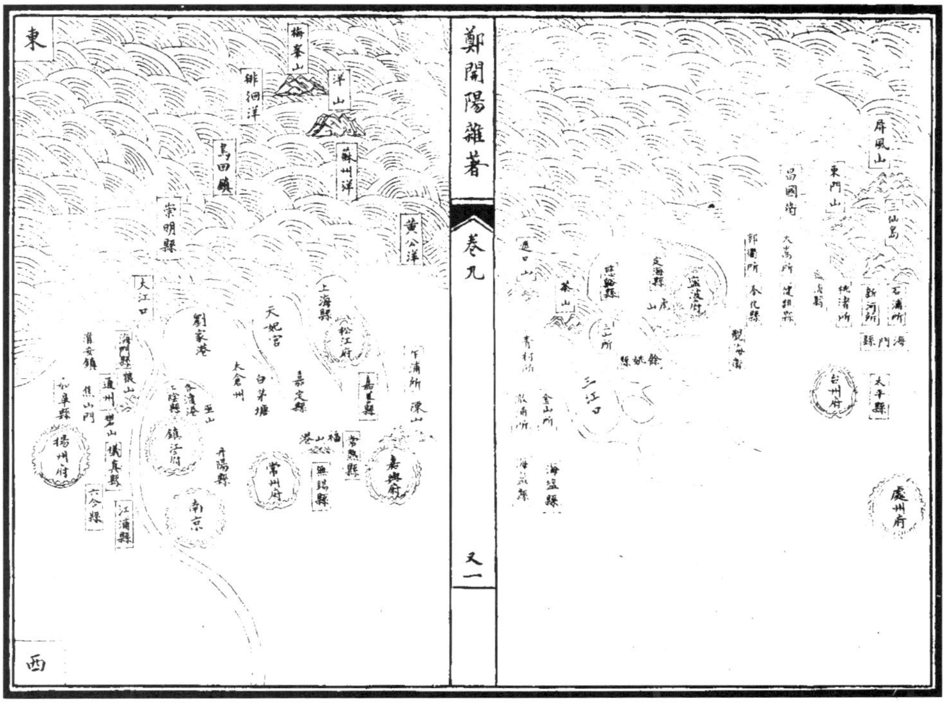
東
西
鄭開陽雜著
卷九
又一
梅峯山
洋山
蘇州洋
崇明縣
黃公洋
大江口
劉家港
天妃宮
上海縣
松江府
嘉定縣
太倉州
揚州府
常州府
無錫縣
嘉興府
南京
江浦縣
六合縣
儀真縣
丹陽縣
海鹽縣
寧波府
慈谿縣
三江口
台州府
太平縣
處州府
屏風山
東門山
昌國衛
定海縣

鄭開陽雜著
卷九
二
成山頭
劉島
沙門島
萊州府
青州府
萊陽縣
即墨縣
昌邑縣
壽光縣
樂安縣
蒲臺縣
利津縣
武定州
緑水洋
松島
南望大洋
過沙
淮安府
海州
安東縣
沭陽縣
贛榆縣
日照縣
安東衛
靈山衛
膠州
東海所
鹽城縣
興化縣
寶應縣

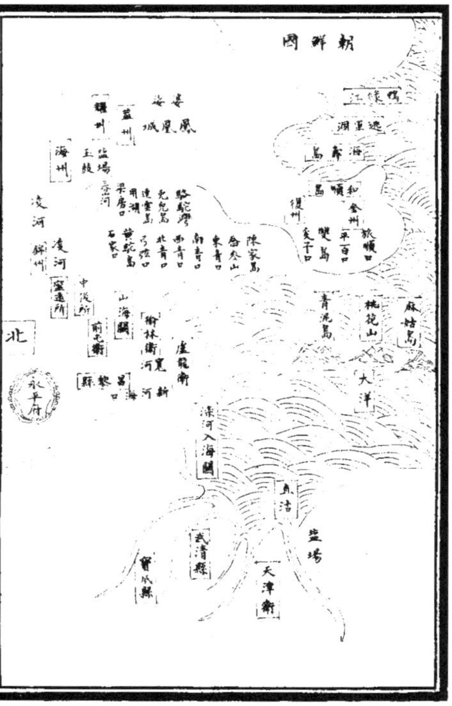

海運圖說

聞考元時海運故道南自福建梅花所起北自太倉劉家河起迄於直沽南北不過五千里往返不踰二十日不惟轉輸便捷國家者經費之繁抑亦貨物相通濱海居民咸獲其利而無鹽盜之害自永樂以來會通河成海運遂廢運者皆由漕河所以避開洋之險也海險莫甚於成山以東白蓬頭等處危礁亂磯湍流伏沙不可勝紀然在熟識水洪者自可趨避今黃河漸徙而南或

衝而北屢為漕患愚意亟宜修復海運舊制召募沿海漁人竈丁鹽徒番客尋認海洪以開運道如廣東船能至漳州漳州船能至寧波寧波船能至崇明崇明船能至通泰海州自此以北皆有故蹟可循故老相傳崇明至海州風順無需一日海州至登州六百里轉過登萊環抱千餘里從利津至直沽亦六百里而近按元史載至元三十年開海運新道自浙西至直沽不越旬日又濬山東膠萊新河直達天津以避迤東海道之險今未

通者僅五里耳且漕船大者四五百石海船大者可數千石漕運一年每三石而致一海運一月不兩石而致一其便利較然也所憂者風濤之巨測耳然聞南洋通番海舶專在琉球大食諸國往來而邊海郡邑魚鹽貿易公私跋涉無日無之未聞有覆溺之虞況東洋有山可依有港可泊非若南洋西洋一望無際舟行遇風不可止也元自至元以迄天曆六十餘年間海運不廢總其所失米數曾不能以十一蓋彼時嚮意海運召募兩

浙富户素習海濤之人而以沙民朱清張瑄為之使且又禁綱疎潤能與民同其利至國初遷都北平議行海運編定里甲遞年輪差夾帶私鹽者没入之更寘以法且造船多不如式督運多不得人故鄉民數進其害咸以為不便誠如元時故制詔募沿海巨室自備人船海運每運米萬石給與耗米行糧四千石許載私貨回鹽以酬其勞連年有功者量授以官人誰不樂效用乎但當自備沓容竈丁漁人鹽徒慣習海濤者聽其所欲不可强定腹裏軍民不習水性之人以敗乃事而又變通舟式兼漳船蜈蚣船（底尖面濶兩旁列楫數十其行如飛而無傾覆之患）制度而酌其中有風則帆無風則楫打造有法處置得宜自無漂失之患設有不虞即如河運亦間有遇風而損壞者豈能必其萬無一失哉惟是江西湖廣江東之粟仍由河運入閘兩廣浙東西蘇松常悉從海運庶三吳田賦可以漸減東南民力可以少甦南北貨通而物價不至湧貴官民船便而漕河不至擠塞且軍卒休而衛之行

伍以實沙民饒而海之鹽盜以息水戰習而南服濱海之彝不難制馭計之孰得孰失何去何從必有能辨之者至於料淺占風之法定船望星之規放洋泊舟之處詳見大學衍義補山東通誌海道經等書無煩復贅云

海道附錄

元時海道凡三變初伯顏建議自平江劉家港入海經通州海門縣黄連沙嘴萬里長灘開洋沿山嶼抵淮安路鹽城縣麻海寧府東海縣又經密州膠州界放靈山洋投東北路多淺沙行月餘抵成山計自上海至直沽揚邨馬頭凡一萬三千三百五十里至元二十九年朱清等復陳便道自劉家港開洋至撑脚沙轉沙嘴至三沙出揚子江開洋落潮東北行過扁担沙大洪又過萬里長灘至白水綠水經黑水大洋轉成山西行過劉家島至芝罘沙門二島放萊州大洋抵界河口至直沽比舊差直至正十三年千户殷明畧又開生道自劉家港入海至崇明州三沙放洋向東行入黑水大洋直取成

山轉西至劉家島入沙門放萊州大洋至直沽如風順餘浙西至京師不旬日尤便元史食貨志元都燕去江南極遠而食貨一切仰給自伯顏建海議分江南糧為春夏二運於是歲抵京師者多至三百餘萬石國朝自劉家河開船出崇明平安沙小洪放洋東北行經白棘沙綠苔沙入管家洪直北至海門縣界呂四場轉東過蓼角嘴是橫上再北過胡椒沙是大橫多陰沙宜勤點水所謂長灘也望白水洋東北行見官綠水一日見黑綠水正北行兩日夜是黑水洋又兩日夜見北洋綠水又一日

夜正北望顯神山半日見成山如在黑水洋正北帶東行量日朗不見成山黑水多必低了望見升羅嶼西有礁如筆架即復回望北帶西行一日夜見成山如在北洋綠水見延真島西北望山尖是九峰山西南洋有北茶山白峰頭石礁橫百餘里激浪如雪即開帆望東北行半日見成山成山頭絕險自放洋入黑水夾延真白峰頭轉成山所謂萬里波濤也若約畧程次隨路趨避則自劉家河起經崇明過蓼角嘴至大河營約程三百

餘里中有大安沙縣後沙各沙嘴淺灘宜避自大河營經胡椒沙黃沙洋酣沙奔茶場呂家堡鬬龍江淮河口至鶯遊山約程六百餘里中有黃沙洋一路陰沙鬬龍江口險潮宜避自鶯遊山東北遠望瑯琊山至齋堂島約四百餘里中有石栖瀾胡家瀾曲伏桃花瀾宜避自齋堂島正東縣膠州靈山島東北遠望勞山前投福島約二百餘里中有靈島鼓樓圖唐島驢鳴嘴董家灣捉馬嘴宜避自福島東避老若山望田橫島約百五十里

自田橫島縣青黃島遠望槎山前投延真島約四百餘里中有劉家嶺及島東三孤石宜避自延真島稍放洋轉杵島嘴北過成山頭西北望威海山前投劉公島約二百四十里中有黑石島餓狼鴝石成山頭殿東頭宜避自劉公島西北避黃家嘴又西避靖子島小杵島遠望芝罘島約二百餘里自芝罘島過龍洞直西望長山島西投沙門島約一百八十餘里中有龍洞嘴灣子口抹直口金礁嘴新河海口觀音嘴石長沙嘴石宜避自

沙門島西南遠望三山島約二百餘里中有大石攔羊欄礁石宜避自三山島過芙蓉島直西投大清河約四百里中有虎頭崖東北碎石海倉口椿米閘石宜避自大清河百六十里至大備河二百餘里至大沽河進直沽遼運則沙門島開洋望北徑過砣磯山欽島沒島南半洋北半洋到鐵洋往東收旅順口黃洋川西南有礁黃洋川東收正島口外有五饅頭山進口內泊南邊一路老岸外有一孤山望成兒嶺盡頭東望有三山正中

入內有南北沙帶一條相連陡岸深水可泊三山西有南山收進青泥窪西有松樹島北有孤山東北望看鳳凰山便是和尚島烽墪下占西有礁石西北有倉廟外有淺灘亂礁須避三山北看青島一路山望海駝收黃島使島鐵山往西收羊頭窪雙島有半邊山艾子口看塔山看連雲島東北看蓋州一路山看鹽場西看寶塔臺便是梁房口進入三叉河收牛莊馬頭泊遼運以上係新開海道非洪永時舊路

鄭開陽雜著卷九

鄭開陽雜著

卷十

黃河圖議

明　鄭若曾　撰

黃河圖

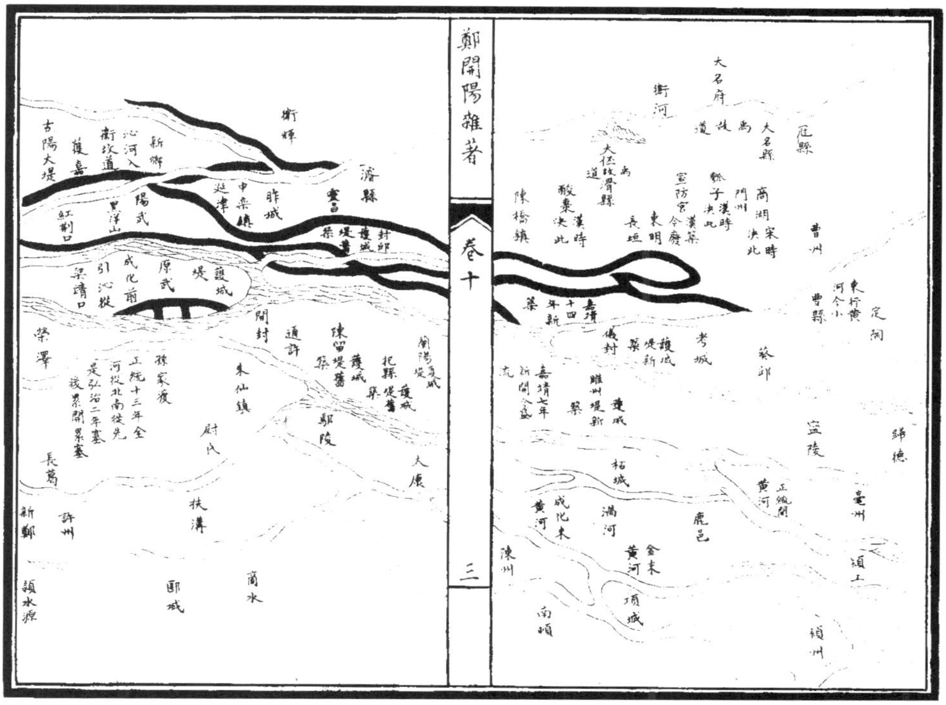

鄭開陽雜著
卷十
三
衛輝
濬縣
大名府
衛河
大名縣
開封
陳留
通許
鄢陵
太康
扶溝
許州
新鄭
長葛
滎澤
歸德
亳州
寧陵
睢州
考城
陳州
項城
商水
鹿邑
柘城
曹州
曹縣
定陶
黃河
渦河

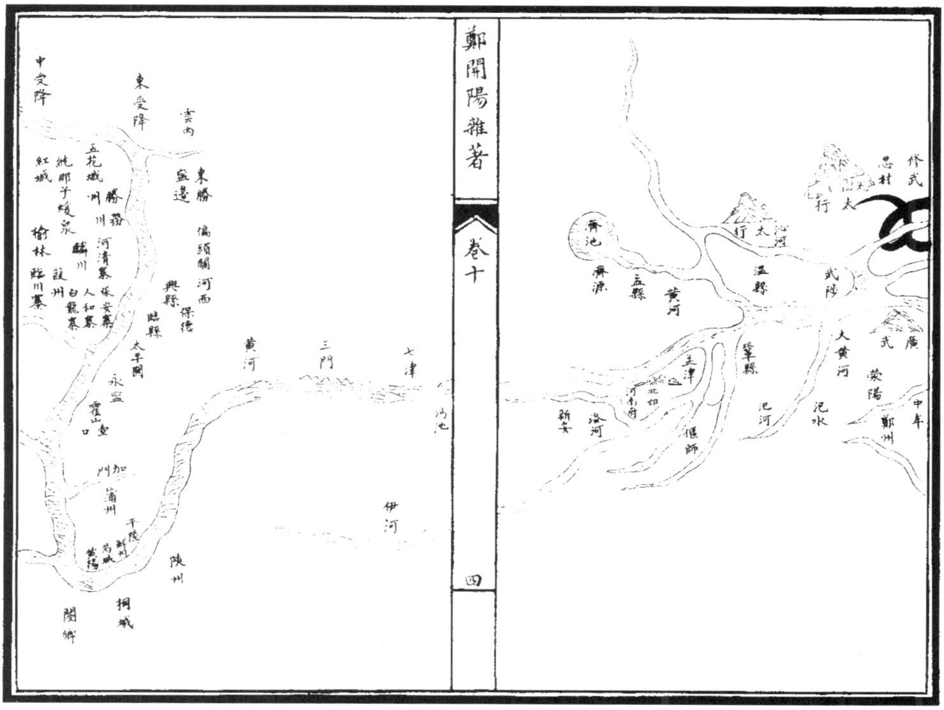

鄭開陽雜著
卷十
四
中受降
東受降
東勝
榆林
黃河
三門
七津
澠池
伊河
陝州
潼關
蒲州
新安
洛河
偃師
孟津
河南府
鞏縣
汜水
汜河
滎陽
鄭州
中牟
廣武
大黃河
武陟
溫縣
孟縣
濟源
濟池
太行
修武

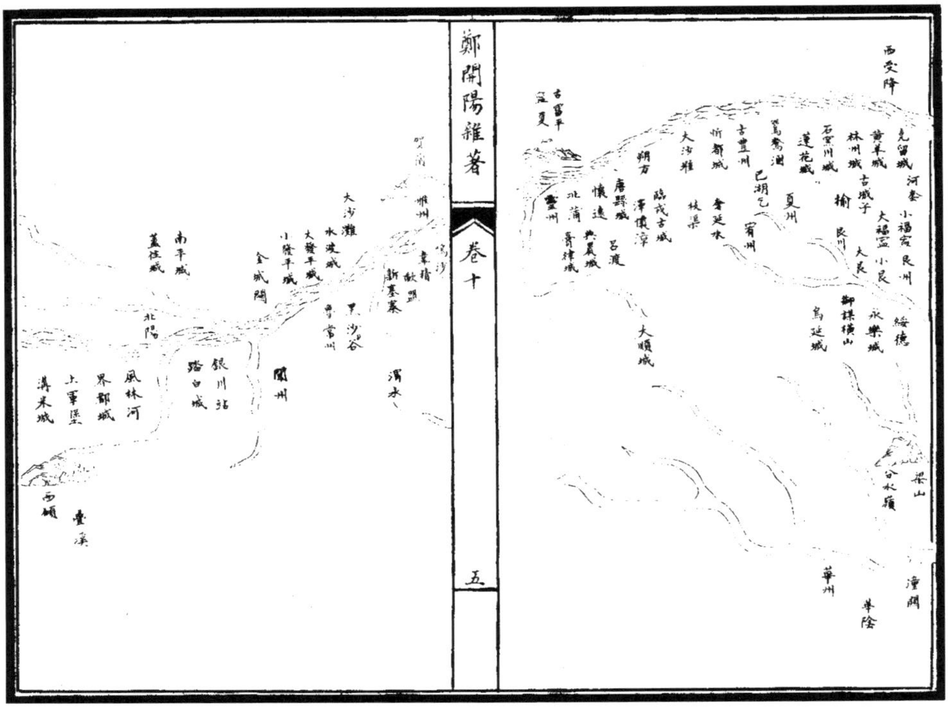
鄭開陽雜著
卷十
五

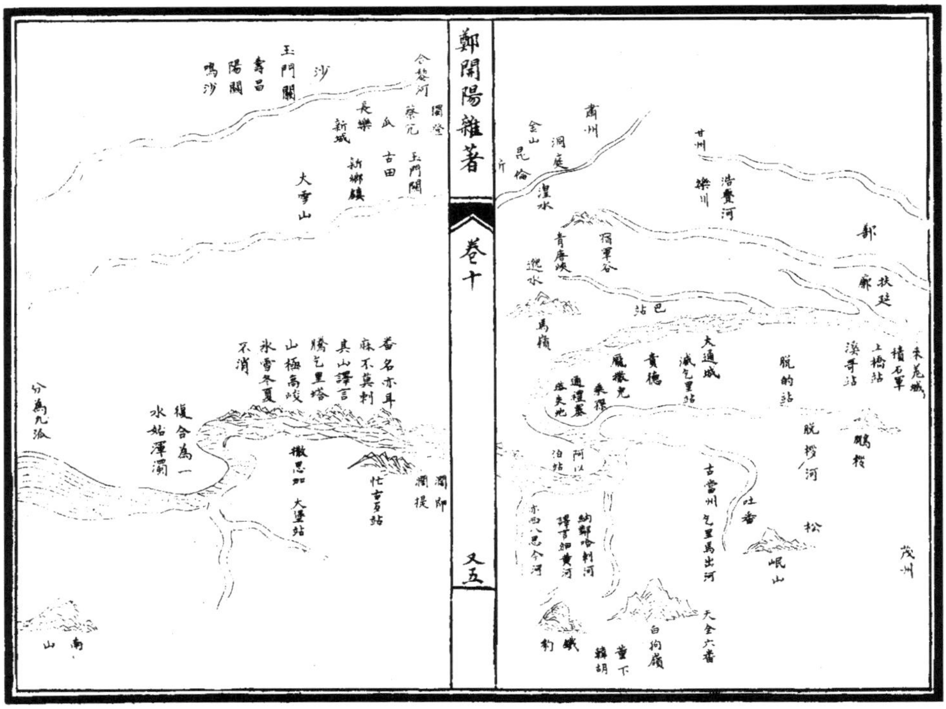
鄭開陽雜著
卷十
又五
玉門關
壽昌
陽關
鳴沙
大雪山
分為九派
南山
岷山
茂州
甘州

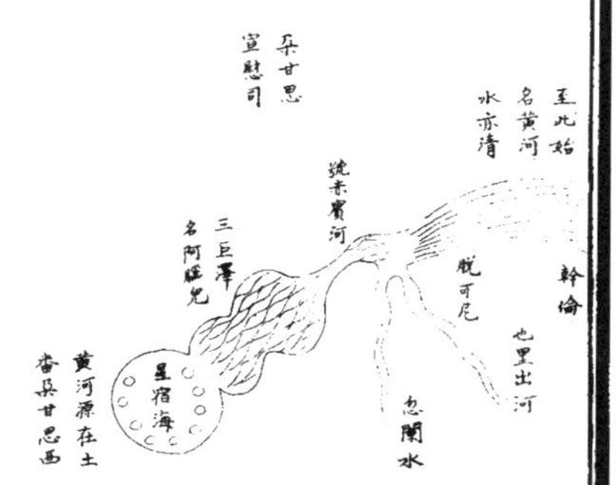

黃河議

黃河發源星宿海出一巨澤二巨澤數折而至崑崙河勢尚不甚大聞所在土人抱革橐騎能過之河上多高山大陵遞相夾抱行入麻哈地其山高峻非常綿亘五百餘里河隨山足東流至積石入中國遶西寧過臨洮其間則有鳴沙嶺又有寧夏山夾之由寧夏流轉達地八百餘里過豐州西受降城過大同路雲内州東勝州與黑河合而南流是即所謂河套也及至靈寶縣河觸太行山轉轄石其間則有三門七津砥柱又有禹廟在或者即禹導山通河處夾岸皆高山而河行山中至沔池至孟津至河南府至溫縣岸無山山盡矣其在河南府即有北邙山亦僅僅障南岸北殊無山至武陟水則有洛河伊河沁河來合河勢始盛大而又有汜水合之河益無賴其在河陰雖有廣武山山亦僅在南岸北岸亦無山俱不能夾東河以故河流至武陟則汎濫亦河必然之勢也故洪武二十四年河決原武縣黑陽山東

正統十三年決滎陽衝張秋潰沙灣東隄又決滎澤決孫家渡全河爲河所從來者高水湍悍難以行平地數爲敗乃開李景高口支河引水出徐濟洪閘二年復淤三十一年河決房邨至曲頭集凡決四處淤四十餘里三十二年七月河趨東北段家口則分六股爲大溜溝小溜溝秦溝濁河胭脂溝飛雲橋皆由運河至徐入洪又分一股由碭山堅城集下郭貫樓散五小股爲龍溝母河梁樓溝胡店溝亦從小浮橋入洪三十八年以後

河由數溝中行其勢分故所在無淤塞之患嗣是夾於何處正未可定夫河由茶城而上以無山夾束故多潰決由茶城而下南岸始有洞山九里山雲龍山北岸則有子房山夾河入徐故徐州獨無潰決但有泛漲以兩山夾輔之力也河出徐州過清凉寺其在南岸雖有半戈山羊山當之北岸復無山故河不能觸南岸直此趨下衝為距山連注蘆塘落馬黃墩周湖柳湖諸湖湖皆在邳境故邳州往往受其害河善泛亦以北岸無山夾

束故也邳州由落馬湖至水晶湖中間湖凡九由水晶湖至清河甚近過清河則淮水會河之路河淮合而下雲梯關入大海河淮之事畢矣夫河之初出潼關入河南也數數為地方患所在地方亦往往以塞決殺流築隄壩建閘帚為事河務具備故隄上自木欒店下止廟道口蜿蜒千數百里屈曲重復葢有見河勢洶湧故從平地築隄用隄助岸以夾河防其暴漲又以河水橫衝敗岸則用捲帚以當其衝又自築隄外仍置閘截水以

殺其勢以為決口不塞則內地淤急流不殺則泛愈急是隄帚自不得不為之所也及隄之又不能遏帚之又不能殺決者自決衝者自衝於是當事者又以隄帚無益於衝決將欲舍隄帚不用而議開支河矣議復老黃河故道矣議開新河濟運舍黃河而不由矣議開膠萊河通復海運矣其議亦可謂衆多其慮亦可謂周悉矣議開支河者謂黃河入淮之道舊有三一自中牟至荊山合長淮之水曰渦河一自開封府經葛岡小壩丁家

道口馬牧集鴛鴦口至徐州出小浮橋曰汴河一自小壩經歸德城南飲馬池至文家集經夏邑至宿遷曰白河弘治間黃河變遷渦河白河二道淤塞全河東下故徐邳獨受其害今若復引水通渦河白河則水勢自分河不獨為徐邳害矣議復老黃河故道者在徐州以上欲自河陰原武懷孟之間審視地形引河水注於衛河至於臨清天津不惟徐邳水勢可殺其半而京師亦可助其形勢也如冬春水平漕舟則由江入淮泝流至於

河陰順流至於衛河沿臨清而至天津如夏秋水迅則仍由徐沛達於臨清至於天津是一舉而得兩運道矣在徐州以下謂清河縣之大津口即老黄河故道也其小清口即今淮水所出之清口也欲議復七十里故道後又慮魚溝鐵線溝葉家口陰陽口地勢卑窪諸決之水漫流至此築隄鉅費且恐難保故其説旋議而旋罷其議開新河者議欲自泇口鎮鑿新河以通運避黄河之險河自馬家橋至直河出口計二百三十餘里其説

復旋議而旋罷其欲自徐州子房山梁山至馬家橋上下開新河八十里置舊河於隄外使黄河出口之地並不相及呂梁徐州二洪之險並可遠避一議也其欲自昭陽湖東起汪家口直抵留城一百四十餘里開河入運一議也其欲開膠萊河通復海運者出自嘉靖丙申山東副使王公憲之議河之南口起麻灣北口至海倉中間相距三百三十五里兩口舊皆貯潮水常足不假濬者二百餘里濬者一百三十餘里疏濬之内有分水

嶺聞其地河形至今在但下多碙砂石水微細使極力開鑿止三十里遠耳如河成江漕由淮安清江浦麻新壩馬家壕而來計良便前是以海運為險罷海運者以馬家壕未通漕舟出大洋故也今馬家壕既通我舟即不必由大洋直由小海中行舟自不險然後由麻灣海倉二口徑抵天津直沽豈得非便道乎夫舟自清江浦口至天津路凡一千六百里其中由河行者八百里由海行者八百里海行既由小海不由大洋非若昔元人

海運迢遠又所麻有劉家島蓬萊島黑水成山大洋甚險後王公以陞去事遂寢夫河之為患從古記之自夏后氏鑿山濬川地平天成漢時河決瓠子等處輒謂災異然亦不數數見隋唐以前河與淮分自入海宋中葉以後合於淮以趨海間有潰溢之患為禍亦不甚烈至我朝東衝西決頻年不已蓋國家自會通河成借河入運雖得其力頗受其害築隄疏濬歲費金錢不下數十萬顧此塞則彼潰彼濬則此淤勞人費財迄無成功更

可慮者西北之供億仰給於東南東南之飛輓全賴於漕河漕河自王家閘以北至德州千有餘里乃國家命脈所係匪彤萬一決壞百萬漕糧將安輓之愚謂膠萊河之説及今行之可也往歲議罷者以分水嶺三十里阻塞人力難施山東巡撫病其煩勞而止惜小而害大計貪目前之安而忘久遠之圖弗思甚矣誠格衆議而奮然行之河成設重兵屯守膠萊海次屹然為一巨鎮專意衛漕防海寇為務則河通漕便歲可省金錢百餘

萬議弃世無窮之利也今日為東南邊防計所宜備海為國家根本計所宜備運愚故并論及之司國計者深慮而熟籌之可也

鄭開陽雜著卷十

鄭開陽雜著

卷十一

蘇松浮賦

明　鄭若曾　撰

書曰淮海惟揚州厥田惟下下蘇松古揚州之域東瀕於海控帶三江環距震澤水多而土埠故田為第九等而下下也而今日賦額之重惟蘇松為最愚不能無議焉按大禹時則壤成賦定以九等厥賦惟下上上錯蓋

第七等雜出第六等也三代井田之制不可復論自秦而降率皆計畝而税漢時三十而税一由晉迄唐增減不一要不過以升合計宋代更定江浙税法每畝不盈一斗其時蘇州府額徵米三十餘萬石松江府額徵米二十餘萬石載諸史乘可考而知也元初沿宋之制迨延祐間加增無藝蘇州府多至八十萬石松江府多至七十萬石張士誠竊據江南恣意誅求又加蘇州府額二十萬石而民鮮有應者我太祖高皇帝乘乾御宇定

天下田賦官田起科每畝五升三合五勺民田每畝三升三合五勺蘆地每五合三勺四抄草塌地每畝三合一勺嗣因張士誠負固堅守蘇松久攻不下怒民附寇遂沒豪家徵租私簿準作稅額一時增加有一畝徵糧至七斗以上者於是蘇州府共計二百八十餘萬石松江府共計一百三十餘萬石并著令蘇松人不得官戶部洪武七年知民困弗堪詔蘇松嘉湖等府田如每畝起科七斗五升者減半十三年再減蘇松嘉湖四府重

租糧額舊額畝科七斗五升至四斗四升者再減十之二四斗三升至三斗六升者減十之一俱止徵三斗五升為率其三斗四升以下者仍舊額建文二年下詔曰國家有惟正之供田賦不均民不可得而治江浙賦獨重而蘇松準松租起稅特以懲一時頑民耳豈可為定則以重困一方宜悉與減免照各處起科畝不得過一斗田賦既均蘇松人仍任戶部成祖文皇帝革除後盡反建文君之政蘇松賦額遂不得終邀蠲免之恩宣德

五年上御南齋宮宣大學士楊公士奇咨行寬恤之政楊公奏言各處官田起科不一而租額皆重細民困乏蘇州尤甚郡縣以聞戶部固執不與除豁細民多有委棄逃徙者此當速與減除上曰所陳有益於朕有益於民命即草勑用早頒行每畝舊例納糧一斗至四斗者各減十分之二四斗一升以上者各減十分之三正統元年從巡撫周公忱之請詔令浙江嘉湖直隸蘇松等府官田准民田起科每畝舊額四斗一升以上者減作

二斗七升二斗七升以者減作二斗一升一升至二斗者減作一斗蘇州府得減秋糧七十餘萬石松江府得減秋糧二十餘萬石顧減者雖減而徵者猶重蘇州府尚存浮額二百萬石松江府尚存浮額九十餘萬石今照弘治十九年會計蘇州府夏稅小麥五萬三千六百六十三石九斗一升一合二勺零（每石折銀二錢五分麥熟啟徵）絲綿折絹六百九十七疋三丈三尺五寸七分稅鈔三千二百六十七錠七百一十五文九分農桑絲折絹一百六

十七足二丈一尺六寸一分六釐秋糧米二百三萬八千三百二十三石一斗五升一合七勺（穀熟啟徵）松江府夏稅大小麥九萬二千二百五十八石六斗一升九勺絲綿折絹六百九十七足三丈一尺五寸七分稅鈔三千二百六十七錠七百一十五文九分農桑絲折絹一百六十七足二丈一尺六寸一分六釐秋糧米九千三萬九千二百二十六石二斗三升二合七勺此實徵之數也嗟嗟蘇松民困極矣藉曰太祖怒吳民不即歸附故

以加賦示罰一罰至二百餘年抑亦不忍言矣間考輿圖湖廣最稱鉅省延袤綿亘沃野千里產殖豐饒諺曰湖廣熟天下足按賦役志湖廣布政司夏稅米麥一十三萬一千四百石四斗七合二勺零絹二萬二千九百八十九足七尺七寸四分二釐九毫零農桑絲折絹四千九百九十二足一丈九尺九寸二分七釐零棉花折布一十二足二丈二尺秋糧米荳芝蔴二百三萬六千一百二石一斗六升四合九勺零貫鈔一百七十五貫八百七十一文課程苧蔴折米五十七石一升五合零棉布七百三十八足八尺八寸綜而計之每畝僅科升合又如八閩亦稱繁盛按福建布政司額徵夏稅麥七百六石五斗九升二合六勺零鈔一萬七百七十八錠三貫一百七十二文五分六釐絲綿折絹二百八十足一丈九尺五寸五分三釐農桑絲折絹三百一十九足一丈二尺七寸八分零絲綿一百九十四兩五錢九分土苧六十五斤一十三兩一錢六分秋糧米八十五萬

四百四十七石七斗七升四合五勺零鈔二貫二百六十文魚課米三萬一千九百六十石六斗七升八合綜而計之亦每畝僅科升合蘇松幅幀幾百里山陵川澤十居二三古稱厥土惟塗泥常有水溢之患且他省樹藝一歲而兩熟蘇松二郡一歲止有一熟苟遇凶荒未免啼饑號寒輾轉溝壑乃不意蘇屬一州七縣之額糧及浮於全楚一十五府十六州一百七縣之賦稅松屬二縣之正供較多於全閩八府一州五十七縣之輸將

又如直隸所豁應天府屬八縣夏稅大小麥一萬一千六百五十四石四斗四升五勺零絲綿折絹一千二百一十四疋一丈六寸九分二釐八毫農桑絲折絹一百四十三疋二尺七寸三分四釐四毫秋糧米二十一萬五千一百五十九石八斗四升七勺零鳳陽府屬五州十三縣夏稅小麥九萬九千三百五十八石七斗七升五合八勺零稅絲折絹一千三百八十疋一丈八尺七寸五分零農桑絲折絹一千三十五疋四尺一寸五分

秋糧米一十一萬三千五百八石六斗五升九合一勺零揚州府屬三州七縣夏稅小麥三萬九千九百二十二石二升七合零農桑絲折絹八百四十一疋二丈四尺農桑零絲六十四兩五錠秋糧米二十萬六千六百三石八斗六升五合零租鈔五千二百四貫七十一文斗租米二石五斗淮安府屬二州九縣夏稅小麥二十二萬八千八百七十二石二斗九升八合七勺農桑絲折絹一千四百六十一疋一丈九尺七寸七分九釐秋

糧米一十六萬六千四百二十三石五斗八合四勺廬州府屬二州六縣夏稅小麥九千八百七十二石一斗四升三合九勺零農桑絲折絹六百八十七疋一丈三尺三分六釐零秋糧米六萬六千八百三十七石二斗一升二合零徽州府屬六縣夏稅小麥五萬一千四百九十八石七斗一升二合一勺人丁絲折絹八千七百七十九疋四尺三分三釐零農桑絲折絹一十五疋一丈四尺七寸秋糧米一十二萬一百三十三石八十六

升三合三勺寧國府屬六縣夏稅小麥二萬九千五十二石三斗六升六合農桑絲折絹三十疋二尺農桑零絲三十三兩三錢稅絲三百四十斤一十兩七錢四分二釐六毫秋糧米七萬四千二百六十一石六斗七升一合九勺池州府屬六縣夏稅小麥六千八百二十四石七斗五升七合八勺零稅絲折絹一十五疋稅絲零絲一兩一錢九分七釐農桑絲折絹一百九十八疋農桑零絲三斤一兩八錢五分秋糧米六萬一千三百七

十二石八斗九升五合八勺山租鈔二百四十四貫二百七十九文太平府屬三縣夏稅小麥一萬六千二百七十六石五斗六升絲綿折絹一百二疋九尺六寸四分二釐秋糧米三萬三千六百三十六石七斗四升七合二勺安慶府屬六縣夏稅小麥一萬八千九百九石三斗七合二勺農桑絲折絹三百五十三疋二丈九尺秋糧米三萬三千六百三十六石七斗四升七合一勺常州府屬五縣夏稅小麥一十五萬四千三百八十七

石一斗四升九合六勺絲綿折絹一千五百七十三疋一丈一尺一分零蘇布二千七十七疋二丈六尺六寸五分零農桑絲折絹三百二十四疋二丈四尺六寸秋糧米六十萬六千九百五十四石三升三合三勺租鈔二十四錠四百六十五文鎮江府屬三縣夏稅小麥五萬四千九百五十八石七斗五升五合八勺絲綿折絹二百五疋二丈八尺六寸二分零農桑絲折絹一千八百七十六石五斗七升三合合直隸十二府屬十二州

七十八縣賦額計之不及蘇州一府舉鳳陽府屬五州十三縣賦額計之不及蘇州府一小縣尤不平者又如蘇州府屬內崇明一縣每畝額微亦僅以升合計而長吳崑太等州縣則數倍之疆域田土古今止有此數蘇松之戶口非有加於前代蘇松之田畝豈較增於曩時一民之力幾何一歲之入幾何國家有臣鄰軍旅小民亦有父母妻子也國家有朝會燕饗小民亦有冠婚喪祭也夏稅秋糧之外加之官吏耗贈額外科派其何以

堪說者且曰蘇松富饒之鄉貨物輻輳遊玩登臨日費不貲朝廷惟正之供即多取之而不為虐不知蘇松土俗外似有餘內實不足其開張字號行鋪者率皆四方旅寓之人而非有四者也其書冠鮮服畫船簫鼓遨遊於山水間者類皆商賈之徒胥吏之屬及浮浪子弟倡優僕隸而非有田者也其有田者為賦役所困兢兢乎朝不保夕奚暇為經營之計遊觀之樂哉夫以禹貢第九等之田閱今而辯天下第一等之賦愚所望於議賦者

縱不能知唐宋舊額奈何比故元而加增三倍也抑縱不能照他者與本省各府之最輕者同例或亦可彷鄰近郡邑如常鎮二府之在輕重間者而斟酌損益也常鎮二府額徵重以斗計輕以升合計而蘇松則與常鎮界連壤接者也田畝之肥瘠相同天時之雨暘人力之勤惰相同而賦額縣殊何不可等而一之乎將謂祖制不便遽改故未盡豁免姑留此以示當年懲創之意竊見先朝建言忤旨禁錮諸臣新天子嗣服往往特恩寬

釋加以不次之擢又最甚如靖難時抗節諸人罔不荷恩褒卹獨此蘇松無告之民何獲戾之深而數代以後猶永遠禁錮之懲創之若是哉朝廷之上舉行一事動曰法堯舜法祖宗上古輕徭薄賦豈其未之前聞若道太祖之法則初年均定每畝升合之舊章曷不率由而一時遷怒所增顧歷世奉為成謨也今日者民窮財殫室如懸罄回思向者謀置恒產原以為餬口計也且以為子孫久遠計也今則患若不勝州縣為關考成催科

不容刻緩吏胥但知肥己悉索米肯少寬稱貸無從典質俱盡甚至變產傭工貿妻鬻子舊逋未完而新賦復欠或皷扑致斃者有之或投繯自盡者有之向以為餬口計者茲且身家之不保矣向以為子孫計者茲且後人半為餓莩矣以數金易畝田獲利不及什百之一而性命懸於呼吸不如游手好閒之人充一弓兵民壯可以坐糜朝廷之糧餉也充一府吏胥徒可以刻剝閭左之脂膏也於是不敢憾君王而憾天地曰奚生為蘇松

之編氓也不敢怨官長而怨父母曰曷貽此賠累之產業也噫閭閻顛困之情形至此已極真賈長沙所謂可為痛哭流涕長太息者也昔日監門上流民圖當亦未有過此者也計臣謀國第謂江南財賦甲於天下蘇松財賦又甲於江南議減恐貽國用不足之虞竊思職方所掌廣大無外蘇松版圖不啻寸幀尺幅耳普天之下莫非王土任土作貢儘可資軍國之需何藉蘇松二郡額外之徵況紆籌財用務求實濟無取虛名邇年以來

二郡積逋動以數十萬計是徒負重劍之名而無徵輸之實也朝廷屢下明詔蠲免舊賦奈黄紙放而白紙徵上有寛貸之迹下無實惠之沾無寧減省額徵著為令式凡有尺地寸土者咸沐浩蕩之恩令世世子孫永戴聖朝德意不忘也善乎孔子告魯君曰薄賦斂則人富曾子釋治國平天下曰財聚則民散財散則民聚有若之論徹曰百姓足君孰與不足百姓不足君孰與足為人上者恭儉節用取於民有制則民力寛裕衣食滋殖自然樂

輸貢賦以給公家若暴征峻斂侵奪民利物力已絀而驅以刑威勢必流離渙散不得已而為盜賊寇劫殺傷無所不至往者海上之禍可鑒也嗚呼此豈國家之利哉所以鹿臺之財鉅橋之粟商辛聚之以失民心周武散之以得天下漢魏之世徭税至輕且頻下蠲租之詔維時民安物阜而國用未嘗不充迄乎唐宋而後日加賦於民而國用未嘗有餘杜氏通典曰家足不在於逃税國足不在於重斂逃税則不土着而人貧重劍則多

養羸而國貧大學衍義補曰治國者不能不取於民亦不可過取於民不取乎民則難乎其為國過取乎民亦難乎其為民善於制治保邦者必立經常之法以為養民足國之本所謂經常之法者禹貢所載貢賦之式而已唐陸贄奏議曰國家之定賦税也必先道以厚生之業而後取其什一其所取也量人之力任土之宜又曰建官立國所以養人也賦人取財所以資國也明君不厚其所資而害其所養故必先人事而借其暇力先家

給而斂其餘財借必以度劍必以時有度則忘勞得時則易給是以官事無闕人力不殫苟其法制或虧本末倒置但務取人以資國不思立國以養人非獨徭賦繁多夐無蠲貸至於徵收追促亦不矜量蠶事方興已輸縑税農功未艾遽斂穀租上司之繩責既嚴下吏之威暴愈促有者急賣而耗其半直無者求假而費其倍酧所係遲速之間不過月旬之異遲無所妨速亦奚益李翶平賦書曰人皆知重斂之為可得則不知輕斂之得

財愈多也蓋重斂則人貧人貧則流着不歸土地雖大有荒而不耕者雖耕之而地力有所遺人田益困財日益匱雖欲誅暴逆而威四裔其可得耶輕斂則大樂其生人樂其生則居者不流而流者日來土地無荒桑柘日繁盡力耕之地有餘利人自益富兵日益强人戴之如父母雖欲驅而去之其可得耶夫移貯者天下之大命民間之積貯實國家之外府百姓無死亡亦國之無逋賦也有姓有餘財亦國之有餘賦也與其取盈於國

而為損下益上之謀孰若藏富於民而為耕九餘三之計與其遇有災祲而為議蠲議賑之恩孰若均寒則壞而為可常可守之規曩歲當以留羌之見白之大中丞定陶曹公（邦輔）公言念及此不禁感慨欷歔即欲繕疏入告格於軍興不果自是而後益以寇氛驛騷東南之財賦彌竭兆姓之顛連愈甚誠以偏重之累陳之當宁俾聖天子知蘇松赤子罹困已極惻然動念特勅農部將二郡賦役彷彿故元舊額兼揆各省及本省各府見徵

則例下寬郵之詔以清浮濫之弊則民間之傷痍可平行法外之仁以蘇閭閻之困則行間之士氣可振行見二郡之民義足以致身勇足以赴鬬設有不虞必出死力以捍桑梓之地民盡可為兵而不必有徵調之煩兵即寓於民而不必有饋餉之勞所謂不募兵而兵强不謀食而食足豈徒延蘇松億萬姓垂死之命將益綿宗社億萬年無疆之祚矣孰得孰失何去何從司國計者深慮而熟籌之可也（賦額詳見會典）

鄭開陽雜著卷十一

崐新合志文苑傳鄭若曾字伯魯文康公孫幼有經世志凡天文地輿山經海籍靡不得其端委婦翁魏校最器重之（按若曾婦翁名庠乃校之弟見歸有光外舅魏公墓志銘）嘉靖中以諸生入北雍闈中擬元者再竟不遇倭擾東南總制胡宗憲辟為贊畫偵知倭不諳地境導之者為內地奸人以計間之寇遁敘功授錦衣世廕不受歸而著書薦修國史不就歷與王守仁唐順之羅欽順王畿茅坤歸有光諸人研磨實行不角立門戶為空言無補之學所著書皆切實經濟不以文詞為工也又著述目鄭若曾江南經畧八卷籌海圖編十三卷萬里海防圖論二卷江防圖考一卷日本圖纂一卷朝鮮圖説一卷安南圖説一卷琉球圖説一卷海防一覽圖一卷海運全圖一卷黄河圖議一卷蘇松浮糧議一卷（原注俱見四庫書目）按庫目以籌海圖編為胡宗憲著其萬里海防圖論等則標曰鄭開陽雜著蓋圖編雖出若曾手據茅鹿門序稱宗憲聘君幕府裒次其事其體裁多出自丹陽邵芳蓋鄭邵合輯而胡綜其成也雜著十一卷論江防海防及日本者即圖編原稿其朝鮮安南諸圖説則未載入圖編圖編行世之本尚多而雜著罕見則欲知鄭氏經世之學者尤宜一讀其雜著矣館藏寫本概圖甚精亟與平倭通錄山海漫談二書次比印行以證明之學者精究國防不徒以空談心性為事又以見明人措意倭患實兼規及海上諸小國不僅僅就倭言倭是則恢復舊屬扶翼小邦張輔車之勢以挫虎狼之鋒已神州赤縣人士所宜高瞻遠矚為亞東宗主惡可以局部抗扞為已盡其職哉壬申夏六月鎮江柳詒徵

国家出版基金项目
NATIONAL PUBLICATION FOUNDATION

海上絲綢之路文獻集成

總主編　陳支平　陳春聲

歷代史籍編

103

主編　范金民

海峽出版發行集團
THE STRAITS PUBLISHING & DISTRIBUTING GROUP
福建人民出版社

本册目次

江防考六卷存四卷

〔明〕吴時來撰　王篆增補

《江防考》六卷存四卷，明吴時來撰、王篆增補。時來（一五二七—一五九〇）字惟修，號悟齊，浙江仙居人。嘉靖三十二年（一五五三）進士，累官至左都御史。篆字紹芳，湖廣夷陵（今屬湖北宜昌）人。嘉靖四十一年進士，官至吏部侍郎。隆慶二年（一五六八），時來任南京僉都御史提督操江，創爲此考。六年篆繼其任，以形勢微有不同，乃仍其體例，增損重訂。全書考形勝、營制、官兵、沿革等頗爲詳備。據上海圖書館藏明萬曆五年（一五七七）刻本影印（卷一、卷四原缺）。

江防考卷之二

官兵沿革

一額設新江口營水操官軍名數（并附船隻馬匹）

原額官軍餘一萬五千八百一十伍員名

內事故一萬五百六十九名見在五千二百四十六員名

建陽衛官軍二百五十員名

新安衛秋操春歇官軍三百名

鎮江衛京操官軍七百名（査得嘉靖十九年因海賊秦藩等作亂添設總兵于鎮江府地方就將各衛官軍存留彼處操練續

于嘉靖二十二年該都御史楊行中題准召募南京各衛餘丁六百八十六名并本營官一十四員共七百員名補前數共該衛官軍七百名復於嘉靖三十八年三月該巡按御史尚維持於內調取三百名前去孟河守禦餘四百名尚存該衛隆慶三年該都御史吳題將三百五十員名赴京操演三百五十員名協守圌山萬曆元年該都御史董　題復圌山官兵不必京軍協守俱解赴新江口營操練該衛爲春班建陽新安三衛爲秋班照依舊規日期更番赴京聽遊巡把總率領遊巡）

一見在官軍餘通共五千六百餘員名

一事故官軍通共一萬九百餘員名

萬曆五年閏八月該操江都御史王

題爲竭愚忠飭武備以固江防以衛重

地事

一款核軍實以充營伍內開見在官軍止五千六百餘人又半疲老病弱蓋江營官軍差役繁苦數倍諸營以故殷者營改別差弱者逃移他境巧猾者投充影射而各當事又復役占不常行伍空虛職此故也查得正德九年操江都御史

張津南京吏科給事中潘棠等具題覆

奉

欽依以後操江官軍敢有營求別差希圖避重就輕者許點軍科道參奏問罪不分官軍俱調發極邊衛分官員帶俸軍人守哨其例可謂嚴且重也數十年來法久廢弛伏乞

勅下兵部移咨南京兵部將原額官軍盡數查明定註冊籍該部及臣衙門各留一冊以

便填補稽查先將改差者追還逃故者
勾補取回者查復退回者更換爲事者
清提有丁者查替每年終以所清勾還
補官軍員名數目容開到臣參對查考
惟改避別差未盡還復及有知而再犯
者不分官軍容臣指名具奏照前例
重處仍復著爲定例以後再有營改別
差及隱占等弊許點軍科道及臣衙門
不時參奏通照律例重處并驗差容留
等官一體參論黜罰
一選鋒官軍一千名萬曆五年閏八月該
操江都御史王　題爲竭愚忠飭武備
以固江防以衛重地事内一欵揀勁卒
以充選鋒將見在營軍中搜揀膂力方
剛占通一技者共足一千名以把總二
員董其部伍管隊官十員隊長四十名
分頭率領無間寒暑不煩別差專工操
演水陸戰陣其不入選者照常舊營操

練選鋒有媮惰退入舊營舊營有勇健
進入選鋒例得不時進退以昭激勸而
亦不限千名以倡勇敢將使貔虎雲屯
稱選鋒者得二千人焉斯爲雄鎮也其
加添口糧遞給衣甲器械具載疏稿
一瞭伏舟十日輪撥官軍三百七十二員
名把守上江官軍一百員名巡沙船伍
隻梭船二隻軍人四名所管江面上至
采石下至大勝關住劄和尚港下江官
軍一百員名巡沙船五隻梭船二隻軍
人四名所管江面上至草鞋夾下至唐
家渡住劄觀音港上新河官軍六十員
名巡沙船三隻梭船二隻軍人四名所
管江面上至大勝關下至草鞋夾住劄
本河萬曆三年該都御史何　清查該
營冗差及役占等弊議將暗伏官軍量
行裁減以甦軍困上江官軍六十員名
沙船三隻和尚港二十員名船一隻瀕

刀灣二十貟名船一隻江寧鎮二十貟名船一隻下江官軍六十貟名沙船三隻唐家渡二十貟名船一隻龍潭二十貟名船一隻東陽港二十貟名船一隻上新河官軍六十貟名沙船三隻大勝關二十貟名船一隻草鞋夾二十貟名船一隻觀音港二十貟名船一隻萬曆五年閏八月該操都御史王　題爲竭愚忠飭武備以固江防以衛重地事内

一欵省繁差以恤軍勞將暗伏官軍撤减回營專工操練以原守信地責之遊兵遊巡二營防守

把守大勝關官軍一百名

一原額戰巡等船四百一隻至嘉靖十二年都御史潘珍奏革船二百一隻後該

內外守備衙門又題

請添造沙船一百隻共三百隻（大小不等用軍人三百八名每十日一換）

計開

四百料正座船一隻

四百料從座船一隻

四百料黑樓巡座船一隻

一百料船八隻

快利船五十隻

三板船六隻

划船六隻

一顆印巡船六隻

巡沙船三隻

哨船二十三隻

沙船一百七十四隻

一百五十料船八隻

四百料浮橋船五隻

二百料船八隻

萬曆五年閏八月該操江都御史王　題

爲竭愚忠飭武備以固江防以衛重地事

内一欵議戰艦以圖實効以後有應修應造戰船移咨南京工部委司屬一貟本院

委江防官或府佐一員會勘估報該用料價如數咨解到院未院選委文職官一員協同武職官一員買料督修勒工完報要中流遇風間有損壞不得拘以年限致將舊料浥爛及時查勘修理其督修官員抽委輒効者年終分別薦奬計令所用巡哨守該四十隻選鋒及舊營操練該五十六隻或修造更替不時多備六十四隻共一百六十隻此外一百三十四隻皆冗設也

宜退還該部變價以後停造計十年內可省銀二萬餘兩設遇有事即以二萬金造船二百隻鳩工飭材不日告成又皆堅利可用何必虛糜重費備此不堪用者爲哉

原額報事馬一百四匹

見在馬一百匹

事故未補馬四匹

閱操賞格

計開

官

中九箭賞一兩銀牌一面紅大絹一疋大花二枝

中八箭賞八錢銀牌一面紅大絹一疋大花二枝

中七箭賞七錢銀牌一面紅大絹一疋大花二枝

中六箭賞六錢銀牌一面紅大絹一疋大花二枝

中五箭賞五錢銀牌一面紅小絹一疋大花二枝

中四箭賞四錢銀牌一面紅小絹一疋大花二枝

中三箭賞三錢銀牌一面紅小絹半疋大花二枝

中二箭賞二錢銀牌一面紅小絹半疋

中一箭免責　不中箭責五下

哨衛總中軍營總教射官俱照前格賞

把總官外加賞紅大絹一疋
兵勇旗軍
中九箭賞錢二百七十文加賞紅布一疋
中八箭賞錢二百四十文
中七箭賞錢二百一十文
中六箭賞錢一百八十文
中五箭賞錢一百五十文
中四箭賞錢一百二十文
中三箭賞錢九十文

中二箭賞錢六十文
中一箭免責 不中箭者責十下
管隊官
中每箭賞銀五分銀牌一面
弩箭手
中每箭賞錢二十文
鳥銃手
中每銃賞錢二十文
放火器火藥匠

每名各賞錢二十文
各軍
武藝精熟者各賞錢三十文
武藝略熟者各賞錢二十文
管吹鼓火藥錢糧等官各賞紅布一疋花
一枝
一儀真守備
查係設自洪武初年以儀真為肘腋藩籬
統領儀真衛縣官兵備禦後于浙江都

司列銜
一安慶守備
查係設自成化十三年設立九江府城于
正德六年因南北羣盜蜂起該總制都
御史陳 奏改駐劄安慶管轄安慶九
江建陽三衛官軍
一圌山把總
查係嘉靖三十五年二月總督浙直福建
侍郎楊宜操江都御史史褒善巡撫都

御史曹邦輔會題爲慎防守以安重地
事該兵部覆議得鎮江京口江關實
留都門户藉松咽喉添設把總一員專守京
口圌山等處

一三江會口
查係嘉靖四十二年先該南京兵科給事
中范宗吳題為申明江海信地等事該
兵部咨行南京兵部等衙門會議得上
自九江下至江南圌山江北三江會口

俱屬操江信地將每年防春調取各府
州縣徤勇二千餘名徵銀觧貯應天府
庫雇募水兵防守至四十三年八月續
該都御史王本固
題為計處兵粮專官操練以固江防事該兵
部覆奉
欽依將雇募水兵内揀選精壯者四百名湊合圌
山水兵分為二班一班責令圌山把總
專守江南一班坐委謀勇指揮協守江

口不分汛期汛後常川隄備隆慶三年
二月内都御史吳時來題為裁革江防
冗官以節省財用事内開圌山在南設
備甚密三江會口在北下自周家橋上
自儀真三百餘里設備甚踈今既設兵
設官所欲題請
欽依仰藉　朝廷名器以彈壓一方等因該兵部
覆奉
欽依將委用把總先行裁革其三江會口兵務設

欽依把總一員統領管理
一遊兵都司把總
查係嘉靖三十八年十二月都御史傅鎮題
為預處兵將錢粮以固江防以安
留都事該兵部覆奉
欽依添設遊兵都司一員總統把總二員管領沙
福等兵二千餘名分為左右二哨遊巡防
守隆慶三年二月都御史吳時來題為裁
革江防冗官以節省財用事查得遊兵營

先時有兵二千四百餘名今止留兵六百名惟一把總管領足矣都司一員歲費四百餘兩似為冗設其把總亦應止留一員革去一員等因該兵部覆照得南京江防先因江海寇盜滋蔓以故添官管理邇年江濤無警海汛罕聞前項官員委屬冗濫既該議題前來一以省地方之供一以據要害之守俱為得策相應依擬奉

欽依革去都司一員回衛聽用把總留用一員革去一員

一荻港把總

萬曆三年三月都御史何　題為江防久廢夥盜公行乞

勅當事重臣悉心經理以杜後虞以安地方事一議將領欵開操江衙門原設都司一員遊兵把總二員分為左右二哨共在則守在荻港者也隆慶三年革去都司一員把總一員荻港因而無官駐守以七百餘里之

大江責一把總領此失彼勢所必至合無於荻港地方仍設把總一員以都指揮體統行事領兵六百名分建陽一衛屬之信地上自池口下至大信止專一駐劄荻港上下往來防守案兵部覆奉

欽依添設

一舊額官兵名數

遊兵營

都司一員

書辦二名

家丁八名

親兵十名

左右哨把總二員

各識字一名

各家丁四名

中軍指揮一員

識字一名

家丁四名

隨營差遣名色把總一員
哨官七員
福船捕盜共九名（每名管兵三十八名）
舵工共九名
鈇船捕盜共十名（每名管兵二十四名）
舵工共十名
八槳船捕盜共八名（每名管兵二十四名）
草撇捕盜一名（兵三十八名）
舵工一名

六槳船兵共一十六名
沙船耆民共四十七名（每名管兵二十四名）
官樓船兵共二百一十六名
椶船隊長一名（兵共三十一名）
鎮江府健勇一百五十名
義勇一百名
常州府健勇一百六十二名
各府州縣弓兵二百七十三名
以上官耆捕把義健兵勇家識通共二千九百七十六員名

圌山營
哨官四員
識字四名
家丁共八名
福捕盜十一名（每名管兵三十八名）
舵工十一名
鈇捕盜五名（每名管兵三十四名）
舵工五名

八槳捕盜六名（每名管兵二十四名）
沙耆民十八名（每名管兵二十四名）
椶兵共四十名
已上大約官捕耆識家丁等兵共一千一百九十八員名

三江會口
署都指揮一員
家丁四名
哨總一員

家丁二名
哨官二員
福捕盜三名 每名管兵三十八名
舵工三名
鉄捕盜四名 每名管兵三十四名
舵工四名
八槳捕盜一名 兵二十四名
沙耆民三十名 每名管兵二十四名
巡耆民七名 每名管兵二十四名

哨兵共六十六名
自鵀船沙兵共一百四十四名
已上大約官捕耆識家丁等兵共一千九百八員名

儀真營
哨官三員
撇船捕盜共四名 每名管兵二十二名
舵工四名
沙船耆民共二十四名 每名管兵二十四名

梭船兵共十六名
已上大約官捕耆兵共六百六十八員名

安慶營
哨官一員
識字一名
沙船耆民一十二名 每名管兵二十四名
已上大約官耆兵識共三百員名

前件隆慶二年十月該都御史吳時來題為

汰冗兵減冗餉立定制以為江防經久之計事查得

舊制江防設備惟有水操京軍原無水兵水兵之設由倭倭始即今海波晏息外户告寧議將中軍遊兵把總部下止宂留兵七百二十五名并常鎮二府徤步三百一十二名常川操演以備緩急圌山三江會口南北相對三江會口把總部下留兵四百名圌山把總留兵三百名如遇

汛期將中軍遊兵協力防汛互相應援
汛畢仍分布各江口以防夥盜儀真守
備原有巡江官軍其水兵止宜存留二
百名安慶止患江盜並無海寇相應留
兵一百二十名協同巡江官軍兵快防
守江洋以上軍兵除應該存留外其餘
一切冗兵俱應裁革等因該兵部覆奉
欽依將前項各兵查照原擬通行裁革通共留兵
一千七百四十五名共裁革兵三十六

百九十四名
儀真瓜洲鄉捕官兵
儀真縣
義官一員
耆民四名
兵夫九十六名
窑巷把截義官一員
兵夫三十名
前件萬曆三年八月該海防道呈允將馬

港瀦兵一百名內留六十名沙船四
十隻在本港四十名撥赴東溝并窑
港兵三十名沙船一隻悉聽守備統
轄改委衛官管領防守縣丞不得干
預口糧聽守備請支其東溝民壯七
十名快手二十三名盡數撤回該縣
聽縣丞統領陸巡與守備原領陸兵
相兼緝捕
瓜洲鎮

草撇捕盜十名
舵工十名
兵夫九十四名
哨喇叭捕盜四名
舵工四名
兵夫八名
已上官兵共二百六十二員名
又脚斛行兵四百名
門面驍勇二百五十名

前件萬曆四年八月操江都御史王　題
将二行裁革驍勇每家免其門差三
間每户歲納銀九錢名曰門税脚兵
准其斛脚一行每名歲納銀三兩六
錢改曰行税後該道議将斛脚行分
為三則又新添名數不等故税銀與
原數不同

一見在各營官兵數

遊兵營

把總一員
識字二名
家丁四名
哨總指揮二員
識字一名
家丁二名
哨官十員
哨長五十名
舵工六十四名

水兵共一千零二十四名
椮兵二十八名
健勇一百八十一名内常州府六十名武進縣三十名江陰縣三十名宜興縣二十名無錫縣三十名靖江縣一名
水手八十八名内常州府二十名武進縣二十名江陰縣十八名宜興縣二十名無錫縣十名
弓兵六十六名内揚州府江都縣瓜洲巡司四名邵伯巡司四名萬壽巡司四名歸仁巡司四名上官巡司四名儀真舊江口巡司四名鎮江府丹徒縣丹徒鎮巡司六名高資巡司六名姜家嘴巡司六名安港

巡司六名丹陽縣包港巡司六名呂城巡司六名金壇縣胡溪巡司六名
以上健勇弓兵水手俱陸續更為水兵工食自萬曆四年起居解應天府與水兵一例支給
中軍官一員
聽用樓船一隻
舵工一名
水兵三名
以上官哨舵兵共一千三百餘員名分為
甲乙丙丁戊己庚辛壬癸十哨分派信

地江南上自大信下至高資江北上自
西梁山下至黃天蕩會哨防守
座船一隻　戧巡船一隻
樓船十二隻　沙船五十隻
槳船十三隻　梭船十七隻
荻港把總下
把總一員
識字一名
家丁四名

吹皷手四名
哨官四員
者長十六名
隊長十名
舵工二十八名
水兵三百四十九名
弓兵一百一十九名
內應天府江東巡司六名江淮巡司
六名秣陵巡司六名上元縣淳化巡司
司六名句容縣龍潭巡司六名高淳
縣廣通鎮巡司六名六合縣瓜埠巡

司六名
九江府彭澤縣馬當巡司二名峰山
磯巡司二名
安慶府懷寧縣觀音港巡司二名長
楓夾巡司二名桐城縣馬踏石巡司
三名源子港巡司三名六百丈巡司
三名北峽關巡司三名潜山縣天堂
寨巡司二名大湖縣小池巡司二名
白沙巡司二名後部巡司二名宿松
縣小孤巡司二名帰林巡司二名
江巡司二名望江縣雷港巡司二名
楊湾口巡司二名
池州府貴池縣池口巡司二名李陽
巡司三名東流縣吉陽巡司二名銅
陵縣大通巡司三名建德縣永豐巡司
三名
廬州府無為州泥汊巡司三名與龍
巡司三名土橋巡司三名黃落巡司

三名
太平府當塗縣采石巡司四名太信
巡司四名蕪湖縣河巡司四名繁
昌縣三山巡司四名荻港巡司三名
寧國府宣城縣水陽巡司三名黃池
巡司三名寧國縣岳山巡司三名胡
樂巡司三名南陵縣峩嶺巡司三名
涇縣茹麻嶺巡司三名太平縣宏潭
巡司三名
滁州大鎗嶺巡司六名
和州牛屯巡司六名浮沙巡司六名
裕溪巡司六名
廣德州梳村巡司六名陳陽巡司六
名廣安巡司六名建平縣梅渚巡司
六名陳村巡司六名
以上弓兵工食自萬曆四年起俱觧
池州府與水
兵一例支給

座船一隻　樓船五隻
沙船十八隻　槳船六隻
梭船六隻
儀真守備部下
哨總指揮一員
哨官五員
捕者十七名
舵工二十三名
梭船隊長一名

兵夫二百六十九名
鄉兵一百三十九名
已上官捕者隊舵兵共四百餘員名
樓船一隻　撇船四隻
沙船十八隻　槳船四
巡船六隻　梭船五隻
瓜州鎮
備總指揮一員　巡江百戶二員
守城百戶二員　捕盜二十一名

舵工二十一名　頭目一名
水兵三百五十八名
陸兵一百七十五名
已上官兵共七百五十五員名
草撇船五隻　艟艅船五隻
鐵船四隻　槳船二隻
巡船十隻　[illegible]船十隻
圌山把總下
哨官三員

醫生一名
者捕共二十六名
舵工二十五名
兵夫共五百九十五名
民快一百五十四名
已上官捕者識家舵兵共八百餘員名（內者兵五十名撥道兵營協守五十名該府請發仍留港防守）
座船一隻　樓船二隻
福船五隻　鐵船二隻

沙船十二隻　巡船十隻
撇船一隻　槳船二隻
梭船五隻
三江管口把總下
把總一員　識字一名
家丁四名　座船水手五名
哨官二員　哨者民二十八名
舵工三十三名　兵夫共六百三十九名
已上官者舵識家兵共八百餘員名

內一百名撥遊兵營協守
座船一隻　樓船六隻
福船二隻　沙船二十三隻
槳船二隻　梭船十隻
安慶守備下
哨總指揮二員
哨官四員　者捕二十五名
舵工二十五名　兵夫四百九十名
已上官者兵共五百餘員名

座船一隻　樓船六隻
沙船二十三隻　槳船四隻
梭船七隻
南湖觜守備
守備一員
哨官二員
哨船四隻
軍兵三十二名　民兵二十四名
快船一隻　兵十二名

槳船十隻　兵一百二十名
九江衛總巡指揮一員　練兵指揮一員
哨官二官
槳船十隻　神武快利船三隻
建安船三隻　沙船三隻
軍兵三百名　民兵一百名
已上官兵共九百三十九員名原未
坐派軍餉俱行應得俸糧工食與同
巡捕巡司官兵分班巡緝

錢糧沿革

一民壯弓兵銀一萬三千四十二兩二錢六分

前件嘉靖三十三年都御史史褒善題爲議

處戰船義勇慎固江防以崇護重地事

該兵部覆奉

欽依于直隷各府州縣民壯弓兵内扣減名數徵

解其安慶鎮江貯本府餘貯應天府以

備本院召募義勇工食之費

計開

徽州府二百七十六兩

池州府三百五十九兩八錢二釐

太平府七百二十三兩二錢

安慶府九百七兩二錢

蘇州府一千七百一十二兩

松江府二百八兩

常州府一千六百三十三兩二錢

鎮江府八百七十二兩

廬州府一千六百四十六兩四錢

淮安府一千三百九十二兩四錢八分

揚州府一千七百三十九兩六錢

滁州九十二兩

和州五百三十九兩六錢

廣德州三百兩四錢

徐州六百三十二兩三錢八分

隆慶二年十月該都御史吳時來題爲汰冗

兵減冗餉立定制以爲江防經久之計

事該兵部覆奉

欽依于欵内民壯弓兵銀量革去後開四府共銀

二千八百六十二兩二錢二釐免其徵

解

計開裁革府分銀數

池州府三百五十九兩八錢二釐

太平府七百二十三兩二錢

安慶府九百七兩二錢

鎮江府八百七十二兩

一篙師水手銀一萬四千四百兩照舊徵解

前件嘉靖三十四年十月南京兵科給事中
張師載條陳爲倭寇侵犯都城將來事
勢十分危迫懇乞
聖明俯鑒末議益賜區處以便防禦以固根本事
該兵部覆奉
欽依于應天等六府每府取民壯二百名每名工
食銀十二兩每府該觧二千四百兩以
爲雇募膂力鮌慣篙師水手分撥各船
相兼用使
計開
應天府二千四百兩
安慶府二千四百兩
池州府二千四百兩
寧國府二千四百兩
太平府二千四百兩
鎮江府二千四百兩
一軍餉銀二萬兩俱裁革
前件嘉靖三十八年都御史傅鎮題爲預處

兵將錢粮以固江防以安
留都事該兵部覆奉
欽依于江南江北兩廵撫衙門派行應天等十四
府廣德等四州江南觧貯應天府江北
觧貯儀真縣以為遊兵都司部下官兵
粮餉支用
計開
應天府一千三百三十三兩三錢三分三厘
安慶府一千三百三十三兩三錢三分三厘
蘇州府一千三百三十三兩三錢三分三厘
松江府一千三百三十三兩三錢三分三厘
常州府一千三百三十三兩三錢三分三厘
鎮江府一千三百三十三兩三錢三分三厘
廬州府一千三百三十三兩三錢三分三厘
鳳陽府一千三百三十三兩三錢三分三厘
淮安府一千三百三十三兩三錢三分三厘
揚州府一千三百三十三兩三錢三分三厘
徽州府一千三百三十三兩三錢三分三厘

寧國府一千三百三十三兩三錢三分三釐
池州府一千三百三十三兩三錢三分三釐
太平府一千三百三十三兩三錢三分三釐
廣德州三百三十三兩三錢三分
滁州三百三十三兩三錢三分
徐州三百三十三兩三錢三分
和州三百三十三兩三錢三分
隆慶二年十月都御史吳時來題為汰冗兵減
冗餉等事該部覆奉

欽依將江南江北十八府州前項軍餉銀兩俱免
編派
一丁田銀一萬五十兩俱裁革
前件嘉靖四十二年四月南京兵科給事中
范宗吳題為申明江海信地以便防守
以專責成事該兵部覆奉
欽依咨行南京兵部會同各該衙門會議得圌山
把總既屬操江節制其一應兵粮修造
船隻器械等項每年大約共該銀一萬
八千五百五十兩零除將本院餘剩銀
八千五百兩尚欠銀一萬五十兩應該
江南撫院處辦解送湊用每年于鎮江
府丁田銀兩供辦以為圌山官兵口粮
支用
隆慶二年十月都御史吳時來題為汰冗兵
減冗等事該部覆奉
欽依將應天巡撫協濟丁田銀兩俱免徵解
一健勇銀七千四百八十二兩

前件嘉靖四十二年四月南京兵科給事中
范宗吳題為申明江海信地以便防守
以專責成事該部覆奉
欽依移咨南京兵部會同各該衙門議將每年防
汛調取各府州縣健勇二千餘名每名
徵銀三兩解貯應天府以為三江會口
兵餉支用
計開
應天府五百四十兩

廬州府九百兩
淮安府一千三十五兩
太平府四百五十兩
寧國府七百二十兩
安慶府七百二十兩
池州府六百九十兩
徽州府五百七十三兩
揚州府一千八十兩
常州府一百四十四兩

滁州二百七十兩
和州一百八十兩
廣德州一百八十兩
隆慶二年十月都御史吳時來題為汰冗兵
減冗餉等事該部覆奉
欽依將應天廬淮太寧安池七府健勇銀共五千
五十五兩量行裁革
計開裁革府分銀數
應天府五百四十兩

廬州府九百兩
淮安府一千三十五兩
太平府四百五十兩
寧國府七百二十兩
安慶府七百二十兩
池州府六百九十兩
一操江水手銀四百二十六兩照舊徵解
前件查係正德十五年四月內該南京吏科
給事中孫懋題為嚴操備以固江防事

內欵開一教習該兵部覆奉
欽依各於濱江里分人户揀選慣習風濤善能操
舟之人量給粮銀發营教習水軍至嘉
靖十五年正月內該都御史王堯封通
行各府議將前項水手每名徵銀六兩
觧貯應天府庫雇募諳曉水勢之人應
役
計開
蘇州府一百二十兩

松江府六十両
常州府九十六両
鎮江府九十両
揚州府六十両
一墩夫銀三百一十四両照舊徵解
前件查係嘉靖二十九年九月内該都御史
李遂議将瞭望墩夫每五名減去二名
每名徵銀三両解貯應天府以備本院
募兵之用自三十年為始俱於均徭内

編派
計開
太平府一百八十両
和州四十四両
無為州九十両
一贓罰銀三千両照舊解送
前件查得
勅旨内開載上下廵江御史贓贖俱免解京分貯
鎮江安慶府庫以聽支用續於嘉靖四
十二年九月内該南京兵科給事中范
宗吳題為申明江海信地等事該兵部
覆奉
欽依咨行南京兵部等衙門會議每廵江御史貟
下歲追銀一千五百両免其解京各就
便照數類貯鎮江[illegible]府庫以備操江
前項軍旅之用
一郷兵銀一千四百四十両俱裁革
前件查係嘉靖三十四年該都御史史褒善

題為陳愚見飭武備以防海患事内欵
開一嚴法程以稽團練該兵部覆奉
欽依各府州縣二百里以上者編兵三百名二百
里以下者編兵二百名上江二縣每縣
應該團練郷兵一百名俱於均徭内編
派定銀召募如自有精壯郷民准其應
役至四十一年續該都御史萬虞愷批
每名徵銀七両二錢每縣該銀七百二
十両二縣共該銀一千四百四十両徵

銀貯庫專聽江防募兵之用隆慶二年
十月內都御史吳時來題為汰兵減餉
等事該部覆奉
欽依將上元江寧二縣鄉兵銀一千四百四十兩
俱免派徵
一閏月銀四千六百八十兩
前件查係嘉靖四十三年六月都御史王本
固題為計處兵糧專官操練以固江防
事該兵部覆奉

欽依于江南江北十四府四州俱於自理贓罰內
處辦每府三百二十兩每州五十兩觧
貯應天府庫如無閏月之年不必辦觧
一儀真縣椿頭稅銀
前件查係嘉靖四十三年五月該淮揚海防
兵備道呈為乞查舊案議處兵船分地
限以便供職不曠事議將儀真縣泊港
載船照依椿頭尺寸輸納稅銀一年大
約一千五六百兩專聽支給鄉捕兵工

食
一軍餉銀
應天府一千一百兩
徽州府四百八十兩
寧國府七百八十兩
池州府七百二十兩
太平府四百八十兩
廬州府八百六十兩
鳳陽府一千二百六十兩

揚州府一千三百兩
蘇州府七百五十兩
松江府二百兩
常州府四百五十兩
鎮江府四百八十兩
滁州二百四十兩
和州二百六十兩
廣德州三百二十兩
安慶府八百六十四兩

前件查係萬曆元年五月都御史董
題為議處江防緊要事宜以飭武備以
安重地事議於圌山三江會口增兵餉
銀內安慶府係議處上流要地官兵以
飭武備以重江防事安慶增兵餉銀該
兵部覆奉
欽依添復
一軍餉銀五千九百二十兩
應天府一千五百八十四兩
寧國府一千六百一十九兩

安慶府六百兩
廣德州五百五十七兩
廬州府一千二百兩
和州三百六十兩
一扣還協濟蘇松海防銀五千兩以抵江
防
池州府五百六十五兩四錢五分二厘
二毫三絲七忽

太平府二百七十六兩五錢九分二毫
八絲一微
安慶府三千九百二十三兩九錢七分
九厘一毫六絲六忽
廣德州二百三十三兩九錢七分八厘
三毫一絲六忽九微
前件係萬曆三年三月都御史何　題為江
防久廢夥盜公行乞　勅當事重臣悉
心經理以杜後虞以安地方事議於荻
港安慶添設官兵餉銀該戶部覆奉

欽依增復
以上籌師水手民壯弓兵操江水手徤勇
墩夫等銀萬曆元年該都御史董
題稱前項銀兩名目既多頭緒亦淆不
惟加派繁難亦且稽查靡便前項煩瑣
名色盡行革去并今復兵餉合而為一
曰操江軍餉銀該部覆奉
欽依通行遵照其蘇松常三府共該新舊軍餉四

千一百六十六两萬暦三年撫按二院
會議将鎮江府練兵銀歳該四千六百
七十二两九錢八分一厘九毫二絲五
忽二微五纖二埃改抵操院軍餉除原
額銀外尚餘五百六两九錢八分零改
充閲操犒賞之費該本院查得每遇閏
年各府該派閏月銀三百二十两原係
各府自理贓罰觧用不在兵餉數内未
據議及各将前多銀両即准作各府閏

月應觧贓罰之數各府原議閏月銀仝
以前銀抵充不必再觧鎮江府閲操犒
賞另照舊規施行

瓜洲每年
一梁頭税銀大約四千餘両
一行税銀二千三百四十两
一門税銀二百一十六两
前件係萬暦四年八月都御史王　題為議
處兵餉以裔江防以固永安事議於瓜
洲添設船兵之用該兵部覆奉
欽依添設
見徵錢粮
一軍餉銀
應天府五千零八十四両
上元縣一百両
江寧縣一百両
句容縣九百七十六両
溧陽縣一千七百九十六両

溧水縣一千二百五十四両
江浦縣一百両
六合縣一百六十両
高淳縣六百零四両
徽州府一千八百九十両前池州府
歙縣三百七十九両
休寧縣三百七十九両
婺源縣三百一十両
祁門縣二百五十三両

黟縣二百二十九两
績溪縣二百五十九两
寧國府銀四千七百九十九两解應天府
宣城縣二千二百九十两
寧國縣五百四十五两二銭
涇縣四百八十五两二銭
旌德縣三百八十三两
南陵縣八百五十两
太平縣二百四十五两

池州府銀三千一百二十两解本府
貴池縣一千七十五两二分六厘三
毫三絲四忽
銅陵縣五百八十九两三銭二分五
厘四毫五絲九忽
青陽縣六百五十两五銭一分一厘
七毫八忽
東流縣二百一十三两二銭四分五
厘六毫六忽

石埭縣三百一十五两七分九毫六
絲四忽
建德縣二百七十六两八銭一分九
厘八毫八絲八忽
太平府銀三千六十两解儀真縣
當塗縣一千七百四十六两
蕪湖縣一千两零八銭
繁昌縣三百一十三两二銭
廬州府銀三千六百二十三两六銭解
儀真縣

無為州六百零六两八銭
六安州五百九十六两
合肥縣七百四十两
舒城縣四百七十两四銭
廬江縣三百六十六两
巢縣三百七十八两
英山縣二百四十四两
霍山縣二百二十二两四銭

鳳陽府銀一千二百六十兩解儀真縣
壽州一百六十兩
潁州一百六十兩
亳州一百六十兩
定遠縣一百兩
霍丘縣一百兩
天長縣一百兩
鳳陽縣四十兩
臨淮縣四十兩
懷遠縣四十兩
五河縣四十兩
虹縣四十兩
宿州四十兩
泗州四十兩
靈壁縣四十兩
盱眙縣四十兩
潁上縣四十兩
蒙城縣四十兩

太和縣四十兩
揚州府銀二千六百九十兩二錢解儀真縣
江都縣三百四十六兩
儀真縣二百二十兩
泰興縣二百九十五兩
高郵州三百八十九兩二錢
興化縣二百五十兩
寶應縣二百八十六兩
泰州四百三十六兩
如皋縣一百九十六兩
通州一百六十六兩
海門縣一百零六兩
安慶府銀三千八百六十四兩七分三釐解本府内一千零八十兩解應天府
懷寧縣五百五十兩二錢一分一釐
桐城縣五百九十八兩一錢四分五釐
潛山縣四百九十九兩九錢八分

太湖縣八百四十兩五錢一分二厘
宿松縣八百八十四兩八錢二厘
望江縣四百九十一兩四錢二分二厘
鎮江府銀七千六百四十二兩九錢八
分一厘九毫二絲五忽二微五纖二
埃解本府內一千一百二十三兩二錢解應天府
丹徒縣
丹陽縣
金壇縣

滁州銀六百零二兩解儀真縣
本州二百三十六兩
全椒縣二百三十六兩
來安縣二百三十兩
和州銀一千零五十九兩六錢解儀真縣
本州六百一十七兩二錢
含山縣四百四十二兩四錢
廣德州一千一百八十五兩四錢解應天府
本州六百七十四兩四錢

建平縣五百一十一兩
一扣還協濟蘇松海防銀五千兩
池州府銀五百六十五兩四錢五分二
厘二毫三絲七忽解本府
貴池縣一百九十一兩三錢二分二
厘七毫二忽
銅陵縣一百一十一兩四錢九分五
厘七毫八絲九忽
青陽縣一百二十八兩四錢四分一

厘五毫一忽
石埭縣四十六兩五錢五分二厘四
毫三絲七忽
建德縣五十五兩五錢二分五厘四
毫四絲三忽
東流縣三十七兩一錢四厘三毫六
絲五忽
太平府銀二百七十六兩五錢九分二
毫八絲一微解應天府

當塗縣一百七十三兩二錢八釐二
毫九絲二忽六微
蕪湖縣六十二兩三分九釐四毫九
絲一忽三微
繁昌縣四十一兩三錢二分二釐四
毫九絲六忽二微
安慶府銀三千九百二十三兩九錢七
分九釐一毫六絲六忽 解本府
懷寧縣六百六十三兩二錢八分六

釐七毫六絲
桐城縣七百一十兩四錢四分五毫
六絲
潛山縣六百四兩一錢二分一釐八
毫五絲
太湖縣七百六十二兩一釐六毫七
絲六忽
宿松縣七百三十八兩八錢三分九
釐三毫八絲

望江縣四百四十五兩二錢八分八
釐九毫四絲
廣德州銀二百三十三兩九錢七分八
釐三毫一絲六忽九微 解應天府
本州一百五十五兩九錢八分五釐
五毫四絲四忽五微
建平縣七十七兩九錢九分二釐七
毫七絲二忽三微
一徤勇水手銀

常州府銀二千六百四十九兩二錢 解
應天府
武進縣七百零二兩
江陰縣六百四十兩四錢
宜興縣七百零二兩
無錫縣五百九十四兩
靖江縣十兩八錢
鎮江府銀一千六百二十兩 解應天府
丹徒縣五百八十三兩二錢

丹陽縣五百一十八兩四錢
金壇縣五百一十八兩四錢
一弓兵銀
池州府銀一百一十六兩
貴池縣六十兩
銅陵縣三十六兩
建德縣三十六兩
東流縣二十四兩
安慶府銀四百零八兩
懷寧縣四十八兩
桐城縣一百四十四兩
太湖縣七十二兩
宿松縣七十二兩
望江縣四十八兩
潛山縣二十四兩
寧國府銀二百五十二兩
宣城縣七十二兩
南陵縣三十六兩

涇縣三十六兩
寧國縣七十二兩
太平縣三十六兩
九江府銀四十兩
彭澤縣四十兩
應天府銀四百五十六兩
本府一百二十兩
上元縣六十兩
溧陽縣四十兩
句容縣九十二兩
六合縣七十二兩
高淳縣七十二兩
太平府銀二百二十八兩
當塗縣九十六兩
蕪湖縣四十八兩
繁昌縣八十四兩
滁州銀七十兩
本州十兩

全椒縣三十六兩
來安縣二十四兩
和州銀二百一十六兩
本州一百四十四兩
含山縣七十二兩
廣德州銀三百六十兩
本州二百一十六兩
建平縣一百四十四兩以上俱解池州府
鎮江府銀五百零四兩
丹徒縣二百八十八兩
丹陽縣一百四十四兩
金壇縣七十二兩
揚州府銀二百四十兩
江都縣二百兩
儀真縣四十兩以上俱解應天府
一瓜洲
垻頭稅銀歲約四千餘兩
行稅銀二千三百四十兩

門稅銀二百一十六兩以上解揚州府
一巡江贓罰銀三千兩
上江察院一千五百兩解安慶府聽安慶荻港二營造船支用
下江察院一千五百兩解鎮江府聽圌山三江會口瓜洲儀真等營修船支用
一閏月兵餉銀
每府三百二十兩每州五十兩內蘇松常鎮四府俱於練兵銀內扣支池州徽州二府俱解池州府安慶解安慶府其餘俱解應天府
一見在各營官兵糧食則例
遊兵營
把總一員日支廩銀二錢
每月紙劄銀一兩二錢
每新任家火銀八兩
識字日支工食銀二分
家丁每名日支工食銀二分
哨官每員日支口糧銀六分

哨長每名日支口糧銀五分
舵工每名日支工食銀四分
水兵每名日支工食銀三分
已上官兵糧銀於應天府庫支給
儀真守備下
哨總指揮一員不支廩銀
哨官每員日支口糧銀五分
耆捕每名日支口糧銀五分
舵工每名日支口糧銀四分

隊長日支口糧銀四分
兵夫每名日支口糧銀三分
已上官兵糧銀於儀真縣庫支給
圌山把總下
哨官每員日支口糧銀六分汛後各減一分
各識字日支口糧銀三分汛後不班不支
捕盜日支口糧銀五分
舵工每名日支口糧銀四分
耆民每名日支口糧銀五分

兵夫每名日支口糧銀三分
已上官兵糧銀於鎮江府庫支給
三江會口把總下
把總日支廩銀二錢
月支紙劄銀一兩二錢
每新任家火銀八兩
識字日支工食銀二分
家丁每名日支口糧銀二分
哨官日支口糧銀六分

哨長日支口糧銀五分
沙船耆民日支口糧銀五分
舵工日支工食銀四分
兵夫每名日支口糧銀三分
已上官兵糧銀於儀真縣庫支給
安慶守備下
哨官日支口糧銀五分
沙船耆民每名日支口糧銀五分
兵夫每名日支口糧銀三分

已上官兵糧銀於安慶府庫支給
荻港營
把總日支廪銀二錢
月支紙劄銀一兩二錢
每新任家火銀八兩
識字家丁日支工食銀二分
哨官每員日支口糧銀六分
耆捕隊長日支口糧銀五分
水兵日支口糧銀三分
已上官兵糧銀於池州府庫支給
瓜洲營
衛總指揮不支
巡江百戶不支
捕盜每名日支口糧銀五分
水兵每名日支口糧銀三分
已上官兵糧銀於儀真縣庫支給
新江口營
遊巡

把總一員日支廪銀一錢
月支紙劄銀四錢
家丁四名各日支工食銀二分
識字二名各日支工食銀二分
衛總指揮各日支口糧銀二分五釐
中軍官各支口糧銀二分五釐
管隊官各日支口糧銀二分
軍人春季鎮江衛七百名每名月支柴菜一錢
秋季新安建陽二衛共五百五十五名
每名各日支柴菜銀一分
吹鼓手火藥匠各日支柴菜銀一分二
厘五毫
每船支油燭銀五毫
梭兵二十名每名各日支工食銀三分
水手九十名
揚州府徭役六十名係該府編給
召募三十名每名日支工食銀三分
已上官軍粮銀於應天府支給

選鋒
把總二員每員月支廩銀二兩紙劄銀三
錢
識字二名每名月支口粮銀三錢
哨隊官十員每員月支口粮銀三錢
隊長四十名每名月支柴菜銀二錢五
分
軍人九百六十名每名月支柴菜銀二
錢

吹鼓手十六名火藥匠八名每名月支
柴菜銀二錢
為閱操事照得本院去年巡歷江上操演水
陸據各府縣開報賞格輕重不一殊非事體
合行酌定以便遵守為此仰有司軍衛及監
賞等官查照後開賞格逐一遵奉如遇本院
督臨閱視即便呈遞禀請照格賞罰施行其
應用花紅等項并各色價值數目各照彼處
循規備辦俱毋臨期遺誤紊亂取究未便

陸操
守備把總哨衛總指揮
步下
九箭　一兩銀花一對紅段一疋如無段作價一兩伍錢備總加賞五錢銀牌一面
八箭　八錢銀花一對紅段一疋段價同上
七箭　七錢銀花一對紅段一疋如無段作價一兩
六箭　六錢銀花一對紅紗一疋如無紗作價七錢
五箭　四錢銀花一對紅紗一疋如無紗作價五錢

四箭　三錢銀花一枝紅絹一疋
三箭　二錢銀花一枝紅絹一疋
二箭　一箭　俱不賞
馬上
九箭　七錢銀花一對紅段一疋如無段作價一兩
八箭　六錢銀花一對紅紗一疋如無紗作價七錢
七箭　四錢銀花一對紅紗一疋如無紗作價五錢
六箭　四錢銀花一對紅絹一疋
五箭　三錢銀花一枝紅絹一疋

四箭　絨花二枝紅絹一疋
三箭　二箭　一箭　俱不賞
以上馬步不中者備總官戒諭哨衛總指
揮俱責五板

千百戶鎮撫應襲武舉官生
步下
九箭　九錢銀花一對紅段一疋如無段作價兩二錢
八箭　七錢銀花一對紅段一疋如無段作價一兩
七箭　六錢銀花一對紅紗一疋如無紗作價七錢

六箭　五錢銀花一對紅紗一疋如無紗作價五錢
五箭　四錢銀花一對紅絹一疋
四箭　二錢銀花一枝紅絹一疋
三箭　一錢銀牌一面絨花二枝紅布一疋
二箭　一箭　俱不賞
馬上
九箭　六錢銀花一對紅紗一疋如無紗作價七錢
八箭　五錢銀花一對紅紗一疋如無紗作價五錢
七箭　四錢銀花一對紅絹一疋

六箭　三錢銀花一枝紅絹一疋
五箭　二錢銀花一枝紅絹一疋
四箭　絨花二枝紅絹一疋
三箭　二箭　一箭　俱不賞
以上馬步不中者官責十板應襲武生責
五板
軍兵
九箭　四錢銀牌一面紅絹一疋絨花二枝
八箭　三錢銀牌一面紅絹一疋絨花二枝

七箭　二錢五分銀牌一面紅布一疋絨花二枝
六箭　二錢銀牌一面紅布半疋絨花二枝
五箭　一錢五分銀牌一面絨花二枝
四箭　一錢銀牌一面絨花二枝
三箭　五分銀牌一面
二箭　免責
一箭　責五板
不中　責十板
鳥銃三銃

三弾　一錢銀牌一面絨花二枝
二弾　六分銀牌一面絨花二枝
一弾　免責
不中　責十板
弩箭三箭
三箭　六分銀牌一面絨花二枝
二箭　三分銀牌一面絨花一枝
一箭　免責
不中　責十板

各項火藥手
精熟者　六分銀牌一面絨花二枝
略熟者　免責
生踈及不中者　責十板
各項鎗刀牌筅叉棍等藝手
精熟者　三分銀牌一面絨花一枝
略熟者　免責
生踈者　責十板
不拘官兵忽射碗口把子者九箭賞一兩五錢

銀牌一面八箭至五箭每箭賞銀一錢五分
四箭至一箭每箭賞銀一錢
其餘軍兵每名賞麵餅六箇
水操
守備把總官一兩銀花一對紅段一疋（如無段作價一兩二錢）
哨總巡江指揮絨花二枝紅段一疋（無段作價一兩）
領哨巡江并管火藥千百戶等官紅絹一疋
絨花二枝

各哨者捕隊長舵工每名紅布一疋絨花二
枝
上桅兵驗直上者每名賞五分銀牌一面
泅水兵驗入水者每名賞一錢銀牌一面
火藥手驗慣熟者每名賞五分銀牌一面
各船軍兵每名賞米三升

江防考卷之三

信地

南湖嘴守備信地

南岸上自城子鎮起下至馬當止計貳百玖拾伍里北岸上自湖廣龍坪起下至沙灣角止計貳百肆拾里大小黃鷹等戰哨船共肆拾捌隻衛縣巡捕巡江官軍民兵共伍百叁拾餘員名上哨至德化縣城子鎮止下與安慶守備官兵會哨

安慶守備信地

南岸上自馬當起下至池口止貳百玖拾里北岸上自史家溝起下至老洲頭止叁百陸拾里樓巡梭等船肆拾壹隻官兵伍百餘員名分肆哨上與南湖嘴守備官兵會哨下與荻港把總官兵會哨

荻港把總信地

南岸上自池口起下至東梁山止計叁百伍拾里北岸上自老洲頭起下至西梁山止計叁百里樓巡槳梭等戰船叁拾陸隻官兵伍百貳拾捌員名分肆哨上與安慶守備官兵會哨下與遊兵營把總官兵會哨

遊兵把總信地

南岸上自東梁山起下至高資止計叁百肆拾里北岸上自西梁山起下至黃天蕩止計貳百肆拾里樓巡沙鐵槳梭等戰船玖拾肆隻官兵壹千叁百餘員名分拾哨各派信地上與荻港營把總官兵會哨下與儀真守備圌山把總官兵會哨

儀真守備信地

北岸上自黃天蕩起下至瓜洲止計壹百肆拾里

樓巡草撇梭等戰船叁拾柒隻官兵肆百伍拾伍員名上與遊兵營把總官兵會哨下與三江口把總官兵會哨

瓜洲衛總指揮信地

北岸上自花園港起下至深港止計叁拾里樓巡草撇梭等戰船叁拾陸隻官兵伍百捌拾餘員名上與儀真營官兵會哨下與三江口營官兵會哨

三江口把總信地

北岸上自瓜洲起下至廟港止計壹百肆拾里樓

巡福槳稄等船肆拾肆隻官兵柒百伍員名上與儀眞守備官兵會哨下與周家橋把總官兵會哨

圌山把總信地

南岸上自高資港起下至包港止計貳百伍拾里樓福沙搬鐵槳梭等戰船肆拾壹隻官兵柒百肆拾餘員名上與遊兵營把總官兵會哨下與孟河把截指揮官兵會哨

以上捌營信地共計壹千伍百餘里大小戰船叁百柒拾餘隻官兵伍千叁百叁拾餘員名

江防考　卷三　三

應天府屬言地

上元縣巡捕官主簿下

淳化鎮巡檢壹員弓兵叁拾貳名該司設居陸路原無船隻舊規俱係新江口營官兵出江巡哨與本縣無干該鎮雖不濱江實南畿喉襟之地上抵京城高橋門二十里下抵句容縣土橋鋪三十里今議將該司弓兵叁拾貳名分作三班旬一輪替居則爲列屯之兵出則為巡哨之兵每哨上至高橋門而止下至土橋與句容縣義民會哨仍聽巡捕官調度

江寧縣巡捕官主簿下

江寧馬驛巡捕驛丞壹員弓兵叁拾名哨船壹隻信地上至圭山四十里下至黃瀟口二十里今議將該驛弓兵分作三班一班居守一班水哨一班陸哨水哨上至圭山四十里與和尚港暗伏官軍會哨下至黃瀟口二十里與大勝關弓兵會哨外陸哨之信地則上至當塗縣界葛岡鋪三十里為止下至金家墳十里為止仍聽巡捕官調度

江防考　卷三　四

句容縣巡捕縣丞下龍潭巡檢司巡檢壹員協守義民壹名弓兵肆拾名協官民壯貳拾名哨船貳隻信地上自羅家套接黃天蕩至爪埠巡檢司二十里下至老鸛嘴至青山三江口二十里斜溝把守義民壹名民壯貳拾名巡船原無打造每會哨民壯旋雇民船信地上至儀眞舊江口三十五里下至高資鎮巡檢司四十里該縣開稱龍潭鎮巡檢司地方係該司協同義民在彼把守上自羅家套接黃天蕩至爪埠巡檢司下至老鸛嘴至儀眞

衛把截地方青山三江口計程俱二十里兵壯輪撥往來會哨斜溝地方係義民把守至儀真舊江口三十五里下至高資鎮巡檢司四十里彼處原無巡船只有民壯肆拾名每遇會哨雇民船出江勘得京師去句容九十里句容抵龍潭抵斜溝俱七十里長江一帶洲渚限隔唯斜溝龍潭二處船隻由此出入故黃天蕩為賊淵藪而龍潭斜溝則津要地也故二處兵防視諸處尤當加意今查龍潭巡司弓兵民壯共陸拾名又有義民與巡檢協

守又有巡船出哨其官兵不必添多其船隻不必添造矣但恐義民巡檢互相推調或致悞事今議上半月係巡檢居守義民官率民兵哨江下半月係義民官居守巡檢率弓兵哨江巡檢義民更迭出入屯兵互為犄角但有悞事罪坐所由則不敢推調矣及查斜溝地方有民壯肆拾名亦令義民官輪作二班一班屯列一班巡哨亦可足用但稱巡哨無船臨時旋雇似乎不可切緣民船蓬桅之類恐不利便又雇船方行恐緩不及事合無行令

該縣查將無碍官銀造船貳隻給與巡哨該縣巡捕縣丞仍令時常往來調度其間則信地明而兵紀肅矣

溧陽縣巡捕縣丞下

上興埠巡檢司巡檢壹員弓兵貳拾肆名該司設居陸路原無巡船信地西至溧水縣分界山十五里東抵縣六十里本縣額編守城民壯貳百名續添設巡哨官伍員民壯肆拾名分撥巡哨縣屬險要地方向係巡捕官調度勘得溧陽地方雖濵大

江然去金壇宜興俱不百里金壇去鎮江不遠宜興去蘇松不遠江賊海寇俱宜預防先年添編民壯添設義民蓋為此也但恐前項把守義民民壯或有虛名應役及別項役占者須令巡捕縣丞時常查點庶得實用

溧水縣巡捕縣丞下

民壯肆拾名該縣設居陸路原無巡船信地至柘塘舖四十里至溧陽縣上興埠巡檢司六十里至孔鎮舖六十里至上店舖三十里該縣止有額編

民壯防護城池看守倉庫外仍有輪撥民壯分委
義民督率至柘塘鋪四十里至溧陽縣屬上興埠
巡檢司六十里至孔鎮六十里至上店鋪三十里
各巡邏地方緝捕盜賊似亦嚴密合仍行巡捕縣
丞時常查點毋致踈曠

高淳縣巡捕縣丞下

廣通鎮巡檢司巡檢壹員弓兵叁拾名哨船原無
設造信地自縣陸路至孔鎮鋪六十里自縣陸路
至廣通鎮六十里自廣通鎮河道上至水陽五十

里宣州界至建平縣定埠鎮六十里該縣地方不
邊江洋止有廣通鎮東壩河道由溧陽宜興常州
無錫通接蘇松經行往來客商船隻本鎮原設巡
檢司巡檢壹員弓兵叁拾名住彼盤詰防守其縣
境陸路本縣分委義民輪撥民壯分投巡緝外但
東壩河道亦係要路恐本司官兵悞事今議添委
義民壹名并添撥民壯拾名前去本鎮協同防守
往來上下巡緝仍聽巡捕縣丞督察調度其縣境
陸路巡捕縣丞照舊督率民壯緝捕

江浦縣巡捕官典史下

本縣信地除江面係府屬江淮巡檢司管理其縣
治及陸路村落係該縣巡捕官管理原無設有江
防巡哨船隻官兵無從分管及查縣治江面見係
府屬江淮巡司管理該司額有巡哨船隻每日晝
夜在江巡邏該縣原無城池居民零落江淮巡檢
司雖設在彼實係府屬與縣無干但其逼近大江
盜賊出沒不可無先事之慮今議該縣地方江面
一帶係江淮巡檢司信地合縣陸路村分係該縣
巡捕官信地其縣治地方巡檢巡捕官協同防守

互相調度

六合縣巡捕官典史下

瓜埠巡檢司巡檢壹員弓兵肆拾伍名協守老人
壹名民壯叁拾伍名巡船貳隻信地江面上至唐
家渡二十里下至西溝二十里本縣設居江北東
南通江陸路至瓜埠巡檢司二十五里額設巡檢
壹員弓兵肆拾伍名并本縣添設把守老人壹名
督率民壯叁拾伍名各駕巡船在於所轄江洋信

地上至唐家渡二十里與南京觀音港新江口暗伏官軍接哨下至西溝二十里與句容縣龍潭巡檢司官兵接哨其巡捕典史督率民壯叁拾伍名在於本縣看守倉庫獄囚及縣境四門陸路巡邏緝捕盜賊該司所轄江面俱係險要信地設有弓兵民壯捌拾名巡檢老人協同哨守似亦有備兵不必添矣但恐巡檢老人及兵壯互相推倭今議將兵壯捌拾名輪為叁拾名一班為列屯之兵又伍拾名分為二班每班貳拾伍名駕巡船壹隻上

半月巡檢居守老人督率兵船出江接哨下半月老人居守巡檢督率兵船出江接哨更迭出入互為犄角俱聽典史調度其縣境陸路仍行巡捕典史照舊督兵巡邏

江東巡檢司巡檢下

弓兵叁拾名哨船壹隻信地上至响水溝十五里下至草鞋夾十里該管江面信地北岸一帶以江心為界俱屬江淮巡檢司管轄南岸一帶本司該管巡檢督率弓兵駕使巡船出江巡邏上至响水溝十五里與大勝關弓兵并上新河暗伏官軍交哨下至草鞋夾十里與下江暗伏官軍交哨中江左右河口原設新江口營巡哨官軍船隻駐劄防守該司設居近江所管信地窄狹又有暗伏官軍交相巡守頗為嚴密相應行令巡檢照舊督兵駕船上下往來巡邏

江淮巡檢司巡檢下

弓兵肆拾名哨船貳隻信地上至和州所屬浮沙口巡檢司下至六合縣所屬瓜埠巡檢司該司去

浮沙口及瓜埠俱百里而遥其間穴子河王家套八字溝甚是險要議將弓兵分作二班每班貳拾名哨船貳隻每船拾名犄角而出併力剿捕則江盜可清而往來稱便矣

秣陵鎮巡檢司巡檢下

弓兵叁拾貳名哨船設居陸路原無船隻信地上至河定橋四十里下至烏鵲橋三十里該司原係府屬所轄信地俱係陸路不近江洋弓兵叁拾貳名在司巡緝但本司地方亦係要路各該弓兵雖

在巡緝原無定體今議將見在弓兵叁拾貳名輪
作二班存司盤詰防守一班出境巡哨更相出入

太平府屬軍衛信地

本府巡捕經歷總統巡邏哨官下
民壯貳拾名哨船叁隻上自四合山大信巡檢司
下至牛渚磯釆石巡檢司計四十里與縣哨官接
哨

當塗縣巡捕縣丞哨官下
民壯貳拾捌名巡船壹隻哨船貳隻上自四合山

稀泥港下至和尚港鐮刀灣計八十五里與該港
守把委官接哨

大信巡檢司巡檢下
弓兵叁拾肆名哨船肆隻上自稀泥港下至青草
溝計四十里與府哨委官并釆石巡司官兵接哨

釆石巡檢司巡檢下
弓兵叁拾肆名哨船肆隻上自青草溝下至人頭
磯計二十五里與哨官貳員接應會哨

守把和尚港委官下
民壯叁拾陸名哨船貳隻上自人頭磯下至鐮刀
灣二十里上與釆石巡司下與對江浮沙巡司各
會哨

蕪湖縣巡捕官縣丞下
民壯伍拾名巡船肆隻哨船貳隻上自河口巡司
下至四合山稀泥港計四十里與當塗縣大信巡
司官兵接界會哨

河口鎮巡檢司巡檢下
弓兵叁拾肆名巡船壹隻哨船貳隻上自繁昌縣

螃蠏磯下至本鎮與縣巡捕官兵會哨巡檢帶管
楊夾沙守把民壯壹拾伍名哨船壹隻上自本沙
下至河口巡司與三山巡司官兵接應會哨

繁昌縣巡捕委官下
民壯貳拾陸名巡船壹隻哨船貳隻駐劄地名宗
三廟係荻港三山二司官兵接界適中最為要害
之地專令本官帶領民壯船隻嚴加調度若遇上
下有警隨即協力應援

荻港巡檢司巡檢下

弓兵叁拾伍名巡船壹隻哨船貳隻上自朋胻夾
與銅陵縣官兵接應下至宗三廟與三山巡司官
兵接應計四十里該鎮江面廣濶添設民兵拾名
哨船壹隻本官帶管督率防守
三山巡檢司巡檢下
弓兵叁拾肆名巡船壹隻哨船貳隻上自宗三廟
與荻港巡司接應下至蕪湖縣河口司與該司官
兵接應計四十里往來會哨巡邏
建陽衛指揮壹員總管巡江分為上下二哨上哨

千戶壹員巡軍柒拾伍名沙哨舠船共叁隻上自
繁昌縣荻港司起至蕪湖縣河口司止計一百里
上與銅陵縣下與下哨千戶接哨下哨千戶巡軍
柒拾伍名沙哨舠船共叁隻上自河口司起至當
塗縣和尚港止計一百里上與上哨千戶并蕪湖
縣官兵下與和尚港守把官兵接哨
以上府衛縣并巡司把截官兵仍各與遊
兵部下哨捕者兵相兼巡緝
和州信地

巡捕同知總巡八槳船壹隻上至新溝口起下至
穴字河止一百一十里督率上哨陰陽官壹員巡
哨民壯貳拾肆名巡哨船貳隻上至新溝口起下
至新河口止六十里又民壯拾名哨船壹隻守把
姥下河口下哨陰陽官壹員巡哨民壯貳拾肆名
巡哨船貳隻上至新河口起下至穴字河止五十
里又民壯拾名哨船壹隻守把芝蔴河口
裕溪河鎮巡檢司巡檢下
弓兵叁拾貳名巡哨船貳隻上至新溝口起下至

張家溝止十里與奧龍牛屯二巡司官兵接哨
牛屯河巡檢司巡檢下
弓兵肆拾陸名巡哨船貳隻上至張家溝起下至
新河口止五十里與裕溪浮沙大信三巡司官兵
接哨
浮沙口巡檢司巡檢下
弓兵肆拾陸名巡哨船貳隻上至新河口起下至
穴字河止五十里與牛屯江淮二司及和尚港塉
伏各官兵接哨

以上官兵仍與遊兵部下官哨者捕兵船
相兼巡緝

池州府屬信地

本府上哨船壹隻民壯貳拾名又貴池縣哨船壹隻民壯拾伍名自池口起巡至懷寗縣一百二十里每季撥府首領或李陽河巡檢督之下哨船壹隻民壯貳拾名又貴池縣哨船壹隻民壯拾伍名自池口起巡至銅陵縣一百二十里每季撥貴池縣巡捕官或池口巡檢督之

東流縣典史下

民壯貳拾名哨船貳隻部哨上至香口巡檢司四十里與望江縣會哨下至鴈汊九十里與懷寗縣會哨

銅陵縣主簿下

民壯貳拾名哨船貳隻部哨上至橫港二十里與大通巡司兵船接哨下至新溝十五里與老鸛嘴把隘官兵接哨

香口巡檢司巡檢下

弓兵拾玖名哨船貳隻上巡至響水磯二十里與馬當巡司兵船接哨下巡至稠林磯三十里與吉陽巡司兵船接哨

吉陽巡檢司巡檢下

弓兵拾玖名哨船貳隻上巡至稠林磯三十里與香口巡司兵船接哨下巡至鴈汊六十里與李陽巡司兵船接哨

李陽巡檢司巡檢下

弓兵貳拾名哨船貳隻上巡至鴈汊六十里與吉陽巡司兵船接哨下巡至烏沙夾二十里與池口

巡司兵船接哨

池口巡檢司巡檢下

弓兵貳拾名哨船貳隻上巡至烏沙夾四十里與李陽巡司兵船接哨下巡至五埠溝六十里與大通巡司兵船接哨

大通巡檢司巡檢下

弓兵貳拾名哨船貳隻上巡至五埠溝二十里與池口巡司兵船接哨下巡至橫港二十里與銅陵

縣兵船接哨

險隘老鸛嘴設義民壹名下

民壯貳拾名哨船貳隻部哨上至新溝十里與銅陵縣兵船接哨下至濫泥灘與錢家灣官兵接哨

錢家灣設義民壹名下

民壯貳拾名哨船貳隻部哨上至濫泥灘五里與老鸛嘴官兵接哨下至王家溝十里與張灣潭官兵接哨

張灣潭設義民壹名下

民壯貳拾名哨船貳隻部哨上至王家溝五里與錢家灣官兵接哨下至胭脂夾十里與荻港巡司兵船接哨銅陵縣仍每處添撥民壯貳名協守但有警息俱聽該縣巡捕官調度

以上官兵船隻仍與安慶守備荻港把總各部下官兵書把等兵船相兼巡緝

廬州府屬信地

無為州該管江面上自桐城縣六百丈巡司起下至和州裕溪河巡司止共計江面二百二十里

自六百丈起至省潭灣止八十里內有楊山磯石灰河三江口險要俱土橋司巡檢帶領弓兵哨船貳隻分為兩班巡邏上與六百丈下與泥汊各巡司官兵會哨

自省潭灣起至薛家灣止七十里泥汊巡檢司官帶領弓兵哨船貳隻分為兩班巡邏上與土橋下與奧龍各巡司官兵會哨

自薛家灣起至裕溪巡司止七十五里奧龍司巡檢帶領弓兵哨船貳隻分為兩班巡邏上與泥汊

下與裕溪各巡司官兵會哨

黃落河司巡檢帶領民壯肆拾捌名哨船肆隻分為兩班在於該管江面總巡上至六百丈下至裕溪河

以上巡司官兵仍各與荻港及安慶守備部下各耆兵軍勇船隻相兼巡緝

揚州府屬信地

上自儀真縣東溝起至青山白茅墩止江面四十五里把截義官壹員領民壯肆拾名屯守止與瓜

埠巡司下與青山巡江官南與龍潭巡司各會哨
自青山起至羅漢洲止江面八十里中間青山為黄天蕩最要已該儀真守備部下官兵分布防守舊江口又為儀真縣喉舌重地該儀真衛巡江指揮統領百戶壹員鎮撫壹員軍舍貳百名巡船拾肆隻分為四班每半月一換輪流巡邏上與東溝把截官下與舊江口巡檢司各會哨
自下江口起至窑港止江面四十里該舊江口巡檢領弓兵伍拾貳名巡船叁隻上與下江口官兵

下與窑港義官各會哨
自窑港起至何家港止該儀真縣義官壹員領遊兵叁拾名屯守上與舊江口巡司下與何家港各官兵會哨
自羅漢洲起至舊江口止江面八里該花園港把截百戶壹員領軍舍肆拾名民壯叁拾名驍勇烏銃手拾名巡船壹隻上與儀真衛縣巡司下與瓜洲鎮巡江千戶各接哨
自舊江口起至蒋八港江面十里該千戶壹員領軍舍肆拾名巡船壹隻上與把截百戶下與巡江千戶各接哨
自蒋八港至深港止江面十里該巡江百戶壹員領軍舍肆拾名巡船壹隻該港僅逼鎮城通接孟河海口等處為東南險要之最合添民壯貳拾伍名與本官統領上與瓜洲鎮千戶下與萬壽巡司各官兵接哨俱為屯列瓜洲鎮巡檢領弓兵伍拾貳名巡船貳隻以為應援餘有兵勇壯夫脚兵存留防守瓜洲城池其操江民壯壹百貳拾名巡船

陸隻召募民船陸隻分為三班駐劄本鎮大南門外江口聽瓜洲江防官不時調遣上下哨緝
自深港起至穿心港止江面六十里該萬壽巡檢領弓兵伍拾名上與巡江百戶下與歸仁巡司及三江會口各營官兵接哨
三江會口上至瓜洲鎮下至廟港止共計江面一百五十里乃瓜儀險要之最地已該把總官部下官兵分布防守自穿心港起至急水港止江面三十里該歸仁巡檢領弓兵伍拾名上與萬壽巡司

下與口岸巡司各會哨
自急水港起至李家港止江面三十里設口岸巡檢領弓兵叁拾名上與歸仁巡司下與印莊巡司各會哨
以上各文武官兵船隻查照該管信地務要同心勠力相兼哨緝

鎮江府屬軍衛信地

鎮江衛江操指揮部下千戶壹員百戶貳員巡船肆隻督令巡江軍餘防守金山東哨至丹徒港二十里西哨至高資巡檢司五十里北哨至爪洲一十里各互相會哨百戶壹員統領江操軍餘在於金山西馬頭陸路把截俱江操指揮不時出江查點哨操本府委千戶壹員統領隊兵貳拾伍名自東馬頭下至丹徒鎮十五里與巡檢會哨上至西馬頭十里與千戶會哨千戶壹員統領隊兵貳拾伍名自西馬頭上至高資巡檢司四十里與巡檢會哨下至東馬頭十里與千戶會哨

丹徒鎮巡檢司巡檢雇船統領弓兵拾伍名上至焦山十五里與府委千戶會哨下至孩溪橋十五里與姜家嘴巡司會哨
高資下巡檢司巡檢雇船統領弓兵拾伍名上至斜瀆口三十里與把截義民會哨下至西馬頭四十里與鎮江衛巡江官軍并府縣操江把截壯快會哨
安港巡檢司巡檢雇船統領弓兵拾伍名上至姜家嘴巡司二十里下至包港巡司三十里接哨
姜家嘴巡檢司巡檢雇船統領弓兵拾伍名上至孩溪橋十五里與丹徒巡司接哨下至順江洲一號港與安港巡司接哨
以上府衛巡司官兵仍各與圖山把總部下督捕兵船相兼巡緝

安慶府衛信地

查得本府沿江上下二水哨原額哨船肆隻民壯捌拾捌名分為兩班上巡至小孤巡司止計二百三十里下巡至池州府池口巡司止計一百二十里俱設本府巡捕同知總統巡緝懷寧縣巡捕縣

丞帶民壯貳拾名駕哨船貳隻上巡至雷港巡司地名洲頭口與該司官兵接哨觀音港巡檢帶弓兵肆拾肆名駕哨船貳隻亦上巡至雷港巡司洲頭口與該司官兵接哨下巡至長楓夾地名竺家嘴與該司官兵接哨長楓夾巡檢駕哨船貳隻帶弓兵肆拾肆名上巡至觀音港巡司地名黄泥溝與該司官兵接哨下巡至馬路石柘家灣止與該司官兵接哨桐城縣巡捕縣丞每月輪撥精壯貳拾名跟隨哨官駕哨船壹隻督領馬路石巡檢駕

哨船貳隻帶弓兵肆拾叁名自柘家灣起上巡至長楓夾巡司接界下巡至馬船溝止源子港巡司接界江面六十里該司與長楓夾觀音港合為一哨跟隨本府巡哨官兵上至懷寧縣下至貴池縣討印掛號源子港巡檢帶弓兵肆拾陸名駕哨船貳隻自馬船溝起下巡至老洲灣江面六十里與六百丈巡司及池口大通二巡司合為一哨隨桐城縣哨官并對江貴池縣巡捕官上巡至貴池縣下巡至銅陵縣討印掛號六百丈巡檢帶弓兵肆

拾叁名駕哨船貳隻上自老洲灣起下巡至石灰河止對江銅陵縣江面五十里與源子港巡檢及池口大通二巡司官兵合為一哨亦隨哨官與對江貴池縣巡捕官上巡至貴池縣下巡至銅陵縣討印掛號老洲頭守把哨官民壯貳拾名望江縣巡捕主簿帶民壯貳拾名駕哨船貳隻上巡至楊灣司地名朱福溝毛湖洲相接九江府彭澤縣巡捕官兵會哨下巡至雷港司新口鎮相接懷寧縣并對江東流縣接哨楊灣口巡檢帶弓兵叁拾叁

名駕哨船貳隻上巡至朱福溝毛湖洲相接小孤巡司會哨下至黄家堠相接雷港巡司會哨雷港巡檢帶弓兵貳拾伍名駕哨船貳隻上巡至黄家堠相接楊灣司官兵會哨下巡至新口鎮相接觀音港官兵會哨宿松縣巡捕典史每月輪撥民壯叁拾名跟隨陰陽官駕哨船壹隻於小孤江洋住守上巡至湖口縣下巡至望江縣一百二十里往來接哨小孤巡司帶弓兵伍拾名分為二班駕哨船壹隻自本司江面起上至溼江司楊家洲二十

里下至毛湖洲一十五里涇江巡檢帶弓兵貳拾貳名駕哨船壹隻自本司起上至九江𡿨嘴四十里接哨下至小孤六十里接哨歸林巡司帶弓兵貳拾捌名分為二班駕哨船壹隻每月一換自本司起上巡至湖口縣三十里下巡至涇江巡司六十里接哨安慶衛上江總巡指揮壹員帶軍舍伍拾名駕沙槳船兵貳隻自懷寧縣觀音港巡司起上巡至小孤巡司止計二百三十里千戶壹員軍舍叄拾名駕哨船貳隻百戶壹員軍舍叄拾名駕

哨槳船貳隻俱自觀音港巡司起上巡至小孤巡司止共計二百三十里下江總巡指揮壹員軍舍伍拾名駕哨槳船貳隻自觀音港巡司起下巡至大通巡司止共計二百里千戶壹員軍舍叄拾名駕槳船壹隻百戶壹名軍餘叄拾名駕槳船壹隻俱自觀音港巡司起下巡至大通巡司止共計二百里

蘇松常鎮兵備道分布防汛信地

一岡山瓜處江邊係干要地北與周家橋相對乃鎮江之咽喉　留都之門戶也把總部下兵船分為三枝前哨百戶壹員統領福鐵槳船柒隻捕兵玖拾貳名為正兵泊守安港口仍哨至黃山門與孟河兵船互為策應中哨千戶壹枝統領福鐵槳船柒隻捕兵玖拾貳名為應兵泊守岡山洪口仍哨至安港與江北周家橋兵船互為策應後哨千戶壹枝統領沙船捌隻者兵玖拾玖名仍哨上至瓜儀下至江陰楊舍等處往來遊哨有警與江北三江會口及遊兵把總下兵船互為策應把總官

專在岡山駐劄不許擅離信地

一鎮江府東西二馬頭皆瀕大江逼近城郭乃要地也指揮壹員領有江操船隻分作二枝一枝泊守焦山以護東津一枝泊守金山以護西津仍各分番出哨北至瓜洲儀真以備江寇南至岡山安港以防海賊仍聽把總官調度

一鎮江府原有上兵肆百名丹徒縣民壯壹百玖拾玖名丹陽縣捌拾名金壇縣壹百名快手肆拾玖名軍餘捌拾貳名丹徒等巡司弓兵肆拾名機

兵伍拾陸名共壹千陸名陸操指揮壹員督同哨官千百戶統領操練春汛之月分為四枝一枝千戶壹員領住大港一枝千戶壹員領住埤城一枝千戶壹員領住東津馬頭一枝百戶壹員領住西津馬頭無事往來巡哨遇警聽候參總調度勦殺

淮揚海防兵備道分布防汛信地

一三江會口係江都縣地方西到瓜洲鎮一百二十里東到周家橋四十里與江南圌山相對中有順江洲江面頗窄水流湍急最為險要此處能守瓜儀可保無虞　留都無復軫慮近該本院題設把總官壹員統領水兵陸百名哨官貳員哨長壹名大小戰船貳拾隻常川防守其遊兵把總官統領兵船住劄一號港地方上接圌山十里下接三江會口十里泊守中流以便兩地協助防守江北有警互相飛報併力截勦仍要與江南及周家橋瓜儀各兵船彼此策應

一沙河港係江都縣地方在府城東南八十里西到瓜洲鎮二十里東到三江會口一百里與江心

焦山寺相對上年原無設兵平時令瓜洲與三江會口兵船巡邏江洋有警合兵追勦

一瓜洲鎮係江都縣地方南濱大江東到沙河港二十里西到花園港七里北到府城四十五里與江心金山寺相對建有甎城居民稠密商賈輻輳江南糧運由此過壩設有總巡指揮壹員部下揚州衛巡江官壹員軍舍壹百名巡船壹隻操江民壯陸拾名巡船貳隻守城驍勇貳百伍拾名脚斛行兵肆百肆名機兵伍拾伍名巡檢司官兵伍拾叁員名巡船壹隻捕兵拾陸名叭喇呼船肆隻捕兵壹百拾肆名草撇船拾隻無事防守地方出江會哨有警併力截勦仍要西與天寧洲河口花園港東與三江會口南與鎮江各兵船彼此應援仍聽江防同知官提調

一花園港係江都縣地方東到瓜洲鎮七里西到何家港十五里商民船隻頗多停泊設有揚州衛把截官壹員部下軍舍貳拾名巡船壹隻似屬單弱上年議撥瓜洲操江軍舍肆拾名前去防守平

時防捕盜賊遇有警息東令瓜洲西令儀真兵船策應

一何家港係儀真縣地方東到花園港十五里西到舊江口十里若賊由鎮江衛來必趨本港則西入儀真東奔瓜洲北侵楊子橋等處原無設兵有警東令瓜洲西令儀真兵船應援

一舊江口係儀真縣地方東到何家港十里西到下江口十里與江心新洲相對原設舊江口巡司官兵陸拾壹員名守把止可巡邏江洋哨探消息難於拒敵但下江口設有兵船甚近臨時聽守備官調兵應援

一下江口係儀真縣地方在縣南東到舊江口十里西到青山三十里與江心天寧洲相對其洲接連何家港為江洋要害設有守備部下水兵貳百名領兵官叄員大小戰巡船拾柒隻儀真衛巡江軍舍貳百名官伍員巡船拾叄隻上至青山瓜埠下至瓜洲鎮江南與河口各兵船會合無事巡邏江洋會哨有警互相策應其儀真縣募兵叄拾名巡船叄隻分守下江口迤東窑港至何家港一帶近議儀真衛縣官兵防守東溝

一儀真城內有衛縣衙門東到瓜洲鎮四十里西到應天府六合縣六十里東北到揚州七十里南濵大江五壩貨財輳集漕運糧船由此過閘第一要害已有守備官駐守該衛見有守操軍舍官軍舍餘肆百伍拾壹員名有警行令衛縣掌印巡捕城操等官嚴督軍舍民壯及添撥居民防守城池聽軍門調兵接應仍將五壩居民商賈財貨預搬入城以為清野之計

一上江口係儀真縣地方在縣南東到下江口約一里許原無設兵今議相去下江口不遠有警令彼處兵船截勦

一青山嘴係儀真縣地方東到該縣下江口三十里西到東溝二十里原有衛縣官兵及江防遊兵把總兵船屯駐往來守禦與守備官兵互相策應

一東溝係六合儀真二縣交界處所今議本處正當黄天蕩大江之中險要尤甚議將該縣民壯捌

拾名分為二班幷募兵叁拾名巡船叁隻與儀真衛軍舍仍守東溝

常鎮叅將分布防汛信地

一倭寇過洋如遇南風多則犯浙直遇北風多則犯閩廣中流風水不便則收馬蹟羊山候便開船遇南風必由高家嘴而入犯七八九圌以至竹箔沙寶山吳淞入內彼處設有總兵坐鎮把總及中軍都司兵船犄角防守且劉河與吳淞海面不遠兵船瞬息可至該總見有兵船分為五哨一哨泊

守新竈一哨泊守黃窰一哨出洋遠探二哨坐泊港內更番調遣哨守嚴密可保無虞若由蛇山外洋而來必經三爿高家沙入內不犯三沙不犯江北或由山前營前沙出登舟沙過西則至白茅過北則犯狼山或褚家沙或西犯福山以至楊舍登舟沙實係福山白茅常鎮門戶其三爿高家沙已該崇明把總兵船二哨泊守探三沙洪抛泊二哨以備堵截一哨輪發外洋遠哨三爿沙亦係江北要路狼山襟喉議將彼處把總兵船一枝住泊與

崇明把總兵船互相應援福山兵船一枝泊守營前沙與江北舊守山前沙兵船相為犄角白茅兵船泊守登舟沙以為營前應援以固入犯要路楊舍逼近狼福乃由海入江門戶已該叅將議將本部兵船一枝泊守褚家沙哨至營前三沙洪東可固三爿山前營前等沙入犯南可固吳淞劉河入犯亦便應援一枝泊守三丈浦一枝泊守穀瀆港以備緩急與褚家沙兵船輪番哨守但自褚家沙而至楊舍以及江陰孟河一帶江面窄狹陰沙頗多船難行使若不遠出外洋哨探邀擊一遇入江

縱使堵截勢難萬全未免登岸入內之虞今江陰靖江孟河圌山兵船雖經派守信地俱應差撥遠哨不惟遇警得以應援阻遏抑且臨事便於傳報設備矣

一楊舍迤西江陰縣北枕長江而黃田港切近縣治尤為要害今設練兵指揮壹員操官叅員統領陸兵壹千餘名屯劄城內武生壹名統領兵船一枝泊守本港可以控扼與靖江兵船相為犄角本

處接連夏港着令義官兵船策應

一靖江孤懸江心尤為要害今設蟛蜞港孤山夻爛港三處兵船可以控扼與江陰兵船相為犄角孟河接界該地兵船互相應援

一賊由大江南突孟河尤為險要今設指揮壹員兵船叁拾隻士兵陸百名堪以控扼圌山兵船互相應援

一圌山洪係干要地乃鎮江之咽喉　留都之門戶今設有把總兵船可以控扼與周家橋三江會口兵船相為犄角鎮江京口并瓜儀兵船互相策應

揚州叅將分布防汛信地

一青山嘴係儀真地方查得本處東到縣三十里西到東溝二十里原設儀真衛縣官兵巡船在彼防守後本院添設重兵備禦有警與儀真下江口舊江口兵船互相應援

一儀真城查得東到瓜洲四十里東北到揚州府城七十里西到六合縣瓜埠鎮六十五里南濵大江商賈襍集漕運所關誠爲要地原設守備都指揮壹員駐劄在彼統領儀真衛縣城操軍舍并民壯鄉兵防守若瓜洲揚州有警守備俱要應援如彼處有警其揚州瓜洲之兵亦要策應

一下江口在儀真縣南東到舊江口十里西到青山嘴三十里與新洲相對接連何家港江面險要原設儀真衛操江軍舍壹百貳拾名巡船壹拾柒隻在彼防守聽守備官調度上與青山瓜埠下與花園港瓜洲南與鎮江各兵船往來會哨巡邏有警彼此應援

一舊江口在儀真縣東西到下江口十里東到何家港二十里與新洲相對設有巡檢司官兵巡船把守止可哨探但去下江口不遠不必設兵有警會下江口官兵策應

一何家港在儀真縣東二十里東到花園港十五里西到舊江口十里若倭寇自鎮江突來必由此處登岸西入該縣東奔瓜洲北侵楊子橋等處有警西令下江口東令瓜洲各兵船策應

一都天廟即新城在儀真縣稍東偏北十五里一路入縣一路通何家港一路東到楊子橋誠為通衢先年原議漕兵伍百名委官防守看得本處亦係腹裏且相離該縣不遠合照舊將漕兵免調

一花園港係江都縣地方在瓜洲鎮西七里西到何家港十五里商民船隻停泊頗多亦為緊要原設揚州衛把截軍舍貳拾名巡船壹隻在彼防守上年議將瓜洲鎮操江軍舍内撥肆拾名共陸拾名委官百戶壹員管領若遇有警西令儀真東令

瓜洲兵船彼此策應

一瓜洲鎮係江都縣地方南濱大江建有城垣東到沙河港二十里西到花園港七里北到楊子橋三十里到府城四十五里與江心金山寺相對居民商賈輻輳之地江南運量由此過壩最為險要今添註揚州府同知壹員駐劄統領原有民壯驍勇機兵等項八百餘名并揚州衛巡江軍舍巡檢司弓兵及巡哨船壹拾餘隻及草撇船拾隻捕兵壹百拾肆名嗒喇叭船肆隻捕兵拾陸名在彼防禦有警調兵策應

一沙河港係江都縣地方在府城東南十八里與江心焦山斜對東到三江會口一百里上年原未設兵有警行令瓜洲三江口兵船應援

一新港即三江口係江都縣地方西到瓜洲鎮一百二十里東到周家橋四十里與江南圌山相對中有順江洲江面稍狹水流至急此處能守瓜儀可保乃為　留都門戶近該本院題設把總壹員統領水兵陸百名沙船貳拾隻把守若遇有警與

周家橋官兵互相應援

遊兵把總分布防汛信地

一查得水路南岸圌山北岸三江會口乃江防第一重門戶江面頗狹甚為要害今皆設有兵船南北夾守控扼堵遏深為得策如圌山有警則把總官兵屯守本處而三江會口把總應為應兵三江口有警則把總官兵屯守本處而圌山把總應為應兵遊兵把總督領兵船住劄一字港上接圌山十里下接三江會口十里泊守中流以便兩地協助

次而鎮江瓜洲則是第二重門戶應將中軍官壹員督領部下健勇義勇弓兵船隻繫泊南岸各屯宿重兵與瓜洲江防官兵船相應防守又次而儀真相對天寧洲爲第三重門戶應令中軍官壹員督領部下義勇健勇弓兵船隻繫泊天寧洲稍西各屯宿重兵與儀真守備兵船相應防守如南岸有警則令瓜洲與三江會口各兵船協助北岸有警則令鎮江江操指揮與圓山各兵船協助若警跡重大則令遊兵把總不分南北上下往來應援

萬一倭寇侵犯及江盜結夥即與圓山三江會口把總儀真守備各會合同心勠力堵遏

儀真守備分布防汛信地

自瓜洲與鎮江相對中流金山高險乃儀真江界門戶可以設兵瞭望江中亦有新洲夾江南即高資巡司直抵河口北自花園港泝達何家港舊江口巡司最爲要害此處當宿兵控把合令哨官百戶壹員率領沙船貳隻沙兵肆拾名哨探堵遏以作前鋒差撥棱船遠出外洋接續哨探飛報其瓜洲鎮江兩路兵船互爲犄角夾攻之勢花園港舊江口高資巡守兵船以備奇伏策應至於儀真江口內逼城廓閘壩漕渠外沿青山南對河口中即新洲首亦係險要堪設正兵應敵合令哨總指揮壹員統部巡船壹隻沙船肆隻棱船貳隻者兵壹百肆名居中駐劄防守也[illegible]如青山東溝守把瓜埠巡司三隘南與龍潭[illegible]蕩江面斜峙則有重洲疊江多港雖云腹裏尤係險洋逼近觀音門誠謂南畿肘腋之所合令哨官百戶壹員率領沙船

貳隻者兵肆拾名上下遊巡以爲後援南北巡司守把兵船夾攻策應仍照上年規則行令遊兵把總兵船協巡防守守備官不分雨夜上下江面往來巡檄隨賊向往截殺

鎮江府巡捕通判分布防汛信地

本府所轄沿江一帶地方上至高資鎮下至孟河堡本府東西二馬頭南通吳越北枕大江誠爲要地見有鎮江衛江操指揮壹員千戶壹員百戶貳員統鎮江操巡船伍隻軍餘壹百叁拾叁名分作

二枝一枝泊守焦山以護東津一枝泊守金山以護西津仍各分番出哨上至瓜儀下至圌山安港等處有警飛報沿江官兵堵截又看得圌山洪口爲鎮江之咽喉　留都之門戶誠要害之所兹以江洋空闊波浪洶湧盜賊出沒之鄉形勢甚險尤當戒嚴即今南有圌山把總兵船一枝北有三江會口把總兵船一枝互相對峙防守圌山總福鐵沙巡等船共貳拾貳隻兵夫叁百名原分三哨合前哨百戶一枝當爲正兵統領原撥福鐵槳船柒

隻捕者兵夫玖拾貳名泊守安港仍哨至黄山門與孟河兵船互爲策應中哨千戶爲應兵統領原撥福鐵槳等船七隻捕者兵夫玖拾貳名泊守圌山洪仍哨至安港與江北周家橋兵船互爲策應后哨千戶壹員統領原撥沙船捌隻兵夫玖拾玖名上至瓜儀下至江陰楊舍等處往來遊哨共江北三江會口順江洲等處與黄山門孟河京口兵船互爲策應如遇有警或賊從江南而入則圌山把總爲正兵三江會口把總爲奇兵賊從江北而

入則三江會口把總爲正兵圌山把總爲奇兵互爲犄角之勢又其中遊兵把總兵船駐劄一字港兩地協應水路分布已定陸路亦當備禦看得圌山要路内通埤城外通戴港東至孟河南達丹陽西接府城及東西馬頭俱係要害本府設有練兵指揮壹員統領陸兵柒百捌拾玖名分爲四枝一枝令千戶壹員住守戴港一枝令千戶壹員住守埤城一枝千戶壹員住守東津馬頭一枝百戶壹員住守西津馬頭無事合營入塲操練仍往來巡

哨有警賊從孟河至埤城則埤城千戶爲正兵而戴港爲應兵賊由戴港登岸則戴港千戶爲正兵而埤城千戶分兵應援東津千戶即率兵截殺當爲伏兵縁府城坐枕江干雖有江操指揮壹員統領兵船二枝金焦防護倘寇倉卒登岸將何禦之合行鎮江衛練兵指揮及百戶等官統領陸兵弁選精壯機兵伍拾名調發城外協同把截西津馬頭江操百戶軍餘壹百壹拾陸名往來府城沿江一帶巡哨防禦四門兩關則撥鎮江衛城操巡捕

巡塩軍舍餘丁盡數查出分布把截

江防考卷之五

疏稿

提督操江兼管巡江南京都察院右僉都御
史張　謹　題為
請復兵備憲臣以慎固邦圻事臣惟江防之任
臣之所與共地方綜攝大計惟兵備諸臣爲
最先故今欲地方経畧求圖亦惟專求分隷
增置此官之得宜爲最急臣屬兵備之設有
五如潁州蘇松淮揚徐州四道分列两江兼

攝八府法紀経常固無容更議至應安徽寧
池太六府及廣徳一州幅幁方四千里之地
中間山谿鬱盤江面遼濶窮極扼塞殊爲要
害故我
太祖當　天兵南下即先渡釆石而呂亭池口之
間皆金陵上游必據之地即隄防已備尤增
置宜嚴況數年以来戎伍廢弛賊盜叢生此
方為最有司兵衛向莫敢誰何臣輩即事究
懲僉謂不復廣徳兵備之設則後患猶無底

止臣因備查當嘉靖三十四年因倭奴之變
曾專設應天兵備副使一員於廣德州住劄
至四十一年該工科給事中林命始議裁革
徽州原不屬于金嚴衢兵備至四十五年因
礦賊由浙江開化突掠婺源該巡撫浙江都
御史劉畿始議分屬臣因竊嘆當廣德兵備
創設之後未罷之前既上下相安號稱得策
乃建議者欲為節省之圖而中忽議罷使已
定規畫盡廢既非為地方安危大計之所宜

然徽州屬邑有事自當為徽州另求長策乃
當事者欲為張皇之舉而改隸金衢將致都
邑境土分裂尤非臣愚之淺昧智識所能通
解至以安慶屬九江亦向因都御史歐陽鐸
御史宋茂熙游居敬諸臣建此添設應天兵
備之議紛然乃始為遷就調停之計而非確
然久遠之圖臣以此見今日僉同之說已誠
為可信至今年春安慶事作臣于閏二月十
二日未時得報隨即移檄経畧安撫此時欲

委之九江兵備聞時方如江西會城鄱府職
官則固無干涉不得已乃委應天通判譚文
顯以行臣豈不知安慶元非應天所屬之地
通判亦非軍中從事之官當是時四顧無人
不得不計惟出此此非兵備敢緩于赴急盖
以風牛馬不相及之地而又羈縶以各分屬
不自便之人雖涓軀疾馳自事機已過幸賴
朝廷威靈反側即安事機旋定否則將大致地
方不無費事此徵之見事尤更可寒心者夫

朝廷為地方設官鑒之往昔徵之見事如此則
此一兵備誠不可不亟為地方復設以終綏
萬全或謂增官當思煩費不知見如西北諸
省皆一府以數道臨之今以六府一州奉一
官則公私供億固自有餘贏或又謂方单難
遽議復不知見如山東曹濮等處曾单不及
歲皆已全復又非為此地一官創起義例固
尤萬無不可者如蒙伏望
皇上軫念邦圻重地　勅下吏兵二部計處照舊

復設按察司副使一員請
欽給　勅諭關防於前項地方專司兵備前乞
於舊關防應天等字樣易以徽寧住劄處所
移於池州除應天京府上江京縣外其安慶
徽寧池太五府廣德一州應天在外句容等
六縣及新安建陽宣州安慶衛所皆其統屬
凡係下臣欽奉
勅諭內提督統領事宜容聽臣節制處分其餘地
方錢粮等項聽從撫按衙門按屬節制安慶

徽州舊隸浙江遥制空名悉皆罷去其江西
九江道照舊仍隸臣屬庶官守建綱維之勢
邦圻獲體統之尊事有責成而法無廢墜矣
伏惟
聖明裁斷施行地方幸甚緣係　請復兵備憲臣
以慎固邦圻事理為此具本專差
賫捧謹題請
旨
隆慶六年五月二十七日

兵部為
請復重地憲臣以圖治安事該本部題議方請
吏司案呈奉本部送准吏部咨文選清吏司
案呈奉本部送吏科抄出總理粮儲提督軍
務兼巡撫應天等府地方都察院右僉都御
史張　題前事又該提督操江兼管巡江南
京都察院右僉都御史張　題為
請復兵備憲臣以慎固邦圻事等因奉
聖旨吏部知道欽此欽遵通抄到部送司查得復

設兵備係隸兵部掌行相應移咨案呈到部
擬合就行為此合咨前去煩為查照議覆施
行等因到部送司卷查嘉靖三十四年七月
內該南京兵部等衙門尚書等官張時徹等
題為慎防守以安重地事內稱巡撫止可料
理蘇松其應天徽寧池太安慶六府防禦不
及欲要比照蘇松添設兵備事例將各府分
為兩道各設兵備一員專一整理等因具題
前來隨該吏部議擬量于前項地方添設兵

備副使一員覆奉
世宗皇帝聖旨近年海遇賊警各官不思着實設
謀戰守動輙增官隨稱無補却又罷之祗見
紛擾且蘇松浙江地方增設官員未為不多
選用匪人何能有濟這所議姑准行事宜具
奏裁革欽此又查得嘉靖四十一年九月內
該工科給事中林命題為仰體
聖衷議革冗官以裕　國計以蘇民窮事欲要將
前項添設副使裁革等因具題前來隨該吏

部覆奉
世宗皇帝聖旨是欽此欽遵外今該前因查呈到
部看得巡撫應天右僉都御史張　提督操
江右僉都御史張　各題稱應天徽寧池太
安慶廣德六府一州地里遼曠乞要照舊復
設兵備副使一員
勑書關防隨例　頒給關防易以徽寧等處字
樣住劄處所移于池州專一操練兵馬巡緝
盜賊撲捕礦徒兼理錢粮庶務及要將金嚴

衛兵備所管官軍行合該省自整原派徽州
府餉銀存留新道募兵之用安慶府衛不必
屬九江兵備帶管仍聽操江衙門節制各一
節為照南直隸應天徽寧池太安慶廣德六
府一州地方周廻數千里中間重山大江鬱
盤遼濶奸民負險習礦盜賊潛滋出沒漸不
可長兵備之設叅之時事人情委不容已既
經巡撫操江等官會題前來議處允當相應
依擬合候

命下移咨吏部查照添設副使一員前去住劄池
州府治除應天京府上江京縣外其徽寧池
太安慶五府廣德一州應天在外句容等六
縣及新安建陽宣州安慶各衛所皆屬統轄
平時操練兵壯查理錢粮隄防盜賊仍不時
巡歷地方如遇江賊礦徒竊發相機勦捕本
部仍照議定擬責任請
勑一道及咨禮部鑄給關防令其欽遵行事至於
柴薪俸粮之費俱于所屬地方缺官俸薪

銀內動支一應兵備事務俱聽巡撫操江巡
按等衙門節制其安慶府舊屬九江兵備徽
州府舊屬金嚴衢兵備遥制空名悉皆罷去
浙江金嚴衢道原派徽州錢粮盡行撤回聽
本道養兵支用江西九江兵備道照舊仍屬
操江都御史至於金嚴衢道九江道各官原領
勅書相應一體換給等因隆慶六年七月初二
日本部署印左侍郎石　等具題初四日奉
聖旨是欽此欽遵擬合就行為此合咨前去煩照

欽依內事理欽遵施行
本部題奉
隆慶六年七月初八日
提督操江兼管巡江南京都察院右僉都御
史臣董　謹
題為議處江防緊要事宜以飭武備以安重地
事臣惟
留都係根本重地而江防為鎖鑰要樞故必武備修
而後江防可靖江防靖而後重地可安其相須固

甚急也臣以薄劣謬叨重寄蒞任以來日惴
無能負荷以勉效地方之萬一先該臣會閱
南京新江口營見其官軍甚屬单弱水陸皆
無足恃心竊憂之然尚與江防一帶設備必
周倘門户謹嚴則堂奧或無恙也比該臣操
閱沿江官兵所至蕭索更為特甚查得臣分
信地上自九江下至江南圌山江北三江會
口延袤一千五百餘里及核其官兵不滿二
千之數畫地守哨殊覺零星謂之足兵不可

也每年兵餉所入不足以當所出一遇赴汛
動稱匱乏謂之足食不可也水兵船隻十無
一可而告者紛紛即欲俱從修造原未派有
分毫錢粮甚至駕船水手多至罷単謂之器
具之修尤不可也夫地以人守人以食聚兵
以船行此三者皆兵家所必資之事頋寥寥
如此以致設備甚疎江防未靖月今大夥強
盜時行刼于中流積慣塩徒每棲踞于白日
多寡委偪不敵官兵因而借口即都城之外

亦不免于卒至之寇尚可恃以為安耶臣嘗
謂以今事勢姑無論往年倭寇之變萬一有
不逞之輩僅百餘人橫行江洋不知倚何將
兵作何防禦往鑒不遠殊可寒心如必待是
時而後為之所不亦晚乎查得先年操江官
兵近七千餘名今裁至一千九百餘名矣兵
餉七萬二千有奇今裁至二萬二千有奇矣
稽之案牘恭之聞見咸謂以前操江諸臣屢
欲議覆會以他妨中止臣愚以為向值境内

晏然之時無以財用糜爛之後當事者委應
議汰以甦民力然積弱已久勢窮則變識時
者自應增餉以衛地方但欲頓復舊額恐增
多事之擾欲一槩議加又失輕重之差用是
臣謹再三斟酌列為數條大都斟量緩急以
為盈縮而就中調停之期于武備少補地方
可行而已除新江口營務臣應會同者漸次
會行整飭及操巡職事臣得專掌者隨事徑
行查理外所有條議事宜理合開坐

上請伏乞
皇上軫念根本重地
勅下該部再加查議如果臣言不謬酌擬題覆并
咨行南北巡撫遵照
勅諭江防未敷錢糧會議措處施行庶武備可飭
而重地有賴矣緣係議處江防緊要事宜以
飭武備以安重地事理未敢擅便為此具本
專差
賫捧謹題請

旨

計開

一重要害照得沿江两岸空濶險遠俱
稱要害及查見在官兵止得安慶守
備部下水兵一百二十名遊兵把總
部下水兵六百餘名儀真守備部下
水兵二百名圌山把總部下水兵三
百一十名又續補民快一百五十四
名三江會口把總部下水兵四百名

中間雖有加設弓兵軍餘等役類皆
老弱不堪有名無實均為不敷防禦
但長江一帶需兵頗多力難槩加至
于圌山三江會口南北相峙上以拱
護
留都下以控禦海口為江防第一門户及查二
總信地東西幾二百里波濤險遠塩
盜横行且彼多巨夥亡命之徒出沒
叵測而我以孤懸脆弱之輩分布守

哨一遇有警即自誅之不暇尚安敢
犯其鋒耶往往地方失事職此之由
萬一釀成大患所關匪細前項要地
委應亟加議處查得兩營原額官兵
各一千二百有奇繼因裁減太多却
將鎮江衛京操官軍三百五十餘員
名題改協守圌山后又挪撥一百七
十餘名添防三江會口然亦老弱之
類隨縣隨逃徒費行糧無益實用況

以江南衛軍而守江北信地尤屬未
安及照圌山以西即為鎮江三江會
口而上即為瓜洲以地形則雖有脣
齒以防守則均係緊要查得鎮江陸
操民快六百名尚堪操備瓜洲雖有
軍兵千餘然内驍勇脚兵六百餘名
俱係市井子弟本無分毫工食而驅
之經年操練尤為欠妥亦當併處合
無將各原額官兵酌議量復圌山三

百三十六名三江會口四百名連前
各八百名居常則分嚴巡哨遇敵則
併力擒遏其前項軍餘俱掣發鎮江
隨營操演與京軍更番防禦瓜洲驍
勇脚兵於六百名内止精選四百名
一併操備仍量處工食以便責成雖
不敢必盜寇之絶無而門户險隘堂
奧或有所恃矣
一理兵餉查得操江項下原額軍餉篇

師水手民壯弓兵徤勇丁田鄉兵墩夫等銀共七萬四千餘兩今止存留師水手操江水手民壯弓兵墩夫五項共銀二萬二千餘兩其餘俱經裁革及查每年見役官兵口粮共該二萬三千五百六十餘兩正數之內尚欠一千五百六十餘兩前議圖山三江會口既應復兵七百三十六名則先年軍餉亦當量復銀八千五十六

两八錢瓜洲驍勇脚兵四百名止令陸地操備與水兵常川會哨不同日應量給工食一分計該銀一千四百四十两及查瓜洲設有水兵一百八十餘名向因軍餉不敷權宜于儀真梁頭稅銀內支給但稅銀亦若不多每借該縣鄉兵之用而瓜洲之兵十缺八九又該議銀二千一百兩以前兵餉俱萬不容已且各要地雖在鎮

江揚州兩府境內然關門失守沿江無不受害相應照舊通融查復以濟供需但當民窮多故之時亦宜酌處除淮安府徐州極稱疲敝九江隔省額未派徵俱免議外其餘應天等府和州等州共一十六處合先備行所屬查有空閑壯快及多餘稅銀等項與凡可區處者清理協濟然後照各州縣大小衝緩以為均派多寡湊足

前數各照徵完江南解鎮江府江北解儀真縣各收貯支放其瓜洲脚兵既與鎮江府陸兵相同自難與各府例論前項工食徑聽該府議處庶輕重各得緩急有備大約所復餉銀雖於沿江地方不無量增之費較之原額七萬有奇所省亦過半矣再照前項餉銀俱係因兵徵餉並無分毫麁餘即使各屬如數徵完依期觧報則

前所欠之數尚若無癈而各州縣不以江防爲重節年積欠又却不下五六萬两以致各兵防汛動稱不敷雖経該府申詳借給然官銀終難久延那移未免貽閣徒增枵腹之苦無補燃眉之急殊非久計若不嚴加申約不無有悞江防合無將前項拖欠責令所屬立限帶徵并今議復餉銀一併上緊完報每年終通査完欠大數

將各掌印管粮官課覈如欠二分以上者住俸勒完四分以上者提問七分以上者参劾調降以後各官遇有陞遷事故等項亦要申詳本院查明完欠數目方許起送其課程有法完解獨早者特行優録及照舊額錢粮均一軍需而曰篙師水手操江水手民壯弓兵墩夫很勇等項名目既多頭緒亦淆不惟加派繁難亦且稽查

靡便合無今後將前項名色盡行革去并今復軍餉之數合而為一曰操江軍餉銀通行各府州縣遵守除萬曆元年以前者係審編已定難以更易合自萬曆二年為始俱照今擬名色數目編徵庶錢粮有畫一之規出納無侵漁之弊矣

一議戰船查得操江一應戰船除新江口營係隷南京工部修造外其各營

舊額福鐵沙槳等船共二百一十隻例該三年一小修五年一大修十年一拆造并各府州縣巡捕巡江巡司船隻不等所費不貲此外又有隨船應造各營鳥銃火器等項置造火藥火箭并新江口營每年二次內外守備操江科道操賞等項一切公用不知向來何故未議分毫錢粮止有二巡江御史贓罰三千两并操江自理

紙贖支用緣操巡止理盜賊一事紙
贖原自不多近復遵
詔宥免有限之銀自難以供無窮之費以故每遇
各營呈詳修造苦不能支見今朽壞
不堪與停泊俟估者不可勝數夫水
戰全資舟楫有兵無船與無兵同一
遇緊急何以處之及照圖山三江會
口既復兵七百三十六名亦當各量
添沙船十隻以便駕哨至於前項官

司巡船自應各該官司修理蓋地方
責任既專工力分辦亦易今以所司
一帶之船隻而併責之操巡之修理
此尤不通之甚者均應併行議處該
臣細加查核前項各船隻大小不同
銀數多寡不等大約小修十年之內
二次每隻每次該銀二十餘兩大修
一次每隻五十餘兩拆造一次則一
百兩以上共計用銀四萬有奇此例

限修造之大槩仍有風水不測損失
無常槓椇什物等項損壞不一隨宜
修理之費及新造沙船二十隻并前
項操賞火器火藥等用俱應照數細
扣加徵但民力不堪難以盡議及查
儀真縣棚頭稅銀原充瓜洲捕兵之
用今前議兵餉既已一體加派則該
縣稅銀有餘亦難別項支銷合無以
後遇有修造等項除巡江贓罰及操

江自理紙贖外每年將該縣稅銀定
擬一千兩解貯補支如有不敷聽臣
於內通融均湊接濟不必加派其各
該官司巡船遇有損壞徑自修理不
得沿舊躭延致悞巡哨再照前船修
理之費措處甚難而各營官兵或不
行用心使駕或臨修通同冒尅均為
耗蠹亦應設法厘察合無將前項修
造銀兩俱解貯應天府庫如遇船隻

損壞俱要駕赴南京新江口聽臣親驗如果應修限足即便動支前銀選委附近廉能官員兼督臣仍不時稽查如不足年限損壞者官者捕兵重加究罪仍罰賠修如年限已足而船尚堅固者官行優録者捕等役奬賞庶官軍知慎修造又堅亦為兵惜費之一端也

一後水手查得一應戰船每船舊設水手六名或七八名俱係召募素諳水勢慣歷風濤之人常川管領庶幾轉蓬折戧破風駕浪緩急方克有濟臣到任以來屢據各營將官呈討水手者紛然蓋緣操江項下原派有篙師水手二項銀两后因裁減水兵俱已改作正餉之數前項工食再未編僉繼以各船缺人撑駕却於鎮江揚州量派水手二百七十六名增置未久

旋又罷革雖各營間有呈討量擬數名迄今缺乏尚多巡哨不前況查得福船可容五六十人今止得二十人鐵沙艚船可容三十人今止得十三四人可謂至寡矣而猶以之駕船使水設遇有警不惟兵役不諳水勢易致他虞而操戈負弩衝鋒破敵又將誰為之耶此尤不可不亟為之慮也所據前項水手相應查復及查本院見有各府聽用座船十五隻每船大約水手十一二名歲費不下六七百金率多坐費工食非遇江上緊急並不差遣致將有限之財置之無用之地不無可惜況當搜括經費之時相應斟酌去留以資接濟除梭船不用水手外其福船每隻六名鐵船草撇每隻各四名沙槳等船每隻二名共該水手四百八十一名合無就中損

孟議將前項座船止留六隻聽臣巡
歷乘座或緊急差遣其餘船隻俱盡
發回各府乘座免其另行打造其水
手共一百餘名分派戰船領駕并兩
府原革水手召復慣熟水性之人解
用如有不諳風水情願雇代者聽庚
舟師得人而戰艦不為虛器矣

萬曆元年伍月　日

兵部為議處江防緊要事宜以飭武備以安
重地事該本部題職方清吏司案呈奉本部
送兵科抄出提督操江兼管巡江南京都察
院右僉都御史董　題前事等因奉
聖旨兵部知道欽此欽遵抄出到部送司卷查隆
慶二年十月內該提督操江都御史吳　題
為汰冗兵減冗餉立定制以為江防經久之
計事內稱南京江防水兵先年倭寇猖獗一
時權宜設備即今海波晏息欲將中軍遊兵
營千伍百叁拾玖名止宜留兵柒百貳拾伍

名并常鎮二府徒勇叁百壹拾貳名常川操
演以備緩急其餘可盡汰去圌山三江會口
南北相對三江會口官捕耆兵壹千玖拾捌
員名止宜留兵肆百名圌山官捕耆兵壹千
壹百玖拾捌員名止宜留兵三百名各常川
防守如遇汛期將中軍遊兵着令左右二哨
把總統領左哨添布圌山右哨添布三江會
口協力防汛汛畢仍回中軍分布江口以防
夥盜其餘相應裁革儀真守備原有巡江官
軍又添募水兵陸百陸拾捌名其水兵止宜
存留貳百名其餘相應裁革安慶止患江盜
並無海寇相應留兵壹百貳拾名協同巡軍
兵快防守其餘相應裁革及稱各兵口糧不
分主客汛期汛畢一體日給銀叁分永為定
式通計前項各營水兵共壹千柒百肆拾伍
名每歲兵餉各官耆捕舵工廩粮紙劄家丁
識字及脩理船隻置造火器兵器犒賞等項
約該銀貳萬柒千陸百两有奇著為定額派

徵支給其餘不經之甚者速行議革等因具
題前來已經本部覆奏
欽依通行欽遵去後今該前因查呈到部看得提
督操江都御史董　條議四事及要咨行南
北巡撫遵照
勅諭江防未敷錢粮會議措處一節為照大江連
接湖海界限南北久為盗賊淵藪况
留都根本所在尤難疎畧向緣倭寇增設兵粮
後以事寧即議裁減因之節省太過遂致巡
禦不周今該操江都御史董　通融酌處損
益就中委于江防有裨合就開立前件議擬
上請
定奪仍候
命下之日併行南北巡撫遵照
勅諭見今題奉
欽依内事理一體欽遵施行等因萬曆元年六月
二十日本部尚書譚　等具題二十二日奉
聖旨依議行欽此欽遵擬合就行為此合咨前去

煩照本部題奉
欽依内事理轉行各該衙門一體欽遵查照施行
須至咨者
計開
一重要害前件臣等看得提督操江都
御史董　題稱沿江兩岸俱為要害
但長江一帶需兵頗多力難槩加至
於圌山三江會口為江防第一門户
其圌山把總部下水兵叁百壹拾名
又續補民快壹百伍拾肆名三江會
口把總部下水兵肆百名中間雖有
加設弓兵軍餘等役均為不敷防禦
且波濤險遠塩盗横行要將各原額
官兵量復圌山三百叁拾陸名三江
會口肆百名連前各捌百名巡哨擒
過前項軍餘俱掣發鎮江操演與京
軍更番防禦瓜洲驍勇鄉兵止精選
肆百名量處工食一併操備各一節

為照圖山三江二總控制海口委為
要地所據前項官軍既該都御史董
查照舊規酌處前來相應依擬合
候
命下行令遵照查復永為遵守毋得再議減革致
乖防禦伏乞
聖裁
一理兵餉前件臣等看得提督操江都
御史董　題稱原額江防兵餉等銀

柒萬肆千有奇今止存貳萬貳千有
奇見役官兵口粮正數之內尚有不
足要將議添圖山三江會口官兵軍
餉及瓜洲驍勇脚兵水兵工食除淮
安府徐州九江免議外其餘應天等
府和州等州合先查有空閑壯快及
多餘稅銀等項清理協濟然後照各
州縣大小均派江南解鎮江府江北
解儀真縣各收貯支放及要將各掌

印管粮官定以分數課殿其篙師等
項名目盡行革去俱曰操江軍餉銀
各一節事在可行相應依擬合無容
行江南江北巡撫備查條議內事理
除瓜洲脚兵工食徑聽該府議處外
其餘前項議添圖山三江會口兵柒
百叁拾陸名軍餉銀捌千伍拾陸兩
捌錢瓜洲水兵壹百捌拾餘名軍餉
銀貳千壹百兩着落應天等府和州

等州壹拾陸處酌量均派并將節年
拖欠銀兩每年帶徵叁分之一江南
解鎮江府江北解儀真縣各收貯支
放其課殿掌印管粮官分數革去篙
師等項煩瑣名目悉如所議施行伏
乞
聖裁
一議戰船前件臣等看得提督操江都
御史董　題稱各營舊額福鐵沙槳

等船備造所費又有隨船應造各營
火器火藥等用并新江口營每年內
外守備操江科道操賞等項一切公
用止靠二巡江御史贓罰并操江紙
贖支用不敷及稱圖山三江會口既
復兵柒百叁拾陸名亦當各量添沙
船拾隻以便駕哨其銀要于儀真縣
樑頭稅銀原充瓜洲捕兵用內每年
定擬壹千兩解貯應天府庫如遇船
隻損壞俱令駕赴南京新江口聽彼
覲驗果應修限足者即便動支前銀
遴委廉能官員兼督仍不時稽查或
勘或懲各一節為照儀真縣樑頭稅
銀既原充瓜洲捕兵之用今前議兵
餉又已一體加派則該縣稅銀委應
扣處既該具題前來合無依其所擬
備行一體遵照施行伏乞
聖裁

一役水手前件臣等看得提督操江都
御史董　題稱一應戰船舊設水手
陸名或柒捌名俱係召募素諳風水
人役常川管領後因裁減水兵前項
工食再未編僉以故缺乏水手巡哨
不前今要將聽用座船壹拾伍隻止
留六隻聽彼巡歷乘座其餘船隻俱
盡發回所有水手壹百餘名分派戰
船領駕并要將兩府原革水手仍復
慣熟水性人役解用各一節為照舟
師所以擊賊水手用以駕舟二者相
須為用缺一不可況就中損益處置
尤為吾心合無依其所擬將各府聽
用座船止留六隻以備本官乘座其
餘俱發回各府已後免其打造所有
水手壹百餘名聽發福船每隻陸名
鐵船草撇每隻各肆名沙槳等船每
隻貳名分派應用不足之數仍行兩

府將原串水手召役慣熟水性之人
解用如有不諳風水聽其僱倩代乞
聖裁
萬曆元年陸月　日
提督操江兼管巡江南京都察院右僉都御
史臣董　謹
題為議處上流要地官兵以飭武備以重江防
事據整飭徽寧等處兵備副使丁應璧呈據
安慶府知府吳孔性議得本府濱臨大江八

省通衢盜賊出沒無常縱橫劫殺不一止得
水兵一百二十名實為單弱所據守備傅崑
呈請增復船兵似不容已乞量加水兵八十
名共足二百名添船三隻等情奉批仰道作
速議奪奉此查得安慶府地方係屬上流要
害先年設兵頗多續因裁減止存水兵一百
二十名委為單弱不堪哨守以致各官節次
具呈且該府界連湖廣江西素為盜賊出沒
之地及查沿江一帶巡司近多裁革各兵既

無犄角又鮮應援委難堵截合無如議加役
水兵八十名派為十船上至湖口下至池口
均匀分布責令守備統領沿江把截遇有盜
賊協力勦捕其所添水兵八十名每年該工
食銀捌百陸拾肆兩就令安慶一府六縣加
派庶無偏累等因到臣臣惟安慶乃諸省之
咽喉
留都之門戶官商船隻所必經由鹽徒巨盜不
時竊發務此處設備謹嚴長江一帶方保無

虞今據該備官兵止得一百二十名而所領
信地却有四百餘里布置深屬不周有警曷
堪防禦即如今歲五月內大夥強盜蕭懷等
構黨數十人駕船數隻由湖廣突入雖經守
備傅崑併力迎擊獲有擒斬而餘黨奔潰竟
難捕捉然兵力不敷即不至敗北及流毒地
方者亦倖耳誠恐此後巨盜覘知虛實糾衆
深入縱橫無忌其意外之虞豈不甚可慮耶
前項水兵委應亟加增復及查各兵糧餉先

該臣題奉
欽依通行應天等府協濟圖山三江會口今該府
既復兵八十名若再加派不無太繁合無免
其另編就將前題餉銀不必協濟行令酌派
徵貯本府以供各兵之用其應增船隻容臣
另行處補或查理無碍官銀打造庶稍不煩
加派兵得實用轉移之間彼此兩全如蒙伏
乞
勅下兵部再加查議如果臣言不謬將安慶添復

水兵八十名連舊共足二百名責令守備統
領及聽該府點閘共為地方協力巡守其原
議兵餉咨行應天巡撫都御史不必編派協
濟圖山就令收貯本府以供支用庶上流要
害有備而江防武備亦可漸次飭矣緣係議
處上流要地官兵以飭武備以重江防事理
為此具本專差　　賫捧謹題請
旨
萬曆元年拾貳月　　日

兵部為議處上流要地官兵以飭武備以重
江防事該本部題職方清吏司案呈奉本部
送兵科抄出提督操江兼管巡江南京都察
院右僉都御史董　題前事等因奉
聖旨兵部知道欽此欽遵抄出到部送司卷查本
年六月內該提督操江都御史董　題為議
處江防緊要事宜以飭武備以安重地事內
款開一理兵餉要將議添圖山三江會口官
兵軍餉及爪洲驍勇脚兵水兵工食着落應

天等府酌量均派等因具題前來已經本部
覆奉
聖旨依擬行欽此又查得本年八月內該兵科都
給事中張書等題為海賊滋蔓地方流毒乞
勅當事諸臣併力勦滅以伸　國威事已經本部
議行應天鳳陽各巡撫都御史及南京操江
文武大臣各宜整搠水陸之衆以防突犯題
奉
聖旨其餘依擬行欽此俱經通行欽遵去後今該

前因通查案呈到部看得提督操江都御史
董　題稱安慶府地方衝要官商船隻所由
塩徒巨冦竊發該備官兵數少不堪防禦乞
要將安慶添復水兵處補船隻責令守備統
領及聽該府縣閘協力巡守其所添各兵工
食就令該府將原議協濟圌山兵餉留貯聽
用免其協濟各一節為照江洋制禦盜賊全
賴水兵安慶為
留都上游界連諸省久為盜賊淵藪顧因地方

寧謐減革水兵僅止一百二十名分布四百
里之廣焉能保無疎虞所議增復兵額誠不
容已既經本官查議具題前來相應依擬合
候
命下移咨操江都御史轉行安慶府精選年力強
壯諳慣水性兵夫八十名連舊共足二百名
責令守備統領仍聽該府縣閘協力巡守其
工食銀兩就將本府六縣原議派徵協濟圌
山粮餉存留停用不必另行加編所有應增

船隻分布事宜悉如所議聽其便宜施行等
因萬曆二年正月初十日本部尚書譚　等
具題十二日奉
聖旨是欽此欽遵擬合就行為此合咨前去煩照
本部題奉
欽依內事理欽遵查照施行須至咨者
萬曆貳年正月十四日
提督操江兼管巡江南京都察院右僉都御
史臣董　謹
題為酌議江防專官以便責成以靖地方事臣

惟
留都為
國家根本重地而沿江地方上流以防江冦下
流以防海冦要之皆所以肅清江洋拱護重
地也先該臣因圌山三江會口官兵太少巳
經題奉
欽依通行各府協濟量加增役且鎮江揚州二府
各設有海防同知一員專一點閘官兵估修

船隻稽查粮餉緝勦盜賊一切下江事務亦廢幾有專責矣獨上江一帶自應天府以至於九江延袤一千一百餘里所有水兵止得遊兵六百餘名安慶守備一百二十名計每二三十里止得巡船一隻江波浩渺幾為一空然以地方疲甚難再議加乃不得已而督行各道清查府衛之軍快以補巡哨搜括積貯之官銀以增舡隻畫地分守僅僅支持夫以前項兵力如此单弱即使各照信地嚴行

巡緝尚不免於意外之虞而況江上故態偷縱成風安望其有濟式緣臣與巡江御史巡歷有期而各道所轄又動輙數百里或限於耳目之所不及兼以寇盜之出沒捷於風雨官兵之欺蔽視為尋常兵力既已不敷稽查又無專責然欲盜賊之屏跡江防之寍謐恐萬鵠無是理也臣竊謂太平池州廬州安慶九江等府亦宜比照海防事例各府同知不妨原務責令專管江防按月巡歷於凡境内

官兵不論遊兵守備中軍衛有司巡司俱要嚴行點閘遇有盜賊生發一面飛報一面嚴督追捕每月將點過官兵及有無失事緣由申報臣等查考如有違玩聽臣從重查究但各官既無錢穀之司似不必另給關防以滋多事至於應天一府干係尤重官兵等項事務較他尤多該府治中亦宜查照各府同知專一管理聽臣隨宜委用又查得無為州并和州俱頴州兵備道所屬相距千里江上有事

便難卒知而對江南岸係徽寍道地方雖該道任事殫力不為秦越之視然既非其所轄終得兼理臣以為江岸雖有南北中流寔同責任前項各州官兵似應俱責徽寍道查理但江防之外不必干預廢脉絡常可貫通彼此不致推諉伏乞

勑下兵部再加查議如果臣言不謬將應天等府治中同知比照海防事例專管江防其無為州和州防禦事宜聽徽寍兵備道兼理如此

廢責成既專官兵知儆而江防亦未必無小
補矣緣係酌議江防專官以便責成以靖地
方事理未敢擅便為此具本專差
賫捧謹題請
旨
萬曆元年十二月　日
兵部為酌議江防專官以便責成以靖地方
事該本部題職方清吏司案呈奉本部送兵
科抄出提督操江兼管巡江南京都察院右

僉都御史董　題前事等因奉
聖旨兵部知道欽此欽遵抄出到部送司卷查嘉
靖三十三年十二月內該總督浙直軍務南
京兵部尚書張經題為緊急倭夷擁衆入寇
懇乞
天恩大破常格亟發兵粮救援東南生靈事內稱
蘇松二府各裁革水利通判一員添設同知
一員專理海防各照信地住劄防守本部覆
奉

世宗皇帝聖旨准議欽此已經通行欽遵去後今
該前因案呈到部看得提督操江都御史董
題稱
留都根本重地其上游自應天以至九江延袤
一千一百餘里寇盗出沒不常本官巡歷有
期稽查未至防禦多疎欲要比照海防事例
將應天等府治中同知不妨原務責令專管
江防其北岸無為州和州屬頴州道所轄江
上事宜恐未易知欲要聽嶶寧兵備道查理

江防之外不必干預各一節為照前項各該
地方控扼長江拱護
留都殊為要地波流浩渺盜賊出沒各該官兵
又偷縱成習若非專官管理難以責成所據
具題前因委于江防有裨既經該司查有前
例相應通行依擬合候
命下本部一面移咨應天巡撫都御史將應天府
治中太平池州廬州安慶九江等府各該同
知俱不妨原務責令管理江防凡境內官兵

不論遊兵守備中軍哨官巡司俱聽點閘每
月將查點過官兵數目及有無失事緣由申
報操江衙門查考遇有盜賊生發即便嚴督
各該官兵互相追捕一面移咨吏部准令改
註蕪晉江防同知如有陞遷照此銓補及查
各官既無錢糧所司並不許比例請給関防
以滋多事至於無為州并和州防禦事宜各
該官兵俱責令徽寧兵備道查理但江防之
外不必干預仍咨都察院轉行各該巡按御

史一體查照施行等因萬曆二年正月初十
日本部尚書譚　等具題十二日奉
聖旨是欽此欽遵擬合就行為此合咨前去煩照
本部題奉
欽依內事理轉行各該等官一體欽遵查照施行
萬曆二年正月十四日
提督操江兼管巡江南京都察院右副都御
史臣何寬　謹
題為江防久廢窃盜公行乞

勅當事重臣悉心經理以杜後虞以安地方事准
兵部咨准吏部咨該本部會題吏科抄出兵
科都給事中蔡汝賢等題前事奉
聖旨南畿重地武備不修江洋盜賊公行該撫按
官所幹何事科道衙門公論所出如今人臣為
國家任事有功的便苛責掇求無已因循蹝怠
玩時失事的却壹言不及公論何在着吏兵貳
部看了來說欽此欽遵抄出到部隨該兵部咨
前事內開先該南京兵科署科事南京禮科

給事中王頤奏為盜劫
畿輔縣庫懇乞
聖明嚴究失事官員以勵人心以固根本事奉
聖旨兵部看了來說欽此又該南京工部署部事
南京戶部尚書傅頤總理糧儲提督軍務兼
巡撫應天等府地方都察院右僉都御史宋
儀望提督操江兼管巡江南京都察院右僉
都御史曾亮封巡按直隸監察御史將科各
題為大夥強盜傷人劫庫等事俱奉

聖旨兵部知道欽此欽遵通抄到部擬合黏連合
咨吏部煩爲查照併覆施行等因到部臣等
會同兵部尚書譚綸等查看得各題内除建
築城垣添設兵將一應江防事宜事在彼中
難以遥度聽兵部咨撫巡及各撫按司道衙
門逐一從長計議停妥另行具
奏外所據地方失事大小官員相應分別參治
等因具題奉
聖旨近來各巡撫兵備官將詰戎弭盜視爲末務

漫不經心地方何賴董堯封着降壹級調外任
宋儀望既到任未久姑着戴罪嚴督各官立限
捕賊各巡按巡江御史候差滿之日都察院從
公考察丁應璧照罷輭例革職冠帶閑住承應
奎等錢立等住了俸李亞春革了職都着戴罪
緝捕候拏獲眞賊具奏定奪欽此欽遵備咨煩
爲查照會題奉
欽依内事理及轉行各該衙門一體欽遵施行等
因到部送司案查先該南京兵科署科事南

京禮科給事中王頎奏内開合
勑撫巡等官酌議如該縣跨河可城則照依江南
諸縣作壹水關以司啓閉如其不可則沿河
築壹小城包圍縣治其江防已裁客兵合於
各要害處所量復其半或分布各哨或添設
遊兵申以約束嚴其號令及要查照先年巡
撫應天都御史翁大立條陳
畿輔事宜於此添設參將壹員兼轄安慶儀眞
兩守備以控長江等因又查得該南京工部

署部事南京戸部尚書傅頤等題内開本部
税銀俱發蕪湖縣庫嘉靖叁拾柒年被盜劫
庫壹次蓋該縣無城本難置守而重利所在
人多垂涎合無併行酌議等因通抄到部送
司案候在卷今該前因合咨前去煩照
欽依内事理欽遵查照及會同撫巡即便查勘該
縣城池作何建置動何銀兩江防量復額兵
添設參將事體應否并一應防範機宜從長
計議回

務旅行等因備咨到臣該臣備行徽寧淮揚蘇松九江各道查議間隨據蘇松兵備道副使王叔杲呈稱本道所轄江防地方止有圌山壹關先該操江董都御史題增水兵堪以防守無容別議夕據淮揚海防道副使程學博呈稱本道所轄江防地方內瓜洲鎮三江會口先該各院題增兵船防守無容別議止有儀真守備統領水兵貳百叁拾貳名似爲寡少相應量增又據徽寧兵備道副使馮叔吉

呈稱行據太平池州安慶等府議得蕪湖縣城急宜修築池太之交兵力單弱宜增把總壹員設兵陸百名安慶守備亦宜增兵至伍百名參將官不必議設又據九江兵備道副使魏體明呈稱本道江防新造兵船該添水手壹拾肆名江岸要害去處共該添兵壹百陸拾名及將江防事宜開款條議各等因到臣該臣會同巡撫應天等府都察院右僉都御史宋儀望巡按直隸監察御史鮑希顏及

與巡江監察御史蔣科看議得設險所以守國有備方可無患故欲爲邑治圖久遠之安莫若建城欲爲江洋懷寧戢之計莫若厚防顧人情難與慮始而集兵易於耗財此蕪湖築城之議所以久而不決而水兵一汰之後欲增復之未能也臣愚計之蕪湖縣治濱臨大江而工部分司之權務在焉自嘉靖以來兩遭劫庫之變固以慢藏誨盜而實因無城故耳若復憚於動衆掟於群議臣恐既覆之

車轍在他日猶可慮也至於添設兵將一節臣等非不知公私匱乏之時詘不當復爲靡耗之舉也第以長江自九江至圌山壹千伍百餘里上則安慶守備守至池口而止下則儀真守備守至瓜埠而止中間由池口以達瓜埠柒百餘里江面廣闊以兩岸計之則壹千肆百里而遠矣乃止以遊兵壹把總統領柒百伍拾之弱卒分布往來疎闊不亦甚乎雖曰新江口營有操江之軍有遊巡之軍然而

新江口操軍爲防護京城設也遊巡調取領
江新安建陽叅衛之軍更番哨守罷弱太半
以之張虛聲則可以之責實用則未也給事
中王顧目擊時弊欲將江防量復客兵添設
叅將一員以控長江都給事中蔡汝賢欲行
臣衙門悉心經理儻有未盡機宜不妨從長
計議無非懲前慮後至計臣等通行酌處幷
將防範機宜逐一悉心計議列爲捌款
上陳大都循舊制而稍加損益順時宜而略爲變

通固不敢膠柱而忽於攺圖亦不敢懲噎而
肆爲紛更之說也其他關係非重臣等得以
專行者不敢瑣屑具
聞以瀆
天聽伏望
勑下兵部再加查議斟酌
上請恭候
命下之日行臣等欽遵施行庶幾武備振舉法令
昭宣而江防可以永固無虞矣地方幸甚緣

係江防久廢夥盜公行乞
勑當事重臣悉心經理以杜後虞以安地方事理
未敢擅便爲此開坐具本專差承差劉文林
齎捧謹題請
旨
計開
一築縣城據徽寧道副使馮叔吉呈蕪
湖建城之議百年不決非邑果不可
城也蓋前任包知府勘踏城基壹千

叁百餘丈費計柒萬餘金又且破民
居以環湖地人情大爲不便今該巡
撫宋都御史親臨相度本道督同太
平府同知陳所敏知縣倪湯周回跋
履務求永便南臨大河商民生涯在
焉議留市居叁兩層而以小横街爲
址西臨古溝沿溝而居者輻輳亦不
忍拆議留百餘家而以古小永安巷
爲址其東北則直取公館儒學壇池

隙地爲址不動市民壹廛總之得柒
百貳拾玖丈有奇據通縣鄉耆咸稱
商民兩便各願分工認築不動官錢
城門城樓約計用銀壹千餘兩查得
太平府有堪動庫銀不必另行議處
等因臣等看得本官所議該縣城址
規制雖若狹小然而因其地勢之宜
順乎人情之便不毀人室廬不妨人
生業是以商民共悅自願分地修築

官帑不費而大工易成所謂以佚道
使民勞而不怨者也相應允從合容
臣等責令同知陳所敏督同該縣掌
印官查照勘定處所擇日興工務要
基址堅固砌築牢密以圖久遠仍刻
分築人戶姓名于石如叁伍年間倒
塌者勒令補築督工員役仍治以罪
不許苟且了事其所動支太平府庫
銀兩候城完日聽巡撫衙門查核造

册
奏報他若望江銅陵江浦六合等縣皆係瀕江
縣分亦無城池俱聽巡撫衙門量力
相時以漸興築則沿江皆金湯之固
而保障永有賴矣伏乞
聖裁

一復將領據徽寧道副使馮叔吉呈先
年巡撫翁都御史議於蕪湖添設將
領壹員以是時

留都方有援武營之變故爲制外安内之策今
則非其時矣雖江洋小醜時或有之
然皆隨發隨滅不煩重兵而後可制
也况叅戎之府設則供億之費必繁
將官之體隆則稽查之法難及此叅
將之不必議設者也查得荻港當池
太之交若錢家山三山夾紫沙黑沙
等處素爲盜藪先年遊兵有把總貳
員以壹守其地後革其官而此地遂

空虛矣似應仍復把總壹員專一駐劄荻港提兵上下防哨等因臣等議得提督操江已有動舊重臣叅將委應免設查得先年臣操江衙門設有坐營都司壹員遊兵把總貳員分爲上下貳哨其上哨則守在荻港者也隆慶叁年間革去都司壹員把總壹員荻港因而無官駐守而以柒百餘里之大江責壹把總焉顧彼失此勢

所必至合無於荻港地方仍設把總壹員以都指揮體統行事領兵陸百名分建陽壹衛屬之其信地上自池口下至大信止專一駐劄荻港上下往來防守如此則池太之交地有專兵官有專職而復有疎虞如近日蕪湖之事者否也其遊兵把總巡守釆石以下及應天地方

京畿重地責任匪輕亦乞加以都指揮體統名色以便行事伏乞

聖裁

一增兵額據徽寧道副使馮叔吉呈安慶控扼江省拱護

畿輔上江第壹藩垣也今守備所領之兵不過貳百名何以備禦相應增募水兵叁百名連舊共伍百名又本道當上游要地官雖設而兵未置合照蘇松淮揚之例募陸兵叁百名水兵貳百名

四時操練以備緩急又荻港既設把總亦應置兵陸百名以充哨守共該添水兵壹千壹百名陸兵叁百名又據淮揚道副使程學博呈儀真守備統領止有水兵貳百叁拾貳名相應量增又據九江道副使魏體明呈本道德化縣地名銅錢灣小池口女兒港湖口縣地名香爐墩土苗彭澤縣地名歸魚背小孤廟沙灣角等處俱

係要害應各添兵内銅錢灣香爐墩貳處各兵拾伍名小池口土背鱘魚嘴小孤廟沙灣角伍處各兵貳拾名女兒港叁拾名共該添兵壹百陸拾名又新造船壹拾壹隻每隻議編水手壹名彭澤縣槳船貳隻馬當巡司哨船壹隻每隻議增水手壹名共該添水手壹拾肆名合於九江衛兵男内撥捌拾名德化縣添兵貳拾伍名

水手叁名湖口縣添兵貳拾伍名水手肆名彭澤縣添兵叁拾名水手柒名各等因到臣臣等查得蘇松道見在親兵伍百柒拾名淮揚道見在操兵捌百名蓋官以備兵為名必畀之重兵而後可使之宣力效績也今徽寧道雖設而壹兵未置既欠建官本意亦非安攘長計也又查得安慶守備下原額水兵叁百名隆慶貳年裁

減壹百捌拾名止存壹百貳拾名萬曆元年該操江都御史董堯封題復捌拾名共貳百名儀真守備下原額水兵陸百陸拾捌名隆慶貳年裁減肆百陸拾捌名萬曆元年添募叁拾貳名共貳百叁拾貳名遊兵營下原額水兵貳千柒百柒拾叁名隆慶貳年裁減貳千壹百柒拾叁名止存陸百名及存砲兵壹百伍拾名長江廣

邈洲蕩繁多前項水兵分布不敷委應增加但錢糧缺少不敢盡復原額又查得九江道地方上自城子鎮下至馬當貳百肆拾里内銅錢灣女兒港等處極為要害委宜增兵防守通應酌處合無於九江道准增兵壹百陸拾名水手壹拾肆名於徽寧道准募陸兵叁百名水兵貳百名於安慶增兵叁百名連舊共伍百名於荻港

設兵肆百名分撥中軍亐兵貳百名
共陸百名於儀真增兵陸拾捌名共
叄百名若遊兵營之兵不必議增可
也臣查標下中軍義勇壹百貳拾伍
名抽取更番徤勇亐兵伍百伍拾名
先年議在中軍團操防陸者也徤勇
亐兵歲支工食不減水兵而兩月更
番壹年止得半年之力非計也臣責
令常川應役除將貳百名分撥荻港

外其餘與水兵砲兵義勇一槩分派
巡船哨守共計兵壹千貳百貳拾伍
名內以玖百餘名分爲捌哨分布險
要均屬遊兵把總統率仍留兵叄百
餘名在中軍營訓練有事則調遣策
應無事則更番出哨通計增加沿江
水兵柒百陸拾捌名徵寧道陸兵叄
百名水兵貳百名九江道兵壹百陸
拾名水手壹拾肆名以之分布南北

櫛比鱗次如此而江洋盜賊得以公
行肆劫者臣愚以爲必無矣伏乞
聖裁
一議兵餉臣等看得兵以衛民食以給
兵貳者相須而不可缺者也查得先
年操江衙門除九江道外歲徵兵餉
共計柒萬壹百伍拾兩陸錢肆分隆
慶貳叄等年減去肆萬柒千捌百壹
兩捌錢肆分止徵叄萬陸百伍拾柒

兩萬曆元年稍增至叄萬叄千叄百
陸拾玖兩陸錢比之舊額僅半存耳
今復議增前項兵數除儀真增陸拾
捌名臣查將該縣梁頭稅銀歲給馬
窯貳港民壯工食有餘者補給九江
道添兵壹百陸拾名內除捌拾名於
九江衛兵勇內撥用自有口糧俱不
加派外議增安慶守備下水兵叄百
名新增荻港把總下除分撥中軍兵

貳百名外應募水兵肆百名總率兵
備下水陸親兵伍百名共兵壹千貳
百名查得江防規則者捕日支銀伍
分舵工肆分兵叁分以壹千貳百名
計之大約歲用餉銀壹萬貳千玖百
陸拾兩守備把總分哨等官廩給紙
劄家丁識字口糧工食盔甲弓箭銃
砲火藥槍筅等器歲造大小船隻工
費約用銀叁千兩有奇合行應天巡

撫照依海防事例於各府州丁田通
融處派每年分解安慶池州貳府庫
聽候支給其九江道議添德化縣兵
貳拾伍名水手叁名湖口縣兵貳拾
伍名水手肆名彭澤縣兵叁拾名水
手柒名工食銀不等合行該道徑自
議呈江西巡撫措處給用夫以今日
畿輔之民差役繁重加之連年水澇十室九空
議令加派臣等安忍言哉顧以江防

疏闊盜賊公行上廑
聖主南顧之慮前項兵餉並爲加徵以爲振武安
民之計誠有萬不容已者爲伏乞
聖裁
一分信地臣等看得沿江上下因地而
設之官又必隨官而限之地所以明
有守也若信地之分派不明則將領
互相推諉一有寇盜之警何以責成
查得儀眞守備原派信地上自瓜埠

下至新港而止今該備上守青山下
守花園港而瓜洲鎮委之衛總黃天
蕩委之遊兵營矣非設該備初意也
臣等查將沿江信地酌量地方險易
遠近通行申明責各將領防守如南
湖嘴守備南岸上自城子鎮下至馬
當北岸上自龍坪下至小孤山信地
貳百陸拾餘里領原設兵船而以九
江寺衛鎮之其兵糧之退補支放則

九江府同知責也安慶守備南岸上自香口下至池口北岸上自小孤山下至六百丈信地貳百玖拾里領水兵伍百名而以安慶壹衛屬之其兵糧之退補支放則安慶府同知責也新復荻港把總南岸上自池口下至大信北岸上自六百丈下至西梁山信地叁百貳拾里領水兵陸百名而以建陽壹衛屬之其兵糧之退補支

放則太平府同知責也遊兵把總南岸上自大信下至高資北岸上自西梁山下至黃天蕩信地叁百叁拾里領水兵壹千貳百餘名而以遊巡軍兵相兼分布守之其兵糧之退補支放則應天府治中責也圌山把總上自高資下至安港信地壹百伍拾里領水兵民壯捌百名而以鎮江壹衛屬之其兵糧之退補支放則鎮江府

同知責也儀真守備上自黃天蕩下至新港信地壹百肆拾里領水兵叁百名而以儀真壹衛屬之瓜洲鎮巡江衛總亦屬之操江水兵亦屬之仍與揚州府江防同知協同防守而瓜洲鎮城民事則責在同知而守備不與焉其兵糧之退補支放則瓜洲同知責也三江會口把總上自新港下至廟港信地壹百伍拾里領水兵捌

百名其兵糧之退補支放亦瓜洲同知責也信地既分職守定矣而又責以上下南北互相應援不許各分彼此一有疏虞通治以罪前照以上備總等官皆爲防江設也今則多住城市鮮居信地以故哨捕等役得以買閑偷安而江上之警或發而不知或知而不報矣合令南湖嘴守備駐劄湖口安慶守備駐劄衙港荻港把總

駐劄狄港遊兵把總駐劄上新河儀
眞守備駐劄儀眞江口圌山三江會
口把總各駐劄本處不許仍前住居
城市其沿江合用駐劄衙門一時難
便遽建行令以船爲家毎官各用座
船壹隻於各該府取用給與來坐駐
劄旦夕在於江界督率哨兵巡守躬
自上下會哨如有江洋盜賊劫害商
民仍敢坐視隱匿者通治以罪如此
則信地明而職守專駐劄近而控制
便是亦江防之急務也伏乞

聖裁

一專責任臣等查得先年題將鎭江府
同知專管海防揚州府同知駐劄瓜
洲專管江防應天府治中太平池州
安慶廬州府同知改註江防蓋以江
洋統領率皆武弁不容無文職以兼
制而查核之議至當也今各府治中
同知之官名爲江防而實則管理他
事毎毎公委他出如太平府同知陳
所敘以齎
表行而蕪湖之變因而有詞非題
請專職意也自今以後合無通行各撫按操巡等
衙門將江防治中同知免其差委除
鎭江安慶池州原在江邊揚州駐劄
瓜州無容別議外其應天治中移駐
新江口太平同知移駐蕪湖和州同
知移駐牛屯無爲州同知移駐泥汊

與各府江防官不時巡行江上境内
州縣巡司之兵盡屬統率守備把總
衛總之兵悉聽查照凡哨船之堅脆
哨兵之勇怯器械之完毀月糧之支
放悉聽查核至於將官之勤惰安擾
江洋之失事有無得以開報港汊沙
灘洲渚夾磯盜賊出沒處所得以區
處禁戢務與守備把總等官聲勢聯

經共濟相成一有疎失隱匿其非與將
領同坐如此而江防之官有不盡心效
力者非愚則玩臣等得而糾之矣伏乞
聖裁
一定哨期臣等查得操巡衙門置立哨
單分發各該備總府衛州縣巡司各
照信地上下會哨將哨過日期填入
單內取各該印信鈐蓋繳報查考亦
云密矣顧法久玩生每每互爲虛文

搪塞而守備把總官憚風波之險懷
偷安之習不肯躬自出哨此會哨之
名雖立而哨守之效未覩也除府衛
州縣巡司及哨官者捕等兵照舊會
哨責令江防官查核外其各備總官
相應分派哨地定立期限約會如南
湖嘴守備每月逢貳則下之安慶守
備逢貳則上之會於馬當單取馬當
巡司印蓋安慶守備每月逢陸則下

之荻港把總逢陸則上之會於池口
單取池口巡司印蓋荻港把總每月
逢貳則下之遊兵把總逢貳則上之
會於大信單取大信巡司印蓋遊兵
把總每月逢陸則下之儀真守備圌
山把總逢陸則上之會於高資壯
會於黃天蕩單取高資瓜埠巡司印
蓋儀真守備每月逢貳則下之三江
會口把總逢貳則上之會於新港單

取瓜洲巡司印蓋圌山把總每月逢
貳則下之孟瀆河衛總逢貳則上之
會於安港單取安港巡司印蓋三江
會口把總每月逢陸則下之周家橋
把總逢陸則上之會於廟港單取歸
仁巡司印蓋又各備總哨單除各巡
司印蓋外仍將各備總關防互相合
同鈐蓋每月終繳報到臣查考大率
壹旬之內必有備總重兵往來壹次

則盜賊之出沒皆知兵船之虛實可
考不然安居簡出徒靡廩餼則將安
用彼爲哉伏乞
聖裁
一課功罪臣聞賞罰者礪世磨鈍之具
有功不賞有罪不罰非所以肅人心
而作士氣也江防之設久矣而官者
之功罪未課是以智勇與愚怯同勤
勞與怠玩同法令不行威武不振職
斯之由昨者蕪湖之變伏蒙

皇上譴責當事諸臣
綸音一布群工震惕由是江海之間晏焉希聞椎
埋剽奪之警若此者謂非
聖明在上有罪必罰罰而當罪之明效歟臣愚以
爲濱江府衛備總等官賢否頓殊勤
惰不一合無比照防秋事例每年各
兵備道將各地方守備把總官各府
江防官各衛巡江官功罪重輕備行

稽察開報臣衙門再加訪核如壹年
之内江上全無失事及能捕獲真正
盜賊人船勤勞昭著者容臣疏名爲
舉以備推用其次量行嘉獎若闒茸
無爲貪玩不職及該管地方屢次失
事者重則論核罷斥輕則以軍法責
治其哨官者捕員役一體於年終聽
各該道查明分别呈報以憑賞犒責
罰如此則有功者勸有罪者懲而效
力用命爭先矣整飭江防要機或在
於此伏乞　聖裁

萬曆三年二月初十日
提督操江兼管巡江南京都察院右副都御史臣何寬謹
題爲江防久廢務盜公行乞
勅當事重臣悉心經理以杜後虞以安地方事卷
查萬曆二年六月內蕪湖縣庫被劫該兵科
都給事中蔡汝賢等題前事奉
聖旨南畿重地武備不修江洋盜賊公行該撫按

官所幹何事科道衙門公論所出如今人臣爲
國家任事有功的便苛責搜求無已因循躭怠
玩時失事的却一言不及公論何在着吏兵二
部看了來說欽此該吏部會行兵部查將大小
失事官員具本參論奉
聖旨近來各巡撫兵備官將詰戎弭盜視爲末務
漫不經心地方何賴董堯封着降一級調外任
宋儀望既到任未久姑着戴罪嚴督各官立限
捕賊各巡按巡江御史候差滿之日都察院從

公考察丁應璧照罷軟例革職冠帶閑住承應
奎等錢立等住了俸李亞春革了職都着戴罪
緝捕候拏獲真賊具奏定奪欽此隨蒙
聖恩起臣補任操江員缺臣到任行將劫庫盜賊
緝捕盡絶具本題奉
欽依處分外臣於萬曆三年正月内備將江防事
宜條爲八款咨行巡撫應天都御史宋儀望
會議内開荻港添設把總一員除中軍撥兵
二百名外應添兵四百名安慶守備除原兵

二百名外應添兵三百名徽寧道無兵應設
陸兵三百名水兵二百名共五百名官兵船
隻器械月糧供應等項共該餉銀一萬伍千
玖百六十兩等因隨該宋都御史看得應安
等府田地肥瘠不同賦額輕重不一往年議
派江防海防未經通融查編以致多寡不均
苦樂相懸備行徽寧道查取六府一州丁田
戶役文册通行稽筭酌量務使政體畫一民
無偏累又看得前項議增餉銀一時盡派小

民恐地方錢糧短少徵派爲難乃將兵備道
親兵五百名該餉銀伍千肆拾兩議於應安
寧太廣德原編民壯查據多寡酌量緩急扣
筭名數儘足前銀以備召募以濟目前於本
年二月内會同具本
題前事隨該兵部備揭臣等條列通查議覆奉
聖旨這江防事宜依擬都要着實舉行不許但以
建白了事各兵備有司官有不務實奉行怠玩
悮事的着撫按官嚴加查訪不時參奏如姑息

容隱致有疎虞一體治罪不饒欽此欽遵備咨
到臣隨行各該兵備道及各府衛州縣將領
等官一一遵奉
明旨着實舉行其應加餉銀事理行徵寧道作速
議妥巡撫衙門詳行隨據本道兵備副使馮
叔吉查稱江北和州無爲州沿江一帶地方
約計三百餘里分派加添兵一百五十餘名
防守應於江北州縣增派餉銀一千五百六
十兩尚該增派安获二營江防銀九千三百

六十兩爲照應安等六府一州依阻崇山接
界大江彊土窄狹地脉薄瘠備查造到文冊
通計人丁五十七萬有奇而額徵民米不過
七十二萬八千三百九十石有奇是六府一
州之粮不足以當大省之一郡又池州一府
共該民糧六萬餘石太平一府共該民粮三
萬八千餘石是二府之糧不足以當大郡之
一縣今查各府賦役除輸納秋糧夏稅外毎
年額派里甲丁田等銀共該四十八萬四千

九百七十三兩有奇海防江防礦防等銀計
該五萬七千四百兩有奇况又加以不時坐
派如織造運木等費是以每人丁一丁有派
至三錢至四錢者毎田一畝有派至五分至
六分者本道更歷數省徵派之苦未有如此
甚者今太池二府百姓逃亡日多應安廣德歲
額亦不能支若又欲增派江防銀九千三百
六十兩愈不支矣查得應安等府協濟蘇松
海防銀望乞撥還以救民困又查得原議扣

除各府民壯五百名以代本道水陸操兵今
據寧安池太廣德各府州造到兵壯文冊查
得各該州縣俱因地狹糧縮原編兵壯數少
防守倉庫城池分撥巡司官兵歲請增加每
以糧少難處停止往歲查盤御史查扣各州
縣弓兵民壯工食濟邊除徽池二府以備礦
地險不扣外應安寧太廣德共扣去兵壯一
千五十二名該工食銀八千四百二十九兩
有奇今照四府一州依山阻湖介據大江而

盜賊竊發時時有之又況原設巡司把截山
洞臨據江險一經抽扣防守益疎今該議處
江礦二防險隘巡司俱令與官兵衛兵聯絡
爲三互相稽察遵行已定嘯聚無虞前項司
兵俱已補還查該除去扣解銀一千六百八
兩五錢又查江浦六合二縣編兵不過六七
十名望江繁昌太平等縣編兵不過百名其
地據江扼險最爲要害且江浦六合望江繁
昌俱無城池盡應扣還又查句容實存應追

解部銀五千三百八十三兩今查題奉
欽依應抽民壯五百名以備操練數既難於再抽
勢又無可別處所有前項應追解部銀兩正
與抽取銀數大畧相同伏乞本院會同題
請印准支銷則江防不致稽誤地方永有攸賴併
查近年有司因見地方多盜防守不支又議
另派丁田以足前數然每每徵催不及解納
全欠吏胥里書因緣爲奸等因其中巡撫衙
門并申到臣將江壯應派銀兩備咨巡撫

鳳陽兵部右侍郎張翀查派隨准咨開坐派
廬州府兵餉銀一千二百兩和州銀三百六
十兩共銀一千五百六十兩備行各該州縣
徵解訖該宋都御史又覆案行各道查議不
得已批還應安等府協濟海防銀五千兩以
濟江防餘少銀四千三百六十兩將賦役稍
寬縣分量行處派無容別議其議請留扣解
民壯銀以備操兵餉銀一節該臣會同應天
巡撫都御史宋儀望巡按直隸監察御史鮑

希顏看得前項事理既該兵備副使馮叔吉
覆查的確且應天太平等府爲
高皇帝肯善之地加意優恤具在
皇明詔令可攷況金陵係開天京都而
神烈山
聖祖陵寢在焉所據議增江防官兵及徽寧道操
練兵士無非所以保安畿甸以崇護
陵寢之計也前項府州縣其田畝人丁悉載冊籍
徵派已重若復額外加求使畿甸之民失樂

生之心豈所以安撫畿民鞏固金陵者哉及
查扣解民壯數既不多亦原非額徵錢糧公塾
皇上俯念南畿根本重地又今日防守之計皆出
聖明申飭非臣等所敢擅議倘蒙
勑下戶部再加查議亟爲覆題則畿甸窮民仰戴
上恩不勝懽呼祈懇之至緣係江防久廢務溢公
行乞
勑當事重臣悉心經理以杜後虞以安地方事理
未敢擅便謹題請　旨

萬曆三年八月初三日
提督操江兼管巡江南京都察院右副都御
史臣何寬　謹
題爲江營空虛日甚懇乞
聖明查復原額以固江防以安重地事臣竊惟南
京者我
聖祖開天定鼎地也
宮闕
陵寢百司庶府在焉以其爲根本所在而臨近大
江故先事備禦之防何者不當預圖熟計而
防江尤所當急
祖宗以來京城內外設立三營操練軍馬而又於
江東門外設新江口營以習水戰各營軍務
俱總於南京兵部而獨於新江口營復
命侯伯勳臣一員及臣衙門堂上官一員領
勑提督行事者此者何也誠以長江天塹環繞都
城其險足恃防之者不可不厚而責之者不
可不專也以今日言之則空虛甚矣臣竊憂

焉臣查得新江口營官軍原額挑選於南京
五十二衛所者一萬五千八百一十二員名
駕使戰船三百餘隻斯可謂強也已承平日
久耗亡接踵循而至於今日僅存五千二百
五十七員名而老弱者又相半也臣每詣營
校閱見其出江水操戰船不過四十餘隻在
營操練軍士不過二千一百餘人以行列則
不備也以軍容則不整也至於士卒藍縷憔
悴之狀又可哀也江營虛弱至此矣今不問

後將何極萬一有不測之變欲其[illegible]以守大江之險爲興安金陵永圖不亦難[illegible]臣訪求其故蓋以役占者多而事故改差者衆也所謂役占者各衙門各將領沿襲舊規遵例役使以故五千餘軍之中有役占而免操免差者焉有役占而免差赴操者焉其見操而輪差者三之二耳臣會同保定侯梁將各衙門各將領役使并各地方巡守員役悉行查議斟酌裁其過多節其可省雖拂人

情而軍心稱快然而未能一一盡無濫也至於事故改差有數端焉蓋江營之軍視三營爲最少江營之差視三營爲最繁軍少差繁故人情皆以江營爲苦而謀改別差逃亡相繼日益而月增也臣行據南京旗手等衛開報前來約計改差年老爲事等項指揮千百戶等官一千五十餘員其原額本營軍餘有逃故清勾未至者七千五十六名有改差避粮幇甲快船別營替辦四衛未補者七百四十七名有有丁未補及紀錄存恤者一百六十九名有爲事問罪未回未補者四十四名有投充例不收補者一千三百三十五名以分尺籍消耗不能盡復舊額固也苟徒以目前之安而因循玩視不思所以振而舉之豈建設江營與

命臣等提督之初意哉臣愚以爲有丁未補者宜收改差者宜歸爲事者宜查老弱者宜選其逃故清勾未至與投充例不收補者一時難

以卒復似宜稍分三營之軍以實江營使之習水戰備不虞可也或以三營操備保護都城即使江洋有警可以率之應敵不必取諸彼以與此臣愚則以爲舟必操而後習波濤必歷而後安三營平時習陸戰法耳一旦驅之乘舟破浪是猶不能操刀而使之割也必不效矣且江營之軍素苦差繁必其數增斯其差省夫然後得有暇日以治生業饑寒不困而士氣可作也或又以爲近日議增兵船

甚布江介似若可以守矣臣愚則以爲自九
江以至圌山上下一千三百餘里通計水兵
不過四千餘名散各信地可以禦小醜而不
可以當大敵可恃以防江寇而不可恃以守
金陵也欲守金陵近在守江欲守長江急在
江營方今
聖主當陽治化隆洽即西北戎虜尚縮伏不敢動
矧於畿服之內豈有潢池之警爲慮哉然未
雨而徹桑土既濟而戒衣袽是亦未可以已

也臣奉
命操江目擊前弊念防虞之日疏懼付託之不效
不敢不爲
陛下陳之伏望
皇上留念根本重地操江急務
敕下兵部再加查議如果臣言不謬覆請
上裁
勅行南京兵部會同臣衙門將新江口營官軍有
丁未補者行衛收補改差者勒歸本營爲事
者查明收復老弱者選補壯丁逃故者嚴行
清勾仍量分三營之軍以益江營俾與原額
無大相遠其各衙門各將領役占冊行清查
不許指稱舊例占恡如此則江備益修江威
益壯而京甸永固無虞矣緣係江營空虛日
甚懇乞
聖明查復原額以固江防以安重地事理未敢擅
便爲此具本專差　齎捧謹題請
旨

萬曆三年八月初三日
兵部爲江防久廢將盜公行乞
勅當事重臣悉心經理以杜後虞以安地方事
該本部題職方清吏司案呈奉本部送兵科
抄出提督操江兼管巡江南京都察院右副
都御史何　總理糧儲提督軍務兼巡撫應
天等府地方都察院右僉都御史宋　巡按
直隸監察御史鮑希顏各題前事等因俱奉
聖旨兵部知道欽此欽遵通抄到部送司卷查原

行事理相同案呈到部看得長江一帶上下千有餘里襟帶
留都界限南北雖稱天險亦爲盜區先年設爲江防最爲嚴密至於承平日久漸有廢弛比海洋多警復加振飭然已非復舊時章程矣後海波既靜輙爲節縮將兵船強半裁省建築等項悉行停罷以致沿江上下盜賊公行馴至蕪湖劫庫之變失事重大難以彌縫該各科臣題議本部議覆

勅令當事重臣作速經理懲前慮後計安地方令提督操江都御史何　會同各該府巡等官都御史宋　等將江防事宜通行酌議欵列八事及巡撫應天都御史宋　復將增兵額議糧餉二款巡按直隸監察御史鮑希顏將課功罪一節斟酌設處各具題前來俱爲有裨防禦合就開立前件議擬上
請定奪等因萬曆三年三月初十日太子少保兵部尚書譚　等具題十二日奉
聖旨這江防事宜依擬都要着實舉行不許但以建白了事各兵備有司官有不務實奉行怠玩悞事的着撫按官嚴加查訪不時条奏如姑息容隱致有疎虞一體治罪不饒欽此欽遵擬合就行爲此合咨前去煩照本部題奉
欽依内事理轉行各該等官一體欽遵查照施行須至咨者

計開

一築縣城

前件臣等看得提督操江都御史何　具題前因大率謂蕪湖城址規制近經該道督同府縣等官勘踏裁酌總之得七百二十九丈有奇商民各願分築不動官錢城門城樓約計用銀一千餘兩太平府有堪動庫銀不必另行議處合咨行令各官查照勘定處所擇日興工其動支庫銀候城完日聽巡撫衙門造冊奏報他若望江

銅陵江浦六合等縣亦無城池俱聽
巡撫衙門以漸興築各一節爲照繁
患在於設險佚道可以使民今該縣
所議城址酌諸地勢人情俱各便益
且庫貯餘銀又足支費事在可行合
無依其所擬備咨應天巡撫都御史
宋　操江都御史何　責令太平府
江防同知督同該縣掌印官查照原
題勘定規制多備磚石擇日興工務

要高厚如式堅固可久各該石上仍
刻分築人户姓名如限内倒塌者勸
令補築督工員役仍治以罪其所動
支太平府庫貯銀兩候城工完日查
核明實造册奏報他若望江銅陵江
浦六合等縣並聽以漸酌量興築不
得因循中止致妨保障至計伏乞
聖裁
一復將領

前件臣等看得提督操江都御史何
具題前因大率謂蕪湖縣參將不必
議設查得荻港乃池太之交盜賊出
没必得專官統兵駐守方免疎虞合
仍舊設立把總一員以都指揮體統
行事領兵六百名分屬建陽一衛查
照信地駐劄防哨其遊兵把總責任
惟均亦要加以都指揮體統名色以
便行事各一節無非因地設官以便

責成之意合無依其所擬將荻港地
方仍設把總一員及與遊兵把總俱
加以都指揮體統責令統領軍兵并
轄所屬衛分照依各該信地往來防
守如或失事聽撫按巡江衙門參劾
究治伏乞
聖裁
一增兵額
前件臣等看得提督操江都御史何

具題前因大率謂蘇松淮揚二道俱各有兵惟徽寧道一兵未置殊失建官本意及查安慶儀真遊兵項下原額水兵先年裁減分布不敷九江道自城子鎮至馬當內銅錢湾女兒港等處極爲要害合於九江徽寧二道并安慶荻港儀真等處各量增額兵以資防守其遊兵營除將從勇弓兵分撥荻港外其餘與水兵砲兵義勇

共一千二百二十五名一聚分派巡船哨守內以九百餘名分爲八哨分布險要均屬遊兵把總統率仍留兵三百餘名在中軍營訓練各一節酌水陸緩急之宜定各兵增撥之制委屬有見及照巡撫應天都御史宋又議稱應安等六府一州原編民壯但爲地方而設除沿江衝要縣分及備倭緊地方仍聽留用查將新增水

陸官兵六百名行兵備道即於內地縣分民壯抽選操練其外應募水兵六百名悉許所議循欲於整搠之中寓節省之意合無就中酌處俗行操江衙門將九江徽寧安慶荻港儀真遊兵各該增設官兵查照所議一面抽選一面召募務足定額以責成效嗣是江洋有失並不許以兵力单弱爲詞伏乞

聖裁

一議兵餉

前件臣等看得提督操江都御史何具題前因大率謂先年歲徵兵餉共七萬一千五十兩六錢四分隆慶二三等年裁去四萬七千八百有零萬曆元年雖增至三萬三千三百比之舊額僅存一半今復議增前項兵數除儀真查將儀真縣根頭稅銀有餘

者備給九江道內除八十名自行口糧俱不加派外所有議增安慶守備下水兵三百名新增荻港把總下除分撥中軍兵二百名外應募水兵四百名徽寧兵備下水陸親兵五百名共兵一千二百名大約歲用餉銀一萬二千九百六十兩守備把總分哨等官廩給紙劄家丁識字口粮工食盔甲弓箭銃砲火藥槍筅等器歲造

大小船隻工費約用銀三千兩有奇合行應天巡撫照依海防事例於各府州丁田處派每年分解安慶池州府庫聽候支給其九江道議添德化等縣兵夫水手工食銀不等合行該道議呈江西巡撫措處給用及照巡撫應天都御史宋　又題稱查得前項增議兵船皆屬徽寧兵備道所轄地方應處餉銀計一萬五千九百六十

兩今照應安等府田地賦額俱各不同每歲額外原派江防餉銀一萬九千三百四十二兩協濟海防銀二萬三千六百餘兩徽州府專防礦寇每年練兵一千名該工食銀一萬零八百兩撥田金衢道募兵犒賞銀四千兩有奇若復將前項餉銀盡加派丁田百姓不堪議欲抽選內地民壯以甦民困此外應徵之數與原派江防等

銀一併通融酌處各一節為照兵以禦寇食以養兵二者原自相須今水陸官兵除抽選民壯自有應得工食外其餘募兵粮餉相應酌處合無備咨應天巡撫都御史宋　將前項議增應募水兵六百名幷家丁識字口粮工食守把分哨等官廩給等項及盔甲弓箭一應等器歲造船隻工費合用銀兩除徽州一府專備礦防外

其餘即於應安等六府一州查照蘇
松常海防事例將前後議處江防併
協濟海防銀兩通融酌派每糧一石
該銀若干務令多寡適均分解安慶
池州二府庫貯聽候支給其九江道
議添德化等縣兵夫水手工食谷行
江西巡撫都御史楊　隨宜措處應
用伏乞
聖裁

一分信地
前件臣等看得提督操江都御史何
具題前因大率謂信地不分則將領
推諉駐劄非近則控制爲難要將南
湖嘴等處把守等官各照信地分屬
軍衛其各該兵糧責在治中同知管
理仍不許各守把官住居城市於各
該府取用座船一隻乘坐駐劄旦夕
在於江界督率哨兵巡守躬自上下

會哨各一節深得畫地爲守分任責
成之意合無依其所擬備行操江都
御史何　照依原分信地行令守把
等官統領各該軍兵及所屬衛分於
各該府取用座船乘坐常川駐劄信
地無事躬自率兵上下巡哨不許縱
容哨捕等役買閑偷安有警督兵剿
捕互相應援不許自分彼此以致悞
事其一應兵糧俱要聽各該治中同
知退補支放若有詭名侵冒哨守缺
人者聽操江衙門一體參究所有各
官責任待後遷轉之日查係應改者
改擬

請給伏乞
聖裁
一專責任
前件臣等看得提督操江都御史何
具題前因大率謂各府治中同知名

爲江防毋每公委他出以致地方失事因而有詞要通行各撫按操巡等衙門將江防治中同知免其差委及稱除鎮江安慶池州原在江邊揚州駐劄瓜州無容别議外其應天治中及太平和州無爲州各該同知俱應移駐瀕江地方與各府江防官巡行江上内州縣巡司守把衛總之兵盡屬統率查點凡一應哨船哨兵器械

月粮將官勤惰江洋警息悉聽稽覈開報務期共濟相成各一節爲照前項各官原爲江防設註看復委以他事則責任不專臨事推諉誠有如操江何　所議者既經具題前來合無依其所擬通行各撫按操巡等衙門將應天治中移駐新江口太平同知移駐蕪湖和州同知移駐牛屯無爲州同知移駐泥汊與各府江防官不時巡行江上境内州縣巡司官兵盡屬統率查點其守備把總衛總所領哨船堅脆哨兵勇怯器械完毁月粮支放及各官賢否勤惰江洋有無失事悉聽查核開報如港汊沙灘洲渚夾磯盜賊出没處所得以區處禁戢者務與守把等官同心協力以圖肅清江道各上司官今後並不許别行差委致妨本務如或故違聽巡按御史查叅究治伏乞

聖裁

一定哨期

前件臣等看得提督操江都御史何具題前因大率謂守備把總畏懼偷安不肯躬自出哨是以未覩成效除府衛州縣巡司及哨官者捕等兵照舊會哨責令江防官查核外其各備總官合另置哨單定立限期約會巡

哨每月終繳報操江衙門查考一節爲照前項各官畫地分守責成固專而會哨不嚴徒滋玩愒盤以備兵弭盜必不可得所據兵題前因委於振刷有裨合無依其所擬備行操江都御史何　通行各該備把等官照依所限日期交接壤界上下會哨哨單取各該巡司印蓋仍將自用關防互相鈐印每月終繳報操江衙門查考

如有踵襲故態虛文搪塞者從重參究伏乞

聖裁

一課功罪

前件臣等看得提督操江都御史何具題前因大率謂濱江府衛備總等官賢否難齊勤惰不一合無比照防秋事例每年兵備道將各地方守備把總各府江防各衛巡江等官及哨官者捕員役功罪稽察明的開報操江衙門聽其于年終再加訪劾或分別奏

請或徑自賞罰各一節無非昭勸懲以責實效之意查與直隸巡按御史鮑希顏所題專責成覈功罪等事意見大畧相同合無依其所擬移咨操江都御史何查照防秋事例通行各兵備道每年將濱江府衛守備把總各府江防各

衛巡江等官賢否勤惰從實開報操江衙門再加查訪如一年之內江上全無失事及能擒捕真正盜賊舡贓者列名奏薦以備擢用其次量行嘉獎若闒茸不職及該管地方屢次失事者重則論劾罷斥輕則軍法責治其哨官者捕員役亦聽各兵備道於年終一體呈報分別犒賞責罰伏乞

聖裁

萬曆三年三月十七日
戶部爲江防久廢彩盜公行乞
勑當事重臣悉心經理以杜後虞以安地方事
該本部題江西清吏司案呈奉本部送戶科
抄出提督操江兼管巡江南京都察院右副
都御史何　題巻查萬曆二年六月内蕪湖
縣庫被劫該兵科都給事中蔡汝賢等題前
事奉
聖旨南畿重地武備不修江洋盗賊公行該撫按

官所幹何事科道衙門公論所出如今人臣爲
國家任事有功的便苛責摟求無已因循踈怠
玩時失事的却一言不及公論何在着吏兵二
部看了來說欽此該吏部會行兵部查將大小
失事官員具本叅論奉
聖旨近來各巡撫兵備官將詰戎弭盜視爲末務
漫不經心地方何賴董堯封着降一級調外任
宋儀望既到任未久姑着戴罪嚴督各官立限
捕賊各巡按巡江御史俟差滿之日都察院從

公考察丁應璧照羅軟例革職冠帶閑住承應
奎等錢立等住了俸李亞春革了職都着戴罪
緝捕俟拿獲真賊具奏定奪欽此隨蒙
聖恩起臣補任操江員缺臣到任行將劫庫盗賊
緝捕盡絶具本題奉
欽依處分外臣於萬曆三年正月内備將江防事
宜條爲八款咨行巡撫應天都御史宋　會
議内開荻港添設把總一員除中軍撥兵二
百名外應添兵四百名安慶守備除原兵二

百名外應添兵三百名徽寧道無兵應設陸
兵三百名水兵二百名共五百名官兵船隻
器械月粮供應等項共該餉銀一萬五千九
百六十兩等因隨該宋都御史看得應安等
府田地肥瘠不同賦額輕重不一往年議派
江防海防未經通融查編以致多寡不均苦
樂相懸備行徽寧道查取六府一州丁田賦
役文册通行稽筭酌量務使政體畫一民無
偏累又看得前項議增餉銀一時盡派小民

恐地方錢糧短少徵派爲難乃將兵備道親兵五百名該餉銀五千四十兩議於應安寧太廣德原編民壯查據多寡酌量緩急扣筭名數儘足前銀以備雇募以濟目前於本年二月內會同具本

題前事隨該兵部備據臣等條列通查議覆奉

聖旨這江防事宜依擬都要着實舉行不許但以建白了事各兵備有司官有不務實奉行怠玩事的着撫按官嚴加查訪不時參奏如姑息容

隱致有踈虞一體治罪不饒欽此欽遵備咨到臣隨行各該兵備道及各府衛州縣將領等官一一遵奉

明旨着實舉行其應加餉銀事理行徵等道作速議呈巡撫衙門詳行隨據本道兵備副使馮叔吉查稱江北和州無爲州沿江一帶地方約計三百餘里分派加添兵一百五十餘名防守應於江北州縣增派餉銀一千五百六十兩尚該增派安狹二營江防銀九千三百

六十兩爲照應安等六府一州依阻崇山接界大江疆土窄狹地脉薄瘠備查造到文冊通計人丁五十七萬有奇而額徵民米不過七十一萬八千三百九十石有奇是六府一州之粮不足以當大省之一郡又池州一府共該民粮六萬餘石太平一府共該民粮三萬八千餘石是二府之粮不足以當大郡之一縣今查各府賦役除輸納秋粮夏稅外每年額派里甲丁田等銀共該四十八萬四千

九百七十三兩有奇海防江防礦防等銀計該五萬七千四百兩有奇況又加以不時坐派如織造運木等費是以每人丁一丁有派至三錢至四錢者每田一畝有派至五分至六分者本道更歷數省徵派之苦未有如此甚者今太池二府百姓逃亡日多應安廣德歲額亦不能支若又欲增派江防銀九千三百六十兩愈不支矣查得應安等府協濟蘇松海防銀望乞撥還以救民困又查得京議

扣除各府民壯五百名以代本道水陸操兵今擬寧安池太廣德各府州造到兵壯文冊査得各該州縣俱因地狹粮縮原編兵壯數少防守倉庫城池分撥巡司官兵歲請增加每以粮少難處停止往歲査盤御史査扣各州縣弓兵民壯工食濟邊除徽池二府以備礦地險不扣外應安寧太廣德共扣去兵壯一千五十二名該工食銀八千四百二十九兩有奇今照四府一州依山阻湖介據大江

而盜賊竊發時時有之又況原設巡司把截山洞臨據江險一經抽扣防守盡踈今該議處江礦二防險隘巡司俱令與官兵衛兵聯絡爲叅互相稽察邏行已定哨警無虞前項司兵俱已補還査該除去扣解銀一千六百八兩五錢又査江浦六合二縣編兵不過六七十名望江繁昌太平等縣編兵不過百名其地濱江扼險最爲要害且江浦六合望江繁昌俱無城池盡應扣還又査句容縣原編

民壯五百一十四名該縣丁田數少已議革編二百名該除應抽解銀四百兩共該除去銀一千一百三十二兩有奇近該本道議增所轄親兵估造樓船二隻沙船一隻梭船四隻該價銀四百四十三兩有奇以三年通計歲該徵銀一百一十四兩有奇池州府修造營房六十二間除議修外每歲議派修理銀二十兩中軍指揮官一員歲該廪給紙劄銀四十二兩哨官千百戶二員歲該廪給紙劄

銀共五十二兩八錢家丁識字共五名歲該工食銀三十六兩議增督戰官馬五匹以三年計之每年該派銀四十兩有奇以上該銀三百零五兩有奇無可派處相應議在民壯工食內扣除此外實存應追解部銀五千三百八十三兩今査題奉

欽依應抽民壯五百名以備操練數既難於再抽勢又無可別處所有前項應追解部銀兩正與抽取銀數大略相同伏乞本院會同題

簡即准支鎮則江防不致稽悞地方亦有攸賴
併在事有司因見地方多盗防守不支又
議另派丁田以足前數然每每徵催不及餘
納全欠吏胥里書因緣爲奸等因具申巡撫
衙門并申到臣臣將江壯應派銀兩備咨巡
撫鳳陽兵部右侍郎張　查派隨准咨開坐
派廬州府兵餉銀一千二百兩和州銀三百
六十兩共銀一千五百六十兩備行各該州
縣徵解訖該宋都御史反覆案行各道查議

不得已批還應安等府協濟海防銀五千兩
以濟江防餘少銀四千三百六十兩將賦役
稍寛縣分量行處派無容別議其議請留扣
解民壯銀以俻操兵餉銀一節該臣會同應
天巡撫都御史宋　巡按直隸監察御史鮑
希顔看得前項事理既該兵俻副使馮叔吉
覆查的確且應天太平等府爲
高皇帝首善之地加意憂恤具在　皇明詔令可
攷況金陵係關天京都而　神烈山
[illegible]祖陵寢在焉所據議増江防官兵及徽寧道操
練兵士無非所以保安畿甸以崇護
陵寢之計也前項府州既其田畝人丁悉載冊籍
徵派已重若復額外加求使畿甸之民失樂
生之心豈所以安撫畿民鞏固金陵者哉及
查扣解民壯數既不多亦原非額徵錢粮伏
望
皇上俯念南畿根本重地又今日防守之計皆出
聖明申飭非臣等所敢擅議倘蒙

勑下戶部再加查議亟爲覆　題則畿甸窮民仰
戴
上恩不勝懽呼祈懇之至等因又該巡撫應天等
府都御史宋　題同前事俱奉
聖旨戶部知道欽此欽遵抄出到部通送到司案
查先爲明會計以適時變預遠圖事隆慶元
年九月內該本部條陳內一款查得各省府
編有民壯弓兵等役近來多不操練皆各州
縣除自用外撥送過客及司道并鄉官跟用

合行各撫按照額編原數每十名查扣二名
工食徵銀解部濟邊等因題奉
穆宗皇帝聖旨這所奏都准行你部裏還行與內
外諸司各要實心經理撙節以濟國用欽此又
爲稽覈存留稅糧以裕
國儲事萬曆元年十二月內該本部議行各省
直撫按嚴查每年存留稅糧舊額若干支用
若干餘剩若干本折見貯拖欠各若干查明
報部以後除備本處支用外剩餘解部濟邊

未完分數照新例參究等因題奉
欽依通行欽遵訖又准兵部咨爲江防久廢夥盜
公行乞
勑當事重臣悉心經理以杜後虞以安地方事萬
曆三年三月該操江都御史何　應天巡撫
都御史宋　題稱新增江防水陸兵一千二
百名該餉銀一萬五千九百六十兩內議兵
六百名即於內地縣分民壯抽選操練以甦
民困餘六百名幷船隻廩糧器械等項銀九

千四百八十兩議於應安等府州丁田均派
該部依擬覆奉
欽依備咨前來及查應安等府廣德州民壯弓兵
每十名應扣二名歲該銀八千四百二十九
兩自隆慶二年爲始經今七年共該銀五萬
九千三兩止據應天府隆慶六年解到銀二
千三百三十九兩安慶府隆慶四年五年二
次共解到銀一千七百一十兩五錢徽州府
隆慶二年解到銀五十五兩五錢寧國府隆

慶二年三年六年三次共解到銀伍千八百
八十五兩八錢太平府隆慶二年三年四年
五年四次共解到銀六千四百二十三兩廣
德州隆慶二年解到銀六百四十七兩以上
共解到銀一萬七千六十兩八錢未解銀四
萬一千九百四十二兩二錢至商稅水夫僧
道度牒缺官柴馬稅契引價魚課贓罰快手
工食等項各府州有解一年止者有解二三
年止者其曆日紙張機兵廢寺田產江河地

里屯田餘剩等銀自建議以來俱未解到又
查應天府存留稅粮四萬七百一十六石除
支用外餘剩粮三萬二千七百九十石每石
准價五錢計筭約該銀一萬六千三百九十
五兩自隆慶五年起至萬曆二年止共餘剩
粮一十三萬一千一百六十石共該銀六萬
伍千五百八十兩通查案呈到部看得操江
都御史何　巡撫應天等府都御史宋　題
稱據徽寧道副使馮叔吉議得各州縣弓兵

民壯先年查扣工食濟邊除徽池二府俗礦
地險不扣外應安寧太廣德共扣去兵壯一
千五十二名該工食銀八千四百二十九兩
有奇今險隘巡司兵令與官兵聯絡爲伍除
去銀一千六百八兩五錢又江浦等縣據江
扼險編兵盡應扣還句容縣丁田不多已議
革編除去銀一千一百三十二兩零近增本
道艘兵船隻及營房并指揮等官歲用廩給
紙劄工食無可派處又除去銀三百兩零實

應追解部五千三百八十三兩查于應抽民
壯五百名數相同乞要准與支銷各一節爲
照江防多事置兵計餉勢所必至但扣解兵
壯銀兩前次奏留臣等屢經申明照舊解京
今據稱各有險扼令其還役防守似涉輕易
况修船廩粮紙劄工食雖不可闕亦須別爲
區處至於兵部覆允選補五百即作陸兵操
練蓋指各州縣見在應役者抽選充之耳不
欲另從召募以滋紛擾非爲扣解各役言也

乃謂扣解五百名銀兩即可准前題　允之
數欲令開銷免解牽合難行且江防餉銀不
敷九千兩之數已經覆奉
欽依准于應安等府丁田均派徵收又何取足于
此項及查各府州縣節年應解工食該銀五
萬九千餘兩止解到一萬七千六十兩零未
解銀四萬一千九百四十餘兩考成簿內
欽限萬曆二年九月觧報至今未到其餘亦然又
存留稅銀除支用外餘剩一十三萬一千石

有零若肯留心查徵亦不賴此既經各官具
題前來相應酌處恭候
命下移咨操江應天各巡撫都御史及咨都察院
轉行應天巡按御史將江防軍餉姑准于拖
欠民壯銀內動支九千三百六十兩接濟自
前以後年分俱於存留稅粮內清查支用再
不許動支其每年扣解兵壯銀八千四百餘
兩并歷年拖欠內除准支外尚餘銀三萬二
千五百八十餘兩并徵池二府未扣及商稅

各色等項已遠原限姑再限萬曆四年二月
盡數解部過限不到開報該科查叅臣非不
知江防事非得已江南民力難支然求之原
有之錢糧非分外搜索也況各邊奏
請日增兩淮停止塩引補發二十萬兩鈔關議改
本色又減銀二十萬兩節次停止事例又不
下二十萬兩臣職掌所關每爲隱憂故稽查
存留清理積欠非敢過計蓋有甚不得已者
耳伏乞

聖裁等因萬曆三年九月初一日本部尚書王
等具題本月初三日奉
聖旨照海防事例行欽此又該應天巡撫都御史
宋　題爲經略海防固守重地以拱護
陵寢事本部覆奉
聖旨卿等說的是但今江海防守緊急這扣解民
壯銀兩自萬曆四年爲始姑准照數扣留三年
接濟軍餉其以前拖欠及以後年分俱照舊依
限追徵解部不許曲狥勢豪請托致虧國計欽

此欽遵擬合通行爲此合咨前去煩爲查照本
部題奉
欽依內事理欽遵施行須至咨者
萬曆三年九月初四日

江防考卷之六

提督操江兼管巡江南京都察院右僉都御
史王　謹

題爲夥盜刼殺官民參究失事官員以靖地方事卷查萬曆肆年貳月初玖日據池河守禦王勳呈觧捉獲強賊張洋楊景和供稱同未獲周元等於萬曆叁年拾貳月貳拾柒日潛伏滁州珠龍橋伍里岡山脚下各執尖刀鐵尺木棍短刼不知姓名賣皮金客人刼得銀

伍兩騾貳頭白夏布直裰壹件即時又遇在官廣武衛指揮李添爵并先被刼打傷重今故指揮余忠因往南京送稟巡捕官公回壹路同行又被洋等各用鐵棍打跌下馬當有余指揮喊叫對敵洋等忿怒將各衣襖盡行剥脫用繩綑綁將余指揮各用尖刀鐵尺攔頭遍身毒打傷重至正月初壹日身故當刼得余忠黒燕騸馬壹匹李天爵海騮騍馬壹匹連鞍轡并各隨身衣服銀兩盡行強刼二

十六日有藕塘地方保長王廷璽等緝捕至洋家見有騾馬在屋拴繫將洋等一併拏送王守禦處連人呈解到院除將強犯張洋等審發應天府推官詹世用究問及將未獲各犯嚴行拏獲併究地方失事隱匿不報員役行仰滁州提究至今四月未報又經牌行頴州兵備僉事聶廷璧查提究問外本年四月初九日又據鎮江府申准本府海防同知杜其驕關據大雲山坊甲長屈鑾呈稱三月三

十日夜三更時分身領人戶朱尚文等拾人夜巡有強盜拾餘人明火執械打刼袁小肆店徽州紙客身與朱尚文向前喊叫尚文被貳鎗戳傷內腹當時身死身并人戶周經顧祥杜良保戳傷等情又據朱尚文父朱守告及丹徒縣申各相同職親至其地驗得朱尚文身被貳鎗戳死屈鑾左脇下戳傷壹洞將死周經杜良保各有傷重切惟大雲山坊迫近金山西馬頭去城不過貳叁里近城陸路

設有練兵指揮陳大道哨官叁員防守而被
刼之處即左哨千戶曹子明正當夜巡之處
馬頭之上設有巡江指揮陳懋文千戶劉承
祖守把遊巡兼有鎮江衛巡捕指揮吳繼臣
丹徒縣巡捕縣丞婁受是設官非不備而防
禦非不周也乃猝遇盜警更無一人救援據
屈鑾倪拾壹稱身等鳴鑼聲喊止見陸兵殷
堂壹人奔赴使當時但得慣執器械軍兵拾
人來助則身等膽氣愈壯賊縱不能全獲可

獲壹半財物可以無失身等不致死傷矣巡
捕指揮吳繼臣練兵指揮陳大道千戶曹子
明縣丞婁受或信地不能巡守或知之不能
督察及稱巡江指揮陳懋文千戶劉承祖雖
統水兵非住陸路而勢相密邇責豈能辭各
叅呈到臣據此除批行蘇松常鎮兵備叅政
王叔杲查提究問外臣看得滁州失事盜匪
江洋又臣未任以前臣何敢越俎妄言盖失
盜雖在去冬而守禦王勲拏獲到院則臣已

蒞任行事且滁去
陪京僅數拾里臣職專防禦以禦人國門之盜
至於殺死肆品武職官員推避不問安所防
禦該職牌行提究該州署印判官陳天錫等
該衛巡捕指揮朱饔道等併緝拏未獲強犯
郭子賢等至今肆越月不惟脫逸之盜無能
訪拏且并失事之人無壹解報臣意或徑解
該管巡撫兵備究問亦可恕也及訪巡撫比
時尚未履任兵備道駐劄窵遠又被隱匿不

及知其敢於玩肆爲何如也臣受
命文官伍品武官肆品以下得專拏問況下此者
而敢於抗違若是乎若竟隱默不言不惟臣
法令格閡彼地方官將以弭盜爲末務而盜
賊且滋蔓流毒矣至於鎮江失事地方去禁
城僅貳叁里固水陸官兵防守交會之處商
民人等比廬輻輳之區也乃夥盜不數拾人
即敢公然行刼如入無人之境各防守官兵
皆雌伏縮退疾視保甲之死不救此其因循

踈濶之狀積非壹日蓋久爲群盜習察知莫我何故敢於縱掠如此指揮陳大道等千戶曹子明等罪誠無所逃矣顧領兵者各官統領官兵者圌山把總朱先也使先號令嚴明亦如有司法令之行能使保甲以身捍賊抵死不避則雖有盜何能爲害今有司之法能行於無工食之保甲使之自爲死守而將官之令反不能行於領月糧之兵壯使之以身庇民則將焉用彼將哉故臣謂有司等官即

其能行保甲其罪或可贖而惟專閫如先者安能逭乎其罪也先以參品武臣臣不敢輕議伏乞

勑下該部如果臣言不謬將滁州失事州衛等官行廬鳳巡按御史將鎮江失事把總朱先等行蘇松巡按御史各提問具

奏施行若謂先之將才可用蒞任尚淺或量以軍法究治使之勉圖後効則又

聖明使過之仁而非微臣所敢必也臣復惟自來沿江地方失事水陸官兵互相推諉以致有司莫可究詰在陸巡者曰此水盜也在水巡者曰此陸盜也甚至咫尺盜所袖手傍觀莫相援救如今日鎮江之事豈壹體相成之義哉合無自今以往除水陸遠隔勢不相聯各有信地防守無容侵越外苟或陸地被劫去江不遠則水兵亦當救援江干被劫去陸不遠則陸兵亦當救援水兵擒獲陸盜即爲水兵之功陸兵擒獲水盜即爲陸兵之功或均

力而夾攻則均功而論賞否則均以失事論臣得壹體參究如此庶聲勢相資彼此策應犄手足比鄰之助成率然虎豹之勢盜賊將無所容而地方稱寧謐矣緣係夥盜劫殺官民參究失事官員以靖地方事理未敢擅便爲此具本專差承差　　齎捧謹題

請

旨

萬曆肆年肆月　　日

兵部爲夥盜劫殺官民叅究失事官員以靖
地方事該本部題職方清吏司案呈奉本部
送兵科抄出提督操江兼管巡江南京都察
院右僉都御史王　題前事等因奉
聖旨兵部知道欽此欽遵抄出送司卷查萬曆元
年十二月内該本部題爲查叅江洋失事官
員以警人心事查得吏部題議捕盜條格内
開各州縣掌印巡捕官有盜至十名者降一
級二十名者降二級三十名者罷其官各兵
備及該道官所屬有盜合至五十名者降一
級七十名者降二級百名以上者罷其官撫
按官有隱匿不行叅奏者聽本部都察院及
科官叅奏重治若果地方有盜即行申報上
司就便捕滅上司官若聞地方有盜即撥兵
馬就便捕滅者免究仍録叙其捕盜之功量
多寡爲陞賞議行各省巡撫都御史及咨都
察院轉行各巡按御史通行申飭以後但有
失事俱照前項條格事例施行等因欽遵在

卷又查得萬曆二年九月内該兵科都給事
中蔡汝賢等題爲懲旣往勵將來乞
勅申明近例以重責成以靖地方事該本部覆議
通行内外問刑衙門以後州縣民間被劫係
他境潛來一時不測之賊在於城内查照成
化二十一年題
准條例而行在於城外及無城州縣與鄉落去處
軍衛有司俱減一等論係是本處嘯聚之賊
不問城内城外俱照隆慶五年吏部題
准條例而行隱蔽不報者即止一次除本等論降
外仍照問刑條例監候奏
請事例而行各撫按官不行覺察互相容隱者聽
本部都察院及科官叅奏重治等因已經題奉
欽依通行欽遵外今該前因通查案呈到部看得
提督操江都御史王　具題前因大率謂滁
州去
陪京僅數十里被盜張洋楊景和同未獲周元
等殺死四品武職指揮官一員牌行提究該

州署印判官陳天錫等該衛巡捕指揮朱㐽
道等併緝拿未獲强犯郭子賢等越今四月
不惟盜不訪拿且併失事之人不觧及訪親
臨上司又被肆違隱匿要行廬鳳巡按御史
鎮江離城僅二三里乃水陸官兵防守之處
有夥盜不數十人即敢公然行刼如巡捕指
揮吳繼臣練兵指揮陳大道千戶曹子明縣
丞婁受不能巡守督察巡江指揮陳懋文千
戶劉承祖見統水兵密邇不行應援與圖山

把總朱先統領官兵不能捍賊俱罪無所逃
要行蘇松巡按御史各提問具奏內朱先莅
任尚淺或量以軍法究治使之勉圖後効及
稱沿江地方失事水陸官兵每相推諉合令
今後水陸聲勢相聯一遇被劫互相救應獲
功分別叙論失事一體叅究各一節爲照地
方被盜失事情由前項題議條格責成甚嚴
宜軍衛有司夙夜兢惕勉脩職業以捕盜安
民爲務頋每每玩愒失事一則滁州通衢殺

死指揮而隱蔽不報一則鎮江城外劫掠商
民而任賊縱横且各上盜無幾不能登時緝
捕據論各官玩寇失職罪復何辭及查把総
朱先二月莅任三月失事委屬任淺又新議
專駐圌山相隔百里但上自鎮江府城實其
該管信地情固可原罪自難逭惟並行提問
似與當地專責且久者無別改以軍法究治
未免網打後難展布相應另議至於水陸官
兵責其聯以聲勢互相應援有功失事一體

賞罰允爲弭盜良法既該提督操江都御史
王　具題前來相應一併議擬合候
命下將朱先重加罰治本部移咨都察院一面轉
行廬鳳巡按御史將滁州失事州衛等官陳
天錫朱㐽道等一面轉行蘇松巡按御史將
鎮江失事衛縣等官吳繼臣陳大道曹子明
婁受陳懋文劉承祖等各提到官查照前項
題
准格例問擬俱限萬曆四年十二月內具由回奏

仍咨提督操江都御史王　責令沿江地方
水陸官兵將未獲强元周元郭子賢等上緊
緝拿如已獲張洋楊景和等明正其罪不得
縱逃潜逸貽害地方今後除道途遼遠聲勢
難屬者各防守信地外其同處水陸官兵務
要同心一體互相救應如陸地被劫水兵赴
援擒獲陸盜即爲水兵之功江干被劫陸兵
赴援擒獲水盜即爲陸兵之功或均力夾攻
則均功論賞若互推失事則同罪論罰敢有
隱匿不報查照近日申明事例施行伏乞

聖裁等因萬曆四年五月二十七日太子少保兵
部尚書譚　等具題二十九日奉
聖旨是朱先姑罰俸三箇月陳天錫等吳繼臣等
着各該巡按御史提問具奏欽此欽遵擬合
就行爲此合咨前去煩照本部題奉
欽依内事理欽遵查照施行須至咨者
萬曆四年六月　日
提督操江兼管巡江南京都察院右僉都御

史臣王　謹
題爲捉獲江洋大盜劫獄
王府印信事據徽寧兵備副使馮叔吉呈奉臣
批據徽州府申同知丁應賓太平府同知龍
宗武各呈報拏獲强犯陳汝錫供係直隸徽
州府歙縣人同已獲仇元穊汪鑑徐鎧并未
獲陳世爵鄭東泉陳汝錫俱以木漆描金等
匠汝錫與陳世爵鄭東泉陳汝錫各投入江
西饒州府
淮王府内做工仇元穊汪鑑徐鎧亦投彼處

建昌王府做工以致往來熟識萬曆叁年拾貳
月内仇元穆客向汝錫稱説府内積有寳物
甚多汝錫當卽輒起盜心回說你既熟知道
路莫若我每邀人同去刼些回家受用等語
比各依聽邀同汪鑑等約於本月貳拾柒日
夜各用黑墨塗面包頭各執刀鎗油火齊至
建昌王府後門搭梯進人點起火光打開宫門
宫人驚慌躲竄將

王捉住細綁弔指喝說要寶比
王回稱寶在櫃内隨即刼出銀印壹彩重壹百
兩玉龍帶貳條銀盃盤叄副金珠花首飾拾
對紗段陸疋紬絹紗裙男女衣陸件玳瑁盃
捌箇餘贓不能盡記走出王靈芝門未開就
將城上旗竿靠城爲梯沿木越下帶贓逃走
比鄭東泉等先行分贓不記的數去訖餘贓
汝錫等各帶回家除一路用費外每人分銀
肆兩壹錢贓物均分訖仍有銀印壹顆汝錫

等收藏於萬曆肆年正月初玖日并買鉛炭
潛到地名岩鎮裏面古岩寺僻處山上用火
將印鎔化分用間有在官洪元壽經過看見
叫同在官洪道胡忠義跟趕上山各慌走將
鎔化底銀四散抛棄去訖洪元壽等止尋拾
底銀貳拾柒兩不行首官就行相分比在官
里長洪元正風知到彼亦分底銀陸兩胡忠
義分伍兩洪元壽分玖兩叄錢洪道分陸兩
柒錢各入巳洪道慮恐有忠將底銀伍兩交

與洪元正呈官伊又轉付未到洪三毛收匿
入巳續該饒州府移文徽州府關提汝錫等
間本府丁同知差兵緝獲汝錫搜出原刼分
銀毯壹粒及拏陳世爵不獲當於家内搜出
原刼分藍絹男衣黄緑紗女衫葱白絹女掛
葱白絹女裙白紗袴各壹件藍紗壹疋玳瑁
盃坏等件并獲洪元壽胡忠義洪元正洪道
及原分底銀各到府審問間蕪湖縣縣丞張
與邦捉獲汪鎰徐鐙并搜獲原刼分玉盃壹

箇水晶盃貳箇大紅織金龍紗桃紅紬緑紗
各壹疋緑紬叄疋桃紅女裙壹件并緑龍裙
邊等件緑絹女衣舊白布男衣舊白紗女掛
舊青布衫舊白布男裙各壹件銀捌錢伍分
上盜腰刀貳把又經緝獲仇元穆并原刼分
花龍玉帶壹條光玉帶壹條青絨直裰竹根
青段直裰緑綾夾襖緑段夾袴各壹件連人
贓呈觧太平府同知龍宗武覆審各申呈撫
江王都御史處俱蒙批仰徽寧兵備道覆究

詳報該本道查得兩府所獲強犯陳汝錫等
俱有真正賍物可據但失事失主俱在饒州
見今饒州兵巡道關取俱應解發該道鞫究
典刑等因到臣臣即會同巡撫應天都御史
宋　巡按直隸監察御史唐　將強犯陳汝
錫等并所獲賍物行令徽寧兵備副使馮叔
吉觧發饒州兵巡道對審外臣看得各犯行
刼事屬江西非臣地方事也臣不得有言顧
行刼雖在江西而獲盜乃在江南臣待罪地

方責專防禦况係刼掠
宗室燬分
王印事體重大非他賊比若不具
聞將來復
請鑄給必究捕獲燬印根因事干督屬安敢隱默
其臣督屬獲功員役法應獎賞者臣遵奉近
例得於年終舉行其該地方失事員役法應
提問叅究者在江西撫按自能奏
請定奪臣不敢與緣係捉獲江洋大盜刼燬

王府印信事理未敢擅便爲此具本專差承差
賫捧謹具題
知
萬曆四年四月　　日
兵部爲　郡府被盜失印捲財乞
賜嚴追以安宗室事該本部題職方清吏司案
呈奉本部送兵科抄出
淮王載坮奏前事等因奉
聖旨兵部知道欽此欽遵抄出到部送司案呈到

部看得
淮王載坮奏稱萬曆三年十二月二十七夜有
賊數人踰墻雕開宮門入房盜去器皿首飾
王帶衣服等件并王印一顆其盜賊賍物已
經徽州府地方拿獲惟王印未知下落要行
江西撫按衙門將已獲賊犯正以法典未獲
者嚴加追捕其印信有無存燬亦令根究的
確庶便異日題
請各一節爲照　王府被盜事情各該地方官員

踈虞隱匿近該兵科及操江都御史江西撫
按叅題前來已經吏部會同本部覆奉
欽依降罰提問無容再議外惟前項盜賊已獲者
未見追完贓物明正典刑未獲者未行嚴立
限期上緊緝捕至于　郡府銀印存燬委未
根究明的有礙奏
請令該　淮王具奏前來合候
命下移咨江西撫按衙門即將已獲賊盜追贓完
日明正典刑未獲賊盜嚴行道府及巡捕等

官再限三箇月內緝拿盡絕銀印是否燬分
務要根究的確如果無存徑行長史司啓
王知會具奏
請給再照前項盜賊盜燬
王府印信事情重大而地方官敢於隱蔽致悮
奏報則尋常被盜與民間受害含冤未伸者
不知其幾也夫此盜賊一事
朝廷必責之奏報勒限緝捕者固爲安民亦爲
彌亂非細故也查該本部節年題

准有行事例一爲傳奉事則令月終題奏一爲飛
報賊情事則令季終具奏一爲盜息民安事
則令歲終類奏若緊急賊情更聽差人登時
奏聞法制既已詳明申飭又甚懃懇乃率奉
行未至月終之報僅見山東而各省季報歲
報者往往逾時及仍有開造未盡即其奏聞
于
上者如此則其責成于下者可知以故所在地方
生發之寇恒致滋蔓流刼之賊竟聽潛伏百

姓受害無從控訴養亂失職莫大於此相應
再行申飭合無通行各省撫按衙門以後凡
遇盜賊竊發無論打刼官府搶奪商民事情
大者不時奏聞次則近者照舊一月一報遠
者季終一報歲終類報俱要一面具奏一面
嚴督官兵上緊緝拿務使盜賊屛跡地方寧
靜敢有似前踈怠隱匿玩寇殃民聽本部該
科查叅究治等因萬曆四年五月十七日太
子少保兵部尚書譚　等具題十九日奉

聖旨是欽此欽遵擬合通行爲此合咨前去煩照
本部題奉
欽依内事理欽遵查照施行須至咨者
萬曆肆年伍月　　日
提督操江兼管巡江南京都察院右僉都御
史臣王　謹
題爲季報江洋盜賊事萬曆肆年陸月内准兵
部咨爲郡府被盜失印捲財乞
賜嚴追以安宗室事該本部題職方清吏司案

呈奉本部送兵科抄出
准王載培奏又該兵科及操江都御史江西撫
按各具題前事已經吏部會同本部覆奉
欽依降罰提問外爲照前項盜賊盜燬
王府印信事情重大而地方官敢於隱蔽致誤
奏報則尋常被盜與民間受害含冤未伸者
不知其幾也查該本部節年題
准有行事例壹爲傳奉事則令月終題奏壹爲飛
報賊情事則令季終具奏壹爲盜息民安事
則令歲終類奏若緊急賊情更聽差人賫時
奏聞法制既已詳明申飭又甚勤懇乃邇來奉
行未至相應通行各省撫按衙門以後凡遇
盜賊竊發無論打劫官府搶奪商民事情大
者不時奏聞次則近者照舊壹月壹報遠者
季終壹報歲終類報俱要一面具奏一面嚴
督官兵上緊緝拏務使盜賊屏跡地方寧靜
敢有似前疎怠隱匿玩寇殃民聽本部該科
查參究治等因覆奉

欽依備咨到院准此臣於本年貳月到任以來將
滁州鎮江貳處失事各官已經參提奉有
欽依提問外卷查伍月貳拾柒日據采石巡檢金
崇厚申稱本月貳拾陸日烈山江面有槳船
壹隻強盜柒名打劫蕪湖上水船客人銀物
約共柒拾餘兩係遊兵把總濮朝宗新江口
營遊巡把總李棟應天府江防治中黄裔棟
信地陸月初肆日又據浙江太平縣人趙德
告稱義父監生趙成愈於伍月貳拾玖日行

至楊子江馬家港遇强盗壹夥駕船持刀砍
傷身及義叔趙久財物謷行刼掠係儀真守
備孫熿儀真縣巡捕縣丞周文琦揚州府瓜
洲駐劄江防同知嚴從簡信地陸月叁拾日
又據把總濮朝宗李棟各報稱上新河對江
有强盗陸人駕小槳船壹隻打刼金叁等銀
兩幷衣服等件亦係濮朝宗等及黄裔棟信
地以上各起盗賊該臣先將巡捕官兵提究
及嚴行各該將領幷道府等官分投上緊緝

拏獲日另行外今照夏季已終合行遵例
奏報為此具本專差承差　　齎捧謹具題
知
萬曆肆年捌月　　日
提督操江兼管巡江南京都察院右僉都御
史臣王　謹
題為議處兵餉以肅江防以圖永安事該臣欽
奉
勅諭每歲巡江貳次臣於萬曆肆年陸月内巡歷

鎮江圌山儀真瓜洲等處沿江信地凡兵勇
戰船器具糧餉之類逐一查覈供各整飭頗
稱防禦惟是瓜洲壹鎮南接蘇常北抵淮揚
以拱衛南都倘為水口其長江環繞則下通
圌山三江崇明海洋諸險上聯青山采石蕪
湖九江諸地舟楫鱗集商賈雲屯鹽盗姦宄
潜滋出没又江南輓漕百萬悉經於此其為
重鎮要害明矣往因倭寇焚刼建立城垣專
設同知駐劄督領衛官守禦把截其慎固厥

防亦已周至顧兵多借倩人無實餉卒有變
故殊為可慮隨據巡江衛總指揮姜宗舜呈
稱水兵止得貳百肆名分哨不足合添玖拾
陸名共成叁百實數庶足防守又據行兵陸
鑑等告稱有兵無食難以出力合照給餉以
圖補報各等情到臣臣惟增兵非難處餉為
難頃東南水旱頻仍隄工重鉅疲民惟正之
供且猶不及況可於額外加征方議設處間
適儀民吳祖等具告儀真原設有洲頭稅銀

以給兵食近來姦商避稅悉奔瓜洲合於瓜
洲並設梁稅以益兵衛民又瓜民蔣清李滸
儲有祿蕭隆王勝等壹百伍拾柒人各連名
具告願充餉行投輸軍餉以益
國便民臣謂事宜通變法貴順情即是兩者可
議增兵亦可以足餉俱批行淮揚海防兵備
副使程學博督同揚州府知府趙慎脩瓜洲
江防同知嚴從簡查議去後據各申呈又覆
批道再議據該道酌議具呈到臣臣見其區
畫周詳誠有兵不待募而自足餉不待征而
自裕以行永久當無不可者顧係增兵設稅
事體重大非經
上請不敢擅行謹即敷陳貳議條列如左如蒙
皇上軫念重地
勅下該部再加酌議題覆行臣遵照施行則武備
可飭臣鎮有賴地方幸甚臣愚幸甚緣係議
處兵餉以肅江防以圖永安事理未敢擅便
爲此具本專差承差　　齊捧謹題請

旨

計開

壹添水兵以靖江洋夫兵以水戰爲難
盜以水劫爲易查得瓜洲水兵草撇
船拾隻兵壹百貳拾名鐵船肆隻兵
肆拾名哨船壹隻兵貳拾肆名梭船
拾隻兵貳拾名船大兵少難於撐駕
外將脚兵壹百叄拾名協駕然係借
倩無糧之人曠役時多緝捕不事有
兵之名無兵之實除此止實兵貳百
肆名分爲叄哨各百餘里江面横闊
一望無涯港口深隱於沙頭蘆葦蔓
藏於洲際姦宄客理鹽盜黨結其出
沒無常非壹隊壹屯所可控禦者今
以貳百餘兵分而爲叄每哨不過伍
陸拾人風波浩蕩號令懸絶顧彼失
此援首失尾故巡賊得以乘機肆行
無忌相應加添水兵玖拾陸名共成

實兵叁百名加造梭船拾隻比舊稍寬其制俾可容拾人分列於叁哨之間量其地里遠近酌其船隻大小相兼防守往來報探則地雖遠而勢相聯絡港雖多而人相望助平時可遏草竊以安商旅有事可振敵愾以衛南畿然民以兵爲衛兵以食爲天今既增兵則餉當先議查據吳祖等告稱儀眞下河船戶每尺納梁頭銀壹

分以充兵餉近各船希圖隱漏盡奔瓜洲該臣批行同知嚴從簡弔取儀眞原卷查得先因該縣馬窯貳港空闊添兵壹百叁拾名將上下河裝卸客船各照梁頭丈尺每尺納銀壹分以爲兵餉矧瓜儀連界商賈輳聚船隻既同載貨而繳稅則分有無因宜船戶竟趨瓜洲以避儀眞之稅也今瓜洲若不照例起稅非惟彼此不均

反致儀稅日減且稅於儀者不稅於瓜征於瓜者得免於儀其爲便商一而已矣及查儀眞既有衛縣軍兵又有守備重兵止緣貳港空闊尚欲起稅爲防瓜州視儀尤險而水兵既已數少陸兵又無實糧萬一遇有警息則平時無豢養之恩有事責圖報之力將安能乎故在今日瓜洲兵食之議誠有不容少緩者也合無比照前

例將瓜洲一體起稅上下河船每梁頭壹尺納銀壹分委官收貯府庫以爲新兵之餉頭目日支伍分舵工肆分兵夫叁分置簿循環按季塡報有餘則補脩造船隻之價戎器操賞之需庶商無遺姦船無漏稅糧不煩處而兵得實用矣

壹處陸兵以實城守查得瓜洲鎭城始於嘉靖叁拾貳年倭亂該前任操江

都御史史褒善題建專設同知壹員防守因無兵捍禦即借倩本地殷實人戶免其門差叁間使出壹丁防守名曰驍勇共貳百肆拾人蓋即以豁差爲餉也又僉報斛脚行因其領行利多使出壹丁防守名曰脚兵共叁百伍拾玖人蓋即以行用爲餉也兩者壹係富厚居民壹係運貨牙行豈能以身荷戈執役乃又雇倩代當往

往失伍離次歎多操少名有實無近據脚兵陸鑑等又以有兵無餉爲告夫驍勇除其門差優游安享其益不止抵乎餉脚兵人人願充其利之所獲又不止數倍於餉乃尚不滿足以無餉涸告若不及今一處將來借口無餉勢雖強役將弁所謂驍勇脚兵之名盡廢而長江巨鎮孰與爲守比及是時始議添兵則兵數百餉即以

數千計而民稱疲困又何從征派且是兩役其雇工之家出直一也既可以此銀雇人亦可以此銀納官其受雇之人出力一也既可以此力雇於人亦可以此力雇於官合無今後凡驍勇之家免其門差叁間量其差之所費每間出銀叁錢每歲止納銀玖錢於官除其驍勇之名而改曰門稅脚兵之家准其斛脚壹行量其行之

所得每月出銀叁錢每歲納銀叁兩陸錢於官除其脚兵之名而改曰行稅蓋雇工出直乃其分願今不過以其出於私者移之公非額外加征之也況驍勇雇直有每月陸柒錢者今壹年惟玖錢每月止數分比之私雇固已大減脚兵行用之人有每月得拾餘金者今壹年僅出叁兩陸錢則分其壹月所獲尚爲有餘矧納銀既

安享其逸而得兵又自衛其家此人情所樂從事理之至當也計壹歲可得門稅銀貳百壹拾陸兩行稅銀壹千貳百玖拾貳兩肆錢兩項通共銀壹千伍百零捌兩肆錢收貯在官召募精壯勇敢之兵壹百柒拾伍名與該鎮原編民壯壹百柒拾伍名共成叁百伍拾名相兼防守不必取足原額徒擁虛數查民壯係各州縣僉編

工食歲支柒兩貳錢今所募之兵亦應照此例於前門行貳稅歲給柒兩貳錢按月造冊支給廩糧有定額兵得實用而重鎮無單弱之患南畿鞏磐石之安矣

萬曆肆年捌月　日

兵部為議處兵餉以肅江防以圖永安事該本部題職方清吏司案呈奉本部送兵科抄出提督操江兼管巡江南京都察院右僉都御史王　題前事等因奉

聖旨該部知道欽此欽遵抄出送司案呈到部看得提督操江都御史王　題稱巡歷沿江各堪防禦惟瓜洲一鎮為南北舟楫咽喉鹽盜潛滋出沒號稱重鎮顧兵多借倩人無常餉無益實用因虛心查議條為二事一議水兵謂本鎮大小戰船僅貳拾伍隻協駕腳兵百餘每以無糧曠役止得實兵貳百肆名每分叁哨顧援不及要添募兵玖拾陸名湊足三

百加造稍寬梭船拾隻相兼防守探報隨議兵餉有儀真縣河船照梁頭納稅充餉在瓜洲未議向多趨避合行一體起稅委官收貯府庫日給頭目人等有差置造循環文簿按季填報查考餘備修造船器操賞之用一議陸兵謂該鎮先因倭亂建城設官專事防守從而借倩殷實僉報牙行籍為驍勇腳兵因而免其門差行稅但出兵之家或自當或轉雇往往涸告無糧失伍廢事要將驍勇免其

門差叄間每歲納銀玖錢名曰門稅可得貳
百壹拾陸兩脚兵准其斛脚一行每歲納銀
叄兩陸錢名曰行稅可得壹千二百玖拾貳
兩肆錢歲照民壯每名給銀柒兩貳錢召募
壯勇壹百柒拾伍名與該鎮原編民壯壹百
柒拾伍名共叄百伍拾名相兼防守各一節
爲照瓜洲一鎮路當南北咽喉城處水陸要
會內而商貨充斥民居稠密外而船隻輻輳
盜賊姦宄易生所資廵緝彈壓必兵力衆多

方克有濟據稱水兵僅貳百餘名戰船僅貳
拾伍隻陸兵數止壹百柒拾伍名就中不無
役占等件此外如驍勇如脚兵又皆起倩於
民有名無實何補於事近報城中一夜連劫
二家致傷兵夫四名弊皆坐此今該操江都
御史王　於未失事之先將水陸各兵通行
查處誠爲早見其中所議水兵工食比照儀
眞稅船此則以本江之船養本江之兵以靖
江洋於情本順况船多稅少亦衆輕易舉且

使瓜儀相同船免趨避于法亦妥城兵去其
驍勇脚兵名色減數徵銀在官歲照民壯工
食以時支給是在各户比私雇之費既省在
各兵得工食之惠有常尤彼此俱利公私兩
便但水兵增不滿百又復添造拾船則兵終
歸短少似應儘其船稅加募百名共四百名
常川駕哨閘其船稅本多惟以委任非人半
歸私槖則宜嚴加查考城兵歲餉起稅門行
雖爲濟時權宜似非經常之制但彼中生理
本饒况市租之入自古有之未爲病民再有

不足即于通府丁糧内酌議亦無不可其餘
收支分數并造册置簿諸事悉已計慮停妥
合無恭候
命下備行操江都御史王　查照今議將瓜洲水
兵增募壹百玖拾陸名共肆百名駕船廵哨
陸兵增募壹百柒拾伍名共民壯三百五十
名相兼防守即於本鎮下河船比照儀眞每
梁頭一尺納銀一分鎮城殷實門房每間歲

納銀叁錢斛脚一行歲納銀叁兩陸錢俱行
府選委廉明官員徵收貯庫按月支給各兵
充餉應另議者即時查議借情貼駕水兵及
驍勇脚兵名色通行革去各兵既增又有常
餉後須常川哨守敢有仍前玩愒務要從重
究治再照儀眞守備多爲江洋設也查其責
任瓜洲鎮巡江衛總皆其統屬近聞該總專
聽江防同知管理視守備若贅疣然平居約
束不行緩急何賴比至失事不免一體查參

豈能使之心服自今增置船兵專付衛總分
哨巡邏並聽儀眞守備調度敢有執拗行令
查參江防同知務與同心共濟不得偏護悞
事相應一體申飭等因萬曆肆年拾月初叁
日太子少保兵部尚書譚　等具題初伍日
奉
聖旨是欽此欽遵擬合就行爲此合咨前去煩照
本部題奉
欽依内事理欽遵仍轉行江防等官一體遵照施

行須至咨者
萬曆肆年拾月　日
提督操江兼管巡江南京都察院右僉都御
史王　謹
題爲夥盜越城劫財傷兵參究失事官員事萬曆
肆年玖月初陸日據揚州府江都縣各申據
瓜洲驍勇脚兵王暘等呈本年八月二十六
日夜二更時分驀有大夥強盜大約百十人
在於城南曠野去處搭起軟梯越城奔入西

門身等驚覺隨與抵敵賊衆兵寡當被殺傷
陸銓周仁等一十三名有朱朝王橋脫命喊
驚本方保正副地方更夫救應奔報各衙門
各盜敵劫當鋪去訖又准巡江衛總指揮姜
宗舜牒據本府委官巡捕照磨陳以科呈各
開稱強盜約有五十餘人打劫當[illegible][illegible]訓章
元當廣王家財物首飾截傷驍勇脚兵陸銓
等賊因追捕緊急越城逃遁丟下鐵頭竹標
五根幷繩木梯二張見在又據瓜洲江防同

知嚴從簡呈稱八月二十六日夜二更時分
約有強盜五十餘人越城打刼當鋪胡訓等
家戳傷兵勇陸銓等一十三人又據淮揚海
防兵備副使程學博呈據揚州府縣等官報
稱瓜洲失盜本道即委揚州府同知張民範
親詣本鎮查審得巡江指揮姜宗舜巡捕照
磨陳以科巡檢閻京并兵快總甲團保長陳
佃等失主胡訓等各執稱八月二十六日夜
二更時分有強盜二十餘人各執器械前到

西門外墻下用布纏紮榔木梯搭脚越城進
入打刼胡訓家衣服首飾六十餘件銀九十
餘兩銅錢三千文章元家衣服首飾三十二
件銀十四兩銅錢四千文章廣家衣服首飾
二十五件銀十六兩二錢銅錢一千三百文
馬尾帽一頂兵勇陸銓等黑夜慌張與賊對
敵致被將銓等戳傷追捕不獲以致各賊逃
遁去訖及查該鎮駐劄同知嚴從簡先於本
年八月十三日蒙巡鹽王御史差委查盤泰

州等處至今未回除將失事員役另行究報
外等因到臣該臣看得前項賊情據各官申
報或百人或伍拾人或貳拾餘人多寡不壹
遽難憑信必俟查勘的數然後具
聞而公移往返動經旬月則欺隱遷延之罪且在
臣矣以臣觀之瓜洲巨鎮也使賊貳拾餘人
即敢梯城而入輪掠肆行無所忌憚是必禁
防疎闊久爲賊盜窺覘尤非失事之大者乎
所據失事各官如巡江衛總指揮僉事姜宗

舜瓜洲巡捕照磨陳以科瓜洲鎮巡檢閻京
該臣遵奉
勅諭得徑行提問并各兵勇保長地方人役通行
究罪仍各勒限緝捕逸盜外其兵備副使程
學博雖經理河工日不暇給然地方其專責
也儀真守備孫熠雖駐劄窵遠夜不及聞然
防禦其本職也其責皆不可辭至於同知嚴
從簡乃以奉委查盤爲解尤屬欺誑查該前
任撫江都御史何　因蕪湖之變題奉

欽依各江防同知壹意經理兵務不許別項差委
該臣到任以後復通行申飭即本官前欲以
齎捧行又因臣切責而止令御史差委雖坐
不知使本官以前項
欽依爲辭以專城不敢擅離爲請誰其強之縱不
可辭亦當具申到臣另差代管尚可諉責乃
公然遠出漫不經理以致賊得投虛踰城深
入罪將誰諉相應併行參究參照淮揚海防
兵備副使程學博叨詰戎之鉅任乏禦侮之

訏謨雖平時經理未敢因循而壹旦踈虞豈
能逃罪儀真守備孫熠膺師中之重寄非閫
外之長才雖暮夜有戎難於策應而平時無
備罪亦奚辭此二臣者所當酌行罰治者也
揚州府瓜洲駐劄江防同知嚴從簡故違
欽依擅離信地往圖齎捧既欲規避於先今藉查
盤竟致失事於後且踈慵之性褻策不前而
捍禦之謀將何所賴此一臣者所當重加究
治者也伏乞

敕下該部再加詳議將程學博重加罰治孫熠量
加罰治嚴從簡重加究治惟復
姑令各官照例戴罪嚴限緝捕如過限不獲咨
臣查據前賊的數另行具
奏照格重處臣復惟江洋統領雖在武臣而查
核兼制實惟文職故文職江防之任本爲艱
劇凡身是任者屢以他務求解自臣到任以
來有欲以齎捧求去者有欲以朝
覲求去者有欲署印務以希暫脫者有欲委查盤

以[redacted]爲剡者因臣切責往往中止及不遂所
請輒又交怨甚至言激撫按謫臣占悋其爲
怠肆極矣況江防同知止六七員撫按官所
轄郡倅而下寔多其人其中豈無賢能可備
差委必欲借臣之江防官數員乎然此未必
撫按官本意而實各官營求以自便也若不
及今申理則江防重務一一盡付之武官凡
兵哨之精常器械之完毀月糧之支放船隻
之堅脆將官之勤惰失事之有無臣皆不及

聞知而江防諸務廢墜無日矣伏乞
皇上憐臣肩荷鉅重非一耳目手足所能營幹再
勑該部移咨都察院行令各撫按不得再委江防
官俾臣得專督之以理兵務如有各官仍前
營求差委者容臣不時糸
奏庶職業以專理而精人心因有警而惕黃池
小醜亦將無自而作矣緣係夥盜越城劫財
傷兵糸究失事官員事理爲此具本專差承
差　賫捧謹題請

旨
萬曆四年九月　　日
兵部爲夥盜越城劫財傷兵糸究失事官員
事該本部題職方清吏司案呈奉本部送准
吏部咨該本部題考功清吏司案呈奉本部
送吏部抄出提督操江兼管巡江南京都察
院右僉都御史王　題前事等因又該巡按
直隸監察御史陳堂題爲強盜劫財傷人查
糸失事官員以警地方事等因俱奉

聖旨該部知道欽此欽遵通抄送司案呈到部看
得守備等官孫熷等係隷兵部掌行合咨前
去煩爲查照施行等因到部又准總督漕運
兼提督軍務巡撫鳳陽等處地方兵部左侍
郎吴　揭爲官兵怠守致賊潛劫鎮民查糸
失事官員以儆地方事等因到部通送到司
案呈到部看得吏部咨稱提督操江都御史
王　巡按直隸御史陳堂題巡撫鳳陽侍郎
吴　揭各糸瓜洲被盜失事各官除兵備副
使程學博江防同知嚴從簡已經吏部分別

議擬覆奉
前旨無容再議所據儀眞守備孫熷在巡江欲罰
治操江欲量加罰治巡江指揮姜宗舜同巡
捕府照磨陳以科該鎮巡檢閻京在巡江與
巡撫俱欲行提問罪在操江則稱已經提問
勒限捕盜各一節爲照瓜洲鎮城商民財貨
充斥盜賊奸宄易生先該操江都御史王
念及彼中兵刃短少借倩者着伍不常條議

水陸兵餉二事未幾輙有此變似由兵力不足使然及查該鎮驍勇斛脚各兵與額編民壯爲數亦多且夜盜又非劇冦可比使巡捕各官平日稍肯振刷各賊豈敢越城行劫即劫亦豈能連犯三家及拒敵官兵從容縋城而去似茲玩愒廢事罪責何辭但孫熷駐劄儀真且原議責任瓜洲鎮城聽同知專管本官不得干與尚可言也若姜宗舜等同居本城親提軍兵責專捕盜不知何所事事良可

痛恨既該巡撫操江巡江等官分別題揭叅論前來相應依擬合候

命下將守備孫熷量加罰治指揮姜宗舜照磨陳以科巡檢閻京革去管事咨行操江都御史通提到官從重問擬如律仍責同孫熷上緊緝捕限三箇月内拿獲真正賊賊盡絕具奏定奪册照前賊數目在江都縣申據各兵王晹等呈則稱大夥強盜約百十人在兵備副使據委官張民範查報則稱有強盜二十餘人兵言多者將以掩其捍禦不敵之罪官言少者抑以遮其生發數多之罪尤須查實的數照依捕盜條格究問施行等因萬曆四年十月初八日太子少保兵部尚書譚　等具

題初十日奉

聖旨是孫熷着罰俸三箇月姜宗舜等撫江衙門提問具奏欽此欽遵擬合就行爲此合咨前去煩照本部題奉

欽依内事理欽遵查照施行須至咨者

萬曆四年十月　日

提督操江兼管巡江南京都察院右僉都御史臣王　謹

題爲歲終類報江洋盜賊叙録文武職官以飭江防事卷查先准兵部咨爲江防久廢夥盜公行乞

勑當事重臣悉心經理以杜後虞以安地方事該前任操江都御史何　題該本部覆議每年將濱江府衛守備把總各府江防各衛巡江

等官如一年之内江上全無失事及能擒捕
眞正盜賊船贓者列名奏薦以備擢用其次
量行嘉奬若闒茸不職及該管地方屢次失
事者重則論劾能斥輕則以軍法責治又准
兵部咨開地方盜賊遠者一季一報近者一
月一報歲終類報等因各題奉
欽依備咨在卷除春夏秋三季已經將鎮江烈山
瓜洲等處被盜事情各具本參報見今奉
旨提問外今該臣督巡江上一年已終節經牌行

各兵備等官將萬曆四年分濵江各官功過
查勘并報去後隨據徽寧兵備副使馮叔吉
呈太平府江防同知龍宗武捉獲強犯仇元
穆徐鎧等三十九名仇元穆等三名并獲花
龍光素王帶大紅龍紗衣物等件係打劫江
西
建昌王府大盜池州府江防同知俞大有捉獲
強犯劉香陳繼兒等三十二名內劉香等三
名係先年無爲州越獄大盜安慶守備袁日

章捉獲強犯熊祥謝黨一等十一名內熊祥
劉二等四名并元寶貳錠係打劫河西務運
糧指揮劉巨安官銀劉相等三名係打劫運
司鹽商等大盜荻港把總魏春芳捉獲強犯
馬二李鸞等八名係江洋歇案大盜各官並
無失事江西布政司參議帶管九江兵備道
王世懋呈九江府江防同知宋純仁捉獲強
犯曹金六謝秋芳等三十二名贓銀四百八
十餘兩係洞庭湖累年出没江洋白晝劫殺

官民大盜又獲范友興等私鹽一萬七千一
百六十餘包並無失事蘇松兵備參政王叔
杲呈鎮江府海防同知杜其驕捉獲強犯周
潤三馬良才等三十五名圖山把總朱先捉
獲賊犯鹽徒汪三陳松等十名大雲山坊失
事一次淮揚海防兵備副使程學博呈儀眞
守備孫熷捉獲強犯高成方淮等二十名馬
港瓜洲等處失事二次三口會口把總蔣慶
無獲盜功亦無失事穎州兵備僉事朱東光

呈廬州府江防同知孫化龍捉獲強犯葉元
興王國才等十二名並無失事應天府江防
治中黃喬棟呈遊兵把總濮朝宗捉獲強犯
李佑楊欽等八名遊巡把總李棟捉獲強犯
馬祥楊朝等五名烈山新洲等處失事二次
各陸續呈報到院該臣覆加查覈俱已明實
無異除治中黃喬棟把總濮朝宗李棟守備
孫熷雖各勤勞江上殆無虛日然既有失事
二次於例不得槩舉及與和州江防同知李

冊等量行奬勵哨總指揮陳所捷巡哨千戶
吳從周等分別賞罰外照得同知龍宗武宋
純仁俞大有守備袁日章既多捕獲之功又
無萑苻之警巡緝有方勤勞獨著功應首論
者也同知孫化龍把總魏春芳捕獲雖不多
及把總蔣慶全無捕獲然江上經年鮮失禦
防無日少踈功應同論者也同知杜其驕把
總朱化鯉曾失事一次盜不旋踵就擒且朱
先當履任之初而其驕多擒獲之績似難以

一眚遽掩其功亦應併論者也及查各官歷
俸尚淺相應久任內同知杜其驕履任將及
四載守備袁日章推陪已經二次計其勞資
陞轉及時但各江上方憚其威而代者恐難
爲繼伏乞
皇上勅下該部將同知龍宗武等紀錄擢用同知
杜其驕守備袁日章久任超遷庶職業以專
理而日精士氣因感發而益振矣然臣復有
說焉捍禦折衝者雖江防將領之功指麾經

略者實兵備憲臣之力古人用兵論定功次
必推發縱指示凡以重所先耳今江以上若
非徽寧兵備馮叔吉九江兵備魏體明江以
下若非蘇松兵備王叔杲則雖以臣一人宣
勞殫盡安能走集諸臣使之同心戮力令江
海之間終歲晏然無剽奪之警哉且江上或
有小警臣所論劾必先該道及今年終論敘
乃獨從焉豈爲示激勸而重責成也臣今即
欲有舉覈前所題

請原未之及而臣不敢輕冒市恩之嫌伏乞
皇上再勑該部酌議以後年終類報容臣將兵備
等官功罪併論通叙用彰勸懲庶上下協同
經理益密而長江千里將無遺鏃之警焉地
方幸甚臣愚不勝幸甚緣係歲終類報江洋
盜賊叙録文武職官以飭江防事理未敢擅
便爲此具本專差承差　齎捧謹題請
旨
萬曆伍年正月　日

兵部爲歲終類報江洋盜賊叙録文武職官
以飭江防事該本部題職方清吏司案呈奉
本部送兵科抄出提督操江兼管巡江南京
都察院右僉都御史王　題前事等因奉
聖旨該部知道欽此欽遵抄出送司卷查原行事
理相同案呈到部看得提督操江都御史王
　題稱查勘萬曆四年分濱江獲功失事各
官除應天府江防治中黄喬棟遊兵把總濮
朝宗遊巡把總李棟儀眞守備孫熷雖各江
上勤勞然經失事二次於例不得槩舉及與
和州江防同知李冊等量行奬勵哨總指揮
陳所捷巡哨千戶吳從周等分別賞罰外太
平府江防同知龍宗武九江府江防同知宋
純仁池州府江防同知俞大有安慶守備袁
日章巡緝有方勤勞獨著功應首論廬州府
江防同知孫化龍荻港把總魏春芳捕獲不
多三江口把總蔣慶全無捕獲但經年防禦
並無疎虞功應同論鎮江府海防同知杜其

驕圌山把總朱先雖經失事一次盜不旋踵
就擒亦應併論乞要將龍宗武等紀録擢用
杜其驕袁日章久任超遷及稱捍禦折衝雖
賴將領之力指麾經略實多兵備之功以後
年終類報將兵備等官併論通叙各一節查
得袁日章已經本部推陞湖廣行都司僉書
無容再議外爲照長江一帶上下數千餘里
盜賊出没剽掠日聞且天限南北素稱要區
以故先年設立江防各官專爲彈壓奸宄職

任既專責成甚重但承平日久武備浸馳長
江白日夥盜公行先該操江都御史何　係
陳備禦欲嚴課功罪以昭懲勸誠爲有見已
經本部覆奉
欽依遵行去後至於兵備憲臣原有督理專責有
事則一體議罰寧謐則不得預薦誠失公平
今當歲終該提督操江都御史王　將文武
効勞獲功各官查覈分别及欲將兵備等官
以後併叙具題前來相應通行依擬合候

命下將龍宗武宋純仁俞大有孫化龍移咨吏部
紀録擢用杜其驕久任超遷魏春芳蔣慶朱
先本部附簿酌量推用仍咨提督操江都御
史王　以後年終類報將兵備各官一體叙
論通行激勸等因萬曆五年二月十八日太
子少保兵部尚書譚　等具題二十日奉
聖旨是欽此欽遵擬合就行爲此合咨前去煩照
本部題奉
欽依内事理欽遵施行須至咨者

萬曆五年二月　　日
提督操江兼管巡江南京都察院右僉都御
史臣王　謹
題爲捉獲江洋大夥強盜并陳末議以肅官守
以飭江防事萬曆五年二月十六日據南京
東城兵馬劉幣申報捉獲強犯呂得茂等云
云具招連人呈觧到臣該臣覆加研審無異
除將強犯呂得茂等發應天府牢固監候會
審轉詳照例處決詹文廣等各先行發遣發

配發落前項賍物除各犯花費者免追見在
者責令各失主認領其餘無主識認及上盜
器械俱應入官貯庫變價作正支銷未獲吴
章等嚴行各該官司緝拿外卷查先准兵部
咨開地方盜賊遠者一季一報近者一月一
報歲終類報等因已經遵照按季奏報外今
據前因看得各盜糾結徒黨根株蔓引不止
百人剽刧横行無分水陸且意指血脉所在
流通呼召集合隨處輙應間有父子兄弟相

繼爲盜幾二十年有司憚其梟猂又復有所
憑恃知而莫敢問捕眞劇盜也擄稱潛集都
城番涎
内帑雖其謀未必能行若非天奪其魄使之就
縛該城其爲地方大害勢所必至兵馬劉欒
任甫數月即能用心譏察獲此巨盜并刼内
使陳洪等盜皆其所擒其功誠有足多者臣
聞各處盜賊既刼掠於江洋必鮮跡於都城
緣都城廣大能容姦宄而商賈當鋪攸聚即

所禦得[redacted]賣亦易變賣以故恃爲逋藪往往
非五城兵畨等役無能察捕查各兵馬固有
廉能奉職而要重賄以脫巨盜假詰捕以繁
詞訟嗾誣指以脅平民縱兵畨以肆騷擾不
敢謂其無人近奉
旨兵馬官貪縱害人巡城御史不許槩批問報縱
開騙局誠如
聖明所獨照者然而問理詞訟固可以遂貪求詰
捕盜賊尤可以恣騙局況問理之所入有限

縱盜之所得不貲今欲使之勤於捕察而又
莫敢爲貪其道非嚴舉刺不可查先年有巡
城御史年終舉劾後復寢罷止令差滿造送
考語凡以爲京官也而有陞年考覈之典不
可數煩舉劾耳夫六年考覈固足示懲如其
果有擒獲大功可使之泯没無聞而貪污不
撿之尤者乃得容留六年之久乎看云考語
則又不過據爲推陞之優劣所以暴其功辠
其罪以示激勸而昭重懲則未也伏乞

皇上勑下該部再加酌議如果臣言不謬將兵馬
劉欒先行紀録以勵各官以後五城兵馬有
能擒獲江洋大盜并有縱放恣騙等情許職
不時論薦其有無獲盜功蹟及尋常守職者
仍聽巡城御史差滿備造考語封送部院查
考庶人心有儆詰察惟嚴而重地禦防之術
益加密矣緣係捉獲江洋大夥強盜并陳末
議以肅官守以飭江防事理爲此具本專差
承差　齋捧謹題請

旨
萬曆五年四月　日
吏部爲捉獲江洋大夥强盜并陳末議以肅
官守以飭江防事該本部等部會題吏科抄
出提督操江兼管巡江南京都察院右僉都
御史王　題前事奉
聖旨吏兵二部知道欽此欽遵抄出到部臣等會
同少保兼太子太保兵部尚書王　等看得
提督操江兼管巡江南京都察院右僉都御

史王　題稱南京東城兵馬劉縈任甫數月
即能捉獲巨盜乞要紀録及陳以後兵馬有
能擒獲江洋大盜并有縱放恣騙等情許不
時論薦各一節爲照
留都根本重地去
輦轂渺遠邇來江洋諸盜竊伏都城南中隱憂真
不在門庭而在腹心矣折萌防漸全繫司捕
之官乃今兵馬劉縈數月之間屢獲巨盜其
功委應紀録但各城官忠邪互異未必皆如

劉縈人情不賞不勸不罰不懲若京官之考
覈既疎巡城之論劾尋罷果何以勵官守而
靖禍本也哉既該操江都御史併陳前來誠
於法紀有裨相應依擬合候
命下移咨南京都察院以後五城兵馬除尋常守
官無大功過者照舊聽巡城御史差滿之日
備造考語封送部院此外操江衙門番覈各
官凡於大夥剿盜果能悉計擒獲功次顯異
者不時薦舉以俟優叙果有受財賣放贓罪

顯著者不時論劾以憑處治亦不許因而假
捕生騙誣指害人有一於斯悉寘以法以戒
多事如此庶勸懲舉而各城之防禦益嚴法
紀張而
國家之根本益固矣等因萬曆五年四月二十
三日太子少保吏部尚書張　等會題本月
二十五日奉
聖旨是劉縈准紀録叙用欽此欽遵擬合就行爲
此合咨

貴職煩爲查照本部會題奉
欽依内事理欽遵施行須至咨者
萬曆五年四月　　日
兵部爲捉獲江洋大夥強盗并陳末議以肅
官守以飭江防事該本部題職方清吏司案
呈奉本部送吏科抄出提督操江兼管巡江
南京都察院右僉都御史王　題前事等因
奉
聖旨吏兵二部知道欽此欽遵抄出送司查得既

議一段欲將兵馬劉繁紀録并擬南京各城
兵馬以後但有能擒獲江洋大盗或縱放恣
肆等情聽其不時論薦已經吏部會題有行
惟見獲江洋大盗數多例當决不待時及一
應問遣窩家嚴緝未獲夥盗事宜係本部專
責未經併覆奉
旨處分彼中有碍遵行相應申議覆　請等因案
呈到部臣等伏念南京爲
祖宗根本重地襟帶長江天塹上下數千里西連
楚蜀東通吳越舟楫輻輳商旅雲集皆以京
都爲依歸
祖宗建置水兵練習水戰以備江洋奸宄以奠
陵寢宫衛特設都御史專　勑操巡責任隆重
承平日久江防漸弛鹽徒巨盗水陸縱横或
依憑城社潜住京城有司莫敢究詰或窩家
捕兵私相納結官府未能覺察養成大盗貽
害軍民弊也久矣若非憲臣矢志經畧多方
振飭鮮克緝弭兹據招稱強賊吕得茂等糾

集黨與一百餘名剽掠横行二十餘載隨所
在而響應取人財如探囊且假官舍假儒士
假承差踪跡詭秘劫市店劫官莊劫都鎮勢
焰兇殘初尚謀劫内犯之貲財繼則圖盗
宫府之帑藏猶幸黨與四散未遂狂謀萬一嘯
聚成群便成大患幸頼提督操江都御史王
夙負壯猷力振兵紀恭自
簡畀莅任之日即以除盗安民爲心向緣舟淤失
事既嚴應援之條繼見瓜鎮空虚更陳兵餉

之議江防分别功罪人心咸有勸懲歲報議
叙兵廵幾權頭加振刷以故司捕人役内外
罔不效勞遂使稔惡賊徒一旦率多授首震
慴奸盜之積黨坐消□留都之隱憂遠近士
民咸勝慶幸見獲強犯吕得茂周國真周道
真羅大任周林真羅林程尚儒程尚傅葉岩
鐸閔文彬吴愷汪孟林汪明野羅克礽當即
取具招詳會官覆審無枉及時明正典刑大
昭警戒窩家詹文廣黄忠汪龍岡葉林佩吕

法兒方雙泉亦當早行遞遣永戍奸萌求獲
餘賊吴章吴一茂羅斗南吴林塘吴潤王前
溪江闊吴皮匠孫一渠陳友松洪寵汪孟項
自林鄭金孫吕松洲陳華山程少林鮑茂忠
羅一松孫福清項汝和路景山陳仁爵吴方
丘汪子文方卯余愚谷尹二周士真張道人
華柳溪火雷川李朋山蔣碧橋張東山張碧
峯劉後泉沈海濱殷二殷三吴大楊鬍子張
二胡少松余德汪雙槐王三鄭三許一愚余

古愚陳大陳二吕奇峯大朱小朱王細當汪
三臭吴虎吴細松徐陸水潘朴陳節戴省愚
陳雲岡及未知名二十餘人實繁有徒速宜
嚴行緝拿盡絶無遺禍本既經該司具呈前
來相應酌議合候
命下本部移咨都御史王　即將見監強犯吕得
茂等行府即便通詳廵按衙門會審明白查
照近例轉詳候示處决但各犯贓證的確例
當决不待時餘黨尚衆恐文移往返逾時致

有他虞合無免其轉詳聽即會官處决内吕
得茂周國真羅大任仍梟示行劫地方用示
懲戒未獲吴章等嚴行各該官司上緊設法
盡數緝拿務獲真正贓賊正法毋枉毋縱招
内逸賊數多有難立限考成但有陸續擒獲
每遇季報歲報必要明白開註其克發窩家
各犯作速督遣仍將定過衛分取獲批收咨
部備查及照兵馬劉榮獲賊有功已經紀録
憲臣王　提督忠猷可容終泯仍聽再有成

續併功優敘伏候
聖裁等因萬曆五年六月二十三日少保兼太子
太保兵部尚書王　等具題二十五日奉
聖旨這江洋大盜聚徒行劫稔惡多年王篆能整
飭戎偹擒獲巨魁足消未萌之禍候冑有功併
叙呂得茂等着即便會官審無枉照近例於
江關臨口處决不論曾否殺傷人盡行梟示未
獲的上緊緝拿務期盡絕以靖地方其餘依擬
欽此欽遵擬合就行為此合咨前去煩照本部

題奉
欽依內事理欽遵施行
萬曆五年六月　　日
提督操江兼管巡江南京都察院右僉都御
史臣王　為竭愚忠飭武備以固江防以衛
重地事臣猥以庸劣承乏任使濫竽江防重
寄兩年以來奔走勵勸凡捕巡諸務寔殫竭
耳目心思之用亦粗有章程可為禦防之具
矣但一二操備事理甚切江營大計者以承
平日久桴鼓不驚諸當事視為不急徒以敗
舫疲卒充具故事因循沿襲幾垂百年雖臣
極力莫可卒復且臣所得為者臣固不敢他
諉乃有其責雖在於臣而非臣所獨專其事
雖切於臣而非臣所得為者臣將柰何臣若
及今不言一旦倉卒諸所禦防無一堪應
主上神聖將根究諸從事而臣于役為時頗久當
蒙首罰猶之治病然雖投劑並進至日沉痼
將咎所謂治獨深者彼臣安所辭責而為能

已於言哉然臣非敢漫為勦說也臣日有事
江上因事稽綜隨人諮訪得於營務有裨急
當議行者其大端有肆焉敢輒條具如左如
蒙
皇上軫念根本重地
勑下兵工二部重加看詳酌議題覆咨行南京該
衙門速見行之則江營復振而臣亦少逭瘝
曠之憂矣緣係竭愚忠飭武備以固江防以
衛重地事理為此具本專差　　謹題請

旨

計開

一核軍實以充營伍查得新江口營設於永樂初年合南京五十二衛所挑選官軍一萬五千八百有奇天順等年復添調鎮江新安建陽三衛官軍一千二百有奇通共一萬七千有奇在營操備可謂盛矣自臣蒞其軍按尺籍而覈之除添調三衛官軍取出

江遊巡外實在營止得五千六百餘人又半疲老病弱不勝驚懼因而訪之江營官軍差役繁苦數倍諸營以故強者營改別差弱者逃移他境巧猾者投充影射而各當事又復役占不常行伍空虛職此故也比臣即欲具

聞查前任操江都御史何　已曾有言臣但移咨

南京兵部該尚書劉　將影射役占等項嚴行清勾日頗還復然比之原數相去竟遠臣復移咨該部調取節年各衛所户口底册行委應天府通判浦朝柱協同該營把總洪恩李棟黄沖霄清查去後據各官呈稱查得改差指揮等官張軏等二百五十七員軍餘殷狗兒等二百九十五名逃故指揮等官陳英等三百二十二員軍餘張見等八千三百九十一名取

回衛千户等官劉燠等四百五十員退回衛百户等官吴松等三十二員軍餘王狗兒等四百六十八名為事在外百户等官文相等五十七員軍餘吳清等八十六名有丁未行替補千户等官余蚕等八十一員軍人王臣等四百六十七名以上共一萬九百餘員名見存五千六百二十二員名夫以全盛之軍僅存若此又半疲

羸則謂江營無復有兵可也故軍之
逃亡臣不之恨惟有力而強者改避
別差爲可恨軍之改避臣不深恨惟
世祿而官者亦復改避爲可深恨改
避目前已可深恨更有通同書識悉
去其籍以爲子孫他日地將令江營
終不可跡則尤可深恨也查得正德
玖年操江都御史張津南京吏科給
事中潘棠等具題覆奉

欽依以後操江官軍敢有營求別差希圖避重就
輕者許點軍科道叅奏問罪不分官
軍俱調發極邊烟瘴衛分官員帶俸
軍人守哨其例可謂嚴且重也數拾
年來法久廢弛人多玩愒上下沿以
爲常無復知有前例固不可得而盡
罪之矣若不及今早爲查處則官軍
日見消耗營伍益就空虛大江重鎮
所恃禦防者安在乎伏乞

勅下兵部移咨南京兵部將原額官軍盡數查明
定註冊籍該部及臣衙門各留一冊
以便填補稽查先將改差者追還逃
故者勾補取回者查復退回者更換
爲事者青提有丁者查替每年終以
所清勾還補官軍員名數目咨開到
臣叅對查考惟改避別差未盡還復
及有知而再犯者不分官軍容臣指
名具奏盡照前例重處仍復著爲定

例以後再有營改別差及隱占等弊
許點軍科道及臣衙門不時叅奏通
照律例重處弁驗差容留等官一體
叅論黜罰廢規避者歛跡逃移者復
還營伍益充而禦防有賴矣伏乞
聖裁

一省繁差以恤軍勞夫江營軍士消耗
過多固以差役之繁勞也而臣謂其
勞獨過於諸營者何以見之查該營

水陸正操之外又兼別項差遣有曰三江暗伏有曰總府夜巡有曰巡視營船有曰巡視中街大勝關有把守提舉司有看船至於役占追呼擺列護送徒步吹手識字軍牢火藥匠等差又不可以時限而數計彼內外諸營曾有一於是乎其勞如是已自不堪況又軍少而差繁粮輕而役重雖欲不逃亡不改避不可得已臣所陳

於前欲將逃亡者勾稽改避者追究法也然欲其相安于役非可徒繩之法必體悉其情可也欲以體悉其情非能盡革其差惟去其冗甚可也凡諸差冗當議裁者臣已得徑行外至暗伏一差臣閱江營諸軍最告勞者莫過於此江營諸差最稱冗者亦莫過於此以所最勞又爲最冗久而不議裁者非諸當事見不及此以爲舊

例也當變禮而存之羊也臣謂爲此說者外也臣訪暗伏所由立比因長江廣闊堠戍蕭然不得已而借用以示之威今既有遊兵官兵一千四百餘名遊巡官軍一千二百餘名艨艟戈戟棋布星羅禦防之術固已周矣何所資於暗伏況暗伏所守之地即遊兵所守之地遊兵所守之地又遊巡所守之地識者謂既有遊兵即遊

巡且當議革又何有於暗伏乎是暗伏之當裁也明且決矣伏乞

勅下該部將暗伏官軍撤減回營專工操練即以原守信地責之兵巡二營則暗伏之軍雖撤暗伏之地有兵不惟在營諸軍勞困少甦而逃亡改避者聞風思復矣尚何軍實有不充兵威有不振也哉伏乞

聖裁

一揀勁卒以充選鋒臣聞攻堅敵銳必有勁卒當先而法亦曰兵無選鋒者北此選鋒爲兵家要務也江營重鎮所存額軍止五千餘名即人人可當選鋒亦不謂多又奚容有所選擇但此五千餘名實多老弱不堪者無分於老弱而羣之操練但可飾觀必有取於驍雄而資之克敵不容無擇臣欲於諸軍班中搜揀膂力方剛占通

一技者共足一千名分爲兩班列爲十隊以把總二員董其部伍管隊官十員隊長四十名分頭率領無間寒暑不煩別差專工操演水陸戰陣臣復以時校閱而賞罰之名曰江營選鋒其不入選者照常舊營操練選鋒有偷惰退入舊營舊營有勇健進入選鋒例得不時進退以貽激勸而亦不限千名以倡勇敢將使貔虎雲屯

稱選鋒者得二千人焉斯爲雄鎮也然選鋒立矣苟不量加廩餼則此貧軍何能自足不給予衣甲器械則此貧軍何能自具是雖設猶不設也今以衣甲計則勇巾罩甲戰裙腰帶紅帽角標金鼓旗物等用銀二百七十兩七錢以器械計則強弓勁弩長戟短刀鳥銃籐牌等用銀一百六十八兩七錢以口粮計每軍月給柴菜銀

二錢把總管隊官隊長而下加給有差每歲用銀二千五百八十兩以上三項通共三千二十餘兩欲乞之帑藏則司計者稱詘欲取之閭閻則司牧者告匱以是當事屢議中止及臣兩年亦復持議未決也今該臣查處將造衣甲器械者搜括各郡原屬臣衙門無礙官銀如太倉州兮兵銀一百八十五兩常州府歇班銀十一兩

太平府墩夫民壯銀肆十七兩江陰縣造閘銀二十七兩武進縣由帖銀五十六兩無錫縣歇班戰船銀二十八兩六合縣鮮剩蕭縣民壯銀二十三兩各有零通共三百七十七兩堪以動支其不足數得於事故兵糧湊處緣衣甲器械止是造給一番後有朽頓屬各軍士自辦故令得委曲措處至於口糧則逐年支給而兵之選

也又日加增是不可不為經常久遠之計也該臣熟思審處將遊兵營一切虛冗冒濫如樂船兵勇中軍哨總識字家丁等項酌量簡汰每歲得銀二千八百八十七兩以抵選鋒口糧之用尚餘三百兩即由是而選鋒之兵日有加府庫之餉或不足如臣去歲所奏設瓜洲梁頭稅銀每歲正支外尚餘千兩亦可取給自無憂於朽

腹荷戈也夫此選鋒一立無論緩急可備遣發即居常無事而旗鼓日振於江營亦可坐銷未萌永為江南之保障矣伏乞

聖裁

一議戰艦以圖實効夫江營原備水戰水戰必資舟楫查得該營自永樂初年額設戰船肆百一隻嘉靖十二年操江都御史潘珍奏減二百一隻嘉

靖三十四年南京兵部尚書張時徹奏復一百隻嘉靖三十六年操江都御史高捷奏將樓船改造沙船一百一隻隆慶二年操江都御史吳時來奏變價一百五隻漂失二隻實在二百九十四隻夫以四百一隻減而不滿三百宜皆堅利可備攻戰之用也臣每閱操查各戰艦俱損敗不堪以處承平操演水陣尚可飾觀一旦緩

急有一堪用者乎以求其故造船者南京工部提舉司守船者新江口營軍士也以問之該司則曰修造未嘗不善也其看守非人以致損壞且有槓椇不存徒繫虛舟者於修造何與乎以責之軍士則曰看守未嘗不力也其修造不法以致易壞且有方駕出江遞稱滲漏者於看守何與乎各執其說互相推諉以臣自責惟是看

守非人乃其實有不盡然者臣安敢坐視以俟日趨於敝壞也乎爲今之計合無以後有應修應造戰船該營具呈到臣查驗得實移咨南京工部委司屬一員臣委江防官或府佐一員公同會勘從實估報該用料價若干如數咨解到臣臣遴委能幹文職官一員協同武職官一員買料督修勒工完報臣復以出江月日回咨該

部以備後來修造查考或未及期限無故而壞則看守之罪也臣當查責修理或中流遇風間有損壞則又不得拘以年例致將舊料泡爛即當查勘及時修理其督修官員連委輒効者容臣年終分別奬薦如此則修造看守皆出於一事有專責無容推諉矣斯議也先該豐潤伯曹文炳操江都御史吳時來皆有言該部以係隷

職掌未即題覆以臣愚見人臣之義苟有濟於公家當無分於彼此況實所以相濟曾未至於相侵如臣所處委勘估驗支給查覈盡出該部而但以竹頭木屑之事屬之於臣於職掌原無侵損也此修造之議也至於船數去留臣亦有可得而議者臣聞物之可備而待用者雖多費不爲過不可備而待用者則徒費爲可惜茲江

營戰艦以立法初意而言謂無事則用之操演有事則資之攻戰惟有備斯可無患惟多備斯可足用如之何可無備而議減也然以物理論常用者易壞時久者必敝即使修造看守皆得其法而摧剥於風雨撞擊於波濤皆所不免能使修造於今日者可待用十年之後乎以不可待用之物而徒損不貲以備之又費衆力以守

之臣未敢以爲善策也據該部咨開造者十年一次每隻費一百餘兩修者五年一次每隻費五十餘兩計每歲修造不止六十餘隻約費工料四千餘兩以此二百九十四隻通計十年修造當費四萬餘兩而此四萬餘兩半置空歇無用之地不濫費而可惜乎該臣熟思審處計今所用遊巡哨守該四十隻選鋒及舊營操練該

五十六隻又或修造更替不時多備六十四隻共一百六十隻有餘矣此外一百三十四隻皆冗設也宜退還該部變價以後即行停造計十年內可省銀二萬餘兩引而上之其積愈久則其數愈多脱遇有事用船即以二萬金造船二百隻鳩工飭材不日告成又皆堅利可用何必虚糜重費備此不堪用者爲哉況如前所去以

一百六十者屬臣衙門修造或皆堅利即可實用嘗無事乎再造亦未可知矣以上兩者一則可以裨實用一則可以省虚費臣竊以爲善策而可經久也伏乞

聖裁

萬曆五年閏八月　日

兵部爲竭愚忠飭武備以固江防以衛重地事該本部題職方清吏司案呈奉本部送兵

科抄出提督操江兼管巡江南京都察院右
僉都御史王　題前事等因奉
聖旨兵工二部知道欽此欽遵抄出送司案呈到
部看得提督操江都御史王　具題前因率
稱江防諸務粗有章程惟操備事理向敝於
因循之久茲得於咨訪之勤乃條為四事除
議戰艦以圖實效係隸工部掌行徑自議覆
外所有核軍實以充營伍省繁差以恤軍勞
揀勁卒以充選鋒三事臣等逐一參詳考據

沿革既詳處置調停有畧庶可振起江營以
復舊制以備緩急合就開立前件議擬上請
定奪等因萬曆五年九月二十六日少保兼太子
太保兵部尚書王　等具題二十八日奉
聖旨依議行欽此欽遵擬合就行為此合咨前去
煩照本部題奉
欽依內事理欽遵查照施行須至咨者
計開
一核軍實以充營伍前件據稱浙江口

營官軍額設併添調共一萬七千有
奇向懼差繁多所改避等弊隨查改
差逃故取回退回為事及有丁未行
替補各項官軍共一萬九千餘員名
見存止五千六百二十二員名又半
疲羸因歷指其所可恨者援及先年
嚴例要議行南京兵部將原額官軍
查明造冊與操江衙門各留一本先
行追還改差勾補逃故取回者查復

退回者更換為事者清提有丁者查
替年終對查敢有改差未還及知而
再犯與夫隱占等弊不分官軍通聽
該衙門并南京點軍科道官指名參
奏照前例重處著為定例驗差容留
等官一體參論黜罰夫軍伍不充則
營為虛設法紀不嚴則軍易逃避其
蠹弊之中在改差尤為可恨所據前
議究極弊源詳加振刷鑿鑿當行合

無移咨南京兵部及操江衙門照依原議事理逐一着實舉行以後再有營改別差及隱占等弊悉聽點軍科道及操江衙門從重參論查照先年改調煙瘴事例奏請改發不得輕貸庶營伍漸充法紀昭肅軍有定籍伏乞

聖裁

一省繁差以恤軍勞前件據稱江營軍少而糧輕差繁而役重故有逃亡改避等弊除其可以徑行者查革外內有暗伏一差最勞最冗今查彼中既有遊兵復有遊巡則暗伏之地重復有兵極為無用乞要撤回操練卽以所守信地責之遊巡二營夫官軍之設無非求其守禦地方若地方既已有兵何必復循虛名重勞軍士先年江營暗伏之兵必係未設遊巡官兵及江營軍多之時分遣弥盜今沿江上下額設遊巡二兵更番哨緝而江營又當原伍殘缺之時則暗伏之兵真為冗役亟宜裁革以節軍力合無依其所議備行操江衙門將暗伏官軍減撤回營專事操練原守信地責之兵巡二營無事常川巡邏有警併力合剿此不惟軍無冗設亦且事有專責可以永遠遵行矣伏乞

聖裁

一揀勁卒以充選鋒前件據稱江營兵多老弱無資克敵欲揀選膂力技能足以千名給以衣甲器械加其廩餼董以二把總分隸十隊官免其雜差更番訓練名曰江營選鋒中有媮惰不時進退以昭激勸惟衣粮等項共該用銀三千二十餘兩查得常州太倉及江陰諸群縣率有欵班夻兵由

帖等銀通共三百七十七兩堪以動
支不足者於事故軍粮湊處衣械止
初給一次後屬各軍自辦口粮逐年
支給及兵再加宜從審處議於遊兵
營內汰其識字家丁歲可得銀二千
八百八十七兩并去歲奏設瓜洲梁
頭稅銀除正支外尚餘千金可以湊
給大都兵無選鋒難以遇敵使有兵
矣衣甲器械之不備廩餼優恤之不

厚又難以朝夕訓練使人樂從萬一
錢粮不繼或別有征求亦非長便所
據前議軍選諸營無煩別調衣仗廩
粮之費悉已有處不必加賦於民揀
選完日果能責成能官如法團練日
有成效漸次再增則南京根本之地
可稱雄鎮緩急有警亦足威敵以立
戰功不至如昔年以數十之倭寇橫
行無偹相應依其所擬偹行操江衙
門逐一查照施行內議支銀置造衣
甲器械必須責成委官行令如法打
造務各堅精勿容虛具其歲支口粮
聽咨行南京戶部照數及時查給廢
軍裝可飭軍餉可克以後或選鋒數
多前項減粮不足支用聽操江都御
史再議
題請不妨稍加務在經久無匱伏乞
聖裁

萬曆五年十月　　日

工部為竭愚忠飭武備以固江防以衛重地
事該本部題都水清吏司案呈奉本部送工
科抄出提督操江兼管巡江南京都察院右
僉都御史王　題稱臣猥以庸劣承乏任使
濫竽江防重寄兩年以來奔走勵勸凡操巡
諸務寔殫竭耳目心思之用亦粗有章程可
為禦防之具矣但一二操備事理甚切江營
大計者以承平日久桴鼓不驚諸當事視為

不急徒以敗舸疲卒冗其故事因循沿襲幾
垂百年雖臣極力莫可卒反且臣所得為者
臣固不敢他諉乃有其責雖在於臣而非臣
所獨專其事雖切於臣而非臣所得為者臣
將奈何臣若及今不言一旦倉卒諸所禦防
無壹堪應
主上神聖將根究諸從事而臣于役為時頗久當
豢首罰猶之治病然雖投劑並進至日沉痼
將咎所調治獨深者彼臣安所辭責而烏能

已於言㢤然臣非敢漫為勦說也臣日有事
江上因事稽綜隨人諮訪得於營務有裨急
當議行者其大端有四焉敢輒條具如左如
蒙
皇上軫念根本重地
勑下兵工二部重加看詳酌議題覆咨行南京該
衙門速見行之則江營復振而臣亦少追瘝
曠之憂矣等因奉
聖旨兵工二部知道欽此欽遵抄出到部送司案

呈到部看得提督操江都御史王　條議四
事除核軍實省繁差揀勁卒等三事係兵部
職掌該部議覆外其議戰艦以圖實效一事
誠于江防有裨相應開立前件議擬上
請定奪伏乞
聖裁等因萬曆五年九月十八日本部尚書郭
等具題本月二十日奉
聖旨依議行欽此欽遵擬合通行為此合咨前去
煩照本部題奉

欽依內事理欽遵施行須至咨者
計開
一議戰艦以圖實效夫江營原備水戰
水戰必資舟楫查得該營自永樂初
年額設戰船四百一隻嘉靖十二年
操江都御史潘珍奏減二百一隻嘉
靖叁拾四年南京兵部尚書張時徹
奏復一百隻嘉靖三十六年操江都
御史高捷奏將樓船改造沙船一百

一隻隆慶二年操江都御史吳時來
奏變價一百五隻漂失二隻實在二
百九十四隻夫以四百一隻減而不
滿三百宜皆堅利可備攻戰之用也
臣每閱操查各戰艦俱損敗不堪以
處承平操演水陣尚可飾觀一旦緩
急有一堪用者乎以求其故造船者
南京工部提舉司守船者新江口營
軍士也以問之該司則曰修造未嘗

不善也其看守非人以致損壞且有
積俱不存徒繫虛舟者於修造何與
乎以責之軍士則曰看守未嘗不力
也其修造不法以致易壞且有方駕
出江遽稱滲漏者於看守無與乎各
執其說互相推諉以臣自責惟是看
守非人乃其實有不盡然者臣安敢
坐視以俟日趨於敝壞也乎為今之
計合無以後有應脩應造戰船該營

具呈到臣查驗得實移咨南京工部
委司屬一員臣委江防官或府佐一
員公同會勘從實估報該用料價若
干如數咨觧到臣臣選委能文職官
一員協同武職官一員買料督修
勒工完報臣復以出江月日回咨該
部以備後來修造查考或未及期限
無故而壞則看守之罪也臣當查責
脩理或中流遇風間有損壞則又不

得拘以年例致將舊料浥爛即當查
勘及時修理其督修官員連委輒效
者容臣年終分別獎薦如此則脩造
看守皆出於一事有專責無容推諉
矣斯議也先該豐潤伯曹文炳操江
都御史吳時來皆有言該部以係隸
職掌未即題覆以臣愚見人臣之義
苟有濟於公家當無分於彼此況實
所以相濟曾未至於相侵如臣所處

委勘估驗支給查覈監出該部於職
掌原無侵損也此修造之議也至於
船數去留臣亦有可得而議者臣聞
物之可備而待用者雖多費不為過
不可備而待用者則徒費為可惜茲
江營戰艦以立法初意而言謂無事
則用之操演有事則資之攻戰惟有
備斯可無患惟多備斯可足用如之
何可無備而議減也然以物理論常

用者易壞時久者必敝即便脩造看
守皆得其法而摧剥於風雨撞擊於
波濤皆所不免能使脩造於今日者
可待用十年之後乎以不可待用之
物而待捐不貲以備之又費衆力以
守之臣未敢以為善算也據該部咨
開造者十年一次每隻費一百餘兩
脩者五年一次每隻費五十餘兩計
每歲脩造不止六十餘隻約費工料

四千餘兩以此二百四十四隻通計
十年脩造當費四萬餘兩而此四萬
餘兩半置空歇無用之地不濫費而
可惜乎該臣熟思審處計今所用遊
巡哨守該四十隻選鋒及舊營操練
該五十六隻又或修造更替不時多
備六十四隻共一百六十隻有餘矣
此外一百三十四隻皆冗設也宜退
還該部變價以後即行停造計十年

內可省銀二萬餘兩引而上之其積
愈久則其數愈多脫遇有事用船即
以二萬金造船二百隻鳩工飭材不
日告成又皆堅利可用何必虛糜重
費備此不堪用者為哉況如前所云
以一百六十者屬臣衙門修造或皆
堅利即可實用當無事乎而造亦未
可知矣以上兩者一則可以裨實用
一則可以省虛費臣切以為善算而

可經久也

前件看得操江都御史王　條稱每查戰艦俱各損壞不堪而看守脩造者互相推諉要將以後有應修應造戰船南京工部委司官一員與江防并府佐官會勘料價咨觧操江衙門委官買料督修以免推諉及又將一百三十四隻退還該部變價省銀備用各一節為照江營戰艦水戰所資緣因脩造看守事非出一致有旋損速朽互相推諉今都御史王　具題前因敝壞之極理湏變通人臣之義何分彼此相應依擬恭候

命下本部備咨操江都御史王　如遇將應修應造戰船即移咨南京工部令委司官一員同江防府佐貳官會勘估計料價若干該部照數將銀兩咨觧操江衙門委官買料督修勒限完報仍將

出江月日并用過銀兩及餘剩數目回咨該部查考或未及期限無故而壞與中流遇風間有損壞者俱如所議施行其餘一百三十四隻既係冗設即退還該部變價停造所省銀兩貯庫備用不許別項那移本部仍咨南京工部一體遵照施行伏乞

聖裁

萬曆五年九月　　日

温處海防圖略二卷

〔明〕蔡逢時撰

《温處海防圖略》二卷，明蔡逢時撰。逢時字應期，安徽宣城人。萬曆五年（一五七七）進士，曾官温處兵備副使。浙江温州、處州二府，素稱海防要衝，是書作於萬曆二十四年，所記皆據當時文書册籍，編次成帙。舉凡地形船械，戰守選練之法，無不畢載。凡爲圖四，子目四十三。據明萬曆間刻本影印。

温處海防圖略敘

浙為海内首藩而浙之東為温處於浙門戶也處居峻嶺層巖中與衢婺建寧萬山相錯落銀坑鏻攻鑛寇盜之夙已備兵於此邇雖屏息每歲秋冬水涸土堅之候猶然加謹防之為徹桑計

照處與温為輔車温尤處之外戶襟帶巨海對峙島夷北毗台寧南隣閩粵汪洋浩淼為鯨鯢跳梁之藪也我

高皇帝乾寓光啟瑤圖命湯信國經畫海防星羅衛所藩籬頗為密矣訖嘉靖季年羣醜竊發浙直閩粵士女膏於鋒鏑肌血碣於征輪中外駭然神人共憤

世皇帝赫然震怒丕振威靈命將出師封豕長蛇旋就京觀海甸安瀾逮四十年嗣至萬曆辛卯萑葦色動烽燧煙飛羽檄交

馳衣袽孔棘不佞以樸樕之才膺軍旅之寄寘切負乘圖免血指幸仰席

三臺憲章之在上諸有司將吏之相戒昕夕焦勞借箸細畫策防海機宜間有載於籌海圖編海防類攷紀要新書中僅備參

浙之梗概而甌栝不甚悉焉矧
時勢迥異因革靡常頋破拘攣
爲畫一之法逞私臆求經久之
謀敎纂成帙名曰温處海防圖
略蓋以形勝則有繪船械則有
彂倭情出沒則有攻戰守機變
則有紀與夫措億之會計選練

之方法凡關戎政當行者岐分
縷析盡在楮葉意謂夷酋近已
請
封歸公安敢妄兵潢池但狡夷鬼
蜮于心焉可忘危寧爲未渴鑿
泉免致臨渊結網用是付之剞
劂發各有司將領永爲攷訂此

雖莞窺蠡測固知菑木屢甌然
於安攘之計或可少裨萬一章
有同志者甌郡侯劉君芳譽丞
劉君功允倅徐君應麟周君息
理王君都栝郡侯任君可容丞
許君國忠克贊成之余不敏敢
題簡端以告後之守封疆者

萬曆丙申上元吉旦
浙江按察司整飭温處兵備兼
分巡浙東道副使兖陽蔡
逢時應期甫書於澄清堂

温處海防圖畧目録

圖畧　卷一

圖畧　卷一

海防圖考　目録　二

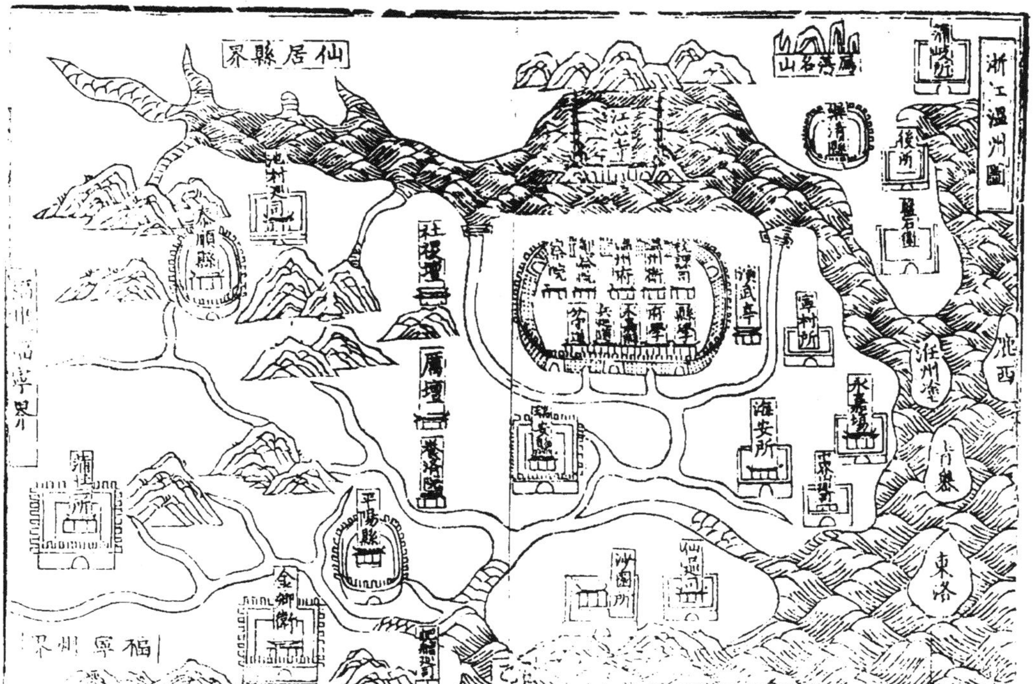
浙江溫州圖
仙居縣界
江心寺
樂清縣
後所
磐石衛
蒲岐所
泰順縣
社稷壇
厲壇
演武亭
寧村所
海安所
平陽縣
金鄉衛
沙園所
東洛
福寧州界

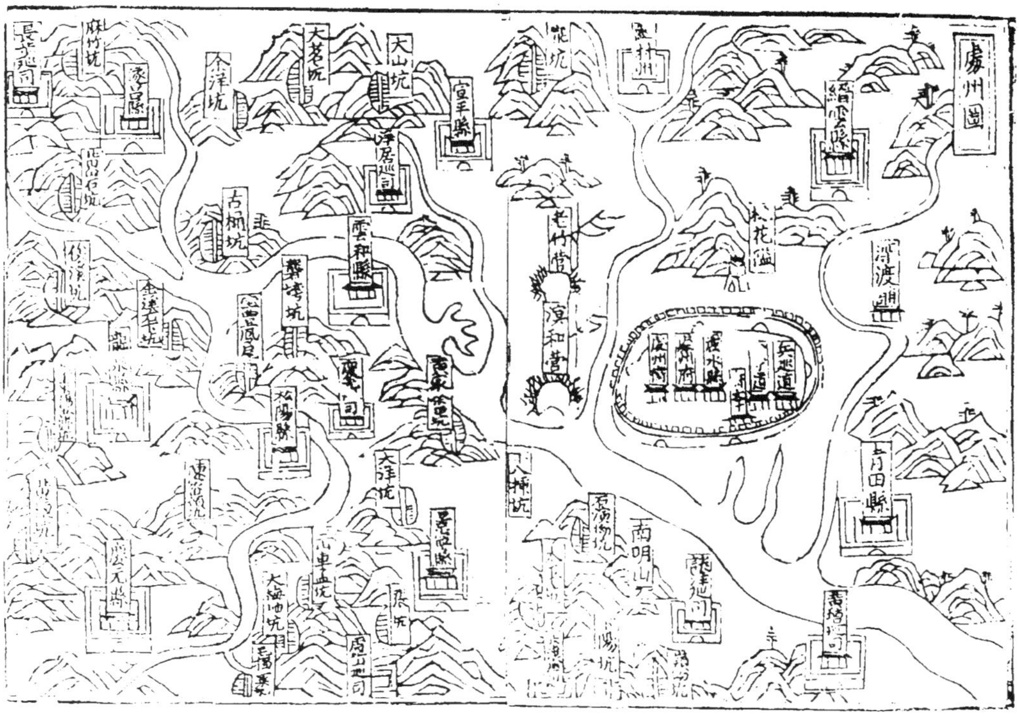
處州圖
縉雲縣
宣平縣
大山坑
大茗坑
麻竹坑
淨居巡司
雲和縣
古梢坑
松陽縣
老竹營
處州府
麗水縣
兵巡道
青田縣
南明山

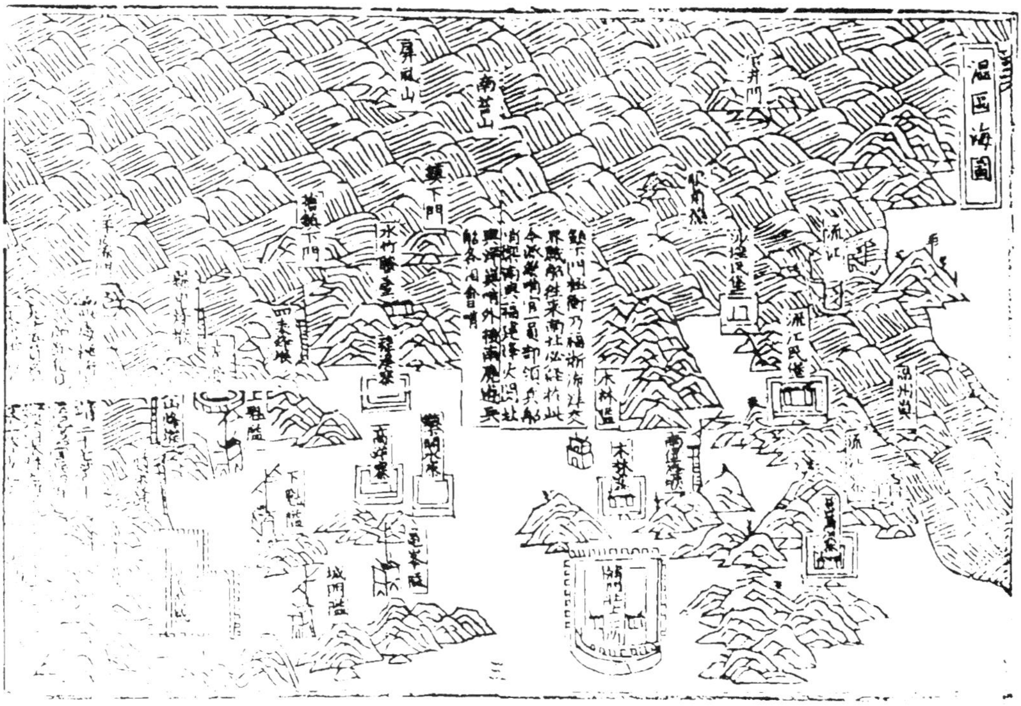
温區海圖
屏風山
南麂山
木林監

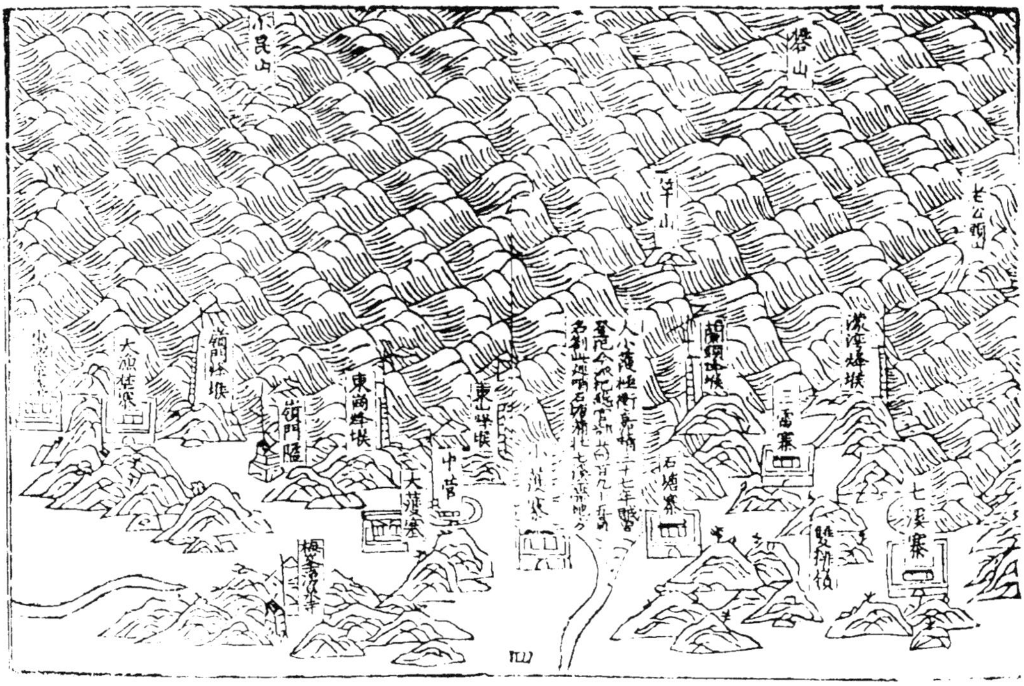

東山烽堠
嶺門隘
大蓬寨
中營
石塘寨
七溪寨
雙排嶺

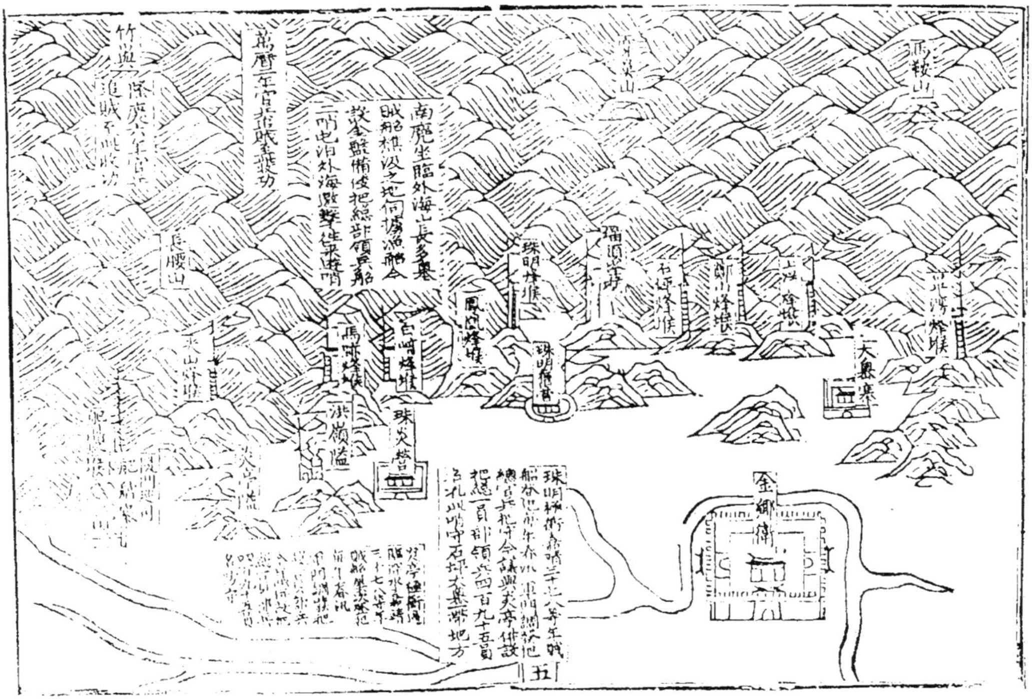

珠明烽堠
鳳凰烽堠
珠明營
洪嶺隘
大界寨
長腰山
金鄉衛

南麂山
江口渡
東林隘
塔下隘
江口水寨
洋嶼門
銅背寨
六

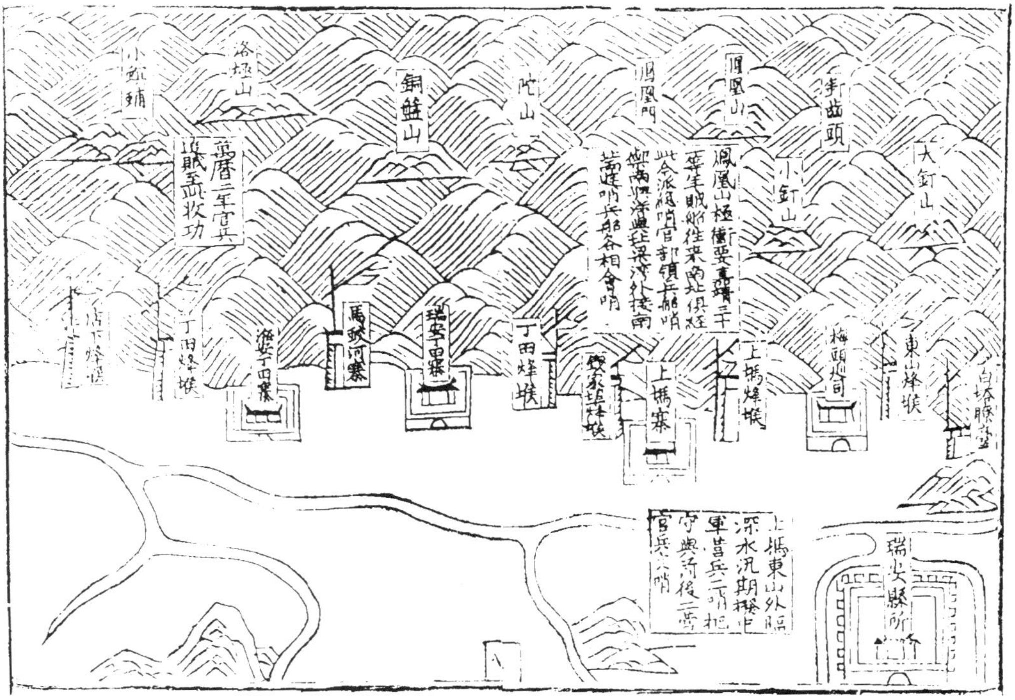
銅盤山
陀山
鳳凰門
鳳凰山
大釘山
小釘山
萬曆二年官兵追賊至此收功
丁田烽堠
東山烽堠
上馬寨

東洛山
海安所
長橋烽堠
蛇田烽堠
前岡寨
後岡寨

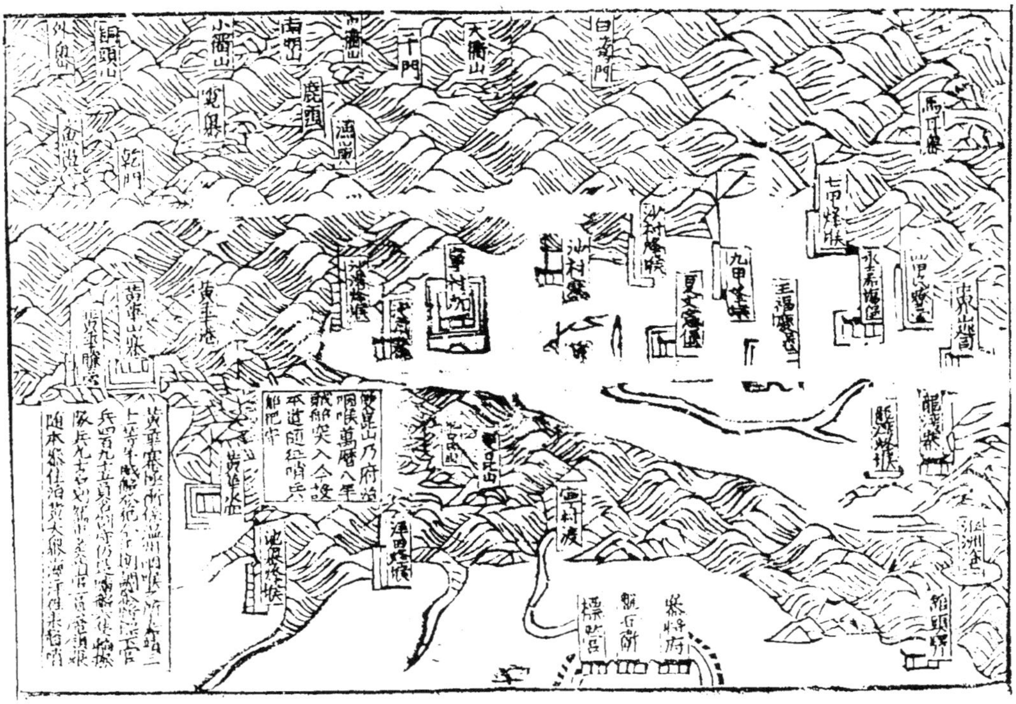
大磡山
三門
白鴿門
沙村烽堠
九甲烽堠
龍溪寨

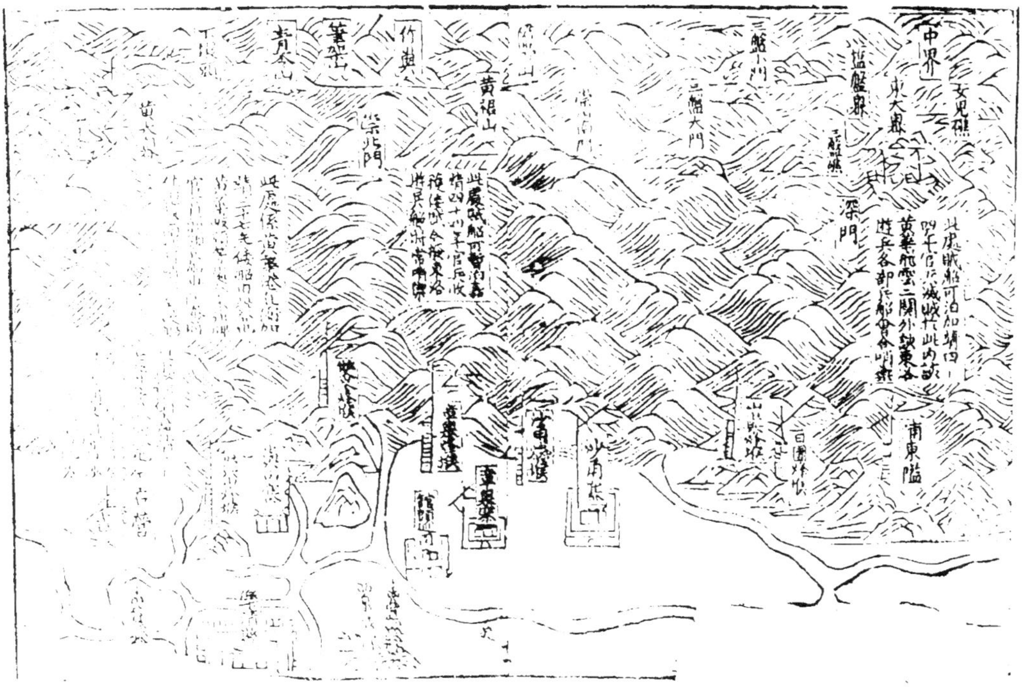
女兒礁
中界
東大嶴
深門
南東臨
黃祖山
竹嶼
筆架山

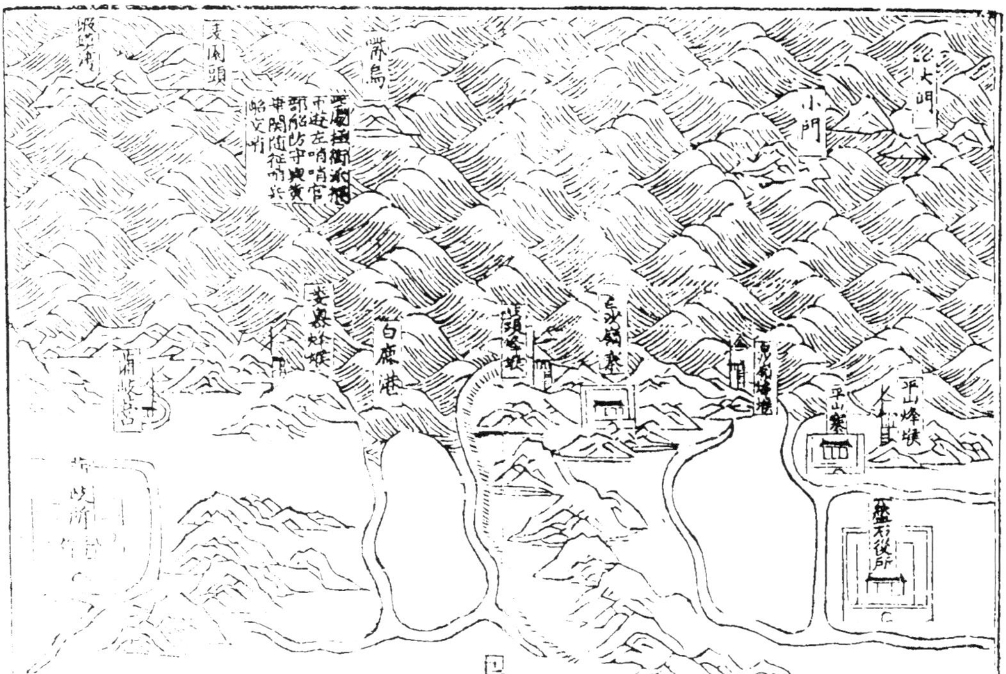
小門
白鹿港
平山烽堠
平山寨
盤石後所

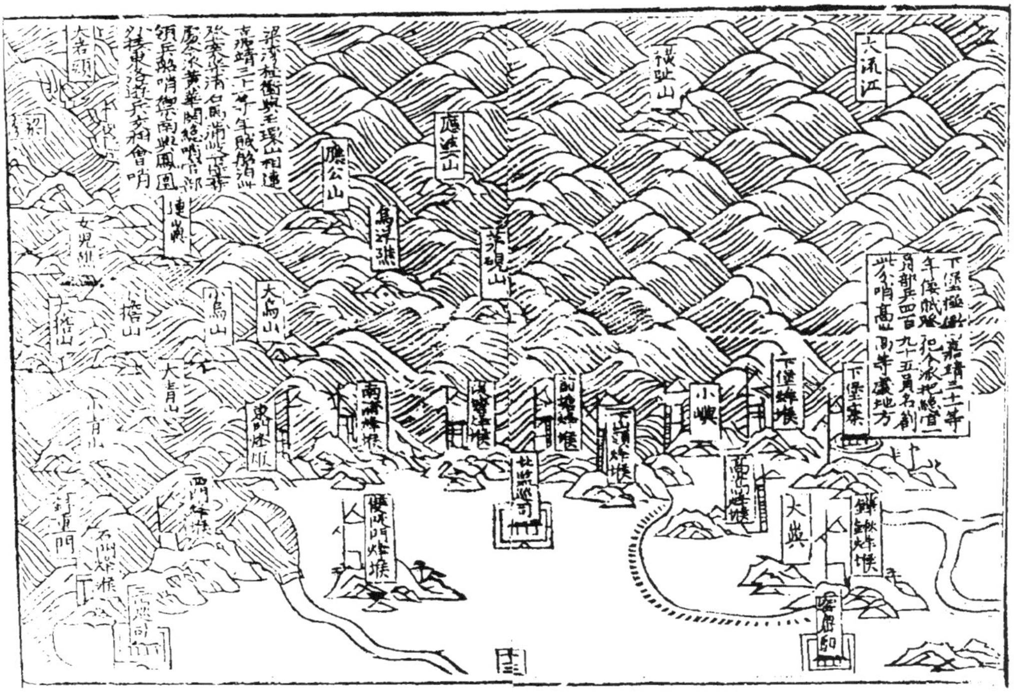
大流江
鷹公山
大烏山
小烏山
大青山
小嶼
大嶼
下堡烽堠
下堡寨
南浦烽堠

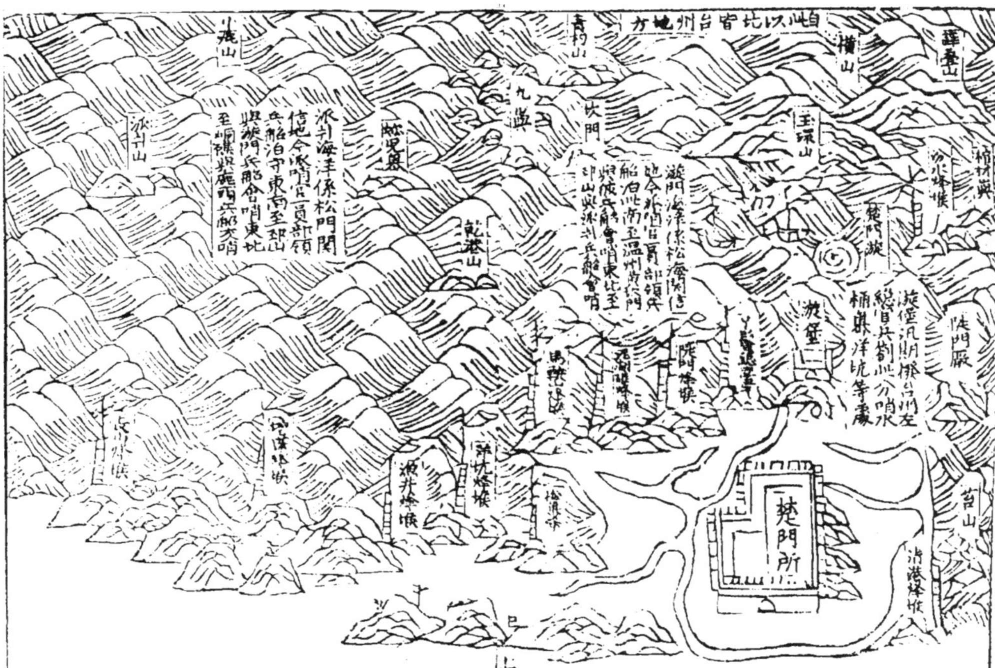
自此以北皆台州地方
橫山
玉環山
九嶴
乾港山
楚門所

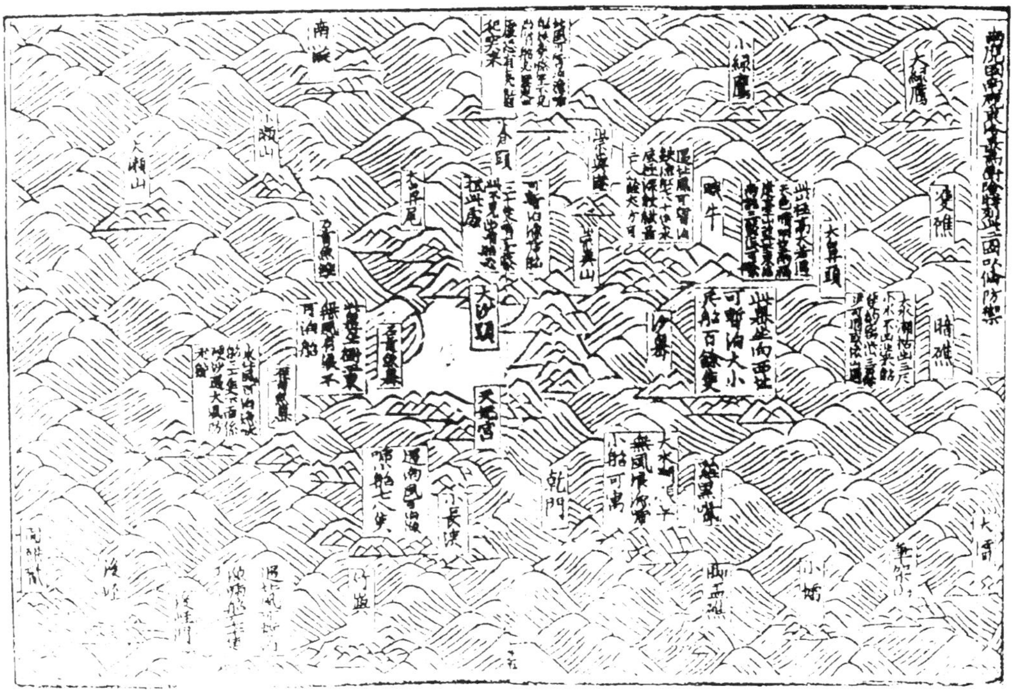
南麂
大沙頭
天妃宮
沙嶴
可暫泊大小兵船百餘隻
乾門
時礁

東洛圖
深水嶴
破河礁
破河山
破河門
破河港
宮前門
娘娘宮
水仙宮
宮後門
宮前山
圓礁
時礁
東北大礁

日本倭島圖
東
日本國
薩摩州
對馬島
五島
倭寇直至浙總路
徐福
新羅
大琉球
小琉球
朝鮮國
從此入朝鮮
從此入遼東
從此入登萊
從此入淮安
從此入揚子江
從此入松江
從此入錢塘江
從此入寧波
從此入台州
從此入温州
從此入福興
從此入漳泉
從此入潮惠
從此入廣州
從此入雷州
南
西
興化
平陽
寧波
紹興
松江
蘇州
通
泰
高郵
淮安
登
萊
青
濱
温州
福建
浙江省城
泉州
漳州
潮州
惠州
廣州
高州
雷州

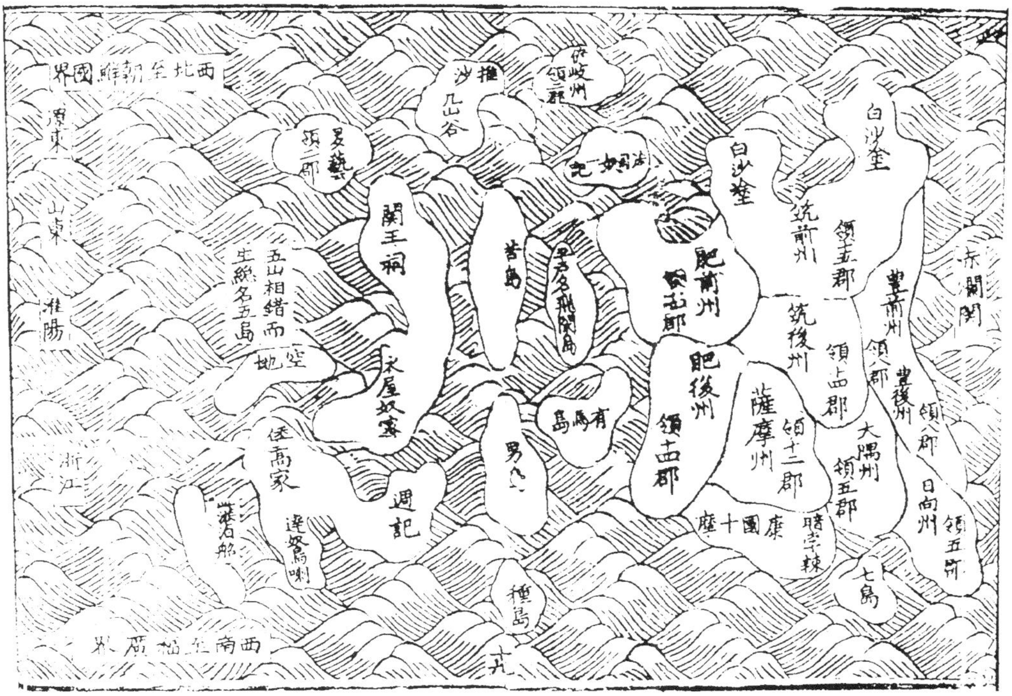

温處海防圖略卷之一

沿海城池地里險要

盤石衛坐樂清縣十二都城池週圍九里三十步垛口一千八百六個城門六處窩鋪四十座東至黃華海口三十里南至盤石巖頭海口一里西至館頭十里抵府城五十里北至樂清縣五十里其陸路脊岐頭黃華地方見設標營官兵團劄防守水路脊岙灣大小門見設黃華關總哨部領兵船哨樂

盤石後所坐樂清一都城池週圍三里垛口五百二十個城門六處窩鋪一十六座東至蒲岐所三十里南至石馬海口五里西至樂清縣三里北至窰嶴五十五里其陸路脊石馬竹嶴地方見設右營官兵沿途劄守水路脊石馬白沙一帶見設黃華關總哨部領兵船哨樂

蒲岐所坐樂清縣四都城池週圍四里垛口八百四十五個城門五處窩鋪二十座東至台州府楚門所渡江二十里抵太平八十里南至下堡

海口五里西至樂清三十里址至窑嶴驛二十
里抵台州黄巖縣一百五十里其陸路眷下堡
髙嵩後塘地方見調處州營官兵沿途劄守水
路眷梁灣大小烏楚門一帶見設黄華關兵船
防禦
瑞安所與瑞安縣共居一城週圍六里三十步垛
口一千四十個城門七處窩鋪四十四座東至
梅頭廵檢司海口五里南渡江至平陽縣三十
里西至泰順縣三百五十里北至温州府城八

十里其陸路有東山上堣丁田地方見設後營
官兵一總汛期發中軍營二哨協防水路眷東山
鳳凰嵛頭一帶見設飛雲關總哨部領兵船哨
禦
海安所坐瑞安縣五都城池週圍三里一十八步
垛口五百五十個城門五處窩鋪一十九座東
至梅頭海口十里南至瑞安縣三十里西至泰
順縣三百餘里北至温州府七十里其陸路眷
梅頭前後岡地方見設後營官兵一總分布劄

守水路有銅盤長頼一帶見設飛雲關兵船哨
禦
寧村所坐永嘉縣三都城池週圍三里一百二十
步垛口六百二個城門五處窩鋪二十座東至
沙灘海口一里南至永嘉場一十里抵瑞安縣
七十里西至府城五十里北渡江至盤石衛十
里抵樂清縣五十里其陸路眷長沙中界山永
嘉場一帶地方見設後營官兵劄守水路眷崇
山寬嶴一帶見設隨征哨兵船哨禦

沙園所坐居瑞安縣十六都城池週圍四里三十
步垛口五百八十個城門五處窩鋪二十一座
東至岭水鋪逼臨海口南至平陽縣三十里西
至泰順縣三百六十里北渡江至瑞安縣所二
十里抵温州府城一百里其陸路眷僊口宋埠
陡門地方見設前營官兵分布沿途防禦水路
眷僊口宋埠一帶見設飛雲關總哨兵船哨禦
平陽所與平陽縣共居一城週圍三里八十步垛
口五百八十個城水門七處敵臺六座窩鋪二

十八座東至係口二十五里南至江口閘二十里渡江抵金鄉六十里西至水頭七十里抵福寧三百六十里北至瑞安縣所二十里抵温州府一百一十餘里其陸路東南有嶼門陌城一帶地方俱臨海口見設前營一總官兵一枝分布沿途劄守防禦水路東南有洋嶼五峙海洋直衝外洋係平陽縣治藩籬最為險要見設江口關總哨部領兵船哨禦

金鄉衛坐居平陽縣二十三都城池週圍九里三

十步垛口一千六百五十一個城門五處窩鋪四十座東至炎亭海口七里南至大漁海口十里西至蒲壯二所八十里抵福建福寧州二百餘里北至平陽縣所渡江六十里抵温州府城一百八十里其陸路東南有炎亭大小漁珠明舥艚地方臨海舊設中營一總團劄舥艚海口近又添設一總防守珠炎水路東北有江口舥艚炎亭海洋直衝南麂外洋極其險要見設江口關一總部領兵船分布哨禦

蒲門所與壯士所同城坐平陽縣五十五都城池週圍五里三十步蒲門所分守西南邊一半垛口二百八十五個城門二處壯士所分守東北邊一半垛口三百二十六個城門二處敵臺六座窩鋪二十二座東至金鄉衛城八十里南至福建流江二十里抵福寧州一百二十餘里西至泰順縣二百四十餘里北至平陽縣渡江一百一十里抵温州城二百三十里其陸路東南有上下魁城門隘西南倭俱臨海口見設右

營官兵防禦水路東南有鎮下門官嶴洋孫直衝臺山外洋與福建烽火門交界見設鎮下門關總哨部領兵船分布哨守

沿海巡檢司

温州府

中界山 額設一十二名 實役四十八名

梅頭 額設一十二名 實役六十名

壯盤 額設一十二名 實役四十名

館頭 額設一十二名 實役四十名

江口 額設一十二名 實役四十名

舥艚 額設一十二名 實役四十名

池村 額設一十二名 實役四十名

各司實役兵多係虛冒見行議減節省勘給

沿海臺寨烽堠

金鄉衛

寨十一　廟背　嶼門　一艘艚　小渡　石塘　大塢　長亭　小魚埕　大魚埕　大篗　石坪

烽堠十五　尖山　白崎　上洋　鳳凰　猫頭　東山　象龍　半路　黑湾　東門　馬跡　蒙湾　龍頭　嶺頭　黃山

蒲門壯士二所

臺二　高路　水竹

烽堠六　雷塢　尖山　時家　四表　南堡　懸中

沙園所

寨四　陡門　眉石壯　仙口　眉石南

臺一　眉頭

烽堠四　冷水　宋埠　仙口　烽火

溫州衛

海安所

寨二　乚焉　東山

平陽所

寨三　風火　江渀　汶路口

臺二　山下　梁家山

烽堠三　福泉　烽瑞　斗嶺

盤石衛

臺二　黃華　白沙灣

烽堠十　岐頭　平山　嶼山　池塢　洋田　章塢　沙角　三嶼　饅峯　日圈

寧村所

寨三　沙濤　長沙　沙亭

烽堠六　黃石墻　古甲　沙濤　長沙　沙村　九甲

蒲岐所

臺二　高嵩　下堡

烽堠八　東山　南浦　海燈　吳塢　下山頭　南塢　鋒鐵　雙陡門

沿海阨寨

舥艚寨　東北背濱于海倭賊屢次登岸亦舊有舥艚寨見設江口關哨官帶領大小兵船駐泊防守

炎亭寨　在海濱賊若登犯突入腹裏從金鄉衛城外可至平陽縣孫湖地方設立營兵防守

大小漁埜二寨　皆在海濱極為衝要賊易登犯若突入腹裏從本衛城外可至平陽縣南臨場等處地方已先撥金鄉衛撥衛軍每寨百名哨官一員防守今暫撤回城守有警再撥

大篗寨　與龜峯巡司相聯南至華山一湖通臨海一項賊易登犯額設中營官兵防守

程溪寨　南至海西抵鎮下門水寨為蒲門要區嘉靖三十四年賊曾登犯見撥旗軍防守

筥蒲洋寨　在海濱先年賊曾登犯見撥旗軍防守已上三寨俱蒲門所所轄亦係江口港兵船往來巡哨

眉石灶隘　東至大海，南爲陌城寨，西平陽，北會陡門，極爲衝要。賊若登犯，若突入，懷溪達陌城，可至前倉，北方又可通平陽，南……旗軍防守。江口港兵船亦從此往來哨守。

眉石南寨　東濱大洋，限鳳山嶴一潮可至，西抵仙口，極爲險要。賊若突入腹裏，從仙口可至平陽沙園。今設飛雲兵船巡哨，見撥旗軍防守。

仙口宋埠二寨　東臨大海，近年本處居民建立堡城，捍禦擦泳，前營官兵防守。以上俱係沙園所。其外江口兵船往來巡哨。

黃華山寨　西南水寨二里，先年賊寇登犯，極爲衝要，見撥旗軍防守。外有本港兵船巡防。

沙角寨　東臨海界，於黃華、章界之間。嘉靖三十八年賊嘗登犯，若突入腹裏，從逆嶴可至三條嶺，抵樂清。見撥旗軍防守。已上俱隘石所轄。

章界寨　在海濱，賊船易登，頗稱險要。防禦旗國，則東衛諸頭，西衛蒲岐，南衛黃華，北衛長林，賊船至不敢犯也。見撥旗軍防守。

白沙寨　東南海濱，嘉靖三十七年賊犯樂清縣治，自此入，乃水陸要害之處。見撥蒲岐後所軍百名，哨官一員防守。以上樂清縣所轄，參將……

嶼山寨　北臨海口，賊可登泊，若於此突入，西可犯天仙，南可犯……峯灶可犯後所，勢雜稱險，見軍防守。

海防圖畧　卷一　八

平山寨　西接後所，南接與山灶，抵白沙寨，樂清縣……嘉靖三十七年賊嘗登犯，若突入腹裏，南從石馬可至本縣白石等處。見撥旗軍防守。已上俱後所所轄。

後塘寨　東南大海，地勢險要。嘉靖三十七年賊嘗登犯，其南爲本縣，西爲清江渡，北爲淮陡門。賊若突入，則諸地皆受其劫。見撥旗軍防守。

高嵩寨　爲蒲岐頭……東臨大海，甚爲險要。嘉靖壬子等年賊嘗登犯，若突入腹裏……可至長山地方。見撥旗軍防守。

下堡寨　爲蒲岐之南，蒲南海大洋，頗爲險要，見撥旗軍防守。

龍灣寨　東接永村，西界府治，坐臨深水，頗爲險要。嘉靖戊午等年賊自黃華、嶼等犯，突入腹裏，逕趨新堤、溫州地方，直抵府城。見撥旗軍防守。

沙??寨　坐臨海濱，賊可登犯，見撥旗軍防守。

沙村寨　北至山……村所，東至海，見撥旗軍防守。

丁田前後岡三寨　俱海安所屬，地撥旗軍協守。然丁田地勢稍緩，惟前後岡俱臨大海，尤爲險要……等年賊……犯，若突入腹裏，南至溫州府城……見有飛雲港兵船巡哨。

長沙寨　東臨海，全地勢頗險，見撥旗軍防守。已上俱寧村所所轄。

東山上堡二寨　東西分峙，有犄角之勢，坐臨滄海，極爲險要。賊若自東山登犯，九里可至府治；自上堡而入，由丁田可至海安。見撥中軍營二哨官兵防守。

陌城陸路二寨　東南濱海，極爲險要。若自陌城突入，從沙山可通平陽，皆內陸路要徑。江三港可至……等處，見撥旗軍協守。外港有兵船往來巡哨。

汝路口寨　東臨海洋陽嶼門，南以策應江口水寨，北策應眉石南北二寨，地險要，先年被賊登犯。平陽沙園所撥旗軍協守。

汾水隘嶺　係出福建界，賊自福寧突入，必由此嶺，至平水過山……嶺可至蒲門……瑞安、平陽……直可通松山嶺至溫州府城，寧慶幾有警，是必調兵遏截，方可扼其吭而固全浙之南境也。見撥蒲門衛軍一百名防守。已上俱平陽縣所轄，今……四有警……

海外設備

大嶽頭山　賊船自南麂、鳳凰、寬嶴、蒲門、壯門、玉環而來，必經此山。今撥黃華兵船，每遇風汛，於此巡哨。

海島玉環山　與樂清縣相對，此山頗居海中，聯絡瓯、台，即台州府所屬太平、松門、楚門、大興海洋，賊自北來必經此處。今黃華港兵船巡哨。

海防圖畧　卷一　九

黃大嶴　此嶴與黃華港直衝，倭船由此入犯黃華、岐頭等處。今撥旗牌官領兵船一枝，隨哨府駐泊南北哨。

寬嶴　賊船南北往來多泊于此，可至盤石衛，最爲險要。今撥黃華港兵船於此巡哨。

南龍山　賊船由北洋來，必經於此。今撥南遊左哨兵船泊此巡哨。

南麂山　北與閩、大閩……臨深海，山外大洋，別無山島，且賊來必經此嶴，可泊，實巢穴也。風順一二潮可到飛雲港，今設南遊兵船防守。

水衛要

按嘉靖三十七年五月，倭寇千餘在大小門、黃華關，搶擄漁船，直抵府城，燒船攻城，村落無處不到，穴室廬，擄婦女，僵屍盈野，莫敢誰何，進掠青田，一月而去。蓋沿海衛要不守，被其突入，蹂踐內地，大都海上所

東洛南麂為外一重瀋離以黃飛江鎮為外二重門户以左右中前後標蒲珠六營為外第三重堂奥此溫區形勢之大槩也夫倭自本國五島開洋乘東北風必至台温歆和黃華必由邵山大鹿黃大嶴西入歆北嶺平、必由銅盤南龍鳳凰而入犯鎮下門蒲壯必由官嶴老公頭而入此入犯之徑道也官兵分派信地各為防守此可以遏零星之寇不足以禦大舉之賊若不合衆共擊未免勢分力薄近議定如賊從東来則中遊黃華兵船當合為一腙駐大小門橫坎峩園頭等處以防突入府城之患如

南来則南遊江口飛雲兵船屯劄三盤鳳凰以防突入江口瑞安之患須時撥小船伏于邵山大鹿等處晝夜巡哨以探聲息若遇脅艕勢小則分擊勢大則合腙共擊勢愈大則合兩遊四關兵船相機攻勦此防禦之大機也再查海上要衝分派防守尚有踈虞如南龍銅盤一帶係南遊中路極衝今止以飛雲哨船守之不無重外而輕内南麂孤懸外海倭或樵汲必經之地每于此處分腙入寇故設官兵以禦之今止撥漁喃船八隻輪班協守東洛餘船盡泊南麂恐

内萬一東風水漲群醜揚帆泛遊最外直抵内地則該遊官兵聲息杳聞欲出攻則阻風逆水雖步不前欲出擊則亦追其登岸不猶閉門而揖盜乎今查東洛戰船足堪禦侮合以南遊協守該哨漁喃船八隻協守南龍銅盤一帶以南遊兵船量留數隻屯泊南麂控制賊勢阻絕樵汲其餘兵船分屯鳳凰山及三匼大蒦地方則可以哨南麂援東洛而固内地矣

陸衛要

本區沿海陸兵星布棋列若可謂周悉矣但甌海之

壖自南迄北延袤四百餘里深洋最多到處可登今計哨守多止一哨少止一二隊僅可防禦流賊突犯若賊大舉則我兵勢分力弱安能收萬全之功哉今誡各將領部督官兵照依原派信地循塗哨邏如有零寇流突即便協力擒勦萬一群醜長驅北以蒲石標三營為上一路東以中軍營上塢東山二哨後前營為中一路南以左中珠三營為下一路分為三大營如率然在山首尾動應此陸兵形勢之大畧也若夫險要蒲岐棲頭珠岙最為險要不可不長顧却慮以

防患于未然再查中營屯兵于大漢左營屯兵于蒲壯新城即此二處皆屬内地撤藩籬而固堂奥恐非至計金鄉大小漁埜外無兵船堵截内無官兵把守萬有流賊徑由小漁埜嶺門直寇内地則中營大漢官兵反為賊所迫脅矣水一方與閩浙地聯輔車若流賊由銅山可徑犯平陽先年設兵防守近因汰革寂無一人扼險樂清縣壯白沙嶺隘陸接台壤水通海島實係縣所咽喉雖設有右營官兵一總為之防禦然該營住守石塘分哨三與倘賊一時突犯官兵

及出其後此皆可慮者也今議中營官兵移屯七溪外藩分哨潼頭等處以固大漢左營官兵移屯壯士舊城外藩分哨萍蒜等處以固蒲門復以金鄉衛新練護衛營軍兵内抽三百名分委賢能官三員二哨守大小漁埜以固金鄉一哨守銅山以固平陽庶可以少紓南顧之慮白沙嶺隘即於後蒲二所各選精壯操軍一百名責令該管陸路統領汛月擒盗押礙駐劄嶺頭仍傍左右高置一木柵把截險隘有官兵仍晝夜往來輪班哨守以防一時登犯之虞此則

水陸俱備可保萬全至于分哨之地要見何處谿澗崎嶇何處河港斷絶何處狹隘險峻何處沮洳泥濘何處可以埋伏何處可以堵截何處可以擒龍日與士卒講明以備緩急出奇策應此在各將領相地調度焉

水陸兵制附會哨應援

温屬水兵凡八　隨征哨二　遊哨二　關四

本區初立總督一員金盤名色把總一員嘉靖三十五六年間總督胡設參將復設金盤備倭把總一員

専管水關統領兵船駐劄瑞安隆慶年間移住寧村所隔江即盤石衛已有參將駐劄萬曆十九年該温處兵巡道廖副使議將本總移駐金鄉衛以防南路南壯皆有備矣

水哨遊兵

總哨官下家丁二名書記一名軍吹手四名領

哨官下家丁一名

參將隨征哨係旗牌官統領

一號福船一隻三號一隻鐵船一隻八槳船一

隻唬船二隻軍漁哨船二隻網船二隻民捕舵
隊兵一百五十五名軍隊船兵一百一十名書
記一名專隨本叅屯泊黃華黄大嶴適中海洋
平時往来南北督哨有警隨本叅援勦
南北兩遊
東洛南麂舊不設立兵船先年倭每鯮泊二島
樵汲伺便出掠海上隆慶三年添抽各關兵船
分爲兩遊哨泊守東洛南麂倭自本國至陳錢
壁下相視風色或至閩廣則從極下深洋以經

海防圖畧　卷一　十四

二地故稱特衝焉
叅將中軍名色把總一員
中遊兵船一枝福船草撇鉄船河田船各一隻
軍漁哨船九隻唬船六隻網船三隻民捕隊舵
兵二百八十五名軍隊舵兵二百九十名泊三
盤東大嶴專哨洞頭門馬耳嶴黄招竹嶼東洛
一帶海洋往来調度有警夾勦以顧北洋堪以
應援本遊左右二哨及金盤把總遊哨并黃華
飛雲二關

左哨領哨官一員
福船一隻鉄船三隻唬船六隻網船一隻軍漁
哨船六隻民捕隊舵兵二百二名軍隊舵兵二
百一十一名泊麥園頭海洋專哨鹿西嘴烏雙
排大鹿前山一帶北與台州松門關總哨南與
本遊右哨兵船會哨堪以應援本總及右哨并
黃華關
右哨領哨官一員
福船一隻鉄船三隻唬船四隻軍漁哨船六隻

海防圖畧　卷一　十五

網船一隻民捕隊舵兵二百二名軍隊舵兵二
百一十一名泊東洛南策海洋專哨壇頭鴉礁
大小渠鰊鯆洛極三礁銅盤長頼南龍一帶北
與本遊左哨南與金盤總遊哨左哨兵船會哨
堪以應援本總及左哨并金盤總左哨與飛雲
關
金盤備倭
把總一員
書記二名健步二名家丁二名

金盤遊哨本總親統領
福船一隻草撇船一隻鉄船三隻八槳船一隻
㕧船七隻網船三隻軍漁哨船九隻民捕隊舵
兵二百六十三名軍隊舵兵二百八十五名泊
南麂官嶴徃来南北海洋調度督發向賊援勦
以顧南洋堪以應援本遊左右二哨及參將中
軍遊哨并江口鎮下二關
左哨領哨官一員
福船一隻鐵船二隻㕧船六隻軍漁哨船六隻

網船一隻民捕隊舵兵一百四十三名軍隊兵
二百一十六名泊南麂石笛魚嶴專哨南龍竹
與東洛一帶外洋北與中軍遊哨右哨南與本
遊右哨兵船會哨堪以應援本總及右哨中遊
右哨與飛雲江口二關
右哨領哨官一員
福船一隻鐵船二隻㕧船六隻軍漁哨船六隻
網船一隻民捕隊舵兵一百四十三名軍隊舵
兵二百一十六名隨同本總泊南麂官嶴專哨

綠鷹南灘馬鞍山沙岙一帶外洋北與本遊左
哨南與福建烽火關兵船會哨堪以應援本總
及左哨并鎮下關
黄華關總哨官一員　哨官一員
本關屬樂清縣地方去府城八十五里原係水
寨派盤石衛官軍防守嘉靖三十一年倭賊登
犯改設總哨官帶領二號福船一隻四號福船
一隻草撇船一隻鉄船二隻軍漁哨船六隻網
船二隻㕧船六隻民捕舵兵二百五十五名軍

隊舵兵一百七十六名泊梁灣海洋專哨横北
薛叠嶴桃喜杓横坎門大鹿楚門灘一帶北與
台州塔山哨南與飛雲關總哨東與中遊左哨
各兵船會哨以顧樂清盤石後瀟窰村地方堪
以應援中遊左哨及飛雲關
飛雲關總哨官一員　哨官一員
本關屬瑞安縣地方去府城八十里原係水寨
派温州衛官軍防守嘉靖三十年賊犯縣城流
突不常改設總哨官帶領三號福船一隻草撇

船二隻鉄船二隻軍漁哨船五隻唬船五隻網
船二隻民捕舵兵二百五十九名軍隊舵兵二
百四十五名泊鳳凰海洋哨銅盤齒頭長賴南
龍一帶北與黄華關總哨南與江口關總哨東
與中遊右哨金盤總左哨兵船會哨以顧海安
瑞安沙園地方堪以應援黄華江口二關及中
遊右哨金盤總左哨

江口關總哨官一員　哨官一員

本關屬平陽縣地方去府城一百三十里原係水

寨派金鄉衛官軍防守嘉靖三十八年倭由此
逕犯平陽又福建迯賊由桐嶺出水頭亦從本
港泛海遊去改設總哨官帶領四號福船一隻
草撇船二隻鉄船二隻軍漁哨船六隻唬船六
隻網船二隻民捕舵兵二百四十四名軍隊舵
兵二百七十六名泊洋嶼海洋專哨長腰五嶼
北皋嘴炎亭石坪舥艚一帶北與飛雲關總哨
官南與鎮下關哨東與金盤總左哨兵船會哨
以顧平陽金鄉地方堪以應援飛雲鎮下二關

及金盤總左哨

鎮下關總哨官一員　哨官一員

本關屬平陽縣地方原係水寨該金鄉衛官軍
防守弘治年間因蒲壯二所船料缺額故嚴隆
慶四年蒙
軍門谷　題設總哨官帶領四號福船一隻草
撇船二隻鐵船三隻軍漁哨船五隻唬船四隻
網船二隻民捕舵兵二百三十四名軍隊舵兵
二百一十五名泊鎮下門官嶴海洋專哨南與

嘴大嶴竿山蒲簾潼頭一帶北與江口關南與
福建烽火關東與金盤總右哨兵船會哨以顧
金鄉蒲壯地方堪以應援江口關及金盤總右
哨

溫處陸兵九十　溫州九　處州一

兵巡道中軍名色把總一員　哨官五員

團操民壯兵一總　各營同兵相同

係中軍官統領哨官五員隊長十五名什長四
十五名兵四百五十名書記醫生火藥匠各一名

健步二名旗手八名吹鼓手六名把總下戰馬
一匹哨官家丁各一名共四百九十名屯府操
守汛期調撥二哨出守瑞安東山海口專禦上
媽東山一帶地方南與隔江前營官兵址與後
營官兵會哨應援前後二營
兵巡道標下健步一十六名軍前隨征軍兵一百
二十名哨探軍兵二十名專聽本道隨征防禦
平時操演執旗
中軍隨征遊哨漁船二隻哨船八隻網船二隻設

民隊舵兵一百九十六名汛時出守交江海口
以扼府治咽喉與標營兵船會哨哨船四隻設
民隊舵兵七十二名划駕巡邏江洋一帶上流
塩盗
叅將標營名色把總一員　哨官五員
標營民兵一枝因嘉靖三十一等年倭賊登犯
而設該營平時屯揷盤石衛汛期出守黃華浦
東岐頭海口專禦洋田磐曹田日園一帶地方
內輪撥什兵一哨划駕哨船六隻委中哨官帶

領專隨本条駐泊黃大磐海洋督哨餘兵把總
統領南與本道隨征哨及隔江後營官兵址與
右營官兵會哨應援右蒲二營
左營名色把總一員　哨官五員
左營民兵一枝因嘉靖三十七等年倭賊登犯
而設平時屯揷蒲壯二所汛期出守上魁海口
專禦塩浦鎮下一帶地方南哨福建流江界址
與中營官兵會哨應援鎮下中營
右營名色把總一員　哨官五員

右營軍兵一枝因嘉靖三十七年倭賊登犯而
設平時屯揷盤石後所汛期出守石馮海口專
禦三與塩盤沙角南嶺平山白沙一帶地方南
與隨征標營官兵址與蒲岐營官兵會哨應援
標蒲二營
中營名色把總一員　哨官五員
中營軍兵一枝因嘉靖三十七等年倭賊登犯
而設平時屯揷金鄉衛汛期出守大漁海口專
禦石塘潼頭七溪小護大小漁埜一帶地方南

與左營官兵廿與珠炎官兵會哨應援

前營名色把總一員　　哨官五員

前營民兵一枝平時屯捕平陽縣汛期出守僊口海口專禦陌城汲路口眉右宋埠陡門江菜一帶地方因仙口對臨大海前無島嶼去兵船尚遠分哨沙園南與珠炎官兵廿與溫州中軍團操營二哨會哨應援

後營名色把總一員　　哨官五員

後營民兵一枝因嘉靖三十九等年倭賊登犯皆深水埠係極衝要海口設兵防守平時屯捕海安梅頭汛期出守前後崗海口專禦場橋長沙永嘉場沙村黃石浦一帶地方南與溫州中軍團操營二哨廿與隔江隨征標營官兵會哨應援標前二營

珠明炎亭嘉靖三十七八等年倭賊登犯係極衝海口因地廣兵稀本區官兵分布不周每年大汛

軍門議發標下二營前來協守萬曆十九年閩

警蒙

軍門常　募發二營官兵常川防守嗣因議息已定議汰一營永為防守標兵免調發奔走之勞歲省行粮之費充為經久良規

珠炎營名色把總一員　　哨官五員

珠炎營民兵一枝平時屯捕炎亭專禦珠明石坪大畧舥艚洪嶺一帶地方南與中營官兵廿與前營官兵會哨應援

處州團操軍民兵二總

內一總屯劄處州府城防鎮民兵三哨軍兵二哨把總一員哨官五員民隊長九名什長二十七名兵二百七十名書記醫生火藥匠各一名健步二名旗手八名吹鼓手六名把總下戰馬一匹哨官家丁三名軍隊長六名什長十八名兵一百八十名哨官家丁二名共五百四十一員名匹一總調發海岐防海是為蒲岐營民兵四哨軍兵一哨把總一員哨官五員民隊長十二名什長三十六名兵三百二十四名書記醫

生火藥匠各一名健步二名旗手八名吹鼓手
六名把總下戰馬一匹哨官家丁四名軍隊長
三名什長九名兵八十一名哨官下家丁一名
共四百九十六員名匹

名色把總一員　哨官五員
屯劄府城輪班哨兵前往龍泉慶元竹口衝要
地方哨探防鎮

名色把總一員　哨官五員
蒲岐營陸兵一枝因嘉靖三十一等年倭賊登

犯設立官兵防守平時屯劄蒲岐所汛期出守
下堡浚塘海口專防樂清高嵩黃華鏵鍬前塘
雙陸門清江渡一帶地方南與右營官兵壯與
台州界官兵會哨

温處沿海一帶分布防禦總計陸兵共一十營民
哨隊什兵共四千一員名軍哨隊什兵共一千
四百一十八名汛畢收回原駐劄地方團練汛
期分發地方哨守可謂周且密矣

水陸兵餉

一關遊
金盤把總日支銀一錢七分
名色把總日支銀一錢二分
哨官日支銀六分
捕盜日支銀六分
民正舵工日支銀五分五釐
民隊長日支銀五分
民副舵工日支銀四分五釐
哳槳河內船民舵工日支銀四分

民兵日支銀三分
書記日支銀三分
民健步家丁日支銀二分五釐
軍隊長每汛五個月月支米一石四斗五升折
銀七錢二分五釐又優異銀一錢餘月支米
一石折銀四錢五分
軍舵工并軍吹手每汛五個月月支米一石四
斗五升餘月支米一石各折銀同前
坐駕軍兵每汛月支米一石四斗五升餘月一石

各折餉同前
協哨軍兵每汛月支米一石四斗五升折銀同前
餘月分爲二班在船支米一石折銀四錢五分
四衛軍丈六斗折銀二錢七分餘丁五斗折銀
二錢二分五釐
民兵歲餉
祭将随征哨原額捕隊舵兵月該餉銀一百四十
八兩五錢除放班一月外歲該銀一千六百三
十三兩五錢

本寨中遊哨原額官捕舵兵月該餉銀五百兩一
錢除放班一月外歲共該銀五千五百一兩一
錢
把總遊哨原額官捕舵隊兵役月該餉銀五百五
十五兩六錢除放班一月外歲共該銀六千一
百一十兩六錢
黄華關原額官捕舵兵月該餉銀二百三兩二錢
五分除放班一月外歲共該銀二千二百三十
八兩九錢

飛雲關原額官捕舵兵月該餉銀二百五十九兩
五分除放班一月外歲共該銀二千八百四十
九兩五錢五分
江口關原額官捕隊舵兵月該餉銀二百兩五錢
五分除放班一月外歲共該銀二千二百六兩
五分
鎮下門關原額官捕隊舵兵月該餉銀一百九十
一兩八錢五分除放班一月外歲共該銀二千
一百一十兩三錢五分

隊軍歲餉
祭将随征哨隊軍一百七名汛月該米一百五十
五石一斗五升折銀七十七兩五錢七分五釐
畢月該米九十五石七斗八升折銀四十三兩
一錢一釐五毫汛期加隊舵優異銀七錢歲共
該銀六百四十九兩九錢八分三釐
本寨遊哨隊舵軍餘六百八十一名汛月支米九
百八十三石三斗四升一合五勺折銀四百九
十一兩六錢七分畢月該米六百二十九石六

斗九升三合三勺折銀二百八十三兩三錢六
分一釐九毫汛期加隊舵優異銀五兩六錢歲
共該銀四千一百八十六兩五錢二分一厘四
毫
把總遊哨隊舵軍餘共七百八名汛月支米一千
二十五石八斗七升五合折銀五百一十二兩
九錢三分七厘畢月支米六百三十二石七斗
五升折銀二百八十三兩一錢八分七厘五毫
汛期加隊舵優異銀五七八錢歲共該銀四千

三百四兩八錢一分
黃華關隊舵軍餘二百五十六名汛月該米三百
七十石四斗二升六合折銀一百八十五兩二
錢一分二釐畢月該米二百二十六石九斗六
升折銀一百二兩一錢三分二厘汛期加隊舵
優異銀二兩歲共該銀一千五百四十八兩八
錢五分七釐
飛雲關隊舵軍餘二百四十七名汛月該米三百
五十七石一斗三升四合七勺折銀一百七十

八兩五錢六分七釐畢月該米二百一十九石
六升七合折銀九十八兩五錢八分汛期加隊
舵優異銀一兩九錢歲共該銀一千四百九十
三兩八錢一分六釐
江口關隊舵軍餘二百五十七名汛月該米三百
七十一石四斗四升一合五勺折銀一百八十
五兩六錢二分三厘畢月該米二百三十六石
六斗五升三勺折銀一百六兩四錢九分二厘
汛期加隊舵優異銀二兩一錢歲共該銀一千

五百七十八兩六分七厘
鎮下關隊舵軍餘一百八十三名汛月該米二百
六十五石二斗五升折銀一百三十二兩六錢
七分五釐畢月該米一百二十石六斗二升四
合折銀九十九兩二錢八分汛期加隊舵優異
銀一兩九錢歲共該銀一千二百六十八兩五
錢五分五釐
一陸營
名色把總日支銀一錢二分

哨官日支銀六分
民隊長日支銀四分內標營管駕哵船隊長汛
期四個月每月加銀三錢
民什長日支銀三分五厘內標營管駕哵船什
長汛期四個月每月加銀四錢五分
民兵日支銀三分
民醫書日支銀三分
民雜役日支銀二分五厘
軍隊長每汛期六個月支銀六錢餘月五錢

軍什長每汛月支銀五錢五分餘月四錢五分
軍兵并雜役每汛月支銀五錢餘月四錢
軍民兵歲餉
兵巡道標下走差健步一十六名月該銀一十二
兩
本道隨征圍操軍前披執温州衛軍兵八十六名
月各支米不等歲通共該米六百四石八斗
軍前哨探并吹皷手軍兵三十二名汛月該米折
銀一十六兩畢月一十二兩八錢歲共銀一百

七十二兩八錢
本道標下中軍營官隊兵馬雜役日月該銀四百六
十二兩一錢五分除放班一月外書醫雜役全
支歲共該銀五千一百三十三兩四錢八五分
本營漁船二隻哵船十二隻網船二隻該官隊舵
兵書役二百七十一員名月該銀二百五十七
兩二錢五分除放班一月外歲共該銀二千八
百三十一兩四錢

參將標下中軍員役并家丁馬丁四十九員名馬
二匹月共該銀四十一兩八錢五分歲共該銀
五百二兩二錢旗皷手軍兵三十五名汛月該
儲折銀一百五兩畢月該銀八十四兩歲共該
銀一百八十九兩披執軍伴一十八名月該米
折銀七兩二錢歲共銀八十六兩四錢
標營民兵五哨官隊兵馬并抽划駕民哵船舵兵
月共該銀四百六十一兩四錢除放班一月外
雜役書醫家丁全支歲共該銀五千九十四兩
四錢五分本營額設哵船六隻抽隊兵划駕每

遇汛月隊舵月加優異銀三兩一錢五分四個
月共銀一十二兩六錢
左營民兵五哨官隊兵馬月該銀四百六十一兩
四錢除放班一月外書醫家丁雜役全支歲共
銀五千九十四兩四錢五分
右營軍兵五哨官隊什兵馬汛月該餉銀二百六
十一兩六錢畢月該餉銀二百一十二兩七錢
除放班一月外書醫家丁雜役馬匹全支歲共
該銀二千六百四十三兩四錢五分

中營軍兵五哨官隊什兵馬餉銀與右營同
前後珠三營俱民兵五哨官隊什兵馬餉銀與左
營同
蒲岐營左右前後四哨坐支處州府餉外
中哨官隊什軍兵九十五員名汛月支銀四十
九兩五錢五分畢月除放班一月外該銀四
十兩一錢五分歲共該銀四百九十九兩五
分
額徵軍儲

永嘉縣額徵夏秋鹽米共二萬七千一百二十八
石八斗六升七合一勺二抄內奉文改米一千
六百九十八石五斗五升九合八勺折銀充餉
外
實徵軍儲米二萬五千四百八十石三斗七合二
勺八抄內
本色米一萬一千六百七十一石四斗八升四合
二勺六抄
折色銀七千七百四兩八錢五分二釐六毫六絲

樂清縣額徵夏秋鹽米共一萬六千六百二十八
石八斗一升六合六勺二抄五撮內奉文撥濟
運米一百九十九石七斗四升三合三勺五抄
外
實徵軍儲米一萬六千四百二十九石七升三合
二勺七抄五撮內
本色米八千三百一十四石四斗八合三勺一抄
二撮五圭
折色銀四千四百六十三兩六分五釐七毫三絲

瑞安縣額徵夏秋鹽米共二萬七千二百五十五石二斗三升七合二勺八抄內奉文改秋米二千五百三十九石四斗五升八合四勺一抄折

民壯充餉折銀外

實徵軍儲米二萬四千七百一十五石七斗七升八合八勺七抄內

本色米一萬三千六百二十七石六斗一升八合九勺

折色銀六千九百八兩四錢八分八釐八絲五忽

平陽縣額徵夏秋鹽共米三萬六千八百五十四石一斗九升四合六勺一抄五撮內奉文改米九千四百五石五斗五升六合七勺三抄折銀充餉又扣米二千一百七十五石二斗八升二合折銀濟運外

實徵軍儲米二萬五千二百七十三石二斗五升五合八勺八抄五撮內

本色米一萬五千四百三十一石四斗八升五合

折色銀五千四百一十二兩九錢七分四釐

額徵兵餉充餉

永嘉縣銀六千四百四十三兩七錢五釐四毫一絲六忽

樂清縣銀四千六百八十五兩一錢一分五毫七絲

瑞安縣銀四千七百八十三兩二錢六分八釐九毫九絲六忽

平陽縣銀一萬五十八兩四錢四分五毫二絲九忽

泰順縣銀七百六十一兩六錢九分四釐一毫五絲一忽

萬曆二十一年二月內蒙

督撫軍門常　案驗奉

部文行府內開本府屬縣田地山蕩畝加派銀三釐共銀七千六百四兩八錢九釐三毫二忽八釐嗣因警息已蒙增兵已汰酌議漸減尚候

詳行

額外充餉

永嘉縣

店碓租銀一百一十四兩六分七厘

塗田租銀三百六十七兩二錢五分四厘

樂清縣

塗田租銀五兩六錢七分六毫一絲八忽

瑞安縣

碓租銀一百七十一兩八錢四分五厘八毫四

絲陸忽

塗田租銀一百八十三兩二分三厘七絲四忽

沙水銀一百二十六兩六錢四分

平陽縣

店碓租銀一百四兩九錢一分六厘五毫

沙水銀一十八兩三錢九分二厘五毫

額徵戰船料

永嘉縣銀一百二十八兩七錢

樂清縣銀六十兩三錢

瑞安縣銀六十二兩五錢五分

平陽縣銀一百四兩四錢

泰順縣銀八兩一錢

無額水竹山埠稅菜菸

本道副使蔡　案驗奉

三察院批詳行府委官僉牙收稅充餉毋泥原

額止照所收實數續該本府覆議正稅羨餘二

項躲閃不雅詳改規制如南貨過北名南稅每

百斤定與水脚銀三分每水脚一兩內抽官稅

三分每季約銀百兩餘北貨過南名北稅照貨

值價一兩納官稅一分緣係荳麥魚鮓等物出

産靡常稅無定額自二十二年夏季起稅置立

循環簿票按季解查詳允遵行

額撥外府協濟

兵餉充餉

處州府銀壹萬壹千伍拾伍兩捌錢陸分玖厘

金華府銀壹萬肆千玖百捌拾貳兩肆錢肆分坪

厘肆毫伍絲柒微玖塵伍渺內除玖百叁拾陸

兩貳錢壹分陸厘伍絲徑解衢州府以作温州

府應濟該府餉用外實該協濟温州府銀壹萬

肆千肆拾陸兩貳錢貳分捌釐肆毫柒微玖塵
伍渺
戰船料銀
處州府該銀肆百貳拾兩叁錢
增撥加派餉
金華府銀伍千壹百柒拾壹兩貳錢陸分陸釐貳
毫伍絲玖忽
處州府銀陸千陸百柒拾壹兩捌錢玖分叁釐玖
毫柒絲柒忽二府加派銀兩候警息寧日撤兵

已汰酌議漸減
溫州衛左右中前後五所并衛鎮旗
原額旗軍伍千陸百捌拾陸名頻運淺船貳百
伍拾肆隻
除陸續逃故外見在食粮運存乃各差正餘旗
軍叁千壹百叁拾捌名內
運粮正餘旗軍貳千柒百玖拾肆名
團操巡塩巡捕隨征徤步局匠看守各處吹手
銃手跟隨各差共叁百肆拾肆名

額坐平定倉關支本倉原派有金華府協濟銀
伍千伍百兩續經奉文掣回彼府充餉爰請未
復今議與各倉通融支給見載額餉歲派
溫州衛屯折銀肆千壹百叁拾柒兩零
永嘉縣
夏秋塩米共玖千陸百壹拾捌石柒斗柒升叁
合柒勺陸抄內
本色米肆千貳拾壹石肆升貳合叁勺陸抄
折色米伍千伍百玖拾柒石柒斗叁升捌勺折

銀叁千柒拾捌兩柒錢伍分壹釐玖毫肆絲又
折色濟運米叁百肆石柒斗伍升柒合捌勺陸
抄折銀壹百陸拾柒兩陸錢壹分陸釐捌毫貳
絲叁忽
樂清縣
濟運銀壹百玖兩捌錢伍分玖釐
瑞安縣
夏秋塩米肆千壹百肆拾石叁斗叁升壹合貳
勺內

本色米貳千柒拾石壹斗陸升伍合陸勺
折色米貳千柒拾石壹斗陸升伍合陸勺折銀
壹千壹百叁拾捌兩伍錢玖分壹釐捌絲
平陽縣
濟運銀壹千壹百玖拾陸兩肆錢陸分
海安守禦千戶所
原額旗軍壹千貳百伍拾名
除陸續逃故外見在食粮各差旗軍伍百肆拾
捌名

額外餘丁選補海圖及操備等差柒百柒拾肆
名
額坐廣豐肆倉關支歲派
瑞安縣
夏秋塩米共玖千柒百壹拾石壹斗柒升壹合
捌勺內
本色米肆千捌百伍拾伍石捌升伍合玖勺
折色銀貳千陸百柒拾兩貳錢玖分柒釐貳毫
肆絲伍忽

瑞安守禦千戶所
原額旗軍壹千叁百壹拾玖名
除陸續逃故外見在食粮各差旗軍肆百貳拾
玖名
額外餘丁肆拾柒名
額坐豐積倉關支歲派
瑞安縣
夏秋塩米共捌千捌百玖拾陸石肆斗玖升玖
合內奉文改折米貳千伍百叁拾玖石肆斗

伍升捌合柒勺充餉外
[實]徵米共陸千叁百伍拾柒石肆升叁勺玖抄
內
本色米肆千肆百肆拾捌石貳斗肆升捌合玖
勺一分
折色米壹千玖百捌石柒斗玖升壹合叁勺折
銀壹千肆拾玖兩捌錢叁分陸釐
平陽守禦千戶所
原額旗軍壹千貳百叁拾貳石

除陸續逃故外見在食粮各差旗軍壹百玖拾
陸名
額外餘丁陸拾柒名
額坐常豐倉關支歲派
平陽縣
夏秋塩米共貳千捌[illegible][illegible]伍石壹[illegible]壹升伍
合玖勺柒抄肆撮
本色米壹千柒百玖拾壹石玖斗[illegible][illegible]貳合伍
勺叁抄壹撮伍圭

折色米玖百玖拾叁石壹斗叁升叁合肆勺肆
抄貳撮伍圭折銀伍百肆拾陸兩貳錢貳分
叁釐叁毫玖絲叁忽叁微柒塵
瑞安縣
本色塩米伍拾石
折色米伍拾石折銀貳拾柒兩伍錢
金鄉衛內五所并衛鎮撫
原額旗軍肆千玖百貳拾捌名
除陸續逃故外見在食粮各差旗軍壹千壹百

捌拾貳名
額外餘丁柚櫓海團等差貳百肆拾柒名
額坐廣濟壹倉關支歲派
平陽縣
夏秋塩米共壹萬貳千壹百伍拾玖石貳斗貳
升肆勺柒抄內
本色米陸千陸百玖拾壹石陸斗捌升玖合陸
勺陸抄玖撮伍圭
折色米肆千肆百陸拾柒石伍斗叁升捌勺伍

圭折銀肆百伍拾柒兩壹錢肆分壹釐玖毫
肆絲貳微柒塵
本縣屯米柒拾石玖斗伍升貳合每石折銀伍
錢伍分共折銀叁拾玖兩貳分叁釐陸毫
泰順縣屯米陸拾叁石玖斗貳升每石折銀陸錢
共銀叁拾捌兩叁錢伍分貳釐
金鄉衛屯粮本色米貳千捌拾壹石伍斗伍升伍
合叁勺叁抄貳撮
沙園守禦千戶所

原額旗軍壹千貳百伍拾名
除陸續逃故外見在食粮各差旗軍叁百伍拾
名
額外餘丁抽撥海圍操備等差壹百捌拾貳名
額坐廣濟貳倉關支歲派
夏秋鹽米共柒千玖百捌拾捌石貳斗壹合叁
勺陸撮陸圭内
平陽縣坐派米叁千伍百捌拾石陸斗陸升陸合
陸勺陸撮陸圭内

本色米貳千貳百捌拾叁石捌斗壹升伍勺叁
抄壹撮捌圭
折色米壹千貳百玖拾陸石捌斗伍升陸合柒
抄肆撮捌圭折銀柒百壹拾叁兩貳錢柒分
捌毫肆絲壹忽壹微伍塵
瑞安縣坐派米肆千肆百捌拾石貳斗叁升肆合
柒勺内
本色米貳千貳百肆石壹斗壹升柒合叁勺伍抄
折色米貳千貳百肆石壹斗壹升柒合叁勺伍

抄折銀壹千貳百壹拾貳兩貳錢陸分肆釐
伍毫肆絲貳忽伍微
蒲門守禦千戶所
原額旗軍壹千貳百叁拾貳名
除陸續逃故外見在食粮各差旗軍貳百玖拾名
額外餘丁抽撥海圍操備等差貳百伍拾名
壯士守禦千戶所
原額旗軍壹千貳百叁拾貳名
除陸續逃故外見在食粮各差旗軍貳百壹拾

壹名
額外餘丁叁拾壹名
蒲壯二所額坐廣濟三倉關支歲派
平陽縣
夏秋鹽米共伍千柒百柒拾玖石捌斗貳升捌
合陸勺貳抄貳撮内
本色米叁千陸百陸拾肆石肆合捌勺
折色米貳千壹百壹拾伍石捌斗貳升叁合捌
勺貳抄貳撮折銀壹千壹百陸拾叁兩柒錢

叄厘壹毫貳忽
處州府慶元縣協濟本倉粮銀玖百肆拾伍兩伍
錢捌分捌厘柒毫零
盤石衛內肆所并衛鎮撫
原額旗軍伍千壹百貳拾伍名
除陸續逃故外見在食粮各差旗軍壹千貳百
陸拾陸名
額外餘丁抽撥海團操備等差捌百貳拾壹名
額坐廣豐壹倉關支歲派

永嘉縣秋米捌千貳百玖拾捌石貳斗壹升壹合
內
本色米叄千玖百叄拾叄石捌斗貳升肆合叄
勺
折色米肆千叄百陸拾肆石叄斗捌升陸合柒
勺折銀貳千肆百兩肆錢壹分貳厘陸毫捌
絲伍忽
樂清縣麥秋塩米共伍千壹百肆拾玖石陸斗伍
升叄合壹勺貳抄伍撮內

本色米貳千伍百柒拾肆石捌斗貳升陸合伍
勺陸抄貳撮伍圭
折色米貳千伍百柒拾肆石捌斗貳升陸合伍
勺陸抄貳撮伍圭折銀壹千肆百壹拾陸兩
壹錢伍分肆厘陸毫玖忽叄微柒塵伍埃
處州府龍泉慶元景寧青田肆縣共協助銀肆千
捌百伍拾叄兩捌錢壹分玖厘壹毫
盤石衛後千戶所
原額旗軍壹千貳百名

除陸續逃故外見在食粮各差旗軍伍百叄拾
伍名
額外餘丁操備等差貳百叄拾名
額坐廣豐伍倉關支歲派
樂清縣麥秋米貳千柒百壹石玖斗玖升陸合玖
勺內
本色米壹千肆百伍拾石捌斗柒升肆勺伍抄
折色米壹千貳百伍拾壹石壹斗貳升陸合伍
勺伍抄折銀伍百捌拾捌兩壹錢壹分玖厘

陸毫貳絲伍微
處州府協助米壹千貳百玖拾叁石玖斗捌升叁合叁勺折銀柒百壹拾壹兩陸錢玖分捌毫壹絲伍忽

蒲岐守禦千戶所
原額旗軍壹千肆百伍名
除陸續逃故外見在食粮各差旗軍壹千壹百壹名
額外餘丁抽充海團操備等差貳百壹拾伍名

額坐廣豐二倉關支歲派
樂清縣麥秋米捌千伍百柒拾柒石肆斗叁升內
本色米肆千貳百捌拾捌石柒斗壹升伍合
折色銀貳千叁百伍拾捌兩柒錢玖分叁厘貳毫伍絲
處州府協助米貳千伍百捌石伍斗玖升陸合捌勺折銀壹千叁百柒拾玖兩柒錢貳分捌厘貳毫肆絲

寧村守禦千戶所
原額旗軍壹千貳百陸拾壹名
除陸續逃故外見在食粮各差旗軍肆百肆拾玖名
額外餘丁抽撥海團操備等差共壹千肆百陸拾柒名
額坐廣豐三倉關支歲派
永嘉縣夏秋米柒千肆百捌拾叁石捌斗玖升伍合貳勺內
兌[illegible]石叁斗壹升壹合折銀壹

百貳[illegible]分壹厘伍毫解府給餉
實徵米柒千貳百伍拾捌石伍斗捌升肆合貳勺
本色米叁千伍百壹拾陸石陸斗叁升陸合陸勺
折色米叁千柒百肆拾壹石玖斗肆升柒合陸勺折銀貳千伍拾捌兩柒分壹厘壹毫捌絲
平陽縣秋米玖百陸拾捌石肆斗貳升柒合陸勺
折銀伍百叁拾貳兩陸錢叁分伍厘壹毫捌絲

處州府松陽縣協助米肆千壹百伍拾石折銀貳
千貳百捌拾貳兩伍錢
已上金盤二衛并海安等七所額外餘丁每年
班撥精壯選抽閱遊協駕各營團操月糧聽
於各該倉儲折色支給惟溫州衛止供運糧
及額定中軍披執俱坐支該倉軍儲其運糧
戍船每隻額該旗甲壹名綱司壹名軍餘玖
名各旗軍月糧每年每軍先給拾個月內壹
月給米安家玖個月折銀一總解赴

糧儲道驗解淮安始發運官給各見運旗軍
如截存船隻旗軍回衛糧銀解還本府收候
奉文內將正至陸月截抵各軍減存料銀起
解餘銀存庫拾壹拾貳兩個月糧通融每軍
扣軍需米叁升運軍仍扣加貢米壹石餘銀
并餘米俱給各軍平陽盤石後所軍少僅供
城守等差向不撥發海團

食糧則例

衛所旗軍有正例餘丁之分舊規以額設與充
發者俱謂正軍月支捌斗奉例頂補絕軍者亦
謂例軍不論差役輕重月支伍斗其餘舍人餘
丁例不支糧因海防多事隆慶元年始議舍餘
餘丁輳與正例軍一體月支捌斗點撥出海并
充水陸軍兵常川月支壹石溫州衛運軍減存
各依例扣糧抵料貼駕軍兵汛期月支米壹石
汛畢寄操月支陸斗其餘正差烽堠臺陸路等
軍俱春汛叁肆伍月各支捌斗小汛與餘月通
支陸斗巡捕隨操軍鼓手火藥匠看火器[illegible]

分司演武場各寨軍兵各常川月支陸斗局匠
軍上工者月支捌斗辦料者月支陸斗總小旗
已併鎗者雖撥輕差亦准月支捌斗未併鎗者
照軍支糧操備正軍月支陸斗例軍月支伍斗
問發永遠軍有妻或雖無妻有祖父母伯叔兄
弟隨任者准照全支隻身者支肆斗終身軍有
妻者支伍斗無妻者支叁斗老幼正軍果無壯
丁依倚者支叁斗有依倚者不准隆慶肆年查
得各軍生長海濱且業漁樵風濤弗畏大小俱

船協駕軍兵仍議加厚優恤常川給米壹石汎
月加行粮肆斗隊長月加壹錢充陸路兵者常
川支壹石隊長外加壹錢什長伍分此沿海衛
所食粮軍之則例也

漁稅

沿海居民以漁為生先因出入無稽引倭為患
嘉靖三十一等年節該
撫按議立綜長管束量船大小納收稅銀給與由
帖旗號送本道鈐印方許下海採捕鹽稅以十

為率伍分起解運司類解濟邊伍分貯庫聽候
支用令各漁戶報名在官每年叁月以裏黃魚
生發之時許其結綜出洋捕魚伍月以裏回港
稅銀大中雙桅船銀貳兩正單桅船銀壹兩貳
錢尖船柒錢艍艚船銀伍錢河條船銀叁錢歲
約共伍千餘兩溫州府議留漁稅銀壹千捌百
兩内捌百兩添備修船陸百伍拾兩製辦軍火
罷械公用餘聽
院道軍前犒賞金盤處州水陸官兵其餘漁稅
銀俱解
布政司充餉萬曆十二年各船遭風打壞漁民
具告該前道祭副使查滅編其實在者徵稅歲
約叁千貳百有奇近議編立保甲整搠罷械結
綜捕魚有警與關遊兵船併力攻勦聲勢聯絡
則漁舟皆戰艦漁人皆勁卒矣豈直取盈於區
區之稅已哉

各縣徵解數

永嘉縣銀壹千壹百捌拾陸兩壹錢陸分

樂清縣銀壹千陸拾柒兩壹錢柒分
瑞安縣銀柒百貳兩貳錢捌分
平陽縣銀貳百貳拾捌兩伍錢肆分

軍需

溫州衛

一年一造文冊該紙劄工食等項并解司軍需
共銀陸拾肆兩貳錢伍分俱每年全徵
三年一造圖冊該紙劄工食并武舉共銀柒拾
捌兩陸錢每年徵銀貳拾陸兩貳錢

五年一造文冊該紙劄工食等銀叁拾貳兩肆
錢每年徵銀陸兩肆錢捌分
十年一造文冊該紙劄工食等銀叁拾貳兩肆
錢每年徵銀叁兩貳錢肆分
已上各項每年共該徵銀壹百兩壹錢柒分照
舊本衛海安瑞安平陽三所量計旗軍多寡
朋辦內本衛該銀柒拾兩壹錢柒分三所各
該銀拾兩俱先儘該衛所旗軍折鈔算抵次
及月粮扣足

三年一次照刷文卷該紙劄工食等銀陸兩每
年徵銀貳兩
每年雜辦該徵銀貳百肆拾柒兩陸錢柒分
已上各項每年共徵銀貳百肆拾玖兩陸錢柒
分先儘本衛旗軍折鈔算抵次及月粮扣足

海瑞平叁所

一年三年五年十年造報文冊各紙劄等銀先
年成規俱總派本衛數內類造今已申明仍
舊算派如遇該造之期該所即支日用紙劄
止造草冊一本送衛類造不許重復科派
每年雜辦每所徵銀柒拾玖兩柒錢貳分
三年一次照刷文卷該紙劄工食等銀壹兩捌
錢每所每年徵銀陸錢
已上各項每年每所通共徵銀捌拾兩叁錢貳
分先儘該所旗軍折鈔算抵次及月粮扣足

金鄉衛

一年一造文冊該紙劄工食等項并解司軍需
共銀陸拾壹兩捌錢柒分俱每年全徵

三年一造圖冊該紙劄工食并武舉共銀柒拾
玖兩貳錢每年徵銀貳拾陸兩肆錢
五年一造文冊該紙劄工食等銀共叁拾貳兩
肆錢每年徵銀陸兩肆錢捌分
十年一造文冊該紙劄工食等銀共叁拾貳兩
肆錢每年徵銀叁兩貳錢肆分
已上各項每年通共徵銀玖拾柒兩玖錢玖分
照舊本衛與蒲壯沙三所量計旗軍朋辦內
本衛該銀柒拾陸兩玖分蒲門壯士二所各

該蚾柒兩沙園所該銀柒兩玖錢俱該衛所
旗　折鈔筭伍次及月粮扣足
三年一次照刷文卷該紙劄工食等銀陸兩每
年徵銀貳兩
每年雜辦該徵銀貳百肆拾捌兩陸錢柒分
已上各項每年共徵銀貳百伍拾兩陸錢柒分
先儘本衛旗軍折鈔筭伍次及月粮扣足

蒲壯沙三所
一年三年伍年十年造報文冊各紙劄等項銀

先年成規俱總派本衛數內類造今已申明
仍舊筭派如遇該造之期該所即支日用紙
劄止造草冊一本送衛類造不許重復科派
每年雜辦各所俱照全徵
三年一次照刷文卷該紙劄工食等銀壹兩捌
錢貳分每年徵銀陸錢
已上各項每年通共徵銀蒲門壯士二所各該
銀柒拾柒兩叁錢貳分沙園所該銀捌拾貳
兩叁錢貳分俱先儘該所旗軍折鈔筭伍次

及月粮扣足

盤石衛
一年一造文冊該紙劄工食等項并解司軍需
共銀陸拾兩肆錢玖分俱每年全徵
三年一造刷冊該紙劄工食并武舉共銀柒拾
玖兩肆錢肆厘每年徵銀貳拾陸兩肆錢陸
分捌厘
伍年一造文冊該紙劄工食等銀叁拾壹兩貳
錢伍分每年徵銀陸兩貳錢伍分

十年一造該紙劄工食等銀叁拾壹兩貳錢伍
分每年徵銀叁兩壹錢貳分伍厘
已上各項每年共該徵銀玖拾陸兩叁錢叁分
叁厘衛與後蒲寧三所量計旗軍多寡朋辦
內本衛該銀柒拾壹兩後所該銀陸兩蒲岐
所該銀拾兩寧村所該銀玖兩叁錢叁分俱
先儘該衛所旗軍折鈔筭伍次及月粮扣足
三年一次照刷文卷該紙劄工食等銀陸兩每
年徵銀貳兩

每年雜辦該銀貳百肆拾肆兩貳錢柒分
已上各項每年共該徵銀貳百肆拾陸兩貳錢
柒分先儘本衛所旗軍折鈔筭扣次及月粮
扣足
浚蒲寧三所
一年三年五年十年造報文冊各紙劄等銀先
年成規俱總派本衛數内類造今已申明仍
舊筭派如遇該造之期該所即支日用紙劄
止造草冊一本送衛類造不許重復科派

每年雜辦每所該徵銀柒拾玖兩柒錢貳分
三年一次照刷文卷各所該紙劄工食壹兩捌
錢每年徵銀陸錢
已上各項每年每所共該徵銀捌拾兩叁錢貳
分先儘該所旗軍折鈔筭扣次及月粮扣足
貯溫州府遇用支領
清屯
自古屯田為足食足兵之上策
國家各衛皆有屯軍以拾分為率以柒分守城叁分

屯種是即唐初府兵營田之制蓋萬世之良法
也本府盤石衛無屯田惟溫州金鄉二衛有之
然二衛之田其弊多同在溫州衛則被奸猾軍
頭每以老幼軟弱濫使歷苦運軍曾無寸土
在金鄉衛則有肥瘠遠近相懸近皆清刷品搭
又將軽差屯田抽撥幇運頗得公平刁惡者不
得肆其奸矣
溫州衛
本衛額設屯田叁百貳拾玖頃捌拾貳畝計貳

千柒百壹拾票坐落永嘉縣廣化集雲等廂九
與三十六等都附城沿江四散安着民田間雜
軍貳千柒百壹拾名領種内坍沒缺田壹拾伍
頃壹拾畝陸分歲該屯粮伍百柒拾柒石貳斗
肆升則於各軍户丁領田多票者派納名曰包
種歲非大歉寧田之租亦足完粮不為甚累
金鄉衛
原額屯田通共玖千玖百叁拾捌畝伍分貳釐
壹毫陸絲陸忽坐落本衛附城及平泰二縣安

着歲共該屯粮貳千貳百壹拾陸石壹升柒合
叁勺叁抄貳撮内
本衛屯軍領種柒百壹拾伍票内總旗田壹票
計壹拾捌畆小旗田肆票每票壹拾肆畆軍種
柒百壹拾票每票壹拾貳畆共田捌千伍百捌
拾玖畆捌分壹毫零歲共該屯粮貳千捌拾壹
石伍斗伍升伍合叁勺叁抄叁撮
平陽縣坐民承種屯田柒百玖畆伍分貳釐歲
該屯粮柒拾石玖斗伍升貳合

泰順縣坐民承種屯田陸百叁拾玖畆貳分歲
該屯粮陸拾叁石玖斗壹升

造船

夫防禦之術據險爲先截殺之機在洋爲易故
哨探莫便於刀舸衝犂必資于樓艦惟福船體
艕高大形勢巍峩望若丘山建大將之旗鼓風
行潮海撲賊艇如卵鶵若遇大衆寇邊非此無
以取勝此海防第一義也但其轉折艱難非順
風潮莫動若作脆薄冐颶不支惟利深洋難泊
淺岸至于蒼鐵漁唬等船追勦便捷遇敵救援
故好事者遂謂小船當增大船當減致騰改造
之議博取節省之〻殊不知小船止利於零賊
之追捕而不利於大舉之仰攻要當兩利俱存
豈可因咽廢食節經存減已合時宜今求實用
惟在依期拆造選取堪用舊料作爲上艕其底
艙下裝用新木成造定限福船板厚二寸五分
以上蒼鐵漁船各厚二寸小哨一寸五分俱用
松板一尺限用四釘如法灰艌委官驗于與工

之前查于完工之日務要杉木合式釘料無虛
槓具蓬桅堅固完備近来議改官税各捕奸詭
止將梁頭增濶故將船身減短致出洋運動不
便豈能乘勢追風衝犂取勝各船限滿造日預
支税銀一年助造完日丈明定税務要長濶如
式方准起税吕身壓艙濶即將短處減税濶處
不加用杜奸捕騙〻之計其量船之法但從中
身長則前至艕門下後至舵樓梁内濶則止丈
走風梁上面兩傍除去闌河方爲實數尺須鈔

尺官須親步若干下人得以為奸而錢粮虛費
良為可惜承委者宜慎諸
戰船改稅數目附扣繒濼
一號福船銀貳百□拾貳兩五錢仍梭門起至舵
樓門止計長捌丈貳尺梔下支風梁潤貳丈伍
尺每年稅銀玖拾兩
二號福船銀貳百肆拾伍兩計長柒丈壹尺潤貳
丈每年稅銀柒拾貳兩
三號福船銀貳百貳拾□兩計長陸丈陸尺潤壹丈

海防圖畧　卷一　十一

捌尺每年稅銀陸拾□兩捌錢
四號福船銀貳百兩計長陸丈叁尺潤壹丈陸尺
每年稅銀伍拾柒兩陸錢
草撇船銀壹百肆拾兩計長伍丈陸尺潤壹丈肆
尺伍寸每年稅銀肆拾陸兩玖錢捌分
已上貳號起至草撇船丈量長潤起止俱倣一
號船稅銀分作兩□□如上年十二月先支
下年春夏二季本年七月支秋冬二季遇造
船年預支下年全稅

官造
民漁船銀肆拾叁兩舊料未計
民唬船銀壹拾伍兩叁錢除舊料壹兩伍錢近
武覺大議扣□□壹拾陸兩伍錢舊料未計
網船銀貳兩除舊料銀貳錢伍分實給銀壹兩
柒錢伍分
造修船扣粮例
福草船拆造除軍民兵十名幇工外餘扣六十日
重修軍民兵扣四十日　輕修扣三十日

海防圖畧　卷一　十二

鐵船拆造扣五十日
重修扣三十日　輕修扣二十日
叭喇唬船拆造扣二十五日
重修扣十五日　輕修扣十日
網船拆造扣十日
重修扣五日　輕修扣三日
已上福草鐵船捕□□扣正舵工改支兵粮副
舵軍民兵俱扣□內唬船隊長□扣舵工改
支兵粮留二名幇工外餘俱扣省網船兵□

一名餘一名扣省
民造稅船例
鐵船壹拾捌隻
捌槳船貳隻
各捕自造船發關遊防禦原額每隻梁頭寬尺
壹丈叁尺伍寸船身陸丈貳尺歲給稅銀貳拾
柒兩若梁頭壹寸者減銀貳錢短壹尺者減銀叁
錢每歲通共稅銀伍百玖拾叁兩捌分每歲冬
給下年上季稅銀作防大汛秋給本年下季稅

銀修防小汛凡遇船造中間作支來年全稅助
造修造完工限期同於官船例
造器械附工料
夫水陸器械件皆委之總哨官各自督匠造修
柰何相倚為奸或巧生名色以糜財用或漫為
請給以致侵漁不堪查無實用悉行停造
其應造應換軍火各記總官驗實不甘者
造堪修者修大小以畢先期請造送道復
驗如果不堪當堂舊作新行府修

造以備防汛之用許臨道汛期方敘呈請亦
不許將堪修者混應換虛費錢糧二料銀兩
俱於議留文兵粮內動支專
官一
准事例立法給三次少者二次給銀造限
十日解道比較一以上監併家屬二月以上
究罪其佛狼機大銃鳥銃百子銃必須堅鐵實鍊
磨光潤鳥銃尤要打銃鑽成器械鋼利火器製
造如法迅速發遣道查驗如有不堪坐

罪經造匠作責令造日造過已未完
數目送道查明既有以舊作新可且搶飾冒破
即以侵坐罪如此則不致冒破皆得實用至
於衛所稱年包攬旗軍通同本管官并匠作竟
自折價朋分惟遞至於點將遞年貯
者乃應置軍火
砲械倚環簿分舊開除每道
倒換臨點照簿稽查則不能矣
一軍火器械工料銀

佛狼機每架工料銀一十壹兩叁錢柒分伍厘附[illegible]
[illegible]銃三個工料銀[illegible]錢柒分玖厘
百子銃每門銀壹[illegible]　此銃最便用
鳥銃每把銀[illegible]　此銃最要[illegible]難精
連三銃每把銀壹錢柒分伍厘　此銃起蹄用
神機銃每把銀伍錢伍分玖厘
噴筒每個銀柒分
溜筒每個銀叁厘
烟罐每個銀陸分壹厘

起火每枝銀伍厘
火箭每枝銀壹分伍厘
神機箭每枝銀壹分伍厘
燕尾箭每枝銀壹分貳厘
鐵箭每枝銀[illegible]厘
撒[illegible]枝銀[illegible]分貳厘
一窩蜂每桶工料[illegible]錢　近停造
九龍盞每匣共工料銀壹錢[illegible]分[illegible]厘　近停造
火繩每斤工料銀[illegible]分[illegible]厘陸毫

大小鉛子每斤工料銀叁分叁厘
火藥每斤銀肆[illegible]
鳥銃藥每斤銀肆[illegible]叁厘
腰刀每把銀[illegible]分陸[illegible]
標鎗每根銀[illegible]分捌厘叁毫
藤牌每面銀叁錢貳分
鋼鉤每[illegible]銀肆分伍厘
諸葛弩每把銀壹錢貳分
新添製

發貢銃每門銀叁兩
大百子銃每門銀貳兩壹錢
梨頭鏢每件銀柒分
釘牌每面銀[illegible]錢伍分
火桶每桶銀[illegible]錢
火罐每個銀[illegible]分

溫處海防圖畧卷之二

選兵一

夫水兵選法與陸兵不同陸兵取其膂力雄偉水兵取其閑熟風濤若不慣水性則雖力舉千鈞暈船吐浪不得實用惟太平瑞平海濱居民下海捕魚而黑身粗練識水性雖膂力頗小亦可收補欲試其能或江洋或海口以小船一隻十餘人同操往來搖櫓如飛不動聲色即如其能矣此所謂水虎捷攻波單不慮無人也其實業家全在其工諳識風候瞭東西南

北之雲審青黃赤白之氣知山上必發何風并各月忌日必起何風若遇暴風當收何澳占泊上游則我先立於不敗之地而可戰敵取勝易易矣

選兵二

大凡選兵宜以膽氣為主膂力武藝相為表裏闕一不可但專取一者則非選法耳第一忌用城市遊猾之人凡面目光白筋力柔脆言語浮薄舉動輕佻者是也此輩平居無主持一遇事變風靡失守唯是鄉野之人敦朴勤力勇往直前此為可用但看體貌粗黑皮骨堅勁言語朴實動履強毅者是也若專取膂力或專取武藝此不可以為訓何則力大而膽不充則緩急之際多為脂重呼之不聞推之不動蓋志不帥氣則力孤此力之不可恃也藝精而膽不充則臨事之時愛擇從宜不經格鬭預圖自全一交鋒鏑易為脫走蓋一心兩歧則渾身活計此藝精不可恃也諺云力強者膽少 知力為膽之助膽大而力斯奮力大而膽益壯非謂力能大膽嘗觀匹夫之勇千人莫當一旦執窮氣喪嗚咽自盡皮力有餘而膽不

足胡能至死而不變也又云藝高人膽大不知藝為膽之用膽大而藝斯藝精而膽自固非謂藝能大膽嘗觀絕技之夫美利刃一旦時危勢迫鼠竄自免彼藝雖熟而膽則怯惡能效死勿去也或云豈偉可取此與力大者同條或云伶俐可取此與藝精者同意此不可廢唯平素有膽之人兼此數者此為全材苟得其一二亦可備用當揀選之日若獨任一人一時之見或有遺明又必憑里鄰咨隊結勘公舉蓋生長出入同一鄉井性習分寸自得其真大約膽氣

舟中雖不可知其精神必露于外故選人者必顧其
精力何如兼用相術重福生之相忌凶死之形多不
失人生於年力則四十以下二十以上皆稱精壯合
用之器六 因材而授長短相雜刺衛兼資如藤牌
宜于精悍狼筅宜于雄偉長鎗短劍宜于便捷人以
器利器以人利隨試輒効苟一槩遣習則年近四旬
精力已減年方二十精力未完欲其披堅執銳蹈伏
伸縮以敵七尺之軀負大任重架隔遮欄以翼三軍
之衆必不能盡其用矣戚將軍台兵萬數都有定

始令親識之 [illegible]連生但其臨事必不能逃
不然無事之 陣乃投戈而去之兵云乎哉

練兵一

海中波濤洶湧風潮叵測難以列陣操演然其駕船
行使必須預練於平日如遇順風即令大小兵船揚
篷起柁搖櫓划槳或賊船在前如何追出上遊或遇
逆風如何敲搶行使演習慣熟庶臨敵不至周章至
於舟中器具必明職掌方有歸着捕盜專主船務各
聽管束當重其事權勿與衆同其舵工管舵無防舵

門下攻守椗手專管椗正頭前攻守繚手專管帆檣
繩索隨風轉摺斗手遇賊則上斗用犁頭標下射賊
神器手專管佛狼機百子銃等器掌號手專管號令
守閘頭炊爨手管船頭以防潛上守水仙門者臨陣
守艙門平時管一應家火檯具晝夜出入關防隊
長專管火藥鉛彈器械庶各專責不至推諉悞事福
船一隻捕盜一名家丁一名舵工二名斗手二名繚
手二名椗手二名守艙門二名掌號一名神器手四
名餘兵每十名為 外隊甲手二名鳥銃手二名

長鎗手二名鈀兼 十二名陸兵演習武藝名
為殺手專與賊對敵其火器鳥銃每船照陸營給發
務演火藥時時練習方能精熟庶有實用臨警掌號
則舵椗等手專司器具各隊殺手專一對敵或賊登
岸陸兵一時不及策應隊兵即時上岸衝敵水即陸
也列營之久永為遵守然其約法尤當預定如船退
縮後至於罪在捕盜船行遲廻者罪在舵工遇淺者
罪在椗手望賊船減帆者即斬繚手捕盗船到而不
前向賊船傍邊擦過使風不正者則斬舵工繚手如

已逼近賊船相并不能成功致賊船復走者則斬捕
隊有能挨查其兵不用力者即時割耳捕隊免罪則
人心知奮敵愾自生矣

練兵二

操練者本求實用非止熟知金鼓旌旗進退分合攻
衝起伏之法而已凡臨警對敵之事一一俱要服習
方為操練今人不知操練之義乃以教場中布陣吶
喊放炮行陣舊套就為操練殊不知臨敵之時那討
這等寬濶地面或遇高山或遇峻嶺或遇陸坡或遇

水田或遇淤泥或遇險狹或遇林木攙礙或遇一二三
條窄路或三五處曲徑若此等處所遇敵卻與平常
操演局面不同多因倉卒中不分部伍行列不論奇
正左右大膽者向前怯懦者落後亦不暇聽金鼓旌
旗號令一齊擁去僥倖而勝便謂如此用兵可以殺
賊不幸而前鋒少有失利則全營士氣披靡往往以
此悞事兵書所謂亂軍得勝僥倖成功者也是故練
兵之要有五一曰練心志二曰練耳目三曰練技藝
四曰練筋骨五曰練險夷何謂練心志蓋將之於兵

上下之分貴賤之等固不同其饑渴勞逸好惡喜怒
未嘗不同也為將者當因已之饑渴勞逸好惡喜怒
順其勢而導之因其情而體之如家人父子諄諄訓
誨至于榮辱之機又所以鼓舞人心者故罰不可輕
施賞不可濫及俾人心以榮辱為重為將者宜操此
榮辱之機賞罰明當則一怒色而衆皆知所警懼一
温言而衆皆知所勸勉苟賞罰不明不當則人心玩
慢無恥雖賞至千金而不感罰至殺戮而不畏為將
領者必表率素端恩威兼濟訓練慣熟使軍中人人

咸知親上死長之義進死為榮退生為辱千萬人一
心則練心之法庶不迷矣何謂練耳目如鼓聲不絕
便前面是水是火也須跳入如鳴金即止就前面是
金是銀也不離步行軍但看中軍號令如藍旗動則
左行白旗動則右行五方如之是謂練耳目何謂練
技藝蓋技藝必學難精諺云通百藝不如精一藝今
兵士各因其性質所便授以一器若牌筅鎗刀叉鈀
鳥銃弓矢之類專攻其一務期精熟果有餘力兼習
他技其緊關節目處無慮千百遍令手足器械舉動

圓活、全無一毫滯礙、臨時下手、然後可以隨意作用。是以二十年楊家鎗、綫𢷬為妙手、三十年少林棍、猶打不出寺門、若拈美虛花套子、不但今日官府難瞞、即一身安危榮辱係此、取功名富貴亦在此、可不用心練習。昔李廣善射、出入遊戲、必挾弓矢、與人居必盡軍陣、闊狹賭飲、專以射為樂、其精神心思觸處弓矢、故射入神、今人于藝能用此心、何技藝之不可精也。何謂練筋骨、凡人之血氣運動則堅、怠惰則脆、各兵既受豢養地方、安危義同休戚、若乃因循怠惰、觔

力精神、養成怯懦、一旦有事、跋涉山川、衝陣對壘、蚤夜奔馳、便覺勞苦難支、此時賊徒在前、嚴令在後、一不如法、軍令縱之、可不慎與。全要平日練就、堅恐臨敵有濟、領兵官目各宜鼓舞所部兵士、蚤與夜寐、用器械則挽強執堅以練手力、或如古人囊沙繫足奔走跳躍以練足力、或披重甲負重物、受饑渴勞苦以練身力、或往高山、臨泥塗、鼓衆爭逐、以歷地險、或因暴風雨、大寒暑、集衆趨赴、以備時艱、務要事事服習慣熟、不特一時權宜、必為終身貫用。訓練之際、又必為將領者於勤勞之事、身先任之、則兵士之壯氣日增、而人心自奮矣。何謂練險夷、凡兵遇敵於高山峻嶺、狹徑淤塗、林木蔽礙之處、我之衆不可用、技無所施、却與平時操演局面不同、而賊徒又多、以此等地面埋伏、設奇出我不意、若不有籌量多方布置、臨期難免悞事、領兵官於平時務須帶同頭目、遍察境內地形險隘之處、凡賊所由可以埋伏設奇者、窮搜詳慮、此等形勢、倘與賊遇、何以制之、我兵不便、何以用之、籌畫素定於胷中、臨機不難於應變、即如汎月領

兵出守、要地險阻之區、尤當一一揣看明白、該操之期、不必仍在教場操演舊套、諭令各兵齎裹乾糧、時出巡哨、即於險阻之區、立法操練、至于臨敵之事、亦必與衆詳明、何等地形、作何分布、彼衆我寡、或我衆彼寡、將何應援、出奇布伏、張局設疑、用何號令、務要制人而不制於人、一一融會、明法申令、然後舉號操演、必使登高如履平地、涉險如入坦途、宛如對敵、或左或右、或進或止、惟我指揮、如此、臨變起倉卒、亦視為尋常、而無失律之虞矣。其法為水牌六

第一牌書編營伍次第在此、　傍註其官管
第二牌、記縣分都啚在此、　傍註其官管
第三牌填年貌在此、　傍註其官管
第四牌記尺寸觔力在此　傍註其官管
第五牌記居住地名在此　傍註其官管
第六牌填武清冊在此　傍註其官管
一將六號匀牌分為六處挨號順擺、俱在於丹墀內兩邊每牌下晉空地可容一二隊人以便編記

一將選中兵、先儘哨官自定部下抽出隊長四名、又于隊長內定出什長三名、又令什長帶領入隊兵十一名、公座前一字立、先將隊長用東伍內腰牌紙一張、于習藝空內填領隊什字連人先送至填營伍處、其填營伍先給定無姓名行伍冊一本、遇送人到將腰牌紙內照營伍填畢又連人牌送與填縣分都啚處、照腰牌內空處填畢、又連人牌送至填年貌疤記處、照牌紙內空處填畢、又連人送至填尺寸觔力處照腰牌紙空處填畢文送至的當鄉土之官管填所住處地方照腰牌紙內空處填住處地名、今當查名管之兵有幾處人用幾處鄉土之官同司此牌以便認識畢方將本隊長帶過十二名兵內、先擇年力老大一人付以長牌長牌無甚花法只欲有膽力、顧之遮蔽其後兵前進耳、次年少骨輭便捷一名為藤牌手次將年力健大老成二人為狼筅枝幹繁重足以捍隊其法明直易習便於老成手足已硬之人次將殺氣有精神三十上下長健好漢四人為長鎗手

又長鎗之次者二人為短兵長鎗用法、非手眼俱活者不可用此器、又貴精中取精次將老實能肩負甘為下人者、一人充為火兵、定完其為其器、即填牌習藝空內通令隊長帶赴第六牌抄錄腰牌紙內所填格眼在冊即將一隊兵送于空地立、取隊什互相結狀、各隊什皆照此例

汛期

大汛以春分二月中時陽和方深東北風盛作日本島夷與諸國互市、或乘風剽掠可以猝至温台、故防

之夏至後南風盛海水熱蛟龍起颶風作彼既難來
我亦難嚮故此時撤防小汛以十月小陽東北風與
南風時或迭作故防之冬至後海寒北風欲冱故十
一月撤防惟四月漁船出洋乘掠鹽米壯男不敢深
入內地九十月海外諸國互市者皆乘東南風之廣
中香山遇船刼掠故大汛之防本區當重在北黄華
飛雲小汛之防當重在南鎮下然亦有不可泥者其
船在海飄泊日久流突無定防範均不宜懈要在當
事者時加慎焉

瞭探

夫海洋遼邈一望無涯醜夷蠢動順風揚帆一瞬千
里故防海之策以遠斥堠謹烽火為第一義本區南
自烽火關北至楚門所一帶計墩若干處如有傾頹
盡數修復每墩千百戶官一員墩軍五名小房一間
碗口銃三個起火九枝燈籠一盞大木梆一架白旗
一面乾草三百束火繩三條種火糞五担種火一盆
草屋三間床灶碗碟米菜悉具每日督官軍遠出海
邊哨邏遇有賊船晝則舉旗放銃夜則焚起火放銃

為號鄰墩接應傳至將官處所為止如遇陰霾望旗
不見即將草屋舉燒鄰墩接應方已仍一面飛報以
便策應燒燬草屋隨即補搭各墩在于水陸附近者
行令把總稽查如有偷安即行呈究仍恐風雨之夕
官軍偷安在墩致悞事機則立循環墩籌南北各二
根墩符五百根南自蒲壯發至瑞安墩北自蒲岐發
至海安墩限以時刻更番傳至瑞海二所掌印官即
填記時日五日一繳本道查考復令陸營把總俱於
屯兵險要處所島嶼山巔疊石為墩聚柴為屋輪兵

把守與墩軍相同至于海洋有警一時聲息難聞關
遊把總官于南麂東洛鳳凰霓嶴南龍南北山之最
高處各立烽火臺一座多積柴草以巡哨兵船輪流
把守如海洋瞭見異船從南則焚南麂之烽火從北
則焚東洛之烽火鳳凰霓嶴南龍瞭見亦然黃飛江
鎮如見外海烽火即時俱發兵船接應沿海陸兵一
帶撥兵堵截則海洋聲息易聞水陸便於援接巡哨
兵船恐畏風濤偷安島嶴本道須發哨符五百道分
各關遊每日發符一張給付該哨官坐駕兵船遠出

海洋往來交相會哨遇警飛報奮勇併擊符中令其自寫其關遊把哨某人捕隊某人前與某關某遊某官會哨哨官用印記捕隊揷花字即齎田繳把總五日類齊同飛報入遞本道查考則稽察哨邏之法庶幾少盡若夫玩寇弄功虛兵邀賞或駕空勦說搖動衆心或捉風捕影妄傳警報或縱賊已過而云窮追不及或臨敵退縮而云風阻不前或忌隣境成功不行救應或攘他區功次先報捷音一警衆咻各報互異至有殺漁樵以報虛功縱真倭而不以聞者究以

軍法從事如有賊船逼近信地從實地報其處賊船幾隻約賊幾何先報本道及參將覈實轉報亦須報本府幷海防衙門以便隨宜調劑其把總哨官不得差傳越報遠哨兵船見賊即當馳報不許延緩致失機宜倘賊由信地搶擄漁船亦當即時飛報隱匿不報者查參究處庶耳目真而策應可及矣

陣圖說

夫陣法所以束部伍用衆如用一使勇者不得獨進怯者不得獨退陣以束之也昔諸葛亮推演八陣以巴蜀弱卒數萬伐魏十萬之衆不敢與敵馬隆率步卒三千按八陣圖教萬騎以復涼州故陣法所以一衆心如無陣法則衆為一簇左右不能相應首尾不能相救豈得不敗廢陣形而用兵者敗將也執陣形而求勝者愚將也故地有廣狹尖斜之形陣有方圓曲直之勢錯綜八卦實河圖縱橫十五之數井字開方之義大將居中四面環繞四頭八尾觸處為首敵衝其中兩頭皆救如兩手之捍頭目今之操演陣圖三疊陣者即三才陣也連環陣者即二五陣也八門

陣者以天地風雲為四正以龍虎鳥蛇為四奇所謂八門陣也其夜營者李靖因地窄以八陣裁之為六即六花陣也二龍團巢者擊其首則尾應擊其尾則首應擊其中首尾俱應即常山蛇勢所謂陣間容陣隊間容隊者乃虛其中地以便容進退之兵此古陣法也然必在平原曠野斯能分布擺列至於谿澗險阻水田沮洳安能展布本區先年任倭蹂踐莫能防禦繼得戚俞二將軍兵制鴛鴦奪較二陣遂奏全功其陣法載在紀効新書正氣堂稿可稽近將二陣圖

法須行十營四衛九所一十五縣不拘軍民兵士民壯鄉兵俱令如法操演本道出巡地方止操二陣以定優劣其法自一伍一什起至一隊一哨一營推廣之以至合營皆然不拘地之廣狹兵之衆寡分爲三才更番迭出但遇敵處頭爲正兵左右爲翼爲奇兵後爲尾爲應兵其間奇正相生之妙步伐止齊之法陰陽剛柔主客先後之機無不畢具爲將者茍明而熟練之庶可稱有制之兵則無勁敵矣

屯營出師圖

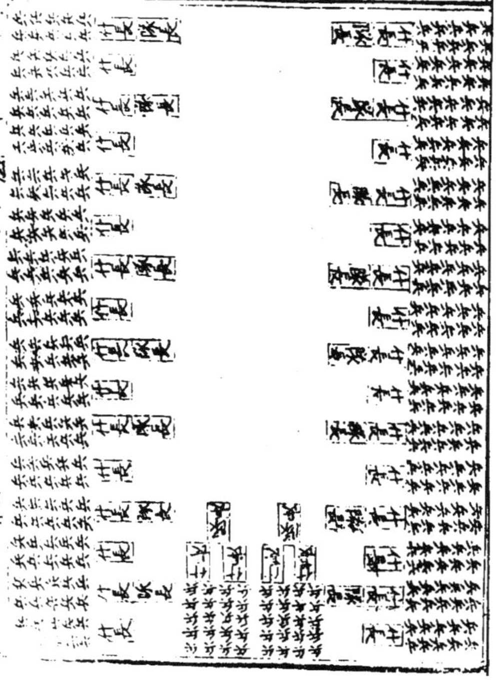

行進遇警圖

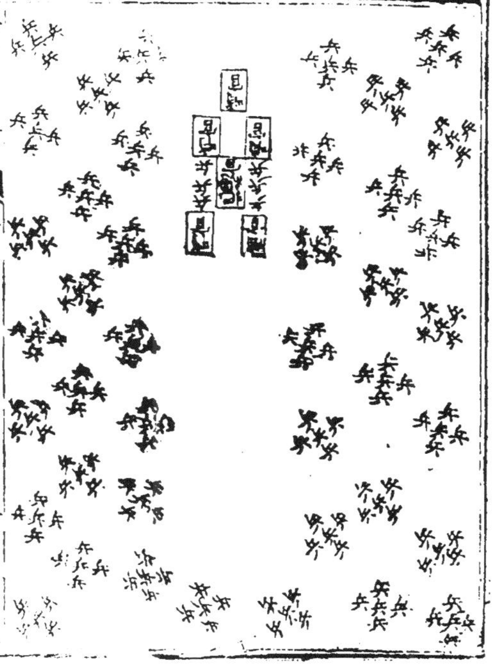

圖說

一將進遇警哨探兵報前面有警隊兵衆以傳報知道二字中軍放炮一個擂戰鼓各兵放鳥銃齊喊一聲衝成梅花陣鳴金止喇叭一聲鋒鈸響收還原隊仍復徐行

海防圖畧　卷二　十七

再警防敵圖

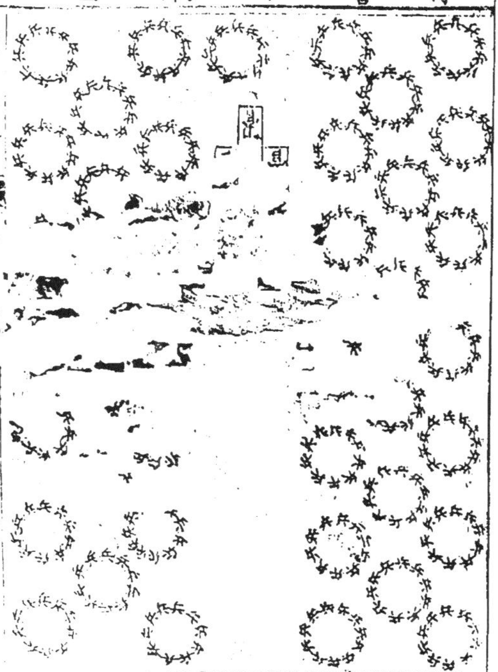

說

一再警防敵點[illegible]鼓各兵徐行鳴金一聲各兵伏地吹大銅[illegible]兵[illegible]虎聲並起復行聽報有警放起火[illegible]成四[illegible]圓陣[illegible]鈸響收原隊點步鼓徐行[illegible]地

海防圖畧　卷二　十八

信地安營圖

圖說

一信地安營行至南方劄定方營四方各劄小方
營鳴金一聲放定營炮三個吹天鵞聲三聲吶
喊三聲舉雙號笛招官隊什長赴中軍兩傍站
定哨官飛馬奔上請宣軍令發放回馬到中軍
高聲宣布軍令畢大吹打官旗各回原隊鳴金
止官兵坐地發哨探撃柳各兵報有警放鳥銃
二個吹天鵞聲隨布三叠陣

布三疊陣圖

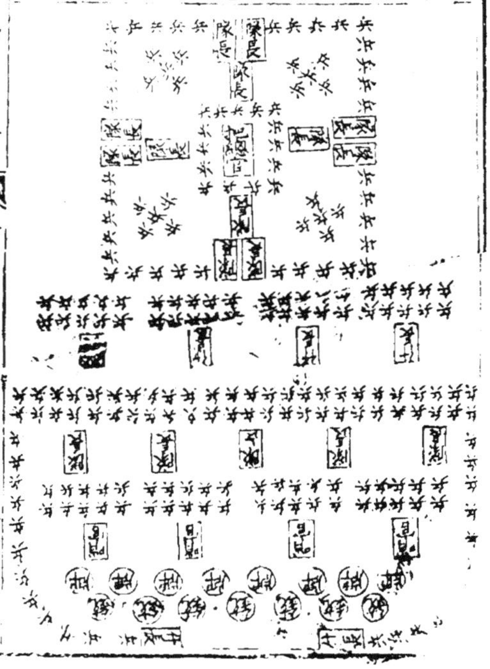

圖說

一布三叠陣大吹打鳴金止畏吹喇叭三聲吶喊
三聲大銅二聲各兵賊城掀步鼓各兵先擺三
叠分作五層賊出敵金邉賊至鳴金一聲銃兵
齊放銃擂戰鼓牌兵齊出敵賊喇叭三聲吶喊
三聲鋍鈸響放銃兵鳴金一聲放牌兵與兩翼
遊兵隨收三叠陣

收三疊陣圖

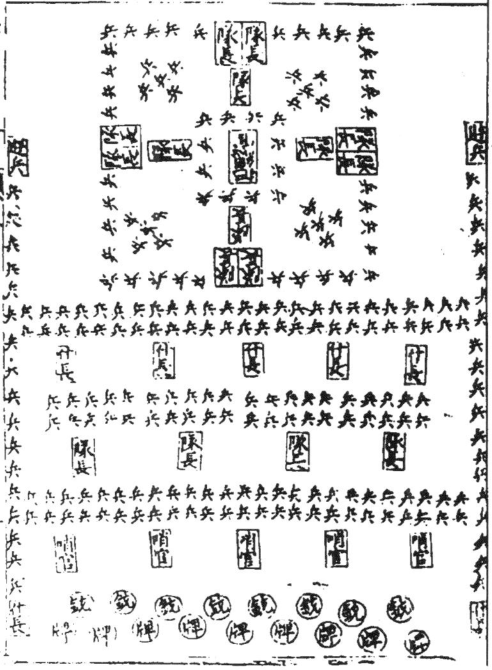

圖說

一收三疊陣鳴金徐徐步退連金數聲各兵作喊殺數聲收回原隊吹哱囉一聲各兵豎械大吹打鳴金止放起火一枝各兵散地存身吹大銅一聲各兵作餓虎一聲起身大吹打回隊鳴金止隨變連環陣

變連環陣圖

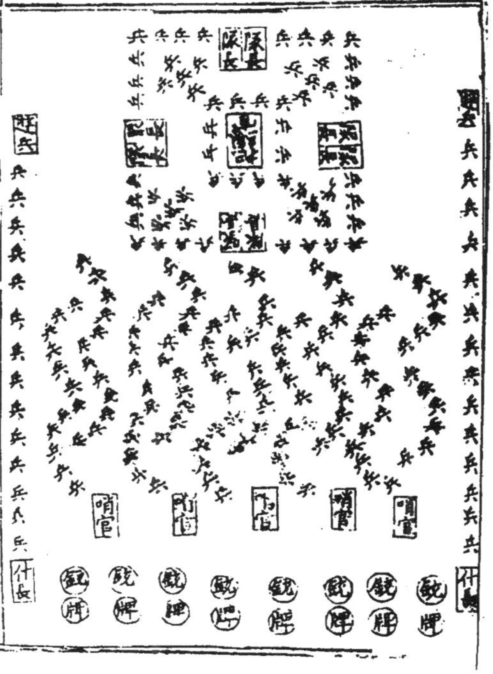

圖說

一變連環陣吹天鵝聲三聲吶喊三聲吹大銅二聲各兵賑械點步鼓出銃兵及兩翼遊兵賊出鼓金邊賊至鳴金一聲銃兵齊發銃擂戰鼓兩翼出敵畢隨收連環陣

收連環陣圖

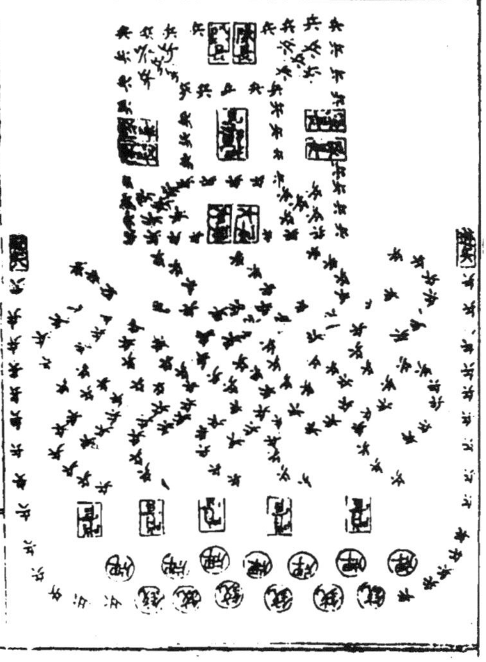

圖說

一收連環陣聲天鵝聲三聲吶喊三聲鳴金止收
隊連鳴金數聲擊鼓作戰勢喊殺三聲吹
大銅一聲鳴金打每隊照依次序收回原
營鳴金止隨衝八門衝敵陣

八門衝敵圖

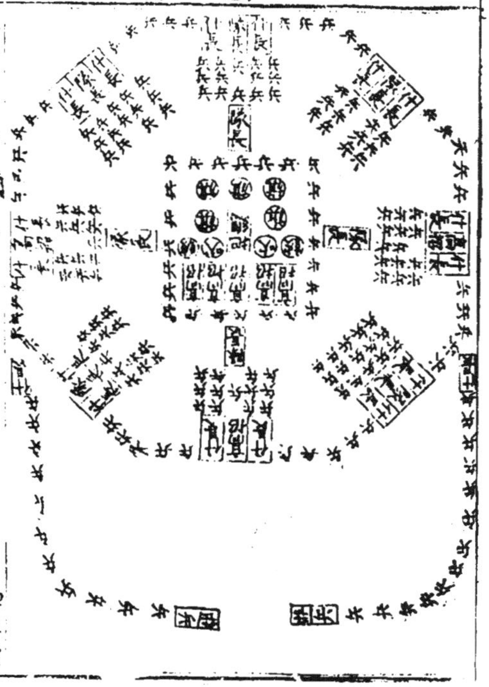

圖說

一八門衝敵陣吹長喇叭連聲吹變號笛鳴金止
官旗發放畢喇叭一聲大吹打收回原隊鳴金
止鼓金還發哨探賊至放炮二個回報有警發
一層兵及兩翼遊兵賊出放起火一枝銃一個
擂戰鼓銃兵齊放銃兩翼遊兵合殺鳴金一聲
吹天鵝聲三聲吶喊三聲鳴金數聲收隊復喊
殺三聲放起火一枝放銃一個賊復衝敵放銃
二個二層兵齊出銃兵放銃兩翼遊兵合殺鳴
金止大銅一聲吹天鵝聲三聲吶喊三聲長喇
叭一聲鉢鈸響鳴金大吹打收上將臺使收回
原營鳴金止隨按夜營設伏

夜營設伏圖

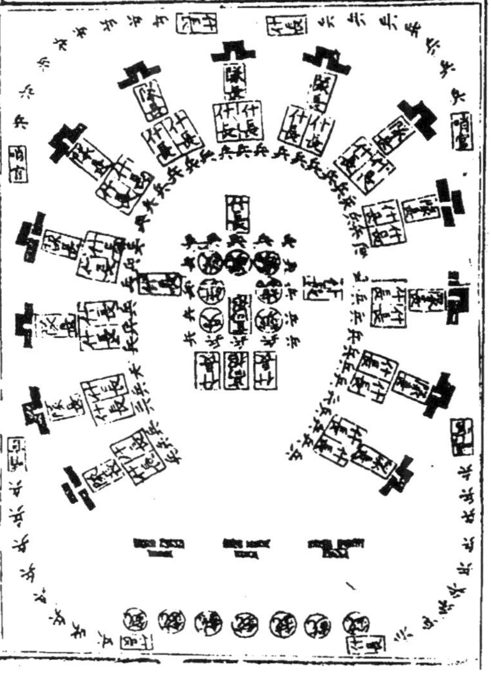

圖說

一夜營設伏中軍擺長喇叭一聲圍劄圓營再喇叭一聲各什齊鋪布城三聲竪布城放銃三個大吹打三通擊梆各兵眠械發擂支更隊什長竪燈籠出內外巡風銃兵伏路轉二更若遇敵偷營遇伏兵放鳥銃二聲城內應大銃一聲吹大銅一聲衆兵餓虎一聲竪械吹天鵞聲一聲吶喊一聲鼓鼓邊衆兵仍存地轉四更至五更發擂隊什長去燈籠巡風什兵候放大銃三個大吹打三通回報伏路無事搖鐸鈸收布城隨變二龍圍巢陣

二龍圍巢圖

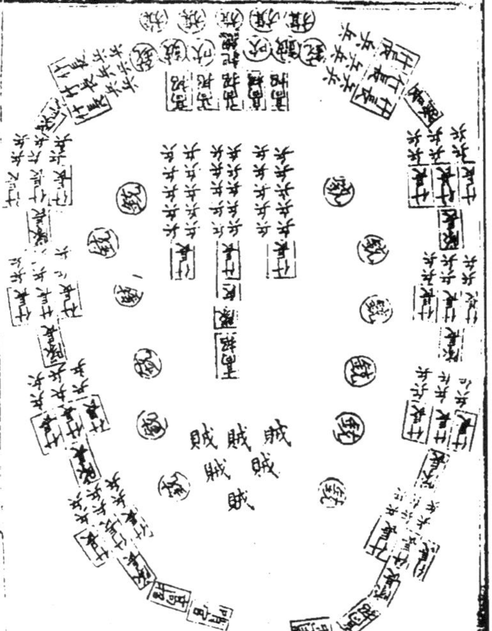

圖說

一二龍圍巢各兵分二路由上行傍由中入各隊兵圍住劄營鶩隊伍敲金邊出銃兵放大銃一個鳥銃齊衝進獲功鳴金吹喇叭三聲吶喊三聲擧紅旗奔上報捷上下大吹打差官解功請令發落還營擂鼓三通放炮一個依令施行吹喇叭回原營飛馬至

帳前稟操練已畢請令收營飛馬回營

一得勝班師上下各吹哱囉一聲鳴金大吹打各隊兵分兩行直上收回原隊立定兩傍對劄鳴金

鴛鴦陣勢圖

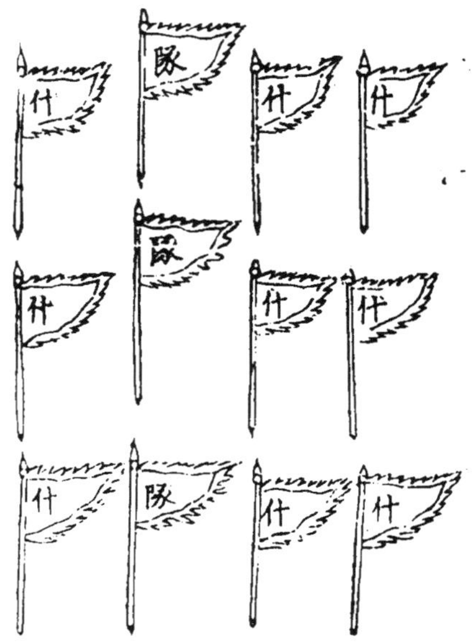

圖說

一鴛鴦陣此乃殺賊必勝屢效者是要緊束伍第一戰法二牌平列狼筅各覆一牌長鎗每二枝各分管一牌一筅短兵防長鎗聞鼓即便殺上如已聞鼓聲而遲疑不進即以軍法斬首筅以救牌鎗以救筅短兵救長鎗得法者如五行之相生不得法者如五行之相尅至于操演挨隊分練自一什起至三什合一隊練自一隊起至三隊合一哨練自一哨起至五哨畢合一營練畢合各營練雖至十萬相同三人五人亦可練亦用此法亦有奇正大端以奇正論不過一頭兩翼中軍為心是謂握奇兩翼隨之自遠自近迎合于前但遇敵處頭為正兵左右為翼為奇兵在後為尾為策應兵其法調一隊前來立定聽號炮一聲吹長聲單吹囉各起身執器械聽號炮一聲變三才陣一隊完又聽二隊大率類此加減任便知者化之

奪鮫

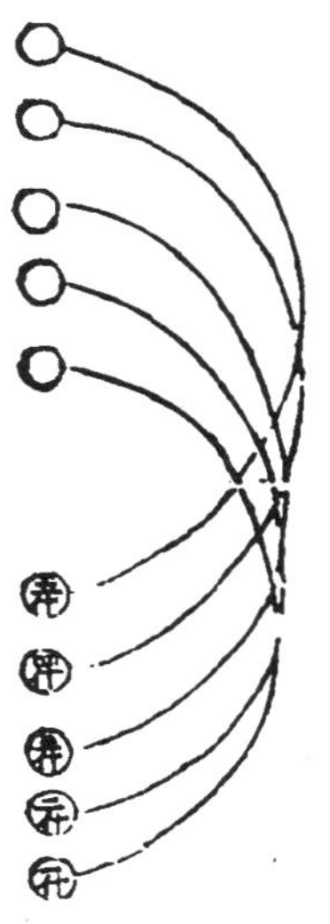

一奪鮫陣此陣數皆用伍每見敵時即於陣中發其精銳以次接戰其法敵在五百步或一千步之外則鼓聲和徐徐而行各以後隊之兵行出前隊之前而止書謂不愆于六步七步乃止齊焉是也敵至五十步或一百步之間則鼓聲急踴躍前衝各以後隊之兵衝出前隊之前而止書謂不愆于六伐七伐乃止齊焉是也先合為正後衝為奇奇復為正正復為奇如環無端最為神妙地窄只用一伍寬則十伍百伍千伍皆可用也地窄只用戰隊寬則翼隊包隊伏隊應隊皆可加也其鳴金而退一如進法各以前隊之兵退立後隊之後更番止齊不異戰之勢如此進退可稱節制之兵矣

武藝

凡兵以技藝為先若技不精則有兵與無兵同行令各營選立教師專司教習印發校藝簿每月三六九日為期哨隊什演射兵士習藝分為上中下一併從實開註校藝簿內季終送道查閱如屢居上等者下陞中中陞上有缺繕補無缺候之中等者不陞不罰

下等者量責三次居下等者革之以後遇有哨隊什缺出同簿送道復加閱視陞補本道出巡到營即將此簿查比復抽二人對敵以定輸贏則訓練久而技藝自精一可當十十可當百何容罷卒哉

一每見教場操演號令金鼓走陣下營以至舞跳擊打都是面前花法及至臨陣迥然不同如何濟勝若是平日操練金鼓號令行伍營陣技藝件件都可實用便學一日有一日功效學一件有一件功效不然終屬兒戲練兵者其鑒諸

一比較武藝初試定爲一等二則中等三則下等
三則再比仍如原等者不賞進一則者賞銀一
分進二則者賞銀二分超進一等賞銀伍分一
次原等免責二次原等打五棍三次原等打六
棍五次以上原等不進者打四十棍革退如有
不願打者每一次追銀一錢二次追銀二分三
次追銀三分即付武藝長進之人充賞
一銃把以八十步爲度安把畢放號炮一聲爲銃
兵俱集臺前聽名每五名一班照次執銃裝藥

赴射所擊鑼一聲一人舉旗週而復始放一次
完退後裝藥第二班放完第一班復出每人以
九爲率須要兩眼照星銃去不動手不轉頭爲
式如要手就放不貼腮不對照星或单手點火
或開大門朝天及向地放者巡視旗手看明即
摘腰牌赴稟本兵綑打二十容隱者連坐
一鳥銃校畢放號炮一聲牌手俱集臺前聽名每
二人一排其牌須要遮蔽一身四圍不露位頭
向前只砍人脚仍照長鎗手二名對戳如鎗到

不慌忙不先動鎗一戳即隨鎗而進鎗頭縮後
即止步步防鎗不忘防人牌向鎗遮刀向人砍
爲式如舞蹈露體轉折遲鈍或刀法混亂者綑
打二十每營製堅梗木腰刀四把木尖頭竹鎗
四條以便對試免致傷人
一藤牌校畢放號炮一聲長鎗手聚於左狼筅聚
於右聽名每二人一班相對使鎗者以鎗身軟
顫手足圓活進退不差爲式使狼筅者要架隔
有力以鎗不得入爲式違者綑打二十

一鎗筅校畢藤牌手喘息已定氣力復生聽放號
炮一聲各執鏢鎗齊集臺下把總官預備木桿
一根以薄銅錢三個如茶碗大繫上中下三處
樹於三十五步外中者爲式不中者量責
一鏢鎗校畢放號炮一聲鈀手俱集臺下聽名
每二人一排平使如鈀柄顫者乃有力也舞熟
而緊疾者乃慣手也舞畢即以長鎗對之大都
短不接長鎗十戳九入但要鎗誘不動執鈀有
勢步步以鈀頭照管鎗頭一擊一戳而不入者

爲式如鎗来手動身探及鎗入而不知隄防者
綱打二卜

衝鋒

夫衝鋒者先衆兵而當敵㓕之首也今乃混作一例而不分惟論首級行賞每遇戰爭惟首級以致取敗則賞罰不明之過耳今将所練之兵擇其膽力技藝拔爲衝鋒時常加倍犒賞每至臨敵衝鋒對手只管殺去止以破敵爲功仍立耳法隨後代割首級其賞罰之例載於臨敵令下戚将軍四三易法始行其數下

令者宜慎之

夜營

昔人謂兵遇敵晝則空腹而戰至夜復行二三十里外入家或城廓宿歇至曉復合賊於一夜之內黑地設伏我兵自昏至四殆五六十里行疲力息幸下入賊伏處失其地利是以我勞而不及謀逸惟夜營既熟復有炊爨宿飽于野遇敵即與對壘相持還備以奇兵遠之遇晴以死士乘之将見賊欲撤掠而畏兵相守不敢分其勢欲聚戰而我有守具不潔與我戰

爨炊無所其亂必矣犄角上策無出于此旗上燈籠布草夜操之資也布城蒺藜拒馬立壘之資也杴鑁等器治營之資也

一夜營應備中軍大将旗鼓上各黄油紙鐵絲燈籠一盞圓八寸長一尺五寸纛上用五色燈五盞一行聯下俱圓九寸凡各雜流官生人等每甲頭目各帶燈一盞俱圓六寸低執隨身前總哨旗上紅油紙鐵絲燈一個高招一個俱圓五寸長一尺每隊旗上一個色同圓四寸長八寸

黑油單一件左總燈用藍油紙右總燈白油紙中總燈用黑油紙後總燈用綠油紙各尺寸與前總同堠報等燈俱用黄高圍止七寸

一凡每燈一盞用黑油布四層蓋一個以備一時隱燈單綮用鑽小孔以出火氣切不可開大穴即露光或明條暗黑條明此莫測之巧也

一與賊對壘有更舖失候夜巡失號至宿失火者斬有無故叫呼奔走妄言賊至及驚營者斬即賊来攻将士輙呼動者斬

一巫下明營條然要改暗營乃留明營者省中軍將雙燈連旗點各營燈火通點傳暗令各將燈火盡滅原處以便移營照前下暗營俟移營既畢留的當好漢每燈一名將燈仍前明開傳擊梆鼓

一夜中有賊犯大營其遠設奇伏等兵各瞭賊與大營交戰摘用上上好漢數十人即從後大叫以疑賊而原汜處所仍于樹林山石之間須縛火把柴草臨時燒起庶我兵可辯而賊氣可奪

征行令

易曰師出以律蓋言行師必有紀律而後部伍方能嚴整行無部曲李廣東道取敗不爲行列高徹卒以覆軍蓋爲將者受命行師涉險渡隘苟或人馬嚚雜長驅亂行突遇敵人飇馳狙擊倉卒難整將不戰而自北矣故凡軍行必整隊伍所謂出門如見敵也今將行軍大略條示于後

一主將出征三日前傳令目兵治裝備餉至期集教場插血立盟取結起行一面先發前哨塘報每塘五名各以相望爲準不拘遠近每路設二十四塘報把總官領人馬挨哨出城主將居一層挨進一塘看路濶用鴛鴦陣雙行路狹用奪較陣單行每十里舉銃一聲即于脚下立定鳴鑼坐息若賊至三十里外塘報傳來請過險先發家丁精兵馳赴險處埋伏點鼓兵士遇險委的當官一員與前哨官同行給五方旗一副招搖五面有事方開阻樹木開青旗阻水澤開黑旗阻兵馬開白旗阻山險開黃旗阻烟火開紅旗

過所見之物即標凡招搖如道可一路平行立一面二路平行立二面三路平行立三面四路平行立四面撞營行立五面後隊遍相口傳前路樹某色旗某色招中軍即舉旗變營號炮及隄備號令

一行暗營不得用金鼓惟以旗招之色分别後開物件傳到即照令行止要止傳草木枝要坐傳石塊要緩行傳長棍要急趨傳貫耳小箭要收拾備戰或賊不遠或隄伏賊傳長令箭即使于

脚下立定

一凡前哨宜給與清道旗十面前途禁斷人畜不許攙入隊伍衝冒旗纛

一凡遇警賊在近處行軍先發塘報左右兩邊凡有路徑險要差人搜索如有茂林深澤及山灣崎嶇之所勒兵立定候塘報回覆明白如無警聽令再進

一凡賊在近境官兵啟行出門就要穿甲帶盔手執器械照依行伍不許一人兼帶三四兵器及

將盔甲背負而行凜如對敵可無他虞

一凡軍行遇夜第一要肅靜不許一人作聲但遇天昏即令各兵哨枝主將有令差旗手點傳俱以燈籠爲記哨把總要認主將燈籠哨官要認本總燈籠隊什長認哨官燈籠兵士認本隊什燈籠以便傳報其記號須於平時分別停妥庶臨事無悞

一傳號令凡軍行先後數里金鼓不聞非接傳如何得到非回覆如何得真凡有言語傳報不拘自何處起務要簡約一二句一人傳一人一什傳一什不許越過或自前傳後或自後傳前或自中傳前後仍傳回知道了挨傳原發處止如有失接傳報者挨查到絶處止即係不傳之人若因時悞事即以軍法示衆

一清行伍途間行營隊伍務要明白清肅但有行列不整攙前越後喧嚷不一斷絶不續行走錯亂擅離隊伍點鼓不行聞金不止按旗不伏舉旗不興開旗不接傳令不應宣令不明道路擠

塞言語喧嘩者治以軍法臨敵畏怯者斬之

一防解手凡途行官兵中有解手下道者該管隊內即以一人在傍替之俟畢追入原伍逢五里不至者貫耳示衆

一收病乏凡行軍遇有病兵乏馬不能前行即時稟白主將給與信票差人押送附近府縣衛所調理

一謹途遺凡軍行遺落器械什物見者許即收帶至止宿處送中軍招人認領失物得物之人照

格賞罰隱匿不報者治罪亦不許私相接受
一防渡水凡遇渡處先下方營近水塘報登高遠
望瞭無伏賊照依哨隊次序渡之過一陣即劄
一陣不許一人攙先越後如違平時細打臨敵
軍法從事仍連坐本管
一防山林凡行軍前遇深林大山不可輕過須據
形勢差人細加搜索俟其稟覆聽令再行
一嚴哨法凡行營哨探不的風聞欺詐及漏遺伏賊
因時悞事者即斬傳調官軍遲延後期者罪減

一等亦處以死
一備乾炒平時每兵將米二升炒黃研爲細末另
包再用麥麪一升五合以五合用香油作餅蒸
熟五合用燒酒浸五合用鹽醋浸俱晒乾再浸
晒以不入爲度各研爲末另包行軍之際非被
賊圍困至緊不許輕用忘帶者與失軍器同
一約宿兵凡我兵宿止如城廓鄉村前哨第一哨
官傳報云已到某處打鑼某地休息各哨官隊
什起身執旗同火兵進城或入村尋討歇家每

一隊務在一家安歇蔣列不許相離亦不許別
生事端若一家難容即分間壁一隊人完然後
再安插一隊不許攙越若未尋歇家而先行及
已到門未奉軍令而先入者細打八十同什之
人連坐
一凡立營盤即是人家墻垣一般但出入者不拘
何官何人俱要由門奉令方準不得從僻攙越
撥出如行路時決不容外人穿路混行此節最
是緊要若明知故縱者以軍法從事

一劄野營每日五更盡擂鼓已畢各起梳洗聽掌
號二遍各兵通赴本城邊各點鎗立定作守城
之勢各營把門人役赴中軍報守門無事訖聽
鳴鼓升旗各營開門放汲限四刻掌頭號落旗
回營進城取蔬菜等項者一個時辰到營外取
齊聽掌二號進營遲進及後出者俱打二十棍
每隊二名以上隊長仝責四隊俱有合九名以
上者哨長同責申時放汲一次號令與前同買
蔬菜止許早晨一次

臨敵令

兵之有節制若物之有規矩準繩而方圓平直不能外者昔稱撼山易撼兵家兵難豈武穆一人能聠千萬人之心而撼之不動哉盖法明令行強者不得獨進弱者不得獨退故人懾服而不敢紊者此節制之說也故節制工夫始於什伍以至隊哨部曲爲將誠能諭以大義曉以禍福聠以什伍重以連坐如當進而退當退而進雖有功亦斬如此則知前進爲生後退必死號令嚴而心志一進非倖進退無速奔則能

轉弱爲強以保不敗至於奏凱之日解衣以收亡骸出櫜以恤孤嫠鼓其忠義之心作其敵愾之氣則心服於義畏於法而命輕於恩即千萬人可聠爲一心心一則氣齊氣齊而力奮自無勁敵矣

一大明律内開領兵官已承調遣不依期進兵策應若承差報告軍期而違限因而失悞軍機者並斬若軍臨敵境托故違期三日不至者斬官軍臨陣先退及圍困敵城而逃者斬

一凡臨戰布陣已定移足回頭行伍擠攢稀密不均者斬

一凡臨陣拋棄軍器及不衛鋒官兵臨戰易換軍士精利器械者各以軍法從事

一凡臨陣詐稱疾病及故將軍器毀折以圖躲避者斬

一凡列陣須一息而定列時勿使敵知尤妙火器在先擡陣而前或賊來衝我或列陣待我俟到五十步内火器聽令齊發只是一次次看起火各射火箭弓箭兵士乘火烟如雲一齊擁進須

是飛走毋亂隊伍蜂叢蟻附不可毫髮遲疑無有不勝此非擊殺之力乃火烟之勢飛進之雄奪其心目彼自亂矣進兵之時間有跌倒一二或一時發沙昏暈或爲矢石鉛子所中便是父子兄弟不必回顧待回時從容收拾調理若一回顧便稍遲延倘賊衝來大勢一敗且并健者亡之矣此着萬分緊要盖賊雖有鳥銃惟一擁向前所傷不過一二及跑到身邊短器相接銃無所用矣若與賊各立對打傷多氣奪欲進不

可得也
一銃手遇敵尚遠將銃只管浪發及至逼近或擁
衆衝来火藥鉛子卻已用盡束手待斃而已今
遇賊来不論遠近只聽中軍號炮一聲吹天鵞
聲銃手放銃看正平平對賊擊之若賊来成彩
每人只指定一賊照打若不聞中軍號炮天鵞
聲而先發即一銃打死二賊亦不准功仍以軍
法斬首平時火藥收拾不如法臨陣致藥濕線
濕不及燃或不能燃及高低偏斜不如法者俱

以軍法斬首把總官以下知而姑息不治者連
坐因而誤事者一體斬首
一凡臨陣退縮許什長割兵耳隊長割什長耳哨
官割隊長耳把總割哨官耳回兵查耳無者斬
若各故殺明視退縮不肯割耳者罪坐不肯割
耳之人
一凡遇敵一什被圍二什不救一隊被圍各隊不
救一哨被圍別哨不救致令陷失者總哨官俱
以軍法從事

一凡對敵若什兵退走斬其什長若什長不退而
致陣亡者厚恤其家餘兵皆斬若什長及兵俱
退走斬其隊長若隊長不退而致陣亡者各兵
俱扣工食二個月以恤其家隊下什長俱斬若
各隊長及什兵俱退走斬其哨官若哨官不走
而致陣亡者各隊下兵通扣工食二個月恤其
家隊什長俱斬由此而上至把總將領等官照
此一體連坐凡罰工食者乃綑打不死而又罰
工食非止薄罰工食而已凡恤其家者不止恤

以工食仍
題請褒廕以昭死事之功
一凡臨陣好漢是為衝鋒其人有數每斬獲首級
常是數十人叢来報功倘衆兵一時誤認為敗
走多至僨事此第一當忌今後各兵只管當先
殺去不許顧戀首級違者許巡視旗及頭目割
耳回查無耳與各兵持首級報功者斬其殺倒
之賊另選親兵于兩腋縫取功二字白旗印號
每哨三甲每甲五名分派哨內每賞一級鈀鎗

牌筅衝鋒得三分之二火兵雖不上陣亦分五錢其割級親兵另行給賞並不干預若有隱藏不報及割取不係親兵頭目俱斬

一凡臨敵賊忽遺有財帛器械之類此利誘之計也我兵往往爭取落其套中今凡臨陣突遇遺物不許輕取各兵照常奮勇前進斯于平賊而止如違令圖財致兵陷沒或賊衝突得脫者搶物之兵不分首從俱斬

一凡伏兵遇賊不起及起太早者領伏哨隊通斬

各兵扣工食一月給恤仍通綑打如正兵見奇兵伏兵已起不即回者同

一凡戰勝追賊約一里遠聽鑼鈸響收軍整隊恐賊窮返鬪軍亂難整同戰將領臨期斟酌傳令不必禀白中軍以其去遠不相聞也俟哨整再播鼓追逐一面分遣騎兵各處山頭林木都要搜瞭恐賊埋伏佯敗誘我果係大敗便即長驅不得藉口縱賊如令得脫雖有前功不叙

一賊方交鋒往往以被擄居民驅之前向今後每哨給降旗二面遠遠大呼丟了鎗刀不殺若果丟了鎗刀即令徑往投降旗下聽委官收獲識畢開數報驗資送還家每收降人一口委管人役賞銀伍錢若官兵妄殺一級定將下手之人償命近隊伍頭目不行舉首者連坐若聞呼不降徑持鎗刀前来聽陣上殺之仍同賊級錄功

一凡失旗鼓旌節者全隊斬或為賊所取者亦全隊斬有功准贖

一凡差塘報及官兵有聞賊中消息者不拘總

不許官兵中途邀截問荅但有一人知在主将之先定以洩漏軍機罪之或既見主将分付秘密者不許輕露一言敢有故問者許原人禀治

一古人馭兵有因天雨取民一笠遮鎧者即斬况砍人樹木踐人田禾燬人房屋淫人婦女竊人貲財甚至有斷亡卒之首坑降人之生戕平民之命以充級者乎此天理王法所不容者决以軍法從事

一臨陣追獲賊婦未奉明文配賞而淫之者治以

軍法

一戰賊既敗所獲子女只將生口送官聽官審處
論功給賞若敢擅殺及以中國婦女報功者主
將驗有前弊即將動手提級來報之人斬首以
償有功不宥

隨營器械

陸兵每遇汛期撥物至汛地迎鋒利器具齎裹餱粮
以至金鼓等器俱要預備設有警息不時調發藤牌
手各帶鋒利腰刀一把約長四尺標鎗九枝鎗筅手

俱用堅㮄冬竹存留青皮不用筆飾鎗頭入竹二尺
用藤纏緊止露尖鋒鳥銃手每名裝銃藥竹筒六十
個鐵閂鐵錐各一把鉛子一百個火繩三條皮袋一
個油布單一張盛線藥錫瓶一個火藥五斤短手各
帶鐵鈀一把勁弩一張箭一百枝射虎藥一小瓶火
箭十枝每什輪帶布城一堵鐵蒺藜三百用線穿作
一串每什各帶腰刀一把短柄雨傘一把筋一雙茄
瓢乾粮塩菜之物每哨帶大銃三門如式大鉛子鐵
鎚送子俱全仍多帶火藥火器以備衝鋒出奇之用
火兵每名竹籃一個銅鍋一口鐵棍一根斧頭一把
竹即擔肩止則鑿穴而爨各銃兵每於閒時將鉛子
用碓碓逐顆旋圓臨用方可取中近來火兵裁革即
於本什之內輪流充役庶勞逸得均而事事有備矣

謹城守

夫倭寇在洋不能遏絕必至登岸攻城沿海地方雖
有城無濠亦難防守如海安所城高僅丈濠闊數尺
且皆淤塞沙圍亦然各處率多類此每歲冬時農隙
宜行屬縣衛所責令該管官督令軍民人等加工修

濬限令濠闊三丈五尺深一丈五尺城低者加築三
尺沿海城濠驗果如式則所稱金湯矣又倭性狡猾
往往聲東擊西以故城池被攻破者少襲破者多或
半夜乘人之懈或黎明賺人之倦或造雲梯佯攻而
潛襲或粧婦人夜攻而誘賺變態百出防禦宜周必
擇能幹提調之人多方設備相機撲滅庶得萬全列
款于後以備守城者擇焉

一凡城皆有四面預備伏路人每面十名三眼炮
三口起火十二枝城大每面有門路處即添發

十名火罷照加每日未時本城四面預定伏路
人役各赴城主處如前數領炮起火開一門發
出四面要路分伏過夜每伏二名相去一里見
賊探瞭的確舉炮一聲起火一枝一面走報只
到城下如賊衆舉二銃放起火二枝起火頭用
小炮處半空中響發城中易知伏路人每過夜
次日辰時更替新者出城舊者入城
一閤城並近城及入城避寇者不拘大小士夫舉
監生員等家軍民人等計城垜若干先除應策

應駐隊外每垜可分幾人書名于垜每五垜定
垜長一人敵一所旗一面書垜夫姓名二十五
垜立城長一人旗一面書垜長姓名五十垜立
雉總一人以小官當之旗一面上書城長姓名
每城一面立城將一人臨時酌城內見任官當
之每正鋪火夫五名以城內師生吏員致仕小
官一員專管鑼鼓炭火于適中住劄每近門通
衢中小城派三十名大城派五六十名或三四
十名選佳近有名好漢當之每處立頭目或武

職或武生儒士領之倘聞城上有衆賊登城應
援城內有奸細就中防禦每門樓角上或軍七
或民兵城小二三十名城大五六十名或一二
百名分與信地專備賊來攻打應援
一報賊近二十里城主掌印官即中軍高處晝則
放炮三個舉起大白旗在城見任致仕大小文
武官員旗合舉監生員及一應軍民人等盡照
派過垜口即將各執器械樹于本垜木架內將
垜長旗立起各役乘便在城上休息照卧就令

垜長查報不許差人查點擾耗精神以致賊至
困倦
一守城軍法每敵內一人不至或歸私家本犯綑
打四十同垜同敵連坐遇賊攻打城池之時不
到者本犯依軍法示衆垜長割耳同隊同敵綑
打
一各鋪內種火斷滅與凡傳擊梆鑼鼓起止不明
俱罪鋪長
一伏路係瞭望之人悞事致賊卒至者皆以軍法

示衆

一本府縣正官宜住内城適中處所接應各項事宜

一各城門樓宜委府官一員專督指揮一員千百戶二員分管

一衝要城門恐有奸細宜委佐領官一員千百戶一員盤詰

一各城門另委府官一員縣佐貳有才能者一員查點城上器用物料隨時給發

一府縣有庫獄皆須防範府用首領官一員縣用佐貳官一員看守

一請鄉官分守城門各就其住居之近者彼不臨城且不必上

一城門多備水缸水桶一以濟渴一以防火

一每城敵臺各置小吊車四五架以便守城兵士上下及逃難男女進城須審聲音貫址方許吊入以防奸細

一每垛口用新油紙燈籠一盞仍用一斗笠以防雨上傅瓦片或蓋笠以防風每燈一挑竿懸於城外離遠一丈庶見城下分明

一城中無水宜多穿井蓄水以濟食用

一城垛處將各垛遮陽箬蓬横掛一半垛外以碗片懸口上足備矢石賊攀則響使守垛人易覺

一城垛上立架木二根桄閣横掩木各一根上閣架其何木一條如轆轤之式木上釘竹簽賊來攀援其木墮下擊之

一燈燭費多不能相繼宜造鐵火毬中燃紫木挑

於垛外四五尺令火光散下我能窺賊賊不能窺我或以松明代燭一一可當十五垛用一鐵毬間有燈籠以防風滅

一貯銃有限賊未臨城不許妄放定立號頭待其從誠有令方放

一令城内保甲長各照地方曉諭居民各行糾察如有容留奸細者一家連治以軍法

一各城衝要處所各置佛狼機百子銃鳥銃火毬火藥以備急用

一保長專令分散守城垛更夫油燭以備一夜之
用若保長分派不公及有弊許守垛更夫口稟
罰燭應用
一保長一名預給煎湯煎糞鐵鍋二口行竈水缸
各一隻酒罐五十個擂木二根應用
一垜内多堆石子灰瓶尖石塊為急
一近城居民不宜堆積柴草防賊火箭飛入
一城外民居近城者如賊勢重火逼近城下須用
拆毀恐賊倚屋便布雲梯近城竹木亦宜所削

海防圖略　卷二　五十三

一各城門宜派兵三五十名為遊兵往来巡哨或
有賊犯即時攻擊或募勇敢夜砍其營或夜舉
銃使賊驚疑疲困自退
一中軍官宜領兵一枝屯劄城内適中最高處所
隨宜策應不可輕動以防聲東擊西之患
一立火夫五十名於適中處所給與水桶水斗撓
鈎一應救火之物以有司官領之專防火患如
某處有火止許火夫救滅城上人夫不許亂動
城内居民不許喧嚷

一温州濠河其水西通入海防其涸淺者推闢開
塘壞而已若賊知地利壞我陡門塘壞則濠河
為陸地矣如蓮花埭一帶洩西北之水者可塞
地藏橋及迎恩門外大橋如朱村浦一帶洩東
北之水者可塞與除阮洛洋等橋仍防傾潰之
患
一温州来福門外卧番壞其地平坦可以攻擊鎮
海門積穀山低凹可以攀援宜置立木栅於二
門海壇郭公二山外近大江名賊將船尾搭棧

海防圖略　卷二　五十四

飛橋乘大水潮平可以尾横接上城或平城攻
擊宜先於江岸水中揷大木樁以阻之
一城上生草木盡砍削内外馬路當清出以便往
来行走
一守城貧民肩挑傭作不能自給者宜立勸借之
法將城内附近居民稽其家業分為上中下三
等内有富實者一人給養幾人并輪直油燭之
類事平請給冠帶牌額以旌之
一賊頂小船来攻矢石不能禦以大銃火藥及地

雷砲拋下則不敢迫
設法催大户米穀進城凡錢粮可收本色見徵
兵餉可收米穀者亦時議處
一取稻草乾柴松明石灰磚石鐵鍋行竈水缸酒
瓶沙瓶簑衣箬笠草薦等項以備不時之需
一城外舖市商販運到硝磺鉛鐵穀米竹木油燭
等項俱着牙户盡撥入城可備城中軍前之用
且絕賊攻城之具又免其藉資久住亦堅壁清
野一事

一弓箭匠銅匠木匠鐵匠裁縫匠火藥匠皮匠土
石匠及應用物料器具委縣正官及佐貳官督
之先行封識寺觀或公廨處所以備卒時應用
一倭奴鳥銃多且善放宜以婦人褪衣禳之
一敵臺至城左右垛口俱要分定責令臺長管理
每臺以天地玄黄編分各色旗一面響器一
件如哱囉喇叭鑼鼓梆鈴等項如賊犯某臺日
則摇旗夜則吹聲響器可使人知某處被犯以
便遊兵急赴應援

一過夜守垛人丁聽炮響發燈五垛輪一人守更
專向外立餘俱安睡一更盡聽鑼響轉更又輪
一垛人守過者即睡若聞賊來攻城人俱齊起
向外立望然恐中有奸細暗約更深内應必以
更鼓為候若賊臨城時更鼓只打一更二更候
黎明即打四更五更收播以誤其期亦是一法

入寇海道

日本居大海中東南則琉球吕宋諸國西北則月氏
朝鮮諸國倭夷自本國開船時遇東北風猛則必由

薩摩洲或五島至大小琉球而視風之變遷北風多
則犯廣東東風多則犯福建東北風多則至韮山大
陳積穀邳山大麻而犯温州或進烏紗門普陀而犯
舟山定海或徑由韮山而犯象山昌國台州若正東
風多則至李西奧壁下陳錢分艅或由洋山之南而
犯臨觀錢塘海寧或由洋山之北而犯青村或過南
沙而犯大江若在大洋遇風值東南則直犯淮陽以
及登莱大抵倭船之来恒在清明之後以其東北風
多若過五月風自南来倭不利矣重陽後風亦有東

北若過十月風多西北倭亦不利矣

倭情變態

凡倭夷慣為蝴蝶陣以吹海螺揮白扇為號一人揮扇衆皆舞刀而起向空翻飛光耀閃爍使人倉皇驚駭其用刀法最竅多從下揭砍側身跳閃而進又為長蛇陣前麾百脚旗以次魚貫而行最強為前鋒最強為後殿中皆勇怯相參凡賊每日雞鳴起蟠地會食食畢夷酋據高坐衆皆聽令挾冊展視今日刼某處某為長某為隊隊不過叁拾餘人每隊相隔遠遠

吹海螺聲聞即合集救援亦有最強者貳叁人舞刀橫出陣前東衝西突人莫能禦凡賊行掠薄暮返巢各獻其所得財物毋敢隱匿夷酋較其多寡盈縮之數其刼掠將盡輒焚民居烟焰燭天令人畏其酷烈而賊乘此遁去矣愚紿我民勿使邀擊專用此術賊行衢陌間不入曲巷恐設伏也又不敢沿城堡而行恐拋磚石也其行必單列而長從步而整故占地勢遠使人不可圍困行十數日而不勞布陣四分五裂故能出我不意對壘必先遣一二人跳躍蹲伏誘竭吾之矢石火炮衝陣必察我兵之畏懼而擾動不堅者徑直突入故常乘勝長驅戰酣必四面埋伏誘我兵入局或遶出我陣後以致兵士驚潰每耶怪術若飾盔牛角明鏡五色絲纓鬔鬆怪態如神如鬼駭人心目其用罷帷刀最精用鎗不露桿兩手執齊突然擲去故不測其用弓長矢巨近人則發故射命中欲跡者其進取也張揚者其遁逃也故嘗橫破舟以示遁而突出金山之圍造竹梯以示攻而旋有勝山之遁將野遁則逼城欲陸走則取舟或計潮以誘兵戰

沒或詐坑以誘人入穽或結稻桿以絆奔或揷竹簽而刺遶常以玉帛金銀婦女為餌故能誘吾軍之錯亂而計滯吾軍之邀追俘擄吾民必髡頂結舌使莫辯真偽故絕其歸路施恩附巢之居民故虛實洞知重賞降擄之工匠故器械易辦用漢人為姦細故盤詰難明用漢人為嚮導故地利熟識預詢村落富室之姓名故刼掠多獲食宿屋舍必破壁而處故緩急便於突出也處巢穴必乘高瞭遠故我兵進攻彼必先知多寡路間常一被重圍或反我漢人擲偽馘為

餌使吾兵爭取即乘亂而突出或披農夫之襏笠而出現於田畝之間或扮漢人之狀飾而探視於通衢之側江海之戰本非其所長亦能聯虛舟而空艘吾之先鋒張弱篾而誘竭吾之砲石夷情詭詐如此不可不察也

外海風潮里至

温與台接壤台之外海大陳山與温之外海郅山交界自大陳山乘東北風一日可至郅山自郅山長潮向西南上行半晌可至大鹿自大鹿半潮可至横坎

二門自横坎門半潮可至玉環山大巖頭梁灣如東北風自郅山半潮可至麥園頭筆架礁或入三盤或洞頭或白鹿或昙耳嶴俱可泊船自郅山下行一潮可至東洛東洛一潮可至南麂自東洛上行一潮可至南龍旬龍半潮可至鳳凰鳳凰半潮可至江口青山與舥艚炎亭珠明大嶴大小䕶一帶自南麂向上行遇東風一潮可至南龍南龍半潮可至鳳凰如遇東北風可往江口舥艚炎亭珠明大嶴大小䕶一帶如出外洋遇東北風直至三星南臺向上可至七溪

洋蔡官嶴鎮下門向下即出流江沙埕南鎮大筤嶴嶴與崙山烽火門入閩境矣雖然海上行船但論風之順逆不論潮之長落風順潮順瞬息千里風逆潮順利鈍半之若風逆潮逆雖半步難以移動故或有船在於披洋或南龍鳳凰等洋欲進黄華瑞安平陽內地若乘順風其進入之勢甚見利便此在居水總之任者時時辯驗風色晝夜戒嚴不可狃於尋常而不之察也

温州府至盤石順風半潮約四十里黄華岐頭半

潮約叁拾里至黄大嶴壹潮約壹百里

黄大嶴係隨汛哨信地離本府貳百餘里順風壹潮至黄華壹潮至黄大嶴東至東洛順風壹日約貳百捌拾餘里南至三盤半潮約陸拾里北至梁灣半潮約九拾餘里至麥園頭順風半潮約伍拾餘里

麥園頭係中遊左哨信地離本府叁百餘里順風貳潮可至麥園頭西北黄大嶴壹潮壹百餘里東南至三盤壹潮貳百餘里東至東洛貳潮約

叁百餘里東南至三盤順風壹潮約貳百餘里
三盤係中遊把總信地離本府約叁百餘里順風
壹潮至黃華壹潮至黃大𡹔壹潮至三盤東洛
順風壹潮約貳百餘里西至寬𡹔半潮約陸拾
餘里南至鳳凰約壹百伍拾餘里北至梁灣壹
潮約壹百伍拾餘里
梁灣係黃華關信地離本府約伍百餘里順風壹
潮可至黃華關半潮至大小門壹潮至梁灣東
至橫坎門半潮約捌拾餘里南至麥園頭約陸

拾餘里至黃大𡹔玖拾餘里各壹潮至三盤壹
潮約壹百伍拾餘里東至東洛順風壹潮約
叁百餘里
東洛係中遊石哨信地離本府約陸百里順風壹
潮至黃華壹潮至黃大𡹔壹潮至三盤壹潮至
南策壹潮至東洛西至三盤順風壹潮約叁百
餘里南至南麂順風半潮約捌拾餘里西北四
灣順風壹潮約叁百餘里西至鳳凰順風壹
約貳百餘里

鳳凰係飛雲關信地離本府伍百餘里順風一潮
可至黃華壹潮至廠頭壹潮至鳳凰東至南麂
順風壹潮約貳百伍拾餘里南至南龍半潮約
捌拾餘里東北至東洛順風壹潮約貳百餘里
北至寬𡹔三盤順風各壹潮約壹百伍拾餘里
南至南龍半潮約捌拾餘里至洋嶼順風壹潮
約壹百餘里
洋嶼係江口關信地離本府柒百餘里順風壹潮
至黃華一潮至廠頭壹潮至鳳凰半潮至嶼洋

東南至炎亭半潮約陸拾餘里至大𡹔約壹百
餘里順風壹潮北至鳳凰順風壹潮約百餘里
南北至南麂順風壹潮約叁百餘里
南麂係南遊哨信地離本府約有壹千餘里順風
壹潮至黃華壹潮至鳳凰壹潮至南龍壹潮至
南麂孤懸外海東面大洋並無山嶼西北至三
盤順風壹潮約叁百伍拾餘里西至鳳凰順風
壹潮約貳百餘里北至東洛順風壹潮約捌拾
餘里南至鎮下順風壹潮至舥艚壹潮至南麂

約肆拾餘里

鎮下門係鎮下關海洋離府城約壹千貳百餘里順風壹潮至黃華壹潮至鹿頭壹潮至鳳凰半潮至洋嶼半潮至北梟山壹潮至大梟壹潮至鎮下關外衝臺山浙福交界南至流江半潮約陸拾里東至臺山順風壹潮約百餘里北至大梟壹潮約百餘里順風宜潮至洋嶼約貳百餘里東北至南麂順風半潮約肆百餘里

辯倭

凡倭之入寇未必皆真夷也有偽夷以道之耳故所慮者不在乎夷而在乎偽夷島法有刃無杖故持刃先驅者夷也其一夫一後而□□門匿者偽夷也島俗貴富賤貧故富者食粟貧者以精粃自給寒而雨雪不得綿縷被體故見敗絮斗粟亦欣然而負之趨者夷也吾擇金帛而取其精者偽夷也禿而類貌者夷也禿而髮隱隱類僧者偽夷也立而盂者跌而跣者拜而搓手者夷也坐而觴者偽夷也是偽夷常為之主而夷常為之役也其大掠以去而或被殲於

中者夷也挾金以歸而坐享之者偽夷也是偽夷常得其利而夷常被其害也凡今海上之人一遇其掠即為其所用矣故所慮不在乎夷而在乎偽夷也今之所當治者偽夷為急而夷為緩也猶之止沸不如去薪薪非能沸而沸之所由生也畏寒不如避風風非能寒而寒之所由盛也治夷不如治偽夷偽夷非夷而夷之所由肆也竊常辯乎此求以制其死命伐其陰謀而破其故智矣柰之何好利之人樂變于夷而卒取死也好攻樂殺之夷因勾於偽夷寧滅其身而卒莫之悔也噫是可恨也已

賞格

第一款如賊柒捌百以上至千人船拾餘隻以上至貳叁拾隻擒斬有名大賊首如先年王直毛海峰之類每壹名顆陞實授叁級不願陞賞銀壹百伍拾兩擒斬真倭從賊壹名顆者陞實授壹級不願陞賞銀伍拾兩擒斬漢人脅從賊壹名顆者陞署職壹級不願陞賞銀貳拾伍兩若貳顆者當作壹級以上　等須賊勢大衆血

戰成功者方許開列其餘不得擅攙
第二款如賊至叁百人之外船伍隻以上擒斬賊首壹名顆者陞實授壹級不願陞賞銀伍拾兩斬獲真倭從賊壹名顆者賞銀伍拾兩每叁名顆當壹級不及數者給賞不陞所獲漢人脅從賊壹名顆者銀拾兩多者加賞不陞以上為第貳等須對陣擊殺兩相鏖戰方許開列
第三款如賊不過百餘人船不過壹貳隻賊首不過是壹船主非巨賊能斬獲一名顆者賞銀壹

拾伍兩真倭從賊壹名顆者銀拾兩漢人脅從賊壹名顆銀伍兩道不議陞以上為第三等

賞額

兵餉錢糧近有定額初議犒賞銀兩行令杭州等十一府通融均派杭嘉湖金紹處六府各貳百兩寧衢台嚴溫五府各壹百陸拾兩共徵銀貳千兩解貯布政司內壹千聽總兵軍前賞用壹千兩分解杭嘉湖寧紹台金溫處四參將每參貳百伍拾兩聽其犒賞續奉溫處餉就近給發路心紅等項原派功平及衛所供

辦該本道蔡副使議將各官廩給按月隨兵入冊支餉行移心紅紙筆與軍前零賞等用每年備倭把總各該銀叁拾兩於事故兵糧銀或折糧餘銀內給發年終造冊請詳開銷衛所軍士得以少甦矣

賞罰

古者賞不踰時罰不後事過期而賞與無賞同後事而罰與無罰同是賞罰者軍中之大柄後世賞罰不明武備廢弛有獲功而被奪者有與師而矯捷者有建功而蒙辠者有敗北而蒙蔽者又有乘其喜怒而

功罪顛倒者有狃于私暱而曲為依回者假鋒鏑縱橫之際存亡呼吸之間人以萬死博一賞在上者寧不為動心矜察乎凡在海洋遇賊有能邀擊衝沉船隻者或追逐開洋而賊不得登岸者有賊至登岸即時勦滅而地方不受其禍者或所部兵少而擒斬多者均以奇功論如賊至不能拒守致賊突入內地固當律以守備不設之罪若能奮勇鏖戰功罪相當許贖若罪少功多者仍以功論如賊從別港路入我境有能邀截擒斬者破格陞賞故縱賊出境希圖賊物

省從重論罪間有運籌決勝而其人未蒙矢石者宜受上賞有見敵而不前交鋒而不勇者宜受顯罰至于勢孤而援寡我勞而賊逸我饑而賊飽及主客地利之不同者情皆可原在當事者主持之而已

脩城池附府縣衛所工料

夫濵海郡縣衛所城垣樓舖公宇臺堠之類比之腹裏緩急懸殊衛所各官全無報稱之念惟利是圖視官錢如櫟裒以脩理為奇貨稍有損壞多揑妄呈祈覆估計雖批有司率皆轉委丞簿首領等官拘照原詳

田覆至給料價通同積棍匠作侵分前工未完復又開請東西影射彼此支吾及催併完工率皆苟且塞責隨築隨壞經久無裨年復一年虛冒日甚今行每衛所置簿一扇前開該衛所每年額該軍需城垣銀若干某年月詳給料銀若干經承官匠某人造脩過某處城身垜頭樓舖及公宇廳堂臺堠等處逐項敘入簿內送印以後遇有脩理處所明開原於某年分脩過即今損壞應該脩理填入簿內送道查覆批發府佐縣正官從實估計料銀詳給印官脩理不可轉委估計以滋虛冒其料價給原估官督脩衛所止是撥軍幇工錢粮不得分毫干預工完候委別官覆覈取具匠作五年之內損壞坐罪補脩結狀若有故違從重叅究則錢粮不致虛糜而城垣可期堅久矣

額徵工料開後

本府幷衛所城池舊額脩理工料議於縣衛所軍三民七銀共伍百肆拾叁兩遇有損壞呈詳支脩

永嘉縣玖拾壹兩　樂清縣壹百壹拾貳兩

瑞安縣陸拾叁兩　平陽縣壹百壹拾貳兩

温金盤叁衛每衛銀叁拾兩

海瑞平沙後蒲寧柒所每所銀玖兩

蒲壯貳所共城每所銀陸兩

舊有窰軍每衛所或肆名陸名捌名專一燒造磚瓦堆垜以備脩城免其別差繼以不諳遂致缺辦或將本軍名粮扣易歲稱苦累萬曆六年間議將各衛所正軍每歲遇支粮每名扣米貳升易價解府收候如給銀即照數扣留在庫聽備脩城兼同

軍三民七銀支用除去宜軍名色官軍稱便

脩鄉堡

夫城池所以衛民堅壁清野悉收入堡使賊來不能乂據此李牧備邊所以稱為良將然不獨禦虜而已用以防倭亦長策也先年倭寇大肆登劫鄉村之民創立民堡如永嘉縣永昌堡下洋堡瑞安縣梅頭堡平陽縣錢倉堡榆洋堡宋埠堡仙口堡樂清縣竹嶼堡是也承平既久諸堡城垛傾圮濠塹淤塞或門存而垛廢或垛存而門朽蠢茲小民罔知利害正如燕

雀處堂萬一卒然有警倭知內有貨財併力攻擊勢不能支反為巢穴是謂藉寇兵而齎盜糧宜每春初行令各縣督責黨正副并地方告民勸諭捐貲如有堡城頹圮者修築堅固濠塹淤塞者開濬深闊汛期編撥鄉長鄉兵晝夜防範萬一有警併力把守隣境官兵即時應援如有怠玩致賊攻陷治之以罪庶在在有守賊入無所得而勢自困矣

實軍伍

國初沿海設立衛所聯絡險要今軍伍空虛徒存尺籍蓋緣家道殷實者納充吏承其次為商或業充有司差役或投兵或搬演雜劇或附近放回又舍人皆不操守以及役占買閑俱係精壯而補伍食糧者反皆疲癃殘疾老弱不堪之丁軍伍不振戰守無資皆坐於此一一於此七事故付其一端耳雖然請查雜盡其弊庶有司督名依十家牌例分格眼紙一張不論大小人家凡係軍戶者明開幾口其係精壯其係老弱從實開填一家處開十家連坐照牌造冊存子該衛所查取該管官旗有

無隱匿其前九弊通行禁革至于贅婿義子精壯者亦許補伍務使食糧者皆精壯之士老弱不得充數不合糧者編派守城一如百姓守城之例至丁問發新軍皆係刁惡或白捕打詐或侵欺錢糧衛門積惡或教唆訟師一至衛所動輒把持逞刁告害衛所官畏如蛇蝎或任其回籍或潛住府城或從經商並不差役夫徒流不等遞罷擺站者尚有逃送公文及撑槓拽船等差遣此反得食糧坐何輕者勞而重者逸也每年班撥新軍一體撥差如有前弊許

即呈究阿縱不舉者罪之又遍來所伍生長軍丁並不報冊老弱逃亡者亦不開除單伍缺而糧不減坐此故也查得軍政條例充軍丁生三日即報本衛所伍上冊季終類報本道查考如隱匿不報者查出或被首告官旗坐罪如此着實遵行則生齒漸繁軍伍可實矣

覈倉粮

夫海倉之弊在收支二者而已私充之奸起則實收不足憑而收納之法壞侵冒之弊滋則領狀不足信而支給之法壞其源起於粮里憚海運而樂輕齎棍棄之包攬衛所出虛領以冐本折官攢與之通同海倉官貪攫詩不定者未免染指其間稍知自潔者又引嫌避謗不加稽作故官帑如漏卮而軍士多枵腹積蠹有年弊壞極矣今宜置立印號總領如遇衛所請支俸粮及各軍粮本道批給總單一樣三本發府查填該衛應支俸粮及軍粮數目轉發該衛將各應支應扣粮米共填一單聽本道委官給散一本發倉存庫一本存府一本繳道不必另取衛所零星私

領以滋弊端則官軍得沾實惠而倉粮不致虛冒矣

集漁船

本區漁戶載籍頗多且以海為家慣歷波濤其船皆揹貲自造極為堅固其人皆父子兄弟親友鄰里情意相關非比一時烏合之衆內有曾經戰陣不以倭為懼者故先年藉以防寇將應輸漁稅盡減其半責令聯綜結腙而立腙長以統之如營兵之法臨敵無不用命業行永樂瑞平四縣掌印官各將該縣大小漁船盡數報官毋容隱漏照依原立字號挨編明白書於船尾仍備開某縣某都腙長某人統船若干隻內船戶某人各取年貌籍貫置立格印腰牌常川懸掛仍於縣腙長之內選舉德行素著膂力出衆有身家可以服人者一人結報本道給以冠帶為千總腙長給以執照為百總各船聽命于百總百總聽命于千總上下相承如臂使指敢有違慢聽其責罰船內多帶石子灰罐仍書捕魚剿寇四大字于旗晝則揚旗而漁夜則懸燈聯腙而泊以便識認夷島知我舟師之衆先褫其膽不敢輕犯矣但漁船出入關隘不

服官兵盤詰遠出窮洋勢又不能合綜萬一被擄賊乘我舟而入官兵罔覺誤事匪輕宜預為定約俾令平時俱要懸旗張燈一被擄便即棄去則我兵知覺可以救援而不為所誤矣

隄海岸

夫設兵船于海外以期遏賊不得登岸若一登岸則兵船為無用矣設陸兵于海岸以期捍賊不得入內地若深入內地則陸兵為無用矣況擊初來之賊易為力法曰未定可擊若使延入內地縱盡殲之所損

多矣往多擁城觀望賊一空過可幸免罪坐視它境殘破漫不策應此豈休戚相關之情耶近已立為章程申飭水陸將領務念唇齒相依毋得自分彼此如遇有警水兵乘其未定而擊之一鼓成擒倘賊勢猖獗至于登岸則陸營官兵銜鋒於前衛所官兵策應於後不許踵襲往轍致失救應如沿海力戰損兵折將宜坐內地不能策應之罪內地殘破沿海幸完宜坐沿海縱賊之罪有能連次鏖戰拒過賊鋒阻賊下船不得登岸雖無首級亦是奇功蓋水兵陸兵相為表裏若賊船入境水兵星羅于外陸兵雲布于中聯絡應援血脉貫通將登也而擊其未定既登也而擊其眩暈則疲困倉皇之賊何當我養威蓄銳之兵哉

失風軍火罷杖

兵船在海猝遇異常風雨卒然驟至人力無可救者有事勢稍緩猶可先應預防而捕舵怠玩悞事臨期止欲逃生棄船不顧者如果人力難施則各兵性命亦且不保而況罷械乎如兵船果在外洋卒遇異常

颶風收泊不及人力難支事出不測者查勘的實所失軍器姑准免賠如在近港或事勢稍緩不行預防及捕舵不識風候怠玩悞事臨期棄船不顧責令官捕賠還軍器重加罰治庶人心知警法令嚴明無可僥倖告免者矣

戰船改稅議

彼倭奴脫敢弄兵潢池也必先以福草艟艨批擣之漁唬舴艋攻擊之盡我長技蔑有不克若至登岸縱有長鎗大戟亦難角其闊步利刀驟至殲滅功力已

戰船堅牢題目多備夫何在本區

燥灰脆物殊為駭異細揆其中可為

朽脆者四官造戰船約有年限償有成規循環備造立法甚善矣然叢生更僕難數若每年汛畢先行近縣掌印官查估中鮮有厳風攺任怨劳者必溥於法領吏書索造冊筆劄之省門隷需酒食使用之費甚一奸胥從中委官高下其手低昂其價勒文量之戶頭難估之分例錢粮未領先去什二也備造原有程限例在八月初旬興工十月初旬出汛若委官

展轉遷延覆之於府批之於道　於本院允給汛事已及矣倉卒難[illegible]捕盜必先貸重債於豪家揭物料于舖戶[illegible]貴賒賤納又去什一二也先年估計此[illegible]寧毫難短少今有如此重費焉肯[illegible]且了事委官覆驗倍從裁賊動為云法營戒之[illegible]嗣為相沿節省之規年賦一年漏危難塞總計到手什無六七三也如此戰船海波恬然優游暴與猶可支撑萬有警動茲遇呑天沃日之濤排山倒海之風非惟不能雲飛

濆電掃長鯨即使將士諭汩波濤身膏魚腹言之殊可酸鼻此豈作法于涼之意四也本道先任浙西稔知此弊故首為釐革估驗不假它官則去誅求之苦料價豫給則免揭債之虧懸令價與全給則無虧減之慮頃刻畢集際江本道遂隻親驗咸可乘風破浪批擣攻擊遂行激賞用勸將來第恐時事漸殊變遷靡定若不著為定規未免仍踵舊轍偏稽往牒反覆討論無如海防類考中載寧波事例為民造官稅之為便也蓋捕隊官修者即同巳物隨損隨備愈加愛

惜稅價既無虧減船隻自然堅固官府無勞估督催之煩將士獲安身效力之便且查二號福船如照備造成規六年料價該銀四百五十二兩五錢如照梁頭定數六年給稅正銀四百三十二兩尚省銀二十兩五錢槩推類省奚啻千金且各捕隊擁門泣告咸願如例改稅免罹後苦誠官民兩利之策也相應俯從合無自二十二年為始照依寧波事例將各官造戰船丈量梁頭濶狹船身長短對則計稅即以原船計值若干付各捕隊拉價於逐年稅銀內通融扣除

還官稅銀分為上下二季預期支給以便脩艌出防二汛如遇拆造照例全借一年其幇工兵粮如限扣省每年告成俟駕至甌江聽本道躬驗如式量行賞勸否則重懲拆造戰船毋容梁頭增濶希啚作稅船身改短致難拆於此亦民造之一弊不可不豫講求以免亡羊補牢耳嗣後當事者毋靳一勞假手他官丈驗塗掩耳目以僨
國事刋布成規永為法守如此一為籌畫夙盡葵官帑省無限之費將士獲有生之樂枕戈擊楫壓浪駕波無往而不利涉矣

歸併營兵議

温區設營原酌地里險夷雲布營伍虛實如洋蒜之左營僊口之前營梅頭之後營均稱衝險盡設民兵以捍之以其食餉頗豐人力頗壯故也如石塘之右營大蒦之中營僻處平夷止設軍兵以衞之以其食餉頗嗇人力頗弱故也邇因汛畢軍兵私回當事者慮有警動響應不及議以每營伍哨民居其三軍居其二互相配搭彼此協守誠汛地無空壁之虞軍兵無媮逸之弊甚美意也第其中又有闗畧者三募選民兵廼雲集浙東諸郡壯士故皆利於衝險今軍兵僅取東甌一隅餘丁止可設於平夷備數犄角茲廼編列要地脫有警虞是驅羊逐狼以命予敵一也民人從戎捐骨肉棄鄉井慕利遠來原非徭役故與月餉九錢軍人應兵廼世享
國儲承襲祖役且田廬咫尺相望親戚朝莫相見較與民兵星淵相遠故與月儲五錢今各不諒爾我懸殊惟計儲餉厚薄意謂民兵應當操備我輩秖寄虛

名總哨鞭策稍嚴遂欲貝錦誣陷非惟太阿倒持章甫薦履抑使民兵效尤漸難馴服嘉禾稂莠為害匪淺二也民餉既厚軍儲既薄欲同一視槩給九錢則官帑無羸餘之費軍兵無再厚之制若汰軍用民餉亦無處若軍民共居事終難一未免玩愒日久法令阻撓耽睚相詆血氣相持蕭墻隱憂殊未可測此謂熒熒不滅必致燎原三也夫此三者緣在失於初議如軍兵私回止令一卒一擒而治之足矣奚使冰炭同居因狐壞社耶合無將中右二營仍用軍兵以保桑

梓之地其各民兵仍歸左前後衛險民營各從其類
服常操備如軍兵違令私回聽本道嚴拏重究庶軍
民各地覲覦潛消勇怯不雜臨事有用命之人淵匿
各方紀律無准二之失大于海防有攸賴矣

處州防礦四至說

處州十邑皆僻處萬山礦坑甚多先年奉例開採其未開採
者惟麗水青田縉雲耳蓋田少民窮垂涎利源相習盜礦如
國朝巨寇陳見湖等咸起於此遠近騷然閩中礦徒
由松溪來者從龍泉入五都黄村由壽寧來者從龍

泉入濛下大柘街由茶順來者從景寧雲和入舊市
或從遂昌湖山龍吳頭徑趨衢州或從遂昌馬步廵
司至龍游馬戍口而入各處礦山是龍泉為隣寇入
境之門戶遂昌實隣寇出境之要衝舊設守備一員
督兵防守倭患以来改守備為叅將移駐盤石礦徒
得以恣肆近之處州團操兵一總每遇秋末冬初以
涸土堅恐奸徒盜掘輪派哨隊什兵一枝屯湖山以
禦黄村大柘舊市一帶一枝屯竹口以禦閩中来賊
破其腹心斷其肘腋則外郡爲合之徒自不能入而
礦賊之源可塞矣

計開

松陽縣礦山十

一箬寮坑在十三都
二小藕坑在二十一都以上二坑嘉靖二十四年封禁
三際坑在二十都
四烏壇坑在十八都
五白碧坑在十八都
六黄坑在二十都

七葉銘坑在二十一都
八淨貌坑在二十二都
九際坑在二十一都
十姜坑在二十三都以上八坑俱脉盡絶嘉靖二十八年封禁

遂昌縣礦山八

一黄蕃坑在四都一圖嘉靖十七年奉例開採礦絶無課
二金鷄石下坑在十一都一圖
三焦坑在十三都
四古塘坑在十三都

五古樓坑在十四都內源一圖

六澤樹欄坑在十四都外源一圖

七皆前石下麻竹降坑在十八都一圖以上坑礦絕年久

八梭溪坑三角礱筝洞在十三都嘉靖十七年開採礦絕無礦封禁

雲和縣礦山二

一黃家畚坑在三都

二縫尾陰燕坑在四都七甲

宣平縣礦山二

一磐坑在一都五圖封閉

二斧高坑在一都一圖礦絕封閉年久

景寧縣礦山十一

一嶺拗坑在一都四圖

二滃海坑在一都十一圖

三陶州坑在二都一圖

四下坑在三都四圖

五道化坑在三都五圖

六大洋坑在四都五圖

七盧茵坑在四都六圖

八張坑在四都六圖

九大際坑在五都五圖大際嶺根附近大際村

十八捕坑在六都三圖十八地方附近鄭坑村

十一吳四坑在六都六圖吳四地方附近坳坑頭村俱封閉

慶元縣礦山

一横巖牛崗坑在二都三圖

二毛洋三菜坑在上管三圖

三添堂縫尾牛陀坑在二都二圖

四陳家嶺白鷺洞鉛坑在三都一圖

五黃壇坑在二都四圖

六添堂坑在二都十一圖

七黃壇縫尾石演坑在六都一圖

八桂楊坑在八都二圖俱封閉年久

龍泉縣礦山八

一温[illegible]坑在一都三圖

二毛坑在八都四圖

三黃礦井坑在十二都一圖

四崑崙坑在十六都二圖

五烏鉛際坑在十六都一圖
六白壇腰坑在十六都二圖
七前突下坑在十八都二圖
八岺坑在九都一圖以上各坑俱礦脉盡絶封閉年久

海防圖畧卷二終

巡官永嘉典史王世隆
督刊海防典史湯寧

温處海防圖畧跋

海防圖略者重海防也處無海而無
言之者何處居内猶堂奥也温居外
猶藩籬也藩籬固則堂奥安勢也矧
處之鏺與其材官温多籍焉則處亦
未始不爲海重防也故無言處也防
海而附以礦者何不忘處也非其所
甚重故總言海也海防之重自古記
之遂矣無暇具論
明興湯信國奉
命經略其地清島禁商分兵戈守至嚴
且密垂百餘年海宇無波嗣以久安
忽戰桑土弗徹因循至嘉靖季年倭
乘我虚遂渡黄華石塘郡城蹂躪之

狀慘不忍言警聞于
朝徵吳楚兵討平之垂四十餘年海寇
無波頃五六秀吉以人奴篡起挾六十
六州之眾毀我屬國又以虛聲撼我
東南瀕海之黎若旦夕阽于危者
上知公有不世才
簡為備兵　至則察　塞募健兒審

機宜明　以繕甲兵　艘櫓儲餱糧
嚴號令信賞罰遠斥堠集漁舸具蘭
石詒渠荅攻守甚設已復計曰兵冗
而餉糜侍久而民將詘柰何于是有
併營改[illegible]減船省餉之議焉不冗不
糜不糜不詘而防亦庶幾其可久矣
集而編之公良苦心云昔從萊公在
大名時呼為北門鎖鑰乃全浙稱東
南要會而温處又全浙之門戶公也
未雨而[illegible]綢繆若此則温處無虞而
全浙晏如東南寧於覆盤矣鎖鑰之
功豈出大名下哉公時
奏最
天子嘉俞錫　虛樞筦　温處不得

長有公矣　然公之　在是編可
垂不朽異時當事者踵而行之為温
處萬世利可也誰謂公不長為温處
有也謹跋
浙江温州府知府陳留劉芳譽頓首
謹書

海防纂要十三卷圖一卷

〔明〕王在晉撰

《海防纂要》十三卷圖一卷，明王在晉撰。在晉（一五六四—一六四三）字明初，南直隸蘇州太倉（今屬江蘇）人。萬曆二十年（一五九二）進士，官至兵部尚書。是書參稽鄭若曾《籌海圖編》、鄧鐘《籌海重編》及范涞《兩浙海防類考》等四十餘種，彙其有關海務緊要者而成。前有各類山海輿地圖十一幅，正文則分沿海事宜、外國考程途針路、朝貢通考等十五門，以備記沿海各省海防大要，皆稱詳備。據明萬曆間刻本影印。

海防纂要序

我

國家奠鼎二百餘年疆場防守之故大略可攷其在東南則防海爲畸重云日者三韓告變震隣之憂勢屬孔棘藉

皇上威稜遐暢海不揚波迄今東南之毗恬然安瀾矣迺有備無患自昔言之況今日之東南無患形而有患實者乎余不佞奉

簡命視浙上師五衷矣翅飲冰所爲討故實諗要害飭軍容者無日不拮据焉歲春輒移鎮甌川時帥諸偏將爭泛樓船按視絕徼稍得情形然勝畫籌之席幾欠暵儲泉令鯨鯢不至扶波濤而舞稚思以目所覩記身所歷涉手一編以須後來會臬大夫姑蘇王公蓋懷龍虎

韜者常飭戎津海東稔之役虜實大創無片帆得還比適辭官渚江上兩人相對計東南而思綢繆不自知其膝之前也公因取今甲章奏纂海右言及所自著蘭江越鐫諸集已又取余所商條款規議擇其

要如干題曰海防纂要夫約海之防無出此矣而余重有慨於防海之難也夫是不熟數十年來之故則變不更形不履數千里外之險則境不悉識不洞越人隔垣之視則其不長憂不迫燃眉剝膚之痛則慮不密

序三

且也今日之奸民闌出徼外嚮夷以漢物夷復以厚餌招之長此不已勢必有中行翕侯輩為之標嚮而訌是今日之所置念匪夷之能患中國也繄中國之自為患也而今所置防匪但以中國防夷也繄以中國

防中國也以中國防夷蓋自浙海以東遼海以南閩海以北嶺海以西延袤萬千餘里而遙尚慮無所不備無所不寡之病如以中國防中國則皋蕍且有侏儒几席且有戈戟冠烏其世者且被跣甚心頓安能人詰而

序四

人防之哉是纂也山川之要塞今昔之典故奸究之變態羈鞅與夫戰守之機宜經略而龔之擴之者固開卷而犁然揭之而畫然也詎非防海上策東南世世之利耶公心良苦而功良偉哉余以積勞成疾幸得

予告庶幾弛于負擔第愧無裨東南
以報
聖主恩得是編也有以藉手矣
萬曆歲次癸丑孟冬吉旦
欽差提督軍務巡撫浙江都察院右
僉都御史前大理寺右少卿右寺丞奉

勑閱視真定開營巡視京營提督北直
隸學政河南道監察御史古淄高
舉撰

海防纂要序

天下之勢必我有以先人而人不
得以先我斯我操常勝之權
有恐而無患所謂我先人者非
挾有餘以乘人我常處其有
餘雄睨四裔其氣卒然而應

常歸于不足則又安能倉皇
赴敵化不足為有餘故至人足
而不足不足而足不恃恐之不來
恃恐之來有備而亡患除戎器
以戒不虞防之說所從來已
國家提封萬里直瀕閩廣膠萊

之境控距天險鯨波吹揚不戰而
栗其于挾桒析木匯隔丸泥淼
茫一葉任風伯陽侯為駝動盪
萬里遙者碧蹄開平之役蹂
躪我屬國左足而窺門戶蛇豕
遺腥鬭河未淨乃家康校起薦

序二

食中山跳梁正劇而我民航海走
死往來如織良民畏倭而奸民習
倭上之人惕倭之來而下之人引
倭之至是昔之防倭防其黨然而
今之防倭防其必然昔之防倭防
其外蝕今之防倭防其內蝕昔所

虞者零星摽掠之倭而今所虞者
大舉入寇之倭昔之倭為邊幅四
肢之患今之倭為
神京肘腋之患山城五島之間隱然
樹一敵國我雖礪兵磨刃終不能
侵倭之尺寸而彼之憑陵吞吐常

序三

窺我之蔣文嘗事者不得不以倭
為外懼頑庸人占影之至而圖則
晚君子識幾之動而防必預先事
而防之必循其竅會要約者而圖
之今所為防倭要書曰籌海圖編
再續為籌海重編通文纂為海

防類考謨略具載而近事或有所遺佚又其書澹漫閒出于書生之腹笥而未親質于矢石鋒鏑之場余惟東南所最急者莫逾防海之一籌環海生齒日益蕃庶而年來民不知兵習于晏安窳惰

序四

而武備多所闊略辛丑之歲晋甫受事閩南倏忽警至壯士擐甲與躍波跳浪之雄共鬭于天池臣文吏所司不過號令期會而至于先聲振膽常經日終夜蒿目以憂干戈故疆圉之盡竊屬心

于南海之波臣而不俟燥髮生長海澨與魚鰕隣沙民之不知虜猶夏虫之不知冰也不知冰而知暑虞必先于倭夷須者于役于浙大中丞淄川高公時進小子晋抵掌以談軍旅會城水陸軍民兵

序五

十六營屯哨隊時奉軍令指麾調度籌畫機宜間嘗竊取載籍旁搜總括併述中丞公所為諏咨計議有關海務緊要者彙為一書分十有三帙名曰海防纂要夫兵之難言久矣自

非老於行間惡覩黃石陰符指歸要領以示雄武標識略於三軍羆之測海不知海之深也而語防海于今日則從人情之變以占海氛之變我不能得倭之情以為之備而彼反得我 情以為之圖我未嘗得一倭以夷攻夷而倭得我千萬人以中國攻 中國窮 中國之貨藏不有也誘倭以入于奢畢 中國之技無勿收也佐倭以成其巧智者則以 中國之貨為利用此禁之而彼必須之矣智巧且以 中國

之人為驅使此索之而彼固安之矣我民第覩倭之小利而貽我之實害其得倭之小利尚與海若共之其貽我之實害則奸民不與而良民與焉試嚴蘭出之令則 我不能窮之於所往而反有以杜其歸 堅其叛禁一弛而舉國為倭習販矣好販盛則里中不還必逐形長竿以龍堆鼉穴游釜探丸禦人而奪之貨而失職之民無賴而不得逞其姑里偷生而為海天之嘴聚舉好販為倭為盜矣故語防

海于今日防外至之寇易防内叛之寇難防窺釁作難之倭易防輸情勾引之倭難我之情畢輸則失其所為御併失其所為防又安能明揭海防之要領哉無已則有繕城郭飭兵戎除器具選將士精簡練廣積聚明號令以自固其所為防而已我自固其防則倭憚我之嚴而潛消其睥睨氏　中國所措注皆朝令而夕聞之者也氏　中國之瑕缺皆與是而彼即彰者也不示人以瑕則無瑕之可攻矣無以窺海外之倭而先以惕腹心之倭不恃倭之來不來以備吾之防而視我之備不備以挈防之要敵無所不窺我無所不戒敵無不巧於窺奸民無不巧于露而我亦無不巧于防防則無可乘時時防則永無可乘譬之千金之家來見盜之破其藩抉其扃而發之治垣墻固鎖鑰訓丁奴時為不虞之警戒則　卒然而應人不得乘其不足而我常抉其有餘預警于無形無聲斬關之盜望而走矣

造父採輪而轍跡自合容成布
筴而晷度不愆請以是而披徃
牒按成書若眹之故必悅然有
悟于萬端矣夫神而明之默而
成之推以俟大作者時
萬曆歲次癸丑孟秋之吉
賜同進士出身嘉議大夫浙江等處
提刑按察司按察使前以倭功
陞級奉
勑提督湖廣學政黎陽王在晉譔

序十

海防纂要凡例

一自少保梅林胡公徵崑山鄭若曾輯籌海圖編
制府蕭公命晉江鄧鍾輯籌海重編督撫劉公
命海道范公涞輯海防類考凡禦侮機宜有成
書之可按矣然其間冗而非要者存之舊編以
備考略而未詳者收之新刻以補遺是編也合
三書而寓目焉海防要務庶可窮其梗概矣

一籌海圖編與海防類考所載山海險要及戰船
器械圖靡不畢具是集止摭輿地全圖及環海
直隸各省東南海夷外國總圖存其大都以備
檢閱東北諸夷亦載者爲其近朝鮮也船器等
圖可省重刊觀者攷諸舊集一覽可無遺矣

一廣福浙直山東遼東沿海事宜屬之該省者附
于本省項下會哨事宜合之三省者附于三省
之末

一朝鮮被倭殘破故載經略朝鮮事獨詳倭又近
犯琉球琉球考亦備入焉

一名公奏疏一時不及旁搜其有關東事者俟續
查補入

一禦倭方略有總括者備載全篇有分行者開刻

款目

一舊刻經略首敘寇原此編先定廟謨後款多係新增

一倭變詳具三書可無再及止紀捷以壯我軍之氣

一船器雖不列圖亦當詳說以備利用

一車戰安營出險等說非海防所急然兵書不可不載

一舊刻載針經便使事也　天朝至朝鮮路程亦備錄焉

一約法明而後三軍知所遵守諸集無之今已補入

一行軍莫先賞罰具載功令

一通販盛行昭布新舊通倭禁例

一舟行極重占候此編備纂諸書占驗無遺

一醫藥祭禱亦軍中所不廢者與軍誓並存

一是編分為十三卷與籌海圖編同

一參過典籍係籌海圖編開列者俱不重開止以新參者紀目

參過書籍

皇明祖訓
大明令
大明會典
大明律
皇明資治通鑑
肅皇大誥
兩朝憲章錄
皇明奏疏類鈔
皇輿考
吾學編

嘉隆見聞紀
邦政條例
兵部新頒禁例
續文獻通考
職方攷鏡
廣輿記
經濟類編
武經總要
虎鈐經
神機制敵

劉氏鴻書
籌海圖編
籌海重編
海防類考
海道路程
海道針經
臞仙肘後經
曆書通選
曆科程策
武場程策

紀効新書　叅將戚繼光
練兵檄　都御史溫純
平倭復國編　經略宋應昌
王奉常集　太常少卿王世懋
登壇必究　淮陰王鳴鶴
全閩約法　都御史金學曾
營規條款
優恤成規
水陸條議　都御史高舉
蘭江集

越鐫　按察使王在晉
舟師占驗　叅將沈有容
東海籌略　叅將徐一鳴
定海備倭紀略　遊擊梁文

海防纂要凡例紀目終

海防纂要

海防纂要目錄

卷之二

卷之三

卷之八

海防纂要目錄終

海防纂要圖序

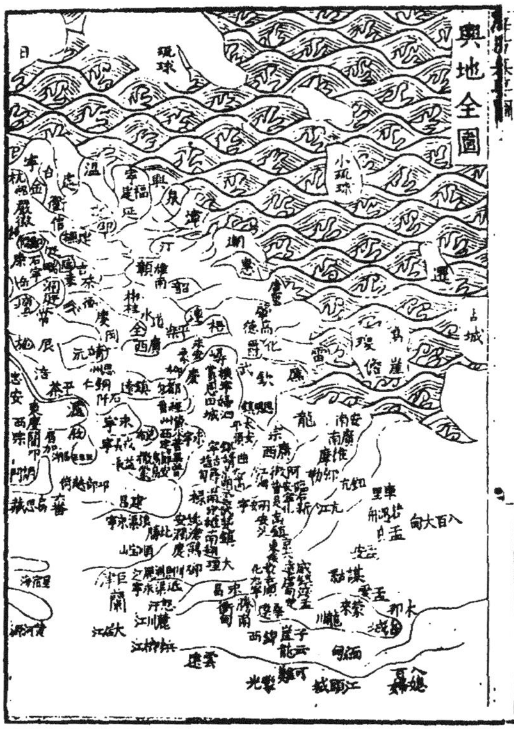

山海輿地圖說

寰宇地勢西北東南分爲首尾至于大海淼茫排沙中起地氣不昂總歸缺陷即有小醜跳梁俄就殄滅關酋薦食朝鮮禍不旋踵是曰逆天我　朝　祖訓不征東南諸夷蓋置之也倭自古不通　中國亦蔑視之故漢人不往則夷人不至癬疥之疾惟當固我腹心　王者居中馭外守在四夷輕重低昂之勢備載諸圖俾觀者明于指掌云

青霞洞樵識

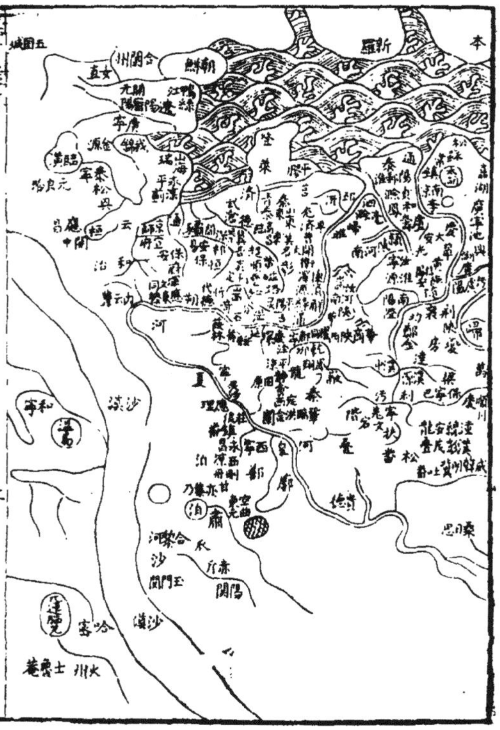

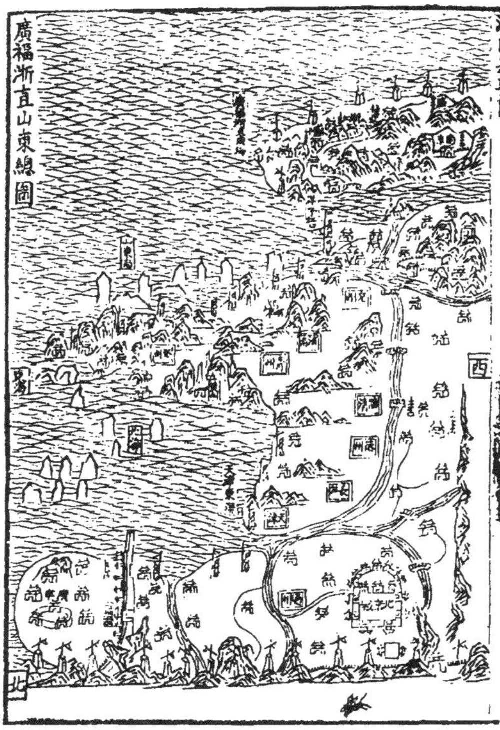
西
北

沙漠
黎人

北京城
西

日本國
大琉球
小琉球
東

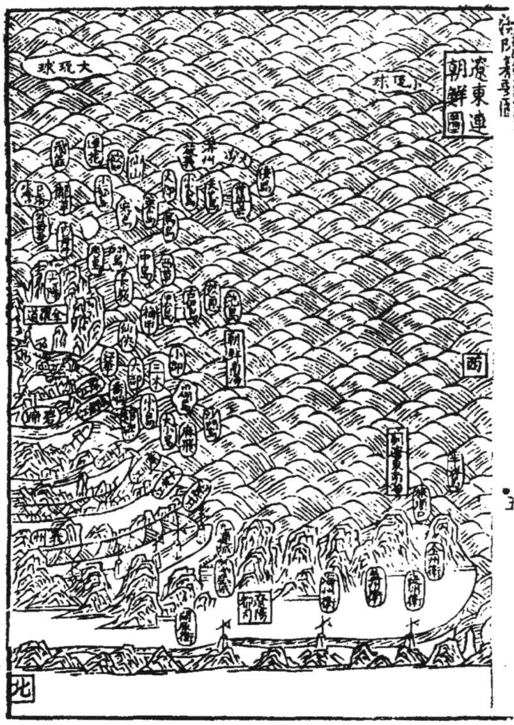
遼東連朝鮮圖
大琉球
西
北

山東沿海之圖
南
東

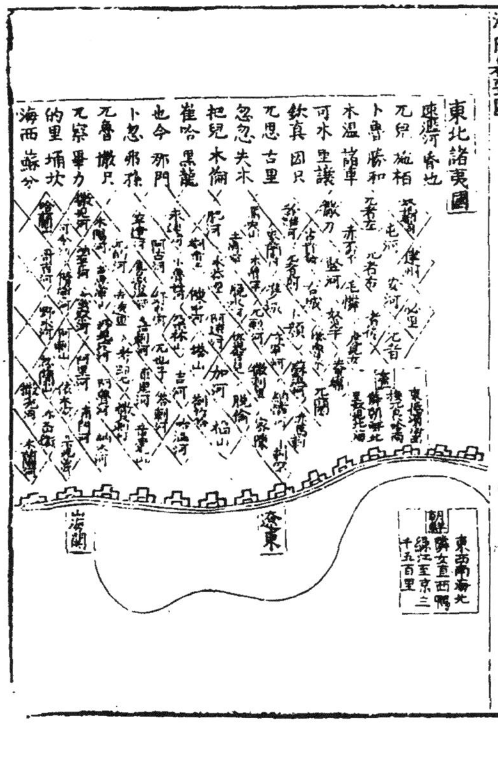
海防纂要圖
東北諸夷國
兀思古里
忽忽失木
把兒木倫
也今那門
山海關
遼東
朝鮮

南
日本國
東
京畿道
江原道

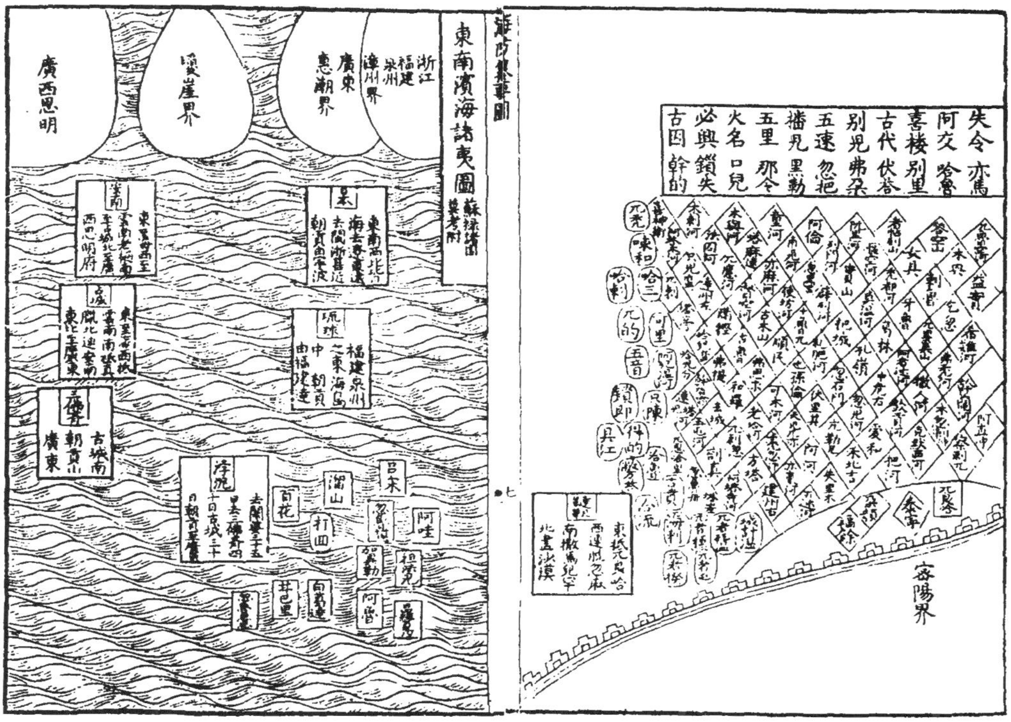
東南濱海諸夷圖
海防纂要圖
廣西思明
瓊崖界
廣東惠潮界
浙江福建泉州漳州界
寧陽界

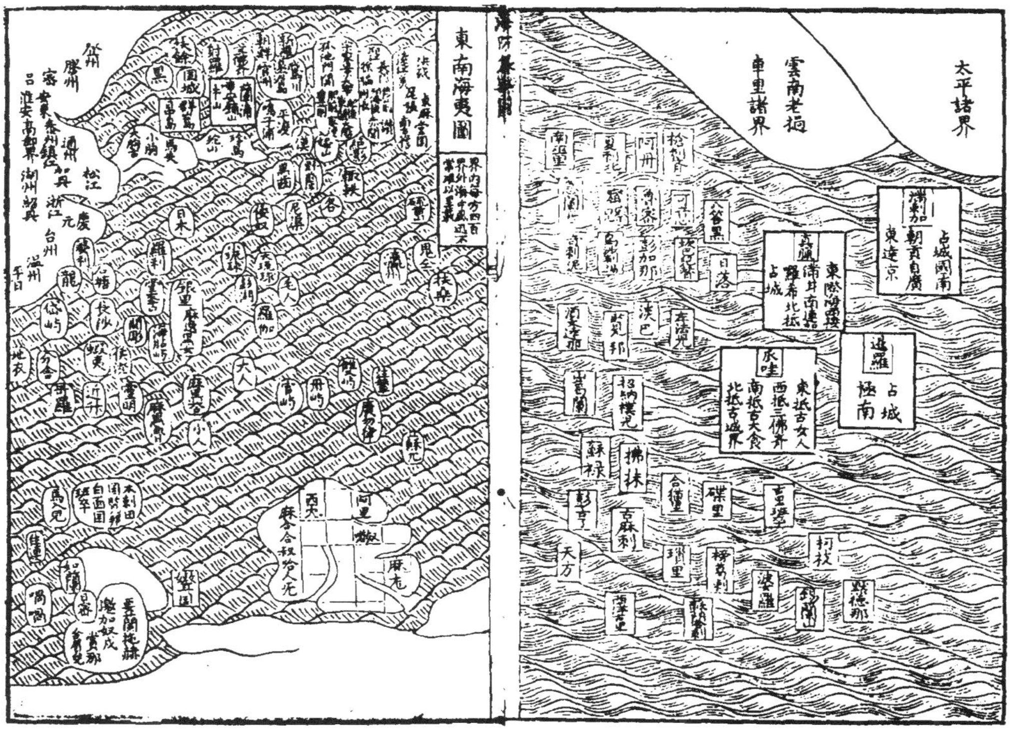
東南海夷圖
海防纂要圖
太平諸界
雲南老撾車里諸界

日本國圖

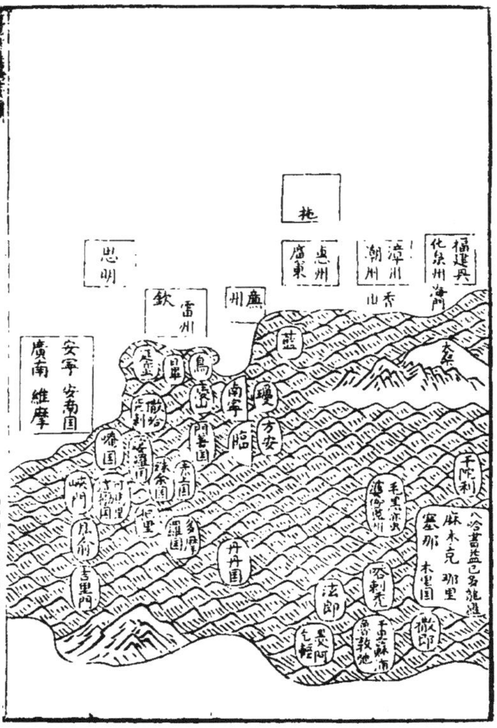
福建興化泉州海門
漳州
潮州
惠州
廣東
廉州
雷州
欽
安南国
廣南
維摩

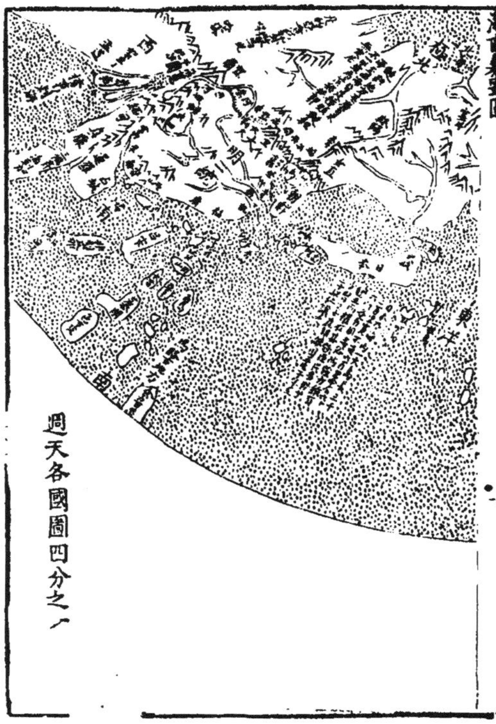
週天各國圖四分之一

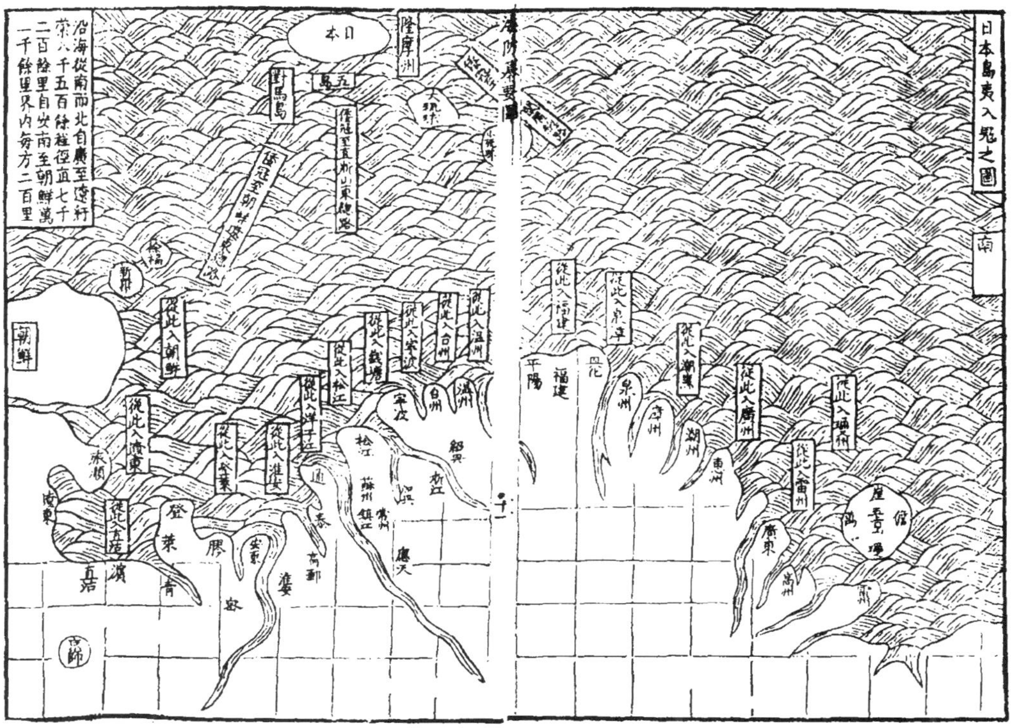

海防纂要卷之一

黎陽王在晉明初甫纂　男會苾稺葝甫較閱

廣東事宜

東路

廣東列郡者十分爲三路東路爲惠潮二郡與福建連壤漳泊通番之所必經議者謂潮爲嶺東之巨鎮柘林南澳俱係要區扼吭撫背之防不可一日緩而靖海海門蓬州大城諸所又皆跬步海濤所賴以近保三陽遠衞東嶺者也惠州海豐東南濱海其捷勝平海碣石甲子門皆瞬息生變尤宜加之意焉儻柘

林南澳失守是無潮也平海碣石失守是無惠也舟師防禦有信地之責者可少懈乎

按南澳當閩廣交界在大海之中有山田數千畝乃　國初起發居民遺棄之地也嘉隆間倭泊于此互市廣捕急則奔閩閩捕急則奔廣而海寇許朝光吳平之徒相繼巢穴於此誠盜賊淵藪也萬曆三年總督殷　福建巡撫劉　題設副總兵以彈壓之外以奪海寇之巢內以絕接濟之路左以伸閩之臂指右以固粵之門戶而屯田海利其小者也數年來漳潮無亡矢遺鏃之費策誠得矣其

次則惠潮二府亦當敵要衝向被倭寇殘擾爲甚今惠潮名有叅戎柘林碣石有備總亦上游之藩蔽也議者謂惠潮水道延袤千里若海門靖海甲子所之間宜添設水兵一營遊擊海上與南澳各寨相爲犄角而東路遂可安枕然言之於無事之日則迂矣

中路

嶺南濱海諸郡左爲惠潮右爲高雷廉而廣州中處故於此置省其責亦重矣環郡大洋風濤千里皆盜賊淵藪帆檣上下烏合突來樓船屯哨可容緩乎嘗

考之三四月東南風汛日本諸島入寇多自閩趨廣柘林爲東路第一關鎖使先會兵守此則可以遏其衝而不得泊矣其勢必越於中路之屯門鷄栖佛堂門冷水角老萬山虎頭門等澳而南頭爲甚或泊以寄潮或據爲巢穴乃其所必由者附海有東莞大鵬戍守之兵使添置往來預爲巡哨遇警輙敵則必不敢以泊此矣其勢必歷峽門望門大小橫瑟山零丁洋仙女澳九竈山九星洋等處而西而浪白澳爲甚乃番舶等候接濟之所也附海有香山所戍守之兵使添置往來預爲巡哨遇警輙敵則亦不敢以泊此矣其勢必歷崖門寨門海萬斛山硇州等處而西而望峒澳爲甚乃番船停留避風之門戶也附海有廣海衛新寧海朗所戍守之兵使添置往來預爲巡哨遇警輙敵則又不敢以泊此矣夫其來不得停泊去不得接濟則雖濱海居民且安枕而卧況會城乎

按廣東省會襟江帶海其東出海則由虎頭門而虎頭門之東則爲南頭省會之門戶也其西出海則爲崖門崖門之西則爲廣海衛而香山澳在省會西南夷人住泊于此稱密邇焉異日者倭寇常殘破廣海衛矣海寇曾酋輩由五虎門揚帆而來

鼓棹而去莫敢誰何無備故也今既設南頭叅將廣海守備控制于外虎頭門把總防守于内又總鎮標下添設中權二部水軍以備策應由今視昔萬一有不測之變豈遂至束手哉然議者以濠鏡澳終爲腹心之疾或議毀其巢廬或議移之浪白三洲或議設官以治之或議以隣國爲壑而徙之南澳要非根本之論也夫東省之有番舶譬人身之有痰火苟元氣完固精神充足則火與痰亦爲血脉運動之資若元神虛耗營衛不周而區區以去病爲務未有不日消而月削也故文德武備圖

治者不容缺一

西路

議者曰廣東三路雖並稱險阨今日倭奴衝突莫甚於東路亦莫便於東路而中路次之西路高雷廉又次之西路防守之責可緩也是對日本倭島則然耳三郡逼近占城暹邏滿剌諸番島嶼森列游心注盼防守少懈則變生肘腋滋蔓難圖矣可弗講乎故高州東連肇廣南憑溟渤神電所轄一帶海澳若蓮頭港汾州山兩家灘廣州灣爲本府之南翰兵符重寄不當托之匪人以貽保障之羞也雷州突出海中三面受敵其遂溪湛川潿洲樂民等四十餘隘固爲合衛三道門戶而海安海康黑石清道并徐聞錦囊諸隘所以合防海澳以操縱反側俾不敢梗化焉者可玩愒哉若廉州則尤爲全廣重輕海北扼塞兩有攸寄故兵符特劄於靈山達堡增屯於衛北海寇峒獠外夷之憂視三嶺獨勞爲西南雄郡如瓊爲廉之外戶五指腹心盡爲黎據郡邑封疆無不濱海備倭之制若白沙石瓊館頭文昌海安海康對峙番島飄風突來防禦甚艱近雖駐參將於崖州責有攸寄而守禦營戍舊額歲久寖弛凡此皆西路今日所當汲汲

經畫焉者深念預防俾幕南稽額重譯來庭非長民若兵者之責乎

按西路要害論之詳矣今之設備視昔又加密焉自嘉靖十九年征黎而有瓊崖參將之設然猶兼雷廉也至隆慶六年倭亂而始專設雷廉參將其白鴿白沙二總則設於嘉靖四十五年北津把總則設於萬曆八年至萬曆十七年珠賊爲患而始有潿洲遊擊之設蓋西路東防倭夷西控諸番外禦交黎內搗珠寇營寨舟師棋置星列可謂備矣

議者謂電白一帶向被倭寇殘陷如蹈無人之境儻猶垂涎於此取故道而來則陽電參將之復似當議也又謂天下形勢皆內中國而外四夷獨瓊崖州郡在外黎岐居中五指腹心永爲左被不無首足倒懸之嘆嗟乎此特設兵彈壓撫馭綏徠或覬覦而動因縣治之用夏變夷則可耳若治平無事欲禽獮而草薙之亦非仁人君子之用心也

海禁

一廣東濱海諸邑當禁船隻若增城東莞則茶窖十字滘番禺則三漕波羅南海則仰船岡茅滘順德則黃涌頭香山新會則白水分水紅等處皆盜賊淵藪

也每藏集兇徒肆行搶掠珠禁弛則駕大船以盜珠珠禁嚴則駕小艇以行劫交通捕快接濟番舶蠹害最甚爲今之計莫若通行各縣令沿海居民各於其鄉編立船甲長副不拘人數惟視船之多寡依十家牌法循序應當如船二十隻總統於船甲長内以十隻分統於甲副仍於船尾外大書某縣船某甲下某人十字刓刻墨塡爲記其甲長副各置簿一扇備載鄉中船數并某樣船隻某項生理一一直書每歲具呈於縣以憑查考如遇劫賊則被害者能識其船速投首於甲首副鳴鑼追究俾近遠皆知無字號者卽

係爲非許人人俱得拏送舊時沿海居民明知賊盜懼其反攻而不救今後坐視者罪以通同則船有統紀而行劫之徒忌畏況操舟之時可以按簿呼召給價差用而不致賣放之弊乎

一閩廣商民以販海爲業寸板不許下海其禁難矣今開之於收汛之時則商賈之利通禁之於出汛之時則接濟之奸絶且出汛官兵凡遇海上異船便可揚帆追擊而賊船不得假商船以入内地此海防上策也然必閩廣通行使商民明知春汛四閱月以清明前爲始冬汛二閱月以霜降爲始惟此二汛海禁不得故違餘時聽其往來則航海者知所避趨而防汛通商兩不相病矣噫常情難與慮始惟在決斷行之耳

福建事宜

題設寨遊

八閩之地西北阻山東南濱海倭奴爲患自古已然故在洪武十九年則以江夏侯周德興正統九年則以侍郎焦宏景泰二年則以尚書薛希璉經略海上自福寧南下以達漳泉置衛凡十一置所凡十四置巡司凡十有五控之於陸又置水寨防之於海初惟

烽火南日浯嶼三寨景泰年增而爲五時則戰艦如雲旌旗相望且哨守皆衛所之軍有司無供億之費外威内固有自來矣法久人玩武備漸弛倭患突登舊制盡失加以内地奸民勾引接濟南澳走馬溪舊浯嶼南日等要害俱爲番舶所據於是廣募民艦旋設舟師五寨之外又分守十有六澳力分勢寡所在莫支至嘉靖四十二年軍門譚綸　題設五寨欽依把總以舊設烽火南日浯嶼三　爲正兵增設小埕銅山二寨爲奇兵而又爲之分信地明斥堠嚴會哨賊寡則自爲戰賊衆則合力併攻以抗振外洋海防

爛然一新而南澳屬閩廣之交海寇往往竊害萬曆三年軍門劉堯誨會同兩廣軍門　題設南澳副總兵玄鍾遊兵把總盜賊之淵藪既據而氛祲漸消矣其設浯銅海壇二遊總則自隆慶年也夫計全閩海道不過二千里之程耳五寨三遊聯絡犄角誠不爲踈然向者五寨兵船各四十隻兵二千二百餘名今節次裁減船數雖存大改爲小兵僅存其三分之二又大半貼駕軍兵人無固志官難約束望其乘風破浪殲鯨鯢於海外不亦難哉儻欲禦大夥倭寇非復譚軍門兵制之舊不可也

寨遊要害

福建五寨三遊鱗次海外舟師錯落扼險據隘比之他省防禦似加密焉論要害則烽火之臺山小埕之東湧海壇東庠南日烏坵浯銅彭湖玄鍾彭山皆倭寇必經之地但其地有可哨而不可守者有可寄泊而不可久泊者其最險要而紆廻則莫如彭湖蓋其山周遭數百里隘口不得方舟內澳可容千艘往時居民恃險爲不軌乃徙而虛其地今不可以民實之明矣然則分兵以守之可乎曰不可也分兵者於法爲弱遠輸者於法爲貧且絕島孤懸混茫萬頃輸不及而援後時是委軍以予敵也然則南澳何爲而守也曰不同也南澳雖在大海之中與內地僅隔一水商舶海賈往來必經吾漳泉糧食仰給海運若南澳失守是隔閩粵之肩臂而塞漳泉之咽喉也彭湖去內地也遠風順尚有日半之程惟漁舟出沒耳販海之舟不必經也故彭湖譬之石田棄之可也然使倭寇結䑸而來則彭湖其巢穴矣又將何如曰修內地之防嚴接濟之禁而後相機以撲滅之耳

海禁

漳泉負海之民舊有商夷爲業自　先朝過禁遂致勾倭釀成禍府至萬曆初年巡撫龐尚鵬　請開海

禁准其納餉過洋既裕足食之計實寓弭盜之術蓋市禁則商轉而爲寇市通則寇轉而爲商理固然也惟私販日本一節百法難防不如因其勢而利導之弛其禁而重其稅又嚴其勾引之罪譏其違禁之物如此則賦歸于　國奸民亦何所利而爲之哉然日本欲求貢市斷不可許何也過洋自我而往貢市自彼而來自彼而來則必有不測之變自我而往則操縱在我而彼且資中國之利二者固大不侔也若海禁愈嚴則獲利愈厚而奸民愈趨之矣嗟乎利乃亂

之囮也

一八閩多山少田又無水港民本艱食自非肩挑步擔踰山度嶺則雖斗石之儲亦不可得福興泉漳四郡皆濱于海海船運米可以仰給在南則資於廣而惠潮之米爲多在北則資于浙而溫州之米爲多玄鍾向專造運船販米至福行糶利常三倍每至輒幾十艘福民便之廣浙之人亦大利焉兵興山嶺戒嚴擔負既難而募調之費又衆大戶所積莫肯輕糶海運又厲禁焉民食兵餉如之何而不匱也故經略福建之策莫先於處糗糧糗糧若缺則五澳之兵雖設

譬之衣冠之人外貌可觀而　內腐裂四肢痿痺未有不喪亡者今日足食之計有二其一須申明　祖宗之意止嚴雙桅船隻私通番貨以啓邊釁所謂寸板不許下海者乃下大洋入倭境也非絕民採捕于內海販糴于隣省也嚴其保甲令民沿海運糴則廣浙有無相通而福民不患于無食矣其二官府提編銀兩輸解督府春夏給爲兵糧時價方貴有銀無米兵甚苦之不如令有司以銀秋糴賤米則米數多春而隨兵所至就以爲餉官兵不兩利乎兵餉既備民食亦充豈惟倭夷不能爲福建患將使福民之勾引接濟與倭爲黨者永不敢矣

一徃年倭寇擁衆而來動以千萬計非能自至也由福建內地奸人接濟之也濟以米水然後敢久延濟以貨物然後敢貿易濟以嚮導然後敢深入海洋之有接濟猶北陲之有奸細也奸細除而後北虜可驅接濟嚴而後倭夷可靖所以稽察之者其在沿海寨司之官乎稽察之說有二其一曰稽其船式蓋國朝明禁寸板不許下海法固嚴矣然濱海之民以海爲生採捕魚鰕有不得禁者要之雙桅重底如可通番各官司於採捕之船定以平底单桅別以計號違

者燬之照例問擬則船有定式而接濟無所施矣其二曰稽其裝載蓋有船雖小亦分載出海合之以通番者各官司嚴加盤詰如果是採捕之船則計其合帶米水之外有無違禁器物乎其回也魚蝦之外有無販載番貨乎有之即照例問擬則載有定限而接濟無所容矣此須海道官嚴行設法如某寨責成某官某地責成某哨某處定以某號某澳束以某甲而又嚴保甲連坐之法申汛期販海之禁如此而謂通番之不可除未之信也

鎮撫鄭以忠曰杜接濟在乎嚴保甲重賞格而責之

海防官夫接濟之船非可以朝具而夕發也聚貨裹糧動經旬月同井之人非不知也所不舉者是連坐之不嚴而賞格之未重也必於五六月南風盛發之候海防官多置耳目於沿海出船之地着實體探重懸賞格但獲通倭濟接之船盡船貨賞其所獲之人官府一無所問其接濟者俱照近例重處家甲知而不舉連坐夫用法有經權用於無事之時則宜寬用於有事之日則宜嚴要在使人難犯也

遊擊王有麟曰論閩事者往往以復江夏侯舊寨爲說又有言其不當復者不知今之寨遊雖設在舊寨

之內而其哨守常在舊寨之外其言當復與不必復者皆剿紙上之談而未親歷海上者也已上俱籌海重編

福洋五寨會哨論

烽火門水寨設于福寧州地方以所轄官井沙埕羅浮爲南北中三哨其後官井洋添設水寨則又以羅江古鎮爲二哨是在烽火官井當會哨者有五也小埕水寨設于連江縣地方以所轄閩安鎮北茭焦山等七巡司爲南北中三哨是在小埕寨當會哨者有三也南日水寨設于莆田縣地方以所轄冲心莆禧崇武等所司爲三哨而文澳港哨則近添設于平海之後是在南日當會哨者有四也浯嶼水寨設于同安縣地方上自圍頭以至南日下自井尾以抵銅山大約當會哨者有二也銅山水寨設于漳浦地方北自金山以接浯嶼南自梅嶺以達廣東大約當會哨者亦有二也

由南而哨北則銅山會之浯嶼浯嶼會之南日南日會之小埕小埕會之烽火而北來者無不備也由北而哨南則烽火遊小埕南日浯嶼會之銅山而南來者無不備也哨道聯絡會捕合併防禦之法無逾此國初沿海設兵犬牙相制爲備者四爲所者十謂之正兵以控禦于內又爲寨者五爲澳者數百謂之游兵以哨守于外且有黃崎等二鎮具洪波等廿四巡司弓兵安邊等入捕盜民壯共爲之守焉尤慮地廣官疎難于責成隨地設官大小相維有副使一員巡視于上約指揮一員備

禦于中而各寨有把總指揮各澳有哨守指揮千百戶安邊館有通判而巡捕巡檢等官又爲之分理焉平居則信地以守警報則合力以攻一號召而兵船數百立齊一勤舉而兵夫數千響應此八閩邊海之防也

福洋要害論

三四月東南風汛番船多自粵趨閩而入於海其南粵云蓋寺走馬溪乃番船始發之處慣徒交接之也附海有銅山玄鍾等哨之兵若先分兵守之則有以遏其衝而不得泊矣其勢必拋于外浯嶼此乃五嶼地方番人之巢窟也附海有浯嶼安邊等哨守之兵若先分兵守之仍撥小哨守把要緊港門則必不

敢泊矣其勢必趨於料羅烏沙此又番船等候接濟之所也附近有官澳金門等哨守之兵若先會兵守之則又不敢泊矣其勢必趨於福興若越于福興計所經之地在南日則有岱墜湄州等處在小埕則有海壇連盤等處在烽火則有官井流江等處皆賊船之所必泊者若先會兵守之則亦不敢泊矣來不得停泊去不得澳濟船中水米有限人力易疲將有不攻而自遁者況乘其疲而齊力攻之豈有不勝者哉

福寧州

閩地二面當海者興泉是也四面當海者福漳是也

寇閩要衝晋江之深扈獺窟興化之冲心平海龍溪之海門漳浦之島尾南靖之九龍寨溪皆是也然莫有如福寧州之尤險者蓋地勢自西北而東南至於省城盡之矣而福寧又在東南突出海中如吐舌然其左爲甌括海居東面其右爲福興海居南面福寧獨當東南北三面之海倭船入寇必先犯此水寨之設職此故也舊寨在州東北五六十里三沙海面永樂初用福州中衛左衛福寧衛軍守之正統間焦宏昌議風濤難泊徙今松山之下似復舊而後可　已上俱職方攷鏡

條陳防海事宜議

福建僉事王在晋云今春防汛自三月二十八日以至今不數日而羽檄已交馳矣有言賊船數隻者有言賊船四五隻者番盔角甲刀銃不計其數雖未必其言之盡實而談虎色變可謂其虛張而無當哉賊假借澳船遂虓或餉船爲其所獲或奸民爲其引導事屬不可知而耳目易混防禦爲難非若番船之一望而可識也兵防事宜所載倭船入境沿海船隻寸板不許下海儻亦今時之當禁戢者乎哨官與賊遇督駕捕盜揚帆追擊若非隣哨之適値援兵之繼至

則孤舟勢弱力必不支今一總止見一哨而一哨止坐一船萬一賊船三五合圍何以抵敵舟師條約所載依次開船首尾相接鴈行而進不許遠離䑸哨此非今日之當嚴飭者乎見賊合䑸窮追然必我兵勢重前後應援相繼方保無失若孤軍追擊恐爲賊誘引入重地如海壇哨見賊窮追統船前進至今數日尚無的報聞警之後雖嚴行各路策應事屬已晚今以後凡捕盜發船而哨官不應哨官擊賊而把總不知者皆坐以慢令之罪軍律不可不肅也自二十六年海上殺賊戰功迄今未叙人心解體夫賞罰不用

即司馬襍苴不能克敵若總哨捕盜兵役殫力抵敵追越隣寨即船兵偶死旋手被傷而賊不敢內突此舉猶差強人意窮洋追逐之功覈實當錄而臨陣戰死憐恤從優此賞罰不可不明也語云見形思影謀在事先乃爲無患賊勢雖不至蔓延而內地虛實游鄉亡命之徒甘爲嚮導萬一假混商漁船隻倏然混入當今城池孰爲可守儲蓄孰爲有餘六營官兵分守哨劄鄉堡無旦夕之計郡邑無旬日之謀見賊張惶何須大敵先事警飭以戒不虞此內地不可不備也職以淺材代署書生不解兵事聞警輒先杞憂謬

有管窺徒深蠡測若文臣託諸空言而武將敢于坐視時事未知所終惟院臺八閩倚重下吏望風伏祈裁奪施行地方幸甚

賊搶去鐵頭船則兵船可混搶去漁船則民船可混儻其假冒兵漁船隻突入寨遊內地不及稽防其可慮者一也據稱賊船每隻百人係銅嶠倭船則非三五成羣爲沿海掠商之盜而虞其有後舉其可慮者二也當南風甚急防汛正殷而此三四船者卒然而至恐爲前導窺覘內洋虛實船被搶去先聲動人其可慮者三也漳泉率多亡命下海勾引海洋有警則內地人心易搖其可慮者四也然今日之最可慨者則在人情偷安及其有事互相推諉使能同心協力首尾相顧折衝禦侮可保無虞乞賜嚴批通行防備則人心整惕而汛地有賴矣

整飭寨遊禦賊議

海上賊情月來充斥舟師到處堵截屢報衝沉謬悠之譚豈無一實我兵固有損傷賊勢亦遭折挫彼方搶擄漁船今則嚴禁不復出洋矣彼方恃火藥今則日久用之殆盡矣糗糧且竭樵汲爲難目下蔓延入廣南風返棹適當其時賊如滿載而歸則心志滿

盈必且惜財重命賊如失意而返則飄零散逸亦自落魄銷魂我能乘其惰歸挫其前隊料必歸之路設敢戰之師重兵以扼其吭出奇以擣其虛零星之兵不可當大敵薄脆之舟無使效前驅聲勢相爲犄角首尾必期應援兩船並擊須防背地攀緣一賊跳船勿遽望風披靡蓋兵無衆寡精練則強人無勇怯激昂則奮戰勝者毋以小勝自驕失事者毋以委靡自棄臨敵之際躲避船艙者割耳不宥經過之地不相策應者坐罪惟均有如失船損士具有王章儻其妄殺貪功必罹天網軍律既飭賊勢自孤呼號黨與豕

突彼奔勢所必至萬一廣賊連綜氣陷且賊兵須預設穀貴知裝先據上游整兵相待出各寨之精銳爲正兵衝犂攻擊之必先將各船之新募者爲應兵上下往來之相照正兵各分界限恐汛地之疎虞募兵互爲羽翼助兵力之單弱漳南兩廣之咽喉也陳師宜倍福興泉八閩之門戶也整飭須嚴偵探無或後時防範不遺餘力至于烏船色號雖經議定通行然日久須防測識我兵無被貪機宜必當盡洩此法相應更換俾各寨各遊自爲暗號臨時變化莫可端倪寨遊將士務宜協力同心先時戒備不惟么麽之寇可克捷收功而廣賊聞風亦將退縮矣

保護洋船議

入夏以來官兵與賊互爲勝負賊雖未經大創然亦未能大獲漳泉屢捷少張　中國威嚴猶足支持體面顧今則更有可慮者蓋賊之所利乃在洋船彼其萬里衝濤止爲搶商劫貨萬一洋船被掠使賊飽欲而歸得志而去是威不能褫其魄而利足以導其貪當各島縱横無主之時來年春事隱憂尚可言哉故以洋船而較漁船得失之關係有不可同日語者今以後請得與將士約懺汛地商船被劫即有堵截抵戰之功仍以失事論罪勿言賊衆而我不能敵勿言雾黑而我不能追商船經歷之所官軍互相保護一有疎虞必不能掩蔽必不容推諉毋得先存怠心以期輕恕彼此應援加意防護庶商船有所恃以無恐而賊所得不償所失可杜將來之患矣已上俱王在晉議載蘭江集

福建備倭議

國家之爲海備計非疎也沿海之地衞所鎮戎星布綦列而總鎮大師至懸徹侯之印惟是春秋耀我軍實耳今按籍而稽之十得五乎試以投石超距十得一乎有故則議練鄉兵調客兵恬不爲怪居恒而備

士伍以守信地此非異人任也此軍伍之當申者一也藩臬大吏于一方之事無所不當問而特設海道臬臣隷以防海之郡佐此數臣者于治民之事庖俎分矣乃守巡權專而浸移其職郡邑務繁而兼攝他事則所爲行海防汛詰戎器驗出入者責之誰乎此官守之當專者一也沿海有戰船有水寨責之在水哨備防非不密自正統初革水寨而軍即安于家船入化爲烏有邇年有防汛之兵汛畢放假以節勞逆今汛畢盡去汛期復選是居恒無荷戈之士矣此地

利之當守者一也奸民之闌出誠罪也然非有形勢之家爲之羽翼安得駕艨艟而不問非有朱頓之富操其子母安得制竒羸而不窮此非獨扞禁之首而積賄焚身倍息斂怨亦足爲盜之招此奸宄之當詰者一也夷性貪黷惟利可以餌之我　太祖絕其貢使不廢市舶寓意深遠異時海寇啓釁實由市賈不平致之今番賈至者不勝牙儈之侵牟或陰賊而取其貨伺我民至彼讎殺以相報復夫不鬪處女爭桑而二國興師乎此强暴之當戢者一也民之土風便利各有所習昔年調狼苗山東之兵以膏敵斧眞同

兒戲故沙舟漁船之說識者屢屢言之顧居常則鱗集募之則獸散誠籍其舟之數與其健兒之數旣可嚴私出生事之禁而緩急亦備萬一此土民之宜料者一也此皆明我官守修我吏治庇我良民釐我奸民豈爲倭設然釁旣弭矣或無間而不爲寇也未可知備旣預矣卽爲寇而不能深入也未可知不爲倭備而倭自備者也且閩地重山疊嶂險阨回複探丸之盜憑焉而北隣衢處多鑛盜南界南贛多流賊如往昔鄧茂七之自建昌流也葉宗留之自處州奔也劉昂溫留生之自上杭竄也蔣福成之自尤溪起也詹師富之自盧溪聚也皆虔劉人民殘破城郭展轉剽劫或資四省夾攻之力或賴中朝推轂之重經歲月而始就鯨鯢故夫閩非無事之國也備其外因以固其內似爲倭備而備又不止于倭者也夫曲突之謀見存而後焦灼爲無功營衞之治豫施而後膏肓保無恙備閩非爲閩也所以爲入海之門戶也夫入貢入市則有門戶若其入寇豈必由門戶狼子野心噬不擇肉大海汪洋風伯爲政或浙或吳或淮揚一處瑕則無所不瑕豈能逆知所集乎萬曆壬子福建程策

浙江事宜

論要害

兩浙形勝太半負海島夷之來最爲切近日本舊時貢道在焉論列郡之海口則溫州之飛雲橫陽館頭台州之松門海門寧波之定海太浹湖頭渡紹興之三江沙門杭州之赭山龕山嘉興之乍浦澉浦皆倭寇窺犯之地列郡之門戶也守門戶則堂奧自安矣論海洋之要害則金盤之鳳凰山南麂山松海之大陳大佛頭昌國之韮山定海之舟山遠而陳錢馬蹟下八山臨觀之烈港海寧之洋山許山皆倭寇必經之地沿海之藩籬也守藩籬則門戶自固矣夫浙東

地形突出於海外同爲當敵要衝浙西雖瀕海而家華財帛之所聚也尤爲賊所垂涎兩浙設禦其容以軒輊耶

論設備

浙洋沿海舊設四總後增爲四參六總矣四參者杭嘉湖一寧紹一台金嚴一溫處一也六總者定海昌國臨觀松海金盤海寧也悉其防禦之製自內達外有三重焉會哨於陳錢分哨於馬蹟羊山普陀爲第一重沈家門馬墓之師爲第二重總兵督發兵船爲第三重備至密也乃若定海者是寧紹之門戶舟山

者又是海之外藩其地則故縣治也爲里者四爲嶴者八十有二五穀之饒魚鹽之利可供數萬人不待取給於外非若普陀諸山比也　國初置昌國衛於其上屯兵戍守誠至計也信國公經略海上以其民孤懸徙之內地改隸象山其見左矣都御史唐順之議復之即今屯兵哨守豈非守江必守淮之微意哉

論會哨

倭寇之來每自彼國開洋必徑抵陳錢山歇潮候風集艘分犯若遇東南風高則望洋山以犯蘇松浙西東南風和則望韭山朱家尖以犯寧紹若遇東北風和則犯大佛頭主山鳳凰山以寇台溫東北風急則越桐山流江以入閩是陳錢洋山乃浙直共守之門戶桐山流江實閩浙相依之唇齒今以直隸兵船會哨於洋山福建兵船會哨於流江嘉興寧紹台溫兵船各會哨于隣總各取印信到单繳驗本總兵船各分哨道更相會哨其外洋總要山島每處撥軍數名責令收集柴草按伏瞭望遇警亦如烽堠之法舉火放銃則遠近易知兵船無悞而倭寇可無虞矣

都御史唐順之云江南控扼在崇明浙東控扼在舟山天生此兩處土大海中以障蔽浙直門戶諸哨船

皆自此分而南北總會於洋山若會哨嚴緊遇船即打賊何從入信國廢昌國故縣而徙之恐是千慮之一失未可謂昔人盡是而今人非也已上俱籌海重編

杭州

主事唐樞云杭州居腹裏之地而以錢塘港海門爲分戶南岸爲寧紹北爲松嘉極西盡底爲杭未臨大海若戰艦嚴守聞警即出把截賊難直擣籌海圖編

台州

把總蔡汝蘭云台州遠處海濱誠四塞之國南有桃渚金竹北有桑州桐巖西有關山衛墅登障層岡重

關爲道頁可禦之險而且南去盤石楚門僅百五十里東南去松門僅百里東去海門僅八十里設或倭奴棄舟登陸皆可卒至城下自海門而上者則一潮直達實一時難禦之變也三面阻山一面瀕海孤懸於數百里之外救援揆濟所難卒至者惟此耳曩歲參兵駐桃渚而倭奴屯聚桑洲遣輸糧經月不至孤危之勢誠可畏也今宜於台州專立督餉方面積聚糧餉訓練兵士以爲重鎮而且西控温處金衢北衛寧紹權非遥制而威可近飭也

海嶴

總兵俞大猷云自潭岓山以北以西之海水淺砂硬大船誤閣則破壞且無避風安嶴兵船至彼如遇夜必須當洋下碇碇不能堅每被急流飄去或夜半發風則尤危然多賴天幸非安計然則宜如何曰錢塘江烏嘴頭浦内船兵一枝不可無餘則練陸兵精卒一枝以待而嚴龜緒哨探遠諜焉庶救倉猝或曰賊舟何能至此曰賊用单桅小舟徑抵山邊閣乾登劫故必不用陸兵追捕方不走脫若以兵船必高大方能勝賊如與賊舟等則勝負未可必也今言禦賊於海也易要非通論海本遼濶舟行全藉天風與潮人力能幾風順而重則不問潮候逆順皆可行若風輕而潮逆甚難夏秋之間風從西北起不日間必有極大西北風操舟者見此風候須急收安嶴兵船在海每日遇晚俱要酌量收船安嶴以防夜半發風至追賊亦要預計今晚收舶何嶴若一意前追遇夜風起悔無及矣

又云沿海之中上等安嶴可避四面颶風者凡二十三處曰馬蹟曰兩頭洞曰長塗曰高丁港曰沈家門曰舟山前港曰濤江曰烈港曰定海港曰黄岐港曰梅港曰湖頭渡曰石浦港曰猪頭嶴曰海門港曰松

門港曰蒼山嶴曰玉環山梁嶴等嶴曰楚門港曰黄華水寨曰江口水寨曰大嶴曰女兒嶴中等安嶴可避兩面颶風者凡一十八處曰馬木港曰長白港曰蒲門曰觀門曰竹齊港曰石牛港曰烏沙門曰桃花門曰海閘門曰九山曰爵溪嶴曰牛欄磯曰旦門曰大陳山曰大床頭曰鳳凰山曰南麂山曰霓嶴其餘下等安嶴只可避一面颶風如三孤山衢山之類不可勝數必不得已寄泊一宵若停久恐風反別迅不能支矣又潭岓山灘山許山之類皆圍土無嶴一面之風亦所難避可不慎乎

議也

都指揮戴冲霄云議者皆謂玉環等山可興屯田之利以給幕租愚謂此等山古時有民居耕作信國公皆遷之內地不許其得業豈誠棄地利而不知惜哉亦念荒山起租為利不多即以萬頃計之不過千石若寇據此以為巢穴則攻逐之費不知幾倍是齎盜糧為小而失大也故舟山止留一二所瞭守而亦不許民屯種其為慮至深遠今日備倭之策不必遠求查復信國公之制而已矣

一台州沿海近漲灘塗長數十里濶十里若倣范蠡圍田之法令民耕種外設海塘一條以捍鹹潮俾不得傷稻每歲起科以給幕租可得若干萬石

上兵

一浙江平倭亂之後不二十年又有壬午兵民之變雖緣撫御乖方亦以其地習戰鬬所用皆土著之兵若閩中土客兼用軍兵並駕雖有一二脫巾終不敢為大逆亦得犬牙相制之法也然其原在於將領不知大體無有勇知方之訓而越中兵柄多歸有司將帥無權平時威令既不下逮有急安可望其節制此皆覆轍所宜更駕者也已上俱蔡海重編

陳錢嚮導

夫陳錢壁下為倭寇必爭之地蓋自彼國開洋隨風到此必登山取汲整頓精神徘徊眺望其初無定向也若南風急則由茶山而徃直隷到茶山而風轉東則由高家嘴而入吳淞風轉西則過老鸛嘴而入三沙此陳錢向正北之程也若東南風急則由下八山頂羊嶼越馬蹟而進洋山到洋山而風轉正南則由大小七北經翁家港劉河而入青南風轉正東則由許由而入金山乍浦此陳錢向北之程也若東北風急則過落星頭而入深水蒲嶴到蒲嶴而風轉正東則入大衢沙塘嶴而進長塗到長塗而風輕東北則由兩頭洞而入定海到長塗而風轉南則由勝山而入臨觀到臨觀而南風大作則過瀝海而達海鹽澉浦海寧此陳錢向正西之程也到蒲嶴而風猶東北則過三星鼠狼湖一帶而入舟山矣若正北風急則影外洋諸山而達閩廣矣由是觀之老鸛高家二嘴為直隷門戶羊山為浙西門戶深水蒲嶴大衢韭山為浙東門戶而陳錢者倭寇必經之地也近日儒生沈陞者以陳錢為倭寇必經之地議欲建堡劄兵于此以遏其登汲之道而挫其初至之鋒似可扼其項

而附其背矣既而遣將登山盡圖度地宽以爲必不可行者何也陳錢壁下兩山合壁李西衕球峙於港門中間止有向西北一灣咯可寄泊水清徹底亂石壁巖兵在内賊得而阻之賊在内兵得而阻之而無出路使我兵在内賊來拒守東風方急策應不前其將何以爲生夫君子作事謀始爲可繼也平居無事之時置兵于孤絕無人之境必不能久安而况海洋之跋涉城堡之難成糧運之艱難波濤之險赫風雨之阻滯兵心之搖兀無一可者兵雖所謂置之死地而後生者以其勢瀕于死而有生道之可求也故以

死戰則勝矣陳錢之議乃以生人而置之死地所謂内無所據外無所逃束手待斃萬無生理者也吾弗忍也故曰必不可行也海防類考

舟山

信國公湯和經略海上區畫周密獨于舟山似有未妥者洪武間倭犯中界犯玉環犯小濩皆浙東海濵信國所親見也其來自五島開洋衝冒風濤困眩精神者數日自下八陳錢而始少憩然孤懸海外曠野蕭條必更歷數潮泊普陀烏沙門之類而後得覘我兵之虛實以爲進止若定海之舟山又非普陀諸山之比其地則故縣也中爲里者四爲嶴者八十三而五穀之饒魚鹽之利可以食數萬衆不待取給于外乃倭寇貢道之必由寇至浙洋未有不念此爲可巢者徃年被其登據卒難驅除可以鑒矣我　太祖神明先見置昌國衛于其上屯兵戍守誠至計也信國以其民孤懸徙之内地止設二所兵力单弱雖有沈家門水寨然舟山地大四面環海賊船無處不可登泊儻乘昏霧假風濤之順襲至舟山海大而哨船不多豈能禦之乎以爲定海乃寧紹之門戶舟山又定海之外藩也必修復舊制而後可

浙江要害論

國初浙江沿海設把總六分駐定海臨觀金盤松海昌國海寧皆有大戰艦而惟海寧不設何也予嘗至定海登眺而默識之其外爲寧波洋與蘇州相對僅數百里浙之東爲寧紹西爲嘉興而杭獨處於西底乃腹内地未爲海也海上戰艦聞警卽出把截賊豈能直搗乎且海寧沙淺無嶴可泊故在設備外戶而堂奧自安矣竊攷浙海諸山其界有三黄牛山馬墓長塗拆了金塘大榭蘭秀劍山雙嶼雙塘六塘韭山塘頭等山界之上也灘山滸山羊山馬蹟兩頭洞漁山三姑霍山徐

公黃澤大小江大佛頭等山界之中也花腦求芝絡
華彈丸東庫陳錢壁下等山界之下也此倭寇必由
之道各造戰船有七百料五百料四百料二百料尖
觖之殊向因賊舟不大七百料停造久矣其五百料
之類亦以不便海戰改造福清等船復調發廣東橫
江烏尾船犀稅沙倉民船又有小哨草撇船軍駕八
槳船裝火器出奇兵伏別綱船四叅六總分哨守各
洋港其叅將抗嘉湖一寧紹一台州一溫處一其把總則即前定海昌國各分為一汛每值
春汛戰船出海初哨以三月二哨以四月三哨以五月小陽汛亦慎防之每年六七八十
一二月風潮險惡正月二月風色不常皆不可行且恐海島乘間而至故春秋皆防其南哨也

至鎮下門南鹿玉環烏沙門等山交于閩海而止其
北哨也至羊山馬蹟灘滸衢山等處交于直海而止
陳錢為浙寇分艅之處則交相會哨遠探窮搜復于
沈家門列兵船一枝馬墓港列兵船一枝竝以指揮
領之舟山把總兼督水戰賊若流突中界則二枝兵
船北截過長塗三姑而與浙直兵船為犄角南截過
普陀青龍洋韭山而與溫台兵船為犄角賊若流突
上界總兵官自烈港督發舟師北截之于七里嶼觀
海洋而叅將又自臨山洋督兵應援南截之于金塘
崎頭洋而石浦梅山港兵船為之策應是故今日之

海防自內達外有三重焉會哨于陳錢分哨于馬蹟
羊山普陀大衢為第一重出沈家門馬墓為第二重
總兵督發兵船為第三重備至密也所患者海氣溟
濛咫尺難辨風濤欻忽安危叵測兼之潮汐有順逆
哨報有難易奸將逗遛藉以規避吾何從而綜覈之
哉自海上用師以來擊來賊者僅一二而要去賊者
不過文其故縱之愆識者謂宜以擊來賊之賞優于
追去賊縱來賊之罰嚴于縱去賊風汛時月正副總
兵不拘警報有無而親出海洋嚴督叅總僇力用命
以過海寇于方來則何邊鄙不寧之有已上俱職方攷鏡

嘉區防守事宜

浙江右叅政王在晉呈為嘉區单弱條議防守事宜
以備采擇事本道代攝嘉湖守巡二道印務遵奉軍
門憲檄行令本道閱視嘉區武備料理一切防禦機
宜蓋因該區向稱单弱未雨綢繆欲先時畫為計度
也本道生長於吳備兵於閩凡海上情形亦與聞其
一二矣竊見蘇松等處州縣距海尚數十里而閩中
郡邑濱海者多倚外山為屏翰扼吭拊背有險可控
未有若嘉區之剝膚者也海鹽海寧及乍浦澉浦梁
庄等處海以城為垣城以海為池去城不及半里登

岈即可攻掠所謂洋山許山者遠落大洋不知何處藉令乘風揚舲瞬息直達一船飄泊則所在震驚一倭登岈則所嚮辟易先年攻破乍浦官兵受其荼毒慘不忍言父老爲言前事靡不談虎而色變者顧今議及浙海輙以寧紹台温爲上游而嘉區爲稍緩不知嘉區西浙之門戶也財賦重于各區生齒繁于各區民間之蓋藏厚于各區倭中嚮導悉知各路之虛實萬一內犯嘉區必爲垂涎之地今該區之兵額不及温區二之一不及寧紹三之一隱然分輕重緩恐之勢不知兩浙如人之一身頭目手足俱關緊要善

養身者必不令其有受病之處若謂嘉區可緩則南直不必籌海陳兵矣本道循行海上目擊險要耳拾聽聞忘其譾陋彙爲十二款儻可見之行事惟院臺一採擇焉一曰議添兵先據該參有加兵之請見奉院批查議矣迺本道經臨海塗把總及軍民人等紛紛抱牘莫不請益焉其爲保持門戶計至諄切也夫加兵必先議餉談何容易然本道酌地形而熟慮之兵似有不得不增置者蓋該參信地北接金山南抵錢塘延袤約四百里所陳兵卒不過民兵八百耳水兵一千六百耳軍兵一千六百九十餘名耳軍兵糧

糗不充腹僅堪守禦水兵遇汛分撥洋許守關中遊四哨調遣不敷軍兵三營分守乍浦澉浦海寧三處民兵一營分守梁庄相懸各數十里聲勢不接其在海鹽屯劄者苐軍民兵各一營每營兵四百耳卒遇有警各依汛地畫疆而守沿海一帶處處可登在在緊要儻水兵不能迎截外洋而倭衆突侵內地捉襟露肘之形立見顧此失彼大屬可虞則請兵固非浪說也二曰議戰船該區大小戰船七十七隻海寧備倭把總統去船五十六隻中軍領船二十一隻各分守羊許守關白塔黃道廟等處而參將標下委無一

船聞警出海惟搭附中軍而中軍船稀力薄主將出師必須嚴兵自衛若領中軍船隻出洋則遺中遊信地不守此二十一船又不堪零星分布爲主將者即欲乘長風以衝海浪其如無船之可駕何今各區俱改設鳥船而嘉區並無鳥船一隻此該參所以亟亟有加船之議也三曰議兵餉地方養兵藉其死力以爲民捍禦餉不給則軍必餒師行未有不裹糧以從者今省會大營兵按月一發餉而嘉區則分上下半年給散上半年于出汛之時給領春汛猶堪自贍惟下半年直俟汛畢始給瓶罍且罄不能殘沆瀣以度

晨昏則必稱貸以應從軍之急使枵腹之兵下海尚
能橫槊揮戈與賊相追逐乎徵發之令至嚴而承行
藐玩如故本道所至軍民兵遮道呼泣懇訴最篤此
在該府一徵督問而兵困可蘇非難事也各營軍民
兵糧餉似合分爲四季行令嘉興府按季給發稍遲
時日即嚴提吏書究解其各縣徵輸後時亦併提經
管人役問罪解道綑責有司不以兵餉爲急是緩視
兵戎要務其爲泄泄之吏可知即聽道府徑註劣考
以候處分所當著爲定規嚴行申飭者也四曰議軍
備軍以食爲天衛所之軍至貧也全藉糧活命以赴

公家之役往例按月一發今遲至半年且不給矣其
所以不給者奸胥猾吏謂每月一放所索無幾必半
年總可重索也諸軍無以贍饑必先揭名糧止得半
價迨至唱放滿除滿扣勞役經年曾無實餉此苦其
誰與愬乎本道又聞邊海軍糧每年除一月貼運及
貼衛官公費再除一月爲各衛門使費使費不到則
糧冊按捺不發其間又有千百戶恃各有印交通賄
買零支冒領者窮軍月餉幾何能堪此輩蠶食與言
及此真可痛恨今查海寧衛所軍餉正二三四五月
係海鹽縣廣儲常積二倉糧當分二次給發六七八

九月係本府折銀亦分二次給發十十一十二月係
衛所屯糧當一次併發其衛冊俱限三五七九十二
月月終之日到府府冊糧单俱限出月初三日到道
本道隨至隨發限于初七日給糧給糧完日該衛所
明開放糧日期具照驗報道如違限一日即提違悞
吏書從重究罪解責其衛官公費不得科扣軍糧印
官詭支者查出坐贓參處各衛門經管人役扣索常
例者依律究遣其廣儲常積二倉軍儲向係刁軍買
支對兌積逋不解近被喬知縣驅除積棍百弊盡消
併當勒石以杜役奸者也五曰抽餘丁海寧衛所原

額軍丁約以萬計承平日久戎行漸耗自曩時李參
戎議欲節省軍丁悉放歸民遂至軍伍之人汛守不
可支矣先是有議選餘丁充役者本道慮其騷擾不
可爲也又慮餘丁未必剩存無可報也今訊之印官
謂餘丁尚多儘可抽用所苦無糧供給耳有如懸餉
召募軍丁不可招而致乎軍亦人耳揀練有法不與
民兵同一敢戰乎計餉軍兵之費較民兵甚省沿海
軍丁習水者使之貼駕佃田者使之協守隨其所居
之處撥發就近軍營操練擇該衛所賢能官員從公
選募不得假此以索軍則軍爲我用是亦團練土兵

之法也六曰重海防瀕海官兵雜居窵遠郎叅遊亦不能時履其地日習其人則何有于監司夫監司之耳目不郡邑官僚之是寄而誰寄也查得蘇松及福建海防同知給有關防邊海之事一以委之惟浙爲不然令總哨之貪廉不同兵卒之勤惰互異兵有口而聲不上聞上有耳而聽不下徹職詳職要官各有體似宜專責海防官嚴爲稽察時爲訓練監司提其綱而郡佐挈其領凡總哨及衛所官員賢否悉令海防官開報臨汛殿最亦令本官從公分別則院司有臂之可使事有責成而軍戎永藉矣七曰愼用人夫

總千人之帥也哨百夫之長也一人廉則千百人之安飽實貽之一人勇則千百人之勇敢寔作之有如所用匪人則強兵易弱銳兵易惰養兵不爲地方之實用而總兵反爲各兵之實害凡債帥未有不取償于軍者軍食多不過三分少不及二分何能當此剝索也故領兵總哨必當熟簪其人徐試其技一軍未可輕假該區民兵二總或于聽用材官考選委用至于軍兵總哨似當擇本衛所職官統之不必借才于外衛也蓋嘉屬武弁桓桓赳赳者不乏軍餘係其服習之人海壖是其丘壠之地同儕之雌黃可畏必砥礪以自完鄉邦之子弟可率或患難以相守至于選用之法量才較射觀其狀貌閱其履歷査其官評亦已得其人之大槪矣間有請託求容者即明註鐫刺以示永棄介冑之屬有不聞風矜奮以圖擢用者耶八曰議城守海鹽爲叅將駐劄乍浦爲備倭把總駐劄孤城臨海雖當絕險然居民稠密有警則民可爲兵彼排門保長皆禦侮之人也人各衛其身家何難督率惟是澉浦城池與海寧海鹽相埒而壓居無百一焉以一千八百七十之城堞而用六百五十人守之守城者又皆尫羸不堪之老稚也其間六七歲之

童子十居其三蓋皆紀錄軍丁食三斗者麾之則幼丁無以自存而軍伍絕留之則弱丁徒以糜餉而城守虛此中雖有軍兵一營汛期與嘉湖道標兵二哨協守然兵以待敵非專爲守也地廓人稀易于崩潰添兵之後當再撥哨兵防守以圖萬全不然抽餘丁以爲城守備亦可以需緩急乎至如海寧一縣密邇省城止有軍兵一營屯守邊海要衝生聚甲于他邑兵力未充當防叵測臨汛似應再議撥兵協守者也九曰懲破冒各邊城堡營寨海風震盪易于傾頽凡百修繕必倍加堅固方可持久若梁庄之重葺未及

三年而今又估修矣澉浦城原詳動布政司額編修城銀兩今額銀不知被何人冒領又議扣軍糧抵補矣邊海軍糧安可議扣扣糧是作俑也後來凡遇工作有不議扣軍糧者乎梁庄之旋修旋毀必係委官之破冒而澉浦之修城額銀必係武弁之濫支此二事業經本道查駁然軍中冒濫如此類者安可勝紀以後凡遇修繕行令該府必委廉能官督工估計仍令掌印官查無破冒方准開銷五年之內傾毀者責原官賠補去任者責經管人役及工匠賠補印官虛結亦議罰指修似應嚴飭以程工費者也十曰嚴招

募浙有四區獨嘉區士卒虛驕不受裁抑將領一有懲刷便圖媒孽其短長其故何也蓋水陸各兵多係士人應募豪家厮僕恃勢憑陵視他處獨悍先年曾為嘉區具　題不許土人充兵而土人卒不可逆絕今其風豈盡戢乎此後凡續招士卒先給印批擇哨隊習兵者往金華義烏永康浦江四縣招募捕舵必擇寧台漁人及福建水兵充役解道驗中發營操練敢有土棍投充者罪及總哨則悍習可消而地方得兵之用矣十一曰飽墩軍該區墩堠約五十餘處每處墩軍五名日則令其瞭望夜則令其傳報一遇汛期墩軍之勞苦倍之乃糧餉愆期與兵同守不得與兵同食墩軍無宿飽焉今議大汛每名先給米二石小汛一石總具花名一冊单支其他別差不得混入此亦守堠傳烽之所急需者也十二曰禁雜差營軍習操城軍習守墩軍習瞭水軍習戰如是而職業舉矣可無忝于縣官之廩餼矣乃正役以外率多差遣軍不若本分之役而苦非分之差一身以應城操又一身以供差使夫是軍也皆半菽未飽之軍也官視軍為子弟則軍以官為父兄父兄不恤其子弟一遇有事其能為我禦患乎今宜明示衛所及各營首領

本役之外不得再派雜差武職隱占軍丁以供私役者查出一併重治仍追名糧入官此亦節勞省役之一端也以上各款除添兵添船餉從何處酌議詳妥另行呈請外其條議兵餉軍儲十事係干該區防守事宜敦請憲令重申便可整頓為此謬攄一得以備裁擇施行　越鐫

廣福浙兵船當會哨論

大海相連地畫有限若分界以守則孤圍受敵勢弱而危戢捕之謀能不賴于相須乎愚攷入番罪犯多係廣福浙三省之人通番流劫南風汛則勾引夷船

由廣東向上達于漳泉蔓延于興福北風汛則勾引夷船由浙而下達于福寧蔓延于興泉四方無賴又從而接濟之嚮導之若欲調兵捕勦攻東則竄西攻南則遁北急則潛移外境不能窮追緩則旋復合䑸有難卒滅此夷船與草撇船之大勢也又有一種奸徒見本處禁嚴勾引外省在福建者則于廣之高潮造船浙之寧紹置貨糾黨入番在浙江廣東者則於福之漳泉等處造船置貨糾黨入番此三省之通弊也故福建捕之而廣浙不捕不可也廣浙捕之而福建不捕亦不可也必嚴令各官于連界處會哨如在

福建者下則哨至大城千戶所與廣東之兵會上則哨至松門千戶所與浙江之兵會在浙江者下則哨至流江等處與烽火之兵會在廣東者上則哨至南澳等處與銅山之兵會遇有倭警互爲聲援協謀會捕賊勢豈有不孤窮而海患豈有不戢寧者哉

南澳山在饒平巨海中周二百餘里因民梗化而遷除之至今不籍其地倭船番艘常泊焉廣兵捕之則逃於福洋福兵捕之則逃于廣洋誠爲極要害者又若潮州之柘林澳內有漳潮海寇外有暹羅諸番倭常泊舟于灣爲地方患洪武中始建大城千戶所于胶裏而外禦盜收以瞭望之　職方攷銳

海防纂要卷之一

海防纂要卷之二

黎陽王在晉明初甫纂　男會苾稱蒭甫較閲

直隸事宜

直隸東瀕巨海北亘長淮中貫大江江南則爲蘇松常鎮諸郡江北則爲淮揚諸郡其勢不能以相援也故各有巡撫之設在蘇松四府有防海防江二者之責在淮揚二府有防海防江淮三者之責以其均之爲直隸也合爲一卷

江南諸郡

都御史方廉議云松江府自金山衛至南滙所官軍各分信地各有定額如金山衛以西守禦獨樹江門二營舊制各設官軍四十名又貼守兵共一百名金山衛金山營胡家港堡蔡廟港堡舊制各設官軍四十名又貼守軍共二百五十二

名已上正守軍人係金山衛查撥貼守軍係太倉鎮海二衛嘉興千戶所調發每歲二月上班十月掣班青村以東各洪港舊制係青村官軍把守南滙以北各洪港舊制係南滙官軍把守今查修復海塘須照舊分派但太倉鎮海嘉興同有倭患貼守官軍似難調發相應於金山青村適中如柘林地方南滙吳淞適中如七八團地方添設陸路把總二員各領精兵一千暫借民居御營隨路有警相機策應此松江海塘設備之大略也若沿海港口金山以東有翁家港蔡廟港柘林漴缺等處南滙以北有四五六七八九團洪口川沙窪清水窪等處宜設船防

守按舊制金山衛所造船各有定額左右前後所每百戶所造出海哨船四隻共計八十隻青南二所每百戶所造出海哨船四隻共計八十隻俱就各衛所派撥巡軍在海巡邏正統間因海患寧謐或以船爲虛費題准以江船易馬而哨船之制遂廢矣今議設船隻一馬之資不足以備一船之用官軍窮苦又難賠賍合令每馬二匹造船一隻再於衛所查有地以公費銀兩與松江府庫軍前銀内相兼輳數每船量貼銀十兩金山衛總委一官督造其各船應用器械火器合於原議太倉置造軍器内給發聽用就點各衛所知水軍人操習水戰布列港口各分信地如倭賊

突至而敢容其停泊者服以上刑則自無規避之患矣此松江海港設備之大略也夫沿海設備固爲上策萬一外守不固則黄浦一帶又爲松蘇險要守浦乃所以守門戶猶可愈于守城矣今吳淞江口即爲黄浦口子既經設備而吳淞江所亦設兵一枝以防深入矣至於上海之高倉渡沈莊塘周浦閘港閔行華亭之葉謝曹涇張堰等處賊一登岸搶船渡浦甚易除松江先後打造雙塔船鷹船各船發上海華亭召募水兵分布沒浦各港巡邏把截又華亭上二縣各募鄉兵護守城池有警調至浦邊協守但前項兵夫官無專職則事難責成而沿浦二百里之遠本府巡捕官一人勢難管攝合令清軍同知一員帶管華亭鄉兵水兵自豐涇以至閔行皆其信地再設巡捕同知一員住劄上海專管該縣鄉兵自閔行以至嘉定界首皆其信地無事率兵操演有事統兵防守此松江内地設備之大略也然倭船之來乘風渡海勢難聯絡每至海外大山必停舶候齊然後深入照得洋山爲本府所屬爲定海吳淞江二總兵兵船會哨之處以地里適均故也本府所造之船數本不多僅可以支把港之用此但可以言守而不可以言戰須

得福船蒼山各數十隻沙者民船二三百隻每至風汛時月分泊港口各任信地更番出至洋山往來遊擊晝夜不絶外則爲定海吳淞江會哨兵船之羽翼内則爲海港把守兵船之捍衛遇有海賊齊力奮擊賊船䑸散而少我船䑸合而衆盛衰之氣勢既分則勝負之分數自判得海防之上策矣又查得沿海民竈原有採捕魚蝦小船並不過海通番且人船慣習不畏風濤合行示諭沿海有船之家赴府報名給與照身牌面無事聽其在海生理遇警隨同兵船追剿則官兵無造船募兵之費而民竈有得魚捕盜之益

此淞江海洋設備之大略也

副使溫景葵議云蘇州沿海一帶險隘甚多舉其大者則常熟有福山港白茆塘太倉有劉家河七丫港嘉定有吳淞江黃窑港皆賊之通衢而東吳之門戶此則所謂一府之險要長洲則泖湖浩蕩吳江則鶯湖相屬吳縣則太湖交通皆賊之徑道而腹裏之關隘此則所謂一縣之險要其次則福山以西有三丈浦斜橋以東有許浦金涇劉家河以北有新塘浪港茜涇吳淞江以南有寶山以東有老鸛嘴均之所謂險要而少次焉者況海濱數百里一望平坦非有山

嵐險阻為之扼塞皆可以泊船登岸要害無邊兵力有限而防禦之計當先其大者以海邊惟福山為最以腹裏惟勝墩為最故劉家河吳淞江福山港舟師防守不可單弱白茆口七丫港黃窑港俱當預設戰艦庶與各港相為犄角又如賊自東南而來必由寶山吳淞江宜發船一䑸泊于吳家沙以堵截之賊自東北而來必由三沙劉家河宜發船一䑸泊於營前沙以堵截之把總遊兵船隻往來策應而三丈浦新塘老鸛嘴等處亦得以聯絡而并制則蘇之外防或可無憂矣至於風汛時月吳淞水兵統發勝墩平望以防嘉興突犯之寇吳縣水兵統發太湖以防蠡里突犯之寇長洲團發水兵統周莊以防泖湖突犯之寇本府相度緩急發遣水陸之兵以為應援蘇之內防或可無憂矣然福山港劉家河吳淞江各該把總之官統領兵船在洋堵截以為有備但賊之來聯䑸接艦乘風駕潮萬一不能盡行邀擊或有一二泊淺登岸則水兵束手旁觀任其焚劫無可奈何而把總官亦且以為非所事事矣合於常熟縣分撥兵勇一千名屯駐福山港五百名屯駐白茆塘太倉州分撥勇兵一千名屯駐劉家河太鎮二衞原練杆子軍兵

五百名屯駐七丫港嘉定縣分撥兵勇一千名屯駐吳淞江五百名屯駐黃窑俱聽各該把總選官分領相機調度賊在外洋則水兵擊之賊若登岸則陸兵堵之彼此夾攻遠邇互應各該州縣量為聲援如此則賊亦疑畏而不敢犯矣至於腹裏如崑山縣分撥兵夫三百名屯駐清洋江三百名屯駐千墩吳江縣分撥兵夫五百名屯駐勝墩各張聲勢以助軍威各該領兵官聽其調遣不許退避萬一賊勢重大未易為功則各枝之兵又宜聽府州縣掌印官調回守城庶事體專一可以責成兵勢聯絡不致孤懸矣

都御史唐順之云海賊入江由江兩岸登陸之路藪角嘴營前沙南北相對海面約闊一百四五十里爲第二重門戶周家橋與圌山相對周家橋北岸至順江洲與江南分界江面約闊六七里順江洲至新洲夾江面約闊七八里新洲夾至圌山南岸江面約闊十四五里爲三重門戶三處領水兵官須整備船艦晝夜緊守三門勤會哨以防春汛門戶既固壁奥自安若三門稍有疎虞至不得已而守金焦兩岸所謂下策與無策矣

巡撫都御史翁大立題云今日海防之要惟有三策出海會哨毋使入港者得上策循塘距守毋使登岸者得中策出兵列陣毋使近城者得下策不得已而至守城則無策矣臣周行海壖分布信地視吳淞所乃水陸之要衝蘇松之喉吭也提兵南向可以援金山之急揚帆北哨可以扼長江之險以副總兵鎮之自吳淞而北爲劉家河爲七丫港又東爲崇明縣七丫而西爲白茆港爲福山又折而西北爲揚舍爲江陰爲靖江又西爲孟河爲圌山此皆舟師可居利於水戰臣皆設有兵船非統以把總即統以指揮而又以圌山遊兵把總駐劄營前沙會哨於江北吳淞遊

兵把總駐劄竺箔沙會哨於洋山常鎮叅將統水陸兵據江海之交鎮守於揚舍所以備水戰者亦既密矣但吳淞而南雖有港汊每多砂磧賊可登岸兵難泊舟非選練步兵循塘距守以出中策不可也今自吳淞所而南爲川沙堡以把總練兵一枝守之川沙而南爲南滙而西爲青村所以把總練兵一枝守之青村而西爲柘林堡以都司練兵一枝守之此皆不遠六十里聲援易及首尾相應宛然常山蛇勢也柘林而西爲金山衞西連乍浦東接柘林頻年皆賊巢窟添設遊擊將軍一員統領馬步遊兵往來遊徼則北可以護松江而西可以援乍浦

副總兵鄧城曰倭自彼島入寇必乘風汛之便如遇正東風必由下八陳錢馬蹟等澳以犯浙江遇東南風必由茶山入大江犯直隸所以然者以海中山沙自馬蹟而北至於崇明或斷或續互相連絡船不能東西飛渡故　國初於海島便近去處俱設衞所堡寨以控禦之至爲精密承平日久寨衞徙置倭患浸興今督撫修復舊制凡海中諸山沿海險隘建官屯守分船巡哨自舟山以北如大衢馬蹟洋山爲倭所必經之地而陳錢尤爲分䑸要衝設正副二總兵分

駐金山臨山互守陳錢叅將分屯馬蹟等山以防倭寇之從下八山來者又於狼山麥角嘴設遊兵把總以防倭寇之從茶山來者又於昌國以北崇明以南沙島迂廻洋山中峙仍設遊叅二員一駐定海一駐竺箔嚴督各總南北會哨以防倭寇之四散逸入者伺察既嚴警報尤捷若常各督所轄有急互相策應賊又安能越過各島流毒內地哉當職者誠能守如赴戰哨如賊臨運臂使指潛機伏形或迎其來或邀其歸萬無不中矣已上俱籌海重編

蘇松水陸守禦論

蘇松爲畿輔望郡瀕于大海自吳淞江口以南黃浦以東海塘數百里一望平坦皆賊徑道往故不能禦之于海致倭深入二府一州九縣之地無不創殘其禍慘矣今建議松江之有海塘而無海口者則自上海之川沙南滙華亭之青村柘林乃賊所據爲巢宜各設陸兵把總屯守之而金山界于柘林乍浦之間尤爲浙直要衝特設總兵以統領又添遊兵把總專駐金山往來巡哨所以北衛松江而西援乍浦也至於蘇州之沿海多港口者則自嘉定之吳淞所太倉之劉家河常熟之福山港凡賊舟可入者各設水兵

把總堵截之而崇明孤懸海中尤爲賊所必經之處特設叅將以爲領袖又添遊兵把總二員分駐竺箔營前二沙往來會哨所以巡視海洋而警報港口也內外夾持水陸兼備上可以禦賊于外洋下可以巡哨而相守亦既精且密矣但調募客兵不如練土著之兵可馴習而有常官造戰船不如雇民造私船反堅久而省費是在當事者酌行之而已職方攷鏡

江北諸郡

都御史唐順之云廟灣剿賊之路原有兩條一條從寶應拖船過壩水路自淸溝喻口進攻則兵勢既便而饋餉亦易一路從淮安至馬邏陸路進攻則兵勢既迂而饋餉亦難

又云江北局面與江南浙福不同非不得水戰止靠陸戰也

閩縣知縣仇俊卿云海寇之來每自南而北度南麂山則自廣入閩矣過流江寨則出閩入浙東矣越海門則又浙之西矣踰寶山至吳淞沙等處則又自浙入江南直隸矣沙上以南不暇泛及茲以海道之要害切于江北者言之狼山當江海之吭而麥角揭港皆揚之東南界也朐山據淮海之首鬱州嬰游山皆

淮之東北境也中包泰興之周家橋鹽城之射陽湖山陽之雲梯關廟灣等處此皆沿海衝要之區寇盜可以停舶出沒之處乃據守所當先者也

吳郡監生金魚云倭寇之患起於吳浙而沿及淮揚蓋揚州富甲天下人所素聞三十五年之夏賊以二百餘人突至揚州城下城中謹閉自守任其遊逸無如之何大掠而去自是益生歆豔而揚爲賊所必窺之地矣以江北之大勢言之東起蓼角嘴大河口以及呂四鹽家等場沿于楊樹港海門裏河通州與如皋泰州稍折而北則爲揚州矣過揚州而西稍北則

天長滁州抵中都踰海門而北則爲徐歩營又北則爲崛港又東北則爲新插港轉而西北則金沙鹽城廟灣劉庄姚家蕩再西北則蛤蜊麻線等港而至大海口矣劉庄東西北則安東安東之北則爲海州贛榆泰州西北則爲高郵寶應寶應之北爲淮安淮安轉西則泗州以達鳳陽此江北形勢之大略也賊入海之道有二其一新港爲一道新港即所謂三江口蓋由南江狼山越儀眞瓜州而入登岍則卞家墳周家墳稍折而東則揚州矣此可入以登岍亦可從以出海者也此最爲便道其二則蛤蜊麻線等港沿北大海口爲一道大海口有水陸路南通廟灣與劉家庄姚家蕩俱爲大鎭賊若據此我兵屯於湯湖岍等處賊南尋新港路出不得則必北尋大海口而出勢所必然也若安東海州之東北有大北海不惟道里迂遠且砂磧甚多此不可運舟者也崛港新插港之東亦有北海砂磧亦多不堪重載此但可從而入不可出者也是賊出海之路止有三途若其登岍之處則不一東則蓼角嘴呂四場西則楊樹港徐沙營又西則狼山楊樹港北則新插港掘港皆其所從以登岍而入寇之路也夫賊所歆慕惟在揚州一執居民

便問其道若登狼山必窺通州而揚州在西使于榆東榆西等處率民以掣其後則賊必不敢直前以寇揚州若于蓼角嘴呂四場或新插港掘港以進使于榆東榆西等處屯兵以遏之則揚州可無危故令榆東榆西等處最爲要地而當事者欲屯宿重兵以控扼賊鋒者有以也按江之地細港委蕩固亦有之而平原浩壤則視吳淞爲多夫西北騎兵倭寇未易以嬰其鋒也既得平地則騎兵可施三十八年之捷以西北騎兵三千爲之先衝可見也他有湯湖岍者又范公所築以捍海溢者也故亦名范公堤東南起呂

四場西北抵姚家場綿亘幾三四百里高岡平衍可用騎兵爲之長驅今東闊瓜州俱已建堡賊若於蓼角觜呂四場及新揷港掘港以進或不能襲取揚州必轉之東北而窺淮安安東以據劉庄廟灣我軍苟能彼此夾攻之使至湯潮岍以西北騎兵衝其鋒而以火器繼之各路兵隨後擊之賊可一戰成擒矣故我軍惟利賊之至此者有以也新揷港東臨北海素有鹽徒數百艘聚舶崇明北徙之寇欲劫鹽徒而不果當事者欲置官于此以提督鹽徒使不爲賊用而爲我用亦一見也夫寇興以來燒劫屠戮之慘吳

浙淮揚所同若獲利之多則未有如淮揚者而賊所必不能舍者在是矣况其地運道　陵寢在焉所係尤重乎夫江北之地除安豐等三十六場俱在海內不爲要害其要害之處乃通州也狼山也揚樹港裏河鎮也楡東楡西等場也蓼角觜呂四場也掘港新揷港也廟灣劉庄金沙場姚家蕩也今皆已建城堡設戍守非若往日之無備矣其要害之尤者曰新河出入最便逼近揚州也曰北海所從以通新揷港且有鹽徒聚艘於此者也曰廟灣以其爲巨鎮而可通大海口也故當事者欲以把總三人一任新港一任北海一任廟灣一爲陸路遊擊任劄海安鎭若山安在如臯泰州之間東可以控扼狼山通州海門之入而西可以捍衞揚州也已上籌海重編

江北設險方略論

淮揚二郡東瀕大海賊舟出沒三百里隄防殊難　國初備禦之制淮安設衞二內外各屬五所揚州設衞二內屬所十四外屬所三復建立督府雖職司轉漕實示控扼之勢蓋南北之咽喉非他郡比也予攷其地形起自東南蓼角嘴以抵姚家蕩綿延三四百里除安豐等三十六場在腹裏不爲要害而要害之處

乃通州也狼山也掘港新閘港也廟灣劉家河金沙場也其尤要者有三曰新揚出入逼近揚州也曰北海所從此至新塘港且有鹽艘聚泊也曰廟灣更爲重鎭而通大海口也須設把總三員分駐新港北海廟灣更用陸路遊擊一員駐劄海安則東可以控狼山通州海門之入而西可以捍衞揚州矣

江淮要害論

天下之水在北莫大于河在南莫大于江常鎭淮揚當江河入海之衝雖極大艦皆可乘潮而入往歲倭寇聲言分劫其心之狡實欲自鎭江以趨留都自淮

河以窺中原而終不敢深入者由四府之防禦周也又必水陸會哨互援蒼福諸船順流以遡賊鋒賊若登岸則以團練之兵禦之此常勝之形也四府無患則中原留都可高枕而卧矣

浙直福兵船會哨論

浙東地形與福建連壤浙西地形與蘇松連壤利害攸關如兵車相倚之勢故　勑浙江巡撫總浙直福分哨各官互爲聲援而不許自分彼巳盡地有限責任相聯廟謨之所以爲善而海防之所以爲固也寻攷海中沙南起舟山北至崇明或斷或續暗沙連伏

易於閣淺賊舟大者不能東西亂渡如遇東北風必由下八陳錢馬蹟等山以犯浙江而流突于蘇松如遇正東風必由茶山西行以犯淮揚而流突于常鎮如遇正北風必由琉球以犯福建而流突于兩廣然地方窵遠瞭望難及須總兵官撥遊兵把總領哨千戶百戶等船往來會哨聯絡其在浙江也南則流家門兵船哨至福建之烽火門而與小埕兵船會北則馬墓兵船哨至蘇州洋之洋山而與竺箔兵船會其在蘇松也南則竺箔沙兵船哨至羊山而與浙江之馬墓兵船會北則營前沙林兵船哨至茶山而與江北之兵船會絡繹如長蛇群力會集南北交擊彼此不容旦惟逐倭船于一時殆將靖禍患于無虞矣已

上俱職方攷鏡

山東事宜

登州營

登萊二郡凸出于海如人吐舌東南北三面受敵故設三營聯絡每營當一面之寄登州營所以控北山之險也登萊二衛併青州左衛俱隸焉其節制地方語所則有奇山福山中前王徐前諸所語寨則有黃河口劉家汪解宋蘆徐馬停阜河馬埠諸寨語巡司

則有楊家店高山孫夼鎮馬停鎮東良海口柴胡海倉魚兒鎮高家港諸司三營各立把總一員以總轄之其在海外則島嶼環抱自東北崆峒半洋西抵長山蓬萊田橫沙門鼉磯三山芙蓉桑島錯落盤踞以爲登州北門之護過此而北則遼陽矣此天造地設之險也然諸島雖近登州而居島中以取魚鹽之利者乃遼陽之編伍非山東之戍卒也叶奴跳梁可畏而不可恃故北海之濱既有府治而設險者復建備倭城于新河海口以爲屏翰且有本營之建焉沿海兵防特重其責非若他省但建水寨于島嶼良有以

也夫島嶼既不設險則海口所係匪輕自營戍以東若抹直石落灣子劉家汪平暢蘆洋諸處自營城以西若西王庄西山奕家孫家海洋山後八角城後芝罘莒島諸處皆可通番舶登突嚴外戶以綏堂閫其本營與守之責乎

文登營

登萊乃泰山餘絡突入海中文登縣尤其東之盡處也成山以東若旱門灘九峯赤山白蓬頭諸島縱橫沙磧聯絡潮勢至此衝擊騰沸議者謂倭船未敢猝達然考之　國初倭寇成山擄白峯寨羅山寨延大

嵩草島嘴等處海側居民重罹其殃倭果畏海炎而有是哉故文登縣東北有文登營之設所以控東海之險也寧海威海成山靖海四衛皆隸焉其策應地方語所則有寧峯海陽金山百尺崖尋山所語寨則有清泉赤山等寨語巡司則有辛汪溫泉鎮赤山寨諸司透而北則應援乎登州迤而南則應援乎即墨三營鼎建相為犄角形勝調度雄且密矣有干城之寄者其思　國初成山之變衣袽終日以儆戒無虞也哉

即墨營

山東與直隸連壤即墨縣南望淮安東海所城左右相錯如咽喉關鎖邇年登萊海警告寧然淮揚屢被登劫自淮達萊片帆可至犯淮者犯萊之漸也故即墨所係較二營似尤為要自大嵩鰲山靈山安東一帶南海之險皆本營控禦之責其策應地方語所則有雄崖膠州大山浮山夏河石洞諸所語巡司則有乳山行村栲栳島逢猛南龍灣古鎮信陽夾倉諸司其海口若塘家灣大任陳家灣鵝兒栲栳天井灣顏武周疃松林全家灣青島徐家庄諸處俱為衝要隄防尤難　國初倭寇鰲山毒痛甚慘即本營所轄之

地也殷鑒不遠封守者其可以弗慎乎

一倭患之作嶺嶠以北達于淮揚靡不受害而山東獨不之及豈其無意於此哉亦以山東之民便于鞍馬而不便于舟楫無通番下海之人為之嚮導接濟焉耳然邇年青齊之兵多為所擄安知其中無識海道而勾引者乎觀山諸郡民性强悍樂于戰鬭倭之短兵不足以當其長鎗勁弩倭之步戰不足以當其方軌列騎萬一至此是自喪其元也所虞者登萊突出海中腹背受敵難于隄備　國朝專設備倭都指揮一員巡海副使一員分駐二郡衛所森嚴墩堡周

備承平日久不無廢弛申明振厲庶幾其無患乎
一宋以前日本入貢自新羅以趨山東今若入寇必由此路但登萊之海危礁暗沙不可勝測非諳練之至則舟且不保何以迎敵而追擊乎故安東以北若勞山赤山竹篙旱門劉公芝罘八角沙門三山諸島乃賊之所必泊而我之所當伺焉者也若白蓬頭槐子口橋鷄鳴嶼金嘴石倉廟淺灘亂磯乃賊之所必避而我之所當遠焉者也嚴出洋之令勤會哨之期交牌信驗習熟有素則他日　廟堂或修海運亦大有賴焉獨禦倭云乎哉

一山東今日之患有二其一曰班兵懷跋扈之志久矣其一曰登萊島民原係遼陽所徙不受法制地方癰毒宜早治而亟平之不然潰決之虞不能免也
一山東關係大要尤在海運考元時海運故道南自福建梅花所起北自大倉劉家河起迄於直沽迢迢五千餘里永樂以來會通河成海運遂廢運者皆由漕河所以避開洋之險也然海險莫甚於成山以東白蓬頭等處危礁亂磯湍流伏沙不可勝紀非熟識水洪不敢行宗伯席書云海運一失入不復生河運有失尚幸不死以生易死輕重昭然是海運之罷端爲山東之海險也然漕河自王家閘以北至於德州千有餘里乃　國家咽喉命脉其通其塞所係匪輕况黃河漸徙而南或衝而北易爲漕患及今承平修復海運以備不虞豈非　國家之大計哉嘉靖初年廟堂嘗議及此或建議欲於膠州鑿山濬土以達海倉以避洋險山東撫巡病其煩難而止惜小害大可慨也夫會通河也膠萊新河也登萊海險也皆山東所轄之處也今之論山東海患者但知備倭而不知備運故及之
按日本地勢正對寧紹朝鮮地勢最邇登萊隋時

東萊造舟以伐高麗壤相近也嘉隆間倭自本國乘汛入犯所壽痛者上自浙直下及閩廣耳山東未嘗犯寇被兵也今倭據朝鮮則今之山東即昔之閩浙也添守備之說留上班之軍誠急務矣然向者爲患在數千里之外尚爲疥癬之疾今則爲患在數百里之内實爲腹心之憂問罪興師以除剝床之禍在今日誠未易談也雖然高麗自　國初以來爲不侵不叛之臣至于今不貳者恃中國爲之緩急耳若危不能持廢不能興則東南海外朝貢者三十六國將何所觀望哉春秋諸侯有相

侵伐者齊桓公不能救則桓公恥之此山東往事也故及焉

北直隸事宜

按　京畿山河帶礪東負大海向未嘗遭倭亂亦未嘗有備倭之設故兵防官考倭變紀不錄焉以大勢論之山東遼左突出海外畿甸居中越數島而爲朝鮮叢者倭奴在其日本國誠不能飛渡而肆毒也今既據朝鮮而有之則天津永平一帶無不當敵衝者設重鎮集舟師水陸兼備誠不可後矣議者欲盤借運船禦之於海是矣但糧船非樓櫓巨艦之比而選卒豈乘風破浪之夫非計也議者又欲借舟於閩浙是矣但登萊暗礁突出千里運道久廢豈篙師能卒辨哉此自冬月風汛不便言之若夏天南風盛發之時閩浙舟師亦可取用也是喪已成之我軍而塡無窮之巨浪也無已則召閩之工匠於天津永平隨處造舟無不可者合用木料預先從裏河取運合用兵夫預先於沿海召集合用器械預先發各處打造一面淸野練兵備之於陸一面鳩工造舟禦之於海木料具工匠齊數十百艘可計日而就大則爲問罪之師小則爲備禦之計此今日所當亟爲之圖也然又有說焉直隸自寶坻天津永平一帶以達山海延袤數百里水陸設備當不下二萬之衆一年之費當不二十餘萬十年則費二百萬也儻倭奴尚據朝鮮則爲備無已時也孰若爲一勞永逸之計興十萬之師水陸並進電掃席捲伸　天朝之威存亡繼絕固我藩籬較之年年設備便宜百之或謂高麗失利遼左無功古今明戒子何言之易耶是大不然隋唐都於長安去高麗最遠因怒興師誠爲黷武我　朝定鼎北平與高麗共一水耳此門庭之寇當與周之玁狁漢之單于唐之突厥宋之金元例論豈隋唐高麗遼左比哉且關白封府庫撫士民財物無所取百姓無所戮此其志欲何爲耶語曰蝮蛇螫手壯士斷腕蛇已螫頭頭可斷乎此在　廟堂自有定畫無容杞憂爲也

遼東事宜

遼地負山阻海屹然爲東北雄鎮北隣沙漠而遼海三萬瀋陽鐵嶺之統於開原者足遏其衝南枕滄溟而金復寧蓋旅順諸軍聯屬海濱者足嚴守望京師翰屛可謂固矣然觀今日備虜邊防頗爲有賴而備倭海防視爲虛度文蓋自劉江金線島之捷而海氛久熄自登東海運之廢而墩寨益廢於是旅順諸堡

亦無復用識者謂遼東沿邊五路得分守應援之規沿海衛所亦當如其制如旅順而西以金州轄之三岔河而南以蓋州轄之三岔河而東以三屯轄之總兵撫按之統其責者秋汛以防邊爲重防海爲次春汛以防海爲重防邊爲次則雖島夷窺伺豈能遽犯哉

按遼東三面瀕夷一面阻海迤東南爲鴨綠江朝鮮貢道在焉海上自劉江之捷倭夷絕跡蓋恃高麗爲之藩蔽也今高麗危矣覩輔車唇齒之義則爲遼左慮者豈直東虜已哉或謂倭患必不在遼

蓋以倭之志若在子女玉帛也則窮邊絕塞千里蕭條非所垂涎明矣若不自揣量包藏禍心也則揚帆而渡天津豨縱豕突無所不至何必涉遼越薊犯重關之險哉雖然無恃其不來恃吾有以待之造舟秣馬水陸兼防因利乘便批亢擣虛此今日要務也 已上俱籌海重編

遼東軍餉論

遼東古營并地其背爲沙漠花當吉列迷諸部落在焉其餘氣爲朝鮮　國朝設瀋陽遼陽三萬鐵嶺四衛統于開元以遏北胡之衝金復海蓋諸軍聯屬海濱以防島夷烽堠星聯營寨棋布東北藩籬可謂固矣洪武間有以玩南方之心而玩遼故遼人以禦北狄之法而禦倭斬滅無遺海氛蕩熄二百年來邊備如故豈能遽犯哉所虞者地方千餘里官軍數萬止藉山海關一路餽餉我　朝北都燕而遠漕江南粟又自京師達于遼陽飛輓不繼輙吵呶待餔甚而凶荒士卒相食萬一難守虜騎乘間何以馭之此其患不在兵之不強而在食之不足食足則兵強兵強則守固矣司國計者當深念而亟圖之 職方攷鏡

太倉使往日本針路

太倉港口開船用单乙針一更船平 更者每一晝夜分爲十更以焚香枝數爲度以木片投海中人從船面行驗風迅緩定更多寡可知船至某山洋界

吳淞江用单乙針及乙卯針一更平

寶山到南滙嘴用乙辰針出港口打水六七丈沙坭地是正路三更見茶山 茶山水深十八托一云行一百六十里正與此合 自此用坤申及丁未針行三更船直至大小七山灘山在東北邊

灘山下水深七八托用单丁及丁午針針三更船至霍山

霍山用单午針至西後門

西後門用巽巳針三更船至茅山
茅山用辰巳針取廟州門船從門下行過取升羅嶼廟州門水深急流
升羅嶼用丁未針經崎頭山出雙嶼港升羅崎頭俱可泊船崎頭水深九托
雙嶼港用丙午針三更船至孝順洋及亂礁洋雙嶼港口水流急孝順洋水深三十托泥地
亂礁洋水深八九托取九山以行九山西邊有礁挨山行船宜仔細一云亂礁洋水深六托泥地
九山用单卯針二十七更過洋至日本港口打水七八托泥

地南邊泊船
又有從烏沙門開洋七日即到日本
若陳錢山至日本用艮針

福建使往日本針路

梅花東外山開船用单辰針乙辰針或用辰巽針十
更船取小琉球
小琉球套北過船見鷄籠嶼及梅花瓶彭嘉山
彭嘉山北邊過船遇正南風用乙卯針或用单卯針
或用单乙針西南風用单卯針東南風用乙卯針十
更船取釣魚嶼

釣魚嶼北邊過十更船南風用单卯針東南風用单
卯針或用乙卯針四更船至黃麻嶼
黃麻嶼北邊過船便是赤嶼五更船南風用甲卯針
東南風用单卯針西南風用单甲針或用单乙針十
更船至赤坎嶼
赤坎嶼北邊過船南風用单卯及甲寅針西南風用
艮寅針東南風用甲卯針十五更船至古米山
古米山北邊過船有礁宜知畏避南風用单卯針及
甲寅針五更船至馬齒山
馬齒山南風用甲卯或甲寅針五更船至大琉球

大琉球那霸港泊船土官把守港口船至此用单卯及甲寅針行二更進那霸内港以入琉球國中
那霸港外開船用单子針四更船取離倚嶼外過船
南風用单癸針三更船取熱壁山以行
熱壁山南風用单癸針四更船取硫黃山
硫黃山南風用丑癸針五更船取田嘉山又南風用
丑癸針三更半船取夢加剌山南風用单癸針及丑
癸針三更船取大羅山
大羅山用单癸針二更半船取萬者通七島山[illegible]
過船

萬者過七島山用单寅針五更船取野顧七山島內名曰兵之妙是麻山嶼野顧山用单寅針二更半船但尔山用艮寅針四更船取亞甫山一云野顧山對面行六十里有小船四五箇最宜畏避在北邊過船用艮寅方行一百五十里至旦午山用艮寅方行二百四十里至亞甫山

亞甫山平港口其水望東流甚急離此山用艮寅針十更船取亞慈理美妙若不見此山用单艮針二更船又艮寅針五更船取船灣奴一云渡奴沿佳眉山沿渡奴島佳眉山用单癸針三更船若船開時用单子針一更船至而是麻山

而是麻山南邊有沉礁名套礁一云名佳沉長礁東北邊過船用单丑針一更船是正路却用单子針四更船取大門山中

大門山傍西邊門過船用单丑針三更船取兵褌山港

兵褌港循本港直入日本國都籌海重編

附屬國紀略

中國之事宜備矣然朝鮮琉球爲我屬國近俱被倭侵掠志其疆城山川道途遠近以備考焉

朝鮮考

朝鮮周所封箕子國也秦屬遼東外徼漢皆郡縣晉始自爲聲教云其國東西南三面濱海北鄰女直西北至鴨綠江東西相距二千里南北四千里分八道統郡府州縣其俗柔謹知文字喜讀書崇釋尚鬼而惡殺戴折風巾服大袖衫男女相悅爲婚死三年始葬飲食用俎豆官吏閑威儀居皆茅茨衣多麻苧有朴儉遺風以田制俸以杭釀酒法無苛條刑不慘毒鎮國者九都神嵩北岳其名山也海鴨綠江其大川也金銀鐵水晶鹽紬苧布白硾紙狼尾筆果下馬長尾雞貂豽海豹蚪蛸榛松人參其物產也洪武二年王遣使表賀即位賜金印誥命文綺大統曆冊爲高

麗王十年以其貢使煩數諭遼東守臣謝絕之遂定三年一貢著爲令由是如期遣貢不數不踈二十四年其相李仁人子成桂篡立請更國號曰朝鮮永樂元年復賜冕服九章圭玉佩玉宣德初賜五經四書性理大全諸書正統間賜遠遊翼善等冠絳紗袍龍袞玉帶等服以高麗去神京不遠人知經史文物禮樂略似中國非他比故列聖寵優如此嘉靖入繼大統遣使朝貢三十六年王請改正大明會典所載成桂篡逆事詔從之萬曆初遣使告即位隨齎朝賀至今貢獻不絕道由遼東山海關入二十年爲倭酋關

白所據王越在西海讀定中旌丘之詩匪有感夫
高麗本扶餘別種其王高璉居平壤城唐征高麗拔
平壤五代時王建代高氏闢地都松岳以平壤爲西
京 廣輿記
朝鮮乃漢眞蕃臨屯樂浪玄菟四郡地隋唐時竭天
下之力以爭之而不得其稱藩于我　國家垂二百
餘載奉正朔通朝貢罔敢詩譏獨最于諸夷且其形
勢綿亘渤海中南北四千里而遥屏蔽海氛捍衛
畿甸是天設之險以貽東南磐石之安其要害可知
也邇年倭奴煽禍播遷其國王蹂躪其民人至勤王

師越境征討守藩籬實所以固堂奥勿謂朝鮮爲可
弃也 王鳴鶴
高麗之學始於箕子日本之學始於徐福安南之學
始於漢立郡縣而置刺史其中國之文學被焉後至
五代末節度使吳昌文方盛自中國流行外夷數千
年間其文皆不免於夷狄之風窘竭鄙陋不足以續
聖教者蓋其聲音不同其竒妙幽玄之理非筆舌之
可傳故不相合 劉氏鴻書

八道

中曰京畿東曰江原本濊貊之地西曰黃海古朝鮮
馬韓舊地南曰全羅本卞韓之地東南曰慶尚乃辰
韓之地西南曰忠清皆古馬韓之域東北曰咸鏡本
高句麗之地西北曰平安本朝鮮故地分統郡府州
縣

京畿道

郡三 楊根 豐德 水原
府三 漢城 開城 長端
州七 楊州 廣州 潤州 驪州 果州 谷州 坡州
縣三 交河 三登 土山

江原道

郡七 忤城 平海 通川 寧越 松岳 旋善 高城
府五 江陵 淮陽 三陟 襄陽 鐵原
州四 原州 江州 槐州 漠州
縣十 平康 安昌 烈山 麒麟 酒泉 丹城 蹄麟 蔚珍 瑞和 歙谷

黃海道

郡三 遂安 延安 平鄉
府三 牛山 瑞興 承天
州六 黃州 白州 海州 愛州 仁州 鳳州
縣八 安岳 三和 龍岡 咸從 江西 牛峰 文化 長淵

全羅道

郡三　靈岩　古阜　珍島
府二　全州　南原
州四　羅州　濟州　光州　昂州
縣二十三　萬頃　茂長　鎮安　扶安　全渠　康津　興德　黃成　樂安　昌平　濟南　會寧　大江　臨波　古阜　南陽　富頓　扶寧　麻仁　緒城　海南　神云　移安

慶尚道
郡七　蔚山　咸陽　熊川　陜川　永川　梁山　清道
府六　金海　善山　寧海　密陽　安東　昌原
州五　慶州　泗州　尚州　晉州　蔚州

縣十二　東萊　清河　義城　義興　聞慶　巨濟　昌寧　三嘉　安陰　山陰　高靈　守城

忠清道
郡四　清風　溫陽　天安　林川
州九　忠州　衿州　興州　清州　清州　禮州　公州　幸州　洪州
縣七　永春　扶餘　保寧　報恩　石城　連山　燕岐

咸鏡道
郡三　端川　蜀莫　寧遠
府五　咸興　永興　鏡城　安邊　會寧
州八　延州　德州　開州　惠州　蘇州　合州　燕州　隨州

縣一　利城

平安道
郡十一　嘉山　价川　郭山　雲興　熙川　宣川　江東　慈山　龍川　順川　博川
府九　平壤　見仁　成川　寧邊　定遠　江界　昌城　合蘭　廣利
州十六　安州　靈州　青州　定州　朔州　昇州　平州　撫州　常州　義州　宿州　銀州　鋼州　渭州　鐵州　買州
縣六　孟山　德川　陽德　江東　中和　泰川　已上俱籌海重編

天朝至朝鮮東界地里

山海關起

海防纂要　卷之三　三十一

山海關至中前所三十里
中前所至前屯衛四十里
前屯衛至高嶺站五十里
高嶺站至中後所六十里
中後所至小沙河六十里
小沙河至寧遠六十里
寧遠至杏山六十里
杏山至大淋河六十里
大淋河至小淋河六十里

小淶河至十三站六十里
十三站至閭陽驛六十里
閭陽驛至廣寧四十里
廣寧驛至盤山驛五十里
盤山驛至高平三十里
高平至沙嶺五十里
沙嶺至牛庄六十里
牛庄至海州四十里
海州至安山六十里
安山至遼陽六十里

遼陽至水田站九十里
水田站至連山關三十里
連山關至通袁堡六十里
通袁堡至雪里站六十里
雪里站至鳳凰城四十里
鳳凰城至湯站六十里
湯站至九連城二十里
九連城至義州四十里此後俱朝鮮地方
義州至所川三十五里
所川至良策四十三里

良策至車輦三十里
車輦至林畔四十五里
林畔至雲興四十五里
雲興至新安三十五里
新安至加平六十五里
加平至安興五十里
安興至肅寧六十三里
肅寧至安定六十里
安定至平壤五十六里
平壤至生陽五十五里

生陽至黄州六十里
黄州至鳳山五十五里
鳳山至劒水三十里
劒水至龍泉四十五里
龍泉至安城三十里
安城至寶山四十里
寶山至金岩二十里
金岩至興義三十里
興義至金郊三十里
金郊至猊猊三十里

傀倪至開城三十里
開城至東坡嶺五十五里
東坡嶺至馬山三十里
馬山至碧蹄四十五里
碧蹄至迎曙三十里
迎曙至王京二十里
王京至良才二十五里
良才至藥生三十里
藥生至龍仁縣三十三里
龍仁至陽智三十五里

陽智至佐贊驛二十五里
佐贊至祝山四十里
祝山至無極驛四十里
無極至用安驛四十里
用安至忠州丹月驛四十里
丹月驛至延豐安保驛四十里
安保驛至聞慶縣四十里
聞慶至咸昌縣四十里
咸昌縣至尚州二十九里
尚州至善山都護府四十里

善山至仁同縣三十五里
仁同縣至昌州八莒縣三十里
昌州地八莒縣至大丘府三十里
大丘府至淸道郡三十里
淸道郡至榆川四十三里
榆川至密陽府三十里
密陽至黃山驛三十里
黃山至梁山五十里
梁山至蘇山十里
蘇山至東萊府三十里
東萊府至釜山浦二十里
釜山渡洛東江越海抵對馬島即日本國地

方

王京起由西路至南原府程途
王京至良才三十里
良才至藥生三十里
藥生至龍仁二十五里
龍仁至鎮威五十里
鎮威至稷山五十里
稷山至天安三十里

天安至車嶺四十里
車嶺至廣亭三十里
廣亭至公州四十里
公州至尼山五十里
尼山至恩津三十里
恩津至礪山三十里
礪山至參禮四十里
參禮至全州三十五里
全州至英元五十里
英元至仁實三十里

仁實至熬樹三十里
熬樹至南原府三十五里
王京起由東路至南原府程途
王京至良才二十五里
良才至藥生三十里
藥生至龍仁二十三里
龍仁至陽智三十五里
陽智至佐贊二十五里
佐贊至竹山四十里
竹山至無極四十里

無極至用安四十里
用安至忠州四十里
忠州至延豐四十里
延豐至聞慶四十里
聞慶至幽谷四十里
幽谷至咸昌四十里
咸昌至尚州二十九里
尚州至金山七十里
金山至知禮四十里
知禮至新倉七十里

新倉至居昌三十里
居昌至山陰九十里
山陰至咸陽三十里
咸陽至雲峰三十里
雲峰至南原府三十里

琉球考 琉球在泉州之東海島中

國王有三曰中山王曰山南王曰山北王漢唐宋不通中國　國朝洪武初三王皆遣使朝貢自後中山王來朝許王子及陪臣子來游太學其風俗去髭鬚黥手羽冠毛衣好剽掠殺人祭神無賦歛不知節朔

厥草榮枯討歲王所居壁下多聚髑髏以爲佳（寰與記）
其山曰高華嶼（隋遣武賁將陳稜率兵過此掠男女數百人而還）曰黿鼊嶼
其西曰彭湖島（國西近福與漳泉四郡界天氣晴明望之若霧）其川曰落漈（水至彭湖漸低漁船多漂不回）其進貢二年一期每船百人無許過百
五十人其來貢由福建以達于　京師（皇輿考）

福州往大琉球針

東沙開船用单辰十更取雞籠山北邊過見梅花瓶
嶼并棉花嶼彭家山乙卯并单卯十更取釣魚嶼北
邊過前面是黃麻嶼单卯四更取黃尾嶼北邊過甲
寅一更取赤尾嶼乙卯六更取姑美山北邊過仔細

用单卯取馬齒山北邊過甲卯并甲寅收入琉球港

回針

出港用单申放洋辛酉一更半見姑美山并麻山用
辛酉四更辛戌十二更乾戌四更单辛戌五更辛酉
十六更見南紀山坤未三更取台山水二十托西邊
過取有横礁出水用丁未三更取黑麻桑山单辛三
更取官塘山入千戶所五虎門

海防纂要卷之二

海防纂要卷之三

黎陽王在晉明初甫纂　男會蒞稱蘅甫較閲

皇圖一統說

恭惟　聖祖電掃胡塵龍御寰宇薄海內外罔不賓
服一統之盛從古所未有也謹按海圖自欽州龍門
港抵南澳爲廣東界延袤計五千里自南澳抵烽火
鎮下門抵金山許山爲浙江界延袤計二千七百里
自金山衛抵東海所爲南直隸界延袤計一千八百
里自東海抵鹽山場爲山東界延袤計二千里自鹽
場抵山海關爲北直隸界延袤計五百里自山海抵

鴨綠江爲遼東界延袤計一千三百里蓋北接朝鮮
南連交趾共一萬五千餘里焉猗與盛哉若山川之
要害官兵之屯戍星列棋布一展卷盡有目中矣覩
河洛而思禹功者其亦有乘長風破萬里浪之志乎
（籌海重編）

華夷沿海經略序

歲在赤奮余受　上命建節青兗之墟不佞過計畿
封密邇江淮外控遼海內環脫有駭獸徵輸爲難爰
飭將吏訪先臣湯信國之故智與吾所成海圖出而
商度品處焉校武海濱軍容與啓市相映亦庶乎旌

旗改色也亡何蜚語至京師而朝鮮且告急矣二三巨公不以流言罪余而訝余之識先一飯也力請於朝　聖天子特勑臣宋應昌經略四鎮云昌拜命更退而思曰審知地圖管子以爲王兵要務譬之奕脹置不疏遠而斤斤守邊隅吾知不能勝偶矣彼倭奴者舍吳楚沃壤偏兒威於麗國豈眞左討失當哉狡算得無以我　明甸服幽燕北虜繞右脅而撫其背吾將盤左腹而扼其吭也不爾則　世宗朝犯江南獲子玉女帛何限胡今規規侵吾荒服也哉上兵伐謀攻心爲急存亡振旅萬世稱義焉爲今之計彼將

卒方驕惰巢穴未固我集士馬風掃霆轟何難爲彼奴司命謬議適待廟算於是誓師渡江按圖據險伏奇轉餉焚彼囷倉分兵深入寧非審知地利之明驗也乎昌不佞入關繪圖爲說進之　王上或萬幾之暇可覽而知也圖由遼以迄閩廣萬有四千里信國之規畫眞如棊置犬牙盤錯遵海之濱島列門戶大抵貴截之外洋不止株守內地已也安東而南不在節制內安東而北散見條置諸疏茲說姑陳其槩倭船由薩摩州開洋歷五島越琉球而南犯過南汲入大江則瓜儀常鎮矣洋山而北則太倉矣洋山而南則臨觀錢塘矣過韭山海閘門而犯溫州也循舟山之南而犯定海也象山也昌國也台州也正南則廣東也稍西則福建也由大洋而西北入犯則淮揚登萊矣正北入犯則天津遼陽矣惟風所使倭聽命於帆而不能自命也昔人以彼寇江南爲便寇江北爲弗便此正從五島一路籌之耳今時則不然審輿圖諳海勢矣洋愈大則水波愈惡島之寬隘不等或不能多藏舟以故大犯江南非倭之利也由對馬島入釜山以寇朝鮮則晨發夕至跂足可望焉朝鮮介居海中自遼海旅順山勢直趨東南如人吐舌然南

北長四千里窮島之盡爲千里者幾五濟州島與吾狼山海門相對障絕日本不得直渡東保薊遼者麗國之力也東西廣可二千餘里全羅慶尚則又彼國之門戶也日本欲犯吾四鎮必轉全羅地角候風反而行即放舟入大洋不能借風倒入也壯哉天險外護神京金湯之固不至此矣若全慶失守是亡朝鮮已亡朝鮮陸路可犯遼然不足慮遼地平夷騎兵可騁淸野蹂之且立盡矣況仰攻山海關尤非易易水路則洛東漢水臨津晴川大定大同鴨綠諸江分舟四出撓吾四鎮沿海島寨兵力何以處分此余所以

亟請累疏欲暫戍全慶以俟麗兵之强者執此之故也披圖而玩海以內海以外如觀掌中物不待深惟力索可逆覩要領矣又何俟予之喋喋耶平倭復國編

日本考

日本即古倭奴國其地在中國之正東偏北東西南北各數千里西南皆至海東北隔以大山國王以王爲姓歷世不易文武僚吏皆世官其地有五畿七道以州統郡附庸國凡百餘自北岸去拘邪韓國七千里曰對海國又南渡一海千餘里曰瀚海國又渡一海千餘里曰不虞國東南陸行五百里曰尹都國又

東南百里狗奴國又東百里曰不彌國又南水行二十日曰投馬國又南水行十日陸行一月曰邪馬一國其次曰斯馬國曰巳百支國曰尹邪國曰郡支國曰彌奴國曰好古都國曰不呼國曰姐奴國曰對蘇國曰蘇奴國曰呼邑國曰華奴蘇奴國曰鬼國曰爲吾國曰鬼奴國曰邪馬國曰躬臣國曰巴利國曰支惟國曰烏奴國皆倭王境界所盡其國小者百里大不過五百里戶少者千餘多不過一二萬風俗黥面文身被髮跣足不娶同姓初喪戒酒肉信巫好戲重儒書尚佛法交易用銅錢錢名乾文大寶其人嗜酒輕生好殺性貪譎以劫掠爲生兵刃極犀利裸身赴鬬慣舞雙刀輕儇跳躍能以寡敵衆至動嘗設伏華人輒墮其術其飲食常用磁器漆器尊敬處用土器有筯匙男披髮而束之人佩短刀婦人拔其眉黛其額髮垂肩而續之以髢長曳地男女冶容者黑其齒會時蹲踞爲禮遇尊長脫鞋履而過人喜啜茶富貴家用茶末僧徒習佛經者知漢字男女服染青質白文男衣過膝而止衣裙襦橫幅結束相連不施縫綴女人衣如單被穿其中以貫頭其王至隋時始製冠以錦綵爲之飾以金玉廣輿記

日本在溟渤之東其地形類琵琶東西數千里南北數百里九州居西爲首陸畧居東爲尾山城居中乃國之都也山城以東地方廣邈雖倭奴遠服賈者不能閱歷而知況華人乎然其島之數可攷而其間廣狹至到有不能著者今姑據所聞而述之山城之南爲和泉又南爲沙界沙界之東南爲紀伊紀伊之西爲伊蒳此三河也山城之西爲丹渡左爲攝津西爲攝摩右爲因幡又西爲伯耆俱懸海三十里西南爲筑後爲大隅又西爲薩摩爲阿陂爲五島中有澳可泊北爲多岐爲對馬島其西北至高麗也必由對馬島開洋順風僅一

日二日南至琉球也必由薩摩州開洋順風七日其貢使之來必由博多開洋歷五島而入中國以造舟水手俱在博多故也貢舶回則徑收長門抽分司官在焉故也若其入寇則隨風所之東北風猛則由薩摩或五島至大小琉球而仍視風之變遷北多則犯廣東多則犯福建彭湖島分䑸或之泉州等處或之梅花所長樂縣等處若正東風猛則必由五島歷天堂官渡水而視風之變遷東北多則至烏沙門分䑸或過韭山海閘門而犯溫州或由舟山之南而犯定海經大貓洋入金塘蛟門則犯象山奉化由東西而

入湖頭則犯昌國入石浦關則犯台州入桃渚海門松門諸港正東風多則至李西嶴壁下陳錢分䑸或由洋山之南而犯臨觀犯錢塘或由洋山之北而犯青村南滙犯太倉或過南沙而入大江過茶山入瞭角觜犯瓜儀常鎮等若在大洋而風欻東南也則犯淮揚登萊過步州洋亂沙入鹽城口則犯淮安入廟灣港則犯揚州再越而北則犯登萊若在五島開洋而南風方猛則趨遼陽趨大津大抵倭船之來恒在清明之後前乎此風候不常難準定清明後方多東北風且積久不變過五月風自南來不利於行矣重陽後風亦有東北者過十月風自西北來亦非所利故防海者以三四五月爲大汛九十月爲小汛其停橈之處焚劫之權雖曰在倭而其帆檣所向一視乎風實有天意有備者率勝前此入寇者多薩摩肥後長門三州之人其次則大隅筑後博多日向攝摩津州伊紀等島而豐前豐後和泉之人亦間有之皆因商於薩摩而附行者蓋日本之民有貧有富有淑有慝富而淑者或附貢舶或因商船而來其在寇船率皆貧而慝者且山城君號令久不行於諸島而山口豐後出雲又各專一僤如中國總督府之義相吞噬

今惟豐後强頗倂肥前等六島而有之山口出雲俱以貪滅亡倭蓋無常奪定主矣山城君倭王別號也

文獻通考

日本各部州郡考

畿內部　州五

山城　太河　河內　和泉　攝津

右統五十三郡

畿外郡　道七

東海道　州十四

伊賀　伊勢　志摩　尾張
三河　遠江　駿河　伊豆
甲斐　相摩　武藏　安房
上總　常陸

右統一百一十六郡

西海道九州 筑前 筑後 豐前 豐後 肥前 肥後 日向 大隅 薩摩

右統九十三郡

南海道六州 紀伊 淡路 阿波 伊豫 土佐 讚者

右統四十八郡

北陸道七州 若佐 越前 越中 越後 加賀 能登 佐渡

右統三十郡

東山道八州 近江 美濃 飛彈 信濃 上野 下野 陸奥 出羽

右統一百一十二郡

山海道八州 播摩 美作 備前 備中 備後 安藝 周防 長門

右統六十九郡

山陰道八州 丹波 丹後 但馬 因幡 伯耆 出雲 石見 隱岐

右統五十二郡

海曲部島三

伊岐　對馬　多藝

右各統二郡

驛　凡四百一十四

戶　可七萬餘

課　約八十八萬三千三百二十九籌海圖編

前代朝貢考

自漢武帝滅朝鮮使驛始通于漢三十餘國至光武中元二年使人自稱大夫奉貢朝賀賜以印綬安帝永初元年倭國王帥升等獻生口百六十人願請見是後倭韓俱屬帶方郡也魏景初二年既平公孫氏倭女王遣大夫難升米等詣郡求詣天子朝獻太守送詣都乃以金印紫綬封爲親魏倭王難升米等竝拜中郎校尉假銀印青綬勞賜優渥正始八年倭女王卑弥呼與狗奴國男王卑弥弓呼素不合遣使詣郡說相攻伐狀遣塞曹掾史張政等齎詔告諭之卑弥

呼死宗女臺與嗣遣使送張政還因獻男女生口貢白珠異文雜錦晉武帝安帝文帝時俱遣使入貢至隋開皇二十年遣使詣闕求法華經大業三年遣朝貢使者曰聞海西菩薩天子重興佛法故遣朝拜兼沙門數十人來學佛法國書曰日出處天子致書日日沒處天子無恙云云帝覽不悅明年遣文林郎裴世清使倭國其王遣小德何大禮哥多毘從二百騎郊勞設儀仗鼓樂迎至彼都其王與世清來貢方物此後遂絕至唐太宗貞觀五年遣使入朝帝矜其遠詔有司無拘歲貢遣新州刺史高仁表往諭與王爭

禮不平詔不宜而逐久之更附新羅使者上書求徵四年其王孝德即位遣律師道照求佛法獻琥珀碼碯時新羅爲高麗所暴高宗賜璽書令出兵援顯慶三年天豐財遣僧智通輩求大乘法相教越明年天智遣使者借蝦蛦人朝咸亨元年持總遣使賀平高麗長安元年文武遣朝臣眞人粟田貢方物求書籍武后宴之麟德殿授司膳卿還之開元四年聖武復遣粟田輩請授諸儒授經詔四門助教趙玄默即鴻臚寺爲師獻大幅巾爲贄悉賞物貨書以歸其副朝臣仲滿慕華不肯去易姓名曰朝衡歷左補闕久乃

還後建中元和光啓等年常貢不絕宋雍熙元年守平遣僧奝然與其徒五人獻銅器十餘事并日本職員年代紀一卷上召見存撫甚厚賜紫衣給鄭氏註孝經一卷記室參軍任希古撰越王孝經新義一卷印本大藏經一部越明年附台州寧海縣商舶歸後數年遣弟子奉表謝又別啓貢佛經并方物咸平五年建州海賈周世昌遭風飄至日本七年還與其國人滕木吉至上召見之以國詩獻其詞雕刻膚淺無取賜裝錢遣歸景德八年僧寂照等八人來朝詔號圓通太師賜紫方袍天聖四年明州言日本國太宰府遣人貢方物而不持本國表詔却之是後不通朝貢南賈傳其貨物至中國熙寧五年僧誠尋至天台止國清寺願留州以聞詔使赴闕獻銀香爐木槵子曰硫磺等物神宗以其遠人而有戒心處之開寶寺并賜僧伴紫方袍元豐年明州又言得其國太宰府牒因使人孫忠等還遣僧仲回貢色段二百疋水銀五千兩州以孫忠乃泛海商人且貢物與諸國異請自移牒報而答其物直付仲回東歸從之乾道五年附明年綱首貢方物淳熙三年其國人泛海遭風飄至明州無口食詔給之又有百人行乞于市至臨安

詔守臣支給津遣明州養贍候有使船發回十年七十三人飄至秀州華亭紹熙元年飄至泰州詔見行貨物免抽買舟悉與給還仍給常平賑恤慶元六年至平江嘉定二年至定海詔並支給錢米養贍候風便津發宋自中葉歷久無貢元世祖遣使招諭之不從乃命范文虎率兵十萬征之至五龍山暴風破舟敗績終元之世使竟不至　登壇必究

本朝備倭通貢考

皇明洪武二年倭寇山東並海郡縣又寇淮安　三年寇山東轉掠浙東福建旁海諸郡是年遣萊州府

同知趙秩賜璽書諭其王良懷言倭寇海上書至日
如臣我奉表來庭不臣則脩兵自固秩至諭王中國
聖王威德責其入貢王曰吾國未嘗不慕　中國爾
蒙古戎狄莅華以小國視我乃使趙良弼誅我好語
初不知其覘我國也既而發舟數千襲我比至一時
風霆漂覆幾無遺類自是不與通者數十年爾得非
良弼後乎將刃之秩徐曰　聖天子生華帝華非蒙
古比我亦非良弼後爾殺我禍不旋踵王氣沮禮秩
具物遣僧隨秩奉表稱臣入貢使未至又掠溫州
五年　上諭劉基曰東夷尚禪教姑遣明州天寧僧

祖闡南京瓦官僧無逸開諭之良懷欲留二僧力辭
王遣使同二僧入貢是年寇海鹽澉浦溫州初令浙
江福建造海舟防倭而倭又寇福建海上諸郡　六
年以於顯爲總兵官出海巡倭倭寇登萊　七年寇
膠州是年遣僧來貢無表文邦之其臣亦遣僧貢馬
茶布刀扇　上曰此私交也亦不受令中書省移文
責王　九年遣僧歸廷用等奉表貢馬及方物謝罪
　賜王及使文綺有差已而　上覽表曰良懷不誠
詔責之　十二年求貢無表文安置使人於陜西番
寺　十三年遣使　詔諭良懷遣僧如瑤貢馬令禮

部移書責王數掠我海上復却之諸僧皆安置川陝
佛寺　十四年遣僧入貢乞還安置諸僧使　上曰
日本既謝罪還其使召至京宴賞遣歸　十五年歸
廷用又來貢於是有林賢之獄曰故丞相胡惟庸通
日本蓋　祖訓所謂日本雖朝實詐暗通奸臣胡惟
庸謀爲不軌故絕之也是時惟庸死且三年矣　十
六年寇金鄉平陽　十七年如瑤又來貢坐通惟庸
發雲南守禦是年信國公和致仕居鳳陽　上召至
京諭曰日本小夷屢擾東海上卿雖老强爲朕行規
要地築城防此賊信國公築登萊至浙沿海五十九

城民丁四調一爲戍兵　二十年置浙東西防倭衛
所是年遣江夏侯周德興築福建海上十六城設衛
所遂城福建漳泉人爲兵戍莅海衛所　二十六年
寇金鄉　二十七年二月遣都督僉事劉德商嵩巡
視兩浙防倭八月又　勑都督楊文尋又　勑魏國
公徐輝祖安陸侯吳傑練兵海上防倭　二十八年
寇金州靖難後太監鄭和等率舟師三萬下西洋日
本遣人來貢并擒獻犯邊賊二十餘人即付使人治
之縛置甑中蒸死　永樂二年使還遣通政趙居任
賜王冠服文綺金銀古器書畫又給付勘合百道

合十年一貢每貢正副使等毋過二百人若貢非期
人船踰數夾帶刀鎗並以寇論居任還不受王餽
上喜厚賜之諄　命僉都御史俞士吉　賜王印誥
勑封爲日本國王　詔名其國之鎮山曰壽安鎮國
山　上爲文勒石久之嗣王道義卒子源道義嗣益
奸狡時時令各島人掠我海上　九年寇盤石　十
五年寇松門金鄉平陽是年遣禮部員外郎呂淵諭
王還所掠海上人　十六年遣使謝罪當是時數入
金盖都督劉榮總兵守遼東繕海上堠堡伏兵伺之
十七年倭船入王家山島傳烽沓至榮率精兵疾

馳入望海堝賊數千人分乘二十舟直抵馬雄島進
圍望海堝入櫻桃匯榮合兵圍而攻之斬首七百四
十二擒生倭八百五十七召榮至京封廣寧伯自是
不敢窺遼東　二十年寇象山初方國珍據溫台處
張士誠據寧紹杭嘉蘇通泰諸郡皆在海上方張既
降滅諸賊强豪者悉航海糾島倭入寇以故洪武中
倭數掠海上　高皇既遣使命將築城增戍又　命
南雄侯趙庸招蛋戶島人漁丁賈豎盖自淮浙至閩
廣幾萬人盡籍爲兵分十千戶所於是海上惡少皆
得衣食於縣官洪武末年海中方張諸逋賊壯者老

老者死以故旁海郡縣稍得休息永樂初西洋之役
雖伸威海表而華人習知遠夷金寶之饒夷人來貢
亦知我海道奸闌出入華夷相糾以故寇盜復起非
廣寧之捷禍未已也　宣德元年遣人來貢人船刀
鎗不奉我約束　上諭使臣自後貢毋過三百刀鎗
毋過三千否不受　七年遣人來貢如約束受之
八年源道義卒　命太監雷春少卿潘賜等吊祭
十年嗣王遣使貢謝倭自得我勘合方物戎器滿載
而來遇官兵矯云入貢貢即不如期守臣幸無事輒
請俯順夷情主客者爲畫可條奏即復許貢云不爲

例嗣後再至亦復如之我無備即肆出殺掠滿載而
歸宣德末年海防益備賊不得閒貢稍如約遂許夷
至京師宴賞市易飽慾其欲已而備禦漸疎　正統
四年寇大嵩入桃渚官庾民舍焚劫一空驅掠少壯
發掘冢墓束嬰孩竿柱上沃之沸湯視其啼號拍手
笑樂捕得孕婦忖度男女刳視中否爲勝負飲酒荒
淫穢惡至有　可言者積骸如陵流血成川城野蕭
條過者隕涕於是　朝廷下詔備倭　命重師守要
地增城堡謹斥堠修戰艦合兵分番屯駐海上寇盜
稍息　七年來貢　十一年寇海寧乍浦　成化初

忽至寧波知我有備矯稱進貢守臣爲請於朝且欲遣之至京楊文懿公守陳貽書張主客力言其不可許　二十年遣周璐等來貢　弘治八年壽蓂來貢　正德六年宋素卿源永壽來貢求祀孔子儀注不許鄞人朱澄言素卿本澄從子叛附夷人守臣以聞主客以素卿正使釋之令諭王勿順無役遣　八年僧桂梧等來貢　嘉靖元年王源義植無道國人不服諸道爭貢大內藝興遣僧宗設細川高遣僧瑞佐及素卿先後至寧波故事凡番貢至者閱貨宴席並以先後爲序時瑞佐後至素卿奸狡通市舶太監

饋賓賄萬計太監令先閱瑞佐貨宴又令坐宗設上宗設席間與瑞佐忿爭相讎殺太監又以素卿故陰助佐授之兵器殺總督備倭都指揮劉錦大掠寧波旁海鄉鎮素卿坐叛論死宗設瑞佐皆釋還給事中夏言上言禍起於市舶禮部遂請罷市舶而不知所當罷者市舶太監非市舶也夷中百貨皆中國不可缺者夷必欲售中國必欲得之以故　祖訓雖絕日本而三市舶司不廢市舶初設在太倉黃渡尋以近京師改設於福建浙江廣東七年罷未幾復設蓋東夷有馬市西夷有茶市江南海夷有市舶所以通華夷之情遷有無之貨收徵稅之利減戍守之費又以禁海賈抑奸商使利權在上罷市舶而利孔在下奸豪外交內詗海上無寧日矣番貨至輒賒奸商久之奸商欺負多者萬金少不下千金轉展不肯償乃投貴官家久之貴官家又欺負不肯償貪戾甚於奸商番人泊近島遣人坐索久竟不肯償番人乏食出沒海上爲盜貴官家欲其亟去輒以危言撼官府云番人據近島殺掠人奈何不出一兵備倭當是時及官府出兵輒齎糧餉番人利他日貨至且復賒我如是者久之番人大恨諸貴官家言我貨本倭王物爾償

不償我何以復倭王不掠爾金寶殺爾倭王必殺我盤據海洋不肯去近年寵賂公行上下相蒙官邪政亂小民迫於貪酷苦於徭賦困於饑寒相率入海從之兇徒逸囚罷吏黠僧及衣冠失職書生不得志羣不逞者皆爲之奸細爲之鄉道人情忿恨不可堪忍弱者圖飽煖旦夕強者奮臂欲洩其怒於是汪五峰徐碧溪毛海峰之徒皆我華人金冠龍袍稱王海島攻城掠邑劫庫縱囚遇文武官發憤砍殺即伏地叩頭乞餘生不聽而其妻子宗族田廬金穀公然焚劫莫敢誰何浙東大壞　二十五年以朱紈爲浙江巡

撫都御史兼領興福漳泉治兵捕賊紈清謙方勁任
怨任勞嚴戢閩浙諸貴官家嘗言去外夷之盜易去
中國之盜難去中國之盜易去中國衣冠之盜難上
章鐫暴貴官通番二三渠魁於是聲勢相倚者大譁
切齒詆誣惑亂視聽改紈爲巡視未幾言官論劾又
遣言官郎訊甘心煆煉必欲殺紈憤閩卒紈所任福
建有功海道副使柯喬都指揮盧鏜殺賊有功皆論
死繫按察司獄於是華夷群盜壁手肆起益無忌憚
　三十一年殘黃岩掠定海浙　騷動遣都御史王
忭巡視兩浙兼領漳泉興福四郡以都指揮俞大猷

湯克寬爲浙閩參將勦賊頗兵政久弛將士耗鈍水
寨戰艦所在廢壞忭經略未幾群賊踵至榻寨列港
外約諸島內招亡命勢益猖獗　三十二年大猷自
險出洋焚蕩巢穴首賊逃去群寇流散乘風奔突倏
忽千里溫台寧紹杭嘉蘇松揚十郡並受其害克寬
統領部兵往來海壖護城捕賊斬獲亦多忭不肯隱
敗冒功擒治奸豪破解支黨大猷克寬兩參將皆知
勇可任徒以江南人素桑軟賊未登岸望風奔潰文
武大吏未能以軍法繩下而有司往往以軍法脅持
富人巧索橫斂指一科百師行城守餉犒百物類多

乾沒十不給一廉謹之士又謂南人善誘低頭束手
不敢動一錢於是公私坐困戰守無策始釋柯喬起
盧鏜而賊船聯翩滿海破昌國臨山霩衢乍浦青村
南匯吳松江諸衛所圍海鹽太倉嘉定入上海掠華
亭海寧平湖餘姚定海諸州縣焚劫殺戮汚辱慘於
正統時矣而通番奸豪又言忭大猷搗巢非計且搖
動忭薦鏜起爲閩參將代克寬克寬以副總兵將屯
金山閩人故忌鏜劾鏜凶險不可用南京言官又復
薦鏜　三十三年遂犯江北海門如臯通州皆被殺
掠是時復用盧鏜爲參將而以俞大猷爲浙直總兵

未幾工部侍郎趙文華以海賊猖獗請禱海神遂遣
文華行禱公私勞費不貲皆歸囊槖比忭改大同巡
撫徐州兵備李天寵代忭南兵部尚書張經提督浙
閩江南北軍務有王江涇之捷文華素忌經天寵遂
奏天寵逮詔獄論死西市而以浙江巡按胡宗憲代
天寵南戶部侍郎楊宜代經自後賊益熾縱橫出入
十六郡文華還朝未幾又出監督諸軍搜括官庫富
豪金寶書畫數百萬計交通蒙蔽以敗爲功以功爲
罪雖有沈莊梁莊之戰竟莫救荼毒之慘兩浙江淮
閩廣所在徵兵集餉提編均徭加派稅糧截留漕粟

和除市舶請給鹺課追脇富民釋脫凶惡濫授官職浪費無經其爲軍旅之用纔十之一征發漢土官兵川湖貴廣山東西湖南北靡不受害臨敵驅之不前賊退遣之不去散爲盜賊行者居者咸受其害於是外寇未寧而内憂益甚矣宗憲計擒賊首汪直浙西江東稍得安靖浙東溫台江北淮揚閩中嶺表尤被其毒已而俞大猷從中傷慮鏜代之賴朝廷　聖明大猷得不死江北巡撫李遂有廟灣之捷入南兵部爲侍郎唐順之代遂福建巡撫王詢數有功畏讒引疾去代者劉燾宗憲以擒直功陞右都御史加太子

太保敘子錦衣千戶先是文華陞工部尚書以論吏部尚書李默仰加太子太保又以征倭功加少保子廕錦衣千戶不數月文華削籍千戶謫戍榆林未幾宗憲亦被論逮獄識者寃之自壬子倭奴入黃岩迄今十年閩浙江南北廣東人皆從倭奴大抵賊中皆華人倭奴直十之一二久之奸頑者嗜利貧窘者避徭賦往往喜賊至而貪殘之吏又從而驅之封疆之臣輙請添官當事者不敢阻於是添設都御史三人總兵一人副總兵三人叅將十三人兵備副使十一人諸將校近百人田賦倍於常科徭溢於甲式自壬子至戊午幾至蹈天總督胡宗憲用計款賊幸而渠魁授首兇焰頓衰　癸亥年漳泉賊徒勾引生倭入寇仙遊等處巡撫譚綸調義烏兵由水路擊破之賊遂斂息至　萬曆丙申寇朝鮮本朝特設經略重臣及道府多官往援費至百萬至戊戌歲倭衆引還

經略朝鮮

萬曆二十一年平秀吉遣將平行長及清正等率衆入寇朝鮮直抵王京朝鮮王遁走遣官告急于　朝遂命經略使往援王京壁蹄二戰互有勝負其衆退據釜山蓋屋耕田爲久駐計幸平秀吉于戊戌七月

病故賊衆撤回然中國調兵轉漕費至百萬而朝鮮亦殘破非故物矣已上俱續文獻通考

浙江道御史楊紹程等奏頃者東征師久無功經略宋應昌乃申明講貢始末徼功塞責該兵部覆議寢其通貢止以封號一節待關白具表至日轉奏臣等竊觀自古有天下者四夷賓服則有封有貢然皆畏威懷德願爲外藩而非輕許之者也倭奴素稱狡詐考之　太祖時屢却其貢慮至深遠永樂間雖或一朝貢漸不如約自是稔窺内地頻入寇掠至嘉靖晚年而東土受禍更慘豈非封貢之爲厲階耶昨歲倭

陪朝鮮　皇上赫然東顧命將出師特遣應昌經略
其事蓋欲其聲罪致討非令其議封貢已也即今曠
日持久不聞有斬馘之功而始終倡爲貢議僥倖目
前以圖了事　皇上不允其請蓋明見萬里深欲杜
釁防微之意不謂當事者忽易而爲請封之說夫倭
奴鷙驁其不以空名受我約束一恒人能辨之如已
加封稱爲屬國無論他日外藩諸國假朝鮮之例爲
請何辭以拒即旦夕故爲恭謹奉表請封之後遣使
稱謝恐終不能閉關絶之而　中國之釁滋啓矣故
絶其封乃所以絶其貢縱使戎心未厭禍可言也

國家北有達虜邊患時時有之然所恃無虞者以不
忘戰備之故自款市後何嘗不曰封曰貢言之可聽
而在我之神氣日益不振識者恨不及起首事之人
以誤國之罪罪之今應昌襲款虜故智徒欲以封貢
徼功還　朝受賞臣等恐無功之賞受之赧顏而誤
國之罪抑將何以自解耶然臣等又有說焉　朝廷
封拜必正名定分而後錫之典刑今日之于倭不識
所封者何人將求倭王之遺裔而封之歟抑于關白
而封之也關白者弒其主簒其國正所謂亂臣賊子
天討之所必加者彼國之人未嘗不欲食其肉而寢

處其皮特劫于威而未敢動耳我　中國之禮儀典
章統御百蠻而顧令此簒逆之輩叨　天朝之名號
非所以尊　中國而風外夷也臣以事係安危不容
默默爲此披瀝上請伏乞　皇上深惟遠圖博采公
論將許封一節從長計議俯從停寢仍　勑令朝鮮
自爲固守我兵撤還境上以俟進止其宋應昌等候
還　朝之日另議功罪庶足杜邊患而服人心臣等
不勝隕越待　命之至

南京陜西道御史蕭如松奏近接邸報見遼東軍門
趙燿塘報倭賊自四月十七日陸續起身盡過漢江

倭將行長仍覊沈遊擊王子陪臣伴送兩日方纔放
回倭酋要平顧倭之罷兵也曾有乞貢之議與邊將
來約一時臺省諸臣反覆論列其不可許之狀已經
部覆奉有　明旨真與　祖訓所載嚴絶倭貢者前
後同符無容再議但恐倭奴勒期甚迫經略便宜行
事或以許貢促其退兵亦有然者安知倭奴罷兵之
後不以通貢爲請乎臣聞日本僻在海島兇狡異常
先年假貢狂逞已有明驗獨賴　廟謨宏遠嚴絶貢
釁以貽天下之安今關白以亡命之徒萌啓疆之念
吞併諸島奄有朝鮮其欲竊犯中原者情形已畢露

夫況我大兵相持日久未見屈服而在我亦未能制
其死命乎平壤之師彼雖受挫碧蹄之戰猶足相當
乃一旦有乞貢罷兵之約豈眞悔禍朝鮮而盡還其
竊據之土宇人民乎亦豈眞歸命　天朝而畏威慕
義之恐後乎彼其統數十萬之衆越數千里之遠忽
焉犯朝鮮則據王京奪平壤八道盡受荼毒其來何
無禁也忽焉過漢江則羈遊擊王子陪臣伴送以自
衛其去何無梗也其乞貢訂約之言一則曰來遲即
便交鋒以決輸贏一則曰少遲則關白提兵再至其
言何無忌也以此推倭之罷兵豈遂晏然已哉彼情

將以朝鮮自我奪之自我棄之棄之可復奪也任
意而縱横乘機而竊發若探囊而啓釁無難也其欲
犯　中國而阻於進攻之路迫於芻餉之艱得無假
之通貢以緩我師而徐以肆其復逞之計乎有如倭
之奉表來也不察其狡而輕許之非惟須之約束彼
必不守定之期限彼必不遵其來也以獻納爲名而
要厚賞索厚幣無以厭其非分之望其去也以狂逞
爲快而掠居民擾傳舍難以止其劫奪之謀甚至來
往　中國漫無禁忌覘我之動靜卜我之虛實熟我
地形之險易探我士馬之強弱窺我糧餉之盈縮誘

奸豪潛爲嚮導內通邪黨險僞之徒他日必有蹈從
轍而謀不軌者奈何移朝鮮之患爲東顧之憂樂款
貢之名開疆埸之釁哉如其乘虛而復爲朝鮮之犯
瘡痍困憊將無噍類則量留兵將以固我藩籬者不
可少也如衆不測而爲內地之犯乎登萊保薊關係
匪輕則嚴加保障以固我　畿輔者不可疎也抑或
分兵揚帆四散而爲搶掠之計乎則浙直閩廣之間
倭艦在在可通防守宜愼則戒玩寇以儆疎虞者不
可緩也蓋自有倭報以來凡沿海要害之地咸蒙
皇上留念增官選將餉益兵添所以戒嚴者罔不周

悉試申飭之未有不爲　朝廷效死者苟徒以倭之
乞貢爲憑而不申嚴禦防之令則遠憂近患有不可
勝言者矣
禮科右給事中張輔之奏今之憂西事者十九而憂
倭患者十三憂東南之倭患者十九而憂東北之倭
患者十三得無以賊虜難滅而倭夷易與耶又得無
以東北近而東南遠耶不知倭奴兇狡數倍賊虜揚
帆大海瞬息萬里則東南固易達矣自遼陽以至天
津濱海諸處一時戒嚴而倪尚忠尹秉衡且相繼移
鎭募兵矣亦庶幾有備無患矣唯是登萊二府與遼

陽相望據報倭船四百號可計十萬隻其或朝鮮府庫之財物不足以飽其欲彼必不肯安心于扁舟海島之間而肆其毒非犯遼陽則登萊耳第遼陽頗稱有備而登萊瀕海寮薄擄掠鮮獲其勢必風便直趨淮揚矣乃淮揚沿海一帶一則起自東南蹺角嘴抵姚家灣綿延四百餘里其中通州狼山楊樹港裡河鎮榆東榆西等場掘港新閘港劉沙庄金沙場等處皆爲有害原有額設官兵而其最要者有三一新場爲其迫近揚州出入至易也一北海所從以通閘港且其中多鹽艘聚泊未必無奸人隱伏爲賊鄉導也

一廟灣其爲鎮巨而通大海港口也若於此三處各設裨將一人守之而陸路更遣一將提兵往來策應則東可以控狼山海門西可以捍蔽揚州留都重地不可安枕而卧乎夫淮揚之海防既足以遏其入則其勢必乘風便直趨蘇松而常鎮次之今按蘇松沿海多港口若嘉定之吳淞太倉之劉河常熟之福山港口凡賊船可入者原設水兵把總以堵截之而崇明孤懸海中又賊所必經之處似宜特設參將以統水兵又於其中添設水兵把總二員專任停箔管前二沙往來會哨所以巡視江洋而警報港口也至於

松江則有海塘而無港口若上海之川沙南匯華亭之青村柘林往賊可窟穴者原設陸兵把總以守之而金山介於柘林乍浦之間尤爲浙直衝要業已設關總兵以統陸兵又於其中添設遊兵把總一員專住金山往來巡哨所以北衛金山而西援乍浦也水陸具舉內外互持蘇松無事而常鎮不可晏然耶夫蘇松四郡之海防既足以遏其入則其勢必乘風便直趨于浙矣浙之海防地方惟台溫並紹四府其間如紹興之三江海門寧波之海外大英湖頭渡台州之青江海門楚門溫州之飛雲横陽館皆寇所出入

之門而沿海之衛所如昌國如觀海如松門鱗次基列計其兵刃足以可支無庸添設蓋海邊之人勇敢樂戰固其性然目今三屯南兵多出四府而溫台爲尤多且省城羅木一營之兵無不可以一當十緩急足恃第在各將領加意撫綏耳唯是舟山一帶寬腹饒衍當全浙之衝不崇朝直底定海迺倭所必經之地使其據之便可爲蘇松閩浙之巢穴備禦單弱何以應之大約連舊額三千足矣然後遣一參將等官專屯于此以控陳錢馬蹟之險南以爲松門海門二衛之聲援而觀海昌國二衛又隊兵互爲犄角使賊

進無所掠退無所處且日本國正與寧紹打對鬱鬱失志人咸歸心乘惰擊之蔑不勝矣又安能舍此而爲閩廣之害也哉凡此數者皆東海兵防而募兵積餉尤爲喫緊非臣之私憂過計也若備戰具則火箭以焚海舟輕車以阻衝突狼筅以禦長刀綿甲以當鳥銃事制由防昔固有之者而皆爲已試之規法曰無恃其不來恃吾有以待之此預道勝也否則嘉靖癸丑之禍可鑒矣

監察御史周孔教疏爲東封事壞庸臣誤　國伏望
皇上亟定　廟謨并賜議處以安社稷事臣聞古之

良將觀鳥而知齊師之已遁聚米而料隗囂之可圖決機兩壘之間在見事萬里之外今正使已竊逃矣隨行已被殺矣沈惟敬已被縛矣倭變情形明如指掌此固不待借箸爲籌便當屈指能算乃石星執迷不悟奉楊方亨片紙爲蓍龜蚩蚩倭奴之不變僥倖封事之萬一噫愚亦甚矣況臣細玩楊方亨之揭詞猶然騎墻亦無一定之論是豈撫按之章奏全不足憑必待倭寇臨城而後謂之變哉試觀今日事勢倭變乎倭不變乎封可言乎封不可言乎計不旋踵義難再辱況倭奴千變萬態日引月延宮室久已落成

禮儀豈難習熟煌煌金印買用不售孑孑干旄節敝旄落闕白之機關盡露沈惟敬欲彌縫不能奈何尚夢想封事苟且目前乎噫愚亦甚矣　陛下不聞近日長安中詩乎詩曰貼肉暗藏蘇武節抱頭忙著祖生鞭又曰還國好縫皮眼罩羞將面孔向人前蓋爲李宗城而作也李宗城宵遁辱　命爲外國姍笑
陛下赫然震怒扭解究問　天威一懾中外增氣第出使重任也昔班超西指漢以重輕奈何當時兒戲視之而以一豎子辱　命取輕外國如是是尚爲中國有人乎方小西飛之來也儼然上賓一國鄭重公

則宴賞私則賄遺使狼子野心睥睨窺伺高步濶視旁若無人竟不　陛謝又爲陳三日之市飽其欲而去乃我堂堂　天使啣　命而往屈辱縲繫淹歷歲月楚囚南冠蕭然無聊生者鼠竄狼奔死者膏鍔橫草么麼小醜敢於無狀如此臣每念及不覺怒髮上指冠恨不滅此醜而朝食昔陳湯忿郅支殺漢使者義勇奮發卒斬郅支首雪邊吏之宿耻威鎮百蠻今以　天朝全盛之力何其畏倭如虎强之以必不受之封而貽　國家必難報之耻乎臣竊料今日倭情不封固變即封亦變故皇皇議封者拙也急急議戰

者危也惟有議守爲今日第一喫緊勝算何也臣聞議封之始業已許之市矣夫封空名也市厚實也倭奴之所欲不在空名明甚吾靳其所欲而與之所不欲是啖嬰兒以石棄啼必不止也拙也氣奮倭奴者謂宜急徵兵調餉疾帆東指與倭奴爭一旦之命又非計也兵凶戰危事難預必脫少不如意蜂蟻猶聚假息旬時屯兵日費何啻萬金千里飛輓所濟幾何平壤之役遼民之死於轉輸者十家而九至今哭聲未絕卽有粟如山必不能神輸鬼運到饑士之口一夫脫有萊色三軍無復鬬志事出萬一悔何可追臣

之所謂危也故今日惟有守朝鮮爲上策朝鮮吾之藩籬也朝鮮失則遼陽危遼陽危則　神京震或謂朝鮮當棄者謬也臣竊謂封可無成朝鮮必不可棄況朝鮮雖殘破尚餘精兵五萬及今就近亟選慣戰脈勇驍將精簡銳士電赴朝鮮合朝鮮之卒因朝鮮之糧胡越同舟頭手相救同心共濟并力死守此謂藩籬之守庶幾門庭之安是役也急在呼吸選將簡兵當以半月爲期過此則晚矣是以朝鮮與倭也敗著也惟是朝鮮弱不能扶我兵急不能救鞭長不及馬腹風末不舉鴻毛便當譬猶石田弃若雞肋扼喉鴨綠之江負嵎虎踞深溝高壘添兵增戍固守不動使倭奴不敢窺左足而先登此之謂門庭之守庶幾堂奧之安中策也必不得已之計也最可憂者儻或長颷易扇巨浪難防門無結草之堅成彼破竹之勢虎狼入室所傷必多況兵連禍結役煩民愁奸雄乘之登高呼遠四合響應根本動搖關係不細故守遼陽爲下策謂之無策可也

薊遼總督邢玠奏經略事竣恭進禦倭圖說敬塵睿覽以備緩急事倭寇朝鮮患在震隣驅之海外固自長策然內地根本所係海道轉輸防禦所關而朝鮮

之地理與倭奴之情僞尤用兵者不可不知大兵在外糧餉爲急然其餉或取足于山東天津遼東在遼東隣近朝鮮陸路可通而山東天津則必由海洋之中非倚島傍岸則飄泊難收非迂迴旋遠則險阻莫達然又念此一海道也我可以去倭可以來知其去路則可以防其來路干係最重故另差官兵分投查勘按島計程中間或港口空濶可以泊船或水面平淺可以登岸或有暗石或有龍窩今其一一畫圖貼說由是運人知避險就夷在天津則自大沽海口出洋轉而西南由山東海豐霑棣以達登州自登以達

旅順自旅順達朝鮮之義州彌串等處交卸路與山東同而兵屯全慶兩道去此尚二千里則又聽之朝鮮轉運仍覓其海道自彌串抵廣梁自廣梁抵華江華在王京之西接漢江之派一入京之東南可達忠清慶尚彼時狡倭水陸並進以窺王京故凡糧餉之運路與倭奴之入路支流分派旁溪曲徑咸得無缺而防禦亦頗知肯綮矣至于倭奴與朝鮮接壤虎勢梟張吾欲據險而守出奇而勝則朝鮮之道里不可不知諸酋狡詐百出莫可端倪吾欲向隙以倒當機而應則日本之情僞不可不審故各附其圖與說庶

一披覽之間知已知彼戰守有據然倭奴非水兵不克而水兵非戰船莫施其功故大艦以備衝犁飛艇以備遠哨大小兼用勢不可缺而此番東征悉取調于閩廣浙直然閩廣如福滄等船大而堅海洋觸之者碎中國長技也然遠不可來惟浙直稍近故應調者惟有沙船唬船茶船四刻二刻等船且臣初征調時曾令都司季金統茶船二十隻由淮揚海口出洋不二十日直達旅順故臣題令水兵悉由外洋計兩月之間可抵戰所或可收功且夕乃將領悍于風濤之險曲稟其所司必欲由內河一由內河則鐵頭太

船率阻于閘內而又另覓商船以來兼之帶運糧餉所至遷延遲至年餘不到臨時與戰者不足萬衆其餘徒有虛名無裨實用臣至今有餘恨也而今亦不必言姑存船式并述道路遠近遲速之由以爲後日禦倭者考驗鑒戒耳夫海防備則根本無虞海運通則軍興有賴察朝鮮之險夷審倭奴之情形然後水陸夾攻以圖進取幸仗　天威震疊將士用命始收完局今海不揚波者已三年防與運似不必言矣但臣私憂過計切謂　中國防九邊之夷如日本久稱强悍乃與積弱不振之朝鮮爲隣且蓄忿含怨能保

始終之不逞萬一稍有舉動則若海防若海運若地里若倭情皆兵家所不可廢故查歷年故牒取舊日之已行已試者撥集成帙分爲門類恭進　聖覽并付之梓人以俟後日籌海者考焉然臣又有說焉山東天津尚有留防之兵以備不測至若遼左之鎮江城爲華夷分界旅順口爲津登咽喉倭不犯則已犯則首先被兵況全遼處處皆虜無山川之阻隔無墻垣之障蔽城堡空虛士馬凋疲殘虜之入已不能支又安能再分力以禦倭乎故先年各道雖摘派防虜之兵以防倭幸倭未及耳及則顧此失彼必無幸矣

故臣謂仍宜于鎮江城將見在遊擊一員添其兵足二千之數爲陸營再設水兵遊擊一員旅順口有山東設防水兵遊擊一員仍應再設陸兵遊擊一員兵各以二千爲率其船隻則有水兵之遺與糧運之舊者此中木料頗便一修改之亦可足用其器械則遼陽貯有東師之留者一增置之亦不多費聽遼東撫鎮與東協節制又寬奐願爲東路協守所當明白申其職掌而責成之仍於薊遼選補知倭知虜久歷邊方老成之將在此而標下當量添水兵一千步兵一千有儆聽統領應援而寬奐加一守備專責成守其

旅順水兵南與登萊往來會哨北與鎮江相援而陸兵則彼此犄角相爲聲勢倭來則專力以禦不來則貼兵以防虜朝鮮有急此兵即可護我外藩即今倭亦疲于兵革未必即來而遼左空虛毋議募兵設防則又以防虜是一舉兩得臣善後疏中亦屢言內備之當議秖恐財力不給付之無可奈何也然防患貴未然有備斯無患似無可惜小忘大伏乞　勑下該部再加查酌量爲添設仍通行薊遼天津山東各撫臣逐一查議設備至于腹裏官兵久不習戰談及于倭猶如說夢若縣一見敵未有不驚且走者故腹裏雖設兵丁似不可不摻羅營中分別委任使之講練前驅庶　神京門戶堂奧無海寇之虜矣已上俱琉鈔

兵科給事中姚文蔚題爲閫外軍機不宜牽制懇乞聖明專委任以責成功事臣頃看詳章奏見兵部覆畫主事丁應泰一本爲屬藩奸欺有據賊黨朋謀已彰事奉　聖旨這所奏朝鮮隱蔽事情就着差去科臣上緊併勘前屢有嚴旨東事俟勘回之日功罪自明丁應泰不必再有陳瀆其奏內倭情是否真僞與一切戰守機宜着邢玠陳效丁應泰徐觀瀾等盡去嫌疑虛心會議舉行務以國事爲重毋得彼此參差

偏執致誤軍機見今秋防緊急部務甚繁蕭大亨着安心供職俱不許紛紛瀆辭仍推萬世德兼程前去經理該部知道欽此臣莊誦　綸音見　皇上留神東事惟恐偏聽生奸直欲大昭公道且一切戰守機宜必使諸臣盡去嫌疑虛心會議而後舉行又戒其參差偏執致誤軍機無非欲諸臣和衷體國謀出萬全之遠慮然以職愚闇竊有疑焉恐諸臣之不能仰體　聖心也諸臣不能仰體　聖心而軍機一誤則東事決裂其所關非淺鮮矣臣謹循職掌敬陳愚慮而　皇上試垂聽焉臣聞漢臣馮唐之告文帝曰上

古王者之遣將也跪而推轂曰閫以內者寡人制之閫以外者將軍制之軍功爵賞皆决於外歸而奏之古人君之遣將其重且專也如此故曰任將而中制者敗用兵而外監者疑皆古今譚兵之格言雖萬世不可易也今東征之役有總督又有經理有監軍又有贊畫而總兵大帥不相總攝者至三四人事權分屬彼此牽制已大非古者推轂遣將之遺意所爲老師匱財曠日持久致此紛紛結局無日其弊正坐于此而今舉一切戰守機宜復欲諸臣會議然後行事臣竊惑之夫會議方略在平時未臨敵之際則猶可

也近據督臣邢玠塘報七月內倭奴水陸侵犯而我兵各有斬獲且云秋稻將熟倭中乏糧搶掠正在此時我之乘機進取亦在此時則目今正用兵臨敵之際也兩軍對壘勝敗存亡在呼吸間決機立斷猶恐遲誤何暇集衆會議而後行乎兵事貴速尤貴祕密集衆會議不虞漏泄乎　皇上所命一總督耳而今使邢玠陳效丁應泰徐觀瀾等會議行事漫無主斷事權相等是人皆總督矣而爲督臣者尚能舉其職乎夫奉　旨會議非尋常集思廣益比也卽使諸臣果能盡去嫌疑虛心詳議而人各有心心各有見安能必其一無參差偏執乎儻決機兩陣之際玠欲戰也會議者以爲當守玠欲止也會議者以爲當進甲可乙否此是彼非甚或有以朝鮮爲當棄我師爲當罷者玠欲從之耶恐誤大事將不從耶彼卽得以抗旨繩之爲總督者不亦難乎卽令萬世德兼程到彼亦一共議人耳總督不能主持經理安能專斷是所謂縶馬之足而責其千里縛人之手而命其搏擊也不待兩軍相當而勝負安危之機已有所決矣況師克在和上下有體今應泰已詆玠與效爲奸邪則玠與效亦必以奸邪目應泰情如讐敵勢若水火徒足

以相傾不足以相濟不待智者而後知也蓋古治軍必本於禮故晉文城濮之戰見其師少長有禮知其可用今玠以兵部尚書總督應泰以兵部主事贊畫儼然堂屬相臨已久而應泰不難詆之爲奸爲賊目中已無玠矣今又奉　旨會議玠既不得參差不得偏執則權柄不殊頡頏不下勢惟有聽命於應泰耳苟爲不然必相爭執紛紛陳瀆當又至矣上下剛持紀綱紊亂恐我國家亦無此禮法也臣讀史見唐肅宗時收復兩京而安慶緒適誅在鄴詔郭子儀李光弼與諸節度共帥師討之時以子儀光弼皆元勲難

相統屬不置帥而以宦者魚朝恩爲觀軍容使權重于諸帥於是九節度之師圍鄴賊且困而諸軍既無統帥進退無所禀上下解體賊黨史思明引軍乘之而九節度之師皆潰矣夫慶緒窮寇餘燼子儀光弼用兵如神摧之若拉朽耳惟以將帥無統號令不一遂至師徒潰喪貽禍唐室爲千古烱鑒今倭衆之强豈止慶緒而我師久暴異域恐未及九節度之衆也玠與世德臣不知其於子儀光弼何如但今奉 旨使五臣皆得爲政於軍中則一柄四持進退掣肘交爭不下疑忌横生卽子儀光弼復生孫吳韓白在列

臣不能保其不敗而況未及古人者乎蓋使 皇上專任玠與世德臣尚未敢逆料其必有全勝然而固勝道也今舉戰守機宜分裂無統則必敗之道而唐時九節度之潰將復見于今日矣當事者縱以玠等爲不足惜也而 皇上數年之宵旰中國十餘萬之生靈帑藏數百萬之糧餉亦不足惜乎且東師勝敗非但係屬國之存亡抑亦關天下之安危恐未可輕視之也臣塡見 皇上聽納不疑捷若圜轉雖有成命不難再更如朝鮮經理已奉 旨點用汪應蛟矣科臣張輔之言當互易詔卽從之甘肅巡撫已奉旨陞用劉敏寬矣科臣楊應文言其不可卽詔另推中外臣工無不舉手加額頌 聖天子明並日月從諫如流與堯舜舍己從人古今一轍太平上理指日可致有 君如此其忍負之臣若知而不言言而不盡其罪大矣伏願 皇上法古者遣將之意鑒唐人潰敗之禍特敕東征將吏一切戰守機宜專責總督經理二臣餘人不得干擾成功自有重賞僨事難逃顯罰其查核功罪責之監軍御史勘覈奏事責之差去科臣至於主事丁應泰業已奉 旨會勘亦當令其遵奉前 旨止據原奏會同勘明不許私逞胸臆

沮壞軍計釀國家無窮之禍貽 聖主東顧之憂如此則人各奉職推諉何辭煩言以息結局可期矣奉

聖旨這本說的是朕因東事損師欺蔽特遣科臣查勘近又據邢玠奏稱進兵及議處善後機宜事關重大故就着會集多官協謀詳舉其事權原係專責總督主持各官不得牽制六部知道

又題爲東師進取關係匪輕懇乞 明旨申飭賞罰并嚴催未到兵將以收全勝事臣辦事該科于本月十七日接得薊遼總督邢玠一本爲恭報進取大略以圖蕩平并乞 聖明特允懸賞以鼓敵愾事大略

謂倭中目下情形乃糧窘勢迫之時兵法乘危不可少緩故攻取之計已決速則九月末旬遲則十月初旬三路約會齊發又云中外之議論紛紛人情之疑畏洶洶恐將士沮氣南北二心乃歃血盟誓合心勠賊申明軍法人心凛凛已四路分兵南下矣又謂進兵之際惟死戰可以取勝惟重賞可得死力而以懸賞爲請且云此閫外便宜之權　皇上已假之于臣似不必瑣瑣瀆請然當議論煩興之日且事干錢糧不敢不一具題等因奉　聖旨該部便看議來說欽此臣反覆看詳見督臣分布有條堅瑕有筭且惓惓

賞罰一節深得用兵之要領此一舉也似乎全勝可期蕩平有日矣然督臣一則謂中外議論紛紛人情疑畏洶洶一則謂當議論煩興之日事干錢糧不敢不題則其憂讒畏譏內顧外慮之情可以槩見此臣不能保其必有成功而坐收全勝者也語云畏首畏尾身其餘幾此雖以之臨小利害且不可而況當勝敗安危之際乎昔秦甘茂之伐韓宜陽也既已爲秦約魏而告其君曰魏聽臣矣然願王勿伐秦君迎至息壤問其故對曰魏文侯令樂羊攻中山三年拔之樂羊返而論功文侯示之謗書一篋樂羊再拜曰此非臣之功主君之力也今臣羈旅之臣也樗里子公孫奭二人者挾韓而議之王必聽矣秦君曰寡人不聽也請與子盟卒使茂將兵伐宜陽五月而不拔樗里子公孫奭果爭之秦君召甘茂欲罷兵茂曰息壤在彼君曰有之因大悉起兵使茂擊之遂拔宜陽是古者大將提兵於外惟內無讒謗而後可以成功人君遣將於外惟讒謗不惑而後能任將以成功則非將之功乃君之功也頃者朝鮮經理被論　皇上業已罷之回籍特遣科臣查勘　聖斷處分自宜靜聽迺未幾而監軍被參矣總督被參矣又未幾而參及朝

鮮矣參及署樞矣每疏一至　嚴旨立下無待部覆一時庭臣相顧惶駭而玠等之惴惴可知也今玠等業已分兵四出賞功罰罪軍中常典若無待言者玠一奏報而奉　旨尚需部議夫攻擊諸臣者無待部覆而玠等攻擊倭奴已當臨敵兵機所關呼吸難緩迺猶然待部議也一急一緩意向可辨玠等又安得而不惴惴也然此豈　皇上之意哉臣獨見　皇上留心東事務滅狡倭膚謨神筭明見萬里而臣下或懷私罔上不能仰體　聖心則深可恨矣且玠疏朝上夕下臣有以見　皇上之神明洞照亦何嘗以此

為可緩哉今該部既奉　明旨必且竭歷從事殫心運籌臣復何容置喙顧臣之所慮則有在焉玠等此時方一心算倭而又一心以顧和黨之算巳方一力攻倭而又一力以防肘腋之攻巳前瞻後盼左恫右疑儻復有讒人交構其間當兩軍對壘勝敗存亡間不容髮而飛語一馳嚴霜夏集則三軍解體不戰自潰是倭之巧于用間而我之工于助倭也萬一和黨計就玠等害成則兵勢一挫不可復振天下安危所係豈不寒心此臣之所大懼也臣查得萬曆二十一年五月內該兵科右給事中侯慶遠一本為歸倭情

形未定乞敕東征將吏慎重待敵以圖萬全事奉　聖旨這本說得是兵部不必議覆著便馬上差人傳示東征官令其從長酌處但以全師退賊為功毋得惶惑自擾以誤大計在內議論的亦毋得遙制苛求使邊臣掣肘欽此夫　皇上雖處九重如臨閫外知軍機之急切故　明旨謂不必議覆知邊臣之不宜掣肘故　明旨戒議論苛求今日之事何獨異此臣願　皇上速下　明旨命玠等一意區畫軍事勿懷顧慮相機進止務保萬全朝廷秖責成功浮言一切不問軍前有不用命者副參而下即以軍法處斬其

奮勇先登出奇破賊者即從重犒賞毋計小費文武將吏一心為國盡釋疑忌用兵之際不許煩言流議動搖軍情違者聽差去科臣監軍御史從重參究至于張榜所領浙兵薊鎮新募南兵鄧子龍張良相等所領及天津山東帶糧水兵該部馬上差人立限嚴催速到遲者聽督臣徑以逗遛重處經理巡撫萬世德亦令星夜馳赴戮力同心以收蕩平之績如此則東事有結局之會　聖心釋東顧之憂矣此一東事也朝廷為之宵旰幾六七年臣豈敢謂其一舉蕩平不煩再計哉竊以為小勝不足喜小挫不足憂惟盡

絕和端而一意戰守任人不疑暫費不惜斯為得策可責成功此樂羊中山甘茂宜陽三年數月讒謗不行而後拔之者也抑臣猶有感焉臣言官也封疆之臣債事不與同其罪奏凱不與同其功臣何苦不為容容之福而嘵嘵焉以犯嫌忌哉惟以職掌所關義不容嘿儻得少塞言責有裨國家萬一即人之忿嫉何暇顧焉臣無任激切待　命之至

又題為東事大係安危罷兵未可輕議敬循職掌直攄赤衷伏乞　聖斷堅持以一人心以終安攘大計事臣聞兵凶戰危蓋自昔難言之矣古之帝王必不

得已而後用之至其用兵也有堅忍不拔之志不因勝敗動搖不爲羣喙撓沮然後克有成功而稱明斷此漢唐之所以得也若議論既多則成功必撓姦臣賣國立致敗亡此弱宋之所以失也臣謹述唐史所載憲武二朝用兵之略而後陳今日東師所以不可議罷之由惟　皇上垂察焉昔唐史記憲宗朝諸軍討淮西久未有功考功郎中韓愈上言淮西三小州殘弊困劇之餘而當天下之全力其破敗可立而待然所未可知者在陛下斷與不斷耳是後羣臣請罷兵者衆上患之特黜免錢徽蕭俛以儆其餘荆南節

度使袁滋請入朝欲勸上罷兵聞徽俛貶官見上更以必克勸之僅得還鎮後高霞寓大敗於鐵城中外駭愕宰相入見將勸上罷兵上曰勝負兵家之常今但當論用兵方略察將帥之不勝任者易之兵食不足者助之耳豈得以一將失利遽議罷兵耶於是獨用裴度之言它人言罷兵者亦稍息矣用兵四年而淮西平韓愈撰碑頌上曰凡此蔡功惟斷乃成當武宗之討澤潞也議者鼎沸以爲劉從諫養精兵十萬糧支十年如何可取上以問李德裕對曰小小進退兵家之常願陛下勿聽外議則成功必矣乃上謂宰

相曰爲我語朝士有上疏沮議者我必于賊境上斬之議者乃止於是卒定澤潞未平太原復擾自非聖斷堅定二寇何由可平是二君者惟有堅忍不拔之志而後能卓有成功稱千古之英主也今東方用兵　皇上亦豈輕舉哉廷議僉同廟謀素定亦唐憲武之故事矣但今東師雖屢報克捷而中路大有損失臣恐昔之議和者幸灾樂禍但欲掩其前日之失不復顧國家之安危則罷兵之議乘機起矣臣請言其必不可罷者夫關白以匹夫崛起篡奪日本志可足矣迺復以狡計併六十六島而

有之猶未巳也復垂涎朝鮮兵連禍結至七年而不倦此其爲封豕長蛇貪戾無厭狡焉啓疆其雄心亦可睹矣既得朝鮮豈但巳乎其所以吞朝鮮而未克逞者以我師爲之扼也今我三路進兵勢如騎虎不得中下有如我退一步則彼進一步以疲敝喪敗之朝鮮當此十餘萬之勁卒長驅深入則朝鮮有不亡乎朝鮮既亡則倭境益廣倭謀益狡倭勢益大倭衆益强而我遼左與之爲鄰以凋殘单弱之遼而虜餂其內倭攻其外則遼左尚可保乎且倭之不能通虜者以朝鮮爲之隔也使倭既據朝鮮則必至鈎連東

虜誘引建州諸夷以子女玉帛啗虜而以土地自予虜人必相說從約會大舉率數十萬之衆直𢪤遼陽則遼鎮之危亡不待智者而後知也乘勢徑逞將山海永平無不震動而京師可安枕乎彼時卽食議者之肉亦何補於勝敗之數哉臣揣議者之論不過數端欲棄朝鮮則借漢元棄珠崖先朝棄交趾以爲比夫珠崖交趾孤懸一隅去建都之地極遠且昔之棄者卽以還珠崖交趾之舊而不貪其地云耳非有他敵與我爭此土也其於國勢之重輕有何關係今倭奴與我爭要害之地將爲直擣幽燕之謀而可棄以

與之乎一則又謂我諸邊與虜爲鄰又何必以朝鮮爲藩籬也夫虜雖强然其習俗不能居中國之城郭耐中國之暑濕其志不遠止在擄掠譬之於盜則鼠竊狗偷之盜也惟固吾垣墉豫吾警備卽可禦之廼倭奴侈然有圖大之心昔未入朝鮮三年前許儀後卽報其欲犯中國必先從事朝鮮今其言若合符券是倭之志在土地人民而欲與我角雄雌也審矣譬之於盜則斬關抉門之盜也此非一大創之使嚙指縮頭而去則吾豈得晏然乎而可與之爲鄰乎昔遼人始爲宋患旣而金師以起則遼乃宋之藩籬也宋人不悟從邪臣之議不救遼而助金以滅遼於是與金爲鄰而南渡之禍成金人始爲宋讐旣而元師以起則金乃宋之藩籬也宋人不悟復從邪臣之議不救金而助元以滅金於是與元爲鄰而喪亡之禍慘今議者明知倭奴强悍屢挫我師不啻金元之初起廼不以遼金視朝鮮而以珠崖交趾視朝鮮豈欲效宋人之故智耶宋之亡也先舉三鎮而棄之方虜騎深入不敢發一矢而猶集議三鎮之棄守至使虜人笑之曰待爾家議論定時我已渡河矣今曰强弱不敵吾姑棄朝鮮而守遼東他日必且曰强弱不敵吾

吾棄遼東而守山海則與宋人之議三鎮者何異矣伍員有言吳之有越猶人之有腹心疾也今倭奴起而朝鮮尚存其於我猶四肢之疾也朝鮮旣亡其於我則腹心之疾矣議者以爲疾在四肢當謝醫却藥而不治至疾在腹心而後求醫藥不亦晚乎議者又謂　皇上不當以中國之糧餉爲外夷費夫　皇上數年以來不惜數百萬之糧餉調集十萬之師旅者豈直爲一朝鮮已乎實以字小邦恤屬國爲名而以伐狡謀安華夏爲實也今朝鮮旣亡復存則我雖費不爲徒費廼一旦舉而棄之則無論爲德不卒以義

始而以讐終爲國深耻即數百萬之費徒委于壑寧不可惜而後之費亦未見其省也何也倭奴據有朝鮮彼全羅珎濟二島勢與淮陽山東海洋相望盈盈一水耳況遼陽既當重防而天津又宜謹備我無處不加守則無處不加費其糧餉又豈得減於今日是朝三暮四之說也所省者安在哉夫朝鮮雖小亦有八道其幅幀數千里廣矣其糧餉其人民合上下而計之亦豈下百萬餘也我今用朝鮮之糧餉率朝鮮之人民以攻倭尚不能得志於倭忽敝屣棄之使倭用朝鮮之糧餉率朝鮮之人民以攻我乃反爲長慮

而却顧乎夫攻人之與見攻於人制人之與見制於人也豈可同日而語哉議者何憒憒於是也彼其私心不欲言戰守之事以飾其議封貢之非輒敢輕視皇上爲聚財之主以爲惟重惜糧餉之說可以怵上心中　上忌立使　上迴意而從其罷兵之謀以徐復議和之覆轍此其於忠君愛國何如哉夫唐之淮西澤潞不過一藩鎮耳唐若赦而不討不過威令不行非有安危之大數也乃憲武二王猶獨秉英斷力黜羣議而克淸大憝使威行兩河積衰復振如彼其明也我　皇上睿哲神武遠同堯舜近符　二祖

豈有唐二王可望英風逎臣獨恨無裴度李德裕者爲之臣耳此臣前疏所謂有君無臣未有甚于今日者也我朝二百餘年無有敵國雖大虜亦弭首帖耳稱臣奉貢之恐後乃自倭奴發難以來祖承訓有平壤之敗李如松有碧蹄之敗楊元有南原之潰上年有島山攻城之損失今年有中路攻城之潰敗冊使兩遣而不能得其一紙之文匍匐獻印而反以速其戰攻之憯是倭非朝鮮之讐乃我之讐也今日非恤鄰字小之師乃雪耻除兇之師也議者顧欲甘棄屬國使倭奴坐而强大道路籍籍謂他日且挾倭奴之

勢以劫制　君父使不得不赦罪人而用其謀使此言果眞則是張邦昌劉豫李良嗣之徒復出而弱宋之禍見矣輿言至此不能不髮指肝裂痛哭而流涕也臣頃見吏科給事中陳維春之疏欲根究彭信古致敗之由且云國家費餉勞師徒博一年一衂以消武士之氣而快和黨之心使明以進其守之說而暗以售其和之謀將來結局何時且不知作何狀也戶科給事中郝敬之疏欲爲朝鮮圖久安之策且云今中路雖失利而東西兩路軍聲大振可必盤淸行二酋之頸至欲　皇上賜帑金助其築城而分兵固守

無非謂朝鮮之不可棄圖東師之結局耳臣願　皇
上奮乾斷采納臣等之言取唐憲武之略鑒有金宋
元之禍不爲邪議乘機熒惑明詔中外臣工不許輒
爲罷兵棄朝鮮之議仍申飭在事諸臣益圖戰守機
宜務保萬全不得浪戰如唐憲宗所謂但當論用兵
方略察將帥之不勝任者易之兵食不足者助之如
此則煩言以息士心自奮國是一定神氣自張東師
必有結局之期朝鮮保而遼左安天下平平無事矣
聖旨兵部會同府部九卿科道一併看議來說
又疏言臣聞與師十萬日費千金千里餽糧士有饑

色今東征之師已幾十萬海陸之運何日充盈但聞
南北將領彼此相忌勞逸賞罰調度不公經年踰歲
未得倭之要領此皆當事者謀未定而嘗試用人者
不爲公而爲私故戰不成其爲戰守不成其爲守徒
爲此紛紛而未有一效也夫我師暴露異域居處無
所糧食不繼且人各一心相爲水火臣恐兵久則變
生事苦則慮易禍機已伏潰亂可慮且中國徵發驛
騷餽餉靡敝有風濤漂沒之虞有跋跡頓斃之苦古
謂三十鍾而致一石非虛語矣廼當事者不慮師老
財匱惟求轉餉增兵至師過成棘餉給廩虛而海內

於焉坐耗根本亦恐阽危矣可不爲寒心哉臣謂戰
守一事也先後有着結局有時與其名爲戰而實伏
敗端不若實爲守而陰厲戰氣今我師徒大集銳氣
方盛宜及其鋒而用之或大舉急攻期於必克使倭
奴痛兹大創不復敢犯朝鮮雖費餉勞師不足計也
如以彼方築城立柵堅壁以老我師其勢不得速戰
則我之師旅不宜調集太多坐縻廩餉無已時也何
也戰則可以速決守必至於持久戰則必當用衆守
則何事濟師故云攻則不足守則有餘不然舉十萬
之衆爲朝鮮戍守兵日增餉日益歲復一歲敝中國

以事外夷將安所底止乎昔趙充國起征西羌願至
金城圖上方略罷騎兵留屯田不過萬人卒能瓦解
諸羌振旅而返何其料敵明而謀畫定也今經略邢
玠自負諒不在充國下受　命而往躬親閱歷已踰
一歲方略於斯時亦可以上矣　皇上試一問之何
策可以蕩平何時可以完結暴露饑疲士卒不惢苦
乎越海餽運士馬能騰飽乎聚十萬衆而仰食於數
千里之外歲歲可常繼乎今勝算安在將主於戰抑
主於守乎戰則用幾何人守則用幾何人乎今遼左
凋疲虜日窺伺而遼之銳卒尚戍朝鮮抑朝鮮是圖

遼不足慮乎丁應泰所陳減兵省餉裁冗員還邊卒之策可任必用乎所言某等罪狀悉有之乎抑不然乎玠不知乎抑不言乎令玠毋執成心毋爲希合勿狃目前勿顧後害殫厥赤忠爲國遠慮悉心條畫以上　皇上委而任之按其成言責其後效功罪惟明賞罰不爽至于和之一字覆轍在前有誅無赦夫懲前誅必圖後勝堅守具實厲戰氣東事庶有結局海内可望息肩矣

吏部等衙門尚書等官李戴等題爲　聖斷一堅倭氛遂息奏報互異大係軍機等事吏科抄出兵科給

事中姚文蔚題前事等因奉　聖旨着吏兵二部會同都察院該科便議了來說欽此又該内閣大學士趙志皐奏爲東事始終　聖明獨斷臣屢遭疑謗未解等事奉　聖旨卿有疾宜專精善養何爲復因人言構思極辨科臣前疏朕因關係軍國大事故令會議倚毗已久豈有疑于卿閣臣一節着該部不必會議卿宜安心調攝蚤痊入閣輔理所辭不允吏部知道欽遵除首輔奉　旨不議外議照國家所以激勸邊功者恃有賞罰之權三路進兵功罪專責督撫監軍敘覈上聞具聞業已欽奉　明旨而免勘朝鮮亦經覆奉　欽依通行去役諒各在事諸臣必且奉行惟謹矣乃科臣姚文蔚感于勘科監軍報捷兩疏意見稍異因而指刺數事再申屢　旨無非體　皇上浩蕩之仁存天朝停大之體信功賞之令甲釋危疑之衆心以爲國家有事用人之地其計念遠矣臣等遵　旨會議聞復該兵部題爲南海餘倭蕩平恭報完局捷音事節奉　聖旨覽奏朝鮮南海餘倭悉皆蕩絶東征始收完局此乃皇天助順俾朕得行誅暴之義興繼之仁朕連年東顧之懷方今慰釋邢玠先賞銀一百兩紵絲蟒衣一襲萬世德賞銀八十兩大

紅紵絲飛魚一襲文武將吏功次上緊敘來念其遠征之勞許從寛擬咸使沾被慶典卿部裡便馬上差人傳與他每知道欽此夫以千古未有之義舉七年未結之完局而成於我　皇上之獨斷然猶軫念將士之遠征久勞既欲從寛又欲速報三軍聞之不感而繼之以泣者未之有也卽臣等亦安能出於　明旨之外别有議論哉查得科臣徐觀瀾之奏　敕專爲贊畫丁應泰參論前年蔚山等處功罪明其軍機之有無失誤陣亡之有無欺隱甄别之有無偏私軍前萬口難掩而其間更有當以血戰爲功不以損傷

為罪科臣必籌之熟矣大抵查勘宜從事理須實其
損傷之數如果皆真不必曲為掩護如不盡真不必
過為搜求相應行令科臣遵奉近　旨及查照敕書
速將原行事理虛心求當刻日報完務期惟公惟平
以服人心至於近日蕩定之功與夫九月以後之先
後擒斬損失等項中路營火線由悉聽督撫監軍據
實敘議查覈惟是自來軍功例該督撫奏報御史覈
勘臣等切以為今日查敘仍責督撫有不公則督撫
任之覈勘仍責監軍有不實則監軍任之舉堂堂正
正之役歸于蕩蕩平平之理豈不於聖武有光哉朝

鮮君臣恭順有年何忍甘心通倭特其因循委靡不
能振拔耳前勘已寢無容疑慮伏乞班師之日特頒
敕諭弔其久困勉其自强而彼中有死難忠義之臣
許以漢典褒旌亦足以堅事上之義而終字小之恩
也若夫東征將士誓不顧身成此克捷未必非贊畫
丁應泰一激之力但成功之後贊畫不回未免起將
士疑畏之心應如科臣所議暫令回部及照東事已
完正我兵息肩之日亦朝鮮休養之時似未可令久
役大衆頓與楊柳之思而僅存殘屬仍有荊棘之苦
合行督撫邢玠等將善後事宜早為定畫所有兵將

除量留外其劉遼保定宣大山西直浙贛營閩廣川
土各應着次第撤還而沿途行糧入關犒賞俱一一
妥議預辦以免臨期稽誤恭候　命下兵部馬上移
文諸臣一體遵奉施行催還別有定奪
兵科都給事中張輔之等為諸路捷音輻至滅倭有
期懇乞　聖明亟　諭朝鮮國王蚤自振奮協濟兵
食以收全勝事昨臣等初四日辦事該科接得督臣
邢玠揭帖一塘報四而將官加銜家丁小小斬獲居
其二焉臣不敢瑣瀆　聖聰該部具題外惟是三
閱塘報則臣矍然喜而質以東方所聞則臣又悚然

懼臣請先言其所喜而後及其所懼可乎夫中國與
倭相持凡七稘矣始誤於和繼撟以戰島山一挫贊
畫有詞一參撫鎮再參總督再參監軍再參朝鮮國
王暨代庖司馬偏採歌謠旁引私書証以居恒即席
彼已互荅之語在事諸臣靡不凜凜震恐於是感激
思奮矢心歃血期共滅倭誓師祝文讀之令人淚洒
赴期於九月二十日諸路約齊進兵總兵劉綎則率
西路之師分道並進當先血戰遂奪倭橋行長敗還
孤城被困所慮者泗川機釜等處及水島之援倭耳
總兵董一元則率中路之師約日渡江晉州瓦解乘

勝而南燒兩大寨江南江北嚴險若夷賊急退保泗
川昆陽二城若破餘將自靡而順天栗林之援絕總
兵麻貴則率東路之師潛燒糧寨進據山梁拔營柵
刈田禾温井蕩焚東萊潰走蔚山諸處勢如破竹清
酋必併力巢穴不暇他顧而機張釜山之援絕總兵
陳璘方督舟師至彼防守可使水島諸倭片帆不渡
而南海閑山之援絕昨所得於塘報大略如此果爾
則水陸夾攻賊孤無援擒斬倭奴以百五六十計招
出麗人以千五六百計我師霆擊倭奴鼠伏雖一舉
而蕩平之可也即不然而遊魂餘喘再舉而澌滅之

可也此臣之所大喜也然而兵法不云乎興師十萬
日費千金樵蘇後爨師不宿飽蓋重餉也脫巾而呼
雖孫吳不能爲將枵腹而戰雖韓白無以成功我師
數萬分道遠出多不過持十日糧再多不過持半月
糧所恃軍前轉餉多藉朝鮮人力四方之人有從朝
鮮來者臣數訪之咸云國王閉門待罪聽勘該國大
小臣民擁衆數千赴各衙門痛哭叫號鳴冤勘科監
院差官宣布　皇恩催出視事國王猶憂懣不出臣
民相視解體水陸糧餉何人催運繩以漢法秖重怨
咨萬一王師乏食倭奴乘敝襲我一路失守諸路咸

潰則我　皇上七年之宵旰帑藏千萬之金錢三軍
郊原之暴露中外臣民朝夕之想望將遂令其至此
哉此臣之所大懼也速發明詔宣諭國王於以安其
心而藉其力此不可旦夕緩者耳昨查勘軍務科臣
徐觀瀾疏稱天兵雲集三路徂征鼓衆屬兵需餉甚
急荷蒙我　皇上慨然俞允是　聖心已念及此矣
惟是贊畫丁應泰上之無與督撫之調度次之無與
將士之戰征又次之無與勘科監道之稽察故得以
精心密計發奸露藏直於遊擊許國威移寓行李箱
內檢得銀八百餘封識貯庫業已具疏參劾奉　聖

旨兵部看了來說欽此夫國威一偏裨耳家豈素豐
胡廼有此阿堵使按之而果眞贓也是剝膏脂以潤
囊橐小則懲革大則問遣用昭貪墨之炯戒詎非邊
方一大快哉然臣又聞之兵法曰師用朝氣又曰再
鼓作氣故越式怒蛙吳其爲沼言貴氣也顧士氣鼓
舞之振作之則奮摧抑之羈縻之則惰氣奮則我乘
敵氣惰則敵乘我此不爽之機今軍中有不奉　部
旨擅行籍沒者乎不待覺發妄行鉤摘者乎不犯罪
辟恣行拷掠者乎昏夜捕人將乘機而釀亂厚集亡
命秖犯法而作奸非徒賊入恐自賊耳況軍士萬里

征行室家離怨黄沙白草慘目傷心儻前所聞有一於此則人人自危邊臣志在滅賊而不能保其將士將士志在捐軀而不能保其家室豈不悲哉此非所以作士氣而除大憝也不然壞藩籬之固以快倭奴之忿幸巳言之中而不恤國事之危臣子忠義之謂何而忍爲之哉朝鮮之事原非兩手兩足所能辦奈何盡驅除而空人國爲昔日和黨解脫之地此又臣之得於所聞深疑而未敢信者臣兵官也事關軍務卽言出風聞亦不敢隱故備陳之若此伏乞　聖明再勑東征大小諸臣滌肝攄衷捐疑釋忿滅此朝食

共底蕩平其從前會勘事宜須待用師完日公同核實具疏　上請庶事體不涉偏私軍功可期奏凱邊方幸甚　宗社幸甚奉　聖旨朕念朝鮮屢勤救援今水陸進兵破倭在卽軍餉時不可緩便着兵部馬上差人傳與督臣邢玠宣諭國王星速催督本國兵餉協助共期成功毋得支吾推諉致誤軍機許國威等候用兵完日着差去科臣并勘具奏該部知道

又題爲朝鮮撤戰議守大關軍機羣臣遥度揣摩秪壞戰事敬瀝血誠上干　天聽懇乞　聖明特勑差去科道諸臣據眞見定石畫以圖萬世治安事昨臣在科辦事於十一日接得戶科給事中郝敬一本爲東師久役振旅無期謹竭愚忠直陳緩急之宜華夷輕重之勢請乞　聖斷僉詢以圖長策以靖中國事奉　聖旨兵部知道欽此隨於十三日接得大學士趙志皐一本爲東征平定無期國事驛騷可慮懇乞聖明神斷併集廷議以圖長勝久安事奉　聖旨朕覽卿奏具見老臣憂國籌邊至意東征未得取勝朕心日夜懸注正爾諮詢長策圖維萬全奏內事宜着兵部便會同五府六部九卿堂上科道等官悉心詳加議處來行卿宜倍藥調攝亟出輔理以分朕宵旰

之憂慎勿久虛延佇欽此夫此一東事也科臣言之元輔言之我　皇上不卽付之舉行猶然聽之部覆廷議凡以廣聰明防欺蔽存外藩安中國一舉而數善備焉我　皇上眞堯舜不世出之主哉顧朝鮮兵事也臣等兵官也在兵言兵安敢以無說而處於此但臣聞之操舟而上龍門則一葦不難辦馭馬而歷羊腸則千里不難致蓋言事在天下必身試艱難險阻之中然後可以知艱難險阻之故至若用兵之事最不可知用兵而至于彼此相持倏忽變化之際尤最不可知有勝之而適以爲敗有敗之而適以爲勝

項羽百勝無救亡楚孟明三北卒以霸秦不由中制不由外監中制則敗外監則疑奈何以　廟堂之從容議原野之鋒鏑以紛紜之齒頰議頃刻之死生哉今日東征之師機正相類而其不可知者大都有八臣請得以熟數于前而　皇上試垂聽焉十月中旬四路進兵爭以捷告矣無何有中路之敗然聞東西水路犄角猶昨中路之勢可藉復張去各倭營僅數里許我日輪番休士乘間擾賊久之餉援俱絕倭不走即擒耳此不可知者一我方四面設長圍以困倭今一旦無故而撤還則倭必躡我即彼畏不敢躡因

此增修其戰備而聯絡其聲援詎止他日攻之更難為力且虞其馮怒復來而我無以為應此不可知者二倭眾動稱數十萬近聞的有十餘萬較我兵殆多什之二三兩下　不相敵遁者四路大舉少敗而多勝良由士氣奮也士方奮而忽議撤昨兩疏旦暮至朝鮮矣彼中見之則壯士灰心懦夫卻步朝鮮之心與我二而士卒之心與偏裨主帥胥無二此時渙散景象當有不忍見者而變且不測此不可知者三久暴之師志在休息或者撤還之日能必其無譁變此則挑選矣一番挑選則生一番怨望而誰為當汰誰為當留少留則不足以支連營七八百里之倭多留則必不減二三四萬之眾安得朝鮮便能訓練本國民人使我及瓜而代而糧糗草束又安能責令盡給是我之輸輓協濟猶未已也疏云十年寬假所費當至無算眼前用兵成否進退不久自有決裂胡不少需而遽任此難了前件此不可知者四王京以南之倭日負險以老我師吾復株守以墮彼計勢又不得不惜費而各兵漸撤少至一二萬人則不可復撤矣倭覘我兵方少突出數萬之眾積氣併力分道以乘我此疇疏中所云築城掘塹要害亟關其費甚鉅殊

難卒辦是地險既不足憑而吾兵又難再往將見朝鮮立碎而向所留戍將領兵眾悉為虀土此不可知者五朝鮮捍我中國二百三十年世稱恭順脫或不諱寧甘賊俘當死社稷耳于心何愧但恐生死異心恩讐倒置儻恨我少留兵眾弃彼于倭奴未必不藉手倭奴相向以攻我則我　皇上七年之焦勞千萬之金錢昔留將卒之性命反貽後世為惠不終招亡納侮之戒此不可知者六中國與朝鮮接壤止隔鴨綠一江今且淤漫幾為平地無險足恃倭果奄有朝鮮誘合遼虜眾可百萬鼓行而西山海不守大勢隨

之而客邇居庸一關迺能當此傾危之大勢哉此不可知者七向來朝鮮用兵中國三路轉餉其在遼左槖負籭齎計日可到若在天津山東雖云渡海苟遇順風遠不過五六日近不過兩三日便可直抵旅順遞達朝鮮直易易耳夫我由水路既不難于朝鮮之轉輸則倭由水路必不難于中國之分犯或踰義州之鴨綠江涉海以犯我則天津震動或出平壤之大同江涉海以犯我則登萊震動或出王京之漢江涉海以犯我則淮揚震動就中全羅一道直射蘇吳從此涉海以犯我則吳越閩廣之間相繼而震動外警

騷然內變滋起此此不可知者八夫今日之東征方有此八不可知之機而居內之諸臣誰能斷以無所證驗之說則會議何爲哉臣等于已前章奏不暇看詳即今半月之間　明旨屢下不曰中路雖然失律倭奴亦已困憊則曰勿得困挫自阻務期蕩平報國不曰用兵安重如山不可撼動則曰督撫相機行事不從中制大哉　聖慮其見于部覆墻報諸臣之疏者炳若日星業舉東事付之閫外而一旦爲此疑惑沮抑牽制動搖何耶皆由議者借中路之敗怵　皇上之心耳獨不思中國與倭奴相持首尾凡七年矣方

一戰而議封者幾及六年則其爲時也久倭方借此愚我得成深根固蒂之謀罷封而議戰者纔逾一年則其爲時也未久我難一舉滅倭聊收殺掠相當之效城下之盟春秋恥之復讐之役雖敗亦榮由此觀之則封而不成與戰而不勝者其辱殆有甚焉況今人萬死一生冀成戰功皆爲前人完未了之局奈前人惡成樂敗幸其一失反欲今人蹈不測之誅嗚呼人人頭上皆有青天胡不平至此耶臣竊憶封貢之說借收兵屯田之美名寓撤兵挑戰之隱意使兵撤而天剪倭奴則此輩可掉臂出獄萬一天未厭亂倭奴

乘此狂逞如前所謂八不可知之禍則兵不及調餉不及發潰敗四出若等無處所矣若等不足惜奈國事何他日勿罪臣等不言也然則科臣未嘗議封而其言亦有意乎臣謂察國勢者然後可與共謀國事洞晰利害者然後可以審擇取舍浮漫而不實乃說客之遊談膠固而不通實拘儒之成說朝鮮當收之藩籬乎當等之外夷乎援朝鮮爲代守乎爲自捍乎胡不于國勢觀之也我國家建都北平京師腹心也薊鎮爲背從此而西至于青海玉門延袤八九千里是右之肩臂甚長而環抱頗固從此而東至於遼

左鴨緑迤邐僅二千餘里是左之肩脅甚短而環抱
亦球兼之歲苦虜患痿痹不仁所恃朝鮮外衛而消
內憂是可坐視而不竭力以拯其難乎彼關酋以驁
黠之雄併有六十六島之衆其雄心未已說者疑其
謂茫茫大海了無歸泊必握其樞方可圖大于是撾
然稱師據朝鮮爲窺京輔之樞擾京輔爲窺四方之
樞吾迺不自握其樞欲舉朝鮮而弃之幾於愚矣若
南比交趾則遠近不倫而東勝大寧河套哈密相繼
不守終屬失策而邊患日滋志士扼腕未可舉以爲
訓也識偶未到心本無他天下後世必有能諒之者

但臣等一念區區惟願我　皇上思朝鮮爲要藩屏
倭奴爲長策會議之舉速行報罷進戰之計悉聽邊
臣或以戰事難成守議當定則科臣徐觀瀾即向
廷議所推往勘者令其會同監軍陳效據平日目擊
之真定今日戰守之策可戰則戰不至辱國而損威
可守則守不至滋寇而釀亂共圖方略上報　天子
得策而百年無事則二臣當其功失策而他日基禍
則二臣任其罪有不畏威承德悉心定計者否也伏
惟　聖明亟勅施行抑臣于俄頃之間深爲國家大
慶焉臣疏膳寫將完而福建撫臣金學曾揭報適至
採得關酋平秀吉已於七月初六日身死內變將作
後援已絶行清諸酋志必不能自固非天滅倭奴之
會而王師乘亂亟擊之日乎況新撫臣萬世德業已
至彼任事根本全在立心再乞我　皇上天語叮嚀
令其勿襲舊套勿貪新銜速與督臣矢志協謀共期
滅倭以收蕩平之績屬國幸甚　宗社幸甚等因奉
聖旨東征屢經有旨朝廷不遥制還着遵前旨一意
進勦務收蕩平之功你每這等說會官廷議免行兵
部知道

海防纂要卷之四

黎陽王在晉明初甫纂　男會苾稱蒭甫較閱

朝鮮復國日本封貢議

御史彭　奏稱倭奴緊急患在剝膚正壯士撫膺之秋臣子旰食之日據報四百餘船即以最小者槩之已不下十萬餘衆以勁悍之賊起傾國之兵度其意料必置朝鮮於度外而實欲坐收　中國以自封也然不遽寇中國而先寇朝鮮者懼躡其後也且以十萬之衆勢如太山朝鮮國小坐見臣服然後横行中國何所不適哉誠使以朝鮮爲後援以諸島爲巢

穴東風順則可徑達登萊稍轉南則可徑達永平再轉而東則可徑達天津又再轉而東南則可徑達兩淮併力入犯難與爲敵矣　疏鈔

經略宋應昌云自受命以來百凡料理兵難遥制薊遼保定以至山東不下數千餘里彼此報警卒難驅策此形勢之不便也總督轄撫巡撫巡轄司道司道將領以及百執事血脉流通今也驟加經略宛若贅疣此事體之不便也四鎮兵馬惟薊遼爲盛使經略分之禦倭則禦虜之兵弱聽其禦虜則無以禦倭此柄權之不便也使經略別乞錢糧選募將士安能一時雲集即集矣新募之兵素非練習一旦驅之臨陣與慣戰强倭相角其不格明矣此兵力之不便也

又云親歷沿邊一帶緊要海口倭船可以入犯去處相度地里若干每三里築墩一座上設房屋數間可容二十人者即撥該州縣弓兵民壯各十名輪班瞭守又每一里設轟雷砲二座每砲一座撥防口民兵一隊守之内選伶俐有膽勇者六人加倍給與行糧以二人遠哨二人司火二人拽線其搬取磚石壘砌餘兵併力爲之儻能用心安放火砲如法得取首級百顆便將五十顆給賞放砲六人均分餘五十顆衆

兵分用仍相度地勢高下高則砲宜平低則砲宜高務對賊船擊打不使落空點放藥信尤宜察其遠近審時度勢遲疾不令虚發可也

遼爲薊門左掖使修守誠設則聲勢自聯倭犯遼則保薊可以扼其前倭犯薊則遼兵可以躡其尾此遼東議將增兵所不容少緩也薊遼一帶人習虜而不習倭知備邊而不知備海一朝報急在在空虚而防守艱難更甚於禦虜何者虜志在金帛而倭且奪朝鮮據土地也虜技止騎射而倭且兼利刀施鳥銃也虜聚衆而謀捉馬而起諜者即走報而倭且潛伏海

鳥出入無時偵探苦於舟楫也長城聯亘墩堡星羅
依山設險以爲備而沿海茫茫無際防守拙於屯戍
也夫以禦倭難於禦虜如此而各地方尚可泄泄然
不嚴爲分布儻卒然倭至將何禦之
爲東方告急防禦當周敬陳一二目擊事宜以備採
擇并祈加意民瘼以圖奠安事據天津道兵備副使
梁云龍呈稱爲照倭之入中國也野戰最猛而水戰
非其所長中國之破倭奴也水戰爲利而野戰更須
詳慎此二者不可不熟講也夫水戰所急在巨艦艦
不巨則衝敵爲艱然艦過巨則轉移不便故所謂巨

艦者福船爲主而倉船次之沙船又次之近蒙兵部
調來浙直等船率皆沙船唬船而福船倉船則無焉
今奉工部差委員外張新前來督造議定大率專造
福船二十隻倉船八十隻或百隻以爲鎮重彈壓之
用沙船南來浙船有二十隻南直有二十隻其數頗
多應再量造五六十隻以爲轉戰擊殺之用乃其所
藉以偵探者惟在哨艘而天津原闕近查濱海鹽船
漁船得百余隻鹽船原走黑洋販鹽則月輪六隻遠
探黑洋五日一報漁船捕魚則日輪二隻哨出外洋
一日一報此不過權宜偵探耳今調來唬船浙江六
十隻南直四十隻而工部委官開廠打造八槳五槳
八喇唬等船三四十隻則保薊水寨哨探似亦足用
也戰艦既備駕之而破倭於海誰不豔談而不知海
上機宜亦微有異假如大洋之中倏忽往來必乘風
潮風順而潮不順不利潮順而風不順亦不利風波
洶湧非但彼船尖搖而我船亦桯杌非但彼兵瞑眩
而我兵亦昏嘔皆不利也且彼乘風而來則我且居
下順潮而來則我且當逆安在其必勝哉所謂海戰
者是必天造地設生有岍門不然則島嶼中峙又不
然則沙洲壁立爲彼船必經之口取水之處據爲巢

穴之所而我乃於此分布兵馬或爲設伏或爲掩擊
扼其吭而撫其背批其穴而擣其虛如浙之焦山如
遼之望海窩乃爲得志耳至其灣泊不於島嶼則於
沙洲於港寨皆藏風避潮之澳儻依礁石則碎矣船
上器具雖不外於野戰然而兩船交鋒風潮迅迫彼
之長技不在倭刀而在鳥銃而吾所以禦之者是必
船身之外以竹木爲架以布幬爲障使有藏身之處
而乃乘機覓便或用火藥或用弓矢或用三眼鎗快
鎗或用佛郎機而又於桅竿斗上用標鎗飛鐮刺之
乃若虎蹲滅虜大將軍等砲非遇急則不敢輕用何

也以其氣力重大雖能碎彼船恐於我船亦不免有傷凡此長技皆海上之所必用者今一面置船又一面置器務要足用所謂水戰之當備者如此夫陸戰所急在臨岸而沿海之岸雖無處不臨海然非見岸即能登是必內有港口河口爲漁鹽船所棲泊之處乃爲倭船登入之所天津一帶如大沽海口最爲要衝又驪駒河唐巨河唐透鋪鄭家灊等十數處皆巳布有兵馬安置大將軍虎蹲滅虜等砲而倭奴跳足所以扼其奔突制其跳躍者則鐵蒺藜木椿等項器具尤當預備今已行河間府分派所屬州縣遵照制

造鐵蒺藜菱角用大木排椿蘆葦硫黃等項或解赴天津或解赴滄鹽等處收貯俟臨期掘坑如法布置設伏截殺要於不使越口登岸而後爲功也倭一登岸狼奔豕突遇城攻城遇村攻村若不得城而據則必尋取巨鎮大村據之以爲巢穴四出焚掠故凡人烟輻輳去處可城則城如不能城則多樹木柵多挑濠塹曲折周遭沮格衝突皆其備之不容巳也今行該府督行州縣各將所轄市鎮村落如法建置以爲臨時收保之資戰鬬之地仍行各設將士及有司民兵各照地方協力守禦或不能禦之於海不能禦之

於岸則當各斂兵馬各保鎮落據險扼隘堵截衝打或零剿或夜攻倭必不敢狂逞也江南濱海多建重樓敵臺寧獨以備島奴抑亦以備山寇海寇今議燃眉只以修築樓臺工費修理城池務令高固多備軍火器械而村落居民則預令其多運糧米薪水貯置城中有警則急入收保堅壁清野保境衛民權宜或是如此所謂陸戰之當備者如此等因呈詳到臣該臣巡歷海口閱視戰船復與工部督造員外郎張新等面相商確再三籌畫其大小船隻數目水陸戰守機宜與該道所議詢謀僉同照得海之所恃以衝敵

者在巨艦所恃以偵探者在哨艘如沙船唬船八槳十槳等船輕利便捷可以哨探亦可以轉戰今調來浙直沙船計四十隻唬船計一百隻而工部委官開厰再造八槳十槳等船五六十隻則亦足用惟所謂巨艦者首號福船次則倉船南來皆無似應多造然福船重大非近百人不能撑駕一遇風急遽難轉移只應造十五隻倉船造八十隻可也兩船交戰其避敵必貴藏身而布幃竹架樓櫓森列則所以障也其破敵必資利器而勁弓銃矢火藥火箭三眼鎗快鎗鳥銃長鎗飛鐮標鎗鈎刀佛郎機等物則所以攻也

其大將軍神砲虎蹲砲滅虜砲百子銃等器則臨急所用也似若長技要在預備備禦既周遇警接戰或依港澳或傍沙洲或據島嶼或乘風潮或截其經行或斷其取水或蕩其巢穴務使我居其利而彼居其害我當其順而彼當其逆我處其勝而彼處其負在善將者指麾而運用之耳破之於海斯爲上策不得已而野戰則口岸又其要矣蓋沿海地面雖無處不當防然港有礁石有泥淖有窪陷其所灣泊登入之口亦鮮如天津一帶極衝大沽口次衝其口并驢駒雙溝唐巨河鄭家溝等十餘處則沿海可知也要害

之口吾今布有兵馬設有敵臺安有大將軍滅虜等砲伏有鐵蒺藜釘排等物而又港口横鐵鎖水底置木樁彼方鼓枻而來我則扼險以待彼方逆浪而來我則靜飽以待彼方驀地而來我則相機以待彼方跳躍而來我則坑陷以待自可潰其衆覆其舟殲其渠魁精令登岸彼卽善搶然而濱海人家稀少行四五十里尚無所掠尚難得食此時猶圉圉之魚綏綏之狐我則堅壁清野以困之嚴陣整旅以遏之奮勇直前以挫之飛騎勁弩以躡之寧有不得志哉其巨鎭大村人烟輻輳去處一時雖難建重樓敵臺然而

間有地勢險隘可以藏兵可以屯聚者則多集丁壯多置木柵多備砲石多挑壕塹以便協禦其附近城郭者悉令居民委積於城臨急移入城中倭卽善攻然城郭完固效死以守而以大兵潰其圍亦不得逞既不得城而據則必擇村而居然倭性貪必散出劫掠吾則可以零剿彼掠得衣物負重而行吾則可以截殺夜喜淫飲多醉卧吾則可夜擊所謂陸戰當如是矣然猶有說焉水戰始慮無船今慮無兵非無兵也無習水之兵也又慮無餉非無餉也無常繼之餉也福船每隻用八十人十五隻計用一千二百人倉

船每隻用四十人八十隻計用三千二百人又沙唬八槳等船每隻用二十人或十五六人大小船共用兵五千四百有奇一時沿海漁鹽之夫豈能充募如數而浙江沙唬船一千五百有奇南直沙唬船九百有奇沙兵七千福兵三千是水兵已一萬七千有奇加以陸兵歲費不貲此餉曷從而繼乎然則度海以造船度船以募兵度兵以給餉皆不可不預爲計也陸戰雖亦多術其可爲一勞永逸計者無如挑濬溝塹相度天津濱海去處自大沽口至鄭家溝止一百八十里而防海軍士不下三萬餘人若當春汛之時

兵士齊到稍加鹽菜量起工築每兵一名占地二步
横挑溝塹即以塹土築為墻垣塹濶四丈墻濶二丈
塹深一丈則墻高二丈三萬軍士一月可完塹之險
深與湯池無異墻之嚴峻與長城不殊漸起墩臺漸
增垜口可以哨望可以備禦所謂一勞永逸者非耶
但沙土難築潮水易侵未敢為必然之畫俟來春試
之而後可為也伏乞　勑下該部酌議上請施行
為倭情事據李提督塘報譯審得投降衆倭說稱關
白先發兵四十六萬後發援兵十萬實欲吞併朝鮮
分犯內地因懼天兵威重神火器具無敵不得已退

歸一面先遣李如栢等選帶精兵一萬五千掩襲又
據參軍鄭文彬等稟稱關白初意建都朝鮮睥睨遼
薊以三十萬犯浙直三十萬犯閩廣以窺中原今見
平壤兵敗始有懼心等情各到部案查先據提督并
各官稟稱倭奴悔罪願留王子陪臣乞哀遣使歸國
通貢已行提督等如果留王子陪臣質將方遣二使
送還去後續報沈惟敬不聽約束擅入倭營周弘謨
單騎與倭講話胡澤等恐留周弘謨遂令二使送倭
看得降倭供報關白所謀非獨止取朝鮮實欲建都
王京窺犯內地行長等因平壤之敗乞哀歸國非出

本心迺為脫身之計且欲渡洛東江苦無船隻而糧
米又盡機會可乘必須大加挫衂方見忠猷儻使逸
去乃一入犯中國復搶朝鮮皆我等縱虎自貽其患
也誠恐各該將官苟全平壤功次逗遛觀望致悞事
機擬合再行申飭牌仰提督該司本官即行三協并
劉綎大小將領各出報國忠心追趕倭奴相近必先
責以不還王子陪臣又將朝鮮人民背盟違約彼必
無詞且趁此倭奴缺船乏糧窘迫之時機會有可乘
統率軍士各奮謀勇窺賊半渡洛東江出奇乘而擊
之是一策也再令全羅慶尚忠清各道火速整搠水

兵飛船邀擊海口我兵過江追襲合兵進勦又一策
也當此之時務必行此二策方為完美不然既不留
還王子倭將又不遣還二使儻後果有謀犯等情我
等何以自解提督該司本官務要遵照令牌所開二
策一意進兵勦滅勿得拘泥未定之說聽信諸將偏
執退縮之語中間不肯用心勇往振刷者即拏赴本
部發到旗牌前以軍法從事本部受有　王命調將
不行雖不劾人將欲自劾各將慎之後悔毋及
其向未入朝鮮時其山川形勝尚未真知故未敢浪
陳茲身歷其境兼詳考圖帖細詢譯者始知本國幅

員東西二千里南北四千里蓋地從正北長白山發脉故北最長釜山鎮偏在東南隅與對馬島正面故日本兵馬易於入侵朝鮮若全羅一道直吐正西與中國蘇常相對如日本欲犯登萊天津必須乘東北風灣轉此嘴又候東南風然後能達大海巨洋波濤險惡安能如意若不至朝鮮登萊天津實未易犯故天護神京亘此一國於東西南北之間使日本兇夷不得逞志中華者天險限之也關白雄奸熟察此故合浙直閩廣竟圖朝鮮蓋朝鮮與薊保山東相拒止是西南一海並無旱路間隔其中由南而北自東及

西若尚州之洛東王京之漢水開城之臨津安州之清川定州之大定平壤之大同義州之鴨綠諸江俱係大川俱通西北海向陸行則有遼左一路以抵山海而水行則有七路可達天津山東等處若得順風三五日即達無甚難者故此奴一得朝鮮據為巢穴分投入犯特易易爾吾禦於陸而水路難支吾禦於水而陸路不免三境動搖京輔振懾其患有不可勝言者故關白之圖朝鮮實所以圖中國而我兵之救朝鮮實所以保中國非若救鄉隣鬬者比也各降倭報稱初意欲建都朝鮮睥睨遼薊以三十萬犯浙直

三十萬犯閩廣以窺中原似非虛語也幸仗社稷威靈廟堂石畫連戰三捷今且賺出王京事亦覺有頭緒但倭奴擁衆尚駐尚州善山等處未即東往見今殺死朝鮮軍民數千懸首旗竿者千餘且列寨無等聯絡數十里不絕虎牢木柵石城土堡極其堅固一路險阨處處埋伏哨丁采好漢幾為所獲其雖屢檄提督進兵而將兵驕惰必不肯前軍中洶洶俱謂我輩百死一生以三四萬兵馬却數十萬強倭不數月而朝鮮土地幾已盡復晝夜身處冰雪鹽菜毫無入口功勞非細迺言官反謂報捷悉虛級賞又云先給

二十兩比寧夏反為不如經略題敘又不肯覆今乃天氣炎蒸疾病交作又欲遠追且倭勢甚衆營壘堅完鳥銃利害道路崎嶇若有踈虞將何以處職與提督雖百般催儹多方策勵然恐兵心有變不敢過責兵士多有疾故者後日人不察此儻歸之碧蹄之戰又可深慮任事者畏首畏尾如此何以集事如幸而倭真恐懼漸次逃歸當為朝鮮悉心善後務要萬全縱令再來必不使如去年竟達平壤若履無人之境也其要害分布亦當盡圖貼說與四鎮圖說並進退保朝鮮若保中國必不敢草率完事設關白果惡行

長戢擅出王京益兵添餉諸倭不敢遽歸我兵難於即返必須尊臺主張即發陳璘沈茂兵馬前來協助再假勅文慰勞將士給賞須給全數庶　皇恩播而軍心勵兵勢張而倭膽落完績或可收也事關重大不敢不罄其愚此乃萬分真的非敢誑者乞賜容訪其情自見惟台慈鑒原社稷幸甚

為倭衆遁歸屬國已復計處善後事宜疏惟是朝鮮既復倭奴已遁本宜將大兵盡數撤還各鎮責令國王自行居守斯為兩便但該國殘破已極將士斃於鋒鏑幼稚委於饑餒壯丁陷于擄掠勢甚不支而朝

鮮存亡又係中國治亂臣前已詳言之矣蓋全羅慶尚兩道在本國極南慶尚稍偏東角全羅稍偏西角故朝鮮謂曰二南而實倭犯必由之路舍此則無路來此係全國緊要門戶而王京平壤則堂奥也兩道守則朝鮮安朝鮮安則東保薊遼舉安釜山遙接對馬倭衆雖遁我之兵力固不能跨海遠征彼之狡譎實可以乘舟復犯亡羊補牢計不為晚而久病蓄艾事不宜遲又不得不為之調停區處者臣是以與提督李如松贊畫員外劉黃裳等多方商確查得前准兵民踏勘地形協力修舉應斬塹者斬塹應挑濠者挑濠應築關者築關應建臺者建臺海口應設烽堠者比照內地舉建烽堠海船應派撥出洋哨探者不時哨探修復釜山等處舊設左右水營兵營令本國軍兵把守若鳥嶺三道又居腹裏當作重關非特朝鮮有備可恃無恐即使倭奴聞此亦必息心不敢輕動矣然留守官兵係皆徵調不相統攝今雖經臣劄委劉綎調度然權既不隆事難畫一有如倭復再來則一時戰守進止之機必至甲可乙否此是彼非觀望姤嫌阻撓牽制大都介胄之士終屬椎魯帥貞之義必藉丈人而朝鮮為遼左外藩利害更相關繫則

該鎮似宜為之經理者至于留兵糧餉一節先該臣因國王請留砲手即行據如松詳議得吳惟忠南兵原議每名月支正糧銀一兩五錢行糧鹽菜銀一兩五錢在于永平府支給川兵亦照南兵事例舉行每月仍當各外加衣鞋銀三錢犒賞銀三錢其餘或應留軍丁各照征倭事例關給至於將官千把總等官廪給亦照原議量加優厚等因在案今該臣詳議兵名雖有南北之分留守初無輕重之別矧離家萬里異國從征若非厚利又何以結其心而使之効力也禮部咨題覆　欽依議留劉綎等兵萬餘防守而全

慶要害兵微不能分布今從長酌議應留官兵一萬六千名其餘大兵俱已次第撤回各鎮以防內地其留守官兵見今督責前往俱聽劉綎派撥把守慶尚之大丘慶州善山高靈諸路全羅之南原雲峰光陽求禮諸路蓋二路守則門戶嚴倭雖狂狡難以突犯臣又移咨國王大略以留兵不能久戍援兵終難再煩倭賊不能保其不使復來修守不可不亟爲整飭速行八道令陪臣募選膂力精壯麗人以多爲善即使陪臣統赴劉綎營內聽本官調度令所服衣甲與南兵同所執器械與南兵同令各營教師訓練起伏

擊刺之法與南兵同倭來則助我兵以與敵不來則合我兵以與守由此漸漸增加漸漸熟練又查得全羅等處產有鐵料柴炭行委宋大斌督率匠役會同彼處陪臣置造飛虎等砲及禦倭已試得力軍器復令趁此新穀既登之時上緊搬運糧餉以便留兵支給臣又以倭衆雖強若泛海而來利在速戰麗兵雖弱若深溝高壘扼截險隘以待之則彼進不能攻旁無所掠其計自詘今全慶之間俱山圍石合水遶江環在在堪以設險即行令劉綎會同各將領與該國臣應一視同仁不論南北每軍一名月給月糧銀一兩五錢行糧鹽菜銀一兩五錢衣鞋銀三錢犒賞銀三錢共銀三兩六錢將領以及千把總等官廩銀各于原支數目外量加一倍如有馬匹應支草料乾銀俱照見行事例臣初意欲將前項錢糧俱令朝鮮出辦飭經移咨國王詳議及面諭禮曹陪臣尹根壽啓王計處去後隨准國王回咨及陪臣面訴小邦殘破委不能備爲自倭摽掠以致困疲原非推諉況該國風俗止用粟布並不行使銀錢故所積無幾及臣欲其開礦取利據稱炒造費力所獲無多又難指未獲之財而償目前之用也然今留兵雖云爲彼亦以爲

我況存屬國即以護　天朝守外藩亦以安內地[illegible]若芸人之田與救鄰隣有關者比也則今日善後諸策誠不可緩而亦不容潦草了事者再照幹固枝強表正影直自昔記之今留兵客也朝鮮主也留兵不過爲其一時而該國自當計其久遠臣始聞倭奴直破朝鮮竊惟該國兵力在昔隋唐之世猶與中國抗衡何昔強今弱一至于此及入其疆乃知患不在人咎由已作在國主與陪臣比湎酒耽詩沉精聲妓付理亂于不知置戎事而不問今當流離顛沛之時全無臥薪嘗膽之志雖臣屢經移咨欲其修廢舉墜諄

故縣新諄諄勸諭彼尚將近日政事盡付羣小主持
徵其兵則未見前來促其糧則尚多缺乏虛修窮迫
之辭時作乞哀之狀溺豫宴安猶昨也臣亦付之無
可奈何而已及考朝鮮志書載在弘治正德年間釜
山鎮已爲倭奴蟠踞釜山之人皆爲倭戶志書見在
可查故該國常有倭患特未若去歲之甚耳幸我大
兵爲彼恢復倭離釜山盡去西生浦而回歸本國者
亦多若朝鮮再不乘此設防則海水桑田仍倭故物
今臣訪知其世子稱光海君名琿者靑年英發該國
臣民盡皆傾服是天亦未亡其後也臣已移咨國王

令其世子出居全慶之間會同留守將領凡一應選
兵設險置器運糧俱欲其親督則非惟陪臣畏懼不
敢有違且使其熟練戎務歷涉艱辛他日承繼之時
必能通達國體順適民情是亦爲朝鮮久遠善後之
一助也
關白突起海上狡焉啓疆遣平行等等率衆直破朝
鮮豈直利朝鮮計哉彼之居釜山慶尚之倭與朝鮮
人婚媾貿易幾及百年蓋已習知朝鮮形勝接近中
國若尚州之洛東江王京之漢陽江開城之臨津江
安州之淸川江定州之大定江平壤之大同江義州
之鴨綠江俱通西海直達薊遼保東諸處欲據之以
睥睨內地耳況全羅慶尚係朝鮮一國喫緊門戶此
乃臣之實言非誑語也守全慶則朝鮮可保無事失
全慶則朝鮮危矣守朝鮮則四鎮可保無事失朝鮮
則四鎮危矣今日禦倭之計惟守朝鮮爲至要守朝
鮮之全羅慶尚則尤要也況我之視倭猶倭之視我
我兵不撤固欲待彼之歸彼倭不歸寧不待我之撤
乎畏威而遁乘撤而來是又不可不爲之慮者也若
今偏乎留守適得吾體猶可言也偏乎封貢大失吾
常不可言也宜上德意奉而行之議封議守經權雜

施經能立於常勝之地權又行乎覊縻之術威可懾
服其狂狡恩足招來其志意必如是而後謀出萬全
倭情完計指日可定臣之所能自信自任一力擔當
者惟此而已若以救朝鮮爲無謂守全慶爲非策退
內地而省糧憑封貢而撤兵如此之計非臣所敢知
也今之留兵可撤於　明旨與封之後必不可撤於
餘倭未去之時可撤于朝鮮兵練險設之後必不可
撤於該國未備之初幸賴　皇上慮震隣剝膚之患
廓天覆地載之恩援師一舉我武維揚破平壤收王
京保全慶逐釜山而今已驅之海外矣嘗謂釜山等

處猶我中國之虜地也全羅慶尚猶我中國之九邊也　皇上試以九邊之虜視焉其大者若順義之據豐灘卜酋之據河套阿酋之據松山火酋之據莽剌青酋之據開平長昂之據三衛皆離邊僅一二百里耳然中國亦聽之禦之初不能逐於陰山之北廣莫之野也恢復屬國已至於是臣等職業非爲不盡防禦之事論乎常理當付朝鮮臣猶慮其君臣闇弱殘破至極必不能守全慶險隘必不可失守之則爲朝鮮中國之大利不守則爲朝鮮中國之大患故特留兵一萬六千與共居守非但保朝鮮實以衛中國也

已上俱宋應昌平倭復國編

戶科給事中陳世恩奏倭奴之爲我　國家患非一日矣變詐叵測叛服靡常以故絕之弗許通焉誠慎之矣邇者思逞復犯朝鮮聲言內犯我　皇上赫然震怒特遣大臣經略率師討之侍郎宋應昌受命而往正宜滅異類固藩籬以歸報　皇上可也夫何平壤初捷雖差强人意及碧蹄一戰遂至我兵大半損傷鋭氣盡消拙計頓起一則曰議貢一則曰議封及廷議弗是也乃假愚倭之計以自解然求貢乞封之文絕音于倭奴而盤踞搶擄之衆接跡于朝鮮是應昌以封貢愚倭者終則反以自愚今且以總督顧養謙往代矣但此一事也在經略征旆已還凱歌無聞儻議處之不當何以服人心而勵其後在總督鋭氣正盛軍令方新儻申飭之未嚴何以一衆志而作其始所以振前事之敝者在今日所以新後事之端者亦在今日是誠不可不亟議也夫自應昌出師之始以及今交代之日歷一載餘其時不爲不久矣調發軍士其戰不爲無兵矣轉輸多方未聞乏匱不爲無食矣初則罷一御史而不阻其往繼則聽其敗衂而不紲以法終則川兵殺傷數多不即奏　聞而不責

其隱其任之者不爲不專矣顧在　朝廷無中制掣肘之慮在應昌有畏愞欺罔之辜在　朝廷直謗書盈篋而不問在應昌徒蔓言枝語以塞責是　皇上之任應昌者何其厚且深而應昌之自待者何其疎且淺也若不及時屏斥彼將計日還　朝偃然無忌以受賞矣況倭奴未滅終事難卜復姑息因循不亟處分抑何以爲任事不效者之戒哉誠宜勅令回籍仍將傷過兵馬數目行令各鎮查勘的實如倭患潰決有日仍行論罪則此經略大臣當議處分者也至于總督顧養謙才望素著受代伊始以總督而兼經

略調兵轉餉其於勢爲甚便昔曾巡撫遼東莅事頗久其于地利人情習之又爲甚熟懲僨轅而易轍信可以肩茲鉅任矣第狥封貢之故套者可以苟且塞責如不毅然奮發而復且承訛襲舛徒以支吾目前則其于自便之計得矣　國家之事其何賴焉臣願皇上亟行勑諭當此春汛方殷之始力爲攻戰備禦之圖持安攘之正計斥封貢之邪說倭或來也務嚴拒于境上使一卒不入其內地即或倭入也務盡殲于境內使一卒不返于本國此則總督大臣所當議申飭者也如其不然經略曰封總督亦曰封經略曰

貢總督亦曰貢是經略既悞之于初總督將悞于再年復一年人復一人臣恐披堅執銳者皆　朝廷之蒼赤豈容長困於海濱饋糧運餉者皆黔黎之膏脂豈容久洩于閭尾且封貢之說一倡將吏怱守禦之防豪傑㾗嚮用之志一旦決裂不可收拾貽害無窮誠難逆覩天下事將誰任其責者語曰當斷不斷反受其亂正今日東事之謂也微臣一得之見如此

兵部尚書石星奏據科臣王德完田大益臺臣黃紀賢許聞造等寺臣萬自約禮臣洪啓睿各疏總之爲封貢不可爲　國家計遠以忠于　陛下耳顧貢雖不許猶于封事未能釋然無疑即剖臣心不能自白臣伏思之封虛號也許封虛事也勒之進退而後封則朝鮮因以保全士馬因以休息實利也諸臣豈固不欲成此以釋　主憂哉本以事體重大加之傳說參差故有疑倭海外蓄叵測之情而釜山無必退之勢者有疑表文之真僞難辨而使人之口吻難憑者有疑催促可異和情可駭而封後弛備之可慮者以此議論紛紛誠何足怪臣則以爲料敵宜審當機貴斷貢市嚴絕則窺竊無由禁約嚴明則勾引可杜在彼有不測之情在此無可乘之隙制人之術端不外此故令小西飛至京羈留詳審以待督撫奏報倭退

之日再遣科道各官一員前去勘實若倭盡退而一無所別求則用臣等封議斷然與之以示信不退而別有要求則用諸臣罷議斷然罷之以示威儻一面待封一面入犯即斬小西飛之頭傳示以見必剿如是許之有據絕之有名操縱在我不爲所制而表文之真僞使人之口情即此可斷亦何損于　天朝之舉動哉若不決於倭之退與不退必欲與令拒絕以快時論而失事機非臣之所敢知也何也信倭太深固足以養寇而貽憂待倭太急尤足以速寇而致亂

故臣以爲是舉也固朝鮮旦夕存亡之秋亦我內地旦夕安危之會諸臣不可不虛心而熟計之也至若催促表文二字臣見諸臣題參亦頗懷疑及查經略宋應昌原報到倭酋行長移書大略表文直待沈惟敬入營而問其言取信而後遣出故應昌使惟敬入而促之督臣今報特不說其實耳其和親之說尤爲關係無則不過傳訛之誤有則豈曰辱　國之誅先該經略侍郎宋應昌審問小西飛云是和好親密之意臣亦未能坦然無疑隨報有沈惟敬責問行長回答辯答之書其意與酋合而所以促表文之說亦具

在其中臣之所據不過如此以臣之愚莫若并將劉綎兵撤回遼左一以復江上之備禦一以省朝鮮之騷擾　諭令朝鮮恪遵　勑旨于大兵處所列兵阨險待釜山倭退盡而據守亟圖自固其寬奠一帶改設副總兵一員增壯丁若干厚加月餉戶部辦給不得推諉專以彈壓撫剿無論倭之退與不退封之成與不成常川守禦仍行令山東浙江直隸閩廣等處沿海地方添設外有應加設備不拘水陸器具險隘等項上緊修設訓練常如大敵在前倭奴入否不得視封事之成否爲緩急但有守備不設者請如法以

後仍責各巡按御史凡巡歷沿海地方綜核司道殿最將領悉以此爲要務無備則不時處備有備則年終奏報到科以憑查考此主兵也其薊保宣大山西等鎮俱各預備客兵三萬以備倉卒應援總之以封爲虛事以完目前以防爲實際以圖遠慮庶幾有備無患可保萬全臣星之所自誓擔當至死靡移者此耳語曰耕當問奴織當問婢惟　皇上斷在不疑臣必不敢誤國恭候　命下遵照施行

福建巡按劉芳譽奏臣奉　命巡按福建遵限于萬曆二十二年二月二十日入境受事至本年三月初

三日據偵探倭情商人許豫回報一探得關白姓平名秀吉今稱大閤王年五十七歲子纔二歲養子三十歲秀吉平日奸雄詭詐六十六州皆以和議奪之一前歲倭入高麗被　本朝官兵殺死不計其數病死及病回死者亦不計其數彼時弓盡箭窮人損糧絕思逃無地詭計講和方得脫歸一關白各處新造船千餘隻大者長九丈闊三丈中者長七丈濶二丈五尺用櫓六十根大者八十根豫訪諸倭皆云俟遊擊將軍和親不成亂入　大明等處一日本六十六國分作二關東關名相板關西關名赤門關各稱有

船數千隻限三月内駕至大溪點齊莫知向何處又點兵十八歲至五十歲而止若有奸巧機謀雖七十歲亦用之一日本長岐地方廣東香山澳佛郎番每年至長岐買賣禁鉛白絲扣綿紅木金玉等物進見關白透探　大明虛實消息仍嚴帶倭奴假作佛郎機番人潛入廣東省城覘伺動靜一關白奸奪六十六州所奪之州必拘留子弟爲質令酋長出師侵高麗寶置之于死地各國暫屈仇恨不忘及察倭酋元龍與豫對答語氣各酋長甚有惡成樂敗之意豫于寫答之間亦微有囮誘之機浙江福建廣東三省人

民被擄日本生長雜居六十六州之中十有其三住居年久熟諳倭情多有歸國立功之志乞恩籌策令其回歸等情到職本月十五日又據許豫同夥商人張一學張一治將列關白城郭偵探事情開報中間與許豫同者不開外一稱平秀吉始以販魚醉卧樹下有山城州倭酋名信長居關白職位出入畋獵遇吉冲突欲殺之吉能舌辯應答信長收令養馬名曰木下人又言善登高樹呼曰猴精信長漸賜與田地改名森吉于是助信長計奪二十餘州信長恐吉造反加奬田地鎮守文界有叅謀阿奇支得罪信長刺

殺信長吉統兵乘勝捲殺叅謀占關白之位信長第三子御分見在吉部下一征高麗兵有三師名石滲野大谷大小謀議俱是三人一吉發兵令各州自備糧船乾米絡繹接應家家哀慮處處含冤一豐獲州酋首野何踏統兵在朝鮮聞　大明助兵喪膽逬回吉探知剿殺一家立換總督一兵入朝鮮内浦港抽選七十人近回者止二十人尚國有大船裝載倭三百近回者五十人損失甚多一薩摩州乃各處船隻慣泊之地今從此發有往呂宋船回集交趾船三隻東浦船一隻暹羅船一隻佛郎機船二隻與販出没

此爲咽喉也一器械不過礦硝鳥銃爲害硫黄日本産出硝硝處惡土煎煉亦多惟鳥鉛乃　大明所出有廣東香山澳發船往彼販賣煉成鉛彈各州俱盛其旛鎗弓箭腰刀鳥銃鐵牌盔甲誠亦不缺一城池附在山城州蓋築四座名聚樂快淀俱在大界等處每城週圍三四里大石高聳三四重池河深濶二十餘丈内蓋大廈樓閣有九層高危厎板黄金粧下隔厢房百餘間將民間美麗子女拘留淫戀又嘗東西遊卧令人不知以防陰害一日本有罪不論輕重即時殺戮壬辰年吉有一孩兒病故妄殺乳母十餘人

癸巳十一月吉在名護屋回聞家中女婢通奸將男
女四人生燒于大界野中究殺知情婢僕七十餘口
凡盜竊不論贓私多寡登時殺之以是六州水陸平
寧任其通行貿易一吉自丙戌年擅改倭國山城君
懦弱無爲壬辰征高麗將天政二十年改爲文祿元
年自號爲大閤王將關白職位付與義男孫七郎七
郎字元吉年幾三十知勇不聞一擄掠朝鮮人民多
良家子弟風飧草宿萬般苦楚有秀才廉思謹等二
十餘人被掠日本吉令厚給衣食欲拜爲征　大明
軍師謹等萬死不願等情據此會同福建巡撫許孚

遠看得平秀吉此酋起于厮役由丙戌至今不七八
年而篡奪國柄詐降諸島蠶其子弟臣其父兄不可
謂無奸雄之智興兵朝鮮席捲數道非我　皇上赫
焉震怒命將東征則朝鮮君臣幾于盡爲俘虜不可
謂無攻伐之謀整造戰艦以數千計徵兵諸州以數
十萬計皆襲時之所未有日夜圖思得一逞不可謂
無窺中國之心使其遣酋率衆乘風揚帆寇我沿海
省郡備禦兵力容有未完一時勝負得失是未可知
也然臣等竊料平秀吉等一狡詐殘暴之夫耳本以
人奴篡竊至此彼國諸酋欲爲秀吉之爲而思攘奪

之者甚衆陰謀代國構怨亦深如結薩摩州將辛侃
逼令州官殺其弟又不得已爲降順其心未嘗一日
忘秀吉也奪豐後之妻妾民間女子充塞卧内淫戀
百端諸州質子禁若囹圄父子兄弟不能相見有不
勝其仇讐忿恨之情日本原無征利之擾而今令各
州遠道輸糧原無興大兵舉大衆之舉今則征發騷
然舉國鼎沸倭之人民何堪每日嗜殺而震其噬多
行不軌而慮其毒故出則蒙面卧則移徙彼亦自知
其不免于禍以事理策之秀吉之自底滅亡計日而
待也若夫封貢之說臺省庭部諸臣言之甚詳臣等

無容復置其喙竊謂日本有山城君在雖其懦弱名
分猶存一旦以　天朝封號加之僭逆之賊且將置
山城君于何地祟奸怙亂乖紀滅倫非所以令衆庶
而示四夷也比俺答之孫那吉來投于吾吾執以爲
質而彼卑詞求之因而還其孫那吉此之議通貢而
先帝有不殺之恩北虜無要挾之迹此一時機會遇
有可乘而然而今非若此也平秀吉無故興師聲言
内犯陷吾屬國東征之師相持日久損失亦多碧蹄
戰後暫退釜山尚未離朝鮮境土而誤用細人之謀
聽其講封講貢若曰朝廷許我封貢則退不許則進

要也非耶近朝鮮國王李昖奏稱倭賊方于沿海釜山等處築城造屋運糧置器焚燒攻掠無有已時至稱屠戮吾州六萬餘人尚可謂退兵乞和耶伏乞皇上大震　天威罷議封貢明詔天下以倭酋平秀吉犯　天誅必不可赦之罪兼勑文武將吏及　詔勑日本諸酋長以擒斬秀吉則有非常之賞破格之封　朝廷不封兇逆之賊而封其能除兇逆者以此曉然令於天下然後奸雄喪膽豪傑生氣平秀吉一酋不久當殄滅無難也臣等迂籌以為今日之討莫妙于用間莫急於備禦莫重于征剿頃者倭酋倡亂

惟平秀吉一人諸酋長皆面降而心異中間未必無可以義感者可以利誘者秀吉原無親戚兄弟股肱心膂之人儻得非常奇士密徃圖之立談之頃神秘莫測則不煩兵戈而元兇可擒一獲元兇倭亂頓已故曰莫妙于用間至于備禦之策頻年屢奉　明旨申飭當事諸臣亦云嚴矣臣等竊惟遼陽天津兩地密邇　京師一由朝鮮渡鴨淥江而上一由山東海面乘風疾趨設有疎虞令倭得長驅而入震驚　宸極此不可以不慮宜將東征之兵挑選合式增募二三萬人遣大將二員分屯兩地以防不測其各省直

水陸兵防更于今日嚴為整備俟其入寇吾境或犄角相與戮力殲之此不可恃其不來一日懈緩者故云莫急于備禦然用間妙矣恐未可必得志于彼備禦急矣恐未能使破膽于我臣等以為彼不內犯則已果其內犯大肆猖狂我　皇上與二三大臣定議征討發內帑百萬助諸省打造戰船二千餘隻選練精兵二十萬餘人乘其空虛出其不意會師上游直擣倭國順　命者宥逆　命者誅彼秀吉一酋何能逬遁此所謂堂堂之陣正正之旗名其為賊敵乃可服也故曰莫重于征剿或者謂其興師遠涉為費不

貲當國計詘乏之時竊計之山東浙直閩廣備兵餉歲不下二百萬兩積之十年則二千萬兩又積之三五十年其費不可勝窮今征倭所費不過一歲之需而足若倭奴蕩平之日海防又可息肩各處歲派餉銀可以坐省其半一勞永逸事半功倍未有若斯舉者矣臣又聞元世祖曾以舟師討倭致溺十萬衆于五龍山下談者恒以為口實臣竊料元世祖雖雄其實虜人不諳海上形便當下時帥必多達官彼以不習波濤不識風汛之人而驅駕海洋真顛倒沉溺雖百萬何用今在東南而用舟師則大不然必習波濤必

知風汛乘而往之無憂覆溺試觀沿海商民與販各
國者百鮮失一故元事非所論于今日也至于廣東
香山澳佛郎機番夷交通接濟一節實爲有因乞
勑兩廣總督軍門設法禁處其浙江福建廣東三省
住居倭國之人不論歲月久近有罪無罪但有歸志
部命跟付差去使客船隻回還則順逆之分明華夷
之防定四海人心咸爲一快矣
南京兵科署科事刑科給事徐桓奏太僕少卿張文
熙以調四省兵往日本擣巢爲請臣見其策甚奇而
難行不得不爲糾正臣讀籌海圖編云備倭之術不

過守禦二者而已未聞泛舟大海遠征島夷蓋巨海
中無風時絶少颶風一作天即昏黑舟遇沙灘率皆
覆没雖以元世祖之威挾華夷全盛之力加伯顔李
木兒之勇率舟師十餘萬遠征日本一遇颶風盡爲
魚鱉史書生還者纔三人此其明鑑也即我　成祖
時巳卯浙直會兵大衢殿前邀賊歸路風雨大作飄
没舟師以千萬計夫大衢切近碭山馬蹟距日本尚
遠而邀其惰歸且不可乘危倖功况遠涉大洋深入
日本而能取勝萬全乎據張文熙疏稱調集四省舟
師奮勇擣巢以牽其東歸杜其内犯此正法所謂批

亢擣虚固爲良策而其勢實有難行者文熙以爲四
利臣則以爲五難兵曰擣巢蓋攻其所必救如孫臏
直走魏都而龐涓解圍以救魏是也若日本與朝鮮
隔絶大海聲息不相聞而犬羊異類親屬不相顧攻
之未必救也縱顧其巢穴何能牽其東歸此其難一
許儀後報稱日本六十六國每國整兵二萬則兵餉
百萬矣今任平壤者各四十萬則其精鋭尚多也彼
以逸待勞我以勞攻逸如驅羣羊搏猛虎爾縱能遠
涉未必勝而况風波洶湧萬不能濟乎此其難二千
里餽糧士有饑色四省中惟浙閩去日本稍近而南

直廣東不止數千里矣况茫茫大海運道不通兵餉
何能接濟又不可隨地而因糧者士能無枵腹之虞
乎此其難三頃以通州兵餉道竭人且嗷嗷生怨讟
矣况調四省兵遠征日本彼見以爲必死之役誰肯
舍生以勇往者勢必騷動則生事端外患未除内變
先作此其難四閩廣兵數臣不能知若浙直沿海兵
多不踰萬爾今每省調一萬五千則必空壘而出防
守者何資况倭奴人人能戰而以六萬師擣之衆寡
不敵勝負易分此其難五夫此五難皆理勢之易見
者既冒海波之險且未必獲利况風濤不測而欲冒

險邀功不為胡元棄師之續即蹈大衢覆卒之轍矣文熙為此奏其未深長思乎臣愚謂莫若先聲以奪其氣用間以離其黨迎擊以挫其鋒伏奇以躡其後何為先聲今西賊殄滅　神武奮揚以捷宣布四夷差遊擊沈惟敬齎帖往平壤宣　諭倭將彼必讋服求貢然後與之約曰十年一貢有常期如期則可貢道由寧波有常地如地則可儻倭畏威而修貢如常則一紙書賢於十萬師遠矣頃惟敬督以大言起倭敬畏況假以　皇靈之重乎此不戰屈人之一策也何為用間昔王直誘倭入犯倭王不知也募生員蔣

洲為間使卒擒王直今關白淫暴過於桀紂六十六州本非心服而豐後占其妻卒西海山陽數國皆生疑變而閩浙中如蔣洲者未必無人若以重賞購之得一二謀略士往說諸國必能斬關白頭立奇功於絕域此以夷攻夷之一策也何為迎擊臣知倭性最懼急攻蓋窮寇遠來必饑且困苦吾乘其敝而擊之則易為力昔劉江鎮遼東望寇將至即令奮擊金線島息倭患二百年今宜　勅經略整頓舟師於鴨淥江以善驍者望倭船未抵岸攻之或絕其半渡或挫其前鋒未有不全勝者此攻其無備之一策也何為

伏奇臣聞倭善用伏兵之計不識詐敗之機彼善用伏而我以正兵敵之故鮮不敗昔胡宗憲禦倭嘉興令彭藎臣以前鋒迎敵佯敗而走敵過伏起三面夾擊即有王江涇之捷今宜　勅經略相度形勢於金復蓋义墩堡中有堪伏處伏奇佯誘伏起夾擊寇衆必亂此出其不意之一策也如蒙　勅下該部查議搗巢五難是否難行臣陳四策果否可行難行者不妨停止可行者亟為採用如此則妖氛日靖海波日恬蠢爾倭奴將草薙而禽獮之不難矣萬全勝算似無過此　已上俱續文獻通考

海防纂要卷之四

海防纂要卷之五

黎陽王在晋明初甫纂　男會苾稱務甫較閱

禦倭方略

南京太僕寺卿章煥條上海防四事一曰築城堡言兵因地形今江南之變千村萬落皆爲戰場而郡縣且相率閉城奈何使各鄉兵當賊宜急築城堡於諸鄉以固守併力于郡縣以待戰郡縣有備則賊不敢散掠而謀阻諸鄉堅守則兵不必徧分而力裕將人人自爲戰守昔　皇祖命湯和視海上擇要地築數十城以備倭而東南安堵此其驗也二曰預軍需言西北諸邊一切軍食皆有司先期部署以聽督撫調度故卒有緩急可咄嗟而辦今臨變之時上官漫督之主者亦漫應之眉睫間已成胡越何況百里之外嗣後軍中之需賞功之費一一會計所出貯之別庫使軍門不以煩有司有司不以煩居民則萬全之術也三曰練土兵言今議者悉稱調兵不知少發則不足多發則用不繼久駐則師老費財暫駐則兵散而賊復入急之則怨寬之則驕而爲亂宜訓練土兵漸能答兵若土兵不足宜募近海丁壯及有罪調發者居之海壖給偶配予田宅使之土著而忘其鄉是城堡之外益以藩籬計無便此者四曰收奸豪言外賊易見內賊難知今海賊深入內境所我動靜無不知之者誰爲之又其始至千人四布莫測而嚮號聚集者又誰爲之皆奸民所釀也誠使郡縣得人示寬大布恩信問疾苦時拊循使反側者將反本而呼天何變之能生且海上多壯士負氣任俠而不肯下人我能制之則爲我用不能制之則爲賊用故安反側收豪傑治亂之機也

南京御史屠仲律條上禦倭五事一曰絕亂源言宜禁放洋巨艦窩藏巨家及下海奸民二曰防海口言宜守平陽港把黃花澳據海門之險則不得犯溫台塞寧海關絕湖口灣遏三江之口則不得窺寧紹把鱉子門則不得近杭州防吳淞江備劉家河則不得掩蘇松嘉興三曰責守令言宜責江南守令當以訓練土兵保全境土爲殿最四曰議調發言近日徵調各處民兵無慮數萬而虜功不奏坐不善用兵之弊五曰作勇敢言沿海如沙民鹽徒打生手及村庄悍夫皆勇悍可用宜獎諭收錄令併力戰守疏入詔部議行之

兵科給事中楊允繩疏陳禦倭之策言海寇爲患已

及三載破邑殺官猖獗日甚而迄無底定之期者在將習不振而弊源不革夫爲將之道曰制曰法曰謀江南諸將全不知此故用兵之際絕無紀律不鳴金鼓不別旗幟聚如兒戲渙若摶沙前有伏而不見後有賊而不知浸率爲兵浪與賊戰自相蹂踐全軍覆沒此其咎端在不知三者而至于不設哨探不知地形又其取敗之尤當事者不此之察動以增兵益餉爲請意不過張賊聲勢緩已罪愆豈知雖括天下之財供江南之役籍天下之民爲江南之兵如以蛾赴火以雪實井竟有何益臣愚以爲在先擇將而至于弊源則又不專在外督撫賂在京權要官司又賂督撫皆取具于民即令孑遺待盡之民豈堪掊尅侵削之患異日國家隱憂蓋不止海島之間宜勑令大臣洗心滌慮剖絕朋昵之私汛掃苞苴之習此端本澄源平倭之要道也

光祿寺卿章煥疏陳禦倭之策條上八事一曰統兵之制未定言將佐雜居諸軍烏合兵視將如弁髦將視郡縣如傳舍必將有專閫兵有常伍無事相習有事相隨則兵可統二曰馭兵之制未定言諸軍目不睹軍容耳不聞將令有急驅之不能卒集臨陣而逬轉相掠劫必平時有約束臨陣有紀律則兵可馭三曰調兵之制未定言調至土狼獷得難訓必以諸邊節制之兵爲準調到土狼之兵爲輔則調可用四曰募兵之制未定言分道募兵皆游手無賴來去不定道路騷騷必程其技力籍其家室守法者厚恤犯法而逬者拏戮則兵可募五曰練兵之制未定言始調客兵不練鄉兵既用鄉兵又散客兵及鄉兵難持不免復徵客兵不惟緩不及事且恐爲客兵所侮必識權宜實用則兵可練六曰屯兵之制未定言兵有營居故可聚不可散有行列故可散不可亂今雜處市廛嬉遊里巷遂令山東椎鈍變爲紈袴狼苗鄙野咸習歌舞必營居行列早爲區處則兵可屯七曰行兵之制未定言南方皆沮洳之澤萑葦之場動犯兵家所忌必行有斥堠止有堅壁又有戰地有間諜則可正可奇可疑可伏而兵可行八曰養兵之制未定言師行糧從强者主戰弱者主爨今或臨陣未食或食至不均或師行境外食具城中必給軍有制犒士有賚弔死扶傷恤孤問寡則可飽可饑可生可死而兵可養又言倭賊遠來多苦於饑海濱積藏賊據而食所向無前如使築城繕堡蓄積收斂野無所掠又坐

困之道也部覆疏切時務請下督撫議處行之已上俱嘉隆見聞紀

南京兵科給事中賀經奏海寇犯浙東以防禦漸容乃守寶山窺蘇湖等郡竊惟留都根本重地海洋咨邇鎮江京口乃江淮咽喉瓜埠儀真又漕運門戶萬一黠虜橫掠而西致根本震動運道艱阻為害非淺尠也臣請添總兵駐劄鎮江事平而罷之兩朝憲章錄

閩縣知縣仇俊卿云兵法地有所必爭言其險要也嘗聞海寇往來其大船常躲匿外洋山島之處小船時出而為剽掠在浙常於南麂山任船雙嶼港出貨若東洛椿山等處則皆其別道也在閩常於走馬溪舊浯嶼任船月港出貨若安海崇武等處則皆其游莊也自浙迤北則極於蓼角而屬于直隸自閩漸南則瀕于南澳而屬于廣潮中間所泊所經之處可以得其槩也籌海圖編

李承勛勘處倭情疏云稽考載籍日本在東海之中古稱倭奴漢魏以來已通中國其地度與會稽臨海相望在勝國時許其互市乃至四明沿海而來艨艟數十戈矛森具出其重貨與中國人貿易即不滿所欲則燔焫城郭抄掠居民往往為海邊州郡之害我

祖宗灼見其情故痛絕之當開國之初八荒向風四夷賓服雖西北勁虜亦皆款塞惟是倭奴時或犯我海道是以山東淮浙閩廣沿海去處多設衛所以為備禦後復委都指揮一員統其屬衛摘撥官軍以備倭為名操習戰船時出海道嚴加防備近年又增設海道兵備副使一員專管可謂防範周且密矣是以數十年來彼知我有備不復犯邊奈何邇來事久而弊法玩而弛前項備倭衙門官員徒擁虛名略無實效寧波係倭夷常年入貢之路法制尚存猶且敗事其諸沿海去處因襲日久廢弛尤甚乃者宗設作亂大是叛逆得意揚帆入海而去該部題奉　欽依通行各處備倭衙門一體防禦及責令緝捕務在得獲亦復徒具文移何曾着實修舉伏乞特　勅兵部議擬合無選差官員領　勅前去由山東循淮揚歷浙達閩以極於廣會同巡撫官員按部備倭衙門親歷海道地方查點原設官軍閱視舊額墩堡盤驗見在兵器官軍缺乏之者即與換給撥補墩堡圮壞者即與修築官員之不才者即時易置法制之未備者即時區畫庶使海防嚴謹中土奠安可以防海境不測之虞可以壯　國家全盛之勢矣再照海外諸國名載

諸　皇明祖訓者凡十有五而日本與焉其下註日
本雖朝貢暗通奸臣謀爲不軌故絕之及嘗觀本朝
吏部侍郎楊守陳家藏文集亦復惓惓以倭夷變詐
兇虐時以刀扇小物褻瀆　天朝規牟大利不當與
之通好觀於今日之事則　皇祖貽謀萬代如見而
儒臣論事後世足徵其應否通貢事宜關係重大臣
等未敢擅議乞候查明奏至之日禮部奏請　勑下
勳戚文武大臣及在廷羣臣詳加會議上　請定奪
其羈留編管夷人合待彼國嗣有遣使到來然後明
降　詔旨切責一并另議處分及照朝鮮國送來被

搶人口王漾等八名雖審有鄉貫來歷亦恐或係潛
從倭夷之人合無解回本處官司審有的確方可發
落寧家又查得近日福建市舶太監奏稱有海上夷
人數十遭風漂船奔迸海峤乞食被獲即已逐日關
給口糧撥軍防守亦欲伺便放歸本國臣等切料此
屬恐是宗設餘黨竄逸到彼乞　勑兵部查行都察
院將倭賊仲林望古多羅譯審責令供稱宗設手下
據其所知夷黨姓名若干却將福建見獲夷名比對
儻有一二相同即係宗設之黨無疑則當解赴浙江
以憑查勘若其非是乞　勑兵部亟行福建鎮巡三

司及市舶衙門將前項收獲夷人亦要以宗設作亂
事情會官嚴加審譯或將一二用刑拷鞫盡夷情詭
詐叵測未可輕信務得真情從長酌處不許輕易致
使別有規避其各該地方官員失於瞭報俱各作急
查提問罪會議回報再照宗設犯華之罪不可使之
竟脫天誅況此賊搶掠中國船隻不任風濤未能返
國必且出沒海陬掩我不備況有侵任漂掠之虜尤
乞通　勑沿海各處備倭衙門整搠官兵修理戰艦
習風候時出海洋瞭捕務俾罪人斯得　國威以伸
而　聖天子日月之明雷霆之令真足以照臨八表

震聾萬方矣　疏鈔
倭與虜有同有異何謂異虜聚攻倭散攻則情異虜
入障如景不可搏倭航海如鬼不可偵則形異虜可
戰可守可和倭可戰可守獨不可和則法異何謂同
國初水寨修舉往倭掠畿甸淮揚復轉而閩率先台
明如蹈空然分艅張帆溆浦桃渚無所不擬傅臨觀
至薄會城恐毛入踰堞矣當守險同舟山設縣置衛
中爲堧者我督亢也微阮中丞不幾爲倭巢乎如是
者不一當議屯同在昔兵最無制方應募于江北旋
驟徵于浙東而挫之滅倭溼者永保之戍挫之乍浦

者容美之軍且暮有儆北卒固不能翼而吻海諸衛
又不足恃當足兵同海上之舉空浙中儲猶借資牢
盆之小票後稍議減遂有甬東九營之譟今內地如
掃當庀餼同夫張皇非也儻彼不得志屬國驟發于
南守與戰互權險與屯互設兵與餉互覈虜固宜爾
倭亦當然執事所爲侗其在是與又疇昔之難醞於
王徐其人故屯省亡命具長竿料角洗鯨波而與倭
贐倭有唐街猶虜有板升也　詔惠顧我浙新條闌
出之禁與舊例並申　風告丁寧遊奕嚴密固萬萬
無虞第恐久而忘備耳醫之眎疾不以覺痛日爲病

原今民無益產而　藩有益祿河無定徙而捲埽有
定役軍無吏番而輓有更勞中稐之表未去檢括之
征未捐有豪瞽亂乘之字蛾號米惡知不甚于上東
門嘯耶誠一切與民休息無事不令其外次有事可
藉其力以禦侮則所爲元氣之治也吾又置倭而慮
內地嗚呼天下之可畏豈獨在夷狄哉

虜鍾乾坤之殺氣從古以來爲中國患三代聖王亦
未聞有滅之者若倭處海表卑下地爲天地死氣與
我隔大海蜃市之所迷眞封姨之所攝東萬萬不能
與我爭中國中國亦萬萬不可與之通好第杜其來

之鈢而堵其入之途未來時申嚴海禁勿使辛民王
直之類爲之鄉導可也將來時多備戰艦令千料等
巨舸兩翼衝之中流擊之勿使登陸可也既來時各
兵策應而起用百子九珠之銃九龍神毬之械床子
連城之弩環而殲之勿使噍類得返可也　高皇帝
刻意勦虜而絕倭之說錄於　祖訓其指固亦微矣

蘇松武試策

年來滄海無波豈謂今春賊鋒狂逞瀕海黃耆未嘗
習覩覩戊戌之變且數倍焉猶藉台庇如天機宜閟
邑地方安堵民社不驚環海稍爲有備廣賊未至乘

虛結局有期而旬餘似可息肩矣官兵抵敵間或投
効桑榆而寨遊亦往往有失若海壇若小埕若浯嶼
若湄州均之損失船兵者也海壇之被搶者一而浯
嶼之被搶者二僨事之愆誰能諱之然明言搶失使
人猶可端倪若小埕則搶船而以獲功報矣臺山之
擒賊也而船報衝沉不見于塘報而見于該州之申
文至于湄州捕盜之失船該遊未嘗聞也比本道有
聞行牌海防官嚴究而後該遊報焉則何見事之遲
也惟其報之遲而衝沉之情節未敢遽信爲眞矣大
海汪洋風颶時作以數載之船泊沒風濤衝礁滚溺

不敢盡謂其無然海洋萬里誰爲證據萬一爲賊擄
駕欺掩賭聞是明言搶失者以愚敗而藉口衛況者
以巧全人何憚而不爲之也損失欺誣之罪罪在武
臣而扶同附會之罪罪在文臣職以勝負之不可必
者聽之人而以功罪之不可欺者信之已捜求綜覈
不遺餘力代庖之人過于膠柱掩口而笑側目而視
者比比皆然矣用人之際論事貴公持心貴平不敢
過刻以隳衆心亦不敢過縱以隳紀律戰亡者捐軀
赴難而不蒙顯錄此鬼神之所泣也被擄者脫綱投
生而妄報希功則造物之所忌也介胄之士心性未

融動多卒意功本微也而輒爲矜詡事本失也而巧
欲閉藏此有能而彼生嫉妬彼有失而此爲播揚功
成則曰受其指麾戰敗則曰違其節制連江之漁船
被劫哨兵堅坐不救福興之失事踵繼寨遊寂若罔
聞功無足錄罪不勝求若非漳泉之兵往往收捷則
八閩歲費金錢三十萬餉兵皆置之無用將士亦何
顏以見臺下也蘭江集

防海七事

一曰固根本四區之議海防不啻詳矣而獨錢塘之
海口未聞設備陳兵連䑸結寨以扼江海之衝豈以
鱉子門一帶爲浙區之奧裏耶嘉靖三十二年賊由
鱉子門突入搶掠錢塘江范村等處三十四年賊由
塘棲犯北關杭城震動夫省會重地兩浙根本之區
而百萬生齒聚焉八營兵士汛守寧台攻瑕擣虛師
行不能內顧萬一上游失守而賊兵乘間我民嚮導
駕浪乘風大海長江呼吸可薄寧不爲都城蒿目哉
敵樓修葺足爲犄角多藏矢石以便邀擊亦重地所
恃爲喉吭者惟是所費不貲該府遂難議覆或擇其
所最要者量爲修復因其所未墜者亟爲整頓庶不
廢前人設埤建堡之遺意亦可爲江城倉卒捍蔽之

資矣至于戰守之卒水陸向有定額出汛亦有成規
時詘力窮未敢另圖添設姑俟再議

二曰禁漁船防倭者無不議禁漁船而不知漁船之
不能盡禁也漁有船稅魚稅鹽稅旗稅官取給于漁
漁能不取償于海乎海者漁之田也非漁而沙民無
以聊生矣然漁不禁則船益多而召倭起釁不可勝
詰惟即平時所禁諭者再一申明之曰遠洋當戢也
戢遠洋以杜搶掠之患我兵不至混淆瞭望矣曰印
旗當給也給印旗以示懸繫之法官兵庶可辨明色
號矣曰越釣當禁也禁越釣以遏閩船之入浙則閩

人不得爲倭引導矣每年三四五月出汛之期通行嚴禁敢有繫艍于要衝應禁之地操舠于廣洋遠澳之間不遵號旗自立名色併福建漁船擅入浙區地面者許官兵擒拏解處以違禁論罪當不至藉寇兵而滋禍患矣

三曰議折衝兩浙濵海延袤甚廣海外情形叵測重地乏重兵屯聚卒遇大寇有烏合之形無中堅之勢慮之誠是也然計各區軍民兵四十六總水陸將領官軍兵役四萬八千九百二十員名星列雲屯貔貅萬隊分之雖不見其多合之亦不嫌于寡兵惟貴精

强不係衆嚴號令明賞罰勤簡閱謹哨探攻擊剌餙于隙小敵則分大敵則合首動尾隨彼攻此應進可戰退可守兵之不足非其患矣

四曰議戰艦福船高大全藉天風尤須人力往年閩海被倭吊取福船不便行使置之無用况廣船又大于福船苐可連幫結寨其堪衝風破浪乎海上擊賊莫便于鳥船鳥船爲王唬船爲輔行走如飛駕御便捷木綿避彈松板避矢二說俱可相機應用至于鷹船未有成式遽難改設猶竹窩釘恐亦未能遏賊不若刀鎗劍戟之鋒銳也

五曰練衛軍軍亦人也覈練則軍兵無別于民兵今沿海布列軍營挑選精壯以時簡練緊用防守未嘗乏軍若按籍清查官舍軍餘人盡入操則老軍幼丁不能横槊而三斗五斗盡議加糧事關各區難以擅議至于省城前右二衛軍餘除選充老操新操二千餘名外其餘止堪供轉漕之役別無可抽取校練者嘉區議抽餘丁餉無所出猶待處分軍差煩苦時遇修城造樓出力以供興作諸弁自能役使無待上人之若爲令

六曰議要害倭有來路防倭者虞其所必至若錢塘

若象山若牛欄基壇頭台州等處越海稱要害焉據議清明前後重兵屯于北之陳錢韭山壇頭以防南犯之倭端陽後重兵屯于南溫之鎮下關南麂台之大陳以防歸島之倭嚴守要害賊安能舍此飛渡情形已在吾目中矣至于錢塘一路船寡兵稀浙東西俱以一江爲門户防守疎濶誠宜蚤計近議添南關兵船五隻業奉允行惜財省費無復敢爲發棠之請矣

七曰時兵餉地方以兵爲衛兵以食爲天兵所最急者餉而郡邑輙緩視之給發非時則轉相稱貸十止

得七而追其出子銀以償息也又十去其三枵腹荷戈殆風渡海以此責軍之買壯僅可免其脫巾之呼耳竊計田畝徵輸先後一律閭閻供億緩急皆同出諸帑藏不苦吏胥之要挾則遲可使速限以時日無庸積猾之遷延則後可使前是在院道嚴督府縣齊心徵發期會務給領于發哨之先則三軍之衆享實惠而無嗷嗷待哺之苦矣擬合通行申飭違限愆期提吏重究官不留心催督者叅論以懲其怠法期必信永示章程

發汛四款

一合勢救援地方之藉兵如身之有手足然身有痛癢原無分于左右手足之捍衛豈有彼此緩急之分哉用兵者人自為守雖多而不足人相為援雖寡而有餘海上各有分疆官兵各有汛地一遇有警靡不自保其門戶鄉隣有急如秦越人之視肥瘠也輔車唇齒之勢謂何患難亟于燃眉而遠近乃成釜鬲聲勢既孤脉胳不續以之禦寇鮮不潰者向來會哨之法寧惟提撕懈弛亦以縱逋遊寨故賊犯左則左隣救之賊犯右則右隣擊之無事則周行巡詰有事則奮力合攻近者先援遠者踵至敢有任賊攻劫縱賊竄奔賊已過而云窮追不及舟未動而云風阻不前忌隣境之成功犄角之師不應聽隔區之失事纓冠之救罔聞他或攘功以彌縫或譸張以惑衆是為儒帥法無能寬今後凡遇該區有警先查隣境有無救援功罪並論亦聯寡為衆轉弱為強之一策也

二實伍設險昌國孤懸控海石浦關切近壇頭韭山為島夷咽喉之路防守軍卒數當倍于他區乃昌國原設四所一鎮撫旗軍三十七戶每戶旗軍一百一十三名始非不充額而後漸凋索也今所存什不過二三有如甘遊擊所開具者然減軍而未嘗減餉有

餉而未嘗有軍查廣積倉秋米一萬八千九百九十九石七斗有奇本折中半又昌國衛屯糧一千三十二石五斗象山縣屯糧一百七石五斗有奇俱坐給昌國衛官軍領餉亦云饒矣以如許之餉而無實在之軍其間弊藪似難枚舉將無有詭名占役而官旗代領者乎老弱虛糜而縱容不發者乎逋逃事故而造单不除者乎正役投充而捎撤未補者乎有之則皆軍之蠹也而餉之漏卮未塞矣縣官歲捐儲二萬以餽軍乃壇頭之警一聞空城遠竄此于養軍奚當焉該衛額軍若干見役若干食餉若干精壯者若干

老羸者若干應汰者汰應募者募只論精銳無論軍舍餘丁許其補額而又嚴官旗隱占之罰剔虛名冒濫之弊懲衙門勒騙之奸則食餉而得餉之用將軍而藉軍之力矣至于該衛城池三面距水城濠閼塞者亟令開濬勒限興工併完爲先時守禦之備印操官督軍挑濠畚挿及開河器具查動軍需量爲造給其各軍應于本名月糧預給一二月以備開河食用佚道使民恐亦軍之所樂從也

三派船接哨昌國石浦先年屢被寇侵地當衝險懸海南北碗等山哨兵以援東路其西則象山縣石浦巡司爲石賓焉懸海金齒八排朱門等處哨兵以援南路其北則牛欄基旦門青門茅海竿門爲戶蔽焉青門貼附爵谿所直衝韭山而旦門遠落大洋賊由韭山來者必望旦門以通南路今以二哨遠隔不能通聲息以相救援議于二哨中撥唬船四隻專在錯門龍洞及大目山等洋往來偵探俾青旦二門哨兵聯絡以成首尾應援之勢則遠可使近斷可爲續夾攻合勦聲勢有攸賴焉惟是險洋遠哨四棹孤危或梢益于四船之外而分兵船六隻以爲一綜于各隘勻抽撥發可乎

四多備箭矢軍中所需如火藥火器官爲給發獨弓矢令哨隊目兵自備所備不過十餘矢耳年來海上無事不遺一鏃兵不以爲費官亦相忘以爲矢不可勝用也萬一大寇卒發連綜相抗竟日相持矢石互下白羽交流此十餘矢可挽强當勁敵乎一戰而知其必窮矣若令軍士多辦月餘幾何寧堪損餉計慮及斯亦師中必需之具但查司庫所積數不滿七萬而杭城十門樓所積各有萬焉此十七萬矢未必矢皆銛利其間亦有霉蒸蠹損而不可用者省會重地居中御外留此以待不虞據議每隊什給箭八十枝數稍可減似當置造一萬枝給中軍官均派各總領出防汛汛畢不用照數繳還用過者覈數報銷損壞者坐賠其弓箭隊什仍令每人自買箭二十枝備用用盡然後取給于公不得預冒濫費濡有衣袽其亦汛防之一藉乎

屯局軍兵督捕三款

一清屯務以給軍餉衛所軍餉仰給屯糈屯糧不完軍必受餒屯之弊自官軍扣支抵兌始而屯官屯甲又魚靡鼠耗其間或侵收而不報或拖負而不償或以未完而作荒或以已完而作欠豪軍匿貲以果腹

奸弁徵息以肥家無論歲凶即豐年輙虧其一歲通千計積累帶徵盡歸烏有擬議行令屯官每年置簿送水利道印鈐明開本折色銀若干完過銀米如數登塡仍給票爲本甲完糧執照遇比送道查驗積銀至千或數百類報兵巡道驗給役過軍糧立限徵解唱名給散不許各軍私自兌扣則軍沾實惠而邪移營運及逋負侵欺者得按法以淸積蠹矣

二禁舊器以革局弊除戎器戒不虞以虞敵也兵甲不堅器械不銳我失其所恃矣地方歲費帑金造器乃先給舊物粉飾以充新造夫鐵器入火猶堪鍛鍊

有如藤牌狼筅粧色抹油點綴塞白陳朽之物何能臨陣却敵糜耗錢糧用塗耳目實事虛做年來欺公弊局片言攻破此不可不力爲整飭也今後遇造軍械盡將舊器估價貯庫候新器製完交驗方給舊器變價庶不至陳陳相積而戎具可無苦窳矣

三重彈壓以弭水賊兩關兵船原隸左右遊擊監督又有捕巡二廳稽查責成水兵把總畫疆哨守規度亦嚴惟是官兵懈玩往多踈虞失事邇則稍稍戢焉然聞兵船停泊近岍俱有火房慵惰之卒偷安火房夜不宿舟宿舟者又多艤棹泊岍不行巡緝盜賊竊劫官兵熟睡付之罔聞甚有指兵以爲賊者然則養兵何裨乎兵船踈縱全由把總把總勤慎自兵敢不警嚴把總督捕盜捕盜督各兵曠野之區風雨之夜往來會哨畫師絡繹聲勢相援則萑苻自息而江上之風波不作矣兩關添船改船業已著爲成式無復議增禁宿火房責成官捕勤緝合再申嚴以惕其惰遊者官捕問革船兵細打治罪

營規四款

一拔立選鋒軍有强弱兵無强弱弱則當汰豈容糜餉先是亦有選鋒之名該前道議得軍營選鋒無裨

實用民兵原係選充又何更選此項名色相應裁革復該布政司淸軍道議稱選鋒一節委屬虛名蓋兵未有不選而收亦未有充兵而不使之衝鋒者若共分彼此臨事恐生推諉革去選鋒爲便詳奉軍門允示裁革刊載海防續編向在遵守今欲抽選免其雜差每隊一什以八兵爲伍通計十營該一千二百免差之兵恐雜差繁苦目兵不堪供役也後此必開選鋒增餉之端惟是募兵之日嚴加精選俾人人可作先鋒則十營甲冑爲無前之銳卒矣

二盡減頂首東西各營哨隊什長私立頂首法當盡

華但此輩俱金華外府之人凡被革者所遺盔甲戎衣弓矢器械無所取用及卓椅床帳鍋竈什物俱難運回勢必付與新補之人得其價值以資歸途等費總在頂首數内隊什亦然向奉軍門憲禁款門哨隊什兵皆以材力選拔豈得私立頂首名色查三十三年將官呈革頂首之文具在而近又加增既有頂首等費卽勇如賁獲安得赤手進身但沿襲有年遽難驟革姑立爲遞減之法今後各員役更換每次量減五分之一漸漸遞減至盡隊什以下倣此違者許新補員役赴將官處面禀查究向遵在卷夫遞減之法

原係多方諮訪酌議須行法期必信庶免朝令夕更此後如有剝兵壞法究贓問革者方盡捐頂首至于管兵哨隊與部兵亦借立簿做會則當嚴行禁戢以杜科求

三設法校藝立法訓練懸賞鼓舞此詰戎第一義原奉軍門憲牌仰道會同兩營將官嚴飭各營總哨等官督令每教師一名或弓箭鎗筅鈎鐮籐牌鳥銃等器先教習兵士五名十日後武藝果精卽令教師同藝精兵五名教習兵二十五名十日後武藝果精卽令前項藝精兵三十名教習兵一百五十名十日後武藝果精卽令此一百八十名可教習九百名十日後武藝果精俱赴試驗只四十日而闔營之兵武藝未有不精者再照訓練兵士係將領總哨各官職分之當然亦各兵幹巳之技藝俱宜遵照着實舉行若果營伍整肅兵士精銳武藝慣熟本院閱操時卽以此定各官之優劣儻或訓練無法兵士不精咎將誰諉遇警臨敵干係匪細勉之勉之奉經備行左右遊擊轉督東西二營中軍總哨等官嚴率教師照岸教習各兵武藝又該兩營遊擊於該操之期親加較驗目兵弓箭武藝務期精熟足堪備禦外今議懸銀牌

以較銃箭立板片以試鎗筅目兵踴躍爭先人人技癢此亦激勵三軍一大機括也但銀牌犒賞爲數近奢後將不繼立法貴儉乃爲可常夫目兵之習技也其分也我惟量賞以作之趨而已合議牌堵俱掛一銅錢較藝八十步而中者賞銀一錢六分五十步而中者賞銀一錢以此易八錢五錢之牌十去其八以存其二得時時而受上賞於兵亦足矣

四申明雜屬營兵犯罪安能禁各衙門勾攝事如人命盜賊何有營兵今所議其犯事之小者耳而小事輒被才棍牽連告害監禁多時坐害月餉則各兵之

苦也參查原奉軍門憲款開禁汰革目兵不許附營潛住或以夙事或以舊帳逞刁告詐又有開店安歇不良流棍以致爲盜爲奸深爲營蠹今後驅逐革兵回籍不許潛住啓釁及開店匿奸違者拏究等因向遵在卷據議大事一面拘提一面知會小事移文取討一經解送即便查審似與軍門禁刁恤兵之款相同至于委查巡夜不到止許稟道查責或該營府佐縣正官責治首領佐貳官員不得一槩加朴庶統紀不亂而兵不苦于煩苛矣已上俱都御史高舉批允杭嚴道參政王在晉議

船器墩臺總哨四款

一造船非式廣東海上在在克敵皆以烏船爲疾捷追奔逐北皆此船也浙江則以之守港以沙唬船爲探敵衝擊之用沙船止宜淺沙南直隸沙淺故沙船爲利便唬船可以探望遇小敵則戰遇大敵則逸二船都無遮攔自守且不保何以禦大敵浙之烏船福船規模雖似福建而製造實失其眞況駕使無法何裨實用今後福烏二船如遇拆造先期聽令該捕往閩中雇募匠作及兵數名到閩即令食糧爲匠頭專管督責務照彼處式樣打造用之窮洋大舉衝犁斷可取勝其沙船上等者已絕無中等者不可少上等全楠爲底身中等底楠而上杉木下等皆杉木矣殊不知沙船底平而艕薄吃水甚淺沙塗常閣若底非楠木與堅木至淺塗則閣壞矣且不能承浪近日甲職收汛逆風幾至覆沒可鑒也中等決不可少下等決不堪用見蒙本道有行去中等悉用下等甲職以爲去上等存中等其下等者驗明按期改造若簪鐵漁唬此地有匠皆於道地雇募其匠作平時加優處之造作之時照匠給發候船成令木匠頭出結必保保實用如此船無不如式而遇敵船可以衝犁矣

一軍器火器者海上勝敵第一喫緊要務今軍器火

器等具皆由積棍包成其他且不必言如鳥銃不特煉鐵不精熟而火門十有三四皆不如法大銃藥炭多藥少非參之鳥藥不可放其火箭已蒙本道面試見之能及遠正去者十不二三餘皆垂地墮地況軍器刀鎗不堪戰陣者又不可枚舉是皆虛具以　國家有限之錢糧歸積棍駈騙之橐槖且令兵士徒手以搏敵可乎即今如定海關應造軍器火器火藥等物悉令定海地方開爐製造委官監其料價將領覈其精麁工完之日呈解本道面試如果堪用則已不堪用責令匠作賠造仍究罪示警不特此也就近製

造鋭器少壞不至甚者可就爐修製火箭火器不堪者亦可就近改修既省繁費易於責成又便修造

一沿海衛所設有墩臺有定制矣而不知外海各總哨泊船之地瞭望尤爲緊關非有定制不惟瞭望者無所棲泊晴明日期尚可竚立至于風雨暴日人無依處何能使之立於風雨烈日之中哉如倭船往來極難測識而且四五月間商漁之船紛紛雜亂於其間大海江洋而南哨如白馬礁蝦崎海閘石堋烏沙箭港等門北哨如梁横長塗箭門馬墓一帶無處不可入無地不可登所恃者瞭望之真而兵船可以追

剿無失爲今之計須令各總哨於泊船之山皆令以石砌屋一間不許如見在之虚文石壘者四圍以石密砌空處以石灰和土塗之春秋二防各總哨到哨之日即令各捕兵於本山刪取茅草以竹編苫爲遮蓋於石墻之上務使風雨不侵每瞭望用二人輪流外脫有警即樹旗緊急摇旗在港船即起椗揚帆俟瞭兵到船報夷船方向即出兵船向夷船處所追逐多則以小船報隣哨合剿之軍中耳目自明而倭船無所隱匿狡夷不得乘我之不備矣

一議慎簡水營總哨卑職所轄沿海地方海洋迂延數百餘里内則控扼定海貢道外則防護舟山衛洋所恃以僇力同心而禦侮於溟渤之中者惟總哨捕者爲之羽翼顧總哨之才甚不易得而捕舡之熟海慣戰者尤難也必須慣歷風濤素諳夷險而善於鼓舞拊循者然後足以當此較與陸營總哨隊什不侔乃今委用各官多不問其人之可否地之宜與不宜率循資格而銓補之俱係聽用職官武生並得提兵海上幸而太平無事猶可支持一有警息便束手無策逡巡退縮不戰而自敗矣則將安用此人哉總哨捕盗雖卑其關係百十人性命一船之安危則簡選

不可不慎合無將所部見在各官請乞再加考核堪者留之不堪者易之内地務使人地相宜庶幾策效有賴而事功可濟矣　遊擊梁文備倭紀略

團練軍民兵哨守議

國初懲倭之詐緣海備禦幾於萬里其大爲衛置軍四千六百四十人其次爲所置軍一千一百餘人又次爲巡檢司置弓兵百人少亦不下數十人皆大小相維經緯相錯星羅棋布狼顧犬防故所在製有數百料大船八櫓哨船若風尖快船高把哨船十槳飛船凡五等至如定海昌國貢道所經切近彼島則船

數倍蓰他處而以時出哨各有限準如三月為頭哨四月為二哨五月為三哨號大汛至六月收港避風及秋七八九月亦如前為小汛汛畢回衙休息責令各取印信到单海物為驗若至各港次嶴所則又設有水寨營柵以止舍之而統以指揮千百戶鎮撫總以閫職督以憲臣所以制禦之者密矣而歲久人玩法去盜生二十年來山頹瀾倒當事者見不可用遂因別募以充遠徵以禦改造巨艦一切從宜而舊法因廢不講則亦懲咽之過矣自頃客兵驕暴鮮克宜勞故中外爭言鄉兵似矣然徇名弗思終屬文具夫所

謂鄉者對客兵而言豈謂是荷鋤秉耜穉奴牧豎然哉竊謂衛所縣司軍壯弓兵之類宜因舊法潤澤損益之務足故伍或抽羨丁或僉壯士無論軍舍通融湊攢優與津給而以其半哨守其半團練更迭肄之俾皆可戰或慮一時未習不足應猝則量留舊募以備緩急久之或可盡罷此目前備禦之長策也續文獻通考

防險三說

嘗考浙江之源始於黟之林歷山一線之微合流萬壑終於錢塘江之鱉子門而入海焉故鱉子門者乃省城第一門戶石墩鳳凰外峙乃第二門戶此外無山惟羊許獨立海中東接衢洋西控吳淞江口為第三門戶羊許二山有防然後石墩鳳凰有蔽石墩鳳凰有蔽然後錢塘鱉子門可寧此其大略也沙起錢塘東至吳淞曾無間斷海外諸沙亦向此而轉惟平坦延曠故賊皆可登是蘇松杭嘉四府連壤一脉利害安危輔車相倚者也然而險要之防有三說焉曰海洋曰江湖曰礦山往者倭寇結巢金山柘林青村南等地貽害浙之昌化富陽寇犯乍浦石墩漁浦各區流突直抵留都重地此海洋之患也沿江多盜夜劫

客船湖漾鹽徒肆行出沒此江湖之患也礦寇之擾路出多岐若休寧之馬金歙縣之街口婺源之大庸常山之草坪江山之清河龍游之灰坪蘭谿之太平衢淳安之白馬村開化之華埠直進雲霧諸山嚴州之白沙直入壽昌諸處是皆賊所必由之路此礦山之患也今欲求錢塘無虞當守附海之三關欲求三關寧謐先防大海之羊許第羊山孤懸大海去乍浦太遠我舟頓此設遇東北颶風賊舟便捷彼此齊驅勝負難必許山嶴門淺狹止可避東南之風賊乘東北風利吾開舟擊之亦為並駕矣次者金山衛城西

灣沙塗頗歟可暫停舟但遇東南之風亦未易出惟海鹽之白塔山去秦駐山不遠四風皆便賊若由大洋而來隨處可擊是海鹽一關尤四面之控制也惜乎逼於内地非早見預待之所總而論之賊由北洋經蛇山茶山其患必犯吳淞然吳淞之口北向舟難逆出必藉崇明等沙兵船以禦之賊由東洋經陳錢馬蹟犯寧定者必藉衢山馬墓兵船以禦之賊由南洋經韭山烏沙門犯昌國臨觀者必藉舟山烈港兵船以禦之若由羊山直進犯海鹽者必藉乍浦三關兵船以禦之是防海之總要也江湖之患須戒備沿

江漁船之剽掠嚴緝湖港鹽船之糾集豪傑失志者收之市井無賴者制之羣聚夜出者詰之是防江湖之總要也乃若塞徽嚴諸州之要途修礦地守衛之兵制渠賊已露者戮之脅從可原者遣之是防礦寇之總要也如此則江洋互犄山海交防守浙東者即所以應援浙西守浙西者即所以犄角蘇松守蘇松者即所以鞏固　金陵脣齒兩全首尾相應内禦外之長策殆無踰於此矣

靖海島以絕釁端議

海中山嶴錯列林木蒙翳亡命姦徒易於盤據如寧波之金塘大榭台州之玉環高丕温州之南麂東洛等山俱稱沃壤外逼島夷元末逋逃之徒蕃聚其中卒致方國珍乘之以擄浙東洪武間湯信國經略其地遷徙其民一洗而空之勒石厲禁迄二百餘年莽無伏戎島無遺寇則靖海之效也嘉靖三十二年間倭夷内訌多係海中潛住奸徒結連勾引以致禍延内地可爲殷鑒邇來覬山藪之利者每每倡爲闢草萊之說脫一得售不幾於圖小利而貽大害乎合無申明禁約今後敢有奸民豪戶擅將前項海壖閑地私自開墾占任圖利者事發從重究遣各該有司不

得縱容釀亂庶亡命奸徒無敢盤據巖谷而海島既靖釁端自弭矣

禁戢漁民搭廠繫箭議

定臨昌中正等哨把總呈稱定海總南洋如普陀白沙港箭港馬蟻沍泥白馬礁鴨嶼北洋如八斗嶴梁横蒲門茜草田長塗牧羊頭臨觀總派守信洋如西壁上落河頭巡哨信洋如野猪礁等處正兵哨則有沈家門中正遊哨則有小衢山田嶴鷹窠蒲嶴鼠狼湖蚺鉗昌國各哨信地附近則竿門百畝田旦門牛欄基懸海則韭山壇頭金齒門等處俱有漁民假借

勢要在彼搭廠繫篷日煙夜火深爲邊釁合無移請嚴禁將背洋僻嶴廠房姑存免拆如有衝對外洋漁廠往來船隻可見者盡行拆毁從入内地庶邊患可弭民不失利各等因據該覆查得寧區海上島嶴遠近俱屬哨防漁民業海爲生内外皆可覓利又何必遠出窮洋招禍惹釁皆緣愚民惟利是趨不惜身命且附托聲勢罔知法紀預於官兵未出之先徑抵前項處所搭廠繫篷恬不爲慮設遇被擄棄倭船而易漁舟挾吾民爲之嚮導揚帆直入俾官兵莫能辯認甚有一等奸民領富豪資本希圖欺賴詐稱外洋遇

倭誠有如憲檄所云然者俱積習有年視爲固有而信守各官又以兵民隔屬無可禁阻若非道鎮軫念海防行查禁戢則將來隱憂似難盡杜今據各總查報前項繫篷處所論法盡應驅逐因慮民利不可遽除海釁又當禁絶姑就各島較量衝僻將定海總屬白馬礁白沙港箭港中正遊哨小衢山田嶴鷹窠蒲嶴鼠狼湖蟖鉗臨觀總屬野豬礁昌國總屬韭山壇頭金齒門等處皆孤懸大海屢屢爲倭船必經必泊之處更與諸嶴不同有搭蓋廠房幷繫篷船隻相應盡數拆毁驅入稍内生理永禁不許復出外洋惹釁如違拏解究治其餘附近各山篷廠除背洋僻嶴覘望不及者准容存留有對衝海面船隻經臨烟火相望者姑免遣逐令其徒入嶴内照舊復業如此則外洋既無漁民可絶擄掠之患近海復令生理不失魚利之資防海民生兩得之矣

防禦機宜五議

南京刑科給事中徐桓奏方今西賊叛逆北虜跳梁當事者以討賊備虜兩難措手廑　宵旰憂時事亦孔棘矣所幸者春汛畢期東南庶無警耳乃遼東忽報倭船四百隻直犯朝鮮勢甚猖獗臣見之不勝驚

駭不勝憂慮夫關白智能篡奪力能兼幷狡焉啓疆志不在小豈徒欲勝一朝鮮已哉情形叵測　畿輔要地深屬可虞倭釁將不在東南而在西北矣臣代攝兵垣而又生長東越彼倭之患與防倭之策耳目習之敢苟默不爲　皇上一籌乎今之談兵者謂倭奴易與耳　世宗時曾殲之隻艦不歸封爲京觀此疥癬之疾無足深慮臣則謂不然當嘉靖入犯者非真日本乃島外夷也汪直徐海等誘引剽掠志在子女財帛耳故一招撫汪直等即窮促投降然尤費天下全力數年而後平定若關白殺其主而奪之兼併

六十六州其智謀威力遠非汪直等倫而左右羽翼又多閩浙人有技能者治艤糈兵實欲舉勝力與中國抗烏可視爲易與而忽之朝鮮距日本極邇濵渤渺茫忽揚帆鼓棹直趨其境遼東密邇朝鮮鴨綠江水道往來頗便儻聲東擊西倏轉而犯遼左將若之何遼左自劉江之捷倭讋絕跡人知備虜不知備倭然兵力强而材官備山海關險阻尤有可恃天津通海口抵　京師僅僅三舍彼中有善識海道者誘之徑從海口直抵天津則逼近京邸而武備又单弱不知將何以禦之此臣之大恐也然禦倭之策無過截

之於外洋撲之於初至蓋倭善跳躍利陸戰不利水戰吾從其所不利者擊之則易爲力而所爲截之撲之者計莫神於火攻或用火箭焚其舟或用火砲殲其衆此出奇制勝第一事惟南兵用之爲最精北兵止長步騎而水戰火攻尤其所短者臣請　勑薊遼督撫諸臣急募南兵南兵惟浙人驍勇倭奴所素憚聞張家灣河西務等處浙人延頸待募者甚多一募之可得數萬人擇其壯勇者收之行伍令兵部選善將者提督而訓練之膚功可立奏不爾則見有薊鎮三屯營南兵可調遼左急則令赴遼左天津急則令赴天津即遣遊擊吳維忠將之昨見撫臣沈思孝疏請調發以禦逆虜臣謂寧夏道里甚遙徵發不便畿輔要地尤爲喫緊此調募南兵以破倭機宜所當議者一將帥者三軍之司命必得戚繼光劉顯者爲將倭不足平矣今世豈乏其人哉顧所以求之任之鼓舞之何如耳沿海地方將領雖星羅布列然多紈袴債帥即知能者往往視官爲傳舍朝夕營營爲鷹引陞遷計孰肯究心兵法與地利也此無他久任之法不行而考課之典獨遺耳臣請　勑沿海督撫會同按臣將屬內武職自總兵而下一一品騭而甄別

之某也智某也材某也勇如臣所知福建總兵朱先曾擒剿於海上浙江總兵侯繼高曾克捷於花腦浪港此二臣者倭情熟諳宜久任以責成功其參遊等官果能材稱職者照有司例必五年外始爲陞遷有功者加秩加銜不得仍前驟轉而又行考課之法鼓舞而激勸之令無行令督撫照依各邊事例每遇年終將見任防守春冬二汛大小將官稽覈勤惰功罪分別　上請庶人心知懲勸而勇氣自倍將見海徼壯於金城尚有倭患之弗靖哉此久任武職以防倭機宜所當議者二士卒雖微藉出死力決勝負於呼

吸須至重也必平日乎以恩信始有事効其死綏故
古善將兵者與士卒同甘苦欲得同仇力以資緩急
用乃今蓄兵者興是將領惟事剝削有司但圖尅減
月糧未散即扣常例於官甫及分領又欽公用於將
計士卒所得實餉幾何甚有稽遲卒年或一季不給
者致令脫巾譟呼大乖　國體即不譁亦多疾視乎
居既已離心臨敵安有鬬志是必不勝之數也臣請
勅沿海督撫嚴加約束有司毋扣常例稽糧餉將領
毋假公用剝軍需違者必叅治而於養士之中又默
寓倡率之術行伍中有投石超距藝勇絕倫者識拔

之優賞之以作其氣鼓其勇此輩亦有人心者必能
奮勇先登以圖報効此作養士卒以禦倭機宜所當
議者三臣按籌海圖編倭自五島開船必由陳錢下
八山經過取本候風始分投登犯是陳錢乃倭奴之
咽喉浙直之門戶也最爲要害若令浙直合兵哨守
遇警併力堵截何患其倭入內地向因倭亂畫地分
哨而總叅等官又憚風波之險不躬親督率致倭奴
出沒罔聞殊屬踈虞近據蘇松兵備江鐸揭稱遊兵
把總張瀾率大小戰船會合兩浙官兵直哨至陳錢
羊山等島海波寧息此同心戮力之義勇功效明甚

臣請　勅浙直巡撫以後遇春冬汛期務令總叅等
官躬率官兵往來督哨各會合於陳錢防守一遇倭
警即便併力相機截殺毋容內入悞事者以失機論
庶聲勢聯絡門戶固密如銅山寨烽火門入閩廣要
路倭亦不敢內窺此控扼要害以禦倭機宜所當議
者四臣聞行師之要在賞信罰必昔見禦倭者恐戰
有損傷用名色把總領兵應敵敗死則匿不以聞倖
勝則攘爲已績士卒真獲首級者不賞家丁坐食餼
廩者冒敘致于退縮槩從姑息未聞有立斬以狥者
如此賞不信罰不必何以使前喜而後懾也臣請

勅督撫諸臣一洗舊習以後用兵務令叅遊等官親
自督戰毋令名色代替其名色中真堪驅策者宜預
請實授未戰之先明與將士約如何爲功功必賞如
何爲罪罪必罰如能邀截爲功否則罪賞不以讎捲
罰不以親有其士卒斬獲一人者即照例賞銀若干
一有退縮即斬以狥於師則賞罰嚴明將士皆爭先
用命有必戰戰必勝也何倭亂之足慮此嚴明賞罰
以禦倭機宜所當議者五臣爲此五議卑卑無奇畫
而實於防倭有裨儻蒙　採納必能繫關白之頸而
致闕下若夫繕城堡謹斥堠修戰艦利兵器備芻糧

則防禦所必資而當事諸臣類能言之無俟臣贅至於臨機應變因敵設奇則又身親行陣者之責非臣之愚所能逆料也伏望　皇上睿斷將臣所議五事下該部酌議施行於防未必無小補而非其本也惟時　御朝講以肅臣民之仰　召問大臣以圖安攘之計蚤建　國本以係中外之望則精神流貫而內治既修德威遠播而外夷自服書曰無怠無荒四夷來王寧獨幺麽島夷喙息之不暇即西鎮之變北連之虜亦將讋服削服而天下之治若泰山而四維之矣臣不勝惓惓屬望焉已上俱海防類考

宣諭琉球議

日本有銅無鐵且扶桑之疆盛德在木稱兵析木悖德不祥法應自斃若關白可鑒也矧三十六島六十七州五百一十八郡之醜類非盡皆敢行稱亂也關東諸州翕然自守佞佛戒殺官皆用僧獨關西九州恃劫為活薩摩其最也今山城君久稱寄生而平秀奈亦復弱植家康挾奈而懷異圖家久托孤而賦同仇是東西尚相持于內而鋒刃豈暇及于外且其意願惟貪漢財物即嘉靖中浙直被兵皆內地奸民勾引之而羣不逞無賴借寇幸亂耳不得盡罪倭也罪在戮辱琉球耳今琉球既不能自強而俛首于倭然育之二百餘年而棄之一旦可乎班定遠固曰此輩本非孝子順孫要在羈縻之使勿絕矧今猶知內向修貢則當乘其來而折其陰謀使倭之方物不得以嘗試我且防其去而勵其奮志使中山之君臣猶知所歸向我盍諭之曰聞爾國中于倭心甚惻然第　皇祖有訓海夷與中國皆隔山阻海但令僻處一隅自保有不自量擾邊者但宜捕逐亦不得輕肆伐故今即多兵不得輕發渡海但爾國受　天朝函蓋之日久即所賜三十六姓列文班者豈遂無忠勇智謀

士而輕以其國擲抑或漳泉亡命有為之向導者乎有則改心易慮爾其側身戮力峭志自強如依期以土宜方物來仍許通貢互市以資生聚若陽示歸順陰寔通倭決不爾徇則既不拂其來貢之禮而又不墮其挾詐之謀琉球即弱小或因敗為功轉弱為強未可知也萬曆壬子福建武試策

海防纂要卷之五

海防纂要卷之六

黎陽王在晉明初甫纂　男會蕊穉蕤甫較閱

防倭標本說

中國之防倭有標有本有標之本有本之本何爲標標有四一曰容防汛我境逈臨夷甸望洋浩淼非風不能徑渡故大小汛期幕府檄諸佽飛蹶張以十數艘散列陳錢馬蹟等要害捍之外洋不令登陸是巳而後海沿邊一帶設或載水隨潮艤舟泊岓不難衷甲而窺左足此不可不容偵蚤防也二曰嚴策應夫艎艋周巡以待小偷則可若艨艟巨艦截浪排雲我

艘仰之不見檣杪將螳臂安施乎必豫備沙福滄唬等船分布各隘烽燧一舉衆艘麇集并力而掎角之蔑不濟矣三曰講戰陣倭不長水戰而長陸戰倭不長弓矛而長刀銃以吾所短攻其所長百不當一以吾所長攻其所短一可當十宜倣戚將軍所定水陣法先列火器次筤筅戈殳而率舟師如墻以進勢類率然倭技窮矣四曰慈城守倭來海徼傖佷無賴不能久居至近城邑鹵金帛子女據有巢窟毒始蔓延第有城邑處頓令淸野拮据壘守集威遠神臂轆石運車建瓴而下令不得近渠舍舟陸行愧蟊易之纔

數日且樗腹困不鳥獸散乎凡此四者乘倭之來卒而禦之圖于有形故曰標何爲本本亦有四一曰精訓練集兵不難練兵難不諳坐作不習夷情不挾長技猶之驅市人戰耳居恒抽擇選鋒上者知司馬法次習夷情次驍勇善騎射擊刺以稱娖而訓厲之自伍長什自什長伯自伯長千以技陞陟敦陳整旅龍驤麟振此兵將兩練之法也二曰修器械數年無事綠沉卧金鎖拋絖兒債帥有挾矛鋋鎧鍪飾樸杙營褌拖者一旦有警咄嗟難辦能徒手搏乎宜時時查覈缺者補弊者修無故而缺弊者必問此攻守兩藉

之法也三曰足糧餉兵餉足則居無它營而技精臨陣宿飽而氣奮然募必有餉蝕于何所軍必有屯湮于何年稍于沿海曠地如舟山金堂大榭間田之侵于豪右荒爲甌脫者籍而伍之無事則治錢鎛有事則修戈矛變斥鹵爲良畝化召募爲土著振罷敝爲精勇倭至即以材官羽林蹂踐之此兵餉兩足之法也四曰明賞罰今之海上汛哨非盡能捍禦夷也倭自去幸其不敗待自斃擒以爲功甚至有掠釣艇殺平民以邀利覬賞者上下支吾欺紿耳目謂宜官各有守士各有職以地之衝僻權勞逸以發之遲速第

殿最守而力最于攻訓之精最于戰輕則無稽時之賞重則有越次之擢而支吾欺誑者一切軍法從事無赦夫亦有奮心乎此勸懲兩濟之法也凡此四者倭來亦備不來亦備故曰本何爲標之本夫倭來而圖之抑末也試考倭何自而來記嘉靖初市有舶監夷夏相習競爭利賄上竊寵賂下因徭綱於是兇徒逸囚罷吏黠商譸張睥睨竄身倭奴而誘之爲難吳越之間自溫台以及松陽被其憯虐者十郡自此罷絕監市靜謐者數十年承平既久芽蘖萌生吳越奸民竊田廬携親戚問渡扶桑析木之津往則載貨揚

航以市海爲名歸則鎔金附身貿原舟而返甚至遠贄異類持獻圖略效中行翕侯之爲者倭素髡禿聞習冠蓋矣倭素跣赤聞習衣履矣倭舶樓櫓異制聞構華舟矣倭語啁嘐不可辨聞習華言矣以素相貿易之人即旅而行于吳越之闉何從別識曩寇在藩籬今在門庭矣不嚴爲禁漸不可長一切禁絕則富賈豪族變怪百出速禍釀釁當事者苦不得措置手足鞭長馬腹噬臍寧有及乎故寄防汛嚴策應講戰陣慎城守以外禦者標之標而謹譏察絕私市以內禦者標之本所宜亟講也何謂本之本夫所謂本者

在精訓練修器械足糧餉明賞罰而大要則又以收人心爲本乃浙之人心何如也蓋皆沿海之民慣習見崗寡之綱且波濤之激射攢竿之[illegible][illegible][illegible]恩矜之饒給信宿內一大都會而際方氏所謂東南半壁者也穀擊肩摩雲徑而汗徙業餬口至者如市而恣睢狂舉往往窟穴其中不耕不織鮮衣怒馬倖習賫鼓喜訟好爭以官府爲兒俎而已挾匙匕以鬪閧爲魚肉而已持刀杌聚羽折軸叢指撓錐有司漸失其權百姓莫必其命且也征賦日繁旱澇爲災蚩蚩氓隸憂貧而不憂罪懼死而不懼刑博塞呼盧倒囊罄

橐而且倡盜竿膏髮靚粧倚門招搖而且匿盜藪披緇髠髮持盂句齋而且挾盜器篙工梢師野渡津頭而且恣盜行煮海貨鹺憑山鑄冶而且集盜羣稷下梁園兗服禹步而且公然爲盜主此曹越志思亂命曰不牧之民鯨波一搖斬木揭竿而應者如水赴壑曩寇在門庭今在腹心矣若不蚤爲之所恐猛敵橫發於不虞而倭夷接軫也誠能飭紀綱申教化勤撫綏刀劍易以牛犢萑苻習以鄒魯使人心喁喁歸命於我愉怫相通吸呼相應觸所稱說者皆可次第而舉矣故曰本之本也圖其標一歲之計圖其本百歲

之計圖其標之本與本之本則萬世之計以南防倭可以北防虜可即以治兵治民治河治賦無不可者儻慮外而不慮内狃於情之可安嬉笑幾幸及事勢傾敗坐視而莫之救藥是庸醫不知緩急而標本皆誤者也萬曆壬子浙江武試策

兵器說

歐陽脩言于仁宗曰諸路州軍分造器械工作之際巳勞民力楚用般造又苦道途然而鐵刃不剛筋膠不固長短大小多不中度造作之所但務充數而速了不計所用之不堪經歷官司又無檢責此有器械之虛名而無器械之實用也以草草之法教老怯之兵執鈍折不堪之器百戰百敗理在不疑臨事而悔何可及乎

神宗時有臣僚上言曰方今外禦兩邊之患内虞盜賊之變而天下歲課弓弩甲胄之類入充武庫之積以千萬數乃無一堅好精利實可以爲武備者臣嘗觀諸州作院有兵匠乏少而拘市人以備役所作之器但形質具而巳矣武庫吏亦惟計其多寡之數藏之未有責其實用者故所積雖多大抵敝惡爲政如此而欲抗威決勝外懾夷狄之强獷内沮姦宄之竊

發未見其可臣私計其便莫若更制法度斂數州之作而聚以爲一處每監擇知工事之臣使專于其職且募天下之良工散爲匠師而朝廷内置工官以總制其事察其精窳而賞罰之則人人務勝不加責而皆精矣

古稱工欲善其事必先利其器蓋士卒猶工也械猶器也器利而工善兵精而事彊勢則然矣故曰兵不精利與空手同甲不堅密與袒裼同弩不及遠與短兵同射不能中與無矢同中不能入與無鏃同鬬而不勇與無手同其法五不當一然則五兵者三軍所恃而爲勇也可不謹乎

王鳴鶴曰周禮有六弓曰王弓弧弓夾弓庾弓唐弓弓之良者名烏號繁弱其制今不可考武經總要所載黃樺弓黑漆弓白樺弓麻背弓其名雖異其實則同今開元弓其制强大耐久九邊將士多用之最稱利器若腹裏稱良者北京有槽稍槽墕大稍小稍皆有可稱者其弦甚短口緊而背曲拽之易滿雖不善射者亦無彈袖之病河南有陳州弓南京揚州有小稍弓背窄面短身天少熱則多衮失緩急難恃不得巳而有合竹弓之制以漆漆之取其陰雨不解暑天

不走可備南方水戰之用但無反性發矢不能出百步之外廣東廣西有生漆下面之弓風雨不畏走滚亦少其身極圓細力苦不大射亦不遠夫器之利也因跪因府難以執一至於戰陣之用非歉弓不能古云戰弓長箭快馬輕刀此四事非久閑戰陣者不能得其趣至於持硬弓而號稱勇力者此不過將官套子至於臨敵非持滿不能中非久持對定不能中其所必中之處彼硬弓方得滿即欲發矢故能久持而得其巧若果力大而又能久持此又上之上者也或曰射者意中也突然而發使敵莫測何用久持鶴曰

此乃射疏遠小敵及飛禽走獸之說也先誠其意而箭隨意發所謂得手應心之妙至於臨大敵千百為羣非持滿以待而勢不威猛所謂勢如彍弩捷若發機全在勢險節短上做工夫故能使敵不敢犯此弓貴久持而久持貴弓軟也所謂軟者謂力可致弓而不為弓所致非盡謂人人皆宜用軟弓也

俞旴江云長鎗後手要粗可盈把庶有力若細則掌把不壯鎗腰要從根漸漸細至頭如止如腰粗則硬強不可拏腰細則軟而無力雖手法之妙不能拏捉他鎗開去也鎗梢不可輙細要自後漸細方有力最忌太重重則頭沉不可舉動鎗頭重不可過兩其桿稠木第合木輕而稍軟次之要劈開者佳鋸開者紋斜易折攢竹腰軟不可用

筤筅用浙東毛竹必獵戶能使製筅之法用毛竹長而多節者末銳包鐵如小鎗兩傍多留長刺其刺每雙用火熨之一直一鈎其直者如戟鈎者如矛然後以熟桐油灌之敷以毒藥鋒利難犯已上俱登壇必究

戚南塘云筤筅之為器也形體重滞轉移艱難非若他技之出入便捷似非利器也殊不知乃行伍之藩籬一軍之門戶如人之居室未有門戶扃鐍而盜賊

能入者故凡用筤筅須要節密枝堅杪加利刃要擇力大之人能以勝此者勿為物之所使夫然後以牌盾蔽其前以長鎗夾其左右舉動疾齊必須叙鈀大刀接翼然筅能禦而不能殺非有諸色利器相資鮮克有濟兵中所以必然用此者緣士心臨敵動怯他器單薄人膽摇奪雖平日十分精習便多張皇失錯忘其故態惟筅則枝稍繁盛遮蔽一身眼前可恃足以壯膽助氣庶人可站定若精兵風雨之勢則此器為重贅之物矣

千古有面長七色其來尚矣主衛而不主刺國初木

加以革重而不利步以藤爲牌近出福建銃子雖不能革而矢石鎗刀皆可蔽所以代甲胄之用在南方田塍泥雨中頗稱極便其體須輕堅務使遮蔽一身上下四旁無所不備用牌之訓復有所謂標者所以奪人之目而爲我之疑兵所賴以勝人者也牌無標能禦而不能殺將欲進步然後起標勿輕發以敗其事腰刀用於發標之後以殺敵非長利輕泛則不能接遠其習牌之人又須膽勇氣力輕足便捷少年然後可授之以此置於行伍之先爲衆人之藩蔽衛以長短之器爲彼之應援以之臨敵其衆可合而不

可離可用而不可疲進退左右無所不利此藤牌之功用也

夫長器必短用何則長鎗架手易老若不知短用之法一發不中或中不在喫緊處彼他短兵一入收退不及便爲長所誤即與赤手同矣須是兼身步齊進其单手一鎗此謂之孤注此楊家鎗之弊也學者爲所誤甚多其短用法須手步俱要合一一發不中緩則用步法退出急則用手法縮出鎗捍彼器不得交在我鎗身內彼自不敢輕進我手中鎗就退至一尺餘尚有戳人與短兵功用同矣此用長以短之秘也

至若弓箭火器皆長兵也力可至百步者五十步而後發力可至五十步者二十五步而後發此亦長兵短用之法也長則謂之勢險短則謂之節短萬殊一理

夫釵鈀棍鎗偃月刀鈎鐮皆短兵也何則彼之鎗一丈七八尺我之器不過七八尺若如浙江釵鈀之法俱手握在頭下其手外頭柄通不及二尺長一棍不過六七尺又欲兩頭雙使而兩手擬開所剩棍頭不過尺餘彼之長鎗閃而進疾如流星我就精熟只能格得彼鎗不中入我身耳及其我欲進則彼原進

我釵內不深一縮又復在外我不得撥定彼鎗使無反手如何敢進如此終日我無勝理短兵利在速進終難接長持久即爲所乘必如總戎公俞虛江之法則所執釵棍鈎鈀皆有六七尺在外彼若以長入我必須進深五尺被我一格打歪即用棍内連打之法下下着在長兵上流水點戳而進彼先進我五尺我一進又有五尺是得一丈之勢矣被我進打勢不得起欲抽脫去豈能便抽一丈一入長兵之内則惟我短兵縱橫長兵如赤手同矣藤牌腰刀本短中之短也而必用標鎗亦即短兵長用之法也夫藤牌用標

非取以殺人蓋彼以鎗器持定我牌無故不得進故用標一擲彼以顧標而動我則乘勢而入彼若不爲標所動則必爲標所傷我亦有隙可入短兵長用之法千古奇秘詎欺人也已上俱紀效新書

火器說

葉公夢熊曰塞上火器之大者莫過於大將軍薊鎮一年止放一次以其勢大人不敢放也銃身一百五十斤以一千斤銅母裝發如佛朗機樣余熟思之改銃身爲二百五十斤其長三倍之得六尺不用銅母徑置滚車上發之可及八百弓內大鉛彈七斤爲公

彈次者三斤爲子彈又次者一斤爲孫彈三錢二錢者二百爲羣孫彈各之曰公須孫尚以鐵磁片用班毛毒藥煮過者佐之共重二十斤此一發勢如霹靂可傷人馬數百若沿邊以千萬架而習熟之處處皆置人人能放則所向無敵真火器絕技也初疑其重今運以車登高涉遠夷險皆宜余製成每日幾次試之見者莫不膽寒夫　祖宗出塞專恃神銃爲破虜先鋒天順六年造兵車一千二百輛各有載大銅銃車成化元年造各樣大將軍三百節載砲車五百輛大約與余意合蓋善用中國之長以制虜此上策也觀　大明會典神鎗神銃俱內府兵仗局掌管其愼重如此知　祖宗所以逐胡元則知今日之所以爲戰守矣

葉公夢熊曰車戰古今詳言之矣用之皆有成效歷歷可考間亦有稱不便者謂其重滯窒礙難行也不必遠引即丘文莊李文達馬端肅許襄毅每能言之而未身試成化年間工部造之名爲小車而一輛拽之用十八人宣大造之用十人薊鎮見存曰偏廂曰飛車非十五人不能駕竟未得古人良法美意自古謂之馳車謂之輕車突騎謂之興兵十萬用輕車二

千皆越險數千里而轉戰者也安得以重滯爲病哉余近日以意造之雙輪前向遮板稍後上列刀鎗六把佛狼機二面火箭三層新製手上百子銃二面輪輕着地若有自行之勢假二人推之如飛翼以新製鐵拒馬竹挨牌砍馬刀馬見之驚恐奔潰不敢回顧平地二人可推遇險四人可舉共可遮蔽二十五人爲一隊隊馬五匹稍倣古法合一萬人而爲一軍見在各營舊車存之以備運輓抽其軍之壯健者以駕輕車其竹挨牌與百子銃鐵拒馬須用南兵方可敵捷每車一輛并銃砲器具價銀五兩夫造之如法不

惜其費續之如法必極其精余願以三年之功得精兵一萬少効制虜安邊之策也

造錫鉛銃者須知煉鐵蓋鐵中原有查滓夾雜須煆煉不已融盡查滓底於精純方免脆折爆碎之患故十斤而煉用一斤者為上十斤而煉三斤者次之其管欲員而淨其臬欲端而直司銃者須擇手足便捷之人臨敵裝藥入彈覘臬焚火庶不遲悞若但見臬而不見管則失之仰但見管而不見臬則失之俯皆不能中也此器令人類並立而用之遠攻非也須近敵乃用長短兵相夾乘勢速進使賊避銃目睫閃眩之間而我兵已入其隊中矣鉛錫銃之妙全在此也

都御史唐公順之云虜所最畏於中國者火器也天助　聖明除兇滅虜而佛狼機子母砲快鎗鳥嘴銃皆出嘉靖間鳥嘴銃最後出而長猛利以鍊鐵為管木槖承之中貯鉛彈所擊人馬洞穿其點放之法一如弩牙發機兩手握管手不動而藥線已燃其管背施雌雄二臬以目對臬以臬對所欲擊之人三相直而後發擬人眉鼻無不著者捷於神鎗而准於快火技至此而極是倭夷用以肆機巧中國習之者也

戚公繼光云鳥銃之准在於腹長而直火藥之不奪手在於前手拏在銃腹點放之直在於兩手俱托執銃身而無點火之誤鉛子之利在於合藥之方其神機銃用木馬繁而多誤勢難再發過銃手執後尾其重在前一手點火眼不能照皆不及此銃之妙而速也

一行營之內鳥銃雖速准而力小難禦大隊難守險阻難張威武佛狼機又大重難於扛隨今以臆創一器名為賽貢銃既無下木馬延遲之艱又不坐後其鉛子猶勝佛狼機之大其聲勢可比發貢其速即可比鳥銃每五百人之中用以五六門以備守路截險甚妙

火箭夫火箭亦水陸利器其功不在鳥銃下但造者無法放者無法人鮮知此器之利也大端造法有二或造成用鑽鑽線眼或用鐵捍打成自然線眼但鑽者不如打成者妙鑽易而打成費手故匠人多不肯用打成之法其肯綮全係於線眼眼正則出之直不正則出必斜眼太深則後門泄火眼太淺則出而無力定要落地每箇以五寸長言之眼須四寸深捍要直而去頸二寸稱平翎要勁羽長而高稍筒用礬紙間以油紙夏不走硝可留二年此物最不耐久收也

然將佚國弼云鳥銃所發止於一彈所中止於一人中則傷人不中則無所傷矣一窩蜂一發百彈漫空散去豈無中傷者乎其力量眞可以爲佛狼機之亞但佛狼機器重難帶一窩蜂輕於鳥銃以皮條綴之一人可佩而行戰時以小鐵足駕地昂其首三四寸蜂尾另用一小木椿釘地止之誠行營之利器也若欲爲坐營之用則以木床載於營門床身左右各置二輪以便進退可以爲守營之寶

册陽邵守德云以生鐵鑄成實藥斗許檀木砧砧至底砧內空心裝藥線一條揣寇必由之地掘地作坑

連連數十埋地雷於坑中內用小竹筒通藥線土掩如舊機關藏火賊不知而踏動則地雷從下震起火焰冲天鐵塊如飛蝗着人即死乃孔明之秘器也

戰船說

凡水戰以船艦大小爲等勝人多少皆以米爲準一人不過重米二石帆檣輕便爲上以金鼓旗幡爲進退之節其戰則有樓船鬬艦走舸海鶻其潛襲則有蒙衝遊艓其器則有拍竿爲其用利順流以擊之諸軍視大將軍之旗旗前亞聞鼓進則旗立聞金則止旗偃則還若先鋒遊奕等船爲賊所圍以須外援則視大將赤旗向賊點則進每點一船進旗前亞不舉則戰船徐退旗向內點每點一船退若張疑兵則於浦泥廣設旌旗帆檣以惑之此其大略也武經總要

遊艇

遊艇者無女墻舷上槳牀左右隨艇子大小長短四尺一牀計會進止回軍轉陣其疾如風虞侯用之夫拍竿者施于大艦之上每艦作五層樓高百尺置六拍竿並高五十尺戰士八百人旗幟加於上每迎戰敵船若遇則發拍竿當者船舫皆碎隋高祖命楊素伐陳自信州下峽造大艦名五牙艦上起樓五層高

百餘尺左右前後置六拍竿並高五十尺容戰士八百人旗幟加於上次曰黄龍置兵五百人自餘平乘舴艋等各有差軍下至荆門陳將吕仲肅於州以艦拒素素令巴乘五牙四艘逆戰船近以拍竿碎陳十餘艦奪江路

蒙衝

蒙衝者以生牛革蒙戰船背左右開掣棹空矢石不能敗前後左右有弩窗矛穴敵近則施放不用大船務在捷速乘人之不備

樓船

樓船者，船上建樓三重列女墻戰格樹旛幟開弩窻矛穴外使氊革禦火置砲檑石鐵汁狀如小壘其長者步可以奔車馳馬若遇暴風則人力不能制不甚便於用然施之水軍不可以不備以張形勢也

走舸

走舸者船舷上立女墻棹夫多戰卒皆選勇力精鋭者充之往返如飛鷗乘人之所不及金鼓旗旗在上

鬬艦

鬬艦者船舷上設女墻可蔽半身墻下開棹空（音孔）船内五尺又建棚與女墻齊棚上又建女墻重列戰士

上無覆背前後左右竪牙旗金鼓（晉謀伐吳詔王濬修戰艦乃作大舶連舫一百二十步受二千人以木爲城起樓櫓開四門其上皆得馳馬畫鷁首怪獸以懼江神）

海鶻

海鶻者船形頭低尾高前大後小如鶻之形舷上左右置浮板形如鶻翼翅助其船雖風濤怒漲而無側傾覆背左右以生牛皮爲城牙旗金鼓如常法（已上係古制圖式不載以下船式備載籌海圖編及海防類考）

廣船視福船尤大其堅緻亦遠過之蓋廣船乃鐵力木所造福船不過松杉之類而已二船在海若相衝擊福船卽碎不能當鐵力之堅也倭夷造船亦用松杉之類不敢與廣船相衝但廣船難調不如調福船爲便易廣船若壞須用鐵力木修理難乎其繼且其制下窄上寬狀若兩翼在裏海則穩在外洋則動摇此廣船之利弊也廣東大戰艦用火器於浪漕中起伏蕩漾未必能中賊卽便中矣亦無幾何但可假此以虩敵人之心膽耳所恃者有二發鑛佛郎機是惟不中中則無船不粉一也以火毬之類于船頭相遇之時從高擲下火發而賊舟卽焚二也大福船亦然廣船用鐵力木造船之費加倍福船而其耐久亦過之蓋福船俱松杉木蝌虫易食常要燒洗過八九汛後難堪風濤矣廣船木堅蝌虫縱食之亦難壞也

福船高大如樓可容百人其底尖其上闊其首昂而口張其尾高聳設樓三重于上其傍皆護板護以茅竹堅立如垣其帆桅二道中爲四層最下一層不可居惟實土石以防輕飄之患第二層乃兵士寢息之所地櫃隱之須從上躡梯而下第三層左右各設木門中置水櫃乃揚帆炊爨之處也其前後各設木椗繫以綜纜下椗起椗皆於此層用力最上一層如露臺須從第三層穴梯而上兩傍板翼如欄人倚之以攻敵矢石火砲皆俯瞰而發敵舟小者相遇卽犁沉

之而敵又難於仰攻誠海戰之利器也但能行于順風順潮回翔不便亦不能逼岈而泊須假哨船接渡而後可

先任南塘戚公繼光云福船高大如城非人力可驅全仗風勢倭船自來矮小如我之小蒼船故福船乘風下壓如車碾螳螂鬬船力而不鬬人力是以每每取勝設使賊船亦如我福船大則吾未見必濟之策也但喫水一丈一二尺惟利大洋不然多膠於淺無風不可使是以賊舟一入裏海沿淺而行則福舟爲無用矣故又有海滄之設

按福建船有六號一號二號俱名福船三號哨船四號冬船五號鳥船六號快船福船勢力雄大便於衝犁哨船冬船便於攻戰追擊鳥船快船能狎風濤便於哨探或撈首級大小兼用俱不可廢船制至福建備矣惟近時過於節省兵船修造估價太廉求其不板薄釘稀不可得也欲船之堅須加工料可也已上俱籌海圖編

福船之小者爲草撇船今名哨船又爲海滄船今名冬船其再小者爲蒼山船卑隘于廣福船而濶于沙船用之衝敵頗便溫人乎爲蒼山鐵賊船人裏海我

大福海滄不能入必用蒼船追之又可撈取首級近又改蒼山船制爲艟艚船比蒼船稍大比海滄較小而無立壁得其中制艟艚之稍次者爲鐵頭船首尾皆濶帆櫓竝用深淺俱便人呼爲鐵頭以其堅而有用也閩人將草撇蒼船改造鳥船式如草撇兩傍有櫓六枝尾後催稍櫓二枝不畏風濤行使便捷往來南北海洋福草蒼艚等船無出其右溫州有艚艚船亦不如鳥船之疾速可與沙唬船竝駕焉唬船頭尖艄銳艙濶槳多風順揚帆風息盪槳喫水惟止三尺慣走遠洋體式低小雖無衝犁之勢進退殊捷可備

追逐之需閩浙有叭喇唬船兵夫坐向後而掉槳其疾如飛有風竪桅用布帆槳斜向後准作偏柁亦能破浪甚便追逐哨探倭號曰軳帆蓋懼之也輪船式如唬船而與唬船竝速開浪船式如鳥船而比鳥船差小沙船造于崇明可以接戰但上無壅蔽火器矢石何以禦之不如鷹船傍皆猫竹板密釘竹間設窗可出銃箭窗之內船之外隱人以盪槳先用此衝敵入賊隊中賊技不能却沙船隨後而進短兵相接戰無不勝矣鷹船沙船乃相須爲用者也

兵船之能任重者爲蜈蚣船東南夷用以駕佛郎機

銃銃重千斤小者亦百五十斤葛稚川曰蜈蚣之氣能逼蛇夷之制義爲是故與

㲉哨船爲温州捕魚船網梭船乃魚船之最小者魚船于諸船中制至小材至簡工至約而其用爲至重以之出海每載三人一人執布帆一人執槳一人執鳥嘴銃布帆輕捷無墊没之虞易進易退隨波上下敵船瞭望所不及是以近年賴之取勝擒賊者多其力焉 王在晉類述

按大學衍義補有兩頭船之說蓋爲海運爲船巨遇風㦬難旋轉兩頭製舵遇東風則西馳遇南風則北

馳海道諸船無逾其利蓋武備不嫌於多慮患不妨於遠莫爲之前猶將求之而況設之前者有未泯乎以此衡敵則賊舟雖整可亂也

水戰非鄉兵所慣乃沙民所宜蓋沙民生長海濱習知水性出入風濤如履平地在直隸太倉崇明嘉定有之但沙船僅可於各港協守小洋出哨若欲出赴馬蹟陳錢等山必須用福蒼及廣東烏尾等船

沙船能調戧使鬬風然惟便於北洋而不便於南洋北洋淺南洋深也沙船底平不能破深水之大浪也北洋有滾塗浪福船蒼山船底尖最畏此浪沙船却不畏此北洋可拋鐵猫南洋水深惟可下木椗

閩縣知縣仇俊卿云地有南北時有冬夏自春徂夏則時多南風而利于北行自秋徂冬則時多北風而利于南行此番泊往來出没之候也彼賊其時乘風連雲以出洋我當其衝欲逆濤破浪以邀擊未必其勢之便也蓋亦隨時以應之時乎北風必先於北道之防以遏其衝而以南舟曳于後其中間各寨澳之舟又從旁遁出而擊之時乎南風亦如前法或遏于前或躡于後或擊于旁此亦迭肆之法長蛇之勢寇未有不困疲而就縛者海上可立京觀也

國初置沿海衛所每所船五隻每船軍百名其法備載　會典自一所一衛推之則合省之海船海軍可總其實也使法之常存何慮海寇之擾向來修復一二止可用于哨報難以衝敵及其事急借發福清鹽船倂報各澳民船奈彼不思　國家之急皆存繫吝之私雖給價值終不直前況福清鹽船雖大不可以當海寇之夾板船叭喇船漳州之草撇樂清之大鐵等船又不可以當海寇之鳥尾尖艚如東仔銅荄等船又不及也昔日海戰之船大小制度不同今當兼用如樓艪艨衝此船之大者也如直進露撓此船之

中者也又如舴艋海鰍此船之小者也以船之大者
爲中軍坐船而當其衝以船之中者爲左右翼而分
其陣以船之小者繞出于前後兩旁之間隨船器械
各須犀利完足但海寇所恃全在于銃吾亦以銃爲
應中軍大船仍用佛郎機大銃數架兩翼中船亦用
銅將軍大銃數十架其小船亦載鳥銃鉛筒數十架
各船編定字號晝則麾旗夜則振鼓爲節迭出更進
則彼此衆寡勞佚之勢不同未有不殲此渠醜者也
今蒙委官鳩工大造船隻戰船之造必有定議但船
之外旁又須護以牛革漁網氊絮之類其大者更用

列木爲柵可避砲石又有車船之製令戰士前後踏
輪舟自進退所謂中流上下回轉如飛虜衆相顧駭
愕者用此法也又須預募能射與善浮之人一遇番
船或以火箭焚之或以水鑽溺之是或皆可用也
總兵俞公大猷云或問兵船官造與私募孰便曰造
易而修難也雖督造之官用之海上衝敵激浪不旋
踵必議修矣修船之弊奚啻萬端議修之後閣岸日
多浮水日少以之守港則可以之出洋追捕則全不
足恃矣在官府不能立無弊之法在民間不能克不
可制之情天下古今豈有視官物爲已物者哉此惟
熟於海務者自知之烏得而盡言或曰民間安有許
多私船可募乎曰厚之以稅使逐利之民爭造新船
以應募何患其不多責府縣以及時給稅責船戶以
及時修整則經年累月皆有堅船可用然則用官造
之船以守港用私募之船以追捕則如何曰必若是
然後攻守各適其用也
鄧鍾曰閩廣浙直船制各異而不知其所以異者於
海勢之不同也廣東船制兩旁設架便於搖櫓福建
船制其旁如垣其篷用捲便於使風浙直船制平底
布帆便於盪槳此船制之異也所由然者福建海水

最深各信地俱近外洋一望無際縱有海島如浮漚
之着水耳故有風時多無風時少順則使風逆則飲
風此福船所由製也廣東自出五虎門上及大鵬下
及北津以西俱有海嶼或斷或續聯絡於外商船來
往多從裏海且風氣和柔全仗搖櫓此廣船所由製
也浙直海水深處固多淺處時有近岸平沙或數十
里潮長水深尋丈潮退僅可尺許故入喇虎沙船專
事盪槳此浙直之船所由製也若易地則風水不同
其制亦當少異推此而山東以北危磯暗沙往往有
之船制又不可執此例彼矣然欲攻大敵於外洋非

福船不可蓋福船之制其蜂房垣墻卽古之樓船巨艦其重底堅牢卽今之過洋與使琉球船式也故諸省船制惟福建爲工

又按海上之戰不過以大船勝小船大銃勝小銃多船勝寡船多銃勝寡銃此中國之長技也故論戰則陸戰難水戰易然論兵則陸兵易水兵難而海將尤難者風濤難狎此善水戰者之難其人也

附水戰

吳楚揚越之間俗習水戰故吳人以舟楫爲輿馬以巨海爲平道是其所長春秋時吳以舟師伐楚又越

軍吳軍舟戰於江伍子胥對闔閭以船軍之教比陸軍之法大翼者當陸軍之車小翼者當輕車突冒者當衝車樓船者當行樓車橋船者當輕足驃騎大翼以下皆船名　公輸般自魯之楚爲舟戰之具爲之鈎拒退則鈎之進則拒之

漢武伐南越於昆明開池習水戰製樓船上建檣樓戈矛船下置戈戟以禦蛟鼉水怪之害然樓船戰艦形制之盛不若輕疾之爲利張兵威蓄器械以樓船大艦爲先趨便利立功效則走舸海鶻爲其用或伏襲而入敵境則凡舟皆可用也故呂蒙襲關羽白犬搖檣作商賈服羽不聞遂立功焉

車戰

王鳴鶴曰書言戎車三百詩言戎車旣安而韋幹戎輅與夫六𨌺之數周禮及考工記載之甚詳無非所以衛卒伍備戰陣者也三代而後鄭用之以禦北戎晉用之以制羣狄衛青以武剛擊匈奴馬隆以偏箱平凉州及至馬燧吳淑李綱魏勝輩用以威服戎虜爲萬全之策所謂步不能勝騎騎不能勝車此車戰之利其來尚矣然大都宜於平原夷曠之地行則藉以齎載止則環以爲營使敵人不得千里長驅其勢

誠便若地居險隘是坐困之道也故曰死地有十勝勢有八用車者其可不致審于斯哉至若東南形勢大而山谿之阨塞小而溝塍之分界卽有車無所用之而況島夷肆侮趫悍慓疾雲合鳥散非步騎之精銳者不足以挫其鋒刃故易野車爲主險野人爲主此南北之勢異也

兵法曰用車之法五車有一長十車有一吏五十車有一卒百車有一將易戰之法五車爲列前後相去四十步左右十步隊間六十步險戰之法車必循道十車爲一聚二十車爲一屯前後相去二十步左右

六步隊間三十六步五車一長縱横相去一里易戰之法一車當步卒八十人八十人當一車一車當十騎十騎當一車車騎者軍之武兵也故十乘敗千人百乘亂萬人用車之道陰濕則停陽燥則起貴高賤下馳其要害運其糧草若進若止必從其道敵人若起必逐其迹其士須選少壯驕健走追奔馬及馳而乘之則前後左右上下周旋能縛束車旗力可引其八石能射前後左右便習者名武車之士養之不可以不厚也然用車之道太公曰死地有十勝勢有八不可不審察也可往而無以還者車之死地越絕險

阻乘敵遠行者車之竭地前易後險者車之困地陷之險阻出而無以返者車之絕地下漸澤黑土粘埴者車之勞地左險右易上陵仰阪者車之逆地殷草横畝犯歷深澤者車之拂地車少地易與步不敵者車之敗地後有溝瀆左有深水右有峻阪者車之壞地日夜霖雨旬日不止道潰地陷前不能進後不能解車之陷地此十者車之死地拙將之所以見擒明將之所以見避八勝者敵之前後行陣未定即陷之旌旗擾亂人馬數動即陷之士卒或前或後或坐或起即陷之陣堅不固士卒前後相離即陷之前往而疑後往而怯即陷之三軍卒驚皆薄而起即陷之戰於易地暮不能解即陷之遠行而暮舍三軍恐懼即陷之此八者車之勝勢也將明於十害八勝敵莫之禦也至若胡騎剽輕以安車制之適當其理河朔坦平以車騎行之正得其便前賢著說皆可推用故說以車禦侮以騎逐利行有所恃止有所息居則不可犯動則不可失機此用車之利也

攻城法 賊躲避於城用此法攻之

用兵之法全國爲上破國次之全卒爲上破卒次之皆謂用謀以降敵必不得已始修車櫓具器械三月

而後成踊土距堙又三月而後已恐傷人之甚也故曰攻城爲下然攻亦有道必審彼彊弱量我衆寡或攻而不圍圍而不攻知此則能勝矣攻之者大要攻其所不守與其必救故城有宜急而取之者有宜緩而克之者若彼我勢均外有彊援慮腹背之患須急攻之以速其利如我彊彼弱外無寇援力足以制者當羈縻守之以待其斃是謂不以兵攻以計困之令其自拔令其自毀若城堅兵衆欲留我師外援且至則表裏受敵援之未足爲利不拔足以挫威若是將有不勝其忿而蟻附之士卒被傷城終不拔乃攻

之災此所謂不審彼之疆弱者也法曰十則圍之五則攻之兵少則不可久圍環而鬬之離而合之此所謂量我之衆寡者也又城有所必攻者有所不攻者故兵向城必先使諜者求知城中之糧數計人為費糧多而人少則攻而勿圍糧少而人多則圍而勿攻此所謂或攻或圍者凡欲攻城備攻具然後行之得王地然後臨之趨其所救謂攻其軍主之所在絕其所恃謂斷其糧道而守其歸路使外交不得相救也圍兵必去城三百步外則弓矢不及姦偽不通賊出突圍勢力已困欲攻其一面則四面撓之使敵不知

所備此兵謀也不發掘墳墓不殺老幼婦女不焚廬舍不汚井竈不毀神祠佛像恐怒敵也破城鼓聲未絕不許散俘虜散俘虜須限以時及時擊鼓三通軍人便須歸營若捉獲婦女者三日外不許留置在營此軍禮也得賊城堡非有要害可恃者不分兵鎮守得賊城近境者則固守以積糧儲薪芻守備之物所以免轉輸之勞也

銷盜

秦觀曰自古盜之所以興皆出於仍歲水旱賦斂橫出徭役數發故愚民爲盜弄兵於山海險阻之間以爲假息之計所可深慮者其間有豪俊而已何則人之豪俊猶馬之有驥犬之有盧雖上觀下獲一日千里而縱踶嚙之變亦可畏也昔周亞夫得劇孟喜曰吳楚舉大事而不求劇孟吾知其無能爲也天下騷動大將得之隱如一敵國云唐縱朱克融北還盧龍未幾軍亂遂復失河朔夫孟克融皆匹夫耳而得失去就之間繫吳楚之成敗爲河朔之存亡以此言之盜賊之間而有豪傑豈不爲可深慮也哉臣以爲銷亡大盜之術莫大乎籠取天下之豪俊天下豪俊爲我籠取則彼卒校鼠輩雖有千百為羣不足以置齒

牙之間矣國家取人之制其選高者惟制策進士夫豪俊之士固有文武縱橫之才間無不可者惟曾少文獨可以任之大事者使天下豪傑皆文武縱橫之才二科足以取之若惟曾少文之人則不可得而取之矣是制策進士所得之外不能無遺材也已上俱登壇必究

被圍

我師爲敵所圍可以力守者三外有援兵一可守也人士勁勇芻粟豐備二可守也城池完固民人富庶三可守也可以決戰者三外無援兵一可戰也人勁

馬壯甲兵堅利備畜不備二可戰也城池不完士民窮匱三可戰也守可以必守戰可以即戰何謂必守許洞曰盡我力焉援之不到俟敵困懈出奇以戰如光武昆陽水上鼓譟而出如田單即墨火牛之類是也何謂即戰許洞曰既圍即戰謀未備也圍久則困一作用焉被圍之師不可出者二敵無故開圍一角者有伏也退圍數里者謀也示以老弱者誘也可以急備者二敵攻其西謹備其東四面皆如之敵示以閑暇者此必緩我而欲求解陰將衝突也夫被圍者當先安内而後及其外可也虎鈐經

奇伏

夫奇兵者正兵之變也伏兵者奇兵之别也奇非正則無所恃正非奇則不能取勝故不虞以擊則謂之奇兵匿形而發則謂之伏兵其實一也歷觀前志連百萬之師兩敵相向列陣以戰而不用奇者未有不敗亡也故兵不奇則不勝凡陣者所以爲兵出入之計而制勝者常在奇也韓信破趙奇而有正也苻堅敗于晉正而無奇也項籍善用兵者也烏江所存惟二十八騎猶分奇正況其衆多者也兵法曰凡布大陣常以十分之三爲奇伏設有萬人則一千五百爲兩奇一千五百爲兩伏奇兵如手伏兵如足正陣如身三者合爲一體迭相救援戰則互爲進退循環而無已故兵法曰兵以正合以奇勝善出奇者無窮如天地不竭如江河奇正相生如循環之無端此言奇亦爲正正亦爲奇處則合而爲正出則散而爲奇乘敵之不意以擊之之謂也至其出入詭道馳騁詐力則勢有萬變故兵法曰能而示之不能用而示之不用近而示之遠遠而示之近利而誘之亂而取之實而備之彊而避之怒而撓之卑而驕之佚而勞之親而離之飽而饑之安而動之攻其無備出其不意此兵法之所以爲神也所謂能而示之不能者匈奴羸

師以誘漢祖圍於白登是也所謂用而示之不用者李牧按兵雲中大敗林胡是也所謂遠而示之近者韓信陳船臨晉而渡夏陽是也所謂近而示之遠者晉侯伐虢假道于虞是也所謂利而誘之者赤眉委輜重而餌鄧洪是也所謂亂而取之者李靖乘輕舟而破蕭銑是也所謂實而備之者關羽討襄樊多留兵備公安南郡是也所謂彊而避之者隋李良無與楚君遇是也所謂怒而撓之者漢兵擊曹無咎於汜水是也所謂卑而驕之者石勒奉戴王浚是也所謂佚而勞之者吳子亟肄以疲楚軍是也所謂親而離

之者漢王慢楚使而疑范增是也所謂飽而饑之者晉文困諸葛延而拔壽春是也所謂安而動之者齊軍走大梁而退魏師是也所謂攻其無備者制人以不虞而敗南燕是也所謂出其不意者鄧艾由邪徑而趨劒閣是也此十有六者皆前世已然之效也亦有因地形以爲變者法曰師行已近敵境者大將必謹視山川原隰之形心預討之爲伏兵之地大率溪谷險阻者所以止禦車騎也隘塞深林者所以用少擊衆也坳澤窈冥者所以匿其形也疾如流矢擊若發機者所以破精微也詭伏遠引者所以擒敵將也

四分五裂者所以擊圓破方也因其驚駭者所以用一擊倍也因其恐懼疲倦者所以用十擊百也隘涂深草者所以伏藏也假奇伎者所以濟江河大水也大風甚雨者所以搏前擊後也僞稱敵使者所以絶糧食謬號令也山林翳薈者所以默行往來也夫兵以詐立以利動使敵人前後不相及上下不相收將卒不相救衆寡不相恃譬如蜂蠆出于懷袖烈火發于廬舍雖壯夫猛士無不驚撓我得乘而制之之謂也　武經總要

海防纂要卷之六

海防纂要卷之七

黎陽王在晉明初甫纂　男會苾稱蒭甫較閱

定廟謨

都御史唐順之題云自海賊入寇以來十餘年東南雖苦其毒而賊之被殺者亦積至幾萬今年寇江北寇浙東者且萬餘而寇福建者傳聞不下二三萬則是殺者不可勝紀而寇者不爲少止夫南倭與北虜異口外砂磧之地從古以來原有韃子腹裏脊脥之地二十年前原無倭子今口外尚有一兩年無寇而倭子却無一歲不來如此不已非止外患將爲内虞

古云兵久則變生近者吳淞定海之間水卒呼糧挾官縛吏則兵變之漸矣蘇人素怯弱而游冶子弟懐毒蓄機日何倭來裏外合應幸早發之猶燒官寺刼獄囚閧然一逞則民變之漸矣此其萌芽也誠不可不深圖而熟慮之若謂倭寇之來一歲支却一歲一番殺却一番便自了事則臣不敢知其所終也伏惟聖明勑下禮兵二部備講　祖宗以來招懐撫諭之略防海固圉之機及　勑督撫諸臣偏訪倭情集議長策二十年前何以絶無倭患十年之間何以倭患若此年年禦倭何時是了如何可以永斷倭寇之路

以復東南之舊苟可以利　國不必爲身家顧慮苟可以便令不必以成說拘牽外內臣工方略畢上然後　聖明與廟堂大臣從中主斷而力行之期於三年四年斷却此賊臣猶以爲速也不然一歲一來一來一勝臣猶以爲浪戰耳

敘寇原

太守嚴中云海商原不爲盜然海盜從海商起何也許二王直輩通番渡海常防劫奪募島夷之驍悍而善戰者蓄於舟中泊於雙嶼列表濱海之民以小舟裝載貨物接濟交易夷人欺其單弱殺而奪之接濟

者不敢自往聚數舟以爲衛其歸也許二輩遣倭一二十人持刃送之倭人還舟遇船即劫遇人即殺至其本國道中國劫奪之易遂起各島歆慕之心而入寇之禍不可遏矣

都督萬表云向來海上漁船出近洋打魚樵柴無敢過海通番近因海禁漸弛勾引番船紛然往來海上各認所主承攬貨物裝載或五十艘或百餘艘成羣合黨分泊各港又各用三板草撇脚船不可勝計在於沿海兼行劫掠亂斯生矣自後日本暹羅諸國無處不到又誘帶日本島倭奴借其強悍以爲護翼徽州許二任雙嶼港此海上宿寇最稱強者後被朱都御史遣將官領福兵破其巢穴焚其舟艦擒殺殆半就雙嶼港築截許二逸去王直亦徽州人原在許二部下管櫃素有沉機勇略人多服之乃領其餘黨改任烈港漸次併殺同賊陳思盻柴德美等船伍遂致富強以所部船多乃令毛海峰徐碧溪徐元亮分領之因而海上番船出入關無盤阻而興販之徒紛錯於蘇杭近地人民自有餽時鮮餽酒米獻子女者自陷黃巖屠霩衢而其志益驕其後四散劫掠不於餘姚則於觀海不於樂清則於瑞安凡通番之家則不

相犯人皆競趨之杭城歇客之家貪其厚利任其堆貨且爲之打點護送如銅錢用以鑄銃鉛以爲彈硝以爲火藥鐵以製刀鎗皮以製甲及布帛絲綿油麻酒米等物

除內逆

兵部尚書楊博題云倭賊入寇多因我民爲之勾引蓋逋逃不歸則禍本未拔東西無息肩之期合行督撫諸臣多方招徠務使不軌之徒以次歸正

擇將才

兵部尚書胡世寧云自古將才難得而起自行伍慣

歷戰陣者尤爲難得今彼處邊軍衝鋒破敵者旣拘例不得報功而斬獲首級者又被勢豪奪去不得報陞官級至於指揮千百戶間有謀勇可用者又或家貧不得營幹管軍事以顯其才以是將官起自行伍眞能殺賊者不可再得今宜嚴　勑彼處鎮巡官公心體訪指揮千百戶中間果有謀勇出衆家貧不得差遣者務要公心選任管隊把總掌印備禦等職至於勢豪奪功買功之弊尤宜痛革而行伍士卒果能衝鋒破敵或斬獲首級者務要實報功次使其得陞官職與選任指揮千百戶俱令積功漸陞品級以備

將官之選則在邊將領可得眞才而緩急有備矣

兵部尚書張時徹云三軍之司命則在將帥今之世祿紈袴固有宣力翼戴長於馭衆者矣寧無朘削以自肥用賄以干進者乎畀之兵柄求無敗事不可得已昔者晉悼公使欒糾爲戎御以訓諸御知義使荀賓爲戎右以訓勇力之士可以時使山林草澤行伍之間未嘗無干城腹心之士也歐陽修所謂求賢勞之士不必限以下位智略之人不必試以弓馬山林之士不可薄以貧賤以非常之禮待人人亦以非常之效報國又觀取禁軍廂軍年少有力者不拘等級因其技同每百人團爲一隊而教之校其技精而最勇者百人之中必有一人得之以爲裨將合十裨將而教之又於其中擇有見識知通變者十人之中必有一人得之以爲大將此一人之智勇乃萬人之選也推行是說拊髀之思庶幾可慰矣

實軍伍

海道副使譚綸云衞所官軍旣不能以殺賊又不足以自守往往歸罪於行伍空虛徒存尺籍似矣然浙中如寧紹溫台諸沿海衞所環城之內竝無一民相雜廬舍鱗集豈非衞所之人乎顧家道殷實者往往

納充吏承其次賂官出外爲商其次業藝其次投兵其次役占其次搬演雜劇其次識字通同該伍放回附近原籍歲收常例其次舍人皆不操守卽此八項居十之半且皆精銳至於補伍食糧則反爲疲癃殘疾老弱不堪之輩軍伍不振戰守無資弊皆坐此至于逃亡故絕此特其一節耳爲今之計合無委賢能有司官員公同該把總官前去各該衞所督同掌印等官不必論其伍分先將城中街巷盡行查出計有若干每街每巷共有門面若干戶分格眼紙一張諭令自開房屋幾間男婦幾口某係精壯某係老弱至

於釜竈床鋪若干亦要從實開載貼於大門之上乃各委官親自持簿帶領各伍官旗沿街履戶逐一挨查面詰該管官旗有無隱漏并執結明白然後比對戶口文冊庶幾可得十之七八於是取其見在人數通行挑選精壯者存留食糧老弱不堪者通行革退即於戶丁精壯餘丁選補如果在營故絕無丁者除本省地方照舊行勾外其他省人民屢勾無解者不必駕言革勾即查照近例嚴選別戶精壯餘丁補伍至於充納吏承違例役占者自今伊始通行禁止其賣放逃出外行商業藝投兵搬戲及隱容在籍收取

常例等項俱責令該管官旗及家屬人等免其前罪通行勸限招回一體選補務使食糧者皆精銳之士無復以老弱充數不食糧者照依保甲之法編守城之人如有百姓守城之例不得以無糧藉口該管官旗招徠補充至五分以上即量行獎賞其始終不改縱容賣放如故者掌印及諸伍官旗聽各道從實查參輕則問罪降級重則綁解軍門治以軍法如此庶軍政可肅戰守有人不至臨時紛紛請兵矣

恤軍屬

兵部尚書楊博題云優恤軍士著在令甲即如近日山西等處之變固是諸軍自干　天憲至於處置乖方當事者亦不得不任其責合無備行督撫總兵等官令所屬大小將領將部下士卒察其饑寒同其甘苦務使人樂為用闡明信義整肅威嚴務使人不敢欺則感恩畏義無不願死以報上矣

精教練

兵部尚書胡世寧云宋學士蘇軾有言天下不免於戰無事之時士大夫當尚武勇習兵教庶人之在官者以行陣之節役民之司盜者以擊刺之術歲終試之較以勝負以行賞罰一旦有事免以不教之民而

驅之戰乃今日為世道計者之所當知也

或者云今之議者不思練兵而數欲調兵昔山東兵嘗調矣而無救於敗狼廣兵再調矣而無救於敗蕃土兵又調矣無救於敗而害益滋其所至如乳虎而其臨陣如鳥散居則為民蠹出則長賊威故民苦調兵與被賊等以其練之不精而馭之無統也夫兵法平原曠野此用衆之地也如羣鹿抗犄以多者勝道狹險要則如兩鼠鬭穴以勇者勝雖衆無所用也

兵部尚書楊博題云遠調客兵不如團練鄉兵此誠不易之論況所調狼土等兵兇狠狂悖十倍倭奴總

督既不能節制其將領又不能約束卽如近日川貴總督侍郎石某所奏可鑒已但議者動謂鄉兵怯懦緩急難恃不知近日浙江揚州之變多係土人何其勇於私鬬而怯於公戰哉是在處置得宜耳合行督撫等官嚴督各該海防兵備守巡將各處鄉兵係隸行伍者責成軍衛募自民間者責成有司如法團練務求實用至於客兵仍遵　明旨不許輕調騷擾地方

副使茅坤云浙人不習射當如兩河以北懸射銀錢之利以誘之使習令弓師而能教百人善弓則善弓

者得以一人兼二人之食而弓師且賞之以百金而署之爲百人之將矣令弩師而教百人善弩則善弩者亦得以一人兼二人之食而弩師且賞之以百金而署之爲百人之將矣如此則不數月而全軍皆善射矣其他短兵鎗棒亦率類此

南京戶科給事中高鶴等題稱各兵之調非經久之計欲選擇客兵之精銳者分別武藝教練鄉兵以一訓十以十訓百以百訓千以千訓萬不半年而民兵卽客兵矣

海道副使譚綸云凡言練兵者非但練其藝與坐作進退之法耳其要莫先於練心其法莫善於節制節者如竹節之節節節而制之卽人心齊一進非倖成退無速奔而常立於不敗之地矣今姑言其槩如以三千人分六總計之十人爲一隊設一隊長百人爲一哨設一哨長五百人爲一總設一把總合五把總爲一營設一叅將士卒未練戰守無功在一營則責之叅將在一總則責之把總在一哨則責之哨長在一隊則責之隊長如是則爲之主將與長莫敢有退縮不奮勇者矣如使爲之將與長奮勇直前以至有失失一叅將則斬五把總失一把總則斬十哨長失

一哨長則斬十隊長失一隊長則斬九卒如是則轉弱爲强因練變化無不如意古人紛紛紜紜鬬亂而不可亂正是此法但分數要明頭目要衆使我所設者嘗不過十人則心與法不相害而法可必行若徒具是法而行之不果亦與無法等耳

毛希秉云軍之充敵者在器兵不完利與空手同射不中的與無矢同海賊之器械惟任短兵我軍足以制之者火器弓弩也然善射者寡乞效种世衡教射之法懸銀錢于百步之外不中者宜罰其矢以與勝者三罰而受責三勝者得銀錢又當令其三六九日

演習如鎮江會手然每下操之日爲數十偶使各官分臨之庶不費時日而官軍可善射其他應用器械鎗棍弩銃皆以是法校之數月而軍成矣此精技之法也

足兵餉

都御史章煥云師行糧從有餽糧有糗糒刁斗自隨樵蘇自給强者主戰弱者主爨此軍中之制也今或臨陣而未食或食至而不均或師行境外而食具城中設欲晨炊蓐食捲甲疾趨何以應之事機盡泄士忿不平此養兵之制未定者一也

御史徐栻云積貯者天下之大命也蓋民命以食爲天積貯之法在平時且不可廢況夫兵荒之後其可不汲汲焉講圖之哉臣嘗見　國計取給東南者甚厚故天下惟東南民力最竭而東南之民又惟農最苦也未遭寇亂之先每以賦役繁重視田產如贅疣思欲脫去而爲逃亡者大半矧今倭夷載道竄伏不服田地拋荒居十九矣所種者又苦久旱難望有秋將來穀必愈少而農民益困明年田地必盡荒蕪不惟邊餉可憂雖欲支持本地恐未克濟且冬既無處可糴夏又無處可糴民之弱者必餓死强者必羣聚爲盜如之何而不預爲之所也臣熟思之竊有一事其行甚易其效頗多即倣古常平倉之意爲之欲俟秋收之後苟有所入或於他處成熟地方即行府州縣動支官銀糴米比市價二十分內稍增一分招民自運入城貯之空倉不足則寄貯之空寺院待明年夏米乏時則比市價十分之內稍減一分糶之不拘城內外皆得糴食專委廉官一員司其出入只此一事其利有七米價不墊農人不傷其利一也城中充實膽壯百倍其利二也粟多入城默寓清野之意寇從焚掠所失亦少其利三也米價常平饑民得食不

驅爲盜其利四也耕種無資稍稍貸之秋收可望新陳相接謀食之源不絕其利五也十分災傷則開倉賑散民命可全其利六也冬米必賤夏米必貴增價猶賤減價猶貴羨入亦多其利七也此事儻有可行乞　勑撫按轉行各該府州縣用心議行今惟蘇松杭嘉淮揚被害等處尚可求三年之艾其未被倭地方若早爲之均屬有益夫既有戰士捍禦於外使田者得於耕又積穀預備使民有所恃賴將來田闢穀豐所以足　國裕民者在是矣以之安內攘外復何求而不獲哉

淸屯種

海道副使譚綸云　國初屯田之制軍在海濱而田在内地召民佃種本未盡善向來多爲大家所占亦有軍負而轉　者若淸查復舊大爲兵餉之助

閩縣知縣仇俊卿云征調戰攻之日官軍行糧口糧照日給發不暇計費若夫敵退盜寧之後兵火少息之時各處要衝添設把守員役使其聚之而食則倉廪積畜莫非小民脂膏何可繼也合無倣渭上湟中故事將沿海空閑地土督令開耕不起科徵且屯且守一年之後人將自食其力不惟省養兵之費抑且

行寓兵之法時至則務農事去則習武貧而壯者得田可耕未有不願爲兵而又可減召募之虛糜者數千萬緡矣昔戸科給事中林士元等　奏將拋荒屯田不拘軍民僧道之家聽其各擇所便開耕不許屯官分外科擾夫僧道尚許承佃屯田今于長守之戍顧不可聽其開耕空閑土田者耶

汰冗食

兵部尚書楊博題云　國家養育邊軍極其優厚故居則有月糧出則有行糧寒則有冬衣布花至於獲功則又有重大陞賞無非欲得其精捷以爲敵愾之地耳乃今老弱參雜所養非其所用逃亡提目有名而無其實近戸部題稱督撫諸臣之奏求應援則曰軍馬寡弱逃亡過半請糧餉則曰兵馬衆多供應不支觀此則坐食民力者豈皆投石超距荷戈彀弦之夫未必無老弱疲癃之士與夫缺伍寄名之人也自今合行督撫諸臣各選風力守巡兵備官員親歷各該城堡將見在兵馬逐一查驗精壯者照舊存留老弱不堪者盡行沙汰戸内果有壯丁准與收補其軍士逃亡即行開除如敢仍前作弊以虛邊儲聽各該巡按御史查參究治

集衆謀

舉人王文祿云如至一縣必諭知縣曰爾爲知縣必知一縣人才有謀者不拘縉紳士庶請之來吾當詢之詢之一縣則一縣之謀集矣詢之一府則一府之謀集矣府縣積而爲省省積而爲天下則天下之謀集矣然集衆謀必先虛己略去勢分屈降咨詢遜言不遺寸長必錄懽然如家人父子手足腹心之相與唯求靖寇爲急則庶乎其可也宋岳武穆謀勇之全者也將出兵也猶且盡召諸統制環坐而飲食之先謀敵之所以敗我者至於六七竭智共攻必無敗也

乃行故每戰而無敗況其下者而可不集衆謀乎是故用兵者必以集衆謀爲先也

收圖籍

都御史唐順之云古之籌邊者虜之所從入與吾之所以制虜皆可以按圖而坐籌之是以守固而戰克人皆言虜人來去如風雨此亦未必盡然且虜人非萬騎不能大舉騎不可一日無水草砂磧少水而水草可飲食萬騎者尤爲難得虜人擁騎南下須是覘得水草便利處然後可入其無水草處虜人亦不能以饑渴馬致千里也是以邊城雖綿亘千萬里虜人

雖是風雨來去而其師從入大約可以先定其小小隘口零騎可入處雖不可數而其大舉之路大約不過數條而已禦虜者當患備多而力分苟圖畫分明可以必虜之所入與所不入知虜所入與所不入則備可以不多而力可以不分列屯築堡駕梁按伏省却大半氣力矣

公賞罰

兵部尚書王守仁云古者賞不踰時罰不後事過時而賞與無賞同後事而罰與不罰同況過時而不賞後事而不罰其亦何以齊一人心而作興士氣是雖使韓白爲將亦不能有成

副使吳子孝云凡戰鬬之時不須首級爲功今因割首級往往誤事如一陣海寇盡殪滅之總筭給賞不以首級爲貴則破敵必矣

禁妄殺

兵備副使凌雲翼云賞功罰罪勸懲繫焉今各領兵官員既不能奮勇運謀爲地方保障往往將被擄迯回或窮鄉避難之民殺以報功故行路者若非成羣不敢獨行是不能禦賊而返爲民賊矣又從而賞之誠可痛恨今後報首級止一顆二顆者聽本道查訪

果有對敵實迹方轉送紀驗其或詐冒無據者即鞫究明白坐以抵命至於指稱奸細殺以爲功者猶爲易見蓋謂之奸細必至一二人假裝吾民或探聽消息或潛爲内應既已覺露可縛而致之非臨陣血戰者比也何至斬首級哉以後奸細止許生擒不許殺害違者一體抵罪蓋天理人心照然難泯而欲欺昧以求滅賊未有能濟者也

禦海洋

總督尚書胡宗憲云防海之制謂之海防則必宜防之于海猶江防者必防之于江此定論也　國初沿

海每衛各造大青及風尖八槳等船一百餘隻出海指揮統率官軍更番出洋哨守海門諸島皆有烽墩可爲停泊其後弛出洋之令列船港次浙東于定海浙西于乍浦蘇州于吳淞江口及劉家河夫乍浦之地海灘淺闊無山嶴避風之處前月把總周易等所領戰船被賊燒燬僅遺十餘隻近又報爲颶風擊碎不若海中洋山殿前寄集反可泊船也吳淞江口及劉家河出海紆廻又非泊船防海處所議者欲分番乍浦之船以守海上洋山蘇松之船以守馬蹟定海之船以守大衢則三山品峙哨守相聯可扼來寇而

又其外陳錢諸島尤爲賊衝三路之要兵部原題副總兵俞大猷統領戰船任剿海上防賊截殺則如陳錢乃其所當屯泊而提督軍門及海道等官每於風汛時月相參巡察有警則我大船火器衝截賊入使不得越過各島則彼毒無所施釁孽不作而內地安堵矣

又云直隸與浙江名雖異地而實則一家若不設官總理則彼此自分門戶賊一入內地隨風南北可以互犯故必共守陳錢分守馬蹟等三道而後賊無遁情兵可夾擊必得總兵官正副二員分駐金山臨山要會之地先守陳錢以春秋分任更番出入而參將分畫三道馬蹟等三山各督信地則人易爲守而守無弗力矣

兵部尚書楊博云平倭長策不欲鏖戰于海上直欲邀擊于海中比之制禦北狄守大邊而不守次邊者事體相同誠得先發制人之意　國初更番出洋之制極爲盡善至於列船港次猶之棄門戶而守堂室寖失初意宜復　祖宗出洋之制

在京各衙門會議云倭奴長技利于陸我兵長技利于水歷查連年用師凡得捷俱在海戰利害較然明

矣海中陳錢大衢馬蹟洋山諸島爲賊南犯必由之路先該督察侍郎趙文華條陳會議海防長策首列此條今又該南京工部尚書馬坤左通政何雲鴈題相同合咨新任總督令總兵官速集太倉崇明嘉定上海沙兵及福蒼東莞等船分爲二哨專守洋山馬蹟又將紹興溫台捕魚及下八山採捕福蒼東莞等船分爲二哨專守普陀大衢其陳錢山爲浙直分路之始所宜更番共守

王事黃元恭云或者曰我兵長於水戰短於陸戰而倭奴則長於陸短於水故禦之莫要於海中陳錢馬

蹟大衢殿前洋山當倭奴往來之衝誠設總兵官駐陳錢參將三員分駐馬蹟大衢殿前洋山常川督哨禦其來而邀其去賊殆盡殲而魚矣愚竊謂其策甚善而難行蓋海棲經月必有颶風巉崖劍峰難於椗泊癸丑春參將俞大猷圍王直于馬蹟蛟龍驚砲而起幾至覆没師旋賊逸乙卯秋浙直會兵大衢殿前邀賊歸路疾風暴雨大作飄没舟師以千萬計是亦乘危幸功者也夫大海無際何獨稱四山爲賊由之衝蓋航海者必晝行夜止依山宿泊自倭東南而來望中惟此四山相去各一二日程始至陳錢必泊次

泊馬蹟次泊大衢次泊殿前洋山若驛傳駐蹕然固非若子午谷東西莫適必由臨中行者賊誠知山有兵東西南北何所不適雖失所依泊然與犯戒兵之必死寧冒風濤之不測且聞長老云起椗揚帆舍山泊而適大洋此避颶風之妙術而豈謂必死地哉知戎地而不避有生途而不趨賊必不然矣然則禦其來而邀其去不可爲歟曰依此四山但嚴遣哨稽到之令潛師伺之萬無不中若設官顯駐是示趨避之標耳故是策也宜潛不宜露宜邀其歸不宜伺其來盖歸路可計日候風信故也

海道副使譚綸云陳錢馬蹟洋山離内地太遠糧餉易匱聲援難及若欲於此設哨海潤無涯恐賊舟不必由此而來我軍孤危無益而有損耳不如荆川舟山備禦之說爲善舟山乃内海非外地也一有緩急哨報與策應皆易

固海峤

太常寺卿魏校云晉溪在三邊欲分軍守邊遂巷聞而訝之使人往問晉溪答曰三邊數千里欲一一守之雖盡天下之兵不能也只是擇要害處爲達虜素所入寇之路把截則可耳晉溪威令素行凡達入寇

衆軍爭相救援無不擒獲邊境稍安此言北邊設險之法愚謂海防亦然

鎮撫蔡汝蘭云環海兵船之設其法不爲不善其備不爲不周矣邇年倭寇往來兵船未收全功者必有說焉夫茫茫巨洋極目無際雖於要害之處聯艦設備而疾風怒濤不時亦必擇善地而停泊焉豈得揚帆起椗常出洋口而能盡阻賊船之不入盡遏賊船之不歸哉但能於大數内打得分數中幾分耳必欲其盡收全功以爲經久不易之圖在於水陸夾攻盡之矣夫倭寇之發䑸犯我也每徒止備一月行糧而

飄泊二月者有之每船可載百徒而滿載二百者有之及其抵岸困憊莫甚使得焚舟登陸奪險鼓勢養銳蓄精然後出我兵以臨之近者十日遠者一月方得與賊相望及主爲客轉佚爲勞豈能得志於彼哉爲今之計宜於春汛小汛先期一月將各道兵士督發各海口要害之處如在嘉湖者出三關在紹興者出龕山出臨山出觀海出三江在寧波者出定海出昌國出象山在台州者出海門出新河出松門在溫州者出楚門出盤石出金鄉等處安營操練與兵船相表裏以爲防守萬全之計脫或賊船潛入海口則

水兵星羅於其外陸兵雲布於其內其將至也擊其困憊既至也擊其先登既登也擊其無備以憊倉遑之賊而當我養盛豫備之兵一鼓成擒可不血刃而收其全功矣春汛之期不過三月將終四月將半小汛之期不過九月將終十月將半過此則非風汛所利而倭警不必防矣今宜於每年三月九月初將各道統兵官分於信地令其督領部兵出沿海兵船停泊之處安營操練防守賊至既擊春汛至五月終小汛至十月終方令撤兵歸道嚴立限期通行浙直廣福提督總兵衙門永爲遵守則防禦周而賊無返棹

先聲播而賊無伺志矣

謹瞭探

兵備副使凌雲翼云哨探者兵之耳目也哨探既真則先事有備今沿海守把官員遇賊初至皆不聞知及已近岸倉遑失措甚則我船亦有被擄以爲賊資者今後把總官務要督同各哨官員多置蜈蚣梭船精選熟知水性之人遠出外洋分投哨探如有聲息先來傳報其附近各港官兵一聞警急隨合䑸約會截擊大洋庶可獲制勝之功如賊從其官信地登岸把守官不先期傳報附近官兵聞報不即時策應

以致深入腹裏貽害地方聽本道查實指名參究坐以失悞重罪其有與賊相拒衆寡不敵者原情另處庶人心兢惕海防可固矣

慎招撫

兵部尚書胡世寧云已招者不殺再叛者不招新起者必撲滅於微

散賊黨

副使茅坤云於閩之漳福泉州浙之寧波等處當行有司嚴爲保甲之法各籍其里之名氏而鈎考之而爲之鈎考者亦非欲據籍而罪之也特令見在土著

者不得望風而煽誘入海既羣聚入海者廣令招諭出為緩其罪而出且為之下令大略賊從以下有自縛來歸者並得免死有能手刃其黨來歸者仍按給賞銀二十兩三級以上仍命爵一級有能誘衆面縛來歸者亦如之有能手刃所稱佐亂劇賊如某某者賞銀五百兩仍世襲千戶其嘗佐亂劇賊而能率所部來歸少或數十人多或百人以上者賞亦如之所部人獲免死仍優恤以差其能手刃首亂某某來歸者賞銀一千兩仍世襲指揮使其為首亂能自歸者亦除罪免死而能率所部二三百人以上自縛來歸

者賞亦如之其所部人亦得免死仍優恤以差凡賊中有能自縛告以賊情因導官兵擊死得勝者每二級准手刃一級爵亦如之有能焚溺其舟并輜重兵仗因來歸者而告官驗實亦賞如手刃佐亂之賊又下令於閩之漳福泉州及吾浙寧波等處各賊犯之父母妻子兄弟朋友隣佑有能自行首鳴者勿連坐其為若父母妻子兄弟朋友隣佑不能首鳴而他人告發驗實則以其罪罪仍量以所犯之貲充賞有能私縛所犯來歸者並亦得免死賞如之有能以姓名聞官因而詐入賊黨本圖誘所犯來歸所犯立不聽因而諜知賊情告官而令官兵擊殺得勝或左計陷賊或自賊中焚溺其舟而出者賞亦如之其故行黨而不以告者並得論罪如律又下令傳示海島諸夷有能手刃首亂之賊或擊滅其黨數十百人以上効首虜以聞者賞以萬金加以封爵願歲通貢入市者聽

閩縣知縣仇俊卿云海寇之聚其初未必同情有寃抑難理因憤而流于寇者有憑藉門戶因勢而利于寇者有貨殖失計因困而營于寇者有功名淪落因傲而放于寇者有傭賃作息因貧而食于寇者有知

識風水因能而誘於寇者有親屬被拘因愛而牽于寇者有擄掠人口因壯而役於寇者諸如此類中間不無可矜雖在寇盜之日未必皆無求生之心樂於犯法以甘必死者豈人情之通好哉招徠撥亂轉移亦易吾將為攻心之謀伐交之計必明揭榜于通衢或書黃旗標揷寇所内地之人有願歸籍許令不時投首官給口糧押赴各該鄉井有親隣識認者即時放釋並不加罪中有豪傑能以智力取倭者來獻者另行重賞若能說誘謀主出降者　題封見任官職如此彼心危疑其黨易散又聞寇至地方必先擄其

士著之人以爲鄉導吾即以鄉人之知巧者遺之據去反行間諜或假作接濟之人與之往來使不相疑或賄賂之財使厚相結兼餽飲食使日相狃如此未有不可得彼之情以行吾計取者也

擇守令

副使茅坤云近海郡縣有司尤當别議者何則國無鷄犬之警則廉靜長厚之吏當爲治最矣時有羽檄之馳則長駕遠馭之士亦所急使矣故語曰寬則寵名譽之人急則用介胄之士方漢匈奴大入雲中上黨雖有龔黄卓魯之賢無益於用矣故漢武帝方聞

匈奴入雲中上黨諸郡竝出材官騎士若李廣程不識之徒以爲守尉竊謂今日近海之州縣也亦然爲撫巡者當合郡縣長吏及其佐貳竝量其材而器使之大略近海者則擇其强智精悍之材一切練軍實築城堡謹斥堠嚴部署皆藉之以備緩急而其餘腹裏郡縣則擇其寬和柔靜之士愼出納謹筦籥特務與民休息而已此郡縣有司之略也

用間諜

都御史唐順之云用間使其自相疑而自爲鬬最是攻夷上策然非深得敵情則不能用間非熟於地形則不可以成犄角之勢而夜襲敵營且我兵形既露虜人亦日夜爲備而匿實示虛匿近示遠匿精壯而示羸弱百計以疑我者宜亦深是故得敵情爲難

築城堡

都御史章焕云北邊城堡相望凡以防衝突備虜掠也南方之富侈於北邊風帆之力疾於馬足苟無城堡賊何畏而不來民何 而不散且夫賊勢之熾凡以鄉民奔竄奸民惑亂助其聲也有城堡則居者守逃者歸耕者歛且遠近接堵什伍相保奸民無所容無奸民則無鄉導何以能深入居民不散田野不蕪

賦稅不乏根本之要也及今秋冬宜令諸鄉大者爲城小者爲堡而聚民其中城堡羅列賊必不敢越境而内侵東南世世之利也或曰公私俱竭如冗費何夫軍興不止費且不貲民散不復賦將何出城堡所以省軍需足　國計者也何謂費也昔　皇祖嘗命湯和視海上擇要地築數十城以備倭使治倭有他策也　聖慮當先之矣今安用紛紛爲也

通貢道

通政唐順之奏云據總兵官盧鏜手本内一款撫處夷情以尊　國體事開稱　祖宗以來給與日本金

印勘合十年一貢船不得過三隻人不得過百名既申遠夷慕義之情遠夷亦得交易中國之貨以爲利而中國亦以羈縻遠夷使常馴服不爲寇賊百餘年來自嘉靖二年宗設宋素卿等爭貢讐殺貽害地方因而絕貢至嘉靖十八年正使碩鼎等齎獻貢物幷進表文伏罪荷蒙　皇上擴天地之仁雖非貢期復准入貢嘉靖二十六年正使周良等坐船四隻復貢議者計方九年之期有違事例徑自阻回從此貢路不通倭夷素性貪詐利我中國之貨既不與貢則無復望矣因此遂被姦徒勾引同利爲寇不止則以偶

蹉一年貢期阻回之故也爲今之計乞題請　聖裁行令各衙門遵照今後夷人復來求貢果有眞正表印勘合別無詐僞姑不計其限例就與奏請起送赴京譯審來寇之端　勑彼國王令其查治惡逆歛戢屬夷使不敢再犯則倭夷知有貢路之可通而　計自銷黨類自携勾引之徒亦可暫縛矣鏜老將也二十餘年在海上熟諳夷情其言當不甚妄乞　勑該部查議可行與否臣又聞先時陝西總制王瓊驗西夷事以謂能絕其入貢之路不能絕其入寇之路今亦可借以爲喻也

尚書楊守陳云倭奴僻在海島其俗狙詐而狼貪自唐以至近代巳嘗爲中國疥癬矣　國初洪武間嘗來而不恪　朝廷既正其罪復絕不與通著之爲訓至永樂初始復來貢而後許之於是往來數數知我中國之虛實山川之險易因肆奸譎時挈舟載其方物戎器出沒海道而窺伺我得間則張其戎器而肆侵夷不得間則陳其方物而稱朝貢侵夷則捲民財朝貢則沾國賜間有得不得而利無不得其計之狡如是至宣德末來不得間乃復稱貢而　朝廷不知其狡　詔至京師燕賞豐渥稛載而歸則巳中其計

矣正統中來而得間乃入桃渚犯我大嵩劫倉庾燔室廬賊殺烝庶積體流血如陵谷縛嬰兒于柱沃之沸湯視其啼號以爲咲樂捕得孕婦則計其孕之男女剔視以賭酒荒淫穢惡至有不可言者吾民之少壯與其粟帛席捲而歸巢穴城野蕭條過者隕涕於是　朝廷下備倭之詔命重帥守要地增城堡謹斥堠大修戰艦合浙東諸衛之軍分番防備而兵威振於海表　四十八年間邊氓安堵而倭奴潛伏罔敢揣焉茲者復來窺伺而我軍懷夙昔之憤幸其自來送死皆瞋目礪刃欲食其肉而寢處其皮彼不得間

乃復稱貢而我師遂從其請以達于　朝是將復中其計矣今　朝廷未納其貢而吾鄞先罹其害芟民穫稽爲之舍館朘民脂膏爲之飲食勞民肋力爲之役使防衛晝號而夕呼十徵而九歛雖雞犬不得寧焉而彼且縱肆無道强市物貨善謔婦女貂璫不之制藩臬不之問郡縣莫敢誰何民旣譁然不寧矣若復　詔至京師則所過之民其有不譁然如吾鄞者乎矧山東郡縣當河決歲凶之餘其民已不堪命尤不可使之譁然也且其所貢刀扇之屬非時所急價不滿千而所爲糜國用弊民生而過厚之者一則欲

得向化之心一則欲弭其侵邊之患也今其狡計如前則非向化者矣受其貢亦侵不受其貢亦侵無可疑者矣昔西旅貢獒召公猶致戒於君越裳獻白雉周公猶避讓不敢受漢通康居罽賓隋通高昌伊吾皆不免乎君子之譏況今倭奴乃我讐敵而於搆釁之餘復敢懷其狙詐狼貪之心而施其奸計以罔我其罪不勝誅矣況可與之通乎

開互市

王事唐樞云我　太祖高皇帝定鼎之二年遣使趙秩招諭日本次年國王良懷奉表入貢五年復遣僧祖闡往諭之隨遣人奉方物時祖闡之使也宗泐以詩別而　高皇帝親和之有同仁無遐邇之句十三年貢使無表文俱發二邊安插十四年貢使表有前使姓名乃悉放還自十五年賊臣胡惟庸黨備倭指揮林賢入倭搆亂十六年寇金鄉十九年進巨燭暗藏火藥兵器佐惟庸爲不軌于是　高皇帝立訓絕其往來夫招之者帝王無外之仁也無驗而拘之及得其眞而卽歸之中國柔遠之禮也其奸深禍結示以永拒聖人誅罪之義也然不卽勤兵于討以訓令代鈇鉞明于勢之所不及不欲以全律之也況罪以

罪乎其人豈終罪其國無可宥之日耶是則良懷世而　聖怒宜息矣故當　文皇帝繼世定貢加賚遣使給符封其鎭山初禁似與全釋蓋後先殊局彼此異宜而其致一也嘗考大明律凡將物私出外境貨賣及下海者罪止杖一百將人口軍器出境及下海者絞因而走泄事情者斬及考問刑條例擅造二桅以上大船將帶違禁貨物下海往番國買賣潛通海賊同謀結聚及爲嚮導劫掠良民者處以極刑若止將大船顧與下海之人分取番貨及糾通下海之人接買番貨發邊衛充軍若小民撑使單桅小船于海

邊近處捕魚採木巡捕官兵不許擾害欽測　皇猷防民以惡交而不強遏其販貿杜民以奸搆而不直撓其生業故海上境外之貨寶與夷爲市罪惟杖而不過謂不勝勝其重也其誅斬焉則人口軍器恐資寇兵益盜黨耳違式巨艦雖成濟具而原其所欲爲若只從互市罪亦不列死款天然後知　先皇制律之意嚴奸宄以沮其漸復因利用以體其情苟當事者不詳議慎測一切矯枉而踰于直豈　先皇大道爲公之謂哉

通政唐順之云　國初浙福廣三省設三市舶司在浙江者專爲日本入貢帶有貨物許其交易在廣東者則西洋番船之輳許其交易而抽分之若福建既不通貢又不通舶而　國初設立市舶之意漫不可考矣舶之爲利也譬之礦然封閉礦洞驅斥礦徒是爲上策度不能閉則國收其利權而自操之是爲中策不閉不收利孔洩漏以資奸萌嘯聚其人斯無策矣今海賊據浯嶼南嶼諸島公然番舶之利而中土之民交通接濟殺之而不能止則利權之在也宜備查　國初設立市舶之意毋洩利孔使奸人得乘其便

兵部尚書張時徹云或謂定海沿邊舊通番船宜准閩廣事例開市抽稅則邊儲可足而外患可弭殊不知彼狡者倭非南海諸番全身保貨之比防嚴禁密猶懼不測而況可啓之乎況其挾貲求利者即非脯肝飲血之徒而捐性命犯鋒鏑者必其素無賴籍者也豈以我之市不市爲彼之寇不寇哉殷監不遠元事足徵當商船未至而絕之爲易貿易既通而一或不得其所將窮兇以逞則將何以禦之乎今之寇邊者動以千萬計果能一一而與之市乎內地之商聞風膽落果能驅之而使市乎既以市招之而卒不與市將何詞以罷遣之乎夷以百市兵以千備夷以千市兵以萬備猶恐不足以折其奸謀我之財力果足以辦此乎且市非計日限月之可期也彼之求市無已則我之備禦亦無已果能屯兵而不散已乎此皆利害之較然者也乃謂可以足邊儲而弭外患不已大謬乎

按倭國服飾器用多資于中國有不容一日缺者安能待十年一貢之期而限以三船所載之數哉若禁其貿易則入寇劫奪一定之勢也蓋倭國雖小亦有君臣朝貢燕享禮儀使無絲線等物則無

禮文而不成乎國矣彼旣不容不資於我而利重之處人自趨之豈能禁民之交通乎故官法愈嚴小民寧殺其身而通番之念愈熾也已上俱籌海圖編

論曰鄭端簡有云當倭亂之時給事中夏言上言禍起于市舶禮部遂請罷市舶而不知所當罷者市舶内臣非市舶也夷中百貨皆中國不可缺故祖訓雖絶日本而市舶司不廢蓋以通華夷之情遷有無之貨收征商之利減戍守之費又以近海賈抑姦商使利權在上也市舶罷而利孔在下姦豪外交内詷海上無寧日矣噫斯言不爲無見猶

非窮本之論也蓋姦商貴官家負欠舶金固爲厲階然使番舶不至則姦商貴官家又何從詐取其貨負欠其金以階厲也故靖海之道唯絶番舶嚴海禁而已夷貨非衣食所急何謂中國不可缺耶絶之則内外隔而相搆之釁無由生矣夷雖欲窺何我也何可得耶然朱紈嚴其令而言者紛紛則衣冠之盜甚于夷狄也紈去禁弛不旋踵而蹂躪之禍半天下市舶内臣所爲乎經國者可以深長思矣載肅皇大誥

備水陸

防汛之時結營之地雖險阻不足恃貴謹備也舟師屯聚海上傍山島以爲依止伏路有船瞭望有兵會哨有符巡哨有信法誠善矣第中間奉法者固有而習於怠惰者亦多乃若伏路雖設捕兵鼾睡忽不支更者有之瞭望雖派兵士偷安曾不登山者有之及登山而又躲避風日不行瞭望者有之至於會哨塡符本以稽兩地之勤惰有會一次併後數次俱塡者有向不會哨時將繳符併前數次總塡者巡哨外洋每圖虛應故事如一山之間巡西而失東巡南而遺北上年壇頭之事可爲殷鑒種種情弊有難枚舉止

存虛名罔裨實效若此廢弛豈今日海防之所宜哉惟諸總哨果能實心任事方可責各捕兵殫衷效力自今伊始伏路船於本信前後要地晝夜偵問往來船隻夜則船面支更水上見有可疑之物及異省船隻卽爲驅逐無容擅入本信瞭望各兵毋分晴雨必令登高遠瞭照依分定時刻更換不許先期偷安會哨巡哨必須如期到信外洋偵探毋得虛文塞責彼此扶同致悞軍機此水軍之說也若陸地結營又有說焉夫兵臨敵境地形我必細究其順逆叢林我必深曉其厚薄遇有報警不可急遽周章當寅畏戒嚴

俾吏士若臨大祭鼓則進金則止不金不鼓湛如停淵靜以待之庶不致驚擾潰蹶然思爲未雨之防於凡所止之地四圍隄備各以勁勇之士伏强弩利楯多列鼓鼙有賊遽發擊鼓爲號賊擊衛兵中營出輕兵援之賊擊中營四面發伏夾攻中營惟堅陣待變而已又當預擇輕勇者二十四人爲八方每方各三騎相去一里晝以旗夜以鼓爲號第一騎見賊響卽舉旗第二騎知之亦舉旗第三騎知卽馳告本將夜用鼓如晝之旗法若夫烟霧蓊塞風雷震驚旗之不見鼓之不聞三騎竝亟馳告庶無卒至之患流突之虞矣

練氣力

凡人之血氣常用則堅怠惰則脆如善走之馬常常試練則不策而馳苟久畜廐櫪一旦用之而疲矣疎於練也故勞其筋骨於人有益特不宜太苦耳兵士交鋒器械當輕平日操練器械當重蓋平日重者既熟則臨陣用輕者自然便捷不爲器所欺曰練手之力古人足囊以沙漸漸加之試之能疾走臨敵去沙輕便善趨曰練足之力習戰之時必身荷重甲加以重物勉强支持庶臨戰身輕進退自速曰練身之力誠能練此三者則人力自裕如矣練力要矣練心貴焉力者人之用也心者人之主也平日教之以孝悌忠信之誼明之以死生榮辱之理有事而驅之當敵必死之心存幸生之念絕氣不期銳而自銳力不期足而自足矣

習銃砲

竊觀海上制敵成功器具以銃砲爲第一但捕兵惟慮歲用火藥數少不肯演放惟有不演放於平日故不能濟用於臨事予取威遠砲佛狼機碗口百子等銃一一試放立的以期中捕兵近雖漸知尚不能百

發而百中夫平日百發百中則臨敵倉皇之際僅可什中其四五若平日什中其四五則臨敵倉皇之際可預知其不能中矣近該條議蒙允歲加火藥以備時常演放願同事者勿容捕兵如前懶惰藉口藥彈無措以致漫不演習務以前行捕兵號令時常親身教練威遠發熕佛狼機等銃可以致遠於五十步之外照把根打去百步之外照把中打去百子碗口鳥嘴等銃力難遠到於三十步之內照把根打去五十步之內照把中打去當敵寧持重而待近勿輕率而遠發此其大略也乃若銃之大小藥之多少敵之遠

近是在臨時相機務期必中又不可執一而談然銃砲之要尤在火藥之精邇來火藥俱屬總哨製造若苟且塞責是自罹其患也製造既精仍須時常檢點曬晾勿使濕潤則銃砲自利何功之不成哉已上俱參將徐一鳴東海籌略

海防纂要　卷之七

海防纂要卷之八

黎陽王在晉明初甫纂　男會悊穉蕤甫較閱

定武略

兵部尚書胡世寧云自古詰戎練武專備蠻夷盜賊蓋以二者皆能戕殺生靈傾覆廟社故為此殺人以救人非得已也今境外四夷已有　祖訓不許輕伐先朝惟責邊將謹備其來而或近屯百里之外勢將入寇則先伐其謀耳自來不曾遠征至于邊境叛軍卽聽處決擒殺著律已明別無他議若民間盜起則宜查　累朝設立巡撫兵備　勅詞立為定制務使

練兵足食一聞盜賊生發卽便舉兵撲滅於微一面奏聞及其既久則宜撫捕兼行以散其脅從離其黨與而必殲其渠魁不許姑息若其一時失計稍有挫衄則當體念勝負兵家之常責圖後效以全功其若終無成功或先隱瞞坐視及有事地方等官或先爭權面阻其事或後忌成陰毀其功者皆當重治誤事甚者卽照先年重例處之

鼓軍氣

都御史唐順之題云戰陣之所以精明與中國之所勝四夷者氣也而非甲兵之謂也　國家承平日久

文吏游談而養尊武臣恬嬉而實身閑雅雍容之習成而慷慨果銳之氣亦寖銷矣南倭北虜倏然內侵殆若昔人所謂氣炎以取之者賴　皇上天縱　神武赫然一怒誅逐偷惰拔用英奇文臣督師皆躬自臨戎有兕且赳赳之氣自此倭虜不敢深入則氣之勝也以臣占於行陣之間猶有未盡然者臣視師東南備觀怯將情狀一聞賊戰如澆冷水顏色可憐縱不便走股已先慄雖亦未必盡然而然者固多矣至于倭賊渡洋談笑飲食若履平地而我將棲泊近岸日遇海風則頭捍目眩夜聞潮則耳聾心惕且夫倭

賊有過藐我將之氣而我將無必吞倭賊之氣則是未戰而索然也如此而望長驅海島掃清大憝臣猶以為難也此氣在宇宙間磨礱而將用之則鮮明置之不用則黯無精光謂宜文臣督師時御戎服出入軍中發揚蹈厲以作武將之氣武臣大將遇有賊戰戎服出入陣中以作偏裨小校之氣偏裨小校遇有賊戰戎服先登以作士卒之氣而督師武將臨陣督戰間取潰校逃卒遵奉旗牌事例百萬軍中忽然斬卻一二人以變士卒之耳目使我之氣日益精明則賊之氣自然銷沮此其言若迂濶而實勝敵之要機也李光弼莅軍而旌旗變色每戰必勝氣之謂也

處首級

都御史唐順之云鳥銃手不許割首級亦不暇割首級論賞與餘軍照數分給假如百人為率或鳥銃手十名餘軍九十名鳥銃手居餘軍十分之一或餘軍內得一首級該銀三十兩則鳥銃手得銀亦十分之一共分銀三兩或鳥銃手五十名餘軍五十名鳥銃手居餘軍二分之一餘軍得一首級則鳥銃手亦得銀二分之一共分銀一十五兩人數搭得多寡分銀數多寡率照此例筭

恤傷殘

巡撫都御史彭　巡按御史孫　等議云優恤軍屬律有正條隱蔽殺傷例有明禁今後各道并軍衛有司部下軍兵俱要從實開報陣亡官員給銀三十兩奏　請陞級他鄉客死者仍給關文陣亡民兵一名給銀五兩官軍一名給銀三兩被傷軍兵傷重者一兩傷輕者五錢被殺民人未埋者五錢已埋者三錢被傷未痊者一錢房燒盡絕十口以上者三兩十口以下者一兩五錢老小無依者五錢壯丁砍去蘆舊者應納鹽課官為處補俱從兵備道呈請查給若有

隱蔽不報者從重究治督糧道仍將近者議免太倉嘉定上海崇明四州縣荒蕪田糧及民運白糙粳米議改折色數目出榜諭衆通知務裨民有實惠

調客兵

都御史章煥題云今治倭者無他調兵而已臣愚以爲非久計也小發之不足多發則用度不計久駐則老師廢財暫駐則兵散而賊復入且衆兵雜處爭隙易生壯健久曠奸盗自起故客兵協守惟都城塞下可以居之主客相當有所忌也江南民弱客兵所爲尫羸視之者也欲其不亂難矣淫婦女劫貨物殺良

民如是則客兵之亂與倭夷等前世調兵江南皆有明戒

又云調至土兵賊頗畏忌然亦獷悍難馴夫以苗攻倭猶以毒攻毒不可輕用亦不可久用者也是在上醫國手劑量斟酌對病而攻病去卽已今旣無鼓舞之方復無調停之法事急則懸賞求之勢緩則厭棄置之求之則易驕棄之則生怨此調兵之制未定者也

廣團結

城外團結法閒嘗廣詢博訪宜以二十家爲一團除租房單丁外每一團令養客兵一名每家各設器械一併出人丁一丁以爲團兵凡二團四十餘家各出銀一錢造一巷門門上蓋一更鋪鋪內置鼓一面鑼一面鐵銃三口香盤一方就四十家每夜輪人夫二名守之居常無事止鳴鼓巡更一有寇警則本處卽連放三銃四十團兵各執器械追截諸團皆應之其所養山東兵官嚴立法不許擅離本團騷擾閭戶每日有暇卽教習本處團兵箄門復時時委官查省之責成之衆旣以勢分而不得爲非團兵之布列者又以聯絡而相爲友助況一團有賊諸團應之四郊之

外固有隨地皆城隨民皆兵而大城屯守之卒將有不必用者矣

降宣諭

倭夷諸島種類雖繁部落相聯亦有會長衆所尊者號曰天文其法最嚴其威慴衆一人爲盗一家盡滅一島有犯隣島移平卽奉令勘合以時來貢者彼中故事每遇閏年則諸島倭各出已貲輸於天文請得勘合方來入貢寔則貿遷有無以牟厚利利權在上天文所欲者後因海禁廢弛奸民通番殷實之倭徑自貿易不請勘合利權下移天文所不樂者加之

徽賊王徐閩賊林陳輩假稱名號竊錄勘合妄具禮儀私通酋長遂至招呼益衆往來無稽天文所不知者此皆彼中情狀博訪以實故本職在昔具呈題請許令省諭蓋嘗反覆思之審矣若頒降　璽書特遣使命恐偶不敬反生事端若令琉球高麗就近傳宣事在彼中難於取必不如止行浙江巡撫得以便宜省諭當如永樂事例取高僧數人移文乘桴直至天文詳爲傳諭宣累　朝許貢之恩禁近來倭夷之擾發王徐之僞妝逆叛之民許修常貢操利權天文雖愚必知所擇蓋日本所需絲綿藥物器用之類悉

皆仰給中國不能缺者若或海禁皆嚴通番盡止彼日用不足勢必請貢惟命是從而我所欲爲亦無不遂此又拔本塞源之術也

詰奸細

吳郡生員陳恕云海夷譎詐奸計百出或裝做簑笠農夫或裝做巾幗婦女或裝做雲遊僧道或裝做乞丐餓夫採聽消息則如鬼如蜮剽掠村落則蟻聚蜂屯萬一不謹潛入城郭被其内應噬臍無及爲今之計必須徧行所屬官司在城則逐戶挨查門禁則仔細盤詰出軍則尤宜採訪至於掌門之官亦要文武相兼啓閉以時夙夜有警男子則由左女子則由右不相混淆毋容攙越我兵一出必遣伶俐健卒先行俾作探聽熟知賊之休息每每寅夜貪淫嗜酒熟睡休兵恥視我兵不虞我至斯時也果能伏兵四起此其除奸滅寇之機也爲將官者所宜念之

重隣援

舉人王文祿云今當著爲合救之令若攻一省諸郡救之若攻一郡諸邑救之若攻一邑隣邑隣所救之正猶子弟之衛父兄手足之捍頭目保家保身而不可緩也夫所謂救之者非盡撤居守之兵以救之也

蓋每郡每邑每所抽其精者而救之則合少而成多也惟抽其精者而勵之以敢死之志歆之以信賞之榮或負砲夜偷或繞擊不意則寇腹背受敵驚潰莫支解散而不暇攻矣蓋城既被圍兵不能出以應敵必得隣境外兵始能救之不然坐待其斃也況東南郡邑有數唇亡齒寒竹破瓦解將安救哉必在位者調元氣倡大義震赫斯怒大爲之處凡有坐視而不救者與失陷同罪則庶乎衆志一而援助之廣可以望其平也　已上俱籌海圖編

福建僉事王在晉云年來海波寧謐日間警息相聞

海洋寥邈豈無賊船竊發是在官兵極力巡邏一哨出洋各哨相爲聲援一船捕賊各船相爲羽翼彼寡我衆賊當就擒决無搶失之事今日之弊全在把總偷安惜身重命不躬行倡率孰肯奮勇爭先哨官畫地分疆苟安坐視聊且塞責便可邀功或見賊亦追追之不力後有追而前不應彼有戰而此不知各捕出洋前後參差不相爲絡繹聲勢既孤應援不接如一人之身手足不交相爲用安能禦敵却傷率由此道遇警何以收功今照海壇信地被賊搶失鐵頭船一隻據稱賊船三四隻每隻約有百人此豈一捕盗

所能捍禦者該遊豈無兵衆可堪盡發協攻今不聞殺一賊獲一械而兵船反爲搶去蓋當時只聞捕盗奮勇抵敵勢寡膽寒遂巡畏縮力必不支船兵俱各跳水而船爲賊所擄矣哨官雖統衆窮追而至今尚無下落把總直待墩軍瞭報本遊兵船掛旗出洋方始知之一身高擁全不加意不知寨遊設兵爲何募兵設總爲何有官若此地方奚賴焉軍令具在總哨畏賊不畏法耶除失事員役候查有無追獲另行參究一面通行各路及各海防官嚴飭無使賊假兵船混突寨遊内地用心防範外伏念春汛正殷而人心偷安誤事仰仗軍令重申振懦作氣如一船失事罪及一哨一哨失事罪及該總賊船經由地方不能協力追擊者通行查究獲賊報功從重優賞有托言霧黑不能窮追任賊縱横得志者卽以失事坐罪其各路警急報仍令塘兵飛遞不許經由鋪司則警息相聞而調度爲便矣

別號色

南北中三路各寨兵船旗號原奉約法開載無容別議外惟南鳥船原爲雜商誘賊賊明知而故避於追擊未便也今施遊擊有不可使人知之說欲假借附

近澳名大書蓬號以愚賊其究使兵船混而賊不我防商船疑而賊不敢犯出奇攻擊此權變之術也但倭已換去鳥船儻其倣造或借商艘卒然混至我兵稽察爲難則陽爲無所别而陰自别之先事制人尤爲長便合將三路寨遊出哨南鳥船行令各總白爲識認或船頭船尾船身立一暗號使通總之人知之而蓬號則借附近澳名混雜商船中出其不意以擊賊使賊不爲隄備至于各寨遊鳥船劄營會哨號帶亦不可少倣照約法五方分爲五色烽火用黑崳臺貳遊如之小埕用黃海壇遊如之南日用藍湄洲遊

則其害更烈不可不深長慮者但其黨同已著聞而
黠賊幾爲敗露彼亦知中土之不能容則或勾連家
屬下海此爲理之所有仍密令海防官及同安知縣
細訪各賊有無父母妻子的親瓜葛防其背地下海
挈眾入倭目前可否發覺從長計議將時亨所受之
貨或出鏇口妄扳亦未可知并令密訪其事果確另
揭報聞以候裁奪

恤陣亡

近查刊書往牒賞功有條罰罪有等功令昭然可考
鏡焉獨於優恤死亡一節似屬諱言略而弗備夫兩

兵既接寧必無傷百勝之師誰能不敗功成論賞生
則蒙休死難瞑目一草一木尚當軫念況人之生命
乎三月用兵互有勝負仰藉皇天錫祜疆場萬全獲
醜獻俘威靈顯振然鋒鏑橫加瘡痍匯繼七尺化爲
魚鱉一死等於鴻毛海天遼廓嗟裹革之無從輿上
沉淪喟自丘之莫遂怒濤激浪苦雨凄風飄泖遊魂
悠然無屬莫非王事蓋是生靈本道代署以來急急
於傷亡之軫念已經關行各道嚴查損失船兵將發
汛名冊挨查凡係陣亡者盡數開報以憑類詳去後
今查二十六年事例軍兵陣亡者除每名給恤仍懸

如之浯嶼用白浯銅彭湖遊如之銅山用紅南澳遊
如之號帶可收可放如雜商誘賊除去號帶其寨遊
鳥船在外洋相遇各製白旗一面相爲照應旗方四
尺內書其寨其遊二字白地黑字易于瞭望而旗帶
一條則照本船色分別遇夜桅上列燈五盞儻霧色
昏黑難辨連放火炮五個仍掌號五聲以爲暗號如
晝無旗夜無燈霧黑無炮號者即爲歹船務要稽查
協力攻擊蓋各寨遊以兵船爲正兵而以南鳥船爲
奇兵奇正相生機權互用自爲認識分澳書蓬則各
總之所異製旗點燈放炮掌號則各總之所同事屬

便易可通行遵照仍行各海防把總官嚴禁各澳商
漁船隻值汛期不許遠出大洋混亂瞭望違者獲解
處治

寬勑除

聞得某等通倭且久委爲賊黨蔣賊勾倭入寇據擒
賊黃克強許耀供執甚明內地之生此輩真海邦之
大蠹也即按法族誅以雪生靈之憤亦不爲過顧賊
之本身向在倭中卒不可致而徒索其家族百千丁
寘之三尺則賊之構怨益深而將來之勾引必廣絕
其鄉土之思甚其報復之念癰潰固不可收而割之

扁其門優免雜差一丁此往例之可尋者也至於衛所死敵軍丁紛紛舟男告繼府衛或拘攣成例不即准補夫軍丁不宜虛伍恤死尤當破格各軍戶下有精壯親丁者當即准其補役造糧如係幼丁亦應照三斗優恤間有戶無親丁幼養兒男親女贅婿舉家老幼相依爲命而本人願充軍伍者查係精壯似應亦得推恩又如金門所軍黃其原係子代父名貼駕子亡而本軍見在應令歸伍食糧各寨遊兵有損失軍兵若准子事故兵糧內支銀伍兩備設祭禮本把總躬行致祭以慰幽靈蓋各兵死事不得沾尺寸之

恩而本院奉天明命意指足以動百靈令行自上即爲恩典亦報死勵生之一事也已上俱蘭江集

廣招賞

兵部尚書楊一清云招諭境內軍民舍餘寄住人等但有膂力過人膽氣出衆騎射之外習學拳棒鎗刀撾簡鞭簡但有一藝在身一長可取及雖無技能而乖覺伶俐善窺探事情能出入賊巢不怕生死者俱各報名在官審實仍令親屬里老鄰佑保管無妻子者量爲安插養贍免其本身差徭擇其尤者立爲總甲不拘名數編成小隊伍官給器械令其尋襲追賊殺寇其有頗通書史粗知術數縱橫詭秘機略變幻之人即便致之幕下待以殊禮使之察向背覘事變隨宜委用勿令遺逸在野若仕宦子弟及經過客商人等情願自備鞍馬出力拏賊報効者皆須留用明立賞格不拘何項人役但能擒獲斬獲真正賊盜名顆者隨即照賞數人併力擒斬亦於賞銀數内別其首從分給其爲首運謀及獲功數多者照例論功或陞授世襲軍職填註管軍事或給與散官冠帶榮身若舉人監生省祭官生員吏典等項能督率家人子弟親戚人等擒斬賊犯不願從軍功例陞職舉人監

生省祭官起送吏部就行選用生員准令入監吏典免其辦事當該就與冠帶省祭手下之人仍照例陞賞俱至賊情寧息之日停止先年曾犯竊盜掏摸喇唬賭博等項人等願報効者亦各不究既往一體收錄有功照例給賞如此既以成我討賊之功又以塞彼從賊之志而賊知我收納一方之人其勢自孤其氣自沮弄兵頃刻誠不足慮矣仍先告諭此係暫時招集應用賊情寧息之日隨即遣散務農生理更不拘留以爲常役庶幾人心樂從

先整備

尚書楊一清云一各處地方城池坍塌武備廢弛軍不識戰鬬官不識教習以爲常事故一日遇賊茫然無備束手受害其未經殘害之處亦復如是恐尚未知警策宜急行各該巡撫嚴督盜賊未至地方及時修理城垣挑濬濠塹整備器械嚴行哨探積糧以待用練卒以蓄威以無事視有事庶幾倉卒不致失措矣已上俱疏鈔

倡勇敢

蘇軾策云臣聞戰以勇爲主以氣爲決天子無皆勇之將而將軍無皆敢之士是故致勇有術致勇莫先

乎倡倡莫善乎私此二者兵之微權英雄豪傑之士所以陰用而不言於人而人亦莫之識也臣請得以備言之夫倡者何也氣之先也有人人之勇怯有三軍之勇怯人人而較之則勇怯之相去若莛與楹至於三軍之勇怯則一也出於反覆之間而差於毫釐之際故其權在將與君人固有暴猛獸而不操兵出入於白刃之中而色不變者有見虺蜴而却走聞鍾鼓之聲而戰慄者是勇怯之不齊至於如此然閭閻之小民爭鬬戲笑卒然之間而或至於殺人當其發也其心翻然其色勃然若不可以已者雖天下之勇夫無以過之及其退而思其身顧其妻子未始不惻然悔也此非必勇者也氣之所乘則奪其性而忘其故故古之善用兵者用其翻然勃然於未悔之間而其不善者沮其翻然勃然之心而開其自悔之意則是不戰而先自敗也故曰致勇有術致勇莫先乎倡均是人也皆食其食皆任其事天下有急而有一人焉奮而爭先而致其死則翻然者衆矣弓矢相及劍楯相交勝負之勢未有所決而三軍之士屬目於一夫之先登則勃然者相繼矣天下之大可以名劫也三軍之衆可以氣使也諺曰一人善射百夫決拾苟

有以發之及其翻然勃然之間而用其鋒是之謂倡倡莫善乎私天下之人怯者居其一是勇者難得也捐其妻子棄其身以蹈白刃是勇者難能也以難得之人行難能之事此必有難報之恩者矣天子必有所私之將將軍必有所私之士視其勇者而陰厚之人之有異材者雖未有功而其心莫不自異自異而上不異之則緩急不可以望其爲倡故凡緩急而肯爲倡者必其上之所異也經濟類編

議徵集

巡江御史邵惟中上言倭寇薄通州攻圍未解餘衆

自狼山轉掠瀕江諸郡縣而瓜儀爲留都門戸鎮常乃漕運咽喉不可視爲緩圖宜大集客兵嚴勑諸臣協心戮力共靖其亂下兵部覆題倭自入犯以來未有偏浙之東西江之南北如今日者縱使地方多兵而分授防禦不無顧此失彼之思徵兵應援實不吞已日者御史趙孔昭乞援已議令徵集湖廣土舍永順夷兵併山東河南廣東打手毛胡盧等兵共六枝俱赴浙直軍門聽用今再議選河南雕陳及山東八衛兵陝西延綏兵徐沛募兵勑遣才望大臣一人總督前去以爲犄角保障留都　上然之肅皇大誥

行保甲

工部尚書馬坤等題欲將土著之人各就一鄉編入保甲盡歸團練五人爲伍十人爲甲五十人爲保上下聯絡委各府州縣佐貳官賢能者不時就其一鄉鬬兵閱其武藝又因而稽其人丁如有潛入賊中勾引或探聽者坐罪若有隱弊互相連坐籌海圖編

先年倭患皆起私通各處鑛徒多由窩引若内無勾引則外難闖入今欲絕盜萌莫先詰盜詰盜之法無過保甲府州縣正官查照原行保甲之法不問山鄉海陬城村市鎮去處官吏生徒舉監之家務逐戸挨查每十家編爲一甲立一甲長十甲編爲一保立一保長甲長管十家保長管百家數不及者就近隨數附編每家各辦本等器械置一小牌將本家丁口盡數開報如己房或賃房并保甲長與上甲之尾下甲之首姓名一一塡註懸掛門首保甲長與各甲民人時常譏察如今日某家多一丁卽究其來歷以防窩藏某家少一丁卽查其向往以防竊劫若有遠出不歸或假名走廣下海私通窩引流徒盜鑛覬利者許甲内人首官拏治申請給賞容隱不舉十家連坐若能自首或親屬首者俱准免罪

辨眞僞

眞倭僞夷往多混報眞倭頂心顱門皆禿類皰立而盂跪而控拜而伏皮肉緊縮僞夷雖禿而髮隱隱類繪坐而食利必匿險必避若不辨明非惟功賞不實亦多戕害人命往領官兵有將被擄逃回或漁商平人及避難鄉民假稱奸細妄殺報功深可痛恨除通行嚴禁外今後海上報捷聽該道詳加勘驗如果頂心顱門無髮及皮肉緊縮者方爲眞倭首級轉送紀驗其詐冒無據者卽究明坐以敵殺抵償至於指稱奸細妄殺報功者尤易見蓋奸細必潛形夜伏或

假扮鄉民混入權詰數不能多既已覺露可縛而至非臨陣血戰者比何用斬首以後奸細止許生擒不許殺害違者一體抵罪巳上俱都御史温純練兵檄

撫歸降

漕運都御史鄭曉奏倭寇類多中國人其間有勇力智謀者可用每苦資身無策遂甘心從賊爲之嚮導若不蚤爲區處必爲腹心憂乞命各巡撫官於軍民白衣中每歲査舉勇力智謀者十數人與以義勇名色月給食米一石令其無事則率人捕盗有事則領兵殺賊立有功勞量議官職奏請陞授如此則悍卒

漸受條範不惟中國之人不爲賊用異日且有將材出于其間令從賊者宜出榜諭許令歸降遣還故土有擒斬賊徒者如例給賞才力可用者立功贖罪俟有功績亦與敘遷不然數年後或有如盧循孫恩黄巢王仙芝者益至滋蔓難撲滅矣兩朝憲章錄

愼征討

皇明祖訓云四方諸夷皆限山隔海僻在一隅得其地不足以供給得其民不足以使令若其自不揣量來撓我邊則彼爲不祥彼既不爲中國患而我興兵輕伐亦不祥也吾恐後世子孫倚中國富强貪一時戰功無故興兵致傷人命切記不可但胡戎與西北邊境互相密邇累世戰爭必選將練兵時謹備之

嚴哨探

副使劉　曰軍機重務偵探爲先海洋遼遠傳報責的況狡寇乘潮往來我兵截勦策應全在烽燧不悠警報及時及訪得各路官兵率多玩寇喜功虛聲邀賞或駕空勦說摇兀衆心或捉風捕影妄傳警報或縱賊巳過而云窮追不及或臨敵退縮而云風阻不前或忌隣境成功不行策應或攘他區功次先報捷音一警衆咻各報互異至有殺漁樵以報虛功縱直

寇而不以聞者邇來本道總叅戒諭雖嚴而舊套未改故違法紀干犯軍機相應嚴加申飭合行各該將領等官務要親督兵船遠出外洋往來哨探遇有賊船經由信地即許從實飛報某處賊船幾隻大約賊有幾何傳報隣境分投防禦火速應援一面急督官兵相機夾勦務要殄除盡絶以靖地方止許先報本道及總叅衙門覈實轉報其把總哨官不得虛張越報若賊未近境尤不許望風先報亂人耳目致人疑信至於遠哨兵船見賊即當馳報又不可限定信地致悞機宜若賊由信地及在海洋搶擄漁船相應飛

報而隱匿不報者査參重究處以軍法庶事體歸一邊報足憑緩急勒守之間自有曲中之策矣海防類考

設城鋪

大明令凡各處城樓窩鋪廈裹有軍城池每二十丈置一鋪邊境城池每十丈置一鋪其總兵官隨機應變增置者不在此限無軍處所有司自行設置常加點視毋致疎漏損壞提調官任滿得代相沿交割違者治罪[illegible]

謹更柝

兵出不意乘夜偷營者詭敵之常往往倭之入犯而

船兵失於防範者皆由乘夜掩我不備一船失事萬衆風奔以故夜防猶宜加謹脫使假柝偷安關係匪細以後遇夜各船捕盜先定輪值更次各兵姓名粘貼艙口聽放靜砲後柝更各兵必高立船面頭尾目必外視遠洋心無内顧他物手則下下着實敲梆儻有船隻或木植竹筏草木束物黑片浮來即高叫何船細聽鄉音辨察何物如無詐僞即令離艅遠泊以杜奸宄如能認緝實跡拏獲奸細者從重加賞如或賊近而不知査　而不覺致悞機事者即以軍法處治

審搜邏

倭船深入其心必恐隱伏深避其情必然且逢山取水又勢之所必至者或乘昏夜藏匿山灣或因晨發乘我不備若不嚴加搜邏彼伏我怠不但失賊處所抑且可乘我不意其患最大此搜山之法最爲要着如申酉之交及辰卯之際各船務要整栩兵器時如對敵在處山嶴凡可泊船之處嚴加搜邏以戒不虞敢有虚應故事致悞軍機者悉以軍法重處

同共濟

將識兵情兵識將意謂之上下一心惟上下一心則

必成功上下乖離必致僨事況舟師又與陸兵不同一舟之人如同一家捕舵什兵又如家之父兄子弟父兄子弟和氣孝友則家道必成外侮可禦若父兄子弟自相戕賊不特家道無成人將侮之矣況捕舵什兵同舟共濟平時若有不和未有臨事而能得死力者官兵遠出外洋其間不無風寒暑濕疾病之虞小恙則可本船調治重疾在船更多不便既不許擅離又不得醫治是見死而不救非死生相依之道今後如有船兵染患病重者許扶至附近本港官廟暫任令該管醫生調治痊日就于本兵月餉内酌量扣

償藥餌之費其有物故者即令該船爲之殮埋汛界該總哨詢其有家者使其扶柩歸葬故山無家者該管呈報本司少示恤典各該總哨捕首平時務要士卒甘苦相共一遇有警亦必親冒矢石分糧裹餱以盡爲將爲頭目之分毋得自分秦越即隣境有急更須星馳應援彼此夾攻脣齒相衞毋得觀望悞事且官捕視什兵如手足則什長亦視官捕如頭目上之視下如子弟而下之視上如父兄平時疾病相扶甘苦相共而至臨敵危難之際什兵有不致身用命者我得按法而治之彼復何憾所謂將識兵情士識將

意此也已後敢有故違前訓在上不恤士卒在下玩愒偷安不奉約束者輕則徑行責治重則解來治以軍法

嚴伏路

東南夷之最狡獪者莫如倭使官兵備禦少踈未有不墮其術中者大寇則百十成艅防禦或易小盜則踪跡詭秘偵探恒難蓋彼一入我境必棄其原船劫我漁舟變形易服掠我商人白衣揺櫓漫難識辨致被戕害往往官兵不覺地方失事多由於此若不嚴加伏路認識旗號則狡獪之奸豈易防也況防倭于

晝易防倭于夜難防大艅之賊易防零星之小寇難故伏路之船不可不愼也今後各該信地每夜于衝要港口輪撥哨船二隻設伏凡遇一應往來船隻即便盤詰其情形可疑者不特驗其船面之網罟尤須詰其艙內之漁人苐恐倭奴脅令被擄唐人在上執縤掌舵而賊隱伏艙下愚我耳目使不爲防頃刻之間流突大艅悞事匪細必須嚴諭伏路捕舵督率各兵環甲荷戈即如對敵不許一人偷惰時常盤詰往來船隻的確無弊須令遠泊港外次早放行毋容近艅儻事若遇眞正賊船即舉火張燈連放起火三枝

爲號以便接應追勦因而收功伏路捕兵即與衝鋒者同賞如有踈虞致賊漏逭失悞事機伏路捕兵與臨陣退縮者同律　已上俱備倭紀略

審寇術

倭夷慣爲蝴蝶陣臨陣以揮扇爲號一人揮扇衆皆舞刀而起向空揮霍我兵倉皇仰首則從下砍來又爲長蛇陣前耀百脚旗以次魚貫而行最強爲鋒最強爲殿中皆勇怯相參賊每日鷄鳴起蟠地會食食畢夷酋據高坐衆皆聽令挾冊展視今日劫某處某爲長某爲隊隊不過三十人每隊相去一二里吹海

螺爲號相聞即合救援亦有二三人一隊者舞刀橫行薄暮即返各獻其所劫財物毋敢匿夷酋較其多寡而麤縮之每擄婦女夜必酒色酣睡劫掠將終縱之以焚烟焰燭天人方畏其酷裂而賊則抽去矣愚紿我民勿使邀擊專用此術賊至民間遇酒饌先令我民嘗之然後飲食恐設毒也行衢陌間不入委巷設恐伏也不沿城而行恐城上拋磚石也其行必单列而長綏歩而整故占數十里莫能近馳數十日不爲勞布陣必四分五裂故能圍對營必先遣一二人跳躍而蹲伏故能空竭吾之矢石火砲衝陣必伺人

先動動而後突入故乘勝長驅戰酣必四面伏起突遶陣後故令我軍驚潰每用怪術若結羊驅婦之類當先以駭觀故吾目眩而彼械乘慣雙刀上詿而下反掠故難格鈀鎗不露竿突忽而擲故不測弓長矢巨近人則發之故射命中斂跡者其進取也張揚者其遁遁也故常橫被舟以示遁而突出金山之圍造竹梯以示攻而旋有勝山之去將野逸則遐城欲陸是則取艀或爲舁以詐坑或結稻桿以絆弁或種竹籤以刺逸常以玉帛金銀婦女稱餌故能誘引吾軍之進陷而樂爲吾軍之邀追俘虜必開塘而結舌莫

辨其非倭故歸路絕恩施附巢之居民故虛實洞知貧豐降擄之工匠故器械易具細作用吾人故盤詰難向導用吾人故退熟宿食必彼壁而處乘高而瞭故襲取無機間常一被重圍矣餌以偽馘而逸之或披蓑頂笠沮溺於田畝或雲巾紵履蕩遊於都市故使我軍士或愚而投賊或疑而殺良江海之戰本非其所長亦能聯虛舟張弱篷以空發吾之先鋒捐婦女遺金帛以弭退吾之後逐凡舟之裙墻左右悉裹布帛被褥而濕之以拒焚擊交鬨間或附遂而飛越即雷震而風靡矣寇擄我民引路取水早暮出入按

籍呼名每處爲簿一扇登寫姓名分班點閘真倭甚少不過數十人爲前鋒寇還島皆云做客回矣凡被我兵擒殺者隱而不宣其鄰不知猶然稱賀

倭奴之勝我兵專以術也即以其術還治其人不必用古法蔑不勝矣

辨船器

日本造船與中國異必用大木取方相思合縫不使鐵釘惟聯鐵片不使麻筋桐油惟以草塞罅漏而已名短水草費功甚多費材甚大非大力量未易造也凡寇中國者皆其島貧人向來所傳倭國造船千百隻皆虛誑耳其大者容三百人中者一二百人小者四五

十八或七八十人其形甲隘遇巨艦難於仰攻苦於犁沉故廣福船皆其所畏而廣船旁陡如垣尤其所畏者也其底平不能破浪其布帆懸於桅之正中不似中國之偏桅帆常活不似中國之定惟使順風若遇無風逆風皆到桅盪櫓不能轉戧故倭船過洋非月餘不可今若易然者乃福海沿海奸民買舟於外海貼造重底渡之而來其船底尖能破浪不畏橫風鬭風行使便易數日即至也

凡倭船之來每人帶水四百斤約八百碗每日用水六碗極其愛惜常防匱乏也水味不同海水鹹不可

食食令人泄故彼國開洋必與五島取水將近中國過下八山陳錢之類必停船換水所以欲換者冬寒稍可耐久若五六月蓄之桶中二三日即壞雖甚清冽不能過數日也海洋浩渺風濤巨測程不可計遇山而汲亦其勢耳盥頮沐浴海水山水亦可用或云浴海水令人膚裂近訪之不然但黑肌膚而已倭奴有一秘法煮泉一二沸置之缸金能令宿而不壞然亦不過半月久用不能也其至普陀必登者非換水亦非真欲焚香乃覘兵防虛實耳

倭刀大小長短不同立名亦異每人有一長刀謂之佩刀其刀上又插一小刀以便雜用又一刺刀長尺者謂之解手刀長尺餘者謂之急拔亦刺刀之類此三者乃隨身必用者也其大而長柄者乃擺導所用可以殺人謂之先導其以皮條綴刀鞘佩之於肩或執之於手乃隨後所用謂之大制又有小裁紙設機刀出長門號兼常者最嘉又有作贊禮賀禮不拘大小名雖爲刀其實無用

刀有高下技有工拙倭之富者不惜重價而制之廣延高師而學之其貧者所操不過下等刀耳善運刀者在前衝鋒可畏頗有限也中國人望之輒

畏而避焉擒獲夷刀亦莫辨高下混給兵士故志之（已上俱登壇必究）

禁通番

愚惟夷狄之慕中國猶中國之慕十洲三島而其慕中國之子女玉帛也猶中國之慕瓊林大盈之積也惟其無路可通無人可引是以終其身不到焉不取焉有如招之使來導之使前而禍且立致矣先年海禁少弛遂有王直葉宗滿等之廣東造巨艦將違禁物抵日本往來互市致富不貲遂招納亡命徐海陳東等勾倭劫掠流毒乃滋甚此往事之足鑒者邇如

辛丑年閩廣中倭于時本職代擀巡海所擒戮之倭爲閩人某之部落皆中國之亡命也故閩人勾倭如皷之應桴影之逐形呼吸相通靡不還至而立驗者今不意閩人舍海澄月港之故道而乃假道于浙爲入倭之門戶也由浙入倭便于置貨又便于乘風舍彼就此最爲直捷夫蛟川爲倭入貢之路倭每飯不能忘年來因禁絶勾引不知路境是以逡巡不敢犯此蚌一開則倭之爲患不遠矣計通倭之船未有不由港門而出則未有不通同守把官兵而得揚舲下海者通倭之船未有不由本地打造則未有不托勢

豪而敢糾伴結夥者通倭之船未有不假各衙門印信牌票批單則未有不先請乞爲獲身執照者近有持青乞船批往溫州販載被本道呵叱其僕而歸原呈具在此非下海之執照乎夫艙艚鳥尾船隻明爲下海入洋之具喚工打造非旬日之可成停泊河港招搖耳目而地方不之詰官司不之禁偷度關津守者不之覺帆檣出海總哨不之追蓋用厚利爲結納而藉強力爲遮護其故難言之矣趨利附勢而不以法繩之則官不能與勢利爭按法繩下而不以死惕之則法亦不能與勢利爭通番之律甚輕其獲利也

十倍而其觸禁也罪止於杖有重利以作之趨無重刑以使之懼法輕易犯非重加遣戍沿海之奸何繇知戢乎造船必有船匠造違禁之船者罪坐匠工催船必有船戶載違禁之貨者罪坐船主寫船必有船埠攬違禁之商者罪坐埠頭則牙匠皆知所惕矣奸商造船里甲排鄰不首者罪及地方經過關津私自放行者罪及關吏出由河港受賄縱脫者罪及守把則官民皆知所惕矣販賣異樣段疋及氈毯絲綿等物鋪戶知情不覺發者罪及各行歇家牙儈知情不檢舉者罪及牙歇則商鋪皆知所惕矣夫閩商入浙

浙貨入閩此商途貿易之常勢不能遏然入閩自有大關小關正路舍嚴衢而由寧紹台溫其爲海販明矣近議欲于西興關官爲驗票恐地棍藉名需索不如責令杭城沿江一帶船埠凡閩商載貨路由嚴衢者方許遞發若渡江而東必報官稽覈北新關税票當風汛之月閩商販段百疋絲綿數百斤及有違條布疋等件有似通番貨物者即着本關委官報府查其去嚮若委官不報船埠不首而或從定海等關盤出委官劣處埠頭船戶問罪其照常時月不必稽查此亦法之可行者也至于奸商假託勢豪𥅪地通販

人情重于發難須着府縣正官總捕海防官及參遊等官細偵密訪果有隱奸即密揭報院拏究恐耳目難周廉訪不及更責成于刑廳多方體察得情不時飛報凡遇　撫院出汛及按鹽二院巡行同地方訪犯一并開遞如本處有通販之奸而地方官不及覺詧至于敗露則親臨官長俱有不得辭其責者儻商船至彼縱放出洋罪在參遊總哨一體議處著爲功令則有官守者不得漫常視之矣再照閩船不入浙浙船不入閩俱限溫福分界沙埕地方換船此向來通行之禁也五月六月正發船通番之候有違禁越

界之船即將其船入官凡係閩中載木貨大船盡行收入定海不許出洋閩船不入浙船不出茫茫大滙豈一葦之可杭而華夷之路絕矣其沿海縣分行令正官編令保甲溫台寧紹杭嘉六府沿江近海船埠船匠俱籍名報官如有打造異船及裝載奸商貨物者一一根究沙民及漁民業海者各船頭目開報姓名填寫官旗船票明開某處採捕限日回銷止許駕使糟綱黃家塘白艕香挑漁喇小船于近海生理不得遠出大洋搭廠久居絕島若南漁山釣船蟻集經冬久泊悉從嚴革凡各衙門船批牌票及鄉符等項

不許輕徇請求混給一應入海船隻擅用鄉官牌額旗號并以旗號燈籠估塗繫箭者盡行逬斥官兵得賄賣放以軍法綑打坐贓科罪問革其通倭應得之罪伏候尊　題改從重律則海上亡命有不潛消異志者哉至于通番各犯流入倭中睥睨覬望寬之或可望其歸來急之當益堅其遠竄閩之逋賊終不躁躪泉屬者以其父兄宗族在也往歲有抄沒之議有言其不可者止之今亦數年不爲閩患以王直之跳梁而終納欵軍前執之以付法吏蓋亦厚念其母妻子弟不恤延頸受誅今各犯親丁家屬須嚴加防範

毋使縱逸明年春汛更虞勾倭襲取城守之具倍宜加謹彼果悔禍來歸則當待以不死開自新之路消勾引之萌法令申嚴期于必行必信則海氛自息而東南半壁可保百年無事矣

浙與倭隣剝床可慮林清以十月初五日開洋十二日直達彼當冬汛尚爾飄搖矧春汛乘風更虞迅速往時閩船不入浙界故臨汛易于稽防今雖三令五申而透漏如故定海關外船隻混淆商販莫辨此可不嚴界限乎香船例不稅驗而奸販托名進香儘多私載以普陀爲寄寓此可不嚴稽覈乎督稅有官而

任闗覇之把持憑埠頭之買放汪王傳之查驗其餘
兵貨捕役之追回豈是原船此可不嚴究詰乎杭城
之貨專待閩商市井之牙勾同奸買揑名報税私漏
出洋此可不嚴入官之禁乎擅造通番大船地方不
報官司不聞差役通同里甲隱蔽此可不嚴連坐之
法乎內地造船必由港門而出各港俱爲官兵汛地
扼其險阻豈能飛越此可不嚴守把之令乎普陀一
帶爲入倭要路商船入倭多由官兵賣放謹其防閑
勤于哨探此可不擇總哨之官乎夫倭大有欲于
中國然猶睥睨而不即發者非真畏　中國之兵也

淼茫天塹苦于無船今奸商各船而往併船而歸倭
固有其船矣前驅嚮導苦于無人今奸商覔利則來
而復往虧本則往而不歸倭固有其人矣火藥筒銃
苦于無具今絲綿紬綃可帶則硝磺銅鐵亦可帶倭
固有其器矣彼方利我之玉帛而吾以玉帛導之彼
方窺我之虛實而我以虛實告之鼓之舞之者奸商
也奸商衆則海賊繁入倭爲商遇商爲賊在海爲賊
入內地爲倭海賊繁而倭必至亂必作其究則由奸
商通販始嘉靖間海禁少弛而宋素卿王直徐海等
勾倭作難蹂躪我內地虔劉我人民還至而立有效

今一歲而獲通倭者三閩閩中各路有三四十船下
海網巾雲履等物靡所不售髡奴效法唐人[illegible]
我衣裳時事儘堪蒿目興言太息幾于談虎而色變
矣今欲嚴通番之禁必明揭條例昭告于人庶借本
之大戶盡知愛惜其貲財影射之奸豪咸思保全其
氏族涉海之僇民併圖顧恤其身軀防守之兵戎亦
思謹嚴其節制其間用法雖浮于律而原情實符于
例蓋戢禍止亂必期法重而民畏借數十人以行法
而海濱無盡之生靈所活不知幾千萬億也此今日
防海之亟圖所當請　命于　朝者若夫善後弘遠

之猷則有院臺之主裁擘畫在矣巳上俱越
閩與倭隣聲聞悉達沿海無賴往往勾倭行劫甘心
嚮導其家屬宗黨明知故隱而陰厚藉以爲利地方
家甲懼害通容甚則接濟以爲奸一人造孽毒流中
土濱海騷然今歲其尤甚焉則以連坐之法不行故
勾引之奸益肆僇民無憚奚事不爲查得大明律例
一款凡沿海去處潛通海賊同謀結聚及爲嚮導劫
掠良民者正犯比照謀叛巳行律處斬仍梟首示衆
全家發邊衛充軍又查全閩約法開載一家通倭接
濟潛爲不執澳甲總甲甲長同家甲人等具實報官

將本犯處以極刑財產籍沒全給充賞敢有容隱被他人首發及官兵緝拏者家甲連坐澳甲總甲甲長另行重處縣官奉行不力亦卽查叅任俸事干勢豪阻撓一體叅究遵行已久但用法者因循姑息養奸貽患長此安窮合無申明律法嚴行禁約一人通倭一家並坐一家通倭家甲並坐凡地方容隱及勢豪阻撓者一體究罪及查今歲海寇猖獗沿海漁民輙爲擒獲應敵軍兵或有陷賊不死者一入倭中便爲役使事出無巳情屬可矜儻能乘間逃歸卽爲良民縱使從賊數載一旦改圖奔還中土仍許自新被虜

軍兵其家雖已議恤但能歸國優恤之銀免追失事之罪勿論如遇泛海歸來哨邏官兵遞送所在官司審明發回本鄉以安生業有能偵探倭情的實來報者給賞敢有從倭侵犯被官軍擒獲或係賊黨供稱有據家屬並罪其有賊首勾連海寇爲其嚮導殺掠良民者全家比謀叛論盡法處治則內賊聞風知戢不至蔓延流毒矣蘭江集

番人潛在內地窺我虛實漸誠不可長也然番豈能自來不有內主而外勾之人乎甚者仕宦富豪之家假貸無籍始而以重利餌之既而以虛辭縻之餌之則來而日多縻之則怨而生變是交通之爲也而交通之禁不可不嚴矣漳泉之間小醜搆釁如吳雙引葉日新之流漸尤不可長也然彼豈獨非人得無有積習而輕視之心乎自倭變以來漳人多爲盜魁而漏網黠者因之以惑人愚者憑之而妄念以爲舉事未必其大害而入海或足以偷生則姑息之過也而姑息之政不可以復施矣人情大端不出利害有所以利之而無所以害之則何事而不可爲故兩釁者異流而同出一源者也今惟以其所害而奪其所利彼知有利焉而不能勝其害也則孰與爲不善哉王奉常集

福建巡撫丁繼嗣題稱欲絕勾引必淸海販欲淸海販必先自勢豪之家有犯必處之重典議請申飭連坐之法一曰責成澳甲沿海縣分挨次編爲保甲凡船埠船匠籍名在官如有異船異貨拏獲一家有罪十家連坐二曰責成縣官凡造某樣船隻往何處俠買某樣貨往何處賣縣官若能詢訪誰不吐露如能擒獲販船者獎賞課薦如有該縣販船別處擒獲者以不職連坐年終照次數降斥三曰責成官兵沿海寨遊拏獲船貨千兩以外照律賞三分之一百兩

以外盡數充賞遇缺超補叅遊以下敘錄有差如或受賄賣放各寨拏獲汛守兵究革叅罰四曰責成各道沿海延袤二千餘里互相推諉策應何及今漳州責守道泉州責巡道興化屬福寧守道福州屬兵道福寧州屬福寧巡道春冬二汛親巡海上選將練兵造船製器一切防禦不許推諉若各道緝獲敗徒該道初次紀錄再則聽叅自能覺發擒獲多次者特舉超擢沒官贓物除充賞外聽部議處濟邊（萬曆四十年題准）

兵部覆議凡泛大洋而出者奸人也所畏不在戍今天下擬戍者一到戍所未有不縱而歸既戍而歸猶

之乎民耳而復蹈所欲爲亂之生也何日之有應行各衛掌印管軍員役凡有軍犯到衛務要照例取具的保收伍該道不時稽查如有用賄覬法縱令逃回者該管員役及窩藏之家俱照賣放窩藏律問擬其本犯仍照例從重擬罪庶法紀明而奸頑知畏矣（萬曆四十年題准）

海防纂要卷之九

黎陽王在晉明初甫纂、男會芝稚蕤甫較閱

紀捷

望海堝之捷

永樂十七年倭船入王家山島傳烽至總督劉江率精兵疾馳入望海堝明日倭數千人分乘二十艘直抵馬雄島圍望海堝江發伏出戰遣奇兵伏山下斷其歸路倭奔入櫻桃園公合圍斬首七百四十二捕生八百五十七自是倭大創迄今不敢犯遼東召封廣寧伯（吾學編）

王江涇之捷（嘉靖三十四年四月）

國家地廣治極文禔武嬉海壖姦商乘時盜販因緣忿怒轉爲寇賊民不覿兵爲日既久望風奔潰莫之誰何賊既連得利內附外連聲應氣合徒黨滋蔓動以數千萬計又善用兵能以少爲衆所徵四方材勇慎忮武力之士率殲其手勢若烈火燄燄狡焉思啓蓋自壬子春更癸丑甲寅恣行轉掠戕殺燔燒叢萃藪窟新故環迭而兩浙三吳之禍變憯矣乙卯春柘林巢賊積增至萬餘人出掠嘉善諸處夏四月劇賊徐海麻葉等探知嘉杭兵調松江搗巢舉衆數千人

水陸並進聲言先攻嘉興次及杭時故巡撫李公留守杭總督軍門在華亭無兵可恃軍民洶洶甚懼御史梅林胡公方巡浙東台温諸郡得報連日夜馳詣嘉興會賊從嘉善來前驅迤邐薄城外衆益懼甚公曰兵法攻謀爲上角力爲下矧又無兵乃密屬吏取酒百餘甕鑽其顚投以毒劑塞如故載兩船選兵卒機警而猛者假冠服持赤牘坐船上稱解官解酒餉軍載向賊所從道見賊即褫去冠服走賊信不疑馳報諸酋長諸酋長得酒大歡相率高會痛飲率多死已又令村市酒家皆入毒甕中約償以直民所有米

漬藥水澌而遺之賊往往爭取飲餟輙又死然賊黨尚衆我兵寡且恇怯適保靖宣慰彭藎臣所領土兵數千人至可使胡公策其恃勇犯忌使人傳語之曰賊善伏且知分合我兵常爲其誘宜分奇正左右翼擊防其衝闘藎臣不聽乘銳直前果遇伏墮賊計挫於城南石塘灣始大悔遂有潰志遠近震駭大失望胡公深憂之曰如是我技窮矣於是親請軍營宣諭且勞告之曰勝負兵家常事惡足介念凡爾所以償者以不知地利中其伏我聞賊酋多死衆絲棼無紀且乏不得食息暇可攻若等無畏顧兵多無衣與器械乃使人悉索諸質肆故衣頒給之加賜錢帛牛酒飲食召諸金木工晝夜縛造器具懸重賞苗兵感激思奮察可用乃指畫石塘地形曲折曰汝宜以兵若干爲前鋒從塘路進若干爲奇兵伏道左水兵船若干環列道右防其逸皆後前鋒數里候賊將至其處前鋒迎敵佯敗走俟其過伏伏盡起三面夾擊蔑不勝矣藎臣如公策賊果僨敗北走平望平望故別有苗兵營賊不知會總督張公從松江兼程來視師而永順宣慰彭翼南復從泖湖西出胡公又同督察趙公部署參將盧鏜等厲激之且躬擐甲冑徑馳馬趨

出　回合圍軍聲遂大振賊大沮還走王江涇既連疲於奔又餧且病矧無統紀遂大潰不支上兵與我軍乘之斬倭首二千餘級墮溺水死者不可勝校蓋自是嘉興杭人始安枕軍民主客始知賊猶人非眞若鬼神雷電虎豹然不可嚮邇浸有鬪志賊亦自是稍稍顧忌逆氣狂謀漸以虧朒始可誘而圖矣嗟乎奇變决而波才破洛澗襲而淮淝捷嘉山合而博陵奔蓋自昔禍亂之興必有忠義材武韜鈐之臣以指揮擘畫救寧戡定蓋天所以奠安維極綏輯神人鴻德好生常假手乎鉅公偉人實爲之孰云其果夢夢

哉武進左子好論次當世事而謂故所收公私牘牒所載王江涇戰功淆無紀屬余詮次余爲詮次而歸之庶後經世者有考焉

平望之捷 嘉靖三十四年五月

嘉靖乙卯夏五月官兵敗賊於吳江之平望先是永保之兵既皆失利賊遂肆意猖獗一西北入太湖犯常州一西南犯杭嘉湖其犯杭州者至塘棲二宣慰復失利賊掠北關去欲由蘇州入海道吳江之平望浙直鄉兵會擊之賊腹背受敵大敗走松江至三店我兵邀擊之斬首七百有奇中毒死者千餘人是戰

也巡按御史胡公宗憲副使董士弘僉事王詢以浙兵至參政任環知府林懋舉以直隸兵至而三店則推官劉泉功居多皆不藉客兵之援由是而專任鄉兵之議興矣嗚呼客兵之用豈得已哉蓋彼之獷狡不馴非素有禮義之習我之恩威未洽難責以忠愛之心恤之過則驕操之急則變勝敵不足以償其掠民之害厚賞不足以稱其邀求之私前方城宗氏論之詳矣雖然寇攘猝起民不知兵慮客兵之禍而徒驅民以戰如投羊於虎是畏溺而避舟者耳故調客兵者一時之權恃客兵而忘練鄉兵者非經遠之策調客兵而練鄉兵兵可用矣而後酌勢之緩急敵之多寡以處客兵進之則我無之用之嫌留之又有以制其反噬之毒我師梅翁之底定東南也外立戰勳內鮮兵變今日遣客兵數千而賊無玩心明日來客兵數千而民無懼色者用此道也彼謂客兵必不可用而又無練募之法者吾不知其所終矣 大學生俞獻可撰

陸涇壩之捷 嘉靖三十四年五月

嘉靖乙卯夏五月松江柘林之寇千餘人流突李巷匯歷張庄小崑山趨泖湖而北保靖宣慰彭藎臣兵追之抵蘇州之陸涇壩壩離城十里而近兵備副使

任環督兵擊之擒其梟帥俘斬五六百級水火死者不計屍盈阡陌貴水爲赤殘寇僅二百人值暴雨追之不克逸歸柘林嗚呼徃歲倭賊覘我無備揚帆深入視吾蘇不啻几上肉耳是捷也論者皆謂我兵有死之心無生之氣而又益以藎臣善戰之兵其勝宜也愚謂不然戰之日績親見之矣撫巡乘城督兵傳餐冒矢如雨自婁門以東達於陸涇壩我衆連呼戰者三曰今日我任父對敵所不捐生以報者有如此日由是士氣百倍總兵俞大猷并二宣慰兵三路並進奮勇夾擊遂收全功當是時使非任公身先督戰

則吾不知民之僇力者何如使戰而弗勝則鼓寇之怒其係吾又不知何如也抑陸涇蘇之東境也前此浙江巡按御史胡公宗憲有王江涇之捷則蘇之南境後此提督都御史曹公邦輔有横涇之捷則蘇之西境未幾任公復有三丈浦之捷則蘇之北境一歲而賊四衂於蘇蓋自是而蘇無倭寇矣崑山舉人李續撰

横涇之捷 嘉靖三十四年八月

嘉靖乙卯秋八月倭賊自象山登岸流突南京焚安定門殺一把總一指揮走無錫而南都御史曹公邦輔引兵馳護　孝陵因追及於蘇州之滸墅賊驕蹇

益甚公與副使王崇古僉事董邦政知府林懋舉知縣康世耀把總婁宇曰此賊勢將數千就敵我地形兵力爲彼所窺他日大舉入寇何以支之誓滅此而後入城乃分授信地申主客應援之規以崇古邦政宇率指揮張大綱武生車梁躡賊所向遇敵先登爲正兵懋舉世耀各領兵屯吳林廟之左北護郡城南扼賊衝爲援兵嚴家兵左哨沙兵右哨分突衝截爲奇兵度賊走太湖募水兵于湖濱東山巡檢領船數十往來探哨爲遊兵又度賊不走太湖必分踪以擘制我師或棄金帛于道餌我嚴諭毋離伍毋拾遺士皆股栗殊死戰賊至吳林廟我兵擒斬二十七人餘走楊山逃至靈巖奪民船由新港出太湖欲走洞庭見我兵旗幟不敢渡復登岸至横涇前馬橋匿一民舍我兵圍而火攻之賊潰出逃伏田禾中不能得車梁捫其所殺人肉尚未寒又草露未動乃令衆大呼賊在此賊果驚出遂俘斬之無一人得脫者而大綱手刃數人力盡死之始賊之在無錫也欲尋徑常熟往附柘林之賊劫二人前數十武導之常熟在無錫之北二人紿之而南且道辟行人曰賊至矣報官兵賊已陷絶地速來可盡擒也賊比敗恨二人入骨競

臠割之嗚呼是賊以五十三人馳突八郡轉戰三千餘里所過皆不焚掠唯與敵者殺之此其勢其志可知也已非曹公之定策群有司之戮力蘇松之禍未已也雖然張大綱之死敵二人之紿賊其功固非碌碌者惜二人之姓字不傳爾崑山縣學生龔良相撰

後梅之捷 嘉靖三十四年十一月

嘉靖乙卯冬十一月倭賊自福建福寧州之連江洪流入浙境越平陽仙居至寧波奉化與錢倉賊合幾七百人深入紹興勢益滋蔓提督都御史胡公宗憲親督兵備副使許東望容美土目田九霄同知曲入

縋等兵往戡之遇賊江橋僅隔一河公謂諸將曰賊見我不顧而南其氣未可乘若稍上觀望可圖也吾兹試之乃於馬上自持一幟作指揮狀賊果聚觀公笑曰此易與耳乃令兵渡河九霄邀其前入繩襲其後賊見兩兵迭至大怖而走至後梅匿民家公復大笑曰賊若乘我兵半渡迎擊勝負猶未可量今已投死地復何能爲乃悉衆圍之三匝縱火焚之死者强半值天雨公與將士立田中夜五鼓大霧咫尺莫辨賊乘黑衝典史吳成器軍成器故善戰驅兵四面奮擊之擒斬復若干人然脫走者猶衆公計賊必由山

西嶺而遁嶺之巔可伏也命設伏以待夜將半賊果至遂大敗之斬首及焚死者積五百二十有奇餘奔太平湔岐港官兵復追之賊堅壁不出乃夜偪賊壘投以霹靂火器譁若劫營者賊驚起自相攻擊死者又若干人得脫者無幾竟出洋去丙辰春正月也時公新府箚命未浹旬輒有奇捷如此烏程縣學教諭張鼐撰

清風嶺之捷嘉靖三十四年十一月

嘉靖乙卯冬十一月倭船三艘艤南麂之西麓提督都御史胡宗憲預設海艦封守甚固二舶不能入揚帆而東其一西走我兵躡之沉其舟追入縣内相持

又賊窘甚從山後竊划船逸去颶風驅回登岸大嵩至三港守備劉隆千戶劉綱百戶張澄戰歿於陣賊勢復熾遂越金鄉趨台州以漸北向時公方奏樂清之捷會台州告急公笑曰寇來有三敗我皆得之不足平也初寇登平陽守將不循約束故得深入今台守譚綸干城之將且素受方略賊玩躁其彊一兵法小敵之堅大敵之擒寇方得志三港其氣驕我兵方捷於樂清其氣勁以勁乘驕如拉朽耳二容美兵精悍甲諸部萬里從征朝氣正銳但初未諳險阸今授以布伏邀擊之法則爲全勝之技三遂命分道

布截天台以南綸兵當之新昌以北容美兵當之綸兵遏壘而進以典史吳成器統部健爲前哨報効吏章延廩爲後哨百戶王世仁陳濠督健卒伏於小江道左知事張東督鄉兵伏於顏坑諸處而又迎賊所向預置藥蜜藥餅餌之由是賊或中伏或中毒擒獲三十餘顆傷死者不計始悔入台州境十二月抵新昌知應台關有備去至嵊縣三界上館嶺會容美兵陳而待田九霄以正兵當其前田九章援兵繼進左翼則留守王倫伏兵當之右翼則經歷畢爵伏兵當之指揮吳江率部兵遶賊後背夾擊且多張旗幟爲

疑兵以撼賊勢賊四面受敵且戰且走我兵追之入
清風嶺烈女祠俘斬一百七十餘是縱也賊二百餘
徒歷温台紹三郡始克勦滅其敢於深入者由恃紹
興之倭欲與合夥追越台州始知舊倭已破於是旣
畏譚兵不敢南復畏土兵不敢北卒至於敗如公所
料云　武進舉人吳獻撰

仙居之捷　嘉靖三十五年

嘉靖丙辰春三月　朝廷以都御史胡宗憲累建奇
勳命以兵部侍郎總督浙直福建軍務會福建桐山
之賊流遁浙境同知黄釧指揮梅魁禦之賊潰闖北
走公密令副使劉慤預伏兵塔石蕉蒲諸山邀險阨
則潛置火器以待仍列舟師於山側之江濵賊至伏
起殺傷甚衆遁由天門埭至平陽青田越小峙沿江
而南遂入荆溪荆溪通仙居樂淸之孔道也時臨海
天台業已受公計集鄉兵守黄潭窖孔中渡由是賊
不得犯寧紹由烏杭西入仙居乘城築未完衝突焚
劫慘倍他地乃咨提督都御史阮公鶚馳救之復行
副使許東望知府譚綸總兵盧鏜兵從東路而進賊
聞大兵且至遂走斷橋彭溪巢於民舍我兵合圍攻
之俘斬三百餘級焚溺死者無算所存六十餘人取

道天台之北復爲赤城民兵所殺是時浙東西棶巴
梁湖之賊各萬餘人俱薄會城魁桀難制江南北新
舊屯據者數亦逾萬公以一身寄諸藩之安危以一
心當百萬之兵甲隨機督勦算無遺策直隸有寳山
之捷兩浙有西庵淸水窪之捷而桐山流寇亦旋就
殄殲謂公今之子儀非耶　嘉善訓導謝顧撰

乍浦之捷　嘉靖三十五年七月

嘉靖丙辰秋七月賊徐海陳東之解桐鄉圍而東也
陽爲聽撫心實狐疑自呂港新場移屯乍浦城南營
廠絡繹毁修舊船以啚出海且窺伺我兵强弱爲其
進止總督侍郎胡宗憲策知其計因外示羈縻而密
檄副使劉燾啚之會尚書趙公文華再　命督察至
公乃與定議以乍浦西南海塘可通杭州咨浙福提
督都御史阮公鶚偕郎中郭仁副使徐洛總兵徐珏
等壁海鹽以遏犯杭之路東北金山可通松江浦東
咨直隸提督都御史張公景賢駐松江而叅政任環
僉事董邦政留守王倫同知熊桴容美土官田九霄
等扼青村黄浦及出海之路公親督大兵與叅政汪
栢叅議王詢等駐平湖與賊偪壘而陣總兵俞大猷
盧鏜等則以舟師設伏洋山馬蹟邀其歸路分布旣

定候間而發適上海之賊由吳淞而西南出復萬餘人公恐海或中變與之連衡急諂海使東出擊賊可得舟還島海以爲然果逆斬賊數百賊遂夜走以故海不及取其舟而返其他酋長脫出海者公已別遣大猷伏飛艦海上邀擊之溺且盡公又計海書記麻葉不死無以堅其內附之心而陳東者與麻葉聲相倚桐鄉之設與海相睚眦者也於是又計令海縛麻葉併陳東以獻海遂併有其衆而諸酋長則疑且怨海矣海自度進退無所而公故與遊公薄責海益急因遣諜私海令其誘衆俘斬之以謝可無罪海不得

已從之遂與定約（與前縛麻葉陳東等俱詳見鹿門茅氏所爲剿徐海本末紀）公乃令副使劉燾引遊擊尹秉衡兵夜伏乍浦城中而徐珏等兵分爲三哨進壁白馬廟左灝等兵由平湖間道而出王籌曹廷慧叅將丁僅等壁乍浦城以爲內援至期珏等移營尾山海果挈妻走海上艘羣倭爭逐之大亂城上舉火我兵四合兢進大敗之燒賊巢廠二十餘里時海執稱歸順投梁庄去諸遁出海洋者大猷兵邀擊之前後俘斬七百有奇沒海及焚死者無筭乍浦之賊無孑遺矣夫徐海以首惡煽禍而陳東麻葉等爲之犄角勾引外夷倭擾中土受其蠚毒者五年矣丙辰春擁衆數萬分道入寇北犯瓜揚阻絕運道東掠寧紹牽制我師聲言欲下杭州犯留都比之曩時猖獗尤甚公相度機宜不輕與爭鋒捐千金賞敢死之士用間誘退呂港賊艘以伐其深犯之謀復誘令殺賊立功以剪其羽翼之勢擒麻葉擒陳東度其孤危可以取矣猶謂困獸死鬬乃故弃船海濱開一面之缺而卒以遊兵邀之無一得脫者後先下着不爽纖微島夷之所以畏服而東南之所以奠安者不以此哉不以此哉（餘姚舉人諸大圭撰）

勦徐海

嘉靖丙辰徐海之擁諸倭奴而寇也一枝由海門入略維揚東控京口一枝由淞江入略上海一枝由定海關入略慈谿等縣衆各數千人而海自擁部下萬餘人直逼乍浦而登岸則破諸舟悉焚之令人人各爲死戰又導故寇柘林者陳東所部數千人與俱併兵攻乍浦城蓋四月十九日也當是時　朝廷方奪故總督而新總督胡公自提督代之甫八日聞幕府麾下募卒僅三千人俱孱弱不可用故總督所徵四川湖廣山東河南諸兵俱罷去所爲緩急者特容美上兵千人及叅將宗禮所

藉河朔之兵八百人耳南北諸倭酋不下數萬諜
者聲言他酋分掠於江淮吳越諸州[illegible]以牽援
兵而海等當竄乍浦下杭州席卷蘇湖以脅金陵
氣燄甚總督胡公方召諸司畫計無何故提學阮
公代胡公為提督檄未至夜半[illegible]乍浦圍卷甲趨
之胡公亦分遣兵溯浦海鹽之間[illegible]聲援而自引
兵從塘栖相犄角居頃之海聞新總督胡公即故
御史所嘗提兵督戰於鶯湖王涇之間而覆之者
氣稍阻尋罷乍浦圍聞兩公方擁兵壁近郊不復
敢窺杭於是徑略峽石越皂林出烏鎮以北烏鎮

者即海故所犯蘇湖舊路也當是時胡公既獲諜
度蘇湖之間惟鶯湖為四戰之地於是檄河朔兵
自嘉興入駐勝墩障而待因以吳江水兵遮其前
湖州水兵尾其後而公自引麾下募卒及容美土
兵衝擊之提督阮公自崇德聞賊且出烏鎮也即
道挾河朔之兵騎而馳及之於皂林令善射者且
躡且射賊稍稍引去賊縱數百人嘗之輒又敗去
賊怒甚鼓譟而前提督阮公勢皇急於是走輕舸
入保桐鄉而參將宗禮與裨將霍貫道等乃自張
左右翼厚集其陣以待戰數合擊殺數十人會日

暮賊且引去時賊氣頗窘而宗禮霍貫道等亦已
絕嚮導不得擇善地便水草以自休止明日餓而
戰賊遣候者樹而望蓋孤壘以塹無他援者也大
喜復縱兵以半擊其前以半繞其背而霍貫道河
朔故驍將也大呼衆力戰矢砲如雨下無不人人
一當十復擊殺數十百人而貫道亦手自刃十餘
人賊益怖海且中砲欲馳去會火藥盡霍貫道回
宗禮仰天呼曰吾兩人再得藥數斗可以了此賊
矣未幾貫道與宗禮俱陷衆大敗賊遂乘勝圍桐
鄉時總督胡公已引兵躡崇德聞之潸然流涕曰

河朔之兵既敗東南之事無復可支矣賊已困桐
鄉假令復分兵困崇德以劫我我兩人譬之抱石
而自沉也　國家且奈何於是還省城檄諸路兵
為戰守計先是公始為提督時嘗與監督尚書趙
公謀曰　國家困海上之寇數年於茲矣諸倭奴
乘潮出沒將士所不得斥堠而戍者人言王直以
威信雄海上無他罪狀苟得誘而使之或可陰携
其黨也按部題亦嘗有用間為策者於是遣辯士
蔣洲陳可願及故嘗與王直友善者數輩入海諭
直直果感悅願如約遣其養子毛海峰款定海關

謝過問以諭海海巳勾薩摩諸島人入劫故不相
及而海峰者云云彼固未之聞也胡公策曰直與
海雖順逆不同其勢固唇齒也直旣悔悟海獨不
可以大義說之乎不然彼貪人也誘之以利或可
狃其心聞桐鄉城小而堅綏之數十日則永保戍
兵至固可破之矣於是疾走人諭海峰因厚遺諜
者陰過海所曰直巳遣子款定海關　朝廷固且
赦之矣若獨無意乎新總督威名非曩時比且仰
體　朝廷德意推心置人腹若不乘此時解甲自
謝他日必爲虜矣海頗然其計於是亦遣酋自謝

約龍闓去因以要公稍出中國貨物遺他倭酋而
疏釋其罪公佯諾輒以銀牌綺幣厚遺來謝酋而
陰令營中盛兵容私諜者故縱酋瞰之酋旣德公
遣又內怖公之兵威也歸以報海明日復遣他酋
來謝公視之如初凡數復海於是始歸心於公願
爲公死之矣然陳東獨心切疑海私公遺猶鞅鞅
未之從也海間遣酋次桐鄉城下私城上兵曰其
巳聽總督胡公約解去矣城東門故柘林賊陳東
黨也鷙悍不吾從若當謹備之是夕海果道崇德
而西且乞他兵於公以夾擊東胡公猶心許未之

許而東獨感爲樓櫓橦竿以撞城而桐鄉令金燕
者彊幹吏也城中一切兵仗火藥諸巳繕備提督
阮公復躬厲矢石徇城上人下令散千金募敢死
之士督戰益亟所殺傷賊亦數十人方橦竿自樓
櫓中躍而橦城城幾壞一男子爲縉索圜橦竿所
擊故窟處竿至卽縉挽以上斬之又募冶者煑鐵
汁灌城下酋城下酋不敢逼東旣無何聞海等解
去道遠勢且孤亦相與稍稍引去圍始解而提督
阮公出矣時五月二十三日也方阮公困桐鄉時
固日夜望總督胡公援兵之至而胡公亦重念東

南之安危身之禍福與阮公相旦暮情固急業巳
遣兵備劉公督同留守王倫宣撫田九霄勒兵自
嘉興入壁斗門分守汪公督同知縣張冕勒兵自
湖州入壁烏鎮叅將丁僅勒兵自海鹽入壁王店
指揮樂塤督同千戸羅天與勒兵自崇德入壁石
門又令崇德令崔近思收河朔之散卒入城爲聲
援兵四面環賊遠者二三十里近者十餘里而陣
然各以狃皂林之敗逡巡惶怖不敢逼而公業遣
諜覊說賊亦日夜望永保戍兵之至以決一戰也
計無可奈何而胡公與阮公兩人者爲同年故深

相結者及援兵不合阮公自圖中頻急於是兩相
猜而他誇者與爲飛語撼兩公者盈道路矣當是
時　朝廷聞東南之寇卽日出尚書趙公督山東
河朔諸兵援之又兩公所私相猜者語頗聞趙公
趙公亦故與兩公者爲肺腑交所嘗兩推轂中朝
以鎮東南者念兩公卒有郄則東南之事牴牾不
可圖於是日夜引兵而南至揚州則阮公業已出
桐鄉圍東渡錢塘徇會稽諸下邑擊他賊胡公亦
聞尚書趙公之至且戰且南淮揚昆陵之間無足
慮海爲巨孽間雖狃而內附中固不可測而上海

之賊萬餘人由吳淞江西引方急迺日遣諜者啗
海以金帛而說之東出海上擊他賊海亦果收諸
倭酋出乍浦道平湖時諜報吳淞江之賊已鼓行
涉嘉善界欲西合海公念海萬一卒他變兩相合
奈何因策海始已焚舟爲深入今不得舟必急於
是遣諜詗海謂海既內附何不如故約勒兵擊吳
淞江賊且簒奪其輜掠舟以歸海果然其計卽日
引諸酋逆之朱涇道上斬首若干級餘賊遂夜走
以故海不及簒奪其舟而還及他酋脫而出海也
公又刔遣總兵俞大猷伏飛艦海上遮擊之溺且

盡於是海既德公不敢背又聞吳淞江賊之出爲
海兵所遮擊益內怖日輸款於公遂犛故所戴飛
魚冠及他堅甲名劍數十種竝以輸公而間遣其
弟洪入質於公公固佯納之公又諜聞海麾下獨
書記葉麻爲長酋其爲人頗黠而悍近與海爭一
女子有微郄非用間急縛之則無以死彼之內附
之心於是遣諜就海帳中諷海縛葉麻以出葉麻
出而諸酋中故隷葉麻部曲者稍稍怨且懼矣怨
且懼恐生他釁則又以他罪縛得幾百餘人公又
策陳東於諸部曲中與葉麻聲相倚項以桐鄉之

役兩睚眦者也數遣諜持簪珥璣翠遺海兩侍女
令兩侍女日夜說海并縛東海間諾而陳東者薩
摩王弟故帳下書記酋海固未之能也於是出葉
麻囚中令其詐爲書於東反兵賊殺海其書故不
以遺東陰泄之於海激怒之使并縛東海讀其書
涕雙下益德公之不忍爲東所賊殺之也日夜謀
縛東以報公居無何尚書趙公移兵渡江來所過
州縣數舉兵向賊賊輒敗走俘斬若干級兵威大
布當是時公已知海之甘心於東不忍疾擊海疾
擊之兩人追而深相結則東南之事未易圖而尚

書趙公之至也私約公共部署兵擊海日急且召
公故所遣諜面詰之曰若爲我諭海海連兵以來
罪不容死非縛陳東及斬千餘級以獻恐無以謝
朝廷若能則吾當同督府諸公疏釋之不然若且
虀粉矣是時阮公亦至於是海益怖出所故掠中
國貨物千餘金賂王弟詐請東代署書記海因夜
得東即縛以故約復於胡公業麻與陳東相繼縛
而諸酋長洶洶内亂矣是時諸酋長既疑且恣海
無關心故其氣日窘海亦自度縱令反故島當亦
必爲諸酋長所賊殺故爲内附日固而公與趙公

薄責海益急海既急因念欲掠舟出海恐爲海上
兵所劫欲列壘拒官兵又業已内附不忍背且陳
東黨固日夜襲殺之也公策曰彼既亂吾可乘之
矣因遣諜私海曰我固欲寬若趙尚書爺以若罪
孽大何不聽我艤數十艘海上若且誘之逐海上
艘令俘斬千餘級以謝趙公而若因得以自完乎
海不得已且疑且諾因約兵備副使劉公引兵伏
乍浦城中而某日時某當引衆出海涯去乍浦城
半里而陣佯令衆酋逐海上艘某手旗麾之城中
官兵即舉燧爲號從城中出亟擊勿失諸官兵卒

如故約乘之諸倭酋逐海上艘如蟻不及還兵鬪
於是諸官兵得乘勝蹂而前不傷一卒所俘斬數
十百人没海者無筭於是海自以數有功於　朝
廷願與部下諸酋長入款且庭謁胡公與尚書趙
公提督阮公及巡按趙公並許之諜往復期以八
月初二日然海猶恐間設甲士劫之先期一日卒
擁酋數百人胄而陣平湖城外自帥酋長百餘人
胄而入平湖城中以求四公者討不許恐他變遂
許海與諸酋長北嚮面四公按次稽首呼天星爺
死罪死罪海欲再爲款胡公而未之識因顧諜諜

日示之海復面胡公稽首呼天星爺死罪死罪胡
公亦下堂手摩海頂謂之曰若苦東南久矣今既
内附　朝廷且赦若慎勿再爲孽海復稽首呼天
星爺死罪死罪於是四公厚犒遣之而出是日城
中人無不洒然色變者海既出諸公者固已忿恚
海之列款猶胄而入屬彊脅無禮又不及如諜故
所期月日而先日卒至也其習行桀黠若此於是
圖謀不勒兵誅之他日必爲患討部下尚千餘人
猛鷙難即破永保兵猶遁遷遠道未至也於是佯
令海自擇便地居之海果自擇便地得沈家庄即

倣沈家庄與居之是爲八月八日當是時衆復喧然譁諸公輩何不撲滅海不然且縱之出海上令自解去頗黎虎以自禍也不知諸公者固有待於是胡公與尚書趙公提督阮公私自部署兵又日夜遣使趣永保兵來會兵未集恐海驚禍且肘腋間胡公因日遣諜詗海且啗海如曩時公因謀以請於趙公曰吾聞善兵者乘其所[illegible]陳東黨業已深仇今合而兩附者迫故耳聞沈家庄故東西兩處而中絺河爲塹何不說海以西沈家庄居陳東黨而自擇東沈家庄以居部下會乎諜以諭

海海果如其言頃之永保兵至會海輸二百金於公市酒米公復與趙公謀以藥毒其中而歸之又令陳東詐爲書夜遺其黨曰海已約官兵夾剿汝輩矣陳東黨果疑而夜伏邏卒東沈家庄道上瞰之適海皇急因令酋竊兩侍女出道上而急則因間道走幕府以自托邏卒瞰知之歸以報於陳東黨陳東黨聞之大驚即勒兵篡兩侍女過海所罵曰吾死若俱死耳遂私相稍而鬭海中稍衆大亂明日官兵四面合墻立而進保靖兵先當之稍却河朔兵乘之又却俄而胡公擐甲厲聲叱永保兵左右列大呼而入瞰壘下擊會風烈公麾衆束千餘炬人各持炬縱火焚之海窘甚遂沉河死甫食頃人人鷙而攫千餘酋蒐斬殆盡矣中所故飲毒首虜黑色者凡三百餘人於是永保兵俘兩侍女而前問海何在兩侍女者王姓一名翠翹一名綠姝故歌伎也兩侍女泣而指海所自沉河處永保兵遂蹈河斬海級以歸　副史茅坤撰

龕山之捷　嘉靖三十五年十一月

龕山之賊自溫州登岸蔓延於會稽經歷文其與戰于苦竹嶺副使孫宏軾併軍門所調奇兵與戰于析

開嶺于翁家村參將盧鏜與戰于斤嶺于梁衙賊少却走龔家畈百官渡過曹娥江順流而西狡黠善鬬噬齧孔棘初總督都御史胡宗憲方在浙西勦川沙之賊移檄諸將竟未有能殄之者至是親提大兵至欲斬不用命者以殉於是僉事李如桂王詢指揮楊永昌知事何常明典史吳成器等兵併力追擊於瓜山戰三界戰毋婆嶺朱家潰賊遁蕭山之丁村杭湖至陳家灣雖多所殺傷而凶燄愈熾公至擇地形壁龕山之巔分諸將信地皆露宿以待時參將盧鏜戰還公促明日再戰鏜曰士疲矣休養數日乃可公佯

許諾而密召親兵謂曰若曹叅獲泉未立戮功今賊行滅而諸將首鼠不進萬一賊得脱此徑渡錢塘江奈何今日正若曹立功之會能乘其不意而襲之賊可盡也衆皆踴躍請効死已乃激令成器統之以進不數里遇賊死戰無不一當十賊遂大敗循海而走登匿山坡堡内我兵四面奮擊不得已登屋擲瓦礫下瓦盡繼之以槍槍盡投刀刀盡乃下死守我兵攻堡破之悉斬首以獻時日且暝公喜謂諸將曰此賊流突千里轉戰無慮數十無能攖其鋒者今一鼓蕩平真　朝廷天威也命取賊心啖之選猙獰首級廿

餘顆置案上每顆爲飲一觥左右皆失色而公談笑自若也達旦諸營方知破賊相率入賀公謂鏜曰再一二日何如鏜大慙服乃完師而歸時乙卯冬仲旣望也 山陰縣學生員徐渭撰

金塘之捷 嘉靖三十五年

辛五郎者宿寇徐海之偏裨也與陳東葉宗滿葉麻輩同巢柘林攻乍浦圍桐鄉毒螫吳下諸郡其志欲吞全浙窺留都勢甚猛也總督胡公欲滅之忌海與其黨旣而海受餌爲我用擒其所惡陳東葉麻輩而遣其所懼以歸倭島五郎在焉公密令總兵俞大猷等分布海洋要衝截殺諸寇而五郎則責之盧鏜鏜接密諭時方對諸客食忽命治艦之金塘山客相顧莫知所謂鏜自乘福船令將官率哨船若干以行次日至金塘瞭見比洋有大舟揚帆而南令哨船四散潛泊少選大船艤金塘之麓賊皆登憩鏜知其爲五郎也令哨船叢射之繼以銃炮賊以手且搖且招搖者示勿攻擊招者示有所言也哨兵颺言曰欲打話須去爾兵器則拍掌示無而呼一董（董者一家之義乃倭語也）有華人從寇者曰吾乃胡總督爺招安放回者也哨兵曰有牌驗乎曰有鏜招衆賊至舟傍慰藉之謂五

郎曰汝旣爲軍門所遣豈可慢乎請至縣款洽而津送之遂延五郎同舟餘派哨船分載每載不過三四人多則不能容也五郎辭鏜厚加體貌五郎不疑宴至深夜鏜坐福船上層將臺侍者引雙燈上梯俄而哨船蝟聚鏜問之曰如何齊應曰是了五郎大驚請下哨船與衆夷同宿鏜曰諾令左右送之穴梯而下至蓬戶外望維海不見五郎悟欲赴水死左右不許曰卧榻在地平下五郎度不能免浩歎就卧遂縛之翌日入定海關乃知賊徒俱已芟盡卽前夜起雙燈時也是了者乃復命也羣賊死時皆不知軍門之謀

僉訏哨兵敢行悞殺五郎亦自以偶遇盧鏜被執不知其出軍門也嗚呼神哉後獻俘告　廟　天子賜璽書奬公天下無不稱快哉　崑山進士王宇撰

擒王直

王直者歙人也少落魄有任俠氣及壯多智略善施與以故人宗信之一時惡少若葉宗滿徐惟學謝和方廷助等皆樂與之遊間嘗相與謀曰中國法度森嚴動輒觸禁孰與海外乎逍遥哉直因問其母汪嫗曰生兒時有異兆否汪嫗曰生汝之夕夢大星入懷傍有峩冠者詫曰此弧矢星也已而

大雪草木皆冰直獨心喜曰天星入懷非凡胎草木冰者兵象也天將命我以武勝乎于是遂起邪謀嘉靖十九年時海禁尚弛直與葉宗滿等之廣東造巨艦將帶硝黄絲綿等違禁物抵日本暹羅西洋等國往來互市者五六年致富不貲夷人大信服之稱爲五峰船主則又招聚亡命若徐海陳東葉明等爲之將領傾貲勾引倭奴門多郎次郎四助四郎等爲之部落又有從子王汝賢義子王滶爲之腹心會五島夷爲亂直有宿憾于夷欲藉手以報及以威懾諸夷乃請于海防將官而剿之

無孑遺者而聲言宣力　本朝以要重賞將官餽米百石直以爲薄大詬投之海中從此怨中國頻入内地侵盗直又嘗以扁舟泊列表參將俞大猷驅舟師數千圍之直以火箭突圍去怨中國益深且恥官軍易與也乃更造巨艦聯舫方一百二十步容二千人木爲城爲樓櫓四門其上可馳馬往來據居薩摩洲之松浦津僭號曰京自稱曰徽王部署官屬咸有名號控制要害而三十六島之夷皆其指使時時遣夷漢兵十餘道流劫濱海郡縣延袤數千里咸遭荼毒而福清黄巖昌國臨山崇

德桐鄉諸城皆爲攻墮焚燔廬舍擄掠女子財帛以鉅萬計吏民死鋒鏑塡溝壑者亦且數十萬計比年如是官軍莫敢嬰其鋒但爲計狡譎每殘破處必詭云某島夷所爲也故東南雖知王直之叛而不知受禍之慘皆由直者獨總督胡公前按浙時見賊進退縱横皆按兵法知必有坐遣者且賊酋來者皆直部落也而不聞直來其爲坐遣無疑先是閒使徽州收其母妻及子于金華府獄中至是出之豐衣食潔第宅奉之以爲餌而疏請以移諭日本禁戢部夷爲名其實注意伺察直也　上

從之乃遣生員蔣洲陳可願充正副使以行公以
客計授洲等曰王直越在海外難與角勝于舟楫
之間要須誘而出之使虎失負嵎之勢乃可成擒
耳又曰王直南面稱孤身不履戰陣而時遣偏裨
雜種倭秧我邊圉是直常操其逸而以勞疲中國
也要須宣布　皇靈以携其黨使窮髮皆知向化
則賊之勢自不能容然後道之滅賊立功以保親
屬此上策也洲等領計敬諾而行居無何倭酋董
二被擒訊道直事甚悉與公所料不爽毫髮中外
始曉然知狀于是　上以公灼見禍本降　璽書

褒勞而閫外之事一以委公公得　旨規羅益客
御史金淛陶承學交章請立賞格有能王設奇謀
生擒王直者封伯予萬金部議從之　詔曰可嘉
靖三十四年十一月洲等至五島遇王激道以移
諭事激曰無爲見國王也此間有徽王者島夷所
宗令渠傳諭足矣見國王無益也明日直出客館
見洲等椎髻左衽旌旗服色擬王者左右簇擁洲
等心動坐論鄉曲設酒食相對情款方洽洲等曰
總督公遣洲等敬勞足下風波無恙直避席曰直
海介逋臣總督公不曳尺纏牽而鞫之而遠勞訊

使死罪死罪洲等曰總督公言足下瀟雄海曲志
亦偉矣而公爲盜賊之行何也直曰總督公之聽
誤矣直爲　國家驅盜非爲盜者也洲等曰是何
言與足下招聚亡命糾合倭夷殺人剽貨坐分鹵
獲而爲之來曰我非爲盜者是何異于昏夜操刃
以臨人之池執之則曰我非盜魚者爲君護魚者
也雖三尺童子知其必不然矣直語塞洲等曰總
督公統領官軍十萬益以鎮溪麻寮大剌土兵數
萬艨艟雲屯戈矛兩注水陸戒嚴號令齊一而欲
以區區小島與之抗衡是何異于騁螳臂以堂車

轍也又曰總督公推心置腹任人不疑拔足下壽
母令妻于獄中館穀甚厚則公之心事可知矣何
不乘機立功以自贖保全妻孥此轉禍爲福之上
策也直默然而罷乃挾洲等巡數小島而還而從
淵藪者多有離心直始不安于彼矣初直聞母妻
爲戮心甚忿欲犯金華及聞洲等言無恙又竊喜
于是始有渡海之謀日夜集所親信者計之謝和
等曰今日之舉未可冒昧以往也當遣我至親爲
彼所素信者先往宣力以堅其心待彼不疑然後

全師繼進始可以逞直笑曰妙筭也遂托宣諭別國爲名留蔣洲在島令葉宗滿王汝賢王滶同陳可願回至寧波詰之皆云宣諭未至時徐海陳東已擁薩摩洲夷過洋入寇矣今王直歸順先遣葉宗滿等投赴效力成功之後他無所望惟願 進貢開市而已公得報已揣知其詐姑從所請疏上許之公喜曰虜在掌中矣先是海中倭寇敗沒有零寇百餘據舟山爲亂公遣葉宗滿等協助官軍剿之盡殲焉公疏 上功次犒賞有差王滶笑曰此何足賞若吾父至當取金印如斗大嘉靖三

十五年三月徐海等果擁衆十餘萬寇松江嘉興諸郡甚急聲言欲下杭城取金陵勢張甚公乃諜之王滶等以覘其意滶等初欲小試慫慂故甘心于舟山之寇至于徐海等正其所倚以圖大事者且欲速直來共濟乃辭曰是非吾所能辦須吾父來乃可耳遂留夏正童華邵岳輔王汝賢在軍門自以招直爲名與葉宗滿開洋去是年徐海等以次就擒事見徐海傳公恐形跡彰露委心留用王汝賢等撫摩若親子然葉宗滿兄弟竝加禮遇時時對將吏士民曰直非反賊顧崛强不一見我見

我當有處也直聞公意指謂公誠朴可欺欲乘機以全親屬且未知徐海等敗沒以爲縱不如所料亦可與之應援得志而去遂决策渡海先遣蔣洲次遣王滶葉宗滿等率銳卒千餘執無印表文詐稱豐洲王入 貢先泊岑港據形勝分布已定直乃與謝和慷慨登舟釃酒誓衆曰俞大猷吾嘗破之烈表泊岈時須謹備之公當直未至時已度其有隙 調俞大猷于金山而以總兵盧鏜代之盧鏜者舊與王滶等從事舟山同飲食撫循倭夷備至直坦然不疑惟日聚羣倭礪兵砍伐竹木爲開

市計且索毋妻子弟求官封時公計已定仍姑列狀 上請以安其心 上已知直爲釜魚智力俱非胡公敵乃顯 詔王直既稱投順却挾倭同來以市買爲詞胡宗憲可相機設謀擒剿不許疎虞致墮賊計公奉 詔秘而不宣夜馳至寧波城圖方略密調參將戚繼光張四維等督諸健將埋伏數匝水陸要害星羅棊列鳥莫度乃以夏正等爲死間諭直曰汝欲保全家屬開市求官可以不降而得之乎帶甲陳兵而稱降又誰信汝汝有大兵于此即往見軍門敢留汝邪况死生有命當死

戰亦死降亦死等死耳死戰不若死降降且萬有一生焉直怫然不悅而公與其所親信王激葉宗滿先遣來見者連床卧因佯露諸將請戰書十餘篇于几案王激等竊視驚怖夜半公作醉夢中語云吾欲活汝故禁不進兵汝不來休怨我也含糊其辭吐滿床王激等潚之于直直始疑之又使其子澄嚙指血寫直書云軍門數年恩養我輩惟願汝一見使軍門有辭于　朝廷即許眷屬相聚汝來軍門決不留汝藉令不來能保必勝乎空害一家人耳又使邵岳童華等往來游說直猶豫未決

公以直執戀岑港已踰五旬察其心神終屬覬望乃開關揚帆示欲進兵直探知四面兵威甚盛終無脫計且知徐海等敗沒孤立無援因嘆曰昔漢高祖見項羽鴻門當王者不死縱胡公誘我其奈我何乃曰部兵無統欲得王激攝之公知海上諸賊惟直多智習兵久雄異域得人心為難制其餘皆鼠子輩毋足慮諸將亦云以犬易虎不可失也遂遣激往直乃桀然詣軍門時嘉靖三十六年十一月也公執之付按察司獄乃集三司諸大夫參議曰王直始以射利之心違明禁而下海繼忘中

華之義入番國以為奸勾引倭夷比年攻劫海宇震動東南繹騷雖稱悔過以來歸仍欲挾倭而求市上有干乎　國禁下貽毒乎生靈惡貫滔天神人共怒問擬斬罪簡有餘辜公具疏　上請得旨斬直于市梟示海濱妻子給功臣之家為奴王汝賢葉宗滿俱從末減邊遠充軍王激出洋為颶風所覆其餘從賊魚散鳥驚奔聚山谷公親督官兵掃除黨與皆絕嘉靖三十九年二月兵部始以封賞之議　上請　詔曰大憝既除海氛已靖部議報謝徐徐何也胡宗憲可太子太保都察院左

都御史兼兵部左侍郎蔭一子錦衣衛副千戶其餘有功者陞賞有差

舟山之捷嘉靖三十七年二月

嘉靖戊午春二月總督侍郎胡宗憲擒獲元兇王直其餘黨泊舟山之岑港倚險列柵勢甚倡獗公命把總任錦指揮甘述宗等進泊江口之南都指揮李涇指揮張天杰等泊港口之北總兵俞大猷等以福船并叭喇烏八槳串綱船往來策應指揮周官土官彭志顯領大剌土兵由中路小河嶺入指揮楊伯喬唐簽士官張　領鎮溪麻寮兵由右路碇礵入參將戚

繼光率部兵由左路小嶺入而指揮楊永昌盧鏜鮑尚瑾方昇通判吳成器等分道策應參政王詢劉燾副使陳元珂則監督之約期水陸並進直抵賊巢時都指揮戴沖霄先用火攻殺傷頗多公許全捷俱准首功禁取級以妨前進我兵躡屍而戰賊大敗奔舟忽港側砲聲大震復擁衆登陸抄後死戰我兵後哨稍却前鋒四擊橫衝賊乃斂營固守公以夷僧德陽稱貢而來賊脅爲聲援可計而離也乃潛縱之令成器遣諜持信票數百入巢散其脅從由是賊勢日孤爲守益堅公又檄諸將曰賊所以負固死鬭者蓋春

汛已及計有新倭可爲應援若哨擊稍疎必流突與合矣此非小利害也其督舟師預爲哨探之計無何果有倭船泊普陀小道頭參將張四維推官查光述等督兵且戰且逐至烏沙門外洋賊遂潰敗俘斬四十餘級賊走登烏沙懸山即朱家尖山也公策此賊與岑港之寇相距不遠陸路必由碇礵水路必由鬰礁門乃檄諸將設伏以待已而賊果由二處奔沈家門與岑港合踪公不得已親蒞定海分遣將領各與信地福船由岑港南口廣船由北口宣撫田世爵都指揮何本源等兵由馬鞍至張嶴一由　寺嶺至三官堂一由小嶺至聚水塘進而以元珂四維往來監督又遣奇兵由天童逕搗賊船仍近巢半里許列一老營以壽居中調度參政胡堯臣防守所城督發糧餉尅期大舉時賊依山阻水列柵自衛火器頗多我兵陷陣先登者間多被害公復檄諸將從中逼壘而陣且示以哨伏應援之規更番迭戰以耗其火藥折其銳氣又令夷僧輩招之私語賊遂互相猜疑至持刀自擊我兵乘隙進攻賊衆大亂夜分縱火焚其舟死者無筭餘各奔巢我各躡之斬柵而入斬馘百餘級復奔柯梅嶺我兵追之火其巢厥賊勢窘甚遁

出浦口四維與指揮朱尚禮等舟師追至俞山外洋見賊連艘而行遂以兵船潛伏山下而以小艇嘗之賊果逐利來追伏兵大起夾擊之犁沉四舟擒其渠魁汪印山陳禮等斬首九十餘級溺死者不計王直之黨至是盡矣是捷也五哨之布公有成筭而大猷等參錯不進沈家門合踪公料敵如神而諸將不先事追擊至壓定海之散非公淵度圓機小挫不折能因敗爲勝且奈何哉嗚呼於是見公之心獨苦矣俞獻可撰

淮揚之捷

江北之有倭患自嘉靖乙卯始淮揚故多大賈富戶賊至饜厭以去自是歲以為常丁巳夏賊千餘深入天長泗州　祖宗陵寢幾至震驚　廷議特設提督都御史而以豐城李公遂至即立什伍之法定援應之規練鄉兵嚴保甲設將官築城垣造戰艦為水陸戰守之計賊知有備船泊據港者不敢登岸而去江北賴以無事已未賊萬衆連艘分道並入中外震恐時四月一日也公閱兵通州計賊若從海門西亭趨如皐則通州在賊外乃兼程趨通泰州而以副使劉景韶遊擊丘陞駐兵如皐以扼要害檄各路兵進黃

橋海安等處援應已而賊至益多我兵迎戰挫其前鋒賊果出西亭知如皐有備遂由通州東趨白蒲鎮公計賊深入利在速戰戒海防等兵據丁堰東北堅持不出時東南風急我兵不便迎擊公籲天以祭風即回連三日乃擐甲誓師斬不用命者人皆踴躍以進又計賊過如皐必由黃橋泰興犯瓜儀則糧運阻梗留都搖動若犯之富安以北沿海東出無能為矣乃身當泰州之衝而以黃橋西路責景韶等賊求戰不得進據丁堰丘陞從河北縱火焚之邊兵衝入賊營毛葫蘆兵復從南出首尾夾擊賊退屯二十里連

日接戰斬其金盔賊首一人日且晡我兵少卻賊進至如皐公計其必奔揚儀趣與海防遊擊兵從間道越過賊前徑趨泰州若以為西路之防其實於泰州待敵也執賊軍潛入城為內應者賊未至三十里輒從富安沿海東出我兵追躡賊後公戒毋輕戰晝則逼令不得久駐夜則退屯以防衝突公親提大衆馳淮安馬邏之間約與諸將夾擊於廟灣賊覘知之分其衆一由西亭一由白蒲丁堰以牽制我師公令景韶陞專擊二賊而身赴淮安以當大敵丁堰流賊至曹家堡與我兵遇逐北至瀦庄全艘覆沒公至淮安

而總督侍郎胡公與視軍通政唐公順之亦提青沂兵至相與合勢公乃部分中軍馬兵為前驅曹克新兵為中哨青州邢鎮兵為左哨沂州何本源兵為右哨中軍倪祿梅三錫合曹沂徐邳等兵為後繼列陣於姚家蕩以待初賊計我兵綴於丁堰之賊急走淮安欲掩其無備比至見兵勢甚盛相顧驚愕盡銳衝我左哨公揮兵四面圍擊俘斬八百有奇焚溺死者不計賊不得已奔守廟灣于時西亭之賊夜走海安諸將不能禦公以廟灣賊垂盡恐揚儀有失乃親往揚州而視師唐公援兵亦至時賊已奔張庄因益兵

赴援海安而與唐公俱還廟灣督諸將揚與令望中多兵奇鋒先塡滯港毀民舍之傍賊巢者我兵分番進攻斬級一百五十有奇賊乘風雨夜遁而西亭亦以全捷來告無何閩中之賊止近百然沿海轉掠來去無定蹤不可力取爲颶風飄至者公令守備楊縉擊滅之斬其酋長八大王孟得山崇明三沙之寇潰圍而來時海門狼山如皋泰州揚州俱潰有備賊由七星港焚舟登岸深入栟茶場楊縉陳忠等兵尾擊之自是連戰皆捷斬級三百有奇賊乃竟走海塗而公已宿兵沿海無得泊舟以是賊不得去復敗之劉庄會唐公遣副總兵劉顯適至公益以親兵使與賊戰賊連敗走竹堰仍沿海北遁我兵追及之於七竈斬級九十有四又及之茅花墩斬級一百七十賊奔唐家漴僻遠無兵復登岸掠食而公故所練鄉兵追兵競逐之斬級一百四十有奇賊遂盡絕矣是役也自夏及秋僅四閱月前後斬馘焚獲不可勝紀其成功之偉何如耶予嘗宦遼陽聞永樂間都督劉公江鎭遼時有倭患望海堝之戰斬級千餘生擒四百封廣寧伯至今海上之烈人猶頌之公以文臣特起其所建立卓卓如此眞足以宣揚 朝廷之威發舒華

夏之氣匪直淮揚之利而已夫賊之始至也非公決戰通泰則瓜儀維揚必受荼毒而運餉不免焚掠賊之東奔也非公出賊不意收功姚蕩則淮城多不可守而鳳泗不免震驚三沙之賊北渡也非公預有成算厲兵急戰則以彼勝勢乘我困疲又適我地災饑幸亂樂禍之人內應必衆事變未可測也記曰以勞定國則祀之能禦大災則祀之能捍大患則祀之公於三者實兼有焉予不文聊述其所見之略 兵部侍郎蔣應奎撰文節略 巳上籌海圖編

海防纂要卷之十

黎陽王在晉明初甫纂　男會苾穉蓊甫較閱

紀捷

長白港之捷

嘉靖四十年四月有倭船一隻倭賊六十餘徒登犯先該海道副使譚　分布兵船在彼哨禦遇到隨遣中軍把總艾升統督各官兵擒斬真倭首級六十二名顆

霩衢之攻

嘉靖四十年四月有倭船大小二十餘隻倭賊五百餘徒由觀山登岍攻城該所守禦指揮向桂督率該所官軍各用矢石火器敵死倭賊三十餘徒賊忿不退拆毀蔡世揚墳庵屯劄教場絞梯三十餘張蜂擁夏家山布梯攻打十分危急指揮向桂督率官軍都茂功等奮勇死戰打死倭賊不計力屈勢窮下船開洋去訖本年五月復有倭船五隻倭賊三百餘徒由觀山上岍攻城該指揮向桂千百戶都茂功等督率該所官軍各用矢石火器奮勇敵退各賊下船開洋去訖

衷村朱家店戴嶴湖陳之捷

嘉靖四十年五月內倭船五隻倭賊五百餘徒由湖頭渡登岍突犯衷村地方該海道副使王　督率統兵把總艾升等官兵擒斬真倭首級三百六名顆賊見官兵勢勇遁往朱家店地方隨該把總艾升統督官兵奮勇追剿擒斬真倭首級七十八名顆前賊勢窮遁往戴嶴湖陳地方又該把總艾升統督官兵擒斬盡絕計獲倭首一百五十二名顆

劒山海洋之捷

嘉靖四十四年四月有倭船一隻屯泊在彼該海道副使蔡　調發統兵把總艾升統督官兵犁沉賊船擒斬真倭首級二十餘名顆餘賊溺死者不計其數

南漩綠鷹之捷

隆慶四年三月二十日有倭船三隻倭賊二百餘徒在南麂等嶴行使該把總胡震督領官兵追至南漩下洋即獲二船各賊下水生擒真倭三名斬首八顆救回被擄民人三十五人二十八日又有倭船二隻倭賊二百餘徒突至竹嶼該把總胡震及叅將下遊哨兵船衝鋒戰至綠鷹下洋叅翻一船圍剿一船擒斬真倭首級二十餘顆救回被擄男婦四十餘名口

五爪湖之捷

隆慶四年四月有倭船六隻屯泊在彼該海道副使
王　督同參將梅魁統率官兵陳典徐景星楊鸞等
挲沉賊船二隻擒斬真倭首級二十餘顆溺死倭賊
甚衆救回被擄三人

南麂竹嶼東洛三礁之捷

隆慶六年閏二月二十四日有倭船一隻倭賊一百
餘徒在東洛南麂外洋行使該溫處兵巡道副使張
督同參將胡震統督官兵周津伍奏等追剿擒斬
真倭首級三顆用火焚溺衆賊死者不計四月初五
日三礁外洋有大倭船二隻倭賊二百餘徒該參將

胡震統督把總李春芳等官兵追剿挲沉賊船一隻
火燒一隻生擒真倭七名斬獲首級一十一顆救回
婦女四口小廝四人

大衢嶴之捷

隆慶六年六月各區兵船將已收掣回闗該海道副
使蒙　照得汛期將畢恐有廣閩倭船回島嚴督各
哨兵船再加哨禦本月初六日瞭有倭船二隻倭賊
二百餘徒在洋行使劫掠當該副使蒙　總兵朱
參將孫鸞督率官兵徐景星等奮勇攻擊生擒真倭
一十五名斬獲倭首二十六顆餘徒溺水死者不計

其數救回被擄男婦八名口

鹿頭外洋之捷

萬曆二年四月十一日有倭船二隻倭賊一百五十
餘徒該台州兵巡道僉事王　督同參將戚繼美統
率官兵王賜文等奮勇攻擊斬獲真倭首級四顆挲
沉賊船溺死無筭

南麂東洛外洋之捷

萬曆二年四月十一日南麂外洋有倭船一隻倭賊
七十餘徒該溫處兵巡道副使華　督同參將李希
周統率官兵葉歡等生擒真倭五名斬獲首級一十

六顆救回被擄人民一十九名彼時風浪洶湧即用
火攻燒溺水死者甚衆十五日東洛洋外復至大倭
船一隻倭賊八十餘徒督遣官兵李春芳等擒斬真
倭首級一十六顆溺死不計其數

浪岡陳錢海洋之捷

萬曆二年春汛該海道副使劉　照得漁船出洋東
風甚勁恐各官兵沿襲故套屯泊近港以不登峙為
功又恐乘銳妄殺玉石俱焚秪圖多級邀賞因而申
明禁約督哨遠洋隨於本年五月初二日哨見大倭
一隻入犯浪岡海洋約賊百餘該署總兵事副總

兵王尚文叅將艾升親督把總徐景星所部兵船截殺衝犂斬獲真倭首級一十二顆餘賊連船覆沒本月初三日復有倭船二隻賊衆二百餘徒突進陳錢海洋搶刼漁船又該副總兵王尚文叅將艾升督發把總馬自道等兵船邀擊生擒真倭六名斬獲首級一十七顆救回被擄民人四十九名餘賊溺水死者不可勝計

漁山海洋之捷

萬曆三年四月十四日松海外洋有倭船一隻自東南行使內向該台州兵巡道僉事王　督同叅將楊文統率把總王有麟等領兵追至漁山海洋犂沉其船生擒真倭四名斬獲倭首一十二級賊徒溺死者不計其數救回被擄漁人二十名

馬蹟山陳錢洋浪岡高家嘴東桔山五爪湖白結山魚龍山八捷積谷山落花洋韭山浪岡下八山五戰

萬曆三年春汛出師該巡視海道副使劉　會同總兵李　督同叅將徐正遵奉　欽差督撫軍門劉撫臨甯波經略調度及申嚴漁船艙甲之法令其各帶兵器剿賊論功本年四月十五日據哨報有大小倭船一十五隻約賊千餘在落花洋合艍行使入犯比時總兵出蒲縣叅將出長塗督率把總徐景星等統領各哨官兵相機遠禦併力進剿是日又有大倭船四隻約賊二百餘徒在積谷山外行使官兵容寅等奮勇追及對敵移時傷殘倭賊數多逋誅東遁本日浪岡外洋又有倭船一十五隻官兵樊雲熊材錢潛宋大忠等與賊大戰竟日銃箭齊發擊死傷者不可勝計各賊望東遁去二十二日陳錢海洋有倭船十餘隻約賊五百餘徒官兵徐景星錢潛楊貴熊材宋大忠王三錫等合力攻擊自午至夜分各放火器

焚燒乘風衝犂沉其二船斬獲倭首一十六級生擒從賊一名各徒被傷投溺者甚衆賊艍解散我兵分道進剿五月初一日在黃泥磡海洋哨見大倭船一隻望大小七行使官兵陳仕賢徐全徐和等奮勇追擊過茶山直至高家嘴賊被銃箭傷死者過半奪回被擄人七名其各賊首級撞遇直隸兵船盡行邀取去訖初三日在東桔山大洋追及倭船一隻官兵吳昆等向前奪擊犂沉之斬獲倭首七級餘賊覆沒救回被擄者一十二人又哨至下八山遇有倭船一隻官兵徐景星等對敵追奔百餘里賊衆大敗忽遇颶

風各飄散訖初四日哨至五爪湖有大倭船一隻官兵楊貴等攻擊犁沉其船生擒真倭七名斬獲倭首一十九級被傷溺死者不計其數救回被擄人二十三名又哨至蟹鉗海洋有倭船二隻官兵徐景星陳應良等攻打追至韭山外洋官兵齊放銃彈倭賊傷死過半已及收功黑夜霧迷各賊併船迸遁遁一空船初四日又追至鶯窩臼結山海洋有大倭船一隻官兵樊雲等爭先對敵斬獲倭首四級生擒從賊一名餘寇胥溺救回被擄一十二人又督哨長章得秀于魚籠山洋斬獲真倭首一級樊雲等又於馬蹟山

搜斬真倭首三級十二日徐景星等又於浪岡外洋斬獲真倭首四級救回被擄二人犁沉倭船一隻

馬蹟羊山漁船二捷

寧波府知府周良賓海防同知李桌呈稱四月十七日有倭船一隻計賊一十四徒在於馬蹟海洋搶掠漁船當被漁人何邦龍王景秀等奮勇對敵破其船生擒真倭一名斬獲倭首四級餘賊溺死奪回原搶漁船一隻本月二十七日又有倭船數隻前來羊山海洋搶擄內有四倭跳上漁船被漁人李廷臣等執梃對敵打傷三賊落水生擒真倭一名

徐公海洋之捷

萬曆三年五月初一日本洋有倭船一隻約賊五十餘徒往西北行使該嘉湖兵巡道僉事王　督同分守參將狄從夏統率把總韓沛等領兵攻擊斬獲真倭首九級餘賊連船淬沒救回被擄人民一十一名

漁洋之捷

溫州府知府楊邦憲呈據漁戶彭六等報稱於萬曆三年五月初四日本洋有倭船一隻計賊十四人前來搶掠漁船當被六等拚命對敵斬獲倭首三級餘賊盡殺落水

韭山浪岡漁山三捷

萬曆四年春汛出師該巡視海道副使劉　會同總兵李　參將徐　督發官兵分布信地督撫軍門謝撫臨調度至四月十八日官兵路字客寅陳應良等哨至韭山外洋瞭有大倭船一隻內向各督水兵衝鋒攻擊生擒倭賊七名斬倭首一十三級奪獲倭船併夷器二百四十五件又於本月二十四日官兵徐九章樊雲宋大忠馬自道等哨至浪岡遠洋瞭見大倭船二隻入寇約賊一百餘徒即督官兵奮勇血戰犁沉前船生擒倭賊五名斬倭首四十四級淬沒

者不計幷獲夷器三百二十七件救回被擄漁戶二十二人又於五月初五日官兵杜德輝江明等哨至南北竺海洋瞭有異船一隻向內行使約有倭賊五十餘徒卽督兵船追至漁山擂鼓筆架海洋各用火器攻燒賊船擊賊下水比因銃驚龍起風湧大作止撈斬倭首四級餘賊盡皆渰沒幷獲在船在水夷器二百一十八件

金齒外洋之捷

萬曆五年四月二十一日該分守寧紹徐參將差旗牌官裴良用等督率昌國把總邵岳哨總杜德輝等哨至金齒外洋見有倭船一隻向東南行使官兵奮力攻打斬獲眞倭首級八顆救回被擄漢人三名幷獲夷器二十件遇夜賊船撞礁渰沒

積穀海洋之捷

萬曆八年四月十六日該分守寧紹盧參將督同昌國把總陸邦彥哨總陳夢斗等巡哨韭山外洋瞭見倭船一隻約賊三十餘徒由正東向西行使隨督兵船追至積穀海洋犁沉其船因天晚雷雨洶湧止鈎斬眞倭首級二顆及撈獲夷器八件餘賊溺水不計

東霍外洋之捷

萬曆八年四月二十四日該分守寧紹盧參將巡歷長塗鼠狼湖等處督令中正遊哨把總詹斌錢濟哨官張世澤丘鳳等巡哨東霍海洋遇見大小倭船三隻官兵攻打犁沉賊船斬獲眞倭首級共二十五顆夷器二百九十餘件小倭船一隻餘賊溺水不計其數

西礁洋岐六嶼海洋之捷

萬曆八年四月該松海備倭把總馬繼武先於本年二月內遵奉兵巡溫處道僉事唐　台金嚴張參將軍令統率大小船隻在於南北海洋往來巡邏至四月二十四日哨至西礁山名蟹鉗頭信洋犁沉眞倭船一隻擒獲一隻生擒眞倭一名斬獲首級一十三顆投溺者不計二十六日又該把總馬繼武遊哨山名洋岐海洋有眞倭船一隻形若海滄督率哨官王慶龍顧汝濟兩相攻擊賊見我兵勢大難支遂各帶刀投溺下水不計其數生擒鬼倭二名斬獲首級一十七顆二十八日把總馬繼武督同中軍把總石光遠在於六嶼海洋生擒眞倭一十名斬獲首級二顆通共生擒一十三名斬獲首級三十二顆俱經解赴本道轉解　督撫軍門吳　驗實題請　欽賞六日

三捷勝碑見在

東洛海洋之捷

萬曆八年閏四月二十三日該分守溫處參將潘清督率中軍胡大經統船於東洛海洋哨遇倭船一隻約倭百餘徒官兵奮勇擒獲生倭一十二名首級一十二顆救回被擄人三名

横坎門外洋之捷

萬曆十年三月二十一日該分守溫處參將沈思學督率黄華關總哨王龍統船横坎門外洋哨遇大小倭船二隻駁百數餘徒官兵對敵傷死王龍賊船追

至靈昆海塗督調標營把總馮汝員官兵攻剿擒獲生倭二十六名從賊一十九名夷婦二口首級五顆倭船二隻夷器一百五十三件

花腦浪岡之捷

萬曆十七年三月初二日該分守寧紹吳參將督率中正遊哨官兵陳夢斗錢潛等巡哨花腦大小盤等洋遇有賊船二隻奮勇攻剿犁沉賊船生擒真倭一名斬獲首級二十顆奪獲夷器一百十二件餘賊溺死者衆至本月初四日又督定海北哨總劉應科正遊總張必信中遊把總詹斌等巡哨浪岡海洋瞭有草苫大倭船一隻追出遠洋奮勇夾攻饒風猛作官兵冒險鏖戰生擒真倭五名斬獲首級二十八顆奪獲夷器一百三十五件

洛伽外洋之捷

萬曆二十九年三月二十九日該分守寧紹陳參將督同正遊哨趙應科定南哨哨官韓克華等巡哨洛伽山外洋過有大烏尾小草苫倭船二隻合力攻打犁沉草苫船一隻倭衆約二十餘溺水傳令不許取級併追大倭船忽遇雷風逃遁據船兵錢美等撈斬真倭首級一顆并獲倭衣二件倭箭五枝及輕傷兵

王國等十二名

東霍之戰

萬曆二十九年四月十五日該分守寧紹陳參將督同中正遊哨把總陳雲鵬張應試等巡哨東霍外洋瞭見草苫大倭船一隻各督號船追剿我兵以佛狼機火箭等項攻打賊船烏銃倭箭射兵捕兵間有被傷陣亡傳國定辛子儀火兵桑有益我兵奮力合攻直抵黑水下洋夜深海熗賊船遁去

東洛外洋之捷

萬曆二十九年四月十九日犯夷熊普達等駕倭船

一隻約倭七十餘徒乘帆向東洛下洋望東南行使哨官張邦達隊長狄龍等瞭見飛報溫處兵巡道按察使湯　署參將事都司孫謙臣即督官兵葉得春等駕船追賊逼近亂發矢石銃炮四圍攻打賊亦放銃矢對敵自午至酉賊見我兵兇猛勢難抵敵亂竄下水當生擒活倭一十九名并獲倭仗另解　督撫劉　批行三司各道會官譯審賊夥黄紹等吐稱夷犯熊普達等海中劫擄米貨殺死客商三人情真林元等勾引事實會同按院馬　看得漱茫一海華夷共之漁商牟利餌賊島夷以乘汛擾我所從來矣自

關酋有事朝鮮海上數年絕警及釜倭遁而島夷鄰東南者漸有覬心去年使船突來狡謀已兆今歲分䑸流劫狂態益張况其器利船堅大非昔比官兵卒遇技力難施聲聞內地羣情已自驚惶萬一隄備不嚴縱令闌入其貽害誠非小小者今幸沿海要地預防惟謹而溫區官兵遠哨遇敵合圍攻打縱火焚擊以致燬其來船溺其倭衆生擒一十九名具　題處分以靖海邦　巳上俱海防類考

漳泉之捷

萬曆二十九年春在晉入閩抵泉州受事代庖巡守漳南道二篆㞌任後即往建南謁大中丞金公旋至省會而倭報紛紛至矣倭掠漁船挾漁人扶檣倅艙方盛兵船寨遊及沿海郡邑戒嚴賊揚帆海上出没島嶼間縱橫亡敵時巡海乏人而中丞公又以　請告候命境上距海千有餘里聲聞遼絕當事者乃以巡海符授之不佞請得便宜從事三辭不獲而南北中三路傳箭如雨羽書告急軍機喫緊間不容髮省會同寮諸公謂余當亟歸道署剋行海上纔出省而王和兵船被搶又見告矣官軍脑朒百兵不能當十賊而小埕海壇南日輒追風逐影夸詡以稱勞苦而

寔退卻不前擇其尤者一二以按軍律而將與卒知有進生退死之法賊與兵船遇輒蹈刃跳躍鋒不可接授指知兵健將衝其尾挈其柁焚其檣火銃火箭火桶乘風縱發一中賊船無得全者而又密授機宜出奇用間籌畫調度夜不成寢或漏下三鼓而傳門接報報至無不令人錯愕應酬決判手腕幾脫可嘷告誠啓胷欲枯書生白面以當金華入閩內地岌岌乎殆哉自有東椗一捷而馘斬强倭甚衆致生囚于帷幄俘獻軍門已而銅山南澳相繼收功賊始知漳泉有備嚴不可犯不敢正目窺閩南而寨遊將士各

有彊立之志皆東㧺爲之作氣也大將軍鎮福海不能展一籌而時時譸張聲勢以難文臣不佞日受其絜聒謂船小不能制勝靳令採木辦福船木料不可卒得得亦不能刻期鳩工工成亦未必可駕以禦賊爭之不得余乃盡括寨遊福船七隻聽其調度而賊操輕舟如飛轉旋甚捷樓船安所用之南路募兵漁船與鳥船混合擊賊帆檣號色雜出賊不及覺而疑徧海皆兵賊故不能大得志漳泉而宵奔東粤是歲粤海大剿所損兵船亡筭當倭之猖獗也大將軍馳檄選精兵結䑸踞上游擊賊余謂大海淼茫隨風飄

泊水師與陸師異陸師可據險扼其吭而拊其背船師詎可聚乎賊所獲漁人靡不爲其嚮導者必避實擣虛兵抽則防守弛憂在內地矣且客兵從招募何分強弱弱即當汰不可爲兵愚不敢奉將軍令無已請將別鎮挑選毋及漳泉漳泉兵不受選沿海星燧羅列六月五日異風拔木白浪躍空山搖海沸倭船飄至永寧傍岈泉民攜老挈幼奔湧入城請弁以介冑見桴鼓聲震請守陴堵賊余下令先發健卒從城外探賊入犯路亡何海上報至將士奮勇死戰犂船沉倭登岈者駢首就擒泉得亡恐而福寧精銳結䑸

海島不能致一倭而閩峽之圍賊登陸焚掠省會震驚飛檄救援賊聞援至旋退有天幸焉計大將軍所俘獲倭二一斬級病死與海無功福與福寧有失而所擒獲生倭斬級皆漳泉戰士力也彭湖之設有遊兵孤危四絕去漳海甚寥廓緩急不能捄援大將軍告予亟傳令撤回守內地不撤全軍必覆問之叅軍及將士皆慫恿謂大將軍及諸將士言良是然往返必候風傳令下海安得順風往順風歸五百人守彭山山可守湖可泊絕其樵汲擊其惰歸倭且有後慮彼五百人更相爲命倭未可卒下也且倭志在擄

掠窺內地子女財帛攻彭山何益耶萬一船出彭湖飄零汪洋巨浸中東西不相顧首尾不相接舟必爲倭有矣彭湖兵可毋撤而將兵者意在必撤兵符已先發矣余亟傳令止之兵覆請以身任大將軍無奈予何已倭從東粤摽掠揚揚得志縱帬東歸而彭湖兵乘其懈而邀擊之沉船破釜所繫頸皆名酋是役也其倖不出于大將軍之計慮者幾希耳倭出南澳張定兵船被擄去幸有浯銅遊兵追擊奪船歸而搶船之倭盡被浯銅兵殲戮此可稱漳海奇功而把總方某欲掩其否臧失律與浯銅檯臂拔劍擊柱一軍

隸爲左袒不欲當失事之名反啓相刺事鬬兩院余謂浯銅南澳一體然不當混功過以死將士心條上勝負情形勘斬級一一解赴軍門及直指使者按驗驗畢請封置他郡毋發歸于時拔回被擄多人活口厥證爭功者懟沮武弁妬功忌勝彼此媒孽變黑爲白有不勝其簧鼓者愚獨秉公心罪必核功必錄勞不至泯欺不至售庶幾無負當事者委任之殷奈之何情師僨帥倐忽轉遷而有功如沈有容張萬紀其人者與望風縮首之輩同類共律蓋功冊成于余手顛類指蘭而新海道受事更惻牘爲之其中低昂軒

海防纂要　卷之十　十七

輊余付之不問　題疏發而不孝且憂奔歸里矣余署漳南巡篆直至五月交代而是月之終海波已恬始事者與終事者埒而庖代三符者與手握一符埒大將軍坐鎮以二首功受上賞陞實級官都督沐世恩而余以豣豜之勞無裨實用而猥受　賚金進秩其爲大將軍之提挈多矣是役也沉犁倭船九隻奪獲賊船并兵漁船十大隻生擒倭賊四十二名斬首八十六顆獲從賊首十五名救回被擄一百六十四名奪獲器仗一千二百九十三件皆出漳泉部下事載撫院題疏及直指勘功疏中　王在晉記

附獲夷紀略

交趾夷

萬曆三十九年六月天風猋駭海颶飛揚溫州參將沈有容報獲異船者三初獲爲裴暴等七十三名內裴福寧黎光武楊文仁少知書字自供爲阿南國升華府河東縣人五月奉上官差往長沙葛黃處薦禮祭祀一神而被風者再獲爲武文才等二十五名內陳陽科少知書字自供爲升華府河東縣人六月往歸仁府維遠縣販賣飄至海中爲座昭所劫而被風者三獲爲弘運等三十七名并瑞安縣獲解稱文稜

海防纂要　卷之十　十八

等五名共四十二人內陳光袍何玉榜少知書字自稱爲升華府灘川縣人五月就富安府裝載官粟併各物回本營而被風者阿南爲安南國其君黎姓後莫姓繼之今復歸黎國有五道四宣二處京都城市有古殿舊跡人皆被髮裸下足盤屈蹲踞爲恭聲音莫辨飲食無分生熟所奉上官令爲欽差節制各處水步諸營兼總內外同平章軍國重事太尉長國公又鎮南營都督府掌府瑞郡公雄義營端國公國人讀孔孟五經四書念南無阿彌陀佛男女行大小禮嫁娶婚姻以時問衆人有妻子否曰有妻子問思歸

否則泣下不敢言裴福寧自稱爲校生通三場其人舉止迂濶大類老儒押韻吟詩有也知　上國施仁政生養恩深荷　九重之句督撫浙江軍門高　發按察司署司事叅政王在晉審明具疏題　准遞歸兩廣總督送回本國四十年十月十二日有安南國都統使黎維新印信領狀

朝鮮漁人

萬曆三十九年九月台州叅將方矩獲朝鮮男子四婦二孺子一男子俱同姓李大李漢隊爲同生兄弟而李三其親叔也李四與孺子李小一爲同生兄弟婦討氏年三十有二爲李大之妻金氏年二十有九爲李漢隊之妻各長其夫一歲俱未生育五男子一族爲朝鮮全羅道南原府濟州康津縣人男子草笠大帽婦辮髮加于額人貌樸野椎魯而言語侏儷卽譯者不能暢曉有帽匠李大挺者爲朝鮮人寓于杭呼而庭譯之應對如響李大漢隊之父曰李萬石李四小一之父曰李蠻固萬石尚存譯其蠻音父曰阿鼻叔曰三寸兄曰勝妯娌曰阿姊名子曰阿得康津海濵男子持竿婦女操舟或釣而網或餌而漁取生鯆魚國中價貴肉附于殼今猶有乾魚帶殼者以布束纏于腰漁者每人挈米二斗爲半月糧取水一艙

共十數石下海採捕或十日而歸半月而歸本年八月二十五日男婦往東海取魚駕舟下椗二十八日上燈時遭風桅損舵壞任風飄蕩昏夜迷路不知所之船底平得不欹覆船中水盡取海水食之有火石火刀取火供爨度命至九月二十一日到靜寇海門乃爲哨捕獲焉督撫浙江軍門高　發按察司署司事叅政王在晉審明具疏題　准遞回本國轉發原籍安置

飄倭

萬曆四十年八月十四日台州叅將方矩獲解倭夷哈哪哩等十二名倭婦烏般薩一口并草撒船一隻船中有日本草蓬草苫等件七首刀鞘一件乾飯一撮驗得各倭頂髮開塘外髮稍長臂有刺紋下體兜陰又于身内搜出倭衣五件倭布一疋倭婦身上搜倭旗一面試以語言相顧駭愕試以物應對如譯書問所居曰右南哥隷于右雞哪什馬其酋長爲拖哪右南哥輸糧于右雞哪什馬而拖哪掌之其輸糧每年輪差右南哥六十餘家壯者百五六十人人種田五畝納米一斗所載米十七包黃麻十二包遭風拔水船中僅存炒米一包爲食海水不可飲則張布接

衣承雨攪水得不渴所帶麻布三尺爲招風旗拖哪之所給也女人進香于哈密弗多結搭船同行飄至鹿頭外洋弃船登岸爲官軍所獲督撫浙江軍門高發按察使王在晉會勘審非入犯議將獲倭分發各營具疏　題請各倭旋相繼以斃止存烏東家一名發營收養

軍行

一軍未發前三日下令收拾行裝鞍勒乾糧鞋履器械一一足備聽令而行不可使預知所往泄漏事機

一發軍日不拘時分但聞第一盪喇叭響收拾軍裝第二盪喇叭響整隊擺立第三盪喇叭響啓行各哨

先令馬軍一半在前一半殿後各隊步軍依次隨行如出郊外須令熟知道路夜不收及遊兵前引左哨行左路右哨行右路前哨行中路之先中軍行中路之中後哨行中路之末每隊相去一百五十步如遇山路窄狹不能並行者前哨三隊先行左哨三隊次之右哨三隊又次之如此輪流遞爲一路不許攙越停擁至寬平處仍照前三路分行不許斷隔違者治以軍法

一凡行軍須令遊兵前持五色旗遇溝壍開黄旗遇谿河開黑旗遇林木開青旗遇賊開白旗前後遞相傳開掌旗官失於瞭望者痛決一百因而悞事者依律處斬

一經過城堡鄉村鎮店不許縱軍離陣驚駭人民强買物貨飲食奪人乘騎如有違犯定依軍法處治

一軍行步兵在前騎兵在後如遇大雪騎兵在前步兵在後

一軍行遇大雪大雨人馬寒凍兵器濡濕者即宜擇地駐劄申嚴隄備待天晴道乾方可行兵如欲攻其不意不備者不拘

一軍行遇大風逆來吹揚灰沙撲人面目者不可進

兵宜擇地下營以防不虞若風從右背來者是助我軍宜急進兵然崔浩因逆風而旁設伏兵待賊過發伏擊之取勝是謂以權佐攻也

一軍行前有賊兵守我要害斷我歸路宜引兵避之別求其便或用車營塞其險隘固我人馬且戰且前用飛槍神砲弩勁兵奪其要害破其困扼可以制敵取勝

一軍臨賊境遇關山險隘及三岔川口先令遊兵於最高處四面卓望或路傍有深林幽谷草木蒙密去處須令短兵於內搜索果無姦伏即回報主將挨次

整隊而行

一前哨軍遇賊即於當脚下先占高平之地堅立以待遞報中軍聽其相機調度此時如有回頭移足悉以軍法重治退後者即係臨陣先退依律處斬

一渡水先令水手前行探其深淺如有水深卒無船筏即用大索數條於兩岸林木或用椿橛上繫定先令乖覺十數人攀索過水登高遠望果無藏伏方令各隊將旗槍刀每十條爲一束或於近便處採砍竹木作排筏下排刀槍上鋪衣甲用大環穿於渡索上以聯其筏令先過者於岸上捽曳過木或用大甕絞

作䈴筏或用羊皮渾脫皮囊𥫩草於內令實繫作木筏渡人尤妙俱要挨次而行不許攙越

安營

一下營之法擇地爲先地之善者左有草澤右有流泉背山險向平易通達樵牧謂之四備居山占其高陽居水占其上流大約軍之所居就高去下向陽背生兵法所謂養生處實軍無百疾居山之左備山之右居山之右備山之左居山之陽備山之陰居山之陰備山之陽不居無障塞謂四通八達之道受敵益多不居深草恐有潛襲或被火燒不居水衝恐有漲溢或被決壅不居無水及死水恐渴飲致病不居無出路謂四面地隘恐被圍難解及糧道阻絕不居無草萊恐軍乏絕不居下濕恐人生病軍馬不利不居廢軍故城久無人居者恐被兵斷生疾不居塚墓間與鬼神共處春夏宜居高而無懸水秋不居潸潤深谷慮有洪潦兵法有曰山中之高謂之天柱澤中之高謂之地柱高中之下謂之天獄低中之下謂之地獄斥鹵之地草木不生謂之飛鋒故村虛落荒城古砦謂之虛耗川谷之口乏木無草謂之天竈窮隆鍬背四面平垣謂之沃焦亦名龜背神祠社木謂之天

社丘陵之上大山之口謂之死地大山之端謂之龍頭凡此地皆不可安營安營皆隨地形而設寬平處即布方營半險半平處即布偃月營先計人數列營幾重配地多少隨其衆寡一人三步使隊間容隊牽使剩隊不得少隊如有剩隊則均分四角或中軍以備急用

一軍行將欲止舍必先令遊兵於營四旁高阜處整隊駐劄就差乖覺四遠哨探一則以防敵兵一則以過走遁及待營內卓幕以定各守信地訖看中軍發起火三枝則諸軍方許撤隊入營或有瞭見聲息隨

即放砲候主將號令相機應敵
一營邊如無水者以地生蘆葦水草之處及地有蟻穴其下必有伏泉可開井取水及尋野獸蹤跡去路不遠有水如軍邇緊急備水隨行者須用羊皮渾脫盛之或大葫蘆亦可
一四外要害去處裝塘伏路者每更輪流三人於道傍防候如有細作潛來偷營切勿驚叫放賊過塘遠遠暗襲至第二塘以裏後無賊兵相繼者即與答號密切擒拏不許喧譟
一臨賊境凡採薪汲水牧放未出之先須用遊兵四

遠架梁見賊即便放砲使知廻避
一營壘已設警備再爲量分遊兵於營外四面要害去處每處給與鼓砲隱於幽僻之所或園林村疃之中如夜有賊來犯我營壘者前項伏兵即從後舉砲鳴鼓而出以攻其背如此賊必驚疑潰散
一凡遇賊夜來犯我營壘不得已而與之戰其法在於立營之制也立營之法與布陣同蓋止則爲營戰則爲陣大陣之中必包小陣大營之內必包小營前後左右諸軍各自有營大將之營居中諸營環衛隅落鉤連曲折相對再於各隊量抽短兵於營外五十步內裝塘如賊至塘所佯爲不知放賊過塘退遠然後放起火一枝營內軍士皆起披執兵刃禁聲安坐以待敵至即舉四角烽堠照耀營壘我軍於牆處伺立但見來者便以弓弩槍砲齊擊截其歸路奮勇疾戰如此則賊可擒也
一賊入隘口待十過其四五我從後傍截之如賊驚亂則奮兵擊之必勝
一賊出隘口來鬬候其半出速馳赴之左右夾攻再遣精兵由間道奪其高險以銃弩火箭下瞰攻之可以全勝

一賊入境侵掠且按兵治力待其將退度其歸路從間道潛出精兵據險設伏再以大軍躡其後候賊入伏乃鼓譟而前奮力齊攻必勝
一賊衆我寡須要避易就險或乘其陰霾昏夜及潛伏林莽設爲疑兵隨形應變擊之勝
一賊入境內初來氣銳不可當頭截殺俟其四散搶掠其衆必分我當潛兵於鄉村擊之或待其將歸貢爲分兵伏於歸路從三分之二以邀攻之則勝
一軍行山峽之間卒然與賊相遇道路窄狹雖衆難用當命目刄勇力之士先鳴鼓大譟而乘之以短兵

接戰再遣健步精兵潛登岩峭險阻夾攻古人以此爲谷戰譬如兩虎鬭於穴中猛者必勝

一我軍爲敵所圍斷我前後我欲突圍而出必當以步兵居內車騎長兊手鎗手刀手相參居外前後以長鎗大牌補空分爲三部各部勇戰突之出圍仍合一處互相掎角撞陣緩行愼勿驚亂

一與敵遇於深林之內當視林木疏密疏處則布騎兵雜於鎗牌密處則布短兵各以奇正更戰更息此謂林戰之法也

一敵人遠來疲勞可擊方食可擊天時不順可擊地

刑未得可擊亂行可擊

一敵若於高山大隴揚兵而行者必別有精兵將由間道攻我不意我當置望樓遠瞭或有塵起鳥驚之處當潛遣精騎先於來路據險設伏待其至而擊之

一敵若乘其風雪飄翳故令偏師來攻待我應之彼必佯爲敗北此欲誘我入伏也我當勒陣緩追潛於軍後多選精兵從賊來路及度其歸路密切覘望如有伏兵卽分軍爲三四潛入伏所互換攻擊若彼伏兵敗走我軍就彼伏定待彼來誘我者入伏卽起而攻之

起營安營規度

凡行營須待大營旗纛起行或聽駕前銅角聲各營方許起行每日下營量撥步軍或五隊十隊馬軍五隊或三四隊步軍披甲馬軍不摘鞍伺候長圍及架砲者布列已定方許入營休息有盜人衣糧諸物及盜騾馬宰殺并檢括隱藏人遺失物者俱斬知情首告者給賞知而不首者同罪若收得馬驢騾馱者卽送該營轉送大營召人識認如有遺失被後哨官軍收獲者收役官治以大罪

凡將下營未定之時須撥幾隊人不解甲馬不解鞍長圍架砲先定然後入營休息及嚴謹營不偷

盜然後營自整也

以上俱兵法所未載者故表而出之

禁諠

凡兵體尚靜惡諠靜則有序諠則必亂其軍行在路若要喚人及進退止息令每隊取曉事者兩人一人執小緋旗子於本隊外傍行去隊十步以爲望一人專聽待喚如去賊近卽遞相暗報欲令止息卽卧旗子當隊下卽任候見旗立卽速行或要抽退令旗子不任前招當隊回身速行其大軍首尾亦各差小校領主將處分他人不得輒傳聲

度險

凡軍行入山林翳薈之地防有伏兵先須選趫健三二百人於險阻不防之處偷路過把其出道又選驍勇當道索搜或自高山樹杪使人遠覘審無藏伏分兵前後以爲堵截然後遣輜重先渡以步兵繼進其濟水亦如之　凡遇坑穴闊三五丈人馬不可通即令軍中每人把一木橛子及一束薪芻之類遞傳塡之立可渡　凡遇峭崖峻壁之阻則以接梯倚其壁選趫健者手執鉤竿身繫二繩索緣梯並勾木石而上至半穩處即繫繩於木垂兩頭至地繫橫關爲軟梯與衆軍攀緣并續加繩索及絙人登之

出隘

凡軍行賊境若逢山水窄隘橋梁濟渡須防壅過自相蹂踐及爲敵人邀截先令左右廂虞候各領第一隊過便於兩邊阜隊排陣以爲防守次第二隊過以次排立第三隊亦如之餘軍亦準此待末隊過盡即左右兩廂對行引發如非賊境即軍伍相連緩行過渡依常引發仍置斥候遠望如前法

齎糧

夫千里饋糧士有饑色樵蘇後爨師不宿飽況深入敵境飛輓不通襲師及寇益資擬備雖云因糧於敵亦虞淸野以待舊法人持乾糧三㪷可用數旬若班師在道去境猶遠備貯已絕即須揀擇羸瘦牛馬應卒以充軍食庶全人力不至爲賊困逼　舊法米一石取無穀者淘淨炊熟下漿水中待水曝乾淘去壓又蒸曝之經十遍可得二斗每食取一大合先以熟水浸之待濕徹然後煑食之一人可五十日　鹽三升以水和入鍋中炭火燒之即堅小不消一人食可五十日又宜夏月遠行　粗布一尺以一升釅醋浸曝乾以醋盡爲度每食以方寸煑之可食五十日　取小麥麪作蒸餅一枚浸醋一升（或作斗）曝乾以醋盡

爲度食每梧桐子大煑之人可食五十日　豉三升搗如膏加鹽五升捻作餅子曝乾每食如棗核大以代醬菜人可食五十日　米麪一升人食可一日　牛一頭食之五十人可一日　馬一匹食之五十人可一日　驢一頭食之三十人可一日　如更急難諸戎裝用皮者亦可煑食救饑　山行即採松皮每十斤與米五合煑之食爛熟半斤一人可食一日　每人將油麻半升如渴取三十粒含之立止　烏梅乾啣口中亦可止渴　每人將葫蘆或竹筒皮榼可受二升者料前程之水即盛行　馬軍每人將乾酪與

馬恐馬渴乏　邊兵遠行則有麨餅麴飯麨糒餅之類麨餅用麨末作麨投沸湯和爲餅厚一分候冷切作碁子曝乾收貯如在營砦內以湯沃而食之如路行及戰陣中乾食之味美不渴愈於雜餅麴飯麨並製如常法惟曝極乾令可齎持及久

斥堠聽望

凡軍遣候吏必擇精明勇敢奇謀遠慮者令彼鄉國之人引導而往或刻獸足即中路爲却行之狀或土冠微禽而隱依叢薄之間盖欲密聲晦迹惕人知覺然後傾耳而聽專目而視諦伺它物以迎知敵人之

精故見水痕則知敵濟之早晚觀樹動則驗寇來之馳驟聚草多障者使我疑也飛鳥不泊者下有伏兵也駭獸奔逸者謀潛襲也敵來之伏餘見察敵形門凡此之類皆可察而預知之必待逢敵之軍而後用其耳目則不能及矣若師行斥堠多擇高要之處察望四邊前探不得推後探以爲鋒左矛不得望右矛以爲固是以軍行軍止必先謹聽候之法也

探旗

軍前及左右下道各十里之內五人爲一部人持一白幡一絳幡見騎賊舉絳幡見步賊舉白幡傳語後第二第三部諸主者白之賊百人已下但舉幡指百人已上舉幡大呼主者遣疾馬往視

探馬

軍行前後及左右五里著探馬兩騎十里加兩騎十五里更加兩騎至三十里用十二騎前後爲一道其最遠及以次遠者各等第揀壯馬給與之馬弱則恐爲賊所擒若兵多發引稍長即路上更量加一兩道其乘馬人每令遥相見常接高行各執一方面旗無賊則卷旗有賊則舒以次遞應至大軍大軍見旗展則知賊至庶得擇利設機應變迎前出戰也

遞鋪

凡軍行去營鎮二百里以來須置遞鋪以探報警急務擇要遞使往來疾速平陸則置健足之人水路亦作飛艇或五里或十里一舖從非寇來之方亦須置之

行烽

凡軍馬出行擬停三五日即須去軍一二里以來權置行烽如有動靜舉烽相報其烽并以賊來要路每二十里置一烽連接至軍所其遊奕馬騎晝日遊奕候視至暮即移十里外止宿防賊徒見烟火掩襲烽

人其賊路左右仍伏人宿止以聽賊徒如覺賊來即舉烽遞報軍伺賊十騎巳下即舉小炬火前烽應訖即滅火若賊百騎至二百騎即放一大炬若三百騎至四百騎即放二炬若五百騎至千騎即放三炬準前應滅前烽應訖即赴軍若虜不到軍即且抵山谷藏伏既置權烽軍內即須置一都烽應接四山諸烽其都烽如見烟火忽舉即報大總管其道烟火起大總管當須戒嚴收保遣差人斥探巳上出武經總要

海防纂要卷之十一

黎陽王在晉明初甫纂　男會菼穉蓊甫較閱

約法

一勤教練夫練兵之法非特執旗走動而巳要先練心大小將領各將部下士卒時加訓練先結之恩信以收其心繼示之威嚴以振其氣卒有疾必親問視軍有苦即與處分甘苦共之若征行兵未食將不言饑兵未飲將不言渴步卒在前馬不直遂路逢險處下馬隊行兵在雨雪中將不張蓋若遇止宿處將必親出巡視以真心愉色問勞使人人感恩畏威盡懷願死之志其教練使習營陣之法耳熟金鼓目視旌旗凡坐作進退分合應援出奇布伏張局設疑俱令習熟使營伍整肅可稱有制之兵然兵之爲用必以技自衛而後可以勝人必擇技射武藝之尤者立爲教師分部演習以一教十以十教百以百教千如長鎗要手足俱活進速不老鳥銃要入藥便捷臨陣不誤狼筅要架隔有力使鎗不得入鈎鐮釵鈀要助翼狼筅使刀不得近牌有藤牌長牌挨牌燕尾牌兵各帶腰刀標鎗要蛇行龜息轉折縱橫弓箭尤軍中長技須倍演習于操期較藝分上中下三等如射中七

矢以上者爲上等下陞中中陞上三矢以下者爲下等上降中中降下四矢以上者爲中等不降不陞二次居下等者責二十棍三次居下等者責三十棍革退屢次居上等者加賞屢次全中查無過者不次拔用中等者量責鳥銃亦照此格各置較藝簿塡註以備查考水兵汛畢收港一體練習使藝精氣壯自奮敵愾之勇一有警報但聽中軍傳令依令進發先發鳥銃弓弩手勁卒寄于半路埋伏次發奇兵二枝左右應援儻遇田塍路狹山徑蹊嶇則兵分數道以爲犄角正兵誘敵覘賊稍近刀牌手先護鳥銃向前舉

放用標鎗射賊乘其顧搖即抽刀砍進狼筅手隨銃直前掩殺釵鈀短兵相繼而進奇兵聽中軍起火爲號兩傍夾擊伏兵齊起或截其後或衝其腹使首尾不顧掩耳不及自無不勝而當陣決機遡用之妙尤在一心至于水戰布列聯環三疊等陣以福船爲中軍以草撇蒼船爲正兵八槳漁船爲兩翼奇兵唬船爲衝鋒網船唬船爲哨探若哨探有警日舉白旗夜放起火爲號飛報中軍依令前進賊稍近可犁則用福蒼船乘風衝犁不可則用唬船先馳衝鋒攻打如三十步外用佛狼機百子銃碗口銃鳥銃神機箭弓

火箭一窩蜂攻擊再近正兵奇兵竝發左右夾攻銃石火器齊放若逼至蒼艚即過船剿殺須用長蛇之勢首尾截擊以收萬全之功

一收勇敢勇敢之人處處有之而浙尤多自息戈以來凡驍勇無業之民遇補兵不能與選往往流落爲盜良可憫念今後民間武藝精熟力能勝四五百斤以上者聽其投告本縣結送該道試果有勇即收充補缺兵使彼受吾愛養奮勇圖報將來爲地方緩急之用亦未可知慎勿濫收無藉兇惡以混行伍

一防鑛盜兩浙鑛山共七十三處如於潛之金鰲塢

猪狏嶺昌化之康山孝豐之俞嶺銅坑山陰之大焦山會稽之神山慈谿之銀山奉化之菩提嶺東陽之西甑山義烏之八寶山西安之銅山江山之仙霞井石獅坑開化之大尖塢烏哨塢淳安之老山坑遂安之十五里坑泰順之長降尾坑北山坑石門下坑南峀坑松陽之砦寮坑小蘇坑際坑烏壇坑白碧坑黃坑縫尾棠銘坑淨瓶坑際背坑姜坑遂昌之黃岩坑金鷄石下坑焦坑古塘坑古樓坑澤樹欄坑麻竹降坑梭溪坑雲和之黃家畬坑縫尾陰岩坑宣平之礱坑俞高坑景寧之嶺岣坑渤海坑陶州坑下埸坑道

化坑大洋坑盧茜坑張坑大濚坑十八插坑吳四坑慶元之横岩平崗坑毛洋杉菜坑縫尾牛扼坑白雲洞沿坑黄壇坑添堂坑縫尾石濵坑枉場坑龍泉之温空坑毛坑濚坑黄礦井坑崑崙坑烏鉛濚坑白壇腰坑前突下坑嵡坑屏風後坑先因盜挖起釁奏例封禁令編保甲鄉兵互相守護外但衢州爲浙直鑛山連脉之地處州係江福鑛盜隱伏之區金華又多盜爲鑛徒出入必由之路故設總捕都司統領前左營二總民兵駐劄衢州每遇秋末冬初水涸土堅恐奸徒垂涎盜掘督令將二營官兵每月初二十六爲

期輪撥哨隊什兵各三十一名哨探防禦前營任府城者一路往杜澤雙橋銅山上曹一路往湖南嚴剡一路往蘭谿永昌街壽昌白沙地方左營在華埠者一路往馬金嶺直抵嚴州遂安交界一路往開化四都葉坑深山下遂安長山交界一路往雲霧山由葉家嶺直抵江山德興交界一路往大蓉嶺二大容田直抵徽州交界而江山之石門另撥兵一哨專守以拒鑛賊之喉吭處州設有團操兵二總內一總屯劄府城一總汛期出守蒲岐汛畢掣回防鑛常輪撥哨兵前往龍泉慶元竹口衝要地方哨禦以破鑛賊之腹心金華選練民壯五百名防守應援以斷鑛寇之肘腋三府通賊要路俱有官兵防截則外郡烏合之徒自不能入各道及總捕都司嚴督防禦以保無虞各把總哨官不奉令者不時查訪究革

一兵梢聽命于甲長甲長聽命于捕盜捕盜聽命於哨官哨官聽命于總哨總哨聽命于備倭把總有不聽者綑打問罪其捕盜舵工甲長兵梢各安分務念同舟共命如父兄子弟相倚若嗜酒賭博逞兇喧鬨及假託事故在岸宿歇者連坐以罪間有置辦柴米神福船具等項俱赴中軍告領籌票限日時回銷違

者及該管捕甲一體重治

一住劄征行若燒毀人房屋姦淫人婦女搶奪人財物者俱處以軍法行營遇渡下船不待將領分發爭先攙亂及擅奪民船者俱綑打

一各兵不論操演調發行止宿食什不得離隊隊不得離哨哨不得離總違者俱綑打一百如臨陣布陣已定各兵有移足回頭或行伍擠挨及稀密不均以致誤事者哨官隊長什長割耳兵處以軍法若征住地方各兵有不隨本什者什長與兵俱綑打重治及行營攙越前後非令先行先歇者一體連坐哨官隊

長　巳上俱都御史溫純練兵檄
一各營寨中有係賊親黨及外番逃回者或謀爲内
應或探聽消息或作嚮導或以火器火藥接濟交通
許各隊互相糾察正犯皆斬同隊同哨縱容不舉者
與同罪　遇汛務將兵船依期分布要害信地防守
往來會哨仍撥鳥快唬船遠出外洋哨探如船隻到
信地後期及偷安穩澳不撥船會哨遠出偵探者哨
官捕盜各綑打六十舵工綑打四十因而失事者斬
遇警無分雨夜即要督率兵船追勦如總哨不奮
勇先登身率士卒而但以空言驅督塞者各綑打一

百因而失事者斬將官及海防官扶同隱蔽以不職
論　如中軍船巳掌行號而部下兵船不跟䑸前進
退縮後至者斬捕盜行遲緩迂曲而後到者斬捕盜
舵工遇淺着礁不到者斬攀招手船雖先到而使風
掌舵不正不直故從賊船邊挨過者斬舵工繚手
若敵人慮我兵追及故將船内器物遺棄水中作餌
緩兵兵夫敢有撈拾不急追擊者許本船捕隊先將
犯兵割耳示衆事畢解處故縱者連坐
一陸路備總官平時務將部兵以時操練較試技藝
怠玩者總哨官各綑打四十守備官另行議處　約

束隊兵不許擅離營伍如隊兵私離營蕩者綑打四
十同哨隊兵不覺舉互相縱容者綑打三十若備總
哨官擅離者總哨官俱綑打六十守備官另行議處
遇汛督令隊兵各預備乾糧五日以備追勦調遣
失備者各綑打四十　出汛哨兵務照信地分布防
守遣撥塘兵遠出哨探如偷安内地不撥兵哨探哨
官哨隊長各綑打六十備總官不申督者罪同因而
失事者各斬　遇有警報即要督率部兵趨赴海邊
緊要處所與寨遊水兵内外協應以助聲援如賊登
岸即併力擒勦哨官以下不用命及臨陣退縮者聽

備總斬首以徇　備總官不奮勇先登但以空言驅
督塞責者照寨遊例粲處
一各營總哨有尅減軍兵月糧及包兵冒餉與指稱
餽送各衙門年節生辰禮儀并各項使用科歛軍兵
財物者許各軍兵據實赴院聲告去省遠者於各道
具告審究情眞依管軍官科歛并盜官錢糧律論仍
照近例二百兩以上發邊衛充軍三百兩以上發永
遠充軍其軍兵不遵約束賭博姦淫及强買民間物
件者聽把總綑打一百情重者解軍門處治總哨故
縱者罪同如總哨有科尅事情軍兵平時不行首告

而臨事出兵藉口月糧短少阻撓軍法者緩則綑打一百急則斬首示衆各總哨平時不簡練士卒而臨期以軍兵驕惰爲辭者綑打一百因而失誤軍機者斬

一各府處州縣衛所城池自有本等守禦軍兵及城中保甲人等凡遇山海賊警應將營兵分布要害防剿若擎入城中自固致賊入境内擄掠者依守備不設律論各罪坐所由縱無擄掠備總以下解軍門綑打一百副叅另處

一各寨遊船隻如在内地失於看守致有閣損者經

防一汛二汛三汛全賠仍將捕舵綑打問罪革役四汛五汛六汛賠十分之七七汛八汛賠十分之五仍綑打問罪姑免革役九汛十汛賠十分之三十一十二汛以上賠十分之一俱綑打姑免問罪如開駕在洋遭風打壞經防一汛者全賠二汛者賠十分之八三汛四汛者賠十分之六五汛六汛者賠十分之四七汛八汛以上者賠十分之二俱免綑打問罪其九汛以上者俱姑免追賠若因追賊損失者一汛以上俱免賠償其賠償船價俱於該船捕舵軍民兵工食行月糧内扣十分之六量給四分以資役食扣足而止仍即動支餉銀補造船隻發駕防禦不許買民船賠補滋弊如一時打造不及又數止一二隻亦不必雇船出汛以免冒濫

一各府州每季終將各年製造在庫局及奉文支給各營寨軍火器械分別收除四柱數目明白填簿繳院稽查其支給領用務將先造者儘數支完方將後造者以次接支追支將盡仍行申請再造如有錯越濫冒及填報遲誤者提吏重究已上俱全閩約法

營規

一各營兵士逃亡事故該總匿不以報圖冒月糧後

或准人私頂而常例倍於新兵蓋爲省解驗使費耳今後各兵逃亡事故該什長即具小報帖四紙限次日投送將官把總哨官隊長處各一紙把總仍照舊開送中軍呈報將官作缺住糧過三日不報什長究革本什不報而他人首發者賞銀五錢能發私頂情獘者賞銀一兩惟汛期已近不許一兵畏避私逃違者連坐隊什長仍嚴提逃兵正罪

一各官跟隨兵健原有定例如將官二十五名轅門把總十名中軍官十二名把總十名督陣官二名哨官一名各官仍有額外多佔者而把總尤甚或每名

每月納銀四錢免其差操殊非法紀今後各官敢有
額外多佔一名及私充工作者坐贓論罪
一各兵間有不守營規酗酒鬬毆嫖賭誤事等項各
總往往指稱呈革恐嚇取財或以兩計或以錢計殊
爲貪肆今後各兵有犯前項事情止許分別責治如
情罪重大即呈鳴將官酌量究處有仍前私行索賄
致有枉縱者訪出重究如該總從公處分而各兵抗
違不服或因而反噬致壞體統定以軍法重治
一每年例給各營鳥銃兵九十名每名火藥三斤鉛
彈一斤十二兩火繩二條訪得各總關領分給鉛硝

十而減三火繩一斷爲二致各兵應用不敷今後於
春秋二操之前俱解發將官照數唱名給散以防侵
剋之弊及查應給各兵鳥銃百子銃藤牌腰刀銅鍋
每年正月聽將官呈詳於官庫換給但各總哨往往
受賄縱令兵士私自易賣故將損壞不堪器械告換
求給欺冒可恨今後將官須嚴加查覈稍損者責令
整修盜賣者連坐治罪遇有眞實損壞應該換給者
仍將各器械鏨記年月以便稽查
一營兵糾衆出銀做會約以糧出執銀赴搖奸黠之
徒得銀入手潛行脫逃亦有貧困無償違約負賴每

遇糧出紛紛告擾委屬不便又有汰革目兵附營潛
住或以夙事或以舊帳逞刁告詐又有開張店肆安
歇不良流棍以致爲盜爲奸莫可究詰深爲營伍之
蠹今後各營目兵不許糾做銀會致有脫逃并驅逐
革兵回籍不許潛住啓釁及開店匿奸違者許各總
與地方呈舉拏究遞回
一霜降迎揚稅辦軍器旗幟衣物等項原係兩年一
次輪者當受但不許賣放偏累惟帮貼差遣哨官兵
士係營中衆擎易舉以均差役與尋常往來會食原
非科歛者聽從其便

一各兵亦有粥通藝業在外開張店面者雖於操防
不誤而住居四散不便管攝今後俱行令移住營房
或操場附近去處以便稽查又有等衙門在官人役
及指稱士夫名色私用家人掛名食糧並不着伍或
臨操僱人替點者該總一一從實查報容隱者連坐
將官仍將每總見在目兵各置籤筒一箇聽本院不
時傳示挈點
一營中各兵有缺舊規積至百人聽詳選補除季操
汰革老弱外如中間自覺衰病情愿告退者賞銀三
錢以奬恬退原缺另募

一哨官隊什俱束兵頭目非膽略材技過人何以服衆近訪各營隊什長缺出率皆爭先用賄買求該總擇其賄之厚者開送將官呈補今後通應禁革一遇前項缺出各總務要試驗年力材技從公拔補敢有仍前用賄行求者隊長有犯許同哨什長有犯許同隊兵士有犯許同什查有的據各赴將官呈首究處但不得挾私妄首致長刁風與下款招募新兵總要將官逐一留心親自揀選

一招募新兵往多扶同作弊或有錢者出名應募有力者出身代選及詳允入隊之後已非向日提石之

人矣今後募補新兵務要研查前弊一經選中給與年貌腰牌仍令隊什長與同什各兵當官識認取具連名不致扶同目項結狀附卷待收伍後將官不時抽試一二如年貌力氣稍不對同即時查究同結者連坐

一各營把總統領目兵居常守禦城池汛期督兵海上冬月徼巡省會冒雪衝寒終歲勞苦今後把總病故給與役過廩糧外再准給半月以示優恤此外不許更請增益

一營中兵士率多他郡人民有妻子則家口爲累無妻子則臼爨無資設遭疾病死喪藥物莫爲之調後事莫爲之備良可憫惻今後病故者除月糧截日住支外仍許挨支半月助其殮具或父母病故營中者准給助銀一錢每總額設醫生須特加遴選能講究方脈頗精醫理者充之照例免其差操遇有目兵疾病無論輕重責令用心調治痊愈每季將醫過人數用過藥料開報該營將官覈實准給前銀若干逐一登記歲終類報本院查考其醫生術業精通救活數多者另加獎賞庸而誤殺傷人者究革

一兵糧每日三分僅足用度惟上務科剋下習浮蕩

以致日給不敷稱貸於人利則每月加一窮兵何堪除科剋有禁外以後各兵須要大家節省量入爲出不得嫖賭浪費如有揭債累貧及富豪取利太重借者借與者各究罪哨隊什長包放債利與扭使低銀者罪加一等

一冬月輪撥總哨官兵于省城内外夜巡陡遇雨雪廊外無憩足之處委果寒苦許於西城外五舖茶坊嶺太和門下虎跑寺觀門首暫爲憩止不許擾民

一每年春汛分發標兵赴沿海地方防守將領把總等官務要申嚴號令約束部兵沿途不許秋毫擾民

總哨各官務要遵照禁款一切費用不許扣尅各兵兵健等役不許假以催船爲由刁難船戶索取酒食常例經過地方水路預行有司撥船編號泊埠聽將領派兵下船不許爭先擅搶多用船隻陸路住宿處所預行有司酌量民居大小票貼門上聽將領把總派兵宿歇不許擅動民間一草一木汛畢奉掣回還將領把總于三日前知會沿途有司以便預撥船夫各兵飯食米菜隨路買用俱照時價兩平交易不許恃强短價其市鎮人等亦不許將不堪柴米抑勒貴價兵到汛地聽將領把總酌量安插不許擅離營伍

酗酒爲非違者許將領把總輕則綑打重則綁解軍門梟示

一汛地廠房預行附近有司衛所官修葺完固合用鍋竈卓凳勢難携帶量行借用該衛門寫記官单交與把總汛畢回日照數點還損失追補　已上俱都御史高　禁革營伍條款

墩堠號令

一每墩不拘日夜分三人帶起火三枝碗口銃一箇手銃一箇在於極外海邊巡邏守哨遇有賊登晝則搖旗放銃爲號夜則放起火放銃爲號墩上卽便接應如天晴則車十二幅大白旗相隣之墩車起大旗一路只至本府所在之處止一路至本衛所城池而止如若遇天日陰霾有雲霧望旗不見則將原搭草屋舉火連草屋通聽燃燒一架隣墩接放火則已如不接放又燒放一架夜遇有警看近海下墩哨軍火箭號響止燒放草屋一座蓋夜間火甚明不必二座也隣墩卽便一體點放草屋賊到之墩一面差一人由便路徑到本衛所并陸路官處報賊多寡登犯時日情由聽該衛照本府原發報式轉報

一賊所登犯之地本墩失悞放火車旗遇賊流至隣

墩之下隣墩放火車旗而本墩後接者全墩軍法示衆

一遣下墩海邊人役失悞者罪坐下墩海邊之人墩上者連坐綑打一百

一近賊本墩放火車旗而隣墩接應失悞者隣墩軍法示衆

一舉火遲延走報不時因而悞事者軍法示衆

一風汛時月墩軍不拘正墩隣墩敢有下墩回家及雖近墩而不在墩者無賊至綑打一百割兩耳有警軍法示衆該管官綑打穿耳連坐

一應備什物軍器欠缺一件者墩軍綑打一百割耳仍罰月糧置辦該管官連坐綑打

一應備什物軍器雖不欠缺而不如法者墩軍綑打四十扣月糧改置該管官以分數論罪治以軍法

一每墩立五人睡住卧房一間不拘草苠

竈一口　水缸二箇　鍋一口　碗五箇　碟十箇

米一石　鹽十斤　種火一盆　種火牛馬糞一擔

一器械碗口銃二箇　小手銃三箇　火箭九枝

大白布旗一面方十二幅　草架三座

草架法每架務高一丈二尺方四面俱一丈下二尺

高用木橫閣使草柴不着地不爲雨濕所浥上用稻草苫蓋如屋形伏覩　祖宗墩法舉狼烟南方狼糞既少烟火失制拱把之草火燃不久十里之外豈能目視且遇陰霾晝晦何以相瞭故必用立此大茅屋積草柴既多火勢大而且久庶隣墩相望可見其屋內不拘柴草務相均停一層柴一層草塡實盈滿

伏路軍法

凡伏路人在於城外不拘晝夜但放起火三枝砲響三箇是有賊來偷城中軍瞭見如是白晝則放砲三口車起大旗城內人丁盡數火速上城守禦一照守城號令條約賊去落旗人丁休息若夜間瞭見城外不拘何面伏路人放起火砲響則車起雙燈二盞放大砲三口廠內人丁盡數出向垜口以備攻打賊退後落燈各人丁仍還廠內休息

凡伏路人已舉火號而中軍接應遲延毫刻或砲鬆不致大響以致在廠之人聽聞不明及燈籠不亮者致賊突到城下攻城登雉掌號鼓手瞭望人役以軍法示衆決不貸生掌印官綑打一百割耳

凡平時各應備器具什物不完者應備之人軍法施行掌印官連坐

一發人伏路凡風汛時月每城陸路官將伏路人役照城外要口四面共有幾處每處撥三人每人管二更俱於每日午時起陸路官處領起火六枝手銃四口各照派過信地方向出城離三二里之遠守伏每至次日午時有人交代方許回家若遇有賊在近每路每方加撥五名每人止執一更

一凡白晝遇有賊至即放手銃三箇起火三枝搖展黃旗馳回中軍高處照給過號令接應城內人丁又照中軍號令上城守禦

一凡夜退賊至伏路人先覺即放手銃二箇起火三

枝一面奔告城下中軍高處瞭見照給過號令舉動

廠內人乘城備戰

一凡伏路人出伏遲期及備該隨身前項火藥不如法藥繩藥線濕落不堪雨具不整及在外之人不用心哨探而輙回家者通以軍法綑打一百割耳如有悞事軍法示衆陸路官連坐

一凡賊來伏路人在外不截要口哨伏偷藏人家屋廠園林之內睡熟悞事致賊突入城下攻城者伏路人俱比附臨陣退縮軍法示衆陸路官綑打連坐

一應備物件每陸路軍每一名自辦三眼手銃一把好起火六枝火繩隨時辦用每人燈籠一盞小黄旗一面雨具一副

治水兵法

一平日各照派定武藝時常檢點船上器具每日一次看驗損壞火藥遇天晴五日一曬收閣乾燥避火之處鎗刀鐵器半月一磨遮蔽風雨一件收磨不如法扣罰工食甲長連坐

一每船斧口石大擂石務足若干八分放在船底二分放在船面用過即補不補者扣工食

一每甲兵六名如有在逃一名將甲長綑打收監甲下兵夫以五名收監以五名齎文分投捉拏獲日即以本犯歷過工食充賞限三月拏不回將差過之兵各打四十監併又差在監一半去拏如此輪拏一年不獲全甲兵夫俱革其一年工食通扣在船修艌船隻凡差出拏逃兵者工食即日扣收在官拏獲有功之日給與其逃兵目首免罪食到者春汛時月發船之期依臨陣在逃法示衆每甲俱有逃兵連坐捕盜每船俱有逃兵連坐哨官各哨俱有逃兵連坐領兵官依次連坐即行覺舉者免罪

一兵逃甲長即時稟捕盜捕盜呈哨官轉呈把總呈府註冊拘該甲兵夫給文行拏

一每月初一十五補兵即於廿九十四日該管捕盜募兵到船送付哨官帶到領兵官驗呈把總類驗本府驗中給與腰牌發總呈道收冊發船駕操

一各船捕盗遇夜出哨脚船三板船俱要收藏穩便不許拖帶恐遇風急潮滚頓流者一船兵役取水不便悞失者管船兵夫一面治以軍法一面扣月糧陪造

一在港每日清晨中軍船定營吹打三通放砲三箇升太平旗左右前後四營依序安攏各擂鼓鳴金亦升太平旗

一捕舵兵夫上岓買辦柴米及神福船俱赴中軍船給籌票刻限時日回銷敢有不行禀鳴私自擅離及該管小甲互相容隱知而不舉者一體連治軍法

一各船領兵指揮哨官捕舵兵夫風汛時月不許偷安假托事故在岓宿歇虛糴錢糧致悮事機者不分貴賤一體軍法重治如有警掌行號已畢而未到船已起椗而方來俱係畏避卽發保候無功者斬

一各船捕舵小甲兵夫各照安名分長幼尊卑務念同舟共命如父子兄弟相處不許嗜酒在船爭打違令喧嘩俱以軍法連坐然後另行發官問理曲直

一各船官捕兵役各備簑衣箬笠一副以便遇雨應用毋得抗違

一每日日落時分聽中軍船上吹打三通放砲三箇各船一體鳴金擂鼓落旗

一夜暮以朦朧爲期中軍船發擂三遍起更各船齊擊竹梆打更者打鼓一次梆響一遍每更用兵二名

一名船頭遠視一名船尾高瞭遇有船過卽便鳴鑼各船齊備償水上有黑塊夜浮者恐賊人踏水偷椗支更兵夫速以石打一面高呌本船捕兵同看若是別物流入則已若是賊人卽便鳴鑼打銳各船一體防備違令支更兵夫重治割耳因而失事者斬

一放火磚火砲火毬之法須火線燃之將入方可擲下不然擲而滅就不滅賊可反手正當發時反爲所害

一火箭只着棚帆當中一點打去常高中則不可救低則易救

一弩弓不可遠遠則無益徒費矢竭力

一標鎗非兩船相逼不可用往下打更難准

一打石着人頭面方打不可空往船上擲之

一賊船如近我船便傾下火藥一二桶少則無用連桶則恐滾擲水中須傾桶倒下一面用一二人用鐵鍬執炭火數鍬隨藥擲下火多則必有燃藥者或用粗碗一箇種火一碗用灰蓋之放於桶口擲藥之時碗內火同藥傾及船一磕而火藥相粘必發難救此第一全勝捷徑妙法智者不能施其巧勇者不能用其力也

行營軍令

凡瓜探夜不收瓜探不的聽人言語不親到賊所欺詐因而悮失事機者軍法從事若傳報違期集兵遷延以致悮事罪同

凡軍行在途遇有疾病把總官驗實隨即禀明給文送所在官司撥醫調治痊可即便追來敢有詐病推避者治以軍法

凡傍哨後哨見有乏弱人馬不能前進或在路傍潛藏者隨即收送中軍不許私自縱放

凡軍行定委巡哨官生二員止宿委巡視官生二員差巡視旗十面但有干犯軍令即便指實呈報不許隱匿及因而需索詐騙者各依法究治

凡前哨官前途給與清道藍旗十面令旗一面凡遇大小事務俱要差人傳報中軍清道旗手仍先期禁

斷人畜不許攙入隊伍衝冒旗纛如遇應該迎候禀事人員及各處差來齎送緊急公文之人前總領哨官審實差人報知方許進見儻有異言異服可疑之人送中軍研審發落不許擅放擅問

凡止宿任食去處除下野營照臨敵號令外若入人家或進城廓則前哨至城門前而各把總哨官頭目即於通衢或在於人家之外相地放起火或若干枝即爲幾路挨劄在彼候中軍到隊之中放靜砲三箇每隊差火頭先進城入人家討取歇家令旗押隨完畢回報中軍方傳令照教場散隊安歇巡視旗分哨巡邏生事之人遇再起行仍照前初出規矩

凡軍行在路遺落器械什物見者許即收帶至止宿處送中軍招人認領失物得物之人照格賞罰隱匿不報者治罪亦不許私相交割

凡分兵數道臨發時務要會定記號如賊界相逢不分晝夜各即駐隊互舉原定記號以辨眞僞

凡軍臨賊境或林木異常與賊共守之處各兵嚴勒器械須立定以待候差各塘報搜覆無警再聽令行

凡臨賊遇沮澤坑坎不可擅即塘過須據平原備將地形禀覆中軍號令再行

凡官軍啓行各須披甲戴盔執器械庶幾臨敵輕便不許併執肩縛若路遠天熱得令方許更傳

凡火器應用繩藥鉛子銃手須於出征頭一日請給完足不許臨賊假稱放盡討索逼以畏避論罪已上俱紀効新書

城守號令

總督尚書胡宗憲云凡賊圍城必須選募勇敢夜斫其營或夜舉銃砲使賊驚疑其圍自解

一凡賊可結巢去處如松江柘林陶宅等地方必諭令居民盡行搬移入城房屋拆卸務使賊難棲止

一大兵進攻賊巢城内不無空虚恐墮誘敵奸計或賊出我之背乘虚來襲吁亦危矣必須嚴加防守仍撥人把截往來要路

海道副使譚綸云自來守城攻破者少襲破者多此嚴夜巡詰奸細爲第一要緊事也

一守城之器佛郎機發熕鳥嘴銃牀子弩旋風砲最利弓弩次之到用刀斧是最下策矣然亦不可不備也

一凡城有敵臺者最好守若無敵臺架櫓起望臺亦善或皆未備則用絮被挑懸出垜外五尺以蔽矢石

庶臨敵無失耳

一凡敵在城外不獨當爲守具亦當爲修城之具如木石灰磚之料與匠皆不可不備也

一守城用燭不如用松明一松明可代十燈也

一凡遇劫敵則須在城外爲三四壘屯兵拒守與城中爲犄角勢至爲上策敵築甬道架雲梯以攻我或穴地道以襲我則又當隨事有應免至臨時倉皇無措也

一凡敵夜襲我多在五更悉衆攻我多在黎明出我不意也

一凡敵環而攻我至曠日持久計内乏薪芻則佯退數舍夜則還襲之或伏賊雜爲採薪者入城爲内應此皆不可不知也

一凡敵用雲樓攻我必先驅吾人負土填濠我即當爲之備矣

一敵每擄吾人繫其父母妻子使爲間諜内應此最難辨識當事者須嚴察之

一凡詰奸須立木柵在濠之外百步陳兵守衛而詰之城門之下又嚴兵以待之遇警則閉令人聞警輒將城門晝閉或止開一門或日開二次而詰奸又在

城門之内外難辨之人一擁而入又熟從而詰且辨之

一凡敵在城外攻我不得須懸重賞選敢死士時出奇擾之或焚其輜重攻具待其走而邀擊乃爲得策也

參議唐愛云守城之法每垜口五箇爲一伍置木牌牌上寫趙甲錢乙孫丙李丁周戊每夜一人守一更四人穩卧每更置一小旗上寫更分夜巡兵姓名在上如趙甲爲一更錢乙爲二更之類巡更者執持在手只瞭望五垜口城下有無奸細一有賊至叫醒同

伍四人執持灰瓶石塊器械攻打如此庶使一垜不過數步之內易於瞭望一人巡更四人休息精力不疲緩急有備餘垜照此式若每垜口原編二人牌上備開十人每更止用二人瞭望尤爲加慎所行之

一守城各垜兵夫勤惰不一不可不稽察使人人點名更更喧欒則守垜者不能睡卧精神困疲非計也城小以城門爲限如自東門至南門南門至西門西門至北門每門用巡邏兵十名每更分二名巡視垜口不許叫喝搖打梆鈴並挑燈巡視若有輪更守垜兵夫熟睡不行瞭望者則將掣更旗明早稟治仍喚

醒防守不得驚擾擅自責打責法并究五垜之內燈火斷滅即記輪更之人并[illegible]夫俱東門某窩鋪至其舖巡邏週而復始每更二人稽查均照前式

一設巡邏之役又恐踈虞誤事每門另選職官二員各與以馬給以更牌更箭如東門巡警南門將值二更東門巡警官將一更箭交付南門城樓上官驗收南門官隨付二更牌與東門官爲號彼此各收次早送總巡官處查考若各官將牌箭私換不親巡警者查出以軍法重治其巡警官先察巡邏十人爲先次查各垜口偶有睡熟失瞭者許即責治執其更旗次

早連巡邏人并送總巡官處究治巡警官止許巡視亦不得呼喝點名搖打梆鈴以驚擾守垜之人此周圍夜巡之大略也若城有衛所者衛官有司分門巡警不必另選職官馬各自備尤便

一城上白日止張旗號非寇臨城不許鄉夫上城以疲其力臨晚登埤俱要雨具器械遶城不許喧嚷屏去鈴柝若無人者使寇不知城上虛實且城上不許城外有警庶可傳報以便策應各門另設遊兵五十人各持利器鳥銃俟有警倂力禦敵仍先示約凡遇夜間賊集衆攻門方許放火箭三枝再緊放銃砲

十分緊急鳴鑼三通原派本門遊兵一面禦敵總管另帶枝兵應援一門有警各門堅壁固守不得輕動以防聲東擊西之患尤禁垜兵驚擾離次至於疾風暴雨半夜黎明人易懈弛困倦賊每乘間登城此當嚴加申諭可也

一守城之具甚多急用惟灰瓶石塊爲便俟圍久勢急因時出奇又當措備城上燈籠每五垜口止用燈一盞用新紙油者方明亮燈上用一油紙蓋以防雨蓋上仍壓以一小瓦片以防風每燈製一挑竿索懸城下離地七尺庶使賊抵城下我能照見我瞭垜口

賊不見我換燭即輪更之人不許誤事若官府給燭五人輪管使兵夫自備恐曠日持久所費不給未免誤事油燭官處爲便不當靳小費可也

一守城官兵至城邊向內射放箭銃城上不得喧嚷候賊近城令慣熟銃手善射者乘便打射務要巧發竒中得斃賊人一二其餘自退更不知我兵伎倆虛實毋得一槩亂發以竆矢藥若四面雲梯攻圍當并力齊禦又難拘泥

一閑雜人等不許無故上城垜口窺覘擾亂軍伍且防城外矢石誤中旁人趨避不便驚惑衆心儻有奸

細亦難防閑相應嚴禁如賊向城射箭放銃守城官軍各帶綿被或用牌盾取便掩掛垜口露隙瞭望以防矢石

一警報緊急城中居民近城者不宜堆積稻草蘆葦恐防城外火箭飛入在內柴堆亦易發火故宜禁諭少則收藏多則遠置隙地爲便儻城中偶有失火去處城上訛言賊入驚亂爲害不細平日有司分定坊隅編立保長小甲名色各分信地多備水桶藤斗鐵鉤麻搭竹梯斧鋸每一坊隅火起即以本坊火甲救之不得亂嚷守城兵夫各顧垜口就使本家失火不許離火若係本坊火甲救援不力致有延蔓及不係本坊居民乘機搶火者查出一體以軍法處治如此緩急有備防守無虞此在平日素講而預備可也

一城門多備水缸水桶一以濟渴次備火攻樓櫓城門當路間設火器品窖蒺藜以防衝突若賊囊土束薪塡塹登城者此無別法惟鳥銃並發人不敢近此無庸慮然亦在臨時計策之

一城包山者峻處城垣宜增培高厚或內立一敵臺瞰外以便瞭望運發矢石城峻處賊不敢近則城中虛實不得窺測而平城易於防守矣若遶山築城勢

若仰盂賊憑高窺見城內更當盡驅老弱爲兵多用鮮明器械旗幟虛張聲勢使賊不敢易此不得已之策又在臨期應變何如耳難以懸論也

一城外民居近城者如賊勢重大將逼城下須用拆燬不然賊將藉爲遮攔且登城尤便於雲梯是不當姑息若水門柴米出入所須尤急但要視勢緩急委官嚴加盤詰不致踈虞可矣一槩閉絕適以自困此守城者所深戒也若城中無水宜多穿井無米者亦宜預備或勸富戶積粟許其乘時取利官弗爲禁或官移帑金先期買米以備緩急至於鳥銃火藥燈籠

油燭之類邊海衛所縣分賊每登犯者尤當早爲計處庶爲有備

一城外沿濠攔馬墻此不可不堅築用高六七尺内多留穴空以便窺伺更容放鳥銃每城一面另募敢死士百人各執鳥銃利器潛布在内賊夜攻城必渡濠踰墻而入使内有備不必喧嚷俟半銃擊之近墻手刃之城上城下俱不得傳呼叫喊使賊不知伏兵故輕犯而多敗馬墻有備城上更無虞矣

御史邵惟中奏稱要轉行督撫二臣嚴令該府州縣衛所出示曉諭沿海居民各將妻女財貨糧米及時

搬運入城僦居存貯仍留壯丁在家防守并將當年糧長人等預令將應辦糧食收送城倉以聽運兑如有積粟數多不便入城者則官爲扣糶給賞時價即貯附近屯兵衛堡以充軍餉支用此權宜之術民必樂從事寧之日仍復舊業則城中積粟萬餘財貨充盈賊外無所掠而我内有所資矣

一府有府庫縣有縣庫獄囚皆須防守府中用首領官一員縣中用佐貳官一員看守

一各城門另設府首領或縣佐貳有才官一員典守城上一應器用隨時給發

一分屯守城池之兵於各門附近寺觀無寺觀者近門公廨屯劄

一請鄉官分守各城門（各就其家近便與情之合者分配）

一設法大戸米穀進城

一設法守城物料進城

一查修城屋城門閘板製造城垜燈架燈籠

一城中先計道里遠均定作十二處派定地方其處其處止分遣省祭雜色等官十二員每一員率領火夫五十名屯處所分地方庵院中給與水桶水斗撓鈎等項以防一方火患假如其方火起止許信地火

夫救護撲滅城上人夫不許亂動城中居民亦不許喧嚷奔走擾亂地方仍給虎頭火牌一面上書専委救夫與夫禁緝擾亂地方等字樣以専委任亦便夜間救火執照以開巷門其火夫着各該啚舉報極貧人戸每名日給米二升自贍（共計火夫六百名每日該給米十二石通計一月不過用米三百六十石此法一行名雖救火實則處置饑民得所）

一賊將臨城先集保長給與連坐信牌使之各保自行曉諭各甲自相糾察如有容留奸細者一甲連坐軍法重罪不得與平時止坐直日者輕罪例論其寺觀給與任持使各房互相糾察待賊一退即收信牌

不准此例及今鬧時着官一員先刻小牌計在城甲數每甲一張印完以便臨時給發

一盤詰奸細之法差官帶領知事人役在城門外吊橋邊逐一仔細認辨各色人并檢驗物件用衛官一員有精力教官一員省祭雜色官一員兼領其事守門官員再行查驗不可但恃官廳爲盤詰之地

一各城樓及對城外衝要之處各置佛郎機一座隨用裝火器二人帶火藥一桶備急用其城樓下預置合用火器鋒利器械弓矢及堅固防牌使賊臨城隨取隨足官廳庫中置放石灰油燭火藥等項備用若

庫中封識不盡更用沿近居民空房一二間封鎖亦可須差官一員常時看取給發

一打造船上弩矢百發百中此船吳淞江陽城潮陳湖太湖水鄉多有之着各區畐報舉入城不許容隱其人官府照養兵口糧給與工食計名分派城上要緊去處有功仍加重賞　籌海圖編

海防纂要卷之十二

黎陽王在晉明初甫纂　男會蕊穉蕊甫較閲

功令

功次通例

嘉靖十四年議准今後凡遇各邊獲功巡撫官務即委該道官親詣戰陣地方查勘轉送巡按衙門體勘是實即便如式造冊　四十二年令各處巡按御史今後勘報功次大功限兩月以裏小功限一月以裏不許稽遲　隆慶五年題准如遇大舉官軍交戰巡按御史移住近地督併稽查零騎對敵斬獲該道親

臨紀驗是否真正仍查對食糧文冊有無姓名無名者即係買冒革祿不敘仍行究遣如遇家丁隨征獲功者務審原係何衛所軍民舍餘今頂何軍名糧及將陣亡員役有無兄弟子孫各明註本名脚下造冊一留備照一繳部兵部查覈明實覆請陞賞隨將應陞官旗一面移文該府照舊將勘合徑行各該都司衛所遵照給帖一面備細開咨都察院轉行原勘御史查對原冊相同方准授職以後告併斬首陣亡功級但係年遠不係已名或故祖父名者備查案冊無名即係詐冒俱不准理　六年題准九邊官軍獲有

擒斬功次本處巡按御史速行覈實一面查收貯庫撫按贓罰或別項應動銀兩就將願賞者照數給賞一面速將覈冊奏繳兵部即行題請陞賞候禮部送銀到部兵部即便差官齎送以補前數其一應動支補還出入之數俱聽巡按御史徑自查理造冊交代督撫官不許干預巡按先將應動銀兩具數奏知沿海瀕裏地方賞功銀兩原不由　內府給發各該巡按照九邊例一體先行給賞　又題准各邊海去處除係大敵決勝一鼓成功外其陸續零斬功次覈勘之時寧多擬賞毋多擬陞

凡妄報功次成化二年令宦軍妄報冒受陞賞者事發革去仍降原職役一級調衛差操　十四年申明官軍人等爭奪擒斬功次者不許紀錄共詐冒功次者勘問降一級功次不准　弘治十三年奏准臨陣報有斬獲賊級紀功官從公審驗若用錢買及賣者俱問罪係官旗即於本衛係軍即發邊衛民并軍丁人等發附近衛俱充軍若虜寇犯邊官兵明知被虜人口遺棄在彼因而妄殺冒作賊級者與殺平人一體論斷　凡擅殺平人報功其本管將官頭目失於鈐束者量所殺多寡輕則降級調衛重則罷職充軍俱奏請定奪已上俱　大明會典

倭賊功

一各衛指揮千百戶獲倭船一艘及賊者陞一級賞銀五十兩鈔五十錠在船軍士生擒殺獲倭賊一人者賞銀五十兩陸地交戰生擒殺獲一人者賞銀五十兩見會典洪武二十九年

一凡水陸主客官軍民快臨陣斬首有名真倭賊首一名顆者陞授三級不願陞授者賞銀一百五十兩獲真倭從賊一名顆并陣亡者陞實授一級不願陞者賞銀五十兩獲漢人脅從賊一名顆者陞授署職

一級不願陞者賞銀二十兩如在海洋遇賊有能邀擊沉溺船隻或追逐登山使賊不得近港如賊近港有能奮勇堵截使賊不得登岸如賊既登崖有能衝鋒破敵奪其聲勢追出境或逼下船使地方不致被禍或所歩兵少而擒斬多者均以奇功論聽總督即時具　題紀功巡按作速勘報超格陞賞嘉靖三十五年題准

一萬曆四年四月本部覆總督兩廣軍門兵部左侍郎凌　題一議征倭水陸各路主客官軍民快人等如遇聚止五百名以上大勢倭賊一鼓蕩平以寡擊衆力戰成功者列為第一等內擒斬有名真倭賊首

一名顆者陞實授三級不願陞者賞銀一百五十兩獲真倭從賊一名顆者止賞銀十五兩獲漢人脅從一名顆者止賞銀五兩各不必議陞如賊數不多易于取勝獲功者列爲第二等内獲有名真倭從首一名顆者陞實授一級不願陞者賞銀五十兩獲真倭從賊一名顆者賞銀十兩獲漢人脅從一名顆者賞銀四兩各不必議陞若賊分䑸流刦及敗後散遁零星擒斬者列爲第三等内獲有名真倭賊首一名者賞銀二十五兩不願賞者陞署一級獲真倭從賊一名顆者賞銀五兩獲漢人脅從一名顆者賞銀二兩各不必議陞如漢人勾引倭夷爲患積惡著名者其罪較之有名倭首猶爲深重比照前項擒斬真倭賊首等則一體陞賞

一萬曆六年九月内本部覆巡撫浙江兵部右侍郎徐　題自本年以後海洋擒斬倭功不拘外洋登岸賊至五百名之外船至十隻以上爲第一等所獲有名真倭賊一名顆者陞實授三級獲真倭從賊一名顆者陞署職一級不願陞者賞銀二十五兩若二名顆者陞實授一級不願陞者賞銀五十兩獲漢人脅從賊一名顆陞署職一級不願陞者賞銀二十五兩

賊至三百名之外船至五隻以上爲二等所獲真倭從賊三名題者陞署職一級不願陞者賞銀三十五兩如不及數二名顆者賞銀二十兩一名顆者賞銀十五兩獲漢人脅從賊三名顆者賞銀二十兩二名顆者賞銀十五兩一名顆者賞銀十兩若賊不過數十人船不過一兩隻及敗後散遁零星擒斬者獲有名真倭賊首一名顆者賞銀二十五兩不願賞者陞署職一級獲真倭從賊一名顆者賞銀十兩獲漢人脅從賊一名顆者賞銀五兩諸色人等冒功買功者悉照律例問遣

一議倭功等第查得　會典倭功擒斬陞賞俱照擒斬北虜事例後嘉靖三十等年倭寇猖獗又定爲登岸賞格視　會典反加萬曆四年六年議始定爲三等但中間輕重失倫混淆無次合無將前項功次通融議擬以後如賊七八百人以上至千人船十餘隻以上至二三十隻擒斬有名大賊首如先年王直毛海峰曾一本林鳳之類每一名顆陞實授三級不願陞者賞銀一百五十兩擒斬真倭從賊一名顆者陞實授一級不願陞者賞銀五十兩擒斬漢人脅從賊一名顆者陞署職一級不願陞者賞銀二十五兩若

二名顆者當一級以上爲第一等須賊勢大舉血戰成功者方許開列其餘不得擅擬賊至三百人之外船至五隻以上擒斬賊首一名顆者陞實授一級不願陞者賞銀五十兩所獲眞倭從賊一名顆賞銀十五兩每三名顆當一級不及數者給賞不陞所獲漢人脅從賊一名顆者賞銀十兩多者加賞不陞以上爲第二等須對陣擊殺兩相鏖戰者方許開列如賊不過百餘人船不過一兩隻賊首不過是一船主非巨賊也能斬獲一名顆者賞銀十五兩眞倭從賊二名顆者十兩漢人脅從賊一名顆五兩通不議陞以上爲第三等著爲定例萬曆十二年題准

中傷功

一凡官軍陣傷聽將沿身某處所傷瘡口長闊淺深分寸從實開報紀功官處不許將舊傷冒作新傷候驗實紀錄臨期定擬輕重等第奏　請陞賞如無紀功官員開報鎮守總兵巡撫官處公同驗實總於巡撫處造冊奏繳行令巡按御史覆勘相同陞賞兵部題准

一重傷回中身故陞署一級不願陞者賞銀十五兩兵部題准

倭賊領軍功

一征剿倭賊領軍官部下獲功如武將自守備把總以下文官自海防民兵同知以下所領軍民兵勇五百名部下臨陣擒斬倭級每五名顆陞一級十名顆加一級領兵一千名部下擒斬每五名顆陞署一級十名顆陞實授一級各以則例遞陞至三級而止兵部題准

一萬曆四年本部題一議海洋功次各領兵官若所獲之功係稱第一等者都司遊擊以上官當將身親督陣部下斬獲一百顆以下即爲奇功陞署一級三百名顆以上陞實授一級守備千把總以下官部兵五百名擒斬每五名顆陞一級十名顆加一級部兵

一千名擒斬每十名顆陞一級二十名顆加一級至三級而止俱准世襲不及前數者不陞各項眞正奇功方與勘錄零星功次不許混入奏數

一萬曆四年本部題議領兵官都司遊擊守備以上仍前不許報功若把總以下將領果能身先士卒破敵摧鋒斬獲首功爲衆知見者准與照級陞賞

軍職獲功贖罪

一軍職爲事問擬充軍已到衛所收伍奉文立功贖罪者指揮擒斬四名顆千戶三名顆百戶二名顆俱

准贖罪仍復本職若指揮獲功三名顆者止得復副千戸獲功二名顆止得復試百戸指揮千百戸各獲功一名顆俱准贖罪開伍不給冠帶許回原衛所關任願在邊方立功者聽若係領兵部下獲功每五名顆亦准一級本身不許報功此外已經揭黄永不襲替及犯永遠充軍次房已襲祖職者並不許援此為例朦朧准贖致紊選法如未經發遣着伍奉文立功贖罪亦照前擬各遞加一名顆方許贖罪復職若犯調衛并立功贖罪不拘已未發遣如烟瘴衛所親自擒斬二名顆附近衛所並立功徒罪一名顆俱准贖

罪回衛還職不許輙自奏告赴邊方立功以撓　國法

一議充軍獲功贖罪查得邦政條例一款軍職為事問擬充軍已到衛所收伍奉文立功贖罪者指揮親自擒斬四名顆千戸三名顆百戸二名顆俱准贖罪仍復本職若指揮獲功三名顆者止得復副千戸獲功二名顆者止得復試百戸指揮千戸百戸各獲功一名顆俱准贖罪開伍不給冠帶許令原衛所關住願在邊方立功者聽若係領兵部下獲功每五名顆亦准一級本身不許報功此外已經揭黄及犯永遠充軍次房已襲祖職者並不許援此為例朦朧准贖致紊選法如未經發遣着伍奉文立功贖罪亦照前擬各遞加一名顆方許贖罪復職夫終身充軍果能臨陣斬首計數多寡止應開伍或復職回衛乃今既得開伍復職往往又冒買賊級必倖加陞方回原衛是發遣之明例反為陞官之捷徑也永遠充軍贖罪原指未經發遣奉有明文者而言乃今不分已未着伍曾否奉有明文一槩通同將領詐冒功次朝方着伍夕即寧家是永戍之重法反為脫罪之倖門也合無今後軍職問擬終身充軍已到衛所着伍立功者

俱照舊例贖復原職外其獲功多者止加筭加賞不許冊行議陞永遠充軍不拘已未發遣一槩不准贖罪若果有勇力超衆真能臨陣破敵擒斬有功者候巡按御史覈實照軍人斬首事例以次加陞即註充發衛所不許援引終身軍例告回原籍（萬曆十二年題准）

旗舍民兵人等獲功贖罪

一旗舍餘丁民兵人等為事問擬充軍立功徒罪不拘已未發遣奉文立功贖罪者如永遠充軍親自擒斬三名顆終身軍二名顆立功徒罪一名顆俱准贖罪開伍餘照例加陞若舉監生員吏典有犯充軍立

功徒罪照依前擬止准贖罪開伍功多照例折賞永不許復役

陣亡功

一一家陣亡二三人者陞二級見會典永樂四年

一父在而子孫隨軍陣亡別無應繼者陞其父二級見會典景泰四年

一擒斬賊級爲首并陣亡者俱陞一級給賞見會典天順元年

一夜不收出境哨探被賊殺死者陞賞依陣亡例奪去馬匹免追見會典成化六年

一官軍陣前當先殿後斬將奪旗斬賊首等項立有奇功後又陣亡者子孫襲陞三級仍立祠加祭廕子若止是衝鋒陣亡生前不曾立有奇功者襲陞二級如不係衝鋒破敵止照陣亡事例襲陞一級見成化十四年

一諸司職掌凡武官没于　王事照依生前職事加贈二等死于鋒鏑者照依生前職事褒三等

一陣亡官員與哨探被賊殺死夜不收墩軍人等但陞一級如不願陞者賞銀三十兩陣亡年遠該陞二級准與一級該陞一級准與終身冠帶及都指揮陣亡只與襲指揮使都指揮以上流官不准襲陞文官陣亡許令兒男入監肄業成化廿四年題准

一嘉靖七年該工科給事中夏言等題本部覆若親叔兄弟原無祖職自立軍功累至指揮而陣亡者例該加陞流官一級若無子承繼其兄弟叔侄既得承襲之官又得加流之職委無太過合無今後凡弟侄承伯叔兄職事除祖父原有官職者照舊加陞其伯叔兄弟自立軍功累至指揮使以上陣亡者應襲之人止許承襲指揮使本身加贈一級係都指揮陣亡者仍加祭一壇永爲定例其褒贈賜祭臨時酌量上請定奪奉　聖旨是准議行

一都指揮及指揮使陣亡者承襲之人不拘子孫弟侄只襲祖職止於指揮使若原職指揮使以下軍功有應減革者准加等疊陞亦止指揮使而止嘉靖二十五年題准

一嘉靖三十六年本部題看得浙江温州衛舍人祁雲龍伊父祁嵩原襲指揮使爲事參降指揮僉事又爲事參問立功今陣亡奉有前項　欽依應襲兒男襲陞世襲二級本舍係嫡長男保送前來今將本舍照例於祖職指揮使上加伊父陣亡二級與襲都指揮同知以後子孫襲替仍照前例止許承襲祖職指

揮使奉　聖旨是
一議得夜不收類皆極貧雖親自斬首多不願陞止
求給賞若孤男寡婦得數十金爲糊口聊生之需合
無將出境哨探被賊殺死夜不收有子孫不願陞者
即時賞銀三十兩嘉靖三十一年本部題　准
一查得先年東強知縣段豸與大勢強賊劉七等對
敵被賊殺死奉　世宗皇帝聖旨段豸率領民兵登
城禦賊親冒矢石不避難險賊已剉衂但衆寡不敵
力盡被害義烈可嘉特贈太僕寺少卿與祭一壇仍
着有司立祠春秋祭祀還廕他男一人做錦衣衛世

襲百戸欽此　又查得崇明縣知縣唐一岑領兵迎
戰倭賊殺死節奉　聖旨唐一岑死事可憫准贈光
祿寺寺丞立祠廕子准行欽此俱經通行欽遵外該
本部議得知縣王鈇叅政錢泮身統孤兵手办逆賊
忠貫金石氣作江河見危授命其志可憫等因題奉
聖旨這各官奮不顧身追賊敵戰死事可憫王鈇贈
太僕寺少卿錢泮贈光祿寺卿各賜祭一壇還各廕
一子與做錦衣衛世襲百戸立祠依擬行嘉靖三十四年題
一自嘉靖三十二年以後至四十二年以前凡係家
丁名色陣亡除應襲子孫照舊襲陞外若以伯叔弟

侄冒併者候襲替之日一體查革其不經併陞者誰
係陣亡之人嫡親子孫亦不准併蓋武職襲替遠限
十年之外例尚革發況此陣亡年久必係故絶尤當
盡爲註銷萬曆元年題　准
一萬曆四年十月内本部尚書譚　題内開稱同一
陣亡而陞襲事例或與或不與却有不同指揮使以
下子孫得延襲無論矣副總兵以上近得比例廕一
次男　恩典頗隆遵照有據獨指揮使陣亡陞級謂
其爲流官而不准世襲其間奉有　欽依世襲字樣
者亦止許襲一輩以後通行查革是在指揮同知下

逮卒伍陣亡者皆以世官得襲在副總兵總兵則以
流官得破格優恤獨此指揮使應襲陞都指揮者拘
於流官不世襲之說豈其官階之崇而死顧不足恤
耶情既未通法亦欠備合無將先年事例稍加叅酌
遇有指揮使挺身赴敵殞於陣前除給本身恤典及
長男承襲祖職外仍取次男一人與做冠帶總旗查
係生前有功死難獨憐者與做試百戸俱世襲如無
次男即取長男下次孫承襲奉　聖旨是
一萬曆五年四月本部尚書王　題　准是今以後
旗軍舍餘人等陣亡有子者照例陞補無子者比照

武職事例追贈一級舍餘軍丁追贈冠帶小旗小旗追贈冠帶總旗總旗追贈試百戶其同籍兄弟叔侄不論親疎俱不許併加陣亡之級

一萬曆十七年五月內本部題一議指揮陣亡查得弘治十六年題　准指揮使陣亡者子孫准襲陞都指揮僉事流官一輩以後查革又查得萬曆四年本部題　准指揮使挺身赴敵殞於陣前除給本身恤典及長男承襲祖職外仍取次男一人與做官帶總旗查係生前有功死難獨憐與做試百戶如無次男即取長男下次孫承襲二例並載向未歸一及查指

揮同知以下陣亡者止陞世襲一級今指揮使陣亡另取次男授總旗則二級試百戶則三級似加恩太過若有次男止長男陞襲都指揮僉事似報功太輕合無酌議以後指揮陣亡止有長男長孫者仍止襲陞都指揮僉事一輩若有次男次孫另僉一人與做小旗其生前有功死難獨憐與做冠帶總旗俱准世襲若本枝故絕前枝止襲祖職其陣亡加授不得另襲　已上俱邢玠條例

優恤成規

一斬獲首級功多于陣亡有的祖父母妻子者每名賞銀八兩止有伯叔兄弟房族者賞銀四兩

一斬獲首級功少于陣亡有的祖父母妻子者每名賞銀四兩八錢止有伯叔兄弟房族者賞銀二兩四錢

一全勝收功遇有在船在營出戰損失兵士一名與功多例賞

一全然無功反被焚溺殺死謂之敗兵每名不論有無親人賞銀三兩二錢

一戰而有功重傷幾死者每名賞銀三兩二錢無功重傷者賞銀一兩六錢

一戰而有功輕傷者每名賞銀一兩六錢無功輕傷者不賞

一陸營出汛遇有操演哨探銃砲失馬悞傷因而致死得真者每名賞銀一兩六錢

一水兵出汛會哨卒遇風濤不測致有損失每名賞銀一兩六錢　已上係都御史高　批允按察司議

禁下海通番律例

私出外境及違禁下海

凡將馬牛軍需鐵貨銅錢段疋紬絹絲綿私出外境貨賣及下海者杖一百挑擔馱載之人減一等物貨

船車竝入官於內以十分爲率三分付告人充賞若將人口軍器出境及下海者絞因而走泄事情者斬其拘該官司及守把之人通同夾帶或知而故縱者與犯人同罪失覺察者減三等罪止杖一百軍兵又減一等大明律

一洪武二十二年令守禦邊塞官軍如有假公事出境交通及私市易者全家坐罪會典

一凡守把海防武職官員有犯受通番土俗哪嗹報水分利金銀物貨等項值銀百兩以上名爲買港許令船隻私入串通交易貽患地方及引惹番賊海寇

出沒戕殺居民除眞犯死罪外其餘俱問受財枉法罪名發邊衛永遠充軍

一凡夷人貢船到岸未曾報官盤驗先行接買番貨及爲夷人收買違禁貨物者俱發邊衛充軍

一凡沿海去處下海船隻除有號票文引許令出洋外若姦豪勢要及軍民人等擅造二桅以上違式大船將帶違禁貨物下海前往番國買賣潛通海賊同謀結聚及爲嚮導劫掠良民者正犯比照謀叛已行律處斬仍梟首示衆全家發邊衛充軍其打造前項海船賣與夷人圖利者比照私將應禁軍器下海因

而走泄事情律爲首者處斬爲從者發邊衛充軍若止將大船雇與下海之人分取番貨及雖不曾造有大船但糾通下海之人接買番貨與探聽下海之人番貨物來私買販賣蘇木胡椒至一千斤以上者俱發邊衛充軍番貨竝入官其小民撑使單桅小船給有執照於海邊近處捕取魚蝦採打柴木者巡捕官旗軍兵不許擾害

一私自販賣硫黄五十斤焰硝一百斤以上者問罪硝黄入官賣與外夷及邊海賊寇者不拘多寡比照私將軍器出境因而走泄事情律爲首者處斬爲從

者俱發邊衛充軍若合成火藥賣與鹽徒者亦問發邊衛充軍兩隣知而不舉各治以罪

一凡官員軍民人等私將應禁軍器賣與進　貢夷人圖利者比依將軍器出境因而走泄事情者律斬爲從者問發邊衛充軍已上係問刑條例

一凡沿海軍民私往倭國貿易將中國違制犯禁之物餽獻倭王及頭目人等爲首者比照謀叛已行律斬仍梟首爲從者俱發烟瘴地面充軍

一凡姦民希圖重利夥同私造海船將紬絹等項貨物擅自下海船頭上假冒勢宦牌額前往倭國貿易

者哨守巡獲船貨盡行入官爲首者用一百斤枷枷號二箇月發烟瘴地面永遠充軍爲從者枷號一箇月俱發邊衛充軍其造船工匠枷號一箇月所得工錢坐贓論罪

一凡豪勢之家出本辦貨附奸民下海身雖不行坐家分利者亦發邊衛充軍貨盡入官

一凡歇家窩頓奸商貨物裝運下海者比照竊盜主問罪仍枷號二箇月鄰里知情與牙埠通同不行舉首各問罪枷號一箇月發落

一凡關津港口巡哨官兵不行盤詰縱放奸民通販

倭國者各以受財枉法從重究治

一凡福建浙江海船裝運貨物往來俱着沙埕地方更換如有違者船貨盡行入官比照越渡沿邊關塞律問罪其普陀進香人船俱要在本籍告引照身關津驗明方許放行違者以私渡關津論巡哨官兵不嚴行盤詰者各與同罪已上係刑部議覆浙例萬曆四十年六月題准

考察

一考察官捕查得寧紹二區水陸各營哨官捕盜者民隊什長爲兵軍領袖必須誠實精壯者充之庶克有濟該副使劉　訪得各役因循積弊踵襲利規中

間守法者固不盡無其虛兵冒支晴糧侵盜放債賭博扣剋賣閑恃倚東兵指一科十種種奸弊不可勝言以致老弱瘋病之人互相蒙蔽坐食廩糧就經行據各總呈解前來逐名點閱考察除事犯稍輕者量行責成姑准留用令其省改有顯過者重責與老弱疾病者一體革退另換其過惡多端者發府究問以後每年防過大小二汛畢日一體送考通行備由於萬曆元年十一月内呈奉督撫軍門方　巡按御史蕭　批准著爲定規每年防過二汛一體取考向在遵行

一考察官捕查得沿海各區水陸官目每年於防汛畢日聽海道鎮叅會同考察賞罰以昭勸懲續於萬曆十五年爲酌考察以便訓練事奉督撫部院温憲牌自後俱三年大汛畢通行考察近又奉明文每汛期軍門撫臨行取官目賢否文册考覈至汛畢日聽候詳示分别去留并應戒應舉等項遵行在卷萬曆三十八年六月浙江督撫軍門高　爲軍務事照得大汛既畢往年例將各官役槩行考察分别汰華戒飭本院看得兩汛畢日有年終舉剌賢否已經確訪不數月而課殿隨之不但人人自危無久圖無

固志而多覩亦能亂明多訪適以亂聽是多一事不若省一事之相安也合行道照并行申飭將佐該道移行兩將官曉諭各總哨等官精勇隊什等役使知本院體恤至意素著賢能者務要愈加激勵一乃心力以期有功即偶有微疵小過者務宜猛然省改克蓋前愆以圖後効免行一番訪察儻有過蹟顯著或違禁需索指官科斂爲營伍蠹及疲弱老疾掛名充數佔役冒餉罔裨行伍者該道時常體訪據實不時揭報以憑究革又未可以姑息養奸儻不肖者或恃法疎而肆志本院别有所聞定從重處斷不假借俱毋違錯（今止年終甄别舉刺汰革汛畢免考察）

禡祭禱說

王鳴鶴曰禮制有五軍居其一蓋上而社稷下而生靈安危存亡實係焉斯其所關于國家至重也故禡牙之禮始于王制歷代以還凡有軍興莫之敢廢非爲瀆祀非爲諂神爲社稷生靈重厥典爾前代舉行未暇悉考恭覩我　二祖開基定鼎之後大纛神旗歲時有祭載在　會典國憲昭然及虎鈐武經所載祝告之詞類各不同俱有成式乃備禡茲篇以便仗鉞專征者遵行毋忽云且易有之聖人以神道設教夫幽顯殊途而感孚則一耿恭拜井而井涌孔明祭風而風應卒以解城中之圍奏江上之捷非精感格乎神明而亦以鼓舞乎衆志機則然也司寄者其尚審之哉

出軍誓衆文

有虞氏誡于國夏后氏誓于軍商人誓于軍門之外周人將交刃而誓所誓不同吾從周之誓曰惟天至仁亭毒萬物其有逆於道德者激霆以震之惟神至幽游息六氣其有淫於禍亂者潛靈以殛之惟王至明順邮九服其有悖於教化者興師以祭之此其同

條而共貫者也是知君天下者揮長戈以賓不臣未爲不善也滌穢滓以廣王化未爲不嘉也今孽虜不庭亂常反德吾爲天子恭行天討誓剪大憝决垂元功既出凶門已即敵境咨爾衆士用命賞于祖弗用命戮于社生死榮辱在是一舉勿使自蹈爲邦之羞爾其勉之爾其勉之

軍祭

咸平四年詔禮官詳定禡于所征地之禮付北向總管其禮除地爲壇以祠黃帝軒轅氏用羊豕代太牢都總管爲初獻餘用舊儀其牙神纛神兵以一少牢

其幣牙以白纛以皂用剛日以漆器當饌祠之於壇
統以青繩覆以幄幕（置軍牙大纛位方七寸厚三分）亦二獻[illegible]以
一豕祠官皆戎服清齋一宿舊法兼祭風師祭雨師
祭馬師其薦獻亦用牲牢酒脯香幣如上儀惟風師
磔犬以爲牲祝文曰維某年某月某日將師具官稱
姓名其以某物之奠致祭于其神凶黨首難干紀亂
常毒流生民罪在不赦受命徂征恭行天討殄寇克
敵惟神是助尚饗（一說祭毘沙門天王有祠貌則就其祠無祠則望北爲位設香燈蘋泉漫楊枝乳漿酥蜜餅食之屬）三軍首路之日則祭道路神以車犯
軷（祭壚放城外之首路封土爲山形蒲芻棘柄爲神主祭儀牲幣皆准上）祭畢以車轢

之而過謂之犯軷軍在道路凡遇名山大川百神祠
廟皆遣官以酒脯祭告

醫藥類

凡行兵出遠方爲風雨所侵頃刻發寒發熱頭痛拘
攣再胗其左手人迎脉大如氣口此係外感無疑須
用後方二三劑以表其風邪必使汗出如雨直至脚
上有汗次日熱退身凉切不可喫飲食不則再服二
三貼即愈

發表方

防風（二錢去蘆）　蔓京子（二錢研）　撫芎（三錢）　荆芥（二錢）
乾葛（二錢）　明天麻（三錢煨）　升麻（一錢五分）　知母（二錢）
薄荷（二錢）　甘草（一錢）　半夏（二錢）
分三貼每貼姜三片葱頭三箇水二鍾煎八分食
遠熱服查再煎

治瘧疾初發服此方四五日即愈

紫蘇（四錢）　青皮（三錢麸炒）　蒼朮（四錢姜炒）　半夏（四錢）
乾葛（五錢）　香附子（三錢）　川芎（四錢）　陳皮（三錢）
分五貼每貼姜三片葱頭三箇水二鍾煎八分食
遠熱服忌魚腥生冷等物

治痢疾初發方

柴胡（二錢去蘆）　檳榔（二錢）　白芍藥（二錢酒炒）　木通（二錢）
車前子（二錢）　黃芩（二錢酒炒）　川黃連（二錢姜炒）　甘草（一錢）
陳枳殼（二錢麸炒）　分三貼每貼姜三片燈心十根水
二鍾煎八分食遠溫服忌油膩生冷等物
此方遇痢疾初發之時服此數貼以分利水穀輕者
即愈必須以積滯俱止乃可或服此更重乃是暑濕
非此藥所能愈宜服後方
川黃連（五錢去毛）　川大黃（八錢）　白芍藥（七錢）　朴硝（四錢）
分三貼姜三片水二鍾煎八分通口服服此三貼
以大便瀉去積滯爲度不拘紅白積俱是熱毒並

以此藥治之無疑

服前方分利幷瀉藥久不盡愈者宜服此方三四貼

以調胃養血爲主無不大効

川黄連三錢　白芍藥三錢　川當歸二錢五分　白朮三錢五分

人參三錢　木通二錢五分　陳枳殻二錢五分

甘草一錢五分　車前子三錢　分四貼每貼姜三片燈

心十根水煎溫服　已上係建德唐鎧定方

疫氣諸病捷説

古者行軍必急醫藥蓋結營必依山川每犯山嵐海

氣兼之霜雪風雨奔走罷勞沍寒酷暑野屯露宿衆

人氣穢交蒸疫病易起不服水土霍亂瘧痢愴悴有

病不暇安臥調理必須預備藥餌藥雖數種醫者須

擇隨營聽用審証診脉變通加減引而長之可以應

變無窮用之有法投一七則起一人十七則痊十人

是亦臨戎不可缺者也

治法

疫病初起一二日頭疼身熱骨節疼用芎蘇散發散

而愈若兼有飲食停滯嘔吐等症用藿香正氣散

芎蘇散　治疫病頭疼身熱骨節痛傷風等症

川芎十兩　紫蘇一斤　陳皮十兩　茯苓十兩　甘草十兩

乾葛二十兩　半夏十兩　柴胡二十兩　枳殻十兩　桔梗十兩

香附炒十兩　冬加麻黄白芷各八兩　共爲末每

用兩許一七姜葱湯送下衣覆取汗

藿香正氣散　治四時不正之氣寒疫時氣山嵐瘴

氣雨濕蒸氣或中寒腹痛吐利中暑冒風吐瀉中

濕身重不伏水土飲食停滯嘔吐無汗等症

藿香二十兩　蒼朮炒一斤　厚朴炒一斤　陳皮一斤　半夏一斤

茯苓一斤　白芷一斤　桔梗一斤　紫蘇一斤　甘草十兩

大伏皮一斤　共爲末每用一兩七姜湯下

霍亂　暑月霍亂益元散凉水調灌　冬月炒鹽湯

灌之　因食霍亂霍香正氣散主之　中寒霍亂

吳茱萸鹽炒　煎服再用茱萸煎熨臍下

益元散

滑石六兩　甘草一兩　共爲細末

萬疾解毒丹

山茨菇去皮洗焙二兩　文蛤一名五倍子搥破洗焙二兩

千金子去殻揀色白者紙包研去油成霜一兩　紅牙大戟一名紫大戟洗焙一兩五錢　麝香三錢研

右製法宜端午七夕重陽或天月德黄道上吉日

修合量藥多寡預期數日前主人及醫者俱齋戒

沐浴於靜室焚香將前五味各爲極細末重羅兩遍依方用糯米濃飲調和干木臼内杵千下極光潤爲度每錠重一錢每服一錠病勢重者連服通利一兩行用溫粥補住治一切飲食藥毒蠱脹瘴氣惡菌河豚死牛馬駝驘等諸毒並用凉水磨服南方蠱毒瘴癘傷人纔覺意思不快即磨服一錠或吐或利隨手便愈癰疽發背對口天蛇頭無名疔癧楊梅等一切惡瘡諸風隱癮赤瘇未破及痔瘡並用無灰淡酒磨服及用凉水調塗瘡上日夜各數次覺痒立効 已上俱登壇必究

兵瘴

凡屯兵聚衆停住多時氣息相蒸遂成疾病往往死者十有百數此名兵瘴用之常藥更不能治余別得法并治藥方萬不一失

治瘴方

用髑髏三枚當處燒之令軍卒聞其臭氣入鼻其瘴自退

又方

取骷髏燒灰細研用冷水調服一錢即愈

又方

取髑髏共青布等分燒烟薰鼻中待惡水滴盡即愈

疫瘴不染方

凡欲入病人家先以水磨雄黃塗兩鼻孔雖與病者同牀亦不傳染如倉卒間無雄黃覩病人出後即以紙條嚏去鼻中毒氣亦不害

治時氣病方

取頭髮燒灰存性共猪脂和服二錢即愈凡燒灰存性須去不淨頭髮

療渾身腫方

取馬糞蒸令微熱覆於身上即痊

又方

用鹽於腫身塗之

治中刀鎗血出不止

剪牛馬毛燒灰存性敷之立止

軍中倉卒無藥其餘藥物術數蓋非軍中急得此乃兵家之妙術也 已上俱神機制敵

折傷金瘡說

夫折傷者謂爲物所傷於身體或犯刀斧或墜墮險地或爲撲跌傷筋挫骨損皮破肉遂致傷生有死血

出不止者有瘀血停積於臟腑結而不散者治之不早則有入腹攻心之患不可勝言凡遇前症當視所傷輕重如皮未破而内損者必有瘀血停積先宜逐去瘀血然後和血止痛若肌肉裂破流血過多者宜調氣養血兼補脾胃爲主大抵失血之脉沉細者生實大者死初傷之時切不可飲冷水亦不可食熱物蓋血得寒則凝滯得熱則妄行至于所忌暴怒勞力過飲房勞悉皆慎之一不慎則未有不死者矣

寸金丹

天花粉三兩　姜黄一兩　赤芍二兩　白芷一兩

石爲末此一方治金瘡重者筋斷脉絶血盡人亡須用絶索及絹帶扎處血路然後用此藥以茶清調敷用軟絹縛之其血立止其腫頻消若金瘡着水香花者可用薤汁調敷瘡口兩傍以火微炙之或用稻稈烟薰之瘡口水出即愈

百草丹　治金瘡

五月五日平旦使四人出四方於五里採一方草木莖葉每種各半把勿令脫漏一葉日午時細切碓擣令極爛仍先揀好石灰一斗同杵之復選大實樹三兩株鑿十竅令可受藥然實于竅中緊閉之畢用麻油擣石灰稀泥不令泄氣更以桑皮纏定令牢到九月九日午時取出陰乾百日藥成擣之篩令極乾更擣用絹羅之凡有金瘡傷損血出用藥封裹勿令轉動十日即瘥矣不腫不膿不畏風若傷後數日始得藥須先用溫水洗令血出即敷之此藥大驗如神預多合之金瘡之要無出之者

治金瘡并木石傷損

用好陳石灰六兩研碎篩過錦紋大黄一兩切塊同石灰鍋中炒過紫色爲度去大黄再篩過敷傷

處立效

止痛生肌散　治刀斧傷出血不止

乳香　没藥　兒茶　桑皮炒　龍骨水飛　石膏煅水飛　黄丹水飛　真三七各等分爲末搽之立止

當歸導滯湯　治重物壓傷或高處墜下或吐血不能禁止或刀箭所傷瘀血在内胸腹脹滿喘促氣短

當歸　大黄各二兩　共爲末每服二錢不拘時童便和酒調服

弓歸湯　治去血過多昏暈等症

川芎五錢 當歸一兩 共爲片水煎臨服入童便酒各一大盃熱下

又方 治金瘡折傷不問輕重以童便一碗入酒半一碗煎沸溫服以防惡血攻心之患不飲只用童便

金瘡藥 用馬齒莧韭菜根連須葱頭石灰共調搗爲餅子陰乾爲末乾摻其血即止

又方 用白馬糞不拘多少曬乾爲末凡遇刀斧所傷乾摻其血即止

葱搭法 治撲損傷腫痛

用葱頭切爛炒焦搗搭患處冷則再易止疼消腫

散瘀

治殺傷不透膜者

用乳香沒藥各一錢研爛以小便半盞好酒半盞同藥通口服然後用花蕊石散或烏賊魚骨或龍骨爲末傅瘡口上立止

治金瘡內爛生蛆者

右以皂礬飛過爲末乾摻其蛆即死

治金傷肚腹腸出者

右以避風處用麻油潤手安腸入內以桑皮作線縫之更以熱雞血塗上一夜次用止痛生肌散或花蕊散敷貼仍用磁石三兩燒紅醋淬七次搗碎研如粉滑石三兩鐵精三兩右爲細末研勻每服一錢七分溫酒調下日進三兩服

治藥毒箭頭在身不出

雄黃細研一分 粉霜細研半兩 蜣蜋四兩研末生用 巴豆三粒去皮殼別研如泥生用 右同研勻以銅筯頭取乳汁塗點瘡上頻頻用之次日瘡熱箭頭自出

又方 治毒箭所中

右搗藍葉汁一升飲之滓傅瘡上若無藍取青布漬絞汁服之并淋瘡中鏃不出搗鼠肝塗之鼠腦

亦得用之即出

治箭頭不出方

蜣蜋自死者十個 土狗子三箇 婦人髮灰少許 右將蜣螂去殼取白肉與二味同研如泥用生塗中箭處如膏塗後內微痒即以兩手感之其箭頭自出

治骨中箭頭方

雄黃一分 蜣蜋研一分 石灰末一分 牛糞火燒令赤色 威靈仙一分 朗桂鼠一枚去頭取血 右爲末入鼠血并煉蜜丸如黃米大納瘡口中其箭頭自出

又方 治骨中箭頭

巴豆一枚去殼　膩粉一分　砒霜少許　磁石半兩細研　蜣蜋一枚

右爲末以雞子清和丸如菉豆大用生男子乳汁化一丸撥在破處上用醋麵紙封貼常痒痒極不可忍其鏃自出多年者兩上當年者一上鏃即出

破傷風論

破傷風者先有破傷風邪襲入瘡口其症大似傷寒而瘡口騦結白痂是其驗也或發熱或寒熱間作甚則口噤目邪身體彊直如角弓反張之狀死在旦夕矣法當同傷寒處治因其有在表在裏半表半裏三者之不同故不離乎汗下和三法也是故在表者汗之在裏者下之在半表半裏之間者宜和解之又不可過其法也

羌活防風湯　治破傷風邪初傷在表

羌活　防風　川芎　藁本　當歸　白芍　甘草各四兩　細辛　地榆各二兩　右㕮咀每服各一兩水二盞煎至一盞去渣溫服不拘時量緊慢加減用之熱加黄芩二兩大便秘加大黄一兩緩緩利過

奪命散　治破傷風如角弓反張牙關緊急

天麻　白芷　川芎去皮各二錢　草烏　雄黄各一錢

右爲末酒糊丸如桐子大每服十丸溫酒送下

定風散　治破傷風牙關緊急

天南星　防風　右爲細末破傷以藥敷瘡口然後以溫酒調一錢服如牙關緊急角弓反張用藥二錢童便調下

行軍烟火所傷

凡遇烟火所傷切不可用冷水冷物熱得冷氣則郤擊搏爛人筋骨慎之愼之　一方用麻油浸黄蜀葵花付上　一方用爛黄柑汁塗之　一方用多年白螺螄殼火煅爲末瘡破乾摻不破清油調敷　一方用側栢葉搗爛付上　一方用寒水石大黄黄栢各等分爲末蜜調敷之

冬月手足皸裂

凡士卒冬月涉水一切風雪凌凍所苦手足面目皸瘃血出一方用清油半兩以慢火煎沸入黄蠟一塊同煎候溶入官粉五倍子末少許熬令稠紫色爲度先以熱湯洗火上烘乾即用藥敷上以薄紙貼之

一方用瀝青一兩黄臘一兩共熬攪勻瓦礶盛貯先以熱湯洗令皮軟拭乾將藥用慢火略烘溶付之

一方用茄子根濃煎湯洗過以黄丹爲末猪油調付

救五絕死

一救溺水死者用皂角爲末綿裹塞糞門放大凳卧着脚後凳墊起一二磚用鹽擦鼻中待水自流出切不可倒提出水但心下溫皆可救　一方急解衣帶艾灸臍中令二人以蘆管吹其耳中即活

一救木石壓死并從高跌死氣絕不能言者取藥不便急擘開口以熱小便灌之　一方豆豉一大盞水兩碗煎三沸去渣服

一救夏月途中熱死者不可用冷水灌沃及以冷物逼外得冷即死宜移置陰處急取路上熱土於死人

臍上作窩多令人尿溺於臍中又取路上熱土并大蒜同研爛水調去粗灌下

一救冬月凍死及落水中凍死微有氣者脫去濕衣解生人熱衣包之用大米炒熱熨心上或炒竈灰令熱以囊盛熨心上冷則綏之令煖氣通溫以熱酒或姜湯或粥飲少許灌之即活

一救中百毒急死用甘草同黑豆煎湯灌之　一方以麻油灌之　一方以芫荽根搗爲汁半盞和酒服之

已上俱登壇必究

海防纂要卷之十二

海防纂要卷之十三

黎陽王在晉明初甫纂　男會苾穉蒭甫較閱

選日門

逐月吉日定局

	正	二	三	四	五	六	七	八	九	十	十一	十二
天德	丁	申	壬	辛	亥	甲	癸	寅	丙	乙	巳	庚
月德	丙	甲	壬	庚	丙	甲	壬	庚	丙	甲	壬	庚
天德合	壬	巳	丁	丙	寅	巳	戊	亥	辛	庚	申	乙
月德合	辛	巳	丁	乙	辛	巳	丁	乙	辛	巳	丁	乙
月空	壬	庚	丙	甲	壬	庚	丙	甲	壬	庚	丙	甲
月恩	丙	丁	庚	巳	戊	辛	壬	癸	庚	乙	甲	辛
天喜	戌	亥	子	丑	寅	卯	辰	巳	午	未	申	酉
生氣時陽	子	丑	寅	卯	辰	巳	午	未	申	酉	戌	亥
要安	寅	申	卯	酉	辰	戌	巳	亥	午	子	未	丑
普護	申	寅	酉	卯	戌	辰	亥	巳	子	午	丑	未
驛馬	申	巳	寅	亥	申	巳	寅	亥	申	巳	寅	亥
六合	亥	戌	酉	申	未	午	巳	辰	卯	寅	丑	子
天赦	春戊寅			夏甲午			秋戊申			冬甲子		
天馬	午	申	戌	子	寅	辰	午	申	戌	子	寅	辰
福生	酉	卯	戌	辰	亥	巳	子	午	丑	未	寅	申

活曜　巳戌未子酉寅亥辰丑午卯申
王日　寅寅寅巳巳巳申申申亥亥亥
相日　巳巳巳申申申亥亥亥寅寅寅

逐月直日凶神總局

正二三四五六七八九十十一十二
天賊　辰酉寅未子巳戌卯申丑午亥
地賊　子子亥戌酉午午午巳辰卯子
荒蕪　巳酉丑申子辰亥卯未寅午戌
大敗六不成　寅午戌巳酉丑申子辰亥卯未
受死　戌辰亥巳子午丑未寅申卯酉
咸池　卯子酉午卯子酉午卯子酉午
蚩尤　寅辰午申戌子寅辰午申戌子
徃亡　寅巳申亥卯午酉子辰未戌丑
正四廢　春庚申辛酉夏壬子癸亥秋甲寅乙卯冬丙午丁巳
傍四廢　春庚辛申酉夏壬癸亥子秋甲乙寅卯冬丙丁午巳
天罡勾絞　巳子未寅酉辰亥午丑申卯戌
河魁勾絞　亥午丑申卯戌巳子未寅酉辰
天地爭雄　巳亥卯子未丑申寅酉卯戌辰午子未丑申寅酉卯戌辰亥巳
招摇　辰卯寅丑子亥戌酉申未午巳
八風　春丁丑巳酉夏甲辰甲申秋丁未辛未冬甲戌甲寅

蛟龍　未申戌申戌丑辰未辰申子巳
龍會　未戌亥亥丑戌丑卯丑未戌卯
滅没　朔角弦虛望亢晦婁盈牛虛鬼
九坎　辰丑戌未卯子酉午寅亥申巳
月厭　戌酉申未午巳辰卯寅丑子亥
罪刑　丑丑丑辰辰辰未未未戌戌戌

行船類

行船宜黃道天恩月恩月財天月德二德合要安定成日壬寅癸卯日合海角經星宿
宜乙丑丙寅丁卯戊辰己巳丁丑戊寅壬午乙酉辛卯癸巳甲午乙未庚子辛丑壬寅辛亥丙辰戊午巳未辛酉滿成開日
忌建破勾絞天賊地賊受死荒蕪正四廢白浪張宿觸水龍咸池蛟龍四激招摇殃敗八風危日江河離子胥死日河伯死日龍神行日風波日水隔日九坎九土鬼轉殺日大惡時
下海行船日同更宜天祐天恩普護活曜復日
祭水神宜庚午辛未壬申癸酉甲戌庚子辛酉開日

河伯風波日

年子丑寅卯辰巳午未申酉戌亥

河伯日　亥子丑寅卯辰巳午未申酉戌
風波日　子丑寅卯辰巳午未申酉戌亥
水痕日忌行船　大月　初一　初七　十一　十七
二十三　三十日
小月　初三　初七　十二　二十六日
月建爲白浪日　時建爲大惡時
子胥死壬辰日　河伯死庚辰日
觸水龍　丙子　癸未　癸丑日
張宿　丙子　癸未　戊戌　癸丑　乙卯日
海角經　氐　尾　箕　斗　危　壁　婁　胃

昴　畢　張　星　軫十三宿大吉
室　牛　房　參　井五宿半吉
許眞君傳授龍神行日不可行船主風
正月　初三　初八　十一　廿五　月盡龍會
二月　初三　初九　十二　月盡龍神朝　上帝
三月　初三　初七　廿七龍神朝　上帝
四月　初八　十二　十七　十九龍會太白
五月　初五　十一　廿九天帝龍王朝　玉皇
六月　初九　廿七地神龍朝　玉皇
七月　初七　初九　十五　廿七神殺交會
八月　初三　初八　廿七龍神大會
九月　十一　十五　十九龍神朝　玉皇
十月　初八　十五　廿七東府君朝　玉皇
俗忌七九日不行船若先日轉移船頭亦無忌

出兵類

演武宜天月二德兵福兵寶兵吉黃道成開日
比試宜黃道上官天祐恩勝成勳普護福生天馬驛
馬日　前二條俱忌六不成十惡無祿大敗日
班師宜平定成收開旺日及黃道成勳恩勝嬰安守
成天祐天恩天月二德日

攻取城寨宜己亥丙寅己巳甲子甲戌乙未庚戌乙
亥己丑兵寶兵吉除執日　前三條俱忌伐日八專
猖鬼敗亡五不歸八絕十惡大敗危日及往亡日
避兵宜黑道大小空亡四廢月虛月空天祐普護活
曜生氣要安閉收平定日　忌受死罪刑罪至天地
殃敗天羅地網伐日
議和宜黃道天祐天成天月德及合貴人吉人天恩
月恩天赦天喜天合五合成除日　忌咸池赤口天
災天殃天地爭雄十惡大敗日
捕盜獲逃亡宜乙丑甲戌壬午戊子庚寅辛卯癸巳

乙未丙申丁酉巳亥甲申收執日　忌每月十五滅
没歸忌受死天賊咸池九空空亡財離歲空魁罡勾
絞月厭亡羸往亡五鬼陰陽錯伏斷九醜五不歸離
窠人民離四絕四離赤口日
出兵征討宜天恩天月德黄道兵寳兵吉恩勝成勳
普護福生驛馬二德合成開于剋支日斗建唐符並
宜用之
宜辛丑丙寅庚子丁卯庚戌丁酉甲午乙丑丁丑日
忌蚩尤天地爭雄凶敗殃敗滅没受死離絶荒蕪太
歲月建伐日八專猖鬼敗亡五不歸八絕十惡大敗

危日往亡日兵禁日孤虚方九醜日
八專日　丁未　壬子　癸丑　甲寅　乙卯
丁巳　戊午　巳未　庚申　辛酉　癸亥
絕日　庚辰　辛巳　丙戌　丁亥　庚戌
辛亥　丙辰　丁巳
猖鬼敗亡日　丁卯　戊辰　壬申　戊申
庚申　戊寅　辛巳　戊戌　庚戌　壬戌
戊子　巳丑　辛丑　戊午　巳亥　辛亥
六甲孤虚凶方　六甲六巳日孤申酉虚寅卯六乙
六庚日孤午未虚子丑六丙六辛日孤辰巳虚戌
亥六丁六壬日孤寅卯虚申酉六戊六癸日孤子
丑虚午未
兵禁日　正七月寅　二八月子　三九月戌
四十月申　五十一月午　六十二月辰
干剋支日　宜捕人　支剋干日　宜捕捉
出兵吉日時　季月　春　夏　秋　冬
干旺　戊巳　甲乙　丙丁　庚辛　壬癸
干相　庚辛　丙丁　戊巳　壬癸　甲乙
支旺　辰戌丑未　寅卯　巳午　申酉　亥子
支相　申酉　巳午未　辰戌丑未　亥子丑　寅卯辰

右出兵征討出行據其日值敗絕不旺不相之日
宜用旺相時如敗絕日得旺相時亦吉如旺相日
得旺相時尤吉若與黄道併同行其日黄道方
則不避孤虚凶方　旺相時者如丙寅日丙午属
火取巳丙黄道支干時用吉餘倣此
秘云出兵以當旬神符掛於竿上以指敵人則敵人
自服經曰縱陣莫當吾符魂魄飛而散失若能以此
用兵是爲師出以律
十惡大敗日　甲巳年三月戊戌　七月癸亥　十
月丙申　十一月丁亥　乙庚年四月壬申　九

月乙巳　丙辛年三月辛巳　九月庚辰　十月
甲辰　戊癸年六月己丑　丁壬年無
太歲及本命生人合忌十惡大敗日
庚戌生年忌甲辰日　辛亥生年忌乙巳日
壬寅生年忌丙申日　癸巳生年忌丁亥日
甲辰生年忌戊戌日　乙未生年忌己丑日
甲戌生年忌庚辰日　乙亥生年忌辛巳日
丙寅生年忌壬申日　丁巳生年忌癸亥日
本命則年年忌之太歲則止此一年忌此一位
天賊日　孟滿仲破季逢開　此日賊從天上來

地賊日　地賊星辰不是由　正七逢開二八收
三九逢危四十執　五十一月向平求　六十二
月逢開位　犯着斯辰有賊偷
天地凶敗日　寅七申八日不用　廿一兩月共
卯八十九日非良　酉二十八防　季春初一與
十二　戌三十六忌　麥秋初九廿五凶　亥一
十四同　午月望日并廿五　十四十五子　未
朔猶連二十期　丑九廿五逢
離窠日　丁卯戊辰己巳歇　壬申戊寅辛巳過
壬午戊子己丑是　戊戌己亥辛丑多　戊申辛

亥戊午日　壬戌癸亥總離窠
九醜日　己卯壬午乙酉是　戊子辛卯己酉地
壬子戊午辛酉朝　九醜上官婚娶忌
九土鬼日　乙酉癸巳甲午日　辛丑壬寅己酉同
庚戌丁巳并戊午　九日有始患無終
逐月大小空亡赤口捷訣
初一每從月建首　周數掌支皆順走　數到木
局爲空亡　數到辰戌爲赤口　亥卯未支三箇
空　先到大空後到小　經商店肆宜當避　他
事吉多俱免忌

五不歸日　己卯辛巳丙戌期　壬辰丙申己酉隨
辛亥壬子丙辰日　庚申辛酉五不歸
大敗六不成日　四孟建日四季破　二馬五鷄八
鼠臨　十一豬官玉兔走　大敗原同六不成
四窮日　春乙夏丁爲四窮　秋辛冬癸亥支同
荒無九苦八窮　孟平仲破季逢收　最毒子寅巳
戌同　止有埋葬不須忌　其餘百事盡皆凶
四離　四絕　立春立夏立秋冬　先日名爲四絕
踪　更有二分并二至　節前一日四離凶
月虛月殺　寅午戌月看牵牛　亥卯未見犬見頭

申子辰隨羊伏草　巳酉丑月看龍遊

八絕日　八絕庚辰日　辛巳及丙戌　丁亥庚戌同　辛亥丙辰出　更有丁巳凶　行兵真不吉

天地殃敗日　正月每自卯宮起　逆從寅丑子亥去　一月一支額定然　周回臘月辰支上

六壬赤口空亡起例

正七初一起留連　二八卻從速喜先　三九月初遊赤口　四十之月小吉傳　五十一月空亡上　六十二月大安前　大安　留連　速喜　赤口　小吉　空亡

伏斷　子虛丑斗寅嫌室　卯女辰箕巳房凶　午角未張申怕鬼　酉觜戌胃亥壁同

七殺星日　雖遇吉神亦不可用

角亢奎婁鬼牛星　出軍便是不回兵　行船定被遭風起　爲官未滿亦遭刑　起造婚姻逢此日　不過週年見哭聲　世人若是避七殺　官商士庶盡豐榮

楊救貧先生忌用事日

正月十三　二月十一　三月初九　四月初七

五月初五　六月初三　七月初一 廿九　八月廿七

九月廿五　十月廿三　十一月二十　十二月十九

八門三奇日方起例定局

甲戊壬子起坎　丁辛乙卯坤方　庚甲戊午震宮遊　癸丁辛酉巽畔　丙庚鼠行乾位　巳癸兔走西方　丙壬騎馬到艮　乙巳鷄飛離面

八門吉凶

休生傷杜景死驚開

甲子乙丑丙寅　戊子己丑庚寅　壬子癸丑甲寅　坎艮震巽離坤兌乾

丁卯戊辰己巳　乙卯丙辰丁巳　辛卯壬辰癸巳　坤兌乾坎艮震巽離

庚午辛未壬申　戊午己未庚申　甲午乙未丙申　震巽離坤兌乾坎艮

癸酉甲戌乙亥　辛酉壬戌癸亥　丁酉戊戌己亥　巽離坤兌乾坎艮震

丙子丁丑戊寅　庚子辛丑壬寅　乾坎艮震巽離坤兌

己卯庚辰辛巳　癸卯甲辰乙巳　兌乾坎艮震巽離坤

壬午癸未甲申　丙午丁未戊申　艮震巽離坤兌乾坎

乙酉丙戌丁亥　己酉庚戌辛亥　離坤兌乾坎艮震巽

八門總論

休門　主仕宦高遷求財得利百事大吉

生門　主出行見貴得財出軍行師大勝萬事大吉

傷門　主六十里內得見血光兵陣相傷宜求魚捕獵吉

杜門　主遠出必憂求謀不遂出軍大敗凶
景門　主出外逢盜求財不遂出軍大敗凶
死門　主出外遇疾病防失財物出軍行師大敗
凶
驚門　主求財不遂防有血光之災定見驚恐大
凶
開門　主求財見貴見官陳詞得理萬事大利
又時上小八門出行吉凶詩斷
欲求利市往生方　漁獵須知死路强　若要遠
行開戶吉　休門最好見君王　杜門有難宜迯

避　捕捉逢驚最得方　索債要從傷路去　思
量酒食景門香　已上俱臞仙刑後經及曆書通選
歲月吉凶
太歲者一年之主月將者一月之神其次歲殺其次
月刑其次日刑又其次月殺日殺用兵臨敵不可向
之向者必凶
五將所在
正五九月在東方　二六十月在南方
三七十一月在西方　四八十二月在北方
遁甲經云凡戰鬭背陽德向陰刑則勝

立春後四十五日陽德在辰陰刑在戌宜西北戰勝
春分後四十五日陽德在午陰刑在子宜北戰勝
立夏後四十五日陽德在未陰刑在丑宜東北戰勝
夏至後四十五日陽德在酉陰刑在卯宜東戰勝
立秋後四十五日陽德在戌陰刑在辰宜東南戰勝
秋分後四十五日陽德在子陰刑在午宜南戰勝
立冬後四十五日陽德在丑陰刑在未宜西南戰勝
冬至後四十五日陽德在卯陰刑在酉宜西戰勝
玄女大敗日不可用
春寅午戌　夏巳酉丑　秋申子辰　冬亥卯未

白虎頭日出軍敵人自伏
每月初一初八十八二十六是也
四離日不宜出軍
冬至後一日寒離　夏至後一日暖離
春分後一日土離　秋分後一日木離
用兵須看天兵所在不宜出軍
甲巳日寅方　乙庚日戌方　丙辛日申方
丁壬日午方　戊癸日辰方
八龍七鳥九虎六蛇日不宜出軍
春甲子巳亥日爲八龍夏丙子丁亥日爲七鳥秋庚

子辛亥日爲九虎壬子癸亥日爲六蛇
武侯曰出軍舉衆宜向月煞吉利月煞正月起卯順
行十二辰
戰雄方
凡鬬敵背戰雄方擊雌方則勝　春寅方寅日
夏巳方巳日　秋申方申日　冬亥方亥日
戰雌方
春申方申日　夏亥方亥日　秋寅方寅日
冬巳方巳日
五帝所在日不宜向之出軍向之必敗

春東方　夏南方　秋西方　冬北方
四耗日不可攻戰
春壬子　夏乙卯　秋戊午　冬辛酉
四窮日不宜出軍
春乙亥　夏丁亥　秋辛亥　冬癸亥
天敗日不宜攻戰
春辛酉　夏庚子　秋巳卯　冬戊午
四墓日不宜出軍
春乙未　夏丙戌　秋辛丑　冬壬辰
章光日不宜出軍

四孟月乙丑日　四仲月丙寅日　四季月甲子日

占驗門

出軍占候

東方朔云五音姓出軍先觀雲色候好即行候惡即止
宫姓出軍見黑雲大勝赤雲小勝青雲大凶諸雲自如
商姓出軍見青雲大勝黄雲小勝赤雲大凶諸雲自如
角姓出軍見黄雲大勝黑雲小勝白雲大凶諸雲自

如
徵姓出軍見白雲大勝青雲小勝黑雲大凶諸雲自如
羽姓出軍見赤雲大勝白雲小勝黄雲大凶諸雲自如

安營選地

凡安營必須擇勝地左草右澤有山有水山者形勢之山水者長流之水須避汚下沮洳預防暴雨地有不可居者列之於後
勿居天獄下中高者　勿居地獄高中下低

勿居天竈大谷之口　勿居龍頭大山之端
勿居天社高中高者　勿居地社下中下者
勿居空器荒城破邑　勿居宿屍丘墓之處
勿居天柽蘆岈叢林　勿居洞泉新澤之處
勿居天羅高中最高　勿居天隙地下之處
勿居飛鋒戊酉地與滅蹤無草木處　勿居天窖曾藏五穀坑穴
勿居蒿社曾立神佛之處　勿居天鎖地圓窪處
避此然後安營隨分多少切須方正小則六十步其次六百步其次六里建十二時辰位一辰立一旗

六甲爲青龍大將居之　六乙爲蓬星鼓角居之

六丙爲明堂士卒居之　六丁爲太陰伏兵居之
六戊爲天門軍門居之　六巳爲地戶小將居之
六庚爲天獄斬决居之　六辛爲陰中判斷居之
六壬爲天倉糧蓄居之　六癸爲華蓋兵器甲仗居之

下營六甲旬使用名曰六甲營

大將軍居子　鼙鼓居丑　士卒居寅　伏兵居卯　軍門居辰　小甲居巳　斬决居午　判斷居未　糧蓄居申　軍甲器仗居酉戌亥甲戌甲申甲午甲辰甲寅旬竝依前後旬首大將軍以下依次列位

臨敵占候

夫欲兵先定主客平安之時先動者爲主後動者爲客陳兵原野先動爲客後動爲主以高旗爲客低旗爲主先聲音爲客後聲音爲主行者爲客坐者爲主

凡兩軍相向以雲爲龍以風爲虎風雲交則戰不交則不戰龍從東來虎從西來龍勢寬緩客先進虎勢速急主先進大勝

夫占候之法晝則占日夜則占星星者斗也以日爲主以雲爲客敵在東日出之後敵在南日中之後敵在西日入之後敵在北夜半之後雲起處攻之

甲乙所向有白雲不可攻　丙丁所向有黑雲不可攻　戊巳所向有青雲不可攻　庚辛所向有赤雲不可攻　壬癸所向有黄雲不可攻

五行用陳尅法

敵陣直木吾陳方金　敵陳方金吾陳銳火
敵陣銳火吾陳曲水　敵陳曲水吾陳圓土
敵陣圓土吾陳直木

用兵背生氣擊死氣

生氣者王月居子順行十二辰對冲卽死氣二月丑三月寅對宮卽死氣

安營卜地

山如鳳凰翅翼開張羣隊千萬挾帶高岡前銜印綬後有回翔

山如飛龍拔曳遠近或驚或懼乍橫乍縱臺閣池淵舞鶴連鴻

山如狗母縮頭拳尾就腹乳兒頂連山首

山如麒麟乍立乍蹲羣隊千萬敵諸數人

山如生蛇或曲或斜後岡前拾隱馬藏車

山如臥牛曲脚拳頭三光內照雨水不流厲帶林壑乍附山丘

山如伏鼈四方無缺潰泉東流元陽不欹三門並起一戶從缺

山如游龍倚伏數重華蓋隱隱映軍芘芘前躍後起宛若雞籠來馬俯仰八卦皆通

山如蟠龍玉樓數重宛轉斜曲首尾相從

山如舞鶴翅翼開托胸臆寬平尾盤

右十三之形皆隨其陽吉此乃兵家之秘術

草木不生不可居鳥獸不集不可居古竈墳墓不可居河水逆流不可居朱雀無頭不可居玄武折足不可居白虎嚙屍不可居青龍悲泣不可居雖有居之主將死兵覆兩高名地獄中高名地枉古戰場營墓

右凶地十三處不宜安營

占軍災祥

營地

凡災者軍營地忽有血赤者主敵來攻營急移不移凶

營中忽生草木者宜速移

營中地忽有鼠螻蟻者主下謀上

營中地忽生蚯蚓者主士卒思歸

營中地忽虫蟻繚亂者主大戰先舉者勝

營中牙旗忽摧折者主大敗

營中地忽生蜂蠅者急宜移不移主將軍敗

營中地忽生龜蟒者主軍不利大凶宜急移

營中鼓忽鳴主軍敗

營中地忽生毛主敵至宜急移

營中地忽出土錢主士卒謀叛

營中忽生草行如陳者主十日內大戰

營中地忽坼裂者宜速移不移軍敗死

營中地忽陷者主將軍死

營中地忽震動主大戰不出十日軍潰謀叛（已上俱神機制敵一）

風雨占候

一風雨占候葢軍中占候風雨爲急載諸洪範之庶徵本於太陰之纏度自然推步可驗初非玄奥難知至如日月之薄蝕霾霧之鬱蒸星辰之流伏雲氣之變遷觀乎天文以察人事而吉凶禍福如桴鼓影響然此兵家之所宜究心者也况江海操舟衝風觸浪順之則安逆之則危提三軍決兩陳雖天時不如地利而孤虛旺相向背趨避爲將領者不可不知考之孫子曰發火有時起火有日時者天之燥也日者月在箕壁翼軫也凡此四宿風起之日也如正月太陽在子初一日太陰孕於子謂子朔五日過兩宮即戌位此三日內決有風者月在壁宿是也初十日太陰過申三日內主雨者月離於畢是也十五日太陰過午謂之望十七十八十九太陰過巳及辰三四日內有風者月在翼軫是也廿五太陰過寅二三日內有風者月在箕宿是也廿九三十日太陰復於子謂之晦二月太陽在亥太陰隨之餘倣此大率節候不同弦望亦異節候不同者如立春或在月前月後弦望不同者弦有初七初八初九望有十四十五十六十七是以月之過宮亦有三四日之差其風亦應在三

四日之內質以曆之所推無不驗矣　諺云月兒仰水漸長月兒仄水無滴葢月有九行青白赤黑各二道皆出入於黄道之中故曰九行道不中而過南則爲陽道道不中而過北則爲陰道行陽道則旱行陰道則潦月借日爲光月生時如仰瓦是行陰道矣如弓弦仄樣是行陽道矣故知旱潦者以此　春夏兩季若遇天氣爁熱其日午後或雲起或雷聲所起之處必有懸風　秋冬兩季之間若四方天色明淨自五更至辰初無變雖有微風不問順與不順可必無妨　雲頭從東方起必有東風從西方起必有西風南北亦然如前面雲頭已過後面雲脚未盡風亦未止必天色明淨後更無雲然後風止若行雲片片相逐聚散不常其潔白圍繞日光又雲脚黄日色赤雲行急天色黯淡日月昏暈太白晝見衆星動揺並主大風　日暈生雨月暈生風看何方有缺則此方風來　夏秋之交熱極生風及有海沙雲起謂之風潮名曰颶風此乃四方之風有此風必有霖霪大雨同作　防南風尾北風頭南風愈吹愈急北風吹起便大　雲若砲車形起主大風　雲起下散四野滿目如烟如霧名風花主風起　夜間聽九逍遥鳥叫卜

風雨一聲風二聲雨三聲四聲斷風雨　水蛇蟠在蘆青高處主水高漲若干回頭望下水即至望上稍慢至于螻蟻之遷飛蟻之出江豚之見淵魚之躍礎石生潤山川出雲皆可占風雨　月盡無風無雨則來月初必有大風雨俗云廿五廿六若無雨初三初四莫行船春有二十四番花信風梅花風打頭楝花風打末　諺云壬子癸丑甲寅晴四十五日滿天星戊申己酉連庚戌天上無雲地下濕　每值日干執破多風雨又云執破無雨危承當　凡寅戌二時風雨不久午子二時者頗久若雨至午時偶然日出謂之雨候其雨通霄大抵東北風多雨西南風多晴惟長安則西風而雨此不可曉　易曰密雲不雨自我西郊蓋陰來求陽而陽不應之故不成雨風雲際會而相從者也凡雲走東北者乃係西南之風必無雨

嘗考李筌作日月合宿大約之法以周天三百六十五度四分度之一二十八宿四方分之東方七宿七十五度南方七宿一百一十二度西方七宿八十度北方七宿九十八度月二十八日一周天一日一夜行一十三度少强皆以月中氣起例雨水正月中日月合宿在室八度春分二月中日月合宿在奎十四度穀雨三月中日月合宿在昴二度小滿四月中日月合宿在參四度夏至五月中日月合宿在井二十三度大暑六月中日月合宿在星四度處暑七月中日月合宿在翼十二度秋分八月中日月合宿在角六度霜降九月中日月合宿在氐十四度小雪十月中日月合宿在箕二度冬至十一月中日月合宿在斗二十一度大寒十二月中日月合宿在虛五度每月朔日以夜半推之無不驗也此占風起之例也　大抵倭船之來恒在清明之後前乎此風候不常屆期方有東北風作且多日而不變也過五月有

風自南倭不利於來而便于歸矣重陽後風亦有東北者彼亦可來過十月風自西北亦非倭所利矣故防春者以二三四五月為大汎九十月為小汎凡冬夏之交南北風息未定七九月風濤洶湧尤可畏也故舟行者往西以仲春往北以仲夏往東以仲秋往南以仲冬則利涉大川不疾而自速矣海防類考

舟師占驗

按兵法孫武子曰月在箕壁翼軫此四宿者風起之日也向以為紙上陳言竟未之試茲出汎海外占之多驗值四宿而風不起間或有之起則未有不狂大

者至於忌俗假托於神雖不可攷然亦多合四宿因
擇應驗者俗忌古占刋布俾舟師知所趨避云
正月初二日月在箕　初九日在壁俗云玉皇颶
二十二在翼　二十三在軫　三十日又在箕俗
云龍神會
二月初七在壁俗云春期颶　二十在翼　二十
一在軫俗云觀音颶　二十八在箕俗云龍神朝
上帝
三月初三俗云真武颶又云拔草颶　初五在壁
初七俗云閻王颶　十五俗云真君颶　十八在

翼　十九在軫　二十三俗云天妃颶　二十六
在箕俗云諸神朝上界
四月初二在壁　初八俗云太子颶　十五在翼
十六在軫　二十三在箕俗云太保颶又云龍神
于太白
五月初五俗云屈原颶　十三在翼　十四在軫
俗云關王颶　二十一在箕俗云龍母颶　二十
八在壁
六月十一在翼　十二在軫俗云彭祖颶　十九
在箕俗云十二做不透十八做去凑　二十六在
壁
七月初八在翼　初九在軫俗云神煞交會颶
十六在箕　二十三日在壁
八月初六在翼　初七在軫　十四在箕俗云伽
藍颶　二十一在壁俗云龍神大會
九月初四在翼　初五在軫　初九俗云重陽颶
又云九朝風　十二在箕　十九在壁　二十七
俗云冷風信
十月初一在翼　初二在軫　初五俗云五風信
初九在箕　十六在壁　二十九在翼　三十在

軫俗云東嶽朝天
十一月初七在箕　十四在壁俗云水仙颶又云
冬至風　二十七在翼　二十八在軫俗云西嶽
朝天
十二月初五在箕　十二在壁　二十五在翼
二十六在軫俗云掃塵風
以上十二箇月坐定法也若遇閏正月則看前
月大小月大則同前月月小則移前一日初一
初八廿一廿二廿九乃四宿之日也餘可類推
定各色惡風

雲横日赤　烟霧四塞　日月昏暈　海面浮赤
雲行如箭　禽鳥高飛　天色昏暗　人身首熱
天色衝高　大魚高跳　海水汾濁　海糠多浮
西南星動　海蛇戲水　無風作湧　無雷海響
青蜓多飛　礁頭亂響　凡此各色　風颶異常

逐月風忌

正月忌七八日風乃北風也
二月忌初二北風
三月忌清明北風
五月忌雪至風以正月下雪日爲始筭至五月乃一

百二十日之内主此風
六月十二日忌　風在前後三四日
七八月　日南風必有北風報之
九月九日　内忌九朝風
十月忌初五風在前後三四日内
十一月冬至風
臘月廿三四掃塵風

占風

秋冬東南風　雨下必相逢　春夏西北風
下來雨不從　汛頭風不長　汛後風雨狂

春夏東南風　不必問天公　秋冬西北風
天光日色紅　長夏風勢輕　舟船最可行
深秋風勢動　風息浪未靜　夏風連夜傾
不晝便晴明　雨過東風至　晚來越添巨
風雨潮相攻　颶風難廻避　初三須有颶
初四還可懼　望日二十三　颶風均可畏
七八必有風　汛頭有風至　春雪百二旬
有風君須記　二月風雨多　出門還可記
初八及十三　十九二十一　三月十八雨
四月十八至　風雨帶來潮　船傍人難避

端午汛頭風　二九君還忌　西北風太狂
回南必亂地　東風連夜吼　西風只到酉
春颶頭起狂　冬颶尾更大　六月十一二
彭祖連天忌　七月上旬來　爭秋船莫開
八月半旬時　隨潮不可移

占天

朝看東南黑　勢急午前雨　暮看西北黑
半夜看風雨　東南朝黑雲　風急午時霖
西北暮黑雲　半夜風雨均　朝看天頂穿
日出漸炎炎　暮看四脚懸　明日必晴天

遊絲天外飛　久晴便可期　清朝起海雲
風雨霎時辰　風靜鬱蒸熱　雲雷必振烈

占雲

早起天頂無雲　日出漸明　暮看西邊無雲
明日晴明　游絲天外飛　久晴便可期
清朝起海雲　風雨霎時辰　風靜鬱蒸熱
雲雷必震烈　東風雲過西　雨下不移時
東南卯沒雲　雨下巳時辰　雲起南山暗
風雨辰時見　日出卯遇雲　無雨必天陰
雲隨風雨疾　風雨霎時息　迎雲對風行

風雨晴時辰　日沒黑雲接　風雨不可說
雲佈滿山低　連宵亂雨霏　雲從龍門起
颶風連急雨　西北黑雲生　雷雨必生旬
雲勢若魚鱗　來早風不輕　雲鈎午後排
風色屬人猜　夏雲鈎內出　秋風鈎背來
曉雲東不慮　夜雨愁過西　雨陣兩霎煎
大颶連天惡　惡雲半開閉　大颶隨風至
亂雲天頂絞　風雨來不少　風送雨傾盆
雲過都暗了　紅雲日出生　勸君莫出行
紅雲日沒起　晴明便可許　雲行砲車同

必主起大風　雲變魚鱗天　不雨也風顛

占日

烏雲接日　雨即傾滴　雲下日光　晴朗無妨
早間日珥　狂風即起　申後日珥　明日有雨
一珥单日　兩珥雙起　午前日暈　風起此方
午後日暈　風勢須防　暈開開處　風色不狂
早白暮赤　飛沙走石　日沒暗紅　無雨必風
朝日洪天　晴風不揚　朝日燭地　細雨必至
日光晴彩　久晴可待　日光早出　晴明必久
返照黄光　明日風狂　午後雲遮　夜雨霶霈

上下黑龍　風雨相從　日暈青色　必主大風
日暈赤色　霹靂兼風　雨畔相向　天下大風

已上俱參將沈有容冊師占驗

論太白晝見

經云太白晨見東戶為啓明朱子斷曰啓明金星金在西日將出則東見註云太白見于日將出時則曰晨見主無風見于日已出後則曰晝見主有大風今俗呼為曉星

論三星搖動

每遇入夜覩于西南方上有星搖動主大風

占氣

凡占氣法每於月甲子庚子及午未亥日令三五淨士登五丈高臺分地方觀之若氣來如循車道者五六里氣高七八尺十餘里氣高二丈五六十里若平川舉目而望之五百里平望千餘里極目望如桑榆者二千里氣觸地三千里凡氣靜則軍動故象曰有勝無實勝虛下澤勝枯長勝短厚勝薄假如我軍在西敵在東西高東下西厚東薄西澤東枯西長東短戰則我勝此象氣之法也

氣上小下大主士卒日增上大下小主士卒日減

氣前白如低後青如高主將怯士勇前小後大主暗昧不明

氣來覆人掩满蓋軍者主大敵至急宜備

氣橫色兼白見日轉潤色者主將有威德

氣色青虛而高漸黑者主將死

氣明滅大小不定者必有詐謀宜勤兵備之

氣白色明滅如霧狀如疋帛者主天下有兵起

氣如丹蛇兼赤色隨後至者主大戰

氣白色如羣羊徘徊結陳來者必有他國人來相圖

氣白色廣五六丈竟天者主起兵

氣如火從天下入軍營者主軍亂將死

氣黑色如牛馬入軍營者名曰天狗食人血主兵敗

氣白色如瓜連蔓結部隊相逐須臾罷而後出乃至八九丈而不斷者主大軍卒至宜發守備

氣如網幕向天邊到者主兵將潰死

氣如車覆軍上者不宜攻戰

兩軍相接軍上有五色雜氣東西南北不定者必有詐謀宜勤兵備禦

氣黑如山如帶敵人自降

氣如飛馬徘徊在上或來而高者敵兵勇銳不宜攻

之

氣白色似旗幟在軍上者主軍勝赤色有凶

氣五色與天連接者此天應之在敵上不宜攻

氣赤色黃色於天下覆敵軍上者不宜擊

氣如犀角羊角擊之勝

氣如塵埃前低後高在敵軍上將士精銳不宜擊之

氣如堤如岍前後摩地在敵上不宜攻之

氣如山如林木在敵上者主將勇銳不宜擊在我軍上宜用兵

氣紛紛勃勃如烟如塵在敵上者主敵人敗

氣如焚生草之烟者在彼軍上主兵鋭氣散後擊之必敗

氣黑色中赤氣必有伏兵不宜擊

攻城圍邑其上有氣吹灰者城可圖也

城中氣出於西者城欲降

城中氣出於北者城可攻

城中氣出於南者城欲迸

城中氣出於外如烟者主城中出大將軍交戰

城中氣出復入者主城中人迸

城中氣過旬不散者城中有大將輔佐之不宜攻

城中赤氣出旬日如搗杵主城中兵災

天子之氣如高樓如華蓋如龍虎如鳳如泰山如紫蓋如人赤氣其下皆不可攻伐

猛將之氣如虎如龍形如狼如熊如樓閣如旌旗如長堤如山如人持刀斧如林木如弓弩如黑蛇如烟火勃勃焉其下不可攻伐

游兵之氣如長木如葭長無根本如慧星其下不可攻

伏兵之氣如杵如旌旗幢蓋在黑雲中如人十十五五在黑雲中如黑狗如山獄如樓彷彿兵在其下攻戰必敗

敗兵之氣如掃帚如鑼鼓如懸衣如雙蛇如飛鳥如壞屋如驚鹿如破車如人相指無頭無足皆敗兵殺將之氣

降兵之氣如人十十五五皆叉手低頭主五月内定有降卒至

凡城郭有赤氣者下必流血

凡州郡天紅如血者主有篡殺事

占日月

夫日月陰陽之精國之象爲君爲將不可不明此也

日月並出主有二君

兩日並出諸侯謀叛

衆日出主天下分裂

日月並出相去數寸者大臣謀逆

日夜出者天下不安大兵將起洪水流行

三日並出者主君失位

日中有赤鳥者主國大凶

日暈五重者不期年主兵起人民不安

暈如金色兼有水者主將有喜

暈如瓜隨身罝兵大勝

日暈時城中出氣色遇其城不宜攻伐
暈如車者戰則必勝
暈有赤色氣盤旋在上者兵敗
日傍如人無頭足持戟者主社稷遷移
日內有白虹貫者主上位凶
日邊有雲如鏡懸者其下戰則死兼先鋒將死
日有四毛竪定者戰則主大勝
日蝕處攻之勝攻城亦從蝕處攻之必破
兩日並出主國家憂患
月蓋出光輝者主姦謀

月初生黃色者主大軍人民饑饉赤色者主客兵勝
月初生中正者主敵兵至
月中無兎主損將軍
月暈三重主天下兵起
月初生有暈者若向此戰客勝
月生無光主士卒亂
月暈黑色主人勝
月無暈有氣入者隨氣入處攻之必勝
月有雲從傍入隨雲入處攻之必勝
月十四日虧者主國危兵起

月蝕圓而鈌者主大臣謀叛
春季月蝕主將軍憂
夏季月蝕主將軍憂大災
秋季月蝕主四面將軍災
冬季月蝕主將軍兵在外勝

占雷霆

夫雷霆者天地之威也震則有警萬物用兵者尤宜察之凡雷震鳴將軍士卒宜擐甲張弦其兵得助者也

凡雷霆從坎上鳴主軍大水

乾上鳴主士卒興　震上鳴主米穀貴
艮上鳴主兵疾病　巽上鳴主大旱
離上鳴主亢旱　坤上鳴主蟲損禾
兌上鳴主兵起　鳴無電主大凶宜賞
雷從我軍上起大勝從敵上起敵勝
圍城踰旬無雷雨者城中有輔佐人宜審之
暴雷霹靂在營上主兵敗急宜移營

占雨

凡雲行雨從後來沾衣者得天助必勝細雨沾衣者名曰沐浴兵大吉

雨不濕衣名曰浴屍大凶
無雲而雨名曰天泣大凶
雨終日不成蹤者主災
天久陰而不雨者主士卒謀將軍連陰十餘日不雨
者亦下謀王
凡攻城過旬不雨者宜退兵

占虹蜺

夫虹蜺者雄曰虹雌曰蜺
白虹者亂之由斯出則有殃生主禍亂流血之兆
久無雲虹蜺見者主國大災

黃色兵大勝赤色宜賞士卒白色臨城城欲廢青色
主癰疫
似象鼻者主兵起流血
白色五七箇見者主災
虹蜺似弓形者流血直者主疾病交見者攻城伐寨
入軍井中五軍大敗入營者主兵敗

占星

太白星伏入月內與兵者名曰月逆主三軍潰
太白星出傍有小相侵不過尺餘者主客兵散
出來未高有敵可擊亦莫追若失度向南行則先舉
者兵敗
星出來高者宜用兵深入則勝
出來低者宜用兵淺則勝
出來行緩者宜固守
出來小光芒炎炎者大兵起
出軍時有芒角者隨角出軍
星出光芒者名曰天衕其下主流血
星出見一芒者主兵起不用兵出見二芒者主兵起
用兵出見三芒者所在處兵起出見四芒者主大臣
為將不利

星出左右有流星亂者主國有災
出在來時者臣下作亂
星出入日中星明日暗主大臣謀逆
出入月中星明月暗主將死

占流星

流星者天使也大者使大小者使小聲隆隆者怒行
疾應速行遲應緩也流星大者無光則衆人之事小
者無光則貴人之事明滅不定者主兵兵敗蛇行者
主姦謀事從敵軍上徐行至吾軍上者主爭鬬也
落地化成水者天下大水流亡

落地化成人者凶吉隨人所定也
落地化成砂土者國亡
落地化飛禽主兵起
落地化成石者主水流十里
落地化成六畜者主兵起人民不安
落地化成玉者主饑荒
落地散墜軍營者主大戰
落地作聲於軍中者主將死宜急移營
曳尾三尺長或丈長者主軍敗
入營者大凶

有芒角火光墜軍營中者凶宜急移營
落營寨中宜移營不移主將死
落軍營內衆驢馬驚鳴者軍敗死

占北斗

北斗星斗中有小星者主天下不安兵戈起
中有青蒼氣衝入者主賊來侵都邑
上有赤雲者主軍敗流血
有赤氣如龍蟠者主客軍敗
有微微白氣入者主兵大起
白雲從外如蛇尾未穿中心者大凶

有白雲如豬形主士卒虛驚
斗邊有黃氣散東西成文采者主軍敗宜固守不可
動動必凶
有黑氣如龍衝入勝不宜舉
有赤氣如狼頭薄尾厚者宜以猛將攻之必大勝
斗邊有薄薄氣青色者主大臣謀逆
有雲繚繞者主西方夷兵起
斗晝見者主社稷遷移
有赤氣四隅圍遶者主兵大起

占星雜見吉凶

雜星箕糠星不見者主天下人民饑饉
翼宿分明見者主宗廟悲哀
星形如樹者主大戰
星形如牛頭名曰疾藜若見主國災
晝星見主天下不安
晝雨乍晴星見主社稷遷移
晝三箇星見主夷狄戎蠻來侵犯不過七日或七旬
日千里兵敵
晝四箇星見主君親謀逆
晝五箇星見主外國來爲災

星一箇入月中者主姦謀
掃星淩月者主大臣謀逆
星相打者主大戰流血
軍出夜有星光明在敵上我軍稀𣠽者主軍敗若我
軍上光明者主軍勝已上俱神機制敵

占虹

蝃蝀在西　明日雨垂　蝃蝀在東　無雨生風
虹下雨垂　晴明可期　斷虹晚見　不明天變
斷虹早掛　有風不大　斷虹光散　名曰破篷
東南晚見　必主颶風

占霧

在天濛氣　在地濛溟　曉霧即收　晴天可求
霧收不起　細雨不止　三日霧濛　必起狂風
清明前後　歲歲皆同　白虹下降　惡霧必散

占電

電光西南　明日炎炎　電光西北　雨下連夜
辰闕電飛　大颶可期　遠來無慮　遲則有危
電光亂明　無風雨晴　夏風順電來　秋風對電起
閃爍星光　星下風狂

占海

螻蛄放洋　大颶難當　兩日不至　三日無防
滿海浪荒　雨驟風狂　大海無慮　至近無防
金銀遍海　風雨立待　海泛沙塵　大颶難禁
若近山岓　仔細思尋　烏鰡弄波　風雨必起
二日不來　三日難抵　水上鶖毛　風大難抛
東風可守　回南漸傲　白蝦弄波　風起便和
熟讀此歌　不遭風波

行船占日月星雲風濤

一返照在日沒之前臙脂紅在月沒之後記之
一星光閃爍不定主有風

一凡風單日起單日止雙日起雙日止
一凡風起早晚和須防明日再多
一有惡暴之風盡日而沒
一防夜起之風必毒
一凡東風急風急雲起愈急必雨雨最難晴
一凡春風易於傳報一日南風必還一日北風雖早
有此風向晚必靜
一春南夏北有風必雨
一春天東南風俗云風時向晚多颶
一凡雨陣自西北起者必雲黑如潑墨又必起作眉

梁陣主先大風後雨雨急易靜
一水際生靛青主有風雨
一秋天雲陰若無風則無雨
一海燕忽成羣而來主風雨烏肚雨白肚風
一海豬亂起主大風
一鰕籠張得鯶魚主風水巳上俱舟師占驗

占鳥獸

九變圖曰鳥是陽家之將獸是陰家之軍將不將鳥飛颺軍不軍鳥隨身預符曰闘不闘看鳥獸大凡爲將用兵不可不明也

軍營中有鳥集於將軍旗纛上者將軍加祿
羣鳥於將軍鼓下集者主將有災
羣鳥飛集徃來繚繞軍營者主敵來
鳥入營中上將軍帳幕者主內與外謀逆
鳥入營中人不識者是熒惑行化急宜移營
下營後有鷙經過者主敵來勇銳
鳥如龍文者見處兵起
鳥如獸形見處兵起
鳥蔽日來集我營上者不出三日敵從鳥來處至宜防其方

衆鳥忽回翔軍上鳴噪者主三日內暴兵至
惡鳥遶軍飛鳴者主軍大敗
白雀入軍營者急移營
羣鳥隊隊來遶營飛噪者防外敵來攻
羣鳥飛鳴者主暴兵至
羣鳥鳴噪軍營四面者宜固守戰則軍敗
鳥忽然入軍營者不出五日當有大戰先舉兵勝
鳥營上一鳴者主敵不來二鳴主戰大勝五鳴不戰而勝
膺鷄在前後者不出五日主大戰

或見鷙鳥在軍前搏物者大勝
軍行有百勞鳥在軍前則後軍列陳待之主敵至
軍行有鳥逆來者主軍大敗
軍營中有鷄夜鳴者主軍大敗
軍行逢蝱蟲者主大戰
軍行有蜂蝶前後左右飛者必有伏兵
軍營中有鳩噪者主暴兵至
凡獸有虎豹或前或後入軍中不出五日主大戰先舉兵勝
虎豹入軍營中害人者宜急移不移大凶

猿狸猻猱入軍中主軍吏謀叛及姦詐事急務營之
蛇遶軍營者賊來攻戰宜固守之
獐野猪入軍營者主大凶軍敗速移即吉
鹿入營者主三日内有人來降
狼雉入軍營者主大凶軍敗
龜鱉入軍營者主兵潰散
軍中忽聚數百蛇者主兵潰散
軍營馬轉槽嘶主大戰
軍營馬晝夜頻嘶者主暴兵至
軍營門牛馬來者大吉
軍營中牛馬舞者主罷征戰　已上俱神機制敵

占潮

月上潮長　月沒潮漲　大汛潮光　小汛月上
北海之潮　終日滔滔　高麗潮來　一日一遭
萊州洋水　南北長落　北來是長　有來方覺
楊子江内　糧舟之患　最怕船容　大風緊急
繫定且守　船走難纜　紐定必凶　直至沙岸
走荒落可　神鬼驚散　要知可地　大洪泥硬
灘山一馱　鐵可可障　海中泥濘　順拋木可
黑水洋深　接繳數尋　成山開處　名羅鼓地
磨斷宗毛　篾繳可拋　成山鐵山　萬丈深泉
職方攷鏡

浙東潮候

初一初二十三十四　寅申長　巳亥平
初三初四十五十六　卯酉長　子午平
初五初六十七十八　辰戌長　丑未平
初七初八十九二十　巳亥長　寅申平
初九初十廿一廿二　子午長　卯酉平
十一十二廿三廿四　丑未長　辰戌平
廿五廿六　寅申長　巳亥平

廿七廿八　卯酉長　子午平
廿九三十　辰戌長　丑未平
朝生爲潮夕生爲汐朏晦朔弦望潮汐應焉故平於地下之中而會於月潮生於寅則汐於申潮生於巳則汐於亥陰陽消長不失其時故曰潮信

定太陽出沒以應潮信時刻長短

正月出乙入庚方　二八出兎入雞腸
三七發甲入辛地　四六出寅入犬藏
五月生艮歸乾上　仲冬出巽入坤方
惟有十月與十二　出寅入申仔細詳

定寅時

正九五更四點徹　二八五更二點歇
三七平光起寅時　四六日出寅無別
五月日高三丈地　十月十二四更二
仲冬纔到四更初　此是寅時須切記已上紀効新書

海防纂要卷之十三

国家出版基金项目
NATIONAL PUBLICATION FOUNDATION

海上絲綢之路文獻集成

總主編 陳支平 陳春聲

歷代史籍編 104

主編 范金民

海峽出版發行集團
THE STRAITS PUBLISHING & DISTRIBUTING GROUP
福建人民出版社

本册目次

海防篇一卷

〔清〕蔡方炳撰

《海防篇》一卷，清蔡方炳撰。方炳字九霞，號息關，長洲（今江蘇蘇州）人。明末山西巡撫蔡懋德之子。明季諸生，入清不仕。此篇依次論列廣東、福建、兩浙、江南、江北、山東沿海海防衝要及守禦方略，多本明人鄭若曾《籌海圖編》卷三至七所收「廣東事宜」、「福建事宜」、「浙江事宜」、「直隸事宜」、「山東事宜」等五篇策論，撮其要而舉之。復羅列沿海郡縣之海界，自廣東欒會接安南界起，至鴨綠江爲止，採自明周弘祖《皇明經濟文輯》卷十八《海防總論》。據《小方壺齋輿地叢鈔》本影印。

海防篇

平江蔡方炳著

廣東列郡者十分爲三路惠潮爲東路省會廣州爲中路高雷廉爲西路東路與福建連壤而潮爲嶺東之巨鎭柘林南澳俱係要區枕吭撫背之防不可一日緩而靖海海門蓬州大城諸所又皆路步海壖所賴以近保三陽遠衛東嶺者也惠州海豐東南濱海其捷勝平海碣石甲子門皆瞬息生變倘柘林南澳失守是無潮也平海碣石失守是無惠也而不知柘林之地尤爲南澳海道門戶據三路之上游番船自福趨廣悉由此入舊例風汛之期各澳皆設戰艦秋盡掣回水寨此在他澳猶可柘林去水寨一日之遠警報未易達倘賊覘我無備乘虛衝突不亦危乎故必以愼固柘林爲要而附近城所戍卒互爲聲援斯爲勝算焉至南澳當閩廣交界在大海之中乃明初起發居民遷棄之地嘉隆間倭船於此互市廣捕急則奔閩閩捕急則奔廣而海寇許朝光吳平之徒巢穴於此故萬歷三年設副總兵以彈壓之若廣州地雖中處而環郡大洋風濤千里皆盜賊淵藪帆檣上下烏合突來接船屯哨可容緩乎嘗考諸島入寇多自閩趨廣柘林設備過其衝而不得泊勢必越於中路之屯門雞棲佛堂門冷水角老萬山虎頭門等陜而南頭爲甚或泊以寄潮或據爲巢穴附海有東莞大鵬戍守之兵往來巡哨遇警輒敵必不敢泊此矣勢必歷峽門望門大小橫琴山零丁洋仙女澳九竈山九里洋等處而西而浪白澳爲甚乃番船等候接濟之所也附海有香山所戍守之兵往來巡哨遇警輒敵則又不敢泊此矣夫其來不得停泊去不得接濟雖濱海居民且安枕而臥況會城乎其西路高雷廉三郡以倭寇東來言之似防守之責可緩然三郡逼近占城暹羅滿剌諸番島嶼森列遊心注盼防守少懈則變生肘腋滋蔓難圖矣按高州東連肇廣南憑滇渤一帶海澳若蓮頭港汾州山兩家灘廣州灣爲本府之南翰兵符重寄不當託之匪人以貽保障之羞也雷州突出海中三面受敵其遂溪湛川瀏洲樂民等四十餘隘固爲合衛三道門戶而海安海康

黑石澮道并徐聞錦囊諸隘所以合防海澳操縱反側者也若廉州則尤爲全廣重輕故兵符特劄於靈山達堡增屯於衛北海寇嗣獠外藩之憂視三嶺獨勞焉西南雄郡瓊爲廉之外戶五指腹心盡爲黎據郡邑封疆無不瀕海若白沙石瓊館頭文昌海安海康對峙番島飄風突來防禦甚艱凡此皆西路所當汲汲經畫者也故其分守也東路則於柘林設把總哨至豬頭礁與碣石會碣石設把總哨至大星洋與南頭會而惠潮則有參將之設南澳又有漳潮副總之設中路則於虎頭門設把總哨至三角洲與廣海會廣海設守備哨至黃景門與北津會而廣州則又有海防參將之設西路則於陽電設參將哨至赤水洋與白鴿會白鴿門設把總哨至海安港與潿洲會而潿洲則有遊擊雷廉則又有副總兵之設瓊州白沙寨則又有把總崖州則又有參將之設所以備粵寇者如此

八閩之地西北阻山東南濱海其烽火之臺山小埕之東湧海壇東庠南日烏邱浯嶼彭湖元鍾銅山島寇必經之地故分布五寨以鎮之俱江夏侯所設也一曰浯嶼水寨始設於海邊舊浯嶼山外有以控大小擔嶼之險內可以絕海門月港之奸誠爲要區後遷入廈門舊浯嶼棄而不守遂使番船南來據爲巢穴是自失一險也今欲復舊制則孤懸海中既鮮村落又無生理一時寇來攻刼哨援不及兵船之設何益哉故與其議復舊規孰若慎密廈門之守於以控泉郡之南境自岱墜以南接於漳州哨援聯絡豈非計之得者哉一曰南日水寨原設於海中南日山下北可以遏南茭湖井之衝南可以阻湄洲岱墜之扼亦要區也景泰以來乃奏移莆田縣之吉了仍以南日爲名舊南日棄而不守遂使番船北向泊以寄潮是又失一險也今之事體與浯嶼相做一曰烽火門水寨原設於福寧州三沙海中永樂間倭寇犯境議據福寧衛大金所官軍防守秦嶼羅浮官井洋皆其轄焉正統九年侍郎焦宏以其地風濤洶湧不便泊船徙今松山寨地方其後官井洋雖添設水寨而沙埕羅江古鎮羅浮九澳等險孤懸無援勢不能復舊矣

一日銅山水寨漳州府所轄也漳浦一縣最近海嶼設水寨者二一銅山西門澳爲把總水寨而元鍾則受其節制焉故今止以五寨爲名初水寨在井尾澳嘉靖間移今西北地方北自金石以接浯嶼南自海嶺以達廣東險阨所係匪淺淺也況倭船自浙趨閩所必由宜嚴遏其衝并絕猾徒之勾引接濟者則有以控八閩上游之勢矣一日小埕水寨北連界於烽火南接壤於南日蓋連江爲福郡之門戶而小埕爲連江之藩翰也海壇連盤雄踞聳峙若南屏然爲賊船之所必泊其所轄閩安鎭北茭焦山諸巡司爲南北中三哨無事往來探視有警協力出戰則此寨之設爲不虛矣番船自粵趨閩而入於海南粵雲蓋寺走馬溪乃番船始發之處猾徒交接之所也附海有銅山元鍾等哨守之兵若先分兵守此則有以遏其衝而不得泊矣其勢必拋於外浯嶼外浯嶼乃五澳地方番人之窠窟也附海有浯澳安邊等哨守之兵若先會兵守此仍撥小哨守把緊要港門則必不敢以泊此矣其勢必趨於料羅烏沙此番船等候接濟之所也附近有官澳金門等哨守之兵若先會兵守此則又不敢以泊此矣其勢必趨於圍頭峻土此番船停留避風之門戶也附海有深扈福金哨守之兵若先會兵守此則又不敢以泊此矣其勢必趨於福興若越於福興計其所經之地在南日則有岱墜湄州等處在小埕則有海壇連盤等處在烽火門則有官井流江九澳等處此賊船之所必泊者也若先會兵守此則又不敢以泊此矣來不得停泊去不得接濟船中水米有限人力易疲將有不攻而自遁者況乘其疲而夾力攻之豈有不勝者哉故其分守也銅山寨領以把總南哨至洪淡巡司北哨至東鎭洋又於舊轄元鍾所增遊兵寨設南澳把總領之分哨雲蓋寺走馬溪等處而聽節制於漳潮之總兵浯嶼寨領以把總南哨至舊浯澳北哨至大岞山而又特於南澳設副總兵兼轄起祥芝直抵廣東界之信地南日寨領以把總南哨至金沙澳北哨至蘇澳與海壇哨會海壇則又增設把總領遊兵分哨觀音胡盧等澳以爲小埕之南藩小埕寨領以把總南哨至白犬山

北哨至西洋山與烽火哨會而又得於中路設參將兼轄起瀛澳直抵泉群祥芝之信地烽火門寨領以把總南哨至小西洋北哨至官澳而又特於北路設參將兼轄起福甯直抵甯德縣瀛澳之信地所以備閩寇者如此

兩浙日本舊時貢道在焉論列郡之海口則溫州之飛雲橫陽館頭台州之松門海門甯波之定海太液湖頭渡紹興之三江沙門杭州之赭山龕山嘉興之乍浦澉浦皆海寇窺犯之地列郡之門戶也論洋海之要害則金盤之鳳凰山南屏山松海之大陳大佛頭昌國之韭山定海之舟山遠而陳錢馬蹟下八山臨觀之烈港海甯之洋山許山皆洋寇必經之地沿海之藩籬也然溫州與閩境接壤寇賊揚帆必首當之惟先嚴甯門鎮下官嶼南臺三險以扼其來於此不戒而入內地則溫爲正兵而台爲應援甯區速宜戒備矣台州四寨之國南有桃嶴金竹北有桑州桐巖西有關山衛野壘嶂層岡重關鳥道而且南去盤石楚門僅百五十里東南去松門僅百里東去海門僅八十里設或海寇棄舟登陸皆可卒至城下自海門而上者則一潮直達三面阻山一面瀕海孤縣於數百里之外孤危之勢誠可畏也務在加力防守過溫而台則台爲正兵甯爲應援溫則爲後襲矣甯區之衝石浦昌國爲最石浦一城去昌國僅十里城下一帶水涯堪以棲泊戰船對面有山即石浦舊城山外大洋有山名曰壇頭盜船出沒輒乘其地故閩寇南犯必由三門林門下灣門東門四路而入倭寇東犯必由牛欄基洞下門等處而入今策其最要則洞下門逼近石浦所城其港頗窄其潮甚急賊船進此必紆回磬折於兩岸夾山之下而石浦左連一山名打銅坑與洞下門直對撥兵分據使寇䑸不得飛渡所謂以逸待勞此守洞下門之一策也三門去石浦頗遠與台區朱門海洋鄰界其港頗闊以諸汛稍緩之兵併力隄防此守三門之一策也至下灣門外係壇頭大洋內則舊城東門港闊潮急且與火鑪頭對峙於火鑪頭更宿重兵與對岸舊城東門互相防禦

此守下瀏門之一鑰也而其最要者則定海一城乃金瀏門戸且東北一黌山石參差皆爲下塗捷徑倘賊舟揚帆直抵城下尤宜備禦杭州則鼈子門者乃省城第一門戸石墩鳳凰外峙乃第二門戸此外無山惟洋許獨立海中東接衢洋西控吳淞江口爲第三門戸洋許二山有防然後石墩鳳凰有蔽石墩鳳凰有蔽然後錢塘鼈子門可甯此其大畧也嘉區之海鹽海甯及乍浦澉浦梁莊等處海以城爲垣城以海爲池去城不及半里登岸卽可攻掠所謂洋山許山者遠落大洋不知何處矣往者攻犯乍浦慘不忍言顧議及浙海輒以甯紹台温爲上游而嘉區爲可緩不知嘉區西浙之門戸也故其分守也浙江有六總金鄉盤石二衛設把總一南與福建烽火會哨北與松門關會哨轄温州沿海延袤四百餘里而節制以温處之參將松門海門二衛設把總一南哨至蒲岐北哨至昌國石浦港轄台州沿海延袤五百餘里而節制之以金台嚴之參將昌國衛設把總一領本衛幷在外前後錢爵四所及遊仙寨而以南起石浦馮家山北抵南湖頭爲信地定海衛設把總一領本衛幷在外後所霩衢大嵩中中中左五所而以南起湖頭渡北抵管界巡司及外海舟山爲信地觀海臨山二衛設把總一領甯紹地方西至三江所東至龍山所延袤三百餘里及在外金家嶴爲信地而皆節制之以甯紹之參將海甯衛設把總一領浙江沿海一帶起自鼈子門直抵金山衛延袤五百餘里皆屬焉而節制以杭嘉湖之參將所以備浙寇者如此江南東濱巨海北亙長淮中貫大江其與浙江連界者爲松江自金山衛至南匯所官軍各分信地而金山北衛松江南援乍浦尤爲要區若金山以東有翁家港蔡家港柘林漴缺等處南匯以北有四五六七八九團洪口川沙窪清水窪等處防守宜嚴萬一外守不固則黃浦一帶又爲蘇松險要守浦乃所以守門戸也今吳淞江口卽爲黃浦口子故設兵一枝以防深入至於上海之高資渡沈莊塘周浦閘閔行港華亭之葉謝曹涇張堰等處賊一登岸渡浦甚易防禦宜密然寇船之來必至海外太山停船候齊則洋

上海著易堂印行

山之地外爲定海吳淞江會哨兵船之羽翼內爲海港把守兵船之捍衛矣蘇州沿海一帶險隘甚多常熟有福山港白茆塘太倉有劉家河七丫港嘉定有吳淞江黃窰港皆賊之通衢而東吳之門戶此則所謂一府之險要長洲則泖湖浩蕩吳江則鶯湖相屬吳縣則太湖交通皆賊之徑道而腹裏之關隘此則所謂一縣之險要其次則福山以西有三丈浦斜橋以東有許浦金涇劉家河以北有新塘浪港茜涇吳淞江以南有寶山以東有老鸛觜均之所謂險要而少次焉者况海濱數百里一望平坦非有山巖險阻爲之扼塞皆可以泊船登岸兵力有限而防禦之計當先其大者以海邊惟福山爲最而腹裏惟勝墩爲最故劉家河吳淞江福山港舟師防守不可單弱白茆口七丫港黃窰港俱當[illegible]設戰艦庶與各港相爲犄角又如賊自東南而來必由寶山吳淞江宜於吳家沙堵截之賊自東北而來必由三沙劉家河宜於營前沙堵截之則蘇之外防或可無虞至於風汛時月吳淞水兵統發勝墩平望以防嘉興突犯之寇吳縣水兵統發太湖以防蠡里突犯之寇長洲水兵統發周莊以防泖湖突犯之寇則蘇之內防或可無虞惟吳淞所爲水陸之要衝蘇淞之喉吭提兵南向可以援金山之急揚帆北哨可以扼長江之險者也崇明孤懸海外又天生此一塊土以爲蘇州之屏障江海之鎖鑰者也若常鎮之所防者在江而不在海海寇入江由江兩岸登陸之路參角營前沙南北相對爲第二重門戶周家橋與圌山相對爲第三重門戶緊守門戶堂奧自安若三門稍有疎虞至不得已而守金焦兩岸謂之下策矣故其分守也蘇松專防海常鎮兼防江由浙之乍[illegible]以東則松之金山衛扼其衝於是有參將之設而若華亭之柘林上海之川沙則各設陸兵把總屯守之由淞之[illegible]浦以北則蘇之吳淞江口當其吭於是有總兵之駐劄把總之哨守遊兵把總之策應而若太倉之劉家河常熟之福山港凡賊舟可入處則各設水兵把總堵截之至於崇明孤懸海中尤爲賊所必經之處舊設把總一員駐竹箔沙營西與營前沙之名色把總往來會哨又

所以遊觀海洋而聲報港口也由蘇而常而鎮則於揚舍設守備西與孟河堡之官兵相哨望於圌山營設把總西與永生洲新設之遊擊相聲援又皆所以東堵江口而遙衞江甯也所以備蘇松常鎮之寇者如此

江北局勢與江南浙福不同難恃舟師止仗陸戰狼山當江海之吭而蓼角掘港皆揚之東南界也朐山據淮海之首而鬱州嚶遊山皆淮之東北境也中包泰興之周家橋鹽城之射陽湖山陽之雲梯關廟灣等處此皆據守所當先者而賊入海之道有二其一曰新港即所謂三江口蓋由南江狼山越儀眞瓜州而入登岸則卞家墩周家墩稍折而東則揚州矣此可入以登岸亦可從以出海者也其二則蛤蜊觥綫等港與沿北大海口大海口有水陸路南通廟灣與劉家莊姚家蕩俱爲大鎮賊若據此官軍屯於湯潮岸等處賊南尋新港路出不得則必北尋大海口而出勢所必然若安東海州之東北有大北海不惟道理迂遠且砂磧甚多此不可運舟者也蛐港新插港之東亦有北海砂磧亦多此但可從而入不可出者也是賊出海之路止有三途若其登岸之處則不一東則蓼角嘴呂四場西則楊樹港徐沙營又西則狼山楊樹港北則新插港掘港皆其所從以登岸而入寇之路也故其分守也則江海淮三者並防蓼角嘴之大河口突出東南則設把總沿而西若狼山爲通州門戶則設把總通州爲全場之門戶則有總兵特皆意專防江其自海門而北爲掘港則設守備又自新插港轉而西北爲鹽城則設守備又西北爲廟灣劉鴉又西設周家橋把總以防泰興之衝犯又西設三江會口把總設儀眞瓜州守備以防內地之突入則設遊擊皆以防東海一帶各港岸之登犯自雲梯關以東爲東海守禦所則設把總以防賊出海入淮之路又於揚州設陸營官兵以備調遣援應所以備淮揚寇者如此

登萊三郡凸出於海如人吐舌東南北三面受敵故設三營聯絡每營當一面之寄登州營所以控北海

之險也登萊二衞併青州左衞俱隸焉其策應地方語所則有奇山福山中前王徐前諸所語寨則有黃河口劉家江解宋蘆馬停竈汀馬埠諸寨語巡司則有楊家店高上縣本鎮馬亭鎮東良海口柴葫海倉魚兒鋪高家港諸司其在海外則島嶼環抱自東北崆峒半洋西抵長山蓬萊田橫沙門鼉磯三山芙蓉桑島錯落盤互以爲登州北門之護過此而北則遼陽矣此天造地設之險也然諸島雖近登州而居島中以取魚鹽之利者乃遼陽之編伍非山東之戎卒也叫嗷跳梁可畏而不可恃故北海之濱既有府治而復建備倭城於新河海口以爲屏翰且有本營之建焉而但建水寨於島嶼良有以也夫島嶼既不設險劉海口所係非輕自營城以東若抹直石落灣子劉家汪平暢蘆諸處自營城以西若西工莊西山孫家[illegible]洋山後八角城後芝罘莒島諸處皆可通番船登突嚴外戶以綏堂閫其本營典守之責乎登萊突入海中至文登縣九其東之盡處也成山之東若旱門灘九峯赤山白蓬頭諸島縱橫沙磧聯絡潮勢至此衝擊騰湧議者謂倭船未敢猝達然考之明初倭寇成山海側居民重罹其殃倭果畏海奚而有是哉故文登縣東北有文登營之設所以控東海之險也甯海威海成山靖海四衞皆隸焉其策應地方語所則有甯峯海陽金山百尺崖尋山諸所語寨則有青泉赤山等寨語巡司則有辛汪溫泉鎮赤山寨諸司遂而北則應援乎登州迤而南則應援乎即墨三營鼎建相爲犄角形勝調度雄且密矣其與江南省連壤者爲即墨縣南望淮安東海所城左右相錯如咽喉關鎖倘海波告警淮揚被刼則自淮達萊片帆可至也故即墨所係較二營似尤爲要自大嵩鼇山靈山安東一帶南海之險皆本營控禦之責其策應地方語所則有雄崖膠州大山浮山夏河石洞諸所語巡司則有乳山行村栲栳島逢猛南龍灣古鎮信陽夾倉諸司其海口若唐家灣大任陳家灣周兒灣栲栳六井灣顏武周疃松林全家灣青島徐家莊諸處俱爲衝要隘防尤難封守者可弗慎乎哉其分守也自青之[illegible]榆界而東於安東衞設守備分哨至萊之高

密界而止萊自古鎭巡司而東於靈山衛之沙溝設守備分哨逄猛以西之海口又於即墨縣治南設守備分哨浮山以東之海口又東則於登之萊陽大嵩衛設守備又折而東北則於文登設守備以協防東南兩面之險又折而西北則於府治之北特有副總兵之駐劄設水陸兩遊擊分扼港岸前哨旅順以協防北海一面之險又西爲萊之西北界則設王徐寨守備防守白浪新河等九海口又西則於府治設遊擊南策即墨北應王徐而西與青州之聲援接又西則於青州設遊擊南策安東北守唐頭營一帶而西與武德二守備之聲援接所以備山東之寇者如此

沿海自廣東樂會縣接安南界起歷海條澳爲文昌界鋪前港爲會通界神應港豐盈浦爲瓊州界麻頭浦呂灣鋪爲臨高界田禾灣爲儋州界峨詐山爲昌化所界歷白沙營爲感恩縣界大洞天小洞天爲崖州界牙狼澳雙洲門爲陵水縣界七十二徑牙山淡水灣爲欽州界草木營烏雷山爲靈山縣界青嬰池楊梅池平江池爲廉州界邵州爲永安所界鄉州爲康海所界潿州爲錦農所界調州獨豬山爲石城千戶所界硇洲小黃程汾洲爲甯川所界青聚山羅浮峰爲神電衛界海淩山爲雙海所界小獲山爲海朗所界中獲山爲陽江所界大獲山爲新甯縣界西熊山鶚洲山爲新會縣界萬斛山上川山爲順德縣界石岐峰爲香山縣界蛇西山大南常山爲南海番禺界烏沙洋爲白沙巡司界九星洋爲福永巡司界珊瑚洲渡桠山爲東莞縣界合蘭洲爲大鵬所界馬鞍洲爲鐵岡驛界甯洲山桔州山爲惠州界記心洋爲平海所界徐娘山爲海豐縣界大星尖山爲捷勝所界吉頭峰爲碣石衛界前標峰爲甲子門所界陶娘澳清海澳爲靖海所界大浮山玉嶼山爲潮陽縣海門所界小柑山爲蓬州所界大柑山爲大城所界大京山九猴山爲饒平縣界計五千里抵福建南澳山爲元鍾所界歷侍郎洲石城嶼爲銅山所界歷鴻儒嶼金洲嶼爲陸鼇所界大澉嶼壁洲山爲鎭海衛界小澉嶼爲月港界舊浯嶼爲高浦所界嘉禾山大擔

山中爲佐所界小擔虎頭山爲金門所界大登山小登山爲福全所界大捕山小捕山爲永甯衛界埕埭峰獺窟峰爲崇武所界沙塘灣爲惠安縣界欃嶼白嶼爲峰尾巡司界湄洲山爲南泉寨蒲禧所界石獅峰小澳峰爲平海衛界埕口三江口爲沖心巡司界綱山王家嶼爲萬安所界六鵝山碧水島爲鎭東衛界踵門山爲蕉山巡司界日嶼月嶼爲梅花所界卽會城三波礁五虎澳爲連江界下干塘四嶼爲定海所界花瓶爲北茭巡司界飛鸞渡爲甯德縣界青山峰爲大金所界天干山丁家桯大俞山三星山流江爲福甯州界計二千里抵浙江縣中峰爲蒲門莊士二所界歷長沙門大崑山爲金鄉衛界鳳凰山爲平陽所界銅盆山爲沙國所界仙口峰飛雲渡爲瑞安所界大衢山海安港爲海安所界霓嶴披山爲甯村所界黃華港爲磐石衛界大巖頭爲磐石後右界前山雙斗門爲瀬岐所界九眼塘斗山關爲三山巡司界丫髻峰爲楚門所界臨門隘爲隘頭所界省梅坑爲沙角巡司界大陳山石塘港爲松門衛界金清閘西嶼閘永豐閘皆朱文公所造爲新河所界金沙灘鑄礁爲海門衛界海門港爲海門前所界五嶼爲桃渚所界三門山爲健跳所界石蒲港爲前後二所界青苔灣爲昌國衛界小目山爲爵溪所界西廚山爲前倉所界孝順洋白塗爲大嵩所界大射山爲穿山後所界洛茄山長白山爲中左所界大魚灣爲長山巡司界招寶山巾子山爲定海衛界全家嶴爲甯波界邱家洋爲慈溪界金塑浦爲龍山所界松浦港爲松浦巡司界黃山爲觀海衛界破山浦爲三山所界化龍浦爲餘姚界臨山港爲臨山衛界西海塘爲上虞界漁山蒙池臺爲紹興三江所界鼈子山爲蕭山界龕山楞門爲會城界大衢山小衢山爲澉浦所界桑扶山爲海甯衛界西海口馬蹟山花丁興殿前山淡水門爲乍浦所界計二千七百里抵江南省三姑山爲金山衛界胡家港爲金山巡司界上釣山中釣山下釣山大盤山爲青村所界蒲嶴爲南匯所界隙前山茶山爲南蹌巡司界寶山爲上海界永字山分水礁海礁山綵陶港爲吳淞所界復岡山顧涇港

一　上海著易堂印行

爲嘉定界竺箔□送信 小圍沙崇安沙爲太倉界大陰沙管家沙爲崇明界福山狼山三槿口爲通州千戶所界唐家港海門島爲泰州界亂沙新洋港爲鹽城界開山淮河口鶯山爲安東界勁山高公島爲海州所界清河口已頭河爲贛榆界旬島勞山島爲安東界孤耆山爲石臼所界計千八百里抵山東靑沈峰懸胡家峰爲高港巡司界沙嶺峰爲靈山衛界黃埠峰爲夏河寨界洋河峰爲膠州界大勞山田橫島爲鼇山衛界走馬峰爲卽墨界馬山爲浮山所界旬島赤島爲雄崖所界吾島徐福山爲大山所界巨高島爲大嵩衛界竹島爲海陽所界松島莫邪島漫雞島爲靖海衛界佛島爲津甯所界五壘島下勞山爲尋山所界欽馬墩落口堡爲成山衛界海牛島爲不夜城界寶家峰爲百尺巖所界古柏頂爲威海衛界芝島爲金山所界新安堡戲山峰爲甯海衛界海雞山爲竈河寨界武家莊爲馬埠寨界洋山爲萊州界八角島砣磯島爲登州界劉家汪爲盧洋寨界沙門島爲解宋寨界單山爲黃縣界桑島爲馬停寨界黿島爲昌邑縣界歆末島爲壽光界都里鎭爲蒲臺界青島爲利津界黃島爲賓州界直沽口爲寶坻縣界塔山爲廣龍衛寨界南半洋山爲昌黎縣界計一千二百里抵遼東北半洋山爲山海衛界蔬菜島爲中前所界牛車島爲中後所界孤山爲中右所界向陽島羅兒島爲金州衛界石灘島爲左所界東雲島黃駝島爲蓋州衛界屏風山爲復州衛界鳳凰山爲左所界女兒河爲中屯衛右屯衛界遼河渡古寺島爲廣甯衛界麻田島平島爲海州衛界湯站堡爲鎭遼所界臨江爲義州界計一千三百餘里爲鴨綠江朝鮮界

海之有防歷代不見於典冊有之自明代始而海之嚴於防自明之嘉靖始蓋晉漢之際於海收魚鹽之饒晉唐以降於海通番舶之利迨元初范文虎之師敗於日本狡焉啓疆於斯釁焉至於明或柔以致之或戍以拒之不致大釁惟嘉靖間倭寇連船突犯橫肆蹂躪於是濱海之官民將卒聞警則變色於談虎

解嚴則疏戒於衣袽夫駭以爲巨敵而張皇失計者非也然玩以爲小醜而泄沓忘備者亦非也彼其乘汎走舸疾於風雨擣虛擊懈幻若鬼蜮何敢恃其不來而不思所以待之乎按東南濱海之地閩廣逼邇逃巨藪江浙爲財賦要區山東橫亙海上爲門戶延袤一萬二千餘里處處可犯則處處宜防防之之法一在遏之於遠洋而使之不常厥居也一在擊之於近洋而使之不得傍岸也一在據險固岸而使之不得上一在堅壁清野而使之無所掠也然各有得失其說可得而詳焉蓋遠來侵犯必於山島樓泊會齊整頓方入近洋如茶山陳錢等處爲入犯必由之徑說者謂宜按汛立營分番遠哨使寇不得駐各島而爲依宿自不能越各島而入內洋豈非制敵良策但大海茫茫波濤洶湧而況風候向背潮汐高下沙石起伏洲渚驅阻彼皆素所諳練以我之迷而蹈彼之危能保必勝乎則遏賊遠洋之未可恃也若內洋山島如粵之南澳閩之浯嶼南日山浙之舟山江南之洋山設兵以駐守會哨以策應則綜覈易而聲援便乃海中所設之寨雖因其名而實改建傍海之地於是近洋無阻而賊船可以達岸矣則擊賊近洋之當講也至於不能禦之於海則必以緊守海岸爲要策夫沿海戍守之士祇幸賊之不到其地誰肯互相救援爲保護之計者夫賊舟泊岸必擇無砂磧而可登之地故聯艦設備當先明其地之爲要衝爲次衝要衝之戍專司守禦次衝之戍兼司策應彼新至之寇人衆飢疲巢穴未定擊之匪難倘延入內地縱能殲之所損多矣苟一經闌入而至以堅壁清野爲計此出於勢之不得不然也所慮但知守城而城外之民棄而不顧彼則飄突而來原無攻城之志既已捆載而去適合飽掠之心而賊退之後止以全城爲功不以縱賊爲罪彼安得不垂涎而再來此安得不泄視而弛備也哉若其勾引之當察也接濟之當嚴也寸板之不得下海也所以絕內援以消窺伺之謀而又招之以散其黨也撫之以誘其來也居其穴以撲滅之也所以摧外強以泯枝蔓之圖則海疆有不敉甯者乎且從來海寇出沒之所閩粵爲甚而江浙次之

山東又次之今日者設重鎮新壁壘較往代爲尤悉誠〇國家鞏固皇輿之雄略也夫

[illegible]

上海著易堂印行

江防總論一卷海防總論一卷

〔清〕姜宸英撰

《江防總論》一卷《海防總論》一卷，清姜宸英撰。宸英（一六二八—一六九九）字西溟，號湛園，浙江慈溪人。康熙三十六年（一六九七）進士，官翰林院編修。《江防總論》依海道所經，條繫其形勢之略於後，以明原委。《海防總論》概論自明洪武以降海港、海岸防禦事宜，各省哨海界及日本朝貢、入寇、互市始末。兩書縷述詳盡，可互爲補充。據《學海類編》本影印。

江防總論

清 翰林院編修姜宸英譔

岷江會衆川之流出峽而後滔滔東下然其勢猶未極盛也至過江陵則漢江統西北之水而趨鄂渚洞庭合西南之水而出岳陽又經黃蘄而向潯陽則彭蠡會饒徽贛袁諸方數千里之水以南出湖口東北納淮南之衆流泄宣潤之陂澤所受天下水幾十之四五自九江以下兩岸南北涯涘無際汊港縱橫故小則漁徒鹽戶出沒藏奸大則巨盜之揚帆鼓棹挾風濤而負固者不

可誰何也明制用都御史設操江署于應天府之新江口上起九江府之南湖汛下至南直圌山三江會口一千五百餘里以時分班操練水師又設南北兩巡撫兼理兵務操臣任江中撫臣督岸上互爲策應而兩御史巡閱之于是取民間之少壯充弓兵巡司保任聯結制姦人無所得出入洲渚港浦步步設備營柵相望櫛比而縝密矣

本朝定鼎初設操江駐池州改駐安慶康熙元年始裁撤巡江兩御史裁操江而以其職并轄之于總督都御史規制稍變焉臣謹按古之有事于江者未有不因江之利者也易曰王公設險以守其國夫長江固天下之至險也而亦有國者之所恃以爲守也徒知其害而不知其利因用之以取勝豈謂善識時勢者哉然而有南北之分勢有刱業之大勢有一統之全勢所謂南北之分勢若孫吳東晉五代及後唐南宋是也時則以金陵爲居重以上流爲控扼以全蜀爲根抵蓋由京口而至秣陵是爲長江之險自武昌而至江陵是爲荊湖之險守長江者以兩淮守荊湖者以襄漢南宋李綱論守備

之宜請于淮東西及荊襄置三大帥屯重兵以臨之分遣偏裨進守支郡上連下接自爲防守其說偉矣南唐罷淝泗把淺之戍周師得以深入楊行密與朱溫亟戰于淮上溫不敢渡江而楊氏遂能以淮安一隅與中原抗此則淮江相爲脣齒之效也晉羊祜據襄陽險要開建五城給吳人羅守石城杜預以收江南之捷晉陶侃取襄陽命桓宣守之而趙人不敢越漢沔以取荊此則襄陽與荊湖相與脣齒之效也然而根抵尤在于蜀者江之所從出也我不得蜀則長江之險與敵共之矣晉

之滅吳隋之平陳元之毖宋皆先取蜀而後舉兵隨之其已事也獨典午南渡未嘗得蜀而得晏安江表數十年無西顧之憂者以蜀之未與中原通也符堅既克漢中復平蜀密令人預備舟師于蜀將以入寇于是蜀漢爲軍順流而下幽冀之衆至于彭城使其不輕身先進徐以待東西萬里之師水陸俱下以壓區區之江左豈有幸哉故蜀固而後襄漢得爲荊湖之藩蔽荊湖守而後兩淮得爲金陵之門戶此偏安之勢然也宋之取江南也所出之道一荊南此沿江而下之師也晉之取吳也

所出之道六涂中江西武昌夏口江陵益州而沿江之道五隋之取陳也所出之道八六合襄陽永安江陵蘄春廬江廣陵南海而沿江之道四元之取宋也所出之道二淮南襄陽而沿江之道一則上流之勝勢斷可識矣獨明太祖起兵淮甸日決勝于吳楚之間其始由和州渡采石取集慶尋取京口以斷張士誠絕江之路既而陳友諒襲太平犯龍江不與之爭于境內乃溯流直上而西殪之于鄱陽進兵武昌而東南大定矣此所謂因江之利而善用之以取勝者開刱之盛業帝王之極功也至于承平已久風波恬息持籌長算

之士無所得騁其閒其視長江衣帶固漁人舟子之所以泳游而玩狎之者也然而備又不可以不預也昔吳紀涉之對魏主曰江自西陵以至江都七千五百里疆界雖遠而險要必爭之地不過數處猶人身七尺之軀靡不受患其護風寒者亦數處耳彼所爲數處者不過西陵荊州九江采石京口迫江諸險要而已此特就其國言之也若夫有天下者則其風寒之所當護者又有大于此者焉試以明事徵之正德閒劉齊之寇泝流上至九江又下南京往來者三如入無人之境然其始亂

則近畿也其末也賊張獻忠由黃州團風鎮飛渡武昌陷省會全楚魚爛同時羣盜豕突池和廬鳳悉經焚掠烽火照于江南然皆秦豫來也如是病有所從起患有所必備雖七千五百里之外孰非吾一體之所當護者乎而況即此七千五百里中水陸之路斜汊支港傍溪曲徑觸處成險雖節節分營而于各營之中又自有其護風寒者其規模既廣其布置宜密故善爲防者必合天下之全勢而計之務使遠邇聲息貫若一體之相周流聯屬而不致有一日猝然不可救之患而已此在一

隅偏安者苦于掣肘而若有所不及爲今舉天下之大唯吾所欲爲之而不致有猝然不可拔之患者非萬世一時哉故曰有一統之全勢者此也我

朝撥亂之餘功令一新所遣將軍都統以下星列棊佈于荊州江甯京口諸重鎮奇兵遊兵巡江諸營或守禦非常或往來探哨千里之遙應若呼吸隔江南北若運指臂以故比年以來滇黔兩廣外暨九眞日南珠璣孔翠異香文犀罽氎寶蠓之貢浮江而入河者若過于枕席之上巴蜀之名材荊楚之秔稻連檣接艫輸于天府

散給吳越者若取諸左腋之下可不謂盛烈哉然而芟薙萌芽摧裂罅漏圖大于其細制近于其遠吾之法一定而天下之變日出而不窮其不得以太平無事而忽之也明矣臣謹按明制江防與唐宋經略微有不同者嘉靖以後懲于倭患江防與海防相爲表裏者也江自京口金焦起下與海接爲第一重門戶外迄于廖角嘴營前沙南北相對則爲入江第二重門戶也江南以及通泰之呂四場掘港諸處與海相通者在在皆所經畫凡以防江卽以防海此其所以視前代加心而我

皇上於今海氛既靖之後猶不能無加意于門戶之守者明主之意周乎天下誠非前代帝王所能及也舊明操江洪朝選故有江防要覽諸書後吳時來作江防考王篆繼緝之

本朝順治間操江臣李日芃具有成書皆略載當時現行事例而已不及有所證明臣今紀自明世以及

本朝設官各汛要害參伍古今備志沿革而于大江源委亦詳著于篇

海防總論

清　翰林院編修姜宸英譔

國家混一區宇聲教覃被汔于無垠唯是東南縮波而州者千餘里一二狂孽弄兵島嶼烽烟時接吳越閩至不得安枕而寢

皇帝御宇之十八載神謀潛運削平反側從疆吏請以次用兵于臺灣樓船直指繫組待命厥角稽首恐後遂略定其地

天子乃按輿圖置一府三縣設之官府綏職之易鱗介

爲衣裳于是依島之國爲我邊界海隅出日罔不率俾

皇哉振古無前之偉烈雖詩書所載何以加茲先是海寇鄭成功盤踞金門廈門閩粵奪臺灣居之遊船入犯飄忽南北軍吏苦于奔命康熙初廷議以爲徙民內地寇無所掠食勢將自困遂悉徙粵閩江浙山東鎮戍之在界外者賊計果絀降者接踵二年立定界椿連歲遣

官巡閱邊海諸郡縣八年有

詔稍展縱民得採捕近海十三年成功子經承閩叛游居漳泉

王師收閩寇遁疆臣再修邊備而海壇金廈復置戍兵

癸十九年六月福建督撫臣議處投誠之衆奏請給還民界外田地以無主者俾之耕種且曰方今海外要地已設提督總兵大臣鎮守是官兵在外而投誠在內計可萬全無慮

詔許之閩界始稍稍開復二十三年五月克臺灣十月兵部議請各省開界得

旨江南浙江福建廣東沿海田地可給民耕種諸要地防守事宜其擇大臣往視焉乃以工部侍郎金世鑑都

御史呀思哈往江南浙江吏部侍郎杜臻內閣學士石柱往福建廣東

上面諭遣之許以便宜設防守事竣奏聞世鑑等往會督撫巡視遂盡復所棄地與民各就地險易撥置兵戍疏上

報可自是沿海內徙衛所巡司墩臺烽堠寨堡關隘皆改設于外略如明初之制民內有耕桑之樂外有魚鹽之資商船交于四省徧于占城暹羅眞臘滿剌加浡泥荷蘭呂宋日本蘇禄琉球諸國仍設榷關四于廣東島

門福建漳州府浙江甯波府江南雲臺山置吏以莅之使泉貨流通則奸萌自息此上策也而諸番緩耳雕脚之倫貫領横裙之衆莫不累譯款貢叩關蒲伏請命下吏凡藏山隱谷方物瓌寶可效之珍畢致闕下輸積于內府于是

恩貸之詔日下德澤汪濊耄倪懽悅喜見太平可謂極一時之盛然而帆檣接于內地則盜賊生心互市通于外國則狡變思逞此前代已事始未嘗不警戒而後稍弛防患輒中之宜

皇上之惓惓南顧慮此至重也始明太祖吳元年用浙江行省平章李文忠言調兵戍海鹽海甯各州縣洪武二年命參政朱亮祖副平章廖永忠取廣東遂命亮祖鎭守建置衛所七年詔以靖海侯吳楨爲總兵都督僉事僉顯副之領江陰廣洋横海水軍四衛舟師出海巡哨所統京衛及太倉杭州溫台明福建漳泉廣東潮州諸衛官軍悉聽節制事權專而責亦綦重矣十七年起信國公湯和于家使巡視浙江福建沿海城池和至浙則建議北起乍浦南汔浦門縈迴二十里設九衛道五十九城及諸所巡司民丁四調一爲戍兵是年江夏侯周德興亦築福建海上十六城置巡司四十有五按籍練民兵十餘萬戍竝海衛二十七年勅都督僉事商暠巡視兩浙城隍飭閱軍士又命魏國公徐輝祖安陸侯吳傑練兵海上時廣東都指揮同知花茂上言請徙廣屬逋逃蜑戶爲兵增設依山碣石等二十四衛所城池于要害山口海汊立堡撥軍戍守詔從之而命傑董其役故閩廣江浙一切海上阨隘城堡傑德與和所建設爲多蓋是時中國數被倭二年寇山東竝海郡縣又寇

淮安三年寇山東遂轉掠浙閩自後南北竝受其患太祖深憂之先後設衛所屯軍所轄于衛衛轄于都司而總隸之五府其卒伍之設每百戶所旗軍一百一十有二千戶所一千一百二十衛列五所及衛鎭撫軍凡五千五百有奇各衛屯田軍率十分其七守城三屯糧屯軍一人賦田二十畝而官徵其什之一軍屯錯列分墩而守自粵抵遼延袤八千五百餘里烽火相望而竝海以南迫近倭故其戰守備尤密云廣東瀕海之府八其六府分爲三路東路惠潮接壤閩疆商舶通番所必經

也左挈惠潮右連高雷廉而爲中路者廣州倭寇衝突莫甚于東路而中路次之西路高雷廉又次之高雷廉西物貢道之所從入也守廣者以三路爲扼要福建設水寨五在漳州曰銅山泉州曰浯嶼興化曰南日山福州曰小埕福甯州烽火門皆控制于海中浙江立沈家門水寨兩浙衛所戰艦協哨南哨至玉環烏沙北哨至馬蹟洋山而歸重于舟山定海江南之邊海在蘇松有海塘而無海口其要在陸金山衛爲之衝蘇州之沿海多港口者各設水兵堵禦而崇明爲賊所必經也故

兩處皆設重兵鎮之至狼福山與圌山三江相呼應又爲南北海防第一門戶江北之戰水陸並用登萊三營連絡曰登州曰文登曰即墨其外島嶼環抱迤邐以及遼陽而金復海蓋旅順各衛星羅棊布足嚴守望此其大凡也自成宏後迄嘉靖初倭警寖息者五十餘年邊備廢弛衛所屯田并兼豪右軍戶亡耗不復勾補水寨移于海港墩堡棄爲荆榛哨船毀壞不修而奸民逸囚漁人蜑戶咸伺隙思釁勾引山城失職之責使嘯聚稱王騷然蠢動一旦鋒突四起武夫喪氣抱首鼠竄賊無亡矢折刃骴骴蹂躪徧于江南城野蕭然白骨塡路矣然後謀臣猛將分道出鎮增兵設屯人人扼擊而談戰守起壬子至癸亥首尾十餘年中國始得安息此淩失祖制之故也善乎總制胡宗憲之言曰夫謂之海防者則必宜防之于海猶江防者必防之于江國初每衛各造大靑及風尖八槳等船百餘隻更番出洋哨守海外諸島皆有烽墩可泊後弛其令列船港次浙東于定海浙西于乍浦蘇州于吳淞江及劉家河夫乍浦灘塗淺閣無所避風吳淞江口及劉家河出海紆迴又非海防

要地故議欲分番乍浦之船以守海上洋山蘇松之船以守馬蹟定海之船以守大衢則三山鼎峙哨守相聯可扼來寇而又其外陳錢諸島久爲賊衝三路之要宜以總兵屯泊其地每于風汛時協軍巡哨使不得越島深入則內地可以安堵總兵俞大猷亦曰倭自彼島入寇遇正東風經茶山入江以犯直隸則江內正兵之船可以禦之遇東北風必由下八山陳錢淸水馬蹟蒲嶼丁興長途衢山楊山普陀馬墓等嶼經過然後北犯金陵西南犯浙江請于浙江共設樓船蒼船數百隻分伏

諸島往來巡探攻捕名之曰遊兵而遠遏之于大洋之外議者多是之或謂海棲經月必有颶風挽崖複嶕廉厲倅劍戟不可下碇癸丑俞大猷阻王直于馬蹟蛟龍驚砲起幾至覆没師旋賊逸乙卯秋浙直會兵大衢殿前邀賊歸路暴風雨大作飄舟以萬計是邀擊海上之難也蓋倭從南來晝行夜止依山棲宿始至必泊陳錢次馬蹟次大衢次殿前洋山若驛傳然可逆數知也然海波無際賊覘知諸山有備東西南北何所不適嘗聞海中長年云遇颶風者舍山泊泛大洋多得全逆知死

地不避寇知當出其下哉故必依此四山嚴會哨應援之令潛師伺敵發無不中此與設官屯駐顯示之標者利害相去懸甚右通政唐順之疏曰臣竊觀崇明諸沙舟山諸山各相連絡是造物者特設此險以迂賊入寇之路蔽吳淞江定海港口國家設縣置衛者以此而洗家門分哨之制至今可考今宜于春汛時用兵備數員暫駐崇明舟山而總兵以下分海而南北會哨晝夜揚帆環轉不絶其遠哨必至馬蹟而止副使譚綸甚善其說而謂陳錢馬蹟諸山在內海之外止可出哨不能設

守蓋海戰之弊有四萬里風濤不可端倪白日陰霾咫尺難辨一也官有常汛使賊預知趨避二也孤懸島中難于聲援三也將士利于無人掩功諱敗四也昔江夏侯五水寨舊址設在大洋後人以應援不便移其三于海岸致寇無門庭之限議者謂宜復如舊制或謂復之不便而信國經營浙海棄下八山不守謹置汛于沈家門人卒便之非江夏之先見不逮信國浙閩之勢異故也然賊自五島開洋諸山曠遠蕭條無居人得採捕小民嚮導以來近岸常無覺者自嘉靖乙卯後禦洋之法

立哨探嚴緊官得預備則藩籬之守其法終不可廢故必哨賊于遠洋而不常厥居擊賊于內洋而不使近岸斯策之最善而當時之議亦卒未有能易此者也初日本之犯中國山東甯海成山諸衛數被其毒及嘉靖之亂首犯福建以及浙直而延蔓于淮揚獨山東竟未嘗被兵何也蓋明起南方大兵所聚北地置戍猶少故寇時闌入然東南猶不免焉迨防守既密南北少事承平日久士卒生長南方風土脆弱兼之衛所軍部衆不多兵力散渙而瀛渤之間風氣堅悍如故寇來獲少所失

亡多所以日夕垂涎江南北或比壤一日而破數縣或千里同時而殘諸郡其時召客兵募土著徵調煩苦民力大竭必待督撫重臣前後彈壓而後定

本朝創業徽郡指揮千百戶之兵而概統于將軍提督總鎮分領于城守協鎮以下大者宿兵累萬次亦數千各城保守要害清野以困跳浪之賊如是者三十餘年而卒制其命賊不能以流刦郡縣生民不致大困者兵力之出于一故也時勢不同代各異制考之于古三代以前尚矣秦命南海尉任囂築瀧口漢陽嘉中亦詔緣

海郡屯屯兵盜賊不晉咸和間趙將劉徵帥眾數千浮海抄東南葛縣殺南沙都尉許儒南沙今常熟縣地尋寇婁縣武進郗鑒擊卻之此自北而南寇道之始通而海上自此漸以多故及晉末運恩循道覆相繼倡亂始入會稽上虞終于廣州始興又寇道自浙入廣之始也時謝炎以會稽守督五郡軍事率徐州文武戍海浦今自龕山而東至闌風石堰鳴鶴松浦蟹浦定海皆其地劉裕戍句章吳國內史袁崧築滬瀆壘後裕與盧循相持潯陽潛遣水軍從海道襲其番禺則其戰守皆在吳

越之間史記恩曾一走郁洲今臨朐縣東北有郁洲山而未嘗遠出爲民害然則海防之亟于江南舊矣顧其制不概見考宋時嘗于明州招寶山抵陳錢壁下置十二水鋪以瞭望聲息然宋終始未嘗罹倭患也至有明之世建置詳矣謹次明自洪武以來所設官立軍以防海外海港海岸事宜各省會哨海界及日本朝貢入寇互市始末然後備列今制別爲篇如左嗚呼强弱因乎時也盛衰本乎治也明太祖不勤遠略來則撫之貳則絕之選將練兵修備日如寇至故不庭之國再世來王

後人反是卒以召亂

今皇上端拱於穆清之上闢昧幽阻罔弗耀以光明以故天威所震陸讋水慄猶數諭邊吏慎固封守毋敢邀功生事疆埸之臣亦朝夕討訓以稱

上德意今坐享太平覩所經略若纖悉過計一旦有事舉而措之成法具在始知創制者之用意深遠不可測量而以遺萬世子孫之久安長治者豈其微哉臣所撰次依海道所經自廣東西路始福建浙江江南登萊天津衛遼陽以次及之又括海南北所經各省郡縣自爲

一卷其沿海山沙寇船入犯分合日本輿地皆有圖

海防述略一卷

〔清〕杜臻撰

《海防述略》一卷，清杜臻撰。臻（一六三四—一七〇四）字肇餘，號遇徐，浙江秀水（今嘉興）人。順治十五年（一六五八）進士，官至禮部尚書。是書係康熙二十二年（一六八三）杜臻巡視閩粤後，復結合浙江、江蘇巡視情況，輯撰而成。分廣東、福建、浙江、江南、江北、登萊、沿海全境諸篇，臚列沿海險要形勢及周邊往來策應諸地，兼及諸洋列戍哨探。據《學海類編》本影印。

廣東

清 秀水杜 臻遇徐著

廣東列郡者十分爲三路惠潮爲東路省會廣州爲中路高雷廉爲西路東路與福建連壤而潮爲嶺東之巨鎮焉柘林南澳俱係要區枕吭撫背之防不可一日緩而靖海海門蓬州大城諸所又皆跬步海濤所賴以近保三陽遠衛東嶺者也惠州海豐東南濱海其捷勝平海碣石甲子門皆瞬息生變儻柘林南澳失守是無潮

也不海碣石失守是無惠也而不知柘林之地尤爲南粵海道門戶據三路之上遊番船自福趨廣悉由此入舊例風汛之期各澳皆設戰艦秋盡掣回水寨此在他澳猶可柘林去水寨一日之遠警報未易達倘賊覘我無備乘虛衝突不亦危乎故必以愼固柘林爲要而附近城所戍卒互爲聲援斯爲勝算焉至南澳當閩廣交界在大海之中乃明初起發居民遺棄之地嘉隆閒倭泊於此互市廣捕急則奔閩閩捕急則奔廣而海寇許朝光吳平之徒巢穴于此故萬歷三年設副總兵以彈壓之若廣州地雖中處而環郡大洋風濤千里皆盜賊淵藪帆檣上下烏合突來接船屯哨可容緩乎嘗考諸島入寇多自閩趨廣柘林設備遏其衝而不得泊勢必越于中路之屯門雞棲佛堂門冷水角老萬山虎頭門等澳而南頭爲甚或泊以寄潮或據爲巢穴附海有東莞大鵬戍守之兵往來巡哨遇警輒敵必不敢泊此矣勢必歷峽門望門大小橫琴山零丁洋仙女澳九竈山九星洋等處而西而浪白澳爲甚乃番船等候接濟之所也附海有香山所戍守之兵往來巡哨遇警輒敵則

亦不敢泊此矣勢必歷崖門寨門海萬斛山硇州等處而西而望峒澳爲甚乃番舶停留避風之門戶也附海有廣海衛新寧海朗所戍守之兵往來巡哨遇警輒敵則又不敢泊此矣夫其來不得停泊去不得接濟雖濱海居民且安枕而臥況會城乎其西路高雷廉三郡以倭寇東來言之似防守之責可緩然三郡逼近占城暹羅滿剌諸番島嶼森列遊心注盼防守少懈則變生肘腋滋蔓難圖矣按高州東連肇廣南憑溟渤一帶海澳若蓮頭港汾州山兩家灘廣州灣爲本府之南翰兵符

重寄不當托之匪人以貽保障之羞也雷州突出海中三面受敵其遂溪湛川漳洲樂氏等四十餘隘固爲合衛三道門戶而海安海康黑石淸道幷徐聞錦囊諸隘所以合防海澳操縱反側者也若廉州則尤爲全廣重輕故兵符特劄于靈山達堡增屯于衛北海寇峒獠外彝之憂覩三嶺獨勞焉西南雄郡瓊爲廉之外戶五脂腹心盡爲黎據郡邑封疆無不濱海若白沙石瓊館頭文昌海安海康對峙番島飄風突來防禦甚艱凡此皆西路所當汲汲經畫者也故其分守也東路則于柘林

設把總哨至豬頭嶕與碣石會碣石設把總哨至大星洋與南頭會而惠潮則有參將之設南澳又有漳潮副總之設中路則于虎頭門設把總哨至三角州與廣海會廣海設守備哨至黃麖門與北津會而廣州則又有海防參將之設西路則于陽電設參將哨至赤水洋與白鴿會白鴿門設把總哨至海安港與漳洲會而漳州則有遊擊雷廉則又有副總兵之設瓊州白沙寨則又有把總崖州則又有參將之設所以備粵寇者如此

福建

入閩之地西北阨山東南濱海其鋒火之臺山小埕之東湧海壇東庠南日烏邱浯嶼彭湖元鍾銅山皆島寇必經之地故分布五寨以鎮之俱江夏侯所設也一曰浯嶼水寨始設于海邊舊浯嶼山外有以控大小岨嶼之險內可以絕海門月港之奸誠爲要區後遷入厦門舊浯嶼棄而不守遂使番船南來據爲巢穴是自失一險也今欲復舊制則孤懸海中既鮮村落又無生理一時寇來攻刦哨援不及兵船之設何益哉故與其議復舊規孰若愼密厦門之控于以控泉郡之南境自岱墜

以南接于漳州哨援聯絡豈非計之得者哉一曰南日水寨原設于海中南日山下北可以遏南茭湖井之衝南可以阻湄洲岱墜之阨亦要區也景泰以來乃奏移莆田縣之吉了仍以南日爲名舊南日棄而不守遂使番船北向泊以寄潮是又失一險也今之事體與浯嶼相倣一曰烽火門水寨原設于福甯州三沙海中永樂間倭寇犯境議撥福甯衛大金所官軍防守秦嶼羅浮官井洋皆轄焉正統九年侍郎焦宏以其地風濤洶湧不便棲船徙今松山寨地方其後官井洋雖添設水寨

而沙埕羅江古鎮羅浮九澳等險孤懸無援勢不能復舊矣一曰銅山水寨漳州府所轄也漳浦一縣最近海嶼聲水寨者二銅山西門澳爲把總水寨而元鍾則受其節制焉故今止以五寨爲名初水寨在井尾澳景泰閒移今西北地方北自金石以接浯嶼南自梅嶺以達廣東險隘所係匪淺淺也況倭船自浙趨閩所必由宜嚴遏其衝并絕慣徒之勾引接濟者則有以控八閩上游之勢矣一曰小埕水寨北連界于烽火南接壤于南日萏連江爲福郡之門戶而小埕爲連江之藩翰也海

壇連盤雄踞聳峙若南屛然爲賊船之所必泊其所轄閩安鎮北茭焦山諸巡司爲南北中三哨無事往來探視有警協力出戰則此寨之設爲不虛矣番船自粵趨閩而入于南澳粵雲蓋寺走馬溪乃番船始發之處慣徒交接之所也附海有銅山去鍾等哨守之兵若先分兵守此則有以遏其衝而不得泊矣其勢必抛于外浯嶼外浯嶼乃五澳地方番人之巢窟也附海有浯嶼安邊等哨守之兵若先會兵守此仍撥小哨守把緊要港門則必不敢以泊此矣其勢必趨于料羅烏沙此番船

等候接濟之所也附近有官澳金門等哨守之兵若先會兵守此則又不敢以泊此矣其勢必趨于福興若越于福興計其所經之地南日則有代隆湄州等處在小埕則有海壇連盤等處在烽火門則有官井流江九澳等處此賊船之所必泊者也若先會兵守此則又不敢以泊此矣來不得停泊去不得接濟船中水米有限人力易疲將有不攻而自潰者況乘其疲而夾力攻之豈有不勝者哉故其分守也銅山寨領以把總南哨至洪淡巡司北哨至東鎮洋又于舊轄元鍾所增遊兵寨設

南澳把總領之分哨雲蓋寺走馬溪等處而聽節制于漳潮之總兵浯嶼寨領以把總南哨至舊浯嶼北哨至大擔山而又特于南路設副總兵兼轄起祥芝甘底廣東界之信地南日寨領以把總南哨至金沙澳北哨至蘇澳與海壇哨會海壇則又增設把總領遊兵分哨觀音胡盧等澳會爲小埕之南藩小埕寨領以把總南哨至白大山北哨至西洋山與烽火哨會而又特于中路設參將兼轄起惠安直抵泉郡祥芝之信地烽火門寨領以把總南哨至小西洋北哨至官澳而又特于北路

設參將兼轄起福甯直抵甯德縣廉澳之信地所以備閩寇者如此

浙江

兩浙日本舊時貢道在焉論列郡之海口則溫州之飛雲橫陽館頭台州之松門海門甯波之定海太液湖頭渡紹興之三江沙門杭州之赭山龕山嘉興之乍浦澉浦皆海寇規犯之地列郡之門戶也論洋海之要害則金盤之鳳凰山南麂山松海之大陳大佛頭昌國之韭山定海之舟山遠而陳錢馬蹟下八山臨觀之烈港海

甯之洋山許山皆洋寇必經之地沿海之藩籬也然溫州與閩境接壤寇賊揚帆必首當之惟先嚴莆門鎮下官嶼南臺之險以扼其來于此不戒而入內地則溫爲正兵而台爲應援甯區速宜戒備矣台州四塞之國南有桃嶼金竹北有桑州桐巖西有關山衞墅疊嶂層岡重關鳥道而且南去盤石楚門僅百五十里東南去松門僅百里東去海門僅八十里設或海寇棄舟登陸皆可卒至城下自海門而上者則一潮直達三面阻山一面瀕海孤懸于數百里之外孤危之勢誠可畏也務在加力防守遏溫而台則台爲正兵甯爲應援溫則爲後襲矣甯區之衝石浦昌國爲最石浦一城去昌國僅十里城下一帶水泥堪以栖泊戰船對面有山郎石浦舊城山外大洋有山名曰壇頭盜船出沒輒乘其地故閩寇南犯必由三門林門下灣門東門四路而入倭寇東犯必由牛欄基洞下門等處而入今策其最要則洞下門逼近石浦所城其港頗窄其潮甚急賊船進此必紆回盤折于兩岸夾山之下而石浦左連一山名打銅坑與洞下門直衝相對撥兵分據使寇艘不得飛渡所謂

以逸待勞此守洞下門之一策也三門去石浦頗遠與台區木門海洋鄰界其港頗闊以諸汛稍緩之兵併力隄防此守三門之一策也至下灣門外係壇頭大洋內宿重兵與對岸舊城東門互相防擊此守下灣門之一策也而其最要者則定海一城乃全浙門戶且東北一隅山不參差每爲下塗捷徑倘賊舟揚帆直抵城下尤宜備禦杭州則鼈子門者乃省城第一門戶石墩鳳凰外峙乃第二門戶此外無山唯羊許獨立海中東撈衢

洋西控吳淞江口爲第三門戶洋許二山有防然後石
墩鳳凰有蔽石墩鳳凰有蔽然後錢塘鼈子門可甯此
其大略也嘉區之南鹽海甯及乍浦澉浦梁莊等處海
以城爲垣城以海爲池去城不及半里登岸卽可攻掠
所謂洋山許山者遠落大洋不知何處矣往者攻犯乍
浦慘不忍言顧議及浙海輒以甯紹台溫爲上游而嘉
區爲可緩不知嘉區西浙之門戶也故其分守也浙江
有六總金鄉盤石二衞設把總一南與福建烽火會哨
北與松門關會哨轄溫州沿海延袤四百餘里而節制

之以溫處之參將松門海門二衞設把總一南哨至蒲
岐北哨至昌國石蒲港轄台州沿海延袤五百餘里而
節制之以金台嚴之參將昌國衞設把總一領本衞幷
在外前後錢爵四所及遊仙寨而以南起石浦馮家山
北抵南湖頭爲信地定海衞設把總一領本衞幷在外
後所郭衢大嵩中中中左五所而以南起湖頭渡北抵
管界巡司及外海舟山爲信地觀海臨山二衞設把總
一領甯紹地方西自三江所東至龍山所延袤三百餘
里及在外金家島爲信地而皆節制之以甯紹之參將

海甯衞設把總一則浙江沿海一帶起自鼈子門直抵
金山衞延袤五百餘里皆屬焉而節制之以杭嘉湖之
參將所以備浙寇者如此

江南

江南東濱上海北亘長淮中貫大江其與浙江連界者
爲松江自金山衞至南匯所官軍各分信地而金山北
衞松江南援乍浦尤爲要區若金山以東有翁家港蔡
家港柘林漴缺等處南匯以北有四五六七八九團洪
口川沙窪清水窪等處防守宜嚴萬一外守不固則黃

浦一帶又爲蘇松險要守浦乃所以守門戶也今吳淞
江口卽爲黃浦口子故設兵一枝以防深入至于上海
之高倉渡沈莊塘周浦閘港閔行華亭之葉謝曹涇張
堰等處賊一登岸渡浦甚易防禦宜密然寇船之來必
至海外太山停船候齊則洋山之地外爲定海吳淞江
會哨兵船之羽翼內爲海港把守兵船之捍衞矣蘇州
沿海一帶險隘甚多常熟有福山港白茆塘太倉有劉
家河七丫港嘉定有吳淞江黃窯港皆賊之通衢而東
吳之門戶此則所謂一府之險要長洲則泖湖浩蕩吳

江則鶯湖相屬吳縣則太湖交通皆賊之徑道而腹裏之關隘此則所謂一縣之險要其次則福山以西有三丈浦斜橋以東有許浦金涇劉家河以北有新塘浪港茜徑吳淞江以南有寶山以東有老鶴嘴均之所謂險要而少次焉者况海濱數百里一望平坦非有山嵐險阻爲之扼塞皆可以泊船登岸兵力有限而防禦之計當先其大者以海邊惟福山爲最以腹裏惟勝墩爲最故劉家河吳淞江福山港舟師防守不可單弱白洳口七了港黄窯港俱當預設戰艦庶與各港相爲犄角又

如賊自東南而來必由寶山吳淞江宜于吳家沙堵截之賊自東北而來必由三沙劉家河宜于營前沙堵截之則蘇之外防或可無憂至于風汛時月吳淞水兵統發勝墩平望以防嘉興突犯之寇吳縣水兵統發太湖以防鍪里突犯之寇長洲水兵統發周莊以防泖湖突犯之寇則蘇之內防或可無憂惟吳淞所爲水陸之要衝蘇松之喉吭提兵南向可以援金山之急揚帆北哨可以扼長江之險者也崇明孤懸海外又天生此一塊土以爲蘇州之屏障江海之鎖鑰者也若常鎮之所防

者在江而不在海海寇入江由江兩岸登陸之路廖角嘴營前沙南北相對爲第二重門戶周家橋與圖山相對爲第三重門戶緊守門戶堂奧自安若三門稍有疏虞至不得已而守金焦兩岸謂之下策矣故其分守也蘇松專防海常鎮兼防江由浙之乍浦以東則松之金山衛扼其衝于是有參將之設而若華亭之柘林上海之川沙則各設陸兵把總屯守之由松之黄浦以北則蘇之吳淞江口當其吭于是有總兵之駐劄把總之哨守遊兵把總之策應而若太倉之劉家河常熟之福山

港凡賊舟可入處則各設水兵把總堵截之至于崇明孤懸海中尤爲賊所必經之處舊設把總一員駐竹箔沙營而與營前沙之名色把總往來會哨又所以巡視海洋而警報港口也由蘇而常而鎮則于楊舍設守備西與孟河堡之官兵相哨望于圖山營設把總西與永生洲新設之遊擊相聲援又皆所以東堵江口而遙衛江甯也所以備蘇松常鎮之寇者如此

江北

江北局勢與江南浙福不同難恃舟師止仗陸戰狼山

當江海之吭而毘角掘港皆揚之東南界也朐山據淮海之首鬱州嚶遊山皆淮之東北境也中包泰興之周家橋鹽城之射陽湖山陽之雲梯關廟灣等處此皆據守所當先者而賊入海之道有二其一曰新港即所謂三江口蓋由江南狼山越儀眞瓜州而入登岸則卞家墩周家墩稍折而東則揚州矣此可入以登岸亦可從以出海者也其二則蛤蜊廠線等港與沿北大海口大海口有水陸路南通廟灣與劉家莊姚家蕩俱爲大鎭賊若據此官軍屯于湯潮岸等處賊南尋新港路出不得則必北尋大海口而出勢所必然若安東海州之東北有大北海不惟道里迂遠且砂磧甚多此不可運舟者也掘港新插港之東亦有北海砂磧亦多此但可從而入不可出者也是賊出海之路止有三途若其登岸之處則不一東則廖角觜呂四場西則楊樹港徐沙營又西則狼山楊樹港北則新插港掘港皆其所從以登岸而入寇之路也故其分守也則江海淮三者並防廖角觜之大河口突出東南則設把總沿而西若狼山爲通州門戶則設把總通州爲全揚之門戶則有總兵特

駐焉又西設周家橋把總以防泰興之衝犯又西設三江會口把總設儀眞瓜州守備以防內地之突入皆意專防江其自海門而北爲掘港則設守備又自新插港轉而西北爲鹽城則設守備又西北爲廟灣則設遊擊皆以防東海一帶各港岸之登犯自雲梯關以東爲東海守禦所則設把總以防賊由海入淮之路又于楊州設陸營官兵以待調遣接應所以備淮揚寇者如此

登萊

登萊二郡凸出于海如人吐舌東南北三面受敵故設三營聯絡每營當一面之寄登州營所以控北海之險也登萊二衛幷青州左衛俱隸焉其策應地方語所則有奇山福山中前王徐前諸所語寨則有黃河口劉家汪解宋蘆馬停阜河馬埠諸寨語巡司則有楊家店高山孫夼鎭馬停鎭東艮海口柴葫海倉魚兒鋪高家港諸司其在海外則島嶼環抱自東北崆峒牛洋西抵長山登萊田橫沙門鼉矶三山芙蓉桑島錯落盤銘以爲登州北門之護過此而北則遼陽矣此大造地設之險也然諸島雖近登州而居島中以取魚鹽之利者乃遼

陽之編伍非山東之戍卒也叫呶跳梁可畏而不可恃故北海之濱既有府治而復建備倭城于新河海口以爲屏翰且有本營之建焉而但建水寨于島嶼良有以也夫島嶼既不設險則海口所係非輕自營城以東若抹直石落灣子劉家汪平暢蘆諸處自營城以西若西工莊西山孫家海洋山後八角城後芝罘莒島諸處皆可通番船登突嚴外斥以綏堂閫其本營典守之責乎登萊突入海中至文登縣尤其東之盡處也成山以東若旱門灘九峰赤山白蓬頭諸島縱橫沙磧聯絡潮勢

至此衝擊騰沸議者謂倭船未敢倅達然考之明初倭寇成山海側居民重罹其殃倭果畏海奚而有是哉故文登縣東北有文登營之設所以控東海之險也甯海威海成山靖海四衛皆隸焉其策應地方語所則有甯峰海陽金山百尺崖尋山諸所語寨則有青泉赤山等寨語巡司則有辛汪溫泉鎮赤山寨諸司透而北則應援乎登州迤而南則應援乎即墨三營鼎建相爲犄角形勝調度雄且密矣其與江南省連壤者爲即墨縣南望淮安東海所城左右相錯如咽喉關鎖倘海波告警

淮楊被刦則自淮達萊片帆可至也故即墨所係較二營似尤爲要自大嵩鼇山靈山安東一帶南海之險皆本營控禦之責其策應地方語所則有雄崖膠州大山浮山夏河石洞諸所語巡司則有乳山行村栲栳島逄猛南龍灣古鎭信陽夾倉諸所司其海口若唐家灣大任陳家灣鵝兒栲栳天津灣顏武周睡松林全家灣青島徐家莊諸處俱爲衝要隄防尤難封守者可勿愼乎故其分守也自青之贛楡界而東于安東衛設守備分哨至萊之高密界而止萊自古鎭巡司而東于靈山衛

之沙溝設守備分哨逄猛以西之海口又於即墨縣治南設守備分哨浮山以東之海口又東則于登之萊陽大嵩衛設守備又折而東北則于文登設守備以協防東南兩面之險又折而西北則于府治之北特有副總兵之駐劄設水陸兩遊擊分扼兩港岸前哨旅順以協防北海一面之險又西爲萊之西北界則設王徐寨守備防守白浪新河等九海口又西則于府治設遊擊南策即墨北應王徐而海與青州之聲援接又西則于青州設遊擊南策安東北守唐頭營一帶而西與武德二

守備之聲援接所以備山東寇者如此

沿海全境

沿海自廣東樂會縣接安南界起歷海條粵爲文昌界鋪前港爲會通界神應港豐盈浦爲瓊州界麻頭浦呂灣浦爲臨高界田禾灣爲儋州界峩詐山爲昌化所界歷白沙營爲感恩縣界大洞天小洞天爲崖州界牙娘澳雙洲門爲凌水縣界七十二徑牙山淡水灣爲欽州界革木營烏雷山爲靈山縣界青嬰池楊梅池平江池爲廉州界邵州爲永安所界泖州爲康海所界潿州爲

錦農所界調洲獨豬山爲石城千戶所界鋼洲小黃程汾洲爲甯川所界青聚山羅浮峰爲神電衛界海凌山爲雙海所界小獲山爲海朗所界中獲山爲陽江所界大獲山爲新甯縣界西熊山鴉洲山爲新會縣界萬斛山上川山爲順德縣界石岐峰爲香山縣界蛇西山大南常山爲南海番禺界烏沙洋爲白沙巡司界九星洋爲福永巡司界珊瑚洲渡柸山爲東莞縣界合蘭洲爲大鵬所界馬鞍洲爲鐵岡驛界甯洲山桔州山爲惠州界記心洋爲平海所界徐娘山爲海豐縣界大星尖山

捷勝所界吉頭峰爲碣石衛界前標峰爲甲子門所界陶娘灣靖海島爲靖海所界大浮山玉嶼山爲潮陽縣海門所界小柑山爲遂州所界大柑山爲大城所界大京山九猴山爲饒平縣界計五千里抵福建南澳山爲元鍾所界歷侍郎洲石城嶼爲銅山所界歷鴻儒嶼沙汭島爲陸鰲所界大散嶼壁洲山爲鎮海衛界小散嶼爲月港界舊浯嶼爲高浦所界嘉禾山大担山爲中左所界小担虎頭山爲金門所界大登山小登山爲福全所界大捕山小捕山爲永甯衛界呈球峰觀窩峰爲崇

武所界沙塘灣爲惠安縣界濼嶼白嶼爲峰尾巡司界湄洲山爲南泉寨蒲禧所界石獅峰小粵峰爲平海衛界呈口三江口爲冲心巡司界綱山王家嶼爲萬安所界六湖山砦水島爲鎮東衛界踵門山爲蕉山巡司界日嶼月嶼爲梅花所界即會城三坡焦五虎粵爲連江界下千塘四嶼爲定海所界花瓶爲北茭巡司界飛鸞渡爲甯德縣界青山峰爲大金所界天千山丁家程大俞山三星山流江爲福甯州界計二千里抵浙江懸中峰爲蒲門壯士二所界歷長沙門大崑山爲金鄉衛界

鳳凰山爲平陽所界銅盆山爲沙園所界仙口峰飛雲
渡爲瑞安所界大衢山海安港爲海安所界霓島披山
爲甯村所界黃華港爲磐石衛界太巖頭爲磐石後右
界前山蘲斗門爲蒲岐所界九眼塘斗山關爲三山巡
司界丫髻峰爲楚門所界臨門隘爲隘頑所界省梅坑
爲沙角巡司界大陳山石塘港爲松門衛界金青閘西
嶼閘冰豐閘皆朱文公所造爲新河所界金沙灘鐺焦
爲海門衛界海門港爲海門前所界五嶼爲桃渚所界
三門山爲健跳所界石蒲港爲前後二所界靑𦫵灣爲

昌國衛界小目山爲爵谿所界西廚山爲前倉所界孝
順洋白塗爲大嵩所界大射山爲穿山所界洛茄山長
白山爲中左所界大魚灣爲長山巡司界招寶山巾子
山爲定海衛界金家島爲甯波界邱家洋爲慈溪界金
塾浦爲龍山所界松浦港爲松浦巡司界橫山爲觀海
衛界破山浦爲三山所界化龍浦爲餘姚界臨山港爲
臨山衛界西海塘爲上虞界漁山蒙池臺爲紹興三江
所界龕子山爲蕭山界和尙山栲門爲會城界茶浦門
爲海甯所界大衢山小衢山爲澉浦所界桑扶山爲海

甯衛界西海口馬蹟山北丁興殿前山淡水門爲乍浦
所界計二千七百里抵江南省三姑山爲金山衛界胡
家港爲金山巡司界上釣山中釣山下釣山大盤山爲
青村所界蒲島爲南匯所界陳前山茶山爲南蹌巡司
界寶山爲上海界永宁山分水焦海焦山綵淘港爲吳
淞所界淚岡山顧涇港爲嘉定界竺箔沙遂信嘴小團
沙新安沙爲大倉界大陰沙管家沙爲崇明福州狼山
三樌口爲通州千戶所界塘家港海門島爲泰州界亂
沙新洋港爲鹽城界開山淮河口鶯山爲安東界蚄山

高公島爲海州所界淸河口巴頭河爲贛榆界旬島勞
山島爲安東界孤耆山爲石臼所界計一千八百里抵
山東靑沇峰歷胡家峰爲高港巡司界沙嘴峰爲靈山
衛界黃埠峰爲夏河寨界洋河峰爲膠州界大勞山田
橫島爲鼇山衛界走馬峰爲卽墨界馬山爲浮山所界
旬島赤島爲雄崖所界吾島徐福山爲大山所界巨高
島爲大嵩衛界竹島爲海隅所界松島莫邪島漫鷄島
爲靖海衛界佛島爲洋甯所界五壘島下勞山爲尋山
所界歇馬墩洛口堡爲成山衛界海牛島爲不夜城界

賓家峰爲百尺巖所界古陌頂爲威海衛界父島爲金山所界新安堡戲山峰爲海甯衛界海雞山爲竈司寨界武家莊爲馬埠寨界洋山爲萊州界八角島盌蟻島爲登州界劉家窪爲盧洋寨界沙門島爲解宋寨界單山爲黃縣界桑島爲馬停寨界鼉島爲昌邑縣界歆末島爲壽光界都里鎭爲蒲臺界青島爲利津界黃島爲賓州界直沽口爲寶坻縣界塔山爲盧龍衛塞界南半洋山爲昌黎縣界計一千二百里抵遼東北半洋山爲山海衛界蔬菜島爲中前所界牛車島爲中後所界孤

山爲中右所界向陽島羅兒島爲金州衛界石灘島爲左所界東雲島黃駝島爲蓋州衛界屏風山爲復州衛界鳳凰山爲中左所界女兒河爲中屯衛右屯衛界遼河渡古寺島爲廣甯衛界蔴田島平島爲海州衛界湯站堡爲鎭遼所界臨江爲義州界計一千三百餘里爲鴨綠江朝鮮界

海防集要一卷

〔清〕韓奕撰

《海防集要》一卷，清韓奕撰。奕字克振，陝西鄜州（今富縣）人，旗籍。康熙間官臨洮知府。是書參稽前人諸書撰成，凡二十五則，論江浙閩粵各地海防利弊得失，謂「海防之要，出海會哨，無使入港得上策；循塘拒守，無使登岸者得中策；出水列陣，無使近城者得下策；不得已至守城，則無策矣」。又記以季節潮汐、風向判定番船進犯方向等。據《學海類編》本影印。

海防集要

清　古鄖韓　奕克振輯

自江防海廖角嘴營前沙南北相對海岸約闊一百四五十里爲第一重門戶狼山福山相對海面闊一百二十里爲第二重門戶周家橋與山相對周家橋北岸至順江洲與江南分界江面約闊六七里順江洲至新洲夾江面約闊七八里新洲夾至山南岸江面約闊十四五里爲第三重門戶倘至不已守金焦南岸斯爲下策

海潮應月浙江廣福等處潮俱有信獨瓊州潮半月東流半月西流其小大應長短不隨月

松江與太倉通泰州有沙船淮安有海雕當由海至山東遂萊貿易云離天津不遠

蓋江南東海之防守在崇明吳淞江口而要在蘇州故崇明吳淞江設所而蘇州重鎮設三衛江北淮南海防守在泰州通州興化鹽城而要在揚州高郵淮安故泰州通州興化鹽城各設所而惟揚州高郵淮安設衛淮安當大瀆通海尤其要處故爲重鎮設二衛

淮北海防患在東海守在海州而要在邳州故東海二州設所而邳州設衛

倭寇過洋如遇南風多則犯浙直遇北風多則犯閩廣中流風水不便則收馬蹟羊山候便開船如遇南風必由高家嘴而入犯七八九團以至竹箔沙寶山吳淞入內彼處設鎮守且劉河與吳淞海面不遠兵船瞬息可至見分五哨一哨泊守新竈一哨泊守黃窯一哨出洋遠探二哨坐泊港內若由蛇山外洋而來必經三片高家沙入內三片沙係江北要路狼山襟

喉又登舟沙實係福山白茅常鎮門戶議彼處兵船一枝住泊與崇明兵船應援福山兵船一枝泊守營前沙與江北舊守山前沙兵船犄角白茅兵船泊守登舟沙爲營前應援以固入犯要路楊舍逼近狼福乃由海入江門戶兵船一枝泊守褚家沙哨至營前三沙洪一枝泊守三丈浦一枝泊守谷瀆港但自褚家沙至楊舍以及江陰孟河一帶江面窄狹險沙頗多船難行若不遠出外洋哨探邀擊一遇入江縱使堵截勢難萬全未免登岸入內之虞

海船入江必由崇明南北二路縣後褊担二沙在縣之北易于膠淺凡舟之輕小者由此而行竹箔宋信嘴在縣之南其水深窪凡舟之重大者由此而行二路堵截更無入江之路矣崇明者天生此沙以鎖江之水口江防第一關鍵實在是也過此以西方論營前靖江金焦此設險之大旨也京口雖係江南諸郡咽喉然從古江寇犯金陵未有由此而進者以沿江南岸壘嶂如屏而潤州秣陵之閒夾岡險陂無港可達故也若從通泰登陸循江北內地而行屯兵六合分

師渡蕪湖采石太平而北豈非地勢之至要者歟故嚴江防須重江北

海防之要惟有三策出海會哨無使入港者得上策循塘拒守無使登岸者得中策出水列陣無使近城者得下策不得已而至守城則無策矣吳淞乃水陸之要冲蘇松之喉吭也提兵南向可以援金山之急揚帆北哨可以扼長江之險自吳淞而北爲劉家河爲七丫港又東爲崇明縣七丫而西爲白茆港爲福山又折而西北爲楊舍爲江陰爲靖江又西爲孟河爲

圌山此皆舟師可居利于水戰但吳淞而南雖有港汊每多沙磧賊可登岸兵難泊舟非選練步兵循塘拒守不可也今日吳淞所而南爲川沙堡又南爲南匯所其西爲青村所又西爲柘林堡此皆不遠六十里聲援易及又西爲金山衛近添設遊兵往來遊徼則北可以護松江而西可以援乍浦

廟灣勦賊之路原有兩條一條從寶應拖船過塤水路自淸溝喻口進攻則兵勢既迅而饋餉亦易一路從淮安至馬邏陸路進攻此兵勢既迂而饋餉亦難及

江北與江南浙福不同靠不得水戰止靠陸戰也

海道之要害切于江北者狼山當江南之吭而廖角掘港皆揚之東南界也朐山據淮海之首楚州嚶遊山皆淮之東北境也中包泰興之周家橋鹽城之射陽湖山陽之雲梯關廟灣等處此皆沿海沖要之區寇盜停舶出沒之處乃據守所當先者也

淮揚二郡界于江淮之閒東濱大海賊舟出沒三面隄防爲難今考其地形起自東南廖角嘴以抵姚家蕩緜延三四百里除安豐等三十六塲俱在腹內不爲

要害要害之處乃通州也狼山也楊樹港裏河鎮也餘東餘西塲也廖角嘴呂四塲也掘港新閘港也廟灣劉莊金沙塲也其尤要者有三曰新塲出入至逼近揚州也曰北海所從以通新閘港且有鹽艘聚泊也曰廟灣其爲巨鎮而通大海口也

海舟必得山澳而後可泊無澳之山不可以避颶風如之何敢泊也

洋山乃蘇松禦倭海道之上游明議浙直哨船期會于此以其居浙直之交

崇明守則三江盡安瀾海門扼則通泰無烽警

江南控扼在崇明浙東控扼在舟山天生此二塊土大海中以障蔽浙直門戶諸哨船皆自此而分而南北總會于洋山若會哨嚴緊遇船即打賊從何入

浙海諸山其界有三黃牛山馬墓長塗冊子金塘大樹蘭秀劍山雙岐雙塘六横韮山檀頭等山界之上也灘上滸山羊山馬蹟兩頭洞魚山三姑霍山徐公黃澤大小衢大佛頭等山界之中也花腦求芝絡華彈丸東庫陳錢壁下等山界之下也此倭寇必由之道也海防莫急于舟師四參六總分哨守各洋港其南哨也至鎮下門南麂玉環烏沙門等山交于閩海而止其北哨也至洋山馬蹟灘滸衢山等處交于直海而止陳錢爲浙直分艘之處交相會哨是故今日之設險自內達外有三重焉會哨于陳錢分哨于馬蹟洋山普陀大衢爲第一重出陀家門馬墓之師爲第二重總兵督發兵船第三重備至密也

吳淞江口及劉家河出海迂回非泊船處所議分番乍浦之船以守海上洋山蘇松之船以守馬蹟定海之

船以守大衢又其外陳錢諸島尤爲賊沖三路之要宜統戰船駐劄查自甯至定江路約可六十里相應每日一閘俾將帥統率兵丁乘潮而下放于海口明旦復乘潮而上達于江橋往返必挽弓飛刀一如陸操之法如洗砲時即于船上掩放以服習其勢此之謂日操又自甯定至奉化邊海老涯長數百里與象山相對中閒一水至台之甯海而盡名雖海尾實係內港視自甯至定之江其闊可數十倍今既于江中日操更於每月中擇風日平和之時放舟出關試演

于河頭渡在甯波一帶或三五日而後還則自習空闊
何畏望洋此謂月操
浙江防海設六總金盤總守海港者寨凡五守海岸者
寨三十有二守海外者自大巖頭山海島玉環山霓
澳南龍山南麂鳳凰山凡五獨南麂鳳凰山澳闊大
坐臨深海山外大洋別無山島自明初以來俱假此
棲泊實巢穴也松海總其守海港者七守陸路者八
八者之閒惟健跳城三而阻山皆峻嶺東面山前距
海若非兵船預伏探哨寇船卒至何以禦之故健跳

戰艦之設不可一時而不戒者也昌國總沿海設備
者六海中設備者十五定海總沿海設備自定海衛
至大嵩港凡九海外設備自舟山螺峰巡司至沈家
門寨凡十二臨海總守海岸者七守海港者八海甯
總海岸設備者十海港設備者三自東關外龍王塘
至西海口西海口南通大洋北近平湖係浙西之咽
喉平湖之門戶也
台之飛雲橫陽館頭溫之松門海門甯之定海湖頭渡
紹之王江杭之赭山龕山嘉之乍浦澉浦皆海濱門

戶
海汛春夏多東南風慮犯淮揚秋冬多西北風慮犯甯
紹
浙中海船于遠番皆能通之
北福洋烽火門寨設于福甯州所轄官井等哨當會哨
者五小埕水寨設于連江所轄安鎮等哨會哨者三
日南水寨設于莆田所轄冲心蒲禧崇武等哨當會
哨四浯嶼寨設于同安大約當會哨者二南銅山水
寨設于漳浦大約當會哨者二

閩寇入犯之冲首南澳次銅山次浯嶼次南日今扼其
上流則南地可無慮外島在漳曰南澳在泉曰彭湖
在興曰湄州在福曰海壇但彭湖遠在海外去泉二
千里其山迂回有三十六嶼羅列如排牙然內澳可
容千艘又周遭平山為障止隘口進不得方舟令賊
得先據所謂一人守險千人不能過者也又山水多
石風信不常吾兵攻守頗難
三四月東南風汛番船多自粤趨閩而入于海南澳云
蓋恃走馬溪乃番船始發之處慣徒交接之所也附

海有銅山元鍾等哨守之兵若遏其冲不得泊其勢必趨于外浯嶼乃五澳地方番人之巢窟也附海有浯嶼安邊等哨守之兵若把守緊要港門不得泊其勢必趨于料羅烏紗乃番船候接濟之所也附海有官澳金門等哨守之兵若先守不得泊其勢必趨于圍頭峻上乃番船停留避風之門戶也附海有深扈福金哨守之兵若先守又不敢泊其勢必趨于福興若越于福興計其所經之地在南日則有岱墜湄州等處在小埕則有海壇連盤等處在風火門則有官

井流江九澳等處此賊船之所必泊者也海洋之治必先嚴內地奸人接濟而後倭夷可靖

海防守南日山下北可以遏南茭湖井之冲南可以阻湄州岱墜之突扼要區也明景泰以來移其寨于莆田吉了地方南日棄而不守非計矣

廣東海防分爲三路東路爲惠潮二郡與福建連壤漳舶通番之所必通潮爲嶺東巨鎮柘林南澳俱係要區而靖海海門蓬州大城諸所又皆跬步海濤所賴以近保三陽遠衛東嶺者也惠州海豐東南濱海其

捷勝平海甲子門皆瞬息生變然未有如柘林爲尤要也柘林乃南澳海道門戶據三路之上遊番舶自福趨廣悉由此入爲今計東路官軍每秋掣班必以柘林爲堡填固要津若遇颶霧塵霾尤宜加意中路廣州置省環海大洋風濤千里皆盜賊淵藪常考之三四月東南風汛日本諸島入寇多自閩趨廣柘林爲東路第一關鎖彼知有備不得泊其勢必越中路之屯門雞栖佛堂門冷水角老萬山虎頭門等澳而南頭爲尤甚今附海有東莞大鵬戍守之兵倘彼知

巡哨不敢泊其勢必歷峽門望海橫瑟山零丁洋仙女澳九竈山九星洋等處而西而浪白澳爲尤甚乃番舶等候接濟之所也今附海有香山所戍守之兵倘彼又不得泊其勢必至厓門寨門海萬戶山綱州等處而西而望峒澳爲尤甚乃番船停留避風之門戶也今附海有廣海衛新甯海朗所戍守之兵廣東三路莫甚於東路而中路次之西路高雷廉又次之三郡逼近占城暹羅剌諸番故高州東連肇東南憑濵渤神電所轄一帶海澳若連頭港汾州山兩家灘

廣州灣爲本府之南翰雷州突出海中三面受敵其
遂溪湛州涠州樂民等四十餘隘固爲合衛三道門
戶而海安海康黑石清道幷徐聞錦囊諸隘所以合
防海澳若廉州則尤爲全廣輕重海北扼塞兩有攸
寄故兵符特劄于靈山達堡增屯于衛北西南雄郡
如瓊爲廉之外戶

外海紀要不分卷

〔清〕李增階撰

《外海紀要》不分卷，清李增階撰。增階（一七七三—一八三四）字益伯，號謙堂，福建同安（今屬厦門）人。道、咸間官廣東虎門提督、南洋總巡大臣。此書一名《外海水程戰法紀録》，分兵船製造、舵工選擇、器械籌備、遇敵應付、火攻方略、航行詳慎六類，考覈海内外各水程、寄泊澳嶼、天氣、風暴、沙礁、潮汐等甚詳。據福建省圖書館藏清道光間刻本影印。

外海水程戰釁紀錄序

古之名將天分特優其意想所及往往出奇用間決勝千里外世稱淮陰而後唯吾武穆一人用兵不仿古法嘗以堅戰制敵其餘則恪守紀律蓋陣畜營伍之式堅作擊刺之方盡宜

君主之彌非平昔講求將士不用命孫武子之書所以流傳至今也我
朝揆文奮武爰有軍政也設
特派閱兵大臣在內則有滿漢綠營在外則分水陸二路而水師惟江浙閩粵四省

海面遼濶風雲變幻潮汐起伏尤難臆揣古未有按海誌里者將軍自少隨其從叔忠毅伯建司海上三十餘年拔隊殲渠立功報
國勇經大小百餘戰未嘗少挫故能邀
九重特達之知予接談之頃猶奉聆其英姿邁往使人肅然生敬因出是書見示知其留心經也隨時隨事紀載於篇凡目所未覩又參訪員弁以求其確大畧東至水戰而言至四省洋面以至外洋自某處起至某

處止分晰標題程途遠近尤能綜覽大要予慫恿將軍付之剞劂以詔來者將軍不自信謂閩俗土音他省不解余謂另註音義釋文可使閱者了然則是書大有造於世因序數語俾附以便覽是為序

誥授奉直大夫刑部貴州司主事兼督捕司事軍機處行走　內廷方略館協脩愚弟蔡勲頓首拜序

公是書以訓水師將士頤寄示余余讀而思之不言舟式者有定制也不言器用者有成法也不言操練與巡緝者有軍令也不言權謀術數者古人已言之至神明變化存乎一心言之亦不可盡也然則何以言火攻一策是則公行之而人知之者也公少侍從父忠毅公忠毅公總師閩浙選兵八百人厚其廩給以公帥之戰則爲前鋒忠毅公追盜首蔡牽於黑水洋中礮而歿公方奉命登陸製軍用聞難赴已不及八百人見公至伏慟不能仰公大呼復仇報　國皆收淚躍起眦裂髮指矢以死或曰不得盜首目不瞑顧盜首所駕似外夷舟高大且固遠攻不相宜近與戰敗則颺去將若何公曰是無慮假鐵爲二簽長丈有咫縛于鷁首迎盜首舟而上風力猛簽入盜舟合爲一不可解兵相接適飛砲洞兩舟火藥震烟燄蔽天盜舟焚而公舟亦焚志與盜俱燼也蔡牽斃于海公亦沉且重傷後舟救之起兵獲救者二十九人戰酣時恍惚見忠毅公額流血以紅帕束首手執紅旗立於舟尾是非忠孝之所感乎余官瓊山公方奉命鎮雷瓊公持已廉撫士卒有恩違令者不少貸以故兵民咸服與余議事意合數相過從聞公談海洋事公操閩音余初不解再三問公不以爲嫌喜與余談

杯酒盤飧即留客漏殘燈跋娓娓不倦眉飛色舞余詢戰蔡牽始末言及忠毅公淚隨聲墮公爲余言水師事宜甚夥不能盡記記公嘗以酒甑蒸海水水淡可飲公笑曰有是不患出洋無取水處矣今讀是書所言多不之及將以其事瑣屑不必言耶抑兵家言不可以盡也

知羅定州事壽光景沅跋

俞大猷云沿海之中上等安嶴可避四面颶風者凡二十三處曰馬蹟曰兩頭洞曰長塗曰高丁港曰沈家門曰舟山前港曰潯江曰烈港曰定海港曰黃岐港曰梅港曰湖頭渡曰石浦港曰猪頭嶴曰海門港曰松門港曰蒼山嶴曰玉環山梁嶴等嶴曰楚門港曰黃華水寨曰江口水寨曰大嶴曰女兒嶴中等安嶴可避兩面颶風者凡一十八處曰馬木港曰長白港曰蒲門曰觀門曰竹齊港曰石牛港曰烏沙門曰桃花門曰海閘門曰九山曰爵溪澳曰牛欄磯曰旦門曰大陳山曰大床頭曰鳳凰山曰南麂山曰霓嶴其餘下等安嶴只可避一

面颶風如三孤山衢山之類不可勝數必不得已寄泊一宵若停久恐風反則迅不能支矣又潭岸山灘山許山之類皆圓土無嶴一面之風亦所難避可不慎乎

此乃浙東島澳形势也

特授奉政大夫知廣東羅定州事嘉甫李景沆述識

外海紀要

古閩同安謙堂氏著

凡水師須諳水務明戰法

一兵船之宜堅固也首先棟料桅舵椗三者最重桅須番木椗舵須呀嘛膩或葢番木亦可龍骨桅夾橫檀舵牙桅托件件須揀船內橫樑須直長透者曲手灣須長成大灣交船底板最妙如有直無灣不可用曲手多多甚妙譬如人腰胸骨多大者力必大樟木佳或菩奈木亦可番木恐釘打下裂開不可用水底板長濶者佳如窄短則船不堅固厚薄照船大小配釘

宜密不可用竹釘鑽孔與釘大小配若釘大孔小打下板必裂若孔大釘小打入不得力此船匠省工之弊也灰須細白桐油舂灰交練熟透者佳若省工搗練草率船多漏鑿灰要用網紗絲者妙粗者不固易于損漏若用竹絲者則更易于滲漏斷斷不可廈門全用網紗蓬索桩扮得宜蘇要長白青短者不堪用藤白小者妙棕索須梳淨不可雜有片碎兵船禦敵古有用牛皮竹柵網紗者而禦火炮則莫如網紗愈厚愈妙且用水濕不易燥此以柔制剛之法四面遮蓋彼銃箭皆不能入則軍心固矣熕洗亦是緊要久

不燀洗船底板生虫結住駕駛不快而船板易爛又須時時整頓或船有滲漏或椗具不堅則急於修補否則一遇敵船卽追駛外洋飭使遲緩且驚虞風浪焉能專心打仗水師第一緊要是戰船員弁兵丁等切記切記

一舵工之宜選擇也船隻堅固選配官兵軍械火具配足矣舵工不識水性不明戰法必不敢向前卽向前亦不得力而舵工爲最難得是以選兵必先選舵工

一器械之宜具足也舵工得人矣軍械火具之未備則兵胆不壯船多何益大約船配兵一百名其器械須

配足四百件以備左右臨時執用

一遇敵之宜知所用也敵遠者用大炮器近者用烏鎗火器噴筒鑽箭再近者用火礶火斗石塊最近者火具一齊開發探有敵船則將各項齊備船自何方來則各執器械面向何方其無敵之面亦少留兵守望敵船撞攏各弁兵各用所長鈎鐮攪叉挑刀藤牌執以向敵最要在審用火礶一齊擲燒敵船被燒敵人必逃避我弁兵卽乘其烟燄執攪叉鈎鐮挑刀用藤牌遮蓋過船必須我船拖攏得穩方可過船謹記謹記

一火攻之宜講究也洋面水戰全仗火炮大銃烏銃火箭噴筒遠近攻打之法諸將皆素習之昔人燒船則用火筒而其發火之法皆不得力是莫如今所用之火礶更有一法以少勝多以少克大則莫如用火攻船而風濤上下難於攏近卽攏近而火不能延或火發而彼可以禦止逃避皆無益也須用米艇數隻將船頭二門椗緊緊縛住我船頭桅用鐵桿二枝尖似鑽子長一丈有餘一半緊縛桅身一半伸出似蜈蚣鬚樣船後把舵之所用篷弓網紗水灌厚厚遮蓋兵二三十名執有藤牌攪叉鈎鐮挑刀等械在內船頭

并艙上面先用松香又用火藥一桶一桶照排散開上面用松毛覆多多益善或乾草火恐不烈又用長竹一条打空心內火藥作引由船內通至舵尾後伸出舵工與兵二三十名能浮水有胆量者在篷弓網紗內駕駛保護其駛船要撞進賊船或前撞或橫撞二枝鐵桿插入敵船木板內斬斬不斷拆拆不開推推不去牽牽不動戳戳不起恰似中箭模樣我兵又用網紗蓋住有器械護身賊無奈我何看可發火我兵在舵門後下落杉板船將竹引心發火賊船可焚我杉板船卽在水面拏賊矣或先令我衆兵船向賊

船相機勢擇其要處攻打賊必亂乘機用火攻船破之如不濟事或再用火攻船一隻撞去以濟前火攻船之勢是又在領兵者之隨機應之臨陣之時須占上風或左或右忽前忽後其變不可勝言也

一風雲沙礁之宜詳慎也天時變幻難測而故老占驗有記載參以身所閱歷亦可十得八九縱有時不驗而要不可不防也砂礁潛隱難窺而舟師經過有水線是必熟於海道者方能知之海上行舟水程里數易知而不知風潮流水逆順砂礁灣曲各處不同是以到處方詰舵工駛船如遇追捕必延擱貽誤將兵者不可不選訪舵工而亦不能盡委之舵工也 忠毅公數十年總師洋而鮮有失事是誠有心領神會而不能以告人者愚閱歷閩浙粵三省就其所身親閱歷者附記於後俾人講求而知所趨避未必不為指迷之一助云爾

嘗思水戰較陸戰難外洋較江河更難海濤汪洋颶颱靡定水師一出則士卒之身命托于統兵而統兵之權首在得人夫將如腹心兵如指臂同心報

國協力戰賊此必勝之師也然使水程不知遠近險易流潮不知消長順逆舟船駕駛不靈炮械運用不準即幸濟一時而難于屢試是不可以不預矣余束髮從 叔父忠毅公涉歷四省親蒙指授戰滅洋匪無算迄今三十餘年所歷習畧得一二亦可以備採擇焉

道光歲次戊子季春中浣古閩同安李增階謙堂氏書於粵東虎門提署

廣東外海洋面水程記

海口往崖州水程

一流至東水（風颱可泊水大可進）　一流至馬裊（可寄椗風潮可泊）

一流至紅排（小風颱可泊）　一流至將軍（寄椗停潮）

一流至洋甫（內新英港風颱可泊水小亦可進）

一流至田頭（可泊水大即可進）　一流至海頭（可寄泊）

一流至昌化（可寄泊水大時進內停風颱有四更沙須避）

一流至比黎（可寄椗水五尺風颱可進泊）

一流至嶺頭（東北風可寄椗）

一流至望粤（風颱可泊水滿七尺可進）

一流至保（可寄椗內崖州港漲大即可進要小心）

由白龍尾落安南水程（白沙龍尾入內珍沙洲島好避風）

一流到竹山（可避風颱但水淺大船難泊）　一流至青梅頭（外即老鼠山）

一流至虎揭門（可泊避風）　一流至雞吊門（亦可避風對東南即陝洲媽洲）

一流至雙門（對東南外即青鞋山）　一流至焚頼門（又名炮火門可避風）

一流至昆欄門（對出外洋即徇頭山）　一流至外黃

一流至烏囊　一流至桃山

一流至嘛嚦港（入內東京口）　一流至鵝公港（此港亦可入東京口）

安南江平又名竹山往東上廣東水程

一流至白龍尾（廣東安南交界）　一流至牛頭澳

一流至烏雷（進內龍門協營內可泊風颱）

一流至冠頭嶺（外開南方有潿洲斜陽前屯賊之所今封禁不許人居）

一流至南面澳（可寄北邊）　一流至草潭（內避風颱可泊）

一流至江紅（落叉亦可泊船）　一流至海塘

一流至烏石（澳內可停風颱）　一流至東場澳（內流沙亦可泊船）

一流至三墎（數船可泊風颱）　一流至海北（即海安所對瓊州山）

一流至三狗壠（或洪坎亦可泊）

一流至錦囊（外瓊州山七星嶺過淺水七星嶺前可泊風颱山狗□亦可寄椗）

一流至硇洲（內外砂礁甚多進口斜可泊風颱內則赤坎一帶）

一流至過洋（三更船至電白港可停小風颱）

一流至連頭（進內電白港可泊風颱）　一流至青州

一流至雙魚　一流至馬尾港（可泊風颱）

一流至三點頭　一流至海靈頭

一流至陽江大澳　一流至公山

一流至三洲塘（可泊小風颱）　一流至魚塘

一流至銅鼓角（外上下川有傜人住）　一流至大金（內進江門港）

一流至浪白滘（有荷包灣風颱可泊）　一流至掛椗角

一流至澳門（可泊風颱外即萬山）　一流至九州（內虎門可進省城）

一流至佮仃山　一流至屯門琵琶洲可泊風颱

一流至青龍頭　一流至淺澳即淺灣

一流至仰船洲可泊風颱　一流至九龍小艍可泊

一流至佛堂門小艍可泊　一流至娘船澳

一流至鵝公澳　一流至陀寧三水門

一流至大星角進內大星港可泊風颱　一流至后門港可泊風颱

一流至塩洲港　一流至龜靈

一流至汕尾港可泊風颱　一流至遮浪角

一流至草鞋洲　一流至碣石港口外田

一流至金星石

表淺澳

一流至湖東港

一流至甲子港　一流至神泉港

一流至赤澳　一流至靖海

一流至海門錢灣　一流至廣澳表頭

一流至鳳山即澄海　一流至南澳可泊風颱外三澎雲蓋山

一流至還鐘

一流至宮口仔前　一流至蘇占外柑桔

一流至銅山古螺頭可進銅山營福建管轄

一流至沙洲即萊嶼　一流至虎頭山

一流至將軍澳　一流至燈火安

外海紀要

一流至鎮海　一流至梧嶼斗米

一流至廈門外大担小担金門山有沙線小心

福建廈門開往浙江江南上海天津各處洋面逐流寄

泊澳嶼開列

廈門放洋十三更到台灣

台灣四五日夜到呂宋國

廈門開往大担小担

一流至金門塔仔腳至膫羅

一流至圍頭內大小珍到五店北椗　一流至俊仔

一流至永寧進內深庖可停小風颱　一流至上詩頭內獺屈可泊風

颱　一流至崇武內蛆江即泉州府港

口可停風颱　一流至賊仔澳即湄洲天后出

身後广內吉寥廟極靈颱可泊　一流至平海澚

一流至南門即海壇鎮營轄洋汛外烏龜山

一流至門扇後即五間厝過草鞋礁可停小風颱

一流至小萬安外庖尾亦可泊船　一流至宮仔前

一流至竹嶼內海壇港口外觀音澚　一流至石牌大鍊此處海壇

內洋礁甚多駛船小心可停風颱　一流至松霞

一流至草嶼　一流至滋澚

一流至白犬　一流至南千塘往內進福州省

城內五虎門入港口即閩安　一流至黃崎內赤崎亦可避大風

過北茭頭　一流至馬鼻內進寧德港可泊風

颱　一流至鬼澚老湖內盐田亦

可泊船　一流至大金可停風颱外東湧四

霜　一流至福寧港口可停風颱

上則三沙澚泊船即福寧鎮左營之所　一流至大瑤即大俞山或小烽火

亦可泊船避風颱　一流至棕簑澚即烽火營港口

內停風颱　一流至南關內沙埕即福鼎縣港

口可停風颱　一流至北關閩浙交界洋面浙江

平陽縣管外台山　一流至金鄉悉流不到草嶼可寄

從內赤溪沙波亦可泊風颱　一流至塭田外百畝礁小心

一流至琵琶　一流至平陽港口內可停風

颱　一流至鳳凰即瑞安港口內可停

風颱　一流至參將嶼外南麂北麂

一流至三盤澚內可避風颱即三盤內外斧頭山內溫州港口

一流至鹿西或狀元澚亦可泊船　一流至犬門即坎門

一流至長嶼　一流至水桶澚內楚門停風颱

外大鹿小鹿即玉環山　一流至石塘澚內太平縣又內

玉可停風颱　一流至調班內數船可停風颱

一流至龍王堂可停風颱或鰲殼澚亦可泊船有積穀山

一流至馬蹄內可停風颱外有鳳尾大陳山亦可泊船

一流至川礁即黃岩港口內海門港進台州外珠嶼東西机山

一流至白帶門　一流至牛頭門內有茶盤牛月

山風殿可泊　一流至三門可停風殿外金七門

亦可泊船往金七門外亦可行船　一流至石浦天后宮黃岩定海二

鎮交界內當公山風殿亦可泊　一流至惡水門外南魚山牛欄

机　一流至土地公亦見半邊山

一流至大麥嶼外南韭山又一流到鴿婆　一流至關帝嶼

一流至牛鼻過孝順洋　一流至青龍港外南田東嶴有

海閘門　一流至崎頭由內進蛟門鎮海關

入寧波府　外行至舟山即定海鎮之所竹沙

門可停風殿　往北上至蟳公澳

一流至小洋山自大洋山七姊妹放洋，日到乍浦由內河一日夜到上海往蘇州

一日夜到蘇州　舟山往外行至沈家門

內可停風殿外烏沙門蕉花門　一流至普陀南風船泊月澳普陀

山有前寺後寺佛頂山紫竹嶺化身洞白華菴隱秀菴潮音洞鐵佛寺千步沙有數十處小寺

院各省燒香者雲集　一流至長塗風颱甚好泊

一流至媽祖澳由鐵墊三省捕黃魚之所該處每年四五月浙江提督率舟護洋

一流至徐公　一流至馬蹟此係浙江江南交界

山有野水牛甚多內可停風殿　一流至黃隴

一流至盡山內數船可停風殿對面花鳥澳

以上按流水係逆風行舟安泊島澳處所倘有

小澳小島亦可寄泊此外不能逆風戧駛

盡山放洋往日本國或往山東往錦州蓋州天津在盡山放洋一望無際往上不能戧駛但盡山禁山不准搭寮廠江南省管轄未能盡悉或南下往各國亦是盡山放洋為准

外國水程論更數駛船每更約一時辰之久

福建厦門行舟外海番國順風更期水程

厦門至魯萬三十六更　至外羅三十六更

至安南三十六更　至叮咬爐一百四十八更

至嗎岏三百六十零更　至鹿頼一百一十八更

至笨台一百四十八更　至舊港一百零更

至蜂仔余蘭四百八十零更　至柔佛一百七十零更

至問來一百四十零更　至蘇鹿一百四十零更

至暹羅一百八十零更　至龍芽一百七十零更

至吉袁丹一百四十八更　至嘛吶甲二百更

至通裁一百五十零更　至占擇問一百六十零更

至加嚠吧二百四十零更　至蚊加嘓三百二十零更

至安汶三百七十更出丁香老孝　至知汶三百八十更

至萬難四百二十零更　至檳榔嶼過西出椒二百二十更

至此吉礁過西出錫二百十零更　至此把東過西出金三百五十更

至此吧實三百三十四更　至紅毛番國

至望嵑仔過西北所出洋布鉄器及烏烟等貨

具約水途六百四十零更

廣東瓊州海口行舟外海番國順風水程日期

海口至安南四日夜

至叮咬爐八九日夜　至嗎岏二十餘日夜

至鹿嘛四五日夜　至笨台六七日夜

至舊港十二三日夜　至蜂仔余蘭三十餘日夜

至柔佛八九日夜　至問來八九日夜

至蘇鹿八九日夜　至龍芽八九日夜

至咕噥八九日夜　至暹羅八九日夜

至嘛吶呷十二三日夜　至通裁七八日夜

至占擇問七八日夜　至加嚠吧三十餘日夜

至蚊加嘓三四十日夜　至安汶三十餘日夜

至知汶三十餘日夜　至萬難四十餘日夜

至檳榔嶼十餘日夜　至此吉礁十餘日夜

至把東二十餘日夜　至吧實二十餘日夜

至望嵑仔四十餘日夜

崖州至外羅一日夜

風雲天氣

夏至過有東北風　有熱氣者風雨必大　無熱氣者風雨必小　如放雨白者或日出有雨　或雲白者下小雨　天氣交蒸三兩日必有大風颱

霜降過有南風　或有西南風無論大小必有報雨有無未准

白露過有大南風　必有雨或小風雨

立春過必有春雨颶甚大然須看天氣遇報期風必大

四月有南風水動　五月有龍船風雨　七月有秋淋風雨

四五六七之月不宜行船看其天氣行之

天氣全變紅雲者速倫大風雨

天氣見一条紅雲者或三色或五色長并下小雨無大風如若短並無雨不出三日必有大風雨有青蜓亂飛或大蠓蟻等虫多亂飛並大熱風颱速來

日下山時雲變大紅色另日必有大風或雨

日有圍圈或有雲足此二者三日內天必變非風即雨

或星有動另日必有大風看何星何方可定風大小

報期

正月　初一日　十五日　初四日　初六日　初九日

二月　初二日　初七日　十九日　二十七日

三月　初三日　十五日　十六日　二十日　廿二日　廿三日　廿五日　廿六日

四月　初一日　初八日

五月　初五日　十三日

六月　初六日　十九日　二十二日　二十三日

七月　十四日　十五日

八月　十五日

九月　初九日

十月　十五日　二十七日

十一月　初三日　初五日

十二月　初八日

海氣變倫風雨　無風而海浪甚大多風雨或風颱甚大而速　海水變臭氣　海水變紅　海水變黑　海上有魚大浮　海上有飛鳥魚成羣　海上魚有浮水相趕逐　倫之天必變有大風雨

沙線礁石
浙江有礁石無沙線
福建礁石多沙線微少
廣東砂線多礁石畧小　惟瓊南沙礁最多
時辰流水廣東與安南交界流水初起新流
正七月初七二十一日　二八月初五十八日
三九月初一十五二十九日　四十月十三日二十七日
五十一月十一二十五日　六十二月初九二十三日

瓊州海南流水逐月時日
正月初一二三日亥時初刻中尾流水　寅時頭中尾流西
初四初五初六日伏流後係新流水以下倣此
初七八九日戌時初刻中尾流東　丑時頭中尾流西
初十十一日戌時中尾流東　寅時頭中流西
十二三四日亥時頭中尾流東　寅時尾流西　卯時頭中流西
十五六日子時頭尾流東　卯時尾　寅時頭流西
十七八九二十伏流
二十一二三日酉時頭中尾流東　子時頭中尾流西
二十四五六日戌時頭中尾流東　丑時頭中尾流西

二十七八九日亥時頭中尾流東　寅時頭中尾流西
三十日子時頭流東　卯時頭流西
二月初一初二初三初四日伏流
初五日申時尾流東　亥時尾流西
初六七八日酉時頭中尾流東　子時頭中尾流西
初九十十一日戌時頭中尾流東　丑時頭中尾流西
十二三四日亥時頭中尾流東　寅時頭中尾流西
十五六日子時頭中流東　卯時頭中流西
十七日伏流
十八九二十日申時頭中尾流東　亥時頭中尾流西

二十一二三日酉時頭中尾流東　子時頭中尾流西
二十四五六日戌時頭中尾流東　丑時頭中尾流西
二十七八九日亥時頭中尾流東　寅時頭中尾流西
三十子時頭流東　卯時頭流西
三月初一初二日伏流
初三日未時尾新流東　戌時尾流西
初四五六日申時頭中尾流東　子時頭中尾流西
初七八九日酉時頭中尾流東　丑子時頭中尾流西
初十十一二日戌時頭中尾流東　丑時頭中尾流西
十三十四俱伏流

十五六七日午未時中尾頭流東　酉時頭中尾流西
十八九日未時中尾流東　戌時頭中流西
二十廿一二日申時頭中尾流東　戌亥時尾頭中流西
二十三四五日酉時頭中尾流東　亥子時尾中尾流西
二十六七二十八九日俱伏流
三十日午時頭新流東　酉時流西
四月初一二日午時中尾流東　酉時中尾流西
初三四五日未時頭中尾流東　戌時頭中尾流西
初六七八日申時頭中尾流東　亥時頭中尾流西
初九十日酉時頭中流東　子時頭中流西

十一十二十三十四日俱伏流
十五日巳時尾流東　申時中流西
十六七八日午時頭中尾流東　申酉時尾頭中流西
十九日未時頭流東　酉時尾流西
二十廿一二日未申時中尾頭流東　戌時頭中尾流西
二十三四日申時中尾流東　亥時頭中流西
二十五二十六日俱伏流
二十七八日巳時中尾流東　申時頭中流西
廿九三十日午時頭流東　申時尾流西
五月初一二日午時中尾流東　酉時頭中流西

初三四五日未時頭中尾流東　亥時頭中尾流西
初六七八日申時頭中尾流東　亥時頭中尾流西
初九初十十一日俱伏流　潮水小難行舟
十二三日午時頭中流東　申時尾流西
十四五日午時頭中流東　酉時頭中流西
十六七八日未時頭中尾流東　戌時頭中流西
十九日申時頭流東　戌時尾流西
二十日申時流東　亥時頭流西
二十一二三二十四五六日水俱伏流
二十七日午時尾流東　酉時頭流西

二十九三十日未時頭中尾流東　酉時中尾流西
六月初一日未時尾流東　戌時中尾流西
初二三四日申時頭中尾流東　戌時中尾流西
初五六日酉時頭中流東　亥時頭尾流西
初七八初九十日俱伏流　潮小難行舟
十一二三日午時頭中尾流東　申時頭中尾流西
十四五六日未時頭中尾流東　酉時頭中尾流西
二十廿一日酉時頭中流東　亥時中尾流西
二十二二十三四日俱伏流
二十五日巳時頭流東　申時頭流西

二十六七日午時頭中尾流東　申酉時中頭流西
二十九三十日巳未時頭中流東　酉時頭中流西
七月初一日未時尾流東　戌時頭流西
初二三日申時頭中流東　戌時中尾流西
初四五日申時尾流東　亥時頭流西
初六七初八九日俱伏流
初十巳時頭新流東　未時尾流西
十一二日巳時中尾流東　申時頭中流西
十三日午時頭流東　申時尾流西
十四五日午時中尾流東　酉時頭中流西

十六七八日未時頭中尾流東　酉戌時尾頭中流西
十九日申時頭流東　戌時尾流西
二十二十一二日伏流
二十三四五日巳時頭中尾流東　未申時中尾頭流西
二十六七八日午巳時頭中尾流東　酉申時中尾頭流西
二十九三十日未時頭中流東　酉時中尾流西
八月初一日未時中流東　酉時尾流西
初二日未時尾流東　戌時頭流西
初三四日申時頭中流東　戌時中尾流西
初五日申時尾流東　亥時頭流西

初六初七日俱伏流
初八九日巳時頭中流東　未時中尾流西
初十日巳時尾流東　申時頭流西
十一二三日午時頭中尾流東　申酉時中尾頭流西
十四五六日未時頭中尾流東　酉戌時中尾頭流西
十七八日申時頭中流東　戌時中尾流西
十九二十二十一日俱伏流
二十二三日巳時中尾流東　未時中尾流西
二十四五六日午時頭中尾流東　申時頭中尾流西
二十七八九日未時頭中尾流東　酉時頭中尾流西

三十日申時頭流東　戌時頭流西
九月初一二日申時頭中流東　戌時頭流西
初三初四日俱伏流
初五六七日辰時頭中尾流東　午時頭中尾流西
初八九十日巳時頭中尾流東　未申時中尾頭流西
十一二日午時頭中流東　申時中尾流西
十三日午時尾流東　酉時頭流西
十四五日未時頭中流東　酉時中尾流西
十六十七十八日俱伏流
十九二十日卯時中尾流東　午時中尾流西

二十一二三日辰時頭中尾流東　未時頭中尾流西
二十四五六日巳時頭中尾流東　申時頭中尾流西
二十七八日午時頭中流東　酉時頭中流西
二十九三十日俱伏流
十月初一二三日卯時頭中尾流東　巳時頭中尾流西
初四五六日辰時頭中尾流東　午時頭中尾流西
初七八日巳時頭中流東　未時頭中流西
初九日巳時尾流東　未時尾流西
初十日午時頭流東　申時頭流西
十一日午時中流東　申時中流西

十一十二三十四日俱伏流
十五六七日寅卯時中頭尾流東　辰巳時中尾頭流西
十八十九二十日卯時頭中尾流東　巳時頭中尾流西
二十一二三日辰時頭中尾流東　午時頭中尾流西
二十四五日巳時頭中流東　未時頭中流西
二十六日伏流
二十七八九日寅時頭中尾流東　巳時頭中尾流西
三十日卯時頭流東　午時頭流西
十一月初一二日卯時中尾流東　午時尾中流西
初三四五日辰時頭中尾流東　未時頭中尾流西

初六七八日巳時頭中尾流東　申時頭中尾流西
初九十十一日俱伏流
十二三四日子時頭中尾流東　卯時頭中尾流西
十五六七日丑時頭中尾流東　辰時頭中尾流西
十八十九二十日寅時頭中尾流東　巳時頭中尾流西
二十一二日卯時頭中流東　午時頭中流西
二十三二十四五日俱伏流
二十六七八日亥時頭中尾流東　丑時頭中尾流西
二十九三十日子時頭流東　寅時頭中流西
十二月初一日子時中流東

初[illegible]尾流東　卯時頭中尾流西
初五六七日寅時頭中尾流東　辰時頭中尾流西
初八日卯時頭流東　巳時頭流西
初九初十日伏流
十一二三日戌時頭中尾流東　丑時頭中尾流西
十四五六日亥時頭中尾流東　寅時頭中尾流西
十七八九日子時頭中尾流東　卯時頭中尾流西
二十二十一日丑時頭中流東　辰時頭中流西
二十二二十三日俱伏流
二十四五六日酉時頭中尾流東　子時頭中尾流西

二十七八九日戌時頭中尾流東　丑時頭中尾流西
三十日亥時初流東　寅時頭流西
海南見舖前山水多流東若在海口一面不同
海安水漲大流西若在半洋中或見流水中
响便是流東

廣東新安潮水
初一日寅卯辰申酉戌長　巳午未亥子丑退
初二三日卯辰巳酉戌亥長　子丑寅午未申退
初四五六日辰巳午戌亥子長　丑寅卯未申酉退
初七八日巳午未亥子丑長　寅卯辰申酉[illegible]
初九十十一日子丑寅午未申長　卯辰巳酉戌亥
十二三日丑寅卯未申酉長　辰巳午戌亥子退
十四五日寅卯申酉戌長　巳午未亥子丑退
十六日從逢初一日起

潮水

初二三日辰戌長　丑未退
初四五六日巳亥長　寅申退
初七八日子午長　卯酉退
初九十一日丑未長　辰戌退
十二三日寅申長　巳亥退
十四五日卯酉長　子午退
十六七八日辰戌長　丑未退
十九二十日巳亥長　寅申退
二十一二日子午長　卯酉退
二[illegible]日丑未長　辰戌退
二十八日寅申長　巳亥退
二十九三十日卯酉長　子午退

以上全省大畧相同惟瓊州不同

煮海水法

揚帆海上固必關心設使有危尤須應變即如舟駛滄波倘遇風颶漂出外洋檣傾楫折尺寸莫移櫃水已既斷絕而海水又鹹不可咽將如之何可汲海水置鍋內上架酒甑如造酒法熾火煮之則水氣升騰甑內倒孔流出即成淡水可食矣

防海紀略二卷

〔清〕王之春編

《防海紀略》二卷，清王之春編。之春（一八四二—一九〇六）字爵棠，號椒生、芍唐居士，湖南清泉（今衡陽）人。歷任山西、安徽、廣西巡撫。是書就《英夷入寇記》删補而成，蓋同治間外交争端孔棘，列强窺覬，爰訂是編，欲資清廷借鑒，故事核文直，敘次有法。書分上下卷，敘述英國侵略始末，林則徐因掣肘而功敗垂成之事。末附《津事述略》，敘天津教案事頗詳。據上海圖書館藏清光緒六年（一八八〇）刻本影印。

光緒六年庚辰秋鐫

防海紀略

上洋文藝齋新刊

功名之際難矣哉以伏波之勛而薏苡蒙謗以廉頗之健而遺矢遭讒　外舅文忠公非遭遇聖明其不因粵事而顛躓者幾希矣是編追敘緣起語有經緯傷時感事均於言外得之史筆也至敘文忠公處尤見苦心事機得失瞭如指掌昔人謂作史必兼才學識三長作者殆駸駸追隨班馬矣前鑒不遠後之覽者能無愴然

幼丹甫貢跋於台防軍次

門戶窺全粵何人作濫觴鑄來成大錯交涉到重洋
陰險眞蜂蠆奇貪類犬羊不須長太息但整舊金湯
留得前車鑒綢繆慮太深諸公曾費手時事自攖心
收拾從何始遷延已至今後來有英俊會向此編尋

退省山人題句

血鯨長劍嘯煩冤妖蜃樓臺氣尚昏大局莫沿前車誤苦心要爲重臣原魏徵自古推人鑑杜牧平生託罪言昨向扶桑觀日出墨波橫灑海波渾

候官幼蓮氏拜稿

防海紀略一書舊編名曰英夷入寇記龍門微辭間多失實居士詳加考証徵實去誣改爲是編付諸剞劂蓋深慨當時任事諸臣闇於事機一誤於恇怯再誤於輕率遂致敵人深入內地盤踞侵軼釀成數十年隱患而又慮後世之人不明其顚末執一端以橫相詆諆將欲懲夫覆轍而適以蹈夫危機也近世士大夫忠義激發談及和議一事其弱者扼腕太息其強者攘臂奮呼意氣誠足尙矣究之以主和爲非而不求所以不和之策以主戰爲是而不求所以能戰

之謨一旦事權攸屬則亦瞠目束手毫無把握吾恐秦繆醜固當首誅韓侂冑亦難從末減也試取是書而讀之覺若何召釁若何失機若何誤國若何隳計如覆敗局而審算之一一可了誠是非之實錄成敗之殷鑒也方今海禁大開四極四荒來賓來享是古今一大挪局物眾地大櫱牙其間倭翦我藩服俄攘我西陲居士應

詔陳言規畫宏遠有已蒙採擇而見諸施行者他日出其緒餘以奏擴清綏靖之烈其設施方未有艾闓是編亦足以窺其一斑爰走筆而爲之序

光緒五年己卯孟春衡陽淡谿氏謹識

我
國家
聖聖相承文治武功遠邁前代二百餘年繼繼繩繩寰宇鏡
清薄海普天來賓來享自鴉片煙流毒中土海禁重
中而一二枋事之臣撫馭失宜以致
憂勤宵旰道光中葉沿海騷然非外侮之不能禦也亦非我
軍之不善戰也良由彼此強弱情形一時不曾深悉
故內備未修兵釁交困幸賴我
宣宗成皇帝秉柔遠之規深黷武之戒

宸謨獨斷和議乃成三數年間遂成通商內地之局斯亦氣
數所關有莫之為而為者今則中外一家四裔賓服
我
兩宮皇太后決策重簾
嗣天子智勇天錫二三藎臣內秉
廟謨外操成算沿江沿海各設重防固不必屢杞人之憂
而為堂雀之慮惟犬羊之性馴習維艱狗其欲則貪
得無饜持之急則激而生變惟以誠相感以信相孚
庶相與羈縻勿絕鄙人身居局外事鑒前車緣就英
夷入寇記補闕刪誣以聞見錄名曰防海紀略以津
事附之雖言之無文要亦當世是非得失之林也後
之覽者瞭然於當日成敗之故與夫難易之情盡人
事以挽天心以輔我
皇上億萬年有道之治聞英之威妥瑪私語文博川相國
曰竊窺天象我英國將來不能久駐中華毋滋他族
實逼處此他日欲使土番西竄回犯北邊則前事者
後事之師是編亦未嘗無一得之助非敢忘己量之
所稱指前人之瑕疵也知我罪我其在斯乎其在斯
乎

同治十年辛未二月清泉芍唐居士自序於順天北
塘軍次

防海紀略目錄

防海紀略卷上

芍唐居士編

西南洋有五印度者部落亞細亞洲西漢之所謂身毒東漢之所謂天竺也（古音天鐵因切與身本同韻此爲譯音之對音）一名印度海總名西南其南印度有孟邁者爲入東南洋之咽吭而東中兩印度在其北中印度古名溫都斯坦以興都哥士山爲界（興都即印度之對音也）踰山則西北兩印度地今回部之國在焉　國朝乾隆二十年英吉利滅東印度之孟加剌遂以次侵并東中南三印

度之地東南兩印度皆產鴉片煙土名曰波畢英之歲餉每年約一千數百萬其初入關口一箱納稅銀三兩沿海居民爭傳其法展轉效尤不數十年遂流行於各省粵督始聞於　朝嘉慶初奉

詔申立嚴禁裁其稅額自此入口之鴉片悉暗中偷售而其價益增後查出葉恆澍夾帶鴉片之案奉

旨重申前禁凡洋艘至粵先由行商出具所進黃浦貨船並無鴉片甘結方准開艙驗貨其行商容隱查出者加等治罪鴉片躉船遂改泊急水門金星門等

處勾結內地奸民往來傳送包買則有窑口說合則
有行商私受土規則有關汛為之奧援包攬運載則
有蟹艇資其護送洋商易貨無多輒載銀出洋回國
內地銀荒日甚　朝廷憂之而一時九卿台諫之
列謂其有傷政體於是內閣學士朱嶟奏請申禁鴉
片例禁其奏未見給事中許球奏謂弛鴉片之禁既不禁
其售賣又豈能禁人吸食若祇禁官與兵而官與兵
皆從士民中出又何以預為之地況明知為毒人之
物而聽其流行復徵其稅課堂堂　天朝無此政

體臣愚以為與其紛更法制盡撤藩籬曷若謹守舊
章嚴行整頓自古制夷之法詳內略外先治已而後
治人必先嚴定治罪條例將販賣之奸民說合之行
商包買之窑口護送之蟹艇賄縱之兵役嚴密查拏
盡法懲治而後內地庶可肅清若坐地夷人先擇其
分住各洋行著名奸猾者查拏拘守告以定例勒令
具限使寄泊躉船盡行回國並令寄信該國王鴉片
流毒內地戕害民生　天朝已將內地販賣奸民
從重究治所有坐地夷人念係外洋不忍加誅如鴉

片躉船不至再入中國即行寬釋仍准照常互市倘
仍前輸定將坐地夷人正法一面停止互市似此理
直氣壯該夷不敢輕視亦無所施其伎倆鴻臚寺卿
黃爵滋奏謂近年各省鹽務漕務之疲累官吏之虧
空商民之交困皆由銀價昂錢價賤向時紋銀每兩
兌錢千零今則每兩兌至千有六百而銀少價昂之
由由於粵東洋船鴉片煙盛行致紋銀透漏出洋日
甚一日此煙製自英吉利夷嚴禁其國人勿食有犯
者以礮擊沉海中而專以誘他國之人使其輭弱既

以此取葛留巴又欲以此誘安南被安南嚴令誅絕
始不能入境今則蔓延中國橫被海內槁人形骸蠱
人心志喪人身家實生民以來未有之大患其禍烈
於洪水猛獸積重難反非雷厲風行不足以振聾發
聵請仿周官用重典治以死罪
詔各省將軍督撫會議速奏時湖廣總督林則徐奏
最剴切言煙不禁絕國日貧民日弱十餘年後豈惟
無可籌之餉抑且無可用之兵
上謂深慮遠識之言　詔林則徐來京面受方略

以兵部尚書頒給　欽差大臣關防馳赴粤東查辦海口節制水師初鴉片煙在康熙十年以前以藥材上稅乾隆三十年前每年不過二百箱嘉慶元年因嗜好日衆始禁其入口嘉慶末每年私鬻者至三四千箱始則囤積澳門繼則移於黄浦道光初嚴旨查禁復移於零丁洋之躉船零丁洋者在老萬山内水路四達凡中外商船之出入外洋者皆必由焉夷船至皆以鴉片寄躉船而後以價入口又浙閩江蘇商船即從外洋販運其粤商則皆在口内議價而從

口外運入始躉船尚不過五艘其煙至多不過四五千箱可籌火攻而總督阮元密奏請暫事羈縻徐圖驅逐於是因循日甚其突增至二十五艘煙二萬箱者則在道光六年兩廣總督李鴻賓設巡船之後巡船每月受規銀三萬六千兩放私入口於是藩籬潰決及道光十二年總督盧坤始裁巡船奈水師積習不可挽道光十七年總督鄧廷楨復設巡船而水師副將韓肇慶專以護私漁利與夷船約每萬箱許送數百箱與水師報功甚或以水師船代運進口於是

韓肇慶以獲煙功擢總兵賞戴孔雀翎水師兵丁人人充橐而鴉片遂歲至四五萬箱矣大理寺卿許乃濟曾任廣東雷瓊兵備道受大吏指奏請將鴉片煙照藥材收稅不報十九年正月二十五日林則徐馳驛抵粤傳洋商伍怡和索歷年販運煙土夷商查頓及顛地二人查頓聞風先竄惟顛地隨英吉利公司領事義律由澳門至省城夷館林則徐派兵役監守之並於省河之獵得礮臺截斷來往諭令將零丁洋所泊二十五艘之煙土勒限呈繳免其治罪否即斷

薪水而停貿易又采粤人輿論奏革水師總兵韓肇慶之職公司領事者英國派夷官管貿易者也他國皆夷商各自貿易惟英吉利通國富商合資出洋計本而分利故派領事官一員總管凡與中國官吏抗衡桀驁皆領事所爲初議三十年爲一局繼議六十年爲一局道光十三年公司局散粤中已無領事而總督盧坤聽洋商言反行文英吉利國令仍派領事來粤司貿易初至者曰勞律以不法驅逐再至者即義律在粤三載夷商聽其號令至是遂被圍在省館

不能回澳始於二月十二日具印稟遵繳並寄信各
夷船令將駛往東洋之煙盡駛回粵共繳鴉片煙土
二萬二百八十三箱計每船大者千箱次者數百箱
於是林則徐會同兩廣總督鄧廷楨親駐虎門舟次
驗收至四月初六日收畢每箱酌賞茶葉五觔其煙
土請解京師旋奉　上諭即在海口銷燬毋庸解
京俾沿海民夷共見共聞咸知震悚林則徐會同督
撫於虎門監視銷燬就海灘高處周圍樹柵開池漫
滷投以石灰頃刻湯沸不爨自燃夕啟涵洞隨潮出

海其鴉片煙共四種最上曰公班土白土次之金花
土又次之每箱四十枚又有小公班土每箱一百數
十枚更貴於公班每箱百有二十觔共計鴉片二百
三十七萬六千二百五十四觔皆產於東印度之孟
阿臘南印度之孟邁之曼達剌薩且檢出印度夷埠
發票有每月發至萬有二千餘箱者雖間售南洋各
國而中國居其大半計載來中土者每歲不下五六
萬箱其煙在印度本地每箱價銀二百五十元至廣
東則價五六百元爲利一倍共燒燬本銀五六百萬

元並利銀千餘萬元時有各國夷商聞風來觀作文
記事頌中國之政林則徐下令盡逐外洋之躉船與
澳門之奸夷不許逗遛內地其續到商船有鴉片者
倘自揣不敢報驗即日回國亦免窮追若仍沿舊以
煙御寄躉船則入口時丈量船旁水蹟尺寸情僞立
見必照夾帶鴉片之新例人即正法船貨入官所有
進口之船均應照此具結並行文與英吉利國王詞
嚴義正時西洋彌利堅諸國皆遵具結於是義律由
省下澳遞稟言違禁犯煙之弊亟須設法早除如准

委員來澳會議章程可冀常遠除絶林則徐批示獎
勵而義律復稟請本國貨船泊近澳門林則徐以澳
門向例惟准設西洋額船二十有五艘若英夷援此
例不入黃浦則海關虛設而私煙夾帶更無從稽察
嚴駁不許義律倡言不准泊澳便無章程可議因不
受所賞茶葉不肯具結言必俟奉國王命定章程方
許貨船入口時義律已寄信附貨船回國往返不過
半年原可少需無迫也而五月內復有尖沙嘴夷船
水手毆斃村民林維喜之事諭義律交出夷犯抵罪

義律雖未交出而懸賞格銀千圓購告毆犯之人亦非故意抗違也七月林則徐與鄧廷楨遵例禁絕薪蔬食物入澳並以澳門寓夷原爲經理貿易今既不進口貿易即不應逗遛澳門義律率其眷屬及澳內英夷五十七家同遷出澳寄居尖沙嘴貨船於是義律始怨暗招夷埠兵船二艘來粵又擇高大貨船三艘配以礮械赴九龍山假索食爲名突開礮攻我水師船我參將賴恩爵揮兵發礮擊翻雙桅夷船一杉板船二而奸夷所僱呂宋躉船逗遛潭仔售煙者亦

於八月初爲我水師攻燬人船并獲義律遂托澳門西夷代爲轉圜願盡遣躉船回國其貨船亦願具結如有夾私者船貨充公此粵事第一轉機而林則徐必令夷書人即正法之語且責繳凶犯旋有其國兩船遵式具結驗無夾帶鴉片於九月晦入口而義律遣二兵船阻之且投稟請毋攻燬尖沙嘴之船以俟國王之信水師提督關天培以凶犯未繳擲還其稟時我師船五艘在洋彈壓夷見前稟不收見我師船紅旗即發礮來攻關天培令開礮應之擊斷夷船頭

鼻夷兵多落海死又擊溺柁樓夷兵夷船旗落帆斜遁回尖沙嘴迤北有官涌山爲我軍營壘頗得地勢轟斃夷兵無數時十月初旬我軍連勝夷船恐我順潮火攻又水泉皆下毒無可汲飲遂滅燈背遁外洋前此九龍山之戰奏奉　批諭有不患卿等孟浪但患過於畏葸之語十一月初八日　詔曰英國夷人自議禁煙之後反覆無常若仍准通商殊屬不成事體至區區關稅何足計論我朝撫綏外夷恩澤極厚英夷不知感戴反肆鴟張是彼曲我直中外咸

知自外生成尚何足惜其即將英吉利國貿易停止並於原奏中夷船遵法者保護之桀驁者懲拒之之語批諭云同是一國之人辦理兩歧未免自相矛盾此因禁煙而並斷英夷貿易之本末也　上又以大理寺卿曾望顏之奏欲封關禁海林則徐力陳不可自封港以後英夷貨船先後至者二三十艘皆不得入口人人懟怨於是義律於十一月復遣人乞恩在粵辦事多年定欲承平今諸事擾亂心多憂慮自後請遵大清律辦理而仍無違於國王之法乞仍許

英夷回居澳門俟王諭至彼時再開貿易此粵事再轉機林則徐以新奉　諭旨不便驟更復嚴斥堅與之絶其國貨船先後起椗揚帆駛出老萬山者約十餘艘並續至之艘多觀望留連寄泊外洋不肯去而粵洋漁船蛋艇亡命之徒貪薪蔬之厚值與鴉片之交易趨者如騖時林則徐已奉　命兩廣總督與水師提督關天培密籌師船未可遽出大洋不如以毒攻毒遂招募漁艇蛋戶授以火船領以弁兵於二十年正月杪先赴各洋島嶼潛伏約俟月晦之夜

乘退潮往乘漲潮還遊擊馬辰等四路分進出其不意突攻之於長沙灣燒燬運煙濟夷匪船共二十有三岸上蓬寮六生擒奸民十餘名其焚溺死者無數夷船帶火倉皇開避我兵勇乘潮急還無一傷者是時吸煙罪絞販煙罪斬之律已頒行一年六月之限已半各省查辦日嚴紛紛戒食者已十之五六而英吉利國中聞廣東罷市之信各埠茶葉皆囤積不肯出售市價踴貴我閩粵販茶之商船赴南洋者皆倍利而返其倫敦國都銀肆無銀轉輸至借鄰埠之鉅

萬以供支發義律回國請兵女王令國人會議其文武官多主戰其貿易商船皆不欲戰連日議不決最後拈鬮於羅占王神廟三得戰鬮始決計國王命其外戚伯麥爲統帥率兵船十餘號加以印度駐防兵艦二三十艘甫出兵而印度之兵目馬哈他死改以布爾利代之二十年四月林則徐奏聞尙奉有以逸待勞以主待客彼何能爲之　諭五月初九夜林則徐又遣火船於磨刀外洋以火船燒燬杉板夷船二艘白夷四又有一夷船桅帆著火棄椗駕逃先後

延燒匪艇十有一擒獲漢奸十有三五月英夷大小兵船十二並火輪船三先後至粵泊金星門其餘盡泊老萬山外林則徐又以火船十艘每二艘組以鐵索乘風潮攻之洋面寥闊夷船皆駛避僅焚其杉板小船二而英夷自是不敢駛近海口林則徐自去歲至粵日日使人伺探夷事翻譯夷書又購其新聞紙具知夷人極藐水師而畏沿海梟徒及漁船蛋戶於是募丁壯五千每人給月費銀六圓贍家銀六圓其費則洋商鹽商及潮州客商分捐又於虎門之橫檔

嶼設鐵鍊木筏橫亘中流購西洋各國夷礮二百餘位增排兩岸幷購舊洋艘爲式令水師演習攻首尾躍中艙之法又僱同安米艇紅單船拖風船共六十備戰艦又備火船二十小舟百餘令必俟晦潮乘上風爲萬全必勝計林則徐親赴師子洋校閱水師號令嚴明至是又下令每殺一白夷者賞銀百圓黑夷半之斬首逆義律者銀二萬圓其下領兵夷目以次遞降獲兵艘者除礮械繳官外餘盡充賞於是夷船之漢奸皆爲英夷所疑忌不敢留盡行遣去其近珠

江之內河在澳門西虎門東者盡以重兵嚴守其餘海口多礁淺非洋船所能入夷船至粤旬月無隙可乘遂乘風竄赴各省是月夷船三十一艘赴浙江先以其半攻福建廈門時水師提督陳階平先期告病總督鄧廷楨督金沙兵備道劉耀春連開百餘礮一礮擊中其大兵船火藥艙沈之又募水勇數百僞裝商船出洋攻諸南澳港是夜無風夷船不能駛避且柁尾無礮我舟低又外蔽皮幕銃彈不能中遂壞柁尾擲火罐噴筒殲其夷兵數十會風起夷船竄避六月全赴浙江攻定海陷之總兵張朝發中礮死知縣姚懷祥典史全福投河死其分出之船遊弋閩粤時時窺伺七月夷船攻澳門後之關閘我守兵礮沈其數小舟傷其夷目夷兵數十八月林則徐偵夷師士密之兵船五艘在磨刀洋遂遣副將陳連陞遊擊馬辰等率五大艘出洋剿之每艘兵六百時四艘阻風在後馬辰一艘先遇夷帥之船即乘上風攻之礮破其頭鼻船遂欹側夷兵多溺圍攻良久夷船鉛彈已盡僅放空礮他處夷船以小舟十餘來圍馬辰船小

舟礮低止中我船外之木排內有鹽糖包無損我船齊開子礮斷賊繩纜不能駛進夷帥乘我兵與他舟相持即乘間竄遁撈獲夷屍十餘軍器數十件旗一

初七日奏遂奉殺人滅口之　嚴旨蓋定海失守後浙江巡撫烏爾恭額提督祝廷彪束手無策

朝廷以定海孤懸海中非海道舟師不能恢復而水戰又夷艘所長且承平日久沿海恐其衝突已有蜚語上聞言上年廣東繳煙先許價買而後負約以致激變者又有言鄧廷楨廈門軍報不實者七月命兩

江總督伊里布為大臣赴浙江寧波視師且　敕沿海督撫遇夷投書即收受馳奏又命侍郎黃爵滋祁寯藻赴福建查勘適七月夷酋伯麥及義律以五艘赴天津投書書乃其國巴釐滿衙門寄大清國宰相之詞詞極桀驁多所邀索計六條一索煙價初次夷書中未敢顯言尚以貨價為名及見內地復書不及禁煙之事遂明索煙價二索廣州廈門福州定海上海等口為市埠三欲敵禮平行四索犒軍費五不得以外洋販煙之船貽累岸商六欲盡裁洋商浮費

直隸總督琦善收書　奏聞且於復書即言上年廣東繳煙其中必有多少曲折將來欽派大臣前往查實不難重治林則徐之罪蓋授意夷酋欲其誣林以許價騙煙之詞且以卸天津武備廢弛之責而夷酋義律終以印文申繳在前不能鑿空改誣也八月夷船自天津起椗其兵船半踞定海半赴廣東　詔授琦善欽差大臣赴粵查辦革林則徐鄧廷楨之職赴粵聽勘并飭沿海各省不得開炮九月義律回至定海入見伊里布於鎮海城索俘夷安突德及七月

間餘姚所獲黑白夷數十人不果而去伊里布於是遣其奴張喜赴夷船餽牛酒首賀以林鄧革職之事酋伯麥搖首曰林公自是中國好總督有血性有才氣但不悉外國情形耳斷鴉片煙可斷貿易不可貿易斷則我國無以為生不得不全力以爭通商豈為仇總督而來耶是時直隸山東爭以夷情恭順入告山東巡撫托渾布遣人餽夷船歸至有各夷向岸羅拜之奏而廣東裁撤水師之船已半途為夷船劫虜矣署總督怡良奏聞而十月琦善至廣東查上年義

律先後繳煙印文欲吹求林則徐罪不可得則首詰劫船之役何人先開礮欲斬副將以謝夷而兵心解體矣撤散壯丁數千於是水勇失業變為漢奸英夷撫而用之翻為我首矣撤橫檔水中暗樁屢會義律於虎門左右夷船得以探水誌察徑路而情形虛實盡洩矣聽鹽運使王篤之言盡屏廣東文武專用漢奸鮑鵬往來傳信其人故奸夷顛地之僕役義律所奴視益輕視中國無人矣義律與琦善信云若多增兵勇來敵即不准和於是已撤之兵不敢再調凡有

報緝漢奸緝鴉片者輒被呵斥有探報夷情者則拒曰我不似林總督以天朝大吏終日刺探外夷情者所事一切力反前任之所爲謂可得夷懽心而逆夷則日夜增造杉板小船招集販煙之蜈蚣船蠏船數百此外火箭噴筒竹梯攻具增造不可數計水師提督關天培總兵李廷鈺察其情均請增兵琦善恐妨和議固拒不許許償夷煙價銀七萬圓而夷必欲索埠地琦善前以廈門及香港二地商之鄧廷楨廷楨言廈門全閩門戶不可許香港與尖沙觜及裙帶路

二嶼鼎峙爲粵海適中之地形勢環抱藏風少浪若令英夷築臺設礮久必窺伺廣東琦善旣據以奏聞至是不能自背前奏義律遂乘其無備於十二月十五日突攻沙角大角礮臺乃虎門外第一重門戶也副將陳連陞守之連陞久歷川楚戎行之老將兵止六百夷船礮攻其前而漢奸二千餘梯山背攻其後陳連陞於後山埋地雷機發轟死百餘賊而不能再發賊後隊復擁而上衆伍倍於我我兵前後殲賊三百餘而火藥已竭賊火輪杉板船又繞赴三門口焚我戰船十艘水師或潰或死其橫檔靖遠威遠各礮臺僅能自保且俱隔於夷船不能相救陳連陞父子戰死賊遂據沙角大角兩礮臺時提督關天培總兵李廷鈺遊擊馬辰僅分守鎮威靖各礮臺兵各僅數百相向而哭李廷鈺回至省城哭求增兵闔省文武亦皆力求琦善初僅允二百繼增至五百黑夜以小舟偷度分布各處琦善憒憒且奏言賊殲我兵無數而我兵傷賊僅數十以張敵而脅款惟連夜作書令鮑鵬持送義律再申和議於煙價外復以香港許之

並歸浙江俘夷以易定海城琦善與立契約遂於正月出虎門會議義律宴於師子洋旣而正月杪批摺回不允事復中變當琦善之　陛辭也奉面諭以英夷但求通商則已如邀挾無厭可一面羈縻一面奏請調兵原未令其撤防專款也及逆夷攻陷礮臺大肆猖獗　上震怒於是有煙價一毫不許土地一寸不給之旨并調四川貴州湖南江西兵赴剿命林則徐鄧廷楨隨同辦理夷務然琦善不與林則徐商議一事且英夷和議已絕尚不許關天培

增兵爲備而逆夷則號召日多器械火藥日備兇燄百倍於前矣二十一年正月初七日下詔暴逆夷罪惡　特命宗室奕山爲靖逆將軍湖南提督楊芳尚書隆文爲參贊大臣聲罪致討命刑部尚書祁墳赴江西總理兵餉楊芳於去冬入覲出都行至安徽奉　命先往以二月十三日馳至廣東而英夷已於二月五日乘風潮先以兵船截攻橫檔礮臺再破虎門礮臺提督關天培死之虎門各隘所列大礮三百餘門至是皆爲夷有湖南兵千餘新到琦善倉卒

即遣禦於烏涌甫交綏粵兵先走湖南兵且戰且退後阻四河溺死者半提督祥福又死之廣東省河廣闊惟東路二十里之獵得二沙尾西南十五里之大黃滘河面稍狹可以扼守楊芳相度形勢使總兵段永福率千兵扼東南十餘里之東勝寺爲陸路三面咽喉然其地距河五六里不能扼賊水路也又使總兵長春以千兵扼大黃滘後五里之鳳凰岡惟築濠壘橫木筏沈石船下木樁夷船可鬬而過也其獵得及二沙尾雖沈船塞石而無兵礮守禦夷船至可拔

而除之也賊初讋楊芳宿將威名又未悉內河虛實使白夷持書至鳳凰岡議款從以漢奸沿途探水總兵長春收書送城中待報即掩帳而臥任漢奸導白夷偏歷營壘盡得虛實歸報無備於是分路探入破鳳凰岡營進攻東西礮臺海珠礮臺盡扼獵得大黃滘兩咽喉是時琦善已革去大學士拔去孔雀翎而怡良復以英夷香港僞示奏呈語絕狂悖於是上益震怒籍琦善家產鎖逮來京逆夷見朝廷赫怒局勢大變諒林則徐勢必起用恐我軍一振和議永絕且

夷船兵費浩大急欲通商以濟餉各國商船罷市久矣亦皆咎之乃於二十六日託彌利堅國夷目與洋商伍怡和調停遞書言如欲承平不討別情但求照舊通商蓋并琦善所許之煙價香港皆不敢求矣楊芳諭令退出虎門義律言俟奉通商之旨兵船即退是月楊芳怡良奏聞門戶已失賊入堂奧兵潰民散礮俱乏用除暫款外無退敵緩兵之策而煙價埠地不索亦足申　朝廷折衝樽俎之威是粵事第二轉機而楊芳正月初行至江西時聞粵中和議將定

先爲給澳堆貨之奏以遙附琦善固已不取信於上及是再奏又不陳明琦善開門揖盜自潰藩籬非權宜不能退賊收險之故與將來守備已固如再鴟張立可剿辦之策上以其毫無方略未戰先撫非命將出師本意不許是時定海之夷船亦至廣東共五十大艘半泊外洋海半入虎門舢艫相接偏樹出賣鴉片之幟將軍奕山行至江西以各省兵礮攻具未集暫駐韶州以俟三月二十三日奕山隆文及新任總督祁𡎴甫抵廣州奕山問計於楊芳林則徐二人皆

言寇勢已深而新城卑薄無險可守宜遣人計誘夷船退出獵得大黃滘之外連夜下樁沈船岸上迅壘沙城守以重兵大礮爲省城外障俾逆夷不能制我之命而後調集船礮兵勇以守爲戰俟風潮皆順葦筏齊備再議乘勢火攻庶出萬全是月林則徐復奉馳赴浙江軍營之　命蓋去冬浙閩總督顏伯燾與浙撫劉韻珂署江督裕謙皆先後密疏陳林則徐琦善守粵功罪至是裕謙奉　命赴浙代伊里布爲　欽差大臣故　上命林則徐以四品京堂馳

往會辦以防粵賊敗竄赴浙而是時粵賊方據省河咽喉我兵實無可操勝算且攻具未備其所募福建水勇千人未至近募香山東莞水勇三千亦未集楊芳不欲浪戰奕山初至亦然之既而惑於翼長李湘芬西拉本段永福張青雲等之言不戰則軍餉無出開銷功賞無由保奏急欲僥倖一試遂不謀於楊芳并不探風色順逆以四月朔夜半三路突攻夷船一屯西礮臺外出中路一由泥城出右路一屯東礮臺出左路日暮兵已出城奕山始詣楊芳卜休咎楊芳

大怒拔劍怨訴而兵已不可挽回時水勇木筏未集先用四川餘丁充水勇者四百廣州水勇三百乘小舟攜火箭火彈噴筒分路夜伏聞礮齊起以長鉤鉤其船底是夜又値逆風礮破其二桅大船一火輪船一溺夷數百義律自夷館登舟竄免夷館貨物爲四川兵擄掠一空並誤傷彌利堅夷數人甫黎明而夷兵大集反乘順風攻我我兵退走廣州城粵城三面臨河街市鱗櫛繁麗甲南海至是火光燭天以及泥城港內所備攻夷之木筏材料數百油薪船三十餘

艘皆爲夷火輪舟及漢奸所燼其筏材皆運自廣西費數十萬計第三日義律投書約詰朝大戰至期夷船環攻城東西南三面佛山運至新鑄八千觔大礮本夷所畏懼而安置不得地勢依山者高出水面依水者前後受敵礮架不能運轉取准兵丁點放不熟又用文吏西拉本李湘芬爲翼長將各省之兵互相分配各離營伍兵將皆不相習潰走則互相推諉所發鹽茶口糧厚薄不均祁𡊮又吝費令十五兵共一帳房擁擠無紀律各擇利便擄取貨物奕山又盡派

重兵於東南二路而西北泥城後路無守備於是天字礮臺及泥城四方礮臺一日皆失守守天字礮臺者段永福守泥城者副將岱昌與參將劉大忠守四方礮臺者總兵長春天字礮臺上八千觔大礮未及一放即爲夷兵錮以鐵釘四方礮臺者在城北後山之頂俯視全城　國初王師攻圍廣州半載不能破及奪後山置礮俯擊始陷之乃攻城之利守城之害也距水次十里層崖峭徑一夫守險可拒千賊及夷自破泥城後繞東而北沿途官兵無一阻截至山

下僅百餘夷而守臺之兵望風爭竄隕崖墜死無數夷兵唾手而得險要連夜於臺下築土城運礮藥於是閤城軍民如坐穽中而聽穽上之下石矣將軍參贊不斷一逃兵逃將反開城納之連日城外之火箭礮彈與四方臺上之礮聲如雷如霆晝夜不息幸大雨盆注其箭彈非墮池塘即墜空地無一延燎內城儲火藥二萬萬觔漢奸以火箭火彈射之亦爲雨所滅楊芳坐城樓督戰每遇礮火最密處輒往以身當之礮不能中惟內城尙厚而外城低薄女牆卑於甍

脊人無固志第七日夷兵遂并力專攻城東南隅若知將軍參贊皆居東南者箭彈入貢院櫺甍皆破諸帥避入巡撫署面無人色議使廣州知府余保純出城講和款義律立索軍餉銀六百萬圓煙價在外香港再議限五日內交銀且約將軍及外省兵先出省城夷船始退出虎門將軍等一切允之城上故立白旗先令洋商出二百萬圓餘於藩庫運庫海關庫發給會奏請罪惟續至之參贊大臣齊愼隔在佛山鎭未列銜而煙價及香港亦皆未入奏云十三日四方

礮臺夷兵盡囘船義律即促將軍參贊離城十六日奕山等又退兵屯金山離省河數十里先撤囘湖南兵惟楊芳仍留廣州彈壓隆文於講和時即憤恚成疾及抵金山不數日即卒臨危時猶呼無面目對

朝廷不絕口前日將軍參贊之至粵也屢奏粵民多漢奸粵兵多賊黨故遣募水勇於福建多不用粵勇日令官兵擒捕漢奸不問是非而殺之有湖南兵誤奸瘋婦妄聞小兒血可愈殺而飲之者粵民久不平而逆夷初不殺粵民所獲鄉勇皆釋還或間攻土

匪禁刦掠以要結民心故雖有擒斬逆夷之賞格無一應命當夷兵攻城居民多從壁上觀會南海義勇爲湖南官兵誣殺義勇大譁數百人擁入貢院搜兵報復兵皆鼠竄將軍參贊摘段永福頂翎慰解之始散而夷兵亦日肆淫掠與粵民結怨及講和次日夷兵千餘自四方礮臺囘至泥城於是三元里民憤起倡義報復號召各處壯勇雲集鎗械四面設伏截其歸路夷兵終日突圍不出死者二百殪其渠帥曰伯麥曰霞畢首大如斗奪獲其調兵令符黃金寶星及雙羽手礮而三山村亦擊殺夷兵百餘奪得二礮及渾鎗洋刀九百餘件義律馳赴三元里救應復被重圍鄉民愈聚愈眾至數萬義律告急於知府余保純是時講和之銀尚祗送去四分之一又福建水勇是日亦至倘令乘機應援夾攻圍殲夷兵生獲夷酋挾以爲質令其退出虎門而後徐與講款可一切惟我所欲而諸帥不計及此也反遣余保純馳往解勸竟日始翼義律出圍囘船十七日夷船漸次退出其大船有擱滯淺沙者各鄉民復思截而火之奪囘講款

之銀義律懼復移文總督於是祁墳出示曉諭眾始解散而新安縣武舉人庾體羣亦於初四日夜半以火舟三隊自穿鼻洋乘潮至虎門攻賊後路夷船驚覺甫開一礮我火舟已偪其後艙火藥轟發雙桅飛起空中全船俱燬餘船皆棄椗竄遁又佛山義勇亦從陸路截攻夷於龜岡礮臺先從上風縱毒煙以眯夷目殲賊數十又擊破應援之杉板夷船當事先後奏聞　詔責諸將調集各省官兵何反不如區區義勇其一切交部議處義律亦懟且憤强出僞示言

百姓此次刁抗蒙大英官憲寬容後毋再犯粵民憤甚復回檄討之曰爾自謂船礮無敵何不於林制府任內攻犯廣東爾前日被圍時何不能力戰自拔而求救於首府此次奸相受爾籠絡主款撤防故爾得乘虛深入倘再入內河我百姓若不雲集十萬眾各出草筏沈沙石整槍礮截爾首尾火爾艘艦殲爾醜類者我等即非　大清國之子民是時南海番禺二縣團集義勇三萬六千晝夜演練義律得檄偵知內河已有備竟不敢報復然自是知粵市之不可復

開翻然思變計矣不逾月遂復有廈門之事

論曰春秋之義治內詳治外略夷煙流毒歷載養癰林公處橫流潰決之餘奮然欲除中國之積患而卒激沿海之大患其耳食者爭咎於勒夷繳煙其深悉夷情者則知其不由繳煙而由於閉市其閉市之故一由不肯具結二由不繳夷犯然船貨入官之結懸賞購犯之示請待國王諭至之稟亦足以明其無悖心而猶必以化內之法一切繩之其求外夷也過詳矣水師總兵奏稱審訊而仍免罪曷不以外夷沒產正法之律懲之乎海關浮費數倍正稅皆積年洋商所肥蠹起家不貲今既傾繳夷商千萬之煙貲不當派捐洋商數百萬之軍餉乎誠能暫寬市舶之操切以整水師之武備盡除海關之侵索以羈遠人之威懷奏仿欽天監用西洋歷官之例行取彌利堅佛蘭西葡萄亞三國各遣夷目一二人赴粵司造船局火器局而擇內地巧匠精兵以傳習之如習天文之例其有夷船夷礮火箭火藥願售者聽不惟以貨易貨而且以貨易船易火器准以艘械火藥抵茶葉湖絲

之稅不過取諸商捐數百萬而不旋踵間西洋之長技盡成中國之長技兼以其暇增修粵省之外城內河礮臺截並水師之員缺而汰除其冗濫分配各艦練習駕駛攻戰再奏請偏閱沿海各省之水師由粵海而廈門而甯波而上海城池礮臺不得地勢者移建之水師冗缺裁并而選之一如粵省之例而後合新修之火輪戰艦與新練水犀之士集於天津奏請大閱以創中國千年水師未有之盛雖有狡夷其敢逞雖有鴉片其敢至雖有讒慝之口其敢乘夫是之

謂以治內爲治外奚必亟亟操切外夷從事哉或曰夷變以來惟林公之守粵鄧公之守閩不謂外省一兵一餉而長城屹然使江浙天津武備亦如閩粵則
廟堂無南顧之憂島寇有坐困之勢子何不責江浙天津之無備與閩粵後任之不武而求全責備於始事之人且林公於定海陷後固嘗陳以夷攻夷之策矣陳固守藩籬之策矣又嘗請以粵餉三百萬造船置礮矣苟從其策何患能發之不能收之也曰春秋之義不獨治內詳於治外亦責賢備於責庸豈以外夷不足詳庸眾不足責也吾曰勿驟停貿易世俗亦言不當停貿易世俗之不停貿易也以養癰曰英夷所志不過通商必不生釁至於鴉片竭中國之脂膏何以禁其不來則不計也設有平秀吉鄭成功之梟雄出其間窺我沿海弛備所志不在通商又將何以待之則亦不計也與吾之不停貿易以自修自強者天壤胡越望之也深則求之也備豈暇與囊瓦靳尚之徒較量高下哉夫擧天下之大難者每身蹈天下之至危也犯天下之至危者必預籌天下之至

安古君子非常擧事內審諸已又必外審諸時同時人材盡堪艱鉅則爲之國家武力有餘則爲之事權皆自我操則爲之承平安嬉不知脩攘爲何事破一島一省震驚一省各省震抱頭鼠竄者膽裂之不暇馮河暴虎者虛憍而無實如此而欲其靜鎮固守嚴斷接濟內俟船械之集外聯屬國之師必沿海守臣皆林公而後可必秉鈞當軸皆林公而後可始既以中國之法令望諸外夷繼又以豪傑之猷爲望諸庸眾其於捄敝不亦遼乎馳峻坂則羣儆善御之銜緩犯駭濤斯倍戒舵師之鍼向是以甫田愼彼勞忉唐棣先其翩反也

附錄林文忠請戴罪赴浙圖勦奏疏

再臣渥受　厚恩天良難昧每念一身之獲咎猶小而　國體之攸關甚大不敢不以見聞所及敬爲我　皇上陳之查此次英夷所憾在粵而滋擾乃在於浙雖變動若出於意外其窮蹙正在於意中蓋逆夷所不肯灰心者以鴉片煙獲利之重每歲易紋銀出洋多至數千萬兩若在粵得以與復舊業何必遠赴浙洋現聞其於定海一帶大張招帖每鴉片十一斤祇賣洋錢一員是卽在該國孟阿剌等處所

出之區且不敷成本其所以甘心虧折者或云以給雇資或云以充食用並聞其在洋外各埠貨船雇兵而來費用之繁日以數萬計礮子火藥亦不能日久支持窮蹙之形亦可槪見又夷人過冬以氊爲煖不著皮衣蓋其素性然也浙省地寒勢必不能忍受現有夷信到粵言定海陰溼之氣病死者甚多大抵朔風戒嚴自必舍去舟山揚帆南竄各洋商之在粵省自六月以來貿易爲英夷所阻亦各氣分不平均由該國派來兵船與之講理是該夷現有進退維谷之

勢能不內怯於心惟其虛憍性成愈窮蹙時愈欲逞其桀驁肆其恫喝再生祕計冀得售其奸如一切皆不得行仍必帖耳俛伏臣前屢次體驗頗悉其情卽此時不値與之海上交鋒而第固守藩籬亦更足使之坐困也夫自古苗民逆命無損於堯舜之教我　皇上以堯舜之治治中外如鴉片之爲害甚於洪水猛獸卽堯舜在今日亦不能不爲之驅除　聖人治惡懲奸實爲天下萬世計而天下萬世之人亦斷無有以鴉片爲不必禁者若謂夷兵來浙係爲禁

煙而起則彼之以鴉片入內地者早已包藏禍心發之於此時與發之於異日其輕重當必有辨臣愚以爲鴉片之流毒內地猶癰疽之流毒於人身也癰疽生則以漸而成膿鴉片來則以漸而致寇原屬意計中事若在數十年前查辦其時吸煙者尚少禁令易行猶如未經成膿之疽內毒或可消散今則流毒已久譬如癰疽作痛不得不急爲扶膿而逆夷滋擾浙洋卽與潰膿無異然惟膿潰而後果其如法醫治托裏扶元待其膿盡之後自然結痂收口若因腫痛而別

求消散萬一毒隨內伏誠恐患在養癰矣溯自查辦鴉片以來幸賴 乾斷嚴明 天威震懾躉船二萬餘箱之呈繳係英夷義律遞稟求收有漢夷字原本可查並有夷紙印封可驗繼而在虎門燬化煙土先期出示准令各夷觀看維時各夷來觀之人有纂爲數千言以紀其事者大抵謂 天朝法令足以服人心今夷書且載文諭外洋盡能傳誦迨後各國來船遵具切結寫明如有夾帶鴉片一斤人即正法貨船入官亦以漢夷字爲憑具結之後查驗他國

洋船皆已絕無鴉片惟英逆不遵法律且肆鴟張是以特奉 諭旨停其貿易未有浙洋之事或尚可以恩施今既攻陷城池戕害文武逆情顯著中外共聞非惟難許通商自當以威服叛第議者以爲內地船礮非外洋之敵與其曠日持久不若設法羈縻不知夷情無厭得一步又進一步若使失威不克即恐患無已時且他國効尤更爲可慮臣之愚昧務思上崇 國體下懾夷情實不敢稍有游移之見即以船礮而論本爲防海必需之物雖一時難以猝辦而

爲長久之計亦不可不先事預籌且廣東利在通商自道光元年到今粵海關已征銀三千餘萬收其利者必思預防其害若前此以關稅十分之一制造礮船則制夷亦可以裕如何至尚形棘手臣節次伏讀 諭旨以稅銀何足計較仰見 聖主內本外末不言有無洵足以昭垂奕禩但粵海關稅既比五省豐饒則以通夷之銀量爲防夷之用從此制礮必求其利造船必求其堅似經費亦可以酌籌即裨益良非淺鮮臣於夷務辦理不善正在奏請治罪何敢

更獻芻蕘惟事苟有裨於 國家雖頂踵捐糜亦復何敢自惜儻蒙 皇上格外天恩寬其一綫或令戴罪前赴浙省隨營效力以贖前愆臣必當殫竭血誠以圖克復至粵省各處隘口防堵嚴密察看現在情形該逆夷似無可乘之隙堪以仰慰 宸懷謹繕片密陳伏乞 聖鑒訓示謹奏

按公受 命辦理洋務前後凡數十疏此則其獲譴以後所上也時議者皆歸咎於辦理之過激甚或薏苡明珠謗言騰起而公不爲怵方欲以浙

事自任苟克成其志何至任該夷闌入內江致有金陵要脅之事哉是時義律遞書於天津亟欲謀去公以得逞其志而當事者不知兵機不識夷性墮其計中迷而不悟迨公去粵而粵事不可爲公離浙而浙事益不堪問矣至於盡撤礮臺之守遣散新募之師則直授敵以瑕而令之攻無異以肉餵虎而戒其無噬也其可得哉君子是以惜文忠之不用而慨粵浙之兩敝也

附錄王廷蘭與曾望顏論夷人犯粵省情形書

再啟者粵省此番用兵所調各省之兵萬有七千不可謂不多各庫銀款數百萬餉不可謂不足木料買自廣西火藥鎗礮解自江西安徽軍裝器械不可謂不備而卒至決裂潰敗一至於此實由當事既鮮有章程用兵復漫無紀律有筆墨之所不能言而又有所不敢言者此邦乃足下桑梓之地自必望信甚殷特就當日實在情形有不可解之事四有可惜之事機二有可爲痛哭者三爲足下陳之廣東設礮臺以

來大角沙角虎門三連橫檔烏涌獵德二沙尾以及省河各處皆爲要隘古人相度地利棋布星列一氣聯絡實今人所不能及夷船之初至省河也固漢奸所引進實因我無備使然琦相來粵先存一不敢戰之心畏之如虎使早爲未雨綢繆斷不至此賊破虎門烏涌急撤獵德礮臺之兵賊至二沙尾急撤省河礮臺之兵以爲我不撤兵兵必爲彼所敗所以姑退收兵入城以爲講和地步不知省之有礮臺猶人家之有門戶也賊到門而門不關可乎開門揖盜百喙

難辭迨臥榻之前已被賊人鼾睡乃猶歸咎於始事之人此不可解者一也夷船之進內河其初並不知內地虛實用一二杉板小船戴漢奸探水次第而入至我所載石沈船之處不見一將一兵以爲守禦故得將木樁碎石陸續起去放心前進此無人之境非如入無人之境也城守時有拿獲漢奸多名訊知彼處每日有漢奸十六人分四班進城偵探我處探事終日誑報自相恐嚇者居多故兵船撤退之時望見夷船有擱淺數日不能動者或用小船起撥或用火

輪船牽曳使平日有一二能事者探得實情用快蟹艇載水勇向其擱淺之船四面圍遶用火焚之非易事與乃彼有用心探水之人而我無認眞探者彼能用漢奸作內間而我從未聞有一夷奸作外間者此不可解者二也更不可解者賊踞香港蓋帳棚百餘間出有僞示初一日引水探報所蓋帳棚忽折去大半又据報夷衆紛紛上船凡夷船在獵德烏涌一帶二十餘隻火輪船數隻杉板船十餘隻云云弟早聞行香時因於進見妄參末議以爲夷衆旣由香港上

船彼處現必空虛如能分兵一路暗襲其巢穴一面用重兵守泥城如省河打仗時可以出奇由花縣兜其後路縱未必全勝亦可牽制其師奈當事以書生之見無應者迨事敗之後尋歸咎於發令太早不知夷船已全數駛進虎門其意何在我不擊彼彼必擊我先發制人未爲不可特布置失當耳初一日打仗後夷船稍退以火輪船二直趨泥城泥城爲北門咽喉亦爲佛山要路此重地也先是橫檔失守有參將劉大忠者兵敗而逃當事以殉難聞奉　旨賜䘏

嗣因其逃回始以受傷鳧水得生爲解復派伊與某協岱昌同守此地岱昌從未身歷戎行一卑鄙無賴小人因係親信派充營伍日日以算口糧爭供應爲事因製辦火藥木料可以沾潤復夤緣而往雇一小艇逍遙于其間距泥城水口僅里餘聞礮聲卽倉皇遁去至今未知作何區處又初五日賊逼礮臺兵將捲礮而走夷船揚帆至天字碼頭放空礮數聲亦皆遁去其實千把以上將官皆在城內不出是難以敢死大義責之兵丁也維時城門全閉五六七三日以

來夜間賊用火箭火彈直打城中城外東西南三處火光燭天燒去民房千餘呼號之慘不堪言狀大帥有令官兵自城外逃回開門准進而城中百姓不准放出一人夫兵所以衛民今乃藉民以衛兵此不可解者四也義律住洋行十餘日省河中夷船杉板數隻而已不難擒也伊亦毫無准備有時義律乘轎買物往來於市廛間此時如遣敢死之士數十人擒之直囊中取物耳乃屢次進言于當路輒以現在講和未可輕動是可謂宋襄仁義之師矣此可惜者一也

初十日賊退出四方礮臺將取路泥城三元里村眾因其淫掠憤極鳴鑼一時揭竿而起聯絡一百零三鄉男婦數千人圍之數重夷眾僅千餘冒死突圍而出共斃百餘人又斬兵目二人其餘受傷無數百姓雖有傷亡然人眾可恃愈擊愈多斯時我兵在城者萬餘齊參贊新到有生力軍五百名近在金山如其有令兩路齊出接應鄉民使其腹背受敵縱不克聚而殲旃當亦勦殺過半矣乃計不出此不知義律何時將余守請出屬其彈壓又不知何時余守私出城外爲夷人解和彼百姓安知大義不過因其輪姦一老婦人起衅雖人眾直烏合耳見官如此遂漸漸解散而夷眾乃得遁回舟中蓋逆夷自破虎門以來未有如此之受創者也事機之失至今扼腕夫逆夷滋事豈但漢奸引導實亦百姓使然蓋粵東自少翁查辦煙案以來禁興販杜走私未免操之過刻故兵怨之夷怨之其私販之莠民亦怨之當積重之餘以爲絕我衣食之源也故當逆夷蠢動之時羣相附和此等蚩氓不畏王章何知國法反恐逆夷不勝鴉片不

行則前轍不能復蹈而該夷又四布流言以爲與官爲仇絕不向民加害於是奸民貪其利頑民受其愚雖督撫曉諭示以能擒逆夷者賞有差數月以來絕無成效及至賊破四方礮臺復淫掠不堪始悟其奸操戈相向設使當時被圍不解遲之數日必有內應而開門迎賊者食毛踐土乃良者少而莠者多此可爲痛哭者矣　國家承平日久民不知兵官不知兵即兵亦不自知其爲兵當粵中告警之時官民無不引領而望以爲某處調兵數千某處調兵數百指

日雲集似此小醜跳梁不難卽日盪平恃以無恐乃夷衆未到以前只風聞路中有搶掠人財物者有毆傷差役者及到省兵不見將將不見兵紛擾喧㘈全無紀律斯時心雖知其不可用而猶幸其不滋事也不料初五日後往往互鬬放手殺人教場中死尸不知凡幾城中逃難之百姓或指爲漢奸或刦其財帛內外洶洶幾至激變尤可異者初二日夷兵搶奪十三洋行官兵襍入其中肩挑擔負遂有無數千百成羣竟行遁去者點兵册中從不聞清查一二及至沿

途討要口糧竟有城外各處將逃兵數千重新應付回省反以追逐洋鬼迷路爲詞當事者猶以衆兵追敵放賞試思追趕敵人理應向前豈有迷路反走者今日之兵如是則異日可知一省之兵如是則天下可知　國家養兵千日用兵一時與言及此能無痛哭乎某以輇才毫無遠識然要好之心未嘗不矢諸夢寐自到貴省於今四月乃竟有此際遇卽有時自盡其分所當爲並欲自效其力所能爲無如分淺言輕徒多掣肘提庫中之國帑惟有傷心豎城上之

白旗能無指髮既承乏於此地恐亦在衆人淸議之中然實有不可活不得死不敢病不能走之苦捫手捫心能毋痛哭以上數事皆係實情無一虛誑雖屬貴省刼運使然實亦　國家氣運所關所慮一蹶不振從此爲外邦所輕更恐無賴匪徒漸生心于內地側身四望天下能當重任者更有幾人欲著武功惟有愼選大將縱有小衅未可輕調重兵足下在同譜中未知鄙見有當否又福建水勇初五日進城適逆夷由陸路上四方礮臺之時督撫持令箭飭令出

城應敵無如司竿不開城門將其攔回而礮臺從此不守亦一恨事

此粵事實在情形也時柄事者方一意主撫資敵以金不饜其欲則割地以予之又不能禁其不犯閩浙閩督顏伯燾曾據此書以入告並將逆夷僞文僞示及粵省督撫節次文移摭拾附奏謂該夷請撫實非眞情香港爲商船駛進內洋必由之路倘被佔據不獨該夷往來自便卽我師船出入反爲所扼至虎門礮臺爲全粵門戸尤不可不加意

防範云云疏上時琦善之言已先入謂夷情安帖
撫局可恃方飭各路官兵調回歸伍郎福建新募
之水勇八千亦散遣殆盡不兩月而廈門失守矣
嗚呼謀之其臧則具是違不臧復用詎柄國成使
島族貽患至今未艾哉廉訪時陳臬粵東一切皆
係目擊茲將原函附錄於右以資史乘異日之考
証後之覽者得無慨焉

防海紀略卷上終

防海紀略卷下

芍唐居士編

道光二十一年四月英夷之受款於廣東也在我師
則以救一時之危在夷則亦急欲得銀以濟兵餉故
通商章程彼此皆未暇議及夷酋大困於三元里自
知已結粵民之怨又畏粵民之悍不敢復至內河貿
易欲洋商赴香港而香港風浪不可泊舟洋商無肯
往者夷遂欲以香港易尖沙嘴及九龍山將軍總督
以香港尚未奏允何況二地約其仍來黃浦夷遂不
許我水師脩復虎門礮臺盡折橫檔各礮臺之石移
往香港築臺砌路建脩洋樓且欲我拔去內河沙石
樁筏彼此相持雖有通商之名無通商之實又余保
純與義律議先送軍餉六百萬圓其煙價在外將軍
止以軍餉改稱商欠奏聞其餘未奏及也及夷船退
出後內河塡塞要害增脩礮臺守備日固不能如向
時之闖突矣夷皆咎義律議款時不別索他埠遂揚
言英吉利國王譴義律無能改命璞鼎查爲兵帥欲
復往沿海各省必如上年在天津所索各款會六月

香港有颶風之事大吏張皇入奏謂撞碎夷船無數漂没夷兵漢奸無數所有帳房篷寮新脩石路掃蕩無存浮尸蔽海　朝廷方發藏香謝海神布告中外允廣東保舉守城文武至數百員而夷船數十艘已全赴福建攻陷厦門矣初上年夷艘之攻厦門也水師提督陳階平平日講火藥刊兵書賊至輒告病賊退復視事鄧廷楨督同兵備道劉耀春止守舊礮臺壘沙垣據形勢故賊攻不破及顔伯燾嗣任首劾陳階平之規避與琦善楊芳之主款意氣甚鋭然故

紈袴虛憍自大且輕鄧廷楨之僅僅自守奏言用守而不用攻則賊逸我勞賊省我費大礮止可施諸岸上不能載之水中小舟止可焚諸内港不能施之大洋遂請餉銀二百萬造戰艦五十餘艘募新兵數千水勇八千欲與出洋馳逐又於口外之嶇嶼青嶼大小檔增建各礮臺備多力分新鑄千礮又多未就空船空臺徒同廢物適聞廣東款議成奉撤兵省費之旨盡散水勇八千水師提督竇振彪亦出巡外洋内備單弱七月初九日夷船數十艘突至投書令讓出厦門爲夷埠倣上年天津所索各事皆遂再行繳還次早駛進先以數火輪往返忽東忽西悄探形勢並試我礮路官礮皆陷於石墻孔内惟能直轟一線不能左右轉運取準故夷先以舟試之知其所值則避之也既而諸舟蟻擁齊進我守青嶼仔尾嶼鼓浪嶼之兵三面環擊沈其火輪舟二大兵船一又傷其一桅夷又以二三艘並力攻一礮臺一臺破再攻一臺然新礮臺本無重兵多礮其上年所守之舊礮臺土城尚屹然將士亦皆死戰會夷船桅上飛礮墮

空顔伯燾劉耀藻即退回提署總督一退軍心皆亂岸上水勇及遣散水勇變爲漢奸從中呼噪應之賊遂登岸反旋轉我臺一數千觔大礮回轟厦門官署街市皆燬顔伯燾劉耀藻退保同安厦門遂爲賊據然夷得厦門亦不守不數日全隊駛赴浙江惟留數艘泊據鼓浪嶼八月初四日顔伯燾即以收復厦門奏聞然同知潛處四鄉未敢回署視事　詔降顔伯燾三品頂戴留任遣侍郎端華馳赴福建勘寔以聞時鼓浪嶼夷目招工匠增造小船爲駛窺内河計

是月以大船五小船三十餘駛入廈門之木樁港口礮沉我兵船五副將林大椿遊擊王定國中礮死提督普陀保總兵那丹珠督兵禦之礮沉其大夷船一始退出外洋其福州省河之五虎門潮至通舟潮退擱淺故夷船未敢駛入裕謙自正月赴浙江代伊里布爲　欽差大臣時夷船已去定海總兵王錫鵬鄭國鴻葛雲飛以兵五千駐定海輯流移脩城壘礮臺爲善後計裕謙任事剛銳而不嫺武備與顏伯燾同前此傾心於林則徐而林則徐又旋有遺戍新疆

改赴河工之　命蓋廣東鹽運使王篤入京篤故琦善黨於　召見時力救琦而排林林則徐去浙浙事並無所倚定海孤懸海中本不必守之地徒分兵力提督余步雲其人平庸素爲裕謙所鄙一時無人可代姑令駐招寶山不令渡海調度三鎮三鎮又皆武夫無遠略及是築定海外城葛雲飛欲包瀕海市埠於城內左右抵山其三面則以山爲城裕謙未渡海親勘但據圖指揮有諍者曰天下無一面之城此乃海塘耳非外城也賊左右翻山入卽在城內矣

備多則力分山峻則師勞請但環內城爲新郭勿包外埠勿倚外山庶城足衛兵兵足守城裕謙不介意至若捐舟山專守海岸之策更無暇籌及也是夏廣東請款奉　旨各省撤兵省費時精兵五千皆在定海其鎭海甯波僅兵四千分布各口八月初夷船先犯石浦以礁險不利而退東西遊弋十二日進攻定海甫入竹山門我礮迎擊破其火輪舟一卽竄遁十四日連檣進攻曉峯嶺開礮數百我兵皆隱崖側未傷其小舟登岸者爲鄭國鴻督兵扛礮擊退相持

兩日登海中五奎山立營又繞吉祥門入攻東港浦又攻竹山門皆爲我礮所卻十七日賊遂分由五奎山東港浦曉峯嶺三路進攻以牽我師且以我舟渡賊登岸後卽撤去其舟以絕反顧前賊死傷後賊繼進我守曉峯嶺兵逆風下擊銃不得力日午銃皆熱透賊遂冒死登曉峯嶺入城三總兵相繼戰死定海復陷其鎭海防兵僅四千余步雲率其半守城外招寶山總兵謝朝恩率其半守隔江之金雞嶺裕謙先日見招寶山建白旗知余有貳志乃先期盟示衆余

步雲托足疾不跪裕謙奏言夷船黑兵及漢奸不下萬人賊可并幫來犯我必扼要分守賊可數日不攻我必晝夜防備彼衆我寡彼聚我散彼逸我勞又海艘乘風潮而至前艘稍退則後艘必自相撞碎故有進無退我兵未歷戰陣各存一礮火難禦之見是賊五船一心且衆船一心而我兵則一人一心是以自粵至閩莫之敢攖臣何敢輕視惟有殫血誠厲士卒不敢以兵單退守爲詞離鎮海半步不敢以保全民命爲詞受逆片紙余步雲心恨之二十六日夷船攻

鎮海分犯金雞山及招寶山每路數千裕謙登城督戰自辰至午惟金雞山力戰擊死夷兵數百而余步雲則不許士卒開礮且兩次上城請退守甯波裕謙不許賊甫由招寶山麓攀援登岸余步雲即率兵棄礮臺西走裕謙令城上兵以銃截之潰散兵已下而復卻遂繞山後潰竄賊踞招寶山俯攻鎮海於是守金雞山之兵見之亦亂總兵謝朝恩率親兵三百力戰死裕謙知事不可爲令副將豐伸護欽差關防賫送浙江巡撫自沈泮池死之二十九日夷兵船四火

輪舟二小舟數十進至甯波余步雲復棄城走上虞甯紹台道鹿澤長知府鄧廷彩從之時甯波以西江漸淺狹夷艘雖不能復西而三板小船則可駛至慈谿餘姚於是二城亦逃散一空土匪四起僞言傳播浙西大震余步雲走後兩奏尚以裕謙先走爲詞及殉難事聞　朝廷賜謚賜祠襲無可再誣則又流言此次夷兵至浙皆爲報復裕謙梟斬白夷嗢哩之仇江浙官吏無識者亦多惑於其說而無如夷之在廣東先已敗盟索尖沙嘴索九龍山不許脩虎門礮

臺也且詭稱國王褫義律改命他帥先破廈門也又無如在浙先後投夷書懸夷示皆以欲索埠地爲詞無一言及裕謙也明年伊里布在乍浦遺書夷酋詰其何故再犯亦一字不及裕謙及余步雲逮至刑部尚以賊礮未向招寶山我兵亦何必開礮向賊爲詞其意尚欲追咎裕謙適乃自供非狀伏刑誅可謂天奪其魄九月　命宗室大學士奕經爲揚威將軍侍郎文蔚副都統特依順爲參贊以河南巡撫牛鑑爲兩江總督怡良授欽差大臣馳赴福建會辦軍務

九月十六日夷火輪船二釣船二小船十餘駛入餘姚我兵望風皆潰十八日遂犯慈谿城中空無一人焚掠而去賊得餘姚慈谿亦不敢守仍回甯波十月奕經至江蘇以官兵未集逗留蘇州十一月浙江大雪四晝夜平地五六尺夷酋璞鼎查畏寒駛船南赴福建其甯波城中夷兵僅千餘漢奸三千餘乘雪夜擣之可以盡殄而奕經逗留嘉興不進又　詔舉沿海智勇之士廣咨方略奕經船頭設匭凡上書言事者投其中翼日招見其間固無奇才奇策然凡言

及練兵選將申紀律購水勇備火攻者皆爲迂談亦有宿將如前福建水師提督王得祿者赴軍皆不用惟以購漢奸反間爲秘計而所用漢奸又非能質其家屬得其死力凡賊情虛實皆不敢聞而我軍一舉一動賊則無不預知其幕下隨員容照阿彥達楊熙等皆紈袴少年所至索供應徵謌舞作威福其所用外官甯波鎮海一路則泗州張應雲主之嘉興乍浦一路則海州知州王用賓主之張應雲小有才而不知兵王用賓則博徒也至是皆爲左右翼長識者不

待師出而憂其輿尸矣十二月奕經至杭州文蔚特依順皆會特依順至福建奕經不與商議令駐守杭州惟與文蔚渡江督師定期正月二十八日三路進攻時甯波二賊聞大兵至聚悍夷四千分三隊日夜訓練戒嚴而諸將方信漢奸言不需火器但俟官兵一至城中漢奸卽時響應擒獲夷酋夷兵以獻三城唾手可復其所預備復城後火攻夷船之具皆草率不堪有同兒戲及期奕經營紹興之東關使文蔚以兵勇四千半屯慈谿之長溪嶺半屯西門外之大寶

山以圖鎮海提督段永福以兵勇四千半伏甯波城外半屯大隱山以圖甯波其踰甯波西門入者盡爲夷兵所殺南門則洞開縱我兵入直趨府署將取夷酋郭士利夷兵皆踞街樓屋甍之上火箭兩面齊下而我兵有刀矛無火器不能仰攻潰而退夷伏兵又自北門橫截而至巷狹墻高前後受敵賴入城皆金雞山屯練兵驍悍死鬬故陣亡者僅二百餘段永福後至尚未及城聞風反走並不退保大隱山卽直奔東關奕經亦不劾奏此甯波之師也其慈谿大寶山

之兵則副將朱桂參將劉天保分領之劉天保率河南鄉勇六百先發鎮海城亦開門以待夷兵火器齊發而我兵亦無火器城外招寶山夷兵亦應之劉天保遂卷甲而遁此鎮海之師也至是始知墮漢奸空城計所死皆金川精兵然不過二三百人於大局尚無害時朱桂率陝甘兵六百回屯大寶山劉天保謝天貴分領四川河南兵勇各六百爲左右翼二月四日夷兵二千自慈谿登岸三里進攻大寶山朱桂軍以扛礮數十擊退者再夷兵死傷四百若左右軍來

攻其後可獲全勝而劉謝二軍火藥先竭僅從壁上觀及夷兵分路繞出朱桂陣後左右軍即驚潰反衝亂朱桂之陣朱桂父子皆戰死其地距參贊文蔚長溪嶺營僅十餘里當鏖戰時朱桂遣弁回請援兵五百截賊後路文蔚不應跪爭久之始允發兵二百薄暮未遣及聞朱桂之敗侍衛容照司員聯芳皆爭請退避文蔚遂棄軍宵遁還東關沿途賞輿夫賞舟子惟恐夷兵追及參贊既遁全軍遂潰妄以後營夜被漢奸焚燬　奏聞其實次日薄暮兵尚未至也嶺營

既潰軍氣大沮喪即有獻策請抽去潰兵劾斬逃將別選新到之兵將再與夷三戰四戰一以牽其北擾江蘇之路一以沮其驕索無厭之氣而後再與議款者奕經心已亂言不入耳初七日即與文蔚棄紹興走西興巡撫劉韻珂飛檄非許一卒過江違者軍法從事於是文蔚仍回紹興惟奕經渡江回杭州而事遂不可爲矣其嘉興一路本議由乍浦僱漁舟潛渡岱山以圖復定海已渡兵勇四千餘小舟五六百亦爲夷所覺燬焚大半惟鹽大使鄭鼎臣忽報二月初

四日三路火攻焚沈大兵船二艘三板船數十焚溺夷兵五六百人我兵勇無一傷者鼎臣故定海殉難總兵鄭國鴻之子也奕經　奏聞奉　旨優獎賞奕經雙眼孔雀花翎文蔚頭品頂戴其後巡撫劉韻珂遣副將周某密訪不實　奏聞而奕經久以鄭鼎臣所獲夷首夷衣及焚燬船板進呈具　奏二月二十五日鎮海知縣葉堃及生員王師鼎稟報火攻鎮海夷船焚燬甚多其事皆無左驗而報銷軍需已數十萬　上復命提督齊慎赴浙參贊命宗室耆英

爲欽差大臣署杭州將軍與巡撫參贊會辦軍務是月河南開封府黃河決口堵合詔林則徐由工次赴戍新疆大學士王鼎自河南工次入京復命越五日發憤具遺疏暴薨三月奕經復渡江至紹興文蔚駐防曹娥江逆夷見將軍等曠日持久不戰不和遂思棄浙北窺松江窺長江日衆江浙地圖登范氏天一閣取去一統志又購長江圖及黃河圖兼造小蛋船數十爲入淺河之用勒索甯波紳士犒軍銀百二十萬元許退出城池遂於三月二十七日棄城登舟奕

經等以大軍逼退逆夷收復甯波入告蓋賊自去秋破甯波後即遣火輪舟歸報國王其舟自中國至西洋往返六月可達至是三月初國王諭至令復往天津求埠地通商故是月退出甯波於官兵無預也四月朔鎮海夷船亦棄城而北惟留四舟及夷兵千餘守定海其大隊火輪兵船悉由定海駛出大洋浙撫初遣人偵之不知其所往也未幾夷船遊奕於江蘇之金山洋面吳淞戒嚴而英人謀進窺蘇中以牽制江浙兩省遂轉入嘉興之乍浦乍浦濱於大洋爲兩

省之咽吭額設副都統一駐焉時杭嘉湖兵備道宋國經亦督兵增守四月初七日有洋艘數號駛至乍浦洋面游奕水師觀望不敢迎擊初九日復將大小船隻排列陣勢連檣而進與官兵相持又另以杉板小船十餘號每船十八人二十人不等分泊西山嘴唐家灣等處官兵分禦衆寡不敵陝甘調防之兵死者三百餘人其駐防之兵分守天尊廟觀山灣一帶英兵開礮轟入口門我軍水師不利乃調旂兵專守駐防之內城初十日英人分路舍舟由燈光山等處登

岸火箭齊發突有潛逼夷船之漢奸在內接應亦放火箭賊遂踰南城盡焚滿營駐防兵亂凡力戰陣亡及被火死者二百餘人副都統長喜先在葫蘆灣禦敵受傷回至鎮城城潰投水前鋒搶救送至嘉興越三十日卒其駐防左右營佐領防禦官陣亡者七人乍浦水師右把總韓大榮力戰死知縣署乍浦同知韋逢甲率勇沿塘防堵中礮傷左腿越日死其他駐防及本鎮士民婦女或被戕或赴水死者百餘人蓋襲起倉卒遷避不及浙省被兵以來民人塗炭未有

若是役之酷於是杭嘉俱戒嚴原任大學士伊里布至乍浦夷船議款蓋巡撫劉韻珂奏請也伊里布前以在浙半載老師養寇革職戍軍臺至是奉　命復赴浙夷邀挾甚侈不能成議　詔將軍參贊分一人前赴嘉興防堵於是奕經自紹興渡江而北欽差大臣耆英方馳至嘉興忽奉　命前赴廣東其杭州將軍關防　命特依順署理蓋據御史蘇廷魁之言風聞孟阿臘國已攻殲英夷駐防印度之兵夷船將回兵救援因有退出甯波之事故　命

耆英前赴廣東體察虛實乘機攻香港及江左告急復　命中道回浙防堵時香港夷船十四三板小船數十夷兵千餘漢奸海盜數聚其間奕山等既招回漢奸三千餘其香港漢奸頭目內向者十之五六各願請立功贖罪請包修虎門礮臺並請冬令晦朔出其不意與香港漢奸表裏應和火攻夷船一舉殲之而奕山方聽祁墳言惟恐觸夷怒不敢六月詔責奕山視師廣東半載毫無方略屢　命敗復虎門攻香港以牽制閩浙賊勢皆以造船未就爲詞

惟以填塞河道爲事革去御前大臣都察院左都御史而顏伯燾亦以久未剿除廈門停泊之夷船革職以怡良代之十八日夷船復棄乍浦而北五月初三日夷船至吳淞口初五日總督牛鑑接奕經檄令權宜設法羈縻牛鑑遲至初七日始遣弁賫札赴夷船則已無及寶山城在吳淞口外洋面寥闊不如口內東溝江灣二隘之易於設伏然是時寶山東西礮臺有礮三百勁旅七千提督陳化成亦勇敢海塘高厚數丈塘上土堆形如雉堞我礮可以中夷夷礮不能

透塘即懸礮桅上飛擊亦冒空而過不能命中其小船登陸之賊涉沙灘爬峭岸我兵據高臨下一可卻百但能膽定心齊縱不能制賊死命亦可自守無虞故夷船初至觀望數日未敢進攻止遣火輪船四由外洋一路探水而入牛鑑方自滬來見其連檣內進鎗礮相接其檣帆高出塘上丈餘輪煙蔽天牛鑑驚疑束手提督陳化成亟慰藉曰無恐外洋所恃不過鎗礮既有河南徐州江甯兵三千籐牌八百且某經歷海洋五十年此身在礮彈中入死出生者數數矣

今日火攻頗有把握願以身當之苟得挫其鋒援兵一鼓而進賊不足平也牛鑑聞之意稍定初八日黎明英舟排陣而入提督陳化成麾令開礮迎擊首擊沉其火藥巨艦一又中其頭鼻頭桅之兵船三共斃夷兵三百餘人英兵勢卻繞出小沙背後適牛鑑統兵出南門來教場觀戰提營將士皆讙呼踴躍戰益奮須臾英舟自檣頭瞭見制府乘輿在教場後乃以飛礮注攻逐其左右隊而擊之徐州兵先潰河南參將陳平川遂以籐牌八百擁牛鑑回城牛鑑亟棄冠

靴雜軍校而走一卒坐乘輿易之英夷遂由東礮臺登岸繞而西時守備韋印福等守西礮臺力戰不克死之提督陳化成見軍無後援撫膺頓足潸然而嘆曰英夷頻年猖獗今日得少挫其威內江全局關係匪輕不料垂成之功敗於一旦制使殺我矣腹背受敵遂中鉛子傷噴血死而塘上之兵亦潰夷兵乘勝入寶山牛鑑自西門逸出走嘉定有頃火起西礮臺存儲火藥悉被焚燒其東礮臺之兵江灣之兵皆同時潰寶山遂陷英夷入城查點各船轟斃之兵憤甚乃驅本地壯丁為之搬運軍仗財物下船之後悉虜之以充斃夷之數上海距寶山僅八十里聞變大震參將繼倫率先棄城走兵備道巫宜禊知縣劉光斗先後走松江惟典史楊慶恩投水死所募福建水勇變為土匪縱火焚掠十一日夷船七艘駛入上海城中已空無人十三日夷乘火輪船二杉板船四五駛入松江壽春鎮總兵尤渤率兵二千整陣以待夷開礮數十尤渤令我兵皆伏避之礮過而起我礮齊發相持半日始退次日復至亦如之故松江得無恙賊

又將窺蘇州使火輪船測水至泖湖輪膠於水草乃返於是二十日夷艘退出吳淞口圖入長江矣賊又測江水深淺沙線曲折又未審內地守備虛實逡巡未敢入乃劫沙船導火輪船兩次駛探初報諸險要皆無備次報諸汊港荻洲皆無伏始連檣深入六月八日薄瓜洲城已空遂窺鎮江鎮江依北固山為城以運河為濠形勢險固非寶山比駐防副都統海齡到任未久牛鑑既失吳淞口本應馳守鎮江會參贊齊慎提督劉允孝之兵且節制副都統嬰城固守夷

船或不能越鎮江而徑犯江甯上之可以徐籌火攻次之即與夷講款亦不致無求不遂乃牛鑑從丹陽句容直走江甯鎮江繁富十萬戸海齡禁民間遷徙先以城險兵單上章求助又請圖山以下攔紮木簰措皆未遂其志迨番舶至海齡親冒矢石率兵堵禦城中僅駐防兵千餘與綠營兵六百寥落如晨星始則城外軍擊其西北岸之賊相持二三日賊遂佯攻北門而潛師由西南梯城入城上兵僅斫其數賊賊已蟻附上先焚滿營海齡死戰良久力竭回署躍入

烈火而死鎮江陷擄掠焚殺慘甚甯波寶山夷酋璞鼎查即欲出江前赴天津而馬禮遜尼之遂不果是時夷船八十餘艘礮聲震江岸自瓜洲至儀徵之鹽艘估舶焚燒一空火光百餘里揚州鹽商許銀五十萬免禍六月二十八日遂偪江甯東南大震　朝廷廑念漕運咽喉與沿海流難之民勅耆英便宜從事時英酋已奉國王諭至但得他省通商不必更索兵餉其鴉片煙亦不再至故夷帥三月即退甯波其在乍浦僞示亦有前往天津求和遵國所諭辦理之

言至是伊里布遣張喜等至夷船夷酋言一索洋銀二千一百萬元分三年交付一索香港爲市埠並往廣州福州廈門甯波上海貿易一夷官欲與中國官員敵禮其餘與上年同張喜言煙價兵餉廣東已給過六百萬今索更奢埠太多若之何馬禮遜言（夷官之通漢語者）此我國所索之價豈即中國所還之價耶此次通商爲主並不志在銀錢但得一二港口貿易其兵餉煙價中國酌裁可也而諸大吏不速覆仍遣張喜往返傳語越二日張喜還則夷酋聞有增調

壽春兵之信謂我借款緩敵如今日不議定者詰朝交兵其意蓋欲款局速成非望所求盡允而諸帥已膽裂即夜覆書一切惟命其禁約鴉片章程一語不及夷喜出望外諸帥會奏言夷設礮鍾山之頂全城命在呼吸蓋仿襲粤省失四方礮臺之說其實絕無其事惟神策門外有三段泥礮距鍾山十餘里並不臨城夷兵退後假礮始爲雨毀且鍾山距夷船數十里又須極峻峭大礮無路可上即有礮亦冒空而過若安於鍾山之麓則滿漢兵數萬銃礮林立豈有坐

視敵兵打大礮往據咽喉不一轟截之理夷兵豈有舍離巢穴自投絕地之理且奏稱昔　純皇帝征緬無功棄關外五千里尤以鑿空無稽之談誣　祖德駁聽聞雲南銅壁關有額曰天朝中原地盡於此試披康熙銅板地圖曾有銅壁關外五千里地失於乾隆者乎夷又言講款文書中國需用　御寶彼國亦遣火輪歸國王用印夷船惟退出海口其舟山及鼓浪嶼香港之夷兵必俟三年銀數交竣方可撤遠七月初九日議款成耆英伊里布牛鑑及江

甯布政使黃恩彤親赴夷酋璞鼎查之舟越二日璞鼎查馬禮遜等亦入城會於正覺寺連日分提上下江藩庫揚州運庫銀數百萬如數餽之八月杪夷艘將出江諸帥復餞於正覺寺九月初夷艘盡回定海　詔以不守江口逮總督牛鑑治罪以耆英代之而伊里布以　欽差大臣由浙至粵議互市章程旋逮領兵之奕山奕經文蔚余步雲交刑部治罪惟余步雲於冬伏法其沿海失守城池之道府州縣及領兵將官失事者以次懲處分別豁免沿海被寇州縣

錢糧而是冬又有奏臺灣俘夷之事又有廓爾喀佛蘭西彌利堅各國遣言之事又有廣東義兵焚夷館之事臺灣俘夷者二十一年八月及次年二月夷船兩窺臺灣一在淡水港遭風觸石一在大安港爲漁舟誘引擱淺皆爲沿海兵勇圍攻獲三桅火舟二杉板舟二沈溺擊斬無算並生擒白夷二十四黑夷百有六十五礮二十門刀銃器械並甯波鎮海營中官物蓋攻浙之賊回窺閩洋者總兵達洪阿兵備道姚瑩先後奏聞二十二年二月夷以十九艘自粵至臺

圖報復結海盜數十艇導入港犯樹苓湖兵勇破其舟夷不敢入遙轟大礮而去又數購奸人入臺煽亂皆被擒斬一方屹然夷船不敢再犯屢　詔優獎是秋江甯議款約所獲兵民彼此交還而臺灣黑夷百六十五人已於五月奉　旨斬決惟以白夷還之夷酋璞鼎查遂訐臺灣鎮道妄殺其遭風難夷時江蘇主款官吏方忌臺灣功而福建廈門失守亦相形見絀流言四起耆英遂據閩人故總督蘇廷鈺提督李廷鈺二人家信劾臺灣鎮道冒功　勅福建

總督怡良查奏怡良至臺灣查原奏則皆據廳營及
上民稟報之詞無功可冒而怡良必欲鎮道引誣以
謝夷酋遂劾奏褫逮至京臺灣兵洶洶鼓噪達洪阿
姚瑩諭解之士民環訴籲留怡良皆斥不許時黃恩
彤已移廣東布政使尙作書數十封徧致朝士極言
臺灣邊釁且力囑刑部司員周內姚瑩達洪阿之罪
以白文其附款媚夷之恥然朝士皆不直之　上
亦鑒二人枉不深罪達洪阿姚瑩卽起用云廓爾喀
在西藏西南與英夷所屬之東印度孟阿臘接壤世

仇二十年秋聞英夷入寇卽稟駐藏大臣言小國與
底里所屬之地相連每受其侮今聞底里與京屬搆
兵京屬屢勝小國願率所部往攻底里所屬以助天
討此粵事第四轉機時廷臣未知其所謂底里者卽
英吉利所謂屬地者卽孟阿臘所謂京屬者卽中國
之廣東顧答以蠻觸相爭天朝從不過問於是廓夷
能攻印度而英夷入寇之兵無內顧憂及是秋款議
成英夷歸印度者以此大驕廓爾喀廓爾喀則反唇
於駐藏大臣詞甚誖嫚駐藏大臣惟羈縻之而已佛

蘭西彌利堅者皆西洋强國與英夷同市廣東且世
仇英夷而恭順中國上年英夷入犯並阻遏諸國不
許交易諸國皆憾之言英夷若不早回國亦必各調
兵船來粤與之講理林則徐兩次奏聞俄林則徐罷
琦善一意主和前議遂中止及去年琦善褫逮甫數
日彌利堅夷目卽出調停故有但請通商不索一切
之請乃廣東諸帥夜攻夷館乃誤殺彌利堅數夷於
是彌利堅不復肯出力而佛蘭西夷官於英夷再次
敗盟之後屢在粤願助造兵船是冬來兵船二兵帥

一言有機事願面見將軍從有能漢語之二僧請勿
用通事將軍奕山及總督祁墳與再會於城外屏左
右密言英夷阻隔諸國貿易故國王遣兵船前來保
護並命從中解散請赴江浙代款必能折服英夷不
致無厭之求倘英夷不從亦可藉口與之交兵此粤
事第五轉機乃奕山始則拒不肯奏及良久奏聞又
言夷情叵測難保其非陰助英夷代探我虛實佛蘭
西自正月至五月俟命半載及六月始駛赴吳淞口
則英夷已深入長江佛蘭西請我舟導之入口我上

海官夷反難之往返申請稽時及佛蘭西易舟入江則款議已成數日讌飽豁壑佛蘭西聞之頓足而返是冬回至廣東議互市英夷欲各國夷商就彼掛號始輸稅佛蘭西彌利堅皆憤言我非英夷屬國且從未猾夏馮陵何反厚彼而疎我二十三年春伊里布卒於粵　詔耆英往接辦於是許各國皆如英夷之例不用洋商任往各海口與官吏平行英夷反以此德色於諸夷矣廣東義民者即困夷於三元里者也講款後奉　旨許廣州貿易而粵民拒之是冬

聚衆數萬殺白夷數千於市焚其夷館掠其貨又殺夷官夷兵於澳門海中督撫再三諭散之時璞酋兵船到廣東竟不敢報復而番禺紳士潘仕成獨奮然捐貲延佛蘭西夷官壬雷士於家造洋艘洋礮又造水雷能於水中轟破船底先後奏聞進呈演試如法　詔廣東戰艦一切交其承辦毋令官吏經手以杜侵蝕故夷寇之役中國非無外援也非無內助也無人調度之則敺屬夷以資敵國且化勍民爲奸民甚且誣義民爲頑民邇者沿海通商鴉片益甚於前其據定海及鼓浪嶼之夷且脅官吏數逋逃封豕橫門戶綢繆無桑土未知所底止

論曰夷寇之役首尾三載糜帑七千萬中外朋議非戰即款非款即戰從未有專議守者何哉且其戰也不戰於可戰之日而偏戰於必不可戰之日其款也不款於可款之時而專款於必不可款之時其守也又不守於可守之地而守於必不可守之地琦善不議守而專款是浪款也奕山不議守而即戰是浪戰也顏伯燾裕謙牛鑑不擇地而守是失守也誠能擇

地利守內河堅垣壘練精卒備火攻設奇伏先爲不可勝以待敵之可勝則能以守爲戰以守爲款以守爲款則不特我兵可用即佛蘭西彌利堅皆可用即廓爾喀亦爲我用以外夷攻外夷也豈特義民可用即莠民亦可用以漢奸攻逆夷也以守爲款則我無讋於彼彼有求於我力持鴉片之禁闗其口奪其氣聽各國不得貿易之夷居間調停皆將曲彼而直我怒彼而暱我匪特煙價可不給而鴉片煙亦可永禁其不來更可出省犒夷之數千百萬金爲購洋礮洋

艘練水戰火攻之用盡轉外夷之長技為中國之長
技富國強兵不在一舉乎時乎時乎失之可惜

防海紀略卷下終

津事述略

同治庚午天津百姓共殺法國領事一案因前月內
獲有迷拐幼孩之犯口供牽涉教堂士民疑謀僉云
法國教民將幼孩迷拐入堂剜眼剖心作點銀和藥
之用會五月念三日教堂傳教聚觀擁擠傳言大眾
迴避彼此言語互相誚讓勢且洶洶法國領事官豐
大業報知通商大臣崇厚崇遣人馳往解散民素不
韙崇之尊夷不之聽也領事尤輕崇即親赴崇署責
崇寬縱憤急而橫向崇開放洋鎗以恫嚇之崇避入

內時民益聚益眾益怒益譁天津知府張光藻知縣
劉傑均出城彈壓眾稍斂劉至東關浮橋適與豐值
豐突以洋鎗擊劉傷劉從騎萬皆齊裂萬口齊騰謂
領事無狀若斯盍共殲之潮湧蟻集白梃如雨領事
登時倒斃眾遂乘勢焚燬教堂數處并折三岔河口
洋樓殺死洋人男婦數名於教堂地室內起出幼孩
一百數十名並言掘出眼睛若干府縣即出諭禁止
暮乃稍定時直隸總督為曾文正公國藩而京師總
理衙門得信後婉言於法國公使羅叔亞囑令保全

和局勿調兵船來津許殺天津起衅之百姓許懲辦天津不力保教堂之官員失者照償燬者照建羅固狡黠稱此事不能專主須請命於其君總署益疑懼不知所爲重與計畫羅仍猶豫無成說也五月念六日　上諭曾國藩現在病假之中能否往津查辦務使中外安謐無致釀成事端云云曾以旬內扶病往津覆奏并咨崇信有某向來以誠待人與人共事福則同享禍則同受此事總與閣下和衷共濟之語曾公未行之先遴委道員博多宏武陳重往津查訪

有候補道蔣春元等言公現在病假期內暫可不出養其威望待稍定再行亦可曾公恐事久靡監銳意遄征有鄧舍人葆元在曾幕府爲言往津應稍設兵衛引古者諸侯相見兵衛不撤之意乃接總署曼信極言保全和局萬勿帶有兵勇使彼生疑遂僅從文武員弁數十人於六月初十日抵津其所獲地窖幼孩經博陳兩道員審訊多係教民所送其來歷欠分明者不過數人津民又赴曾行轅稟稱教民迷拐剜剖確確可証聯名至數十人之多迫委馬知府繩武

等詰問責令具結承認則均不敢承官以是知民愚且怯特因謠言煽惑領事重激怒之故憤迫而爲此耳乃總署猶恐和局中裂令羅來津與曾公遇於通商署中而崇自曾公駐節後朝夕詣曾行轅刺刺不休曾以崇久習洋務推心待之時有英國公使威妥瑪亦來津聲言助和追羅叔亞自都中來崇日以羅言述於曾盛稱佛蘭西國大兵多並云羅欲殺天津府縣密令張光藻劉傑速自逃避復謂羅使所言必須一一依允方於和局無礙曾公將信將疑復數日又向曾言羅使深惡

內地人民誣其教民迷拐幼孩剜眼剖心諸語必爲奏明昭雪力辨其誣并請　旨飭下直省督撫傳令通知則和局便有把握曾惑於崇會奏言剜眼剖心野番所不爲況英法各國乎且天主堂之設以仁慈爲名何至有迷拐剜剖諸事幸附片中又言天津百姓亦非好殺樂禍而百姓見教堂中事可疑者有五等語前奏一出京內外皆議讟如而五可疑之奏經內刪去未見發鈔故怨聲尤訇作崇猶以羅使之意未慊也來言羅使欲得張光藻劉傑而甘心焉且

又欲殺陳總兵國瑞陳國瑞士民稱爲陳大帥前焚燬教堂之日崇遣人拆浮橋以阻民値陳過橋禁不許拆民咸樂陳之相助故亦爲崇所憾也謂不將此三人交出則法兵明日午時開礮勒兵入城蓋羅叔亞深知曾公左右并無兵衛隨以文照會云奉其國主之令倘有中外交涉事理不合卽聽該國總兵官便宜行事崇又乘言法兵如何強盛船礮如何堅利曾公稍稍卻之乃漫應曰彼以我爲無備而畏死乎吾已密調隊伍若干糧餉若干我兵久經行陣不憚

戰也我年逾花甲不懼死也崇聞之嘿然而退曾公甫知羅叔亞要求罔饜不復疑崇厚之言於六月念三日奏言臣欲保全和局凡法國使臣所請苟可依從臣皆應允但恐其情無饜臣卽百請百從彼終有使我必不可依之處據臣愚見彼動以兵船恐喝現有淮軍萬人駐防張秋一軍擬調至靜海一帶以壯聲威大沽北塘兩海口礮臺擬派人防守以杜窺伺大意言能戰能守而後能和也駐守張秋一軍統之者爲記名按察使劉盛藻丁壽昌士衆磨厲以須而

丁方攝天津道業已親探海口形勢儘資防守之故念六日奏　上諭天津教民滋擾一事曾國藩務必據理直爭毋得隨請隨依張秋一軍宜卽調至靜海大沽北塘礮臺宜卽派人防守云云前此日受挾制而總署專主和議人心莫定士氣莫伸無不悲憤塡胸迨此諭聞而人心大定矣相國倭文端公屢接曾公手書深知津務崖末以天津守令解交刑部恐二臣入於寃獄抗疏論之而士氣又大伸矣曾公幕中有廣東陳主事蘭彬者諳習洋人情事數言法國

巡海兵船不過二十號到津者祗四五號計壯兵不上二千外有駐防越南兵三千人一時難以調離其本國之兵去中國尤遠卽能調至須待明年且法國爲布魯所敗自守不遑何能與我搆釁又陜督左公宗棠覆總署信言有法國人德克碑在陜適遣外洋購礮德言彼國祗重通商不重行教此次激怒我民曲在領事或可寓書德克碑轉白其國主告以彼曲我直之故左陳二公言旣確鑿有據維時臣庶一心恭願如　上諭所云據理直爭不獨此案易了并

以後傳教與否亦可由我主持矣而總署先後來信偏重和局艮以中外大勢關繫匪輕息事安民相忍爲國故諄諄言之而不厭其詳也而崇厚知曾公意見相歧會來見曾公値公中暑微嘔遂　奏言天津事將決裂恐曾國藩病軀終難料理此事請速簡重臣來津會辦京城陡聞此信人心驚疑得旨派尙書毛昶熙自兵部出伯相李鴻章自陝西而東巡撫丁日昌自蘇州而北會辦於津三公者於七月內接踵而至曾公固無恙也於是會議定和戮天

津爲首滋事之民馮瘸子等十六名仍各給銀恤其家坐天津府縣以逃匿之罪發黑龍江充當苦差教堂洋樓許爲脩造所殺領事及英法各國人償以殯葬銀兩曾公隨卽入都九月念六日初次　召見

太后問曰天津正兇曾已正法否對曰尙未行刑　曰當於何日行刑對曰臣到京時接李鴻章信言於念五日行刑　曰天津百姓尙刁難好事否對曰天津百姓近已安謐不好事　曰府縣逃匿是何意思對曰府縣初撤任時未定罪名是以放心出門至部議定後以信告知即由順德密雲次第到津非有意逃遁也　曰洋人固然可慮敎堂總是多事對曰洋人甚是可慮臣前番具疏詳敘一切近來各處滋事皆是敎堂敎民欺不受敎的百姓敎士庇護敎民敎堂縱容敎士官府不能箝制此後更換和約須將傳敎一條嚴議章程方好云云十月中旬曾公請訓出都移督兩江李授直督時適毛尙書奏裁通商大臣并歸直隸總督以一事權部議總督兼辦通商定以半年駐津封河後仍回保定省署新設津海關

道一缺專辦夷務移調遵化練軍易名通永駐鎮北塘創脩礮臺大沽南北岸礮臺重新脩造添置後膛等礮四致周密新城地面由盛軍建築城濠三岔河口圍築營壘兩處均安礮位大沽北塘海口分駐鐵甲輪船演習水雷操練水戰防務嚴肅此皆李爵相蒞任後布置壹是也附錄倭丁二公奏疏於后

倭文端公仁奏疏

爲川愆　天恩矜全良吏以固正氣而培國脈事竊我　朝仁厚開基力矯前朝薄待臣民之意數百年來雖百姓犯罪必再三審訊惟恐情罪失當冤一無辜至於臣下有罪尤必力守　祖宗成憲一秉至公曾無有曲法以誤加重者若遇良臣循吏偶然過失則爲之曲全此我　朝正氣所以長存國脈所以永久也竊聞天津知府張光藻仕直多年循聲素著曾國藩曾經保奏在案近因教民滋事先

被崇厚奏參與知縣劉傑俱以辦理不善奉　旨交部議處先已降級留任矣後因法國誣其指使曾國藩誤聽崇厚之言奏參革職交部治罪意在消事委蛇曲全和好中外公論羣起而非之曾國藩深自悔恨致書總理衙門有內愧神明外愧淸議聚九州鐵不能鑄此錯之語力持正論請其代求曲全旋經奉　旨著直隸臬司改解天津質訊所具親供送部核議　命下之日不特曾國藩感戴　恩施凡中外臣民無不仰　聖主之神明矜全小臣正所以保全國體繼而曾國藩會同毛昶熙丁日昌成林等取具親供奏交部議忽奉　上諭解交刑部中外人心皇皇深恐二臣入於冤獄　臣深知我列祖列宗開國以來未嘗有枉罪臣子之事況天津一案公論昭彰守令之辦理不善勢必處於無可如何並非指使張守賢聲素著皆久在我　皇太后　皇上洞鑒之中往者林則徐姚瑩達洪阿之獄事情重大十倍於茲我　宣宗成皇帝曾爲息事安民稍施薄譴旋以民望所歸復職大用我

文宗顯皇帝登極硃諭猶欲忠臣盡忠宣力深責當時宰相不能扶持故至今天下猶莫不仰嘆列聖之明如日月恩同覆幬今我　皇太后　皇上亦曾欲息事安民亦斷無不思祖制罔顧憲章之理況曾國藩爲我　朝重臣始參守令係誤聽崇厚之言後蒙舉世淸議中心自疚不可爲人屢次函商總署深自引咎竟不推過於人惟乞　恩免解我　皇上之待大臣有禮豈有因其一時誤聽人言而忍其終身之大恥而使天

下稍寬令曾國藩不可爲人即國家亦將恥不可爲國也且自古朝有忠臣仇敵所忌善謀國者斷不肯喪國家忠臣之氣以遂仇敵忮害之心漢殺鼂錯以悅吳楚究不能止吳楚之叛而徒貽景帝以刻薄之名宋殺岳飛以悅金究不能禁金人之欺而徒貽高宗以忘仇之罪我　皇上自必上法　祖宗豈肯襲漢宋之誤今日重罪守令以謝夷人將來此端一開何以立國惟有仰懇　天恩交部核議在守令自當爲國家受過在議臣自當執法不移而在

皇上自當施格外之仁以存正氣而培國脉於一時權宜之中仍爲百世不拔之計伏乞

聖鑒

摘抄丁雨生中丞密摺

禦今日之外侮而仍欲以昔日之兵器者何以異此沿海之機局廠甫經開辦旋請停止者屢矣異議者豈真欲敵國之日强中國之日弱哉不過古人所載以矛刺盾之議橫亘胸中而且目未覩鐵船炸礮之利身未受鐵船炸礮之害故鰓鰓慮夷之變夏欲挺然以一身當其衝擬此後凡有指陳練兵簡器造船之失者即令親往沿海各廠各船考究閱歷外國之兵與器果否勝於中土之兵與器即將來購船製器

當必有疑爲耗費過大者亦可令指陳之員親往查核果其有弊自可愈加釐剔若其無弊疑者當可釋然其購物價錢以及一切雜用尤必每月刊布月報以昭核實古今來無論大如邱山細如毫毛之事內愈秘則外愈疑又何必不洞開城府使局中局外皆可共見共聞天津一案臣屢請和不可恃防必須固萬一決裂或由上海或由胥江以持其後又自請嚴議爲津郡官民少贖愆咎奏牘具在可援案也而論者痛詆在津辦事諸臣陷害循吏貽誤大局若使當

時局外得見臣與曾國藩等密陳各疏或亦可稍釋譏謗此曾國藩之所以歎息痛恨長逝而不瞑目者也故臣謂欲局中局外一力一心爲持久之計則莫如將所辦各事使之日擊心曉了然於中如慮洩漏密情亦可稍令異議各員親到局中詳閱原委妥籌熟計然後辦事者有立足之地而定見可堅持矣且今日之人才不患持議之異同而患委靡之日甚宋臣蘇軾所謂平居無犯顏敢諫之士臨事安得有殉義死節之臣若局外而能堅持異議雖未必言能中

肯然其氣自可用也倘令閱歷邊事由粗而精由生而熟此時多一骨鯁之直士即他日多一幹濟之邊才豈不大有裨益然則今日而令人人之能自强則當先示以的而不可徒用虛言欲事事之能持久則當相見以誠而不可稍分門戶庶不至功敗垂成半途輒止矣

跋

林文忠公一代偉人獨犯天下之大難惜當時無相與宏濟於艱之人以致功敗垂成未竟其志　文正公之調停津事孤詣苦心初尙不理人口而　文端昭雪之於前津民感戴之於後析津祠聯謂藎臣心事到今知良有以也夫事前而談節義則人人皆忠臣事後而論是非則人人皆智士余深疾夫昧局中之艱苦妄以虛憍無據之詞爲局外之砦議也二公之經緯功業非後生小子所克望其萬一其在詩曰

高山仰止景行行止雖不能至然心嚮往之斯編之成此物此志也已

籌海初集四卷

〔清〕關天培輯

《籌海初集》四卷，清關天培輯。天培（一七八一—一八四一）字仲因，江蘇淮安人。是書係其道光十四年（一八三四）提督廣東水師任上所編，輯録上諭籌議海防、整飭營伍、訓練弁兵，並摘抄奏稿、書稿，設立義學、諭告衆兵各示稿，均依次列入。卷首刊廣州虎門海口十處炮臺圖，卷末附《秋濤浴鐵圖》、《中流擊楫圖》、《伏波洗甲圖》等。據天津圖書館藏清道光十六年刻本影印。

道光丙申孟冬

籌海初集

本衙藏板

籌海初集序

籌海集者記公事也何為而記也重籌海也培幼攻儒術長習韜鈐執戟淮陰分符揚郡調金陵而卓薦改外海而越升革呉淞口之陋規清川沙營之虧項道光乙酉秋漕河淺阻議以蘇松常鎮太四府一州漕白糧米創由海運其時制軍琦靜齋通侯中丞陶雲汀夫子軍門王竹亭夫子議泒督運大員頗難其選

培不避毛遂之嫌力請身任
丙戌仲春兑運開行斯役也
以一百二十四萬餘石
天庾正供作為頭運分載民船一
千二百五十四號行五千數
百里汪洋大海數遇驚風駭

浪漂入高麗夷境者三百餘
船卒皆化險為平迨挽入津
門不但斛收無缺且有盈餘
總計各船舵水三萬餘人一
丁未損良由
聖天子德隆福厚

海神效靈豈人力所能致哉
是夏即以培升署太湖副將
復奉
恩綸從優議敘道光七年仰蒙
特旨補授蘇松總兵壬辰春署江
南提督是秋届當述職

奏蒙
俞允冬月下澣趨叩
闕廷五蒙
召對
天語褒勞交軍機記名十四年九
月仰沭

聖恩補授廣東水師提督奉
命馳驛速赴新任於冬月六日會
城受事培何人斯肩此鉅任受
恩愈重報稱愈難況粵東為邊海
要疆我

朝
列聖視天下為一家雖外夷亦同
赤子且以四夷仰食於
天朝者不下萬萬而中華之茶葉
大黃尤為夷人保命之原是
以一視同仁准於粵洋貿易

設海關監督理其稅務而撫
育之此誠
覆載之鴻恩也惟是事久弊生趨
利若鶩之奸夷漸形桀驁而
勾引煽惑之匪徒又從而唆
誘之十四年夷目嗶嘮啤之

事不已概可見乎是備禦之
籌誠不可刻緩而馭夷之要
更不可不曉然使吾人之有
以盡知之也歷稽往籍自古
聖王之於四夷其犯順也則
嚴禦之去不窮追其納款也

撫之以恩去則不問蓋蠻夷之性譬之禽獸適其欲則摇尾乞憐違其願即狂顧反噬其同類也勢均則相爭不知禮義力絀則相屈不羞服屬惟當順其所利而因以制之

非禮樂法度所可馴服而繩約者所謂治之以不治耳故禦之之道守備為本以逸待勞以靜制動嚴防出入禁絶內奸震之以威則懼而逸示之以怯則驕而聚若撫之有

道處之有法上可體

聖心之無外下可使騖獷以咸賓然必寓經營於鎮靜之中慮禍患於未萌之日此備禦之所以不可刻緩者也培蒞任以來如臨如履凡思慮所能

及力量所能到事之所能力肩者莫不次第舉行期於有備惟近性健忘是將一切稿件錄而存之愈積愈多久而成帙爰即飭承摘分四卷名之曰籌海初集首錄

上諭次記題名碑文以及籌議海防整飭營伍訓練弁兵並摘抄奏稿書稿設立義學諭告衆兵各示稿均次第列入敢效賈誼之治安竊仿子文之必告以冀水師寅僚咸知禦夷要旨一覽而瞭然於胸臆間也雖絳灌無文知不免方家之笑而海疆有備庶稍伸報
國之忱云爾淮陰關天培自敘

籌海初集目錄

虎門總口十臺全圖

十臺全圖

籌海初集 卷一 一

籌海初集 卷一 二

虎門海口十臺徵言

籌海初集　卷一　沙壘籌唱傳三畧　三

籌海初集　卷一　角奏笳鳴按六韜　大開海禁君王德　四

籌海初集
卷一
角掛經書將相賢
威揚粵海三千里
五
南山威遠月臺
大角山

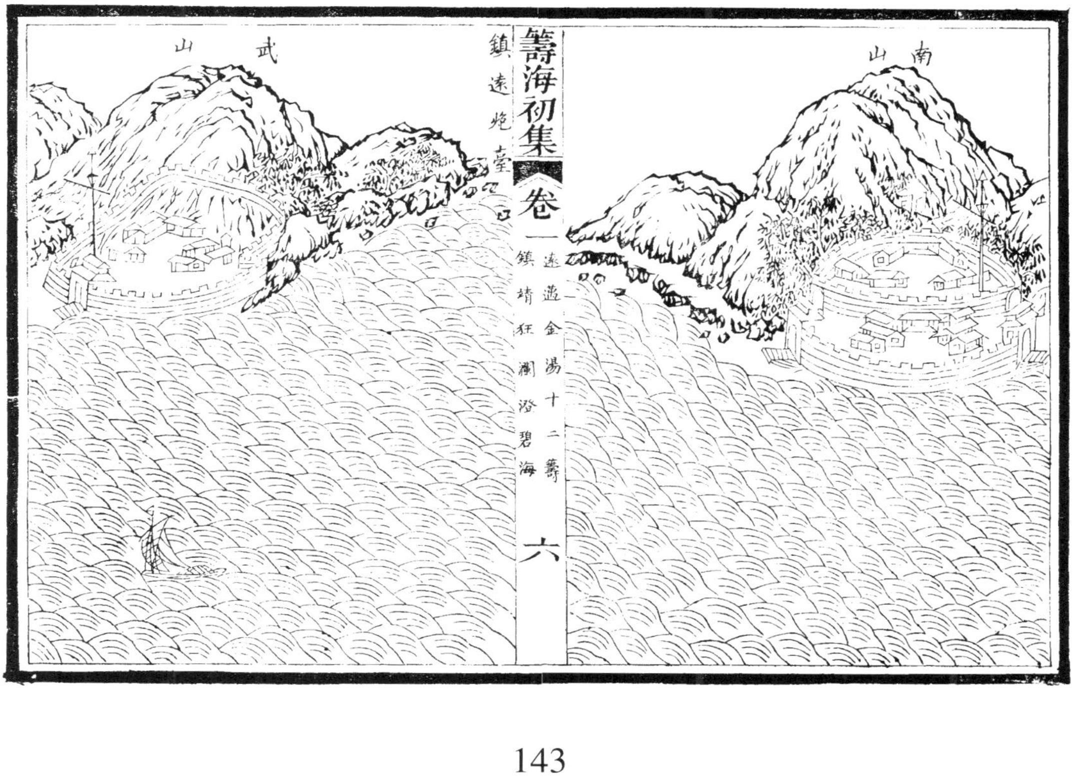
籌海初集
卷一
遠遮金湯十二籌
鎮靖狂瀾澄碧海
六
鎮遠炮臺
武山
南山

籌海初集
卷一
遠揚大武懾紅夷
橫阻千層巨浪
七
橫檔大月臺

籌海初集
卷一
檔回萬頃洪濤
永鎮虎山北門鎖鑰
八
永安炮臺
橫檔後山
橫檔前山

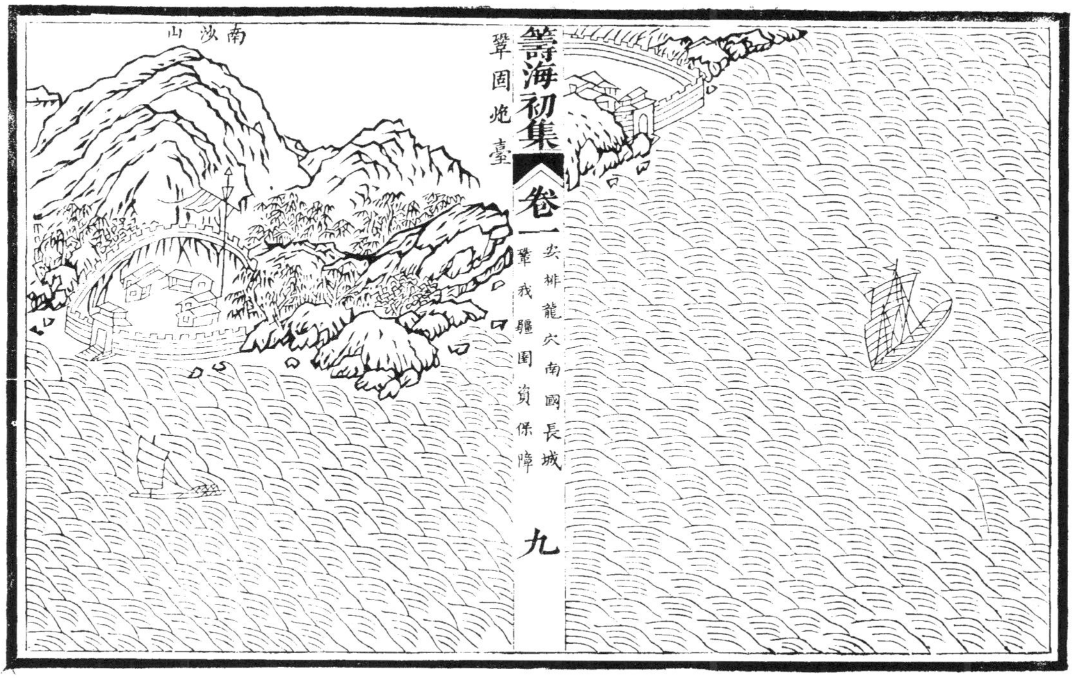
籌海初集
卷一
九
鞏固炮臺
安排龍穴南國長城
鞏我疆圉資保障
南沙山

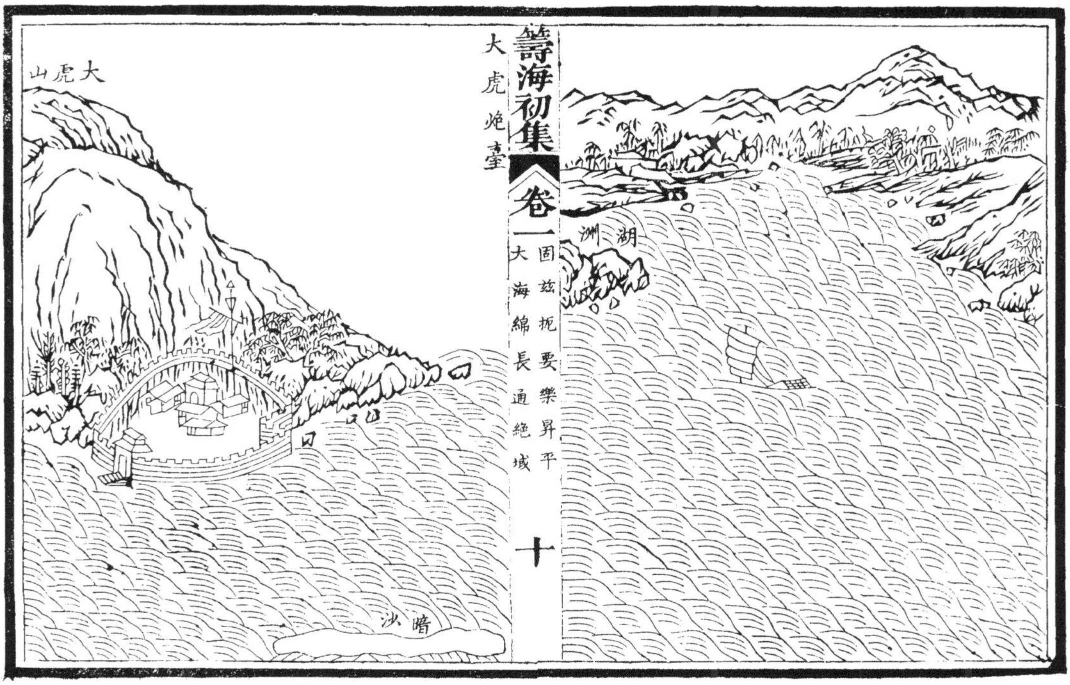
籌海初集
卷一
十
大虎炮臺
固兹扼要樂昇平
大海綿長通絕域
大虎山
湖洲
暗沙

籌海初集
卷一
虎山高聳接層霄
蕉閘黃角東西塢
十一
蕉門炮臺
黃角山
金洲山

籌海初集
卷一
門鎖香山早晚潮
新安山海相聯處
十二
新涌炮臺

籌海初集　卷一　涌口魚蓋轉運途　三十三

恭錄

上諭四道

道光十四年九月初三日奉

上諭本日據盧坤等由驛馳奏暎咭唎國兵船闖入內河調兵驅逐一摺此次暎咭唎國啡嘮啤來粤貿易不遵法度該夷兵船二隻畨梢三百餘人寄泊外洋經該督於六月間卽咨會水師提督李增階派委叅將高宜勇前往海口防範並檄行提標將弁督飭炮臺嚴密看守迨該督等照例封艙以後又復咨會防堵勿任夷船進

口乃竟疎於防禦致該夷兵船於八月初五日乘潮水漲發闖進海口各炮臺水兵開炮轟擊該夷船放炮回拒隨拒隨行駛至離省七十里之黃埔河面停泊現經該督等調派水師嚴行驅逐廣東水師提標中軍叅將高宜勇於六月間卽經派往海口堵禦輒任該夷兵船駛至內河已屬疎玩復據稱夷船乘潮駛風阻當不及更難保非有心掩飾高宜勇著先行革職枷號海口示衆仍著該督查明如有玩縱掩飾情弊卽行從嚴叅辦再降諭旨所有炮臺怠玩各弁既經派人接替俱著先

行枷號各炮臺示儆仍查明疎縱情形一併嚴參水師提督李增階海防是其專責乃該夷船闖駛入口徑行越過炮臺守臺各弁兵於兩隻夷船不能擊退殊堪痛恨看來各炮臺俱係虛設武備廢弛一至於是提督平日所司何事李增階既因病請假亦斷不堪起用著先行革職事定後再降諭旨兩廣總督盧坤既稱於六月間分飭防堵並非措手不及事出意外者可比自應遴派得力將弁嚴行堵禦何致任令該夷船駛入內河不能防阻是該督無謀無勇咎無可辭有損國威深負委任盧坤著革去太子少保銜拔去雙眼花翎先行革職暫留兩廣總督之任帶罪督辦如果辦理迅速諸臻妥協尚可稍從末減倘因循貽悞致貽後患定當以軍法從事斷不寬貸凜之慎之

道光十四年九月初三日內閣奉

上諭廣東水師提督著關天培補授欽此

道光十四年九月初四日內閣奉

上諭關天培昨經簡放廣東水師提督著即馳驛速赴新任毋庸來京請訓所有江南蘇松鎮總兵著陶澍即揀

員署理欽此

道光十四年九月十一日奉

上諭本日據哈豐阿等由驛馳奏暎咭唎兵船均已押逐出口一摺覽奏均悉已明降諭旨分別加恩並賞還盧坤太子少保銜雙眼花翎矣此次暎咭唎夷目嗱嘮啤來粵貿易不遵法度並將兵船二隻闖入內河經官兵開炮攔截膽敢放炮回拒節經盧坤將該夷船進出之路全行堵塞該夷目瞭見柴草船隻惟恐火攻寔形惶恐現據該國散商咖啡咍等投稱嗱嘮啤自認不諳例禁是以未領牌照兵船實因護貨悞入虎門自知錯誤乞求恩准下澳兵船卽日退出求准出口該督派文武妥員於八月十九日將嗱嘮啤押逐出口該夷兵船業於二十二日押出虎門海口並將所調官兵撤回歸伍辦理尚爲妥善該督等務飭所派將弁加意防範不得因該夷船業經出口稍存怠玩又另片奏該省水師營伍人材甚少俟新任提督到粵後從長商辦又各處炮臺有無應行更定事宜俟親往查勘酌量辦理至該國公司既散仍應另派大班管理方可相安等語暎咭唎

夷人與內地通市向來不通文移然必須有統攝之人專理其事著該督即飭洋商等令該散商等寄信回國另派大班前來管理貿易事宜以符舊制至沿海各處炮臺尤當力加整頓不可有名無實著該督於校閱營伍時親往虎門一帶逐細查勘如有應行更定事宜務當悉心妥議總期有備無患實在得力方足以壯聲威而資防禦其營務海防一切章程著俟新任提督關天培到粵後該督等會同籌商設法整飭力除從前怠玩積習俾該將弁等有勇知方悉成勁旅至關口進出稽

查全在粵海關監督廉以飭躬嚴以馭下方能懾服諸番著該督等會同新任監督彭年將廢弛積弊痛加整頓其如何釐剔弊端之處著即商酌詳議釐定章程據實具奏欽此

廣東歷任水師提督題名碑記

天生五材去兵未聞於自古
國張九伐治隆莫尚於當今顧秋獮春蒐本寓習戎之術而揆文奮武原無偏廢之時司馬法曰天下安忘戰危故建師設營雖自古帝王未有能去兵者況粵東海道東聯閩浙西達雷瓊番舶夷船遠來絕徼漁舟商艇絡繹重洋龍穴之外則汪洋浩渺虎門以內又港汊分歧審扼要情形虎門海口誠中路咽喉也至於藩籬穗郡控馭羣夷提督責成實水師鉅任也

歷稽往籍虎門自康熙年間創設副將繼因任重事繁改設左翼鎮總兵迨嘉慶年間海氛不靖經兩廣制軍百公齡籌議改設水師提督於嘉慶十五年奏
蒙
俞允以廣東陸路提督童公鎮陞調授繼則孫公全謀李公光顯沈公烜陳公夢熊李公增階接踵陞授其間暫權斯篆者則有南澳鎮羅公鳳山陽江鎮吳公紹麟碣石鎮譚公安後先視事道光十四年七月有暎咭唎夷目嘩嘮啤者護貨來廣私進洋行爲奸夷所

誘欲違禁入城與督撫抗禮經盧制軍坤稍示兵威而犬羊膽裂醜類潛逃斯時也李公增階臥病在牀偶以疎防致干例議幸

天恩高厚念其事先病臥僅予奪職而李公旋亦謝世矣是年九月余在江南蘇松總兵任內仰蒙

特旨簡授廣東提督復奉

恩命馳驛赴任迨冬月六日會城受事其時盧制軍已將啡嘮啤泥首畏罪悔懼乞恩並委官將其押禁澳門各情形具奏

聖德汪洋念彼化外冥頑免罪釋逐該夷目幸逃顯戮旋伏冥誅其妻負屍回國議者頗慮狐羣兔黨罔識高深余下車伊始親歷重洋遍觀扼塞籌增大炮議建新臺改大角沙角爲號令炮臺築鞏固永安堵潛逃提徑會商兩院意見僉同聯銜具奏悉奉

允行惟是慮不先定不可以應卒兵不閒習不可以當敵爰即通行訓練章程挑選精壯士卒設誌椿測潮水之長落添木墊定炮口之高低精製火器修整戈矛凡百所需悉加籌備猶慮積習難移先定專條遍示分兵教練指地專防不遺一士之技能不乖衆人之性習非敢謂撫以惠感而不驕臨以威肅而不怨孔子曰臨事而懼好謀而成孫子曰不患其來患我無備至哉斯言誠督兵之要旨籌海之津梁也余雖不敏無日忘之第識淺才疎深漸固陋兢兢十月麤定規模仗寅友之勛勷賴屬僚之忠告重申紀律整肅軍容練虎門之勇士操龍穴之師船水馬飛騰火龍閃掣震雷霆於八方臺上揚威武於九洲洋中梟獍聞風膽落犬羊目擊心寒賞不逾時鼓動三軍銳氣

罰以懲懦追回七校頹風乃知難御莫如兵而易感亦莫如兵也於是止鼓鳴金聚軍轟下訓於衆曰武侯有言國之大務莫先於戒備吾儕身列戎行同舟共濟感蒙

皇上豢養深恩當矢忠心報效勤練技能勇敢任事守廉知恥畏法懷恩信乃立身大本和爲處世良箴志欲圓而行欲方膽宜壯而心宜細居常奉公守法臨陣奮勇當先鼓進金退毋違號令耳聽目視毋許諠譁毋躁進毋畏縮毋恃血氣毋憚煩勞毋犯邪淫毋貪

利慾毋酗酒滋事毋欺虐良民有犯必誅雖功不宥爾衆士悉聽余言從此互相策勵果能立志建功雖今日之弁兵即他年之將帥勉之勗哉勿辜余望竊念籌海防夷調度當知緩急選兵練士王法本乎人情喜逸惡勞慨常人之通病勸勤懲惰乃將帥之權衡援筆籌思咨商定議如防夷調派摘要三十三條春秋訓練籌備一十五款添儲備以敷軍實撥款項而郵兵艱備火船於臨事練水卒於平時炮子鑄連環截鯨奔之要路箭箱貯羣虎斷鱟逸之餘魂臺設

渡船便吾兵之樵採歲增藥袋免微弁之捐攤旂壯觀瞻椿量深淺臺防險隘船逐狂瀾斷外洋之接濟絕內地之勾聯凡議定之章程悉載登於檔案所冀同寅砥礪勗我未能追思前輩儀型勒名不朽計石旂建帥以來於今二十五載體

聖主懷柔之德共享億萬斯年豈不庥哉是爲記

道光十五年歲次乙未仲冬望日廣東全省提督軍門節制各鎮提調水師官兵加三級淮陰關天培譔

補授提督謝

恩奏稿

新授廣東水師提督臣關天培跪

奏爲恭謝

天恩仰祈

聖鑒事竊臣於道光十四年九月十九日接准兩江總督臣陶澍咨開准兵部火票遞到軍機大臣字寄道光十四年九月初四日內閣奉

上諭關天培昨經簡放廣東水師提督著即馳驛速赴新

任無庸來京請訓所有江南蘇松鎮總兵著陶澍即揀員署理欽此臣聞

命之下感激涕零悚惶無地伏念臣江左庸材毫無知識仰蒙

皇上知遇之恩由太湖協副將

簡授水師總兵去歲屆滿六年奏蒙

天恩俯准入

陛覲蒙

召見五次面聆

聖訓鉅細周詳回任以來兢兢奉職愧無報稱茲復渥荷
恩綸畀以提督重任臣自顧何人膺此
高厚受
恩愈重圖報愈難伏思廣東水師外接夷洋內聯江面實
屬地廣務繁以臣駑鈍之資深慮弗克勝任循衷揣
分凜慄彌增惟有勉竭血誠矢諸寤寐凡分應當爲
之事隨在悉心經理以期仰答
鴻慈於萬一臣現俟委員到日交卸總兵印務遵
旨馳驛前赴新任再將交接各日期另疏
題報外所有臣感激悚懼下忱理合繕摺叩謝
天恩伏乞
皇上聖鑒謹
奏
道光十四年九月二十日
道光十五年正月二十九日奉到
硃批知道了

入境告示
新授廣東水師提督軍門關　爲諄切預示事照得
本軍門欽承
恩命補授粵東奉
旨馳驛速赴新任遵卽交卸馳行於十月二十九日已至
南雄尅期到省卽在省城接印視事凡我水師同寅
晤談伊邇何須贅筆惟是本軍門久歷戎行性甘儉
樸水師之積習異地或有不同而大概之因循普海
諒均一轍茲當入境之初預告屬僚振精神共相策
勵滌舊染匡我未能本軍門持躬勤儉一切推誠恐
不我知開誠預告望我屬僚毋違我示如仍拘於積
習藉事朋攤不諒予心卽是抗違我示果爾則莫謂
言之不預也特示
計開
一頭接僅准巡捕官一員戈什哈目兵各二名此
外不准多派
一二接僅准十餘人均在省城伺候不准遠迎
一本軍門在省接印止令中軍護印前來其餘官

弁概不准擅離職守
一存營官弁在汛者於汛界接見存城者署中接
見一概不准遠迎
一省中本有公館止令打掃不准懸掛燈彩
一巡洋官弁各有專司不准藉詞迎謁私離洋境
一衙署不准粉飾修理鋪墊桌椅不准添備本軍
門家丁僅止三八行李衣箱亦止十件住房止
用三間亦不准裱糊修飾
一提轄水師各營不許差官遠接至應呈官兵船

械營制輿圖洋圖等件許派外委一員賫呈其
册面圖面概不許費用綾錦裝訂
一所屬將備概免披執
一經過所轄營分概免出隊
以上十條仰中軍照錄星速通致各營一體遵
照毋得違誤本軍門一秉至誠毫無虛僞各宜
自愛幸勿試嘗並示
道光十四年十月　二十九　日

奏報到任摺稿

新授廣東水師提督臣關天培跪
奏爲恭報微臣到任日期叩謝
天恩仰祈
聖鑒事竊臣於九月十九日准兩江總督臣陶澍咨開准
兵部火票遞到道光十四年九月初四日內閣奉
上諭關天培昨經簡放廣東水師提督著即馳驛速赴新
任毋庸來京請訓所有江南蘇松鎮總兵著陶澍即揀
員署理欽此臣當即恭摺叩謝

天恩於九月二十八日署總兵沙庤元到崇明洋次臣即
將總兵關防移交即日起程遵
旨馳行兼程赴任茲於十一月初五日馳抵廣東省城初
六日准署提督譚安將
欽頒嘉字六十五號提督廣東水師總兵官銀印一顆委
員賫送到省臣即恭設香案望
闕叩頭謝
恩祇領任事伏念臣一介庸愚由太湖副將渥荷
恩綸擢授蘇松水師總兵兢兢供職寸效毫無遽蒙

皇上簡畀提督重任
鴻施高厚實夢想所弗期駑鈍滋慙豈捐糜之能報查廣
東水師海洋遼濶爲各外夷貿易聚集之所武備最
關緊要臣惟有倍竭駑駘督率所屬激發天良認眞
訓練務使兵力日漸精强威能懾衆以冀稍報
鴻慈於萬一至於臣初到廣東一切情形尚未深悉適督
臣盧坤先期出省閱兵尚未會面臣接印後卽親歷
所屬洋面細心查察如有應添應改各事再與督臣
妥商次第辦理所有臣感激下忱並到任日期除恭

疏
題報外理合繕摺恭謝
天恩伏乞
皇上聖鑒謹
奏
道光十四年十一月初六日
道光十五年二月十七日奉到
硃批廣東風氣浮而不實加以歷任廢弛水師尤甚朕看
汝頗知向上尚有幹濟之才是以特加擢用務要激發
天良公勤奮勉實力操防秉公去取一洗從前惡習海
疆務期靜謐勉益加勉毋忽
奏到
硃批復奏摺片
臣關天培跪
奏再臣恭報到任日期一摺於道光十五年二月十七
日奉到
硃批廣東風氣浮而不實加以歷任廢弛水師尤甚朕看
汝頗知向上尚有幹濟之才是以特加擢用務要激發

天良公勤奮勉實力操防秉公去取一洗從前惡習海
疆務期靜謐勉益加勉毋忽欽此仰見
聖主愼重海疆
訓誨策勵跪聆之下欽感旣深悚惶彌切查廣東水師
情形臣到任之時正值督臣盧坤校閱之後嗣於省
城接晤臣備細告知共籌整飭總須將領得人督率
千把總實心教練專以責成奬勤懲惰以期力挽虛
浮積習有不率敎者卽行叅劾不敢姑容將領之趨
向正則營伍之習氣自正臣以庸鈍下質渥荷

殊恩自問具有天良能不感激思奮惟有恪遵
聖訓正己率屬勤勉奉公務使訓練巡防事事咸歸實在
海疆永臻安謐仰副
高厚成全於萬一所有感悚微忱謹附片具
奏伏乞
皇上聖鑒謹
奏
道光十五年二月二十九日
道光十五年五月二十三日奉到
硃批知道了

查勘虎門扼要籌議增改章程咨稿
為查勘中路外海內洋各扼要分別哨探防禦謬擬辦理章程咨請衡奪事接管卷查道光十四年十月初六日准貴部堂咨會道光十四年九月十一日奉
上諭另片奏該省水師營伍人材甚少俟新任提督到粵後從長商辦又各炮臺有無應行更定事宜俟親往查勘酌量辦理等語至沿海各處炮臺尤當力加整頓不可有名無實著該督於較閱營伍時親往虎門一帶逐細查勘如有應行更定事宜務當悉心妥議總期有備無患實在得力方足以壯聲威而資防禦其營務海防一切章程著俟新任提督關天培到粵後該督等會同籌商設法整飭力除從前怠玩積習俾該將弁有勇知方悉成勁旅著即商酌詳議釐定章程據實具奏將此諭知欽此等因竊本提督奉
命由驛於十一月初五日馳抵省城初六日在省接印適
貴部堂巡閱公出拜摺後即至虎門檢閱洋圖摘查文卷選帶將備二員隨同赴洋自沙角炮臺放洋由龍穴金星門過九洲至澳門查勘香山十字門雞頸

山萬山一路形勢復轉帆東向由九洲洋外過伶仃石笋勘屯門大嶼山東涌急水門等處收回大角炮臺查虎門設立重兵內護省城外捕奸匪緝盜防夷與香山爲犄角而香山逼近澳門巡防更關緊要昨本提督接見該協副將秦裕昌應答一切頗合機宜似一可靠之員至老萬山在內伶仃之南離虎門約三百里萬山之外一派汪洋渺無畔岸該處兩山對峙爲商夷船隻出入標準雖設有東西炮臺㮈一片深洋處處可行守臺官兵僅供瞭望而已應請於大

鵬香山巡洋船內酌撥二船駐守兩山遇有夷船收針到山大鵬一船則專報中營巡員傳知沙角守臺汛弁知會前途撥兵飛報提督香山一船則專報澳門巡員轉報香山副將探報既勤有事則諸般有備無事亦藉以稽察巡員其兩營船隻弁兵仍按月輪換以均勞逸而專責成並請飭行澳門同知轉飭各引水凡遇夷船到山查明後即知會萬山師船晝一稟報至於虎門之外萬山以裏島嶼叢雜最易藏奸巡海師船各營本有段落應請仍循其舊以免更張

本提督連日接見各營將備詢悉昨者嘆夷兵船不遵法度闖入黃埔迫官兵四集該夷目方惶恐認罪衆夷商代爲乞恩

貴部堂念其無知恩寬一線派委妥員分道押逐出口該夷目夷兵自此次懲誡之後自應知畏知恩但聞該夷目未獲生還而犬羊之性既詐且疑則備禦之籌自當先其所急查各夷商船來粵貿易至萬山收針向由澳門同知派引水迎往萬山查明籍文通報由引水執持印憑報明沙角防弁知會前途然後

放入黃埔此歷久之章程也查虎門控制以沙角大角兩炮臺爲第一重門戶南山鎮遠橫檔三處炮臺爲第二重門戶大虎炮臺爲第三重門戶議者咸以爲多備炮火選派得力官兵層層防守何患不能阻截茲本提督率同署叅將佘清署守備陳魁倫親勘得大角沙角兩炮臺係東西斜峙丈量口門共寬一千一百一十三丈潮水退定中泓量深四丈二尺兩傍水深自三丈餘至二丈三尺止全係泥底試演三千斤大炮炮子僅及中流强弩之末無濟於事是第

一重門戶炮火已不得力復移舟至南山橫檔大虎一帶查南山鎮遠兩處炮臺建在武山腳下南北相聯中離一百三十三丈南山炮臺係康熙五十六年建形勢稍小僅安炮十二位應改建寬大如橫檔月臺之式該處臺面斜對下橫檔山中隔水面三百餘丈下橫檔之東北隔水一百二十餘丈有礁石一處俗名飯籮排再北隔水九十二丈卽是上橫檔月臺橫檔炮臺斜對鎮遠炮臺中隔海面量寬二百七十二丈潮水至此爲之一束以致中泓刷深至十二丈

兩旁淺處均在三丈以外潮汐長落溜甚湍急演試南山炮位炮子能至下橫檔山根鎮遠炮子直過飯籮排石面大橫檔炮子能及對岸山根是第二重門戶形勢旣屬聯接炮火極其得力而猶失於疎防者蓋有故焉查外夷兵船闖駛入內亦甚畏此炮火是以必候南風長潮乘流水漲發之際風水皆順飛駛而過夷船本極堅厚船之兩旁又支掛欓被各臺炮位縱能接聯施放平時並未演準何能炮炮中船且一炮之後趕裝二炮船已闖過是外勢雖屬雄壯而

終難阻截議於南山鎮遠適中山根安釘大樁再將斜對之飯籮排正中石峯修鑿成樁添製粗大鐵鍊三百二十丈勻作八條成造兩端做就接扣以便聯合另用四五丈長大木紮成圓扁木排十八吊於鐵鍊接扣處及各條適中處逐段綑實以資擎托而免下墜再於木排左右結就纜扣收紮兩邊錨本鐵鍊兩端預綑於樁從中分而爲二如開闔門戶之式泊於兩岸選派弁兵預演啟閉演熟後卽令該弁經管一年毋須更換以資熟手再南山炮臺議請改建毋

庸修理其鎮遠橫檔兩臺必須將炮洞石牆及鋪地石塊全行更換用三合土改築緣炮子打上石牆係以堅擊堅則石碎四飛必致傷人一兵受傷衆兵氣沮若改用三合土築成炮洞須用內外八字式庶柔能尅剛堪期有濟至炮下墊石本係粗石高低不平一炮放出炮與座均退後四五尺不等以三五千斤大炮欲推歸原位石旣不平粗尤滯澀非十二三人不能運動逐炮如此難期迅速必須以土易石而土面又加細沙俾挪移滑溜四人卽可撬回此必不可

緩之事也再於鎮遠橫檔之北相離不遠照前再加鐵鍊木排一道如式啟閉則重關阻截添備兵船火船於上流一入彀中欲進則爲排鍊所阻欲退則風水不容而三臺大砲連環轟擊上流火船趁風下壓兵船繼之雖鐵骨銅身恐不免於灰燼縱使闖斷一層已傷其半第二層排鍊又豈能飛越果能設此重關啟閉由我演練隨時無事則排列於山邊有用則橫檔於海面使之見而知懼則威可振而患可消又何踈防之慮此議於橫檔鎮遠添設之大略也再自

橫檔炮臺向北水程約計五里卽是大虎炮臺對出水面甚濶當從炮臺脚下丈量水面至九十八丈之外卽係暗沙沙面水深五六七尺不等其九十八丈之內深處自七丈五六尺至一丈五尺止全是泥底是第三重門戶炮火亦甚得力惟慮大汐長潮沙面水高防其遠避炮火議於暗沙面上拋石下樁使之不能繞越尤爲得勢商之將備據稱南山鎮遠大虎一路向係夷船出入所必由若能如此備禦可期有濟等語本提督復勘得大角之內由上下橫檔大虎

各山之後仍有海面測量水勢寬而且深雖云夷船向不由此行走焉可無備查下橫檔西面山根向南有暗沙一道斜對湖洲山嘴自湖洲山脚量至對面暗沙共濶一百六十丈水深自一丈四尺起至五丈止暗沙之上水深八九尺不等暗沙之外全係泥底議於此處安釘品字操手樁三道以作南段扼要又查上橫檔西面山根與南沙山之蘆灣嘴相對中隔海面量寬五百一十六丈自蘆灣山根向東測水自八九尺起漸深至五丈止全係坭底又自橫檔山脚

向西測水自二丈起漸深至五丈止計寬八十餘丈半係石底半係沙底此處不能着力查橫檔山後本有小炮臺一座因建置過高久廢不用應請照余將官前稟移建山下稍加寬大再於蘆灣山脚就山取石另建炮臺一座與橫檔山後改建炮臺參差對峙以作北段扼要另於新建兩炮臺南首淺處拋石成堆深處安釘梅花大樁佈成坎卦之式旣無阻於行船亦斷不能揚帆直過不獨夷船至此轉舵欠靈卽快蟹私船亦難迅駛中段有此曲折則兩臺炮火得

以施爲矣此謬議沙角以內東西兩路之大略也至於炮口高低全憑誌樁爲準今覩各臺未立誌樁則水之消長幾何已無証據再南沙山背後全係海面直達蕉門率同將備親詣該處炮臺登高察看亦係緊要之區蕉門南向炮臺正面朝東對面卽南沙山之尾相聯小山土名金洲山水面量寬二百八十丈由炮臺脚下一路淺灘測水自二三尺起至八尺止計寬一百丈零中泓水深一丈三尺計寬一百二十丈過此漸量漸淺又係坭灘計六十丈至金洲山脚

止議於此處下樁五道使船隻過此曲折而行炮火方能有濟此阻遏蕉門之大畧也此外仍有新涌口一處外臨大海內通虎門爲商漁出入之捷徑率同佘參將親往查看該處炮臺一座係嘉慶十五年造臺面西南向炮洞兩層量寬水面一百一十二丈退潮測水深止一丈亦不甚寬炮臺南首河之正中有小山俗名豬頭山山之前後因流水迴環積成洲渚洲西水深一丈以外洲東水深止六七尺洲之上下又均合爲一水詢之弁兵據稱潮滿時大號米艇能

於出入等語查此處逼近虎門便民海道固不可塞亦應預防以上各路形勢現已目擊身經籌議各條亦逐件商之將備意見大槪相同其一切瑣屑事宜亦俱妥籌文內不能細載惟謬議添改各件需用不少

國家經費有常尙希碩畫再各炮臺炮位仍須添製八千斤者二十位六千斤者二十位勻配各臺庶足以壯聲威而資猛烈惟是本提督甫蒞虎門情形尙未明悉諸事均祈

貴部堂衡奪辦理俾有濟於公則叨益無旣合就咨會爲此合咨云云

一咨　督撫二院　將軍

道光十四年十一月　二十八　日

重勘虎門炮臺籌議節畧稿

一沙角炮臺一座建在海口之東沙角山側係嘉慶六年造臺面朝西向屬卯酉週四十二丈臺上炮洞十一個配大小生鐵炮十一位臺門配炮一位另貯五百斤生鐵炮一位防弁一員防兵三十名臺上神堂官廳四間官房三間兵房十七間臺面垛口炮洞均粗石砌就

一大角炮臺一座建在海口之西南沙山東嘴係道光十二年造臺面對東向屬辛乙週九十三丈臺

上炮洞十六個配大小生鐵炮十六位臺門配炮一位防弁一員防兵五十名臺上神堂三間官房三間兵房十七間軍火局二間臺面垛口炮洞均粗石砌就

勘得沙角大角兩炮臺東西斜峙量寬口門一千一百一十三丈中泓水深四丈二尺東岸至淺處水深二丈三尺西岸至淺處水深三丈南通大海北達黃埔係往來洋船必經之路爲進省第一層門戸地居衝要形勢得宜所惜口門太寬兩臺大炮正子僅及中泓以致不能得力但扼要之區聲勢不宜削弱應請將沙角炮臺防弁改派把總一員俾呼應較靈兵丁炮火仍循其舊改作號令炮臺此後遇引水引帶番舶到口防弁驗明印憑即放大炮一聲知會前途一面開單報明提督如無引帶文憑即係奸夷則於臺面高處插立大纛一杆知會大角弁兵立即開炮轟擊固不能截其不前亦可挫其鋭氣前路各臺聞炮聲聯接一體預備仍耑派一兵飛報虎門接應至大角炮臺與沙

角互爲聲援止須撤去防兵二十名仍畱外委一員防兵三十名炮火一切仍舊以資接應

一南山炮臺建在武山脚下在沙角之北相離十餘里係康熙五十六年造臺對西南向屬艮坤週五十二丈五尺臺上炮洞十二個安大小生鐵炮十二位另貯五百斤生鐵炮六門又貯熟鐵小炮二門防弁一員防兵三十名臺上神堂二間官兵住房共十二間藥局一間炮洞石砌臺面垛口均係磚砌

勘得南山炮臺歷年久遠形勢稍小離海面中泓止一百五十餘丈炮火最爲得力臺前臨水正面現有空地直出量寬一十二丈空地之外水面仍現小礁石數處議於此處量出六丈添建月臺一座面寬六十丈如橫檔月臺之式月臺之前仍留空地六丈俾臺根堅固下用丁字長石堆砌臺面加築三合土二尺再築三合土炮洞四十個厚五尺五寸內外均築八字式添配八千六千斤大炮十位五千四千斤炮十位餘配二三千斤炮八位

湊足炮四十位則聲威益壯炮火更加猛烈矣

一鎭遠炮臺建在南山炮臺之北中隔陸地一百三十三丈均在武山脚下係嘉慶十二年造週一百二十丈臺對西南向屬丑未臺上炮洞四十個安置大小生鐵炮四十位另貯八百斤生鐵炮三位防臺千總一員防兵六十名臺上神堂三間官房三間兵房二十間軍火局房二間炮洞垜口地面均係粗石砌就應用三合土改築換下石塊另候撥用

一橫檔月臺建在上橫檔山脚與鎭遠炮臺東西斜對係嘉慶二十年建週九十一丈正面朝北向屬丁癸炮洞四十個安設大小生鐵炮四十位防臺千總一員防兵六十名臺上神堂一間官房三間兵房十間炮洞垜口地面均係粗石砌就應用三合土改築換下石塊另候撥用

勘得鎭遠橫檔東西斜峙與南山品立三臺聲勢旣獲相聯炮火又能湊接該處爲商夷出入所必經要隘巖關於茲爲最第內海水性逢寬大之區

則浪高而水淺遇束窄之處則溜急而泓深是以沙角之外山雖多而海濶測水止二丈四五尺不等一至沙角爲兩山收束中泓之水則在四丈以外從此測量漸北漸深至南山橫檔間水面更窄以致中泓刷深至十二丈之外一過鎭遠海面稍寬水則稍淺量至大虎正泓深處水止七丈以外大虎之北又止六丈內外非海底本有淺深實水面寬窄所致也至於沙角口門因寬不能得力惟南山鎭遠均與橫檔氣勢相聯實爲海口第一扼

要再將南山添建月臺更爲得勢前車可鑒亟應設法使之懼而不來縱犬羊之性愍不畏死重關旣設任其自入網羅然後振我軍威方可化其驁驁至兩重排鍊所費雖多然扼要之中添此堵截之具則軍威愈壯奸宄潛消查外夷商船例准收泊黃埔夷情叵測良莠難分果能設此重關不獨堪禦外侮兼可懾服內奸思患預防一舉兩得矣

一大虎炮臺建在大虎山正面係嘉慶二十三年造週一百二十丈面對東北向屬坤艮炮洞三十二

個配大小生鐵炮三十二位防臺把總一員防兵五十名臺上神堂五間官房三間兵房二十九間軍火局房三間臺面炮洞垛口均粗石砌就

勘得大虎炮臺獨當一面形勢雄壯初覺海面稍寬及測量水勢深泓僅寬九十八丈此外卽是暗沙惟大汐長潮沙面之水仍有一丈四五尺不等議於沙面用大石塊拋疊成堆如七星之狀約高六七尺石堆之中間以明樁高出石堆二尺俾石仗樁力不致衝坍樁爲石護不得鬆浮夷船畏石畏樁不得不由中泓行駛則炮火較近更爲得力

一蕉門炮臺建在黃角山根係嘉慶十七年造週四十二丈五尺臺面朝東向屬酉卯炮洞十四個配一千五百斤炮二位一千二百斤炮四位一千斤炮八位臺上神堂二間官署三間兵房十五間藥局一間防臺外委一員防兵一十六名炮洞垛口石砌地面係三合土築

勘得蕉門口一處外聯大海內通獅子洋直達省城爲商漁出入門戶且爲夷人脚船往來捷徑亦

屬走私要隘該處兩岸淤灘中泓深處潮水退定尙存一丈三尺計寬一百二十餘丈大汐長潮水深在二丈以外此處最關緊要潮水進口勢稍灣曲是以口內未能刷深若照南河築壩之法尙易堵塞設不可塞卽安釘品字攙手樁對面五道使之不能迅駛炮臺上必須添換五六千斤大炮六門防弁須換把總防兵添足四十名方期有濟然究不若堵塞之爲妙也

一新涌口炮臺建在亭步口之內係嘉慶十五年造

週四十二丈五尺炮臺正面朝南向屬丑未上下兩層炮洞共十三個安設二千五百斤至五百斤大小生鐵炮十二位臺內神堂一間官房三間兵房九間藥局一間防弁一員防兵二十名地面炮洞均石砌垛口磚砌

勘得新漏口一處外通大海內達虎門由內河直通省會爲商漁出入捷徑炮臺之前水面量寬一百一十二丈中泓水深一丈亦不甚寬大汐長潮水深一丈七八尺杜漸防微似須築壩堵塞設恐

不便於民亦應於稍寬處拋石下樁以資扼截

至於鎮遠橫檔南北添製木排鐵鍊二道仍須添造守椿兵房五處兵房下脚砌石成臺約長三丈前後約濶一丈高三尺如小月臺之式上置千餘斤鐵炮三門以期週密其下橫檔與對面之湖洲山一帶議安品字操手椿五道又上橫檔山後移建炮臺與對面之蘆灣嘴添建炮臺暨中段拋石下椿各節前文業已聲明如獲照行臨時再爲核辦再查水師大概第一以選擇將備爲目前急務將備得人則各用其所長或專司訓練或分任巡防總領派以叅遊駐守任之千把庶上呼下應各有責成再嚴定賞罰懲惰勸勤繼則選練精勇之兵分配各臺每一炮臺安釘測水誌椿二根各炮尾後添製墊木一規劃清分寸視誌椿知潮水之長落安墊木定炮口之高低如此練熟則炮出有準矣第水師弁兵窮苦者十居八九月支餉米本屬無幾而經費有常萬難周邺獨是防臺之兵更難形狀緣沙角大角南山鎮遠橫檔大虎六處炮臺四面環水各兵駐守於斯不容稍曠月支

餉米分養眷屬所剩無多巳難果腹若再遇急風暴雨不能過渡購買薪米枵腹啼饑實所不免籌思乏術可否於籌議借款生息項內每兵每日賞給口糧三分自來年正月起六處炮臺將來配定駐防計兵三百名通年需銀三千餘兩如此則士飽氣騰選派得力千把耑司訓練均勻勞逸養其氣而責其成將備按旬考核提督每月一臨賞功罰過一秉大公務使官兵聯爲一氣積習漸就湔除惟是各處炮臺恃炮爲威必須添儲火藥多備炮子火藥以硝磺炭配

合而成礦去根渣硝務提淨炭以柳木桑條爲佳縱用杉木亦必燒透存性碾灰細羅舂力要足製成晒乾色宜帶白粒粒如珠仍令監造者撮藥於手燃火試之手無點跡火力高冲烟係白色以此爲最炮子則有封門子羣子交杯子擔杆子之分封口羣子用以擊船打賊擔杆交杯專用打桅均宜添備各營師船歸廠修造久已仰邀洞鑒可否稍爲通融減造數船卽以所減料值加於新船之上俾工堅料實堪禦風浪矣製造大小鐵錬鐵宜多錬則可垂久火船雖

應措備於臨時必須預爲配就撥定數船先用空船派輕捷舵水試演如式方免臨期棘手至於添設排錬浮排仍應添製大划船八隻鐵錨棕本一百二十副南山臺脚仍須砌石馬路一道以作安收排錬關欄添造大炮或可將各處廢炮查出添入融製以上大畧情形瑣碎難以細載均候鴻裁酌定章程委員辦理以便隨時妥商期於核實

道光十四年十二月　初六　日

護順德都司張玉堂不知檢束咨請撤任降補稿

爲護都司不遵

功令有意窺探咨請撤究以儆將來事竊本提督初涖粵東甫經一月於所屬各營官弁尚未週知而各營內河汛境亦未身經是卽選派從人於本月初四日親詣順德新會一帶查看形勢稽察巡員一路以來有順德新會等營將備弁委先後來船接見本提督均諭以滌除積習振刷精神體卹兵艱正己率屬巡防以捕盜爲先存營以練兵爲要諄諄告誡衆所共

聞迺有護順德協左營都司張玉堂差代理巡河外委蘇燦邦送來洋錢三十四圓並分派各行單賬一紙交隨行千總曾應元分給曾應元不敢徇私立卽面稟前來本提督當卽傳到來弁蘇燦邦再三詰詢據稱係護都司張玉堂交給令其送交曾應元轉給各行等語及詢以此錢從何措出其意何居蘇燦邦則吱唔不能應對本提督立飭千總曾應元將原封面交蘇燦邦迅卽送回查蘇燦邦係順德協右營額外代理該協左營外委汛務張玉堂係伊本轄護理

都司差其賫送非能自專應請毋庸追究惟張玉堂以提標前營千總護理順德左營都司自應奉公守法方爲無忝厥職迺不遵禁令是積習已深罔知振作且難保其不藉此朋攤從中漁利此等劣弁應請卽行撤任降補把總俾各營知所戒懼不敢效尤積習冀可漸除公事方能振作爲此合咨貴部堂請煩查核選員接署順德協左營都司印務實爲公便仍祈銜奪示覆施行

一咨　督院

道光十四年十二月　十二　日

爲檄行查覆事道光十四年十二月十三日准督部堂盧　咨開道光十四年十二月十三日准貴提督咨開竊本提督初蒞粵東甫經一月於所屬各營官弁尚未週知而各營內河汛境亦未身經是卽選派從人於本月初四日親詣順德新會一帶查看形勢稽察巡員云云同前文等因到本部堂准此查護都司張玉堂於貴提督巡河因何差弁致送洋錢應卽撤任查辦除將順德左營都司事務委員接署併行順德協轉行遵照立將護都司張玉堂撤任查明該護都司因何行賄有無朋攤從中漁利情弊刻日據實稟覆以憑核辦毋稍狥隱仍將撤任日期具報併行東藩司查照外相應咨覆查照施行等因到本軍門准此合就檄行爲此牌仰該署副將照依事理卽便轉行遵照立將護都司張玉堂撤任查明該護都司因何行賄有無朋攤從中漁利情弊刻日據實稟覆督部堂核辦毋稍狥隱仍將撤任日期通報毋違

一行順德協

道光十四年十二月十四　日

奏復查明澳門夷人炮臺原委請免驅拆摺 總督主稿

漢軍副都統臣左廷桐
廣東巡撫臣祁𡎴
廣東水師提督臣關天培
兩廣總督臣盧坤
廣州將軍臣哈豐阿
廣東陸路提督臣曾勝
滿洲副都統臣倫忠
粵海關監督臣彭年 跪

奏爲遵
旨查明澳門炮臺番梢係西洋夷人設立起自前明並非
唤咭唎夷商建設將築造原委及實在情形恭摺奏
祈
聖鑒事竊臣盧坤閱兵途次於道光十四年十一月二十
六日准臣祁𡎴咨准軍機大臣字寄道光十四年十
月二十五日奉
上諭有人奏廣東澳門夷商有自築炮臺訓練番梢情事
請嚴飭該省大吏設法拆毀驅逐一摺據稱廣東省澳
門地方距省城三百餘里向有夷商攜眷寄住已歷一
百餘年各國夷人恭順奉法惟唤咭唎夷情狡悍該夷
等於澳門自築炮臺六座曰東望洋炮臺置炮七位曰
西望洋炮臺置炮五位曰娘媽閣炮臺置炮二十六位
曰南環炮臺置炮三位曰噶斯蘭炮臺置炮七位其最

大者曰三巴炮臺置炮二十八位各貯火藥於左側此
外尙聞置炮百餘位約計置炮共二百餘位有大炮六
十餘位餘炮差小其最大者重三千斤長二丈炮口能
容蛇行而入者三人又有番梢三百餘人皆以黑鬼奴
爲之終年訓練無間寒暑詭形異服彌滿山海加以奸
民貪利被其唆誘導之凌轢居民蔑視官法該夷中如
瑪啡成等通曉內地語言文字粵省虛實情形及官民
動靜無不確知本年該夷目啡嘮啤擅令兵船闖入海
口若非見澳夷終年練兵該省地方官漫無查察恃爲
聲援安敢出此該澳夷安居內地築臺列炮日練夷兵
如謂自備洋盜有內地沿海文武衙門代爲巡防即謂
該夷兵寄居內地萬無能爲但內地邊疆豈容外夷設
險屯兵置之不問該省歷任文武大員從未以此情奏
聞請嚴飭該省大吏務將澳門地方該夷自築炮臺炮
位拆卸銷毀驅逐番梢盡行回國等語夷人遠涉重洋
在內地通商貿易自爲牟利而來但犬羊之性反覆無
常全在地方官辦理妥善申明法制曉諭飭遵懾其玩
心奪其所恃威信既布各夷自俯首帖耳惟命是從不

徒折服其心併可柔馴其性倘漫無查察致啟玩侮之心任令在內地設險屯兵置之不問該地方文武大員狃於目前因循怠玩不思潛除芽蘖消患未萌設縱恣不法勢不能容必至振我國威大加懲創彼時卽治以辦理不善之罪亡羊補牢於事何濟該督等務將澳夷自築炮臺訓練番梢情形確切查明是否屬實如果通省皆知地方大員豈能毫無聞見若知而不言於意何居天良安在撫馭外夷之道柔之以所貪尤必制之以所畏該督等迅將該澳夷實在情形設法辦理據實具

奏如稍有含混諱飾倘不認眞查辦將來激生事端釀成後患惟該督等是問試問能當此重咎耶凜之愼之將此各諭令知之欽此遵

旨寄信前來等因仰見

皇上愼重海防消患未萌至意跪誦之下不勝悚惶欽服之至臣祁𡎴承准前因當與臣哈豐阿等傳諭粵海關監督彭年一體欽遵並行藩臬兩司嚴查臣盧坤接准咨會卽在途次密札香山營縣暨澳門同知會同委員確訪去後茲據署布政司李恩繹兼署按察

司李振翥並委員候補同知郭際清會同香山縣知縣田溥香山協副將秦裕昌等稟覆前來隨會查澳門距廣州府之香山縣城一百四十五里查明史嘉靖年間先有番人佛郎機入香山濠鏡澳爲市天啟元年大西洋人來中國亦居此澳終明之世未常爲變卽今之澳夷也該夷人歲輸租銀五百兩由縣徵解其建設炮臺六座載在縣志檢查舊案西洋人在澳居住以後有紅毛國夷人卽今之𠸄咭唎窺伺澳門常欲脅奪市利西洋夷人遂設立夷兵建立炮臺

以爲居守之計亦係前明時所設嘉慶十三年𠸄咭唎夷兵擅入澳門佔踞東西炮臺經前督臣吳熊光

奏奉

諭旨曉諭退出嗣於十四年署督臣韓崶督臣百齡先後議設前山營官兵案內又將澳夷舊設炮臺情形奏

聞有案本年𠸄咭唎夷目律嘮啤擅至省城不遵法度臣盧坤慮其至澳生事並因西洋夷人近年貧弱恐爲𠸄夷誘脅密派員弁在澳門水陸預爲調度併開導西洋夷人許以派撥官兵協守炮臺杜其反側

之心密作牽制之計亦經奏
聞在案其咦咭唎夷商貿易往來有時領牌赴澳暫寓或安頓家眷往來無常即如本年嗶嘮啤押逐出省以後在澳門店戶寄寓旋即病故其眷屬即已搭船回國是澳夷與咦咭唎並非一氣其設立炮臺番梢所以防禦咦咭唎諸夷而非咦咭唎之聲援由來已久惟該夷建築炮臺實在年分並無確切志載且該夷人如果有凌轢居民蔑視官法及奸民勾結情事即使章程久定亦必應嚴行驅除當經委員會同地

方文武密訪茲據委員查得西洋夷人建設炮臺係在前明天啟年間初造有三巴門伽思蘭娘媽閣炮臺三處後因啲嘛國爭佔又添建東望洋西望洋南灣三處炮臺並將初建炮臺加修寬大添設炮位現在三巴門炮臺安炮四十七具伽思蘭炮臺安炮十八具娘媽閣炮臺安炮二十九具東望洋炮臺安炮二十具西望洋炮臺安炮十三具南灣炮臺安炮五具此外尚有大小炮三十餘位安放西洋稅館其炮口自潤八寸至五寸五分不等並不能容三人蛇行

而入所用火藥均由小西洋運來收貯娘媽閣炮臺臨時取用其番梢原設四百八十名嗣因經費不足裁汰二百四十名又頭目兵總五六十人番梢分守炮臺每日早晨或鳴鼓換班或開放鳥鎗並非終年訓練住澳夷人共五百餘家男丁大小一千餘人黑夷奴二百餘人該國派有嘍嚟哆一名兵頭番差各一名在澳管理該夷人遇天氣晴明三五人馳馬海旁謂之運氣納凉從無多人遍游山海之事其各國夷人到澳向西洋人暫時租屋居住並無在澳長住

之人現在咦咭唎夷商在澳者十九人此外花旂咈嘛哂各國自一二人至七八人不等徧查澳夷並無嗎嗶成其人惟查咦咭唎前有夷商嗎哩哑業經病故或係傳聽之訛亦未可定以上各情據在澳居住開店民人衆口一辭亦與臣等平日見聞相符此澳夷設立炮臺番梢原委及現在訪詢之實在情形也
臣等復審度地勢體察夷情澳門東西南三面濱海其南面係萬山外洋爲各國夷船入粤海口惟北面陸路通香山縣城該夷人所設炮臺均在東西南三

面望洋而建南面爲獨多北面並無炮臺是其設險屯兵專爲防禦外洋而非意在抗衡內地形制顯然距澳門五里卽係前山營所轄之關閘汎爲限制澳夷之界該處向就河內通海沙脊障以石垣設立一門以通行旅派有把總帶兵四十六名防守自關閘西北十五里卽係前山營從前設立陸路遊擊守備各一員嗣於道光十年將守備移駐大鵬右營裁減兵額改遊擊爲內河都司管帶千把總外委四員兵三百六十三名與海防同知駐劄防守臣盧坤前赴

該營閱兵周覽形勢前山營控制澳門實有拊脊扼吭之勢關閘咽喉界限尤爲險要天成是澳夷雖有炮臺番梢亦無險可恃而我內地層層扼要控制卽使夷情反覆亦不敢肆其玩侮之心且西洋夷人住澳二百餘年久已涵濡

聖澤與澳中民人偶居無猜該夷人近年生理日微並無可噉之利閩廣商民在澳營趁亦從無被凌爭訟之案其完租納稅事事恪遵法度臣盧坤前次經臨該夷人鼓吹伺接十分恭順惟有乞憐之心毫無倔強

之狀其貿易進出船隻有委員查驗並有住澳縣丞隨時稽察一切造船修屋等項工作均須稟明地方官撥給工匠不敢自專造作設夷人卽有時出外遊行從不越關閘半步是澳夷之馴服與噗夷迥不相同向來立法彈壓亦甚爲周密該夷人距本國海程甚遙非一年半載不能到遠方寄跡孤而無援惟奉

天朝爲依歸亦視澳門爲世業常恐爲外國所奪是以別國夷商雖在彼暫寓總不能聯絡久居是澳夷之列炮練兵各國夷人亦共知其實爲噗夷之敵不能倚

以爲援惟噗咭唎圖爭澳門以爲貿易駐足之地蓄志已久西洋人僅番梢二百餘名强弱不敵所以能久安樂土者皆仰藉

聖朝怙冒之仁諸夷不敢凌侮查嘉慶十四年前督臣因澳門自伽思蘭炮臺至西望洋炮臺迤南沿海一帶石坎低矮曾爲噗夷爬越奏奉

諭旨令該夷人加築女牆增高培厚俾資防護亦因噗夷桀驁恐澳夷力不能禦故爲之固其圉以自保衆澳夷以所貪卽制噗夷以所畏以夷防夷正與現奉

聖諭先後同揆該夷人久在
皇仁覆幬之中此時如遽行拆毁炮臺驅逐番梢二百餘年久設之藩籬一旦裁撤數百户澳夷未免轉滋疑懼且使各國夷人以西洋人爲
天朝所屏棄必致咸生鳩佔之心轉非綏靖海隅之道卽以内地海疆而論澳門爲廣東門户本應建臺設守該炮臺雖建自夷人設遇海防緊要之時内地派員撥兵督同防護亦未始不可得其捍衛之力臣等公同酌議所有澳門炮臺番梢應請仍循其舊邀免拆

毁驅逐仍嚴加查察不使稍有違玩以杜衅端臣等渥沐
天恩畀以海疆重任固不敢好大喜功妄開邊衅亦斷不敢因循畏葸養癰貽患惟有恪遵
聖訓於撫馭外夷時刻加意馭服者孚之以信狡黠者慑之以威並於水陸營汛嚴整武備俾夷情不敢縱恣地方永臻安謐仰副
皇上敎誨栽成於萬一所有查議緣由謹合詞恭摺覆
奏伏乞
皇上聖鑒訓示謹
奏
道光十四年十二月十七日會奏
道光十五年三月初六日奉到
硃批所奏甚屬明晰京師傳言原難憑信第有人陳奏豈能不降旨查詢且檢查舊存圖籍造辦處現貯乾隆初年洋畫澳門圖一幅朕詳加披閱其門户牆垣宛然在目並有高臺數處俱設有炮具其三巴門等名目俱係清書標識與卿等所奏大同小異自可毋庸查辦仍循

其舊惟諸夷貨船暨澳門居住夷人均當隨時留心照例妥辦天朝體制斷不可失外夷衅端斷不可啟爲此特諭卿等知之毋忽欽此

札飭勤加訓練稿

爲札飭勤加訓練事照得虎門海口之沙角大角南山鎮遠橫檔大虎各炮臺俱爲商夷船隻進省必經之路而蕉門新涌又爲商漁出入之捷徑其南山鎮遠橫檔大虎炮臺四座形勢聯接炮火得力尤爲防範夷船第一要隘果能實力把守炮無虛發奚有跡失之虞曩者竟被唊夷兵船乘風闖入口內直至黃埔推原其故實因守臺弁兵積習因循並未演練大炮既無準頭又弗聯絡以致貽悞貽羞思之令人憤

懣况訓練兵丁爲營官首務而各炮臺守禦全賴大炮以振聲威前車既覆後轍宜防所有南山等處各炮臺撥配軍火炮械亟應整飭鮮明派防兵丁均須訓練精熟以振揚威武而懾服夷心除揭示各臺曉諭外合先諄飭爲此札到該參將游擊卽便遵照將各炮臺派防員弁務須遴選歷練老成撥配兵丁務須挑選强壯精勇嚴飭各防弁認眞操練各兵並將防臺需用旂幟軍械隨時整頓其得力大炮應移於正面得用之處舊小炮位移於兩旁器械均應磨拭鮮明

有應更換者立卽查明稟請更換應加配者立卽加配足數仍先將各炮後尾墊木遵照示諭另製堅實墊木一規以硃漆劃定分寸每臺設立誌樁二根視誌樁知潮水之長落安墊木分炮口之高低並製炮靶數個每日以潮水半長時演練大炮苗頭應用墊子若干分寸于潮水長平時應用炮墊若干分寸至大汐潮水半長及長平時演練苗頭又應用墊子各若干分寸如此日演兩次另限日期入藥進子安靶水面演放以試準頭並擬定設有奸夷船隻乘風趁

潮飛駛而來則苗頭一對船頭卽可施放自必中其船身若來船遲緩則苗對其頭桅方可施放必看風色之順逆潮水之緩急來船之遲速酌量燃火之疾徐總之人爲萬物之靈必須學而後成練而後熟更須各該防弁平日勤加敎練一一講論明白循循善誘務使各兵了然胸中兵知將心將知兵情至臨事時自如身之運臂臂之運指可無僨事之虞該參將游擊按旬親往督演察其勤惰優劣分別賞罰一秉至公毋濫毋縱兵丁中有演練純熟者非干犯軍紀勿率

更換致爲新手貽悞至於火藥炮子固應多備火藥布袋亦應預籌常常晒晾不可受潮在臺防兵日則分班瞭望夜則更替鳴鑼吹螺務均勞逸不可偏累大小官員愛兵如子則各兵視之爲父母矣火箭火礶則於操演各兵技藝之期習練均使精熟爲要本軍門隨時親臨閱驗或密差訪查倘該弁兵等仍前怠玩或不認眞訓練仍前生踈無準及查有懶惰偷安者官則立予革究兵則插耳責革決不寬貸該管將備督飭不力視爲泛常者均卽奏叅各宜凜遵甚

勿因循泄視自取咎戾至於防臺兵丁餉米不敷分膳家口本軍門昨已面商督部堂籌款津貼矣毋違

一札署本標中軍　署本標右營

道光十四年十二月　二十一日

逐月捐廉發給中軍修理各炮臺軍械稿

爲札飭遵辦事照得南山鎭遠橫檔大虎四處炮臺爲防夷扼要之區一切器械炮火及零星需用之物必須件件整齊俾有備無虞以期得力而沙角現議改爲號令炮臺必須於望樓前添製高杆一根大旂一面仍須預備柴草百十束堆集望樓之內一遇緊要日則懸掛大旂夜則集薪燃火知會大角橫檔各臺一齊開炮第重大工程自應咨商督撫籌款

奏辦其零星之件卽應由營捐辦卽如各臺水面設立

誌樁各臺大炮安置墊木大角炮臺立杆添旂各臺整理器械在在均須籌備旣不便事事咨請籌款營中又無閑項可支應由本軍門按月捐廉今先發銀二百兩交該叅將隨時動用卽行次第興辦不敷若干下月再行請給務將各炮臺一切軍械修整鮮明鋒銳不任短缺爲要合亟札發爲此札仰該叅將卽將發來養廉銀二百兩兌收隨時支用以免掣肘用完再行請領切勿拘泥吝費是爲切囑毋違特札

道光十四年十二月二十一日一札本標中軍

虎門海口添製排鍊無礙商船稿

昨肅丹函度登青覽頃奉台翰並錄示查明澳夷請
免驅拆覆
奏摺稿仰見撫馭兼施恩威並用廣播懷柔之至意欽
佩艮深承示添建南山暨蘆灣山脚等處炮臺實屬
首尾相聯深得拊脊扼吭之勢一舉兼備尤佩神謀
所有添鑄炮位已令舖戸承辦取具保固其添改及
修築各工已飭東莞李令與洪署將勘估將來興辦
之時委令洪署將李令及余叅將協同辦理諸當就

近稽查以副台囑洪署將久經戰陳深明炮火事宜
務祈委飭前來不獨守臺弁兵得其敎導一體練習
施放有準卽弟亦獲指臂之助叨益無窮至前議排
鍊業經面陳無事則排列於山邊有事則橫檔於海
面如門開閭並非常隔中流本於來往商船毫無阻
礙嗣又深慮或有不肖弁兵藉以演試啟閉之名而
爲斷流漁利之舉擬逢演試之期親往督率如荷允
行將來製造齊備尚祈頒示曉諭設有藉端需索等
情許商人扭稟嚴辦以杜其獘迂拘之見非敢執一
弟有此排鍊兩層實與炮臺互得守望相助之益可
否敬祈衡奪又承示籌有款項會銜覆
奏實深抃幸之至合先肅謝云云
道光十四年十二月　二十一日

分撥探防籌添臺兵口糧各件催督院速覆稿

二十一日肅覆寸函度已上登台覽前議於大鵬香山巡洋船內酌撥二船駐守萬山兩臺遇有夷船收針到山大鵬一船專報中營巡員傳知沙角守臺汛弁知會前途撥兵飛報提督香山一船專報澳門巡員飛報香山副將兩營船隻弁兵按月輪換以均勞逸而專責成因巡弁向無稽查夷船之責且不通夷語是以敬請飭行澳門同知轉飭各引水凡遇夷船到山查明即知會萬山師船分報巡船以便沿途接

應瞬届正初如荷允行即須分飭各營遵照派撥或不必行即望示覆並將沙角炮臺改爲號令炮臺凡遇引水執持印憑引船到口報明汛弁該汛弁即放炮一聲知會南山鎮遠各臺官兵一齊上臺佈列照看夷商船隻過境以示威嚴日間分派兵丁登高瞭望夜晚輪替支更看守炮位設遇夷船到口並無引水持文赴臺呈請照驗者或因引水來遲或係奸夷應照向來章程先放大炮一聲不必下子令其落帆下椗守候引水到臺再行驗放如該夷船聞炮仍不落蓬下椗再下子開炮一門且不必對準施放如再不下椗則係奸夷即應開炮下子轟擊一面飛報虎門一面於望樓高處日間懸旂一面夜則集薪燃火知會大角炮臺弁兵一體開炮下子轟擊其南山鎮遠各臺聞炮聲絡繹即一體預備至沙角炮臺現係外委一員在臺防守應選諳練把總一員於正月初一日赴臺更換其兵丁炮火仍循其舊又大角炮臺原派外委一員防兵五十名應撤去防兵二十名仍畱外委一員兵丁三十名炮火仍舊不動至鎮遠橫

檔兩炮臺原派千總二員分臺防守查調署千總萬國勝人尚老練請仍畱鎮遠防守其橫檔千總王殿安人雖老成稍覺魯鈍應請以右營署千總黎志安更換即以王殿安換防大虎炮臺其大虎原防把總歐清飭調回營肄操兵技至各臺防兵現已飭營挑選精壯者分別更換均於年內配定正初分赴各臺以上各節僅就管窺尙祈核示以便轉行中右二營一體辦理再派防沙角大角南山鎮遠橫檔大虎六處炮臺除大角議撤兵二十名外現僅二百六十名

將來南山添建寬大月臺仍須添兵三十名兵丁苦況前已面陳仰荷概允籌款每兵每日賞給口糧三分將來配定駐防計兵三百名或自明年正月起抑自二月爲始敬望示下傳諭各兵遵期支領統希衡奪祗候遵行云云

道光十四年十二月　二十二日

咨復督院必須添製兩層排鍊以資阻截稿

爲咨會事本年十二月二十二日准貴部堂咨開照得虎門一帶炮臺經本部堂親歷查勘並委東莞縣李令會同洪署叅將詳細勘覆除應需添置大炮現在飭辦外查南山炮臺原建過高應在臺前餘地添築月臺橫檔鎭遠南山各臺炮洞過大牆垛亦薄應照大虎炮洞尺寸改小內八字樣牆垛加築堅厚大虎炮臺炮洞合式而牆垛亦應加厚以資抵禦其橫檔背後海道應將橫檔西首小炮臺移建山脚加增寬大並於蘆灣山脚就近採石添建炮臺以上各項工程本部堂酌定一切辦工銀錢委李令經理俟籌有款項卽交該令收貯支發事竣核實報銷其辦理工程委該令與洪署叅將會同督率查察該令與該署將均屬老成練達辦事實心本部堂所深知務須加意料理工堅料實以重海防斷不可如尋常辦理官工工匠任意支銷丁役得規庇縱以致有名無實想該令與該署將亦斷不致此現在應將各項工程先行確估以憑入

奏除札委東莞縣李令會同署叅將洪發科將南山等炮臺應行添建及修改炮洞加築牆垛各工何處應如何辦法勘明長寬高低厚薄各丈尺應用工料若干需銀若干逐一確實估計詳晰開摺稟覆核辦辦工時如需派員差委該令卽自行遴員具稟以憑派撥均毋延率及札署叅將洪發科會同李令詳細勘估稟覆並將前項工程妥爲督率稽查以重海防並札東藩司遵照外相應咨會查照等因到本提督准此查南山鎭遠橫檔大虎四處炮臺叅差對峙中間

海道爲商夷船隻出入必經之路建臺設守已得扼喉之勢今酌定將南山一處添建月臺橫檔鎭遠炮洞收小改砌內八字式加築堅厚大虎牆垛一律加厚以資抵禦併防其繞越又將橫檔山後及蘆灣山脚另造炮臺仍添鑄大炮四十門分配各處是重門之下又添猛虎之威仰見鴻謨實深拜服惟是本提督數詣橫檔察看水勢每逢長潮水從外海漲進因沙角口門寬大濶勢尚不見急迫漲至南山橫檔間水爲諸山所束以致溜急泓深若大汐南風船隻過此勢如奔馬雖欲寄椗竟有欲罷不能之勢疊詢將弁知今歲外夷兵船卽係乘順風長潮闖駛入內前車已覆本提督安敢不作未雨之籌是以前議請製兩層排鍊承示因經費難籌未議及此今將次興辦不得不再懇籌添俾遇事則移排鍊橫檔中流以作截阻之具況啡嘮啤自逐出之後在澳門病故犬羊之性安能必其不來目下添鑄大炮猛烈無以加矣增建炮臺周密無以過矣然必須添製兩層排鍊方能阻其不前蓋夷船能於迅駛而炮臺則寸步難移

添臺添炮非有排鍊阻截則無以顯炮火之威添鍊添排又必須炮火轟擊方有以助排鍊之勢准咨俟各項工程勘估後方行入

奏是以謹據管窺咨請採用非敢固執尙希衡奪核示

施行

一咨　督院

道光十四年十二月　二十四日

配造火藥復稿

頃間連接二十五二十七日兩次回玉併承錄示廣西陳雨峯軍門信底諭稿二件誦閱之餘備領一切至雨峯提軍久任封圻洞澈鉅細素所欽服深愧萬不及一教弟到粵後詢查所造火藥不甚精工前日面呈籌議條內亦經慮及昨又親詣造藥處所逐細查勘即面諭各將備另置石臼論以配合數目亦係倣照辦理以期致遠摧堅今荷通飭水陸各營一體倣造將來委員洪署叅將前來襄司其事先演各臺

炮火次及鳥鎗俾獲資助即所以仰副綏靖海疆整頓營伍之至意也至教弟初蒞粵洋諸多未諳是以每事不敢固執不辭瑣屑悉請鈞裁茲承示夷船各節得所遵循矣惟前議防臺兵丁口糧業將慨允籌款賞給一層傳示各兵無不踴躍靜候恩施萬望設法先行籌款庶使示以恩信遇有懈怠加之嚴罰而無怨也是爲翹祝佇盼者耳

道光十四年十二月二十八日

核計炮臺兵數籌議歲需口糧稿

新正初一日接奉鈞函捧讀再三感銘無旣承示各炮臺兵丁口糧必應添給資以薪水方可專其責成必須行司籌款議詳定案究竟舊設各臺向有防兵若干如何支領着詳晰查明用印文咨會以憑行司籌辦等因仰見愼重海防體卹兵艱之意查沙角炮臺原設防兵三十名鎭遠橫檔兩臺各原設兵六十名大虎炮臺原設兵五十名以上四處炮臺原派兵數應請仍循其舊至大角炮臺原派防兵五十名因

口門太寬不甚得力應酌留防兵三十名其南山一處現議改建寬大月臺造成後須配兵六十名又橫檔山後移建炮臺蘆灣山脚添造炮臺工竣後仍須各派兵三十名是舊設新添炮臺八處約計防兵三百五十名以每名每日籌給口糧三分計每月需銀三百一十五兩除行中右兩營將領悉心核議俟議覆至日再行核實咨請衡奪外緣奉台函合先肅覆

道光十五年正月初一日

虎門緊要臺兵口糧遵示減定再行面覆稿

新正初五日祇奉初三日差賫還雲聆悉種種承示賞給防守炮臺兵丁口糧爲數過多命再酌核分別最要次要將最要處所量給津貼每年總以一千兩爲度設遇有事之時如應加給兵糧臨時酌定較爲圓活亦昭激勵更爲得力云云仰見於撙節庫項之中仍寓體卹兵艱之意豈但防臺衆兵共應感激敬

弟亦深欽佩敢不仰體以慰仁慈忠藎之懷查虎門爲中路海防扼截其炮臺亦較各處更關緊要開篆

後卽擬親詣各臺逐日施演至南山暨蘆灣山脚等處添建之臺須俟工竣後方能派定防兵其餘各臺現在遵示酌減俟將來議定如何辦理之處容俟赴省再當面罄

道光十五年正月　初五日

設立義學曉諭衆兵子弟肄業告示

爲曉諭肄業事照得本軍門蒞任以來察看虎門寨城内外均係兵丁住屋其中攜帶子弟同居者諒必不少惟僻處海濱附近又無村館鄉塾以致讀書之聲竟渺焉于耳爾等子弟終年無事嬉戲閒遊白日青春殊爲可惜本軍門擇於二月初二日在於

關帝廟兩廂設立學館二所籌備束修延師課讀諭爾兵丁知悉如有願將子弟送學攻書者可赴中軍衙門報名引送入學不獨可以收束童心且可藉圖上進

古來名將建功立業忠

君孝親未有不從讀書中來況爾等年幼子弟將來造就正不可量本軍門不忍坐視少小曠閒又深知爾等無力從師之苦故有此舉並非虛襲義學之名實則不外家塾之意也爾衆兵丁其各率爾子弟就學從師毋自暴棄本軍門實有厚望焉此示

道光十五年正月初十日一出示寨城三門

通行訓練章程挑選精壯士卒稿

爲申明訓練章程派定千把經管以專責成而行賞罰移咨轉飭各營遵循訓練章程一體認眞操演以收實效事照得廣東水師各營官兵軟弱技藝欠精前已見諸邸報是以本軍門於蒞任後卽通飭各營上緊操練並咨行各鎭協營挑選備戰勇壯兵丁認眞練習務使一兵一技悉成勁旅庶邊海地方有備無患得以上報

皇恩下伸己志惟是水師營分無論內河外海均應分駕船隻逐段巡查緝盜防夷在在俱關緊要是操練巡

防二者不可缺一自應分投辦理俾兵技漸就精強巡防亦不致貽悞查上年冬季督部堂巡閱水師各營叠准來咨內開中營革去一鎗不中兵八名又僅中一鎗勒限兵二十三名左營革去一鎗不中兵十一名勒限兵三十四名右營革去兵三名勒限兵二十三名前營革去兵一名勒限兵五名後營革去兵一名勒限兵六名香山協左右二營革去兵十八名勒限兵三十九名前山營革去兵三名勒限兵七名大鵬左右二營革去兵十二名勒限兵三十一名順德協左右二營革去把總一員降去外委一員革去兵十九名勒限兵四十七名新會左右二營革去兵二名勒限兵十一名本軍門展閱來咨不禁汗下查大閱之年督部堂奉

命巡閱通省各營將領挑選弓箭鳥鎗兵丁呈送考閱不過十分之三四且係選送之兵何至五箭全空一鎗不中又僅中一箭止中一鎗者如此之多足見該管將備一味因循經操千把全不認眞似此疲玩成風廢弛伊于胡底今本軍門酌定條規通行各營仰各

營將備轉飭經操千把洗除舊習認眞操練各保功名毋得自棄本軍門再三申令一秉至公定於秋末巡閱本標徑轄各協營悉照後開章程分別賞罰各宜自愛切勿身試除行本標徑轄各協營合再諄諄札飭爲此札仰該營卽便遵照嚴飭備弁激發天良認眞訓練務使各弁兵已精者精益求精未精者漸就精強總令一兵得一兵之用餉不虛糜一弁有一弁之能官不尸位本軍門不憚瑣碎諄諄誥誡諄諄其各凜遵仍將遵辦緣由及派定經操官弁銜名挑選各技兵丁花名一併造冊

呈送毋違切切外為此合咨貴鎮煩為查照希即轉飭所屬各營一體遵照認眞操演務至精純施行

計開

一各營兵數多寡不一總以每百名挑出精壯兵四十名認眞操練謂之倫戰兵務使技藝純熟鎗箭有準俟練熟後再行更替巡防如此替換操練三年則闔營無不練之兵矣設該營洋面遼濶汛防寛廣不妨呈明稍減或先練三成亦可

一經操千把總派定承操一年一年之內不准更換以專責成而免推諉其實力操兵一年之內著有

成效者予以陞擢其委靡不振者該管將倫隨時查明即行降革則責無旁貸矣

一弓箭兵遵照部定章程官兵步弓總以六力為準能於八力十力十二力挽強命中者即破格獎拔如弓不及六力者即有違部式該管官即隨時勒令練習若不見長進即革退另募如漢仗年力均好不妨改技鳥鎗籐牌總在該管將倫核實辦理

一弓箭兵以弓勁有準者為最每兵十名內有漢仗長大在六名以上者為合式十名共射箭五十枝能中箭二十六枝以外者為合式如兵丁十名內有漢仗可觀在七八名者準頭在六分以上者兵則立予獎拔官則記名陞補設使漢仗準頭不及分數者即照所欠分數官兵均分別降革責處

一鳥鎗為行軍利器鎗兵以徤壯為佳每十名打靶三十鎗以中靶十八鎗為合式如準頭在七分以上者為優不及六分者為劣此後分別優劣總以準頭多寡以定賞罰

一定例鎗兵打靶第一鎗站打第二鎗跪打第三鎗伏打自應仍照舊式操演至於整隊排鎗即大陣中之九進十聯環最為得力分排則為九子合攏則為整隊各營必須演練進退出入總以齊整為要提標中右兩營刻已教演各營均當效法

以上六條既簡且明各營將倫千把務宜效法努力從公用心訓練本軍門先教後懲一切均循舊制毫無杜撰自此次通行之後敢有不認眞訓練者法令具在莫謂言之不預也

一咨四鎮　一札中左右前後五營　香山協
順德協　新會營　大鵬營
道光十五年正月　二十二　日

請留千總周國英仍署右營守備稿

月之二十四日接奉回玉知前肅謝牋已登記閣併奉到廣西陳提軍轉寄之函有費清心銘泐無似承示砲臺事宜俟勘估覆到即會銜發摺仰徼關照尤切欽承側聞二月中浣即有粵西較閱之行 教弟 遠隔獅洋未克躬送俟節旌回省再當趨達積忱昨准鈞咨署陽江鎮右營都司何文光撤回左營本任其於營伍公事如何因未見其人無由知悉查其本缺係右營守備林騰鶴署理何備既回本任林備亦應

遞回本任惟林備曾見三次詢其一切不甚了了 教弟 業將訓練章程通飭各營於各技兵丁內先挑四成選派得力千把不准更換經捺一年視兵技之優劣知千把之勤惰以定勸懲親標中右兩營已於開印日開操專派署右營守備周國英經管並派署遊擊何駿龍署中營守備曾應元督率南山鎮遠橫檔大虎四處弁委演練各臺大炮準頭分別大汐小汐水勢長落炮口高低務使各兵手熟眼準心定力齊俟操練稍合準繩擬於二月半後親往較閱賞罰兼

施以獎漸見就緒惟是一切公事均須得有實心任事之員方能起色守備林騰鶴人欠勇往難期得力議將林備另請委署別缺所遺右營守備仍以千總周國英署理詢據兩營將領稟稱該千總周國英人甚勇往操兵頗能得力可否俯准俾公事不致掣肘叨益無窮矣

道光十五年　正月　二十九日

札飭各營查明儲備歲需火葯造冊呈覆稿

爲札查事照得火葯一項爲軍火要件本軍門每年保題軍裝冊内僅將額設儲備數目造報但火藥例應出陳易新該營每年動墊若干每年買回硝磺造成火藥若干歸補儲備亟應確查以歸核實此外有無奉撥到營奉撥出營火葯各若干均應隨時報明茲查檔案該營並未報有四柱清冊事關軍火要件合就議定冊式札飭札到該營照依事理卽便轉飭遵照刻日查照粘來冊式逐細分晰據實開造四柱清冊限十日内星飛專差稟覆併嗣後遞年務須照辦切勿稍延干咎毋違

計粘冊式一紙

舊管

額設儲備火藥若干斤內有續奉撥出撥入者均註明

新收

購回某年硝磺各若干斤造成火藥若干斤

開除

一墊用歲需火藥若干斤

實在道光十四年底
除墊歲需火藥外仍局存儲備火藥若干斤
又該營買回十三年分硝若干磺若干應該造成
火藥若干斤俟造成另報合併聲明
一札本標中左右前後五營　香山協　順德協
大鵬營　新會營　前山營
道光十五年二月　初二　日

庫存炮子銹蝕當出陳易新並赶造火葯稿
頃由貴中衡專差千里馬梁得超賫到初三日所發
回玉仰承俯准所請仍以千總周國英署理右營守
備林備另行改委具徵虛懷若谷和神當春曷勝欽
佩至挑選兵技試演炮準皆係分所當然猶承宏獎
更切懷慙敎弟於開篆後親詣本標中右兩營點查
軍火葯彈尚無虧短惟查銕封門彈以及銕羣子全
行銹蝕皆有孔眼難期得力檢查冊載均係康熙十
六七八九等年自省局領回大約年歲久遠海邊濕
重所致幸本年正月發到新鑄大小封口子二千九
百六十五個昨已分貯各臺此時按期操練炮準必
須炮炮下子現擬卽以此項銹蝕炮子量爲配演將
來彙總補造似亦出陳易新之一道又查水師各營
存局儲備火葯多寡不一而兵數在千名以內者每
年歲需火葯均在三千斤以外每年動用照例出陳
易新此間亦然惟江南各營均於五六月間成造本
年歲需火葯八九月間卽一律造成歸補儲備連日
檢閱各營購買硝磺文冊均係十四年冬甫購十三

年分歲需硝磺卽使赶緊配造總須十五年秋間方能造竣是存局儲備之葯旣已墊用十三十四兩年歲需仍須墊用十五年上半年操用火葯比如歲需火葯額造三千斤者存局之葯不過儲備三年多則儲備四年若不急急造成則愈墊愈少似此年壓一年必致儲備漸少海疆營分儲備最關緊要昨已通行提屬十四營速將火葯一項赶造四柱清冊一俟呈覆至日核清後卽飭各營赶購十四年分硝磺接續配造庶幾儲備有資而領存公費亦免虧挪矣容

俟逐營核明另請通飭各營遵辦先此肅復云云

道光十五年二月　初四　日

分兵訓練指地專防稿

爲預期派定專司自行選練弁兵以資從容得力而免臨事周章事照得上年八月𠹌夷兵船不遵法度闖入黃埔上煩

宸念譴責立加前車是鑒亟宜預防是以本軍門蒞任之初卽親詣各洋履勘形勢已將各扼要處所繪圖備文咨商督撫籌款次第與辦並行知在案至於操練兵技演習炮準配造火藥整理軍械亦均節次通行又在案卷查上年六月夷目啤嘮啤不領牌照私進

洋行於七月十二日准督部堂咨開除札香山協縣水師中軍大鵬營東莞縣會同督率兵役及巡洋舟師沙角橫檔各處炮臺守口弁兵將各臺炮位配定彈藥晝夜瞭望倘該巡船膽敢闖入內河滋事卽行開炮轟擊如該員弁守禦不愼致該夷兵船闖入內河定以軍法從事凛之勿悔等因迨𠹌夷兵船二隻於八月初五日闖過鎭遠初七日又過大虎停泊黃埔於八月初十日又准來咨內開查貴標中軍叅將經本部堂札飭速赴虎門等處炮臺預先整備晝夜

瞭望如再有夷兵船進口卽用頭號大炮轟擊等因各在案查其時前軍門李　患病沉重不能理事而叅將高宜勇並不預籌方畧顢頇從事失於疎防弁革官叅咎由自取查虎門爲粤海咽喉省城外衛有備無患豈可忽略須臾本軍門蒞兹三月已悉大概情形特與爾將備等預定專司庶責無旁貸自今以往若調度乖方則責歸提督若督率不嚴則咎歸將領軍械不利則守備之咎難逃兵技不精則千把之罰不逭其各炮臺防兵每月兩次操練炮準並按三

八日期操練九子五子等鎗仍責成以九子五排配成一隊專責守臺弁委經管該將備每月輪替前往較閱俟演練稍精本軍門親臨較閱公行賞罰至於南山炮臺整理軍火炮械一切操練事宜專派中營叅將督理仍兼管鎮遠炮臺將來南山添建月臺仍須添炮添兵均委該叅將經理其橫檔砲臺整理軍火炮械操練一應事務專派右營遊擊督理仍兼管大虎炮臺將來橫檔後及蘆灣山新建炮臺仍須配炮添派弁兵均委該遊擊悉心籌辦其鎮遠炮臺專

派中營守備整理砲械軍火一切操防事件其大虎炮臺專派右營守備整理軍火炮械一切操防事件該將備四員接札之後各於本營內選派勤幹弁委一人挑選勇壯兵丁年在二十以外四十以內者各一百二十名每兵十名爲一隊每隊選拔隊長一名專管戸下兵九名以資鈐束卽交所選之弁用心操練該將備每月親閱一次分別賞罰練熟後本軍門親臨較閱以定勸懲如此操練既勤則技藝自精技藝精則膽力益壯官兵日漸日親則官知體卹兵艱

兵能仰遵官法上下同心自可聯爲一氣矣當無事之日均令在營操練俟南山月臺及橫檔後蘆灣山各臺築成卽可於此項兵內酌量派撥倘有外夷兵船一過萬山該將備等卽各帶本身練熟弁兵飛赴所派炮臺鼓勇堵截設外夷兵船慼不畏死膽敢闖入沙角該將備遵照文內所載卽用頭號大炮對準轟擊合先預行札派以免臨事周章爲此札仰該遊擊中軍守備叅將立卽遵照實力經理仍限十日內將遵文辦理緣由及所選弁兵花名具文造冊各自呈覆以凴彙

咨倫案事關籌備邊防各宜努力趨公毋得稍存泄視本軍門言出法隨該將備幸勿自悞毋違特札

一札本標中軍　右營遊擊　中右營守備

道光十五年二月　初七　日

查驗庫存銹蝕炮子札營出陳易新稿

爲札飭遵辦事照得本軍門於正月二十二日親臨中右二營軍火局閱驗軍裝甲械藥彈等項驗得局內有存貯大小生鉄炮子均已銹蝕全有孔眼若用以禦敵難期得力查係康熙十六七等年由省局領回自係年久之故因思現在各臺按期演練炮準每炮均須下子試靶若以此項銹蝕炮彈運往配用甚合出陳易新之法合就札飭爲此札仰該參將遊擊卽便轉飭遵照將此項銹蝕炮子酌量各臺每次演靶應用多寡隨時運送各臺配用俟將來彙核總數報明補鑄歸局仍將遵辦緣由禀覆切勿遷延毋違特札

一札本標中右二營

道光十五年二月　初九　日

蕉門海口炮小兵單札飭右營遊擊議覆稿

爲札飭議覆事照得蕉門海口外達大洋内通省會爲商漁船隻出入口門亦外夷脚船及走私快蟹往來捷徑前因海氛未靖於嘉慶十七年建臺設守添製炮火在於右營内派撥弁兵專司守禦上年冬月本軍門親臨察勘該處水面量寬二百八十丈零中泓深處計寬一百二十餘丈大汐測水均在二丈以外大小商船往來無滯誠慮夷船由此竄越亟應設法籌防查蕉門炮臺止設防臺外委一員防兵二十六名安貯一千五百斤炮二位一千二百斤炮四位一千斤炮八位雖該處水面不甚寬濶然海口要隘砲小兵單若不預爲籌備殊非慎重海防之道其應如何添備之處合行飭議爲此札仰該署遊擊悉心妥議或抽換大炮數門或選派得力弁兵務使預備於事先免致疎虞於日後通盤籌計妥議呈覆以憑確核毋違毋忽特札

一札本標右營遊擊

道光十五年二月　初九　日

通行各營赶購硝磺配造火藥以實儲備稿

爲咨請通飭水師各營札行赶購道光十四年分歲需硝磺乘時配造以實儲備事竊查水師營分巡查海面防守炮臺能致遠於汪洋攻堅於口岸全恃鎗炮是以定制無論大小營分均照歲需火藥數目儲備四年或五年者出陳貯新有備無患法至善也昨承貴督部堂以火藥欠精通飭水陸各營加工製造務合力能致遠業已一體通飭各營照造在案本軍門復查儲備火藥例應實存在局雖間墊歲需止准暫挪十之一二歲需火藥即於本年配造歸還庶陳陳相因足資緩急茲查水師鎮協各營上年冬季呈報遵文購買者均係十三年分歲需硝磺即使赶緊配造必須本年秋季方克完工計儲備項下目前已墊去十分之六若夏季雨水稍多造藥更難迅速墊用愈多儲備益少於海疆營分大有關繫除通飭水師各營咨會督部堂轉飭藩司札飭理事同知核明現在存局硝磺以便各營購買外合就咨移札飭爲此合咨貴鎮請煩轉飭札仰該營照依事理遵照即將領存十四年分歲需硝磺銀兩備具批

文派弁赴省購運回營接續配造其領存十五年硝
磺銀兩務於年底一律購足回營精工煉製以實儲
備合就咨會爲此合咨
貴部堂請煩查照一體飭催並祈轉飭藩司札飭理
事同知核明現在存局硝磺以便各營購領施行

一咨　督院　一咨　四鎮

一札香山協　順德協　新會營　大鵬營

本標中軍

道光十五年二月　　二十二　　日

籌海初集　卷二

籌海初集目錄

卷之二

會奏籌議增建炮臺添鑄炮位摺 總督主稿

兩廣總督臣盧坤
水師提督臣關天培 跪

奏為查勘虎門海口炮臺籌議增建修改添鑄炮位事宜分別興辦恭摺具

奏仰祈

聖鑒事竊臣盧坤上年會奏暎咭唎兵船押逐出口一摺

欽奉

上諭沿海各處炮臺著該督於校閱營伍時親往虎門一帶逐加查勘如有應行更定事宜務當悉心妥議總期有備無患方足以壯聲威而資防禦其營務海防一切章程俟新任提督關天培到粵後該督等會同籌商設法整飭力除怠玩積習俾該將弁等有勇知方悉成勁旅等因欽此臣盧坤當即欽遵於上年十月校閱中路營伍時由虎門乘坐海船會同陸路提督曾勝帶同署水師提標中軍叅將余清等親至各炮臺逐加查勘查虎門海口為外洋至省城中路咽喉其水道自東而西向在南北兩邊傍山建築炮臺以沙角大角兩炮臺為第一重門戶南山鎮遠橫檔三處炮臺為

第二重門戸大虎炮臺爲第三重門戸層層控制本屬得宜因大角沙角兩炮臺中隔海面一千數百丈本在大洋之中遙遙相望現在山脚又漲有沙塗船隻經由離臺甚遠兩邊炮火均不能得力惟鎮遠橫檔兩炮臺南北斜峙南山炮臺在鎮遠迤東形如品字錯綜布置中隔水面止三百餘丈形勢遒緊聯絡當飭署叅將佘清等在橫檔試放大炮炮子正及海面中泓實爲扼要大虎炮臺海面雖濶從臺脚測量至九十八丈以外即係暗沙淺水不能行船惟恐潮

汐大汎沙面水勢加深只須於暗沙釘立木樁則水大時船隻亦不能經由沙面行駛總在離臺一百丈之内炮火亦屬得勢惟南山炮臺地勢過高炮子易於冒出船頂其橫檔鎮遠南山大虎各炮臺原建墻垜亦均單薄炮洞過大不足以資捍蔽又勘得橫檔大虎山後另有海道可以繞出各炮臺之後直達獅子洋而入內河從前以該處向有淺沙船隻不從此行走並未設立炮臺臣委員測量該一帶海道現在水深四丈有餘儘可行船設船隻由此處繞道行駛

則橫檔等處炮臺均無從攔阻未便以向不設備致滋疎漏查該處南係蘆灣山北即橫檔山背面應在兩山之麓各建炮臺則前後左右四面周匝惟時臣闗天培尚未到粵臣盧坤與曾勝勘畢轉回因思海中潮汐往來水勢長落不同炮火高低即異必須演試確實查有署督標右營叅將洪發科於軍火事宜最爲熟諳隨調委該署叅將會同佘清前往將橫檔等處炮位於潮長時演放一次潮退時又演一次以舊船停泊海面中泓作標試驗炮子均能打及船身

但五千斤以下炮位炮子及遠自一百餘丈至二三百丈不等力量尚薄必須六千斤以上大炮方能致遠摧堅各炮臺舊存炮位六千斤以上者甚少且多銹蝕易於炸裂不堪施用此臣盧坤查勘海口炮臺及派員演試炮位之情形也臣闗天培到任後即前赴各炮臺履勘情形相同隨會同籌議海口防堵以炮位爲第一要件各炮臺舊存之砲不足濟用省城存貯舊炮亦多係銹爛無可更換應添鑄六千斤大炮二十位八千斤大炮二十位俟鑄成後酌派各臺

應用其大角沙角二處止堪作爲報信望臺舊設炮位除留放信炮之外其餘均移至新建各臺配搭安放以歸核實其南山炮臺應於前面餘地添築石基建設月臺一座將炮位移設月臺與横檔鎮遠各臺高低相等併將各炮臺墻垜修築堅厚炮洞造高敞小並於横檔背面山麓及對岸蘆灣山脚各添建炮臺一座安設炮位派撥弁兵防守庶船隻不能繞越防範益加周密惟查外洋入口船隻乘潮駛風其行迅疾又在海浪之中船身上落無定弁兵放炮轟擊

往往一炮不中赶裝二炮船已去遠以致攔阻不及必須妥定章程以期有備無患復詳加酌議嗣後虎門海口以沙角大角兩處爲瞭望報信之臺其南山炮臺起至大虎炮臺分爲三段每段將砲位分上中下三路較準安放每出三炮齊發遇應行防堵之時沙角大角兩處先放信炮知會南山等處弁兵整備炮火等候俟船隻駛至第一段南山炮臺先放大炮三出接連九炮至第二段則鎮遠横檔與南山三面對準每臺接連九炮一齊轟擊如至第三段大虎炮

臺亦接連九炮如此連環轟擊三路交攻卽使有盜艘番舶乘風駕駛亦必立時碎裂此籌議添設海口炮臺炮位及聯絡轟擊之章程也以上添鑄大炮四十位經臣盧坤飭委洪發科與署廣州協都司黃廷彪購募熟諳匠人李陳霍等承造除舊炮折抵銀二千兩外實共應給價銀一萬四千八百兩責令保固三十年限内炸裂由該匠賠造其增建炮臺暨修理墻垜各事宜飭委署廣州府潘尚楫督同東莞縣知縣李繩先等傳匠逐一樽節估計連鑄造炮子約共

需銀五萬二千兩有奇此項經費據粤海關衆商以防夷要工伊等情願捐辦經監督彭年咨會該商等公議於每年行用酌提羨餘分三年呈繳請於藩庫先行動墊俟收繳捐項按年解還歸款察核商情極爲眞切臣盧坤飭令署藩司李恩繹於司庫雜款陸續動支給領與工第設守固宜扼要防禦尤貴得人必須平日操練有方以期臨時施放得力營務與海防相爲表裏臣等現委洪發科與佘清將各炮臺聯絡轟擊之法教導水師弁兵預先練習務期一律純

熟俾臨事不致慌張臣關天培仰沐
天恩簡任水師提督駐劄虎門海防係屬專責惟有督率
練兵力除積習並照新定章程遇有外夷兵船在洋
停泊即督帶舟師與各炮臺水陸協力巡防臣盧坤
隨時查察商辦協力整飭以期仰副
皇上慎重海防至意所有勘辦情形理合會同
廣東巡撫臣祁𡊮合詞恭摺具
奏並將各炮臺情形繪圖貼說恭呈
御覽伏乞

皇上聖鑒訓示此案工程商捐商辦請免報銷合併陳明
謹
奏
道光十五年二月　二十九　日
道光十五年五月十九日奉到
硃批所議周妥之至務須練習精熟方能得力震懾羣夷
也另有旨欽此同日奉到道光十五年四月十四日內
閣奉
上諭盧坤等奏查勘虎門海口炮臺籌議增建修改添鑄

炮位分別興辦一摺廣東沿海各處炮臺前降旨着盧
坤於查閱營伍時親往查勘並將營務海防各事宜會
同關天培籌議整飭茲據該督等奏稱遵赴虎門一帶
逐加查勘並於潮汐長落時演試炮位請添鑄六千斤
以上大炮四十位配派各臺應用並將南山炮臺前面
餘地添築石基建設月臺移置炮位橫檔背面山麓及
對岸蘆灣山脚各添建炮臺一座其沙角大角兩處為
瞭望報信之臺其南山炮臺起至大虎炮臺分作三段
遇有應行防堵之時一聞信炮即將較準上中下三路

炮位齊發轟擊所議周妥之至著照所請辦理其添鑄
六千觔大炮二十位八千觔大炮二十位准其僱募工
匠承造責限保固除舊炮折抵外實共應給價銀一萬
四千八百兩並增建炮臺修理墻垛鑄造炮子共需銀
五萬二千兩有奇均準令粵海關商人捐辦先於司庫
雜款內陸續動支給領興工仍俟收繳捐項按分三年
解還歸款惟設守固宜扼要防禦尤貴得人平日操練
有方則臨時施放自能得力該督等總當諄飭派委各
員將各炮臺聯絡轟擊之法教導水師弁兵務須練習

精熟方能得力震懾羣夷也又另片奏請於省城東十五里中流沙地方建設炮臺以爲省城保障等語所辦甚好著俟虎門海口炮臺工竣後卽行興辦所估需工料銀七千兩零亦准衆商一律捐辦此案工程均係商辦著免其造册報銷該部知道欽此

札飭各營官弁練習技藝振作自新稿

爲諄切札飭認眞練習以圖上進以保功名事照得廣東地處邊陲海洋遼濶虎門建帥設立重兵仰沐
皇恩官則與以章服之榮俸廉之給兵則月支銀米風雨無虧凡屬官兵均當感激奮興力圖報効庶得上酬
國恩下伸己志本軍門蒞任以來留心察看積習因循廢弛已極除操練兵技防守炮臺演試炮準製造火藥等件業均行知各營遵照在案昨據該中軍中軍叅將挑選弁兵送考中營把總外委二缺經本軍門親詣教場秉公考選內左營外委廖鎭邦五箭全空弓止四力右營外委何瓊箭不到靶弓止三力程亮陞弓止三力中營外委譚芳架式稍可弓僅四力段振高架式平常弓止三力周大麟馬步不堪弓止四力樊耀陞弓止四力額外劉成堂馬射不堪弓止三力朱朝鳳弓止三力陳建陞馬步均可弓止四力王錦洲僅中一矢弓止三力盧熊弓止三力李亮馬步架式均可弓止三力查官兵射箭步弓定例六力馬弓定例三力能於八力十力十二力弓勁有準者自當破格獎

拔今該中軍挑選考拔之弁弓力軟弱大違定例步箭準頭不彀分數且架式不堪者多選送之弁尚且如此其未經挑入者又不知是何形狀溺職辜

恩莫此爲甚本應立掛彈章以警聾聵第本軍門蒞任未久不忍不教而誅姑寬一月勒限練習以觀後效如不改觀定當叅辦札仰該署叅將移行中左右三營除札署中軍移行中左右三營遵照振刷精神嚴行督率務使各官兵弓馬一律精純雖馬步兵丁弓力均遵定例以六力爲合式準頭均要在六分以上俟一月後本軍門隨時抽閱如仍

前疲軟除將該弁兵立卽責革該管將領督率不力定照溺職例嚴行叅辦海疆要地斷不容有尸位之官有備無虞豈肯留此等技疎之弁本軍門先教後懲佇望該官弁振作自新毋貽後悔凜之切切毋違外札仰該營轉行一體遵照將選練備戰兵冊造送聽候抽調考驗毋違

一行本標中軍　本標前後營　香山協　前山大鵬營

新會營　順德協

道光十五年三月　初一　日

恭錄

上諭札行各營練習弓力稿

爲札遵事案查道光十一年九月內奉

上諭富俊奏請覈實操演一摺國家額設兵丁必須平日勤加訓練使知激勸方足以成勁旅而資捍衛前經降

旨訓諭各都統等於挑選披甲時均以弓箭爲重茲據富俊奏八旂定例向係開六力弓近日仍用本人弓射箭往往以二三四力虛報六力似此相習成風兵力日漸軟弱於武備大有關係自應嚴加考覈著照所請嗣

後八旂各營凡挑缺揀選均遵定例用六力官弓校射以定去取富俊所管鑲紅旂滿洲據奏置有六力八力弓各二張弓制一分月月挑缺揀選均以制準官弓校射如有告拉八力弓者若果裕如卽以八力弓爲合式每次挑選並不乏人可見我八旂原知向上總在教訓何如耳至八旂各營均有公費銀兩不難置辦官弓著卽倣照辦理該都統務當認眞覈實考驗不得仍令本人揑報弓力日久視爲具文以致有名無實並著查旂御史於各旂挑缺時留心查察如該都統等意涉瞻徇

所挑之兵仍有虛報弓力情弊卽據實嚴叅其各省駐防挑缺時並著該將軍等一體遵照均用六力弓爲準以符定例而重武備將此通諭知之欽此恭讀之下仰見

皇上注意戎行修明武備凡屬營中弁兵均應凜遵

聖訓精勤練習務使挽強命中悉成勁旅方謂無忝厥職昨本軍門考拔弁兵各缺內弓力軟弱不滿六力者多並有步弓僅能四力者似此任意因循皆由該管將備狥情姑息不加訓練所致業經嚴行札飭嗣後步弓限以六力馬弓限以三力以遵定例如弁兵中弓力再有不足者卽行斥革在案但積習已深若不三令五申轉失本軍門愛人本意合行恭錄

上諭再三札飭札仰該叅將遊擊卽便通飭所屬弁兵振刷精神勤加練習步弓均以六力爲準以符定例如弁兵中能有開射八力十力十二力者果能從容有準定卽從優擢拔倘弓力仍前軟弱定卽從重責革該將備等教練不力均干叅究凜之毋違特札

道光十五年三月十五日一札本標中左右三營

嚴懲任性妄爲之外委以儆刁風稿

本年四月二十二日據儆標左營外委陳炳烜禀稱爲以術制人朋謀抑勒假公濟私無從緝捕懇請核辦更正以重地方而肅利弊等情並呈左營輿圖一幅汛兵名摺一扣新安誌書一本又牌文九件核其情節該弁因道光十一年十二月內有事主何廣清被竊拒傷何蔡氏一案據稱經前令張德馨會同把總倪應龍勘歸前營承緝迨前營禀推奉文再勘經該弁親往會勘嗣因日久案未破獲前閣部堂李令將汛弁梁光照陳炳烜摘頂限緝續據把總梁光照獲犯麥錦大一名又獲另案匪犯鄧亞言等十八名經署遊擊陳超倫禀奉前閣部堂准將梁光照賞還頂戴查本案自失事之日起該弁委業將踈防及二三叅職名按限開送奉部議覆毫無屈抑迺該弁承緝此案三載有餘未獲一賊迨奉部議革頂忽以並未奉文開叅具禀且以親自會勘之案謂爲貪緣瞞推又以奸吏借銀兵不在汛揑湊成言牽涉雜事不獨錯字連篇抑且措詞悖謬卷查該弁原名陳英材

於道光元年拔補左營外委道光二年八月經前提督以該弁人本平庸巡緝疎懈斥革在案旋又更名陳炳烜復入右營道光六年拔補外委道光十年八月內以派委不均汛防多廢等情越稟前閣部堂並前任提督飭據該營遊擊稟復有案十一年九月又以賞罰不明營房廢壞等情疊次越訴奉前護督部堂朱並前提督李札委前署叅將秦裕昌查屬揑詞稟覆亦在案道光十二年又以委員勘拿督捕剪除蒠匪等情越稟前署提督譚批駁在案是陳炳烜以

更名復充微弁不守營規動輒越訴顯係不安本分若因其健訟立予斥革恐不足以折服其心况所稟情節有關廢弛虛實均應核辦當卽札委護後營遊擊姚夢鷗先赴各汛密查然後再至新安確核稟覆以憑分別辦理去後該弁陳炳烜因先奉文抽調於四月二十七日帶兵來虎候考 敎弟 卽於二十八日親赴教場考騐得陳炳烜軟弱技疎步箭全不到靶教場爲官兵矚目之地因卽當場責革復押回署詢以何廣清一案既係親身會勘有何抑屈所謂囑託者何人夤緣者何事把總梁光照同奉摘頂代崙汛之千總林騰鶴亦奉議處如有委屈何以均無一言又所稱丁壯掛名老弱糜餉狡吏包兵有兵無技等句既列入印稟必應確指其人方能查辦逐層詰詢該革弁含糊應答總未指明並將所呈牌文九件挨件盤問竟至無可措辯復詢以此次稟帖是否自撰抑係倩代據稱稍知文墨及詢以稟中所稱卽如連州之患一節均是自撰否該革弁始則支吾繼則吐實委係摘湊成文託人代做等語似此謬妄糊塗未

便因已經斥革稍事姑容卽當堂貫耳遊示通衢以儆刁風拔箭後卽委署守備周國英將陳炳烜押交該營守備追繳鈐記委牌再行送縣管押聽候核辦去後是日午後接據護左營遊擊曾國安稟據外委陳炳烜稟稱以術制人朋謀抑勒欺圖包兵無從緝捕懇請核辦以重地方等情當卽轉行查覆茲據守備林騰鶴查明稟覆署遊擊委查的確該外委總不安分未便姑容合將原稟及委查緣由稟明察核等情據此茲據護後營遊擊姚夢鷗稟稱遵札前往密

訪明查分晰禀覆並據面禀據左營將備弁委咸稱陳炳烜所禀各情實係謬妄情願各具印結如查有前項情弊願干叅革等語併將各印結一併呈送前來敬弟悉心細核查覆情節尚無狥飾惟是陳炳烜以微末武弁任性妄爲每遇失察案件並不認眞緝捕動輒以營房廢壞兵不在汎屢屢揑詞越禀預存推諉叅罰地步而又摘湊成言強作解事此次竟以大不敬之言列諸印禀其謬妄糊塗已可槩見若以措詞悖謬斥革原不足以蔽辜然究因不明文意以致自蹈網羅愚而自用情屬可原愚見敬請飭縣將陳炳烜嚴加管束俾知所畏懼以免日後再生事端至守備林騰鶴於下行牌文遺漏用印實屬疎忽應記大過一次經手字識黃逢春黃懷飭令各責二十棍以示儆戒其各汎坍倒營房另請飭縣辦理再陳炳烜任性妄爲已非一次原應咨請嚴辦但當塲考驗五箭全不到靶又未便稍寬是卽立行責革咨明在案茲已逐細查明分別懲辦合將陳炳烜原禀並護左營遊擊曾國安護後營遊擊姚夢鵾各禀並摺

一併錄送鈞電惟敬弟武夫未嫺例案辦理輕重恐難妥洽尚祈衡奪示遵或仍須繕用印文亦祈賜示以便備咨

冰案虔此奉

聞云云

道光十五年　五月　十四　日

儋州營添改水師官兵分管洋面籌議章程稿

查瓊州一郡屹立海中與海安對峙南屬崖州東則萬州西屬儋州北則瓊州而瓊山文昌樂會陵水昌化會同感恩臨高定安澄邁十縣三州一府四圍分治環繞熟黎熟黎又環繞生黎生黎則環居於五指嶺七指山計週圍陸路一千五百餘里由府城中路直穿黎心南至崖州五百五十餘里萬州東路直穿黎心五百九十里而至儋州至於武職則有瓊州鎮督率左右二營額設陸路官兵一千七百餘員名鎮

守於北崖州副將陸路官兵八百數十名協守於南東有萬州營遊擊陸路官兵七百數十名西有儋州營遊擊陸路官兵七百數十名仍有崖州海口兩營水師官兵分巡海面為之聲援黎人守法則水陸分途各司其事設有滋擾水師官兵均聽鎮道調用是防黎聲威已極週密獨海面巡防尚稍疏略緣瓊州沿海水程二千二百餘里若照四至交界計之則海面週圍卽有二千六七百里崖州水師僅守備一營步守兵二百六十八名專管炮臺六處管駕大小船四隻巡防海面一千三四百里又海口水師叅將一營額兵九百六十二名專管大小炮臺九處管駕大小師船十一隻專巡一千二三百里海面實屬洋廣兵單鞭長莫及卷查歷任瓊州鎮道議請添設官兵巡船併歸儋州營管轄自係因地制宜勘商妥善斷非止顧巡海而置防黎於不問也茲陸路提軍以為斷不可改不為無見第儋州守備管轄兵馬錢糧及闔營公務左哨千總分防臨高縣地方並無協防若均改為水師輪巡期內實難兼顧所慮誠是自可毋

庸議改若僅以儋州遊擊兼轄水師並不巡洋則毫無窒礙至於新英港南北炮臺石牌港炮臺並博頓英潮二汛原派把總二員外委三員步守兵一百七十名專防臺汛口岸地方所謂緊嚴外戶者此也茲議將前項官兵改為水師若卽令其駕船出洋不顧臺汛於沿海要區誠屬可慮但瓊州鎮道原議因崖州海口水師兩營接界之新英港一帶洋面距崖州七百餘里距海口六百餘里加以該處淺沙重疊師船笨大不能收泊必須改設水師添造中號快船四

隻配官四員配兵一百四十四名專巡該處三百餘里洋面使崖州海口聲勢通聯不獨有益於海防而防黎之聲威更著若請設水師專營則經費浩大不若因地變通則易於佈置所議頗屬得宜惟與陸路營分稍有未週亟應籌計昨崖州協因水師弁兵巡船不敷呈請添撥已咨鎮議覆現在提標中右後三營改建南山月臺添造橫檔山後及蘆灣二沙尾三處炮臺查中後二營弁兵尚可勻派而右營必須添撥本提督通盤核慮應請將儋州一營作爲儋州水

師仍歸儋州遊擊兼轄瓊州鎮統轄抽撥陽江鎮標左營千總一員龍門左右營外委各一員於通省水師各營內抽撥兵一百七十名內撥給提標右營兵五十名分防新造炮臺其餘兵一百二十名撥歸儋州新添水師即於此項兵內選拔額外二員再撥出海口營大米艇一隻撥海安營大米艇一隻中米艇一隻發交承辦衙門變出例價提銀八千二百兩造撈繒船五隻內撥還海安營二隻撥還海口營一隻撥給崖州營二隻仍餘銀四千一百七十餘兩造中

號快船四隻每船配兵三十名歸儋州添設水師營配巡其崖州協所請增添弁兵現實無可抽撥可否以該協所屬陸路兵內撥防水師炮臺六處將原防炮臺水兵撥回更替巡防即於所撥兵內選拔額外二員不過一轉移間水陸各得其宜亦毋庸另籌經費至新英等港五臺汛改爲水師其原設弁兵與新添千總一員外委二員又額外二員兵一百二十名計共設千總一員把總二員外委五員額外二員共兵二百九十名請分爲上下班巡緝上班則以千總

一員爲分巡外委二員額外一員爲隨巡下班則以把總一員爲分巡外委二員額外一員爲隨巡上班存汛則有把總二員外委三員額外一員下班存營則有千總一員把總一員外委三員額外一員以之分防臺汛尚屬有餘議以千總專管營務把總外委額外分防臺汛較之原防弁兵不少一人於防海防黎兩有裨益如准所議則海邊防臺巡洋定爲水師專責而內地守汛防黎則責在陸路庶事有耑司兩無推諉該遊擊兼管兩營居中調度似此水陸相聯

一切均臻妥善矣再移駐水師千總應建衙署及軍火庫局各事宜又儋州陸路弁兵改爲水師能否不畏風濤應候貴部堂核定後再行咨鎭飭議以期覈實本提督謬議恐有未週尙祈衡奪施行

道光十五年五月　二十四　日

新建炮臺籌添防兵抽撥炮位稿

別後回署卽商同將備擬將新鑄大炮分置南山月臺十六位分置鎭遠十二位分置橫檔月臺十二位緣南山新建月臺正面寬大形勢得力而鎭遠橫檔品字相聯兩面夾擊亦得扼要之勢是以議將新鑄大炮四十位全行分置得力之臺其南山除添置新炮十六位又該處原存堪用炮十位此外仍少炮十四位卽將沙角撤回炮三位並鎭遠換下舊炮十一位運往南山分置月臺已敷配用至南山舊臺原派防臺兵三十名今改建寬大月臺安炮四十位仍應添兵三十名除沙角炮臺撥回兵十名仍不敷兵二十名擬以存營鎗兵內挑選抽撥亦可敷用惟橫檔山背及蘆灣山脚新建炮臺二座需炮六十位應配兵一百名查橫檔月臺添配新鑄大砲十二位換下舊炮十二位內除五千觔一位殘損不堪配用計餘炮十一位又大角炮臺抽回炮七位再將橫檔舊炮臺原設大小炮內挑選二十二位共炮四十位計仍少炮二十位現於虎門存局炮內逐細挑選自一千

二百觔起至八百觔止共挑出炮二十位計已湊成炮六十位俟新建炮臺工竣即可勻配安設又大虎炮臺原設大炮三十二位防兵五十名該炮臺建在南山橫檔鎮遠之北原貯炮內自七千觔起至三千觔止已有大炮十五位此內查有五千觔炮一位四千觔炮一位均有殘損不堪配用應請更換又新建橫檔山背及蘆灣山脚兩臺抽挪大小炮位雖已如數似須添撥四五千觔大炮四位分置兩臺更覺得力查各臺大炮均關扼要未便抽撥而虎門炮局又

無此項大炮擬請於省局內抽撥五千觔大炮四位四千觔大炮二位內以五千觔二位撥補大虎炮臺其餘四位分配新建兩臺則海口聲威益資雄壯矣至新建兩臺應添兵一百名內除大角炮臺抽回兵三十名仍不敷兵七十名查右營汛廣船多碍難抽撥應請將新建之橫檔山後炮臺少派兵二十名請派弁一員防兵四十名該臺安炮四十位原不敷用第橫檔山前後兩座炮臺相離不遠兩臺弁兵同係右營若均歸橫檔千總兼轄則可往來接應緣此時抽撥維艱不得不通融辦理如荷照議少派兵二十名計仍不敷兵五十名應請於通省水師各營酌量抽撥或緩俟籌改儋州水師營弁兵案內一併議撥之處均俟衡奪云云

道光十五年　六月　初六　日

風聞夷船在洋遭風被搶委弁查拏賊犯稿

昨聞萬山外洋有夷船遭風淹斃多命併遭搶掠洋銀貨物之事當卽密委署中營守備曾應元赶往確查茲據該備覆稱查得本月初六日有嘆夷咖貨船一隻由外洋收針將近萬山洋面適遇暴風打斷桅棒擊傷船隻淹斃多人初八日風浪稍息該船夷人招倩蝦罟拖船十四隻帮同拖帶不意各漁戶因見夷船人數無多忽起歹心搶去洋銀貨物等件紛紛逃散該夷船被搶後於本月十三日駛抵金星門洋

面拋泊等語聞之殊深詫異查萬山洋面係香山大鵬接壤有東西炮臺分駐兩營弁兵瞭望防守兩營師船往來巡緝各有專司何以迄今數日兩營將弁毫無見聞且經教弟委員查覆而兩營尚無隻字稟聞實不可解事關外夷貨船遭風被搶破傷案情重大無論已否報案亟應飛速嚴拏庶不致盜逸贓消除發銀二百兩立飭署守備曾應元赶往香山會商秦副將卽刻就近查明此項不法拖船形跡購覓妥線僱倩民拖船十隻挑派勇幹官兵配足軍火追踪勒緝並飛札香山大鵬兩營設法會拏並檄標中左右三營一體協拏倘逾限無獲卽將失察各員弁職名咨請

奏辦除專致各鎮外仍祈核示遵行云云

道光十五年　六月　十　六　日

派員四出兜拿搶犯稿

本月十七日早差至連奉鈞函承示舉核之案刻已核實稟辦仰見鑑別嚴明欽佩曷極夷船刦案囑爲兜拿迅獲巨魁懲辦原贓給領等因昨者一聞此信卽專委署守備曾應元赶往確查十六日黎明據曾應元來署稟覆卽飭赶往香山會商秦副將購線追踪飛速嚴拿並恐營船易爲匪徒所識發去銀兩令僱民船多購眼線選派勤幹官兵上緊兜拿一面專札香山大鵬敝標中左右三營一體嚴拿又慮該匪

等得贓甚鉅恐其四散潛逃並飛咨陽江瓊州碣石南澳四鎭各於所轄境內嚴密偵查如有形跡可疑之船卽行拿究復又發銀一百兩尚札敝標署右營守備周國英挑選幹弁改裝分赴各漁船聚集之所偵查盜踪一得確信卽持札密會文武協力兜拿務使人贓並獲解省究辦俟各處覆到當再隨時飛布云云

道光十五年六月　十七　日

加派龍門千總吳廷珍馳赴雷瓊設法會緝稿

本月十七日肅復一函計早上邀台覽十九日祗奉鈞函敬聆一切正擬布覆間頃接香山秦副將來稟並抄錄夷人在澳門同知處據報情節知此案係在香山鄰近廣海洋面細閱前次來函據洋商伍紹榮代稟失事處所就近澳門西南邊帽石處之語細閱洋圖內止有番鬼帽名目係一小山在廣海洋面係陽江地方山海交錯其大磐山上下川及海陵等處爲商鹽漁蛋聚集之所該夷訴詞內係六月十一日

船到陽江海陵司及新寧縣上川司之間被漁匪搶刦則失事係在廣海洋面可凴除再飛咨陽江何鎭軍就近督屬設法勒緝並勒限署廣海寨遊擊周弼赶緊緝拿去後復思該漁匪等人數衆多驟得鉅贓斷不敢仍匿本境勢必挾贓分散或潛逃潿洲一帶或越境逃往夷洋均未可定況聞新寧縣拖漁船隻向年常往西路捕魚越南夷洋等處皆所熟悉更不可不四路兜捕免致盜逸贓消至所刦洋銀數萬諒係新鑄必與市用之爛板不同況所刦均係夷貨亦

易認識除再飛咨東路碣石南澳西路瓊州陽江各
鎮分別專緝會拏並復通飭各營外適龍門左營千
總吳廷珍投考甄別前來詢以瓊屬洋面情形對答
頗爲明晰驗其弓馬年力堪以留任此時應暫綏咨
送即經專札龍門海口兩營將領並先發洋銀一百
圓飭其星夜赶回會同護都司龎貫超署海口守備
王鵬年就近僱募本境捕魚船隻購覔勇壯明白漁
人分投截拏至香山秦副將素稱能事此案雖據稟
稱係屬陽江而香山係其接界現亦札飭一體設法

會拏能即弋獲正盜眞賍當另請
奏保也餘容隨時續布云云
道光十五年六月　二十一　日

勘定失事洋面飛飭嚴緝稿

爲飛咨札飭拏事查夷船遭風被搶一案先經本軍門
訪聞在萬山外洋當即發銀密委署中營守備曾應
元署右營守備周國英等分投購緝並疊次移行各
鎮協營堵拏茲龍門協左營千總吳廷珍投考甄別
來轅又發銀一百圓專差該千總赶往潿洲一帶訪
緝並札龍門協海口營遵照嚴密追拏在案但被刦
處據稱在澳門西南邊帽石處殊屬含混茲據委員
查明該夷人已在澳門同知處呈報在新寧縣海陵

司地方查帽石處即是廣海境內之番鬼帽洋面已
屬確實夷船被刦非尋常盜案可比何以該營迄無
隻字稟報合再飛咨貴鎮煩爲督飭該營員弁札嚴飭札到該署遊擊振作精神立
即購線追拏限十日內無論員弁兵丁如能獲賊獲
賍本軍門不獨免其叅處定當會銜從優保
奏倘敢因循掩飾致令匪犯遠颺賊逸賍消定于叅辦
不貸仍將如何設法追拏情形星飛見覆施行稟報察核
一咨陽江鎮　一行廣海寨
道光十五年六月　二十二　日

委員署守備周國英訪悉匪踪贓銀稿

本月二十六日據委緝盜案署右營守備周國英禀稱署倫遵奉憲札發給川銀即帶同把總區廷璋等改裝赴洋先由福永固戍大王洲一帶細密偵緝並無確跡二十日赶至平洲地方訪有釣艇蛋民黎得有於本月十五日身帶新鑄洋錢數十圓在平洲購買什物訪聞該蛋民黎得有素日慣做夷船帶水署倫即於二十一日跟踪追至長洲地方會遇大鵬右營署把總鄭榮高分投密緝訪據該處舖戶云稱十

六日黎得有用新洋銀百圓在墟取買綢緞等物現已他往署倫即帶同把總區廷璋鄭榮高添僱拖船於二十二日至佛堂門量船灣等處訪悉黎得有昨在量船灣歸還舖賬銀百餘兩俱係新洋錢等語當將新洋錢易換一圓賫呈鈞鑒除赶緊追踪務獲外合先專差禀明等情敘弟細閱所呈洋錢一圓併非市中所用爛板實屬可疑况蛋民黎得有以一拖漁之人忽有新洋錢數百圓之多即使素常引帶夷船所得亦應有限其中情節顯有為匪情事除飛飭該署倫迅速追踪更恐該匪還賬買物之後避匿遠颺不可稍存鬆懈並諭以無論黎得有是否正盜務期人銀並獲赶緊解省嚴密確訊令其供出夥匪姓名住址以憑易於追拿免致日久贓消除專差赶往諭知外先肅奉聞並將易來新洋錢一圓封送台覽云云

道光十五年六月　二十七　日

據稟新鑄大炮須用石船運送並催鑄連環炮子稿

本月二十三日接奉鈞函承以新鑄大炮現已造成八千觔十尊六千觔十尊於十六日親詣廠所閱驗均極堅實光潔甚爲得法仰見碩畫精詳知人善任欽感私忱曷其有極並云遇有便船赴省即可運置炮臺當即面委佘叅將前往鎮遠橫檔各臺查看修砌炮洞工程會商洪署將迅將臺面赶緊加匠修齊一面多覓木工儹做炮架去後茲據佘叅將覆稱遵查橫檔鎮遠兩處炮洞現已砌成十分之七匠人甚

多惟臺面尚未鋪砌已與洪署將妥商赶緊興辦至新炮架雖蒙面諭尚未撥欵發札似須緩俟臺面修砌至七八分工程炮架做成一半俾新炮到臺即可借衆人夫之力一氣安置妥善等語正擬肅覆間接到尚副將來稟內云省中造成大炮二十尊並每位配造彈子四十個正擬飭夫運往河岸交出廠師船二隻裝送至虎㯫扛夫稟稱師船吃水太深不能攏岸且船高炮重難以上船必須撥用就近之永寧載石大船既能攏岸炮亦易於上船等語卑職查果屬實統俟撥船派弁來省載運等情查此項新鑄大炮感荷籌款遴員種種勞心現已鑄成一半即應運置炮臺但據該叅將等以臺面炮架尚未修成亦屬實情即祈籌撥炮架銀兩札飭該委員等分投購買樟木赶造炮架一面添匠修砌臺面地基容俟辦有七八分工程即委妥弁赴省請領新炮其應用人夫石船即請飭縣封撥再前曾囑令佘叅將面懇諭飭委員轉飭匠役添鑄交杯聯環炮子數百個已承慨諾亦望飭令鑄造發給備用至抽撥添配新造炮臺兵

丁刻已遵照抽添七十名容俟核撥清楚另肅奉聞云云

道光十五年六月　二十八　日

新建炮臺籌議抽撥防兵咨商稿

為籌議抽撥兵丁分派配防巡緝事為照本標右營新建蘆灣橫檔西炮臺二座該營原設額兵不敷撥配應需添設齊足以期盡善而垂永久業將酌議撥兵數目開摺陳明現准貴部堂函示以守臺不敷兵丁五十名應於各營如何派撥並希酌核示知以便行知各鎮協營遵辦茀橫檔山後新添之臺少兵二十名恐不濟用或竟抽撥七十名以足額數儋州水師一案已經具奏所有虎門炮臺抽兵事宜俟將來

奏報炮臺落成時將添炮抽兵各事一併陳明等因查新建炮臺本為整飭海防起見必須兵力齊足方資守禦今本標右營境內新建炮臺二座增兵七十名連大角炮臺抽回兵三十名共配兵一百名分臺防守可期得力自應照數在於水師各營內抽撥又儋州新添水師營應添兵一百二十名亦議於水師各營內抽撥共應抽兵一百九十名查廣東為瀕海最要之區外海則洋面廣濶內河則港汊紛岐刦案素多又兼外夷商船往來絡繹處處均須官兵巡察各營兵數歷奉抽裁現在均僅敷用但此二案既應添設又不得不於無可裁減之中酌量抽撥茲議將儋州一案在於陽江瓊州二鎮屬各營挪撥本標右營一案在於香山東上而至南澳各營抽移查本標中營添建南山月臺本標後營添建二沙尾炮臺均在本營額兵內勻撥配防又大鵬營新改左右二營洋面廣濶兵數無多前山營專守澳門最為扼要碣石鎮中營澄海協右營均營務衝繁達濠營東山營兵額本少龍門協左右二營崖州協水師右營均屬洋

面遼濶兵額不多順德協左右二營新會左右二營內河汎境寬廣以上十六營均難抽撥此外各鎮協營寨按照繁簡情形兵額多寡通盤核計此內海口營現議裁改大米艇一隻雖造回撈繒船一隻尚可抽兵三十名海安營現議裁改大中米艇二隻造回撈繒船二隻亦可抽兵三十名均尚不致短絀吳川營係海疆腹裏洋面甚窄可抽兵三十名陽江鎮左營應抽兵九名陽江鎮右營應抽兵八名硇洲營應抽兵八名廣海寨應抽兵五名以上陽江瓊州二鎮

屬共抽兵一百二十名卽以移撥儋州新添水師營
配船巡緝又查南澳鎮右營雖係閩粵交界設立重
鎮駐劄左右二營左營管轄閩洋右營管轄粵洋查
右營額兵一千零七十六名兵數較多臺汛船隻較
少歷年裁兵案內均未裁及似可抽兵二十名海門
營雖船隻炮臺畧多惟額兵九百二十三名亦可抽
兵十四名此外澄海右營碣石鎮左右二營平海營
水師提標左前二營各抽兵五名共三十名香山左
右二營每營抽兵三名以上提標徑轄及南澳碣石

二鎮屬共抽兵七十名卽以移撥本標右營配防新
建炮臺本提督謬議如斯是否有當伏候貴部堂核
示俾便移行各鎮協營寨此後遇有糧缺卽可隨時
扣撥再各營所抽兵數分別步守若干合并開摺咨
送請煩查照核辦施行

計送清摺一紙

一咨　督院

水師提標中營額兵一千零八十一名無庸議抽

左營額兵九百六十一名議抽步兵一名守兵四
名

右營額兵一千一百三十七名毋庸議抽

前營額兵五百八十八名議抽步兵一名守兵四
名

後營額兵七百零三名無庸議抽

香山協左營額兵八百五十二名議抽步兵一名守
兵二名右營額兵八百四十九名議抽步兵一
名守兵二名

前山營額兵三百六十八名無庸議抽

順德協左營額兵九百八十一名右營額兵九百零
一名均無庸議抽

新會營左營額兵八百零四名右營額兵八百零六
名均無庸議抽

大鵬營左營額兵五百零五名右營額兵四百八十
二名均無庸議抽

碣石鎮中營額兵八百六十六名無庸議抽左營額
兵七百九十九名議抽步兵一名守兵四名右
營額兵八百四十一名議抽步兵一名守兵四

名
平海營額兵六百九十二名議抽步兵一名守兵四
名
南澳鎮右營額兵一千零七十六名議抽步兵十名
守兵十名查該營步兵五百四十六名守兵五
百三十名
海門營額兵九百二十三名議抽步兵三名守兵十
一名
達濠營額兵三百七十五名無庸議抽

澄海協左營額兵六百四十九名無庸議抽右營額
兵六百四十七名議抽步兵一名守兵四名
陽江鎮左營額兵九百一十五名議抽步兵二名守
兵七名右營額兵七百八十九名議抽步兵二
名守兵六名
廣海寨額兵七百五十三名議抽步兵一名守兵四
名
吳川營額兵六百一十二名議抽步兵九名守兵二
十一名

硇洲營額兵五百六十七名議抽步兵二名守兵六
名
東山營額兵二百九十五名無庸議抽
海口營額兵九百六十二名議抽步兵六名守兵二
十四名查該營步兵二百三十三名守兵七百
二十九名
龍門協左營額兵八百零七名右營額兵七百九十
四名均無庸議抽
海安營額兵七百九十五名議抽步兵九名守兵二

十一名
崖州協水師兵二百六十八名無庸議抽
道光十五年六月　二十九　日

籌議虎門新舊炮臺仍需添鑄新炮二十二尊稿

六月二十五日晚差旋接奉鈞函感荷指示種種捧讀再三銘佩奚似夷船搶案除飭次咨行各鎮協營上緊兜拿並勒限廣海將備督率弁兵購線分投嚴密偵緝刻又專弁分往陽江廣海催查務期迅獲盜贓以抒錦念委員周國英雖訪有影響尚未得手實深焦灼至儋州添改水師承示已經具奏所有虎門炮臺抽撥營兵刻已遵照議請增兵七十名以足額數並彙同儋州議添兵數一併開摺咨請衡奪另示

省局舊炮多不堪用大虎等臺既有不敷現擬添製此番整飭海防必須處處周密橫檔山後各臺必須添補炮位即核實一氣鑄造斷不可稍有將就致臨事不能得力總以各臺弁兵炮位一律齊足毫髮無遺方為盡善等云仰見防邊籌海無微不周建有備之鴻勲垂無疆之駿業載欣載頌感佩莫名當與余叅將查照前送分撥各臺炮位底摺逐細選擇當據余叅將禀稱前奉面諭以此時經費難籌令將大小炮位凡可施放者全行挑配新臺務期足數斷不可以細碎之事常累煩心等諭是以卑職遵照演試如數挑足六十門其中實有不能得力者二十餘門即橫檔大臺所存俱係久不使用之炮前次演試止用藥六成不敢裝足均已隨時面禀可否將大虎不堪用之五千觔四千觔土鑄炮二位添鑄六千觔新炮二位以補其缺至新建橫檔後及蘆灣兩臺前擬摺內本有七百觔炮一位八百觔炮九位九百觔炮二位一千觔炮十位均不得力又前擬撥橫檔二千觔炮四位一千五百觔炮四位以上八位均係嘉慶十

四年土鑄鉄未提淨去年署提憲演試炸裂者即係此項土鑄似應一體更換等語當即諭令余叅將親往各臺逐一查驗（教弟）即親詣炮局將挑出各炮細加閱驗內七百八百九百斤者共十二位雖向無殘損痕跡然炮位過小難期致遠其橫檔挑出二千斤炮四位又一千五百斤炮四位均係嘉慶十四年土鑄驗明炮之週身均有細碎沙眼若照數配足藥彈誠恐如前炸裂以上共炮二十位均難得力又大虎炮臺不堪用之五千四千觔炮二位應一律添鑄議

請添造六千斤炮二位撥補大虎又鑄五千斤炮六位四千斤炮八位三千斤炮六位分置横檔山後新造兩臺此外挑配一千觔堅實炮十位卽以之安設新臺兩邊似可無庸另鑄以上共請添鑄新炮二十二位匀分各臺則弁兵膽氣益壯堪期得力矣惟是添鑄新炮經費不少應否如議添造之處尚祈衡奪謹將查明核議緣由縷晰奉聞云云

道光十五年六月　二十九　日

沿海窮民每遇遭風船隻硬行拆搶情形咨復稿

爲咨會事准貴部堂咨開照得前因風聞西路洋面甚不安靜業經札查在案玆訪聞有外夷貢船在洋被搶賊犯內有李勝章李阿龍李朱嬌李三友舵工何毛先等俱係碧甲司麻西厰阿嬀廟人搶有金鳳冠金獅洋参燕窩白米等物又本月十一二等日有米船一隻猪船二隻亦在洋被刧因事主央求該犯等退還猪六隻餘贓均被刧去之事查匪徒迭肆搶刧必有大夥盜匪在洋或係勾結閩匪事未可定除

照會陽江鎮據實密稟外密咨查照一體嚴查並希見覆等因到本提督准此查六月初七八日颶風大作暴雨不止卽慮洋中必有商船遭風斷桅走漏擊沉擱淺等事查此項遭風船隻一經打至海岸或淺擱山根或斷桅折纜行止不能自由者卽招呼沿山沿海居民漁船救護就地住戸漁人救人者少撈搶貨物者多甚至有將已破未散之船硬行拆去此等惡習各省沿海相同不獨廣東爲然是以本提督於風雨稍定後卽傳知中右營師船分投查探遇有遭

風船隻卽妥爲保護併飭叅將佘清選派幹弁分往
沿海查探順道知會汎弁巡船一體查探嗣據差旋
覆稱查本境洋面尙無遭風船隻惟據西來船戶云
稱陽江一帶洋面有鹽船商船十餘隻遭風斷桅並
聞陽江一帶兵船沉失數隻等語本提督因事未核
實亦未據報是未咨達茲准咨查或者外夷貢船及
米船猪船因遭風擱淺或斷桅斷纜致被沿海窮漁
乘危搶刦均未可定至外夷貢船究係何國貢船必
須迅速確查以便追拿匪犯除札飭平海營護叅將

李茂青密赴碧甲司阿媽廟等處偵緝各犯專弁賫
札前往密投暨加信飛咨陽江瓊州二鎮併專弁赶
往陽江確探容俟得有確音另再飛報外合先咨覆
云云

一咨　督院

道光十五年閏六月　初一　日

廣海將弁不知振作先行摘頂並嵩員防範夷船僑
六月廿九三十日兩奉鈞函捧讀再三感泐無似閩
省匪船游奕粵洋已疊據探報鑿鑿可凴今該署鎮
以追探無踪具覆誠如台諭難保非怠惰恇怯措詞
掩飾斷不足信除又飛咨賴署鎮並嚴飭各協營再
行加緊偵拿如稍有疎防定將不力員弁咨請
奏叅留緝斷不絲毫姑容至夷船失事洋面前派署倫
會應元往查據覆係在萬山外洋旋奉翰示據洋商
代稟係在澳門西南帽石處昨准鈞咨據委員周守

會同郭同知及香山營縣同詣夷船會勘查該船失
事地方據供在南峯山外洋附近白石處所稽之廣
州輿圖核對夷人洋圖確係新寗縣所屬等語查曾
應元所稟在萬山外洋因係不懂夷語以致渾統其
詞而洋商代稟亦因傳話之訛今委員周守等公同
會勘繹訊明白自屬確鑿查新寗縣所屬外洋係廣
海營管轄該夷船於六月初七日遭風斷桅僱倩漁
船引帶於十一日拖至新寗洋境漁戶增添僱值夷
人不允而散迨至十一日酉刻方被搶刦查昨據廣

海營報稱於六月初七日該營輪巡將弁在洋遭風
署把總鍾國瑞管駕四號中米艇一隻於初八早在
葛洲撞礁擊碎弁兵受傷沉失彈葯等情又展鈞咨
以陽江何鎮報稱於六月初七日在洋遇颶沉失左
營撈繒船一隻弁兵受傷並漂失兵五名未知下落
等云核對夷人所供遭風斷桅日期均相脗合查夷
船係遭風之後於六月十一日失事該護遊擊周弼
何以毫無見聞業經尊處飭行敘弟處亦已七
次札飭內有四次專弁專目赶往勒限押令嚴拿迄

今十有餘日該護遊擊並無隻字稟聞是周弼不知
振作形如木偶實堪痛恨應請將該護遊擊周弼署
千總劉威署外委馮廷椿記委鄧建中先行摘去頂
戴其署把總鍾國瑞於遭風受傷後有無更換容俟
查明核實辦理至陽江欽州一帶洋面盜匪情形業
已委弁分往確查容俟核實密覆外另示訪聞有外
夷貢船在洋被搶六月十一二等日又有米船猪船
被刦情事查六月初七八等日颶風大作雨勢滂沱
風定後卽慮有乘危搶刦之案當飭余恭將選派妥

弁赴沿海一帶探查嗣據覆稱探聞陽江一帶有鹽
船商船十餘隻在洋遭風有撞礁沉失貨物漂淌者
有遭風打上淺灘有撞至岸邊淺擱者並聞陽江鎮
屬打沉師船四隻等語因未據各屬稟報是以尚未
核實上達茲荷訪聞有夷船商船被刦情事諒因遭
風擱淺沿海窮漁不知輕重乘危搶刦似屬實有其
事敘弟接閱之下立卽密札護平海叅將李茂菁不
動聲色赶往碧甲司阿媽廟等處地方密查匪犯李
勝章何毛先等五名務使速獲解辦嵩差記委邱超

連夜赶往又因盧必沅所獲匪犯梁成友等三名供
出拖船戶莊亞榮王友珍二名現在大澳等云查敝
標中營把總喻成宗前在大鵬營曾任大澳汛地卽
札該弁付以盤川星速赶往大澳訪查如有確踪卽
會合大鵬官兵兜拿解報並因前次差往陽江之弁
迄未採確囬銷且有外夷貢船失事關係尤重又卽
專咨加信派記委顏進陞連夜赶往陽江面達何鎮
並札署遊擊李賢一體確查據實呈覆案關重大毋
得稍存徇飾轉致公事礙手諄諄札飭均於三十日

分起專弁前往再承示外夷護貨兵船在境屬令加意防範遵查該船到洋後業已節次專員察其動靜據報均尚安靜然虎門爲中路扼要之區毋論該夷人安靜與否總應有備業經專委右營遊擊何駿龍督率中右兩營舟師駐紮虎門分班出海遊巡日夜防範隨時遠遠瞭探不必令其稍有知覺至於內海一帶全派快蟹巡緝又耑委忝叅將先行親赴各炮臺再將偹好一切軍火逐一檢核如有因陰雨受潮之件立卽更換防臺弁兵如前按期演習並選派妥

弁前赴沙角望臺分班晝夜瞭望俟該叅將查明回營仍親詣各臺逐加試演總期事事預爲有偹方不致臨事周章庶以仰副垂厪海防之至意緣叨注念敬將辦理查探緣由奉覆云云

道光十五年閏六月　初一日

防範外夷巡船出示曉諭防臺弁兵函商稿

昨日專覆一函將分別飭拿潛竄閩匪暨刦掠夷船贓犯並照密咨移行陽江瓊州通飭各營一體會拏差探貢船及猪米等船失事洋面勒限分催獲解等情度已入覽前據署遊擊何駿龍稟稱現有外夷護貨兵船停泊香山洋面並預荷示函命爲加意防範仰見籌畫周詳有備無患之至意除已分札中右營將領督飭各臺弁兵一律整備嚴密預防并出示曉諭各臺不但使該將領等觸目警心不敢泄玩卽使

該夷聞知亦見我

天朝法度森嚴於巡防之中仍寓懷柔之意總當示以恩威斷不開以嫌隙此示恐未妥善尚未繕發錄送鈞奪如其中有不到之處能荷斧政更爲感佩或不可行亦祈賜示云云

道光十五年閏六月　初二日

札飭中右將備示諭各臺弁兵稿

爲再行申明飭遵照辦事照得重門擊柝所以禦暴客建營設官原以備不虞虎門海口爲廣東中路要衝東隣閩省西接越南四通八達海道綿長不獨商漁船隻絡繹往來且係各外夷貨船俐准貿易之所船多人衆良莠難分前人定制綦嚴扼要是以建大帥於虎門造炮臺於海口關鍵重重官兵林立設防已屬周密無如日久懈生官兵漸存怠玩以致上年外夷兵船闖駛入口未能阻截查厥所由實因官兵

平日懈弛毫無預備以致臨事周章言念及此殊堪痛恨本軍門於上年冬月奉
命來粤莅任後卽親臨各扼要又遍歷重洋履勘形勢與各將領悉心籌計並會商督部堂籌建炮臺添鑄大炮業經會銜
奏明建鑄計日卽可竣工去冬今春本軍門業將訓練章程防臺巡海及設立誌椿添置炮墊趕造精緻火藥添鑄封口彈子各臺儲積柴草以備火攻將備分兵操練以資協濟並已節次親臨督率演練炮準面諭臺弁將各兵派定責成每人專守大炮一尊不必兼管他炮庶久練得知炮子之高低方期有準其餘兵丁亦派定輪流點放總以肅靜爲要並卽賞米賞錢以鼓士氣如右營千總王殿安不肯實心訓練卽行撤叅中營千總萬國勝尚能教兵辦事卽行咨留其防守訓練一切機宜已叠次札行並面諭各臺千把認眞講求務使兵技精益求精炮火準而又準至於守臺各項軍火器械久經札飭中軍查有不足者立卽添置殘損者迅速更換其應用火器等件亦已

另行添備防臺衆兵原飭各汛弁自行選擇遇有懶惰不力之兵並准其隨時懲辦更換以上各件有飭行有案者有當面諭飭者有備無虞於防海防臺雖未能絲毫無遺大概已屬有備條屆初秋正各外夷商船雲集之候該夷商運貨來廣資本頗鉅或離廣四五萬里或二三萬里道遠貨重歷年各國均有護貨兵船防護抵廣俟各貨船到齊之後方行回帆此外夷歷年之舊章也昨據總巡何遊擊報稱現有嘆夷護貨兵船一隻收泊香山洋境等情查護貨兵船

向年均有數隻收入萬山以內洋面停泊避風刻下已到一船其餘諒亦接踵而至定例護貨兵船原不禁其來廣然例止停泊外洋不准駛過沙角該兵船內自應有夷官夷目必知感激

大皇帝准其貿易鴻恩遵守

禁令定能管束夷兵但該船既停萬山之內本標各營兵船亦應加意巡防斷絶漁民蛋艇勾結嚴拿偷竊小船以期體卹遠人除札飭右營何遊擊督率中右師船專駐虎門海口分替巡防其內海一帶派令

快船分投巡緝並令叅將親詣各炮臺挨查已經備好一切軍火炮械恐有收貯不力現已殘損者或因陰雨過多致被潮濕者逐細再行查明或應更換或應添補其各弁仍照舊演炮擦鎗務使件件有備人人得用設有查點不到之件許各該臺防弁立卽呈請添備本軍門卽日親詣各臺閱視兵技演放大炮查點一切軍火如有絲毫不整立將防臺弁委當堂責革如兵丁鳥鎗技疎放炮不能純熟者立行責革再放炮之際一切均宜肅靜如有臨時喊叫招呼者卽行插耳示衆決不稍存寬貸至於外夷護貨兵船收泊外洋原所不禁而沙角大角兩處望臺卽是分別界限之處設使該夷兵船駛進沙角卽係窺探則有干

禁令如敢闖入沙角向內行駛該各臺防弁防兵卽行裝藥下子對準轟擊務須盡力立將該船擊碎一面飛報本軍門督駕火船並飛調各路火船師船夾攻焚毀誠恐各該臺弁兵不知禁令拘於舊習合行專札飭遵出示通諭為此札示仰該叅將守備遊擊防臺官兵一體遵照如遇外

夷兵船進口該將備立卽帶領所練親兵飛赴鎮遠南山橫檔大虎督率各弁兵裝足藥彈盡力轟擊務將該船轟沉如敢畏葸恇怯或不竭力轟擊致任闖過者定將該臺防弁照依軍令梟首示衆該將領並干叅究決不稍貸印札示專飭懸該將弁等毋稍玩違自取重罪其各凛之毋違特札示

一札本標中軍　右營遊擊　中右營守備

一出示南山鎮遠　橫檔大虎　沙角大角各炮臺

道光十五年閏六月　初二　日

委員周國英緝獲搬搶夷船正盜眞贓稿

爲緝獲匪犯三名起獲現贓新洋錢四百零一圓訊係正盜眞贓解省嚴究餘匪姓名住址去向密速示覆以憑追拿事竊照嘆夷咀呾貨船據報於六月初七日在洋遭風僱倩漁船引帶行至新寧縣南峯山白石外洋於十一日被搶一案查洋圖內止有南澎礬石並無南峯白石諒係語音之訛節經飛行沿海各營上緊兜拴並專委做標署守備曾應元周國英把總區廷璋喻成宗分投追緝六月二十六日據周

國英稟稱遵奉憲札發給盤川卽帶同把總區廷璋等星夜赴洋由福永大王洲偵緝二十日赶至平洲訪有蛋民黎得有於六月十五日身帶新洋錢數十圓在平洲購買什物聞該蛋民慣做夷船帶水署備卽于二十一日追至長洲會同大鵬署把總鄭榮高訪悉十六日黎得有用新洋錢百餘圓在墟收買綢緞等物現已他往署備帶同區鄭二弁添僱拖船於二十二日赶至佛堂門量船灣等處聞黎得有昨在量船灣歸還舖欠銀一百餘兩俱係新洋錢署備將新洋錢易換一圓賞呈鈞電仍卽追踪並購有線人武生黃大英等於六月三十日赶至平海之小星洋面據線人指明匪船署備周國英卽首先過船將犯人黎得有拿獲把總區廷璋署把總鄭榮高拿獲犯人黎得全平海汛兵赶至協獲並獲原艇一隻艙內婦女五口幼孩四口搜出新洋錢三百七十九圓據該犯等供稱夥犯劉亞養馬亞六二名均同分洋錢現往灣頭等語署備又就地購線赶赴灣頭適署大鵬左營守備陳超倫在彼卽會同於三十日晚將劉

亞養拿獲搜獲新洋錢二十二圓經陳超倫獲解赴轅合將犯人黎得有黎得全并匪艇犯婦幼孩盜贓解候示遵等情並據署守備陳超倫稟稱遵奉憲札飭緝搶刦夷船匪犯卽就洋督率弁委分投購線於六月三十日訪有漁人在下沙地方使用新洋錢買物當卽赶往適憲標署守備周國英等亦同在彼當據線人指明陳超倫卽飭外委范羣芳將該犯劉亞養拿獲署備周國英等在該犯身邊搜出新洋錢二十二圓詢以馬亞六逃往何處該犯狡不實供現將

犯人洋錢押解來轅候示等情各到本提督據此並據中軍叅將佘清署右營遊擊何駿龍轉據委弁稟同前由本提督當將所獲洋錢四百零一圓當衆檢閱均係新鑄洋錢封固送驗提到犯人黎得有黎得全劉亞養詰詢供情無如全操土音當委中軍佘叅將訊據劉亞養供係新安蛋民與馬亞六同在黎得有船上做水手六月初在洋聞有夷船在南澎遭風斷桅黎得有卽商同駕船赶往適夷船招僱漁船拖帶當與廣海赤溪拖七艕拖共船十四隻言定價值

拖帶因夷人發銀短少各船見夷人無多卽於十一日搬搶洋錢黎得有黎得全是船主分了洋錢一箱約有三千圓光景小的與馬亞六是水手每人止得洋錢五百圓等語質之黎得有黎得全則供稱並未同衆搬搶因各拖船搬搶夷船小的適在該處恐其張揚各拖船送給洋錢三百餘圓等語再詢之劉亞養則堅供如前查夷船遭風被搶案情甚重今署偹周國英訪獲黎得有等二犯起獲新鑄洋錢三百七十九圓署守備陳超倫拏獲犯人劉亞養搜獲新洋錢二十二圓均係人贓現獲況兩次詰訊劉亞養均堅供實係同衆搶刦其爲正犯無疑斷不能以黎得有黎得全避就之供任其狡展況據劉亞養供與馬亞六各得洋錢五百圓黎得有兄弟分得洋錢約計三千圓現在贓銀既眞奚容狡避合卽專差原獲之署偹周國英加派把總張清齡帮同解犯來轅聽候委員研訊得有供黨名姓住址卽希賜示以便專差追緝至該犯等得贓後花用原贓應否訊明飭令地方官照數查取歸原應候衡奪至署偹陳超倫卽經

飭令帶同外委范羣芳赶緊回洋務將馬亞六迅速獲解其賊船犯眷卽派把總區廷璋押解來省合將獲犯獲贓各緣由咨明應請委審示覆云云

計送犯人三名　黎得有　黎得全　劉亞養

贓銀洋錢四百一圓　賊船一隻犯眷大小九口

一咨　督撫院

道光十五年閏六月　初三　日

委員獲犯獲贓請飭司嚴訊稿

閏六月初三日備具公牘飭令署守備周國英等押解搶刦夷船匪犯黎得有黎得全劉亞養等犯三名並贓銀新鑄洋錢共四百零一圓匪船一隻犯眷大小九口星夜赴省計今午定已解赴崇轅飭發審訊復細加訪問黎得有向係慣做夷船帶水能說夷話現已人贓並獲且劉亞養即其本船水手指定黎得有黎得全分得洋錢一箱並自認與未獲之同船水手馬亞六各分洋錢五百圓查現起之贓均係新鑄

未經行使之錢顯係正盜眞贓似無疑義況據失事夷人供稱於遭風斷桅後即僱倩有家眷漁船引帶等語而黎得有船上現有家眷却又能通夷語更恐即是此案盜首亦未可定在黎得有等自必畏罪狡賴縱使即非此案盜首然從此追究供出首從姓名住址並各匪現在逃散何處即可分捕會拏可期速獲務祈於委員審有實供即速示悉以便咨飭安弁馳赴各該處迅即獲解庶免該匪等聞風遠遁頃又風聞該拖船於分贓後已有七八船逃往硇洲洋面即由硇洲西下現在硇洲境內亦驟有新洋錢行使市墟是否虛實均應查辦除將現獲贓犯緣由並風聞前情刻已專差飛咨瓊州陽江二鎭嚴督各營加緊密訪嚴拏務獲解究並咨明南澳碣石一體偵拏外知𠥄藎懷謹以布達云云

道光十五年閏六月　初四　日

緝獲正盜眞贓咨行鎭營上緊跟拿各犯稿

爲獲盜獲贓訊明正盜大概情形星飛（咨明／札行）以凴追踪速獲解省歸案事案照暎夷呾咂貨船據報於六月初七日在外洋遭風僱倩漁船拖帶行至新寧屬南峯山白石外洋被漁船戸乘危搬搶洋錢貨物一案節經飛咨飭屬搜拿務期人贓速獲解辦飛札沿海各協營設法訪拿各在案並專委（敝／本）標署守備曾應元周國英把總區廷璋喻成宗等分投追拿茲於閏六月初三日據周國英獲犯黎得有黎得全二名

起獲贓銀新鑄洋錢三百七十九圓並匪船犯眷稟解來轅並據署大鵬左營守備陳超倫會同周國英等拿獲犯人劉亞養搜獲新洋錢二十二圓一併解送前來各到本軍門據此當卽當堂凴衆檢閱盜贓洋錢四百零一圓均係新鑄洋錢提犯研訊據劉亞養供稱小的係新安蛋民與馬亞六同在黎得有船上做水手六月初在洋聞有夷船在南澎遭風斷桅黎得有卽商同駕船赶往適夷船招僱漁船拖帶當與廣海赤溪七艕拖船十四隻定價拖帶因夷人給銀短少又見夷人無多衆人起意卽于十一日下晚搬搶黎得有黎得全分了洋錢一箱約三千圓光景小的與馬亞六每人止得洋錢五百圓同搶各船當卽分散等語訊之黎得有黎得全供稱並未同搶因各拖船搬搶時小的船適在該處他們怕我張揚是以送給洋錢三百餘圓等語當令兩相對質據劉亞養堅供如前而黎得有黎得全均吱唔狡辯查夷船遭風斷桅漁人見財起意乘危搬搶贓多案重經本軍門專委署守備周國英訪明黎得有慣做夷船帶

水能說夷語現已人贓併獲而劉亞養供明卽是本船水手指定黎得有黎得全分洋錢一箱並自認與馬亞六各得洋錢五百圓且所獲洋錢又係新鑄尙未行使之錢顯係正盜眞贓似無疑異況黎得有慣做夷船帶水能說夷語更恐卽是此案盜首均未可定除將盜犯贓錢匪船犯眷解省咨請督部堂委員審辦外合亟飛（咨／札）爲此（合咨貴鎭／札仰該營）查照來文會同有司傳到拖頭保甲卽將本境赤溪拖七艕拖密速查明跟追設法緝盜起贓務使嚴密迅速不得稍有洩

漏致犯聞風遠颺至此案盜犯必須全獲盜贓尤須照數起獲給領庶上可以入
奏下得以折服外夷公事方不致掣肘本軍門必急如焚各營迄未報獲一犯似此任意因循一經參辦恐承緝各員不止落職留緝已也並訪聞該拖船於分贓後已有七八隻逃往硇洲西下現在硇境已有新鑄洋錢行使墟市務須望貴鎮嚴督所屬上緊偵緝迅獲贓盜解省歸案審辦竚切示覆施行毋稍玩視干咎

一咨　陽江鎮　一札署陽江中軍　香山協

卸署陽江中軍　護廣海遊擊　本標中營守備

云云又訪得儋州一帶洋面現有土匪聚船十數隻勾結多人在洋刦掠米船猪船等事又風聞有外夷貢船在瓊屬洋面被刦係盜匪李勝章李亞龍李三友李朱嬌舵工何毛先等聞之實深詫異不知巡洋舟師所司何事何以本軍門已知盜匪名姓並知所刦之物係紫金冠金獅子燕窩白米等件而各營迄無隻字稟報豈竟安泊深澳置洋巡於不問耶殊深悶懣合咨

貴鎮查照迅賜查覆云云

一咨　瓊州鎮

云云並聞該拖船分贓後已有七八隻逃往硇洲西下硇境已有新洋錢行使墟市此等漁匪得贓後諒必東西逃竄形跡難定務望貴鎮嚴督所屬設法偵拿總以贓盜迅速破獲庶上可以入
奏下得以折服外夷公事不致掣肘本提督必急如焚各營迄未緝獲一犯捕務實屬懈弛合亟飛咨貴鎮請煩轉飭舟師臺汛嚴密購緝正盜眞贓報究是所

切禱云云

一咨　碣石鎮　南澳鎮

道光十五年閏六月　初四　日

批署中營守備曾應元禀

據禀在深灣海面購有眼線所稱搶奪夷船係赤溪蛋民馮有能兄弟坐駕罟船等艇搶得洋錢等件在新寧縣屬水口墟發賣緣由已悉此案先據績委之署守備周國英跟踪追至平海小星洋面拿獲正犯黎得有黎得全二名起出眞贜賊船又會同署守備陳超倫拿獲犯人劉亞養並贜押解來轅卽經備咨解省在案又據陽江何鎮軍並遊擊楊德雄禀於六月二十七日拿獲七艕拖一

對犯人黎生合等三名起獲番銀五千圓解交陽江縣訊解在案查昨據犯供此項匪船全係赤溪拖七艕拖捕魚船隻此時陽江所獲之犯應已訊有確供自可跟踪躧緝該署備係首先特委之員旣經購線探有賊匪姓名贜物發賣處所何以迄今犯無一獲可見如簧之舌全不可靠仰卽實力窮追總期贜賊速獲方爲不負委用凜之勿懈繳

道光十五年閏六月　初七　日

批署陽江中軍楊遊擊手本

據禀已悉除咨

督撫二院外該署遊擊叠次獲匪起出拖船原贜解縣審辦實屬緝捕有方奮勇可嘉之至但此時雖經各處破獲起出多贜惟查夷人原報失去番銀七萬餘圓報有匪徒一百餘名兹統計各處現獲贜犯尚未十分之二尤應一鼓作氣跟踪緝獲仰該署遊擊乘此迅速追拿總以贜犯悉數弋獲解究斷不可片刻延緩致犯遠颺爲要仍將獲有贜

盜緣由專差分投馳禀察核可也此繳

道光十五年閏六月　初九　日

委員周國英等續獲贓盜咨稿

爲委員續獲贓犯訊係正賊解省歸案咨請發審事竊照夷船遭風被搶一案前據署備周國英陳超倫獲犯獲贓解省在案本提督當以所供同搶分贓之馬亞六一犯在逃立飭陳超倫赶往緝拿去後兹於本月初九日據署守備陳超倫押犯來虎稟稱昨奉面委帶同外委范羣芳星夜赶回於初六日追踪至白沙地方據線人指明馬亞六潛匿處所超倫卽令外委范羣芳等上前圍拿范羣芳首先將馬亞六捡

獲記委劉大芳劉大昌在該犯身上搜出原贓番銀一十一圓適署大鵬右營守備何觀鋒赶至同獲合將獲犯馬亞六及洋錢十一圓解候等情據此除騐明洋錢十一圓均係原贓封固解騐飭據叅將余清訊據馬亞六供稱小的係新安蛋民年二十一歲本年正月初十日受僱在黎得有船上當水手六月初十間聞有夷船在南澎遭風斷桅黎得有卽令將船駛往南澎看見遭風夷人招呼拖帶黎得全通曉夷語能說夷話卽攏靠夷船黎得全卽過船議價要銀三百圓夷人嫌多其時當地共來七艕赤溪拖連黎得有船共十五隻一同攏近因夷人不肯多出價錢又見船上夷人不多黎得全見財起意衆人上船乘危搬搶各散小的與劉亞養每人分銀五百圓黎得有兄弟分銀三千零幾十圓小的分銀後卽辭了黎得有上岸因聞各處拿人小的將銀抛下水了除零用外身上止存洋錢十一圓今被拿獲小的實係聽從所供是實等語查該犯在黎得有船上充當水手一同搬搶夷船洋銀並分銀五百圓已據劉亞養供

明在案惟所供黎得全通曉夷語能說夷話是否卽係黎得全爲首必須歸案質訊方能得實至該犯所供分得洋錢抛棄下水似難憑信應飭原獲外委范羣芳將犯人馬亞六並贓銀單鸜洋錢十一圓解赴崇轅聽候委審歸案究辦並飭陳超倫赶回加緊密緝外合將續獲贓犯咨明訊辦仍希示覆云云

計解犯人馬亞六一名單鸜洋錢十一圓

一咨督撫二院

道光十五年閏六月　初九　日

嵛弁密拿寄贓犯人黃有廣札稿

爲密札專委嚴拿務須不動聲色迅速獲解事竊照唊夷貨船遭風斷桅被引帶漁船乘危搬搶一案卽經本軍門嵛委署備周國英拿獲正賊眞贓解省審辦在案茲據委員審明犯人黎得全供認與伊兄黎得有向駕釣魚船一隻僱有劉亞養馬亞六在船帮工往新安龍船灣佛堂門各洋釣魚六月十一日駛到新寧南澎洋面見有不識名的梁姓大眼艚船並拖船二十餘隻先在該處因有遭風夷船漂到招僱各船帶水議價不允梁姓各船起意乘機搶奪伊船分得番銀四千圓除分給水手劉亞養馬亞六各五百圓并陸續花消約有千餘圓其餘銀錢均寄存新安九龍人黃有廣蝦罟船內其黃有廣卽富大現在新安佛堂門灣泊等語 除密札大鵬左右守備暨本標左營遊擊刻日嚴密查拿外 合行密札專委爲此札仰該 把總署備 立卽馳往訪拿務將存寄贓銀之蝦罟船戶黃有廣立卽拿獲將所存贓銀並裝銀木箱一併起獲解轅咨辦查黃有廣係捕魚之人不知定例

今止收存不知情賊贓並無大罪若能聞拿卽行赴官呈繳仍應獎賞況督部堂已有告示如能將各犯寄存贓銀呈首者一槪不究並仍獎賞銀兩現已各處揭示曉諭合併抄示札知遵照毋違

一札中營把總喻成宗 本左遊擊

大鵬左右營守備

道光十五年閏六月 初十 日

批署陽江鎮中軍遊擊禀

據禀已悉除容督撫二院外該署遊擊先後會縣督率兵役拿獲黎生合等三起緝捕實屬認眞惟此案未起賍銀仍有五萬餘圓必須多購眼線鼓勵弁兵赶緊分投設法兜捡務期全數弋獲至夷人裝銀木箱亦須一併起出解省尤爲至要至現供黃利祿等逃赴西路仰卽跟踪追拿以期幹此全功不致一名漏網爲要爲囑此繳

道光十五年閏六月　初十　日

批護廣海寨遊擊周弼禀

據禀已悉查搬搶夷船賊匪本軍門先據委員周國英訪獲正犯黎得全等三名並賍銀船隻解省審辦又據署遊擊楊德雄禀獲黎生合等三名起出掩船賍銀報究又據署後營遊擊盧必沅拿獲犯賍銀船一起又據何鎮軍督獲吳大漢保等犯賍銀船隻二起又據大鵬營獲犯馬亞六人賍均經解省訊明在案不獨失事夷人報案指明洋面委員會勘印禀可憑及所獲各犯口供又鑿鑿可據該護遊擊以承緝之員迄未獲犯獲賍節經本軍門十一次札飭該備形如木偶並無隻字禀覆並不赶緊緝賊破案以贖前愆轉以附搭之名冐爲獲犯卑鄙不堪而尤繪送洋圖推諉洋面無能無耻實堪痛恨除將輪巡將弁一併摔頂外茲再勒限五日如該護遊擊尚有人心速將未獲犯賍赶緊弋獲尚可稍贖前愆設使失事洋面果有不實不妨獲犯後呈請更正如再冥頑不靈限內不獲犯賍恐不止革職已也凛之此繳

道光十五年閏六月　初十　日

虎門海口風潮暴作淹漫田禾稿

本月初八九十等日每晚輒有黃色濃雲由東至西察看日光雲氣顯著發風形勢卽傳諭總巡遊擊何駿龍轉飭巡洋弁委收拾各船椗纜一體防範去後十一日午後東北風漸起漸大酉戌之際風色或南或北東西不定刻刻變遷愈刮愈猛至亥初則摧墻拔木署中屋宇爲之搖動加之大雨傾盆風聲與飛瓦擲地之聲不絕迨至十二日丑刻雨勢益大風轉東南吼聲更烈黎明雨勢稍緩風不少息卽派弁前

赴海口一帶查看大小師船暨越南夷船有無傷損旋據覆稱弁等奉差查看各項船隻遵卽同往行出虎門寨城不獨道路無蹤卽田邊守望更棚均被水淹至脊等語　教弟卽冒雨登高看得虎門城外一片汪洋素日所見之田禾及田邊所搭之更棚均已埋諸水底緣海潮爲暴風所擁進則洶湧退爲風阻一夜之頃計多長水幾及一丈是以沿海街道田畝全行漫溢幸於午後風勢稍小雨亦漸止漫溢之水漸次消退又飭署右營把總何瓊赶赴海口挨查去後

戌刻接據署右營遊擊何駿龍稟稱昨奉傳諭立即通知隨巡各船收拾椗纜防備暴風茲於十一日下午北風盛發天色變異即飭各船小心保護加拋椗纜定更後東北風逾大浪湧異常越南夷船被風打出龍穴之外十二日早又隨東南暴風刮入沙角邊灣兜之內查該處水底係屬爛坭即使擱淺亦無大碍現在風已轉南一俟風色稍和親往查詢該越南船有無損漏仍加意防範至兩營大小舟師一切槓椇有無損失容俟風定查明另行稟報等情查此次颶風暴雨迥異尋常一晝夜之久洋中遭風船隻在所必有除俟各委弁查覆回銷有無事故隨時核辦至虎門左近一帶田禾及新插秧苗突被風潮淹漫此時天色雖晴水已退去但受傷過甚收成必至大減知關藎念合將十一二日海邊風雨情形專肅奉聞云云

道光十五年閏六月　十三　日致督撫

籌議提鎮各標抽兵七十名添防新建炮臺稿

爲籌議抽撥兵丁分派配防巡緝事道光十五年閏六月十四日准

總督部堂 貴部堂 咨開道光十五年云云等因到本軍門准此查新建蘆灣等處炮臺一案係因防夷緊要一切不可稍緩應俟工竣即須撥兵配防以資守禦所有抽撥南澳碣石本標徑轄各營兵七十名既准督部堂如議抽撥咨覆先行移行各鎮協營照辦自應遇有糧缺陸續扣裁統於本年十月初一日將名糧移撥本標右營募補彼此起支截支合將會議抽撥步守名數列單移 行知爲此合咨 貴鎮煩爲轉飭 牌仰該營照依事理即便轉飭 移本標左前二營遵照單開名數依限抽撥並將抽撥名糧截支糧餉日期及歲需餉米公費紅白銀兩隨帶軍裝旗幟器械帳房鑼鍋鉛藥等項逐一列册移送本標右營查收添額並造册通繳查核施行 該將弁毋違 即備移本標右營遵照將次屆期立即召募勇壯各拔餘丁挑選技熟守兵呈送本軍門考驗拔補及時分配各臺防守仍將一切事宜層次分別造册具稟核

辦毋稍率延毋違

計粘單一紙

一咨南澳碣石鎮　行本標中軍　香山協

計開

水師提標左營抽步兵一名守兵四名前營抽步兵一名守兵四名

香山協左營抽步兵一名守兵二名右營抽步兵一名守兵二名

碣石鎮左營抽步兵一名守兵四名右營抽步兵一名守兵四名

平海營抽步兵一名守兵四名

南澳鎮右營抽步兵十名守兵十名

海門營抽步兵三名守兵十一名

澄海協右營抽步兵一名守兵四名

云云准此除儋州添設水師營應添兵丁一案遵俟定議後再行辦理外查新建蘆灣等處炮臺一案係因防夷緊要一切不可稍緩應俟工竣即須撥兵配防以資守禦所有抽撥南澳碣石本標徑轄各營兵丁七十名既經貴部堂如議抽撥咨覆先行移行各鎮協營照辦自應遇有糧鈌陸續扣裁統於本年十月初一日將名糧移撥本標右營募補彼此起支截支除將會議抽撥步守名數列單移行各鎮協營轉飭遵照及行本標中軍叅將備移本標右營遵照將次屆期召募各技餘丁挑選技熟守兵呈送本提督考驗拔補及時分配各臺防守仍將一切事宜層次分別造册具稟核辦毋延外合就咨覆請煩查照分別照行遵辦云云

一咨　督院

道光十五年閏六月　十七　日

據稟引線拿賊轉遭波累咨請察釋稿

為據稟咨會事道光十五年閏六月十九日據署本標右營遊擊何駿龍稟稱本月十七日洋次據新安縣武生黃大英稟遵示繳銀乞恩察釋以免株累事竊生因夷船在洋遭風被搶奉行嚴拿生因在新安縣屬量船灣開張新裕泰雜貨店原與標下署守備周國英相識周國英奉提憲特派帶兵前往各處港口購緝本案匪犯到店將奉緝緣由向生說知浼生設法購線生因蛋民黎得全前次到店買貨還賬用

有新番銀當即找出一圓交周國英稟繳上憲案驗隨即購得妥線跟追斯時周國英破案心急許生不惜重費止求有犯必獲即發給各漁船花紅銀一百圓許以獲犯之日再加重賞等語適值連日風雨各漁戶貪得重賞不避風雨四處跟踪至平海之小星洋面見黎得有兄弟同在船內四面圍拿周國英拿獲過船生店伙伴同各蛋民進艙搜出洋銀六百八十餘圓其時做線各漁人見利垂涎未暇慮及日後即將花銀各自分藏迨周國英將犯綑定交兵看押

過船搜贓止搜出銀三百七十九圓連犯人家口一併稟解此是當日獲犯得銀被引線漁人私自俵分之實在情形也生回店後據生伴告知並店伙均有藏贓情事生即着落各伙伴向漁戶次第追出共追出銀二百圓交生暫貯尚有餘銀未曾追出本月初三日有蛋民黃有廣持銀四百五十圓到店說伊要裝置船隻恐銀兩在船諸多躭心浼生店代伊存貯生見該蛋民向在本灣捕魚朝出暮歸銀兩向有交易不疑其為匪亦不慮其與黎得有代貯贓銀一時

大意代伊貯下適生赴省風聞黃有廣存貯生店之銀即是黎得有贓銀事關重大若不首明定遭株連合將當日引拿獲犯一切實在情形並追回各引線漁戶存貯銀二百圓又黃有廣存貯銀四百五十圓共銀六百五十圓稟繳伏乞俯念下情將銀收存繳報並移明新安營縣免將生引線拿賊反遭波累並求容生赶回追查各伙伴漁人未繳洋錢另再繳報伏乞恩准等情到卑職據此查前據劉亞養供稱黎得有等搶銀一箱除陸續花用及周國英等起獲洋

錢今武生黃大英呈繳洋錢此外應仍有藏寄贓銀除准令黃大英赶回追查就近赴縣呈繳外合將據呈緣由速該生繳到洋銀六百五十圓稟解察核等情到本提督據此查新安縣武生黃大英前隨署倫周國英作線引拿黎得有等業據報明有案當卽憑衆驗明所繳洋錢七封每封內均有舊洋錢五七圓不等共計洋錢六百五十圓固封專差外委周大麟賫赴崇轅卽祈驗收發司存貯仍祈示覆云云

計解洋錢六百五十圓　大小共七封

一咨　督撫院

道光十五年閏六月　十九　日

札委署中營守備曾應元馳赴雷瓊督緝稿

爲專委督拿贓犯速獲解案事照得夷船被搶一案業經委員會同文武各員飭次獲賊破案昨准督部堂咨會此案訊據已獲各犯供稱贓賊尚多所有新安縣赤溪蝦罟掩等船以及在逃黃宏業等業已西下該船贓賊最多亟應嚴催拿解又據前獲搶犯黃利六供稱寄贓後逃往瓊雷洋面躲避因無緝拿信息是以趁風折回碙洲打探消息致被獲案等語足見黃利六兩船已在瓊雷洋面藏躲多日何以署都司龎貫超署守備王鵬年千總吳廷珍以專札飭委

堵緝之員乃任盜匪往來本境遊奕多時竟至毫無覺察顯係全不認眞此等木偶之徒殊堪痛恨合就札飭該署備卽速馳往西路督同龎貫超等激發天良務將在逃赤溪掩蝦罟等船並黃宏業等連所搶贓銀並夷人裝銀原箱務須一併獲解一經得手該署備立卽星飛馳報毋得刻遲干咎速速

道光十五年閏六月　二十二　日

委員追獲寄贓犯人呈繳洋銀咨請訊釋稿

爲委員追獲寄貯犯人黃有廣起獲洋錢五百二十三圓解送歸案事竊查前獲犯人黎得全等到案供稱有贓銀四百五十圓寄存漁戸黃有廣處等情本提督立卽專委因公在虎之大鵬右營署守備何觀鋒帶同本標中營把總喻成宗星速赶往追拿務將人贓并獲解報去後復又札飭大鵬左營守備陳超倫本標左營護遊擊曾國安一體兜拿在案嗣據右營護遊擊何駿龍禀據線人武生黃大英呈繳存寄

贓銀六百五十圓前來卽于本月十九日專弁咨送驗發在案茲於閏六月二十二日據署備何觀鋒把總喻成宗等禀稱竊署備等接奉憲臺密札飭令迅速前往佛堂門量船灣等處查拿寄貯贓銀之黃有廣一名務將贓銀解報等因奉此署備遵卽帶領把總喻成宗外委李懋元暨兵丁等不動聲色於本月十四日緝至佛堂門洋面據線指認黃有廣船署備卽飭外委李懋元向前拴拿黃有廣一名適新安縣盛令本營鄭護叅將署提標左營曾遊擊署大鵬左營守備陳超倫暨各營縣員弁均踵緝至彼協同拿獲交新安縣盛令審訊據黃有廣供認當日收得黎得有托買船銀四百五十圓寄貯量船灣新裕泰店黎得全尙有餘銀小的不知道等語鄭護叅將等卽飭署備向新裕泰店伴張煜明查詢據供黃有廣寄貯買船銀四百五十圓問武生黃大英便知至黎得全贓銀前月小的帶領捕魚多船及線人在小星洋面圍拿黎得有兄弟時各漁人線人搜出番銀六百餘圓分用尙有三百七十九圓被周總爺搜出解繳

今蒙追贓容小的迅速追繳求開恩等語茲署備押令陸續追繳到銀四百五十圓另會同新安縣又追得贓銀七十三圓合共銀五百二十三圓理合將銀速黃有廣一名解繳等情據此並據護叅將鄭大斌署遊擊曾國安新安盛令聯銜禀同前由本提督立卽當堂驗明解到贓銀內洋錢七十三圓係新安縣原封未拆其餘四百五十圓驗明固封並存寄賊贓犯人黃有廣卽飭署備何觀鋒外委李懋元賫赴崇轅呈請驗明發司歸案至黃有廣一犯據訊止係存

寄賍贓並未爲匪其船隻眷屬飭令何觀鋒一併解
省應否摘釋之處聽候衙奪示覆云云
一咨　督撫院
道光十五年閏六月　二十二　日

劄新安縣核案摘釋武生黄大英稿
爲據禀核釋事本月二十三日據標下右營何遊擊
禀稱竊卑職前據新安縣武生黄大英禀稱生前隨
署守備周國英作線緝獲搬搶夷船匪犯黎得有等
追出搜藏贓銀併悞代黄有廣貯存銀兩緣由實情
連銀禀繳前來當經據由禀繳憲臺察核委員解省
併准令該武生赶回量船灣將未繳贓銀追繳去後
本月二十二日復據武生黄大英到船禀稱生遵奉
赶回量船灣查據店夥張煜明等説稱作線漁人尙
有未繳搜藏贓銀共四百五十圓已經查追齊足交
大鵬右營何署守備查收禀繳至店夥徐獻廷被差
帶去尙未釋放伏思店夥均係愚民貿易爲生前承
周署備浼代購線復許以獲賊重賞各漁船貪利踴
躍作線跟追獲賊搜贓漁人不知事務私藏分用此
係實在情形兹生已追出銀二百圓並將悞代黄有
廣貯存銀四百五十圓禀繳於前今店夥張煜明又
復追繳銀四百五十圓兩次計繳銀一千一百圓此
外並無有懷藏寄貯情事無憑再繳至黎得有等有

無寄存別人別船生與店夥實不知情合再瀝情稟
明伏乞轉請恩施早賜檄行新安左營大鵬營知照
暨新安縣主將店夥徐獻廷釋放俾得安心貿易沾
恩靡旣等情到卑職據此查該武生悞存贓銀卽行
具稟呈繳尙屬畏法今據稟前情似無揑飾理合據
由轉稟察核伏乞俯念下情可否檄行營縣將武生
黃大英店夥徐獻廷省釋以免羈累出自鴻慈等情
據此查本月十九日據標下右營何署遊擊稟據武
生黃大英呈稱遵示繳銀乞恩察釋以免株累等情

呈繳蛋民黃有廣寄存番銀四百五十圓並陸續追
回引線漁人分藏番銀二百圓一併首明報繳到本
軍門據此當卽驗明固封委員解省咨請
督部堂驗收發司貯庫在案頃准咨覆內開查武生
黃大英受寄漁戶及蛋民黃有廣藏匿贓銀遵示首
繳畏法可嘉且係作線引拿獲犯之人其前次悞行
受寄之非免其置議不得稍有波累並令將各伙伴
漁人未繳贓銀追查併繳其各漁戶引拿有功只須
繳出贓銀概不提究此後如有自行呈繳是案贓銀

者一律免罪贓在一千兩以外者仍酌賞銀兩除札
臬司提犯黎得有等確審實在得贓若干圓寄頓黃
有廣處若干圓黃有廣是否同夥該犯所得贓銀除
先後起繳外尙有贓銀若干寄藏何處逐一訊明稟
覆移行追繳咨煩查照轉飭該遊擊飭令武生黃大
英知照等因准此除轉飭遵照外合併行知爲此劄
仰該縣官吏卽便查照一體轉飭武生黃大英遵照
至該生稟請釋放店夥徐獻廷以免羈累之處希卽
訊明如無別故卽行釋放免累再本軍門風聞新安

舉人鄭姓係犯人黎得有等之事頭黎得有等卽鄭
舉人之事仔黎得有兄弟於得贓後曾將贓銀四百
圓歸償鄭姓未知確否刻下此案各處獲犯已三十
餘名共獲贓銀現止二萬九百餘圓贓數尙未及三
分之一是追贓爲現在急務固知辦案最忌株連然
獲贓過少礙難定讞況犯人黎得全等已獲解在省
如有歸償鄭姓之欵將來亦不容其不據實供明亟
應留意確訪設能如黃大英之首繳似亦愛民之一
端也仍將查辦緣由覆核此劄

一劄新安縣

云云准此除轉飭遵照外合就札知為此札仰該署弁行左營及札新安縣一遊擊即便轉飭汎巡員弁一體遵照毋得稍任兵役體遵照嚴束兵役毋得藉端滋擾外本軍門風聞該藉端滋擾如敢故違定行嚴參不貸凜遵毋違營署守備陳超倫不知約束縱兵滋擾並將引綫藏贓漁船漁戶封押不放情事若果屬實不獨生事擾民且使各處悞寄贓銀之人畏累不前於此等巨案大有關係合行札查仰該護參將星速查明據實馳覆毋稍徇飭並干參辦毋違

一札本左遊擊　大鵬參將

道光十五年閏六月　二十三　日

委員周國英遭風覆船淹斃船戶幼女稿

二十六晚接奉復函知前遭風雨情形已邀鑒察即荷檄行各處查辦撫卹仰見慈雲普照欽感難名連日接據各營呈報巡船遭風有撞礁擊碎片板無存淹斃兵丁沉失軍械應詳請補造者有損失槓椇弁兵受傷應即籌修者各臺汎兵房有被風雨坍倒三板撞沉者紛紛報至除隨時咨明彙總核辦一面批行各營認眞打撈炮械會縣勘明據實通詳外至敝標署守備周國英前獲正犯黎得全等教弟預先給

銀一百兩嗣獲犯解虎據稱與武生黃大英素日相識該生在彼開店與各漁戶交易熟識因知黎得全兄弟使用新鑄番銀過多疑其為匪即託其做線引拿該生又招僱漁船十隻允給花紅銀二百圓先給該生洋錢一百圓分散各漁戶購買柴米同往追踪追獲犯後即帶同黃大英店夥連夜赶回所允花紅尚未找給等語教弟當發銀一百兩交該署備如數找發交該店夥帶回分給衆人及周國英等自省旋虎又經參將余清發給銀二百兩僱船赴洋訪拿餘

犯該署備於十一日在洋遭風覆船與署額外王大
麟及隨從兵目均各受傷並淹斃船戸幼女一口所
帶軍械衣箱銀兩全行沉失窮弁因公幸存身命情
實可矜當又發銀一百兩交叅將分賞受傷各弁
兵製衣養傷茲荷垂念營員購線花紅恐不踐言以
後無人聽信諭於奉發陽江捕費內撥用捧讀再三
感愜交集 教弟 督理全洋疎於預防已深抱疚選派
員弁上下兜拿周國英等僅獲犯四名及寄贓之黃
有廣一名署備曾應元止在陽江協獲犯贓一起千

總吳廷珍馳赴瓊州一帶雖據謝鎮及署海口叅將
余得彪覆稱加派弁兵分投四出迄未報獲一犯 教
弟 焦急難安昨又發銀專札曾應元連夜赶往瓊州
一路催督麗貫超王鵬年等並嚴飭龍門協崖州協
海口海安各營以已獲犯人黃利六供稱駕船逃往
雷瓊躲避因趁順風潛回硇洲探信被獲是雷瓊各
巡員已有失察經由之咎若再不認眞緝獲解報則
咎由自取此時有無獲解尙難懸定再查據劉亞養
供稱黎得全弟兄分銀一箱約計三千圓光景馬亞
六供亦相同惟未卜夷人報失番銀二十一箱是否
每箱均貯銀三千圓抑箱有大小多寡不同查據陽
江初次獲犯據黎生合等供稱兩船分銀兩箱二次
獲犯吳亞十等供稱每船分銀兩箱是該四船共分
銀八箱若以每箱三千圓計之則黎生合吳亞十兩
起四船分銀八箱卽應有番銀二萬四千圓今黎生
合等兩船四箱僅供五千圓吳亞十等兩船四箱僅
供六千零數十圓是該犯等拚命搶銀全歸船主毫
不自私似難全信恐各起均有埋藏倘祈衡鑒承諭

委員允給線人花紅均已如數給發毫未短少至 教
弟 處前後所發花紅盤川賞銀通計未及千金均係
分應捐辦之事斷不敢再勞慈念亦斷不忍稍累將
備致如前法令不行也專此奉覆云云

道光十五年閏六月　二十八　日

南澳鎮請補千總於例未符咨請駁飭稿

爲咨請事道光十五年七月初二日准南澳貴鎮咨開爲照本鎮先奉總督部堂照會前事查署都司事雲騎尉候補守備黃慶元既係營務操練均能精勤嫻熟弓馬優長署守備事千總羊英科教練合式均應由外記名遇缺酌量分別陞補至把總蔡先攀外委傅維賢馬步優嫻緝捕勤奮旣經該鎮存記應俟有千把總缺出由該鎮分別獎拔具報等因並准本提督咨同前事隨查本標右營右哨千總賴先魁病故

遺缺又澄海協左營右哨千總曾繼珍革職遺缺均未奉拔有人經將前遺兩缺以奉行記名之把總蔡先攀請補一缺續奉督憲札據潮州李鎮將閱過官兵技藝列册稟繳查南澳右營把總蔡先攀澄海協右營把總李英隆均應記名以千總拔補南澳鎮右營外委把總傅維賢應記名以把總拔補該鎮即便遵照將把總蔡先攀李英隆外委傅維賢記名遇缺分別呈請拔補毋庸再送考驗又准本提督咨知前因本鎮應即遵照將把總李英隆一併請拔前遺千總缺前請以蔡先攀就兩缺中拔補一缺未奉督部堂批示是以未便具請嗣蒙檄行以蔡先攀拔補澄海協左營右哨千總並准本提督來咨所遺南澳右營右哨千總一缺應將把總李英隆稟請奬拔方昭公允弟思李英隆拔補把總尚未接劄維時又准本提督咨催南澳右營千總賴先魁故缺即挑選合例人員移送考驗轉送覆驗拔補等因理宜即挑合例之員送驗校拔適聞閩洋有零星土匪出沒旋據海門營報有匪船駕駛西下捕務吃緊本鎮率帶舟師

日夕在洋往來稽查督捕未能分身挑送茲查李英隆蔡先攀羊英科等各該弁俱係
欽差大閱案內特奉記名飭令俟有千把總缺出呈請拔補毋庸再送考驗之弁與尋常記名者有間其蔡先攀先蒙賞拔澄海協左營千總羊英科亦已奉行
題陞碣石鎮標右營守備現在遺有南澳右營右哨弁缺自應以大閱案內記名之澄海右營把總李英隆呈請拔補如以既准本提督咨催選弁送考該缺不應以該弁李英隆請拔但均屬奉准

督憲鈞諭同案記名之弁辦理未免兩歧雖李英隆尙未接受把總劄付於例稍有未符但查蔡先攀前請拔補千總其時亦未接劄已沐
督部堂俯允所請茲李英隆自可援照一體邀恩且水師人材難得該弁請拔千總洵堪勝任是以不揣冒昧相應咨請請祈察照可否以記名毋庸送考之澄海把總李英隆轉請督部堂恩准拔補南澳右營右哨千總遺缺之處出自碩裁如荷允准轉請拔補敢希咨知以便轉飭遵照施行等因到本提督准此

爲查南澳鎮右營右哨千總賴先魁於道光十二年八月十二日病故懸缺至今已及三載業經 貴督部堂暨前提督及本提督先後迭次飛催 南澳貴鎮並又專咨差催飭營迅速選送考拔各在案原爲愼重營伍免悞巡防起見昨因日久仍未送到亦未見查明缺次移覆又經限行移催並咨會 貴督部堂查照一體飭催又在案今 南澳貴鎮請以李英隆拔補千總咨請轉請前來本提督卷查千總賴先魁於道光十二年八月十二日病故李英隆於道光十四年五月二十二日甫拔把總到營是李英隆拔補把總已在賴先魁病故二十一月之後且該弁請劄履歷於十四年十一月方准送到本提督卽于十一月十三日核咨轉請咨 部尙未奉 部覆准給劄今准前因實屬於例未符況懸缺三年之久忽以不合例之弁請補顯有懸缺待人之弊不獨有干 部詰此風亦斷不可開至把總李英隆既經委員潮州李鎮於代閱案內稟請記名應請於接劄後遇有千總缺出再行拔補除咨 覆南澳鎮另選合例把總速送考驗轉送外合明督部堂外合就咨覆爲此合咨 貴鎮查照挑

倂咨明爲此合咨 貴部堂請祈一體照會該鎮照例選合例把總移送本提督考驗轉送拔補倂將此缺另選送考施行係第幾輪第幾缺於送考文內聲明勿再稽延致悞巡防施行

一咨　督院　南澳鎮

道光十五年七月　初三　日

犯供贓銀顯有不實札飭楊署將會縣設法追繳稿

爲咨覆事道光十五年七月初十日准督部堂咨開准貴提督咨開據署陽江鎮中軍遊擊楊德雄禀夷船遭風被搶一案將現獲各犯黎生合等十九名併起出贓銀銀餅派撥弁兵協同署陽江縣言令及委員於本月十九日起程押解赴省審辦等情到本提督咨會查照等因准此查黎生合等十九名并贓銀已據委員押解到省飭司委員審辦准咨前因相應咨覆并祈嚴催營委各員踩緝在逃贓賊務獲毋懈

等因到本軍門准此查此案失事係陽江隣境廣海洋面該遊擊現署陽江鎮中軍一有風聞卽在鎭屬本境各港口疊次獲船獲犯並在境內開張店舖之船主林立仁葉亞安李象龍葉亞果等舖起出贓銀並據該船主首繳贓銀及鎔化銀餅會縣辦理均尚妥速業已迭次札飭批示在案但夷船遭風被引帶漁人見財起意乘危搬搶與尋常案件不同必須起贓在七八成以上方能給領今據各路獲犯四十餘名獲贓共二萬五千有奇獲贓不能如數卽難折服夷人亦碍難入
告是刻下追贓繳官爲第一要務該遊擊既已會縣奮勉於前更應會縣鼓勇於後况寄贓船主均貿易陽江搶銀犯人又久泊本境港口起銀上岸寄頓之處亦非隣境此時贓犯雖已解省而船主林立仁等豈得於繳贓之後卽令置身事外該縣旣令其引拿逃犯此時贓數不敷斷難置之不究前次獲到黎得全等贓犯船隻據供分銀一箱計三千圓衆供鑿鑿而黎生合吳亞十兩起四船亦供明分銀八箱若果每

箱三千圓則該銀二萬四千圓現在兩起所繳尚未及半或船主匿贓犯人另有寄埋或夷人原箱有大小多寡之不同其理甚明其事現亦易辦况前繳贓內已有鎔化之銀此時卽難保無鎔化埋藏之事功虧一簣該遊擊與言令當共勉之合再檄行仰該遊擊卽便遵照會縣分投踩緝逃犯設法追贓務期贓銀多獲勿稍延玩凛之毋違

一行署陽江中軍

道光十五年七月　十一　日

拔補千總李英隆撤委另選考拔咨稿

爲咨覆事道光十五年七月十六日准督部堂咨開准貴提督咨開准南澳鎮咨南澳鎮右營右哨千總賴先魁病故遺鈌請以把總李英隆拔補緣由到本提督准此爲查南澳鎮右營右哨千總賴先魁於道光十二年八月十二日病故懸鈌至今已及三載業經貴部堂暨前提督及本提督先後迭次飛催並專差咨催飭營選送考拔各在案原爲愼重營伍免悞巡防起見昨因日久仍未送到亦未查明鈌次移覆

又經限行移催並咨會貴部堂一體飭催又在案今南澳沈鎮請以李英隆拔補千總咨請轉請前來本提督卷查千總賴先魁於道光十二年八月十二日病故李英隆於道光十四年五月二十二日甫拔把總到營是李英隆拔補把總已在賴先魁病故二十一月之後且該弁請劄履歷於十四年十一月方准送到本提督卽於十一月十三日核咨轉請咨部尙未奉部覆准給劄今准前因實屬於例未符況懸鈌三年之久忽以不合例之弁請補顯有懸鈌待人之弊不獨有干部詰此風亦斷不可開至把總李英隆旣經委員潮州李鎮於代閱案內稟請記名應請於接劄後遇有千總鈌出再行拔補除咨覆南澳鎮另選合例把總速送考驗轉送外合併咨明請祈一體照會該鎮照例另選送考等因到本部堂准此查南澳鎮右營右哨千總賴先魁病故遺鈌昨據南澳沈鎮具稟請以把總李英隆拔補業經如議發給委劄赴營任事併咨行遵照在案今貴提督來咨以李英隆尙未接劄未便拔補久懸之鈌係爲杜弊起見所

論甚正自應照辦除照會南澳鎮立將李英隆撤委將委劄繳銷一面將該鎮右營右哨千總鈌刻日另選合例把總呈送貴提督考驗轉送覆驗拔補及行東藩司查照外相應咨覆等因到本提督准此爲此合咨貴鎮煩爲查照迅將鎮標右營右哨千總鈌祈卽另選合例把總移送本提督考驗轉送覆驗拔補并於送考文內聲明輪補章程鈌次云云

一咨　南澳鎮

道光十五年七月　十八　日

札右營遊擊選弁防臺挑考糧缺稿

爲札飭派撥弁兵防臺并選送考拔糧缺事照得該營新建蘆灣橫檔西炮臺二座該營原設額兵不敷撥配本軍門業經議定增兵七十名連大角炮臺抽回兵三十名共兵一百名分臺防守以期得力所增兵數在水師各營抽撥以十月初一日彼此起截先經檄飭遵照辦理在案今該二臺將次工竣且值外夷貿易商船紛紛進口防臺巡海正關緊要亟須弁兵配防以資守禦合行札仰該署遊擊卽便遵照一

俟新臺將次完工立將大角炮臺兵丁抽回三十名派弁管帶防守橫檔西兩臺先將應配一切軍火炮械抽撥配用分別兵技某項應添戰守若干核定分數挑選各技守兵餘丁呈送本軍門記名隨時拔補新添糧缺仍先於存營兵內預選精壯者開摺送核以便配防均勿稽延毋違

一札署本標右營遊擊

道光十五年七月　二十八　日

札飭防弁整飭器械稿

爲札遵事照得現屆深秋正夷商各船絡繹進口貿易其各國護貨兵船向年亦有收入萬山內洋寄泊查鎮遠南山大虎橫檔沙角各炮臺爲粵省門戶而沙角口門又爲夷兵船界限均應加意防範日夜分班瞭探以昭嚴密合就札飭爲此札仰該千把總卽便遵照迅將該臺內軍火炮械務須逐件查點整齊總期件件有備人人得用設有殘損不甚合用者卽行禀請更換本軍門中秋節後親詣該臺閱視兵技並

演放大炮查點一切軍火如有絲毫損濕定將該弁當堂責革兵丁放炮均宜肅靜若臨時喊叫招呼雜亂不齊卽行插耳示衆決不稍寬仍先將該臺配防兵丁及軍火炮械限三日內逐細列摺繳核毋違

一札鎮遠　南山　大虎　橫檔　大角　沙角

各炮臺防弁

道光十五年七月　二十八　日

籌海初集

卷三

籌海初集目錄

卷之三

外夷巡船到境應分別奸良撫懲稿

月之五日肅賀丹箋度登青覽初八日奉到初六日閣中所發手翰恭諗鴻猷丕建駿望益隆指顧卽眞心香預祝弟賦性庸愚諸多粗率蒞茲十月於水師營伍僅知大略而於夷人情形尙難深悉茲荷垂詢仰見虛懷若谷欽佩彌深杳外夷商船例准停泊黃埔而護貨兵船亦准寄碇外洋是夷商船以黃埔爲限不准逾界夷兵船以沙角爲界不得擅入口門市有常地例有常禁章程非不妥善無如日久弊生奸

徒陰行詭詐以致夷人水道益熟貪謀愈多今春奏明增建炮臺指日工竣添鑄大炮已接踵歸臺弟昨於初二日親詣橫檔督率將備已將第一起運來大炮十二尊安置妥善並面飭洪發科立將上炮處墚墻一堵赶緊砌好以了橫檔一處工程查驗南山臺工已有八九大約臺面月內卽可砌平敬煩速飭都司黃廷彪將鑄好八千觔大炮七尊六千觔大炮五尊照數裝配石船連配炮鐵彈及交杯子委弁迅卽運來以便安配鎮遠其餘八千觔新炮十尊六千觔

新炮六尊又增鑄六千觔新炮二尊亦須於月內起運月底到臺俾接續安配妥洽試準高低則虎門海口各臺有備無虞矣如外夷護貨兵船來泊外洋似應照例馭之以恩設使犬羊野性不遵約束進口窺探弟即親督將備弁兵請撥火船加以兵威若膽敢向內闖駛即遵定制轟沉其船戮其桀驁以彰
國威然必察看情形隨機辦理斷不稍逞臆見致蹈孟浪設該船知風不進海口或作祟外洋或圖佔金星門等處藉端滋事應請嚴飭文員撤其買辦絕其接濟提標兵船阻截虎門蕉門之口不使內奸外出香山大鵬弁兵堵拿一應小船以絕外匪勾結果能內無通風勾引之人外斷接濟水米之艇杜絕奸謀不通音信以愚昧度之當亦抿耳貼服矣總之以無事爲最佳誠如台諭雖小滋事端亦不好看耳現在海口各炮臺及官兵一切防範事宜已于閏六月內弟親身查驗雖未十分齊全然事事均已有備並恐弁兵積習相沿不識輕重亦均札飭出示遵照弟到此日淺一切尚未身經務求不吝教誨俾得悉奉鍼規免

蹈隕越是所切懇再七月半間據秦副將面禀探聞外洋有夷兵船一隻內載夷兵八百名計日可到等語當即令其派人打探訖無確耗茲於接奉台函後又據秦副將禀稱前由除飭確探飛報外緣承垂詢謹將管窺所及敬肅奉達云云
道光十五年八月　初九　日

札香山協選弁確探夷船稿

爲札飭事據該副將禀報探聞外洋新寄坡地方有外夷巡船八隻拋泊等情當卽批飭再加確查飛報去後現准署制軍函詢虛實卽應探明不得稍任含渾雖外夷護貨兵船歷年來廣多寡不同必須分飭認眞防範以資有備除添製火船外合就札飭爲此札仰該副將卽便遵照刻速選弁設法查探務得實情星馳出具印禀覆候轉覆事關水師要件切勿稍延毋違

一札香山協

道光十五年八月　初九　日

致東莞縣侯令函

頃接祁宮保寄函風聞新寄坡外洋停泊夷兵船八隻屬爲防範等情當卽飛飭分查所有虎門各海口炮臺師船軍火器械弟早整備齊全現已密行調度如果該夷兵船不遵定例膽敢闖駛入口弟卽遵照

奏定章程開炮轟擊惟海口遼濶非用火船不可其火船應配火器柴草等件業經飭營預備務祈尊處先備力勝四百擔上下帆櫓齊全之空船八隻預爲撥定聽候調用不必卽來緣此時該兵船尚未入境固不可張皇更不可大意有備無虞以免臨時掣肘閣下平猺奏績深悉兵機當更有良策見遺也特此布達云云

道光十五年八月　初九　日

防夷調派摘要三十三條稿

初九日肅復一函度登青覽初十日千里馬到虎展誦郇雲領悉壹是弟昨接李都轉來函並委員賫到庫銀一千兩備賞等云當即札發中軍衙門收貯連日飭查前項八船所覆不一尚未得實而香山又報有外夷車輪船來泊金星門之禀亦經通飭小心防範查此項車輪船前於十年四月間亦曾來過原未爲患但此時既風聞有夷兵船八隻停泊新寄坡外洋之説適逢其會不能無疑况犬羊之性狡詐多端

有備無虞籌之宜早伏讀來示謂臨時如何分路安置並派委員弁囑令酌定寄請鈞衡仰見慎重海防於鎮靜之中默寓嚴整之意弟愧無善策喜遇明公敢忘未雨之謀時禀前車之鑒所有現在調度籌備一切章程開摺送閲務祈指示進而教之海疆幸甚豈獨弟叨厚愛已耶其第二起新鑄大砲現據向協臺委弁運到八千觔者四尊六千觔者四尊羣子封口子共計一千九百二十個又寄到司庫續發炮架銀二百兩俱皆分別安置給領矣知厪藎懷特肅布達云云

謹將籌備調度大略情形開列

一派香山右營守備選帶弁委二員分駕快船專司外洋探報

一派香山副將選帶兩營都守弁兵駕船分駐澳門金星門一帶專司彈壓察看情形嚴拿接濟隨機調度遇事禀報

一派前山營都司選帶弁兵專駐關閘不動聲色防守稽查

一派大鵬營叅將督率大鵬右營備弁兵船專防大嶼山水陸洋境查拿勾引接濟小船

一派大鵬營左營守備代巡大鵬左營洋面以免疎失

一調派提標左營遊擊選帶堅固米艇二隻並派千把一員配齊一應軍火炮械即日來虎聽候調撥

一派提標左營守備督率輪巡弁兵駕船在於所屬之伶仃內外洋面往來巡緝嚴防接濟

一調派廣海寨遊擊選帶堅固米艇二隻並派千把

一員配齊一應軍火炮械即日來虎聽候調撥
一沙角大角兩處炮臺因中泓過寬業已
奏明改為望臺原派外委恐不得力現已改派把總防守並督率守臺兵丁分班晝夜瞭望專司號炮
一南山炮臺原派外委現已改建月臺安炮四十尊應加添防兵連前共六十名添派把總防守並飭赶砌臺面新炮一到即可先行安置隨後赶砌垛墻
一鎮遠炮臺更換新鑄大炮十二尊現到八尊已派委員赶緊挽運上臺俟續來新炮運到即可一氣安配妥洽以便演試炮準
一橫檔炮臺已置新炮十二尊現派署守備周國英會同署叅將洪發科即日下子演準
一大虎炮臺對面離臺九十八丈之外本有暗沙一道原議於沙上堆積碎石以杜夷船不能騎沙行駛則船近炮臺砲火更為得力現尚未辦應請札飭洪署叅將會縣撥夫撥船裝運碎石拋積
一南山鎮遠橫檔大虎四臺應添隨炮一切器具及

火器等項業於六月內一律辦齊刻下恐有潮濕殘損現已委員逐細點查以期核實
一南山鎮遠橫檔三臺各安大炮四十尊各配防兵六十名又大虎炮臺安炮三十二尊原配防兵五十名當無事之際原可敷用刻下應照春間所議現已札飭叅將佘清將操熟親兵一百二十名一得確信即專赴南山督率協濟其右營署遊擊何駿龍一據探確即帶兵專管橫檔中營守備帶兵專管鎮遠右營守備帶兵專管大虎以上四處緊要炮臺專派該管將備四員分領操熟親兵各一百二十名臨期各管炮臺一座專司對準轟擊其總巡分巡應管洋務即飭左營遊擊廣海遊擊代管其中右輪巡各弁委師船均跟隨遊擊李賢聽其調度
一蕉門口炮臺上年有外夷三板由此竄越防範最為吃緊除添派世襲雲騎尉候補水師守備曾授綸一得確信即帶兵十名前往督同原配弁兵協守第該臺坍倒過甚兵難棲止前經據稟轉咨行

縣修葺應請速飭香山縣赶緊修復俾資防守

一新涌口炮臺添派世襲雲騎尉候補陸路守備萬蔭昌帶兵十名臨期前往協守

一札飭提標左營後營各選勇壯兵一百五十名前營挑選勇壯兵一百名預將配執軍械整理齊全造册呈送聽候調用

一函致東莞縣僱備四百擔以上空船八隻暗爲預備聽候臨時調虎裝配火船

一發銀札飭大鵬叅將購買松柴山草五百擔僱船速運來虎以備裝配火船

一購買鐵鍊湊長一百丈預備聯束火船用

一購辦鈎鐮鎗四十杆

一購辦聯楷棍四十根

一購買大毛竹打通其節備裝藥線火船用

一製辦木桶裝貯火藥硝磺火船用

一購買舊魚網蔴繩等件預備火船上收束柴草用

一購買桐油預備火船用

一添備大小火箭火礶噴筒等項

一挑派壯勇舵兵熟諳水性水兵預備分駕火船

一選派弁委專管臨時裝配火船

一發銀交各臺防弁每臺添製大鍋二口預爲砌好以備衆兵合夥煮食而免分爨悞事

一發銀交右營遊擊買米分貯各臺以備臨時之需

一横檔大虎鎮遠南山炮臺炮架有歷滿年限現在霉爛應行更換以備應用業經據禀轉咨行縣未據勘報此一節最關緊要應請迅飭東莞縣速勘造補

以上不過摘其大畧錄送其零星一應恕不瑣及

道光十五年八月　初十　日

籌備外洋內海調派購辦各稿

爲札飭速購樹枝柴草以備火攻事據香山協泰副將來稟據望洋引水稟稱探得黑水夷洋現有外夷兵船八隻在彼游奕是否護貨來粵抑往別處未知確實等情到本軍門據此查黑水夷洋既據探有兵船自應先事預防以免臨時棘手除師船炮臺官兵炮火業已一律派配齊全並飭日夜瞭探外惟是夷情叵測性近犬羊況外洋乘風行駛迅速有備無虞最爲上策設使該夷等不知量力膽敢螳臂當車一

入口門即犯

天朝禁令自應遵例開炮轟沉其船戮其桀驁以振

國威第海面寬濶火攻尤爲得力除船隻及火藥硝磺暨鐵鍊等項現已分投購辦其樹枝柴草一項查該營屬九龍淺灣沙螺灣等處最多合亟飭辦爲此札仰該護叅將立將發來庫銀一百兩查收迅飭兩營備弁速僱裝載石角之舊漁船十六隻採買大小松枝山草五百擔分載各船派弁運送定限文到三日內購送來虎立等配用所有應給船戶飯食銀兩即於來銀內核實發給毋得苦累窮民事關籌備邊防愈速愈妙該護將如敢稍任遲延定照違悞軍令例嚴叅不貸勉之毋違速速特札

一札護大鵬營叅將計發庫平紋銀一百兩

爲札飭購辦器械事昨據香山協來稟據望洋小艇探聞外洋新寄坡地方有護貨兵船八隻在彼買辦食物恐即趁風前來等語查歷年護貨兵船均有數隻來廣向飭舟師炮臺認眞防範有案今歲來船較多雖未入境應即預備一切以期嚴整除提銀一百

兩札發大鵬備辦柴草外爲此札仰該代辦中軍即便選委妥弁購辦聯束火船細鐵鍊湊長一百丈另辦一丈二尺以外實竹鈎鐮鎗二十杆又八九尺長實竹鈎鐮鎗二十枝均要堅鋒五寸旁安四鈎又赶辦連楷棍四十根杆長四尺八寸尾長一尺五寸務於十日內一律辦齊聽候分撥應用事關邊防緊要毋任遲延需用銀兩即於前發項內如數提用愈速愈妙切切毋違

一札代辦中軍

爲再行札飭購辦事照得本軍門昨經札飭購辦聯船鐵鍊鈎鐮鎗連楷棍等項以備堵截夷船應用尙有應辦物件合再札飭爲此札仰該署遊擊遵照選委妥弁購買大毛竹打通其節備裝藥線另辦小木桶八十個裝貯火藥硝磺又買舊漁網及蔴繩等件預備火船上收束柴草之用又預買桐油四百斤添備大小火箭火礶噴筒再買備食米等項均在前發項內提用並即挑選壯勇舵兵十名熟諳水性兵四十名預備分駕火船並預備脚船八隻及選派弁委

專管臨時裝配火船切勿怠玩飭知各臺防弁每臺添製大鍋預爲砌好以備衆兵同夥煮食而免分爨悞事仍有未盡事宜均即核明備辦並將挑備及派撥各緣由次第先行稟覆毋違

一札本標右營遊擊

爲札遵事照得現據該副將稟報據望洋小艇探聞外洋新寄坡地方有夷兵船八隻拋泊等情査外夷兵船護貨來廣歷年皆有均未如是之多亟應預爲設施以備不虞合就札飭爲此札仰該副將即便遵照帶領兩營值巡都守弁兵管駕舟師分駐轄屬澳門金星門一帶洋面專司彈壓並察看情形嚴査奸民私販小艇偷越接濟一有前項外夷巡船到境務須査確實情隨時調度密行飛稟此係特委要件務須嚴束備弁兵丁毋得稍存玩視及架事圖功愼之勉之仍將遵辦調度巡防緣由先行通報毋違

一札香山協

爲札飭耑派査探事照得云云同前亟應預爲査探俾免闖入內洋合就札飭爲此札仰該署守備即便

遵照限文到日刻速在於營內選帶弁委二員分駕快船專在萬山及擔杆山一帶外洋晝夜瞭探遇有前項夷兵船一經瞭看明白數明幾隻立即星飛稟報如無兵船到境亦限三日一次具稟差弁報聞設敢稍有含混以致坐失機宜定照軍法揷耳責革仍將遵辦起身緣由先行具稟交差呈覆凜之毋違

一札香山協右營守備

爲札遵事云云亟應預爲酌派以免疎忽査該護參將輪值下班總巡今防夷吃緊所有該營右營大鵬

山水陸洋境尤爲扼要雖設有守備專防駐守仍恐聲威不壯必須派委大員方資得力合就札飭爲此札仰該護叅將即便遵照刻速管駕舟師馳赴大嶼山洋面督率署右營守備何覲鋒常川把截扼要嚴拿勾引接濟小艇至該護叅將總巡洋務即着選委代巡免致顧此失彼仍將赴防及委代各緣由通報毋違

一札護大鵬營叅將

云云亟應預爲分佈以期有備查該營所屬伶仃內

外洋面最爲扼要且常有夷商船隻寄泊亦係總滙之區合就札飭爲此札仰該守備即便遵照督率輪巡弁兵管駕舟師在於該處洋面往來巡緝並嚴查奸艇接濟以及偷竊匪船務須實心實力切勿仍事顢頇致干撤叅並先將遵辦緣由即行禀覆毋違

一札本標左營守備

云云除札飭中路各營一體加緊瞭探巡防並飭沙角南山等炮臺整備一切軍火炮械防禦惟恐該夷等登岸滋事該營專守澳門而所屬關閘汛把截最

爲扼要亟應預爲嚴密防範合行札飭爲此札仰該署都司即便遵照選帶弁兵專駐關閘不動聲色防守稽查務須嚴加管束毋許怠玩偷安致干重咎其關閘城垣一切如坍倒處所立即移縣修整毋悞仍將遵辦緣由禀覆查核毋違

一札前山營都司

爲札調防範事云云同前應即預爲防範除札該營中路値巡守備各營一體加緊瞭探巡防外但中路各營炮臺及管轄洋面均應加緊巡防現在將備舟師不敷調

撥合就札調爲此札仰該署遊擊即便遵照限文到日即於營內挑選堅固米艇船二隻幹練千把總一員揀選配船炮火軍械旗幟等項務須件件齊足一律鮮明鋒利該將刻速親督來虎聽候派撥切勿稍延大干咎戾仍將起程赴防日期具文通報毋違

一札本標左營遊擊　廣海寨遊擊

爲札飭加緊瞭望專司號炮事照得沙角一臺業已改爲瞭望號令之臺較前尤爲緊要前派外委防守恐不得力是以改派該把總赴臺守禦茲據香山副

將禀稱外洋新寄坡地方現有護貨兵船八隻在彼買辦食物誠恐犬羊之性不知

禁令窺探內洋亟應加緊嚴防合行札飭爲此札仰該把總卽便遵照務須時刻認眞督率記委兵丁分定班次晝夜瞭望仍整備一切軍火炮械如瞭見夷兵船駛至星卽撥兵飛報本軍門一面准備炮火設該兵船膽敢向口內行駛卽行下子對準轟擊並卽施放號炮知會大角等臺一體預備如敢稍有違誤或經本軍門差人毋論日夜往查有不實心瞭探或輪

班之兵日間並不登高瞭望夜間安臥室中者定卽提轅插耳責革該把總督率不力亦並責革決不稍存姑惜凜之切切毋違

一札沙角炮臺把總

云云同前亟應預爲分佈以資嚴整查南山鎭遠橫檔三臺各安大炮四十尊各配防兵丁六十名又大虎炮臺安炮三十二尊原配防兵丁五十名當無事之際尚可敷用刻下防夷吃緊應照本軍門春間所定章程卽行添足兵六十名並卽轉飭把總莫在田

認眞操練合就札飭爲此札仰該叅將遊擊卽便遵照一有前項夷兵船駛入萬山確信刻速專赴南山橫檔並飭令該營守備專駐鎭遠大虎均各帶領平時操熟親兵各一百二十名各帶本身器械照册分赴各管炮臺一座督率協力防範如遇夷兵船膽敢闖入卽行開炮下子對準轟擊切勿坐失機宜前車可鑒其各自保功名至該叅將總巡營守備分巡洋務至期移交調虎之本標左營遊擊管領其本標中右兩營輪巡各弁委師船均跟隨左營遊擊聽其調度切勿疎忽毋違

一札本標中軍叅將　右營遊擊

云云同前亟應預爲調撥籌度以資防守查蕉門海口上年有外夷三板由此竄越防範尤爲吃緊除添派世襲雲騎尉候補守備曾授綸一有前項夷兵船確信酌帶該營兵十名前往督同原配弁兵協守外第該臺現在坍倒過甚兵難棲止前經據禀轉咨行縣修葺迄未興工合就札飭爲此札仰該署遊擊卽便遵照刻日備移香山縣多僱工匠赶緊修葺完竣具報並由營選撥壯兵十名交曾授綸管帶以便臨時帶

領赴臺均毋延違切切

一札本標右營遊擊

云云防範尤爲吃緊合就札飭爲此札仰該候補守備即便遵照一有前項夷兵船確信刻速束裝稟請何署遊擊派撥本標右營兵丁十名管帶前往該臺督同原配弁兵一體協力防範堵截毋稍大意干咎毋違

一札候補守備曾授綸

云云該營新涌海口關係緊要原防弁兵單薄恐難

得力臨事必應添派弁兵協同防守方免疎虞茲查有該營承襲雲騎尉候補陸路守備萬蔭昌堪以調撥合就札飭爲此札仰該參將撥兵十名即便開單轉飭該襲弁遵照俟有兵船入境確信星即率兵携帶執用軍械前赴該臺協同原派弁兵嚴行守禦務須嚴密稽查認眞管束毋許怠玩偷安致干重咎毋違

一札本標中軍

爲劄知事照得現據香山協稟報據望洋小艇探聞外洋新寄坡地方有夷兵船八隻抛泊等情查外夷兵船護貨來廣歷年均有惟本年較多雖尚未入境不可不預爲籌備除分飭水師各營臺汛舟師嚴密備禦外查本標鎭遠南山大虎橫檔各炮臺最爲防夷扼要第臺憑炮力必須炮架堅牢方期得用茲各該臺安炮炮架多有霉爛若不迅速造辦必至貽悞前據臺弁稟請修葺早經轉咨督院檄飭各在案迄今未據勘估興工刻下正當防夷吃緊之際難容再緩合就劄知爲此札仰該縣官吏即便遵照刻速委

員前赴各該臺將炮架逐一勘估迅速修製切勿稍延竚望毋違

一劄東莞縣

云云刻下雖未入境亟應預爲布置以免臨時周章查本標右營大虎炮臺對面離臺九十八丈之外本有暗沙一道本軍門前議於沙上抛積碎石安釘明樁以杜夷船不能騎沙行駛則船近炮臺炮火更爲得力業經咨明前督部堂在案該參將現在辦理炮臺工程應委就近督理除函達督院外合就札飭爲

此札仰該叅將即便遵照移會東莞縣籌辦夫船裝運臺上所遺碎石抛積該臺對面暗沙之上現當防夷吃緊之際該員素稱能事定當妥協辦理毋違

一札署增城營叅將

爲札飭挑定勇壯兵丁聽候調用防範事照得據報外洋新寄坡地方有護貨夷兵船八隻等情雖尚未入境不可不預爲籌防除札中路各營該營値巡守備一體加緊瞭探巡防並飭將各炮臺整備一切軍火炮械防禦外惟虎門直達省城水陸均關緊要恐該處兵丁

不敷應用應於隣營預行挑定俟有確信即可調用不致臨時周折合就札飭爲此札仰該遊擊都司即便遵照刻將該營額兵內挑選年力勇壯兵一百五十名預將軍械整理齊全即行造册呈送聽候本軍門隨時調用均勿稽延稍存玩視致干重咎毋違

一札本標左營遊擊　後營遊擊　前營都司

道光十五年八月　十一　日

催運新炮並交杯子信稿

初九十三連肅兩函專差馳遞計先後均邀台覽弟連日督率將備查驗各臺在前已備軍火並趕辦續備一切器具務使適用得力斷不任稍有草率十四日叅將余清會哨回洋當即委令督辦鎮遠上炮事宜茲據稟稱遵諭嚴督匠役連夜趕搭馬頭於十五日搭成十六日早潮已將第二起炮位挽運四尊上臺安置其餘四尊明日早潮約可全運上臺查鎮遠原議安置新炮十二尊茲已運到八尊尚少八千觔

者二尊六千觔者二尊仰祈速催尚副將轉飭炮廠速將現已鑄成之炮及交杯子一並趕運來虎俾得一力運至鎮遠以資防禦等情到弟合將二起新炮挽運歸臺情形專肅佈聞以抒藎念務祈即飭尚副將將在後新炮派弁赶運前來其交杯子一項刻已鑄成若干亦希一併運來以便分配再十六日巳刻接據香山秦副將來稟內稱連日探得新寄坡係紅毛地方距粵東水程約七八日但事隔重洋有無戰船在彼是否來粵尚未得有確信等語弟查外洋行

船以更數爲準每更以六十里爲度如果新寄坡地方離廣七八日則應在四千餘里之外海洋風汐靡常遲速原難逆料弟夷船帆檣便利而夷兵船向無艄樓行駛尤爲迅𨗿愚昧之見不患其來患我無備昨承李都轉寄來銀兩未便吝費悞公業已分投赶辦弟素知經費難籌是以未敢放手細細籌之尚覺不齊耳容再續泐云云

道光十五年八月　十六　日

委勘金星門形勢繪圖確覆稿

爲札委履勘繪圖確覆事照得香山協屬金星門洋面現有夷船駛往寄泊均經批飭嚴加防範在案但查金星門洋面山形海勢出入通達門戶以及各口門水勢深淺澳內水面寬窄近岸居民若干何處最爲扼要何口可通何處本軍門尚未深悉亟應確查以期悉知形勢合就札委爲此札仰該署都司卽便遵照限文到日迅速坐駕快船帶同營內諳練畫匠務將金星門形勢細心逐一履測將扼要門戶水道

繪圖一幅貼說註明具禀專差星馳賫送來轅以憑查核此係特委要件切勿稍延亦不得稍事張揚切切毋違

一札香山左營都司

道光十五年八月　十八　日

大虎對面暗沙堆石無碍水道稿

十九日祇奉十八日來函當日劭復交差賚回度已登覽二十日戌刻千里馬到虎續展十九日闈中覆翰聆悉十三十六日兩緘均邀青照至前擬籌備調度防夷章程諸多不到迺荷謬加採納溢賜詡揚仰徵大度謙沖益令下懷悚愧自維才識短淺其中應作如何添改之處務求不吝教誨時錫箴規曷勝感幸弟連日專差查探亦無的音正費躊躕伏讀台諭防夷一事我輩總當預爲從長計議二語並誦尊示

於應辦之事屬令放手辦去云云益見愼重防夷有備無虞至意敬服彌深愚見無論事之虛實均應未雨先籌況上年之役皆因官兵素未習練以致遇事周章今荷先機籌畫俾得逐件整理庶水師官兵藉以操練一番惟所製一切除火器難以久貯外其餘各件仍可留作他年不虞之用一舉三善皆出明公所賜海疆實爲幸甚曾飛揚二十日業已到虎侯廣海師船到時令其領帶東莞候令現已會營估辦炮架即日興工惟蕉門兵房香山葉令尚未勘估至大虎水面一片汪洋其緊對炮臺九十八丈之外本有淺沙一道淺沙之外又係深水宛似天生界限弟擬於沙面抛積碎石十餘堆每堆寬僅丈餘高只七八尺使夷船見而畏淺於水道毫無妨礙應否辦理之處尚乞鴻裁示覆十九日尚協委弁運到第三起炮十二尊除應配鎮遠四尊已於二十日挽運上臺其餘八尊現飭赶搭南山馬頭知會李令督匠赶砌臺面矣知厪藎懷特覆云云

道光十五年八月　二十　日

籌議每年操演擬請

奏定章程稿

八月二十日肅覆一函度登記閣二十八日接到海關彭三兄寄銀一千兩書中述悉係出垂念弟處籌備不敷故有此舉益見體恤兵艱鼓勵士氣有備無患慎重防夷非但弟諸事不致掣肘即將備弁兵亦莫不同深餐舞而踴躍三百也海疆幸甚感佩奚如連日瞭探前船均無確耗所調左營廣海師船已先後到虎分任巡防其香山大鵬將弁師船及左營備

弁均已據報遵札各歸段落其預選前後左三營備調弁兵均已挑配齊全造册呈候調用其預購柴草食米均已堆貯齊全其添備器械及號令紅旂並隨炮應添一切均已分投製辦其各項火器並預備火船上應用各具均已派弁各司其事其舵兵水兵均已選有輕捷勇壯者八十名刻下再將海關寄項併入添製各項器具較前更覺裕如月望前後總可一律整齊彼時正當演炮之期擬先飭將備領帶選定親兵四百八十名分臺演習然後弟親赴各臺申明紀律操練一番賞優罰劣使向未經識之弁兵目擊身經俾獲咸知律不可失令不可違庶訓練漸就精純雖懦弱可成堅鋭並請自今以往每年於二八兩月專派中右兩營將備督帶親兵四百八十名協同原派守臺弁兵演習炮準操練各項火器務使心思手法遠近高低悉中竅要並調配中左右及香山大鵬左右師船共十隻定期齊集虎門演習水操及鳧水爬桅等技演練純熟後弟親臨較閲分别優劣施以賞罰如此辦理不獨海口聲威壯益加壯更期官

兵操練精愈求精似與籌海防夷均有裨益應請於

奏報炮臺工竣添兵摺內附片聲明庶以上慰

聖懷並可下堅衆志惟愚昧之見諸恐未周尚望衡奪施行至威遠新臺臺面地基約在重九前可以工竣前到新炮八尊業已上臺安置八月三十日又到新炮八尊即於三十初一兩日亦均挽運歸臺應配用舊炮刻亦次第安置惟炮洞垛墻石料尚未運到應請飭催李令赶辦又蕉門炮臺兵房不堪棲止前山營關閘墻垣地基坍倒過甚該二處均關扼要且費用

不多請再飭香山葉令赶緊修理於巡防更昭整肅
矣弟昨已批覆香山泰副將飭令前次探報之張亞
成前往確探虛實現尚未據覆到至各臺弁兵原係
照常駐守毋庸更動而所調師船將領及備調弁兵
且俟探明如係訛傳再行撤防似亦未晚鄙見固不
可張皇更不可大意未識高明以為何如諸容潔誠
趨謝面申賀悃云云
道光十五年九月　初一　日

申明紀律整肅軍容親督操練稿
重陽前二日祇奉環章備悉前浹三函均登記閣過
叨獎飭益切惶慚弟巡防轆碌昕夕不遑頃據委員
洪署叅將稟稱遵查威遠臺面地基業已完工炮洞
垛墻已砌造六個試演炮位無碍等因弟刻已派弁
紮就木筏筏之兩旁加以蓆墻中安蓆帆如船之式
趁潮水甚漲之際放入中泓試演炮準演放火器札
委中軍叅將余清帶領親兵一百二十名前赴威遠
新臺署右營遊擊何駿龍帶領親兵一百二十名前

赴橫檔月臺署右營守備周國英帶領親兵一百二
十名前赴大虎代辦守備之把總喻成宗帶領親兵
一百二十名前赴鎮遠會同各臺原派防兵二百八
十名千把等七員定於初十日排齊隊伍領赴各臺
預為試演並委署叅將洪發科前赴鎮遠督率弟擇
於十一日親詣各臺驗收新炮飭統率官兵將新舊
大小炮位一律試放逐炮配足藥彈羣子演習準頭
以壯聲威而申賞罰俟事畢當再縷布以慰藎懷云
云

附啟者正在封函間適余叅將差目稟稱遵奉憲諭着將各臺新炮四十尊先行下子演試一出等因卑職卽於初八日會同洪署將親詣威遠新臺演放新炮至第三尊八千觔一位配準藥子燃火試放不料鐵未提淨當卽炸斷幸未傷人鎮遠炮臺演試第一尊八千觔大炮亦係配準藥子甫一點放卽行炸碎打傷兵丁二名合先稟明等語弟當派弁赶赴炮臺諭令余叅將改用藥線施放官兵閃避一傍毋致再傷兵丁務將新炮四十尊全行試過有無炸裂再行

稟覆以憑咨請核辦合先奉聞並祈飭縣將造炮匠人管押在省以便賠造是爲切禱

道光十五年九月　初八　日

驗收新炮演試炮準普賞衆兵稿

九月初八日敬達一函知登鈞覽嗣把總倫朝光旋省會將炸碎炮鐵數塊交其轉送尙副將代呈諒邀台閲弟於初十日飭令中右兩營將備帶領親兵四百八十名分赴各臺督同駐臺弁兵演習一切十一日弟親身赴洋舟次沙角卽據叅將余清稟稱威遠又炸六千觔新炮一尊又據委員洪發科稟稱鎮遠又炸八千觔新炮二尊六千觔新炮三尊統計先後共炸新炮八尊等語聞之殊深駭異十二日凌晨弟

親履各臺逐細驗看所炸各炮有全行炸碎者有炸去炮尾者有炸成十餘塊者有飛陷山腰者有落沉海底者檢閲鐵塊有形似蜂房者有孔内鏤出細沙升餘者惟各炮炮口在前一段均極堅固斷而未炸弟細心窮究始悉其詳另容面達驗得兵丁黄英得杜奇勝二名頭面腿脚均被炸出火藥轟傷恐難全愈除又加賞銀米延醫調治並看得臺面地基炮洞垜墻坍陷脫落兵房器具傷殘亦甚急須修整以免官兵露處惟是

奏添新炮原爲增我
國威震懾羣夷而設不料奸匠心貪致使弁兵膽怯倘於
防夷緊要之時炮炸一尊轟倒一兵則衆心惶懼前
車是鑒倍覺寒心弟履勘後深慮衆兵藉詞畏縮當
卽齊集官兵諭以利害示以恩威親身督率立將未
炸新炮逐一裝足彈藥各放三出仰邀福庇均未炸
裂當將三臺膽壯燃炮兵丁七十二名每名加賞十
倍既賞之後雖膽怯之兵亦頗知自奮復於十三日
早督同將備分詣各臺將紮就木排炮靶安放中流

演試新舊各炮準頭預將調赴炮臺親兵四百八十
名及原配各臺兵二百八十名派定每兵四名管炮
一尊對準炮靶轟擊如能中靶者卽賞大銀牌四面
四臺炮準共計中靶四成有餘其餘未中炮子均係
高低左右相離不遠除將中靶各兵加賞外其餘各
兵普賞錢米施放火器亦均合式察看兵情尚知踴
躍又率同將備細看橫檔新炮十二尊均屬堅固又
威遠新炮十六尊鎮遠新炮十二尊除已炸八尊外
其餘二十尊內一尊炮尾有裂痕一道又六尊均于

燃火之後炮子未出之先門眼中先響一聲却未炸
裂揆厥所由顯係門眼內孔隙所致其響而不炸者
係孔隙尚不過深以上六尊自應留存臺內減藥施
放其餘十四尊業均施放五次尚屬結實除諄飭將
備督率弁兵勤加練習弟卽于十四日轉棹仍令將
備整隊回營外知承錦念合將演試各臺炮準及驗
收新炮緣由虔肅奉聞至續到新炮十六尊舊炮六
尊容俟委員會同洪發科如法試放有無炸裂另再
佈達弟現回署清理積塵擬於二十左右趨賀大喜

細剖積忱也專此云云
道光十五年九月　十四　日

新鑄大炮鐵未提淨連炸八尊咨請核辦稿

爲演試各臺新炮事據署增城營叅將洪發科本標中軍叅將余清署本標右營遊擊何駿龍會銜稟稱竊照省中運到新鑄八千觔炮二十位六千觔炮二十位均經分配威遠鎮遠橫檔三臺安置緣奉憲臺札飭卑職余清會同卑職發科前往各臺將前項新炮逐一演試卑職發科余清遵於本月初八日會同先赴威遠鎮遠二臺督令弁兵將八千觔炮每位裝配火藥二十觔六千觔炮每位裝配火藥十五觔各

用封口子一個羣子十個逐位演試內演得威遠炮臺八千觔炮一位當時炸斷又鎮遠炮臺八千觔炮一位亦被炸碎打傷該臺兵丁黃英得杜奇勝二名當即稟明在案續于十一日卑職發科清駿龍等分往威遠鎮遠橫檔各臺遵奉憲諭改用藥線燃放卑職清前往威遠炮臺再行逐炮試放又炸碎六千觔炮一位卑職發科前赴鎮遠炮臺又炸碎八千觔炮二位六千觔炮三位併將兩臺器用什物兵房官署及新砌墻垛炮架等項多有損壞惟卑職駿龍前赴橫檔炮臺演放第一次解到新炮十二位絲毫無損隨查兵丁杜奇勝一名被傷尚輕黃英得一名受傷較重除分別賞給銀兩著令赶緊醫調外卑職等檢看炸炮碎鐵渣滓過多膛內高低不平更多孔眼所有威遠鎮遠兩臺先後炸碎新炮八位及被傷兵丁飛鐵打傷各項飭據各臺弁查開稟報前來理合列摺具文稟報伏候察核轉咨督憲核奪施行等情併送清摺一扣到本提督據此爲查前項新鑄大炮專爲防夷

奏明添製今甫運配到臺一經下子演試竟致炸碎八尊並打傷兵丁二名及損壞各項奸匠圖利偷工傷兵奪氣關係匪輕除初八日炸炮二尊業經函達茲本提督親往督演另達外合將該將等會稟前情先行咨會爲此合咨

貴部堂請煩查照核示施行

計開

威遠炮臺被炸新炮二位內

八千觔炮一位 初八日炸斷連封口子一個羣子十個俱炸去

六千觔炮一位十一日炸碎連封口子一個羣子十個俱炸去併炸碎炮架一個

鎮遠炮臺被炸新炮六位內

八千觔炮三位內一位初八日炸又二位十一日炸連封口子三個羣子三十個炮架三座均炸碎

六千觔炮三位十一日炸碎連封口子三個羣子三十個炮架三座均炸碎

另八千觔炮一位炮尾有裂痕一條

另炸去八千觔封口子十個六千觔封口子七個

打傷兵丁二名　黃英得頭面兩足俱被重傷所穿號衣帽燒去

杜奇勝頭面兩足損傷所穿號衣帽燒去

一咨　督院

道光十五年九月　十四　日

籌議春秋二季操練炮準師船稿

爲新建炮臺將次竣工籌議操練章程咨請衙奪會

奏事竊照虎門海口爲中路咽喉省城屏翰夷商絡繹

亘蓩叅差去秋因水師疎防致被夷船闖入本年二

月會銜

奏添炮臺增鑄大炮奉到

硃批所議周妥之至務要練習精熟方能得力震懾羣夷

也欽此准咨欽遵在案本提督於督催臺工之際往

來洋面悉心籌畫此時新炮新臺工程將竣右營兵

數不敷已荷前部堂照議抽撥俟炮臺工竣一併入

奏查虎門新舊炮臺現共八座安設新舊炮位共二百

三十四尊聲威已極雄壯凜遵

聖訓必須操練精熟方能得力惟是臺依山建船趁潮行

其操練之方不同陸地攻堅致遠第一以炮準爲先

次則練習師船炮火行占上風再則募選泅水壯兵

儲備火船之用此外則精製一應火具臨事則裝備

火船然官兵必須勤習方期日漸精純本提督擬于

每年二月杪八月初春秋兩次督飭中右兩營將備

卒領城汛親兵五百一十八名分赴威遠鎮遠横檔大虎鞏固永安六臺連原派防兵三百三十名派定每兵四名管炮一尊專司練習炮準其沙角大角防弁管領防兵五十名專司號炮號旂再調提標中左右三營米艇六隻香山大鵬各左右營米艇四隻共船十隻每船派兵六十四名共兵六百四十名每船派官一員共官十員春季以大鵬營叅將總領水操秋季以提標左營遊擊總領水操仍兼管各項火器及斗手爬桅水兵泅水春秋兩次預期札調齊集海

口先飭將備教練各臺炮準務使遠近高低悉中肯綮師船駛風調戧務使靈便占風鎗炮尤須聯貫水兵一項以能浮能潛者爲最一應火器總期力能致遠如此操練漸熟本提督親臨較閱便捷勇壯者予以破格之賞笨劣不振者立即分别懲辦申之以號令督之以賞罰務使令一心齊官兵咸知感畏至于炮臺師船動静雖殊而聲勢相依援應貫關表裏似此按期練習每次以十日爲度仍另選舊炮十尊運置公所按十日一次派弁專督挑就各兵演習裝藥下子操練一應手法久而自熟得力可期從此精益求精講求不懈不特有備無虞而仰仗

天威可以懾服羣夷矣業精惟勤炮準師船原當勤練俾水陸聲威互相犄角弟經費有常籌款誠非易即如春秋兩次調操每次僅止十日每次各臺大炮止各放三出師船止操三次業已力加撙節萬難再減核計兩次應用火藥羣子及封門鐵彈裝藥佈袋加以備辦火器添製應用物件設再體䘏兵艱籌給口糧賞號合計所需度支甚鉅捫心午夜實費躊躕本

提督職任所司不得不通盤上達其應如何籌畫以垂永久或所議未獲妥協應聽鑒核合將籌議操練章程並歲需火藥鐵彈等項應行籌辦緣由理合咨明查照核復施行

一咨 督院

道光十五年九月 二十一 日

炮兵黃英得因傷斃命加賞卹銀稿

爲稟報演試各臺新炮事道光十五年十月初八日准兼署督部堂祁咨開准貴提督咨開等因准此查炮位爲軍火利器必須煆煉純熟方期轟擊得力若偷減工料草率製造必致施放炸裂今前項新鑄大炮係爲防夷

奏請添製該監製官員自應督率工匠實工實料煆煉鑄造方資得力而免貽悞乃甫經演試竟致炸碎八尊之多並傷及兵丁損壞兵房官署及新砌墻垛砲

架等項夷商往來屬目之地成何事體殊爲可恨且炸碎炮位據經演之署叅將洪發科等查看碎鐵內多渣滓攙雜膛口又高低不平兼多孔眼則爲該砲匠偷減工料已屬顯然所有炸碎炮位應即着炮匠等賠鑄補額其受傷兵丁黃英得等亦責令保領醫調至委員黃廷彪等在廠監鑄如果認眞稽查工匠何敢偷減工料該員經盧前部堂以任事實心兩次歷保

奏留自應激發天良出力稽查督造乃安置橫檔之炮尚無損壞惟威遠鎭遠各臺炮位竟致鑄造偷減草率不堪演試何以重防禦而振軍威實屬大負委任查嘉慶十四年鑄造大炮演試炸碎當將炮匠發縣審訊委員摘項着賠此次應即照辦姑念炮位亟須鑄復暫從恩寬已面諭藩司發銀四百兩交黃廷彪賫往移交卸任東莞縣李繩先先將炮臺城樓垛口及軍器水缸等項妥爲修復前項銀兩仍由該匠等賠繳當加愧奮實力妥辦以觀後效倘再不加工煆練妥造工匠發縣嚴審黃廷彪等立予嚴叅治罪不

但摘項而已除札布按二司速將銀四百兩即交黃廷彪賫往移交修復並嚴飭該委員等督匠將炸碎炮位及驗有裂痕之八千觔大炮並打斷鳥鎗失去封口等項一併勒限炮匠鑄造補額兵丁黃英得等飭令委員及該匠等醫治務痊所有醫藥之費及由司現發銀兩均責令該監鑄委員及炮匠等繳還至監鑄委員黃廷彪廣州協右營守備劉得陞應如何懲儆之處仍俟炮位鑄復演試完固由該司等議詳核辦及札廣州協遵照將委員都司黃廷彪等嚴加

申飭務速凛遵監鑄復額稟覆以贖前愆倘再漫不經心從重叅懲不貸外相應咨會査照等因接到來咨當卽札飭佘叅將督率臺弁黎志安迅將受傷兵丁黃英得等赶緊醫調去後茲據該叅將稟稱竊照配防鎭遠炮臺兵丁黃英得杜奇勝二名因演放新炮炸裂受傷稟明憲臺在案茲據防臺署千總黎志安稟稱黃英得因火氣攻心調治不痊於本年九月二十四日身故其杜奇勝一名現仍赶緊調治等情査該兵黃英得演炮被炸受傷茲火氣攻心身故情

殊可憫除飭守備照例賞給白銀備棺殮葬並飭黎志安再延妥醫將杜奇勝赶緊調治肅單稟明等情到本提督據此相應咨明査照等因准此査兵丁黃英得演炮被炸受傷身死情殊可憫應卽在於賞犒項內提銀二十兩飭發轉給該故兵親屬收領以示體邺至嘉慶十四年鑄炮演試炸碎轟斃兵丁當經飭據布按運三司議詳在於鑄炮工匠名下追銀一十二兩四錢二分給該故兵親屬收領營葬今兵丁黃英得旣因演炮被炸傷命亦應在於爐匠李陳霍

等名下追銀一十二兩四錢二分呈繳給發該故兵親屬收領以爲營葬之資准咨前因除札標下中軍副將在於賞犒項內支出銀二十兩移交水師提標中軍叅將轉給故兵黃英得家屬收領仍將支過銀數日期報査及札布政司會同按察司移行遵照嚴飭炮匠李陳霍等刻日呈繳銀一十二兩四錢二分移交水師提標中軍叅將轉給故兵黃英得家屬收領並移行將受傷兵丁杜奇勝飭令赶緊延醫調治務期速痊並札廣州協移行遵照外相應咨覆等因

到本軍門准此合就檄行爲此牌仰該叅將照依事理卽便轉行遵照俟移交銀兩到日轉給該故兵黃英得家屬收領仍將支過日期通報毋違

一行本標中軍

道光十五年十月　初十　日

春秋訓練籌備一十五款稿

爲演習炮準操練水軍需用藥彈及應備一切謬陳鄙見再行咨請飭議事竊本提督昨將籌議操練章程咨請鑒核旋荷鈞覆以炮位爲防夷禦敵之具必須練習準頭方足以濟用但年中操練所需火藥羣子賞號等項需費甚鉅亟應籌議詳辦以期經久准咨前因除行布政司照依咨內事理卽便會同按運二司督糧道迅將每年春秋兩次操練前項大炮每操十日各放三出需用火藥封口彈子併調集師船

配兵練習水操所需賞犒等項應如何籌撥備支其裝藥布袋備辦火器添製應用物件各項每年需製辦若干其調練各兵原有日給口糧操練是其分內之事今議體䘏兵艱籌給口糧賞號應如何按日及分別等第賞給以示限制卽一並悉心籌議詳覆以凴移知會核奏明辦理相應咨覆等因到本提督准此仰見慎重海疆於籌備之中仍寓䘏兵至意欽感良深惟是籌備各項必須通盤計算有應造存留爲儲備者有應每年造辦列爲歲需者有應按季製辦者有應遞年歲修者欲善其事先利其器固知有備無虞最爲上策第經費有常又不得不倍加撙節本提督悉心籌畫僅就思慮所及將應辦各件繕列清單咨請衡奪其間有未獲周妥之處或應增減或應刪改均祈鑒核再行飭議確核示覆云云

計抄清單一紙　共十五條

一各臺大炮應添火藥封門鉄彈群子以資儲備也

查威遠鎮遠橫檔大虎沙角大角鞏固永安炮臺八座共安設大小鉄炮二百三十四尊每年春秋

操演炮準每次下子各放三出兩次各放六出每年需用火藥並封門鉄彈各重一萬一千九百餘斤歲需羣子計重一千零八十八斤十兩以上封門鉄彈群子兩項內新炮五十六尊業經每炮鑄有封門子四十個群子各四百個卽以此項留爲儲備其舊炮一百七十八尊本有儲備存貯營局雖多寡不能畫一似可均毋庸添造惟配炮火藥向無儲備歷年正九兩月各臺演洗炮位均于鎗兵儲備藥內墊用隨時請領造補歸款此時操防

緊要每歲春秋又須演習炮準用藥甚多營中儲備不敷埜用况造藥需時若不預爲儲備勢難濟用應請籌添儲備大炮火藥三萬六千觔分貯中右兩營有備無虞於海防實有裨益

一新舊大炮宜添炮葢以免銹蝕也查八臺大炮共二百三十四尊安架分置各臺日晒雨淋毫無苫葢不獨炮架木質易於朽爛鉄炮每多銹蝕應請各添一寸厚木板二塊照依炮架長短做成人字式炮罩以資苫葢而免銹蝕所費工料無多與炮

火實有裨益

一各臺應添脚船以資濟渡也查虎門海口新舊炮臺八座扼喉控背形勢聲威極其雄壯弟設險原宜扼要而防範尤貴有人是防臺弁兵不容稍曠惟是臺懸海面濟渡需船况向例夷商船隻一進口門沙角防弁卽須稟報並知會前途其鎭遠橫檔弁兵卽須輪流押送至黃埔交替不獨公事需船卽弁兵日食所需無一不赴內地採買查各臺本設有三板一隻或因年久朽爛或因遇颶擊碎

若不亟爲籌添必致公私兼悞應請添辦二丈四尺長八尺寛三板八隻分給八臺弁兵應用俾濟渡有資而免貽悞除業經備文咨請外合並聲明

以上三款應請飭司籌議內火藥一項請卽如數撥給硝磺木炭工價查照嘉慶二十四年成案由省局配造交提標中右兩營分貯其炮葢一項應請飭知東莞縣會營估計承辦至三板八隻應請飭知廣州府廠承造交營再查成造火藥每百觔例價銀三兩九錢一分五厘五毫

惟粵省硝性斥鹵若造精緻火藥必須煎提淨硝方能致遠每毛硝百觔提淨僅存五十餘觔計造淨藥百觔需工價銀五兩五錢合并聲明

一各臺大炮每年兩次演準應添歲需火藥群子封門鉄彈以資操練也查虎門新舊炮臺八座共設大炮二百三十四尊每炮下子各試準一出需用火藥一千九百八十九觔十二兩春秋兩次每炮各放六出共用火藥一萬一千九百三十八觔八兩共用封門鉄彈一萬一千九百三十八觔八兩

共用群子一千零八十八觔十兩以上配造精緻火藥每百觔該工料銀五兩五錢封門鉄彈每百觔照現辦價値該銀六兩群子每百觔照現辦價値該銀八兩三項共需銀一千四百六十兩零一分七厘五毫

一每年操練水軍與炮臺聲勢互相援應宜添歲需火藥也每年春秋兩次調用提標中左右及香山大鵬每營各調米艇二隻共船十隻每隻配鎗炮兵四十四名配舵繚斗椗兵十名配泅水兵十名

配炮十二尊大小牽算每炮以一千觔重爲率每操一陣每炮各放十二出兩次共操六陣每炮各放七十二出每出應用火藥二觔八兩每炮七十二出共用火藥一百八十觔十船共炮一百二十尊共該用火藥二萬一千六百觔共該藥價銀一千一百八十八兩

一裝炮火藥布袋宜籌款製辦以免捐攤也查每年兩季操演炮準練習水操共用炮藥三萬三千五百三十餘觔每藥二觔八兩配裝布袋一個應用紅稀布一尺歲需布一千三百四十一丈五尺紅布每丈銀一錢八分共該銀二百四十一兩四錢七分查常年演洗大炮所用布袋因爲數無多向由營員捐辦此時遞年操練所用十倍于前營員力有不足應請籌款製辦合併聲明

以上歲需火藥藥袋群子封門鉄彈每年計需銀二千八百八十九兩四錢八分七厘五毫應請飭司籌議或由省局造辦交營或發銀交營造辦應候核奪

一每年六七八九四個月擬請籌添防兵口糧以期果腹而鼓士氣也查虎門炮臺八座共派防兵三百八十名依山傍海四無居鄰與存城防汎各兵情勢不同緣兵丁月支餉米本屬無餘家口同居已難足用派守炮臺必須分爨在空閒之日原准其替換購買薪米自六月起至十月初止則當防範吃緊之際若不准其樵採勢難枵腹設任其離臺購辦又恐貽悞再四躕躕可否倣照巡洋各兵月給口糧之例酌減一分計防兵三百八十名定

以六七八九四個月爲度每日每兵賞給口糧銀四分餘月不給通計一百二十日僅需銀一千八百二十四兩按月支給庶防兵家室有賴果腹有資必無內顧士氣飽騰所謂撫之以惠則感而思奮臨之以威則肅而不怨矣惟應否體䘏籌給之處恭候示遵

一每年二八月兩次練習炮準調操水兵宜嚴賞罰以示勸懲也查各臺原派防兵三百八十名於演炮之際不敷配用應于存城操演兵內添派五百

一十八名分赴各臺會同練習又調撥水兵共用師船十隻共配兵六百四十名二共添配兵一千一百五十八名春秋兩次共操二十日勸勤懲惰賞罰兼施俾各兵咸知感畏庶期日漸精純于海疆營伍實有裨益惟應否籌備賞項分別勸懲之處應候核奪示遵

一每年添補隨炮器具以期得力也查八臺大炮共二百三十四尊每炮配用鉄炮鏟一把舂藥木棍一條蔴帚一條鉄門針一根鉛星斗一副擡炮雜

木棍四條火龍桿一枝皮巴掌一個炮眼蓋錫一塊又每炮二尊合用水缸一隻以上各件每年均須修理添補一次通盤計算每炮一尊每年止需添補銀八錢大炮二百三十四尊共需歲修銀一百八十七兩二錢

一每年更換誌樁一次以測潮水而助炮準也查威遠鎮遠橫檔大虎及新建之鞏固永安等六臺每臺左右應于水中安釘誌樁木二根以測潮水俾弁兵一望即知潮水之長落以定炮口之高低庶

子出不致過於低昂于炮準最關緊要惟海內蠔虫蛀木易斷每年必須更換一次此項誌樁僅用圍圓一尺四五寸杉木每根價銀約計四兩六臺共用誌樁木十二根約共銀四十八兩所費有限獲益實多

一師船備用火器宜隨時製造以免周章也查配船大小火箭五虎箭群虎箭噴筒火礶火號箭箱溜筒等項必須按季製造緣粵省硝性斥鹵造成火器不堪久貯雖安置高燥之處兩月以後即行回

潮不能致遠必須季季製辦方期得力約計每季製辦一次需銀三十兩每年共需工料銀一百二十兩

一每年添製各炮臺燈旂以壯觀瞻也查虎門炮臺八座本各有旂杆一根黃布旂一面白日懸掛號旂夜間懸掛號燈日則瞭望夜則支更輪流守望於巡防更爲嚴肅應請每年更换號旂一面八臺共需旂布銀九兩六錢再于六七八九等月每臺每日給油燭銀三分八臺各給四個月油燭共銀

二十八兩八錢

一各臺大炮應添歲需火繩以免兵累也查每年按期演試炮準需用火繩四百六十八丈以榕樹根成造每丈價銀五分應請每年添製炮火繩五百丈計共銀二十五兩如有餘存卽留爲儲備之用查火繩一項向由各兵自備今用數較多應由官備以卹兵艱

一每年春初應購柴草以資備用也查備禦海口第一以炮火爲先次則以火攻爲要有備無虞預防

緩急應請於每年二月間儲積山柴茅草八百担堆貯空所久之則潮濕乾透配用則易於焚燃統計八百担連搬運脚價約需銀一百兩此外火船及應配一應燃火料物均俟遇事購辦

一各炮臺原派防兵臨事不敷派用應預練存城兵丁以期純熟而資協濟也查炮臺地勢兵房向有定額而營中巡洋防汛兵數無餘以致臺兵不能加添兵房因而少建卽如威遠鎭遠横檔三臺每臺各安大炮四十尊每臺僅派防兵六十名是每

兵三名管炮兩尊施放焉能敷用是以逢操遇事必須調派城汛操兵分往協濟若不預爲操練雖營兵不啻市人現擬將存局舊炮挑出十尊分置中營參將右營遊擊兩衙門箭道內專派千把每月於初五十五二十五三次齊集選定鎗炮兵五百一十八名操練裝藥下子描準燃火一應事宜既免耗費而各兵手法必思可期漸就純熟以之調配到臺方能得力惟是舊炮十尊雖係虛演必須添製炮架門針舂藥木棍炮鏟皮巴掌撐炮木

棍及鉛星斗火龍桿等項十副以備逐件練習計炮架等件每製一副約銀八兩十副共需銀八十兩俾演習有資教練方能得力

以上添補隨炮器具更換誌樁製辦火器火繩添製各臺燈旂儲積柴草添製箭道操練炮架等件計共七項需銀五百九十八兩六錢應由本提督捐辦毋庸另行籌備

一咨 督院

道光十五年十月 十一 日

火器所以不堪久貯覆稿

為咨覆事准貴部堂咨開道光十五年十月十三日准貴提督咨開竊本提督昨將籌議操練章程咨請鑒核旋荷鈞覆飭行籌議辦理咨覆到本提督准此仰見慎重海疆於籌備之中仍寓卹兵至意欽感良深惟是籌備各項必須通盤計算有應造存留為儲備者有應每年造辦列為歲需者有應按季製辦有應遞年歲修者欲善其事先利其器固知有備無虞最為上策第經費有常又不得不倍加撙節本提督

悉心籌畫僅將應辦各件繕列清單咨請衡奪確核示覆計粘單一紙等因到本兼署部堂准此仰見核計要需撙節籌備條列周詳深為欽佩事關防禦至計自應預為籌議免致臨事貽悞查核單開各臺應添三板濟渡一節先准貴提督咨會業經行司籌議詳辦咨會在案至演習炮準操練水軍需用藥彈及應備一切內惟師船備用火器不堪久貯必須季季製辦之處核與各營備貯之火藥能以久貯定例未符仍須再酌除咨覆貴提督另議飭遵外准咨前因

及行布政司會同按運二司督糧道迅將咨內粘單演習炮準操練水軍需用藥彈口糧賞號及應備一切逐一按條悉心籌議詳覆以憑移咨會核

奏明辦理咨覆查照希將師船備用火器不堪久貯必須季季製辦一節核與各營備貯之火藥能於久貯定例未符仍祈再酌妥議見覆飭遵施行等因到本提督准此查各營存貯儲備火藥陳陳相因有存貯三四年之後甫出陳易新者是火藥一項久存尚堪應用而各項火器亦係火藥所造何以不堪久貯必

須季季製辦核與定例未符仰見貴部堂核實詳明無微不照欽服難名惟是製造火藥每百觔向配淨硝八十觔淨磺十觔炭粉十觔於造成晒乾後卽貯於磁缸之內封固嚴密不使透氣是以雖存貯日久藥性仍舊此火藥久存尚堪應用之原委也若各項火器配料本殊用法各異其不堪久貯緣由謹爲貴部堂陳之查硝性主直磺性主橫炭粉之性主燥其造大小火箭火號每用淨硝十六兩止配磺一兩配炭粉一兩五錢合製成藥分裝紙筒之內加以藥線貯於木箱之中蓋硝多力能致遠磺少不致炸裂但硝性斥鹵木箱紙筒不能閉氣硝多易於回潮透氣卽能招濕每次造成火器收貯兩三月之後卽不能致遠不獨粵中濕重亦硝性使然耳至於噴筒係用毛竹截筒爲之配藥大畧相同而層藥層珠以淨磺末調火酒製成故能焚燃蓬桅苐竹筒溜筒易於爆裂所以亦難久用至各營軍裝冊內有載明存貯火箭等項係歷年遵部舊例不能刪除其實均係隨時製造合併聲明緣准再議合將所以不能久貯實

在情形備文咨覆爲此合咨云云

一咨　督院

道光十五年十月　二十五　日

截回外夷火輪船咨稿三件

爲咨明事道光十五年十一月初八日准貴部堂咨開現在有嘆咭唎烟船一隻駛至伶仃洋面求洋商代爲轉禀欲駛入海口遞送書信本署部堂以其有違舊章已批飭洋商嚴行禁阻惟恐該夷不遵法度竟爾駛入除札虎門獺德大王滘各炮臺將弁兵丁即行遵照如該夷人烟船駛到迅即開放大炮向其船身轟擊如能擊碎烟船本署部堂必加以超拔如放令駛入輕則

奏明革職枷號重則以軍法從事不能寬貸令在必行不必游移及札香山協水師提標中軍廣州順德二協移行遵照暨札臬司會同藩司移行遵照外相應咨會查照一體飭遵施行等因到本提督准此即經通飭本標中右後及香山順德舟師臺汛各員弁一體認眞截拿茍委署右營遊擊何駿龍親詣各臺稽查一切後即移舟沙角派弁前赴伶仃洋面查詢該烟船情形嗣據禀稱驗得各臺官兵炮械均皆齊備並據差弁旋回禀稱查詢車輪船戸嗹叻覆稱因欲赴黃埔遞送書信已令人赴行求洋商轉禀督憲大人候示進口等語該弁諭以現奉督提二憲諭飭爾船不得違例不准進口該夷人亦無可回答等語禀覆前來當經批飭加意瞭探倘該夷船不遵批示一入沙角口門臺汛師船各開大炮擊沉其船少有疎虞定干軍法切實批覆去後本月十一日午後署叅將李賢會哨赶回卽令替換何駿龍回營辦事茲於十三日午後據李賢差目來署禀稱該夷車輪船由伶仃開行駛至龍穴現已督率署備周國英等船迎

往截阻等語本提督恐該將等輕重失宜立卽親駕小舟於酉刻赶抵沙角戌刻署叅將李賢等由外洋押逐該車輪船轉掉到口禀稱卑職遵札防截車輪夷船日逐查探得悉昨赴洋行遞禀夷人於十二日下午回船是以加緊瞭探今午遙見該船直向龍穴駛來當卽督率各船迎頭堵截傳諭臺弁開放信炮知會前途各臺該夷烟船將至沙角洋面見沙角開炮始行抛椗船內夷人隨卽開駕三板到卑職船旁內有一夷人頗通土語口稱伊欲駛入黃埔遞送書

信等語卑職當諭以有違禁令飭其不可進口該夷隨即轉舵駛向外洋而去跟追至晚遥望不見卑職始乘船駛回本境適憲駕業已到洋親身督率至該夷烟船身長六丈餘寬一丈餘船面並無帆檣止有烟管一枝烟氣上騰船旁兩邊各駕車輪一個烟動輪轉行駛甚捷刻下雖向外洋駛去然夷情狡詐難保不去而復轉卑職現仍遵照憲令督飭各炮臺師船弁兵小心瞭望加緊防截不敢稍懈再查先年每遇防夷緊要之時歷蒙前督憲飭發通事一二名來

洋以俻傳諭夷人之用刻下正當防範緊要之際除禀請兼署督憲祁轉咨粤海關監督飭發諳曉夷語通事二名前來虎門洋面以俻查詢夷情之用等情據此查該夷人已奉貴部堂批飭不准進口何以又硬欲駛赴黄埔豈洋商傳諭未清抑或該夷心懷叵測殊不可解除已調到存營弁兵一百六十名發給口糧分赴威遠鎮遠横檔大虎四臺協濟尤處蕉門海口炮小兵單已派弁持令赶往督防並札飭署遊擊何駿龍挑派把總一員兵丁二十名前赴蕉門協濟本提督現在駐船威遠往來督率派弁赴洋查探該夷船是否仍泊伶仃抑另泊何處或已開行容俟查明再為咨達合將嘆咈車輪船行至龍穴經師船截回外洋緣由咨請衡鑒至署叅將李賢請撥通事除咨粤海關部外合併咨明云云

一咨　督院

道光十五年十一月　十四　日

為咨明事竊本提督於本月十四日早曾將外夷烟船不遵批示硬欲進口經總巡叅將李賢督率俻弁

在洋截回緣由咨明在案茲於十五日未刻據李賢面禀卑職遵諭派弁赴洋查探烟船踪跡弁回禀稱查得烟船于十三日晚駛回伶仃將寄存外夷商船五六百觔炮四尊取回即開至九洲洋面停泊仍有寄存蓬桅未經取去十三日夜間該烟船又自九洲開行跟查至澳門未見形跡遍問引水漁船均稱未見相應禀明等語本提督伏思該夷船如果回國自應將寄存蓬桅一併取去今仍寄存他船形跡可疑查九洲近接金星門及淇澳或者該夷見虎門防守

緊密不能竄入恐有勾引之人改由潭洲口及崖門兩處竄往黃埔均未可定查潭洲口係順德協所管崖門係新會營管轄除嵩差飛札順德協新會叅將馳往督防如該烟船胆敢由此竄入該將等卽轟沉其船設有登岸逃走者立卽殺戮星飛通報本提督刻又派弁分赴各處再行查探另爲咨報外合將查探札防緣由合咨云云

一咨　督院

道光十五年十一月　十五　日

爲咨明事本月十五日曾將查探外夷烟船情形及札飭防截緣由咨明水案玆于十六日巳刻據總巡署叅將李賢禀稱卑職遵奉鈞諭派弁赴洋分投查探究竟該夷船潛泊何處務得確踪馳報等因當卽選派弁目四出蹤尋嘖據差弁來船禀稱遵諭前赴淇澳金星門澳門一路跟查至澳門南灣山根瞭見該烟船停泊在彼現在船上止番鬼十二三人餘俱登岸諒係往看住澳夷人緣奉跟尋合將查明該烟船現泊澳門南灣緣由禀開等情到本提督據此查犬羊之性不識輕重旣經貴部堂批飭不准進口而該夷復敢向沙角口門硬欲闖駛其驁驁不馴已可概見昨者甫至龍穴卽經巡員開炮截回玆復停泊南灣實屬愍不畏死除通飭臺弁巡員各守信地如該烟船胆敢再至龍穴以內一近沙角卽行轟沉其船誅其驁驁或該夷知畏卽日回國亦未可定現又嵩飭香山署千總毛汝彰跟踪查察行止隨時禀報合將烟船現泊澳門南灣情形相應咨明云云

一咨　督院

道光十五年十一月　十六　日

爐匠逞刁揑控營員咨請嚴訊稿

爲請委幹員嚴訊爐匠指出故陷官兵解省審明虛實從嚴核辦並請再取爐匠保固切結以杜推諉而符原

奏事竊照虎門海口增臺添炮經前部堂主稿聯銜具

奏摺內聲明以上添鑄大炮四十位臣盧坤飭委洪發科與廣州協都司黃廷彪購募熟諳匠人李陳霍等承造責令保固三十年限內炸裂由該匠賠造

奏明在案迨鑄成新炮接續運臺九月初六日本提督

札委叅將佘清委員洪發科前赴威遠鎮遠演試新炮九月初八日晚據佘清洪發科稟稱卑職等同詣威遠演放新炮至第三位八千斤一尊配準藥彈一經燃放當即炸斷又詣鎮遠演試第一尊八千觔新炮配準藥子甫一點放即行炸碎打傷兵丁二名等情本提督復委叅將佘清詣演威遠月臺新炮委署叅將洪發科詣演鎮遠新炮委署右營遊擊何駿龍詣演橫檔月臺新炮均於初十日分赴各臺本提督於十一日親往督察舟抵沙角即據佘叅將稟稱委演威遠新炮十六尊內除初八日炸斷八千觔炮一尊今日演放又炸碎六千觔炮一尊其餘十四尊均未炸裂又據何署遊擊稟稱委演橫檔月臺新炮十二尊均屬完固又據委員洪署將稟稱奉委演放鎮遠新炮十二尊內除初八日炸碎八千觔炮一尊今日又炸碎八千觔炮二尊六千觔炮三尊先後共炸碎炮六尊其餘六尊均未炸裂等語十二日本提督親詣各臺撿看炸碎鉄塊週身孔眼形似蜂房並有空洞內可貯水四碗者顯係奸匠貪利忘公多攙廢

鉄所致其未炸各炮覆加演放內一尊炮尾已現裂痕一道又六尊於燃火時先響一聲難期得力均經隨時函達並咨明在案其撿回炮鉄及新鑄炮子半係空心運送至省均經貴部堂親詣驗明而炮兵黃英得因傷身死又蒙俯念因公加賞卹銀迄今水師官兵止有感激毫無異言茲接鈞咨內開據爐戸李陳霍等以披瀝下情籲憲察救等情赴轅呈訴鎮遠威遠炮兵加倍用藥三重炮子層層舂固遂致炸裂大小炮八位之多迨黃都府前詣橫檔炮臺如制配

藥演炮六位均無損傷先炸之炮是否蟻等偷工減料抑係兵丁加藥故陷難逃憲鑒蟻等乃承辦炮戶炮有爆炸安能辭責惟炮經先演較場都無損壞及運試威鎮二臺炮兵違例加藥炸裂洵屬有因茲奉札飭賠鑄軍務重情身家雖破敢不凜遵但慮賠鑄炮位仍須運臺試演倘臺兵復效前尤蟻等性命亦屬難保祇得披瀝下情籲叩憲恩乞先飭該臺員弁將從前未試之炮暫停試演蟻赶緊賠鑄工成繳運赴臺由省飭委督鑄幹員親詣督令一齊如制試演

庶臺兵不致炸斃蟻等亦免誤公之咎等情閱之殊深詫異復讀貴部堂批詞仰見洞悉奸頑實深拜服此等刁徒原不足較第既敢在貴部堂衙門呈控炮兵加藥故陷以致炸裂如果屬實該匠是否目睹抑係耳聞必應指出其人訊明虛實從嚴懲辦方足以折服其心查新鑄大炮四十尊分置橫檔十二尊係委遊擊何駿龍親往演放均未炸裂威遠新炮十六尊係委叅將佘清演放炸壞二尊其鎮遠新炮十二尊係委員洪發科前往演放炸碎六尊查洪發科黃廷彪係購募爐匠李陳霍等原手且炮上均鑄有洪發科銜名並鑄明配藥配子數目該員諳練軍火今於奉委演炮之際豈喪心病狂故令炮兵加倍用藥三重炮子以致連碎新炮六尊若該員等果有故陷情事即天理王法所不容一經訊明均應叅革治罪此時叅將佘清先期赴部署叅將洪發科承辦炮臺已報工竣應請貴部堂先將洪發科調省訊問如果該署將與佘清實有故縱炮兵加倍用藥故陷炮匠應請將該將等從嚴叅辦設該爐匠李陳霍等不能

指實任意汚衊水陸營員想光天化日之下亦斷難容此魑魅至該爐匠等此次呈訴其意豈獨欲飾前非並欲將保固年限置之不問刻下新鑄之炮一經到臺演試即炸碎八尊此外仍有大炮七尊或炮尾顯有裂痕或燃火時先有響聲此等炮位難保不再炸裂刻下鎮遠一臺炸碎新炮六尊係委員洪發科親往演放該匠等尚且逞刁造言汚衊至所稱黃廷彪到臺係在炸炮之後何得藉詞此後每年春秋演試炮準或防夷緊要下子轟擊該爐匠斷不能到臺

目睹設再炸裂若令其賠造該爐匠必仍以故陷有因久經呈明等詞呈訴推諉此時應請訊明實則辦官誣卽反坐另再取具該爐匠保固不敢推諉切結俾各炮或於保固限内再有碎裂庶該爐戶不敢諉卸而水陸叅將大員亦不致被其污衊至於已顯毛病尚未炸裂大炮七尊是否留臺減藥將就演放抑乘此尚未具奏飭令爐匠運回另造其安置永安砦固兩臺由省運來新舊炮位是否靜候遴委幹員來臺演試並候鈞裁緣准大咨理合將前後炸炮緣由縷晰咨覆應否照辦以歸實在之處請煩查照核辦仍祈示覆施行

一咨　督院

道光十五年十二月　初五　日

新鑄大炮連炸十尊殘損三尊咨會叅辦稿

爲新鑄大炮連炸九尊又殘損三尊今都司黃廷彪帶領炮匠演試又炸新炮一尊再行咨明卽祈叅辦事竊照新鑄大炮四十尊運置各臺疊經本提督委員演放先後炸炮八尊均經咨明在案本月初十日貴部堂到臺會同演放新舊炮十七尊内新炮十一尊舊炮六尊威遠炸碎八千觔炮一尊又八千觔一尊炮尾四面出火又八千觔一尊炮門有炸響聲音又鎭遠炮臺八千觔炮一尊門眼寬深難保不炸均經貴部堂目擊情形並帶回炸碎炮鐵俱無庸本提督多瀆本月十五日據洪發科黃廷彪差人稟稱賠鑄新炮八尊業已運上馬頭稟請委員會演等語當卽委署叅將李賢署守備曾應元會演去後十六日戌刻曾應元回虎稟稱賠造新炮八尊業均演畢尚無炸裂情事惟因鎭遠八千觔炮内有顯露灌補痕跡一尊都司黃廷彪與署備公同秤足火藥配準彈子群子交炮匠自行裝入一經燃放立卽炸碎幸用藥線燃放尚未傷人轟去炮洞一個打坍兵房四間

炸碎炮架等件合行列單稟明等情本提督閱之倍
深焦灼伏思新鑄大炮四十尊於九月初八日初次
演試即連炸二尊九月十一日二次演試又連炸六
尊九月十二日本提督親往三次演試又有七尊已
顯炸裂痕跡業均咨明水案迨本月初十日貴部堂
臨臺第四次演放又炸碎威遠新炮一尊並有炮尾
四圍出火一尊又有炮眼炸響一尊又有鎮遠一尊
炮眼寬深均不堪用此次鑄炮委員黃廷彪帶領承
造炮匠親自裝藥下子又炸碎八千觔新炮一尊計

九十八日之內五次試演已連炸十尊此外又殘損
三尊似此每次炸裂其餘各炮焉能放心海疆重地
軍火要工該炮匠等任情饕食該委員等溺職辜恩
倘猝遇防夷仍前炸裂豈獨傷兵奪氣將見有損
國威若不嚴參究辦何以肅官方而懲奸貪本提督出身
行伍仰沐
天恩不次超擢畀以水師重任斷不敢稍存徇隱自蹈欺
瞞之罪惟應如何嚴參懲治其已顯炸跡之炮如何
賠造未炸各炮如何再加演放凛遵前奉

硃批務歸得力之處應請貴部堂核奪並請挈列敝銜據
實具
奏合再專差咨請查照辦理竚望示覆施行
計開
南山新建威遠炮臺分配新炮十六尊內
八千觔新炮十尊六千觔新炮六尊
九月初八日炸八千觔炮一尊
九月十一日炸六千觔炮一尊
十二月初十日炸八千觔炮一尊

又八千觔炮一尊炮尾四圍走火應另鑄
又八千觔炮一尊門眼兩處走火應另鑄
又六千觔炮一尊炮身有灌補痕跡兼有孔眼
又六千觔炮一尊炮耳壞爛一塊
以上威遠新炮十六尊內已炸八千觔炮二尊已炸
六千觔炮一尊又八千觔炮二尊業已走火不能再
試又六千觔炮一尊炮身顯露孔眼兼有灌補痕跡
又六千觔炮一尊炮耳壞爛一塊
鎮遠炮臺分配新炮十二尊內

八千觔新炮七尊六千觔新炮五尊
九月初八日炸八千觔炮一尊
九月十一日炸八千觔炮二尊
又炸六千觔炮三尊
十二月十六日炸八千觔炮一尊
又八千觔一尊門眼吃藥過多顯係另有孔洞
以上鎮遠新炮十二尊內已炸八千觔四尊已炸六千觔三尊又八千觔一尊門眼內有毛病亦不可靠
橫檔月臺分配新炮十二尊內

八千觔新炮五尊六千觔新炮七尊
以上橫檔新炮十二尊屢次試演內止二尊門眼出有響聲尚無炸裂痕跡
以上三臺共配新炮四十尊內除已炸十尊又二尊現已走火又三尊已顯毛病其餘新炮二十五尊並未炸裂亦未顯著毛病但連次炸碎傷兵刻下雖不能定其必炸又誰敢保其不炸况貴賤雖殊性命則一兵心戚戚無怪其然此時惟有另籌火藥仍祈委員來臺會同再將未炸各炮及續造新炮各演十出如不再炸則兵心自壯矣緣承垂詢謹開清摺奉
聞
一咨　督院
道光十五年十二月　十七　日

添建炮臺工竣新炮炸裂嚴責賠造摺　總督主稿

署兩廣總督廣東巡撫臣祁墳
廣東水師提督臣關天培　跪

奏爲會驗虎門新修改造各炮臺工程完固惟演放新鑄炮位內有炸裂將鑄造匠工及辦理不慎之委員分別提審

奏叅嚴責賠造仰祈

聖鑒事竊臣祁墳因虎門修造各炮臺及添鑄炮位各工報竣並因臣關天培函商此後防禦海口一切章程應親往虎門查驗籌議於十二月初九日出省業經

附片奏

聞在案臣祁墳於初十日行抵虎門會同臣關天培周歷勘驗各炮臺形勢所有前督臣盧坤暨臣等本年春間會

奏情形宛然在目察看大角沙角兩臺在大洋之中東西對峙惟中隔海面一千數百丈相距較遠兩邊炮火不能得力只可作爲信炮望臺其鎮遠橫檔兩臺南北斜峙南山炮臺在鎮遠迤東形如品字中隔水面止三百餘丈勢甚聯絡實屬扼要之地大虎炮臺海面稍濶惟對面長有暗沙臣關天培已於沙上釘立木樁並用舊船裝石壓沉卽水長時船隻亦必須由木樁外行走炮火亦屬得力茲驗得改造橫檔鎮遠大虎各處炮臺垜牆俱用堅厚寬長靑蔴大石橫順丁鈎密砌一律增高炮洞外窄內寬修補臺面並馬頭一律平整又驗得新建南山威遠月臺一座係在舊炮臺前面石基正中建造直長十一丈六尺左右灣長七十丈敵臺長四十丈連地盤俱用高厚寬濶靑蔴石平排橫順丁鈎密砌開炮眼四十個左右

兩邊包角石牆上建城門官廳兵房拱篷藥局東西望樓城樓石級馬頭皆一律完固堅整以次詣驗新建橫檔山背永安炮臺及對面之蘆灣山脚鞏固炮臺二座各在山脚石基正中建造其永安炮臺直長十丈左右灣長六十八丈敵臺長四十丈鞏固炮臺直長六丈五尺左右灣長五十一丈敵臺長二十一丈兩臺連地盤亦俱用靑蔴大石平排橫順丁鈎密砌永安臺垜牆開炮洞四十個鞏固臺垜牆開炮洞二十個兩處炮臺臺心俱用蠻石塡砌石級馬頭亦

俱完固堅整臣等在各炮臺四望遠近控制情形氣象實屬雄壯南山新建月臺尤足以壯觀瞻而嚴備禦惟查鑄造大炮先經督臣盧坤

奏明飭委署增城營叅將洪發科及推陞遊擊暫署廣州協左營都司黃廷彪僱覓爐匠李陳霍等承攬鑄造責令保固三十年限內炸裂照例賠造茲查新鑄大炮四十位又添鑄大炮十九位陸續運往各臺安配前於九十月間演放時內有八位先後炸裂炸傷炮兵一名身故業經該爐匠另行賠造大炮八位

運臺補行安配迨臣與提臣關天培會同親往試演又炸裂二位此外細查各炮仍有四位製造不能如法臣等查新鑄大炮五十九位炸裂至十位之多顯係該工匠等偷減工料未能將鐵沙提淨所致已將該工匠等發交委員究審懲治仍責令將各炮位加工提鍊賠造至監鑄委員除洪發科有督修炮臺工程勢難兼顧且督修炮臺工程十分完固尚可功過相抵都司黃廷彪向來辦事勇往結實乃此次監鑄炮位不能認眞督率致多炸壞咎實難辭相應

奏明請

旨將推陞遊擊暫署廣州協左營都司之黃廷彪革去頂戴責令督匠加工提鍊賠造如演試不致再有炸裂另請

施恩倘仍不能妥善即再嚴行叅處至署東莞縣李繩先

承修炮臺工堅料實應仰乞

恩施交部議敘以示鼓勵所有臣等會同查勘各炮臺工程及查驗炮位情形謹會同恭摺具

奏並將新修各炮臺做法高低丈尺及各臺安配炮位

數目分繕清單二件恭呈

御覽至各炮臺建設城樓官廳藥局兵房神廟間數高寬進深丈尺另飭藩司派委文員覆驗會同工員另造細冊詳報炸傷身故之兵丁臣等已優加賞恤給其親屬具領仍照例咨部查辦再提臣關天培與臣會商防夷應加添操練火藥鐵彈及合操口糧獎賞併各項必需經費共有十三款現在新任督臣鄧廷楨不日即可到省容俟到任後會籌熟計另摺奏請

皇上訓示遵行臣祁𡎴於勘工演炮事竣後已於十三日

旋省合併聲明謹

奏

道光十五年十二月　十九　日

謹將改造鎮遠橫檔大虎各敵臺垛牆炮洞馬頭並添建南山威遠月臺暨橫檔山背永安炮臺及蘆灣山犖固炮臺長寬高厚丈尺暨弁署兵房馬頭等項工程繕具清單恭呈

御覽

計開

一改造鎮遠橫檔大虎各敵臺垛牆俱用厚寬各一尺長自三尺六寸五尺二寸不等青蔴石橫順丁鈎密砌按照間層砌高六尺五寸寬四尺五寸其炮洞一律造高三尺五寸外口寬二尺八寸內口撥開八字寬五尺並垛口橫石前長四尺八寸後長七尺寬厚俱各一尺以及修補臺面並馬頭三道一律平整

一新建南山威遠月臺在於舊炮臺前面石基正中建造直長一十一丈六尺自左至右灣長七十丈

敵臺長四十丈連地盤俱用高厚寬各一尺長五尺青蔴石平排五塊橫順丁鈎密砌每五尺見方仍間丁字按照間層壘疊高一丈三尺五寸另垛牆高六尺五寸厚四尺五寸開炮洞眼四十個面寬二丈五尺左右兩邊包角石牆各一十五丈亦高一丈三尺五寸另垛牆高六尺五寸不開炮眼橫寬一丈連敵臺臺心俱用蠻石塡砌

拱洞城門一座高九尺寬七尺二寸深一丈七尺五寸包鐵城門二扇

官廳一座三間每間脊高一丈四尺八寸簷高九尺正間寬一丈二尺七寸左右偏間各寬一丈深一丈五尺二寸均九檁成造青磚結砌拱篷一座簷高九尺二寸寬一丈一尺五寸深一丈二尺七檁成造

兵房十二間每間脊高一丈一尺簷高八尺寬一丈零三寸深一丈四尺五寸青磚結砌

藥局一座週圍石砌高七尺寬一丈二尺深一丈三尺十一檁成造

東望樓一座脊高一丈二尺簷高一丈零八寸寬九尺深七尺二寸青磚結砌

西城樓一座脊高一丈四尺簷高一丈一尺三寸寬一丈零三寸深一丈零三寸青磚結砌石級馬頭一座長一十八丈寬一丈四尺

一新建横檔西山背永安炮臺一座在該山脚石基正中建造直長一十丈自左至右灣長六十八丈敵臺長四十丈連地盤俱用高厚寬各一尺長五尺青蔴石平排五塊横順丁鈎密砌每五尺見方

仍間丁字按照間層壘疊高一丈三尺五寸另垛牆高六尺五寸厚四尺五寸開炮洞眼四十個面寬二丈五尺後包角石牆二十八丈亦高一丈內馬路高四尺横寬八尺五寸另垛牆高六尺厚二尺五寸不開炮眼連敵臺臺心俱用巒石填砌拱洞城門一座高九尺寬七尺二寸深一丈七尺五寸包鐵城門二扇

官廳一座三間每間脊高一丈二尺簷高九尺正間寬一丈零三寸左右偏間各寬八尺八寸深一丈均九檩成造青磚結砌

拱篷一座簷高九尺寬一丈二尺深一丈七檩成造

兵房十八間軍裝局一間每間脊高一丈一尺簷高八尺寬一丈零三寸深一丈五尺青磚結砌

藥局一座週圍石砌簷高七尺寬一丈一尺深一丈二尺十一檩成造

神廟三間青磚結砌

東望樓一座脊高一丈二尺簷高一丈零八寸寬

九尺深七尺二寸青磚結砌

西城樓一座脊高一丈四尺簷高一丈一尺三寸寬一丈零三寸青磚結砌石級馬頭一座長七丈寬一丈

一新建蘆灣山脚鞏固炮臺一座在該山脚石基正中建造直長六丈五尺自左至右灣長五十一丈敵臺長二十一丈連地盤俱用高厚寬一丈長五尺青蔴石平排五塊横順丁鈎密砌每五尺見方仍間丁字按照間層壘疊高一丈三尺五寸另垛

牆高六尺五寸厚四尺五寸開炮洞眼二十個面寬二丈後包角石牆三十丈亦高一丈內馬路高四尺橫寬八尺五寸另垜牆高六尺厚二尺五寸不開炮眼連敵臺臺心俱用蠻石填砌

拱洞城門一座高九尺寬七尺二寸深一丈七尺五寸包鐵城門二扇

官廳一座三間每間脊高一丈二尺簷高九尺正間寬一丈二尺七寸左右偏間各寬八尺八寸深一丈均九檁成造青磚結砌

拱篷一座簷高九尺寬一丈一尺五寸深一丈七檁成造

兵房十一間軍裝局一間每間脊高一丈一尺簷高八尺寬一丈零三寸深一丈五尺青磚結砌

藥局一座週圍石砌簷高七尺深一丈一尺十一檁成造

神廟二間青磚結砌

東望樓一座脊高一丈二尺簷高一丈零八寸寬九尺深七尺二寸

西望樓一座脊高一丈四尺簷高一丈一尺三寸寬一丈零三寸深一丈零三寸青磚結砌

石級馬頭一座長六丈五尺寬一丈

謹將鎮遠橫檔大虎南山威遠永安鞏固各炮臺安配新舊大炮數目繕具清單恭呈

御覽

計開

鎮遠炮臺安炮四十位

新鑄八千斤炮七位　又六千斤炮五位

舊鑄六千斤炮二位　又六千五百斤炮一位

舊鑄五千斤炮四位　又四千斤炮一位

舊鑄三千斤炮二位　又二千五百斤炮二位

舊鑄二千斤炮四位　又一千五百斤炮八位

舊鑄一千二百斤炮四位

橫檔月臺安炮四十位

新鑄八千斤炮三位　又六千斤炮九位

舊鑄八千斤炮二位　又七千斤炮一位

舊鑄六千斤炮二位　又五千斤炮二位

舊鑄四千斤炮一位　又三千斤炮三位
舊鑄二千斤炮九位　又二千五百斤炮二位
舊鑄一千五百斤炮六位
大虎炮臺安炮三十二位
新鑄六千斤炮二位
舊鑄九千斤炮一位　又八千斤炮一位
舊鑄七千斤炮一位　又五千斤炮五位
舊鑄三千斤炮三位　又三千五百斤炮二位
舊鑄二千斤炮五位　又二千五百斤炮三位

舊鑄一千五百斤炮七位 一千四百斤炮一位　又一千斤炮一位
南山威遠月臺安炮四十位
新鑄八千斤炮十位　又六千斤炮六位
新鑄四千斤炮四位　舊鑄七千斤炮二位
舊鑄五千斤炮一位　又三千五百斤炮一位
舊鑄三千斤炮二位　又二千五百斤炮二位
舊鑄二千斤炮二位　又一千五百斤炮五位
舊鑄一千斤炮二位　又一千二百斤炮二位 又九百斤炮一位
永安炮臺安炮四十位

新鑄五千斤炮四位　又四千斤炮一位
舊鑄四千斤炮一位　又三千五百斤炮一位
舊鑄三千斤炮四位　又二千斤炮十三位
舊鑄一千斤炮七位　又一千五百斤炮四位
舊鑄八百斤炮一位　又一千二百斤炮四位
鞏固炮臺安炮二十位
新鑄五千斤炮二位　又四千斤炮三位
舊鑄三千斤炮五位　又二千斤炮五位
舊鑄一千二百斤炮五位

以上六臺共計安配新舊炮二百一十二位
道光十六年二月三十日奉到
硃批另有旨欽此同日又奉到道光十六年正月二十四
日内閣奉
上諭祁墳等奏會勘各炮臺工程及查驗炮位情形一摺
廣東虎門地方修造各炮臺及添鑄炮位各工完竣經
祁墳等查明新鑄大炮五十九位炸裂至十位之多實
屬辦理不慎所有監鑄委員推陞遊擊畱署廣州協左
營都司黃廷彪著革去頂帶責令督匠加工提鍊如數

賠造倘再不能妥善即嚴行參處署東莞縣知縣李繩先承修炮臺工程尚屬完固著加恩交部議敘至所奏應行加添各項經費十三款著俟鄧廷楨到任後會同關天培籌議具奏該部知道欽此

再本年十一月初六日據洋商伍紹榮等轉據嘆咭唎國夷商覃義理等稟稱夷人來粤貿易所有書信必須往來傳遞逆風難行今有港脚烟船能行逆風並無帆檣止有烟管船內燒火烟氣由管通出船傍兩邊各架車輪烟動輪轉行駛甚速欲行晋省遞信

恐沿途炮臺關口疑慮驅逐信達轉稟飭行知照等情臣查外夷貨船向准到海口報明進至黃埔收泊其護貨兵船及別項船隻止准在外洋寄碇不准擅入海口如有送交書信應用三板小船隨時報明入口歷有

奏定章程可循查該夷人此項烟船曾於道光十年駛至外洋旋經回國今欲將烟船駛入海口進省送信雖據引水人等查報該船只有船主水手十餘人並無滋事情形惟夷情狡黠且詭異不經之船未便准

其入口臣祁𡊮與臣彭年及各司道商酌如該夷人竟肆桀驁即應懾之以威隨一面飭令洋商傳諭該夷人不准進口一面移咨臣關天培通札虎門各炮臺如該夷人不遵法度將船駛至即開炮震懾若仍不退回即裝炮子將船轟擊俾知儆懼不得稍有踈忽嗣據署澳門同知郭際清署水師提標中軍參將李賢等稟報查明該烟船係嘆咭唎港脚嗟吻快船經該參將帶領師船督率弁兵在洋防範於十一月十三日瞭見該船自伶仃洋開行往內洋行駛將至

沙角洋面沙角炮臺即將號炮點放南山鎮遠橫檔大虎各炮臺聽聞號炮亦均開炮接應該烟船即行拋碇有船內夷人開駕三板小船攏近師船頗通中華言語稱欲駛入黃埔遞信並稱前已稟明當諭以總督提督已經諭禁不准違例進口該夷船始行轉舵駛出外洋仍至伶仃南灣等處海面灣泊至今尚未開行回國續據署參將李賢稟稱訪聞此船係爲包攬各夷商送信而造此次到來欲將船賣給澳夷該澳夷覆以如能駛至黃埔即可承買否則不願成

交今回至伶仃洋無人承買是以尚未回國亦不敢
進口等語臣等查暎夷素性詭詐雖現在該烟船並
無滋事情形惟既已飭禁不准進口乃仍欲駛入內
洋明係佯爲不知任意行駛實屬藐玩除飭各營縣
及虎門各炮臺隨時査察嚴行禁阻防範並諭飭澳
門西洋夷目派撥夷兵在於南灣一帶巡查勿任烟
船水手人等登岸滋事仍卽驅逐開行回國毋任久
泊滋事外所有港脚烟船嚴禁未經駛入內洋緣由
謹會同海關監督臣彭年水師提督臣關天培附片

奏
聞伏乞
聖鑒謹
奏
道光十五年十二月　十九　日
道光十六年二月三十日奉到
硃批知道了欽此

閩盜曾武果否涸跡陳村請飭縣飛速査覆稿

午間差弁回虎祗奉還雲敬悉前沕兩函均登記閱
茲本月二十七日接南澳沈鎮十六日差函抄稿送
閱當卽專差熟悉該處情形署把總莫在田改裝易
服帶同南澳目兵陳旋趕往順德密訪去後今於三
十日據該弁目回署稟稱訪得陳村地方本有玉田
福潮館一所已經被焚現在止存鋪面一進該鋪主
係福建人沈姓現止三四人在內居住此外另有店
鋪一間係潮順字號內有福建客人十餘人在內出

入居住此中有無蔞官之名因閩粵語音不同未敢
過於査問恐致張揚至田春港三字閩音卽是陳村
港現有玉田字號且是福建人在內惟蔞官與曾武
是何年貌身面有無記識既無眼線指認又無確跡
可據署把總未便冒昧混拿並査潮順鋪係一凌水
婦人名海南三招得福建人在店生理聞人叫他亞
蔞官此人現在外出緣奉札委合將訪確情形稟覆
等語査曾武係閩浙洋面盜首業經
奏拿在案今據沈鎮函開奉程制軍函開犯供曾武有

逃匿廣東之供無論虛實均應確訪嚴拿方得水落石出況今訪有玉田店舖惟有無曾武涸匿其中無從指認若咨候沈鎮購覓閩線前來必致躭延時日再四思維原不可株累妄拿又深慮養奸滋患應請密飭順德縣就近訪明會營拿辦則虛實自分疑團可釋矣專差飛佈云云

道光十五年十二月　三十　日

籌議節省經費歲修八臺三板炮罩稿

昨承示以海口春秋操練需用一切籌款七萬通年一分生息可得七千仰見籌海防邊機先燭照一勞永逸有備無虞豈獨水師官兵共深頂感從此海疆蒙福有米可炊 敎弟 諸免顧盼受益實多回署後復將前議逐條核計內堆積柴草一項第一年約需銀一百兩如當年不用第二年卽可減半購買應省銀五十兩火器一項四季備辦第一年需銀一百二十兩除春秋兩季隨操試放外共夏冬所備設製而不用則木箱竹筒箭頭箭竿仍可配用每年可省銀四十兩又陸地操練存營兵丁需用炮架等各項十副第一年製辦需銀八十兩以後僅需修補每年約用銀二十兩又省銀六十兩又八處炮臺共安大小炮二百三十四尊每炮各存火藥十八出通共應儲備火藥三萬六千斤刻已撥到火藥一萬二千斤仍須籌備火藥二萬四千斤此項係永遠存貯炮臺每年出陳易新不入歲需數內應請另款由理事同知領辦交營又八臺各添大三板一隻寬為估計每隻約

需銀六十兩約共銀四百八十兩以後三年小修六年大修九年拆造請飭廣州府廠估辦交營又各炮臺添木板炮罩約需銀三百餘兩此件請飭東莞縣估辦營弁就臺督工三年後如有殘損應再修理以上二項亦不入歲需款內至於操練炮準師船歲需火藥彈子裝藥布袋添換誌椿旂布燈油火繩火器添補隨炮器具柴草及各兵口糧賞號等項以每年息銀七千隨時製辦足敷撥用然當此定議之初不厭精求敎弟愚昧之見仍須籌銀二千兩併入前款

生息每年務得息銀七千二百兩除按年支用七千兩有零仍歲存銀一百八九十兩十年之內可節存銀一千八九百兩緣大三板八隻每隻每年必需歲修銀伍兩俾有破即修有漏即補庶板片不致過朽計十年之中除到營第一年及大小修拆造此四年中無庸歲修其餘六年僅需銀二百四十兩如三板原造每隻價銀六十兩三年小修每隻即需銀二十兩六年大修每隻需銀四十兩九年拆造每隻又需銀六十兩是十年之中歲修小修大修拆造通共需

銀一千二百兩又八臺炮罩約需銀三百兩以寸餘厚木板使用三載有餘勢必朽爛十年之中必須更換兩次即需銀六百兩是十年間三板炮罩又需籌銀二千兩與其年年籌撥何如乘此措齊一經需用即在本款內動支旣不致躭延公事又免另外籌支緣承諄屬謹據思慮所及肅此覆聞再本標右營添兵七十名已遵示咨行各鎮營定於二月初一日彼此起截支食又儋州添改水師亦已轉咨陽江瓊州兩鎮軍迅速核覆矣云云

道光十六年正月　十六　日

拿獲假冒巡船人犯解辦稿

爲獲匪稟解以靜地方而安商漁事道光十六年正月二十四日據大鵬右營守備吳占稟稱竊照前因有快蟹式樣船隻掛用三角大旂一面上寫奉部巡查字樣出海滋擾追趕福潮艚船假以盤查爲名實爲酷索商漁銀兩稍不如意乘機搶奪緣由業經稟明憲臺在案隨奉鈞批內開據稟伶仃洋面近有快蟹式樣巡船二隻駛至龍鼓洋面追趕艚船已悉查此項船隻是否在官巡役假公滋擾抑係匪徒冒充

官人仰卽督率巡洋舟師及守口員弁實力查拿務獲解究如稍懈玩定干叅辦切切等因奉此守備遵卽札飭本營巡洋舟師臺汛各弁加緊巡防如有此樣巡船膽敢仍在營屬洋面滋擾立卽嚴拿解送以憑轉解懲辦而靖海疆札飭去後茲於本年正月二十一日據本營把總黃耀全稟稱竊把總奉派防守大澳汛督率兵目嚴密巡防罔敢疎懈本月十九日酉刻見有黃底快蟹船一隻船上約五十餘人飛棹抵澳把總當卽督帶汛兵前往稽查該快蟹船始則稱司屬巡船把總詢取牌照驗看該匪驚懼棄船紛紛逃走把總督率汛兵上前擒拿拿得匪犯鄭亞有陳亞長二名時値昏黑餘匪四散奔逃追拿不及祇得將黃底快蟹船一隻牽帶回汛搜出船內軍械火藥等項理合開列淸摺連匪犯二名稟解伏候轉解等情到守備據此隨查該快蟹船膽敢私造奉部巡查旂號遍海搜索商漁船隻爲害實深其係何人裝造此船何人支出飯食銀兩擾害商漁次數同夥幾人守備未便過於詢問並在該船內搜出賬簿八本理合將犯人船隻軍械等項一並稟解憲轅伏乞察

核咨解飭審以期水落石出實爲公便等情連摺到本軍門據此查匪徒駕船假冒巡查沿海滋擾大爲民害茲該守備吳占據把總黃耀全拿獲匪犯鄭亞有陳亞長二名並黃底快蟹船一隻搜出船內軍械火藥紅白旂及出入賬簿等項列摺稟解前來除批回該守備併札香山協本標左營遊擊督率弁兵務將未獲逸犯迅速查拿解報毋稍疎縱並將匪犯船隻軍火等項卽差該守備解赴鈐轅聽候飭司審辦

咨煩查照示覆云云

一咨　督撫二院

云云等情連摺到本軍門據此 據稟已悉 查匪徒駕船假冒巡查沿海滋擾大爲民害茲據拿獲匪犯鄭亞有陳亞長二名並黃底快艓船一隻搜出軍械火藥紅白旂及出入賬簿等項列摺稟解前來除咨解督部堂飭審究辦外 合札飭緝札到該營卽便遵照 仰卽遵照 督率弁兵務將未獲逸犯迅速查拿全獲解報毋稍踈縱 速速 可也

此繳

籌海初集　卷三　九十六

計粘抄匪犯姓名單一紙

一札香山協　本標左營　批大鵬右營守備

道光十六年正月　二十四　日

拿獲私鑄鐵炮咨請嚴辦稿

爲據稟咨會事道光十六年正月二十四日據大鵬營右營守備吳占稟稱竊於本年正月十八日據防守大澳汛把總黃燿全稟稱竊於本年正月十六據該汛目兵張連陞稟稱查得本汛屬大澳涌同合舖戶陳亞辛造有熟鐵九節劈山炮四門等情據此把總當卽飭令該目兵帶同汛兵前赴同合舖搜出九節劈山炮三門三把連炮一門繳赴來汛嗣據官富司巡船頭役容英到汛說稱指認此炮係其巡船配

籌海初集　卷三　九十七

緝因壞爛修整等語把總登卽飭目往查該巡船現配有九節行營劈山班鳩等炮共九門挑刀三十枝竹蔾鎗三十枝快鈀籐牌鈎鐮共二十件鳥鎗鉛子火藥等項現配役伴水手五十餘人又帶隨蝦笱艇一隻快蟹一隻每船約有二十餘人俱有鎗炮器械等項惟該蝦笱快蟹等艇一見目兵搜出同合舖鐵炮四門登卽解纜飛棹而去合將奉查緣由稟覆等情惟該巡役容英巡船炮械鎗刀鉛藥等項及水手多配在船足敷巡緝旣係修整之炮初不稟知况此

炮係在同合舖搜出保無冒認情弊把總未敢擅便卽將前項炮位稟送回營伏乞賜文解究等情到守備據此隨將該九節劈山炮三門三把連炮一門飭差押解移送新安縣查收究辦外合將緣由附單稟明等情到本提督據此查私造炮械大干例禁今守備吳占搜獲九節劈山等炮顯係私造沿海地方不可不嚴行查辦除批回該守備速卽知會新安縣將同合舖炮匠傳到審訊確供及辦理緣由通報外咨會查照希賜嚴飭新安縣查傳究辦施行

一咨 督撫院

批大鵬右營守備吳占手本

據稟在同合舖起出九節炮三門三把連炮一門解送新安縣究辦等由已悉查私造炮械攸關例禁仒官富司巡船既據查明現有炮械在船顯有別項情弊事關炮械除咨明督撫二院外仰卽遵照移會新安縣速提同合舖舖主夥伴嚴審確供核實通報該備仍錄取縣供呈報可也此繳

道光十六年正月 二十四 日

加派署叅將押犯赴省以備顧問稿

前肅寸緘度登鈞覽客臘二十五日據大鵬右營守備吳占稟稱守備京旋於十一月二十四日回任後卽赴洋巡緝查得洋面現有快蟹巡船懸掛燈旂安設鎗刀炮械同船舵水約五十餘人在洋追趕商船假以盤查爲名實係訛索搶奪守備跟踪追拿該船人衆一見兵船卽飛駛逃竄追至黑夜因瞭望不清未能速獲現仍督率舟師臺汛時刻留心如該船到境定卽合力拿解等情當卽批飭該備務卽查明該

匪船踪跡速將人犯船械設法捦獲以清洋面如稍玩延定干叅辦批飭去後本年正月初該備來署面稟遵奉鈞批守備卽與各弁委分投訪拿昨已查明此項巡船係福永司巡檢所管業經函達新安縣查辦當又諄飭該備以此等匪徒既已攢湊多金僱船製械懸掛號旂銜燈又四五十人同聚一船每日食用亦復不少今投在巡檢屬下假公濟私藉以盤查任情勒索搶奪雖已函致盛令縱卽撤回憑照而此等匪徒數月以來業已習慣斷不歇手更應多派弁

兵上緊查拿務獲解辦諄諄諭飭茲於本月二十四
日守備吳占拿獲船犯稟解前來除備公牘卽飭守
備吳占將船犯器械押解來省聽候飭司收審並卽
飛札香山大鵬及本標左營將未獲各犯迅速拿獲
另解歸案惟守備吳占應對半係土語不甚了了茲
加派本標署右營遊擊何駿龍督同該備押犯來轅
以備顧問一切情形云云
道光十六年正月　　二十四　日

籌海初集

卷四

籌海初集目錄

卷之四

春秋操練炮準水軍歲需火藥分營製造稿

爲札催事道光十五年十二月二十七日准三司糧貴司道
道咨呈奉兼署督部堂祁憲札案於道光十五年十
月十三日准水師提督關咨開爲照本提督昨將籌
議操練章程咨請鑒核旋荷飭議辦理咨覆到本提
督准此惟是籌備演習炮準操練水軍需用各項通
盤計算有應造存留爲儲備者有應每年造辦列爲
歲需者有應按季製辦者有應遞年歲修者欲善其
事先利其器有備無虞最爲上策第經費有常又不

得不倍加撙節本提督僅將應辦各件列單咨請衡
奪或應增減刪改祈再飭議核覆等因當經飭行籌
議第炮臺工竣在卽亟須會核辦理合就札催札司
立卽會同迅將咨內粘單需用一切按條悉心籌議
刻日詳覆以憑會核
奏辦毋再稽延等因奉此查本案先奉督憲牌行業經
移行會議去後日久未據議覆茲奉前因除移行遵
照籌議外第籌議需時所有火藥應先製造合先咨
呈希將演習炮準操練水軍核計應需火藥若干飭

營赴局具領硝磺回營製造所需價銀由貴提督核
明移會兩院並照司借款支給另籌歸補免悞軍火
其餘各條俟議覆到日另行咨呈核辦等因到本提
督准此查虎門新舊炮臺八座議定章程每年春秋
二次演練炮準需用火藥一萬一千九百三十八觔
八兩又調撥本標中左右及香山大鵬七營米艇十
隻操練水軍每年春秋二次需用火藥二萬一千六
百觔以上兩項共需用火藥三萬三千五百三十八
觔八兩每百觔需硝八十觔共需硝二萬六千八百

三十觔零十二兩八錢每硝百觔例該銀四兩二錢
三分一厘二毫五絲共該銀一千一百三十五兩二
錢七分八厘每百觔需磺十觔共需磺三千三百五
十三觔八兩八錢每磺百觔例該銀三兩一錢共該
銀一百零三兩九錢六分火藥每百觔需用工膠柴
炭銀一兩八錢零五厘共需銀六百零五兩三錢六
分九厘九毫以上共計銀一千八百四十四兩六錢
零七厘九毫自應遵照赴領至操船火藥二萬一千
六百觔本標中右二營成造火藥過多誠恐趕辦不

及議請分給各營自領硝磺炭工承造其中右兩營配操米艇四隻應造火藥八千六百四十觔除札本標前後二營各代造藥一千五百觔順德新會四營各代造火藥一千四百一十觔核計硝磺工膠柴炭等項由各該協營備具妥文册領差弁請領回營趕造成藥解交中右二營分船應用至本標左營配操米艇二隻歲需火藥四千三百二十觔香山大鵬各左右二營各配操船一隻每船歲需火藥二千一百六十觔已札飭各該協營核計硝磺工膠柴炭銀兩備具妥文册領差弁徑赴請領併札本標中右二營將各臺遞年歲需演練炮準火藥一萬一千九百三十八觔由該營核計硝磺工膠柴炭銀兩備具妥文册領請領回營製造以應急需合咨查照檄飭藩司除咨督撫照司查照借款支給以免延悞施行

一咨　督撫院　照會布政司

道光十六年正月　十六　日

春秋操練炮準歲需火藥札飭中營承造稿

爲札遵事照得遞年各臺演練炮準調撥米艇操練水軍需藥太多若俱由該營製造必致趕辦不及查本標左營香山大鵬營各配操船二隻每船需用火藥二千一百六十觔分飭各營自行配造其中右兩營操船四隻共歲需火藥八千六百四十觔已飭本標前後二營每營代造藥一千五百觔又順德協左右二營新會左右二營每營各代造一千四百一十觔卽由各該營核計硝磺工膠柴炭銀兩徑赴布政司請領外合就札遵札到該署叅將卽便移行本標中右二營遵照除船操硝磺不領外其各臺遞年歲需演練炮準火藥一萬一千九百三十八觔八兩仍由該營核計硝磺工膠柴炭等項銀兩備具妥文册領差弁請領回營製造火藥以應急需毋違

一札署本標中軍

道光十六年正月　十六　日

札營分造火藥稿

爲飭遵事照得虎門新舊炮臺八座新議章程每年春秋二次演練炮準需用火藥一萬一千九百三十八觔八兩又調撥本標中左右及香山大鵬七營米艇十隻操演水軍每年春秋二次需用火藥二萬一千六百觔以上兩項共需用火藥三萬三千五百三十八觔八兩但藥數過多若分交中右兩營製造必致趕辦不及議請分給各該營自代造合就札遵札到該營卽便轉行遵照代造火藥一千五百觔　左右二營遵照每營代造火藥一千　遵照遞年出船二隻歲需火藥四千

四百二十觔　三百二十觔核計每藥百觔需硝八十觔需磺十觔需用工膠柴炭銀一兩八錢零五厘每硝百觔例價銀四兩二錢三分一厘二毫每磺百觔例價銀三兩一錢由該營備具妥文冊領差弁赴司借款支給領回迅速製造火藥造竣卽差弁送交中右二營分配師船以資操用毋違

一札本標前營　本標後營　順德協　新會營

本標左營　香山協　大鵬營

道光十六年正月　十六　日

配藥火硝應請提淨交營以免虧折稿

爲咨明　札知提淨硝觔以免虧折事照得虎門新舊炮臺八座議定章程每年春秋二次演練炮準需用火藥一萬一千九百三十八觔八兩又調撥本標中左右及香山大鵬各營米艇十隻操演水軍每年需用火藥二萬一千六百觔以上兩項共需火藥三萬三千五百三十八觔八兩每藥百觔需硝八十觔共需硝二萬六千八百三十觔零十二兩八錢查遞年領買生硝提淨止存六折計虧淨硝一萬有零照所虧數目應少造火藥一萬三千數百觔硝磺例禁私買無

可通融今虧折過多應請飭議由局提淨交營抑或由營派弁赴局提煎其虧折情形業經面陳貴督部堂飭令理事同知妥議示覆除行提屬各營及照會布　咨會政司外合咨貴督部堂飭議或由局提淨交營抑派營弁赴局煎提之處核示飭遵施行　照會貴司施行　合札遵照毋違

一咨　督院　照會布政司

一札提屬十四營

道光十六年正月　十七　日

打單圖記印單果否書列姓名咨請示覆稿

爲咨覆事道光十六年正月二十六日准貴部堂專咨內開爲咨催事案於道光十五年八月內准貴提督咨開據中軍叅將佘清稟報署千總譚鴻飛把總區廷璋等拿獲在洋疊次搶奪匪犯李亞法何桀籠陳洪貴鍾祖有四名併搜獲火藥圖記紙單專差外委楊永芳等賫解請飭發審辦等因當經前署部堂將解到匪犯李亞法等四名連火藥圖記紙單一併發司委員審辦嗣據委員前署廣州府知府潘尙楫

等會稟提訊李亞法等各犯堅稱並未爲匪且各不認識併據訊何桀籠供稱圖記印單實不知來歷係弁兵查拿時掉在船內刑訊不移該府等查驗圖記印單並無姓名紙色印色灰舊似非目下行用之物現據該犯等父母呈求察釋是現訊供情與營稟大相徑庭是否該犯等狡卸抑係弁兵查拿未實又經批司速飭該府等再行提犯研鞫錄供通報察核並據稟移咨貴提督查明弁兵當日查拿實在情形咨覆飭知各在案迄今日久未准咨覆亦未據該府錄供通報現已開篆亟應查訊明確分別辦理未便再延除札催東臬司查照先今批檄速飭廣州府等再行提犯虛衷研鞫務得確情錄供通報察核毋再稽延外合就咨催煩爲查照希卽查明弁兵當日查拿實在情形咨覆飭知或令引拿線人陳亞進把總區廷璋赴府當面質實訊辦以杜狡展而免枉縱迫切等因到本提督准此查此案係陞署提標中軍叅將佘清於上年下班輪巡期內遵奉前督部堂盧通行札飭查拿各縣匪徒糾結夥黨在於水陸各處搶奪

行刦擄人打單等犯務獲解辦並經本提督札行前由飭令訪拿各在案嗣於上年八月初四日據佘叅將稟稱督率千把弁委在洋拿獲匪犯李亞法何桀籠陳洪貴鍾祖有四名並獲三板艇一隻蝦笱艇二隻繒仔船一隻濕水火藥一包約二觔餘圖記四個單紙十三張稟解前來卽經備咨委弁將犯人船隻圖記單紙一併解省飭發審辦在案卽於八月十七日准前署部堂祁咨覆飭司收管委員研審在案十月二十七日又准前署部堂祁咨開道光十五年十

月十一日據署廣州府知府潘尙楫候補通判朱槱會稟卑署府等遵卽提犯逐加研訊據李亞法供番禺縣蛋民年二十一歲父親李葉容已故母親郭氏現年七十歲並無兄弟娶妻楊氏生有一女小的向駕小艇採捕魚蝦度日本年七月二十八日上午時候在虎門沙角地方被官兵拿獲要小的作線帶拿賊匪小的因不知賊匪姓名不允作線就被解案的平日並無爲匪現獲的鍾祖有陳洪貴何桀籠向不認識並未在營供及搶刼之案亦未供有陳洪貴鍾

祖有之名是實據何桀籠供香山縣蛋民年三十四歲父親何朋憲現年七十歲母親鍾氏現年六十四歲並無弟兄娶妻黃氏未生子女小的與黃桀艮周之順在馬泗和船上採捕魚蝦度日因船主有病回家七月二十八日小的與黃桀艮周之順把船駛至香山縣屬大角河面捕魚被不識姓名賊匪駕艇攏近小的船邊圖搶黃桀艮周之順先行鳧水逃走小的被賊匪連艇捉獲把小的關禁艙底是日下午時候被官兵查拿那賊匪逃走把小的獲解的平日並

無爲匪現獲的李亞法們向不認識是實據陳洪貴供番禺縣蛋民年四十七歲父親陳高意已故母親李氏年八十二歲並無弟兄娶妻彭氏未生子女向駕縉船採捕魚蝦度日本年七月二十九日在虎門沙角地方因風大小的船隻創壞官兵巡船官兵要小的賠還小的不允致被獲解的平日並無爲匪現獲的李亞法們向不認識現有七門埠鹽票船照存據埠保周廷認等可以保結是實據鍾祖有供新安縣人年三十八歲父親鍾朋鳳已故母親鄭氏現年

七十八歲並無弟兄娶妻羅氏生一子受傭在鄭可知船上撑賣竹排度日本年八月初一日早往本鄉湴狗布地方蕉田掘草巳牌時候適官兵經過圍拿賊匪小的往看致被營兵悞拿平日並無爲匪現獲的李亞法們向不認識是實各等供卑署府等以弁兵在何桀籠所乘蝦笱艇內獲有打單圖記印單該犯等俱稱並未爲匪明係狡賴復向嚴詰據何桀籠供稱圖記印單伊實不知來歷係弁兵查拿時掉在船內再三刑究堅供不移並據何桀籠之父何朋憲

同陳洪貴之母陳李氏赴府呈稱伊子何桀籠陳洪貴一向採捕魚蝦度日並未爲匪籲求察釋卑署府等查匪徒打單似必於印單內書立姓名而提驗解到圖記印單並無姓名且紙色印色俱屬灰舊似非目下行用之物事涉可疑但弁兵既將該犯等拿獲自必確係匪徒今該犯等堅稱並未爲匪且各不認識現訊供情與奉行營稟大相徑庭是否該犯等狡卸抑係弁兵查拿未實理合將現訊供情稟請察核移咨提憲查明實在情形俟奉批行到日再行查訊

分別究釋等由到本兼署部堂據此當批據稟提訊李亞法等各犯堅稱並未爲匪且不認識併據訊何桀籠供稱圖記印單實不知來歷係弁兵查拿時掉在船內刑訊不移該府等查驗圖記印單並無姓名紙色印色灰舊似非目下行用之物現據該犯等父母呈求察釋是現訊供情與營稟大相逕庭是否該犯等狡卸抑係弁兵查拿未實總須平心審辦仰東按察司速飭該府等再行提犯虛衷研鞫務得確情錄供通報察核仍候據稟移咨水師提督查明實在情形咨覆飭知或令引拿線人陳亞進把總區廷璋赴府當面質實訊辦以杜狡展而免枉縱等因印發外咨會查照希卽查明弁兵當日查拿實在情形咨覆飭知或令引拿線人陳亞進把總區廷璋赴府當面質實訊辦以杜狡展而免枉縱施行等因准此卽經飭行查覆去後緣線人陳亞進係隨時購來民人急切查傳未到且此案匪犯係叅將佘清在洋督率弁委分投拿獲詢明稟辦非如各弁委之各拿各犯者可比其中原委必得該叅將京旋方能核實至佘

清係由陞署遊擊尚未實授復蒙前督部堂盧以該員誠實可靠

奏請陞署提標中軍叅將於上年十月內領咨進京歷隨本提督辦事將及一載謹愼小心斷不致有誣栽情事况據委員訊明何桀籠一犯供稱被不識姓名賊匪駕艇攏近小的船邊圖搶黃桀良周之順先行鳧水逃走小的被賊匪連艇捉獲把小的關禁艙底是日下午被官兵查拿那賊匪逃走把小的獲解的等供文內又云卑署府等以弁兵在何桀籠所乘蝦

筍艇內獲有打單圖記印單該犯等俱稱並未爲匪明係狡賴復向嚴詰據何桀籠供稱圖記印單實不知來歷係弁兵查拿時掉在船內再三刑究堅供不移等語試思何桀籠所座之船既被賊匪搶座將伊關禁艙底迫經官兵查拿賊匪逃走當其時何桀籠仍然關禁艙底該匪又何所據指定圖記印單係弁兵查拿時掉在船內犯供矛盾已屬顯然該委員等應即從此跟追自可得實又稱卑署府等查匪徒打單似必於印單內書立姓名而提驗解到圖記印單

並無姓名且紙色印色均屬灰舊似非目下行用之物事涉可疑等語本提督復查打單勒贖見諸公牘者外省誠少見聞惟廣東爲最盛自本提督蒞任以來水師各營報獲者亦復不少即本標中右兩營上年亦連獲數起查驗紙色印色均不新鮮而圖記印單內並無書刻姓名或者府縣衙門歷年辦理打單之案必以印單內書立姓名又須紙色印色均屬新鮮者方得謂之實在打單人犯若圖記印單內並無姓名而紙色印色又不新鮮者概不得謂之打單人犯本提督歷官江省於打單勒贖之案向未經歷刻下服官斯土緝拿匪犯各營均當認眞尤慮營員不知此等分別情節或致枉拿不可不早爲咨請定式應請飭承將近年打單各起成案檢出數起飭令府縣檢卷呈驗明悉即賜示覆俾獲通行所屬各營遵奉定式此後遇有拿獲打單人犯查其圖記印單內書有姓名者方准解辦以免枉拿至原獲線人陳亞進刻又飭營查傳一俟傳到再飭把總區廷璋一同赴府候質惟此案匪犯係叅將佘清一手經理似須

該叅將京旋方能確覆合併聲明緣准咨催合先咨覆察核施行

一咨　督院

道光十六年正月　二十六　日

籌備生息長資練習以嚴守禦奏稿 總督主稿

兩廣總督臣鄧廷楨 廣東巡撫臣祁𡎴 跪

奏爲遵

旨查議防夷經費必須籌備生息方能長資練習以嚴守禦而壯聲威恭摺

奏祈

聖鑒事竊道光十六年正月十五日臣鄧廷楨承准軍機大臣字寄十五年十二月二十五日奉

上諭據祁𡎴奏請將與夷人交結案犯入官家產器物估

變作爲防夷經費等語此案逸犯姚九區寬曉習夷字夷語與夷人通信交結開設窑口販烟圖利與私通外

國無異自應照例辦理將該犯等家產器物估變入官至所奏籌備虎門海口增建炮臺每年練習礮兵歲需炮子火藥及調操水師加賞口糧等項卽將此項入官家產估變作爲防夷經費著鄧廷楨到任後查明妥議具奏將此諭令知之欽此遵

旨寄信前來臣鄧廷楨於去冬蒞任卽向臣祁𡎴面詢情形兩月以來周咨博訪查得虎門海口爲廣東中路咽喉前因水師疏防致被咈嘮啤夷船闖入經前督臣盧坤與臣祁𡎴臣關天培會議添建炮臺增鑄大炮以嚴守禦奏奉

硃批所議周妥之至務須練習精純方能得力震懾羣夷也欽此嗣臣關天培於督催臺工之際往來洋面將防禦海口一切章程悉心熟計必須預籌經費方能操練精純曾函商臣祁𡎴預爲籌議是以擬將逸犯姚九等入官家產估變仰懇

聖恩作爲防夷經費旋馳往虎門會驗修竣炮臺工程又

經臣關天培面商各炮臺應加操練火藥鐵彈及合操口糧獎賞並各項費用所需約有十三款

奏明俟臣鄧廷楨到任後會籌辦理在案玆欽奉

諭旨著臣鄧廷楨查明妥議具奏事關防禦外夷爲

國家邊圉要務臣等受

恩深重敢不通盤籌計以期有備無患永遠可行遵會查得虎門新舊炮臺八座安設新舊炮位共二百三十四尊內新建永安鞏固兩臺係水師提標右營管轄配防臺兵應增七十名方足敷額先經前督臣盧坤

船十隻每船配兵六十四名共兵六百四十名每船派官一員春季以大鵬營叅將總領水操秋季以提標左營遊擊總領水操兼管各項火器及斗手爬桅水兵泅水等技預期調齊海口先飭將備教練炮準務使高低遠近不爽毫釐師船調戲輕靈鎗炮層疊聯貫水兵則浮潛並用火器則奇正兼施俟操練漸純提督親臨較閱凡弁兵便捷勇壯者賞必從優拙劣庸懦者罰不容貸務使心齊令一士氣奮興每次操演以十日為度仍選舊炮十尊運置公所按十日一次派弁專督挑就各兵演習裝藥下子操練一應手法務俾得心應手久而益精庶幾餉不虛縻兵皆得力

天朝聲威遠播足可懾服羣夷惟核計每年操練兩次應用火藥羣子封門鐵彈及調操水師加賞口糧等項加以添製裝藥布袋及一切隨炮器具合計各項所費不貲通盤撙節約估歲需銀五千七百餘兩另加預備賞犒銀一千兩共銀六千七百餘兩

國家經費有常自應預為熟籌方可臨期支應臣祁𡐓

與臣關天培酌議於兵丁稍多之水師提標左前兩營及南澳香山海門澄海平海鎮協各營內抽撥添入提標右營以足新建防臺兵額茲臣鄧廷楨蒞粵詳察形勢防兵難於額外議增自應照議抽撥辦理惟兵力固期充足而武略尤貴操防必須恪凜

綸言練習精純方能得力查虎門各臺傍山臨海臺依山建舟趁潮行操練之方迥殊陸路其攻堅致遠第一以炮準為先此外則舵工宜解占上風壯丁宜善泅深水至於一切火藥器具均須預為製造俾得應手無虞其最要者尤在上官董率將領操練精嚴共之以苦甘鼓之以賞罰使耳目習於號令膽氣練於波濤然後身手相和腹心可寄今臣等公同酌擬於每年二月杪八月初由提督分飭本標中右兩營將備率領城汛親兵五百十八名分赴威遠鎮遠橫檔大虎永安鞏固六臺連原派防兵三百三十名派定每兵四名管炮一尊專司練習炮準其沙角大角臺汛員弁管領防兵五十名專司號炮號旂再調提標中左右三營米艇六隻香山大鵬左右營米艇四隻共

前奏查抄逸犯姚九區寬等入官家產器物飭令府縣估變作爲防夷經費臣鄧廷楨因前項抄產係卸署廣州府佛岡同知潘尚楫暨卸署番禺縣知縣張錫蕃經手辦理該員等均須請咨引

見當商之臣祁𡎴飭令暫緩請咨會同現任廣州府珠爾杭阿番禺縣徐應照先行確切查估據稱約可變銀五萬餘兩飭催如數變價解繳藩庫收貯伏查遞年操練歲需費用銀六千七百餘兩如即將此項儘數作爲防夷經費僅敷數年之用實非經久良圖茲據

藩司阿勒清阿會同臬司王青蓮運司李振翥督糧道鄭開禧公同熟計此項歲需費用擬將抄產估變銀五萬餘兩發典週年一分生息歲可得息銀五千餘兩尚不敷銀一千餘兩查有從前奏設三路內河巡船三十隻配巡弁兵口糧在關鹽盈餘項下動支現在今昔情形不同應酌裁十隻每月節省口糧銀三百餘兩通年可節省銀三千六百餘兩其抄產變價生息不敷即可於裁撤巡船節省項下撥給支應以免延誤據該司道議詳前來臣鄧廷楨臣祁𡎴謹將臣關天培前議應需十三款覆加詳核其間有常年必需亦有隨時可以節省並有一年製備可用數年總在按年按款撙節動支冀歸實用以垂永久查整飭水陸營務係臣鄧廷楨專責且虎門距省不遠臣鄧廷楨當隨時親詣巡查臣關天培身任全省水師重寄職任攸關務使防禦常嚴羣夷胥惕以期仰

副

聖主綏戢重洋震疊懷柔之至意謹合詞會同水師提督臣關天培恭摺具

奏並將會議操防需費十三款敬繕清單恭呈

御覽是否有當伏乞

皇上聖鑒訓示謹

奏

謹將會議虎門操防砲準及練習水操需費十三款謹繕清單恭呈

御覽

一各臺大炮應添火藥封門鐵彈羣子以資儲備也據臣關天培議稱查威遠鎮遠橫檔大虎沙角大

角羣固永安炮臺八座共安大小鐵炮二百三十四尊每年春秋操演炮準每次下子各放三出兩次各放六出每年需用火藥並封門鐵彈各重一萬一千九百餘觔歲需羣子計重一千零八十八觔十兩以上封門鐵彈羣子兩項內新炮五十六尊業經每炮鑄有封門子四十個羣子各四百個卽以此項留爲儲備其舊炮一百七十八尊本有儲備存貯營局雖多寡不能畫一均尚可用毋庸添造惟配炮火藥向無貯備歷年正九兩月各臺

演洗炮位均於鎗兵儲備藥內墊用隨時請領造補歸款此時操防緊要每歲春秋又須演習炮準用藥甚多營中儲備不敷墊用況造藥需時若不預爲儲備勢難濟用應請籌添儲備大炮火藥三萬六千觔分貯提標中右兩營有備無虞又炮彈向大海施放不同陸地萬難拘泥檢七銷三之例致滋兵累不能不按數製給等語臣鄧廷楨臣祁𡎴會查向來虎門舊有炮臺每年正九兩月演洗炮位應用火藥例在停操節省火藥內抵用其鉛

彈雖例應檢七銷三而炮彈向海施放勢難拘泥成例係屬實情飭據司道公議現在修造各臺添鑄大炮議於春秋練習炮準應用火藥自需加增但係專爲儲備而設尚可毋須如此之多查有各營領回連州軍需案內餘存火藥先後提撥一萬觔並飭理事同知撥給製備火藥二千觔解交提標中右二營領存備用如果不敷隨時再行籌備共炮彈一項應卽如數製給需用銀兩由司在於籌備經費項下動支給領核實報銷

一各臺大炮每年兩次演準應添歲需火藥羣子封門鐵彈以資操練也據臣關天培議稱虎門新舊炮臺八座共設大炮二百三十四尊每炮下子試準一出需用火藥一千九百八十九觔十二兩春秋兩次各放六出共用火藥一萬一千九百三十八觔八兩共用封門鐵彈一萬一千九百三十八觔八兩共用羣子一千零八十八觔十兩按配造精緻火藥每百觔該工料銀五兩五錢封門鐵彈每百觔照現辦價值該銀六兩羣子每百觔照現

辦價值該銀八兩三項共需銀一千四百六十兩一分七厘五毫等語臣等會查操練炮準春秋兩次應用火藥羣子鐵彈在所必需惟查准銷之例炮位需用火藥應在遇雨封印暑月停操出差病假及輪流出巡出海捕盜各鎗兵節省火藥內撥補若實在增添炮位操練多用例無准銷者自應核計籌備貼補現在虎門炮臺八座共中增添新建者雖止有永安鞏固二臺但各臺練習炮準春秋調操師船均爲防夷新定章程非同正九兩月

演洗炮位可比若不將新舊炮位應用火藥羣彈一併籌備必致臨時不敷應操應如所議添製備用共需銀一千四百六十兩零由司在於籌備經費項下支給理事同知承領製造由營領回備用年終核實報銷

一每年操練水軍與炮臺互相應援宜添備歲需火藥以供訓練也據臣關天培議稱每年春秋兩次調用提標中左右香山大鵬每營各調米艇二隻共船十隻每隻配鎗炮兵四十四名柁繚斗椗兵十名泅水兵十名各配炮十二尊大小牽算每炮以一千觔重爲率每操一陣每炮各放十二出兩次共操六陣每炮各放七十二出每出應用火藥二觔八兩共用火藥一百八十觔十船共炮一百二十尊共需火藥二萬一千六百觔該價一千一百八十八兩等語臣等會查師船水軍與炮臺合操互爲聲援表裏相應爲練習防夷要法應需火藥實不可少應如所議每年准添火藥二萬一千六百觔共該價銀一千一百八十八兩由司在於

籌備經費項下撥給理事同知領項製造移營領回備用年終核實報銷

一每年六七八九四個月宜籌添防兵口糧以期果腹也據臣關天培議稱虎門炮臺八座共派防兵三百八十名依山傍海四無居鄰與存城防汛情形不同兵丁月支餉米本屬無餘家口同居已難足用派守炮臺必須分爨在空閒之日原准其替換購買薪米自六月起至十月初止則夷船絡繹而來正防範吃緊之際若任其離臺購辦實恐曠

悞可否仿照巡洋各兵月給口糧之例定以六七八九四個月爲度每名賞給口糧銀四分通計一百二十日共需銀一千八百二十四兩按月支給庶防兵心無内顧果腹有資等語臣等會查八臺依山傍海四無居鄰自六月至九月止正防夷吃緊之際分爨既形竭蹶回家又恐疎虞此一百二十日内自應加以體恤賞給口糧俾資果腹應如所議計需口糧銀一千八百二十四兩由司在於籌備經費項下撥給領回按名散給核實報銷

一每年二八月兩次練習炮準調練水兵宜嚴賞罰以示勸懲也據臣關天培議稱查各臺原派防兵三百八十名演炮之際不敷配用應於存城操演兵内添派兵五百十八名分赴各臺會同練習又調操水兵共用師船十隻共配兵六百四十名二共添配兵一千一百五十八名春秋兩次共操二十日必須勤勤懲惰賞罰嚴明俾各兵咸知感畏庶期日漸精純是賞需亟應預籌等語臣等會查練習炮準調操水軍齊集多兵自須加以賞罰俾知觀感奮興應如所議除懦弱懶惰不堪造就者隨時責革外其應行賞賚弁兵由司在於籌備經費項下每次提銀五百兩移交提督屆期備賞事竣造册報銷如有餘剩留爲下屆之用

一各臺應添脚船以資濟渡也據臣關天培議稱查虎門海口新舊炮臺八座孤懸海面濟渡需船向例夷商船隻一進虎門沙角防弁即須稟報知會前途其鎮遠横檔弁兵亦須輪流押送至黄埔交替且不獨公事需船即弁兵日食所需無一不赴

内地採買各臺本各設有三板船一隻或因年久朽爛或因遇颶擊碎若不亟爲籌添必致公私兼悞查前項各船因工料無多船身板薄易於壞爛應請製造身長二丈四尺寬八尺三板船八隻分給八臺應用等語臣等會查虎門各炮臺向有例設三板船濟渡長寬丈尺舊有定式每隻准銷銀十二兩六錢四分五厘動支營中公費造報今因年久壞爛無存先據提標中右二營議請添製每隻估需銀四五十兩稟經提督咨行籌辦因核與

例案不符尙未定議詳明給造查估造向有定例
原難額外增估惟臺兵需船孔亟營員廉俸無多
勢難賠墊未便拘泥成例應酌定每船准給銀二
十四兩八船共需銀一百九十二兩在於籌備經
費項下動支給領由提標中右二營自行製造以
資濟渡遇有壞爛亦在籌備經費項內貼補支應
由司核實報銷毋庸再動公費報部
一新舊大炮宜添炮蓋以免銹蝕並製火藥布袋隨
炮器具以資應用也據臣闞天培議稱查八臺大

炮共二百三十四尊各安炮架分置各臺日晒雨
淋毫無苫蓋不特炮架木質易朽炮位亦易銹蝕
應請各添一寸厚木板二塊照依炮架長短做成
人字式炮罩以資遮蓋又每年兩季操練炮準水
操共需火藥三萬三千五百三十餘觔每藥二觔
八兩配裝布袋一個應用粗紅布一尺歲需布一
千三百四十一丈五尺紅布每丈銀一錢八分共
需銀二百四十一兩四錢七分查常年演洗大炮
所用布袋因爲數無多向係由營捐辦今遞年操

練所用十倍於前營員捐辦力有不逮又八臺大
炮二百三十四尊隨炮器具每尊配用鐵炮鏟一
把舂藥木棍一根蔴帚一條鐵門針一根鉛星斗
一副撁炮䃙木棍四條火龍杆一枝皮巴掌一個
炮眼蓋錫一塊又每炮二尊合用水缸一隻以上
各件歲需修理添補一次每炮一尊需銀八錢大
炮二百三十四尊共需歲修銀一百八十七兩二
錢應請籌給等語臣等會查裝藥布袋及隨炮器
具均係必需之物炮蓋一項亦爲經久起見今據

約估工料銀七百餘兩均應如所議在於籌備經
費項下支給製造惟炮蓋及隨炮器具經此次製
備之後嗣後止須歲修應由臣闞天培按年勘驗
覈實請領以杜冒濫仍由司彙案報銷
一各臺原派防兵臨事不敷派用應預練存城兵丁
以備協濟也據臣闞天培議稱查炮臺防兵向有
定額營中巡洋防汛兵數無餘以致臺兵不能加
派卽如威遠鎭遠橫檔三臺每臺各安大炮四十
尊每臺僅派防兵六十名是每兵三名管炮兩尊

施放焉能敷用是以逢操遇事必須調派城汛操兵分往協濟若不預爲操練雖營兵無異市人現將存局舊炮挑出十尊分置中右兩營衙門箭道選定鎗炮兵五百十八名專派千把於每月逢五日期操練裝藥下子描準燃火一應事宜既免別增耗費而各兵心思手法可期漸就精純以之調派到臺方可與臺兵合用但舊炮雖係虛演必須添製炮架門釘舂藥木棍炮鏟皮巴掌擡炮木棍及鉛星斗火龍杆等項十副以備逐件練習計炮

架等件每製一副約銀八兩十副共需銀八十兩俾演習有具訓練方能得力等語臣等會查練兵全在平時而器具必須應手所需工料爲數無多應如所議在於籌備經費項下動給製備由司彙案報銷

一師船備用火器宜隨時製造以免周章也據臣關天培議稱粵省硝性斥鹵造成火器不堪久貯雖安置高燥之處兩月以後即行回潮不能致遠所有大小火箭五虎箭羣火箭噴筒火罐火號箭箱溜筒等項必須按季製辦方能得力約計每季製辦一次需銀三十兩每年需工料銀一百二十兩等語臣等會查師船備用火器貴在迅發遠攻自應按季製造俾免回潮而資利用此項歲需無多應如所議在於籌備經費項下按季領回自行製辦備用由司彙案報銷

一八臺大炮應添製歲需火繩以免兵累也據臣關天培議稱查每年按期演試炮準需用火繩四百六十八丈以榕樹根成造每丈價銀五分應請每

年添製大炮火繩五百丈計銀二十五兩如有餘存即留爲儲備向來火繩由兵自備今用數較多應由官備以恤兵艱等語臣等會查火繩向例由兵自備今臺兵操練大炮需用較多自應官爲製備以恤兵艱計每年製備火繩五百丈歲需工料銀二十五兩在官爲數無多而兵可免累應如所議在於籌備經費項下製備彙案報銷

一每年春初應購柴草以資備用也據臣關天培議稱海口備禦第一以炮位爲先次則以火攻爲要

應請於每年二月間儲積山柴茅草八百担堆貯空所久之潮濕乾透見火卽燃統計柴草八百担連運脚約需銀一百兩此外火船及應配一切燃火料物均俟遇事購辦等語臣等會查購貯柴草以資備用係爲火攻起見此項柴草價值歲需無多應如所議在於籌備經費項下動支購買堆貯由司彙案報銷

一各臺每年應更換誌樁一次以測潮水而助炮準也據臣關天培議稱威遠鎭遠橫檔大虎及新建

永安鞏固六處炮臺每臺左右應於水中安釘誌樁木二根以測潮水俾弁兵知潮水之長落以定炮口之高低庶子出不致過於低昂於炮準最關緊要惟海內蠔蟲蛀木易斷每年須更換一次此項誌樁僅用圍圓一尺四五寸杉木每根約計價銀四兩六臺共誌樁木十二根約需銀四十八兩所費有限獲益實多等語臣等會查此項誌樁爲向例所無而藉以測量高下實屬在所必需每年植立海中蠔蟲齧蛀易損應如所議在於籌備經費內遞年領銀製換由司彙案報銷

一各臺添製燈旗應按年易新以壯觀瞻也據臣關天培議稱虎門炮臺八座本各有旗杆一根黃布旗一面日間懸掛號旗夜間懸掛號燈惟終年日晒雨淋易於黯舊必應按年更換以新耳目而壯觀瞻八臺共需旗布銀九兩六錢再六七八九等月每夜每臺應給油燭銀三分八臺四個月共給油銀二十八兩八錢以資守望等語臣等會查前項燈旗爲觀瞻所繫高懸臺畔易爲風雨摧殘自

應按年更換一次至每臺給四個月油燭亦屬在所必需應如所議在於籌備經費項下遞年領項自辦由司彙案報銷以上十三款臣鄧廷楨與臣祁墳同司道悉心核議實屬練習費用所必需臣等因經費有常其例准開銷者歲有常經例難准銷者自應籌項貼補庶期練習精純兵皆得用是以議將私通夷人犯產估變入官作爲防夷經費籌議生息連裁撤巡船節省弁兵口糧添補以資操練臺防調遣水軍之用洵屬以公濟公是否有

御覽
當謹條分件繕具清單恭呈
道光十六年三月　初七　日會奏
道光十六年五月十一日奉到
硃批另有旨欽此同日承准
軍機處錄寄道光十六年四月初九日內閣奉
上諭鄧廷楨等奏請籌備生息以資防夷經費一摺廣東
虎門各炮臺防夷兵丁據該督等查明每年操練應用
火藥鐵彈及加賞口糧等項共需銀六千七百餘兩自

應及早預籌以備支應著照所請准其將查抄逸犯姚
九區寬等入官家產五萬餘兩發典生息一年所得息
銀五千餘兩作爲經費其不敷銀一千餘兩著准其於
內河裁撤巡船節省項下撥給該督等仍當按年按款
撙節動支務必實歸實用以垂永久至單開會議操防
需費十三款所議俱妥要在實力行之切勿日久生懈
凜之該部知道單併發欽此

十六年春巡閱西路各營官兵奏稿
廣東水師提督臣關天培跪
奏爲校閱中路西路各營官兵技藝巡查海面演試炮
準情形恭摺
奏祈
聖鑒事竊臣仰沐
天恩補授廣東水師提督蒞任後卽親詣中路洋面察看
山形海勢履勘各處炮臺測量海口潮汐凡必需增
改者均悉心籌議與前督臣盧坤節次函商已將增
改緣由會銜奏蒙

俞允並議於每歲春秋操演各臺炮準練習各船水兵其
應用火藥等項咨商督撫籌款製辦又核定訓練巡
防更替章程通行各營遵照務使兵技純熟出洋習
慣風濤俾操巡兼收實效至虎門海口爲中路咽喉
雖添臺增炮兵船分合巡防聲勢現已聯絡第炮不
勤演則子出無準兵技欠精則膽力不壯臣於炮臺
左右水面各安誌樁二根劃明尺寸又將炮口安高
炮尾加添木墊紮就木排懸簾作靶放入中流隨潮

進退督率官兵按期打準教以視誌椿知潮水長落加木墊定炮口高低手眼練熟則子出有準心專氣壯則遠近咸宜惟是水師人材本少而廣東營伍誠如

聖諭風氣虛浮水師廢弛尤甚當臣到任之初更不得不舍短用長擇人任事勸勤懲惰賞罰兼行一載以來官兵積習漸就湔除操巡亦漸有起色至出入海口民夷貨船均恪遵法度刻下載貨夷船乘風回棹洋面現無緊要事件臣酌帶兵船於二月初六日自虎

門放洋由香山廣海陽江一帶經瓊州鎮所屬各洋面遍歷巡查周覽形勢就船點閱巡洋官弁併各水兵駕駛折戧把舵爬桅俱尙靈便經由沿海臺汛查驗防守弁兵尙無老弱配船配臺炮械均屬整齊搜查潿洲斜陽禁島並無潛匿奸民諄飭各段巡洋員弁激發天良和衷實力有盜即拿不得稍分畛域務使安益求安臣即挨次較閱官兵轉至海口會同署瓊州鎮總兵臣劉得高閱海口營官兵由海安硇洲等營閱至陽江會同陽江鎮臣何岳鍾閱陽江官兵由廣海香山前山大鵬逐營較閱進巡內河查閱新會順德及提標後營前營內河水師官兵回至虎門較閱提標中左右三營官兵陣式並合操外海兵船其轉篷調戧搶占上風尙屬便捷試放火箭噴筒等項亦能迅速致遠演放虎門新舊各臺大炮聲威甚壯於四月初五日事竣臣每到一營詳細較閱所演陣式進退步伐連環鎗炮併籐牌長矛雜技大致均尙可觀鎗箭各靶悉遵部式中靶亦及分數查點各營馬匹軍裝器械火藥錢糧均足額無虧至各營官

兵內凡人材技藝較優緝捕勤能者均分別等第當場奬賞存記其弓力不足鎗箭少準而年力漢仗尙堪造就者亦均分別責懲限習惟署海安營遊擊之陽江鎮標右營都司徐成章署海安營守備之本營千總林茂菁均訓練無方以致兵技不純應將徐成章降為守備林茂菁降為外委又廣海寨守備鄭大斌年力就衰應即勒令休致廣海寨千總李元彪署吳川營千總之硇洲營把總林建功聲名平常弓馬生疎提標中營外委陳正勳東山營外委招繼宗廣

海寨外委朱朝莊弓馬軟弱以上五弁均應斥革提
標前營把總梁輝熊碙洲營把總蘇維畧廣海寨把
總陳朝壯均弓軟無準應降補外委陽江右營外委
潘奇韜吳川營外委林萬年箭無準頭年力尙壯應
降補額外外委差操以觀後效並據該管鎭將揭報
前來現在咨會督 臣 鄧廷楨
題參咨部勒休降革統計閱過各營等第以提標中左
右前後陽江左營順德協左右新會左營等九營人
材弓力鎗箭準頭較優香山協左營新會右營大鵬

右營東山海口龍門協左右崖州協水師等八營次
之海安碙洲吳川陽江右廣海香山右前山等七營
又次之伏思廣東營伍積習相沿因循已非一日雖
水師首重巡防然必須兵技精强緝捕方能得力 臣
受
恩深重訓兵防海是其專責惟有竭盡駑駘實心整頓嚴
飭各營將備認眞操練巡防以肅營伍如有玩懈不
力之員弁立卽分別叅革不敢稍事姑容以期仰副
聖主愼重海疆修明武備之至意謹將查閱過中路西路
官兵營伍分別核辦情形理合恭摺具
奏伏乞
皇上聖鑒訓示謹　奏

再 臣 查看沿海一帶炮臺墩汛營房因年久失修坍
殘過甚其陽江瓊州兩鎭所屬兵船修造未盡堅固
必須赶緊與辦庶沿海聲威聯絡巡防期收實效於
海疆實有裨益 臣 路過省城會商督 臣 鄧廷楨撫 臣
祁塡分別緊緩先將最要炮臺汛房估工赶辦再及
次要並嚴飭承辦船工之員此後凡屆拆造兵船進

厰務將長寬丈尺及釘灰艌縫一律加工如法承造
工竣派委道將大員詣厰會同驗收交營如敢仍前
草率由督 臣 叅
奏責令賠造合將 臣 查明沿海臺汛兵船會商籌辦緣
由謹附片
奏聞伏乞
聖鑒謹
奏
道光十六年四月　初六　日

道光十六年六月二十七日奉到
硃批知道了欽此

中西兩路師船臺汛咨請查辦稿
為咨會事照中西二路各廠承造師船或桅舵購
造不能如法或配釘稀小或艌縫不堅並驗有改收
窄短不敷則例尺寸者是以每年夏秋一遇颶颶大
風即沉失船隻炮械淹斃弁兵之案層見叠出又查
驗沿海墩汛炮臺因年久失修有全行坍倒者有坍
殘過半者有兵房殘損弁兵不堪棲止者本提督此
次西下閱兵即帶同各營官弁查悉大概情形業將
兵船造修未盡堅固炮臺墩汛因年久失修附片具
奏惟是船不堅固則難禦風浪臺汛坍殘致弁兵無處
棲身易啟推諉之漸且沿海聲勢因而斷續不通於
巡防大有關繫業將具
奏緣由面陳大概並將奏稿咨明氷案除又飛咨陽江
瓊州二鎮並專札中路各營汛將各處炮臺墩汛再
行逐細確查分別完整坍殘註明最要次要即日另
造細冊呈送外合就咨請希即轉飭中西兩路鎮協
各營並行各縣會營速將所隸炮臺墩汛確勘分別
緊緩或應報部請項興修或由地方官次第捐修之

處伏祈衙奪示覆施行

一咨　督撫院

道光十六年四月　十一　日

賠鑄新炮工竣懇將都司黃廷彪開復摺　總督主稿

兩廣總督臣鄧廷楨
水師提督臣關天培跪

奏爲委員督匠賠造炮位現已完竣驗收請

旨賞還頂戴仰祈

聖鑒事竊照前署督臣祁𡎴會同臣關天培查驗虎門新修改造各炮臺工程完固惟演放新鑄炮位內有炸裂當經恭摺劾參請將辦理不愼之委員推陞遊擊留署廣州協左營都司黃廷彪革去頂戴責令督匠

賠造

奏奉

上諭祁𡎴等奏會勘各炮臺工程及查驗炮位情形一摺廣東虎門地方修造各炮臺及添鑄炮位各工完竣經祁𡎴等查明新鑄大炮五十九位炸裂至十位之多實屬辦理不愼所有監鑄委員推陞遊擊留署廣州協左營都司黃廷彪著革去頂戴責令督匠加工提鍊如數賠造倘再不能妥善卽著嚴行參處等因欽此時臣鄧廷楨先於去冬蒞任會查得各炮臺新鑄大炮四十位又添鑄大炮十九位內先後炸裂十位併造不如

法四位共十四位除業經爐匠賠造八位運臺補行安配外尚應賠造大炮六位欽奉前因遵即飭催委員上緊督匠加工提鍊如數賠造去後旋據委員黃廷彪等督匠賠造齊全由廣州協副將郭宏升稟請驗收前來適臣鄧廷楨因
欽差莅粵有應行會審案件未克分身前往當即咨經臣關天培就近行委署本標中軍叅將李賢會同委員將賠造大炮六位逐一演放三出搬運上臺安置併于五月初四日親赴威遠鎭遠兩炮臺督同將備委

員飭將前項炮位照數裝藥下子各放二出炮身均無損裂當經收明竣事臣等伏查現在虎門新舊炮臺八座安設新舊炮位二百三十四尊增兵籌費加意防維海壖實壯聲威島夷足資懾服臣等受
恩深重惟有恪遵
聖訓查照奏定練習守禦章程合力同心行之以實斷不敢日久生懈以期壁壘常堅至該委員黃廷彪前因督鑄未善致炮位多有炸裂今於被叅後勉力督匠加工提鍊將應賠各炮補鑄全完業經運臺演試均堪合用是該員疎忽于前尚能認眞于後合無仰懇
天恩將該委員黃廷彪革去頂戴之案俯准賞還開復俾知益加感奮查該員先于預保案內保
題續奉推陞福建建寗鎭左營遊擊經前督臣盧坤
奏准留粵補用惟預保之案仍應赴部引
見如蒙
俞允恭候
命下之日即行照例給咨送部合併陳明所有委員督匠賠造炮位現已完竣驗收緣由謹合詞恭摺具

奏伏乞
皇上聖鑒訓示謹
奏
道光十六年五月　十七　日會奏
道光十六年七月二十八日奉到
硃批另有旨欽此同日承准
軍機處錄寄道光十六年六月二十日内閣奉
上諭鄧廷楨等奏請將賠造炮位完竣之委員開復頂帶一摺署廣東廣州協左營都司推陞福建建寗鎭左營

遊擊黃廷彪前因辦理炮位不慎降旨革去頂帶責令如數賠造茲據該督等奏稱該員于被叅後勉力督匠加工提鍊將應賠各炮位補鑄全完業經如數運臺演試均堪合用黃廷彪着准其開復頂帶所有該員預保之案仍着赴部引見該部知道欽此

月給口糧購買薪米曉諭防兵稿

為明白曉諭事照得本軍門籌議防夷款內以鎮遠威遠橫檔大虎永安鞏固沙角大角炮臺八座為防夷扼要弁兵不容稍曠每年自六月起至十月初止正各國夷商船隻雲集之期亦護貨夷兵船來泊外洋之候守臺弁兵更不准片刻離臺以期嚴肅而資整飭念爾各兵月領餉米不敷分膳經本軍門咨商督部堂議於每年籌給防兵四個月口糧每兵每日銀四分購買柴米按月發給俾各兵合夥煑食以免

分炊悞事其鍋竈等件每臺二分上年已經購辦交臺昨准督部堂撫部院籌款生息會銜奏蒙
俞允業經飭行遵照分月備文赴司請領在案茲據中軍稟稱六月分八臺防兵三百八十名口糧銀四百四十兩八錢尚未領回應如數籌墊即經購買白米一百一十四擔松柴二萬二千八百觔照三十日分派每兵各給米三斗木柴各六十觔已飭各臺弁兵將分到柴米收貯公所按日公同稱量每日輪派兵四名經管煑飯以均勞逸計六月分柴米兩項用去銀

兩外餘存銀兩俟下月接算另報等情面稟前來查
防臺各兵本有月支銀米守臺練藝分所當然今
奏定每年加給四個月口糧購買柴米貯臺公用以銀
盡爲度此係格外體卹爾衆兵務宜知感知奮勤練
技能勇敢任事庶不負督部堂本軍門教養兼施之
意也合行曉諭爲此諭仰防臺衆兵一體遵照毋違
特示

一出示沙角　大角　鎮遠　威遠　橫檔
大虎　永安　鞏固各炮臺

道光十六年六月　十三　日

遴選員弁請陞各缺稿

爲咨商事道光十六年六月十一日准貴部堂咨開
現准兵部咨大鵬營參將林開疆海門營參將鄧旋
明均經病故碣石鎮中軍遊擊佘清陞任所遺各缺
均輪用現任應題人員又龍門協右營守備周弼病
故遺缺輪用改用外海水師人員又新會營右營守
備姚夢鵾告病遺缺輪用預保無人以上各缺均行
令照例分別揀選題補等因相應咨商煩爲查照希
將各缺每缺揀選一二員移覆以憑核奪會疏

題補施行等因到本提督准此爲照前項員缺有管轄
通營之責督率駕馭訓練操防在在均關緊要必須
勤能熟諳之員方克勝任兹於現任人員及准改外
海水師之候補候調守備內詳加揀選查有堪陞前
項員缺者開列咨送可否分別
題補
奏署聽候衡奪相應咨覆合咨查照核辦示覆施行

計送清摺一扣

一咨　督院

謹將遴選堪陞衆將遊擊守備各項人員開列清摺
咨請銜奪分別
題補
奏署

廣海寨遊擊一員

曹飛揚年四十六歲潮州府南澳同知轄屬人由行伍道光十五年閏六月十六日到任歷獲各案盜犯三十二名道光十三年於護理碣石鎮中軍遊擊任內有職員林振瑞當店被刦拒傷工人身死一案業經開列職名咨部尚未議覆該員勤謹誠實辦事小心若以之陞補衆將尚能勝任其承緝之案雖係公罪惟未准議覆應請酌核再前送摺內以該員歷俸未滿尚須察看此時因乏員請陞而該員扣至本年六月十六日歷俸已滿合併聲明

澄海協中軍都司一員

李　賢年五十一歲肇慶府陽江縣人由行伍道光九年三月初六日到任道光十一年題陞海安營遊擊委署崖州協副將任內格殺洋盜楊就富案內夥盜多名生擒洋盜十二名擊沉盜船一隻拿獲盜船二隻于道光十三年奏奉
上諭以應陞之缺陞用道光十五年於題陞遊擊案卸署領咨途次聞訃丁憂退回都司本任該員明白老練勤幹廉能且能耐烟瘴人亦體面若以之越陞衆將堪期勝任惟該員尚未服闋於例稍有未符第水師人材難得且現在遊擊內無人選陞可否援案聲明親喪未滿專摺
奏請陞署之處恭候鈞裁再武員丁憂
奏請陞署者有案江南奏稿錄送

香山協左營都司一員

李邦漢年五十二歲肇慶府陽春縣人由行伍道光十四年十一月初六日到任先後跟隨拿獲洋匪四十名首先生擒盜匪一名因遭風被淹幸獲生存奉准軍功加一級該員人尚誠實水務熟諳若以之陞補遊擊尚能勝任惟前准鈞咨不准預保此時出有遊擊兩缺乏員陞補應請鑒奪

大鵬營右營守備一員

吳　占年四十九歲惠州府海豐縣人由武進士道光十一年八月二十三日到任歷獲各案盜犯三十六名匪艇三隻已預保註册該員緝捕勤能水師去得已經預保應請以都司遊擊兼用

香山協右營守備一員

李茂青年五十五歲肇慶府陽江縣人由行伍道光十年四月十八日到任歷獲盜犯五十九名奉准給與加一級紀錄二次已預保註册任內有新會縣人陳傳益被搶一案派委錯悞奉議降二級留任該員勤慎小心辦事穩妥已經預保應請以都司遊擊兼用

順德協左營右哨內河水師千總一員

江連元年五十六歲惠州府歸善縣人由行伍道光五年三月十九日接劄歷獲各案賊犯

一百七十二名奉准紀錄二次俸滿留任初次三年期滿改爲保送尚未給咨赴京該弁操防老練于內河緝捕得力堪膺守備之選

前山營左哨頭司內河水師千總一員

蘇振邦　年四十六歲廣州府東莞縣人由行伍道光十五年六月十六日接劄歷獲案犯一百四十二名本年二月內奉准部咨首先拿獲儌境斬梟盜犯周亞連等三名核與送部引見之例相符現在行調領咨該弁緝捕勤能人亦去得堪膺守備之選惟歷俸未滿二年

順德協右營左哨內河水師千總一員

蔣大彪　年三十歲廣州府東莞縣人由行伍道光十四年九月初三日接劄歷獲案犯二百四十二名任內有嫡母喪扣至道光十七年五月二十三日服滿該弁年力富強勤于捕盜人亦精明若以之陞補守備可期得力惟歷俸未滿兼有親喪

南澳鎮標右營承襲雲騎尉侯補水師守備二員

謝慶燕　年三十三歲廣東潮州府南澳廳人道光八年八月初六日引見奉旨著發回本省以外海水師守備補用該員年力強壯弓馬去得

黃慶元　年四十歲廣東潮州府南澳廳人道光九年八月十一日引見奉旨著發回本省以外海水師守備補用該員現署澄海協中軍都司辦事尚勤弓馬未經考驗

肇慶內河水師營中軍守備一員

羅曉風　年四十一歲廣州府順德縣人由武舉道光十五年四月內奉准改用外海水師侯有該省外海水師守備缺出酌量調補該員人材雄壯水師練習

道光十六年六月　十四　日

澄海協都司李賢越陞參將摺 總督主稿

兩廣總督臣鄧廷楨跪

奏爲外海水師參將員缺緊要懇

恩俯准陞署以重海疆仰祈

聖鑒事竊照廣東大鵬營參將林開疆病故遺缺係外海水師題補之缺接准部咨輪用現任應題人員行令照例揀選題補等因臣查大鵬營參將駐劄新安縣大鵬所城管理伶仃一帶洋面盜艇出沒靡常巡緝最關緊要且統轄之大嶼山孤懸海外爲商船夷船

經由寄泊之區防範尤宜嚴密必須熟悉情形幹練有爲之員方足以資經理臣與水師提督臣關天培在於粤省外海水師遊擊内逐加揀選非有事故違礙即屬人地未宜實無合例堪補之員惟查有澄海協中軍都司李賢年五十一歲廣東陽江縣人由行伍遞拔千總洊陞今職該員先經前督臣李鴻賓具

疏

題准陞補海安營遊擊旋於委署崖州協副將任内剿辦越南夷洋盜匪陳加海楊就富等出力又經前督

臣盧坤會摺

奏奉

諭旨李賢著以應陞之缺陞用欽此嗣因該員陞補遊擊

案内尚未引

見適遇丁憂退回都司原任該員才具開展巡緝認眞於伶仃大嶼一帶洋面巡防扼要情形素所熟悉且曾經陞補遊擊因剿辦洋匪出力續又

奏准應以參將陞用之員以之陞署大鵬營參將實堪勝任惟該員尚未服闋請由退回都司任内越級陞

署與例稍有未符但員缺係屬要區水師人材難得臣與提臣關天培往返咨商從前如粤省之水師提標前營都司余得彪越級陞署肇慶水師營參將又提臣關天培前在江蘇川沙營參將任内服制未滿陞署太湖營水師副將均蒙

特旨允准在案合無仰懇

聖主逾格恩施俯念水師員缺緊要人地實在相需准以李賢陞署大鵬營參將洵於營伍海洋均有裨益如

蒙

俞允仍俟該員服闋及扣滿歷俸年限再請實授給咨送
部引
見恭候
欽定其所遺澄海協中軍都司係外海水師題補之缺俟
部覆開缺時照例辦理臣爲外海要缺得人起見謹
會同水師提督臣關天培恭摺具
奏伏乞
皇上聖鑒訓示謹
奏

道光十六年七月　二十七　日
道光十六年九月初一日內閣奉
上諭鄧廷楨奏揀員陞署海疆要缺叅將一摺着照所請
廣東大鵬營叅將准其以李賢陞署仍俟該員服闋扣
滿年限再請實授照例送部引見該部知道欽此

准咨再議分兵訓練章程稿

爲議覆事道光十六年六月二十七日准咨內開照
得本部堂考驗得澄海協左右營來省請領俸餉硝
磺各弁兵內該協右營右哨千總李英隆馬步箭中
二枝應與僅中一枝之右營戰兵謝鵬飛均限一月
回營練習限滿由鎮覆看左營左哨頭司外委把總
楊逢陞右營右哨頭司外委把總陳鏞馬步全空均
降爲馬兵右營額外姚廷鳳馬步全空降爲步戰兵
左營戰兵范兆熊步箭全空應降爲守兵右營戰兵

蔡國光僅中一枝內三枝不到靶已打十棍應降爲
守兵此次該協來官四員中步箭一枝兵五名中箭
七枝該管上司所司何事所有署該協中軍都司事
承襲雲騎尉黃慶元署左營守備事該營右哨千總
蔡先攀署右營守備事左營左哨千總陳忠平日不
能督率訓練應各記大過三次以觀後效署澄海協
副將事候補水師副將譚安聽候另議澄海重地營
伍廢弛至於如此除咨貴提督設法整頓並示諭遵
照及札南澳鎮轉飭外委楊逢陞陳鏞刻日離任降

爲馬兵額外姚廷鳳降爲步戰兵取具各離任日期報查追出各原領委牌劄記分別存銷其所遺外委額外各缺並即挑選技藝嫻熟緝捕勤能著有勞績合例弁目考驗拔補具報並將戰兵范兆熊蔡國光降爲守兵勒令千總李英隆戰兵謝飛鵬勤加練習務期弓馬改觀俟一月限滿即由該鎮考驗稟覆察奪一面將黃慶元蔡先攀陳忠各記大過三次註册外咨會查照希將澄海協營弁兵技藝應如何設法整頓之處迅即議覆以憑核奪飭遵等因到本提督

准此查廣東地處海疆武備最關緊要雖水師官兵首重巡防而捕盗捡奸全憑武勇必須兵技精純膽力方能猛壯是操練巡防相關表裏缺一不可惟廣東水師營員不揣其本每以風濤兊險止練操舟遂置訓練爲奉行故事本提督蒞任之初查悉大概情形即核定分替訓練章程派定經操弁委專管一年以歸責成通行各營咨明四鎮在案奈各營積習相沿始勤終怠言之實堪痛恨茲奉鈞咨以澄海協屬請餉弁兵技疎無準除分別責革限習咨會設法整頓妥議移覆本提督展閱來咨抱慚無似查署澄海協副將譚安年力就衰難期振作業經函商核辦並咨請南澳沈鎮破除情面就近實力整頓外第事無專責則易於諉卸若界限分清則責無旁貸再四思維應請仍照本提督上年正月所定分替操巡章程稍加通變飭行各營立定條規即自本年秋季爲始各營派定弁委專管操兵俟來年六月底再行更換並將該營額設兵丁除去字識吹手以及舵工斗手繚手椗手不入操演外其餘弓箭鳥鎗刀牌各技兵

丁分爲三股以兩股分任巡洋防汛以一股留營專責派定經操之弁認眞操練先以三個月爲限三月以後凡呈送考驗兵册内均令註明經操官某人字樣並飭各營先將留營操演兵數分別技藝造具清册即於册首註明經操一年弁委銜名造册通報如三月後所送考驗兵内弓箭準頭以中靶五分爲合式鳥鎗準頭以中靶六成爲合式若屢次箭準均在六成以上鎗準均在七成以上者則將經操官記名遇缺陞擢設箭準屢次不及五分鎗準不及六分即

照所短分數將經操官降調仍飭行將備隨時考察舉優懲劣若將備狥情姑息一經上司察出連將備一併參辦如此則事有專司責無旁貸且照此替換操練三年則通營無不練之兵事歸專責則官弁各自認眞矣所有謬議操練緣由合覆查照核覆以便通飭施行

一咨　督院

道光十六年六月　二十九　日

議添協濟臺兵泗水爬梔等兵口糧稿

爲籌議添給操兵口糧咨請飭司議覆事竊照虎門海口春秋二季演習炮準操練水軍每年所需火藥鐵彈藥袋火繩誌樁布旂及增給八臺防兵口糧燈油賞號等項仰承籌款生息會銜奏蒙

俞允飭行遵照在案查誌樁布旂藥袋火繩及堆貯柴草隨炮器具八臺三板據報業已辦齊各臺炮罩刻亦解板興工火藥硝磺現已領回製造各項火器亦分投製辦領到口糧已購買柴米分給防兵同鍋煑食各臺旂燈燈油分給臺弁率兵守望此外應添旂幟器械及一切零星均已次第辦理月內總可一律齊全兹據中軍叅將佘清署右營遊擊楊德雄禀稱竊查七營會合水操共配米艇十隻每船派舵水鎗炮等兵六十四名十船共計兵六百四十名此項船兵均係各營派巡船隻各兵本有月給口糧至八臺防兵三百八十名亦蒙大憲體卹兵艱每年增給口糧銀一千八百二十四兩均已果腹有資毋庸再議惟八臺防兵臨操不敷配用原議至期將存營操兵添

撥五百十八名分臺協濟卑職等遵奉憲札自四月初一日起每逢一五卯期督率千把操練各兵裝藥下子描準各種手法刻已漸就純熟又自五月初起遵照奉發泅水陣操圖號令挑選演習泅水陣式兵六十八名又挑選水中對械兵十二名又選出爬桅兵十六名又練出能鳧深水兵三十四名按期操練此時泅水陣式業已可觀爬桅各兵上下便捷鳧水兵均能於深水中浮潛遊行此項泅水爬桅鳧水兵共一百三十名所需勇字號衣短腿窄褶小褲及添

製旂幟器械斗手衣褲等項業蒙憲臺發銀造齊賞給各兵配執穿用惟是每年會操二次每次十日刻下八臺防兵三百八十名各營師船水兵六百四十名均有日給口糧獨是協濟各臺操兵五百一十八名泅水爬桅鳧水兵一百三十名並未議給口糧雖營兵操演是其分內第相形之下未免向隅卑職等不揣冒昧懇乞鴻慈可否咨商督憲一體恩施倣照臺兵日給口糧四分每次總以十日爲度計協濟臺兵及泅水爬桅鳧水四項共兵六百四十八名春秋兩次每次十日共需口糧銀二百五十九兩二錢每年共需銀五百一十八兩四錢按兩次由營請領照數散給俾各兵不致向隅而憲德汪洋恩膏普被矣是否有當伏乞鈞裁等情據此查協濟各臺操兵五百一十八名泅水爬桅等兵一百三十名同一操練現在配船配臺各兵均有口糧而泅水鳧水爬桅等兵衝風破浪浮沉於波浪之中較之船臺各兵倍加苦險緣本提督當日漏未議及今據該將等所稟情節似應增給以免向隅合亟據情咨請煩爲查照可

否一視同仁俯如所請准賜飭司籌議照防臺各兵日給口糧四分每次以十日爲度准予給領之處出自鈞裁如荷准行仍希示覆以便轉飭遵照施行

一咨　督院

道光十六年七月　初二　日

奏增協濟臺兵及泅水各兵口糧摺　總督主稿

兩廣總督臣鄧廷楨　廣東巡撫臣祁𡎴跪

奏爲酌增協濟臺操及泅水各兵口糧以示體卹恭摺

奏祈

聖鑒事竊照廣東虎門海口炮臺春秋演習炮準調配師船操練水軍前經臣等會同提臣關天培

奏明新舊八臺共派防兵三百八十名每年增給口糧銀一千八百二十四兩臨操兵額不敷在於存城操兵內添撥五百一十八名分臺協濟在案惟此外尚

有泅水陣對械兵八十名鳧水兵三十四名爬桅兵十六名共計一百三十名均應按期操練因原議漏未聲叙致與添撥協濟兵丁口糧俱未議及茲准提臣關天培咨據提標中軍叅將佘清署右營遊擊楊德雄稟稱竊查七營會合水操共配米艇十隻每船派舵水鎗炮等兵六十四名共計兵六百四十名此項船兵均係各營派巡船隻各兵本有增給口糧其八臺防兵三百八十名亦蒙體卹兵艱每年增給口糧銀兩均已果腹有資毋庸再議至八臺防兵臨操不敷配用原議屆期將存營操兵添撥五百一十八名分臺協濟叅將等遵奉札飭自四月初一日起每逢一五卯期督率千把操練各兵放炮裝藥下子描準各種手法刻已漸就純熟又自五月初旬起遵照奉發泅水陣圖挑選演習泅水陣式兵六十八名水中對械兵十二名爬桅兵十六名又練出能鳧深水兵三十四名按期操練此時泅水陣式業已可觀爬桅各兵上下便捷鳧水兵均能於深水中浮潛遊行惟是每年會操二次每次十日該協濟臺操及泅水

爬桅鳧水各兵並未議給口糧可否倣照臺兵日給口糧銀四分每次計日酌給俾各兵不致向隅等情飭據司道議詳前來臣等伏查本案遞年操練歲需火藥鐵彈及加賞口糧等項共需經費銀六千七百餘兩前經

奏請將查抄逸犯姚九區寬等入官家產估變銀五萬餘兩發典生息歲可得息銀五千餘兩尚不敷銀一千餘兩請在裁撤三路內河巡船十隻遞年節省弁兵口糧銀三千餘兩項下撥給支應欽奉

上諭著照所請准其撥給按年按欵撙節動支務必費歸
實用以垂永久等因欽此欽遵在案今此項泗水島水
爬桅等兵衝風破浪浮沉於波濤之中較之船臺各
兵倍加苦險而協濟之兵亦與專防臺兵一同演習
所有配船配臺各兵既各有增給口糧則協濟泗水
等兵事同一例合無仰懇
天恩俯將協濟各臺操兵五百一十八名泗水島水爬桅
兵一百三十名准其於操演之時每兵日給口糧銀
四分春秋兩次每次操演十日計需口糧銀二百五

十九兩二錢每年共需銀五百一十八兩四錢即於
前項籌定經費項下按次由營請領照數散給則
惠闓均霑同深奮迅有裨操防可垂久遠矣所有酌增協
濟泗水各兵口糧緣由謹合詞會同水師提督臣關
天培恭摺具
奏伏乞
皇上聖鑒訓示謹
奏
道光十六年八月　日

道光十六年十月二十三日奉到
硃批另有旨欽此同日承准
軍機處錄寄內閣奉
上諭鄧廷楨奏酌增協濟臺操及泗水各兵口糧一摺廣
東虎門海口炮臺操演水軍據該督等查明原派防兵
俱經增給口糧尚有協濟臺操兵五百十八名泗水島
水爬桅兵一百三十名應增口糧未經議及該兵丁等
與專防臺兵一同演習自應加恩增給口糧以示體卹
着照所請所有需用口糧銀五百十八兩零准其於前

項籌定經費項下按次發營照數散給欽此

創設秋操通行曉諭稿

提督水師軍門關　爲核定號令條規預行通飭弁兵一體遵奉以期整肅而免違犯事照得虎門海口乃全粤咽喉省城屏翰當商漁總滙之衝途爲華夷互市之要隘防奸捕匪武備宜嚴是以本軍門於涖任之初卽通行訓練章程挑選精壯士卒增臺造炮添械加兵修器具設誌樁操臺兵之炮準儲柴草製神器備水面之火攻䘏士卒之艱辛籌給口糧賞號除弁兵之攤扣議添藥袋火繩增油燭免守望之疎

虞造三板濟往來之樵採凡有益於海防者莫不盡心籌備茲當秋操在邇特先曉諭合亟札飭示知爲此札示仰該參將遊擊各炮臺師船弁兵一體遵照立將後開各款逐件講求務使各炮臺師船弁兵遵守規條靜聽號令緣春秋二季操練炮準演放火器會合水操以及泗水爬桅等件係本軍門上年創立章程咨商督撫部堂院核議於本年三月會銜具

奏奉

旨允准茲當初次舉行誠恐向未經歷之弁兵一經違令法必嚴加惟念爾衆兵荷戈入伍未識整暇若待犯而後懲轉失本軍門平素教養之懷爰定號令條規預期布告諄飭弁兵互相傳誦務須了然胸中俾知軍令無私犯則不宥則令一必齊官兵咸登整肅庶不負本軍門愛人執法一片苦心其各凜之愼之毋違毋忽特札諭

計開

號令條規

一協濟炮臺弁兵擇吉八月初六日起身該中軍參

將先期傳諭各官兵一體聽令是日交四鼓於南門城上先放頭炮一聲各兵聞炮卽各自造飯交五鼓放二炮各兵飽飡天微明放三炮各兵携帶本身器械齊赴較塲將備齊集本軍門差官賫賞鹽菜錢文中軍參將卽陞堂按册點名分賞各兵訖領隊官將大纛五桿安置將臺正面設香案中軍參將行裝祭旗纛仍回演武廳少坐執令官稟起鼓將臺上擂第一通鼓領隊官率同隊目將大纛五杆照序排列將臺上擂第二通鼓衆兵認飄

帶各歸隊伍分行站定將臺上擂第三通鼓開路官執大紅方旗赴大纛前站定巡察官執大紅尖旗赴督陣旗後站定掌行營號傾隊官均上馬陞炮三聲各隊齊起鼓吹前導中軍參將在第一隊巡察旗後督押各兵赴威遠炮臺中營守備督押第二隊赴鎮遠炮臺右營遊擊督押第三隊赴橫檔炮臺右營守備督押第四隊赴大虎炮臺候補守備曾授綸督押第五隊赴永安炮臺候補守備萬蔭昌先赴太平汎調派船隻仍隨船赴鞏固炮臺經理各隊官兵按行伍進朝陽門出迎薰門至太平汎挨次紥定將備等下馬詣渡口帳房內陞座發號令衆兵聽令下船

一先期調集師船十隻編定號數挨次拋泊太平墟河面各船三板齊集渡口候各隊官兵紥定中軍參將傳諭各兵挨次登舟不許雜亂號炮一聲第一隊開路旗帶兵二十四名上第一號三板大纛旗帶兵二十四名上第二號三板什長旗五面帶兵二十名上第三號三板巡察旗帶兵二十四名

上第四號三板分赴中營第一第二號師船歸隊俟該四船開行後號炮二聲第二隊旗幟兵丁如前式分赴第五第六第七第八號三板分投左營第三第四號師船歸隊俟前項第一起三板回至渡口號炮三聲第三隊旗幟兵丁分赴第九第十及第一第二號三板開行至右營第五第六號師船歸隊仍候第二起三板攏岸號炮四聲第四隊旗幟兵丁分上第三第四第五第六號三板分赴香山第七第八號師船歸隊號炮五聲第五隊旗幟兵丁分赴第七第八第九第十號三板赴大鵬第九第十號師船歸隊俟五隊兵丁全行登舟將備各歸座船中軍參將坐第一號師船發令箭派弁赴各船查點兵數齊全禀覆後即傳令挿五色旗掌第一號各船陞篷掌第二號各船起椗掌第三號中軍船陞炮鳴鑼各船魚貫開行分赴汎地拋定督率各兵分起上岸歸臺

一協濟兵五百十八名分坐師船十隻在船之日即與各船水兵同食兩飧本軍門先期派弁將柴米

發交各船押江經管以免枵腹

一將備六員帶兵分赴威遠鎮遠橫檔大虎永安鞏固六臺到臺後卽將各炮火彈藥及新製隨炮器具各項火器旗圖及各兵配執軍械衣帽等項逐件點查務須旗幟鮮明刀鎗鋒利炮火整齊官兵肅靜如有短鈌殘損卽惟該臺弁是問迫本軍門詣臺親查設有刀鎗銹暗器具虧短則惟該將備是問此次初定章程賞罰無私令在必行該官兵幸勿身試

一協濟兵五百十八名分配到臺卽與原防各兵一同炊爨日需柴米本軍門派弁先期運貯各臺交臺弁經管以資果腹而邺兵艱

一協濟兵分配各臺會演炮火雖已在營操熟究與原防各兵日逐在臺練準者不同該將備應將每炮一尊派原臺兵一名專管描準其裝藥下子擡炮洗炮燃火等項卽派協濟兵挪同配合每炮一尊派定兵四名內原臺兵一名協濟兵三名其正面八千觔六千觔大炮應派原臺兵二名協濟兵二名一經派定卽不准兼管他炮並於各炮尾後掛一小腰牌正面書列炮位號數配藥子若干背面分寫四兵名姓以專責成而憑賞罰切切毋忽

一此次秋操會演各臺大炮紥就靶船隨潮闖駛以練炮準各兵預將藥彈羣子烘藥裝好靶船行近炮臺描準兵卽預先描準燃火兵執火龍杆在左催火兵執皮巴掌在右看定火門不許他視一經對準描準兵卽撲手一下不准言語燃火兵卽用火龍杆燃火催火兵用皮巴掌向火門一撲如炮

子中靶司令官卽押旗記圏號手兵鳴鑼三下描準兵將炮尾所掛腰牌取下懸于胸前以備該四兵一同領賞如子不中靶者不得妄取腰牌敢有揑稱中靶者查明貫耳

一各臺演試炮準必候長潮水勢溜急則船行迅速一炮之後靶船已過炮口無庸再裝藥彈然靶船尙不能駛過炮臺該一號炮兵四名且不必洗炮擡炮預將大火箭及溜筒火香安放垜口俟炮子放出描準兵卽將溜筒火箭配好候靶船一對垜

口卽燃火對篷施放第二炮兵丁四名于放炮後改用五虎箭在第二垜口內對篷施放第三號炮兵燃炮後用噴筒在第三垜口內對篷施放第四號炮兵用羣虎箭在第四垜口對篷施放以次各炮炮兵均於放炮後卽改放一項火器並諄飭各兵必候靶船直對垜口方可燃火不得早放緣火器之力不如炮子之能致遠也切記毋違

一備兵船火船于上流不礙炮子處拋泊如靶船未過鎭遠已被大炮轟沉或被火器焚毀則不必起

椗不必燃火設使靶船未沉未焚闖過鎭遠火船卽起椗直向靶船飛駛發火後火兵卽鳧水登岸師船迎頭轟擊務將靶船焚沉爲止

一南山鎭遠橫檔三處各派弁一員字識一名號手一名于試炮之先分立于各炮臺後山頂高處專記炮準該外委手執大紅尖旗字識手捧炮册號手執大鑼一面比如鎭遠炮臺第一炮中靶該外委卽將所執紅旗一押號手鳴鑼三聲字識卽用墨筆於册內第一號炮上註一圓圈如炮子並未

中靶卽不必押旗鳴鑼註圈以下各炮同其南山橫檔各臺山頂均派外委字識號手與鎭遠同

一閱操之日各臺官兵預先整備齊全俟本軍門會同督部堂船詣橫檔各官行裝勒撒袋帶領弁兵各在各臺跪接俟船抵馬頭泊定仍候潮水長至三分以上右營遊擊差弁稟請登臺閱操本軍門與督部堂同詣橫檔大臺至操臺陞座定大鵬營叅將呈送八臺官弁兵册每臺一本右營遊擊跪稟請令演炮巡捕官稟發令該遊擊執令旗至月

臺正中垜口上展旗三次詣望樓邊執令站定威遠臺弁接展令旗三次沙角臺弁見兩臺令旗揮動卽放信炮一聲大角炮臺接放信炮一聲威遠炮臺接放信炮一聲以次鎭遠橫檔永安鞏固而至大虎均各接放信炮一聲俟八臺信炮放畢沙角大角兩臺大炮每炮下子各放一出不必過快亦不必太慢總以數快字一百個卽放一炮

一威遠炮臺以南預將靶船安泊中泓夾以快蟹船二隻靜候沙角大角大炮二十一聲之後快蟹船

上放炮一聲即離開靶船向東南戧駛遠閃炮火以便靶船向內闖駛各臺炮兵即描準挨次轟擊毎一炮放出後該炮兵即改放火器一件諄囑各兵炮口務對靶船舨邊不可過低施放火器描頭務向蓆篷中上切記切記

一靶船行近飯籮排三臺大炮即連環轟擊火器接連施放俟靶船上火發各臺炮聲火器齊止執令官執旗至月臺中間向上跪稟云稟大人各臺大炮轟沉靶船稟畢執令傍立

一梟水兵四十名預伏於大米艇上用大三板四隻排列大船左右俟靶船被焚後該梟水兵分赴三板毎船十名由中泓向北飛棹俟操臺上將次瞭見執令官至月臺中間跪報云請大人閱水兵梟水稟畢傍立俟水兵船將近飯籮排横檔月臺放炮一聲兩船水兵吶喊逐對跳入中流或浮或潛隨潮赴岸俟過横檔月臺執令官稟云稟大人操演畢繳令

一七營師船會合水操首重舵兵繚手推舵靈便則曲折自由篷脚緊鬆則遲速任意秤風力之重輕定篷頭之高下看潮流之順逆别舵杆之正偏司令者立於艄樓高處照顧後船司炮火者分别排炮連環疾徐自合衆兵除吶喊之外不許高聲火藥必加苫盖以免遺延此水操之總論餘載圖說篇中

一爬桅兵原因瞭遠而設舊制頭大桅頂向懸望斗爬桅兵夜間登高瞭望防賊暗算例帶鏢鎗此古制也此次揀練爬桅耑爲演習手脚第一以捷速

爲主不准遲鈍即施放火器弓箭亦須隨手施放放畢即由横繩而下切速毋違

一泅水陣各兵專以踹水高者爲最水過於乳則不及矣凡演陣務宜肅靜吶喊必要高聲走隊須合圖形排列更當齊捷在對械鳴鎗本倍難於陸地而衝波躍浪庶無愧乎水軍總之年力剛强則吞吐無妨於巨浪氣血壯盛則呼吸能伏乎洪濤是在該將備之留心選擇也

右列演習炮準操練水軍大概規條該將備弁兵各

照本身專司執事悉心記誦臨時耳聽號令目視
旌旗心定神寧毋忘毋怠
軍政曰言不相聞故爲之金鼓視不相見故爲之旌
旗夫金鼓旌旗所以一人之耳目也故兵法曰無
恃其不來恃吾有以待之今虎門海口春秋操練
炮準水軍此誠籌海之良規禦夷之上策孫子曰
百戰百勝非善之善者也不戰而屈人之兵善之
善者也夫戰必勝攻必克使之不敢抗衡者由於
賞罰明進退肅威令整也是令也者乃主將受
命之權衡實三軍生死之關係也今當初次齊集合操會

閱期屆合將軍令應禁各條分別頒示其各凜遵
毋違
凡各兵逢操遇事一經該管上司傳喚即如期前往
教場或公所候操聽令不可遲悞如上司已經點
名該兵尚未到塲者此謂慢軍一次薄責二次重
責三次不到者法當革伍
凡兵丁八伍各有本身技藝如果勤習何患不精若
屢次生疎者此謂惰軍教而不改徒費錢糧法應

責革
凡兵丁把執器械均應修飭整齊如鎗刀銹鈍箭羽
凋殘火藥潮濕等類以致臨場不能得用者此謂
懈軍法應細打
凡擺列隊伍或操陣式或演九進排鎗等項各兵照
派定次序進退曲折不得絲毫雜亂若任意攙前
越後混亂行伍者此謂亂軍一經干犯法當貫耳
示衆
凡在臺炮兵師船水兵及協濟各兵每逢操練一經

發令各歸汛地即應肅靜不得擅離寸步如遺
忘什物出位尋取或大聲招呼者此謂輕軍一有
干犯法當貫耳
凡兵丁毋論派管何項執事經該管各官或面飭其
非或令其加意經理該兵均應聽命而行敢有不
遵約束出言頂撞者此謂横軍法當貫耳責革
凡軍裝火藥等項必須派兵經管慎司出納敢有遺
失及盜賣等弊此謂盜軍一經查出於法當誅即
先貫耳重責仍交有司照例治罪如該管官知情

不舉者罪加本兵一等不知情者革職究明治罪

凡炮臺師船及較場一應公所係衆兵聚集之處均應謹守營規敢有私自飲酒藉端滋事者此謂狂軍法應綑押俟酒醒貫耳責革仍交有司枷示

凡在伍兵丁差操俱應輪流俾均勻勞逸不得偏累如各兵中有藉父兄聲勢親戚官階欺凌同伍藐視本官以及面是背非陽奉陰違者此謂驕軍一有於此法當責革

凡遇緊要公事傳聞不確必須派人密探飛稟以資

防範該探事兵如探報不實揑詞稟覆或以無作有以實爲虛致悞機宜者此謂欺軍如係軍務重情於法當斬卽非軍情亦應貫耳枷示

凡春秋二季操演炮準每季下子試靶三出如三次全不中靶是描準炮兵心神不定以致遠近高低毫無把握此等炮兵非魯拙不堪卽心志昏瞶此謂廢軍法當責革

凡會合水操各船進退轉折全仗舵兵繚手覘風水之順逆定船行之疾徐方合準繩如操演三次該船行駛不能畫一者此謂鈍軍法應嚴懲舵兵繚手

以上禁令十二條旣簡且明吏士均當熟記軍法無私各宜凛慎

一札中軍叅將　左營遊擊　右營遊擊

一示各臺船弁兵

道光十六年七月二十四　日

秋濤浴鐵圖

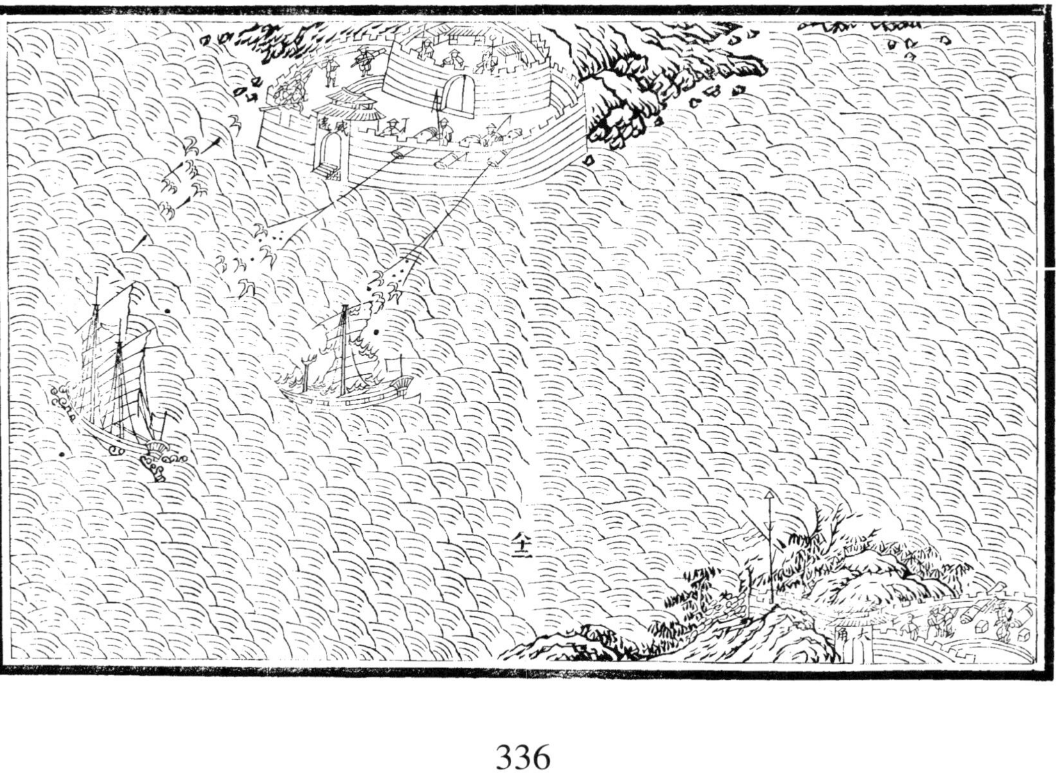

鎮遠
橫檔

師船水操號令説

七營師船十隻以八隻分左右兩股逐對拋泊總領一船在八船之前督陣一船在八船之後居中拋定總領船鼓吹迎接　憲駕至操臺陞座中軍叅將呈送操圖請令宣令官接令跪禀發令水操陞炮三聲令旗一展各船官兵肅靜聽令

第一陣萬派朝宗

總領船揮五色旗掌平號放炮一聲各船齊起

大篷掌平號放炮三聲各船起椗掌潮水號總領船開行左右股逐對魚貫前進督陣船押尾隨行總領船揮紅旗掌天鵞號號炮一聲各船炮火齊放衆兵助威吶喊一叠再揮紅旗掌天鵞號號炮一聲各船又齊放鎗炮衆兵助威吶喊一叠再揮紅旗掌號陞炮一聲各船再齊放鎗炮助威吶喊一叠總領船號炮一聲掌平號揮藍旗各船轉舵變成雙鳳穿花陣

第二陣雙鳳穿花

總領船揮紅旗號炮一聲掌催尖號左右股各船對面衝攻衆兵助威吶喊各船齊放斗頭腰邊尾送鎗炮聯環攻打候總領船押紅旗鎗炮吶喊齊止總領船揮黃旗號炮一聲變成一統昇平陣

第三陣一統昇平

總領船揮紅旗掌號陞炮一聲各船齊放鎗炮助威吶喊一叠又揮紅旗掌號陞炮一聲各船再齊放鎗炮助威吶喊一叠又揮紅旗掌號陞

炮一聲各船又齊放鎗炮助威吶喊一叠總領船押紅旗鎗炮吶喊齊止

第四陣海洋靜肅

總領船陞炮三聲吹得勝令揮五方旗總領船中央拋定各船照安營式分股下椗依序安泊鼓吹繳令

中流擊檝圖

水捺拋船式

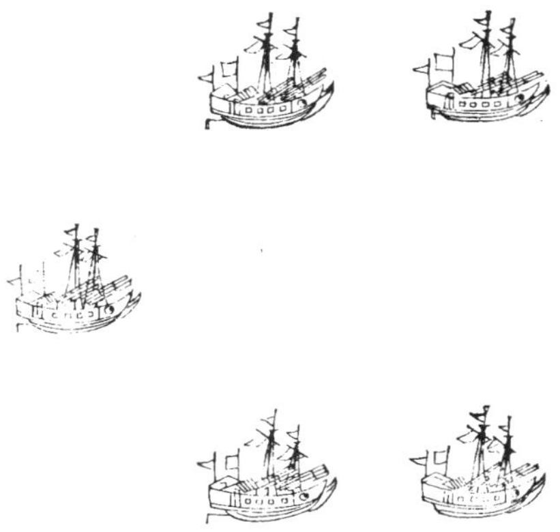

萬派朝宗式

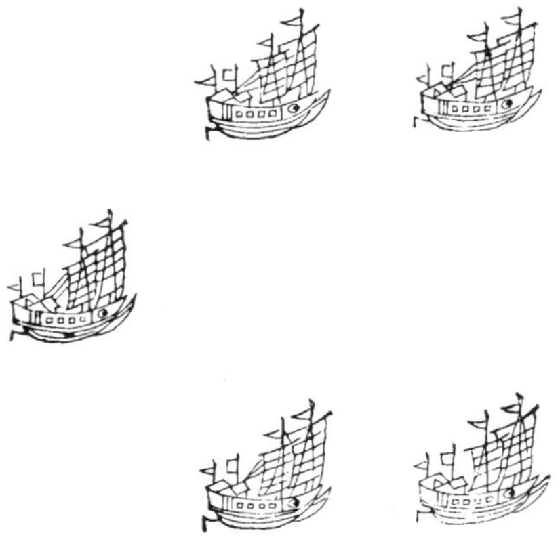

雙鳳穿花式

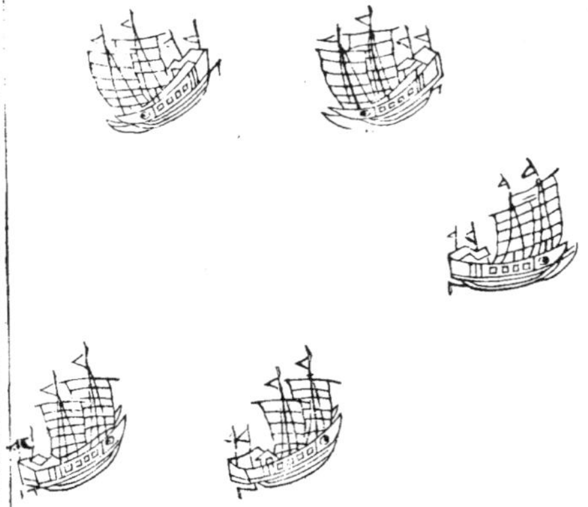

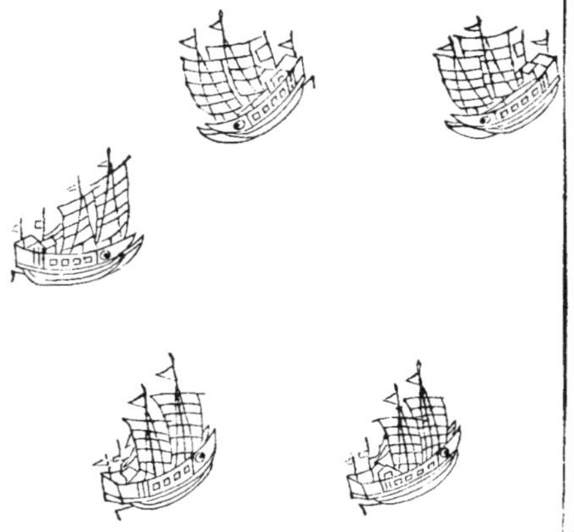

一統昇平式

海洋靜肅收隊式

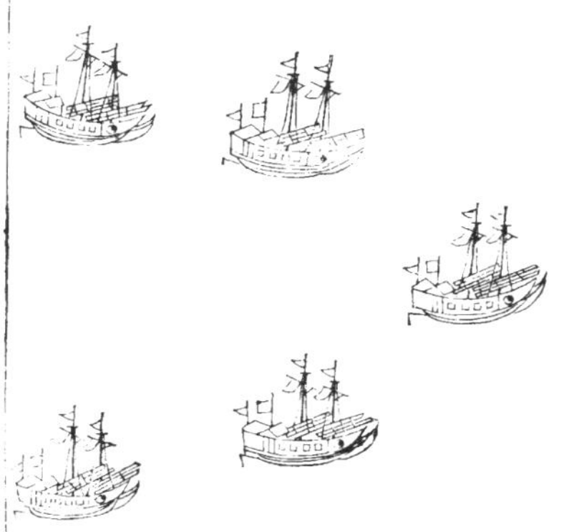

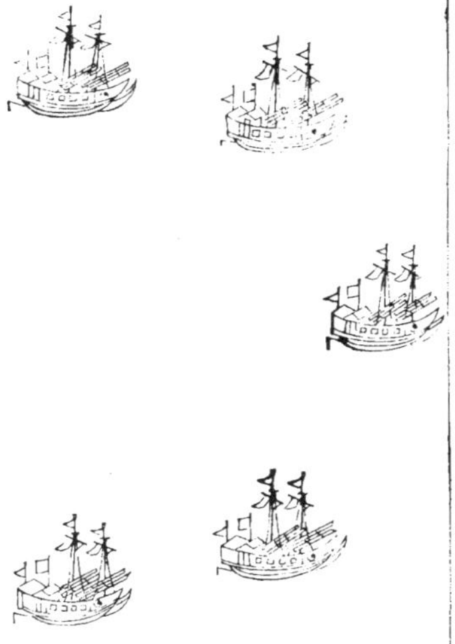

水軍泗水陣號令説

先將水軍二隊分船隱伏聽候　大人駕臨各船官兵跪接號令船奏樂連陞三炮候陞座畢樂止中軍官跪呈操圖請令官稟請發令奏樂陞炮三聲樂止掌平號一聲尖號一聲五色旗一招信炮一聲騎兵下水上馬又掌平號二聲尖號一聲五色旗一招信炮一聲二層水兵下水又掌平號三聲尖號一聲五色旗一招信炮一聲三層水兵下水掌行隊號點鼓水兵分兩

翼向前執令官舉黃旗吹海螺兩隊水兵雁行分列舉藍白旗佈成龍游陣

第一龍游陣

號令船掌平尖號一聲藍旗一招信炮一聲吹海螺擂鼓兩隊水兵交鋒對壘衆兵吶喊助威俟左股大旗與右股紅旗相對鳴金一聲喊止敲金邊水馬兵冲出排列第一層刀牌兵排列第二層雜技兵排列第三層變成三才陣

第二三才陣

號令船掌平號三聲尖號一聲執令官揮紅旗信炮一聲水馬兵放牌鎗一次再掌平號三聲尖號一聲紅旗一招信炮一聲水馬兵又放排鎗一次再掌平號三聲尖號一聲紅旗一招信炮一聲水馬兵又放排鎗一次揮藍旗變成偃月陣

第三偃月陣

執令官舉藍旗點鼓牌刀手演武伍步擂鼓牌兵水面滚伏雜技各兵冲出又點鼓演武伍步

鳴金壹聲舞止皂旗一招敲鼓邊匪船冲陣揮五方旗變成一氣渾元陣

第四一氣渾元陣

號令船擂鼓水馬兵分佈外層雜技兵圍裹第二層刀牌兵環繞第三層圍住匪船掌天鵞號揮紅旗信炮一聲擂緊鼓各兵八面衝攻鎗炮齊發擒獲匪船鳴金三聲鎗械齊止五色旗一招信炮三聲奏得勝令變成四夷拱服陣

第五四夷拱服陣

各水兵分四層排列奏凱回營赴座船報捷歸
隊上船

伏波洗甲圖

水兵聽捺式

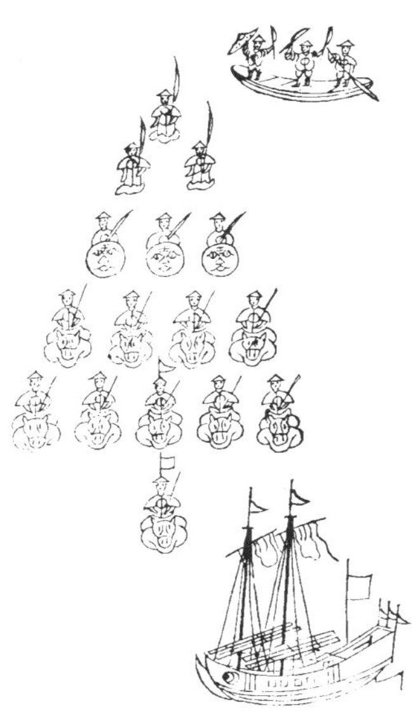

籌海初集　卷四

龍遊陣式

卆七

籌海初集　卷四

三才陣式

卆八

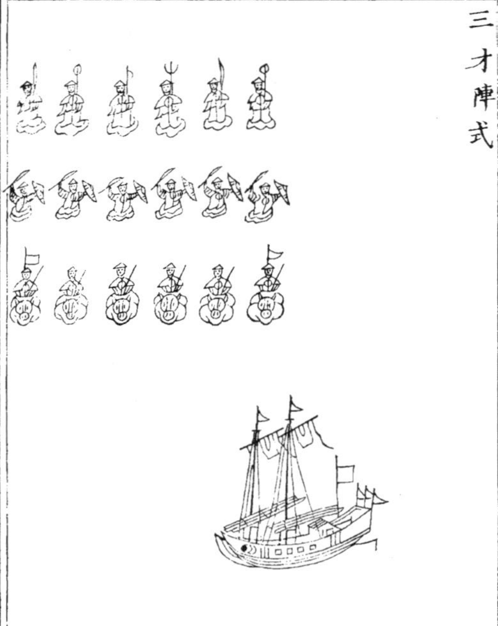

偃月陣式

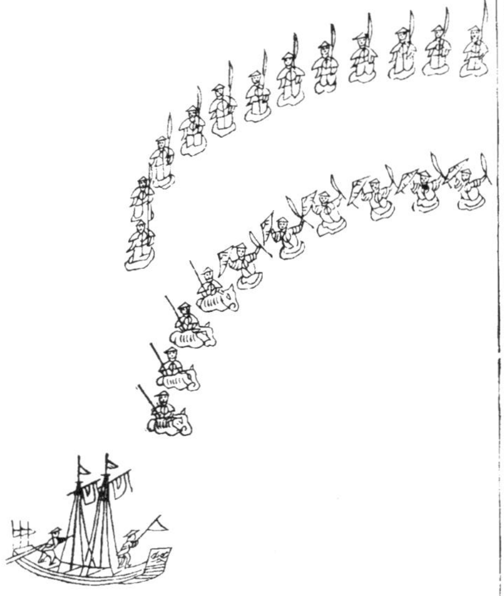

一氣渾元陣式

四夷拱服式

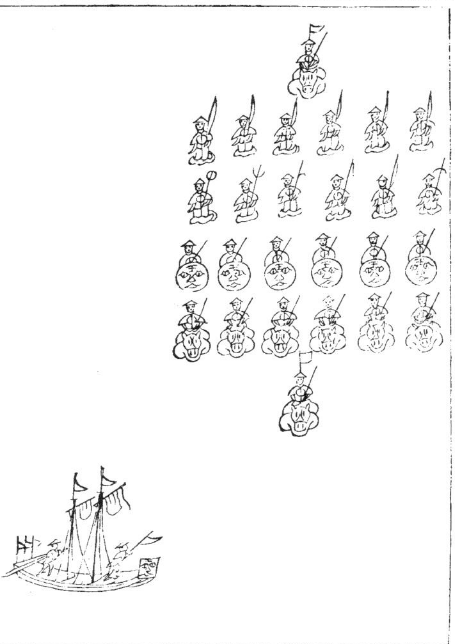

凱旋收隊式

奏報虎門秋操會銜摺稿

兩廣總督臣鄧廷楨跪

奏爲履勘海口炮臺形勢演試炮準併會閱虎門秋操情形恭摺

奏祈

聖鑒事竊臣於本年八月十八日起程出省查閱廣東西路營伍並先赴中路虎門海口查驗炮臺閱看秋操業經

奏報在案茲臣由水路於八月十九日辰刻馳抵虎門當會同提臣關天培親赴沙角大角橫檔鎮遠大虎五處原設炮臺並上年添建之威遠永安鞏固三處新臺勘得沙角大角炮臺二座內原安炮共二十二位該二臺東西遙對外臨大海內通省河爲商夷出入衝途係中路第一層門戶建臺設守本極得宜惟因口門寬至一千三百餘丈炮火力有不及是以改爲瞭望號令炮臺復移舟至威遠鎮遠橫檔三臺內橫檔一臺安炮四十位四面環水阻截於西威遠鎮遠二臺各安炮四十位佈列於東形如品字中流海

道寬止三百八十餘丈炮火緊凑形勢天成實爲外海咽喉内洋第二層關鍵至新造永安炮臺建於橫檔山後安炮四十位與斜對之蘆灣山脚鞏固新臺東西斜峙鞏固臺座較小僅安炮二十位查悉民夷商船向由橫檔山前行駛緣山後海道寛深建此兩臺防其繞越亦屬周密橫檔之北相離五里即是大虎炮臺爲海口第三層門戶該臺安炮三十二位對面離臺九十八丈之外水底有暗沙一道沙面現安梅花樁七處樁之四圍加抛石塊擁護樁根夷船趨

避樁石必須靠近炮臺行駛炮火較爲得力臣復登山周覽形勢層層控制均臻妥協查驗各臺弁兵並無老弱軍火器械整肅齊全足資防禦臣隨與提臣較閲各臺炮準先經備用小船一隻船内實以蘆葦船之兩旁紮就蓆牆中豎桅木三根懸掛蓆帆以作炮靶其高寛丈尺僅及夷船十分之一於潮長五分時放入中流船隨潮進風逐帆行一近口門沙角大角兩臺先放號炮知會各臺准備俟靶船行近威遠鎮遠橫檔海面各臺大炮連環轟擊各項火器對準

施放火箭炮子紛紛中靶船即登時燃燒聲威極其雄壯迨靶船方過橫檔業已焚燬將盡又閲大虎及永安鞏固三臺演練炮準中靶分數大畧相同並閲驗鳬水及對械兵四十六名均能於十丈以外深水急溜之中浮潛上下兼用短械於水中對仗其泗水陣式係選水兵六十八名於海口中央下水分兩翼踊水而進如陸地走陣形勢由兩翼分列三才變爲偃月鳴鎗對械變成天圓旋即分布四層作爲四夷拱服陣式然後收隊歸船而止又提標中左右及香

山大鵬各左右七營共配大號船十隻排列海口練習駛風調戧進退轉折頗覺靈便炮火亦極聯絡其各船斗手兵丁爬桅均能站立桅杪施放火器鎗箭等技雖未能中的然膽壯氣雄允合水師之用臣於閲畢炮準水軍後並閲視各臺兵丁合演九子三疊鎗陣號令進止均尚嚴整合度當將

奏定秋操賞號銀五百兩分賞八臺十船及泗水鳬水爬桅各項弁兵外臣復分別優劣加賞各官弁兵丁衣料銀牌制錢以示激勸惟是兵技貴精勤操則熟

此時虎門海口臣已親歷秋操各炮臺憑海依山星
羅碁佈均經目覩其控制扼要及現在聲威已足懾
服羣夷克稱天險臣仍與提臣面飭水師將備務須
從此講習不懈精益求精永期有備無患以冀仰副
聖主綏靖海疆至意除前赴肇慶查閱臣標及肇慶協各
營官兵並西路陽江高州等鎮協營伍另行奏
聞外所有履勘海口炮臺演試炮準會閱虎門秋操緣由
謹會同廣東水師提督臣關天培恭摺具
奏伏乞

皇上聖鑒訓示謹
奏
道光十六年九月　十八　日
再粵東虎門海口添建永安鞏固二炮臺安配新鑄
四五千觔大炮十位又舊鑄一二三四千觔大炮五
十位先經前署督臣祁𡎴將勘驗演試情形列單奏
聞在案嗣因該二臺安配舊炮內有三千觔炮六位演放
均不得力省局舊存炮內又無堪以選用之炮自應
另爲鑄造又蕉門炮臺原配炮位過小不能及遠亦

應添鑄三千觔大炮三位以資防禦臣當卽札司確
估籌項委員監鑄去後茲據布政使阿勒清阿詳稱
准監鑄委員署增城營叅將洪發科署撫標右營遊
擊黃廷彪將添鑄三千觔大炮九位共估需工料銀
一千六百二十兩移請照數給領興鑄查前次修建
各炮臺及添鑄大炮所需經費經前任總督盧坤
奏明由洋商捐辦仍飭先於司庫雜款陸續動支給領
辦理在案此次添鑄三千觔大炮九位共需工料銀
兩事同一例急需支用應請亦在於司庫雜款項內

墊支統俟洋商原認捐銀兩按限捐繳歸款彙案造
報以免動項隨將前項工料銀一千六百二十兩在
於雜款項內墊支給發監鑄委員督飭匠人於本年
六月初五日興工至七月三十日鑄造完竣運赴永
安鞏固蕉門各炮臺分別安置試演堅固完好等情
詳請具
奏前來臣覆查無異所有墊支工費添鑄炮位安配緣
由謹會同廣東巡撫臣祁𡎴廣東水師提督臣關天
培合詞附片具

奏伏乞
聖鑒謹
奏
道光十六年十一月二十六日奉到
硃批操演準備均屬妥協但日久萬不可廢弛也勉益加
勉欽此
片奏添鑄炮位摺同日奉到
硃批好欽此

附
祭八臺大砲文
維
大清道光十有七年歲在丁酉廣東水師提督關天培謹
昭告於
天祐助威大將軍之神曰惟神性秉堅剛聲同霹靂振
軍威無堅不破佐元勳有敵皆摧溯創造宏模雖造
自軒轅上古受
勅封
盛典實始於
聖主天聰顯烈彌彰英名聿著茲復鞏我疆圉固我扼要
大震雷霆遠銷烽燧威宣銅柱鼓角無聞永鎮金湯
含沙絕影壯橫雲於虎渚四境平安擋逆浪於龍潭
八鑾拱服今屆仲春演試吉期虔以清酒香花上獻
伏願
蔭垂細柳將士棠
麻更冀掃蕩幺魔海疆永奠尚饗

海防芻論一卷

〔清〕龔易圖撰

《海防芻論》一卷，清龔易圖撰。易圖（一八三五—一八九三）字少文，又字藹仁，號含晶，福建閩縣人。咸豐九年（一八五九）進士，歷官濟南知府、廣東按察使、湖南布政使等。是書目録首題「海防芻論八策」，依次爲定謀、審敵、形勝、軍實、器械、餉需、合併、持久。後附光緒二年（一八七六）八月上東撫丁中丞論東省海防書、光緒三年九月上何小宋制軍論閩省海防書。是書撰於同、光之際，正值清廷籌議海防之時，其上書李鴻章之海防八策，如提議建四大鎮水師等，與清末所創北洋水師、南洋水師、福建水師、廣東水師暗合。所論時局、兵制、軍費等詳情，均可資考究清末興辦洋務、籌措海防之史事。據福建省圖書館藏稿本影印。

海防芻論八篇

附山東福建海防條議

藹仁山遺稿

海防芻論六篇

附山東福建海防條議

海防芻論八策　上李中堂　同治十三年十一月

定謀一

審敵二

形勝三

軍實四

器械五

餉需六

合併七

持久八

上東撫丁中丞論東省海防書　光緒二年八月

上何小宋制軍論閩省海防書　光緒三年五月

論定謀一

今夫人狃於耳目之小不足與言域外之觀也、習於尋常之說、不足與謀創見之事也、今天下之言敵情者、有曰我惟固我之民心、修我之政事、率由舊章、以求自強、凡彼人之情偽強弱、無足置議、此文士因循之見也、王衍所以召石勒之禍也、有曰彼惟海上自雄、倘登我陸地、聚兵即可殲之、此武夫儌倖之情、樊噲欲以十萬衆、横行匈奴之論也、充文士之說、禍變猝來、茫無以策、積弱之弊、周之東遷可鑑也、充武夫之說、一至決裂、職爲厲階、輕舉之弊、宋之

南渡可鑑也是惡可言哉夫欲議非常之事非有非常之人不可
也欲立非常之功非有非常之見不可也問自古及今有能越數
萬里之遥以舟師而謀人國者乎無有也自古及今有能製數十
萬斤之炮納子至千餘斤之重摧堅至數十里之遠者乎無有也
自古及今有能通十萬里之信息而計日可達者乎無有也自古
及今所無者而今有之則今天下固創局也事之創者而欲就拘
墟之士泥古之人求之是猶坐井觀天所見者豈天也哉且自古
及今中國無所謂海防也唐伐句驪元伐日本鑒其軍而未得一

利迨明有倭患戚繼光出始以戰勝然亦制之陸地未嘗越海一
戰也我
朝之鄭成功踞台灣一隅騷動徧東南各省沿海居民悉內徙竭天
下兵力謀之數十年始能以師絕海收台地入版圖舟師越海而
開拓土地者惟我
朝斯役能蔵其功然自是以後議防海者亦不過曰嚴斥堠絕接濟
而已無他策也至西洋不靖兩有海上之盟而海防遂益無可問
及今日而謀之求之古無成效也求之今無良法也況近日之敵

較之昔又有殊矣昔之難者英法二國耳今則來盟者至十餘國之多昔之居敵者惟閩粵兩省耳今則深入內地與我有共險之勢昔敵人僅始有輪船耳近則有鐵甲船鐵炮台之製有後膛炮轉盤炮有餅子藥棉花藥之精有格林槍及各種快槍之捷又設電線通報瞬息可達萬里此非可以尋常之計概之也乃時人狃於習見動以法古為言視人之言洋務者或以為妄或以為怯局中謀之局外非之謀之太息流涕之不足非之者嘻笑怒罵之有餘詩曰發言盈庭誰敢執其咎此之謂也是在

東國鈞者力持定見不為浮言所惑不為俗論所搖力主防海之議期之可行持之永久選求識時之士與議維新之圖密之帷幄運之折衝及此未雨之時早求三年之艾則天下幸甚

論審敵二

孫子曰知己知彼百戰百勝自古伐國之謀未有不知其國之虛實而能置議者也今彼人之來我國者為通商為傳教通商者得我國之利傳教者得我國之情我之動靜彼皆探而得之而彼人用心專騖凡我國之制度云為以及刑律典章之事莫不研精而討論蓋用心如彼其騖也而我之於彼以為重洋之遠無足問以蠻夷之俗無足求欲能知彼國之情難言矣既不能知敵之情則何以為防敵之策乎夫歐羅巴不一其國也而國之最强惟英法

俄美為最著近則德國亦稱雄矣英以財雄法以兵悍俄初強於陸而弱於海嗣勤習輪船於英得其法以歸遂大治水軍與英法連戰數年而駕其上美則襲英之餘習能自立國以為抗衡德初受制於法堅忍自強竟能報其怨於數十年之後此其謀國所以能致富強之故皆可取以為則也夫中國幅員之廣較之歐洲諸國有過而無不及何以獨形其絀哉歐洲之俗惟利是求而能人為一心家為一藝專精致慮以求其至我中國則人自為心所習非所用所言非所行侈寬博浮華之名而無果毅宏遠之實及今

不知變計竊慮每況愈下也且所謂變計者豈謂用夷變夏哉趙武靈欲習騎射而先胡服漢武帝欲習樓船而鑿池於昆明則習騎射與樓船為是而胡服與鑿池為非也古人曰善師者惟師其意吾固安吾禮樂文物之常而雜取其法以備擊衝捍禦之用夫何為而不可然而欲取資之必先深知之試問今日有深知敵情之士乎漢之張騫班超趙充國等皆能深知敵情者也惟知之故能立功於絕域非貿貿然從事也漢武帝欲肆志於四方必先求奇材異能及能使絕域者故漢之邊材自武帝始盛然則何世無才

亦視上之所求者何如耳近時江閩兩省亦遣年少 者從學外洋以求練習然期之十五年之遠緩不濟急且未知所學者果何如竊意近時中國讀書明理之人亦有習於外洋語言而能留心時事者擬請沿海

封疆大吏密訪其人飭令遍赴各國察其風俗政令訪其日新之技能按時郵報不俾以使命之權免致生事惟以巡歷為名令其自往以遍閱海外之情勢軍械校其長短以為取資或能潛身入其機局密習其技或能傾心交其酋長密採其情庶彼國之動靜

利害可以周知而預為防範未始非邊防之先要者也其中果有人才可用歸而校之亦不妨量能予禄以為任海防者之佐使且使人知上意所向當不乏益求精習之人如得其人拔十得一猶將為之使更有進焉何莫非為異日儲才之一道也

論形勝三

今將布天下兵力於四海之濱沿海處處均行設守非惟無此兵力即亦無此守法也況彼人志在要求而不在擄掠各國爭其利即各國護其名即使和局決裂一旦稱兵必將窺我名城奪我要岸以為據防要魯之計絕不肯沿海紛擾以自敗其通商也此明者皆能知其然既知其然而議防海者仍欲沿海布置則置兵力於無用之地勢薄而防不能防何如收兵屯集要害之區以為猛虎在山之勢也今以中國海疆論之直奉東江浙粵閩七自

地方袤長數千里欲遍布兵力令沿海無隙地不容敵國一人上岸雖愚者亦知萬有不能然則其擇要焉可中國海防最要為天津津門京畿之蔽也其次莫如江南長江財賦之區也此人人皆知之然而津門之守宜如何長江之守宜如何餘省之守宜如何此不可不先事計慮也倘必須事至而謀敵人窺伺某地即調兵某地以應之脫彼者聲東擊西瞰我空虛之地突然內犯必至抽兵不及回布防不及密是猶布碁着著落人後矣此頭痛治頭腳痛治腳為近時醫手之通病也為今之策莫如核海道之遠近分

設重鎮以為犄角之勢計直奉東三口為一段江浙長江為一段閩及台灣為一段粵省自為一段立四大鎮各駐水師無事則聲息相通有急則兵力可合如常山之蛇首尾並應者然人如津門一重鎮也而津門之屏輔則在東奉二口而東省尤為要區咸豐十年英法犯津之時其兵船輜重糧餉均分駐於威海崆峒各島此明徵也現時津門已駐重兵而東奉二口並無牽綴之兵是北洋之防未固也江浙僅設內防長江僅立炮台而無外海大枝水師是中洋之防未固也閩省之海口足守而廈門之守則難粵

省城逼近香港台灣新闢之土不善創置則為他國所垂涎是有洋之海防未固也且時事亦亟亟矣英得印度而始强近得南洋巨文島且駐兵香港及日本矣法則駐兵於安南矣俄則取日本之庫頁島易為水師碼頭矣彼美德各國雖一時未分力東騁而其志固未嘗一日忘也脫亦尤效而來逼近中土而擇地焉則敵兵常在肘腋之間不得復諉為重洋之遠隔也而我則環顧四隅一任客所欲為不能爭之域外而並無以應之域中此亦厝火積薪之日也彼人越國遠謀必先籌藏身之地而後能以舟師探我口

岸如守嚴不得入則竄探傍口以陸兵繞我守師之後使我廢守以納其舟師然後得以肆志此即天津之役由北塘而入之前鑒也聞西國用師如南北花旂之役及布國得入法國皆用斯術也茲天津之守既設立炮台於沽門而岸上後路復駐重兵彼自無間可入且沽門口橫沙亦難久駐輪船彼必先以威海等處為聚粮屯船之所始能以舟師犯津若我能合直奉東三省之力立一大枝水師姑先以鐵甲船二三隻為帥以輪船十隻為佐立營於威海衛之中則登郡羣島彼自不敢屯兵矣且由威海北赴津門

以輪船而計亦僅一日之程東赴牛莊亦不過半日之遠均可互相聯屬彼不能越此而北則畿輔不至震驚即彼捨此而前有大枝舟師牽綴其後彼不能無反顧之虞而我以陸兵據之於前再以舟師搗之於後彼不勝我必將殲旃幸而勝我亦不敢久駐此所謂奇正相生者也則北海之防固矣長江之險內守既嚴再於海上亦仿此制擇鎮江近海之島再駐一大枝舟師彼亦不敢遽入長江自受夾擊其勢必出此也則東海之防固矣閩省之防以台灣為屏蔽此時台地新拓其勢不能不立重兵以鎮撫免異族

再生他心宜亦仿此制立一大枝水師於澎湖以為閩之重防粵省逼近夷疆為外洋屯聚之所尤宜自固其防亦設立一枝水師以為重鎮則南海之防固矣至各省如濱海之城扼要之區均宜置陸兵防守務與水師能通聲氣以相聯屬其餘濱海之地團民自守不必設兵非其欲得之鄉彼必不生覬覦且北地海濱多有沙淤南地海濱多背山嶺渠皆不能捨舟深入即入亦無能據地要求我固可省兵力餉力以專為重鎮之聚精萃銳也況既有四大鎮之水師則沿海計日可達即彼在別處登岸固可亟殲以疲

之多方以誤之以收主客相持以逸待勞之效也脫不然者各省顧各省之防兵布而不能周餉分而不能厚徒有防海之名而無防海之實雖愚者亦知不以彼易此也是所謂乘勢利便者也

論軍實四

我

國家二百餘年以來竭天下財賦之入分三分之一以養兵迨事變猝起而不能得一兵之用反以召募鄉勇蕆其事功此亦古之所無而今之所獨也自髮捻各匪削平之後論者知募勇不可持久而創為練兵之說於是有裁汛併營者有加餉練軍者卒之數年之久無一省得一枝勁旅足資緩急豈兵果無良哉蓋身在行閒十年知之審矣猶是兵也一入勇營則成精壯猶是勇也一歸兵伍

則戀身家匪惟兵勇如此即素習帶勇號稱將材者一至撥標歸營授以軍職率皆束縛手足為無能為竟若兵與勇判為兩途帶兵與帶勇判為二術者何也蓋近日勇營之制以一人為營官合數營為統領一營官之令一營從之一統領之令一軍從之所有糧餉文書均責之一人無紛歧無躐越也故令一則志一志一則軍一合其軍而用之如臂使指身使臂也綠營之制則不然將與弁不習弁與兵不習特以官相統屬耳而且兵餉有主之者將不能損益也兵額有主之者將不能進退也軍裝器械子藥馬乾有

一定不可移之數將不能預籌存支也用人之權一兵目足以主之理財之權一營書足以主之動輒挾持其上閉其口而奪之氣即有拔俗之才令之專閫有其官無其權何能為哉故不如驅市人為戰尚足以自行斷制也而近之為將者半出於科舉所習之弓刀石已非臨陣之用再加京中需次十許年甫得一官筋力已疲何能糾桓哉而計祿之入不足以贍家食救貧之不暇何能致力於兵即有以行伍入官者由戰陣而來既苦官場之規矩而軍中揮霍已慣反視得祿為奇窮遂灰心不甘仕進者有之為將如

此為兵如彼以今之兵制安內患尚不足恃何能以禦外侮乎即使挑其精壯併而練之督以知兵之將加以津貼之糧而疲者仍故蓋就原營而選出之其兵目營書之弊不能改也其奏銷扣牽之弊不能革也其玩愒因循之習不能除也此練軍之不可恃也然則如之何而可曰唐張說改府兵為彍騎人皆非之以為輕於改制致府兵終不能復當時府兵必有萬不可用者故不能不改耳不然如明于謙改識兵為團營何以遂得其力斯亦得以變制咎之乎今試以各直省綠營兵額計之大省數萬小者萬餘養兵

四五十萬而無一兵足資不知變計此天下事之大患也竊以與其調兵操防而積習仍不能除不如停兵勿補裁其額節其餉另於海疆創立防營募取新兵另立營制以求善法如試之可期久遠即永立營鎮以為防海之遠圖合計沿海七省如前論所議立重鎮之說每鎮應外海水師若干額陸兵若干額先定將弁兵丁之名數以為準則再於各沿海各該督撫提鎮各標核計見存額兵若干可以裁去其半不復補充取其額以歸海防本省不足再以鄰省益之直隸則助以山西奉天則助以黑龍江吉林山東則

則助以河南江南則助以湖北安徽浙江則助以湖南福建則助以江西廣東則助以廣西均節取其兵額歸於海防以資重鎮如減額兵二名取其口粮以養海防兵丁一名則仍以有定之餉養有定之兵而兵食足充矣倘其額不足再籌他餉以立新營計其數亦不必過增庶餉力可以少省至於兵丁之粮食衣帽及應用軍裝旂幟火藥槍炮刀矛等項均於每省各立一粮臺派員專司按時給發不令營中自行採買庶免緣營尅扣侵挪之弊其一切操練之法均取足敵洋人之所長另立操防章程以時演習不令

兵丁有内顧家室之憂不令將弁有趨蹌應對之習惟日以訓練為事厯幾精益求精或資足恃如此辦理較之就綠營操練自較專精即較之添募勇營亦較稍有節制且勇丁募散無定為勇者率非土著難以持久不如使兵知為永立之營則弁兵均安心揷脚布圖上進而為之將者又能明其賞罰嚴其黜陟使之進有所取退無所歸則士皆自奮矣若夫武科之設原以歛天下材武之人戢其心志此澤宫習射之餘意也承平之日不得不然兹當有事之秋或於制科之時於取弓刀石之外再立一程以求能操洋

槍洋炮及嫻於海中駕船能習水戰之士併於武舉額內酌取若

干名以為中額如有中式者即發海防營歸標候補使天下材武

之輩知有路足以進身則更有自求學習之人而人材益進矣

論器械五

閒嘗與歐洲人詢海上戰事之略，而知彼之所恃以為攻者三，所恃為守者四。攻之具曰鐵衝船，曰轉輪炮船，曰鐵甲船；守之具曰曰炮台，曰水雷，曰水中衝拒，曰浮鐵炮台。鐵衝船宜於水戰，轉輪炮船宜於肆擊，鐵甲船宜於攻堅，其實三者皆鐵甲也。而木輪船及田雞炮船皆在其次焉。其所為守者四者，又相因焉。無水雷則炮台不能守，無衝拒則水雷無所依，而岸上不能立炮台之處，又恃浮鐵炮台為循環焉。蓋各視其口岸之所宜以設險也。至其炮

火之利初以開花子為尚近欲擊鐵甲船之堅又以開花子不如
實心子實心子不如螺絲鑽子此皆以彈鉅炮猛為功非極大之
炮不能受非極大之巨船不能載故於陸地之炮台為尤宜而其
為言曰岸上炮台築以石不如沙土露天之台不如有太平蓋通
徹之台不如有隅堆炮房宜寬敞毋令蔽烟以殺人藥房宜堅密
毋令受敵以延火台之外宜有牆台之後宜有溝台之式宜圓不
宜方宜曲折不宜直致炮牕宜小不宜大炮座宜多不宜少所用
之炮宜有轉盤可以肆應此數式色色俱備而水中無衝拒等項

阻船之物則鐵甲船仍可直進而炮台仍不能守何也船之進速台中之炮不及多放船之炮多台中之炮不能回應且其船堅即受一二處之傷非其要害而行駛自如故必須有阻船之物橫截水口留其船以受台中之炮而彼始不能久停也故有炮台必須有水中之衛拒所謂衛拒者或以鐵或以木或以石或浮水面或伏水中其製不一大抵以堅固挺牢為主而最宜者莫如絞繩之橋隱繩於水底使輪船過之而入其機軸以繫其輪則其船進退不能自由矣即使知而去之而為時已久則受炮必多矣此其意

即中國鐵鎖橫江之意也所置之物惟慮火攻故浮於水面不如隱伏於水中而所謂水雷者近以棉花藥所製引以電氣者為最佳然僅用水雷於水中布之不密敵船仍可避而行也布之即密敵人仍可以他物先觸使發再以舟進也或用物鈎曳而去之也故用水雷必雜布於衝拒之內使之不能去或堅釘於衝拒之端使之不能避而岸上之炮台乃得力矣至於海上無險可扼之處而其地必不能任敵人上岸者則惟有多用浮鐵炮台上置轉輪巨炮隨岸上下以為防守其陸戰則專恃槍隊近日西洋各國快

槍之制愈出愈精而陣式堅整有進無退是其長故禦之於陸仍不如禦之於水爲得勢也其說如是歷訪不虛則我之所籌自固者萬不能不精其器械而蹈以卒予敵之誚也今試以中外短長較之船堅炮利器具精良彼之長一地利水勢夷險必知彼之長二隊伍整嚴人肯致死彼之長三而彼之所短者有一有長必暴不憚告人雖有精堅船炮得利必售是其短也地勢散漫人心不齊我之短一軍無善器地無堅城我之短二望洋生阻舟楫無功我之短三而我之所長者有一人心不外坿彼能得地不能得民且

越國圖遠所用不貲我可以逸待勞收主客相形之勝是我之所長也是宜收彼之所暴者而求精之則彼之三長失而我之一長益足恃矣近年以來江南福建俱有船廠津滬俱設機器局皆斯意也而船廠所作之船較之外國商船尚足相等較之彼之兵船則十不及五矣毋論鐵甲船也機器廠所出火藥彈丸尚足資用而槍炮仍不能製毋論巨炮也且製之自我需價反昂購之於彼需價或省則何也中國之工力本省於外洋而又省一海道遠運之資而製之反昂者則以所需之煤鐵必購自外洋也中國有煤

而不知採中國有鐵而不能煉甘於委利於人則未計之於早也及今而計之欲使物必已出恐無及矣則必先求購於外洋矣然而鐵甲船鐵炮台可購也而修船之廠不能無巨炮快槍可購也而製造彈藥之廠不能無使有船而無廠每一修理則仍赴西洋乎是有船與無船等使有槍炮而無子藥彼人一旦閉市不通是有槍炮與無槍炮等是宜沿海通計某處宜設鐵甲船若干隻鐵炮台若干座木輪船若干隻岸上炮台若干座巨炮若干尊陸營快槍若干桿水雷衝拒若干具每年操演應用彈藥若干數修船

之廠宜何地爲安穩製子藥之廠幾處方足用通盤而計之遂事
而謀之同力合作必期於成斯亦重關設險之先務者也

論餉需六

今天下不患弱而患不富不患貧而患不知緩急今計司農歲計之入天下地丁歲入者三千萬除水旱災緩外計可得二千萬天下鹽課漕折合計之亦不下千萬有贏近時各省釐金所入亦以餘萬計夫地丁鹽課漕折入有常經而旂綠營餉各官廉俸州縣坐支亦出有常經出入兩相抵也釐金之入則勇餉耗之雜用耗之局員之薪水耗之然猶有出有入也至於海稅之入則是和戎之後意外之進項既從海上得之即應儲為海上之需計自通商

以來除扣還洋款外終年所入或數百萬以至千萬不等使皆留而儲之以備不時之需迄諸今當有數千萬之蓄矣乃漸入漸用仍無所存一旦有事且借洋商之款以為漏脯充饑之計是何為也夫編氓之持家商賈之居肆皆須自量緩急以籌出入始無虞也使有貲不能絜短長權其輕重無事則暗耗而不知有事則稱貸以自損其敗也不能計日況經國乎乃今之歲用常經營餉耗之而無以得兵之勇廉俸耗之而無以得官之廉廩餼耗之而無以得士之恥此猶曰相沿成例也其最有損而無益者則曰捐輸

始之報捐者皆富人子弟也國家取其贏以制用而彼者亦梯階冠帶以為榮無所損也其弊亦止於濫名器而已今之報捐者皆窶人子耳朝入粟得官其暮已不自保矣且所入者又多稱貸為之補官之日索逋盈堂勢不能不侵官帑侵則參追參追纍纍而補繳者什無一二不得補官則饑餓不能出門戶上官憫其將斃又不能不量給薪水以存其身是

國家朝取其貲暮償其息此上下兩虧而均無所益者也何至今而不知變計也居今日而議餉責之地丁鹽漕歲有支矣責之釐金

營有餉矣責之捐輸入已竭矣況海防所需有創辦之費有經久之費創辦之費非先有數千萬以為基不可經久之費非歲得數百萬以善後不可又將何所籌畫乎然而經財之道分則薄而合則厚耗則竭而積則贏今日各省所用之費豈皆萬不可緩者乎使有稍輕於海防者即宜節用以濟急竊計省分之最嗇者奉省陝甘廣西雲貴六省無所挹注具餘皆完善之區如四川江蘇湖南湖北廣東福建江西山西浙江皆大省也直隸山東河南安徽皆中省也應令各該省每歲所入除京餉應用外無論地丁鹽漕

税釐所入撙節取盈大省每年提存五十萬中省每年提存三十萬不准短少積之三年計可得一千六百萬有奇至各海關洋税所入自今以往毋論何項均不提用積之三年即以四成計之亦可得一千二百萬有奇二者計可得三千萬則足為創辦之費矣再計海防所需鐵甲船以十計約需千萬鐵炮台以卅計約須五百萬各項大炮及添置木輪船添購各種快槍亦計以五百萬其餘募兵創始之費及添置修船炮及煤鐵諸廠之需約計五百萬或足創辦倘或不敷所去不甚遠矣此後仍按年仿此居積以為

經久之費每歲洋稅有四百萬各省所提亦有五百餘萬一年有千萬之需矣尚有餘貲即急收煤鐵之利設法開壙置鑪以自取用則各項費用可省而所出有餘亦可銷售得利不比船廠機器廠之有出無入也竊以及此而計之七年之病猶可得三年之艾倘再因循視日一旦有警則洋稅已無取貲而彼人再有挾求更恐侵凌日甚將有制吾之手足者不能不忍飢節食以求藥餌也或者曰此三年中何不即急謀之曰用不足者事不興不觀善於持家者乎米鹽薪炭有貲蓄之則食常有餘計日而市之入手即

罄矣何能計夫市價哉此即俗所謂富能儉而貧不能儉之說也況此三年中非無事也凡船炮器械何者合用何國可購何處設廠為宜船炮各廠宜如何設用煤用鐵宜如何取海道夷險宜如何知要地險隘宜如何守所用之船炮宜如何求所調之弁兵宜如何募一年定其謀二年行其策三年立其基計亦非有三年之久不可語曰難與圖始可與樂成事固莫難於謀始也始之不基而但以三年為久豈知龍蠖之屈伸哉

論合併七

今中國與外洋異外洋之勢合中國之勢分外洋以從衆爲政有議院有耆耆會上下合也有電報以通信有輪船火車以致速遠近合也人今專其藝而不遷官守其業而不雜心志合也然而無君臣之分無父子之親故其國能富能強而不能常定故曰夷狄無百年之國也今中國相安於位分相維於名教相習於禮義此所謂萬年不拔之基也然而名多而實少分隔而情睽實少而情睽則渙渙則弱弱則貧此相因之勢也

國有大謀大猷
廷議下之疆吏議而上之此與彼不能無參差也及其議行也
廷臣復會而議之內與外不能相斟度也故一事飭議往返輒經年
年而不能定至各省得行之事一隅省界即如畛域非相諉即相
爭雖兩省大吏志同道合而其勢終不能聯此以措置尋常之事
尚不可而可以謀海防之大計乎今使以海防之事令各省自謀
之則其勢必分而不能合何也沿海七省督撫之意見不能盡同
而其屬又各存見好上司之意則其人分海口不分疆界則無以

專責成一分疆界必各存自固吾圉之心則其地分兵力有强弱之不同餉力有充絀之不一各存私見勢不能專則其兵與餉分且也設船廠設機器廠此省與彼省兩不相謀則所製之炮是否合於所製之船所製之彈藥是否合於所購之槍炮不能計也且此之所製而彼亦製之則物多積此之所無而彼亦無之則用不周又各省此時各購洋中船炮槍械自必分員採辦承辦之員不過詢之洋行此省所欲得者彼省亦欲得之則必爭購如是則價增彼省所已購者此省必欲購之則不問其器之何如但取其名

之必副彼洋商巧偽百出必將以舊物應求如是則器敝是皆分而不合之弊也今夫天下事合則力專力專則任重任重則事成故我

國家於河漕諸大政凡有創常之舉必擇重臣以臨之所以專其任而總其權也竊以今日之事宜責成各省疆吏各議其地之所宜而分遣重臣各專其任會同疆吏以謀之譬如沿海之兵宜如何則擇一知兵大臣為各省之率周巡海疆詳視其地之險要匀布兵力之重輕一旦有事則居中調度以重長子帥師之任如是則兵合矣

擡一

擡一

海防之餉宜如何則
任餉大臣與各省核議盈虛預籌緩急合各省之通以制軍用所有收支出入籌布而匀分之如是則餉合矣船炮器械之廠宜如何則
熟習洋務大臣與各省詳議其所宜細度其所用先議設廠之地再考製器之工務合所製必可成所購必可用以時核其工匠驗其技能審其價值寬其藏儲如是則器械合矣是三者既得其人以為之倡則天下之材將奔走輻輳以為之應是所謂若網在綱

有條而不紊也此同心同力之說也

論持久八

今夫艱鉅之任非貞之以恆不能得效也創始之謀非經之歷試不能知難也防海之策以上論之詳矣然其次第首得人次積餉次練兵次製船械此四者皆非一蹴可幾必須集思廣益曠日持久而議之行之始能得其要領也然而中國之習一人發其難百人議其非一人任其事百人訾其後且舉事不能不需巨款需巨款不能不先有所糜則更啟衆之疑生衆之謗始則衆異之繼則衆非之毋則衆之疑謗集之必至任之不能行之不遠此不能持

久之勢也凡舉事要在用人人之賢不肖不等一人有疵則衆議隨之一事稍誤則全局訾之必至因噎廢食即所用之人得當矣而無羣材羣策以輔翼之初或得人繼而無人以承其後則其事廢此亦不能持久之勢也上下和熙苟幸無事其通商之利初與相安漸與相忘即使勉強籌舉或為之而不力或始之而無終此又不能持久之勢也夫中國之制外夷未有不持之於久而能制之者漢高祖困於匈奴至武帝奮發有為遣兵出塞初亦中外兩困至宣帝之末始收其功唐高祖困於突厥太宗即位親自教射

卒擒頡利致之闕下皆能奮勵於久而始蔵其功也且外夷之性
經久必變而亦量敵而進不敢輕試觀歐州諸國大小相錯時有
戰鬬盟誓之事而美國兵力最少獨能與諸國相安則以四面皆
海之故今中國地勢與美國相同因無火車以通兵道無電報以
達軍情故籌防之兵不能不厚然究屬海道遼遠彼必不能傾國
而來但使我有備無虞彼亦不敢遽啟兵釁倘吾圉能固或彼人
自有爭併之事亦不難坐收其利不然者觀此時勢既有輪船鐵
船以通中外彼必不肯恝置於我我亦不能禁彼之不來恐終吾

朝

世將與之委蛇臥榻之側不容人鼾睡茲已實逼處此而可任之
乎故曰兵可百年不用不可一日不備易曰王公設險以守其國
左氏曰不備不虞不可以師鑒古揆今無逾於此方今
政清肅於上疆臣戮力於外水旱無憂盜賊不起雖東南元氣未
完西北逋寇未盡但使議屯田以食西北之兵收逋戶以復東南
之利則天下固為全善之時而斯時尚屬未雨綢繆之日及今而
不為為之而不力力之而不久通商必換約換約必要求要求而
允則受制不允則敗約變患相乘積久愈甚倘非任斯任者有堅

苦貞固之心以為任重道遠之計欲求其歷久不渝者難矣所願

上下同心一力不以疑謗敗其志不以艱苦懈其行不以目前苟安忘其慮必求人材有經久可用之人餉力有經久可用之餉所練之兵歷一年得一年之精進所製之器多一廠收一廠之事功日計不足歲計有餘匪惟制勝於當時實可永垂於異日則為我

國家鞏固苞桑之基亦內外臣民所共繫雲霓之望者也

上東撫丁中丞論東省海防書

竊以東省海防與他省異津滬閩粵皆有內河通海自以通海之河為海口重地應設炮台駐兵嚴守以拒敵師東省之情形則不然南自莒州與江南接壤之海岸起迤至北海之海豊大山口止皆係濱海之區處處設守則防不勝防扼要無可扼之區居中無適中之地蓋東三府地形如人伸一臂陡入海中三面臨海處處可登內中惟鐵門關一處為黃河通海之口外有攔沙大船既不能入而黃河濁流挾沙輪船浮駛沙入其輪亦不能進自可無須

設防以節兵力此外自大山口起至鐵門關一段濱海皆係鹽鹵之地寸草不生上無所掠斷難駐兵自鐵門關迤南折東至萊州府海廟後一段內經利津蒲台壽光濰縣昌邑掖縣共六州縣名為內海海濱多係平沙潮來則漫潮退則係一片臨淖而海水皆淺難入大舟故輪船由烟赴津皆由登郡鼍島北駛從不西繞亦由海水稍淺之故以上各處衹能守城設防海上可無更顧自掖之海廟起至登州府城一段水勢稍深然輪船亦不輕入但有師船時為巡哨免其用舢板撥兵登岸似亦可期巡防自登州至烟

台一段為東海最要之地聲勢極宜聯絡水陸均宜設防自烟台至威海衛及成山一段亦係輪船時相往來且外國兵船多泊於此亦宜加意防範自成山南折而西迤至俚島石島金口繞勞山而至青島膠州一段水勢雖深皆係小口為內地船隻往來之區內惟膠州一口通內之膠萊河而島形散漫無險可扼輪船內駛距膠州河口尚有四十里即不能進亦宜陸地自行設兵毋庸外防自膠州至莒州日照一段與江南之青口接壤皆係淺口非巨船可涉外人向不過問即可不設防師此東省沿海海面之大概情

形也職道接奉

札飭令赴沿海察看形勢籌議防法等因奉此當即會同候補道

李宗岱先坐飛雲輪船赴登郡察看嗣候補道張蔭桓到烟又會

同乘坐輪船赴威海衛察看時因飛雲輪船赴奉協剿大東溝踞

匪遂即折回及飛雲輪船回東適

北洋大臣派候選員外郎李鳳苞來烟當復會同李部郎乘飛雲

輪船自烟台沿海察看直入膠州內口俱行詳勘始行回烟職道

蔭桓又同李部郎乘輪船北赴登郡羣島赴奉省大陵灣一帶俱行

勘度因即會同詳議竊以東省海防較他省為易而實則較他省為難所謂易者沿海無繁華之區非通衢之路彼人無所垂涎即即使稱兵內犯亦以東海為假途之地懸軍深入必非所願東海失利無損大局彼亦難肆要求所謂難者東海幾輔屏蔽東海之守有重兵則津門之守有外户是非大力籌舉屯立重防戰守足資水陸皆備庶進可以扼敵人之來路退可以固東海之邊防則必先有鐵甲船輪船以立其本再擇地設水師營寨岸上設立炮台水上分布浮鐵炮台水雷等物使進有所戰退有所歸是一術

也倘小嘗輕試設炮台一二處而無接應之師駐輪船二三隻而無駐守之寨水與陸不能相接戰與守皆無足資則有防不如無防何也東海無防不過仍與通市不能斷其接濟於事局無大損也使輕防為備僅張虛聲彼欲籌接濟水米於此勢不能不薄我師守而能堅尚可言也守而不堅則內地俱震而敵志益驕矣非惟無益於東省而實有損於北防也職道等再四籌商竊惟東省海面有三地為要區東海之防有三策為要著謹就管見所及略陳於後伏乞

鈞鑒三地者一曰烟台為通商口岸洋船聚區而與津門信息常通常稅兩關皆歸宿於此勢不能不守然烟台地勢山麓平坦無險可扼雖北有之罘島為屏東有崆峒諸島為蔽而相去皆極遼濶其居中扼要可以屯營之處推烟台為最而洋人環山而居一無隙地雖有舊英國領事署地基一方或可讓回而其地不過三四畝以之築立炮台太為戲逼此外如八蜡廟即俗呼為媽媽廟山尚可設台而距崆峒島十二三里有奇距之罘島十八九里有奇開炮勢難相及且係孤懸東角與後山均不聯貫而烟台無城郭無

壚寨其中居民寄五方雜處而無土著皆因商販聚集一旦有警勢必四散一無居民其中華洋雜處民屋洋行錯互而居亦難區分劃守而南山之後即屬海面敵人易於包抄至之罘島沙堤横亘之外皆屬海岸直達登州百餘里之内處處皆我後路處處皆難布防若如李部郎所議以媽媽廟設浮炮台之界設沙土炮台僅守一面弃其後面四路可登置兵太少無以自立置兵過多敵人尚由他處登岸絶我水粮勢必自潰此尚言台能堅炮能利士卒能整暇而無退葸者也否則更難言矣 職道等曾與洋人詢問

守烟台之法據說非多有浮鐵台不可其言亦極有理蓋欲守烟台者不過欲令敵船不屯集於此再岸上之台不能不顧後路欲顧後路則須重兵而所築之台又須仿照洋法仿洋法築台一台之費非十數萬金不辦且後路又須有重兵更須多餉計以築台之費以購浮鐵炮台而有餘水面推移既易環擊而浮鐵炮台用兵不多費亦可省 職道等愚見欲守烟台必須在通伸崗一帶設一大座防營駐兵三千人以固後路再於烟台山下設一浮炮台媽媽設一浮炮台之罘山設一浮炮台再於之罘山東首築一沙

土曲折炮台庶前後可以相顧而後我之輪船庶可出可入可守可戰也一曰威海衛威海地勢較烟台似為緊東三面皆高山惟一面臨海而外有劉公島為之屏蔽劉公島東西兩面為二口門島東口門雖寬而水面尚淺可以置一浮炮台於劉公島之東而於內面建一沙土炮台海外密布水雷閉此一門但留島北口門為我船出入其西口門亦有山環合可以建立炮台計有三座砂土炮台於內有二浮鐵台於外則威海一口可以為輪船水寨輪船與敵戰勝則可進敗則可而自守故守威海較守烟台為易惟威

海稍偏於東距烟台百八十里距登郡三百六十里水驛稍覺褊遠不能不少加躊躕一日登郡郡城負山臨海水城直瞰海濱北有大嶺南有砂埂對面有長山島為屏形勢較為雄壯尤妙蓬萊閣下海面多暗礁自水城至長山島海面雖有二三十里之遥而鐵甲巨船不能入輪船即能入而不能停則以東北海空虛海多東北風輪船遇風即虞觸礁之故故其守較之威海為易惟輪船赴津多在廟島之外而郡城海面又不能自駐輪船欲以為水師守寨則難然究係郡城所在東省不能不自籌守備 職道等擬於

城北之獐子渦山上設一砂土高式炮台再於城南之砂埂上設一砂土圓式炮台與郡城相為犄角而於要處密布水雷則郡城之守似為可恃然東省自為計則可而於北洋大局無所關係由是言之為通商計不能不守烟台為水師計不能不守威海為東省計不能不守登州而登州易於威海威海之守易於烟台此東省洋面形勢之大概也然則為之計若何直東奉三省合力併謀如李部郎所說有鐵甲船五號中輪船十號小輪船六號分布於東之烟台威海奉之黑山灣為北洋作一關鍵進則擊退則守可分

可合為北洋計而東省之防亦在其中此策之一否則暫置水軍緩練而精選陸軍萬人以分紮登州黃縣福山互相聯絡無事則分有警則合萬人之中以六成練洋槍以四成練洋炮隊精購美之格林炮及布之上山過嶺可用之後膛炮使之操習並講求走隊耿捉之法兼習築隄挑濬之能以二千五百人為五營駐烟台後山以二千五百人駐八角口以二千五百人駐登州以二千五百人駐黃縣聲息皆可相通敵若登岸可以合擊敵若分擾亦可肆應倘敵船直犯津門亦可以輪船運送赴援此為東省自防計而

實亦可為北防大局計此策之二然二者皆用費多而需時久此時餉力兵力恐皆不及則東省祇能自為防則宜以登郡為根基先置登郡之防如前所說分築炮台夾城為守再練陸軍三千人駐守烟台後山虛為聲勢俟浮鐵炮台可以成購再設烟台海上之防俟鐵甲輪船大備再設水寨之防俟登郡築台能於合式再議各處炮台之防逐年而謀之分時而任之必使防一處得一處之地利練一營得一營之兵力此又先立基址之說而此時實宜為未雨之綢繆也此策之三　職道等意見均同茲謹照洋法繪具

山東沿海全圖一烟台地圖一登郡地圖一威海地圖一又附呈膠州地圖一俱測量水勢深淺地形廣狹詳具貼說稟請鈞鑒伏乞憲台詳加選擇賜定方略批示祗遵至炮台形式須看地勢所宜或高或低或圓或曲本無一定而人須議定應購何項炮位方能議定用何式之台此時防局若何布置尚未自立定算先測台式空說無憑而職道等於算法素未學習不適算法不能定炮之大小遠近即不能定

台之廣狹高卑擬俟防局議有定地再覓明於算法之人當與之

議繪台式再呈

（係由職道具詞主稿）

鈞鑒以上所陳職道等往返計議意見均屬相同謹此合詞具稟愚

昧之見是否有當伏乞

訓示

謹再稟者竊易尌接奉
鈞諭當與宗岱　蔭桓仝為恭讀仰承
指示周詳莫名欽佩承
諭登州威海二處不守則烟台勢成孤立尤為
洞鑒形勢不易之論又奉
諭擬籌三十萬兩為創辦之需竊計東省餉力籌茲巨款已為竭力
而海防之事糜費誠非意計僅以此費創始實慮不敷而三處併
籌餉力尤為不及不能不通盤籌畫計其終始鉅細分年而謀之

又見
總署覆奏粵省籌辦海防之件令與南洋大臣籌商辦法不准另
借洋款不准再作開銷則東省之北洋事亦相等又見
戶部議奏南北洋防務經費每歲撥洋稅釐金約四百餘萬分撥
南北洋備用則海防已有專款以東省之餉力顧東省之防顧此
失彼力量既有未周籌布即有不密蔭桓謁見
北洋大臣曾奉有直東唇齒相依自應同力合作之諭則東省餉
力能及之處東省任之餉力不及之處自宜北洋商之而所辦有

宜即時舉辦者有宜異時續籌者均宜先定次第章程奏為定式
逐年籌辦務竟其功庶
鈞節游升東圻後人亦有所守而承辦之員或有更易亦可因事為
功不揣冒昧輒就管見所及以東省可謀之餉力籌應辦之後先
竊以籌防之要首練將次設機器局再次購行營槍炮再次練兵
再次購鐵炮台再次購大炮再次築炮台再次購鐵甲船以此為
序略具條陳謹呈於後伏乞
採擇

所謂首練將者戰陣之事中國既習洋法而無將才可求不求將則兵丁雖衆器械雖精均無所用擬請欲練五千兵必先求總統一員副總統二員營官十員哨官百名請一洋將先行教習爲總統者必先明陣法營法自營官以下皆令自入行間親練槍炮以一年爲期責有成效則有十營將弁可用將弁既得再行練兵即令將弁自作教師則費可省而兵亦集且營伍一氣相生尤見齊整此爲今日最要之事故列爲首

所謂次設機器局者有槍炮而無子藥則何所恃購諸人何若製

自已而設局仿製非一二年不成擬請先定用何國之槍何國之
即購此項製槍炮子藥之機器二副每一機爐製藥四盤再購製
槍彈機器一副修理洋槍機器一副即行開辦計須兩年之久當
能出物應用故宜急籌
所謂再次購行營槍炮者洋中槍炮平時購求尚可得用而價省
一旦有警各國均行閉關雖有貲而無可求不僅恃價勤措也職道
等訪聞各國之快槍以英之亨利馬梯呢俄之俾爾打二種最為
利器而不能購現津防所用皆係美之林名登英之士乃得二種

林名登機關較靈而易損士乃得機關較簡而價省擬請

商之

北洋大臣以購何色快槍為要議定一律庶日後子藥彼此可以通融議定之後即籌欵先購五千桿以備十營之用至行軍之炮以德國之四磅後膛炮及美國之格林連珠炮為最靈便格林炮去年

文署院已購十尊尚未運到可以再購十尊四磅炮可購四十尊合為六十尊足分配十營之用此兩件亦非一年之期不能購到亦宜急籌

所謂再次練兵者練將既成購械既到然後挑選精兵配營練習

現奉
諭旨將各營歸併擬請先就綠營挑選只選其兵不選官弁營書庶習氣可除如有老弱再行革除如不足五千之數另募餘丁充補但使將材可恃勤以求精一年之內可成勁旅然非有將有械而先集兵則一二年之間先費無錢粮而一堆散錢更無歸宿故宜次
籌
所謂再次購浮炮台者陸地既有重防則水面不宜偏廢而東省海面非有浮鐵炮台萬難周轉即烟台一口如水面無浮鐵炮台而

欲岸上設台為守勢有萬難茲計購四浮鐵台用價不過卅萬金之外欲顧海面非此不可故有陸軍以後即宜次籌

所謂再次購大炮者水面既有浮鐵炮台則岸上炮台可立然先築台而後購炮不如先購炮而後築台何也以定購之炮位大小多少已定而後台之廣狹高卑可定故宜次籌

所謂再次築炮台者大炮已具而築台為宜計築台之費雖有不同而築台之期但使工多財足可以剋期完竣與其無炮築台先樹虛聲於敵不如備定而後設台方為進足戰而退足守免予敵

人覬覦空防之誚故宜有炮而後籌台
所謂再次購鐵甲船者鐵甲船實為海中利器各國之强弱均以
此船多寡為定而中國獨無無惑乎敵人之蔑視也然為費過重
非東省力所能辦故為後籌
然則現時籌辦之法試以三十萬兩創始之費計之練將之用薪
水雜費及請洋將教習工食計有萬兩足以籌辦設局之用計購
機器需銀六七萬兩蓋廠需銀四五萬兩再加運送工料及洋匠
工食委員薪水採買煤炭硝磺亦需三四萬兩共計需十五萬兩

可以興辦購槍炮之用快槍五千桿約需銀七萬兩四磅四十尊每尊連架及鞍項據洋行開報約須銀千五百兩若单購炮位其架鞍藥箱等項自行仿製計有八百兩足備一尊則購四十尊帶炮子約需銀三萬五千兩格林炮十尊帶炮子約需銀四萬五千兩以此數項計之共需銀二十八萬兩𠕋連雜費及意外之需則三十萬已罄盡無遺矣姑先以此項為本年創辦之費次年則須練兵矣以烟台防營之洋槍隊計每五百人薪水口粮公費衣帽等費嵗需銀二萬四五千兩軍裝子藥在外五千人之營嵗需銀

二十四五萬兩而軍裝等費即取之機器局計亦須以五六萬兩爲向需方足數用則二年之間有五千洋槍隊足以成營東省既有一枝勁旅北洋亦得一臂之助如是再購浮鐵炮台再購水雷等物計北洋歲有二百萬之餉則東海應歸辦防可否商之

北洋大臣每歲僅撥一成以濟山東專爲購製浮鐵炮台之需每歲購取一台十年之中即得十台之用其資有餘即可購大炮及水雷各物鐵炮台水雷俱備則設海面之防再於烟台各處建設砂土炮台以爲之輔則防務較爲嚴密計東海原係北洋應

行兼顧之地東省既另籌歲費自立陸師北洋不能不兼顧東海之防準之情誼

中堂身任重局大力包舉必當俯從所請至鐵甲船原係北洋應備之物東省如餉力有餘亦應籌款協濟合力同籌至登郡炮台東省勢須自建計工費非有四五萬金(不可)用兵力合作或可有成若全僱工匠則費用更多而購買大炮亦非有五六萬不足敷登郡三面炮台之用尚懇

憲台酌奪情形如須興辦擬請再籌十萬兩以備應用至每歲所需

實非歲有三十萬金不辦東省素無閒款勢須撥動正供可否仰
求
憲酌於司庫地丁項下歲提二十萬兩請減外省協餉及歲減三營
兵餉以補其關粮運兩庫歲提銀六萬兩計當有款可籌東海關洋
税原分四六成四成專解津門機器局之用六成則協解津黔兵
餉及本關經費每歲協解之款均不能如數已無可籌洋藥釐金
則專顧輪船略足敷衍此外惟常税及洋藥税一項原准開銷海
防之用計烟台洋槍隊每年支銷約在三萬上下尚可歲得銀四

萬兩本年奉　戶部文將常稅指撥滇省兵餉銀五萬兩而前奉
鈞諭擬留此款為購辦機器之需自應先我所急然不經奏定恐
部中指撥紛紛可否將常稅一項專留為海防之需其滇省應撥
之餉請　部中另行籌撥如蒙
循允當即具詳仰請
核奏如此東省歲需之三十萬可以永遠籌畫庶以收日遷月異之
功而無一暴十寒之弊以上所陳是否有當如蒙
採擇可否

告與　北洋大臣商議定局

會奏立案以收遠效實不勝禱切之至謹此合詞再稟恭請

鈞安

丁丑年

上何小宋制軍論閩省海防書

竊查閩省海防臺廈均應兼顧而省防亦難遍廢

前聞近省各海口均極險峻并聞鑿山置炮為他省所無急欲遍行履勘以擴見聞茲奉

論詳為條議因於本月十三日乘泰安輪船赴五虎口外由媽祖澳折船入芭蕉口遍閱內勢并登各處炮台瞭望外勢乃知外口山形仍多散漫而各處已成之營壘炮台均無一處能扼要為防也蓋由外海內望以川石山為入口標準川石山踞海口如屏海水繞

川石之北入口為五虎門近時水淺輪舟鐵甲皆不能入而根撥小輪船及舢板各船皆能入口是五虎門雖不必設防而亦不能徑置不顧也海水繞川石之南入口為芭蕉門近時巨船輪艘皆從此入其下雖有暗沙而洋船沙線已熟曲折入口皆無所阻是芭蕉門為閩海入港最要之口不能不急設防者也而川石山形偏注北面不能兼顧南口且孤懸海中南北兩口皆受敵擊雖欲設防其勢形甚吃緊不能不尋扼要之地以為犄角之勢而堪為扼要之地者惟壺江北顧五虎東瞰芭蕉兩路皆可扼守但壺江地

形稍下不能俯擊外海而壺江之後又有小港可通亦慮敵人繞從背攻則首尾受擊必至自潰然捨此則海口大門更無他處可扼欲得可戰可守之地亦非此無以立基故前明備倭曾於此地築城近已盡毀矣前年設海防時曾在此地編樹為營并築炮壘既不得形勢之要而炮位均係露天工程太形草率又無别處立營可以聯絡雖以淮陰將略亦不能置人死地而使之生況以注擊洋船其能有萬有一然之想乎此閩省海口第一層不能守之情形也於是又進則至金牌長門矣金牌長門為閩海天成之險

重關設守莫此為宜前時林文忠曾經營於此惟彼時洋情未習所布置者僅足以備内盜而不足以備洋船近時炮大及遠為昔年所無昔年無擊遠之炮故所築炮台皆取近勢而不能遠攻因之所備皆不得法前歲設海防時此地亦築炮台而金牌之台依山太低萬不能用長門之台亦緊崖下敵船炮來無論露天之台萬不可守但使炸子擊山山石決飛則炮台上已無立足之區復何能制敵哉而最可笑者則馬鞍山炮台四面臨虛坐於平地敵炮飛擊將士卒四潰馬鞍山既潰勢必累及長門皆不能守此關

省海口第二層不能守之情形也而金牌之後尚有潭頭一港由猴嶼之東折從金牌山後雖入口水淺沙多大船不能徑入然敵人以輕兵躡我亦不能不慮其後此層竟未之計及則當日之布防可知矣於是又進而至南北岸南北岸亦屬扼要之地兩山對峙亦足布防其南岸之嘴爲猴嶼小山直顧潭頭港口此地亦未布置其南北岸因山鑿空鑿既不深穴又窄直大炮既不能置而置炮之穴轟烟無孔可出炮口不能轉移只能兩岸自相攻擊而外船之入則不能攻此所謂棘門灞上之軍耳此閩省第三層海

口不能守之情形也過此則至閩安至中岐至林浦升堂入室任
客所為復何從措手哉茲奉
憲台垂詢籌思患預防之計為一勞永逸之謀自非詳度形勢密籌
布置即無以為重關設險之上策也○○思慮短淺曷足以仰副
諭詢然有一得之愚亦不敢遽自緘默竊以閩省既有三重之險即
宜布三處之防芭蕉口為第一重門宜於芭蕉山之南角置一炮
台以顧外洋再於虎山之後尾置一營壘以顧五虎門再於壺江
妥相地勢於東面山嘴置一至堅至固之炮壘再將舊立炮城處

所培高地勢設一大營以為重鎮再將壺江旁港截斷免憂後路
則芭蕉虎山壺江三處互相犄角以為聲援然後密布水雷於外
暗藏蚊子炮船於內庶幾可戰可守足禦外侮此上策也然是三
地皆係四面受敵之地非有至利之炮至堅之壘至精之兵至忍
之將誓死不去積日相持皆難退守且築城立壘須仿洋法所費
甚大養兵宜衆餉力恐有不及則不如退守於金牌矣金牌長門
為第二重門兩山對峙口門甚緊江中又有南北龜二小山橫亘門
外潮來水深船始可入一過潮淺則不能行是天設之險也法宜

就金牌山上營房之處立兩層炮台一在營房一在山嘴將營房屛藏山後使敵不能擊我再於金牌之東山角立一炮台以為援應至長門直對芭蕉門口較金牌尤為扼要長門能守則金牌自固勢不能不專注於此地經營法宜於長門石山將山頂剗平開拓台基就山設一轉輪炮台專以擊遠再就舊立炮台處所折改台式密布大炮均作有太平蓋之台專以防近再於北龜山上設一半輪小炮台南龜山上設一小座炮台再於長門山後設立大營以為援應所有四處炮台均宜以三合土用斜坡勢築成台上

或用德國鐵蓋炮台內貯至大之二三十噸之炮庶能得力門外遍布水雷至二三十層門內遍布蚊子炮船則進雖不能戰而退必可守然尚有可慮者則潭頭一港由猴嶼而入可繞金牌之後亦宜設駐一營以防後路再用水雷截斷猴嶼之外港此中策也如此路倘不能守只能退顧南北岸之口門亦宜將山洞重鑿俾其寬深務使數十噸之炮在穴中設輪轉動再將炮台口（開）作八字俾炮口能出門外可以肆擊仍宜台內多開曲折後窗俾能出烟免致悶閉庶幾可用然敵船既能至此勢亦岌岌矣此下策也捨

此三策則閩安鎮之內皆無一處可扼之地矣至有敵人能舍船上岸由陸路進兵者閩省瘠區非其垂涎登山涉遠所費不貲夷人計事必先圖利無利可得非其所欲行之事也然與洋人陸戰自較與海戰為易惟其洋鎗隊伍非練營之制可敵閩省尚未聞練習洋槍風氣即使海防堅固而內地不宜無接應之師應請選練洋槍隊三千人與海營互相策應此亦布棋之要著也淺昧之見是否有當謹候

擇施行

上海海口形勢考一卷

〔清〕佚名撰

《上海海口形勢考》一卷，撰者不詳。此專考上海海口形勢之大要，略謂「海口之險要，近則在乎黄浦，遠則在乎吴淞，此形勢之大較也」，要以吴淞爲緊要，可爲海防之借鑒。據《小方壺齋輿地叢鈔三補編》本影印。

第九帙滬西記下

上海海口形勢攷

閩 [illegible] 著

上海何以名乎。以番舶而名也。番舶曷因以名乎。以番舶至此須棄海上岸也。宋有天下之初。洋人航海東來。直達青龍江口。因江流淤陸。皆在此邑登岸。故元人立縣。因以上海爲名。或謂不然。邦望水利書云。松江南岸有大浦。曰上海浦。即黄浦縣名本此。不知縣因浦而名。浦又因何而名。或者浦乃因番舶登岸而名。而縣継之。亦未可知也。吾考古者不置郡縣。夏禹分列九州。其时上海隸揚州之域。春秋时屬楚。爲春申君封邑。後鑿黄浦以通海洋。故稱春申浦。又曰黄歇浦。秦始置爲曉縣。炎漢之。晴易曰爲婁。梁天監二年。改爲信義。大同元年。

又析信義爲崑山縣。因之。屬天寶十年。析崑山南境、海鹽北境、嘉興東境爲華亭縣。蘇州。改爲華亭縣。元至元二十九年。析華亭東北之長人高昌北亭新江海隅爲上海縣。此立縣之權輿也。且上海一隅。関係之重。亦不始於今日。宋時番舶憂至。明季倭寇出没無常。擄掠貨財。蹂躪土地。爲患最甚之甚。比及各國通商開埠。雖二十有餘。上海實爲總埠。而蘇松各屬。又皆恃爲藩籬。海内一有戒嚴。則守禦之方。尤不可忽。然則上海海口形勢。亦留心時務者所不可不知也。攷其地東南環繞黃浦。東北敖枕吳淞。由吳淞以抵虹口。僅三十六里。故海口之險要。近則在乎黃浦。遠則在乎吳淞。此形勢之大較也。顧其形勢有設於人者。有設於天者。海口之内。西則爲引翔港西虬河壘城舊址。東則爲東溝而南環浦

東北江附近一帶，雖無峯山嶺可藉憑依，而形勢夷衍，設有兵臺，各置防兵，
可使敵人不能越雷池一步。他如衣周塘灣環突出，斜對口門，與東西炮門成
犄角之勢，易於防守。李家港口在寶山西，距吳淞十二里，而由淞至瀏，此為要
隘。有事之秋，敵若乘風直入，瞬息可抵浦屯，故其關係尤重。此皆就浦西言之
也。其浦東沿海各處，更有捍海塘，不但遏水勢奔騰，兼之據高臨下，如乘障壘
堞，並可限寇蹤奔窺。海塘初制，原自一團起至九團止，內外有濠，深十五尺，闊
四十尺。每團設市樓一座，如有寇警，即擊起市樓烽烟，必不能登岸。倘無海塘，寇
盜登岸而逕登浦東之地，以渡浦西，頃刻可臨城下，故海塘所關匪淺。若因而
加築，更足為沿海長城也。此形勢之設於人者也。海口緊要，尤在吳淞，實足固

内港之藩圍蔽薑甫之门戶其形勢險要不亞天津之大沽而較廣東虎门尤爲擅勝虎门地勢雖多礁嶮然戰艦可乘風上破浪直入長驅吴淞則決於一綫晴裏關鍵成之於天苟不明其淺深動致僨事蓋虎门之險猶顯而易見吴淞之險實隱而難知也口之外則有洋山其形勢如圓樹周圍七十餘里高百餘丈中有十八嶴如一大湖可容戰船數十艘上有泉可供汲飲下有嶴可避風濤爲兵家必争之地也倘海氣不靖我先守以重兵爲先聲奪人之計敵必不敢駛近吴淞蓋一近吴淞則口内之兵擊其前洋山之旅攻其後彼安得免爲此形勢之成於天者也大海口形勢既有險要可據而加之以整飭嚴之以守備亦可有恃無恐因無兵艘堅牆雖有艱碇之漸何足之慮雖有窺伺之謀何

之匱。彼以上海爲無險可守者。豈定論哉。

圖書在版編目（CIP）數據

海上絲綢之路文獻集成. 歷代史籍編. 第三輯. 第四卷 / 范金民主編. --福州：福建人民出版社，2023.8

ISBN 978-7-211-09071-6

Ⅰ. ①海… Ⅱ. ①范… Ⅲ. ①海上運輸-絲綢之路-史料-彙編 Ⅳ. ①K203

中國國家版本館CIP數據核字（2023）第072947號

審圖號 GS（2022）4636號

本書有關内容和地圖僅代表作者個人觀點，不代表官方立場。

海上絲綢之路文獻集成・歷代史籍編（第三輯 第四卷）

主　　編　范金民
責任編輯　張輝蘭
美術編輯　白　玫
出版發行　福建人民出版社
電　　話　0591-87533169（發行部）
電子郵箱　fjpph7221@126.com
地　　址　福建省福州市東水路 76 號
經　　銷　福建新華發行（集團）有限責任公司
印刷裝訂　上海盛通時代印刷有限公司
地　　址　上海市金山區廣業路 568 號
電　　話　021-37910000
開　　本　787 毫米 ×1092 毫米　1/16
印　　張　128.5
版　　次　2023 年 8 月第 1 版第 1 次印刷
書　　號　ISBN 978-7-211-09071-6
定　　價　1600.00 元（共 4 册）